v. Bar/Mankowski
Internationales Privatrecht

Band II · Besonderer Teil

INTERNATIONALES PRIVATRECHT

Band II · Besonderer Teil

Begründet von

Christian v. Bar
Dr. jur., Dr. jur. h. c. mult., Professor an der Universität Osnabrück, FBA, MAE

Fortgeführt von

Peter Mankowski
Dr. jur., Professor an der Universität Hamburg

2., neu bearbeitete Auflage

2019

Zitiervorschlag: *v. Bar/Mankowski* IPR II § Rn.

www.beck.de

ISBN 978 3 406 53563 5

© 2019 Verlag C. H. Beck oHG
Wilhelmstraße 9, 80801 München
Druck und Bindung: Beltz Bad Langensalza GmbH
Neustädter Straße 1–4, 99947 Bad Langensalza
Satz und Umschlaggestaltung: Druckerei C. H. Beck Nördlingen

Gedruckt auf säurefreiem, alterungsbeständigem Papier
(hergestellt aus chlorfrei gebleichtem Zellstoff)

Vorwort

Der Besondere Teil ist Internationales Privatrecht „in action". In ihm spielt die Musik des Kollisionsrechts. In ihm finden sich die Normen, die für die Kollisionsrechtsanwendung in der Praxis wie in der akademischen Ausbildung maßgebend und von überragender Bedeutung sind. Die Allgemeinen Lehren sind nur (wenn auch notwendige) vorbereitende Grundlegung für den Besonderen Teil oder genauer: die Besonderen Teile des IPR.

Die erste Auflage dieses zweiten Bandes des Großen Lehrbuchs zum IPR ist bereits 1991 erschienen. Seit damals ist mehr als ein Vierteljahrhundert vergangen. Dies ist nicht nur auf einen Autorenwechsel und den Übergang des Lehrbuchs auf die nächste Wissenschaftlergeneration zurückzuführen. Vielmehr vollzog sich in diesen Jahrzehnten die Europäisierung des IPR. Mit ihr vollzog sich auf den betroffenen Gebieten ein tiefgreifender Wechsel der wichtigsten Rechtsgrundlagen. Die Familie der sogenannten Rom-Verordnungen ist ständig gewachsen und hat immer neue Mitglieder gewonnen, die immer neue Gebiete für das europäische IPR erschlossen haben. Es wäre kaum zu verantworten gewesen, in diese Entwicklung im Fluss hinein ein Großes Lehrbuch aufzulegen, das schon ein Jahr später in wesentlichen Teilen überholt und veraltet gewesen wäre. Inzwischen scheint die Entwicklung aber zu einem vorläufigen Abschluss gekommen zu sein. Der (Teil-)Kodifikationselan des europäischen IPR-Gesetzgebers scheint zumindest vorläufig befriedigt. Die meisten wichtigen Teilgebiete des IPR haben ihre jeweils eigene Rom-Verordnung. Der deutsche Gesetzgeber hat in den Lücken sekundiert, zuletzt mit Art. 8, Art. 13 III, Art. 14 und Art. 17b EGBGB. Nun kann man es wagen, ein Großes Lehrbuch vorzulegen, ohne Gefahr zu laufen, vom europäischen Gesetzgeber allzu schnell überholt zu werden. Was heute noch nicht kodifiziert ist, wird es auch in absehbarer Zukunft nicht mehr (so die vielleicht zu optimistische Hoffnung des Lehrbuchautors). Das Buch befindet sich auf dem Stand von Dezember 2018, teilweise Januar 2019.

Die Reihenfolge, in welcher die einzelnen Besonderen Teile des IPR behandelt werden, wurde gegenüber der ersten Auflage vollständig geändert. Sie folgt jetzt nicht mehr der Tradition. Sie beginnt nicht mehr mit dem IPR der natürlichen Personen und dem Internationalen Familienrecht. Vielmehr sind das Internationale Schuldvertragsrecht und das IPR der außervertraglichen Schuldverhältnisse wegen ihrer praktischen Bedeutung für den grenzüberschreitenden Rechts- und Wirtschaftsverkehr an die Spitze gerückt, zumal beide eine grundsätzlich umfassende Teilkodifikation auf der europäischen Ebene vorweisen können und deshalb eine Orientierung an einer gesetzlichen Leitlinie aus einem Guss erlauben.

Für die Neuauflage zeichne ich allein verantwortlich. Von der ersten Auflage ist eigentlich kaum mehr etwas geblieben (am prominentesten der Name des Begründers auf dem Titelblatt), kaum verwunderlich, denn die übliche Halbwertszeit juristischer Veröffentlichungen beträgt heute weniger als fünf Jahre.

Der Verlag C.H. Beck in Gestalt von Dr. *Klaus Winkler* und *Hildgund Kulhanek* hat nahezu unerschöpfliche Geduld walten lassen (und lange warten müssen). Frau *Kulhanek* hat ihren Lektoratszauber entfaltet.

Meine Kollegin *Jessica Schmidt* (Bayreuth) hat § 7 ebenso freundlich wie kritisch-anregend gegengelesen. Für das Lesen der Korrekturen oder für Handreichungen bei Fußnoten und Beispielen bedanke ich mich herzlich bei meinen Hilfskräften *Lisa Dietl*, *Nicole Flügge*, *Laura Kähler*, *Svenja Langenhagen*, *Lukas Rohwoldt* und insbesondere *Charlotte Wendland*. Unschätzbare sekretarielle Unterstützung in unglaublicher Geschwindigkeit war für *Primrose Holders* eine Selbstverständlichkeit.

Hamburg, im März 2019 *Peter Mankowski*

Inhaltsübersicht

Vorwort	V
Inhaltsverzeichnis	XI
Abkürzungsverzeichnis	XLI
Literaturverzeichnis	LIX

§ 1.	Internationales Schuldvertragsrecht	1
	I. Einleitung	1
	II. Struktur der Rom I-VO	2
	III. Sachlicher Anwendungsbereich der Rom I-VO	3
	IV. Rechtswahl	15
	V. Objektive Anknüpfung nach Art. 4 Rom I-VO	49
	VI. Verbraucherverträge	90
	VII. Arbeitsverträge	133
	VIII. Transportverträge	175
	IX. Versicherungsverträge	188
	X. Umfang des Vertragsstatuts	197
	XI. Formstatut	209
	XII. Abtretung	217
	XIII. Legalzession	225
	XIV. Aufrechnung	226
	XV. Gesamtschuldnerausgleich (Art. 16 Rom I-VO)	228
	XVI. Sonderanknüpfung von Eingriffsrecht	228
	XVII. Ordre public (Art. 21 Rom I-VO)	253
	XVIII. Rom I-VO und Kollisionsnormen des nationalen Rechts	254
	XIX. Schiedsgerichte und Internationales Schuldvertragsrecht	255
	XX. Vollmachtsstatut	260
§ 2.	Internationales Privatrecht der außervertraglichen Schuldverhältnisse	275
	I. Einleitung	275
	II. Struktur der Rom II-VO	276
	III. Sachlicher Anwendungsbereich der Rom II-VO	277
	IV. Rechtswahl unter Art. 14 Rom II-VO	295
	V. Internationales Deliktsrecht	307
	VI. Internationales Bereicherungsrecht	391
	VII. IPR der Geschäftsführung ohne Auftrag	403
	VIII. Culpa in contrahendo	410
	IX. Allgemeine Regeln für alle außervertraglichen Schuldverhältnisse	417
	X. Rom II-VO und Schiedsverfahren	425
§ 3.	Internationales Sachenrecht	427
	I. Einleitung	428
	II. Grundsatz: Anwendung des Belegenheitsrechts (lex rei sitae)	431
	III. Anerkennung, Hinnahme, Transposition und Anpassung bei dinglichen Rechten an Mobilien mit Grenzübertritt (einfacher und qualifizierter Statutenwechsel)	437
	IV. Dingliche Rechte an Transportmitteln	444
	V. Dingliche Rechte an res in transitu	451
	VI. Kulturgüter	456
	VII. Verbriefte Wertpapiere	463
	VIII. Securities	465

Inhaltsübersicht

IX. Grundstücksimmissionen	471
X. Parteiautonomie (Rechtswahl)	472
XI. Umfang des Sachstatuts (Qualifikation)	479
XII. Rück- und Weiterverweisung	482
XIII. Registerverfahrensrecht	483
§ 4. Internationales Familienrecht	485
I. Einleitung	486
II. Eheschließung	487
III. Ehegüterrecht	527
IV. Allgemeine Ehewirkungen	574
V. Scheidung und Trennung ohne Auflösung des Ehebandes	593
VI. Gleichgeschlechtliche Partnerschaften	664
VII. Nichteheliche Lebensgemeinschaften	672
VIII. Unterhalt	678
IX. Abstammung	704
X. Adoption	725
XI. Kindessorge	732
XII. Eltern-Kind-Verhältnis jenseits der Kindessorge	741
XIII. Kindesentführung	742
XIV. Unions- oder menschenrechtliches Anerkennungsprinzip?	753
XV. Bilaterale Staatsverträge	762
§ 5. Internationales Erbrecht	765
I. Einleitung	773
II. Struktur der EuErbVO	778
III. Sachlicher Anwendungsbereich der EuErbVO	779
IV. Rechtswahl unter Art. 22 EuErbVO	811
V. Objektive Anknüpfung	835
VI. Nachlassspaltung und Nachlasseinheit	856
VII. Fiskusaneignungsrecht nach erbenlosem Nachlass	860
VIII. Qualifikation	862
IX. Bestellung und Befugnisse von Nachlassverwaltern nach Art. 29 EuErbVO	877
X. Testamente	879
XI. Erbverträge	883
XII. Gemeinschaftliche Testamente	896
XIII. Form von Verfügungen von Todes wegen	901
XIV. Kommorienten	911
XV. Rück- und Weiterverweisung	912
XVI. Ordre public	916
XVII. EuErbVO und Schiedsgerichte	920
XVIII. Bilaterale Spezialabkommen	921
XIX. Art. 25 EGBGB 2015	925
§ 6. IPR der natürlichen Person	927
I. Einleitung	927
II. Rechtsfähigkeit	928
III. Handlungsfähigkeit	931
IV. Geschäftsfähigkeit	931
V. Verkehrsschutz	933
VI. Kaufmanns- oder Unternehmereigenschaft	936
VII. Vorsorgevollmacht	938
VIII. Patientenverfügungen	944
IX. Betreuungsverfügungen	946

Inhaltsübersicht

X. Erwachsenenschutz	946
XI. Vormundschaft, Betreuung und Pflegschaft	948
XII. Geschlechtszugehörigkeit	953
XIII. Name	959
§ 7. Internationales Gesellschaftsrecht	983
I. Einleitung	989
II. Gründungs- oder Überlagerungstheorie für EU-Gesellschaften?	998
III. Gründungstheorie in Art. XXV V 2 Deutsch-amerikanischer Freundschafts-, Handels- und Schifffahrtsvertrag	1022
IV. Gründungstheorie nach CETA im Verhältnis zu Kanada	1022
V. Sitztheorie für andere Drittstaatengesellschaften	1023
VI. Keine Sonderrolle für Personengesellschaften	1035
VII. Schuldvertragsrechtliche Qualifikation und Anknüpfung reiner Innengesellschaften ohne eigene Organisationsstruktur	1036
VIII. Umfang des Gesellschaftsstatuts	1037
IX. Sonderregime bei der SE	1074
X. „Anerkennung" von Gesellschaften	1074
XI. Rück- und Weiterverweisung	1075
XII. Rest- und Spaltgesellschaften	1076
XIII. Stiftungen	1080
XIV. Vereine	1083
Sachverzeichnis	1085

Inhaltsverzeichnis

Vorwort	V
Inhaltsübersicht	VII
Abkürzungsverzeichnis	XLI
Literaturverzeichnis	LIX

§ 1. Internationales Schuldvertragsrecht	1
I. Einleitung	1
II. Struktur der Rom I-VO	2
III. Sachlicher Anwendungsbereich der Rom I-VO	3
1. Vertragliche Schuldverhältnisse	3
a) Grundsätzliches	3
b) Abgrenzungsfälle	6
2. Ausnahmebereiche nach Art. 1 II Rom II-VO	6
a) Grundsätzliches	6
b) Personenstand, Rechts-, Geschäfts- und Handlungsfähigkeit von natürlichen Personen	7
c) Familienrechtliche oder familienrechtsähnliche Rechtsverhältnisse	7
d) Güterrechtliche Ansprüche	8
e) Testamente und Erbrecht	8
f) Verpflichtungen aus handelbaren Wertpapieren	9
g) Schieds- und Gerichtsstandsvereinbarungen	10
h) Gesellschaftsrechtliche Fragen	12
i) Vertretungsmacht	12
j) Trusts	13
k) Culpa in contrahendo	13
l) Bestimmte Versicherungsverträge	14
m) Verfahren und Beweis (Art. 1 III Rom I-VO)	14
IV. Rechtswahl	15
1. Grundsatz der Parteiautonomie	15
a) Primat der Parteiautonomie	15
b) Freiheit der Rechtswahl unter Art. 3 I 1 Rom I-VO	16
c) Kollisionsrechtliche Rechtswahl und materiellrechtliche Verweisung	18
d) Zustandekommen der Rechtswahl	18
aa) Bootstrap principle	18
bb) Bereich des Zustandekommens	19
cc) Battle of forms: Kollidierende Rechtswahlklauseln in AGB	19
dd) Kumulative Anknüpfung der Zustimmung nach Art. 10 II Rom I-VO	21
e) Wirksamkeit der Rechtswahl	21
aa) Rechtsgeschäftliche Wirksamkeit	21
bb) Inhaltliche Wirksamkeit	21
f) Form	23
2. Ausdrückliche Rechtswahl	24
a) Grundsätzliches	24
aa) Bezeichnung des gewählten Rechts	24

Inhaltsverzeichnis

bb) Platz im Vertrag	25
cc) Misslungene Rechtswahlvereinbarungen und ihre Gründe	25
dd) Auswahl des zu wählenden Rechts	25
b) Reichweite von Rechtswahlklauseln in einem Vertrag mit Blick auf andere Verträge	27
aa) In engem Zusammenhang stehende Verträge	27
bb) Rahmenverträge und Ausführungsverträge	27
cc) „Schwesterverträge"	27
dd) Vorangegangene Verträge	28
3. Stillschweigende Rechtswahl	28
a) Stillschweigende Rechtswahl durch Gerichtsstandsvereinbarung	28
aa) Grundsätzliches	28
bb) Voraussetzung einer wirksamen Prorogation	29
cc) Nichtausschließliche Gerichtsstandsvereinbarungen	30
b) Stillschweigende Rechtswahl durch Vereinbarung eines qualifiziert lokalisierten Schiedsgerichts	30
aa) Verankerung des Schiedsgerichts in einer bestimmten Rechtsordnung als Voraussetzung	30
bb) Keine Rechtswahl tragende Typen von Schiedsklauseln	31
cc) Keine Rechtswahl durch rechtsfernes Schiedsgericht oder andere Formen der ADR	31
c) Stillschweigende Rechtswahl durch Prozessverhalten	31
d) Bezugnahme auf Institute eines bestimmten Rechts	33
e) Vereinbarung eines einheitlichen Erfüllungsortes	33
f) Einbindung in Geschäftsbeziehung zwischen den Parteien oder Transaktionsstrukturen	34
aa) Geschäftsbeziehung	34
bb) Gesamttransaktion	34
g) Weitere Fälle	35
4. Teilrechtswahl	36
a) Grundsätzliches	36
b) Stillschweigende Teilrechtswahl	37
c) Teilrechtswahlvereinbarung im Vertrag bei unteilbarem Vertrag	38
d) Andere Grenzen der Teilrechtswahl	38
5. Nachträgliche Rechtswahl	39
a) Grundsätzliches	39
b) Grenzen	40
6. Mögliche Objekte einer Rechtswahl unter Art. 3 Rom I-VO	41
a) Nur Recht eines Staates, kein nicht-staatliches „Recht"	41
b) Keine Rechtswahl unter Art. 3 Rom I-VO für nicht-vertragsrechtliche Materien	42
7. Besondere Ausdrucksformen der Rechtswahl	43
a) Optionale Rechtswahlklauseln (floating choice of law clauses)	43
b) Gespaltene Rechtswahlklauseln	44
c) Hierarchische Rechtswahlklauseln	44
d) Versteinerungsklauseln	45
e) Stabilisierungsklauseln	45
8. Keine kollisionsrechtliche Rechtswahl bei reinem Inlandssachverhalt dank Art. 3 III Rom I-VO	46
9. Keine Derogation von Unionsrecht durch Wahl drittstaatlichen Rechts bei Binnenmarktssachverhalten dank Art. 3 IV Rom I-VO	47

Inhaltsverzeichnis

V. Objektive Anknüpfung nach Art. 4 Rom I-VO	49
1. Binnenstruktur des Art. 4 Rom I-VO	50
a) Katalogtechnik des Art. 4 I Rom I-VO und allgemeines Prinzip des Art. 4 II Rom I-VO	50
b) Gewöhnlicher Aufenthalt als zentraler Anknüpfungspunkt und Ausfüllung durch Art. 19 Rom I-VO	51
c) Ausweichklausel der engeren Verbindung in Art. 4 III Rom I-VO	52
d) Auffangklausel der engsten Verbindung in Art. 4 IV Rom I-VO	52
2. Vertragstypenkatalog des Art. 4 I Rom I-VO	52
a) Rechtssicherheit und Praktikerorientierung durch Katalogtechnik	52
b) Das Verhältnis der Katalogtatbestände zum Prinzip der charakteristischen Leistung	53
c) Katalogtatbestände als feste Anknüpfungsregeln?	54
d) Kaufverträge (Art. 4 I lit. a Rom I-VO)	54
aa) Kauf	54
bb) Begriff der Waren	55
(1) Grundsätzliches	55
(2) Schiffe und Fahrzeuge	56
(3) Geld	56
(4) Elektrizität und andere Energiequellen	56
(5) Software und andere digitalisierte Produkte	57
cc) Anwendbarkeit der CISG als vorgelagerter Schritt	57
e) Verträge über das Erbringen von Dienstleistungen (Art. 4 I lit. b Rom I-VO)	58
f) Verträge über Immobilien (Art. 4 I lit. c Rom I-VO)	61
aa) Belegenheitsanknüpfung	61
bb) Immobilienkaufverträge	61
cc) Miet- und Pachtverträge über Immobilien	61
dd) Andere Verträge mit Bezug zu Immobilien	62
g) Ergänzung für kurzfristige Mietverträge über Immobilien durch Art. 4 I lit. d Rom I-VO	62
h) Franchiseverträge (Art. 4 I lit. e Rom I-VO)	63
i) Vertriebsverträge (Art. 4 I lit. f Rom I-VO)	64
j) Versteigerungskäufe über bewegliche Sachen (Art. 4 I lit. g Rom I-VO)	66
k) Finanzverträge in multilateralen Systemen (Art. 4 I lit. h Rom I-VO)	67
3. Prinzip der charakteristischen Leistung nach Art. 4 II Rom I-VO	70
a) Freundlichkeit gegenüber dem Marketer	70
b) Exporteursfreundlichkeit	71
c) Angebliche Schwachpunkte des Prinzips der charakteristischen Leistung?	72
d) Identifikation der charakteristischen Leistung mit Hilfe der Faustformel „Im Zweifel nicht die Geldleistung"	73
e) Einzelne Vertragstypen unter Art. 4 II Rom I-VO	74
f) Einheitsrecht für bestimmte Vertragstypen	77
g) Umstrittene und problematische Vertragstypen, insbesondere Verträge über Immaterialgüterrechte	78
4. Gemischte Verträge	80
5. Ausweichklausel des Art. 4 III Rom I-VO	81

Inhaltsverzeichnis

a) Regel und Ausnahme	81
b) Flexibilität und Rigidität	83
c) Gefahr einer Bevorzugung der lex fori	84
d) Abwägungsvorgang	85
e) Abgrenzung zur stillschweigenden Rechtswahl	86
f) Akzessorische Anknüpfung an das Statut eines anderen Vertrages	86
6. Auffangklausel des Art. 4 IV Rom I-VO	86
7. Exkurs: Vorfeldtatbestände (Vorvertrag, Optionsvertrag, Letter of Intent, Memorandum of Understanding)	87
8. Objektive dépeçage unter Art. 4 Rom I-VO	89
VI. Verbraucherverträge	90
1. Persönlicher Anwendungsbereich des Art. 6 Rom I-VO	92
a) Grundsätzliches: Gefällelage und B2C-Verträge	92
b) Abstrakter Ansatz bei der Schutzwürdigkeit	93
c) Anlage privaten Vermögens	94
d) Nur natürliche Personen	95
e) Kein Schutz für kleine, mittlere oder Mikro-Unternehmen oder Start-Ups	96
f) Anschaffung für unselbständig-berufliche Zwecke durch Arbeitnehmer	97
g) Verträge mit gemischter Zielsetzung	98
h) C2B-Verträge	101
i) C2C-Geschäfte	102
2. Sachlicher Anwendungsbereich des Art. 6 Rom I-VO	102
3. Situativer Anwendungsbereich des Art. 6 Rom I-VO	103
a) „Ausrichten" unternehmerischer Tätigkeit auf den Vertragsabschlussmarkt im Aufenthaltsstaat des Verbrauchers	103
aa) Grundsätzliches	103
bb) Gemeinsame Erklärung von Rat und Kommission	104
cc) Vertraglicher Selbstschutz des Unternehmers	105
(1) Grundsätzliches	105
(2) Geoblocking	106
dd) Internetauftritte und Kategorien von Websites	107
(1) Kriterienkatalog	107
(2) Keine Differenzierung nach Kategorie der Website	110
(3) Disclaimer	110
ee) Beweislast	111
b) Kein Erfordernis des Abschlusses spezifisch im Fernabsatz	111
c) Keine Beschränkung auf den Sitzstaat des Unternehmers vs. Ausrichtung auf den Verbraucherstaat	112
d) Auf Touristen abzielende Marketingstrategien in Touristengebieten	112
e) Kausalität zwischen ausgerichteter Tätigkeit und Vertragsschluss	113
f) Tätigkeit und Leistung	114
g) Ergänzungs-, Erweiterungs-, Änderungs- und Folgeverträge	114
h) Zurechnung von Aktivitäten Dritter	115
aa) Grundsätzliches	115
bb) Listen und Portale mit aktivem Eintragungsbemühen der Eingetragenen	116
cc) Listeneinträgen ohne aktives Bemühen der Eingetragenen	116

Inhaltsverzeichnis

dd) Zentrale Marketingagenturen und Marketingverbände	116
ee) Privatengleiche Eintragungen in reine Kommunikationsverzeichnisse	116
4. Günstigkeitsvergleich bei Rechtswahl	117
a) Günstigkeitsvergleich als Institut	117
b) Günstigkeitsvergleich im Detail	119
c) Einfluss der KlauselRL	120
d) Transparenzanforderungen	121
5. Objektive Anknüpfung	124
6. Ausnahmetatbestände im Internationalen Verbrauchervertragsrecht: Art. 6 IV Rom I-VO	125
a) Subventionierung der lokalen Tourismusindustrie durch Art. 6 IV lit. a Rom I-VO	126
b) Subventionierung der Beförderungsbranche durch Art. 6 IV lit. b Rom I-VO	126
aa) Art. 6 IV lit. b Rom I-VO	126
bb) Beförderergünstige Realität: Wahl des Rechts am Beförderersitz über Art. 5 II UA 2 litt. b, c Rom I-VO	127
cc) Rückausnahme für Pauschalreisen	128
c) Subventionierung der Wohnungswirtschaft durch Art. 6 IV lit. c Rom I-VO	129
d) Partielle Privilegierung der Finanzwirtschaft durch Art. 6 IV lit. d und e Rom I-VO	130
7. Form als Teilfrage	131
8. Art. 46b EGBGB	131
VII. Arbeitsverträge	133
1. Begriff des Individualarbeitsvertrags	134
a) Grundsätzliches	134
b) Arbeitnehmerähnliche Personen	137
c) Scheinselbständige	137
d) Anstellungsverträge von Organpersonen	138
e) Leitende Angestellte	140
f) Beamte und Angestellte im öffentlichen Dienst	141
g) Arbeitsrechtliche Aufhebungsverträge	142
2. Günstigkeitsvergleich bei Rechtswahl	143
a) Günstigkeitsvergleich als Institution	143
b) Vier Schritte	143
c) Vergleichsmaßstab	145
d) Rechtsfolgen	146
e) Günstigkeitsvergleich und ne ultra petita	146
3. Objektive Anknüpfung	147
a) Gewöhnlicher Arbeitsort	147
aa) Grundsätzliches	147
bb) Arbeitnehmer als maßgebliche Anknüpfungsperson	150
cc) Gewöhnlicher Arbeitsort und Verträge des Arbeitgebers mit Kunden	150
dd) Vorübergehende und dauerhafte Entsendung	151
ee) Doppelte Arbeitsverhältnisse: Rumpf- und Lokalarbeitsverhältnis	153
b) base-Anknüpfung	154
aa) Grundsätzliches	154
bb) Verhältnis zwischen „an dem" und „von dem aus"	156

Inhaltsverzeichnis

cc) Konzept einer Schwerpunktsuche und Ort, „von dem aus" Arbeit gewöhnlich verrichtet wird	157
dd) Fernfahrer	158
c) Einstellende Niederlassung	159
aa) Grundsätzliches	159
bb) Niederlassung	160
cc) Einstellen	161
d) Ausweichklausel	162
e) Seeleute	165
aa) Anwendung der base rule aus Art. 8 II 1 Var. 2 Rom I-VO?	165
bb) Anknüpfung an die Flagge bei Schifffahrt auf der Hohen See	167
cc) Abwägung zwischen Flaggenhoheit und Territorialhoheit bei Schifffahrt diesseits der Hohen See	167
dd) Seeleute jenseits der Flaggenanknüpfung	168
4. Betriebsübergang	168
5. Exkurs: Arbeitnehmerüberlassung	170
6. Exkurs: Internationales Kollektivarbeitsrecht	170
a) Internationales Tarifvertragsrecht	170
b) Internationales Betriebsverfassungsrecht	172
VIII. Transportverträge	175
1. Allgemeines	175
a) Vorrang der Transportrechtskonventionen des Internationalen Einheitsrechts	175
b) Passagierschutz in EU-Verordnungen	176
c) Verhältnis zum Internationalen Verbrauchervertragsrecht	176
2. Begriff des Transportvertrags	177
a) Güterbeförderungsverträge	177
b) Verträge mit Kern Güterbeförderung	177
c) Personenbeförderungsverträge	180
d) Speditionsverträge	180
aa) Normalbildgerechter Speditionsvertrag als Geschäftsbesorgungsvertrag sui generis	180
bb) Ausnahme: Spediteur als funktioneller Frachtführer	181
3. Rechtswahl	181
a) Rechtswahl bei Güterbeförderungsverträgen	181
b) Beschränkte Rechtswahl bei Personenbeförderungsverträgen nach Art. 5 II UAbs. 2 Rom I-VO	182
4. Objektive Anknüpfung	182
a) Objektive Anknüpfung bei Güterbeförderungsverträgen	182
b) Objektive Anknüpfung für Personenbeförderungsverträge in Art. 5 II UAbs. 1 S. 1 Rom I-VO	184
c) Ausweichklausel	186
d) Besondere Kollisionsnormen des deutschen Rechts	186
aa) Art. 6 EGHGB	186
bb) §§ 449 III; 451h III; 466 IV HGB	187
IX. Versicherungsverträge	188
1. Hintergrund	188
2. Struktur des Art. 7 Rom I-VO	189
a) Risikobelegenheit	189
b) Definition der Risikobelegenheit	189
c) Risikobelegenheit in einem Mitgliedstaat	190

Inhaltsverzeichnis

3. Rechtswahl	191
a) Freie Rechtswahl für Großrisiken	191
b) Beschränkte Rechtswahl für andere Risiken	192
c) Nationale Erweiterungen der Rechtswahlfreiheit	192
4. Objektive Anknüpfung	193
a) Großrisiken	193
b) Massenrisiken	194
5. Pflichtversicherungsverträge	194
6. Gruppenversicherungen	195
7. Rückversicherungsverträge	195
8. Versicherungsaufsichtsrecht	197
X. Umfang des Vertragsstatuts	197
1. Grundsätzliches	197
2. Vertragsschluss (Art. 10 Rom I-VO)	198
a) Bootstrap principle des Art. 10 I Rom I-VO	198
b) Zustandekommen	199
c) Rechtsgeschäftliche Wirksamkeit	200
d) Materielle Wirksamkeit	200
e) Kumulative Sonderanknüpfung des Art. 10 II Rom I-VO mit eng begrenztem Anknüpfungsgegenstand	200
3. Auslegung (Art. 12 I lit. a Rom I-VO)	202
4. Vertragserfüllung (Art. 12 I lit. b Rom I-VO)	203
5. Leistungsstörungen (Art. 12 I lit. c Rom I-VO)	204
6. Erlöschen von Verpflichtungen (Art. 12 I lit. d Var. 1 Rom I-VO)	206
7. Verjährung, Verfristung, Verwirkung (Art. 12 I lit. d Var. 2 Rom I-VO)	206
8. Vertragsunwirksamkeit und ihre Folgen (Art. 12 I lit. e Rom I-VO)	207
9. Drittwirkungen	207
10. Zurückbehaltungsrechte	207
11. Überlagernde Anknüpfung des Art. 12 II Rom I-VO	208
XI. Formstatut	209
1. Grundsätzliches	210
2. Qualifikation	210
a) Form in Abgrenzung zur Substanz	210
b) Form in Abgrenzung zum Verfahren	211
c) Form in Abgrenzung zu Eingriffsnormen	211
3. Anknüpfung	212
a) Vertragsstatut	212
b) Abschlussort des Vertrags	212
aa) locus regit formam actus	212
bb) Ausfüllung	213
c) Sonderregel zum Abschlussort bei Distanzverträgen	213
d) Eigene Regel für einseitige Rechtsgeschäfte mit Bezug auf Verträge	214
e) Erste Ausnahme: Verbraucherverträge	215
f) Zweite Ausnahme: Immobilienverträge	215
4. Rechtsfolgen von Formverstößen	216
5. So genannte Formleere	217
XII. Abtretung	217
1. Verpflichtungsgeschäft	218
2. Verfügungsgeschäft: Wirkung inter partes zwischen Zedent und Zessionar	218

Inhaltsverzeichnis

3. Verfügungsgeschäft: Wirkung gegen Dritte	219
4. Verhältnis zum Forderungsschuldner	225
XIII. Legalzession	225
XIV. Aufrechnung	226
XV. Gesamtschuldnerausgleich (Art. 16 Rom I-VO)	228
XVI. Sonderanknüpfung von Eingriffsrecht	228
1. Definition von Eingriffsrecht (Art. 9 I Rom I-VO)	231
2. Sonderanknüpfung von Eingriffsrecht des Forums (Art. 9 II Rom I-VO)	237
3. Begrenzung der Sonderanknüpfung forumfremder Normen auf solche aus dem Staat des Erfüllungsortes (Art. 9 III 1 Rom I-VO)	239
4. „kann Wirkung verliehen werden"	243
a) Wirkung verleihen = anwenden?	243
b) Richterliches Ermessen hinsichtlich Eingriffsnormen des Erfüllungsortsrechts	244
c) Kein Ermessen hinsichtlich Eingriffsnormen anderer forumfremder Staaten als jenem des Erfüllungsortes	245
5. Ermittlung des maßgeblichen Erfüllungsortes	245
6. Keine unionsrechtliche Pflicht zur Sonderanknüpfung von Eingriffsnormen anderer EU-Mitgliedstaaten aus Art. 4 III EUV	250
7. Keine Sperrwirkung des Art. 9 Rom I-VO gegenüber einer materiellrechtlichen Berücksichtigung der zur Durchsetzung von Eingriffsnormen gesetzten Fakten	251
XVII. Ordre public (Art. 21 Rom I-VO)	253
XVIII. Rom I-VO und Kollisionsnormen des nationalen Rechts	254
XIX. Schiedsgerichte und Internationales Schuldvertragsrecht	255
1. Art. 1 II lit. e Rom I-VO	255
2. Sonderrechtsentwicklung im IPR für Schiedsverfahren?	257
3. Fehlende lex fori von Schiedsgerichten?	258
XX. Vollmachtsstatut	260
1. Abgrenzung zwischen rechtsgeschäftlich erteilter und gesetzlicher Vertretungsmacht	260
2. Eigenständige Anknüpfung der Vollmacht: keine Anknüpfung an das Vertretergeschäft	260
3. Rechtswahl	262
a) Einseitige Festlegung durch den Prinzipal nach Art. 8 I 1 EGBGB	262
b) Dreiseitige Rechtswahl nach Art. 8 I 2 EGBGB	264
4. Wirkungsland	264
a) Grundsatz	264
b) Eigene Regel bei fest niedergelassenem Vertreter	265
c) Eigene Regel bei Arbeitnehmer des Prinzipals als Vertreter	266
d) Eigene Regel bei auf Dauer angelegter privater Vollmacht	267
5. Spezielle Vollmachten	268
a) Vollmacht für Immobiliengeschäfte	268
b) Vollmacht für Börsengeschäfte oder Versteigerungen	269
c) Prozessvollmacht	269
d) Kapitänsvollmacht	269
e) Prokura	270
6. Umfang des Vollmachtsstatuts	270
7. Keine Rück- oder Weiterverweisung	271
8. Form der Bevollmächtigung	271
9. Vollmacht kraft Rechtsscheins	271

Inhaltsverzeichnis

    10. Stellvertretung ohne Vertretungsmacht 272
    11. Eigenhaftung des Vertreters 274

§ 2. Internationales Privatrecht der außervertraglichen Schuldverhältnisse 275
  I. Einleitung 275
  II. Struktur der Rom II-VO 276
  III. Sachlicher Anwendungsbereich der Rom II-VO 277
    1. Grundsätzliches: außervertragliches Schuldverhältnis 277
    2. Ausgrenzung hoheitlichen Handelns 279
    3. Ausnahmekatalog des Art. 1 II Rom II-VO 279
       a) Grundsätzliches 279
       b) Persönlichkeitsrechtsverletzungen und Mediendelikte (Art. 1 II lit. g Rom II-VO) 280
       c) Ausgrenzung und Abgrenzung kraft anderweitiger Qualifikation 282
       d) Ausnahmen für unerlaubte Handlungen mit Bezug zu Wertpapieren oder zum Gesellschaftsrecht 283
          aa) Grundsätzliches 283
          bb) Prospekthaftung 284
       e) Atomhaftung 288
    4. Fortgelten nationalen Kollisionsrechts in den Ausnahmebereichen: Artt. 38–42 EGBGB 288
       a) Ausgangslage 288
       b) Stufen im deutschen Internationalen Deliktsrecht der Artt. 40–42 EGBGB 288
       c) Insbesondere: Erfolgsort bei der Verletzung von Persönlichkeitsrechten 290
       d) Rück- und Weiterverweisung 294
  IV. Rechtswahl unter Art. 14 Rom II-VO 295
    1. Grundsätzliches 295
    2. Nachträgliche Rechtswahl 297
    3. Vorherige Rechtswahl 298
       a) B2B-Verhältnisse 298
          aa) Kommerzielle Betätigung aller Parteien 298
          bb) Freies Aushandeln und AGB 300
          cc) Reichweite vertraglicher Rechtswahlklauseln für außervertragliche Schuldverhältnisse 301
             (1) Mit genuin vertraglichen Ansprüchen aus dem Vertrag konkurrierende deliktische Ansprüche 301
             (2) Deliktische Ansprüche mit ganz eigenständigem Entstehungsgrund 302
       b) B2C-Verhältnisse und Verhältnisse mit anderen nicht-kommerziellen Partnern 302
    4. Ausdrückliche und stillschweigende Rechtswahl 303
    5. Zustandekommen und rechtsgeschäftliche Wirksamkeit der Rechtswahl 303
    6. Inhaltliche Wirksamkeit der Rechtswahl 304
    7. Teilrechtswahl 305
    8. Form der Rechtswahl 305
    9. Ausnahmen bei Drittinteressen 305
    10. Grenzen der Rechtswahl 306
       a) Objektive Verbindungen nur zu einer Rechtsordnung und „Wahl" eines anderen Rechts 306

Inhaltsverzeichnis

b) Objektive Verbindungen nur zu Mitgliedstaaten und „Wahl" eines drittstaatlichen Rechts	306
c) Rechte Dritter	307
V. Internationales Deliktsrecht	307
1. Objektive Anknüpfung unter Art. 4 Rom II-VO	307
a) Grundsatz: Erfolgsortanknüpfung unter Art. 4 I Rom II-VO	307
aa) Vorrang der rechtsgüterschützenden Funktion des Deliktsrechts vor der handlungssteuernden	307
bb) Entscheidung gegen ein Ubiquitätsprinzip	307
cc) Interessen, Fairness und Voraussehbarkeit	309
dd) Diskordanzen mit dem Ubiquitätsprinzip bei der internationalen Zuständigkeit?	310
ee) Entscheidung gegen ein Herkunftslandprinzip	311
b) Lokalisierung des Erfolgsortes	312
aa) Grundsätzliches	312
bb) Ausgrenzung bloßer Folgeschäden oder indirekter Schäden	313
cc) Schäden Dritter	315
dd) Mehrere Erfolgsorte: Mosaikprinzip	315
ee) Vermögensschäden als primäre Schäden bei Vermögensdelikten	316
(1) Maßgebliches Teilvermögen des Geschädigten	317
(2) Lokalisierung von Bankkonten entsprechend Art. 2 Nr. 9 iii EuInsVO 2015	318
(3) Vermögensschaden und Eingehung von Verbindlichkeiten	320
(4) Nichtbekommen geschuldeter Vermögenswerte	321
(5) Nichtrealisierung oder Verlust von Chancen	321
ff) Ausgewählte Deliktsarten	321
gg) Delikte an Bord von Schiffen	323
hh) Delikte an Bord von oder mit Flugzeugen	323
ii) Schiffskollisionen	324
jj) Kollisionen im Luftraum	325
c) Anknüpfung an den gemeinsamen gewöhnlichen Aufenthalt unter Art. 4 II Rom II-VO	326
aa) Ratio	326
bb) Begriff des gewöhnlichen Aufenthalts (Art. 23 Rom II-VO)	327
cc) Maßgebliche Personen	328
d) Ausweichklausel des Art. 4 III Rom II-VO	329
aa) Näherbeziehung	329
bb) Akzessorische Anknüpfung	330
(1) Grundsätzliches	330
(2) Herrschendes Rechtsverhältnis	331
2. Produkthaftung	332
a) Grundsätzliches	333
b) Sachlicher Anwendungsbereich	334
c) Persönlicher Anwendungsbereich	335
d) Anknüpfung	335
aa) Achtstufiges System	335
bb) Erwerb des Produkts	336
cc) Inverkehrbringen des Produkts	337
(1) Erwerb oder Marketing?	337

Inhaltsverzeichnis

(2) Rechtmäßigkeitserfordernis	337
(3) Objekt des Inverkehrbringens	338
e) Lücken im System	338
f) Andere Rechtsakte, insbesondere Haager Produkthaftungsübereinkommen	339
3. Lauterkeitsrecht	339
a) Qualifikation	340
b) Marktortanknüpfung für marktbezogene Wettbewerbsdelikte	341
c) Ausrichtung von Werbemaßnahmen auf einen bestimmten Markt	342
aa) Potenzial der Werbung	343
bb) Sprache der Werbemaßnahme	343
cc) Angegebene Zahlungs- und Versandmodalitäten	345
dd) Zuschnitt und Marktbedeutung des Anbieters	346
ee) Charakter der beworbenen Leistung	346
ff) Inhaltliche Ausgestaltung der Werbemaßnahme	347
gg) Subjektive Momente (insbesondere Disclaimer)	348
d) Spürbarkeitsschwelle	349
e) Allgemeine internationaldeliktsrechtliche Anknüpfung für einzelunternehmensbezogene Delikte	350
f) Verbandsklage zur lauterkeitsrechtlichen Durchsetzung von Verbrauchervertragsrecht	351
4. Kartellrecht	352
a) Ausgrenzung des behördlichen Kartellrechts und Begrenzung auf das Kartellprivatrecht	352
b) Anknüpfungsgegenstand	353
c) Ausfüllung des Auswirkungsprinzips	354
d) Beeinträchtigung mehrerer Märkte	357
aa) Grundsatz: Mosaikprinzip	357
bb) Lex fori nach Art. 6 III lit. b Hs. 1 Rom II-VO	358
(1) Lex fori bei Klage am Beklagtenwohnsitz	358
(2) Lex fori bei Klage gegen mehrere Beklagte nach Art. 6 III lit. b Hs. 2 Rom II-VO	359
e) Nichtigkeitsfolge für kartellrechtswidrige Verträge	360
f) Anknüpfung unionsrechtlichen Kartellrechts	360
5. Umwelthaftung	361
a) Ubiquitätsprinzip	361
b) Erfolgsortanknüpfung	362
c) Einseitiges Optionsrecht des Geschädigten zu Gunsten des Handlungsortsrechts	363
d) Bedeutung im Ausland erteilter behördlicher Genehmigungen	364
6. Immaterialgüterrechtsverletzungen	366
a) Grundsatz: Schutzlandprinzip	366
b) Qualifikation: sachlicher Anwendungsbereich	368
aa) Rechte des geistigen Eigentums	368
bb) Bestand und Umfang: Vorfrage	369
cc) (Erste?) Rechtsinhaberschaft: Vorfrage?	369
c) Sonderregel für Restfragen bei der Verletzung von Unionsschutzrechten: lex loci delicti commissi = Handlungsort	370
d) Rechtswahlausschluss	372
e) Alternative Ideen	372
7. Arbeitskampfrecht	373

Inhaltsverzeichnis

8. Straßenverkehrsunfälle	375
9. Umfang des Deliktsstatuts (Qualifikation)	376
a) Grundsätzliches	376
b) Haftungsgrund, -umfang, -schuldner	376
c) Haftungsausschlussgründe, -beschränkung, -teilung	377
d) Schaden	378
e) Auskunfts-, Beseitigungs- und Unterlassungsansprüche	378
f) Übertragbarkeit von Ansprüchen	379
g) Haftungsgläubiger	379
h) Haftung für andere	381
i) Erlöschen, Verjährung, Verfristung	381
j) Weitere Aspekte	382
k) Beweisfragen	382
10. Sicherheits- und Verhaltensregeln des Handlungsortes	383
11. Direktanspruch gegen den Haftpflichtversicherer	386
12. Regress, insbesondere Legalzession	390
13. Exkurs: Gesetzlicher Schuldbeitritt	390
VI. Internationales Bereicherungsrecht	391
1. Ungerechtfertigte Bereicherung für die Zwecke des IPR	391
2. Rechtswahl nach Art. 14 Rom II-VO	392
3. Akzessorische Anknüpfung	393
a) Grundsätzliches	393
b) Condictio indebiti im Umfeld eines unwirksamen Schuldvertrags: Vertragliche Qualifikation kraft Art. 12 I lit. e Rom I-VO	393
c) Akzessorische Anknüpfung im Umfeld vertraglicher oder vertragsähnlicher Schuldverhältnisse	394
d) Akzessorische Anknüpfung im Umfeld eines familienrechtlichen Verhältnisses	394
e) Akzessorische Anknüpfung im Umfeld eines Delikts	394
f) Mehrzahl potentiell herrschender Rechtsverhältnisse	395
4. Gemeinsamer gewöhnlicher Aufenthalt	395
5. Ort des Bereicherungseintritts	395
6. Ausweichklausel kraft Näherbeziehung	398
7. Die Einordnung der Kondiktionstypen des deutschen Sachrechts unter Art. 10 Rom I-VO	398
8. Bereicherungsrechtliche Mehrpersonenverhältnisse	399
9. Umfang des Bereicherungsstatuts (Qualifikation)	401
10. Sonderregel bei Bereicherung wegen Verletzung von Immaterialgüterrechten	403
VII. IPR der Geschäftsführung ohne Auftrag	403
1. Qualifikation: Geschäftsführung ohne Auftrag für die Zwecke des IPR	404
2. Rechtswahl nach Art. 14 Rom II-VO	405
3. Akzessorische Anknüpfung an das Statut eines herrschenden Rechtsverhältnisses	405
4. Anknüpfung an den gemeinsamen gewöhnlichen Aufenthalt	406
5. Ort der Geschäftsführung	407
6. Ausweichklausel kraft Näherbeziehung	409
7. Umfang des Statuts der Geschäftsführung ohne Auftrag (Qualifikation)	409
VIII. Culpa in contrahendo	410
1. Außervertragliche, nicht vertragliche oder deliktische Qualifikation	410

Inhaltsverzeichnis

2. Grundsatz: Akzessorische Anknüpfung an das Vertragsstatut nach Art. 12 I Rom II-VO	412
3. Allgemeindeliktische Auffanganknüpfung nach Art. 12 II Rom II-VO	415
a) Qualifikationsfragen	415
b) Anknüpfung	417
IX. Allgemeine Regeln für alle außervertraglichen Schuldverhältnisse	417
1. Sonderanknüpfung von Eingriffsrecht des Forums nach Art. 16 Rom II-VO	417
a) Grundsätzliches	417
b) Keine Sonderanknüpfung forumfremden Eingriffsrechts	418
c) Beispiele für Eingriffsnormen	419
2. Ordre public (Art. 26 Rom II-VO)	420
3. Renvoi-Ausschluss in Art. 24 Rom II-VO	422
4. Mehrrechtsstaaten (Art. 25 Rom II-VO)	422
5. Vorrang spezieller Kollisionsnormen in anderen EU-Rechtsakten nach Art. 27 Rom II-VO	422
6. Spezielle Kollisionsnormen in Staatsverträgen	424
7. Lückenfüllung durch Analogien zur Rom I-VO	425
X. Rom II-VO und Schiedsverfahren	425
§ 3. Internationales Sachenrecht	427
I. Einleitung	428
II. Grundsatz: Anwendung des Belegenheitsrechts (lex rei sitae)	431
1. Lex situs als Grundregel	431
2. Eigentumserwerb im Rahmen des Übergangs von Unternehmen und Sachgesamtheiten	433
3. Ausweichklausel des Art. 46 EGBGB	434
a) Grundsätzliches	434
b) Mögliche Faktoren	435
III. Anerkennung, Hinnahme, Transposition und Anpassung bei dinglichen Rechten an Mobilien mit Grenzübertritt (einfacher und qualifizierter Statutenwechsel)	437
1. Grundsatz	437
a) Abgeschlossene und nicht abgeschlossene Tatbestände	437
aa) Abgeschlossene Tatbestände und einfacher Statutenwechsel (Art. 43 II EGBGB)	438
bb) Nicht abgeschlossene Tatbestände und qualifizierter Statutenwechsel (Art. 43 III EGBGB)	438
cc) Abgrenzung	440
b) Transposition	440
c) Anpassung	441
2. Einzelne Sicherungsmittel	441
a) Einfacher Eigentumsvorbehalt	441
b) Verlängerter Eigentumsvorbehalt	442
c) Erweiterter Eigentumsvorbehalt	442
d) Sicherungseigentum	442
e) Besitzloses Pfandrecht	443
f) Registerpfandrecht und Autohypothek	443
g) Sicherheiten an Unternehmen oder Sachgesamtheiten	443
IV. Dingliche Rechte an Transportmitteln	444
1. Transportmittel	444
2. Rechte	445

Inhaltsverzeichnis

3. Anknüpfung an das Herkunftsland	446
4. Gesetzliche Sicherungsrechte, insbesondere Schiffsgläubigerrechte	447
a) Entstehungsstatut nach Art. 45 II 1 EGBGB	447
aa) Gesetzliche Sicherungsrechte	447
bb) Anknüpfungspunkt: Statut der gesicherten Forderung	447
cc) Anknüpfungsgegenstand Entstehung (Qualifikation)	448
b) Rangstatut nach Art. 45 II 2 EGBGB	449
5. Ausdehnung des Art. 45 EGBGB auf andere Fahrzeuge, insbesondere Straßenfahrzeuge?	449
6. Internationales Einheits(sach)recht: Cape Town Convention samt Protokollen	451
V. Dingliche Rechte an res in transitu	451
1. Res in transitu	452
2. Übereignung durch Warenpapiere mit Traditionsfunktion	455
VI. Kulturgüter	456
1. Anknüpfung an die lex originis?	458
2. Öffentlich-rechtliche Überlagerung	461
VII. Verbriefte Wertpapiere	463
1. Einordnung als Wertpapier und als Order-, Inhaber- oder Rektapapier	463
2. Übertragung von Inhaberpapieren	464
3. Übertragung von Orderpapieren	464
4. Rechtsübertragung bei Rektapapieren	465
VIII. Securities	465
1. Grundsätzliches	466
2. Haager Übereinkommen über das auf intermediärverwahrte Wertpapiere anzuwendende Recht	467
3. § 17a DepotG	469
4. Richtlinie über Finanzsicherheiten	471
IX. Grundstücksimmissionen	471
X. Parteiautonomie (Rechtswahl)	472
1. Parteiautonomie nach der Reform des Internationalen Sachenrechts 1999	472
2. Primärrechtliche Warenverkehrsfreiheit	474
3. Verkehrsinteresse	475
4. Entziehung von Haftungssubstrat	476
5. Sachrechtliches Konsensualprinzip	476
6. Gleichlauf mit Verfügungen über andere Gegenstände	477
7. Unsicherheit der objektiven Anknüpfung und Rechtssicherheit durch Rechtswahl	477
8. Ausgestaltung einer Rechtswahl	478
9. Indirekte Wahlfreiheit durch „Wahl" der Sachbelegenheit	478
10. Internationaler Entscheidungseinklang	479
11. Überlagerung im Insolvenzfall	479
XI. Umfang des Sachstatuts (Qualifikation)	479
1. Dingliche Rechte	479
2. Gutgläubiger Erwerb	480
3. Vindikationsanspruch und Eigentümer-Besitzer-Verhältnis	481
4. Sachstatut als Einzelstatut und Gesamtstatute von Vermögensmassen	482
XII. Rück- und Weiterverweisung	482
XIII. Registerverfahrensrecht	483

Inhaltsverzeichnis

§ 4. Internationales Familienrecht	485
I. Einleitung	486
II. Eheschließung	487
1. Ehebegriff	489
2. Materielle Voraussetzungen der Eheschließung	490
a) Grundsatz	490
aa) Distributive oder gekoppelte Anknüpfung	490
bb) Maßgeblicher Zeitpunkt	491
cc) Folgen	491
(1) Grundsätzliches	491
(2) Grundsatz des ärgeren Rechts	492
dd) Renvoi	493
b) Besondere ordre public-Klausel des Art. 13 II EGBGB	493
aa) Fehlen einer Eheschließungsvoraussetzung nach ausländischem Recht	494
bb) Kein Ehehindernis nach deutschem Recht	496
cc) Qualifizierter personaler Inlandsbezug (Art. 13 II Nr. 1 EGBGB)	496
dd) Verpflichtung zu zumutbaren Beseitigungsbemühungen (Art. 13 II Nr. 2 EGBGB)	496
ee) Unvereinbarkeit mit der Eheschließungsfreiheit des Art. 6 I GG	498
ff) Rechtsfolgen	499
gg) Verhältnis zur allgemeinen ordre public-Klausel	499
c) Konsens und Eheschließungserklärung	499
d) Heiratsvormund	499
e) Geschäftsfähigkeit	500
3. Einwilligung Dritter in die Eheschließung, insbesondere Minderjähriger	500
4. Eheschließung unter falschem Namen	501
5. Geschlecht der Eheschließenden	501
a) Gleichgeschlechtliche Ehe	501
b) Transsexuellenproblematik	503
c) Intersexuellenproblematik	504
6. Eheschließungsalter (Ehemündigkeit)	505
a) Grundsatz	505
b) Sonderregel zur Bekämpfung von „Kinderehen": Art. 13 III EGBGB	506
c) Zu hohes Heiratsmindestalter	510
7. Ehehindernisse	510
a) Kategorisierung: Einseitige und zweiseitige Ehehindernisse	510
b) Religiöse Ehehindernisse	511
c) Politische Ehehindernisse	511
d) Ehehindernisse aus Familienbeziehungen	512
aa) Verwandtschaft und Schwägerschaft	512
bb) Mehrehe: Polygamie und Bigamie	512
cc) Hinkende Ehe	516
e) Andere Ehehindernisse	517
f) Dispens von Ehehindernissen	517
8. Form der Eheschließung	518
a) Begriff der Form: Qualifikation	518
b) Bestimmung des Ortes der Eheschließung	520
c) In Deutschland geschlossene Ehe	521

Inhaltsverzeichnis

aa) Standesamtliche Eheschließung nach § 1310 BGB	521
bb) Ausnahme nach Art. 13 IV 2 EGBGB	522
d) Im Ausland geschlossene Ehe	523
aa) Ortsform	523
bb) Geschäftsform nach materiellem Eheschließungsstatut	524
e) Folgen eines Formfehlers	524
9. Rück- und Weiterverweisung	525
10. Exkurs: IPR des Verlöbnisses	525
III. Ehegüterrecht	527
1. Rechtsquellen	529
2. Anwendungsbereich der EuGüVO und Qualifikation	532
a) Ehe als Erstfrage	532
b) Weiter Güterrechtsbegriff	534
c) Abgrenzung zum Unterhaltsrecht	536
d) Abgrenzung zum Erbrecht	536
e) Abgrenzung zum Sachenrecht	537
f) Andere Ausgrenzungen aus dem Anwendungsbereich der EuGüVO	538
3. Universalität der Kollisionsnormen aus der EuGüVO	539
4. Einheit des anzuwendenden Rechts	539
5. Rechtswahl	540
a) Wahlberechtigte und Wahlzeitpunkt	541
b) Wählbare Rechte	542
aa) Umweltrecht mindestens eines Ehegatten	543
bb) Heimatrecht mindestens eines Ehegatten	543
cc) Für die Wählbarkeit maßgeblicher Zeitpunkt	543
c) Ausdrückliche oder konkludente Rechtswahl	544
d) Einigung und materielle Wirksamkeit	545
e) Wirkung	547
f) Keine Teilrechtswahl	548
g) Form	548
h) Inhaltskontrolle	550
i) Exkurs: Form einer Güterstandsvereinbarung	550
6. Objektive Anknüpfung	552
a) Unwandelbarkeitsgrundsatz	552
b) Anknüpfungsleiter (Kaskadenanknüpfung)	552
c) Aufenthaltsanknüpfung als erste Stufe	552
d) Staatsangehörigkeitsanknüpfung als zweite Stufe	555
e) Engste Verbindung als dritte Stufe und Auffangklausel	555
f) Sonderregel bei mehrfacher gemeinsamer Staatsangehörigkeit in Art. 26 II EuGüVO	556
g) Ausweichklausel in Art. 26 III EuGüVO: Engere Verbindung zum letzten gemeinsamen gewöhnlichen Aufenthalt mit starken Zusatzvoraussetzungen	557
7. Umfang des Statuts (Qualifikation)	561
8. Schutz Dritter	562
9. Rück- und Weiterverweisung	565
10. Eingriffsnormen	565
11. Ordre public	566
12. Verhältnis zu bestehenden völkerrechtlichen Abkommen der Mitgliedstaaten mit Drittstaaten	567
13. Altfälle mit Eheschließung vor dem 29.1.2019 ohne Rechtswahl ab diesem Datum	567

Inhaltsverzeichnis

a) Rechtswahl	567
aa) Wahl des Heimats- oder des Aufenthaltsrechts nach Art. 15 II Nrn. 1, 2 EGBGB	568
bb) Wahl des Belegenheitsrecht bei Immobilien, Art. 15 II Nr. 3 EGBGB	568
(1) Grundsätzliches	568
(2) Unbewegliches Vermögen	569
(3) Wählbarkeit der jeweiligen lex rei sitae	570
cc) Form	571
b) Objektive Anknüpfung	572
c) Umfang des Ehegüterstatuts (Qualifikation)	572
IV. Allgemeine Ehewirkungen	574
1. Grundsätzliches	574
2. Qualifikation	576
3. Rechtswahl	577
a) Grundsätzliches	577
b) Rechtswahltatbestände (Art. 14 I 2 EGBGB 2019)	578
aa) Gemeinsames Aufenthaltsrecht der Ehegatten zum Zeitpunkt der Rechtswahl (Art. 14 I 2 Nr. 1 EGBGB 2019)	578
(1) Gewöhnlicher Aufenthalt	578
(2) Gemeinsamkeit des gewöhnlichen Aufenthalts	580
bb) Letztes gemeinsames, von einem Ehegatten beibehaltenes Aufenthaltsrecht zum Zeitpunkt der Rechtswahl (Art. 14 I 2 Nr. 2 EGBGB 2019)	581
cc) Heimrecht eines Ehegatten zum Zeitpunkt der Rechtswahl (Art. 14 I 2 Nr. 3 EGBGB 2019)	582
dd) Nicht vorgesehene Rechtswahlmöglichkeiten	582
c) Form der Rechtswahlvereinbarung (Art. 14 I 3, 4 EGBGB 2019 EGBGB)	582
aa) Struktur	582
bb) Ehevertragsform der lex causae oder der lex loci actus	583
cc) Ehevertragsform und abweichende Form für Rechtswahl im ausländischen Recht	584
d) Zustandekommen, Wirksamkeit und Auslegung der Rechtswahl	584
e) Keine Teilrechtswahl	585
f) Zeitliche Wirkung	585
g) Änderung und Aufhebung	585
4. Objektive Anknüpfung	586
a) (Aktueller) Gemeinsamer gewöhnlicher Aufenthalt (Art. 14 II Nr. 1 EGBGB 2019)	586
b) Letzter gemeinsamer, einseitig beibehaltener gewöhnlicher Aufenthalt (Art. 14 II Nr. 2 EGBGB)	586
c) (Aktuelle) Gemeinsame Staatsangehörigkeit (Art. 14 II Nr. 3 EGBGB 2019)	587
d) Andere engste gemeinsame Verbindung (Art. 14 II Nr. 4 EGBGB 2019)	588
aa) Grundsätzliches	588
bb) Mögliche Anknüpfungspunkte	588
cc) Fallmaterial	589
dd) Fallgruppenbildung	589
(1) Gemischtnationale Ehen ohne gemeinsamen gewöhnlichen Aufenthalt	590

Inhaltsverzeichnis

(2) Gemischtnationale Ehen mit beidseitig aufgegebenem gemeinsamem gewöhnlichem Aufenthalt	591
ee) Abzulehnende Ansätze	591
5. Rück- und Weiterverweisung	592
6. Betretungs-, Näherungs- und Kontaktverbote im Zusammenhang mit einer in Deutschland belegenen Ehewohnung (Art. 17a EGBGB 2019)	592
7. Gewaltschutz	592
V. Scheidung und Trennung ohne Auflösung des Ehebandes	593
1. Rechtsquellen	595
a) Rom III-VO als Ergebnis einer Verstärkten Zusammenarbeit	595
b) Universelle Kollisionsnormen	597
c) Räumlich-persönlicher Anwendungsbereich	598
d) Objektive Internationalität	598
e) Verweisungsziel	599
2. Sachlicher Anwendungsbereich der Rom III-VO	599
a) Scheidung	599
aa) Abgrenzung von der Ungültigerklärung einer Ehe	600
bb) Ausgrenzung anderer Arten der Eheauflösung	600
cc) Prinzipielle Irrelevanz von Verfahrens- und Gerichtsart	600
dd) Privatscheidungen	601
ee) Kirchengerichtliche Eheaufhebungen	605
ff) Begriff der Ehe	605
b) Scheidungsvoraussetzungen	606
c) Scheidungsfolgen	607
d) Bestehen und Gültigkeit der Ehe als Vorfrage	609
e) Verfahrensfragen	610
f) Trennung ohne Auflösung des Ehebandes	611
3. Rechtswahl	611
a) Grundsätzliches	611
aa) Parteiautonomie und Parteiinteressen	612
bb) Rechtssicherheit und Vorhersehbarkeit	615
cc) Auslandsbezug	616
dd) Informierte Entscheidung über die Rechtswahl	617
ee) Rechtswahlobjekt	619
ff) Ausgestaltung der Rechtswahl	620
gg) Rechtswahl und sachrechtliche Gestattung	620
hh) Keine stillschweigende Rechtswahl unter Art. 5 Rom III-VO	620
ii) Rechtswahl und forum shopping	621
b) Beschränkte Rechtswahl	622
aa) Grundsätzliches	622
bb) Aktueller oder früherer, einseitig beibehaltener gemeinsamer gewöhnlicher Aufenthalt	624
cc) Heimatrecht eines Ehegatten	624
dd) lex fori	627
c) Zeitliches Verhältnis zum Scheidungsverfahren und zur Scheidung	628
d) Nachträgliche Rechtswahl	631
e) Zustandekommen und rechtsgeschäftliche Wirksamkeit	633
f) Inhaltliche Wirksamkeit	635

Inhaltsverzeichnis

g) Wirkungseintritt 636
h) Form 636
    aa) Europäische Mindestform nach Art. 7 I Rom III-VO 636
    bb) Strengere Formvorschriften der Mitgliedstaaten unter Beachtung des Art. 7 II-IV Rom III-VO 637
    cc) Protokollierung bei Rechtswahl im Lauf eines Verfahrens 638
    dd) Notarielle Beurkundung unter Art. 46e I EGBGB 639
    ee) Form des § 127a BGB bei Rechtswahl in einem deutschen Scheidungsverfahren gemäß Art. 46e II 2 EGBGB 639
4. Objektive Anknüpfung 640
    a) Struktur 640
    b) Aufenthaltsprinzip, nicht Staatsangehörigkeitsprinzip als primäre Maxime 641
    c) Aktueller gemeinsamer gewöhnlicher Aufenthalt (Art. 8 lit. a Rom III-VO) 645
    d) Früher gemeinsamer, einseitig beibehaltener gewöhnlicher Aufenthalt (Art. 8 lit. b Rom III-VO) 645
    e) Aktuelle gemeinsame Staatsangehörigkeit (Art. 8 lit. c Rom III-VO) 647
    f) Lex fori (Art. 8 lit. d Rom III-VO) 649
5. Umwandlung einer Trennung in eine Scheidung 651
6. Nichtanwendung ausländischen Rechts kraft Art. 13 Rom III-VO 652
7. Rekurs auf die lex fori kraft Art. 10 Rom III-VO 654
8. Allgemeiner ordre public (Art. 12 Rom III-VO) 658
9. Ausschluss von Rück- und Weiterverweisung 659
10. Rom III-VO und Schiedsverfahren 659
11. IPR des Versorgungsausgleichs 660
    a) Versorgungsausgleich als sachrechtliches Institut 660
    b) Qualifikationsfragen 660
    c) Rechtswahl 660
    d) Objektive Anknüpfung 661
12. Trennung ohne Auflösung des Ehebandes 662
VI. Gleichgeschlechtliche Partnerschaften 664
1. Registrierte Partnerschaften 664
    a) Phänomen und Einstufung 664
    b) Eingehung und Registrierung 665
    c) Güterrecht 666
        aa) Rechtswahl 666
        bb) Objektive Anknüpfung 668
            (1) Grundanknüpfung: Recht des Registrierungsstaates 668
            (2) Ausweichklausel mit Antragserfordernis nach Art. 26 II EuPartVO 669
        cc) Keine Rück- oder Weiterverweisung 669
    d) Unterhalt 669
    e) Andere Wirkungen 669
    f) Auflösung und Beendigung 670
    g) Anerkennungsprinzip 670
    h) Rückwirkender Wegfall der Kappungsgrenze des Art. 17b IV EGBGB 2001 670
2. Gleichgeschlechtliche Ehen 671

Inhaltsverzeichnis

a) Rom III-VO und Art. 17b IV 1 aE EGBGB 2019	671
b) EuGüVO und Art. 17b IV 2 EGBGB 2019	672
c) Art. 17b IV 1, V EGBGB 2019	672
VII. Nichteheliche Lebensgemeinschaften	672
1. Sachrechtliche Phänomene	673
2. Registrierte Partnerschaft als Abgrenzungspol	674
3. Qualifikation	674
4. Anknüpfung	675
a) Bei familienrechtlicher Grundqualifikation	676
b) Bei schuldrechtlicher Grundqualifikation	677
c) Unterhaltsansprüche	678
d) Beziehungen zu Kindern und Erbfragen	678
e) Beziehungen zu Dritten	678
5. Rück- und Weiterverweisung	678
VIII. Unterhalt	678
1. Rechtsquellen	680
a) Räumliche Aspekte	680
b) Intertemporale Aspekte	682
2. Qualifikation	683
3. Vorfragen	684
4. Rechtswahl	684
a) Wahl der lex fori nach Art. 7 HUP	685
aa) Wahl für die Zwecke eines bestimmten Unterhaltsverfahrens	685
bb) Griff in die Zukunft	686
cc) Form	686
b) Beschränkte Rechtswahl nach Art. 8 HUP	686
aa) Heimatrecht einer Partei	687
bb) Aufenthaltsrecht einer Partei	687
cc) Tatsächliches Güter- oder tatsächliches Scheidungsstatut	687
dd) Nicht: lex fori	688
ee) Zeitpunkt	688
ff) Form	689
gg) Inhaltskontrolle nach Art. 8 V HUP	689
hh) Rechtswahlausschluss für Unterhaltsverzicht nach Art. 8 IV HUP	692
ii) Ausschluss einer Rechtswahl zu Lasten besonders schutzbedürftiger Personen nach Art. 8 III HUP	693
5. Objektive Anknüpfung	693
a) Gewöhnlicher Aufenthalt des Unterhaltsberechtigten	693
aa) Grundsätzliches	693
bb) Unterhaltsberechtigter	694
cc) Gewöhnlicher Aufenthalt	694
b) Privilegierte Ansprüche nach Art. 4 HUP	696
aa) Kreis der privilegierten Ansprüche	696
bb) Anknüpfungskaskade unter Art. 4 II HUP	696
cc) Abweichung von Art. 3 HUP unter Art. 4 III HUP	698
dd) Weitere Anknüpfungskaskade unter Art. 4 IV HUP	699
c) Kollisionsrechtliche Einrede für Trennungs- oder Scheidungsunterhalt aus Art. 5 HUP	699
aa) Kollisionsrechtliche Einrede	700
bb) Engere Verbindung	700
d) Kollisionsrechtliche Einrede aus Art. 6 HUP	701

Inhaltsverzeichnis

    6. Abänderung 701
    7. Anspruchskonkurrenz 702
    8. Unterhaltsregress 702
        a) Unterhaltsregress Privater 702
        b) Unterhaltsregress staatlicher Stellen 702
    9. Rück- und Weiterverweisung 704
IX. Abstammung 704
    1. Rechtspolitische Brisanz der Materie 705
    2. Qualifikation 707
    3. Strukturfragen der Anknüpfung 707
        a) Keine Rechtswahlmöglichkeit 707
        b) Günstigkeitsprinzip 708
        c) Zeitpunkt der Geburt 710
            aa) Grundsätzliches 710
            bb) Art. 19 I 3 EGBGB und vorgeburtliche Sachverhalte 710
    4. Anknüpfung an den gewöhnlichen Aufenthalt des Kindes nach Art. 19 I 1 EGBGB 711
    5. Anknüpfung an das Heimatrecht des möglichen Elternteils nach Art. 19 I 2 EGBGB 712
    6. Anknüpfung an das Ehewirkungsstatut bei verheirateter Mutter nach Art. 19 I 3 EGBGB 713
        a) Grundsätzliches 713
        b) Verheiratetsein der Mutter 713
        c) Rechtsfolge: Verweisung auf Art. 14 II EGBGB 2019 ... 714
        d) Art. 19 I 3 Hs. 2 EGBGB 715
    7. Leihmutterschaft 715
        a) Phänomen 715
        b) Anknüpfung der Abstammungsverhältnisse über Art. 19 EGBGB 718
            aa) Gewöhnlicher Aufenthalt des Kindes unter Art. 19 I 1 EGBGB 718
            bb) Heimatrecht der Leihmutter unter Art. 19 I 2 EGBGB für Mutterschaft der Leihmutter 718
            cc) Ehewirkungsstatut einer verheirateten Leihmutter unter Art. 19 I 3 EGBGB für Mutterschaft der Leihmutter 719
            dd) Heimatrechte der Wuncheltern unter Art. 19 I 2 EGBGB für Elternschaft der Wuncheltern 719
            ee) Ehewirkungsstatut verheirateter Wuncheltern unter Art. 19 I 3 EGBGB für Elternschaft der Wuncheltern 719
    8. Gleichgeschlechtliche Paare und Abstammung 720
        a) Phänomen 720
        b) Anknüpfung 720
    9. Legitimation 721
    10. Rück- und Weiterverweisung 722
    11. Anfechtung der Abstammung (Art. 20 EGBGB) 722
    12. Vorrang des Internationalen Zivilverfahrensrechts 724
X. Adoption 725
    1. Haager Adoptions Übk. 725
    2. Vorrang der internationalverfahrensrechtlichen Anerkennung 726
    3. Grundanknüpfung im autonomen deutschen IPR durch Art. 22 EGBGB 727
        a) Begriff der Adoption 727
        b) Grundanknüpfung, Art. 22 I 1 EGBGB 728

Inhaltsverzeichnis

c) Adoption durch einen oder mehrere Ehegatten, Art. 22 I 2 EGBGB	728
d) Adoption durch einen Lebenspartner, Art. 22 I 3 EGBGB	729
e) Sekundärer Anwendungsbefehl	729
4. Umfang des Adoptionsstatuts	730
5. Kumulative Anknüpfung für die Zustimmung zur Adoption nach Art. 23 EGBGB	730
a) Kumulative Anknüpfung an das Heimatrecht des Kindes	730
aa) Anknüpfungsgegenstand	730
bb) Erstfrage	731
cc) Anknüpfungspunkt	731
b) Ersetzung durch deutsches Recht nach Art. 23 S. 2 EGBGB	731
6. Rück- und Weiterverweisung	732
XI. Kindessorge	732
1. Rechtsquellen	733
a) KSÜ in Nachfolge zum MSA	733
b) MSA im Verhältnis zu Vertragsstaaten nur des MSA und nicht des KSÜ	733
2. Abgrenzung zur Brüssel IIa-VO	733
3. Qualifikation	734
4. Anknüpfung	735
a) Gleichlaufprinzip und Grundsatzanknüpfung an die lex fori	735
b) Gewöhnlicher Aufenthalt des Kindes	736
c) Anknüpfung von Schutzmaßnahmen	737
d) Anknüpfung der elterlichen Sorge	738
5. Rück- und Weiterverweisung	741
XII. Eltern-Kind-Verhältnis jenseits der Kindessorge	741
XIII. Kindesentführung	742
1. Soziale Problemlage	742
2. Anknüpfungssystem	744
3. Gewöhnlicher Aufenthalt des Kindes	745
4. Sorgerecht	747
5. Rechtsfolge	747
6. Ausschlusstatbestände des Art. 13 HKÜ	748
a) Tatsächliche Nichtausübung des Sorgerechts durch den Sorgeberechtigten	748
b) Zustimmung des Sorgeberechtigten	748
c) Schwerwiegende Gefahr eines körperlichen oder seelischen Schadens für das Kind	749
d) Widersetzen des Kindes gegen die Rückgabe	752
7. Rück- und Weiterverweisung	753
XIV. Unions- oder menschenrechtliches Anerkennungsprinzip?	753
1. Grundsätzliches	754
a) Bedeutung des Art. 21 AEUV	755
b) Stabilitätsinteressen der Betroffenen und Anerkennung	757
c) Denkbare Ausgangspunkte einer Entwicklung	757
d) Menschenrechtliche Dimension unter der EMRK	759
e) Anerkennung von Rechtslagen vs. Anerkennung einzelner Rechtsakte	759
2. Anerkennung gleichgeschlechtlicher Ehen im Besonderen	760
XV. Bilaterale Staatsverträge	762

Inhaltsverzeichnis

§ 5. Internationales Erbrecht	765
I. Einleitung	773
1. Entstehungsgeschichte der EuErbVO	773
2. Ausgewählte Hintergründe	775
3. Drittstaatenbezüge	776
4. Zeitlicher Anwendungsbereich	778
II. Struktur der EuErbVO	778
III. Sachlicher Anwendungsbereich der EuErbVO	779
1. Grundsätzliches	779
2. Rechtsgeschäfte unter Lebenden	782
a) Verträge zu Gunsten Dritter auf den Todesfall	782
b) Schenkungen	783
c) Weitere ausdrücklich genannte Rechtsgeschäfte	784
d) Offene Liste in Art. 1 II lit. g EuErbVO	785
e) Rechtsgeschäfte zur Abwicklung der Erbschaft	785
f) Vorweggenommene Erbfolge, insbesondere in ein Unternehmen	785
g) Testierverträge	785
h) Anpassung	785
3. Gesellschaftsrecht	786
4. Güterrecht	788
a) Güterrecht von Verhältnissen jenseits der Ehe	789
b) Qualifikation des erbrechtlichen Viertels aus § 1371 I BGB	790
c) Andere Problemfälle	794
d) Leitlinie	795
e) Anpassung	795
5. Sachenrecht	796
a) Grundsätzliches	796
b) Anpassung nach Art. 31 EuErbVO	798
c) Vindikationslegate	800
d) Dinglich wirkende Teilungsanordnungen	804
6. Trusts	804
7. Unterhaltsrecht	805
8. Rechts-, Geschäfts- und Handlungsfähigkeit	806
9. Personenstand, Abstammung, Familienverhältnisse und gleichgestellte Verhältnisse	807
10. Verschollenheit, Abwesenheit und Todesvermutung	807
11. Formgültigkeit mündlicher Testamente	807
12. Registereintragungen	808
13. Insolvenzrecht	811
IV. Rechtswahl unter Art. 22 EuErbVO	811
1. Grundsätzliches	811
2. Beschränkte Rechtswahl	816
a) Parteiautonomes Korrektiv zur objektiven Aufenthaltsanknüpfung	816
b) Staatsangehörigkeit	819
c) Für die Anknüpfung maßgeblicher Zeitpunkt	820
d) Nicht offen stehende Optionen für eine Rechtswahl	822
e) Schutz der Pflichtteilsberechtigten	824
f) Informationsproblem	825
3. Zustandekommen und Wirksamkeit der Rechtswahl	826
a) Zustandekommen	826

Inhaltsverzeichnis

b) Rechtsgeschäftliche Wirksamkeit	826
c) Inhaltliche Wirksamkeit	826
4. Stillschweigende Rechtswahl	828
5. Teilrechtswahl	831
6. Bedingte oder befristete Rechtswahl	832
7. Negative Rechtswahl	832
8. Form einer Rechtswahl	833
9. Änderung und Widerruf einer Rechtswahl	834
10. Kosten einer Rechtswahl vor einem Notar in Deutschland	835
V. Objektive Anknüpfung	835
1. Gewöhnlicher Aufenthalt des Erblassers	835
a) Grundsätzliches	835
b) Gewöhnlicher Aufenthalt	840
c) Gewöhnlicher Aufenthalt des Erblassers zum Zeitpunkt seines Todes	851
2. Ausweichklausel kraft Näherbeziehung	851
3. Analoge Anwendung des Art. 21 II EuErbVO als Auffangregel	855
VI. Nachlassspaltung und Nachlasseinheit	856
1. Nachlasseinheit als Grundsatz	856
2. Partielle Durchbrechung durch Art. 30 EuErbVO	857
3. Partielle Durchbrechung durch renvoi nach Art. 34 EuErbVO	859
4. Durchbrechung durch Altstaatsverträge mit Drittstaaten	860
VII. Fiskusaneignungsrecht nach erbenlosem Nachlass	860
VIII. Qualifikation	862
1. Grundsätzliches	862
2. Katalog des Art. 23 II EuErbVO	863
a) Erbfall	863
b) Berechtigte	864
aa) Erben	864
bb) Vermächtnisnehmer	865
c) Passive Erbfähigkeit	865
d) Enterbung und Erbunwürdigkeit	866
aa) Erbunwürdigkeit	866
bb) Enterbung	868
e) Übergang des Nachlasses sowie von Rechten und Pflichten	868
aa) Übergang des Nachlasses	869
bb) Annahme und Ausschlagung	870
f) Rechte der Beteiligten	871
g) Haftung für Nachlassverbindlichkeiten	872
h) Pflichtteil, Noterbrecht, reservierter Nachlassteil	874
i) Ausgleichung und Anrechnung	875
j) Teilung des Nachlasses	876
3. Materien jenseits des Art. 23 II EuErbVO	876
IX. Bestellung und Befugnisse von Nachlassverwaltern nach Art. 29 EuErbVO	877
X. Testamente	879
1. Zulässigkeit und materielle Wirkungen	879
a) Eigenes Errichtungsstatut	879
b) Rechtswahl nach Art. 24 II EuErbVO	880
c) Qualifikationsfragen zur Zulässigkeit	881
d) Qualifikationsfragen zur materiellen Wirksamkeit	882

Inhaltsverzeichnis

	2. Änderung und Widerruf	883
XI.	Erbverträge	883
	1. Begriff des Erbvertrags	884
	2. Rechtswahl nach Art. 25 III EuErbVO	886
	a) Grundsätzliches	886
	b) Erbverträge betreffend den Nachlass einer Person	888
	c) Erbverträge betreffend die Nachlässe mehrerer Personen	889
	3. Erbverträge betreffend den Nachlass einer Person	890
	a) Objektive Anknüpfung	890
	b) Qualifikation	891
	4. Erbverträge betreffend die Nachlässe mehrerer Personen	893
	5. Erbverzichts- oder Pflichtteilsverzichtsverträge	895
	6. Mit anderen Verträgen kombinierte Erbverträge	895
XII.	Gemeinschaftliche Testamente	896
	1. Erbvertrag oder eigenständige Kategorie: Art. 25 oder Art. 24 EuErbVO?	896
	2. Formelle Urkundeneinheit	898
	3. Rechtswahl	899
	4. Verbote gemeinschaftlicher Testamente	899
	5. Änderung und Widerruf	901
XIII.	Form von Verfügungen von Todes wegen	901
	1. Verhältnis von Art. 27 EuErbVO und HTestFormÜbk	901
	2. Alternative Anknüpfung	903
	a) Art. 1 I HTestFormÜbk	904
	aa) Errichtungsort der letztwilligen Verfügung	904
	bb) Heimatrecht des Erblassers	905
	cc) Wohnsitzrecht des Erblassers	905
	dd) Aufenthaltsrecht des Erblassers	906
	ee) Belegenheitsrecht von unbeweglichem Vermögen	906
	b) Art. 27 I 1 EuErbVO	907
	3. Form von Änderung oder Widerruf	907
	4. Gemeinschaftliche Testamente	908
	5. Formunwirksamkeit	908
	6. Form einer Annahme-, Ausschlagungs- oder Haftungsbegrenzungserklärung	908
	7. Qualifikation	910
XIV.	Kommorienten	911
XV.	Rück- und Weiterverweisung	912
	1. Renvoi gemäß Art. 34 I EuErbVO bei Verweisung auf drittstaatliches Recht und Zurückverweisung auf das Recht eines Mitgliedstaates	912
	2. Ausnahmen nach Art. 34 II EuErbVO	915
	3. Fazit	916
XVI.	Ordre public	916
	1. Grundsätzliches	916
	2. Islamisch geprägte Erbstatute	917
	3. Pflichtteilsberechtigungen	919
XVII.	EuErbVO und Schiedsgerichte	920
XVIII.	Bilaterale Spezialabkommen	921
	1. Türkisch-Deutscher Konsularvertrag mit Nachlassabkommen	922
	2. Bilaterale Verträge mit Persien (heute Iran) und der Sowjetunion (heute Russland)	923
	3. Sachliche Konfliktlinien mit den Wertungen der EuErbVO	924

Inhaltsverzeichnis

XIX. Art. 25 EGBGB 2015 925

§ 6. IPR der natürlichen Person 927
    I. Einleitung 927
    II. Rechtsfähigkeit 928
        1. Anknüpfung 928
        2. Qualifikation 928
            a) Beginn der Rechtsfähigkeit 928
            b) Ende der Rechtsfähigkeit 929
                aa) Tod und Verschollenheit 929
                bb) Andere Tatbestände 930
            c) Beschränkungen und Umfang der Rechtsfähigkeit 930
    III. Handlungsfähigkeit 931
    IV. Geschäftsfähigkeit 931
    V. Verkehrsschutz 933
        1. Verkehrsschutz bei Verträgen gegenüber Rechts-, Geschäfts- oder Handlungsunfähigkeit natürlicher Personen nach anderem Recht als jenem des Abschlussortes 933
            a) Verkehrsschutz durch Art. 13 Rom I-VO 933
            b) Verkehrsschutz durch Art. 12 EGBGB 933
            c) Verkehrsschutz gegenüber Gesellschaften 934
        2. Verkehrsschutz gegenüber ausländischen Güterständen 935
        3. Verkehrsschutz gegenüber ausländischem Ehewirkungsstatut 936
    VI. Kaufmanns- oder Unternehmereigenschaft 936
    VII. Vorsorgevollmacht 938
        1. Grundsätzliches 938
        2. Objektive Anknüpfung nach Art. 15 I ErwSÜ 940
        3. Rechtswahl nach Art. 15 II ErwSÜ 940
        4. Recht des Wirkungslandes für die Vollmachtausübung nach Art. 15 III ErwSÜ 941
        5. Überlagerung durch lex fori zuständiger Behörde nach Art. 16 ErwSÜ 942
        6. Verkehrsschutz 942
        7. Form der Vorsorgevollmacht 943
        8. Autonomes deutsches IPR 943
    VIII. Patientenverfügungen 944
        1. Grundsätzliches 944
        2. Patientenverfügungen und Ärzte 944
        3. Patientenverfügungen und Betreuer 945
        4. Form 945
        5. Geschäftsfähigkeit 945
    IX. Betreuungsverfügungen 946
    X. Erwachsenenschutz 946
        1. Anwendungsbereich des ErwSÜ 946
        2. Lex fori-Prinzip unter Art. 13 I ErwSÜ 946
        3. Anwendung oder Berücksichtigung eines eng verbundenen Rechts unter Art. 13 II ErwSÜ 947
        4. Durchführung in einem Vertragsstaat des ErwSÜ getroffener Maßnahmen in einem anderen Vertragsstaat 947
        5. Keine Rück- und Weiterverweisung unter dem ErwSÜ 948
    XI. Vormundschaft, Betreuung und Pflegschaft 948
        1. Terminologie und Qualifikation 948
            a) Grundsätzliches 948

Inhaltsverzeichnis

	b) Vormundschaft	949
	c) Betreuung	950
	d) Pflegschaft	950
	e) ex lege-Verhältnisse	950
2.	Anknüpfung	951
	a) Grundanknüpfung nach Art. 24 I 1 EGBGB	951
	b) Sonderregel für Pflegschaft für unbekannte Beteiligte und Pflegschaft für Beteiligte im Ausland in Art. 24 II EGBGB	951
	c) Lex fori für vorläufige Maßregeln kraft Art. 24 III Var. 1 EGBGB	952
	d) Lex fori für Inhalt einer gerichtlich angeordneten Vormundschaft, Pflegschaft oder Betreuung kraft Art. 24 III Var. 2 EGBGB	952
	e) Rück- und Weiterverweisung	952
3.	Einseitige Kollisionsnorm für die Beistandschaft in § 1717 BGB	953
XII. Geschlechtszugehörigkeit		953
1.	Ausgangspunkt	953
2.	Transsexuelle	954
3.	Transgender	956
4.	Intersexuelle	957
5.	Reformüberlegungen	958
XIII. Name		959
1.	Grundsatz	960
	a) Heimatrecht des Namensträgers	960
	b) Zeitpunkt und Statutenwechsel	960
	c) Renvoi	961
2.	Rechtswahl beim Ehenamen	961
	a) Grundsätzliches	961
	b) Wählbare Rechte	962
	c) Ausübung	963
	d) Zeitpunkt der Rechtswahl	963
	e) Wiederholte oder neue Wahl	963
	f) Form der Rechtswahl	964
	g) Wirkung der Rechtswahl	964
	aa) Wirkung für den Ehenamen	964
	bb) Wirkung für den Namen eines Kindes	965
3.	Rechtswahl beim Kindesnamen	965
	a) Grundsätzliches	965
	b) Wählbare Rechte	966
	c) Zeitpunkt der Rechtswahl	967
	d) Form der Rechtswahl	968
	e) Wirkung der Rechtswahl	968
4.	Rück- und Weiterverweisung	969
5.	Anpassung (Art. 47 EGBGB)	969
6.	In anderen EU-Staaten erworbener Name	970
	a) Vorgaben des EU-Primärrechts	970
	b) Bedeutung des Art. 48 EGBGB	974
	aa) Sachrechtliches Namenswahlrecht, nicht kollisionsrechtliches Rechtswahlrecht	974
	bb) Namensregistrierung in einem anderen EU-Mitgliedstaat	974

Inhaltsverzeichnis

cc) Namenserwerb in einem anderen EU-Mitgliedstaat	974
dd) Gewöhnlicher Aufenthalt im Registrierungsstaat als (unionsrechtswidriges) einengendes Erfordernis	975
c) Unrechtmäßig eingetragene Namen	976
7. Umfang des Namensstatuts	977
a) Namenserwerb, Namensführung und Schreibweise	977
b) Vor-, Familien-, Mittel-, Vatername	977
c) Künstlername, Aliasname, Pseudonym	978
d) Namenszusätze	978
e) Adelstitel	979
f) Akademische Grade	980
g) Namensschutz	981
§ 7. Internationales Gesellschaftsrecht	983
I. Einleitung	989
1. Der große Theorienstreit: Sitztheorie vs. Gründungstheorie	989
2. Fehlen einer Kodifizierung	990
a) EU	990
b) Deutschland	992
c) Umblick	994
3. Der EuGH als Quasi-Ersatzgeber: die primärrechtliche Niederlassungsfreiheit	994
II. Gründungs- oder Überlagerungstheorie für EU-Gesellschaften?	998
1. Von Daily Mail über Centros, Überseering, Inspire Art, SEVIC, Cartesio und National Grid Indus zu VALE, Kornhaas und Polbud	998
a) Daily Mail (1988)	998
b) Centros (1999)	1000
c) Überseering (2001)	1000
d) Inspire Art (2003)	1000
e) de Lasteyrie du Saillant (2004)	1001
f) SEVIC (2005)	1001
g) Cadbury Schweppes (2006)	1002
h) Cartesio (2008)	1002
i) National Grid Indus (2011)	1003
j) VALE (2012)	1004
k) Kornhaas (2015)	1006
l) Euro Park (2017)	1008
m) Polbud (2017)	1009
n) (Vorläufiges) Fazit	1012
2. Gründungstheorie oder Überlagerungstheorie?	1014
a) Gründungstheorie	1014
aa) Grundsatz	1014
bb) Anknüpfungspunkt	1015
b) Überlagerung durch Rechtsnormen des Staates des effektiven Verwaltungssitzes	1016
aa) Grundsatz	1016
bb) Strenge primärrechtliche Kontrolle	1016
c) Rechtserwerb durch EU-Auslandsgesellschaften	1019
3. Wichtige Konsequenzen	1020
a) Grenzüberschreitende Sitzverlegung	1020
aa) Grenzüberschreitende Verlegung des Verwaltungssitzes	1020
bb) Grenzüberschreitende Verlegung des Satzungssitzes	1020

Inhaltsverzeichnis

      b) Grenzüberschreitende Umwandlung und grenzüberschreitender Formwechsel 1021
   4. Ausdehnung des Ansatzes für EU-Gesellschaften auf EWR-Gesellschaften 1021
  III. Gründungstheorie in Art. XXV V 2 Deutsch-amerikanischer Freundschafts-, Handels- und Schifffahrtsvertrag 1022
  IV. Gründungstheorie nach CETA im Verhältnis zu Kanada 1022
  V. Sitztheorie für andere Drittstaatengesellschaften 1023
   1. Schutzzweck der Sitztheorie 1023
   2. Einheitliches Kollisionsrecht oder Differenzierung nach Schutzzwecken? 1025
   3. Gründungstheorie kraft Meistbegünstigung? 1029
   4. Gründungstheorie kraft Investitionsschutzabkommen? 1029
   5. In Überseegebieten von EU-Mitgliedstaaten gegründete Gesellschaften 1030
   6. Effektiver Verwaltungssitz 1030
   7. Rechtsfolgen der Sitztheorie 1033
  VI. Keine Sonderrolle für Personengesellschaften 1035
  VII. Schuldvertragsrechtliche Qualifikation und Anknüpfung reiner Innengesellschaften ohne eigene Organisationsstruktur 1036
VIII. Umfang des Gesellschaftsstatuts 1037
   1. Grundsätzliches 1037
     a) Autonome Qualifikation und ihre unionsrechtlichen Grenzen 1037
     b) Begriff der Gesellschaft 1039
   2. Gründung 1040
     a) Gründungserfordernisse 1040
     b) Gründungsvorvertrag und Vorgesellschaft 1041
   3. Rechtsfähigkeit 1041
     a) (Allgemeine) Rechtsfähigkeit als solche 1041
     b) Verkehrsschutz 1042
     c) Deliktsfähigkeit 1042
     d) Aktive und passive Beteiligungsfähigkeit 1042
     e) Parteifähigkeit im Prozess 1043
     f) Prozessfähigkeit im Prozess 1043
   4. Organstruktur und organschaftliche Vertretungsmacht 1043
   5. Kapitalstruktur 1046
   6. Haftung 1046
     a) Innenhaftung der Gesellschafter 1046
     b) Außenhaftung der Gesellschafter 1047
     c) Innenhaftung der Organpersonen 1047
     d) Außenhaftung der Organpersonen 1048
   7. Rechte und Pflichten der Gesellschafter 1049
   8. Name und Firma 1049
   9. Unternehmerische Mitbestimmung 1050
  10. Rechnungslegung 1052
  11. Beendigung und Abwicklung 1053
  12. Formfragen 1053
     a) Anknüpfung 1053
     b) Auslandsabschluss bei deutschem Gesellschaftsstatut .. 1054
       aa) Substitution bei Beurkundung durch ausländische Notare 1055
       bb) § 15 III und IV 1 GmbHG als Eingriffsnormen? ... 1056

Inhaltsverzeichnis

            c) Inlandsabschluss bei ausländischem Gesellschaftsstatut 1057
            d) Elektronische „Beurkundungen" 1057
        13. Abgrenzung zwischen Gesellschaftsstatut und Insolvenzstatut 1058
            a) Qualifikationsvorrang der EuInsVO 2015 1058
            b) Insolvenzfähigkeit 1058
            c) Insolvenzantragspflicht 1058
            d) Insolvenzverschleppungshaftung 1059
            e) Organstruktur nach Insolvenzeröffnung 1060
            f) Gesellschafterdarlehen 1060
            g) Existenzvernichtungshaftung 1060
        14. Konzerne und Unternehmensgruppen 1060
            a) Konzernstatut 1060
                aa) Unterordnungskonzern 1060
                bb) Gleichordnungskonzern 1062
            b) Cash pooling 1062
            c) Konzernbetriebsrat 1062
        15. Beherrschungs- und Gewinnabführungsverträge 1063
        16. Umwandlung (Rechtsformwechsel) 1064
        17. Verschmelzung 1066
        18. Spaltung 1067
        19. Kapitalmarktrecht 1068
            a) Wertpapierübernahmerecht 1068
            b) Wertpapierhandelsrecht 1068
            c) Prospekthaftung 1070
            d) Börsenaufsichtsrecht 1070
            e) Kapitalmarktaufsichtsrecht 1071
            f) Fremdkapitalaufnahme durch Anleihen 1071
        20. Ehegatten(innen)gesellschaft 1071
        21. Rechtsnachfolge von Todes wegen in Gesellschaftsanteile 1072
        22. Schuldrechtliche Nebenabreden 1073
    IX. Sonderregime bei der SE 1074
    X. „Anerkennung" von Gesellschaften 1074
    XI. Rück- und Weiterverweisung 1075
    XII. Rest- und Spaltgesellschaften 1076
        1. Definitionen der Phänomene 1076
        2. Doktrin der Restgesellschaft, insbesondere am Beispiel der
           „deutschen" Limiteds 1077
        3. Spaltgesellschaft als Phänomen mit bestimmtem historischen
           Ursprung 1080
    XIII. Stiftungen 1080
        1. Analogie zum Internationalen Gesellschaftsrecht 1080
        2. Umfang des Stiftungsstatuts (Qualifikation) 1082
        3. Stiftungsaufsicht 1082
    XIV. Vereine 1083
        1. Analogie zum Internationalen Gesellschaftsrecht 1083
        2. Umfang des Vereinsstatuts (Qualifikation) 1083

Sachverzeichnis 1085

Abkürzungsverzeichnis

AA	Ars Aequi/andere Ansicht
abl.	ablehnend
ABl. EG	Amtsblatt der Europäischen Gemeinschaft
ABl. EU	Amtsblatt der Europäischen Union
ABl. EWG	Amtsblatt der Europäischen Wirtschaftsgemeinschaft
AC	The Law Reports, Appeal Cases
AcP	Archiv für die civilistische Praxis
Act. Dr.	Actualités de droit
Actes et Doc.	Actes et Documents de la [...] Session de la Conférence de La Haye du Droit International Privé
AdvBl	Advocatenblad
AEDIPr	Anuario Español de Derecho Internacional Privado
AEUV	Vertrag über die Arbeitsweise der Europäischen Union
affd.	affirmed
AfP	Archiv für Presserecht
African J. Reproductive Health	African Journal of Reproductive Health
Afr. J. Int. Comp. L.	African Journal of International and Comparative Law
A-G	Attorney-General (Commonwealth)
A-G	Advocaat-Generaal (Niederlande)
AG	Amtsgericht
AG	Die Aktiengesellschaft
AGB	Allgemeine Geschäftsbedingungen
AIDA	Annali italiani de diritto d'autore, della Cultura e dello spettaculo
AJ	Actualités juridiques
AJF	Actualités de jurisprudence familiale
AJP	Aktuelle Juristische Praxis
AJT	Allgemeen Juridisch Tijdschrift
AktG	Aktiengesetz
All ER	The All England Law Reports
All ER (Comm.)	The All England Law Reports (Commercial Cases)
AMC	American Maritime Cases
Am. Econ. Rev.	American Economic Review
Am. J. Comp. L.	American Journal of Comparative Law
Am. J. Int'l. L.	American Journal of International Law
Am. L. & Econ. Rev.	American Law and Economics Review
An. Der. Mar.	Anuario de derecho maritimo
Anglo-Am. L. Rev.	Anglo-American Law Review
Anh.	Anhang
Anm.	Anmerkung
Ann. dr. Louvain	Annales du droit de Louvain
Ann. Inst. dr. int.	Annales de l'Institute de droit international
AnwBl	Anwaltsblatt
AöR	Archiv des öffentlichen Rechts
AP	Arbeitsrechtliche Praxis
App.	Corte di appello (oder: d'appello)
App. Cogn. Psych.	Applied Cognitive Psychology
App. Div.	Appellate Division
Arab L. Q.	Arab Law Quarterly
Arb. Int.	Arbitration International
ArbG	Arbeitsgericht
AR-Blattei	Arbeitsrechts-Blattei
Arm.	Armenopoulos
Arr. Cass.	Arresten van het Hof van Cassatie

Abkürzungsverzeichnis

Arr.Rb.	Arrondissementsrechtbank
Art.	Artikel
Artt.	Artikel (Plural)
ASoK	Arbeits- und Sozialrechts-Kartei
Aud. Prov.	Audiencia Provincial
Aufl.	Auflage
AuR	Arbeit und Recht
AVAG	Anerkennungs- und Vollstreckungsausführungsgesetz
AVR	Archiv für Völkerrecht
AV&S	Aansprakelijkheid, Verzekering en Schade
AWD	Außenwirtschaftsdienst des Betriebsberaters
AWG	Außenwirtschaftsgesetz
BÄBl.	Bundesärzteblatt
BAG	Bundesarbeitsgericht
BAGE	Amtliche Sammlung der Entscheidungen des Bundesarbeitsgerichts
BayObLG	Bayerisches Oberstes Landesgericht
BayObLGZ	Amtliche Sammlung der Entscheidungen des Bayerischen Obersten Landesgerichts in Zivilsachen
BayVBl	Bayerisches Verwaltungsblatt
BayVGH	Bayerischer Verwaltungsgerichtshof
Bb	Bedrijfsberater
BB	Betriebs-Berater
B2B	Business-to-Business
BBGS	Bülow/Böckstiegel/Geimer/Schütze, Internationaler Rechtsverkehr in Zivil- und Handelssachen (Losebl. München 1954/73–heute)
BC	Brussels Convention
B2C	Business-to-Consumer
Bd.	Band
BeckOGK	Beck'scher Online-Großkommentar
BeckOK	Beck'scher Online-Kommentar
BeckRS	Beck-online Rechtsprechung
Beil.	Beilage
BerDGesVR	Berichte der Deutschen Gesellschaft für Völkerrecht
BerDGfIR	Berichte der Deutschen Gesellschaft für Internationales Recht
Berkeley J. Int'l. L.	Berkeley Journal of International Law
BetrVG	Betriebsverfassungsgesetz
BFH	Bundesfinanzhof
BFH/NV	Entscheidungen des Bundesfinanzhofs/Nicht Veröffentlicht
BFHE	Amtliche Sammlung der Entscheidungen des Bundesfinanzhofs
BG	Bundesgericht
BGB	Bürgerliches Gesetzbuch
BGBl.	Bundesgesetzblatt
BGE	Entscheidungen des Schweizerischen Bundesgerichts – Amtliche Sammlung
BGH	Bundesgerichtshof
BGH-Report	Schnelldienst zur Zivilrechtsprechung des Bundesgerichtshofs
BGHZ	Amtliche Sammlung der Entscheidungen des Bundesgerichtshofs in Zivilsachen
BIT	Bilateral Investment Treaty
BKR	Zeitschrift für Bank- und Kapitalmarktrecht
Bl.	Blatt
BNotO	Bundesnotarordnung
BOE	Bolétin Oficiál Español
BRAO	Bundesrechtsanwaltsordnung
BR-Drs.	Deutscher Bundesrat – Drucksachen
Brooklyn J. Int'l. L.	Brooklyn Journal of International Law
BSG	Bundessozialgericht

Abkürzungsverzeichnis

BSGE	Amtliche Sammlung der Entscheidungen des Bundessozialgerichts
BT-Drs.	Deutscher Bundestag – Drucksachen
BTL	Bulletin des transport et de la logistique
BtPrax	Betreuungsrechtliche Praxis
Bull. civ.	Bulletin des arrêts civiles
Bull. dr. banq.	Bulletin de droit et banque
Bull. Joly Bourse	Bulletin Joly Bourse
Bull. Joly Sociétés	Bulletin Joly Sociétés
B. U. L. Rev.	Boston University Law Review
Bus. & Leg. Prac.	Business and Legal Practice
Bus. L. R.	Business Law Reports
BV	Besloten Vennotschaap
BVerfG	Bundesverfassungsgericht
BVerfGE	Amtliche Sammlung der Entscheidungen des Bundesverfassungsgerichts
BVerwG	Bundesverwaltungsgericht
BVerwGE	Amtliche Sammlung der Entscheidungen des Bundesverwaltungsgerichts
BW	Burgerlijk Wetboek
BWNotZ	Zeitschrift für das Notariat in Baden-Württemberg
BYIL	British Yearbook of International Law
CA	Cour d'appel
C. A.	Court of Appeal
Cah. dr. eur.	Cahiers de droit européen
Cal. L. Rev.	California Law Review
Cambridge L. J.	Cambridge Law Journal
Cambridge Yb. Eur. L.	Cambridge Yearbook of European Law
Can. Bar Rev.	Canadian Bar Review
Can. Bus. L. J.	Canadian Business Law Journal
Capital U. L. Rev.	Capital University Law Review
Cardozo Pub. L. Pol'y & Ethics J.	Cardozo Public Law Policy and Ethics Journal
Cass.	Cour de Cassation
Cassaz.	Corte di Cassazione
CB	Convenio de Bruselas
CCC	Contrats concurrence consommation
CCZ	Corporate Compliance Zeitschrift
CD	Collection of Decisions
CDE	Cahiers de droit européen
CDT	Cuadernos de derecho transnacional
cf.	confer [compare]
Ch.	Chapter
Ch.	The Law Reports, Chancery Division
Ch. D.	Chancery Division
Child & Fam. L. Q.	Child and Family Law Quarterly
Chron.	Chronique
CID	Chronika Idiotikou Dikaiou
Cir.	US Court of Appeals for the […] Circuit
CISG	United Nations Convention on Contracts for the International Sale of Goods
Civ. Just. Q.	Civil Justice Quarterly
C. J.	Chief Justice
cl.	clause
CLC	Commercial Law Cases
Cl. & Fin.	Clark and Finnelly's Reports
Clunet	Journal du droit international, fondée par E. Clunet
C. M. L. Rev.	Common Market Law Review
Co.	Company
col.	columna

Abkürzungsverzeichnis

Col. J. Eur. L.	Columbia Journal of European Law
Col. J. Trans. L.	Columbia Journal of Transnational Law
Col. Jur.	Colectânea de Jurisprudência
Col. L. Rev.	Columbia Law Review
Colo. L. Rev.	Colorado Law Review
Columb. J. Eur. L.	Columbia Journal of European Law
Columb. J. L. & Arts	Columbia Journal of Law and the Arts
Columb. J. Trans. L.	Columbia Journal of Transnational Law
Columb. L. Rev.	Columbia Law Review
COM	Document of the Commission
comm.	commentaire
Cornell Int'l. L. J.	Cornell International Law Journal
Cornell L. Rev.	Cornell Law Review
Corr. giur.	Corriere giuridico
Cour sup.	Cour superieure
CPR	Rules of Civil Procedure
CR	Computer und Recht
Ct.	Court
Cuad. der. trans.	Cuadernos de derecho transnacional
Current Leg. Probl.	Current Legal Problems
Czech Yb. Int. L.	Czech Yearbook of International Law
D.	Recueil Dalloz Sirey
DAR	Deutsches Autorecht
DAVorm	Der Amtsvormund
DB	Der Betrieb
D. C.	District of Columbia
DEE	Dikaio Epicheirisseon kai Etairion
dems.	demselben
dens.	denselben
ders.	derselbe
DEuFamR	Zeitschrift für Deutsches und Europäisches Familienrecht
dies.	dieselbe (Singular) bzw. dieselben (Plural)
Digest	Digest of case-law relating to the European Communities, Series D: Convention of 27 September 1968
DIN	Deutsche Industrie-Norm
dir.	directeur(s)
Dir. comm. int.	Diritto del commercio internazionale
Dir. com. scambi int.	Diritto comunitario e degli scambi internazionali
Dir. e giur.	Diritto e giurisprudenza
Dir. fam. e pers.	Diritto di famiglia e degli personi
Dir. ind.	Diritto industriale
Dir. mar.	Diritto marittimo
Dir. scambi int.	Diritto comunitario e degli scambi internazionali
Dir. UE	Diritto di Unione Europea
Div. Act.	Divorce: actualité juridique, sociale et fiscale
DMF	Droit maritime français
DNotI	Deutsches Notar-Institut
DNotZ	Deutsche Notar-Zeitschrift
Doc. Dir. Comp.	Documentação e Direito Comparado (Boletim do Ministério da Justiça)
DÖV	Die Öffentliche Verwaltung
DPSC	Deputy President of the Supreme Court
D. R.	European Commission of Human Rights Decisions & Reports
Dr. & patr.	Droit et Patrimoine
Dr. aff.	Droit des affaires
DRdA	Das Recht der Arbeit
Dr. et protection	Droit et protection
Dr. et société	Droit et société

Abkürzungsverzeichnis

Dr. fam.	Droit familial
Dr. soc.	Droit social
Dr. sociétés	Droit des sociétés
DSGVO	Datenschutz-Grundverordnung
DStR	Deutsches Steuerrecht
DtZ	Zeitschrift für Deutsch-Deutsche Rechtsfragen
Duke J. Comp. & Int'l. L.	Duke Journal of Comparative and International Law
Duke L. J.	Duke Law Journal
DVBl	Deutsches Verwaltungsblatt
DVStB	Durchführungsverordnung Steuerberater
DWW	Deutsche Wohnungswirtschaft
DZWIR	Deutsche Zeitschrift für Wirtschafts- und Insolvenzrecht (ab 1999)
ead.	eadem (dieselbe)
ebd.	ebenda
EBLR	European Business Law Review
EBOR	European Business Organization Law Review
EC	European Community
ECCLR	European Journal of Commercial Contract Law
ECFR	European Company and Financial Law Review
ECHR	European Court on Human Rights
ECJ	European Court of Justice
ECLI	European Case Law Identifier
ECR	Reports of Judgments of the European Court of Justice
EC Tax L. Rev.	European Community Tax Law Review
ed.	edition
ed.	Editor
éd.	éditeur
Edinburgh L. Rev.	Edinburgh Law Review
E. D. Pa.	United States District Court for the Eastern District of Pennsylvania
eds.	Editors
éds.	éditeurs
EFG	Entscheidungen der Finanzgerichte
EFSlg.	Sammlung der ehe- und familienrechtlichen Entscheidungen (Österreich)
EFTA	European Free Trade Association
EFTA-GH	Gerichtshof der European Free Trade Association
EF-Z	Zeitschrift für Familien- und Erbrecht
e. G.	eingetragene Genossenschaft
EGBGB	Einführungsgesetz zum Bürgerlichen Gesetzbuch
EGMR	Europäischer Gerichtshof für Menschenrechte
EGVVG	Einführungsgesetz zum Versicherungsvertragsgesetz
EHRJ	European Human Rights Journal
EHRR	European Human Rights Reports
Einl.	Einleitung
EIPR	European Intellectual Property Right
EJCCL	European Journal of Commercial Contract Law
e. K.	eingetragener Kaufmann
EKMR	Europäische Kommission für Menschenrechte
Ell. Dik.	Elleniki Dikaiosyni
Emory Int'l. L. Rev.	Emory International Law Review
END	Epitheorissi Naftiliakou Dikaiou
ErbR	Erbrecht
ErbRÜbk.	Erbrechtsübereinkommen
ERCL	European Review of Contract Law
ERPL	European Review of Private Law
ErwSÜ/ESÜ	Haager Übereinkommen über den internationalen Schutz von Erwachsenen

Abkürzungsverzeichnis

ES	Entscheidungssammlung
et al.	et alii
ETL	European Transport Law
ETR	Europäisches Transportrecht
ETS	European Treaty Series
EU	Europäische Union
EuBvKPfVO	VO (EU) Nr. 655/2014 des Europäischen Parlaments und des Rates vom 15.5.2014 zur Einführung eines Verfahrens für einen Europäischen Beschluss zur vorläufigen Kontenpfändung im Hinblick auf die Erleichterung der grenzüberschreitenden Eintreibung von Forderungen in Zivil- und Handelssachen, ABl. EU 2014 L 189/59
EuBVO	Europäische Beweisverordnung
EuErbVO	Europäische Erbrechtsverordnung
EuGüVO	Europäische Ehegüterrechtsverordnung
EuGVÜ	Europäisches Gerichtsstands- und Vollstreckungsübereinkommen
EuGVVO	Europäische Gerichtsstands- und Vollstreckungsverordnung
EuInsVO	Europäische Insolvenzverordnung
EuLF	The European Legal Forum
EuPartVO	Europäische Partnerschaftsgüterrechtsverordnung
Eur. Bus. L. Rev.	European Business Law Review
Eur. Co. L.	European Company Law
EuUnthVO	Europäische Unterhaltsverordnung
Eur. Comp. & Fin. L. Rev.	European Company and Financial Law Review
Eur. J. L. & Econ.	European Journal of Law and Economics
Eur. J. Leg. Stud.	European Journal of Legal Studies
Eur. J. L. Reform	European Journal of Law Reform
Eur. Lawyer	The European Lawyer
Eur. L. Rev.	European Law Review
Eur. L. Rpter	European Law Reporter
Europa e dir. priv.	Europa e diritto privato
Europe	Juris-Classeur Europe
Eur. L. J.	European Law Journal
Eur. Property L. J.	European Property Law Journal
Eur. Rev. Publ. L.	European Review of Public Law
euvr	Europäische Zeitschrift für Verbraucherrecht
EuZ	Zeitschrift für Europarecht
EuZA	Europäische Zeitschrift für Arbeitsrecht
EuZVO	Europäische Zustellungsverordnung
EuZW	Europäische Zeitschrift für Wirtschaftsrecht
e. V.	eingetragener Verein
EvBl	Evidenzblatt
EVÜ	EWG-Übereinkommen über das auf vertragliche Schuldverhältnisse anzuwendende Recht
EWCA	England and Wales Court of Appeal
EWHC	England and Wales High Court
EWiR	Entscheidungen zum Wirtschaftsrecht
EWIV	Europäische Wirtschaftliche Interessenvereinigung
EWR	Europäischer Wirtschaftsraum
EWR-GH	Gerichtshof des Europäischen Wirtschaftsraums
EWS	Europäisches Wirtschafts- und Steuerrecht
F. 2d	Federal Reporter, Second Series
F. 3d	Federal Reporter, Third Series
Fam.	The Law Reports, Family Cases
FamFR	Familienrecht und Familienverfahrensrecht
Fam. L.	Family Law
Fam. L. Q.	Family Law Quarterly

Abkürzungsverzeichnis

FamPra.ch	Die Praxis des Familienrechts
FamRB	Familienrechtsberater
FamRB Int	Familienrechtsberater International
FamRZ	Zeitschrift für das gesamte Familienrecht
F. App'x	The Federal Reporter, Appendix
fasc.	fascicule
F.C.	Family Court
FCR	Family Court Reports (England) bzw. Federal Court Reports (Australien)
F.D.	Family Division
FF	Familien-Forum
FG	Festgabe
FGPrax	Praxis der freiwilligen Gerichtsbarkeit
FHSV	Deutsch-amerikanischer Freundschafts-, Handels- und Schifffahrtsvertrag
FJR	Familie- en Jeugdrecht
FL OGH	Fürstlich-Liechtensteinischer Oberster Gerichtshof
FLR	Family Law Reports
fn.	Footnote
Fn.	Fußnote
Fordham Corp. L. Inst.	Fordham Corporate Law Institute
Fordham L. Rev.	Fordham Law Review
Foro it.	Foro italiano
FPR	Familie Partnerschaft Recht
FS	Festschrift
F.S.R.	Fleet Street Reports
F. Supp.	Federal Reporter, Supplement
F. Supp. 2d	Federal Reporter, Supplement, Second Series
FuR	Familie und Recht
GA	Generalanwalt
GATS	General Agreement on Trade in Services
Ga. L. Rev.	Georgia Law Review
Gaz. Pal.	Gazette du Palais
GbR	Gesellschaft bürgerlichen Rechts
Geb.	Geburtstag
gen. ed.	general editor
gen. eds.	general editors
Geo. L. J.	Georgetown Law Journal
GES	Zeitschrift für Gesellschaftsrecht und angrenzendes Steuerrecht
GesRZ	Der Gesellschafter
GG	Grundgesetz
Giur. comm.	Giurisprudenza commerciale
Giur. it.	Giurisprudenza italiana
Giur. mer.	Giurisprudenza di merito
Giust. civ.	Giustizia civile
GmbH	Gesellschaft mit beschränkter Haftung
GmbHG	Gesetz betreffend die Gesellschaften mit beschränkter Haftung
GmbHR	GmbH-Rundschau
GNotKG	Gerichts- und Notarkostengesetz
GPR	Zeitschrift für das Privatrecht der Europäischen Union (früher: Zeitschrift für Gemeinschaftsprivatrecht)
GRC	Grundrechtecharta
Grdz.	Grundzüge
GRUR	Gewerblicher Rechtsschutz und Urheberrecht
GRUR Int.	Gewerblicher Rechtsschutz und Urheberrecht, Internationaler Teil
GRUR-Prax	Gewerblicher Rechtsschutz und Urheberrecht Praxis im Immaterialgüter- und Wettbewerbsrecht
GRUR-RR	Gewerblicher Rechtsschutz und Urheberrecht Rechtsprechungs-Report
GS	Gedächtnisschrift

Abkürzungsverzeichnis

G. U.	Gazzetta Ufficiale
GVP	Gerichts- und Verwaltungspraxis
GWR	Gesellschafts- und Wirtschaftsrecht
H.	Heft
HAVE	Haftpflicht- und Versicherungsrecht
H. C.	High Court
HD	Højesterets Domme (Dänemark) bzw. Högsta Domstolen (Schweden)
Hertfordshire L.J.	Hertfordshire Law Journal
HG	Handelsgericht
HGB	Handelsgesetzbuch
HK	Handkommentar
HK L.J.	Hong Kong Law Journal
H. L.	House of Lords
HmbSchRZ	Hamburger Schiffahrtsrechtszeitschrift
Hof	Gerechtshof (Niederlande) bzw. Hof van Beroep (Belgien)
Hof van Cass.	Hof van Cassatie
HTestFormÜbk	Haager Testamentsformübereinkommen
HUP	Haager Unterhaltsprotokoll
HUÜ	Haager Unterhaltsübereinkommen
ibid.	ibidem (ebenda)
ICC	International Chamber of Commerce
Icclr	International Company and Commercial Law Law
ICJ	International Court of Justice
ICLQ	International and Comparative Law Quarterly
id.	idem (derselbe)
iFamZ	Interdisziplinäre Zeitschrift für Familienrecht
IFL	International Family Law
IFLR	International Financial Law Review
IGKK/IACPIL	Interdisziplinäre Studien zur Komparatistik und zum Kollisionsrecht/ Interdisciplinary Studies of Comparative and Private International Law
IHR	Internationales Handelsrecht
IIC	International Review of Industrial Property and Copyright Law
Ill. L. Rev.	Illinois Law Review
ILM	International Legal Materials
I. L. Pr.	International Litigation Procedure
ILRM	Irish Law Reports Monthly
ILT	Irish Law Times
Inc.	Incorporated
Indiana J. Global Leg. Stud.	Indiana Journal of Global Legal Studies
Indiana L. Rev.	Indiana Law Review
InfAuslR	Informationsbrief für Ausländerrecht
InsO	Insolvenzordnung
InstGE	Entscheidungen der Instanzgerichte zum Geistigen Eigentum
Int. Fam. L.	International Family Law
Int. J. Cult. Property	International Journal of Cultural Property
Int.J.L. & Info. Tech.	International Journal of Law and Information Technology
Int.J.L., Policy & Fam.	International Journal of Law, Policy and the Family
Int. J. Proced. L.	International Journal of Procedural Law
Int'l. Bus. Law.	The International Business Lawyer
Int'l. Lawyer	The International Lawyer
Int'l. Lis	International lis
Int. Rev. L. & Econ.	International Review of Law and Economics
InVo	Insolvenz & Vollstreckung
IPR	Internationales Privatrecht
IPRax	Praxis des Internationalen Privat- und Verfahrensrechts

Abkürzungsverzeichnis

IPRE	Entscheidungen zum Internationalen Privatrecht (Österreich)
IPRG	Gesetz über das Internationale Privatrecht
IPRspr.	Die deutsche Rechtsprechung auf dem Gebiete des Internationalen Privatrechts
IR	Informations rapides
I. R.	Irish Reports
Irish J. Fam. L.	Irish Journal of Family Law
IStR	Internationales Steuerrecht
IZPR	Internationales Zivilprozessrecht
IZVR	Internationales Zivilverfahrensrecht
J.	Justice
JA	Juristische Arbeitsblätter
J. AAML	Journal of the Association of American Matrimonial Lawyers
JAmt	Das Jugendamt
J. App. Soc. Psych.	Journal of Applied Social Psychology
Jap. Yb. Int. L.	Japanese Yearbook of International Law
JbErbR	Jahrbuch für Erbrecht
JbItalR	Jahrbuch für Italienisches Recht
JBl	Juristische Blätter
JBL	Journal of Business Law
JbPraxSch	Jahrbuch für die Praxis der Schiedsgerichtsbarkeit
J-Cl.	Juris-Classeur (répertoire)
J. Comp. L. in Africa	Journal of Comparative Law in Africa
J. Corp. L.	Journal of Corporate Law
JCP	Juris-Classeur Périodique, La Sémaine Juridique
JCP E	Juris-Classeur Périodique, édition Entreprise
JCP G	Juris-Classeur Périodique, édition Générale
JCP N	Juris-Classeur Périodique, édition Notariale
JCP G	Juris-Classeur Périodique, édition Sociale
J. dr. eur.	Journal du droit européen
J. Econ. Behav. & Org.	Journal of Economic Behavior and Organizations
J. Empir. Leg. Stud.	Journal of Empirical Legal Studies
JEV	Journal für Erbrecht und Vermögensnachfolge
J. Finance	Journal of Finance
J. Fin. Econ	Journal of Financial Economics
JFRC	Journal of Financial Regulation and Compliance
JIBFL	Journal of International Banking and Financial Law
JIBLR	Journal of International Banking Law and Regulation
JIML	Journal of International Maritime Law
J. Int. Arb.	Journal of International Arbitration
JJZ	Jahrbuch Junger Zivilrechtswissenschaftler
J. L. & Com.	Journal of Law and Commerce
J. L., Econ. & Org.	Journal of Law, Economics and Organization
J. Leg. Stud.	Journal of Legal Studies
JMLB	Jurisprudence de Mons, Liège et Bruxelles
JMLC	Journal of Maritime Law and Commerce
JO	Journal Officiel
John Marshall L. J.	John Marshall Law Journal
JORF	Journal Officiel de la République Française
J. Personality & Soc. Psych.	Journal of Personality and Social Psychology
J. Pol. Econ.	Journal of Political Economy
JPrIL	Journal of Private International Law
JR	Juristische Rundschau
J. Risk & Uncert.	Journal of Risk and Uncertainty
JT	Juridisk Tidskrift vid Stockholms Universitet
J. trib.	Journal des tribunaux

Abkürzungsverzeichnis

J. trib. dr. eur.	Journal des tribunaux de droit européen
Jura	Juristische Ausbildung
jurisPK	juris PraxisKommentar
jurisPR-ArbR	juris PraxisReport Arbeitsrecht
jurisPR-BGHZivilR	juris PraxisReport BGH Zivilrecht
jurisPR-FamR	juris PraxisReport Familienrecht
jurisPR-HaGesR	juris PraxisReport Handels- und Gesellschaftsrecht
jurisPR-ITR	juris PraxisReport IT-Recht
jurisPR-IWR	juris PraxisReport Internationales Wirtschaftsrecht
jurisPR-SteuerR	juris PraxisReport Steuerrecht
jurisPR-TranspR	juris PraxisReport Transportrecht
jurisPR-WettbR	juris PraxisReport Wettbewerbsrecht
jurisPR-ZivilR	juris PraxisReport Zivilrecht
Jur. Rev.	Juridical Review
JutD	Juridisch up to Date
JZ	Juristenzeitung
KAGB	Kapitalanlagegesetzbuch
KantonsG	Kantonsgericht
Kap.	Kapitel
KG	Kammergericht
KG	Kommanditgesellschaft
KGaA	Kommanditgesellschaft auf Aktien
King's Coll. L. J.	King's College Law Journal
King's L. J.	King's College Law Journal
KMU	Kleine und mittlere Unternehmen
K&R	Kommunikation und Recht
KSÜ	Haager Kinderschutzübereinkommen
KSzW	Kölner Schriften zum Wirtschaftsrecht
KTS	Zeitschrift für Insolvenzrecht (früher Konkurs, Treuhand und Schiedswesen)
KUR	Kunst und Recht
LAG	Landesarbeitsgericht
LAGE	Entscheidungen der Landesarbeitsgerichte
LandesG	Landesgericht
L. & Contemp. Prbls.	Law and Contemporary Problems
LES	Liechtensteinische Entscheidungs-Sammlung
L. & Fin. Mkts. Rev.	Law and Financial Markets Review
LG	Landgericht (Deutschland), Landesgericht (Österreich)
LIEI	Legal Issues of Economic Integration
lit.	littera
L. J.	Lord Justice
LJZ	Liechtensteinische Juristenzeitung
Lloyd's IR	Lloyd's Insurance Law Reports
Lloyd's Rep.	Lloyd's Law Reports
LLP	Limited Liability Partnership
LM	Lindenmaier, Fritz/Möhring, Philipp, Nachschlagewerk des Bundesgerichtshofs – Entscheidungen in Zivilsachen mit Leitsätzen, Sachverhalt und Gründen (1951 ff.)
LMCLQ	Lloyd's Maritime and Commercial Law Quarterly
LMK	Lindenmaier/Möhring Kommentierte Rechtsprechung
LMLN	Lloyd's Maritime Law Newsletter
loc. cit.	loco citato
L. Q. Rev.	Law Quarterly Review
LRLR	Lloyd's Reinsurance Law Reports
LS	Leitsatz
LSG	Landessozialgericht
Ltd.	Limited

Abkürzungsverzeichnis

LugÜ	Lugano-Übereinkommen über die gerichtliche Zuständigkeit und die Anerkennung und Vollstreckung von Entscheidungen in Zivil- und Handelssachen
Maastricht J. Eur. & Comp. L.	Maastricht Journal of European and Comparative Law
MAH ArbR	Münchener Anwaltshandbuch Arbeitsrecht
MAH GmbHR	Münchener Anwaltshandbuch GmbH-Recht
MAH IntWirtschaftsR	Münchener Anwaltshandbuch Internationales Wirtschaftsrecht
Mass.	Massimario
M. B.	Moniteur belge
MDR	Monatsschrift für deutsches Recht
MedNedVIR	Medelingen van de Nederlandse Vereniging voor Internationaal Recht
MedR	Medizinrecht
Melbourne U. L. Rev.	Melbourne University Law Review
MgVG	Gesetz über die Mitbestimmung der Arbeitnehmer bei einer grenzüberschreitenden Verschmelzung
MHdB GesR	Münchener Handbuch des Gesellschaftsrechts
Mich. J. Int'l. L.	Michigan Journal of International Law
MitBestG	Mitbestimmungsgesetz
MittBayNot	Mitteilungen für das Bayerische Notariat
MittPat	Mitteilungen der Deutschen Patentanwälte
MittRhNotK	Mitteilungen der Rheinischen Notarkammer
MJ	Maastricht Journal
MMR	Multimedia und Recht
Mod. L. Rev.	Modern Law Review
Mon.	Moniteur
M. R.	Master of the Rolls
MüKoAktG	Münchener Kommentar zum Aktiengesetz
MüKoBGB	Münchener Kommentar zum BGB
MüKoUWG	Münchener Kommentar zum Lauterkeitsrecht
MüKoVVG	Münchener Kommentar zum VVG
n.	numero
NB	Nomiko Vima
N. C. J. Int'l. L.	North Carolina Journal of International Law
ncpc	Nouveau Code de Procedure Civile
Ned. Jur.	Nederlandse Jurisprudentie
NGCC	Nuova giurisprudenza civile commentate
N. I.	Northern Ireland
NiemZ	Niemeyers Zeitschrift
NILR	Netherlands International Law Review
NIPR	Nederlands Internationaal Privaatrecht
NJ	Nederlandse Jurisprudentie (Niederlande) bzw. Neue Justiz (Deutschland)
NJA	Nytt Juridisk Arkiv
NJOZ	Neue Juristische Online-Zeitschrift
NJW	Neue Juristische Wochenschrift
NJW-RR	NJW-Rechtsprechungsreport Zivilrecht
NK-BGB	Nomos Kommentar zum BGB
NLCC	Le nuove leggi civili commentate
no.	number (Englisch) bzw. numéro (Französisch)
Non Profit L. Yb.	Non Profit Law Yearbook
nr.	number
n. r.	not reported
Nr.	Nummer
NRt	Norsk Retstidende
NStZ	Neue Zeitschrift für Strafrecht
NTBR	Nederlands Tijdschrift voor Burgerlijk Recht

Abkürzungsverzeichnis

NTER	Nederlands Tijdschrift voor Europees Recht
NTHR	Nederlands Tijdschrift voor Handelsrecht
NTIR	Nordisk Tidskrift for International Ret
NV	Namenloos Vennotschaap
NVwZ	Neue Zeitschrift für Verwaltungsrecht
NVwZ-RR	Neue Zeitschrift für Verwaltungsrecht Rechtsprechungs-Report
Nw. U. L. Rev.	Northwestern University Law Review
NZ	Notariatszeitung
N. Z.	New Zealand
NZA	Neue Zeitschrift für Arbeitsrecht
NZA-RR	Neue Zeitschrift für Arbeitsrecht, Rechtsprechungs-Report
NZBau	Neue Zeitschrift für Baurecht
NZFam	Neue Zeitschrift für Familienrecht
NZG	Neue Zeitschrift für Gesellschaftsrecht
NZI	Neue Zeitschrift für Insolvenz und Sanierung
NZLR	New Zealand Law Reports
NZM	Neue Zeitschrift für Mietrecht
öAnwBl	Österreichisches Anwaltsblatt
ÖBA	Österreichisches Bank-Archiv
ObG	Obergericht
ÖBl	Österreichische Blätter für gewerblichen Rechtsschutz und Urheberrecht
obs.	observations
OGH	Österreichischer Oberster Gerichtshof
O. H.	Court of Sessions, Outer House
OHG	Offene Handelsgesellschaft
OJ	Official Journal of the European Community (oder, seit 2003, European Union)
ÖJZ	Österreichische Juristenzeitung
ÖJZ-LSK	Österreichische Juristenzeitung – Leitsatz-Kartei
ØLD	Østre Landsrets Domme
ØLK	Østre Landsrets Kendelse
OK	Online-Kommentar
OLG	Oberlandesgericht
OLG-NL	OLG-Rechtsprechung Neue Länder
OLG-Report	Schnelldienst zur Zivilrechtsprechung der Oberlandesgerichte [regionale Ausgabe]
OLGZ	Rechtsprechung der Oberlandesgerichte in Zivilsachen
op. cit.	opere citato
Org. Behav. & Hum. Decision	Organization, Behavior and Human Decision
OVG	Oberverwaltungsgericht
p.	pagina
Pace Int'l. L. Rev.	Pace International Law Review
para.	Paragraph
PartG	Partnerschaftsgesellschaft
Pas. belge	Pasicrisie belge
Pas. lux.	Pasicrisie luxembourgeoise
PHI	Produkt-Haftpflicht International
P&I	Protection and Indemnity
PIL	Private International Law
pp.	paginae (pages)
pr.	principio, am Anfang
Pres.	President
Pret.	Pretore
PStG	Personenstandsgesetz

Abkürzungsverzeichnis

Psych. Rev.	Psychological Review
PWW	Prütting/Wegen/Weinreich, BGB, 13. Aufl. 2018
QB	The Law Reports, Queen's Bench Division
Q. B. D.	Queen's Bench Division
Q. C.	Queen's Counsel
RabelsZ	Rabels Zeitschrift für ausländisches und internationales Privatrecht
Rb.	Rechtbank
RBDI	Revue belge de droit international
Rb. Kh.	Rechtbank voor Koophandel
RCDIP	Revue critique de droit international privé
RdA	Recht der Arbeit
RDAI	Revue de droit des affaires internationales
RdC	Recueil des Cours de l'Académie de Droit International de La Haye
RDC	Revue des contrats
RDCB	Revue de droit commercial belge
RDIPP	Rivista di diritto internazionale privato e processuale
RdM	Recht der Medizin
RdTW	Recht der Transportwirtschaft
RdW	Recht der Wirtschaft
Rec.	Recueil
Rec. des Cours	Recueil des Cours de l'Académie de Droit International de La Haye
REDI	Revista Española de Derecho Internacional
Rel.	Tribunal da Relação
Rép.	Répertoire
Rev. aff. eur.	Revue des affaires européennes
Rev. arb.	Revue de l'arbitrage
Rev. Arb. Med.	Revista de Arbitragem e Mediação
Rev. Chil. Der.	Revista Chilena de Derecho
Rev. der. com. eur.	Revista de derecho comunitario europeo
Rev. Der. Mercantil	Revista de derecho mercantil
Rev. Der. Sociedades	Revista de derecho de sociedades
Rev. divorce	Revue de divorce
Rev. dr. aff. int.	Revue de droit des affaires internationales
Rev. dr. comm. belge	Revue de droit commercial belge
Rev. dr. hommes	Rev. du droit des hommes
Rev. dr. transp.	Revue du droit de transport
Rev. dr. trav.	Revue du droit de travail
Rev. dr. ULB	Revue de droit de l'Université Libre de Bruxelles
Rev. eur. dr. consomm.	Revue européen de droit de consommation
Rev. Fac. Dir. Univ. Lisboa	Revista da Faculdade de Direito da Universidade de Lisboa
Rev. gén. dr. ass.	Revue générale de droit des assurances
Rev. gén. dr. civ. belge	Revue générale de droit civil belge
Rev. héll. dr. int.	Revue héllenique de droit international
Rev. int. dr. comp.	Revue international de droit comparé
Rev. int. dr. écon.	Revue international de droit économique
Rev. jur. comm.	Revue de jurisprudence commerciale
Rev. Jur. Notariado	Revista Juridica del Notariado
Rev. Lamy dr. aff.	Revue Lamy droit des affaires
Rev. not. belge	Revue du notariat belge
Rev. prat. sociétés	Revue pratique des sociétés
Rev. Scapel	Revue du droit maritime, fondée par Scapel
Rev. sociétés	Revue des sociétés
Rev. trim. dr. fam.	Revue trimestrielle du droit familial
RFH	Reichsfinanzhof
RG	Reichsgericht

Abkürzungsverzeichnis

RGDC	Revue génerale du droit civil
RGSt	Amtliche Sammlung der Entscheidungen des Reichsgerichts in Strafsachen
RGZ	Amtliche Sammlung der Entscheidungen des Reichsgerichts in Zivilsachen
RHDI	Revue héllenique de droit international
Riv. dir. ind.	Rivista di diritto industriale
Riv. dir. int.	Rivista di diritto internazionale
Riv. dir. proc.	Rivista di diritto processuale
Riv. not.	Rivista notarile
Riv. società	Rivista di società
RIW	Recht der Internationalen Wirtschaft
RJC	Revista juridica de Cataluña
RLDA	Revue Lamy de droit des affaires
RLJ	Revista do Legislação e de Jurisprudência
Rn.	Randnummer
RNotZ	Rheinische Notarzeitschrift
RPfleger	Der deutsche Rechtspfleger
RRa	ReiseRecht aktuell
r+s	Recht und Schaden
Rs.	Rechtssache
RSC	Rules of the Supreme Court
Rt.	Retstidning
RTDCiv.	Revue trimestrielle de droit civil
RTDCom.	Revue trimestrielle de droit commercial
RTDE	Revue trimestrielle de droit européen
RTDF	Revue trimestrielle de droit financier
RTD fam.	Revue trimestrielle de droit familial
RvdW	Rechtspraak van de Week
R. W.	Rechtskundig Weekblad
RWiss	Rechtswissenschaft
SA	Société Anonyme
SAE	Sammlung arbeitsrechtlicher Entscheidungen
San Diego Int'l. L. J.	San Diego International Law Journal
S. C.	Supreme Court (Vereinigtes Königreich bzw. Irland)
Scand. Stud. L.	Scandinavian Studies in Law
SchiedsVZ	Zeitschrift für Schiedsverfahren
SchlHA	Schleswig-Holsteinische Anzeigen
SchVG	Schuldverschreibungsgesetz
S. Ct.	Supreme Court Reporter
SD	Systematische Darstellungen
SDNY	United States District Court for the Southern District of New York
SE	Societas Europea
sec.	section
seq.	sequens (Singular), sequentes (Plural)
sess.	session
SeuffArch	Seufferts Archiv
SE-VO	Verordnung über die Societas Europea
SEW	Tijdschrift voor Europees en economisch recht (früher: Sociaal en Economisch Wetgeving)
S. I.	Statutory Instrument
sic!	Schweizerische Zeitschrift für Immaterialgüterrecht
SJZ	Schweizerische Juristen-Zeitung
Slg.	Sammlung der Entscheidungen des Europäischen Gerichtshofs (bzw. des Gerichtshofs der Europäischen Union)
SLT	Scots Law Times
SLT (Sh Ct)	Scots Law Times (Sheriff Court)
SME	Small or Medium Enterprise
So.	Southern Reporter

Abkürzungsverzeichnis

So. Cal. L. Rev.	Southern California Law Review
somm.	sommaires commentées
Spec. Supp.	Special Supplement
Spencer's Art L. J.	Spencer's Art Law Journal
S&S	Schip en Schade
Stan. L. Rev.	Stanford Law Review
StAZ	Das Standesamt – Zeitschrift für das gesamte Standesamtswesen
StBerG	Steuerberatergesetz
StGB	Strafgesetzbuch
STJ	Supremo Tribunal de Justiçia
Studi integr. Eur.	Studi di integrazione Europea
sup.	superieur
Sup. Ct.	Supreme Court (USA)
SvJT	Svensk Juristtidning
S. W.	South Western Reporter
SZ	Sammlung in Zivilsachen (Österreich)
SZIER	Schweizerische Zeitschrift für internationales und europäisches Recht
SZW	Schweizerische Zeitschrift für Wirtschaftsrecht
SZZP	Schweizerische Zeitschrift für Zivilprozessrecht
TBH	Tijdschrift voor Belgisch Handelsrecht/Revue de droit commercial belge
Texas Int'l. L. J.	Texas International Law Journal
TGI	Tribunal de grande instance
The Geo. Wash. Int'l. L. Rev.	The George Washington International Law Review
TMG	Telemediengesetz
TPR	Tijdschrift voor Privaatrecht
TranspR	Transportrecht
Trav. Com. fr. dr. int. pr.	Travaux de Comité français de droit international privé
Trib.	Tribunale
Trib. arr.	Tribunal d'arrondissement
Trib. civ.	Tribunal civil
Trib. comm.	Tribunal de commerce
Trust L. J.	Trust Law Journal
TS	Tribunal Supremo
Tulane J. Int'l. & Comp. L.	Tulane Journal of International and Comparative Law
Tulane L. Rev.	Tulane Law Review
Tulane Mar. L. J.	Tulane Maritime Law Journal
TvA	Tijdschrift voor Arbitrage
TvCR	Tijdschrift voor Consumentenrecht
TVR	Tijdschrift Vervoer en Recht
UAbs.	Unterabsatz
U. Chi. L. Rev.	University of Chicago Law Review
UCLA L. Rev.	University of California Los Angeles Law Review
UfR	Ugeskrift for Retsvæsen
U. Ill. L. Rev.	University of Illinois Law Review
U. Kan. L. Rev.	University of Kansas Law Review
UKHL	United Kingdom House of Lords
UKSC	United Kingdom Supreme Court
U. Mia. Int.-Am. L. Rev.	University of Miami Inter-American Law Review
UmwG	Umwandlungsgesetz
UNIDROIT	International Institute for the Unification of Private Law
Unif. L. Rev.	Uniform Law Review
UNTS	United Nations Treaty Series
U. Penn. J. Int'l. Econ. L.	University of Pennsylvania Journal of International Economic Law

Abkürzungsverzeichnis

US	United States Reporter
U. Toronto L. J.	University of Toronto Law Journal
v.	versus
Va. J. Int'l. L.	Virginia Journal of International Law
Va. L. Rev.	Virginia Law Review
Vand. J. Transnat'l. L.	Vanderbilt Journal of Transnational Law
Var.	Variante
V-C	Vice-Chancellor
VersR	Versicherungsrecht
Ves. Jnr.	Vesey Junior's Chancery Reports
VG	Verwaltungsgericht
vgl.	vergleiche
Victoria U. Wellington L. Rev.	Victoria University of Wellington Law Review
Vindobona J. Int. Comm. L. & Arb.	Vindobona Journal of International Commercial Law and Arbitration
VOB/B	Verdingungsordnung für Bauleistungen Part B
vol.	volume
VOL	Verdingungsordnung für Leistungen
vs.	versus
VuR	Verbraucher und Recht
VVG	Versicherungsvertragsgesetz
Vzngr.	Voorzieningenrechter
Wash. U. L. Q.	Washington University Law Quarterly
Wayne L. Rev.	Wayne Law Review
wbl	Wirtschaftsrechtliche Blätter
WiB	Wirtschaftsrechtliche Beratung
WiRO	Wirtschaft und Recht in Osteuropa
WL	Westlaw
WLR	The Weekly Law Reports
WM	Wertpapier-Mitteilungen
WpHG	Wertpapierhandelsgesetz
WPNR	Weekblad voor Privaatrecht, Notariaat en Registratie
WPO	Wirtschaftsprüferordnung
WpÜG	Wertpapierübernahmegesetz
WRP	Wettbewerb in Recht und Praxis
WRV	Weimarer Reichsverfassung
WuB	Entscheidungen zum Wirtschafts- und Bankrecht
WuW	Wirtschaft und Wettbewerb
WuW/E	Wirtschaft und Wettbewerb/Entscheidungen
Yale L. J.	Yale Law Journal
Yb. Eur. L.	Yearbook of European Law
YbPIL	Yearbook for Private International Law
ZAS	Zeitschrift für Arbeits- und Sozialrecht
zbb	Zeitschrift für Bankrecht und Bankwirtschaft
ZBJV	Zeitschrift des Bernischen Juristenvereins
ZErb	Zeitschrift für Steuer- und Erbrechtspraxis
ZEuP	Zeitschrift für Europäisches Privatrecht
ZEuS	Zeitschrift für Europäische Studien
ZEV	Zeitschrift für Erbrecht und Vermögensnachfolge
ZfJ	Zentralblatt für Jugendrecht
ZfPW	Zeitschrift für Privatrechtswissenschaft
ZFR	Zeitschrift für Finanzmarktrecht
ZfRV	Zeitschrift für Rechtsvergleichung

Abkürzungsverzeichnis

ZfS	Zeitschrift für Schadensrecht
ZGB	Zivilgesetzbuch
ZGE	Zeitschrift für Geistiges Eigentum
ZGR	Zeitschrift für Unternehmens- und Gesellschaftsrecht
ZGS	Zeitschrift für das gesamte Schuldrecht
ZHR	Zeitschrift für das gesamte Handels- und Wirtschaftsrecht
ZInsO	Zeitschrift für das gesamte Insolvenzrecht
ZIP	Zeitschrift für Wirtschaftsrecht und Insolvenzpraxis
ZJS	Zeitschrift für das Juristische Studium
ZKJ	Zeitschrift für Kindschafts- und Jugendrecht
ZLR	Zeitschrift für Lebensmittelrecht
ZLW	Zeitschrift für Luft- und Weltraumrecht
ZNotP	Zeitschrift für die notarielle Praxis
ZOV	Zeitschrift für offene Vermögensfragen
ZPO	Zivilprozessordnung
ZR	Blätter für Zürcherische Rechtsprechung
ZSR	Zeitschrift für schweizerisches Recht
ZUM	Zeitschrift für Urheber- und Medienrecht
ZVertriebsR	Zeitschrift für Vertriebsrecht
ZVglRWiss	Zeitschrift für vergleichende Rechtswissenschaft
ZVR	Zeitschrift für Verkehrsrecht
ZWeR	Zeitschrift für Wettbewerbsrecht (Journal for Competition Law)
ZZP	Zeitschrift für Zivilprozess
ZZP Int.	Zeitschrift für Zivilprozess International
ZZZ	Schweizerische Zeitschrift für Zivilprozess- und Zwangsvollstreckungsrecht

Literaturverzeichnis

Speziellere Werke werden jeweils zu Beginn der §§ und, soweit tunlich, einzelner Abschnitte angegeben.

B. Audit/d'Avout	Droit international privé, 7. Aufl. 2013
v. Bar/Mankowski IPR I	Internationales Privatrecht I: Allgemeine Lehren, 2. Aufl. 2003
Basedow	The Law of Open Societies – Private Ordering and Public Regulation of International Relations, RdC 360 (2013), 9
BeckOGK/*Bearbeiter*	*Gsell/Krüger/Lorenz/Reymann/Henssler* (Gesamt-Hrsg.), Beck'scher Online-Großkommentar zum Zivilrecht. 2018
BeckOK BGB/*Bearbeiter*	*Bamberger/H. Roth/Hau/Poseck* (Hrsg.), Beck'scher Online-Kommentar BGB, 45. Ed. 1.3.2018
Briggs, PIL	Private International Law in English Courts, 2014
Brödermann/Rosengarten	Internationales Privat- und Zivilverfahrensrecht, 8. Aufl. 2018
A. Bucher	La dimension sociale du droit international privé, RdC 341 (2009), 9
Bureau/Muir Watt	Droit international privé, 4. Aufl. 2017
G.-P. Calliess/Bearbeiter	Rome Regulations, 2. Aufl. 2015
Calvo Caravaca/ Carrascosa González	Derecho internacional privado, vol. II, 17. Aufl. 2017
Cheshire/North/Fawcett	Private International Law, 15. Aufl. 2017
Coester-Waltjen/Mäsch	Übungen in internationalem Privatrecht und Rechtsvergleichung, 5. Aufl. 2017
Dicey/Morris/Lord Collins of Mapesbury	The Conflict of Laws, 15. Aufl. 2012
Erman/*Bearbeiter*	BGB, 15. Aufl. 2017
EuEncyclPIL	*Basedow/Ferrari/de Miguel Asensio/G. Rühl* (eds.), European Encyclopedia of Private International Law, 2017
Ferid	Internationales Privatrecht, 3. Aufl. 1986
Frankenstein	Internationales Privatrecht (Grenzrecht), Bd. 1 1926; Bd. 2 1928; Bd. 3 1934; Bd. 4 1935
Fuchs/Hau/Thorn IPR	Fälle zum Internationalen Privatrecht, 4. Aufl. 2009
Gebauer/Wiedmann/Bearbeiter	Zivilrecht unter europäischem Einfluss, 2. Aufl. 2010
Geimer	Internationales Zivilprozessrecht, 7. Aufl. 2014
Hausmann/Odersky IPR	Internationales Privatrecht in der Notar- und Gestaltungspraxis, 3. Aufl. 2017
Hay/Rösler IPR	Internationales Privat- und Zivilverfahrensrecht (PdW), 5. Aufl. 2016
HK-BGB/*Bearbeiter*	Schulze u. a. (Hrsg.), Handkommentar zum BGB, 9. Aufl. 2016
v. Hoffmann/Thorn IPR	Internationales Privatrecht, 9. Aufl. 2007
Junker IPR	Internationales Privatrecht, 2. Aufl. 2017
Junker ZivilProzR	Internationales Zivilprozessrecht, 3. Aufl. 2016
jurisPK BGB/*Bearbeiter*	*M. Würdinger* (Hrsg.), Juris PraxisKommentar BGB, Bd. 6, 8. Aufl. 2017
Kegel/Schurig IPR	Internationales Privatrecht, 9. Aufl. 2004
Koch/Magnus/ Winkler v. Mohrenfels IPR	IPR und Rechtsvergleichung, 4. Aufl. 2010
A. Köhler	Examinatorium Internationales Privatrecht, 2016
Krebs	Internationales Privatrecht, 2. Aufl. 2015
Kroll-Ludwigs	Die Rolle der Parteiautonomie im europäischen Kollisionsrecht, 2013
Kropholler	Internationales Privatrecht, 6. Aufl. 2006
Kropholler/v. Hein	Europäisches Zivilprozessrecht, 9. Aufl. 2011
Lewald	Das deutsche internationale Privatrecht auf Grundlage der Rechtsprechung, 1931
de Lima Pinheiro	Direito Internacional Privado, vol. II, 4. Aufl. 2015

Literaturverzeichnis

Linke/Hau	Internationales Zivilverfahrensrecht, 7. Aufl. 2018
Looschelders	Internationales Privatrecht – Art. 3–46 EGBGB, 2004
Loussouarn/Bourel/ de Vareilles-Sommières	Droit international privé, 10. Aufl. 2013
Lüderitz	Internationales Privatrecht, 2. Aufl. 1992
Lurger/Melcher	Handbuch Internationales Privatrecht, 2. Aufl. 2017
Magnus/Mankowski/ Bearbeiter	Brussels Ibis Regulation, 3. Aufl. 2016; Brussels IIbis Regulation, 2. Aufl. 2016; Rome I Regulation, 2017; Rome II Regulation, 2018
Mansel	Internationales Privatrecht, in Vorbereitung (voraussichtlich 2020)
P. Mayer/Heuzé	Droit international privé, 11. Aufl. 2014
MüKoBGB/Bearbeiter	Münchener Kommentar zum BGB, Bd. 10 u. 11, 7. Aufl. 2018
Neuhaus	Grundbegriffe des internationalen Privatrechts, 2. Aufl. 1976
NK-BGB/Bearbeiter	Dauner-Lieb/Heidel/Ring (Hrsg.), Nomos Kommentar BGB, Bd. 1, 3. Aufl. 2016, Bd. 6, 2. Aufl. 2015
Nußbaum	Deutsches internationales Privatrecht, 1932
Palandt/Bearbeiter	BGB, 77. Aufl. 2018
Posch	Bürgerliches Recht VII: Internationales Privatrecht, 2008
PWW/Bearbeiter	Prütting/Wegen/Weinreich, BGB, 13. Aufl. 2018
Raape	Internationales Privatrecht, 5. Aufl. 1961
Raape/F. Sturm	Internationales Privatrecht I, 6. Aufl. 1977
Rauscher/Bearbeiter	EuZPR/EuIPR, Bd. 1–3 u. 5, 4. Aufl. 2015; Bd. 4 u. 6, 4. Aufl. 2016
Rauscher IPR	Internationales Privatrecht, 5. Aufl. 2017
Rauscher Klausurenkurs	Klausurenkurs im Internationalen Privatrecht, 3. Aufl. 2013
Reithmann/Martiny/ Bearbeiter	Internationales Vertragsrecht, 8. Aufl. 2015
G. Rühl	Statut und Effizienz, 2011
Schack IntZivilVerfR	Internationales Zivilverfahrensrecht, 8. Aufl. 2017
Schlosser/Hess/Bearbeiter	EU-Zivilprozessrecht, 4. Aufl. 2015
Schotten/Schmellenkamp	Das Internationale Privatrecht in der notariellen Praxis, 2. Aufl. 2007
Siehr	Internationales Privatrecht, 2001
Siehr IPR CH	Das Internationale Privatrecht der Schweiz, 2002
Soergel/Bearbeiter	BGB, Bd. 10, 12. Aufl. 1996
Staudinger/Bearbeiter	BGB – Artt. 3–6 EGBGB, 2013; Artt. 7; 9–12; 47; 48 EGBGB, 2013; Artt. 13–17b EGBGB, 2011; HUP, 2016; Vorbem. C-H zu Art. 19 EGBGB, 2009; Artt. 19–24 EGBGB, ErwSÜ, 2014; Artt. 25; 26 EGBGB, 2007; Rom I-VO, 2016; Artt. 38–42 EGBGB, 2001; Artt. 43–46 EGBGB, 2015; IntGesR, 1998; IntWiR, 2015; Wiener UN-Kaufrecht (CISG), 2018
Strikwerda	Inleiding tot het Nederlandse internationaal privaatrecht, 11. Aufl. 2015
Symeonides	Choice of Law around the World: An International Comparative Analysis, 2014
Symeonides Choice-of-Law Revolution	The American Choice-of-Law Revolution: Past, Present and Future, 2006
Verschraegen	Internationales Privatrecht, 2012
M. Wolff	Das internationale Privatrecht Deutschlands, 3. Aufl. 1954
Zitelmann	Internationales Privatrecht I, 1897; II, 1912
Zöller/Bearbeiter	ZPO, 32. Aufl. 2017

§ 1. Internationales Schuldvertragsrecht

Literatur: *M.-É. Ancel/Deumier/Laazouzi,* Droit des contrats internationaux, 2017; *Boschiero* (a cura di), La nuova disciplina comunitaria della legge applicabile ai contratti (Roma I), 2009; *Brödermann,* Zustandekommen von Rechtswahl-, Gerichtsstands – und Schiedsvereinbarungen, FS Dieter Martiny, 2014, S. 1045; *G.-P. Calliess* (ed.), Rome Regulations, 2. Aufl. 2015; *Calvo Caravaca/Carrascosa González/Caamiña Domínguez,* Reglamento Roma I, 2017; *Carrascosa González,* La ley aplicable a los contratos internacionales: el Reglamento Roma I, 2009; *Cashin Ritaine/Bonomi* (éds.), Le nouveau règlement européen „Rome I" relatif à la loi applicable aux obligations contractuelles, 2008; *Castellano Ruiz,* El Reglamento „Roma I" sobre la ley aplicable a los contratos internacionales y su aplicación por los tribunales españoles, 2009; *Cebrián Salvat,* Las operaciones contractuales complejas en Derecho Internacional Privado europeo, AEDIPr 2017, 333; *Corneloup/Joubert* (dir.), Le règlement communautaire „Rome I" et le choix de loi dans les contrats internationaux, 2011; *Czernich/Heiss,* EVÜ, 1999; *Ferrari* (ed.), Rome I Regulation, 2014; *Ferrari/Leible* (Hrsg.), Ein neues Internationales Vertragsrecht für Europa, 2007; *Ferrari/Leible* (eds.), Rome I Regulation, 2009; *Ferrari/Kieninger/Mankowski/K. Otte/Saenger/G. Schulze/A. Staudinger,* Internationales Vertragsrecht, 3. Aufl. 2018; *Freitag,* Rom I, Rom II – tertium est datur im Kollisionsrecht der Schuldverhältnisse!, FS Ulrich Spellenberg, 2010, S. 169; *Kronke/Melis/H. Kuhn,* Handbuch Internationales Wirtschaftsrecht, 2. Aufl. 2017; *Laval,* Le tiers et le contrat – Étude de conflits de lois, 2014; *dies.,* Third Party and Contract in the Conflict of Laws, YbPIL 18 (2016/17), 511; *Leible,* Rom I und Rom II: Neue Perspektiven im Europäischen Kollisionsrecht, 2009; *Leible* (Hrsg.), Das Grünbuch zum Internationalen Vertragsrecht, 2004; *Magnus/Mankowski,* Rome I Regulation, 2017; *McParland,* The Rome I Regulation, 2015; *Mankowski,* Seerechtliche Vertragsverhältnisse im Internationalen Privatrecht, 1995 (zitiert: *Mankowski*); *ders.,* Interessenpolitik und Kollisionsrecht, 2011; Münchener AnwaltsHandbuch Internationales Wirtschaftsrecht, 2017; *P. Ostendorf/P. Kluth* (Hrsg.), Internationale Wirtschaftsverträge, 2. Aufl. 2017; *Plender/Wilderspin,* The European Private International Law of Obligations, 4. Aufl. 2015; *Rauscher,* EuZPR/EuIPR, Bd. III: Rom I-VO; Rom II-VO, 4. Aufl. 2016; *Reithmann/Martiny,* Internationales Vertragsrecht, 8. Aufl. 2015; *Salerno/Franzina* (a cura di), Regolamento CE n. 593/2008 del Parlamento europeo e del Consiglio del 17 giugno 2008 sulla legge applicabile alle obbligazioni contrattuali („Roma I"), NLCC 2009, 521; *Ubertazzi,* Il regolamento Roma I sulla legge applicabile alle obbligazioni contrattuali, 2008; *Wenner,* Internationales Vertragsrecht, 3. Aufl. 2013.

I. Einleitung

Wichtigstes Gebiet im Besonderen Teil des Internationalen Privatrechts ist heute das Internationale Schuldvertragsrecht. Seine Grundlage ist für alle nach dem 16.12.2009 geschlossenen Verträge die Rom I-VO. Sie hat das EVÜ und in Deutschland die vormaligen Artt. 27–37 EGBGB 1986 abgelöst. Der einzelne EU-Mitgliedstaat kann und darf nur noch in den Ausnahmebereichen der Rom I-VO, zur Ausfüllung der Rom I-VO und zur Umsetzung spezieller Kollisionsnormen aus EU-Richtlinien eigene Normen des Internationalen Schuldvertragsrechts jenseits des Eingriffsrechts haben. In Deutschland ist das wirklich autonome Internationale Schuldvertragsrecht innerhalb des EGBGB auf Art. 46c EGBGB reduziert (Art. 46b EGBGB beruht auf EG-Richtlinien und ist daher ebenfalls europäischen Ursprungs). Ganz im Vordergrund steht aber die Rom I-VO, die als EU-Verordnung nach Art. 288 II AEUV verdrängenden Vorrang genießt, soweit sie selber Anwendung beansprucht. 1

Das Internationale Schuldvertragsrecht hat sowohl absolut als auch relativ stark an Bedeutung gewonnen. Das Wachsen des grenzüberschreitenden Wirtschaftsverkehrs hat dies mit sich gebracht. Je mehr Im- und Exportvorgänge es gibt, desto wichtiger wird das Internationale Schuldvertragsrecht, denn der Schuldvertrag ist *das* Vehikel des Wirtschaftsverkehrs. 2

Absolut sind die Fallzahlen nachgerade explodiert. Ein Blick in die jahresweise erscheinende Deutsche Rechtsprechung zum Internationalen Privatrecht (IPRspr.) belegt dies – und bildet doch nur einen Ausschnitt aus der deutschen Gerichtspraxis ab, weil dort die 3 unproblematischen Fälle gar nicht dokumentiert werden. Ein weiterer Beleg für die absolute Bedeutung des Gebiets: Jeder BGB-Kommentar, der etwas auf sich hält, enthält auch eine Kommentierung der Rom I-VO.

4 Relativ haben sich die Gewichte innerhalb des IPR massiv verschoben. Während früher das Internationale Familien- und das Internationale Erbrecht dominierten, steht heute das Internationale Schuldvertragsrecht im Vordergrund und an erster Stelle. Die einheitliche europäische Rechtsgrundlage, beginnend mit dem EVÜ, hat das Ihre dazu beigetragen und ganz wesentlichen Anteil am Bedeutungszuwachs des Internationalen Schuldvertragsrechts. Unter deutschem Alt-IPR vor 1986 hatte man mit unübersichtlichem Richterrecht und gesetzgeberischem Stückwerk zu kämpfen. Unsicherheit prägte die objektive Anknüpfung und ließ die Möglichkeit zur Rechtswahl teilweise als Flucht aus einer Verlegenheit[1] und aus einem Dilemma erscheinen.[2] Schuldverträge anknüpfen sei schwer, wurde geraunt.[3] Die Rechtswahl sei ein Ausweg aus hoffnungslosen Schwierigkeiten.[4] Diese Zeiten sind lange vorbei. Heute hat man in einer EU-Verordnung eine feste und verlässliche Grundlage (und hatte sie schon zuvor mit der deutschen Übernahme des EVÜ in Artt. 27–37 EGBGB seit 1986).

5 Die Rom I-VO ist wie jede EU-Verordnung europäisch-autonom auszulegen. Besondere Bedeutung kommt dabei dem Zusammenhang zwischen der Rom I-VO und der Rom II-VO zum einen und der Rom I-VO und der EuGVVO (Brüssel I-VO) bzw. der Brüssel Ia-VO zu. Erwägungsgrund (7) Rom I-VO hebt beide Zusammenhänge besonders hervor.[5] Die dortige Bezugnahme auf die EuGVVO als den seinerzeit (also bei Schaffung der Rom I-VO 2008) maßgeblichen Schwesterrechtsakt im europäischen IZPR ist heute gemäß Art. 80 S. 2 Brüssel Ia-VO als Bezugnahme auf die Brüssel Ia-VO zu lesen.

6 In der praktischen Arbeit heißt dies insbesondere, die richterliche Auslegung der Schwesterrechtsakte zu beachten. Gerade in der Brüssel Ia-VO finden sich Rechtsbegriffe, die auch für die Rom I-VO bedeutsam sind. EuGVÜ und EuGVVO, die Vorgänger der Brüssel Ia-VO, konnten auf eine jahrzehntelange Auslegungsgeschichte und viele Entscheidungen des EuGH gerade zu grenzüberschreitenden Schuldverträgen zurückblicken, lange bevor es die Rom I-VO überhaupt gab.

7 Auslegung auch im Lichte der Schwesterrechtsakte heißt freilich nicht sklavische und unbedingte Übernahme, sondern vielmehr bewusste Einpassung in Kontext und eigenes System der Rom I-VO. Vor ‚false friends', Begriffen, die nur so aussehen, als hätten sie hüben wie drüben denselben Inhalt, weil sie denselben Namen tragen, ist wie stets zu warnen.[6]

II. Struktur der Rom I-VO

8 Die Struktur der Rom I-VO folgt im Prinzip der Rechtsanwendung im konkreten Fall: Zuerst definiert die Rom I-VO ihren eigenen Anwendungsbereich (Artt. 1; 2 Rom I-VO). Dann stellt sie Anknüpfungsregeln auf. Dabei schreitet sie grundsätzlich vom Allgemeinen zum Speziellen: Zuerst werden allgemeine Anknüpfungsregeln für alle nicht speziell geregelten Vertragskategorien formuliert, darauf folgen die Ausnahmen vom Grundsatz. Unter

---

[1] Gleichermaßen berühmt und berüchtigt *Kegel*, Internationales Privatrecht, 1. Aufl. 1960, S. 208 (§ 18 I 1b), bis heute beibehalten in: *Kegel/Schurig* S. 653 (§ 18 I 1c): Parteiautonomie sei eine Verlegenheitslösung.
[2] *Czernich*, ZfRV 2013, 157, 158.
[3] Wiederum *Kegel*, Internationales Privatrecht, 1. Aufl. 1960, S. 206 (§ 18 I 1a), bis heute beibehalten in: *Kegel/Schurig* S. 647 (§ 18 I 1a).
[4] S. *Simitis*, JuS 1966, 209, 210.
[5] Eingehend insbesondere *A.-K. Bitter*, IPRax 2008, 96; *Lein*, YbPIL X (2008), 177; *Haftel*, Clunet 137 (2010), 761; *M. Würdinger*, RabelsZ 75 (2011), 102; *M. Köck*, Die einheitliche Auslegung der Rom I-, Rom II- und Brüssel I Verordnung im europäischen internationalen Privat- und Verfahrensrecht, 2014.
[6] Nachdrücklich exemplifiziert von *Lüttringhaus*, RabelsZ 77 (2013), 31; *Garcimartín Alférez*, Essays in Hounour of Hans van Loon, 2013, S. 169; *M. Müller*, in: v. Hein/G. Rühl (Hrsg.), Kohärenz im Internationalen Privat- und Verfahrensrecht der Europäischen Union, 2016, S. 243.

III. Sachlicher Anwendungsbereich der Rom I-VO

den allgemeinen Anknüpfungsregeln steht das Prinzip der Parteiautonomie voran (Art. 3 Rom I-VO). Logisch korrekt folgt ihm die objektive Anknüpfung nach (Art. 4 Rom I-VO), denn sie kann nur dann zum Zuge kommen, wenn es an einer Rechtswahl gerade fehlt. Hinter diesem Normenpaar stehen die Schutzregimes, in denen die Rechtswahlfreiheit – auf verschiedene Weisen – eingeschränkt ist: Transport-, Versicherungs-, Verbraucher- und Indiviudalarbeitsverträge (Artt. 5–8 Rom I-VO). Die Sonderanknüpfung von Eingriffsnormen, Durchbrechung der regulären Anknüpfungen, steht hinter dem Gesamtsystem der regulären Anknüpfungen (Art. 9 Rom I-VO) und überlagert sie alle. Bis dahin hat sich die Rom I-VO den Anknüpfungspunkten gewidmet. Nun wendet sie sich den Anknüpfungsgegenständen zu und stellt Qualifikationsregeln auf (Artt. 10; 12 Rom I-VO). Dahinter stehen Anknüpfungsnormen für spezielle Anknüpfungsgegenstände (Artt. 11; 13–18 Rom I-VO). Hilfsnormen runden ab (Artt. 19–22 Rom I-VO).

Einen eigentlichen internationalen Anwendungsbereich hat die Rom I-VO nicht. Sie setzt allein voraus, dass Gericht oder Rechtsanwender in einem Mitgliedstaat ansässig sind. Sie setzt insbesondere nicht voraus, dass eine der Vertragsparteien in einem Mitgliedstaat ihren Wohnsitz haben müsste. Art. 2 Rom I-VO verleiht den Kollisionsnormen der Rom I-VO universelle Anwendung. Die Rom I-VO findet Anwendung auch auf reine Drittstaatensachverhalte, die keinen Bezug zu Mitgliedstaaten aufweisen. Bezüge zu Mitgliedstaaten zu prüfen wäre daher ein schwerer Fehler, der mangelnden Überblick und mangelndes Grundverständnis indiziert. Es übertrüge Maßstäbe, die für das IZPR richtig sind und sich dort in Artt. 4 I Brüssel Ia-VO; 2 I LugÜ 2007 niederschlagen, fälschlich und konzeptionell zu Unrecht auf das IPR.

III. Sachlicher Anwendungsbereich der Rom I-VO

Literatur: *Crespo Reghizzi*, „Contratto" e „illecito": La qualificazione delle obbligazioni nel diritto internazionale privato dell'Unione Europea, RDIPP 2012, 317; *Mankowski*, Die Qualifikation der culpa in contrahendo – Nagelprobe für den Vertragsbegriff des europäischen IZPR und IPR, IPRax 2003, 127; *Micklitz*, Der Vertragsbegriff in den Übereinkommen von Brüssel und Rom, in: Schulte-Nölke/R. Schulze (Hrsg.), Europäisches Vertragsrecht im Unionsrecht, 2002, S. 39; *Reiher*, Der Vertragsbegriff im europäischen Internationalen Privatrecht, 2010; *Urlaub*, Einseitig verpflichtende Rechtsgeschäfte im Internationalen Privatrecht, 2010.

1. Vertragliche Schuldverhältnisse. *a) Grundsätzliches.* Die Rom I-VO ist anwendbar auf vertragliche Schuldverhältnisse. Wichtig ist diese Selbstbeschränkung für die Abgrenzung zwischen vertraglichen und außervertraglichen Schuldverhältnissen: Ein Schuldverhältnis kann nur dann außervertraglich sein, wenn es nicht bereits vertraglich ist. Ob ein Schuldverhältnis vertraglicher Natur ist, ist logisch vorrangig zu prüfen, bevor man zu außervertraglichen Schuldverhältnissen schreitet,[7] denn außervertraglich kann eben nur sein, was nicht vertraglich ist. Den negativen Ausgang für die Prüfung, ob etwas vertraglich ist, kann man gleich als positiven Ausgang in die Prüfung, ob etwas nicht vertraglich ist, übernehmen.

Dies verhält sich für die Abgrenzung zwischen Rom I-VO und Rom II-VO nicht anders als für die Abgrenzung zwischen Art. 7 Nr. 1 Brüssel Ia-VO und Art. 7 Nr. 2 Brüssel Ia-VO.[8] Indes drohen gerade in diesem Bereich Unsicherheiten[9] als Folge der Brogsitter-

---

[7] *Mankowski*, IPRax 2003, 127, 128; *Nehne*, Methodik und allgemeine Lehren des europäischen Internationalen Privatrechts, 2012, S. 123.
[8] Siehe dort nur EuGH Slg. 2002, I-8111 Rn. 37 – Verein für Konsumenteninformation/Karl Heinz Henkel; EuGH ECLI:EU:C:2014:148 Rn. 21 – Marc Brogsitter/Fabrication des Montres Normandes EURL u. K. Fräßdorf.
[9] Siehe nur OGH ÖJZ 2015, 1051 mAnm *Brenn*; LAG Niedersachsen BeckRS 2016, 71314; *Baumert*, EWiR 2014, 435; *Slonina*, ecolex 2014, 790; *Wendenburg/Maximilian Schneider*, NJW 2014, 1633; *Dornis*, GPR 2014, 352; *Brosch*, ÖJZ 2015, 958; *Wendelstein*, ZEuP 2015, 624; *Reydellet*, RLDA 111 (2016), 33; *Pfeiffer*, IPRax 2016, 111; *Mankowski*, EWiR 2016, 747, 748; *Mankowski*, EuZA 2016, 368, 372f.; *Mankowski*, EuZA 2017, 126; *Mankowski*, EWiR 2017, 515, 516.

Entscheidung¹⁰ des EuGH vom IZPR auf die Grenzziehung im IPR durchzuschlagen: Jede Ausweitung des Vertragsbereichs auf Kosten des Deliktsbereichs ist darauf zu untersuchen, ob sie vom IZPR auf das IPR zu übertragen ist.¹¹

12 Hinzu tritt die Abgrenzung zum Sachenrecht: Ein Schuldverhältnis wirkt nur relativ zwischen seinen Parteien, nicht erga omnes; aus ihm kann der Gläubiger nur gegen den konkreten Schuldner vorgehen, nicht gegen jedermann oder beliebige Dritte.¹² Eigentumsfragen regelt die Rom I-VO (wie schon ihr Vorgänger, das EVÜ) grundsätzlich nicht,¹³ allerdings jedenfalls¹⁴ mit einer Ausnahme für dingliche Wirkungen inter partes bei der Abtretung von Forderungen gemäß Art. 14 I; Erwägungsgrund (38) S. 1 Rom I-VO.

13 Einen eigenen Versuch, den Zentralbegriff des Vertrages positiv näher zu umschreiben,¹⁵ unternimmt die Rom I-VO nicht.¹⁶ Daher ist eine Anlehnung an den Vertragsbegriff, wie er sich zu Art. 5 Nr. 1 Hs. 1 EuGVÜ und Art. 5 Nr. 1 EuGVVO entwickelt hat und wie er für Art. 7 Nr. 1 Brüssel Ia-VO fortgeführt wird, ebenso sachgerecht wie angesichts des Erwägungsgrunds (7) Rom I-VO sogar geboten.¹⁷ Außerdem streiten für sie wünschenswerte Kontinuität und das Vermeiden unnötiger Friktionen im System des europäischen IPR und IZVR.¹⁸ Ein Vertragsforum zu öffnen und dann später nicht-vertraglich anzuknüpfen wäre ebenso selbstwidersprüchlich wie umgekehrt das Deliktsforum zu öffnen, aber vertraglich anzuknüpfen. Ein Vertrag ist danach eine freiwillig begründete und eingegangene Verpflichtung einer Partei gegenüber einer anderen Partei.¹⁹ Maßgeblich sind die zugrundeliegenden ökonomischen Parameter.²⁰

14 Der Grund für eine vertragliche Verpflichtung besteht in einem privatautonomen Rechtsgeschäft des Schuldners. Er besteht nicht in ex lege auferlegten Verpflichtungen. Gesetzliche default rules des Erfüllungsrechts schaffen keine a priori gesetzliche Haftung, sondern knüpfen an eine freiwillig eingegangene Verpflichtung an. Dass sich Regeln über die Haftung für Nichterfüllung, Schlechterfüllung oder Mängelgewährleistung in Gesetzen finden, macht diese Haftung nicht zu einer gesetzlichen und erst recht nicht zu einer außervertraglichen. Art. 12 I litt. c, e Rom I-VO zeigen eindeutig: Leistungsstörungsrechtliche (Sekundär-)Ansprüche und Nebenansprüche sind ihrerseits vertraglich zu qualifizieren.²¹

15 Man darf den Begriff des Vertrags nicht mit seinem Normalfall, dem synallagmatischen Vertrag,²² gleichsetzen und immer Leistung und Gegenleistung verlangen.²³ Natürlich er-

---

¹⁰ EuGH ECLI:EU:C:2014:148 Rn. 23–29 – Marc Brogsitter/Fabrication des Montres Normandes EURL u. K. Fräßdorf.
¹¹ Zu dieser Diskussion *Reydellet*, RLDA 95 (2014), 58, 59; Magnus/Mankowski/*Mankowski* Art. 7 Brussels Ibis Regulation Rn. 48; *Mankowski*, EWiR 2017, 515, 516; *P. Huber*, IPRax 2017, 356, 358 f. Näher → § 2 Rn. 10.
¹² EuGH Slg. 1995, I- 2535, I-2550 Rn. 14 – N. Lieber/Willi S. und Siegrid Göbel; Staudinger/*Magnus* Art. 1 Rom I-VO Rn. 28.
¹³ Bericht *Giuliano/Lagarde*, ABl. EWG 1980 C 282/1 Art. 1 EVÜ Anm. (2).
¹⁴ Inwieweit Drittwirkungen erga omnes bei Zessionen erfasst sind, ist hochgradig umstritten; dazu → § 1 Rn. 891–909.
¹⁵ Siehe dazu *Mankowski*, IPRax 2003, 127; *Paredes Pérez*, REDI 2006-1, 319; *Arenas Garciá*, AEDIPr 2006, 403; *Urlaub*, Einseitig verpflichtende Rechtsgeschäfte im Internationalen Privatrecht, 2010, S. 111–138; *Reiher*, Der Vertragsbegriff im europäischen Internationalen Privatrecht, 2010, sowie *Vinaixa Miquel*, Rev. der. com. eur. 2002, 977.
¹⁶ GAin *Sharpston*, ECLI:EU:C:2015:630 Rn. 42; *Mankowski*, IHR 2008, 133 (133).
¹⁷ Siehe nur *P. Huber*, IPRax 2017, 356, 358 f.
¹⁸ *Garcimartín Alférez*, Essays in Honour of Hans van Loon, 2013, S. 169, 173 f.
¹⁹ EuGH Slg. 1992, I-3967, I-3994 Rn. 15 – Jakob Handte & Co. GmbH/Traitements Mécanochimiques des surfaces SA; EuGH Slg. 1998, I-6511, I-6542 Rn. 17 – Réunion européenne SA/Spliethoff's Bevrachtingskantoor BV und Kapitän des Schiffes „Alblasgracht 002"; EuGH Slg. 2002, I-7357, I-7393 Rn. 23 – Fonderie Officine Meccaniche Tacconi SpA/Heinrich Wagner Sinto Maschinenfabrik GmbH; EuGH Slg. 2004, I-1543, I-1555 Rn. 24 – Frahuil SA/Assitalia SpA; EuGH Slg. 2005, I-481, I-517 Rn. 50 – Petra Engler/Janus Versand GmbH.
²⁰ *Mankowski*, IPRax 2003, 127, 131.
²¹ Staudinger/*Magnus* Art. 1 Rom I-VO Rn. 37.
²² Siehe nur *Agnew v. Länsförsäkringsbolagens AB* [2001] 1 A. C. 223, 264 (H. L., per Lord *Millett*).

III. Sachlicher Anwendungsbereich der Rom I-VO   16–18 § 1

fasst der europäische Vertragsbegriff auch diesen Normalfall. Der europäische Vertragsbegriff ist aber erheblich weiter: Er erfasst auch unvollkommen zweiseitige Verträge (wie z. B. die Bürgschaft) und einseitig verpflichtende Rechtsgeschäfte. Hierher gehören auch einseitige Rechtsgeschäfte wie Anfechtung, Mahnung, Rücktritt oder Kündigung, die auf Verträge einwirken oder Verträge umgestalten.[24]

Grenzt man Vertrag und Delikt ökonomisch (und damit zugleich funktionell[25]) ab, so **16** kommt man – vereinfacht gesehen – zu zwei zentralen Kriterien:[26] Zufälligkeit der Begegnung einerseits und Möglichkeit zum (Selbst-)Schutz und zur Risikoverteilung durch Vereinbarung andererseits. Ein Vertrag ist Ausdruck sozialer Kooperation.[27] Spiele mit unkooperativen Lösungen werden zu Spielen mit kooperativen Lösungen transformiert.[28] Strategische Interaktion von Individuen und deren institutionelle Vorkehrungen werden Charakteristika des Vertrages.[29] Verlässliche, durchsetzbare und sanktionsbewehrte Selbstbindung (commitment) ist deren Kern.[30] Verkürzt gesagt: It's all about choice,[31] commitment and cooperation.[32] Kennen sich die Parteien, stehen sie miteinander in gezieltem Kontakt und hätten sie die betroffenen Interessen und Risiken durch eine vorangegangene Vereinbarung regeln können, so ist ökonomisch der vertragliche Bereich eröffnet.

Selbstverpflichtung aus einer Willenserklärung trägt den Schutz *transaktions*spezifischer **17** Investitionen.[33] Insbesondere entscheidet der prospektive Gläubigerperspektive bewusst, ob er Vertrauen investieren will, und kalkuliert das Verhältnis von potentiellem Gewinn und potentiellem Verlust anhand der Wahrscheinlichkeit, mit welcher die vom Schuldner übernommene Verpflichtung erfüllt werden dürfte.[34] Der Gläubiger ist Akteur und nicht nur passiv den Handlungen des Schuldners unterworfen. Die Intellekte der Individuen treffen sich, the meeting of the minds und deren zumindest einseitige Bindung wird zum zentralen Charakteristikum,[35] welches der zufälligen, ungeplanten Begegnung gerade fehlt. Ein Vertrag ist insofern ein planender Mechanismus zur Stabilisierung unsicherer Erwartungen und zur Verringerung von Handlungskomplexität.[36]

Gegen eine Anlehnung an ökonomische Abgrenzungen lässt sich nicht ins Feld führen, **18** der Vertragsbegriff sei ein urjuristischer, an Gerechtigkeitsüberlegungen zu orientierender Begriff.[37] Dies ist solange eine petitio principii, wie das Recht selber keine überzeugenderen Maßstäbe für die Abgrenzung zwischen Vertrag und Nicht-Vertrag zu bieten vermag.

---

[23] EuGH Slg. 2009, I-3961 Rn. 51 – Renate Ilsinger/M. Dreschers als Insolvenzverwalter im Konkurs der Schlank & Schick GmbH; *Bach*, IHR 2010, 17; Staudinger/*Magnus* Art. 1 Rom I-VO Rn. 29.
[24] Staudinger/*Magnus* Art. 1 Rom I-VO Rn. 36.
[25] Ähnlich Mari, Il diritto processuale civile della Convenzione di Bruxelles I: Il sistema della competenza, 1999, S. 294.
[26] *Mankowski*, IPRax 2003, 127, 131.
[27] Siehe nur *Eger*, in: C. Ott/H.-B. Schäfer (Hrsg.), Effiziente Verhaltenssteuerung und Kooperation im Zivilrecht, 1997, S. 184; *Brousseau/Glachant*, in: Brousseau/Glachant (eds.), The Econmics of Contracts, 2002, S. 3.
[28] *Cooter/Ulen*, Law and Economics, 6. Aufl. 2012, S. 207.
[29] *U. Schweizer*, Vertragstheorie, 1999, S. 5.
[30] Siehe nur *Masten*, in: Bouckaert/De Geest (eds.), Encyclopedia of Law and Economics III: The Regulation of Contracts, 2000), S. 25, 26.
[31] Siehe nur *Macneil*, The New Social Contract, 1980, S. 3 f.; *O. E. Williamson*, in: Brousseau/Glachant (eds.), The Economics of Contracts, 2002, S. 49.
[32] Siehe *Cooter/Ulen*, Law and Economics, 6. Aufl. 2012, S. 203–209.
[33] Siehe nur *O. E. Williamson*, 22 J. L. & Econ. 233 (1979); *Katz*, in: P. Newman (ed.), The New Palgrave Dictionary of Economics and the Law I: A–D, 2. Aufl. 1998, S. 425, 427.
[34] Siehe nur *R. H. Frank*, 30 J. Econ. Lit. 147, 152 (1992).
[35] Nachdrücklich insbesondere *Ghestin*, in: Brousseau/Glachant (eds.), The Economics of Contracts, 2002, S. 99, 102–104.
[36] Siehe nur *Macaulay*, in: L. Friedman/Macaulay, Law and the Behavioral Sciences, 2. Aufl. 1977, S. 141; *Ripperger*, Ökonomik des Vertrauens, 1998, S. 29.
[37] So *M. Lehmann*, in: Ferrari/Leible (Hrsg.), Ein neues Internationales Vertragsrecht für Europa, 2007, S. 17, 23; *Urlaub*, Einseitig verpflichtende Rechtsgeschäfte im Internationalen Privatrecht, 2010, S. 121 f.

19 *b) Abgrenzungsfälle.* Einige Rechtsinstitute stehen auf der Grenzlinie zwischen vertraglichen und außervertraglichen Schuldverhältnissen. Für die culpa in contrahendo haben Art. 1 II lit. i Rom I-VO; 12 Rom II-VO eine eindeutige gesetzliche Qualifikationsentscheidung getroffen: Sie gehört im europäischen IPR vollständig und für alle ihre Fallgruppen zu den außervertraglichen Schuldverhältnissen.

20 Keine ausdrückliche Einordnungsnorm gibt es für den Vertrag mit Schutzwirkung für Dritte. Man darf sich von dessen deutscher Bezeichnung als „Vertrag" nicht vorschnell zu Gunsten einer vertraglichen Qualifikation[38] einnehmen lassen. Denn genuin deutsche Maßstäbe können für eine europäisch-autonome Qualifikation nicht maßgebend sein. Vielmehr muss man funktionell ansetzen.

21 Der begünstigte Dritte beim Vertrag mit Schutzwirkung für Dritte tritt mit dem Schuldner nicht in rechtsgeschäftlichen Kontakt.[39] Anders als der Dritte beim Vertrag zu Gunsten Dritter erwirbt er kein eigenes Forderungsrecht direkt aus dem vertraglichen Leistungsversprechen. In Rede steht vielmehr eine Schutzpflicht, die Integritätsinteressen bewehren soll, kein vertragliches Leistungsinteresse. Solche Pflichten sind generell außervertraglich zu qualifizieren.[40] Erwägungsgrund (30) Rom II-VO weist dahin, dass Schutzpflichten für Leben, Gesundheit und Eigentum aus europäischer Sicht außervertraglich sind, entweder als culpa in contrahendo oder als Delikt.[41] Zudem ist der Vertrag mit Schutzwirkung für Dritte als Richterrecht iuxta legem entstanden, um Schwächen im nationalen Deliktssachrecht auszuweichen,[42] und ist funktionell Deliktsrecht.[43] Ob ein Deliktsrecht den Lückenbüßer braucht oder mit genuinem, auch so bezeichnetem Deliktsrecht arbeitet, ist von diesem Deliktsrecht aus zu beantworten.[44] Daher ist der Vertrag mit Schutzwirkung für Dritte dem Internationalen Deliktsrecht zuzuschlagen.[45]

22 **2. Ausnahmebereiche nach Art. 1 II Rom II-VO.** *a) Grundsätzliches.* Art. 1 Rom I-VO listet Ausnahmen vom sachlichen Anwendungsbereich der Rom I-VO auf. In einer internationalprivatrechtlichen Fallbearbeitung sind diese Aspekte, soweit es auf sie ankommen könnte, natürlich anzusprechen, bevor man tiefer in die Rom I-VO einsteigt. Denn es wäre falsch, sich mit der Rom I-VO zu beschäftigen, soweit deren sachlicher Anwendungsbereich überhaupt nicht eröffnet ist. In der Praxis wie in der akademischen Ausbildung und Prüfung würde Art. 1 Rom I-VO jedoch ein viel zu großes, ihm nicht zukommendes und von ihm auch gar nicht beanspruchtes Gewicht erhalten, wenn man ihn immer und in jedem Fall schematisch prüfen würde. Die Norm hat vielmehr nur geringe Bedeutung. Sie ist nur dann anzusprechen, wenn sie ausnahmsweise Relevanz haben könnte.

23 Die meisten der Ausnahmen in Art. 1 Rom I-VO betreffen Qualifikationsfragen. Sie grenzen, gleichsam zur Sicherung, ausdrücklich aus dem auf Schuldverträge beschränkten

---

[38] Für diese z.B. OLG Hamburg VersR 1983, 350, 351; OLG Köln ZIP 1993, 1538, 1539; *Beitzke,* RdC 115 (1965 II), 63, 119; *Drobnig,* in: v. Caemmerer (Hrsg.), Vorschläge und Gutachten zur Reform des deutschen internationalen Privatrechts der außervertraglichen Schuldverhältnisse, 1983, S. 298, 321 f.; *A. Staudinger,* RRa 2006, 146, 150; *Schinkels,* JZ 2008, 272, 279.
[39] *Dutta,* IPRax 2009, 293, 295.
[40] *Mankowski,* IPRax 2003, 127, 132 f.; *G. Wagner,* IPRax 2008, 1, 13; *Sprenger,* Internationale Expertenhaftung, 2008, S. 103 f.; *Dutta,* IPRax 2009, 293, 296.
[41] *Dutta,* IPRax 2009, 293, 296.
[42] Siehe nur *H. Dahm,* Die dogmatische Grundlagen und tatbestandlichen Voraussetzungen des Vertrages mit Schutzwirkung für Dritte, 1988; *Dammann,* Die Einbeziehung Dritter in die Schutzwirkung eines Vertrages, 1990; *van Eickels,* Die Drittschutzwirkung von Verträgen, 2005; *Liebmann,* Der Vertrag mit Schutzwirkung zugunsten Dritter, 2006; *Papadimitropoulos,* Schuldverhältnisse mit Schutzwirkung zu Gunsten Dritter, 2007; *Lakenberg,* Kinder, Kranke, Küchenhilfen – Wie das Reichsgericht nach 1900 die Schutzwirkung von Verträgen zugunsten Dritter erweiterte, 2014; *Vogenauer,* in: Historisch-Kritischer Kommentar zum BGB, Bd. 2, 2007, §§ 328–335 BGB Rn. 124.
[43] *Dutta,* IPRax 2009, 293, 297; Magnus/Mankowski/*Mankowski* Art. 1 Rome II Regulation Rn. 63.
[44] *Wandt,* Internationale Produkthaftung, 1995, Rn. 1207; *Dutta,* IPRax 2009, 293, 297.
[45] OGH IPRax 2009, 354; *Spahl,* Die positive Forderungsverletzung und der Vertrag mit Schutzwirkung für Dritte im internationalen Privatrecht und internationalen Zivilprozessrecht, 2001, S. 126; *Dutta,* IPRax 2009, 293, 294–297; Magnus/Mankowski/*Mankowski* Art. 1 Rome II Regulation Rn. 63.

III. Sachlicher Anwendungsbereich der Rom I-VO   24–30   § 1

sachlichen Anwendungsbereich der Rom I-VO aus, was auch ohne sie nicht vertraglich, sondern anders zu qualifizieren wäre. Gäbe es Art. 1 II Rom I-VO nicht, sondern nur Art. 1 I Rom I-VO, so würde sich an den Ergebnissen nichts ändern.[46] Die ausdrückliche Kodifizierung der Ausnahmen mag zwar in der Sache oft deklaratorisch sein, hat aber jedenfalls eine wertvolle klarstellende Wirkung. Zudem gibt sie Gelegenheit zu wertvollen Konkretisierungen und Spezifizierungen.

b) Personenstand, Rechts-, Geschäfts- und Handlungsfähigkeit von natürlichen Personen. Art. 1   24
II lit. a Rom I-VO nimmt Personenstand, Rechts-, Geschäfts- und Handlungsfähigkeit von natürlichen Personen aus der Rom I-VO heraus. Das ist weitgehend deklaratorisch. Geschäfts- und Handlungsfähigkeit sind selbständig anzuknüpfende Teilfragen, bei denen eine Rechtswahl, mit deren Hilfe sich eine Person selbst für geschäfts- oder handlungsfähig erklären könnte, schlechterdings nicht in Betracht kommt.[47] Der Personenstand wiederum kann im schuldvertraglichen Kontext eine Vorfrage sein, z. B. wenn das auf einen Bürgschaftsvertrag anwendbare Recht Ehegatten verbietet, füreinander zu bürgen.

Dass hier nur natürliche Personen im Blick sind, erklärt sich bereits aus der Existenz des   25
Art. 1 II lit. f Rom I-VO, der (u. a.) eine parallele Ausnahme für die Rechtsfähigkeit von Gesellschaften formuliert.[48]

„Personenstand" meint den Familienstand, also den persönlichen Status eines Menschen   26
als ledig, verheiratet, geschieden. Ob eine Person verheiratet ist, ist in Deutschland für die Eheeingehung über Art. 13 (und gegebenenfalls Art. 11) EGBGB, für eine Eheauflösung durch Scheidung über die Rom III-VO anzuknüpfen.

c) Familienrechtliche oder familienrechtsähnliche Rechtsverhältnisse. Art. 1 II lit. c Rom I-VO   27
statuiert eine Ausnahme für Ansprüche aus einem Familienverhältnis oder aus Verhältnissen, die nach dem auf diese Verhältnisse anzuwendenden Recht vergleichbare Wirkungen entfalten, einschließlich der Unterhaltspflichten.

Bereits im Begriff des Familienverhältnisses liegt eine versteckte Qualifikationsverwei-   28
sung auf dasjenige Recht, welches die persönliche Beziehung beherrscht.[49] Erwägungsgrund (8) Rom I-VO steht damit nicht in Widerspruch, wenn er auf die lex fori verweist, denn die lex fori umfasst auch ihr eigenes IPR.

Der komplizierte Terminus „Verhältnisse, die nach dem auf diese Verhältnisse anzuwen-   29
denden Recht vergleichbare Wirkungen entfalten" erklärt sich daraus, dass Mitte der 2000er, als die Rom I-VO geschaffen wurde, insbesondere die Einordnung gleichgeschlechtlicher Partnerschaften als Familienverhältnis zwischen den Mitgliedstaaten umstritten war. Insoweit verhinderten gesellschaftspolitische Divergenzen einen einheitlichen europäischen Begriff. So kam man als Kompromiss zur Verweisung auf die jeweilige lex causae desjenigen Rechtsverhältnisses, dessen Qualifikation in Rede steht. Seit damals wurde immerhin die EuPartVO geschaffen. Aus der EuPartVO ist jedoch nicht darauf zu schließen, dass Art. 1 II lit. c Var. 2 Rom I-VO obsolet geworden wäre. Denn die EuPartVO ist nur in verstärkter Zusammenarbeit geschaffen worden, und an ihr nehmen nicht alle Mitgliedstaaten der Rom I-VO teil. Im Gegenteil lehnen mindestens zwei Mitgliedstaaten, nämlich Polen und Ungarn, die EuPartVO strikt ab.[50] Die EuPartVO reflektiert dies selber in ihrem Erwägungsgrund (17).[51]

Weiterer Problempunkt sind formalisierte verschiedengeschlechtliche nichteheliche Le-   30
bensgemeinschaften wie namentlich der PACS französischen Rechts.[52] Auch insoweit be-

---

[46] *Mankowski*, EuZA 2016, 398 (398).
[47] Staudinger/*Magnus* Art. 1 Rom I-VO Rn. 47.
[48] Staudinger/*Magnus* Art. 1 Rom I-VO Rn. 49.
[49] *Francq*, Clunet 136 (2009), 41, 45 f.; Rauscher/*v. Hein* Art. 1 Rom I-VO Rn. 26; Staudinger/*Magnus* Art. 1 Rom I-VO Rn. 52.
[50] → § 4 Rn. 183.
[51] → § 4 Rn. 191–195.
[52] *Lagarde*, RCDIP 95 (2006), 331, 333; *Lemaire*, D. 2008, 2155, 2156; *Francq*, Clunet 136 (2009), 41, 46.

stehen erheblich gesellschaftspolitische Unterschiede zwischen den Mitgliedstaaten. Zwar erfasst die EuPartVO auch solche Gemeinschaften, aber wiederum vermag sie keine Verbindlichkeit schaffende Auslegungshilfe für die Rom I-VO zu bieten, da sie nur in Verstärkter Zusammenarbeit entstand. Wiederum ist Erwägungsgrund (17) EuPartVO das Stoppschild und beschränkt den Ansatz der EuPartVO.

31 Die Ausklammerung der Unterhaltspflichten aus Familienverhältnissen oder diesen gleichgestellten Verhältnissen dient der Abgrenzung seinerzeit (2008) zum HUÜ und heute zum HUP, das über Art. 15 EuUntVO das europäische IPR des Unterhalts stellt. Das HUP hat die Prärogative, was es als Unterhalt qualifizieren will.[53] Passenderweise will das HUP rein vertraglich begründete Unterhaltsverpflichtungen nicht erfassen.[54] Den Überschneidungsfall, dass eine vertragliche Vereinbarung eigentlich bereits kraft Gesetzes bestehende Unterhaltspflichten bestätigt oder ausformuliert, sollte man dem HUP und nicht der Rom I-VO zuschlagen.[55]

32 *d) Güterrechtliche Ansprüche.* Art. 1 II lit. c Var. 1, 2 Rom I-VO enthalten Ausnahmetatbestände für Schuldverhältnisse aus ehelichen Güterständen und aus Güterständen aufgrund von Verhältnissen, die nach dem auf dieses anzuwendende Recht mit der Ehe vergleichbare Wirkungen haben.

33 Das IPR des Ehegüterrechts stellt für Ehen, die ab dem 29.1.2019 geschlossen werden, die EuGüVO. Ab deren Wirksamwerden lässt sich als funktionell klare Faustformel sagen: Was von der EuGüVO erfasst ist, fällt nicht unter die Rom I-VO. Probleme im Detail bleiben. Insbesondere gibt es keine klare und umfassende Stellungnahme zur Einbeziehung oder Ausgrenzung gleichgeschlechtlicher Ehen. Vielmehr belässt es Erwägungsgrund (17) EuGüVO weiterhin dem nationalen Recht der Mitgliedstaaten, den Begriff „Ehe" zu definieren.[56]

34 Die güterrechtliche Ausnahme ist über die Ehe hinaus auf andere Partnerschaftsverhältnisse erweitert, die ein eigenes Güterrecht haben.[57] Erwägungsgrund (8) S. 2 Rom I-VO überlässt es der jeweiligen lex fori, den konkreten Rahmen zu ziehen. Das IPR des Güterrechts für eingetragene Partnerschaften stellt ab dem 29.1.2019 die EuPartVO. Ab deren Wirksamwerden lässt sich als funktionell klare Faustformel sagen: Was von der EuPartVO erfasst ist, fällt nicht unter die Rom I-VO. Was eine „eingetragene Partnerschaft" ist, umschreibt Art. 1 I lit. a EuPartVO. Allerdings soll dies ausweislich Erwägungsgrund (17) S. 2 EuPartVO nur für die Zwecke der EuPartVO geschehen, während laut Erwägungsgrund (17) S. 3 EuPartVO der tatsächliche Inhalt des Begriffskonzepts sich weiterhin nach den nationalen Rechten der Mitgliedstaaten bestimmen soll. Ein Mitgliedstaat, dessen nationales (Sach-)Recht das Institut der eingetragenen Partnerschaft nicht kennt, soll nicht gezwungen sein, dieses Institut in sein nationales Recht einzuführen; das ergibt sich aus Erwägungsgrund (17) S. 4 EuPartVO.

35 *e) Testamente und Erbrecht.* Art. 1 II lit. c Var. 3 Rom I-VO benennt als Ausnahmebereich Testamente und Erbrecht. Im heutigen Umfeld ist dies die Abgrenzung zur EuErbVO (die es 2008 bei Schaffung der Rom I-VO noch nicht gab, die aber antizipiert wurde). Was Erbrecht ist, ist im Kern mit Hilfe von von Art. 23 EuErbVO zu ermitteln. Die eigene Erwähnung der Testamente neben dem Erbrecht in Art. 1 II lit. c Var. 3 Rom I-VO hat keine eigenständige Bedeutung. Um Anknüpfungsfeinheiten und Unterschiede, wie

---

[53] Eingehend dort Staudinger/*Mankowski* Art. 1 HUP Rn. 25–86.
[54] Staudinger/*Mankowski* Art. 1 HUP Rn. 90 f.; MüKoBGB/*A. Staudinger* Art. 1 UnthProt Rn. 34 sowie Bericht *Verwilghen*, BT-Drs. 10/258, 35 Nr. 117; *Coester*, IPRax 1991, 132, 133; *Martiny*, RdC 247 (1994 III), 131, 221 f.; *Sumampouw*, NIPR 1998, 115, 121 f.
[55] Siehe hier Bericht *Giuliano/Lagarde*, ABl. EWG 1980 C 282/42; Staudinger/*Magnus* Art. 1 Rom I-VO Rn. 50 und dort *Coester*, IPRax 1991, 132, 133; Staudinger/*Mankowski* Art. 1 HUP Rn. 92.
[56] → § 4 Rn. 191–195.
[57] Näher dazu *Lagarde*, RCDIP 95 (2006), 331, 333 f.; *Quiñones Escámez*, in: Calvo Caravaca/Rodríguez Rodrigo (dir.), Parmalat y otros casos de derecho internacional privado, 2007, S. 475, 478 f.

III. Sachlicher Anwendungsbereich der Rom I-VO

Artt. 24; 25 EuErbVO sie mit dem Abstellen auf das Testamenterrichtungsstatut abbilden, kann es dem hiesigen reinen Ausnahmetatbestand nicht ankommen. Die Erwähnung der Testamente mag immerhin versichernd klarstellen, dass auch die Testaterbfolge und eben ihre Grundlage, die Testamente, aus der Rom I-VO ausgegrenzt sind. Wenn man eine solche Zielsetzung konsequent verfolgen wollte, wäre es noch sinnvoller gewesen, zusätzlich die Erbverträge ausdrücklich zu erwähnen. Denn immerhin mag bei diesen das konsensuale, vertragliche Modell[58] eine Nähe zum (unsauber gesprochen) Internationalen Vertragsrecht suggerieren.

f) Verpflichtungen aus handelbaren Wertpapieren. Art. 1 II lit. d Rom I-VO nimmt Verpflichtungen aus Wechseln, Schecks, Eigenwechseln und anderen handelbaren Wertpapieren, soweit die Verpflichtungen aus diesen anderen Wertpapieren aus deren Handelbarkeit entstehen, aus. Für Wechsel und Schecks regelt er einen versteckten Normregimekonflikt, nämlich mit dem Genfer Einheitlichen Wechselrecht und dem Genfer Einheitlichen Scheckrecht. Insoweit ist er versteckte Parallelnorm zu Art. 25 Rom I-VO. **36**

Art. 1 II lit. d Var. 3 Rom I-VO hinterlässt Zweifelsfragen, welche Verpflichtungen denn spezifisch aus der Handelbarkeit von Wertpapieren entstehen sollen, also was eigentlich ausgegrenzt sein soll, namentlich im Orderkonnossementsverkehr zur See.[59] Aus der Handelbarkeit als solcher folgen – wörtlich verstanden – keine Verpflichtungen, sondern erst aus dem tatsächlichen Handel; insoweit ist die deutsche Formulierung ungenau.[60] Die französische Fassung besagt genauer, worum es eigentlich geht:[61] „dérivent de leur caractère négotiable". Erwägungsgrund (30) Rom I-VO gibt keine weitergehende systematische Hilfestellung.[62] Handelbarkeit meint also Umlauffähigkeit.[63] **37**

Aus der Handelbarkeit erwachsen jedenfalls die spezifisch wertpapierrechtlichen Wirkungen, dass ein gutgläubiger Erwerb möglich wird und dass ein Einwendungsausschluss stattfindet. Diese spezifisch wertpapierrechtlichen Wirkungen fallen jedenfalls in den Ausnahmebereich nach Art. 1 II lit. d Var. 3 Rom I-VO.[64] Würde man es dabei belassen,[65] so gelangte man zu einer relativen Anknüpfung von Ansprüchen aus dem Wertpapier, je nachdem, wer Wertpapierberechtigter ist, der erste Berechtigte oder ein derivativer Erwerber. Anknüpfungsgegenstand würde nur die Besserberechtigung des späteren Inhabers.[66] Das kann nicht überzeugen, weil es mit dem Prinzip des einheitlichen Anknüpfungsgegenstands im Internationalen Wertpapierrecht kollidiert.[67] Außerdem ist die besondere Ausge- **38**

---

[58] Auf der sachrechtlichen Ebene umfassend *J. Ulrich,* Der Erbvertrag als Problem der Rechtswissenschaft, 2017.
[59] Eingehend zu diesen Zweifelsfragen *Mankowski* S. 134–147.
[60] Treffend *v. Bar,* FS Werner Lorenz zum 70. Geb., 1991, S. 273, 285; dem zustimmend *Kopper,* Der multimodale Ladeschein im internationalen Transportrecht, 2007, S. 109.
[61] *Kopper,* Der multimodale Ladeschein im internationalen Transportrecht, 2007, S. 113; Reithmann/Martiny/*Mankowski* Rn. 6.1989.
[62] *Mankowski,* TranspR 2008, 417, 420 f.
[63] NK-BGB/*Leible,* Art. 1 Rom I-VO Rn. 56; Reithmann/Martiny/*Mankowski* Rn. 6.1989.
[64] *Mankowski* S. 140; *v. Bar,* FS Werner Lorenz zum 70. Geb., 1991, S. 273, 285. Insoweit übereinstimmend Begründung der Bundesregierung zum Entwurf eines Gesetzes zur Neuregelung des Internationalen Privatrechts, BT-Drs. 10/504, 84; *Schultsz,* in: North (ed.), Contract Conflicts, 1982, S. 185, 189 f.; *Flessner,* Reform des Internationalen Privatrechts: Was bringt sie dem Seehandelsrecht?, 1987, S. 21; *Tetley,* International Conflict of Laws, Montreal 1994, S. 312; *Herber,* FS Peter Raisch, 1995, S. 67, 78; *ders.,* FS K.-H. Thume, 2008, S. 177, 183 f. Fn. 20; MüKoBGB/*Martiny* Art. 1 Rom I-VO Rn. 57; *Ramming,* TranspR 2007, 279, 296; *Paschke,* TranspR 2010, 268, 269; *Völker,* in: Hartenstein/Reuschle (Hrsg.), Handbuch des Fachanwalts Transport- und Speditionsrecht, 2. Aufl. 2012, Kap. 11 Rn. 96; *J. Schilling,* Das Internationale Privatrecht der Transportverträge, 2016, S. 164 Fn. 406.
[65] Dafür, wenn auch mit unterschiedlichen Nuancierungen, so doch in der generellen Linie übereinstimmen die in der vorigen Fn. zitierten Autoren (aber nicht die Regierungsbegründung und *Ramming*) sowie *Boonk,* in: Hendrikse/N. H. Margetson/H. J. Margetson, Aspects of Maritime Law, 2008, S. 319, 325.
[66] So konsequent *Schultsz,* in: North (ed.), Contract Conflicts, 1982, S. 185, 190.
[67] *Mankowski,* TranspR 1988, 410, 412; *ders.* S. 138 sowie Soergel/*v. Hoffmann* Art. 37 EGBGB Rn. 36; Czernich/Heiss/*Nemeth* Art. 1 EVÜ Rn. 35; Staudinger/*Magnus* Art. 1 Rom I-VO Rn. 71.

staltung nicht vom tatsächlichen Dritterwerb abhängig, sondern erfolgt auf die Möglichkeit des Dritterwerbs hin.[68]

39 Richtigerweise unterfallen der Bereichsausnahme des Art. 1 II lit. d Var. 3 Rom I-VO alle im Wertpapier verkörperten[69] Ansprüche, also alle Primär- und Sekundäransprüche aus dem Wertpapier.[70] Zwischen Primär- und Sekundäransprüchen ist keine Grenze zu ziehen, und beide sind demselben kollisionsrechtlichen Regime zu unterstellen.[71] Aus dem europäischen IZPR für Verträge ist das Prinzip accessorium sequitur principale[72] zu übertragen: Sekundäransprüche folgen den verletzten Primäransprüchen. Dieser Gedanke ist verallgemeinerungsfähig auch in Art. 12 I lit. c Rom I-VO verankert.[73]

40 Konnossemente sind ein Stiefkind,[74] auch wenn ihre ausdrückliche Erwähnung in Erwägungsgrund (9) S. 2 Rom I-VO die Rechtssicherheit graduell erhöht. Indes differenziert auch der Erwägungsgrund nicht zwischen Order- und Rektakonnossementen und enthält die unglückliche, Unsicherheit herausfordernde Bedingung, dass die Schuldverhältnisse gerade aus der Handelbarkeit des Konnossements entstehen müssten. Sea Waybills sind weiterhin nicht erwähnt, auch nicht, soweit sie gekorene Orderpapiere sein sollten. Methodisch hat – anders als zu Art. 1 II lit. c Var. 3 EVÜ – nicht mehr der nationale Gesetzgeber eine Ausfüllungsprärogative,[75] sondern es geht um eine gemeinschaftsrechtlich-autonome Begriffsbildung.[76]

41 Das deutsche IPR enthält auch nach der Reform des deutschen Seehandelsrechts[77] keine allgemeine Anknüpfung des IPR für Konnossemente. Zwar hatte es aus Hamburger Seerechtskreisen entsprechende Vorstöße gegeben,[78] zuletzt in der Anhörung des Bundestags-Rechtsausschusses.[79] Diese fielen jedoch nicht auf fruchtbaren Boden.[80]

42 Nicht von Art. 1 II lit. d Rom I-VO erfasst sind jedenfalls Kaufverträge über Wertpapiere. Denn bei diesen sind die Wertpapiere nur Objekte.[81]

43 *g) Schieds- und Gerichtsstandsvereinbarungen.* Art. 1 II lit. e Rom I-VO statuiert eine Ausnahme für Schieds- und Gerichtsstandsvereinbarungen. Er grenzt also diese im Kern pro-

---

[68] *Mankowski* S. 139; *Kopper,* Der multimodale Ladeschein im internationalen Transportrecht, 2007, S. 112.
[69] *J. Schilling,* Das Internationale Privatrecht der Transportverträge, 2016, S. 165–167 stellt auf Abstraktheit nach Maßgabe des Wertpapierrechtsstatuts ab.
[70] *Mankowski,* TranspR 1988, 410, 412; *ders.* S. 140; *v. Bar,* FS W. Lorenz zum 70. Geb., 1991, S. 273, 285 f.; *Thode,* WuB IV A. § 817 BGB 2.94, 312, 313; Soergel/*v. Hoffmann* Art. 37 EGBGB Rn. 36; *Hartenstein,* TranspR 2008, 143, 155; *Shariatmadari,* TranspR 2010, 275, 277; Reithmann/Martiny/*Mankowski* Rn. 6.1993; ähnlich BGHZ 99, 207, 209; Trib. Livorno Dir. mar. 99 (1997), 166, 168; *Malatesta,* RDIPP 1992, 887, 896 f.; *Ballarino/Bonomi,* Riv. dir. int. 1993, 939, 953; Czernich/Heiss/*Nemeth* Art. 1 EVÜ Rn. 35; Staudinger/*Magnus* Art. 1 Rom I-VO Rn. 69; *Ramming,* TranspR 2007, 279, 296; NK-BGB/*Leible* Art. 1 Rom I-VO Rn. 58; Palandt/*Thorn* Art. 1 Rom I-VO Rn. 10.
[71] *Mankowski,* TranspR 2008, 417, 422; *ders.,* DVIS Rn. 96; *J. Schilling,* Das Internationale Privatrecht der Transportverträge, 2016, S. 165.
[72] Siehe dort nur EuGH Slg. 1987, 239 Rn. 19 – Hassan Shenavai/K. Kreischer; EuGH Slg. 1999, I-6747 Rn. 38 – Leathertex Divisione Sintetici SpA/Bodetex BVBA; Epheteio Thessaloniki Arm. 1999, 1744; Rb.Kh. Gent, TBH 2003, 175, 177; *Rogerson,* [2001] Cambridge Yb. Eur. L. 383; Magnus/Mankowski/*Mankowski* Art. 7 Brussels Ibis Regulation Rn. 132.
[73] Reithmann/Martiny/*Mankowski* Rn. 6.1994.
[74] Zu ihren IPR-Fragen *Mankowski* S. 149–390; *Rugullis,* TranspR 2008, 102.
[75] Siehe dort Bericht *Giuliano/Lagarde,* ABl. EWG 1980 C 282 Art. 1 EVÜ Bem. (4).
[76] *Garcimartín Alférez,* EuLF 2008, I-77, I-79 Fn. 16.
[77] Durch Gesetz zur Reform des Seehandelsrechts vom 20.4.2013, BGBl. 2013 I 831.
[78] Stellungnahme des Deutschen Vereins für Internationales Seerecht zum Abschlussbericht der Sachverständigengruppe zur Reform des Seehandelsrechts, vorgelegt am 27. August 2009, 2010, Rn. 66 (Schriften des DVIS, Heft B 18); Stellungnahme des Deutschen Vereins für Internationales Seerecht vom 31. August 2011 zum Referentenentwurf des Bundesministeriums der Justiz eines Gesetzes zur Reform des Seehandelsrechts, vorgelegt am 17. Mai 2011, 2012, Rn. 20–25 (Schriften des DVIS, Heft B 19): autonome Erstreckung der Rom I-VO in den Ausnahmebereich des Art. 1 II lit. d Rom I-VO.
[79] 99. Sitzung des Rechtsausschusses des Deutschen Bundestages vom 24.10.2012, 17. Legislaturperiode Prot. Nr. 99 *(Paschke)*.
[80] *Czerwenka,* Das Gesetz zur Reform des Seehandelsrechts, 2014, Einl. Rn. 100.
[81] Bericht *Giuliano/Lagarde,* ABl. EWG 1980 C 282 Art. 1 EVÜ Bem. (4); Reithmann/Martiny/*Göthel* Rn. 6.2483; Staudinger/*Magnus* Art. 1 Rom I-VO Rn. 49.

III. Sachlicher Anwendungsbereich der Rom I-VO   44–47 § 1

zessualen Vereinbarungen aus. Selbst wenn man diese als materiellrechtliche Verträge mit prozessrechtlichen Wirkungen einorden wollte, blieben sie ausgegrenzt. Art. 1 II lit. e Rom I-VO regelt zugleich zwei besondere Fälle der Nomregimekonkurrenz: Etliche Fragen zu Gerichtsstandsvereinbarungen regeln im europäischen Raum bereits Artt. 25 Brüssel Ia-VO; 23 LugÜ 2007, etliche Fragen zu Schiedsvereinbarungen das UNÜ. Insbesondere etabliert Art. II (2) UNÜ eine besondere, unmittelbar anwendbare einheitliche Sachnorm für die Form von Schiedsvereinbarungen.[82]

Ansonsten ist eine Rechtswahl des Schiedsvereinbarungsstatuts möglich;[83] bei Fehlen einer Rechtswahl wird das Schiedsvereinbarungsstatut kraft einer Analogie Art. 4 IV Rom I-VO aufgrund nationalen deutschen IPR an die engste Verbindung angeknüpft, was in der Regel letztlich doch zum Statut des Hauptvertrags führen wird.[84] 44

Ausgegrenzt aus der Rom I-VO ist nur das Gerichtsstands- bzw. Schiedsvereinbarungsstatut. Dies kann insbesondere Bedeutung gewinnen, soweit Art. 25 I 1 Hs. 2 Brüssel Ia-VO für die materielle Nichtigkeit einer Gerichtsstandsvereinbarung auf die lex fori prorogati verweist. Dies formuliert eine einheitliche Kollisionsnorm mit Anknüpfungsgegenstand und Anknüpfungspunkt.[85] Dahinter steht die Hoffnung begründet, dass alle mitgliedstaatlichen Gerichte die betroffenen Fragen nach demselben Recht beantworten werden.[86] Indes spricht Art. 25 I 1 Hs. 2 Brüssel Ia-VO eine Gesamtverweisung auch auf das IPR der lex fori. Erwägungsgrund (20) Brüssel Ia-VO ist insoweit eindeutig, und auch die Genese aus Art. 5 I 2 HCCA streitet dafür,[87] da letzterer ebenfalls eine Gesamtverweisung ist. 45

Materielle Nichtigkeit in Art. 25 I 1 Hs. 2 Brüssel Ia-VO meint primär allgemein anerkannte Unwirksamkeitsgründe: Täuschung, Drohung, Nötigung, falsche Angaben, Irrtum.[88] Wegen der Verweisung und damit der materiellen Kompetenzdelegation weg vom Unionsrecht sind sekundär auch besondere vertragsrechtliche Unwirksamkeitsgründe der lex fori prorogati anzuwenden (vorbehaltlich einer „Weiterverweisung" durch das IPR der lex fori prorogati).[89] 46

Gefragt ist deshalb eine deutsche Kollisionsnorm, deren Anknüpfungsgegenstand die materielle Nichtigkeit von Gerichtsstandsvereinbarungen ist. Als gesetztes Recht gibt es eine solche Norm nicht. Eine Analogie zur Rom I-VO ist in Deutschland nach der Aufhebung der Artt. 27–37 EGBGB 1986 herrschende Meinung,[90] zwar nirgends gesetzlich 47

---

[82] Siehe nur BGE 110 II 54, 57; App. Genova Dir. mar. 92 (1990), 348 (349); *P. Schlosser*, Das Recht der internationalen privaten Schiedsgerichtsbarkeit, 2. Aufl. 1989, Rn. 370; *Mänhardt*, FS R. Ostheim, 1990, S. 651, 656; *ders.*, FS Herbert Hofer-Zeni, 1998, S. 203, 208; *Jäcker*, Schiedsklauseln, Diss. Münster 1992, S. 176; *Haas*, Die Anerkennung und Vollstreckung ausländischer und internationaler Schiedssprüche, 1991, S. 166; *dens.*, IPRax 1993, 382, 383; *Hausmann*, FS Werner Lorenz zum 70. Geb (1991), 359 (368); *Schack*, RabelsZ 58 (1994), 40, 50; *Mankowski* S. 38f.; *dens.*, RIW 1996, 1001, 1003; *M. Epping*, Die Schiedsvereinbarung im internationalen privaten Rechtsverkehr nach der Reform des deutschen Schiedsverfahrensrechts, 1999, S. 63; *Kröll*, ZZP 117 (2004), 453, 470; *C. Müller*, International Arbitration, 2004, S. 30; *Rigozzi*, L'arbitrage en matière de sport, 2005, Rn. 787.
[83] OLG Düsseldorf 15.11.2017 – VI-U 8/17 Rn. 60.
[84] BGH SchiedsVZ 2011, 46 Rn. 30; OLG Düsseldorf 15.11.2017 – VI-U (Kart) 8/17 Rn. 60.
[85] Rauscher/*Mankowski* Art. 25 Brüssel Ia-VO Rn. 25.
[86] *Magnus*, FS Dieter Martiny, 2014, S. 785, 791.
[87] *Koppenol-Laforce*, NIPR 2011, 452, 458; *Simotta*, Int. J. Proced. L. 3 (2013), 58, 68; *Francq*, TBH 2013, 307, 330; *dies.*, in: E. Guinchard (dir.), Le nouveau règlement Bruxelles Ibis, 2014, S. 107, 130f.; *Magnus* FS Dieter Martiny, 2014, S. 785, 791 sowie *P.A. Nielsen*, (2013) 50 CML Rev. 503, 522.
[88] Report *Hartley/Dogauchi* Nr. 126; *Simotta*, Int. J. Proced. L. 3 (2013), 58, 66f.; *dies.*, FS Rolf A. Schütze, 2014, S. 541, 542; Rauscher/*Mankowski* Art. 25 Brüssel Ia-VO Rn. 41; *Magnus*, IPRax 2016, 521, 525 sowie *Gebauer*, FS Bernd v. Hoffmann, 2011, S. 577, 585; *Ratkovi /Zgrablji Rotar*, (2013) 9 JPrIL 245, 255; *Zilinsky*, NIPR 2014, 3, 6.
[89] Rauscher/*Mankowski* Art. 25 Brüssel Ia-VO Rn. 41.
[90] Max Planck Institute for Comparative and Private International Law, RabelsZ 68 (2004), 1, 25; *Pfeiffer*, EuZW 2008, 622, 623; *Martiny*, RIW 2009, 737, 740; MüKoBGB/*Martiny* Art. 1 Rom I-VO Rn. 57; Rauscher/*v. Hein* Art. 1 Rom I-VO Rn. 39; Staudinger/*Magnus* Art. 1 Rom I-VO Rn. 77; *Kieninger*, in: Ferrari IntVertragsR Art. 1 Rom I-VO Rn. 18; *Antomo*, ZZP Int 17 (2012), 183, 194f.; *v. Hein*, RIW 2013, 97, 105; *Pohl*, IPRax 2013, 109, 111; *Magnus*, FS Dieter Martiny, 2014, S. 785, 793; Magnus/

verankert, jedoch eine Fortführung bisherigen Richterrechts in der Sache.[91] Allerdings bleibt das Problem bei der objektiven Anknüpfung, dass Art. 4 II Rom I-VO und das Prinzip der charakteristischen Leistung bei isolierter Betrachtung von Gerichtsstandsvereinbarungen nicht passen, so dass ein eigentlich systemwidriger Rückgriff auf Art. 4 IV Rom I-VO analog erfolgen und richtigerweise zur lex fori prorogati führen müsste.[92] Vorherrschend scheint im Ergebnis eine Verweisung auf die jeweilige lex fori (also nicht die lex fori *prorogati!*) zu sein.[93] De lege ferenda gibt es mehrere verschiedene Denkmodelle: an die jeweilige lex fori anzuknüpfen, an die lex fori prorogati (Art. 25 I 1 Hs. 2 Brüssel Ia-VO aufgreifend) oder kraft deutschem IPR die Rom I-VO analog anzuwenden.[94] Der Deutsche Rat für Internationales Privatrecht hat sich auf seiner Sitzung am 20.6.2015 in Würzburg nicht zu einem Gesetzgebungsvorschlag entscheiden können.

48 h) *Gesellschaftsrechtliche Fragen.* Art. 1 II lit. f Rom I-VO grenzt Fragen des Gesellschaftsrechts aus, die er in bemerkenswerter, ihrerseits für die Qualifikation im Internationalen Gesellschaftsrecht nutzbarer[95] Detailtiefe beispielhaft aufzählt: vertragliche Schuldverhältnisse, die sich aus dem Gesellschaftsrecht, dem Vereinsrecht und dem Recht der juristischen Personen ergeben, wie: die Errichtung durch Eintragung oder auf andere Weise; die Rechts- und Handlungsfähigkeit; die innere Verfassung und die Auflösung von Gesellschaften, Vereinen und juristischen Personen; die persönliche Haftung der Gesellschafter und der Organe für die Verbindlichkeiten einer Gesellschaft, eines Vereins oder einer juristischen Person.[96] Hervorhebenswert ist auch die Miterfassung von Vereinen neben Gesellschaften. Richtigerweise sind dem noch die Stiftungen hinzuzugesellen, selbst soweit sie keine eigenständigen juristischen Personen sind und obwohl man bei ihnen jedenfalls im Fall der Errichtung durch nur einen Stifter bereits an einer vertraglichen Grundlage zweifeln könnte.

49 Anders als in Art. 1 II lit. d Rom II-VO ist die persönliche Haftung der Rechnungsprüfer gegenüber einer Gesellschaft oder ihren Gesellschaftern bei der Pflichtprüfung der Rechnungslegungsunterlagen in Art. 1 II lit. f Rom I-VO nicht aufgeführt. Vielmehr haften diese ihrem jeweiligen Prüfauftraggeber aus Vertrag.

50 Reine Innengesellschaften sind ebenso wie partiarische Darlehen, von denen sie eh nur schwer zu unterscheiden sind, schuldvertragsrechtlich und nicht gesellschaftsrechtlich zu qualifizieren, weil es bei ihnen an dem für eine Gesellschaft auch europäisch vorausgesetzten Mindestorganisationsgrad fehlt.[97] Auf sie findet Art. 1 II lit. f Rom I-VO keine Anwendung. Vielmehr ist auf sie die Rom I-VO anwendbar.[98]

51 i) *Vertretungsmacht.* Vertretungsmacht berührt zwar den Vertragsschluss und die Wirksamkeit des Vertrags, ist aber seit jeher ein eigenständiger Anknüpfungsgegenstand in Gestalt

---

Mankowski/*Magnus* Art. 25 Brussels Ibis Regulation Rn. 81a; *Eichel,* IPRax 2016, 305, 309; BeckOGK/*A. Köhler* Art. 4 Rom I-VO Rn. 569.
Für fortwährende Anwendung der Artt. 27–37 EGBGB direkt *Schack,* Internationales Zivilverfahrensrecht, 7. Aufl. 2017, Rn. 508.
[91] Insbesondere BGHZ 171, 141, 146.
[92] *Zilinsky,* NIPR 2014, 3, 7.
[93] *Lenaerts/Stapper,* RabelsZ 78 (2014), 252, 282; *Schlosser,* in: Schlosser/Hess, EuZPR, 4. Aufl. 2015, Art. 25 EuGVVO Rn. 3; Saenger/*H. Dörner,* ZPO, 6. Aufl. 2017, Art. 25 EuGVVO Rn. 15; Magnus/Mankowski/*Magnus* Art. 25 Brussels Ibis Regulation Rn. 81; Musielak/Voit/*A. Stadler,* ZPO, 15. Aufl. 2018, Art. 25 EuGVVO Rn. 5.
[94] *Magnus,* IPRax 2016, 521, 527 f.
[95] → § 7 Rn. 157.
[96] Eingehend zur Auslegung *Bayh,* Die Bereichsausnahme auf dem Gebiet des Gesellschaftsrechts in Artikel 1 Absatz 2 Buchstabe d Verordnung Rom II, 2014, S. 86–154.
[97] Näher → § 7 Rn. 149–151.
[98] BGH NZG 1998, 500; BGH IPRax 1020, 367, 368; BGH NJW 2015, 2581; OLG Frankfurt RIW 1998, 807, 808; *Mankowski,* CR 1999, 581, 583; *Trautrims,* Das Kollisionsrecht der Personengesellschaften, 2009, S. 154 f.; *Seibl,* IPRax 2010, 347, 351; *W.-H. Roth,* ZGR 2014, 168, 179; MüKoBGB/*Martiny* Art. 1 Rom I-VO Rn. 67; MüKoBGB/*Kindler* IntGesR Rn. 267; Staudinger/*Magnus* Art. 1 Rom I-VO Rn. 80.

III. Sachlicher Anwendungsbereich der Rom I-VO   52–54 § 1

einer selbständig anzuknüpfenden Teilfrage.[99] Dies respektiert Art. 1 II lit. g Rom I-VO in Fortführung von Art. 1 II lit. f EVÜ. Eine in Art. 7 Vorschlag Rom I-VO ursprünglich vorgesehene Regel über „Vertreterverträge" ist an entschiedenem Widerstand, insbesondere aus dem Vereinigten Königreich,[100] und nahezu einhelligem Widerspruch aus der Wissenschaft[101] gescheitert. Rettungsversuche[102] und Alternativvarianten[103] zum Vorschlag hatten keinen Erfolg.

Die Ausgrenzung gilt für alle Arten von Vertretungsmacht, sei sie gesetzlich, organschaftlich oder rechtsgeschäftlich. Aus dem Internationalen Schuldvertragsrecht ausgegrenzt ist zunächst der Komplex, ob und, wenn ja, unter welchen Voraussetzungen, im Außenverhältnis das Handeln des Vertreters den Prinzipal gegenüber der Gegenpartei des Vertretergeschäfts binden kann. Bei der rechtsgeschäftlichen Bevollmächtigung greift Art. 1 II lit. g Rom I-VO obendrein für Begründung, Erlöschen, Umfang und Wirkung der Vollmacht sowie die Zulässigkeit des Selbstkontrahierens.[104] Im deutschen IPR stößt Art. 8 EGBGB in den eröffneten Spielraum.[105]   52

j) Trusts. Ausgegrenzt sind zufolge Art. 1 II lit. h Rom I-VO Trusts. Diese vielseitige, schillernde und in vielen Formen auftretende Figur aus dem common law (inzwischen aber auch in viele civil law-Rechtsordnungen importiert, z.B. in Italien, in den Niederlanden und in der Schweiz) bewegt sich kollisionsrechtlich im Umfeld des Internationalen Gesellschaftsrechts oder bei testamentary trusts im Umfeld des Internationalen Erbrechts.[106] Ausgegrenzt ist indes nur das Innenverhältnis innerhalb des Trust zwischen settlor, trustee, beneficiaries und gegebenenfalls dem Trust selber, jedoch nicht das Außenverhältnis gegenüber Trustexternen.[107] Art. 8 Haager TrustÜbk.[108] kann eine wertvolle Hilfestellung geben, welche Materien ausgeschlossen sind.[109]   53

k) Culpa in contrahendo. Verschulden bei Vertragsverhandlungen (culpa in contrahendo, cic) entzieht Art. 1 II lit. i Rom I-VO dem Zugriff des Internationalen Schuldvertragsrechts. Er kodifiziert die Tacconi-Entscheidung des EuGH,[110] die im Anschluss an französische Maßstäbe alle Fallgruppen der cic deliktisch qualifizierte,[111] ungeachtet aller an Tacconi insbesondere aus Deutschland geäußerter und zwischen den verschiedenen Fallgruppen differenzierender Kritik[112]. Art. 2 I Var. 4 Rom II-VO nahm den ihm zugespielten Ball schon zuvor auf und ordnet die cic den außervertraglichen Schuldverhältnissen zu. Indes macht die Rom II-VO die cic zu einer eigenständigen Art innerhalb der außervertragli-   54

---

[99] Zur Anknüpfung → § 1 Rn. 1023ff.
[100] *Mäsch,* Liber amicorum Klaus Schurig, 2012, S. 147, 150.
[101] Siehe nur *Spellenberg,* in: Ferrari/Leible (Hrsg.), Ein neues Internationales Vertragsrecht für Europa, 2007, S. 151 und *Mankowski,* IPRax 2006, 101, 108f.; *Lagarde,* RCDIP 95 (2006), 331, 343f.; *O. Lando/P.A. Nielsen,* (2007) 3 JPrIL 29, 40; Max Planck Institute for Comparative and Private International Law, RabelsZ 71 (2007), 225, 298–301; *S. Schwarz,* RabelsZ 71 (2007), 729, 746–774.
[102] Berichtet von *Heinz* S. 86f.
[103] Insbesondere Max Planck Institute for Comparative and Private International Law, RabelsZ 71 (2007), 225, 298f.
[104] Staudinger/*Magnus* Art. 1 Rom I-VO Rn. 90.
[105] Zu Art. 8 EGBGB → § 1 Rn. 1023ff.
[106] *Mankowski,* FS Gunther Kühne, 2009, S. 795; Staudinger/*Magnus* Art. 1 Rom I-VO Rn. 96.
[107] Siehe nur *Mansel,* FS Claus-Wilhelm Canaris zum 80. Geb., 2017, S. 739, 760.
[108] Hague Convention on the Law Applicable to Trusts and on Their Recognition of 1 July 1985. Deutschland gehört nicht zu den Vertragsstaaten.
[109] *McParland* Rn. 7.186f.
[110] Staudinger/*Magnus* Art. 1 Rom I-VO Rn. 96.
[111] EuGH Slg. 2002, I-7357 Rn. 20–27 – Fonderie Officine Meccaniche Tacconi SpA/Heinrich Wagner Sinto Maschinenfabrik GmbH.
[112] *Mankowski,* IPRax 2003, 127; *Schmidt-Kessel,* ZEuP 2004, 1019.
Zur Diskussion außerdem *Lombardi,* Contratto e impresa/Europa 2002, 1259; *Requejo Isidro,* REDI 2002, 877; *Vinaixia i Miquel,* Rev. Der. Com. Eur. 2002, 977; *Vlas,* Ned. Jur. 2003 Nr. 46; *Veesntra,* NTBR 2003, 138; *Bertoli,* RDIPP 2003, 109; *Poggio,* Giur. it. 2003, 1321; *Huet,* Clunet 130 (2003), 668; *Franzina,* Riv. dir. int. 2003, 714; *Remy-Corlay,* RCDIP 92 (2003), 673; *Baratta,* Corr. giur. 2004, 133; *Ondei,* Dir. com. e sc. int. 2004, 267; *Afferni,* ERCL 2005, 96.

chen Schuldverhältnisse und gerade nicht zu einem besonderen Delikt. Die Qualifikation der cic als außervertraglich bleibt. Indes führt die akzessorische Anknüpfung an das Statut eines Vertrags über Art. 12 I Rom II-VO im Ergebnis doch dazu, dass bei den wichtigsten cic-Fällen cic und Vertrag demselben Recht unterstehen.

55 *l) Bestimmte Versicherungsverträge.* Die Rom I-VO enthält in ihrem Art. 7 eine eigene Kollisionsnorm für das Internationale Versicherungsvertragsrecht. Anders als das EVÜ (dort Art. 1 III EVÜ) enthält sie keinen generellen Ausschluss von Versicherungsverträgen mehr. Sie nimmt grundsätzlich keine Rücksicht auf das von verschiedenen Richtlinien zuvor errichtete System von Kollisionsnormen mehr, sondern integriert im Gegenteil dieses System in Art. 7. Trotzdem besteht in Art. 1 II lit. j Rom I-VO ein Ausschlusstatbestand für wenige, ganz bestimmte Versicherungsverträge, dessen Gehalt durch die gewählte Technik, auf andere EU-Rechtsakte Bezug zu nehmen, leider wenig klar hervortritt als möglich. Es geht um die Lebens-, Unfall- oder Krankenversicherung von Arbeitnehmern und Berufsangehörigen durch bestimmte Einrichtungen, die keine Lebensversicherungsunternehmen sind. Insoweit schlägt die Nähe zum Sozialversicherungsrecht durch.[113] Art. 1 II lit. j Rom I-VO setzt zudem voraus, dass der Anbieter nicht im EU/EWR-Raum ansässig ist.[114]

56 *m) Verfahren und Beweis (Art. 1 III Rom I-VO).* Verfahrensfragen sind Fragen des IZVR und nicht des IPR. Konsequent grenzt Art. 1 III Var. 2 Rom I-VO sie aus. Die eigentlich entscheidende Frage aber ist vorgelagert: Was ist Verfahren, und was ist materiellrechtlich? Sie beantwortet Art. 1 III Var. 2 Rom I-VO nicht und enthält nicht einmal Ansatzpunkte für eine Antwortmethodik.

57 Ebenfalls ausgegrenzt sind – kraft Art. 1 III Var. 1 Rom I-VO – Beweisfragen. Das ist aber nur Grundsatz und Ausgangspunkt. Denn die eigentliche Abgrenzung leistet erst Art. 18 Rom I-VO, der wichtige Aspekte des Beweises durchaus unter die Rom I-VO zieht. Deshalb ist es ebenso zutreffend wie umsichtig, dass sich Art. 1 III Var. 1 Rom I-VO ausdrücklich unter den Vorbehalt des Art. 18 Rom I-VO stellt und dadurch die Rechtsanwender alertisiert.

58 Gesetzliche Vermutungen[115] und die Beweislast[116] qualifiziert Art. 18 I Rom I-VO materiellrechtlich.[117] Die materiellrechtliche Qualifikation greift auch für die Darlegungslast[118] und selbst für die sekundäre Darlegungslast.[119] Die zweite wichtige Aussage ist der Umkehrschluss aus Art. 18 I Rom I-VO: Alle anderen Fragen rund um den Beweis sind nicht materiellrechtlich, sondern verfahrensrechtlich zu qualifizieren, also insbesondere Beweismaß, Beweisantritt, Beweisarten, Beweiserhebung und Beweiswürdigung. Hier her gehört richtigerweise auch die exclusionary rule des englischen Rechts, das Prinzip, dass für die Vertragsauslegung nur zu berücksichtigen sei, was sich zwischen den „four corners of the contract" finde.[120]

59 Hinsichtlich der Beweisarten trifft Art. 18 II Rom II-VO indes eine besondere Zusatzregel: Er stellt eine (eingeschränkte) alternative Anknüpfung auf, dass nicht nur alle Beweisarten nach der lex fori, sondern darüber hinaus alle Beweisarten des nach Art. 11 Rom I-VO

---

[113] *Fricke*, VersR 2008, 443, 444; *Perner*, IPRax 2009, 218, 219; Staudinger/*Magnus* Art. 1 Rom I-VO Rn. 99.
[114] *Perner*, IPRax 2009, 218, 219; Rauscher/*v. Hein* Art. 1 Rom I-VO Rn. 60.
[115] Eingehend zum Begriff und seinem Umfang *Bücken*, Internationales Beweisrecht im Europäischen internationalen Schuldrecht, 2016, S. 92–100.
[116] Eingehend zum Begriff und seinem Umfang *Bücken*, Internationales Beweisrecht im Europäischen internationalen Schuldrecht, 2016, S. 85–91.
[117] Eingehende Rechtfertigung dieser Qualifikationsentscheidung (tragend, weil die Beweislast eigene Rechtsregeln bei ungeklärtem Tatbestand aufstellt) *Bücken*, Internationales Beweisrecht im Europäischen internationalen Schuldrecht, 2016, S. 100–104.
[118] Siehe nur *Mankowski*, IPRax 2009, 474, 483; *Bücken*, Internationales Beweisrecht im Europäischen internationalen Schuldrecht, 2016, S. 132 f. mwN.
[119] *Bücken*, Internationales Beweisrecht im Europäischen internationalen Schuldrecht, 2016, S. 144 f.
[120] *P. Ostendorf*, (2015) 11 JPrIL 163, 174 f., 183.

bestimmten Formstatuts für den Vertrag zulässig sind, sofern der Beweis in der darin vorgesehenen Art vor dem angerufenen Gericht möglich ist.

IV. Rechtswahl

1. Grundsatz der Parteiautonomie. *a) Primat der Parteiautonomie.* Zentrale und primäre Anknüpfungsmaxime der Rom I-VO ist die in Art. 3 I 1 Rom I-VO statuierte Rechtswahlfreiheit der Vertragsparteien, die Parteiautonomie. Terminologisch ist die kollisionsrechtliche Parteiautonomie von der sachrechtlichen Privatautonomie zu unterscheiden. Beide beruhen auf unterschiedlichen Grundlagen: die Parteiautonomie auf dem IPR des Forums, die Privatautonomie auf dem von diesem IPR zur Anwendung berufenen Sachrecht. Beide unterliegen auch unterschiedlichen Schranken: die Parteiautonomie den vom IPR des Forums aufgestellten, die Privatautonomie den vom anwendbaren Sachrecht gezogenen. Gerade im Internationalen Schuldvertragsrecht zeigt sich der Unterschied in Art. 3 III Rom I-VO deutlich: Nur internrechtlich, d.h. auf der sachrechtlichen Ebene zwingende Normen des anwendbaren Sachrechts ziehen einer „Wahl" eines anderen Rechts nur und ausschließlich dann, wenn der Vertrag objektive Verbindungen zu nur einer einzigen, allein anwendbaren Rechtsordnung hat. 60

Eine von den Parteien getroffene Rechtswahl verdrängt jede objektive Anknüpfung. Eine objektive Anknüpfung greift – außerhalb der Schutzregimes – nur ein, wenn die Parteien keine Rechtswahl getroffen haben. Art. 4 Rom I-VO macht dies schon in seiner Überschrift ganz deutlich: „*Mangels Rechtswahl* anzuwendendes Recht",[121] also: bei *Fehlen* einer Rechtswahl anzuwendendes Recht. Art. 4 I Rom I-VO beginnt ebenso unmissverständlich: „Soweit die Parteien *keine Rechtswahl gemäß Artikel 3 getroffen haben.*"[122] Auch die Reihenfolge von Art. 3 und Art. 4 Rom I-VO ist aussagekräftig: Vorfahrt für die Rechtswahl der Parteien. Die allgemeine objektive Anknüpfung nimmt sich ganz bewusst zurück und ordnet sich erst an zweiter Stelle ein. 61

Für Rechtswahlfreiheit und Parteiautonomie gibt es eine Vielzahl legitimierender Gründe. Erstens beruht ein Vertrag auf dem freien Willen der Parteien. Dann ist es nur konsequent, diesem Willen auch für das anwendbare Recht Folge zu leisten.[123] Zweitens schafft Rechtswahl Verlässlichkeit und Rechtssicherheit.[124] Drittens kann man weiter ausholen auf philosophische Grundlagen zurück bis *Hume, Locke, Kant* und *Rousseau*.[125] Viertens kann man für Unternehmen auf Art. 16 GRCh und die Unternehmensfreiheit blicken.[126] Fünftens kann man in Deutschland eine Stütze noch im Verfassungsrecht, nämlich in der allgemeinen Handlungsfreiheit des Art. 2 I iVm Art. 1 I GG, suchen.[127] 62

Die erste Frage bei der Suche nach dem Vertragsstatut muss also sein, ob die Vertragsparteien eine Rechtswahl getroffen haben. Dies gilt selbst für Verbraucher- und Individualarbeitsverträge, denn Artt. 6 II 2; 8 I 2 Rom I-VO schreiben einen Günstigkeitsvergleich zwischen gewähltem und ohne Rechtswahl hypothetisch anwendbarem Recht vor. Um vergleichen zu können, braucht man aber mindestens zwei zu vergleichende Objekte. Artt. 6 II 2; 8 I 2 Rom I-VO machen eine Rechtswahl daher nicht etwa unwirksam, sondern setzen im Gegenteil eine wirksame Rechtswahl voraus.[128] Eigentliches Vertragsstatut ist auch bei Verbraucher- und Individualarbeitsverträgen das gewählte Recht, wenn die Parteien eine Rechtswahl getroffen haben.[129] Artt. 6 II 1; 8 I 1 Rom I-VO machen 63

---

[121] Hervorhebung hinzugefügt.
[122] Hervorhebung hinzugefügt.
[123] Siehe nur *Leible,* FS Erik Jayme, 2004, S. 485, 488.
[124] Siehe nur *W.-H. Roth,* Internationales Versicherungsvertragsrecht, 1985, S. 435; *Leible,* ZvglRWiss 95 (1996), 286, 289; *Schack,* Liber amicorum Gerhard Kegel, 2002, S. 179, 190.
[125] *Basedow,* RdC 360 (2013), 9, 200–202; *Flessner,* FS Magnus, 2014, S. 403, 410.
[126] *Lüttringhaus,* IPRax 2014, 146, 149f.; *Schacherreiter/Thiede,* ÖJZ 2015, 598, 602f.; Magnus/Mankowski/*Mankowski* Art. 3 Rome I Regulation Rn. 4.
[127] Siehe nur *A. Junker,* Internationales Arbeitsrecht im Konzern, 1992, S. 54.
[128] Näher → § 1 Rn. 476, 567.
[129] → § 1 Rn. 476, 567.

das klar. Die jeweils *erste* Anknüpfungsregel etabliert Parteiautonomie und verweist expressis verbis auf Art. 3 Rom I-VO. Artt. 5 II; 7 Rom I-VO schränken zwar den Kreis wählbarer Rechte bei Personenbeförderungs- und Versicherungsverträgen ein, sehen aber keinen Günstigkeitsvergleich vor, wenn ein zugelassenes Recht gewählt wird. Bei ihnen ist das zulässigerweise gewählte Recht erst recht das einzig wahre, weil einzige Vertragsstatut.

64 Es ist – außerhalb der Schutzregimes für Verbraucher und Arbeitnehmer, also jenseits der Artt. 6 II 2; 8 I 2 Rom I-VO – überflüssig, nach einer objektiven Anknüpfung zu suchen, wenn die Vertragsparteien eine (wirksame) Rechtswahl getroffen haben. Den Parteien eines „normalen" Vertrags, insbesondere (aber nicht nur) eines B2B-Vertrags, wird zugeschrieben, gemeinhin am besten zu wissen, was ihren Interessen frommt und was sie wollen. Ihrem Willen wird kraft legislativer Entscheidung des IPR Bedeutung beigelegt. Der Wille der Parteien schöpft seine Geltung nicht etwa aus sich selber heraus, sondern weil das IPR den Parteien die Macht gegeben hat, das auf ihren Vertrag anwendbare Recht durch eine Vereinbarung festlegen zu dürfen. Wenn der Gesetzgeber keine Parteiautonomie gewähren würde, könnten die Parteien noch so sehr eine Rechtswahl wollen und sogar treffen – sie würden damit nicht die dann eben nur von ihnen gewünschte Wirkung erzielen können.

65 In der weit überwiegenden Mehrzahl von Verträgen steht die Rechtswahl, wenn denn eine getroffen wurde, am Ende in den Schlussklauseln. Sie *kann* die Überschrift „Rechtswahl", „Anwendbares Recht", „Choice of Law", „Applicable Law" haben, *muss* dies aber nicht. Sie kann isoliert stehen; sie kann als eine von vielen Abreden unter einer Sammelüberschrift „Final Clauses" stehen; oder sie kann sich in Kombination mit einer Gerichtsstandsvereinbarung finden („Rechtswahl und Gerichtsstand", „Jurisdiction and Applicable Law") finden. Letzteres ist praktisch wohl der Regelfall, ändert aber natürlich nichts daran, dass es sich um zwei getrennten, verschiedenen Regimen unterstehende und getrennt zu beurteilende Gegenstände handelt. Nur sehr selten und ausnahmsweise findet man eine Rechtswahlvereinbarung zu Beginn eines Vertrages oder unter den einleitenden Klauseln (wo sie eigentlich hingehören würde, weil das gewählte Recht die sachrechtliche Basis für alle nachfolgenden Vertragsabreden legt).

66 *b) Freiheit der Rechtswahl unter Art. 3 I 1 Rom I-VO.* Unter Art. 3 I 1 Rom I-VO können die Vertragsparteien jedes Recht wählen, das sie wollen. Sie sind vollkommen frei in ihrer Wahl. Sie unterliegen keinerlei Beschränkungen. Theoretisch können sie das Recht jedes Staates dieser Erde wählen. Für anwaltliche Berater ist dies Potenzial und Verpflichtung zugleich bei der Gestaltung von Rechtswahlvereinbarungen. Idealiter müssen sie alle tatsächlich relevanten Aspekte identifizieren, daraus mögliche Konstellationen von Streitigkeiten kalkulieren und eine informierte Auswahl treffen, welches Recht ihrem Mandaten jeweils am meisten entgegenkommen könnte.[130]

67 Vertragsparteien sollten die tragende Bedeutung der Rechtswahl für den Vertrag und für die gebotene Prognose der Rechtsdurchsetzung für den Fall, dass sich operative oder technische Risiken realisieren, erkennen.[131] Rechtswahl und Folgenabschätzung gehören bei Unternehmen zu einem geordneten Risikomanagement;[132] sie zu versäumen kann im Extremfall zu einer Handelnden- oder Geschäftsführungshaftung führen.[133] Bei einem Vertrag gilt dies auf jeder Vertragsseite. Praktisch können Verhandlungsmacht und relative wirtschaftliche Stärke Verhandlungen prägen.[134] Auch das Umfeld im betroffenen Markt ist zu beachten.[135]

---

[130] *Brödermann*, in: MAH IntWirtschaftsR § 6 Rn. 110.
[131] *Brödermann*, FS Dieter Martiny, 2014, S. 1045, 1049.
[132] *Brödermann*, NJW 2012, 971, 973.
[133] *Brödermann*, FS Dieter Martiny, 2014, S. 1045, 1049.
[134] Eingehend *Brödermann*, in: MAH IntWirtschaftsR § 6 Rn. 113–137, differenziert nach der Perspektive des wirtschaftlich Stärkeren einerseits und des wirtschaftlich Schwächeren andererseits.
[135] *Brödermann*, in: MAH IntWirtschaftsR § 6 Rn. 138.

IV. Rechtswahl

Insbesondere muss unter Art. 3 I 1 Rom I-VO keine objektive Verbindung zwischen dem gewählten Recht und dem Vertrag bestehen.[136] Im Staat des gewählten Rechts muss also weder der Vertragsschluss noch die Vertragserfüllung oder auch nur Teile davon stattfinden, noch muss eine der Parteien dort ihren gewöhnlichen Aufenthalt oder eine (Zweig-)Niederlassung haben.[137]

Ausländische Kollisionsrechte sehen dies allerdings zum Teil anders und verlangen eine objektive Verbindung zum gewählten Recht. Dies gilt insbesondere für § 187 Restatement 2d Conflict of Laws in den USA, sofern das IPR des betreffenden Staates der USA darauf aufbaut. Diese unterschiedlichen Anforderungen werfen die Gefahr einer so genannten hinkenden Rechtswahl auf, die aus der Sicht des einen IPR wirksam ist, aus der Sicht eines anderen IPR aber nicht. Art. 3 I 1 Rom I-VO definiert die europäische Perspektive abschließend: Aus europäischer Sicht kommt es für die Wirksamkeit einer Rechtswahl nicht darauf an, ob andere berührte Kollisionsrechte diese auch für wirksam halten. Es ist Sache der Vertragsparteien, eine hinkende Rechtswahl zu vermeiden und von einer Rechtswahl abzusehen, wenn sie eine unterschiedliche Beurteilung vor Gerichten in verschiedenen Staaten fürchten.

Art. 3 I 1 Rom I-VO erlaubt auch die Wahl eines so genannten „neutralen Rechts". Gemeint ist damit nicht das Recht eines politisch neutralen Staates (obwohl „neutral" oft dahin missverstanden wird und schweizerisches Recht wie schwedisches Recht stark von diesem Missverständnis profitiert haben). Darauf kann es für private Verträge richtigerweise nicht ankommen. „Neutral" meint vielmehr, dass keine der Parteien im Staat des gewählten Rechts ansässig ist, also dort ihren Wohnsitz oder eine Niederlassung hat.[138] Keine der Parteien soll komparative Rechtsanwendungsvorteile haben, weil das gewählte Recht ihr näher stünde und besser oder zu geringeren Kosten vertraut wäre.[139] Keine Partei soll ein rechtliches Heimspiel genießen können, während die andere Partei den Unbilden eines rechtlichen Auswärtsspiels[140] ausgesetzt wäre.

Beispiel: Die A GmbH aus Hamburg als Verkäufer und die B SA aus Montpellier als Käufer vereinbaren für ihren Vertrag Schweizer Recht.

Die Wahl eines in diesem Sinne neutralen Rechts ist teuer. Denn sie bürdet im Prinzip beiden Parteien ein rechtliches Auswärtsspiel auf, und sie kann dazu zwingen, dass beide Parteien Spezialisten für die gewählte Rechtsordnung heranziehen müssen.[141] Sie bürdet aber auch den Rechtsberatern beider Parteien bereits idealiter die Last auf, ein ihnen nicht aus täglichem Umgang vertrautes Recht abklären und dessen Inhalt ermitteln zu müssen, damit die jeweils von ihnen vertretene Partei nicht böse Überraschungen erlebt, wie das gewählte Recht ihre Parteirolle behandelt.[142] Die Wahl eines nur vorgeblich neutralen Rechts kann aber auch Anlass zu second best-Strategien geben, wenn eine Partei ihre relativ größere Nähe zu dem gewählten Recht kaschiert und so doch nach einem versteckten „Heimspiel zweiten Grades" strebt.[143]

Beispiel: Die A GmbH aus Hamburg als Verkäufer und die B SA aus Montpellier als Käufer vereinbaren auf Vorschlag der B SA, die ihren ursprünglichen Wunsch nach französischem Recht im

---

[136] Siehe nur *Garcimartín Alférez*, EuLF 2008, I-61, I-66; *Bonomi*, YbPIL 10 (2008), 165, 170; *Matthias Weller/Nordmeier*, in: Spindler/Schuster, Recht der elektronischen Medien, 3. Aufl. 2015, Art. 3 Rom I-VO Rn. 2; *McParland* Rn. 9.12; *Siehr*, RHDI 67 (2014), 801, 803; Magnus/Mankowski/*Mankowski* Art. 3 Rome I Regulation Rn. 201.

[137] Zur Wahl eines so genannten neutralen Rechts → § 1 Rn. 70 ff., 109 f.

[138] *Mankowski*, RIW 2003, 2, 4; *ders.*, FS Hans-Bernd Schäfer, 2008, S. 369, 374; Magnus/Mankowski/*Mankowski* Art. 3 Rome I Regulation Rn. 201.

[139] *Mankowski*, RIW 2003, 2, 4; *ders.*, FS Hans-Bernd Schäfer, 2008, S. 369, 374.

[140] Zu diesen *Mankowski*, IPRax 2006, 454, 456–458.

[141] Magnus/Mankowski/*Mankowski* Art. 3 Rome I Regulation Rn. 202; *Brödermann*, in: MAH IntWirtschaftsR § 6 Rn. 130.

[142] Magnus/Mankowski/*Mankowski* Art. 3 Rome I Regulation Rn. 203 sowie *Brödermann*, in: MAH IntWirtschaftsR § 6 Rn. 130.

[143] *Mankowski*, FS Hans-Bernd Schäfer, 2008, S. 369, 375.

Gegenzug fallen lässt, für ihren Vertrag belgisches Recht. Hintergedanke auf Seite der B: Belgisches Recht basiert auf dem französischen Code civil. Außerdem hat sie einen Sprachvorteil gegenüber der A beim Zugang zum Vertragsstatut.

74 c) *Kollisionsrechtliche Rechtswahl und materiellrechtliche Verweisung.* Art. 3 I 1 Rom I-VO befasst sich mit der „echten", der kollisionsrechtlichen Rechtswahl. Die kollisionsrechtliche Rechtswahl bestimmt das anwendbare Recht autonom und befreit sich vollständig von jeglichen Fesseln zwingenden Rechts, das anwendbar wäre, wenn es keine Rechtswahl gäbe. Eine *kollisionsrechtliche* Rechtswahl ist nur dann statthaft, wenn der Vertrag objektive Verbindungen zu mehreren Rechtsordnungen aufweist.[144] Dann ist der Vertrag nicht nur in einer einzigen Rechtsordnung verwurzelt. Die Rechtswahl hat dann nicht den einzigen oder hauptsächlichen Zweck, den Vertrag jener Rechtsordnung zu entziehen, mit der allein er (objektiv) verbunden ist. Vielmehr besteht dann die Chance, ja die Notwendigkeit zu einer echten Auswahl.

75 Den Kontrast zur kollisionsrechtlichen Rechtswahl bildet die materiellrechtliche Verweisung. Sie begegnet am prominentesten in Art. 3 III Rom I-VO beim objektiv reinen Inlandsvertrag, der objektiv Berührungspunkte nur zu einem einzigen Staat aufweist. Sie zieht Grenzen, indem sie die Vereinbarung den Schranken derjenigen internrechtlich zwingenden Normen unterwirft, die anwendbar wären, wenn es die Vereinbarung nicht gäbe. Bei einer materiellrechtlichen Verweisung hat die Vereinbarung eben nur den Rang einer vertraglichen Vereinbarung, einer einfachen Vertragsklausel.[145] Einfache Vertragsklauseln können sich aber nur im Rahmen des dispositiven Rechts bewegen. Zwingendes Recht ist ihrem Zugriff per definitionem entzogen und ihnen hierarchisch vorgesetzt. Die Parteien hätten bei einer materiellrechtlichen Verweisung den Inhalt des von ihnen „gewählten" Rechts ebenso gut abschreiben können.[146] Dadurch wäre dessen Rang als einfache Vertragsklausel sogar deutlicher gekennzeichnet.

76 Natürlich können solche Parteidispositionen auf der sachrechtlichen Ebene nur im Rahmen der Privatautonomie Wirkung entfalten, wie das inländische Recht sie den Parteien einräumt. Berührt ist nur die Privatautonomie.[147] Echte Parteiautonomie gewährt Art. 3 III Rom I-VO in diesen Fällen gar nicht. Die Parteien eines reinen Inlandsvertrags (also eines Vertrags mit objektiven Beziehungen zu nur einem Staat) dürfen keine Chance haben, einen relevanten Auslandsbezug nur durch eine Rechtswahl oder eine Gerichtsstandsvereinbarung herzustellen und sich so dem Zugriff des inländischen Rechts zu entziehen.[148]

77 **Beispiel:** Die A GmbH aus Hamburg als Verkäufer und die B AG aus Ulm als Käufer vereinbaren für ihren Vertrag (Lieferung in Deutschland aus deutscher Produktion; Zahlung auf deutsches Konto) Schweizer Recht.
Abwandlung: Vereinbart ist außerdem ein ausschließlicher Gerichtsstand Basel.

78 d) *Zustandekommen der Rechtswahl.* aa) Bootstrap principle. Eine Rechtswahl ist eine Vereinbarung. Sie verlangt Konsens. Ob der nötige Konsens vorliegt, um eine Rechtswahl als konkret getroffen anzusehen, ist eine rechtliche Frage. Art. 3 V iVm Art. 10 I Rom I-VO unterwirft sie jenem Recht, das anwendbar wäre, wenn die Rechtswahl wirksam wäre. Sie beantwortet sich also nach dem in der Rechtswahlvereinbarung benannten Recht. Auf den ersten Blick sieht dies verwirrend und zirkelhaft aus.[149] Es scheint so, als würde zum Anknüpfungsgegenstand genau das, um dessen Wirksamkeit es doch gerade geht. In englisch-

---

[144] → § 1 Rn. 204 ff.
[145] GA *Szpunar,* ECLI:EU:C:2017:164 Rn. 151–158; Magnus/Mankowski/*Mankowski* Art. 3 Rome I Regulation Rn. 392 f.; *ders.,* NZI 2017, 637.
[146] *Mankowski,* in: v. Bar/Mankowski, IPR AT § 7 Rn. 70.
[147] *Mankowski,* in: v. Bar/Mankowski, IPR AT § 7 Rn. 70.
[148] → § 1 Rn. 204 ff.
[149] So der Vorwurf z. B. von *Kuipers,* EU Law and Private International Law, 2012, S. 48; Ferrari/Ragno Art. 3 Rome I Regulation Rn. 14.

IV. Rechtswahl

sprachiger Kollisionsrechtsterminologie ist plastisch vom bootstrap principle die Rede.[150] Man scheint sich an den eigenen Schnürsenkeln aus dem Sumpf ziehen zu wollen. Das deutsche Pendant dazu wäre der Baron v. Münchhausen, der sich selber an den eigenen Haaren aus dem Sumpf gezogen haben will.

Auf den zweiten Blick jedoch entwirrt sich die Lage. Denn Anknüpfungspunkt ist in Art. 3 V iVm Art. 10 I Rom I-VO gar nicht die Rechtswahl als solche. Anknüpfungspunkt ist vielmehr der äußere Tatbestand, das Faktum einer Rechtswahl. Das ist etwas anderes und gedanklich zu Unterscheidendes. Der wichtige Unterschied liegt eben darin, dass nicht an eine zustandegekommene und wirksame Rechtswahl angeknüpft wird. Hauptvertrag und Rechtswahlvereinbarung sind zwei getrennte Gegenstände und in ihrer Wirksamkeit unabhängig voneinander zu betrachten.[151] Das Hauptvertragsstatut wird nicht durch sich selbst, sondern durch die Rechtswahlvereinbarung bestimmt.[152]

bb) Bereich des Zustandekommens. Was sachlich zum Zustandekommen einer Rechtswahl zu zählen ist, ist eine Frage der Qualifikation. Diese Frage beantwortet Art. 10 I Rom I-VO.[153] Insoweit gibt es keine relevanten Unterschiede zwischen Rechtswahlvereinbarung und Hauptvertrag.

cc) Battle of forms: Kollidierende Rechtswahlklauseln in AGB. Bei einer Rechtswahl ist man geneigt, sich zwei (oder mehr) Vertragsparteien vorzustellen, die miteinander um diesen Punkt ringen und nach dem optimalen Ergebnis suchen.[154] So kann es sich verhalten. So verhält es sich aber in der Regel nicht.[155] Die Realität lautet regelmäßig: Rechtswahlklauseln in AGB. Standardisierung, nicht Individualität ist die Realität.[156] Die typische Präferenz jeder Partei geht zur Wahl eines Rechts, mit dem sie selber vertraut ist: ihres eigenen Sitzrechts. Auf den verschiedenen Märkten vorfindliche Standard-AGB tendieren ebenso deutlich dahin[157] wie die Empfehlungen in Handbüchern.[158] Das eigene Recht wird stereotyp gegenüber jedem Geschäftspartner eingebracht.[159] Kenntnis der betreffenden Rechtsordnung und die Möglichkeit, möglichst schnell, unkompliziert und ohne suchende Zwischenschritte Auskunft zu Rechtsfragen erlangen zu können, werden zu überragend wichtigen Interessen.[160]

Beispiel: Die A GmbH aus Hamburg als Verkäufer legt Verkaufs-AGB vor, in denen sich eine Rechtswahlklausel zugunsten deutschen Rechts findet, die B SA aus Montpellier als Käufer dagegen Einkaufs-AGB, in denen sich eine Rechtswahlklausel zugunsten französischen Rechts findet. Jede Partei verweist in ihren jeweiligen Erklärungen während der Verhandlungen auf ihre jeweils eigenen AGB.

---

[150] Magnus/Mankowski/*Mankowski* Art. 3 Rome I Regulation Rn. 431.
[151] *W.-H. Roth,* FS Apostolos Georgiades, 2005, S. 905, 906; Magnus/Mankowski/*Mankowski* Art. 3 Rome I Regulation Rn. 432.
[152] *Schacherreiter,* ÖJZ 2015, 598, 602; Magnus/Mankowski/*Mankowski* Art. 3 Rome I Regulation Rn. 431.
[153] → § 1 Rn. 785 ff.
[154] So insbesondere *H.-B. Schäfer/Lantermann,* in: Basedow/Kono (eds.), An Economic Analysis of Private International Law, 2006, S. 87, 92.
[155] *Mankowski,* RIW 2003, 2, 3 f.; *Kieninger,* Wettbewerb der Privatrechtsordnungen im europäischen Binnenmarkt, 2002, S. 286 et passim; *dies.,* FS Hans-Bernd Schäfer, 2008, S. 353, 361; Max Planck Institute for Foreign and Private International Law, RabelsZ 68 (2004), 1, 6 f.; *Basedow,* in: Basedow/Kono (eds.), An Economic Analysis of Private International Law, 2006, S. 57, 67; *ders.,* FS N. Horn, 2005, S. 229, 242.
[156] *Fili Shipping Co. v. Premium Nafta* [2007] UKHL 40, [2007] Bus. LR 1719 [26] (H. L. per Lord *Hope*); *Johns,* 71 L. & Comtemp. Prbls. 243, 259 (2008); *Rushworth/Scott,* [2008] LMCLQ 274, 293.
[157] *Kieninger,* Wettbewerb der Privatrechtsordnungen im europäischen Binnenmarkt 2002, S. 287 f.; Max Planck Institute for Foreign and Private International Law, RabelsZ 68 (2004), 1, 6 f.; *Basedow,* in: Basedow/Kono (eds.), An Economic Analysis of Private International Law, 2006, S. 57, 67; *ders.,* FS N. Horn, 2005, S. 229, 242.
[158] Siehe z. B. Münchener Vertragshandbuch, Bd. 4: Internationales Wirtschaftsrecht, 7. Aufl. 2015; Wiener Vertragshandbuch, 2006.
Große Ausnahme ist *Brödermann,* in: MAH IntWirtschaftsR, 2017, Rn. 92–432.
[159] *Schweinoch,* Liber amicorum Jochen Schneider, 2008, S. 62.
[160] *H.-B. Schäfer/Lantermann,* in: Basedow/Kono (eds.), An Economic Analysis of Private International Law, 2006, S. 87, 96; *Kieninger,* FS Hans-Bernd Schäfer, 2008, S. 353, 361.

83 Dahinter können freilich auch principal-agent-Aspekte im Verhältnis zwischen Unternehmen und deren Rechtsberatern stehen. Denn üblicherweise entwerfen die Rechtsberater die AGB.[161] Die Rechtsberater aber haben ein Interesse an der Wahl jenes Rechts, in dem sie heimisch sind und in dem sie einen Beratungsvorsprung vor ihren Konkurrenten im Rechtsberatungsmarkt haben.[162] Sie haben kein Interesse daran, in ausländischem Recht zu beraten oder die Beratung mit einem ausländischen Kollegen teilen oder gar an einen ausländischen Kollegen abgeben zu müssen.[163] Standard-AGB wiederum werden gemeinhin von nationalen Verbänden entworfen. Hier haben die Verbände ein besonders massives Interesse an der Anwendung ihres heimischen Rechts. Denn darüber verstärken sie die Bindung an sich und ihre Institutionen.[164]

84 Wenn zwei Antagonisten dieselbe Idee haben und jeweils aktuell eigennützig agieren wollen, dann stoßen ihre Interessen notwendig aufeinander.[165] Rechtlich führt der Weg zur Lösung über konsequente Anwendung des Art. 3 V iVm Art. 10 I Rom I-VO, jeweils isoliert für die einzelne Rechtswahlklausel, plus übergreifende Stichentscheidsregeln. Er beginnt, indem man das Zustandekommen der Rechtswahlvereinbarung für jede der Klauseln separat nach dem jeweils in ihr benannten Recht beurteilt.

85 Daraus folgen vier mögliche Konstellationen:
– Erstens können beide Verweisungsverträge auf dasselbe Recht verweisen. Dann liegt überhaupt keine Kollision vor, und das von beiden bezeichnete Recht ist konsentiert.[166]
– Zweitens können beide Verweisungsverträge nach ihrer jeweiligen lex causae gescheitert sein. Dann ist überhaupt keine Rechtswahl zustande gekommen. Für dieses Ergebnis muss man allerdings eine ungeschriebene Stichregel einführen.[167]
– Drittens kann – jeweils beurteilt nach dem je angezogenen Recht – der eine Verweisungsvertrag scheitern, der andere glücken.[168] Dann ist eine Rechtswahl zu Gunsten des in letzterem angezogenen Rechts zustande gekommen; dies ist eine weitere ungeschriebene Stichregel.[169]
– Viertens können beide Verweisungsverträge nach ihrer jeweiligen lex causae glücken. Dann liegt insgesamt keine wirksame Rechtswahl vor, denn die Parteien können nicht den gesamten Vertrag gleichzeitig zwei verschiedenen Rechtsordnungen unterstellen.[170]

86 Der Konflikt zwischen kollidierenden und in der Sache gegenläufigen AGB-Rechtswahlklauseln bricht allerdings in der Praxis zumeist nicht aus. Erstens wird die weit überwiegende Mehrzahl aller Verträge nicht in größerem Umfang streitig. Zweitens bevorzugen viele Kaufleute selbst im Streitfall kaufmännische, wirtschaftliche Lösungen von Streitigkeiten gegenüber dem juristischen Durchfechten. Wer möchte schon einen wichtigen Geschäftspartner verärgern und möglicherweise deshalb verlieren? Drittens bieten Branchen-AGB, Verbands-AGB oder institutionelle AGB einen Ausweg. Branchen-AGB

---

[161] Plastisch geschildert von *Johns*, 71 L. & Comtemp. Prbls. 243, 259 (2008).
[162] *Basedow*, in: Basedow/Kono (eds.), An Economic Analysis of Private International Law, 2006, S. 57, 67; *ders.*, FS N. Horn, 2005, S. 229, 242.
[163] *Basedow*, in: Basedow/Kono (eds.), An Economic Analysis of Private International Law, 2006, S. 57, 67; *ders.*, FS N. Horn, 2005, S. 229, 242.
[164] Vgl. *Mankowski*, RIW 2003, 2, 8.
[165] Siehe nur *Kieninger*, FS Hans-Bernd Schäfer, 2008, S. 353, 361 f.
[166] Siehe nur Magnus/Mankowski/*Mankowski* Art. 3 Rom I-VO Rn. 472 mwN.
[167] *Mankowski* S. 30 f.; Magnus/Mankowski/*Mankowski* Art. 3 Rom I-VO Rn. 476; *M. Weller/Nordmeier*, in: Spindler/Schuster, Recht der elektronischen Medien, 3. Aufl. 2015, Art. 3 Rom I-VO Rn. 12; Staudinger/*Magnus* Art. 3 Rom I-VO Rn. 174; *Wenner* Rn. 74.
[168] Das ist der Fall, wenn beide Rechte der Theorie vom letzten Wort folgen und dem jeweils am spätesten eingeführten Satz AGB den Vorrang zubilligen.
[169] *Mankowski* S. 30 f.; Magnus/Mankowski/*Mankowski* Art. 3 Rome I Regulation Rn. 474; *Carrascosa González* S. 147; *M. Weller/Nordmeier*, in: Spindler/Schuster, Recht der elektronischen Medien, 3. Aufl. 2015, Art. 3 Rom I-VO Rn. 12; Staudinger/*Magnus* Art. 3 Rom I-VO Rn. 174; *Wenner* Rn. 74.
[170] Näher zum Ganzen *Meyer-Sparenberg*, RIW 1989, 347, 348; *S. Tiedemann*, IPRax 1991, 424, 425 f.; *Egerer*, Konsensprobleme im internationalen Schuldvertragsrecht, 1994, S. 202–204; *Schrammen*, Grenzüberschreitende Verträge im Internet, 2005, S. 301–305; *Dutta*, ZVglRWiss 104 (2005), 461.

IV. Rechtswahl 87–91 § 1

sind in einer ganzen Branche einheitlich verwendete AGB. Verbands-AGB stammen von für die Branche bedeutsamen Verbänden, etwa GAFTA 50 oder 60 im Getreidehandel.

dd) Kumulative Anknüpfung der Zustimmung nach Art. 10 II Rom I-VO. Eine Vertragspartei kann sich nur dann nach Art. 3 V iVm Art. 10 II Rom I-VO auf das Recht ihres gewöhnlichen Aufenthalts berufen, dass sie der Rechtswahl nicht zugestimmt habe, wenn die Umstände dies rechtfertigen.[171] Sie muss also eine hohe Hürde überspringen[172] und die Angemessenheit der kumulativen Anknüpfung im jeweils konkreten Fall belegen. Diese Einschränkung hat erhebliche Bedeutung. Denn sie hat zur Konsequenz, dass Art. 10 II Rom I-VO bei B2B-Verträgen im grenzüberscheidenden Handelsverkehr kaum je anwendbar ist.[173] Denn wer sich im grenzüberschreitenden B2B-Handelsverkehr bewegt, muss mit den Besonderheiten des auslandsbezogenen Vertrags rechnen. Er muss insbesondere damit rechnen, dass die Gegenpartei in ihren AGB klauselmäßig die Anwendbarkeit ihres eigenen Rechts vorsehen wird[174] (insbesondere, wenn er selber in seinen eigenen AGB die Anwendung seines eigenen Rechts vorsieht). Das ist so allgemein üblich und so verbreitet, dass man nicht überrascht sein darf, wenn es konkret und ganz wirklich geschieht.[175] 87

e) *Wirksamkeit der Rechtswahl.* Bei der Wirksamkeit einer Rechtswahl muss man zwischen der rechtsgeschäftlichen und der inhaltlichen Wirksamkeit einer Rechtswahl unterscheiden. Darin liegt eine ungefähre Parallele zur Unterscheidung zwischen Einbeziehungs- und Inhaltskontrolle von AGB im deutschen Sachrecht. 88

aa) Rechtsgeschäftliche Wirksamkeit. Die rechtsgeschäftliche Wirksamkeit einer Rechtswahl unterliegt dem bootstrap principle. Für sie gilt Art. 3 V iVm Art. 10 I Rom I-VO. Sie richtet sich – insoweit wie das Zustandekommen – nach dem in der Rechtswahlvereinbarung faktisch benannten Recht. Rechtsgeschäftliche Wirksamkeit meint den inneren Vertragsabschlusstatbestand. Hierher gehören: die Willensmängel Irrtum, Täuschung, Drohung; economic duress; Mentalreservationen;[176] Scheingeschäfte; Bedingungen und Befristungen.[177] 89

bb) Inhaltliche Wirksamkeit. Nicht über Art. 3 V iVm Art. 10 I Rom I-VO anzuknüpfen sind jedoch alle Fragen, die Art. 3 I IV Rom I-VO bereits beantworten. Art. 3 V Rom I-VO ist nach Stellung und Anspruch eine Auffangregelung, die im Wege der Verweisung allein solche Lücken füllt, welche die vorherstehenden Absätze gelassen haben. Dies trifft insbesondere die inhaltliche Wirksamkeit einer Rechtswahl. Denn Art. 3 I 1 Rom I-VO trifft eine klare und fundamentale Grundentscheidung: Die Parteien können jedes Recht wählen, das sie wollen. Ihre Rechtswahl ist frei. Sie unterliegt keinen Einschränkungen aus Art. 3 I Rom I-VO. Dies steht allein unter dem Vorbehalt besonderer expliziter Einschränkung in vorrangigen Spezialregeln. Parteiautonomie als Prinzip und Freiheit der Rechtswahl sind in Art. 3 I 1 Rom I-VO festgeschrieben. 90

Es darf keine Inhaltskontrolle einer Rechtswahl geben,[178] weder nach den Maßstäben der lex fori[179] noch nach den Maßstäben des Rechts, das in der Rechtswahl benannt wird.[180] 91

---

[171] Einfacher Anwendungsfall: Hof van Cass. R. W. 2017-18, 1176.
[172] *S. Schneider*, BB 2017, 2184, 2186.
[173] *Mankowski*, RIW 1994, 421, 424.
[174] Siehe nur OLG Hamm ZVertriebsR 2015, 235, 237.
[175] Vorsichtiger *Brödermann*, in: MAH IntWirtschaftsR, 2017, Rn. 431.
[176] Siehe nur *W.-H. Roth*, RIW 1994, 275, 275; *Mäsch*, IPRax 1995, 371, 372f.; *Kost*, Konsensprobleme im internationalen Schuldvertragsrecht, 1995, S. 107–111; *Mankowski*, RIW 1996, 382, 383.
[177] Siehe nur *Meyer-Sparenberg*, RIW 1989, 347, 349; *Mankowski*, RIW 1996, 382, 383.
[178] *Joustra*, De internationale consumentenovereenkomst, 1997, S. 228; *Mankowski*, in: v. Bar/Mankowski, IPR AT, § 7 Rn. 84f.
[179] Propagiert von OLG Düsseldorf ZIP 1994, 288 = RIW 1994, 420 m. abl. Anm. *Mankowski*; OLG Düsseldorf WM 1995, 1349; siehe auch *Schütze*, GS M. Wolf, 2011, S. 551, 553.
[180] Propagiert von KG VuR 1999, 138; LG Limburg NJW-RR 1989, 119f.; LG Hamburg NJW-RR 1990, 695, 697; LG Hildesheim IPRax 1993, 173; *Pfeiffer/M. Weller/Nordmeier*, in: Spindler/Schuster, Das Recht der Neuen Medien, 2. Aufl. 2011, Art. 3 Rom I-VO Rn. 11; siehe auch BGH NJW 1994, 26.

Inhaltskontrolle von Rechtswahlklauseln ist eine genuin kollisionsrechtliche Frage. Sie muss das IPR des angerufenen Gerichts beantworten. Über die Zulässigkeit einer Rechtswahl entscheidet ausschließlich das IPR der lex fori.[181]

92 Gerade die Rom I-VO nimmt diese Aufgabe ebenso engagiert wie differenziert an. Denn sie kennt nicht weniger als drei Bereiche: wirklich freie Rechtswahl für grenzüberschreitende „normale" Verträge; in der Auswahl der wählbaren Rechtsordnungen beschränkte Rechtswahl für Personenbeförderungs- und Versicherungsverträge ausweislich Artt. 5 II UAbs. 2; 7 III Rom I-VO; durch Günstigkeitsvergleich überlagerte Rechtswahl für Verbraucher- und Arbeitsverträge ausweislich Artt. 6 II 2; 8 I 2 Rom I-VO.

93 Nach geltendem europäischem IPR erfolgt insbesondere keine Inhaltskontrolle von Rechtswahlklauseln nach dem in einer Rechtswahlklausel angezogenen Recht.[182] Art. 3 V iVm Art. 10 I Rom I-VO gilt insoweit nicht.[183] Denn es bedarf eben keiner Verweisung, weil die Frage bereits in Art. 3 I 1 Rom I-VO vom europäischen IPR selber geklärt und beantwortet wird. Das europäische Internationale Schuldvertragsrecht hat sich in Art. 3 I 1 Rom I-VO für eine inhaltlich freie Rechtswahl ohne Inhaltskontrolle entschieden. Das ist sein Fundament, kein bloßer Programmsatz. Eine Einschränkung wie etwa Art. 8 V HUP, der Informiertheit beider Parteien über die Folgen voraussetzt und zur Wirksamkeitsvoraussetzung erhebt, gibt es in der Rom I-VO nicht.[184]

94 Art. 3 V Rom I-VO erkennt den Primat des Art. 3 I 1 Rom I-VO indirekt an, indem er nur „Zustandekommen und Wirksamkeit *der Einigung*"[185] zum (limitierten und begrenzten) Anknüpfungsgegenstand hat.[186] Ein Vergleich mit Art. 10 I Rom I-VO untermauert dies.[187] Dass „Einigung" eng und nicht extensiv als Synonym für Rechtswahlvereinbarung schlechthin zu verstehen ist, erweist auch ein vergleichender Blick auf Artt. 6 I Rom III-VO, 24 I EuGüVO; 24 I EuPartVO.[188]

95 Soweit ein besonderer Schutz bestimmter Gruppen gewollt ist, erfolgt dieser nicht darüber, dass eine Rechtswahl verboten würde oder bestimmte objektive Verbindungen zum gewählten Recht bestehen müssten. § 10 Nr. 8 AGBG 1976, der für die Wirksamkeit einer formularmäßigen Rechtswahl objektive Beziehungen des Sachverhalts zum gewählten Recht verlangte, ist schon zum 1.9.1986 ersatzlos aufgehoben worden. Ist ein kollisionsrechtlicher Schutz gewollt, so erfolgt dieser über Artt. 6 II; 8 I Rom I-VO vielmehr in der Weise, dass die Schutzstandards des Rechts, das ohne Rechtswahl anwendbar wäre, kumulativ zugunsten des Geschützten berufen sind. Dies ist ein alternatives Modell zum bedingten Verbot von Rechtswahlklauseln, wie eine Inhaltskontrolle von Rechtswahlklauseln es beinhalten würde.[189] Art. 6 II Rom I-VO macht eine Rechtswahl gerade nicht unwirksam,[190] sondern setzt

---

[181] Siehe nur *K. Siehr*, FS Max Keller, 1989, S. 485, 486; *Mankowski*, RIW 1996, 382, 383; *Baumert*, RIW 1997, 805, 809; *Diedrich*, RIW 2009, 378, 379; MüKoBGB/*Martiny* Art. 3 Rom I-VO Rn. 8; MüKoBGB/*Spellenberg* Art. 10 Rom I-VO Rn. 166; Rauscher/*v. Hein* Art. 3 Rom I-VO Rn. 43; Rauscher/*Freitag*, ebd., Art. 10 Rom I-VO Rn. 12; *Ferrari*, in: Ferrari IntVertragsR Art. 3 Rom I-VO Rn. 10, Art. 10 Rom I-VO Rn. 36; Palandt/*Thorn* Art. 3 Rom I-VO Rn. 9 sowie BGHZ 135, 124, 134 f.

[182] *Meyer-Sparenberg*, RIW 1989, 347, 350; *Grundmann*, IPRax 1992, 1, 2; *Mäsch*, Rechtswahlfreiheit und Verbraucherschutz, 1993, S. 116; *Mankowski*, RIW 1993, 453, 455; *ders.*, RIW 1994, 421, 422; *ders.*, VuR 1999, 140, 141; *ders.*, in: v. Bar/Mankowski, IPR AT § 7 Rn. 84 f.; *Kost*, Konsensprobleme im internationalen Schuldvertragsrecht, 1995, S. 27; Soergel/*v. Hoffmann* Art. 31 EGBGB Rn. 11; *Martiny*, ZEuP 1997, 107, 116; *Joustra*, De internationale consumentenovereenkomst, 1997, S. 238; *A. Junker*, RIW 1999, 809, 817; *Wenner* Rn. 72 f.

[183] *W.-H. Roth*, IPRax 2013, 515, 519.

[184] *Rieländer*, RIW 2017, 28, 34.

[185] Hervorhebung hinzugefügt.

[186] *Jayme*, FS Werner Lorenz zum 70. Geb., 1991, S. 435, 438; *Mankowski*, RIW 1993, 453, 456; *Kaufhold*, EuZW 2016, 247, 249; *Rieländer*, RIW 2017, 28, 33.

[187] *Kaufhold*, EuZW 2016, 247, 249; *Rieländer*, RIW 2017, 28, 33.

[188] *Rieländer*, RIW 2017, 28, 33.

[189] *Jayme*, FS Werner Lorenz, 1991, S. 435, 438; *Mankowski*, RIW 1993, 453, 456; *ders.*, RIW 1994, 421, 422 f.; *ders.*, RIW 1996, 1001, 1002; *H. Stoll*, FS Anton Heini, 1995, S. 429, 439 f.; *Baumert*, RIW 1997, 805, 809; auch *Bröcker*, Verbraucherschutz im Europäischen Kollisionsrecht, 1998, S. 56 f.

[190] Siehe nur *Briggs*, (2009) 125 LQR 191, 192; *Lambrecht*, RIW 2010, 783, 788.

im Gegenteil deren Wirksamkeit voraus, um dann die Klausel gegen ihren Urheber zu kehren.[191] Die Günstigkeitsprüfung auf die Rechtwahl als solche zu erstrecken ist konzeptwidrig.[192]

Wenn und soweit die Rom I-VO eine Notwendigkeit sieht, Rechtswahlfreiheit aus Gründen kollisionsrechtlicher Gerechtigkeit einzuschränken, tut sie dies ausdrücklich, nämlich in Artt. 3 III; 3 IV; 5; 6; 7; 8; 9 Rom I-VO. Ansonsten herrscht ein strikter und strenger Umkehrschluss.[193] Es gibt keine inhaltliche Lücke im System, es fehlt (leider und unglücklicherweise) nur an einer ausdrücklich klarstellenden Norm.[194] Erwägungsgrund (16) Rom I-VO begründet nicht das entgegengesetzte Ergebnis, denn er eröffnet Gerichten kein Ermessen, um Rechtswahlvereinbarungen zu kontrollieren, sondern befasst sich allein mit der objektiven Anknüpfung mangels einer Rechtswahl unter Art. 4 Rom I-VO.[195]

Eine prinzipielle Inhaltskontrolle mag einem Gerechtigkeitsgrundgefühl entsprechen, ihre konkrete Gestalt findet sie aber in der Ausgestaltung durch das Rom I System.[196] Dass die Grenze zwischen Konsenskontrolle (die Art. 3 V iVm Art. 10 I Rom I-VO dem in der Rechtswahl benannten Recht unterstellt) und Inhaltskontrolle nicht in allen Aspekten vollständig klar, sondern eine gewisse Grauzone aufweist, kann keine Rechtfertigung dafür sein, eine generelle Inhaltskontrolle für die Rechtswahl einzuführen.[197] Eine drohende Übervorteilung des Verbrauchers bekämpft der europäische Gesetzgeber der Rom I-VO mit genuin kollisionsrechtlichen Mitteln, nicht über das AGB-Recht der lex fori oder der lex causae.

Eine Inhaltskontrolle nach dem Sachrecht des tatsächlich gewählten Rechts würde außerdem bei negativem Ausgang zu dem paradoxen Ergebnis führen, dass ein Recht sich selber inhaltliche Unangemessenheit bescheinigte.[198] Eine solche Inhaltskontrolle könnte jedoch schon im Ansatz nie eine rein sachrechtliche sein, weil spezifische Kontrolltatbestände gerade für eine Rechtswahl sich nur im IPR des tatsächlich gewählten Rechts finden lassen könnten.[199] Damit geriete man aber in einen Konflikt mit Art. 20 Rom I-VO, demzufolge eine Rechtswahl gar nicht auf das IPR des gewählten Rechts geht (es sei denn, die Parteien hätten ausdrücklich anderes vereinbart).[200] Das europäische IPR hat die Weichen bereits gestellt und räumt dem tatsächlich gewählten Recht nicht die Kompetenz ein, diese Weichenstellung zu ändern.[201] Die Entscheidung des europäischen IPR hängt nicht davon ab, was das – eben überhaupt nicht gefragte – IPR des in der Rechtswahl angezogenen Rechts (hypothetisch) zu ihr sagt.[202]

f) Form. Anders als Art. 25 I 3 Brüssel Ia-VO für die Gerichtsstandsvereinbarung stellt Art. 3 Rom I-VO für die Rechtswahlvereinbarung keine europäisch-autonomen Formerfordernisse auf.[203] Umgekehrt schreibt er auch nicht explizit Formfreiheit

---

[191] *Mankowski*, RIW 1994, 421, 422; *ders.*, EWiR Art. 29 EGBGB 1/98, 455 f.
[192] *Pfeiffer*, LMK 2013, 343552.
[193] Siehe nur *Mankowski*, VuR 1999, 138, 140.
AA *Heiss*, RabelsZ 65 (2001), 634, 642–644.
[194] Ungenau *Pfütze*, ZEuS 2011, 35, 64.
[195] Übersehen von *Pfütze*, ZEuS 2011, 35, 64.
[196] Tendenziell anders *Pfütze*, ZEuS 2011, 35, 68.
[197] AA *Heiss*, RabelsZ 65 (2001), 634, 639; *Pfütze*, ZEuS 2011, 35, 69; siehe auch R. *Schaub*, in: Riesenhuber/Karakostas (Hrsg.), Inhaltskontrolle im nationalen und europäischen Privatrecht, 2009, S. 197; *Thüsing*, Rechtswahlklauseln, in: Graf v. Westphalen/Thüsing, Vertragsrecht und AGB-Klauselwerke, 31. EL 2012, Rn. 6.
[198] Siehe nur *Mankowski*, RIW 1995, 364, 366; C. *Rühl*, Rechtswahlfreiheit und Rechtswahlklauseln in Allgemeinen Geschäftsbedingungen, 1999, S. 205.
[199] *Mankowski*, RIW 1003, 453, 455 f.; NK-BGB/*Leible* Art. 10 Rom I-VO Rn. 25; *Rieländer*, RIW 2017, 28, 34.
[200] Siehe nur *Mankowski*, RIW 1993, 453, 455; C. *Rühl*, Rechtswahlfreiheit und Rechtswahlklauseln in Allgemeinen Geschäftsbedingungen, 1999, S. 201 f.
[201] *Mankowski*, VuR 1999, 140, 141.
[202] *Martiny*, ZEuP 1997, 107, 116.
[203] *Derek Oakley v. Ultra Vehicle Design Ltd.* [2005] EWHC 872 (Ch) [60] (Ch.D., *Lloyd* L.J.); *Beaumont/McEleavy*, Anton's Private International Law, 3. Aufl. 2012, Rn. 10.122-10.123; *Plender/Wilderspin* Rn. 6–022, 6–81; Magnus/Mankowski/*Mankowski* Art. 3 Rome I Regulation Rn. 462.

fest.²⁰⁴ Die Formwirksamkeit der Rechtswahlvereinbarung ist auch nicht abhängig von jener des Hauptvertrags.²⁰⁵

100 Vielmehr verweist Art. 3 V Rom I-VO neben Artt. 10; 13 Rom I-VO auch auf Art. 11 Rom I-VO, die allgemeine Norm für die Anknüpfung der Form bei Verträgen. Diese Verweisung erfolgt ohne einschränkende und modifizierende Vorgaben. Sie geht auf Art. 11 Rom I-VO in seiner Gänze, also auf alle Alternativanknüpfungen aus Art. 11 I-III Rom I-VO, aber auch nur auf das Umweltrecht des Verbrauchers bei Verbraucherverträgen wegen Art. 11 IV Rom I-VO.²⁰⁶ Auf der Rechtsfolgenseite ist die Hürde zu überwinden, dass die wenigsten Rechtsordnungen Vorschriften vorhalten werden, die sich spezifisch und speziell der Form von Rechtswahlvereinbarungen annehmen würden.²⁰⁷

101 Allenfalls ist diskutabel, ob in der Zulassung auch der stillschweigenden neben der ausdrücklichen Rechtswahl eine eigene Formregelung in Art. 3 I 2 Var. 2 Rom I-VO zu sehen ist.²⁰⁸ Dies kann man verneinen, wenn man Ausdrücklichkeit und Konkludenz als zwei letztlich formulierungs- und damit inhaltsbezogene Modi versteht. Denn ein explizites Formgebot, das vorschriebe, eine der bekannten Formarten zu benutzen, findet sich in Art. 3 I 2 Var. 2 Rom I-VO. Dieser sagt nichts über Schriftlichkeit, Mündlichkeit oder Formfreiheit.

102 **2. Ausdrückliche Rechtswahl.** a) *Grundsätzliches.* Ausdrückliche Rechtswahl ist die beste und einfachste Rechtswahl.²⁰⁹ Die Parteien werden sich klar über ihren gemeinsamen Willen. Sie können z. B. mit Rechtswahl und Gerichtsstandsvereinbarung einen Gleichlauf von ius und forum herbeiführen. Ausdrückliche Rechtswahl schafft den Herren des Vertrags die Möglichkeit, zu sagen, was sie wollen. Die ausdrückliche Rechtswahl kann auch in einem Begleitdokument erfolgen oder in einem Dokument, worauf der Vertrag ausdrücklich verweist.²¹⁰ Die Rechtswahl muss nicht an einer bestimmten Stelle im Vertrag stehen (z. B. am Anfang oder, üblicher, in den Schlussklauseln), und sie muss auch nicht besonders hervorgehoben oder gar vom Hauptvertrag gesondert sein. Nur bewusstes Verstecken namentlich unter verschleiernden AGB-Überschriften kann stören und der Annahme, alle Parteien hätten von der Rechtswahl gewusst, entgegenstehen, so dass es am nötigen Konsens fehlt.²¹¹

103 aa) Bezeichnung des gewählten Rechts. Die einfache und klar formulierte ausdrückliche Rechtswahl besagt: „Dieser Vertrag unterliegt deutschem Recht" oder „All disputes shall be determined exclusively by the English courts and in accordance with English law"²¹². Ausführlichere Varianten lauten etwa: „This Agreement, and the whole of the relationship between the parties to it, is governed by English law. The parties agree that all disputes arising out of or in connection with it, or with the negotiation, validity or enforceability of this Agreement, and the relationship between the parties, and whether or not the same shall be regarded as contractual claims, shall be exclusively governed by and determined only in accordance with English law."²¹³ Allerdings mag man sich fragen, ob dies nicht in englischer Tradition eine Nuance zu sehr auf Prozesse sieht.²¹⁴

---

²⁰⁴ *Plender/Wilderspin* Rn. 6–023; Magnus/Mankowski/*Mankowski* Art. 3 Rome I Regulation Rn. 462. Tendenziell anders *Derek Oakley v. Ultra Vehice Design Ltd.* [2005] EWHC 872 (Ch) [60], [66] (Ch.D., Lloyd L.J.); G.-P. Calliess/*G.-P. Calliess* Art. 3 Rome I Regulation Rn. 30; G.-P. Calliess/*Loacker* Art. 11 Rome I Regulation Rn. 31.
²⁰⁵ *Ferrari*, in: Ferrari IntVertragsR Art. 3 Rom I-VO Rn. 11; *Ferrari/Ragno* Art. 3 Rome I Regulation Rn. 17.
²⁰⁶ MüKoBGB/*Martiny* Art. 3 Rom I-VO Rn. 112; Staudinger/*Magnus* Art. 3 Rom I-VO Rn. 181; Magnus/Mankowski/*Mankowski* Art. 3 Rome I Regulation Rn. 466.
²⁰⁷ Magnus/Mankowski/*Mankowski* Art. 3 Rome I Regulation Rn. 464.
²⁰⁸ Näher E. *Lorenz*, RIW 1992, 697.
²⁰⁹ Magnus/Mankowski/*Mankowski* Art. 3 Rome I Regulation Rn. 48.
²¹⁰ Magnus/Mankowski/*Mankowski* Art. 3 Rome I Regulation Rn. 50.
²¹¹ Ähnlich, wenn auch mit anderer Begründung, S. *Schneider*, BB 2017, 2184, 2185 f.
²¹² *Briggs* Rn. 5.53.
²¹³ *Briggs* Rn. 5.17 Clause 20 (a).
²¹⁴ Magnus/Mankowski/*Mankowski* Art. 3 Rome I Regulation Rn. 59.

IV. Rechtswahl

Indes sind die Parteien frei darin, nicht einen Staat mit Namen zu benennen, sondern **104** vielmehr funktionell zu umschreiben, dem Recht welchen Staates sie ihren Vertrag unterwerfen wollen. Sie können etwa sagen, dass das Recht am Sitz/der Niederlassung des Verkäufers, des Käufers, des Klägers, des Beklagten usw. gelten solle. Entscheidend ist, dass eindeutig bestimmbar ist, welches Recht gewählt ist.[215]

bb) Platz im Vertrag. Der typische Platz von Rechtswahlklauseln ist in den Schlussbestim- **105** mungen von Verträgen. Indes ist dies nur pragmatische Konvention, kein Muss; eine Rechtswahlvereinbarung könnte sich theoretisch auch am Anfang oder in der Mitte eines Vertrags finden.[216] Häufig ist die Rechtswahl- mit der Gerichtsstands- oder Streitbeilegungsklausel unter einem Dach formell vereint als „Recht und Gerichtsstand", „Law and Jurisdiction" oder „Law and Dispute Resolution". Das ändert aber nichts daran, dass es sich materiell um zwei selbständige Abreden über zwei deutlich getrennt zu haltende Gegenstände handelt.

cc) Misslungene Rechtswahlvereinbarungen und ihre Gründe. In der Praxis begegnen **106** allerdings vielfältige Beispiele für misslungene Rechtswahlvereinbarungen.[217] Die gemeinsamen Grundsätze des englischen und des französischen Rechts z.B. als „gewähltes Recht" werden im Detail nur schwer, wenn überhaupt, zu finden sein.[218] „General principles of international law" oder „General principles of law" sind auch kein wirkliches Objekt für eine gelungene Rechtswahl (aber typischerweise ein Versuch von Unternehmen bei Verträgen mit Staaten, z.B. als Production Sharing Agreements in der Öl-, Gas- oder Bergbauindustrie, dem legislativen Zugriff ihres staatlichen Vertragspartners auf sein eigenes Recht zu entkommen[219]).

Ebenso vielfältig wie die Beispiele sind die möglichen Ursachen für missglückte Formu- **107** lierungen. Erstens können die kaufmännischen Verhandler schon den Abschluss feiern, während die Juristen im Hinterzimmer noch den Vertrag finalisieren (das sogenanne „Champagnerstunden-Syndrom"[220]). An den Juristen *darf* der Vertrag dann nicht mehr scheitern. Rechtswahlvereinbarungen werden dann unter keineswegs idealen Umständen in letzter Minute hingeworfen.[221] Zweitens sind Rechtswahlvereinbarungen, wenn sie erst später verhandelt werden, nicht Grundlage, sondern höchstens Folge der Sachbestimmungen des Vertrags. Drittens kann es interne Machtkämpfe zwischen Kaufleuten und Juristen geben.[222] Viertens denken Kaufleute oft nicht daran, die nötigen Investitionen in qualifizierten Rechtsrat vorzunehmen.[223] Fünftens kann Harmoniebedürfnis dazu führen, dass Punkte nicht angesprochen werden.[224] Sechstens kann Prestige im „Armdrücken" zwischen den Vertragsparteien der entscheidende Faktor sein; dies mündet oft in einen schlechten oder nicht vollständig durchdachten Kompromiss.[225]

dd) Auswahl des zu wählenden Rechts. Bei der Auswahl des zu wählenden Rechts do- **108** minieren in erster Linie die Interessen der einzelnen Parteien an der Anwendung eines jeweils ihnen vertrauten Rechts. Entscheidend können aus der Sicht der einzelnen Partei

---

[215] Siehe nur OLG Celle OLGZ 1991, 485, 486; *Mankowski*, FS Tuğrul Ansay, 2006, S. 189, 209f.; Magnus/Mankowski/*Mankowski* Art. 3 Rome I Regulation Rn. 53f.
[216] Magnus/Mankowski/*Mankowski* Art. 3 Rome I Regulation Rn. 56.
[217] Listen z.B. bei *Wenner*, FS Ulrich Werner, 2005, S. 39; Magnus/Mankowski/*Mankowski* Art. 3 Rome I Regulation Rn. 66–77.
[218] *Channel Tunnel Group Ltd. v. Balfour Beatty Construction Ltd.* [1993] AC 334 = [1993] 2 WLR 262 (H. L.).
[219] Näher *Hobér*, Essays in honour of M. Bogdan, 2013, S. 137.
[220] *Kronke*, FS Dieter Henrich, 2000, S. 385, 390.
[221] *Spagnolo*, CISG Exclusion and Legal Efficiency, 2014, S. 192.
[222] *Brödermann*, FS Dieter Martiny, 2014, S. 1045, 1067; Magnus/Mankowski/*Mankowski* Art. 3 Rome I Regulation Rn. 63.
[223] *Brödermann*, FS Dieter Martiny, 2014, S. 1045, 1067; Magnus/Mankowski/*Mankowski* Art. 3 Rome I Regulation Rn. 63.
[224] *Brödermann*, FS Dieter Martiny, 2014, S. 1045, 1066; Magnus/Mankowski/*Mankowski* Art. 3 Rome I Regulation Rn. 63.
[225] Siehe nur F. *Sandrock*, Die Vereinbarung eines „neutralen" internationalen Gerichtsstandes, 1997, S. 60; *Mankowski*, RIW 2003, 2, 5; *ders.*, FS Hans-Bernd Schäfer, 2008, S. 369, 377.

also die persönlichen Rechtsermittlungskosten sein und insbesondere, inwieweit Rationalisierungsroutinen bestehen.[226] Ob das betreffende Recht für die jeweilige Parteirolle nachteilig ist, spielt bestenfalls sekundär eine Rolle. Da beide Parteien ein Interesse an jeweils möglichst geringen persönlichen Rechtsermittlungskosten haben, kann sich ein Widerstreit um die Rechtswahlvereinbarung ergeben, insbesondere durch kollidierende Rechtswahlklauseln in AGB.[227] Nur vordergründig neutral ist auch das Interesse an einer Koordination von Gerichtsstand und anwendbarem Recht.

109 Die Wahl eines so genannten „neutralen" Rechts soll ausschließen, dass eine Partei komparative Vorteile bei den Rechtsermittlungskosten hat. Keine der Parteien kann ein eigenes Heimspiel durchsetzen, aber jede verhindert immerhin, dass die andere Partei ein Heimspiel hat. „Neutral" in diesem Sinne ist das Recht eines Staates, in dem keine der Parteien ihren Sitz oder eine Niederlassung hat.[228] Art. 3 I 1 Rom I-VO gestattet eine freie Rechtswahl und selbst die Wahl eines Rechts, das keine objektive Verbindung zu Vertrag und Leistungsaustausch hat. Dabei kann indes fraglich sein, ob das gewählte Recht nicht doch der Heimatrechtsordnung einer Partei näher steht als jener der anderen (und jene eine Partei nicht eine Strategie über eine solche Wahl als trojanisches Pferd verfolgt[229]). Zudem kann sich das gewählte Recht für eine Partei als sachrechtlich nachteilig erweisen. Der Käufer mag zwar keine komparativen Nachteile bei der Rechtsermittlung haben – aber er mag sich mit dem verkäuferfreundlichen Recht eines Exportstaates konfrontiert sehen (und umgekehrt kann gleiches dem Verkäufer mit dem Recht eines Importstaates passieren).

110 Schließlich darf man nicht politische Neutralität des betreffenden Staates mit Neutralität seines Rechts im Verhältnis zu den Parteirollen verwechseln. Generell ist die Vereinbarung eines neutralen Rechts eine teure Lösung, denn sie bürdet im Prinzip beiden Parteien die Kosten für die Ermittlung eines ihnen fremden Rechts auf.[230] Im Ausgangspunkt haben eben beide Parteien Auswärtsspiele.[231] Außerdem begründet die Wahl eines neutralen Rechts die Gefahr einer hinkenden Rechtswahl, wenn das IPR eines möglicherweise angerufenen (außereuropäischen) Gerichts für eine wirksame Rechtswahl eine objektive Beziehung des Sachverhalts zu dem gewählten Recht verlangt.[232]

111 Hinter der Wahl eines angeblich besonders guten oder elaborierten Rechts stehen häufig Interessen anglo-amerikanischer Juristen an Vorteilen im Rechtsberatungsmarkt. Für Ausländer sind Common Law-Rechtsordnungen nicht ungefährlich. Schon die Länge anglo-amerikanischer Vertragswerke und deren Misstrauen gegenüber default rules, Lückenfüllung durch dispositives Recht, indiziert dies.[233] Man darf zudem nicht Qualität des Rechts und (angebliche) Schnelligkeit der Gerichte miteinander verwechseln. Der deutsche Berater sollte hier dem Herdentrieb widerstehen und kritisch fragen, ob die Wahl New Yorker oder englischen Rechts wirklich die Interessen seines Mandanten fördert und nicht (unwissentlich wie unwillentlich) diejenigen von New Yorker oder Londoner Kollegen.

112 Andererseits kann sich ein Recht als Standard auf dem betreffenden Leistungsmarkt etabliert haben. Dann entfaltet seine Wahl positive Netzwerkeffekte.[234] Es umgekehrt nicht zu wählen wäre ein negatives Signal, das Überprüfungskosten auslösen würde.[235]

---

[226] Siehe nur *W. Doralt/Nietner*, AcP 215 (2015), 855, 876 f.
[227] Dazu → § 1 Rn. 81 ff.
[228] Magnus/Mankowski/*Mankowski* Art. 3 Rome I Regulation Rn. 201.
[229] *Mankowski*, FS Hans-Bernd Schäfer, 2008, S. 369, 375.
[230] Siehe nur *Garcimartín Alférez*, REDI 1995, 11, 28; *Brödermann*, in: MAH IntWirtschaftsR § 6 Rn. 131.
[231] *Mankowski*, FS Hans-Bernd Schäfer, 2008, S. 369, 373 f.; *Wenner*, FS Ulrich Werner, 2005, S. 39, 45.
[232] → § 1 Rn. 69.
[233] *Mankowski*, FS Hans-Bernd Schäfer, 2008, S. 369, 380.
[234] *Klausner*, 81 Va. L. Rev. 757, 785 (1995); *Druzin*, 18 Tulane J. Int'l. & Comp. L. 131, 165 (2009); *Engert*, in: Eidenmüller (ed.), Regulatory Competition in Contract Law and Dispute Resolution, 2013, S. 304, 305; *G. Rühl*, FS C. Kirchner, 2014, S. 975, 978; *Spagnolo*, CISG Exclusion and Legal Efficiency, 2014, S. 210; *O'Hara O'Connor*, Unif. L. Rev. 2016, 41, 55 f.; Magnus/Mankowski/*Mankowski* Art. 3 Rome I Regulation Rn. 217.
[235] *Spagnolo*, (2010) 6 JPrIL 417, 459; *Eidenmüller*, 18 Ind. J. Global Leg. Studies 707, 739–740 (2011); *Hornuf*, Regulatory Competition in European Corporate and Capital Market Law (2012) S. 146, 150; *Reps*,

IV. Rechtswahl

Rechtswahlklauseln, in denen nach US-amerikanischem Vorbild die Anwendung des Internationalen Privatrechts ausgeschlossen wird, sollten präziser formuliert werden. Sie sollten eindeutig besagen, dass nur das IPR der gewählten Rechtsordnung nicht zur Anwendung kommen soll. Im europäischen Raum sind sie angesichts von Art. 20 Rom I-VO eigentlich überflüssig, wenn auch – jedenfalls jenseits von Transparenzanforderungen durch die KlauselRL bei B2C-Verträgen[236] – nicht schädlich.[237] Außerdem kollidieren sie damit, dass Rechtswahlfreiheit im Ausgangspunkt immer nur bestehen kann, wenn sie vom IPR des Forums gewährt wird.[238]

b) Reichweite von Rechtswahlklauseln in einem Vertrag mit Blick auf andere Verträge. Die Variationsbreite an vertraglichen Rechtswahlklauseln und an deren Reichweite ist groß. Viele Klauseln haben eine weite Formulierung. „Aus dem Zusammenhang mit dem Vertrag" ist ersichtlich weiter und umfassender als „aus dem Vertrag". „Aus dem Vertrag" deckt die genuin vertraglichen Ansprüche und Beziehungen aus dem konkreten Vertrag ab und nur diese. Welche Ansprüche entstehen aber nicht aus dem Vertrag selber, sondern nur aus dem Zusammenhang mit dem Vertragsverhältnis?

aa) In engem Zusammenhang stehende Verträge. Zunächst ist an andere Verträge zu denken, die mit dem konkreten Vertrag in einem engen Zusammenhang stehen, insbesondere Teile derselben, in mehrere Einzelverträge aufgespaltenen Gesamttransaktion sind.[239] Die wirtschaftliche Transaktion bildet ein Ganzes, ist aber juristisch auf mehrere, formal eigenständige Verträge aufgeteilt, die trotzdem einen gemeinsamen wirtschaftlichen Zweck und Bezugsrahmen haben.

bb) Rahmenverträge und Ausführungsverträge. Besondere Bedeutung kann die weiter formulierte Rechtswahlklausel haben, wenn sie sich in einem Rahmenvertrag, einem umbrella agreement oder einem Master Agreement,[240] findet. Dann kann sie nicht nur den Rahmenvertrag als solchen, sondern auch die ausfüllenden Einzelverträge erfassen.[241]

Freilich ist insoweit Vorsicht geboten: Eine Rechtswahlklausel im Einzelvertrag geht der Rechtswahlklausel im Rahmenvertrag prinzipiell vor. Denn sie ist die speziellere Regelung. Man kann davon ausgehen, dass die Parteien den Rahmen abändern und nicht durchschlagen lassen wollten, wenn sie im Einzelvertrag zumal eine abweichende Regelung treffen.[242] Deklaratorische, wiederholende oder bestätigende Rechtswahlklauseln im Einzelvertrag, welche dieselbe Rechtswahl treffen, wie sie schon im Rahmenvertrag getroffen wurde, schaden jedenfalls nicht, gehen nach dem Spezialitätsgrundsatz aber ebenfalls vor, ohne dass man sich groß darum bekümmern müsste, welchen Charakter sie genau haben.[243]

cc) „Schwesterverträge". „Schwesterverträge" prägen dagegen nicht automatisch. Bei ihnen muss man immer begründen, worin denn die spezifische Querverbindung bestehen soll, die eine Übertragung der in einem Vertrag getroffenen Rechtswahl auf den anderen Vertrag zu begründen vermöchte.[244] Nicht jede Verbindung zwischen zwei oder mehr Ver-

---

Rechtswettbewerb und Debt Governance bei Anleihen, 2015, S. 155 f.; Magnus/Mankowski/*Mankowski* Art. 3 Rome I Regulation Rn. 218.

[236] Vgl. *Vidmar*, ecolex 2016, 1061.
[237] Magnus/Mankowski/*Mankowski* Art. 3 Rome I Regulation Rn. 227 sowie *Wegen*, FS Haarmann, 2015, S. 233, 240.
[238] *Mankowski*, RIW 2003, 2, 8; Magnus/Mankowski/*Mankowski* Art. 3 Rome I Regulation Rn. 226; Mallmann, NJW 2008, 2953, 2954 f.; *Wenner* Rn. 219; *Göthel*, in: Göthel, Grenzüberschreitende M&A-Transaktionen, 4. Aufl. 2015, § 6 Rn. 61 f.; *Vidmar*, ZfRV 2015, 219, 220.
[239] *Mankowski*, FS Dieter Martiny, 2014, S. 449, 466. Im Grundsatz anders *Cebrián Salvat*, AEDIPr 2017, 333, 363–367.
[240] Üblich im Wertpapier- und securities-Handel in Gestalt von ISDA Master Agreements; vgl. *Kronke/Haubold*, in: Kronke/Melis/H. Kuhn Rn. L 382.
[241] OLG Hamburg IPRspr. 1998 Nr. 34 S. 68 f. = TranspR-IHR 1999, 37; LG Karlsruhe NJW-RR 1999, 1284.
[242] *Mankowski*, FS Dieter Martiny, 2014, S. 449, 466.
[243] *Mankowski*, FS Dieter Martiny, 2014, S. 449, 466.
[244] *Mankowski*, FS Dieter Martiny, 2014, S. 449, 467.

trägen trägt eine solche Annahme und rechtfertigt es, den Grundsatz zu durchbrechen, dass im Prinzip das jeweilige Statut für jeden Vertrag einzeln zu ermitteln ist.[245] Dies gilt insbesondere, wenn kein führender Vertrag zu ermitteln und alle Verträge prinzipiell gleichrangig und gleichwertig sind.[246] Nebenverträge allerdings folgen Hauptverträgen, *accessorium sequitur principale*.[247]

119 dd) Vorangegangene Verträge. Bezugspunkt können auch vorangegangene Verträge desselben Typs sein. Was sich in der Vergangenheit bewährt hat, werden die Parteien für die Zukunft nicht leichtfertig ändern wollen. Schon Bekanntes ist ihnen günstiger als Neuland. Insbesondere lassen sich bei einem Wiederholungsspiel Rationalisierungskosten durch Standardisierung erzielen und so positive Skaleneffekte erzielen.[248] Insbesondere können die Parteien in laufenden Geschäftsbeziehungen miteinander stehen. Dann ist sogar zu vermuten, dass alle Einzelverträge zwischen ihnen demselben Recht unterstehen sollen wie die frühesten Verträge, es sei denn, die Parteien hätten in späteren Verträgen eine andere Rechtswahl getroffen.[249] Ein Wechsel des anwendbaren Rechts innerhalb eines Kontinuums bräuchte eine starke Rechtfertigung. Er würde Überraschungseffekte provozieren und Anpassungskosten auslösen.[250] Eine präventive Reaktion würde gar zu suboptimal hohen Kosten führen. Wenn auch dem direkten Anwendungsbereich nach begrenzt auf die Form von Gerichtsstandsvereinbarungen, enthält Art. 25 I 3 lit. b Brüssel Ia-VO insoweit einen verallgemeinerungsfähigen Gedanken.[251]

120 **3. Stillschweigende Rechtswahl.** Eine Rechtswahl muss nicht ausdrücklich erfolgen. Art. 3 I Var. 2 Rom I-VO stellt der ausdrücklichen die stillschweigende oder konkludente Rechtswahl gleichberechtigt zur Seite. Eine Rechtswahl liegt auch dann vor, wenn sie sich eindeutig aus den Bestimmungen des Vertrags oder aus den Umständen des Falles ergibt.

121 a) *Stillschweigende Rechtswahl durch Gerichtsstandsvereinbarung.* aa) Grundsätzliches. Traditionell wichtigstes Indiz für eine stillschweigende Rechtswahl ist eine ausschließliche Gerichtsstandsvereinbarung.[252] Erwägungsgrund (12) Rom I-VO bildet dies ab. Indes ist Erwägungsgrund (12) Rom I-VO nur ein nicht abschließender Ausschnitt, weil er allein auf die ausschließliche Prorogation mitgliedstaatlicher Gerichte unter Art. 25 Brüssel Ia-VO (sowie Art. 23 LugÜ 2007) blickt. Für die Indizfunktion sollte es aber keinen relevanten Unterschied machen, ob die Zuständigkeit eines mitgliedstaatlichen oder eines drittstaatlichen Gerichts vereinbart ist.[253]

122 Qui eligit forum vel iudicem eligit ius ist eine der ältesten Paroimien des gesamten IPR. Tragender Gedanke für die Annahme einer konkludenten Rechtswahl durch Gerichtsstandsvereinbarung ist die Vermutung, dass die Parteien forum und ius kombinieren wollen und dass das prorogierte Forum sein eigenes Recht anwenden soll.[254] Dies spart Zeit und

---

[245] B. Audit/d'Avout, Droit international privé, 7. Aufl. 2013, no. 820.
[246] *Mankowski*, in: Leible (Hrsg.) Das Grünbuch zum Internationalen Vertragsrecht, 2004, S. 63, 71; ders., FS Dieter Martiny, 2014, S. 449, 467.
[247] *Mankowski*, FS Dieter Martiny, 2014, S. 449, 467.
[248] *Mankowski*, FS Dieter Martiny, 2014, S. 449, 467.
[249] Siehe nur Bericht *Giuliano/Lagarde*, ABl. EWG 1980 C 282/17; *E. Lorenz*, RIW 1992, 697, 702; *Mankowski*, in: Leible (Hrsg.) Das Grünbuch zum Internationalen Vertragsrecht, 2004, S. 63, 71; ders., FS Dieter Martiny, 2014, S. 449, 467; Staudinger/*Magnus* Art. 3 Rom I-VO Rn. 95.
[250] *Mankowski*, FS Dieter Martiny, 2014, S. 449, 468.
[251] *Mankowski*, in: Leible (Hrsg.) Das Grünbuch zum Internationalen Vertragsrecht, 2004, S. 63, 71; ders., FS Dieter Martiny, 2014, S. 449, 468; *Pauknerová*, Liber amicorum Hélène Gaudemet-Tallon, 2008, S. 775, 784 f.
[252] Siehe nur BGH NJW-RR 1990, 183; BGH NJW 1991, 1420; BGH NJW 1996, 2569; OLG Hamburg TranspR 1993, 111; OLG Frankfurt RIW 1998, 477; LAG Düsseldorf RIW 1987, 59, 61.
[253] *Lagarde/Tenenbaum*, RCDIP 97 (2008), 727, 733; *Kenfack*, Clunet 136 (2009), 1, 14; *Bogdan*, NIPR 2009, 407, 408; Magnus/Mankowski/*Mankowski* Art. 3 Rome I Regulation Rn. 121, 124; siehe BAG IPRax 2015, 342, 345 Rn. 36.
[254] Paradigmatisch BAG IPRax 2015, 342, 345 Rn. 36.

zumindest für das Gericht Rechtsermittlungskosten.[255] Die Rechtswahl folgt gleichsam der Gerichtsstandswahl als der führenden und wichtigeren Festlegung.[256] Außerdem ist es der Entscheidungsqualität in dem Maße förderlich, in dem eigenes Recht dem Rechtsanwender vertrauter ist als Auslandsrecht.[257]

Beispiel: Die A NV aus Maastricht als Verkäufer und die B SA aus Montpellier als Käufer vereinbaren Hamburg als ausschließlichen Gerichtsstand für alle Ansprüche aus oder im Zusammenhang mit ihrem Vertrag und treffen keine ausdrückliche Rechtswahl.   123

Die Vermutung ist stark, aber trotzdem widerleglich. Sie wird indes nicht zwingend entkräftet, wenn der Nachweis gelingt, dass andere Motive prozessualer oder verfahrenstechnischer Natur im Vordergrund standen, z. B. dass man sich von dem betreffenden Forum ein besonders geeignetes, kostengünstiges oder expeditives Verfahren versprach oder dass man sich bestimmte Beweisregeln (insbesondere discovery nach US-Modell) zunutze machen wollte. Prozessuale Motive werden bei Gerichtsstandsvereinbarungen nicht selten im Vordergrund stehen. Solche Motive schließen eine kollisionsrechtliche Indizwirkung der Gerichtsstandsvereinbarung aber keineswegs aus, sondern können diese im Gegenteil ergänzen. Namentlich wer es auf ein schnelles und billiges Verfahren anlegt und abgesehen hat, wird das Gericht dann nicht mit der zeit- und kostenaufwändigen Ermittlung forumfremden Rechts belasten wollen.   124

bb) Voraussetzung einer wirksamen Prorogation. Implizit vorausgesetzt ist, dass die Gerichtsstandsvereinbarung nach den für sie geltenden rechtlichen Maßstäben zustande gekommen und wirksam ist. Nur eine wirksame Gerichtsstandsvereinbarung vermag die volle Indizwirkung zu entfalten.[258] Die Parteien verfehlen dann bereits ihr erstes, ausdrücklich kundgetanes Ziel, ein bestimmtes forum festlegen zu wollen. Dies gilt auch und gerade mit Blick auf die für Gerichtsstandsvereinbarungen geltenden Formvorschriften wie namentlich Artt. 25 Brüssel Ia-VO; 23 LugÜ 2007. Umso mehr gilt es, wenn die Prorogation an einem materiellen Prorogationsverbot aus Artt. 15; 19; 23 Brüssel Ia-VO scheitert.[259]   125

Beispiel: Die A NV aus Maastricht als Verkäufer und B aus Montpellier als privater Käufer, angelockt durch eine Werbung der A NV auf TV 5, vereinbaren Hamburg als ausschließlichen Gerichtsstand für alle Ansprüche aus oder im Zusammenhang mit ihrem Vertrag und treffen keine ausdrückliche Rechtswahl.   126

Ob die Parteien an dem (vermuteten) sekundären Ziel festhalten wollen, wenn sie ihr primäres Ziel nicht erreichen, ist dann eine sich anschließende Frage.[260] Die Vermutungsbasis bricht zwar weg, allerdings nur in ihrer normativen, nicht unbedingt auch in ihrer faktischen Komponente. Denn eine Vereinbarung über die Prorogation jenes Forums haben die Parteien getroffen und sich dabei das Ihre gedacht. Diese faktische Moment und die Gedanken bei Abschluss der Vereinbarung stehen weiter im Raum, mag auch die normative Wirksamkeit der Prorogation fehlen. Ob sie noch tragen oder ob die ursprünglichen Überlegungen nichts mehr zählen sollen, wenn die Prorogation als solche unwirksam ist, bleibt zu beurteilen.[261] Normalerweise lässt sich aber das intendierte Ziel, dass das vereinbarte Gericht sein heimisches Recht anwendet, nicht mehr erreichen, jedenfalls wenn die positive Prorogation aus der Sicht der lex fori prorogati scheitert.[262]   127

---

[255] Magnus/Mankowski/*Mankowski* Art. 3 Rome I Regulation Rn. 122.
[256] *Brödermann*, Hamburg L. Rev. 2016, 21, 50; *Brödermann*, in: MAH IntWirtschaftsR § 6 Rn. 95.
[257] Siehe nur *Fentiman*, (1992) 108 LQR 142, 152 f.; *Brödermann*, in: MAH IntWirtschaftsR § 6 Rn. 95 sowie allgemein LG Karlsruhe IPRspr. 1999 Nr. 32A S. 84.
[258] Siehe nur MüKoBGB/*Martiny* Art. 3 Rom I-VO Rn. 49; *Mankowski*, RabelsZ 63 (1999), 203, 213. Anders aber OLG Celle IPRspr. 1999 Nr. 31 S. 77.
[259] Magnus/Mankowski/*Mankowski* Art. 3 Rome I Regulation Rn. 129.
[260] Magnus/Mankowski/*Mankowski* Art. 3 Rome I Regulation Rn. 130.
[261] Siehe nur Hessisches LAG IPRspr. 2012 Nr. 68 S. 131; *Mankowski*, in: Leible (Hrsg.), Das Grünbuch zum Internationalen Vertragsrecht, 2004, S. 63, 67.
[262] *Mankowski*, IPRax 2015, 309, 310; Magnus/Mankowski/*Mankowski* Art. 3 Rome I Regulation Rn. 131.

128 cc) **Nichtausschließliche Gerichtsstandsvereinbarungen.** Keine vergleichbare Indizwirkung entfalten nichtausschließliche Gerichtsstandsvereinbarungen.[263] Dies gilt insbesondere für fakultative oder optionale Gerichtsstandsvereinbarungen, mit denen mindestens einer Partei nur das Recht eingeräumt wird, einen oder mehrere andere Gerichte anzurufen als diejenigen, deren Zuständigkeit objektiv begründet wäre.[264] Fehlender Derogationseffekt und fehlende Konzentrationswirkung sprechen angesichts einer Vielzahl möglicher Fora gegen einen Rechtswahlwillen, dass ausgerechnet das Recht dieses optionalen Zusatzforums gewählt sein solle, wie gegen einen Rechtswahlwillen, dass das Recht des jeweiligen Forums, welches auch immer es sei, angewendet werden solle.[265]

129 **Beispiel:** Die A NV aus Maastricht als Verkäufer und die B SA aus Montpellier als Käufer vereinbaren Hamburg als zusätzlichen Gerichtsstand zugunsten der A NV neben den „gesetzlichen Gerichtsständen" und treffen keine ausdrückliche Rechtswahl.

130 Gleiches gilt bei alternativen Gerichtsstandsvereinbarungen, welche den Parteien in ihrer jeweiligen Rolle als Kläger oder Beklagter ein Auswahlrecht zwischen mehreren Gerichtsständen geben.[266] Die Indizwirkung ist auch bei reziproken Gerichtsstandsvereinbarungen (prorogiert ist die Zuständigkeit des Gerichts am Sitz des jeweiligen Klägers oder des jeweiligen Beklagten) wesentlich abgeschwächt. Sie konkretisierte sich erst mit Klagerhebung, von der bei Vertragsabschluss keineswegs sicher ist, ob sie je erfolgen wird.[267]

131 *b) Stillschweigende Rechtswahl durch Vereinbarung eines qualifiziert lokalisierten Schiedsgerichts.* aa) Verankerung des Schiedsgerichts in einer bestimmten Rechtsordnung als Voraussetzung. Nächstwichtigstes Indiz kann eine Schiedsklausel sein.[268] Qui eligit arbitrum eligit ius. Grundvoraussetzung ist wiederum die – diesmal wesentlich schiedsrechtliche – Wirksamkeit der Schiedsvereinbarung.[269] Für die Annahme eines Rechtswahlwillens muss jedoch eine materielle Tatsache hinzukommen: Das Schiedsgericht muss dergestalt qualifiziert lokalisiert sein, dass es (ohne anderslautende Parteivereinbarung) das materielle Recht seines Sitzortes anwendet und dass dies den Parteien auch bei Abschluss ihrer Schiedsabrede vor Augen steht. Anderenfalls besteht keine hinreichende Basis für die Vermutung, die Parteien hätten mit der Auswahl dieses Schiedsforums auch eine bestimmte Rechtswahlabsicht verbunden.[270]

132 Vielmehr müssen die Parteien es als unvernünftig empfinden, ein anderes als das Sitzrecht beibringen und gegebenenfalls sogar beweisen zu müssen.[271] Diese Bedingung ist namentlich bei quasi-institutionalisierten Schiedsgerichten mit festem Sitzort erfüllt, z. B. jenen der London Maritime Arbitrators' Association, der Handelskammer Wien, der German Maritime Arbitrators' Association, des London Court of International Arbitration, des Warenvereins der Getreidehändler an der Hamburger Börse e. V. oder der Hamburger

---

[263] Zu deren Zulässigkeit Art. 25 I 3 Brüssel Ia-VO; 23 I 3 LugÜ 2007 und EuGH Slg. 1978, 2133, 2141 Rn. 5 – Nikolaus Meeth/Fa. Glacetal; OLG München, RIW 1982, 281; *Insured Fiancial Structures Ltd v. Electrocieplownia Tychy SA* [2003] 2 WLR 656 (C. A.); *Kurz v. Stella Musical VeranstaltungsGmbH* [1992] Ch. 196 (203) (Ch. D., *Hoffmann* J.); *IP Metal Ltd. v. Route OZ SpA* [1993] 2 Lloyd's Rep. 60 (67) (Q. B. D., *Waller* J.); *Gamlestaden plc v. Casa de Suecia SA* [1994] 1 Lloyd's Rep. 433 (Q. B. D., *Potter* J.); *Hough v. P&O Containers Ltd.* [1998] 2 Lloyd's Rep. 318, 323 (Q. B. D., *Rix* J.); *Lafi Office and International Business SL v. Meriden Animal Health Ltd.* [2000] 2 Lloyd's Rep. 51, 59 (Q. B. D., Judge *Symons* Q. C.).

[264] Siehe nur *Patzek*, Die vertragsakzessorische Anknüpfung im Internationalen Privatrecht, 1992, S. 9; *Mankowski* S. 35.

[265] Anders aber wohl OLG München, IPRspr. 1997 Nr. 51 S. 90 f.

[266] *The „Star Texas"* [1993] 2 Lloyd's Rep. 445, 448 (C. A., per *Lloyd* L. J.).

[267] *Mankowski*, VersR 2002, 1177, 1180.

[268] Siehe nur OLG Düsseldorf TranspR 1992, 415, 417; OLG Hamm NJW-RR 1993, 1445; *The „Aeolian"* [2001] 2 Lloyd's Rep. 641, 647 (C. A., per *Mance* L. J.); *E. Oldendorff v. Libera Corp.* [1996] 1 Lloyd's Rep. 380, 389 f. (Q. B. D., *Clarke* J.); LG Berlin RIW 1997, 873; SchiedsG Handelskammer Hamburg NJW 1996, 3229, 3230; Schiedsgericht Hamburger Freundschaftliche Arbitrage RIW 1999, 394, 395.

[269] Siehe nur Reithmann/Martiny/*Martiny* Rn. 2.86; Staudinger/*Magnus* Art. 3 Rom I-VO Rn. 81.

[270] Siehe nur OLG Hamm NJW 1990, 652, 653; *Mankowski*, VersR 2002, 1177, 1180.

[271] *Plender/Wilderspin* Rn. 6–030.

IV. Rechtswahl

Freundschaftlichen Arbitrage.[272] Eine entsprechende Verbindung mit einem Ort oder einem Staat wird sich regelmäßig schon im Namen der Schiedsinstitution dokumentieren und nach außen hervortreten.

bb) Keine Rechtswahl tragende Typen von Schiedsklauseln. Nicht jede Schiedsklausel trägt daher die Annahme einer stillschweigenden Rechtswahl. Wie bei Gerichtsstandsvereinbarungen scheiden bloß optionale Schiedsvereinbarungen aus.[273] Auch ein Schiedsgericht, dessen Ort nicht bestimmt ist, ist in der Schiedsabrede nicht mit einer bestimmten nationalen Rechtsordnung verbunden.[274]

Dies gilt insbesondere, wenn eine anerkannte Institution (z. B. die ICC) personelle Zusammensetzung und Ort des Schiedsgerichts im Streitfall regeln soll.[275] Den Parteien eine generelle Wahl der lex loci arbitri, wo auch immer der Schiedsort sein möge, zu unterstellen wäre gefährlich. Mittelbar käme dann nämlich der Institution, welche den Schiedsort festlegt, oder den Schiedsrichtern, wenn diese den Schiedsort festlegen sollen, auch die Kompetenz zu, über die materielle Entscheidungsgrundlage mitzubestimmen. Ein verdeckter principal-agent-Konflikt könnte entstehen. Enthält die anwendbare Schiedsverfahrensordnung Elemente wie Art. 17 Abs. 1 ICC Rules of Arbitration 1998, demzufolge das Schiedsgericht (nach Art einer voie directe) dasjenige Sachrecht anwenden soll,[276] das es für angemessen hält, fehlt es erst recht an einer Basis für eine Vermutung, dass der Schiedsort Anknüpfungstatsache für das anwendbare materielle Recht sein solle.[277]

Bei ad hoc-Schiedsgerichten liegt die Annahme eines Rechtswahlwillens zumeist nicht nahe, es sei denn, das Schiedsgericht bestehe nur aus Schiedsrichtern aus einem bestimmten Staat und tage auch in diesem Staat.[278] Schiedsgerichte ohne festen Schiedsort leisten ebenfalls keine hinreichende Verankerung des Vertrages in einer bestimmten Rechtsordnung.

Beispiel: Die beiden Schiedsrichter sitzen in Hamburg und Rotterdam, der umpire in London. Die Schiedsverhandlungen finden schriftlich oder per Videokonferenz, die Beratungen telefonisch, mit Hilfe elektronischer Kommunikation oder per Videokonferenz statt.

cc) Keine Rechtswahl durch rechtsfernes Schiedsgericht oder andere Formen der ADR. Keine konkludente Rechtswahl liegt des Weiteren vor, wenn die Parteien amiable composition, Schiedsentscheidung nach Billigkeit oder nach allgemeinen Rechtsgrundsätzen oder eine generelle Befreiung der Schiedsrichter von Rechtsregeln vereinbart haben.[279] Ihr Wille ist dann klar nicht auf die Anwendung eines bestimmten Rechts gerichtet, sondern führt im Gegenteil von Rechtsanwendung schlechthin weg. Gleiches gilt auch bei Vereinbarung von Schlichtung (conciliation), Mediation und anderen Formen der Alternative Dispute Resolution (ADR), die mehr auf Interessen als auf eine spezifisch rechtsorientierte Lösung abstellen. Ihnen allen fehlt die spezifische Anbindung an ein bestimmtes Recht.

c) *Stillschweigende Rechtswahl durch Prozessverhalten.* Wenn die Parteien auf der Basis des Forumrechts vortragen, wird ihnen der Wille zu einer stillschweigenden Rechtswahl imputiert. Schnell, leicht und gern nehmen namentlich[280] deutsche Gerichte eine stillschwei-

---

[272] *Mankowski* S. 37.
[273] The „Star Texas" [1993] 2 Lloyd's Rep. 445 (448) (C. A., per *Lloyd* L. J.); *Mankowski*, VersR 2002, 1177, 1180.
[274] Lord *Collins of Mapesbury*, in: Dicey/Morris/Lord Collins of Mapesbury Rn. 32–064.
[275] *Vischer/Oser*, in: Vischer/L. Huber/Oser, Internationales Vertragsrecht, 2. Aufl. 2000, Rn. 175; Lord *Collins of Mapesbury*, in: Dicey/Morris/Lord Collins of Mapesbury Rn. 32–064.
[276] Dazu *Calvo*, (1997) J. Int. Arb. 41.
[277] Staudinger/*Magnus* Art. 3 Rom I-VO Rn. 81.
[278] Siehe nur Reithmann/Martiny/*Martiny* Rn. 2.82; *Vischer/Oser*, in: Vischer/L. Huber/Oser, Internationales Vertragsrecht, 2. Aufl. 2000, Rn. 175; Staudinger/*Magnus* Art. 3 Rom I-VO Rn. 81.
[279] Siehe nur *Lüderitz*, Internationales Privatrecht, 2. Aufl. 1992, Rn. 271; *Kaye*, The New Private International Law of Contract of the European Community, Aldershot etc. 1993, S. 151; Staudinger/*Magnus* Art. 3 Rom I-VO Rn. 81.
[280] Aber nicht nur; siehe in den Niederlanden nur (dort prozesuele rechtskeuze genannt) Hof Amsterdam NIPR 2001 Nr. 190 S. 328; Hof 's-Hertogenbosch NIPR 2001 Nr. 266 S. 446; Rb. Utrecht NIPR 2000 Nr. 152 S. 237; Rb. Rotterdam NIPR 2001 Nr. 120 S. 243.

gende Wahl des Forumrechts durch Prozessverhalten an.[281] Die stillschweigende Rechtswahl ist für Gerichte häufig Mittel der Wahl, um ihr Heimwärtsstreben zu kaschieren. Als nachträgliche Rechtswahl löst dies den Drittschutz des Art. 3 II 2 Var. 2 Rom I-VO aus und kann die Parteien mit allen negativen Konsequenzen eines Statutenwechsels belasten.[282] Zudem besteht die Gefahr, einen „tatsächlichen" Parteiwillen zu konstruieren und schlicht zu unterstellen.[283] Man rückt bedenklich in die Nähe eines bloß fakultativen Kollisionsrechts.[284]

139 Damit stellt man Rechtspositionen der Parteien auf Gedeih und Verderb den häufig fehlenden oder mangelhaften IPR-Kenntnissen ihrer Prozessvertreter anheim (sofern man die Abgabe kollisionsrechtlich wirksamer Erklärungen nach Maßgabe des Vertretungsstatuts, also hier des jeweiligen Forumrechts, von der Prozessvollmacht gedeckt sieht[285]). Bloßer Irrtum, bloße Fehlannahme, dass ein Recht ja eh anwendbar sei, begründet keinen Rechtswahlwillen.[286]

140 Ein weiterer Gefahrenpunkt ist der inhärente principal-agent-Konflikt: Der Prozessvertreter hat – insbesondere bei Honorierung auf Zeitbasis mittels time billing – ein Interesse daran, dass der Prozess auf der Grundlage ihm vertrauten materiellen Rechts stattfindet und dass er, nicht der ausländische Kollege die honorierten Beratungsleistungen erbringen darf.[287]

141 Rügelose Hinnahme ist keine positive Zustimmung.[288] Rechtswahl erfordert Konsens und aktive Willensbildung, einen Rechtswahlwillen,[289] unter Emanation positiver Zustimmung. Bei der Gestaltung durch Rechtswahl geht es aber nicht um das Negativum der Verletzung einer Widerspruchsobliegenheit, sondern um positive Gestaltung.

142 Der seriöse Richter sollte zumindest nachfragen, ob die Parteien wirklich einen entsprechenden Rechtswahlwillen haben. Er sollte das Geschehen dadurch aus dem Bereich des Imputierten, Unterstellten und Untergeschobenen in den Bereich des Bewussten und Ausdrücklichen heben. Dies gilt insbesondere, wenn die Parteien zuvor in einem Vertrag expressis verbis ein anderes Recht als jenes des jetzigen Forums gewählt haben.[290] Erklären alle Parteien, dass sie einen entsprechenden Rechtswahlwillen haben, liegt dann sicher und belastbar eine ausdrückliche Rechtswahl vor. Verneint dagegen nur eine relevante Partei, so fehlt es für jede Rechtswahl am nötigen Konsens. Nachfrage- und Hinweispflichten des Richters sind eine prozessuale Frage. Sie richten sich deshalb im Prinzip nach dem Prozessrecht des Forums. Vor deutschen Gerichten ergibt sich eine solche richterliche Hinweis- und Nachfragepflicht aus § 139 ZPO.[291]

143 **Beispiel:** Die A GmbH aus Hamburg verklagt die M NV aus Maastricht vor dem Landgericht Hamburg auf Schadensersatz. In der Klagbegründung bezieht sich die A GmbH nur auf Normen des

---

[281] Z.B. BGH WM 1991, 464, 465; BGH WM 1992, 567, 568; BGH ZIP 1993, 1706, 1707; BGHZ 130, 371; BGH RIW 1996, 602; BGH ZIP 2002, 1155, 1157; BGH ZIP 2003, 838, 839.
[282] *Sandrock*, JZ 2000, 1118, 1120.
[283] Czernich/Heiss/*Heiss* Art. 3 EVÜ Rn. 10.
[284] Siehe nur *Bolka*, ZfRV 1972, 241, 250 f.
[285] Siehe zur Notwendigkeit entsprechender Vertretungsmacht nur *Schack*, NJW 1984, 2736, 2739; *Mansel*, ZVglRWiss 86 (1987), 1, 13; *Herkner*, Die Grenzen der Rechtswahl im internationalen Deliktsrecht, 2003, S. 136 f.
[286] *Steinle*, ZvglRWiss 93 (1994), 300, 313; *Magnus*, IPRax 2010, 27, 33; *Mankowski*, AP H. 3/2015 § 130 BGB Nr. 26 Bl. 8R, 10; *Deinert*, AP H. 12/2016 Rom I Verordnung Nr. 3 Bl. 3R, 4.
[287] *Mankowski*, in: C. Ott/H.-B. Schäfer (Hrsg.), Vereinheitlichung und Diversität des Zivilrechts in transnationalen Wirtschaftsräumen, 2002, S. 118, 121.
[288] *Schack*, IPRax 1986, 272, 273; *Mankowski* S. 36.
[289] Siehe nur OLG Köln RIW 1992, 1021, 1023 f.; OLG München RIW 1996, 329, 330; *Mankowski* S. 35 f. mwN.
[290] Vorbildlich Rb. Arnhem NIPR 2001 Nr. 20 S. 79.
[291] *Fudickar*, Die nachträgliche Rechtswahl im internationalen Schuldvertragsrecht, 1983, S. 94–97; *Schack*, NJW 1984, 2736, 2739; *ders.*, IPRax 1986, 272, 274; *Buchta*, Die nachträgliche Bestimmung des Schuldstatuts durch prozessverhalten im deutschen, österreichischen und schweizerischen IPR, 1986, S. 61 f.; *Thode*, WuB IV A. § 817 BGB 2.94, 312, 313 f.; *Steinle*, ZVglRWiss 93 (1994), 300 (313); *Mankowski* S. 36; *Herkner*, Die Grenzen der Rechtswahl im internationalen Deliktsrecht, 2003, S. 129.

IV. Rechtswahl   144–149   § 1

Sachrechts. In ihrer Klagerwiderung wehrt sich die von dem Hamburger Anwalt R vertretene M NV gegen die auf der Grundlage deutschen Rechts erhobenen Anwürfe und bringt kein anderes Recht ein.

   d) *Bezugnahme auf Institute eines bestimmten Rechts.* Die ausdrückliche Bezugnahme des **144** Vertrages[292] auf Vorschriften oder Institute eines bestimmten Rechts ist Indiz für eine stillschweigende Wahl gerade diesen Rechts.[293] Besondere Gestalt gewinnt dies, wenn die Parteien einen Standardvertrag oder Standardbedingungen verwenden, die erkennbar auf der Basis eines bestimmten Rechts entwickelt worden sind.[294]

   Ein ähnlich starkes Indiz ist in Arbeitsverträgen die Bezugnahme auf Tarifverträge, die in **145** einem bestimmten Land oder für einen Teil eines bestimmten Landes gelten.[295] Tarifverträge sind typischerweise zwischen Tarifvertragsparteien für ein bestimmtes, räumlich abgegrenztes Gebiet abgeschlossen. Die Bezugnahme auf einen solchen Tarifvertrag indiziert, dass die Parteien sich den Rechtsregeln unterwerfen wollen, die im räumlichen Geltungsbereich dieses Tarifvertrags gelten.[296] Tarifverträge beruhen zudem in aller Regel auf dem für das betreffende Gebiet räumlich geltenden Recht.[297]

   Im Arbeitsrecht hat des Weiteren die Inbezugnahme eines bestimmten Urlaubsrechts **146** nicht zu unterschätzende Bedeutung.[298] Gleiches gilt für die Bezugnahme auf bestimmte kündigungsschutzrechtliche Vorschriften.[299] Inbezugnahmen sozialrechtlicher Vorschriften dagegen können nicht gleiche Indizwirkung entfalten, denn Sozialversicherungsrecht folgt in der Anknüpfung dem Internationalen Sozialrecht, ist also für das IPR Gegenstand einer Sonderanknüpfung und keine privatrechtlich zu qualifizierende Materie.[300]

   Auf der anderen Seite kann die Bezugnahme auf Standards nach Art der DIN nur ein **147** schwaches Indiz sein, soweit es sich um die am tatsächlichen Ausführungsort der betreffenden Vertragsleistung geltenden und einzuhaltenden Standards handelt.[301] Denn insoweit sind Ortsgebräuche und Art. 12 II Rom I-VO zu beachtender Hintergrund.

   Die Bezugnahme auf Institute, welche letztlich auf EU-Recht zurückgehen und deshalb **148** in den Mitgliedstaaten als Institut (wenn auch nicht im Detail) jeweils gleichermaßen existieren, bietet kein hinreichendes Indiz für eine Auswahlentscheidung, wenn eine Auswahl nur zwischen den Rechten von Mitgliedstaaten zu treffen ist.[302]

   e) *Vereinbarung eines einheitlichen Erfüllungsortes.* Vereinbaren die Parteien einen einheitlichen **149** Erfüllungsort für alle Vertragsverpflichtungen, so kann auch dies Indiz für einen entsprechenden Willen sein, das Recht an jenem Erfüllungsort angewendet sehen zu wollen.[303]

---

[292] Eine bloß einseitige Bezugnahme seitens nur einer Partei reicht nicht; treffend OLG Brandenburg, NJ 2001, 257, 258 mAnm *Ehlers* = IPRspr. 2000 Nr. 28 S. 64.
[293] Siehe nur Bericht *Giuliano/Lagarde,* ABl. EWG 1980 C 282/17; BGH NJW-RR 1996, 1034, 1035; BGH RIW 1997, 426; BGH WM 1999, 1177, 1178; BGH WM 2000, 1643, 1644; BAG AP Nr. 7 zu § 157 BGB Bl. 2; BAG AP Nr. 85 zu § 4 KSchG 1969 Rn. 47 mwN = RIW 2017, 233; CA Luxembourg 15.7.1992 – Hames/Spaarkrediet; Trib. arr. Luxembourg RDIPP 1991, 1097; *Mitterer,* Die stillschweigende Wahl des Obligationsstatuts nach der Neufassung des EGBGB vom 1.9.1986, Diss. Regensburg 1993, S. 142–147; *Mankowski,* AR-Blattei ES 920 Nr. 6 S. 6, 7 (Nov. 1999); *Pulkowski,* IPRax 2001, 306, 309.
[294] Z. B. Trib. arr. Luxembourg RDIPP 1991, 1097.
[295] BAG AP Nr. 7 zu § 157 BGB Bl. 2; BAG AP H. 8/2002 Nr. 10 zu Art. 30 EGBGB nF Bl. 3R mAnm *Schlachter* = AR-Blattei ES 920 Nr. 8 mAnm *Mankowski* (März 2003); *R. Birk,* RdA 1989, 201, 204; *Heilmann,* Das Arbeitsvertragsstatut, 1991, S. 53; *A. Junker,* Internationales Arbeitsrecht im Konzern, 1992, S. 201; *A. Junker,* SAE 2002, 258, 259; *Mankowski,* AR-Blattei ES 340 Nr. 15 S. 5 (5 f.) (April 1996) *Lhuillier,* Clunet 126 (1999), 766, 770; *Schlachter,* NZA 2000, 57, 58 f.; *Jault-Seseke,* RCDIP 94 (2005), 253, 262.
[296] *Mankowski,* IPRax 2015, 309, 312.
[297] *Riesenhuber,* DB 2005, 1571, 1575.
[298] BAG NZA 2003, 339, 340; ArbG Osnabrück 24.2.1998 – 3 Ca 524/97.
[299] BAG AP Nr. 7 zu § 157 BGB Bl. 2; ArbG Düsseldorf IPRax 1990, 328, 330.
[300] *A. Junker,* IPRax 1990, 303, 305 f.; *Wilderspin,* in: Lagarde/v. Hoffmann (eds.), L'européanisation du droit international privé, 1996, S. 47, 50. Entgegen ArbG Düsseldorf, IPRax 1990, 328, 330.
[301] Siehe *Wenner,* EWiR Art. 27 EGBGB 1/99, 353, 354; *Pulkowski,* IPRax 2001, 306, 309.
[302] Problematisch daher AG Hamburg NJW-RR 2000, 352, 353.
[303] OLG Köln RIW 1994, 970; OLG Köln IPRax 1996, 270; *Czernich/Heiss/Heiss* Art. 3 EVÜ Rn. 10.

Je unwichtiger der Erfüllungsort im Gesamtzusammenhang des Internationalen Vertragsrechts geworden ist, desto schwächer wurde allerdings die Indizwirkung einer Erfüllungsortvereinbarung.[304] Spezifisch kollisionsrechtlicher Gestaltungswille wird sich in einer Erfüllungsortvereinbarung nur ausnahmsweise ausdrücken. Vielmehr schielen die Parteien mit solchen Vereinbarungen in der Regel auf eine prozessuale, genauer: gerichtsstandsbegründende Wirkung.[305]

150 Sowohl Art. 7 Nr. 1 Brüssel Ia-VO als auch Art. 5 Nr. 1 LugÜ 2007 billigen konkreten Erfüllungsortsvereinbarungen bestimmende Wirkung für den Erfüllungsortsgerichtsstand zu.[306] Dabei handelt es sich jedoch nur um einen besonderen Gerichtsstand. Legt man dieselben Wertungsmaßstäbe wie bei Gerichtsstandsvereinbarungen zugrunde, bei denen nur die ausschließlichen Gerichtsstandsvereinbarungen überzeugende Rechtswahlindizien begründen,[307] so schwächt dies das Gewicht schon der konkreten Erfüllungsortvereinbarung.

151 Umso schwächer ist das Gewicht einer abstrakten Erfüllungsortvereinbarung. Diese wird in der Regel eine kaschierte Gerichtsstandsabrede sein und ist deshalb an deren Maßstäben zu messen.[308] Genügt sie nicht den Formanforderungen für Gerichtsstandsvereinbarungen, so ist sie unwirksam[309] und scheidet schon deshalb als Indiz für einen Rechtswahlwillen aus.

152 *f) Einbindung in Geschäftsbeziehung zwischen den Parteien oder Transaktionsstrukturen. aa)* Geschäftsbeziehung. Die Parteien können bereits länger miteinander in Beziehung stehen. Dann streitet eine Vermutung dafür, dass die Parteien alle Verträge demselben Recht unterstellen wollen, dem die ersten Verträge unterstellt waren, sofern sie keinen Wunsch für eine abweichende Praxis geäußert haben.[310] Ein „Statutenwechsel" innerhalb eines faktischen Kontinuums wäre begründungsbedürftig. Er drohte mit einem Überraschungseffekt und mit Anpassungskosten. Als Reaktion darauf drohten wiederum überoptimal hohe Beobachtungskosten. Man mag freilich einwenden, dies könnten die Parteien ja durch ausdrückliche Rechtswahl vermeiden.[311]

153 bb) Gesamttransaktion. In Betracht kommt auch eine Einbindung des konkreten Vertrages in übergreifende Strukturen einer Gesamttransaktion. Dann kann es nahe liegen, alle Verträge demselben Recht zu unterstellen, also ein einheitliches Statut für die Gesamttransaktion zu ermitteln, damit keine Friktionen und Anpassungsprobleme auftreten.[312] Insoweit kann sich ein hinreichender Wille ergeben, dass Verträge sich an das Statut des für die Ge-

---

[304] Staudinger/*Magnus* Art. 3 Rom I-VO Rn. 96; Magnus/Mankowski/*Mankowski* Art. 3 Rome I Regulation Rn. 172.

[305] Siehe nur *Mankowski,* EWiR § 474 BGB 1/03, 351, 352; Magnus/Mankowski/*Mankowski* Art. 3 Rome I Regulation Rn. 173.

[306] EuGH Slg. 1980, 89, 97 Rn. 5 – Siegfried Zelger/Sebastiano Salinitri; EuGH Slg. 1997, I-911, 943 Rn. 30 – Mainschifffahrts-Genossenschaft eG (MSG)/Les Gravières Rhénanes SARL; EuGH Slg. 1999, I-6307, I-6351 f. Rn. 28 – GIE Groupe Concorde/Kapitän des Schiffes „Suhadiwarno Panjan"; BGH RIW 1980, 725.

[307] → § 1 Rn. 121 ff.

[308] EuGH Slg. 1997, I-911 Rn. 31–35 – Mainschifffahrts-Genossenschaft eG (MSG)/Les Gravières Rhénanes SARL; EuGH Slg. 1999, I-6307 Rn. 28 – GIE Groupe Concorde/Kapitän des Schiffes „Suhadiwarno Panjan"; BGH NJW-RR 1998, 755; *Schack,* IPRax 1996, 247.

[309] Siehe nur EuGH Slg. 1997, I-911 Rn. 33 f. – Mainschifffahrts-Genossenschaft eG (MSG)/Les Gravières Rhénanes SARL.

[310] Siehe nur Bericht *Giuliano/Lagarde,* ABl. EWG 1980 C 282/17; *E. Lorenz,* RIW 1992, 697, 702.

[311] Magnus/Mankowski/*Mankowski* Art. 3 Rome I Regulation Rn. 174.

[312] Magnus/Mankowski/*Mankowski* Art. 3 Rome I Regulation Rn. 177 sowie *Friedrich Lürssen Werft GmbH & Co. KG v. Halle* [2010] EWCA Civ 587, [2011] 1 Lloyd's Rep. 265 [20]-[21] (C.A., per *Aikens* L.J.); *Golden Ocean Group Ltd. v. Salgaocar Mining Industries PVT Ltd.* [2012] EWCA Civ 265, [2012] 1 WLR 3674, [2012] 1 Lloyd's Rep. 542 [45] (C.A., per *Tomlinson* L.J.); *Alliance Bank JSC v. Aquanta Corp.* [2012] EWCA Civ 1588, [2013] 1 All ER (Comm) 819 [54] (C.A., per *Tomlinson* L.J.); *Emeraldian Partnership v. Wellmix Shipping Ltd.* [2010] EWHC 1411 (Comm), [2011] 1 Lloyd's Rep. 301 [170] (Q.B.D., *Teare* J.); *Star Reefers Pool Inc. v. JFC Group Ltd.* [2011] EWHC 339 (Comm), [2011] 2 Lloyd's Rep. 215 [23] (Q.B.D., *Andrew Smith* J.); *BAT Industries plc v. Windward Prospects Ltd.* [2013] EWHC 4087 (Comm) [74] (Q.B.D., *Field* J.); *Stone,* EU Private International Law, 3. Aufl. 2014, S. 301.

IV. Rechtswahl 154–158 § 1

samttransaktion zentralen Rechtsverhältnisses anlehnen sollen.[313] Man mag Parteien raten, jedenfalls in den führenden Vertrag eine ausdrückliche Rechtswahlklausel von hinreichender Weite aufzunehmen, um so einen Anhalt für die Statuten der späteren, anderen Verträge zu setzen.[314]

Indes darf nicht jede funktionelle Verbindung mehrerer Verträge zu einer solchen Annahme und zu einer Durchbrechung des Grundsatzes, dass jeder Vertrag seinem eigenen Statut unterliegt, führen. Ein Automatismus besteht nicht.[315] Dies gilt zumal, wenn sich kein Zentralgeschäft, kein sozusagen herrschendes Geschäft des Gesamtkomplexes identifizieren lässt. Denn dann wäre unklar, an welchen Vertrages Statut sich die anderen Verträge anlehnen sollten. **154**

Die Gesamttransaktion kann auch Verträge mit anderen Partnern in den Blick nehmen, die ersichtlich in Zusammenhang mit dem konkreten Vertrag stehen. Dies gilt namentlich für Verträge einer Partei mit verschiedenen Unternehmen innerhalb eines Konzerns, einer Unternehmensgruppe oder eines Netzwerks kooperierender Unternehmen. Z. B. kann von Bedeutung sein, dass ein Vertrag mit Ausnahme der Parteibezeichnung mit einem anderen Vertrag mit einem anderen Unternehmen gleich ist.[316] **155**

Beispiel: Die drei Laborbetreiber A AG in Mannheim, B AG in Basel und C NV in Gent vereinbaren in drei je bilateralen Verträgen eine Forschungskooperation (ohne eigene Organisation, so dass auch keine ad hoc-Gesellschaft vorliegt). Wirtschaftlich und tatsächlich erbringt die erheblich umsatzstärkere und größere A 50% der zu erbringenden Leistungen, B und C je 25%. Die Verträge der A mit B zum einen und C zum anderen enthalten eine Wahl deutschen Rechts; im Vertrag zwischen B und C findet sich keine Rechtswahlklausel. **156**

g) Weitere Fälle. Weitere Fälle, in denen eine stillschweigende Rechtswahl zumindest diskutabel ist, sind spezieller gelagert. Z. B. könnte man bei grenzüberschreitenden Online-Auktionen daran denken, dass die AGB des Online-Auktionshauses samt ihrer Rechtswahlklausel das Vorstellungsbild der Parteien des eigentlichen Versteigerungskaufes (oder Verkaufes gegen Höchstgebot) prägen.[317] Dies gilt insbesondere dann, wenn sich jene AGB selber auch auf alle vertraglichen und außervertraglichen Rechtsbeziehungen, die sich aus den Auktionen ergeben, erstrecken wollen.[318] Dies steht allerdings bei einer Kollision zwischen Einlieferer- und Versteigerungs-AGB ernsthaft in Frage.[319] **157**

Für Rückversicherungsverträge wird insbesondere von englischer Seite propagiert, es bestehe eine Vermutung zu Gunsten einer stillschweigenden Wahl englischen Rechts, wenn die Rückversicherungspolice auf dem Londoner Markt gezeichnet werde.[320] Bei der Formulierung einer solchen Vermutung dürfte indes das Eigeninteresse englischer Rechtsberater an eigener Mandatierung auf dem Sekundärmarkt für Rechtsberatungsleistungen eine zu große Rolle spielen.[321] Ein Markt ist prinzipiell nur eine Kontaktbörse. Die Vertragserfüllung hat später weniger mit dem Vertragsabschlussmarkt zu tun. Zudem ist es keineswegs Marktzutrittsschranke, dass man sich für die Geschäfte dem materiellen Recht am Marktort unterwürfe.[322] **158**

---

[313] Siehe nur Bericht *Giuliano/Lagarde,* ABl. EWG 1980 C 282/17; Magnus/Mankowski/*Mankowski* Art. 3 Rome I Regulation Rn. 176. Im Grundsatz anders *Cebrián Salvat,* AEDIPr 2017, 333, 363–367.
[314] *Corneloup,* in: Corneloup/Joubert S. 285, 303–304; *Porcheron,* La règle de l'accessoire et les conflits de lois en droit international privé, 2012, n°. 376.
[315] Magnus/Mankowski/*Mankowski* Art. 3 Rome I Regulation Rn. 177.
[316] BAG NZA 2003, 339, 340.
[317] *Mankowski,* in: Spindler/Wiebe (Hrsg.), Internet-Auktionen, 2. Aufl. 2005, Kap. 11 Rn. 46.
[318] *Mankowski,* in: Spindler/Wiebe (Hrsg.), Internet-Auktionen, 2. Aufl. 2005, Kap. 11 Rn. 48.
[319] Siehe *Mankowski,* in: Spindler/Wiebe (Hrsg.), Internet-Auktionen, 2. Aufl. 2005, Kap. 11 Rn. 50.
[320] So *Trade Indemnity plc v. Försäkringsaktiebolaget Njord (in liquidation)* [1995] 1 All ER 796, 807 f. (Q. B. D., *Rix* J.) sowie *Ace Insurance SA-NV v. Zurich Insurance Co.* [2000] 2 Lloyd's Rep. 423, 426 (Q. B. D., *Longmore* J.). Vgl. aber auch gegenläufig *The „Stolt Marmaro"* [1985] 2 Lloyd's Rep. 428, 434 f. (C. A., per *Robert Goff* L. J.).
[321] *Mankowski,* VersR 2002, 1177, 1180.
[322] *Mankowski,* VersR 2002, 1177, 1181.

159 Eine stillschweigende Wahl des Marktortrechts mag im Einzelfall anzunehmen sein, wenn die Parteien sich in der späteren Vertragsabwicklung ersichtlich an diesem Recht orientieren[323] oder wenn eine Partei (z. B. um einem strengen Heimatrecht zu entkommen) generell nach dem jeweiligen Marktortrecht operiert.[324]

160 Schließlich sind Vertragssprache,[325] Vertragswährung,[326] Abschlussort des Vertrages und Ansässigkeit der Parteien allenfalls sehr schwache Indizien für einen Rechtswahlwillen.[327] Richtigerweise gehören sie in den Kontext der objektiven Anknüpfung unter die Ausweichklausel des Art. 4 III Rom I-VO[328] oder unter eine ausnahmsweise nötige Anknüpfung über Art. 4 IV Rom I-VO.

161 **4. Teilrechtswahl.** *a) Grundsätzliches.* Art. 3 I 3 Var. 2 Rom I-VO stellt den Parteien ausdrücklich frei, eine Rechtswahl nur für einen Teil ihres Vertrages zu treffen. Er erlaubt also die Teilrechtswahl. Art. 3 I 3 Var. 2 EVÜ erlaubte sie ganz genauso wie jetzt Art. 3 I 3 Var. 2 Rom I-VO, der seinen Vorgänger nahtlos und wörtlich fortschreibt.[329] Wegen der Verweisung in Art. 6 I Rom I-VO, die keine Ausblendungen beim verwiesenen Art. 3 Rom I-VO macht, gilt dies auch für eine Rechtswahl in einem Verbrauchervertrag,[330] ebenso wegen des parallelen Art. 8 I Rom I-VO für eine Rechtswahl in einem Arbeitsvertrag.[331] Es handelt sich bei der subjektiven dépeçage um eine abrundende Erweiterung der Parteiautonomie.[332] Dementsprechend ist sie aber auch den für den jeweiligen Teilbereich geltenden Schranken der Parteiautonomie unterworfen.[333]

162 Auch eine mehrfache Teilrechtswahl innerhalb desselben Vertrags ist denkbar.[334] Sofern die Teile objektiv voneinander trennbar sind, können die Parteien den Vertrag in so viele Teile segmentieren, wie sie wollen, und für jeden Teil ein eigenes Statut wählen. Man mag dies „Harlekinvertrag"[335] oder „juristisches Kaleidoskop"[336] nennen. Man mag auch an der Sinnhaftigkeit einer solchen Zersplitterung zweifeln. Erlaubt aber ist eine solche totale dépeçage durch Rechtswahl, selbst wenn sie im Normtext nicht ausdrücklich erwähnt und gestattet wird.[337]

---

[323] *Overseas Insurance Ltd. v. Incorporated General Insurance Ltd.* [1992] 1 Lloyd's Rep. 439, 443 (C. A., per *Parker* L. J.).

[324] *Islamic Insurance Co. v. Saudi Egyptian American Reinsurance Co.* [1987] 1 Lloyd's Rep. 315 (318) (C. A., per *Parker* L. J.).

[325] Zu deren spezifischen Problemen als potentielles Rechtswahlkriterium *Mankowski*, IPRax 2015, 309, 311.

[326] Siehe spezifisch dazu OLG Köln RIW 1994, 970 = NJW-RR 1995, 245.

[327] Entgegen BGH RIW 1997, 426 = WM 1997, 560; BGH ZIP 1998, 956; OLG Düsseldorf NJW-RR 1991, 55; OLG Nürnberg NJW-RR 1997, 1484, 1485; OLG München RIW 1997, 507, 508; OLG München VersR 2001, 459; Hessisches LAG IPRspr. 2000 Nr. 42 S. 90. Ähnlich wie hier für die Vertragssprache OLG Düsseldorf NJW-RR 1995, 1396.

[328] Siehe nur *Mankowski*, LAGE Art. 30 EGBGB Nr. 7 S. 15, 16 f. (März 2004).

[329] *Marrella*, in: Boschiero S. 15, 32 f

[330] *Seatzu*, in: Boschiero S. 299, 315.

[331] Arbeidshof Antwerpen RW 2003–2004, 821, 822; *Mankowski*, AP H. 5/2005 Nr. 21 zu § 38 ZPO Internationale Zuständigkeit Bl. 3R, 5R.

[332] Siehe nur *Carrascosa González*, El contrato internacional (fraccionamiento versus unidad), 1992, S. 50, 73 et passim.

[333] *Carrascosa González*, El contrato internacional (fraccionamiento versus unidad), 1992, S. 88 f.

[334] *Lagarde*, RCDIP 80 (1991), 297, 302; *Carrascosa González*, El contrato internacional (fraccionamiento versus unidad), 1992, S. 220; *Horlacher*, 27 Cornell Int'l LJ 173, 178 (1994); *Saravalle*, NLCC 1995, 940, 949; Soergel/v. *Hoffmann* Art. 27 EGBGB Rn. 53; Czernich/Heiss/*Heiss* Art. 3 EVÜ Rn. 32; *Villani*, La convenzione di Roma sulle legge applicabile ai contratti, 2. Aufl. 2000, S. 71.
AA *Ekelmans* Mélanges Raymond Vander Elst, vol. I, 1986, S. 243, 247 f.

[335] *De Nova*, Obbligazioni (Diritto internazionale privato) in: Enciclopedia del diritto, vol XXIX, 1979, S. 456, 469.

[336] *Marrella*, in: Franzina (a cura di) La legge applicabile ai contratti nella proposta di regolamento „Roma I", 2006, S. 28, 32.

[337] *Carrascosa González*, La ley aplicable a los contratos internacionales: el reglamento Roma I, 2009, S. 154 f. no. 116; *Aubart*, Die Behandlung der dépeçage im europäischen Internationalen Privatrecht, 2013, S. 79–82 gegen *Ekelmans*, Mélanges Raymond Vander Elst, vol. I, 1986, S. 243, 247 f.

IV. Rechtswahl   163–165   § 1

Eine Teilrechtswahl[338] ist nur zulässig und möglich, wenn der von ihr betroffene Komplex sich abspalten lässt und nach der Trennung zwei unabhängig voneinander lebensfähige Teile des Vertrages entstehen; Objekt einer Teilrechtswahl kann nur ein Vertragsteil sein, der mit keinem anderen Vertragsteil in einer unauflösbaren Wechselbeziehung steht.[339] Das Objekt der Teilrechtswahl muss genügend immanente Selbständigkeit haben, um selbständig bestehen zu können.[340] Dies kann insbesondere bei mehreren voneinander trennbaren Verpflichtungen auf der Seite einer Partei der Fall sein.[341] Als ein Beispiel erscheinen Verkauf und nachfolgende technische Unterstützung und Wartung vor Ort beim Kunden denkbar.[342] Auch erscheint bei einem Anlagenbauvertrag eine Trennung zwischen eigentlicher Lieferung und Montage denkbar.[343] Andererseits ist Aufspaltbarkeit noch nicht quasi-automatisch gegeben, wenn faktisch Erfüllungshandlungen in verschiedenen Staaten vorzunehmen sind.[344] Je weniger ein in sich auch isoliert lebensfähiger Teil das Gesamtbild des Vertrages prägt und je schwächer der Zusammenhang mit den anderen Teilen des Vertrages ist, desto eher ist eine Abspaltung dieses Teils möglich.[345] 163

Objekt einer Teilrechtswahl könnte namentlich der Vertragsschluss als solcher sein.[346] Wenn die Parteien eine so genannte „große Vertragsspaltung"[347] zwischen Vertragsschluss und Erfüllung wollen, soll ihnen dies nicht verwehrt sein. Deutliches Indiz für die systematische Abtrennbarkeit des Vertragsschlusses ist bereits, dass sich seiner eine andere Qualifikationsnorm annimmt als die allgemeine: Art. 10 Rom I-VO statt Art. 12 Rom I-VO. Schon der Gesetzgeber hat also eine entsprechende mögliche Linie eingezogen. Auch zwischen Zustandekommen und rechtsgeschäftlicher Wirksamkeit des Vertrages könnte man noch eine Linie ziehen.[348] Eine Teilrechtswahl kann auch besondere lokale Normen für einzelne abgrenzbare Momente einzubinden und abzubilden versuchen,[349] etwa für die Form bei einem Grundstückskauf.[350] 164

b) *Stillschweigende Teilrechtswahl.* Eine Rechtswahl muss nicht ausdrücklich erfolgen. Vielmehr kann sie auch konkludent, stillschweigend erfolgen.[351] Art. 3 I 2 Var. 2 Rom I-VO betont dies ebenso wie zuvor Art. 3 I 2 Var. 2 EVÜ. Für die Teilrechtswahl besteht keine Ausnahme. Auch sie kann konkludent erfolgen.[352] Art. 3 I 3 Var. 2 Rom I-VO und Art. 3 I 2 Var. 2 Rom I-VO lassen sich ohne weiteres miteinander kombinieren. Allerdings ist große Vorsicht mit der Annahme einer stillschweigenden Teilrechtswahl im konkreten 165

---

[338] Zu den denkbaren Motiven der Parteien für eine Teilrechtswahl *Carrascosa González*, El contrato internacional (fraccionamiento versus unidad), 1992, S. 257–270.
[339] Siehe nur *Windmöller*, Die Vertragsspaltung im Internationalen Privatrecht des EGBGB und des EGVVG, 2000, S. 74 mwN; *Aubart*, Die Behandlung der dépeçage im europäischen Internationalen Privatrecht, 2013, S. 65–71.
[340] *Windmöller*, Die Vertragsspaltung im Internationalen Privatrecht des EGBGB und des EGVVG, 2000, S. 74.
[341] Vgl. GA *Bot*, ECLI:EU:C:2009:319 Nr. 115; Magnus/Mankowski/*Mankowski* Art. 3 Rome I Regulation Rn. 318.
[342] GA *Bot*, ECLI:EU:C:2009:319 Nr. 84; *P. Mayer/Heuzé*, Droit international privé, 11. Aufl. 2014, no 710.
[343] Staudinger/*Magnus* Art. 3 Rom I-VO Rn. 106.
[344] *Lagarde*, RCDIP 80 (1991), 287, 302.
[345] Vgl. *Mankowski*, AP H. 5/2005 Nr. 21 zu § 38 ZPO Internationale Zuständigkeit Bl. 3R, 7.
[346] Siehe nur Soergel/*v Hoffmann* Art. 27 EGBGB Rn. 61; *Aubart*, Die Behandlung der dépeçage im europäischen Internationalen Privatrecht, 2013, S. 93f.; Magnus/Mankowski/*Mankowski* Art. 3 Rome I Regulation Rn. 320.
[347] Z.B. *Vischer*, Liber amicorum Georges A.L. Droz, 1996, S. 493, 501; *Aubart*, Die Behandlung der dépeçage im europäischen Internationalen Privatrecht, 2013, S. 14.
[348] Siehe nur OLG Frankfurt IPRax 1992, 314; OLG Hamburg NJW-RR 1996, 1145.
[349] Staudinger/*Magnus* Art. 3 Rom I-VO Rn. 106.
[350] Vgl. OLG Hamm NJW-RR 1996, 1145.
[351] Näher zur stillschweigenden Rechtswahl *Mankowski*, in: Leible (Hrsg.), Das Grünbuch zum Internationalen Vertragsrecht, 2004, S. 63 (63–86); *Coester-Waltjen*, FS Sonnenberger, 2004, S. 343.
[352] Siehe nur Bericht *Giuliano/Lagarde*, ABl. EWG 1980 C 282/17; *Ekelmans*, Mélanges Raymond Vander Elst, vol. I, 1986, S. 243, 248; Czernich/Heiss/*Heiss* Art. 3 EVÜ Rn. 32; MüKoBGB/*Martiny* Art. 3 Rom I-VO Rn. 67.

Fall geboten. Gerade mit ihr darf man nicht leichtfertig operieren. Denn sie eröffnet opportunistisch agierenden Parteien ein besonders großes Argumentationspotenzial, um ihrem ex post-Opportunismus Ausdruck zu verleihen: Die Behauptung, für diesen oder jenen Teil des Vertrages eine stillschweigende Teilrechtswahl getroffen zu haben, errichtet Durchsetzungshürden vor der anderen Partei.

166 Im Zweifel wollen Parteien nicht die zusätzliche Komplikation, dass verschiedene Vertragsteile verschiedenen Rechten unterliegen. Dies erhöht die Komplexität, und es erhöht die Transaktionskosten. Rational kalkulierende Parteien wollen aber im Zweifel Komplexität und Kosten gleichermaßen reduzieren. Im Zweifel wollen die Parteien ein einheitliches und umfassendes Vertragsstatut.[353]

167 *c) Teilrechtswahlvereinbarung im Vertrag bei unteilbarem Vertrag.* Treffen die Parteien eine Teilrechtswahlvereinbarung über verschiedene Teile des Vertrages, ist der Vertrag aber objektiv unteilbar, so ist jene Teilrechtswahlvereinbarung unwirksam.[354] Ihre intendierte Rechtsfolge kann man nicht umsetzen, und die konkreten Zulässigkeitsvoraussetzungen für eine Teilrechtswahl liegen eben nicht vor. Andererseits wird man aus einer explizit so bezeichneten und gewollten bloßen Teilrechtswahl keinen Schluss auf eine „Gesamtrechtswahl" des Statuts für den gesamten Vertrag entnehmen können.

168 *d) Andere Grenzen der Teilrechtswahl.* Die Teilrechtswahl darf nicht zu einem law mix führen, der widersprüchliche Ergebnisse produziert.[355] Die Kohärenz des Vertrages setzt der Rechtswahlphantasie der Parteien Grenzen.[356] Führt eine Teilrechtswahl zu widersprüchlichen Ergebnissen, die sich auch durch Auslegung oder Anpassung nicht vermeiden lassen, ist sie wegen Perplexität unwirksam.[357] Widersprüchliche Ergebnisse drohen namentlich dann, wenn Zusammenhänge zerrissen werden. Untrennbar miteinander verbundene Fragen müssen demselben Recht unterstehen. Einen untrennbaren Zusammenhang sollte etwa in sich der äußere Vertragsabschlusstatbestand, das Zustandekommen des Vertrages mit dem Konsens der Parteien als Kernpunkt, bilden.[358]

169 Ebenso wenig darf man die im Synallagma stehenden gegenseitigen Verpflichtungen unterschiedlichen Rechten unterstellen.[359] Eine solche „kleine Vertragsspaltung" dürfen die Parteien auch durch Rechtswahl nicht herbeiführen. Versuchen sie es trotzdem, so ist ihre Teilrechtswahlvereinbarung wiederum unwirksam. Sie ist nicht mehr durch die gesetzlich gewährte Parteiautonomie gedeckt und vermag mangels Legitimation durch den IPR-Gesetzgeber keine Wirkung zu entfalten.

170 **Beispiel:** Die A GmbH aus Hamburg als Verkäufer und die M NV aus Maastricht als Käufer vereinbaren für die Lieferverpflichtung der A deutsches Recht und für die Zahlungsverpflichtung der M niederländisches Recht. Diese so genannte „kleine Vertragsspaltung" ist unzulässig.

---

[353] MüKoBGB/*Martiny* Art. 3 Rom I-VO Rn. 72 und altrechtlich BGH JZ 1961, 261 mAnm *Henrich*; BGH DB 1969, 653; RGZ 68, 203, 206f.

[354] Siehe nur *Aubart*, Die Behandlung der dépeçage im europäischen Internationalen Privatrecht, 2013, S. 78f.

[355] Bericht *Giuliano/Lagarde*, ABl. EWG 1980 C 282/17 Art. 4 EVÜ Bem. (8); GA *Bot*, ECLI:EU:C:2009:319 Nr. 86; Czernich/Heiss/*Heiss* Art. 3 EVÜ Rn. 34; *Marrella*, in: Boschiero S. 15, 33.

[356] *Marrella*, in: Boschiero S. 15, 33.

[357] *Windmöller*, Die Vertragsspaltung im Internationalen Privatrecht des EGBGB und des EGVVG, 2000, S. 74; NK-BGB/*Leible* Art. 3 Rom I-VO Rn. 39 sowie *Ferrari*, in: Ferrari IntVertragsR Art. 3 Rom I-VO Rn. 36.

[358] Soergel/*v. Hoffmann* Art. 27 EGBGB Rn. 58; Staudinger/*Magnus* Art. 3 Rom I-VO Rn. 109; NK-BGB/*Leible* Art. 3 Rom I-VO Rn. 40; *Ferrari*, in: Ferrari IntVertragsR Art. 3 Rom I-VO Rn. 37.

[359] Siehe nur GA *Bot*, ECLI:EU:C:2009:319 Nr. 114; *Jayme*, FS Gerhard Kegel 1987, S. 253, 263; Soergel/*v. Hoffmann* Art. 27 EGBGB Rn. 59f.; Czernich/Heiss/*Heiss* Art. 3 EVÜ Rn. 35; *Di Blase*, Guida alla giurisprudenza italiana e comunitaria di dritto internazionale privato, 2004, S. 150; *Aubart*, Die Behandlung der dépeçage im europäischen Internationalen Privatrecht, 2013, S. 91f.; Magnus/Mankowski/*Mankowski* Art. 3 Rome I Regulation Rn. 323 mwN.
AA *W. Lorenz*, IPRax 1987, 269, 272; *Lagarde*, RCDIP 80 (1991), 297, 302; *Windmöller*, Die Vertragsspaltung im Internationalen Privatrecht des EGBGB und des EGVVG, 2000, S. 93f.

IV. Rechtswahl   171–176   § 1

Dagegen lassen sich Abschluss- und Erfüllungstatbestand voneinander trennen und durch 171
Teilrechtswahl abkoppeln.[360] Generell können die Qualifikationsnormen, namentlich der
Katalog aus Art. 12 Rom I-VO, als indizieller Anhaltspunkt dafür dienen, welche Aspekte
eventuell separierbar sein könnten.[361] Primäransprüche und Sekundäransprüche für ihre
Verletzung unterschiedlichen Rechten zu unterwerfen ginge aber nicht an, auch wenn
Erfüllung und Folgen der Nicht- oder Schlechterfüllung in unterschiedlicchen Buchstaben
des Art. 12 I Rom I-VO genannt sind.

5. Nachträgliche Rechtswahl. *a) Grundsätzliches.* Art. 3 II 1 Rom I-VO erlaubt den 172
Vertragsparteien eine *jederzeitige* Rechtswahl ihres Vertragsstatuts. Das umfasst insbesondere
die Erlaubnis zu einer *nachträglichen* Rechtswahl in zeitlichem Abstand zum ursprünglichen
Abschluss des Vertrags. Die Parteien könnten genauso in zwei Schritten ihre ursprüngliche
Rechtswahl aufheben und eine neue treffen.[362] Die nachträgliche Rechtswahl ist eine Abkürzung dafür.[363] Sie verdient denselben Respekt wie eine ursprüngliche Rechtswahl und
hat keine mindere Wertigkeit als diese.[364]

Eine solche nachträgliche Rechtswahl kann eine erstmalige sein, nämlich dann, wenn es 173
zuvor keine Rechtswahl gab. Sie kann aber auch eine bereits eingangs beim ursprünglichen
Vertragsabschluss getroffene Rechtswahl nochmals bekräftigen oder diese im Gegenteil
abändern. Die Parteien haben damit flexible Optionen. Sie können nachholen, was sie
eingangs versäumt haben. Sie können später zu einem Konsens kommen, den sie eingangs
nicht erzielen konnten. Sie können auf zwischenzeitliche Entwicklungen reagieren. Sie
können einem (allseitigen) Sinneswandel Rechnung tragen, z. B. weil sich das ursprüngliche Vertragsstatut inhaltlich als für die Zwecke des konkreten Vertrags nicht optimal ausgestaltet oder gar als nicht hinreichend geeignet erwiesen hat.[365] Das tragende Grundprinzip
der Parteiautonomie gibt ihnen die Freiheit dazu.[366]

Beispiel: Die A GmbH aus Hamburg als Verkäufer und die M NV aus Maastricht als Käufer haben 174
ursprünglich für ihren Vertrag das Recht von New York gewählt. Zwei Monate nach Vertragsabschluss verständigen sie sich auf die Wahl deutschen Rechts.

Jede abändernde nachträgliche Rechtswahl bringt einen Wechsel des Vertragsstatuts mit 175
sich. Daraus können wiederum Überleitungs- und Anpassungskosten resultieren. Vertragsparteien sollten es sich daher gut überlegen, ob sie wirklich zu einer nachträglichen
Rechtswahl schreiten und solche Kosten in Kauf nehmen wollen.[367] Im Extremfall kann
eine unbedachte nachträgliche Rechtswahl sogar dazu führen, dass ein unter dem alten
Statut wirksamer Vertrag unter dem neuen Statut unwirksam wird.[368]

Eine nachträgliche Rechtswahl wirkt nur ex nunc ab dem Zeitpunkt, an dem sie wirk- 176
sam wird,[369] also frühestens ab ihrem Abschluss.[370] Sie entfaltet keine retroaktive Wirkung
ex tunc. Die Vertragsparteien haben nicht die Macht, anderes zu vereinbaren;[371] ihnen steht

---

[360] OLG Frankfurt IPRax 1992, 314, 316 sowie LG Aurich AWD 1974, 282.
[361] *Jayme,* FS Gerhard Kegel, 1987, S. 253, 263; *Aubart,* Die Behandlung der dépeçage im europäischen
Internationalen Privatrecht, 2013, S. 93–96.
[362] *Briggs* Rn. 10.17.
[363] Magnus/Mankowski/*Mankowski* Art. 3 Rome I Regulation Rn. 328.
[364] *Re Apcoa Parking Holdings GmbH* [2014] EWHC 3849 (Ch) [248], [2015] 4 All ER 572 (Ch.D., *Hild-
yard* J.).
[365] *Schwander,* FS Ingeborg Schwenzer, 2011, S. 1581, 1587; Magnus/Mankowski/*Mankowski* Art. 3
Rome I Regulation Rn. 331.
[366] *Mauritius Commercial Bank Ltd. v. Hestia Holdings Ltd.* [2013] EWHC 1328 (Comm) [30], [2013] 2
Lloyd's Rep. 131 (Q. B. D., *Popplewell* J.).
[367] *Druzin,* 18 Tulane J. Int'l. & Comp. L. 131, 165 (2009); Magnus/Mankowski/*Mankowski* Art. 3 Rome
I Regulation Rn. 331.
[368] Siehe nur *Ferrari/Ragno* Art. 3 Rome I Regulation Rn. 50 mwN.
[369] *Re Apcoa Parking Holdings GmbH* [2014] EWHC 3849 (Ch) [248], [2015] 4 All ER 572 (Ch.D., *Hild-
yard* J.).
[370] See only *Gardella,* NLCC 2009, 611, 618.
[371] Magnus/Mankowski/*Mankowski* Art. 3 Rome I Regulation Rn. 333.

aber frei, eine Nebenabrede zu treffen, sich schuldrechtlich so zu behandeln, als hätte die neue Rechtswahl von Anfang an gegolten.[372]

177 Eine Rechtswahl für eine Vertragsübernahme betrifft ein eigenständiges Objekt, und setzt die dreiseitige Beteiligung des Übernehmers, des Ausscheidenden und der verbleibenden Vertragspartei voraus.[373] Sie enthält aber nicht automatisch eine nachträgliche Wahl für das Statut des übernommenen Vertrags. Allerdings steht sie gleichermaßen unter dem Vorbehalt, dass bereits erworbene Rechte Dritter (Gläubiger oder akzessorische Sicherungsgeber) gewahrt bleiben müssen.[374]

178 *b) Grenzen.* Allerdings zieht Art. 3 II 2 Rom I-VO einer nachträglichen Rechtswahl zwei Grenzen: Erstens bleibt eine ursprünglich gegebene Formwirksamkeit des Vertrags nach dem ursprünglichen, über Art. 11 Rom I-VO angeknüpften Formstatut bestehen. Eine nachträgliche Rechtswahl kann also nicht zur Formungültigkeit eines ursprünglich formgültigen Vertrags führen.[375] Umgekehrt kann eine nachträgliche Rechtswahl aber einen bisher formungültigen Vertrag unter dem neu gewählten Statut formwirksam machen, wenn dieses geringere oder andere, konkret erfüllte Formanforderungen stellt.[376]

179 Zweitens – und bedeutsamer – kann eine nachträgliche Rechtswahl ausweislich Art. 3 II 2 Var. 2 Rom I-VO Dritten (also anderen Personen als den Vertragsparteien) keine Rechte nehmen, die diese unter dem ursprünglichen Vertragsstatut bereits hatten. Eine nachträgliche Rechtswahl kann sich also nicht zu Lasten Dritter auswirken. Sie wirkt nur inter partes zwischen den Vertragsparteien.[377] Inter partes bleibt sie zwar wirksam, aber im Verhältnis zu den Dritten gilt ein Prinzip unter dem alten Statut wohlerworbener Rechte.[378] Andererseits ist dies der einzige Schutzmechanismus, und Dritte haben weder ein Widerrufs- noch ein Regressrecht.[379]

180 Geschützte Dritte sind z.B. Personalsicherheitengeber (wie Bürgen und Garanten);[380] begünstigte Dritte beim Vertrag zu Gunsten Dritter; der Schuldner einer abgetretenen Forderung.[381] Dagegen gehören hierher nicht andere Vertragsparteien bei einem drei-, vier- oder mehrseitigen Vertrag, denn diese sind eben Vertragsparteien, und deren Zustimmung ist für eine wirksame, den gesamten Vertrag betreffende Rechtswahl a priori notwendig.[382]

181 Art. 3 II Var. 2 Rom I-VO will eine Rechtswahl zu Lasten Dritter verhindern. Ob eine Rechtswahl Nachteile für Dritte mit sich bringt, ist nach einem objektiven Maßstab zu

---

AA *G. Reinhart,* IPRax 1995, 365, 367; Soergel/*v. Hoffmann* Art. 27 EGBGB Rn. 72; MüKoBGB/*Martiny* Art. 3 Rom I-VO Rn. 80.

[372] Magnus/Mankowski/*Mankowski* Art. 3 Rome I Regulation Rn. 333.

[373] *v. Bar,* IPRax 1991, 197, 200; Soergel/*v. Hoffmann* Art. 33 EGBGB Rn. 45; Staudinger/*Hausmann* Anh. Art. 16 Rom I-VO Rn. 12; *Selke,* IPRax 2013, 205, 212.

[374] Soergel/*v. Hoffmann* Art. 33 EGBGB Rn. 45; Staudinger/*Hausmann* Anh. Art. 16 Rom I-VO Rn. 12; *Selke,* IPRax 2013, 205, 212f.

[375] Siehe nur Bericht *Giuliano/Lagarde,* ABl. EWG 1980 C 282/50; MüKoBGB/*Martiny* Art. 3 Rom I-VO Rn. 82; Staudinger/*Magnus* Art. 3 Rom I-VO Rn. 126.

[376] Nachw. wie vorige Fn.

[377] Siehe nur *U. Bauer,* Grenzen nachträglicher Rechtswahl durch Rechte Dritter im Internationalen Privatrecht, 1992, S. 159 et passim; *Möllenhoff,* Nachträgliche Rechtswahl und Rechte Dritter, 1993, S. 133–139; MüKoBGB/*Martiny* Art. 3 Rom I-VO Rn. 83; Rauscher/*v. Hein* Art. 3 Rom I-VO Rn. 97f.; Staudinger/*Magnus* Art. 3 Rom I-VO Rn. 127.

[378] *U. Bauer,* Grenzen nachträglicher Rechtswahl durch Rechte Dritter im Internationalen Privatrecht, 1992, S. 107; Magnus/Mankowski/*Mankowski* Art. 3 Rome I Regulation Rn. 340.

[379] *U. Bauer,* Grenzen nachträglicher Rechtswahl durch Rechte Dritter im Internationalen Privatrecht, 1992, S. 92–98, 138–146; Magnus/Mankowski/*Mankowski* Art. 3 Rome I Regulation Rn. 340.

[380] Siehe nur *Fudickar,* Die nachträgliche Rechtswahl im internationalen Schuldvertragsrecht, 1983, S. 99–105; *U. Bauer,* Grenzen nachträglicher Rechtswahl durch Rechte Dritter im Internationalen Privatrecht, 1992, S. 67–69.

[381] *U. Bauer,* Grenzen nachträglicher Rechtswahl durch Rechte Dritter im Internationalen Privatrecht, 1992, S. 10–28; *Möllenhoff,* Nachträgliche Rechtswahl und Rechte Dritter, 1993, S. 65–98; Staudinger/*Magnus* Art. 3 note 127.

[382] Magnus/Mankowski/*Mankowski* Art. 3 Rome I Regulation Rn. 341.

IV. Rechtswahl 182–185 § 1

beurteilen, nicht nach einem subjektiv-individuellen betroffener Dritter.³⁸³ Einer nachträglichen Rechtswahl, die zu einem für die Dritten günstigeren Recht führt, steht Art. 3 II Var. 2 Rom I-VO nicht im Wege.³⁸⁴

Beispiel: Die A GmbH aus Hamburg als Verkäufer und die M NV aus Maastricht als Käufer haben **182** ursprünglich für ihren Vertrag das Recht von New York gewählt. Für die M hat ihre Muttergesellschaft, die O SA aus Antwerpen, eine Zahlungsgarantie gegeben. Zwei Monate nach Vertragsabschluss verständigen sich A und M auf die Wahl deutschen Rechts.

6. Mögliche Objekte einer Rechtswahl unter Art. 3 Rom I-VO. *a) Nur Recht ei-* **183** *nes Staates, kein nicht-staatliches „Recht".* Mögliches Objekt einer echten, kollisionsrechtlichen Rechtswahl unter Art. 3 I 1 Rom I-VO ist nur ein staatliches Recht, also das Recht eines Staates. Nicht-staatliches „Recht" kann nicht Objekt einer kollisionsrechtlichen Rechtswahl sein, sondern nur Objekt einer materiellrechtlichen Verweisung. Die Parteien können den Grenzen, die ihnen zwingende Normen des eigentlich anwendbaren Rechts ziehen, nicht entkommen, indem sie die Anwendung eines nicht-staatlichen „Rechts" vereinbaren. Sie können jenes nicht-staatliche „Recht" nur in ihrem Vertrag importieren und durch verkürzte Bezugnahme gleichsam abschreiben.

Das ergibt sich aus der Genese des heutigen Art. 3 Rom I-VO im Kontrast zu Art. 3 II **184** Vorschlag Rom I-VO.³⁸⁵ Letzterer sollte eine große Neuerung im Bereich der Rechtswahl bringen: die Möglichkeit zur Wahl auf internationaler oder Gemeinschaftsebene anerkannter Grundsätze und Regeln des materiellen Vertragsrechts. Im Auge hatte man dabei die PECL (Lando-Principles), die UNIDROIT Principles und ein zukünftiges optionales Gemeinschaftsinstrument (falls es letzteres nach dem politischen Scheitern des DCFR und sogar des CESL jemals geben sollte).³⁸⁶ Die Wahl der so genannten lex mercatoria wurde dagegen als nicht präzise genug abgelehnt.³⁸⁷ Obwohl der Europäische Wirtschafts- und Sozialausschuss diesem Vorschlag zusprach,³⁸⁸ fand der Vorschlag bei der Mehrheit der Mitgliedsstaaten in der Arbeitsgruppe des Rates kein Gefallen.³⁸⁹ Nur wenige unterstützten ihn³⁹⁰ und selbst von diesen nicht alle von ganzem Herzen.³⁹¹ Das Europäische Parlament verhielt sich positiver.³⁹² Trotzdem wurde der Vorschlag im Rat verworfen.³⁹³ Spätestens mit dem Entwurf der deutschen Präsidentschaft vom 2.3.2007³⁹⁴ verschwand er.

Nochmalige Unterstützung durch das Europäische Parlament³⁹⁵ änderte den Lauf der **185** Dinge im Rat nicht mehr.³⁹⁶ Allein die Erwägungsgründe (13) und (14) Rom I-VO ent-

---

³⁸³ Magnus/Mankowski/*Mankowski* Art. 3 Rome I Regulation Rn. 341 sowie *U. Bauer,* Grenzen nachträglicher Rechtswahl durch Rechte Dritter im Internationalen Privatrecht, 1992, S. 117 f.
³⁸⁴ *U. Bauer,* Grenzen nachträglicher Rechtswahl durch Rechte Dritter im Internationalen Privatrecht, 1992, S. 127; Rauscher/*v. Hein* Art. 3 Rom I-VO Rn. 98; Staudinger/*Magnus* Art. 3 Rom I-VO Rn. 128. Anders Vorauflage Rn. 481 *(v. Bar);* Soergel/*v. Hoffmann* Art. 27 EGBGB Rn. 79.
³⁸⁵ KOM (2005) 650 endg.
³⁸⁶ KOM (2005) 650 endg., S. 5 f. Zu Art. 3.
³⁸⁷ KOM (2005) 650 endg., S. 6 Zu Art. 3.
³⁸⁸ Europäischer Wirtschafts- und Sozialausschuss, Stellungnahme zum Vorschlag für eine Verordnung des Europäischen Parlaments und des Rates über das auf vertragliche Schuldverhältnisse anzuwendende Recht (Rom I), ABl. EU 2006 C 318/59 Nr. 3.2.3.
³⁸⁹ Z. B. Italien (Council Doc. 13035/06 ADD = JUSTCIV 196 CODEC 948), Spanien (Council Doc. 13035/06 ADD 18) und das Vereinigte Königreich (Council Doc. 13035/06 ADD 4); außerdem Österreich, Belgien, die Tschechische Republik, Estland, Frankreich, Ungarn, Luxemburg, die Niederlande, Portugal, Rumänien, die Slowakei und Slowenien.
³⁹⁰ Deutschland (Council Doc. 13035/06 ADD 12 S. 23–24), Lettland (Council Doc. 13035/06 ADD 14), Litauen (Council Doc. 13035/06 ADD 3), Schweden (Council Doc. 13035/06 ADD 11).
³⁹¹ *McParland* Rn. 4.56.
³⁹² Amendment 1 Recital (7) and Article 3 (2), PE 374.427v01-00 S. 5–6; Amendments 32–85, Draft Report prepared by *Maria Berger* (7 December 2006), PE 382.371v01-00 S. 6–10.
³⁹³ Council Doc. 5592/07 (25 January 2007).
³⁹⁴ Council Doc. 6935/07 JUSTCIV 44 CODEC 168
³⁹⁵ European Parliament JURI Committee, Amendments 86–96, PE 386.328v01-00, PE 374.427v01-00.
³⁹⁶ Council Doc. 8022/07 JUSTCIV 73 CODEC 306 (30 March 2007). See also Council Doc. 14222/07 ADD 1 (23 October 2007).

standen als Kompromiss zwischen den Legislativorganen der EG.[397] Daraus ist ein eindeutiger Umkehrschluss zu ziehen: Die Möglichkeit, nichtstaatliches „Recht" zu wählen, war ernsthaft vorgeschlagen; sie wurde aber abgelehnt und ist damit gescheitert.[398] Unterstützend lässt sich anführen, dass die Rom I-VO bei nicht weniger als drei Normen zur Rechtswahl vom „Recht eines Staates" als Wahlobjekt spricht, nämlich in Artt. 3 III; 5 II UAbs. 2; 7 III UAbs. 1 Rom I-VO.[399]

186 Erwägungsgrund (13) gibt die Marschlinie vor: „Diese Verordnung hindert die Parteien nicht daran, in ihrem Vertrag auf ein nichtstaatliches Regelwerk oder ein internationales Übereinkommen Bezug zu nehmen." Die entscheidende und sinngebende Wortgruppe ist das abschließende „Bezug zu nehmen". Deutlicher ist allerdings das englische „incorporating". Dies ist nicht die Terminologie für eine echte kollisionsrechtliche Rechtswahl, sondern jene für eine bloße materiellrechtliche Verweisung. Die Parteien eines Vertrags können also durchaus UNIDROIT Principles, Lando Principles oder Einheitsrecht (außerhalb seines eigenen Anwendungsbereichs) vereinbaren. Jedoch haben diese dann nur den Rang von Vertragsklauseln und müssen sich den internrechtlich nicht abdingbaren Normen des Vertragsstatuts fügen.[400] Unterstützend kann man Erwägungsgrund (14) Rom I-VO, verbliebener Rest von Art. 22 I lit. b Vorschlag Rom I-VO und Ausdruck der Sorge des europäischen Gesetzgebers um die Wählbarkeit zukünftiger optionaler Instrumente des EU-Rechts.[401]

187 *Beispiel:* Die A GmbH aus Hamburg als Verkäufer und die M NV aus Maastricht als Käufer vereinbaren die Zuständigkeit Hamburger Gerichte und die Geltung der UNIDROIT Principles für ihren Vertrag. In letzterem liegt nur eine materiellrechtliche Verweisung. Der Vertrag unterliegt nach Art. 4 I lit. a Rom I-VO qua objektiver Anknüpfung deutschem Recht. In dessen Rahmen treten die UNIDROIT Principles im Rang wie Vertragsbestimmungen an die Stelle dispositiver deutscher Vorschriften.

188 Schon an seiner mangelnden Bestimmtheit scheitert ein Versuch, „International Law" zu wählen.[402] Gleiches gilt für „European Law". Eine Vereinbarung genauer bezeichneten internationalen Einheitsrechts außerhalb seines jeweiligen Anwendungsbereichs begründet dagegen eine materiellrechtliche Verweisung. Ein solches Opt-In etwa in die CISG oder die CMR ist ohne weiteres möglich.

189 *b) Keine Rechtswahl unter Art. 3 Rom I-VO für nicht-vertragsrechtliche Materien.* Keine auf Art. 3 Rom I-VO gestützte Rechtswahl ist möglich für nicht-vertragsrechtliche Materien. Vielmehr müssen die betreffenden Materien und Rechtsnormen selber entscheiden, in welchem Umfang für sie Rechtswahlfreiheit besteht. Keine Rolle spielt, ob eine Rechtswahl, die solche Materien betrifft, im Rahmen eines grundsätzlich schuldrechtlichen Vertrages erfolgt oder nicht. Auch eine formell einheitliche Rechtswahlklausel ist analytisch ist so viele verschiedene Rechtswahlklauseln zu untergliedern, wie verschiedene Materien be-

---

[397] *McParland* Rn. 4.66.
[398] Siehe nur *Schinkels*, GPR 2007, 106, 107 f.; *G. Rühl*, FS Jan Kropholler, 2008, S. 187, 189 f.; *Clausnitzer/Woopen*, BB 2008, 1798, 1799; *Mankowski*, in: Schmidt-Kessel (Hrsg.), Der Gemeinsame Referenzrahmen, 2009, S. 389, 396 f.; Magnus/Mankowski/*Mankowski* Art. 3 Rome I Regulation Rn. 248; *Bogdan*, NIPR 2009, 407; *Sendmeyer*, Contratto e impresa/Europa 2009, 792, 798; *Thorn*, FS Karsten Schmidt, 2009, S. 1561, 1569; *Carrascosa González* S. 134; *Magnus*, IPRax 2010, 27, 33; *Thiede*, in: Verschraegen (Hrsg.), Rechtswahl, 2011, S. 51, 55; *Loquin*, in: Corneloup/Joubert S. 119, 131 f.; *McParland* Rn. 4.75; *Plender/Wilderspin* Rn. 6–012; *Woitge*, Die Wählbarkeit nichtstaatlichen Rechts im Recht der EU, 2015, S. 89 f.; *M. Grünberger*, Der Staat 55 (2016), 117 (117). Zweifelnd aber *Hellgardt*, RabelsZ 82 (2018), 654, 684–694: Es gebe keine hinreichende Rechtfertigung für abstrakte Nichtwählbarkeit als Eingriff in die primärrechtlich geschützte Parteiautonomie.
[399] *Mankowski*, in: Schmidt-Kessel (Hrsg.), Der Gemeinsame Referenzrahmen, 2009, S. 389, 396; Magnus/Mankowski/*Mankowski* Art. 3 Rome I Regulation Rn. 259–261.
[400] *Mankowski*, in: Leible (Hrsg.), Das Grünbuch zum Internationalen Vertragsrecht, 2004, S. 63, 90–92; *Mankowski*, RIW 2018, 1, 11; *Sonnenberger*, FS Peter Schlosser, 2005, S. 921, 926.
[401] *Mankowski*, in: Schmidt-Kessel (Hrsg.), Der Gemeinsame Referenzrahmen, 2009, S. 389, 398–401, 412.
[402] Cass RCDIP 2017, 431 note *Sindres*.

IV. Rechtswahl

troffen sind. Eine Rechtswahl für außervertragliche Schuldverhältnisse etwa muss sich zuerst an Art. 14 Rom I-VO messen lassen.

Die Notwendigkeit zur analytischen Trennung gilt insbesondere mit Blick auf öffentlich-rechtliche Materien. Eine internationalschuldvertragsrechtliche Rechtswahl deckt insbesondere eine Wahl des maßgeblichen Datenschutzrechts nicht.[403] Vielmehr hat für Datenschutzrecht, Eingriffsrecht, das europäische bzw. das deutsche Datenschutzrecht selber zu beantworten, wann es angewendet sein will; dieser Aufgabe kommt das europäische Datenschutzrecht in Art. 3 DSGVO[404] nach.[405] Das bisherige deutsche Datenschutzrecht griff sie in § 1 V BDSG auf.[406]

7. Besondere Ausdrucksformen der Rechtswahl. In der Praxis begegnen nicht nur einfache Rechtswahlklauseln „This contract is subject to German law" oder Umschreibungen wie „This contract shall be subject to the law of the State where the seller has its seat". Vielmehr gibt es auch ausgefeiltere und kompliziertere Variationen. Deren wichtigste sind optionale, gespaltene und hierarchische Rechtswahlklauseln, Versteinerungs- und Stabilisierungsklauseln.

a) Optionale Rechtswahlklauseln (floating choice of law clauses). Optionale Rechtswahlklauseln (in englischer Terminologie floating choice of law clauses), sind Rechtswahlklauseln, die erst durch Ausübung eines Optionsrechts seitens einer Partei aktualisiert werden. Zu nennen sind vor allem Klauseln, in denen das Recht am Sitz des jeweiligen Klägers bzw. des jeweiligen Beklagten gewählt wird.[407] Obwohl die Rechtswahlvereinbarung als solche bereits anfangs und ursprünglich getroffen wird (und es sich deshalb nicht um einen echten Fall der nachträglichen Rechtswahl handelt[408]), treten die Wirkungen der Rechtswahl erst später ein. Es handelt sich um eine aufschiebend bedingte Rechtswahl[409] mit herausgeschobenen Wirkungen.[410] Aufschiebende Bedingung ist die Ausübung des Optionsrechts, im prominenten Unterfall also die Erhebung einer Klage. Entsprechend Art. 3 II 1 Rom I-VO ist dies statthaft.[411]

Beispiel: Die A GmbH aus Hamburg als Verkäufer und die M NV aus Maastricht als Käufer vereinbaren für den Fall, dass die A Klage erheben sollte, niederländisches Recht und für den Fall, dass die M Klage erheben sollte, deutsches Recht als Vertragsstatut.

Wird nie ein Rechtsstreit formell anhängig, so bleibt es bei der objektiven Bestimmung des Vertragsstatuts als Dauerlösung.[412] Diese füllt auch vor der Anhängigkeit eines Rechts-

---

[403] VG Schleswig CR 2013, 254, 255 = K&R 2013, 280 m. zust. Anm. *C. Piltz* = ZD 2013, 245 mAnm *Karg;* LG Berlin CR 2012, 270 mAnm *C. Piltz; Polenz,* VuR 2012, 207, 208; *C. Piltz,* K&R 2012, 640; vgl. auch *Mandery,* 2013 NZLJ 265.
[404] VO (EU) 2016/679 des Europäischen Parlaments und des Rates vom 27.4.2016 zum Schutz natürlicher Personen bei der Verarbeitung personenbezogener Daten, zum freien Datenverkehr und zur Aufhebung der Richtlinie 95/46/EG (Datenschutz-Grundverordnung), ABl. EU 2016 L 119/1.
[405] Näher *Lüttringhaus,* ZvglRWiss 117 (2018), 50 sowie *Görmann,* EuZW 2018, 680, 685 f.; *Däubler,* RIW 2018, 405; *Pailler,* Clunet 2018, 823.
[406] Siehe nur OVG Schleswig K&R 2013, 523 mAnm *S. Meyer;* VG Schleswig CR 2013, 254, 255 = K&R 2013, 280 m. zust. Anm. *C. Piltz* = ZD 2013, 245 mAnm *Karg.*
[407] Umfassender Überblick über denkbare Ausgestaltungsmöglichkeiten und dahinter stehende Motive bei *Rasmusse-Bonne,* Alternative Rechts- und Forumswahlklauseln, 1999, S. 34–49.
[408] *Rasmussen-Bonne,* Alternative Rechts- und Forumswahlklauseln, 1999, S. 106 f., 124 f.
[409] Präzise *K. Siehr,* FS Max Keller, 1989, S. 485, 500; *Kropholler* S. 442 (§ 52 II 3c).
[410] *K. Siehr,* FS Max Keller, 1989, S. 485, 500; *Rasmussen-Bonne,* Alternative Rechts- und Forumswahlklauseln, 1999, S. 121 f.; *Jaspers,* Nachträgliche Rechtswahl im internationalen Schuldvertragsrecht, 2002, S. 136 f.; *Mankowski* S. 165 f.; *Mankowski,* in: Leible (Hrsg.), Das Grünbuch zum Internationalen Vertragsrecht, 2004, S. 63, 105.
[411] *Mankowski,* in: Leible (Hrsg.), Das Grünbuch zum Internationalen Vertragsrecht, 2004, S. 63, 105; *P. Ostendorf,* in: Ostendorf/Kluth Int. Wirtschaftsverträge § 13 Rn. 91 und schon unter dem EVÜ *Kötters,* Parteiautonomie und Anknüpfungsmaximen, 1989, S. 49; *Mankowski* S. 166 f.; *Rasmussen-Bonne,* Alternative Rechts- und Forumswahlklauseln, 1999, S. 121–126; *Jaspers,* Nachträgliche Rechtswahl im internationalen Schuldvertragsrecht, 2002, S. 136–139; *Brödermann,* in: MAH IntWirtschaftsR § 6 Rn. 133.
[412] MüKoBGB/*Martiny* Art. 3 Rom I-VO Rn. 17 f.; Staudinger/*Magnus* Art. 3 Rom I-VO Rn. 54; *Schütze,* GS M. Wolf, 2011, S. 551, 557; *Brödermann,* in: MAH IntWirtschaftsR § 6 Rn. 133.

streits die Lücke, welche die Parteien gelassen haben, indem sie keine für diese Phase Wirkungen entfaltende Rechtswahl getroffen haben.[413] Verträge mit einer floating choice of law clause unterliegen keinem rechtlichen Vakuum. Im Gegenteil ist das Vertragsstatut zu jedem denkbaren Zeitpunkt bestimmbar; es mag nur je nach dem Zeitpunkt ein anderes Recht sein.[414] Andererseits handelt es um eine teure Lösung, die zu Denken in Optionen zwingt (wer ergreift wo die Initiative?), und aufgewendete Kosten sogar frustriert sein können, wenn es nie zu einer Klage kommt.[415]

195   b) *Gespaltene Rechtswahlklauseln.* Den floating choice of law clauses benachbart sind gespaltene Rechtswahlklauseln, ein anderes Phänomen, das sich in der Praxis beobachten lässt:[416] Entweder wird das Recht des Schuldners oder das Recht des Gläubigers für die einzelne vertragliche Verpflichtung gewählt. Darin liegt ebenfalls ein Kompromiss. Jede Partei hat das Spiel teilweise gewonnen und teilweise verloren. Jede Partei hat einen Erfolg errungen, aber eben nur einen partiellen Erfolg.

196   Gespaltene Rechtswahlklauseln werden mehrheitlich unter europäischem IPR als wirksam und beachtlich eingestuft.[417] Auf den ersten Blick könnte man in einer gespaltenen Rechtswahl eine partielle Rechtswahl sehen. Für Kaufverträge würde dies bei Wahl des Gläubigerrechts heißen, dass die Verpflichtungen zur Warenlieferung und Eigentumsübertragung dem Recht des Käufers unterliegen. Umgekehrt würde die Zahlungsverpflichtung dem Recht des Verkäufers unterliegen. Jede Partei gewinnt, soweit es um ihre eigenen Forderungen geht, und die Gegenpartei hat umgekehrt dasselbe Privileg.

197   Eine gespaltene Rechtswahl muss indes die Grenzen beachten, die einer Teilrechtswahl gezogen sind.[418] Diese Grenze darf man nicht überschreiten; eine Teilrechtswahl darf nicht zu einem law mix führen[419] und darf Unteilbares nicht teilen.[420]

198   Eine gespaltene Rechtswahl ist riskant.[421] Denn selbst wenn sie statthaft ist, kann sie zu aufwändigen Anpassungen führen. Es hat seinen guten Grund, weshalb die Rom I-VO die so genannte „große Vertragsspaltung" mit jeweils eigenen Statuten für Leistungs- und Gegenleistungspflichtung nicht kennt.[422]

199   c) *Hierarchische Rechtswahlklauseln.* Hierarchische Rechtswahlklauseln treffen eine subsidiäre Rechtswahl für den Fall, dass die primäre Rechtswahl fehlschlägt.[423] Sie entwickeln ein mehrstufiges System im Rahmen der subjektiven Anknüpfung. Es gibt immer ein und genau ein anwendbares Recht, und dieses ist gewählt. Ein Rückgriff auf die objektive Anknüpfung erfolgt nicht. Die Parteien sehen bereits selber eine Lückenfüllung vor und lassen erst gar keine spürbare Lücke entstehen. Eine Auffangregel dieses Zuschnitts hat für Handelsverträge einiges für sich.[424] Sie beruft immer genau ein gewähltes Recht zur Anwendung und nicht deren mehrerer oder eine Kombination von Elementen mehrerer Rechte.

---

[413] Siehe nur MüKoBGB/*Martiny* Art. 3 Rom I-VO Rn. 18; Staudinger/*Magnus* Art. 3 Rom I-VO Rn. 54.
[414] O. *Lando*, in: International Encyclopaedia of Comparative Law, ch. 24, 1976, Rn. 63; *Pierce*, (1987) 50 Mod. L. Rev. 174, 191 f. sowie *Plender/Wilderspin* Rn. 6–017; *P. Ostendorf*, in: Ostendorf/Kluth Int. Wirtschaftsverträge § 13 Rn. 91. AA The „*Armar*" [1981] 1 WLR 207, 212, 215 (C. A., per *Megaw* L. J.); The „*Iran Vojdan*" [1984] 2 Lloyd's Rep. 380, 385 (Q. B. D., *Bingham* J.); *A. Beck*, [1987] LMCLQ 522 (522).
[415] *Mankowski*, FS Dieter Martiny, 2014, S. 449, 455; *Brödermann*, in: MAH IntWirtschaftsR § 6 Rn. 133.
[416] Siehe nur *Wenner* Rn. 137.
[417] Siehe nur Hof Gent TBH 2006, 984, 986; *W. Lorenz*, IPRax 1987, 269, 272; *Pertegás Sender*, TBH 2006, 987, 988, 989.
[418] *Mankowski*, FS Dieter Martiny, 2014, S. 449, 459; Magnus/Mankowski/*Mankowski* Art. 3 Rome I Regulation Rn. 364.
[419] Bericht *Giuliano/Lagarde*, ABl. EWG 1980 C 282/17 Art. 4 EVÜ Bem. (8); GA *Bot*, ECLI:EU:C:2009:319 Nr. 86; Czernich/Heiss/*Heiss* Art. 3 EVÜ Rn. 34; *Marrella*, in: Boschiero S. 15, 33.
[420] Siehe nur *Windmöller*, Die Vertragsspaltung im Internationalen Privatrecht des EGBGB und des EGVVG, 2000, S. 74 mwN; *Mankowski*, FS Ulrich Spellenberg, 2010, S. 261, 264.
[421] *Brödermann*, in: MAH IntWirtschaftsR § 6 Rn. 133.
[422] Magnus/Mankowski/*Mankowski* Art. 3 Rome I Regulation Rn. 365.
[423] Siehe nur *Schwander*, FS Ingeborg Schwenzer, 2011, S. 1582, 1585.
[424] The „*Mariannina*" [1983] 1 Lloyd's Rep. 12, 15 (C. A., per *Ackner* L. J.).

IV. Rechtswahl

Die Stufenabfolge ist klar, und man gelangt auf die zweite Stufe der subsidiären Rechtswahl erst, wenn die primäre Rechtswahl auf der ersten Stufe gescheitert. Es erfolgt keine nachträgliche Rechtswahl, und es erfolgt rechtlich kein Statutenwechsel.

Der zentrale Problempunkt ist, zu ermitteln, wann die primäre Rechtswahl fehlschlägt.[425] Relativ häufigster Fall dafür dürfte fehlender Konsens sein. Er tritt bereits auf der ersten Stufe der primären Rechtswahl auf und würde genauso auftreten, wenn es keine Stufenfolge gewählter Rechte gäbe.[426]

d) *Versteinerungsklauseln.* Versteinerungsklauseln bezwecken, das anwendbare Recht gleichsam auf dem Stand einzufrieren, den es zu dem Zeitpunkt hatte, als die Rechtswahl getroffen wurde.[427] Dem sollte man keine kollisionsrechtliche Kraft beilegen.[428] Vielmehr sollte man es nur als materiellrechtliche Verweisung verstehen:[429] Die Vertragsparteien hätten das Recht, wie es zum Zeitpunkt des Vertragsschlusses war, abschreiben und zum Bestandteil ihres Vertrages machen können. Diese Vereinbarung steht unter dem Vorbehalt, dass sie nicht mit (internrechtlich) zwingenden Normen des gewählten Rechts kollidiert, wie es sich zum Beurteilungszeitpunkt ergibt, da die Verweisung auf die lex causae dynamisch ist. Wenn das Intertemporale Privatrecht des gewählten Rechts eine Versteinerung erlaubt, ist dies zu akzeptieren.[430]

e) *Stabilisierungsklauseln.* Den Versteinerungsklauseln eng benachbart, aber trotzdem eine eigene Spezies sind Stabilisierungsklauseln.[431] Sie versuchen sich nicht daran, das vereinbarte Recht auf dem Stand einzufrieren, den es zum Zeitpunkt der Vereinbarung hatte.[432] Sie bewegen sich von vornherein und offensichtlich nur auf der sachrechtlichen Ebene. Sie reagieren auf fundamentale Veränderungen im vereinbarten Recht und versuchen solchen Veränderungen so weit wie möglich die Wirkung zu nehmen.[433] Beispiele aus der Nähe zum Wegfall der objektiven Geschäftsgrundlage können etwa eine Revolution oder ein politischer Systemwechsel sein.[434] Stabilisierungsklauseln wollen das Recht zur Anwendung bringen, wie es vor dem verändernden Ereignis war.[435] Wichtigster Anwendungsbereich für Stabilisierungsklauseln sind Verträge zwischen Staaten und privaten Investoren.[436] Der private Investor will sich mit ihnen dem legislativen Zugriff des Staates, in dem er investiert, entziehen.

Der beabsichtigte Effekt von Stabilisierungsklauseln kann in Konflikt stehen mit der Lehre von der clausula rebus sic stantibus, wenn das vereinbarte Recht dieses Rechtsinstitut kennt. Die Lehre von der clausula rebus sic stantibus impliziert eine (Rechts-)Bedingung,

---

[425] *Mankowski,* FS Dieter Martiny, 2014, S. 449, 460; Magnus/Mankowski/*Mankowski* Art. 3 Rome I Regulation Rn. 369; *Vidmar,* ZfRV 2015, 219, 222–223.
[426] Siehe Magnus/Mankowski/*Mankowski* Art. 3 Rome I Regulation Rn. 369f.
[427] Grundlegend immer noch O. *Sandrock,* FS Stefan Riesenfeld, 1983, S. 211.
[428] *Rigaux,* Cah. dr. eur. 1988, 315, 320; *Lagarde,* RCDIP 80 (1991) 287, 303; MüKoBGB/*Martiny* Art. 3 Rom I-VO Rn. 26; Staudinger/*Magnus* Art. 3 Rom I-VO Rn. 51; *P. Ostendorf,* in: Ostendorf/Kluth Int. Wirtschaftsverträge § 13 Rn. 93. AA O. *Sandrock,* FS Stefan Riesenfeld, 1983, S. 211, 220f.; *Leible,* ZvglRWiss 97 (1998), 286, 305f.; Palandt/*Thorn* Art. 12 Rom I-VO Rn. 3.
[429] Siehe nur MüKoBGB/*Martiny* Art. 3 Rom I-VO Rn. 26; *Ferrari,* in: Ferrari IntVertragsR Art. 3 Rom I-VO Rn. 17; *P. Ostendorf,* in: Ostendorf/Kluth Int. Wirtschaftsverträge § 13 Rn. 93.
[430] *Schwander,* FS Ingeborg Schwenzer, 2011, S. 1581, 1586; Magnus/Mankowski/*Mankowski* Art. 3 Rome I Regulation Rn. 79.
[431] Umfassend *Fiedler,* Stabilisierungsklauseln und materielle Verweisung im internationalen Vertragsrecht, 2001.
[432] Siehe nur MüKoBGB/*Martiny* Art. 3 Rom I-VO Rn. 26; *P. Ostendorf,* in: Ostendorf/Kluth Int. Wirtschaftsverträge § 13 Rn. 92.
[433] Siehe nur *Mengel,* RIW 1983, 739; *J. Stoll,* RIW 1981, 808; *J. Stoll,* Vereinbarungen zwischen Staat und privatem Investor, 1982.
[434] Staudinger/*Magnus* Art. 3 Rom I-VO Rn. 53; weitere Beispiele bei Magnus/Mankowski/*Mankowski* Art. 3 Rome I Regulation Rn. 81.
[435] Dahin Vorauflage Rn. 482 *(v. Bar);* differenzierend MüKoBGB/*Martiny* Art. 3 Rom I-VO Rn. 27; Staudinger/*Magnus* Art. 3 Rom I-VO Rn. 53.
[436] Umfassend *Merkt,* Investitionsschutz durch Stabilisierungsklauseln, 1990.

dass die Vereinbarung nur soweit gelten soll, als alle relevanten Umstände praktisch gleich bleiben und sich nicht grundsätzlich verändern. Hier ist auf die lex contractus und ihre Handhabung der clausula rebus sic stantibus zu rekurrieren.[437]

204 **8. Keine kollisionsrechtliche Rechtswahl bei reinem Inlandssachverhalt dank Art. 3 III Rom I-VO.** Art. 3 III Rom I-VO zieht der Rechtswahl eine Grenze: Für einen Vertrag, der ein reiner Inlandsvertrag ist, weil er objektiv Beziehungen nur zu einem einzigen Staat aufweist, können die Parteien keine kollisionsrechtliche Rechtswahl treffen: Sind alle anderen Elemente des Sachverhalts (außer der Rechtswahl und einer dieser korrespondierenden Gerichtsstandsvereinbarung) zum Zeitpunkt der Rechtswahl in einem anderen als demjenigen Staat belegen, dessen Recht gewählt wurde, so berührt die Rechtswahl der Parteien nicht die Anwendung derjenigen Bestimmungen des Rechts dieses anderen Staates, von denen nicht durch Vereinbarung abgewichen werden kann.

205 „Alle anderen Elemente" meint „alle anderen *objektiven* Elemente". Andere subjektive, wie die Rechtswahl nur auf Parteivereinbarung beruhenden Elemente zählen nicht. Die Parteien dürfen schlechterdings nicht durch bloße Vereinbarung eine relevante Internationalität und Auslandsberührung herstellen. Fabrikation eines Auslandssachverhalts ist ihnen verwehrt. Dies trifft die Vereinbarung eines ausländischen Gerichtsstands, eines Schiedsgerichts im Ausland und eines abstrakten Erfüllungsorts im Ausland (also eines Erfüllungsorts, der mit dem eigentlichen Leistungsaustausch keine Berührungspunkte aufweist).[438] Auch wenn eine ausländische Währung als Zahlungswährung vereinbart wird (z. B. US$ bei in Deutschland zu erfüllendem Vertrag zwischen zwei Deutschen), eleviert dies allein den Vertrag nicht zu einem grenzüberschreitenden Vertrag.

206 Eine relevante Auslandsberührung stellen dagegen alle objektiven Elemente her. Es zählen mindestens alle Elemente, die Anknüpfungspunkt in einer Kollisionsnorm der Rom I-VO selber sind.[439] Daher reicht ein Vertragsabschlussort im Ausland, denn er ist Anknüpfungspunkt in Art. 11 I Var. 2 Rom I-VO.[440] Erst recht reicht ein tatsächlicher Leistungserbringungsort im Ausland,[441] zumal da er Anknüpfungspunkt unter Art. 12 II Rom I-VO ist. Es reicht auch aus, wenn eine der Parteien in einem anderen Staat ansässig ist.[442] Es soll sogar ausreichen, wenn eine Partei einem anderen Staat angehört.[443]

207 Liegt ein objektiv reiner Inlandsvertrag vor, so hat eine „Wahl" des Rechts eines anderen Staates nicht die Kraft einer (wenn auch kupierten) echten, kollisionsrechtlichen Rechtswahl,[444] sondern ist nur eine materiellrechtliche Verweisung.[445] Die Parteien haben dann keine kollisionsrechtliche Partei-, sondern nur sachrechtliche Privatautonomie. Die internrechtlich zwingenden Vorschriften des „Inlands" ziehen ihnen eine Grenze. Die Bestimmungen des „gewählten" Rechts werden nur mit dem Rang von Vertragsbedingungen in den Vertrag importiert und müssen sich jenen internrechtlich zwingenden Normen beu-

---

[437] Vorauflage Rn. 482 *(v. Bar);* Reithmann/Martiny/*Martiny* Rn. 2.57; Staudinger/*Magnus* Art. 3 Rom I-VO Rn. 52 sowie *P. Ostendorf,* in: Ostendorf/Kluth Int. Wirtschaftsverträge § 13 Rn. 94; Magnus/Mankowski/*Mankowski* Art. 3 Rome I Regulation Rn. 82.

[438] Staudinger/*Magnus* Art. 3 Rom I-VO Rn. 133; Rauscher/*v. Hein* Art. 3 Rom I-VO Rn. 115; Magnus/Mankowski/*Mankowski* Art. 3 Rome I Regulation Rn. 389.

[439] *Ferrari,* in: Ferrari IntVertragsR Art. 3 Rom I-VO Rn. 51; *Ferrari/Ragno* Art. 3 Rome I Regulation Rn. 53; Magnus/Mankowski/*Mankowski* Art. 3 Rome I Regulation Rn. 384.

[440] *Mankowski,* RIW 1993, 453, 454; Magnus/Mankowski/*Mankowski* Art. 3 Rome I Regulation Rn. 384; Staudinger/*Magnus* Art. 3 Rom I-VO Rn. 139; *Ferrari/Ragno* Art. 3 Rome I Regulation Rn. 53.

[441] *Biagioni,* NLCC 2009, 629, 631; *Nourissat,* Procédures janvier 2014, p. 14, 15; *Mankowski,* EWiR 2014, 231, 232.

[442] Siehe nur *G.-P. Calliess/G.-P. Calliess* Art. 3 Rome I Regulation Rn. 53.

[443] Hof Amsterdam NIPR 2015 Nr. 276 S. 456.

[444] Dafür aber z. B. *Jacquet,* Trav. Com. fr. dr. int. pr. 1993-94, 23; *Heiss,* in: Ferrari/Leible (eds.), Rome I regulation, 2009, S. 1, 2; *Kondring,* RIW 2010, 181, 185 f.; *Briggs,* Private International Law in English Courts, 2014, Rn. 7.116.

[445] Dafür z. B. *Mankowski,* IHR 2008, 133, 134; *Leible/M. Lehmann,* RIW 2008, 528, 534; *Maultzsch,* RabelsZ 75 (2011), 60, 67–70; *Boele-Woelki,* FS Ingeborg Schwenzer, 2011, S. 191, 197.

gen.⁴⁴⁶ Treffen sie dagegen im „inländischen" Recht nur auf dispositive Normen, so derogieren sie diesen und gehen diesen ebenso vor wie andere Vertragsbestimmungen auch. Man muss sich die Lage so vorstellen, als hätten die Parteien nicht pauschal auf „das Recht von X" Bezug genommen, sondern die einzelnen Normen des „gewählten" Rechts jeweils abgeschrieben.⁴⁴⁷

Welche Normen aus dem Recht des „Inlands" internrechtlich zwingend sind, muss eben dieses Recht besagen.⁴⁴⁸ Es ist gegebenenfalls durch Auslegung der einzelnen Normen nach dem Methodenkanon des „inländischen" Rechts für die Gesetzesauslegung zu ermitteln.⁴⁴⁹ „Normen" bestimmen sich nach der Rechtsquellenlehre des objektiv allein verbundenen Rechts und müssen sich nicht auf geschriebenes Gesetzesrecht beschränken, sondern können – insbesondere incase law-geprägten Rechtsordnungen – auch Richterrecht umfassen.⁴⁵⁰

Beispiel: Die V AG aus Essen als Verkäufer und die N GmbH & Co. KG aus Nürnberg als Käufer vereinbaren für ihren per Fax zwischen den Unternehmenssitzen abgeschlossenen Vertrag (Lieferung in Nürnberg, Zahlung in Euro auf ein Konto bei einer Bankfiliale in Essen) schweizerisches Recht.

9. Keine Derogation von Unionsrecht durch Wahl drittstaatlichen Rechts bei Binnenmarktssachverhalten dank Art. 3 IV Rom I-VO.

Art. 3 IV Rom I-VO verhindert eine Abbedingung internrechtlich zwingenden Unionsrechts durch Wahl eines drittstaatlichen Rechts, wenn alle objektiven Elemente des Sachverhalts zum Zeitpunkt der Rechtswahl in einem oder mehreren Mitgliedstaaten belegen sind. Er geht gedanklich auf die kollisionsrechtlichen Rechtssetzungsaufträge der Verbraucherschutzrichtlinien aus dem sonstigen Unionsrecht, die so genannten Drittstaatenklauseln, zurück. Die Grundidee verschiebt sich indes ein Stück weit. Aus der Anknüpfung an eine enge Verbindung zu einem Mitgliedstaat, wie sie den Richtlinienbestimmungen eigen ist, wird eine Art „Inland EU". Die EU wird in Art. 3 IV Rom I-VO gleichsam als ein Staat behandelt.

Die Nachbarschaft zum echten Inlandsfall in Art. 3 III Rom I-VO ist kein Zufall. Vielmehr will man dessen Ansatz übertragen. Dazu passt namentlich die Ausdehnung auf der Rechtsfolgenseite. Man löst sich von der Anlehnung an einzelne Richtlinien und schützt jetzt alles internrechtlich zwingende Recht unionsrechtlicher Provenienz.

Die Parenthese „gegebenenfalls in der von dem Mitgliedstaat des angerufenen Gerichts umgesetzten Form" in Art. 3 IV Rom I-VO beantwortet auf der Rechtsfolgenseite die ansonsten virulente Frage, was denn bei Richtlinien angewendet werden soll. Die Antwort lautet: das Umsetzungsrecht der lex fori.⁴⁵¹ Dies gilt übrigens ohne Einschränkung danach, ob der Forumstaat zu den Mitgliedstaaten zählt, in denen sich Elemente des Sachverhalts verorten lassen.⁴⁵² Freilich birgt dies einen gewissen Anreiz für forum shopping.⁴⁵³

Die Wahl z.B. schweizerischen Rechts als eines neutralen Rechts befreit jedenfalls nicht von den Fesseln des zwingenden Unionsrechts. Als Alternativen auf der Rechtsfolgenseite hätte man sich vorstellen können, dass die Anwendung desjenigen mitgliedstaatlichen Rechts angeordnet würde, zu welchem die engsten Verbindungen bestehen⁴⁵⁴ oder welches

---

⁴⁴⁶ GA *Szpunar,* ECLI:EU:C:2017:164 Rn. 151–158; Magnus/Mankowski/*Mankowski* Art. 3 Rome I Regulation Rn. 392 f.; *ders.,* NZI 2017, 637.
⁴⁴⁷ *Mankowski,* in: v. Bar/Mankowski, IPR AT § 7 Rn. 70.
⁴⁴⁸ Siehe nur *Biagioni,* NLCC 2009, 629, 632; Magnus/Mankowski/*Mankowski* Art. 3 Rome I Regulation Rn. 379.
⁴⁴⁹ Magnus/Mankowski/*Mankowski* Art. 3 Rome I Regulation Rn. 381.
⁴⁵⁰ *Ferrari,* in: Ferrari IntVertragsR Art. 3 Rom I-VO Rn. 56; *Ferrari/Ragno* Art. 3 Rome I Regulation Rn. 55; Magnus/Mankowski/*Mankowski* Art. 3 Rome I Regulation Rn. 380.
⁴⁵¹ Magnus/Mankowski/*Mankowski* Art. 3 Rome I Regulation Rn. 399. Rechtspolitisch kritisch *Kieninger,* FS Jan Kropholler, 2008, S. 499, 513–515.
⁴⁵² *Mankowski,* IHR 2008, 133, 135.
⁴⁵³ *d'Avout,* D. 2008, 2165, 2167.
⁴⁵⁴ Dahin *Leible/M. Lehmann,* RIW 2008, 528, 534.

qua objektiver Anknüpfung berufen wäre.[455] Freilich geht das Unionsrecht von der grundsätzlichen Gleichwertigkeit der mitgliedstaatlichen Umsetzungen aus und lässt hier Pragmatismus samt Ersparnis tertiärer Kosten vor unbedingte Systemgerechtigkeit gehen.

214 Zu eng ist aber ein Verständnis der zwingenden Normen, dass damit nur solche Normen gemeint wären, die für die Unionsrechtsordnung von grundlegender Bedeutung sind, weil sie den Grundfreiheiten dienen oder einen unverfälschten Wettbewerb im Binnenmarkt schützen.[456] Art. 3 IV Rom I-VO ist keine ordre public-Klausel, worauf eine solche Einengung materiell hinausliefe, sondern eine Parallele zu Art. 3 III Rom I-VO. „Zwingend" meint hier eindeutig „internrechtlich zwingend", also materiellrechtlich nicht zur Disposition der Parteien stehend,[457] die Eingangsstufe zwingenden Charakters mit den geringsten Anforderungen.

215 **Beispiel:** Die A GmbH aus Hamburg als Prinzipal und M aus Maastricht als Handelsvertreter vereinbaren für ihren Handelsvertretervertrag über eine Tätigkeit des M in den Benelux-Staaten schweizerisches Recht.

216 „Mitgliedstaat" hat in Art. 3 IV Rom I-VO im Übrigen eine andere, weitergehende Bedeutung als sonst in der Rom I-VO: Normalerweise wäre „Mitgliedstaat" ausweislich Art. 1 IV 1 Rom I-VO jeder EU-Mitgliedstaat außer Dänemark (und bis zum opt in Großbritannien). Art. 1 IV 2 Rom I-VO, im Laufe der Verhandlungen aufgenommen, stellt ausdrücklich klar, dass für die Zwecke des Art. 3 IV Rom I-VO „Mitgliedstaat" jeden EU-Mitgliedstaat meint, also auch Dänemark und vor dem Brexit Großbritannien.[458] EWR-Staaten sind freilich weiterhin nicht miterfasst.[459] Das Vereinigte Königreich wird mit Vollzug des Brexits zum Drittstaat, auch für die Zwecke des Art. 3 IV Rom I-VO.[460]

217 Art. 3 IV Rom I-VO beschränkt sich nicht auf Verbraucherschutz. Er erfasst auch B2B-Verträge. Dort sind internrechtlich zwingende Normen unionsrechtlichen Ursprungs freilich selten. Indes gibt es das Handelsvertreterrecht der HandelsvertreterRL[461] als sehr prominente Ausnahme. Die Ingmar-Entscheidung des EuGH[462] steht dabei Pate. Ein Problemfall sind Regelungen des Regresses in der Lieferkette von Verbraucherverträgen. Art. 4 VerbrauchsgüterkaufRL[463] lässt den Mitgliedstaaten insoweit Spielräume und trifft gerade keine detaillierte unionsrechtliche Regelung, sondern nur eine Art Strukturentscheidung.[464] Hier kann eine interessante Grenze verlaufen, da deutsche Unternehmen zunehmend Schweizer Recht in der Rechtswahlklausel ihrer AGB wählen, um dadurch zum

---

[455] Dafür *Leible,* in: Ferrari/Leible (Hrsg.), Ein neues Internationales Vertragsrecht für Europa, 2007, S. 41, 51.
[456] So aber *Clausnitzer/Woopen,* BB 2008, 1798, 1799.
[457] Magnus/Mankowski/*Mankowski* Art. 3 Rome I Regulation Rn. 401.
[458] *Leible/M. Lehmann,* RIW 2008, 528, 534.
[459] *Leible/M. Lehmann,* RIW 2008, 528, 534.
[460] *Rentsch,* EuZW 2017, 981, 984; *Bertoli,* RDIPP 2017, 599, 619f. sowie *Grupp,* EuZW 2017, 974, 978.
[461] Richtlinie 86/653/EWG des Rates vom 18.12.1986 zur Koordinierung der Rechtsvorschriften der Mitgliedstaaten betreffend die selbständigen Handelsvertreter, ABl. EG 1986 L 382/17.
[462] EuGH Slg. 2000, I-9305 Rn. 14–26 – Ingmar GB Ltd ./. Eaton Leonard Technologies, Inc.
[463] Richtlinie 1999/44/EG des Europäischen Parlaments und des Rates vom 25.5.1999 zu bestimmten Aspekten des Verbrauchsgüterkaufs und der Garantien für Verbrauchsgüter, ABl. EG 1999 L 171/12; Richtlinie 2011/83/EU des Europäischen Parlaments und des Rates vom 25.10.2011 über die Rechte der Verbraucher, zur Abänderung der Richtlinie 93/13/EWG und der Richtlinie 1999/44/EG des Europäischen Parlaments und des Rates und zur Aufhebung der Richtlinie 85/577/EWG des Rates und der Richtlinie 97/7/EC des Europäischen Parlaments und des Rates, ABl. EU 2011 L 304/64.
[464] Siehe insoweit im Zusammenhang mit den kollisionsrechtlichen Rechtssetzungsaufträgen verneinend *A. Staudinger,* in: R. Schulze/Schulte-Nölke (Hrsg.), Die Schuldrechtsreform vor dem Hintergrund des Unionsrechts, 2001, S. 295, 311; *A. Staudinger,* ZGS 2002, 63; *A. Staudinger,* RIW 2000, 416, 419; *Freitag/Leible,* EWS 2000, 342, 344; *Bitterich,* JR 2004, 485, 489f.; *O. Johannsen,* ITRB 2006, 112, 114 und bejahend Palandt/*Heldrich,* BGB, 67. Aufl. 2008, Art. 29 EGBGB Rn. 2; nähere Diskussion bei *S. Lorenz,* FS Erik Jayme, 2004, S. 533; *Dutta,* ZHR 171 (2007), 79; *Sendmeyer,* Der Unternehmerregress nach Maßgabe der §§ 478; 479 BGB, 2008, S. 304–343.

einen den strengen Anforderungen für die Wirksamkeit von Haftungsausschlussklauseln im deutschen AGB-Recht und zum anderen dem Letztverkäuferregress zu entkommen.[465] Art. 3 IV Rom I-VO ist freilich enger als Ingmar.[466] Ingmar geht über die Norm hinaus, denn Art. 3 IV Rom I-VO verlangt einen „EU-Fall" ohne relevanten objektiven Drittstaatenbezug, während der Fall Ingmar mit dem Sitz des Prinzipals in Kalifornien einen deutlichen objektiven Drittstaatenbezug aufwies und trotzdem zur Anwendung von Artt. 17; 18 HandelsvertreterRL bei Tätigkeit des Handelsvertreters in der EU kam.

Immer vorausgesetzt ist, dass der betreffende Unionsrechtsakt überhaupt selber anwendbar sein will. Z. B. heischt die HandelsvertreterRL keine Anwendung auf die Tätigkeit von Handelsvertretern in Drittstaaten und deshalb auch keine zwingende Durchsetzung gegen eine Wahl drittstaatlichen Rechts.[467] Sub specie Art. 3 IV Rom I-VO würde es obendrein an der Voraussetzung eines reinen EU-Binnensachverhalts fehlen, wenn ein Handelsvertreter (auch) in Drittstaaten tätig ist. Exportfördernde Regelungen wie § 92c I HGB sind dadurch (mittelbar) positiv sanktioniert.[468]

V. Objektive Anknüpfung nach Art. 4 Rom I-VO

Literatur: *B. Ancel,* La loi applicable à défaut de choix, in: Cashin Ritaine/Bonomi (dir.), Le nouveau règlement européen „Rome I" relative à la loi applicable aux obligations contractuelles, 2008, S. 77; *Arzandeh,* The law governing international contractual disputes in the absence of express choice by the parties, [2015] LMCLQ 525; *Atril,* Choice of Law in Contract: The Missing Piece of the Article 4 Jigsaw?, (2004) 53 ICLQ 549; *Azzi,* La loi applicable à défaut de choix selon les articles 4 et 5 du règlement Rome I, D. 2008, 2169; *Baratta,* Il collegamento più stretto nel diritto internazionale privato dei contratti, 1991; *Carillo Pozo,* El contrato internacional: la prestación caracteristica, 1994; *Cebrián Salvat,* El contrato de franquicia en Derecho internacional privado europeo, 2018; *Ferrari,* Objektive Anknüpfung, in: Ferrari/Leible (Hrsg.), Ein neues Internationales Vertragsrecht für Europa, 2007, S. 59; *ders.,* From Rome to Rome via Brussels: Remarks on the Law Applicable to Contractual Obligations Absent a Choice by the Parties (Article 4 of the Rome I Regulation), RabelsZ 73 (2009), 750; *ders.,* The Applicable Law in the Absence of Choice: Some Remarks on Article 4 of the Rome I Regulation (and Where it Comes from), Studi in onore di Aldo Frignani, 2011, S. 217; *Güneysu-Güngör,* Article 4 of the Rome I Regulation on the Applicable Law in the Absence of Choice – Methodological Analysis, Considerations, in: P. Stone/Farah (eds.), Research Handbook on EU Private International Law, 2015, S. 170; *Gunst,* Die charakteristische Leistung, 1994; *Hartley,* The Proposed Rome I Regulation: Applicable Law in the Absence of Choice (Article 4), Mélanges Hélène Gaudemet-Tallon, 2008, S. 717; *Hepting,* Schwerpunktanknüpfung und Schwerpunktvermutungen im internationalen Vertragsrecht – zugleich ein Beitrag zur Beweislast bei der Konkretisierung von Generalklauseln, FS Werner Lorenz zum 70. Geb., 1991, S. 393; *Kaspers,* Die gemischten und verbundenen Verträge im internationalen Privatrecht, 2015; *Kaufmann-Kohler,* La prestation caractéristique en droit international privé des contrats et l'influence de la Suisse, SchwJBIntR 45 (1989) 195; *Kuipers,* The Rome I Regulation: Ending the Contradictory Interpretation by National Courts of Art. 4 (5) Rome Convention?, Prague Yb.Comp. L. 1 (2009), 153; *Magagni,* La prestazione caratteristicà nella convenzione di Roma del 19 giugno 1980, 1989; *Magnus,* Article 4 of the Rome I Regulation: Applicable Law in the Absence of Choice, in: Ferrari/Leible (eds.), The Rome I Regulation, 2009, S. 27; *Mankowski,* Rechtssicherheit, Einzelfallgerechtigkeit und Systemgerechtigkeit bei der objektiven Anknüpfung im Internationalen Schuldvertragsrecht, ZEuP 2002, 804; *ders.,* Die Ausweichklausel des Art. 4 V EVÜ und das System des EVÜ, IPRax 2003, 464; *ders.,* Gemischte Verträge, objektive dépeçage, Handhabung der Ausweichklausel und Auslegungsmethodik im Internationalen Schuldvertragsrecht, IHR 2010, 89; *ders.,* Dépeçage unter der Rom I-Verordnung, FS Ulrich Spellenberg, 2010, S. 261; *ders.,* The Principle of Characteristic Performance Revisited Yet Again, Liber amicorum Kurt Siehr, 2010, S. 433; *Martiny,* Objektive Vertragsanknüpfung und Form, in: Leible (Hrsg.), Das

---

[465] Zu diesem Phänomen *Brachert/Dietzel,* ZGS 2005, 441; *Lischek/Mahnken,* ZIP 2007, 178, 183.
[466] Siehe *Martiny,* ZEuP 2008, 79, 88, 105; *Ofner,* ZfRV 2008, 13, 22; *Clausnitzer/Woopen,* BB 2008, 1798, 1799 Fn. 15; *d'Avout,* D. 2008, 2165, 2166.
[467] EuGH ECLI:EU:C:2017:129 Rn. 33–36 – Agro Foreign Trade & Agency Ltd./Petersime NV; GA *Szpunar,* ECLI:EU:C:2016:809 Rn. 43–60; *Pfeiffer,* LMK 2017, 388796; *Rohrßen,* ZVertriebsR 2017, 186, 187; *Mansel/Thorn/R. Wagner,* IPRax 2018, 121, 149.
[468] *Rohrßen,* ZvertriebsR 2017, 186, 187.

Grünbuch zum Internationalen Vertragsrecht, 2004, S. 109; *ders.,* Die objektive Anknüpfung atypischer und gemischter Schuldverträge, FS Bernd v. Hoffmann, 2011, S. 283; *M. Müller,* Objektive Anknüpfungsmomente für Schuldhältnisse im europäischer IPR und IZVR: Die Behandlung vertraglicher Sachverhalte, in: v. Hein/G. Rühl (Hrsg.), Kohärenz im Internationalen Privat- und Verfahrensrecht der Eruopäischen Union, 2016, S. 243; *Neubert,* Die objektiven Anknüpfungen von Schuldverträgen gem. Art. 4 Rom I-Verordnung – Vergleich zur vormals geltenden Regelung des Art. 28 EGBGB aF, EWS 2011, 369; *Patocchi,* Characteristic Performance: A New Myth in the Conflict of Laws?, Études de droit international en l'honneur de Pierre Lalive, 1993, S. 113; *Piroddi,* Between Scylla and Charybdis: Art. 4 of the Rome I Regulation Navigating along the Cliffs of Uncertainty and Inflexibility, Liber Fausto Pocar, tomo II, 2009, S. 819; *H.-B. Schäfer/Lantermann,* Choice of Law from an Economic Perspective, in: Basedow/Kono (eds.), An Economic Analysis of Private International Law, 2006, S. 87; *Tang,* Law Applicable in the Absence of Choice – The New Article 4 of the Rome I Regulation, (2008) 71 Mod. L. Rev. 785; *Villani,* La legge applicabile in mancanza di scelta dei contraenti, in: Boschiero (a cura di), La nuova disciplina comunitaria della legge applicabile ai contratti (Roma I), 2009, S. 149; *Vischer,* The Concept of the Characteristic Performance Reviewed, Liber amicorum G. A. L. Droz, 1996, S. 499; *R. Wagner,* Der Grundsatz der Rechtswahl und das mangels Rechtswahl anzuwendende Recht (Rom I-Verordnung), IPRax 2008, 377.

220 **1. Binnenstruktur des Art. 4 Rom I-VO.** *a) Katalogtechnik des Art. 4 I Rom I-VO und allgemeines Prinzip des Art. 4 II Rom I-VO.* Art. 4 I Rom I-VO verwendet eine Katalogtechnik. Er zählt für die wichtigsten Vertragskategorien ausdrücklich auf, wie die objektive Anknüpfung sich gestaltet. Das Prinzip der charakteristischen Leistung bleibt die grundsätzliche Maxime. Es tritt in der Struktur sogar deutlicher hervor als unter Art. 4 EVÜ, wo ein erster Absatz gleichsam vorgeschaltet war und unerfahrene Praktiker nicht so schnell auf die Idee kamen, die eigentliche Hauptregel in Art. 4 II 2 EVÜ zu suchen. Dies ist glücklicherweise[469] vorbei. Die Hauptregel steht zwar weiter erst im zweiten Absatz. Der erste Absatz aber lenkt nicht mehr ab und führt nicht mehr irre, sondern bietet einen Katalog, der weitgehend aus Anwendungsbeispielen für die Hauptregel besteht. Soweit er nicht der Hauptregel folgt, gibt er wenigstens klare Anweisungen. Die Reihenfolge der Absätze denkt jetzt vom Praktiker her, der eine Antwort sucht, wie der konkret vor ihm liegende Vertragstyp zu behandeln sein könnte.[470]

221 Freilich verfolgt Art. 4 Rom I-VO diesen Ansatz nicht mit letzter Konsequenz, sondern bleibt auf halber Strecke stehen. Der Katalog ist insofern halbherzig, als er nur die wichtigsten Vertragstypen und die Ausnahmen vom Prinzip aufführt. An sich ist die Erkenntnis richtig, dass es nicht gelingen kann, ausnahmslos alle Vertragstypen in einem Katalog aufzulisten. Der Katalog des Art. 4 I Rom I-VO hätte indes, wenn man Praktiker wirklich an die Hand nehmen will, ausführlicher und in sich geordneter sein müssen.

222 Systematisch wäre es weit konsequenter gewesen, mit der Regel (heute II) zu beginnen, dann mit einem „insbesondere" eingeleitet erläuternde Beispiele (heute in I enthalten) folgen zu lassen[471] und schließlich jene Tatbestände anzuschließen, welche als Ausnahmen nicht der Regel folgen (ebenfalls heute in I enthalten). In seiner heutigen, innerlich inkohärenten und inkonsistenten Gestalt hat der Katalog des Art. 4 I Rom I-VO im Detail leicht eklektizistischen Charakter[472] und trennt nicht immer zwischen Prinzipienbefolgung und Prinzipienabweichung. Spezialtatbestände geben dem Praktiker, der mit dem IPR nur am Rande zu tun hat, indes mehr Anleitung und eine festere Hilfestellung.[473] Artt. 117 III; 119; 122 schwIPRG lassen als Vorbilder grüßen.[474] Der Servicegedanke gewinnt die Oberhand über Pädagogik und Systemerkenntnis. Ermessen und Beurteilungsspielraum lässt sich mit Art. 4 I Rom I-VO im Vergleich mit Art. 4 EVÜ sowieso nicht entscheidend reduzie-

---

[469] Siehe nur *Azzi,* D. 2008, 2169; *Solomon,* 82 Tul. L. Rev. 1709, 1712 f. (2008); *Mankowski,* EuZ 2009, 2, 4.
[470] *Mankowski,* IHR 2008, 133, 137.
[471] *Leible,* EuZ 2006, 78, 80.
[472] *Thorn,* FS Karsten Schmidt, 2009, S. 1561, 1571 Fn. 39.
[473] *Mankowski,* IHR 2008, 133, 137.
[474] *Mankowski,* EuZ 2009, 2, 4.

b) Gewöhnlicher Aufenthalt als zentraler Anknüpfungspunkt und Ausfüllung durch Art. 19 Rom I-VO. Zentraler Anknüpfungspunkt unter Art. 4 I, II Rom I-VO ist der gewöhnliche Aufenthalt entweder der in Art. 4 I Rom I-VO im Katalog benannten Vertragspartei oder unter Art. 4 II Rom I-VO derjenigen Vertragspartei, welche die charakteristische Leistung erbringt. Den Begriff des gewöhnlichen Aufenthalts umschreibt für die Zwecke des Internationalen Schuldvertragsrechts Art. 19 Rom I-VO. Nach Art. 19 I Rom I-VO ist gewöhnlicher Aufenthalt bei Gesellschaften deren Hauptverwaltungssitz, bei natürlichen Personen (Einzelunternehmern) deren Hauptniederlassung. Im Gegensatz zur Hauptniederlassung und zur „einfachen" Niederlassung, beides Merkmale für den unternehmensexternen Rechtsverkehr, erfolgt beim Sitz ein Rückzug auf ein internes Merkmal.[476] Art. 19 I UABS. 1 Rom I-VO zielt für Gesellschaften mit der Hauptverwaltung auf ein internes Merkmal, nämlich auf den effektiven Verwaltungssitz. Auf den Satzungssitz kommt es aber nicht an.[477]

Indes schwenkt man mit Art. 19 II Rom I-VO wieder auf eine Niederlassungsanknüpfung um, indem als gewöhnlicher Aufenthalt eine Niederlassung fingiert wird, sobald diese Niederlassung den Vertrag abschließt oder für die Erfüllung des Vertrages verantwortlich ist. Im Ausgangspunkt lehnt sich der Niederlassungsbegriff des Art. 19 II Rom I-VO an Art. 7 Nr. 5 Brüssel Ia-VO (ex Art. 5 Nr. 5 EuGVÜ/EuGVVO) an und sollte deshalb im Lichte des Vorbilds ausgelegt werden.[478] Eine Niederlassung ist demnach ein auf Dauer angelegter Stützpunkt für den unternehmensexternen Rechtsverkehr mit eigenem Geschäftsbereich und eigener personeller wie sachlicher Ausstattung unter der Aufsicht eines Stammhauses, der einen direkten Rekurs auf das Stammhaus unnötig macht.[479] Verlangt sind für eine Niederlassung im vertragsrechtlichen Bereich jedenfalls eine hinreichende personelle Kapazität (handling-Kapazität) und eine sachliche Ausstattung.[480]

Natürliche Personen, die eine berufliche oder gewerbliche Tätigkeit ausüben,[481] haben für die Zwecke dieser Tätigkeit ihren gewöhnlichen Aufenthalt laut Art. 19 I UAbs. 2 Rom II-VO am Ort ihrer (beruflichen oder gewerblichen) Hauptniederlassung. Erfasst ist nur die selbständige berufliche Tätigkeit, dagegen keine unselbständige Tätigkeit als Arbeitnehmer.[482] Hauptniederlassung ist das Zentrum der beruflichen oder gewerblichen Aktivität, ähnlich dem Niederlassungsbegriff der Niederlassungsfreiheit,[483] bei mehreren Stützpunkten das relative Zentrum. Eine Hauptverwaltung haben natürliche Personen nie.[484] Eine Ausrichtung auf den unternehmensexternen Rechtsverkehr ist – abweichend von den normalen Kriterien des Niederlassungsbegriffs und von Art. 63 I lit. c Brüssel Ia-VO – nicht zu verlangen.[485]

---

[475] So aber *Gunnarsson,* ERPL 2017, 765, 771.
[476] Das übersehen *Plender/Wilderspin,* The European Contracts Convention, 2001, Rn. 6–31, wenn sie unbesehen die Hauptniederlassung mit dem real seat gleichsetzen.
[477] *Mankowski,* IHR 2008, 133, 139; G.-P. Callies/*Baetge* Art. 19 Rome II Regulation Rn. 12.
[478] Siehe nur *Mankowski,* IHR 2008, 133, 140; G.-P. Callies/*Baetge* Art. 19 Rome I Regulation Rn. 14; Staudinger/*Magnus* Art. 19 Rom I-VO Rn. 25.
[479] Siehe nur EuGH. 33/78, Slg. 1978, 2183 Rn. 12 – Somafer/Saar-Ferngas; EuGH. 139/80, Slg. 1981, 819 Rn. 11 – Blanckaert & Willems/Trost; EuGH. 218/86, Slg. 1987, 4905 Rn. 10 – Schotte/Parfums Rothschild; EuGH. C-439/93, Slg. 1995, I-961 Rn. 18 – Lloyd's Register of Shipping/Société Campenon Bernard; EuGH. C-154/11, ECLI:EU:C:2012:491 Rn. 48 – Ahmed Mahamdia/Volksrepublik Algerien; Cassaz. RDIPP 2013, 459, 464.
[480] *Mankowski,* TranspR 1993, 213, 223.
[481] Zur Abgrenzung z. B. Rauscher/*Thorn* Art. 19 Rom I-VO Rn. 10; Staudinger/*Magnus* Art. 19 Rom I-VO Rn. 15–17, 30.
[482] G.-P. Callies/*Baetge* Art. 19 Rome I Regulation Rn. 20.
[483] *C. Albers,* Die Begriffe der Niederlassung und der Hauptniederlassung im Internationalen Privat- und Zivilverfahrensrecht, 2010, S. 162 f.
[484] Siehe nur *G. John,* GPR 2018, 70, 77.
[485] Ähnlich *C. Albers,* Die Begriffe der Niederlassung und der Hauptniederlassung im Internationalen Privat- und Zivilverfahrensrecht, 2010, S. 163.

226 Der gewöhnliche Aufenthalt für natürliche Personen, die keine berufliche oder gewerbliche Tätigkeit ausüben, wird in Art. 19 Rom I-VO dagegen nicht erläutert. Er sollte sich an die im Internationalen Familienrecht gebräuchlichen Maßstäbe anlehnen.[486] Leider enthält Art. 19 Rom I-VO für diese nicht zu unterschätzende Kategorie eine schmerzhafte Lücke,[487] die umso schmerzhafter und unverständlicher ist, als Art. 6 I Rom I-VO Verträge von – per definitionem für private Zwecke kontrahierenden – Verbrauchern objektiv an deren gewöhnlichen Aufenthalt anknüpft.

227 Die Lücke enttäuscht auch die Erwartungen, die Erwägungsgrund (39) Rom I-VO weckt[488] (und sogleich wieder einschränkt, wie man ehrlicherweise zugeben muss). Indes sollten Artt. 21 I EuErbVO; 3 I litt. a, b EuUntVO; 5 I litt. a, b; 8 litt. a, b Rom III-VO; 6 litt. a–c; 22 I lit. a; 26 I lit. a EuGüVO; 6 litt. a–c; 22 I lit. a EuPartVO; 3 I UAbs. 4 S. 1 EuInsVO 2015 zukünftig genug Fallmaterial und Orientierungsmarken produzieren. Zu suchen ist der Lebensmittelpunkt, der Schwerpunkt der persönlichen wie wirtschaftlichen und familiären Interessen für das einzelne Anknüpfungssubjekt.[489] Dies ist auch für die Zwecke der Rom I-VO ein rein faktisches, kein normativ determiniertes Kriterium.[490] Auf (ausländer- oder ordnungsrechtliche) Erlaubtheit des Daseins kommt es nicht an.[491]

228 *c) Ausweichklausel der engeren Verbindung in Art. 4 III Rom I-VO.* Jede Regelanknüpfung muss sich einer Abwägung stellen. Art. 4 III Rom I-VO statuiert eine allgemeine Ausweichklausel der engeren Verbindung. Das IPR sucht in seinem Grundprinzip nach der engsten Verbindung. Diese ist mit der Regelanknüpfung häufig, aber eben nicht in jedem Fall garantiert. Genau um die Regelanknüpfung nicht rigide werden zu lassen, gibt es Art. 4 III Rom I-VO. Er ist Ventil für eine höhere Anknüpfungsgerechtigkeit. Er ist wichtiges Instrument im Gesamtsystem und nimmt jeglicher Kritik an einer angeblichen Starrheit des Prinzips der charakteristischen Leistung die Schärfe und die innere Berechtigung.[492]

229 *d) Auffangklausel der engsten Verbindung in Art. 4 IV Rom I-VO.* Art. 4 IV Rom I-VO statuiert eine Anknüpfung an die engste Verbindung, wenn ein Vertrag sich nicht über Art. 4 I oder II Rom I-VO anknüpfen lässt. Er bildet eine Auffangklausel.[493] Er ist gleichsam the lender of last resort. Wenn alle benennbaren Ausgestaltungen und Konkretisierungen an Anknüpfungsregeln versagen, muss man eben auf das Grundprinzip allen Internationalen Privatrechts zurückfallen und nach der relativ engsten Verbindung suchen. Das mag eine offene Lösung sein, die relativ schwache Ergebnisse produziert und die Mühe einer Abwägung aufbürdet. Aber es bleibt an dieser Stelle im Anknüpfungsprozess eben nichts anders mehr übrig. Ein Anknüpfungsergebnis muss eben her, koste es, was es wolle. Die einzigen verbliebenen Alternativen wären nicht akzeptabel, nämlich auf eine Anknüpfung ganz zu verzichten oder auf das Sachrecht der lex fori auszuweichen.

230 **2. Vertragstypenkatalog des Art. 4 I Rom I-VO.** *a) Rechtssicherheit und Praktikerorientierung durch Katalogtechnik.* Der Praktiker bekommt durch Art. 4 I Rom I-VO für die wichtigsten Vertragskategorien eine gute Richtschnur und noch schnellere Orientierung, als es die Kodifizierung des Prinzips allein täte.[494] Gerade der supranationale Gesetzgeber weiß sich hier in besonderem Maße der Rechtssicherheit und der Klarheit verpflichtet, um

---

[486] *Magnus/Mankowski/de Lima Pinheiro* Art. 19 Rome I Regulation Rn. 12; *G.-P. Callies/Baetge* Art. 19 Rome I Regulation Rn. 28.
[487] *Rauscher/Thorn* Art. 19 Rom I-VO Rn. 12; Staudinger/*Magnus* Art. 19 Rom I-VO Rn. 29.
[488] *Ferrari/Altenkirch* Art. 19 Rome I Regulation Rn. 3.
[489] Siehe nur NK-BGB/*G. Schulze* Art. 23 Rom II-VO Rn. 15.
[490] *G.-P. Callies/Baetge* Art. 19 Rome I Regulation Rn. 27.
[491] *G.-P. Callies/Baetge* Art. 19 Rome I Regulation Rn. 30.
[492] *Mankowski*, Liber amicorum K. Siehr, 2010, S. 433, 447, 451.
[493] Siehe nur *Remien*, in: Leible/Unberath (Hrsg.), Brauchen wir eine Rom 0-Verordnung?, 2013, S. 223, 229.
[494] *R. Wagner*, IPRax 2008, 377, 382; *Mankowski*, EuZ 2009, 2, 4.

so Auslegungsdivergenzen in verschiedenen Mitgliedstaaten zu vermeiden.[495] Den Verlust an Flexibilität[496] nimmt der Praktiker gern in Kauf, zumal hinreichende Flexibilität über die Ausweichklausel gewahrt bleibt, wenn sie denn im Einzelfall ausnahmsweise vonnöten sein sollte. Dem steht die Notwendigkeit zu genauerer Qualifikation gegenüber.[497] Spezialtatbestände bergen sicherlich Abgrenzungsschwierigkeiten.[498] Sie halten andererseits zu präziseren Definitionen und genauerer Einordnung an.[499] Art. 4 I Rom I-VO kann man für Praktiker als moderaten Fortschritt verstehen.[500] Dies gilt insbesondere für Franchiseverträge[501] und Vertriebsverträge[502]. Denn dort hatte die französische Rechtsprechung Unsicherheit in Art. 4 II EVÜ hineingetragen,[503] die mit Art. 4 I litt. e; f Rom I-VO legislativ ausgeräumt wurde.[504]

Mehrere ungefähr gleichgewichtige Leistungen *derselben* Partei spielen zusammen und tragen unter Art. 4 II Rom-VO. Sie addieren sich und summieren ihr gemeinsames Gewicht. Güterbeförderungsverträge bringen mit den ihnen gewidmeten Sonderregeln des Art. 5 Rom I-VO eine besondere Farbe ein, die es sonst jedenfalls dann nicht gibt, wenn die kategorisierte Regel aus dem Katalog des Art. 4 I Rom-VO dem Prinzip der charakterisierten Leistung verpflichtet ist. Freilich bleibt das Grunddilemma jeder Kategorisierung, dass sie zusätzliche Qualifikationsfragen und zusätzliche Probleme bei gemischten Verträgen aufwirft.[505]

b) Das Verhältnis der Katalogtatbestände zum Prinzip der charakteristischen Leistung. Allerdings folgen nicht alle Tatbestände in Art. 4 I Rom I-VO dem Prinzip der charakteristischen Leistung:[506] Sicher gilt dies für Art. 4 I litt. c und d Rom I-VO. Die Anknüpfung von Immobilienverträgen folgt darin vielmehr dem Prinzip der engsten Verbindung.[507] Bei Franchiseverträgen und Vertriebsverträgen kann man sich darüber streiten, ob die Anknüpfung dem Prinzip der charakteristischen Leistung entspringt oder ob sie auf dem Gedanken beruht, einer typischerweise schwächeren Vertragspartei kollisionsrechtlich entgegenzukommen.[508] Sofern jener Gedanke des Schwächerenschutzes unterstützt und untermauert, was das Prinzip der charakteristischen Leistung sowieso besagt, muss man konsequent das Prinzip in den Vordergrund stellen. Dass neben der Gefolgschaft für das Prinzip weitere Wertungen zum selben Ziel führen, schadet dem Prinzip nämlich keineswegs.

Schwächerenschutz kann bei Art. 4 I Rom I-VO a priori nur in dem minderen Maße verwirklicht sein, dass der Schwächere einen bargaining chip an die Hand bekommt. Denn

---

[495] *Ballarino,* Riv. dir. int. 2009, 40, 57.
[496] *Martiny,* in: Leible (Hrsg.), Das Grünbuch zum Internationalen Vertragsrecht, 2004, S. 109, 115.
[497] *Martiny,* in: Leible (Hrsg.), Das Grünbuch zum Internationalen Vertragsrecht, 2004, S. 109, 115; *R. Wagner,* IPRax 2008, 377, 382.
[498] *Martiny,* in: Leible (Hrsg.), Das Grünbuch zum Internationalen Vertragsrecht, 2004, S. 109, 115; *Leible,* EuZ 2006, 78, 80.
[499] *Mankowski,* IHR 2008, 133, 137; *Mankowski,* EuZ 2009, 2, 4.
[500] *Briggs,* (2009) 125 LQR 191, 192.
[501] Näher zu Art. 4 I lit. e Rom I-VO *García Gutiérrez,* YbPIL 10 (2008), 233.
[502] Näher zu Art. 4 I lit. f Rom I-VO *M.-É. Ancel,* RCDIP 97 (2008), 561; *M.-É. Ancel,* YbPIL 10 (2008), 221.
[503] Cass. com., RCDIP 91 (2002), 86 note *Lagarde* = Clunet 128 (2001), 1121 note *André Huet* = JCP, éd. G, 2001 II 10634 note *Raynard* = D. 2002, 198 note *Diloy* = Lamy Dr. aff. n°. 2898 (février 2002), 5 note *Kenfack* – arrêt Optelec (dazu *Audit,* D. 2002, 1397); danach Cass. com., RCDIP 93 (2004), 102 note *Lagarde* = Clunet 131 (2004), 1179 note *M.-É. Ancel* = D. 2004, 474 note *Kenfack* = JCP G 2004 II 10046 note *Raynard* – arrêt Amman-Yanmar; Cass. 1ere civ., Bull. civ. 2007 I n°. 30 = JCP G 2007 II 10074 note *Azzi* = D. 2007, 511 note *Chevrier* = D. 2007, 1575 note *Kenfack* = D. 2007, 2571 note *Bollée.*
[504] *Leible,* EuZ 2006, 78, 80; *Martiny,* ZEuP 2008, 79, 90; *Mankowski,* IHR 2008, 133, 138; *van Dongen/Wenting,* NTBR 2009, 82, 85.
[505] *Martiny,* in: Leible (Hrsg.), Das Grünbuch zum internationalen Vertragsrecht, 2004, S. 109, 115; *Leible,* EuZ 2006, 78, 80; *Magnus,* in: Ferrari/Leible (eds.), Rome I Regulation, 2009, S. 27, 32 f.
[506] *B. Ancel,* in: Cashin Ritaine/Bonomi (éds.), Le nouveau règlement européen „Rome I" relatif à la loi applicable aux obligations contractuelles, 2008, S. 77, 83, 85; *Bonomi,* YbPIL 10 (2008), 165, 174; *van Dongen/Wenting,* NTBR 2009, 82, 85.
[507] Näher zu Art. 4 I lit. c Rom I-VO *Vlas,* WPNR 6781 (2009), 29.
[508] So *van Dongen/Wenting,* NTBR 2009, 82, 85.

sämtliche Anknüpfungen des Art. 4 I Rom I-VO sind parteidispositiv und weichen sofort und restlos einer Rechtswahl. Von einem Schwächerenschutz nach dem Modell der Artt. 6; 8 Rom I-VO ist man damit meilenweit entfernt. Denn Instrument des Stärkeren ist typischerweise die von ihm vorgeschlagene, ja diktierte Rechtswahl zu seinen Gunsten und nach seinem Gefallen.

234 *c) Katalogtatbestände als feste Anknüpfungsregeln?* Nicht selten werden die Katalogtatbestände als feste Tatbestände (fixed and direct rules, real rules) bezeichnet.[509] In der Tat sind sie anders als Art. 4 II-4 EVÜ nicht ausdrücklich als Vermutungen formuliert. In ihrem Text taucht das Wort „Vermutung" nicht auf. Vielmehr sind sie indikativisch formuliert, ohne jedes optionale oder fakultative Moment. Allerdings sollte man mit jeder Charakterisierung der Katalogtatbestände als fix, starr oder rigide[510] sehr vorsichtig sein, ja besser noch: sie ganz vermeiden. Eine solche Bezeichnung kann nämlich sehr schnell zu schwerwiegenden Missverständnissen führen. Natürlich nimmt der Katalog Richtern Entscheidungsermessen.[511] Aber Art. 4 I Rom I-VO ist nicht zwingend das letzte Wort im konkreten Anknüpfungsprozess.

235 Denn unbestreitbar stehen sämtliche Katalogtatbestände unter dem Vorbehalt des Art. 4 III I VO. Die Ausweichklausel lebt, und sie ist ganz wesentlicher Bestandteil des Systems. Von Starrheit und Rigidität kann keine Rede sein. Dies gilt umso mehr angesichts der Genese: Bekanntlich wollte die Kommission die Ausweichklausel abschaffen.[512] Damit stieß sie auf massive Kritik[513] und vermochte sich nicht durchzusetzen. Nach langem Hin und Her, Vor[514] und Zurück gibt es Art. 4 III Rom I-VO. Das schlussendliche Fortleben der Ausweichklausel, ihr Wiederaufleben entgegen dem Kommissionsvorschlag ist eine eminente kollisionsrechtspolitische Strukturentscheidung. Diese Strukturentscheidung richtet sich gerade und gezielt gegen Starrheit und Rigidität. Daher ist es gefährlich, von „festen" Tatbeständen zu sprechen. Natürlich ist „fest" ein relativer Ausdruck und der Ausfüllung offen. Jedoch ist „fest" geeignet, bei Praktikern Verwirrung zu stiften – und sie schlimmstenfalls sogar Art. 4 III Rom I-VO übersehen zu lassen.

236 *d) Kaufverträge (Art. 4 I lit. a Rom I-VO).* aa) Kauf. Kaufverträge über bewegliche Sachen unterstellt Art. 4 I lit. a Rom I-VO dem Recht des Staates, in welchem der Verkäufer seinen gewöhnlichen Aufenthalt (Art. 19 Rom I-VO) hat. Der Begriff des Kaufvertrags ist dabei weit zu verstehen. Insoweit ist so weit wie möglich Einklang mit Art. 7 Nr. 1 lit. b 1. Lemma Brüssel Ia-VO, der (geänderten) VerbrauchsgüterkaufRL 1999/44/EG und der CISG zu wahren.[515] Funktionell ist das entscheidende Element die Verpflichtung, eine bewegliche Sache als Objekt zu veräußern, d. h. das Eigentum und gemeinhin auch den Besitz an ihr zu übertragen.[516] Der Eigentumsübergang selber samt dem Verfügungsgeschäft ist aber dem Internationalen Sachenrecht, in Deutschland also Art. 43 EGBGB, unterworfen.[517]

237 Die CISG ist nach Art. 3 I CISG auch auf Werklieferungsverträge anwendbar, bei denen die Ware von dem Veräußerer oder einem von ihm eingeschalteten Dritten erst noch her-

---

[509] Z.B. *Bonomi*, YbPIL 10 (2008), 165, 175; *De Miguel Asensio*, YbPIL 10 (2008), 199, 201; *Ballarino*, Riv. dir. int. 2009, 40, 57.

[510] Dahin z.B. *Ferrari*, RabelsZ 73 (2009), 750, 769; *Magnus*, in: Ferrari/Leible (eds.), Rome I Regulation, 2009, S. 29; *M.-P. Weller*, IPRax 2011, 429, 434.

[511] *M.-P. Weller*, IPRax 2011, 429, 434.

[512] Vorschlag für eine Verordnung des Europäischen Parlaments und des Rates über das auf vertragliche Schuldverhältnisse anzuwendende Recht (Rom I), von der Kommission vorgelegt am 15.12.2005, KOM (2005) 650 endg.

[513] Heftige Kritik daran insbesondere bei *Ferrari*, in: Ferrari/Leible (Hrsg.), Ein neues Internationales Vertragsrecht für Europa, 2007, S. 59, 72–85; außerdem z.B. bei *Lagarde*, RCDIP 95 (2006), 331, 338f.; *W.-H. Roth*, (2006) 45 C.M.L.Rev. 913, 916; *Kieninger*, EuZ 2007, 22, 25.

[514] Z.B. Art. 4 III Vermerk des Vorsitzes für den AstV/Rat vom 30.3.2007 – 8022/07 ADD 1.

[515] Staudinger/*Magnus* Art. 4 Rom I-VO Rn. 37.

[516] Staudinger/*Magnus* Art. 4 Rom I-VO Rn. 37.

[517] Staudinger/*Magnus* Art. 4 Rom I-VO Rn. 37.

V. Objektive Anknüpfung nach Art. 4 Rom I-VO 238–240 § 1

zustellen oder zu erzeugen ist.[518] Das ist auf Art. 4 I lit. a Rom I-VO zu übertragen.[519] Es wäre sachlich nicht gerechtfertigt, darauf abzustellen, ob die zu liefernde Sache bei Vertragsschluss bereits hergestellt war oder nicht.[520] Solange das Tätigkeitsmoment nicht das dominante Element im Gesamtgefüge des Vertrages ist, entscheidet das Resultat, dass der Verkäufer die Ware an den Käufer liefert und übergibt.[521] Der Verkäufer-Hersteller und der Weiterverkäufer sind gleichermaßen abgedeckt. Wie der Verkäufer seinerseits an die Ware gelangt und in die Position kommt, sie liefern und übereignen zu können, ist von minderer Bedeutung, es sei denn, es käme den Parteien gerade und spezifisch auf die eigene Herstellung durch den Verkäufer an. Wo hergestellt wird, ist erst recht irrelevant, wenn die Ware woanders geliefert wird.[522] Unbeachtlich ist auch, ob die Sache vertretbar ist oder nicht.[523]

Im Randbereich sind z. B. Druckaufträge als Kaufverträge einzuordnen.[524] Wenn der Verkäufer verpflichtet ist, die Ware beim Käufer aufzustellen und zu installieren, ändert dies grundsätzlich nichts an der Natur als Kaufvertrag.[525] Der eigentlichen Lieferung nachlaufende Dienstleistungselemente wie Überwachung oder Wartung, in moderner Terminologie after-sale services, verändern die Natur des Vertrages ebenfalls grundsätzlich nicht.[526] Weder eine Teilung noch eine Bewertung der Dienstleistungselemente als überwiegend würde in den meisten Fällen der Struktur des Art. 4 I Rom I-VO Gerechtigkeit widerfahren lassen. 238

Das belegt ein Vergleich mit der Konstellation, dass der Verkäufer Garantieleistungen in Gestalt von Reparaturen erbringen muss, weil die gelieferten Waren mangelbehaftet sind. Dort gibt es Tätigkeitselemente, die wie selbstverständlich als Nebenleistungen zur Hauptsache Warenlieferung geschlagen werden. Indes mag sich das Bild ändern, wenn die after-sale services nicht als solche ausgewiesen werden, sondern Gegenstand eines gesonderten Vertrages sind.[527] Dann haben die Parteien selber die Trennung klar gestellt. Formal getrennte Verträge sollten grundsätzlich auch rechtlich getrennt behandelt werden.[528] Jedoch sollte ein formal einheitlicher Vertrag mit verschiedenen Elementen (Lieferung, Wartung, Support) danach eingeordnet werden, welches die wichtigste Verpflichtung ist.[529] Verträge über regelmäßige oder unregelmäßige Updates aber sollten wiederum als Warenlieferungsverträge gelten.[530] 239

bb) Begriff der Waren. (1) Grundsätzliches. Waren,[531] „goods" sind nach ihrem alltäglichen Verständnis bewegliche körperliche Sachen. Eine etwas genauere Definition ginge 240

---

[518] OLG Graz CISG-online Nr. 2460; HG Zürich IHR 2008, 31; Kantonsgericht Schaffhausen CISG-online Nr. 960; HG Aargau IHR 2003, 178, 179; HG Zürich CISG-online Nr. 488.
[519] Siehe nur EuGH Slg. 2010, I-1255 Rn. 36 – Car Trim GmbH/KeySafety Systems Srl; OLG Karlsruhe IHR 2008, 194, 195; Trib. Padova, sez. distaccata di Este RDIPP 2007, 147, 151; *Magnus*, IHR 2002, 45, 47; *Czernich*, wbl 2002, 337, 339; *Rauscher*, FS Andreas Heldrich, 2005, S. 933, 944; *Ignatova*, Art. 5 Nr. 1 EuGVO – Chancen und Perspektiven der Reform des Gerichtsstandes am Erfüllungsort, 2005, S. 185; *Franzina*, Giurisdizione in materia contrattuale, Padova 2006, S. 311–315; *Lupoi*, Riv. trim dir. proc. civ. 2007, 495, 504; *Ferrari*, Giust. civ. 2007 I 1397, 1409; *Mankowski*, EWiR Art. 5 EuGVVO 1/10, 287 f.
[520] MüKoHGB/*Mankowski* Art. 3 CISG Rn. 2.
[521] *Kubis*, ZEuP 2001, 737, 750; *Schäfer*, IHR 2003, 118; *Fasching/Konecny/Simotta*, Kommentar zu den Zivilprozeßgesetzen, Bd. 5/1, 2. Aufl. 2008, Art. 5 EuGVVO Rn. 163; vgl. auch EuGH Slg. 2010, I-1255 Rn. 36 – Car Trim GmbH/KeySafety Systems Srl.
[522] *MBM Fabri-Clad Ltd. v. Eisen- und Hüttenwerke Thale AG* [2000] I. L. Pr. 505, 510 f., 512 (C. A., per *Pill* and *Aldous* L. JJ.).
[523] Staudinger/*Magnus* Art. 3 CISG Rn. 13; MüKoHGB/*Mankowski* Art. 3 CISG Rn. 2.
[524] AA Rb. Kh. Turnhout TBH 1994, 730, 733 noot *Erauw*.
[525] *A. Burgstaller/Neumayr*, in: Neumayr/Kodek/Geroldinger/Schmaranzer, Internationaler Rechtsverkehr, Art. 5 EuGVVO Rn. 10 (Okt. 2002).
[526] Tendenziell zweifelnd *P. A. Nielsen*, in: Liber Professorum College of Europe 2005, S. 245, 256.
[527] Vgl. *Rogerson*, [2001] Cambridge Yb. Eur. L. 383.
[528] Magnus/Mankowski/*Mankowski* Art. 7 Brussels Ibis Regulation Rn. 73.
[529] Siehe *Rogerson*, [2001] Cambridge Yb. Eur. L. 383.
[530] Magnus/Mankowski/*Mankowski* Art. 7 Brussels Ibis Regulation Rn. 73.
[531] Die deutsche Fassung von Art. 5 Nr. 1 lit. b EuGVVO sagt „bewegliche Sachen", nicht „Waren"; obwohl sie damit eine abweichende Terminologie verwendet, sollte man von der Gleichwertigkeit der Begriffe ausgehen; *Lynker*, Der besondere Gerichtsstand am Erfüllungsort in der Brüssel I-Verordnung (Art. 5 Nr. 1 EuGVVO), 2006, S. 53.

dahin, dass Waren physisch berührbare Objekte (außer Grund und Boden) sind, an denen übertragbare subjektive Rechte bestehen können.[532] Damit hat man bereits die Mehrzahl möglicher Gegenstände von Verträgen erfasst, unter denen eine Lieferung und ein Eigentumsübergang erfolgen sollen. Selbst wenn ein Produktionsakt stattfinden muss, ist der Vertrag nichtsdestoweniger ein Kaufvertrag,[533] es sei denn, die Spezifikationen und Vorgaben seitens des Erwerbers sind so umfangreich, dass der Herstellungsvorgang als solcher das Übergewicht gewinnt. Die Grenze zwischen Warenlieferungsverträgen und Dienstleistungsverträgen verläuft ähnlich jener zwischen der Warenverkehrs- und der Dienstleistungsfreiheit.[534]

241 Grundsätzlich sollte sich das Verständnis von „bewegliche Sachen", „goods" unter Art. 4 I lit. a Rom I-VO so weit wie möglich an die entsprechenden Umschreibungen in der CISG anlehnen.[535] Freilich ziehen die spezifischen und auf speziellen Wertungen beruhenden Ausnahmen in Art. 2 CISG solcher Anlehnung und solcher Parallelität eine Grenze.

242 (2) Schiffe und Fahrzeuge. Da sich keine ausdrückliche Ausnahme findet, wird man selbst Schiffe und Fahrzeuge als bewegliche Sachen anzusehen haben.[536] Art. 2 lit. e CISG findet kein Pendant in Art. 4 I lit. a Rom I-VO.[537] Es gibt keine anzunehmenden Besonderheiten von Schiffen, die deren Einstufung als unbewegliche Sachen rechtfertigen würden. Dass Schiffseigentum im Real Rights Register eingetragen ist, dominiert nicht den eigentlichen Kaufvertrag.[538] Das Gleiche gilt bei anderen registrierten Fahrzeugen, z.B. Flugzeugen.

243 (3) Geld. Auf der anderen Seite ist Geld in seiner Funktion als Tauschobjekt und Bemessungsmittel keine Ware.[539] Keine Münze und kein Geldschein spielen eine Rolle, wenn Währungsswaps stattfinden. Dort geht es nur um Zahlen, um Buchgeld, im Zeichen der Finanzkrise möchte man fast sagen: um Spielgeld. Ganz anders verhält es sich, wenn Krügerrands, Golden Eagles oder Maple Leafs gekauft werden und wirkliche Stücke gehandelt werden. Dann handelt es sich um einen Kaufvertrag.[540]

244 (4) Elektrizität und andere Energiequellen. Elektrizität ist eine virtuelle Quantität. Sie ist nicht körperlich. Man kann sie nicht anfassen. Man kann sie nicht in körperlicher Gestalt herstellen oder transportieren. Obwohl Elektrizität nicht ausdrücklich ausgeschlossen, sollte man sie daher trotzdem nicht als „Sache" ansehen.[541] Dass man von einer „Lieferung" von Elektrizität sprechen kann, ändert nichts, da insoweit bloß eine sprachliche Konvention vorliegt, welche die Natur des betrachteten Objekts nicht verändert. Öl andererseits ist körperlich und bereitet keine Einordnungsprobleme.[542] Gas als weitere Energiequelle mag nicht körperlich im strikten Sinne sein, aber es lässt sich materialisieren, wenn es physisch transportiert wird. Daher sollte man es als bewegliche Sache einordnen.[543]

---

[532] *Foss/Bygrave,* (2000) 8 Int. J. L. & Info. Tech. 99, 108.
[533] *Leipold,* GS Alexander Lüderitz, 2000, S. 431, 446. Dagegen *Kubis,* ZEuP 2001, 737, 750.
[534] *Furrer/D. Schramm,* SJZ 2003, 137, 138.
[535] Trib. Rimini Giur. it. 2003, 903; Trib. Padova, sez. distaccata di Este, Giur. it. 2004, 1403, 1404; Rb. Arnhem, NIPR 2006 Nr. 51 S. 83; Trib. Padova, sez. distaccata di Este, RDIPP 2007, 147, 151; *Kubis,* ZEuP 2001, 742, 750; *Magnus,* IHR 2002, 45, 47; *U. G. Schroeter,* UN-Kaufrecht und Europäisches Gemeinschaftsrecht, 2005, § 17 Rn. 33; *Ignatova,* Art. 5 Nr. 1 EuGVO – Chancen und Perspektiven der Reform des Gerichtsstandes am Erfüllungsort, 2005, S. 185; *Ragno,* Giur. mer. 2006, 1413, 1427 f.; *Ferrari,* Giust. civ. 2007 I 1397, 1409 f.
[536] Magnus/Mankowski/*Mankowski* Art. 7 Brussels Ibis Regulation Rn. 79.
[537] *Magnus,* IHR 2002, 45, 47 Fn. 26.
[538] Magnus/Mankowski/*Mankowski* Art. 7 Brussels Ibis Regulation Rn. 79.
[539] *Magnus,* IHR 2002, 45, 47 Fn. 26; Magnus/Mankowski/*Mankowski* Art. 7 Brussels Ibis Regulation Rn. 80.
[540] Magnus/Mankowski/*Mankowski* Art. 7 Brussels Ibis Regulation Rn. 80.
[541] Magnus/Mankowski/*Mankowski* Art. 7 Brussels Ibis Regulation Rn. 85. AA *Magnus,* IHR 2002, 45, 47 Fn. 26.
[542] Magnus/Mankowski/*Mankowski* Art. 7 Brussels Ibis Regulation Rn. 85.
[543] Magnus/Mankowski/*Mankowski* Art. 7 Brussels Ibis Regulation Rn. 85.

V. Objektive Anknüpfung nach Art. 4 Rom I-VO

(5) **Software und andere digitalisierte Produkte.** Cause célèbre ist der Streit um die Sach- 245 natur von Software. Die besseren Argumente sprechen nach wie vor für eine bejahende Antwort zumindest für Standardsoftware.[544] Zwar mag der erste Eindruck dagegen streiten.[545] Unter der CISG ist es aber nahezu einhellige Ansicht, dass Standardsoftware (d. h. Software, die nicht spezifisch nach individuellen Wünschen oder Anforderungen des Kunden entwickelt wird) unter „Sache", „goods" fällt, da es keinen ausschlaggebenden Unterschied machen sollte, ob die Software auf einer Hard Disk oder online geliefert wird.[546] Die Hard Disk ist schließlich nur Verpackung, was zählt, ist der Gehalt. Die Verpackung entscheidet nicht über die Qualifikation des Ganzen.[547] Historisch begann alles mit der Hard Disk, und man unterwarf Software deshalb der CISG. Eine Rechtfertigung dafür, jemanden, der Software auf einer Hard Disk erwirbt statt online, günstiger zu behandeln, indem man ihm einen zusätzlichen Gerichtsstand eröffnet, ist nicht ersichtlich.[548] Bei individuell entwickelter und hergestellter Software überwiegt in jedem Fall das Dienstleistungselement, so dass kein Kaufvertrag vorliegt.[549]

Für andere digitalisierte Produkte bietet sich eine Analogie zur Unterscheidung zwi- 246 schen Standard- und individueller Software an.[550] Typischerweise dürfte es insoweit um Lizenzen oder die Übertragung von Nutzungsrechten gehen; vielleicht kann dies ein Faktor bei der Qualifikation sein.[551] Informationen als solche dagegen hatten niemals eine körperliche Form und können daher nicht als „Sachen" behandelt werden.[552] Das Durchführen einer Datenbankrecherche wäre eine Dienstleistung, umso mehr ein Tätigwerden als eine Art von shopping oder research agent;[553] in der Folge wäre man im Anwendungsbereich des Art. 4 I lit. b Rom I-VO.[554]

cc) **Anwendbarkeit der CISG als vorgelagerter Schritt.** Bei Kaufverträgen ist jeweils vor- 247 ab zu prüfen, ob die CISG anwendbar ist. Die CISG steckt ihren eigenen internationalen

---

[544] *Klimek/S. Sieber,* ZUM 1998, 902, 906 f.; *Thorn,* IPRax 1999, 1, 3; *Mankowski,* RabelsZ 63 (1999), 203, 232 f.; *ders., CR* 1999, 512, 515; *ders.,* in: R. Nielsen/Sandfeld Jacobsen/Trzaskowski (eds.), EU Electronic Commerce Law, 2004, S. 125, 128; *Magnus,* IHR 2002, 45, 47; *Mochar/Seidl,* ÖJZ 2003, 241, 243; *Ganssauge,* Internationale Zuständigkeit und anwendbares Recht bei Verbraucherverträgen im Internet, 2004, S. 25.

[545] AA *Terlau,* in: H.-W. Moritz/Dreier (Hrsg.), Rechts-Handbuch zum E-Commerce, 2. Aufl. 2005, Teil C Rn. 59. Gegen eine Einordnung von Apps (als Vertriebsgegenstand) unter die Sachen und konsequent für eine Anwendung von Art. 4 II Rom I-VO *Vorndran,* Die Verwendung Allgemeiner Geschäftsbedingungen beim Vertrieb von Apps, 2018, S. 52–58.

[546] Vgl. nur OLG Koblenz RIW 1993, 934, 936; OLG Köln RIW 1994, 970, 974; HG Zürich 17.2.2000 cisg-online.ch; *Diedrich,* Autonome Auslegung von Internationalem Einheitsrecht, 1994, S. 174–323; *ders.,* RIW 1993, 441, 452; *Larson,* 5 Tul.J. Int'l. & Comp. L. 445, 470–473 (1997); *Mankowski,* CR 1999, 581, 586; *H. M. Wulf,* UN-Kaufrecht und eCommerce, 2003, S. 42–51; *Lookofsky,* 13 Duke J. Comp. & Int'l. L. 263 (2003); *Piltz,* IHR 2005, 197; *Sannini,* L'applicazione della Convenzione di Vienna sulla vendita internazionale negli Stati Unitense, 2006, S. 109 ff.; Schlechtriem/Schwenzer/*Ferrari,* Kommentar zum Einheitlichen UN-Kaufrecht – CISG, 7. Aufl. 2013, Art. 1 CISG Rn. 38; Honsell/*K. Siehr,* Kommentar zum UN-Kaufrecht, 2. Aufl. 2010, Art. 2 CISG Rn. 4.

[547] *Mankowski,* RabelsZ 63 (1999), 203, 232 f.; *Ignatova,* Art. 5 Nr. 1 EuGVO – Chancen und Perspektiven der Reform des Gerichtsstandes am Erfüllungsort, 2005, S. 187.

[548] *Mankowski,* in: R. Nielsen/Sandfeld Jacobsen/Trzaskowski (eds.), EU Electronic Commerce Law, 2004, S. 125, 128. Vgl. *Terlau,* in: H.-W. Moritz/Dreier (Hrsg.), Rechts-Handbuch zum E-Commerce, 2. Aufl. 2005, Teil C Rn. 235.

[549] *Diedrich,* RIW 1993, 441, 452; *Schmitt,* CR 2001, 145, 150; Schlechtriem/Schwenzer/*Ferrari,* Kommentar zum Einheitlichen UN-Kaufrecht – CISG, 7. Aufl. 2013, Art. 2 CISG Rn. 4; Honsell/*K. Siehr,* Kommentar zum UN-Kaufrecht, 2. Aufl. 2010, Art. 2 CISG Rn. 4.

[550] Vgl. *Mankowski,* RabelsZ 63 (1999), 203, 232; *Mochar/Seidl,* ÖJZ 2003, 241, 243.

[551] Vgl. *Foss/Bygrave,* (2000) 8 Int.J. L. & Info. Tech. 99, 109–112; *Mankowski,* CR 1999, 512, 516 f.; *Fawcett,* in: Fawcett/J. Harris/M. Bridge, International Sale of Goods in the Conflict of Laws, 2005, Rn. 10.45.

[552] *Mankowski,* CR 1999, 581, 586.

[553] *Foss/Bygrave,* (2000) 8 Int.J. L. & Info. Tech. 99, 113; *Papathoma-Baetge/Nehrenberg/Finke,* in: Kaminski/Henßler/Kolaschnik/Papathoma-Baetge (Hrsg.), Rechtshandbuch E-Business, 2002, Teil 2 A Rn. 84; *Mochar/Seidl,* ÖJZ 2003, 241, 243; *H. M. Wulf,* UN-Kaufrecht und eCommerce, 2003, S. 34–37.

[554] *van der Hof,* Internationale on-line overeenkomsten, 2002, S. 57; *Mankowski,* in: R. Nielsen/Sandfeld Jacobsen/Trzaskowski (eds.), EU Electronic Commerce Law, 2004, S. 125, 129.

Anwendungsbereich in Art. 1 I CISG ab, der (u. a.) auch einseitige Kollisionsnorm ist und richtigerweise über Art. 25 Rom I-VO Vorrang vor der Rom I-VO genießt[555]: Bei Kaufverträgen, deren Parteien ihre Niederlassungen in verschiedenen Staaten haben, heischt sie Anwendung, wenn Parteien ihre Niederlassungen in verschiedenen Vertragsstaaten der CISG haben (lit. a) oder wenn das IPR des Forums das Recht eines Vertragsstaats der CISG für anwendbar erklärt (lit. b).

248 Art. 1 I lit. b CISG ist subsidiär zu Art. 1 I lit. a CISG. Art. 1 I lit. b CISG hat umso mehr an Bedeutung verloren, je mehr Staaten Vertragsstaaten des CISG geworden sind.[556] Dementsprechend war die praktische Bedeutung des Art. 1 I lit. b CISG in der Anfangszeit der CISG erheblich größer als heute. Heute steht Art. 1 I lit. a CISG ganz im Vordergrund.[557] Denn auf der Nordhalbkugel sind fast alle wichtigen Staaten Vertragsstaaten der CISG geworden, dazu etliche wichtige auf der Südhalbkugel.[558] Unter den Mitgliedstaaten der EU sind allein das Vereinigte Königreich (Mitgliedstaat der EU bis zum Vollzug des Brexit) und Portugal Ausnahmen.

249 *e) Verträge über das Erbringen von Dienstleistungen (Art. 4 I lit. b Rom I-VO).* Ist der Vertrag ein Vertrag über Dienstleistungen, so wird gemäß Art. 4 I lit. b Rom I-VO vermutet, dass der Vertrag dem Recht des Staates unterliegt, in dem sich der gewöhnliche Aufenthalt des Dienstleisters befindet. Die Qualifikation vollzieht sich verordnungsautonom, ohne Rückgriff auf nationale Rechtsordnungen oder auf das anwendbare materielle Recht.

250 Ausgangspunkt ist der primärrechtliche Dienstleistungsbegriff der Artt. 56; 57 AEUV (ex Artt. 49; 50 EGV).[559] Zu den Verträgen über Dienstleistungen zählen im Kern Werk- und Geschäftsbesorgungsverträge sowie solche Dienstverträge, die keine Arbeitsverträge sind.[560] Gemeinsames Merkmal ist, dass eine tätigkeitsbezogene Leistung an den Kunden erbracht wird[561] und keine Veräußerung oder Gebrauchsüberlassung im Vordergrund steht.[562] Dies deckt sich im Ansatz mit einem volkswirtschaftlichen Verständnis. Diesem zufolge sind Dienstleistungen Produktionsakte. Sie sind also als Wirtschaftsgüter keine fertigen Produk-

---

[555] Dafür *Garcimartín Alférez*, EuLF 2008, I-61, I-65; *Pfeiffer*, EuZW 2008, 622, 624; *Jayme/Nordmeier*, IPRax 2008, 503, 507 f.; *Bonfanti*, in: Boschiero (a cura di), La nuova disciplina comunitaria della legge applicabile ai contratti (Roma I), 2009, S. 383, 395–396, 400–401; *Martiny*, RIW 2009, 737, 739; *Kieninger*, in: Ferrari IntVertragsR Art. 25 Rom I-VO Rn. 4; Magnus/Mankowski/*Mankowski* Art. 25 Rome I Regulation Rn. 20 f.; siehe auch Rauscher/*v. Hein* Art. 25 note 8; *v. Hein*, FS Meinhard Schröder, 2012, S. 29, 35 f.
Dagegen R. *Wagner*, TranspR 2009, 103, 107; *Magnus*, IPRax 2010, 27, 32; *J. Schilling*, EuZW 2011, 776, 778 f.; G.-P. *Calliess/G.-P. Calliess/H. Hoffmann* Art. 25 Rome I Regulation Rn. 4; jurisPK BGB/*Ringe* Art. 25 Rom I-VO Rn. 8; PWW/*Brödermann/Wegen* Art. 25 Rom I-VO Rn. 5; siehe auch *Hartenstein*, TranspR 2008, 143, 146 f.; *Fallon*, Rev. dr. comm. belge 2008, 549, 557; *Pauknerová*, Liber amicorum Alegria Borrás, 2013, S. 671, 676.
[556] Jeweils aktuelle Liste der Vertragsstaaten unter <http://www.uncitral.org/uncitral/en/uncitral_texts/sale_goods/1980CISG_status.html>.
[557] MüKoHGB/*Mankowski* Art. 1 CISG Rn. 31a.
[558] Siehe die eindrucksvolle Weltkarte, auf welcher die Vertragsstaaten der CISG schwarz gefärbt sind, unter <http:///www.cisg.law.pace.edu/cisg/cisgintro.html>.
[559] Siehe nur GAin *Trstenjak*, Slg. 2009, I-3329 Nr. 60; BGE 121 III 336, 340; OGH ÖJZ 2004, 388, 390; OLG Düsseldorf IHR 2004, 108, 110; OLG München NJW-RR 2007, 1428 = RRa 2007, 182, 183; Rb. Kh. Hasselt TBH 2003, 623 mAnm *Kruger*; LG Hamburg NJOZ 2006, 2186, 2188; *Mankowski*, RIW 2006, 321, 322; *ders.*, JZ 2009, 958, 960; *ders.*, CR 2010, 137, 138; *Wipping*, Der europäische Gerichtsstand des Erfüllungsortes – Art. 5 Nr. 1 EuGVVO, 2008, S. 161; *Reis*, MR-Int 2009, 118. Verbatim leider tendenziell anders EuGH Slg. 2009, I-3327 Rn. 34 – Falco Privatstiftung und Thomas Rabitsch/Gisela Weller-Lindhorst; *Ubertazzi*, GRUR Int. 2010, 103, 108 f.
[560] Siehe nur AG Hamburg VuR 1998, 346, 347; *H. Wegner*, Internationaler Verbraucherschutz beim Abschluss von Timesharingverträgen: § 8 TzWrG, 1998, S. 104; *Knöfel*, Grundfragen der internationalen Berufsausübung von Rechtsanwälten, 2005, S. 274 f.; *Mankowski*, in: Spindler/Wiebe (Hrsg.), Internet-Auktionen und Elektronische Marktplätze, 2. Aufl. 2005, Kap. 11 Rn. 13.
[561] Siehe nur BGHZ 123, 380, 385; OLG Düsseldorf, RIW 1996, 681, 683; AG Hamburg, VuR 1998, 346, 347; *Schoibl*, JBl 1998, 700, 707.
[562] *v. Hoffmann/Thorn* IPR § 10 Rn. 67; *Mankowski*, in: Spindler/Wiebe (Hrsg.), Internet-Auktionen und Elektronische Marktplätze, 2. Aufl. 2005, Kap. 11 Rn. 13.

te, sondern vielmehr alle Tätigkeiten, die nachgefragt werden können.[563] Dementsprechend ist der Dienstleistungsbegriff weit zu verstehen.[564]

Dies schließt insbesondere Bau-, Architekten-, Anlagenbau-, Reparatur- und Ratingverträge ein,[565] aber auch Bankverträge[566] (insbesondere Giro und Zahlungsdienste, aber auch Einlagen- und Diskontgeschäfte), Anwaltsverträge,[567] Finanz- und sonstige Beratungsverträge,[568] Schiedsrichter-, Schlichter- oder Mediatorenverträge,[569] Ingenieurverträge,[570] Trainingsverträge, Schulungsverträge, Cloud Computing-Verträge,[571] Treuhandverträge (außer über Immobilien als Treugut),[572] Bewachungsverträge, Notrufdienste, Krankenhaus-, Arzt- und Behandlungsverträge[573] sowie typgerechte Speditionsverträge, die nicht von Art. 5 Rom I-VO erfasst werden.[574] 251

Allerdings besteht keine vollständige Kongruenz zwischen dem Dienstleistungsbegriff des Kollisionsrechts einerseits und dem Dienstleistungsbegriff der primärrechtlichen Dienstleistungsfreiheit andererseits:[575] Zum einen sind mit den Versicherungsverträgen im IPR Vertragstypen ausgegrenzt, die im Primärrecht unbedingt erfasst sind. Versicherungsverträge haben im IPR ein Sonderregime, im Primärrecht nicht. Ausweislich Artt. 7 Rom I-VO; 10–16 Brüssel Ia-VO sind Versicherungsverträge in IPR und IZPR keine dem (allgemeinen) Internationalen Vertragsrecht unterfallenden Dienstleistungen, obwohl sie Dienstleistungen im Sinne des Unionsrechts sind.[576] 252

Zum anderen kennt das Primärrecht neben der Dienstleistungsfreiheit die Kapitalverkehrsfreiheit. Dieser speziellen Freiheit unterfallen Vertragstypen aus dem Finanz- und Bankbereich, die im IPR vom Dienstleistungsbegriff sicher erfasst sind, zuvörderst Brokergeschäfte.[577] Inwieweit (nicht zweckgebundene) Kreditverträge erfasst sind, ist umstritten.[578] 253

---

[563] *Heike Wegner,* Internationaler Verbraucherschutz beim Abschluss von Timesharingverträgen: § 8 TzWrG, 1998, S. 104 mwN; *Mankowski,* in: Spindler/Wiebe (Hrsg.), Internet-Auktionen und Elektronische Marktplätze, 2. Aufl. 2005, Kap. 11 Rn. 13; *ders.,* RIW 2006, 321, 322; *ders.,* AnwBl 2006, 806, 807; Magnus/Mankowski/*Mankowski* Art. 7 Brussels Ibis Regulation Rn. 90.
[564] Siehe nur BGH NJW 2012, 1817, 1818; OGH ÖJZ 2004, 388, 390; OLG Köln RIW 2005, 778, 779; *Brenn,* Europäisches Zivilprozessrecht, 2005, Rn. 72; *Mankowski,* RIW 2006, 321, 322; *dens.,* AnwBl 2006, 806, 807; Magnus/Mankowski/*Mankowski* Art. 7 Brussels Ibis Regulation Rn. 90.
[565] Siehe nur Staudinger/*Magnus* Art. 4 Rom I-VO Rn. 342, 349, 356, 358, 360c je mwN.
[566] Siehe nur PWW/*Brödermann/Wegen* Anh. Art. 4 Rom I-VO Rn. 9; BeckOGK/*A. Köhler* Art. 4 Rom I-VO Rn. 453–455.
[567] Siehe nur OLG München 17.11.2010 – 15 U 2887/09; Hof Antwerpen RGDCB 2003, 328; OVG Berlin-Brandenburg NJW 2012, 1749; *Mankowski,* AnwBl 2006, 806, 807; Reithmann/Martiny/*Mankowski/Knöfel* Rn. 6.689.
[568] Siehe nur Staudinger/*Magnus* Art. 4 Rom I-VO Rn. 390 f.
[569] PWW/*Brödermann/Wegen* Anh. Art. 4 Rom I-VO Rn. 54.
[570] BGH NJW 2015, 2354 = BB 2015, 1418 mAnm *Mankowski.*
[571] *Haibach,* (2015) 11 JPrIL 252, 259 f.
[572] *C. Wilhelm,* IPRax 2012, 392, 396–398.
[573] Siehe nur OLG Karlsruhe VersR 2011, 542; *Wendelstein,* Kollisionsrechtliche Probleme der Telemedizin, 2012, S. 239 f.
[574] Reithmann/Martiny/*Mankowski* Rn. 6.2167-6.2169; *Czepelak,* Czech Yb. Int. L. 2009, 47, 60; *Mankowski,* TranspR 2015, 17, 18; *Delebecque/Jean Arié Lévy,* D. 2015, 136, 138 f.; *Legros,* RCDIP 104 (2015), 228, 232; *dies.,* (2015) 21 ILM 493, 501 f.; *Laval,* Clunet 142 (2015), 675, 681; *J. Schilling,* IPRax 2015, 522, 524; *ders.* S. 150 f.
[575] *Mankowski,* EWiR Art. 13 EuGVÜ 2/99, 1171, 1172; *ders.,* RIW 2006, 321, 322; *ders.,* AnwBl 2006, 806, 807; Magnus/Mankowski/*Mankowski* Art. 7 Brussels Ibis Regulation Rn. 91; Rauscher/*Leible* Art. 5 Brüssel I-VO Rn. 49.
[576] Siehe nur OGH ÖJZ 2004, 388, 390; *Hau,* IPRax 2000, 354, 359; *Furrer/Schramm,* SJZ 2003, 137; Rauscher/*Leible* Art. 5 Brüssel I-VO Rn. 50; Magnus/Mankowski/*Mankowski* Art. 7 Brussels Ibis Regulation Rn. 91.
[577] Siehe dafür nur BGH NJW 1991, 1632; BGH NJW 1993, 2640; OLG Düsseldorf WM 1989, 50, 54; OLG Düsseldorf WM 1994, 376, 377 = RIW 1994, 420 mAnm *Mankowski;* OLG Düsseldorf WM 1995, 1349, 1351 (dazu u. a. *Mankowski,* RIW 1996, 1001); *Thorn,* IPRax 1995, 294, 298; *Spindler,* IPRax 2001, 400, 406; *Kowalke,* Die Zulässigkeit von internationalen Gerichtsstands-, Schiedsgerichts- und Rechtswahlklauseln bei Börsentermingeschäften, 2002, S. 80–83; *Krammer,* Internet Brokerage, 2002, S. 204 f.
[578] Eingehend dazu mit umfassenden Nachweisen *Mankowski,* RIW 2006, 321, 322–324; *J. Hoffmann/Primaczenko,* WM 2007, 189; aus der Rechtsprechung BGHZ 165, 248.

Allerdings erfüllt der Dienstleistungsbegriff im Primärrecht eine Aufgabe bei der Vollendung des Binnenmarktes, die er so im Kollisionsrecht natürlich nicht wahrnimmt.[579] Wirtschafts- und eventuell fiskalpolitische Dimensionen des primärrechtlichen Dienstleistungsbegriffs schlagen sich im Kollisionsrecht nicht nieder.[580] Insoweit ist der kollisionsrechtliche Dienstleistungsbegriff vom Regelungszweck etwas anders ziseliert.[581] Im Primärrecht ist die Dienstleistungs- gegenüber der Niederlassungsfreiheit nach der Intensität der Eingliederung in einen Mitgliedstaat abzugrenzen, während es im IZPR nur auf den einzelnen Vertrag ankommt.[582] Zur Warenverkehrsfreiheit verläuft die Grenze dagegen ganz ähnlich wie zwischen Art. 4 I lit. a und lit. b Rom I-VO.[583]

254 Der Dienstleistungsbegriff des Art. 4 I lit. b Rom I-VO ist zudem gleich jenem in Art. 5 Nr. 1 lit. b EuGVVO und dieser wiederum gleich jenem in Artt. 5 I EVÜ; 29 I EGBGB; 13 I EuGVÜ/LugÜ zu verstehen.[584] Dort wurden wertvolle Markierungsmarken gesetzt. Diese gelten fort.[585]

255 Nicht alles, was im Primärrecht Dienstleistung ist, ist zugleich *automatisch* Dienstleistung für die Zwecke der Rom I-VO, und nicht alles, was primärrechtlich keine Dienstleistung, ist zugleich *automatisch* keine Dienstleistung für die Zwecke der Rom I-VO.[586] Jedoch ist zu vermuten, dass eine Dienstleistung im Sinne des Primärrechts auch eine Dienstleistung im Sinne der Rom I-VO ist.[587] Diese Vermutung ist indes widerleglich. Eine Widerlegung vollzieht sich über abdrängende Sonderzuweisungen oder über eigene Wertungen der Rom I-VO. Es gibt keine sklavische Gefolgschaft und keine strikte Determinierung durch das Primärrecht. Das Primärrecht gibt eine wertvolle und gewichtige Hilfestellung, aber es dominiert nicht absolut.

256 Der EuGH drückt sich in der – zur EuGVVO ergangenen – Falco-Entscheidung[588] insoweit leider zu apodiktisch, zu kategorisch und zu ablehnend aus.[589] Richtig ist, dass nirgends eine mit Artt. 56; 57 AEUV *identische* Auslegung verlangt ist. Dies heißt aber nicht umgekehrt, dass Artt. 56; 57 AEUV überhaupt keine Rolle spielen dürften. Das Gegenteil ist der Fall. Das Primärrecht mag seine eigenen Zwecke verfolgen, insbesondere möglichst viel in den Genuss einer Grundfreiheit kommen zu lassen. Dies heißt aber nicht, dass die so erzielten Ergebnisse für die EuGVVO von vornherein unbrauchbar wären. Das Gegenteil ist der Fall. Jede Anlehnung muss sich bewusst sein, dass verschiedene Zwecke im Raum stehen können, und muss deshalb Vorsicht walten lassen.[590] Vorsicht auf dem

---

[579] EuGH Slg. 2009, I-3327 Rn. 34 – Falco Privatstiftung und Thomas Rabitsch/Gisela Weller-Lindhorst; *Mumelter*, Der Gerichtsstand des Erfüllungsortes im europäischen Zivilprozessrecht, 2006, S. 141; *Renna*, Die Durchsetzung des anwaltlichen Honoraranspruchs im europäischen Rechtsverkehr, 2010, S. 177 f.; Rauscher/*Leible* Art. 7 Brüssel Ia-VO Rn. 49.

[580] EuGH Slg. 2009, I-3327 Rn. 35, 39 – Falco Privatstiftung und Thomas Rabitsch/Gisela Weller-Lindhorst; *Markus*, AJP 2010, 971, 973 f.

[581] *McGuire*, GPR 2010, 97, 102.

[582] *Wipping*, Der europäische Gerichtsstand des Erfüllungsortes – Art. 5 Nr. 1 EuGVVO, 2008, S. 161.

[583] *Wipping*, Der europäische Gerichtsstand des Erfüllungsortes – Art. 5 Nr. 1 EuGVVO, 2008, S. 162.

[584] Siehe nur OGH ÖJZ 2004, 388, 390; OLG Düsseldorf IHR 2004, 108, 110; OLG Köln RIW 2005, 778 f.; OLG Hamm IHR 2006, 84, 85 f.; *Leipold*, GS Alexander Lüderitz, 2005, S. 431, 446; *Hau*, IPRax 2000, 354, 359; *Micklitz/Rott*, EuZW 2001, 325, 328; *Ganssauge*, Internationale Zuständigkeit und anwendbares Recht bei Verbraucherverträgen im Internet, 2004, S. 26; *Klemm* S. 67; Magnus/Mankowski/*Mankowski* Art. 7 Brussels Ibis Regulation Rn. 89; *Renna*, Die Durchsetzung des anwaltlichen Honoraranspruchs im europäischen Rechtsverkehr, 2010, S. 178.

[585] BGH NJW 2006, 1806, 1807; *Mankowski*, AnwBl 2006, 806, 807; *Renna*, Die Durchsetzung des anwaltlichen Honoraranspruchs im europäischen Rechtsverkehr, 2010, S. 178.

[586] Treffend GAin *Trstenjak*, Slg. 2009, I-3329 Nr. 60.

[587] Siehe nur OGH ÖJZ 2004, 388, 390; OLG Düsseldorf IHR 2004, 108, 110; OLG Köln RIW 2005, 778 f.; OLG Hamm IHR 2006, 84, 85 f.; Magnus/Mankowski/*Mankowski* Art. 7 Brussels Ibis Regulation Rn. 89.

[588] EuGH Slg. 2009, I-3327 Rn. 34 – Falco Privatstiftung u. Thomas Rabitsch/Gisela Weller-Lindhorst.

[589] *Polak*, Ars Aequi 2009, 400, 406; *Mankowski*, JZ 2009, 958, 960; *Hess*, Europäisches Zivilprozessrecht, 2010, § 6 Rn. 51; *Leible*, EuZW 2010, 303, 304.

[590] Vorbildlich GAin *Trstenjak*, Slg. 2009, I-3329 Nr. 64.

V. Objektive Anknüpfung nach Art. 4 Rom I-VO

Makroniveau heißt aber nicht, dass man sich auf dem Mikroniveau im Detail nicht anlehnen könnte.[591]

f) Verträge über Immobilien (Art. 4 I lit. c Rom I-VO). aa) Belegenheitsanknüpfung. Immobilien sind in mehrfacher Weise besonders gelagert: Erstens vermittelt ihre Belegenheit besondere Stabilität. Sie ist eben instabil und unveränderlich. Dies führt zu einer permanenten Lokalisierung am Belegenheitsort. Zweitens besteht häufig eine Überlagerung durch öffentlich-rechtliche Regulierung einschließlich Grunderwerb- und Grundsteuerrecht und Verkehrsgenehmigungen für Geschäfte mit Ausländern. Drittens sind Immobilienrechte oft in örtlichen Registern registriert, namentlich in Grundbüchern.

Aus alledem folgt eine besondere Verbundenheit mit dem Belegenheitsstaat. Dort sind zudem faktisch alle unmittelbar auf die Immobilie bezogenen Akte auszuführen (z. B. Instandhaltung und Reparaturen, Bau, Übergabe von Bauten, Grundstücken oder Wohnungen). Was am Vertragsgegenstand Immobilie zu tun ist, ist dort und nur dort zu tun. Organisatorische Vorleistungen treten hier stärker in den Hintergrund als bei anderen Verträgen. Die Sache rückt in den Vordergrund, nicht die Person. An die charakteristische Leistung und deren personale Lokalisierung anzuknüpfen, verliert bei Immobilienverträgen an Berechtigung. Vielmehr dominiert die objektive Anknüpfung an den Belegenheitsort. Art. 4 I lit. c Rom I-VO zieht diese richtige Konsequenz. Sie führt zum Gleichlauf von öffentlichem Recht und Privatrecht. Die Belegenheitsanknüpfung ist die natürliche, sachgerechte und gleichsam aus der Sache fließende Anknüpfung an die engste Verbindung. Allerdings steht auch sie – wie alle Anknüpfungen in Art. 4 Rom I-VO – unter dem Vorbehalt einer vorrangigen, abweichenden Rechtswahl nach Art. 3 Rom I-VO.

bb) Immobilienkaufverträge. Immobilienkaufverträge begründen Verpflichtungen zur Übertragung bzw. zum Erwerb des Eigentums an Immobilien. Sie haben daher ein dingliches Recht an einer Immobilie zum Gegenstand.[592] Dingliche Rechte sind alle Rechte, die nach dem Belegenheitsrecht der Immobilie absolute Wirkung gegen alle haben. Sachlich erfasst Art. 4 I lit. c Var. 1 Rom I-VO auch Kaufverträge über Grundpfandrechte, Wohnungseigentum, Teilzeiteigentum, Erbbaurechte und dingliche Dienstbarkeiten sowie dingliche Vorkaufsrechte.[593] Art. 4 I lit. c Var. 1 Rom I-VO führt zur Anwendung des Belegenheitsrechts der Immobilie. Er gilt indes nur für das Verpflichtungsgeschäft, nicht für das nach Internationalem Sachenrecht anzuknüpfende Erfüllungsgeschäft.

cc) Miet- und Pachtverträge über Immobilien. Nach Art. 4 I lit. c Var. 2 Rom I-VO wird vermutet, dass Miet- und Pachtverträge über Grundstücke dem Recht der belegenen Sache unterliegen.[594] Das gleiche gilt für Miet- und Pachtverträge über Geschäfts- oder Wohnräume.[595]

Werden mehrere Immobilien in verschiedenen Staaten unter einem formell einheitlichen Vertrag gemietet, wird also ein Immobilienbestand insgesamt gemietet, so erscheint eine Aufspaltung über Art. 4 III Rom I-VO in Fortführung des Gedankens aus Artt. 4 I 2 EVÜ; 28 I 2 EGBGB dergestalt denkbar, dass gedanklich Teil-Mietverträge über einzelne Immobilien deren jeweiligem Belegenheitsrecht unterfallen.[596] Ist dies nicht angängig, weil dadurch übergreifende Vertragsstrukturen gesprengt und insbesondere die Gesamtkalkula-

---

[591] Treffend *Polak*, Ars Aequi 2009, 400, 406.
[592] Siehe nur Reithmann/Martiny/*Limmer* Rn. 6.816.
[593] Siehe nur Reithmann/Martiny/*Limmer* Rn. 6.816; Rauscher/*Thorn* Art. 4 Rom I-VO Rn. 59 f.; Staudinger/*Magnus* Art. 4 Rom I-VO Rn. 46 f.
[594] Siehe nur BGHZ 109, 29, 35; OLG Frankfurt NJW-RR 1993, 182, 183; OLG München ZMR 1997, 411, 412; OLG Düsseldorf NJW-RR 1998, 1159; OLG Celle IPRspr. 1999 Nr. 31; LG Hamburg IPRspr. 1991 Nr. 40; Rb. Arnhem NIPR 1992 Nr. 440 S. 744; Rb. Amsterdam NIPR 1998 Nr. 248 S. 323; *Heldrich*, FS Gerhard Kegel, 1987, S. 175, 185; *W. Lorenz*, IPRax 1990, 292, 294; *Lagarde*, Études offertes à P. Bellet, 1991, S. 281, 297; *Lurger*, ZfRV 1992, 348, 351; *dies.*, IPRax 2001, 52, 55; *Kartzke*, NJW 1994, 823, 825; *Buch*, NZM 2000, 367, 368.
[595] Siehe nur *Trenk-Hinterberger*, ZMR 1973, 1, 3; Staudinger/*Magnus* Art. 28 EGBGB Rn. 213.
[596] Reithmann/Martiny/*Mankowski* Rn. 6.951.

tion gestört würde, so ist eine Suche nach dem relativen Schwerpunkt unter Art. 4 IV Rom I-VO erforderlich.[597] Liegen von vornherein einzelne Mietverträge über die einzelnen Mietobjekte vor, so ergeben sich keine Probleme und findet jeweils die normale Anknüpfung über Art. 4 I lit. c Rom I-VO statt.

262 **Beispiel:** Die V AG ist ein internationaler Immobilienkonzern mit Sitz in Hannover. Sie vermietet an die I Ltd., Produzent von Pellets, Gewerbeimmobilien in Hangö (Finnland), Karlskrona (Schweden), Trondheim (Norwegen) und Gera. Dies geschieht, ohne dass eine Rechtswahl getroffen worden wäre,

a) unter einem einheitlichen Gesamtvertrag oder
b) mit Verträgen über die einzelnen Immobilien.

263 dd) Andere Verträge mit Bezug zu Immobilien. Andere, sachlich ebenfalls unter Art. 4 I lit. c Rom I-VO fallende Verträge mit Bezug zu Immobilien sind Grundstücksschenkungen;[598] Immobilienverwaltungsverträge; Immobilientreuhandverträge.[599]

264 *g) Ergänzung für kurzfristige Mietverträge über Immobilien durch Art. 4 I lit. d Rom I-VO.* Art. 4 I lit. d Rom I-VO stellt eine zusätzliche Regel auf: Die Miete oder Pacht unbeweglicher Sachen für höchstens sechs aufeinander folgende Monate zum vorübergehenden privaten Gebrauch unterliegt dem Recht des Staates, in dem der Vermieter oder Verpächter seinen gewöhnlichen Aufenthalt hat, sofern der Mieter oder Pächter eine natürliche Person ist und seinen gewöhnlichen Aufenthalt in demselben Staat hat. Dies versucht, (den heutigen) Art. 24 Nr. 1 UAbs. 2 Brüssel Ia-VO in das IPR zu importieren (obwohl sich ein vergleichbares Rigiditätsproblem wie bei der dortigen ausschließlichen Zuständigkeit im IPR gar nicht stellt[600]). Außerdem führt es ein Stück weit von der Durchbrechung des Prinzips, an die charakteristische Leistung anzuknüpfen, durch Art. 4 I lit. c Rom I-VO wieder zurück zum Grundprinzip.[601]

265 Besondere Bedeutung kann Art. 4 I lit. d Rom I-VO für die Vermietung von im Ausland belegenen Ferienhäusern durch einen Inländer an den anderen gewinnen.[602] Vermietet z.B. ein in Deutschland lebender deutscher Privatmann einem anderen in Deutschland lebenden Deutschen seine Finca auf Mallorca für drei Wochen im Mai, so liegt die Anwendung deutschen Rechts über Art. 4 I lit. d Rom I-VO nahe, insbesondere wenn die Miete in Deutschland zu entrichten, also auf ein in Deutschland geführtes Bankkonto des Vermieters zu zahlen ist.[603]

266 Je kürzer die Mietdauer ist, desto gewichtiger wird unter dem Aspekt nachlaufender Regulierungsstreitigkeiten die gemeinsame Ansässigkeit in einem Staat; die beidseitige Ermittlung von Auslandsrecht wäre dann kostentechnisch ungünstig.[604] Die Sechsmonatsfrist des Art. 24 Nr. 1 UAbs. 2 Brüssel Ia-VO wird übernommen,[605] sogar als starre Grenze. Eine Umgehung durch zeitlich einander folgende Kettenmietverträge von jeweils höchstens sechs Monaten ist nicht möglich, da es dadurch am nur vorübergehenden Gebrauch der Mietsache fehlt.[606]

---

[597] Reithmann/Martiny/*Mankowski* Rn. 6.951.
[598] OLG Brandenburg 9.6.2016 – 5 U 60/14 Rn. 33; *Carrascosa González,* Cuad. Der. Trans. 1 (2) (2009), 320, 326.
[599] *C. Wilhelm,* IPRax 2012, 392, 396, 398.
[600] *Mankowski,* IPRax 2006, 101, 103; Reithmann/Martiny/*Mankowski* Rn. 6.953.
[601] *Ubertazzi* S. 73.
[602] BGHZ 109, 29, 36; LG Köln VuR 1992, 156, 157; *Lindacher,* BB 1990, 661; *Lagarde,* Études offertes à P. Bellet, 1991, S. 281, 298, 299f.; *S. Geisler,* Die engste Verbindung im Internationalen Privatrecht, 2001, S. 269; siehe auch Trib. Marche-en-Famenne Ann. dr. Liège 1988, 100. Vgl. auch OLG Düsseldorf TranspR 1998, 214.
[603] Siehe bereits LG Hamburg IPRspr. 1972 Nr. 15; LG Bonn NJW 1974, 427.
[604] Siehe *Mankowski,* IPRax 2003, 464, 471.
[605] Dafür zuvor *Vischer/Oser,* Internationales Vertragsrecht, 2. Aufl. 1992, Rn. 429.
[606] *Trunk,* Die Erweiterung des EuGVÜ-Systems am Vorabend des Europäischen Binnenmarkts, 1991, S. 43.

V. Objektive Anknüpfung nach Art. 4 Rom I-VO 267–271 § 1

Nicht übernommen wird dagegen, dass der Vermieter eine natürliche Person sein müsste. Vermieter kann vielmehr auch eine Gesellschaft sein.[607] Der Mieter muss dagegen eine natürliche Person sein, darf also keine Gesellschaft oder juristische Person sein.[608] Dies ist wiederum tel quel aus Art. 22 Nr. 1 UAbs. 2 EuGVVO übernommen. Damit wollte man eine Umgehung durch Zwischenschalten von Mietgesellschaften verhindern.[609] Beide Parteien müssen ihren jeweiligen Wohnsitz in demselben Staat haben. Den Aufenthaltsbegriff füllt hier wie allgemein Art. 19 Rom I-VO auf. Keine der Parteien darf im Belegenheitsstaat der Immobilie ansässig sein.[610] 267

Beispiel: Martin Hoffmann aus Hamburg ist Eigentümer einer Finca in Calamayor auf Mallorca. Diese vermietet er von Oktober 2017 bis Februar 2018 an Michael Theiss aus Düsseldorf. 268
Abwandlung: Martin Hoffmann hat seine Immobilien in die Martin Hoffmann Immobilien GmBH, sämtliche Sitze in Hamburg, eingebracht.

Art. 4 I lit. d Rom I-VO entzieht keineswegs alle erfassten Mietverträge unter sechs Monaten Mietdauer mehr oder weniger automatisch dem Belegenheitsrecht. Dies wäre zu schematisch. Eine generelle teleologische Reduktion des Art. 4 I lit. c Rom I-VO für kurzfristige Mietverträge erfolgt dementsprechend nicht.[611] Art. 4 I lit. d Rom I-VO schließt Art. 4 I lit. c Rom I-VO nicht eindeutig aus, sondern operiert „ungeachtet" („notwithstanding") seiner. Daher ist im konkreten Fall jeweils eine Auswahlentscheidung zu treffen, ob man der Belegenheitsanknüpfung nach Art. 4 I lit. c Rom I-VO oder der Anknüpfung an den gemeinsamen gewöhnlichen Aufenthalt nach Art. 4 I lit. d Rom I-VO folgen will.[612] Auswahlkriterium muss jedenfalls die relativ stärkste Verbindung im konkreten Fall sein. Angesichts der engen Fassung und der klaren ratio des Art. 4 I lit. d Rom I-VO wird man im Zweifel diesem folgen. Er verwirklicht dann eher das Prinzip, an die stärkste Verbindung anzuknüpfen. 269

h) Franchiseverträge (Art. 4 I lit. e Rom I-VO). Art. 4 I lit. e Rom I-VO unterwirft Franchiseverträge dem Recht des Staates, in welchem der Franchisenehmer seinen gewöhnlichen Aufenthalt (Art. 19 Rom I-VO) hat. Die Anknüpfungsregel ist klar und unmissverständlich formuliert. Sie schafft Klarheit im Vergleich zur umstrittenen Altrechtslage[613] unter Art. 4 EVÜ (in Deutschland Art. 28 EGBGB).[614] Außerdem löst sie etwaige Qualifikationsprobleme.[615] 270

Franchiseverträge sind umschrieben in einer grundsätzlich auch für Art. 4 I lit. e Rom I-VO brauchbaren[616] Weise in Art. IV E.-4:101 DCFR[617] und in Art. 1 III lit. b VO (EWG) Nr. 4087/88[618]. Sie enthalten typischerweise verschiedene Elemente aus Pacht, Lizenz, 271

---

[607] *Leible/M. Lehmann,* RIW 2008, 528, 535.
[608] Siehe nur Rauscher/*Mankowski* Art. 24 Brüssel Ia-VO Rn. 26.
[609] *Trunk,* Die Erweiterung des EuGVÜ-Systems am Vorabend des Europäischen Binnenmarkts, 1991, S. 44f.
[610] OLG Frankfurt MDR 2008, 336.
[611] Anders im Ergebnis R. *Wagner,* IPRax 2008, 377, 383; *Clausnitzer/Woopen,* BB 2008, 1798, 1800.
[612] Reithmann/Martiny/*Mankowski* Rn. 6.961.
[613] Dargestellt z. B. bei *Plaßmeier,* Kollisionsrechtliche Probleme internationaler Franchisesysteme, 1999, S. 89–121; *García Gutiérrez,* YbPIL X (2008), 233, 234–236; *Valdini,* Der Schutz der schwächeren Vertragspartei im internationalen Vertriebsrecht, 2013, S. 149–170.
[614] Reithmann/Martiny/*Dutta* Rn. 6.1310.
[615] Siehe *Valdini,* Der Schutz der schwächeren Vertragspartei im internationalen Vertriebsrecht, 2013, S. 426 f.; *Morse,* Essays in honour of M. Bogdan, 2013, S. 363, 367.
[616] *Lakkis,* in: Martinek/Semler/Flohr, Handbuch des Vertriebsrechts, 4. Aufl. 2016, § 57 Rn. 69 für den DCFR und *Morse,* Essays in honour of M. Bogdan, 2013, S. 363, 368 für die FranchiseVO.
[617] Siehe auch den Versuch einer engen, auf Arbeitnehmer- oder Filialähnlichkeit des Franchisenehmer abstellenden Definition des Begriffes Franchisevertrag für die spezifischen (Schutz-)Zwecke des Art. 4 I lit. e Rom I-VO bei *Valdini,* Der Schutz der schwächeren Vertragspartei im internationalen Vertriebsrecht, 2013, S. 425.
[618] VO (EWG) Nr. 4087/88 der Kommission vom 30.11.1988 über die Anwendung von Artikel 85 Absatz 3 des Vertrags auf Franchisenvereinbarungen, ABl. EWG 1988 L 359/46.

Dienstleistung, Geschäftsbesorgung, Handelsvertretung, Finanzierung, Miete und Kauf.[619] Der Franchisegeber stellt dem Franchisenehmer das so genannte Systemkonzept zur Verfügung, insbesondere indem er Know-How überträgt und Nutzungsrechte an Immaterialgüterrechten (Firma, Marken, Geschmacksmuster, Patente usw.) einräumt. Er macht Vorgaben, berät, kontrolliert und überwacht im Interesse eines einheitlichen Auftritts aller in das Franchisesystem eingebundenen Franchisenehmer nach außen.[620] In der Praxis begegnen viele verschiedene Ausgestaltungen z. B. sachlich als Dienstleistungs- oder Produktions-, hierarchisch als Subordinations- oder Partnerschaftsfranchising.[621] Im Einzelfall kann sogar die Frage im Raum stehen, ob Franchisegeber und Franchisenehmer bereits eine Gesellschaft bilden.[622] Andererseits können Produkt-, Kommunikations-, Preis- und Distributionspolitik gleichsam geborene Konfliktfelder sein.[623]

272   Auch wegen der Vielfalt denkbarer Ausgestaltungen hat sich der europäische Gesetzgeber in Art. 4 I lit. e Rom I-VO für einen eigenen Anknüpfungstatbestand für Franchisingverträge entschieden.[623a] Dieser verfolgt weniger das Ziel, einen Schwerpunkt zu lokalisieren,[624] sondern will primär den Franchisenehmer als typischerweise schwächere Partei schützen.[625] Man geht aber nicht so weit, nach dem Vorbild des Art. 6 I Rom I-VO auch gegen eine abweichende Rechtswahl abzusichern.[626] Etwaige rechtspolitische Bedenken gegen den kollisionsrechtlichen Schwächerenschutz, z. B. weil es wirtschaftlich stärkere Franchisenehmer mit großer Verhandlungsmacht geben kann,[627] ändern nichts daran, dass Art. 4 I lit. e Rom I-VO zu beachtendes geltendes Recht ist.[628]

273   Bei Masterfranchiseverträgen in mehrstufigen Franchisesystemen ist zwischen Area Development-Verträgen, bei denen der Masterfranchisenehmer nur Intermediär ist, einerseits und Verträgen, bei denen der Masterfranchisenehmer selber Vertragspartner der Unterfranchisenehmer ist, andererseits zu unterscheiden. Bei ersteren ähnelt die Funktion des Masterfranchisenehmers in seinem Verhältnis zum Masterfranchisegeber jener eines Handelsvertreters, so dass dort Art. 4 I lit. b Rom I-VO anzuwenden ist.[629]

274   i) *Vertriebsverträge (Art. 4 I lit. f Rom I-VO).* Art. 4 I lit. f Rom I-VO unterwirft Vertriebsverträge dem Recht des Staates, in welchem der Vertragshändler seinen gewöhnlichen Aufenthalt (Art. 19 Rom I-VO) hat.[630] Die Anknüpfungsregel ist klar und unmissverständlich formuliert. Sie schafft Klarheit im Vergleich zur umstrittenen Altrechtslage[631] unter

---

[619] Siehe nur *Morse*, Essays in honour of M. Bogdan, 2013, S. 363, 369; Reithmann/Martiny/*Dutta* Rn. 6.1298.
[620] Siehe nur Reithmann/Martiny/*Dutta* Rn. 6.1299.
[621] Reithmann/Martiny/*Dutta* Rn. 6.1299.
[622] Reithmann/Martiny/*Dutta* Rn. 6.1335. Zu daraus folgenden Qualifikationsfragen im IPR *Valdini*, Der Schutz der schwächeren Vertragspartei im internationalen Vertriebsrecht, 2013, S. 428–439.
[623] *Valdini*, Der Schutz der schwächeren Vertragspartei im internationalen Vertriebsrecht, 2013, S. 173–183.
[623a] Umfassend *Cebrián Salvat*, El contrato de franquicia en Derecho internacional privado europeo, 2018, S. 153–301.
[624] *Leible/M. Lehmann*, RIW 2008, 528, 535.
[625] Siehe nur KOM (2005) 650 endg. S. 7; *García Gutiérrez*, YbPIL X (2008), 233, 238; *Aguilar Grieder*, CDT 1 (19 (200)), 19, 33 f.; *Valdini*, Der Schutz der schwächeren Vertragspartei im internationalen Vertriebsrecht, 2013, S. 316–318.
[626] Reithmann/Martiny/*Dutta* Rn. 6.1306; vgl. aber auch *Valdini*, Der Schutz der schwächeren Vertragspartei im internationalen Vertriebsrecht, 2013, S. 224, 334–348.
[627] *Lagarde*, RCDIP 95 (2006), 331, 339; *Ferrari*, in: Ferrari/Leible (Hrsg.), Ein neues Internationales Vertragsrecht für Europa, 2007, S. 57, 87; *ders.*, in: Ferrari IntVertragsR Art. 4 Rom I-VO Rn. 45; *Tang*, (2008) 71 Mod. L. Rev. 785, 788 f.; *Kenfack*, Clunet 136 (2009), 3, 22 f.
[628] Siehe *García Gutiérrez*, YbPIL X (2008), 233, 239.
[629] *Valdini*, Der Schutz der schwächeren Vertragspartei im internationalen Vertriebsrecht, 2013, S. 445 f.
[630] Beispiel: LG Düsseldorf BeckRS 2013, 13370; dazu *Zarth*, GWR 2013, 382.
[631] Eingehend *Valdini*, Der Schutz der schwächeren Vertragspartei im internationalen Vertriebsrecht, 2013, S. 56–149 mit umfangreichen Nachweisen aus der französischen, italienischen, englischen und deutschen Rechtsprechung. Kurzabriss bei *M.-É. Ancel*, YbPIL X (2008), 221, 223–226.

V. Objektive Anknüpfung nach Art. 4 Rom I-VO   275–278 § 1

Art. 4 EVÜ (in Deutschland Art. 28 EGBGB).⁶³² Außerdem löst sie etwaige Qualifikationsprobleme.⁶³³

Der sachliche Anwendungsbereich des Art. 4 I lit. f Rom I-VO ist aber enger, als 275 der Begriff „Vertriebsverträge" auf den ersten Blick zu umschreiben scheint. Dieser Begriff suggeriert bei unbefangenem erstem Lesen ein weites Verständnis. Die anderen Sprachfassungen scheinen nichts grundsätzlich Anderes zu besagen, denn in ihnen scheint „distribution" zunächst ähnlich weit. Indes offenbart die Formulierung des Anknüpfungspunktes „gewöhnlicher Aufenthalt des *Vertragshändlers*" („distributor", „distributeur"), dass ein deutlich engeres Begriffsverständnis geboten ist. Vergleichend kann man auf Art. IV.E-5:101 DCFR blicken.⁶³⁴ Gefordert ist eine Einbindung auf einer (Zwischen-)Absatzstufe für Waren des Prinzipals,⁶³⁵ die dieser nicht selbst hergestellt haben muss.⁶³⁶ Erforderlich ist, dass der Händler in eigenen Namen und mit eigenem Absatzrisiko agiert.⁶³⁷ Alleinvertriebsverträge mit exklusiven Gebiets- oder Bezugsrechten sind erfasst.⁶³⁸

Dagegen sind Handelsvertreterverträge nicht erfasst und fallen unter Art. 4 I lit. b Rom 276 I-VO.⁶³⁹ Ob eine analoge Anwendung von Handelsvertreterrecht, insbesondere der Artt. 17; 18 HandelsvertreterRL⁶⁴⁰ oder §§ 89b; 92c HGB, auf Vertragshändler stattfinden kann,⁶⁴¹ betrifft genau die umgekehrte Richtung. Eine ungeschriebene Kollisionsnorm dieses Inhalts, die sich über Art. 23 Rom I-VO durchsetzen würde, gibt es jedenfalls nicht.⁶⁴² Gemischte Handelsvertreter/Vertragshändlerverträge wiederum fallen unter Art. 4 II Var. 2 Rom I-VO.⁶⁴³ Art. 4 I lit. f Rom I-VO ist keine Auffangnorm, die für alle Vertriebsmittler anzuwenden wäre, die nicht im eigenen Namen und nicht auf eigene Rechnung agieren.⁶⁴⁴

Vertriebsvertrag ist der Rahmenvertrag, nicht der einzelne Bezugs- oder Kaufvertrag in 277 Ausfüllung des Rahmenvertrags.⁶⁴⁵ Diese Einzelverträge sind vielmehr eigenständiges Anknüpfungsobjekt und jeweils über Art. 4 I lit. a Rom I-VO anzuknüpfen.

Der europäische Gesetzgeber hat sich in Art. 4 I lit. f Rom I-VO für einen eigenen An- 278 knüpfungstatbestand für Vertriebsverträge entschieden. Dieser verfolgt weniger das Ziel, einen Schwerpunkt zu lokalisieren,⁶⁴⁶ sondern will primär den Vertragshändler als typi-

---

⁶³² *Mankowski*, IHR 2008, 133 138; *Magnus*, IPRax 2010, 27, 36; Reithmann/Martiny/*Häuslschmid* Rn. 6.1580; PWW/*Brödermann/Wegen* Art. 4 Rom I-VO Rn. 15; BeckOGK/*A. Köhler* Art. 4 Rom I-VO Rn. 115.

⁶³³ *M.-É. Ancel*, YbPIL X (2008), 221, 227.

⁶³⁴ Staudinger/*Magnus* Art. 4 Rom I-VO Rn. 71; *Lakkis*, in: Martinek/Semler/Flohr, Handbuch des Vertriebsrechts, 4. Aufl. 2016, § 57 Rn. 70.

⁶³⁵ Siehe Reithmann/Martiny/*Häuslschmid* Rn. 6.1416, 6.1496.

⁶³⁶ NK-BGB/*Leible* Art. 4 Rom I-VO Rn. 47; BeckOGK/*A. Köhler* Art. 4 Rom I-VO Rn. 120.

⁶³⁷ *Magnus*, in: Ferrari/Leible (eds.), Rome I Regulation, 2008, S. 27, 42; NK-BGB/*Leible* Art. 4 Rom I-VO Rn. 47; BeckOGK/*A. Köhler* Art. 4 Rom I-VO Rn. 120; *Ferrari*, in: Ferrari IntVertragsR Art. 4 Rom I-VO Rn. 48.

⁶³⁸ Rauscher/*Thorn* Art. 4 Rom I-VO Rn. 53; Staudinger/*Magnus* Art. 4 Rom I-VO Rn. 81.

⁶³⁹ *W.-H. Roth*, FS Ulrich Spellenberg, 2010, S. 309, 310 f.; *Aguilar Grieder*, CDT 3 (1) (2011), 24, 33–35; Reithmann/Martiny/*Häuslschmid* Rn. 6.1416 f., 6.1496.

⁶⁴⁰ Richtlinien 86/453/EWG des Rates vom 18.12.1986 zur Koordination der Rechtsvorschriften der Mitgliedstaaten betreffend die selbständigen Handelsvertreter, ABl. EWG 1986 L 382/17.

⁶⁴¹ Dazu BGH NJW 2016, 1885; *Wauschkuhn*, ZVertriebsR 2016, 79, 84; *Mankowski*, RIW 2016, 457; *Ströbl*, BB 2016, 848; *Peschke*, ZVertriebsR 2016, 144; *J. Teichmann*, ZVertriebsR 2016, 195; *Kindler*, NJW 2016, 1855; *Ehrhard/v. Bodungen*, EWiR 2016, 597; *Emde*, ZVertriebsR 2018, 77, 80.

⁶⁴² *Valdini*, Der Schutz der schwächeren Vertragspartei im internationalen Vertriebsrecht, 2013, S. 324–334; *Lakkis*, in: Martinek/Semler/Flohr, Handbuch des Vertriebsrechts, 4. Aufl. 2016, § 57 Rn. 72.

⁶⁴³ Reithmann/Martiny/*Häuslschmid* Rn. 6.1418.

⁶⁴⁴ *Valdini*, Der Schutz der schwächeren Vertragspartei im internationalen Vertriebsrecht, 2013, S. 451–454 gegen Rauscher/*Thorn* Art. 4 Rom I-VO Rn. 55; PWW/*Brödermann/Wegen* Anh. Art. 4 Rom I-VO Rn. 31; Palandt/*Thorn* Art. 4 Rom I-VO Rn. 19.

⁶⁴⁵ *Ferrari*, in: Ferrari IntVertragsR Art. 4 Rom I-VO Rn. 48; Staudinger/*Magnus* Art. 4 Rom I-VO Rn. 72, 78; BeckOGK/*A. Köhler* Art. 4 Rom I-VO Rn. 121; *Mankowski*, RIW 2016, 457.

⁶⁴⁶ *Leible/M. Lehmann*, RIW 2008, 528, 535.

scherweise schwächere Partei schützen.[647] Man geht aber nicht so weit, nach dem Vorbild des Art. 6 I Rom I-VO auch gegen eine abweichende Rechtswahl abzusichern.[648] Etwaige rechtspolitische Bedenken gegen den kollisionsrechtlichen Schwächerenschutz, z. B. weil es wirtschaftlich stärkere Vertragshändler mit großer Verhandlungsmacht geben kann,[649] ändern nichts daran, dass Art. 4 I lit. f Rom I-VO zu beachtendes geltendes Recht ist.[650]

279   *j) Versteigerungskäufe über bewegliche Sachen (Art. 4 I lit. g Rom I-VO).* Art. 4 I lit. g Rom I-VO unterwirft Verträge über den Kauf beweglicher Sachen durch Versteigerung dem Recht des Versteigerungsortes, sofern dieser bestimmt werden kann. Die Eingrenzung auf bewegliche Sachen als Versteigerungsobjekt grenzt Immobilien, Dienstleistungen, Forderungen, Start- und Landerechte und Immaterialgüterrechte sicher aus.[651] Energie ist ein Grenzfall. Geboten ist jedenfalls, hier dasselbe Verständnis für den Begriff der beweglichen Sachen anzulegen wie unter Art. 4 I lit. a Rom I-VO.[652] Art. 4 I lit. g Rom I-VO ist im Ausgangspunkt lex specialis zu Art. 4 I lit. a Rom I-VO.[653]

280   Der Begriff der Versteigerung sollte sich an jenen in Art. 2 Nr. 13 RL 2011/83/EU und in Art. 2 lit. b CISG anlehnen.[654] Eine Versteigerung liegt danach vor, wenn der Verkauf öffentlich stattfindet, an den Meistbietenden erfolgt und die verschiedenen Bieter sich im Rahmen des Versteigerungsverfahrens überbieten können.[655] Im letzten Punkt unterscheidet sich die Versteigerung von einer öffentlichen Ausschreibung.[656] Persönliche Anwesenheit der Bieter ist – insoweit abweichend von Art. 2 Nr. 13 RL 2011/83/EU – nicht zu verlangen.[657] Auch eine Ausgrenzung von gerichtlichen oder amtlichen Versteigerungen[658] erscheint nicht geboten, da gerade bei diesen die Alternative (Anknüpfung an den gewöhnlichen Aufenthalt des Verkäufers über Art. 4 I lit. a Rom I-VO) besondere Probleme aufwirft, weil die Person des Verkäufers nicht offensichtlich ist. Art. 1 I Rom I-VO führt nicht zu einer Ausgrenzung,[659] weil nur der Modus, nicht aber das Resultat (der Vertrag zwischen Bieter und Veräußerer) hoheitlich ist.

281   Allerdings ist nicht jeder der genannten Punkte gleichermaßen zwingend. Reverse auctions (umgekehrte Auktionen, auch holländische Auktionen genannt) sind von Art. 4 lit. c Rom I-VO erfasst, obwohl bei ihnen keine Reaktions- und Überbietungsmöglichkeit besteht, außerdem versteigerungsbedingungsgemäße Zuschläge an das zweithöchste Gebot.[660] Bei Online-Auktionen ist dagegen die zusätzliche Voraussetzung, dass sich der Versteigerungsort bestimmen lässt, in der Regel nicht erfüllt.[661]

282   Verkäufe gegen Höchstgebot sind keine Versteigerungen, denn bei ihnen fehlt das für Auktionen essentielle und charakteristische Moment, dass Konkurrenten des aktuellen

---

[647] Siehe nur KOM (2005) 650 endg. S. 7; *Aguilar Grieder*, CDT 1 (19 (200), 19, 33 f.; *Valdini*, Der Schutz der schwächeren Vertragspartei im internationalen Vertriebsrecht, 2013, S. 316–318; Staudinger/*Magnus* Art. 4 Rom I-VO Rn. 77.

[648] Reithmann/Martiny/*Dutta* Rn. 6.1306; vgl. aber auch *Valdini*, Der Schutz der schwächeren Vertragspartei im internationalen Vertriebsrecht, 2013, S. 224, 334–348.

[649] *Lagarde*, RCDIP 95 (2006), 331, 339; *Ferrari*, in: Ferrari/Leible (Hrsg.), Ein neues Internationales Vertragsrecht für Europa, 2007, S. 57, 87; *ders.*, in: Ferrari IntVertragsR Art. 4 Rom I-VO Rn. 45; *Tang*, (2008) 71 Mod. L. Rev. 785, 788 f.; *Kenfack*, Clunet 136 (2009), 3, 22 f.

[650] Siehe *García Gutiérrez*, YbPIL X (2008), 233, 239.

[651] BeckOGK/*A. Köhler* Art. 4 Rom I-VO Rn. 132 (aber für analoge Anwendung).

[652] Staudinger/*Magnus* Art. 4 Rom I-VO Rn. 85.

[653] Staudinger/*Magnus* Art. 4 Rom I-VO Rn. 86.

[654] Staudinger/*Magnus* Art. 4 Rom I-VO Rn. 85; BeckOGK/*A. Köhler* Art. 4 Rom I-VO Rn. 129.

[655] Staudinger/*Magnus* Art. 2 CISG Rn. 33 f.

[656] Staudinger/*Magnus* Art. 2 CISG Rn. 34.

[657] *Garcimartín Alférez*, EuLF 2008, I-61, I-68; MüKoBGB/*Martiny* Art. 4 Rom I-VO Rn. 153.

[658] Dafür Rauscher/*Thorn* Art. 4 Rom I-VO Rn. 33; Staudinger/*Magnus* Art. 4 Rom I-VO Rn. 85.

[659] Entgegen BeckOGK/*A. Köhler* Art. 4 Rom I-VO Rn. 129.

[660] MüKoHGB/*Mankowski* Art. 2 CISG Rn. 9a.

[661] BG 28.4.2008 – 4A_58/2008 E. 2; BG IHR 2017, 72; HG Zürich CISG-online 2802; NK-BGB/*Leible* Art. 4 Rom I-VO Rn. 116; Staudinger/*Magnus* Art. 4 Rom I-VO Rn. 611.
AA BeckOGK/*A. Köhler* Art. 4 Rom I-VO Rn. 131: Marktausrichtung, hilfsweise gewöhnlicher Aufenthalt des Plattformbetreibers.

V. Objektive Anknüpfung nach Art. 4 Rom I-VO   283–286   § 1

Höchstbietenden reagieren und noch überbieten können, denn das Gebot des einzelnen Bieters ist bei Verkäufen gegen Höchstgebot fixiert.[662] Selbst bei matching offer rights sollte nichts anderes gelten, weil der ursprüngliche Interessent bei ihnen gemeinhin keine Möglichkeit hat, seinerseits das ausgeübte matching offer right des Einstiegsberechtigten wieder zu übertrumpfen.[663]

Art. 4 I lit. g Rom I-VO erfasst nur Versteigerungskäufe, aber keine Börsenkäufe. Verkäufe an Warenbörsen finden rechtstechnisch nicht im Wege einer Versteigerung statt, weil bei ihnen keine Reaktions- und Überbietungsmöglichkeit Dritter besteht.[664] Insoweit zieht Art. 4 I lit. g Rom I-VO die Eingrenzung enger als Art. 9 Haager Kauf-IPR 1986[665].[666] Selbst wenn man hier eine weite Auslegung oder gar eine entsprechende Anwendung walten lassen wollte, würde diese nur den Börsenkauf als solchen erfassen, also das Börseninnengeschäft, nicht aber das Börsenaußengeschäft. Dass bestimmte Börsen besonders reguliert sind und öffentlichem Aufsichtsrecht unterliegen, führt nicht automatisch dazu, dass um eines Gleichlaufs von öffentlichem und Privatrecht willen das Platzrecht der Börse objektiv zu berufen wäre. Einen solchen Gleichlauf würde schon jede Rechtswahl in einem Börsenkauf zerstören.   283

k) Finanzverträge in multilateralen Systemen (Art. 4 I lit. h Rom I-VO). Eine Neukategorisierung und eigene Kategoriebildung macht Art. 4 I lit. h Rom I-VO erforderlich.[667] Er schafft eine eigene Kollisionsnorm für die objektive Anknüpfung von Verträgen, „die innerhalb eines multilateralen Systems geschlossen werden, das die Interessen einer Vielzahl Dritter am Kauf und Verkauf von Finanzinstrumenten im Sinne von Artikel 4 Absatz 1 Nummer 17 der Richtlinie 2004/39/EG nach nicht diskretionären Regeln und nach Maßgabe eines einzigen Rechts zusammenführt oder das Zusammenführen fördert".   284

Art. 4 I lit. h Rom I-VO wird erläutert in Erwägungsgrund (18) Rom I-VO: 285
„(18) Was das mangels Rechtswahl anzuwendende Recht betrifft, sind unter multilateralen Systemen solche multilateralen Systeme zu verstehen, in denen Handel betrieben wird, wie geregelte Märkte und multilaterale Handelssysteme nach Artikel 4 Absatz 1 Nummern 14 und 15 der Richtlinie 2004/39/EG des Europäischen Parlaments und des Rates vom 21. April 2004 über Märkte für Finanzinstrumente, und zwar ungeachtet dessen, ob sie sich auf eine zentrale Gegenpartei stützen oder nicht."

Art. 4 I lit. h Rom I-VO verweist auf Art. 4 I Nr. 17 MiFID. Art. 4 I Nr. 17 MiFID II aber verweist seinerseits auf Anhang I Abschnitt C MiFID, letzteres aber nur für den Begriff der „Finanzinstrumente",[668] der im verwiesenen Anhang in einer detailreichen Aufzählung ausgefüllt wird. Die MiFID ist mit Wirkung zum 3. Januar 2017 aufgehoben[669] und wird durch die FinanzinstrumenteRL[670] (MiFID II) und die MarktmissbrauchsVO[671] (MiFIR) ersetzt, die gemäß Erwägungsgrund (7) S. 2 MiFID II einen gemeinsamen Rechtsrahmen bilden. Bezugnahmen auf die MiFID sind nach Art. 94 UAbs. 2 MiFID II als Bezugnahmen auf diese beiden Rechtsakte gemäß der Entsprechungstabelle in Anhang IV MiFID II   286

---

[662] MüKoHGB/*Mankowski* Art. 2 CISG Rn. 9b.
[663] MüKoHGB/*Mankowski* Art. 2 CISG Rn. 9b.
[664] *Herber/Czerwenka*, CISG, 1991, Art. 2 CISG Rn. 9; Staudinger/*Magnus* Art. 2 CISG Rn. 35.
[665] Hague Convention on the Law Applicable to Contracts for the International Sale of Goods of 22 December 1986 <http://www.hcch.net/upload/conventions/txt31en.pdf>.
[666] *Mankowski*, IPRax 2012, 298, 305.
[667] Zur rechtspolitischen Sinnhaftigkeit der Norm *M. Lehmann*, in: Ferrari/Leible (eds.), Rome I Regulation, 2009, S. 85, 88–92.
[668] Siehe nur *Villata*, Liber Fausto Pocar, tomo II, 2009, S. 967, 970.
[669] Art. 94 UAbs. 1 MiFID II.
[670] Richtlinie 2014/65/EU des Europäischen Parlaments und des Rates vom 15. Mai 2014 über Märkte für Finanzinstrumente sowie zur Änderung der Richtlinien 2002/92/EG und 2011/61/EU, ABl. EU 2014 L 173/349.
[671] Verordnung (EU) Nr. 600/2014 des Europäischen Parlaments und des Rates vom 15. Mai 2014 über Märkte für Finanzinstrumente und zur Änderung der Verordnung (EU) Nr. 648/2012, ABl. EU 2014 L 173/84.

zu lesen, Bezugnahmen auf Begriffsbestimmungen und Artikel der MIFID gemäß Art. 94 UAbs. 3 MiFID II als ebensolche Bezugnahmen auf die beiden Rechtsakte. Art. 4 I Nr 17 MiFiD ist heute Art. 4 Nr. 15 MiFID II, Anh. I Abschn. C hat seine Nummer behalten. Von Art. 4 I lit. h Rom I-VO erfasst sind allerdings Verträge innerhalb eines multilateralen Systems über den Kauf und Verkauf von Finanzinstrumenten.[672] Finanzinstrumente sind also nur Teil des Vertragsgegenstands, während der Anknüpfungsbegriff komplexer ist.[673]

287 Den Begriff „nicht diskretionär", wie Art. 4 I lit. h Rom I-VO ihn verwendet, umschreibt Erwägungsgrund (6) S. 8 MiFID II dahin, dass die vom Betreiber des Systems festgelegten Regeln der Wertpapierfirma, die ein multilaterales Handelssystem betreibt, keinerlei Ermessensspielraum in Bezug auf die möglichen Wechselwirkungen zwischen Interessen einräumen. Erfasst sind Fälle gebundener und festgelegter Maßstäbe. Fälle ermessensgeleiteter, einzelfallabhängiger und nicht im Grundsatz a priori festgelegter Lenkung sind dagegen ausgegrenzt.[674]

288 Der eigentliche Zentralbegriff des Art. 4 I lit. h Rom I-VO, das „multilaterale System", wird nicht definiert.[675] Art. 4 I Nr. 15 MiFID II definiert nur ein „multilaterales Handelssystem (MTF)"[676] als „ein von einer Wertpapierfirma oder einem Marktbetreiber betriebenes multilaterales System, das die Interessen einer Vielzahl Dritter an Kauf und Verkauf von Finanzinstrumenten innerhalb des Systems und nach nichtdiskretionären Regeln in einer Weise zusammenführt, die zu einem Vertrag gemäß den Bestimmungen des Titels II führen". Zu erheblichen Teilen gibt Art. 4 I lit. h Rom I-VO dies wieder, allerdings nicht die Betreibervoraussetzungen.[677] Das MTF ist vielmehr qualifizierter Unterfall des multilateralen Systems.[678] Das Multilaterale System geht aber sicherlich über MTFs hinaus und erfasst zumindest auch regulierte Märkte im Sinne von Art. 4 I Nr. 7 MiFID II.[679] Dies besagt Erwägungsgrund (18) Rom I-VO ausdrücklich. Der Begriff ist technikneutral.[680]

289 Ein multilateraler Charakter verlangt nach einer potenziellen, nicht notwendig aktuellen Mehrzahl Beteiligter. Rein bilaterale und rein auf Bilateralität angelegte Beziehungen reichen nicht, wie auch Erwägungsgrund (6) S. 2 MiFID I zeigt.[681] Daher muss es einen überspannenden, zumindest organisatorischen Rahmen geben, der über einen Regelfall bilateraler Geschäfte mit dem Systembetreiber hinausgeht.[682] In klassischen back-to-back-Geschäften darf sich das System jedenfalls nicht erschöpfen.[683] Das System muss eine Zentralisierungsfunktion erfüllen.[684] Wenn eine Emission erfolgt, soll diese insgesamt demselben Recht unterliegen[685] (was sich freilich theoretisch an der vorrangigen Möglichkeit einer Rechtswahl nach Art. 3 Rom I-VO stößt).

290 Ein Systembetreiber, also ein zentraler Organisator, ist nicht erforderlich, denn mit einem solchen Erfordernis wären nur Systeme mit Betreiber schutzwürdig, dezentral organi-

---

[672] Rechtspolitisch kritisch zum engen Zuschnitt *M. Lehmann,* in: Ferrari/Leible (eds.), Rome I Regulation, 2009, S. 85, 94.
[673] *Mankowski,* RIW 2009, 98, 107 f.
[674] *Mankowski,* RIW 2009, 98, 108.
[675] Reithmann/Martiny/*Mankowski* Rn. 6.1712; *Kumpan,* in: Zetzsche/M. Lehmann (Hrsg.), Grenzüberschreitende Finanzdienstleistungen, 2018, § 9 Rn. 41.
Ungenau *Leible/M. Lehmann,* RIW 2008, 528, 537, die hier „multilaterales Handelssystem" lesen.
[676] MTF ist die Abkürzung für das englische „Multilateral Trading Facility".
[677] „Wertpapierfirma" wird in Art. 4 I Nr. 1 MiFID, „Marktbetreiber" wird in Art. 4 I Nr. 13 MiFID definiert.
[678] *Mankowski,* IHR 2008, 133, 139.
[679] *Garcimartín Alférez,* EuLF 2008, I-61, I-68 f.; *Mankowski,* IHR 2008, 133, 139.
[680] *Spindler/Kasten,* WM 2006, 1749, 1754; *Kumpan,* in: Zetzsche/M. Lehmann (Hrsg.), Grenzüberschreitende Finanzdienstleistungen, 2018, § 9 Rn. 41.
[681] *Mankowski,* RIW 2009, 98, 108; Reithmann/Martiny/*Mankowski* Rn. 6.1714.
[682] *Kumpan,* in: Zetzsche/M. Lehmann (Hrsg.), Grenzüberschreitende Finanzdienstleistungen, 2018, § 9 Rn. 44.
[683] *Mankowski,* RIW 2009, 98, 108; Reithmann/Martiny/*Mankowski* Rn. 6.1714.
[684] *Kumpan,* in: Zetzsche/M. Lehmann (Hrsg.), Grenzüberschreitende Finanzdienstleistungen, 2018, § 9 Rn. 46.
[685] *Villata,* Liber Fausto Pocar, tomo II, 2009, S. 967, 971.

V. Objektive Anknüpfung nach Art. 4 Rom I-VO   291–295 § 1

sierte Systeme dagegen nicht.[686] Erwägungsgrund (18) Rom I-VO will richtigerweise nicht danach differenzieren, ob das System sich auf eine zentrale Gegenpartei stützt oder nicht.

Nicht erfasst sind jedoch Securities Settlements Systems.[687] Bei diesen soll sich eine Lö- 291
sung bereits über Art. 2 lit. a RL 98/26/EG ergeben.[688] Für den Begriff „System" besagt Erwägungsgrund (6) S. 3 MiFID I immerhin, dass er sowohl die Märkte umfasse, die aus einem Regelwerk und einer Handelsplattform bestehen, als auch solche, die ausschließlich auf der Basis eines Regelwerks bestehen. Nur ein gewisser Mindestzusammenhalt ist erforderlich, weil es sonst an dem verbindenden Band fehlt und man es nicht mit einem System, sondern nur noch mit einander berührenden Einzeltransaktionen zu tun hat.[689]

Wenn es kein Systemkonstitut gibt, dem man eine Rechtswahl entnehmen kann,[690] ist 292
das „Recht des Systems" per objektiver Anknüpfung zu ermitteln. Will man der Besonderheit des Verbundes und der überwölbenden Verbindung über eine Vielzahl von Einzeltransaktionen gerecht werden, so darf man sich dabei jedenfalls nicht zu sehr auf die Statuten der einzelnen Transaktionen fixieren. Denn diese Statuten können divergieren. Vielmehr ist eine offene Schwerpunktsuche veranlasst.[691] Das Prinzip der charakteristischen Leistung im Einzelvertrag gilt nicht.[692] Das Recht des Systems ist anwendbar – nur wird nirgends festgelegt, wie denn jenes Recht des Systems zu bestimmen ist.[693] Statt einer positiven Sonderregel gibt es zwar eine Tendenz, aber im Kern eine ausfüllungsbedürftige Aussage (bei der die erste erste Hürde schon in der Klärung besteht, ob Anknüpfungspunkt des Art. 4 I lit. h Rom I-VO eigentlich das System oder das Systemstatut ist[694]).

Wenn es im System eine Zentralstelle oder eine Clearingstelle gibt, die nach einem be- 293
stimmten Recht organisiert ist, ist Recht des Systems dann dasjenige Recht, nach welchem jene Zentral- oder Clearingstelle organisiert ist.[695] Besonders deutlich wird dies, wenn die Zentralstelle sogar Leitungs- oder Organisationskompetenzen haben sollte. Bei regulierten Märkten im Sinne von Art. 4 I Nr. 7 MiFID II kann man das „Recht des Systems" in jedem Fall deutlicher erkennen, nämlich das Recht des regulierenden Staates, und so (allerdings immer vorbehaltlich einer Rechtswahl) einen Gleichlauf zwischen öffentlichem und Privatrecht erzielen.[696]

Bei einem System ohne eine Zentral- oder Clearingstelle ist der Schwerpunkt schwerer 294
zu ermitteln. Auch insofern ist allerdings mindestens eine Konstellation denkbar, die eine vergleichsweise leichte und einleuchtende Bestimmung erlaubt: Das System ist lokal, regional oder national konzentriert. An ihm nehmen zuvörderst Teilnehmer aus einem bestimmten Staat teil. Dann wird der Schwerpunkt im Zweifel in jenem Staat liegen, in welchem die überwiegende Zahl der Systemteilnehmer ansässig ist.[697]

Angesichts der engen Verzahnung mit der MiFID II und deren zentraler Rolle mag der 295
Blick schließlich auf Art. 44 IV MiFID II fallen.[698] Dort wird das Herkunftslandprinzip für

---

[686] *Mankowski*, RIW 2009, 98, 108; *Garcimartín Alférez* YbPIL 10 (2008), 245, 255; Reithmann/Martiny/ *Mankowski* Rn. 6.1715.
[687] *Garcimartín Alférez*, YbPIL 10 (2008), 245, 250.
[688] *Garcimartín Alférez*, YbPIL 10 (2008), 245, 250.
[689] Reithmann/Martiny/*Mankowski* Rn. 6.1716. Ähnlich *Cavalier,* Rev. Lamy dr. aff. 2008 no. 1753 S. 65, 66.
[690] Dazu *Kumpan*, in: Zetzsche/M. Lehmann (Hrsg.), Grenzüberschreitende Finanzdienstleistungen, 2018, § 9 Rn. 4 f.
[691] *Mankowski*, RIW 2009, 98, 109.
[692] *Einsele*, WM 2009, 289, 292.
[693] *Mankowski*, RIW 2009, 98, 109 f.; *M. Lehmann*, in: Ferrari/Leible (eds.), Rome I Regulation, 2009, S. 85, 90 f.
[694] Eingehend *A. I. Dicke*, Kapitalmarktgeschäfte mit Verbrauchern unter der Rom I-VO, 2015, S. 278–292.
[695] *Mankowski*, IHR 2008, 133, 139; *ders.*, RIW 2009, 98, 109; Reithmann/Martiny/*Mankowski* Rn. 6.1723.
[696] *Garcimartín Alférez* YbPIL 10 (2008), 245, 249; *Mankowski*, IHR 2008, 133, 139; *ders.*, RIW 2009, 98, 109.
[697] *Mankowski*, RIW 2009, 98, 110; Reithmann/Martiny/*Mankowski* Rn. 6.1725.
[698] Siehe nur *Kumpan*, in: Zetzsche/M. Lehmann (Hrsg.), Grenzüberschreitende Finanzdienstleistungen, 2018, § 9 Rn. 20.

die Aufsicht über Finanzmärkte verfügt: „Unbeschadet etwaiger einschlägiger Bestimmungen der Verordnung (EU) Nr. 596/2014 oder der Richtlinie 2014/57/EU unterliegt der nach den Systemen des geregelten Marktes betriebene Handel dem öffentlichen Recht des Herkunftsmitgliedstaats des geregelten Marktes." Das Herkunftslandprinzip wird also über Wertpapierfirmen hinaus auf geregelte Märkte erstreckt. Ziel ist beide Male die Anwendung eines einzigen Rechts auf das betreffende System.

296 Dann liegt es nahe, einen Gleichlauf zwischen Aufsichtsrecht und Privatrecht zu fördern.[699] Das öffentlich-rechtliche Marktorganisationsstatut würde zum Anknüpfungspunkt des Vertragsstatuts.[700] Soweit eine staatliche Zulassung erforderlich ist, könnte man daher daran denken, das Recht des Staates, in welchem die Zulassung und die nachfolgende Aufsicht erfolgen, zum „Recht des Systems" erheben.[701] Nach den Maßgaben dieses Rechts wird das System organisiert sein, und so wird jenes Recht auch seinen prägenden Niederschlag gefunden haben.[702]

297 Sich selbst in diesem reduzierten Maße an Art. 44 IV MiFID II anzulehnen hätte allerdings eine weitere gewichtige Konsequenz: Sowohl Art. 4 I lit. h als auch Art. 6 IV lit. e würden dann voraussetzen, dass es sich um wirklich von der MiFID II erfasste Systeme handelt, die in Mitgliedstaaten der EU zugelassen wurden. Für drittstaatliche Systeme würde das Herkunftslandprinzip kaum passen.[703] In der MiFID II beruht es auf dem verordneten, dekretierten Vertrauen der Mitgliedstaaten zueinander. Solches Vertrauen lässt sich Drittstaaten nicht per se entgegenbringen.[704]

298 **3. Prinzip der charakteristischen Leistung nach Art. 4 II Rom I-VO.** Bei der objektiven Anknüpfung im Internationalen Vertragsrecht dominiert das Prinzip der charakteristischen Leistung:[705] Anzuwenden ist das Recht am gewöhnlichen Aufenthalt derjenigen Vertragspartei, welche die für den Vertrag charakteristische Leistung erbringt. Art. 4 II Rom I-VO führt es für alle nicht in Art. 4 I Rom I-VO aufgezählten Verträge fort, und die beiden wichtigsten Katalogtatbestände des Art. 4 I Rom I-VO (litt. a, b) sind konkretisierte Anwendungsbeispiele für das Prinzip.

299 *a) Freundlichkeit gegenüber dem Marketer.* Das Prinzip der charakteristischen Leistung bringt dem Marketer ein rechtliches Heimspiel. Er kann auf die Anwendung „seines" Rechts setzen, spart Rechtsermittlungskosten, kann mit seiner Rechtsabteilung oder seinen vertrauten Rechtsberatern zusammenarbeiten, hat keine Sprachbarriere zu überwinden und hat durch all' dies komparative Rechtsanwendungsvorteile gegenüber seinem vertraglichen Widerpart beim einzelnen Vertrag.[706] Mehrere ungefähr gleichgewichtige Leistungen *derselben* Partei spielen zusammen und tragen unter Art. 4 II Rom-VO. Sie addieren sich und summieren ihr gemeinsames Gewicht.

300 Zudem unterstehen so im Grundsatz alle seine Verträge demselben Recht. Er kann standardisieren, rationalisieren und sich Skaleneffekte zunutze machen.[707] Dies kann insgesamt wohlfahrtssteigernd sein, während die Verteilung der Kosten beim einzelnen Vertrag im

---

[699] Siehe *Garcimartín Alférez* YbPIL 10 (2008), 245, 247, 249; *Mankowski*, IHR 2008, 133, 139.
[700] *M. Müller*, Finanzinstrumente in der Rom I-VO , 22011, S. 235, 255.
[701] *Mankowski*, IHR 2008, 133, 139; *R. Wagner*, IPRax 2008, 377, 385; *Garcimartín Alférez*, YbPIL 10 82008, 245, 259; *ders.*, (2009) 4 JPrIL 141, 156; *Kumpan*, in: Zetzsche/M. Lehmann (Hrsg.), Grenzüberschreitende Finanzdienstleistungen, § 9 Rn. 19.
[702] Ähnlich *M. Lehmann*, in: Ferrari/Leible (eds.), Rome I Regulation, 2009, S. 85, 90 f.
[703] Reithmann/Martiny/*Mankowski* Rn. 6.1727.
[704] *Mankowski*, RIW 2009, 98, 110.
[705] Zu diesem monographisch *Marie-Élodie Ancel*, La prestation caractéristique du contrat, 2002.
[706] *Basedow*, in: Basedow/Kono (eds.), An Economic Analysis of Private International Law, 2005, S. 57, 70; *ders.*, FS N. Horn, 2005, S. 229, 246; *ders.*, Libro homenaje al profesor Santiago Benadava, tomo II, Santiago de Chile 2008, S. 43, 57; *Mankowski*, Liber amicorum Kurt Siehr, 2010, S. 433, 436.
[707] *Basedow*, in: Basedow/Kono (eds.), An Economic Analysis of Private International Law, 2005, S. 57, 70; *ders.*, FS N. Horn, 2005, S. 229, 246; *ders.*, Libro homenaje al profesor Santiago Benadava, tomo II, Santiago de Chile 2008, S. 43, 57; *Mankowski*, Liber amicorum Kurt Siehr, 2010, S. 433, 437 sowie *Ferrari*, in: Ferrari/Leible (Hrsg.), Ein neues Internationales Vertragsrecht für Europa, 2007, S. 59, 66.

V. Objektive Anknüpfung nach Art. 4 Rom I-VO

Ansatz ein Nullsummenspiel ist, der Vorteil der einen Vertragspartei also durch einen korrespondierenden Nachteil der anderen Vertragspartei aufgewogen wird (vorbehaltlich unterschiedlich hoher Ermittlungs- und Suchkosten für die einzelnen in Rede stehenden Rechte).[708]

Hohe Spezifikationskosten entstehen nicht, da die Regel sich im Prinzip einfach handhaben lässt.[709] Sie lässt sich auf die Faustformel „Im Zweifel ist nicht die Geldleistung die für den Vertrag charakteristische Leistung" reduzieren.[710] Dies ist eine einfache, leicht zu handhabende Faustformel, nachgerade ein Ei des Kolumbus.[711] Wo sich die vertragsbetreuende Niederlassung des Marketers befindet, sollte sich auch ohne große Kosten und Mühen herausfinden lassen. Insbesondere wird der Marketer selbst dies indizieren, da die Anwendung der Regel ihm günstig ist und es deshalb in seinem eigenen Interesse liegt, ihre tatsächliche Ausfüllung im konkreten Einzelfall zu belegen. Das Prinzip der charakteristischen Leistung verursacht als solches[712] geringe tertiäre Kosten der Rechtsanwendung für Gerichte und Rechtsanwender, da es nur wenige Faktoren umfasst und zudem normativ-personenbezogen, nicht faktisch-leistungsbezogen ansetzt.[713]

b) Exporteursfreundlichkeit. Wenn man die Ebene des individuellen Vertrags verlässt und den Blick auf höhere Ebenen lenkt, ist festzustellen: Das Prinzip der charakteristischen Leistung ist exporteursfreundlich[714] und begünstigt damit exportorientierte Volkswirtschaften.[715] Es ist ein Herkunftslandprinzip.[716] Die Exporteursfreundlichkeit gilt für den Export von Waren und Dienstleistungen gleichermaßen. Bei Dienstleistungen kann es sich allerdings auch ergeben, dass der Anbieter zwar nicht grenzüberschreitend im Ausland selbst tätig wird, sondern nur lokal, regional oder national agiert, aber offen ist für Nachfrage aus dem Ausland. Wenn man den Begriff „Export" weiter fasst und als Befriedigung von Nachfrage aus dem Ausland umschreibt, könnte man auch diese zweite Konstellation als Export bezeichnen. Unter sie fallen insbesondere Handelsvertreter und Franchisenehmer.

Zumindest theoretisch pendelt sich die Exporteursfreundlichkeit ein und führt nicht zu Exzessen: Erstens würde ein zu Lasten des Importeurs als Vertragsgegenseite ausgelebtes Übergewicht des Exporteurs seine Grenze vernünftigerweise dort finden, wo die Kosten

---

[708] *Basedow*, in: Basedow/Kono (eds.), An Economic Analysis of Private International Law, 2005, S. 57, 70; *ders.*, FS N. Horn, 2005, S. 229, 246; *ders.*, Libro homenaje al profesor Santiago Benadava, tomo II, Santiago de Chile 2008, S. 43, 57; *H.-B. Schäfer/Lantermann*, in: Basedow/Kono (eds.), An Economic Analysis of Private International Law, 2005, S. 87, 98; *Mankowski*, Liber amicorum K. Siehr, 2010, S. 433, 437 sowie *K. Siehr*, FS Karl Firsching, 1985, S. 269, 283; *Moura Vicente*, A Tutela Internacional da Propriedade Intelectual, 2008, S. 296.
[709] Nicht recht nachvollziehbar die gegenteilige Behauptung bei *G. Rühl*, 24 Berkeley J. Int'l. L. 801, 834 (2006).
[710] Siehe nur Bericht *Giuliano/Lagarde*, ABl. EWG 1980 C 282/21 Art. 4 EVÜ Bem. (3) = BT-Drs. 10/503, 36, 53; BG SchwJbIntR 1948, 113 f.; *Schnitzer*, Handbuch des Internationalen Privatrechts, Bd. II, 4. Aufl. 1958, S. 643; *Baratta*, NLCC 1995, 953, 958.
[711] *Schnitzer*, Handbuch des Internationalen Privatrechts, Bd. II, 4. Aufl. 1958, S. 643.
[712] Zu den tertiären Kosten einer möglicherweise daraus resultierenden Notwendigkeit, forumfremdes Recht anzuwenden, *G. Rühl*, RabelsZ 71 (2007), 595.
[713] Ähnlich *H.-B. Schäfer/Lantermann*, in: Basedow/Kono (eds.), An Economic Analysis of Private International Law, 2005, S. 87, 99.
[714] *H.-B. Schäfer/Lantermann*, in: Basedow/Kono (eds.), An Economic Analysis of Private International Law, 2005, S. 87, 98; *Mankowski*, Liber amicorum K. Siehr, 2010, S. 433, 458.
[715] *Jessurun d'Oliveira*, 25 Am. J. Comp. L. 303, 327 f. (1977); *Villani*, RDIPP 1993, 513, 521; *Mankowski*, Liber amicorum K. Siehr, 2010, S. 433, 458.
[716] *Radicati di Brozolo*, RCDIP 82 (1993), 401, 414 f.; *Drasch*, Das Herkunftslandprinzip im internationalen Privatrecht, 1997, S. 307; *B. Schauer*, Electronic Commerce in der EU, 1999, S. 186; *Spindler*, MMR-Beil. 7/2000, 4, 13; *N. Reich*, in: N. Reich/Nordhausen, Verbraucher und Recht im elektronischen Geschäftsverkehr, 2000, Nr. 104; *Sonnenberger*, ZvglRWiss 100 (2001), 107, 129; *Mankowski*, ZvglRWiss 100 (2001), 137, 156; *ders.*, DVBl. 2001, 1195, 1196; *ders.*, IPRax 2004, 385, 394; *Lurger/Vallant*, RIW 2002, 188, 190; *Wildespin*, in: J.F. Baur/Mansel (Hrsg.), Systemwechsel im europäischen Kollisionsrecht, 2002, S. 77, 86; *Naskret*, Das Verhältnis zwischen Herkunftslandprinzip und Internationalem Privatrecht in der Richtlinie zum elektronischen Geschäftsverkehr, 2003, S. 86; *Thünken*, Das kollisionsrechtliche Herkunftslandprinzip, 2003, S. 125; *de Baere*, RBDI 2003, 131, 198 f.

solchen Verhaltens den Import im Vergleich zum Vertrieb einheimischer Produkte im Importstaat unattraktiv machen.[717] Zweitens könnte der Exporteur seinen Standardisierungs- und Rationalisierungsvorteil partiell mit dem Importeur als Vertragsgegenseite teilen, indem er ihn einpreist und entsprechend günstigere Preise offeriert.[718] Freilich haben beide Argumente ihre Schwächen: Das erste glaubt an die selbstregulierende Funktion von Märkten.[719] Das zweite setzt voraus, dass der Anbieter Margen zu teilen bereit ist; dies wird kaum der Fall sein, soweit seine Preise wettbewerbsfähig sind.[720]

304 *c) Angebliche Schwachpunkte des Prinzips der charakteristischen Leistung?* Das Prinzip der charakteristischen Leistung war im realen, praktischen Rechtsleben unter dem EVÜ unangefochten. Trotzdem hat es kritische Stimmen immer gegeben,[721] und ganz verstummt ist die Kritik nie. Sofern man aus England den Wunsch nach der Anknüpfung an „das" proper law hörte,[722] war dies nicht mehr als der kaum verhehlte Wille, alte englische Anknüpfungsregeln fortführen zu wollen. Für englische Augen war Art. 4 II EVÜ schlicht zu strukturiert und nahm dem Richter zu viel an Ermessen.[723] Aus kontinentaler Sicht konnte man seit je über den Wunsch nach so viel unkonturierter Flexibilität und fehlender Prognosesicherheit nur den Kopf schütteln. Alternativkriterien wie kommerzielle Erwartungen (commercial expectations[724] oder market expectations) oder das kommerziell beste Ergebnis (most commercially convenient result[725]) sind viel zu offen, ja bodenlos.[726] Außerdem bergen sie die Gefahr, dass – jedenfalls aus der Sicht englischer Juristen – eh nur common lawyers wirklichen commercial sense haben[727] und dass auch über diese Hintertür nur englische Wünsche einfließen. Entsprechendes ist von Vorwürfen, das Prinzip der charakteristischen Leistungen decke sich oft nicht mit den vernünftigen Erwartungen der Parteien,[728] zu halten.[729]

305 Gleichermaßen sind Vorwürfe kaum nachvollziehbar, das Prinzip der charakteristischen Leistung sei eine bloße technische Regel,[730] ja eine mechanische Regel.[731] Man braucht nur die vielen Fälle zu sehen, in denen Gerichte die Regel völlig problemlos angewendet haben. In der weit überwiegenden Mehrzahl aller Fälle ist die Regel schon die Lösung. Das ist in einem Gebiet wie dem IPR, mit dem Praktiker gemeinhin weniger vertraut sind, sehr viel. Das Prinzip der charakteristischen Leistung ist eine ausgesprochen hilfreiche Handreichung. Man kann es auch als Nicht-Spezialist verstehen und anwenden. Das sollten die Spezialisten nicht übersehen. Das Prinzip der charakteristischen Leistung ist keineswegs eine leere Hülle,[732] sondern vielmehr alles andere als das. Denn es löst die Normalfälle

---

[717] *H.-B. Schäfer/Lantermann*, in: Basedow/Kono (eds.), An Economic Analysis of Private International Law, 2005, S. 87, 98.
[718] *H.-B. Schäfer/Lantermann*, in: Basedow/Kono (eds.), An Economic Analysis of Private International Law, 2005, S. 87, 98.
[719] *Mankowski*, Liber amicorum K. Siehr, 2010, S. 433, 459.
[720] *Mankowski*, Liber amicorum K. Siehr, 2010, S. 433, 459.
[721] Namentlich *Jessurun d'Oliveira*, 25 Am. J. Comp. L. 303 (1977); *Juenger*, RabelsZ 46 (1982), 57; *Morse*, (1982) 2 Yb. Eur. L. 107, 125 f.; *Kaufmann-Kohler*, SchwJbIntR 45 (1989), 195; *Wengler*, RCDIP 79 (1990), 661; *Rammeloo*, Das neue EG-Vertragskollisionsrecht (1992) S. 285; *ders.*, NIPR 2008, 242, 243; *ders.*, EuLF 2008, I-241, I-242; *Villani*, RDIPP 1993, 513.
[722] Z. B. *Vlachos*, (2006) 6 Hertfordshire L. J. 42.
[723] Z. B. *Jaffey*, (1984) 33 ICLQ 546.
[724] *Fentiman*, (2002) 61 CLJ 50.
[725] *Atrill*, (2004) 53 ICLQ 549, 570.
[726] *Mankowski*, Liber amicorum K. Siehr, 2010, S. 433, 455.
[727] Typisch die unterschwellige Insinuation bei *Briggs*, Agreements on Jurisdiction and Choice of Law, 2008, Rn. 2.11 et passim.
[728] *O'Brian*, [2004] LMCLQ 375, 383; *Hartley*, Liber amicorum Hélène Gaudemet-Tallon, 2008, S. 717, 718 f.
[729] Näher *Mankowski*, Liber amicorum K. Siehr, 2010, S. 433, 447 f.
[730] *Schultsz*, in: North (ed.), Contract Conflicts, 1982, S. 185, 187.
[731] *De Ly*, in: Het NIPR geannoteerd – Annotaties opgedragen aan Dr. Mathilde Sumampouw, 1996, S. 125, 127.
[732] So *Rammeloo*, NIPR 2008, 242, 243.

V. Objektive Anknüpfung nach Art. 4 Rom I-VO   306–309 § 1

problemlos und ohne großen Aufwand. Mehr kann man von einer Grundregel eigentlich kaum verlangen.[733]

Die Zahl ganzer Vertragstypen, bei denen sich das Prinzip als ungeeignet erwiesen haben soll, ist im Laufe der Zeit nicht gestiegen.[734] Das Prinzip der charakteristischen Leistung ist immer noch ein höchst wertvolles Instrument. Es passt sich den Erfordernissen einer sich wandelnden Welt an.[735] Neue Typen von Innominatverträgen haben das Prinzip nicht außer Kraft gesetzt.[736] Zwar mag es einige Fälle geben, in denen das Prinzip zusätzliche Mühen verursacht; jedoch sollten einige kleinere Lücken (die sich zudem mit der Ausweichklausel bewältigen lassen) nicht dazu verleiten, Rechtssicherheit und Vorhersehbarkeit gering zu schätzen und zu anderen Mitteln überzugehen, die weit weniger in der Lage sind, diesen Zielen zu dienen.[737] 306

Gefährlicher sind Anwürfe, die sich aus einzelnen Konstellationen speisen. In Mehrparteienverhältnissen etwa lässt sich zugestandenermaßen mit dem Prinzip der charakteristischen Leistung häufig nicht gut arbeiten.[738] Für sie aber lässt sich kaum eine zufrieden stellende Regel formulieren. Für sie musste man seit jeher im Zweifel auf die offene Anknüpfung an die engste Verbindung ausweichen. Art. 4 IV Rom I-VO erlaubt dies heute in nachgerade vorbildlicher Weise. Das Prinzip der charakteristischen Leistung ist eben keine strikte Regel für alle Fälle, die den Anspruch erheben würde, alles perfekt zu lösen und keine Ausnahmen zu dulden.[739] Es ist für den Normalfall zugeschnitten, bewältigt diesen gut und lässt Raum für Hilfslösungen in Problemfällen.[740] Dass in Einzelfällen die Ausweichklausel nicht nur ins Spiel kommt, sondern durchschlägt, schafft ebenfalls keine unerträgliche Rechtsunsicherheit. Dies zu vermeiden hieße, rigide und starre Regeln haben zu wollen auf Kosten der Einzelfallgerechtigkeit. 307

d) Identifikation der charakteristischen Leistung mit Hilfe der Faustformel „Im Zweifel nicht die Geldleistung". Die charakteristische Leistung bedingt nicht, nach der relativ gewichtigsten Vertragsleistung zu suchen oder nach der am meisten belastenden Verpflichtung. So vorzugehen würde mit einer falschen Katagorie arbeiten und wäre zudem zu konturenschwach.[741] 308

Vielmehr lässt sich die Suche nach der charakteristischen Leistung eben auf die Faustformel „Im Zweifel ist nicht die Geldleistung die für den Vertrag charakteristische Leistung" reduzieren.[742] Dies ist eine einfache, leicht zu handhabende Faustformel, nachgerade ein Ei des Kolumbus.[743] Natürlich ist dies nur eine Faustformel. Man darf sie nicht absolut setzen, sondern muss bereit sein, sie gegebenenfalls zu korrigieren und zu adjustieren.[744] Mechanische und rigide Anwendung wäre verfehlt; indes hat die Faustformel erhebliche Berechtigung, solange nicht ausnahmsweise das Zahlen von Geld Zentrum und Herz des Vertrags ist, nicht bloß ein Entgelt und eine Gegenleistung für die eigentliche Hauptleistung.[745] Die Faustformel ist ein Hilfsmittel und lässt genügend Raum für Unterkategorien, 309

---

[733] *Martiny,* ZEuP 1995, 67, 76; *Mankowski,* Liber amicorum K. Siehr, 2010, S. 433, 441 f.
[734] Entgegen *Kaufmann-Kohler,* SchwJbIntR 45 (1989), 195, 218.
[735] *Vischer,* Liber amicorum Georges A. L. Droz, 1996, S. 493, 513.
[736] Eingehend *Schwander,* FS Walter Schluep, 1988, S. 501, 507 f.
[737] *Vlachos,* (2006) 6 Hertfordshire L.J. 42 at 45 (2006).
[738] Insbesondere *Smeehuijzen,* NIPR 2002, 9.
[739] *Mankowski,* Liber amicorum K. Siehr, 2010, S. 433, 443.
[740] *Mankowski,* Liber amicorum K. Siehr, 2010, S. 433, 443.
[741] *Carrascosa González,* Liber in memoriam of F. K. Juenger, 2006, S. 45, 55.
[742] Siehe nur Bericht *Giuliano/Lagarde,* ABl. EWG 1980 C 282/21 Art. 4 EVÜ Bem. (3) = BT-Drs. 10/503, 36, 53; BG SchwJbIntR 1948, 113 f.; *Schnitzer,* Handbuch des Internationalen Privatrechts, Bd. II, 4. Aufl. 1958, S. 643; *Baratta,* NLCC 1995, 953, 958; *Mankowski,* Liber amicorum K. Siehr, 2010, S. 433, 437.
[743] *Schnitzer,* Handbuch des Internationalen Privatrechts, Bd. II, 4. Aufl. 1958, S. 643.
[744] *Vischer,* RdC 142 (1974 II), 1, 60 f.; *Villani,* RDIPP 1993, 513, 525; *Mankowski,* Liber amicorum Kurt Siehr, 2010, S. 433, 437.
[745] *Villani,* RDIPP 1993, 513, 523 f.; *Vischer,* Liber amicorum Georges A. L. Droz, 1996, S. 493, 508; *Mankowski,* Liber amicorum K. Siehr, 2010, S. 433, 437 f.

in denen sich, wenn nötig, andere Präferenzen materialisieren mögen.[746] Übermäßige Rigidität kann man ihr sowieso nicht vorwerfen, denn jeder Anwendung des Art. 4 II Rom I-VO ist die Ausnahmeklausel des Art. 4 III Rom I-VO nachgeschaltet.

310   e) *Einzelne Vertragstypen unter Art. 4 II Rom I-VO.* Die charakteristische Leistung erbringt bei den unter Art. 4 II Rom I-VO fallenden Vertragstypen, der besseren Übersichtlichkeit halber nach groben funktionellen Kategorien untergliedert:

311   **Veräußerungsverträge**
- bei einem Rechtskauf der Verkäufer;[747]
- bei einem Factoringvertrag der Factor;[748]
- bei einem Unternehmenskauf im Wege des share deal[749] der Verkäufer[750] (Art. 1 II litt. d; f Rom I-VO greifen nicht[751]);
- bei einer Schenkung (beweglicher Sachen[752]) der Schenker,[753] es sei denn, es handelte sich um eine zu Lebzeiten des Schenkers noch nicht vollzogene Schenkung von Todes wegen, für die das Erbstatut des Schenkers gilt;
- bei spendenbasiertem Crowdfunding der Spender.[753a]

312   **Überlassungsverträge**
- bei einer Leihe (jedenfalls beweglicher Sachen[754]) der Verleiher;[755]
- bei einem Mietvertrag (über bewegliche Sachen[756]) der Vermieter;[757]
- bei einem Pachtvertrag (über bewegliche Sachen[758]) der Verpächter;[759]
- bei einem Leasingvertrag (über bewegliche Sachen[760]) der Leasinggeber;[761]

---

[746] *Vischer*, Liber amicorum Georges A. L. Droz, 1996, 493, 508; *Mankowski*, Liber amicorum K. Siehr, 2010, S. 433, 438; siehe auch *Magagni*, La prestazione caratteristica nella Convenzione di Roma del 18 giugno 1980, 1989, S. 197.

[747] Siehe nur BGH NJW-RR 2005, 206; OLG München IPRspr. 2015 Nr. 272 S. 703; *Ferrari*, in: Ferrari IntVertragsR Art. 4 Rom I-VO Rn. 142.

[748] NK-BGB/*Leible* Art. 4 Rom I-VO Rn. 134; Staudinger/*Magnus* Art. 4 Rom I-VO Rn. 460.

[749] Beim asset deal gelten eigentlich Art. 4 I lit. a Rom I-VO für bewegliche und Art. 4 I lit. c Rom I-VO für unbewegliche Sachen. Trifft beides zusammen, so gelangt man zu Art. 4 II Var. 2 Rom I-VO; siehe *Wegen*, FS Wilhelm Haarmann, 2015, S. 233, 245; *Göthel*, in: Göthel (Hrsg.), Grenzüberschreitende M&A-Transaktionen, 4. Aufl. 2015, § 6 Rn. 122, 127f.; *Engelhardt/Rödter*, in: Holzapfel/Pöllath, Unternehmenskauf in Recht und Praxis, 15. Aufl. 2017, Rn. 2198.

[750] *Göthel*, ZIP 2011, 505, 507f.; *Land*, BB 2013, 2697; MüKoBGB/*Martiny* Art. 4 Rom I-VO Rn. 207; Reithmann/Martiny/*Göthel* Rn. 6.2486; *Wegen*, FS Wilhelm Haarmann, 2015, S. 231, 242; *Göthel*, in: Göthel (Hrsg.), Grenzüberschreitende M&A-Transaktionen, 4. Aufl. 2015, § 6 Rn. 114; BeckOGK/*A. Köhler* Art. 4 Rom I-VO Rn. 274; *Engelhardt/Rödter*, in: Holzapfel/Pöllath, Unternehmenskauf in Recht und Praxis, 15. Aufl. 2017, Rn. 2197.

[751] Reithmann/Martiny/*Göthel* Rn. 6.2483; *Göthel*, in: Göthel (Hrsg.), Grenzüberschreitende M&A-Transaktionen, 4. Aufl. 2015, § 6 Rn. 37f.; BeckOGK/*A. Köhler* Art. 4 Rom I-VO Rn. 273.

[752] Bei unbeweglichen Sachen knüpft Art. 4 I lit. c Rom I-VO an den Belegenheitsort an.

[753] Siehe nur OLG Köln NJW-RR 1994, 1026; OLG Frankfurt BeckRS 2013, 10192; OLG Düsseldorf WM 2016, 1488; AG Aalen FamRZ 2013, 583; *Carrascosa González*, CDT 1 (2) (2009), 320, 326; *Nordmeier*, IPRax 2014, 411, 414; Staudinger/*Magnus* Art. 4 Rom I-VO Rn. 246 mwN. Art. 56 I italIPRG stellt zwar eine eigene Anknüpfungsregel für Schenkungen auf, muss aber dem unionsrechtlichen Anwendungsvorrang der Rom I-VO weichen und gelangt ebenfalls zum Recht des Schenkers.

[753a] *Krimphove*, BB 2018, 2691, 2696.

[754] Für eine Leihe unbeweglicher Sachen wird über Art. 4 I lit. c Rom I-VO direkt (MüKoBGB/*Martiny* Art. 4 Rom I-VO Rn. 211) oder analog oder hilfsweise im Ergebnis über Art. 4 III Rom I-VO das Belegenheitsrecht der Immobilie berufen (Staudinger/*Magnus* Art. 4 Rom I-VO Rn. 261).

[755] Siehe nur Staudinger/*Magnus* Art. 4 Rom I-VO Rn. 261 mwN.

[756] Bei unbeweglichen Sachen knüpft Art. 4 I lit. c Rom I-VO an den Belegenheitsort der Immobilie an.

[757] Siehe nur OLG Düsseldorf IPRspr. 2004 Nr. 118; *Plender/Wilderspin* Rn. 7–036.

[758] Bei unbeweglichen Sachen knüpft Art. 4 I lit. c Rom I-VO an den Belegenheitsort der Immobilie an.

[759] Siehe nur Staudinger/*Magnus* Art. 4 Rom I-VO Rn. 259 mwN.

[760] Bei unbeweglichen Sachen knüpft Art. 4 I lit. c Rom I-VO an den Belegenheitsort der Immobilie an.

[761] Siehe nur Staudinger/*Magnus* Art. 4 Rom I-VO Rn. 265 mwN.

V. Objektive Anknüpfung nach Art. 4 Rom I-VO

- bei einem Kommissionsvertrag der Kommissionär;[762]
- bei einem Sponsoringvertrag der Sponsor;
- bei einem Beherbergungs- oder Hotelvertrag der Beherbergende, genauer: der Unternehmensträger des Hotels;[763]
- bei einem Verwahrungsvertrag der Verwahrer;[764]
- bei einem Einlagerungsvertrag der Lagerhalter.[765]

Finanz- und Sicherungsgeschäfte

- bei einem Darlehen (sofern man Gelddarlehen – einschließlich lending-based crowdfunding[766] – nicht richtigerweise als Dienstleistungen Art. 4 I lit. b Rom I-VO unterstellen will[767]) der Darlehensgeber,[768] grundsätzlich auch bei Realkrediten, die durch Grundpfandrechte an Immobilien abgesichert sind;[769]
- bei einer Anleihe der Anleiheschuldner,[770] es sei denn, man wollte jedenfalls verbriefte Anleihen über Art. 1 II lit. d Var. 3 Rom I-VO aus der Rom I-VO insgesamt herausfallen lassen;[771]
- bei equity-based crowdfunding (der Sache nach einem partiarischen Darlehen oder einer stillen Beteiligung am finanzierten Unternehmen) der Lender;[772]
- bei reward-based crowdfunding der Lender;[773]
- bei einer Bürgschaft der Bürge[774] (auch Prozessbürgschaften sind materiell-, nicht prozessrechtlich zu qualifizieren[775]);
- bei einer selbständigen Garantie der Garantiegeber (Garant),[776] bei einer so genannten bestätigten Garantie (die ein eigenes Zahlungsversprechen des Bestätigenden ist) der Bestätigende;[777]
- bei einem Schuldbeitritt (kumulative Schuldübernahme) der Beitretende;[778]

---

[762] Siehe nur BGH NJW-RR 2003, 1582; Reithmann/Martiny/*Martiny* Rn. 6.670; *Magnus*, IHR 2018, 49, 58.

[763] Siehe nur LG Hamburg IPRspr. 1991 Nr. 33; AG Bernkastel-Kues IPRspr. 1993 Nr. 28; NK-BGB/ *Leible* Art. 4 Rom I-VO Rn. 116; PWW/*Brödermann/Wegen* Anh. Art. 4 Rom I-VO Rn. 13; BeckOGK/ *A. Köhler* Art. 4 Rom I-VO Rn. 430.

[764] Siehe nur BeckOGK/*A. Köhler* Art. 4 Rom I-VO Rn. 428 mwN.

[765] Siehe nur *Günes/Freidinger*, IPRax 2012, 48, 51 f.

[766] *Vest*, YbPIL 17 (2015/16), 551, 573.

[767] Siehe EuGH ECLI:EU:C:2017:472 Rn. 36 f. – Saale Kareda/S. Benkö; GA *Bot*, ECLI:EU:C:2017:305 Rn. 40–43; *Mankowski*, RIW 2006, 321; ders., EWiR 2017, 577; *M.P. Weller/A. Zimmermann*, JuS 2018, 265, 273; *Kysel*, WM 2018, 2266, 2268.
Gegenteilig OGH ÖJZ 2003, 647, 648 f.; BGH WM 2006, 373, 374 f.

[768] Siehe nur VLK UfR 2018, 2494, 2495; Staudinger/*Magnus* Art. 4 Rom I-VO Rn. 282 mwN.

[769] *Unberath*, IPRax 1995, 309.
AA (Belegenheitsrecht des sichernden Grundstücks) OLG Karlsruhe NJW-RR 1989, 637; Vorauflage Rn. 496 Fn. 388 *(v. Bar)*; *Klotz*, RIW 1997, 199.

[770] Staudinger/*Magnus* Art. 4 Rom I-VO Rn. 291.

[771] Dafür z. B. Reithmann/Martiny/*Freitag* Rn. 6.635; *Magnus/Mankowski/Calvo Caravaca/Carrascosa González* Art. 1 Rome I Regulation Rn. 9 und für Inhaberschuldverschreibungen *Mankowski*, AG 1996, 11, 18 f., 20.

[772] *Vest*, YbPIL 17 (2015/16), 551, 573.

[773] *Vest*, YbPIL 17 (2015/16), 551, 574.

[774] Siehe nur BGH NJW 1993, 1126; Cass. RCDIP 2016, 132, 133; LG Kiel IPRspr. 2013 Nr. 34 S. 68; *Abadie/Lasserre Capdeville*, D. 2015, 2537 f.; *Bureau/Muir Watt*, RCDIP 2016, 134, 141 f.; BeckOGK/ *A. Köhler* Art. 4 Rom I-VO Rn. 512 mwN.

[775] Für letzteres aber *A. Fuchs*, RIW 1996, 280, 288 f.

[776] Siehe nur *Graf v. Westphalen*, in: Graf v. Westphalen/Zöchling-Jud, Die Bankgarantie im internationalen Handelsverkehr, 4. Aufl. 2014, F Rn. 10; BeckOGK/*A. Köhler* Art. 4 Rom I-VO Rn. 520; PWW/*Brödermann/Wegen* Anh. Art. 4 Rom I-VO Rn. 23.

[777] *Graf v. Westphalen*, in: Graf v. Westphalen/Zöchling-Jud, Die Bankgarantie im internationalen Handelsverkehr, 4. Aufl. 2014, F Rn. 34; Reithmann/Martiny/*Martiny* Rn. 6.505.

[778] BGH NJW 2016, 2285; BGH NJW-RR 2011, 130; BAG AP H. 12/2106 Rom I Verordnung Nr. 3 mAnm *Deinert*; OLG München 18.1.2018 – 23 U 5/17 Rn. 41; LG Kiel IPRspr. 2013 Nr. 34 S. 68; *Girsberger*, ZvglRWiss 88 (1989), 31, 36 f.; *v. Bar*, IPRax 1991, 197, 198; *Mankowski*, EWiR Art. 28 EGBGB 1/11, 47 f.; PWW/*Brödermann/Wegen* Anh. Art. 4 Rom I-VO Rn. 55.

- bei einem (selbständigen) Vertrag über die Gestellung beweglicher Sachen als Sicherheiten;[779]
- bei einer Patronatserklärung (letter of comfort) derjenige, der sie abgibt;[780]
- bei einem abstrakten Schuldversprechen derjenige, der es abgibt;[781]
- bei einem Prozessfinanzierungsvertrag der Prozessfinanzierer.

314 Sonstige Verträge

- bei einem Bewirtungsvertrag der Wirt, genauer: der Unternehmensträger der Gaststätte oder des Restaurants;[782]
- bei einem Generalunternehmervertrag der Generalunternehmer, bei einem Generalübernehmervertrag der Generalübernehmer;[783]
- bei einer Auslobung der Auslobende;[784]
- bei einem Preisausschreiben der Ausschreibende;[785]
- bei einer Gewinnzusage der Zusagende;[786]
- bei einem Wettvertrag mit einem professionellen Wettbüro, Buchmacher oder Broker das Wettbüro, der Buchmacher oder der Broker;[787]
- bei einem positiven Schuldanerkenntnis der Anerkennende, womit im Ergebnis Gleichklang mit einer akzessorischen Anlehnung an das Statut der anerkannten Schuld erzielt wird;[788]
- bei einem Spielvertrag mit einer professionellen Spielbank die Spielbank;[789]
- bei einem Lotterievertrag mit einem professionellen Lotterieveranstalter der Lotterieveranstalter;[790]
- bei einem (einseitigen) Erlassvertrag derjenige, der seine vorher bestehende Rechtsposition aufzugeben verspricht[791] (das Statut der erlassenen Forderung im Zusammenspiel mit Art. 12 I lit. d Rom I-VO gehört im Ausgangspunkt zum Verfügungsgeschäft,[792] nicht zum zugrundeliegenden Verpflichtungsgeschäft, kann aber über Art. 4 III Rom I-VO zum Zuge kommen[793]).

315 Für die im BGB geregelten Vertragstypen lässt sich mit aller gebotenen Vorsicht (weil natürlich Normen des deutschen Sachrechts methodisch nicht das europäisch-autonome Verständnis der Rom I-VO determinieren können) eine weitere, zweite Faustformel auf die erste, dass im Zweifel nicht die Entgeltleistung prägt,[794] aufbauen: Die charakteristische Leistung benennt der deutsche Gesetzgeber im ersten Absatz der Definitions- bzw. Umschreibungsnorm für den betreffenden Vertragstyp, während er im zweiten Absatz die Ge-

---

[779] Vgl. OLG Saarbrücken IPRspr. 2013 Nr. 78 S. 149.
[780] LG Berlin IPRax 2000, 526; Trib. comm. Bruxelles Rev. prat. sociétés 2015, 101; PWW/*Brödermann/Wegen* Anh. Art. 4 Rom I-VO Rn. 51 mwN; siehe auch *S. Reuter*, RIW 2018, 339, 343 f. (für harte Patronatserklärung; für weiche dagegen Anknüpfung an den Empfangsort zwischen Rom I- und Rom II-VO nach nationalem IPR; ebd., 347).
[781] Siehe nur MüKoBGB/*Martiny* Art. 4 Rom I-VO Rn. 239 sowie LG Mönchengladbach BeckRS 2015, 17169.
[782] BeckOGK/*A. Köhler* Art. 4 Rom I-VO Rn. 432.
[783] *Martiny*, BauR 2008, 241; PWW/*Brödermann/Wegen* Anh. Art. 4 Rom I-VO Rn. 25.
[784] Staudinger/*Magnus* Art. 4 Rom I-VO Rn. 525; PWW/*Brödermann/Wegen* Anh. Art. 4 Rom I-VO Rn. 8.
[785] *Urlaub*, Einseitig verpflichtende Rechtsgeschäfte im Internationalen Privatrecht, 2010, S. 147.
[786] *Urlaub*, Einseitig verpflichtende Rechtsgeschäfte im Internationalen Privatrecht, 2010, S. 146–148.
[787] *Martiny*, FS Werner Lorenz zum 80. Geb., 2001, S. 375, 383 f.; Staudinger/*Magnus* Art. 4 Rom I-VO Rn. 521.
[788] Siehe OGH ZfRV 2018, 189; OLG München 18.1.2018 – 23 U 5/17 Rn. 46; Staudinger/*Magnus* Art. 4 Rom I-VO Rn. 435.
[789] *Martiny*, FS Werner Lorenz zum 80. Geb., 2001, S. 375, 383 f.
[790] *Martiny*, FS Werner Lorenz zum 80. Geb., 2001, S. 375, 384.
[791] *Ferrari*, in: Ferrari IntVertragsR Art. 4 Rom I-VO Rn. 127.
[792] OLG Bamberg RIW 1989, 221.
[793] BGH NJW-RR 2002, 1359, 1361; OLG Karlsruhe NJW-RR 1989, 367; OLG Hamm RIW 1999, 621, 622; Staudinger/*Magnus* Art. 4 Rom I-VO Rn. 440 mwN.
[794] → § 1 Rn. 301, 308 f.

genleistungspflicht, typischerweise die Entgeltpflicht, regelt. Gerade deutschen Rechtsanwendern ist das Prinzip der charakteristischen Leistung also vom eigenen Sachrecht her bestens vertraut. Sie qualifizieren seit ihrem ersten Studiensemester im eigenen Sachrecht danach.

Vorrang vor dem Prinzip der charakteristischen Leistung hat natürlich, wenn ein Vertragstyp bereits von einem Katalogtatbestand des Art. 4 I Rom I-VO erfasst ist. Der Kaufvertrag über bewegliche Sachen, dessen charakteristische Leistung im deutschen Sachrecht § 433 I BGB benennt, ist über Art. 4 I lit. a Rom I-VO anzuknüpfen, der Kaufvertrag über unbewegliche Sachen über Art. 4 I lit. c Rom I-VO; der Herstellungsvertrag über bewegliche Sachen mit eingeschlossener Veräußerung des Produkts wiederum über Art. 4 I lit. a Rom I-VO;[795] der Werkvertrag als tätigkeitsbezogener Vertrag trotz seiner Erfolgsorientierung wegen des weiten Dienstleistungsbegriffs über Art. 4 I lit. b Rom I-VO.[796] 316

Bei den meisten Vertragstypen lässt sich die charakteristische Leistung also unproblematisch identifizieren. Folgeprobleme ergeben sich bei ihnen allenfalls aus der Notwendigkeit, die maßgebliche Niederlassung des Erbringers der charakteristischen Leistung unter Art. 19 II Rom I-VO zu finden, oder aus der Frage, ob im konkreten Fall die Ausweichklausel des Art. 4 III Rom I-VO die Grundanknüpfung überspielt. Beides haftet aber nicht der Identifikation der charakteristischen Leistung als solcher an. 317

f) Einheitsrecht für bestimmte Vertragstypen. Ein sehr wichtiger Vorbehalt ist immer zu beachten: Die Anknüpfung kehrt sich in ihr Gegenteil um, sobald ein Verbraucher als Leistungsnachfrager einem Unternehmer als Leistungsanbieter gegenübersteht *und* der situative Anwendungsbereich des Art. 6 I Rom I-VO eröffnet ist. Das Internationale Verbrauchervertragsrecht des Art. 6 Rom I-VO verdrängt Art. 4 Rom I-VO. Sofern insbesondere Art. 6 I lit. c Rom I-VO erfüllt ist, kommt das Recht am gewöhnlichen Aufenthalt des Verbrauchers zum Zuge, *nicht* wie unter Art. 4 Rom I-VO grundsätzlich jenes des Leistungserbringers. Ist dagegen der situative Anwendungsbereich des Art. 6 I Rom I-VO *nicht* eröffnet, so bleibt es bei Art. 4 Rom I-VO, auch wenn ein Verbraucher beteiligt ist. Art. 6 III Rom I-VO besagt dies eindeutig. 318

Sofern es für den betreffenden Vertragstyp Internationales Einheitsrecht gibt, sind die Rang- und Konkurrenzverhältnisse zwischen dem betreffenden Einheitsrecht und der Rom I-VO zu klären. Wenn Deutschland kein Vertragsstaat des betreffenden Einheitsrechts ist, besteht aus deutscher Sicht gar kein Konkurrenzverhältnis, und es greift konkurrenzlos die Rom I-VO. Das Einheitsrecht kann dann nur zur Anwendung kommen, wenn der Staat des über die Rom I-VO ermittelten Vertragsstatuts Vertragsstaat dieses Einheitsrechts ist und der Fall in den Anwendungsbereich dieses Einheitsrechts fällt. Das Einheitsrecht ist dann besonderes Sachrecht im Rahmen der lex causae. Seine Anwendungsnormen fungieren dann als sachrechtliche Abgrenzungsnormen innerhalb des Sachrechts der lex causae mit immanenter rangkollisionsrechtlicher Vorrangfunktion vor dem „normalen", innerstaatlichen Sachrecht der lex causae.[797] 319

Ist Deutschland dagegen Vertragsstaat des betreffenden Einheitsrechts, so steht die Auslegungsfrage im Raum, ob Anwendungsnormen des Internationalen Einheitsrechts über Art. 25 I Rom I-VO Vorrang vor der Rom I-VO genießen. Immerhin haben diese Anwendungsnormen auch die Funktion einseitiger, zu dem betreffenden Einheitsrecht hinführender Kollisionsnormen plus einer immanenten rangkollisionsrechtlichen Funktion innerhalb des IPR.[798] 320

---

[795] PWW/*Brödermann/Wegen* Art. 4 Rom I-VO Rn. 10, Anh. Art. 4 Rom I-VO Rn. 71 unter Hinweis auf EuGH Slg. 2010, I-1255 Rn. 27–43 – Car Trim GmbH/KeySafety Systems Srl.
[796] Siehe nur Staudinger/*Magnus* Art. 4 Rom I-VO Rn. 342; BeckOGK/*A. Köhler* Art. 4 Rom I-VO Rn. 378.
[797] Eingehende Herleitung bei *Mankowski*, TranspR 1988, 410, 414; *dems.* S. 301–304; *dems.*, IPRax 1995, 230, 231.
[798] Eingehende Herleitung bei *Mankowski*, TranspR 1988, 410, 414; *dems.* S. 301–304; *dems.*, IPRax 1995, 230, 231.

321 Einheitsrecht hat besondere Bedeutung: bei Kaufverträgen (CISG) und im Transportrecht (CMR; MÜ, WA; Haager Regeln, Visby-Regeln, Hamburg Rules, Rotterdam Rules; CMNI; COTIF ER/CIM und ER/CIF). Beides sind Bereiche, für die im IPR gar nicht Art. 4 II Rom I-VO gilt, sondern vielmehr Art. 4 I lit. a bzw. Art. 5 Rom I-VO. Die ERA dagegen sind kein echtes Einheitsrecht, sondern haben eine andere Qualität. Sie sind kein echtes Recht, sondern nur allgemein beachtete Übung oder gar „nur" allgemein durchgesetzte AGB.

322 *g) Umstrittene und problematische Vertragstypen, insbesondere Verträge über Immaterialgüterrechte.* Allerdings gibt es einige wenige Vertragstypen, bei denen umstritten oder problematisch ist, welches die charakteristische Leistung ist. Bei ihnen sind Argumente abzuwägen, welche dafür sprechen, die Leistung der einen Vertragspartei, und gegenläufige andere, welche dafür sprechen, die Leistung der anderen Vertragspartei anzusprechen.

323 Beim Rückversicherungsvertrag (der wegen Art. 7 I 2 Rom I-VO unter Art. 4 Rom I-VO fällt) wird gestritten, ob der Rückversicherer die charakteristische Leistung durch sein Deckungsversprechen erbringt oder der Erstversicherer, indem er die Gefahrengemeinschaft organisiert.[799]

324 Eigentliche Problemkategorie sind aber die Verträge über Immaterialgüterrechte. Die Kommission hatte das Problem direkt angehen wollen und deshalb eine spezielle Anknüpfungsregel im Katalog des Art. 4 I Rom I Vorschlag formuliert. Art. 4 I lit. f Rom I Vorschlag[800] wollte das Recht am gewöhnlichen Aufenthalt derjenigen Partei berufen, die Rechte an geistigem Eigentum oder gewerbliche Schutzrechte überträgt oder zur Nutzung überlässt. Dieser Vorschlag ist indes nicht Gesetz geworden. Er verschwand aus nie ganz klar gewordenen Gründen.[801] Spezialisten des Internationalen Immaterialgüterrecht schreiben sich auf die Fahnen,[802] dass ihre Kritik Erfolg gehabt habe, man könne keine klare und einfache Regel setzen, sondern müsse differenzieren.[803] In Art. 4 Rom I-VO fehlt es daher bedauerlicherweise an jeder spezifischen Aussage zu Immaterialgüterrechtsverträgen. Das ist als praktische Handreichung in einer Wissens- und Informationsgesellschaft, in der IP (Intellectual Property) immer wichtiger geworden ist, alles andere als optimal. Eine klare und handhabbare Regel hätte Orientierungssicherheit geboten, auch wenn sie in Randbereichen Unschärfen gehabt hätte; denn solche Unschärfen ließen sich ohne weiteres systemgerecht über die Ausweichklausel korrigieren.[804]

325 Ist der Immaterialgüterrechtsvertrag Teil eines Franchise- oder Vertriebskonzepts, so kommt auch für ihn das Statut dieses herrschenden Konzepts über Art. I lit. e bzw. f Rom I-VO zum Zuge.[805] Arbeitnehmererfindung und Arbeitnehmerurheberschaft samt etwaigen Übertragungspflichten oder gar originären Rechtszuordnungen zum Arbeitgeber unterfallen grundsätzlich dem über Art. 8 Rom I-VO zu ermittelnden Statut des Arbeitsvertrags zwischen Erfinder-Arbeitnehmer und Arbeitgeber;[806] dem Immaterialgüterrechtsstatut

---

[799] → § 1 Rn. 770 ff.

[800] KOM (2005) 650 endg.

[801] Zu den Phasen dieses Verschwindens *Mankowski,* in: Leible/Ohly (eds.), Intellectual Property and Private International Law, 2009, S. 31, 55 f.

[802] *Fawcett/Torremans,* Intellectual Property and Private International Law, 2. Aufl. 2011, Rn. 14.53 f.

[803] Insbesondere CLIP – European Max Planck Group for Conflict of Laws in Intellectual Property, IIC 2007, 471, 474; Max Planck Institute for Comparative and Private International Law, RabelsZ 71 (2007), 225, 264.

[804] *Mankowski,* in: Leible/Ohly (eds.), Intellectual Property and Private International Law, 2009, S. 31, 50 f.

[805] *Moura Vicente,* RdC 335 (2008), 105, 321; *de Miguel Asensio,* YbPIL 10 (2008), 199, 207; *Fawcett/Torremans,* Intellectual Property and Private International Law, 2. Aufl. 2011, Rn. 14.57.

[806] Siehe nur OLG Karlsruhe BeckRS 2018, 17899; *Gamillscheg,* ZfA 1983, 307, 362; *Pütz,* Parteiautonomie im internationalen Urhebervertragsrecht, 2005, S. 240–243; *Mankowski,* in: Leible/Ohly (eds.), Intellectual Property and Private International Law, 2009, S. 31, 74 mwN; *Rüve,* Internationales Arbeitnehmererfinderprivatrecht, 2009, S. 229; *S. Fischer,* Der Schutz von Know-How im deutschen materiellen und Internationalen Privatrecht, 2012, S. 235; *Ulrici,* GRUR-Prax 2018, 439. Vorbildlich Art. 122 III schwIPRG.

V. Objektive Anknüpfung nach Art. 4 Rom I-VO   326–328 § 1

bleiben allerdings Bestand des IP-Rechts und Aspekte eines Erfinderpersönlichkeitsrechts.[807]

Im System der Rom I-VO lässt sich ableiten, dass man ansonsten die Anknüpfung über Art. 4 II Rom I-VO angehen muss,[808] da es dann ja an einem Spezialtatbestand in Art. 4 I Rom I-VO fehlt (es sei denn, es läge ausnahmsweise in Dienstleistungsvertrag im Sinne von Art. 4 I lit. b Rom I-VO vor[809]). Damit entflammt der Streit darum, wer denn die charakteristische Leistung erbringt. Gefragt am Beispiel des Lizenzvertrags: Ist es der Lizenzgeber[810] oder ist es der Lizenznehmer? Erbringt beim Verlagsvertrag der Verlag die charakteristische Leistung[811] oder doch der schreibeverpflichtete Autor oder letztlich keiner (mit der Folge, dass Art. 4 IV Rom I-VO anwendbar wäre)?[812]   326

Da Art. 4 II Rom I-VO personell, nicht gegenständlich anknüpft, scheidet eine regelhafte Anknüpfung an die lex loci protectionis nach dem Schutzlandprinzip jedenfalls aus (zumal dies eh durch die Möglichkeit einer Rechtswahl überlagert wäre und man daher nicht zwingend auf das Schutzlandrecht festgelegt wäre). Auch eine Analogie zu Art. 4 I lit. c Rom I-VO wäre keine tragfähige Basis dafür.[813] Für eine solche Analogie sind Immobilienverträge (der unmittelbare Gegenstand des Art. 4 I lit. c Rom I-VO) zu speziell; zudem fehlt es angesichts von Art. 4 II, IV Rom I-VO an der für eine Analogie methodisch notwendigen Lücke.[814] Bei Rechtsübertragungen stimmen auch generell differenzierungsfreudige Spezialisten zu, dass der Veräußerer die charakteristische Leistung erbringt.[815]   327

Rechtsvergleichend betrachtet ist zu entscheiden, ob einer Spaltungs- oder einer Einheitstheorie zu folgen ist, d.h. ob Verpflichtungs- und Verfügungsgeschäft je gesondert oder eben nur gemeinsam anzuknüpfen sind. Die Einheitstheorie kann für sich verbuchen, dass sie eine Qualifikationsabgrenzung zwischen Verpflichtung und Verfügung erspart. Die Rom I-VO hat sich indes generell gegen einen Einheitsansatz entschieden. Eigentumsfragen und Verfügungen erfasst sie grundsätzlich nicht (mit einer Ausnahme bei Art. 14 I Rom I-VO). Die CLIP[816] Principles[817] sind ein privates Projekt und erreichen nicht einmal die Qualität von soft law. Sie müssen sich daher in den Rahmen fügen und vermögen kaum Fingerzeige zu geben.[818]   328

---

[807] *E. Ulmer,* Die Immaterialgüterrechte im Internationalen Privatrecht, 1975, S. 81; *Portmann,* Die Arbeitnehmererfindung, 1986, S. 43; *R. Sack,* FS Ernst Steindorff, 1990, S. 1333, 1338 f.; *Mankowski,* in: Leible/Ohly (eds.), Intellectual Property and Private International Law, 2009, S. 31, 74.
[808] BGHZ 136, 380, 388 – Spielbankaffaire; BGH NJW 2014, 771 – Pippi-Langstrumpf-Kostüm; BGH NJW 2015, 1690, 1693 – Hi-Hotel II.
[809] Siehe *de Miguel Asensio,* YbPIL 10 (2008), 199, 208.
[810] Dafür OLG Köln NJW 2015, 789 mAnm *Schweinoch;* LG Mannheim IPRspr. 2009 Nr. 144 S. 365; LG Mannheim IPRspr. 2015 Nr. 162 S. 387; *de Miguel Asensio,* YbPIL 10 (2008), 199, 212; *Mankowski,* in: Leible/Ohly (eds.), Intellectual Property and Private International Law, 2009, S. 31, 52; *Fawcett/Torremans,* Intellectual Property and Private International Law, 2. Aufl. 2011, Rn. 14.63; Reithmann/Martiny/*Hiestand* Rn. 6.1104; *Martiny,* Ksi ga jubileuszowa dedykowana Profesorowi Wojciechowi Popiołkowi, 2017, S. 97, 106 f.
[811] Siehe dafür nur LG Hamburg GRUR Int 2010, 67; *Mankowski,* in: Leible/Ohly (eds.), Intellectual Property and Private International Law, 2009, S. 31, 53; *Obergfell,* FS Dieter Martiny, 2014, S. 475, 484; MüKoBGB/*Martiny* Art. 4 Rom I-VO Rn. 252; Reithmann/Martiny/*Obergfell* Rn. 6.1173 mwN. Für eine Anwendung bereits von Art. 4 I lit. b Rom I-VO Staudinger/*Magnus* Art. 4 Rom I-VO Rn. 548.
[812] Für letzteres *Fawcett/Torremans,* Intellectual Property and Private International Law, 2. Aufl. 2011, Rn. 14.99.
[813] Für eine Anlehnung an Art. 4 I lit. c Rom I-VO unter Art. 4 III Rom I-VO dagegen *de Miguel Asensio,* YbPIL 10 (2008), 199, 217 sowie *Hiestand,* Die Anknüpfung internationaler Lizenzverträge, 1993, S. 218–289.
[814] *Mankowski,* in: Leible/Ohly (eds.), Intellectual Property and Private International Law, 2009, S. 31, 63.
[815] *Torremans,* (2008) 4 JPrIL 397, 405; *de Miguel Asensio,* YbPIL 10 (2008), 199, 211; *Boschiero,* Liber Fausto Pocar, tomo II, 2009, S. 141, 149; *Mankowski,* in: Leible/Ohly (eds.), Intellectual Property and Private International Law, 2009, S. 31, 52.
[816] European Max Planck Group on Conflict of Laws in Intellectual Property (CLIP).
[817] Dazu insbesondere European Max Planck Group on Conflict of Laws in Intellectual Property (ed.), Conflict of Laws in Intellectual Property – The CLIP Principles and Commentary, 2013.
[818] Tendenziell anders *Martiny,* Ksi ga jubileuszowa dedykowana Profesorowi Wojciechowi Popiołkowi, 2017, S. 97, 102 f., 106–110.

329 **4. Gemischte Verträge.** So genannte gemischte Verträge haben zwar „charakteristische" Leistungen. Es handelt sich aber um verschiedene „charakteristische" Leistungen, die unter verschiedene Anknüpfungstatbestände fielen, wenn sie Gegenstand je gesonderter Verträge wären. Ein gemischter Kauf- und Mietvertrag über eine bewegliche Sache würde sich bei Trennung etwa in einen Kaufvertrag und in einen Mietvertrag aufspalten, ersterer anzuknüpfen über Art. 4 I lit. a Rom I-VO, letzterer über Art. 4 II Rom I-VO. Ein Teil würde isoliert unter einen bestimmten Katalogtatbestand des Art. 4 I Rom I-VO, der andere Teil dagegen unter einen anderen Katalogtatbestand des Art. 4 I Rom I-VO oder unter Art. 4 II Rom I-VO fallen.

330 Für den Fall, dass gemischte Leistungen derselben Partei isoliert betrachtet unter verschiedene Katalogtatbestände des Art. 4 I Rom I-VO fielen, trifft Art. 4 II Var. 2 Rom I-VO eine explizite Regelung: Anzuknüpfen ist dann über Art. 4 II Rom I-VO, und die charakteristische Leistung erbringt diejenige Partei, welche sich zu dem prägenden Leistungspaket verpflichtet hat. Die Regelung ist vernünftig, weil die verschiedenen Leistungen die Stellung jener Partei nur umso gewichtiger machen. Sie gilt jedenfalls auch dann, wenn eine Leistung unter einen Katalogtatbestand des Art. 4 I Rom I-VO, die andere dagegen isoliert „nur" unter Art. 4 II Var. 1 Rom I-VO fällt.

331 Z.B. erbringt bei einer gemischten Schenkung der Schenker-Verkäufer (oder je nach Vertragsgegenstand Schenker-Dienstleister oder Schenker-Nutzungsüberlasser) die charakteristische Leistung. Die Grundwertung des Art. 4 II Var. 2 Rom I-VO greift sogar dann, wenn einer oder mehrere der bei isolierter Betrachtung einschlägigen Katalogtatbestände des Art. 4 I Rom I-VO ihrerseits gar nicht nach dem Prinzip der charakteristischen Leistung, sondern anders anknüpfen würden (wie insbesondere Art. 4 I litt. c; e; f; g Rom I-VO). Typenkombinationsverträge mit Leistungen derselben Parteien lassen sich also über Art. 4 II Rom I-VO gut und logisch in den Griff bekommen.[819] Dies trifft (sofern kein Verbrauchervertrag im Sinne von Art. 6 Rom I-VO vorliegt) etwa Reiseverträge über kombinierte, verschiedenartige Reiseleistungen, da die PauschalreiseRL keine eigenen Kollisionsnormen enthält.[820]

332 Problematischer ist die Konstellation, dass ein isolierter Vertrag über die eine Leistung gar nicht unter Art. 4 Rom I-VO, sondern vielmehr über einen Tatbestand außerhalb des Art. 4 Rom I-VO anzuknüpfen wäre.

333 Grundmaxime ist immer der Vorrang einer einheitlichen Zuweisung, wenn sich irgendein funktionaler Schwerpunkt identifizieren lässt.[821] Eine Kombination aus einer als solcher ersichtlichen Hauptleistung und – sei es auch mehreren – Nebenleistungen führt zur Hauptleistung als prägendem Zentrum.[822] Der Ausnahmecharakter der objektiven Aufspaltung drängt dahin, möglichst eine Hauptleistung herauszudestillieren.

334 Schwerpunktzuweisung ist und bleibt das vorrangige Gebot. Sie setzt allerdings voraus, dass sich ein Schwerpunkt identifizieren lässt, dass also ein Element die anderen zumindest relativ dominiert. Ein Schwerpunkt ist freilich nicht nur, was für sich genommen gewichtiger ist als die anderen Elemente alle zusammen in ihrer Summe. Dann liegt sicher ein Schwerpunkt vor.[823] Aber die Schwelle für einen Schwerpunkt muss etwas niedriger liegen, um den Abstand zur Ausweichklausel des Art. 4 III Rom I-VO zu wahren, weil diese ansonsten ihren Sinn weitgehend verlieren würde, da sie fast keine Anwendungsfälle mehr haben könnte.[824]

335 Ein Schwerpunkt muss jedenfalls eine gewisse absolute Mindestschwelle überschreiten. 30%, wenn drei andere Elemente jeweils 20% ausmachen, dürften kaum hinreichen.[825]

---

[819] *Martiny,* FS Bernd v. Hoffmann, 2011, S. 283, 293, 299 f.
[820] *Álvarez de Sotomayor,* RDT 4 (2) (2012), 123, 136.
[821] Siehe nur *Martiny,* FS Bernd v. Hoffmann, 2011, S. 283, 293, 296 f., 299 f. mwN.
[822] *Martiny,* FS Bernd v. Hoffmann, 2011, S. 283, 293, 299.
[823] *Mankowski,* TranspR 2009, 497, 498.
[824] *Mankowski,* TranspR 2009, 497, 498.
[825] *Mankowski,* TranspR 2009, 497, 498.

V. Objektive Anknüpfung nach Art. 4 Rom I-VO

50% könnten als Faustformel eine Mindestgröße sein. Mit ähnlichen Faustformeln kann man sich im Internationalen Arbeitvertrags- und Arbeitsprozessrecht bei der Suche nach dem gewöhnlichen Arbeitsort, ebenfalls einem Schwerpunkt mit dem Erfordernis eines Mindestgewichts, recht gut behelfen.[826] Freilich wird sich im wirklichen Leben das Gewicht der einzelnen Momente nur selten prozentual genau aufspalten und beziffern lassen.

Bei gesonderter Auspreisung ließe sich allerdings anhand des Verhältnisses des Einzelleistungspreises zum Gesamtpreis recht gut ein genauer Anteil der einzelnen Leistung berechnen. Freilich ist damit die noch vorgelagerte Frage nicht entschieden, ob der „objektive" Wert allein ausschlaggebend sein soll oder ob auch subjektive Gewichtungen der konkreten Parteien einfließen sollen.[827] Bepreisungen werden indes zumindest ökonomisch auch als Ausdruck der jeweiligen subjektiven Wertschätzungen verstanden. Davon sollte man nur abweichen, wenn deutliche Signale für eine Diskrepanz zwischen Preis und Bedeutung des betreffenden Teils innerhalb des Vertragsgefüges aus dem Vertrag ersichtlich sind.

Subjektive Gewichtungen müssen jedenfalls, um relevant zu sein, beidseitige, nicht nur einseitige sein (also nicht nur auf der Seite nur einer Vertragspartei bestehen) und Eingang in den Vertrag gefunden haben oder eine Art Geschäftsgrundlage des Vertrages geworden sein.[828]

5. Ausweichklausel des Art. 4 III Rom I-VO

Literatur: *Adesina Okoli,* The Significance of the Doctrine of Accessory Allocation as a Connecting Factor under Article 4 of the Rome I Regulation, (2013) 9 JPrIL 449; *Adesina Okoli/Omoshemime Arishe,* The Operation of the Escape Clauses in the Rome Convention, Rome I Regulation and Rome II Regulation, (2012) 8 JPrIL 513; *Atrill,* Choice of Law in Contract: the Missing Piece of the Article 4 Jigsaw, (2004) 53 ICLQ 549; *Carrascosa González,* La cláusula de excepción y los contratos internacionales. La crisis del pricipio de proximidad, Liber amicorum José Luis Iglesias Buhigues, 2012, S. 459; *Kreytenberg,* Die individuelle Schwerpunktbestimmung internationaler Schuldverträge nach der Ausweichklausel des Artikel 4 Absatz 5 Satz 2 EVÜ, 2007; *Mankowski,* Anmerkung zu Definitely Maybe (Touring) Ltd. v. Marek Lieberberg Konzertagentur GmbH [2001] 1 WLR 1745 (Q.B.D.) und Micoperi Srl v. Caledonian Subsea Ltd. 2001 SLT 1186 (Ct. Sess., O.H.), ZEuP 2002, 811; *ders.,* Die Ausweichklausel des Art. 4 V EVÜ und das System des EVÜ, IPRax 2003, 464; *ders.,* Gemischte Verträge, objektive dépeçage, Handhabung der Ausweichklausel und Auslegungsmethodik im Internationalen Schuldvertragsrecht, IHR 2010, 89; *Remien,* Engste Verbindung und Ausweichklauseln, in: Leible/Unberath (Hrsg.), Brauchen wir eine Rom O-Verordnung?, 2013, S. 223; *ders.,* Closest Connection and Escape Clauses, in: Leible (ed.), General Principles in European Private International Law, 2016, S. 211; *T.H.D. Struycken,* Some Dutch Reflections on the Rome Convention, Art. 4 (5), [1996] LMCLQ 18.

a) *Regel und Ausnahme.* Die Anknüpfung nach Art. 4 I bzw. II Rom I-VO muss sich jedoch gegebenenfalls einer Abwägung stellen. Die Ausweichklausel des Art. 4 III Rom I-VO erlaubt in besonders gelagerten Ausnahmefällen, auf ein Recht mit einer engeren Verbindung umzuschwenken. Dabei ist indes der Vermutungswirkung des Art. 4 I bzw. II Rom I-VO angemessenes Gewicht zu verleihen. Die Vermutung konstituiert die Regel und muss die Regel bleiben, und die Ausnahme muss die Ausnahme bleiben.

Es kommt nicht darauf an, ob die zum Staat, dessen Recht durch die Regelvermutung bezeichnet wird, weisenden Anknüpfungsmomente die abweichenden und in eine andere Richtung weisenden Anknüpfungsmomente überwiegen.[829] Vielmehr ist umgekehrt zu rechtfertigen, dass jene Anknüpfungsmomente in ihrer Gesamtheit die zum durch die Regelvermutung bezeichneten Staat weisenden Anknüpfungsmomente überwiegen sol-

---

[826] Siehe *Mankowski,* IPRax 1999, 332, 334, 336; Rauscher/*Mankowski* Art. 21 Brüssel Ia-VO Rn. 6 sowie OGH EuLF 2008, II-102, II-103 = wbl 2008, 597, 598; A-G *Strikwerda,* Ned. Jur. 1997 S. 3943, 3947; *ders.,* Ned. Jur. 1998 Nr. 546 S. 3126; Ktg. Rotterdam NIPR 1997 Nr. 270 S. 347; *Geimer/Schütze,* Europäisches Zivilverfahrensrecht, 3. Aufl. 2010, Art. 19 EuGVVO Rn. 5; *C. Müller* S. 67f.; *Winterling,* Die Entscheidungszuständigkeit in arbeitssachen im europäischen Zivilverfahrensrecht, 2006, S. 67f.; vgl. auch EuGH Slg. 1997, I-57, I-78 Rn. 25 – Petrus Wilhelmus Rutten/Cross Medical Ltd.
[827] *Magnus,* in: Ferrari/Leible (eds.), Rome I Regulation, 2009, S. 27, 47.
[828] *Mankowski,* TranspR 2009, 497, 498.
[829] So aber *Kenburn Waste Management Ltd. v. Heinz Bergmann* [2002] I.L. Pr. 588, 595 para. 32 (C.A., per Robert Walker L.J.).

len.⁸³⁰ Die Regel trägt sich selbst. Die Ausnahme ist zu belegen. Die Regel muss sich nicht rechtfertigen, wohl aber die Ausnahme. Zu Gunsten der Regel liegt eben ihr Regelcharakter als zusätzliches Gewicht in der Waagschale und will extra aufgewogen sein.

341 Der Verordnungsgeber hat dies nochmals unterstrichen und herausgehoben, indem die engere Verbindung jetzt ausdrücklich „offensichtlich" sein muss. Dies ist ein psychologisches Warnsignal auch für mit dem IPR nicht vertraute Rechtsanwender⁸³¹ (selbst wenn sich in der Sache keine dramatischen Unterschiede und Fortentwicklungen im Vergleich mit Art. 4 V EVÜ⁸³² ergeben haben⁸³³). Das „offensichtlich" ist der Versuch, die Schwelle – und damit die Hemmschwelle – zu erhöhen. Der Maßstab wird angezogen, und die Waage wird neu geeicht.⁸³⁴ Um von der Regel abzuweichen, braucht es ein deutliches Überwiegen der gegenläufigen Momente. „Offensichtlich", manifest, evident muss jenes Überwiegen sein, gleichsam mit Händen zu greifen.

342 Terminologisch dürfte man das „offensichtlich" den Haager IPR-Konventionen entlehnt haben, in denen es einst dazu diente, die Schwelle des ordre public anzuheben.⁸³⁵ Konkretes Vorbild war Art. 4 III Rom II-VO.⁸³⁶ Eine Alternative wäre „wesentlich" gewesen.⁸³⁷ Ob dies allerdings in der Sache große Veränderungen mit sich bringen wird, mag man mit Fug und Recht bezweifeln.⁸³⁸ Jedenfalls festigt und bekräftigt die Neuformulierung die restriktive Position.⁸³⁹ Sie demonstriert die Absicht, die Schwelle jedenfalls nicht zu sinken, und gibt namentlich englischen Rechtsanwendern den Anhaltspunkt für eine restriktive Auslegung schon im Wortlaut an die Hand.⁸⁴⁰

343 Die schon zuvor gewichtige restriktive Auffassung⁸⁴¹ ist nun kodifiziert. Es ist noch schwerer gemacht, von der jeweiligen Vermutung abzuweichen, denn schon der Wortlaut macht deutlich, dass ein hohes Maß an Überwiegen abweichender Umstände vorliegen muss. Bei Ob und Wie einer Ausweichklausel ringen Einzelfallgerechtigkeit und Flexibilität auf der einen Seite und Rechtssicherheit auf der anderen Seite miteinander.⁸⁴² Die heutige Kompromisslösung geht in die richtige Richtung.

344 Vorhersehbarkeit und Rechtssicherheit haben einen hohen Wert. Auch der EuGH betont das *hohe* Niveau der Rechtssicherheit, das geboten ist.⁸⁴³ Rechtssicherheit reduziert

---

⁸³⁰ Richtig *Ennstone Building Products Ltd. v. Stanger Ltd.* [2002] 2 All ER (Comm) 479, 489 para. 42 (C. A., per *Keene* L. J.).

⁸³¹ Siehe nur Rb. Kh. Dendermonde RW 2013-14, 184, 186 mAnm *Ponet*; *Volders*, RW 2009-10, 642, 655.

⁸³² Zu dessen Handhabung *Mankowski*, ZEuP 2002, 811; *ders.*, IPRax 2003, 464; *Kreytenberg*, Die individuelle Schwerpunktbestimmung internationaler Schuldverträge nach der Ausweichklausel des Artikel 4 Absatz 5 Satz 2 EVÜ, 2007.

⁸³³ *Mankowski*, IHR 2008, 133, 137 f.; *ders.*, EuZ 2009, 2, 4; *Briggs*, (2009) 125 LQR 191, 192.

⁸³⁴ *Corneloup*, IPRax 2013, 381, 383.

⁸³⁵ Siehe zu diesem Vorgang Begründung der Bundesregierung zum Entwurf eines Gesetzes zur Neuregelung des internationalen Privatrechts, BT-Drs. 10/504, 43, 89; *Völker*, Zur Dogmatik des ordre public, 1998, S. 104–108.

⁸³⁶ *O. Lando/P. A. Nielsen*, UfR 2008 B 234, 238 f.

⁸³⁷ *Magnus/Mankowski*, ZvglRWiss 103 (2004), 131, 160.

⁸³⁸ *Briggs*, (2009) 125 LQR 191, 192.

⁸³⁹ CA Luxembourg Pas. lux. 2017, 9, 13 f.; *Mankowski*, IHR 2008, 133, 137; *Briggs*, (2009) 125 LQR 191, 192; *Ferrari*, RabelsZ 73 (2009), 750, 763.

⁸⁴⁰ *Fawcett*, in: Boschiero (a cura di), La nuova disciplina comunitaria della legge applicabile ai contratti (Roma), 2009, S. 191, 209.

⁸⁴¹ Hoge Raad Ned. Jur. 1992 Nr. 750 S. 3263; *Samcrete Egypt Engineers and Contractors SAE v. Land Rover Exports Ltd.* [2002] CLC 533 [45] (C. A.); *Ennstone Building Products Ltd. v. Stanger Ltd.* [2002] 2 All ER (Comm) 479, 489 [41]-[42] (C. A., per *Keene* L. J.); *Definitely Maybe (Touring) Ltd v. Marek Lieberberg Konzertagentur GmbH* [2001] 1 WLR 1745, 1748 f. [11], [13] (Q. B. D., *Morison* J.) sowie BGH NJW 1999, 2442, 2443; OLG Brandenburg, IPRspr. 2000 Nr. 23A S. 58.

⁸⁴² Siehe zu konzeptionellen Fragen und Gewichtungen der Ausweichklausel *Mankowski*, ZEuP 2002, 811; *dens.*, IPRax 2003, 464; *Kreytenberg*, Die individuelle Schwerpunktbestimmung internationaler Schuldverträge nach der Ausweichklausel des Artikel 4 Absatz 5 Satz 2 EVÜ, 2007.

⁸⁴³ EuGH Slg. 2009, I-9687 Rn. 57–64 – Intercontainer Interfrigo SA/Balkenende Oosthuizen BV u. MIC Operations BV = TranspR 2009, 491 mAnm *Mankowski* = BTL 2009, 643 obs. *Tilché* = JCP E 2009, 550 note *d'Avout/Perraut-Saussine*.

V. Objektive Anknüpfung nach Art. 4 Rom I-VO   345–348 § 1

Unsicherheit und bietet Orientierungsmarken.[844] Rechtssicherheit reduziert das Maß aufzuwendender Unsicherheitskosten. Rechtssicherheit senkt Transaktionskosten. Ein extensiver Einsatz der Ausweichklausel dagegen würde Argumentationspotential eröffnen, Schlupflöcher für Unwillige aufreißen und ex-post-Opportunismus Tür und Tor öffnen.[845] Nur ganz ausnahmsweise vermindert die Ausweichklausel die Summe von Transaktionskosten.[846] Das senkt auch materiell die Waage tief zugunsten der Regel.

Freilich dürfte immer ein Weg sein, wo nur ein Wille ist, wenn dieser Wille hinreichend 345 stark ist. Die Ausweichklausel ist zwar enger gefasst als unter Art. 4 V EVÜ. Sie lässt aber weiterhin manches Argumentationspotenzial etwa bei internationalen Bauverträgen über Projekte in mehreren Staaten,[847] bei Grundstücksgeschäften zwischen im selben Staat, aber nicht im Belegenheitsstaat ansässigen Partnern[848] oder bei Subunternehmerverträgen.[849] Dagegen führt es viel zu weit, C2B-Verträge generell der Ausnahmeklausel zu unterwerfen, weil Art. 4 II Rom II-VO angeblich ausschließlich auf professionelle Leistungserbringer zugeschnitten sei.[850] Wenn man dem Gedanken, Verbraucher besonders zu behandeln, überhaupt näher treten will, sollte man konsequent sein und über eine Anwendung des spezifisch auf Verbraucherschutz zugeschnittenen Art. 6 Rom I-VO auf C2B-Verträge nachdenken.[851]

b) Flexibilität und Rigidität. Art. 4 III Rom I-VO erfüllt im System des europäischen In- 346 ternationalen Schuldvertragsrechts eine wichtige Funktion: Er sorgt für die nötige Flexibilität im Einzelfall. Diese Aufgabe darf man nicht zu gering achten. Art. 4 III Rom I-VO verhindert eine zu große Rigidität, bei der man in Kauf nehmen würde, dass starre Regelanknüpfungen in Ausnahmefällen die internationalprivatrechtliche Gerechtigkeit verfehlen.[852] Auf der anderen Seite birgt Art. 4 III Rom I-VO große Gefahren: Wenn man ihn zu großzügig handhabt, bleibt von den Regelanknüpfungen zu wenig übrig. Unbestreitbar sendet er – insbesondere für den im IPR ungeübten Richter – Sirenenklänge aus, über ihn und mit seiner Hilfe zu gewünschten Anknüpfungsergebnissen zu kommen. Art. 4 III Rom I-VO soll nur *konkrete* Funktionsverfehlungen der jeweiligen Regelanknüpfung im konkreten Einzelfall korrigieren; er darf aber nicht dazu dienen, *abstrakt* eigenständige Unteranknüpfungsregeln für ganze Vertragstypen zu etablieren.[853]

Um Art. 4 III Rom I-VO rankt sich also die Suche nach der feinen Balance zwischen 347 Rechtssicherheit durch Regelbildung und Einzelfallgerechtigkeit durch flexible Handhabung von Regeln. Dieses Spannungsverhältnis prägt die Vorschrift. In ihm liegt die besondere Bedeutung des Art. 4 III Rom I-VO.

Die richtige Feinsteuerung des abstrakt kaum lösbaren Problemkreises hat über eine 348 möglichst enge Formulierung der Ausweichklausel zu geschehen, die eben nicht vorschnell und damit die Regeln im Endeffekt untergrabend herangezogen werden darf. Eine restriktive Handhabung der Ausweichklausel war schon bei Art. 4 V EVÜ der richtige Weg,[854]

---

[844] *Mankowski,* EWiR Art. 28 EGBGB 1/05, 71, 72.
[845] Siehe nur *Blaurock,* FS Hans Stoll, 2001, S. 463, 479; *Mankowski,* IPRax 2003, 464, 469.
[846] *Mankowski,* ZEuP 2002, 811, 817–819.
[847] Siehe dazu *Messerschmit/Voit/Freitag,* Privates Baurecht, 2008, P Rn. 26; *Martiny,* BauR 2008, 241, 244 f.
[848] Dazu OLG Celle, RIW 1988, 137, 138; OLG Celle, RIW 1990, 320, 322; OLG Frankfurt, NJW-RR 1993, 182, 183; OLG Köln, IPRspr. 2000 Nr. 26 S. 61; Rb. Arnhem, NIPR 1998 Nr. 300 S. 364; Rb. Dordrecht, NIPR 2002 Nr. 255 S. 425; *S. Geisler,* Die engste Verbindung im Internationalen Privatrecht, 2001, S. 265–267; *Mankowski,* IPRax 2003, 464, 471.
[849] Siehe dazu *Piroddi,* YbPIL 7 (2005), 289, 316–322.
[850] So *Carrascosa González,* Liber in memoriam of Friedrich K. Juenger, 2006, S. 45, 57.
[851] → § 1 Rn. 420 ff.
[852] Siehe nur *Carrascosa González,* Liber amicorum José Luis Iglesias Buhigues, 2012, S. 459.
[853] *Mankowski,* EWiR Art. 28 EGBGB 1/11, 47, 48.
[854] Hoge Raad, Ned. Jur. 1992 Nr. 750 S. 3263 r. o. 3.8 (dazu u. a. *Rammeloo,* IPRax 1994, 243; *van Hudig-van Lennep,* NILR 1995, 259; *T. H. D. Struycken,* [1996] Lloyd's MCLQ 18); *Samcrete Egypt Engineers and Contractors SAE v. Land Rover Exports Ltd.* [2002] CLC 533 [45] (C. A.); *Ennstone Building Products Ltd. v. Stanger Ltd.* [2002] 2 All ER (Comm) 479, 489 [41] f. (C. A., per *Keene* L. J.); Hof 's-Hertogenbosch,

und Art. 4 III Rom I-VO setzt ihn fort, jetzt sogar noch deutlicher und augenfälliger dank des neu eingefügten „offensichtlich" („manifestly").[855]

349 Dies ist auch in der Sache vollkommen gerechtfertigt. Denn es gibt nur wenige Fälle, in denen die Anknüpfung über die Ausweichklausel zuverlässig Rechtsermittlungskosten spart.[856] In ihnen ist eine Fehllokalisierung des Vertrags auf dem „falschen" Markt zu korrigieren.[857] Hinzu treten namentlich Verträge, die in ein Vertragsgeflecht, einen Komplex von Verträgen eingebunden sind; dort vermag nur die Ausweichklausel eine (in der Sache unangemessene, weil verkürzende) isolierte Betrachtung des einzelnen Vertrages aufzuheben und die Verknüpfung innerhalb des Komplexes abzubilden.[858] Dass über die charakteristische Leistung nur ein bestimmter Vertrag und nicht eine Transaktion insgesamt angeknüpft wird,[859] folgt zwingend aus der Notwendigkeit, den Anknüpfungsgegenstand klar zu beschreiben. Würde man anders vorgehen, so generierte man Unsicherheit auch noch beim Anknüpfungsgegenstand. Dagegen stehen umso größere Unsicherheitskosten, je häufiger man auf die Ausnahmeklausel schielt. Ein extensiver Einsatz der Ausweichklausel würde Argumentationspotenzial eröffnen, Schlupflöcher für Unwillige auftun und ex-post-Opportunismus Tor und Tür öffnen.[860]

350 Klar widersprüchlich und inkonsistent wäre es, einerseits ein Puzzle bei der objektiven Anknüpfung zu beklagen und andererseits die Ausweichklausel besonders hoch zu halten. Denn nichts macht die objektive Anknüpfung mehr zum Puzzle und rätselvoller als ein extensiver Einsatz der Ausweichklausel. Man darf nicht übersehen, dass die Anknüpfungen unter Art. 4 I und II Rom I-VO ihrerseits konkretisierte Ausprägungen einer Anknüpfung an die engste Verbindung sind.[861]

351 *c) Gefahr einer Bevorzugung der lex fori.* Art. 4 III Rom I-VO verführt – anders als die Regelanknüpfungen in Art. 4 I; II Rom I-VO – zu unsauberen Argumentationen, die im Ergebnis zur lex fori führen.[862] Eine Anwendung der lex fori durch das Gericht über die Ausnahmeklausel steht indes in dem Ruch eines forum bias. Sie kann eine Partei materiell benachteiligen und benachteiligt auf der kollisionsrechtlichen Ebene diejenige Partei, die sich auf die Anwendung der Regel eingestellt und ihre Dispositionen entsprechend ausgerichtet hatte, ohne dass diese Partei ein solches Vorgehen durch ihre Zustimmung rechtfertigen würde. Der kollisionsrechtliche Gewinner bei Anwendung der Regel ist eben der kollisionsrechtliche Verlierer bei Anwendung der Ausnahmeklausel. Seine Interessen darf man nicht zu sehr hintanstellen.

352 Statt eines Nullsummenspiels (eigentlich eines Negativspiels mit Verteilungskosten) um das objektiv anwendbare Recht, wie es beim nachträglichen Streit um die Anwendbarkeit der Ausnahmeklausel entsteht,[863] ist eine rechtssichere konsensuale Lösung vorzuziehen, obwohl sie natürlich mit Transaktionskosten verbunden ist und im Einzelfall einen ineffizienten Kompromiss darstellen kann. Der Richter jedenfalls darf seine eigene Bequemlich-

---

NIPR 2010 Nr. 176 S. 291; *Definitely Maybe (Touring) Ltd v. Marek Lieberberg Konzertagentur GmbH* [2001] 1 WLR 1745, 1748f. [11], [13] (Q.B.D., *Morison* J.); Rb. Amsterdam NIPR 2009 Nr. 119 S. 200; *Mankowski*, IPRax 2003, 454; *ders.*, IHR 2010, 89, 92 sowie BGH NJW 1999, 2442, 2443 (dazu *Pulkowski*, IPRax 2001, 306); OLG Brandenburg, IPRspr. 2000 Nr. 23A S. 58 und EuGH Slg. 2009, I-9687 Rn. 57–64 – Intercontainer Interfrigo SA/Balkenende Oosthuizen BV u. MIC Operations BV; Rb. Rotterdam NIPR 2010 Nr. 187 S. 310; A-G *Vlas*, S&S 2018 Nr. 14 S. 78, 83f.; *Vlas*, Ars Aequi 2009, 836; *Rammeloo*, NIPR 2010, 2; *Re*, RDIPP 2010, 407, 433f.

[855] Siehe nur *Mankowski*, IHR 2008, 133, 137.
[856] *Mankowski*, ZEuP 2002, 811.
[857] *Mankowski*, RabelsZ 62 (1998), 142, 147.
[858] *Atrill*, IPRax 2003, 464, 471.
[859] *Atrill*, (2004) 53 ICLQ 549, 567.
[860] *Blaurock*, FS Hans Stoll, 2001, S. 463, 479; *Mankowski*, IPRax 2003, 464, 469; *ders.*, EWiR Art. 28 EGBGB 1/11, 47, 48
[861] *Christandl*, RabelsZ 77 (2013), 620, 623f.
[862] *de Boer*, RabelsZ 54 (1990), 24, 31; *ders.*, Ars Aequi 1993, 207, 214; *T.H.D. Struycken*, NIPR 2001, 204, 206; *Mankowski*, ZEuP 2002, 811, 820.
[863] *Mankowski*, ZEuP 2002, 811, 816.

V. Objektive Anknüpfung nach Art. 4 Rom I-VO   353–356 § 1

keit nicht zu Lasten einer Partei durch die Hintertür der Ausnahmeklausel ausleben. Will er Forumrecht, so soll er es offen als Rechtswahlmöglichkeit vorschlagen, sofern sein nationales Prozessrecht und dessen Neutralitätsgebot ihm dies gestatten.[864]

d) *Abwägungsvorgang.* Geboten ist eine Abwägung, bei der auf der einen Seite der Waage 353 der Anknüpfungspunkt der jeweils einschlägigen Regelanknüpfung und diesen verstärkende Elemente liegen,[865] auf der anderen Momente, die in eine andere Richtung weisen. Weisen weitere Momente in wieder andere, dritte oder gar vierte Richtungen, so erhöht sich, – um im Bild zu bleiben – die Zahl der Waagarme und der Waagschalen. Versäumt ein Rechtsanwender, Momente in die Richtung des von der Regelanknüpfung bezeichneten Rechts in die Abwägung einzubringen, so verletzt er Art. 4 III Rom I-VO.[866]

Es bedarf keiner *gesonderten* Feststellung, dass die jeweils einschlägige Regelanknüpfung 354 im konkreten Fall *absolut* schwach ist.[867] Vielmehr kann auch eine *absolut* nicht schwache Regelanknüpfung *relativ* schwächer sein als eine Kombination mehrerer anderer Momente, die in ein und dieselbe Richtung weisen. Die Eichung ist eine *relative,* keine *absolute.*[868] Die Gegenprobe belegt dies: Auch eine *absolut* schwache Regelanknüpfung bleibt bestimmend, wenn ihr kein *relatives* Übergewicht zugunsten eines anderen Rechts gegenübersteht.[869] Die „Herausforderer" müssen gewinnen, um einen Titelwechsel zu bewirken, dem „Champion" reicht selbst ein Unentschieden, um den Titel zu behalten. Erst wenn es jemand Stärkeren gibt, muss der Platzhirsch weichen. Nur das Fehlen einer stärkeren Verbindung zu einem anderen Recht ist *negative* Voraussetzung der Regelanwendung,[870] dagegen ist die Feststellung konkreter Angemessenheit keine *positive* Voraussetzung der Regelanwendung.

Daher wäre es falsch, wenn man vorab immer isoliert eine inhärente Schwäche der Re- 355 gel im konkreten Fall prüfen wollte.[871] Dafür würde es auch an jeglichen ausfüllenden Maßstäben fehlen, so dass Spekulation und Behauptung Tor und Tür geöffnet wären. Die Probe aufs Exempel ist ganz einfach: Man versuche nur die so simpel aussehende Frage zu beantworten, wann eine Regel denn absolut schwach sei. Außerdem kann ohne ernsthaften Herausforderer überhaupt kein Kampf stattfinden. Dies ist der deutlichste Beleg dafür, dass es auf *absolute* Schwäche nicht ankommen kann, wie auch immer man diese messen wollte.[872] Die Ausweichklausel ist vielmehr komparativ angelegt.

Um von der Regel abzuweichen, braucht es ein deutliches Überwiegen der gegenläufi- 356 gen Momente. „Offensichtlich" unterstreicht dies besonders und stellt es außerhalb jeden Zweifels.[873] „Offensichtlich", manifest, evident muss jenes Überwiegen sein, gleichsam mit Händen zu greifen.[874] „Offensichtlich", „manifestly" meinen: „deutlich mehr Gewicht für die andere Seite der Waagschale als für jene der Regel". Deutsche Rechtsanwender können hier praktisch mit einer Jedenfalls-Argumentation arbeiten, dass „jedenfalls unter den konkreten Umständen" die Regelvermutung nicht widerlegt sei.[875]

---

[864] *Mankowski,* ZEuP 2002, 811, 820.
[865] Siehe nur Cass. RCDIP 96 (2007), 592 note *Lagarde* = D. 2007, 1751 note *Courbe* = Rev. contrats 2007, 467 obs. *Deumier;* LAG Niedersachsen AR-Blattei ES 920 Nr. 6 S. 5; Rb. Maastricht NIPR 2002 Nr. 110 S. 202 nr. 5.5; LG München I ZUM 2001, 79, 80 = IPRspr. 2000 Nr. 24 S. 59; *Mankowski,* AR-Blattei ES 920 Nr. 6 S. 6, 12 (Nov. 1999); *Dundas,* (2002) 68 Arb. 420, 423f. und der Sache nach *Ennstone Building Products Ltd. v. Stanger Ltd.* [2002] 2 All ER (Comm) 479, 489 [42] (C.A., per *Keene* L.J.).
[866] Cass. D. 2007, 1751; Cass. 1ère civ. 16.9.2015 – n° 14–10373; CA Luxembourg Pas. Lux. 2017, 9, 13; *Lagarde,* RCDIP 96 (2007), 592.
[867] EuGH 6.10.2009 – C-133/08 Slg. 2009, I-9687 Rn. 61–63 – Intercontainer Interfrigo SA/Balkenende Oosthuizen BV u. MIC Operations BV.
[868] *Mankowski,* IHR 2010, 89, 91.
[869] *Mankowski,* IHR 2010, 89, 91.
[870] *Ferrari,* in: Ferrari IntVertragsR, 1. Aufl. 2007, Art. 28 EGBGB Rn. 65.
[871] *Mankowski,* IHR 2010, 89, 91.
[872] *Mankowski,* IHR 2010, 89, 91.
[873] CA Luxembourg Pas. Lux. 2017, 9, 13f.
[874] *Mankowski,* TranspR 2008, 339, 351.
[875] *Mankowski,* IHR 2010, 89, 92.

357 Natürlich kann es im Einzelfall vorkommen, dass das Konzept der charakteristischen Leistung sein Ziel verfehlt, die engste Verbindung zu bezeichnen. Es handelt sich dann aber um eine spezielle, nicht um eine generelle Funktionsverfehlung. Das richtige Mittel zur Korrektur einer speziellen Funktionsverfehlung ist eben der Einsatz eines einzelfallbezogenen Ausnahme- und Ausweichinstrumentariums.[876]

358 *e) Abgrenzung zur stillschweigenden Rechtswahl.* Wille und Intention der Parteien sind keine unter Art. 4 III Rom I-VO in die Waagschale zu werfenden Kriterien. Sie gehören vielmehr in den gegenüber der objektiven Anknüpfung vorrangigen Kontext der subjektiven Anknüpfung, genauer: der stillschweigenden Rechtswahl. Wenn sich die Hinweise auf einen Parteiwillen, dass ein bestimmtes Recht gewählt sein soll, hinreichend verdichten, führt dies zu einer stillschweigenden Rechtswahl unter Art. 3 I 2 Var. 2 Rom I-VO. Man kommt dann gar nicht mehr zur objektiven Anknüpfung und umso weniger zur objektiven Ausweichklausel des Art. 4 III Rom I-VO.

359 *f) Akzessorische Anknüpfung an das Statut eines anderen Vertrages.* Eine akzessorische Anknüpfung des Statuts eines Vertrages an das Statut eines anderen Vertrages in komplexen Rechtsverhältnissen[877] bleibt möglich. Vor einer akzessorischen Anknüpfung ist aber zu fragen, ob das darüber anwendbare Recht für alle Beteiligten hinreichend ex ante erkennbar ist. Dies gilt insbesondere mit Blick auf jene Beteiligten, die keine Parteien des „Zentralvertrages" sind, an dessen Statut akzessorisch angeknüpft würde.[878] Ein einheitliches Recht für alle Verträge des Geflechts wäre eine ineffiziente Konstruktion, soweit dadurch die Summe der insgesamt aufzuwendenden Rechtsermittlungskosten größer würde als ohne akzessorische Anknüpfung.[879]

360 Nach oben wie nach unten auf gleicher Rechtsgrundlage regulieren zu können ist primär ein Vorteil für den Mittelmann der Kette. Wer nach oben und nach unten in Verträge eingebunden ist, hat ein stärkeres Interesse an der Anwendung nur eines Rechts als die Außenfiguren des Geflechts, die nur mit einem Vertrag gleichsam in das Geflecht hereinragen. Unterschiedliche Beteiligte haben unterschiedliche Risiko- und Interessenlagen; das ist auch auf der kollisionsrechtlichen Ebene zu beachten.[880]

361 Eine akzessorische Anknüpfung lässt sich allerdings vergleichsweise gut denken, wenn zwei Personen mit einer dritten kontrahieren, eigentlich zusammengehörige Funktionen aufeinander aufgeteilt haben und einer der Verträge bloße Ergänzungsfunktion zum anderen wahrnimmt. Ein Beispiel dafür könnte ein isolierter Optionsgewährungsvertrag sein, den ein Arbeitnehmer einer Tochtergesellschaft mit deren Muttergesellschaft abschließt.[881] Auch andere Anreizprogramme oder Long-Term Incentive Plans von Muttergesellschaften gehören hierher.[882]

362 **6. Auffangklausel des Art. 4 IV Rom I-VO.** Art. 4 IV Rom I-VO statuiert eine Anknüpfung an die engste Verbindung, wenn ein Vertrag sich nicht über Art. 4 I oder II Rom I-VO anknüpfen lässt. Er bildet eine Auffangklausel.[883]

---

[876] *Mankowski* S. 16.
[877] Dazu insbesondere *v. der Seipen*, Akzessorische Anknüpfung und engste Verbindung im Kollisionsrecht der komplexen Vertragsverhältnisse, 1989; *Adesina Okoli*, (2013) 9 JPrIL 449; außerdem OLG Hamm NJW-RR 1996, 1144; OLG Düsseldorf RIW 1997, 780; Rb. Zwolle NIPR 1999 Nr. 264 S. 342f.; vgl. auch CA Versailles RCDIP 80 (1991), 745 mAnm *Lagarde*; *Bank of Baroda v. Vysya Bank Ltd.* [1994] 2 Lloyd's Rep. 87 (Q.B.D., *Mance* J.); *Mondoloni* D. 1992, 174, 176; *Muir Watt*, RCDIP 83 (1994), 93, 95; *Pocar*, Études de droit international privé en l'honneur de Pierre Lalive, 1993, S. 155, 158; *Meeusen*, R.W. 1994-95, 1066, 1067 nr. 5; *Mankowski*, IPRax 2003, 464, 471; MPI RabelsZ 68 (2004), 1, 43.
[878] Vgl. MüKoBGB/*Martiny* Art. 4 Rom I-VO Rn. 297.
[879] Siehe *Mankowski*, VersR 2002, 1177, 1184 (am Beispiel des Rückversicherungsvertrages).
[880] *Dageförde*, Internationales Finanzierungsleasing, 1992, S. 37.
[881] Siehe *Mankowski*, LAGE § 611 BGB Mitarbeiterbeteiligung Nr. 7, 12f. (Aug. 2002).
[882] Siehe *Duarte v. The Black & Decker Corp.* [2007] EWHC 2720 (QB), [2008] 1 All ER (Comm 401 (Q.B.D., *Field* J.); *Merrett*, Employment Contracts in Private International Law, 2011, Rn. 6.36.
[883] Siehe nur *Remien*, in: Leible/Unberath (Hrsg.), Brauchen wir eine Rom 0-Verordnung?, 2013, S. 223, 229.

V. Objektive Anknüpfung nach Art. 4 Rom I-VO   363–368 § 1

Tauschverträge lassen sich nicht über das Prinzip der charakteristischen Leistung anknüp- 363
fen.[884] Sie sind daher der prominenteste Anwendungsfall für die Auffangklausel und den
Rückgriff auf die allgemeine Maxime, an die engste Verbindung anzuknüpfen.[885] Andere
Verträge mit anderstypischer Gegenleistung, die indes nicht in Geld besteht, sondern z.B.
in Dienstleistungen, gehören ebenfalls unter Art. 4 IV Rom I-VO, denn eine Leistung mit
Entgeltcharakter lässt sich bei ihnen nicht identifizieren[886] (es sei denn, die eine Vertragspartei wäre eigentlich zu einer Geldleistung verpflichtet, darf diese aber durch eine andersartige Leistung ersetzen).

Darlehensverträge dagegen werfen kein vergleichbares Problem auf. Bereitstellen und 364
Belassen des Kapitals, der Darlehenssumme, sind bei ihnen die charakteristische (Dienst-)
Leistung,[887] nicht die Rückzahlung,[888] während die Zinsen Entgelt für Überlassung und
Belassung der Darlehenssumme sind. Unter Art. 4 IV Rom I-VO fallen dagegen wiederum Spiel und Wette unter Privaten.[889]

Mietverträge über mehrere in verschiedenen Staaten belegene Immobilien sind ein wei- 365
terer Anwendungsfall des Art. 4 IV Rom I-VO. Faktoren bei der Schwerpunktbestimmung
können dann insbesondere die Zahl der in einem Staat belegenen Mietobjekte und die
Größe der einzelnen Mietobjekte sein. Je größer die Zahl und je flächengrößer oder wertvoller die Objekte, desto größer ist deren relatives Anknüpfungsgewicht. Weitere Abwägungsfaktoren sind die jeweils vertragsbetreuenden Niederlassungen der Vertragsparteien,
wo Vorbereitungs- und Koordinierungsleistungen erbracht werden.[890]

Auch die Vertragsübernahme gehört unter Art. 4 IV Rom I-VO, da man bei ihr keine 366
charakteristische Leistung einer Partei identifizieren kann.[891] Art. 4 IV Rom I-VO dürfte
dann regelmäßig zu einer akzessorischen Anknüpfung an das Statut des übernommenen
Vertrags führen.[892]

Eine akzessorische Anknüpfung an das Statut des Hauptvertrags analog Art. 4 IV Rom I- 367
VO wird für das Statut einer Schiedsvereinbarung befürwortet, vorausgesetzt, man ist prinzipiell bereit, die durch Art. 1 II lit. e Var. 1 Rom I-VO und das Streichen der Artt. 27–37
EGBGB 1986 gerissene Lücke durch Analogien zur Rom I-VO zu füllen.[893]

7. Exkurs: Vorfeldtatbestände (Vorvertrag, Optionsvertrag, Letter of Intent, 368
Memorandum of Understanding). Dem eigentlichen Vertragsschluss vorgelagert findet
man bei umfangreicheren oder komplexeren Verträgen oder länger dauernden Verhandlungen im internationalen Wirtschaftsverkehr, (insbesondere bei Unternehmenskäufen, aber
auch z.B. bei gewerblicher Miete[894]) oft Vorfeldtatbestände. Sie begegnen in verschiedenen
Gestalten. Ausgangspunkt der Entwicklung war der traditionelle Vorvertrag.[895] Heute
üblich sind vor allem Letter of Intent,[896] Term Sheet, Memorandum of Understanding oder

---

[884] Siehe nur *Lagarde,* RCDIP 80 (1991), 287, 309.
[885] Siehe nur *Mankowski,* IPRax 2006, 101, 103; BeckOGK/*A. Köhler* Art. 4 Rom I-VO Rn. 293.
[886] Entgegen *Martiny,* FS Bernd v. Hoffmann, 2011, S. 283, 300.
[887] OLG Düsseldorf NJW-RR 1995, 756; OLG München RIW 1996, 330; OLG Düsseldorf NJW-RR 1998, 1146; OLG Celle IPRax 1999, 457; *Re Atlantic Telecom GmbH* 2004 SLT 1031 (OH, Lord *Brodie*).
[888] Gegen *Mirchandani v. Somaia* [2001] WL 239782 (Ch. D., *Morritt* V-C).
[889] Siehe nur BeckOGK/*A. Köhler* Art. 4 Rom I-VO Rn. 539, 555f.
[890] Vgl. (in etwas anderem Zusammenhang) *W. Lorenz,* IPRax 1990, 292, 294.
[891] *Selke,* IPRax 2013, 205, 213f.
[892] *Selke,* IPRax 2013, 205, 214.
[893] OLG Düsseldorf 15.11.2017 – VI/U (Kart) 8/17 Rn. 70.
[894] *C. Meyer,* in: Ostendorf/Kluth Int. Wirtschaftsverträge § 17 Rn. 65.
[895] Dazu z.B. *Wabnitz,* Der Vorvertrag in rechtsgeschichtlicher und rechtsvergleichender Betrachtung, 1962; *Henrich,* Vorvertrag, Optionsvertrag, Vorrechtsvertrag, 1965; *Nicolas R. Herzog,* Der Vorvertrag im schweizerischen und deutschen Schuldrecht, 1999; *Dettmeier,* Das einseitige und das beiderseitige Kaufvertragsversprechen, 1999; *v. Hase,* Vertragsbindung durch Vorvertrag, 1999.
[896] Dazu z.B. *Pannebakker,* Letter of Intent in International Contracting, 2016; *Fontaine/De Ly,* Droit des contrats internationaux, 2. Aufl. 2003, S. 5–69; *H. Jahn,* Der „Letter of Intent", 2000; *Lutter,* Der Letter of Intent, 3. Aufl. 1998.

Memorandum of Agreement.[897] Diese Phänomene haben alle kein festgelegtes und standardisiertes Erscheinungsbild.[898]

369 Internationalprivatrechtlich ist die erste Frage, ob diese Vorfeldtatbestände unter die Rom I-VO fallen[899] oder über Art. 1 II lit. j Rom I-VO zu Art. 12 Rom II-VO zu schlagen sind.[900] Angesichts von Art. 12 I Rom II-VO und dessen Anknüpfung an das Statut des abzuschließenden Vertrages ergeben sich kaum Differenzen im praktischen Ergebnis,[901] nur im Weg (z. B. dass bei nichtschuldvertraglicher Qualifikation zuerst Art. 14 Rom II-VO der einschlägige Rechtswahltatbestand wäre[902]).

370 Für alle Vorfeldtatbestände ist eine eigenständige Wahl ihres jeweiligen Statuts möglich.[903] Das erlaubt Art. 3 I 1 Rom I-VO, jedenfalls wenn man sie allesamt schuldvertraglich qualifiziert. Selbst wenn später der intendierte Hauptvertrag zustandekommt, wäre eine solche eigene Rechtswahl im Lichte von Art. 3 I 3 Rom I-VO unproblematisch.

371 Die objektive Anknüpfung von Vorfeldtatbeständen bei Fehlen einer eigenen Rechtswahl gestaltet sich dagegen komplizierter. Denn auf eine Rechtswahl im Hauptvertrag als überwirkendes Element und ein direktes Überwirken des Art. 3 I Rom I-VO kann man noch nicht zurückgreifen, weil es den Hauptvertrag zu dem Zeitpunkt, zu welchem sich der jeweilige Vorfeldtatbestand verwirklicht hat, noch gar nicht gab. Vorfeldtatbestände liegen per definitionem vor einem aus ihrer Sicht erst zukünftigen Hauptvertrag, dessen Abschluss zudem noch keineswegs sicher ist. Verhandlungen können auch dann scheitern, wenn es Letters of Intent oder Memoranda of Understanding gegeben hat.

372 Mit möglichen Einschränkungen beim Vorvertrag bewegen sich alle Vorfeldtatbestände – nach Maßgabe des jeweils anwendbaren Rechts[904] – im Bereich bloßer Absichtserklärungen. Allerdings können sie etwa für Zeitpläne, Kostenübernahmen (break fee-Vereinbarungen[905]), Exklusivität der Verhandlungen oder Vertraulichkeit doch verbindlich sein,[906] außerdem für eine etwaige Rechtswahl.[907] Denkbar sind auch verpflichtende Ermöglichungstatbestände für eine due diligence, z.B. Zutrittsrechte zum data room und andere Aufklärungs- bzw. Informationsrechte.[908]

373 Ein Vorgriff auf das Statut des zukünftigen Hauptvertrags erscheint trotzdem als die beste Möglichkeit, Vorfeldtatbestände anzuknüpfen.[909] Sie vermeidet – vorbehaltlich einer späte-

---

[897] Z.B. *Picot*, in: Picot, Unternehmenskauf und Restrukturierung, 3. Aufl. 2004, I-Rn. 32; *F.-J. Semler*, in: Hölters, Handbuch des Unternehmens- und Beteiligungskaufs, 6. Aufl. 2005, VII Rn. 21–28; *Geiben*, Der Vorvertrag im Internationalen Privatrecht, 2007, S. 59–73; *Grau/Markwardt*, Internationale Verträge, 2011, S. 81–90.
[898] PWW/*Brödermann/Wegen* Art. 4 Rom I-VO Rn. 43.
[899] Dafür z.B. Reithmann/Martiny/*Göthel* Rn. 6.2561; Staudinger/*Magnus* Art. 4 Rom I-VO Rn. 16.
[900] Dafür *Lund*, BB 2013, 2697, 2698.
[901] Reithmann/Martiny/*Göthel* Rn. 6.2561 Fn. 4.
[902] So konsequent *Lund*, BB 2013, 2697, 2698.
[903] OLG München NJW-RR 2013, 284; *Lutter*, Der Letter of Intent, 3. Aufl. 1998, S. 147; *Geiben*, Der Vorvertrag im Internationalen Privatrecht, 2007, S. 356; Reithmann/Martiny/*Göthel* Rn. 6.2561, 6.2591; *Göthel*, in: Göthel, Grenzüberschreitende M&A-Transaktionen, 4. Aufl. 2015, § 9 Rn. 85; *C. Meyer*, in: Ostendorf/Kluth Int. Wirtschaftsverträge § 17 Rn. 49; *Engelhardt/v. Maltzahn*, in: Holzapfel/Pöllath, Unternehmenskauf in Recht und Praxis, 15. Aufl. 2017, Rn. 651.
[904] Reithmann/Martiny/*Göthel* Rn. 6.2561. Auf Gefahren aus dem US-Recht weist *W. F. Fox*, International Commercial Agreements, 4. Aufl. 2009, S. 127 f. hin.
[905] Dazu eingehend *Guinomet*, Break Fee-Vereinbarungen, 2003.
[906] *Grau/Markwardt*, Internationale Verträge, 2011, S. 87; Reithmann/Martiny/*Martiny* Rn. 1.152; *Göthel*, in: Göthel, Grenzüberschreitende M&A-Transaktionen, 4. Aufl. 2015, § 2 Rn. 27; *C. Meyer*, in: Ostendorf/Kluth Int. Wirtschaftsverträge § 17 Rn. 71–73, 82–92; PWW/*Brödermann/Wegen* Anh. Art. 4 Rom I-VO Rn. 69.
[907] *Göthel*, in: Göthel, Grenzüberschreitende M&A-Transaktionen, 4. Aufl. 2015, § 2 Rn. 27.
[908] *C. Meyer*, in: Ostendorf/Kluth Int. Wirtschaftsverträge § 17 Rn. 75.
[909] OLG Hamm IPRspr. 1993 Nr. 20; OLG Frankfurt IPRspr. 2001 Nr. 23; Czernich/Heiss/*Czernich* Art. 4 EVÜ Rn. 32; *Geiben*, Der Vorvertrag im Internationalen Privatrecht, 2007, S. 357–359; Reithmann/Martiny/*Martiny* Rn. 2.229 f.; Reithmann/Martiny/*Göthel* Rn. 6.2562, 6.2591; *Göthel*, in: Göthel, Grenzüberschreitende M&A-Transaktionen, 4. Aufl. 2015, § 9 Rn. 86; MüKoBGB/*Martiny* Art. 4 Rom I-VO Rn. 303; *Ferrari*, in: Ferrari IntVertragsR Art. 4 Rom I-VO Rn. 76.

ren, so nicht vorherzusehenden Rechtswahl im Hauptvertrag[910] – Statutendivergenz zwischen Hauptvertrag und vorbereitendem Tatbestand auf dem Weg dorthin. Ein Griff in die Zukunft birgt zwar inhärente Prognoseprobleme, entspräche aber zudem dem Modell des Art. 12 I Rom II-VO und hätte so den zusätzlichen Vorteil, dass man dasselbe Recht auf Vorfeldtatbestand und etwaige Haftung aus culpa in contrahendo anwenden könnte. Ein Vorgriff ist insbesondere dann gut möglich, wenn bereits Entwürfe des Hauptvertrags vorliegen[911] oder die Parteien sich eigentlich schon weitgehend geeinigt haben und nur aus psychologischen Gründen (z.B. der Rücksichtnahme auf unternehmensinterne Abstimmungs- oder Zustimmungsprozesse) allein ein Vorfeldinstrument formulieren[912] (letzteres häufiger beim Memorandum of Understanding oder beim Memorandum of Agreement).

Bei intendierten Hauptverträgen mit identifizierbarer charakteristischer Leistung wirkt diese über Art. 4 IV Rom I-VO auf die Anknüpfung des Vorfeldtatbestands vor. Denn unter Vorfeldtatbeständen gibt es normalerweise keine eigene charakteristische Leistung, so dass Art. 4 II Rom I-VO nicht zum Zuge kommt, sondern eben Art. 4 IV Rom I-VO.[913] Bei einseitigen Optionsverträgen gibt es eine einseitige Verpflichtung, außerdem ausnahmsweise bei einseitigen Exklusivitäts- oder Informationsgewährungsverpflichtungen.

Kein Vorfeld-, sondern entweder ein Umfeld- oder gar ein Ersatztatbestand sind Gentlemen's Agreements.[914] Entweder stehen sie neben bindenden Verträgen oder ersetzen diese funktionell, wobei entscheidende Frage ist, inwieweit sie rechtliche Bindungswirkung entfalten. Diese Frage muss ihr Statut beantworten. Insoweit sind aus dem allgemeinen Rechtsgedanken des Art. 10 I Rom I-VO heraus Artt. 3 f. Rom I-VO anzuwenden.

8. Objektive dépeçage unter Art. 4 Rom I-VO. Nicht ausdrücklich fortgeführt wird die unter Art. 4 I 2 EVÜ bestehende Möglichkeit zur dépeçage, zur Aufspaltung des Vertrags in einzelne, je für sich sinnvolle Teile samt getrennter Anknüpfung.[915] Dies scheint einen ganz bestimmten und dezidierten Schluss nahe zu legen: Was nicht fortgeführt wird, ist nicht mehr gewollt.[916] Indes drohte ein solcher Schluss, so nahe er auch zu liegen scheint und so einfach er zu sein scheint, voreilig zu sein.[917] Denn um aus einer Nichtfortführung auf einen Nichtfortführungswillen zu schließen, sollte es Belege in den Materialien geben. Daran fehlt es aber.[918]

Bewusst aufgegeben wurde indes der Programmsatz des Art. 4 I 1 EVÜ. An ihn schien sich Art. 4 I 2 EVÜ als zweiter Satz anzuschmiegen und nur in seinem Kontext existieren, nur aus ihm die eigene Berechtigung ableiten zu können. Wenn der Programmsatz fallen sollte – und dies war eine bewusste Entscheidung –, so schien der ganze erste Absatz fallen zu müssen. Der zweite Satz scheint so in den Sog des ersten Satzes geraten und mit diesem untergegangen zu sein. Er wäre dann Kollateralschaden einer bewussten Entscheidung gegen eine andere Norm.[919]

Der Programmsatz des Art. 4 I 1 EVÜ wurde aber durch die Vermutungen der Absätze 2 bis 4 des Art. 4 EVÜ ausgefüllt. Die Anknüpfung nach dem Prinzip der charakteristischen Leistung aus Art. 4 II EVÜ versteht sich als Konkretisierung und Unterfall für die Anknüpfung an die engste Verbindung. Die Anknüpfung nach dem Prinzip der charakte-

---

[910] *Geiben,* Der Vorvertrag im Internationalen Privatrecht, 2007, S. 373.
[911] PWW/*Brödermann/Wegen* Anh. Art. 4 Rom I-VO Rn. 69.
[912] Siehe Reithmann/Martiny/*Göthel* Rn. 6.2560.
[913] PWW/*Brödermann/Wegen* Anh. Art. 4 Rom I-VO Rn. 69.
[914] Zum Institut Gentlemen's Agreement insbesondere *L. Bernstein,* 21 J.Leg.Stud. 115 (1992); *H. Bernstein/Zekoll,* 46 Anm.J.Comp. L. 87 (1998); *Rudden,* ERPL 1999, 199; *G. Schulze,* FS Reinhold Geimer zum 80. Geb., 2017, S. 651.
[915] Leible/*M. Lehmann,* RIW 2008, 528, 536; *Kessedjian,* in: Basedow/Baum/Nishitani (eds.), Japanese and European Private International Law in Comparative Perspective, 2008, S. 105, 119; *Magnus,* in: Ferrari/Leible (eds.), Rome I Regulation, 2009, S. 27, 31.
[916] So Leible/*M. Lehmann,* RIW 2008, 528, 536; Reithmann/Martiny/*Martiny* Rn. 2.144, 2.240.
[917] Vgl. *Ferrari,* RabelsZ 73 (2009), 751, 769 sowie *Leandro,* NLCC 2009, 637, 668.
[918] *Mankowski,* FS Ulrich Spellenberg, 2010, S. 261, 267.
[919] Vgl. *Mankowski,* FS Ulrich Spellenberg, 2010, S. 261, 268.

ristischen Leistung aber hat in Art. 4 II Rom I-VO überlebt. Die objektive dépeçage hat also keineswegs den Partner verloren, mit dem sie früher wirklich zusammenspielte.[920]

379 Verträge, bei denen sich einzelne Komplexe sinnvoll voneinander trennen lassen und dann selbständig und unabhängig voneinander Bestand haben können,[921] ähneln wirtschaftlich mehreren Verträgen.[922] Bei ihnen hätten die Parteien, statt die mehreren Gegenstände unter dem Dach eines Vertrages zusammenzufassen, auch mehrere Verträge miteinander schließen können. Generell ist es eine ausgesprochen sinnvolle Testfrage, ob man über die betreffenden Aspekte auch jeweils einzelne Verträge hätten schließen können. Gerade bei Mehrparteienverträgen kann es sinnvoll sein, zu untersuchen, ob sich nicht doch eine kollisionsrechtliche Aufspaltung nach einzelnen Zweipersonenverhältnissen anbieten könnte.[923]

380 Die Rom I-VO befasst sich an einer Stelle ganz bewusst und gezielt mit objektiver dépeçage – und ordnet an genau dieser Stelle eine objektive dépeçage sogar ausdrücklich an: In Art 7 V Rom I-VO steht expressis verbis, dass ein Versicherungsvertrag, der in mehr als einem Mitgliedstaat belegene Risiken abdeckt, als aus mehreren Verträgen bestehend anzusehen ist, von denen sich jeder auf jeweils nur einen Mitgliedstaat bezieht. Das ist eine objektive dépeçage.[924] Diese Lösung spricht dafür, dass die Rom I-VO der objektiven dépeçage keineswegs generell ablehnend gegenübersteht.[925]

381 Der Fortfall des Art. 4 I 2 EVÜ kann jedenfalls nicht ausschließen, dass man vergleichbare Ergebnisse auf anderen Wegen und mit anderen Etiketten heute noch erzielt, wie man sie früher über Art. 4 I 2 EVÜ erzielt hätte. Insbesondere vermag er nicht auszuschließen, dass man vergleichbare Ergebnisse in Ausnahmefällen über die Ausweichklausel des Art. 4 III Rom I-VO erzielen kann.[926] Außerdem kann die objektive dépeçage eine Heimstatt auch in Art. 4 IV Rom I-VO reklamieren.[927]

VI. Verbraucherverträge

Literatur: *S. Arnold*, Kollisionsrechtliche und international-verfahrensrechtliche Aspekte bei Schadensersatzansprüchen privater Auslandsfonds-Anleger, IPRax 2013, 525; *ders.*, Rechtswahl und Verbraucherschutz im internationalen Vertragsrecht bei Auslandsreisen und „Kundenschleusung", IPRax 2016, 567; *Cachia*, Consumer contracts in European private international law: The sphere of application of the consumer contract rules in the Brussels I and Rome I Regulations, (2009) 34 Eur. L. Rev. 476; *Castellanos Ruiz*, Régimen jurídico de los consumadores: competencia judicial internacional y ley aplicable, 2010; *dies.*, El concepto de actividas profesional «dirigada» al Estado miembro del consumidor: stream-of-commerce, CDT 4 (2) (2012), 70; *de Clavière*, De l'interprétation de la condition de direction de l'activité au sens de l'article 15, paragraphe 1, sous c), du règlement n° 44/2001/CE et de la notion de volonté, RLDA 89 (2014), 53; *Corneloup*, De la loi applicable aux activités des entreprises de commerce électronique, RCDIP 2017, 112; *Czernich*, Rechtswahlklauseln in Bankverträgen mit Verbrauchern, in: Heindler/Verschraegen (Hrsg.), Internationale Bankgeschäfte mit Verbrauchern, 2017, S. 49; *A. I. Dicke*, Kapitalmarktgeschäfte mit Verbrauchern unter der Rom I-VO, 2015; *W. Doralt/Nietner*, Verbrauchervertragsrecht und Rechtswahl, AcP 215 (2015), 855; *de la Durantaye/Garber*, Das Erfordernis einer Kausalität zwischen ausgerichteter Tätigkeit und konkretem Vertragsschluss, jusIT 2011, 203; *Friesen/Frensing-Deutschmann*, Dual-Use expanded – Verbrauchervetrag bei Personenmehrheit, jM 2018, 51; *Ganssauge*, Internationale Zuständigkeit und anwendbares Recht bei Verbraucherverträgen im Internet, 2004; *v. Hein*, Finanzkrise und Internationales Privatrecht, BerDGfIR 45 (2011), 369; *C. Heinze/Steinrötter*, Wann fällt ein Vertrag in den Bereich der ausgerich-

---

[920] *Mankowski*, FS Ulrich Spellenberg, 2010, S. 261, 269.
[921] Siehe GA *Bot*, ECLI:EU:C:2009:319 Nr. 113.
[922] *Mankowski*, FS Ulrich Spellenberg, 2010, S. 261, 270.
[923] *Mankowski*, FS Ulrich Spellenberg, 2010, S. 261, 270.
[924] *Fricke*, VersR 2008, 443, 454; *Heiss*, FS Jan Kropholler, 2008, S. 459, 465; *ders.*, YbPIL X (2008) 261, 269; *ders.*, in: Cashin Ritaine/Bonomi S. 97, 104; *ders.*, EJCCL 2009, 61, 64; *Perner*, IPRax 2009, 218, 220; *Piroddi*, in: Boschiero S. 247, 284; *Looschelders/Smarowos*, VersR 2010, 1, 7.
[925] *Mankowski*, FS Ulrich Spellenberg, 2010, S. 261, 271.
[926] *Mankowski*, FS Ulrich Spellenberg, 2010, S. 261, 272–276; *ders.*, EuZ 2009, 2, 4; *Leandro*, NLCC 2009, 637, 668.
[927] *Leandro*, NLCC 2009, 637, 668; *Mankowski*, FS Ulrich Spellenberg, 2010, S. 261, 276.

VI. Verbraucherverträge

teten Tätigkeit des Unternehmers i. S. d. Art. 17 Abs. 1 lit. c EuGVVO?, IPRax 2016, 545; *J. Hill*, Cross-Border Consumer Contracts, 2008; *J. Hoffmann*, Aufklärungs- und Informationspflichtverletzungen im Europäischen Verbraucher-Kollisionsrecht, FS Manfred Dauses, 2014, S. 153; *P. Jung*, Das internationale Privat- und Zivilverfahrensrecht des elektronischen Vertriebs von Finanzdienstleistungen, in: Zetzsche/M. Lehmann (Hrsg.), Grenzüberschreitende Finanzdienstleistungen, 2018, S. 127 (§ 5); *Kaufhold*, Internationale Webshops – anwendbares Vertrags- und AGB-Recht im Verbraucherverkehr, EuZW 2016, 247; *Keiler/K. Binder*, Reisen nach Brüssel, Rom und Luxemburg – eine verfahrens- und kollisionsrechtliche Sicht auf Reiseverträge insbesondere mit Frachtschiffen, RRa 2009, 210; *dies.*, Der EuGH lässt ausrichten: kein Zusammenhang zwischen Ursache und Wirkung beim Verbrauchergerichtsstand, euvr 2013, 230; *Kieninger*, Grenzenloser Verbraucherschutz?, FS Ulrich Magnus, 2014, S. 449; *D. Kluth*, Die Grenzen des kollisionsrechtlichen Verbraucherschutzes, 2009; *B. Köhler*, Verbrauchereigenschaft bei Verträgen mit gemischter Zwecksetzung und keine Zurechnung der Verbrauchereigenschaft eines Dritten, IPRax 2017, 570; *Kumpan*, Börsen und außerbörsliche Handelssysteme – Die kollisionsrechtliche Behandlung von grenzüberschreitenden Wertpapierdienstleistungen, in: Zetzsche/M. Lehmann (Hrsg.), Grenzüberschreitende Finanzdienstleistungen, 2018, S. 281 (§ 9); *Leible/M. Müller*, Die Bedeutung von Websites für die internationale Zuständigkeit in Verbrauchersachen, NJW 2011, 495; *Loacker*, Der Verbrauchervertrag im internationalen Privatrecht, 2006; *ders.*, Verbraucherverträge mit gemischter Zwecksetzung, JZ 2013, 234; *Lopez-Tarruella*, Contratos internacionales celebrados por los consumidores: las aportaciones del nuevo Art. 6 Reglamento Roma I, AEDIPr VIII (2008), 511; *Mankowski*, Grundstrukturen des Internationalen Verbrauchervertragsrechts, RIW 1993, 453; *ders.*, Keine Sonderanknüpfung deutschen Verbraucherschutzrechts über Art. 34 EGBGB, DZWir 1996, 273; *ders.*, Strukturfragen des Internationalen Verbrauchervertragsrechts, RIW 1998, 287; *ders.*, Das Internet im Internationalen Vertrags- und Deliktsrecht, RabelsZ 63 (1999), 203; *ders.*, Neues und Altes zum internationalrechtlichen Verbraucherschutz, insbesondere durch Sachwalterhaftung von Vermittlern, VuR 1999, 219; *ders.*, E-Commerce und Internationales Verbraucherschutzrecht, Beilage zu MMR 7/2000, 22; *ders.*, „Gemischte" Verträge und der persönliche Anwendungsbereich des Internationalen Verbraucherschutzrechts, IPRax 2005, 503; *ders.*, Verbraucherkreditverträge mit Auslandsbezug: Kollisionsrechtlicher Dienstleistungsbegriff und sachliche Abgrenzung von Eingriffsrecht, RIW 2006, 321; *ders.*, Art. 5 des Vorschlags für eine Rom I Verordnung – Revolution im Internationalen Verbrauchervertragsrecht?, ZvglRWiss 105 (2006), 120; *ders.*, Zum Begriff des „Ausrichtens" auf den Wohnsitzstaat des Verbrauchers unter Art. 15 I lit. c EuGVVO, VuR 2006, 289; *ders.*, Deutsches Recht im türkischen Basar? – Oder: Grundsatzfragen des internationalen Verbraucherschutzes in der Bewährung am konkreten Fall, FS Tuğrul Ansay, 2006, S. 189; *ders.*, Muss zwischen ausgerichteter Tätigkeit und konkretem Vertrag bei Art. 15 I lit. c EuGVVO ein Zusammenhang bestehen?, IPRax 2008, 333; *ders.*, Verbraucherkreditverträge und europäisches IPR: Internationale Zuständigkeit und Eingriffsrecht, ZEuP 2008, 846; *ders.*, Consumer Contracts under Art. 6 of the Rome I Regulation, in: Cashin Ritaine/ Bonomi (éds.), Le nouveau règlement européen „Rome I" relatif à la loi applicable aux obligations contractuelles, 2008, S. 121; *ders.*, Finanzverträge und das neue Internationale Verbrauchervertragsrecht des Art. 6 Rom I-VO, RIW 2009, 98; *ders.*, Neues zum „Ausrichten" unternehmerischer Tätigkeit unter Art. 15 I lit. c EuGVVO, IPRax 2009, 238; *ders.*, Die Darlegungs- und Beweislast für die Tatbestände des Internationalen Verbraucherprozess- und Verbrauchervertragsrechts, IPRax 2009, 474; *ders.*, Autoritatives zum „Ausrichten" unternehmerischer Tätigkeit unter Art. 15 I lit. c EuGVVO, IPRax 2012, 144; *ders.*, Rechtswahlklauseln in Verbraucherverträgen – keine einfache Sache, FS Wulf-Henning Roth, 2015, S. 361; *ders.*, Verbandsklagen, AGB-Recht und Rechtswahlklauseln in Verbraucherverträgen, NJW 2016, 2705; *ders.*, Just how free is a free choice of law in contract in the EU?: (2017) 13 JPrIL 231; *Nemeth*, Wann stellt ein Auftritt im Internet ein Ausrichten i. S. d. Art. 15 I lit. c Brüssel I-VO dar?, ZfRV 2012, 122; *Rechberger*, Rechtsfragen zum Verbrauchergerichtsstand gem Art 15 f EuGVVO aF, ZfRV 2017, 222; *Reichholf*, Überlegungen zum Günstigkeitsprinzip gem. Art. 6 Abs. 2 Rom I-VO, VbR 2017, 17; *Requejo Isidro*, Contratos de consumo y Roma I: ¿un poco más de lo mismo?, AEDIPr VIII (2008), 493; *Rieländer*, Die Inhalts- und Transparenzkontrolle von Rechtswahlklauseln im EU-Kollisionsrecht, RIW 2017, 28; *W.-H. Roth*, Rechtswahlklauseln in Verbraucherverträgen – eine schwierige Sache?, IPRax 2013, 515; *ders.*, Informationspflichten über das anwendbare Recht, FS Dieter Martiny, 2014, S. 543; *ders.*, Datenschutz, Verbandsklage, Rechtswahlklauseln in Verbraucherverträgen: Unionsrechtliche Vorgaben für das Kollisionsrecht, IPRax 2017, 449; *G. Rühl*, Consumer Protection in Choice of Law, 44 Cornell Int'l. L.J. 569 (2011); *dies.*, Die rechtsaktübergreifende Auslegung im europäischen Internationalen Privatrecht: Art. 6 der Rom I-VO und die Rechtsprechung des EuGH zu Art. 15 der Brüssel I-VO, GPR 2013, 122; *dies.*, Kausalität zwischen ausgerichteter Tätigkeit und Vertragsschluss:

Neues zum situativen Anwendungsbereich der Art. 15 ff. EuGVVO, IPRax 2014, 41; *dies.*, Grenzüberschreitender Verbraucherschutz – (Nichts) Neues aus Brüssel und Luxemburg?, FS Dagmar Coester-Waltjen, 2015, S, 697; *K. Sachse,* Der Verbrauchervertrag im Internationalen Privat- und Prozessrecht, 2006; *Scraback,* Ökonomische Analyse des Verbraucherschutzes im Internationalen Privat- und Zivilverfahrensrecht, GPR 2017, 234; *Senff,* Wer ist Verbraucher im internationalen Zivilprozeß?, 2001; *Spindler,* Internationales Verbraucherschutzrecht und Internet, MMR 2000, 18; *A. Stadler,* Die AGB-Kontrolle von Rechtswahlklauseln – Der Fall „Amazon", VbR 2016, 168; *A. Staudinger,* Internet-Buchung von Reisen und Flügen, RRa 2007, 98; *ders.,* Verbraucherverträge im Lichte der Rechtssache Emrek – Schutzgerichtsstand und anwendbares Recht, jM 2014, 229; *Tang,* Electronic Consumer Contracts in the Conflict of Laws, 2. Aufl. 2015; *Wilke,* „Unternehmerschutz" bei grenzüberschreitenden Sachverhalten in der EU, ZIP 2015, 2306; *Zetzsche,* Das grenzüberschreitende Investmentdreieck – das IPR und IZPR der Investmentfonds, in: Zetzsche/M. Lehmann (Hrsg.), Grenzüberschreitende Finanzdienstleistungen, 2018, S. 199 (§ 7).

382 Für das Internationale Verbrauchervertragsrecht stellt Art. 6 Rom I-VO ein Sonderregime auf. Es bezweckt, den Verbraucher als die typischerweise schwächere Vertragspartei zu schützen. Dafür setzt der europäische Gesetzgeber drei Elemente ein: Erstens verschafft er dem Verbraucher ein rechtsanwendungsrechtliches Heimspiel, indem er dessen Umweltrecht zum objektiv berufenen Recht erhebt. Darin liegt eine Abkehr vom, ja eine Umkehrung zum Prinzip der charakteristischen Leistung, das unter Art. 4 Rom I-VO zum Recht der anderen Vertragspartei, des Unternehmers, führen würde. Zweitens wird ein Günstigkeitsvergleich etabliert. Eine Rechtswahl (also genau das gestalterische Mittel, das Unternehmen zu ihren Gunsten einsetzen) kann dem Verbraucher nicht den Mindeststandard nehmen, den ihm sein Umweltrecht gibt. Theoretisch kann ein Verbraucher durch eine Rechtswahl nur gewinnen. Drittens berücksichtigt Art. 11 IV Rom I-VO, dass Formvorschriften wichtige Bausteine im modernen Verbraucherschutz(sach)recht sind, und beruft deshalb als Formstatut nur das Umweltrecht des Verbrauchers.

383 Das Internationale Verbrauchervertragsrecht verlangt eingangs eine doppelte Anwendbarkeitsprüfung: erstens, ob seine persönlichen Voraussetzungen erfüllt sind, also ein B2C-Vertrag vorliegt: zweitens, ob die in Art. 6 I litt. a, b und am Ende Rom I-VO aufgeführten situativen Anwendungsvoraussetzungen erfüllt sind. In sachlicher Hinsicht ist jeweils zu überlegen, ob einer der Ausnahmetatbestände aus Art. 6 IV Rom I-VO eingreift.

384 **1. Persönlicher Anwendungsbereich des Art. 6 Rom I-VO.** *a) Grundsätzliches: Gefällelage und B2C-Verträge.* Art. 6 I Rom I-VO verlangt für die persönliche Anwendbarkeit des Internationalen Verbrauchervertragsrechts einen Vertrag, den eine natürliche Person zu einem Zweck, der nicht ihrer beruflichen oder gewerblichen Tätigkeit zugerechnet werden kann (Verbraucher) mit einer anderen Person geschlossen hat, die in Ausübung ihrer beruflichen oder gewerblichen Tätigkeit handelt (Unternehmer). Art. 6 I Rom I-VO setzt eine (abstrakte) Gefällelage zwischen den Vertragsparteien voraus. Er erfasst also sicher B2C-Verträge. Ausgegrenzt sind dagegen sicher C2C-Verträge zwischen zwei Privaten.[928] Ebenso sicher ausgegrenzt sind B2B-Verträge. Eine Binnendifferenzierung zwischen verschiedenen Klassen von Unternehmen nach ihrer wirtschaftlichen Stärke gibt es nicht. Auch kleine, mittlere und Mikro-Unternehmen (KMMU oder englisch SMMEs – Small, Medium and Micro Enterprises) werden allesamt als Unternehmen behandelt. KMMU kommen nicht in den Genuss kollisionsrechtlichen Verbraucherschutzes. Wer unternehmerisch handeln will – und das wollen auch *KMMU,* sonst wären sie ja überhaupt keine „U" –, muss sich als Unternehmer behandeln lassen.[929]

385 Wichtig ist die Erkenntnis, dass „Verbraucher" ebenso wenig wie „Unternehmer" einen persönlichen Status beschreibt, den eine Person in allen ihren Vertragsbeziehungen innehätte. Man ist nicht ein für allemal „Verbraucher" wie man ledig, verheiratet, geschieden oder verwitwet ist. Die Verbrauchereigenschaft ist auch kein Quasi-Status.[930] Vielmehr

---

[928] Näher → § 1 Rn. 424 f.
[929] Näher → § 1 Rn. 400 ff.
[930] *Mankowski,* Beseitigungsrechte, 2003, S. 543 f.; *ders.,* IPRax 2005, 503, 504.

VI. Verbraucherverträge   386–389 § 1

kommt es auf die konkrete Rolle im jeweiligen Vertrag an.[931] Ein und dieselbe Person kann bei einem Vertrag im Rahmen ihrer beruflichen oder gewerblichen Tätigkeit agieren und bei einem anderen Vertrag außerhalb dieses Rahmens.[932] Man denke als Beispiel an den Einzelanwalt, der einerseits Büromaterial für seine Kanzlei bestellt und andererseits einen Roman für seine private Feierabendlektüre. Was der normalen Daseinsgestaltung und Daseinsfürsorge einer Person zugeschlagen werden kann, ist in aller Regel privat.[933]

Zu beurteilen ist das Agieren der einzelnen Person, bezogen auf den jeweils in Rede stehenden Vertrag. Maßgeblicher Zeitpunkt ist jener des Vertragsschlusses, weil ab dann die materielle Rechtsposition feststehen muss;[934] dies hat gerade bei Dauer- oder Wiederkehrschuldverhältnissen Bedeutung.[935] Spätere Änderungen im Rahmen eines Dauerschuldverhältnisses können ausnahmsweise so gewichtig sein, dass sie eine Novation und den Neuabschluss eines neuen Vertrags begründen.[936]   386

Eine Zurechnung von Qualitäten anderer Personen, mögen diese auch auf derselben Vertragsseite stehen, findet nicht statt. Jemandem, der selber nicht für seine eigenen privaten Zwecke kontrahiert, nutzt es also nichts, wenn es neben ihm im selben Vertrag noch andere Personen gibt, die ihrerseits für ihre privaten Zwecke kontrahieren.[937] Mitverpflichtete sind in Art. 6 I Rom I-VO nicht genannt.[938]   387

Geschützt wird nur, wer selber einen Vertrag als Verbraucher abgeschlossen hat. Sich von Verbrauchern deren Vertragsansprüche abtreten zu lassen kann dem Zessionar keinen Verbraucherschutz bringen. Das gilt sowohl für professionelle Zessionare und Forderungssammler[939] (z. B. Factoringunternehmen, Investoren oder Klagportale) als auch für an sich privat agierende Zessionare.[940] Art. 6 Rom I-VO vermittelt ein persönliches Privileg.   388

b) Abstrakter Ansatz bei der Schutzwürdigkeit. Der Ansatz des Art. 6 Rom I-VO ist hinsichtlich des persönlichen Anwendungsbereichs ein abstrakter Ansatz. Es kommt nicht darauf an, ob ausnahmsweise der konkrete Private kein typischer Verbraucher ist, sondern Markt- und Branchenkenntnisse hat, die denen eines gewerblich Agierenden nahe kommen. Konkrete subjektive Rechts- oder Tatsachenunkenntnis ist nicht verlangt.[941] Umgekehrt schadet konkrete subjektive Rechts- oder Tatsachenkenntnis nicht.[942] Auch Richter, Rechtsanwalt, Steuerberater und Student der Betriebswirtschaft werden geschützt, sofern sie nur in privater Kapazität agieren. Von den Kenntnissen und Informationen, über welche die konkrete Person tatsächlich verfügt, ist der Verbraucherbegriff unabhängig.[943] Die In-   389

---

[931] Siehe nur OLG München ZIP 2016, 2436 Rn. 25; *Rechberger*, ZfRV 2017, 222, 230 (letzterer unter Hinweis auf die Parallele zum materiellrechtlichen Verbraucherbegriff der RL 2011/83/EU und EuGH ECLI:EU:C:2015:538 Rn. 21 – Horațiu Ovidiu Costea/SC Volksbank România SA).
[932] Siehe nur EuGH Slg. 1997, I-3767 Rn. 16–18 – Francesco Benincasa/Dentalkit Srl; EuGH Slg. 2005, I-439 Rn. 36 – Johann Gruber/BayWa AG; EuGH ECLI:EU:C:2018:37 Rn. 29 – Maximilian Schrems/Facebook Ireland Ltd.; BGH ZIP 2017, 985 Rn. 13; *Mankowski*, EWiR 2017, 223, 224; *Rechberger*, ZfRV 2017, 222, 230.
[933] *Rechberger*, ZfRV 2017, 222, 229.
[934] Siehe nur (zu Art. 13 EuGVÜ bzw. Art. 15 EuGVVO) EuGH Slg. 2010, I-12527 Rn. 92 – P. Pammer/Reederei Karl Schlüter GmbH & Co. KG u. Hotel Alpenhof GesmbH/Oliver Heller; BGHZ 167, 83 Rn. 25; BGH NJW 2015, 2339 Rn. 26.
[935] *Rechberger*, ZfRV 2017, 222, 227.
[936] *Rechberger*, ZfRV 2017, 222, 227 f.
[937] BGH IPRax 2017, 617, 618 f.; *B. Köhler*, IPRax 2017, 570, 574; *Friesen/Frensing-Deutschmann*, jM 2018, 51, 56.
[938] *B. Köhler*, IPRax 2017, 570, 574; *Friesen/Frensing-Deutschmann*, jM 2018, 51, 56.
[939] EuGH Slg. 1993, I-139 Rn. 18, 21, 23 – Shearson Lehmann Hutton Inc./TVB Treuhandgesellschaft für Vermögensverwaltung und Beteiligungen mbH.
[940] EuGH ECLI:EU:C:2018:37 Rn. 44 – Maximilian Schrems/Facebook Ireland Ltd.
[941] EuGH ECLI:EU:C:2015:538 Rn. 21 – Horațiu Ovidiu Costea/SC Volksbank România SA; GA *Cruz Villalón*, ECLI:EU:C:2015:271 Rn. 28–33 zum parallelen Art. 2 lit. b RL 93/13/EWG.
[942] EuGH ECLI:EU:C:2018:37 Rn. 39 – Maximilian Schrems/Facebook Ireland Ltd. unter Hinweis auf EuGH ECLI:EU:C:2015:538 Rn. 21 – Horațiu Ovidiu Costea/SC Volksbank România SA.
[943] EuGH ECLI:EU:C:2018:37 Rn. 39 – Maximilian Schrems/Facebook Ireland Ltd. unter Hinweis auf EuGH ECLI:EU:C:2015:538 Rn. 21 – Horațiu Ovidiu Costea/SC Volksbank România SA.

formationsasymmetrie wird unwiderleglich vermutet. Damit vermeidet man langwierige und aufwändige Streitigkeiten um konkrete Widerlegungen, die angesichts der immer dem Unternehmer aufzuerlegenden Beweislast für die fehlende Verbrauchereigenschaft[944] in aller Regel nur zu frustrierten, weil vergeblich aufgewendeten Kosten führen würden.

390 Der Begriff „Verbraucher", „consumer", „consument" darf nicht zu einer Einschränkung verleiten. „Verbraucher" ist keineswegs nur, wer etwas im Wortsinne verbraucht,[945] also dessen Substanz verzehrt oder vermindert.[946] Privatsache ist eben nicht nur der Konsum (d. h. der Erwerb zum Verbrauch), sondern auch jedes Arbeiten mit Gegenständen des Privatvermögens für private Zwecke und jede Fruchtziehung wie jeder Fruchtgenuss aus dem Privatvermögen.[947] Jede Diskussion, ob der Kauf eines Geburtstagsgeschenks für ein Familienmitglied oder einen persönlichen Freund aus Art. 6 Rom I-VO herausfalle,[948] ist verfehlt.[949]

391 Umso weniger wäre eine Einschränkung auf „typische" Konsumverträge richtig. Eine solche Einschränkung würde – ganz abgesehen von ihrer Konzept- wie ihrer Gesetzeswidrigkeit – sofort die nicht zu beantwortende Folgefrage nach sich ziehen, welche Geschäfte denn „typische" Konsumgeschäfte sein sollen und welche nicht.

392 Keine Rolle spielt sogar, ob sich der Private beim Vertragsschluss durch Fachkundige hat vertreten lassen, z. B. indem er einen Anwalt hat für sich verhandeln lassen. Insoweit hat der abstrakte Schutzansatz durchaus ein potenziell überschießendes Moment. Obwohl es bei ihm ein relativ gutes Abgrenzungskriterium gäbe, ist es aber trotzdem hinzunehmen, weil solche Fälle fachkundiger Vertretung über alles gesehen trotzdem Ausnahmecharakter haben.

393 **Beispiel:** Oligarch und Großunternehmer Aleksandr Ochipenko aus Petersburg lässt sich bei der Hamburger Werft Vohm & Bloss zur Privatnutzung eine Luxusyacht zum Fixpreis von 115 Mio. EUR. Bei den Vertragsverhandlungen lässt er sich durch die spezialisierte Anwaltssozietät Fitsch & Claassen vertreten.

394 c) *Anlage privaten Vermögens.* Der persönliche Anwendungsbereich des Internationalen Verbrauchvertragsrechts aus Art. 6 Rom I-VO ist in der Regel eröffnet, soweit privates Vermögen angelegt wird. Denn die Anlage privaten Vermögens gehört grundsätzlich zum Privatbereich, solange sie keinen zeitlichen und sachlichen Umfang annimmt, der eine professionelle Organisation erforderlich macht.[950] Ebenso wenig ist Gewinnerzielung durch in größerem Umfang getätigte Wertpapiergeschäfte für sich allein eine berufliche oder ge-

---

[944] *Mankowski,* IPRax 2009, 474, 480.
[945] Dahin aber tendenziell EuGH Slg. 1997, I-3767 Rn. 16, 17 – Francesco Benincasa/Dentalkit Srl; EuGH ECLI:EU:C:2013:165 Rn. 34 – eská spo itelna as/Gerald Feichter; OLG Nürnberg IPRax 2005, 248, 250; *AMT Futures Ltd. v. Marzillier, Dr. Meier & Dr. Guntner Rechtsanwaltsgesellschaft mbH* [2014] EWHC 1085 (Comm), [2015] 2 WLR 187 [56]-[59] (Q. B. D., *Popplewell* J.).
[946] Magnus/Mankowski/*Mankowski/P. A. Nielsen,* Art. 17 Brussels Ibis Regulation Rn. 21.
[947] Siehe *Standard Bank London* Ltd. *v. Dimitrios and Styllani Apostolakis* [2000] I. L. Pr. 766, 773 [21] (Q. B. D., *Longmore* J.).
[948] Z. B. *Gehri,* in: Basler Kommentar zum LugÜ, 2. Aufl. 2016, Art. 15 LugÜ Rn. 20.
[949] *Geimer,* FS Dieter Martiny, 2014, S. 711, 719; Magnus/Mankowski/*Mankowski/P. A. Nielsen,* Art. 17 Brussels Ibis Regulation Rn. 21.
[950] Siehe nur EuGH Slg. 1993, I-139 Rn. 22 – Shearson Lehmann Hutton Inc./TVB Treuhandgesellschaft für Vermögensverwaltung und Beteiligung mbH; OLG Düsseldorf RIW 1994, 420 mAnm *Mankowski;* OLG Köln IPRspr. 1997 Nr. 55 = OLG-Report Köln 1998, 166 (dazu *Mankowski,* EWiR Art. 29 EGBGB 1/98, 455); *Standard Bank London* Ltd. *v. Dimitrios and Styllani Apostolakis* [2000] I. L. Pr. 766, 771 para. 15 (Q. B. D., *Longmore* J.); *Standard Bank London* Ltd. *v. Dimitrios and Styllani Apostolakis* [2001] Lloyd's Rep. Bank. 240, 250 [51] (Q. B. D., *Steel* J.); *Wach/Weberpals,* AG 1989, 193, 196; *Schlosser,* FS Ernst Steindorff, 1990, S. 1379, 1383; *Dannhoff,* Das Recht der Warenterminsgeschäfte, 1993, S. 195; *Samtleben,* in: Hopt/Baum/Rudolph (Hrsg.), Börsenreform, 1997, S. 469, 513; *Mankowski,* AG 1998, 11, 12 f.; *Floer,* Internationale Reichweite der Prospekthaftung, 2002, S. 69; *Krammer,* Internet Brokerage, 2002, S. 201–203.
AA *R. A. Schütze,* JbPraxSch 1 (1987), 94, 101; *ders.,* EWiR § 61 BörsG 1/89, 681, 682; *Triebel/Peglow,* ZIP 1987, 613, 616; *Raeschke-Kessler,* EuZW 1990, 145, 150; *Kowalke,* Die Zulässigkeit von internationalen Gerichtsstands-, Schiedsgerichts- und Rechtswahlklauseln bei Börsentermingeschäften, 2002, S. 72 mit S. 54–72.

VI. Verbraucherverträge

werbliche Tätigkeit.[951] Dass man mit einer Anlage Gewinn erzielen möchte, macht diese Anlage nicht automatisch zu einer gewerblichen Anlage.[952] Auch Privatleute haben Vermögen und können an dessen Mehrung arbeiten. Mit dessen Anlage bieten sie keine Dienstleistung am Markt an, sondern fragen vielmehr genau umgekehrt Leistungen anderer (nämlich von Beratern und Anlageinstitutionen) nach.

Unerheblich ist das in Rede stehende Volumen. Auch wenn Werte von mehreren Hunderttausenden Euro oder gar von mehreren Millionen Euro in Rede stehen, ändert dies nichts. Es gibt keine Obergrenze.[953] Entscheidend ist *allein* die Zuordnung zum privaten Bereich des Auftraggebers.[954] Unerheblich wäre selbst, wenn der Anleger sich die jetzt von ihm als sein persönliches Vermögen angelegten Gelder durch eine Straftat verschafft hätte.[955]

Beispiel: Drogerieunternehmer Harald Meier aus Esslingen schließt mit der Sarotti Bank AG aus Vaduz (Liechtenstein) einen Vermögensverwaltungsvertrag über die Verwaltung von 132,8 Mio. EUR unversteuertem „Schwarzgeld". Bei Vertragsverhandlung und Vertragsschluss wird Meier durch zwei Anwaltsgroßsozietäten (Stuttgarter Standorte) vertreten.

Nicht relevant ist auch, wie hoch allgemein das Vermögen des Auftraggebers ist. Multimillionäre und Milliardäre sind Verbraucher, wenn sie ihr privates Vermögen anlegen wollen. Sofern sie dies allerdings über eigene Anlagegesellschaften tun und diese Auftraggeber sind, ist der persönliche Anwendungsbereich des Internationalen Verbrauchervertragsrechts nicht eröffnet. Gesellschaften haben kein Privatleben und sind keine natürlichen Personen.

d) Nur natürliche Personen. Nur natürliche Personen können Verbraucher sein. Das steht eindeutig im Wortlaut des Art. 6 I Rom I-VO (übrigens in Kontrast zum Wortlaut des Art. 17 I Brüssel Ia-VO,[956] obwohl der EuGH seit jeher auch im IZPR Verbraucherschutz nur natürlichen Perrsonen zuteil werden lässt[957]). Gesellschaften und auch Stiftungen sind keine natürlichen Personen und können daher keine Verbraucher sein. Gesellschaften haben kein Privatleben. Juristische Personen oder Gesellschaften genießen keinen kollisionsrechtlichen Verbraucherschutz.[958]

Selbst wenn Privatpersonen Zweckvehikel oder zweckgebundene Stiftungen gründen, schadet dies. Gleiches gilt bei einer Bündelung durch Fonds. Zwar repräsentiert der Fonds mittelbar seine privaten Anteilseigner und Anleger, deren Schutzwürdigkeit zu bejahen ist. Auf der anderen Seite ist der Fonds ein institutioneller Anleger mit entsprechender Marktmacht. Der Fonds ist repeat player. Er entwickelt Professionalität. Er beschäftigt regelmäßig eigene Analysten und Experten. Gesellschaften, in welche der Fonds investiert hat, sehen sich einer weit intensiveren Form von corporate governance ausgesetzt, als sie bei Streubesitz durch Kleininvestoren existieren würde. Der Fonds kann sich selber schützen. Er agiert professionell. Der Anleger will nur die durch den Fonds mediatisierte, aber keine Direktbe-

---

[951] OLG Frankfurt WM 2009, 718.
[952] Siehe nur OLG Frankfurt WM 2009, 718.
[953] *Mankowski*, EWiR Art. 13 EuGVÜ 1/99, 743, 744.
[954] *Mankowski*, RIW 2009, 98, 99.
[955] BGH ZIP 2017, 985 Rn. 17 sowie *Geimer*, FS Dieter Martiny, 2014, S. 711, 721.
[956] Magnus/Mankowski/*Mankowski*/P.A. *Nielsen*, Art. 17 Brussels Ibis Regulation Rn. 33.
[957] EuGH Slg. 1993, I-139 Rn. 20, 22 – Shearson Lehman Hutton, Inc./TVB Treuhandgesellschaft für Vermögensverwaltung und Beteiligungen mbh; EuGH Slg. 1997, I-3767 Rn. 15 – Francesco Benincasa/Dentalkit Srl; EuGH Slg. 2005, I-439 Rn. 35 – Johann Gruber/Bay Wa AG; EGH Slg. 2005, I-481 Rn. 34 – Petra Engler/Janus Versand GmbH; EuGH ECLI:EU:C:2013:165 Rn. 32 – eská spo itelna as/Gerald Feichter.
[958] Siehe nur GA *Darmon*, Slg. 1993, I-164 Nr. 30; *G. Reinhart*, FS Reinhold Trinkner, 1995, S. 657, 663 f.; *Villani*, La Convenzione di Roma sulla legge applicabile ai contratti, 2. Aufl. 2000, S. 127; *Bücker*, Internetauktionen, 2003, S. 121–123.
AA *Normand/Balate*, Cah. dr. eur. 1990, 272, 294; *Lüderitz*, Internationales Privatrecht, 2. Aufl. 1992, Rn. 274; Kemper, Verbraucherschutzinstrumente, 1994, S. 28; *Joustra*, De internationale consumentenovereenkomst, 1997, S. 152.

teiligung, und jede Beteiligung im Außenverhältnis würde dem Gebot kollisionsrechtlicher Transparanz zuwiderlaufen.[959]

399 Daher unterfallen die Außengeschäfte von Fonds nicht dem Internationalen Verbrauchervertragsrecht[960] und Art. 6 Rom I-VO. Daran ändert sich auch dadurch nichts, dass an den Ergebnissen der Fonds mittelbar Privatleute partizipieren und dass mittelbar Privatleute von den Aktivitäten der Fonds profitieren.[961] Generell sind Gesellschaften, an denen Private beteiligt sind, von diesen Privaten unabhängig und als gesonderte Rechtssubjekte zu betrachten; dies gilt auch für Fondsgesellschaften. Ob solche Gebilde zur Umsatzsteuer optiert haben, spielt erst recht keine Rolle.[962]

Beispiel: Leonie Bellmann aus Bad Bevensen investiert 25.000 EUR in Anteile an dem Exchange Traded Fund (ETF) World Vanity 2600. Dieser kauft Aktien an allen größeren Börsen der Welt mit Schwerpunkt auf der NYSE.

400 *e) Kein Schutz für kleine, mittlere oder Mikro-Unternehmen oder Start-Ups.* De regulatione lata existiert unter der Rom I-VO kein besonderes Schutzregime für kleine, mittlere und Mikro-Unternehmen (KMMU),[963] selbst dann nicht, wenn sie als einzelunternehmerisches oder einzelkaufmännisches Unternehmen betrieben werden. Die Interessenvertretungen von Unternehmen reklamieren seit jeher, kollisionsrechtlicher Verbraucherschutz sei ein Hindernis insbesondere für die grenzüberschreitende Tätigkeit kleiner und mittlerer Unternehmen (KMU, englisch SMEs – Small and Medium Enterprises).[964] Die Großen könnten sich die Anpassung an verschiedene Standards in verschiedenen Mitgliedstaaten leisten, die KMU dagegen nicht. KMUs dagegen würden von den zusätzlichen Kosten für jeden Auslandsmarkt abgeschreckt.[965] Daher sei kollisionsrechtlicher Verbraucherschutz eine verdeckte Subventionierung von Großunternehmen. Mantrahaft wird hinzugefügt, die mangelnde Ausdehnung von KMU im grenzüberschreitenden B2C-Geschäft vermindere den Wettbewerb und führe so zu höheren Verbraucherpreisen.[966] Sie lasse Märkte in kleineren Staaten mangels Wettbewerbs auch durch ausländische KMUs an Dynamik verlieren.[967]

401 Die Tätigkeit von KMUs zu fördern wäre ein wirtschaftspolitischer Zweck. Der Gesetzgeber könnte einen solchen Zweck durchaus verfolgen und sich dabei an bilanzrechtlichen Kennzahlen orientieren, um abzugrenzen, was ein KMMU ist und was nicht.[968] Jedoch wäre dies eine grundlegende Politikänderung. De regulatione ferenda mag sie eines Tages erfolgen. Geltendes Recht ist eine solche Politik aber nicht. Mittelstandsförderung ist keine Zielsetzung des Internationalen Verbraucherschutzrechts. Zielsetzung des Internationalen Verbraucherschutzrechts ist vielmehr nur, allein und ausschließlich ein angemessener kollisionsrechtlicher Schutz der Verbraucher. Es ist nicht überfrachtet mit anderen Zielsetzungen, umso weniger, wenn diese divergieren können. Es blickt auf den Verbraucher und differenziert nicht nach dem Zuschnitt der vertraglichen Gegenseite zwischen verschiede-

---

[959] *Mankowski,* RIW 2009, 98, 111; *Zetzsche,* in: Zetzsche/M. Lehmann (Hrsg.), Grenzüberschreitende Finanzdienstleistungen, 2018, § 7 Rn. 145.

[960] *Wood,* Conflict of Laws and International Finance, 2007, Rn. 2–075; *Mankowski,* RIW 2009, 98, 111; *Zetzsche,* in: Zetzsche/M. Lehmann (Hrsg.), Grenzüberschreitende Finanzdienstleistungen, 2018, § 7 Rn. 145 f.; vgl. auch *de Lima Pinheiro,* Rev. Ordem Abogado 67 (2007), 573, 617 (generell für Intermediäre).

[961] *Wood,* Conflict of Laws and International Finance, 2007, Rn. 2–075; *Mankowski,* RIW 2009, 98, 111.

[962] Siehe zur Debatte im deutschen Sachrecht OLG Köln NZG 2017, 944 mAnm *Nordholtz/Linardatos; Siemienowski,* NZG 2018, 168.

[963] *G. Reinhart,* FS Reinhold Trinkner, 1995, S. 657, 667; *Sachse,* Der Verbrauchervertrag im Internationalen Privat- und Prozeßrecht, 2006, S. 100–102; Magnus/Mankowski/Mankowski/P.A. Nielsen, Art. 17 Brussels Ibis Regulation Rn. 45; *Mogendorf,* Der strukturell unterlegene Unternehmer im Internationalen Privat- und Verfahrensrecht, 2016, S. 70–155.

[964] *Clausnitzer,* EuZW 2010, 446, 447; *ders.,* EuZW 2011, 104, 105.

[965] *W. Doralt/Nietner,* AcP 215 (2015), 855, 862.

[966] *Pichler,* Internationale Zuständigkeit im Zeitalter globaler Vernetzung, 2008, Rn. 612; *Clausnitzer,* EuZW 2010, 446, 447; *ders.,* EuZW 2011, 104, 105.

[967] *W. Doralt/Nietner,* AcP 215 (2015), 855, 862.

[968] *Mogendorf,* Der strukturell unterlegene Unternehmer im Internationalen Privat- und Verfahrensrecht, 2016, S. 325–378; vgl. auch *Kieninger,* FS Ulrich Magnus, 2014, S. 449, 455.

VI. Verbraucherverträge   402–404 § 1

nen Unternehmenstypen. Förderung von KMUs auf Kosten der Verbraucher kann kein Argument sein.[969]

Start-ups und Existenzgründer genießen unter geltendem Recht ebenfalls keinen Schutz **402** durch das europäische Internationale Verbraucherschutzrecht.[970] Sie haben sich dafür entschieden, in einem Haifischbecken zu schwimmen. Ihnen wird unterstellt, dass sie von Anfang an schwimmen können. Auch Baby-Haie werden als Haie behandelt.[971] Wer im Haifischbecken der unternehmerischen Tätigkeit schwimmen will, setzt sich kraft seiner eigenen Entscheidung, unternehmerisch tätig werden zu wollen, dem Risiko aus, gefressen zu werden. Diesem Risiko setzt er sich von Anfang aus, selbst in der Phase als Existenzgründer zu Beginn seiner unternehmerischen Tätigkeit, wenn er noch keine unternehmerischen Erfahrungen gesammelt hat und besonders verwundbar ist.

f) Anschaffung für unselbständig-berufliche Zwecke durch Arbeitnehmer. Grenzfall ist die An- **403** schaffung von Arbeitsmitteln oder Arbeitskleidung für unselbständig-berufliche Zwecke durch Arbeitnehmer von jemand anderem als ihrem Arbeitgeber.[972] Insoweit handelt der Arbeitnehmer nicht für ein eigenes Gewerbe.[973] Vorgelagert ist jedoch die Frage, wer überhaupt erwirbt, denn der Arbeitnehmer könnte insoweit als bloßer Stellvertreter agieren, während eigentliche Vertragspartei sein Arbeitgeber wird. Soweit der Arbeitgeber Vertragspartner ist, wird in aller Regel ein unternehmerischer Zweck verfolgt sein und fällt der Vertrag aus dem persönlichen Anwendungsbereich des Internationalen Verbraucherschutzrechts heraus.[974] Ob eine bestimmte Person Vertragspartner ist, beurteilt sich grundsätzlich nach demjenigen Recht, welches anwendbar wäre, wenn diese Person Vertragspartner wäre.[975] Das bootstrap principle führt konsequent zur Spezialregelung in Art. 6 Rom I-VO.[976]

Es verbleiben die Fälle, in denen der Arbeitnehmer Vertragspartner des Unterneh- **404** mers ist. Sie sind in den Schutzbereich des Internationalen Verbraucherschutzrechts einzubeziehen.[977] Der Arbeitnehmer handelt eben nicht in Ausübung einer *selbständigen* beruflichen Tätigkeit, sondern nur *unselbständig*.[978] „Beruflich" im Sinne von „selbständig" zu verstehen hätte neben „gewerblich" keine eigene Bedeutung und wäre redundant. Art. 8 Rom I-VO kann allerdings nicht zum Beleg dafür dienen, dass der Arbeitnehmer die schwächere Partei sei, denn Art. 8 Rom I-VO greift nur relativ im Verhältnis zwischen

---

[969] Rechtspolitisch kritisch dazu *Kieninger*, in: v. Hein/G. Rühl (Hrsg.), Kohärenz im Internationalen Privat- und Verfahrensrecht der Europäischen Union, 2016, S. 307, 317 f.

[970] EuGH Slg. 1997, I-3767, I-3795 Rn. 15–17 – *Francesco Benincasa/Dentalkit Srl*; *Rinaldi*, NGCC 1998 I 346; *Corea*, Giust. civ. 1999 I 13; *Toro*, Rev. dr. eur. consomm. 2014, 81, 85; Magnus/Mankowski/*Mankowski/P.A. Nielsen*, Art. 17 Brussels Ibis Regulation Rn. 25–27.

[971] Magnus/Mankowski/*Mankowski/P.A. Nielsen*, Art. 17 Brussels Ibis Regulation Rn. 27.

[972] Der Erwerb solcher Materialien vom eigenen Arbeitgeber ist Nebengeschäft zum Arbeitsvertrag und fällt unter Art. 8 Rom I-VO; *E. Lorenz*, RIW 1987, 569, 576; *Senff*, Wer ist Verbraucher im internationalen Zivilprozeß?, 2001, S. 237; Magnus/Mankowski/*Mankowski/P.A. Nielsen*, Art. 17 Brussels Ibis Regulation Rn. 28.

[973] *Senff*, Wer ist Verbraucher im internationalen Zivilprozeß?, 2001, S. 237.

[974] *Geimer/R.A. Schütze*, Europäisches Zivilverfahrensrecht, 3. Aufl. 2010, Art. 15 EuGVVO Rn. 21; *Mankowski*, in: Spindler (Hrsg.), Vertragsrecht der Internet-Provider, 2. Aufl. 2004, Teil III Rn. 28.

[975] *Mankowski*, TranspR 1991, 253, 256; *ders.*, IPRax 1991, 305, 308; *ders.*, RIW 1993, 453, 454; *ders.* S. 246; *ders.*, IPRax 1996, 427, 428; *ders.*, CR 1999, 512, 515; *Muir Watt*, RCDIP 82 (1993), 637, 640 sowie BGH RIW 1994, 878, 879; OLG Saarbrücken NJW 1992, 987 f.; Rb. Rotterdam NIPR 1995 Nr. 387 S. 432 nr. 5.8; Rb. Rotterdam NIPR 2000 Nr. 30 S. 91 nr. 4.3.

[976] Vgl. *Mankowski*, BB 1997, 465, 466 (zum Parallelproblem bei Art. 30 EGBGB).

[977] *Lüderitz*, FS Stefan Riesenfeld, 1983, S. 147, 153 f.; *E. Lorenz*, RIW 1987, 569, 576; *de Bra*, Verbraucherschutz durch Gerichtsstandsregelungen im deutschen und europäischen Zivilprozessrecht, 1992, S. 140 f.; *B. Böhm*, Verbraucherschutz im internationalen Privatrecht, Diss. Bayreuth 1993, S. 102 f.; *Valloni*, Der Gerichtsstand des Erfüllungsortes nach Luganer und Brüsseler Übereinkommen, 1998, S. 89 f.; *Hertz*, Jurisdiction in Contract and Tort under the Brussels Convention, 1998, S. 195; *Linder*, Vertragsabschluss beim grenzüberschreitenden Verbraucherleasing, 1999, S. 74.

[978] *Geimer/R.A. Schütze*, Europäisches Zivilverfahrensrecht, 3. Aufl. 2010, Art. 15 EuGVVO Rn. 21; *Hertz*, Jurisdiction in Contract and Tort under the Brussels Convention, 1998, S. 195.

Arbeitnehmer und Arbeitgeber, nicht aber im Verhältnis zwischen dem Arbeitnehmer und einem Dritten.[979]

405 Zur systematischen Auslegung im weiteren Sinne gehört wiederum der Vergleich mit den Verbraucherschutzrichtlinien. Für die FernabsatzRL wird aus dem Fehlen einer ausdrücklichen Begrenzung des Verbraucherbegriffs in Art. 2 Nr. 1 RL 2011/83/EU, früher des Tatbestands in Art. 2 Nr. 2 RL 97/7/EG auf das Handeln außerhalb einer selbständigen beruflichen Tätigkeit geschlossen, dass dieser jede, also auch die unselbständige berufliche Tätigkeit erfasse.[980] Ebensowenig differenzierten Artt. 2 1. Lemma RL 85/577/EWG; 1 II lit. a RL 87/102/EWG; 2 lit. b RL 93/13/EWG; 1 II lit. a RL 1999/44/EG als Ausprägungen eines einheitlichen europäischen Verbraucherbegriffs[981] zwischen selbständiger und unselbständiger beruflicher Tätigkeit. Art. 2 4. Lemma RL 94/47/EG spricht davon, dass der Vertragszweck als außerhalb der Berufsausübung liegend betrachtet werden kann. Der europäische Verbraucherbegriff ist also eng und fordert ein Handeln auch außerhalb einer unselbständigen beruflichen Tätigkeit.[982]

406 Dem Arbeitnehmer für den Einkauf von Arbeitsmaterial schlechterdings internationalen Verbraucherschutz zu gewähren setzt vor allem nicht wünschenswerte Anreize für den Arbeitgeber: Für den Arbeitgeber machte es unter dieser Praemisse einen Unterschied, ob er selber das Arbeitsmaterial für seine Arbeitnehmer einkauft oder ob er dies die Arbeitnehmer gegen Kostenübernahme im Innenverhältnis tun lässt. Im ersten Fall griffe kein Schutzregime, im zweiten dagegen schon.[983]

407 Man mag allerdings einwenden, dass diese Anreize ökonomisch wieder austariert werden dürften. Denn der Arbeitgeber würde bei Materialeindeckung für alle oder zumindest eine größere Zahl seiner Arbeitnehmer größere Mengen bestellen und deshalb vermutlich günstigere Konditionen erhalten. Indes verschlägt dieser Einwand nur begrenzt. Bei Arbeitskleidung z. B. muss diese dem einzelnen Arbeitnehmer individuell passen. Dies reduziert Standardisierungschancen und Rationalisierungsmöglichkeiten. Außerdem ginge der Einwand vom Modellbild der Einmalmassenbestellung aus. Bei fortlaufender, wiederholter Beschaffung einzelner Ausstattungen könnte das Vertragsverhältnis dagegen wieder anders aussehen und müssten wegen geringeren Rationalisierungspotentials und höheren Transportkosten die Konditionen für den Arbeitgeber nicht mehr so günstig ausfallen.

408 *g) Verträge mit gemischter Zielsetzung.* Besondere Betrachtung verdienen die Verträge mit gemischter Zielsetzung, bei denen eine Partei teilweise zu privaten und teilweise zu beruflichen oder gewerblichen Zwecken kontrahiert. „Gemischte" Verträge sind seit langem eine Problemzone des Verbraucherschutzrechts. Bei „gemischten" Verträgen (auch als dual use-Verträge bezeichnet)[984] wird der Vertragsgegenstand vom Erwerber sowohl privat als auch gewerblich oder beruflich genutzt. Nur soweit sich der Vertragsgegenstand in zwei verschiedene Vertragsgegenstände teilen lässt und einer der Teile gewerblich, der andere privat genutzt wird, liegt die Antwort nahe:[985] Dann spaltet man den Vertrag gedanklich in zwei Teilverträge auf, deren zweiter dem Verbraucherschutzrecht unterfällt, deren erster dagegen nicht,[986] es sei denn, man könnte den einen Teilvertrag als bloße Nebenabrede zum anderen ansehen.[987] Schon hier beginnen aber die Zweifel, ob man mit der gedanklichen Zer-

---

[979] Magnus/Mankowski/*Mankowski*/*P. A. Nielsen*, Art. 17 Brussels Ibis Regulation Rn. 28. Übersehen von *Senff*, Wer ist Verbraucher im internationalen Zivilprozeß?, 2001, S. 237.

[980] *Meents*, Verbraucherschutz bei Rechtsgeschäften im Internet, 1998, S. 177; *H. Roth*, JZ 2000, 1013, 1014.

[981] *Staudenmeyer*, NJW 1999, 2393.

[982] *G. Graf*, in: H. Schuhmacher (Hrsg.), Verbraucherschutz in Österreich und in der EG, Wien 1992, S. 151, 154 f.; *Jud*, ÖJZ 1997, 441, 442; *Wendehorst*, DStR 2000, 1311; *P. Bülow/Artz*, NJW 2000, 2049, 2050.

[983] *K. Sachse*, Der Verbrauchervertrag im Internationalen Privat- und Prozeßrecht, 2006, S. 95–97.

[984] Staudinger/*Weick* § 13 BGB Rn. 44; MüKoBGB/*S. Lorenz* § 474 BGB Rn. 25.

[985] *Mankowski*, IPRax 2005, 503, 504.

[986] Czernich/Heiss/*Heiss* Art. 5 EVÜ Rn. 9.

[987] GA *Bobek*, ECLI:EU:C:2017:863 Rn. 57.

VI. Verbraucherverträge

legungsoperation nicht das einigende Band um den äußerlich einheitlichen Vertrag zu sehr hintanstellt.[988]

Die Skala möglicher Lösungen ist generell breit:[989] (1) Schon der kleinste gewerbliche **409** Anteil schadet. (2) Ein nicht ganz untergeordneter gewerblicher Anteil schadet. (3) Ein nennenswerter gewerblicher Anteil schadet. (4) Der jeweilige Schwerpunkt entscheidet. (5) Ein nennenswerter privater Anteil nutzt. (6) Ein nicht ganz untergeordneter privater Anteil nutzt. (7) Schon der kleinste private Anteil nutzt.

Der EuGH hat sich für die restriktive Lösung entschieden, dass bereits ein nicht ganz **410** untergeordneter gewerblicher Anteil schadet:[990] Schon aus dem Zweck, die Person zu schützen, von der vermutet werde, dass sie sich gegenüber ihrem Vertragspartner in einer schwächeren Position befinde, folge, dass sich eine Person, die einen Vertrag zu einem Zweck abschließe, der sich teilweise auf ihre beruflich-gewerbliche Tätigkeit beziehe und der somit nur zu einem Teil nicht dieser Tätigkeit zugerechnet werden könne, grundsätzlich nicht auf diese Vorschriften berufen könne.[991] Etwas anderes könnte nur gelten, wenn die Verbindung zwischen diesem Vertrag und der beruflich-gewerblichen Tätigkeit des Betroffenen so schwach wäre, dass sie nebensächlich würde und folglich im Zusammenhang des Geschäftes, über das der Vertrag abgeschlossen wurde, insgesamt betrachtet nur eine ganz untergeordnete Rolle spielte.[992] Eine Person, die einen Vertrag zu einem Zweck schließe, der mit ihrer gewerblichen oder beruflichen Tätigkeit zusammenhänge, habe als auf gleicher Stufe wie ihr Vertragspartner stehend zu gelten, so dass der besondere Schutz, der für Verbraucher vorgesehen sei, in diesem Fall nicht gerechtfertigt sei.[993]

Im Europäischen Verbraucherprivatrecht verwirklichen Art. 2 I und Erwägungsgrund **411** (17) VerbraucherrechteRL[994] jedoch einen anderen Ansatz: Sie qualifizieren eine Person als Verbraucher, wenn der berufliche oder gewerbliche Anteil nicht überwiegt. Versteht man dies als verallgemeinerungsfähige Aussage zum zu verfolgenden Prinzip,[995] dann ist die Gruber-Entscheidung des EuGH legislativ revidiert, obwohl die Aussage weder zum IZPR oder IPR noch in deren formellem Kontext erfolgt ist.[996] Die Aussage stünde indes auch in einer Linie mit Art. 2 lit. a CISG.[997] Obendrein gebietet die Khärenz des Unionsrechts, insbesondere des europäischen Verbraucherschutzrechts, auch den in anderen unionsrechtlichen Regelungen enthaltenen Verbraucherbegriff zu berücksichtigen,[998]

Die Zuweisung nach dem Schwerpunkt der Nutzung durch den Kunden[999] erscheint **412** ausgewogen und gerecht. Zu ihren Gunsten schlägt zu Buche, dass sie intuitiv unmittelbar

---

[988] Sehr kritisch GA *F. G. Jacobs,* Slg. 2005, I-441 Nr. 35.
[989] *Mankowski,* IPRax 2005, 503, 504.
[990] EuGH Slg. 2005, I-439 Rn. 39 – Johann Gruber/BayWa AG; EuGH ECLI:EU:C:2018:37 Rn. 32 – Maximilian Schrems/Facebook Ireland Ltd.; dem folgend BGH IPRax 2017, 617, 618; OGH ecolex 2017, 1167.
  Nur im Ausgangspunkt folgend, dann aber über vermeintliche Binnendifferenzierungen von der Linie abweichend GA *Bobek,* ECLI:EU:C:2017:863 Rn. 58–60.
[991] EuGH Slg. 2005, I-439 Rn. 39 – Johann Gruber/BayWa AG.
[992] EuGH Slg. 2005, I-439 Rn. 39 – Johann Gruber/BayWa AG.
[993] EuGH Slg. 2005, I-439 Rn. 40 – Johann Gruber/BayWa AG; GA *Francis G. Jacobs,* Slg. 2005, I-441 Nrn. 40 f.
[994] Richtlinie 2011/83/EU des Europäischen Parlaments und des Rates vom 25.10.2011 über die Rechte der Verbraucher, zur Abänderung der Richtlinie 93/13/EWG und der Richtlinie 1999/44/EG des Europäischen Parlaments und des Rates und zur Aufhebung der Richtlinie 85/577/EWG des Rates und der Richtlinie 97/7/EC des Europäischen Parlaments und des Rates, ABl. EU 2011 L 304/64.
[995] An der Erfüllung dieser Prämisse zweifelnd *P. Meier,* JuS 2014, 777, 778–779. Tendenziell wie hier: *Friesen/Frensing-Deutschmann,* jM 2018, 51, 55.
[996] Magnus/Mankowski/*Mankowski/P. A. Nielsen,* Art. 17 Brussels Ibis Regulation Rn. 37 sowie *H. Roth,* FS Bernd v. Hoffmann, 2011, S. 715, 720. Vgl. auch Rauscher/*A. Staudinger* Art. 17 Brüssel Ia-VO Rn. 3.
  AA *Loacker,* JZ 2013, 234, 238–241; *M. Schwab/Hromek,* JuS 2015, 272, 272; *Wilke,* ZIP 2015, 2306, 2307; *B. Köhler,* IPRax 2017, 570, 573.
[997] Siehe Rauscher/*A. Staudinger* Art. 17 Brüssel Ia-VO Rn. 3.
[998] EuGH ECLI:EU:C:2018:37 Rn. 28 – Maximilian Schrems/Facebook Ireland Ltd. unter Hinweis auf EuGH ECLI:EU:C:2013:790 Rn. 25 – Walter Vapenik/Josef Thurner.
[999] Für sie z. B. Begründung der Bundesregierung zum Entwurf eines Gesetzes zur Neuregelung des Internationalen Privatrechts, BT-Drs. 10/504, 79; Denkschrift der Bundesregierung zum EVÜ, BT-Drs.

einleuchtet. Sie ist die Lösung, zu der man bei einem ersten Zugriff ohne größeres Nachdenken von einem quasi-natürlichen Gerechtigkeitsgefühl her kommen würde. Wenn es einen Schwerpunkt gibt, prägt dieser jedenfalls relativ mehr als alles andere, was eben nicht *den* Schwerpunkt ausmacht.

413 Mit Blick auf Art. 5 EVÜ als Vorgänger zu Art. 6 Rom I-VO kommt ein genetisches Argument hinzu: Im Bericht *Giuliano/Lagarde* wird privates Handeln dahingehend umschrieben, dass es *im Wesentlichen* außerhalb der beruflichen oder gewerblichen Tätigkeit liege.[1000] Das wesentliche Element ist aber der Schwerpunkt. Was nicht Schwerpunkt ist, kann nicht das Wesen ausmachen und daher nicht *wesent*lich sein. Die genetische Auslegung zeigt zugleich, dass – entgegen dem EuGH[1001] – der negativen Formulierung der Verbraucherdefinition in Art. 6 Rom I-VO wie in Artt. 17 I Brüssel Ia-VO; 15 I LugÜ 2007 keine Tendenz zu Gunsten einer engen Auslegung innewohnt. Der Wortlaut ist vielmehr offen und enthält gerade keine wirklich eindeutige Tendenz.[1002]

414 Die Schwerpunktbetrachtung hat den Vorteil, dass sie gleichsam mathematisch mit einer einfachen Kleiner-Größer-Operation arbeiten kann.[1003] Nutzt z.B. bei einem Internet Access Service Provider-Vertrag der Kunde den vertraglich ausbedungenen Internet-Zugang während der üblichen Arbeitszeiten, z.B. von 9.00 bis 17.00 Uhr, beruflich und nur im Übrigen privat, so dürfte der Schwerpunkt bei der beruflichen Nutzung liegen.[1004]

415 Gerade der EuGH-Fall Gruber bietet ein weiteres schönes **Beispiel:**[1005] In ihm ging es um Dachziegel, die zum Decken des Dachs auf einem Gebäude dienen sollten, dass teilweise als landwirtschaftliches Hofgebäude, teilweise als privates Wohngebäude genutzt wurde. Wie viel Prozent der Dachfläche auf dem Hof zu landwirtschaftlich-gewerblich genutzten und wie viel zu privat genutzten Gebäuden gehörten, ließ sich feststellen (40% zu 60%).[1006] Der Schwerpunkt ließ sich also sogar mathematisch festmachen.

416 Die Grundprobleme der Schwerpunktanknüpfung sind die Probleme jeder wägenden Lösung: Feststellung der Gewichte und Erkennbarkeit der Gewichte nach außen. Man denke etwa an die Nutzungsanteile bei einem Facebook Account, wo es zwischen den Extrempolen rein privater und rein beruflicher Nutzung „fifty shades of (Facebook) blue" gibt.[1007] Dort mögen die Zuordnung zur Person und das fehlende Erzielen einer unmittelbaren kommerziellen Wirkung auflösende Hilfskriterien sein.[1008]

417 Der eigentliche Gewichtungsvorgang, d.h. der Vergleich zwischen zwei festgestellten Größen, ist danach hingegen denkbar einfach und in sich wertungsfrei.[1009] Es existiert nur eine sehr kleine Grauzone um 50:50-Verteilungen herum. Ansonsten sind die erzielten Ergebnisse eindeutig. Die Schwerpunktbetrachtung hat Probleme nur beim Input (also bei der Untersatzbildung), dagegen nicht beim Output (also bei der eigentlichen Subsumtion).[1010] Daher ist sie relativ robust. Zudem führt sie zu vergleichsweise eindeutigen Ergebnissen und hat den Charme der Einfachheit wie der Klarheit auf ihrer Seite.

418 Das Überwiegen oder nicht Überwiegen eines bestimmten Vertragszwecks festzustellen bringt sicherlich eine gewisse Unsicherheit mit sich.[1011] Der Unternehmer mag es nicht bis

---

10/503, 26; BGE 121 III 336, 343; Cass. RCDIP 90 (2001), 142 note *Gaudemet-Tallon*; CA Versailles RIW 1999, 884.
[1000] Bericht *Giuliano/Lagarde*, ABl. EG 1980 C 282 Art. 5 EVÜ Bem. 2; vgl. auch EuGH ECLI:EU:C:2018:37 Rn. 38 – Maximilian Schrems/Facebook Ireland Ltd.
[1001] EuGH Slg. 2005, I-439 Rn. 43.
[1002] *Lüderitz*, FS Stefan Riesenfeld, 1983, S. 147, 156.
[1003] *Mankowski*, IPRax 2005, 503, 505.
[1004] *Mankowski* in: Spindler (Hrsg.), Vertragsrecht der Internet-Provider, 2. Aufl. 2004, Teil III Rn. 26.
[1005] EuGH Slg. 2005, I-439 – Johann Gruber/BayWa AG.
[1006] EuGH Slg. 2005, I-439 Rn. 12 – Johann Gruber/BayWa AG.
[1007] Wunderbar treffend GA *Bobek*, ECLI:EU:C:2017:863 Rn. 46.
[1008] GA *Bobek*, ECLI:EU:C:2017:863 Rn. 48.
[1009] *Mankowski*, IPRax 2005, 503, 505.
[1010] *Mankowski*, IPRax 2005, 503, 505.
[1011] *Jude*, RCDIP 94 (2005), 505, 512.

VI. Verbraucherverträge

zum Vertragsschluss erkennen.[1012] Es mag Schlupflöcher für ex post-Opportunismus lassen und Parteien wie Gericht ein umfangreiches Ermittlungsprogramm auferlegen,[1013] mit entsprechenden tertiären Kosten. Trotzdem erscheint es als das fairste und geeignetste Konzept, das jede Art von Radikalität vermeidet und legitime Interessen nicht a priori hintanstellt.[1014]

Ob eine beruflich-gewerbliche Komponente ganz untergeordnet ist,[1015] erfordert gleichermaßen eine tatrichterliche Würdigung der Einzelfallumstände wie eine Schwerpunktsuche. Es bleibt weiterhin „a matter of fact and degree".[1016] Den anbietenden Unternehmen wird jedenfalls keine wesentlich größere Rechtssicherheit zuteil.[1017] Die Justierung der Waage mag eine andere sein, aber der schon für sich Unsicherheit generierende Vorgang des Wägens und Wiegens bleibt.[1018] Wie bei der Schwerpunktsuche muss man den Umfang der privaten und den Umfang der gewerblichen Anteile so gut wie möglich feststellen und anschließend die Anteile gegeneinander abwägen. Informationskosten spart man so nicht, jedenfalls nicht in nennenswertem Maße.[1019] Auch die Lösung des EuGH hat ihre praktischen Probleme, ja lässt sich – jenseits ihrer gegen die Annahme einer Verbrauchereigenschaft sprechenden Grundtendenz – praktisch kaum handhaben.[1020] Der Eichmaßstab nämlich ist viel unklarer als bei der Schwerpunktbetrachtung, denn er lässt weitaus größere Wertungsspielräume.[1021]

h) C2B-Verträge. Art. 6 I Rom I-VO hat als Normalfall B2C-Verträge im Kaufe, bei denen der Verbraucher Leistungsnachfrager und der Unternehmer Leistungsanbieter ist. Ein weiterer Komplex sind indes C2B-Verträge, bei denen umgekehrt der Private-Verbraucher Leistungsanbieter und der Unternehmer Leistungsnachfrager ist. Beispiele sind der grenzüberschreitende second hand-Verkauf von Privat an einen Unternehmer oder das Erbringen klein- oder geringwertiger Dienstleistungen durch Privatpersonen an Professionelle unterhalb der Schwelle zu einem Arbeitsverhältnis.

Dem Wortlaut des Art. 6 I Rom I-VO nach könnte man C2B-Verträge als miterfasst erachten, denn immerhin schließt bei C2B-Verträgen per definitionem ein Verbraucher einen Vertrag mit einem Unternehmer.[1022] Im europäischen Verbraucherschutzrecht wird aber – mit der Ausnahme der RL 93/13/EWG – gemeinhin nur der Verbraucher als Leistungsnachfrager, nicht aber der Verbraucher-Private als Leistungsanbieter geschützt.[1023] Das Gegensatzpaar Unternehmer/Verbraucher kennzeichnet im Grundsatz die Marktgegenseiten für Angebot und Nachfrage auf Märkten für Waren und Dienstleistungen. Jenseits des AGB-Rechts[1024] gibt es im EU-Recht eigentlich keine spezifischen Verbraucherschutzvorschriften, die Privaten zugute kämen, wenn sie ihrerseits Leistungen an Unternehmer erbringen und von den betreffenden Unternehmern dafür ein Entgelt erhalten, so dass der Günstigkeitsvergleich des Art. 6 II 2 Rom I-VO ins Leere ginge. Generell lässt sich das Verbrauchervertragsrecht europäischer Provenienz bezogen auf die Gegenpartei eben als ein Recht der qualifiziert einseitigen Unternehmensgeschäfte beschreiben.[1025]

[1012] *D. Kluth* S. 48.
[1013] *Rösler/Siepmann,* EWS 2006, 497, 498–499.
[1014] *Magnus/Mankowski/Mankowski/P.A. Nielsen,* Art. 17 Brussels Ibis Regulation Rn. 38.
[1015] EuGH Slg. 2005, I-439 Rn. 39 – Johann Gruber/BayWa AG.
[1016] *Mankowski,* EWiR Art. 13 EuGVÜ 1/05, 305, 306; *ders.,* RIW 2005, 561, 563.
[1017] Entgegen EuGH Slg. 2005, I-439 Rn. 45 – Johann Gruber/BayWa AG.
[1018] *Mankowski,* EWiR Art. 13 EuGVÜ 1/05, 305, 306; *ders.,* RIW 2005, 561, 563.
[1019] *Mankowski,* IPRax 2005, 503, 505.
[1020] *Heiderhoff,* IPRax 2005, 230, 232; *Mankowski,* RIW 2005, 561, 563.
[1021] *Mankowski,* IPRax 2005, 503, 505.
[1022] *Wilke,* ZIP 2015, 2306, 2308.
[1023] *Mankowski,* Beseitigungsrechte, 2003, S. 259; *ders.,* SAE 2005, 70, 71; *ders.,* EWiR 2014, 371, 372.
[1024] Vgl. dort BAG NJW 2005, 3305, 3308f.
[1025] *Grundmann,* Europäisches Schuldvertragsrecht, 1999, S. 141, 196; *ders.,* ZHR 163 (1999), 635, 665; *ders.,* NJW 2000, 14, 16; *Riesenhuber,* GPR 2017, 270, 273.

422 Alles dies spricht dafür, Art. 6 Rom I-VO auf C2B-Verträge nicht anzuwenden.[1026] Andererseits kann der unternehmerische Erwerber mit seiner größeren bargaining power bei C2B-Geschäften den weniger geübten und erfahrenen Verbraucher gerade mit Blick auf Gebrauchtwaren und deren Verkaufspreis zu übervorteilen versuchen. Daraus könnte ein Schutzbedürfnis erwachsen.

423 Eine gewichtige Sonderrolle könnte sich namentlich für alle Sicherungsgeschäfte ergeben, die Private eingehen, z.B. für alle Banken gegenüber abgegebenen Bürgschaftserklärungen zur Absicherung von Krediten für Verwandte oder Freunde. Insoweit gelten Marktgedanken von Leistungsangebot und Nachfrage weniger. Insoweit existieren auch Schutzvorschriften, bei Bürgschaften jene des Bürgschaftsrechts.

424 i) *C2C-Geschäfte.* Sicher nicht unter Art. 6 Rom I-VO fallen C2C-Geschäfte. Das ergeben sowohl der Wortlaut als auch die Teleologie.[1027] Denn bei C2C-Geschäften gibt es keine abstrakt und unwiderleglich zu vermutende Gefällekonstellation. Teleologisch wäre es sinnwidrig, Schutz zu gewähren, um ein nicht bestehendes Machtungleichgewicht auszugleichen.[1028] Zudem kann man nicht beide Parteien desselben Vertrags gleichzeitig schützen, indem man jeder von ihnen ein rechtliches Heimspiel und dessen Absicherung gegen eine abbedingende Rechtswahl durch den Günstigkeitsvergleich gewähren würde.[1029] Die unterschiedlichen Umweltrechte beider Parteien gleichzeitig anzuwenden, bei der objektiven Anknüpfung unter Art. 6 I Rom I-VO sogar jeweils ausschließlich, geht schlechterdings nicht.

425 In der Realität kann die Grenzlinie zwischen B2C-Geschäften einerseits und C2C-Geschäften andererseits indes fein und schmal sein. Sie kann entlang des Verkaufsvolumens und des Status' verlaufen, wie sie ein Veräußerer über Online-Auktionen (insbesondere eBay) gewinnt. Ein Powerseller agiert nicht mehr privat, sondern gewerblich, sei es auch kleingewerblich.

426 **2. Sachlicher Anwendungsbereich des Art. 6 Rom I-VO.** Im Prinzip erstreckt sich der sachliche Anwendungsbereich des Art. 6 Rom I-VO auf alle Vertragstypen und Vertragskategorien.[1030] Nur soweit – insbesondere in Art. 6 IV Rom I-VO – ausdrückliche Ausnahmen normiert werden, nimmt es sich selber zurück.[1031] Damit kommt der europäische Gesetzgeber einem vielfach vorgetragenen und einstimmigen Anliegen nach. Die in Art. 5 EVÜ noch enthaltene und viel kritisierte[1032] Beschränkung auf Verträge über die Lieferung von Waren oder das Erbringen von Dienstleistungen besteht unter Art. 6 Rom I-VO nicht mehr.

427 Für Beförderungsverträge und Versicherungsverträge bestehen in Art. 5 und Art. 7 Rom I-VO Spezialregeln. Diese genießen gegenüber Art. 6 Rom I-VO verdrängenden Spezialitätsvorrang. Das unterstreicht Art. 6 I Rom I-VO mit seinen Eingangsworten („unbeschadet der Artikel 5 und 7") in unmissverständlicher Weise. Für Beförderungsverträge gilt nur

---

[1026] *Mankowski,* ZvglRWiss 105 (2006), 120, 149 f.

[1027] *Lopez-Tarruella,* AEDIPr VIII (2008), 511, 515.
Vgl. zu Art. 6 I lit. d EuVTVO EuGH ECLI:EU:C:2013:790 Rn. 24–39 – Walter Vapenik/Josef Thurner; *Mankowski,* EWiR 2014, 371 f. Anders dort allerdings *M. Klöpfer/Rami*, GPR 2014, 107, 111 f.

[1028] Siehe aus *de Bra,* Verbraucherschutz durch Gerichtsstandsregelungen im deutschen und europäischen Zivilprozessrecht, 1992, S. 142; *Mankowski,* VuR 2010, 16, 19.

[1029] *Schlosser,* in: Schlosser/Hess, EuZPR, 4. Aufl. 2015, Art. 17 EuGVVO Rn. 3; *Mankowski,* ZvglRWiss 105 (2006), 120, 142; *ders.,* EWiR 2014, 371 f.

[1030] Siehe nur Vorschlag für eine Verordnung des Europäischen Parlaments und des Rates über das auf vertragliche Schuldverhältnisse anzuwendende Recht (Rom I), von der Kommission vorgelegt am 15.12.2005, KOM (2005) 650 endg. S. 7; *Bitterich,* RIW 2006, 262, 266 f.; *Heiss,* JBl 2006, 750, 763; *Solomon,* in: Leible/Ferrari (Hrsg.), Ein neues Internationales Vertragsrecht für Europa, 2007, S. 89, 96 f.

[1031] Vorschlag für eine Verordnung des Europäischen Parlaments und des Rates über das auf vertragliche Schuldverhältnisse anzuwendende Recht (Rom I), von der Kommission vorgelegt am 15.12.2005, KOM (2005) 650 endg., 7.

[1032] Siehe nur *Magnus/Mankowski,* ZvglRWiss 103 (2004), 131, 166 f.; *Basedow,* FS Erik Jayme, 2004, S. 3, 18; *W.-H. Roth,* FS Hans Jürgen Sonnenberger, 2004, S. 591, 594.

VI. Verbraucherverträge 428, 429 § 1

Art. 5 Rom I-VO, und für Versicherungsverträge gilt nur Art. 7 Rom I-VO. Man mag beide Normen als Ausdruck für besonders gelungenes Lobbying gut organisierter Branchen empfinden. Man mag ihre Wertungsgerechtigkeit bezweifeln (insbesondere jene der nur formal, aber nicht praktisch eingeschränkten Rechtswahlfreiheit für Personenbeförderungsverträge unter Art. 5 II UAbs. 2 Rom I-VO[1033]). Trotzdem kann man ihre Existenz nicht bezweifeln, und trotzdem gibt es keinerlei Möglichkeit zu einer teleologischen Reduktion. Diese Ausnahmen vom Internationalen Verbrauchervertragsrecht hat der europäische Gesetzgeber genau so gewollt.

3. Situativer Anwendungsbereich des Art. 6 Rom I-VO. a) *„Ausrichten" unter-* 428 *nehmerischer Tätigkeit auf den Vertragsabschlussmarkt im Aufenthaltsstaat des Verbrauchers.* Zentrales Kriterium für den situativen Anwendungsbereich des Art. 6 I Rom I-VO ist das Ausrichten der professionellen Tätigkeit (auch) auf den Verbraucherstaat in Art. 6 I lit. c Rom I-VO. Dies wird im Laufe der Zeit immer stärker konkretisiert werden.[1034] Dabei wurde sachlich Art. 15 I lit c Brüssel I-VO übernommen,[1035] wie Erwägungsgrund (24) S. 2 Rom I-VO unterstreicht. Was zu Art. 15 I lit. c Brüssel I-VO und heute zu Art. 17 I lit. c Brüssel Ia-VO gesagt wird, ist also prinzipiell auch für Art. 6 I lit. c Rom I-VO gültig.

aa) Grundsätzliches. Mehrere Momente lassen sich sicher hervorheben: Erstens muss 429 „Ausrichten" mindestens so weit sein wie der vorherige Begriff der „Werbung". Man wollte den situativen Anwendungsbereich vergrößern, und deshalb muss zumindest all' das erfasst sein, was schon zuvor erfasst war.[1036] Einzelbewerbung ausgewählter Personen ist genauso erfasst wie allgemeine Werbung.[1037] Zweitens ist „Ausrichten" ein allgemeines und kein nur auf Internetsachverhalte zugeschnittenes Kriterium.[1038] „Ausrichten" ist technik- und medienneutral. Es ist flexibel genug, Fortentwicklungen aufzunehmen und den sich wandelnden Absatz- und Merketingstartegien von Unternehmen zu folgen.[1039] Drittens ergänzt und erweitert das Ausrichten das Ausüben einer Tätigkeit. Ausüben meint im Kern aktive Beteiligung am Wirtschaftsverkehr durch Angebot und Abwicklung von Leistungen,[1040] während die bloße Ansiedelung von Teilen des Wertschöpfungsprozesses oder der Unternehmensorganisation als solcher (z. B. Produktion, Lagerung oder interne Verwaltung) nicht ausreicht.[1041] Viertens hat der europäische Gesetzgeber auf eine Legaldefinition des „Ausrichtens" bewusst verzichtet.[1042] Fünftens sind „Ausüben" wie „Ausrichten" Tatbestandsmerkmale einer Ausnahme zur allgemeinen Anknüpfung nach Artt. 3; 4 Rom I-VO.[1043] Sechstens zielt „Ausrichten" auf Potenziale im Markt. Die abgeschlossenen Verträge sind Konsequenz der ausgerichteten Tätigkeit. Deshalb greift Art. 6 I lit. b Rom I-VO

[1033] Dazu näher → § 1 Rn. 711.
[1034] Siehe bereits *Markus,* ZZZ 2004, 181, 189–198; *Mankowski,* VuR 2006, 289; *v. Hein,* IPRax 2006, 16; *Gillies,* (2007) 3 JPrIL 89, *Farah,* (2008) 33 E. L. Rev. 257, 263–269 sowie aus der Rechtsprechung OLG Dresden, IPRax 2006, 44; LandesG Feldkirch EuLF 2008, II-23 = ZfRV-LS 2008/27, 79 mAnm *Ofner* sowie BGH NJW 2006, 1672.
[1035] Siehe nur *Pizzolante,* RDIPP 2006, 987, 989 f.; *O. Lando/P. A. Nielsen,* UfR 2008 B 234, 240.
[1036] OGH ÖJZ 2005, 307; OGH EuLF 2013, 53; OGH ZfRV 2013, 174; *Mankowski,* VuR 2006, 289, 292.
[1037] BGH WM 2017, 565, 567; *Tönies-Bambalska,* jurisPR-IWR 4/2017 Anm. 2 sub C.
[1038] *Mankowski,* VuR 2006, 289, 290 f.
[1039] *Mankowski,* ZvglRWiss 105 (2006), 120, 140; *D. Kluth,* Die Grenzen des kollisionsrechtlichen Verbraucherschutzes, 2009, S. 291; *S. Arnold,* IPRax 2016, 567, 571.
[1040] Thomas/Putzo/*Hüßtege,* ZPO, 39. Aufl. 2018, Art. 17 EuGVVO Rn. 8; *Leible,* IPRax 2006, 365, 369; Rauscher/*A. Staudinger* Art. 17 Brüssel Ia-VO Rn. 12; *Mankowski,* VuR 2006, 289, 293.
[1041] *Schoibl,* JBl 2003, 149, 160 f.; Geimer/Schütze/*S. Auer,* Internationaler Rechtsverkehr in Zivil- und Handelssachen, Loseblf. 1954 ff., Art. 15 EuGVVO Rn. 46 (2005); Thomas/Putzo/*Hüßtege,* ZPO, 39. Aufl. 2018, Art. 17 EuGVVO Rn. 8; *Mankowski,* VuR 2006, 289, 293.
[1042] Geänderter Vorschlag der Kommission für eine Verordnung über die gerichtlichen Zuständigkeit und die Anerkennung und Vollstreckung von Entscheidungen in Zivil- und Handelssachen, KOM (2000) 689 endg. S. 6.
[1043] OGH EuLF 2013, 53.

bereits für den ersten abgeschlossenen Vertrag.[1044] Anderenfalls hätte der Unternehmer zu leicht die Ausrede, es handele sich bei dem konkret in Rede stehenden Vertrag um den ersten.[1045] Der ja nur am einzelnen Vertrag beteiligte Verbraucher wird kaum je Kenntnis von vorangegangenen Vertragsabschlüssen mit anderen haben.

430 „Ausrichten"[1046] ist ein Kompromiss. Es bemüht sich um ein relatives Optimum. Es bezieht sich auf die eigene Marketingstrategie des Anbieters und die zu deren Umsetzung eingesetzten Mittel.[1047] Der Unternehmer greift auf dem Vertragsabschlussmarkt (auch) im Umweltstaat des Verbrauchers an. Er erwartet eine Mehrzahl von Vertragsabschlüssen und positive Skaleneffekte bei den Rechtsermittlungskosten.[1048] Er ist cheapest cost bearer.[1049] Er kann seine Kosten einpreisen und die Gesamtsumme der Transaktionskosten zu senken helfen.[1050]

431 Das Europäische Parlament hatte einen eigenen Absatz 1a vorgeschlagen, der besagen sollte: „Das „Ausrichten einer solchen Tätigkeit" ist so zu verstehen, dass der Händler seine Tätigkeit gezielt und in erheblichem Maße auf diesen anderen Mitgliedstaat oder auf mehrere Länder einschließlich dieses Staates ausgerichtet hat. Bei der Feststellung, ob ein Händler seine Tätigkeiten auf eine solche Weise ausgerichtet hat, berücksichtigen die Gerichte sämtliche Umstände des Falles, einschließlich eventueller Versuche des Händlers, sein Geschäftsgebaren gegen Rechtsgeschäfte mit Verbrauchern mit Wohnsitz in einem bestimmten Mitgliedstaat abzuschotten."[1051] Dieser Änderungsvorschlag wurde aber von der Kommission bewusst nicht in den Geänderten Vorschlag übernommen.[1052] Der Begriff ist vielmehr flexibel gehalten,[1053] eben um der Vielzahl denkbarer Gestaltungen Herr zu werden, die vielleicht noch gar nicht bekannt waren, ja vielleicht noch gar nicht praktiziert wurden, als man den Verordnungstext schuf. So wollte man richtigerweise Offenheit für zukünftige Entwicklungen der Vermarktungstechniken bewahren.[1054]

432 bb) Gemeinsame Erklärung von Rat und Kommission. Rat und Kommision haben zu Art. 15 I lit. c EuGVVO eine Gemeinsame Erklärung abgegeben,[1055] deren Bedeutung viel diskutiert wurde.[1056] Auslegungserklärungen können jedoch nicht normativ binden.[1057] Sie

---

[1044] OGH JBl 2013, 675, 677; *Mankowski*, VuR 2006, 289, 293.
[1045] *Mankowski*, VuR 2006, 289, 293.
[1046] Dazu insbesondere *Øren*, (2003) 52 ICLQ 665, 673–692; *Markus*, ZZZ 2004, 181, 189–198; Mankowski, VuR 2006, 289; *ders.*, IPRax 2012, 144; *Gillies*, (2007) 3 JPrIL 89; *Farah*, (2008) 33 Eur. L. Rev. 257, 263–269.
Siehe auch *Motion*, [2001] CTLR 209.
[1047] *W.-H. Roth*, FS Hans Jürgen Sonnenberger, 2004, S. 591, 609.
[1048] *G. Rühl*, Statut und Effizienz, 2011, S. 583, 589; *Scraback*, GPR 2017, 234, 239 f.
[1049] *Scraback*, GPR 2017, 234, 237.
[1050] *Scraback*, GPR 2017, 234, 237.
[1051] Stellungnahme des Europäischen Parlaments zum Vorschlag der Kommission für eine Verordnung über die gerichtliche Zuständigkeit und die Anerkennung und Vollstreckung von Entscheidungen in Zivil- und Handelssachen, ABl. EG 2001 C 146/98 Änderungsvorschlag 37.
[1052] Siehe Geänderter Vorschlag der Kommission für eine Verordnung über die gerichtliche Zuständigkeit und die Anerkennung und Vollstreckung von Entscheidungen in Zivil- und Handelssachen, KOM (2000) 689 endg. S. 6.
[1053] *Mayr*, in: Czernich/Kodek/Mayr, Europäisches Gerichtsstands- und Vollstreckungsrecht, 4. Aufl. 2015, Art. 17 Brüssel Ia-VO Rn. 24.
[1054] Geänderter Vorschlag der Kommission für eine Verordnung über die gerichtlichen Zuständigkeit und die Anerkennung und Vollstreckung von Entscheidungen in Zivil- und Handelssachen, KOM (2000) 689 endg. S. 6.
[1055] Gemeinsame Erklärung des Rates und der Kommission zu den Artikeln 15 und 73, Anlage II zum Vermerk des Generalsekretariats des Rates der EU für den Ausschuss der Ständigen Vertreter im Rat vom 14.12.2000 in der korrigierten Fassung vom 20.12.2000 – 14139/00 und 14139/00 COR2(de)-JUSTCIV 137, abgedr. in: IPRax 2001, 259, 261 sub 1.
[1056] Siehe *Mankowski*, IPRax 2009, 238 f. und OLG Köln NZM 2010, 495, 496.
[1057] Siehe nur LG München I IPRspr. 2007 Nr. 143 S. 406; *Jayme/Kohler*, IPRax 2001, 501, 505; *v. Hein*, IPRax 2006, 16, 19; *Mankowski*, EWiR Art. 15 EuGVVO 1/08, 245 f.; *Pichler*, Internationale Zuständigkeit im Zeitalter globaler Vernetzung, 2008, Rn. 593; *Leible*, JZ 2010, 272, 276; Rauscher/*A. Staudinger* Art. 17 Brüssel Ia-VO Rn. 14.

VI. Verbraucherverträge 433–435 § 1

müssen im Rang noch weit unterhalb der Erwägungsgründe stehen, da sie ja nicht einmal in den Text des Rechtsakts integriert sind. Wenn die beteiligten Gesetzgebungsorgane etwas verbindlich festschreiben wollen, dann sollen sie dies gefälligst im normativen Teil des betreffenden Rechtsakts selber tun. Schon Erwägungsgründe binden nicht mehr. Dann gilt dies erst recht und umso mehr für bloße Begleiterklärungen. Erwägungsgrund (24) S. 4 Rom I-VO zitiert zwar jene Gemeinsame Erklärung, erhöht sie damit aber nur indirekt im Rang und erhebt sie nicht zu etwas Verbindlichem.[1058] Hinzu kommen bei der konkret in Rede stehenden Gemeinsamen Erklärung inhaltliche Fragwürdigkeiten, denn sie wollen mit Sprache und Währung gerade zwei Faktoren aus der Abwägung ausschließen, die bei unbefangener Betrachtung intuitiv in den Sinn kommen.[1059]

cc) Vertraglicher Selbstschutz des Unternehmers. (1) Grundsätzliches. Der Unternehmer zeigt, indem er einen Vertrag mit einem Verbraucher aus einem bestimmten Staat abschließt, ganz konkret, dass er gewillt ist, Verträge mit Verbrauchern aus diesem Staat abzuschließen.[1060] Er hat es getan, und er kann sich deshalb kaum darauf berufen, dass er es nicht täte. Venire contra factum prorpium darf keine Erfolg haben. Die Befürchtung, dass die bloße Zugänglichkeit einer Website bereits dem Recht am Verbraucheraufenthalt unterwerfe,[1061] ist für das Internationale Verbraucher*vertrags*recht unbegründet.[1062] **433**

Der Unternehmer kann eben auswählen, mit wem er abschließen will und mit wem nicht. Wer als Unternehmer nicht unkontrolliert für ihn fremdem Recht unterworfen sein will, greift zur Selbstkontrolle und prüft, woher Vertragsangebote kommen und wohin er liefern will. Ein rationaler Warenlieferant wird dies sowieso tun, um die Grenzen seines Vertriebsnetzes einzuhalten und sich nicht unrentabel hohe Transportkosten einzuhandeln.[1063] Außerdem wird er ein Interesse daran haben, Person und Identität seines Kunden zu kennen, um dessen Bonität überprüfen zu können.[1064] Dem stehen auch keine datenschutzrechtlichen Gründe entgegen, denn Namen und Anschrift eines Vertragspartners sind Daten, die zu erheben das Datenschutzrecht erlaubt, weil anderenfalls die Vertragserfüllung kaum möglich wäre.[1065] Der gesamte Ansatz setzt also erlaubt auf rechtsgeschäftlichen Selbstschutz,[1066] wie ihn kommerzielle Eigeninteressen des Unternehmers eh gebieten. **434**

Problemkonstellation könnte sein, dass der Kunde auf Anfrage, wo er denn ansässig sei, bewusst falsch antwortet und den Anbieter täuscht.[1067] Der Kunde mag zunächst bei einem elektronischen Vertragsschluss auch heute zugängliche technische Hilfsmittel (z. B. Virtual **435**

[1058] Wie hier *A. Staudinger/Steinrötter*, EWS 2011, 70, 73; *Posnow Wurm*, Tijdschrift@ipr.be 2011, 162, 180; ähnlich Rauscher/*A. Staudinger* Art. 17 Brüssel Ia-VO Rn. 14. Tendenziell anders *Kropholler/v. Hein*, Art. 15 EuGVO Rn. 25.

[1059] Magnus/Mankowski/*Wilderspin* Art. 6 Rome I Regulation Rn. 65.

[1060] *Mankowski*, EWiR Art. 15 EuGVVO 1/11, 111, 112; *S. Ernst*, ITRB 2011, 113, 114. GAin *Trstenjak*, Schlussanträge in den. C-585/08 u. C-144/09 vom 18.5.2010 Nr. 80 will immerhin in der Vergangenheit liegende Geschäfte berücksichtigen.

[1061] Siehe EuGH Slg. 2010, I-12527 Rn. 71 f. – P. Pammer/Reederei Karl Schlüter GmbH & Co. KG u. Hotel Alpenhof GesmbH/Oliver Heller.

[1062] Siehe nur EuGH Slg. 2009, I-3961 Rn. 51 – Renate Ilsinger/M. Dreschers als Insolvenzverwalter im Konkurs der Schlank & Schick GmbH; GAin *Trstenjak*, Schlussanträge in den. C-585/08 u. C-144/09 vom 18.5.2010 Nr. 54; *Berg*, RIW 2011, 248, 249; *Mankowski*, EWiR Art. 15 EuGVVO 1/11, 111, 112; *S. Ernst*, ITRB 2011, 113, 114; *Posnow Wurm*, Tijdschrift@ipr.be 2011, 162, 168.

[1063] *Mankowski*, MMR-Beil. 7/2000, 22, 26.

[1064] *Mankowski*, MMR-Beil. 7/2000, 22, 26.

[1065] *Mankowski*, MMR Beil. 7/2000, 22, 27 f. gegen *Spindler*, MMR 2000, 18, 21.

[1066] *Mankowski*, MMR-Beil. 7/2000, 22, 24–27; *ders.*, in: Studiengesellschaft für Wirtschaft und Recht (Hrsg.), Internet und Recht – Rechtsfragen von E-Commerce und E-Government, Wien 2002, S. 191, 213–219; *ders.*, in: R. Nielsen/Sandfeld Jacobsen/Trzaskowski (eds.), EU Electronic Commerce Law, København 2004, S. 125, 145–149; außerdem insbesondere Stellungnahme des Ausschusses für die Freiheiten und der Rechte der Bürger, Justiz und innere Angelegenheiten (Verfasserin: *Adeline Hazan*) vom 27.1.2000, abgedr. als Anlage, KOM (1999) 348 – C5–0169/1999 – 1999/0154 (CNS) S. 35, 38; *K. Sachse*, Der Verbrauchervertrag im Internationalen Privat- und Prozeßrecht, 2006, S. 259 f.; *J. Hill* Rn. 4.27.

Die eingehendste kritische Auseinandersetzung mit dem Selbstschutzansatz bietet *Pichler*, Internationale Zuständigkeit im Zeitalter globaler Vernetzung, 2008, Rn. 604–617.

[1067] *Spindler*, MMR 2000, 18, 22.

Private Networks, bei denen Software[1068] eine IP-Adresse aus einem anderen Staat als dem realen Aufenthaltsstaat des Verbrauchers durch Umleitung herstellt) einsetzen, um seine Ansässigkeit zu verschleiern. Jedoch besteht in aller Regel sachrechtlicher Schutz für den Anbieter über Art. 10 I Rom I-VO, wenn sich jene Täuschung später herausstellt.[1069] Der Kunde selber wird gemeinhin die Täuschung offenlegen, dass er in einem anderen als dem angegebenen Staat ansässig ist, und muss dies auch, um überhaupt Schutz reklamieren zu können, so dass auch die Beweislastverteilung nicht problematisch ist.[1070] Generell dürfte der böswillige Verbraucher, der einen hinterhalt für den armen Anbieter legt, ein interessengeleitetes Schreckgespenst sein, aufgebaut und aufgebauscht von der Unternehmenslobby.[1071]

436 (2) Geoblocking. Allerdings könnte das Argument vertraglichen Selbstschutzes aufgrund Ablehnungsmöglichkeit nicht gelten, soweit ein Bereich betroffen ist, in welchem den Anbieter ein Abschlusszwang trifft. Indes ist zuvor kollisionsrechtlich zu ermitteln, ob ein Abschlusszwang überhaupt besteht. Maßgeblich dafür ist nach dem bootstrap principle als allgemeinem Rechtsgedanken aus Art. 10 I Rom I-VO das prospektive Vertragsstatut, bei Rechtswahl überlagert durch Art. 6 II 2 Rom I-VO.

437 Das Argument vertraglichen Selbstschutzes aufgrund Ablehnungsmöglichkeit könnte kraft normativer Setzung insbesondere im Aufbau eines digitalen Binnenmarktes[1072] überspielt werden. Art. 1 VI 2 GeoblockingVO[1073] besagt, dass die Einhaltung dieser (geplanten) Verordnung nicht dahingehend ausgelegt werde, als richte der Anbieter seine Tätigkeit im Sinne von Art. 6 I lit. b Rom I-VO und Art. 17 I lit. c Brüssel Ia-VO auf den Mitgliedstaat aus, in welchem der Verbraucher seinen gewöhnlichen Aufenthalt habe. Das ist eigentlich ein Widerspruch zu Art. 1 VI 1 GeoblockingVO, demzufolge die geplante Verordnung Rechtsakte über die justizielle Zusammenarbeit nicht berühren solle. Im Lichte der Erfahrungen mit Art. 1 IV e-commerce-RL dürfte dieser Programmsatz aber keine reale Bedeutung haben,[1074] zumal S. 2 ersichtlich als überspielende Ausnahme zu S. 1 angelegt ist.

438 Die GeoblockingVO will den Unternehmern letztlich bestimmte Selbstschutzmechanismen untersagen und sie insoweit zwingen, mit Verbrauchern zumindest aus allen Mitgliedstaaten Verträge abzuschließen. Im Gegenzug sollen die solcherart in Verträge gezwungenen Verträge wenigstens nicht automatisch im Staat des Verbrauchers gerichtspflichtig und dem Recht des Verbrauchers unterworfen sein. Der Verzicht auf selbstschützendes Geoblocking soll nicht per se zum Ausrichten erstarken.[1075] Drop down-Menus statt bloßer Werbe- und Repräsentationsplattformen auf Websites könnten abhelfen.[1076]

439 Allerdings lässt sich gegen ein wirklich weitgehendes Verständnis der GeoblockingVO einwenden, dass Unternehmen „Diskriminierungen" nur für den Zugang zu Online-Schnittstellen (Art. 3), zu AGB (Art. 4) und Zahlungskonditionen (Art. 5) sowie bezüglich des so genannten „passiven Verkaufs", also C2B-Geschäften, (Art. 6) verboten werden. Art. 3 III GeoblockingVO, demzufolge Geoblocking gerechtfertigt ist, wenn es erforderlich ist, um die Erfüllung rechtlicher Verpflichtungen aufgrund von EU-Recht oder von im

---

[1068] „HideMyAss" ist ein Anbietername, der den verfolgten Zweck sehr gut erkennen lässt; *Mischke,* Wie spare ich Geld bei der Flugbuchung?, Die Zeit Nr. 15 vom 5.4.2018, S. 59.
[1069] *Mankowski,* RabelsZ 63 (1999), 203, 249 f.; *ders.,* MMR-Beil. 7/2000, 22, 26 f.
[1070] *Mankowski,* MMR Beil. 7/2000, 22, 27 gegen *Spindler,* MMR 2000, 18, 22.
[1071] Magnus/Mankowski/*Wilderspin* Art. 6 Rome I Regulation Rn. 56.
[1072] Gemäß Roadmap for Completing the Digital Single Market, COM (2016) 389 final; dazu z. B. *Safron,* wbl 2016, 417.
[1073] VO (EU) 2018/302 des Europäischen Parlaments und des Rates über Maßnahmen gegen ungerechtfertigtes Geoblocking und andere Formen der Diskriminierung aufgrund der Staatsangehörigkeit, des Wohnsitzes oder des Ortes der Niederlassung des Kunden innerhalb des Binnenmarkts sowie zur Änderung der Verordnungen (EG) Nr. 2006/2004 und (EU) 2017/2394 und der Richtlinie 2009/22/EG, Abl. EU 2018 L 60 I/1. Dazu z. B. *van Severen/Lievens,* DCCR 2018, 3; *D. P. Kuipers/van de Sanden,* NTER 2018, 11.
[1074] *v. Hein,* Geo-blocking and the conflict of laws: ships that pass in the night? (31.5.2016) <http://conflictoflaws.net/2016/geo-blocking-and-the-conflict-of-laws-ships-that-pass-in-the-night>.
[1075] *Peschel,* GPR 2016, 194, 198.
[1076] *Peschel,* GPR 2016, 194, 198.

VI. Verbraucherverträge 440–443 § 1

Einklang mit EU-Recht stehenden mitgliedstaatlichen Vorschriften zu gewährleisten, greift nur für den Zugang zu Online-Schnittstellen und dürfte sich kaum zu einem allgemeinen Ansatz ausbauen lassen.[1077] Inwieweit ein Geoblockingverbot mit Artt. 16; 17 GRCh vereinbar ist, wäre eine übergeordnete Frage.[1078]

Hervorzuheben ist zudem, dass sämtliche Verbote solcher „Diskriminierungen" nur innerhalb der Union und gegenüber Kunden bestehen. Kunden sind nach Art. 2 Nr. 13 GeoblockingVO aber nur Verbraucher mit Staatsangehörigkeit oder Wohnsitz bzw. Unternehmen mit Sitz oder Niederlassung in einem Mitgliedstaat, die Leistungen innerhalb der EU erwerben. 440

dd) Internetauftritte und Kategorien von Websites. (1) Kriterienkatalog. Der EuGH stellt eine Liste von Gesichtspunkten auf, die ihm geeignete Anhaltspunkte für ein „Ausrichten" von Websites scheinen: internationaler Charakter der Tätigkeit; Angabe von Anfahrtsbeschreibungen aus anderen Mitgliedstaaten; Verwendung einer anderen Sprache oder Währung als der am Niederlassungsort verwendeten mit Buchungsmöglichkeit in dieser Sprache; Angabe von Telefonnummern mit internationaler Vorwahl; Ausgaben für einen Internetreferenzierungsdienst, um Verbrauchern aus anderen Mitgliedstaaten den Zugang zu erleichtern; Verwendung einer anderen Top Level Domain als der für den Niederlassungsstaat üblichen; Erwähnung internationaler Kundschaft aus verschiedenen Mitgliedstaaten.[1079] Die bloße Zugänglichkeit der Website im Wohnsitzstaat des Verbrauchers dagegen ist nicht ausreichend, ebenso wenig die Angabe von Adressdaten oder die Verwendung der am Niederlassungsort üblichen Sprache oder Währung.[1080] 441

Mit dieser Liste legt der EuGH insbesondere die Grundlinien zur Einordnung von Websites fest. Dies trifft nicht nur abstrakt eine Grundsatzentscheidung gegen eine Schwarz/Weiß-Lösung,[1081] sondern bemüht sich auch um eine echte Handreichung für die Praxis.[1082] Nachgerade pädagogisch verzichtet der EuGH darauf, einzelne Kriterien mit einem spezifischen Gewicht zu versehen.[1083] Der aufgestellte Indizienkatalog ist sehr hilfreich. Andererseits ist er nicht abschließend.[1084] Kein einzelnes Indiz gibt dabei schon isoliert für sich den Ausschlag. Vielmehr geht es um ein Sammeln, um ein grouping of contacts, um die Bündelung von Indizien und eine wertende Gesamtschau.[1085] Der Wille zur unternehmerischen Betätigung (auch) in einem bestimmten Staat muss nicht nur existieren, sondern sich manifestieren.[1086] 442

Bei der Sprache einer Website steht dabei deren ausgrenzende Funktion im Vordergrund. Die Sprache soll dann Indiz sein, wenn sie nicht identisch ist mit derjenigen am Niederlassungsort des Anbieters. Begibt sich der Anbieter sprachlich auf fremdes Terrain, so begibt er sich indiziell auch rechtlich auf fremdes Terrain. Wer aber in Deutschland ansässig ist und eine englische Website unterhält, richtet sich nicht nur an Deutschland, son- 443

[1077] Tendenziell anders *Peschel,* GPR 2016, 194, 198.
[1078] *Peschel,* GPR 2016, 194, 198.
[1079] EuGH Slg. 2010, I-12527 Rn. 80 – P. Pammer/Reederei Karl Schlüter GmbH & Co. KG u. Hotel Alpenhof GesmbH/Oliver Heller; übernommen von BGH ZIP 2013, 1141 Rn. 22; BGH NJW 2015, 2339 Rn. 17; OGH ÖJZ 2015, 986, 987 f.; *Harkin v. Towpik* [2013] IEHC 351, [2014] 1 ILRM 51, 57–60 (H. C., Kearns J.).
[1080] EuGH Slg. 2010, I-12527 Rn. 80 – P. Pammer/Reederei Karl Schlüter GmbH & Co. KG u. Hotel Alpenhof GesmbH/Oliver Heller.
[1081] *A. Staudinger/Steinrötter,* EWS 2011, 70, 72.
[1082] *Sujecki,* K&R 2011, 181, 182 sowie *Wittwer,* ELR 2011, 2, 4; *Álvarez Armas/Dechamps,* Rev. eur. dr. consomm. 2011, 447, 452.
[1083] *Pancrazi,* D. 2011, 990, 992.
[1084] EuGH Slg. 2010, I-12527 Rn. 83 – P. Pammer/Reederei Karl Schlüter GmbH & Co. KG u. Hotel Alpenhof GesmbH/Oliver Heller; ebenso z. B. *Steennot,* Tijdschrift@ipr.be 2011, 152, 158; *A. Staudinger,* AnwBl 2011, 327, 328.
[1085] *D. Kluth,* Die Grenzen des kollisionsrechtlichen Verbraucherschutzes, 2009, S. 296; *Posnow Wurm,* Tijdschrift@ipr.be 2011, 162, 178; *Álvarez Armas/Dechamps,* Rev. eur. dr. consomm. 2011, 447, 452; *van Eecke,* European Court of Justice explains which court is competent to handle online consumer contract disputes (2011) <http://www.dlapiper.com/uk/publications/detail.aspx?pub=5580>.
[1086] *Adobati,* Dir. com. sc. int. 2010, 716, 717.

dern darüber hinaus, weil Englisch nicht die Sprache seines Heimatmarktes ist. Es bildet ein Indiz für eine weltweite Ausrichtung einer Website, wenn ein nicht im englischsprachigen Raum ansässiger Anbieter sein Angebot auf Englisch gestaltet.[1087] Das Englische ist universell verbreitet und daher als einschränkendes Kriterium untauglich.[1088] In Deutschland spricht man mit einer Werbung in Englisch die auch zahlenmäßig erheblichen Verkehrskreise an, die Englisch können.[1089] Allerdings kann es sich anders verhalten, wenn das englischsprachige Angebot nur eines von alternativ zur Auswahl stehenden Angeboten in verschiedenen Sprachen ist, also z. B. der User bei einer Internet-Website zwischen einer deutschen und einer englischen Version wählen kann.[1090]

444 Sodann können die angegebenen Zahlungs- und Versandmodalitäten Bedeutung haben. Eine Aufforderung zur Zahlung in britischen Pfund (£ oder GB£ oder GBP) z. B. richtet sich vorwiegend an Kunden in Großbritannien. Zu einer Einschränkung vermag die Währung indes bei Websites kaum zu führen. Erstens wird bei Käufen über das Internet häufig Zahlung per Kreditkarte, daneben auch über elektronische Bezahlsysteme (z. B. PayPal oder Adyen) möglich sein. Diese Zahlungsarten sind international verbreitet und lassen keinen Rückschluss auf bestimmte nationale Märkte zu.[1091] Zweitens ist die Zahlungswährung innerhalb Europas bei Euro als Zahlungswährung kein echtes Abgrenzungskriterium.[1092] Die Währung wird umso eher zum Indiz, wenn sie nicht mit der Heimatwährung des Anbieters übereinstimmt.

445 Ausdrücklich benannte Aufschläge für die Lieferung in bestimmte Zonen, Regionen oder Staaten indizieren, dass die Werbemaßnahme zumindest auch auf jene Staaten ausgerichtet ist.[1093] Eine real fehlende Bezugsmöglichkeit zeigt umgekehrt vergleichsweise deutlich, dass der betreffende Markt nicht anvisiert wird.[1094]

446 Eine Bestimmung und eventuelle Begrenzung der Angebotsreichweite lässt sich gegebenenfalls auch auf den Charakter der beworbenen Leistung stützen.[1095] Freilich lassen sich auch insoweit nur Faustformeln und Leitlinien aufstellen, und Differenzierung im Einzelfall ist geboten. Das Internet-Angebot eines einfacheren Restaurants z. B. wird in der Regel nur die lokale Gemeinschaft, nicht die cyber-community insgesamt interessieren,[1096] ebenso dasjenige eines lokalen Kinos.[1097] Dies gilt erst recht für Pizzabringservices.[1098] Indes lassen sich auch andere Beispiele denken, z. B. Sternerestaurants, die natürlich auch Gäste aus dem

---

[1087] Siehe nur *Mankowski*, GRUR Int. 1999, 909, 917; MüKoUWG/*Mankowski* IntWettR Rn. 183; *Klinger*, Werbung im Internet und Internationales Wettbewerbsrecht: Rechtsfragen und Rechtstatsachen, 2006, S. 309.

[1088] Siehe nur *Mankowski*, GRUR Int. 1999, 909, 917; *R. H. Weber*, E-Commerce und Recht, 2001, S. 55; *Kieninger*, in: Leible (Hrsg.), Die Bedeutung des Internationalen Privatrechts im Zeitalter der neuen Medien, 2003, S. 121, 128; *Pichler*, Internationale Zuständigkeit im Zeitalter globaler Vernetzung, 2008, Rn. 597.

[1089] *S. Ernst*, NJW-CoR 1999, 302, 303.

[1090] *Kotthoff*, CR 1997, 676, 682; *Kloos*, CR 1999, 46 f.; *Mankowski*, GRUR Int. 1999, 909, 917.

[1091] Siehe nur *Mankowski* GRUR Int. 1999, 909, 918; MüKoUWG/*Mankowski* IntWettR Rn. 188; *Glöckner*, ZVglRWiss 99 (2000), 278, 297; *Kieninger*, in: Leible (Hrsg.), Die Bedeutung des Internationalen Privatrechts im Zeitalter der neuen Medien, 2003, S. 121, 128 f.; *Pichler*, Internationale Zuständigkeit im Zeitalter globaler Vernetzung, 2008, Rn. 598.

[1092] *Mankowski*, RabelsZ 63 (1999), 203, 247; *Schibli*, Multistate-Werbung im internationalen Lauterkeitsrecht, 2004, Rn. 602; *Pichler*, Internationale Zuständigkeit im Zeitalter globaler Vernetzung, 2008, Rn. 598; *Kropholler/v. Hein* Art. 15 EuGVO Rn. 24.

[1093] *Höder*, Die kollisionsrechtliche Behandlung unteilbarer Multistate-Verstöße, 2002, S. 76; MüKoUWG/*Mankowski* IntWettbR Rn. 190; *Schirmbacher/Bühlmann*, ITRB 2010, 188, 189.

[1094] *Dethloff*, Europäisierung des Wettbewerbsrechts, 2001, S. 91; *Höder*, Die kollisionsrechtliche Behandlung unteilbarer Multistate-Verstöße, 2002 S. 76; MüKoUWG/*Mankowski* IntWettbR Rn. 191 sowie *Steennot*, Tijdschrift@ipr.be 2011, 152, 160.

[1095] EuGH Slg. 2010, I-12527 Rn. 83 – P. Pammer/Reederei Karl Schlüter GmbH & Co. KG u. Hotel Alpenhof GesmbH/Oliver Heller; zuvor insbesondere *Mankowski*, GRUR Int. 1999, 909, 919; *ders.*, CR 2000, 763, 766 f.; MüKoUWG/*Mankowski* IntWettR Rn. 194 mwN; *Höder*, Die kollisionsrechtliche Behandlung unteilbarer Multistate-Verstöße, 2002, S. 74 f.

[1096] Vgl. *Bensusan Restaurant Corp. v. King* 937 F. Supp. 295 (S. D. N. Y. 1996), aff'd 126 F. 3d 25 (2d Cir. 1997).

[1097] *Wegner*, CR 1998, 676, 681 (Beispiel mit lokalem Kino in einer japanischen Stadt).

[1098] Beispiel bei Harte-Bavendamm/Henning-Bodewig/*Glöckner*, UWG, 4. Aufl. 2016, Einl. C Rn. 90.

VI. Verbraucherverträge   447–451 § 1

Ausland haben wollen, oder Restaurants, die sich auf der Auslandswerbungswebsite des lokalen Tourismusverbandes präsentieren. Effektiv beschränkend wirkt die Art der beworbenen Leistung, wenn diese Leistung sinnvoll nur unter bestimmten geographischen oder klimatischen Bedingungen verwendet werden kann.[1099] Ist die beworbene Leistung dagegen weltweit einsetzbar, so ergibt sich daraus keine Einschränkung.[1100] Entscheidend ist letztlich nicht die Lokalisierung des Leistungs- und Interessenobjekts, sondern jene des potenziellen Interessenten.[1101]

Prohibitiv hohe Transportkosten für einen internationalen Transport der Ware sprechen 447
ebenfalls für eine nur auf die engere regionale Umgebung des Anbietersitzes ausgerichtete Bewerbung.[1102] Lässt sich der Leistungsgegenstand dagegen online übermitteln, so gehen die „Transportkosten" gegen Null und bilden daher kein eingrenzendes Kriterium.[1103]

Werden auf der Website Telefonnummern (oder Faxnummern) mit internationaler Vor- 448
wahl angegeben, so ist dies ein deutliches Zeichen, dass der Anbieter über seinen Sitzstaat hinaus greifen will.

Indem ein Anbieter eine andere Top-Level Domain (TLD) für seine Website wählt als 449
die nationale ccTLD[1104] seines Sitzstaates, indiziert er, dass sein WWW-Angebot nicht auf seinen Sitzstaat beschränkt sein soll. Dies gilt natürlich in besonderem Maße, wenn der Unternehmer mit einer Website unter der ccTLD des Verbraucherstaates operiert.[1105] .com und .eu unter den „internationalen" Angaben einzuordnen[1106] ist konsequent, denn sie sind keine nationalen. Diesen kann man, sofern kommerzielle Unternehmen sie verwenden, auch .net und .org zugesellen, weil sie gleichermaßen nicht auf einen bestimmten Staat bezogen sind.[1107] Wer neutrale gTLDs[1108] verwendet, geht gemeinhin über die Grenzen seines Sitzstaates hinaus.

Indizcharakter hat auch die Marktbedeutung des werbenden Unternehmens. Je gewich- 450
tiger das Unternehmen ist, desto stärker ist die Vermutung, dass es weltweit oder zumindest auf allen wichtigeren Märkten eines Kontinents tätig sein will.[1109] Dem steht der Zuschnitt des Unternehmens nahe. Ein bisher ausschließlich lokal tätiges Unternehmen mit Lager und Lieferservice nur in die Umgebung wird auch bei Werbung in einem global empfangbaren Medium selten weltweit tätig werden wollen, während dies bei einem global tätigen Unternehmen ohne Lager, mit Lieferung on demand oder einem international tätigen Direktvertrieb anders aussieht.[1110]

Bedeutung kann des Weiteren die Ausgestaltung der Werbemaßnahme haben. Z. B. kön- 451
nen Personen auftreten, die nur in bestimmten Ländern bekannt sind.[1111] Die Ausrichtung

---

[1099] Siehe *Mankowski*, EWiR § 1 UWG 7/99, 471, 472 sowie OLG Frankfurt K&R 1999, 138 mAnm *Kotthoff*.
[1100] OLG Frankfurt K&R 1999, 138 mAnm *Kotthoff*; auch *Rüßmann* K&R 1998, 422, 424; *Mankowski* EWiR § 1 UWG 7/99, 471, 472.
[1101] BGH WM 2017, 565 Rn. 35; *Mankowski*, IPRax 2012, 144, 151.
[1102] *Mankowski*, GRUR Int. 1999, 909, 918; MüKoUWG/*Mankowski* IntWettR Rn. 196 sowie *Schibli*, Multistate-Werbung im internationalen Lauterkeitsrecht, 2004, Rn. 581 f.; *Klinger*, Werbung im Internet und Internationales Wettbewerbsrecht: Rechtsfragen und Rechtstatsachen, 2006, S. 310.
[1103] *Mankowski*, GRUR Int. 1999, 909, 918 sowie *Klinger*, Werbung im Internet und Internationales Wettbewerbsrecht: Rechtsfragen und Rechtstatsachen, 2006, S. 310 f.
[1104] Country-Code TLD.
[1105] *Tang*, Electronic Consumer Contracts in the Conflict of Laws, 2. Aufl. 2015, S. 54; *Clausnitzer*, EuZW 2010, 374, 377.
[1106] Dafür EuGH Slg. 2010, I-12527 Rn. 83 – P. Pammer/Reederei Karl Schlüter GmbH & Co. KG u. Hotel Alpenhof GesmbH/Oliver Heller; GAin *Trstenjak*, ECLI:EU:C:2010:273 Nr. 86. Dagegen *Borges*, Verträge im elektronischen Geschäftsverkehr, 2003, S. 719.
[1107] GAin *Trstenjak*, ECLI:EU:C:2010:273 Nr. 86.
[1108] Generic TLD.
[1109] *Mankowski*, GRUR Int. 1999, 909, 918; MüKoUWG/*Mankowski* IntWettR Rn. 193.
[1110] Siehe nur *Mankowski*, GRUR Int. 1999, 909, 918; MüKoUWG/*Mankowski* IntWettR Rn. 193; Naskret, Das Verhältnis zwischen Herkunftslandprinzip und Internationalem Privatrecht in der Richtlinie zum elektronischen Geschäftsverkehr, 2003, S. 195.
[1111] LG Köln MMR 2002, 60 – budweiser.com mAnm *Mankowski* = CR 2002, 58, 59 mAnm *Cichon*.

der Werbemaßnahme auf diese bestimmten Länder ist dann indiziert. Allerdings ist bei bekannten Persönlichkeiten aus dem Bereich des Films oder Showbusiness Vorsicht geboten hinsichtlich einer ausgrenzenden Wirkung. Bei Sportlern ist gegebenenfalls eine Differenzierung zwischen der Allgemeinheit und demjenigen Teil des Publikums anzuraten, der sich spezifisch für diese Sportart interessiert.[1112]

452 (2) Keine Differenzierung nach Kategorie der Website. Richtigerweise ist bei Internetauftritten nicht nach verschiedenen Kategorien von Websites zu differenzieren.[1113] Aktive in Abgrenzung zu passiven Websites und vielleicht noch interaktive Websites waren die gebräuchlichsten Kategorien. Die Abgrenzung war schon auf der abstrakten Ebene nie klar, und die Subsumtion im Einzelfall war mangels wirklich eindeutiger Kriterien bestenfalls Argumentationssache. Insbesondere die Grenze zwischen bloßer Abrufbarkeit und quasi-passiver Ausrichtung war zweifelhaft.[1114] Schließlich ist auch eine so genannte „passive" Website ad incertas personas gerichtet[1115] und soll Geschäft attrahieren.

453 Man darf (such-)technische „Aktivität" des Verbrauchers nicht mit kommerzieller Aktivität verwechseln und vermengen.[1116] Zudem ist selbst eine – wie auch immer definierte – „passive" Website ein Werbemittel.[1117] Die „ausgerichtete Tätigkeit" des Unternehmers aber ersetzt funktionell die „Werbung" des Art. 13 I lit. a EuGVÜ, soll den Verbraucherschutz verbessern[1118] und muss deshalb mindestens erfassen, was zuvor „Werbung" war.[1119] Unterschiedliche Behandlung einzelner Werbemedien und Privilegierung von Internetaktivitäten gegenüber hergebrachter Werbung in klassischen Medien entbehrte jeder Rechtfertigung.[1120] „Ausrichten" darf nicht technikspezifisch verstanden werden, sonst drohte es mit einer Fortentwicklung der Marketingmedien nicht Schritt zu halten, sondern muss sich an der kommerziellen Marketingfunktion orientieren.[1121] Ausrichten „in irgendeiner Weise" ist seinem Wortlaut und seiner Tendenz nach eher weit angelegt.[1122]

454 (3) Disclaimer. Ausdrückliche Benennungen der anvisierten Zielgebiete durch den Anbieter, insbesondere die so genannten Disclaimer, haben zwar keine Bedeutung als subjektive Anknüpfung. Sie können aber Indizien im Rahmen der objektiven Anknüpfung sein: Sie können indizieren, auf welche räumlichen Märkte der Anbieter seine Werbemaßnahme objektiv ausgerichtet hat und auf welche nicht.[1123] Dafür müssen sie hinreichend klar und eindeutig formuliert sein.[1124]

[1112] *Mankowski*, MMR 2002, 61, 62; MüKoUWG/*Mankowski* IntWettR Rn. 200.

[1113] *M. Roth/Reith*, ecolex 2011, 406, 409; *A. Staudinger*, AnwBl 2011, 327, 329; *Álvarez Armas/Dechamps*, Rev. eur. dr. consomm. 2011, 447, 451. Anders wohl *Berg*, RIW 2011, 248, 249; *Kropholler/v. Hein* Art. 15 EuGVO Rn. 24.

[1114] Siehe nur *Rauscher/Pabst*, GPR 2011, 41, 44 sowie *Renna*, Die Durchsetzung des anwaltlichen Honoraranspruchs im europäischen Rechtsverkehr, 2010, S. 211–213; *Steiner/Wasserer*, ÖBA 2011, 30, 32 f.

[1115] Treffend *A. Staudinger/Czaplinski*, NZM 2010, 461, 463.

[1116] *Mankowski*, IPRax 2009, 238, 240 mwN.

[1117] Siehe nur *Schrammen*, Grenzüberschreitende Verträge im Internet, 2005, S. 90 f.; *D. Kluth*, Die Grenzen des kollisionsrechtlichen Verbraucherschutzes, 2009, S. 298; *Sujecki*, EWS 2010, 360, 365 mwN; *dens.*, K&R 2011, 181, 182.

[1118] Siehe nur EuGH Slg. 2009, I-3961, I-4015 Rn. 50 – Renate Ilsinger/M. Dreschers als Insolvenzverwalter im Konkurs der Schlank & Schick GmbH; GAin *Trstenjak*, Slg. 2009, I-3964, I-3979 Nr. 37.

[1119] BGHZ 167, 83; OGH ÖBA 2010, 185, 186; OGH JBl 2013, 675, 676 f.; *Mankowski*, IPRax 2009, 238 (238).

[1120] Siehe nur *Mankowski*, IPRax 2009, 238, 241 f.; Rauscher/*A. Staudinger* Art. 17 Brüssel Ia-VO Rn. 14.

[1121] *Mankowski*, IPRax 2009, 238, 239.

[1122] *Specovius*, Verbraucherschutz bei einer Rechtswahl im E-Commerce, 2011, S. 56.

[1123] OLG Frankfurt MMR 2001, 751, 752 – DocMorris mAnm *Mankowski*; KG GRUR Int. 2002, 448, 449 f. – Knoblauch Kapseln; LG Frankfurt/M. NJW-RR 2002, 336, 337; LG Frankfurt/M. CR 2002, 222 – Index Spamming mAnm *Dieselhorst*; *Kotthoff*, K&R 1999, 139; *Mankowski*, EWiR § 1 UWG 7/99, 471, 472; *S. Ernst*, NJW-CoR 1999, 302, 303 *Tang*, Electronic Consumer Contracts in the Conflict of Laws, 2. Aufl. 2015, S. 57 f.; *A. Staudinger/Steinrötter*, EWS 2011, 70, 72.

[1124] Vgl. LG Frankfurt/M. NJW-RR 2002, 336, 337; LG Frankfurt/M. CR 2002, 222, 223 – Index Spamming mAnm *Dieselhorst*.

VI. Verbraucherverträge   455–458   § 1

Der Anbieter muss sich an seine Disclaimer aber auch halten und darf seine Leistungen   455
nur an Empfänger in den von ihm benannten Zielgebieten erbringen.[1125] Ein vom Anbieter
selber nicht beachteter Disclaimer ist unbeachtlich.[1126] Er wird zur verwirkten Schutzbehauptung, zur unbeachtlichen protestatio facto contraria.[1127] Den Disclaimer widerlegt zumindest eine Mehrzahl von Vertragsabschlüssen (Absatzhandlungen) mit Kunden aus einem angeblich ausgeschlossenen Gebiet. Man kann sich nicht per einfacher Behauptung aus der rechtlichen Verantwortung stehlen.[1128] Bei einem Widerspruch zwischen (angeblicher) subjektiver Zielrichtung seitens des Anbieters und objektiver Ausrichtung setzt sich die objektive Lage durch.[1129]

ee) Beweislast. Die Beweislast für die Tatbestandsmerkmale des situativen Anwendungsbe-   456
reichs trifft den Verbraucher, denn es ist dem Verbraucher günstig, wenn das Internationale
Verbraucherschutzrecht anwendbar ist.[1130] Um dem zu genügen, wäre z.B. ein Screenshot
von einer Website, wie sie zum Zeitpunkt ausgesehen hat, da der Verbraucher sie aufsuchte,
ausgesprochen hilfreich. Screenshots späterer Fassungen oder spätere Abrufe (etwa im Wege
der Augenscheinseinnahme durch ein Gericht) können indizielle Bedeutung haben.[1131]

b) Kein Erfordernis des Abschlusses spezifisch im Fernabsatz. Es ist nicht nötig, dass der Ver-   457
tragsabschluss spezifisch im Fernabsatz erfolgt.[1132] Davon sagt Art. 6 I lit. b Rom I-VO mit
Recht nichts, und deshalb ist ein solches Erfordernis auch nicht in ihn hineinzulesen.[1133]
Zudem zeigt der Kontrast zur Formulierung ursprünglich des Art. 2 Nr. 1 FernabsatzRL
(RL 97/7/EG) und heute des Art. 2 Nr. 7 VerbraucherrechteRL (RL 2011/83/EU), dass
keine Beschränkung auf Fernabsatz gewollt war. Aus Erwägungsgrund (24) S. 3 Rom I-VO
ist nichts Gegenteiliges zu entnehmen, will man nicht entgegen der Generaltendenz Rückschritte machen.[1134]

Ein Kriterium, dass für Art. 6 I lit. b Rom I-VO der Vertragsabschluss ausgerechnet im   458
Fernabsatz erfolgt sein müsste, würde eine nicht zu rechtfertigende Schlechterstellung persönlich vor Ort abschließender Kunden begründen.[1135] Es würde einerseits Internetwer-

---

[1125] Siehe nur BGH 30.3.2006, GRUR 2006, 513, 515 – Arzneimittelwerbung im Internet = GRUR Int. 2006, 605m. zust. Anm. *Mankowski;* OLG Frankfurt 31.5.2001, MMR 2001, 751, 752 – DocMorris mAnm *Mankowski;* KG 20.12.2001, GRUR Int. 2002, 448, 449f. – Knoblauch Kapseln; *Mankowski,* GRUR Int. 1999, 909, 919f.; dens., CR 2000, 763, 764f.; dens., MMR 2001, 754, 756; *J. Schmittmann,* Werbung im Internet, 2003, S. 41f.; *Kieninger,* in: Leible (Hrsg.), Die Bedeutung des Internationalen Privatrechts im Zeitalter der neuen Medien, 2003, S. 121, 128; *Schibli,* Multistate-Werbung im internationalen Lauterkeitsrecht, 2004, Rn. 603; *Berg,* RIW 2011, 248, 250.
[1126] Siehe nur BGH GRUR 2006, 513, 515 – Arzneimittelwerbung im Internet = GRUR Int. 2006, 605m. zust. Anm. *Mankowski;* OGH ÖBl 2003, 31, 32 – Boss-Zigaretten IV; *Steennot,* Tijdschrift@ipr.be 2011, 152, 161; *Posnow Wurm,* Tijdschrift@ipr.be 2011, 162, 173.
[1127] Siehe nur OLG Frankfurt MMR 2001, 751, 752; *Mankowski,* EWiR § 1 UWG 7/99, 471, 472; dens., GRUR Int. 1999, 909, 920; dens., CR 2000, 763, 767; *Schack* MMR 2000, 135, 138; *J. Schmittmann,* Werbung im Internet, 2003, S. 41f.; *Morshäuser,* Internet-Werbung im europäischen Binnenmarkt, 2003, S. 45f.; *Naskret,* Das Verhältnis zwischen Herkunftslandprinzip und Internationalem Privatrecht in der Richtlinie zum elektronischen Geschäftsverkehr, 2003, S. 194; *K. Sachse,* Der Verbrauchervertrag im Internationalen Privat- und Prozeßrecht, 2006, S. 260; *Pichler,* Internationale Zuständigkeit im Zeitalter globaler Vernetzung, 2008, Rn. 600.
[1128] *Mankowski,* MMR 2001, 754, 756.
[1129] *Dieselhorst,* CR 2002, 224, 225.
[1130] *Calvo Caravaca/Carrascosa González,* Conflictos e leyes y conflictos de jurisdicción en Internet, 2001, S. 97; *Lopez-Tarruella Martinez,* Contratos internacionales de Software, 2006, S. 349; ders., Rev. eur. dr. consomm. 2007–2008, 345, 353; *Mankowski,* IPRax 2009, 474, 480.
[1131] *Mankowski,* IPRax 2009, 474, 480.
[1132] EuGH ECLI:EU:C:2012:542 Rn. 35–45 – Daniela Mühlleitner/Ahmad Yusufi u. Wadat Yusufi (dazu *Knöfel,* EWiR Art. 15 EuGVVO 3/12, 695; *Schirmbacher,* BB 2012, 2844); EuGH ECLI:EU:C:2013:666 Rn. 19 – Lokman Emrek/Vlado Sabranovic; GA *Cruz Villalón,* ECLI:EU:C:2013:494 Rn. 12; BGH RIW 2013, 563, 565; BGH MDR 2014, 918 Rn. 13; *A. Staudinger/Steinrötter,* NJW 2012, 3227; *Kieninger,* FS Magnus, 2014, S. 449, 453. AA OLG Köln NZM 2010, 495, 496; *von Hein,* JZ 2011, 954, 957.
[1133] EuGH ECLI:EU:C:2012:542 Rn. 33 – Daniela Mühlleitner/Ahmad Yusufi u. Wadat Yusufi.
[1134] *Wilke,* ZIP 2015, 2306, 2309.
[1135] *Mankowski,* ZvglRWiss 105 (2006), 120, 132f.; *Ragno,* in: Franco Ferrari/S. Leible (eds.), The Rome I Regulation, 2009, S. 129, 147f.; *A. Staudinger/Steinrötter,* EWS 2011, 70, 74.

111

bung gegenüber der teureren Werbung in herkömmlichen Medien bevorzugen und andererseits Verbraucher in Grenzgebieten schlechter behandeln.[1136] Der unzutreffende Gedanke, dass ein solches Kriterium existieren könnte, konnte nur aufkommen, weil die Fokussierung der Diskussion um Art. 15 I lit. c EuGVVO auf Internetsachverhalte okkupierte und blockierte.[1137] Der Verbraucherschutz als überragendes Ziel des Art. 6 Rom I-VO würde durch ein so stark einschränkendes Kriterium ungerechtfertigt vermindert, weil ihm wesentliche Fallgruppen entzogen würden.[1138] Fernabsatz als striktes, allgemeines Kriterium einzuführen wäre eine ungerechtfertigte, ja zweckwidrige Reduktion.[1139] Indes kann Fernabsatz indizierendes Moment beim Ausfüllen des Tatbestandsmerkmals „Ausrichten" sein,[1140] aber eben nur indizierend, einer Abwägung unterworfen und damit in der Wirkung abgeschwächt.

459   *c) Keine Beschränkung auf den Sitzstaat des Unternehmers vs. Ausrichtung auf den Verbraucherstaat.* Internationales Verbraucherschutzrecht verlangt die Ausrichtung auf den Verbraucherstaat. Ihm kommt es also gleichsam auf die *Immission* an, auf das Ziel. Insoweit besteht ein *positives* Erfordernis. Im Katalog des EuGH finden sich dagegen manche Kriterien, die darauf abstellen, dass eine Maßnahme nicht auf den Sitzstaat des Unternehmers beschränkt ist. Insoweit scheint es also gleichsam auf die *Emission* anzukommen. Insoweit scheint man mit *negativen* Kriterien zu arbeiten.

460   Nicht alles, was über den Sitzstaat des Unternehmers herausgeht, ist quasi-automatisch (auch) auf einen bestimmten Verbraucherstaat ausgerichtet. Was ein in Deutschland ansässiges Unternehmen auch auf die Schweiz und Österreich ausrichtet, ist nicht zugleich automatisch auch auf Frankreich oder Italien ausgerichtet. Eine französischsprachige Website eines in Italien ansässigen Unternehmens ist zwar nicht auf Italien beschränkt, aber es bedarf doch einiger Argumentationsleistung und im Zweifel weiterer Anhaltspunkte, um sie als (auch) auf Deutschland ausgerichtet anzusehen.

461   Daraus ergibt sich jedoch bereits der Lösungsansatz: Fehlende Beschränkung auf den Ausgangsstaat ist nur der Ausgangspunkt. Sie allein vermag die Ausrichtung auf einen bestimmten anderen Staat nicht zu tragen. Eine Ausrichtung präzise nur und allein auf einen bestimmten Staat ist aber gar nicht das maßgebliche Kriterium; maßgeblich ist vielmehr, ob die Ausrichtung *auch* auf einen konkreten Staat erfolgt. Der Zielstaat muss keineswegs der einzige Zielstaat sein, sondern kann einer unter mehreren sein. Exklusive oder schwerpunktmäßige Ausrichtung ist nicht verlangt,[1141] Miterfassung ausreichend. Ein Staat ist nicht miterfasst, wenn er eindeutig ausgegrenzt ist; ansonsten ist er im Prinzip einbezogen. Wenn aber die Ausrichtung quasi global ohne weitere Einschränkung ist, dann sind alle Staaten einschließlich des Verbraucherstaats angesprochen. Eine belegte grenzüberschreitende, also internationale Ausrichtung begründet zugleich eine widerlegliche Vermutung, dass eine Ausrichtung auch auf den konkreten Verbraucherstaat erfolgt.[1142]

462   *d) Auf Touristen abzielende Marketingstrategien in Touristengebieten.* Es bleiben indes Problemzonen. Deren wichtigste ist die gezielte Ansprache von Touristen aus bestimmten Staaten in ihren Urlaubsländern.[1143] Ein Beispiel ist die Zuführung deutscher Kreuzfahrttouristen an Teppichhändler in türkischen Basaren. Deutschsprachige Angebote und

---

[1136] *A. Staudinger/Steinrötter*, EWS 2011, 70, 74.
[1137] Vgl. *Camussi*, Dir. com. sc. int. 2013, 127, 141.
[1138] *Sinay-Cytermann*, RCDIP 102 (2013), 491, 499 f.
[1139] Siehe EuGH ECLI:EU:C:2012:452 Rn. 42 – Daniela Mühlleitner/Ahmad Yusufi u. Wadat Yusufi.
[1140] EuGH ECLI:EU:C:2012:452 Rn. 44 – Daniela Mühlleitner/Ahmad Yusufi u. Wadat Yusufi.
[1141] Siehe nur *Tang*, Electronic Consumer Contracts in the Conflict of Laws, 2009, S. 51.
[1142] Dahin tendenziell Magnus/*Mankowski*/*Wilderspin* Art. 6 Rome I Regulation Rn. 70.
Anders aber *Mary-Rose Harkin v. Edward Towpik* [2013] IEHC 351, [2014] ILRM 51 (High Ct. Ireland, *Kearns* P.).
[1143] Näher *Mankowski*, FS Tuğrul Ansay, 2006, S. 189, 200–202; siehe auch *Mankowski*, ZvglRWiss 105 (2006), 120, 140 f.; *Kieninger*, EuZ 2007, 22, 26; *Solomon*, in: Leible/Ferrari (Hrsg.), Ein neues Internationales Vertragsrecht für Europa, 2007, S. 89, 106.

VI. Verbraucherverträge

deutschsprachige Verträge indizieren insoweit klar, dass der Anbieter seine Tätigkeit zumindest auch auf Touristen aus Deutschland ausgerichtet hat.[1144] Der Anbieter blickt auf Deutschland, weil dort seine potenziellen Kunden herkommen. Insofern ist es zu pauschal, wenn vom Verbraucher auf Auslandsreisen geschlossene Verträge schlechterdings ausgegrenzt würden.[1145] Das in Art. 5 I EVÜ noch enthaltene Erfordernis, dass der Verbraucher seine Vertragserklärung in seinem Wohnsitzstaat habe abgeben müssen, ist gerade deshalb entfallen, um jede unternehmerseitige Manipulation zu vermeiden, dass der Verbraucher veranlasst würde, ausgerechnet zum Vertragsabschluss seinen Wohnsitzstaat zu verlassen.[1146]

Zudem liegt bei den beschriebenen Vertriebsmethoden eine Sondersituation vor: Die fremdsprachigen Angebote sind eigentlich nicht auf den Vertragsabschlussmarkt in der Türkei ausgerichtet. Von der Marktgegenseite in dem Staat, in dem sich der Vertrag angebahnt wird, trennt das Angebot eine Sprachbarriere. Der Sprache und der Aufmachung nach ist das Angebot gezielt auf Touristen ausgerichtet. Eine lokale Anbindung findet nicht statt, man lässt den absatzgerichteten Blick auf ferne Länder schweifen. Die Touristen sind eine atypische Marktgegenseite, die aber gezielt angesprochen wird. Lokalisierung und Marktausrichtung fallen schon nach der Vertriebsstrategie auseinander.[1147] Orientierungsmerkmal bleibt die Vertriebsstrategie des Unternehmers.[1148]

e) Kausalität zwischen ausgerichteter Tätigkeit und Vertragsschluss. Zwischen der (auch) auf den Verbraucherstaat ausgerichteten Tätigkeit des Unternehmers und dem Abschluss des konkreten Vertrags muss Kausalität bestehen.[1149] Das ergibt sich aus Erwägungsgrund (25) Rom I-VO:[1150] „Die Verbraucher sollten dann durch Regelungen des Staates ihres gewöhnlichen Aufenthalts geschützt werden, von denen nicht durch Vereinbarung abgewichen werden kann, wenn der Vertragsschluss darauf zurückzuführen ist, dass der Unternehmer in diesem bestimmten Staat eine berufliche oder gewerbliche Tätigkeit ausübt. Der gleiche Schutz sollte gewährleistet sein, wenn ein Unternehmer zwar keine beruflichen oder gewerblichen Tätigkeiten in dem Staat, in dem der Verbraucher seinen gewöhnlichen Aufenthalt hat, ausübt, seine Tätigkeiten aber – unabhängig von der Art und Weise, in der dies geschieht – auf diesen Staat oder auf mehrere Staaten, einschließlich dieses Staates, ausrichtet *und der Vertragsschluss auf solche Tätigkeiten zurückzuführen ist*."[1151] Noch deutlicher ist die englische Fassung:[1152] „as the result of such activities".

Dieses Postulat ist verankert im gern übersehenen letzten Tatbestandsmerkmal des Art. 6 I Rom I-VO, dass der Vertrag in den Bereich der ausgerichteten Tätigkeit fallen muss.[1153]

[1144] LG Tübingen NJW 2005, 1513, 1514.
[1145] So aber *C. Berger*, in: Bauknecht (Hrsg.), Informatik 2001, 2001, S. 1002, 1005; *Schlosser*, in: Schlosser/Hess, EuZPR, 4. Aufl. 2015, Art. 17 EuGVO Rn. 8a.
[1146] Begründung der EG-Kommission zum Entwurf einer Verordnung über die gerichtliche Zuständigkeit und die Anerkennung und Vollstreckung von Entscheidungen in Zivil- und Handelssachen, KOM (1999) 348 endg. S. 17 = BR-Drs. 534/99, 16; *Micklitz/Rott*, EuZW 2001, 325, 331; *Kropholler/v. Hein* Art. 15 EuGVVO Rn. 27; *Mankowski*, RIW 2005, 561, 570 f.
[1147] *Mankowski*, RIW 2005, 561, 571.
[1148] Siehe nur *W.-H. Roth*, FS Hans Jürgen Sonnenberger, 2004, S. 591, 609.
[1149] *Mankowski*, IPRax 2008, 333, 338; *ders.*, EWiR Art. 15 EuGVVO 1/13, 717, 718; *A. Staudinger/Steinrötter*, NJW 2013, 3505, 3506; *Schultheiß*, EuZW 2013, 943, 945; *G. Rühl*, GPR 2013, 122; *dies.*, IPRax 2014, 41, 43 f.; *M. Klöpfer/Wendelstein*, JZ 2014, 298, 302; *Kieninger*, in: v. Hein/G. Rühl (Hrsg.), Kohärenz im Internationalen Privat- und Verfahrensrecht der Europäischen Union, 2016, S. 307, 308 sowie *Piroutek/Reinhold*, euvr 2014, 41, 44–45; *C. Bauer*, jurisPR-IWR 5/2016 Anm. 2 sub C. Entgegen EuGH ECLI:EU:C:2013:666 Rn. 25 – Lokman Emrek/Vlado Sabranovic und dem folgend OGH ÖJZ 2015, 986, 988; BGH ZIP 2017, 985 für Art. 17 I Brüssel Ia-VO.
[1150] *Mankowski*, IPRax 2008, 333, 337; *ders.*, EWiR Art. 15 EuGVVO 1/13, 717, 718; *A. Staudinger*, DAR 2013, 697; *ders.*, jM 2014, 229, 232; *A. Staudinger/Steinrötter*, NJW 2013, 3505 (3505 f.); *Thiede*, ecolex 2014, 35, 37 f.; *Piroutek/Reinhold*, euvr 2014, 41, 43 f.; *M. Klöpfer/Wendelstein*, JZ 2014, 298, 300; *Lubrich*, GPR 2014, 116, 117; *Marenghi*, Dir. comm. int. 2014, 214, 234 f.
[1151] Hervorhebung hinzugefügt.
[1152] *Wilke*, ZIP 2015, 2306, 2309.
[1153] Siehe nur *Mankowski*, AnwBl 2008, 358.

Verlangt ist also Kausalität und nicht bloße Korrelation.[1154] Anderenfalls würde man grenzüberscheitend aktive und initiative Verbraucher schützen; damit ginge man über den intendierten Schutz semi-passiver Verbraucher hinaus.[1155] Es erschiene mindestens fragwürdig, einen Verbraucher zu schützen, der vor dem Vertragsschluss von der Ausrichtung der unternehmerischen Tätigkeit (auch) auf seinen Aufenthaltsstaat gar nichts gewusst hat.[1156] Außerdem drohte man die zeitliche Abfolge der Elemente zu verunklaren.[1157]

466   Hintergrund für Erwägungsgrund (25) Rom I-VO ist der so genannte „El Corte Ingles"-Fall: „El Corte Ingles" ist ein großes Kaufhaus in Madrid. Es hat auch eine Filiale in Lissabon. Ein in Portugal lebender Portugiese reist nach Madrid und kauft im dortigen „El Corte Ingles" ein. Das Gesamtunternehmen El Corte Ingles richtet sicherlich unternehmerische Tätigkeit auf Portugal aus. Das erweist die dortige Filiale ganz eindeutig. Aber führt dies im konkreten Beispielsfall zur Anwendung portugiesischen Rechts? Dafür plädierte die deutsche Delegation. Indes vermochte sich die spanische Delegation mit dem Antrag durchzusetzen, einen Erwägungsgrund einzufügen.[1158]

467   *f) Tätigkeit und Leistung.* Kategorienverschiedenheit der betroffenen und der kontrahierten Leistung lässt den Vertrag nicht aus dem Anwendungsbereich des Internationalen Verbrauchervertragsrechts herausfallen.[1159] Entscheidend ist, sich die Funktion und intendierte Reichweite von Werbung und Marketingaktivitäten schlechterdings vor Augen zu führen:[1160] Marketingaktivitäten mögen zwar Ausschnitte aus dem Leistungsprogramm des Unternehmers besonders hervorheben. Wer durch Werbung auf sich aufmerksam machen will, will im Zweifel auf sein gesamtes Angebotsprogramm aufmerksam machen. Im Zweifel gilt die Werbe- und Anbahnungstätigkeit also für den gesamten Aktivitätsbereich des Anbieters.[1161] [1162] Zumindest sollte man großzügig zugeschnittene Geschäftsfelder abgedeckt sehen.[1163] Dies kann sich im Kern auf Intention und Absicht des Unternehmers stützen:[1164] Der Unternehmer kann sich kaum beschweren, wenn nachher genau das passiert, was er gewollt hat, nämlich dass er einen Kunden gewinnt und mit diesem Kunden einen Neu-Vertrag schließt. Die Strategie des Unternehmers stellt die Verbindung zum konkreten Vertrag her.[1165]

468   *g) Ergänzungs-, Erweiterungs-, Änderungs- und Folgeverträge.* Ergänzungs-, Erweiterungs- und Änderungsverträge folgen akzessorisch den Charakteristika des Hauptvertrags.[1166] Dasselbe gilt in extensiver Anwendung des europäischen Internationalen Verbraucherschutz-

---

[1154] *Mankowski,* IPRax 2008, 333, 337.
[1155] *Mankowski,* IPRax 2008, 333, 338; *ders.,* EWiR Art. 15 EuGVVO 1/13, 717, 718; *A. Staudinger/Steinrötter,* NJW 2013, 3505, 3506; *Schultheiß,* EuZW 2013, 943, 945; *G. Rühl,* GPR 2013, 122; *dies.,* IPRax 2014, 41, 43 f.; *M. Klöpfer/Wendelstein,* JZ 2014, 298, 302; *Kieninger,* in: v. Hein/G. Rühl (Hrsg.), Kohärenz im Internationalen Privat- und Verfahrensrecht der Europäischen Union, 2016, S. 307, 308 sowie *Piroutek/Reinhold,* euvr 2014, 41, 44–45.
[1156] BGH EuZW 2012, 236 mAnm *Sujecki; Magnus/Mankowski/Mankowski/P. A. Nielsen,* Art. 17 Brussels Ibis Regulation Rn. 112.
[1157] *Keiler/K. Binder,* euvr 2013, 230, 234; *Magnus/Mankowski/Mankowski/P. A. Nielsen,* Art. 17 Brussels Ibis Regulation Rn. 112; siehe aber auch *Wilke,* EuZW 2015, 13, 17 f.
[1158] Die Informationen über den Gang der Verhandlungen verdanke ich einem freundlichen Hinweis von Prof. *Francisco Garcimartín Alférez,* Universidad Rey Juan C.s Madrid, der Mitglied der spanischen Delegation war.
[1159] *Mankowski,* IPRax 2009, 238, 245.
Entgegen *Layton/Mercer,* European Civil Practice, 2. Aufl. 2004, Rn. 17.023.
[1160] *Mankowski,* IPRax 2008, 333, 336.
[1161] *Schwimann,* Grundriß des internationalen Privatrechts, 1982, S. 133; *Rummel/Schwimann,* ABGB, Bd. 2, 2. Aufl. 1992, § 41 IPRG Rn. 2; *Mankowski,* EWiR Art. 13 EuGVÜ 1/97, 657, 658; *ders.,* RIW 1997, 990, 991.
[1162] *C. Heinze/Steinrötter,* IPRax 2016, 545, 549.
[1163] *Wilke,* EuZW 2015, 13, 17.
[1164] *Gillies,* (2007) 3 JPrIL 89, 105.
[1165] *Gillies,* (2007) 3 JPrIL 89, 105.
[1166] *Mankowski,* NJW 2016, 699, 700.

VI. Verbraucherverträge 469–471 § 1

rechts für Folgeverträge.[1167] Insoweit greift eine Art Infektions- oder Auswirkungstheorie, wenn ein Unternehmer und ein Verbraucher mehrere Verträge miteinander abgeschlossen haben, von denen isoliert betrachtet nur der erste alle Voraussetzungen für die Anwendbarkeit des europäischen Internationalen Verbraucherschutzrechts erfüllt.[1168]

Sie greift auch, wenn der Folgevertrag einer anderen Vertragskategorie angehört als der Ursprungsvertrag.[1169] Denn zum einen würde das europäische IPR selber keine Einteilung der Vertragskategorien vorhalten, weshalb ein Rückgriff auf nationales Recht notwendig wäre. Dies würde nicht nur die Frage aufwerfen, auf welches Recht denn zurückzugreifen ist, sondern mit einer einheitlichen europäisch-autonomen Auslegung kollidieren. Zum anderen stellt Art. 6 I lit. b Rom I-VO gar nicht auf einen bestimmten Vertragstyp ab. Er erfasst alle Vertragstypen. Sein situatives Kriterium hebt darauf ab, dass (irgend)*eine* berufliche oder gewerbliche Tätigkeit im Verbraucherstaat ausgeübt oder (auch) auf diesen ausgerichtet wird. Andere Sprachfassungen verwenden gar den Plural: „commercial or professional *acitivities*", „*activités* commerciales ou professionelles", „*actividades* comerciales o profesionales". 469

h) Zurechnung von Aktivitäten Dritter. aa) Grundsätzliches. Arbeitsteiligkeit ist auch im Marketing gang und gäbe. Ein Unternehmen wirbt und führt so anderen Unternehmen, mit denen es kooperiert, zu. Die Beispiele sind vielfältig und augenfällig:[1170] Ein Unternehmen einer Gruppe wirbt zum Vorteil aller. Eine Muttergesellschaft wirbt, und die ausführenden Geschäfte tätigen die Töchter.[1171] Eine Gruppe hat eine eigene Marketinggesellschaft. Ein Unternehmen führt einem anderen Kunden zu (so genannte Kundenschleusung), z.B. Kreuzfahrtreisenden einem lokalen Händler in einem besuchten Hafen.[1172] Würde man nicht zurechnen, ließe sich das Internationalen Verbraucherschutzrecht sehr schnell und sehr einfach aushebeln. Der Anbieter müsste nur ein anderes Unternehmen zwischenschalten, das den Markt „bearbeitet", „anreißt" und die Werbemaßnahmen im eigenen Namen durchführt.[1173] Wenn überhaupt keine Zurechnung stattfände, gründete man einfach eine Tochtergesellschaft und wäre fein heraus. 470

Im Internationalen Verbraucherschutzrecht ist deshalb eine Zurechnung absatzfördernder Aktivitäten dringend geboten.[1174] Das gilt zumindest dann, wenn das nach außen werbende Unternehmen dies im Auftrag des Vertragspartners des Verbrauchers tut oder beide Unternehmen miteinander gesellschaftsrechtlich verbunden sind. Arbeitsteiligkeit darf hier nicht zu einer Aufspaltung und klaren Trennung führen, sondern muss über die An- 471

[1167] ECLI:EU:C:2015:844 Rn. 28–40 – Rüdiger Hobohm/Benedikt Kampik Ltd. & Co. KG; *Kodek*, RIW 2016, 223, 224; M. *Müller*, GPR 2016, 248, 249 f.; C. *Heinze/Steinrötter*, IPRax 2016, 545, 548; vgl. indes *Vogl*, EWiR 2014, 731, 732; R. *Wagner*, EuZW 2016, 269, 270 sowie GA *Cruz Villalón*, ECLI:EU:C:2015:556 Rn. 39–47.

[1168] *Mankowski*, NJW 2016, 699.

[1169] EuGH ECLI:EU:C:2015:844 Rn. 28–40 – Rüdiger Hobohm/Benedikt Kampik Ltd. & Co. KG; *Mankowski*, NJW 2016, 699; C. *Heinze/Steinrötter*, IPRax 2016, 545, 548.

[1170] Siehe zur differenzierten Behandlung von Herstellerwerbung *Schwimann*, Grundriß des internationalen Privatrechts, 1982, S. 132; *dens.*, FS Robert Strasser, 1983, S. 895, 900; *Kroeger*, Der Schutz der „marktschwächeren" Partei im Internationalen Vertragsrecht, 1984, S. 181; *Wieczorek/Schütze/Hausmann*, ZPO, Bd. I/1: §§ 1–40 ZPO; EuGVÜ, 3. Aufl. 1994, Art. 13 EuGVÜ Rn. 19 Fn. 47; *Mankowski*, RIW 1997, 990, 991; *Czernich/Heiss/Heiss* Art. 5 EVÜ Rn. 33.

[1171] Siehe insbesondere das Verfahren, dem OLG Schleswig WM 1997, 991 = RIW 1997, 955 (dazu *Mankowski*, EWiR Art. 13 EuGVÜ 1/97, 657; *ders.*, RIW 1997, 990; *Nassall*, WuB VII B. Art. 13 EuGVÜ 1.97, 694), KG IPRax 2001, 44 = EuLF 2000/01, 217 mAnm *Simons* (dazu *Mankowski*, IPRax 2001, 33; *Geimer*, EWiR Art. 13 EuGVÜ 1/2000, 439) und OLG Stuttgart JZ 2000, 793 mAnm *Mankowski* entstammen.

[1172] OLG Stuttgart IPRax 2016, 601; LG Limburg NJW 1990, 2206; LG Tübingen NJW 2005, 1513; *Mankowski*, FS Tuğrul Ansay, 2006, S. 189; S. *Arnold*, IPRax 2016, 567.

[1173] *Mankowski*, RIW 1997, 990, 991.

[1174] OGH ÖJZ 2015, 986, 988; OLG Stuttgart IPRax 2016, 601, 604 f.; LG Limburg NJW 1990, 2206; LG Tübingen NJW 2005, 1513; *Mankowski*, RIW 1997, 990, 991; *ders.*, FS Tuğrul Ansay, 2006, S. 189, 213–215; *Jenny*, ÖJZ 2015, 989 f.; *Friesen*, VuR 2016, 174, 175; S. *Arnold*, IPRax 2016, 567, 571 f.

nahme eines wirtschaftlichen Verbunds nachvollzogen werden.[1175] Kenntnis und Zustimmung des materiell Begünstigten zur Werbung als allgemeine Zurechnungskriterien müssen ausreichen.[1176] Vorbildlich ist insoweit § 41 I östIPRG, der auch Werbung so genannter verwendeter Personen dem Anbieter zurechnet. Darunter sind alle im Auftrag oder mit Zustimmung des Anbieters Tätigen, also z. B. auch organisierende Werbeunternehmen, zu verstehen.[1177] Da § 41 östIPRG zumindest in gewissem Umfang Gesetzgebungsvorbild war,[1178] liegt es nahe, die Zurechnungswertung entsprechend beizubehalten und auf das europäische Regime zu übertragen.[1179] Natürlich ist nicht zuzurechnen, wenn der Empfehlende oder die Zwischenperson vom Verbraucher selbst eingeschaltet wurde oder nicht, sei es auch verdeckt, mit dem Unternehmer kooperiert.[1180]

472 bb) Listen und Portale mit aktivem Eintragungsbemühen der Eingetragenen. Wer sich aktiv darum bemüht, in einem Portal eingestellt zu sein, das ein anderer betreibt, entfaltet eine eigene Marketingaktivität. Wer sich aktiv, aus eigenem Antrieb darum bemüht, auf einer bestimmten Liste eingetragen zu sein, die andere führen, entfaltet ebenfalls eine eigene Marketingaktivität. Dies gilt umso mehr, wenn Zusatzangaben gemacht werden und deren Aufnahme erbeten wird, um sich so aus dem Kreis möglicher Konkurrenten hervorzuheben. Die entscheidende Frage ist aber immer, ob die Eintragung auf Antrag oder auf Anstoß seitens der Eintragungswilligen geschieht. Bei informell geführten Empfehlungslisten, auf die eingetragen zu werden man sich bemühen ist, ist dies grundsätzlich zu bejahen.

473 cc) Listeneintragungen ohne aktives Bemühen der Eingetragenen. Anders verhält es sich mit Listen, auf denen man aufscheint, ohne sich aktiv darum bemüht zu haben. Amtliche Verzeichnisse sind ein typischer Fall dafür. Wenn man sozusagen automatisch ohne oder gar zwangsweise eventuell sogar gegen den eigenen Willen gelistet wird, ist dies keine eigene Aktivität. Wenn eine Rechtsanwaltskammer aus eigenem Antrieb oder gar aus gesetzlichem Auftrag heraus alle in ihrem Bezirk ansässigen Rechtsanwälte in einer öffentlich einsehbaren Liste oder Suchmaschine führt,[1181] ist dies keine Marketingaktivität des einzelnen Anwalts. Dies gilt auch, wenn die Anwaltskammer interessiertem Publikum zumindest auf Anfrage, sei es auch nur auszugsweise, mitteilt, welche Anwälte auf der Liste stehen.

474 dd) Zentrale Marketingagenturen und Marketingverbände. Wieder anders verhält es sich, wenn ein listenführender Verband ausdrücklich gegründet oder eingeschaltet wird, um zentral Marketingaktivitäten für eine Branche oder einen bestimmten Anbieterkreis zu schalten oder zu koordinieren. Die Tätigkeit einer „Zentralen Vermarktungsagentur" ist allen ihren Mitgliedern auch als eigene Aktivität zuzurechnen. Wer sich anderer bedient, um eigene Marketingaktivitäten zu ersetzen oder zu ergänzen, muss sich deren Tätigkeit zurechnen lassen. Ökonomisch kann eine solche zentralisierte Vermarktung sinnvoll sein, um Skaleneffekte bei den Kosten zu nutzen oder um eine größere Reichweite durch größere Bekanntheit zu erreichen oder um durch Bündelung von Kräften Maßnahmen finanzieren zu können, die ansonsten unterblieben (z. B. Fernsehspots oder größere Anzeigen).

475 ee) Privatengleiche Eintragungen in reine Kommunikationsverzeichnisse. Marketingaktivitäten finden nicht statt durch Eintragungen, wie sie auch jeder beliebige Private, nicht professionell und kommerziell Agierende vornehmen könnte. Dies gilt insbesondere für Eintragungen in öffentliche Register oder bloße Verzeichnisse von Kommunikationsdaten. Wer sich nur in ein Telefonbuch eintragen lässt, betreibt keine Marketingaktivität. Er lässt

---

[1175] *Mankowski*, EWiR Art. 13 EuGVÜ 1/97, 657, 658; *ders.*, RIW 1997, 990, 991.
[1176] *Leible/M. Müller*, EuZW 2009, 26, 27.
[1177] *Schwimann*, Grundriß des internationalen Privatrechts, 1982, S. 133.
[1178] *C. Kohler*, in: P. Gottwald (Hrsg.), Revision des EuGVÜ/Neues Schiedsverfahrensrecht, 2000, S. 1, 19.
[1179] *Kropholler*, Europäisches Zivilprozeßrecht, 6. Aufl. 1998, Art. 13 EuGVÜ Rn. 25; Czernich/Heiss/Heiss Art. 5 EVÜ Rn. 33.
[1180] OLG Köln WM 2004, 1324, 1325 (dazu *Nassall*, WuB VII B. Art. 13 EuGVÜ 1.04).
[1181] In Deutschland sind alle Anwälte aus allen Kammern über eine von der BRAK eingerichtete Suchmaschine im Internet recherchierbar unter <www.rechtsanwaltsregister.org>.

VI. Verbraucherverträge 476–481 § 1

nur verkünden, wie man ihn telefonisch erreichen kann. Anders verhält es sich aber schon, wenn eine eigene Anzeige im Telefonbuch geschaltet wird. Dann versucht man, sich herauszuheben.

4. Günstigkeitsvergleich bei Rechtswahl. *a) Günstigkeitsvergleich als Institut.* Rechts- 476
wahlfreiheit herrscht auch im Internationalen Verbrauchervertragsrecht. Art. 3 I 1 Rom I-VO gilt auch im Internationalen Verbrauchervertragsrecht.[1182] Art. 6 II Rom I-VO ist insoweit eindeutig und lässt keinen Zweifel. Er verwirklicht gerade keinen Rechtswahlausschluss und kein Rechtswahlverbot. Im Gegenteil arbeitet er mit einem Günstigkeitsvergleich, der eine wirksame Rechtswahl genau umgekehrt voraussetzt.

Sind die Voraussetzungen des Art. 6 I Rom I-VO erfüllt, so muss sich nach Art. 6 II 2 477
Rom I-VO eine Rechtswahl einem Günstigkeitsvergleich zwischen dem gewählten Recht und den internrechtlich zwingenden Bestimmungen des Rechts am gewöhnlichen Aufenthalt des Verbrauchers stellen. Art. 6 II 2 Rom I-VO besagt ausdrücklich, dass die Rechtswahl einem Verbraucher-Leistungsnachfrager nicht den Schutz der zwingenden Vorschriften desjenigen Rechts nehmen kann, das ohne die Rechtswahl anwendbar wäre. Ohne die Rechtswahl wäre bei solchen Verträgen aber gemäß Art. 6 I Rom I-VO das Recht am gewöhnlichen Aufenthalt des Kunden anwendbar.

Dies ist die prominenteste Schranke der Rechtswahl als solcher. Die Kommission wollte 478
diese Schranke noch erhöhen und die Rechtswahl im internationalen Verbrauchervertragsrecht ganz abschaffen.[1183] Damit vermochte sie sich nicht durchzusetzen.[1184]

Würde man die Rechtswahlklausel für unwirksam erklären, so würde man damit die Po- 479
sition des Verbrauchers verschlechtern, nicht verbessern. Denn Unwirksamkeit der Rechtswahl beraubt der Chance, dass das gewählte Recht dem Verbraucher günstiger ist als dessen Aufenthaltsrecht.[1185] Einen favor consumatoris sollte man dem Verbraucher nicht nehmen.[1186] Ein Günstigkeitsvergleich bietet dem Verbraucher mehr als ein bloßer Rechtswahlausschluss. Unwirksamkeit der Rechtswahl zerstörte den einen Part des Günstigkeitsvergleichs; ein Günstigkeitsvergleich könnte dann nicht mehr stattfinden.[1187]

Der Günstigkeitsvergleich ist eine elegante Lösung. Er setzt auf Gegenanreize zu Lasten 480
der informierten Partei des Unternehmers. Denn sein Ziel, alle gleich gelagerten Verträge demselben Recht zu unterstellen, könnte der Unternehmer nie erreichen, da immer die zwingenden Vorschriften des jeweiligen Verbraucheraufenthaltsrechts zu berücksichtigen waren, und die Rechtswahl öffnet die Schere des Günstigkeitsvergleichs zu seinen Lasten.[1188]

Der Günstigkeitsvergleich arbeitet, betrachtet aus der Sicht des Unternehmers, mit mas- 481
siven Gegenanreizwirkungen, dies es ausgesprochen unattraktiv machten, eine Rechtswahlklausel aufzunehmen.[1189] Der vorsichtige Unternehmer soll sich fragen, ob er nicht

---

[1182] Siehe nur EuGH ECLI:EU:C:2016:612 Rn. 66 – Verein für Konsumenteninformation/Amazon EU Sàrl; BGH GRUR 2013, 421, 425 – Pharmazeutische Beratung über Call-Center; LG Hamburg MMR 2012, 96; *Briggs,* (2009) 125 LQR 191, 192; *Lambrecht,* RIW 2010, 783, 788; *A. Staudinger,* in: Ferrari IntVertragsR Art. 6 Rom I-VO Rn. 71; *Pfeiffer,* LMK 2013, 343552; *W.-H. Roth,* IPRax 2013, 515, 520; *ders.,* FS Dieter Martiny, 2014, S. 543, 544; *G.-P. Calliess/G.-P. Calliess* Art. 6 Rome I Regulation Rn. 69; *Mankowski,* FS Wulf-Henning-Roth, 2015, S. 361, 363; Palandt/*Thorn* Art. 6 Rom I-VO Rn. 8; Staudinger/*Magnus* Art. 6 Rom I-VO Rn. 24.
[1183] Art. 5 Vorschlag Rom I-VO, KOM (2005) 650 endg.
[1184] Eingehende Diskussion von Art. 5 Vorschlag Rom I-VO bei *Mankowski,* ZvglRWiss 105 (2006), 120.
[1185] *M. Keller/Kren Kostkiewicz,* in: Zürcher Kommentar zum IPRG, 2. Aufl. 2004, Art. 120 schwIPRG Rn. 61 sowie *Dutoit,* Droit international privé suisse, 5. Aufl. 2016, Art. 120 schwIPRG Rn. 7.
[1186] *K. Siehr,* Das Internationale Privatrecht der Schweiz, Zürich 2002, S. 279.
[1187] *Mankowski,* FS Wulf-Henning Roth, 2015, S. 361, 367; *Martiny,* ZEuP 2018, 218, 231.
[1188] *Schurig,* RabelsZ 54 (1990), 217, 225; *Mäsch,* Rechtswahlfreiheit und Verbraucherschutz, 1993, S. 69 f.; *Heiss,* RabelsZ 65 (2001), 634, 650; *Mankowski,* in: Spindler (Hrsg.), Vertragsrecht der Internet-Provider, 2. Aufl. 2004, Teil III Rn. 23; *ders.,* FS Andreas Heldrich, 2005, S. 867, 894; *ders.,* in: Spindler/Wiebe (Hrsg.), Internet-Auktionen und Elektronische Marktplätze, 2. Aufl. 2005, Kap. 11 Rn. 79.
[1189] *Mankowski,* FS Andreas Heldrich, 2005, S. 867, 894.

besser die Finger von einer Rechtswahl lassen und auf jedwede Rechtswahlklausel verzichten sollte. Der weniger gut beratene Unternehmer aber droht in die Falle seiner eigenen Rechtswahlklausel zu geraten. Seine eigene Rechtswahlklausel droht sich gegen ihn zu kehren. Sie kann eigentlich immer nur bewirken, dass der Verbraucher besser geschützt wurde als er es ohne die Rechtswahl wäre. Das Aufenthaltsrecht des Verbrauchers zieht eine Untergrenze, welche man über die Rechtswahl nicht unterschreiten kann, und das gewählte Recht kommt eigentlich nur dann zum Zuge, wenn es den Verbraucher materiell-sachrechtlich besser stellt als dessen Aufenthaltsrecht.

482 Der Günstigkeitsvergleich war 1980 eine Sensation, als Art. 5 II EVÜ ihn einführte, und weltweiter Vorreiter im grenzüberschreitenden Verbraucherschutz. Er war ein rechtspolitisches Signal erster Güte. Art. 8 Rom I-VO insgesamt, und erst sein erster Absatz, atmet den Nach-68-Geist der 1970er mit ihrer betonten Sozialkomponente Heute ist er Widerstandsposten gegen Deregulierung und Liberalisierung.[1190] Der Günstigkeitsvergleich ist nicht etwa entbehrlich geworden, weil die materielle Rechtsharmonisierung im Sachrecht vorangeschritten wäre.[1191] Erstens trifft dies selbst innerhalb Europas nur punktuell und sektoriell zu. Zweitens trifft es für den Rest der Welt nicht zu – den es aber bei allseitigen Kollisionsnormen ebenfalls im Auge zu behalten gilt.

483 Allerdings ist der Günstigkeitsvergleich ein Stück weit symbolische Politik. Denn seine reale Bedeutung ist weit geringer als seine symbolische, seine politische und seine systematische Bedeutung. Grenzüberschreitende Verbraucherstreitigkeiten sind selten.[1192] Das vollständige Verschwinden von Rechtswahlklauseln in AGB hat der Günstigkeitsvergleich auch keineswegs bewirkt.

484 Die Gründe dafür dürften trivial, aber umso bedenkenswerter sein:[1193] Art. 6 I Rom I-VO hilft nur dem informierten Verbraucher. Dem Verbraucher, der sich von der Rechtswahlklausel im Vertrag beeindrucken oder gar abschrecken lässt, hilft er nicht. Der Verbraucher musste erst Rechtsrat einholen, um die Hürde des „Schwarz auf Weiß" zu überwinden. Nur wer bereit ist, in Rechtsinformationen zu investieren,[1194] wird davon erfahren, dass er gegen die Klausel kollisionsrechtlichen Schutz genießt.[1195] Der Günstigkeitsvergleich will einen Missbrauch von Rechtswahlfreiheit verhindern.[1196] Trotzdem gibt es für Unternehmer weiterhin Anreize, Rechtswahlklauseln aufzunehmen und sich („„Schwarz auf Weiß!") hinter diesen zu verschanzen und zu versuchen, den Verbraucher von zielgerichteter Rechtsverfolgung abzuschrecken.[1197] Die nicht informierte Schutzperson wird die im Vertrag „schwarz auf weiß" zu lesende Klausel, welche Recht und Forum der stärkeren Partei beruft, abschrecken und einschüchtern.[1198] Die stärkere Partei wird sich auf diese Klausel berufen, eben um abzuschrecken und einzuschüchtern.[1199] Damit wird sie häufig Erfolg haben, wenn auch auf ihr eigenes Risiko, dass ihre Strategie im

---

[1190] *Moreau,* Mélanges Jean-Michel Jacquet, 2013, S. 401, 403; *Vaquero López,* AEDIPr XVII (2017), 425, 465.

[1191] So aber *W. Doralt/Nietner,* AcP 215 (2015), 855, 871–874, 891.

[1192] Zu den Gründen *Mankowski,* in: A. Wagner/Wedl (Hrsg.), Bilanz und Perspektiven zum europäischen Recht – Eine Nachdenkschrift anlässlich 50 Jahre Römische Verträge, 2007, S. 325, 339–341; *J. Hill,* Cross-Border Consumer Contracts, 2008, Rn. 2.10–2.61.

[1193] *Mankowski,* in: Internet und Recht, 2002, S. 191, 208; *ders.,* in: Spindler (Hrsg.), Vertragsrecht der Internet-Provider, 2. Aufl. 2004, Teil III Rn. 23; *ders.,* FS Andreas Heldrich, 2005, S. 867, 895; *ders.,* in: Spindler/Wiebe (Hrsg.), Internet-Auktionen und Elektronische Marktplätze, 2. Aufl. 2005, Kap. 11 Rn. 79.

[1194] Zur Klarstellung: Es geht nicht um die Rechtsermittlungskosten für forumfremdes Recht, sondern um die Basiskosten für Rechtsberatung, die auch das IPR und das IZPR des Verbraucherstaates umfasst.

[1195] *Mankowski,* FS Andreas Heldrich, 2005, S. 867, 895.

[1196] *G.-P. Calliess,* AcP 203 (2003), 575, 591.

[1197] *Mankowski,* IPRax 2006, 101, 106.

[1198] *Mankowski,* in: Internet und Recht, 2002, S. 191, 208; *ders.,* in: Spindler (Hrsg.), Vertragsrecht der Internet-Provider, 2. Aufl. 2004, Teil III Rn. 23; *ders.,* FS Andreas Heldrich, 2005, S. 867, 895.

[1199] *Mankowski,* IPRax 2006, 101, 106; *ders.,* ZvglRWiss 105 (2006), 120, 159f.; *ders.,* IHR 2008, 133, 140f.; *ders.,* FS Wulf-Henning Roth, 2015, S. 361, 367f.; dem folgend AG Bremen RRa 2014, 95, 97.

VI. Verbraucherverträge

Einzelfall nicht aufgeht.[1200] Kein noch so ausgeklügeltes Schutzsystem vermöchte diese psychologische Barriere für den Verbraucher vollständig auszuschalten.[1201]

b) Günstigkeitsvergleich im Detail. Der Günstigkeitsvergleich gemäß Art. 6 II 2 Rom I-VO vollzieht sich seinem Konzept nach in vier Schritten:[1201a]

(1) Zuerst erfolgt die Feststellung, ob die Parteien eine Rechtswahl getroffen haben. Ist dies der Fall, so ist der Inhalt des gewählten Rechts zu ermitteln.

(2) Das hypothetische objektive Verbrauchervertragsstatut wird über Art. 6 I Rom I-VO angeknüpft. Man gelangt, wenn alle Anwendungsvoraussetzungen erfüllt sind, zum Recht am gewöhnlichen Aufenthalt des Verbrauchers.

(3) Die internrechtlich zwingenden Normen des hypothetischen objektiven Verbrauchervertragsstatuts werden ermittelt. Dabei kommt es nicht darauf an, aus welcher Rechtsquelle sie fließen. Zwingende Vorschriften im Sinne von Art. 6 I Rom I-VO sind sachrechtlich zwingende Vorschriften, also alle Vorschriften, von denen durch einfache Vereinbarung nicht abgewichen werden kann.[1202] Solche Vorschriften müssen nicht einem spezifischen Rechtskorpus Verbraucherschutzrecht zugehören;[1203] vielmehr reicht eine konkret verbraucherschützende Wirkung.[1204] Normen speisen sich dabei aus allen verbindlichen Rechtsquellen und beschränken sich nicht auf formelle Gesetze oder Rechtsverordnungen, sondern beziehen auch Gewohnheitsrecht ein. „Zwingende Vorschriften" können auch solche richterrechtlicher Natur sein.[1205] Jedoch ist jeweils gesondert für die konkret berufene Rechtsordnung nach deren Methodik zu untersuchen, ob dies wirklich stattfindet und ob jene richterlich gesetzten Marken zwingendes Recht sind.[1206] Z. B. gehören hierher unter deutschem Recht die richterrechtlichen Grundsätze zur Beraterhaftung.[1207] Der Günstigkeitsvergleich fragt danach, welches Ergebnis bei einem konkreten Normkomplex jeweils für den Verbraucher günstiger ist. Der Günstigkeitsvergleich macht die Rechtswahl gerade nicht ungültig. Er überlagert sie nur und benutzt gerade das gewählte Recht als einen der Vergleichsparte. Eine Rechtswahl kann nur zum Vorteil des Kunden, aber nie zu dessen Nachteil ausschlagen.[1208] Ist das gewählte Recht dem Kunden (noch) günstiger als das Recht seines gewöhnlichen Aufenthalts, kann er sich auf das gewählte Recht berufen.[1209] Gewähltes Recht und Recht des gewöhnlichen Aufenthalts des Kunden stehen miteinander in einem Günstigkeitsvergleich, für welchen das Aufenthaltsrecht die Untergrenze zieht.[1210] Theoretisch-systemisch wird richterliche Rechtsvergleichung vorgeschrieben.[1211]

(4) Die so ermittelten Normen werden mit den funktionell entsprechenden Normen des gewählten Verbrauchervertragsstatuts verglichen. Es findet weder ein Einzelnormenver-

---

[1200] *Mankowski,* in: Internet und Recht, 2002, S. 191, 208.
[1201] *Mankowski,* FS Andreas Heldrich, 2005, S. 867, 895; *ders.,* FS Wulf-Henning Roth, 2015, S. 361, 368.
[1201a] Beispiel: OGH JBl 2018, 791, 793.
[1202] Siehe nur *E. Lorenz,* FS Gerhard Kegel, 1987, S. 303, 315; *A. Junker,* IPRax 1989, 69, 72; *Joustra,* De internationale consumentenovereenkomst, 1997, S. 292.
[1203] Dahin aber Denkschrift der Bundesregierung zum EVÜ, BT-Drs. 10/503, 27; *Morse,* (1982) 2 Yb. Eur. L. 107, 136; *ders.,* (1992) 41 ICLQ 1, 8; NK-BGB/*Leible* Art. 6 Rom I-VO Rn. 69; Erman/ *Hohloch* Art. 6 Rom I-VO Rn. 16.
[1204] Überzeugend *Mäsch,* Rechtswahlfreiheit und Verbraucherschutz, 1993, S. 43–52. Außerdem z. B. *Loacker,* Der Verbrauchervertrag im internationalen Privatrecht, 2006, S. 98 f.; Staudinger/*Magnus* Art. 6 Rom I-VO Rn. 140 mwN; jurisPK BGB/*Limbach* Art. 6 Rom I-VO Rn. 52.
[1205] BGHZ 165, 248, 252; LG Ulm BeckRS 2017, 125129 (dazu *Bopp/Kräft,* GWR 2018, 10); *Mörsdorf-Schulte,* JR 2006, 309, 311; Staudinger/*Magnus* Art. 6 Rom I-VO Rn. 140.
[1206] *Mörsdorf-Schulte,* JR 2006, 309, 311.
[1207] Siehe BGH WM 2005, 423; LG Ulm BeckRS 2017, 125129 (dazu *Bopp/Kräft,* GWR 2018, 10).
[1208] *Mankowski,* RIW 1993, 453, 459.
[1209] Siehe nur *Salvadori,* in: Sacerdoti/Frigo (eds.), La Convenzione di Roma sul legge applicabile ai contratti internazionali, 1993, S. 43, 55; *Mankowski,* RIW 1993, 453, 459; Soergel/*v. Hoffmann* Art. 29 EGBGB Rn. 30.
[1210] Siehe nur Soergel/*v. Hoffmann* Art. 29 EGBGB Rn. 30; *G. Rühl,* FS Bernd v. Hoffmann, 2011, S. 364, 369.
[1211] *Basedow,* Studi in onore di Antonio Gambaro, 2017, S. 65, 80.

gleich noch ein Vergleich der Rechtsordnungen insgesamt, sondern ein Normkomplexvergleich oder Sachgruppenvergleich statt.[1212] Zu vergleichen sind die einander funktionell entsprechenden Normengruppen der beiden Rechte,[1213] unabhängig von ihrer Bezeichnung und ihrer internrechtlichen Qualifikation in der einzelnen Rechtsordnung. Der großen Gefahr eines Einzelnormenvergleichs, nämlich Rosinenpicken,[1214] lässt sich nicht verlässlich durch eine Rechtsmissbrauchskontrolle entgegentreten.[1215] Günstigkeit in der Methode heißt nicht automatisch zugleich Günstigkeit in jedem einzelnen Punkt.[1216] Ein Gruppenvergleich führt funktionell Zusammengehörendes zusammen und erlaubt Binnenkompensationen. Vergleichbarer Schutzzweck führt zusammen,[1217] vergleichbar dem bei einer Qualifikation im IPR ablaufenden Verfahren der Bündelung. Funktionale Betrachtung orientiert sich am objektiv-inneren Zusammenhang.[1218] Ein zu enger Zuschnitt ist zu vermeiden, weil man damit letztlich doch zu einem Vergleich einzelner Normen oder einzelner Regelungsanliegen gelangte. Zu den zwingenden Vorschriften im Sinne von Art. 6 II 2 Rom I-VO gehören namentlich auch solche aus dem allgemeinen, dem Darlehens- und dem Reisevertragsrecht sowie dem AGB-Recht.[1219] Auf der anderen Seite muss die gemeinsame Grundfunktionalität eine Grenze ziehen, weil man sonst einem Gesamtvergleich zu nahe käme und häufig keine passenden Maßstäbe für die Günstigkeit mehr hätte, weil zu viel und zu komplex verglichen werden müsste.[1220] Kompensation innerhalb eines zusammengehörenden Normgebildes ist möglich.[1221]

488   Vergleichsmaßstab ist das konkrete Begehr des Kunden.[1222] Die Prozessökonomie kann als Folge der prozessrechtlichen Maxime ne ultra petita (mehr als das konkret Beantragte kann ein Antragsteller nicht bekommen) erlauben, von der vollständigen Durchführung eines Günstigkeitsvergleichs abzusehen, wenn bereits einer der eigentlich zu vergleichenden Parte dem Kläger gewährt, was der Kläger begehrt.[1223] Prozessökonomie waltet aber auch in gleicher Weise, wenn bereits einer der eigentlich zu vergleichenden Parte ein Klagabweisungsbegehren des Beklagten trägt.[1224]

489   c) *Einfluss der KlauselRL.* Indes könnte die KlauselRL[1225] entscheidenden Einfluss auf Rechtswahlklauseln haben. Denn Verbrauchergeschäft ist Massengeschäft mit Anbieter-AGB. Scharniernorm für das Verhältnis zwischen KlauselRL und Rom I-VO ist Art. 23 Rom I-VO. Nach dem lex specialis-Prinzip haben internationalschuldvertragsrechtliche Kollisionsnormen in anderen Rechtsakten des Unionsrechts Vorrang vor der Rom I-VO, soweit sie diesen beanspruchen.

[1212] Siehe nur *D. Kluth*, Die Grenzen des kollisionsrechtlichen Verbraucherschutzes, 2009, S. 185 f.; NK-BGB/*Leible* Art. 6 Rom I-VO Rn. 72; MüKoBGB/*Martiny* Art. 6 Rom I-VO Rn. 52; Staudinger/*Magnus* Art. 6 Rom I-VO Rn. 145 f.; *A. Staudinger*, in: Ferrari IntVertragsR Art. 8 Rom I-VO Rn. 73 f.
[1213] Siehe nur *K. Sachse*, Der Verbrauchervertrag im Internationalen Privat- und Prozeßrecht, 2006, S. 50 f. mwN.
[1214] Siehe nur *R. Birk*, RdA 1989, 201, 206.
[1215] So aber *Streithofer*, DRdA 2012, 191, 197.
[1216] Entgegen *Streithofer*, DRdA 2012, 191, 196.
[1217] *Glowacka*, ASoK 2013, 300, 304.
[1218] *R. Birk*, RdA 1989, 201, 206; *A. Junker* S. 269–272.
[1219] *A. Staudinger*, in: Ferrari IntVertragsR Art. 8 Rom I-VO Rn. 74.
[1220] BeckOK ArbR/*Schönbohm* Art. 8 Rom I-VO Rn. 15.
[1221] *A. Junker* S. 272; siehe aber auch *D. Kluth*, Die Grenzen des kollisionsrechtlichen Verbraucherschutzes, 2009, S. 186.
[1222] *Kroeger*, Der Schutz der „marktschwächeren" Partei im Internationalen Vertragsrecht, 1984, S. 158; *E. Lorenz*, RIW 1987, 569, 577; *ders.*, FS Gerhard Kegel, 1987, S. 303, 336 f.; *Schurig*, RabelsZ 54 (1990), 217, 225; *Mäsch*, Rechtswahlfreiheit und Verbraucherschutz, 1993, S. 37; *W. Lorenz*, IPRax 1994, 429, 431; *Leible*, JbJZRWiss 1995, 245, 257; MüKoBGB/*Martiny* Art. 29 EGBGB Rn. 38.
[1223] *Basedow*, FS Erik Jayme, 2004, S. 3, 16; *D. Kluth*, Die Grenzen des kollisionsrechtlichen Verbraucherschutzes, 2009, S. 186 f.; *Dorfmayr/Komuczky*, ZfRV 2016, 268, 272.
[1224] *Friesen*, VuR 2016, 174, 176; siehe auch AG Würzburg NJW-RR 2015, 1149.
[1225] Richtlinie 93/13/EWG des Rates vom 5.4.1993 über missbräuchliche Klauseln in Verbraucherverträgen, ABl. EG 1993 L 95/29.

Konkret kommt es also darauf an, inwieweit die KlauselRL auch die Herrschaft über **490**
AGB-Rechtswahlklauseln in AGB beansprucht. Ausgangspunkt auf dieser zweiten Stufe
sollte Art. 3 III iVm Anh. Nr. 1 lit. q KlauselRL sein. Verbatim erklärt dieser jedoch nur
Gerichtsstands- und Schiedsklauseln für unwirksam, soweit sie dem Verbraucher den Zugang
zum Recht erschweren, Rechtswahlklauseln finden sich überhaupt nicht im Katalog
des Anhangs zur KlauselRL. Daraus ist jedoch kein Umkehrschluss zu ziehen, dass
Rechtswahlklauseln AGB-rechtlich immer erlaubt wären. Vielmehr könnte sich die Transparenzkontrolle
aus Art. 5 S. 1 KlauselRL auch auf Rechtswahlklauseln erstrecken.[1226] Indes
wären dies Maßstäbe, denen jedenfalls die meisten Rechtswahlklauseln in Verbraucherverträgen
inhaltlich standhalten würden.[1227] Dass das gewählte Recht dem Verbraucher
inhaltlich unbekannt ist, ändert nichts daran, dass es ein Recht ist und keine Vertragsklausel.
Die Wahl eines inhaltlich unbekannten Rechts allein macht also eine klar und in sich
transparent formulierte Rechtswahlklausel nicht intransparent und unverständlich im Sinne
von Art. 5 S. 1 KlauselRL.[1228]

d) *Transparenzanforderungen.* Teilweise haben Gerichte Rechtswahlklauseln durchaus an **491**
dem Vorwurf mangelnder Transparenz scheitern lassen.[1229] Aus den Rechtswahlklauseln
ergebe sich nicht klar und verständlich, welche Rechtsvorschriften für im Zusammenhang
mit der Geschäftsbeziehung zwischen dem AGB-Verwender und seinen Kunden entstandene
Streitigkeiten gelten sollen.[1230]

Der Vorwurf ist zumindest ungenau formuliert. Denn die einfache Wahl eines ausländi- **492**
schen Rechts ist transparent. Sie lässt keine Zweifel an ihrer Aussage und an ihrem Gehalt.
An einer Klausel „Der Vertrag unterliegt irischem Recht." ist nichts intransparent. Deutlicher,
knapper und eindeutiger könnte sie nicht sein.[1231] Der Vorwurf zielt in Wahrheit darauf
ab, dass die Klausel zu viel Eindeutigkeit und *ausschließliche* Anwendbarkeit des gewählten
Rechts suggeriert.[1232] Die Rechtswahl sei bedingungslos und umfassend formuliert,
ohne ihre aus Art. 6 II Rom I-VO folgenden Einschränkungen zu nennen.[1233] Der Vorwurf
geht in Wahrheit dahin, dass der Verbraucher nicht über den Günstigkeitsvergleich
aus Art. 6 II Rom I-VO informiert wird. Eine Informationspflicht des Unternehmers sieht
Art. 6 II Rom I-VO aber nicht vor.[1234] Er lässt den nicht informierten Verbraucher im
Risiko und enthält keine gesetzliche Korrektur. Informationspflichten müssten, gerade
wenn sie sich auf einen so komplexen und nicht unmittelbar einleuchtenden Gegenstand
beziehen würden wie den kollisionsrechtlichen Günstigkeitsvergleich aus Art. 6 II Rom I-VO,
gesetzlich normiert sein. Allenfalls dann hätten sie hinreichend klare und verlässliche
Konturen. Allenfalls dann würden sie eine hinreichend klare und verlässliche Orientierungsmarke
für den (hypothetisch) belasteten Unternehmer setzen.

Art. 6 II Rom I-VO fordert auch nicht, dass Rechtswahlklauseln in Verbraucherver- **493**
trägen anders formuliert sein müssten als in B2B-Verträgen. Er verweist vielmehr schlicht
und ohne Modifikationen auf Art. 3 Rom I-VO. Selbst wenn man Unternehmen zwin-

---

[1226] EuGH ECLI:EU:C:2016:612 Rn. 68–71 – Verein für Konsumenteninformation/Amazon EU Sàrl;
GA *Saugmansgaard Øe,* ECLI:EU:C:2016:388 Nr. 95; OGH JBl 2018, 791, 793; AG Bremen RRa 2014,
95, 96; *Pfeiffer,* LMK 2013, 343552.
[1227] → § 1 Rn. 492.
[1228] Entgegen AG Bremen RRa 2014, 95, 96.
Für richtlinienkonforme Auslegung des in der Rechtswahlklausel angezogenen Rechts, wenn dieses
Recht einesm Mitgliedstaats ist, als Lösungsansatz OGH ZfRV 2018, 44, 45; *A. Stadler,* VbR 2016, 168,
171.
[1229] BGH IPRax 2013, 557, 561; AG Bremen RRa 2014, 95, 96, 97.
[1230] BGH IPRax 2013, 557, 561.
[1231] Vgl. LG Hamburg VuR 2011, 473, 474 = IPRspr. 2011 Nr. 22 S. 53: Eine Rechtswahl „Deutsches
Recht ist anwendbar." ist nicht unklar im Sinne von § 305c II BGB. Siehe auch *Pfeiffer,* LMK 2013, 343552.
[1232] Siehe *S. Faber,* MMR 2013, 594.
[1233] Vgl. *S. Faber,* MMR 2013, 594.
[1234] Zu kollisionsrechtsbezogenen Informationspflichten im Unionsrecht umfassend *W.-H. Roth,* FS Dieter
Martiny, 2014, S. 543.

gen würde, den Günstigkeitsvergleich in der Rechtswahlklausel zu berücksichtigen, würde sich die Folgefrage anschließen, wie Unternehmen dies umsetzen sollten. Würde es ihnen reichen, einfach den Normtext des Art. 6 II Rom I-VO abzuschreiben und in ihre Rechtswahlklauseln zu integrieren? Dieser Normtext ist kompliziert und für Laien mindestens auf den ersten Blick nicht aus sich heraus verständlich. Er würde sich als AGB schnell dem Vorwurf mangelnder Transparenz infolge inhaltlicher Komplexität ausgesetzt sehen. Trotzdem ist die gesetzgeberische Wertung klar: Art. 6 II Rom I-VO geht davon aus, dass das Nebeneinander von gewähltem Recht und (internrechtlich) zwingenden Vorschriften des ohne Rechtswahl anwendbaren Rechts die Rechtslage als Folge der Rechtswahl nicht so unklar und unverständlich macht, dass sie Verbrauchern nicht zugemutet werden könnte.[1235] Zugleich verhindert er, dass Verbraucher ein schutzwürdiges Vertrauen haben können, dass nur das Recht ihres gewöhnlichen Aufenthalts zur Anwendung komme und dass eine abweichende Rechtswahl nicht möglich sei.[1236] In den Referenzrahmen müssen auch die normativ verbindlichen Wertungen des Art. 6 II Rom I-VO einfließen.[1237]

494 Der EuGH will Unternehmen dazu verpflichten, in AGB-Rechtswahlklauseln in Verbraucherverträgen einen Hinweis auf Art. 6 II 2 Rom I-VO aufzunehmen.[1238] Die KlauselRL soll mehr erzwingen, als die geschützte Norm des Art. 6 II 2 Rom I-VO selber verlangt.[1239] Sie soll zweite Kontrollebene sein.[1240] Das setzt eine zu den Kosten von Vertragsänderungen und Beendigungsrechten kraft zwingenden Rechtsnormen begründete[1241] Linie[1242] im AGB-Recht fort.[1243] Das sieht auf den ersten Blick logisch und verbraucherfreundlich aus.[1244]

495 Es könnte indes eine gefährliche und für Verbraucher sogar ungünstige Konsequenz haben: Wenn eine AGB-Rechtswahlklausel ohne Hinweis auf Art. 6 II 2 Rom I-VO AGB-rechtlich unwirksam sein sollte, gäbe es eben keine wirksame Rechtswahl – und damit keine Grundlage für einen Günstigkeitsvergleich, denn dieser setzt ja eine wirksame Rechtswahl als einen Vergleichspart voraus.[1245] Man stünde ein weiteres Mal vor dem Schutzparadox.[1246] Dagegen lässt sich nicht einwenden, dass ein im Verbandsklagestreit erzwungener Unterlassungstitel, dass der Unternehmer die Rechtswahlklausel nicht mehr verwenden dürfte, nur für die Zukunft wirke und den einzelnen Verbraucher nicht treffe.[1247] Vielmehr treffen Unwirksamkeit oder Nichtmehrverwendung der Rechtswahlklausel alle zukünftigen Verbraucherpartner des Unternehmers. Auch in einem Individualprozess könnte sich ein zukünftiger Vertragspartner nicht auf eine nicht mehr existente, weil vom Unternehmer nicht mehr verwendete Rechtswahlklausel berufen.[1248]

[1235] Vgl. BGH IPRax 2013, 557, 561.
[1236] KG MMR 2013, 591, 592.
[1237] *Mankowski*, NJW 2016, 2705, 2706; *Rieländer*, RIW 2017, 28, 35 f.; vgl. KG MMR 2013, 591, 592.
[1238] EuGH ECLI:EU:C:2016:612 Rn. 71 – Verein für Konsumenteninformation/Amazon EU Sàrl; zustimmend *Haftel*, Rev. des contrats 2017, 479, 481 f. Folgend OGH ZfRV 2018, 44, 45.
[1239] Eine Parallele zu Anh. Nr. 1 lit. q KlauselRL (dahin *Sartori*, DCCR 2017, 49, 62–64) dürfte sich dagegen wegen der unterschiedlichen Schutzmechanismen bei Gerichtsstands- und bei Rechtswahlklauseln kaum halten lassen.
[1240] *A. Staudinger*, RdTW 2018, 59, 60.
[1241] EuGH ECLI:EU:C:2016:612 Rn. 29 – Nemzeti Fogyasztóvédelmi Hatóság/Invitel Távközlési Zrt.
[1242] Zurückhaltender GA *Saugmansgaard Øe*, ECLI:EU:C:2016:388 Nr. 95 Fn. 56: Invitel habe einen speziellen Fall betroffen.
[1243] EuGH ECLI:EU:C:2016:612 Rn. 69 – Verein für Konsumenteninformation/Amazon EU Sàrl.
[1244] Siehe *Corneloup*, RCDIP 2017, 112, 119.
[1245] → § 1 Rn. 479.
[1246] *Mankowski*, NJW 2016, 2705, 2706; *Steinrötter*, jurisPR-IWR 3/2017 Anm. 4 sub D II.
A. Staudinger, in: Ferrari IntVertragsR Art. 8 Rom I-VO Rn. 74f versucht dem Verbraucher zu helfen, indem er den Verwender an einer eigentlich unwirksamen Rechtswahlklausel festhalten will, wenn diese dem Verbraucher günstig ist, weil die KlauselRL den Verbraucher lediglich schützen wolle.
[1247] So aber *W.-H. Roth*, IPRax 2017, 449, 455.
[1248] Das übersieht *W.-H. Roth*, IPRax 2017, 449, 455.

VI. Verbraucherverträge 496–498 § 1

Die vom EuGH[1249] konstruierte AGB-rechtliche Hinweispflicht setzt ihrerseits voraus, **496** dass der kollisionsrechtliche Günstigkeitsvergleich des Art. 6 II 2 Rom I-VO greift. Indem die Rechtswahl zerstört würde, entfiele also nicht nur der Günstigkeitsvergleich, sondern damit zugleich das Objekt der Informationspflicht, deren Nichterfüllung die Rechtswahl zerstören würde.[1250] Wenn es aber nicht mehr gäbe, worüber zu informieren wäre, müsste man eigentlich nicht mehr informieren – was aber das Objekt der Informationspflicht wieder aufleben lassen würde.[1251] Der EuGH blickt hier zu sehr auf das AGB-Recht der KlauselRL und vernachlässigt darüber, obwohl er sich um das Gegenteil durchaus bemüht, den Blick auf das IPR. Selbst innerhalb des AGB-Rechts erzeugt der EuGH einen Bruch:[1252] Einen Hinweis auf Art. 6 II Rom I-VO aufzunehmen ist eine Pflicht, den Verbraucher über die im IPR bestehende Rechtslage zu informieren. Die KlauselRL ordnet eigentlich keine Informationspflichten an. Sie arbeitet mit dem Verdikt als Rechtsfolge. Sie verwendet eine negative Rechtsfolge, keine positive wie Informationspflichten. Eine Information des Verbrauchers über die ökonomischen Konsequenzen, die aus „seiner" Rechtswahl folgen, zu fordern[1253] ginge sogar noch weiter.

Wer AGB-rechtlich Transparenz verlangt, dürfte sich eigentlich nicht darauf beschrän- **497** ken, in der Rechtswahlklausel einen Hinweis auf Art. 6 II 2 Rom I-VO zu verlangen. Vielmehr müsste es dann konsequenterweise auch Hinweise auf die weiteren Rechtswahlschranken bei Verbraucherverträgen geben: auf Art. 3 III, auf Art. 3 IV und auf Art. 9 Rom I-VO.[1254] Bei Transportverträgen wäre zwar kein Hinweis auf Art. 6 II 2 Rom I-VO verlangt, weil Art. 5 Rom I-VO bei Passagierverträgen lex specialis zu Art. 6 Rom I-VO ist,[1254a] jedoch müsste es dann eigentlich konsequenterweise Hinweise auf Rechtswahlschranken als Folge des europäischen Einheitsrechts der Passagierrechteverordnungen geben.[1255] Die Hinweis- und Informationspflichten drohen hypertroph zu werden. Eine Rechtswahlklausel, die all dem gerecht zu werden versuchte, wäre zwar denkbar, aber sehr lang, kaum lesbar und würde für Verbraucher mehr Verwirrung als Nutzen stiften. Transparenz und Vollständigkeitsstreben stünden miteinander in Konflikt.[1256] Jedenfalls nicht aufzuführen sind alle möglicherweise über Art. 6 II 2 Rom I-VO ins Spiel gebrachten Sachnormen.[1257] Ein weiteres Problem wäre, wie mit Konstellationen des Art. 6 IV Rom I-VO und Verbraucherverträgen außerhalb des Art. 6 I Rom I-VO umzugehen wäre.[1258]

Jenseits der schwerwiegenden Bedenken hinsichtlich Rechtsgrundlage, Systemgerechtig- **498** keit und Schutzparadoxien lassen sich zwei eher pragmatische Pluspunkte zugunsten einer Informationspflicht ins Feld führen: Erstens sind Informationspflichten zumindest abstrakt geeignet, Informationsasymmetrien auszugleichen und Wahrscheinlichkeit wie Effektivität der Rechtswahrnehmung zu steigern. Dies gilt gerade für einen aus Sicht des typischen Verbrauchers so arkanen Gegenstand wie den kollisionsrechtlichen Günstigkeitsvergleich.[1259] Zweitens könnte eine wirklich erfolgende Information über Art. 6 II 2 Rom I-

---

[1249] EuGH ECLI:EU:C:2016:612 Rn. 71 – Verein für Konsumenteninformation/Amazon EU Sàrl.
[1250] *Mankowski*, NJW 2016, 2705, 2706.
[1251] *Mankowski*, NJW 2016, 2705, 2706.
[1252] *Mankowski*, NJW 2016, 2705, 2706.
[1253] Dahin *Rutgers*, NILR 64 (2017), 163, 173.
[1254] *Mankowski*, NJW 2016, 2705, 2702 sowie *Steinrötter*, jurisPR-IWR 3/2017 Anm. 4 sub C II. Anders *Kaufhold*, IWRZ 2016, 215, 218.
[1254a] Gegen eine Hinweispflicht auf Art. 5 II UAbs. 2 Rom II-VO OLG Frankfurt 13.12.2018 – 16 U 15/18. Dafür aber LG Frankfurt/Main WRP 2018, 376 = RRa 2018, 127. Vorlage an den EuGH durch AG Nürnberg BeckRS 2018, 29684.
[1255] *Mankowski*, RRa 2014, 118, 123; *ders.*, NJW 2016, 2705, 2707; *Pfeiffer*, FS Egon Lorenz zum 80. Geb., 2014, S. 843, 859f.
[1256] *Mankowski*, NJW 2016, 2705, 2707 sowie LG Hamburg MMR 2012, 96, 99.
[1257] GA *Saugmansgaard Øe*, ECLI:EU:C:2016:388 Nr. 104; *Kaufhold*, IWRZ 2016, 217, 218; *Dorfmayr/Komuczky*, ZfRV 2016, 268, 272; *Faber*, JBl 2017, 776, 777.
[1258] *Steinrötter*, jurisPR-IWR 3/2017 Anm. 4 sub C II.
[1259] GA *Saugmansgaard Øe*, ECLI:EU:C:2016:388 Nr. 98.

VO den von Rechtswahlklauseln ausgehenden Abschreckungseffekt[1260] mindern.[1261] Die stärkere Partei kann sich nicht mehr so gut hinter der Klausel verstecken, wenn die Klausel selber sagt, dass das gewählte Recht nicht alles ist.[1262]

499 Art. 6 II 2 Rom I-VO geht davon aus, dass das Nebeneinander von gewähltem Recht und (internrechtlich) zwingenden Vorschriften des ohne Rechtswahl anwendbaren Rechts die Rechtslage als Folge der Rechtswahl nicht so unklar und unverständlich macht, dass sie Verbrauchern nicht zugemutet werden könnte.[1263] AGB-rechtlich müsste man Art. 1 II KlauselRL in Anschlag bringen. Denn eine Klausel, die Art. 6 II 2 Rom I-VO reproduziert, paraphrasiert oder inhaltlich wiedergibt, müsste konsequenterweise auf bindenden[1264] Rechtsvorschriften beruhen und nicht der KlauselRL unterliegen.[1265] Dieser Ansatz sollte auch helfen, Probleme zu vermeiden, die aus Erfassungsschwierigkeiten mit Blick auf Art. 6 I Rom I-VO drohen könnten.[1266]

500 **5. Objektive Anknüpfung.** Bei Fehlen einer Rechtswahl gilt nach Art. 6 I Rom I-VO das Recht am gewöhnlichen Aufenthalt des Verbrauchers. Der Wohnsitz des Verbrauchers ist kein Anknüpfungspunkt unter Art. 6 I Rom I-VO.[1267] Eine Ausweichklausel gibt es nicht. Eine Abwägung, ob engere Verbindungen zu einem anderen Staat bestehen, findet nicht statt. Insoweit ist das Schutzprinzip rigide und strikt. Es stellt sich keiner Abwägung, sondern verwirklicht konsequent seinen verbraucherschützenden Ansatz.

501 Der Verbraucher bekommt dank Art. 6 I Rom I-VO ein rechtliches Heimspiel. Vertragsstatut ist dasjenige Recht, welches dem Verbraucher relativ am vertrautesten sein dürfte und über welches er mit dem geringsten Suchaufwand verlässlichen Rechtsrat einholen kann. Bildlich gesprochen kann der Verbraucher im Idealfall zum Anwalt um die Ecke gehen. Er muss nicht erst mühsam versuchen, im Ausland einen Anwalt zu finden. Er muss keine Sprachbarriere für den Zugang zum anwendbaren Recht überwinden, sondern nur die Sprache seiner Lebensumwelt bewältigen. Der Verbraucher wird der Mühe enthoben, sich vollständig auf ihm fremdes Recht einstellen und sich nach dessen Inhalt erkundigen zu müssen, und ihm werden komparative Rechtsanwendungsvorteile verschafft. Das Vertrauen des Kunden darauf wird geschützt, dass er den zwingenden Schutz des Rechts genießt, in dem er sich gleichsam täglich bewegt.[1268] Dieser Schutz ist aber nicht abhängig von irgendeinem guten oder schlechten Glauben des Kunden.[1269] Es geht um den Schutz abstrakten, nicht konkreten Vertrauens,[1270] so dass alle Argumentationen, dass der typische Verbraucher die Inhalte des Rechts aus dem Staat seines gewöhnlichen Aufenthalts nicht kenne,[1271] ins Leere gehen.

502 Umgekehrt will der Unternehmer auf dem Heimatmarkt des Verbrauchers tätig werden (anderenfalls würde es situativ an den Voraussetzungen des Art. 6 I lit. c Rom I-VO fehlen) und hofft auf eine Vielzahl von Vertragsabschlüssen, so dass sich für ihn die Informationskosten potentiell rentieren und amortisieren könnten. Jedenfalls ist der Unternehmer cheapest cost bearer (und cheapest cost avoider). Hinsichtlich der tertiären Kosten führt das Umweltrecht des Verbrauchers günstigerweise in der Regel zur lex fori des Wohnsitzgerichtsstandes des europäischen Verbrauchers aus Artt. 18 I Var. 2 Brüssel Ia-VO; 16 I Var. 2 LugÜ 2007.[1272]

[1260] → § 1 Rn. 484.
[1261] *Jault-Seseke*, D. 2016, 2315, 2318 sowie *van Hoek*, Ars Aequi 2016, 960, 964.
[1262] Ähnlich *Corneloup*, RCDIP 2017, 112, 119.
[1263] Vgl. BGH GRUR 2013, 421, 425 – Pharmazeutische Beratung über Call-Center.
[1264] EuGH ECLI:EU:C:2016:612 Rn. 70 – Verein für Konsumenteninformation/Amazon EU Sàrl.
[1265] *Mankowski*, NJW 2016, 2705, 2708; *M. Junker*, jurisPR-ITR 21/2016 Anm. 3 sub D IV.
[1266] Wie *van Bochove/Pannebakker*, RDAI 2017, 431, 435; *dies.*, TvCR 2017, 138, 140 sie reklamieren.
[1267] *Friesen*, VuR 2016, 174 (174).
[1268] Siehe nur *Mäsch*, Rechtswahlfreiheit und Verbraucherschutz, 1993, S. 50 et passim.
[1269] *Mankowski*, MMR-Beilage 7/2000, 22, 25.
[1270] Anders NK-BGB/*Leible* Art. 6 Rom I-VO Rn. 3.
[1271] So insbesondere *W. Doralt/Nietner*, AcP 215 (2015), 855, 865 f.
[1272] *Castellanos Ruiz* S. 53 f

VI. Verbraucherverträge

Art. 19 Rom I-VO hilft allerdings beim Anknüpfungspunkt nicht, den gewöhnlichen 503 Aufenthalt spezifisch einens Verbrauchers zu umschreiben, denn für zu privaten Zwecken Agierende enthält er gerade keine Regel. Vielmehr erscheint eine Anlehnung an den Begriffsinhalt aus solchen Rechtsgebieten sinnvoll, in denen es um die Verortung einer Person als solcher geht. Das Internationale Familienrecht kann insoweit wertvolle Hilfestellungen bieten. Dies gilt insbesondere für Art. 4 HUÜ und Art. 3 I HUP aus dem Internationalen Unterhaltsrecht. Ihnen tritt zur Seite, wie der Begriff des gewöhnlichen Aufenthalts unter Art. 3 Brüssel IIa-VO und zukünftig unter Artt. 5 I litt. a, b; 8 lit. a, b Rom III-VO; 21 EuErbVO ausgefüllt wird. Der EuGH hat bei Art. 3 I lit. a Brüssel IIa-VO bereits einige Orientierungsmarken gesetzt. Dabei ist indes auf die Maßstäbe für Erwachsene (nicht auf jene für minderjährige Kinder unter Art. 8 Brüssel IIa-VO) zu sehen.

Unter Art. 6 Rom I-VO stellt sich die Frage, ob man eine Mindestdauer für den ge- 504 wöhnlichen Aufenthalt fordern will, bevor sich der Verbraucher auf sein neues Aufenthaltsrecht berufen darf.[1273] Anderenfalls könnte sich theoretisch „Schutztourismus" ergeben. Die sozialen und finanziellen Kosten eines Umzugs sind aber typischerweise zu hoch (denn der Verbraucher muss ja sein bisheriges Umfeld aufgeben) und übersteigen die möglichen Gewinne aus Verschiebungen beim Inhalt des neuen gegenüber dem Inhalt des neuen Aufenthaltsrechts bei weitem.

Ein Sonderproblem ergibt sich, wenn zwei oder mehr Verbraucher den Vertrag auf der- 505 selben Vertragsseite abgeschlossen haben.[1274] Beispiel dafür ist ein Paar, bei dem beide Partner den Mietvertrag über die gemeinsame Wohnung als Mieter unterzeichnen. Oder ein Paar bestellt Leistungen über das WWW. Keine reale Problemlage ergibt sich, wenn alle Verbraucher ihren jeweils persönlichen Aufenthalt in ein und demselben Staat haben. Es bleiben die Fälle, in denen die Verbraucher ihre jeweiligen gewöhnlichen Aufenthalte in verschiedenen Staaten haben. Man könnte das Dilemma aufzulösen versuchen, indem man den formell einheitlichen Vertrag mindestens gedanklich in Einzelverträge mit den einzelnen Verbrauchern aufspaltet. Oder man könnte sich behelfen, wenn ein Verbraucher der nach außen „führende" ist.

Ist für den Verbraucher ein Vertreter aufgetreten, so kommt es nur auf den gewöhnli- 506 chen Aufenthalt des Verbraucher-Prinzipals an, nicht auf jenen des Vertreters. Man denke etwa an Sammelbestellungen, die eine Person aus einem Freundeskreis für den gesamten Freundeskreis tätigt. Oder Eltern schließen als gesetzliche Vertreter ihres Kindes einen Vertrag in dessen Namen.

Maßgeblicher Zeitpunkt ist jener des Vertragsschlusses. Insoweit gilt der fortgeltende all- 507 gemeine Rechtsgedanke aus Art. 4 II 1 EVÜ weiter. Man kann auch die hinter Artt. 19 Nr. 3 Brüssel Ia-VO; 17 Nr. 3 LugÜ 2007 stehende Wertung heranziehen. Beide Seiten müssen das Vertragsstatut vor Vertragsabschluss kalkulieren können. Es ist ohne Belang, wenn der Verbraucher nach Vertragsabschluss grenzüberschreitend umzieht. Teilt er seinem unternehmerischen Vertragspartner diese Tatsache mit, z.B. weil er seine neue Adresse als Lieferanschrift mitteilt, so ist es eine wegen Art. 10 I Rom I-VO nach dem Recht des neuen gewöhnlichen Aufenthalts zu beantwortende Auslegungsfrage, ob darüber ein neuer Vertrag oder ein Änderungsvertrag mit einem neuen Statut zustandekommt.

6. Ausnahmetatbestände im Internationalen Verbrauchervertragsrecht: Art. 6 508 **IV Rom I-VO.** Im Internationalen Verbrauchervertragsrecht vollzieht sich Interessenpolitik in verdeckter Form und an versteckter Stelle. Die große Schlacht, ob es überhaupt Internationales Verbrauchervertragsrecht geben soll und wie streng dieses im Grundsatz ausgestaltet sein soll, haben die Unternehmenslobbies verloren. Dies hieße aber nicht, dass sie nicht im Kleinen durchaus Erfolge verzeichnen könnten. Was man im Großen nicht ge-

---

[1273] Aufgeworfen von *Plender*, Essays in Memory of John A. Usher, 2012, S. 393, 395 f. im Anschluss an *Nessa v. Chief Adjudication Officer* [1999] 1 WLR 1937 (H. L.); *Stone*, (2000) 29 Anglo-Am. L. Rev. 342.
[1274] Wenn zwei Verbraucher auf verschiedenen Vertragsseiten miteinander kontrahieren, ist Art. 6 I Rom I-VO auf einen solchen C2C-Vertrag bereits persönlich nicht anwendbar; → § 1 Rn. 424.

winnen konnte, wird teilweise unauffällig durch die Hintertür einer Ausnahme zurückgewonnen. Man kann den Katalog der Ausnahmen, gleich ob sie schon vorher existierten oder ob sie neu hinzugekommen sind, durchgehen und kann bei jeder einzelnen Ausnahme hinzufügen, welche Lobby hier im Kleinen ihren spezifischen Erfolg feiern kann.

509 *a) Subventionierung der lokalen Tourismusindustrie durch Art. 6 IV lit. a Rom I-VO.* Art. 6 IV lit. a Rom I-VO nimmt Verträge über die Erbringung von Dienstleistungen aus, wenn die dem Verbraucher geschuldete Dienstleistung ausschließlich in einem anderem als dessen Aufenthaltsstaat erbracht wird. Der Sache nach soll diese Ausnahme Schutzklausel für kleinere lokale Anbieter sein. Ihre Musterfälle sollen Hotelverträge, Sprachkurse, Sportkurse o. ä. sein.[1275] Wird ein Ausflug vor Ort im Reiseland organisiert und durchgeführt, kann dies ebenfalls ein Anwendungsfall sein.[1276] Bei Automiete im Ausland ergeben sich interessante Qualifikationsfragen.[1277] Internetserviceverträge gehören dagegen nicht hierher.[1278] Ersichtlich stehen hinter der Norm Interessen der Tourismusindustrie und derjenigen Staaten, in denen die Tourismusbranche ein wichtiger Wirtschaftszweig ist.[1279]

510 Rechtspolitisch ist diese Ausnahme seit jeher zweifelhaft.[1280] Wer sie damit zu rechtfertigen versucht, dass der Verbraucher sich aktiv ins Ausland begeben habe,[1281] vermengt Vertragsabschluss- und Vertragserfüllungsmarkt,[1281a] vermengt sachlichen und situativen Anwendungsbereich. Schutzwürdig wäre allenfalls der rein lokale Anbieter – und bei den von einem wirklich lokalen Anbieter mit Verbrauchern aus anderen Staaten vor Ort abgeschlossenen Verträgen wird in aller Regel der situative Anwendungsbereich des Internationalen Verbrauchervertragsrechts nicht eröffnet sein.[1282] Wer aber als kleines Hotel, als Anbieter von Segelkursen oder als Feriensprachkursen in den Heimatländern der prospektiven Kunden wirbt, begibt sich gleichsam ins Ausland, betätigt sich auf einem fremden Markt und ist nicht mehr schutzwürdig.[1283] Gegen die Ausnahme spricht auch, dass es für sie kein Pendant in Art. 15 III EuGVVO gibt.[1284] Im IZPR hat der Gemeinschaftsgesetzgeber also die Fragwürdigkeit einer solchen Ausnahme schon erkannt und die Konsequenzen daraus gezogen.

511 *b) Subventionierung der Beförderungsbranche durch Art. 6 IV lit. b Rom I-VO.* aa) Art. 6 IV lit. b Rom I-VO. Art. 6 IV lit. b Rom I-VO verdankt seine Existenz der erfolgreichen Lobbyarbeit der Transportbranche, besonders der Personenbeförderer. Er perpetuiert die Ausnahme für Beförderungsverträge. Anregungen, dies noch einmal zu hinterfragen und auf den Prüfstand zu stellen,[1285] haben leider nicht gefruchtet. Die entsprechende Ausnah-

---

[1275] Bericht *Giuliano/Lagarde,* ABl. EWG 1980 C 282/26 Art. 5 EVÜ Bem. (5) = BT-Drs. 10/503, 36, 57; dies greifen z.B. AG Bernkastel-Kues, IPRspr. 1993 Nr. 28 S. 74; *Jayme,* IPRax 1994, 141; *Remien,* Liber amicorum K. Siehr, 2010, S. 497, 509 auf.
[1276] LG Siegen CR 2013, 676, 677.
[1277] *Remien,* Liber amicorum K. Siehr, 2010, S. 497, 503 f.
[1278] *Lopez-Tarruella,* AEDIPr VIII (2008), 511, 521.
[1279] *Mankowski,* ZvglRWiss 105 (2006), 120, 125; *ders.,* in: Cashin Ritaine/Bonomi (éds.), Le nouveau règlement européen „Rome I" relatif à la loi applicable aux obligations contractuelles, 2008, S. 121, 156.
[1280] *Kroeger,* Der Schutz der „marktschwächeren" Partei im internationalen Vertragsrecht, 1984, S. 51; *Morse,* (1992) 41 ICLQ 1, 5; *Borges,* Verträge im elektronischen Geschäftsverkehr, 2003, S. 807; *Leible,* in: Leible (Hrsg.), Das Grünbuch zum Internationalen Vertragsrecht, 2004, S. 133, 141; *Mankowski,* ZvglRWiss 105 (2006), 120, 126 f.
[1281] So *Knaul,* Auswirkungen des europäischen Binnenmarktes der Banken auf das internationale Bankvertragsrecht unter besonderer Berücksichtigung des Verbraucherschutzes, 1995, S. 273 f.; MüKoBGB/*Martiny* Art. 6 Rom I-VO Rn. 17.
[1281a] Vgl. dagegen präziser die Vorlage des östOGH ZfRV 2018, 130, 131 bei Erfüllungsort im Staat des Verbrauchers.
[1282] Ähnlich *Basedow,* FS Erik Jayme, 2004, S. 3, 11.
[1283] *Mankowski,* ZvglRWiss 105 (2006), 120, 126; *D. Kluth,* Die Grenzen des kollisionsrechtlichen Verbraucherschutzes, 2009, S. 135.
[1284] *Borges,* Verträge im elektronischen Geschäftsverkehr, 2003, S. 807; *Leible,* in: Leible (Hrsg.), Das Grünbuch zum Internationalen Vertragsrecht, 2004, S. 133, 141; *Mankowski,* EWiR Art. 15 EuGVVO 1/08, 245, 246.
[1285] *Mankowski,* IPRax 2006, 101, 105.

VI. Verbraucherverträge   512–514 § 1

me in Art. 5 IV lit. a EVÜ entbehrt einer wirklich überzeugenden ratio.[1286] Soweit sie Rücksicht auf Internationales Einheitsrecht nehmen will (das im transportrechtlichen Bereich z.B. mit dem Montrealer Übereinkommen[1287] und den ER/CIV gewichtig vorkommt),[1288] setzt sich jenes Internationale Einheitsrecht aus völkerrechtlichen Übereinkommen[1289] bereits über die Rangkollisionsnorm zu Gunsten solcher Übereinkommen in Art. 25 Rom I-VO durch.[1290] Soweit keine solchen Übereinkommen bestehen bzw. konkret greifen, insbesondere für Beförderungsverträge mit gemischten Beförderungsmitteln, sollte man jedenfalls an eine teleologische Reduktion der Ausnahme denken.[1291]

Im Übrigen darf man nicht den angeblich „mobilen" Verbraucher, der Transportleistungen (= „Mobilität") erwirbt, mit einem nicht schutzwürdigen aktiven Verbraucher verwechseln und vermengen.[1292] Physische Mobilität und rechtsgeschäftliche Initiative und Aktivität sind zweierlei. Keine Rechtfertigung für die Ausnahme findet sich auch darin, dass der Beförderungsunternehmer bei Kunden aus verschiedenen Ländern unterschiedliche Rechte beachten müsste.[1293] Dieses Schicksal trifft jeden Unternehmer im Verbrauchergeschäft gleichermaßen und keineswegs nur die Beförderungsbranche.[1294] Bei lokal erworbenen Beförderungsleistungen, z.B. einem vor Ort im Ausgangshafen gelösten Fährticket, wird zudem der situative Anwendungsbereich des Internationalen Verbrauchervertragsrechts nicht eröffnet sein,[1295] und es wird sich darüber regelmäßig eine Gleichbehandlung der Passagiere an Bord ergeben (die aber untereinander keineswegs verbunden sind oder eine „Schicksalsgemeinschaft" bilden).   512

bb) Beförderergünstige Realität: Wahl des Rechts am Beförderersitz über Art. 5 II UAbs. 2 litt. b; c Rom I-VO. Den Verbraucherschutz bei Personenbeförderungen hat man einer besonderen Kollisionsnorm in Art. 5 II Rom I-VO überantwortet. Man sorge damit für ein „angemessenes" Niveau des Verbraucherschutzes, heißt es in Erwägungsgrund (32) S. 1 Rom I-VO. Instrument dafür soll eine beschränkte Rechtswahl sein, also eine Beschränkung des Kreises wählbarer Rechtsordnungen. Art. 5 II UAbs. 2 Rom I-VO stellt zur Wahl: das Recht am gewöhnlichen Aufenthalt der zu befördernden Person (lit. a), das Recht am gewöhnlichen Aufenthalt des Beförderers (lit. b), das Recht an der Hauptverwaltung des Beförderers (lit. c), das Recht des Abgangsortes (lit. d) und das Recht des Bestimmungsortes (lit. e).   513

Die Realität des kollisionsrechtlichen Verbraucherschutzes ist damit grimm. Für die Personenbeförderungsindustrie sind nämlich die zweite und die dritte Option (litt. b und c) von überragender Bedeutung. Denn nach ihnen kann der Beförderer sein eigenes Recht wählen lassen.[1296] Der Beförderer kann sich sein rechtliches „Heimspiel" erkontrahieren.   514

[1286] Näher *Mankowski* S. 397–400.
[1287] Montrealer Übereinkommen zur Vereinheitlichung bestimmter Vorschriften über die Beförderung im internationalen Luftverkehr vom 28.5.1999, BGBl. 2004 II 459.
[1288] Dafür z.B. Czernich/Heiss/*Heiss* Art. 5 EVÜ Rn. 21.
[1289] Welche die Mitgliedstaaten bei Inkrafttreten der Rom I-VO bereits geschlossen und ratifiziert haben.
[1290] Siehe nur *Magnus/Mankowski*, ZvglRWiss 103 (2004), 131, 163; *Mankowski*, IPRax 2006, 101, 105; *ders.*, in: Cashin Ritaine/Bonomi (éds.), Le nouveau règlement européen „Rome I" relatif à la loi applicable aux obligations contractuelles, 2008, S. 121, 154; *K. Sachse*, Der Verbrauchervertrag im Internationalen Privat- und Prozessrecht, 2006, S. 213; *D. Kluth*, Die Grenzen des kollisionsrechtlichen Verbraucherschutzes, 2009, S. 129 sowie (zum parallelen Art. 15 III EuGVVO) OGH ÖJZ 2004, 388, 390; *Geimer*, in: Geimer/R.A. Schütze, Europäisches Zivilverfahrensrecht, 3. Aufl. 2010, Art. 15 EuGVVO Rn. 58.
[1291] *Béraudo*, Clunet 128 (2001), 1033, 1050; *Schlosser*, in: Schlosser/Hess, EuZPR, 4. Aufl. 2015, Art. 17 EuGVVO Rn. 10.
[1292] *Mankowski*, in: Cashin Ritaine/Bonomi S. 121, 154. Entgegen *Basedow*, FS Erik Jayme, 2004, S. 3, 10.
[1293] So aber *Looschelders* Art. 29 EGBGB Rn. 37; *Basedow*, FS Erik Jayme, 2004, S. 3, 10; MüKoBGB/*Martiny* Art. 6 Rom I-VO Rn. 13; Max Planck Institute for Comparative and Private International Law, RabelsZ 71 (2007), 225, 276; *D. Kluth*, Die Grenzen des kollisionsrechtlichen Verbraucherschutzes, 2009, S. 129.
[1294] *Mankowski*, ZvglRWiss 105 (2006), 120, 124; *ders.*, in: Cashin Ritaine/Bonomi S. 121, 154.
[1295] *Mankowski*, ZvglRWiss 105 (2006), 120, 124; *ders.*, in: Cashin Ritaine/Bonomi S. 121, 154.
[1296] *Mankowski*, TranspR 2008, 339, 350; *P.A. Nielsen*, in: Ferrari/Leible (eds.), Rome I Regulation, 2009, S. 99, 107; *Biagioni*, NLCC 2009, 717, 726; *Claringbould*, NIPR 2009, 426, 435; *Morse*, Liber ami-

Auf diesem Wege kann er Rationalisierung durch Vereinbarung immer desselben, ihm und seinem Rechtsstab vertrauten Rechts erzielen. Eine Änderung der bisher gebräuchlichen AGB ist nicht veranlasst. Vielmehr lassen sich die Rechtswahlklauseln „Es gilt das Recht am Sitz des Beförderers" fortführen.[1297] Diese Gestaltungsmöglichkeit dominiert die Praxis. Alle anderen Optionen aus dem Katalog dienen nur der Camouflage und sind praktisch bedeutungslos.[1298] Abgangs- und Bestimmungshafen passen nicht, wenn ein Fährbetrieb mehrere Linien betreibt und einheitliche AGB haben will, keine gesonderten AGB, je differenziert nach der befahrenen Strecke.[1299] Kein normaler Passagier hat die Verhandlungsmacht, eine Wahl seines Heimatrechts durchzusetzen.[1300] Fährbetrieb ist Massenbetrieb, in ihm gibt es keine individuellen Verträge, und die AGB des Fährbetriebs beherrschen alles.

515   Eine Rechtswahlklausel zu Gunsten des Beförderrechts muss sich keiner Inhaltskontrolle stellen. Denn für eine Inhaltskontrolle von Rechtswahlklauseln ist nicht das Sachrecht, sondern das IPR zuständig. Das IPR entscheidet, in welchem Umfang es die Rechtswahl zulässt. Lässt das IPR nur eine beschränkte Rechtswahl zu, so heißt dies zugleich, dass die Wahl eines erlaubten Rechts zulässig ist. Das IPR hat dann durch seine Vorauswahl abgesegnet, dass jede zur Auswahl gestellte Rechtsordnung eine hinreichende enge Verbindung zum Vertrag hat und in räumlicher Hinsicht nicht unfair oder überraschend ist. Das IPR hat zugleich abgewogen, was es einer eventuell schwächeren Partei zuzumuten erlaubt. Auch ein Günstigkeitsvergleich nach Art des Art. 6 II Rom I-VO findet nicht statt.[1301] Dass Art. 5 II UAbs. 2 Rom I-VO Verbraucherschutz verwirkliche, lässt sich nicht ernsthaft behaupten. Der Verbraucherschutz ist insoweit nur ein Lippenbekenntnis.[1302]

516   cc) Rückausnahme für Pauschalreisen. Eine Rückausnahme, die zur sachlichen Anwendbarkeit des Internationalen Verbrauchervertragsrechts führt, enthält Art. 6 IV lit. b aE Rom I-VO für so genannte Pauschalreisen. Rechtstatsächlich haben Pauschalreisen nationale Zielmärkte für den Vertragsabschluss[1303]. Zudem operieren bei ihnen spezialisierte Anbieter, keine Beförderungsunternehmen.[1304] Maßgeblich für den Begriff der Pauschalreise sind kraft ausdrücklicher Verweisung in Art. 6 IV lit. b aE Rom I-VO die Maßstäbe der PauschalreiseRL[1305].

517   Eine Pauschalreise ist nach Art. 2 Nr. 1 UAbs. 1 PauschalreiseRL aF (ab 1.7.2018 Artt. 3 Nr. 2 lit. a iVm Nr. 1; 2 II lit. b Pauschalreise nF) eine im voraus festgelegte Verbindung von mindestens zwei Dienstleistungen, die zu einem Gesamtpreis verkauft oder zum Verkauf angeboten wird, wenn die Leistung länger als 24 Stunden dauert oder eine Übernachtung einschließt. Den Kreis relevanter Dienstleistungen konstituieren Beförderung (lit. a), Unterbringung (lit. b) oder sonstige touristische Dienstleistungen, die keine bloßen Neben-

---

corum K. Siehr, 2010, S. 463, 476 f.; *Remien*, Liber amicorum K. Siehr, 2010, S. 499, 502; *C. Hasche*, TranspR 2010, 282, 283 sowie *Contaldi*, in: Boschiero S. 359, 363–366.

[1297] *Mankowski*, IHR 2008, 133, 140; *ders.*, TranspR 2008, 339, 350; *R. Wagner*, TranspR 2008, 221, 222 f.; *Francq*, Clunet 136 (2009), 41, 61; *C. Hasche*, TranspR 2010, 282, 283.

[1298] *C. Hasche*, TranspR 2010, 282, 283.

[1299] *C. Hasche*, TranspR 2010, 282, 283.

[1300] *C. Hasche*, TranspR 2010, 282, 283 sowie *Remien*, Liber amicorum K. Siehr, 2010, S. 499, 502.

[1301] *Contaldi*, in: Boschiero S. 359, 366; *P.A. Nielsen*, in: Ferrari/Leible (eds.), Rome I Regulation, 2009, S. 99, 107; *Volders*, R. W. 2009-10, 642, 656.

[1302] *Mankowski*, TranspR 2008, 339, 350; *ders.*, IHR 2008, 133, 140; *Pfeiffer*, EuZW 2008, 622, 626; *Kenfack*, Clunet 136 (2009), 3, 25; *P.A. Nielsen*, in: Ferrari/Leible (eds.), Rome I Regulation, 2009, S. 99, 107; *Volders*, R. W. 2009-10, 642, 656; *Magnus*, IPRax 2010, 27, 38; *Symeonides*, Liber amicorum K. Siehr, 2010, S. 513, 532 f.

[1303] *Mankowski* S. 398–400; *ders.*, in: Cashin Ritaine/Bonomi S. 121, 155.

[1304] *Mankowski*, in: Cashin Ritaine/Bonomi S. 121, 155.

[1305] Im Text der Rom I-VO wird Bezug genommen auf die Richtlinie 90/314/EWG des Rates vom 13.6.1990 über Pauschalreisen, ABl. EG 1990 L 158/59. Dies ist ab 1.7.2018 gemäß Art. 29 UAbs. 2 iVm Anh. III RL (EU) 2015/2302 zu lesen als Bezugnahme auf Richtlinie (EU) 2015/2302 des Europäischen Parlaments und des Rates vom 25.11.2015 über Pauschalreisen und verbundene Reiseleistungen, zur Änderung der Verordnung (EG) Nr. 2006/2004 und der Richtlinie 2011/83/EU des Europäischen Parlaments und des Rates sowie zur Aufhebung der Richtlinie 90/314/EWG des Rates, ABl. EU 2015 L 326/1.

VI. Verbraucherverträge

leistungen von Beförderung oder Unterbringung sind oder – selbst als Nebenleistungen – einen beträchtlichen Teil der Gesamtleistung ausmachen (lit. c). Zu den sonstigen touristischen Leistungen des lit. c zählen etwa: Sportkurse, Hobbykurse, Sprachkurse, Ausflüge, Mietwagengestellung, Gestellung eines Segelboots.[1306] Die einzelnen Leistungen je getrennt zu berechnen, ist eine Umgehungsgestaltung, die Art. 2 Nr. 1 UAbs. 2 PauschalreiseRL (ab 1.7.2018 Art. 3 Nr. 2 lit. b Pauschalreise nF) trotzdem zur Pauschalreise erhebt. Eine Pauschalreise setzt also funktionell im Kern eine Kombination von Beförderungs- und Unterbringungsleistungen voraus, die jeweils funktionellen Eigenwert haben müssen[1307]. Es müssen mehrere Elemente vorliegen, die sich prinzipiell auch voneinander trennen lassen könnten. Verbindendes Band ist die einheitliche Zahlungspflicht des Kunden für den Gesamtpreis des Leistungspakets.

Ein wichtiges **Beispiel** für Pauschalreisen sind Kreuzfahrten:[1308] 518

Das Rentnerehepaar Silke und Dirk Martinsen aus Hamburg bucht eine sechzehntätige Karibikkreuzfahrt bei Sensatyon Cruises, Inc. (alle Sitze in Miami, Fla.) von Miami über Kuba, die Dominikanische Republik, Martinique, Tobago, Aruba, Jamaika zurück nach Miami auf der 6523 Fahrgastplätze starken „Sensatyon of the Seas".

Keinen funktionellen Eigenwert haben dagegen Aufenthaltsräume auf Fähren oder Butterschiffen sowie Kabinen auf Fährfahrten (z.B. Kiel–Göteborg) über Nacht. Sie sind bloße Nebenleistungen zur Beförderungsleistung[1309]. Fährfahrten unterfallen Art. 5 II Rom I-VO.[1310] 519

Ein praktisch immer noch wichtiger Fall ist bei einer Pauschalreise der Vertragsabschluss über ein Reisebüro. Findet der Vertragsabschluss über ein Reisebüro im Aufenthaltsstaat des Verbrauchers statt, so ist dies ein Anwendungsfall des Art. 6 I lit. a wie lit. b Rom I-VO.[1311] 520

Beispiel: Wirbt ein russischer Reiseveranstalter in Deutschland und buchen in Deutschland lebende Kunden die Nordmeerkreuzfahrt über ein deutsches Reisebüro, so ist Art. 6 I lit. b Rom I-VO situativ einschlägig.[1312] 521

Für Pauschalreisen und die Vermittlung verbundener Reiseleistungen beruft Art. 47c EGBGB[1312a] die Insolvenzschutzvorschriften bzw. die Informationspflichten aus dem Recht des Staates, auf welchen ein außerhalb der EU und des EWR ansässiger Veranstalter bzw. Vermittler seine Tätigkeit ausgerichtet hat. 521a

c) Subventionierung der Wohnungswirtschaft durch Art. 6 IV lit. c Rom I-VO. Durch Art. 6 IV lit. c Rom I-VO ausgenommen sind Verträge, die ein dingliches Recht an einem Grundstück oder ein Recht zur Nutzung eines Grundstücks zum Gegenstand haben, mit Ausnahme von Timesharingverträgen. Die Ausnahme ist fragwürdig.[1313] Denn Wohnraummiete berührt Verbraucher existenziell.[1314] Es gibt wenig, das wichtiger wäre als das Dach über dem Kopf. Außerdem haben Wohnraummietverträge ein erhebliches finanzielles Volumen. 522

[1306] Siehe nur *K. Tonner*, in: Grabitz/Hilf/M. Wolf, Das Recht der EU, Bd. IV, Losebl. 1983ff., A 12 Art. 2 RL 90/314/EWG Rn. 6 (Mai 1999).

[1307] *Mankowski* S. 401 sowie *C. Hasche*, Grenzfragen zwischen See- und Reiserecht, 1990, S. 5; *Kaye*, The New Private International Law of Contract of the European Community, 1993, S. 207.

[1308] *Mankowski* S. 402; *Tonner*, RRa 2013, 206, 211.

[1309] *C. Hasche*, Grenzfragen zwischen See- und Reiserecht, 1990, S. 5; *Mankowski* S. 401 f.

[1310] Siehe nur *Flessner*, Reform des Internationalen Privatrechts: Was bringt sie dem Seehandelsrecht?, 1987, S. 11; *Basedow*, IPRax 1987, 333, 341; *C. Hasche*, Grenzfragen zwischen See- und Reiserecht, 1990, S. 5; *Mankowski* S. 401 f.

[1311] LG Konstanz NJW-RR 1993, 638.

[1312] *Klatt/Wahl/Nöll*, Recht der Touristik, Losebl. 1992ff., Kap. 6 Rn. 22 (Dez. 2001).

[1312a] In der Fassung durch Art. 3 Gesetz zur Änderung reiserechtlicher Vorschriften vom 17.7.2017, BGBl. 2017 I 2394.

[1313] Siehe schon *Stoll*, FS 75 Jahre Max-Planck-Institut für Privatrecht, 2001, S. 463, 468; *Magnus/Mankowski*, ZVglRWiss 103 (2004), 131, 167.

[1314] *Mankowski*, IPRax 2006, 101, 105.

Sie begründen laufende Belastungen des Verbrauchers von erheblicher Höhe.[1315] Der Prozentsatz seines Einkommens, den ein Normalverdiener für die Miete seiner Bleibe aufwenden muss, ist beachtlich.

523 Man mag einwenden, Art. 4 I lit. c Rom I-VO führe doch zum Belegenheitsort der Immobilie, und bei der selbst genutzten Mietwohnung habe der Verbraucher genau dort auch seinen gewöhnlichen Aufenthalt.[1316] Der Unterschied liegt indes bei der Rechtswahl: Im Internationalen Verbrauchervertragsrecht fällt sie als Gestaltungsinstrument fort, gegenüber Art. 4 Rom I-VO setzt sie sich dagegen als vorrangig durch.[1317]

524 Mit einer Einbeziehung des Wohnraummietrechts in Art. 6 Rom I-VO würde man außerdem eine Parallele zu Art. 24 Nr. 1 UAbs. 1 Var. 2 Brüssel Ia-VO erzielen, gerade weil gewöhnlicher Aufenthalt des Verbrauchers und Belegenheitsort der selbst genutzten Mietwohnung zusammenfallen. Von einer Störung des Grundstücksverkehrs im Belegenheitsstaat[1318] kann man bei Miete sowieso nicht sprechen.

525 Allerdings ist zuzugestehen, dass zwingendes Wohnraummietrecht bei entsprechend weitem[1319] Verständnis des Begriffs der Eingriffsnorm über Art. 9 Rom I-VO sonderanzuknüpfen wäre[1320] und die Ergebnisse sich dann bei beiden Ansätzen nicht sonderlich unterscheiden.[1321]

526 Unter Art. 6 IV lit. c Rom I-VO könnten auch Pfandbestellungsverträge fallen.[1322] Indes gilt dies allenfalls, wenn und soweit man diese Sicherungsgeschäfte aus dem Zusammenhang mit dem durch die gesicherten Anspruch, z.B. einem Darlehensvertrag, lösen könnte.

527 *d) Partielle Privilegierung der Finanzwirtschaft durch Art. 6 IV litt. d und e Rom I-VO.* Die Finanzwirtschaft hat sich mit Art. 6 IV litt. d; e Rom I-VO ihre eigenen Ausnahmen vom Internationalen Verbrauchervertragsrecht erstritten. Art. 6 IV lit. d Rom I-VO nimmt von Art. 6 I–III Rom I-VO aus: Rechte und Pflichten im Zusammenhang mit einem Finanzinstrument sowie Rechte und Pflichten, durch die die Bedingungen für die Ausgabe oder das öffentliche Angebot und öffentliche Übernahmeangebote bezüglich übertragbarer Wertpapiere und die Zeichnung oder den Rückkauf von Anteilen an Organismen für gemeinsame Anlagen in Wertpapieren festgelegt werden, sofern es sich dabei nicht um Finanzdienstleistungen handelt. Art. 6 IV lit. e Rom I-VO statuiert eine Ausnahme für Verträge, die innerhalb der Art von Systemen geschlossen werden, auf die Art. 4 I lit. h Rom I-VO Anwendung findet.

528 Art. 6 IV litt. d; e Rom I-VO sind eng und so kompliziert ausgefallen, dass sie schon beim Lesen einschüchtern und erschrecken. Mehrfache Verweisungen (in lit. e auf Art. 4 I lit. h Rom I-VO, dieser wiederum auf Art. 4 I Nr. 17 MiFID, heute Art. 4 I Nr. 17 MiFID II), nur scheinbar definierte Begriffe („System"), ein technischer Marktjargon (z.B. Organismen für die gemeinsamen Anlage in Wertpapieren, OGAW) und eine Rückausnahme (für Finanzdienstleistungen in Art. 6 IV lit. d aE Rom I-VO) machen Art. 6 IV litt. d; e Rom I-VO zu nicht eben einfach zu handhabenden Normen.[1323] Rechtspolitisch ist

---

[1315] *Mankowski,* IPRax 2006, 101, 105.
[1316] Vgl. bereits *Mankowski,* IPRax 2006, 101, 105.
[1317] *Mankowski,* IPRax 2006, 101, 105.
[1318] Vgl. *Basedow,* FS Erik Jayme, 2004, S. 3, 18 mit Blick auf Grundstückskaufverträge.
[1319] Allerdings zweifelhaftem; zur Begründung Reithmann/Martiny/*Mankowski* Rn. 6.989 f.
[1320] Siehe schon *Trenk-Hinterberger,* ZMR 1973, 1, 2; *ders.,* Internationales Wohnungsmietrecht, 1977, S. 140 f.; *Kropholler,* RabelsZ 42 (1978), 634, 652 und danach BGHZ 154, 110, 115; *E. Lorenz,* RIW 1987, 569, 580; *Lurger,* IPRax 2001, 52, 55 f.; *W.-H. Roth,* FS Ulrich Immenga, 2004, S. 331, 341.
[1321] Näher *Leible,* IPRax 2006, 365, 369.
[1322] *Czernich,* in: Heindler/Verschraegen (Hrsg.), Internationale Bankgeschäfte mit Verbrauchern, 2017, S. 49, 65.
[1323] Eingehend insbesondere *A. I. Dicke,* Kapitalmarktgeschäfte mit Verbrauchern unter der Rom I-VO, 2015, S. 44–312; *M. Müller,* Finanzinstrumente in der Rom I-VO, 2011, S. 299–375 sowie *Mankowski,* RIW 2009, 98; *M. Lehmann,* in: Ferrari/Leible (eds.), Rome I Regulation, 2009, S. 85; *A. I. Dicke,* [2015] BJIBFL 580.

VI. Verbraucherverträge

eine Ausnahme besonders fragwürdig, wenn Banken gefährliche Geschäftsmodelle des Investment Banking auf Privatkunden ausdehnen.[1324]

Besondere Probleme bereitet der Zusammenhang des Art. 6 IV lit. e Rom I-VO mit Art. 4 I lit. h Rom I-VO und dem Anknüpfungspunkt „Recht des Systems". Denn es ist unklar, wie dieser Anknüpfungspunkt auszufüllen ist,[1325] insbesondere wenn es nicht um registrierte Märkte, sondern um Multilateral Trading Facilities geht.[1326] Untersucht man einzelne Fallgruppen jedoch auf ihre reale Relevanz, so gerät man ins Zweifeln: Wie weit reicht z. B. eine Ausnahme vom Internationalen Verbrauchervertragsrecht für Verträge innerhalb solcher Systeme, an denen nach ihrer eigenen Definition eigentlich nur Professionelle teilnehmen können?[1327]

7. Form als Teilfrage. Wie generell bei Verträgen ist die Form des Vertrags auch bei Verbraucherverträgen ein eigener Anknüpfungsgegenstand. Sie ist Teilfrage und hat eine eigene Kollisionsnorm. Art. 11 IV 1 Rom I-VO nimmt die Form für Verbraucherverträge, auf die Art. 6 Rom I-VO anwendbar ist, von der alternativen Anknüpfung in Art. 11 I III Rom I-VO ausdrücklich aus. Im Fall ist also inzident zu prüfen, ob persönlich, sachlich und situativ ein von Art. 6 Rom I-VO erfasster Verbrauchervertrag vorliegt.

Art. 11 IV 2 Rom I-VO unterwirft die Form von Art. 6 Rom I-VO erfasster Verbraucherverträge immer dem Recht des Staates, in welchem der Verbraucher seinen gewöhnlichen Aufenthalt hat. Das ist dieselbe Anknüpfung wie bei der objektiven Anknüpfung von Verbraucherverträgen nach Art. 6 I Rom I-VO. Eine Rechtswahl zählt insoweit nicht. Insbesondere findet aber keinerlei Anknüpfung an den Ort des Vertragsschlusses statt. Unternehmer sollen keine Anreize haben, Verbraucher zum Zwecke des Vertragsschlusses über Grenzen zu locken, damit diese ihre Vertragserklärung im Ausland abgeben. Verbraucherschutzrecht setzt Schutzzwecke gern mit Formvorschriften um.[1328] Dabei arbeitet es mit den Formzwecken der Warnfunktion und der materiellen Informationsfunktion.[1329] Nicht zur Form und damit nicht unter Art. 11 IV Rom I-VO gehört dagegen die inhaltliche Wirksamkeit einzelner Vertragsbestimmungen nach AGB-Recht.[1330]

Einzelne B2C-Verbraucherverträge können außerhalb des Anwendungsbereich von Art. 6 Rom I-VO stehen, sei es, dass die situativen Anforderungen nicht erfüllt sind, sei es, dass es sich um eine Vertragskategorie aus einem der Ausnahmebereiche des Art. 6 IV Rom I-VO handelt. Für solche Verträge gilt Art. 11 IV Rom I-VO nicht, sondern es greifen Art. 11 I III Rom I-VO. Die Ausnahme gilt nicht, also gilt die Regel.

8. Art. 46b EGBGB. Neben Art. 6 Rom I-VO gibt es Art. 46b Rom I-VO. Diese Norm zieht ihre formelle Überlebensberechtigung aus Art. 23 Rom I-VO, der richtigerweise auf mitgliedstaatliche Umsetzungsvorschriften zu Richtlinien auszudehnen ist. Denn sie ist deutsche Umsetzung der kollisionsrechtlichen Rechtssetzungsaufträge aus Verbraucherschutzrichtlinien der EG. Der europäische Gesetzgeber hat die Rom I-VO nicht zu einer umfassenden Flurbereinigung benutzt und diese Richtliniennormen nicht aufgehoben. „Verräterisch" ist trotzdem, dass es seit Juni 2008 (also seitdem die Rom I-VO in Kraft getreten ist) keine neuen Aufträge dieses Typs mehr gegeben hat. Insbesondere hat die VerbraucherrechteRL bewusst auf einen solchen Auftrag verzichtet. Die Liste der erfassten Richtlinien enthält Art. 46b III EGBGB. Sie umfasst die KlauselRL, die VerbrauchsgüterkaufRL, die Richtlinie über den Fernabsatz von Finanzdienstleistungen und die (novellierte) VerbraucherkreditRL.

[1324] *Czernich,* in: Heindler/Verschraegen (Hrsg.), Internationale Bankgeschäfte mit Verbrauchern, 2017, S. 49, 66.
[1325] → § 1 Rn. 92 ff.
[1326] *Mankowski,* RIW 2009, 98, 109 f.
[1327] *M. Lehmann,* in: Ferrari/Leible (eds.), Rome I Regulation, 2009, S. 85, 97 f.
[1328] Siehe nur *Heiss,* in: A. K. Schnyder/Heisss/Rudisch (Hrsg.), Internationales Verbraucherschutzrecht, 1995, S. 87.
[1329] Zu letzterer *Mankowski,* JZ 2010, 662, 664 f.
[1330] Falsch AG Simmern VuR 2018, 32 Rn. 18.

534 Unterliegt ein Vertrag kraft Rechtswahl dem Recht eines Drittstaates außerhalb von EU und EWR, so unterwirft Art. 46b I EGBGB ihn trotzdem dem Umsetzungsvorschriften für die genannten Richtlinien, die ein Mitgliedstaat von EU oder EWR aufgestellt hat, zu dem ein enger Zusammenhang besteht. Regelbeispiele für einen engen Zusammenhang sind nach Art. 46b II EGBGB, dass der Unternehmer in dem Mitgliedstaat von EU oder EWR, in welchem der Verbraucher seinen gewöhnlichen Aufenthalt hat, eine berufliche oder gewerbliche Tätigkeit ausübt (Nr. 1) oder eine solche Tätigkeit auf irgendeinem Wege auf diesen Staat oder auf mehrere Staaten einschließlich dieses Staates ausgerichtet hat (Nr. 2), sofern der Vertrag in den Bereich der ausgeübten oder ausgerichteten Tätigkeit fällt. Die Anlehnung an Art. 6 I lit. c Rom I-VO springt ins Auge. Praktisch hat Art. 46b I EGBGB keine eigenständige Bedeutung.

535 Für Timesharingverträge gibt es die besondere Anknüpfung nach Art. 46b IV EGBGB, eingeführt durch das Teilzeitwohnrechte-Modernisierungsgesetz[1331] zur Umsetzung der novellierten TimesharingRL und in Kraft getreten am 23.2.2011. Art. 46b IV EGBGB zufolge darf Verbrauchern, wenn ein Teilzeitnutzungsvertrag, ein Vertrag über ein langfristiges Urlaubsprodukt, ein Wiederverkaufsvertrag oder ein Tauschvertrag im Sinne von Art. 2 I litt. a–d RL 2008/122/EG nicht dem Recht eines Mitgliedstaats der EU oder eines Vertragsstaats des EWR unterliegt, der in Umsetzung der RL 2008/122/EG gewährte Schutz nicht vorenthalten werden, wenn eine der betroffenen Immobilien im Hoheitsgebiet eines Mitgliedstaats der EU oder eines Vertragsstaats des EWR belegen ist (Nr. 1) oder im Falle eines Vertrags, der sich nicht unmittelbar auf eine Immobilie bezieht, der Unternehmer eine berufliche oder gewerbliche Tätigkeit in einem Mitgliedstaat der EU oder einem Vertragsstaats des EWR ausübt oder diese Tätigkeit auf irgendeine Weise auf einen solchen Staat ausrichtet und der Vertrag in den Bereich dieser Tätigkeit fällt (Nr. 2). Diese Vorschrift dient der Umsetzung von Art. 12 II RL 2008/122/EG[1332] und übernimmt getreulich dessen gleichlautende Tatbestandsvoraussetzungen.[1333]

536 Auf der Rechtsfolgenseite ist Art. 46b IV EGBGB eine einseitige Kollisionsnorm: Er führt zur Anwendung des deutschen Timesharingrechts, nicht zur Anwendung des Timesharingrechts desjenigen EU-Mitgliedstaats, in welchem die betroffene Immobilie belegen ist.[1334] Deutsches Recht ist indes nicht immer anzuwenden. Die Rechtsfolge ist nämlich dahin formuliert, dass Verbrauchern der Schutz der (deutschen) Richtlinienumsetzung nicht vorenthalten werden darf. Schutz wird nicht vorenthalten, wenn die lex causae ein mindestens gleich hohes Schutzniveau hat. Sollte die lex causae Verbrauchern größeren Schutz gewähren als das deutsche Recht, so bleibt es bei der Anwendung der lex causae. Nur wenn das Schutzniveau der lex causae jenes der deutschen Richtlinienumsetzung nicht erreicht, kommt die deutsche Richtlinienumsetzung im Wege der überlagernden besonderen Anknüpfung zum Zuge. Es herrscht also ein Günstigkeitsvergleich zwischen der lex causae und dem deutschen Recht.[1335] Dieser ist von Amts wegen durchzuführen.[1336]

[1331] Gesetz zur Modernisierung der Regelungen über Teilzeitwohnrechte, Verträge über langfristige Urlaubsprodukte sowie Vermittlungsverträge und Tauschsystemverträge vom 17.1.2011, BGBl. 2011, I-34.

[1332] Zu Vorgaben aus Art. 12 II; Erwägungsgrund (17) S. 4 RL 2008/122/EG eingehend *Friesen*, Auswirkungen der Richtlinie 2008/122/EG auf das Internationale Timesharingrecht in der EU, 2017, S. 206–235.

[1333] *Friesen*, Auswirkungen der Richtlinie 2008/122/EG auf das Internationale Timesharingrecht in der EU, 2017, S. 235–240.

[1334] Siehe nur *Leible/Leitner*, IPRax 2013, 37, 43; MüKoBGB/*Martiny* Art. 46b EGBGB Rn. 106 und (jeweils mit Kritik) altrechtlich *A. Staudinger*, RIW 2000, 416, 418 f.; *Freitag/Leible*, EWS 2000, 342, 349; *H. Wegner*, NJ 2000, 407, 410; *H. Wegner*, VuR 2000, 227, 229 f.; *Bitterich*, Die Neuregelung des Internationalen Verbrauchervertragsrechts in Art. 29a EGBGB, 2003, S. 448.

[1335] NK-BGB/*Leible* Art. 46b EGBGB Rn. 57; *Leible/Leitner*, IPRax 2013, 37, 43; Palandt/*Thorn* Art. 46b EGBGB Rn. 7; MüKoBGB/*Martiny* Art. 46b EGBGB Rn. 105; *Friesen*, Auswirkungen der Richtlinie 2008/122/EG auf das Internationale Timesharingrecht in der EU, 2017, S. 232 f. AA wegen des Prinzips der Vollharmonisierung *Franzen*, FS Bernd v. Hoffmann, 2011, S. 115, 126.

[1336] Erman/*Hohloch* Art. 46b EGBGB Rn. 24.

VII. Arbeitsverträge

Literatur: *R. Birk*, Die Bedeutung der Parteiautonomie im internationalen Arbeitsrecht, RdA 1989, 201, 206; *ders.*, Arbeitskollisionsrecht, in: Münchener Handbuch zum Arbeitsrecht, Bd. I, 2. Aufl. 2000, § 20; *ders.*, Rechtswahl und Rechtsformzwang im Arbeitskollisionsrecht, FS Tuğrul Ansay, 2006, S. 15; *Blefgen*, Die Anknüpfung an die einstellende Niederlassung des Arbeitgebers im Internationalen Arbeitsvertragsrecht, 2006; *Block*, Die kollisionsrechtliche Anknüpfung von Individualarbeitsverträgen im staatsfreien Raum, 2012; *Bosse*, Probleme des europäischen Internationalen Arbeitsprozessrechts, 2007; *Callsen*, Eingriffsnormen und Ordre public-Vorbehalt im Internationalen Arbeitsrecht, 2015; *Carballo Piñeiro*, International Maritime Labour Law, 2015; *Clerici*, Quale favor per il lavoratore nel Regolamento Roma I?, Liber Fausto Pocar, tomo II, 2009, S. 215; *Dauxerre*, Contribution à l'étude de la loi applicable au contrat de travail international, JCP S 2017.1333 = JCP S N° 43, 31 octobre 2017, S. 8; *Deinert*, Internationales Arbeitsrecht, 2013; *ders.*, Die internationalprivatrechtliche Behandlung öffentlich-rechtlichen Arbeitsrechts, in: Symposium Peter Winkler v. Mohrenfels, 2013, S. 95; *ders.*, Eingriffsnormen, Entsenderecht und Grundfreiheiten, FS Dieter Martiny, 2014, S. 277; *ders.*, Entsendung, in: Schlachter/Heinig (Hrsg.), Europäisches Arbeits- und Sozialrecht (EnzEur Bd. 7), 2016, § 10 (S. 451); *ders.*, International Labour Law under the Rome Conventions, 2017; *Egler*, Seeprivatrechtliche Streitigkeiten unter der EuGVVO, 2011; *Fornasier*, Die Ausweichklausel im europäischen Arbeitskollisionsrecht, IPRax 2015, 517; *Gamillscheg*, Internationales Arbeitsrecht, 1959; *ders.*, Ein Gesetz über das Internationale Arbeitsrecht, ZfA 1983, 307; *Gangstel/van Calster*, Protected Parties in European and American Conflicts Law: A Comparative Analysis of Individual Employment Contracts, YbPIL 18 (2016/17), 83; *Grušić*, Should the connecting factor of the „engaging place of business" be abolished in European Private International Law?, (2013) 62 ICLQ 173; *ders.*, The European Private International Law of Employment, 2015; *Haanappel-van der Burg*, Arbeidsconstructies in de luchtvaartsector na het Ryanair-arrest, Ars Aequi 2018, 222; *Heilmann*, Das Arbeitsvertragsstatut, 1991; *Henze*, Die Anknüpfung von mobilen Arbeitsverhältnissen anhand des Art. 8 Rom I-Verordnung, 2017; *J. Hoppe*, Die Entsendung von Arbeitnehmern ins Ausland, 1999; *L. Hübner*, Organhaftung, EuGVO und Rom I-VO, ZGR 2016, 897; *Jenderek*, Die arbeitsrechtliche Stellung geschäftsführender Organmitglieder im Internationalen Privatrecht, 2015; *A. Junker*, Internationales Arbeitsrecht im Konzern, 1992; *ders*, Gewöhnlicher Arbeitsort und vorübergehende Entsendung im Internationalen Privatrecht, FS Andreas Heldrich, 2005, S. 719; *ders.*, Internationale Zuständigkeit und anwendbares Recht in Arbeitssachen, NZA 2005, 199; *ders.*, Internationale Zuständigkeit für Arbeitssachen nach der Brüssel I Verordnung, FS Peter Schlosser, 2005, S. 299; *ders.*, Arbeitnehmereinsatz im Ausland – Anzuwendendes Recht und internationale Zuständigkeit, 2007; *ders.*, Internationalprivat- und -prozessrechtliche Fragen von Rumpfarbeitsverhältnissen, FS Jan Kropholler, 2008, S. 481; *ders.*, Internationalprivat- und -prozessrechtliche Fragen des Arbeitnehmereinsatzes im Ausland, FS Gunther Kühne, 2009, S. 735; *ders.*, Internationales Arbeitsvertragsrecht in der Praxis – Eine Fallstudie, FS Jobst Hubertus Bauer, 2010, S. 503; *ders.*, Arbeitsverträge im Internationalen Privat- und Prozessrecht, FS Peter Gottwald, 2014, S. 293; *Knöfel*, Aufhebungsverträge zwischen Arbeitnehmer und Arbeitgeber im Internationalen Privat- und Prozessrecht, ZfA 2006, 397; *ders.*, Kommendes Internationales Arbeitsrecht, RdA 2006, 269; *ders.*, Navigare necesse est – Zur Anknüpfung an die einstellende Niederlassung im Europäischen Internationalen Arbeitsrecht der See, IPRax 2014, 130; *ders.*, The Sweet Escape – Zur Ausweichklausel im europäischen Internationalen Arbeitsrecht, EuZA 2014, 375; *ders.*, Grenzüberschreitende Organhaftung als Arbeitnehmerhaftung?, EuZA 2016, 348; *Krebber*, Internationales Privatrecht des Kündigungsschutzes bei Arbeitsverhältnissen, 1997; *ders.*, Individualarbeitsrecht als Arbeitsmarktrecht und Anknüpfung des Arbeitsverhältnisstatuts, FS Rolf Birk, 2008, S. 477; *ders.*, Qualifikationsrechtlicher Rechtsformzwang – Der Arbeitsvertrags- und Arbeitnehmerbegriff im Europäischen Kollisions- und Verfahrensrecht, FS Bernd v. Hoffmann, 2011, S. 218; *Lüttringhaus*, Grenzüberschreitender Diskriminierungsschutz – Das internationale Privatrecht der Antidiskriminierung, 2010; *ders.*, Die „engere Verbindung" im europäischen Internationalen Arbeitsrecht, EuZW 2013, 821; *Lüttringhaus/Schmidt-Westpfahl*, Neues zur „einstellenden Niederlassung" im europäischen Internationalen Arbeitsrecht, EuZW 2012, 139; *Mankowski*, Arbeitsverträge von Seeleuten im deutschen Internationalen Privatrecht, RabelsZ 53 (1989), 487; *ders.*, Wichtige Klärungen im Internationalen Arbeitsrecht, IPRax 1994, 88; *ders.*, Ausländische Scheinselbständige und Internationales Privatrecht, BB 1997, 465; *ders.*, Der gewöhnliche Arbeitsort im Internationalen Prozeß- und Privatrecht, IPRax 1999, 332; *ders.*, Internet, Telearbeit und Internationales Arbeitsvertragsrecht, DB 1999, 1854; *ders.*, Europäisches Internationales Arbeitsprozessrecht – Weiteres zum gewöhnlichen Arbeitsort, IPRax 2003, 21; *ders.*, Rumpfarbeitsverhältnis und lokales Arbeitsverhältnis (komplexe

Arbeitsverhältnisse) im Internationalen Privat- und Prozessrecht, RIW 2004, 133; *ders.*, Organpersonen und Internationales Arbeitsrecht, RIW 2004, 167; *ders.*, Das Internationale Arbeitsrecht und die See – Die Fortsetzung folgt, IPRax 2005, 58; *ders.*, Employment Contracts under Art. 8 of the Rome I Regulation, in: Ferrari/Leible (eds.), The Rome I Regulation, München 2009, S. 171; *ders.*, Zur Abgrenzung des Individual- vom Kollektivarbeitsrecht im europäischen Internationalen Zivilverfahrensrecht, IPRax 2011, 93; *ders.*, Formelle Selbständige, Bescheinigung A 1 (früher E 101) und Arbeitnehmerbegriff im europäischen IZPR, EuZA 2016, 107; *ders.*, Befristete Kettenarbeitsverträge im Internationalen Privat- und Prozessrecht, EuZA 2017, 267; *Mankowski/Knöfel*, On the Road Again, oder: Wo arbeitet ein Fernfahrer? – Neues vom europäischen Internationalen Arbeitsvertragsrecht, EuZA 2011, 521; *Mengozzi*, I conflitti di leggi, le norme di applicazione necessaria in materia di rapporti di lavoro e la libertà di circolazione die servizi nella Comunità europea, Liber Fausto Pocar, tomo II, 2009, S. 701; *Merrett*, Employment Contracts in Private International Law, 2011; *Carsten Müller*, International zwingende Normen des deutschen Arbeitsrechts, 2005; *Cornelia Müller*, Die internationale Zuständigkeit deutscher Arbeitsgerichte und das auf den Arbeitsvertrag anwendbare Recht, 2004 (zitiert: *C. Müller*); *Nord*, La nécessaire refonte du système de conflit de lois en matière de contrat de travail international, RCDIP 2016, 319; *S. Springer*, Virtuelle Wanderarbeit, 2003; *M. Taschner*, Arbeitsvertragsstatut und zwingende Bestimmungen nach dem Europäischen Schuldvertragsübereinkommen, 2003; *Trenner*, Internationale Gerichtsstände in grenzüberschreitenden Arbeitsvertragsstreitigkeiten, 2001; *Tricoit*, Office du juge et caractère plus favorable des dispositions impératives de la loi applicable à defaut de choix, JCP S 2015.1395; *Wurmnest*, Das neue Internationale Arbeitsvertragsrecht der Rom I-Verordnung, EuZA 2009, 481.

537 Art. 8 Rom I-VO stellt eine spezielle Anknüpfungsregel für Arbeitsverträge auf. Er behandelt einen Arbeitsvertrag als Schuldverhältnis, obwohl es in den Sachrechten viele besondere Schutzbereiche gibt, die in ihrer Summe das Regel/Ausnahme-Verhältnis zum normalen Schuldrecht durchaus umzukehren geeignet wären.[1337] Die persönliche Reichweite der Sonderregel auf der Arbeitgeberseite eines Vertrags richtet sich danach, wer alles als Arbeitgeber anzusehen ist, z. B. Mitarbeitgeber oder co-emplois. Die Parteistellung in einem Vertrag gehört zum Zustandekommen des Vertrags (zwischen welchen Parteien ist der Vertrag zustandegekommen?)[1338] und beantwortet sich entsprechend dem bootstrap principle des Art. 10 I Rom I-VO, wenn möglicherweise ein Arbeitsvertrag vorliegt, also nach dem Statut dieses potentiellen Arbeitsvertrags.[1339]

538 **1. Begriff des Individualarbeitsvertrags.** *a) Grundsätzliches.* Art. 8 Rom I-VO definiert den Begriff des Individualarbeitsvertrages nicht ausdrücklich. Vielmehr setzt er diesen voraus. Ob ein Arbeitsvertrag vorliegt, ist nach europäisch-autonomen Maßstäben zu beurteilen.[1340] Es kommt nicht darauf an, ob das Beschäftigungsverhältnis nach nationalem Recht als Rechtsverhältnis sui generis einzustufen ist oder ob der Dienstleistende nach nationalem Recht ein Selbständiger wäre.[1341] Eine Qualifikation lege causae findet nicht statt.[1342] Selbst in Grenzfällen ist ein Rekurs auf das Arbeitsvertragsstatut für die Frage, ob dieses dem konkret in Rede stehenden Diensterbringer den für Arbeitnehmer typischen Sozialschutz gewähre, abzulehnen.[1343] Damit geriete man in einen Zirkel und in eine Ab-

---

[1337] Siehe *Krebber*, FS Rolf Birk, 2008, S. 477, 490 f.
[1338] → § 1 Rn. 791.
[1339] *Laborde*, Bull. Joly Sociétés 2016, 250, 252 f.
[1340] Siehe nur BAG AP H. 4/2004 Nr. 1 zu Art. 7 Lugano-Abkommen Bl. 4; *Blefgen* S. 24 f. mwN; *Merrett* Rn. 3–26-3.29; Rauscher/*Mankowski* Art. 20 Brüssel Ia-VO Rn. 12; *Grušić* S. 63; *L. Hübner*, ZGR 2016, 897, 903.
[1341] EuGH Slg. 2010, I-11405 Rn. 40 f. – Dita Danosa/LKB Līzings SIA; LAG Düsseldorf IHR 2014, 242, 245 Rn. 38 mAnm *Mankowski; Mankowski*, EuZA 2015, 358, 360.
[1342] AA allein *Morse*, in: North (ed.), Contract Conflicts, 1982, S. 143, 148; *ders.*, (1992) 41 ICLQ 1, 12 f.; Dicey/Morris/Lawrence Collins/Morse, The Conflict of Laws, 14. Aufl. 2006, Rn. 33–054 f. und *Knöfel*, IPRax 2006, 552 (mit einer eigenwilligen Abgrenzung zwischen Auslegung und angeblich dem Tatbestand vorgeschalteter Qualifikation) und *Knöfel*, EuZA 2016, 348, 360–364 (partieller Rückgriff auf die lex fori).
Kritische Auseinandersetzung insbesondere bei *Jenderek* S. 116–118.
[1343] AA OGH ecolex 2005, 311, 312.

hängigkeit vom nationalen Recht. Desweiteren wäre die Ausgrenzung kollektivarbeits- und öffentlich-rechtlichen Schutzes erklärungsbedürftig, wenn man denn auf Schutzmechanismen abstellen wollte.[1344]

Implizit bezieht sich der Begriff des Invididualarbeitsvertrags hier ebenso wie bei Art. 20 I Brüssel Ia-VO auf zwei Quellen:[1345] zum einen auf die einschlägige Rechtsprechung des EuGH im IZPR[1346] und zum anderen auf den primärrechtlichen Arbeitnehmer- und Arbeitsvertragsbegriff, wie er unter Art. 45 AEUV (ex Art. 39 EGV) Gültigkeit hat.[1347] Das Primärrecht verlangt bei einem Sekundärrechtsakt sowohl unter dem Aspekt einer die Normhierarchie beachtenden Auslegung als auch unter jenem der systematischen Auslegung Beachtung. Hinzu kann eine rechtsvergleichende Betrachtung der mitgliedstaatlichen Rechtsordnungen treten.[1348] Eine Auslegung unter Qualifikationsverweisung auf ein mitgliedstaatliches Recht verbietet zusätzlich der Umkehrschluss aus Art. 2 II RL 96/71/EG, wo ein solches alternatives Modell gewählt und ausdrücklich realisiert wurde.[1349] Auf das primärrechtliche Konzept greift das Sekundärrecht nämlich ansonsten zurück.[1350] Eine Dichotomie zwischen Vertragstyp und Statusbegriff des Arbeitnehmers lässt sich bei Arbeitsverträgen nicht herstellen.[1351]

Aus diesen Quellen gespeist ergibt sich folgende Definition:[1352] Ein Individualarbeitsvertrag ist ein Vertrag, in dem sich die eine Partei für eine gewisse Dauer verpflichtet, gegen Vergütung für die andere Partei *Dienste* zu erbringen, dabei deren *Weisungen* unterworfen ist und sich in deren *betriebliche Organisation* eingliedert, kein eigenes *unternehmerisches Risiko* trägt[1353] und keine eigene unternehmerische Entscheidungsfreiheit hat. Eine gewisse soziale und wirtschaftliche Abhängigkeit der schwächeren Partei kann hinzutreten;[1354] sie wirkt

---

[1344] *Mankowski,* RIW 2005, 481, 497.

[1345] *Mankowski,* BB 1997, 465, 467f.; *Trenner* S. 84f.; *Mosconi,* RDIPP 2003, 5, 11; *ders.,* FS Hans Jürgen Sonnenberger, 2004, S. 549, 555f.; *Reinstadler/Reinalter,* Giur. It. 2016, 851, 852; vgl. auch OLG Hamburg NJW 2004, 3126, 3127; WPP Holdings Italy srl v. Benatti [2006] 2 Lloyd's Rep. 610, 622 (Q.B.D., Field J.); C. *Müller* S. 51; *Jenderek* S. 122–128.

[1346] Dort namentlich EuGH Slg. 1987, 239, 255f Rn. 16 – H. Shenavai/K. Kreischer.

[1347] Dort namentlich EuGH Slg. 1982, 1035, 1048 Rn. 9 – D.M. Lewin/Staatssecretaris van Justitie; EuGH Slg. 1986, 2121, 2144 Rn. 17 – Deborah Lawrie-Blum/Land Baden-Württemberg; EuGH Slg. 1999, I-3289, I-3310 Rn. 13 – C.P.M. Meeusen/Hoofddirectie van de Informatie Beheer Groep; EuGH Slg. 2001, I-4265, I-4313 Rn. 55 – Ghislain Leclere u. Alina Deaconescu/Caisse nationale des prestations familiales; EuGH Slg. 2003, I-13187, I-13228 Rn. 24 – Franca Ninni-Orasche/Bundesminister für Wissenschaft, Verkehr und Kunst; EuGH Slg. 2004, I-2703, I-2743f. Rn. 26 – Brian Francis Collins/Secretary of State for Work and Pensions; EuGH Slg. 2004, I-7573, I-7604 Rn. 15 – Michel Trojani/Centre public d'aide sociale de Bruxelles (CPAS); EuGH Slg. 2005, I-2421, I-2438 Rn. 12 – Karl Robert Kranemann/Land Nordrhein-Westfalen; EuGH Slg. 2008, I-5939 Rn. 14 – Andrea Raccanelli/Max-Planck-Gesellschaft; EuGH Slg. 2011, I-2761 Rn. 21 – Dieter May/AOK Rheinland/Hamburg – Die Gesundheitskasse; EuGH ECLI:EU:C:2012:263 Rn. 23 – Georg Neidel/Stadt Frankfurt am Main; EuGH ECLI:EU:C:2012:798 Rn. 25 – Caves Krier Frères SA/Directeur de l'Administration de l'emploi; EuGH ECLI:EU:C:2013:124 Rn. 30 – Helga Petersen u.P. Petersen/Finanzamt Ludwigshafen; EuGH ECLI:EU:C:2014:2007 Rn. 35 – Jessy Saint Prix/Ministery of State for Work and Pensions; EuGH ECLI:EU:C:2014:28 Rn. 28 – Iraklis Haralambidis/Calogero Casilli; EuGH ECLI:EU:C:2014:2411 Rn. 34 – FNV Kunsten Informatie en Media/Staat der Nederlanden; EuGH ECLI:EU:C:2017:566 Rn. 19 – Abercrombie & Fitch Italia Srl/Antonio Bordonaro.

[1348] Eingehend *S. Springer* S. 91–125.

[1349] *Behr,* GS Wolfgang Blomeyer, 2004, S. 15, 32.

[1350] *Bosse* S. 64f.

[1351] AA *Knöfel,* ZfA 2006, 397, 429f.

[1352] *Mankowski,* BB 1997, 465, 469; *Merrett* Rn. 3.62-3.64, 6.27; *Grušić* S. 79f. sowie BAG AP H. 4/2004 Nr. 1 zu Art. 5 Lugano-Abkommen Bl. 4; OLG Hamburg NJW 2004, 3126, 3127; OGH ÖJZ 1999, 504, 505; WPP Holdings Italy srl v. Benatti [2006] 2 Lloyd's Rep. 610, 622 (Q.B.D., Field J.) und OGH ecolex 2005, 311, 312 unter weiterem Hinweis auf OGH 9 ObA 247/98h und OGH ObA 230/99k. Vgl. auch *Cavalier/Upex,* (2006) 55 ICLQ 587. Zu den einzelnen Merkmalen teilweise skeptisch *Bosse* S. 66–71.

[1353] EuGH Slg. 1989, 4459 Rn. 36 – The Queen/Ministry of Agriculture, Fisheries and Food, ex parte Agegate Ltd.; EuGH ECLI:EU:C:2014:2411 Rn. 36 – FNV Kunsten Informatie en Media/Staat der Nederlanden; *Mankowski,* RIW 2004, 167, 171; *Jenderek* S. 127.

[1354] Siehe EuGH ECLI:EU:C:2014:2185 Rn. 29 – Iraklis Haralambidis/Calogero Casilli.

aber nun indiziell und ist nicht notwendig[1355] (sogar für sich allein nicht hinreichend[1356]). Die Vergütung kann auch in Kost und Logis von einem Wert liegen, der nicht außer Verhältnis zum Wert der erbrachten Dienstleistung steht.[1357] Erfolgsabhängige Vergütungsteile bewirken nicht automatisch, dass der Betreffende kein Arbeitnehmer mehr wäre.[1358] Dies gilt grundsätzlich auch bei eingelösten Aktienoptionen, jedenfalls solange es sich nicht um vinkulierte Aktien oder Optionen handelt.[1359] Die Arbeitspflicht muss nicht kontinuierlich sein, sondern kann auch bei Arbeit auf Abruf bestehen, zumal Bereitschaft dann vertragliche Verpflichtung ist.[1360]

541 Wie die Parteien ihren Vertrag bezeichnen, ist irrelevant: Substanz geht vor Form, um keine Manipulationsmöglichkeiten qua bloßer Benennung zu eröffnen.[1361] Auch Auszubildende, Praktikanten und Referendare sind Arbeitnehmer, wenn ihre Ausbildung unter den Bedingungen einer tatsächlichen und echten Tätigkeit im Lohn- und Gehaltsverhältnis durchgeführt wird.[1362] Gelegenheitsarbeit, Teilzeitbeschäftigung und geringfügige Beschäftigung können allgemein reichen,[1363] selbst dann, wenn das darüber erzielte Einkommen unter dem Existenzminimum im Tätigkeitsstaat liegen sollte.[1364] Die Höhe der Vergütung spielt grundsätzlich keine Rolle.[1365] Subventionierung aus öffentlichen Kassen schadet nicht.[1366]

542 Arbeitgeber ist, wem die Arbeitsleistung zusteht,[1367] nicht, wem sie faktisch erbracht wird.[1368] Wer Arbeitgeber ist, bestimmt sich ebenfalls europäisch-autonom und nicht unter Rückgriff auf nationale Doktrinen wie den co-emploi des französischen Rechts;[1369] dies hat Bedeutung insbesondere in Konzernsachverhalten und gegebenenfalls bei Arbeitnehmerüberlassung (Leiharbeitern).

543 Ob ein Individualarbeitsvertrag vorliegt, ist eine vorrangig vor jedem Rückgriff auf die allgemeine internationalschuldvertragsrechtliche Anknüpfung nach Artt. 3; 4 Rom I-VO zu stellende Qualifikationsfrage. Denn Art. 8 Rom I-VO ist lex specialis und in der Ab-

---

[1355] Hessisches LAG IPRspr. 2011 Nr. 218 S. 572.
[1356] OGH ecolex 2005, 311, 312 unter weiterem Hinweis auf OGH 9 ObA 230/99k; *WPP Holdings Italy srl v. Benatti* [2006] 2 Lloyd's Rep. 610, 622 (Q.B.D., *Field* J.); *Kocher*, in: Frankfurter Kommentar EUV/GRCh/AEUV, Bd. II, 2017, Art. 45 AEUV Rn. 43.
[1357] EuGH Slg. 1988, 6159 Rn. 12–14 – Udo Steymann/Staatsecretaris van Justitie; Streinz/*Franzen*, EUV/AEUV, 2. Aufl. 2012, Art. 45 AEUV Rn. 28.
[1358] EuGH Slg. 1989, 4459 Rn. 36 – The Queen/Ministry of Agriculture, Fisheries and Food, ex parte Agegate Ltd.
[1359] *Mankowski*, RIW 2004, 167, 171.
[1360] Vgl. *Merrett* Rn. 3.36 mit Rn. 2.27.
[1361] *Mankowski*, IPRax 2001, 123, 125; *ders.*, RIW 2004, 167, 169; *Kocher*, in: Frankfurter Kommentar EUV/GRC/AEUV, Bd. II, 2017, Art. 45 AEUV Rn. 23.
[1362] EuGH Slg. 1986, 2121 Rn. 18–22 – Deborah Lawrie-Blum/Land Baden-Württemberg; EuGH Slg. 1992, I-1071 Rn. 14–17 – M.J.E. Bernini/Minister van Onderwijs en Wetenschappen; EuGH Slg. 2005 I 2421 Rn. 13 – Karl Robert Kranemann/Land Nordrhein-Westfalen; *Kocher*, in: Frankfurter Kommentar EUV/GRCh/AEUV, Bd. II, 2017, Art. 45 AEUV Rn. 40, 42.
[1363] EuGH Slg. 1982, 1035 Rn. 17 – D.M. Lewin/Staatsecretaris van Justitie; EuGH Slg. 1992, I-1027 Rn. 13 f. – Sandra Raulin/Französische Republik; EuGH Slg. 2010, I-931 Rn. 27 f. – Hava Genc/Land Berlin; *Kocher*, in: Frankfurter Kommentar EUV/GRCh/AEUV, Bd. II, 2017, Art. 45 AEUV Rn. 34.
[1364] EuGH Slg. 1982, 1035 Rn. 17 – D.M. Lewin/Staatsecretaris van Justitie; *Carl Otto Lenz/Borchardt/Weerth*, EUV/AEUV/GRCh, 6. Aufl. 2013 Art. 45 AEUV Rn. 8; Streinz/*Franzen*, EUV/AEUV, 2. Aufl. 2012, Art. 45 AEUV Rn. 23.
[1365] Siehe nur EuGH Slg. 2005, I-2421 Rn. 17 mwN – Karl Robert Kranemann/Land Nordrhein-Westfalen.
[1366] EuGH Slg. 1989, I-1621 Rn. 16 – I. Bettray/Staatsecretaris van Justitie; *Kocher*, in: Frankfurter Kommentar EUV/GRCh/AEUV, Bd. II, 2017, Art. 45 AEUV Rn. 37 sowie EuGH ECLI:EU:C:2014:2 Rn. 24–27 – Association de medicine sociale/Union des syndicats locals CGT.
[1367] BAG AP H. 4/2004 Nr. 1 zu Art. 5 Lugano-Abkommen Bl. 4; *Trenner* S. 89.
[1368] *Mankowski*, AP H. 4/2004 Nr. 1 zu Art 5 Lugano-Abkommen Bl. 7R, 8R.
[1369] *Mankowski*, EuZA 2015, 358, 359–363.
Nicht beachtet von Cass. soc. JCP S. 2015.1162 = JCP S N°s 17–18, 28 avril 2015, S. 45 note *Tricoit* (dazu *Bugada*, Procédures avril 2015, 28; *Icard*, Cah. soc. 2015, 160; *Jault-Seseke*, Bull. Joly sociétés 2015, 222).

VII. Arbeitsverträge   544–546 § 1

folge zuerst zu beachten.¹³⁷⁰ Soweit es unter der autonomen Begriffsbildung für den
Untersatz im Rahmen der Qualifikation auf eine Verweisung auf die potenzielle lex causae
ankommen sollte, spricht für diese Reihenfolge auch die Anweisung aus Art. 10 I Rom
I-VO.¹³⁷¹

Eine Dreifachqualifikation nach europäischen Maßstäben, lex fori und lex causae wäre 544
dagegen jedenfalls ein sehr komplizierter Vorgang.¹³⁷² Sofern man es für eine individualarbeitsrechtliche Qualifikation ausreichen lassen wollte, dass auch nur nach einem Zweig ein
Arbeitsvertrag vorliegt,¹³⁷³ wäre dies eine alternative Art Qualifikationsverweisung (bei deren europäisch-autonomem Zweig aber gerade keine Verweisung für den Obersatz erfolgen
würde). Einem so genannten qualifikationsrechtlichen Rechtsformzwang¹³⁷⁴ gar Eingriffsnormenqualität verleihen zu wollen,¹³⁷⁵ würde die Qualität des Einstiegs, nämlich in Art. 8
Rom I-VO, verkennen. Aus dem dann notwendig eingeschalteten Art. 9 Rom I-VO heraus würde kein systemkonformer Weg zu Art. 8 Rom I-VO zurückführen.

b) Arbeitnehmerähnliche Personen. Eine Verweisung auf nationales Recht ist auch in den 545
Randbereichen ausgeschlossen.¹³⁷⁶ Daher ist es z.B. unmöglich, der europäischen Definition die deutsche Sonderregel über arbeitnehmerähnliche Personen aus § 5 I 2 ArbGG
unterzuschieben.¹³⁷⁷ Arbeitnehmerähnliche Personen in relativer wirtschaftlicher Abhängigkeit wie namentlich kleine Handelsvertreter oder kleine Vertragshändler¹³⁷⁸ und andere
Solo-Selbständige in den persönlichen Schutzbereich miteinzubeziehen, ist ein rechtspolitisches Bedürfnis de lege ferenda.¹³⁷⁹ Allerdings stünde dabei auch die Folgefrage nach einer
Obergrenze im Raum. Immerhin ließen sich solche kleinen Selbständigen ausgrenzen, die
selber Arbeitnehmer haben. De lege lata liegt bei bloßen Arbeitnehmerähnlichen keine
fraus legis vor.¹³⁸⁰ Künstlerexklusivverträge wiederum sind Lizenz-, Produktions- und Finanzierungsverträge, aber keine Arbeitsverträge.

c) Scheinselbständige. Bloße Scheinselbständige sind kraft materieller Betrachtung Arbeit- 546
nehmer, denn sie erfüllen alle Kriterien der Arbeitnehmerdefinition.¹³⁸¹ Spezifisch für die
moderne Scheinselbständigenproblematik wird teilweise auf eine besondere Form der Qualifikation nach der lex causae rekurriert. Dies erfolgt qua einheitlicher Qualifikation und
ohne Rekurs auf das Recht des Staates, in dem die Arbeitsleistung erbracht wird.¹³⁸² Soweit die Bescheinigungen A 1 (früher E 101) nach europäischem Sozialversicherungsrecht
– namentlich den Verordnungen (EWG) Nr. 574/72, (EG) Nr. 883/2004¹³⁸³ und (EG)
Nr. 987/2009¹³⁸⁴ – einen Selbständigenstatus ausweisen, entfaltet dies im Internationalen

---

¹³⁷⁰ *Mankowski,* BB 1997, 465, 469.
¹³⁷¹ *Mankowski,* BB 1997, 465, 469.
¹³⁷² *R. Birk,* FS Tuğrul Ansay, 2006, S. 15, 20.
¹³⁷³ Dafür *Krebber,* FS Bernd v. Hoffmann, 2011, S. 218, 227–229.
¹³⁷⁴ Gegen diesen für den Regelfall *Knöfel,* EuZA 2016, 348, 364 f.
¹³⁷⁵ Dafür *R. Birk,* FS Tuğrul Ansay, 2006, S. 15, 28–31; *Krebber,* FS Bernd v. Hoffmann, 2011, S. 218, 228.
¹³⁷⁶ *Däubler,* NZA 2003, 1297, 1299; *A. Junker,* FS Peter Schlosser, 2005, S. 299, 302.
¹³⁷⁷ *Trenner* S. 217; *C. Müller* S. 52; *A. Junker,* FS Peter Schlosser, 2005, S. 299, 302; für Analogie bei arbeitnehmerähnlichen Personen *Däubler,* NZA 2003, 1297, 1302.
¹³⁷⁸ Dazu *Temming,* IPRax 2015, 509, 515 sowie *Mansel,* FS Claus-Wilhelm Canaris zum 70. Geb., Bd. I, 2007, S. 809, 822.
¹³⁷⁹ Näher *Däubler,* ZIAS 2000, 326.
¹³⁸⁰ *Temming,* IPRax 2015, 509, 515.
¹³⁸¹ Eingehend *Mankowski,* BB 1997, 465, 469–472; außerdem z.B. *Deinert* § 4 Rn. 30; *Temming,* IPRax 2015, 509, 515 sowie *Merrett* Rn. 3.63 mit Rn. 3.36.
¹³⁸² AA *Däubler,* EuZW 1997, 613, 618; *Gerauer,* BB 1999, 2083, 2084; dagegen auch, von einem grundsätzlich anderen Ansatzpunkt aus, *Knöfel,* IPRax 2006, 552, 554 f.
¹³⁸³ VO (EG) Nr. 883/2004 des Europäischen Parlaments und des Rates vom 29.4.2004 zur Koordinierung der Systeme der sozialen Sicherheit, ABl. EG 2004 L 166/1.
¹³⁸⁴ VO (EG) Nr. 987/2009 des Europäischen Parlaments und des Rates vom 16.9.2009 zur Festlegung der Modalitäten für die Durchführung der Verordnung (EG) Nr. 883/2004 zur Koordinierung der Systeme der sozialen Sicherheit, ABl. EG 2009 L 284/1.

Arbeitsrecht keine Bindungswirkung[1385] (und stünde generell unter Missbrauchsvorbehalt[1386]).

547 **Beispiel:** Woijiech Jarubowski hat im Juni 2015 in Lodz als Einzelperson ein Fuhrgewerbe angemeldet, zu dem ein einziger Lkw gehört. Sein einziger Auftraggeber ist die Frank-Maria Spohnheimer Transport GmbH aus Mainz, bei der er bis Mai 2015 angestellter Fahrer war. In einer von den zuständigen polnischen Behörden ausgestellten Bescheinigung A 1 ist er als Selbständiger ausgewiesen. Er fährt als einziger Fahrer den Lkw durch ganz Europa.

548 *d) Anstellungsverträge von Organpersonen.* Angestellte Organpersonen von Gesellschaften sind ein Problemfall: Einerseits üben sie das Weisungsrecht des Arbeitgebers gegenüber anderen aus, andererseits müssen sie selber Zielvorgaben erfüllen. § 5 I 3 ArbGG, die ausdrückliche Ausgrenzung von Organpersonen aus dem Arbeitnehmerbegriff, findet kein Pendant auf der europäischen Ebene.[1387] Eine ungeschriebene, ausgrenzende Sonderregel, weil Organpersonen verhandlungsstärker seien, weil es für sie besondere unternehmensfinanzierte Director and Officers-Haftpflichtversicherungen gebe und weil ihr Haftungsrisiko sich in der Höhe ihrer Vergütungen widerspiegele, mag materiell bedenkenswert sein,[1388] existiert aber unter der abstrakt ansetzenden lex lata nicht.

549 Ob das Beschäftigungsverhältnis nach nationalem Recht als Verhältnis sui generis einzuordnen wäre,[1389] ist ebenso unerheblich, wie es Herkunft und Höhe der Vergütung sind.[1390] Eine Differenzierung zwischen Bestellungs- und Anstellungsverhältnis, wie das deutsche Sachrecht sie aufstellt, ist ebenfalls nicht vorzunehmen, denn sie bezöge sich auf nationale Besonderheiten.[1391]

550 Entscheidendes Kriterium aus dem Arbeitnehmerbegriff ist generell die Weisungsgebundenheit.[1392] Um zu beurteilen, ob und, wenn ja, wessen Weisungen Organpersonen unterworfen sind, ist für die Untersatzbildung ein Rekurs auf das Gesellschaftsstatut, auf das für die Innenbeziehungen zwischen der Gesellschaft und ihren Organen maßgebliche Recht, notwendig.[1393] Denn für den Untersatz, ob das Merkmal der Weisungsunterworfenheit konkret erfüllt ist, erfolgt eine Qualifikationsverweisung. Normalerweise geht diese Qualifikationsverweisung aus dem Grundgedanken des Art. 10 I Rom I-VO heraus auf dasjenige Recht, das Arbeitsvertragsstatut wäre, wenn es sich denn um einen Arbeitsvertrag handelte.[1394]

551 Hier wird indes das Arbeitsrecht durch das Gesellschaftsrecht teilweise überlagert. Denn wenn ein Organ nach dem Gesellschaftsstatut weisungsfrei ist, wird in der Gesellschaftsstruktur auch kein anderes Organ existieren, das ihm rechtlich verbindliche Weisungen erteilen könnte.[1395] Informeller „Gehorsam" reicht nicht für Weisungsunterworfenheit.[1396] Dass es sich um ein gesellschaftsrechtliches, nicht um ein spezifisch arbeitsvertragliches

---

[1385] Cass. soc. JCP S 2015.1339 = JCP S 2015 N° 39, 22 septembre 2015, 41 note *Tricoit*; *Mankowski*, EuZA 2016, 107, 112–114.
[1386] EuGH ECLI:EU:C:2018:63 – Strafverfahren gegen Ömer Altun u.a.; GA *Saugmansgaard Øe*, ECLI:EU:C:2017:850; Cass. soc. JurisData n° 2018-000026; *Nasom Tissanier*, JCP S 2018.1091 = JCP S 2018 N° 10, 13 mars 2018, S. 37; *Ranc/Parier*, Energie – Environnement – Infrastructures N° 3, mars 2018, S. 41; *Mankowski*, EuZA 2018.
[1387] *Mankowski*, RIW 2004, 167, 170.
[1388] *Knöfel*, EuZA 2016, 348, 355 f.
[1389] EuGH Slg. 1982, 1035, 1050 Rn. 16 – D. M. Levin/Staatssecretaris van Justitie; EuGH Slg. 1989, 1621, 1645 Rn. 15 f. – I. Bettray/Staatssecretaris van Justitie; EuGH Slg. 2002, I-10691, I-10723 Rn. 32 – Bülent Kurz, geb. Yüce/Land Baden-Württemberg; EuGH Slg. 2004, I-7573, I-7604 Rn. 16 – Michel Trojani/Centre public d´aide sociale de Bruxelles (CPAS).
[1390] EuGH Slg. 2002, I-10691, I-10723 Rn. 32 – Bülent Kurz, geb. Yüce/Land Baden-Württemberg.
[1391] *Mankowski*, RIW 2004, 167, 171; *ders.*, ZIP 2010, 802, 803; *L. Hübner*, ZGR 2016, 897, 903.
[1392] Siehe nur Bericht *Jenard/Möller*, ABl. EWG 1990 C 189/73 Nr. 41; GA *Trestenjak*, ECLI:EU:C:2011:564 Nr. 88; GA *Cruz Villalón*, ECLI:EU:C:2015:309 Nrn. 27–29
[1393] *Mankowski*, LAGE Art. 30 EGBGB Nr. 7 S. 15, 19 (März 2004); *ders.*, RIW 2004, 167, 169.
[1394] *Mankowski*, BB 1997, 465, 469.
[1395] *Mankowski*, LAGE Art. 30 EGBGB Nr. 7 S. 15, 19 (März 2004); *ders.*, RIW 2004, 167, 169 f.
[1396] *Mankowski*, LAGE Art. 30 EGBGB Nr. 7 S. 15, 19 (März 2004); *ders.*, RIW 2004, 167, 170.

VII. Arbeitsverträge 552–555 § 1

Weisungsrecht handelt, ist unerheblich.[1397] Welche Weisungsrechte gegenüber Organpersonen bestehen, ist eine Frage an das Gesellschaftsstatut.[1398] Dabei handelt es sich um eine Erstfrage im Sinne des IPR,[1399] die auch nicht über Art. 1 II lit. f Rom I-VO quasi durch die Hintertür doch wieder deutschrechtliche Bestellungskategorien einführen würde.[1400] Insoweit dominiert das Gesellschafts- das Arbeitsrecht.[1401] Leitungsaufgaben „nach unten" haben übrigens keinerlei Aussagegehalt dafür, ob Weisungsgebundenheit „nach oben" gegenüber dem Unternehmensträger besteht.[1402]

Fremdgeschäftsführer deutscher GmbHs sind in der Regel Arbeitnehmer, da sie nach deutschem GmbH-Recht den Weisungen der Gesellschafterversammlung unterworfen sind.[1403] Vorstandsmitglieder deutscher AGs sind dagegen keine Arbeitnehmer, denn nach § 76 I AktG sind sie nicht weisungsunterworfen, und es gibt niemanden, der ihnen Weisungen erteilen könnte.[1404] 552

Das Gesamtsystem des europäischen Arbeitnehmerbegriffs in den verschiedenen Akten des Sekundärrechts ist grundsätzlich einheitlich, vom Primärrecht des Art. 45 AEUV ausgehend.[1405] Die prinzipielle Abgrenzungsfrage, wer ein Arbeitnehmer ist, ist im IPR nach Methodik, Ansatzpunkt und Wertung genauso wie im Mutterschutzrecht[1406] und im Recht der Massenentlassung[1407] zu entscheiden.[1408] 553

Auf der zweiten Stufe, also nachdem prinzipiell-abstrakte Weisungsabhängigkeit der Organpersonen gemäß der Gesellschaftsstruktur festgestellt ist, ist zu klären, ob die Organpersonen in ihrer anderen Rolle als Gesellschafter konkret maßgeblichen Einfluss auf die Weisungserteilung zu nehmen vermögen, sich also Weisungen gleichsam selbst erteilen.[1409] Dies scheidet wiederum aus, wenn die Geschäftsführer/Organpersonen ihre Weisungen von einem board oder Aufsichtsgremium erhalten, das nicht von Anteilseignern dominiert ist.[1410] 554

Der konkrete Einfluss einer Gesellschafter-Organperson auf den Unternehmensträger über ihre Stellung als Gesellschafter ist dagegen im Kern ein materielles Kriterium. Jedoch hilft eine formelle Faustformel: Ein Mehrheitsgesellschafter wird bestimmenden Einfluss haben.[1411] Dabei kommt es aber weniger auf die Höhe der Beteiligung als vielmehr auf den Stimmrechtsanteil an. Stimmrechtslose Vorzugsaktien vermitteln keinen Einfluss in der Gesellschafterversammlung und tragen nicht zur Weisungsbildung bei. Umgekehrt können 555

[1397] *Forst*, EuZW 2015, 664, 665 f.
[1398] *Mankowski*, RIW 2004, 167, 170; *ders.*, RIW 2015, 821 f.; *Kindler*, IPRax 2016, 115, 116; *Reinstadler/Reinalter*, Giur. It. 2016, 851, 853; *L. Hübner*, ZGR 2016, 897, 905 f.
Auslandsrechtliche Darstellungen zum englischen und französischen Recht bietet *Jenderek* S. 37–94.
[1399] *Mankowski*, EuZA 2016, 398, 399.
Kritisch zum Rekurs auf nationales Recht *Knöfel*, EuZA 2016, 348, 359.
[1400] *L. Hübner*, ZGR 2016, 897, 907 f.
[1401] *Jenderek* S. 95.
[1402] GA *Cruz Villalón*, ECLI:EU:C:2015:309 Nr. 30; *Mankowski*, RIW 2004, 167, 169.
[1403] *Mankowski*, LAGE Art. 30 EGBGB Nr. 7 S. 15, 19 (März 2004); Rauscher/*Mankowski* Art. 20 Brüssel Ia-VO Rn. 31; im Ergebnis ähnlich (Analogie) OLG Düsseldorf RIW 2004, 230, 232 f.
[1404] *Mankowski*, LAGE Art. 30 EGBGB Nr. 7 S. 15, 19 (März 2004); *ders.*, ZIP 2010, 802, 803; *ders.*, RIW 2015, 821, 822; *Gastell* EWS 9/2005, I; *Diller/Wilske*, DB 2007, 1866, 1868; *Jungemeyer*, jurisPR-IWR 4/2015 Anm. 1 sub D; *Kindler*, IPRax 2016, 115, 116; *L. Hübner*, ZGR 2016, 897, 910.
[1405] *Forst*, EuZW 2015, 664, 665, 667.
[1406] Dort EuGH Slg. 2010, I-11405 Rn. 47–51 – Dita Danosa/LKB L zings SIA.
[1407] Dort EuGH ECLI:EU:C:2014:77 Rn. 17 f. – Kommission/Italien; EuGH ECLI:EU:C:2015:455 Rn. 35–48 – Ender Balkaya/Kiesel Abbruch- und Recycling Technik GmbH.
[1408] EuGH ECLI:EU:C:2015:574 Rn. 41 f. – Holterman Ferho Exploitatie BV/Friedrich Leopold Freiherr Spies v. Büllesheim; *Mankowski*, RIW 2015, 821 (821); *Jungemeyer*, jurisPR-IWR 4/2015 Anm. 1 sub C.
[1409] GA *Cruz Villalón*, ECLI:EU:C:2015:309 Nr. 31; *Mankowski*, RIW 2004, 167, 171; *ders.*, RIW 2015, 821, 822; *Messaï-Bahri*, Bull. Joly Sociétés 2016, 135, 136; *Reinstadler/Reinalter*, Giur. It. 2016, 851, 853; *Arons*, Ondernemingsrecht 2017, 302, 304 sowie EuGH Slg. 1996, I-3089, I-3121 Rn. 26 – P. H. Asscher/Staatssecretaris van Financien; EuGH Slg. 1999, I-3289, I-3311 Rn. 15 – C. P. M. Meeusen/Hoofddirectie van de Informatie Beheer Groep.
[1410] *Mankowski*, RIW 2004, 167, 171.
[1411] *Forst*, EuZW 2015, 664, 666.

Stimmrechtsverträge Abstimmungsverhältnisse in Organen steuern. Bedeutung kann zudem gewinnen, inwieweit der Gesellschafter Mitglieder in ein Kontrollorgan (z. B. einen Aufsichtsrat oder einen Beirat) entsenden darf, das seinerseits den Organpersonen des Geschäftsführungsorgans Weisungen zu erteilen befugt ist.[1412]

556 **Beispiel:** Martin Lanstein ist einziger Geschäftsführer der Müller-Schreckenberg Bürowelt GmbH, eingetragen im Handelsregister des AG Augsburg, und arbeitet von Salzburg aus. Er ist an der GmbH a) zu 20% beteiligt, während je 40% bei seiner Ehefrau und deren Bruder liegen; b) zu 51% beteiligt, während 49% bei einer Müller-Schreckenberg Family Office KG liegen; c) gar nicht beteiligt. Einen Beirat hat die GmbH nicht.

557 Für Eigenorganschafter, die zugleich maßgeblich beteiligte Gesellschafter sind, neigt sich die Waage letztlich auch deshalb zur Ausgrenzung aus dem Arbeitnehmerbegriff,[1413] weil sie ein unternehmerisches Risiko (mit)tragen.[1414] Wer an einer Gesellschaft *wesentlich* beteiligt ist, trägt ein unternehmerisches Verlustrisiko an dem von ihm eingesetzten Kapital und ist Nachschuss- wie Haftungspflichten nach Maßgabe des Gesellschaftsstatuts ausgesetzt.[1415] Unbeschränkte persönliche Haftung in einer Personengesellschaft begründet jedenfalls ein unternehmerisches Risiko.

558 Andererseits stehen erfolgsabhängige Vergütungsanteile einer Arbeitnehmereigenschaft nicht zwingend entgegen.[1416] Ebenso wenig schadet automatisch die Beteiligung an der Gesellschaft,[1417] insbesondere wenn sich die Beteiligung nur aus dem Einlösen erteilter Optionen ist und damit eigentlich besonderer Vergütungsbestandteil ist.[1418] Auch wer nur wenige „Belegschaftsanteile" besitzt, trägt kein unternehmerisches Risiko.[1419]

559 Organpersonen, die ohne Vergütung oder für eine nur symbolische Vergütung arbeiten (letzteres die berühmten Ein-Dollar- oder Ein-Euro-Personen), fallen über ein wieder anderes, drittes Merkmal aus dem Arbeitnehmerbegriff heraus, der eben eine entgeltliche Tätigkeit verlangt. Dies betrifft Organpersonen von gemeinnützigen Unternehmen, Charities[1420] oder von Sanierungsfällen.

560 Eine eigene Fallgruppe bilden solche Organpersonen, die einen (alleinigen oder weiteren) Anstellungsvertrag mit einer anderen Gesellschaft als derjenigen, deren Organ sie sind, besitzen (z. B. zu Tochtergesellschaften entsandte Manager mit der entsendenden Muttergesellschaft) und sich in einer vertraglichen Streitigkeit mit jener anderen Gesellschaft befinden. Solche Organpersonen sind Arbeitnehmer, und ihr dann relevanter Arbeitgeber ist die andere Gesellschaft, der Partner des Anstellungsvertrages.[1421] Insoweit geht es eben nicht um einen Streit zwischen der Organperson und der gemeinhin von ihr vertretenen Gesellschaft. Diese Gesellschaft ist mit Blick auf den Anstellungsvertrag nur Dritter, aber nicht Partei.[1422]

561 *e) Leitende Angestellte.* Ein leitender Angestellter bleibt ein *Angestellter.* Er ist nicht einmal eine Organperson. Er hat zwar intern Weisungsbefugnisse, repräsentiert aber nicht den

---

[1412] *Mankowski,* RIW 2015, 821, 822.
[1413] EuGH Slg. 1996, I-3089 Rn. 26 – P. H. Asscher/Staatssecretaris van Financien; EuGH Slg. 1999, I-3289 Rn. 15 – C. P. M. Meeusen/Hoofddirectie van de Informatie Beheer Groep; *Mankowski,* RIW 2004, 167, 171 sowie *Gastell* EWS 9/2005, I.
[1414] *Mankowski,* RIW 2004, 167, 171; *ders.,* RIW 2015, 821, 822.
[1415] *Mankowski,* RIW 2004, 167, 171; siehe auch *Mankowski,* EWiR Art. 5 EuGVÜ 1/99, 949, 950; *Bosse* S. 67.
[1416] EuGH Slg. 1989, 4459 Rn. 36 – The Queen/Ministry of Agriculture, Fisheries and Food, ex parte Agegate Ltd.
[1417] EuGH Slg. 1991, I-5889 Rn. 13 – Merci convenzionali porto di Genova SpA/Siderurgica Gabrielli SpA; GA *Cruz Villalón,* ECLI:EU:C:2015:309 Nr. 36.
[1418] *Mankowski,* RIW 2004, 167, 171.
[1419] *Bosse* S. 68 f.
[1420] *P. Haas,* Eur. Co. L. 13 (2016), 79, 81.
[1421] Ktg. Utrecht NIPR 2002 Nr. 199 S. 339; *Mankowski,,* LAGE Art. 30 EGBGB Nr. 7 S. 15, 20 (März 2004); *ders.,* RIW 2004, 167, 172; Rauscher/*Mankowski* Art. 20 Brüssel Ia-VO Rn. 8e.
[1422] Rauscher/*Mankowski* Art. 20 Brüssel Ia-VO Rn. 8e.

VII. Arbeitsverträge 562, 563 § 1

Arbeitgeber als Organisation und juristisches Gebilde. Sachrechtliche Besonderheiten und eventuelle Sonderstellungen von leitenden Angestellten im Kontrast zu „normalen" Arbeitnehmern schlagen auf das IPR nicht durch.[1423] Leitende Angestellte sind und bleiben weisungsunterworfen.

f) Beamte und Angestellte im öffentlichen Dienst. Dass ein Arbeitnehmer Beamter oder 562 Angestellter im öffentlichen Dienst ist, ändert prinzipiell nichts an seiner Arbeitnehmereigenschaft,[1424] auch sub specie Art. 1 I Rom I-VO und der dortigen Einschränkung auf Zivil- und Handelssachen.[1425] Angestellte oder Funktionäre internationaler Organisationen oder der EU selber sind ebenfalls grundsätzlich Arbeitnehmer.[1426] Ob Immunität des anstellenden Staates auch im Innenverhältnis zwischen diesem und seinem Beamten besteht, ist eine Frage der Gerichtsbarkeit und damit des IZPR.[1427] Für das IPR spielt sie keine Rolle.

Angezeigt ist eine Abgrenzung entlang den zu Art. 39 IV EG entwickelten und unter 563 Art. 45 IV AEUV fortzuführenden Linien. Zu den Beschäftigungen in der öffentlichen Verwaltung zählen danach diejenigen Stellen, die eine unmittelbare oder mittelbare Teilnahme an der Ausübung hoheitlicher Befugnisse und an der Wahrnehmung solcher Aufgaben mit sich bringen, die auf die Wahrung der allgemeinen Belange des Staates und anderer öffentlicher Körperschaften gerichtet sind.[1428] Dies umfasst auch legislative und richterliche Tätigkeit.[1429] Die Zuordnung zur öffentlichen Verwaltung hängt davon ab, ob die betreffenden Stellen typisch für die Tätigkeit der öffentlichen Verwaltung sind.[1430] Die formelle Verbeamtung ist nicht ausschlaggebend,[1431] ebenso wenig die Stellenbezeichnung als Beamter, Angestellter oder Arbeiter.[1432] Gefordert ist eine funktionelle, keine institutionelle Betrachtung.[1433] Das nationale Recht und seine Qualifikationsentscheidung präjudizieren und determinieren den autonomen Begriff und die Formel zu seiner Ausfüllung nicht.[1434]

[1423] *Mankowski,* AP H. 8/2012 § 38 ZPO Internationale Zuständigkeit Nr. 23 Bl. 7R, 8; *Grušić* S. 36–38 sowie BAG AP H. 8/2012 § 38 ZPO Internationale Zuständigkeit Nr. 23 Bl. 5R Rn. 27.
[1424] Siehe nur EuGH Slg. 1974, 153 Rn. 5 – J. Maria Sotgiu/Deutsche Bundespost; EuGH Slg. 1986, 2121 Rn. 20 – Deborah Lawrie-Blum/Land Baden-Württemberg; EuGH Slg. 1991, I-5627 Rn. 6 – Annegret Bleis/Ministère de l'Éducation national; EuGH Slg. 1998, I-47 Rn. 12 f. – Kalliope Schöning-Kougebetopoulou/Freie und Hansestadt Hamburg.
[1425] *Merrett* Rn. 4.11-4.17.
[1426] EuGH Slg. 1989, 723 Rn. 11 – G. B. C. Echternach u. A. Moritz/Minister van Onderwijs en Wetenschappen; EuGH Slg. 1993, I-3011 Rn. 20 – Hugo Schmid/Belgischer Staat vertreten durch den Sozialminister; EuGH Slg. 2000, I-8081 Rn. 41 f. – Angelo Ferlini/Centre hospitalier de Luxembourg; EuGH Slg. 2004, I-12013 Rn. 37 – Gregorio My/Office national des pensions (ONP).
[1427] Näher zum Komplex *Mankowski,* RdA 2018, 181 (181–183).
[1428] EuGH Slg. 1980, 3881 Rn. 10 f. – Kommission/Belgien; EuGH Slg. 1986, 1725 Rn. 12 – Kommission/Frankreich; EuGH Slg. 1986, 2121 Rn. 16 – Deborah Lawrie-Blum/Land Baden-Württemberg; EuGH Slg. 1996 I 3207 Rn. 2 – Kommission/Luxemburg; EuGH Slg. 1996, I-3265 Rn. 2 – Kommission/Belgien; EuGH Slg. 1996, I-3285 Rn. 2 – Kommission/Griechenland; EuGH Slg. 1998, I-47 Rn. 13 – Kalliope Schöning-Kougebetopoulou/Freie und Hansestadt Hamburg.
[1429] Calliess/Ruffert/*Brechmann,* EUV/AEUV, 5. Aufl. 2016, Art. 45 AEUV Rn. 109; von der Groeben/Schwarze/Hatje/*Kreuschitz,* EUV/AEUV/GRC, Bd. I, 7. Aufl. 2015, Art. 45 AEUV Rn. 160.
[1430] EuGH Slg. 1980, 3881 Rn. 12 – Kommission/Belgien; EuGH Slg. 1996, I-3207 Rn. 27 – Kommission/Luxemburg.
[1431] Siehe nur EuGH Slg. 1986, 2121 Rn. 16 – Deborah Lawrie-Blum/Land Baden-Württemberg; *Mankowski* IPRax 2001, 123, 125.
[1432] Siehe nur EuGH Slg. 1974, 153 Rn. 5 – J. Maria Sotgiu/Deutsche Bundespost; EuGH Slg. 1986, 1725 Rn. 11 – Kommission/Frankreich; EuGH Slg. 1994, I-1101 Rn. 17 – Guido Van Poucke/Rijksinstituut voor de Sociale Verzekeringen der Zelfstandigen en Algemene Sociale Kas voor Zelfstandigen; von der Groeben/Schwarze/Hatje/*Kreuschitz,* EUV/AEUV/GRC, Bd. I, 7. Aufl. 2015, Art. 45 AEUV Rn. 157.
[1433] EuGH Slg. 1986, 1725 Rn. 12 – Kommission/Frankreich; *S. Auer,* Internationaler Rechtsverkehr in Zivil- und Handelssachen, Losebl. 1973 ff., Art. 18 EuGVO von der Groeben/Schwarze/Hatje/*Kreuschitz,* EUV/AEUV/GRC, Bd. I, 7. Aufl. 2015, Art. 45 AEUV Rn. 156 f.
[1434] Siehe nur EuGH Slg. 1974, 153 Rn. 5 f. – J. Maria Sotgiu/Deutsche Bundespost; Schwarze/*H. Schneider/Wunderlich,* EU-Kommentar, 3. Aufl. 2012, Art. 45 AEUV Rn. 9.

564 Die Formel umschreibt einen Typusbegriff.[1435] „Normale" Arbeitsverhältnisse betreffen daher solche Stellen, die zwar dem Staat oder einer öffentlichen Einrichtung zuzuordnen sind, jedoch keine Mitwirkung bei der Erfüllung von Aufgaben mit sich bringen, die zur öffentlichen Verwaltung in diesem hoheitlichen Sinne gehören.[1436] Eine Tätigkeit, die sowohl privat- als auch öffentlich-rechtlich organisiert durchgeführt werden könnte, ist jedenfalls nicht hoheitlich.[1437] Insbesondere die klassische Eingriffsverwaltung durch Polizei, Streitkräfte, Justiz und Steuerverwaltung zum einen und die Diplomatie zum anderen sind dagegen hoheitlich.[1438]

565 *g) Arbeitsrechtliche Aufhebungsverträge.* Arbeitsrechtliche Aufhebungs- oder Abwicklungsverträge fallen unter die Anknüpfung für Individualarbeitsverträge nach Art. 8 Rom I-VO.[1439] Dass unter ihnen nicht (mehr) gearbeitet werden soll, ändert daran nichts.[1440] Gegen eine eigenständige kollisionsrechtliche Anknüpfung spricht, dass Aufhebungsverträge in das Arbeitsverhältnis eingebunden bleiben und sich der Beendigungsmodus nicht vom beendeten Rechtsverhältnis trennen lässt.[1441] Sie regeln arbeitsrechtliche Rechte und Pflichten und bezwecken die Abwicklung der einschlägigen Ansprüche, insbesondere der Vergütungsansprüche.[1442] Sie beenden den Arbeitsvertrag und gewinnen dadurch ihre Einbindung in das Arbeitsverhältnis. Beendigungsmodus und beendetes Rechtsverhältnis lassen sich unter Art. 12 I lit. d Rom I-VO weder trennen noch jeweils isoliert anknüpfen.[1443]

566 Anderenfalls drohten Probleme bei inzidenten Angriffen des Arbeitnehmers gegen den Aufhebungsvertrag, die eigentlich den Arbeitsvertrag verteidigen sollen; insbesondere drohte eine wenig sinnvolle, ja kontraproduktive Statutenspaltung.[1444] Denn praktisch wird bekanntlich zumeist auf Feststellung geklagt, dass das ursprüngliche Arbeitsverhältnis fortbesteht, oder auf Weiterbeschäftigung, jeweils unter Anfechtung des Aufhebungsvertrages wegen behaupteter widerrechtlicher Drohung des Arbeitgebers mit einer Kündigung.[1445] Dies muss auch im IPR Beachtung finden.[1446]

[1435] *Burgi,* JuS 1996, 958, 960; *U. Forsthoff,* in: Grabitz/Hilf/Nettesheim, Das Recht der Europäischen Union, Losebl. 1993 ff., Art. 45 AEUV Rn. 427 (2010); Streinz/*Franzen,* EUV/AEUV, 2. Aufl. 2012, Art. 45 AEUV Rn. 150.

[1436] EuGH Slg. 1980, 3881 Rn. 10 f. Kommission/Belgien; EuGH Slg. 1996, I-3207 Rn. 2 – Kommission/Luxemburg; EuGH Slg. 1996, I-3265 Rn. 2 – Kommission/Belgien; EuGH Slg. 1996, I-3285 Rn. 2 – Kommission/Griechenland.

[1437] Siehe nur Mitteilung der Kommission Freizügigkeit der Arbeitnehmer und Zugang zur Beschäftigung im öffentlichen Dienst – Aktion der Kommission, ABl. EWG 1988 C 72/2; GA *Mayras,* Slg. 1974, 167, 171; *S. Jakobs,* in: Hommage an Josef Isensee, 2002, S. 507, 526 f.; von der Groeben/Schwarze/Hatje/*Kreuschitz,* EUV/AEUV/GRC, Bd. I, 7. Aufl. 2015, Art. 45 AEUV Rn. 161.

[1438] Siehe GA *Mayras,* Slg. 1974, 167, 171; GA *Mancini,* Slg. 1986, 1726, 1731 f.; von der Groeben/Schwarze/Hatje/*Kreuschitz,* EUV/AEUV/GRC, Bd. I, 7. Aufl. 2015, Art. 45 AEUV Rn. 160.

[1439] BAG AP H. 8/2012 § 38 ZPO Internationale Zuständigkeit Nr. 23 Bl. 5R f. Rn. 28; *C. Müller* S. 53 f.; *A. Junker,* NZA 2005, 199, 201; *Mankowski,* AR-Blattei SD 160.5.5 Rn. 117; *ders.,* AP H. 8/2012 § 38 ZPO Internationale Zuständigkeit Nr. 23 Bl. 7R, 8; *Fasching/Konecny/Simotta,* Kommentar zu den Zivilprozeßgesetzen, Bd. 5/1, 2. Aufl. 2008, Art. 18 EuGVVO Rn. 25. AA *Knöfel,* ZfA 2006, 397, 430 mit 404–413.

[1440] Rauscher/*Mankowski* Art. 18 Brüssel I-VO Rn. 9; *Mankowski,* AP H. 8/2012 § 38 ZPO Internationale Zuständigkeit Nr. 23 Bl. 7R, 8R. AA *Knöfel,* ZfA 2006, 397, 404–413.

[1441] Rauscher/*Mankowski* Art. 18 Brüssel I-VO Rn. 9; *Mankowski,* AR-Blattei SD 160.5.5 Rn. 118. AA *Knöfel,* ZfA 2006, 397, 404–413.

[1442] BAG AP H. 8/2012 § 38 ZPO Internationale Zuständigkeit Nr. 23 Bl. 6 Rn. 28.

[1443] Rauscher/*Mankowski* Art. 21 Brüssel Ia-VO Rn. 9; zustimmend LAG Nürnberg IPRspr. 2008 Nr. 130 S. 442.

[1444] Rauscher/*Mankowski* Art. 21 Brüssel Ia-VO Rn. 9; *Mankowski,* AR-Blattei SD 160.5.5 Rn. 118; *ders.,* AP H. 8/2012 § 38 ZPO Internationale Zuständigkeit Nr. 23 Bl. 7R, 8R; *Fasching/Konecny/Simotta,* Kommentar zu den Zivilprozeßgesetzen, Bd. 5/1, 2. Aufl. 2008, Art. 18 EuGVVO Rn. 25; zustimmend LAG Nürnberg IPRspr. 2008 Nr. 130 S. 442; *C. Müller* S. 54.

[1445] Siehe nur BAG NZA 1992, 1023; BAG AP Nr. 4 zu § 620 BGB Aufhebungsvertrag; BAGE 74, 281; BAG AP Nr. 41 zu § 123 BGB; BAG AP Nr. 42 zu § 123 BGB; BAG AP Nr. 51 zu § 123 BGB.

[1446] Rauscher/*Mankowski* Art. 21 Brüssel Ia-VO Rn. 9; *Mankowski,* AR-Blattei SD 160.5.5 Rn. 119; *ders.,* AP H. 8/2012 § 38 ZPO Internationale Zuständigkeit Nr. 23 Bl. 7R, 8R; *Fasching/Konecny/Simotta,* Kommentar zu den Zivilprozeßgesetzen, Bd. 5/1, 2. Aufl. 2008, Art. 18 EuGVVO Rn. 25.

VII. Arbeitsverträge   567–571   § 1

2. Günstigkeitsvergleich bei Rechtswahl. *a) Günstigkeitsvergleich als Institution.* 567
Rechtswahlfreiheit herrscht auch im Internationalen Arbeitsvertragsrecht. Art. 3 I 1 Rom
I-VO gilt auch im Internationalen Arbeitsvertragsrecht.[1447] Art. 8 I 1 Rom I-VO ist insoweit nach Wortlaut und Stellung eindeutig und lässt keinen Zweifel. Er verwirklicht gerade keinen Rechtswahlausschluss und kein Rechtswahlverbot. Im Gegenteil arbeitet er mit einem Günstigkeitsvergleich, der eine wirksame Rechtswahl genau umgekehrt voraussetzt.

Sind die Voraussetzungen des Art. 8 I 1 Rom I-VO erfüllt, so muss sich nach Art. 8 I 2 568
Rom I-VO eine Rechtswahl einem Günstigkeitsvergleich zwischen dem gewählten Recht und den internrechtlich zwingenden Bestimmungen des hypothetischen objektiven Arbeitsvertragsstatuts stellen. Art. 8 I 2 Rom I-VO besagt ausdrücklich, dass die Rechtswahl einem Arbeitnehmer nicht den Schutz der zwingenden Vorschriften desjenigen Rechts nehmen kann, das ohne die Rechtswahl anwendbar wäre. Dies ist das IPR-Pendant zum arbeitssachrechtlichen Arbeitnehmerschutz, um Manchesterkapitalismus und übergroßer Liberalität Zügel anzulegen.[1448] Es vermeidet ökonomische Ineffizienz als Folge von Ungleichgewichten wegen repeat player-Vorteilen und Ausbeutung von Unerfahrenheit.[1449]

Die Rechtswahl ist bei einem Arbeitsvertrag also nie allein ausschlaggebend.[1450] Denn 569
der Schwächerenschutz nach Art. 8 I 2 Rom I-VO lädt das IPR mit materiellen Wertungen auf.[1451] Er gebietet die überlagernde Anknüpfung der zwingenden Bestimmungen des hypothetischen objektiv berufenen Arbeitsvertragsstatuts, sofern das Wahlstatut hinter deren Standards zurückbleibt. Umgekehrt etabliert er das Niveau des gewählten Rechts ebenfalls als Mindestniveau, weil dem Arbeitnehmer mindestens dieses garantiert ist.[1452] Falls der Arbeitgeber dies nicht will, kann *er* davon absehen, der Rechtswahl zuzustimmen; insoweit ist der Günstigkeitsvergleich vom Willen des Arbeitgebers, vom Willen zur Rechtswahl abhängig.[1453] Bei ihrerseits marktstarken, weil nachgefragten, Arbeitnehmern mit entsprechender Verhandlungsmacht (insbesondere Spezialisten, Managern, oder Profisportlern, die alle sogar eigene Rechtsberater zuziehen werden) wird der Wunsch nach einer Rechtswahl oder sogar der Vorschlag einer Rechtswahl allerdings häufig von deren Seite kommen.

Eine Feststellung ist für den Fall einer Rechtswahl geboten: Eigentliches Arbeitsvertrags- 570
statut ist das gewählte Recht. Die subjektive Anknüpfung ist die primäre Anknüpfung.[1454] Das objektiv angeknüpfte Recht ist daneben nur ein hypothetisch berufenes Recht und stellt nicht das eigentliche Arbeitsvertragsstatut, auch soweit sich seine Mindeststandards über den Günstigkeitsvergleich gegen das gewählte Arbeitsvertragsstatut durchsetzen. Diese Feststellung gewinnt ihre Bedeutung, soweit z. B. Art. 4 III 2 Rom II-VO akzessorisch an das Statut des Arbeitsvertrags als herrschendes Rechtsverhältnis anknüpfen will.

b) Vier Schritte. Der Günstigkeitsvergleich gemäß Art. 8 I Rom I-VO vollzieht sich sei- 571
nem Konzept nach in vier Schritten:

(1) Zuerst erfolgt die Feststellung, ob die Parteien eine Rechtswahl getroffen haben. Ist dies der Fall, so ist der Inhalt des gewählten Rechts zu ermitteln. Ein nichtstaatliches Regelwerk, z. B. das Collective Agreement der International Transport Workers' Federation ist

---

[1447] Siehe nur BAG AP Nr. 85 zu § 4 KSchG 1969 Rn. 40 = RIW 2017, 233; Hof Arnhem-Leeuwarden, locatie Arnhem NIPR 2018 Nr. 161 S. 362; Trib. Milano Riv. dir. int. priv. proc. 2018, 458, 459; *Merrett* Rn. 6.37; *A. Staudinger*, in: Ferrari IntVertragsR Art. 8 Rom I-VO Rn. 12; G.-P. Calliess/*Franzen*/*Gröner* Art. 8 Rome I Regulation Rn. 69; *Grušić* S. 140; Staudinger/*Magnus* Art. 8 Rom I-VO Rn. 51; BeckOGK/*Knöfel* Art. 8 Rom I-VO Rn. 31; *Dauxerre*, JCP S 2017.1333 = JCP S N° 43, 31 octobre 2017, S. 8, 9.
[1448] Siehe *Grušić* S. 22.
[1449] *Grušić* S. 23 f.
[1450] Siehe nur *A. Junker*, FS Jobst Hubertus Bauer, 2010, S. 503, 506 sowie *Knöfel*, EWiR Art. 6 EVÜ 1/11, 315, 316.
[1451] Siehe nur *Boschiero*, Liber Fausto Pocar, tomo II, 2009, S. 215, 217 f.
[1452] *A. Junker*, FS Jobst-Hubertus Bauer, 2010, S. 503, 506.
[1453] Vgl. *Nord*, RCDIP 2016, 309, 311 f.
[1454] Siehe nur *Merrett* Rn. 6.37.

kein taugliches Objekt einer kollisionsrechtlichen Rechtswahl;[1455] seine Vereinbarung ist nur eine materiellrechtliche Verweisung.

(2) Das hypothetische objektive Arbeitsvertragsstatut wird über Art. 8 II–IV Rom I-VO angeknüpft.[1455a]

572 (3) Die internrechtlich zwingenden Normen des hypothetischen objektiven Arbeitsvertragsstatuts werden ermittelt. Dabei kommt es nicht darauf an, aus welcher Rechtsquelle sie fließen. Normen speisen sich dabei aus allen verbindlichen Rechtsquellen und beschränken sich nicht auf formelle Gesetze oder Rechtsverordnungen, sondern beziehen auch Gewohnheitsrecht ein. Auch Richterrecht kann genügen, wenn es nach der Methodenlehre der betreffenden Rechtsordnung eine belastbare Rechtsquelle ist.[1456] Im Arbeitsrecht zählen mindestens allgemein verbindlich erklärte Tarifverträge dazu, richtigerweise aber auch branchenbindende Tarifverträge oder auf betrieblicher Ebene bindende kollektive Übereinkünfte wie namentlich Betriebsvereinbarungen.[1457] Bloße Übungen und Gepflogenheiten genügen dagegen nicht.[1458]

573 Die Normen sind aber nicht nur aus dem Kreis zu schöpfen, welchen die betreffende Rechtsordnung in ihrem Sachrecht nach ihren eigenen Maßstäben als arbeitsrechtlich qualifizieren würde.[1459] Vielmehr kommen auch internrechtlich abbedingungsfeste Normen des allgemeinen Zivilrechts in Betracht, außerdem Normen aus anderen Teilgebieten des Wirtschafts- und Vertragsrechts,[1460] soweit sie sich im weitesten Sinne als vertragsrechtlich qualifizieren lassen und vom Verweisungsbefehl des Art. 8 II–IV Rom I-VO erfasst sind, also soweit sie auch arbeitnehmerschützend sind.[1461] Arbeitnehmerschutznormen sind im weiten, funktionellen, nicht im formellen Sinn zu verstehen.[1462] Machtausgleich findet keine Grenze an der internrechtlichen Qualifikation.[1463] Immer ist aber vorausgesetzt, dass die jeweilige Regel den konkreten Fall überhaupt erfassen will und nicht etwa ein inlandsbezogenes Tatbestandsmerkmal nicht erfüllt ist, dass sie nur bei Arbeit in ihrem Erlassstaat anwendbar ist.[1464]

574 Nicht in den Günstigkeitsvergleich einzubeziehen sind abdingbare Normen des hypothetisch objektiv berufenen Rechts, auch wenn sie arbeitnehmerschützend sein sollten, denn sie sind eben nicht internrechtlich unabdingbar.[1465] Echte default rules, subsidiäre Normen, die nur Geltung heischen, wenn es keine Parteieinbarung gibt, aus dem hypo-

---

[1455] *Henze* S. 212.

[1455a] Ist hypothetisches objektives Arbeitsvertragsstatut das gewählte Recht, so stoppt der Vergleich hier; BAG Nr. 85 zu § 4 KSchG 1969 Rn. 58 = RIW 2017, 233.

[1456] *Oetker*, in: Münchener Handbuch zum Arbeitsrecht, Bd. 1, 3. Aufl. 2009, § 11 Rn. 22; Staudinger/ *Magnus* Art. 8 Rom I-VO Rn. 77; ErfK ArbR/*Schlachter* Rom I-VO Rn. 14.

[1457] Bericht *Giuliano/Lagarde*, ABl. EWG 1980 C 282/25; OGH 20.10.2004 – 8 ObA 88/04f; OGH IPRax 2007, 460 = DRdA 2008, 29 mAnm *M. Binder*; *Markovska*, RdA 2007, 352, 354; *Wagnest*, ASoK 2009, 173, 175; *Streithofer*, DRdA 2012, 191, 193; *Grušić* S. 148.

[1458] Cass. Bull. Civ. 2002 V n° 339; *Dauxerre*, JCP S 2017.1333 = JCP S N° 43, 31 octobre 2017, S. 8, 10.

[1459] Dafür aber OGH IPRax 2007, 460; *Alexandre Miguel Braz Duarte v. The Black and Decker Corp.* [2007] EWHC 2720 (QB), [2008] 1 All ER (Comm) 401 [55] (Q. B. D., *Field* J.); *Oetker*, in: Münchener Handbuch zum Arbeitsrecht, Bd. I, 3. Aufl. 2009, § 11 Rn. 23; *M. Fuchs/Marhold*, Europäisches Arbeitsrecht, 4. Aufl. 2014, S. 525 f.

[1460] BAG RIW 2014, 534 Rn. 35 = AP § 130 BGB Nr. 26 mAnm *Mankowski*; *A. Junker*, IPRax 1989, 69, 72; *ders.*, FS Gunther Kühne, 2009, S. 735, 746; *Hohloch*, FS Wolfgang Heiermann, 1995, S. 143, 147; *M. Taschner* S. 251; Staudinger/*Magnus* Art. 8 Rom I-VO Rn. 75; *Streithofer*, DRdA 2012, 191, 193; *Deinert* § 9 Rn. 53; MüKoBGB/*Martiny* Art. 8 Rom I-VO Rn. 34.

[1461] Siehe Bericht *Giuliano/Lagarde*, ABl. EWG 1980 C 282/1 Art. 6 EVÜ Anm. 2; *Duarte v. The Black & Decker Corp.* [2007] EWHC 2720 (Qb) [55], [2008] 1 AllER (Comm) 401 (Q. B. D., *Field* J.); *Grušić* S. 145.

[1462] *Deinert*, RdA 2009, 144, 149; *Wagnest*, ASoK 2009, 173, 175; *Glowacka*, ASoK 2013, 300, 301.

[1463] Siehe *Streithofer*, DRdA 2012, 191, 193.

[1464] *Merrett* Rn. 6.84, 7.50. Leading cases im britischen Recht sind *Lawson v. Serco* [2006] UKHL 3, [2006] ICR 250, [2006] 1 All ER 823 (H. L.); *Duncombe v. Secretary of State for Children, Schools and Families (No 2)* [2011] UKSC 36, [2011] 4 All ER 1020 (H. L.); *Bleuse v. MBT Transport Ltd.* [2008] ICR 488 (EAT); *Ravat v. Halliburton Manufacturing and Services Ltd.* [2012] UKSC 1, [2012] 2 All ER 905 (H. L.). Näher *Knöfel*, IPRax 2007, 146; *Merrett*, [2010] Industrial L.J. 355; *A. Scott*, [2010] LMCLQ 640; *Grušić* S. 179–220.

[1465] OGH wbl 2009, 196 = DRdA 2010, 417 mAnm *Wagnest* = ZAS 2011, 35 mAnm *Niksova*; *Block* S. 124.

VII. Arbeitsverträge

thetischen objektiven Statut sind unter Art. 8 I Rom I-VO gar nicht berufen. Was sich selber sachrechtlich zurücknimmt, wird kollisionsrechtlich nicht im Wege des Günstigkeitsvergleichs aufgezwungen. Der zurückgenommene eigene Anwendungswille sachrechtlich parteidispositiver Normen findet seinen Widerhall im IPR. Der sachrechtlich gewährte Vorrang für die Privatautonomie schlägt sich im kollisionsrechtlichen verdrängenden Vorrang der Parteiautonomie nieder. Ob eine bestimmte Norm abdingbar ist oder nicht, bestimmt sich als Untersatz nach derjenigen Rechtsordnung, aus welcher die betreffende Norm stammt,[1466] also nach der lex normae. Eine Hilfestellung kann der Katalog aus Art. 4 II litt. a-i des Entwurfs einer Konfliktsrechtsverordnung von 1972[1467] leisten.[1468]

(4) Die so ermittelten Normen werden mit den funktionell entsprechenden Normen des gewählten Arbeitsvertragsstatuts verglichen. Es findet weder ein Einzelnormenvergleich noch ein Vergleich der Rechtsordnungen insgesamt, sondern ein Normkomplexvergleich oder Sachgruppenvergleich statt.[1469] Zu vergleichen sind die einander funktionell entsprechenden Normengruppen der beiden Rechte,[1470] unabhängig von ihrer Bezeichnung und ihrer internrechtlichen Qualifikation in der einzelnen Rechtsordnung. Der großen Gefahr eines Einzelnormenvergleichs, nämlich Rosinenpicken,[1471] lässt sich nicht verlässlich durch eine Rechtsmissbrauchskontrolle entgegentreten.[1472] Günstigkeit in der Methode heißt nicht automatisch zugleich Günstigkeit in jedem einzelnen Punkt.[1473]

Ein Gruppenvergleich führt funktionell Zusammengehörendes zusammen und erlaubt Binnenkompensationen. Vergleichbarer Schutzzweck führt zusammen,[1474] vergleichbar dem bei einer Qualifikation im IPR ablaufenden Verfahren der Bündelung. Funktionale Betrachtung orientiert sich am objektiv-inneren Zusammenhang.[1475] Ein zu enger Zuschnitt ist zu vermeiden, weil man damit letztlich doch zu einem Vergleich einzelner Normen oder einzelner Regelungsanliegen gelangte. Auf der anderen Seite muss die gemeinsame Grundfunktionalität eine Grenze ziehen, weil man sonst einem Gesamtvergleich zu nahe käme und häufig keine passenden Maßstäbe für die Günstigkeit mehr hätte, weil zu viel und zu komplex verglichen werden müsste.[1476] Kompensation innerhalb eines zusammengehörenden Normgebildes ist möglich.[1477] Beim Kündigungsschutz als Beispiel sind Kündigungsfrist, Kündigungsgründe, Bestandsschutz und Abfindungsschutz ein zusammengehörender Sachbereich.[1478]

c) *Vergleichsmaßstab.* Der Vergleichsmaßstab sollte ein objektiver sein; subjektive Präferenzen des individuellen Arbeitnehmers können allenfalls einfließen, aber nicht bestimmen und allein den Ausschlag geben.[1479] Man könnte versucht sein, sich für den horizontalen

---

[1466] Siehe nur *Morse*, (1992) 41 ICLQ 1, 14 f.; *Mankowski*, AP H. 5/2005 Nr. 21 zu § 38 ZPO Internationale Zuständigkeit Bl. 3R, 5 mwN; *Hergenröder*, ZfA 1999, 1, 25 f.; *Deinert* § 9 Rn. 54.
[1467] RabelsZ 37 (1973), 585, 592.
[1468] BeckOGK/*Knöfel* Art. 8 Rom I-VO Rn. 46.
[1469] Siehe nur BAG AP Nr. 8 zu § 20 GVG Rn. 46; Cass. soc. RCDIP dr. int. pr. 92 (2003), 445 mAnm *Jault-Seseke* = Dr. soc. 2003, 339 mAnm *Moreau*; *A. Junker* S. 267 ff.; *Deumier*, RDC 2003, 206; *Coursier*, Dr. et protection soc. mai 2003, S. 6; Staudinger/*Magnus* Art. 8 Rom I-VO Rn. 84; *Deinert* § 9 Rn. 58; *Streithofer*, DRdA 2012, 191, 194 f.; *Carballo Piñeiro* S. 187 f.
[1470] Siehe nur *R. Birk*, RdA 1989, 201, 206; *A. Junker* S. 270; Czernich/Heiss/*Rudisch* Art. 6 EVÜ Rn. 29; Rauscher/*v. Hein* Art. 8 Rom I-VO Rn. 30; *Glowacka*, ASoK 2013, 300, 304 f.
[1471] Siehe nur *R. Birk*, RdA 1989, 201, 206; *Grušić* S. 150 f.
[1472] So aber *Streithofer*, DRdA 2012, 191, 197.
[1473] Entgegen *Streithofer*, DRdA 2012, 191, 196.
[1474] *Glowacka*, ASoK 2013, 300, 304; *Grušić* S. 151 f.
[1475] *R. Birk*, RdA 1989, 201, 206; *A. Junker* S. 269-272.
[1476] BeckOK ArbR/*Schönbohm* Art. 8 Rom I-VO Rn. 15.
[1477] *A. Junker* S. 272.
Entgegen *Streithofer*, DRdA 2012, 191, 196.
[1478] *Hönsch*, NZA 1988, 113, 116; *Thüsing*, BB 2003, 898 (898); *Oetker*, in: Münchener Handbuch zum Arbeitsrecht, Bd. 1, 4. Aufl. 2017, § 11 Rn. 63.
[1479] Siehe nur *Hönsch*, NZA 1988, 113, 116 f.; *Markovska*, RdA 2007, 352, 355; *Mankowski*, IPRax 2015, 309, 316; G.-P. Calliess/*Franzen* Art. 8 Rome I Regulation Rn. 22; Staudinger/*Magnus* Art. 8 Rom I-VO Rn. 87; BeckOGK/*Knöfel* Art. 8 Rom I-VO Rn. 43.

Günstigkeitsvergleich zwischen Normen zweier Rechtsordnungen an Prinzipien und Methodik eines vertikalen Günstigkeitsvergleichs zwischen Normen verschiedener Hierarchiestufen unter nationalem Recht zu orientieren.[1480] Jedoch ist dies, erstens, kaum mit dem Gebot europäisch autonomer, einheitlicher Auslegung zu vereinbaren.[1481] Zweitens passt es nicht, wenn das nationale Recht des Forums keinen vertikalen Günstigkeitsvergleich kennt.

578 Hilfsmaßstab kann eine Umrechnung aller in den Günstigkeitsvergleich einzubeziehenden Rechtspositionen in Geld sein.[1482] Jedoch wirft dies umgehend die Frage nach einem Bewertungs- und Umrechnungsmaßstab auf. Die erhoffte Vereinfachung bringt eine weitere Schwierigkeit mit sich. Sie verschiebt das Wertungsproblem nur, ohne es zu lösen, denn Preisbildung oder Preisschätzung muss Wertigkeiten abbilden. Im Kündigungsrecht muss man sich offen dem Problem stellen, in welchem Verhältnis ein höherer Bestandsschutz wegen enger Kündigungsgründe zu einem Kündigungsschutz durch längere Kündigungsfristen und Abfindungsregelungen steht.[1483]

579 d) *Rechtsfolgen.* Soweit die Vorschriften des gewählten Statuts dem Arbeitnehmer als jene des hypothetischen objektiv berufenen Rechts sind, bleibt es bei der Anwendung des gewählten Statuts.[1484] Bei gleicher Günstigkeit bleibt es zur Vermeidung eines echten law mix ebenfalls allein beim gewählten Recht als dem einzigen anwendbaren Recht. Günstiger heißt also eigentlich: nicht ungünstiger, also entweder günstiger oder genauso günstig. Soweit die Vorschriften des gewählten Statuts dem Arbeitnehmer dagegen ungünstiger sind als jene des hypothetischen objektiv berufenen Rechts, kommen letztere zur Anwendung. Die Rechtswahl darf die Position des Arbeitnehmers im Vergleich mit der Position, die er ohne die Rechtswahl hätte, nicht verschlechtern.

580 e) *Günstigkeitsvergleich und ne ultra petita.* Dass ein Günstigkeitsvergleich wirklich durchgeführt wird, ist in der Praxis selten. Typischerweise hilft bereits der prozessuale Grundsatz ne ultra petita, dass einem Kläger nicht mehr zuzusprechen ist als er selber begehrt: Sofern eines der beteiligten Rechte dem Arbeitnehmer gewährt, was dieser begehrt, reicht dies aus, und es braucht nicht mehr ermittelt zu werden, was das andere Recht ihm gewähren würde. Spricht das gewählte Statut dem Arbeitnehmer bereits alles zu, was dieser konkret begehrt, so kann das hypothetisch objektiv berufene Recht dem Arbeitnehmer nicht günstiger sein und braucht nicht mehr geprüft zu werden.[1485] Umgekehrt kann das hypothetisch objektiv berufene Recht das konkete Begehr des Arbeitnehmers bereits völlig ausschöpfen, und das gewählte Recht kann den klagenden Arbeitnehmer dann nicht mehr günstiger stellen.[1486]

581 Ne ultra petita und die Bindung an den Klagantrag als Obergrenze eröffnen den Gerichten einen pragmatischen Weg, um die echte Durchführung eines Günstigkeitsvergleichs zu vermeiden, insbesondere, wenn – wie meist – eines der beiden beteiligten Rechte die lex fori ist. Dann gilt verkürzt: Gewährt die – auf welchem Wege auch immer berufene – lex fori, was der Arbeitnehmer begehrt, braucht man das andere, dann notwendig aus der Sicht des Forums ausländische Recht nicht mehr zu prüfen.[1487]

582 Dieser pragmatische Ansatz gilt übrigens nicht nur dann, wenn der Arbeitnehmer Kläger ist. Denn auch als Beklagter stellt der Arbeitnehmer einen Antrag. Beantragt er allein Klag-

---

[1480] Dafür *Markovska,* RdA 2007, 352, 355; *Deinert,* RdA 2009, 144, 149; *Glowacka,* ASoK 2013, 300, 304.
[1481] *Streithofer,* DRdA 2012, 191, 196.
[1482] Soergel/*v. Hoffmann* Art. 30 EGBGB Rn. 33; Staudinger/*Magnus* Art. 8 Rom I-VO Rn. 84.
[1483] BeckOK ArbR/*Schönbohm* Art. 8 Rom I-VO Rn. 15; *Streithofer,* DRdA 2012, 191, 196. Kritisch *Schurig,* RabelsZ 54 (1990), 217, 225.
[1484] Siehe nur *Winkler v. Mohrenfels/Block,* EAS 3000 Rn. 73 (2010); *A. Staudinger,* in: Ferrari IntVertragsR Art. 8 Rom I-VO Rn. 13.
[1485] BAG AP § 157 BGB Nr. 7; LAG Düsseldorf 31.7.2014 – 15 Sa 1132/13 Rn. 39 f.; *A. Junker* S. 279; *Mankowski,* AR-Blattei ES 340 Nr. 15 S. 5, 6 (April 1996); Staudinger/*Magnus* Art. 8 Rom I-VO Rn. 90.
[1486] *Mankowski,* IPRax 2015, 309, 314.
[1487] *Mankowski,* IPRax 2015, 309, 315.

VII. Arbeitsverträge   583–585 § 1

abweisung, so ist die Klage bereits dann abzuweisen, wenn eines der berufenen Rechte dem klagenden Arbeitgeber den geltend gemachten Klaganspruch nicht zuspricht. Wenn unter dem anderen Recht die Position des Arbeitnehmers noch günstiger wäre, würde sich dies nur auswirken, wenn der beklagte Arbeitnehmer über den Klagabweisungsantrag hinaus Widerklage erhebt.[1488]

3. Objektive Anknüpfung. *a) Gewöhnlicher Arbeitsort.* Die primäre[1489] unter den objektiven Anknüpfungen erfolgt an den gewöhnlichen Arbeitsort gemäß Art. 8 II Rom I-VO. Sie ist eine *typisierte* Anknüpfung. Sie bezeichnet eine *typisierte* und regelhafte engste Verbindung. Sie hat jedoch ihren ganz eigenen, überzeugenden[1490] Anknüpfungspunkt. Sie rekurriert nicht unbesehen und vollen Umfangs auf *alle* Umstände.[1491] Die Abgrenzung zwischen Anknüpfung an den gewöhnlichen Arbeitsort und Anknüpfung an die engste Verbindung wird im Kontrast zwischen Art. 8 II und Art. 8 IV Rom I-VO deutlich: Wenn die Anknüpfung an den gewöhnlichen Arbeitsort identisch wäre mit einer offenen Anknüpfung an die engste Verbindung, könnte es keine noch engere Verbindung als dann eben die engste geben, und die Ausweichklausel des Art. 8 IV Rom I-VO wäre ohne Anwendungsbereich und sinnlos. 583

aa) Grundsätzliches. Der gewöhnliche Arbeitsort orientiert sich an den objektiven, tatsächlichen Verhältnissen. Er kann vertraglich nicht verbindlich festgelegt werden.[1492] Entsprechende Vereinbarungen in Arbeitsverträgen[1493] schlagen nicht durch. Gewöhnlicher Arbeitsort ist der tatsächlich wiederkehrend aufgesuchte Ort der Arbeitsleistung.[1494] Er vermittelt Stabilität, was für Arbeitsverhältnisse als Dauerschuldverhältnisse besonders wichtig ist.[1495] Typischerweise sorgt er auch für Kongruenz in der Anknüpfung zwischen privatem und öffentlichem Arbeitsrecht.[1496] Außerdem fördert er Gleichbehandlung und Chancengleichheit unter Arbeitskollegen an derselben Arbeitsstätte.[1497] 584

Der gewöhnliche Arbeitsort ist ein stark faktisch geprägtes Kriterium von beachtlicher Manipulationsresistenz.[1498] Sowohl ihm als auch dem alternativen Kriterium der einstellenden Niederlassung kann man ein marktorientiertes Auslegungsmodell mit der Testfrage unterlegen, auf welchem national begrenzt gedachten Arbeitsmarkt der Arbeitgeber hypothetisch Ersatz für den konkreten Arbeitnehmer rekrutieren würde.[1499] Eine Rechtswahl der Parteien spielt für den gewöhnlichen Arbeitsort keine Rolle.[1500] Eine Festlegung des Arbeitsortes im Vertrag kann aber ein wichtiges Indiz und Ausgangspunkt für die Beurteilung sein.[1501] Bei 585

[1488] *Mankowski,* IPRax 2015, 309, 315.
[1489] Siehe nur EuGH Slg. 2011, I-13275 Rn. 32–34 – Jan Voogsgeerd/Navimer SA; OGH EuLF 2008, II-102, II-103; *Kruger,* SEW 2011, 363, 365; *Zábalo Escudero,* Liber amicorum Iglesias Buhigues, 2012, S. 573, 578 f.; *Abele,* FA 2013, 357, 359.
[1490] *Schwander,* FS Thomas Geiser, 2017, S. 415, 421.
[1491] *Carballo Piñeiro* S. 196 f.
[1492] *Mankowski,* EuZA 2017, 267, 274; *P. Dupont/Poissonier,* D. 2018, 107, 108.
[1493] Siehe z. B. im Fall Cass. soc. Bull. Joly sociétés 2016, 250 note *Laborde*.
[1494] Siehe nur BAGE 71, 297, 311; BAG RdA 2004, 175, 177; BeckOGK/*Knöfel* Art. 8 Rom I-VO Rn. 51 mwN.
[1495] Siehe nur *Gamillscheg,* RdC 181 (1983 III), 285, 315; *Mankowski* S. 484; BeckOGK/*Knöfel* Art. 8 Rom I-VO Rn. 51 mwN.
[1496] Siehe nur *Szászy,* International Labour Law, 1968, S. 113; *Däubler,* RIW 1987, 249, 251; *Gamillscheg,* ZfA 1983, 307, 333; *Mankowski,* IPRax 1999, 332, 336; BeckOGK/*Knöfel* Art. 8 Rom I-VO Rn. 51 mwN.
[1497] *Kronke,* RabelsZ 45 (1981), 301, 310; *Mayer-Maly,* FS Fritz Schwind, 1993, S. 87; *Mankowski* S. 485; *Knöfel,* RdA 2006, 269, 274.
[1498] GA *Jacobs,* Slg. 1993, I-4085 Nr. 37; *ders.,* Slg. 1997, I-59 Nr. 37; LAG Mecklenburg-Vorpommern 18.3.2008 – 1 Sa 38/07 Rn. 56; *S. Springer* S. 191; Gebauer/Wiedmann/*Gebauer* Kap. 26 Rn. 96.
[1499] *Mankowski,* IPRax 1999, 332, 336–338; BeckOGK/*Knöfel* Art. 8 Rom I-VO Rn. 52. Kritisch *S. Springer* S. 175 f.; *A. Junker,* FS Andreas Heldrich, 2005, 719, 735
Vgl. mit einem benachbarten Ansatz *Bosse* S. 179 f.
[1500] *Mankowski,* AP H 12/2002 Nr. 17 zu § 38 ZPO Internationale Zuständigkeit Bl 2, 4R f. Unzutreffend BAG AP H 12/2002 Nr. 17 zu § 38 ZPO Internationale Zuständigkeit Bl 2.
[1501] Rauscher/*Mankowski* Art. 21 Brüssel Ia-VO Rn. 8 sowie Cassaz. RDIPP 2009, 108, 112.

ortsfester Arbeit ist der Ort der Arbeitserbringung gewöhnlicher Arbeitsort.[1502] Das politische und geschäftliche Umfeld soll dort die Arbeitstätigkeit ebenfalls beeinflussen.[1503] Dies meint Liberalität oder Rigidität der Regulierung auf dem jeweiligen nationalen Arbeitsmarkt (insbesondere beim Kündigungsschutz).[1504]

586 Entscheidendes Kriterium ist die Zeit (noch genauer: der Zeitanteil), welche(n) der Arbeitnehmer in Ausübung seiner vertraglichen Tätigkeit an bestimmten Orten oder in bestimmten Staaten verbringt.[1505] Der gewöhnliche Arbeitsort ist nicht automatisch mit dem hauptsächlichen Tätigkeitsort gleichzusetzen.[1506] Das nur relative Überwiegen gegenüber anderen Tätigkeitsorten muss nicht notwendig die nötige absolute Qualität erreichen.[1507] Ein gewöhnlicher Arbeitsort setzt eben das Überschreiten einer Mindestschwelle voraus. Einen (relativ) hauptsächlichen Tätigkeitsort wird es immer geben, sodass an ihn anzuknüpfen Art. 8 III Rom I-VO sinnlos machen würde.[1508] Es geht nicht nur um die (relativ) engste Verbindung,[1509] sondern um eine Verbindung von besonderer und spezifischer Qualität und Gravität.[1510]

587 Auch welchen Ort der Arbeitnehmer als Mittelpunkt seiner beruflichen Tätigkeit gewählt haben mag,[1511] ist so nicht ausschlaggebend, weil zu subjektiv gefärbt.[1512] Zudem droht der Mittelpunkt, *das* Zentrum, sprachlich Einmaligkeit zu suggerieren, welche dem gewöhnlichen Arbeitsort nicht unbedingt zukommt.[1513] Umgekehrt ginge es zu weit, soziale Integration und Längerfristigkeit zu verlangen und in der Folge die Möglichkeit paralleler wie sukzessiver gewöhnlicher Arbeitsorte abzulehnen.[1514] Arbeitet der Arbeitnehmer in einem bestimmten Betrieb oder einer bestimmten Organisationseinheit, so wird der gewöhnliche Arbeitsort in aller Regel dort liegen[1515] (allerdings ohne dass man den deutscharbeitsrechtlichen Begriff des Betriebes in das europäische Normgefüge übertragen dürfte). Indes muss die tatsächliche Leistungserbringung an einem bestimmten Ort vertraglich abgesichert, zumindest nicht vertragswidrig sein, denn anderenfalls drohte man eigenmächtige Verlegungen durch den Arbeitnehmer zu prämieren.[1516] Ob am gewöhnlichen Arbeitort des Arbeitnehmers eine Niederlassung des Arbeitgebers besteht, ist unerheblich.[1517] Die Arbeitsortsanknüpfung ist eben keine Betriebsanknüpfung.

588 Als grobe Faustformel lässt sich die Frage heranziehen, ob der Arbeitnehmer 60% seiner Arbeitszeit[1518] oder mehr an einem bestimmten Ort verbringt und vertragsgemäß verbrin-

---

[1502] Siehe nur LAG Mecklenburg-Vorpommern 18.3.2008 – 1 Sa 38/07 [59].
[1503] EuGH Slg. 2011, I-1595 Rn. 42 – Heiko Koelzsch/Großherzogtum Luxemburg; GAin *Trstenjak,* Slg. 2011, I-1598 Nr. 50; GAin *Trstenjak,* Slg. 2011, I-13278 Nr. 52.
[1504] Vgl. GAin *Trstenjak,* Slg. 2011, I-1598 Nr. 50.
[1505] Rauscher/*Mankowski* Art. 21 Brüssel Ia-VO Rn. 9.
[1506] *Mankowski,* IPRax 1999, 332f. sowie *Lagarde,* RCDIP 83 (1994), 573, 577; *Gaudemet-Tallon* RCDIP 86 (1997), 341, 344; *de Boer,* Ned. Jur. 1997 Nr. 717 S. 3959f.
Entgegen EuGH Slg. 1997, I-57 Rn. 23 – Petrus Wilhelmus Rutten/Cross Medical Ltd.; OGH EuLF 2008, II-102; LAG Baden-Württemberg IPRspr 2002 Nr. 129a S. 326; Rb. Amsterdam, sector Leanton, locatie Amsterdam NIPR 2006 Nr. 50 S 81; *Holl,* IPRax 1997, 88, 90 sowie EuGH Slg. 2002, I-2013, 2048 Rn. 50 – Herbert Weber/Universal Ogden Services Ltd.
[1507] *Mankowski,* IPRax 1999, 332, 333; Rauscher/*Mankowski* Art. 21 Brüssel Ia-VO Rn. 9 sowie Ktg. Utrecht NIPR 1993 Nr. 287 S. 496; *Kocher,* JR 2004, 88; *A. Junker,* FS Andreas Heldrich, 2005, S. 719, 734.
[1508] *Mankowski,* IPRax 1999, 332, 333; zustimmend *C. Müller* 67; vgl. auch GA *Jacobs,* Slg. 1993, I-4085 Nr. 37; *dens.,* Slg. 1997, I-59 Nr. 37.
[1509] So aber EuGH Slg. 1997, I-57, 77 Rn. 23 – Petrus Wilhelmus Rutten/Cross Medical Ltd.
[1510] Rauscher/*Mankowski* Art. 21 Brüssel Ia-VO Rn. 9.
[1511] So EuGH Slg. 1997, I-57, 77 Rn. 23 – Petrus Wilhelmus Rutten/Cross Medical Ltd.
[1512] *A. Junker,* ZZP Int 3 (1998), 179, 195; *C. Müller* 67; Rauscher/*Mankowski* Art. 21 Brüssel Ia-VO Rn. 9.
[1513] *Bischoff,* Clunet 124 (1997), 635, 636.
[1514] So aber *Behr,* GS Wolfgang Blomeyer, 2004, S. 15, 34.
[1515] LAG Köln LAGE Art 30 EGBGB Nr. 1; ArbG Bielefeld IPRspr. 2008 Nr. 49 S. 163f.; *A. Junker,* FS Peter Schlosser, 2005, S. 299, 310; *Garber,* FS Athanassios Kaissis, 2012, S. 221, 224.
[1516] Reinhard/*Böggemann,* NJW 2008, 1263, 1265; *Domröse,* DB 2008, 1626, 1628f.
[1517] *Bergwitz,* NZA 2008, 443.
[1518] Mögliche Beweisprobleme beim Abstellen auf die Arbeitszeit sieht *Henze* S. 150f. für mobile Arbeitnehmer, weil die entsprechenden Informationen häufig nur der Arbeitgeber habe.

VII. Arbeitsverträge 589–593 § 1

gen soll.[1519] Gegen die Faustformel lässt sich nicht anführen, man reduziere den gewöhnlichen Arbeitsort damit auf ein quantitatives Kriterium und vernachlässige das wertende Element.[1520] Dies hieße den Charakter einer Faustformel zu verkennen und diese entgegen ihrem Charakter zur festen Regel zu erheben. Die Faustformel muss sich einer Abwägung stellen und wird umso schwächer, je mehr Arbeit an einem einzigen anderen Ort als dem durch die Faustformel bezeichneten verbracht wird.[1521]

Nur der relativ größte Zeitanteil[1522] reicht jedenfalls nicht, weil man damit wieder beim nur relativ hauptsächlichen Tätigkeitsort wäre.[1523] Zudem könnte selbst der relativ größte Zeitanteil weniger als die Hälfte der Zeit ausmachen und jedenfalls dann nicht das Ganze prägen.[1524] 589

Beispiel: A arbeitet unter einem Anderthalbjahresvertrag sechs Monate in den Niederlanden, acht in Norwegen, vier in Frankreich. 590

Auf der anderen Seite schließt nicht bereits die Tatsache, dass der Arbeitnehmer in verschiedenen Staaten arbeitet, das Bestehen eines gewöhnlichen Arbeitsortes per se und automatisch aus.[1525] Eine Gesamtschau des Arbeitsverhältnisses in seiner zeitlichen Gesamtheit[1526] ist ebenfalls abzulehnen. Denn damit legte man den gewöhnlichen Arbeitsort erst ex post fest und würde so aktuellen Planungserwartungen der Parteien während des laufenden Arbeitsverhältnisses nicht gerecht.[1527] 591

Die Anreise zum Ausgangsort der Tätigkeit ist gleichsam Privatsache jedes Arbeitnehmers. Auch wenn die Arbeitnehmer dabei arbeitgeberseitig versichert sein sollten, sind Fahrten von der Privatwohnung zum Arbeitsplatz der eigentlichen Arbeitsaufnahme vorgelagert. Allerdings ändert sich dies, ebenso wie für zuhause auf Abruf verbrachte Zeiten, wenn Bereitschaftszeiten als Arbeitszeiten anzurechnen sind.[1528] Ebenso wenig wie bei grenzüberschreitenden Pendlern deren Wohnort Einfluss auf die Anknüpfung des Arbeitsvertrages hat,[1529] darf der Weg zwischen Wohnort und Ausgangspunkt der Tätigkeit unter dem Arbeitsvertrag Bedeutung für die Anknüpfung des Arbeitsvertrages haben. 592

Ortsfeste Telearbeiter (einschließlich Homeoffice[1530]) haben ihren gewöhnlichen Arbeitsort am Standort ihres Computers.[1531] Wohin und wem sie abliefern und in welche 593

[1519] *Mankowski*, IPRax 1999, 332, 334, 336; Rauscher/*Mankowski* Art. 21 Brüssel Ia-VO Rn. 10 sowie OGH EuLF 2008, II-102, II-103; A-G *Strikwerda*, Ned. Jur. 1997 S. 3943, 3947; *ders.*, Ned. Jur. 1998 Nr. 546 S. 3126; Ktg. Rotterdam NIPR 1997 Nr. 270 S. 347; *Geimer/Schütze*, EuZVR Art. 19 EuGVVO Rn. 5; *C. Müller* S. 67 f.; *Winterling* S. 67 f.; *Egler* S. 216; *Ulrici*, jurisPR-ArbR 30/2011 Anm. 3 sub C II 1; *ders.*, jurisPR-ArbR 28/2013 Anm 2 sub C II 1; *Garber*, FS Athanassios Kaissis, 2012, S. 221, 233; *Block* S. 170, 174, 303; vgl. auch EuGH Slg. 1997, I-57 Rn. 25 – Petrus Wilhelmus Rutten/Cross Medical Ltd.; *Powell v. OMV Exploration & Production Ltd* [2014] IRLR 80 (EAT).
[1520] So aber *A. Junker*, FS Andreas Heldrich, 2005, S. 719, 735; vgl. auch GA *Jacobs*, Slg. 2002, I-2016 Nr. 52.
[1521] *Mankowski*, IPRax 1999, 332, 338; *Bosse* S. 67 f.
[1522] Dafür EuGH Slg. 2002, I-2013 Rn. 50 – Herbert Weber/Universal Ogden Services Ltd; Trib. Sup. AEDIPr 2013, 1070, 1072; *Henze* S. 154 f.
[1523] Vgl. *van Hoek*, NIPR 2002, 296, 298; *Bosse* S. 168 f.
[1524] *de Boer*, Ned. Jur. 2005 Nr. 337 S. 2611, 2613; Rauscher/*Mankowski* Art. 21 Brüssel Ia-VO Rn. 10.
[1525] *Holl*, IPRax 1997, 88, 90.
[1526] Dafür tendenziell EuGH Slg. 2002, I-2013 Rn. 52 – Herbert Weber/Universal Ogden Services Ltd.; GA *Jacobs*, Slg. 2002, I-2016 Nr. 18; *Carver v. Saudi Arabian Airlines* [1999] 3 All ER 61, 70 (C. A., per Mantell L. J.); Arbetsdomstolen AD 2004 Nr. 15; *Pålsson*, SvJT 2005, 224, 231; *Henze* S. 159.
[1527] *Mankowski*, IPRax 2003, 21, 23; *Bosse* S. 170–172; *Domröse*, DB 2008, 1626, 1629.
[1528] Vgl. EuGH ECLI:EU:C:2018:82 Rn. 53–66 – Ville de Nivelles/Rudy Matzak zu Art. 2 RL 2003/88/EG; vgl. auch GA *Sharpston*, ECLI:EU:C:2017:619 Rn. 45–58. Dazu *Bayreuther*, NZA 2018, 348; *Sagan*, NJW 2018, 1076; *Buschmann*, AuR 2018, 205.
[1529] Siehe nur GA *Jacobs*, Slg. 1993, I-4085 Nr. 34; *B. Piltz*, NJW 2002, 789, 792; *Mosconi*, RDIPP 2003, 5, 19; Rauscher/*Mankowski* Art. 21 Brüssel Ia-VO Rn. 6.
[1530] *Tschannen*, recht 2018, 1, 2.
[1531] *Mankowski*, DB 1999, 1854, 1856 f.; *Oppertshäuser* NZA-RR 2000, 393, 395; *Schlachter*, in: Noack/Spindler (Hrsg.), Unternehmensrecht und Internet, 2001, S. 199, 228 f.; *M. Taschner* S. 159 f.; *Däubler*, NZA 2003, 1297, 1300; Rauscher/*Mankowski* Art. 21 Brüssel Ia-VO Rn. 51; BeckOGK/*Knöfel* Art. 8 Rom I-VO Rn. 64.

Strukturen ihr Arbeitsergebnis eingebunden wird, ist ohne Bedeutung;[1532] entscheidend ist die Aktivität, nicht ihr Ergebnis.

594 **Beispiel:** Visnawathan Amandathi ist Softwareentwickler in Bangalore. Er ist Teil eines weltweiten Netzwerks angestellter Softwareentwickler bei der Heureka! Digital Solutions Inc. mit Sitz in Palo Alto. Dieses Netzwerk umfasst Entwickler in allen wichtigen Zeitzonen, die sukzessive arbeiten und ihre jeweiligen Arbeitsergebnisse am Tagesende untereinander weiterreichen, bis fertige Endprodukte an die Zentrale in Palo Alto abgeliefert werden. A arbeitet ausschließlich an seinen heimischen Computern in seinem Arbeitszimmer, das integrierter Teil seiner Wohnung ist.

595 Nur wirklich mobile Telearbeiter, die ihre Arbeit vom Notebook aus per Modem und Internetanschluss verrichten, haben keinen gewöhnlichen Arbeitsort.[1533] Allerdings dürften sie in der Realität kaum vorkommen, und wenn doch, dann in der Regel als Selbständige, nicht als Arbeitnehmer.[1534]

596 Unter Art. 8 II Rom I-VO ist die Anknüpfung an den gewöhnlichen Arbeitsort wandelbar. Angeknüpft wird also an den für das jeweils interessierende Zeitsegment aktuellen gewöhnlichen Arbeitsort.[1535]

597 bb) Arbeitnehmer als maßgebliche Anknüpfungsperson. Es geht um den Ort, an dem *der Arbeitnehmer* gewöhnlich *seine Arbeit verrichtet*. Es geht um die Aktivität des Arbeit*nehmers*. Deshalb haben alle Aktivitäten auf der Seite des Arbeit*gebers* hier keinen Platz. Organisationsleistungen des Arbeitgebers sind keine Aktivität des Arbeitnehmers, auch nicht, wenn es um die Versorgung oder Ausstattung von Arbeitnehmern geht.[1536] Das Erteilen von Weisungen seitens des Arbeitgebers ist keine Aktivität des Arbeitnehmers.[1537] Der Arbeitnehmer kommt dabei vielmehr erst am anderen Ende der Kommunikation ins Spiel, wenn und wo er Weisungen entgegennimmt.[1538] Erst recht gehören Sitz oder gar Konzernverbundenheit des Arbeitgebers nicht in die Ermittlung des gewöhnlichen Arbeitsorts.[1539] Maßgebliche Anknüpfungsperson für diesen spezifischen Anknüpfungspunkt ist und bleibt der Arbeitnehmer. Auf den Arbeitgeber schwenkt erst die *subsidiäre* Anknüpfung an die einstellende Niederlassung nach Art. 8 III Rom I-VO um.

598 cc) Gewöhnlicher Arbeitsort und Verträge des Arbeitgebers mit Kunden. Theoretisch könnte man daran denken, auch Verträge des Arbeitgebers mit Kunden in die Suche nach dem gewöhnlichen Arbeitsort einfließen zu lassen.[1540] Diese Verträge im Außenverhältnis haben jedoch ihren je eigenen Charakter und je eigenen Zweck. Für sie gelten andere Regeln zur Ermittlung ihres jeweiligen Erfüllungsortes. Der Arbeitnehmer, um dessen gewöhnlichen Arbeitsort es bei Art. 8 II 1 Rom I-VO geht, ist an ihnen nicht als Partei beteiligt.[1541] Er mag im Außenverhältnis Erfüllungsgehilfe seines Arbeitgebers bei dessen unternehmerischer Tätigkeit sein. Jedoch darf das Außenverhältnis anknüpfungstechnisch nicht überwirken in das Arbeitsverhältnis.

599 Ein weiteres Argument dagegen, neben Parteistellung und Zweckverschiedenheit: Das Arbeitsverhältnis ist ein Dauerschuldverhältnis, das Außenverhältnis muss dagegen keines-

---

[1532] *Mankowski,* DB 1999, 1854, 1857; *Deinert* § 9 Rn. 87; Rauscher/*Mankowski* Art. 21 Brüssel Ia-VO Rn. 51 sowie *Carillo Pozo,* Revista Española de Derecho de Trabajo 2011, 1023, 1036.
AA *S. Springer* S. 178f.; *Bosse* S. 204–207.
[1533] *Schlachter,* in: Noack/Spindler (Hrsg.), Unternehmensrecht und Internet, 2001, S. 199, 228; *S. Springer* S. 159.
[1534] Rauscher/*Mankowski* Art. 21 Brüssel Ia-VO Rn. 51.
[1535] *Trenner* S. 120, 128; *Mankowski,* IPRax 2003, 21, 27f.; *ders.,* EuZA 2017, 267, 271; *A. Junker,* FS Andreas Heldrich, 2005, S. 719, 736; *Grušić* S. 159; *G.-P. Calliess*/Franzen/Gröner Art. 8 Rome II Regulation Rn. 28; *Henze* S. 158; *Schwander,* FS Thomas Geiser, 2017, S. 415, 421f.
[1536] Entgegen EuGH Slg. 2011, I-1595 Rn. 30, 33. – Heiko Koelzsch/Staat des Großherzogtums Luxemburg.
[1537] Entgegen EuGH Slg. 2011, I-1595 Rn. 33 – Heiko Koelzsch/Staat des Großherzogtums Luxemburg.
[1538] *Mankowski/Knöfel,* EuZA 2011, 521, 529.
[1539] Entgegen EuGH Slg. 2011, I-1595 Rn. 29 – Heiko Koelzsch/Staat des Großherzogtums Luxemburg.
[1540] So im Ansatz BAG AP H. 4/2012 Verordnung Nr. 44/2001/EG Nr. 3 Bl. 4R Rn. 32.
[1541] *Mankowski,* AP H. 4/2012 Verordnung Nr. 44/2001/EG Nr. 3 Bl. 5, 6R.

VII. Arbeitsverträge 600–603 § 1

wegs diesen Charakter haben.[1542] Daraus folgt: Verträge des Arbeitgebers mit Kunden und deren Erfüllungsorte haben nicht per se direkte Relevanz für den gewöhnlichen Arbeitsort des Arbeitnehmers. Der Erfüllungsort im Außenverhältnis ist ohne direkte Bedeutung für den gewöhnlichen Arbeitsort im Innenverhältnis.

dd) Vorübergehende und dauerhafte Entsendung. Laut Art. 8 II 2 Rom I-VO führt eine vorübergehende Entsendung nicht zu einem Wechsel oder einer Veränderung des gewöhnlichen Arbeitsorts. Wird der Arbeitnehmer vorübergehend entsendet, so hat er seinen gewöhnlichen Arbeitsort also dort, wo er ihn vor der Entsendung hatte.[1543] Sein gewöhnlicher Arbeitsort liegt nicht dort, wo er während der vorübergehenden Entsendung faktisch seine Arbeitsleistung erbringt. Wird der Arbeitnehmer dagegen dauerhaft entsendet, so liegt sein neuer gewöhnlicher Arbeitsort an dem Ort, an den er dauerhaft entsendet wird.[1544] 600

Bei mehreren Entsendungen ist jede von ihnen prinzipiell gesondert zu betrachten. Selbst wenn die Entsendungen in ihrer Summe gewichtiger sind als die Beschäftigung am Stammort, aber in verschiedene Staaten erfolgen, ist die Wertung der base rule aus Art. 8 II 1 Var. 2 Rom I-VO zu beachten, dass der Ausgangspunkt für Tätigkeiten immer noch gewöhnlicher Arbeitsort sein kann.[1545] Aufeinanderfolgende Entsendungen in denselben Staat können aber im Summeneffekt zu einer dauerhaften Entsendung umschlagen. 601

Dafür, wann eine Entsendung vorübergehend ist, gibt es keine feste Grenze.[1546] Jedweder Versuch, eine Obergrenze zu ziehen, ist zum Scheitern verdammt. Entsprechende Vorschläge, drei Jahre oder zwei Jahre einzusetzen,[1547] letzteres namentlich in Übertragung der sozialrechtlichen Fristtatbestände aus Art 12 Abs 1 VO (EG) Nr 883/2004 und zuvor Art 14 Nr litt a, b VO (EWG) Nr 1408/71,[1548] haben keinen Eingang gefunden.[1549] Über den Entsendungsgedanken lassen sich gegenwärtig auch Fälle der Arbeit in der Antarktis oder im Weltraum lösen.[1550] „Vorübergehend" definiert sich vielmehr negativ und funktionell als „nicht dauerhaft".[1551] Als Faustformel lässt sich immerhin formulieren, dass eine Entsendung umso dauerhafter wird, je länger sie andauert. 602

Denkbar erscheint, sich heute für Maßstäbe und Kriterien an Art. 4 III RL 2014/67/EU[1552] anzulehnen.[1553] Bei der Beurteilung, ob ein entsandter Arbeitnehmer seine Tätigkeit vorübergehend in einem anderen Mitgliedstaat als dem ausübt, in dem er normalerweise arbeitet, wären demnach sämtliche für die entsprechende Arbeit charakteristischen tatsächlichen Umstände sowie die Situation des Arbeitnehmers zu prüfen; diese Umstände können insbesondere Folgendes umfassen: a) ob die Arbeit für einen begrenzten Zeitraum in einem anderen Mitgliedstaat verrichtet wird; b) an welchem Datum die Entsendung beginnt; c) ob die Entsendung in einen anderen Mitgliedstaat erfolgt als denjenigen, in dem oder von dem aus der Arbeitnehmer seine Tätigkeit üblicherweise gemäß Rom I und/oder 603

[1542] *Mankowski*, AP H. 4/2012 Verordnung Nr. 44/2001/EG Nr. 3 Bl. 5, 6R.
[1543] Siehe nur *Merrett* Rn. 6.58.
[1544] Siehe nur *Chunilal v. Merrill Lynch International Inc.* [2010] EWHC 1467 (Comm) [18] (Q. B. D., Burton J.); *Merrett* Rn. 6.60.
[1545] Staudinger/*Magnus* Art. 8 Rom I-VO Rn. 108; *Block* S. 191.
[1546] Siehe nur *A. Junker*, FS Jobst-Hubertus Bauer, 2010, S. 503, 507.
[1547] *Gamillscheg*, ZfA 1983, 307, 333 bzw. *Heilmann*, Das Arbeitsvertragsstatut, 1991, S. 144; s. a. *Franzen* AR-Blattei SD 920 Rn. 62 (1993).
[1548] European Parliament, Draft Report by the Committee Responsible (Reporter: *Maria Berger*) of 22 August 2006, PE 371.427 2005/0261 (COD) Nr. 23.
[1549] *Block* S. 187.
[1550] *Block* S. 189 f. Siehe aber weitergehende Überlegungen bei permanenter Arbeit in der Antarktis bzw im Weltraum bei *Block* S. 397–433 bzw. 483–525.
[1551] Siehe nur *Edenfeld*, DB 2017, 2803, 2804.
[1552] Richtlinie 2014/67/EU des Europäischen Parlaments und des Rates vom 15. Mai 2014 zur Durchsetzung der Richtlinie 96/71/EG über die Entsendung von Arbeitnehmern im Rahmen der Erbringung von Dienstleistungen und zur Änderung der Verordnung (EU) Nr. 1024/2012 über die Verwaltungszusammenarbeit mit Hilfe des Binnenmarkt-Informationssystems („IMI-Verordnung"), ABl. EU 2014 L 159/11.
[1553] *Henze* S. 166 f.

dem Übereinkommen von Rom ausübt; d) ob der entsandte Arbeitnehmer nach Erledigung der Arbeit oder nach Erbringung der Dienstleistungen, für die er entsandt wurde, wieder in den Mitgliedstaat zurückkehrt, aus dem er entsandt wurde, oder dies von ihm erwartet wird; e) die Art der Tätigkeiten; f) ob Reise, Verpflegung und Unterbringung von dem Arbeitgeber, der den Arbeitnehmer entsendet, bereitgestellt oder die Kosten von ihm erstattet werden, und wenn ja, sollte angegeben werden, wie dies geschieht, oder die Erstattungsmethode dargelegt werden; g) vorangegangene Zeiträume, in denen die Stelle von demselben oder einem anderen (entsandten) Arbeitnehmer besetzt wurde.

604   Um die Grenze zwischen vorläufiger und dauerhafter Entsendung bemüht sich jedenfalls Erwägungsgrund (36) S. 1 Rom I-VO in Fortführung dessen, was Art. 6 II lit. a S. 4 Vorschlag Rom I-VO vorsah. Richtigerweise setzt er funktionell an und versucht sich gar nicht erst an einer wie auch immer gearteten Zeitgrenze.[1554] Er rekurriert auf dauerhafte, nicht zur bei Vertragsschluss vorhandene Motivlagen der Parteien.[1555] Für den vorübergehenden Charakter einer Entsendung stellt man seit jeher auf den Rückkehrwillen (animus revertendi) des Arbeitnehmers und den Rücknahmewille (animus retrahendi) des Arbeitgebers ab.[1556]

605   Erwägungsgrund (36) S. 1 Rom I-VO gießt dies in eine spezifische Variation: Ihm zufolge ist eine Entsendung vorübergehender Natur, wenn von dem Arbeitnehmer erwartet wird, dass er nach seinem Arbeitseinsatz im Ausland seine Arbeit im Herkunftsstaat wieder aufnimmt. Vertragliche vorgesehene Rückkehr, Wiederbeschäftigung oder Rückkehrmöglichkeit unter Vorhalten eines Arbeitsplatzes im alten Arbeitsstaat machen die Entsendung grundsätzlich zur nur vorübergehenden.[1557] Andererseits kann ein ursprünglich bestehender Wille beider Parteien nicht dazu führen, dass nie ein gewöhnlicher Arbeitsort im Entsendestaat entstehen könnte, so lange die Entsendung auch andauert und so sehr der ursprünglich bestehende Wille auch verwässert ist.[1558] Ändert sich der Parteiwille ausdrücklich, so schlägt die Entsendung sowieso in eine dauernde um.[1559]

606   Das Arbeitsverhältnis kann auch mit einer Entsendung beginnen; vorherige Tätigkeit am gewöhnlichen Arbeitsort ist nicht notwendig,[1560] obwohl man von einer *Wieder*aufnahme der Tätigkeit im Herkunftsstaat bei wörtlichem Verständnis nicht sprechen kann.[1561] Jedoch gibt es keine Mindestdauer, die ein Arbeitnehmer vor seiner Entsendung im Entsendestaat tätig gewesen sein müsste.[1562] Denn jede Mindestdauer wäre willkürlich: Würde ein Tag ausreichen? Oder eine Woche? Oder ein Monat? Oder müsste es ein Viertel-, halbes, ganzes Jahr sein?

607   Erforderlich ist immer die bei Vertragsschluss bestehende Absicht, den Arbeitnehmer nach Rückkehr von der Entsendung im Entsendestaat zu beschäftigen.[1563] Ob sich diese ursprünglich gehegte Absicht realisiert, ist dagegen ohne Bedeutung. Eine auf ein konkretes Projekt bezogene Tätigkeit in einem Land kann eine vorübergehende Entsendung sein,[1564] ist es aber

---

[1554] Vgl. *Mankowski,* IPRax 2006, 101, 107; *Knöfel,* RdA 2006, 269, 275.
[1555] *Knöfel,* RdA 2006, 269, 275; BeckOGK/*Knöfel* Art. 8 Rom I-VO Rn. 66.
[1556] Siehe nur *Däubler,* RIW 1987, 249, 251; *Schmidt-Hermesdorf,* RIW 1988, 938, 940; *A. Junker,* ZIAS 1995, 564, 586; Rauscher/*Mankowski* Art. 21 Brüssel Ia-VO Rn. 7; BeckOGK/*Knöfel* Art. 8 Rom I-VO Rn. 68 mwN.
[1557] Siehe nur *Däubler,* RIW 1987, 249, 251; *Schmidt-Hermesdorf,* RIW 1988, 938, 940; *A. Junker,* ZIAS 1995, 564, 586.
[1558] *Plender/Wilderspin* Rn. 11–049; *Henze* S. 169.
[1559] *Schlachter,* in: Leible S. 155, 158; *Deinert* § 9 Rn. 109.
[1560] *Mankowski,* AR-Blattei ES 920 Nr. 5 S. 6, 9 f. (Juli 1998); *ders.,* in: Ferrari/Leible (eds.), The Rome I Regulation, 2009, S. 171, 188; *Deinert,* RdA 2009, 144, 146.
AA *A. Junker* S. 182; *Block* S. 190 f.
[1561] *A. Junker,* in: Ferrari/Leible (Hrsg.), Ein neues Internationales Vertragsrecht für Europa, 2007, S. 111, 122.
[1562] *A. Junker,* FS Jobst Hubertus Bauer, 2010, S. 503, 509.
[1563] *A. Junker,* RIW 2006, 401, 407; *Mankowski,* IHR 2008, 133, 145; *ders.,* in: Ferrari/Leible (eds.), The Rome I Regulation, 2009, S. 171, 185 f.
[1564] *A. Junker,* ZIAS 1995, 564, 568; *Hänlein,* ZIAS 1996, 21, 38 sowie Cass. soc. JCP S 2011.1293 note *Coursier;* Cass. soc. JCP S 2011.1309 note *Tricoit.*

VII. Arbeitsverträge   608–612 § 1

nicht, wenn die Einstellung nur für dieses Projekt erfolgt; in letzterem Fall liegt der gewöhnliche Arbeitsort allein im Land des Auslandseinsatzes.[1565] Es ist grundsätzlich eine subjektive ex ante-Perspektive zugrundezulegen.[1566] Allerdings kann bei Wegfall ursprünglicher gehegter Absichten eine vorübergehende in eine dauerhafte Entsendung umschlagen, die zu einem Wechsel des gewöhnlichen Arbeitsorts an den Entsendeort führt.[1567]

Beispiel: Die Alceste Anlagenbau AG aus Alzey und Hartmut Schneider schließen einen Arbeitsvertrag. Darin ist vorgesehen, dass S seine Tätigkeit zuerst für drei Jahre als Leiter des Großbauprojekts der A in Abu Dhabi aufnimmt, um danach ins Stammhaus zurückzukehren. Nach zwei Jahren gewinnt die A den Auftrag für ein Anschlussprojekt von vier Jahre Dauer ebenfalls in Abu Dhabi, dessen Leitung der inzwischen eingearbeitete und erfahrene S ebenfalls übernehmen soll.   608

Entsandte Arbeitnehmer schließen häufig einen so genannten Entsendevertrag mit ihrem Arbeitgeber ab.[1568] Dieser passt die Bedingungen des zuvor und weiter bestehenden Arbeitsverhältnisses an den Auslandseinsatz an und regelt spezifisch aus dem Auslandseinsatz erwachsenden Fragen, z. B. Umzugskosten, Rückkehrrechte, Vergütung, Sonderzahlungen für Integration der Familie, Schuldgeld der Kinder im Ausland usw. Der Entsendevertrag ist Ergänzung und Modifikation zum Arbeitsvertrag, allenfalls dessen Ersetzung. Er begründet kein zweites Arbeitsverhältnis. Seine Anknüpfung folgt jener des Arbeitsvertrages. Durch eine nicht nur vorübergehende Entsendung ergibt sich aber ein Wechsel des gewöhnlichen Arbeitsortes, nach Beendigung einer solchen Entsendung und Rückkehr ein Rückwechsel zum ursprünglichen gewöhnlichen Arbeitsort.   609

ee) Doppelte Arbeitsverhältnisse: Rumpf- und Lokalarbeitsverhältnis. Entsandte Arbeitnehmer schließen häufig einen zweiten Arbeitsvertrag mit einem lokalen Unternehmen am Entsendungsort. Dann muss man die beiden Arbeitsverhältnisse sauber voneinander unterscheiden: erstens das fortbestehende ursprüngliche, jetzt unter Umständen ruhende Arbeitsverhältnis mit dem entsendenden Arbeitgeber (das so genannte Rumpfarbeitsverhältnis); zweitens das Arbeitsverhältnis mit dem lokalen Arbeitgeber (das so genannte Lokalarbeitsverhältnis). Beide unterliegen ihrem je eigenen Arbeitsvertragsstatut.[1569]   610

Beispiel: A ist Arbeitnehmer der B International AG aus Hamburg. Diese ist Mutter eines Konzerns, zu dem u. a. die C SpA in Parma gehört. A und B einigen sich darauf, dass A für ein Jahr bei der C in Parma arbeiten soll. Der Vertrag zwischen A und B besteht fort und wird um Regelungen für den Zeitraum, während dessen A in Parma arbeitet, und für die Rückkehr des A ergänzt. Die Arbeitspflicht des A gegenüber der B ruht aber. A schließt eine eigenen, auf ein Jahr befristeten Arbeitsvertrag mit der C.   611

Unter dem Rumpfarbeitsverhältnis erfolgt eine nur vorübergehende Entsendung; diese zieht keinen Wechsel des gewöhnlichen Arbeitsorts nach sich.[1570] Wird die Entsendung letztlich zu einer dauerhaften Entsendung, so entfällt im Rumpfarbeitsverhältnis, unter dem die Arbeitspflichten ruhen, der gewöhnliche Arbeitsort.[1571]   612

[1565] Cass. soc. JurisData n° 2012–005956; Hof Arnhem-Leeuwarden, locatie Arnhem NIPR 2018 Nr. 161 S. 383; ArbG Bielefeld 2.12.2008 – 3 Ca 2703/08 Rn. 47; *Mankowski*, AR-Blattei ES 920 Nr. 5 S. 6, 10 (Juli 1998); *Cottin-Dusart*, Cah. dr. entrepr. N° 3, mai-juin 2013, 34, 35.
[1566] *Garcimartín Alférez*, EuLF 2008, I-77, I-92 no. 72.
[1567] *Deinert* § 9 Rn. 105; *Plender/Wilderspin* Rn. 11–049; *Grušić* S. 158; *Henze* S. 169 f.
[1568] *Reichel/Spieler*, BB 2011, 2741.
[1569] Siehe nur *Wurmnest*, EuZA 2009, 481, 494; *Deinert* § 9 Rn. 116; *Henze* S. 173.
[1570] *Mankowski*, RIW 2004, 133, 138 f.; *A. Junker*, FS Jan Kropholler, 2008, S. 481, 496; *C. Müller* S. 76 f.; vgl. aber EuGH Slg. 2003, I-3573 Rn. 23–25 – Giulia Pugliese/Finmeccanica SpA, Betriebsteil Alenia Aerospazio: Es sei das Interesse des ersten Arbeitgebers an der Tätigkeit für den zweiten Arbeitgeber zu ermitteln. Dagegen wegen zu großer Offenheit und fehlender Normanbindung *Huet*, Clunet 131 (2004), 632, 634; *Mankowski*, RIW 2004, 133, 135 f; *Krebber*, IPRax 2004, 309, 313; *Leipold*, GS Wolfgang Blomeyer, 2004, S. 143, 150 f.
[1571] *Mankowski*, RIW 2004, 133, 139. Weiter *Franzen*, EuLF 2000/01, 296, 297 f.; vgl. auch *Simons*, EuLF 2003, 163, 166; *A. Junker*, ZZP Int 8 (2003), 491, 497. Anders wohl *Leipold* GS Wolfgang Blomeyer, 2004, S. 143, 152 f.

613 **Beispiel:** A aus dem vorigen Beispiel gefällt es bei der C in Parma so gut (und er sieht dort auch mittelfristig bessere Aufstiegschancen), dass er im Einverständnis mit B den Arbeitsvertrag mit C um fünf Jahre verlängert mit weiteren Verlängerungsoptionen. Der Vertrag zwischen A und B besteht fort, die Arbeitspflichten darunter ruhen weiterhin.

614 Das Rumpfarbeitsverhältnis verliert aber nicht dadurch seinen Charakter als Arbeitsvertrag, dass die unter ihm bestehenden Pflichten suspendiert werden.[1572] Ein Arbeitsvertrag muss nicht aktiv sein, um Arbeitsvertrag zu sein. Anderenfalls ließen sich gerade Streitigkeiten um Rückkehr und Wiederaktivierung nicht sachgerecht zuordnen.[1573] Jede Rückkehrvereinbarung stellt die Verknüpfung mit der vorherigen und der nachmaligen Tätigkeit her.[1574] Außerdem bestehen hinreichende Restpflichten und Positionen unter dem Rumpfvertrag.[1575] Eine akzessorische Anlehnung an das Statut des Lokalarbeitsverhältnisses über Art. 8 IV Rom I-VO[1576] vermag nicht zu überzeugen, zumal sie zu einem doppelten Statutenwechsel zu führen droht.

615 Anders verhält es sich allerdings, wenn das ursprüngliche Arbeitsverhältnis nicht in ein ruhendes Rumpfarbeitsverhältnis umgestaltet, sondern vielmehr in bloße Garantien oder Patronatserklärungen zur Absicherung von Ansprüchen aus dem Lokalarbeitsverhältnis umgewandelt wird.[1577] Erwägungsgrund (36) S. 2 Rom I-VO wiederum stellt klar, dass nicht bereits der Abschluss eines zweiten Vertrags mit demselben Arbeitgeber oder einem anderen Arbeitgeber innerhalb derselben Unternehmensgruppe ausschließt, dass die Entsendung nur vorübergehenden Charakter hat.[1578] Der Begriff der Unternehmensgruppe wird allerdings nicht näher umschrieben.[1579] Insoweit helfen auch Artt. 56 ff. EuInsVO 2015 leider nicht weiter. Hilfreich ist dagegen ein Blick auf Art. 2 I lit. b EBR-RL.[1580]

616 Für das Lokalarbeitsverhältnis beim doppelten Arbeitsverhältnis ist der gewöhnliche Arbeitsort nach den allgemeinen Maßstäben zu bestimmen. Unter dem Lokalarbeitsverhältnis begründet die Arbeit am Entsendungsort einen gewöhnlichen Arbeitsort, weil es sich um den einzigen Arbeitsort unter diesem Arbeitsvertrag handelt. Dieser liegt in aller Regel im Staat des lokalen, zweiten Arbeitgebers, so dass es Art. 8 II Rom I-VO und nicht Art. 8 III Rom I-VO zum Zuge kommt.[1581] Im Einzelfall kann sich aus konkreten Besonderheiten (z. B. fortlaufende Gehaltszahlung nur durch die Muttergesellschaft) ausnahmsweise ergeben, dass die formale Trennung zwischen beiden Verträgen weichen und eine (wirtschaftliche) Einheit beider Verträge anzunehmen ist, um nicht Konzernsachverhalt und Arbeitsteiligkeit durch Rechtsanwendungsvorteile für den Arbeitgeber zu prämieren.[1582]

617 *b) base-Anknüpfung.* aa) Grundsätzliches. Als gewöhnlichen Arbeitsort akzeptiert Art. 8 II 1 Var. 2 Rom I-VO heute auch den Ort, „von dem aus" gewöhnlich gearbeitet wird, den gewöhnlichen Arbeitsantrittort.[1583] Die „von dem aus"-Klausel (oder plastisch: base rule[1584])

AA *Lavelle,* in: Lavelle (ed.), The Maritime Labour Law Convention 2006, 2014, Rn. 9.37: Gewöhnlicher Arbeitsort des zweiten Arbeitsverhätnisses werde zum gewöhnlichen Arbeitsort auch des ersten Arbeitsverhältnisses.

[1572] *Mankowski,* RIW 2004, 133, 136; *Krebber,* IPRax 2004, 309, 314 f.
AA *A. Junker* S. 217; *Franzen,* EuLF 2000/01, 296, 298 sowie *A. Junker,* ZIAS 1995, 564, 578 f.
[1573] *Krebber,* IPRax 2004, 309, 315.
[1574] *A. Junker,* FS Jan Kropholler, 2008, S. 481, 490.
[1575] *Mankowski,* RIW 2004, 133, 136; *A. Junker,* FS Jan Kropholler, 2008, S. 481, 490 f.
[1576] Dahin *Knöfel,* IPRax 2014, 130, 136 sowie *Henze* S. 173.
[1577] Vgl. *A. Junker,* FS Jan Kropholler, 2008, S. 481, 485 f.
[1578] *Mankowski,* IPRax 2006, 101, 107; BeckOGK/*Knöfel* Art. 8 Rom I-VO Rn. 68.
[1579] BeckOGK/*Knöfel* Art. 8 Rom I-VO Rn. 68.1.
[1580] *Knöfel,* RdA 2006, 269, 276; *Mankowski,* in: Ferrari/Leible (ed.), Rome I Regulation, 2009, S. 171, 192 sowie *Henze* S. 171 f.
[1581] *Trenner* S. 146; *Mankowski,* RIW 2004, 133, 140 f.; *C. Müller* S. 77; *A. Junker,* FS Jan Kropholler, 2008, S. 481, 492 f.
[1582] *Mankowski,* AP H. 4/2004 Nr. 1 zu Art. 7 Lugano-Abkommen Bl. 7R, 8R; vgl. aber auch BAG AP H. 4/2004 Nr. 1 zu Art. 7 Lugano-Abkommen Bl. 4R f.
[1583] *Block* S. 184; BeckOGK/*Knöfel* Art. 8 Rom I-VO Rn. 62.
[1584] Nicht zu verwechseln mit „basic rule"!

VII. Arbeitsverträge   618–620 § 1

bringt zum Ausdruck, dass ein Staat für einen Arbeitnehmer auch eine Art Stützpunkt oder Basis sein kann.[1585] Schon dies genügt aber vollauf, um scheinbar delokalisierte internationale Arbeit genau einem Staat zuzuordnen (und einen arbeitgebergünstigen Rückfall auf Art. 8 III Rom I-VO zu vermeiden, so dass die Niederlassungsfreiheit nicht tel quel die Belange der Beschäftigten überspielt[1586]). Man wollte damit Formulierungen aus der EuGH-Rechtsprechung zu Art. 5 Nr. 1 Hs. 2 EuGVÜ[1587] integrieren und übernehmen.[1588] Der gewöhnliche Arbeitsort als tatsächlicher Verrichtungsort der Arbeitsleistung[1589] hat damit einen vorwiegend für Arbeitsverhältnisse im Transportgewerbe relevanten Schwesterbegriff erhalten.

Der Ort, der dem Arbeitnehmer als „Startpunkt" zur Erfüllung seines Vertrags dient, ist **618** alternativ-subsidiär neben den früher allein maßgeblichen Ort getreten, *an* dem der Arbeitnehmer seine Leistungen erbringt. Nach der Kommissionsbegründung zum Vorschlag der Rom I-VO[1590] sollte sich diese Erweiterung ausdrücklich auf „fliegendes" Personal beziehen, insbesondere auf solches mit ergänzender Bodentätigkeit, etwa Einchecken und Sicherheitskontrolle.[1591] Im Rechtssetzungsprozess war deswegen unklar, ob die Neuregelung nur „fahrendes" oder „fliegendes" Personal erfassen sollte, das am Boden oder am Ausgangspunkt noch Annex- oder Zusatztätigkeiten verrichtet (Flugbegleiter),[1592] oder auch reine „Transportarbeiter" (Piloten).[1593]

Unter Art. 8 Rom I-VO in seiner Endfassung ist aber nicht mehr streitig, dass die „von **619** dem aus"-Klausel grundsätzlich beiderlei Arten von Tätigkeiten, also auch die reinen „Transportarbeiter", erfasst.[1594] Die Neufassung ist freilich erkennbar auf das grenzüberschreitend tätige Transportgewerbe zugeschnitten. Auf weitere Arbeitnehmertypen, etwa auf Telearbeiter, sollte sie, wenn überhaupt, nur zurückhaltend angewandt werden.[1595] Erklärtes Ziel der Regelung ist aber auch, die Niederlassungsanknüpfung, insbesondere im Internationalen Luftarbeitsrecht, zurückzudrängen.[1596]

Indiz ist für fliegendes Personal, wo die Flugzeuge stationiert sind; Mit dem Begriff der **620** Heimatbasis aus OPS 1.1095 Anh. III VO (EG) Nr. 3922/91 soll dies aber nicht identisch sein, auch wenn VO (EG) Nr. 883/2004 auf diesen Begriff verweist.[1597] Das IPR sucht nach dem Sitz des Rechtsverhältnisses, und die anderen Rechtsakte streben nicht an, die

---

[1585] *Knöfel*, RdA 2006, 269, 274; *ders.*, EWiR Art. 6 EVÜ 1/11, 315, 316; *A. Junker*, Arbeitnehmereinsatz im Ausland – Anzuwendendes Recht und Internationale Zuständigkeit, 2007, S. 23; MüKoBGB/*Martiny* Art. 8 Rom I-VO Rn. 48.
[1586] Siehe *Haanappel-van der Burg*, Ars Aequi 2018, 222, 227 f.
[1587] Nämlich aus EuGH Slg. 1993, I-4075 Rn. 24 – Mulox IBC Ltd./Hendrick Geels; EuGH Slg. 1997, I-57 Rn. 25 – Petrus Wilhelmus Rutten/Cross Medical Ltd.
[1588] Vorschlag der Kommission der Europäischen Gemeinschaften vom 15.12.2005 für eine Verordnung des Europäischen Parlaments und des Rates über das auf vertragliche Schuldverhältnisse anzuwendende Recht (Rom I), KOM (2005) 650 endg, S. 8.
[1589] Siehe nur *Schlachter*, in: Leible (Hrsg.), Das Grünbuch zum Internationalen Vertragsrecht, 2004, S. 155, 163.
[1590] KOM (2005) 650 endg. S. 8.
[1591] KOM (2005) 650 endg, S. 8.
[1592] Offen für das Arbeitsprozessrecht noch EuGH Slg. 2004, I-6041 – Magali Warbecq/Ryanair Ltd.
[1593] Dazu *Mankowski*, IPRax 2006, 101, 108; *Knöfel*, RdA 2006, 269, 274; *A. Junker*, in: Ferrari/Leible (Hrsg.), Ein neues Internationales Vertragsrecht für Europa, 2007, S. 111, 125 f.
[1594] Siehe nur *Knöfel*, AP H. 10/2008 Art. 27 EGBGB n. F. Nr. 8 Bl. 11, 13; *Winkler v. Mohrenfels/Block*, EAS B 3000 Rn. 127 Fn. 396 (Aug. 2010).
Zuvor praktisch genauso Arbh. Brussel, Tijdschrift@ipr.be 2008 nr. 3 S. 44.
[1595] *Knöfel*, RdA 2006, 269, 274; *ders.*, in: Taeger/Wiebe (Hrsg.), Aktuelle Rechtsfragen zu IT und Internet, 2006, 135, 140 f.; *Mankowski*, in: Ferrari/Leible (eds.), The Rome I Regulation, 2009, S. 171, 198. Anders *Pfeiffer/M. Weller/Nordmeier*, in: Spindler/F. Schuster (Hrsg.), Recht der elektronischen Medien, 3. Aufl. 2016, Art. 8 Rom I-VO Rn. 9: Heimischer PC des Arbeitnehmers grundsätzlich als base.
[1596] KOM (2005) 650 endg. S. 8 (Artikel 6 – Individuelle Arbeitsverträge, S. 3).
[1597] EuGH ECLI:EU:C:2017:688 Rn. 67, 74 – Sandra Nogueira u. a./Crewland Ireland Ltd.; Miguel José Moreno Osacar/Ryanair Designated Acitivities Ltd.; *Tricoit*, JCP S 2017.1338 = JCP S N° 43, 31 octobre 2017, S. 26, 27 f.; *P. Dupont/Poissonier*, D. 2018, 107, 111.

Heimatbasis als ausschließliches Kriterium für den Bereich der Zivilluftfahrt zu etablieren.[1598]

621 Jedoch kann jener Begriff der Heimatbasis wiederum als Indiz eine wichtige Rolle spielen.[1599] Er soll seine Relevanz nur verlieren, wenn es eine engere Verbindung gibt.[1600] Die Qualität des betroffenen Orts als *gewöhnlicher* Ausgangsort ist bei der base rule ebenfalls hochzuhalten und stellt erhöhte Anforderungen an die positive Begründung;[1601] diesen mag die base im Einzelfall ausnahmsweise nicht genügen, so dass Art. 8 IV Rom I-VO als Korrekturinstrument zum Einsatz kommt.[1602] Jede Indizkonstruktion würde, ganz perfekt ausgeführt, jedenfalls eine Darlegung implizieren, weshalb und wann abstrakt das jeweilige Indiz Gewicht gewinnt.[1603]

622 Sofern man ein Element arbeitnehmerischer Tätigkeit am Ort der base verlangen wollte, kann dies bei Flugbegleitern im Einchecken der Passagiere, im Schalterdienst und in Sicherheitskontrollen, bei Piloten und Bordingenieuren in Wartung, Kontrolle, Check, Überprüfung und Vorbereitung der Flugzeuge liegen; hinzu kommen bei allen Beschäftigtengruppen Einweisungen, Schulungen und Fortbildungen.[1604] Notwendige Voraussetzung ist dies allerdings nicht.[1605]

623 Die Staatsangehörigkeit der Flugzeuge jedenfalls spielt auch unter Berücksichtigung von Art. 17 Chicago Convention[1606] keine Rolle.[1607] Eine Anknüpfung an das Register des Flugzeugs als normative Lokalisierung des Arbeitsorts passt nicht zu den rechtstatsächlichen Verhältnissen häufigen Wechseldienstes oder zwischengestreuter Inlandseinsätze und dem relativen Anteil der Flugzeiten an der Gesamtarbeitszeit.[1608] Sozialpolitisch und unter dem Aspekt des Schwächerenschutzes ist der Ausschluss des Registers als Anknüpfungspunkt ein sympathisches Ergebnis,[1609] das jeglichen strategischen Überlegungen des Arbeitgebers einen Strich durch die Rechnung macht, durch eigennützige Registrierung oder gar „Ausflaggung" zu einem ihm günstigen Arbeitsrecht zu kommen.[1610]

624 bb) Verhältnis zwischen „an dem" und „von dem aus". Eine gewichtende Schwerpunktsuche ist bei der „von dem aus"-Klausel nur mit einem anderen Maßstab veranlasst als beim klassischen gewöhnlichen Arbeitsort der „an dem"-Variante.[1611] Denn sie ist mit dem normalen Maßstab bereits zuvor erfolgt bei der Frage, ob die „an dem"-Variante gegeben ist. „An dem" und „von dem aus" stehen zueinander in einem Subsidiaritätsverhältnis: Primäre Anknüpfung ist „an dem". Wenn es einen Ort gibt, *an dem* gewöhnlich die Arbeit verrichtet wird, steht die Anknüpfung fest. Wenn es dagegen keinen Ort gibt, *an dem* gewöhnlich

---

[1598] *Winkler v. Mohrenfels*, EuZA 2018, 236, 244.
[1599] EuGH ECLI:EU:C:2017:688 Rn. 68 – Sandra Nogueira u. a./Crewland Ireland Ltd.; Miguel José Moreno Osacar/Ryanair Designated Acitivities Ltd.; *Temming*, NZA 2017, 1437, 1449; *Krebber*, LMK 2017, 400168; *Ulrici*, EuZW 2017, 947, 948.
Tendenziell anders *Winkler v. Mohrenfels*, EuZA 2018, 236, 245.
[1600] EuGH ECLI:EU:C:2017:688 Rn. 73 – Sandra Nogueira u. a./Crewland Ireland Ltd.; Miguel José Moreno Osacar/Ryanair Designated Acitivities Ltd.
[1601] Ähnlich *Ulrici*, jurisPR-ArbR 43/2017 Anm. 5 sub C II 1 b.
[1602] *Mankowski*, EWiR 2017, 739, 740.
[1603] *Ulrici*, jurisPR-ArbR 43/2017 Anm. 5 sub C II 1 b.
[1604] Rauscher/*Mankowski* Art. 21 Brüssel Ia-VO Rn. 42; *Mankowski*, EWiR 2017, 739, 740.
[1605] *Mankowski*, in: Ferrari/Leible, Rome I Regulation, 2009, S. 180; *Mankowski/Knöfel*, EuZA 2011, 521, 527 f.
[1606] Chicago Convention on International Civil Aviation of 7 December 1944, BGBl. 1956 II 411.
[1607] EuGH ECLI:EU:C:2017:688 Rn. 75 f. – Sandra Nogueira u. a./Crewland Ireland Ltd.; Miguel José Moreno Osacar/Ryanair Designated Acitivities Ltd.; GA *Saugmansgaard Øe*, ECLI:EU:C: 2017: 312 Rn. 122–127; *Tricoit*, JCP S 2017.1338 = JCP S N° 43, 31 octobre 2017, S. 26, 28; *Temming*, NZA 2017, 1437, 1440; *Haanappel-van der Burg*, Ars Aequi 2018, 222, 226; *Winkler v. Mohrenfels*, EuZA 2018, 236, 246.
[1608] Näher *Henze* S. 347–353.
Vgl. aber auch *Ulrici*, jurisPR-ArbR 43/2017 Anm. 5 sub C II 2 b.
[1609] *Mankowski*, EWiR 2017, 739, 740 sowie *Ulrici*, jurisPR-ArbR 43/2017 Anm. 5 sub D; ders., EuZW 2017, 947, 948; *Temming*, NZA 2017, 1437, 1439 f.
[1610] GA *Saugmansgaard Øe*, ECLI:EU:C: 2017: 312 Rn. 121.
[1611] *Mankowski/Knöfel*, EuZA 2011, 521, 529.

VII. Arbeitsverträge 625–627 § 1

die Arbeit verrichtet wird, kommt die „von dem aus"-Klausel zum Zuge. Das unterstreicht das „anderenfalls".[1612]

„Von dem aus" weicht auf schwächere Bezüge aus, da es die stärkeren Bezüge des „an **625** dem" eben konkret nicht gibt. Der eigentlich gesuchte Schwerpunkt des „an dem" existiert konkret nicht. Dann wird die „von dem aus"-Klausel ein Stück weit arbiträr und lässt eben den Treffpunkt der Strahlen genügen, von welchem der Arbeitnehmer immer wieder auszieht und zu welchem er immer wieder zurückkehrt.[1613] „Von dem aus" ist funktionell eine Erweiterung der Arbeitsortsanknüpfung[1614] und setzt demgemäß dort an, wo die „normale" Arbeitsortanknüpfung ihre Grenzen erreicht. Man sollte auch nicht übersehen, dass die Anknüpfung an die base für Flugpersonal unter dem EVÜ als Unterfall der Anknüpfung an die einstellende Niederlassung[1615] propagiert wurde;[1616] denn auch dies belegt den subsidiären Charakter, der mit der Verschiebung und Rangerhöhung nicht entfallen ist.[1617]

cc) Konzept einer Schwerpunktsuche und Ort, „von dem aus" Arbeit gewöhnlich ver- **626** richtet wird. Auf der anderen Seite bedarf auch der Ort, „von dem aus" gewöhnlich Arbeit verrichtet wird, einer Mindestqualität. Er darf sich nach Gewicht und relativer Bedeutung innerhalb des Arbeitsverhältnisses nicht zu sehr von einem Ort, „an dem" Arbeit gewöhnlich verrichtet wird, entfernen.[1618] Er muss das relative Zentrum bleiben.[1619] Er darf nicht nur bloßer Rückkehrort ohne weitere Bedeutung sein.[1620] Er darf jedenfalls nicht schwächer sein als die Summe der sonstigen Umstände. Hier fügen sich die Arbeitsaufträge des EuGH[1621] mit ihrem Prüfungsprogramm an die Tatsacheninstanzen in das Gesamtkonzept ein. Noch präziser und noch umfangreicher ist der Katalog bei Generalanwältin *Trstenjak*.[1622] Er umfasst auch die Eigenorganisationsleistung des Arbeitnehmers und die Frage nach Art und Weise dieser Eigenorganisation.[1623] Der Standort der Fahrzeuge[1624] etwa zielt darauf, wo der Fernfahrer den ihm jeweils zugewiesenen Wagen übernimmt. Denn mit einer bloßen Übernahme dürfte es gemeinhin nicht getan sein. Ein Basischeck der Funktionstauglichkeit und Verkehrssicherheit des Fahrzeugs gehört vielmehr dazu. Noch verstärkt wird dies, wenn der Standort Rückkehrort für Fahrerwechsel und Regeneration ist.[1625]

Der Ort, von dem aus der Arbeitnehmer Anweisungen zu seinen Reisetätigkeiten er- **627** hält,[1626] gehört dagegen in den Kontext der einstellenden Niederlassung, nicht zum Arbeitsort. Weisungen strukturieren zwar die Arbeitsleistung und wirken auf die Arbeitsleis-

---

[1612] Siehe nur *A. Junker*, FS Peter Gottwald, 2014, S. 293, 296f.; BeckOGK/*Knöfel* Art. 8 Rom I-VO Rn. 57; *Ulrici*, jurisPR-ArbR 43/2017 Anm. 5 sub C II 1 a.
[1613] *Mankowski/Knöfel*, EuZA 2011, 521, 528.
[1614] *Franzen*, AR-Blattei SD 920 Rn. 93 (Nov. 2006); *Winkler v. Mohrenfels/Block*, EAS. B 3000 Rn. 101 (Aug. 2010).
[1615] Dafür namentlich *Gamillscheg*, ZfA 1983, 307, 334; *Däubler*, RIW 1987, 249, 251; *Magnus*, in: H. Koch/Magnus/Winkler v. Mohrenfels, IPR und Rechtsvergleichung, 1. Aufl. 1989, S. 142 (Problem in späteren Auflagen nicht mehr behandelt); *Lagarde*, Études offertes à Gérard Lyon-Caën, 1989, S. 83, 92; *Kraushaar*, BB 1989, 2121, 2123; *R. Sack*, FS Ernst Steindorff, 1990, S. 1333, 1341; *H. Mohrbutter/C. Mohrbutter*, ZAP 1990, 831, 845 und auch TSJ Cataluña REDI 2016-1, 190 nota *García Mirete*.
[1616] Anders verstanden allerdings von BAGE 125, 24,32.
[1617] *Mankowski/Knöfel*, EuZA 2011, 521, 528.
[1618] Vgl. GAin *Trstenjak*, ECLI:EU:C:2010:789 Nr. 63.
[1619] GAin *Trstenjak*, ECLI:EU:C:2010:789 Nr. 94.
[1620] GAin *Trstenjak*, ECLI:EU:C:2010:789 Nr. 94.
[1621] EuGH Slg. 2011, I-1595 Rn. 47–449 – Heiko Koelzsch/Staat des Großherzogtums Luxemburg.
[1622] GAin *Trstenjak*, ECLI:EU:C:2010:789 Nr. 96.
[1623] GAin *Trstenjak*, ECLI:EU:C:2010:789 Nr. 96; Cass. soc. 20.9.2006 – n° 05–40.490, Bull. civ. 2006 V N°. 277 S. 263; Cass. soc. 20.9.2006 – n°s 05–40.491, 05–40.492, 05–40.494, 05–40.495, Bull. civ. 2006 V N°. 277 S. 263, 264.
[1624] GAin *Trstenjak*, ECLI:EU:C:2010:789 Nr. 96.
[1625] Vgl. GAin *Trstenjak*, ECLI:EU:C:2010:789 Nr. 96.
[1626] Ihn zieht EuGH Slg. 2011, I-1595 Rn. 49 – Heiko Koelzsch/Staat des Großherzogtums Luxemburg heran.

tung ein – aber sie stammen vom Arbeitgeber und sind daher kein Teil der vom Arbeitnehmer selbst erbrachten Arbeitsleistung.[1627] Indizien müssen die Arbeitsleistung als solche betreffen, nicht das Gesamtrechtsverhältnis Arbeitsverhältnis.[1628] Genauer, weil auf die allein maßgebliche Arbeitnehmerleistung bezogen, ist daher darauf abzustellen, wo der Arbeitnehmer Weisungen erhält.[1629] Die Entgegennahme von Weisungen ist eine eigene, wenn auch passive Tätigkeit des Arbeitnehmers.[1630]

628 Sofern man ein Element arbeitnehmerischer Tätigkeit am Ort der base verlangen wollte, kann dies bei Flugbegleitern im Einchecken der Passagiere, im Schalterdienst und in Sicherheitskontrollen, bei Piloten und Bordingenieuren in Wartung, Kontrolle, Check, Überprüfung und Vorbereitung der Flugzeuge liegen; hinzu kommen bei allen Beschäftigtengruppen Einweisungen, Schulungen und Fortbildungen.[1631] Notwendige Voraussetzung ist dies allerdings nicht.[1632]

629 dd) Fernfahrer. Die Frequenz, mit der Fernfahrer den heimatlichen Standort berühren, ist jener von Flugpersonal wohl mindestens vergleichbar, vielleicht sogar höher. Deshalb ist für sie die Anwendung des Standortrechts ebenfalls vertretbar.[1633] Zudem bieten sich für viele Fernfahrer weniger Berührungspunkte zu bestimmten anderen Staaten, wenn sie keine regelmäßigen Routen, sondern nach Bedarf fahren. Außerdem werden die Sozialabgaben sich gemeinhin nach dem Recht dieses Standortes richten, so dass ein Gleichlaufaspekt ins Spiel kommt.[1634] Unter dem Blickwinkel des Schwächerenschutzes hier als *favor laboratoris* ergibt sich schließlich ein erfreulicher Nebenaspekt: Typischerweise wird der heimatliche Standort nahe beim Wohnort des Fernfahrers liegen.[1635] Ansonsten könnte nämlich eine Erstattung der Kosten von Fahrten zum Standort ins Spiel kommen und zum Kostenfaktor für den Arbeitgeber werden. Er wird vielmehr die Fahrer für einen bestimmten Standort rekrutieren, sei es, dass er gleich in der Nähe anwirbt (wie im konkreten Fall), sei es, dass er eine Übersiedlung des Fahrers veranlasst. Betroffen ist der regionale Arbeitsmarkt um den Standort herum.[1636] Die „von dem aus"-Anknüpfung dürfte also in der Regel zur Anwendung des für den Fernfahrer heimischen Rechts seiner Wohnumgebung führen und diesem damit die unerwünschten und abschreckenden Mühen, Auslandsrecht ermitteln lassen zu müssen, ersparen.

630 Nicht unproblematisch ist, wenn auch bloße Transitstaaten zu ermitteln sein sollten,[1637] durch welche der Fernfahrer nur durchfährt, ohne dort mehr zu tun als zu fahren, gegebenenfalls zu tanken, zu essen oder zu übernachten. Dass Transitstaaten für die Arbeitsleistung von Transportpersonal eigentlich keine Bedeutung haben, ist für Seeleute und Flugpersonal unausgesprochen allgemeine Ansicht, und wird auch für Kraftfahrer behauptet.[1638] Nun haben Fernfahrer auf dem Boden und Binnenschiffer auf Flüssen zwischen Ufern eine engere Verbindung mit den Transitstaaten als Seeleute, die nur Gewässer passieren, und erst recht als Flugpersonal, das Gebiete gar nur überfliegt[1639] und viel Zeit auf Flughäfen oder

---

[1627] *Mankowski/Knöfel*, EuZA 2011, 521, 529.
[1628] *Ulrici*, EuZW 2017, 947, 948.
[1629] GAin *Trstenjak*, ECLI:EU:C:2010:789 Nr. 96.
[1630] *Mankowski/Knöfel*, EuZA 2011, 521, 529.
[1631] Rauscher/*Mankowski* Art. 21 Brüssel Ia-VO Rn. 42.
[1632] *Mankowski*, in: Ferrari/Leible (eds.), The Rome I Regulation, 2009, S. 171, S. 180; *Mankowski/Knöfel*, EuZA 2011, 521, 527 f.
[1633] Im Ergebnis ebenso Staudinger/*Magnus* BGB, Artt. 27–37 EGBGB, 13. Bearb. 2002, Art. 30 EGBGB Rn. 166; *Blefgen* S. 137; vgl. auch Cass. soc. 20.9.2006 – n° 05-40.490, Bull. civ. 2006 V N°. 277 S. 263; Cass. soc. 20.9.2006 – n°s 05-40.491, 05-40.492, 05-40.494, 05-40.495, Bull. civ. 2006 V N°. 277 S. 263, 264.
[1634] Siehe Hessisches LAG, IPRax 1986, 107; *Bosse* S. 201 f.
[1635] Vgl. auch GAin *Trstenjak*, ECLI:EU:C:2010:789 Nr. 96 mit dem Bezug auf den Fahrerwechsel.
[1636] Für eine auf den Arbeitsmarkt einer hypothetischen Ersatzrekrutierung abstellendes Verständnis des gewöhnlichen Arbeitsorts *Mankowski*, IPRax 1999, 332, 336–338.
[1637] Dahin GAin *Trstenjak*, ECLI:EU:C:2010:789 Nr. 96.
[1638] *Bosse* S. 201 f.
[1639] *Mankowski*, AP H. 4/2012 Verordnung Nr. 44/2001/EG Nr. 3 Bl. 5, 6.

VII. Arbeitsverträge   631–634 § 1

an seiner Basis verbringt.[1640] Zudem sagt das bloße Ermitteln nicht automatisch etwas über die angemessene Gewichtung. Immerhin fügen Listen von Transitstaaten weitere Mosaiksteine in das Gesamtbild ein. Freilich sollte man sie durch den Filter der Entsendungsmethodik schicken.[1641] Der allgemeine Gleichheitssatz aus Art. 20 iVm Art. 51 GRcH kann nicht als Argument dienen, diese Unterschiede zu nivellieren.[1642]

Be- und Entladeorte stehen nicht auf einer Stufe mit dem Ausgangsort der Fahrten und   631
Standort des Transportmittels, sondern sind Kontrollfaktoren, ob jener Standort insgesamt das nötige relative Gewicht im Rahmen der Tätigkeit erreicht. Sie sind jedenfalls keine eigenständigen positiven Anknüpfungsmerkmale gleichen Ranges, sondern mögen einerseits verstärkend dienen und andererseits bei regulären, immer wieder gefahrenen Routen auch im Rahmen der Ausweichklausel nach Art. 8 IV Rom I-VO Bedeutung erlangen können.[1643]

c) *Einstellende Niederlassung.* aa) Grundsätzliches. Gibt es nicht genau einen gewöhnlichen   632
Arbeitsort des Arbeitnehmers in genau einem Staat, so erhebt Art. 8 III Rom I-VO die einstellende Niederlassung des Arbeitgebers zum maßgeblichen Anknüpfungspunkt. Hinsichtlich der maßgeblichen Anknüpfungsperson wechselt dies die Perspektive und schwenkt vom Arbeitnehmer auf den Arbeitgeber um. Mindestens unter den Aspekten des rechtlichen Heimspiels und der komparativen Rechtsanwendungsvorteile ist die Niederlassungsanknüpfung arbeitgeberfreundlicher als jene an den gewöhnlichen Arbeitsort (obwohl letzterer auch dem Arbeitgeber nahe steht).[1644] Sie verwirklicht keinen spezifischen Arbeitnehmerschutzgedanken.[1645]

Die Niederlassungsanknüpfung ist jedenfalls klar subsidiär zur Arbeitsortsanknüpfung.[1646]   633
Es herrscht eine klare Rangordnung.[1647] Die Fallprüfung muss immer mit der Frage beginnen, ob der Arbeitnehmer genau einen gewöhnlichen Arbeitsort in genau einem Staat hat.[1648] Fällt die Antwort auf diese Frage bejahend aus, so bleibt es bei Art. 8 II Rom I-VO; nur dann, wenn die Antwort negativ ausfällt, darf und muss man zu Art. 8 III Rom I-VO schreiten.[1649] Das reduziert die praktische Bedeutung von Art. 8 III Rom I-VO massiv,[1650] ja marginalisiert sie.[1651]

Die möglichen Anwendungskonstellationen für Art. 8 III Rom I-VO sind:[1652]   634
— Der Arbeitnehmer hat überhaupt *keinen gewöhnlichen Arbeitsort.* Hierher gehören z. B. Journalisten, die sich in dauerhaftem wechselndem Einsatz als Auslandskorrespondenten befinden.[1653] Ein weiteres Beispiel sind internationale troubleshooter, mobile Berater[1654] oder Montagearbeiter mit ständig wechselnden Einsatzorten und ohne Mittelpunkt, zu dem sie immer wieder zurückkehrten.[1655]

[1640] Näher *Henze* S. 356–359.
[1641] Vgl. *Mankowski* S. 489.
[1642] Entgegen *Temming*, NZA 2017, 1437, 1439.
[1643] *Mankowski*, AP H. 4/2012 Verordnung Nr. 44/2001/EG Nr. 3 Bl. 5, 6.
[1644] *Mankowski/Knöfel*, EuZA 2011, 521, 526. Nicht eingepreist von *A. Junker*, FS Peter Gottwald, 2014, S. 293, 300 f.
[1645] *Knöfel*, IPRax 2014, 130, 135; *Nord*, RCDIP 2016, 309, 323 f.; *Henze* S. 175.
[1646] Siehe nur EuGH Slg. 2011, I-13275 Rn. 32 – Jan Voogsgeerd/Navimer SA; OGH EuLF 2008, II-102, II-103; *Kruger*, SEW 2011, 363, 365; *Zábalo Escudero*, Liber amicorum Iglesias Buhigues, 2012, S. 573, 578 f; *Abele*, FA 2013, 357, 359.
[1647] EuGH Slg. 2011, I-13275 Rn. 34 – Jan Voogsgeerd/Navimer SA.
[1648] EuGH Slg. 2011, I-1595 Rn. 44 – Heiko Koelzsch/Staat des Großherzogtums Luxemburg; EuGH Slg. 2011, I-13275 Rn. 36 – Jan Voogsgeerd/Navimer SA.
[1649] EuGH Slg. 2011, I-13275 Rn. 31, 32, 39 – Jan Voogsgeerd/Navimer SA; *Del Sol*, Cah. Dr. entrepr. N° 3, mai-juin 2013, 30, 32; *Mankowski/Knöfel*, EuZA 2013, 521, 526; *A. Junker*, EuZW 2014, 41, 42; *Knöfel*, IPRax 2014, 130, 131.
[1650] *Grušić* S. 121.
[1651] *Grušić* S. 123.
[1652] *Rauscher/Mankowski* Art. 21 Brüssel Ia-VO Rn. 60.
[1653] *Trenner* S. 178.
[1654] *Geimer/Schütze/Auer* Rn. 10.
[1655] Siehe nur *Schlachter*, NZA 2000, 57, 60.

— Der Arbeitnehmer hat *simultan zwei oder mehrere gewöhnliche Arbeitsorte* in zwei oder mehreren verschiedenen Staaten.[1656] Ob diese Arbeitsorte sich in Mitgliedstaaten oder Drittstaaten befinden, ist ohne Belang.[1657]
— Der Arbeitnehmer hat seinen gewöhnlichen Arbeitsort in *staatsfreiem Gebiet*, das einem Staat auch nicht über andere Kriterien als die Territorialhoheit völkerrechtlich zugeordnet werden kann. Hierher zählen Bohrinseln auf Hoher See,[1658] dagegen nicht solche in Gewässern, die bestimmten Staaten völkerrechtlich über die Exklusive Wirtschaftszone oder den Festlandsockel zuzurechnen sind.[1659]

635 bb) Niederlassung. Der Begriff der Niederlassung in Art. 8 III Rom I-VO ist richtigerweise und entgegen der herrschenden Meinung arbeitsvertragsspezifisch und abweichend von jenem des Art. 7 Nr. 5 Brüssel Ia-VO zu verstehen.[1660] Niederlassung meint hier den Betrieb, den organisatorischen Zusammenhang, in welchen der Arbeitnehmer eingegliedert ist.[1661] Eine eigene Rechtspersönlichkeit ist nicht verlangt.[1662]

636 Der allgemeine Niederlassungsbegriff, der auf Artt. 7 Nr. 5 Brüssel Ia-VO; 5 Nr. 5 EuGVÜ rekurriert, stellt auf den unternehmensexternen Rechtsverkehr und auf unternehmerisches Auftreten am Markt ab.[1663] Er greift unternehmerische Marktpräsenz auf. Mit einer nach außen gerichteten unternehmerischen Präsenz auf einem Markt für Waren oder Leistungen hat das Arbeits-Innenverhältnis nichts zu tun.[1664] Ob ein Stützpunkt im Geschäftsverkehr mit Dritten für den Arbeitgeber aufgetreten ist und für diesen Rechtsgeschäfte abgeschlossen hat,[1665] spielt für diese Dritten eine Rolle, aber nicht für den Arbeitnehmer. Der externe Marktteilnehmer muss sich auf das verlassen können, was er von außen sehen kann; der Arbeitnehmer dagegen blickt von innen.[1666]

637 Daher sind die für Art. 7 Nr. 5 Brüssel Ia-VO tragenden Momente keine tauglichen Kriterien für das unternehmensinterne Innenverhältnis zwischen Arbeitgeber und Arbeitnehmer.[1667] Insbesondere ist keine eigene Geschäftsführung nach außen verlangt.[1668] Repräsentanz nach außen und Kommandostelle nach innen erfüllen verschiedene Funktionen und müssen nicht übereinstimmen.[1669] Schwerpunkt nach außen und Schwerpunkt nach innen müssen nicht zusammenfallen;[1670] man denke nur an Rekrutierungsniederlassungen oder in-

---

[1656] Siehe nur *Oppertshäuser*, NZA-RR 2000, 393, 399; *Blefgen* S. 41–45; *Grušić* S. 121; vgl. EuGH Slg. 2002, I-2013, 2049 Rn. 55, 57 – Herbert Weber/Universal Ogden Services Ltd.

[1657] *Almedia Cruz/Desantes Real/Jenard*-Bericht Nr. 23d; *A. Junker*, ZZP 117 (2002), 230, 233 f.; ders., FS Peter Schlosser, 2005, S. 299, 314; *Behr*, GS Wolfgang Blomeyer, 2004, S. 15, 38.

[1658] Bericht *Giuliano/Lagarde*, ABl. EWG 1980 C 282 Art. 6 EVÜ Anm. (4); *Trenner* S. 177.

[1659] EuGH Slg. 2002, I-2013 Rn. 31–35 – Herbert Weber/Universal Ogden Services Ltd.; Hoge Raad Ned. Jur. 2003 Nr. 344 S. 2752 mAnm *de Boer*; *Mankowski*, IPRax 2003, 21 f.; *A. Junker*, FS Andreas Heldrich, 2005, S. 719, 729; *Block* S. 348–362.

[1660] Zustimmend *C. Müller* S. 79; Gebauer/Wiedmann/*Gebauer* Kap. 26 Rn. 97; *Espiniella Menéndez* REDI 2004, 886, 888; *Blefgen* S. 63 f.; *Knöfel*, AP H. 10/2008 Nr. 8 zu Art. 3 Rom I-VO nF Bl. 11, 14; *Lüttringhaus*, RabelsZ 77 (2013), 31, 53.
AA indes die herrschende Meinung, siehe nur EuGH ECLI:EU:2012:491 Rn. 47 f. – Ahmed Mahamdia/Demokratische Volksrepublik Algerien; GA *Trstenjak*, Slg. 2011, I-13278 Nr. 83; BAG AP Nr. 8 zu Art. 3 Rom I-VO nF Rn. 72; BAG RIW 2013, 903; *Grušić*, (2012) 61 ICLQ 91, 113; *Gulotta*, RDIPP 2013, 619, 633 f.; *Henze* S. 180 f.; siehe auch Bericht *Almeida Cruz/Desantes Real/Jenard*, ABl. EG 1990 C 189/35 Nr. 23e Fn 1. Wieder anders *Bosse* S. 79–93.

[1661] *Gamillscheg* ZfA 1983, 307, 334; *J. Hoppe* S. 186; Gebauer/Wiedmann/*Gebauer* Kap. 26 Rn. 97.

[1662] *Jenard/Möller*-Bericht Nr. 43; *Layton/Mercer* Rn. 18.023; Geimer/Schütze/*Auer* Rn. 17; *Kropholler/v. Hein* Rn. 13.
Vgl. aber umgekehrt LAG Köln IPRspr. 2010 Nr. 185 S. 469: formelle Selbständigkeit einer Tochtergesellschaft schadet.

[1663] → § 1 Rn. 224.

[1664] *Mankowski*, AR-Blattei ES 160.5.5 Rn. 191 (2007).

[1665] So die Anforderungen in BAG RIW 2013, 803, 805 Rn. 32.

[1666] *Knöfel*, AP H. 10/2008 Nr. 8 zu Art. 3 Rom I-VO nF Bl. 11, 14.

[1667] *Mankowski*, EWiR 2014, 63, 64.

[1668] *Lüttringhaus*, RabelsZ 77 (2013), 31, 53.

[1669] *Knöfel*, AP H. 10/2008 Nr. 8 zu Art. 3 Rom I-VO nF Bl. 11, 14; *Mankowski*, EWiR 2014, 63, 64.

[1670] *Knöfel*, AP H. 10/2008 Nr. 8 zu Art. 3 Rom I-VO nF Bl. 11, 14; *Mankowski*, EWiR 2014, 63, 64.

VII. Arbeitsverträge

terne Personalführungszentren ohne relevanten Außenverkehr. Es muss, soweit möglich, eine Beziehung nicht nur zum Arbeitgeber, sondern auch zum Arbeitnehmer bestehen.

Sofern man die Maßstäbe des Art. 7 Nr. 5 Brüssel Ia-VO übertragen will und ein Unternehmen als Vertreter und im Namen eines anderen Unternehmens einstellt, kommt es auf eine mögliche Zurechnung des ersten zum zweiten Unternehmen qua Niederlassungszusammenhangs an.[1671]

cc) Einstellen. Den Begriff des Einstellens kann man in zweierlei Hinsicht verstehen: zum einen mit Blick auf den *Vertragsabschluss*,[1672] zum anderen mit Blick auf die organisatorische *Betreuung und Eingliederung* (insbesondere die buchhalterische Abwicklung der Gehaltszahlung und die Ausübung von Weisungsbefugnissen) während des gelebten Arbeitsverhältnisses.[1673] Der Wortlaut ist in der überwiegenden Mehrzahl[1674] der Fassungen (namentlich „eingestellt", „engaged", „embauché", „assumere", „empleado", „anställts", „întreprinderea") nicht eindeutig.[1675] Die erste Auffassung mag zwar weniger Recherchenotwendigkeit mit sich bringen und relativ schnellere Klarheit bedeuten.[1676] Den Vorzug verdient trotzdem die zweite Auffassung.

Anderenfalls eröffnete man dem Arbeitgeber ein zu großes Manipulationspotenzial, indem eine Niederlassung nur für die Zwecke des formellen Vertragsabschlusses eingeschaltet würde.[1677] Der Arbeitgeber kann im Extremfall eine Niederlassung nur zu dem Zweck gründen, dort Arbeitnehmer Verträge abzuschließen, die ihre Arbeit ganz woanders verrichten.[1678] Von der Gestaltung zur Manipulation ist es nur der kleine Schritt, ausgerechnet diese Niederlassung in einem Staat mit niedrigen Arbeitnehmerschutzstandards anzusiedeln.[1679] Man gelangte gerade im besonders sensiblen Seearbeitsrecht zum Recht von Billiglohnländern ohne Schutzstandards.[1680] Hinzu treten Probleme bei formell selbständigen

---

[1671] *Henze* S. 186–188 unter Bezugnahme auf EuGH Slg. 2011, I-13275 Rn. 45–49 – Jan Voogsgeerd/Navimer SA.

[1672] Dafür EuGH Slg. 2011, I-13275 Rn. 45–50 – Jan Voogsgeerd/Navimer SA; GAin *Trstenjak*, Slg. 2011, I-13278 Nrn. 68–70; LAG Niedersachsen AR-Blattei ES 920 Nr. 6 S. 4; Hessisches LAG NZA-RR 2000, 401, 403; ArbG Bielefeld IPRspr. 2008 Nr. 49 S. 163; *Schlachter*, NZA 2000, 57, 60; *Johner* S. 98; *Valloni*, Der Gerichtsstand des Erfüllungsortes nach Luganer und Brüsseler Übereinkommen, 1998, S. 332f.; *J. Hoppe* S. 187; *Trenner* S. 172f.; *Henze* S. 177f.

[1673] Dafür *Gamillscheg*, ZfA 1983, 307, 334; *A. Junker* S. 185; *Mankowski*, AR-Blattei ES 920 Nr. 6 S. 6, 8–11 (Nov. 1999); *ders.*, AR-Blattei ES 920 Nr. 7 S. 13, 19–22 (März 2001) je mwN; *ders*, in: Ferrari/Leible (eds.), The Rome I Regulation, 2009, S. 171, 193–196; *C. Müller* S. 81; *Bleßen* S. 75–88; *van Eeckhoutte*, in: Blanpain (ed.), Freedom of Services in the European Union – Labour and Social Security Law: The Bolkestein Initiative, 2006, S. 168, 171; *Zanobetti Pagnetti*, Il rapporto internazionale di lavoro marittimo, 2008, S. 350; *Wurmnest*, EuZA 2009, 481, 491; *Knöfel*, IPRax 2014, 130, 134f.; MüKoBGB/*Martiny* Art 8 Rom I-VO Rn. 65 sowie *Carballo Piñeiro* S. 112f.

[1674] Das portugiesische „contratou" weist stärker zum Vertragsabschluss, das niederländische „in dienst genomen" stärker zur organisatorischen Betreuung.

[1675] *Mankowski*, AR-Blattei ES 920 Nr. 6 S. 6, 11 (Nov 1999); *ders.*, in: Ferrari/Leible (eds.), The Rome I Regulation, 2009, S. 171, 194f.; *Knöfel*, IPRax 2014, 130, 135.

Behr, FS Herbert Buchner, 2009, S. 81, 83 sieht ein rein vertragsabschlussbezogenes Verständnis vom (deutschen) Wortlaut gar ausgeschlossen.

Gegen EuGH Slg. 2011, I-13275 Rn. 46 – Jan Voogsgeerd/Navimer SA.

[1676] Siehe GAin *Trstenjak*, Slg. 2011, I-13278 Nr. 68; *Lüttringhaus/Schmidt-Westpfahl*, EuZW 2012, 139, 140.

[1677] *Mankowski*, AR-Blattei ES 920 Nr. 7 S. 13, 19 (März 2001); *ders.*, in: Ferrari/Leible (eds.), The Rome I Regulation, 2009, S. 171, 195; *van Hoek*, Internationale mobiliteit van werknemers, 2000, S. 437; *Jault-Seseke*, in: M. Keller (dir.), Procès du travail et travail du procès, 2008, S. 343, 350; *Robin-Olivier*, Dr. soc. 2011, 897, 902; *Brière*, Clunet 139 (2012), 190, 192; *Lüttringhaus*, RabelsZ 77 (2013), 31, 53 sowie *Temming*, NZA 2017, 1437, 1438.

[1678] Siehe nur *Mankowski*, AR-Blattei ES 920 Nr. 7 S. 13, 19 (März 2001); Rauscher/*Mankowski* Art. 21 Brüssel Ia-VO Rn. 19; *Winkler v. Mohrenfels*, EuZA 2012, 368, 379f.; *A. Junker*, FS Peter Gottwald, 2014, S. 293, 302.

[1679] *Mankowski*, EWiR Art 6 EVÜ 1/12, 109, 110. Zugestanden von GAin *Trstenjak*, Slg. 2011, I-13278 Nr. 71.

Vgl. aber auch Hessisches LAG 24.11.2008 – 17 Sa 682/07 Rn. 60.

[1680] *Mankowski*, IPRax 2003, 21, 27; *Block* S. 309.

Crewing Agencies, Hiring Agencies oder Manning Agencies[1681] und innerhalb von Konzernen,[1682] die Differenzierungen veranlassen sollten, ob der genannte Arbeitgeber nicht in Wahrheit nur auf Rechnung eines anderen agiert, im Extremfall sogar eine reine Briefkastenfirma ist.[1683]

640 **Beispiel:** Die G GmbH & Co. KG ist ein Großküchenbetreiber mit Sitz und Stammbetrieb in Parchim. Das dafür nötige Küchenpersonal heuert für die G auf den Philippinen eine Crewing Agency C pro G Inc. mit Sitz in Manila, die formell als Arbeitgeber fungiert und mit der G Arbeitnehmerüberlassungsverträge abschließt. Die G selber ist an der C pro G Inc. mit 85 % des Kapitals beteiligt.

641 Dagegen ist die organisatorische Betreuung manipulationsfester, denn eine einstellende Niederlassung dieses Verständnisses wird der Arbeitgeber nicht schnell verlegen, weil dies massive Implementationskosten mit sich bringen würde.[1684] Die organisatorische Betreuung weist Bezüge zum gelebten Arbeitsverhältnis auf. Zudem entspricht nur sie der grundsätzlichen Wandelbarkeit der arbeitsrechtlichen Anknüpfung.[1685] Organisatorische Betreuung ist etwas anderes als Arbeitsverrichtung. Das eine blickt auf den Arbeitgeber, das andere auf den Arbeitnehmer. Daher ist aus dem Fehlen eines gewöhnlichen Arbeitsortes keineswegs darauf zu schließen, dass nur ein abschlussbezogenes Verständnis des Einstellens in Betracht käme.[1686] Mit einer starren Fixierung auf den Vertragsschluss würde man im Gegenteil Bezüge zum gelebten Arbeitsverhältnis verfehlen und damit dem Charakter des gelebten Arbeitsverhältnisses als eines Dauerschuldverhältnisses nicht gerecht.[1687] Die Rechtssicherheit gebietet nicht, Abstriche vom Arbeitnehmerschutz zu machen und von materiellen auf formelle Kriterien überzugehen.[1688] Im IPR mag man noch über die Ausnahmeklausel des Art. 8 IV Rom I-VO helfen können.[1689]

642 *d) Ausweichklausel.* Die Ausweichklausel des Art. 8 IV Rom I-VO[1690] ist Ausnahmeregelung und den beiden Regelalternativen in Art. 8 II und III Rom I-VO nicht gleichrangig.[1691] Anderenfalls hätte man auf die Regelanknüpfungen von vornherein verzichten und gleich an die engste Verbindung als einzige und allein maßgebliche Anknüpfungsregel abstellen müssen.[1692] Die Ausweichklausel steht nie für sich allein, sondern bezieht sich über den für sie zentralen Komparativ über (in Art. 6 II Hs. 2 EVÜ auch über das „es sei denn")

[1681] *A. Junker*, FS Andreas Heldrich, 2005, S. 719, 731; vgl. auch *Carbone*, RdC 340 (2009), 63, 193, 195; *Lavelle*, in: Lavelle (ed.), The Maritime Labour Law Convention 2006, 2014, Rn. 9.38. *Grušić*, (2012) 61 ICLQ 91, 113 bestreitet, dass diese überhaupt erfasst sein können, da die einstellende Niederlassung zum Zeitpunkt der Klagerhebung noch bestehen müsse.

[1682] *Knöfel*, IPRax 2014, 130, 135 f.

[1683] EuGH Slg. 2011, I-13275 Rn. 62–65 – Jan Voogsgeerd/Navimer SA; *Henze* S. 188–193, 207 f. Tendenziell anders *Egler* S. 132.

[1684] *Mankowski*, in: Ferrari/Leible (eds.), The Rome I Regulation, 2009, S. 171, 196.

[1685] *Mankowski*, AR-Blattei ES 920 Nr. 6 S. 6, 10 (Nov. 1999); ders., AR-Blattei ES 920 Nr. 7 S. 13, 19 (März 2001); *Springer*, Virtuelle Wanderarbeit, 2003, S. 163 f. Entgegengesetzt GAin *Trstenjak*, Slg. 2011, I-13278 Nr. 68: Unwandelbarkeit sei ein Vorzug des Abstellens auf den Vertragsschluss.

[1686] So aber EuGH Slg. 2011, I-13275 Rn. 47 – Jan Voogsgeerd/Navimer SA.

[1687] *Mankowski*, AR-Blattei ES 920 Nr. 6 S. 6, 10 (Nov. 1999); ders AR-Blattei ES 920 Nr. 7 S. 13, 19 (März 2001); ders., in: Ferrari/Leible (eds.), The Rome I Regulation, 2009, S. 171, 195; ders., EWiR Art 6 EVÜ 1/12, 109, 110.AA *Bosse* S. 258 f.

[1688] Dahin aber *van Kampen*, TAP 2012, 372; *Even* NIPR 2013, 13, 21.

[1689] EuGH Slg. 2011, I-13275 Rn. 51 – Jan Voogsgeerd/Navimer SA; AGin *Trstenjak*, Slg. 2011, I-13278 Nr. 73; Hessisches LAG 24.11.2008 – 17 Sa 682/07 Rn. 60. Differenzierter dagegen *Lüttringhaus/Schmidt-Westpfahl* EuZW 2012, 139, 141.

[1690] Zu ihr insbesondere *Jault-Seseke*, Rev. dr. trav. 2013, 785; *Brière*, Clunet 140 (2014), 169; *Van Den Eeckhout*, Tijdschrift Recht en Arbeid 2014 nr. 4 S. 3; *Abele*, DRdA 2014, 118; *Boonstra*, Tijdschrift Recht en Arbeid 2014 nr. 6/7 S. 28; *Sinander*, ET 2014, 331; *Barnreiter*, ZfRV 2014, 118; *Knöfel*, EuZA 2014, 375.

[1691] Siehe nur *Mankowski*, RabelsZ 53 (1989), 487, 492 f.; *A. Junker* S. 196; *Knöfel*, EuZA 2014, 375, 380.

[1692] *Gräf*, ZfA 2012, 557, 593 f.; ders., BB 2013, 3008.

VII. Arbeitsverträge

auf die Regelanknüpfungen zurück.[1693] Sie operiert auf einer zweiten, nachrangigen, nicht auf der ersten Stufe.[1694]

Die Ausweichklausel ist nur mit großer Zurückhaltung und sehr restriktiv einzusetzen.[1695] Die Abwägung muss sich an den Umständen des konkreten Einzelfalls orientieren; diese haben die entscheidenden Gerichte zu ermitteln, zu gewichten und eben abschließend abzuwägen.[1696] Eine Abwägung hat im Prinzip stattzufinden, egal wie groß die Gewichte auf der Waagschale der Regelanknüpfung sind. Man darf nicht in abstracto und a limine einzelne Fälle von jeglicher Abwägung ausklammern, denn die Ausweichklausel enthält insoweit keine Einschränkung.[1697] **643**

In die Abwägung gehören aber nur objektive Momente, nicht solche, die eigentlich zur Prüfung einer stillschweigenden Rechtswahl gehören würden.[1698] Gehalt und Arbeitsbedingungen z. B. beruhen auf Parteivereinbarungen oder parteiautonomer Bezugnahme auf Rechtsnormen; sie gehören daher nicht in die Abwägung unter Art. 8 IV Rom I-VO.[1699] Anderenfalls drohte man den Günstigkeitsvergleich aus Art. 8 I Rom I-VO zu unterlaufen, indem man die objektive Anknüpfung stärker mit der Parteivereinbarung parallelisierte.[1700] **644**

Zwar wird im Wortlaut des Art. 8 III Rom I-VO anders als in Artt. 4 III; 5 III; 7 II UAbs. 2 S. 2 Rom I-VO nicht ausdrücklich betont, dass die anders gelagerten Umstände für ein Abweichen von der Regelanknüpfung *offensichtlich* überwiegen müssten. Dies begründet jedoch keine Verschiebung oder gar Abmilderung der Maßstäbe.[1701] Vielmehr ist wie schon unter Art. 6 II Hs. 2 EVÜ[1702] ein *deutliches* Überwiegen zu verlangen, sowohl in quantitativer als auch in qualitativer Hinsicht.[1703] Anderenfalls wären Rechtssicherheit und Vorhersehbarkeit gefährdet.[1704] Der Rückgriff auf die Ausweichklausel darf die Vorhersehbarkeit und Planbarkeit für die Parteien des Arbeitsvertrags nicht unterlaufen.[1705] Außerdem würden man so dem Heimwärtsstreben der Rechtsanwender Tor und Tür öffnen.[1706] **645**

Dem von Erwägungsgrund (23) Rom I-VO betonten Schutz der schwächeren Partei, also des Arbeitnehmers, wäre es ebenfalls abträglich, Unsicherheit bewältigen und dabei mehrere denkbare Varianten beim anwendbaren Recht berücksichtigen zu müssen,[1707] denn dies würde Vorsorge- und Planungskosten mit sich bringen.[1708] Insgesamt aber intendiert die Ausweichklausel nicht dahin, ein dem Arbeitnehmer günstigeres Recht zur Anwendung bringen zu wollen als das regelhaft berufene.[1709] Sie will kollisions-, keine materiellrechtliche Gerechtigkeit schaffen[1710] und folgt keinem favor. Sie wahrt inhaltliche **646**

[1693] *Knöfel*, EuZA 2014, 375, 381.
[1694] *Knöfel*, EuZA 2014, 375, 381.
[1695] Siehe nur Ktg. 's-Hertogenbosch NIPR 2000 Nr. 36 S. 98; *Martiny*, ZEuP 2006, 60, 79; *Deinert*, RdA 2009, 144, 147; BeckOGK/*Knöfel* Art. 9 Rom I-VO Rn. 73.
[1696] *Gräf*, BB 2013, 3008.
[1697] Vgl. *Krebber*, RIW 2013, 873 f.
[1698] *Fornasier*, IPRax 2015, 517, 519 f.
[1699] *Fornasier*, IPRax 2015, 517, 519 f.
[1700] *Winkler v. Mohrenfels*, EuZA 2017, 101, 106.
[1701] Wie hier im Ergebnis *Kenfack*, Clunet 136 (2009), 3, 36. Vorsichtiger *Deinert* § 9 Rn. 128; *Krebber*, RIW 2013, 873, 874.
[1702] Dort BAGE 63, 17, 27; BAGE 71, 297, 308.
[1703] *A. Junker*, FS Jobst-Hubertus Bauer, 2010, S. 503, 510; *Merrett* Rn. 6.71.
[1704] *Gräf*, BB 2013, 3008.
[1705] *Krebber*, RIW 2013, 873, 874; *Mankowski*, IPRax 2015, 309, 311.
[1706] *Deinert* § 9 Rn. 128 sowie *Magnus*, IPRax 2010, 27, 41.
[1707] *Jault-Seseke*, Rev. dr. trav. 2008, 620, 624.
[1708] Insoweit etwas zu kurz gedacht bei *Deinert* § 9 Rn. 128.
[1709] EuGH ECLI:EU:C:2013:551 Rn. 34 – Anton Schlecker/Melitta Josefa Boedeker; GA *Wahl*, ECLI:EU:C:2013:241 Nr. 36; *Merrett* Rn. 6.77 f.; *Corneloup*, RCDIP 101 (2012), 598; *Deinert* § 9 Rn. 143; *Knöfel*, EuZA 2014, 375, 380; *Fornasier*, IPRax 2015, 517, 519.
Anders aber Cass. soc. Clunet 144 (2017), 885, 886; *Synay-Cytermann*, Mélanges Hubert Sinay, 1994, S. 315; *dies.*, Mélanges Paul Lagarde, 2005, S. 737; *dies.*, Clunet 139 (2012), 1357; *dies.*, Clunet 144 (2017), 887, 890–892.
[1710] *Krebber*, RIW 2013, 873, 874.

Neutralität.¹⁷¹¹ Dem favor zu Gunsten des Arbeitnehmers ist mit dem Günstigkeitsprinzip des Art. 6 I Rom I-VO Genüge getan. Materiellrechtliche Zwecke dürfen in die Abwägung nicht als solche einfließen, denn der Ausweichklausel geht es wie den Regelanknüpfungen um kollisionsrechtliche, nicht um sachrechtliche Gerechtigkeit.¹⁷¹²

647 Der komparative Charakter der Ausnahmeklausel gebietet notwendig, zuerst die einschlägige Regelanknüpfung und deren konkretes Gewicht zu ermitteln.¹⁷¹³ Die Regelanknüpfung typisiert, schafft dadurch Rechtssicherheit und erlaubt ein Abgehen nur in eben atypischen Fällen.¹⁷¹⁴ Im Arbeitsrecht ist umso größere Zurückhaltung vor einem Durchschlagen der Ausweichklausel geboten, weil eine zu stark individualisierende Betrachtung die Gefahr birgt, den Arbeitnehmer aus dem Schutz kollektiver Instrumente herausfallen zu lassen.¹⁷¹⁵ Schon deshalb kann man sich den einen Gegenfaktor, der bereits per se und für sich allein den Regelanknüpfungspunkt auszuhebeln vermöchte,¹⁷¹⁶ nicht vorzustellen.

648 Eine Prüfung voranzustellen, ob außer dem Regelanknüpfungspunkt noch andere Momente zu dem von der Regelanknüpfung bezeichneten Recht weisen, wäre verfehlt¹⁷¹⁷ (und im Übrigen nicht einmal eine Arbeitserleichterung, sondern im Gegenteil eine Verkomplizierung). Selbst wenn auf den ersten Blick die anderen relevanten Umstände anders wohin weisen, enthebt dies nicht der Mühe einer sauberen Abwägung.¹⁷¹⁸ Dies ergibt sich bereits daraus, dass jene Umstände untereinander divergieren und in verschiedene andere Richtungen weisen können. Dann neutralisieren sie sich tendenziell und erschweren zumindest, dass es zu einem deutlichen Überwiegen einer bestimmten Richtung gegenüber der Regelanknüpfung kommt. Natürlich sind auch Umstände einzubeziehen, die in dieselbe Richtung weisen wie die Regelanknüpfung,¹⁷¹⁹ aber eben richtig als bloße Verstärkung, nicht als Vorbedingung.

649 Staatsangehörigkeit und (Wohn-)Sitz der Vertragsparteien gehören zu den einzubeziehenden Faktoren;¹⁷²⁰ sie sind von umso größerem Gewicht, je mehr sie beiden Arbeitsvertragsparteien gemeinsam sind.¹⁷²¹ Dass die Staatsangehörigkeit als Regelanknüpfung für das europäische Internationale Familien- und Erbrecht zu Gunsten des gewöhnlichen Aufenthalts immer mehr in den Hintergrund gedrängt wird,¹⁷²² ist zwar richtig. Jedoch vermag es ihre Berücksichtigung im Rahmen einer Ausweichklausel nicht zu gefährden.¹⁷²³ Denn hier geht es um die Ausnahme, nicht um die Regel. Außerdem ist die Staatsangehörigkeit als Anknüpfungspunkt auch im europäischen Internationalen Familien- und Erbrecht durchaus noch beachtlich, wie Artt. 5 I lit. c; 8 lit. c Rom III-VO; 22 I EuErbVO zeigen.

650 Auch die Vertragswährung soll Bedeutung gewinnen können,¹⁷²⁴ obwohl sie auf Parteivereinbarung beruht. Dagegen gehört die Bezugnahme des Vertrags auf Normen eines bestimmten Rechts sicher nicht hierher, denn diese zählt zur konkludenten Rechtswahl. Bei Pendlern zählt für die arbeitsvertraglichen Beziehungen zwischen Arbeitnehmer und Arbeitgeber grundsätzlich nur, wo sie arbeiten, nicht aber, wo sie wohnen.¹⁷²⁵ Erstattet der Arbeitgeber dem Arbeitnehmer Fahrtkosten von dessen Wohnung zur Arbeitsstätte, so ist

---

¹⁷¹¹ *Fornasier*, IPRax 2015, 517, 519.
De lege ferenda fordert anderes *Nord*, RCDIP 2016, 309, 325 f.
¹⁷¹² *Krebber*, RIW 2013, 873, 874; *Mankowski*, IPRax 2015, 309, 311.
¹⁷¹³ EuGH ECLI:EU:C:2013:551 Rn. 35 – Anton Schlecker/Melitta Josefa Boedeker; *Mankowski*, EuZA 2017, 267, 272.
¹⁷¹⁴ *Krebber*, RIW 2013, 873, 874.
¹⁷¹⁵ *van Hoek*, Erasmus L. Rev. 2014, 157, 163; *Fornasier*, IPRax 2015, 517, 520.
¹⁷¹⁶ So die aus *Knöfel*, EuZA 2014, 375, 382 f. logisch eigentlich zu ziehende Konsequenz.
¹⁷¹⁷ Siehe EuGH ECLI:EU:C:2013:551 Rn. 40 – Anton Schlecker/Melitta Josefa Boedeker.
¹⁷¹⁸ EuGH ECLI:EU:C:2013:551 Rn. 40 – Anton Schlecker/Melitta Josefa Boedeker.
¹⁷¹⁹ *A. Junker*, FS Jobst Hubertus Bauer, 2010, S. 503, 510.
¹⁷²⁰ BAGE 63, 17, 28; BAGE 100, 130, 138; BAG NZA 2005, 297.
¹⁷²¹ Siehe Cass. soc. Clunet 144 (2017), 885, 886 note *Synay-Cytermann*.
¹⁷²² Näher *Mankowski*, IPRax 2017, 130.
¹⁷²³ Dahin aber *Lüttringhaus*, EuZW 2013, 821, 822.
¹⁷²⁴ Siehe nur *Deinert* § 9 Rn. 136 mwN.
¹⁷²⁵ → § 1 Rn. 592.

VII. Arbeitsverträge 651–655 § 1

dies eine Art individuelle Sozialleistung oder sogar eine Art aufwandsabhängige Zusatzvergütung. Man darf nicht vergessen: Auch bei der Ausweichklausel geht es um die räumliche Dimension des Arbeitsvertrages; ihr gegenüber darf die eigentliche Vereinbarungsdimension nicht zu sehr in den Blick geraten.[1726]

Andererseits ist vorstellbar, dass bei befristeten Kettenarbeitsverhältnissen (die zeitlich aneinander anschließen) eine akzessorische Anknüpfung an das Statut des gewichtigsten unter ihnen oder an ein „Mutterarbeitsverhältnis" stattfinden kann.[1727] Verbindungen innerhalb einer Unternehmensgruppe können bei Dreiecksverhältnissen eine Rolle spielen.[1728] Bei Organpersonen kann ausnahmsweise das Statut der Gesellschaft, deren Organ sie sind, ein Faktor sein.[1729] 651

Wo der Arbeitnehmer Steuern zahlt, ist seine Privatsache und für den Arbeitsvertrag irrelevant.[1730] Man stelle sich nur vor, dass er Steuern auf Einkünfte aus mehreren Quellen zu zahlen hat oder dass verschiedene Staaten per DBA auszugleichende Steueransprüche erheben.[1731] Zudem knüpft das Internationale Steuerrecht die Steuerpflicht regelmäßig an den Wohnsitz des potenziell steuerpflichtigen Arbeitnehmers an, nicht an das Erbringen arbeitsvertraglicher Leistungen.[1732] 652

Wo eine Sozialversicherungspflicht besteht, ist eine Frage an das Internationale Sozialrecht und nicht bestimmend für die Anknüpfung des Arbeitsvertrages, insbesondere wenn das Sozialrecht wie unter § 3 Nr. 2 SGB IV an den Wohnsitz anknüpft.[1733] Sozialrecht, Steuerrecht und IPR sind drei verschiedene Dinge.[1734] Wo der Versicherer ansässig ist, mit welchem ein Betriebsrentenvertrag geschlossen wird, prägt den Arbeitsvertrag ebenfalls nicht,[1735] denn der Versicherungsvertrag ist ein eigenständiger Vertrag mit einem Dritten und folgt sowieso seinem eigenen Vertragsstatut.[1736] 653

Beispiel:[1737] Frau Boedeker war 1979–1994 bei der Schlecker AG in Deutschland tätig. Ab dem 1.1.1994 war sie unter einem neuen Vertrag Geschäftsführerin von Schlecker in den Niederlanden. Zum 1. Juli 2006 zog Schlecker sie zu unveränderten Bedingungen als Bereichsleiterin Revision nach Dortmund. Das Gehalt wurde vor 2002 in DM gezahlt. Frau Boedekers Altersrentenversicherung bestand bei einem deutschen Versicherer. Frau Boedeker hatte ihren gewöhnlichen Aufenthalt und Wohnsitz immer in Deutschland. Sie zahlte ihre Sozialbeiträge in Deutschland. Der Arbeitsvertrag wies auf zwingende Normen des deutschen Rechts hin. Schlecker zahlte Frau Boedeker die Fahrtkosten vom deutschen Wohn- zum niederländischen Arbeitsort. Frau Boedeker entrichtete Steuern und Abgaben in Deutschland und war in Deutschland den Sozial-, den Renten-, den Gesundheits- und den Erwerbsunfähigkeitsregelungen angeschlossen. 654

e) *Seeleute.* aa) Anwendung der base rule aus Art. 8 II 1 Var. 2 Rom I-VO? Man darf nicht unbesehen auf Seeleute (und auf Kapitäne, die Arbeitnehmer sind[1738]) übertragen, was Art. 8 II 1 Var. 2 Rom I-VO für fliegendes Personal ins Werk setzen will.[1739] Die base 655

[1726] Vgl. *Urban,* GWR 2013, 449; *Mankowski,* EWiR Art. 6 EVÜ 1/13, 743, 744.
[1727] *Mankowski,* EuZA 2017, 267, 271 f.
[1728] *Grušić* S. 175.
[1729] *Jenderek* S. 137–141 sowie *Mankowski,* EuZA 2016, 398, 400.
[1730] *Mankowski,* EWiR Art. 6 EVÜ 1/13, 743, 744; ähnlich *Lüttringhaus,* EuZW 2013, 821, 823. Gegen EuGH ECLI:EU:C:2013:551 Rn. 29 – Anton Schlecker/Melitta Josefa Boedeker; Hof Arnhem-Leeuwarden, locatie Arnhem NIPR 2018 Nr. 161 S. 383. Anders noch unter Hinweis auf Außensteuerrecht und insbesondere eine durch § 49 I Nr. 4 lit. e ESWtG vermittelte (in Wahrheit: vorausgesetzte) Inlandsbeziehung *Knöfel,* EuZA 2014, 375, 384 f.
[1731] *Mankowski,* LAGE Art. 30 EGBGB Nr. 6 S. 15, 24 (Okt. 2003).
[1732] *Lüttringhaus,* EuZW 2013, 821, 822 f.
[1733] *Lüttringhaus,* EuZW 2013, 821, 823; vgl. aber auch EuGH ECLI:EU:C:2013:551 Rn. 29 – Anton Schlecker/Melitta Josefa Boedeker; GA *Wahl,* ECLI:EU:C:2013:241 Nr. 68.
[1734] *Mankowski,* LAGE Art. 30 EGBGB Nr. 6 S. 15, 23 f. (Okt. 2003).
[1735] *Lüttringhaus,* EuZW 2013, 821, 823 gegen EuGH ECLI:EU:C:2013:551 Rn. 29 – Anton Schlecker/Melitta Josefa Boedeker.
[1736] *Mankowski,* EWiR Art. 6 EVÜ 1/13, 743, 744.
[1737] EuGH ECLI:EU:C:2013:551 – Anton Schlecker/Melitta Josefa Boedeker.
[1738] *Egler* S. 126–129; *Henze* S. 205 f.
[1739] Siehe näher, differenzierend *Henze* S. 280–294. Zu knapp *Grušić* S. 165.

des Flugpersonals ist nämlich relativ gewichtiger als der Einstiegshafen für Seeleute. An ihr wird mehr Arbeitszeit verbracht, und sie wird weit häufiger berührt, da Flugrundtouren weniger lang dauern als Schiffsreisen.[1740] Der Seemann ist bei Ozeanfahrt für Monate an Bord, das Flugpersonal ist spätestens drei Tage später wieder an seiner base.[1741] In Art. 8 II 1 Var. 2 Rom I-VO fehlt es weiterhin an einer ausdrücklichen Sonderregel für Seeleute, obwohl diese seit je als besondere Kategorie erkannt waren, und dieses Signal sollte man ebenfalls nicht übersehen.[1742] Ein Übergang zu einer Anknüpfung an den „Arbeitsantrittsort"[1743] ist schon daher nicht veranlasst.[1744] Dies schützt gegen Verschiebungen durch so etwas Einfaches wie Routenumplanung, z. B. durch Fahrt von einem anderen Einsatzhafen aus.[1745]

656 Der EuGH dehnt indes die base rule auf Seeleute aus und fragt, ob der Ort, von dem aus der Seemann seine Fahrten durchführe und von dem aus er die Anweisungen für seine Fahrten erhalte, immer derselbe sei.[1746] Eine Flaggenanknüpfung und eine mögliche Verortung des gewöhnlichen Arbeitsortes auf dem Schiff diskutiert er nicht einmal.[1747] Die Wertungen dahinter deckt er nicht auf, sondern setzt stärker einzelfallbezogen-kasuistisch an unter erheblicher Vortragslast für die Parteien und deutlicher Kognitionslast des entscheidenden Gerichts.[1748] Rechtsprechungskontinuität mit der zu Kraftfahrern im Fernverkehr entwickelten Linie[1749] war ersichtliches Motiv.[1750] Bei Lkw gibt es aber keine Flagge und keine Flaggenhoheit, und Schiffe durchfahren mit der hohen See anders als Lkw staatenloses Gebiet.[1751]

657 Zudem ist die base rule subsidiär zur Anknüpfung an den gewöhnlichen Arbeitsort. Wenn man einen gewöhnlichen Arbeitsort identifizieren kann, darf man nicht auf die base oder den regelmäßigen Arbeitsantrittsort verfallen. Beides sind nur Ausweichlösungen, deren Einsatz unnötig ist, wenn man bereits über die Hauptregel zu einem Ergebnis gelangen kann. Bei Seeleuten gewährleistet die Flaggenanknüpfung eine spezielle Anknüpfung an den gewöhnlichen Arbeitsort, subsidiäre Lösungen können daher nicht zum Zuge kommen.[1752] Bei Seeleuten fehlt es typischerweise an Arbeitselementen an dem Ort, an den sie persönlich zurückkehren.[1753] Der philippinische Seemann auf Heimaturlaub arbeitet nicht auf den Philippinen, wenn das Schiff die Philippinen niemals berührt, geschweige denn, dass es regelmäßig dort verkehrte. Ein Schiff im regelmäßigen Linienverkehr hat zwar mehrere feste Anlaufpunkte; die dortigen Arbeitselemente fallen aber gegenüber der Arbeit an Bord nicht entscheidend ins Gewicht.[1754]

[1740] *Mankowski,* AP H. 1/2011 Art. 18 EuGVVO Nr. 1 Bl. 6R, 8; *Mankowski/Knöfel,* EuZA 2011, 521, 530.
[1741] Rauscher/*Mankowski* Art. 21 Brüssel Ia-VO Rn. 34.
[1742] *Mankowski,* in: Ferrari/Leible (eds.), The Rome I Regulation, 2009, S. 171, 200.
[1743] Dahin aber EuGH Slg. 2011, I-13275 Rn. 37–40 – Jan Voogsgeerd/Navimer SA; LAG Mecklenburg-Vorpommern HmbSchRZ 2009, 9, 12; *Schlachter,* in: Erfurter Kommentar ArbR, 18. Aufl. 2018, Artt. 3ff. Rom I-VO Rn. 8.
[1744] *Reinhard,* jurisPR-ArbR 29/2008 Anm. 1 sub C; *Wurmnest,* EuZA 2009, 481, 492; *Winkler v. Mohrenfels/Block,* EAS B 3000 Rn. 101 (Aug. 2010); Rauscher/*Mankowski* Art. 21 Brüssel I-VO Rn. 10.
[1745] *Mankowski,* AP H. 1/2011 Art. 18 EuGVVO Bl. 6R, 7R; ähnlich *Bosse* S. 187f.; *Egler* S. 193–197.
[1746] EuGH Slg., 2011, I-13275 Rn. 38f. – Jan Voogsgeerd/Navimer SA; ähnlich bereits Cass. DMF 2003, 961 note *Chaumette;* CA Aix DMF 2003, 960; *Carbone,* RdC 340 (2009), 63, 192.
[1747] *Gräf,* jurisPR-ArbR 41/2013 Anm. 2 sub C I.
[1748] *Knöfel,* IPRax 2014, 130, 132.
[1749] → § 1 Rn. 629ff.
[1750] *Lüttringhaus,* IPRax 2011, 554, 558; *Gräf,* jurisPR-ArbR 41/2013 Anm. 2 sub C I.
[1751] *Even,* NIPR 2013, 13, 20; Rauscher/*Mankowski* Art. 21 Brüssel Ia-VO Rn. 33.
[1752] *Block* S. 293f.
[1753] Rauscher/*Mankowski* Art. 21 Brüssel Ia-VO Rn. 35 sowie *Block* S. 295.
[1754] *Garber,* FS Athanassios Kaissis, 2012, S. 221, 228. Zum Kontrast: Der Bootsmann auf einer Luxusyacht arbeitet überwiegend im Hafen, da die Seezeiten gering sind; CA Aix-en-Provence DMF 2018, 792, 796; *Chaumette,* DMF 2018, 802.

VII. Arbeitsverträge 658–662 § 1

bb) Anknüpfung an die Flagge bei Schifffahrt auf der Hohen See. Seeleute auf interna- 658
tionaler Fahrt haben ihren gewöhnlichen Arbeitsort an Bord des jeweiligen Schiffes.[1755] Die
Flagge ordnet ein Schiff völkerrechtlich einem Staat zu. Flaggenhoheit steht auch für die
Zwecke des IPR Territorialhoheit in der Funktion als Zurechnungsmodus gleich.[1756] Sie
gewährleistet, ganz übereinstimmend mit den Zwecken der Arbeitsortanknüpfung, Kontinuität der Arbeitsverhältnisse an Bord ein und desselben Schiffes.[1757] Außerdem gewährleistet sie – ebenso wie die klassische Arbeitsortanknüpfung an Land[1758] –Chancengleichheit
der Konkurrenten um einen Arbeitsplatz und Gleichbehandlung von Arbeitskollegen.[1759]
Flags of convenience, Billigflaggen, veranlassen keine Abkehr von der völkerrechtlichen
Grundeinordnung.[1760]

Allerdings hat der EuGH sich von der Flaggenanknüpfung als Regelanknüpfung unter 659
Art. 8 II Rom I-VO abgewendet, ja sie als denkbaren Anknüpfungspunkt nicht einmal
erwähnt.[1761] Auf der Ebene der Regelanknüpfung führt dies den EuGH in sich konsequent, da er ja die Existenz eines gewöhnlichen Arbeitsorts an Bord verneint, zum Umschwenken auf die Niederlassungsanknüpfung des Art. 8 III Rom I-VO, wenn es keinen
„Arbeitsausgangsort" gibt.[1762]

Selbst wenn man die Flaggenanknüpfung befürwortet, bleiben immer noch Fälle, in de- 660
nen das Schiff nur Transportmittel zum eigentlichen Arbeitsort sein dürfte, nicht selber
Arbeitsort: ein Taucher, der von einem Tauchschiff auf der Hohen See eingesetzt wird.[1763]
Tauchereinsätze auf Hoher See sind faktisch exzeptionell, und der Taucher verrichtet Vor-
und Nachbereitungsarbeit an Bord des Schiffes. Er ist aber bereits kein Seemann im hergebrachten Sinn.

§ 21 IV 1 FlRG vermag sich als Norm des deutschen Rechts jedenfalls nicht einzuschal- 661
ten, denn er muss dem verdrängenden Anwendungsvorrang des europäischen IPR weichen.[1764] Generell spielen Zweitregisterregelungen von EU-Mitgliedstaaten keine eigene
Rolle.[1765]

cc) Abwägung zwischen Flaggenhoheit und Territorialhoheit bei Schifffahrt diesseits der 662
Hohen See. Nicht jedes Gewässer ist Hohe See im völkerrechtlichen Sinn. Vielmehr werden viele Gewässer (z.B. die Ostsee) nahezu vollständig von den Ausschließlichen Wirtschaftszonen ihrer Anrainerstaaten abgedeckt, da sie fast nirgends weiter als 200 Seemeilen
von einer Küste entfernt sind. Dies könnte zu einer Abwägung zwischen der Flaggenhoheit
einerseits und der Territorialhoheit der Anrainerstaaten andererseits verleiten.[1766] Indes fällt
diese Abwägung völkerrechtlich dahin aus, dass zwar grundsätzlich Hafen- und Anrainerstaaten die Hoheit hätten, diese aber grundsätzlich nur dann ausüben, wenn von den inneren Angelegenheiten des Schiffes ihre Belange beeinträchtigt zu werden drohen. Die *inne-*

[1755] BAG AP H. 6/2010 Nr. 1 zu Art. 18 EuGVVO Nr. 1 Rn. 46–51; *Mankowski,* AP H. 1/2011 Art. 18 EuGVVO Nr. 1 Bl. 6R, 7f.; TSJ Galicia AEDIPr 2005, 757 f.; eingehend *Mankowski,* RabelsZ 53 (1989), 487, 490–511; *ders.* S. 459–494; *Taschner* S. 130–151 mit Nachweisen zum Streitstand; vgl. auch LAG Düsseldorf EuLF 2010, II-15, II-17 sowie OGH EuLF 2010, II-14, II-15.
AA LAG Mecklenburg-Vorpommern 18.3.2008 – 1 Sa 38/07 [63]-[68]; LAG Mecklenburg-Vorpommern HmbSchRZ 2009, 9; vgl. auch *Temming,* jurisPR-ArbR 15/2010 Anm. 6 sub C; *Henze* S. 279 f. mit eingehender Herleitung S. 244–279.
[1756] Näher *Mankowski* S. 472–477; *Egler* S. 172–174; *Block* S. 243–246; *Carballo Piñeiro* S. 102 f. Kritisch aber *Henze* S. 222–228, 248 f.
[1757] Näher *Mankowski* S. 484.
[1758] Dort *Kronke,* RabelsZ 45 (1981), 301, 310; *Mayer-Maly,* FS Fritz Schwind, 1993, S. 87.
[1759] *Mankowski* S. 485; *ders.,* AP H. 1/2011 Art. 18 EuGVVO Nr. 1 Bl. 6R, 7R. Kritisch *Henze* S. 271 f.
[1760] *Egler* S. 174–182; *Henze* S. 236–243.
[1761] Siehe EuGH Slg. 2011, I-13275 Rn. 32–41 – Jan Voogsgeerd/Navimer SA. Kritisch dazu z.B. *Carballo Piñeiro* S. 106, 196.
[1762] Siehe EuGH Slg. 2011, I-13275 Rn. 37–42 – Jan Voogsgeerd/Navimer SA.
[1763] *Winkler v. Mohrenfels,* EuZA 2017, 101, 106.
[1764] *Magnus,* FS Willibald Posch, 2011, S. 443, 451–453; *Henze* S. 207–209.
[1765] *Henze* S. 309–311.
[1766] *Henze* S. 230–236 sowie tendenziell *Temming,* jurisPR-ArbR 15/2010 Anm. 6 sub C.

ren Angelegenheiten des Schiffes und des Schiffsbetriebs werden grundsätzlich dem Flaggenstaat überlassen.[1767]

663 Zu den inneren Angelegenheiten zählen insbesondere arbeitsrechtliche Streitigkeiten.[1768] Dies gilt selbst in Häfen.[1769] Solange die Würde des Hafenstaates oder die Ruhe des Hafens nicht berührt sind, also solange keine externen Effekte eintreten, überlässt die Staatenpraxis die inneren Angelegenheiten selbst dort der Regulierung durch den Flaggenstaat.[1770] Umso mehr gilt es bei Fahrt nur durch Ausschließliche Wirtschaftszonen, wo die Belange des Anrainerstaates weniger berührt sind.[1771] In jedem Fall gibt es dort konkurrierende Hoheitsansprüche von Anrainer- und Flaggenstaat und kein exklusive, verdrängende Jurisdiktion des Anrainerstaates.[1772]

664 dd) Seeleute jenseits der Flaggenanknüpfung. Nicht übersehen sollte man, dass für Seeleute nicht immer und automatisch die Anknüpfung an die Flagge des Schiffes durchschlägt. Erstens gibt es (seltene) Fälle des Wechseldienstes auf Schiffen unter verschiedenen Flaggen.[1773] Erfolgt solcher Wechseldienst unter einem einheitlichen Arbeitsvertrag (und nicht etwa unter verschiedenen Einzelverträgen je für den Dienst auf dem einzelnen Schiff), so wird – gerade wegen der grundsätzlichen Flaggenanknüpfung – Art. 8 III Rom I-VO einschlägig, da dann mehrere gewöhnliche Arbeitsorte existieren, die verschiedenen Staaten zuzuordnen sind.[1774]

665 Anders verhält es sich allerdings (weiterhin unter der Voraussetzung eines einheitlichen Vertrages), wenn ein permanenter Wechsel von einem Schiff unter einer Flagge auf ein anderes Schiff unter einen anderen Flagge stattfindet. Dann besteht für den einzelnen Zeitraum jeweils nur ein gewöhnlicher Arbeitsort in Rede.[1775] Dieser ändert sich dann aber mit dem nächsten Zeitraum. Eine sukzessive Abfolge jeweils ausschließlicher gewöhnlicher Arbeitsorte führt bei Seeleuten zu einer Anknüpfung an die jeweilige Flagge für den jeweiligen Zeitraum und damit zu einer zeitlichen Segmentierung des Vertrages samt Statutenwechsel. Allerdings ist vorausgesetzt, dass die Tätigkeit auf dem einzelnen Schiff jeweils wirklich die Qualität einer Arbeit an einem gewöhnlichen Arbeitsort gewinnt, also hinreichend verfestigt und verstetigt ist. Ständiger Wechsel von einem Schiff auf ein anderes und weiter auf ein drittes und viertes, jeweils unter verschiedenen Flaggen und nur für kurze Zeiträume, könnte problematisch sein, um jeweils gewöhnliche Arbeitsorte zu begründen. Umso weniger kommt trotzdem in Betracht, einen gewöhnlichen Arbeitsort (oder deren mehrere?) in den berührten Häfen anzunehmen.[1776]

666 **4. Betriebsübergang.** Besondere Betrachtung verdienen die individualarbeitsrechtlichen Folgen von Betriebsübergängen mit Auslandsbezug. Betriebsübergänge sind eine alltägliche Erscheinung bei Unternehmensveräußerungen und M&A-Geschäften in Gestalt eines asset deal (während bei einem share deal der nominelle Unternehmensträger-Betriebsinhaber gleich bleibt und nur dessen Anteilshalter sich ändern[1777]). Grundlage des

---

[1767] Siehe nur *Colombos,* International Law of the Sea, 6. Aufl. 1967, S. 326 § 350; *Churchill/Lowe,* Law of the Sea, 3. Aufl. 1999, S. 65–68.

[1768] Siehe nur *v. Gadow-Stephani,* Der Zugang zu Nothäfen und sonstigen Notliegeplätzen für Schiffe in Seenot, 2006, S. 204.

[1769] Siehe nur *Churchill/Lowe,* Law of the Sea, 3. Aufl. 1999, S. 65 f.

[1770] Siehe nur *Sohn/Gustafson,* The Law of the Sea in a Nutshell, 1984, S. 86; *Churchill/Lowe,* Law of the Sea, 3. Aufl. 1999, S. 65 f.; *Haijiang Yang,* Jurisdiction of the Coastal State over Foreign Merchant Waters and the Territorial Sea, 2006, S. 84; *Chaumette,* DMF 2007, 99, 106–109.

[1771] Umfassend *Haijiang Yang,* Jurisdiction of the Coastal State over Foreign Merchant Waters and the Territorial Sea, 2006; außerdem *Henze* S. 231–233.

[1772] Artt. 217; 218; 220 UNCLOS 1982; *Hasselmann,* Die Freiheit der Handelsschifffahrt, 1987, S. 360; *Lagoni,* AVR 26 (1988), 261, 335; *Haijiang Yang,* Jurisdiction of the Coastal State over Foreign Merchant Waters and the Territorial Sea, 2006, S. 84.

[1773] *Mankowski,* AR-Blattei SD 160.5.5 Rn. 165.

[1774] *Villani,* in: Treves (a cura di), Verso una disciplina comunitaria della leege applicabile ai contratti, Padova 1983, S. 265, 290; *Drobnig,* BerDGesVR 31 (1990), 31, 62; *A. Junker* 1992, S. 188; *Mankowski* S. 495–499.

[1775] Siehe nur *Mankowski,* IPRax 2003, 21, 27 f.

[1776] OGH EuLF 2010, II-14, II-15.

[1777] *Reichold,* FS Rolf Birk, 2008, S. 687, 690.

VII. Arbeitsverträge

heutigen europäischen Systems ist die Betriebsübergangsrichtlinie, die RL 2001/23/EG[1778]. Sie enthält jedoch keine eigene Kollisionsnorm, welche sich der IPR-Fragen von Betriebsübergängen annehmen würde.[1779] De lege vel regulatione ferenda wird angeregt, eine eigene, explizite Kollisionsnorm zu schaffen.[1780]

Im europäischen System (für das z.B. § 613a BGB steht) lässt sich vereinfacht sagen, dass **667** der Übernehmer eines Betriebs auch die Arbeitnehmer übernehmen muss und deren neuer Arbeitgeber wird. Im Grundsatz erfolgt eine gesetzliche privative Vertragsübernahme durch den Betriebsübernehmer. Dies spricht ebenso wie der Schutzzwecke von Normen wie § 613a I 1 BGB dafür, die individualarbeitsrechtlichen Folgen eines Betriebsübergangs nach dem Statut des potenziell übergehenden Arbeitsvertrags zu beurteilen.[1781] Dies schützt legitimes Arbeitnehmervertrauen.[1782]

Es ist nicht etwa das Recht am Ort der betroffenen Betriebsstätte als solches anzuwen- **668** den,[1783] auch wenn es durchaus räumliche Verbundenheit und Praktikabilität für sich reklamieren kann.[1784] Denn dies wäre eine kollektive Anknüpfung, die für individuelle Folgen nicht recht passt.[1785] Ein Interesse an einer einheitlichen Anknüpfung, wie es einer Betriebsortanknüpfung zugrundeläge,[1786] besteht für den einzelnen Arbeitnehmer nicht,[1787] ebenso wenig wie es bei „normaler" Anknüpfung seines Arbeitsvertrags außerhalb eines Betriebsübergangs besteht.[1788] Im Gegenteil drohte ein Teilstatutenwechsel gerade im Gefahrenfall des Betriebsübergangs. Um so weniger ist das Recht des Übernahmevertrags anzuwenden,[1789] denn an diesem ist der Arbeitnehmer als zentrale Schutzperson nicht beteiligt.[1790]

Für echte Kollektivaspekte kommt das Statut des betreffenden Kollektivverhältnisses zum **669** Zuge,[1791] nicht per se das Recht der Betriebsstätte (bei deren grenzüberschreitender Verlegung sollte dies das bisherige sein, um Vertrauen zu schützen).[1792]

[1778] Richtlinie 2001/23/EG des Rates vom 12.3.2001 zur Angleichung der Rechtsvorschriften der Mitgliedstaaten über die Wahrung der Ansprüche der Arbeitnehmer beim Übergang von Unternehmen, Betrieben oder Unternehmens- oder Betriebsteilen, ABl. EG 2001 L 82/16.

[1779] Siehe nur *Niksova*, Grenzüberschreitender Betriebsübergang, 2013, S. 68–70.

[1780] Z.B. von *Felisiak*, Regulierungsbedarf grenzüberschreitender Betriebsübergänge, 2015, S. 217, 260.

[1781] Siehe nur BAGE 71, 297 = AR-Blattei ES 920 Nr. 3 m. zust. Anm. *Franzen* = SAE 1994, 28 m. abl. Anm. *A. Junker*; BAG AP Nr. 7 zu Art. 27 EGBGB nF mAnm *Knöfel*; BAG AO Nr. 409 zu § 613a BGB; *Däubler*, RIW 1987, 249, 254; *ders.*, FS Otto Rudolf Kissel, 1994, S. 119, 124 f.; *v. Bar*, IPRax 1991, 197, 201; *Mankowski*, IPRax 1994, 88, 96; *Franzen*, Der Betriebsinhaberwechsel nach § 613a BGB im internationalen Arbeitsrecht, 1994, S. 76 f. et passim; *Freudner*, NZA 1999, 1184, 1187; *Deinert*, RdA 2001, 368, 374; *ders.*, RdA 2009, 144, 153; *ders.* § 13 Rn. 5; *Carsten Müller* S. 394 f. (differenzierend aber 396 f.); *Pesch*, KSzW 2012, 114, 117; *Niksova*, Grenzüberschreitender Betriebsübergang, 2013, S. 75; Staudinger/*Magnus* Art. 8 Rom I-VO Rn. 218; Staudinger/*Annuß* § 613a BGB Rn. 41; vgl. auch BAG AP Nr. 409 zu § 613a BGB.

[1782] AA *Bezani/M. Richter*, in: Gäntgen (Hrsg.), 250 Jahre Arbeitsrechtsprechung in Köln, 2011, S. 235, 238–241; *Felisiak*, Regulierungsbedarf grenzüberschreitender Betriebsübergänge, 2015, S. 183–185.

[1783] Dafür aber *R. Birk*, BerDGVR 18 (1978), 263, 291 f.; *ders.*, RdA 1984, 129, 130 f.; *P. Koch*, RIW 1984, 592, 594; *Loritz*, ZfA 1991, 585, 597 f.; *A. Junker* S. 234 f.; *ders.*, SAE 1994, 37, 41; *Krebber* S. 322 f.; *C. Bittner*, Europäisches und internationales Betriebsrentenrecht, 2000, S. 462 f.; *Reichold*, FS Rolf Birk 2008, S. 687, 697 f.; *Felisiak*, Regulierungsbedarf grenzüberschreitender Betriebsübergänge, 2015, S. 187–189; *Haanappel-van der Burg*, NIPR 2016, 3, 5 f.

[1784] *Felisiak*, Regulierungsbedarf grenzüberschreitender Betriebsübergänge, 2015, S. 187.

[1785] *Mankowski*, IPRax 1994, 88, 96.

[1786] *Krebber* S. 322; *Forst*, SAE 2012, 18, 20; *Haanappel-van der Burg*, NIPR 2016, 3, 5, 7–10.

[1787] *Deinert* § 13 Rn. 5.

[1788] *Mankowski*, IPRax 1994, 88, 97.

[1789] *Kronke*, NILR 36 (1989), 1, 9; *A. Junker* S. 233; Staudinger/*Annuß* § 613a BGB Rn. 41.

[1790] *Pietzko*, Der Tatbestand des § 613a BGB, 1988, S. 215; *Hergenröder*, AR-Blattei Betriebsinhaberwechsel Entscheidungen 83 Bl. 3 (1990); *Wollenschläger/Frölich*, AuR 1990, 314, 315; *Mankowski*, IPRax 1994, 88, 96; *Däubler*, FS Otto Rudolf Kissel, 1994, S. 119, 123 f.; *Cohnen*, FS 25 Jahre ARGE Arbeitsrecht im DAV, 2006, S. 595, 600 f.; *Winkler v. Mohrenfels/Block* EAS B 3000 Rn. 213; *Niksova*, Grenzüberschreitender Betriebsübergang, 2013, S. 71; *Deinert* § 13 Rn. 5; *Felisiak*, Regulierungsbedarf grenzüberschreitender Betriebsübergänge, 2015, S. 190.

[1791] *Franzen*, Der Betriebsinhaberwechsel nach § 613a BGB im internationalen Arbeitsrecht, 1994, S. 85; *C. Müller*, International zwingende Normen des deutschen Arbeitsrechts, 2005, S. 395; *Deinert* § 13 Rn. 6–8.

[1792] In beiden Punkten aA *A. Junker* S. 235–240.

670 **5. Exkurs: Arbeitnehmerüberlassung.** Im Bereich der Arbeitnehmerüberlassung muss man deutlich zwischen den einzelnen Rechtsverhältnissen unterscheiden: Arbeitsvertrag ist allein der Vertrag zwischen dem Arbeitnehmer und dem überlassenden Unternehmen, bei dem er weiterhin angestellt bleibt. Dies gilt sowohl für die echte als auch für die unechte Leiharbeit.[1793] Mit dem ausleihenden Unternehmen verbindet den Arbeitnehmer in aller Regel überhaupt kein vertragliches Band im eigentlichen Sinne, das sich auf Konsens zwischen genau diesen beiden Partnern gründen würde. Der eigentliche Überlassungsvertrag zwischen verleihendem und entleihendem Unternehmen aber ist kein Arbeitsvertrag, sondern je nach Ausgestaltung ein Dienstverschaffungsvertrag oder ein Dienstleistungsvertrag.[1794]

671 **6. Exkurs: Internationales Kollektivarbeitsrecht.** *a) Internationales Tarifvertragsrecht.* Das Internationale Tarifvertragsrecht ist nicht unmittelbar kodifiziert. Weder findet sich etwas im TVG, noch ist Art. 8 Rom I-VO direkt anwendbar, denn eine Kollektivvereinbarung ist gerade kein Individualarbeitsvertrag.[1795] Art. 8 Rom I-VO ist auch nicht entsprechend anwendbar.[1796] Denn bei kollektivarbeitsrechtlichen Streitigkeiten passen die Anknüpfungspunkte des Art. 8 II-IV Rom I-VO nicht:[1797] der gewöhnliche Arbeitsort nicht, weil im echten kollektiven Arbeitsrecht keine Erbringung von Arbeit in Rede steht; und die einstellende Niederlassung nicht, weil ja niemand eingestellt oder arbeitsrechtlich geführt wird. Arbeitnehmervertreter agieren eben in dieser Funktion nicht als Arbeitnehmer,[1798] umso weniger, wenn sie als Verband auftreten.[1799] Indes sind Tarifverträge nicht schlechterdings aus der Rom I-VO ausgegrenzt[1800] (arg e contrario e Art. 1 II Rom I-VO).

672 Die Zulässigkeit einer Rechtswahl ist für das Internationale Tarifvertragsrecht zu bejahen.[1801] Entweder leitet man sie aus der Anwendbarkeit des Art. 3 Rom I-VO ab, wie sie aus der Anwendbarkeit der Rom I-VO folgt. Oder man folgert sie indiziell daraus, dass § 21 IV 3 FlaggRG sie voraussetzt.[1802]

673 Sofern eine Rechtswahl nicht statthaft ist oder schlicht im konkreten Tarifvertrag keine Rechtswahl getroffen wurde, kommt es zu einer Anknüpfung nach der engsten Verbindung gemäß Art. 4 IV Rom I-VO.[1803] Diese wird umschrieben vom Ort der Arbeitsleistung für

---

[1793] *Mankowski,* AR-Blattei ES 920 Nr. 4 S. 8, 13 f.
[1794] *Heilmann,* Das Arbeitsvertragsstatut, 1991, S. 166 ff.; *Franzen,* AR-Blattei SD 920 Rn. 154 (Okt 1993); *Mankowski,* AR-Blattei ES 920 Nr. 4 S. 8, 13 f. (März 1995).
[1795] Siehe nur Bericht *Giuliano/Lagarde,* ABl. EG 1980 C 282 Art. 6 EVÜ Anm. 1; *A. Junker* S. 417; *Franzen,* AR-Blattei SD 920 Rn. 301; *Merrett* Rn. 6.26; *Skocki,* Der transnationale Konzerntarifvertrag, 2013, S. 112.
[1796] Offen BAG AP Nr. 54 zu § 2 TVG unter II 2d der Gründe mAnm *Thüsing/Goertz* = EzA § 4 TVG Seeschifffahrt Nr. 1 mAnm *Franzen;* weitere Nachweise bei *Franzen,* AR-Blattei SD 920 Rn. 303.
[1797] *Bosse* S. 73; *Mankowski,* IPRax 2011, 93, 94.
[1798] *Bosse* S. 73.
[1799] *Mankowski,* IPRax 2011, 93, 94.
[1800] *Skocki,* Der transnationale Konzerntarifvertrag, 2013, S. 78–86 sowie die Nachweise aus der französischen Rechtsprechung bei *Dauxerre,* JCP S 2018.1002 = JCP S N° 1, 9 janvier 2018, 26, 29 f.
[1801] *Birk,* FS Günther Beitzke, 1979, S. 831, 848; *ders.,* RdA 1989, 201, 203; *Gamillscheg,* ZfA 1983, 307, 327; *Däubler,* NZA 1990, 673; *Heilmann,* Das Arbeitsvertragsstatut, 1990, S. 46; *Stiller,* ZIAS 1991, 215; *A. Junker* S. 418–423; *Coursier,* Le conflit de lois en matière de contrat de travail, Paris 1993, S. 140 no. 328; *Demarne,* Anwendung nationaler Tarifverträge bei grenzüberschreitenden Arbeitsverhältnissen, 1999, S. 118; *M. Jacobs/Krause/Oetker/Schubert,* Tarifvertragsrecht, 2. Aufl. 2013, § 5 Rn. 94; *Straube,* in: Tschöpe, ArbR Handbuch, 10. Aufl. 2017, Teil I G Rn. 30a; *Skocki,* Der transnationale Konzerntarifvertrag, 2013, S. 86–110 sowie BAG AP Nr. 29 zu AP Internationales Privatrecht – Arbeitsrecht = AR-Blattei ES 340 Nr. 14 mAnm *Hergenröder* = SAE 1993, 181 mAnm *Hj. Otto;* BAG AP Nr. 54 zu § 2 TVG mAnm *Thüsing/Goertz;* nähere Diskussion bei *Hergenröder,* AR-Blattei SD 1550.15 Rn. 72–75.
Ablehnend z.B. *N. Wimmer,* IPRax 1995, 207; *Thüsing,* NZA 2003, 1303, 1311; *Löwisch/Rieble,* TVG, 2. Aufl. 2004, Grdl. Rn. 91.
[1802] *Mankowski,* RabelsZ 53 (1989), 487, 515 Fn. 131; *ders.,* IPRax 1994, 88, 96; *Basedow,* BerDGesVR 31 (1990), 75, 95 f.; *A. Junker* S. 422 f.
[1803] Siehe nur *N. Wimmer,* Die Gestaltung internationaler Arbeitsverhältnisse durch kollektive Normenverträge, 1992, S. 53; *A. Junker* S. 425; *Hergenröder,* AR-Blattei SD 1550.15 Rn. 76 (Feb. 2004); *Franzen,* AR-Blattei

VII. Arbeitsverträge 674–676 § 1

die Mehrzahl der erfassten Arbeitsverhältnisse.[1804] Bei einem Tarifvertrag, dessen Geltungsgebiet Deutschland ist, an dem nur deutsche Koalitionen beteiligt sind und der Arbeit in Deutschland betrifft, besteht die engste Verbindung zweifelsohne mit Deutschland.[1805] Daher kommt auf ihn deutsches materielles Recht zur Anwendung. In jedem Fall erfolgt eine einheitliche Anknüpfung des Tarifvertrages insgesamt ohne Trennung in normativen und schuldrechtlichen Teil.[1806]

Tariffähigkeit (als besondere Geschäftsfähigkeit), Tarifzuständigkeit und Tarifwirkung 674 unterliegen dem Tarifvertragsstatut.[1807] Insbesondere folgt die Tarifbindung dem Tarifvertragsstatut.[1808] An einen Tarifvertrag gebunden sind unter deutschem Recht nach §§ 1–5 TVG unmittelbar die abschließenden Koalitionen und Tarifpartner. Gebunden sind auf der Arbeitgeberseite alle Verbandsmitglieder. Diesen geschieht keine Unfairness, denn durch ihre Mitgliedschaft im Verband lassen sie sich auch durch den Verband repräsentieren. Der Verband handelt gleichsam als ihr funktioneller Vertreter, wenn auch im eigenen Namen.

Außenseiter sind an einen nicht für allgemein verbindlich erklärten Tarifvertrag dagegen 675 nicht gebunden. Die fehlende Bindung der Außenseite wird bei ausländischen Arbeitgebern regelmäßige Bedeutung erlangen.[1809] Denn im Ausland ansässige Arbeitgeber werden häufig einem in Deutschland ansässigen Arbeitgeberverband nicht angehören. Dies muss allerdings nicht so sein. Insbesondere können deutsche Tochtergesellschaften Mitglied sein, oder aber ein ausländisches Unternehmen mit wesentlichen Inlandsaktivitäten hat sich entschlossen, einem inländischen Verband beizutreten, etwa um stärkeren Einfluss auf dessen Tarifpolitik nehmen zu können.[1810]

Die Allgemeinverbindlicherklärung eines Tarifvertrags ist ein staatlicher Akt.[1811] Sie folgt 676 nicht dem Tarifvertragsstatut (und noch weniger dem Statut erfasster Arbeitsverträge[1812]), sondern unterliegt als Rechtssetzungsakt öffentlich-rechtlichen Charakters[1813] dem Recht des jeweiligen Erlassstaates.[1814] Grundsätzlich kann die Allgemeinverbindlicherklärung auch Arbeitgeber und Arbeitnehmer im Ausland erfassen,[1815] wenn sie ausnahmsweise einen solchen extraterritorialen Anwendungsanspruch erhebt.[1816] Geschützt wird sie bei territorialer Wirkung durch den ordre public über Art. 21 Rom I-VO.[1817]

SD 920 Rn. 313 (Dez. 2006); *Straube,* in: Tschöpe, ArbR Handbuch, 10. Aufl. 2017, Teil I G Rn. 30a; M. *Jacobs/Krause/Oetker/Schubert,* Tarifvertragsrecht, 2. Aufl. 2013, § 5 Rn. 94; *Skocki,* Der transnationale Konzerntarifvertrag, 2013, S. 117–122.
[1804] *Basedow,* BerDGesVR 31 (1990), 75, 95; *Hauschka/Henssler,* NZA 1988, 597, 600; *Däubler,* in: Däubler, TVG, 4. Aufl. 2016, Einl. Rn. 672; *Mankowski,* NZA 2009, 584, 588.
[1805] *Mankowski,* NZA 2009, 584, 588 sowie *A. Junker* S. 425 f.; *Hergenröder,* AR-Blattei SD 1550.15 Rn. 79; *Franzen,* AR-Blattei SD 920 Rn. 314.
[1806] *Hergenröder,* AR-Blattei SD 1550.15 Rn. 62 f.; *Mankowski,* NZA 2009, 584, 588. AA *Deinert,* FS K. Bepler, 2012, S. 75; *ders.* § 15 Rn. 17.
[1807] Siehe nur *Skocki,* Der transnationale Konzerntarifvertrag, 2013, S. 122–141.
[1808] *Birk,* FS Beitzke, 1979, S. 831, 860; *ders.,* RabelsZ 46 (1982), 384, 405; *ders.,* RdA 1984, 128, 136; *A. Junker* S. 442; *Schlachter,* NZA 2000, 57, 64; *Hergenröder,* AR-Blattei SD 1550.15 Rn. 85; *Franzen,* AR-Blattei SD 920 Rn. 318; *Straube,* in: Tschöpe, ArbR Handbuch, 10. Aufl. 2017, Teil I G Rn. 30; *Mankowski,* NZA 2009, 584, 588.
[1809] *Mankowski,* NZA 2009, 584, 588.
[1810] *Mankowski,* NZA 2009, 584, 588.
[1811] Zu Pendants der deutschen Allgemeinverbindlicherklärung in anderen Rechtsordnungen *Wonneberger,* Die Fuktionen der Allgemeinverbindlicherklärung von Tarifverträgen, 1992, S. 12–21.
[1812] Dafür aber Hof's- Hertogenbosch NIPR 2007 Nr. 292 S. 389.
[1813] Dagegen *N. Wimmer,* Die Gestaltung internationaler Arbeitsverhältnisse durch kollektive Normenverträge, 1992, S. 142 f.
[1814] Siehe *N. Wimmer,* Die Gestaltung internationaler Arbeitsverhältnisse durch kollektive Normenverträge, 1992, S. 141 f.; *Hergenröder,* AR-Blattei SD 1550.15 Rn. 154.
[1815] *Gamillscheg,* Internationales Arbeitsrecht, 1959, S. 367; *R. Birk,* RdA 1984, 129, 136; *Demarne,* Anwendung nationaler Tarifverträge bei grenzüberschreitenden Arbeitsverhältnissen, 1999, S. 59.
[1816] *Mankowski,* NZA 2009, 584, 588.
[1817] *Skocki,* Der transnationale Konzerntarifvertrag, 2013, S. 139.

677 *b) Internationales Betriebsverfassungsrecht.* Im Internationalen Betriebsverfassungsrecht, also für die *betriebliche* Mitbestimmung bei Sachverhalten mit Auslandsbezug,[1818] gilt das Territorialitätsprinzip, gebietsspezifisch konkretisiert: Organisation der Betriebsverfassung, persönliche Rechtsstellung und Befugnisse der Arbeitnehmervertreter[1819] richten sich nach dem Recht des Ortes, in welchem der jeweils betroffene Betrieb belegen ist.[1820] Sowohl die räumliche Verbundenheit der Arbeitnehmer als als auch die für Kollektivfragen prägende Einheit der Organisation weisen dorthin, zum kollektiven Arbeitsort der sozialen und wirtschaftlichen Einbettung des Betriebs.[1821] Der Betrieb ist der eindeutige und gleichsam natürliche Schwerpunkt des Anknüpfungsgegenstands Betriebsverfassung.[1822] Er passt als Stammsitz auch bei der überwiegenden Mehrzahl der so genannten Wanderbetriebe (z. B. Zirkus) und versperrt sich einer Auflockerung, insbesondere durch akzessorische Anknüpfung an das Arbeitsvertragsstatut.[1823]

678 Organisatorischer Anknüpfungspunkt ist jedenfalls der – im Begriff unionsrechtlich geprägte[1824] – Betrieb, nicht das Unternehmen.[1825] Der Satzungssitz des Unternehmens spielt hier also keine Rolle.[1826] Auch inländische Betriebe ausländischer Unternehmen sind damit vom deutschen BetrVG erfasst, selbst wenn so genannte Matrixstrukturen herrschen sollten.[1827] Umgekehrt ist das deutsche BetrVG auf ausländische Betriebe deutscher Unternehmen nicht anwendbar,[1828] wohl aber auf einem inländischen Betrieb zuzurechnende, unselbständige Betriebsteile im Ausland.[1829]

679 Eigene kollisionsrechtliche Normansätze enthält das BetrVG jenseits der auf die Seeschifffahrt beschränkten §§ 114; 115 BetrVG nicht.[1830] Staatsangehörigkeit, Sitz, Wohnsitz oder gewöhnlicher Aufenthalt von Arbeitgeber und Arbeitnehmer spielen keine Rolle,[1831]

[1818] Rechtsvergleichender Überblick über dualistische Systeme (eigenständig gewählte Interessenvertretung der Arbeitnehmer) und monistische Systeme (betriebliche Interessenvertretung durch Gewerkschaften) bei *Deinert* § 17 Rn. 4–9.

[1819] Näher zu diesen Gegenständen *Deinert* § 17 Rn. 39–48.

[1820] Siehe nur BAG AP Nr. 13 zu Int. Privatrecht Arbeitsrecht mAnm *Beitzke;* BAGE 30, 266 = AP Nr. 16 zu Int. Privatrecht Arbeitsrecht mAnm *S. Simitis* = SAE 1979, 221 mAnm *E. Lorenz;* BAG AP Nr. 17 zu Int. Privatrecht Arbeitsrecht mAnm *Beitzke;* BAG AP Nr. 24 zu Int. Privatrecht Arbeitsrecht; BAGE 55, 236 = Nr. 15 zu § 12 SchwBG mAnm *Gamillscheg;* BAG AP Nr. 27 zu Int. Privatrecht Arbeitsrecht; BAG AP Nr. 8 zu § 14 AÜG; BAG NJW 2018, 3403; ArbG Wuppertal AuR 2005, 331; *Beitzke,* DB 1958, 224, 225; *R. Birk,* RabelsZ 46 (1982), 384, 407; *ders.,* FS Reinhold Trinkner, 1995, S. 461, 465; *G. Jaeger,* Der Auslandsbezug des Betriebsverfassungsgesetztes, 1983, S. 60–62; *Schlüpers-Oehmen,* Betriebsverfassung bei Auslandstätigkeit, 1984, S. 85f.; *Jaletzke,* International operierende Unternehmen und deutsche Betriebsverfassung, 1987, S. 82–84; *Kölpien,* Die Ausstrahlung des Betriebsverfassungsgesetzes 1972 bei der Entsendung von Arbeitnehmern deutscher Unternehmen ins Ausland, Diss. Bayreuth 1987, S. 42–51; *Joost,* Betrieb und Unternehmen als Grundbegriffe des Arbeitsrechts, 1988, S. 223–226; *E. Lorenz,* AP Nr. 27 zu Int. Privatrecht Arbeitsrecht Bl. 4–8R; *ders.,* FS Werner Lorenz zum 70. Geb., 1991, S. 441, 446–464; *A. Junker* S. 374; *ders.,* FS 50 Jahre BAG 2004, S. 1197, 1216; *Mankowski,* IPRax 1994, 88, 97 Fn. 118; *Laufersweiler,* Ausstrahlung im Arbeits- und Sozialrecht, 1999, S. 94–102; *Däubler,* Betriebsverfassung in globalisierter Wirtschaft, 1999, S. 25–29; *ders.,* FS Rolf Birk, 2008, S. 27, 42; *S. Rein,* Mitbestimmungsfragen beim grenzüberschreitenden Arbeitsverhältnis im Konzern, 2012, S. 127f.; *Deinert* § 17 Rn. 19; *Schumacher,* NZA 2015, 587, 588; *Herfs-Röttgen,* NZA 2018, 150, 151.

[1821] *A. Junker* S. 374f. mwN.

[1822] *E. Lorenz,* FS Werner Lorenz zum 70. Geb., 1991, S. 441, 454f.

[1823] *E. Lorenz,* FS Werner Lorenz zum 70. Geb., 1991, S. 441, 455–457.

[1824] *Fitting/G. Engels/I. Schmidt/Trebinger/Linsenmaier,* BetrVG, 29. Aufl. 2018, § 1 BetrVG Rn. 14 unter Hinweis auf EuGH ECLI:EU:C:2015:317 Rn. 26 – Valerie Lyttle/Bluebird UK Bidco 2 Ltd.; EuGH ECLI:EU:C:2015:318 Rn. 42 – Rabal Cañas.

[1825] *Fitting. G. Engels/I. Schmidt/Trebinger/Linsenmaier,* BetrVG, 28. Aufl. 2016, § 1 BetrVG Rn. 13; *Richardi,* in: Richardi, BetrVG, 16. Aufl. 2018, Einl. BetrVG Rn. 68.

[1826] GAin *Kokott,* ECLI:EU:C:2017:351 Rn. 64 Fn. 41.

[1827] *Kort,* NZA 2013, 1318, 1321; *Fitting/G. Engels/I. Schmidt/Trebinger/Linsenmaier,* BetrVG, 28. Aufl. 2016, § 1 BetrVG Rn. 14.

[1828] BAG AP Nr. 3 zu § 117 BetrVG 1972; *Rose,* in: H. Hess/Worzalla/Glock/Nicolai/Rose/Huke, BetrVG, 10. Aufl. 2018, Einl. Rn. 53.

[1829] *Franzen,* in: GK-BetrVG, Bd. I, 11. Aufl. 2018, § 1 BetrVG Rn. 11.

[1830] *Richardi,* in: Richardi, BetrVG, 15. Aufl. 2016, Einl. BetrVG Rn. 65.

[1831] BAGE 39, 108; BAGE 55, 236, 241; BAGE 64, 117; BAG AP Nr. 3 zu § 117 BetrVG 1972; BAG Nr. 8 zu § 14 AÜG.

VII. Arbeitsverträge 680–682 § 1

ebenso wenig, welchem Statut bzw. welchen Statuten die einzelnen Individualarbeitsverträge der betroffenen Arbeitnehmer unterliegen.[1832] Eine Rechtswahl ist im Internationalen Betriebsverfassungsrecht nicht zugelassen.[1833] Das schließt aber eine Verständigung über das Tarifvertragsrecht in Ausnahmefällen nicht vollständig aus.[1834]

Typischerweise frag(t)en deutsche Gerichte im kollisionsrechtlichen Sinne einseitig[1835] 680 und statutistisch[1836] nach der internationalen Anwendbarkeit des BetrVG.[1837] Das BetrVG wird von ihnen als international zwingend eingestuft[1838] und damit heute als Eingriffsrecht im Sinne von Art. 9 I, II Rom I-VO.[1839]

Unterhalb der kollisionsrechtlichen Ebene stellen sich Folgefragen, insbesondere bei 681 zeitweiliger Entsendung oder Abordnung von einem inländischen Betrieb ins Ausland oder aus dem Ausland in einen inländischen Betrieb: Welche Arbeitnehmer werden dem jeweiligen Betrieb zugerechnet? Welche Arbeitnehmer haben aktives oder passives Wahlrecht bei der Betriebsratswahl? Welche Handlungen darf der Betriebsrat im Ausland vornehmen? Welche Mitwirkungsrechte und in welchem Umfang hat der Betriebsrat im Ausland? Diese Folgefragen sind aber alle rein sachrechtlicher Natur und haben nicht einmal rückkoppelnden Einfluss auf die internationalprivatrechtliche Ausgestaltung.[1840] Betriebsratstätigkeit im Ausland ist möglich, denn ein Betriebsrat ist kein Staatsorgan und handelt nicht hoheitlich.[1841] Aus dem Territorialitätsprinzip sind keine gegenteiligen Schlussfolgerungen zu ziehen.[1842]

Die übliche Terminologie als Ausstrahlung und Einstrahlung (jeweils einseitig aus deutscher 682 Sicht betrachtet)[1843] ist geeignet, dies zu verdunkeln. Eine zweite internationalprivatrechtliche Stufe, diesmal bezogen auf die persönliche Reichweite, nach der ersten, diese bezogen auf die räumliche,[1844] gibt es nicht.[1845] Aus- und Einstrahlungsdoktrin machen im Gegenteil komplizierte Abgrenzungserwägungen notwendig,[1846] ohne dass diesen ein vergleichbarer Zusatznutzen gegenüberstünde. „Ausstrahlung" meint nichts anderes als die Anwendung deutschen Betriebsverfassungsrechts wegen Zurechnung der betroffenen Ar-

---

[1832] LAG Berlin BB 1977, 1302; *Deinert* § 17 Rn. 17; *Rose*, in: H. Hess/Worzalla/Glock/Nicolai/Rose/Huke, BetrVG, 9. Aufl. 2014, Einl. Rn. 53; *Fitting/G. Engels/I. Schmit/Trebinger/Linsenmaier*, BetrVG, 28. Aufl. 2016, § 1 BetrVG Rn. 15 entgegen *Gamillscheg*, Internationales Arbeitsrecht, 1959, S. 106–109; *dems.*, Kollektives Arbeitsrecht II, 2008, S. 202–207.

[1833] *Deinert* § 17 Rn. 25; *Herfs-Röttgen*, NZA 2018, 150, 151. Näher *S. Rein*, Mitbestimmungsfragen beim grenzüberschreitenden Arbeitsverhältnis im Konzern, 2012, S. 137–163.

AA *Staudacher*, Internationale Betriebsverfassung, 1974, S. 148–176; *Däubler*, RabelsZ 39 (1975), 444, 458–462; *Agel-Pahlke*, Geltungsbereich des BetrVG, 1988, S. 93–149.

[1834] *A. Junker* S. 377–379.

[1835] *E. Lorenz*, FS Werner Lorenz zum 70. Geb., 1991, S. 441, 446.

[1836] *Mankowski*, IPRax 1994, 88, 97 Fn. 118.

[1837] Siehe RAGE 7, 301; 8, 195; 13, 129; BAG AP Nr. 13 zu Int. Privatrecht – Arbeitsrecht mAnm *Beitzke;* BAGE 30, 266; BAG AP Nr. 3 zu § 117 BetrVG 1972 mAnm *Beitzke;* BAGE 55, 236.

[1838] BAGE 39, 108, 111.

[1839] *Deinert* § 10 Rn. 11 f., § 17 Rn. 21.

[1840] *Reiff*, SAE 1990, 248, 252; *A. Junker* S. 381; *Franzen*, AR-Blattei SD 920 Rn. 202; *Deinert* § 17 Rn. 31; MüKoBGB/*Martiny* Art. 8 Rom I-VO Rn. 130.

Vgl. aber auch *R. Birk*, FS Hans Molitor, 1988, S. 19, 20 f.; *E. Lorenz*, FS Werner Lorenz zum 70. Geb., 1991, S. 441, 448–450.

[1841] *Steinmeyer*, DB 1980, 1541, 1542; *A. Junker* S. 388; *Däubler*, Betriebsverfassung in globalisierter Wirtschaft, 1999, S. 51; *Franzen*, in: GK-BetrVG, Bd. I, 9. Aufl. 2010, § 1 BetrVG Rn. 12.

[1842] *Beitzke*, AP Nr. 3 zu § 42 BetrVG 1972; *Franzen*, in: GK-BetrVG, Bd. I, 9. Aufl. 2010, § 1 BetrVG Rn. 12 gegen AP Nr. 3 zu § 42 BetrVG 1972.

[1843] Seit RAGE 12, 111; z. B. BAG AP Nr. 16 zu Int. Privatrecht – Arbeitsrecht; BAG AP Nr. 3 zu § 117 BetrVG 1972. Näher insbesondere *S. Rein*, Mitbestimmungsfragen beim grenzüberschreitenden Arbeitsverhältnis im Konzern, 2012, S. 103–124.

[1844] So deutlich BAG AP Nr. 27 zu Int. Privatrecht Arbeitsrecht mAnm *E. Lorenz*.

[1845] *A. Junker*, RIW 2001, 84, 95; *Deinert* § 17 Rn. 31.

[1846] Siehe z. B. BAG AP Nr. 17 zu Int. Privatrecht Arbeitsrecht mAnm *Beitzke* = AuR 1981, 252 mAnm *Corts* (dazu *Richardi*, IPRax 1983, 217); BAG AP Nr. 24 zu Int. Privatrecht Arbeitsrecht; BAGE 55, 236 = Nr. 15 zu § 12 SchwBG mAnm *Gamillscheg* = SAE 1989, 326 mAnm *A. Junker*; *E. Lorenz*, FS Werner Lorenz zum 70. Geb., 1991, S. 441, 451–453

beitnehmer zu einem deutschen Betrieb.[1847] Eine „Ausstrahlung" in diesem Sinne gibt es bei nur vorübergehender Entsendung von Arbeitnehmern ins Ausland, deren Zurechnung zu einem deutschen Betrieb nicht unterbrochen wird.[1848]

683 Geboten ist des Weiteren eine qualifikatorische Abgrenzung zwischen kollektivem Betriebsverfassungs- und individuellem Arbeitsvertragsstatut. Diese gebietet, zu differenzieren und nicht etwa das gesamte BetrVG pauschal dem Betriebsverfassungsstatut zuzuweisen. Vielmehr gibt es aus der Betriebsverfassung heraus Einflüsse auf individuelle Arbeitsverträge. Musterbeispiel sind ein besonders ausgeprägter Kündigungsschutz für Betriebsratsmitglieder oder Mitwirkungs- bzw. Anhörungsrechte des Betriebsrats bei Kündigungen (unter deutschem Recht nach § 102 I IV BetrVG) samt etwaigen Weiterbeschäftigungsansprüchen des Arbeitnehmers bei Nichtzustimmung des Betriebsrats (unter deutschem Recht nach § 102 V BetrVG).

684 Qualifkatorisch ist für jede Einzelfrage danach einzuordnen, ob kollektive Belange überwiegen (dann Betriebsverfassungsstatut) oder individuelle (dann Individualarbeitsvertragsstatut). Darüber ist z.B. der Weiterbeschäftigungsanspruch des einzelnen Arbeitnehmers individualarbeitsvertraglich zu qualifizieren, während die Abwägung des Betriebsrats über die vorangegangene Entscheidung, der Kündigung zuzustimmen oder nicht, kollektivarbeitsrechtlich ist.[1849] Gleiches wie für die Abwägung sollte für das vorangehende Anhörungsrecht des Betriebsrats gelten.[1850] Eine pauschale Einordnung des § 102 BetrVG als Eingriffsrecht vermag jedenfalls nicht zu überzeugen.[1851] Klar betriebsverfassungsrechtlich sind alle Fragen um Errichtung, Besetzungsmodus, Mitgliederzahl, Abstimmungsprocederes, Quoren, Amtsdauern von Betriebsverfassungsorganen (Betriebsräten, Gesamtbetriebsräten, Konzernbetriebsräten, Wirtschaftsausschüssen).[1852]

685 Gesamtbetriebsräte werden in Konzernen gebildet. Einen fiktiven Gesamtbetrieb gibt es es aber nicht, ebensowenig wie ein „Gesamtunternehmen".[1853] Mangels tauglichen Zurechungssubstrats scheidet damit eine Anknüpfung an einen „Gesamtbetrieb" aus.[1854] Vielmehr erscheint eine Anknüpfung „von unten" an die einzelnen Betriebe geboten, die jedoch den Nachteil hat, dass damit bei grenzüberschreitenden Konzernen eine Vielzahl von Rechten ins Spiel kommen kann. Bei Überwirken eines ausländischen Konzerns nach Deutschland ist ein auf Deutschland beschränkter Konzernbetriebsrat einzurichten.[1855]

686 Das Institut Europäischer Betriebsrat geht auf die EBR-RL[1856] zurück, in Deutschland umgesetzt durch das EBRG. § 2 I EBRG statuiert eine einseitige Kollisionsnorm:[1857] Das EBRG ist auf Unternehmen bzw. herrschende Unternehmen von Unternehmensgruppen mit Sitz in Duetschland anwendbar. Ergänzende einseitige Kollisionsnormen finden sich in § 2 II-IV EBRG, dabei § 2 IV EBRG für mögliche Konflikte mit fremden EBR-Sta-

---

[1847] *Richardi*, in: Richardi, BetrVG, 15. Aufl. 2016, Einl. BetrVG Rn. 75.
[1848] *Franzen*, in: GK-BetrVG, Bd. I, 9. Aufl. 2010, § 1 BetrVG Rn. 16; *Richardi*, in: Richardi, BetrVG, 15. Aufl. 2016, Einl. BetrVG Rn. 74.
[1849] *A. Junker* S. 386 f.; *C. Müller*, International zwingende Normen des deutschen Arbeitsrechts, 2005, S. 407.
AA *Deinert* § 17 Rn. 43.
[1850] BAG NJW 1978, 1124, 1125; Staudinger/*Magnus* Art. 8 Rom I-VO Rn. 266 sowie *Deinert* § 13 Rn. 42; im Ausgangspunkt ebenso, nur mit individualarbeitsvertraglichem Qualifikationsergebnis, *Thomale*, IPRax 2013, 375, 377 f.
[1851] *Thomale*, IPRax 2013, 375, 378 f.; siehe auch OGH IPRax 2013, 366, 369 f.
[1852] *Deinert* § 13 Rn. 40.
[1853] *A. Junker* S. 393.
[1854] Vgl. aber auch *S. Rein*, Mitbestimmungsfragen beim grenzüberschreitenden Arbeitsverhältnis im Konzern, 2012, S. 237–240.
[1855] BAG AP Nr. 13 zu § 54 BetrVG 1972 Rn. 49; BAG AP Nr. 3 zu § 96a ArbGG Rn. 31; BAG AP Nr. 14 zu § 87 BetrVG 1972 Rn. 38. Anders aber BAG DB 2018, 2510, 2511 f.
[1856] Richtlinie 2009/38/EG des Rates vom 6.5.2009 über die Einsetzung eines Europäischen Betriebsrats oder die Schaffung eines Verfahrens zur Unterrichtung und Anhörung der Arbeitnehmer in gemeinschaftsweit operierenden Unternehmen und Unternehmensgruppen, ABl. EG 2009 L 122/28.
[1857] *Däubler*, in: Däubler/Kittner/Klebe/Wedde, BetrVG, 16. Aufl. 2018, § 2 EBRG Rn. 1; *Deinert* § 17 Rn. 30.

VIII. Transportverträge   687 § 1

tuten.[1858] Europäische Betriebsvereinbarungen sollen nach Maßgabe des EBR-Statuts möglich sein, sogar mit Rechtswahl.[1859]

VIII. Transportverträge

Literatur: *Allain*, L'unicité du contrat de transport international, et de sa loi applicable, malgré l'internevtnion de transporteurs successifs, D. 2016, 988; *Boonk*, De betekenis van Rome I voor het zeevervoer, TVR 2009, 95; *Claringbould*, Art. 5 Rome I en vervoerovereenkomsten, NIPR 2009, 426; *Contaldi*, Il contratto internazionale di trasporto di persone, in: Boschiero (a cura di), La nuova disciplina comunitaria della legge applicabile ai contratti (Roma I), 2009, S. 359; *Delebecque/Jean Arié Lévy*, Quelle est la loi applicable à la commission de transport?, D. 2015, 136; *Espinosa Calabuig*, La Unión Europea ante la reforma actual del Derecho Marítimo, Liber amciorum José Luis Iglesias Buhigues, 2012, S. 471; *Häußer*, Das IPR des Stückgutfrachtvertrages, TranspR 2010, 246; *Hartenstein*, Rom I Entwurf und Rom II-Verordnung: Zur Bedeutung zukünftiger Änderungen im Internationalen Privatrecht für das Seerecht, TranspR 2008, 143; *Chr. Hasche*, Das IPR der Passagierbeförderung, TranspR 2010, 282; *Legros*, Loi applicable au contrat de transport: commentaire du règlement du 17 juin 2008 sur la loi applicable aux obligations contractuelles dit „Rome I", Rev. dr. transp. février 2009, 12; *dies.*, The law applicable to freight-forwarding contracts: the implications of Haeger & Schmidt, (2015) 21 JIML 493; *Lorente Martínez*, Convenio de Roma 1980 y Reglamento Roma I ley aplicable a las obligaciones contractuales – El contrato de transporte de mercaciás y el Tribunal de Justicia de la Unión Europea, CDT 7 (1) (2015), 269; *Mankowski*, Seerechtliche Vertragsverhältnisse im Internationalen Privatrecht, 1995; *ders.*, Entwicklungen im Internationalen Privat- und Prozessrecht für Transportverträge in Abkommen und speziellen EG-Verordnungen, TranspR 2008, 177; *ders.*, Neues aus Europa zum Internationalen Privatrecht der Transportverträge, Art. 5 Rom I-VO, TranspR 2008, 339; *ders.*, Konnossemente und die Rom I-VO, TranspR 2008, 417; *ders.*, Gemischte Verträge, objektive dépeçage, Handhabung der Ausweichklausel und Auslegungsmethodik im Internationalen Schuldvertragsrecht, IHR 2010, 89; *ders.*, Pauschalreisen und europäisches Internationales Verbraucherschutzrecht, TranspR 2011, 70; *ders.*, Neues aus Europa zum Internationalen Privat- und Prozessrecht der seerechtlichen Beförderungsverträge, 2011 (zitiert: *Mankowski*, DVIS); *ders.*, Speditionsverträge im Internationalen Privatrecht: TranspR 2015, 17; *Morse*, Contracts of Carriage and the Conflict of Laws, Liber amicorum Kurt Siehr, 2010, S. 463; *P.A. Nielsen*, The Rome I Regulation and Contracts of Carriage, in: Ferrari/Leible (eds.), Rome I Regulation, 2009, S. 99; *Nikaki*, Contracts of carriage and the Rome I Regulation: Has anything really changed?, (2010) 16 JIML 85; *Okoli*, Choice of law for contracts of carriage of goods in the European Union, [2015] LMCLQ 512; *Paschke*, Das internationale Konnossmentsrecht, TranspR 2010, 268; *Pauknerová*, Presumptions, Escape Clauses and International Carriage of Goods Contracts, Liber amicorum Kurt Siehr, 2010, S. 481; *Ramming*, Die neue Rom I Verordnung und die Rechtsverhältnisse der Schifffahrt, HmbZSchR 2009, 21; *Remien*, Tourism, Conflict of Laws and the Rome I Regulation, Liber amicorum Kurt Siehr, 2010, S. 499; *Shariatmadari*, Das IPR der Multimodal-Beförderung (unter Einschluss einer Seestrecke), TranspR 2010, 275; *J. Schilling*, Die kollisionsrechtliche Anknüpfung von internationalen Speditionsverträgen, IPRax 2015, 522; *ders.*, Das Internationale Privatrecht der Transportverträge, 2016; *Stahl*, Das IPR der Charterverträge (Reise-, Zeit- und Bareboat-Charter), TranspR 2010, 258; *Tonolo*, La legge applicabile ai contratti di trasporto nel regolamento Roma I, RDIPP 2009, 309; *R. Wagner*, Neue kollisionsrechtliche Vorschriften für Beförderungsverträge in der Rom I Verordnung, TranspR 2008, 221.

1. Allgemeines. *a) Vorrang der Transportrechtskonventionen des Internationalen Einheitsrechts.* 687 Die internationalen Transportrechtskonventionen haben nach Art. 25 I Rom I-VO Vorrang vor der Rom I-VO,[1860] denn ihre Anwendungsnormen sind auch einseitige Kollisionsnormen des IPR.[1861] Damit marschiert für wichtige Fragen eine ganze Phalanx auf,

---

[1858] *Deinert* § 17 Rn. 30.
[1859] *Meißner/Ritschel*, FS Wolfhard Kohte, 2012, S. 53, 62 f.; *Deinert* § 17 Rn. 30.
[1860] OGH TranspR 2013, 344, 346.
AA hinsichtlich des Weges über Art. 25 I Rom I-VO, aber im Ergebnis ebenfalls für einen Vorrang des Internationalen Einheitsrechts *J. Schilling* S. 53–84.
[1861] Eingehend *Mankowski* S. 301–304; *ders.*, IPRax 1995, 320, 321; außerdem z. B. BGHZ 96, 313, 316, 318, 321–323; *Lemhöfer*, RabelsZ 25 (1960), 401, 411 f.; *Siesby*, AfS 5 (1961-64), 417, 450; *Malintoppi*, RdC 116 (1965 III), 1, 63; *v. Caemmerer*, FS Walter Hallstein, 1966, S. 63, 83 f.; *Vitta*, RdC 126 (1969 I), 111, 198 f.; *Rigaux*, J. trib. 1972, 561, 563–564, 567; *Kropholler*, AWD 1973, 401, 402; *ders.*, RabelsZ 38 (1974),

§ 1   688–690   § 1. Internationales Schuldvertragsrecht

differenziert nach den einzelnen Transportmodi: im Luftfracht- wie im Luftpersonenverkehr das MÜ, das WA und das WA/HP; im Straßengüterverkehr die CMR; im Eisenbahngüterverkehr die ER/CIM; im Eisenbahnpersonenverkehr die ER/CIM; im Seefrachtverkehr Haager Regeln, Visby-Regeln sowie ausnahmsweise Hamburg–Regeln und Rotterdam-Regeln; im Seepersonenverkehr das AÜ; im Binnenschiffsgüterverkehr die CMNI.

688   Soweit eines dieser Übereinkommen nach seiner jeweils eigenen Anwendungsnorm anwendbar ist, verdrängt es Art. 5 Rom I-VO. In der Mehrzahl aller transportrechtlichen Fälle findet Art. 5 Rom I-VO daher gar keine Anwendung.[1862] Vielmehr kommt er nur zum Zuge, wenn keine internationalen Konventionen einschlägig sind. Das gilt für den Straßenpersonenverkehr und den Binnenschiffspersonenverkehr, beides keine bedeutsamen Materien. Keine in Kraft befindliche Konvention findet sich indes auch für den wichtigen multimodalen Gütertransport. Allerdings ist jeweils zu prüfen, ob zumindest für einzelne Ausschnitte unimodale Konventionen Anwendung heischen. Art. 5 Rom I-VO kommt auch zum Zuge, soweit eine im Prinzip anwendbare Konvention für eine konkrete Sachfrage eine Lücke enthält.[1863]

689   *b) Passagierschutz in EU-Verordnungen.* Immer größere Bedeutung gewinnt der Schutz von Passagieren durch eigene EU-Verordnungen. Die Entwicklung begann mit der ursprünglichen FluggastrechteVO[1864] und setzte sich beim Passagierschutz zur See,[1865] für Eisenbahnen[1866] und für Busse[1867] fort. Diese Verordnungen haben indes nur einen engen *sachlichen* Anwendungsbereich. Sie enthalten insbesondere keine umfassende Regulierung der erfassten Passagierverträge und lassen daher neben sich viel Platz für das Statut des Personenbeförderungsvertrages. Eigene Kollisionsnormen enthalten sie nur in Gestalt der Normen über ihren jeweiligen internationalen Anwendungsbereich;[1868] diese sind (auch) einseitige Kollisionsnormen. Gegenüber der Rom I-VO insgesamt und Art. 5 Rom I-VO genießen sie Vorrang nach Art. 23 Rom I-VO.[1869]

690   *c) Verhältnis zum Internationalen Verbrauchervertragsrecht.* Obwohl zumindest die Mehrzahl der Passagierverträge unter den Begriff des Verbrauchervertrags subsumiert werden könnte, findet Art. 6 Rom I-VO auf sämtliche Beförderungsverträge keine Anwendung.[1870] Das ergibt sich unzweideutig aus dem Beginn von Art. 6 Rom I-VO selber. „Unbeschadet der Artikel 5 und 7" heißt eben: Artt. 5; 7 Rom I-VO haben Vorrang. Art. 5 Rom I-VO schneidet die Beförderungsverträge aus dem sachlichen Anwendungsbereich des Art. 6 Rom I-VO heraus. Art. 6 IV lit. b Rom I-VO schafft obendrein einen eindeutigen Ausnahmetatbestand für echte Beförderungsverträge, mit einer Rückausnahme für Pauschalreiseverträge.[1871]

372, 374; *ders.,* Internationales Einheitsrecht, 1975, S. 190–193; *Schurig,* Kollisionsnorm und Sachrecht, 1981, S. 233; *W.-H. Roth,* IPRax 2015, 222, 223; *Bodis,* jurisPR-TranspR 1/2016 Anm. 2 sub C.
   [1862] Die für Art. 5 Rom I-VO verbliebenen Konstellationen zeigt *J. Schilling* S. 339–397 ausführlich auf.
   [1863] *J. Schilling* S. 378–394.
   [1864] VO (EG) Nr. 261/2004 des Europäischen Parlaments und des Rates vom 11.2.2004 über eine gemeinsame Regelung für Ausgleichs- und Unterstützungsleistungen für Fluggäste im Fall der Nichtbeförderung und bei Annullierung oder großer Verspätung von Flügen und zur Aufhebung der Verordnung (EWG) Nr. 295/91, ABl. EG 2004 L 46/1.
   [1865] VO (EG) Nr. 392/2009 des Europäischen Parlaments und des Rates vom 23.4.2009 über die Unfallhaftung von Beförderern von Reisenden auf See, ABl. EU 2009 L 131/24.
   [1866] VO (EG) Nr. 1371/2007 des Europäischen Parlaments und des Rates vom 23.10.2007 über die Rechte und Pflichten der Fahrgäste im Eisenbahnverkehr, ABl. EG 2007 L 315/14.
   [1867] VO (EG) Nr. 181/2011 des Europäischen Parlaments und des Rates vom 16.2.2011 über die Fahrgastrechte im Kraftomnibusverkehr und zur Änderung der VO (EG) Nr. 2006/2004, ABl. EU 2011 L 55/1.
   [1868] Zu diesen Reithmann/Martiny/*Mankowski* Rn. 6.2123–6.2134, 6.2147f.; 6.2155.
   [1869] *Mankowski,* RRa 2014, 118, 123; Reithmann/Martiny/*Mankowski* Rn. 6.2134.
   AA hinsichtlich des Weges über Art. 23 Rom I-VO, im Ergebnis aber ebenfalls für eine vorrangige Anwendung der Passagierrechteverordnungen *J. Schilling,* EuZW 2011, 776, 780f.; *ders.* S. 87f.
   [1870] Siehe nur *Magnus,* IPRax 2010, 27, 38; *A. Staudinger/Steinrötter,* JA 2011, 241, 246; *J. Schilling* S. 315f.
   [1871] → § 1 Rn. 511ff.

VIII. Transportverträge   691–693 § 1

2. Begriff des Transportvertrags. *a) Güterbeförderungsverträge.* Güterbeförderung meint 691
den physischen Transport von Gütern. Der nicht zur Geldleistung Verpflichtete muss zum
physischen Transport unter Ortsveränderung verpflichtet sein.[1872] Er darf sich nicht auf die
bloße Organisation eines physischen Transports oder auf Vermittlungsaktivitäten beschränken. Er darf sich auch nicht darauf beschränken, der Gegenpartei bloß Transportraum zur
Verfügung zu stellen, auf dass diese Gegenpartei dann auf ihr eigenes Risiko zusehen möge,
ob und wie sie jenen Transportraum einsetzen kann. Eine wichtige Frage ist, ob die Gegenpartei das kommerzielle Risiko übernimmt und das Transportmittel zum Gegenstand
eines eigenen unternehmerischen Einsatzes seinerseits macht.[1873] Ausführung einer Beförderung nach den Weisungen des Zeitcharterers macht den Zeitverercharterer nicht zum Beförderer.[1874]

Der Begriff „Güterbeförderungsvertrag" hat unter Art. 5 I Rom I-VO denselben Gehalt 692
wie zuvor unter Art. 4 IV EVÜ.[1875] Er ist natürlich europäisch-autonom auszufüllen,[1876]
mit Blick auf die ökonomische und kommerzielle Realität.[1877] Zwar ist Art. 4 IV 2 EVÜ
nicht mehr im normativen Teil der Rom I-VO fortgeführt, aber er lebt als Erwägungsgrund (22) S. 2 Rom I-VO sachlich weiter. Die Qualifikationsgrenze bleibt unverändert.[1878] Weiterhin kommt es darauf an, dass ein Vertrag im Kern und wesentlich die
Güterbeförderung zum Gegenstand hat.[1879] Wie lang die Transportstrecke ist, ist unerheblich.[1880] Der konkrete Transportmodus is ohne Bedeutung.[1881] Art. 5 I Rom I-VO verlangt
nicht einmal eine Gegenleistung und Entgeltlichkeit.[1882]

b) Verträge mit Kern Güterbeförderung. Über die eigentlichen Güterbeförderungsverträge 693
hinaus erfasst Art. 5 I Rom I-VO Verträge, derem Kern Güterbeförderung ist. Hier muss
man den Schwerpunkt des Vertrages suchen.[1883] Erwägungsgrund (22) S. 2 Rom I-VO
zieht wie zuvor Art. 4 IV 2 EVÜ über Charterverträge für eine Reise hinaus weitere Verträge, die in der Hauptsache der Güterbeförderung dienen, zur Spezialkollisionsnorm. Dies
zeigt, dass er nicht zu eng ausgelegt werden darf, da er sonst jeglichen Aussagegehalt verlöre.[1884] Eine Beschränkung der Güterbeförderungsverträge jenseits der klassischen Stückgutfrachtverträge auf Charterverträge über eine Reise wäre genau deshalb unzulässig. Der
EuGH erkennt dies in seiner Interfrigo-Entscheidung an.[1885] Die bloße Benennung als
Charter-party nach nationalem Recht entzieht einen Vertrag jedenfalls noch nicht der Re-

---

[1872] Reithmann/Martiny/*Mankowski* Rn. 6.1831; *J. Schilling* S. 127–129.
[1873] *Mankowski* S. 20; ders., TranspR 2009, 497.
[1874] Entgegen *Zarth*, GWR 2009, 452.
[1875] Siehe nur *Delebecque*, Scritti in onore di Francesco Berlingieri, 2010, S. 431, 436 f.
[1876] Siehe nur *Smeele*, WPNR 6824 (2009), 1015, 1017; *Boonk*, TVR 2010, 37, 39.
[1877] *Lagarde*, RCDIP 99 (2010), 210, 211 f.; *J. Schilling* S. 133.
[1878] *Mankowski*, TranspR 2009, 497, 498; ders., IHR 2010, 89, 90; *R. Wagner*, TranspR 2009, 281, 288; *Smeele*, WPNR 6824 (2009), 1015, 1018; *Zarth*, GWR 2009, 452; *Boonk*, TVR 2009, 95, 99; ders., TVR 2010, 37, 41; *Rudolph*, ZfRV 2010, 18, 21; *Jault-Seseke*, D. 2010, 236, 237; *Lagarde*, RCDIP 99 (2010), 210 f.; *Legros*, Clunet 137 (2010), 185, 186; *Re*, RDIPP 2010, 407, 431 f.
[1879] Eingehend zu diesem Kriterium (insbesondere mit Blick auf die einzelnen Vertragsgestaltungsformen im Seeverkehr) *Mankowski* S. 18–21, 89–121; *Espinosa Calabuig*, El contrato internacional de transporte marítimo de mercancías: cuestiones de la ley aplicable, 1999, S. 265–301. Zur typologischen und ökonomischen Dimension *Legros*, Clunet 137 (2010), 185, 189 f.
[1880] Reithmann/Martiny/*Mankowski* Rn. 6.1831.
[1881] *J. Schilling* S. 131 f.
[1882] AA *J. Schilling* S. 129–131; PWW/*Remien* Art. 5 Rom I-VO Rn. 3.
[1883] *Mankowski*, TranspR 2009, 497, 498; ders., IHR 2010, 89, 90; *Rudolph*, ZfRV 2010, 18, 20; *Boonk*, TVR 2010, 37, 41.
[1884] *Rammeloo*, IPRax 2010, 215, 217 f. sowie *Lagarde*, RCDIP 99 (2010), 210, 211.
[1885] EuGH Slg. 2009, I-9687 Rn. 34 – Intercontainer Interfrigo SC (ICF)/Balkenende Oosthuizen BV u. MIC Operations BV; zu dieser Entscheidung *Mankowski*, TranspR 2009, 497; ders., IHR 2010, 89; *Grard*, Rev. dr. transp., November 2009, S. 15; *d'Avout/Perrault-Saussine*, JCP E 2009 n° 550; *Tilché*, BTL 2009, 645; *Zarth*, GWR 2009, 452; *Polak*, Ars aequi 2009, 830; *Rudolph*, ZfRV 2010, 18; *Boonk*, TVR 2010, 37; *Jault-Seseke*, D. 2010, 236; *Lagarde*, RCDIP 99 (2010), 210; *Legros*, Clunet 137 (2010), 185; *Rammeloo*, NIPR 2010, 20; ders., IPRax 2010, 215; *Re*, RDIPP 2010, 407; *Orejudo Prieto de los Mozos*, REDI 2009, 519.

gel für Güterbeförderungsverträge.[1886] Zur Ermittlung des Vertragsgegenstands sind vielmehr der Vertragszweck und die Gesamtheit der Verpflichtungen derjenigen Partei, welche die vertragscharakteristische Leistung erbringt, zu berücksichtigen.[1887] Bei wirklich gemischten Verträgen ist eine Schwerpunktzuweisung erforderlich[1888] (z. B. wenn ein Beförderer auch stationäre Lagerpflichten übernommen hat).

694 Daraus lassen sich folgende Punkte ableiten:[1889]
– Nicht alles, was Charter-party heißt, ist damit automatisch *kein* Güterbeförderungsvertrag.[1890] „Charter-party" hat keinen festgelegten Begriffsinhalt.[1891]
– Auch eine sogenannte Charter-party *kann* ein Güterbeförderungsvertrag sein.[1892]
– Nicht die Bezeichnung zählt, sondern die Substanz des Vertrages.[1893]
– Man muss in den Vertrag hineinsehen, um festzustellen, welche Verpflichtungen die Parteien übernommen haben.
– Die zentrale Abgrenzung erfolgt zwischen Güterbeförderung und Transportraumüberlassung.[1894]
– Die Einordnung nach nationalem Recht (z. B. nach französischem Verständnis als contrat d'affrètement) ist unerheblich;[1895] die Qualifikation vollzieht sich europäisch-autonom.
– Eine wichtige Frage ist, ob der Befrachter das kommerzielle Risiko übernimmt und das Transportmittel zum Gegenstand eines eigenen unternehmerischen Einsatzes seinerseits macht.[1896]

Es kommt also auf die Vertragsausgestaltung an für die Antwort, ob es dem konkreten Vertrag um Güterbeförderung oder um Transportraumüberlassung geht.

695 Die single voyage charter stellt Erwägungsgrund (22) S. 2 Var. 1 Rom I-VO ausdrücklich den Güterbeförderungsverträgen gleich. Eine single voyage charter kann man auch annehmen, wenn eine Rückreise in Ballast erfolgt.[1897] Bei consecutive voyage charters oder multi voyage charters scheint sich dagegen ein Umkehrschluss aus Erwägungsgrund (22) S. 2 Var. 1 Rom I-VO anzubieten, weil sie eben keine Chartern über eine einzige Reise sind.[1898] Damit würde man indes nicht hinreichend beachten, dass Erwägungsgrund (22) S. 2 Var. 2 Rom I-VO nur ein offener Obertatbestand ist. Der Gegenschluss ist methodisch nicht tragfähig, weil er aus einem Beispiel heraus den Obertatbestand begrenzen will.[1899] Letztlich sollte den Ausschlag geben, dass die Gemeinsamkeiten von single und consecutive voyage charters überwiegen. Dies wird besonders deutlich, wenn eine Menge allein wegen der Schiffsgröße auf mehrere Reisen aufgeteilt wird. Funktionell kann man die überwiegende Mehrzahl aller consecutive voyage charters durch eine Reihe von single voyage

---

[1886] EuGH Slg. 2009, I-9687 Rn. 34 – Intercontainer Interfrigo SC (ICF)/Balkenende Oosthuizen BV u. MIC Operations BV.
[1887] EuGH Slg. 2009, I-9687 Rn. 34 – Intercontainer Interfrigo SC (ICF)/Balkenende Oosthuizen BV u. MIC Operations BV.
[1888] Eingehend *J. Schilling* S. 121–126.
[1889] *Mankowski*, TranspR 2009, 497 f.
[1890] EuGH Slg. 2009, I-9687 Rn. 34 – Intercontainer Interfrigo SC (ICF)/Balkenende Oosthuizen BV u. MIC Operations BV; *Mankowski* S. 20 et passim.
[1891] *Boonk*, TVR 2010, 37, 39.
[1892] EuGH Slg. 2009, I-9687 Rn. 34 f. – Intercontainer Interfrigo SC (ICF)/Balkenende Oosthuizen BV u. MIC Operations BV; *J. Schilling* S. 138 f.
[1893] *Mankowski*, VuR 2001, 259, 261; *ders.*, VuR 2004, 217, 218.
[1894] *Mankowski* S. 18 f.; *Legros*, Clunet 137 (2010), 185, 189 f.
[1895] *Grard*, Rev. dr. transp., November 2009, S. 15, 16; *Boonk*, TVR 2010, 37, 40.
[1896] *Mankowski* S. 20.
[1897] *Mankowski* S. 107.
[1898] So *Schultsz*, in: North (ed.), Contract Conflicts, 1982, S. 185, 192; *Berlingieri*, Dir. mar. 84 (1982), 3, 4; *ders.*, RDIPP 1982, 60, 61; *Carbone*, La disciplina giuridica del traffico marittimo internazionale, Bologna 1982, S. 229; *Herber*, Das neue Haftungsrecht der Schiffahrt, 1989, S. 221; *Tetley*, International Conflict of Laws, 1994, S. 257; Reithmann/Martiny/*van Dieken*, Internationales Vertragsrecht, 5. Aufl. 1996, Rn. 1217 sowie *A.-G. Strikwerda*, Ned. Jur. 2008 Nr. 191 = NIPR 2008 Nr. 93 S. 155, 156 nr. 30.
[1899] *Mankowski* S. 108; vgl. auch *Carbone*, Dir. mar. 94 (1992), 310, 320; *Cooke/T. Young/A. Taylor/Kimball/Martowski/L. Lambert*, Voyage Charters, 4. Aufl. 2014, Rn. 1.44.

VIII. Transportverträge   696–699   § 1

charters ersetzen. Im Ergebnis fallen consecutive und multi voyage charters daher sachlich unter Erwägungsgrund (22) S. 2 Var. 2 Rom I-VO.[1900]

Anders als bei der Reisecharter steht bei der normalen Zeitcharter nicht die einzelne Reise im Vordergrund, sondern ein bestimmter Zeitraum, während dessen das Schiff zur Beförderung von Gütern zur Verfügung gestellt wird. Zusätzlich enthält die Zeitcharter Dienstverschaffungselemente.[1901] Lang- und mittelfristige Zeitcharter fallen daher nicht unter Art. 5 I 1 Rom I-VO, sondern unter Art. 4 II Rom I-VO.[1902] Bei der längerfristigen Zeitcharter stehen die Schiffsüberlassung und das kommerzielle Unternehmen im Vordergrund.[1903] Der Zeitchartervertrag läuft unabhängig davon, ob überhaupt Güter zur Beförderung vorhanden sind oder nicht. Sofern das bloße Zurverfügunghalten von Transportkapazität vergütet wird, ist dies ein wesentliches Moment einer Transportraumüberlassung.[1904] Erst recht ist die Bareboatcharter bzw. bei Flugzeugen Barehullcharter bloße Transportraumüberlassung.[1905] 696

Die allgemeine Vermutung des Art. 4 II Rom I-VO und die Anwendung des Rechts am Ort der vertragsbetreuenden Niederlassung des Vercharterers sind den tatsächlichen Verhältnissen durchaus angemessen, auch dann, wenn das Schiff aus Kostengründen unter einer Billigflagge, einer flag of convenience, fährt.[1906] Bei einer Ausflaggung ist nämlich nur selten der Schiffseigentümer operativer Vercharterer. Vielmehr wird das Schiff zunächst gruppen- oder konzernintern an die eigentlich operative Gesellschaft verchartert. Die eingetragenen Eigentümer sind zumeist bloße property holding companies, insbesondere wenn es sich um one ship companies handelt. Der operative Vercharterer nach außen sitzt regelmäßig nicht im Billigflaggenstaat. 697

Unter Art. 5 I 1 Rom I-VO fällt primär die kurzfristige Zeitcharter, die funktionell einer single voyage charter entspricht, insbesondere die trip chartered time charter.[1907] Mit deren Einbeziehung trägt man zugleich sachgerechterweise ihrer wirtschaftlichen Austauschbarkeit mit einer single voyage charter Rechnung.[1908] 698

So genannte Mengenverträge, volume contracts (oder in US-Terminologie: Service Liner Agreements) betreffen Güterbeförderung, wenn sie den Transport bekannter Mengen umfassen oder Aktualisierungsoptionen auf Abruf im Bedarfsfall enthalten.[1909] Der Mengenvertrag bezieht sich auf Güterbeförderung. In ihm steht die Transportverpflichtung ganz im Vordergrund, auch wenn sie jeweils erst noch aktualisiert werden muss. Er ersetzt gleichsam eine Serie von einzelnen Stückguttransportverträgen. Es handelt sich jedenfalls nicht um eine mietähnliche Bereitstellung von Schiffsraum oder die Überlassung des Schiffes zu kommerziellen Zwecken. Daher sollte über Erwägungsgrund (22) S. 2 Var. 2 Rom I-VO Art. 5 Rom I-VO sachlich anwendbar sein.[1910] 699

[1900] Siehe nur *Carbone/Maresca*, in: Enciclopedia del diritto, Bd. XLIV, Milano 1992, S. 1222, 1245; *Kaye*, The New Private International Law of Contract of the European Community, 1993, S. 200; *Mankowski* S. 110; *J. Schilling* S. 140–142; MüKoBGB/*Martiny* Art. 5 Rom I-VO Rn. 116.

[1901] *Mankowski* S. 90f.

[1902] Siehe nur *Mankowski* S. 95; Czernich/Heiss/*Czernich* Art. 4 EVÜ Rn. 199; *Ramming*, HmbZSchR 2009, 21, 27 sowie Rb. Rotterdam NIPR 2000 Nr. 310 S. 467; MüKoBGB/*Martiny* Art. 5 Rom I-VO Rn. 118.

Übersehen von Rb. Rotterdam NIPR 1997 Nr. 227 S. 281; Rb. Rotterdam NIPR 2004 Nr. 56 S. 114.

[1903] *Mankowski* S. 95; *ders.*, TranspR 2009, 497, 498; *J. Schilling* S. 142–144.

[1904] *Mankowski*, TranspR 2009, 497, 498.

[1905] *Mankowski* S. 116–118; *J. Schilling* S. 146.

[1906] Gegen *Flessner*, Reform des internationalen Privatrechts: Was bringt sie dem Seehandelsrecht?, 1987, S. 27, 28; Begründung der Bundesregierung zum Entwurf eines Gesetzes zur Neuregelung des Internationalen Privatrechts, BT-Drs. 10/504, 79.

[1907] *Mankowski* S. 96; *Espinosa Calabuig*, Dir. mar. 102 (2000), 64, 73; *Rammeloo*, NIPR 2008, 242, 247 Fn. 54; ähnlich *J. Schilling* S. 144f.

[1908] Ähnlich *Legros*, Clunet 137 (2010), 185, 193.

[1909] *Mankowski* S. 114; Reithmann/Martiny/*Mankowski* Rn. 6.2067.

[1910] *Ramming*, HmbZSchR 2009, 21, 27, 34; Reithmann/Martiny/*Mankowski* Rn. 6.2067; MüKoBGB/*Martiny* Art. 5 Rom I-VO Rn. 118; *J. Schilling* S. 146f.

700 c) *Personenbeförderungsverträge.* Ein Personenbeförderungsvertrag ist ein Vertrag, in dem sich eine Vertragspartei der anderen gegenüber zur physischen Verbringung natürlicher Personen von einem Ort an einen anderen Ort verpflichtet. Die Beförderung des Gepäcks von Reisenden zusammen mit den Reisenden ist keine Güterbeförderung, sondern Nebenleistung zur Personenbeförderung; daher ist sie nicht etwa gesondert über Art. 5 I Rom I-VO anzuknüpfen, sondern als integrierter Teil der Personenbeförderung.[1911] Dies sollte auch bei getrennter Beförderung des Gepäcks (namentlich als vorab aufgegebenes Gepäck) gelten,[1912] sofern es sich um einen einheitlichen Vertrag handelt. Dasselbe gilt für die Beförderung mitreisender Tiere.[1913]

701 Ein Reisebüro verpflichtet sich in aller Regel nicht selber zur Beförderung, sondern vermittelt nur Reiseleistungen. Der Vertrag zwischen Kunden und Reisebüro ist dann im Kern ein Reisevermittlungsvertrag und damit ein Vertrag über Dienstleistungen. Diese Dienstleistungen sind keine Transportdienstleistungen.[1914]

702 d) *Speditionsverträge.* aa) Normalbildgerechter Speditionsvertrag als Geschäftsbesorgungsvertrag sui generis. Damit ein Speditionsvertrag ein Güterbeförderungsvertrag im Sinne des Art. 5 I 1 Rom I-VO ist, müsste der Spediteur Beförderer sein. Der Begriff Beförderer bezeichnet den Vertragspartner, der sich im schuldrechtlichen Sinne verpflichtet, die Güter zu befördern, gleichgültig, ob er die Beförderung der Güter selbst durchführt oder von einem Dritten durchführen lässt.[1915] Der Spediteur mit den typischen Charakteristika z.B. des § 453 HGB übernimmt es, Güterversendungen durch den Frachtführer zu besorgen, verpflichtet sich jedoch nicht selber zur Beförderung.[1916] Der Spediteur ist Organisator.[1917] Der normalbildgerechte Speditionsvertrag ist ein entgeltlicher Geschäftsbesorgungsvertrag sui generis,[1918] der über Art. 4 I lit. b Rom I-VO anzuknüpfen ist.[1919] Eine eigene Transportverpflichtung trifft den normalbildgerechten Spediteur jedoch nicht. Er schuldet eben nur die Organisation der Beförderung, nicht aber die Beförderung selber.[1920] Die Aktivitäten der von ihm ausgewählten Beförderer werden ihm nicht zugerechnet.[1921] Für ihn passen die zusätzlichen Anknüpfungspunkte des Art. 5 I Rom I-VO nicht.[1922]

703 Genau dies besagt bei exakter, weil wortlautgetreuer Lektüre und richtiger Betonung auf „verpflichtet" Erwägungsgrund (22) S. 2 Rom I-VO, der seinerseits auf eine gleichlautende Passage im Bericht *Giuliano/Lagarde* zum EVÜ[1923] zurückgeht.[1924] Erwägungsgrund (22) S. 2 Rom I-VO setzt auch dann, wenn die Beförderung durch einen Dritten ausgeführt wird, voraus, dass die eigentliche Vertragspartei zur Beförderung verpflichtet ist. Man kann dem normalbildgerechten Spediteur nicht die Beförderungsleistung der von ihm beauftragten Frachtführer zurechnen, und schon gar nicht kann man Art. 5 I 1 Rom I-VO derge-

---

[1911] Reithmann/Martiny/*Mankowski* Rn. 6.2067; Morse, Liber amicorum Kurt Siehr, 2010, S. 463, 467 Fn. 29; MüKoBGB/*Martiny* Art. 5 Rom I-VO Rn. 7.
[1912] Vgl. MüKoHGB/*Basedow*, Bd. 7, 1. Aufl. 1997, Art. 1 CMR Rn. 12.
AA *Thume/de la Motte/Temme*, CMR, 2. Aufl. 2007, Art. 1 CMR Rn. 3.
[1913] *Mankowski*, DVIS Rn. 115; Reithmann/Martiny/*Mankowski* Rn. 6.1870.
[1914] *Mankowski*, DVIS Rn. 116.
[1915] Bericht *Giuliano/Lagarde*, ABl. EWG 1980 C 282/21; Erwägungsgrund (22) S. 3 Rom I-VO .
[1916] Siehe nur *I. Koller*, Transportrecht, 9. Aufl. 2016, § 453 HGB Rn. 3; Ebenroth/Boujong/Joost/Strohn/*Rinkler*, HGB, Bd. 2,3. Aufl. 2013, § 453 HGB Rn. 27 f.
[1917] EuGH ECLI:EU:C:2014:2320 Rn. 27 – Haeger & Schmidt GmbH/Mutuelles du Mans assurances IARD.
[1918] Siehe nur Ebenroth/Boujong/Joost/Strohn/*Rinkler*, HGB, Bd. 2, 3. Aufl. 2013 § 453 HGB Rn. 21–24; Oetker/*Paschke*, HGB, 3. Aufl. 2013, § 453 HGB Rn. 4.
[1919] Cass. Rev. jur. comm. 2015, 454, 455 obs. *Berlioz*; Reithmann/Martiny/*Mankowski* Rn. 6.2166; Plender/*Wilderspin* Rn. 8–014 f.; *Legros*, RCDIP 104 (2015), 228, 231–234; *McParland* Rn. 11.61; NK-BGB/*Leible* Art. 5 Rom I-VO Rn. 14; *J. Schilling* S. 150–152; ders., IPRax 2015, 522, 524.
[1920] Staudinger/*Magnus* Art. 5 Rom I-VO Rn. 199.
[1921] *Mankowski*, TranspR 2015, 17, 19; vgl. auch *J. Schilling*, IPRax 2015, 522, 527.
[1922] *Legros*, (2015) 21 JIML 493, 501 f.
[1923] Bericht *Giuliano/Lagarde*, ABl. EWG 1980 C 282/21.
[1924] *P.A. Nielsen*, in: Ferrari/Leible (eds.), Rome I Regulation, 2009, S. 99, 106; Staudinger/*Magnus* Art. 5 Rom I-VO Rn. 203; vgl. auch MüKoBGB/*Martiny* Art. 5 Rom I-VO Rn. 43.

VIII. Transportverträge

stalt anwenden, dass man auf die Hauptniederlassung des beauftragten Frachtführers abstellte.[1925]

bb) Ausnahme: Spediteur als funktioneller Frachtführer. Anders verhält es sich, wenn der Spediteur – wie unter deutschrechtlichen Maßstäben nach §§ 458–460 HGB – durch Selbsteintritt, bei der Spedition zu festen Spesen oder als Sammelladungsspediteur[1926] funktionell zum Frachtführer wird.[1927] Insoweit schuldet er selber Beförderungsleistungen. Entscheidend sind Funktionalität und letztlicher Zweck des Vertrags.[1928] Das kann eine nähere Prüfung der Umstände im Einzefall bedingen.[1929]

Beim so genannten Selbsteintritt folgt das Ergebnis bereits aus dem Vertragsprogramm.[1930] Der Selbsteintritt ist facultas alternativa, Ersetzungsbefugnis, und insoweit im vertraglichen Programm angelegt.[1931] Der Selbsteintritt ändert das Obligationenprogramm des Vertrags mit Wirkung ex nunc. Das ursprünglich maßgebliche Recht entscheidet über Statthaftigkeit und Zulässigkeitsvoraussetzungen eines Selbsteintritts. Der Speditionsvertrag wird mit dem Selbsteintritt nach Maßgabe seines neuen Statuts zu einem Vertrag, dessen Hauptzweck die Güterbeförderung ist und damit zum Regelungsobjekt von Artt. 5 Rom I-VO; 4 IV EVÜ. Erwägungsgrund (22) S. 2 Rom I-VO verwirklicht in Fortsetzung des Art. 4 IV 3 Var. 2 EVÜ diese Erstreckung. Die Prüfungsreihenfolge ergibt sich aus dem Spezialitätsvorrang des Art. 5 I 1 Rom I-VO vor Art. 4 Rom I-VO.[1932]

Beispiel: Freight Cargo Specialists Internationale Spedition GmbH mit Hauptniederlassung in Hamburg hat sich erfolgreich um den Transport von fünfundzwanzig Containern mit Unterhaltungselektronik made in China aus dem Hamburger Hafen nach Strasbourg, Luxemburg und Brno beworben.
aa) FCS organisiert den Transport durch die fünf Einzel-Lkw-Transporteure als selbständige Einzelunternehmer Schmidt, Lukas, Rohwedder, Havel und Schuman.
bb) FCS führt den Transport mit eigenen Lkw aus.

3. Rechtswahl. *a) Rechtswahl bei Güterbeförderungsverträgen.* Für Güterbeförderungsverträge besteht Rechtswahlfreiheit nach Art. 3 I 1 Rom-I-VO.[1933] Die Rechtswahl hat auch

---

[1925] So aber OLG Düsseldorf TranspR 1994, 391 mAnm *Thume* = RIW 1994, 597.
[1926] Zu den beiden letzteren Gestaltungen *Mankowski*, TranspR 2015, 17, 20; *J. Schilling*, IPRax 2015, 522, 525.
[1927] Siehe nur Czernich/Heiss/*Czernich* Art. 4 EVÜ Rn. 195; *Mankowski*, TranspR 2008, 339, 346 f.; ders., TranspR 2015, 17, 19 f.; *Delebecque/Jean Arié Lévy*, D. 2015, 136, 139; Reithmann/Martiny/*Mankowski* Rn. 6.2170; *J. Schilling*, IPRax 2015, 522, 525; MüKoBGB/*Martiny* Art. 5 Rom I-VO Rn. 44; Staudinger/*Magnus* Art. 5 Rom I-VO Rn. 202; NK-BGB/*Leible* Art. 5 Rom I-VO Rn. 14 sowie BGH TranspR 2012, 148, 149; OLG München TranspR 1997, 33, 34; OLG München TranspR 1998, 353, 355; OLG Stuttgart TranspR 2010, 387, 389; OLG Hamburg TranspR 2012, 382; vgl. auch Rb. Arnhem NIPR 2003 Nr. 100 S. 174 f.
AA Ebenroth/Boujong/Joost/Strohn/*Rinkler*, HGB, Bd. 2, 3. Aufl. 2013, § 453 HGB Rn. 144; *Ramming*, HmbSchRZ 2009, 295, 297; ders., TranspR 2009, 311, 312; MüKoHGB/*P. Bydlinski* § 453 HGB Rn. 202.
[1928] EuGH ECLI:EU:C:2014:2320 Rn. 28 – Haeger & Schmidt GmbH/Mutuelles du Mans assurances IARD; *Laval*, Clunet 142 (2015), 675, 678.
[1929] *C. Bauer*, jurisPR-IWR 1/2015 Anm. 5 sub C.
[1930] Zu Sonderkonstellationen des teilweisen Selbsteintritts und möglicher zeitlicher Segmentierung *Mankowski*, TranspR 2015, 17, 21 in Auseinandersetzung mit *Rugullis*, TranspR 2007, 352, 353 f.
[1931] Diesen Gedankenschritt lässt MüKoHGB/*P. Bydlinski* § 453 HGB Rn. 202 aus.
[1932] *Mankowski*, TranspR 2015, 17, 20; siehe Hoge Raad Ned. Jur. 2008 Nr. 191 = NIPR 2008 Nr. 93 S. 154; vgl. Rb. Roermond NIPR 1988 Nr. 515 S. 527 sowie *Mankowski*, RIW 1995, 1034, 1035 (zum parallelen Prüfungsvorrang des Art. 28 III EGBGB vor Art. 28 II EGBGB).
[1933] Siehe nur *R. Wagner*, TranspR 2008, 221, 223; *Mankowski*, TranspR 2008, 339, 341; *Lagarde/Tenenbaum*, RCDIP 97 (2008), 727, 760 f.; *Legros*, Rev. dr. transp. février 2009, S. 12, 15; *Tonolo*, RDIPP 2009, 309, 317; *Marquette*, TBH 2009, 515, 533; *Biagioni*, NLCC 2009, 717, 723; *P. A. Nielsen*, in: Ferrari/Leible (eds.), Rome I Regulation, 2009, S. 99, 105; *van der Velde*, in: Smeele (red.), Conflictenrecht in ontwikkeling, 2009, S. 9, 17, 18 f.; *Smeele*, WPNR 6824 (2009), 1015, 1016; *Claringbould*, NIPR 2009, 426, 427; *Volders*, R. W. 2009-10, 642, 655; *Nikaki*, (2010) 16 JIML 85; *Delebecque*, Scritti in onore di Francesco Berlingieri, 2010, S. 431, 433; *Häußer*, TranspR 2010, 246, 249; *Stahl*, TranspR 2010, 258; *Morse*, Liber amicorum Kurt Siehr, 2010, S. 463, 470; *Häußer*, TranspR 2010, 246, 249; *Lorente Martínez*, CDT 7 (1)

Bedeutung für diejenigen Restfragen, die von eigentlich einschlägigem Internationalem Einheitsrecht nicht geregelt, sondern dem nationalen Recht überlassen werden.[1934]

708 Eigene Überlagerungen und Schutzanknüpfungen gibt es bei Güterbeförderungsverträgen nicht. Art. 5 I Rom I-VO als Spezialnorm enthält keine, sondern verweist im Gegenteil ohne Einschränkung auf Art. 3 Rom I-VO. Art. 6 IV lit. b Rom I-VO klammert Beförderungsverträge ausdrücklich aus dem sachlichen Anwendungsbereich des Internationalen Verbrauchervertragsrechts aus, und Güterbeförderungsverträge fallen nicht unter die Rückausnahme für Pauschalreisen.

709 *b) Beschränkte Rechtswahl bei Personenbeförderungsverträgen nach Art. 5 II UAbs. 2 Rom I-VO.* Wesentlich komplizierter gestaltet sich die Rechtswahl bei Personenbeförderungsverträgen. Dort gibt es die beschränkte Rechtswahl nach Art. 5 II UAbs. 2 Rom I-VO. Eine Rechtswahl ist zwar bei Personenbeförderungsverträgen[1935] im Prinzip noch gestattet. Es soll jedoch keine freie Rechtswahl mehr sein. Vielmehr soll es sich aus Schutzgründen[1936] um eine beschränkte Rechtswahl handeln. Den Parteien wird nicht erlaubt, frei unter allen Rechtsordnungen dieser Erde auszuwählen. Vielmehr wird der Kreis der wählbaren Rechtsordnungen auf eine Auswahl beschränkt, die objektive Verbindungen mit dem Vertrag oder den Parteien aufweist.[1937]

710 Art. 5 II UAbs. 2 Rom I-VO stellt zur Wahl: das Recht am gewöhnlichen Aufenthalt der zu befördernden Person (lit. a), das Recht am gewöhnlichen Aufenthalt des Beförderers (lit. b), das Recht an der Hauptverwaltung des Beförderers (lit. c), das Recht des Abgangsortes (lit. d) und das Recht des Bestimmungsortes (lit. e). Die zur Wahl gestellten Optionen bezeichnen zum einen die Rechtsordnungen, mit denen die einzelnen Parteien am engsten verbunden sind, und zum anderen mit Ausgangs- und Bestimmungsort Rechtsordnungen, mit denen der Transport als solcher eng verbunden ist.[1938]

711 Für die Personenbeförderungsindustrie sind die zweite und die dritte Option (litt. b und c) von überragender Bedeutung. Denn nach ihnen kann der Beförderer sein eigenes Recht wählen lassen.[1939] Der Beförderer kann sich sein rechtliches „Heimspiel" erkontrahieren. Auf diesem Wege kann er Rationalisierung durch Vereinbarung immer desselben, ihm und seinem Rechtsstab vertrauten Rechts erzielen. Der Passagierschutz steht hintan und führt nicht zu einer privilegierten Anwendung des Umweltrechts des Passagiers.[1940]

712 **4. Objektive Anknüpfung.** *a) Objektive Anknüpfung bei Güterbeförderungsverträgen.* Art. 5 I 1 Rom I-VO führt für Güterbeförderungsverträge zum Recht des Staates, in welchem der Beförderer zum Zeitpunkt des Vertragsabschlusses im Staat des anzuwendenden Rechts seinen gewöhnlichen Aufenthalt (d.h. im Angesicht von Art. 19 II Rom I-VO: seine vertragsbetreuende Niederlassung) hat, wenn zusätzlich mindestens eines von drei disjunktiven Momenten auf diesen Staat weist: der Verladeort, der Entladeort oder der gewöhnliche Aufenthalt (also die vertragsbetreuende Niederlassung) des Absenders. Gefordert ist für Art. 5 I 1 Rom I-VO eine Kumulation mehrerer Anknüpfungsmomente.[1941] Es han-

---

(2015), 269, 273; Reithmann/Martiny/*Mankowski* Rn. 6.1836; *J. Schilling* S. 174f.; MüKoBGB/*Martiny* Art. 5 Rom I-VO Rn. 14.

[1934] BGH TranspR 2004, 369.
[1935] Zum sachlichen Zuschnitt des Begriffs *J. Schilling* S. 246–263.
[1936] Dazu eingehend *J. Schilling* S. 226–244.
[1937] Siehe nur *Nikaki*, (2010) 16 JIML 85, 86.
[1938] Siehe nur *Azzi*, D. 2008, 2169, 2172; *Mankowski*, TranspR 2008, 339, 350; *R. Wagner*, TranspR 2009, 281, 287; *Pretelli*, Europa e dir. priv. 2009, 1083, 1119.
[1939] *Mankowski*, TranspR 2008, 339, 350; *P.A. Nielsen*, in: Ferrari/Leible (eds.), Rome I Regulation, 2009, S. 99, 107; *Biagioni*, NLCC 2009, 717, 726; *Claringbould*, NIPR 2009, 426, 435; *Morse*, Liber amicorum Kurt Siehr 2010, S. 463, 476f.; *Remien*, Liber amicorum Kurt Siehr 2010, S. 499, 502; *C. Hasche*, TranspR 2010, 282, 283 sowie *Contaldi*, in: Boschiero S. 359, 363–366.
[1940] *Mankowski*, TranspR 2008, 339, 350; *J. Schilling* S. 307–312.
[1941] Siehe nur OLG Frankfurt, TranspR 2007, 367, 371 mAnm *Müller-Rostin*; *Mankowski*, TranspR 1993, 213, 219 mwN; *Legros*, Rev. dr. transp. Février 2009, S. 12, 14; *Häußer*, TranspR 2010, 246, 251; *Martiny*, ZEuP 2010, 747, 760f.; *J. Schilling* S. 193.

VIII. Transportverträge

delt sich um eine widerlegliche Vermutung. Sie ist nach Art. 5 III Rom I-VO widerlegt, wenn sich aus der Gesamtheit der Umstände ergibt, dass der Vertrag engere Verbindungen mit einem anderen Staat aufweist.

Beförderer im Sinne des Art. 5 I 1 Rom I-VO ist der Verfrachter. Verfrachter ist derjenige, der sich verpflichtet, die Beförderung der Güter im eigenen Namen durchzuführen. Verfrachter und Eigentümer des Transportmittels, z.B. der Reeder als Eigentümer des Schiffes (§ 484 HGB), brauchen nicht identisch zu sein. Maßgeblich ist der vertragliche, nicht der ausführende Beförderer.[1942] Der Verfrachter kann ausweislich Erwägungsgrund (22) S. 3 Rom I-VO auch ein fremdes Transportmittel für den Transport verwenden.[1943]

Der Verfrachter kann sich, um seine eigene Transportverpflichtung zu erfüllen, ausführender Unterverfrachter bedienen. Im Verhältnis zum (Haupt-)Befrachter sind diese bloße Erfüllungsgehilfen, aber nicht Vertragspartei und daher keine für Art. 5 Rom I-VO relevanten Anknüpfungspersonen. Der Unterfrachtvertrag ist vielmehr eigenständiges Anknüpfungsobjekt.[1944]

Absender im Sinne des Art. 5 I 1 Rom I-VO ist ausweislich Erwägungsgrund (22) S. 3 Rom I-VO der Befrachter als die andere Partei des Frachtvertrages.[1945] Dies gebietet schon die Parallele zum Beförderer-Verfrachter. Maßgeblich ist auch hier allein die vertragliche Position. Für wessen Rechnung gehandelt wird und wer wirtschaftlich der Hauptinteressierte ist, ist irrelevant.[1946] Wer Befrachter ist, beurteilt sich nach dem Statut des Frachtvertrags. Art. 10 I Rom I-VO enthält mit dem bootstrap principle einen allgemeinen Rechtsgedanken. In wessen Namen gehandelt wird, bestimmt sich nach dem Statut des Frachtvertrages. Ob im Namen einer bestimmten Partei gehandelt wird, bestimmt sich nach dem Frachtvertragsstatut, das insoweit so angeknüpft wird, als wäre die in Rede stehende Person Partei des Vertrages. Der Drittblader, der nur die Güter tatsächlich zum Transportmittel bringt, aber nicht selber kontrahiert, ist kein Befrachter.[1947]

„Übernahmeort" und „Ablieferungsort" im Wortlaut des Art. 5 I Rom I-VO sollte man richtigerweise als Ausgangs- und Bestimmungsort verstehen. Erwägungsgrund (22) S. 1 Rom I-VO sagt: „Was die Auslegung von Güterbeförderungsverträgen betrifft, so ist nicht beabsichtigt, inhaltlich von Artikel 4 Absatz 4 Satz 3 des Übereinkommens von 1980 über das auf vertragliche Schuldverhältnisse anzuwendende Recht abzuweichen."

Der Ausgangs- oder Verladeort (im reinen Seegüterverkehr der Ladehafen) ist einer der disjunktiven Anknüpfungspunkte, die unter Art. 5 I 1 Rom I-VO verstärkend zur Hauptniederlassung des Verfrachters hinzukommen müssen.[1948] Verladeort ist derjenige Ort, an welchem die zu transportierenden Güter in die Obhut und Verantwortlichkeit des Verfrachters übergehen sollen.[1949] Maßgebend ist also grundsätzlich der vertraglich vereinbarte, nicht der tatsächliche Verladeort.[1950] Hat der carrier im Containerverkehr die pre-carriage übernommen, so ist bereits der binnenländische Übernahmeort der maßgebliche Verladeort.[1951] Sofern der Verladeort nach dem Vertrag zunächst offengelassen wird und erst durch eine Weisung des Befrachters oder die Ausübung eines Optionsrechts seitens des Verfrachters zu konkretisieren ist, gibt der konkretisierte Verladeort maß.[1952]

[1942] Siehe nur *Pauknerová*, Liber amicorum Kurt Siehr, 2010, S. 481, 486; *J. Schilling* S. 184 f.
[1943] Siehe nur *Mankowski* S. 47 f.; jurisPK BGB/*Ringe* Art. 5 Rom I-VO Rn. 12.
[1944] *Biagioni*, NLCC 2009, 717, 724; *J. Schilling* S. 186.
[1945] Siehe nur Reithmann/Martiny/*Mankowski* Rn. 6.1843; *J. Schilling* S. 203 f.
[1946] Reithmann/Martiny/*Mankowski* Rn. 6.1843.
[1947] Reithmann/Martiny/*Mankowski* Rn. 6.1843.
[1948] Anwendungsbeispiele: Rb. Rotterdam S. & S. 1999 Nr. 93 S. 431; Rb. Rotterdam NIPR 2000 Nr. 119 S. 194.
[1949] *Mankowski*, TranspR 1993, 213, 225; *ders.* S. 56.
[1950] Bericht *Giuliano/Lagarde*, ABl. EWG 1980 C 282/1 Art. 4 EVÜ Bem. (5); *Schultsz*, in: North (ed.), Contract Conflicts, 1982, S. 185, 196; *Ebenroth/R. Fischer/Sorek*, ZVglRWiss 88 (1989), 124, 129, S. 56 mwN; *Asariotis*, 26 JMLC 293, 311 (1995); *J. Schilling* S. 196.
[1951] *Mankowski* S. 56; *Häußer*, TranspR 2010, 246, 252.
[1952] *Ramming*, HmbZSchR 2009, 21, 25.

718 Entladeort[1953] ist der vertraglich vereinbarte, nicht der spätere tatsächliche Bestimmungsort.[1954] Bestimmung meint die Endstation des vereinbarten Transports, an welcher die transportierten Güter aus der Obhut des Verfrachters in die Obhut anderer, sei es des Befrachters, sei es vom Befrachter benannter und ihm deshalb zuzurechnender Dritter (insbesondere Lagerhalter) übergehen sollen.[1955] Maßgeblich ist, was der Verfrachter unter dem Vertrag tun muss. Die Güter zur Verfügung zu stellen reicht aus, wenn der Vertrag dies vorsieht oder erlaubt. Eine reale Übergabe und Aushändigung ist dann nicht erforderlich.[1956] Incoterms spielen keine Rolle, weil sie nur Kaufverträge betreffen, aber nicht Beförderungsverträge.[1957]

719 Ein Ort, an dem eine simple Umladung erfolgt und von dem aus der Transport unter demselben Vertrag weitergeht, ist kein Bestimmungsort[1958]. Ein Not-Löschhafen oder Not-Entladeort ist für Art. 5 I 1 Rom I-VO unbeachtlich, weil er eben nicht vertraglich vorgesehen ist.[1959] Bei einer Optionsladung ist das Recht des später gewählten Bestimmungsortes maßgeblich.[1960] Erfolgt nach Vertragsabschluss eine einvernehmliche Änderung des Bestimmungsortes, so ist der neue vereinbarte Bestimmungsort maßgeblich.[1961] Eine einseitige Änderung des Bestimmungsortes durch den Verfrachter ist dagegen kollisionsrechtlich unbeachtlich.[1962]

720 Nach Art. 5 I 2 Rom I-VO ist die Anknüpfung an den vereinbarten Bestimmungsort die subsidiäre Anknüpfung und Auffangregel für den Fall, dass sich die für Art. 5 I 1 erforderliche Kombination mehrerer Momente nicht ergibt und dass deshalb eine Anknüpfung nach Art. 5 I 1 Rom I-VO nicht möglich ist. Methodisch ist dies eine zu begrüßende[1963] deutliche Abkehr von einer offenen Schwerpunktsuche mit Tendenz zum Recht der vertragsbetreuenden Niederlassung des Verfrachters, wie sie unter Artt. 4 IV 1, I 1 EVÜ; 28 I 1 EGBGB obwaltete.[1964] Ein Rückgriff auf Art. 4 Rom I-VO ist durch Art. 5 I 2 Rom I-VO versperrt.[1965]

721 *b) Objektive Anknüpfung für Personenbeförderungsverträge in Art. 5 II UAbs. 1 S. 1 Rom I-VO.* Für Personenbeförderungsverträge orientiert sich Art. 5 II UAbs. 1 S. 1 Rom I-VO am kombinierten Anknüpfungsmodell der Güterbeförderungsverträge, verändert dieses aber gerade im zentralen Punkt: Er kombiniert den gewöhnlichen Aufenthalt der zu befördernden Person zum einen mit dem Ausgangs- oder dem Endpunkt der Beförderung zum anderen.

722 Zentraler, notwendiger Muss-Anknüpfungspunkt ist der gewöhnliche Aufenthalt *der zu befördernden Person*. Man rückt damit vom Prinzip der charakteristischen Leistung ab. Nicht mehr derjenige, welcher die charakteristische Leistung erbringt (das wäre bei der Personen-

---

[1953] Anwendungsbeispiel unter Art. 4 IV EVÜ: CA Paris, DMF 1999, 829, 832 („Bonastar II") m. zust. Anm. *Tassel.*
[1954] Siehe nur Bericht *Giuliano/Lagarde,* ABl. EWG 1980 C 282 Art. 4 EVÜ Bem. (5); *Schultsz,* in: North (ed.), Contract Conflicts, 1982, S. 185, 196; *Ebenroth/R. Fischer/Sorek,* ZVglRWiss 88 (1989), 124, 129; *Mankowski* S. 57 mwN; *Asariotis,* 26 JMLC 293, 311 (1995); *Volders,* R. W. 2009-10, 642, 655; *Morse,* Liber amicorum Kurt Siehr, 2010, S. 463, 471; *J. Schilling* S. 198–200.
[1955] Ebenso *Legros,* Rev. dr. transp. Février 2009, S. 12, 15.
[1956] Offen *Lagarde/Tenenbaum,* RCDIP 97 (2008), 727, 762.
[1957] Übersehen von *Okoli,* [2015] LMCLQ 512, 522.
[1958] *Bonassies,* DMF Hors série 2001, 62 no. 71.
[1959] *Mankowski* S. 57; vgl. auch *Delebecque,* Scritti in onore di Francesco Berlingieri, 2010, S. 431, 438.
[1960] *Mankowski* S. 58 f.; *Ramming,* HmbZSchR 2009, 21, 25; vgl. auch *Ebenroth/R. Fischer/Sorek,* ZVglRWiss 88 (1989), 124, 130.
[1961] *Mankowski* S. 61.
[1962] *Mankowski* S. 61; vgl. *Schultsz,* in: North (ed.), Contract Conflicts, 1982, S. 185, 196.
[1963] *Mankowski,* IHR 2008, 133, 140; *ders.,* TranspR 2008, 339, 347; *d'Avout,* RLDA 29 (2008), 69, 70; *Häußer,* TranspR 2010, 246, 251.
[1964] Eingehend *Mankowski,* TranspR 1993, 213, 224 f. Das beste praktische Anwendungsbeispiel bot OLG Hamburg, IPRax 2008, 537, 539. Siehe außerdem BGH TranspR 2009, 479, 481; OLG München, TranspR 1991, 61; OLG Braunschweig, TranspR 1996, 385.
[1965] Ebenso *Legros,* Rev. dr. transp. février 2009, S. 12, 14.

VIII. Transportverträge

beförderung unbestreitbar der Beförderer), rückt in den Mittelpunkt, sondern die andere Partei.[1966] Schutzgedanken zu Gunsten typischerweise schwächerer Parteien gewinnen hier die Oberhand.

Wer „Reisender" ist, bestimmt sich nach dem Vertrag. „Reisender" ist nicht die real, aktuell zu befördernde Person, sondern die vertragliche Gegenpartei des Beförderers.[1967] Die aktuell zu befördernde Person muss nicht notwendig Partei des Beförderungsvertrages sein.[1968] Wer vertragliche Gegenpartei des Beförderers ist, ist eine Frage aus dem Bereich Zustandekommen des Vertrages und bestimmt sich gemäß dem bootstrap principle des Art. 10 I Rom I-VO nach dem Vertragsstatut: Ob eine bestimmte Person Vertragspartei ist, beurteilt sich nach dem Recht, das anwendbar wäre, wenn jene Person Vertragspartei wäre.[1969] 723

Geschäftsreisende reisen in der Regel auf Unternehmenskosten. Das anstellende Unternehmen, der Arbeitgeber, kann Partei des Beförderungsvertrages sein.[1970] Das zentrale Moment der Verbraucherdefinition aus Art. 6 I Rom I-VO, dass die Gegenpartei zu privaten Zwecken, zumindest zu nicht beruflichen Zwecken gehandelt haben müsste, greift Art. 5 II UAbs. 1 Rom I-VO nicht auf.[1971] 724

Beispiel: Maximilian Friedemann Neu ist Associate bei der international law firm Hepfer, Gottlieb & Pickering (HGP) im Büro Frankfurt am Main. Er muss beruflich bedingt mehrfach nach London fliegen. Die Tickets bucht und bezahlt jeweils HGP bei European Airways mit Sitz in Bratislava, wobei N als Passagier angegeben wird. Auf den tickets findet sich eine Wahl slowakischen Rechts. 725

Reisen aktuell mehrere Personen, z.B. ein Ehepaar, ein Paar, eine mehrköpfige Familie oder eine Gruppe, ist ebenfalls nach Maßgabe des jeweils über Art. 10 I Rom I-VO maßgeblichen Rechts zu ermitteln, wer Vertragspartei ist.[1972] Dabei dürften sich in der Regel zwei Konstellationen ergeben:[1973] Entweder schließt jeder aktuell Reisende mit dem Beförderer einen eigenen, rechtlich für sich stehenden Vertrag ab.[1974] Oder eine Person aus der Personenmehrheit ist alleinige vertragliche Gegenpartei des Beförderers, und die anderen Personen sind auf dessen Ticket und unter dessen Vertrag Mitreisende, die nicht Vertragspartei werden. Sie mögen dann begünstigte Dritte mit eigenem Beförderungsanspruch sein, oder nur die alleinige Vertragspartei hat einen Anspruch gegen den Beförderer, dass sie mitzubefördern sind. 726

Beförderer ist bei Personenbeförderungsverträgen der vertragliche Beförderer, nicht der ausführende Beförderer. Es gilt das Prinzip des contractual carrier, nicht dasjenige des actual carrier. Der ausführende Beförderer ist im Verhältnis zum Reisenden bloßer Erfüllungsgehilfe des vertraglichen Beförderers, keine Vertragspartei.[1975] 727

Ausgangsort ist der vertragliche Ausgangsort der vereinbarten Beförderung. Es kommt nicht auf den Abgangsort des Beförderungsmittels an, sondern eben auf die konkrete vertraglich vereinbarte Beförderung und damit auf den Personentransport des Reisenden.[1976] Abzustellen ist auf den Vertrag, nicht auf die tatsächliche Ausführung als solche. Allerdings wird man in aller Regel eine vertragliche Abänderung für den Ausgangsort sehen können, wenn die Reise einvernehmlich an einem anderen Ort begonnen wird als zuvor vereinbart. 728

[1966] *Tonolo*, RDIPP 2009, 309, 321. Vgl. aber *J. Schilling* S. 270–276: tatsächlich zu befördernde Person, auch wenn nicht Vertragspartei im hergebrachten Sinn.
[1967] *Mankowski*, TranspR 2008, 339, 348; Reithmann/Martiny/*Mankowski* Rn. 6.1875.
[1968] Reithmann/Martiny/*Mankowski* Rn. 6.1875.
[1969] Reithmann/Martiny/*Mankowski* Rn. 6.1879.
[1970] *Mankowski*, TranspR 2008, 339, 348; Reithmann/Martiny/*Mankowski* Rn. 6.1879; *C. Rudolf*, ÖJZ 2011, 149, 154.
[1971] *Mankowski*, TranspR 2008, 339, 348; Reithmann/Martiny/*Mankowski* Rn. 6.1878.
[1972] Reithmann/Martiny/*Mankowski* Rn. 6.1880.
[1973] Reithmann/Martiny/*Mankowski* Rn. 6.1880.
[1974] Vgl. *J. Schilling* S. 276–281.
[1975] Näher *Mankowski*, TranspR 2018, 221, 227 f.; ähnlich *Contaldi*, in: Boschiero S. 359, 376. Übersehen von LG Frankfurt/M. NJW-RR 2006, 704.
[1976] Gebauer/Wiedmann/*Nordmeier* Kap. 37 Rn. 58. Offen *Clausnitzer/Woopen*, BB 2008, 1798, 1800.

Änderungsabreden haben natürlich Einfluss darauf, wo nach dem Vertrag die Reise beginnen soll.

729 Bestimmungsort ist der vertraglich vereinbarte Schlusspunkt der Beförderung. Gemeint ist der *finale* Schluss- und Endpunkt der gesamten Beförderung.[1977] Transitreisen oder Rundreisen von einem Staat in denselben Staat haben ihre relevanten Anknüpfungspunkte also nur in diesem Staat, auch wenn sie über einen oder mehrere andere Staaten erfolgen.[1978] Selbst Zwischenstopps zählen nicht.[1979]

730 Wenn die für Art. 5 II UAbs. 1 S. 1 Rom I-VO verlangte Kombination nicht gegeben ist, greift die Auffangregel des Art. 5 II UAbs. 1 S. 2 Rom I-VO. Mit ihr vollzieht sich ein gedanklicher Schwenk, denn er geht weg vom Passagier als der zentralen Anknüpfungsperson und wechselt über zum Beförderer.[1980] Anzuknüpfen ist zentral an den gewöhnlichen Aufenthalt des Beförderers. Der erste Satz folgt einem verbraucherschützenden Grundgedanken, der zweite schwenkt um auf das nicht verbraucherfreundliche Prinzip der charakteristischen Leistung.[1981]

731 Für die Auffangregel bleiben zuvörderst Fälle, in denen der Reisende zwischen Ländern reist, in denen er nicht lebt. Zudem fallen Pauschalreisen wegen Art. 6 IV lit. b Var. 2 Rom I-VO in den sachlichen Anwendungsbereich des Internationalen Verbrauchervertragsrechts. Indes gibt es Fälle, in denen außerhalb einer Pauschalreise die reine Beförderung zwischen zwei – aus der Sicht des Privatreisenden – ausländischen Staaten stattfindet.[1982] Man denke etwa an Fährverkehr deutscher Touristen über den Ärmelkanal.

732 *c) Ausweichklausel.* Art. 5 III Rom I-VO enthält eine Ausweichklausel für die objektive Anknüpfung. Er gilt für Güter- und Personenbeförderungsverträge gleichermaßen. Für ihn gelten im Prinzip dieselben Maximen und Gewichtungsmaßstäbe wie für sein Vorbild Art. 4 III Rom I-VO[1983].[1984]

733 *d) Besondere Kollisionsnormen des deutschen Rechts.* aa) Art. 6 EGHGB. Eine besondere einseitige Kollisionsnorm für Konnossemente ist Art. 6 EGHGB:
„(1) Ist ein Konnossement in einem Vertragsstaat des Internationalen Abkommens vom 25. August 1924 zur Vereinheitlichung von Regeln über Konnossemente (RGBl. 1939 II S. 1049) (Haager Regeln) ausgestellt, so sind die §§ 480, 483, 485 und 488, die §§ 513 bis 525 in Verbindung mit den §§ 498, 499, 501, 504, 505, 507, 510 und 512 sowie § 605 Nummer 1 in Verbindung mit § 607 Absatz 1 und 2 und § 609 Absatz 1 des Handelsgesetzbuches ohne Rücksicht auf das nach Internationalem Privatrecht anzuwendende Recht und mit der Maßgabe anzuwenden, dass,

1. abweichend von § 501 des Handelsgesetzbuches, der Verfrachter ein Verschulden seiner Leute und de Schiffsbesatzung nicht zu vertreten hat, wenn der Schaden durch ein verhalten bei der Führung oder der sonstigen Bedienung des Schiffes oder durch Feuer oder Explosion an Bord des Schiffes entstanden ist und die Maßnahmen nicht überwiegend im Interesse der Ladung getroffen wurden;
2. abweichend von § 504 des Handelsgesetzbuches, die nach den §§ 502 und 503 des Handelsgesetzbuches zu leistende Entschädigung wegen Verlust oder Beschädigung auf einen Betrag von 666,67 Rechnungseinheiten für das Stück oder die Einheit begrenzt ist;

[1977] *Lagarde/Tenenbaum,* RCDIP 97 (2008), 727, 764.
[1978] Vgl. *Lagarde/Tenenbaum,* RCDIP 97 (2008), 727, 764; jurisPK BGB/*Ringe* Art. 5 Rom I-VO Rn. 50.
[1979] *Garcimartín Alférez,* EuLF 2008, I-61, I-71; *Wipping,* Der europäische Gerichtsstand des Erfüllungsortes – Art. 5 Nr. 1 EuGVVO , 2008, S. 200 f.; Reithmann/Martiny/*Mankowski* Rn. 6.1895; *J. Schilling* S. 285 f.
[1980] Kritische Auseinandersetzung bei *Mankowski,* TranspR 2008, 339, 348 f.
[1981] *J. Schilling* S. 289.
[1982] *Mankowski,* TranspR 2008, 339, 349; *Smeele,* WPNR 6824 (2009), 1015, 1018 f. mit Fn. 56.
[1983] → § 1 Rn. 339 ff.
[1984] Näher *J. Schilling* S. 209–217, 295–298.

VIII. Transportverträge

3. abweichend von § 525 des Handelsgesetzbuches, die Verpflichtungen des Verfrachters aus den nach diesem Artikel anzuwendenden Vorschriften durch Rechtsgeschäft nicht im Voraus ausgeschlossen oder beschränkt werden können;
4. abweichend von § 609 des Handelsgesetzbuches, die Verjährung von Schadensersatzansprüchen wegen Verlust oder Beschädigung von Gut nicht erleichtert werden kann.
Das Recht der Parteien, eine Rechtswahl zu treffen, bleibt unberührt.

(2) Ist ein Konnossement in Deutschland ausgestellt, so ist Absatz 1 Satz 1 nur anzuwenden, wenn sich das Konnossement auf die Beförderung von Gütern von oder nach einem Hafen in einem anderen Vertragsstaat der Haager Regeln bezieht.

(3) Als Vertragsstaat der Haager Regeln ist nicht ein Staat anzusehen, der zugleich Vertragsstaat eines Änderungsprotokolls zu den Haager Regeln ist."

Art. 6 EGHGB[1985] ist keine allgemeine und umfassende Kollisionsnorm für das Internationale Konnossementprivatrecht, welche die von Art. 1 II lit. d Var. 4 Rom I-VO gelassene Lücke komplett und vollständig füllen wollte.[1986] Seefrachtbriefe sind jedenfalls keine Konnossemente. Für sie gilt Art. 6 EGHGB nicht.

bb) §§ 449 III; 451h III; 466 IV HGB. § 449 III HGB erklärt, dass trotz grundsätzlicher Anwendbarkeit ausländischen Rechts auf den Frachtvertrag § 449 I, II HGB nebst den darin in Bezug genommenen Vorschriften gleichwohl anzuwenden sind, wenn nach dem Frachtvertrag der Ort der Übernahme und der Ort der Ablieferung der Güter in Deutschland liegen. Der Gesetzgeber wollte dies als eingriffsrechtliche Sonderanknüpfung, gedeckt durch seinerzeit Art. 34 EGBGB (heute Art. 9 II Rom I-VO), verstanden wissen.[1987] Diese Einordnung ist zweifelhaft, denn es geht nur um zwingendes Vertragsrecht zum Ausgleich widerstreitender Interessen zwischen den Vertragsparteien, nicht um vertragsexogene staatliche Interessen und damit nicht um Eingriffsrecht.[1988] § 449 III HGB als Ausfüllung eines von der EWG-Kabotageverordnung[1989] eröffneten Spielraums zu verstehen, der sich über Art. 23 Rom I-VO niederschlägt,[1990] ist jedenfalls eleganter.

§ 449 III HGB meint im Kern innerdeutsche Kabotagetransporte durch ausländische Unternehmen, bei denen die Ware Deutschland nie verlässt. Unter § 449 III HGB fallen jedenfalls nicht echte grenzüberschreitende Transporte.[1991]. Maßgeblich sind der vereinbarte Übernahme- und der vereinbarte Ablieferungsort.[1992]

Eine § 449 III HGB parallele Regelung enthält § 451h III HGB für Umzugstransporte. Er unterwirft den innerdeutschen Umzug unter ausländischem Recht ausdrücklich den Gestaltungszwängen nach § 451h I, II HGB.[1993] Parallel zu § 449 III HGB schreibt § 466 IV HGB fest, dass § 466 I III HGB und die darin in Bezug genommenen Normen trotz grundsätzlicher Anwendbarkeit ausländischen Rechts auf den Speditionsvertrag gleichwohl anzuwenden sind, wenn nach dem Vertrag der Ort der Übernahme und der Ort der Ablieferung des Gutes in Deutschland liegen.

[1985] Dazu näher *Mankowski*, TranspR 2014, 268; *Ramming*, RdTW 2013, 173; *Herber*, TranspR 2013, 368; *Paschke*, RdTW 2013, 457; Reithmann/Martiny/*Mankowski* Rn. 6.2036-6.2051.
[1986] *J. Schilling* S. 169.
[1987] Begründung der Bundesregierung zum Entwurf eines Gesetzes zur Reform des Transportrechts, BT-Drs. 13/8445, 85; ebenso z. B. OLG Köln, TranspR 2005, 263; *Herber*, NJW 1998, 3297, 3303; *Ramming*, HmbZSchR 2009, 21, 35; MüKoHGB/*C. Schmidt* § 449 HGB Rn. 42.
[1988] Reithmann/Martiny/*Mankowski* Rn. 6.1939 entgegen *A. Staudinger*, IPRax 2001, 183, 184.
[1989] VO (EWG) Nr. 3118/93 des Rates vom 25.10.1993 zur Festlegung der Bedingungen für die Zulassung von Vekehrsunternehmen zum Güterkraftverkehr innerhalb eines Mitgliedstaats, in dem sie nicht ansässig sind, ABl. EWG 1993 L 278/1.
[1990] Reithmann/Martiny/*Mankowski* Rn. 6.1939; *J. Schilling* S. 334; siehe *A. Staudinger*, IPRax 2001, 183, 184.
[1991] *Korioth*, TranspR 1998, 92, 96; *Trost*, Die Haftung des Frachtführers in der Donauschiffahrt, 1999, S. 107 sowie Begründung der Bundesregierung zum Entwurf eines Gesetzes zur Reform des Transportrechts, BT-Drs. 13/8445, 85.
[1992] *Fremuth*, in: Fremuth/Thume, § 449 HGB Rn. 47.
[1993] Ebenroth/Boujong/Joost/Strohn/*Rinkler*, HGB, Bd. 2, 3. Aufl. 2013, § 451h HGB Rn. 10.

IX. Versicherungsverträge

Literatur: *Armbrüster,* Das IPR der Versicherungsverträge in der Rom I-VO, FS Bernd v. Hoffmann, 2011, S. 23; *Böttger,* Verbraucherversicherungsverträge, VersR 2012, 156; *Bruck/Möller,* VVG, Bd. 11, 9. Aufl. 2013; *Dominelli,* Party Autonomy and Insurance Contracts in Private International Law, 2016; *Falconi,* La legge applicabile ai contratti di assicurazione nel regolamento Roma I, 2016; *Fricke,* Das Internationale Privatrecht der Versicherungsverträge nach Inkrafttreten der Rom I-VO, VersR 2008, 443; *U. P. Gruber,* Internationales Versicherungsvertragsrecht, 1999; *Heiss,* Versicherungsverträge in „Rom I" – Neuerliches Versagen des Gesetzgebers, FS Jan Kropholler, 2008, S. 459; *ders.,* Insurance Contracts in „Rome I", YbPIL 10 (2008), 261; *U. Kramer,* Internationales Versicherungsvertragsrecht, 1995; *Looschelders,* Grundfragen des deutschen und Internationalen Rückversicherungsvertragsrechts, VersR 2012, 1; *Looschelders/Pohlmann,* VVG, 3. Aufl. 2016; *Looschelders/Smarowos,* Das internationale Versicherungsvertragsrecht nach Inkrafttreten der Rom I-VO, VersR 2010, 1; *Mankowski,* Internationales Rückversicherungsvertragsrecht, VersR 2002, 1177; *Miquel Sala,* Internationales Versicherungsvertragsrecht nach der Rom I-VO, 2017; Münchener Kommentar zum VVG, Bd. 3/2, 2. Aufl. 2017; *Perner,* Das Internationale Versicherungsvertragsrecht nach Rom I, IPRax 2009, 218; *W.-H. Roth,* Internationales Versicherungsvertragsrecht, 1985; *ders.,* Internationales Versicherungsvertragsrecht in der Europäischen Union – Ein Vorschlag zu seiner Neuregelung, FS Egon Lorenz zum 70. Geb., 2004, S. 631; *A. Staudinger,* Internationales Versicherungsvertragsrecht – (k)ein Thema für Rom I?, in: Leible/Ferrari (Hrsg.), Ein neues internationales Vertragsrecht für Europa, 2007, S. 225.

738 1. Hintergrund. Versicherungsverträge sind seit jeher nachgerade eine Obsession des europäischen Gesetzgebers. In den 1980ern schuf er im Internationalen Versicherungsvertragsrecht das wohl komplizierteste und verwirrendste IPR-Regime überhaupt. Wer Praktiker vom IPR abschrecken wollte, brauchte sie nur in diesen Dschungel zu führen. Das Internationale Versicherungsvertragsrecht wird als „Hölle des Kollisionsrechts" apostrophiert, in der Lehre schwer vermittelbar und in der Praxis nur von wenigen Spezialisten durchschaubar.[1994] Es ist einer der verschlungensten Irrgärten des Kollisionsrechts,[1995] für welchen man dem Storch, der ihn gebracht hat, die Lizenz hätte entziehen müssen.[1996]

739 Art. 7 Rom I-VO ist ein Musterbeispiel für schlechte IPR-Gesetzgebung. Ihm merkt man nur zu deutlich an, dass ihn keine IPR-Fachleute, sondern Spezialisten eines bestimmten Rechtsgebiets und einer bestimmten Branche geschaffen haben. Erfolgreicher Lobbyismus der Versicherungsbranche und ein schlechter Kompromiss zwischen Versicherungsexperten haben eine Kollisionsnorm geschaffen, die so unübersichtlich und verwinkelt ist wie keine andere. Konsolidierung von Richtlinien im Text des Art. 7 Rom I-VO kontrastiert mit Verweisungen auf ebenjene Richtlinien (in Art. 7 II, VI Rom I-VO).[1997] Selbst bei mehrfachem sorgfältigem Lesen läuft man immer noch Gefahr, Einzelheiten und Binnendifferenzierungen zu übersehen.

740 Art. 7 Rom I-VO liegen über weite Strecken IPR-fremde Überlegungen zugrunde. Daraus ergibt sich seine außerordentliche Kompliziertheit. Die Norm ist überdifferenziert und durch ihre häufigen Querverweise auf andere EU-Rechtsnormen manchmal allein aus sich selber heraus nicht zu verstehen. In ihr gibt es Elemente, die sonst nirgends im europäischen IPR auftreten, insbesondere eine Differenzierung nach der Belegenheit von Risiken (Art. 7 I 1, V, VI Rom I-VO) und die Möglichkeit, dass nationale Gesetzgeber in den Mitgliedstaaten größere Rechtswahlfreiheit vorsehen dürfen (Art. 7 III UAbs. 2 Rom I-VO).

741 Reformbedarf gesteht Art. 27 I 2 lit. a Rom I-VO selber ein; eine Reform wurde aber nie angegangen. Eine Reform müsste keine Korrektur im Detail, sondern ein Wechsel im System sein.[1998] Dass die allgemeinen Kollisionsnormen der Artt. 3; 4; 6 Rom I-VO für Versicherungsverträge vollkommen unpassend wären, lässt sich keinesfalls sagen; denn

---

[1994] *Leible/M. Lehmann,* RIW 2008, 528, 538.
[1995] *Kindler,* Einführung in das neue IPR des Wirtschaftsverkehrs, 2009, S. 51.
[1996] *Kegel,* Internationales Privatrecht, 7. Aufl. 1995, S. 57.
[1997] *A. Staudinger,* in: Ferrari IntVertragsR Art. 7 Rom I-VO Rn. 2.
[1998] *Böttger,* VersR 2012, 156, 164; Rauscher/*D. H. Wendt* Art. 7 Rom I-VO Rn. 59.

IX. Versicherungsverträge   742–745 § 1

schließlich kommen genau sie zum Zuge, wenn das versicherte Risiko in einem Drittstaat belegen ist.[1999] Ein Verzicht auf die richtlinieninduzierten Regeln und eine Überführung ins allgemeine Fahrwasser würden die Notwendigkeit für Abgrenzungskriterien und Binnendifferenzierungen entfallen lassen.[2000] Ein einziges und einheitliches Anknüpfungssystem für alle Versicherungsverträge bleibt anzustrebendes Ideal.[2001] Für die gegenwärtige Zersplitterung gibt es keine Rechtfertigung.[2002]

Bestimmte Versicherungsverträge sind durch andere Normen aus Art. 7 Rom I-VO **742** sachlich ausgegrenzt: öffentlich-rechtliche Versicherungen wegen Art. 1 I 2 Rom I-VO (das trifft Sozialversicherungen einschließlich substituierender Krankenversicherungen mit belehnten Unternehmern und Ausfuhrkreditversicherungen) und betriebliche Altersvorsorge bei drittstaatlichen Einrichtungen nach Art. 1 II lit. j Rom I-VO.[2003]

Völlig außerhalb von Art. 7 Rom I-VO steht bei der Versicherung auf fremde Rech- **743** nung das Verhältnis zwischen Versicherungsnehmer und Versichertem (sozusagen das Valutaverhältnis, wenn man in den Kategorien deutscher Bereicherungsdreiecke denken wollte), das nach seinem eigenen Statut je nach seiner Natur als Geschäftsbesorgung, Auftrag, Miete, Schenkung usw. anzuknüpfen ist.[2004] Eigenständiges Anknüpfungsobjekt außerhalb von Art. 7 Rom I-VO ist erst recht ein Versicherungsmaklervertrag[2005] oder ein Vertrag zwischen einem Versicherungsunternehmen und einer Versicherungsplattform bzw. einem Versicherungsportal.

2. Struktur des Art. 7 Rom I-VO. *a) Risikobelegenheit.* Für die meisten seiner Tatbe- **744** stände (nämlich diejenigen über Massenrisiken, Nicht-Großrisiken) differenziert Art. 7 Rom I-VO danach, ob das versicherte Risiko in einem Mitgliedstaat belegen ist oder nicht. Die Risikobelegenheit avanciert also zum spezifisch versicherungsvertraglichen Filter. Art. 7 I 1 Rom I-VO schaltet diesen Filter vor. Der Filter gilt allerdings ausweislich Art. 7 I 1 Var. 1 Rom I-VO nicht für die von Art. 7 II Rom I-VO erfassten Versicherungsverträge über so genannte Großrisiken und ausweislich Art. 7 I 2 Rom I-VO nicht für Rückversicherungsverträge. Für alle anderen Versicherungsverträge, wie sie sachlich unter Art. 7 III Rom I-VO fallen, gilt er allerdings. Die Risikobelegenheit avanciert zum Anknüpfungspunkt einer Meta-Kollisionsnorm,[2006] einer Kollisionsnorm zweiter Stufe zur Abgrenzung von (IPR-)Kollisionnsormen der ersten Stufe.

b) Definition der Risikobelegenheit. Für die Definition der Risikobelegenheit verweist **745** Art. 7 VI 1 Rom I-VO verbatim auf Art. 2 lit. d RL 88/357/EWG (Zweite Richtlinie Nicht-Leben) bzw. für Lebensversicherungen auf Art. 1 lit. g RL 2002/83/EG (Richtlinie Leben). An deren Stelle sind heute Art. 13 Nr. 13 bzw. Nr. 14 RL 2009/138/EG (Solvency II)[2007] getreten.[2008] Das geschah erst nach Verabschiedung der Rom I-VO, so dass Art. 7 Rom I-VO in seinem Wortlaut nicht mehr reagieren konnte. Die nötige Überleitungsvorschrift bietet aber Art. 310 UAbs. 2 iVm Anh. VII RL 2009/138/EG.

[1999] Rauscher/*D. H. Wendt* Art. 7 Rom I-VO Rn. 59.
[2000] Siehe nur *A. Staudinger*, in: Ferrari/Leible (Hrsg.), Ein neues Internationales Vertragsrecht für Europa, 2007, S. 225, 233.
[2001] Siehe nur *U. P. Gruber*, in: Ferrari/Leible (eds.), Rome I Regulation, 2009, S. 109, 111.
[2002] *Perner*, IPRax 2009, 218, 222; *Armbrüster*, Privatversicherungsrecht, 2013, Rn. 2044.
[2003] Näher *Miquel Sala*, Internationales Versicherungsvertragsrecht nach der Rom I-VO, 2017, S. 189–193.
[2004] *Armbrüster*, FS Bernd v. Hoffmann, 2011, S. 23, 26.
[2005] Siehe *Vassilikakis*, Essys in honour of Spyridon Vl. Vrellis, 2014, S. 1079, 1081; Magnus/Mankowski/Heiss Art. 10 Brussels Ibis Regulation Rn. 12.
[2006] Siehe nur *Basedow/Drasch*, NJW 1991, 785, 787; *Mankowski*, VersR 1993, 154, 157; Bruck/Möller/*H. Dörner* Art. 7 Rom I-VO Rn. 6; *A. Staudinger*, in: Ferrari IntVertragsR Art. 7 Rom I-VO Rn. 21.
[2007] Richtlinie 2009/138/EG des Europäischen Parlaments und des Rates vom 25.11.2009 betreffend die Aufnahme und Ausübung der Versicherungs- und der Rückversicherungstätigkeit (Solvabilität II), ABl. EG 2009 L 335/1.
[2008] *Armbrüster*, FS Bernd v. Hoffmann, 2011, S. 23, 27; *Miquel Sala*, Internationales Versicherungsvertragsrecht nach der Rom I-VO, 2017, S. 198.

§ 1 746–750 § 1. Internationales Schuldvertragsrecht

746 Der Sache nach ergibt sich aus den Verweisungen aus Art. 13 Nr. 13 RL 2009/138/EG:[2009] Risiken aus Immobiliarsachversicherung (z. B. Gebäudefeuer- oder Gebäudesturmversicherung) sind am Belegenheitsort der Immobilie belegen. Dies erfasst auch mitversichertes Zubehör; Zubehör ist aber nicht erfasst, wenn es Gegenstand eines eigenständigen Versicherungsvertrags (insbesondere einer Hausrat- oder einer Kfz-Kaskoversicherung) sind. Das Risiko aus der Versicherung eines zulassungspflichtigen Fahrzeugs (gleich ob Luft-, Wasser-, Schienen- oder Straßenfahrzeug) ist im Zulassungsstaat des versicherten Fahrzeugs belegen. Bei der Versicherung nicht zulassungspflichtiger Fahrzeuge ist das Risiko am gewöhnlichen Aufenthalt des Versicherungsnehmers belegen. Bei kurzlaufenden Ferien- und Reiseversicherungen ist das Risiko an dem Ort belegen, an welchem der Versicherungsnehmer den Vertrag abgeschlossen hat; maßgeblich ist, wo der Versicherungsnehmer seine Vertragserklärung abgegeben hat,[2010] also bei Abschluss vom Heimatort aus am Heimatort, bei Abschluss im Ferienland dagegen im Ferienland. Sachlich erfasst sind Reisekranken-, Reiserücktrittskosten-, Reiseunfall-, Reisehaftpflicht- und Gepäckversicherungen.

747 Mit Abstand am wichtigsten ist aber Art. 13 Nr. 13 lit. d RL 2009/138/EG. Er statuiert bei allen anderen Massenversicherungstypen als den in litt. a–c genannten das Risiko als am gewöhnlichen Aufenthalt des Versicherungsnehmers belegen, wenn dieser eine natürliche Person ist, bzw., wenn der Versicherungsnehmer eine juristische Person ist, an der Niederlassung des Versicherungsnehmers, auf welche sich der Vertrag bezieht.

748 Art. 13 Nr. 14 RL 2009/138/EG definiert den verwiesenen Begriff „Mitgliedstaat der Verpflichtung" ebenfalls als den Mitgliedstaat, in welchem der Versicherungsnehmer, sofern natürliche Person, seinen gewöhnlichen Aufenthalt (lit. a) hat bzw., sofern juristische Person, diejenige Niederlassung hat, auf welche sich der Vertrag bezieht (lit. b).

749 *c) Risikobelegenheit in einem Mitgliedstaat.* Art. 7 I 1 Var. 2 Rom I-VO sind für „normale" Erstversicherungsverträge, die keine Großrisiken betreffen, zwei wichtige Aussagen zu entnehmen: erstens, dass der Filter der Risikobelegenheit vorzuschalten ist; zweitens, dass Art. 7 III–V Rom I-VO nicht für Massenversicherungsverträge gelten, bei denen das versicherte Risiko nicht in einem Mitgliedstaat, sondern in einem Drittstaat außerhalb von EU und EWR belegen ist. Versicherungsverträge, deren Risiko in einem Drittstaat belegen ist, unterfallen also nicht Art. 7 III–V Rom I-VO, sondern sind – da die Sonderregel für das Internationale Versicherungsvertragsrecht ja gerade nicht greift – nach den nicht verdrängten allgemeinen Kollisionsnormen Artt. 3; 4; 6 Rom I-VO anzuknüpfen.[2011]

750 Im Ergebnis bewirkt dies, wenn man die Trennung zwischen Groß- und Massenrisiken hinzunimmt, eine Dreiteilung bereits bei den einschlägigen Regimes, ohne dass es eine überzeugende Rechtfertigung für diese Zersplitterung gäbe.[2012] Die Zersplitterung ist umso misslicher, weil die Regimes für Massenversicherungen den Kreis schutzwürdiger Personen unterschiedlich zuschneiden[2013] und mit unterschiedlichen Instrumenten arbeiten (be-

---

[2009] Näher *Looschelders/Smarowos,* VersR 2010, 1, 3; Bruck/Möller/*H. Dörner* Art. 7 Rom I-VO Rn. 31–37; Looschelders/Pohlmann/*T. B. Schäfer* IntVersVertragsR Rn. 140–152; MüKoVVG/*Looschelders* IntVersR Rn. 43–51; *Miquel Sala,* Internationales Versicherungsvertragsrecht nach der Rom I-VO, 2017, S. 199–206; *A. Staudinger,* in: Ferrari IntVertragsR Art. 7 Rom I-VO Rn. 61–71.

[2010] Rauscher/*D. H. Wendt* Art. 7 Rom I-VO Rn. 54; MüKoVVG/*Looschelders,* Bd. I, 2. Aufl. 2016, IntVersR Rn. 44.

[2011] Siehe nur *Heiss,* FS Jan Kropholler, 2008, S. 459, 461, 477; *U. P. Gruber,* in: Ferrari/Leible (eds.), Rome I Regulation, 2009, S. 109, 123; *Falconi,* La legge applicabile ai contratti di assicurazione nel regolamento Roma I, 2016, S. 125; Magnus/Mankowski/*Heiss* Art. 7 Rome I Regulation Rn. 202; MüKoVVG/*Looschelders* IntVersR Rn. 120; *Miquel Sala,* Internationales Versicherungsvertragsrecht nach der Rom I-VO, 2017, S. 218–252.

[2012] *W.-H. Roth,* FS Egon Lorenz, 2004, S. 631, 641; *Heiss,* FS Jan Kropholler, 2008, S. 459, 462; *U. P. Gruber,* in: Ferrari/Leible (eds.), Rome I Regulation, 2009, S. 109, 111; *Armbrüster,* FS Bernd v. Hoffmann, 2011, S. 23, 24.

[2013] *W.-H. Roth,* in: Beckmann/Matusche-Beckmann, Versicherungsrechts-Handbuch, 3. Aufl. 2015, § 4 Rn. 47 f.

IX. Versicherungsverträge 751–754 § 1

schränkte Rechtswahl hier, Günstigkeitsvergleich da). Art. 7 Rom I-VO ist zudem bereits im Grundsatz nicht so umfassend, wie es der erste Blick erscheinen lassen mag, denn er ist bei den Massenrisiken keine echte allseitige Kollisionsnorm.[2014]

Sind mehrere unter einem einheitlichen Versicherungsvertrag (also nicht unter mehreren formell eigenständigen Versicherungsverträgen) versicherte Risiken in verschiedenen Mitgliedstaaten belegen, so ordnet Art. 7 V Rom I-VO eine Vertragsspaltung an. Der Vertrag wird so behandelt, als bestünden mehrere Versicherungsverträge über je ein Risiko. Dies erscheint sachgerecht, weil es keine Anreize gibt, Verträge künstlich aufzuspalten. 751

Besondere Problemfälle sind die Versicherungsverträge, bei denen das versicherte Risiko teils in einem Mitgliedstaat und anderenteils in einem Drittstaat belegen ist. Vorherrschend wird getreu Erwägungsgrund (33) Rom I-VO eine Aufspaltung befürwortet: der Vertragsteil über Risiken in Mitgliedstaaten unterfällt Art. 7 Rom I-VO, derjenige über Risiken in Drittstaaten Artt. 3; 4; 6 Rom I-VO.[2015] Eine Alternative wäre eine Gewichtung nach dem relativen Schwerpunkt, bemessen nach Deckungssumme und Prämienvolumen, samt einheitlicher Anknüpfung. Eine weitere Alternative wäre, immer Art. 7 Rom I-VO anzuwenden.[2016] 752

„Mitgliedstaat" ist in Art. 7 Rom I-VO nicht als Mitgliedstaat der Rom I-VO zu verstehen. Vielmehr besagt Art. 1 IV 2 Rom I-VO, dass alle Mitgliedstaaten der EU „Mitgliedstaat" für die Zwecke des Art. 7 Rom I-VO sind. Darin zeigt sich ein weiteres Mal die Herkunft des Art. 7 Rom I-VO aus Richtlinienrecht. Richtigerweise ist Art. 1 IV 2 Rom I-VO im Lichte von Anh. IX EWR-Abk. iVm Art. 178 RL 2009/138/EG sogar so weit zu verstehen, dass über die EU hinaus alle Mitgliedstaaten des EWR ebenfalls „Mitgliedstaat" im Sinne des Art. 7 Rom I-VO sind.[2017] 753

3. **Rechtswahl.** *a) Freie Rechtswahl für Großrisiken.* Soweit nicht Art. 7 IV lit. b Rom I-VO Vorrang heischt,[2018] gewährt Art. 7 II 1 Rom I-VO volle, in keinerlei Weise eingeschränkte Rechtswahlfreiheit (nur, aber immerhin) für alle Versicherungsverträge über so genannte Großrisiken.[2019] Bei solchen Verträgen wird unwiderleglich vermutet, dass die Vertragsparteien sich auf gleicher Augenhöhe befinden und dass der Versicherungsnehmer nicht typischerweise schwächer ist als der Versicherer. Verträge über Großrisiken sind qua Definition des Großrisikos[2020] nahezu immer[2021] B2B-Verträge. Unternehmer oberhalb einer erheblichen Größe oder aus bestimmten Branchen wird zugemutet, ihr Heil in Verhandlungen zu suchen und auf ihre Verhandlungsstärke zu setzen. Sie brauchen nach der Vorstellung des Gesetzgebers keinen gesetzlichen Schutz.[2022] Die Abgrenzung erfolgt abstrakt und nicht konkret-einfallbezogen.[2023] 754

[2014] *Armbrüster*, FS Bernd v. Hoffmann, 2011, S. 23, 24.
[2015] *Armbrüster*, FS Bernd v. Hoffmann, 2011, S. 23, 28; *G.-P. Calliess/U. P. Gruber* Art. 7 Rome I Regulation Rn. 71; Magnus/Mankowski/*Heiss* Art. 7 Rome I Regulation Rn. 202.
[2016] Dafür *U. Kramer* S. 172 f.
Dagegen *Armbrüster*, FS Bernd v. Hoffmann, 2011, S. 23, 28.
[2017] Magnus/Mankowski/*Heiss* Art. 7 Rome I Regulation Rn. 42, 203; *Miquel Sala*, Internationales Versicherungsvertragsrecht nach der Rom I-VO, 2017, S. 206–208 sowie *Looschelders/Smarowos*, VersR 2010, 1, 2; Bruck/Möller/*H. Dörner* Art. 7 Rom I-VO Rn. 3.
[2018] *Perner*, IPRax 2009, 218, 221; Bruck/Möller/*H. Dörner* Art. 7 Rom I-VO Rn. 17 (Beispiel: Transporthaftpflichtversicherung nach § 7a GüKG).
[2019] Siehe nur *Heiss*, FS Jan Kropholler, 2008, S. 459, 464. Weiterführend *Dominelli* S. 107–124.
[2020] Näher zu dieser z. B. Looschelders/Pohlmann/*T. B. Schäfer* IntVersVertragsR Rn. 71–77.
[2021] Ausnahme einer B2C-Versicherung über ein Großrisiko wäre die Versicherung einer Yacht; *Plender/Wildersprin* Rn. 10–047; *W.-H. Roth*, in: Beckmann/Matusche-Beckmann, Versicherungsrechts-Handbuch, 3. Aufl. 2015, § 4 Rn. 43.
[2022] Siehe nur *Bonnamour*, RLDA 29 (2008), 76, 79; *Miquel Sala*, Internationales Versicherungsvertragsrecht nach der Rom I-VO, 2017, S. 269 f.
[2023] *W.-H. Roth*, in: Beckmann/Matusche-Beckmann, Versicherungsrechts-Handbuch, 3. Aufl. 2015, § 4 Rn. 29.

755 In der Praxis ist bei Großrisiken eine Rechtswahl die absolute Regel.[2024] Deren Modalitäten richten sich nach Art. 3 Rom I-VO.[2025] Wählbar ist nur das Recht eines Staates, aber kein nichtstaatliches „Recht" wie z. B. die European Principles of Insurance Contract Law (PEICL).[2026]

756 Für die Definition von Großrisiken verweist Art. 7 II 1 Rom I-VO verbatim auf Art. 5 lit. d RL 73/239/EWG (Erste Richtlinie Nicht-Leben). An dessen Stelle ist heute Art. 13 Nr. 27 RL 2009/138/EG (Solvency II) getreten. Das geschah erst nach Verabschiedung der Rom I-VO, so dass Art. 7 Rom I-VO in seinem Wortlaut nicht mehr reagieren konnte. Die nötige Überleitungsvorschrift bietet aber Art. 310 UAbs. 2 iVm Anh. VII RL 2009/138/EG. Gerade bei Großrisiken besteht eine besonders hohe Wahrscheinlichkeit, dass internationale Risiken versichert sind; bei ihnen müssen Versicherungsnehmer und Versicherte mit der Anwendung für sie ausländischen Rechts rechnen.[2027]

757 **Beispiel:** Der Chemieweltkonzern Menssana AG (Basel) versichert sein US-Produkthaftpflichtrisiko bei der Allianz AG (München). Gewählt wird nach zähen und langwierigen Verhandlungen auch über diesen Punkt deutsches Recht.

758 *b) Beschränkte Rechtswahl für andere Risiken.* Für andere Risiken als Großrisiken gewährt Art. 7 III UAbs. 1 Rom I-VO unionsrechtlich – in einem ersten Schritt – keine freie, sondern nur eine beschränkte Rechtswahl: Die Parteien können nicht jedes beliebige Recht wählen, sondern dürfen nur eine Auswahl aus einem vorgegebenen Kreis von Rechtsordnungen treffen, welche enge objektive Verbindungen zum Sachverhalt aufweisen.[2028] Sie können wählen: das Recht des Mitgliedstaats der Risikobelegenheit zum Zeitpunkt des Vertragsschlusses (lit. a); das Recht des Aufenthaltsstaates des Versicherungsnehmers (lit. b); bei Lebensversicherungsverträgen das Recht des Heimatstaates des Versicherungsnehmers (lit. c); das Recht des Mitgliedstaats des Schadensfalls, wenn sich die gedeckten Risiken auf Schäden in einem anderen Mitgliedstaat als jenem der Risikobelegenheit beschränkt (lit. d); das Recht des Mitgliedstaats eines betroffenen Mitgliedstaats, wenn der Versicherungsnehmer den Versicherungsvertrag im Rahmen einer gewerblichen oder freiberuflichen Tätigkeit abschließt und der Versicherungsvertrag mehrere Risiken in verschiedenen Mitgliedstaaten abdeckt (lit. e).[2029] Bei Risikobelegenheit in mehreren Staaten eröffnet lit. a nur die Chance zu einer gespaltenen Rechtswahl, nicht zur Wahl eines für alle Risiken geltenden einheitlichen Rechts.[2030] Die Rechtswahlmodalitäten richten sich nach Art. 3 Rom I-VO.[2031]

759 **Beispiel:** Alexander Peters aus Marl möchte sein in Deutschland zugelassenes Privatauto bei der Car Directest Insurance Ltd., Cork, per Abschluss über Internet teilkaskoversichern. In den AGB der CDI findet sich eine Rechtswahlklausel zugunsten irischen Rechts. Ist diese im konkreten Fall wirksam?

760 *c) Nationale Erweiterungen der Rechtswahlfreiheit.* Eine der merkwürdigsten, jedenfalls aber eine der konzeptionell kompliziertesten Kollisionsnormen überhaupt ist Art. 7 III UAbs. 2 Rom I-VO. Er erlaubt den Parteien eine Rechtswahl, soweit eines nach Art. 7 III UAbs. 1

[2024] *Armbrüster,* FS Bernd v. Hoffmann, 2011, S. 23, 29.
[2025] Bruck/Möller/*H. Dörner* Art. 7 Rom I-VO Rn. 22.
[2026] *A. Staudinger,* in: A. Staudinger/Halm/D. H. Wendt, Versicherungsrecht, 2. Aufl. 2017, IntVersVertragsR Rn. 31.
[2027] Magnus/Mankowski/*Heiss* Art. 7 Rome I Regulation Rn. 95.
[2028] Siehe nur *Heiss,* FS Jan Kropholler, 2008, S. 459, 465; *Dominelli* S. 338.
[2029] Eingehende Detailerläuterungen zu den einzelnen Katalogtatbeständen (z. B. wie bei lit. c zu verfahren ist, wenn der Versicherungsnehmer Mehrstaater ist) insbesondere bei Looschelders/Pohlmann/*T. B. Schäfer* IntVersVertragsR Rn. 89–112; MüKoVVG/*Looschelders* IntVersR Rn. 74–94; *Miquel Sala,* Internationales Versicherungsvertragsrecht nach der Rom I-VO, 2017, S. 279–300 sowie *Piroddi,* in: Boschiero S. 247, 283–287; Bruck/Möller/*H. Dörner* Art. 7 Rom I-VO Rn. 55–71.
[2030] *Heiss,* FS Jan Kropholler, 2008, S. 459, 465.
[2031] Siehe nur Looschelders/Pohlmann/*T. B. Schäfer* IntVersVertragsR Rn. 116; *Miquel Sala,* Internationales Versicherungsvertragsrecht nach der Rom I-VO, 2017, S. 279.

IX. Versicherungsverträge

litt. a, b oder c Rom I-VO wählbaren Rechte[2032] ihnen größere Rechtswahlfreiheit einräumt, als Art. 7 III UAbs. 1 Rom I-VO dies bereits unionsrechtlich tut.[2033] Ein nur *wählbares*, aber gar nicht gewähltes Recht erweitert also über sein *unvereinheitlichtes nationales* Kollisionsrecht Rechtswahloptionen, und das Unionsrecht selber garantiert dies.[2034] Zuerst knüpft man also quasi an ein Recht an, das objektive Verbindungen zum Sachverhalt aufweist, um dann dessen Kollisionsrecht zu befragen. Das durchbricht den Grundsatz der renvoi-Feindlichkeit aus Art. 20 Rom I-VO, dass es auf das IPR eines berufenen Rechts nicht ankommen soll – und obendrein ist das betreffende Recht nicht einmal wirklich berufen. Denn es wenn aktuell gewählt wäre, wäre diese Wahl ja bereits durch Art. 7 III UAbs. 1 Rom I-VO selber gedeckt, und größere Rechtswahlfreiheit stünde gar nicht in Rede.

Das sind Anklänge an die sonst nirgends im geltenden IPR verwirklichte Lehre[2035] vom ordinamento competente, vom ordre juridique compétent.[2036] Indes geschieht die „Blockverweisung" nicht in bewusster Übernahme jener Lehre, sondern vielmehr als gänzlich anders motivierter politischer Kompromiss zwischen Staaten, die sich über das Ausmaß wünschenswerter Rechtswahlfreiheit im Internationalen Versicherungsvertragsrecht nicht zu einigen vermochten.[2037] Bei der Schaffung der ursprünglichen Richtlinien wollten einige Mitgliedstaaten (Vereinigtes Königreich, Niederlande) volle Rechtswahlfreiheit, andere gar keine (Deutschland, Frankreich, Italien).[2038] Der Kompromiss resultiert gerade nicht aus einem Blick auf das Große und Ganze, sondern aus einer Verengung des Blickwinkels auf eine versicherungsvertragsrechtliche Perspektive, erarbeitet von Versicherungsfachleuten, nicht von Kollisionsrechtlern. Man unterminiert damit die Grundidee hinter der Rom I-VO, ein unionsweit einheitliches Kollisionsrecht zu schaffen.[2039] „Einheitliche Uneinheitlichkeit"[2040] kann allenfalls ein Zwischenziel sein, weil sie Divergenz prämiert. Art. 7 III UAbs. 3 Rom I-VO ist in einer EU-Verordnung zur IPR-Vereinheitlichung eine paradoxe Regel,[2041] wenn nicht gar schizophren.

Deutschland ist seiner Linie treugeblieben, hat die Ermächtigung nicht genutzt[2042] und kennt heute keine nationale Erweiterung mehr.[2043] Im Gegenteil wurde die zuvor nach Art. 9 IV EGVVG geltende Rechtswahlfreiheit für so genannte Korrespondenzversicherungen durch ausländische Versicherer ohne Niederlassung im Inland abgeschafft.[2044]

4. Objektive Anknüpfung. *a) Großrisiken.* Ein Versicherungsvertrag über ein Großrisiko unterliegt nach Art. 7 II UAbs. 2 S. 1 Rom I-VO objektiv dem Recht des Staates, in welchem der Versicherer seinen gewöhnlichen Aufenthalt (Art. 19 Rom I-VO) hat. Ergibt

---

[2032] Also nur mitgliedstaatliche Rechte; Bruck/Möller/*H. Dörner* Art. 7 Rom I-VO Rn. 74.
[2033] Überblick über die von den einzelnen EU- und EWR-Mitgliedstaaten in ihren nationalen Kollisionsrechten gebotenen Optionen bei *Miquel Sala*, Internationales Versicherungsvertragsrecht nach der Rom I-VO, 2017, S. 304–317.
[2034] *Mankowski*, VersR 1993, 154, 155, 157; *A. Staudinger*, in: Ferrari IntVertragsR Art. 7 Rom I-VO Rn. 44.
[2035] *Picone*, RDIPP 1981, 309; *ders.*, RdC 197 (1986 II), 219; *ders.*, Ordinamento competente e diritto internazionale privato, 1986; *ders.*, RdC 276 (1999), 9, 119–142; *ders.*, Riv. dir. int. 2013, 1192, 1196–1200.
[2036] *Mankowski*, VersR 1993, 154, 156.
[2037] *Mankowski*, VersR 1993, 154, 156.
[2038] *W.-H. Roth*, in: Beckmann/Matusche-Beckmann, Versicherungsrechts-Handbuch, 3. Aufl. 2015, § 4 Rn. 71.
[2039] *Heiss*, FS Jan Kropholler, 2008, S. 459, 471; *Dominelli* S. 361 sowie *C. Heinze*, NIPR 2009, 445, 449 („nationales Schlupfloch").
[2040] Siehe *Frigessi di Rattalma*, RDIPP 1996, 19, 25; *U. P. Gruber*, in: Ferrari/Leible (eds.), Rome I Regulation, 2009, S. 109, 121.
[2041] *Plender/Wilderspin* Rn. 10–069; *W.-H. Roth*, in: Beckmann/Matusche-Beckmann, Versicherungsrechts-Handbuch, 3. Aufl. 2015, § 4 Rn. 70.
[2042] *Looschelders/Smarowos*, VersR 2010, 1, 7.
[2043] Überblick über die Kollisionsrechte anderer EU-Mitgliedstaaten bei *W.-H. Roth*, in: Beckmann/Matusche-Beckmann, Versicherungsrechts-Handbuch, 3. Aufl. 2015, § 4 Rn. 76.
[2044] Looschelders/Pohlmann/*T. B. Schäfer* IntVersVertragsR Rn. 84; MüKoVVG/*Looschelders* IntVersR Rn. 97.

sich ausnahmsweise aus der Gesamtheit der Umstände, dass der Vertrag eine offensichtlich engere Verbindung zu einem anderen Staat hat, so ist nach Art. 7 II UAbs. S. 2 Rom I-VO das Recht dieses anderen Staates anzuwenden. Das ist der Sache nach nichts anderes als Art. 4 II, III Rom I-VO mit dem Versicherer als derjenigen Partei, welche die für den Versicherungsvertrag charakteristische Leistung erbringt.[2045] Die Risikobelegenheit spielt als Anknüpfungspunkt für die Regelanknüpfung keine Rolle.[2046] Bei Mitversicherungen über Großrisiken durch mehrere Versicherer sollte für Art. 7 II UAbs. 2 S. 1 Rom I-VO der führende Versicherer maßgeblich sein, wenn es denn einen gibt.[2047]

764 Der Versicherungsnehmer zahlt schließlich nur die Prämie als Entgelt. Gewöhnlicher Aufenthalt des Versicherungsnehmers und Risikobelegenheit sind die wichtigsten Gegengewichte zum gewöhnlichen Aufenthalt des Versicherers bei der Abwägung im Rahmen der Ausweichklausel. Sie zählen aber zusammen nur einfach, wenn das Risiko nach den Maßstäben des Art. 7 VI iVm früher Art. 2 lit. d RL 88/357/EWG, heute Art. 13 Nr. 13 RL 2009/138/EG gerade am gewöhnlichen Aufenthalt des Versicherungsnehmers belegen wäre.[2048] Der gewöhnliche Aufenthalt eines vom Versicherungsnehmer personenverschiedenen Versicherten zählt dagegen voll, weil er die Risikobelegenheit nicht definiert. Im Rahmen der Abwägung unter Art. 7 II UAbs. S. 2 Rom I-VO können durchaus Momente einfließen, die für die Regelanknüpfung bei Großrisiken wegen der systematischen Abgrenzung keine Rolle spielen dürfen.[2049]

765 *b) Massenrisiken.* Art. 7 III UAbs. 3 Rom I-VO erklärt bei Fehlen einer wirksamen Rechtswahl für Massenrisiken das Recht des Mitgliedstaats für anwendbar, in welchem zum Zeitpunkt des Vertragsschlusses das Risiko belegen ist.[2050] Immerhin wird nicht mehr wie im Richtlinienrecht zwischen Konvergenz- und Divergenzfällen (je nachdem, ob der Versicherungsnehmer auch seinen gewöhnlichen Aufenthalt im Staat der Risikobelegenheit hat oder nicht) differenziert.[2051] In der Mehrzahl der Fälle ist das Risiko wegen Art. 7 VI Rom I-VO iVm Art. 13 Nr. 13 lit. d RL 2009/138/EG am gewöhnlichen Aufenthalt des Versicherungsnehmers belegen, wenn der Versicherungsnehmer eine natürliche Person ist.[2051a] Insoweit käme ein dem Versicherungsnehmer vertrautes Recht zum Zuge. Die Anknüpfung nach Art. 7 III UAbs. 3 Rom I-VO ist fix; eine Ausweichklausel gibt es nicht.[2052]

766 **5. Pflichtversicherungsverträge.** Für Pflichtversicherungsverträge ist entscheidend, dass eine Versicherungs*pflicht* besteht. Eine Versicherungspflicht muss von Rechts wegen auferlegt sein. Daher wird zur zentralen Fragen, welches Recht eine Versicherungspflicht vorschreiben darf. Art. 7 IV Rom I-VO trägt dem Rechnung. Er geht auf Art. 8 RL 88/357/EWG zurück, ist aber sachlich auf Pflichtlebensversicherungen erweitert.[2053] Insbesondere eröffnet Art. 7 IV lit. b Rom I-VO den Mitgliedstaaten die Option, abweichend von Art. 7 II, III Rom I-VO zum Versicherungsvertragsstatut das Recht desjenigen *Mitglied*staats zu erheben, welcher die Versicherungspflicht vorschreibt. Dies ist eine Öffnungsklausel im System[2054] und kommt öffentlichen Interessen dieses Mitgliedstaats an einem

---

[2045] *U. P. Gruber*, in: Ferrari/Leible (eds.), Rome I Regulation, 2009, S. 109, 112; *Piroddi*, in: Boschiero (dir.), La nuova disciplina comunitaria della legge applicabile ai contratti (Roma I), 2009, S. 247, 280 f.; *Dominelli* S. 254–256.
[2046] *A. Staudinger*, in: Ferrari IntVertragsR Art. 7 Rom I-VO Rn. 26.
[2047] *Mankowski*, VersR 2002, 1177, 1186; *Miquel Sala*, Internationales Versicherungsvertragsrecht nach der Rom I-VO, 2017, S. 277.
[2048] *Armbrüster*, FS Bernd v. Hoffmann, 2011, S. 23, 30.
[2049] Entgegen *Miquel Sala*, Internationales Versicherungsvertragsrecht nach der Rom I-VO, 2017, S. 273 f.
[2050] Zur Risikobelegenheit → § 1 Rn. 744 ff.
[2051] *Heiss*, FS Jan Kropholler, 2008, S. 459, 474.
[2051a] Siehe nur *Dominelli* S. 365.
[2052] Siehe nur *Heiss/Perner*, in: Halm/Engelbrecht/Krahe, Handbuch des Fachanwalts Versicherungsrecht, 3. Aufl. 2015, 7. Kap. Rn. 12; *Miquel Sala*, Internationales Versicherungsvertragsrecht nach der Rom I-VO, 2017, S. 322 f.
[2053] *Miquel Sala*, Internationales Versicherungsvertragsrecht nach der Rom I-VO, 2017, S. 333.
[2054] Bruck/Möller/*H. Dörner* Art. 7 Rom I-VO Rn. 79.

IX. Versicherungsverträge

effektiven Deckungsschutz entgegen.[2055] Eine Lücke im System besteht, wenn ein Nicht-Mitgliedstaat eine Versicherungspflicht vorschreibt; insoweit wird eine Analogie zu Art. 7 IV lit. b Rom I-VO erwogen.[2056]

Art. 46d EGBGB macht für das deutsche[2057] IPR von der Option des Art. 7 IV lit. b Rom I-VO Gebrauch: Art. 46c I EGBGB unterstellt einen Versicherungsvertrag über Risiken, für die ein Mitgliedstaat von EU oder EWR eine Versicherungspflicht vorschreibt, dem Recht dieses Mitgliedstaats;[2058] Art. 46d II EGBGB erklärt deutsches Recht auf einen Pflichtversicherungsvertrag für anwendbar, wenn die gesetzliche Verpflichtung zu seinem Abschluss auf deutschem Recht beruht. Insbesondere stellt § 1 PflVG eine Versicherungspflicht auf, wenn ein Kraft- oder ein Luftfahrzeug in Deutschland zugelassen ist. § 4 AuslPflVG erweitert dies auf im Ausland zugelassene Kraftfahrzeuge, die in Deutschland am Straßenverkehr teilnehmen. Daneben gibt es eine Vielzahl weiterer Versicherungspflichten im deutschen Recht,[2059] vor allem die Berufshaftpflichtversicherungen der freien Berufe, also für Rechtsanwälte (§ 51 BRAO), Notare (§ 19a BNotO), Wirtschaftsprüfer (§ 54 WPO) oder Steuerberater (§§ 67 StBerG; 51 DVStB).[2060]

6. Gruppenversicherungen. Selbst eine scheinbar so ausdifferenzierte und umfassende Norm wie Art. 7 Rom I-VO kann noch Lücken aufweisen. Konkret betrifft dies vor allem Gruppenversicherungen.[2061] Bei diesen schließt jemand für eine Gruppe anderer oder eine Gruppe für ihre Mitglieder den Vertrag ab. Die Mitglieder genießen den Versicherungsschutz, aber nur als Versicherte, nicht als Versicherungsnehmer. Versicherungsnehmer ist vielmehr, je nach Ausgestaltung, der Vertragsschließende oder die Gruppe als solche, wenn letztere eine eigenständige Rechtspersönlichkeit hat (dies ist eine nach dem potentiellen Statut einer Gesellschaft zu beantwortende Vorfrage). Das Anknüpfungssystem des Art. 7 Rom I-VO richtet sich am Versicherungsnehmer aus, nicht – wie es hier erforderlich wäre – am Versicherten.[2062] Das Problem verschärft sich, wenn vertragsschließender Versicherungsnehmer ein großes Unternehmen ist, der Versicherungsvertrag also bei buchstabenverhafteter Anwendung ein Vertrag über ein Großrisiko wäre und deshalb kein kollisionsrechtlicher Schutz eingriffe.[2063]

Beispiel: Die Amiable à Compositeurs SA in Reims ist für ihre besondere Arbeitnehmerfreundlichkeit bekannt. Sie schließt auf ihre Kosten mit der Badischen Versicherungsanstalt VVaG aus Karlsruhe eine Gruppenunfall- und Gruppenberufsunfähigkeitsversicherung zugunsten der 35 Arbeitnehmer in ihrer unfallträchtigsten Abteilung ab. In den AGB der BVA, auf die durch Hinweisklausel in der Police verwiesen wird, findet sich eine Rechtswahlklausel zugunsten deutschen Rechts.

7. Rückversicherungsverträge. Nach Art. 7 I 2 Rom I-VO gilt Art. 7 Rom I-VO sachlich nicht für Rückversicherungsverträge. Rückversicherungsverträge unterliegen daher den allgemeinen Anknüpfungsregeln der Artt. 3; 4 Rom I-VO. Für sie gilt insbesondere volle Rechtswahlfreiheit nach Art. 3 I 1 Rom I-VO.[2064] Die Überlegung dahinter ist,

---

[2055] *Martiny,* RIW 2009, 737, 750; *A. Staudinger,* in: Ferrari IntVertragsR Art. 7 Rom I-VO Rn. 52.
[2056] PWW/*Ehling* Art. 46c EGBGB Rn. 2; MüKoBGB/*Martiny* Art. 46c EGBGB Rn. 7.
[2057] Zu den nationalen Kollisionsrechten anderer Mitgliedstaaten von EU und EWR *Miquel Sala,* Internationales Versicherungsvertragsrecht nach der Rom I-VO, 2017, S. 344–350.
[2058] Anwendungsfall: OLG Hamm 30.3.2017 – I-3 U 30/17 Rn. 27.
[2059] Liste bei BeckOGK/*Lüttringhaus* Art. 46c EGBGB Rn. 26 ff.; *W.-H. Roth,* in: Beckmann/Matusche-Beckmann, Versicherungsrechts-Handbuch, 3. Aufl. 2015, § 4 Rn. 100.
[2060] Looschelders/Pohlmann/*T. B. Schäfer* IntVersVertragsR Rn. 128.
[2061] *Heiss,* FS Jan Kropholler, 2008, S. 459, 475 f.; *ders.,* EJCCL 2009, 61, 69; *ders.,* in: Bonomi/Cashin Ritaine (éds.), Le nouveau règlement européen „Rome I" relative à la loi applicable aux obligations contractuelles, 2008, S. 97, 113; *ders.,* YbPIL 10 (2008), 261, 278.
[2062] *Heiss,* FS Jan Kropholler, 2008, S. 459, 476; *ders.,* EJCCL 2009, 61, 69; *ders.,* in: Bonomi/Cashin Ritaine (éds.), Le nouveau règlement européen „Rome I" relative à la loi applicable aux obligations contractuelles, 2008, S. 97, 114; *ders.,* YbPIL 10 (2008), 261, 278.
[2063] *Heiss,* FS Jan Kropholler, 2008, S. 459, 476; *ders.,* EJCCL 2009, 61, 69.
[2064] Dazu spezifisch für Rückversicherungsverträge *Mankowski,* VersR 2002, 1177, 1178–1181; *Looschelders,* in: D. W. Lüer/Schwepcke, Rückversicherungsrecht, 2014, § 9 Rn. 68–73; Magnus/Mankowski/*Heiss* Art. 7 Rome I Regulation Rn. 237.

dass beim Rückversicherungsvertrag auf beiden Seiten des Vertrages Profis stehen, nämlich der Erstversicherer und der Rückversicherer. Die Besonderheit gegenüber „normalen", also Erstversicherungsverträgen liegt darin, dass der Versicherte des Rückversicherungsvertrags, der Erstversicherer, das Risiko und die Risikogemeinschaft organisiert.

770 Umstritten ist beim Rückversicherungsvertrag die objektive Anknüpfung. Im Grundsatz scheint sie sich nach Art. 4 II Rom I-VO richten zu müssen, denn der Rückversicherungsvertrag erscheint jedenfalls unter eigenem Namen nicht im Katalog des Art. 4 I Rom I-VO. Allerdings ist zuvor abzuklären, ob er ein Vertrag über das Erbringen von Dienstleistungen ist und deshalb Art. 4 I lit. b Rom I-VO einschlägig wird.[2065] Ordnet man Versicherungsverträge generell als Finanzdienstleistungen ein,[2066] so ist dies konsequenterweise zu bejahen.[2067] Dafür streitet im Ansatz auch, dass für Versicherungen die Dienstleistungsfreiheit des Art. 57 AEUV greift (obwohl die Dienstleistungsbegriffe des Art. 57 AEUV und des Art. 4 I lit. b Rom I-VO nicht deckungsgleich sind). Teilweise wird, obwohl die grundsätzliche Anwendbarkeit des Art. 4 I lit. b Rom I-VO als Ausgangspunkt akzeptiert wird, auf einer zweiten Stufe einer teleologischen Reduktion des Art. 4 I lit. b Rom I-VO das Wort geredet.[2068]

771 Das Sachproblem bleibt bei beiden Einordnungen gleich, nur der Subsumtionsrahmen ändert sich. Unter Art. 4 I lit. b Rom I-VO wäre zu Fragen, ob der Rückversicherer oder der Erstversicherer der Dienstleister ist. Unter Art. 4 II Rom I-VO aber hebt der Streit an, ob unter einem Rückversicherungsvertrag der Rückversicherer[2069] oder der Erstversicherer die charakteristische Leistung erbringt. Zwei Lager stehen sich gegenüber, deren eines an den Sitz des Rückversicherers[2070] und deren anderes an den Sitz des Erstversicherers[2071] anknüpfen will. In London wird man weiterhin an den betroffenen Rückversicherungsmarkt oder an die Standards eines Marktes anknüpfen[2072] – und so, kaum erstaunlich, zum englischen Recht gelangen.

772 Die Dienst- bzw. angebliche charakteristische Leistung des Erstversicherers wird in der Organisation der Gefahrengemeinschaft durch den Erstversicherer gesehen,[2073] umgekehrt jene des Rückversicherers in der Risikoabsicherung.[2074] Die Prämienzahlung ist jedenfalls

---

[2065] Dafür *Magnus/Mankowski/Heiss* Art. 7 Rome I Regulation Rn. 237.
Dagegen *W.-H. Roth,* in: Beckmann/Matusche-Beckmann, Versicherungsrechts-Handbuch, 3. Aufl. 2015, § 4 Rn. 28; jurisPK BGB/*M. Junker* Art. 7 Rom I-VO Rn. 54 f.
[2066] Dafür BGH NJW 2015, 555 Rn. 30; *Looschelders,* LMK 2014, 364497.
[2067] Staudinger/*Armbrüster* Anh. zu Art. 7 Rom I-VO Rn. 8 mit Rn. 6; *Looschelders,* in: D. W. Lüer/Schwepcke, Rückversicherungsrecht, 2014, § 9 Rn. 102; *Miquel Sala,* Internationales Versicherungsvertragsrecht nach der Rom I-VO, 2017, S. 255.
[2068] Staudinger/*Armbrüster* Anh. zu Art. 7 Rom I-VO Rn. 8.
[2069] Dafür *Looschelders/Smarowos,* VersR 2010, 1, 9 f.; *Looschelders,* VersR 2012, 1, 8.
[2070] Eingehend begründet bei *Mankowski,* VersR 2002, 1177; *Looschelders,* in: D. W. Lüer/Schwepcke, Rückversicherungsrecht, 2014, § 9 Rn. 102–111; außerdem z. B. *AIG Group (UK) Ltd. v. The „Ethniki"* [1998] 4 All ER 301, 310 (Q. B. D.); *U. Kramer* S. 40–46; *Vaquero López,* in: V Congreso Iberolatinoamericano de derecho de Seguros, vol. I, 1997, S. 71, 81; *Le Corff,* in: V Congreso Iberolatinoamericano de derecho de Seguros, vol. I, 1997, S. 119, 143; *Merkin,* (2009) 5 JPrIL 69, 74; *Magnus,* IPRax 2010, 27, 39; *Pilich,* Studia Iuridica 54 (2012), 197, 209; *W.-H. Roth,* in: Beckmann/Matusche-Beckmann, Versicherungsrechts-Handbuch, 3. Aufl. 2015, § 4 Rn. 28; *Looschelders,* FS Siegfried H. Elsing, 2015, S. 947, 956–958.
[2071] Z. B. *E. Lorenz,* FS Gerhard Kegel zum 75. Geb., 1987, S. 303, 327 f.; *Dubuisson,* Mélanges Roger O. Dalcq, 1994, S. 111, 130–132; *E. Ritter,* Die Bewältigung der Problematik von Asbestschäden aus den USA im deutschen internationalen Rückversicherungsrecht, Diss. Bonn 1994, S. 72–77; *Fernández Rozas/Sánchez Lorenzo,* in: V Congreso Iberolatinoamericano de derecho de Seguros, vol. I, 1997, S. 35, 53 f.; Reithmann/Martiny/*A. K. Schnyder/Grolimund* Rn. 6.2761.
[2072] Siehe *Gan Insurance Co. Ltd. v. Tai Ping Insurance Co. Ltd.* [1999] I. L. Pr. 729 (C. A.); *Tiernan v. Magen Insurance Co. Ltd.* [2000] I. L. Pr. 517 (Q. B. D.); *Assicurazioni Generali SpA v. Ege Sigorta AS.* [2002] Lloyd's Rep. I. R. 480 (Q. B. D.); *Lincoln National Life Insurance Co. v. Employers Reinsurance Corp.* [2002] EWHC 28 (Comm), [2002] Lloyd's Rep. I. R. 853 (Q. B. D.); *Münchener Rückversicherungs-Gesellschaft v. Commonwealth Insurance Co.* [2004] EWHC 914 (Comm), [2004] CLC 665 (Q. B. D.); *Tryg Baltica International (UK) Ltd. v. Boston Compania de Seguros SA* [2004] EWHC 1186 (Comm), [2005] Lloyd's Rep. I. R. 140 (Q. B. D.).
[2073] Z. B. Reithmann/Martiny/*A. K. Schnyder/Grolimund* Rn. 6.2761.
[2074] *Looschelders,* in: D. W. Lüer/Schwepcke, Rückversicherungsrecht, 2014, § 9 Rn. 104; *ders.,* FS Siegfried H. Elsing, 2015, S. 947, 956 f.

bloßes Entgelt und deshalb nicht prägend. Dienst- bzw. charakteristische Leistung des Rückversicherers wären dagegen Deckungsschutz und eventuelle Zahlung der Versicherungssumme.

Rückversicherungsrisiken über dasselbe Erstversicherungsrisiko werden typischerweise bei einer Mehrzahl von Rückversicherern unter einer Mehrzahl von Rückversicherungsverträgen platziert (von denen indes einer führender und für alle anderen ebenfalls abwicklungsberechtigter Rückversicherer sein kann). Bei Anknüpfung an die Sitze der einzelnen Rückversicherer droht Divergenz der Statuten von Verträgen, die Teil einer Gesamttransaktion sind.

Umgekehrt würde eine Anknüpfung an den Sitz des Erstversicherers keineswegs automatisch Statutengleichlauf zwischen Erst- und Rückversicherungsvertragsstatut herstellen. Schon eine Rechtswahl im Erstversicherungsvertrag würde dies verhindern.[2075]

Die Rückversicherungsbranche hat hinzunehmen, dass der Streitpunkt legislativ nicht eindeutig geklärt ist. Sie greift regelhaft zur Rechtswahl und entschärft damit die Virulenz des Problems. Das bietet sich gerade wegen der typischen Aufspaltung von Rückversicherungsrisiken auf mehrere Rückversicherer an.[2076]

Beispiel: Die Hanseatische Maritime Versicherung AG in Hamburg sucht Rückversicherungsschutz für ihre Schiffskaskoversicherung des M/V „Guangchou Transfer" mit der Reederei Transferatio Transferitis IK, Larnaka (Zypern). Die Rückversicherung wird über den Hamburger Makler Höchst & Martens platziert: zu 40% bei der Aberdeen Re Ltd. (Dundee), zu 35% bei einem Konsortium mit der Soriatis Insurance EED (Peiraios) als federführendem Mitglied und zu 35% bei der Burgenländischen Risikoversicherungs AG (Eisenstadt).

8. Versicherungsaufsichtsrecht. Versicherungsaufsichtsrecht ist Eingriffsrecht.[2077] Es ist kein Gegenstand des Versicherungsvertragsstatuts, sondern Gegenstand einer eigenständigen Sonderanknüpfung über Art. 9 Rom I-VO.[2078]

X. Umfang des Vertragsstatuts

1. Grundsätzliches. Den sachlich-gegenständlichen Umfang des Vertragsstatuts definieren die beiden Qualifikationsnormen der Rom I-VO, die „große" in Art. 12 I Rom I-VO und die „kleine" in Art. 10 I Rom I-VO. Alles, was in ihnen aufgeführt ist, ist jedenfalls vertraglich zu qualifizieren und dem Vertragsstatut zuzuschlagen. Art. 12 I Rom I-VO selber macht aber durch sein „insbesondere" unmissverständlich deutlich, dass er keine abschließende Aufzählung enthält. Der Katalog des Art. 12 I Rom I-VO hat nur beispielhaften Charakter.[2079] Daraus, dass etwas in Art. 12 I Rom I-VO nicht aufgezählt ist, ist also nicht automatisch zu schließen, dass es nicht vertraglich qualifiziert werden dürfte. Vielmehr ist dann für solche Gegenstände eine eigene Qualifikationsentscheidung notwendig, indes ohne dass Art. 12 I Rom I-VO dafür irgendeine explizite Hilfestellung geben würde. Z. B. sind Ansprüche aus der Verletzung von Antidiskriminierungsrecht zwischen Parteien eines Vertrags (insbesondere eines Arbeitsvertrags) vertraglich zu qualifizieren und unterstehen dem Statut des betreffenden Vertrags.[2080]

[2075] *Mankowski,* VersR 2002, 1177, 1183; *Looschelders,* FS Siegfried H. Elsing, 2015, S. 947, 957 f.
[2076] Vgl. *Mankowski,* VersR 2002, 1177, 1186; *Looschelders,* in: D. W. Lüer/Schwepcke, Rückversicherungsrecht, 2014, § 9 Rn. 120.
[2077] Grundlegend *A. K. Schnyder,* Internationale Versicherungsaufsicht zwischen Kollisionsrecht und Wirtschaftsrecht, 1989.
[2078] Zur internationalen Dimension in § 105 VAG *G. Winter,* VersR 2001, 1461, 1463; *Mankowski,* in: Leible (Hrsg.), Die Bedeutung des Internationalen Privatrechts im Zeitalter der neuen Medien, 2003, S. 51, 80–82.
[2079] Siehe nur MüKoBGB/*Spellenberg* Art. 12 Rom I-VO Rn. 3; Staudinger/*Magnus* Art. 12 Rom I-VO 21 mwN.
[2080] Siehe nur *Lüttringhaus,* Grenzüberschreitender Diskriminierungsschutz – Das internationale Privatrecht der Antidiskriminierung, 2010, S. 116–133, 164–168.

779 Artt. 12; 10 Rom I-VO verwirklichen ein Prinzip des (möglichst) einheitlichen Vertragsstatuts.[2081] Sie ziehen fast alles zum Vertragsstatut. Dadurch vermeiden sie Statutendivergenzen. Insbesondere vermeiden sie die so genannte „kleine Vertragsspaltung", indem Vertragsabschluss und Erfüllungsphase gleichermaßen demselben Recht unterfallen, und die so genannte „große Vertragsspaltung", indem bei synallagmatischen Verträgen dasselbe Recht für Leistung und Gegenleistung gilt.

780 Allerdings erleidet dieses Prinzip schon in Art. 10 II Rom I-VO und Art. 12 II Rom I-VO Durchbrechungen. Diese Durchbrechungen haben freilich ihrerseits kaum praktische Bedeutung und betreffen nur eng umgrenzte Ausnahmebereiche. Schon bedeutsamer sind die Einbrüche durch den Günstigkeitsvergleich aus Art. 6 II 2; 8 I 2 Rom I-VO bei Rechtswahl in Verbraucher- oder Arbeitsverträgen. Hinzu tritt die Überlagerung des Vertragsstatuts durch Eingriffsnormen nach Art. 9 Rom I-VO.

781 Nicht dem Vertragsstatut unterfallen die selbständig angeknüpften Teilfragen Form (für sie gilt Art. 11 Rom I-VO), Geschäftsfähigkeit (für sie gilt Art. 7 EGBGB) und Stellvertretung. Sie sind jeweils Gegenstande eigener Statute und eigener Anknüpfungen. Das gilt auch für besondere Altersgrenzen bei Arbeits-, Ausbildungs- und Lehrverträgen.[2082]

782 Dingliche Rechtsänderungen an Sachen sind Gegenstand des Internationalen Sachenrechts, nicht des Internationalen Schuldvertragsrechts.[2083] Dingliche Rechtsänderungen an Immaterialgüterrechten sind Gegenstand des Internationalen Immaterialgüterrechts. Die Rom I-VO befasst sich nicht mit Eigentumsfragen. Für Zessionen gibt es die Sonderregel des Art. 14 Rom I-VO.

783 Verdeckte Ausnahmen können sich zudem über den Spezialitätsvorrang von Kollisionsnormen in anderen Unionsrechtsakten über Art. 23 Rom I-VO ergeben. Deren wichtigste folgt aus dem Vorrang der EuInsVO in der Insolvenz: Insolvenzbezogene Lösungsrechte oder Insolvenzverwalterwahlrechte wie z. B. nach § 103 InsO und insolvenzbedingte Sonderregeln für die Vertragsbeziehungen des Schuldners wie z. B. §§ 104 ff. InsO sind nicht nach der Rom I-VO, sondern nach Artt. 7–15 EuInsVO 2015; 4–12 EuInsVO 2000 anzuknüpfen.[2084]

784 Die einzelnen Buchstaben des Art. 12 I Rom I-VO weisen mannigfache Berührungspunkte miteinander auf. Oft sind die Grenzen zwischen ihnen fließend. Letztendlich kann (und sollte) man häufig auf die punktgenaue Zuweisung eines Anknüpfungsgegenstand zu einem ganz bestimmten Untertatbestand verzichten, weil eine andere Einordnung in der Zuweisung gleichermaßen zum Vertragsstatut führen würde.

785 **2. Vertragsschluss (Art. 10 Rom I-VO).** a) *Bootstrap principle des Art. 10 I Rom I-VO.* Zustandekommen und Wirksamkeit des Vertragsschlusses widmet sich Art. 10 I Rom I-VO. Vertragsabschlussstatut ist dasjenige Recht, das anwendbar wäre, wenn der Vertrag zustande gekommen und wirksam wäre. Statut für das Zustandekommen und die Wirksamkeit einer speziellen Vertragsbestimmung ist dasjenige Recht, das anwendbar wäre, wenn jene Bestimmung zustande gekommen und wirksam wäre. Das ist in aller Regel ebenfalls das Vertragsabschlussstatut.

786 Eine zu beachtende Ausnahme von der Regel, dass das Vertragsabschlussstatut auch Zustandekommen und Wirksamkeit einzelner Vertragsbestimmungen regiert, ergibt sich allerdings, weil Art. 3 V Rom I-VO für die Rechtswahl auf Art. 10 I Rom I-VO verweist. Für Zustandekommen und Wirksamkeit der Rechtswahl ist dasjenige Recht maßgeblich, das anzuwenden wäre, wenn die Rechtswahl zustande gekommen und wirksam wäre, also das

---

[2081] Siehe nur Staudinger/*Magnus* Art. 12 Rom I-VO 2, 21; jurisPK BGB/*Geiben* Art. 12 Rom I-VO Rn. 7; BeckOGK/*M.-P. Weller* Art. 12 Rom I-VO Rn. 2.
[2082] *Carballo Piñeiro*, International Maritime Labour Law, 2015, S. 159–161.
[2083] Siehe nur MüKoBGB/*Spellenberg* Art. 12 Rom I-VO Rn. 75; Rauscher/*Freitag* Art. 12 Rom I-VO Rn. 8.
[2084] *Pfeiffer*, FS Rolf A. Schütze, 2014, S. 421, 423 f.; Rauscher/*Freitag* Art. 12 Rom II-VO Rn. 5a.

X. Umfang des Vertragsstatuts   787–791 § 1

in der Rechtswahl benannte Recht. Bei negativem Ergebnis für die Rechtswahl stellt das in der Rechtswahl benannte Recht schlussendlich nicht das Vertragsstatut und damit auch nicht das Vertragsabschlussstatut.

b) Zustandekommen. Zustandekommen meint Konsens samt Einbeziehung von AGB.[2085] 787 Das Zustandekommen kann man nur ganz konkret und einzelfallbezogen für einen ganz konkreten Vertrag beurteilen. Es geht um den äußeren Vertragsabschlusstatbestand, das zum Vertragsabschluss führende oder diesen modifizierende Verhalten der Parteien.[2086] Dies umfasst zuvörderst den traditionellen Vertragsabschlussmodus über Angebot und Annahme im Verhältnis zwischen zwei Parteien. Hierher gehören Wirkungen eines Angebots, insbesondere dessen mögliche Bindungswirkung und Widerruflichkeit; Gegenangebote; Annahmefristen; Wirkungen einer verspäteten Annahme.[2087]

Jedoch umfasst das Zustandekommen auch die drei anderen denkbaren Modi: erstens die 788 Punktation, dass ein Vertrag im Hin und Her zwischen den Parteien Punkt für Punkt verhandelt wird, so dass Angebot und Annahme sich nicht mehr identifizieren lassen[2088]; zweitens den Vertrag zwischen mehr als zwei Parteien, z.B. der mehrgliedrige Gesellschaftsvertrag; drittens den Modus der gemeinsamen Zustimmung zu einer von einer Parteien, oder einem Dritten erarbeiteten Erklärungstext[2089]. Daraus folgt notwendig, dass das Vertragsstatut auch den Zeitpunkt des Vertragsschlusses und dessen Ort regiert.

Zum Zustandekommen gehören außerdem: Rechtzeitigkeit oder Fristversäumung bei 789 Vertragserklärungen nebst Heilungs- oder Nachholungsmöglichkeiten; verzögerte oder befristete Bindungswirkungen; besondere Einbeziehungsvoraussetzungen für bestimmte Erklärungen, insbesondere für die Einbeziehung von AGB,[2090] also die Einbeziehungskontrolle für AGB. Letztere umfasst auch die Kontrolle ungewöhnlicher oder überraschender Klauseln.[2091] Konsensfrage ist auch, welche von mehreren AGB Vertragsbestandteil werden. Das Vertragsstatut muss besagen, ob die knock out-, die last shot- oder (ungewöhnlich) die first shot-rule gilt.

Insbesondere ist die mögliche Relevanz und Aussagekraft von Schweigen, also dessen 790 Bewertung als Willenserklärung, und etwaiger Widerspruchsobliegenheiten des Oblaten eine Frage des Zustandekommens. Wann von Rechts wegen oder wirksam kraft vorheriger Vereinbarung Schweigen Zustimmung bedeuten soll, muss also grundsätzlich das prospektive Vertragsstatut beantworten.[2092] Gleiches gilt für (kaufmännische) Bestätigungsschreiben und ihrem Empfänger erwachsende Widerspruchsobliegenheiten.[2093] Allerdings ist für alle diese Aspekte Art. 10 II Rom I-VO besonders zu beachten.

Wer Vertragspartei ist, ist eine Frage aus dem Bereich des Zustandekommens des Vertrags (zwischen welchen Parteien ist der Vertrag zustande gekommen?). Sie untersteht gemäß Art. 10 I Rom I-VO dem Vertragsstatut.[2094] Dies betrifft insbesondere, ob jemand im eigenen oder in fremdem Namen agiert hat.[2095] 791

[2085] Siehe nur OLG Hamburg IHR 2014, 12, 14 mAnm *Gaber*; MüKoBGB/*Spellenberg* Art. 10 Rom I-VO Rn. 150, 165; Staudinger/*Magnus* Art. 10 Rom I-VO Rn. 22; *Ferrari*, in: Ferrari IntVertragsR Art. 3 Rom I-VO Rn. 6; Palandt/*Thorn* Art. 10 Rom I-VO Rn. 1, 3.
[2086] Erman/*Hohloch* Art. 10 Rom I-VO Rn. 6; Reithmann/Martiny/*Martiny* Rn. 3.3.
[2087] Magnus/Mankowski/*Queirolo* Art. 10 Rome I Regulation Rn. 3.
[2088] Zum Phänomen insbesondere *Bischoff*, Der Vertragsschluss beim verhandelten Vertrag, 2001, S. 188 ff. et passim; außerdem z. B. *Neuner*, Allgemeiner Teil des Bürgerlichen Rechts, 11. Aufl. 2016, § 37 Rn. 2.
[2089] Zum Phänomen etwa *Leenen*, AcP 188 (1988), 381, 399; *ders.*, FS Jürgen Prölss, 2009, S. 153, 163 f.; *J. Petersen*, Jura 2009, 183, 184
[2090] Z.B. nach § 305 II BGB.
[2091] *Mankowski*, RIW 1993, 453, 454; Staudinger/*Hausmann* Art. 10 Rom I-VO Rn. 103.
[2092] KG RIW 2006, 865; Magnus/Mankowski/*Queirolo* Art. 10 Rome I Regulation Rn. 3.
[2093] BGHZ 135, 124, 137; Reithmann/Martiny/*Martiny* Rn. 3.32.
[2094] Rb. Rotterdam NIPR 2006 Nr. 60 S. 93; *Mankowski*, TranspR 1991, 253, 256; *ders.*, IPRax 1991, 305, 308; *ders.*, RIW 1993, 453, 454; *ders.* S. 246; *ders.*, IPRax 1996, 427, 428; *ders.*, CR 1999, 512, 515; *ders.*, in: Spindler/Wiebe (Hrsg.), Internet-Auktionen und Elektronische Marktplätze, 2. Aufl. 2005, Kap. 11 Rn. 24; *ders.*, Neues aus Europa zum Internationalen Privat- und Prozessrecht der seerechtlichen Beförderungsverträge, 2011, Rn. 58; Voraufl. Rn. 492 *(v. Bar)*; *Muir Watt*, RCDIP 82 (1993), 637, 640;

792 Das Zustandekommen kann kein Gegenstand eines Verbandsklageverfahrens sein.[2096] Denn diesem liegt ja gerade kein konkreter Vertragsschluss zugrunde, sondern es bezweckt ein Verbot für eine Vielzahl zukünftiger Verträge, die unter ganz verschiedenen Bedingungen zustande kommen, die wiederum im Verbandsklageverfahren, da zukünftig, noch gar nicht bekannt sein können. Aus diesem Grund klammert die (deutsche) AGB-rechtliche Verbandsklage die Einbeziehungskontrolle ja aus dem Kreis ihrer Kontrollgegenstände aus.[2097]

793 *c) Rechtsgeschäftliche Wirksamkeit.* Rechtsgeschäftliche Wirksamkeit meint Willensmängel[2098] (also Irrtum, Täuschung, Drohung, economic duress, undue influence usw.) und Sprachrisiken.[2099] Das prospektive Vertragsstatut gibt auch maß, was jeweils einschlägige Rechtsfolge ist, also Nichtigkeit oder Unwirksamkeit ex lege oder zunächst bloße Anfechtbarkeit.

794 *d) Materielle Wirksamkeit.* Zur materiellen Wirksamkeit gehören Sitten- und Gesetzeswidrigkeit. Bei der Gesetzeswidrigkeit ist Substitutionsfrage, ob das Vertragsstatut abstrakt offen genug für die Inbezugnahme aus seiner Sicht ausländischer Verbotsnormen ist. Indes müssen jene Normen überhaupt Anwendbarkeit sein. Ausländische Verbotsnormen werden sich, sofern sie überhaupt anwendbar sind, im Zweifel über eine Sonderanknüpfung durchzusetzen haben. Dabei müssen sie sich heute in den Rahmen des Art. 9 Rom I-VO einfügen.

795 Wichtigster Teil der materiellen Wirksamkeit ist die Inhaltskontrolle von AGB. Sie entscheidet insbesondere über das rechtliche Schicksal von Haftungsausschluss- oder Haftungserweiterungsklauseln. Alles dies unterliegt dem Vertragsstatut.[2100] Für jede der Parteien kann dies ein wesentlicher Faktor bei der Auswahl und insbesondere der (Rechts-)Wahl des Vertragsstatuts sein. Das deutsche AGB-Recht ist weltweit wohl das strengste, zumal im B2B-Bereich. Um ihm auszuweichen, flüchten deutsche Unternehmen häufig in eine Wahl ausländischen Rechts.[2101] Dies kann allerdings den Teufel mit Beelzebub austreiben, wenn erhöhte AGB-Wirksamkeit mit Risiken an anderer Stelle erkauft wird (insbesondere wenn dies wegen mangelnder Investition in Kenntnisse über das gewählte Recht nicht eigentlich kalkuliert wird.).[2102]

796 *e) Kumulative Sonderanknüpfung des Art. 10 II Rom I-VO mit eng begrenztem Anknüpfungsgegenstand.* In einem Punkt weicht die Behandlung der rechtsgeschäftlichen und der materiellen Wirksamkeit von jener des Zustandekommens ab: Art. 10 II EGBGB erlaubt einer Partei, sich für die Behauptung, sie habe dem Vertrag nicht zugestimmt, auf das Recht

---

Reithmann/Martiny/*Martiny* Rn. 3.17; auch BGH RIW 1994, 878, 879; OLG Saarbrücken NJW 1992, 987 f.; Rb. Rotterdam NIPR 1995 Nr. 387 S. 432; Rb. Rotterdam NIPR 2000 Nr. 30 S. 91; *E. Rehbinder,* in: Deutsche zivil- und kollisionsrechtliche Beiträge zum IX. Internationalen Kongreß für Rechtsvergleichung, 1974, S. 122, 137; *Dion-Loye,* Clunet 118 (1991), 714, 715 f.
[2095] OLG Hamburg TranspR 1997, 70; Reithmann/Martiny/*Martiny* Rn. 3.17.
[2096] *Mankowski,* FS Wulf-Henning Roth, 2015, S. 361, 366.
Anders wohl *Pfeiffer,* LMK 2013, 343552. *W.-H. Roth,* IPRax 2013, 515, 519 diskutiert allein andere Aspekte.
[2097] Eindeutig § 1 I UKlaG, der Unterlassungsansprüche gegen AGB-Verwendung nur bei Verletzung der §§ 307–309 BGB, also bei durchschlagender Inhaltskontrolle, zuspricht.
[2098] Siehe nur *Cortese,* NLCC 2009, 804, 807; Staudinger/*Magnus* Art. 10 Rom I-VO Rn. 24; *Ferrari,* in: Ferrari IntVertragsR Art. 10 Rom I-VO Rn. 11; juris PK/*Limbach* Art. 10 Rom I-VO Rn. 6.
[2099] Siehe nur *Mankowski,* VuR 2001, 359, 360; *Dreissigacker,* Sprachenfreiheit im Verbrauchervertragsrecht, 2002, S. 45 f.; Staudinger/*Magnus* Art. 10 Rom I-VO Rn. 112; *W.-H. Roth,* IPRax 2013, 515, 521.
Die Verteilung von Sprachrisiken lässt sich vertraglich angehen mit Sprachrisikoklauseln (*Triebel,* FS Siegfried H. Elsing, 2015, S. 1047, 1055) oder Good Faith and Commercial Loyalty Clauses (*Brödermann,* in: MAH IntWirtschaftsR § 6 Rn. 151).
[2100] Siehe nur *M. Wolf,* ZHR 153 (1989), 300, 310 f.; Reithmann/Martiny/*Martiny* Rn. 3.85.
[2101] Siehe nur *Brachert/Dietzel,* ZGS 2005, 441; *Kondring,* RIW 2010, 184; *Pfeiffer,* FS Friedrich Graf v. Westphalen, 2010, S. 555.
[2102] Siehe z. B. *Voser/Boog,* RIW 2009, 126 zu möglichen Haftungsfallen im schweizerischen Recht

X. Umfang des Vertragsstatuts

ihres gewöhnlichen Aufenthalts zu berufen, wenn es nach den Umständen nicht gerechtfertigt wäre, die Wirkung des Verhaltens jener Partei nach dem Vertragsstatut zu beurteilen. Art. 10 II EGBGB gilt nur für das Zustandekommen, genauer gesagt: sogar nur für einen Teilaspekt des Zustandekommens. Dagegen gilt er nicht für die rechtsgeschäftliche Wirksamkeit.

Nicht spezifisch auf den Schutz von Verbrauchern oder anderen typischerweise schwächeren Parteien zugeschnitten und begrenzt[2103] hat die überlagernde, kumulierende Anknüpfung des Art. 10 II Rom I-VO nur einen sehr begrenzten Anknüpfungsgegenstand, und die rechtsgeschäftliche Wirksamkeit liegt außerhalb dieses Anknüpfungsgegenstands. Anknüpfungsgegenstand ist eben nur und ausschließlich die Frage, ob die später eine Bindung in Abrede stellende Partei zugestimmt hat. Es geht also nur um die Erklärung und das Verhalten dieser Partei, nicht einmal um die Erklärung und das Verhalten der anderen Partei(en).

Dagegen erfasst Art. 10 II EGBGB bereits nicht eine mögliche Revokation (Widerruf, Anfechtung) einer abgegebenen Erklärung nach dem Umweltrecht des Erklärenden.[2104] Denn erfasst sind nur Regeln mit verhaltenssteuernder Funktion im Vorfeld einer rechtsgeschäftlichen Bindung,[2105] welche die Existenz einer Konsenserklärung betreffen.[2106] Ob Konsens vorliegt, muss sich auch unter Berücksichtigung vorangegangener Erklärungen beurteilen, soweit diese für den Empfänger der potenziellen Konsenserklärung ersichtlich den gedanklichen Hintergrund für die Erklärung mitkonstituieren. Art. 10 II Rom I-VO ist aber nicht auf Schweigen beschränkt, sondern erfasst auch aktives Tun des potentiell Zustimmenden.[2107] Zweck der Norm ist zu verhindern, dass eine Person nach einem für sie fremden Recht rechtsgeschäftlich gebunden würde, mit dessen Geltung sie noch nicht zu rechnen brauchte und an dem sie ihr Kommunikationsverhalten legitimerweise noch nicht ausrichten musste.[2108]

Richtigerweise umfasst Art. 10 II Rom I-VO auch das so genannte Sprachrisiko.[2109] Sprachfragen berühren die wertende Verteilung von Verständnisrisiken.[2110] Wenn eine Partei nach ihrem sprachlichen Umfeld nicht mit einer Wertung rechnen musste, dass sie gebunden ist, obwohl sie die vorangegangene Erklärung der Gegenseite nicht verstand, ist dies ebenso zu berücksichtigen wie eine Wertung von Schweigen als Zustimmung.[2111] Im Kern geht es um Obliegenheiten, sich um das Verständnis aus der Sicht des Empfängers fremdsprachiger Erklärungen der Gegenseite bemühen zu müssen.[2112] Parallelen zwischen dem Unterschreiben einer sprachlich nicht zugänglichen Urkunde und dem Unterschreiben einer überhaupt nicht gelesenen Urkunde bleiben denkbar.[2113]

Überdies enthält Art. 10 II Rom I-VO einen zusätzlichen, verengenden Filter: Das Vertrauen auf die Geltung des Umweltrechts muss berechtigt sein. Dies erfordert eine Interes-

---

[2103] *Mankowski*, RIW 1994, 421, 422.
[2104] BGHZ 135, 124, 137; *Mankowski*, RIW 1996, 382, 384–386.
[2105] BGHZ 135, 124, 137; *Mankowski*, RIW 1996, 382, 384–386; Staudinger/*Hausmann* Art. 10 Rom I-VO Rn. 45.
[2106] OLG Hamm IPRspr. 1992 Nr. 188; *Mankowski*, AP H. 3/2015 § 130 BGB Nr. 26 Bl. 8R, 11.
[2107] Bericht *Giuliano/Lagarde*, ABl. EWG 1980 C 282 Art. 8 EVÜ Anm. 3; *G. Fischer*, Verkehrsschutz im internationalen Vertragsrecht, 1990, S. 336 f.; *Kling*, Sprachrisiken im Privatrechtsverkehr, 2008, S. 113.
Anders *Ladas*, Die Wirksamkeit von Willenserklärungen gegenüber Sprachunkundigen, 1993, S. 113.
[2108] BGHZ 135, 124, 137; BAGE 147, 352 Rn. 64.
[2109] *Schurig*, IPRax 1994, 27, 32; *Schwarz*, IPRax 1988, 278, 279; *Rott*, ZvglRWiss 98 (1999), 382, 396; *Kling*, Sprachrisiken im Privatrechtsverkehr, 2008, S. 126 f.; *Mankowski*, AP H. 3/2015 § 130 BGB Nr. 26 Bl. 8R, 11; Staudinger/*Hausmann* Art. 10 Rom I-VO Rn. 115
AA *Spellenberg*, FS Murad Ferid, 1988, S. 463, 465 f.; Reithmann/Martiny/*Martiny* Rn. 3.37 und noch vor dem EVÜ *Stoll*, FS Günther Beitzke, 1979, S. 759, 767; *Linke*, ZvglRWiss 79 (1980), 1, 46 ff.; *Schlechtriem*, FS Hermann Weitnauer, 1980, S. 129, 134 ff.
[2110] *Spellenberg*, FS Murad Ferid, 1988, S. 463, 465.
[2111] *Mankowski*, AP H. 3/2015 § 130 BGB Nr. 26 Bl. 8R, 11.
[2112] Staudinger/*Hausmann* Art. 10 Rom I-VO Rn. 115.
[2113] BAGE 147, 352 Rn. 65.

senabwägung,[2114] in die insbesondere die näheren Umstände der Vertragsanbahnung einzubeziehen sind.[2115] Z.B. besitzt die vor Ort angeworbene und eingestellte Ortskraft für Arbeit im Inland (aus ihrer Sicht) bzw. im Ausland (aus der Sicht ihres in einem anderen Staat ansässigen Arbeitgebers) schützenswertes Vertrauen. Denn sie hat sich allein auf ihrem nationalen Arbeitsmarkt bewegt, und der Arbeitgeber ist auf sie zugekommen und hat jenen Arbeitsmarkt in ihrem Umweltstaat betreten.[2116] Wer dagegen selber grenzüberschreitend agiert und z.B. seine Erklärung in einem fremden Staat abgibt, ist weniger schutzwürdig.[2117]

801 **Beispiel:** Martin Pourcade ist Einzelunternehmer aus Toulon im Eisenwarengroßhandel. Er kontrahiert mit der in Hamburg ansässigen Behler International GmbH über 200 Tonnen Schrauben verschiedener Typen. Die B GmbH schickt ihm per Fax ein kaufmännisches Bestätigungsschreiben nach Toulon, das in Teilen von der vorher mündlich getroffenen Abrede wesentlich abweicht. P widerspricht nicht. Das französische Recht kenne keine Grundsätze über eine konstitutive Wirkung des Schweigens auf ein kaufmännisches Bestätigungsschreiben.

802 Art. 10 II Rom I-VO ist konzeptionell bezogen auf die Umstände des jeweils konkreten Einzelfalls und des jeweils konkreten Vertragsschlusses.[2118] Er abstrahiert nicht, sondern dient der Einzelfallgerechtigkeit. In einem notwendig abstrahierenden Verbandsklageverfahren kann er daher keine Rolle spielen.[2119]

803 Auf der Rechtsfolgenseite hat Art. 10 II Rom I-VO eine reine Veto-Funktion.[2120] Er wirkt nur zerstörend und nicht vertragsschaffend.[2121] Eine Partei kann ihn also nicht dafür anrufen, dass nach ihrem Verhalten Konsens bestanden habe. Sie kann nicht auf diesem Wege das Scheitern eines Vertragsschlusses nach dem Vertragsstatut überspielen.

804 **3. Auslegung (Art. 12 I lit. a Rom I-VO).** Die Auslegung unterwirft Art. 12 I lit. a Rom I-VO dem Vertragsstatut. Das meint nicht nur die Auslegung des fertigen Vertrags, sondern auch die Auslegung der eigentlichen Vertragserklärungen wie begleitender Erklärungen. Gleichermaßen regiert das Vertragsstatut die Auslegung vorangegangener wie dem eigentlichen Vertragsschluss nachfolgender Erklärungen. Auslegung beschränkt sich nicht nur auf die Ermittlung des Inhalts, sondern auch darauf, ob eine rechtsverbindliche Erklärung vorliegt.

805 Dabei erfolgt keine Differenzierung zwischen den Erklärungen der einzelnen Parteien. Was eine Partei gemeint haben könnte und wie eine Partei verstanden werden durfte, kann zur wichtigsten Frage in einem nachher ausbrechenden Streit avancieren. Auslegungsgegenstand ist das gesamte Kommunikationsverhalten der Parteien, ihrer Vertreter, Repräsentanten oder Verhandlungsgehilfen sowie Dritter (z.B. wenn der Textvorschlag für den Vertrag von einem neutralen Notar stammt) nicht beschränkt auf explizite mündliche oder schriftliche Äußerungen, sondern unter Einschluss möglicher Konkludenzen.

806 Die Bedeutung der Vertragsauslegung kann man kaum hoch genug ansetzen und kaum überschätzen. Ein erheblicher Teil, wenn nicht gar die Mehrzahl, aller vertraglichen Rechtsstreitigkeiten im grenzüberschreitenden Handelsverkehr rankt sich darum, was sich

---

[2114] Siehe nur *Mankowski*, RIW 1996, 382, 383f.
[2115] OLG Köln RIW 1996, 778f.; *Kost*, Konsensprobleme im Internationalen Schuldvertragsrecht, 1995, S. 236ff.
[2116] *Mankowski*, AP H. 3/2015 § 130 BGB Nr. 26 Bl. 8R, 11R.
[2117] Siehe nur *G. Fischer*, Verkehrsschutz im internationalen Vertragsrecht, 1990, S. 344–348; Reithmann/Martiny/*Martiny* Rn. 3.27.
[2118] *Linke*, ZvglRWiss 79 (1980), 1, 54; *Schwenzer*, IPRax 1988, 86, 88; *Mankowski*, RIW 1996, 383, 383; Reithmann/Martiny/*Martiny* Rn. 3.25; *Ferrari*, in: Ferrari IntVertragsR Art. 10 Rom I-VO Rn. 16.
[2119] *Mankowski*, FS Wulf-Henning Roth, 2015, S. 361, 367. Insoweit entgegen *Pfeiffer*, LMK 2013, 343552; *W.-H. Roth*, IPRax 2013, 515, 519f.
[2120] Siehe nur *Basedow*, Rechtswahl und Gerichtsstandsvereinbarung nach neuem Recht, 1987, S. 8; *G. Fischer*, Verkehrsschutz im internationalen Vetragsrecht, 1990, S. 326; *Mankowski*, RIW 1993, 453, 455; *dens.*, RIW 1994, 421, 422f.
[2121] Siehe nur *S. Tiedemann*, IPRax 1991, 424, 425; *Mankowski*, RIW 1996, 382, 383.

X. Umfang des Vertragsstatuts 807–811 § 1

die Parteien denn (angeblich) gedacht haben. Den perfekten Vertrag, der unter allen Umständen völlig eindeutig alles abdeckt, gibt es nicht. Dreht sich der Markt oder entdeckt eine Partei, dass sie ein für sich schlechtes, weil verlustbringendes Geschäft gemacht hat, so werden alle Künste angespannt, um Ausstiegsmöglichkeiten zu finden oder eine vordergründige Auslegung, die legitimiert, die eigene Leistung nicht erbringen zu müssen.

Der so einfach und einleuchtend aussehende Art. 12 I lit. a Rom I-VO birgt mittelbar manche Fallstricke.[2122] Insbesondere entstehen Probleme, wenn der Vertrag in einer anderen Sprache abgefasst ist als derjenigen, in welcher die Rechtsordnung des Vertragsstatuts abgefasst ist. Viele Verträge mit deutschem Vertragsstatut etwa sind in englischer Sprache abgefasst und bedienen sich scheinbar englischer Begriffe.[2123] Ist dann für die Auslegung dieser Begriffe deutsches oder englisches Rechtsverständnis maßgebend?[2124] Auch false friends und individuelle Fehlverständnisse der Parteien bei Verwendung einer Sprache, die beiden Parteien fremd und keiner von ihnen Muttersprache ist, muss das Vertragsstatut bewältigen.[2125] Auslegungsmaßstäbe ähnlich jenen des Art. 8 CISG mögen helfen.[2126] 807

Das Vertragsstatut regiert Auslegungsmethoden und Auslegungskanones. Dies betrifft auch so intrikate Aspekte, z. B. ergänzende oder hypothetische Vertragsauslegung; eine etwaige contra proferentem-Regel, insbesondere eine Unklarheitenregel bei der Auslegung von AGB einer Partei wie z. B. § 305c II BGB;[2127] falsa demonstratio non nocet.[2128] Auch Handeln unter fremdem Recht ist hier einzuordnen.[2129] 808

Das Vertragsstatut gibt generell Maß dafür, worauf sich eine Vertragsauslegung stützen darf (während die zulässigen Beweisarten zum prozessualen Ausfüllen der lex fori unterfällt). Angelsächsische Rechtsordnungen kennen die so genannte parol evidence rule und sind sehr zurückhaltend, Hilfsmittel außerhalb der Vertragsurkunde zuzulassen. Im Grundsatz berücksichtigen sie nur, was sich „between the four corners of the contract" befindet. Manche Rechtsordnungen arbeiten auch mit so genannten implied terms, indem Richter Parteien imputieren, was diese sich vernünftigerweise gedacht haben sollten.[2130] 809

4. Vertragserfüllung (Art. 12 I lit. b Rom I-VO). Die Vertragserfüllung in allen ihren Facetten ist Kerngegenstand des Vertragsstatuts. Art. 12 I lit. b Rom I-VO besagt eine bare Selbstverständlichkeit. Er differenziert weder zwischen Haupt- und Nebenpflichten noch zwischen Erfüllung und Erfüllungssurrogaten. Man kann Art. 12 I lit. b Rom I-VO durchaus als enge, auf die specific performance und deren Modalitäten beschränkte Spezialregelung zu Art. 12 I lit. d Var. 1 Rom I-VO begreifen.[2131] 810

Auch die Grenze zu Art. 12 I lit. a Rom I-VO ist fließend, aber letztlich irrelevant, weil ja beide Normen zum Vertragsstatut führen. Die Ermittlung dessen, was zu erfüllen ist, wird häufig eine Auslegung des Vertrags bedingen, welche Pflichtenpositionen der Vertrag begründet und wie er sie im Einzelnen ausgestaltet. Vertragliche Vereinbarungen zwischen den Parteien können Pflichten ausfüllen; die Parteien können sich aber auch auf grobe 811

[2122] *Triebel/Balthasar*, NJW 2004, 2189.
[2123] Eingehend *Triebel/Vogenauer*, Englisch als Vertragssprache – Fallstricke und Fehlerquellen, 2014; außerdem z. B. *Triebel*, Liber amicorum Gerrit Winter, 2007, S. 619; *ders.*, FS Manfred Bengel/Wolfgang Reimann, 2012, S. 357.
[2124] Siehe dazu *Magnus*, FS Ingeborg Schwenzer, 2011, S. 1153 einerseits (Vertragsstatut als Ausgangspunkt) und BGH NJW 1992, 423; OLG Hamburg VersR 1996, 229 andererseits (Verständnis der Vertragssprache).
[2125] Vgl. *Triebel*, FS Siegfried H. Elsing, 2015, S. 1047 zu „provided that".
[2126] Staudinger/*Magnus* Art. 12 Rom I-VO Rn. 31.
[2127] OLG München RIW 1990, 585; LG Nürnberg-Fürth IPRax 2017, 284, 287; Reithmann/Martiny/Martiny Rn. 3.92; *Schlosser*, IPRax 2017, 267, 268.
[2128] OLG München IPRspr. 1993 Nr. 48 S. 115 f.; OLG Frankfurt IPRspr. 2001 Nr. 23 S. 62; BeckOGK/*M.-P. Weller* Art. 12 Rom I-VO Rn. 13.
[2129] MüKoBGB/*Spellenberg* Art. 12 Rom I-VO Rn. 32 f.; BeckOGK/*M.-P. Weller* Art. 12 Rom I-VO Rn. 13.
[2130] Dazu z. B. *Sheppard/K. Lewis*, FS Siegfried H. Elsing, 2015, S. 1033.
[2131] *Dicey/Morris/Morse* Rn. 32–304; Rauscher/*Freitag* Art. 12 Rom I-VO Rn. 25.

Rahmen beschränken und dem dispositiven Gesetzesrecht, den default rules, des Vertragsstatuts überlassen, den Rahmen auszufüllen.

812 Zur Vertragserfüllung im Sinne von Art. 12 I lit. b Rom I-VO gehören die Erfüllung in natura und die meisten Erfüllungssurrogate (Leistung erfüllungshalber, Leistung an Erfüllungs Statt, Hinterlegung und deren jeweilige Funktionsäquivalente), jedoch nicht die Aufrechnung, für die Art. 17 Rom I-VO eine Sonderregel aufstellt.[2132] Das Vertragsstatut gibt dafür maß, in welchem Umfang die Parteien Erfüllungssurrogate abbedingen können, insbesondere durch Aufrechnungsausschlüsse in „cash"-Klauseln oder „netto"-Abreden. Inhaltliche Konkretisierung untersteht dem Vertragsstatut.[2133] Eine Begrenzung auf das Pflichtenprogramm zur Erfüllung unter Ausklammerung der eigentlichen Erfüllungsleistung[2134] wäre kaum nachvollziehbar und kollidierte mit dem weiten Anwendungsbereich, welchen die Rom I-VO dem im Prinzip umfassend gedachten Vertragsstatut zumisst.

813 Das Vertragsstatut besagt, ob eine Leistung echter Dritter anstelle des Schuldners möglich ist, bei deutschem Vertragsstatut nach § 267 BGB. Das Vertragsstatut besagt – auf der Grenze zu Art. 12 I litt. c; d Var. 1 Rom I-VO – auch, welchen Status Hilfspersonen im Rahmen der Erfüllung haben (namentlich denjenigen von Erfüllungsgehilfen) und in welchem Umfang ihr Verhalten der eigentlichen Vertragspartei zuzurechnen ist.[2135] Z. B. muss es sich dazu verhalten, ob ein Lieferant Erfüllungsgehilfe des Verkäufers ist und der Verkäufer sich dessen Verhalten zurechnen lassen muss. Generell beantwortet das Vertragsstatut alle Fragen zu den Leistungspersonen, also zu Gläubiger- und Schuldnerposition einschließlich etwaiger Gesamtschuldner- oder Gesamtgläubigerschaft,[2136] Teilschuldner- oder -gläubigerschaft. Wahlrechte des Gläubigers wie des Schuldners und Ersetzungsbefugnisse (z.B. nach § 244 BGB) sind ebenfalls Fragen für das Vertragsstatut.

814 Das Vertragsstatut beherrscht Leistungsort, Leistungszeit (einschließlich Stundung und Verlängerung in richterlichem Ermessen[2137]) und Leistungsmodalitäten (z.B. ob Teilleistungen statthaft sind[2138] und in welcher Abfolge getilgt wird[2139]). In diesem Rahmen bestimmt es auch den Grad an Parteiautonomie, welchen die Parteien genießen, also in welchem Umfang die Parteien diese Parameter durch Vereinbarung festlegen dürfen. Das Vertragsstatut mag dabei international übliche Verständnisse internationaler Handelsklauseln importieren und sich zu eigen machen.[2140] Dies gilt insbesondere für die INCOTERMS (neueste Version 2010), angeboten von der International Chamber of Commerce und mit einem internationale Einheitlichkeit heischenden Inhalt unterlegt. CIF, CF, FOB, FOT, EXW und all' die anderen C-, D-, E- und F-Klauseln[2141] der INCOTERMS sind im Markt eingeführte Angebote für abgekürzte Programmsätze.

815 Das Vertragsstatut entscheidet über die Einrede des nichterfüllten Vertrags (exceptio adimpleti contractus). Es gestaltet das Verhältnis zwischen Leistung und Gegenleistung bei synallagmatischen Verträgen aus. Hierher gehört auch die Gefahrtragung samt Gegenleistungsgefahr.[2142]

816 **5. Leistungsstörungen (Art. 12 I lit. c Rom I-VO).** Ausbleibende, verspätete, nicht vollständige oder fehlerhafte Erfüllung schreit nach Sanktionen gegen den Schuldner. Die Leistungsstörungen sind zentraler Regelungsbereich des Vertragsstatuts. Das wäre auch so,

---

[2132] Zu Art. 17 Rom I-VO → § 1 Rn. 915 ff.
[2133] BeckOGK/*M.-P. Weller* Art. 12 Rom I-VO Rn. 23.
[2134] Dahin aber *Thole*, NZI 2013, 113, 117 sowie *J. Friese*, NZI 2017, 945.
[2135] Siehe nur Staudinger/*Magnus* Art. 12 Rom I-VO Rn. 38 mwN.
[2136] BeckOGK/*M.-P. Weller* Art. 12 Rom I-VO Rn. 25.
[2137] BGH NJW 1994, 1792; BeckOGK/*M.-P. Weller* Art. 12 Rom I-VO Rn. 25.
[2138] Siehe nur Magnus/Mankowski/*Ferrari* Art. 12 Rome I Regulation Rn. 18.
[2139] Siehe nur MüKoBGB/*Spellenberg* Art. 12 Rom I-VO Rn. 54.
[2140] Siehe BGH WM 1975, 217; OLG München NJW 1957, 426; Staudinger/*Magnus* Art. 12 Rom I-VO Rn. 31.
[2141] Eingeteilt nach dem jeweiligen Anfangsbuchstaben.
[2142] MüKoBGB/*Spellenberg* Art. 12 Rom I-VO Rn. 70; BeckOGK/*M.-P. Weller* Art. 12 Rom I-VO Rn. 25; Magnus/Mankowski/*Ferrari* Art. 12 Rome I Regulation Rn. 18.

X. Umfang des Vertragsstatuts 817–821 § 1

wenn Art. 12 I lit. c Rom I-VO es nicht ausdrücklich besagen würde. Natürlich schadet es nicht, dass Art. 12 I lit. c Rom I-VO die Folgen der vollständigen oder teilweisen Nichterfüllung vertraglicher Verpflichtungen expressis verbis dem Vertragsstatut unterwirft. Nur die Folgen, aber nicht die ihnen zugrundeliegenden und sie auslösenden Tatbestände dem Vertragsstatut zu unterwerfen, wäre kaum nachvollziehbar. Nicht-, Teil,- Zuspäterfüllung sind in ihren Details erfasst. Dies gilt auch für eine Haftung wegen antizipierten Vertragsbruchs.[2143]

Das Vertragsstatut regiert das Einstehenmüssen für Vertragsbrüche mit sämtlichen Verschuldensgraden oder Garantiehaftungen. Es entscheidet auch darüber, in welchem Umfang vertragliche Haftungsausschlüsse, Haftungsminderungen, Haftungsbeschränkungen oder Haftungserweiterungen zulässig sind. 817

Die möglichen Folgen von Leistungsstörungen sind: Nacherfüllung (als Nachbesserung wie als Nachlieferung); Rücktritt oder Vertragsaufhebung; Schadensersatz (einfacher, statt der Leistung, wegen Verzugs, ggf. sogar Vertrauensschadensersatz); Minderung; Vertragszinsen; Entschädigung (einschließlich z. B. einer demurrage, eines „Überliegegelds"); Vertragsstrafen. Gesetzliche und vertragliche Folgen sind gleichermaßen erfasst. Das Vertragsstatut regelt auch das Konkurrenzverhältnis mehrerer Rechtsfolgen zueinander.[2144] 818

Prozesszinsen sind ihrem Namen zum Trotz nicht prozessual zu qualifizieren, sondern materiellrechtlich.[2145] Man darf sich nicht von der Bezeichnung als *Prozess*zinsen zu einer prozessualen Qualifikation und Anknüpfung verführen lassen.[2146] Denn die Klagerhebung ist nur Tatbestandsmerkmal und löst den Anspruch lediglich aus.[2147] Der Anspruch auf Prozesszinsen bleibt seinem Charakter nach ein besonderer, verschuldensunabhängiger und pauschalierter Schadensersatzanspruch. Er dient der Absicherung der eindeutig der lex causae unterliegenden Hauptansprüche.[2148] Er konkurriert mit „normalen" Verzugsschadensersatzansprüchen und wird im ausgeurteilten Zinsauspruch konsumiert, wenn diese höher sein sollten. Eine prozessuale Qualifikation würde hier nur Friktionen aufwerfen und überflüssigen Abstimmungsbedarf auslösen.[2149] Eine Anwendung der lex fori auf Prozesszinsen würde dagegen den Kläger entlasten und ihm die Ermittlung von Auslandsrecht zuverlässig abnehmen.[2150] „Einseitige" Argumente aus der Entstehungsgeschichte speziell des § 291 BGB[2151] sind jedenfalls im Zeitalter der Rom I-VO, der Rom II-VO und europäisch einheitlicher Qualifikationsmaßstäbe nicht mehr statthaft.[2152] 819

Der Terminus Leistungsstörungen blickt zuvörderst auf den Schuldner. Störungen bei der Leistungsabwicklung können jedoch auch auf der Gläubigerseite bestehen. Richtigerweise sollte man daher auch Gläubiger- oder Annahmeverzug und dessen Folgen unter Art. 12 I lit. c Rom I-VO ziehen. Tut man dies nicht, so würde der Komplex trotzdem dem Vertragsstatut unterstehen, wenn auch keinem der Beispielstatbestände, sondern unter die Auffangfunktion des „insbesondere" am Anfang von Art. 12 I Rom I-VO fallen. 820

Art. 12 I lit. c Rom I-VO gewinnt seine eigentliche Bedeutung durch seinen zweiten Teil. Schadensrecht ist eine diffizile Materie und hat erhebliche Berührungspunkte zum Prozessrecht. Daher ist schon deshalb eine Abgrenzung des Vertragsstatuts zum Prozessrecht 821

[2143] Staudinger/*Magnus* Art. 12 Rom I-VO Rn. 51; Magnus/Mankowski/*Ferrari* Art. 12 Rome I Regulation Rn. 18.
[2144] MüKoBGB/*Spellenberg* Art. 12 Rom I-VO Rn. 81.
[2145] OLG München 25.3.2015 – 15 U 458/14; AG Meldorf SchlHA 2017, 352, 353; *P. Ostendorf,* GWR 2015, 301; *Mankowski,* EWiR 2015, 703, 704.
[2146] Siehe aber OLG Düsseldorf MDR 2000, 575; OLG Frankfurt NJW-RR 2007, 1357; LG Aschaffenburg IPRspr. 1952/53 Nr. 38 S. 141; LG Frankfurt/M. RIW 1994, 778, 780.
[2147] Zum deutschen Sachrecht MüKoBGB/*W. Ernst,* Bd. 2, 7. Aufl. 2016, § 291 BGB Rn. 5; Soergel/Benicke/Grebe, Bd. 3/2, 13. Aufl. 2014, § 291 BGB Rn. 12; BeckOK BGB/S. *Lorenz* § 291 BGB Rn. 3.
[2148] Staudinger/*Magnus* Art. 12 Rom I-VO Rn. 57.
[2149] *Mankowski,* EWiR 2015, 703, 704.
[2150] *Prell,* JR 2012, 179, 181.
[2151] *J. Gruber,* DZWir 1996, 169, 171 unter Hinweis auf *Mugdan* II 535.
[2152] *Mankowski,* EWiR 2015, 703, 704.

und zur Anwendung der lex fori processus nötig. Eine solche Abgrenzung kann jedoch auch für andere Nichterfüllungsfolgen sinnvoll sein. Deshalb beschränkt sich Art. 12 I lit. c Rom I-VO nicht darauf, der lex fori nur eine Befugnis für eigene prozessrechtliche Rahmen für Schadensersatz zu geben, wie sich aus dem Kontrast zu Artt. 10 I lit. c EVÜ; 32 I Nr. 3 EGBGB 1986 ergibt.[2153] Praktisch ist diese Kompetenz jedoch kaum je geworden.[2154]

822 Die Schadensbemessung nach Rechtsregeln unterliegt dem Vertragsstatut. Zur Schadensbemessung gehören der Kreis der ersatzfähigen Schäden und Schadenspositionen (Nur materielle oder auch immaterielle?[2155] Nur unmittelbare oder auch mittelbare?), ein etwaiges Vorhersehbarkeitskriterium, etwaige Höchstgrenzen und etwaige Schadenspauschalierungen.[2156] Die „Rechtsregeln" beziehen sich auf die bemessungsrelevanten Tatsachen und die Schadenshöhe; dem fügt das Prozessrecht der lex fori seine Regeln für die Sachverhaltsermittlung hinzu.[2157] Gerade im Schadensbereich können die prozessrechtlichen Ausgestaltungen eine erhebliche Variationsbreite haben: von der Schadensschätzung nach § 287 ZPO bis hin zum jury trial samt Beschränkung des Richters auf eine bloße Instruktionsfunktion.

823 **6. Erlöschen von Verpflichtungen (Art. 12 I lit. d Var. 1 Rom I-VO).** Das Erlöschen von Verpflichtungen weist Art. 12 I lit. d Var. 1 Rom I-VO dem Vertragsstatut zu. Verpflichtungen (mit diesem Begriff nimmt man die Schuldnerperspektive ein) erlöschen zuvörderst dann, wenn der Schuldner die gegen ihn bestehende Forderung (mit diesem Begriff nimmt man die Schuldnerperspektive ein) und das Leistungsinteresse des Gläubigers befriedigt. Erfüllung und (statthafte) Erfüllungssurrogate bewirken solche Befriedigung des Gläubigers. Insoweit besteht eine Überlappung mit Art. 12 I lit. b Rom I-VO, der im Zweifel spezieller ist und deshalb vorgeht.

824 Erlöschen kann eine Forderung außerdem durch allseitigen Erlassvertrag (auch und gerade im Rahmen eines Aufhebungsvertrags), einseitigen Erlass oder einseitigen Verzicht seitens des Gläubigers. Aufhebungsverträge folgen generell als beendende Rechtsgeschäfte akzessorisch dem Statut des von ihnen beendeten Rechtsgeschäfts.[2158] Eine eigenständige Rechtswahl unter Art. 3 I 3 EGBGB erschiene zwar denkbar, wäre aber kaum sinnvoll.

825 Weitere Erlöschensgründe folgen aus der Beendigung des Vertragsverhältnisses durch gesetzlichen oder vertraglichen Rücktritt, (einseitige) Vertragsaufhebung oder Kündigung. Das Vertragsstatut beherrscht alle diese Phänomene, von der Denomination über die Voraussetzungen bis zu den Wirkungen. Ein verbraucherschützender Widerruf ist dagegen als Frage der rechtsgeschäftlichen Wirksamkeit Art. 10 I Rom I-VO zuzuschlagen, untersteht aber im Ergebnis natürlich ebenfalls dem Vertragsstatut.

826 **7. Verjährung, Verfristung, Verwirkung (Art. 12 I lit. d Var. 2 Rom I-VO).** Eine rechtsvergleichend betrachtet besonders bedeutsame Qualifikationsentscheidung trifft Art. 12 I lit. d Var. 2 Rom I-VO: Er qualifiziert die praktisch ebenso bedeutsamen wie in den Sachrechten unterschiedlich ausgestalteten[2159] Institute Verjährung und Verfristung vertragsrechtlich.[2160] Diese materiellrechtliche Qualifikation ist keineswegs selbstverständlich. Denn die angelsächsische Welt hat Verjährung (prescription, limitation, time limit, time-bar) traditionell als prozessuales Institut begriffen und dementsprechend der lex fori zugeschlagen. Das entscheidet Art. 12 I lit. d Var. 2 Rom I-VO für alle Mitgliedstaaten der

---

[2153] Staudinger/*Magnus* Art. 12 Rom I-VO Rn. 43.
[2154] Staudinger/*Magnus* Art. 12 Rom I-VO Rn. 43.
[2155] *Plender/Wilderspin* Rn. 14–045; NK-BGB/*Leible* Art. 12 Rom I-VO Rn. 25; Magnus/Mankowski/*Ferrari* Art. 12 Rome I Regulation Rn. 24.
[2156] Siehe nur NK-BGB/*Leible* Art. 12 Rom I-VO Rn. 23; Rauscher/*Freitag* Art. 12 Rom I-VO Rn. 22.
[2157] Siehe nur MüKoBGB/*Spellenberg* Art. 12 Rom I-VO Rn. 96 f.; Ferrari/*Lüttringhaus* Art. 12 Rome I Regulation Rn. 23; Rauscher/*Freitag* Art. 12 Rom I-VO Rn. 23.
[2158] Näher zu arbeitsrechtlichen Aufhebungsverträgen → § 1 Rn. 565 f.
[2159] Siehe nur R. Zimmermann, Comparative Foundations of a European Law of Set-Off and Prescription, 2002; Remien (Hrsg.), Verjährungsrecht in Europa, 2011
[2160] Siehe nur *Leible*, FS Wilfried Berg, 2011, S. 233, 240.

X. Umfang des Vertragsstatuts					827–832 § 1

Rom I-VO (also auch für das Vereinigte Königreich, Irland und Malta) anders. Die Frage ist heute geklärt und gelöst.[2161]

Das Vertragsstatut bestimmt Ob und Wie einer Verjährung, also wann etwas verjährt und was dies in der Folge heißt (automatisches Erlöschen, Einrede mit Erlöschen oder Einrede mit Naturalobligation?). Es regiert Verjährungstatbestände, -fristbeginn, -fristdauer, -hemmung, -neubeginn und -unterbrechung.[2162] Substitutionsfragen, wann eine Prozesshandlung in einem anderen Staat als jenem der lex causae geeignet ist, einen Hemmungs- oder Unterbrechungsstaat auszufüllen, beantworten sich im Ausgangspunkt nach der lex causae.[2163] Die lex causae muss entscheiden, ob sie funktionelle Gleichwertigkeit[2164] oder eine positive Anerkennungsprognose für das prospektive ausländische Urteil im Inland verlangt.[2165] 827

Zwar keine Verfristung im technischen Sinne, aber ebenfalls mit einem Zeitmoment (wenn auch zusätzlich mit einem Umstandsmoment) gesegnet ist die Verwirkung. Vergleichbares gilt für ihre funktionsäquivalenten, wenn auch in den Details divergierenden Pendants wie forfeiture und estoppel in anderen Rechten. Sie alle unterstehen dem Vertragsstatut.[2166] 828

8. Vertragsunwirksamkeit und ihre Folgen (Art. 12 I lit. e Rom I-VO).

Art. 12 I lit. e Rom I-VO unterwirft dem Vertragsstatut die Folgen der Nichtigkeit des Vertrags. Nichtigkeit ist dabei nicht eng zu verstehen, sondern umfassender als Unwirksamkeit. Alle Unwirksamkeitsgründe sind gleichermaßen abgedeckt. Angestrebt wird jegliche Art der Rückabwicklung nicht wirksamer Verträge dem Vertragsstatut zu unterstellen. Aus welchem Grund der Vertrag unwirksam ist, ist daher ohne Belang. Unwirksamkeit kann resultieren aus Sittenwidrigkeit, Gesetzeswidrigkeit, Willensmängeln, Widerruf, dem Eintritt einer auflösenden Bedingung oder aus dem Ausfall einer aufschiebenden Bedingung. 829

Ob die Vertragsunwirksamkeit von Anfang an besteht oder erst nachträglich eintritt, spielt keine Rolle. Art. 12 I lit. e Rom I-VO zieht condictio indebiti und condictio ob causam finitam gleichermaßen zum Vertragsstatut. Conditio causa date non secuta vel ob rem und condictio ob turpem vel inustam causam greifen auch bei an sich wirksamem Vertrag. Sie gehören zu Art. 10 I Rom II-VO.[2167] 830

9. Drittwirkungen.

Drittwirkungen tauchen im Katalog des Art. 12 I Rom I-VO nicht auf. Sie sind jedoch über Art. 12 I pr. Rom I-VO zum Vertragsstatut zu ziehen. Das gilt insbesondere für die Drittberechtigung des Dritten aus einem echten oder unechten Vertrag zugunsten Dritter.[2168] Denn über einen so zentralen Punkt wie die Forderungsberechtigung und Gläubigerpositionen aus dem Vertrag kann nur das Vertragsstatut entscheiden, zumal nicht alle Rechtsordnungen drittbegünstigende Verträge kennen. Dagegen sind der Vertrag mit Schutzwirkung für Dritte und seine Funktionsäquivalente dem Deliktsrecht zuzuschlagen und über die Rom II-VO anzuknüpfen.[2169] 831

10. Zurückbehaltungsrechte.

Zurückbehaltungsrechte, die auf Forderungen außerhalb des konkreten Vertrags als Gegenforderungen gestützt werden, sind – schon wegen der 832

[2161] Siehe nur *Pfeiffer*, FS Reinhold Geimer, 2017, S. 501 (501).
[2162] Siehe nur OLG Köln RIW 1992, 1021; OLG Oldenburg RIW 1996, 66; OLG Hamm RIW 1999, 621; OLG Brandenburg IPRspr. 2000 Nr. 28; *Leible*, FS Wilfried Berg, 2011, S. 233, 243; MüKoBGB/*Spellenberg* Art. 12 Rom I-VO Rn. 106; Magnus/Mankowski/*Ferrari* Art. 12 Rome I Regulation Rn. 31.
[2163] *Leible*, FS Wilfried Berg, 2011, S. 233, 243.
[2164] Siehe OLG Köln RIW 1980, 877; OLG Düsseldorf RIW 1989, 743.
[2165] Für letzteres im deutschen Sachrecht RGZ 129, 385, 389 f.; OLG Düsseldorf NJW 1978, 1752; LG Deggendorf IPRax 1983, 125, 126; LG Duisburg IPRspr. 1985 Nr. 43.
Dagegen *Schack*, RIW 1981, 301, 302 f.; *R. Frank*, IPRax 1983, 108; *Geimer*, IPRax 1984, 83; *Linke*, FS Heinrich Nagel, 1987, S. 209, 226.
[2166] Siehe nur *Ferrari*, in: Ferrari IntVertragsR Art. 12 Rom I-VO Rn. 26; *Ferrari*/Lüttringhaus Art. 12 Rome I Regulation Rn. 31.
[2167] → § 2 Rn. 448.
[2168] Siehe nur *Mankowski*, IPRax 1996, 426, 428; Staudinger/*Magnus* Art. 12 Rom I-VO Rn. 37 mwN.
[2169] → § 1 Rn. 14.

Verknüpfung mehrerer Forderungen und der speziellen Sicherungsfunktion der Zurückbehaltung für die Gegenforderung[2170] – ein spezifischer Gegenstand. Die Fragen, ob es ein Zurückbehaltungsrecht gibt, unter welchen Voraussetzungen und mit welchen Auswirkungen auf die Hauptforderung, unterliegen dem Vertragsstatut.[2171]

833 Als Vorfrage ist das Statut der behaupteten Gegenforderung zu befragen, ob und in welchem Umfang die Gegenforderung überhaupt besteht. Insoweit besteht auch eine willkommene Parallele zu Art. 17 Rom I-VO: Aufrechnungsstatut ist dort das Recht der Passivforderung, hier ist Zurückbehaltungsrechtsstatut das Statut der Forderung, gegen welche das Zurückbehaltungsrecht geltend gemacht wird. Weder das Recht der Gegenforderung noch gar das Recht am Sitz des Zurückbehaltenden haben über die besagte Vorfrage hinausgehende Bedeutung.[2172]

834 Für mögliche Drittwirkungen von Zurückbehaltungsrechten erga omnes greift eine sachenrechtliche Qualifikation.[2173]

835 **11. Überlagernde Anknüpfung des Art. 12 II Rom I-VO.** Art. 12 II Rom I-VO etabliert in gewissem Umfang eine überlagernde Anknüpfung zu Art. 12 I litt. b; c Rom I-VO: Für die Art und Weise der Erfüllung und die vom Gläubiger infolge mangelhafter Erfüllung zu treffenden Maßnahmen ist das Recht des Staates, in welchem die Erfüllung erfolgt, zu berücksichtigen. Eine Eingrenzung auf bestimmte Erfüllungsmodalitäten erfolgt dabei nicht, solange es bloß um die äußere Abwicklung geht.[2174] Geboten ist auch insoweit eine europäisch-autonome Auslegung. Eine Zuweisung der Qualifikation an die lex fori[2175] wäre problematisch.

836 Anknüpfungspunkt ist der tatsächliche, nicht der rechtliche Erfüllungsort, also z. B. bei Warenlieferungen der Ort, an dem wirklich geliefert wird.[2176] Verwiesen wird nicht nur auf formelle Rechtsnormen, sondern auch auf Usancen und Handelsbräuche, die an genau diesem Ort gelten. Werden verschiedene Pflichten an verschiedenen Orten erfüllt, so verweist Art. 12 II Rom I-VO jeweils für die einzelne Pflicht auf deren faktischen Erfüllungsort.

837 Art. 12 II Rom I-VO hat seine Bedeutung namentlich bei Arbeitszeit-, Öffnungs- und Feiertagsregelungen am Erfüllungsort. Am Sabbat kann man im Hafen von Haifa eben nicht löschen lassen. In christlichen Ländern braucht es an Sonntagen Ausnahmetatbestände oder besondere Erlaubnisse, damit Leistungshandlungen möglich sind. An Feiertagen sind Geschäfte und möglicherweise auch Lager geschlossen. Welche Feiertage lokal gelten, müssen die vor Ort geltenden Regelungen besagen. Erfüllungshandlungen zur Nachtzeit oder außerhalb der erlaubten Geschäftszeiten können ebenfalls an den vor Ort geltenden Regelungen scheitern. Gleichermaßen kommen vor Ort geltende Arbeitshöchstzeiten zum Zuge.[2177] Schutzvorschriften für bestimmte Arbeitnehmergruppen (z. B. Behinderte, Frauen oder Minderjährige), die dem Einsatz solcher Arbeitnehmer mindestens zeitweise entgegenstehen, gehören ebenfalls hierher.

838 **Beispiel:** Unter einem Kaufvertrag hat sich die Hans Rose GmbH aus Münster verpflichtet, vierzehn Entsalzungsanlagen nach Dschiddah (Jeddah) in Saudi-Arabien zu liefern. Leider verspätet sich

---

[2170] Zu letzterer rechtsvergleichend *van Eessel*, R. W. 2017-18, 1162.
[2171] MüKoBGB/*Spellenberg* Art. 12 Rom II-VO Rn. 66; Staudinger/*Magnus* Art. 12 Rom I-VO Rn. 58; *W. Junge*, Die Kognitionsbefugnis über Zurückbehaltungsrechte im internationalen Zivilverfahrensrecht, 2018, S. 15–18 mwN.
[2172] Entgegen *Magnus*, RabelsZ 38 (1974), 440, 447 zum einen und *Eujen*, Die Aufrechnung im internationalen Verkehr zwischen Deutschland, Frankreich und England, 1975, S. 130.
[2173] *W. Junge*, Die Kognitionsbefugnis über Zurückbehaltungsrechte im internationalen Zivilverfahrensrecht, 2018, S. 18–21 mwN.
[2174] Siehe nur BGH NJW-RR 2006, 1694, 1695; BGH NJW-RR 2008, 840; Staudinger/*Magnus* Art. 12 Rom I-VO Rn. 81 mwN.
[2175] Dafür zu Art. 10 II EVÜ noch Bericht *Giuliano/Lagarde*, ABl. EWG 1980 C 282/29.
[2176] Siehe nur *Franzen*, AR-Blattei SD 920 Rn. 159 (1993); *Däubler*, FS Rolf Birk, 2008, S. 27, 37; *Ferrari*, in: Ferrari IntVertragsR Art. 12 Rom I-VO Rn. 28; NK-BGB/*Leible* Art. 12 Rom I-VO Rn. 38.
[2177] Siehe nur *Reiter*, NZA 2004, 1246, 1253; Magnus/Mankowski/*Ferrari* Art. 12 Rome I Regulation Rn. 38.

das transportierende Schiff um mehrere Tage und läuft erst während des Ramadan in den Hafen von Dschiddah am Roten Meer ein. Die dortigen Umschlagunternehmen weigern sich, das Schiff während des Ramadan tagsüber zu entladen. Dadurch verzögert sich die Auslieferung um zwei weitere Wochen.

Weiterer Kandidat für Art. 12 II Rom I-VO sind Preis- und Devisenregulierungen, außerdem sonstige Bewirtschaftungsmaßnahmen.[2178] Zollformalitäten und behördliche Genehmigungen vor Ort sind dagegen Zoll- bzw. Außenwirtschaftsrecht und Gegenstand einer Sonderanknüpfung von Eingriffsrecht, kein Gegenstand des Art. 12 II Rom I-VO.[2179] 839

Vom Gläubiger vor Ort zu ergreifende Maßnahmen bei mangelhafter Erfüllung meinen zuvörderst Untersuchungs- und Rügeobliegenheiten von Käufern oder Werkbestellern.[2180] Bei Anwendbarkeit der CISG ist der Komplex durch Artt. 38; 39 CISG geregelt, ohne dass daneben Platz für das Erfüllungsortsrecht bestünde.[2181] Unter Art. 12 II Var. 2 Rom I-VO fallen außerdem Schritte des Gläubigers zur Bewahrung oder Verwertung mangelhafter Ware.[2182] Bei Anwendbarkeit der CISG wenden sich dem Artt. 85–88 CISG zu. 840

Auf seiner Rechtsfolgenseite scheint Art. 12 II Rom I-VO keinen strikten Anwendungsbefehl zugunsten des Erfüllungsortsrechts zu erteilen. Vielmehr schreibt er nur dessen Berücksichtigung vor. Darin könnte ein Entscheidungsermessen für den Rechtsanwender liegen.[2183] Das würde jedoch eine ex post-Perspektive einnehmen. An den vor Ort zur intendierten Erfüllungszeit herrschenden Verhältnissen würde es aber nichts ändern. Im Hafen von Haifa wäre immer nich Sabbat. Man könnte dem Schuldner höchstens seine fehlerhafte Zeitkalkulation vorwerfen, dass er ausgerechnet am Sabbat anlandet. Art. 12 II Rom I-VO soll den Akteuren vor Ort erlauben, ihr Verhalten an den eh von ihnen nicht zu beeinflussenden Regeln vor Ort auszurichten, aktuell, in der Situation. Eine ex post-Perspektive passt dafür nicht. Richtigerweise gelangt man daher zu einer überlagernden Anwendung des Erfüllungsortsrechts.[2184] 841

XI. Formstatut

Literatur: *Downes/Heiss*, Sprachregulierung im Vertragsrecht: europa- und internationalprivatrechtliche Aspekte, ZvglRWiss 98 (1999), 28; *dies.*, Ausschluß des favor offerentis bei Formvorschriften des (europäisierten) Verbrauchervertragsrechts: Art. 9 EVÜ und komplexe Schutzformen, IPRax 1999, 137; *Freitag*, Sprachzwang, Sprachrisiko und Formanforderungen im IPR, IPRax 1999, 142; *Garnett*, Substance and Procedure in Private International Law, 2012; *Genin-Meric*, La maxim locus regit actum, 1976; *Heiss*, Formvorschriften als Instrument des europäischen Verbraucherschutzes, in: Anton K. Schnyder/Heiss/Rudisch (Hrsg.), Internationales Verbraucherschutzrecht, 1995, S. 87; *Jayme/Götz*, Vertragabschluß durch Telex – Zum Abschlußort bei internationalen Distanzverträgen, IPRax 1985, 113; *O. Lando*, On the form of contracts and the conflict of laws, FS Clive M. Schmitthoff, 1973, S. 253; *Mankowski*, Formzwecke, JZ 2010, 662; *Marsch*, Der Favor Negotii im deutschen Internationalen Privatrecht, 1976; *Schönwerth*, Die Form der Rechtsgeschäfte im Internationalen Privatrecht, 1996; *Zellweger*, Die Form der schuldrechtlichen Verträge im internationalen Privatrecht, 1990; *Zweigert*, Zum Abschlußort schuldrechtlicher Distanzverträge, FS Ernst Rabel, 1954, Bd. I, S. 631.

[2178] Siehe nur MüKoBGB/*Spellenberg* Art. 12 Rom I-VO Rn. 174; NK-BGB/*Leible* Art. 12 Rom I-VO Rn. 40.
[2179] Staudinger/*Magnus* Art. 12 Rom I-VO Rn. 87.
[2180] Siehe nur *Ferrari*, in: Ferrari IntVertragsR Art. 12 Rom I-VO Rn. 29; Reithmann/Martiny/*Martiny* Rn. 3.231.
[2181] Staudinger/*Magnus* Art. 12 Rom I-VO Rn. 88.
[2182] Siehe nur *Leandro*, NLCC 2009, 817, 823; Magnus/Mankowski/*Ferrari* Art. 12 Rome I Regulation Rn. 38.
[2183] Dafür *Ferrari*, in: Ferrari IntVertragsR Art. 12 Rom I-VO Rn. 32; Ferrari/*Lüttinghaus* Art. 12 Rome I Regulation Rn. 44; MüKoBGB/*Spellenberg* Art. 12 Rom I-VO Rn. 179; NK-BGB/*Leible* Art. 12 Rom I-VO Rn. 41.
[2184] Reithmann/Martiny/*Martiny* Rn. 3.233; Palandt/*Thorn* Art. 12 Rom I-VO Rn. 5; Jauernig/*Mansel*, BGB, 17. Aufl. 2017, Vor Art. 1 Rom I-VO Rn. 40 sowie Staudinger/*Magnus* Art. 12 Rom I-VO Rn. 93 (mit Differenzierungen für die Mängelrüge Rn. 94–97); Rauscher/*Freitag* Art. 12 Rom I-VO Rn. 12 („allgemeine Billigkeitsnorm").

842 **1. Grundsätzliches.** Die Form von Verträgen ist ein eigener Anknüpfungsgegenstand. Sie ist als Teilfrage eigenständig anzuknüpfen. Dem ist Art. 11 Rom I-VO gewidmet. Die rasion d'être und Zentralaussage für eine eigene Anknüpfung gerade der Form findet sich gleich im ersten Absatz: Art. 11 I Rom I-VO realisiert eine alternative Anknüpfung für die Vertragsform. Laut Art. 11 I Rom I-VO sind sowohl das Vertragsstatut als auch das Recht am Abschlussort des Vertrages berufen. Beurteilt eines von ihnen den Vertrag als formwirksam, so ist der Vertrag formwirksam, egal, was das andere der beiden Rechte sagt. Beide Rechte stehen auf der gleichen Stufe, ohne Hierarchie.[2185] Art. 11 Rom I-VO will die Formwirksamkeit des Vertrags begünstigen. Der Vertrag soll, wenn irgend möglich, nicht an Formalien scheitern. Der Wille der Parteien zum Vertrag soll möglichst erfolgreich sein. Art. 11 Rom I-VO verfolgt einen favor negotii, den Vertrag aufrechtzuerhalten, und einen favor gerentis, eine Begünstigung der Parteien durch dieses Aufrechterhalten.[2186] Beide Zwecke konvergieren; man braucht sie daher nicht zu gewichten oder gar gegeneinander auszuspielen.[2187]

843 Systematisch steht allerdings die Folgefrage im Raum, weshalb gerade Formaspekte von so geringem Wert sein sollen, dass man sie durch eine alternative Anknüpfung überspielen kann.[2188] Formvorschriften verfolgen ebenfalls legitime Zwecke. Rechtspolitisch bedingt findet das selbst in Art. 11 Rom I-VO seinen Niederschlag, indem Art. 11 IV Rom I-VO die alternative Anknüpfung bei Verbraucherverträgen ausschließt.

844 In eine Falllösung ist Art. 11 Rom I-VO nur dann einzubringen, wenn er relevant sein könnte. Er ist *nicht* automatisch und schematisch stets und immer zu prüfen. Die meisten Sachverhalte werden gar kein hinreichendes Material für eine ordentliche Untersatzbildung im Rahmen der Subsumtion enthalten. Das ist ein mehr als deutlicher Hinweis darauf, dass es ihnen auf Formfragen nicht ankommt.

845 **2. Qualifikation.** Der Anknüpfungsgegenstand Form bedarf näherer Einhegung. Insbesondere bedarf er der Abgrenzung gegenüber materiellen Aspekten. Zwar mag die Notwendigkeit einer Abgrenzung gemildert sein, weil es den lex contractus-Zweig der alternativen Anknüpfung gibt.[2189] Andererseits erfolgt für materielle Aspekte eben gerade keine alternative Anknüpfung, sondern eine alleinige Berufung der lex contractus.

846 *a) Form in Abgrenzung zur Substanz.* Im Ausgangspunkt gehört zur Form jedes äußere Verhalten, das einem Urheber einer rechtlich erheblichen Willenserklärung zugeschrieben werden kann und ohne das diese Willenserklärung nicht wirksam wäre.[2190] Unter den gesetzlichen geforderten Äußerlichkeiten für eine Erklärung zählen zur Form jene, die typische Formzwecke[2191] wie z.B. Warnfunktion oder Übereilungsschutz erfüllen.[2192] Die Normalfälle für Formvorschriften stehen unmittelbar vor Augen: Verkörperung, Schriftlichkeitserfordernis, Unterschriftserfordernis, Handschriftlichkeit, notarielle oder behördliche Beurkundung[2193] – oder eben umgekehrt Freiheit von solchen Formalien.

847 Dieser Ausgangspunkt ist gut nachvollziehbar, kann aber nicht jegliches Abgrenzungsproblem vermeiden, zumal wenn Schutzzwecke zugunsten bestimmter Parteien, des

---

[2185] Siehe nur Bericht *Giuliano/Lagarde,* ABl. EWG 1980 C 282/30; Ferrari/*Dornis* Art. 11 Rome I Regulation Rn. 11.
[2186] Staudinger/*Winkler v. Mohrenfels* Art. 11 Rom I-VO Rn. 9 f. unter Hinweis auf z. B. BGHZ 57, 337, 340; O. *Lando,* FS Clive M. Schmitthoff, 1973, S. 253, 256 f. zum einen Punkt und *Zweigert,* FS Ernst Rabel, Bd. I, 1954, S. 631, 636 f. zum anderen Punkt.
[2187] BeckOGK/*Gebauer* Art. 11 Rom I-VO Rn. 21.
[2188] Staudinger/*Winkler v. Mohrenfels* Art. 11 Rom I-VO Rn. 14.
[2189] Bericht *Giuliano/Lagarde* ABl. EWG 1980 C 282/29.
[2190] Bericht *Giuliano/Lagarde* ABl. EWG 1980 C 282/29.
[2191] Zu Formzwecken eingehend *Mankowski,* JZ 2010, 662.
[2192] *Downes/Heiss,* ZvglRWiss 98 (1999), 28, 41.
[2193] Über die Umwandlung des Übereinkommens von Rom aus dem Jahr 1980 über das auf vertragliche Schuldverhältnisse anzuwendende Recht in ein Gemeinschaftsinstrument sowie über seine Aktualisierung, von der Kommission vorgelegt am 14.1.2003, KOM (2002) 654 endg. S. 38.

XI. Formstatut 848–853 § 1

Rechtsverkehrs allgemein oder des Staates, Beweis und Publizität in Rede stehen.[2194] Teilweise sollen materielle und formelle Aspekte sogar so verwoben sein, dass sie nicht zu trennen seien und letztlich zur Zweckwahrung dem Vertragsstatut unterstehen sollen, z.B. bei einer Höchstbetragsbürgschaft mit Bezug zur Schweiz.[2195]

Umstritten ist insbesondere, ob der vorgeschriebene Gebrauch einer bestimmten Sprache der Form zuzuschlagen ist[2196] oder der Substanz.[2197] Jedenfalls der vorgeschriebene Gebrauch bestimmter Wörter, Sätze oder Wortformeln gehört zur Form.[2198] Dann spricht die Gleichbehandlung dafür, einen Sprachzwang ebenfalls der Form zuzuschlagen.[2199] 848

Informationspflichten des Verbraucherschutzrechts stellen inhaltliche Anforderungen auf. Zu deren Durchsetzung setzen sie zwar nicht selten bestimmte Formalien ein. Trotzdem mag eine Qualifikation als Form für sie nicht passen, weil sie Zusammenhänge zerrisse; sachgerechter ist, solche Informationspflichten zur Substanz zu schlagen.[2200] Jedenfalls keine Frage der Vertragsabschlussform (und nur für diese gilt Art. 11 Rom I-VO) werfen Informationspflichten auf, die erst nach Vertragsabschluss entstehen und unter dem gelebten Vertrag zu erfüllen sind.[2201] 849

b) Form in Abgrenzung zum Verfahren. Eine Abgrenzung ist zur anderen Seite nötig zwischen Form und Verfahren. Verfahrenserklärungen vor einer Registerbehörde gehören zum Registerverfahrensrecht.[2202] Dass eine bestimmte (Amts-)Sprache in einem Verfahren vor einer bestimmten Behörde zu benutzen ist, gehört zum Verfahrensrecht.[2203] Inwieweit Spracherfordernisse in Verfahrensrechten von EU-Mitgliedstaaten wegen Verstoßes gegen z.B. Artt. 18; 19 AEUV; 22 GRCh unionsrechtlich unzulässige Diskriminierungen sind, ist eine Frage an das jeweilige nationale Verfahrensrecht, überlagert und geformt eben durch das Unionsrecht. 850

Prozessverträge sind prozessual zu qualifizieren; ihre Form unterliegt daher der lex fori processus.[2204] Für die Form von Gerichtsstandsvereinbarungen bestehen konsequenterweise Sonderregeln im Prozessrecht, in Deutschland Artt. 25 I 3 Brüssel Ia-VO; 23 I 3 LugÜ 2007; § 38 ZPO. Für die Form von Schiedsvereinbarungen gilt Art. II (2) UNÜ. 851

c) Form in Abgrenzung zu Eingriffsnormen. Letzte Front ist die Abgrenzung zu Eingriffsnormen.[2205] Eine Qualifikation als Eingriffsnorm vermöchte eine Formvorschrift der alternativen Anknüpfung zu entziehen und in den Grenzen des Art. 9 II, III Rom I-VO für ihre unbedingte Durchsetzung zu sorgen.[2206] Mit einer Qualifikation gerade von Formvorschriften als Eingriffsnormen sollte man sehr zurückhaltend sein. Denn ein Formzwang ist ein recht mildes Mittel. Zudem wird er typischerweise nicht von Behörden durchgesetzt. Staatliche, überindividuelle Interessen lassen sich den üblichen Formzwecken kaum einschreiben. Warnfunktion und Überraschungsschutz sind vielmehr ganz individualschützend. Deshalb ist z.B. die für Bürgschaften in Artt. L 341-1 bis L 341-6 C. consomm. vorgeschriebene Form keine Eingriffsnorm.[2207] 852

Hauptstreitpunkt ist in Deutschland § 15 IV GmbHG für Kaufverträge über GmbH-Anteile.[2208] Jedoch dürfte kaum je eine Formvorschrift wirklich so sehr ein öffentliches, 853

[2194] *Loussouarn/Bourel/de Vareilles-Sommières* n° 369; Magnus/Mankowski/*Verschraegen* Art. 11 Rome I Regulation Rn. 41.
[2195] BGE 117 II 490, 493.
[2196] Dafür *Downes/Heiss*, ZvglRWiss 98 (1999), 28, 41 f.; *Freitag*, IPRax 1999, 142, 147 f.; Rauscher/ *v. Hein* Art. 11 Rom I-VO Rn. 11.
[2197] Dafür Palandt/*Thorn* Art. 11 Rom I-VO Rn. 3.
[2198] *Freitag*, IPRax 1999, 142, 147.
[2199] *Freitag*, IPRax 1999, 142, 147.
[2200] *Downes/Heiss*, IPRax 1999, 137, 139 f.
[2201] *Downes/Heiss*, IPRax 1999, 137, 139.
[2202] Reithmann/Martiny/*Reithmann* Rn. 5.236.
[2203] Magnus/Mankowski/*Verschraegen* Art. 11 Rome I Regulation Rn. 48.
[2204] BeckOGK/*Gebauer* Art. 11 Rom I-VO Rn. 51.
[2205] Vgl. *Downes/Heiss*, ZvglRWiss 98 (1999), 28, 40.
[2206] Beispiel: OGH IPRax 1990, 252, 253 für § 76 II 1 östGmbHG.
[2207] *Reydellet*, RLDA 122 (2017), 27, 28.
[2208] Zur Diskussion *Link*, BB 2014, 579, 580.

überindividuelles Interesse verkörpern, dass sie die hohe Schwelle des Art. 9 I Rom I-VO überwindet. Dies gilt umso mehr, als Art. 11 IV, V Rom I-VO abstrakte Abwägungsentscheidungen des Gesetzgebers enthalten, wann ihm Formzwecke so wichtig sind, dass er von der alternativen Anknüpfung abstrakt abzusehen bereit ist.[2209] Das Gebühreninteresse von Notaren genügt jedenfalls nicht.

854 Wenn ein Staat einen Sprachzwang aufstellt, um seine Sprache als nationales Kulturgut oder nationales Identitätsmerkmal zu schützen, obwaltet ein überindividuelles, staatliches Interesse. Dann steht eine Qualifikation jenes Sprachzwangs als Eingriffsnorm im Raum.[2210] Musterbeispiel ist die legendäre Loi Toubon[2211] in Frankreich. Aber auch andere Staaten kennen Sprachzwanggesetze.[2212] Gesetze von EU-Mitgliedstaaten stehen dabei auf dem besonderen Prüfstand des Unionsrechts.[2213]

855 **3. Anknüpfung.** *a) Vertragsstatut.* Art. 11 I Rom I-VO statuiert eine alternative Anknüpfung an das Vertragsstatut zum einen und den Abschlussort des Vertrags zum anderen. Welches Recht Vertragsstatut ist, ist über Artt. 3–8 Rom I-VO zu ermitteln. Insoweit gibt es grundsätzlich keine Besonderheiten. Beim Arbeitsvertrag zählt ein nach Art. 8 II 1 Rom I-VO gewähltes Statut.

856 Eine Teilrechtswahl für Formfragen über Art. 3 I 3 Rom I-VO erscheint möglich.[2214] Trennbarkeit der Materien sollte keine Hürde sein, da Art. 11 Rom I-VO die Form zu einem eigenen, separierten Anknüpfungsgegenstand erhebt.

857 *b) Abschlussort des Vertrags.* aa) locus regit formam actus. Art. 11 I Var. 2 Rom I-VO beruft das Recht des Vertragsabschlussortes. „Locus regit formam actus" ist eine der ältesten Maximen im IPR[2215] und scheint auf den ersten Blick einleuchtend. Schließlich scheint sie das Recht desjenigen Rechtsverkehrs zu berufen, in welchem der Vertrag abgeschlossen wurde. Für ein Zeitalter der Platzgeschäfte schien dies die nachgerade natürliche Anknüpfung. Man steht gleichsam im Banne der Tradition.[2216]

858 Die Kehrseite sind jedoch die Manipulationsanfälligkeit und die potenzielle Zufälligkeit gerade des Abschlussortes. Der Abschlussort muss weder mit den zu ihm liegenden Verhandlungen noch mit der Vertragserfüllung irgendetwas zu tun haben. Er muss keineswegs organisch in das Gesamtgefüge des Vertrags integriert sein. Eine Mindestaufenthaltsdauer der Parteien am Abschlussort ist nicht vorgeschrieben.[2217] Welche Motive die Parteien oder eine Partei bewogen haben, sich für den schlussendlichen Abschlussort zu entscheiden, spielt keine Rolle; Kostenersparnis, Vereinfachung, Diskretion sind grundsätzlich noch legitime Motive.[2218] Zu korrigierende Gesetzesumgehung durch gezielte Auswahl kann man den Parteien jedoch nicht vorwerfen, denn Art. 11 I Var. 2 Rom I-VO eröffnet bewusst das entsprechende Gestaltungspotenzial.[2219] Dies auf Kosten der vom Vertragsstatut verfolgten Formzwecke.[2220]

[2209] Vgl. Magnus/Mankowski/*Verschraegen* Art. 11 Rome I Regulation Rn. 129.
[2210] Siehe Cass. RCDIP 86 (1997), 542; Rapport *Réméry*, RCDIP 86 (1997), 539; *Freitag*, IPRax 1999, 142, 146.
Skeptisch *Downes/Heiss*, ZvglRWiss 98 (1999), 28, 40.
[2211] Loi n° 94–665 du 4 août 1994 relative à l'emploi de la langue française.
[2212] Beispiele für EU-Mitgliedstaaten bei *A. Heinemann/Korradi*, EuZ 2017, 32, 34 f.
[2213] Siehe nur EuGH ECLI:EU:C:2016:464 – New Valmar BVBA/Global Pharmacies Partner Health srl.
[2214] OLG Hamm NJW-RR 1996, 1144; *Bölz*, IPRax 2995, 44, 6; MüKoBGB/*Spellenberg* Art. 11 Rom I-VO Rn. 66; Staudinger/*Magnus* Art. 3 Rom I-VO Rn. 109.
[2215] Detaillierte Darstellung der Dogmengeschichte bei BeckOGK/*Gebauer* Art. 11 Rom I-VO Rn. 8–18.3.
[2216] *Raape* S. 211.
[2217] *G. Schulze*, in: Ferrari IntVertragsR Art. 11 Rom I-VO Rn. 19.
[2218] *G. Schulze*, in: Ferrari IntVertragsR Art. 11 Rom I-VO Rn. 19.
[2219] Siehe nur Staudinger/*Winkler v. Mohrenfels* Art. 11 Rom I-VO Rn. 103; BeckOGK/*Gebauer* Art. 11 Rom I-VO Rn. 23.
[2220] *Bassermann*, Der Begriff der Form des Rechtsgeschäfts im internationalen Privatrecht, 1969, S. 99 f.; *Downes/Heiss*, IPRax 1999, 137 (137).

XI. Formstatut   859–866 § 1

Beispiel: A aus Freiburg im Breisgau und B aus Augsburg sind Parteien eines Kaufvertrags über ein 859
in Deutschland belegenes Grundstück. Ihren Vertrag schließen sie schriftlich in Legnano, wo beide
Urlaub machen. Nach italienischem Recht seien Grundstückskaufverträge nur der Schriftform, aber
keiner notariellen Beurkundung bedürftig.

Verlierer sind dabei namentlich die deutschen Notare, vor deren im internationalen Ver- 860
gleich relativ hohen Gebühren (und der bei umfangreicheren Verträgen nicht recht passenden Verlesung nach § 13 BeurkG[2221]) Vertragsparteien gern ins billigere Ausland ausweichen. Es verwundert nicht, dass der wenige (und vergebliche) Widerstand gegen die
Berufung der Ortsform gerade aus dieser um ihre Fründe bangenden Zunft stammt.[2222]

bb) Ausfüllung. „Zeitpunkt" des Vertragsschlusses ist richtigerweise zu lesen als „Zeit- 861
punkt der Abgabe der jeweiligen Vertragserklärung".[2223] Sonst müsste man mühsam ermitteln, wo eine Partei sich zu dem Zeitpunkt schlicht aufhielt, zu welchem eine andere Partei
die zeitlich letzte Vertragserklärung abgegeben hat. Es kommt auf die jeweils eigene aktive
Kommunikationshandlung an. Maßgeblich ist nur die Abgabe, nicht auch der Zugang der
Erklärung. Abgegeben ist eine Erklärung, wenn ihr Erklärungsträger aus dem Verantwor-
tungsbereich des Erklärenden entäußert wird.

Abgabe der Vertragserklärungen im selben Staat ist nicht gleichzusetzen mit einem Ver- 862
tragsschluss unter Anwesenden. Die Parteien müssen ihre Erklärungen nicht am selben Ort
abgeben. Sie können ihre Erklärungen zu unterschiedlichen Zeiten abgeben, selbst dann
wenn sich die jeweils andere gerade außer Landes befindet. können sich sogar unterschiedlicher Kommunikationsmedien bedienen,[2224] denn Art. 11 I Rom I-VO schreibt nichts
Gegenteiliges vor.

Agiert ein Erklärungsvertreter für eine der Parteien, so kommt es nur auf die Vertreter- 863
erklärung an. Denn nur sie ist Vertragserklärung des Vertrags im Außenverhältnis. Sie bindet den Prinzipal, wenn die Voraussetzungen für eine wirksame Stellvertretung vorliegen
(zu beurteilen als Erstfrage nach dem Vertretungsstatut, dieses aus deutscher Sicht selbständig angeknüpft über Art. 8 EGBGB). Auch im IPR greift das Repräsentationsprinzip der
Stellvertretung. Gleiches gilt für eine Erklärung, die jemand ursprünglich als falsus procurator abgegeben hat, die sich der Prinzipal aber nachfolgend durch Genehmigung zu Eigen
macht.

Es kommt auf die objektiven Gegebenheiten an. Glauben die Parteien irrtümlich, 864
sie agierten im selben Staat, während dies in Wahrheit nicht tun, so gilt Art. 11 II Rom
I-VO.[2225]

c) *Sonderregel zum Abschlussort bei Distanzverträgen.* Bei so genannten Distanzverträgen ge- 865
ben die Parteien ihre jeweiligen Vertragserklärungen nicht in demselben Staat ab. Art. 11 I
Rom I-VO kann deshalb nicht zum Zuge kommen. Vielmehr greift Art. 11 II Rom I-VO.
Er führt den Gedanken der alternativen Anknüpfung und des favor negotii in sich konse-
quent weiter: Art. 11 II Var. 1 Rom I-VO beruft das Vertragsstatut, Art. 11 II Var. 2 Rom
I-VO das Recht eines Staates, in dem sich eine Partei oder ihr Vertreter zum Zeitpunkt des
Vertragsschlusses befindet. „Zeitpunkt des Vertragsschlusses" ist wiederum ungenau und als
„Zeitpunkt der Abgabe der jeweiligen Vertragserklärung" korrigierend zu lesen.[2226] Wo
sich der jeweilige Erklärungsadressat aufhält, ist ohne Belang.[2227]

An die Stelle des einen Abschlussortsrechts unter Art. 11 I Rom I-VO treten also aufge- 866
fächert mindestens zwei Rechte, nämlich die Rechte aller Staaten, in denen sich mindes-

---

[2221] Reithmann/Martiny/*Reithmann* Rn. 5.222.
[2222] Siehe *K. Winkler*, NJW 1972, 894; *dens.*, NJW 1974, 1033.
[2223] Siehe Ferrari/*Dornis* Art. 11 Rome I Regulation Rn. 13.
[2224] Magnus/Mankowski/*Verschraegen* Art. 11 Rome I Regulation Rn. 60.
[2225] Staudinger/*Winkler v. Mohrenfels* Art. 11 Rom I-VO Rn. 84; Magnus/Mankowski/*Verschraegen* Art. 11 Rome I Regulation Rn. 64.
[2226] Bericht *Giuliano/Lagarde*, ABl. EWG 1980 C 282/30; Staudinger/*Winkler v. Mohrenfels* Art. 11 Rom I-VO Rn. 115.
[2227] *P. Bülow*, ZEuP 1994, 493, 501; Ferrari/*Dornis* Art. 11 Rome I Regulation Rn. 21.

tens eine Vertragspartei oder ihr Vertreter bei Abgabe ihrer jeweiligen Vertragserklärung schlicht aufenthalten. Formgültig ist ein Vertrag bereits dann, wenn er den Formvorschriften auch nur eines dieser Rechte genügt oder jenen des Vertragsstatuts. Je mehr Parteien ein Vertrag hat, desto mehr Rechte kommen in Betracht.[2228]

867 Ein Vertrag ist nach Art. 11 II Var. 3 Rom I-VO bei einem Distanzabschluss sogar auch dann formgültig, wenn er den Formerfordernissen des Rechts entspricht, in dem eine der Vertragsparteien bei Vertragsabschluss ihren gewöhnlichen Aufenthalt hat. Neben Vornahmeort und lex causae treten also die beiden Aufenthaltsrechte der Vertragsparteien. Dies soll insbesondere dem Vertragsabschluss im Fernabsatz erleichtern.[2229] Das ist sehr großzügig. Der Katalog wird gezielt erweitert, um die Formgültigkeit von Verträgen und einseitigen Rechtsgeschäften noch weiter zu erleichtern.[2230] Man kann darüber streiten, ob dafür wirklich ein echtes Bedürfnis besteht.[2231]

868 Andererseits schadet die Erweiterung nicht. Immerhin kann sie die unter Umständen aufwändige Suche nach dem Abgabeort der einzelnen Vertragserklärung ersparen.[2232] In der Sache führt sie indes nur dann zu einer wirklichen Erweiterung der Optionen, wenn eine Vertragspartei ihre Vertragserklärung nicht in ihrem Aufenthaltsstaat (Niederlassungsstaat) abgegeben hat. Dies dürfte bei echten Distanzgeschäften nur selten der Fall sein, da diese gemeinhin von den eigenen Stützpunkten (Niederlassungen) aus abgegeben werden.[2233]

869 Der gewöhnliche Aufenthalt ist nach Art. 19 Rom I-VO zu bestimmen. Für natürliche Personen, die außerhalb einer beruflichen oder gewerblichen Tätigkeit handeln, kommt es auf deren Lebensmittelpunkt an. Allerdings kann dies wegen Art. 11 IV Rom I-VO für die Form nur dann Bedeutung gewinnen, wenn solche natürliche Personen ausnahmsweise keinen Verbrauchervertrag im Sinne von Art. 6 Rom I-VO schließen.

870 Maßgebliche Anknüpfungspersonen für Art. 11 II Var. 3 Rom I-VO scheinen nur die Vertragsparteien selber zu sein, aber nicht deren etwaige Vertreter.[2234]

871 *d) Eigene Regel für einseitige Rechtsgeschäfte mit Bezug auf Verträge.* Für die Form einseitiger Rechtsgeschäfte, die Bezug auf Verträge haben, besteht in Art. 11 III Rom I-VO eine eigene Regel. Solche einseitigen Rechtsgeschäfte sind z.B. Rücktritt, Kündigung, Anfechtung.[2235] Hierher gehören aber auch Mahnung, Nachfristsetzung,[2236] Ausüben eines Options- oder Modifikationsrechts, Auslobung und Aufrechnungserklärung. Prozesserklärungen können ebenfalls eine solche materiellrechtliche Komponente enthalten.[2237] Vorverträge sind dagegen zweiseitige Rechtsgeschäfte. Die Erteilung einer Vollmacht, die Bevollmächtigung, ist zwar ein einseitiges Rechtsgeschäft, fällt aber auch hinsichtlich ihrer Form über Art. 1 II lit. g Rom I-VO aus der Rom I-VO insgesamt heraus.[2238]

[2228] Reithmann/Martiny/*Reithmann* Rn. 5.226.
[2229] Vorschlag der Kommission für eine Verordnung des Europäischen Parlaments und des Rates über das auf vertragliche Schuldverhältnisse anzuwendende Recht (Rom I) v. 15.12.2005, KOM (2005) 650 endg. S. 9; *Rammeloo,* NIPR 2006, 239, 251.
[2230] Vorschlag für eine Verordnung des Europäischen Parlaments und des Rates über das auf vertragliche Schuldverhältnisse anzuwendende Recht (Rom I), von der Kommission vorgelegt am 15.12.2005, KOM (2005) 650 endg., S. 9.
[2231] Skeptisch *Magnus/Mankowski,* ZvglRWiss 103 (2004), 131, 182; *Martiny,* in: Leible (Hrsg.), Das Grünbuch zum internationalen Vertragsrecht, 2004, S. 109, 131.
[2232] Siehe Grünbuch über die Umwandlung des Übereinkommens von Rom aus dem Jahr 1980 über das auf vertragliche Schuldverhältnisse anzuwendende Recht in ein Gemeinschaftsinstrument sowie über seine Aktualisierung, von der Kommission vorgelegt am 14.1.2003, KOM (2002) 654 endg., S. 39.
[2233] *Mankowski,* IPRax 2006, 101, 110.
[2234] NK-BGB/*Bischoff* Art. 11 Rom I-VO Rn. 29; BeckOGK/*Gebauer* Art. 11 Rom I-VO Rn. 138; Magnus/Mankowski/*Verschraegen* Art. 11 Rome I Regulation Rn. 85. A. A. Reithmann/Martiny/*Reithmann* Rn. 5.227 f.
[2235] Siehe nur BeckOGK/*Gebauer* Art. 11 Rom I-VO Rn. 140.
[2236] Reithmann/Martiny/*Reithmann* Rn. 5.236.
[2237] Insoweit nicht differenziert genug Magnus/Mankowski/*Verschraegen* Art. 11 Rome I Regulation Rn. 90.
[2238] BeckOGK/*Gebauer* Art. 11 Rom I-VO Rn. 141.

XI. Formstatut   872–877 § 1

Art. 11 III Rom I-VO beruft alternativ das Vertragsstatut (Var. 1), das Recht am Vor- 872
nahmeort des einseitigen Rechtsgeschäfts (Var. 2), also das Recht des Ortes, an welchem
die für das einseitige Rechtsgeschäft konstitutive Willenserklärung abgegeben wurde, und
das Recht am gewöhnlichen Aufenthalt der Person, welche das einseitige Rechtsgeschäft
vornimmt.

Anders als Art. 11 I, II Rom I-VO nennt Art. 11 III Rom I-VO Vertragspartei und Ver- 873
treter nicht explizit nebeneinander. Vielmehr hebt er auf die Partei ab, welche das einseitige Rechtsgeschäft vorgenommen hat. Dies ist weit genug, um auch den Vertreter zu umfassen.[2239]

e) Erste Ausnahme: Verbraucherverträge. Art. 11 IV 2 Rom I-VO unterwirft die Form von 874
Art. 6 Rom I-VO erfasster Verbraucherverträge immer dem Recht des Staates, in welchem
der Verbraucher seinen gewöhnlichen Aufenthalt hat. Für solche Verbraucherverträge gibt
es also keine alternative Anknüpfung der Form, und eine Wahl des Verbrauchervertragsstatuts schlägt auf die Form nicht durch.[2240] Insofern setzen sich materielle Anliegen des Verbraucherschutzes gegen die generelle Liberalität bei der Formanknüpfung durch.[2241] Ver-
braucherschutzregeln sind komplex, gerade im Bereich der Form,[2242] und verwahren sich
gegen eine Aufspaltung qua Alternativanknüpfung.[2243] Der Verbraucher soll durchgängig
auf den Schutz vertrauen dürfen, den ihm sein Umweltrecht zuteil werden lässt.[2244] Dies
gilt auch für die Form einseitiger Rechtsgeschäfte, die sich auf Verbraucherverträge beziehen,[2245] z. B. eine Kündigung durch den Unternehmer und vor allem einen Widerruf
durch den Verbraucher.

Art. 11 IV Rom I-VO gilt explizit nur für Verbraucherverträge im Sinne von Art. 6 875
Rom I-VO, also solche, die unter Art. 6 I Rom I-VO fallen und unter keine der Ausnahmen in Art. 6 IV Rom I-VO. Unmittelbar gilt er daher nicht für solche Verbraucherverträge, die von Art. 6 Rom I-VO nicht erfasst sind, weil Art. 6 I Rom I-VO nicht erfüllt ist
oder weil eine der Ausnahmen aus Art. 6 IV Rom I-VO greift.

Ebenso wenig gilt Art. 11 IV Rom I-VO direkt für die anderen Vertragstypen, bei denen 876
der europäische Gesetzgeber besondere Anknüpfungsregeln für das Vertragsstatut aufgestellt
hat. Letzteres trifft insbesondere Arbeitsverträge. Die arbeitgeberseitige Kündigung eines Arbeitsvertrags ist ein eminent wichtiges und sehr häufiges einseitiges Rechtsgeschäft. Viele
Sachrechte stellen für sie besondere Formvorschriften zum Schutz des Arbeitnehmers auf, z.B.
das deutsche Recht in § 623 BGB. Das IPR dagegen belässt es für die Form bei der Liberalität
des Art. 11 I-III Rom I-VO,[2246] für die Kündigung also bei Art. 11 III Rom I-VO und wird
solchen Schutzzwecken nicht gerecht.[2247] Rechtspolitisch richtig wäre, bereits de lege lata
Art. 11 IV Rom I-VO analog anzuwenden und für die Form einseitiger Rechtsgeschäfte bei
Arbeitsverträgen immer das objektiv angeknüpfte Arbeitsvertragsstatut zu berufen.[2248] Eine
Einordnung von Formvorschriften für Kündigungen als Eingriffsnorm[2249] wäre ein Kraftakt.

f) Zweite Ausnahme: Immobilienverträge. Die zweite wichtige Ausnahme statuiert Art. 11 V 877
Rom I-VO: Für Immobilienverträge gelten nicht Art. 11 I IV Rom I-VO, sondern die

---

[2239] Magnus/Mankowski/*Verschraegen* Art. 11 Rome I Regulation Rn. 91.
AA, für Umkehrschluss G. *Schulze,* in: Ferrari IntVertragsR Art. 11 Rom I-VO Rn. 27.
[2240] → § 1 Rn. 530 ff.
[2241] *Downes/Heiss,* IPRax 1999, 137, 139.
[2242] Siehe nur *Heiss,* in: A. K. Schnyder/Heiss/Rudisch (Hrsg.), Internationales Verbraucherschutzrecht,
1995, S. 87.
[2243] *Downes/Heiss,* ZvglRWiss 98 (1999), 28, 42.
[2244] *Downes/Heiss,* IPRax 1999, 137, 138.
[2245] BeckOGK/*Gebauer* Art. 11 Rom I-VO Rn. 147.
[2246] *Deinert* § 8 Rn. 12; *Rauscher/v. Hein* Art. 11 Rom I-VO Rn. 37; Staudinger/*Winkler v. Mohrenfels*
Art. 11 Rom I-VO Rn. 124.
[2247] Magnus/Mankowski/*Verschraegen* Art. 11 Rome I Regulation Rn. 126.
[2248] Andere Korrekturversuche, namentlich über Treu und Glauben gegen den Arbeitgeber, vertreten
E. *Lorenz,* RdA 1989, 220, 226; Staudinger/*Winkler v. Mohrenfels* Art. 11 Rom I-VO Rn. 124.
[2249] Dafür Magnus/Mankowski/*Verschraegen* Art. 11 Rome I Regulation Rn. 127.

Formvorschriften des Belegenheitsrechts. Allerdings bestehen dafür zwei besondere Voraussetzungen: Zum einen müssen jene Formvorschriften unabhängig davon gelten, in welchem Land der Vertrag geschlossen wird oder welchem Recht er unterliegt (lit. a); zum anderen müssen sie abbedingungsfest sein (lit. b). Ist auch nur eine der beiden Voraussetzungen nicht gegeben, so tritt Art. 11 I IV Rom I-VO wieder in sein Recht.[2250]

878 Hinter Art. 11 V Rom I-VO steht die Überlegung, dass sich ein Immobilienvertrag gegen den Willen des Belegenheitsrechts nicht effektiv durchsetzen lässt.[2251] Gefordert ist indes keine Qualität als Eingriffsnorm, denn anders als Art. 9 I Rom I-VO verlangt Art. 11 V Rom I-VO kein besonderes Interesse staats- oder wirtschaftspolitischer Art. Ob eine bestimmte Formvorschrift der lex rei sitae unbedingte Anwendung heischt, ist durch Auslegung ebendieser Vorschrift zu ermitteln.[2252] § 311b BGB z. B. verlangt keine unbedingte Geltung.[2253] Beim Bauträgervertrag mit privaten Erwerbern kann man allerdings ein Schutzbedürfnis sehen.[2254] Ein klares Anwendungsbeispiel für Art. 11 V Rom I-VO ist Art. 119 III 2 schwIPRG.[2255]

879 Wie die gesamte Rom I-VO gilt Art. 11 V Var. 1 Rom I-VO nur für Verpflichtungsgeschäfte, nicht für Verfügungsgeschäfte, also insbesondere nicht für die dingliche Übertragung von Grundeigentum.[2256] In seinem sachlichen Zuschnitt unterscheidet er sich deutlich von Art. 24 Nr. 1 UAbs. 1 Var. 1 Brüssel Ia-VO: Letzterer meint nur Klagen *aus* dinglichen Rechten,[2257] während Art. 11 V Rom I-VO seinerseits nur Verpflichtungsgeschäfte über dingliche Rechte als Gegenstand erfasst. Art. 11 V Rom I-VO erfasst gerade Immobilienkaufverträge, während Art. 22 Nr. 1 UAbs. 1 Var. 1 Brüssel Ia-VO diese nicht erfasst.

880 Art. 11 V Var. 2 Rom I-VO erfasst Immobilienmiet- und- pachtverträge. Der Begriff ist ebenso zu verstehen wie in Art. 24 Nr. 1 UAbs. 1 Var. 2 Brüssel Ia-VO: als jegliche einen Rechtsanspruch begründende Überlassung des Gebrauchs der Immobilie auf Zeit.[2258] Formvorschriften können bei Mietvertägen Instrument zum Mieterschutz sein, z. B. § 550 BGB in Deutschland.[2259]

881 **4. Rechtsfolgen von Formverstößen.** Im Ausgangspunkt ist dem jeweils verletzten Recht zu entnehmen, welche Folgen ein Verstoß gegen seine Formvorschriften nach sich zieht. Es entscheidet auch darüber, ob und, wenn ja, wann eine Heilung möglich ist[2260] (wie z. B. nach §§ 311b I 2; 518 II; 766 S. 3 BGB). Sieht bei alternativer Anknüpfung ein anderes berufenes Recht allerdings keinen Verstoß gegen seine eigenen Formvorschriften, so ist der Vertrag formwirksam.

882 Sind Formvorschriften aller alternativ berufenen Rechte verletzt, so entspricht es der Struktur der alternativen Anknüpfung, dass die relativ mildeste Rechtsfolge zum Zuge kommt.[2261]

[2250] Siehe *Mankowski,* RIW 1995, 1034, 1037.
[2251] Bericht *Giuliano/Lagarde,* ABl. EWG 1980 C 282/30; *Mankowski,* RIW 1995, 1034, 1037; Rauscher/ *v. Hein* Art. 11 Rom I-VO Rn. 32.
[2252] Rauscher/*v. Hein* Art. 11 Rom I-VO Rn. 34; Ferrari/*Dornis* Art. 11 Rome I Regulation Rn. 26.
[2253] Begründung der Bundesregierung zum Entwurf eines Gesetzes zur Neuregelung des internationalen Privatrechts, BT-Drs. 10/504, 49.
AA Notare: *Reithmann,* FS Murad Ferid, 1988, S. 363, 371; *Lichtenberger,* FS Horst Hagen, 1999, S. 153.
[2254] *Reithmann,* FS Murad Ferid, 1988, S. 363, 371; Reithmann/Martiny/*Reithmann* Rn. 5.240.
[2255] BeckOGK/*Gebauer* Art. 11 Rom I-VO Rn. 149.
[2256] Ferrari/*Dornis* Art. 11 Rome I Regulation Rn. 25; Magnus/Mankowski/*Verschraegen* Art. 11 Rome I Regulation Rn. 108.
[2257] Siehe nur EuGH Slg. 2001, I-2771 Rn. 16 – Richard Gaillard/Alaya Cheiki, OGH wobl 2002, 304, 305; Rauscher/*Mankowski* Art. 24 Brüssel Ia-VO Rn. 14, 17 mwN.
[2258] Dort Rauscher/*Mankowski* Art. 24 Brüssel Ia-VO Rn. 26 mwN.
[2259] MüKoBGB/*Spellenberg* Art. 11 Rom I-VO Rn. 63.
[2260] Siehe nur Staudinger/*Winkler v. Mohrenfels* Art. 11 Rom I-VO Rn. 96.
[2261] Siehe nur Bericht *Giuliano/Lagarde,* ABl. EWG 1980 C 282/30; Staudinger/*Winkler v. Mohrenfels* Art. 11 Rom I-VO Rn. 95, 121; *G. Schulze,* in: Ferrari IntVertragsR Art. 11 Rom I-VO Rn. 21; Ferrari/ *Dornis* Art. 11 Rome I Regulation Rn. 15.

XII. Abtretung
883 § 1

5. So genannte Formleere. Kennt eines der alternativ berufenen Rechte den betref- 883
fenden Vertragstyp nicht (also nicht einmal so ähnlich oder funktionell entsprechend[2262]),
so wird es für diesen Vertragstyp erst recht die Form nicht regeln; man steht dann vor einer
so genannten Formleere. Das heißt nicht etwa, dass dann Formfreiheit nach dem betreffenden Recht anzunehmen wäre. Vielmehr reduziert sich die alternative Anknüpfung konkret
um den zu diesem Recht führenden Zweig.[2263]

XII. Abtretung

Literatur: *F. Bauer,* Die Forderungsabtretung im IPR, 2008; *Berends,* Cessie, subrogatie, hoofdelijke
aansprakelijkheid, verrekening en financiële overeenkomsten in Rome I, WPNR 6824 (2009), 1038;
Bode, Die Wirksamkeit einer Forderungsübertragung gegenüber Dritten vor dem Hintergrund der
internationalen Forderungsfinanzierung, 2007; *Brinkmann,* Kreditsicherheiten an beweglichen Sachen
und Forderungen, 2011; *Cashin Ritaine,* Les règles applicables aux transferts internationaux de créance
à l'aune du nouveau Règlement Rome I et du droit conventionnel, in: Cashin Ritaine/Bonomi
(éds.), Le nouveau règlement européen „Rome I" relatif à la loi applicable aux obligations contractuelles, 2008, S. 177; *Einsele,* Das Internationale Privatrecht der Forderungszession und der Schuldnerschutz, *dies.,* Die Forderungsabtretung nach der Rom I Verordnung, RabelsZ 74 (2010), 91; *Espiniella
Menéndez,* Sustitución y adición de deudores en el Reglamento „Roma I", AEDIPr 2012, 309; *Fentiman,* Assignment and Rome I: towards a principled solution, (2010) 4 L. & Fin. Mkts. Rev. 405;
ders., Trading Debts Across Borders: A European Solution?, 17 Ind.J. Glob. Leg. Stud. 245 (2010);
Flessner, Privatautonomie und Interessen im internationalen Privatrecht – am Beispiel der Forderungsabtretung, FS Claus-Wilhelm Canaris, Bd. II, 2007, S. 545; *ders.,* Die internationale Forderungsabtretung nach der Verordnung Rom I, IPRax 2009, 35; *ders.,* Rechtswahlfreiheit auf Probe – Zur Überprüfung von Art 14 der Rom I Verordnung, FS Gunther Kühne, 2009, S. 703; *ders.,* Between Articles
14 and 27 of Rome I: How to interpret a European Regulation on Conflict of Laws?, in: Westrik/van
der Weide (eds.), Party Autonomy in International Property Law, 2011, S. 207; *Flessner/Verhagen,*
Assignment in European Private International Law, 2006; *Garcimartín Alférez,* Assignment of claims in
the Rome I Regulation, in: Ferrari/Leible (eds.), Rome I Regulation, 2009, S. 217; *ders.,* Las lagunas
ocultas del Reglamento Roma I: cesiones universales y las cesiones singulares, Liber amciorum José
Luis Iglesias Buhigues, 2012, S. 495; *Goode,* The Assignment of Pure Intangibles in the Conflict of
Laws, Essays in Honour of Hugh Beale, 2014, S. 353; *van der Grinten,* Article 14 Rome I: A Political
Perspective, in: Westrik/van der Weide (eds.), Party Autonomy in International Property Law, 2011,
S. 145; *Hartley,* Choice of Law rgearding the Voluntary Assignment of Contractual Obligations under
the Rome I Regulation, (2011) 60 ICLQ 29; *Heine,* Das Kollisionsrecht der Forderungsabtretung,
2012; *C. Heinze/Warmuth,* The law applicable to proprietary effects of assignments and its interplay
with insolvency, Unif. L. Rev. 2017, 808; *Kieninger,* General Principles on the Law Applicable to the
Assignment of Receivables in Europe, in: Basedow/Baum/Nishitani (eds.), Japanese and European
Private International Law in Comparative Perspective, 2008, S. 153; *dies.,* Die Vereinheitlichung des
Kollisionsrechts der Abtretung, in: Basedow/Remien/Wenckstern (Hrsg.), Europäisches Kreditsicherungsrecht, 2010, S. 147; *dies.,* Das auf die Forderungsabtretung anzuwendende Recht im Licht
der BIICL-Studie, IPRax 2012, 289; *Kieninger/E. Schütze,* Die Forderungsabtretung im Internationalen Privatrecht: Bringt die „Rom I Verordnung" ein „Ende der Geschichte"?, IPRax 2005, 200;
Kieninger/Sigman, Abtretung und Legalzession, in: Ferrari/Leible (Hrsg.), Ein neues Internationales
Vertragsrecht für Europa, 2007, S. 179; *Labonté,* Forderungsabtretung international: Art. 14 Rom I
Verordnung und seine Reform, 2016; *Leandro,* La disciplina della opponibilità della cessione del
credito nel proposta di regolamento Roma I, RDIPP 2006, 675; *Leible/M. Müller,* Die Anknüpfung
der Drittwirkung von Forderungsabtretungen in der Rom I Verordnung, IPRax 2012, 491;
Mankowski, Zessionsgrundstatut v. Recht des Zedentensitzes – Ergänzende Überlegungen zur
Anknüpfung der Drittwirkung von Zessionen, IPRax 2012, 298; *ders.,* Proprietary aspects of the assignment of claims in the conflict of laws, NIPR 2018, 26; *ders.,* Der Kommissionsvorschlag zum
Internationalen Privatrecht der Drittwirkung von Zessionen, RIW 2018, 488; *M. E. Mann/A. Nagel,*
Zession und Drittwirkung im internationalen Kreditsicherungsgeschäft, WM 2011, 1499; *Møllmann,*
Security assignment of debts and the conflict of laws, [2011] LMCLQ 262; *Perkins,* A question of
priorities: choice of law and proprietary aspects of the assignment of debts, (2008) 2 L. & Fin. Mkts.

[2262] MüKoBGB/*Spellenberg* Art. 11 EGBGB Rn. 136; *Mankowski,* NZG 2010, 201, 207.
[2263] BeckOGK/*Gebauer* Art. 11 Rom I-VO Rn. 75.

Rev. 238; *C. Rudolf,* Drittwirkung einer internationalen Forderungsabtretung und die Rom I-VO, FS Willibald Posch zum 65. Geb., 2012, S. 637; *A. Stadler,* Der Streit um das Zessionsstatut – eine endlose Geschichte?, IPRax 2000, 104; *Thiede,* Internationale Mehrfach- und Sicherungszessionen nach der Rom I Verordnung, ÖBA 2012, 645; *Verhagen/van Dongen,* Cross-border assignments under Rome I, (2010) 6 JPrIL 1; *de Visser,* The law governing the voluntary assignment of claims under the Rome I Regulation, NIPR 2011, 461; *Walsh,* The law applicable to thirs-party effects of an aissgnment of receivables: whither the EU?, Unif. L. Rev. 2017, 781.

884 Art. 14 widmet sich dem IPR der Abtretung. Gemeint ist nur die rechtsgeschäftliche Singularzession, allerdings unter Einschluss der Einziehungsermächtigung.[2264] Für die Legalzession gibt es mit Art. 15 Rom I-VO eine eigene Anknüpfungsregel. Universalsukzessionen wiederum richten sich nach dem Statut des Sukzessionsvorgangs,[2265] z. B. die Erbfolge nach dem Erbstatut. Insolvenzbeschlag und insolvenzrechtliche Übertragungen richten sich nach dem Insolvenzstatut.[2266] Ein asset deal im Rahmen einer Unternehmensübertragung bedingt dagegen die Einzelübertragung von Vermögenswerten des betreffenden Unternehmens und daher auch Singularzessionen der Forderungen jenes Unternehmens. Für die Vertragsübernahme ist eine Analogie zu Art. 14 Rom I-VO erwägenswert.[2266a]

885 **1. Verpflichtungsgeschäft.** Für ihr Verpflichtungsgeschäft steht Zedent und Zessionar die freie Rechtswahl nach Art. 3 Rom I-VO offen.[2267] Treffen sie keine Rechtswahl, so ist objektiv anzuknüpfen nach Art. 4 Rom I-VO. Da Forderungen keine beweglichen Sachen sind, fällt der Forderungskauf nicht unter Art. 4 I lit. a Rom I-VO; ein Forderungskauf ist vielmehr über Art. 4 II Rom I-VO nach dem Prinzip der charakteristischen Leistung anzuknüpfen und unterliegt – vorbehaltlich einer Anwendung der Ausweichklausel aus Art. 4 III Rom I-VO – dem Recht am Wohnsitz des Forderungsverkäufers, des Zedenten.[2268]

886 Sofern die Forderung quasi erfüllungshalber (pro solvendo vel pro soluto) hingegeben wird, um eine Verbindlichkeit des Zedenten gegenüber dem Zessionar zu erfüllen, gilt das Recht, welches das Statut der zu erfüllenden Verbindlichkeit stellt.[2269]

887 Wird die Forderung sicherungshalber abgetreten, so ist Verpflichtungsgeschäft der Sicherheitengestellungsvertrag (nicht die eigentliche Sicherungsabrede). Der Sicherheitengestellungsvertrag fügt sich in aller Regel in den Zusammenhang des zu sichernden Geschäfts und unterfällt dessen Statut. Ist zu sicherndes Geschäft ein Kreditvertrag, so gilt daher das Statut dieses Kreditvertrags.

888 Erfolgt die Zession unter einem Factoringvertrag, so stellt der Factoringvertrag das maßgebliche Verpflichtungsgeschäft. Das Statut des Factoringvertrags beherrscht die Verpflichtung zwischen Factor (Zessionar) und Factoringkunden (Zedent). Unter einem Factoringvertrag erbringt der Factor die vertragscharakteristische Leistung, nämlich das Einziehen der Forderungen von den Schuldnern und die Vor- bzw. Zwischenfinanzierung zu Gunsten des Factoringkunden. Bei einem Factoringvertrag, bei welchem der Factor die Forderung endgültig erwirbt und Ausfall- und Delcredererisiko übernimmt, handelt es sich um eine besondere Art des Forderungskaufs.

889 **2. Verfügungsgeschäft: Wirkung inter partes zwischen Zedent und Zessionar.** Erwägungsgrund (38) S. 1 Rom I-VO betont, dass der Begriff „Verhältnis" in Art. 14 I Rom I-VO klarstellen soll, dass diese Norm auch auf die dinglichen Aspekte des Ver-

---

[2264] BGH ZLR 2014, 162, 171 mAnm *Gundel.*
[2265] *Garcimartín Alférez,* Liber amicorum José Luis Iglesias Buhigues, 2012, S. 495, 500f.
[2266] *Garcimartín Alférez,* Liber amicorum José Luis Iglesias Buhigues, 2012, S. 495, 503.
[2266a] LG Hamburg IPRspr. 2016 Nr. 304 S. 762; *Espiniella Menéndez,* AEDIPr 2012, 309, 313. Eingehend zur Frage *Feiler,* Kollisionsrecht der Vertragsübernahme, 2018.
[2267] Siehe nur *Thiede,* ÖBA 2012, 645, 647.
[2268] Siehe nur *Thiede,* ÖBA 2012, 645, 648.
[2269] *Requejo Isidro,* La cessión de créditos en el comercio internacional, 2002, S. 175–177; *Ubertazzi* S. 106; *Garcimartín Alférez,* in: Ferrari/Leible, Rome I Regulation, 2009, S. 217, 224f.; *Thiede,* ÖBA 2012, 645, 648.

XII. Abtretung   890–894 § 1

trags zwischen Zedent und Zessionar anwendbar ist, wenn eine Rechtsordnung dingliche und schuldrechtliche Aspekte trennt. Die verfügungsrechtlichen Wirkungen inter partes unterliegen also kraft gesetzgeberischer Entscheidung Art. 14 I Rom I-VO. Dies führt zu einem Gleichlauf ihres Statuts mit dem Zessionsgrundstatut. Der entscheidende Vorteil daran: Die einheitliche Anknüpfung des gesamten Rechtsverhältnisses zwischen Zedent und Zessionar passt auch für Rechtsordnungen, deren Sachrecht das Trennungsprinzip des deutschen Rechts fremd ist. Rechtsordnungen mit Konsensualprinzip, also mit dinglicher Übertragung uno actu mit dem Forderungskauf, brauchen nicht mit ihnen künstlich erscheinenden Trennungen zu kämpfen. Wer dem Trennungs- und darauf aufbauend dem Abstraktionsprinzip folgt, steht zwar vor zwei Anknüpfungsgegenständen; für beide gilt aber dieselbe Anknüpfung, so dass sie zusammenlaufen und demselben Recht unterstehen.

Freilich eröffnen sich aus der Erweiterung des Art. 14 I Rom I-VO auf verfügungsrechtliche Wirkungen inter partes sofort neue, schwer wiegende Probleme: Erstens besteht nun eine Rechtswahlmöglichkeit für dingliche Aspekte. Zweitens ist zu klären, was dingliche Wirkungen inter partes sein sollen. Inter partes meint seinem Charakter nach Relativität. Dinglichkeit dagegen meint gerade nicht Relativität, sondern Absolutheit. Dingliche Wirkungen nur im Verhältnis bestimmter Beteiligter zueinander sind eigentlich ein Widerspruch in sich. Drittens droht man sich von dem Ideal,[2270] dass alle dinglichen Verfügungswirkungen, gleich ob im Verhältnis zwischen Zedent und Zessionar oder im Verhältnis zu Dritten, einheitlich angeknüpft werden sollten. 890

3. Verfügungsgeschäft: Wirkung gegen Dritte. Im Verhältnis zum Schuldner der abgetretenen Forderung greift Art. 14 II Rom I-VO. Insoweit gilt daher das Statut der abgetretenen Forderung.[2271] Im Verhältnis zwischen Zedent und Zessionar greift Art. 14 I Rom I-VO. Keiner ausdrücklichen Regelung zugeführt bleibt die Wirkung von Verfügungen im Verhältnis zu Dritten. Drittwirkung steht in Rede im Verhältnis zu Gläubigern des Zedenten, zu Gläubigern des Zessionars, zu Gläubigen des Schuldners und insbesondere zu Märkten, auf denen Forderungen Handelsobjekt sind. 891

An der Anknüpfung der Drittwirkungen von Zessionen drohte die ganze Rom I-VO zu scheitern.[2272] Denn an sie hängte das Vereinigte Königreich sein Herz.[2273] Auf den ersten Blick ist dies kaum nachzuvollziehen. So wichtig scheinen die Drittwirkungen von Zessionen nicht. Auf den zweiten Blick jedoch offenbaren sich die dahinter stehenden, überragend wichtigen Interessen der englischen Finanzwirtschaft aus der City of London. Die so unscheinbar wirkenden Zessionen und deren Drittwirkungen berühren nämlich ein Milliarden-, ja Billionengeschäft: die Märkte für Assed Backed Securities einerseits und für Factoring andererseits.[2274] Man bedenke, dass die Schlussphase der Verhandlungen zur Rom I-VO in der Hochphase der Finanzmärkte und ihres Erfindungsreichtums vor der Finanzkrise (der Zweiten Weltwirtschaftskrise) stattfand.[2275] 892

Beispiel: Das Factoringunternehmen Universal Factors Inc. in Houston erwirbt im Wege der Globalzession und des echten Factoring den Entgeltforderungsbestand der SuperCommodities Inovator Ltd. aus London gegen deren in allen EU-Mitgliedstaaten ansässige Kunden. 893

Beispiel: Das Special Purpose Vehicle Astranat Ltd. in London attahiert alle Forderungen von Unternehmen der Solarplectic-Gruppe mit Muttergesellschaft in Dublin und Töchtern in Deutschland, Frankreich und den Niederlanden gegen Dritte. VA begibt anschließend Anleihen, für welche die gesammelten Forderung als unterlegende Sicherheit dienen. 894

[2270] *C. Rudolf,* FS Willibald Posch, 2012, S. 637, 647.
[2271] Siehe nur OGH ZfRV 2013, 173, 174.
[2272] Dramatisch die Schilderung bei *van der Grinten* (Mitglied der niederländischen Verhandlungsdelegation), in: Westrik/van der Weide (eds.), Party Autonomy in International Property Law, 2011, S. 145, 160 f.
[2273] Unterstützt von Luxemburg und dem Vernehmen nach im Hintergrund von deutschen Banken.
[2274] *Mankowski,* NIPR 2018, 26 (26, 28).
[2275] *Mankowski,* NIPR 2018, 26 (26 f.).

895 Auslegung des Art. 14 Rom I-VO vermag kein rechtes Ergebnis für das Statut der Drittwirkungen zu erbringen.[2276] Denn die Drittwirkungen der Zession sind in Art. 14 Rom I-VO gerade nicht geregelt. Vielmehr hat man sie bewusst und gezielt ausgeklammert. Art. 13 III Vorschlag Rom I[2277] wollte die Anknüpfung an den Zedentensitz (wenn auch mit einigen diskussionswürdigen Modifikationen im Detail, z. B. hinsichtlich einer Trennung zwischen Verfügungswirkung inter partes und Priorität[2278]). Die Genese des Art. 14 Rom I-VO belegt eindeutig, dass man sich nicht einigen konnte und die Frage deshalb ungeregelt gelassen hat.[2279] Art. 14 Rom I-VO enthält insoweit eine Lücke.[2280] Schon die Akteure der verschiedenen Finanzmärkte in England waren und sind sich nicht einig: Die Securitization Industry streitet seit jeher für das Forderungsstatut, die Factoring Industry dagegen für das Recht des Zedentensitzes.[2281] Ein englischer Kompromissvorschlag in letzter Minute der Verhandlungen ermöglichte immerhin die Einigung auf eine Ausklammerung.[2282] Heraus kam ein „agreement to disagree"[2283] – das die Rom I-VO rettete.[2284]

896 Eine der großen Schwachstellen des EVÜ wurde also nicht behoben, sondern perpetuiert. In einer höchst komplexen Materie beließ man es bei einer Nichtlösung. Unter Art. 12 EVÜ waren sich die nationalen Höchst- und Obergerichte untereinander nicht einig, sondern widersprachen einander in einem Maße wie nirgends sonst unter der EVÜ. BGH und Court of Appeal präferierten eine Anwendung des Art. 12 II EVÜ (bzw. Art. 33 II EGBGB) und des Statuts der zedierten Forderung,[2285] der Hoge Raad eine Anwendung des Art. 12 I EVÜ und des Zessionsgrundstatuts.[2286] Die Wissenschaft stellte dem immer stimmreicher das Sitzrecht des Zedenten als dritte Alternative zur Seite. Seltener waren ein Plädoyer für das Sitzrecht des Schuldners der zedierten Forderung[2287] oder für einen Rück-

---

[2276] *Sonnenberger*, IPRax 2011, 325, 328.

[2277] Vorschlag für eine Verordnung des Europäischen Parlaments und des Rates über das auf vertragliche Schuldverhältnisse anzuwendende Recht (Rom I), von der Kommission vorgelegt am 15.12.2005, KOM (2005) 650 endg. S. 21.

[2278] Dazu eingehend *Kieninger/Sigman*, in: Ferrari/Leible (Hrsg.), Ein neues Internationales Vertragsrecht für Europa, 2007, S. 179, 186–194.

[2279] Siehe nur eingehend *van der Grinten*, in: Westrik/van der Weide (eds.), Party Autonomy in International Property Law, 2011, S. 145, 154–161 und außerdem z. B. *Lagarde/Tenenbaum*, RCDIP 97 (2008), 727, 777; *F. Bauer*, Die Forderungsabtretung im IPR, 2008, S. 103 f.; *Berends*, WPNR 6824 (2009), 1038, 1039; *Garcimartín Alférez*, in: Ferrari/Leible, Rome I Regulation, 2009, S. 217, 234 f.; *Magnus*, IPRax 2010, 27, 42; *Martiny*, ZEuP 2010, 747, 774; *Hartley*, (2011) 60 ICLQ 29, 51; *Rauscher/Freitag* Art. 14 Rom I-VO Rn. 11; *Brinkmann*, Kreditsicherheiten an beweglichen Sachen und Forderungen, 2011, S. 343; *Møllmann*, [2011] LMCLQ 262, 269 f.; G.-P. *Calliess/F. Bauer* Art. 14 Rome I Regulation Rn. 42; *Heine*, Das Kollisionsrecht der Forderungsabtretung, 2012, S. 94 f.

AA indes *Flessner*, IPRax 2009, 35, 38 f., 41–43; ders., in: Westrik/van der Weide (eds.), Party Autonomy in International Property Law, 2011, S. 207, 213–220; *van Dongen/Wenting*, NTBR 2009, 82, 89; *Verhagen/van Dongen*, (2010) 6 JPrIL 1, 5, 11–13.

[2280] Bericht der Kommission an das Europäische Parlament, den Rat und den Europäischen Wirtschafts- und Sozialausschuss über die Frage, ob die Übertragung einer Forderung Dritten entgegengehalten werden kann, und über den Rang dieser Forderung gegenüber dem Recht einer anderen Person, KOM (2016) 626 S. 3; C. *Heinze/Warmuth*, Unif. L. Rev. 2017, 808, 810.

[2281] Siehe nur *S. James*, [2009] JIBFL 665; *Perkins*, [2010] JIBFL 333, 335; *Hartley*, (2011) 60 ICLQ 29, 51 f.; *Bottley*, DLA Piper Client Alert Asset Based Lending May 2011 S. 2 <http://www.dlapiper.com> (11 May 2011).

[2282] Vgl. *Perkins*, (2008) 2 L. & Fin. Mkts. Rev. 238, 242 f.

[2283] Plastisch *Fentiman*, 17 Ind. J. Glob. Leg. Stud. 245 (245) (2010).

[2284] *Mankowski*, IPRax 2012, 298 (298).

[2285] BGHZ 108, 353, 357; BGHZ 111, 376, 379 f.; BGH NJW 1991, 1414; BGHZ 125, 196, 205; BGH RIW 2004, 857 und mindestens acht deutsche Oberlandesgerichte; *Raiffeisen Zentralbank Österreich AG v. Five Star General Trading LLC (The „Mount I")* [2001] QB 825, [2001] 3 All E. R. 257, [2001] 2 WLR 1344, [2001] 1 Lloyd's Rep. 597 (C. A.).

[2286] Hoge Raad Ned. Jur. 1998 Nr. 585 S. 3326 f. mAnm *de Boer*; dem folgend z. B. Hof Amsterdam NIPR 2000 Nr. 190 S. 320; Rb. Rotterdam NIPR 2001 Nr. 272 S. 454; Rb. Rotterdam NIPR 2001 Nr. 124 S. 247 sowie im nationalen IPR Art. 10 II Wet conflictenrecht goederenrecht in den Niederlanden.

[2287] *Rosch*, Eur. L. Rpter 2000, 378, 381 f.; *Goode*, Commercial Law, 3. Aufl. 2004, S. 1109 f. Näher sikutiert bei *Bode*, Die Wirksamkeit einer Forderungsübertragung gegenüber Dritten vor dem Hintergrund der internationalen Forderungsfinanzierung, 2007, S. 194–205.

XII. Abtretung 897–899 § 1

griff auf nationales IPR mangels sachlicher Anwendbarkeit des Art. 12 EVÜ.[2288] Weitere Differenzierungslösungen sind vereinzelt geblieben,[2289] ebenso eine Anknüpfung an das Recht nicht des Zedentensitzes, sondern das COMI des tatsächlichen Forderungsinhabers.[2290]

Art. 27 II Rom I-VO verpflichtete die Kommision, fünf Jahre nach dem Inkrafttreten 897 der Rom I-VO Regulation einen Bericht vorzulegen. Tatsächlich schaffte es die Kommission innerhalb der vorbereitenden wissenschaftlichen Studie vorgeschriebenen Frist von zwei Jahren mit Müh und Not (und klarem Verzug[2291]) diese Studie auszuschreiben.[2292] Ausgerechnet das British Institute of International and Comparative Law gewann die Ausschreibung. Es legte im Dezember 2011 eine ebenso sorgfältig recherchierte wie umfangreiche Studie vor.[2293] Einen darauf aufbauenden Kommissionsbericht hat es nie gegeben. Art. 27 II Rom I-VO hatte allein einen politischen Zweck. Er hatte eine kosmetische Alibi-Funktion und diente der Vertuschung.[2294]

2016/2017 hat die Kommission drei Vorbereitungsschritte zu einem erneuten Rege- 898 lungsanlauf unternommen: Zum einen hat sie den Bericht vorgelegt, der sich aber im Wesentlichen darauf beschränkt, die Ansätze und ihre jeweiligen Vor- und Nachteile anzukündigen und Folgenabschätzungen für die Zukunft anzukündigen.[2295] Zum anderen hat die Kommission eine Expertengruppe zusammengestellt, die bzw. ihre Unter- oder Unteruntergruppen etliche Male zusammentraten. Zum dritten hat die Kommission eine Konsultation über „Conflict of Law Rules for Third Party Effects of Transactions in Securities and Claims" durchgeführt.[2296]

Unterdessen obwaltet – wie unschwer zu prognostizieren war[2297] – Unsicherheit.[2298] Die 899 Nichtlösung ist gefährlicher, unsicherer und kostspieliger als jede denkbare Lösung.[2299] Sie erfordert weitaus mehr contingency planning gerade bei großen Transaktionen und verschlingt so mehr Transaktionskosten (namentlich für Legal Opinions), als eigentlich notwendig wäre[2300] – und dies in einer Welt, in der Verbindlichkeiten vom Volumen her der mit Abstand wichtigste Handelsgegenstand sind.[2301]

[2288] Vestre Landsret UfR 1990, 540.
[2289] Insbesondere *Cashin Ritaine,* in: Cashin Ritaine/Bonomi (éds.), Le nouveau règlement européen „Rome I" relatif à la loi applicable aux obligations contractuelles, 2008, S. 177, 208 f. zum ersten, *Bridge,* (2009) 125 LQR 671, 692–697 zum zweiten, *Fentiman,* (2010) 4 L. & Fin. Mkts. Rev. 405, 411; *ders.,* 17 Ind. J. Glob. Leg. Stud. 245, 264–269 (2010) sowie *Garcimartín Alférez,* in: Ferrari/Leible, Rome I Regulation, 2009, S. 217, 246 zum dritten und *Verhagen/van Dongen,* (2010) 6 JPrIL 1, 20 zum vierten. Gegen jede kollisionsrechtliche Differenzierung zwischen Einzel- und Globalzession überzeugend *Eidenmüller,* AcP 204 (2004), 457, 495.
[2290] Dafür *F. Bauer,* Die Forderungsabtretung im IPR, 2008, S. 292 f., 305.
[2291] *Kieninger,* IPRax 2012, 289 (289); Magnus/Mankowski/*Mankowski* Art. 27 Rome I Regulation Rn. 6.
[2292] Tender JLS/2010/JCIV/PR/007/E4 – Study on the question of the effectiveness of an assignment or subrogation of a claim against third parties and the priority of the assigned or subrogated claim over a right of another person.
[2293] British Institute of International and Comparative Law, Study on the question of the effectiveness of an assignment or subrogation of a claim against third parties and the priority of the assigned or subrogated claim over a right of another person – Final Report <http://ec.europa.eu/justice/civil/files/report_assignment-en.pdf>.
[2294] Magnus/Mankowski/*Mankowski* Art. 27 Rome I Regulation Rn. 7.
[2295] Bericht der Kommission an das Europäische Parlament, den Rat und den Europäischen Wirtschafts- und Sozialausschuss über die Frage, ob die Übertragung einer Forderung Dritten entgegengehalten werden kann, und über den Rang dieser Forderung gegenüber dem Recht einer anderen Person, KOM (2016) 626. C. *Heinze/Warmuth,* Unif. L. Rev. 2017, 808, 810.
[2296] Siehe R. *Cochrane,* [2017] BJIBFL 470.
[2297] *Mankowski,* IHR 2008, 133, 150; *ders.,* EuZ 2009, 2, 12; *Garcimartín Alférez,* EuLF 2008, I-61, I-78 [83].
[2298] *Einsele,* WM 2009, 289, 298; *Perkins,* [2010] JIBFL 333, 335; *W. Stumpf/E. Schulz,* FLF 2011, 89, 91; *Brinkmann,* Kreditsicherheiten an beweglichen Sachen und Forderungen, 2011, S. 343; *M. E. Mann/A. Nagel,* WM 2011, 1499, 1506.
[2299] *Mankowski,* Interessenpolitik und europäisches Kollisionsrecht, 2011, S. 46.
[2300] *Mankowski,* Interessenpolitik und europäisches Kollisionsrecht, 2011, S. 46.
[2301] *Fentiman,* 17 Ind. J. Glob. Leg. Stud. 245, 246, 248 (2010).

§ 1 900–903 § 1. Internationales Schuldvertragsrecht

900 Die Prüfsteine für die einzelnen Anknüpfungsalternativen sind bekannt: Sie heißen Globalzession,[2302] bulk assignment, Vorauszession, Sicherungszession, Mehrfachabtretung, Kettenabtretung und Securitization. Jede Auffassung hat ihre Stärken, aber auch ihre Schwächen.[2303] Die Anknüpfung an das Zessionsgrundstatut kämpft mit der Mehrfachabtretung[2304] und hat ihre große Schwäche beim Drittschutz wegen der ihr inhärenten Rechtswahlmöglichkeit für Zedent und Zessionar.[2305] Die Anknüpfung an das Forderungsstatut kämpft mit Globalzessionen, bulk assigments. Die Anknüpfung an den Zedentensitz kämpft nur mit spezielleren und selteneren Konstellationen,[2306] nämlich der Kettenabtretung,[2307] wechselseitigen Abtretungen (Hin- und Herabtretungen)[2308] und der Abtretung durch mehrere gemeinsame Zedenten (z. B. ein Bankkonsortium).[2309] Ihr Stärken hat sie bei Vorausabtretungen und Globalzessionen.[2310]

901 Jede der vorgeschlagenen Lösungen für eine Anknüpfung der Drittwirkung von Zessionen hat also ihre Vorteile, jede hat auch ihre Nachteile. Vollständig überzeugend für jede denkbare Konstellation ist keine – aber eine Nichtlösung ist eben gefährlicher, unsicherer und kostspieliger. Sie erfordert weitaus mehr contingency planning gerade bei großen Transaktionen und verschlingt so mehr Transaktionskosten (namentlich für Legal Opinions), als eigentlich notwendig wäre.

902 Der Zedentensitz kann immerhin etliche Sachvorteile für sich reklamieren:[2311] Er ist leicht feststellbar;[2312] er ist zum Zeitpunkt der Zession bekannt; er führt grundsätzlich zu demselben Recht bei Mehrfachzessionen, weil eben derselbe Zedent zediert; er bewirkt einen prinzipiellen Gleichlauf mit dem Insolvenzstatut für den Zedenten.[2313] Gegen ihn wird ins Feld geführt, dass er wechseln könne. Das ist theoretisch richtig. Ein Wechsel des Zedentensitzes ist jedoch in der Praxis nicht häufig, selbst nicht bei SPVs (Special Purpose Vehicles) im Rahmen von ABS-Transaktionen.[2314] Der Qualifikationsabgrenzung zum Insolvenzrecht und dem mittelbaren Einfluss des Internationalen Insolvenzrechts[2315] kann man sowieso mit keiner Anknüpfung der Zession entkommen, gleich wie diese ausgestaltet ist. Der Zedent hat auch bei modernen Finanztransaktionen durchaus gewichtige Verbindungen mit der Zession.[2316]

903 Für die Praxis – jedenfalls außerhalb der Factoring Industry, die rechtliche Risiken durch Abschläge beim Ankaufspreis für Forderungsportfolios einpreist[2317] – ist die Zahl der Legal Opinions von großem Interesse, die notwendig sind, um eine Transaktion im Rahmen

---

[2302] Wobei man noch je nach betroffenem Teilmarkt zwischen mehreren Modellen unterscheiden könnte (*Fentiman*, [2010] 4 L. & Fin. Mkts. Rev. 405, 409 f.), deren Abgrenzung und Ermittlung im praktischen Einzelfall indes schwierig sein könnte.

[2303] Siehe nur *F. Bauer*, Die Forderungsabtretung im IPR, 2008, S. 292; *Garcimartín Alférez* S. 217, 248; *Kieninger*, in: Basedow/Baum/Nishitani (eds.), Japanese and European Private International Law in Comparative Perspective, 2008, S. 153, 158; *Hartley*, (2011) 60 ICLQ 29, 56.

[2304] Siehe von den Befürwortern der Anknüpfung an das Zessionsgrundstatut nur *Einsele*, ZvglRWiss 90 (1991), 1, 23; *dies.*, RabelsZ 74 (2010), 91, 114 f.; *A. Stadler*, IPRax 2000, 104, 109; *M. E. Mann/A. Nagel*, WM 2011, 1499, 1504 f. und außerdem z. B. *Bode* S. 190 f.

[2305] *Flessner*, FS Gunther Kühne 2009, S. 703, 715 glaubt dies in Abrede stellen zu können.

[2306] *Mankowski*, NIPR 2018, 26, 30 f.

[2307] Siehe nur *Flessner*, FS Claus-Wilhelm Canaris, Bd. II, 2007, S. 545, 557; *Hartley*, (2011) 60 ICLQ 29, 55 f.; Staudinger/*Hausmann* Art. 14 Rom I-VO Rn. 65.

[2308] *Flessner*, FS Claus-Wilhelm Canaris , Bd. II, 2007, S. 545, 552.

Flessner, ebd.; *Flessner/Verhagen*, Assignment in European Private International Law, 2006, S. 21 f. sehen außerdem eine Schwäche bei Anknüpfung an den Markt für Teilwertrechte.

[2309] *Hartley*, (2011) 60 ICLQ 29, 55.

[2310] Siehe nur *Walsh*, Unif. L. Rev. 2017, 781, 786 f.

[2311] Konzise *C. Rudolf*, FS Willibald Posch, 2012, S. 637, 646.

[2312] Siehe nur *Walsh*, Unif. L. Rev. 2017, 781, 789.

[2313] *Mankowski*, IPRax 2012, 289, 294; *Walsh*, Unif. L. Rev. 2017, 781, 790–792; *C. Heinze/Warmuth*, Unif. L. Rev. 2017, 808, 814.

[2314] Vgl. aber *Perkins*, (2008) 2 L. & Fin. Mkts. Rev. 238, 241.

[2315] Vgl. *Perkins*, (2008) 2 L. & Fin. Mkts. Rev. 238, 241 f.

[2316] *Mankowski*, EuZ 2009, 2, 12. Siehe die nähere Analyse bei *Krupski*, Euredia 2006, 177, 194–204.

[2317] *Perkins*, [2010] JIBFL 333, 335; *Fentiman*, (2010) 4 L. & Fin. Mkts. Rev. 405, 410.

XII. Abtretung 904–906 § 1

einer due diligence rechtlich abzusichern. Denn diese Zahl entscheidet wesentlich mit über die Kosten der Transaktion. Je mehr Legal Opinions erforderlich sind, desto komplizierter und im Zweifel teurer ist die Transaktion. Allerdings muss man vorsichtig sein, eine direkte Korrelation zwischen Zahl und Kosten von Legal Opinions gleichsam in Stein zu meißeln. Denn die Kosten hängen wesentlich vom Umfang der Legal Opinions und von den Honoraren der erstellenden Anwälte ab. So können mehrere Legal Opinions aus kontinentalen Rechtsordnungen durchaus billiger sein als nur eine Legal Opinion, die aber von einer Londoner Großsozietät stammt. Allerdings können bei Notwendigkeit einer Legal Opinion aus einer sonst nicht berührten und im Transaktionsgeschäft nicht so häufig berufenen Rechtsordnung Such- und Überwachungskosten hinzukommen.

Der Anknüpfung an den Zedentensitz wird entgegengehalten, sie erhöhe die Transaktionskosten, weil sie eine dritte Rechtsordnung neben Zessionsgrundstatut und Forderungsstatut berufe[2318] und damit bei einer due diligence eine dritte Legal Opinion nötig mache.[2319] Indes kann das Recht des Zedentensitzes mit einem der beiden anderen Rechte parallel laufen. Es ist keineswegs notwendig, dass wirklich drei Rechtsordnungen nebeneinander berufen sind. Bei objektiver Anknüpfung wird das Zessionsgrundstatut in aller Regel mit dem Recht des Zedentensitzes zusammenfallen.[2320] Zudem haben es die Parteien beim Zessionsgrundstatut in der Hand, per Rechtswahl Gleichlauf herzustellen, indem sie das Recht des Zedentensitzes wählen.[2321] 904

Außerdem muss selbst eine Dreierkombination keineswegs automatisch eine Komplikation mit sich bringen; im Einzelfall kann die Anknüpfung an den Zedentensitz im Vergleich mit den alternativen Lösungen sogar vereinfachen.[2322] Eine due diligence des Insolvenzrisikos beim Zedenten etwa führt sowieso zum Recht des COMI des Zedenten, so dass man sich in der Regel eh unter einem wichtigen Aspekt mit diesem Recht vertraut machen muss[2323] und Suchkosten für darin kundige Rechtsberater sich sogar besser amortisieren. Bei einer Globalzession wiederum spart die Anknüpfung an den Zedentensitz sogar Kosten und kann positive Skaleneffekte mit sich bringen, weil die Drittwirkungen eben für alle zedierten Forderungen nach ein und demselben Recht untersucht werden können.[2324] 905

Dass die due diligence nach dem Forderungsstatut sowieso gemacht werden müsse, kann kein Gegenargument sein. Denn die Drittwirkung würde dies nur abdecken, soweit man sie dem Forderungsstatut unterstellt. Due diligence für die Drittwirkung muss aber erfolgen, weil sie einen sonst nicht abgedeckten Aspekt betrifft, und geht sowieso über das anderweitig Abgedeckte hinaus. Das Forderungsstatut regiert im Verhältnis zum Schuldner und rankt sich wesentlich um die rechtliche Durchsetzbarkeit der Forderung, während hier ganz andere Aspekte im Verhältnis zu ganz anderen Personen in Rede stehen.[2325] *Eine* Legal Opinion muss es zu den Drittwirkungen geben. Insoweit sind Kosten 906

[2318] Siehe nur *Flessner/Verhagen,* Assignment in European Private International Law, 2006, S. 62; *Steffens,* The New Rule on the Assignment of Rights in Rome I: The Solution to All Our Proprietary Problems?, ERPL 2006, 543, 564f.; *Garcimartín Alférez,* in: Ferrari/Leible, Rome I Regulation, 2009, S. 217, 243; *Verhagen/van Dongen,* (2010) 6 JPrIL 1, 15; MüKoBGB/Martiny Art. 14 Rom I-VO Rn. 35; G.-P. Calliess/ F. Bauer Art. 14 Rome I Regulation Rn. 56; Staudinger/*Hausmann* Art. 14 Rom I-VO Rn. 65.
Den Kostenaspekt vernachlässigt *C. Rudolf,* Einheitsrecht für internationale Forderungsabtretungen, 2006, S. 584.
[2319] *Perkins,* (2008) 2 L. & Fin. Mkts. Rev. 238, 241; *dies.,* [2010] JIBFL 333, 335 sowie *Garcimartín/ Heredia,* La Ley 6769/2011, 1, 3.
[2320] *C. Rudolf,* Einheitsrecht für internationale Forderungsabtretungen, 2006, S. 583f.
[2321] *C. Rudolf,* Einheitsrecht für internationale Forderungsabtretungen, 2006, S. 585.
[2322] *E. Rebmann,* FS Walter Rolland, 1999, S. 291, 300f. am Beispiel des BGHZ 111, 376 zugrundeliegenden Sachverhalts.
[2323] Vgl. *Garcimartín Alférez,* in: Ferrari/Leible, Rome I Regulation, 2009, S. 217, 247.
[2324] *Kieninger,* in: Basedow/Remien/Wenckstern (Hrsg.), Europäisches Kreditsicherungsrecht, 2010, S. 147, 165f.
[2325] *Kieninger,* in: Basedow/Remien/Wenckstern (Hrsg.), Europäisches Kreditsicherungsrecht, 2010, S. 147, 165.

einer Legal Opinion für diesen Aspekt dem Grunde nach Sowieso-Kosten. Es geht nur um Höhe und etwaigen Suchkostenaufwand. Dazu lassen sich aber abstrakt kaum Aussagen treffen.

907 Am 12.3.2018 hat die Kommission den Vorschlag für eine Verordnung vorgelegt, die sich ausschließlich mit den Drittwirkungen von Forderungsabtretungen befasst.[2326] Der komplexen Spezialmaterie werden nicht weniger als 37 Erwägungsgründe und 15 Artikel gewidmet. Kompositorisch bringt dies das Gesamtkonzert des Europäischen IPR aus der Balance, entspricht aber dem im europäischen Finanzmarktrecht inzwischen leider üblichen Wortreichtum. Im Kern basiert dieser Vorschlag auf einer Anknüpfung an den Sitz des Zedenten, allerdings mit Differenzierungen und Variationen.[2326a]

908 Der zentrale Art. 4 („Anzuwendendes Recht") des Vorschlags lautet:

„(1) Sofern in diesem Artikel nichts anderes bestimmt ist, bestimmt sich die Drittwirkung einer Forderungsübertragung nach dem Recht des Staates, in dem der Zedent zum maßgebenden Zeitpunkt seinen gewöhnlichen Aufenthalt hat.

Hat der Zedent dieselbe Forderung zweimal auf verschiedene Zessionare übertragen und in dieser Zeit seinen gewöhnlichen Aufenthalt verlegt, bestimmt sich der Vorrang des Rechts eines Zessionars vor dem Recht eines anderen Zessionars nach dem Recht des gewöhnlichen Aufenthalts des Zedenten zu dem Zeitpunkt, zu dem die erste Übertragung nach dem zur Anwendung berufenen Recht gemäß Unterabsatz 1 Dritten gegenüber wirksam wurde.

(2) Das auf die übertragene Forderung anzuwendende Recht regelt die Drittwirkung der Übertragung

a) einer Barsicherheit, die auf einem Konto bei einem Kreditinstitut gutgeschrieben ist;
b) von Forderungen aus einem Finanzinstrument.

(3) Zedent und Zessionar können das auf die übertragene Forderung anzuwendende Recht als das Recht wählen, das auf die Drittwirkung einer Forderungsübertragung zu Verbriefungszwecken anzuwenden ist.

Die Rechtswahl ist ausdrücklich im Übertragungsvertrag oder in einer gesonderten Vereinbarung zu treffen. Die materielle und formale Gültigkeit der Handlung, durch die die Rechtswahl getroffen wurde, richtet sich nach dem gewählten Recht.

(4) Der Vorrang bei einer Mehrfachübertragung derselben Forderung, bei der die Drittwirkung der einen Übertragung dem Recht des gewöhnlichen Aufenthalts des Zedenten und die Drittwirkung der anderen Übertragungen dem Recht der übertragenen Forderung unterliegt, bestimmt sich nach dem Recht, das auf die Drittwirkung der Forderungsübertragung anzuwenden ist, die als Erste nach dem Recht der übertragenen Forderung Dritten gegenüber wirksam wurde."

909 Die Kommission hat bewusst einen gemischten Ansatz in Kombination von Recht des gewöhnlichen Aufenthalts des Zedenten und Recht der übertragenen Forderung vorgeschlagen.[2327] Die Basisanknüpfung an das Recht des gewöhnlichen Aufenthalts des Zedenten rechtfertigt sie mit drei Argumenten: dessen Vorhersehbarkeit für alle Beteiligten; den Vorteilen bei Forderungsbündeln und künftigen Forderungen; dem Kontext mit der EuInsVO 2015; der Harmonie mit dem UNCITRAL-Übereinkommen.[2328]

[2326] Vorschlag für eine Verordnung des Europäischen Parlaments und des Rates über das auf die Drittwirkung von Forderungsübertragungen anzuwendende Recht, COM (2018) 96 final.

[2326a] Näher *Mankowski*, RIW 2018, 488; *Dickinson*, IPRax 2018, 337; *Leplat*, Petites Affiches n° 155, 3 août 2018, 3; *M. Müller*, EuZW 2018, 522; *Hemler*, GPR 2018, 185.

[2327] Begründung der Kommission zum Vorschlag für eine Verordnung des Europäischen Parlaments und des Rates über das auf die Drittwirkung von Forderungsübertragungen anzuwendende Recht, COM (2018) 96 final S. 16.

[2328] Begründung der Kommission zum Vorschlag für eine Verordnung des Europäischen Parlaments und des Rates über das auf die Drittwirkung von Forderungsübertragungen anzuwendende Recht, COM (2018) 96 final S. 17.

XIII. Legalzession   910–913 § 1

4. Verhältnis zum Forderungsschuldner. Das Verhältnis zwischen dem Schuldner 910
der abgetretenen Forderung und dem alten wie dem neuen Gläubiger beherrscht nach
Art. 14 II Rom I-VO das Statut dieser Forderung. Diese Grundaussage ist klar und unproblematisch. Hinter ihr steht eine ebenso klare und einfache Wertung: Der debitor cessus soll sich bei der Forderungsabtretung nur auf das ihm bekannte Statut seiner eigenen Schuld einrichten müssen. Er soll keinen Unsicherheiten aus dem ihm im Zweifel nicht hinreichend bekannten Verhältnis zwischen Zedent und Zessionar ausgesetzt sein.[2329] Sein Verhältnis zum (jeweiligen) Inhaber der Forderung soll sich inhaltlich nicht ändern.[2330] Über diesen Schuldnerschutz dürfen Zedent und Zessionar nicht zu Lasten des Schuldners als unbeteiligten Dritten disponieren.[2331] Sie dürfen insbesondere keine Rechtswahl zu Lasten des Schuldners treffen.[2332]

Art. 14 II Rom I-VO spezifiziert seinen Anknüpfungsgegenstand: Dem Forderungsstatut 911
unterliegen die Übertragbarkeit der Forderung, das Verhältnis zwischen Zessionar und Schuldner, die Voraussetzungen, unter denen die Forderung dem Schuldner entgegengehalten werden kann, und die befreiende Wirkung einer Leistung durch den Schuldner. Darunter gehören insbesondere Höchstpersönlichkeit, rechtsgeschäftliche Abtretungsverbote, gesetzliche Abtretungsverbote (z.B. wegen Unpfändbarkeit), Inhalt der Forderungen, Leistungsmodalitäten, Bestehen von Einreden, Liberationswirkung einer Leistung samt deren subjektiven Voraussetzungen auf Seiten des Schuldners oder zeitlicher Statthaftigkeit;[2333] Publizitätsanforderungen (z.B. ob eine Anzeige der Zession an den Schuldner konstitutive Bedeutung hat[2334] und was sie an Zeit, Sprache, Ort einhalten muss); Schuldnerpflichten bei einander widersprechenden Anzeigen oder Anweisungen des Zedenten[2335].[2336] Hierher sollte man auch Ansprüche des Schuldners auf Information, ob die gegen ihn gerichtete Forderung abgetreten oder verbrieft worden ist,[2337] ziehen. Diese betreffen jedenfalls das Verhältnis zwischen Schuldner und Gläubiger, wenn auch mit umgekehrter Anspruchsrichtung,

Auch die dinglichen Wirkungen des Verfügungsgeschäfts im Verhältnis zum Schuldner 912
unterfallen Art. 14 II Rom I-VO und richten sich nach dem Statut der abgetretenen Forderung.[2338] Dies umfasst den Übergang der Forderung, dessen Wirksamkeit als dinglicher Modus und die Frage, ob die Zession ein abstraktes oder ein kausales Rechtsgeschäft ist, also für sich allein stehen kann oder einer tragenden causa bedarf.[2339]

XIII. Legalzession

Literatur: *Kieninger/Sigman,* Abtretung und Legalzession, in: Ferrari/Leible (Hrsg.), Ein neues Internationales Vertragsrecht für Europa, 2007, S. 179; *Mäsch,* Abtretung und Legalzession im Europäischen Kollisionsrecht, in: Leible (Hrsg.), Das Grünbuch zum Internationalen Vertragsrecht, 2004, S. 193.

Art. 15 Rom I-VO enthält eine eigene Anknüpfungsregel für die Legalzession: Hat eine 913
Person (der Gläubiger) eine vertragliche Forderung gegen eine andere Person (der Schuld-

---

[2329] Siehe nur OGH ÖJZ 2013, 877.
[2330] Siehe nur OGH ÖBA 2012, 298; OLG Hamburg TranspR 2018, 149, 152; MüKoBGB/*Martiny* Art. 14 Rom II-VO Rn. 33.
[2331] OGH ÖJZ 2013, 877.
[2332] Siehe nur OLG Hamburg TranspR 2018, 149, 152; MüKoBGB/*Martiny* Art. 14 Rom II-VO Rn. 4.
[2333] Dazu z.B. OLG Saarbrücken WM 2001, 2055; OLG Oldenburg IHR 2013, 63 mAnm *Magnus.*
[2334] Wie nach Art. 690 Code civil; 1264 Codice civile; 1527 Codigó civil.
[2335] Z.B. OLG Köln ZIP 1994, 1791, 1792f.; OLG Hamm IPRax 1996, 197; OLG Koblenz RIW 1996, 151.
[2336] Eingehend *F. Bauer,* Die Forderungsabtretung im IPR, 2008, S. 131–198; außerdem z.B. Staudinger/*Hausmann* Art. 14 Rom I-VO Rn. 43–51.
[2337] Wie sie etwa Art. 31-2 Ley de la Crédito al Consumo in Spanien kennt; dazu *Albiez Dohrmann,* Rev. Crit. Der. Immob. 764 (2017), 2843.
[2338] OGH ÖJZ 2013, 877; Rauscher/*Freitag* Art. 14 Rom I-VO Rn. 2, 10, 33f., 38.
[2339] OGH ÖJZ 2013, 877; Rummel/*Verschraegen,* ABGB, Bd. 2.2, 3. Aufl. 2007, Art. 12 EVÜ Rn. 8, 20.

ner) und ist ein Dritter verpflichtet, den Gläubiger zu befriedigen, oder hat er den Gläubiger aufgrund dieser Verpflichtung befriedigt, so bestimmt das für die Verpflichtung des Dritten gegenüber dem Gläubiger maßgebende Recht, ob und in welchem Umfang der Dritte die Forderung des Gläubigers gegen den Schuldner nach dem für deren Beziehung maßgebenden Recht geltend zu machen berechtigt ist. Andere Regresstechniken als die Legalzession erfasst Art. 15 Rom I-VO dagegen nicht, schon gar nicht solche für einen Innenregress mehrerer Schuldner.[2340]

914 Als Einschränkung jedenfalls für die direkte Anwendbarkeit des Art. 15 Rom I-VO verlangt diese Norm, dass die übergehende Forderung ihrerseits vertraglicher Natur sein muss. Der Legalzession von Forderungen aus außervertraglichen Schuldverhältnissen widmet sich Art. 19 Rom II-VO indes in ganz paralleler Weise.

XIV. Aufrechnung

Literatur: *M. Hellner,* Set-Off, in: Ferrari/Leible (eds.), Rome I Regulation, 2009, S. 251; *Koutsoukou,* Die Aufrechnung im europäischen Kollisions- und Verfahrensrecht, 2018; *Lieder,* Die Aufrechnung im Internationalen Privat- und Verfahrensrecht, RabelsZ 78 (2014), 809; *Magnus,* Internationale Aufrechnung, in: Leible (Hrsg.), Das Grünbuch zum Internationalen Vertragsrecht, 2004, S. 209; *ders.,* Aufrechnung und Gesamtschuldnerausgleich, in: Ferrari/Leible (Hrsg.), Ein neues Internationales Vertragsrecht für Europa, 2007, S. 201.

915 Hilfreich[2341] ist die ausdrückliche Kollisionsnorm für die Anknüpfung der Aufrechnung[2342]: Nach Art. 17 Rom I-VO gibt das Recht derjenigen Forderung maß, gegen die aufgerechnet wird. Damit ist eine Kumulation der Statute beider Forderungen[2343] richtigerweise ausgeschlossen, da sie eine zu aufrechnungsfeindliche und transaktionskostenerhöhende Lösung wäre.[2344] Die gewählte Lösung lehnt sich an Art. 6 EuInsVO 2000 (heute Art. 9 EuInsVO 2015) an und erweitert diesen über die Insolvenz hinaus.[2345] Sie stellt den Schutz des Aufrechnungsgegners in den Vordergrund.[2346] Denn dieser ist der Aufrechnung unterworfen, ohne ihr ausweichen zu können.[2347] Wer aktiv aufrechnet, muss die Informationskosten tragen. Dies ist eine gute Lösung, denn wer aktiv aufrechnet, trägt eh die Last, zu kalkulieren, ob seine Aufrechnung Erfolg haben wird.[2348] Der Inhaber der Passivforderung kann sich darauf verlassen, die Aufrechnungsmöglichkeiten nach dem Statut seiner eigenen Forderung kalkulieren zu können. Dieses Recht mag ihm vertrauter sein als jenes der Aktivforderung. Allein auf das Statut der Passivforderung abzustellen ist eine einfache Lösung,[2349] die sich in Normalfällen[2350] ohne Mühe anwenden lässt.[2351] Obendrein stellt Art. 17 Rom I-VO sicher, dass die Aufrechnung, selbst diejenige im Prozess, materiell-

---

[2340] Hof Brussel TBH 2016, 954, 956 f.
[2341] *Lagarde,* RCDIP 95 (2006), 331, 346.
[2342] Anknüpfungsgegenstand ist die einseitige Aufrechnung in allen ihren Spielarten; *Lieder,* RabelsZ 78 (2014), 809, 820 f.
[2343] Befürwortet namentlich von französischen Stimmen, z.B. *Lagarde,* RCDIP 80 (1991), 287, 333 f., aber auch in den Niederlanden, z.B. Rb. Almelo, NIPR 2002 Nr. 229 S. 339; Ktg. Terborg, NIPR 2002 Nr. 403 S. 683, und in einem sehr speziell gelagerten Fall von EuGH Slg. 2003, I-7617, I-7678 Rn. 61 – Kommission/Conseil des Communes et Règions de l'Europe.
[2344] *Magnus,* in: Leible (Hrsg.), Das Grünbuch zum Internationalen Vertragsrecht, 2004, S. 209, 226; *Leandro,* NLCC 2009, 873, 876; MPI, RabelsZ 68 (2004), 1, 84; JZ 2015, 50, 51; *Lieder,* RabelsZ 78 (2014), 809, 817 f.
Abwägend indes *N. Peters,* NIPR 2007, 3, 7 f.
[2345] *Quiñones Escámez,* in: Calvo Caravaca/Rodríguez Rodrigo (dir.), Parmalat y otros casos de derecho internacional privado, 2007, S. 475, 492; *Garcimartín Alférez,* EuLF 2008, I-77, I-95 no. 86.
[2346] Siehe nur *Magnus,* in: Leible (Hrsg.), Das Grünbuch zum Internationalen Vertragsrecht, 2004, S. 209, 225; *dens.,* (2006) 8 YbPIL 113, 118; MPI, RabelsZ 68 (2004), 1, 85; *Lieder,* RabelsZ 78 (2014), 809, 818.
[2347] *Wendelstein,* IPRax 2016, 572, 574.
[2348] *Mankowski,* IHR 2008, 133, 151; *ders.,* JZ 2015, 50, 51; *Lieder,* RabelsZ 78 (2014), 809, 819.
[2349] Siehe nur *Lagarde,* RCDIP 95 (2006), 331, 346. Rechtspolitisch kritisch aber *Koutsoukou* S. 196–202.
[2350] Z.B. Rb. Rotterdam NIPR 2014 Nr. 153 S. 281.
[2351] *Mankowski,* JZ 2015, 50, 51.

und nicht prozessrechtlich zu qualifizieren ist.[2351a] Art. 17 Rom I-VO ist strikt und enthält keine Ausweichklausel.[2351b]

Zu bestimmen, gegen welche Forderung aufgerechnet wird, ist kein Problem bei einer Erklärungsaufrechnung, also einer Aufrechnung als Ausübung eines Gestaltungsrechts, das durch Erklärung ausgeübt werden muss. Wird im Forumstaat die Aufrechnung durch richterlichen Gestaltungsakt vorgenommen, so muss in der einen oder anderen Form ein entsprechender Gestaltungsantrag vorliegen. Wer einen solchen Antrag stellt, rechnet gleichsam auf, und die Forderung seines Gegners ist als Passivforderung zu behandeln. 916

Wie aber steht es bei einer compensatio ipso iure, bei einer automatisch ex lege erfolgenden Legalkompensation? Wenn sich eine Partei auf die Aufrechnung beruft, die andere nicht, sollte der casus indes auch hier klar sein: Wer sich auf eine Aufrechnung beruft, wird aktiv, und die Forderung seines Gegners ist als Passivforderung zu behandeln.[2352] Damit lässt sich insbesondere die Lage bei einer Prozessaufrechnung bewältigen:[2353] Der Beklagte verteidigt sich mit dem Erlöschen der Klagforderung infolge einer Aufrechnung, während der Kläger mit der Klage den Bestand der Klagforderung behauptet. Also ist die Klagforderung als Passivforderung zu behandeln.[2354] Geschützt wird eben, wer in Sachen Aufrechnung nicht initiativ geworden ist.[2355] Als Problemfälle bleiben diejenigen Fälle, in denen sich entweder beide Parteien gleichermaßen auf die Aufrechnung berufen oder aber in denen das Gericht mit der Feststellung der Aufrechnung jedweder Stellungnahme der Parteien zu diesem Punkt zuvorkommt. Grundsätzlich sollte dann derjenige, dem ein Erlöschen seiner eigenen Schuld infolge Kompensation stärker zugute käme, weniger schutzwürdig sein.[2356] 917

Dem Aufrechnungsstatut unterfallen auch etwaige Erfordernisse, dass die eine oder die andere Forderung liquide sein müsste.[2357] Dabei ist es gleichgültig, ob ein Sachrecht sie internrechtlich als prozessual einordnen würde.[2358] Ob eine Forderung besteht, ist eine nach dem Statut dieser Forderung zu beantwortende Vorfrage.[2358a] 918

Nicht unter Art. 17 Rom I-VO fällt eine von den Vertragsparteien getroffene Aufrechnungsvereinbarung. Das ist eine im Rechtsleben nicht unwichtige Gestaltung; z.B. ist das Kontokorrent ebenso eine Aufrechnungsvereinbarung wie eine Netting-Abrede im Finanzsektor. Der Aufrechnungsvertrag ist eine eigenständig anzuknüpfende schuldrechtliche Vereinbarung. Die Parteien können für sie eine Rechtswahl treffen.[2359] Bei der objektiven Anknüpfung ist wichtig, dass keine der Parteien *die* charakteristische Leistung erbringt. Man ist also auf Art. 4 IV Rom I-VO und die Suche nach der relativ engsten Verbindung zurückgeworfen.[2360] Unterliegen beide Aufrechnungsforderungen demselben Recht, so ist 919

[2351a] *Koutsoukou* S. 187 f.
[2351b] *Koutsoukou* S. 189.
[2352] *Mankowski*, IHR 2008, 133, 151; *Leible/M.* Lehmann, RIW 2008, 528, 542; *Pfeiffer*, EuZW 2008, 622, 629; *Lieder*, RabelsZ 78 (2014), 809, 826; Staudinger/*Magnus* Art. 17 Rom I-VO Rn. 23; Rauscher/ *v. Hein* Art. 17 Rom I-VO Rn. 11; *Koutsoukou* S. 196.
[2353] Deren rein prozessuale Aspekte im Übrigen prozessrechtlich zu qualifizieren sind und der lex fori processualis unterstehen; siehe nur *Lieder*, RabelsZ 78 (2014), 809, 830 mwN.
[2354] *Mankowski*, IPRax 2006, 101, 111; *Magnus*, in: Ferrari/Leible (Hrsg.), Ein neues Internationales Vertragsrecht für Europa, 2007, S. 201, 210; *ders.,* (2006) 8 YbPIL 113, 119.
[2355] Vorschlag der Kommission für eine Verordnung des Europäischen Parlaments und des Rates über das auf vertragliche Schuldverhältnisse anzuwendende Recht (Rom I), KOM (2005) 650 endg. S. 9; *Rammeloo*, NIPR 2006, 239, 251.
[2356] *Mankowski*, IPRax 2006, 101, 111.
[2357] *M. Hellner*, in: Ferrari/Leible (eds.), Rome I Regulation, 2009, S. 251, 259; *Leandro*, NLCC 2009, 873, 877; *Mankowski*, JZ 2015, 50, 52; Rauscher/v. Hein Art. 17 Rom I-VO Rn. 16; Staudinger/*Magnus* Art. 17 Rom I-VO Rn. 32; *Wendelstein*, IPRax 2016, 572, 574.
[2358] *Mankowski*, JZ 2015, 50, 52; *Wendelstein*, IPRax 2016, 572, 574 gegen BGH JZ 2015, 46 Rn. 19–26; OLG Stuttgart RIW 1995, 943, 944; LG Darmstadt IPRspr. 1991 Nr. 58.
[2358a] *Koutsoukou* S. 225.
[2359] Siehe nur *Einsele*, WM 2009, 289, 299; *Lieder*, RabelsZ 78 (2014), 809, 827 mwN.
[2360] Siehe nur Staudinger/*Magnus* Art. 17 Rom I-VO Rn. 54; *Lieder*, RabelsZ 78 (2014), 809, 828.

dieses Recht anzuwenden.[2361] Unterliegen sie verschiedenen Rechten, so muss die Entscheidung zwischen einer Kumulation beider Forderungsstatute[2362] und einer Einzelfallabwägung[2363] fallen, sofern nicht eine Einbindung in einen größeren Transaktionszusammenhang eine Anlehnung an dessen Statut erlaubt.[2364]

XV. Gesamtschuldnerausgleich (Art. 16 Rom I-VO)

920   Eine eigene Kollisionsnorm für den Gesamtschuldnerausgleich bildet Art. 16 Rom I-VO. Der Komplex war zuvor eher annexhaft im Zusammenhang mit der Legalzession in Art. 13 II EVÜ angesprochen. Die Materie ist kompliziert und schwierig. Eine ausdrückliche Regelung ist in jedem Fall sehr zu begrüßen und ein großer Fortschritt.[2365] Konkret soll sie auf die Stellungnahme der Hamburg Group for Private International Law zur Rom II-VO[2366] zurückzuführen sein.[2367]

921   Der Grundsatz lautet: Die Regressberechtigung des einzelnen Gesamtschuldners richtet sich nach dem Statut seiner eigenen Verpflichtung im Außenverhältnis. Dies begünstigt den zuerst in Anspruch Genommenen, mindert dessen Last etwas und vermittelt sogar Anreize, zuerst zu zahlen.[2368] Allerdings können die anderen Gesamtschuldner jeweils diejenigen Einwendungen entgegenhalten, die sie nach dem Statut ihrer jeweils eigenen Verpflichtung im Außenverhältnis dem Gläubiger hätten entgegen halten können. Es bedarf einer Einrede.[2369] Ersichtlich bemüht sich dies um Harmonie und möglichst weitgehende Parallelität mit der Lösung bei der cessio legis, um nicht rechtstechnische Unterschiede zwischen den einzelnen Regresswegen zu starke Unterschiede zeitigen zu lassen, sondern funktional benachbarte Teile einer Gesamtmaterie Regress so weit wie möglich nach gleichen Wertungen und Maximen zu behandeln.

922   Das kollisionsrechtliche Grundproblem der Gesamtschuld freilich beantwortet auch Art. 16 Rom I-VO nicht: Wann sind zwei Verpflichtungen verschiedener Schuldner überhaupt gesamtschuldnerisch miteinander verbunden?[2370] Wenn es das Recht einer dieser Verpflichtungen so vorsieht oder erst dann, wenn die Statuten beider Verpflichtungen eine Gesamtschuld bejahen?

923   Sofern zwischen den Gesamtschuldnern Sonderverbindungen (z.B. aus Familienrecht oder Gesellschaften) bestehen, sollten deren jeweiliges Statut auch etwaige Ausgleichsansprüche untereinander beherrschen.[2371]

XVI. Sonderanknüpfung von Eingriffsrecht

Literatur: *B. Ancel/Muir Watt,* Du statut prohibitif (Droit savant et tendences régressives), Études à la Memoire du Bruno Oppetit, 2009, S. 7; *Anderegg,* Ausländische Eingriffsnormen im internationalen Vertragsrecht, 1989; *B. Audit,* Du bon usage des lois de police, Mélanges Pierre Mayer, 2015, S. 23; *Avato/M. Winkler,* Reinforcing the Public Law Taboo: A Note on Hellenic Republic v Nikiforidis, (2018) 43 Eur. L. Rev. 569; *Basedow,* Wirtschaftskollisionsrecht, RabelsZ 52 (1988), 8; *d'Avout,* Le sort des règles imperatives dans le règlement Rome I, D. 2008, 2165; *ders.,* Les directives européennes, les lois de police de transposition et leur application aux contrats internationaux, D. 2014, 60; *Chr.*

[2361] Siehe nur *Rauscher*/v. Hein Art. 17 Rom I-VO Rn. 13.
[2362] Dafür MüKoBGB/*Spellenberg* Art. 12 Rom I-VO Rn. 104; Rauscher/*Freitag* Art. 12 Rom I-VO Rn. 26.
[2363] Dafür *Rauscher*/v. Hein Art. 17 Rom I-VO Rn. 15; Staudinger/*Magnus* Art. 17 Rom I-VO Rn. 54.
[2364] Siehe nur Leible/*M. Lehmann,* RIW 2008, 538, 542; *Lieder,* RabelsZ 78 (2014), 809, 827f.; MüKoBGB/*Spellenberg* Art. 12 Rom I-VO Rn. 104; Rauscher/*Freitag* Art. 12 Rom I-VO Rn. 26; Staudinger/*Magnus* Art. 17 Rom I-VO Rn. 54.
[2365] *Mankowski,* IPRax 2006, 101, 111.
[2366] Hamburg Group for Private International Law, RabelsZ 67 (2003), 1, 46f.
[2367] *Lagarde,* RCDIP 95 (2006), 331, 345.
[2368] *Magnus,* in: Ferrari/Leible (Hrsg.), Ein neues Internationales Vertragsrecht für Europa, 2007, S. 201, 219f.
[2369] *Magnus,* in: Ferrari/Leible (Hrsg.), Ein neues Internationales Vertragsrecht für Europa, 2007, S. 201, 221.
[2370] Siehe *Mankowski,* IPRax 1998, 122, 124 mit umfangreichen Nachweisen.
[2371] *Magnus,* in: Ferrari/Leible (Hrsg.), Ein neues Internationales Vertragsrecht für Europa, 2007, S. 201, 222; Rauscher/*Freitag* Art. 16 Rom I-VO Rn. 34; MüKoBGB/*Martiny* Art. 16 Rom I-VO Rn. 8; *Slonina,* ecolex 2018, 136, 137f.

XVI. Sonderanknüpfung von Eingriffsrecht   923 § 1

Becker, Theorie und Praxis der Sonderanknüpfung im IPR, 1995; *Benzenberg,* Die Behandlung ausländischer Eingriffsnormen im Internationalen Privatrecht, 2008; *Beulker,* Die Eingriffsnormenproblematik in internationalen Schiedsverfahren, 2005; *Biagioni,* L'ordine pubblico e le norme di applicazione necessaria nella proposta di regolamento „Roma I", in: Franzina (a cura di), La legge applicabile ai contratti nella proposta di regolamento „Roma I", 2006, S. 96; *Bonomi,* Le norme imperative nel diritto internazionale privato, Zürich 1998; *ders.,* Le regime des règles imperatives et des lois de polices dans le Règlement 'Rome I' sur la loi applicable aux contrats, in: Cashin Ritaine/Bonomi (éds.), Le nouveau règlement européen „Rome I" relatif à la loi applicable aux obligations contractuelles, 2008, S. 217; *ders.,* Overriding Mandatory Provisions in the Rome I Regulation on the Law Applicable to Contracts, YbPIL 10 (2008), 285; *ders.,* Le norme di applicazione necessaria nel Regolamento 'Roma I', in: Boschiero (a cura di), La nuova disciplina comunitaria della legge applicabile ai contratti (Roma I), 2009, S. 173; *ders.,* Prime considerazioni sul regime delle norme di applicazione necessaria nel nuovo Regolamento Roma I sulla legge applicabile ai contratti, Liber Fausto Pocar, tomo II, 2009, S. 107; *ders.,* Mandatory Rules in Private International Law, YbPIL 1 (1999), 215; *Bogdan,* Foreign Public Law and Article 7 (1) of the Rome Convention: Some Reflections from Sweden, Liber amicorum Hélène Gaudemet-Tallon, 2008, S. 671; *Bureau/d'Avout,* Les lois de police étrangères devant le juge français du contrat international, JCP G 2010, 996; *Callsen,* Eingriffsnormen und Ordre public-Vorbehalt im Internationalen Arbeitsrecht, 2015; *De Cesari,* „Disposizioni alle quali non è permesso derogare convenzionalmente" e „norme di applicazione necessaria" nel Regolamento Roma I, Liber Fausto Pocar, tomo II, 2009, S. 257; *Chong,* The Public Policy and Mandatory Rules of Third Countries in International Contracts, (2006) 2 JPrIL 71; *Dickinson,* Third-Country Mandatory Rules in the Law Applicable to Contractual Obligations: So Long, Farewell, Auf Wiedersehen, Adieu?: (2007) 3 JPrIL 53; *Fetsch,* Eingriffsnormen und EG-Vertrag, 2002; *Francq/Jault-Seseke,* Les lois de police, une approche de droit comparé, in: Corneloup/Joubert (dir.), Le règlement communautaire „Rome I" et le choix de loi dans les contrats internationaux, 2011, S. 357; *Freitag,* Einfach und international zwingende Normen, in: Leible (Hrsg.), Das Grünbuch zum Internationalen Vertragsrecht, 2004, S. 167; *ders.,* Die kollisionsrechtliche Behandlung ausländischer Eingriffsnormen nach Art. 9 III Rom I-VO, IPRax 2009, 109; *ders.,* Ausländische Eingriffsnormen vor deutschen Gerichten, NJW 2018, 430; *Friedrich,* Normas imperativas de direito internacional privado, 2007; *Eugénia Galvão Teles,* Anoção de aplicação imediata no Regulamento Roma I: Uma singularidade legislativa, Estudos en Homenagem a Miguel Galvão Teles, vol. II, 2012, S. 801; *Gottschalk,* Europäisches Wettbewerbsrecht vor Schweizer Gerichten – Zur Berücksichtigung von ausländischen Eingriffsnormen, IPRax 2006, 509; *Guardans Cambó,* Contrato internacional y derecho imperativo extranjero, 1992; *L. Günther,* Die Anwendbarkeit ausländischer Eingriffsnormen im Lichte der Rom I und Rom II-Verordnungen, 2011; *J. Harris,* Mandatory Rules and Public Policy under the Rome I Regulation, in: Ferrari/Leible (eds.), The Rome I Regulation, 2009, S. 269; *Hartley,* Mandatory Rules in International Contracts, RdC 266 (1997), 333; *Hauser,* Eingriffsnormen in der Rom I Verordnung, 2012; *M. Hellner,* Third Country Overriding Mandatory Rules in the Rome I Regulation: Old Wine in New Bottles, (2009) 5 JPrIL 447; *Hrubesch-Millauer,* Sonderanknüpfung fremder zwingender Normen im Bereich von Schuldverträgen (Art. 19 IPRG und Art. 7 I EVÜ), 2001; *A. Junker,* Empfiehlt es sich, Art. 7 EVÜ zu revidieren oder aufgrund der bisherigen Erfahrungen zu präzisieren?, IPRax 2000, 65; *S. Knöfel,* Mandatory Rules and Choice of Law: A Comparative Approach to Article 7 (2) of the Rome Convention: [1999] JBL 239; *A. Köhler,* Eingriffsnormen – der „unfertige Teil" des europäischen IPR, 2013; *Kuckein,* Die Berücksichtigung von Eingriffsnormen im deutschen und englischen internationalen Vertragsrecht, 2008; *G. Kühne,* Die Entsavignysierung des Internationalen Privatrechts durch sog. Eingriffsnormen, FS Andreas Heldrich, 2005, S. 815; *Kunda,* Defining Internationally Mandatory Rules in European Private International of Contracts, GPR 2007, 231; *dies.,* Internationally Mandatory Rules of a Third Country in European Contract Conflict of Laws, 2007; *M. Lehmann/Ungerer,* Applying or Taking Account of Foreign Overriding Mandatory Provisions – Sophism under the Rome I Regulation, YbPIL 19 (2017/18), 53; *Lüttringhaus,* Eingriffsnormen im internationalen Unionsprivat- und Prozessrecht: Von Ingmar zu Unamar, IPRax 2014, 148; *Mankowski,* Keine Sonderanknüpfung deutschen Verbraucherschutzrechts über Art. 34 EGBGB, DZWir 1996, 273; *ders.,* Verbraucherkreditverträge und europäisches IPR: Internationale Zuständigkeit und Eingriffsrecht: ZEuP 2008, 846; *ders.,* Deutscher Versicherer und das US-Embargo gegen den Iran – ein kleines Lehrstück zu ausländischen Eingriffsnormen: RIW 2015, 405; *ders.,* Drittstaatliche Embargonormen, Außenpolitik im IPR, Berücksichtigung von Fakten statt Normen: Art. 9 III Rom I-VO im praktischen Fall, IPRax 2016, 485; *C. Müller,* International zwingende Normen des deutschen Arbeitsrechts, 2005; *Niggemann,* Eingriffsnormen auf dem Vormarsch, IPRax 2009, 444; *Nourissat,* De l'art délicat de manier les lois de police en présence d'un contrat d'agence commerciale intra-européen …, JCP G 2013, 2222; *ders.,* Les directive européennes, les lois de police de transposition et leur application aux contrats internationaux, D. 2014, 60; *Nuyts,* Les lois de police et dispositions impératives dans le règlement Rome I, TBH 2009, 553; *Oderkerk,* Buitenlandse vorrangregels in de context van de Griekse crisis: geen rol voor het unierechtelijk beginsel van loyale samenwerking, NIPR 2017, 747; *Pfeiffer,* Eingriffsnormen und ihr sachlicher Regelungsgegenstand, FS Reinhold Geimer, 2002, S. 821; *Pötting,* Die Beachtung forumsfremder Eingriffsnormen bei vertraglichen Schuldverhältnissen nach europäischem und Schweizer IPR, 2012; *Remien,* Variationen zum Thema Eingriffsnormen nach Art. 9 Rom I-VO und Art. 16 Rom II-VO unter Berücksichtigung neuerer Rechtsprechung zu Art. 7 Römer Übereinkommen, FS Bernd v. Hoffmann, 2011, S. 334; *Remy,* Exception d'ordre public et mécanisme des lois de police en droit international privé, 2008; *Rentsch,* Krisenbewältigung durch konstitutionalisiertes Kollisionsrecht – Oder: Eingriffsrecht als integraler Bestandteil des europäischen IPR, in: Bauerschmidt/Fassbender/ M. W. Müller/A. Siehr/Unseld (Hrsg.), Konstitutionalisierung in Zeiten globaler Krisen, 2015, S. 255; *W.-H. Roth,* Ausländische Eingriffsnormen und Reform des Römischen EWG-Übereinkommens, FS Ulrich Immenga, 2004, S. 331; *ders.,* Savigny, Eingriffsnormen und die Rom I Verordnung, FS Gunter Kühne, 2009, S. 859; *ders.,* Handelsvertretervertrag und Rom I Verordnung – eine Skizze, FS Ulrich Spellenberg, 2010, S. 309; *ders.,* Eingriffsnormen im Internationalen Versicherungsvertragsrecht nach Unamar, FS Egon Lorenz zum 80. Geb., 2014, S. 421; *K. Schäfer,* Appplication of mandatory rules in the private international law of contracts, 2010; *M. Schäfer,* Eingriffsnormen im deutschen IPR – eine never ending story?, FG Otto Sandrock, 1995, S. 37; *A. K. Schnyder,* Wirtschaftskollisionsrecht, 1990; *Schurig,* Zwingendes Recht, „Eingriffsnormen" und neues IPR, RabelsZ 54 (1990), 217; *Sonnenberger,* Die Eingriffsnorm: ein internationalprivatrechtliches skandalon?, FS Wolfgang Fikentscher, 1998, S. 282; *ders.,* Eingriffsrecht – das trojanische Pferd im IPR oder notwendige Ergänzung?, IPRax 2003, 104; *ders.,* Eingriffsnormen, in: *Leible/Unberath* (Hrsg.), Brauchen wir eine Rom 0-Verordnung?, 2013, S. 429; *A. Stoll,* Eingriffsnormen im Internationalen Privatrecht, 2002; *Thorn,* Eingriffsnormen, in: Ferrari/Leible (Hrsg.), Ein neues Internationales Vertragsrecht für Europa, 2007, S. 129; *Tiemann,* Eine Anknüpfungsleiter für das Wirtschaftskollisionsrecht, Diss. Bielefeld 1993; *de Vareilles-Sommières,* Lois de police et politiques législatives, RCDIP 100 (2011), 207; *Voser,* Die Theorie der lois d'application immédiate im internationalen Privatrecht, 1993; *Zeppenfeld,* Die allseitige Anknüpfung von Eingriffsnormen im Internationalen Wirtschaftsrecht, 2001.

924 Art. 9 Rom I-VO steht neben der normalen Anknüpfung. Er erlaubt die Sonderanknüpfung so genannter Eingriffsnormen. Der Begriff der Eingriffsnormen wird in Art. 9 I Rom I-VO umschrieben. Eingriffsnormen des Forumstaates setzen sich mit Hilfe von Art. 9 II Rom I-VO immer gegen die normale Anknüpfung durch, wenn sie dies selber wollen und beanspruchen. Eingriffsnormen forumsfremder Rechte müssen dagegen einen engeren Filter passieren. Art. 9 III Rom I-VO erlaubt allein, Eingriffsnormen des Erfüllungsortsrechts zu berücksichtigen.

925 Das Bündelungsmodell bietet einen hervorragenden Ansatz, um die Sonderanknüpfung von Eingriffsrecht und damit die zweite Säule, das „anomalische", das „streng positive", das „streng zwingende" Recht,[2372] des *Savigny*'schen IPR zu erklären und einzuordnen. Es ist nachgerade prädestiniert dafür, die Grenzziehung einleuchtend zu erklären: Die relevanten Interessen hüben und drüben der Linie sind grundverschieden.[2373] Dem Ausgleich der Interessen Privater verpflichtete Normen hie, der Durchsetzung staatlicher Interessen verpflichtet Normen da. Sich gegen die Existenz einer eingriffsrechtlichen Qualifikation zu verwahren,[2374] weil der materielle Charakter von Sachnormen, die eine eigene Anknüpfung implizierten, sich nicht von vornherein festlegen lasse,[2375] ist nicht überzeugend.[2376] Art. 9 I Rom I-VO sollte dem Bündelungsmodell als (unvollkommener) Ausdruck der Bündelschnürung für Eingriffsrecht dienen.[2377]

[2372] *v. Savigny,* System des heutigen Römischen Rechts, Bd. VIII, 1849, S. 33.
[2373] *Mankowski,* RIW 1996, 8, 9; *ders.,* Liber amicorum Klaus Schurig, 2012, S. 159, 169; *Benzenberg* S. 112.
[2374] Zusammengefasst in *Schurig,* FS Erik Jayme, 2004, S. 837, 841 f.
[2375] *Schurig,* RabelsZ 54 (1990), 217, 226–246.
[2376] Siehe nur *A. Junker,* Internationales Arbeitsrecht im Konzern, 1992, S. 288 f.; *A. Stoll* S. 53–56; *Beulker* S. 20–22.
[2377] *Mankowski,* Liber amicorum Klaus Schurig, 2012, S. 159, 169.

XVI. Sonderanknüpfung von Eingriffsrecht   926–928 § 1

Angesichts der normativen Regelung in Art. 9 Rom I-VO lässt sich nicht mehr in Rede 926
stellen, dass es eine Sonderanknüpfung von Eingriffsrecht gibt.[2378] Sie ist Teil des kollisionsrechtlichen Systems jedenfalls im weiteren Sinne. Im Ergebnis ist es müßig, ob man dieser Sonderanknüpfung einen Platz außerhalb des IPR zuweisen will (extrinsischer Systemdualismus) oder innerhalb des Systems (intrinsischer Systemdualismus).[2379] Ob Artt. 9 Rom I-VO; 16 Rom II-VO nun innerhalb des normalen kollisionsrechtlichen Systems liegen[2380] oder ein zweites kollisionsrechtliches System markieren, dessen einzelne Anknüpfungen dann durch die jeweiligen Eingriffsnormen und deren spezifische Anknüpfungen ausgefüllt werden,[2381] ändert nicht an der fundamentalen Festlegung: Der Platz der Sonderanknüpfung ist jedenfalls *neben* der normalen Anknüpfung. Die Sonderanknüpfung ist eine zweite Schiene zur Durchsetzung „besonderer" Normen, die besondere, staatliche, überindividuelle Interessen verfolgen. Eine qualifikatorische Bündelung und Abgrenzung gegenüber der normalen Anknüpfung ist immer notwendig. An ihr scheitert die so genannte Schuldstatutstheorie, die über die normale Anknüpfung Eingriffsnormen des Vertragsstatuts berufen will.[2382]

Die Grenzlinie zwischen Art. 9 II und III Rom I-VO ist de lege lata so klar, und foru- 927
meigene Eingriffsnormen einerseits werden so klar anders behandelt als forumfremde Eingriffsnormen andererseits, dass eine echte allseitige Sonderanknüpfung von Eingriffsrecht jedenfalls ausscheidet.[2383] Eine solche allseitige Sonderanknüpfung würde zudem an dem Umkehrschluss aus Art. 9 III Rom I-VO, an der so genannten Sperrwirkung des Art. 9 III Rom I-VO scheitern.[2384]

1. Definition von Eingriffsrecht (Art. 9 I Rom I-VO). Für das so genannte Ein- 928
griffsrecht und die so genannten Eingriffsnormen kodifiziert Art. 9 I Rom I-VO die Definition, wie sie der EuGH in Arblade und Mazzoleni[2385] entwickelt hat.[2386] Ihr zufolge ist eine zwingende Vorschrift, deren Einhaltung als so entscheidend für die Wahrung der politischen, sozialen oder wirtschaftlichen Organisation eines Staates angesehen wird, dass ihre Anwendung auf alle Sachverhalte, die in ihren Anwendungsbereich fallen, vorgeschrieben ist, ungeachtet des nach Maßgabe der Rom I-VO auf den Vertrag anzuwendenden Rechts. Diese Definition hat man dem EuGH bewusst entlehnt,[2387] der sich seinerseits wieder an eine von *Savigny*[2388] inspirierte Definition *Francescakis'*[2389] anlehnt.[2390]

[2378] *Mankowski*, Liber amicorum Klaus Schurig, 2012, S. 159, 169.
[2379] Zu beiden Systemdualismen eingehend *A. Köhler* S. 40–102.
[2380] So in sich konsequent für die Lage vor der Rom I-VO *Schurig*, in: Holl/Klinke (Hrsg.), Internationales Privatrecht, Internationales Wirtschaftsrecht, 1985, S. 55; *ders.*, RabelsZ 54 (1990), 217.
[2381] So z. B. *Mankowski*, RIW 1996, 8, 9.
[2382] Entgegen GA *Szpunar*, ECLI:EU:C:2016:281 Rn. 62, 86; BAG IPRax 2018, 86 Rn. 31; *W.-H. Roth*, IPRax 2018, 177, 182 f.
Wie hier *Maultzsch*, RabelsZ 75 (2011), 60, 64 f., 81, 88; Reithmann/Martiny/*Freitag* Rn. 5.24; *Junker* § 15 Rn. 70; Palandt/*Thorn* Art. 9 Rom I-VO Rn. 15.
[2383] Im Ergebnis übereinstimmend *Schurig*, RabelsZ 54 (1990), 217, 234; *ders.*, in: Kegel/Schurig S. 155 (§ 2 IV); *ders.*, FS Erik Jayme, 2004, S. 837, 842; *A. Köhler* S. 86 f.
[2384] Näher → § 1 Rn. 953 ff.
[2385] EuGH Slg. 1999, I-8453 Rn. 31 – Strafverfahren gegen Jean-Claude Arblade, Arblade & fils SARL, B. u. Serge Leloup u. Sofrage SARL; EuGH Slg. 2001, I-2189 Rn. 22–26 – Strafverfahren gegen André Mazzoleni u. Inter Surveillance Assistance SARL. Dem folgend EuGH Slg. 2008, I-4323 Rn. 29 – Kommission/Luxemburg; EuGH ECLI:EU:C:2013:422 Rn. 47 – United Antwerp Maritime Agencies (Unamar)/Navigation Maritime Bulgare.
[2386] Vgl. EuGH ECLI:EU:C:2013:422 Rn. 48 – United Antwerp Maritime Agencies (Unamar)/Navigation Maritime Bulgare; Trib. Sup. REDI 2013-2, 326, 327 mAnm *Carballo Piñeiro*.
[2387] Vorschlag für eine Verordnung des Europäischen Parlaments und des Rates über das auf vertragliche Schuldverhältnisse anzuwendende Recht (Rom I), von der Kommission vorgelegt am 15.12.2005, KOM (2005) 650 endg., S. 8 Zu Art. 8.
[2388] *v. Savigny*, System des heutigen römischen Rechts, Bd. VIII, 1849, S. 36.
[2389] *Francescakis*, RCDIP 1966, 1; *ders.*, Trav. com. fr. dr. int. pr. 1966, 165; *ders.*, in: Rép. Dalloz Dr. int., 1968, Conflit de lois (principes généraux), no. 137.
[2390] *Leible/M. Lehmann*, RIW 2008, 528, 542; *Montfort*, RLDA 29 (2008), 82; *d'Avout*, D. 2008, 2165, 2167; *Corneloup*, JCP G 2008 Doctr. 205 = JCP G 29 Octobre 2008 S. 21, 24; *Jacotot*, RCDIP 102 (2013), 522, 528.

929 Art. 7 EVÜ, die Vorgängernorm zu Art. 9 II, III Rom I-VO, wurde als Kompromiss angesehen, bei dem verschiedene dogmatische Konzepte aufeinanderprallten, das engere deutschrechtliche des Eingriffsrechts und das weitere romanische der lois de police oder lois d'application immédiate.[2391] „Eingriffsrecht" sei – so wurde teilweise behauptet – nur ein deutscher, aber kein europäischer Begriff.[2392] Jedenfalls diese Behauptung lässt sich heute nicht mehr aufrechterhalten. Terminologisch ist positiv zu bemerken, dass die Überschrift der deutschen Fassung „Eingriffsrecht" heißt. Dieser Begriff fand sich zuvor schon in der Überschrift zu Art. 16 Rom II-VO. Er ist jetzt also eingeführter Teil des Gesetzesrechts und nicht mehr „paralegal". Keinesfalls ist der Begriff der Eingriffsnorm also als gleichsam voreuropäischer Begriff aufzugeben.[2393] Seine wahre europäische Blütezeit dürfte vielmehr jetzt erst beginnen.[2394] Der Terminus „Eingriffsrecht" ist deshalb so treffend und unmittelbar einleuchtend, weil Eingriffsrecht eben von außen her in den Vertrag eingreift.[2395] Spätestens damit ist „Eingriffsrecht" auch ein europäischer Begriff geworden.[2396] Dies heißt allerdings nicht automatisch, dass dem deutschen Begriff „Eingriffsrecht" auch ein von deutschrechtlichen Vorstellungen geprägter Begriffsinhalt entsprechen müsste.

930 Der Begriff der international zwingenden Norm, der Eingriffsnorm, ist ein genuin europäischer Begriff. Er ist auf einer normhierarchisch höheren Ebene vorgegeben. Er ist zentraler Begriff eines europäisch geprägten Obersatzes.[2397] In Art. 9 I Rom I-VO wird dies endgültig augenfällig und offensichtlich. Das nationale Recht liefert dann nur den Untersatz. Ob eine bestimmte Norm des Forumrechts die für eine Eingriffsnorm notwendigen Eigenschaften aufweist, ist dann wieder ein von den europäischen Maßstäben geprägter Subsumtionsvorgang. Noch einmal sei zur Verdeutlichung zusammengefasst: Obersatz und conclusio sind europäisch, nur der Untersatz ist national.[2398]

931 Der europäische Begriff im Obersatz ist dem Zugriff des nationalen Gesetzgebers entzogen und insoweit für diesen aprioristisch.[2399] Dem nationalen Gesetzgeber steht allenfalls noch insoweit eine positivistische Entscheidung zu Gebote, als er die zur Subsumtion im Untersatz anstehenden Normen mit Gemeinwohlinteressen aufladen kann. Der nationale Gesetzgeber kann nur insoweit einen voluntativen Akt politischer Setzung[2400] vornehmen und in diesem begrenzten Rahmen eine Entscheidungsprärogative über die von einer Norm verfolgten Zwecke ausüben.[2401] Definitionshoheit über den Begriff der Eingriffsnorm hat er dagegen nicht.

932 Materiell ist das Bild dagegen nicht so positiv wie für die Terminologie. Denn die Arblade-Entscheidung hatte zur Kernaussage, dass sich auch die Eingriffsnormen der Mitgliedstaaten einer primärrechtlichen Kontrolle stellen müssen.[2402] Sie befasste sich weniger mit

---

[2391] *Knobl*, in: *Koppensteiner*, Österreichisches und europäisches Wirtschaftsprivatrecht 3/1: Bankenrecht, Wien 1996, S. 237; *Stehl*, Die Überwindung der Inkohärenz des Internationalen Privatrechts der Bank- und Versicherungsverträge, 2008, S. 28 mit Fn. 75. Eingehend *Callsen* S. 66–237 mit Blick auf Frankreich, Deutschland und Italien unter besonderer Berücksichtigung des Arbeitsrechts.
[2392] *Czernich/Heiss/Heiss* Art. 5 EVÜ Rn. 54; *Stehl*, Die Überwindung der Inkohärenz des Internationalen Privatrechts der Bank- und Versicherungsverträge, 2008, S. 28 f. Fn. 76.
[2393] So aber *Jayme*, IPRax 2001, 190, 191.
Dagegen *Sonnenberger*, in: Leible/Unberath (Hrsg.), Brauchen wir eine Rom 0-Verordnung?, 2013, S. 429, 434.
[2394] *Mankowski*, RIW 2006, 321, 331 sowie *A. K. Schnyder*, in: J. F. Baur/Mansel (Hrsg.), Systemwechsel im europäischen Kollisionsrecht, 2002, S. 89, 91 f.
[2395] *D. Schramm*, Ausländische Eingriffsnormen im Deliktsrecht, 2005, S. 10.
[2396] *Mankowski*, IHR 2009, 133, 146.
Kritisch zur Möglichkeit einer begriffsscharfen Abgrenzung von Eingriffsnormen *A. Köhler* S. 17–39.
[2397] *Eurobank Ergasias SA v. Kalliroi Navigation Co. Ltd.* [2015] EWHC 2377 (Comm) [39] (Q.B.D., Judge Waksman Q.C.).
[2398] *Mankowski*, ZEuP 2008, 846, 854.
[2399] Dies übersieht *Pfeiffer*, IPRax 2006, 238, 241.
[2400] Vgl. *Pfeiffer*, FS Reinhold Geimer, München 2002, S. 821, 836.
[2401] *Thorn*, FS K. Schmidt, 2009, S. 1261, 1277.
[2402] EuGH Slg. 1999, I-8453, I-8513 Rn. 31 – Strafverfahren gegen Jean-Claude Arblade, Arblade & fils SARL, B. u. Serge Leloup u. Sofrage SARL.

XVI. Sonderanknüpfung von Eingriffsrecht

der Definition von Eingriffsrecht als mit den unionsrechtlichen Grenzen für Eingriffsrecht.[2403] Zudem dürfte es sich im konkreten Kontext im Zweifel nur um eine bloße Wiedergabe einer im belgischen Recht vorfindlichen Terminologie und nicht um einen eigenen Definitionsversuch des EuGH handeln.[2404] Dementsprechend sybillinisch und weitgehend substanzlos ist die dort gefundene Umschreibung.[2405] In Art. 9 I Rom I-VO eine Einengung gegenüber Art. 7 EVÜ sehen zu wollen, wenn auch anhand der tatsächlich geübten Praxis der nationalen Gerichte,[2406] dürfte eine Überinterpretation sein. Vielmehr wohnt auch Art. 9 I Rom I-VO eine Tendenz zu übergroßer Weite und die gefährliche Möglichkeit zu großzügiger Handhabung inne.[2407]

Eingriffsrecht dient nicht dem Ausgleich zwischen den individuellen Interessen der an einem Rechtsverhältnis beteiligten Privaten. Eingriffsrecht dient vielmehr der Durchsetzung überindividueller staatlicher Interessen insbesondere staats-, wirtschafts- oder sozialpolitischer Natur.[2408] Es wirkt exogen und überwölbend auf das betroffene Rechtsverhältnis ein. Es dient nicht dem inneren Ausbalancieren des Synallagmas und ist eben nicht ordnungsneutral.[2409] Ihm geht es um öffentliche Güter, für deren Herstellung oder Schutz der Markt keine hinreichenden Anreize bietet, und um eine Steuerung dahingehend, dass trotz fehlenden Eigennutzes die Parteien das Allgemeininteresse beachten.[2410] Eingriffsnormen setzen in der Abwägung höherstehende Gemeinschaftswerte durch.[2411]

In Eingriffsnormen manifestiert sich daher das Staatsinteresse. Sie sind Ausdruck eines spezifischen staatlichen Durchsetzungswillens. Sie dienen gleichsam dem Schutz einer Gesellschaft oder Gesellschaftsordnung gegen die Willkür der Individuen.[2412] Sie sind Schutzwall der Wirtschafts- und Sozialordnung ihres Erlassstaates.[2413] Sie sind Verkörperungen eines speziellen ordre public,[2414] gleichsam eines ordre public économique et social international.[2415] Sie sind notwendiges Mittel des Nationalstaates, um den residualen Einfluss der nationalen Politik in einer zunehmend globalisierten Wirtschaft zu erhalten.[2416]

Eingriffsrecht ist Maßnahmerecht, weil es zielgerichtet als normatives Gestaltungsmittel eingesetzt wird, um aus der Sicht des Erlassstaates als Korrektiv Fehlleistungen zu verhin-

---

[2403] C. Müller, International zwingende Normen des deutschen Arbeitsrechts, 2005, S. 22; Mankowski, IHR 2008, 133, 147; W.-H. Roth, FS Gunther Kühne, 2009, S. 859, 866 f.; A. Junker, RIW 2010, 257, 268; Arif, ZfRV 2011, 258, 260.
[2404] C. Müller S. 21 f.
[2405] Mankowski, IPRax 2006, 101, 109; Sonnenberger, in: Leible/Unberath (Hrsg.), Brauchen wir eine Rom 0-Verordnung?, 2013, S. 429, 433; vgl. auch W.-H. Roth, FS Gunther Kühne, 2009, S. 859, 867.
[2406] So Franzen, AP H. 8/2013 Nr. 14 zu § 2 EntgeltFG Bl. 4R, 5R.
[2407] Mankowski, IHR 2008, 133, 147; Arif, ZfRV 2011, 258, 260; Sonnenberger, in: Leible/Unberath (Hrsg.), Brauchen wir eine Rom 0-Verordnung?, 2013, S. 429, 434–437.
[2408] Siehe nur BAGE 63, 17, 34; BAGE 71, 297, 316–318; BAGE 80, 84, 90; BAGE 100, 130, 139; BAG AP Nr. 261 zu § 1 TVG Tarifverträge: Bau Bl. 4; BGHZ 165, 248 Rn. 25 f.; OGH IPRax 1994, 377, 378; OGH SZ 2006/41; OGH JBl 2010, 707, 708; Hessisches LAG IPRax 2001, 461, 467 = AR-Blattei ES 920 Nr. 7 S. 10 mAnm Mankowski (März 2001); Pres. Rb. Leeuwarden, NIPR 2001 Nr. 216 S. 371; Anderegg, Ausländische Eingriffsnormen im internationalen Vertragsrecht, 1989, S. 90 f.; Voser, Die Theorie der lois d'application immédiate im internationalen Privatrecht, 1993, S. 51–54; Mankowski, DWiR 1996, 273, 274 mwN; ders., RIW 1998, 287, 289; ders., in: v. Bar/Mankowski, IPR I § 4 Rn. 91.
Als zu eng erachtet allerdings von W.-H. Roth, FS Ulrich Immenga, 2004, S. 331, 341 f.
[2409] Siehe nur Neumayer, BerDGesVR 2 (1958), 35, 47; K. P. Berger, ZvglRWiss 96 (1997), 316, 317 f.
[2410] P. Behrens, FS 75 Jahre Max-Planck-Institut für Privatrecht, 2001, S. 381, 385; Mankowski, in: v. Bar/Mankowski, IPR I § 4 Rn. 91.
[2411] Font i Segura, Rev. der. com. eur. 9 (2001), 259, 262.
[2412] Siehe nur Neumayer, BerDGesVR 2 (1958), 35, 47.
[2413] Francescakis, RCDIP 55 (1966), 1; ders., Rép. Dalloz, Dr. int., Conflit de lois, no. 137 (1968); Dolinger, RdC 283 (2000), 187, 305.
[2414] Sperduti, RCDIP 66 (1977), 257, 260; Starp, Die Börsentermingeschäfte an Auslandsbörsen, 1985, S. 217; Ferid, Internationales Privatrecht, 3. Aufl. 1986, Rn. 6–81; A. Junker, IPRax 1989, 69, 75; ders., Internationales Arbeitsrecht im Konzern, 1992, S. 315 f.; Bülow, EuZW 1993, 435, 436; Sandrock, FS Ottoarndt Glossner, 1994, S. 281, 293 f.; A. K. Schnyder, RabelsZ 59 (1995), 293, 301; M. Becker, RabelsZ 60 (1996), 691, 703 f.; Dolinger, RdC 283 (2000), 187, 307–316; Mankowski, ZZP 114 (2001), 37, 55.
[2415] Vgl. Trib. comm. Mons Rev. dr. comm. belge 2001, 617, 619 f.
[2416] Vgl. nur Basedow, FS Hans Stoll, 2001, S. 405, 413.

dern, die sich bei einer nicht dem jeweiligen Gemeinwohl verpflichteten Selbstbestimmung der Privatrechtssubjekte einstellen würden.[2417] Der Staat setzt sich durch ohne Rücksicht auf und notfalls auch gegen den Willen der privaten Beteiligten. Er ergreift gezielte Lenkungsmaßnahmen in seinem als vorrangig und unwiderruflich bewerteten[2418] öffentlichen Interesse.[2419]

936 Beispiele sind etwa behördliches Kartellrecht,[2420] europäisches Kartellrecht der Artt. 101; 102 AEUV,[2421] Außenwirtschaftsrecht,[2422] Embargovorschriften,[2423] Gewerberecht,[2424] Lotterieaufsicht samt Verbot nichtkonzessionierter Spiele,[2425] Vergaberecht[2426] oder Aufsichtsrecht für bestimmte Branchen.[2427] Deutsche Eingriffsnormen sind außerdem z.B. §§ 72 ff. AMG; 3 ff. AtomG; 3 BtMG; 8, 14 GenTG; 47 LMBG.[2428] Besonders diffizil ist die Einordnung einzelner Normen des öffentlichen Arbeitsrechts[2429] oder des Urlaubsrechts.[2429a] Sicher eine Eingriffsnorm ist etwa § 20 MiLoG.[2430]

937 Diese Dichotomie Ausgleich zwischen den Vertragsparteien/überindividuelle Interessen taucht in der Arblade-Entscheidung als solche bedauerlicherweise nirgends auf, obwohl sie sich ausgezeichnet in Gesetzesform gießen ließe.[2431] Die ordnungsrechtliche Funktion als Essentiale von Eingriffsrecht[2432] tritt nicht deutlich genug hervor. Die Umschreibung durch den EuGH lässt leider[2433] zu viel Raum,[2434] um auch „einfach" zwingendes Vertragsrecht zu den Eingriffsnormen zu ziehen.[2435] Alle Schwächen der EuGH-Definition bleiben in Art. 9 I Rom I-VO erhalten und wurden nicht ausgemerzt. Die Definition tendiert zu übergroßer Weite. Sie gewährleistet nicht, dass Rechtsanwender eine hinreichend scharfe Grenze gegenüber Normen ziehen, welche nur dem Ausgleich der indidivuellen Interessen

---

[2417] *A. K. Schnyder,* BerDGesVR 37 (1998), 73, 89 f.
[2418] *Font i Segura,* Rev. der. com. eur. 9 (2001), 259, 262.
[2419] OGH IPRax 1992, 47, 48 = JBl 1992, 189 mAnm *Schwimann;* OGH IPRax 1994, 377, 378 (dazu *Ehricke,* IPRax 1994, 382).
[2420] OLG München WRP 2015, 379, 382 – Causa Pechstein; *Eichel,* IPRax 2016, 305, 309.
[2421] EuGH Slg. 1999, I-3055 – Eco Swiss China Time Ltd./Benetton International NV; OLG Düsseldorf 21.7.2004 – VI Sch(Kart) 01/02; OLG Jena WuW 2008, 353 = WuW DE-R 2219; CA Paris RCDIP 95 (2006), 104 note *Bollée* = Clunet 132 (2005), 356 note *Mourre* = JCP G 2005 II.10038 note *Chabot* (dazu *Radicati di Brozolo,* Rev. arb. 2005, 529); CA Paris Rev. arb. 2006, 483; *Remien,* FS Jan Kropholler, 2008, S. 869.
[2422] Siehe nur *Mankowski,* RIW 6/2002, II/VI; *M.-P. Weller,* ZIP 2008, 857, 861; *Seibt/B. Wollenschläger,* ZIP 2009, 833, 841; *Simonsen/Wolffgang/Mankowski,* Außenwirtschaftsrecht, Losebl. § 15 AWG Rn. 61 (2014); MüKoBGB/*Martiny* Art. 9 Rom I-VO Rn. 65; Staudinger/*Magnus* Art. 9 Rom I-VO Rn. 184.
[2423] *Marchand,* Clunet 138 (2011), 99, 100–102; *Mankowski,* RIW 2015, 405; *ders.,* IPRax 2016, 485; *Looschelders,* VersR 2015, 1025, 1026.
[2424] Siehe nur *Martiny,* FS Andreas Heldrich, 2005, S. 907.
[2425] *Martiny,* FS Werner Lorenz zum 80. Geb., 2001, S. 375, 388.
[2426] OGH JBl 2013, 362, 364; OLG Düsseldorf VergabeR 2008, 661; *Nemeth,* JBl 2013, 365, 366. Anders aber *Opitz,* FS Fridhelm Marx, 2013, S. 505, 514 f.
[2427] Z. B. das Versicherungsaufsichtsrecht; → § 1 Rn. 777.
[2428] BeckOK BGB/*Spickhoff* Art. 9 Rom I-VO Rn. 14; NK-BGB/*Doehner* Art. 9 Rom I-VO Rn. 28.
[2429] Minutiös durchdekliniert von *Carsten Müller* S. 265–422.
[2429a] Siehe östOGH ZfRV 2018, 78.
[2430] Siehe nur *Moll/Katerndahl,* DB 2015, 555 (555); *Forst,* ZESAR 2015, 205, 206; *Pfeiffer,* FS Dagmar Coester-Waltjen, 2015, S. 611 (611 f.); *J. Schubert,* in: Düwell/J. Schubert, MiLoG, 2015, § 20 MiLoG Rn. 2; *Vogelsang,* in: G. Schaub (Hrsg.), Arbeitsrechts-Handbuch, 17. Aufl. 2017, § 66 Rn. 21; *Franzen,* in: Erfurter Kommentar zum Arbeitsrecht, 18. Aufl. 2018, § 20 MiLoG Rn. 1; *Sittard/Sassen,* NJW 2016, 364 (364); *Mankowski,* RdA 2017, 273, 274. Zur Primärrechtskonformität *Mankowski,* RdA 2017, 273, 277–287 einerseits und östOGH TranspR 2018, 235; AG Weißenburg in Bayern TranspR 2018, 323, 324 andererseits.
[2431] Siehe den ausformulierten Vorschlag von *A. Junker,* IPRax 2000, 65, 73.
[2432] Nachdrücklich z. B. *A. K. Schnyder,* FS Tuğrul Ansay, 2006, S. 389, 396 f.
[2433] Andere Bewertung bei *Sonnenberger,* IPRax 2003, 104, 106.
[2434] *Thorn,* in: Ferrari/Leible (Hrsg.), Ein neues Internationales Vertragsrecht für Europa, 2007, S. 129, 134 f. sieht genau umgekehrt eine willkommene Einengung durch das Erfordernis eines wesentlichen öffentlichen Zwecks.
[2435] *Mankowski,* IPRax 2006, 101, 109.

XVI. Sonderanknüpfung von Eingriffsrecht

zwischen den Vertragsparteien dienen. Sie verhindert nicht zuverlässig, dass man Verbraucher- oder Arbeitnehmerschutzrecht auch zum Eingriffsrecht schlagen könnte.

Diese Grenze ist weiterhin offen.[2436] Richtigerweise muss man jedoch aus Artt. 6; 7; 8 Rom I-VO einen Umkehrschluss ziehen:[2437] Was dort angeknüpft wird, kann nicht mehr Gegenstand einer eingriffsrechtlichen Sonderanknüpfung sein, denn es findet ja bereits eine Anknüpfung im Rahmen des „normalen" Systems statt. Ein und dieselbe Norm kann nicht gleichzeitig in ihrem Schwerpunkt individuelle und überindividuelle Interessen verfolgen. Ein und dieselbe Norm kann nicht gleichzeitig absolute Durchsetzung als Eingriffsrecht heischen und relativ von einem Günstigkeitsvergleich abhängig sein.

Die Unterscheidung zwischen individuellen und überindividuellen Interessen ist eine funktionelle Unterscheidung. Ihr kann man nicht vorwerfen, sie rekurriere auf eine bestimmte nationale Vorstellungswelt.[2438] Für eine eher enge Auslegung und darauf aufbauend eine eher restriktive Anwendung streitet zudem die spätestens von Erwägungsgrund (37) S. 1 Rom I-VO hergestellte Nachbarschaft zum ordre public.[2439] Ein Katalog a priori privilegierter Vorschriften lässt sich indes nicht erstellen.[2440] Vielmehr ist jeweils durch Auslegung der potentiell sonderanzuknüpfenden Norm festzustellen, welche Interessen sie verfolgt und ob die verfolgten Interessen sie als Eingriffsnorm qualifizieren.[2441] Art. 7 I EVÜ und eine Sonderanknüpfung forumfremden Eingriffsrechts wurden in der Rechtspraxis nur ausnahmsweise in Betracht gezogen.[2442] Die Zahl schon der Anwendungen war nicht groß, und noch geringer war die Zahl jener Fälle, in denen es wirklich zu einer Sonderanknüpfung kam. Eine Sonderanknüpfung konnte etwa daran scheitern, dass einer forumfremden Norm der internationale Anwendungswille abgesprochen wurde.[2443] Sie konnte aber insbesondere daran scheitern, dass einer forumfremden Norm nicht die besondere Qualität einer Eingriffsnorm in Verfolg überindividueller Interessen zugesprochen wurde.

Natürlich steht idealiter auch hinter jeder Norm des Zivil(sach)rechts eine gesetzgeberische Gestaltungsentscheidung. Jede Zivilrechtsnorm ist Mittel zur Gestaltung einer Wirtschafts- und Gesellschaftsordnung. Privatrechtliche Institutionen haben konstitutive Bedeutung gerade für eine Wirtschaftsordnung, welche den Austausch von Gütern und Leistungen marktwirtschaftlich organisiert.[2444] Sie ist natürlich nicht komplett staatsfern.[2445] Dies heißt jedoch nicht, daß die einzelne Zivilrechtsnorm ausschließlich oder zumindest überwiegend staatlichen Interessen dienen würde.[2446] Betroffen ist bei und mit ihr das allgemeine Staatsinteresse an einer funktionierenden Zivilrechtsordnung. Dieses ist aber (bis zur Grenze des ordre public) auch bei einer Anwendung ausländischen Rechts gewahrt;[2447]

[2436] Ebenso *Pizzolante*, RDIPP 2006, 987, 996.
Positiver und wahrscheinlich zu optimistisch *Heiss*, JBl 2006, 750, 762.
[2437] *Mankowski*, RIW 1993, 453, 460–462; *ders.*, DWiR 1996, 273.
Ähnlich (Umkehrschluss aus seinerzeit Art. 29a EGBGB aF, heute Art. 46b EGBGB) OLG Brandenburg IPRspr. 2011 Nr. 31 S. 64 f.
[2438] So aber *Rammeloo*, NIPR 2006, 239, 249.
[2439] Ähnlich *W.-H. Roth*, FS Gunther Kühne, 2009, S. 859, 868. Vgl. auch GA *Szpunar*, ECLI:EU:C:2016:281 Rn. 68.
[2440] GA *Szpunar*, ECLI:EU:C:2016:281 Rn. 73.
[2441] Siehe nur GA *Szpunar*, ECLI:EU:C:2016:281 Rn. 72.
[2442] Immerhin BGH RIW 2015, 294, 299 Rn. 53; BAG RIW 2015, 313; Cass. Clunet 138 (2011), 98 note *Marchand* = JCP G 2010, 996 obs. *Bureau/d'Avout* (dazu *Nourissat*, RLDA 51 [2010], 63; *Delebecque*, Dir. mar. 2010, 227); OGH JBl 2010, 707; OGH IPRax 2013, 366; OGH JBl 2013, 362 mAnm *Nemeth*; OLG Frankfurt ZIP 2011, 1354 (dazu *Wöhlert*, GWR 2011, 340); LG Hamburg RIW 2015, 458.
[2443] OGH ZfRV 2014, 37 = ZfRV-LS 2014/7 für § 102 BetrVG.
[2444] *P. Behrens*, FS 75 Jahre Max-Planck-Institut für Privatrecht, 2001, S. 381, 387.
[2445] Nur insoweit richtig *Niedobitek*, Das Recht der grenzüberschreitenden Verträge, 2001, S. 370, dessen weiteren Folgerungen aber strikt zu widersprechen ist.
[2446] *Mankowski*, EWiR Art. 34 EGBGB 1/95, 453, 454; *Püttner*, FS Hartmut Maurer, 2001, S. 713, 716.
Als argumentum ad absurdum *A. Köhler* S. 23–25.
[2447] *Droste*, Der Begriff der „zwingenden Bestimmung" in den Artt. 27 ff. EGBGB, Diss. Freiburg i. Br. 1991, S. 156.

ansonsten dürfte es überhaupt keine Fremdrechtsanwendung und kein mehrseitiges IPR mehr geben.

941 Nicht jede Norm, die eine – sei es auch wichtige – Rolle in einem bestimmten juristischen oder ökonomischen Regelungskonzept spielt, wird dadurch automatisch zur Eingriffsnorm.[2448] Das trifft z. B. Kündigungsschutzrecht, das unbezweifelbar eine arbeitsmarktgestaltende Wirkung hat und eine entscheidende Rolle spielt für die Flexibilität oder umgekehrt Starrheit nationaler Arbeitsmärkte.[2449] Gleiches gilt bei einer marktordnenden Nebenfunktion von Privatrecht.[2450] Eine bloße Reflexwirkung, die öffentlichen Interessen zugute kommt, reicht nicht für eine eingriffsrechtliche Qualifikation.[2451] Jede Norm des Vertragsrechts gestaltet zugleich die Bedingungen auf dem betreffenden Vertragsabschluss- oder Vertragserfüllungsmarkt mit. Sie setzt Anreize für das Verhalten der Privaten. Indem er solche Anreize setzt, kann der Staat indirekt steuern. Er kann auch mit Hilfe von Privatrecht einem Marktversagen entgegensteuern, das sich ergäbe, wenn man den Marktkräften freies Spiel ließe. Selbst solches marktordnendes Recht wird dadurch aber kein Eingriffsrecht.[2452] Denn die Marktsteuerung erfolgt eben nur indirekt, indem primär ein gerechterer (und effizienterer) Ausgleich zwischen den Interessen der beteiligten Privaten erfolgt. Dieser Interessenausgleich zwischen den Privaten ist nicht nur Mittel, sondern eigener und primärer Zweck. Die Marktordnung durch Anreizsetzung ist Nebenzweck, erwünschtes Nebenprodukt. Eingriffsrecht korrigiert dagegen kein immanentes, sondern ein systemisches Marktversagen, indem es kollektive Interessen gegen eigennützige Transaktionen durchsetzt.[2453]

942 Auch die in Art. 9 I Rom I-VO Gesetz gewordene Umschreibung verhindert leider nicht, dass sich ein Wille der Rechtsanwender zur Durchsetzung ihres jeweiligen nationalen Rechts den Weg bahnt und etwa nationale Vorschriften über sous-traitance (Direktanspruch des Subunternehmers gegen den Besteller bei Bauverträgen nach Artt. 1 ff. Loi n°. 75–1334)[2454] oder Verbraucherkreditrecht[2455] zu Eingriffsnormen erhebt. Neuer Streit erhebt sich um die Qualifikation des europäisch induzierten Antidiskriminierungsrechts.[2456] Beim Handelsvertreterrecht stehen sich – zumal nach der Ingmar-Entscheidung des EuGH[2457] – zwei Lager gegenüber, die eingriffsrechtliche Qualität befürworten[2458] oder

---

[2448] *T. Kruger*, 8 Colum. J. Eur. L. 85, 91 (2002). Zu weit schon die Fragestellung bei *Heyraud*, Clunet 2018, 535, 552–561.

[2449] Entgegen *Krebber*, FS Rolf Birk, 2008, S. 477, 492 f.

[2450] Ebenso *A. Junker*, IPRax 2000, 65, 70.

[2451] BGHZ 165, 248, 256 f.; OLG Brandenburg IPRspr. 2011 Nr. 31 S. 64.

[2452] *Mankowski*, DZWir 1996, 273, 276; *A. Junker*, IPRax 2000, 65, 70; *Felke*, RIW 2001, 30, 33. Praktisches Beispiel: Hof Amsterdam NIPR 2015 Nr. 276 S. 456 für Art. 7:258 BW im Wohnraummietrecht. Entgegen z. B. *Mäsch*, Rechtswahlfreiheit und Verbraucherschutz, 1993, S. 137 f.; *Wördemann*, International zwingende Normen im Internationalen Privatrecht des europäischen Versicherungsvertrages, 1997, S. 89, 92 f.; *Maidl*, Ausländische AGB im deutschen Recht, 2000, S. 14.

[2453] *P. Behrens*, FS 75 Jahre Max-Planck-Institut für Privatrecht, 2001, S. 381, 387.

[2454] Cass. ch. mixte Bull. civ. 2007 Chambre mixte N°. 12 S. 30 = D. 2008, 753 note *Boyault/Lemaire* sowie Cass. com. Clunet 139 (2012), 148 note *de Vareilles-Sommières*; Cass. 1re civ. Clunet 145 (2018), 125 note *Brière* für die Loi n°. 75–1334 du 31 décembre 1975 relative à la sous-traitance, JO 1975, 80. Entgegengesetztes Ergebnis noch bei Cass. 1re civ. D. 2007, 2008 note *Borysewicz/Loncle*.

[2455] Cass. 1re civ. D. 2000, 765 note *M. Audit* = RCDIP 89 (2000), 29, 30 note *Lagarde*; Cass., 1re civ., RCDIP 96 (2007), 85 note *Cocteau-Senn* = Clunet 134 (2007), 537 note *Sinay-Cytermann* = D. 2006, 1597 note *Avena-Robardet* (dazu de Vareilles-Sommières, D. 2006, 2464; *M. Audit*, D. 2006, 2798; *Mankowski*, ZEuP 2008, 846); CA Colmar, D. 2002, 2932 mAnm *Franck*.

[2456] Dazu *P. Schrader/Straube*, NZA 2007, 194; *Mansel*, FS Claus-Wilhelm Canaris zum 70. Geb., Bd. I, 2007, S. 809; *A. Junker*, NZA Beil. 2/2008, 59 und insbesondere *Lüttringhaus*, Grenzüberschreitender Diskriminierungsschutz – Das internationale Privatrecht der Antidiskriminierung, 2010, S. 191–301.

[2457] EuGH Slg. 2000, I-9305 Rn. 14–26 – Ingmar GB Ltd./Eaton Leonard Technologies, Inc.

[2458] *N. Reich*, EuZW 2001, 51, 52; *Thume*, RIW 4/2001, I; *Jayme*, IPRax 2001, 190 f.; *Raynard*, JCP E 2001 supp. n°. 2 S. 12, 18; *Idot*, RCDIP 90 (2001), 112, 119 f.; *van Hoek*, SEW 2001, 195, 196; *Nemeth/Rudisch*, ZfRVgl. 2001, 179, 181, 182; *Höller*, RdW 2001, 396, 398; *A. Staudinger*, NJW 2001, 1974, 1975 f.; *Jacquet*, Rev. trim. dr. comm. 2001, 1067, 1069 f. sowie *Font i Segura*, Eur. L. Forum 3–2000/01, 179, 181; *ders.*, Rev. der. com. eur. 9 (2001), 259, 275 f.; *Adobati/Giangrossi*, Dir. comm. int. 2001, 725, 731; *Fetsch* S. 314; *Emde*, MDR 2002, 190, 197; siehe auch schon *Ferry*, Clunet 120 (1993), 299.

XVI. Sonderanknüpfung von Eingriffsrecht   943–946 § 1

ablehnen.[2459] Die Liste ließe sich beliebig fortsetzen, z.B. um die immer neuen und an Zahl wachsenden deutschen Vergütungsregeln im Urheberrecht.[2460] Auch wird Art. 9 Rom I-VO als Hintertür für ungeschriebenes Richtlinienkollisionsrecht propagiert werden.[2461] Für Einbeziehungs- und Inhaltskontrolle neigt sich die Waagschale der Meinungen gegen eine eingriffsrechtliche Qualifikation,[2462] aber immerhin schüren anhaltende Diskussionen Unsicherheit.

Relativ sicheres Indiz für den eingriffsrechtlichen Charakter einer Norm ist ihre reguläre 943 Durchsetzung durch eigens zuständige Behörden in verwaltungsrechtlichen Verfahren.[2463] Soweit der deutsche Gesetzgeber Rechtsfolgenanordnungen spezifisch an die öffentlich-rechtlich organisierten Träger seiner eigenen Hoheitsgewalt richtet, spricht dies für einen ordnungspolitischen und damit international zwingenden Charakter der betreffenden Normen.[2464] Dagegen nimmt dem Schluss[2465] von einer privatrechtlichen Durchsetzung mittels Ansprüchen oder Rechten Privater und von einer fehlenden behördlichen Mitwirkung auf einen nicht-eingriffsrechtlichen Charakter die Stärke, dass es bei der Sonderanknüpfung von Eingriffsrecht auch um die notwendige privatrechtliche Absicherung des öffentlich-rechtlich geprägten Eingriffsrechts geht.[2466]

Ein bloß halbzwingender Charakter einer Norm, d.h., dass von dieser Norm vertragli- 944 che oder Abweichungen in eine Richtung möglich sind, spricht gegen eine Qualifikation dieser Norm als Eingriffsnorm.[2467]

Eingriffsnormen stellen in der Regel gegenüber dem Vertragsstatut nur isolierte Einzel- 945 normsegmente dar.[2468]

2. Sonderanknüpfung von Eingriffsrecht des Forums (Art. 9 II Rom I-VO). 946
Art. 9 II Rom I-VO erlaubt eine Sonderanknüpfung forumeigenen Eingriffsrechts ohne weitere, einschränkende Voraussetzungen. Art. 9 II Rom I-VO ist jedoch kein Allheilmittel. Er darf nicht das Mittel der ersten Wahl und noch weniger das Mittel des ersten Zugriffs sein.[2469] Vielmehr muss man sich erst mit den anderen, systemimmanenten und systemverträglicheren Instrumenten auseinandersetzen. Sonst drohte Art. 9 II Rom I-VO

[2459] *Freitag*, EWiR § 89b HGB 4/2000, 1061, 1062; *Michaels/Kamann*, EWS 2001, 301, 304f., 307, 309; *S. Schwarz*, ZVglRWiss 101 (2002), 45; *Pataut*, in: A. Fuchs/Muir Watt/Pataut (dir.), Les conflits de lois et le système juridique communautaire, Paris. 2004, S. 117, 121f.; außerdem *Ofner*, ecolex 2001, 715, 716; *W.-H. Roth*, (2002) 39 C.M.L.Rev. 369, 379 sowie *Verhagen*, (2002) 51 ICLQ 135, 141f.
[2460] Dazu z.B. BGH GRUR 2015, 264, 267f. – Hi Hotel II; *Nordemann-Schiffel*, FS Wilhelm Nordemann, 2004, S. 479; *Schack*, FS Andreas Heldrich, 2005, S. 997; *ders.*, in: Basedow/Drexl/Kur/Metzger (eds.), Intellectual Property in the Conflict of Laws, 2005, S. 107; *Pütz*, Parteiautonomie im internationalen Urhebervertragsrecht, 2005; *Farokhmanesh*, Der Schutz des Urhebers im internationalen Vertragsrecht, 2007; *Wille*, GRUR Int. 2008, 389; *Brexl*, GRUR-Prax 2015, 91.
[2461] *J. Hoffmann/Primaczenko*, IPRax 2007, 173, 178f.
[2462] BGH NJW 2009, 3371, 3374; LG Kleve RdTW 2015, 275, 277; Staudinger/*Magnus* Art. 9 Rom I-VO Rn. 151.
[2463] *Mankowski*, FamRZ 1999, 1313, 1314; *ders.*, in: Spindler (Hrsg.), Vertragsrecht der Internet-Provider, 2. Aufl. 2004, Teil III Rn. 59; *ders.*, AR-Blattei ES 920 Nr. 7 S. 13, 24 (März 2001); *Martiny*, FS Andreas Heldrich, 2005, S. 907, 914; *Mansel*, FS Claus-Wilhelm Canaris zum 70. Geb., 2007, S. 809, 826f.; *Lüttringhaus*, Grenzüberschreitender Diskriminierungsschutz, 2010, S. 227; *Kocher*, FS Dieter Martiny, 2014, S. 411, 414f.; MüKoBGB/*Martiny* Art. 9 Rom I-VO Rn. 20.
[2464] BAGE 63, 17, 31; BAGE 80, 84, 92; *A. Junker*, Internationales Arbeitsrecht im Konzern, 1992, S. 121f., 125f., 290f.; *Droste*, Der Begriff der „zwingenden Bestimmung" in den Artt. 27ff. EGBGB, Diss. Freiburg i.Br. 1991, S. 154f.; *C. Bittner*, Europäisches und internationales Betriebsrentenrecht, 2000, S. 300; *Franzen*, AP H. 8/2013 Nr. 14 zu § 2 EntgeltFG Bl. 4R, 5 sowie Hessisches LAG IPRax 2001, 461, 467.
[2465] Wie ihn das Hessische LAG IPRax 2001, 461, 468 zieht; ähnlich auch *Soergel*/v. Hoffmann Art. 34 EGBGB Rn. 20.
[2466] *Mankowski*, AR-Blattei ES 920 Nr. 7 S. 13, 24 (März 2001); siehe auch *Benecke*, IPRax 2001 S. 449, 452.
[2467] *A. Junker*, Internationales Arbeitsrecht im Konzern, 1992, S. 290f.; *Franzen*, AP.H. 8/2013 Nr. 14 zu § 2 EntgeltFG Bl. 4R, 5.
[2468] *G. Kühne*, FS Hans-Jürgen Ahrens, 2016, S. 623, 633.
[2469] BGHZ 165, 248, 257f.; *Mankowski*, ZEuP 2008, 846, 854.

systemsprengende Kraft zu entfalten. Sonst drohten entsprechend gestimmte Gerichte eigentlich nur noch Art. 9 II Rom I-VO anzuwenden und würden darüber immer zu ihrem forumeigenen Recht kommen.

947 Die Definition des Eingriffsrechts in Art. 9 I Rom I-VO gilt für forumeigenes wie forumfremdes Recht gleichermaßen. Bei forumeigenem Recht sind keine milderen, weniger strengen Qualifikationsmaßstäbe anzulegen als bei forumfremdem.[2470] Im Gegenteil entfalten die Definition von Eingriffsrecht und Art. 9 I Rom I-VO ihre einengende Wirkung gerade gegenüber forumeigenem Recht.[2471] Sie zwingen zu zusätzlichen qualifikatorischen Überlegungen und zu erhöhtem Begründungsaufwand, weshalb eine bestimmte Norm der lex fori denn als Eingriffsrecht anzusehen sei. Es bedarf der Begründung, dass und, wenn ja, weshalb der Forumstaat einer bestimmten Norm besondere Wertigkeit und eine so große Bedeutung beigemessen haben soll, dass sie sich gegenüber einem forumfremden Vertragsstatut unbedingt durchsetzen soll. Die Sonderanknüpfung forumfremden Eingriffsrechts hat sich historisch aus dem ordre public entwickelt und ist eine Art positiver ordre public.[2472]

948 Bei der Auslegung und Qualifikation sind die Vorgaben aus dem Unionsrecht zu beachten: Erstens beschränkt jede Sonderanknüpfung von Eingriffsrecht die Rechtswahlfreiheit und ist deshalb restriktiv zu handhaben.[2473] Zweitens ist jede Sonderanknüpfung von Eingriffsrecht eine rechtfertigungsbedürftige Einschränkung der Grundfreiheiten des AEUV und ist deshalb so restriktiv wie möglich zu handhaben.[2474] Mitgliedstaatliches Eingriffsrecht muss sich einer Kontrolle an den Grundfreiheiten stellen.[2475]

949 Eine Sonderanknüpfung forumeigenen Eingriffsrechts über Art. 9 II Rom I-VO setzt immer voraus, dass die konkret in Rede stehende Norm den konkreten Fall überhaupt erfassen will.[2476] Ob und, wenn ja, unter welchen Voraussetzungen eine Norm einen Anwendungsanspruch erhebt, muss sie selber besagen;[2477] dies richtet sich nach dem Recht des Erlassstaates.[2478] Eine Norm über ihren eigenen Anwendungswillen hinaus anzuwenden, gar zwingend anzuwenden, geht nicht an. Eine Norm gar zwingend durchzusetzen, obwohl sie selber gar nicht angewendet werden will, wäre mehr als nur paradox. Bei forumeigenem Eingriffsrecht sind dessen Beschränkungen durch das Forumrecht selber (etwa indem es zusätzliche Inlandsbezüge verlangt oder ab einem bestimmten Auslandsbezug von seiner Durchsetzung absieht) immer zu beachten. Art. 9 II Rom I-VO setzt sich darüber nicht hinweg und ersetzt einen fehlenden Anwendungswillen der betreffenden Norm nicht. Er fügt der betreffenden Norm nichts hinzu und überdehnt diese nicht.

[2470] *Mankowski*, ZEuP 2008, 846, 854.
[2471] Siehe z. B. zu Art. 132-8 C. comm. in Frankreich Cass. com. D. 2010, 1863 note *Delpech* = D. 2010, 2339 obs. *Bollée* = RTD com. 2010, 779 obs. *Bouloc* = JCP G 2010,972 note *Bureau/d'Avout* = RCDIP 99 (2010), 729 rapport *Potocki;* Cass. com. D. 2012, 2237 note *Delpech* = D. 2010, 2930 note *Haftel* = RTD com. 2012, 842 obs. *Bouloc* = RTD eur. 2013, 292 obs. *Dalmazir/Panet* = RDC 2012, 223 obs. *Deumier;* da Silva, D. 2010, 2329; *Jault-Seseke,* Clunet 138 (2011), 1; *dies.,* D. 2011, 1375; *dies.,* D. 2013, 1504; *Delebecque,* RTD com. 2013, 387; *Kenfack,* D. 2013, 2432, 2436; *Allain,* D. 2016, 888, 890 f.
[2472] Näher insbesondere *Callsen* S. 66–237 mwN für Frankreich, Deutschland und Italien.
[2473] EuGH ECLI:EU:C:2013:422 Rn. 49 – United Antwerp Maritime Agencies (Unamar)/Navigation Maritime Bulgare.
[2474] EuGH Slg. 1999, I-8453 Rn. 31 – Strafverfahren gegen Jean-Claude Arblade, Arblade & fils SARL, B. u. Serge Leloup u. Sofrage SARL; EuGH Slg. 2008, I-4323 Rn. 30 – Kommission/Luxemburg; EuGH ECLI:EU:C:2013:422 Rn. 48 – United Antwerp Maritime Agencies (Unamar)/Navigation Maritime Bulgare.
[2475] *Remien,* FS Bernd v. Hoffmann, 2011, S. 334, 335.
[2476] Siehe nur Staudinger/*Magnus* Art. 8 Rom I-VO Rn. 195 mwN.
[2477] Dabei können auch positive Schutzforderungen z. B. aus Art. 51 I 2 GRCh, EU-Recht oder Völkerrecht zu beachten sein; *Callsen* S. 378–433.
[2478] Siehe nur OGH wbl 2012, 220 = IPRax 2013, 366 (dazu *Laimer/Huger,* RdW 2012, 97; *Niksova,* ZAS 2013, 18; *Thomale,* IPRax 2013, 375); OGH wbl 2017, 287, 289 = ecolex 2017, 151, 153; *C. Rudolf,* ÖJZ 2011, 149, 157; *Remien,* FS Bernd v. Hoffmann, 2011, S. 334, 335.

XVI. Sonderanknüpfung von Eingriffsrecht   950–954   § 1

Denn Art. 9 II Rom I-VO hat keinen eigenen kollisionsrechtlichen Anwendungsge- 950
halt.[2479] Er formuliert keinen Anwendungsbefehl.[2480] Er hat – um einen treffenden Begriff
aus dem American Football zur Illustration zu importieren – nur die Funktion eines Blo-
ckers: Er sperrt anderen Normen den Weg frei, wenn diese sich einen Weg bahnen wollen.[2481] Er verhindert, dass ein gewollter Weg durch Wertungen aus anderen Normen der
Rom I-VO versperrt wäre. Ob und unter welchen Voraussetzungen die konkret zu prüfende Norm anzuwenden ist, besagt er dagegen nicht, sondern überlässt es der betreffenden
Norm, dies selber zu regeln.[2482] In Art. 9 II Rom I-VO eine „unfertige" Generalklausel zu
sehen,[2483] ist eine durchaus interessante Alternative (die darauf abzielt, dem EuGH größere
Prüfungskompetenzen zu eröffnen[2484]), harrte aber der mangels Maßstäben aus Art. 9 II
Rom I-VO allein heraus kaum zu beantwortenden Frage, wann denn zwingende Anwendung gegen das Vertragsstatut konkret geheischt wird.

Häufig ist in diesem Zusammenhang der kollisionsrechtlichen Anwendungsbefehle von 951
einem Territorialitätsprinzip die Rede.[2485] Dieses sei die Begrenzung des Geltungsbereichs
(korrekt: des internationalen Anwendungsbereichs) der betreffenden Normen auf den Forumstaat.[2486] In kollisionsrechtliche Terminologie übersetzt besagt das angebliche Territorialitätsprinzip, dass der jeweils maßgebliche Anknüpfungspunkt für die in Rede stehenden
Eingriffsnormen im Forumstaat verwirklicht sein muss.

Beispielsweise ist der für § 1 I 1 AÜG notwendige Inlandsbezug bei einer grenzüber- 952
schreitenden Arbeitnehmerüberlassung gegeben, wenn Arbeitnehmer von einem Verleiher
mit Sitz in Deutschland aus Deutschland heraus überlassen werden[2487] oder wenn ein Ver-
leih nach Deutschland hinein erfolgt, also an ein Unternehmen mit Sitz oder Niederlassung in Deutschland verliehen wird und der Leiharbeitereinsatz in Deutschland erfolgt.[2488]

3. Begrenzung der Sonderanknüpfung forumfremder Normen auf solche aus 953
dem Staat des Erfüllungsortes (Art. 9 III 1 Rom I-VO). Art. 9 III 1 Rom I-VO ist
eine wichtige Neuerung gegenüber Art. 7 I EVÜ. Letzterer erlaubte (als seinerzeit sehr
innovative Lösung[2489]) eine Sonderanknüpfung forumfremden Eingriffsrecht und verwendete eine enge Verbindung zum Erlassstaat der Norm als Anknüpfungspunkt. Dagegen gab
es allerdings die Vorbehaltsmöglichkeit des Art. 22 I lit. a EVÜ, von der insbesondere das
vereinigte Königreich und Deutschland Gebrauch gemacht haben. Davon hat sich Art. 9
III 1 Rom I-VO verabschiedet. Er beschränkt die Sonderanknüpfung auf die Eingriffsnormen des Staates, in welchem die vertraglichen Verpflichtungen zu erfüllen sind. Die Eingriffsnormen des Erfüllungsortstaates werden sonderangeknüpft – und *nur* diese. Eine Öffnung für die Eingriffsnormen anderer forumfremder Staaten ist nicht vorgesehen. Auch
Erwägungsgrund (36) Rom I-VO schweigt sich beredt dazu aus und hält nichts offen.

Im Umkehrschluss ergibt dies, gerade im Kontrast zu Art. 7 I EVÜ: Der Bereich der 954
Sonderanknüpfungen wird räumlich beschränkt. Andere forumfremde Eingriffsnormen als

---

[2479] Siehe nur *Sonnenberger*, IPRax 2003, 104, 108; *J. Hoffmann/Primaczenko*, IPRax 2007, 171, 173; *Coc-teau-Senn*, RCDIP 96 (2007), 86, 71; *Solomon*, in: Ferrari/Leible (Hrsg.), Ein neues Internationales Vertrags-recht für Europa, 2007, S. 89, 96 f.
[2480] *Mankowski*, ZEuP 2008, 846, 861.
[2481] *Mankowski*, RIW 1996, 6, 8; *ders.*, RIW 2016, 383; *Winkler v. Mohrenfels*, EuZA 2017, 101, 110.
[2482] Siehe nur GA *Szpunar*, ECLI:EU:C:2016:281 Rn. 72.
[2483] *A. Köhler* S. 103–127; *ders.*, IPR Rn. 201; *Schurig*, in: Mansel (Hrsg.), Internationales Privatrecht im 20. Jahrhundert, 2014, S. 5, 19 f. sowie *Rentsch*, in: Bauerschmidt/Fassbender/M.W. Müller/A. Siehr/Unseld (Hrsg.), Konstititionalisierung in Zeiten globaler Krisen, 2015, S. 255, 290–299.
[2484] Auf den Punkt *A. Köhler*, IPR Rn. 201.
[2485] Mit Recht kritisch zu Begriff und Konzept MüKoBGB/*Sonnenberger*, Einl. IPR Rn. 407 f.
[2486] Z. B. BAG 25.4.2013 – 6 AZR 49/12 (§ 613a BGB); LAG Hessen AuA 2013, 371 (BetrVG)
[2487] *Brors*, DB 2013, 2087; *Hoch*, BB 2015, 1717; *Ulrici*, AÜG, 2017, Einl. 32; *Behrend/Weyhing*, BB 2017, 2485.
[2488] *Urban-Crell*, in: Urban-Crell/Germakowski, AÜG, 3. Aufl. 2017, Einl. Rn. 54–56; *Thüsing*, AÜG, 4. Aufl. 2018, Einf. Rn. 45; *Boemke/Lembke*, AÜG, 3. Aufl. 2013, Einl. Rn. 24; *Brors*, DB 2013, 2087.
[2489] GA *Szpunar*, ECLI:EU:C:2016:281 Rn. 79.

jene des Erfüllungsortrechts sind nicht zu berücksichtigen, nicht jene anderer Staaten, zu denen enge Verbindungen bestehen mögen, wiederum richtigerweise auch nicht jene des Vertragsstatuts. Nur das Erfüllungsortsrecht soll neben dem Forumrecht Einfluss haben. Darauf sollen sich die Beteiligten einstellen können. Sie sollen sich darauf einstellen können, dass ihnen nur ein einziges Recht außer dem Forumrecht etwas anhaben kann. Sie sollen nur den Inhalt dieses Recht zusätzlich recherchieren müssen. Art. 9 III 1 Rom I-VO verfolgt klar einen Begrenzungszweck und entfaltet eine ebenso klare Sperrwirkung.[2490] Er soll aus der Sicht europäischer Foren gegen Eingriffe von anderer Seite als jener des Erfüllungsortsrechts immunisieren. Die offene Flanke ist freilich, dass solche Immunisierung nur vor Foren in Mitgliedstaaten zuteil wird. Sobald ein Gerichtsstand in einem Drittstaat besteht, müssen die Parteien sich aber doch damit auseinandersetzen, dass aus der Sicht jenes Drittstaats zusätzliche Eingriffsnormen aus zusätzlichen Rechten anwendbar sein könnten.

955 Art. 9 III 1 Rom I-VO ist Ausfluss eines Kompromisses.[2491] Gerade deshalb muss er eine abschließende Regelung sein und einen starken Gegenschluss tragen.[2492] Denn wenn er nicht abschließend wäre, würde sich in ihm die Seite nicht abgebildet finden, die für eine extrem restriktive Anwendung oder gar für eine kollisionsrechtliche Nichtanwendung forumfremden Eingriffsrechts plädierte. Er ist eine bewusste Abkehr von der unter Art. 7 I EVÜ gepflegten Liberalität. Gerade der Vergleich mit dem EVÜ lässt einen weiteren Konstruktionsunterschied hervortreten:[2493] Art. 22 I lit. a EVÜ erlaubte den Vertragsstaaten einen Vorbehalt gegen Art. 7 I EVÜ einzulegen. Er eröffnete den Staaten, die keine liberale Zulassung fremden Eingriffsrechts wollten, eine opt out-Möglichkeit. Davon hatten immerhin Deutschland, das Vereinigte Königreich, Irland, Portugal und Luxemburg Gebrauch gemacht.[2494] Eine unionsrechtliche Verordnung dagegen erhebt einen einheitlichen Geltungsanspruch. Aus ihr kann es kein opt-out für einzelne Mitgliedstaaten geben.[2495]

956 Art. 9 III Rom I-VO ist Kompromiss zwischen Schutz der Parteiautonomie und Anerkennung der Realität. Parteiautonomie hat hohes Gewicht im System,[2496] inzwischen sogar durch Art. 16 GRCh geschützt.[2497] Die Propagenten einer möglichst unlimitierten Parteiautonomie[2498] haben sich bei Art. 9 III 1 Rom I-VO durchgesetzt.[2499] Der ökonomische Hintergrund ist eindeutig: Freier Handel will möglichst frei sein von staatlichen Eingriffen. Das Vereinigte Königreich hat mit Nachdruck für möglichst geringe Eingriffe in Verträge und Gestaltung gefochten. Es hat die jetzige Gestalt des Art. 9 III 1 Rom I-VO durchge-

---

[2490] EuGH ECLI:EU:C:2016:774 Rn. 42–50 – Republik Griechenland/Grigorios Nikiforidis; CA Paris 25.2.2015 – N° 12/23757 – Reza Hamaghani et Société Giti Tajhiz Teb Co. (Ltd.) c/ SNC Bio-Rad = D. 2015, 1260 note *M. M. Winkler/Lacombe*; *O. Lando/P.A. Nielsen*, UfR 2008 B 234, 241; *Freitag*, IPRax 2009, 109, 110; *Deinert* § 10 Rn. 161; *Mauer*, jurisPR-ArbR 42/2015 Anm. 3 sub C; MüKoBGB/*Martiny* Art. 9 Rom I-VO Rn. 113; Staudinger/*Magnus* Art. 9 Rom I-VO Rn. 123 f.; *Pfeiffer*, LMK 2016, 382315; *Mankowski*, IPRax 2016, 485, 486 f.; *ders.*, RIW 2016, 815 (815 f.); *Idot*, Europe 2016 Déc. comm. 12 S. 47; *Lemaire/Perreau-Saussine*, JCP G 2017, 94, 98 f.; *Fohrer-Dedeuwaerder*, Clunet 144 (2017), 202, 207 f.; *Cranshaw*, jurisPR-IWR 3/2017 Anm. 5 sub C I 2; *Maultzsch*, EuZA 2017, 241, 249; *Rammeloo*, Maastricht J. Eur. & Comp. L. 24 (2017), 298, 319; *Niksova*, EuZA 2017, 555, 565; *K. Siehr*, IPRax 2018, 44, 46 sowie (mit Kritik) *M. Lehmann/Ungerer*, YbPIL 19 (2017/18), 53, 59–62. Dagegen insbesondere *A. Köhler* S. 264–278; außerdem *G. Rühl*, FS Jan Kropholler, 2008, S. 187, 206 f.
[2491] Zu seiner Genese detailliert *McParland* Rn. 15.68-15.90.
[2492] Siehe nur *Freitag*, IPRax 2009, 109, 110; *Deinert* § 10 Rn. 161; *Mauer*, jurisPR-ArbR 42/2015 Anm. 3 sub C; *Mankowski*, IPRax 2016, 485, 486; *ders.*, RIW 2016, 815 (815 f.).
[2493] *Mankowski*, RIW 2016, 815 (815).
[2494] BGBl. 1991 II 871; 1995 II 132 (inhaltlich unrichtig mit Blick auf Gibraltar; *Jayme/C. Kohler*, IPRax 1995, 343, 352).
[2495] Magnus/Mankowski/*Bonomi* Art. 9 Rome I Regulation Rn. 131.
[2496] EuGH ECLI:EU:C:2013:663 Rn. 49 – United Antwerp Maritime Agencies (Unamar) BV/Navigation Maritime Bulgar; *Fohrer-Dedeuwaerder*, Clunet 144 (2017), 202, 205 f.
[2497] *Lüttringhaus*, IPRax 2014, 146, 149 f.
[2498] An der Spitze Financial Markets Law Committee, Legal Assessment of the Conversion of the Rome Convention to a Community Instrument and the Provisions of the Proposed Rome I Regulation (April 2006) <http://www.flmc.org/Papers/April06Issue121.pdf>.
[2499] *Mankowski*, IHR 2008, 133, 148.

XVI. Sonderanknüpfung von Eingriffsrecht 957–959 § 1

setzt. Die Norm trägt deutlich eine englische Handschrift, die sich aus Besorgnissen der City of London vor einer Abwanderung von business insbesondere nach New York speiste.[2500] Es ist alles andere als ein Zufall, dass die Anknüpfungspunkte des Art. 9 III 1 Rom I-VO mit *Ralli Bros.*[2501] eine englische Entscheidung abbilden.[2502] Auch das Kriterium der Unrechtmäßigkeit entspringt einer englischen Entscheidung, nämlich *Foster v. Driscoll*[2503].[2504]

Die Genese unterstreicht die Stärke des zu ziehenden Gegenschlusses obendrein in einer **957** weiterer Hinsicht:[2505] Der Kommissionsvorschlag[2506] wollte in seinem Art. 8 III noch Art. 7 I EVÜ fortführen. Damit ist die Kommission krachend gescheitert.[2507] Das Vereinigte Königreich erklärte den Vorschlag in diesem Punkt zum Hauptgrund dafür, dass es nicht in die zukünftige Rom I-VO hineinoptieren wollte.[2508] Das genetische Argument ist stark und schon für sich ergebnistragend.[2509] Leider formuliert es der EuGH so nicht.[2510] Dies mag ein weiterer Beleg für die generelle Schwäche der genetischen Auslegung im Unionsrecht sein, wenn die Genese keinen Niederschlag in Stellungnahmen gerade der Unionsorgane gefunden hat, sondern nur in „kleinen" Ratsdokumenten zugänglich ist.[2511]

Äußerungen aus Kommissionsbegründung oder Grünbuch, die für Entscheidungshar- **958** monie qua europaweit gleichmäßiger Beachtung forumfremder Eingriffsnormen plädierten,[2512] sind keine gültige Auslegungsgrundlage mehr, weil sie sich auf eine überholte und gescheiterte Konzeption beziehen.[2513] Verschiedene Vorschläge verschiedener Präsidentschaften unter Abwägung mehrerer Optionen mündeten schließlich in die heutige Norm.[2514] Deren Enge ist der Preis für das mit ihr erkaufte Opt-in des Vereinigten Königreichs.[2515]

Art. 9 III 1 Rom I-VO verfolgt also klar einen Begrenzungszweck:[2516] Er lässt eine Son- **959** deranknüpfung forumfremder Eingriffsnormen nur und ausschließlich für Eingriffsnormen

---

[2500] *Harris*, in: Ferrari/Leible (eds.), The Rome I Regulation, 2009, S. 269, 271, 285–288; *W.-H. Roth*, FS Manfred A. Dauses, 2014, S. 315, 321.

[2501] *Ralli Bros. v. Compañia Naviera Sota y Aznar* [1920] 2 K.B. 287 (C.A.); siehe auch *Foster v. Driscoll* [1929] 1 KB 470 (K.B.D.).

[2502] Siehe nur *Lagarde/Tenenbaum*, RCDIP 97 (2008), 727, 778; *Freitag*, IPRax 2009, 109, 110 f.; *Bonomi*, in: Boschiero S. 173, 185; *Francq/Jault-Seseke*, in: Corneloup/Joubert S. 357, 371, 376; *A. Köhler*, Eingriffsnormen – der „unfertige Teil" des europäischen IPR, 2013, S. 265; *M. Lehmann/Ungerer*, YbPIL 19 (2017/18), 53, 64.

[2503] *Foster v. Driscoll* [1929] 1 KB 470 (K.B.D.).

[2504] Siehe nur *Richard Plender/M. Wilderspin*, The European Private International Law of Obligations, 4. Aufl. 2015, Rn. 12–035 f.; *Sebastian v. Allwörden*, US-Terrorlisten im deutschen Privatrecht, 2014, S. 109–119.

[2505] *Mankowski*, IPRax 2016, 485, 487; *ders.*, RIW 2016, 815, 816; *W.-H. Roth*, IPRax 2018, 177, 178.

[2506] Vorschlag für eine Verordnung des Europäischen Parlaments und des Rates über das auf vertragliche Schuldverhältnisse anzuwendende Recht, KOM (2005) 650 endg.

[2507] Dok. 11451/06 (12.7.2006); Dok. 13035/ADD 3 (22.9.2006) (Litauen), 13035/ADD 4 (22.9.2006) (United Kingdom), 13035/ADD 6 (25.9.2006) (Portugal), 13035/ADD 7 (25.9.2006) (Slowenien), 13035/ADD 8 (26.9.2006) (Luxemburg), 13035/ADD 14 (2.10.2006) (Lettland), 13035/ADD 15 (2.10.2006) (Irland).

[2508] 13035/ADD 4 (22.9.2006) (United Kingdom); Ministry of Justice, Rome I – Should the UK Opt in?, Consultation Paper CP05/98 para. 77 (2 April 2008).

[2509] *Mankowski*, RIW 2016, 815, 816.

[2510] Siehe EuGH ECLI:EU:C:2016:774 – Republik Griechenland/Grigorios Nikiforidis.

[2511] *Mankowski*, RIW 2016, 815, 816.

[2512] Grünbuch über die Umwandlung des Übereinkommens von Rom aus dem Jahr 1980 über das auf vertragliche Schuldverhältnisse anzuwendende Recht in ein Gemeinschaftsinstrument sowie über seine Aktualisierung, KOM (2002) 654 endg. S. 45; Begründung der Kommission, KOM (2005) 650 endg. S. 8.

[2513] Das übersieht *Thomale*, IPRax 2013, 375, 379.

[2514] Detaillierte Darstellung der Entstehungsgeschichte bei *McParland* Rn. 15.68-15.90.

[2515] *W.-H. Roth*, FS Gunther Kühne, 2009, S. 859, 877; *L. Günther* S. 177. Rechtspolitisch sehr kritisch *Sonnenberger*, in: Leible/Unberath (Hrsg.), Brauchen wir eine Rom 0-Verordnung?, 2013, S. 429, 432 f.

[2516] *O. Lando/P.A. Nielsen*, UfR 2008 B 234, 241.

des Erfüllungsortstaates zu.[2517] Er bewirkt eine Vollharmonisierung,[2518] keine bloße Mindestharmonisierung.[2519] Jede weitergehende Zulassung forumfremden Eingriffsrechts liefe dem Begrenzungszweck, der Entstehungsgeschichte und dem Inhalt des schlussendlich erzielten politischen Kompromisses zuwider (auch wenn diese sich nicht in einem Erwägungsgrund niedergeschlagen haben[2520]). Eine Analogie ist mangels unbewusster Lücke nicht möglich. Vielmehr ist ein strikter Umkehrschluss zu ziehen.[2521]

960   Mangelnde Begeisterung und Sympathie für den Kompromiss vermögen nicht zu ändern, dass dieser Gesetz und damit verbindlich geworden ist.[2522] Im Konflikt zwischen Flexibilität und Sicherheit hat man sich hinsichtlich der drittstaatlichen Eingriffsnormen für eine rigide und strikte, aber relativ rechtssichere Lösung entschieden.[2523] Art. 9 III Rom I-VO (genauer: der Umkehrschluss aus Art. 9 III Rom I-VO) bewirkt eine radikale Wende und tötet jegliche über ihn hinausgehende Sonderanknüpfungslehre.[2524] Das ist auch angesichts von Wertungsdiskrepanzen im Bereich des Internationalen Kartellrechts[2525] hinzunehmen.[2526]

961   Selbst Embargonormen aus Heimat- oder Umweltrechten der Parteien sind nicht über Art. 9 III Rom I-VO zu beachten, wenn es sich nicht um ein Erfüllungsortsrecht handelt; dies gilt erst recht für secondary sanctions[2527] oder Sanktionen gegen den Endempfänger von Leistungen.[2528] Dies begünstigt forum und law shopping, weil die Lokalisierung des Forums eben darüber entscheidet, was *forum*fremdes Recht ist und am Umkehrschluss scheitert,[2529] während *forum*eigenes Eingriffsrecht sich über Art. 9 II Rom I-VO nach seinen eigenen Bedingungen durchsetzt.

962   Der EuGH versucht, die Sperrwirkung mit dem effet utile des Art. 8 Rom I-VO zu untermauern: Eine Sonderanknüpfung forumfremder Eingriffsnormen in größerem Umfang drohe dem von Art. 8 Rom I-VO zugedachten Schutz des Arbeitnehmers durch die Normen seines Arbeitsortsrechts zuwiderzulaufen.[2530] Man müsste dieses Argument eigentlich in gleichem Maße auf die beiden anderen Schutzregimes, insbesondere für Verbraucher stützen können, dabei nur den Arbeitsort durch den gewöhnlichen Aufenthalt ersetzen. Eingriffsrecht überlagert aber nach Systematik und Geltungsanspruch auch die Schutzregime. Seine Sonderanknüpfung steht erst nach Vollendung der eigentlichen, „normalen" Anknüpfung zu Buche. Wenn der effet utile des Schwächerenschutzes so stark wäre, selbst der Sonderanknüpfung von Eingriffsrecht Zügel anlegen zu können, so müsste sich dies besser dokumentieren, etwa in einem Art. 9 IV, der besagen würde, dass Art. 9 Rom I-VO bei Versicherungs-, Verbraucher- und Arbeitsverträge nicht gilt. Einen solchen vierten

---

[2517] Siehe nur *Mankowski*, IHR 2008, 133, 148; *Einsele*, WM 2009, 289, 296 f.; *Harris*, in: Ferrari/Leible (eds.), The Rome I Regulation, 2009, S. 271, 332; Staudinger/*Magnus* Art. 9 Rom I-VO Rn. 123; *L. Günther* S. 175; *A. Staudinger*, in: Ferrari IntVertragsR Art. 9 Rom I-VO Rn. 42; *Basedow*, RdC 360 (2013), 9, 333 f.; MüKoBGB/*v. Hein* Einl. IPR Rn. 289; *M. M. Winkler/Lacombe*, D. 2015, 1260, 1262.
[2518] *Freitag*, IPRax 2009, 109, 115; *L. Günther* S. 175.
[2519] So aber *Heiss/Loacker*, JBl 2007,613, 644; *G. Rühl*, FS Jan Kropholler, 2008, S. 187, 206 f.
[2520] Nur insoweit zutreffend *A. Köhler*, Eingriffsnormen – der „unfertige Teil" des europäischen IPR, 2013, S. 265 f.
[2521] AA *Remien*, FS Bernd v. Hoffmann, 2011, S. 334, 347.
[2522] *W.-H. Roth*, FS Gunther Kühne, 2009, S. 859, 878 f.; *M. Lehmann/Ungerer*, YbPIL 19 (2017/18), 53, 59–62.
[2523] Siehe *Francq/Jault-Seseke*, in: Corneloup/Joubert S. 357, 392.
[2524] *W.-H. Roth*, FS Gunther Kühne, 2009, S. 859, 874.
[2525] Zu diesen *W.-H. Roth*, FS Jan Kropholler, 2008, S. 623, 648 f.; ders., FS Gunther Kühne, 2009, S. 859, 874 f.; *A. Staudinger*, in: Ferrari IntVertragsR Art. 9 Rom I-VO Rn. 51; *A. Köhler* S. 268 f.; PWW/*Remien*, Art. 9 Rom I-VO Rn. 7.
[2526] AA *G. Rühl*, FS Jan Kropholler, 2008, S. 187, 206 f.; *A. Köhler* S. 270–273.
[2527] Zu secondary sanctions nach dem Recht der USA z.B. *B. Mehle/V. Mehle*, RIW 2015, 397; *Tehrani*, VersR 2016, 85; *Haellmigk*, CCZ 2018, 33.
[2528] *Basedow*, RdC 360 (2013), 9, 333.
[2529] *d'Avout*, D. 2008, 2165, 2168; *Lagarde/Tenenbaum*, RCDIP 97 (2008), 727, 779; *Bureau/d'Avout*, D. 2010, 996, 998.
[2530] EuGH ECLI:EU:C:2016:774 Rn. 48 – Republik Griechenland/Grigorios Nikiforidis.

XVI. Sonderanknüpfung von Eingriffsrecht   963–966   § 1

Absatz gibt es aber bewusst nicht: Anzuerkennenden überindividuellen Allgemeininteressen muss das individuelle Partikularinteresse von Arbeitnehmern oder Verbrauchern weichen; der Einzelne muss hinter Staat und durch den Staat repräsentierter Allgemeinheit zurückstehen.[2531]

Zusätzlichen Überlegungsbedarf wirft schließlich die Frage auf, ob Eingriffsnormen des Vertragsstatuts bereits über die normale Anknüpfung berufen und deshalb anzuwenden sind.[2532] Jede bejahende Antwort würde eine so genannte Kombinationstheorie etablieren, weil sie die Eingriffsnormen der lex causae neben Art. 9 Rom I-VO stellen würde. Dies rührt an Grundfragen des Systems. Denn wenn man diese Frage bejahte, drohte man normale Anknüpfung und Sonderanknüpfung zu vermengen. Man würde damit die Prämisse[2533] außer acht lassen, dass Sonderanknüpfung und normale Anknüpfung nebeneinander stehen. Man würde die Qualifikationsgrenzen zwischen Eingriffsnormen und „normalen" Normen auflösen.[2534]   963

Art. 9 Rom I-VO stellt sich an mindestens zwei Stellen gegen eine Kombinationslehre: Erstens ist in Art. 9 III Rom I-VO umfassend die Rede von einem *anderen* Recht. Das „anders" bezieht sich auf Art. 9 II Rom I-VO und die lex fori. Art. 9 III Rom I-VO erhebt also den Anspruch, eine Regelung für alle forumfremden Eingriffsnormen zu treffen.[2535] Die gewollte Sperrwirkung würde unterlaufen, wenn man Eingriffsnormen der lex causae daneben zuließe. Die fehlende Differenzierung spricht gegen die Kombinationslehre.[2536] Zudem basiert Art. 9 III Rom I-VO auf einer Machttheorie.[2537] Eingriffsnormen eines nur gewählten Vertragsstatuts ohne nähere objektive Beziehung zum Sachverhalt und ohne Zugriffsmöglichkeiten aus eigener Macht zuzulassen, würde dies sprengen.[2538] Zweitens definiert Art. 9 I Rom I-VO Eingriffsnormen als Normen, die *ungeachtet* des Vertragsstatuts greifen wollen.[2539]   964

Beispiel: Die USA haben ein Technologieembargo gegen Nordkorea verhängt. Zur Absicherung drohen sie als secondary sanctions auch in anderen Staaten ansässigen Unternehmen mit US-Beteiligung, US-Management oder US-Technologieeinsatz Strafen und Nachteile an, die Technologie an Nordkorea liefern. In Ettlingen ist die Mormann International GmbH ansässig, die Hochtechnologieprodukte, in denen auch Komponenten unter US-Lizenzen eingebaut sind, auf Umwegen über Drittstaaten ohne Berühren von US-Territorium nach Nordkorea liefert.   965

4. „kann Wirkung verliehen werden". a) *Wirkung verleihen = anwenden?* In der deutschen Fassung des Art. 9 III 1 Rom I-VO lautet die Rechtsfolge: „kann Wirkung verliehen werden". Wirkung verleihen ist nicht notwendig mit Anwendung gleichzusetzen.[2540] Anwendung heißt Anwendung als Recht, in Tatbestand und Rechtsfolge. Wirkung verleihen   966

[2531] *Mankowski*, RIW 2016, 815, 816.
[2532] Dafür O. *Lando/P.A. Nielsen*, (2208) 45 C.M.L.Rev. 1687, 1719; *Magnus*, IPRax 2010, 27, 42; Beck-OK BGB/*Spickhoff* Art. 9 Rom I-VO Rn. 35; *McParland* Rn. 15.92; HK-BGB/*A. Staudinger* Art. 9 Rom I-VO Rn. 13; jurisPK BGB/*Ringe* Art. 9 Rom I-VO Rn. 41; Magnus/Mankowski/*Bonomi* Art. 9 Rome I Regulation Rn. 141; *A. Staudinger*, in: Ferrari IntVertragsR Art. 9 Rom I-VO Rn. 44 sowie *W.-H. Roth*, FS Gunther Kühne, 2009, S. 859, 872f.; *ders.*, FS Ulrich Spellenberg, 2010, S. 309, 324f.; *ders.*, EWS 2011, 314.
Dagegen *Mankowski*, IHR 2008, 133, 148; *ders.*, Interessenpolitik und Kollisionsrecht, 2011, S. 56; *Kuckein* S. 69f.; *Maultzsch*, RabelsZ 75 (2011), 60, 96; *Hauser* S. 124–128; *A. Köhler* S. 281–285; MüKoBGB/*Martiny* Art. 9 Rom I-VO Rn. 43; Reithmann/Martiny/*Freitag* Rn. 5.23f.; *Rauscher*/Thorn Art. 9 Rom I-VO Rn. 78; BeckOGK/*Maultzsch* Art. 9 Rom I-VO Rn. 163–169.
[2533] → § 1 Rn. 924f.
[2534] Siehe nur *Sonnenberger*, FS Eberhard Rebmann, 1989, S. 819, 827; *A. Köhler* S. 282.
[2535] *A. Köhler* S. 281.
[2536] *Mankowski*, IPRax 2006, 101, 110.
[2537] → § 1 Rn. 973.
[2538] *M. Schubert*, RIW 1987, 729, 732; *Schurig*, RabelsZ 54 (1990), 217, 245; *Zeppenfeld* S. 75f.; *Kuckein* S. 130; *A. Köhler* S. 282.
[2539] *A. Köhler* S. 281.
[2540] Siehe nur *Freitag*, IPRax 2009, 109, 114; *K. Siehr*, RdA 2014, 206, 209f.; *Thomale*, EuZA 2016, 116, 124.
Anders indes *Pfeiffer*, EuZW 2008, 622, 628; *Leible/M. Lehmann*, RIW 2008, 528, 542; *Remien*, FS Bernd v. Hoffmann, 2011, S. 334, 345.

dagegen ist offener und könnte auch anderes meinen.[2541] Es könnte im Ergebnis Schwächeres und Weicheres,[2542] aber zugleich in der Reichweite Weitergehendes meinen. Insoweit besteht ein Kontrast zum Wortlaut des Art. 9 II Rom I-VO.[2543] Die deutsche Fassung stimmt mit der überwiegenden Mehrzahl der anderen Sprachfassungen überein: „Effect may be given", „Il pourra également être donné effet", „podrá darse efecto", „Puo essere datà efficacia", „kan ook gevolge toekennen", „kan tillerkännas verkan", „Mo na przyna skuteczność", „Féadfar éifeacht", „Jista' jinghata effet". Die rumänische, die lettische und die estnische Fassung brechen aus und sprechen von Anwendung: „Este posibil *aplicarea*", „var *piem rot*", „*Kohaldada* võidakse"; die portugiesische geht sogar noch einen Schritt weiter, indem sie Vorrang zubilligt: „dada *prevâlencia*".[2544]

967 Jedes Wortlautargument aus dem Anfang des Art. 9 III 1 Rom I-VO wird indes schwach und nicht mehr belastbar, wenn man auf Art. 9 III 2 Rom I-VO sieht. Dort ist die Rede von den Folgen, „die sich aus der *Anwendung* oder *Nichtanwendung* ergeben würden".[2545] Der Terminologie nach meint dies die kollisionsrechtliche Sonderanknüpfung;[2546] wenn deren Stattfinden oder Nichtstattfinden aber Element bei der Beurteilung ist, müsste eigentlich die kollisionsrechtliche Ebene notwendig miteinbezogen sein. Darin liegt jedenfalls kein konsistenter und kohärenter Gebrauch von Terminologie, der es erlauben würde, „Wirkung verleihen" deutlich und mit klar eigenständigem Gehalt von „anwenden" abzugrenzen.[2547]

968 *b) Richterliches Ermessen hinsichtlich Eingriffsnormen des Erfüllungsortsrechts.* Das „kann", „may", „pourra" usw. ist dagegen belastungsfähig. Denn es war zentraler Bestandteil des Kompromisses, dass die Anwendung forumfremden Eingriffsrechts im Ermessen des Rechtsanwenders stehen müsse; ohne diese einzelfallbezogene Einschränkung hätten viele mitgliedstaatliche Delegationen und der Repräsentant der Kommission im Rom I-Ausschuss des Rates nicht zugestimmt.[2548] Eine unbedingte *Pflicht* zur Anwendung fremden Eingriffsrechts sollte es nicht geben.[2549] Die Rechtsfolge des Art. 9 III 1 Rom I-VO ist auch insoweit weicher, offner, geschmeidiger.[2550] Das modale Hilfsverb ist kein Zufall. Es ist dies umso weniger, als das Europäische Parlament sich gegen Art. 8 III Vorschlag gerade wegen dessen Ermessenselements ausgesprochen und daraus folgende Rechtsunsicherheit, erhöhte Risiken und Kosten für wirtschaftliche Akteure kritisiert hatte.[2551] An einem ein solches Ermessen indizierenden Hilfsverb festzuhalten und den Widerstand des Parlaments zu überstimmen ist daher eine Bekräftigung von Ermessen. Im Extremfall soll das Ermessen sogar so weit gehen, dass der Rechtsanwender selbst von einer Berücksichtigung des Eingriffsrechts des Erfüllungsortes Abstand nehmen kann.[2552] Art und Zwecke der Eingriffsnorm sind ebenso Faktoren bei der Ermessensbildung wie die Folgen einer Anwendung im Vergleich zu den Folgen einer Nichtanwendung.[2553]

[2541] Eingehend *Kinsch*, Le fait du prince étranger, 2004; *Fohrer-Dedeurwaerder*, La prise en considération des normes étrangères, 2008, insbesondere S. 252–294.

[2542] *Mankowski*, RIW 2015, 405 (405).

[2543] *Bureau/Muir Watt*, Droit international privé, Bd. II, 2010, S. 339; *M. M. Winkler/Lacombe*, D. 2015, 1260, 1261.

[2544] Hervorhebung jeweils hinzugefügt.

[2545] Hervorhebung jeweils hinzugefügt. Ich habe keine Sprachfassung gefunden, die in diesem Punkt abweichen würde.

[2546] *Freitag*, IPRax 2009, 109, 115; *L. Günther* S. 170.

[2547] *Mankowski*, IPRax 2016, 485, 488.

[2548] Minutes of the Meeting of the Rome I Committee on 3 and 4 July 2007 (abgedr. bei *McParland* Rn. 15.83); *McParland* Rn. 15.84, 15.115.

[2549] Siehe nur *Thomale*, IPRax 2013, 375, 379; *dens.*, EuZA 2016, 116, 123; *Mankowski*, RIW 2015, 405 (405); *Niksova*, EuZA 2017, 555, 565.

[2550] *Mankowski*, RIW 2015, 405 (405).

[2551] European Parliament Amendment 26, First Draft Report of the European Parliament's JURI Committee, PR\619636EN.doc PE 374.427v01-00.

[2552] *Ferrari/Schmidt-Kessel* Art. 9 Rome I Regulation Rn. 61; *M. M. Winkler/Lacombe*, D. 2015, 1260, 1262.

[2553] OGH wbl 2017, 287, 289 = ecolex 2017, 151, 153.

XVI. Sonderanknüpfung von Eingriffsrecht   969–972 § 1

Bei der Ermessensausübung mag etwa zu berücksichtigen sein, ob sich das Erfüllungs- 969
ortsrecht extraterritoriale Anwendungsansprüche anmaßt, die nicht von den hergebrachten
völkerrechtlichen Kriterien der jurisdiction to legislate (prescriptive jurisdiction) gedeckt
ist.[2554] Ermessen schaltet einen Filter seitens des Forums vor, der inhaltliche Kriterien einzubeziehen erlaubt,[2555] z. B. eine entgegenstehende Politik des Forumstaates[2556] oder Exor-
bitanz der angemaßten Regelungsansprüche des Erlassstaates.[2557] Art. 9 III 2 Rom I-VO
mag zwar adhortativ, nicht voluntativ formuliert sein, kommt aber nur im Rahmen des von
Art. 9 III 1 Rom I-VO eröffneten Ermessens zum Zuge und enthält genau Kriterien, die
genau dieses Ermessen leiten sollen.[2558]

c) Kein Ermessen hinsichtlich Eingriffsnormen anderer forumfremder Staaten als jenem des Erfül- 970
lungsortes. Wie auch immer man „kann Wirkung verliehen werden" ausfüllen mag, eines
kann diese Formulierung jedenfalls nicht: Eingriffsnormen aus anderen Staaten als dem
Staat des Erfüllungsortes positiv Wirkungen auf der kollisionsrechtlichen Ebene verleihen.
Über die im „Rest" des Art. 9 III 1 Rom I-VO verfügte Einengung vermag sie sich nicht
hinzusetzen. Anderenfalls würde man den unter großen Opfern erzielten Kompromiss unterminieren.[2559] Art. 7 I EVÜ wurde eben bewusst nicht fortgeschrieben. Die Sonderanknüpfung von Eingriffsnormen aus beliebigen Drittstaaten gehört der Vergangenheit an.
Das müssen auch diejenigen akzeptieren, deren Herzen ihr nachtrauern.[2560] Insoweit gibt es
kein Ermessen.[2561] Eine Bilateralisierung von Eingriffsnormen kann kein Ziel sein,[2562] denn
Eingriffsnormen sind gerade Ausdruck spezifischer Wertungen ihres Erlassstaates und haben
deshalb von Natur aus etwas Idiosynkratisches, nicht Austauschbares.[2563]

5. Ermittlung des maßgeblichen Erfüllungsortes. Mit Art. 9 III Rom I-VO haben 971
sich die Propagenten einer möglichst unlimitierten Parteiautonomie durchgesetzt. Freier
Handel will möglichst frei sein von staatlichen Eingriffen. Der Erfüllungsort, der Ort der
faktischen Leistungsbewegung oder zumindest der Ort, für den eine faktische Leistungsbewegung vorgesehen ist, schien hinreichend durchsetzungsmächtig, dass man dortige Regulierungen beachten sollte. Indes fangen die Probleme dort an, wo die altertümliche Orientierungsmarke längst aufgehört hat: Wie bestimmt man heutzutage den Erfüllungsort?

Auf den ersten Blick scheint attraktiv, Anleihen beim europäischen IZPR zu machen, 972
wo der Erfüllungsort als Anknüpfungspunkt für einen besonderen Gerichtsstand verwendet wird und wo es jedenfalls in Art. 7 Nr. 1 lit. b Brüssel Ia-VO einen europäisch-
autonomen Erfüllungsortbegriff gibt.[2564] Art. 7 Nr. 1 lit. b Brüssel Ia-VO hat jedoch mindestens in den ersten Jahren seiner Geltung gezeigt, welche Probleme ein faktischer Ansatz
zur Bestimmung des Erfüllungsortes aufwerfen kann und welches Unsicherheitspotenzial
insoweit besteht.[2565] Man denke insbesondere an Teilleistungen an mehreren Erfüllungsor-

---

[2554] NK-BGB/*Doehner* Art. 9 Rom I-VO Rn. 50; *Tehrani*, VersR 2016, 85, 93.
[2555] OGH wbl 2017, 287, 289 = ecolex 2017, 151, 153.
[2556] Z. B. *Freitag*, NJW 2018, 430, 431.
[2557] *M.-L. Niboyet/Geouffre de La Pradelle,* Droit international privé, 3. Aufl. 2011, n°. 200; *Nourissat,*
RLDA 53 (2010), 63, 65.
[2558] *Freitag,* IPRax 2009, 109, 111; Staudinger/*Magnus* Art. 9 Rom I-VO Rn. 116; *L. Günther* S. 165;
v. Allwörden, US-Terroristen im deutschen Privatrecht, 2014, S. 123; jurisPK BGB/*Ringe* Art. 9 Rom I-VO
Rn. 32.
[2559] *Mankowski,* IPRax 2016, 485, 488.
[2560] Z. B. Magnus/Mankowski/*Bonomi* Art. 9 Rome I Regulation Rn. 134–137.
[2561] *De Cesari,* Liber Fausto Pocar, tomo II, 2009, S. 259, 265–267; *M. M. Winkler/Lacombe,* D. 2015,
1260, 1261 f.
[2562] Entgegen *Thomale,* EuZA 2016, 116, 121.
[2563] *Mankowski,* IPRax 2016, 485, 488.
[2564] Vgl. *Leible/M. Lehmann,* RIW 2008, 528, 543; *Mankowski,* IHR 2008, 133, 148; jurisPK BGB/*Ringe*
Art. 9 Roim I-VO Rn. 25–27.
[2565] Siehe dort Magnus/Mankowski/*Mankowski* Art. 7 Brussels Ibis Regulation Rn. 96–127 mwN und
insbesondere Cassaz. Giust. civ. 2007 I 1393 mAnm *Ferrari* = NGCC 2007, 534 mAnm *Franzina* = ZEuP
2008, 165 mAnm *T. Rüfner;* Cassaz. RDIPP 2008, 505 = EuLF 2008, II-17 mAnm *Mongiò-Erdelbrock;* Cas-

ten[2566] oder an die Onlineerbringung von Leistungen. Viel konzeptioneller setzen grundsätzliche Fragen an: Inwieweit soll Erfüllung bei Warenaustauschgeschäften auch auf den Gefahrübergang Bezug nehmen und dann ein normatives Moment enthalten? Weshalb sollen die Eingriffsnormen des Staates, in welchem der Leistungserbringer ansässig ist, abdingbar sein, jene des Leistungsortes aber nicht?[2567] Ein besonderer Gerichtsstand im IZPR und die Sonderanknüpfung von Eingriffsrecht im IPR verfolgen obendrein sehr unterschiedliche Zielsetzungen.[2568]

973 Ein rein faktischer Ansatz könnte noch eine Stufe weiter auf die Machttheorie[2569] zurückfallen[2570] oder darauf abstellen, ob sich Wertbewegungen in dem betreffenden Staat vollziehen.[2571] Denn hinter Art. 9 III 1 Rom I-VO steht recht deutlich der Gedanke, dass man das (aber auch nur das) zu akzeptieren bereit ist, was man nicht verhindern kann, also dann (aber auch nur dann) mitzuziehen, wenn der eingriffswillige Staat tatsächliche Zugriffsmöglichkeiten hat. Dies wäre auch ein von Artt. 7 Nr. 1 lit. b Brüssel Ia-VO; 5 Nr. 1 lit. b EuGVVO verschiedener Ansatz. Er wäre besser geeignet, um zu erklären, wie es namentlich bei Eingriffen in die Zahlungsverpflichtungen stünde.

974 Es sollte jedenfalls für die Zwecke des Art. 9 III 1 Rom I-VO keinen einheitlichen Vertragserfüllungsort nach dem Prinzip der charakteristischen Leistung geben.[2572] Indes verwirrt insoweit der Singular „des Staates, in dem die durch den Vertrag begründeten Verpflichtungen erfüllt werden sollen oder erfüllt worden sind". Bei gegenseitigen Verträgen müsste man eigentlich mit dem Plural mehr offen halten.[2573] Zudem mag es schon unter einzelnen Verträgen mehrere Erfüllungsorte geben; dies mag man auffangen, indem man dann den Eingriffsnormen sämtlicher Erfüllungsortsrecht eine Sonderanknüpfung zugesteht[2574] (und hofft, dass das einzelne Erfüllungsortsrecht nur auf die Vorgänge in seinem Geltungs- und Machtbereich zugreifen wird).

975 Zudem ist das mit Art. 9 III 1 Rom I-VO erzielte Ergebnis eigentlich überraschend. Denn bei seriöser Betrachtung musste man feststellen, dass es kaum Fälle gegeben hatte, in denen Art. 7 I EVÜ (in der Tat nur und allein der *erste* Absatz) wirklich zur Anwendung gekommen wäre.[2575] Die systematisch-akademische Bedeutung des Art. 7 I EVÜ war erheblich größer als seine praktische in der gerichtlichen Rechtsanwendung.[2576] Wenn dort Eingriffsrecht in Rede stand, war es forumeigenes, und die wichtigste Frage war, welche Anwendungskriterien es jeweils verwendete[2577] und ob es im konkreten Fall anwendbar war. Forumfremdes Eingriffsrecht fand dagegen nur extrem selten seinen Weg

---

saz. RDIPP 2008, 511; *Scottish & Newcastle International Ltd. v. Othon Ghalanos Ltd.* [2008] UKHL 11, [2008] I. L. Pr. 414, [2008] 1 Lloyd's Rep. 462 (H. L.); *Markus*, ZSR 2007 I 319.

[2566] Dazu EuGH Slg. 2007, I-3699 – Color Drack GmbH/Lexx International GmbH; *Mankowski*, IPRax 2007, 404; *Leible/Reinert*, EuZW 2007, 373; *Piltz*, NJW 2007, 1802; *Sujecki*, EWS 2007, 398; *Harris*, (2007) 123 L. Q. R. 522; *De Franceschi*, Int'l. Lis 2007, 120; *Luzicrivellini/Samburgaro*, Giust. civ. 2008 I 148.

[2567] *Remien*, FS Bernd v. Hoffmann, 2011, S. 334, 343.

[2568] GA *Szpunar*, ECLI:EU:C:2016:281 Rn. 91 f.; *Nuyts*, TBH 2009, 553, 563 f. sowie Staudinger/*Magnus* Art. 9 Rom I-VO Rn. 102; *J. Schilling*, Das Internationale Privatrecht der Transportverträge, 2016, S. 327.

[2569] Insbesondere *Kegel*, FS Ignaz Seidl-Hohenveldern, 1988, S. 243, 250 f.; *ders.*, Internationales Privatrecht, 6. Aufl. 1987, S. 716–719; Soergel/*Kegel*, BGB, Bd. X: EGBGB; IPR, 11. Aufl. 1983, Vor Art. 7 EGBGB Rn. 396; ähnlich *Drobnig*, FS Karl H. Neumayer, 1985, S. 159, 178 f.

[2570] Näher *Freitag*, IPRax 2009, 107.

[2571] So schon *Zweigert*, RabelsZ 14 (1942), 283, 295; ähnlich (wesentliche Tatbestandsverwirklichung in der Sozialsphäre des Erlassstaates) *Neumayer*, BerDGesVR 2 (1958), 35, 54; *ders.*, RCDIP 47 (1958), 53, 73; *ders.*, RabelsZ 25 (1960), 649, 655.

[2572] GA *Szpunar*, ECLI:EU:C:2016:281 Rn. 93.

[2573] Näher *Freitag*, IPRax 2009, 109.

[2574] *Freitag*, IPRax 2009, 109, 114; Staudinger/*Magnus* Art. 9 Rom I-VO Rn. 108; *Niksova*, EuZA 2017, 555, 566.

[2575] *Mankowski*, ZEuP 2003, 483, 487; *Bonomi*, in: Cashin Ritaine/Bonomi S. 217, 233; *ders.*, in: Boschiero S. 173, 185; *Remien*, FS Bernd v. Hoffmann, 2011, S. 334 (334); *Fohrer-Dedeurvaerder*, Clunet 144 (2017), 202, 212 f.

[2576] GA *Szpunar*, ECLI:EU:C:2016:281 Rn. 78.

[2577] Siehe in Deutschland z. B. zu § 32 KWG *Voge*, WM 2007, 381; *Freiwald*, WM 2008, 1537.

XVI. Sonderanknüpfung von Eingriffsrecht   976–979   § 1

zumindest in die Gerichtspraxis der Mitgliedstaaten.[2578] Daher bestand kein wirklicher Reformbedarf.[2579]

Man konnte eigentlich davon ausgehen, dass an dieser Front weiterhin Ruhe herrschen 976
würde.[2580] So sah es auch Art. 8 III Vorschlag Rom I-VO noch.[2581] Danach jedoch setzte die Kritik aus der City of London ein.[2582] Die City of London wollte unbedingt die Zahl der Rechte, die im Wege der Sonderanknüpfung Berücksichtigung finden könnten, reduzieren, weil bereits die Gefahr staatlicher Eingriffe Unsicherheit schaffe. Damit setzte sie sich durch.[2583]

Ob die Argumente, mit denen sich das Vereinigte Königreich gegen Art. 8 III Vorschlag 977
Rom I verwahrte (nämlich: Unsicherheit; Kostenerhöhung; höhere Streitwahrscheinlichkeit; Gefahr, dass Geschäft nach New York abwandern könnte, wo man die Parteiautonomie höher halte[2584]),[2585] wirklich einer kritischen Nachprüfung standhielten, erscheint fraglich, denn eine Abwanderungsbewegung heraus aus jenen Vertragsstaaten des EVÜ, in denen Art. 7 I EVÜ wirklich galt, ließ sich keineswegs feststellen.[2586] Indes dürfte es darauf verordnungsgenetisch nicht wirklich angekommen sein. Vielmehr obsiegten politische Überlegungen.

Der erzielte Sieg ist aber jedenfalls nur ein Pyrrhussieg. Denn jedes durchsetzungswillige 978
Recht ist bei der Gestaltung und Planung weiterhin zu beachten und mitzubedenken, wenn denn ein Forum im Erlassstaat besteht. Nichtmitgliedstaaten kann man sowieso nichts vorschreiben, und aus der Sicht eines Mitgliedstaates setzt sich dessen forumeigenes Eingriffsrecht auch durch. Bei Nichtmitgliedstaaten kommen sogar Überlegungen ins Spiel, zum eigenen Eingriffsrecht passende Gerichtsstände zu kreieren oder interpretatorisch zu begründen. Behördliche Durchsetzung, wie sie für Eingriffsrecht typisch ist, steht den Behörden des jeweiligen Erlassstaates sowieso frei und könnte durch keine wie auch immer geartete Gestaltung der Rom I-VO ausgeschaltet werden. Die bezweckte Immunisierung gegen ordnungspolitische Regelungen, so fragwürdig sie schon in sich sein mag,[2587] gelingt also nicht einmal.

Noch fragwürdiger wird die Rücksichtnahme auf englische Interessen, wenn man 979
versucht, den Anknüpfungspunkt Erfüllungsort anhand des Vorbilds für Art. 9 III 1 Rom I-VO, der Entscheidung *Ralli Bros.*, zu konkretisieren. *Ralli Bros.*[2588] ist nichts Partikuläres mehr, über das die Entwicklung schon seit Jahrzehnten hinweggegangen wäre, sondern vielmehr die Zukunft.[2589] *Adrian Briggs*, stolzer Engländer, bemerkt dazu unübertrefflich lakonisch: „*Ralli Bros.* has been restored to the land of the living."[2590] In deutscher Terminologie gesprochen feiert die Machttheorie[2591] alten Zuschnitts fröhliche Ur-

---

[2578] Siehe nur OGH JBl 2009, 788, 789 f.
[2579] Ebenso *Bogdan*, Liber amicorum Hélène Gaudemet-Tallon, 2008, 671.
[2580] *Mankowski*, ZEuP 2003, 483, 487.
[2581] KOM (2005) 650 endg.
[2582] Namentlich Letter of Baroness *Ashton of Upholland*, Parliamentary Under Secretary of State, to Lord *Grenfell*, Chairman of the House of Lords Select Committee on the European Union vom 16.5.2006 (zitiert nach *Dickinson*, [2007] 3 JPrIL 53 f.); Dok. 13035/06 Add 4 Annex B (22.9.2006); *Dutson*, (2006) 122 LQR 374, 377 f. ders., [2006] JIBFL 300, 301 f.; *Dickinson*, (2007) 3 JPrIL 53 sowie *Chong*, (2006) 2 JPrIL 71.
[2583] Siehe *Garcimartín Alférez*, EuLF 2008, I-77, I-93 no. 76.
[2584] Letter of Baroness *Ashton of Upholland*, Parliamentary Under Secretary of State, to Lord *Grenfell*, Chairman of the House of Lords Select Committee on the European Union vom 16.5.2006 (zitiert nach *Dickinson*, [2007] 3 JPrIL 53 f.).
[2585] *Dickinson*, (2007) 3 JPrIL 53.
[2586] *Harris*, (2008) 4 JPrIL 347, 361.
[2587] *W.-H. Roth*, FS Gunther Kühne, 2009, S. 859, 878 f.
[2588] *Ralli Bros. v. Compañia Naviera Sota y Aznar* [1920] 2 K. B. 287 (C. A.); siehe auch *Foster v. Driscoll* [1929] 1 KB 470 (K. B. D.).
[2589] Paradoxerweise will *Eurobank Ergasias SA v. Kalliroi Navigation Co. Ltd.* [2015] EWHC 2377 (Comm) [36] (Q. B. D., Judge *Waksman* Q. C.) *Ralli Bros.* als Regel des englischen *Sach*rechts anwenden.
[2590] *Briggs*, (2009) 125 LQR 191, 192.
[2591] *Kegel*, FS Hans Lewald, 1953, S. 259, 269; ders., FS Ignaz Seidl-Hohenveldern, 1988, S. 243, 250 f., 260; *Kegel/Seidl-Hohenveldern*, FS Murad Ferid, 1978, S. 233, 239, 242–244; *Soergel/Kegel*, BGB, Bd. 10:

stånd',[2592] eigentlich sogar in der noch älteren *Zweigert*'schen Variante,[2593] dass eine Sonderanknüpfung vorzunehmen sei, wenn die den Leistungsvorgang vermittelnden Wertbewegungen sich ganz oder teilweise im Gebiet des Erlassstaates abspielten.[2594] Man fällt wahrlich in die kollisionsrechtliche Steinzeit zurück[2595] (umso mehr, wenn man bedenkt, dass *Ralli Bros.* aus dem Jahre 1920 auf Vorarbeiten *Diceys*[2596] aus dem Jahre 1908 zurückgeht[2597]). Eine weitere Pikanterie und Ironie europäischer Entwicklungen wollen es, dass England dem Kontinent einen veralteten Ansatz nachgerade aufgenötigt hat – um dann selber nur mit Müh und Not in die Rom I-VO hineinzuoptieren (ganz zu schweigen davon, dass die Rom I-VO nach dem Vollzug des Brexit im Vereinigten Königreich nicht mehr automatisch gelten wird).

980   Dauergast in der Anwendung war *Ralli Bros.* in England jedenfalls nicht.[2598] Merkliche Weiterentwicklungen und Vertiefungen haben seit *Ralli Bros.* nicht mehr stattgefunden. Es zeigten sich vielmehr eine Tendenz zu eher schlagwortartigen Sentenzen einerseits und Probleme bei der Bestimmung des Erfüllungsortes andererseits.[2599] Common law entwickelt sich fallweise und versucht sich nicht an großen, übergreifenden Würfen. Dies mag pragmatisch sein, hat aber seine erheblichen Nachteile bei Handreichungen und Details. Zudem führt stare decisis dazu, dass auch solches Entscheidungsmaterial noch zu beachten ist, gleichsam mitgeschleppt werden muss, das Epochen anders strukturierten, ja noch in chaotischen Anfängen steckenden Internationalen Privatrechts entstammt. Stare decisis macht Evolution und Entwicklung schwer. Zudem verführt die Bindung an einzelne Entscheidung zu parktikularistischen, zu fallbezogenen Ansätzen.

981   Wenn „Erfüllung" eine eher enge und technische Bedeutung haben soll,[2600] hilft dies auch nicht wirklich weiter und enthält keine verallgemeinerungsfähige und im Detail aussagekräftige Formel. Dies ist umso bedauerlicher, als mangels nachfolgender Anwendung keine weitere Konkretisierung des Anknüpfungspunktes erfolgt ist. Aus Entscheidungen im Mutterland der Vorbildregelung kann man daher in diesem Punkt auch für Art. 9 III 1 Rom I-VO kaum Honig saugen.[2601]

EGBGB; IPR, 11. Aufl. 1983, Vor Art. 7 EGBGB Rn. 396; *Drobnig,* FS Karl H. Neumayer, 1985, S. 159, 172, 178; *Soergel*/v. Hoffmann Art. 34 EGBGB Rn. 85, 90; ähnlich *J. Schulze,* Öffentliches Recht im internationalen Privatrecht, 1972, S. 192–201.

[2592] *Mankowski,* IHR 2008, 133, 148; *ders.,* IPRax 2016, 485, 491; *Freitag,* IPRax 2009, 109, 114; *Rauscher*/Thorn Art. 9 Rom I-VO Rn. 63; Staudinger/*Magnus* Art. 9 Rom I-VO Rn. 95; *Mörsdorf,* JZ 2018, 156, 158 sowie *Niksova,* EuZA 2017, 555, 567.
Dagegen indes Magnus/Mankowski/*Bonomi* Art. 9 Rome I Regulation Rn. 140.
[2593] *Ballarino,* Riv. dir. int. 2009, 40, 61 sieht allerdings einen Rekurs auf *Wengler.*
[2594] *Zweigert,* RabelsZ 14 (1942), 283, 291; ähnlich *K. H. Neumayer,* BerDGesVR 2 (1958), 35, 54; *ders.,* RCDIP 47 (1958), 53, 73; *ders.,* RabelsZ 25 (1960), 649, 655; *W.J. Habscheid,* BerDGesVR 11 (1973), 47, 71 f.
Zweigert selber wollte aber „artfremde", gezielte Kampfmaßnahmen des Erlassstaates gegen andere Staaten von der Sonderanknüpfung ausschließen; *Zweigert,* FS Fünfzig Jahre Institut für Internationales Recht an der Universität Kiel, 1965, S. 124, 132; *ders.,* ebd., S. 152, 154; *ders.,* RCDIP 54 (1965), 645, 654 f.
[2595] *Mankowski,* IHR 2008, 133, 148; *Hau,* JZ 2008, 974, 979.
[2596] *Dicey,* A Digest of the Law of England with Reference to the Conflict of Laws, 2. Aufl. 1908, S. 553.
[2597] *Sebastian v. Allwörden,* US-Terrorlisten im deutschen Privatrecht, 2014, S. 74.
[2598] Siehe immerhin *De Béeche v. South American Stores Ltd. and Chilean Stroes Ltd.* [1935] A.C. 148 (H.L.); *Kahler v. Midland Bank Ltd.* [1950] A.C. 24 (H.L.); *International Trustee for the Protection of Bondholders Akt. v. Rex* [1936] 3 All E.R. 407 (C.A.); *Kleinwort, Sons & Co. v. Ungarische Baumwolle Industrie AG* [1939] 2 K.B. 678 (C.A.); *Ispahani v. Bank Melli Iran* [1998] 1 Lloyd's Rep. Banking 133 (C.A.); *In re Lord Cable (deceased)* [1977] 1 W.L.R. 7 (Ch.D.); *Lemenda Trading Co. Ltd. v. African Middle East Petroleum Co. Ltd.* [1988] 1 Q.B. 448 (Q.B.D.); *Libyan Arab Foreign Bank v. Bankers' Trust* [1989] 1 Q.B. 728 (Q.B.D.); *Apple Corps Ltd. v. Apple Computer Inc.* [1992] F.S.R. 431 (Ch.D.); *Fox v. Henderson Investment Fund Ltd.* [1999] 2 Lloyd's Rep. 303 (Q.B.D.); *Continental Enterprises Ltd. v. Shandong Zhucheng Foreign Trade Group Co.* [2005] EWHC 92 (Comm) (Q.B.D.); *Beijing Jianlong Heavy Industry Group v. Golden Ocean Group Ltd.* [2013] EWHC 1063 (Comm), [2013] 2 All ER (Comm) 436 (Q.B.D.).
[2599] *Kuckein* S. 241.
[2600] So *Ispahani v. Bank Melli Iran* [1998] 1 Lloyd's Rep. 133 (136) (C.A., per *Walker* L.J.).
[2601] *Mankowski,* RabelsZ 75 (2011), 677, 684 f.

XVI. Sonderanknüpfung von Eingriffsrecht 982–986 § 1

Neben die Anwendungsgeschichte von *Ralli Bros.* tritt zudem deutlich ein zweites, noch 982 früheres Element, bezeichnet durch *Foster v. Driscoll*[2602]: die Illegalität.[2603] Über deren *Eigenständigkeit* ist damit das abschließende Wort allerdings nicht gesprochen.[2604] Dieses Element hat Art. 9 III Rom I-VO ebenfalls übernommen; Erfüllungsortsanknüpfung und Illegalität werden miteinander kombiniert (wobei zusätzlich zu fragen wäre, ob „unlawful" weiter oder enger als „illegal" sein soll[2605]). Im Ergebnis bewirkt dies kein Nebeneinander zweier Tatbestände, sondern eine restringierende Kumulation von Anforderungen. Das zusätzliche Erfordernis der Illegalität spricht dafür, nur Verbotsnormen als Eingriffsnormen des Erfüllungsortsstaates zuzulassen.[2606]

Illegalität wird gemeinhin restriktiv verstanden als Verstoß gegen fundamentale Ge- 983 meinwohlwertungen, die es ausgeschlossen erscheinen lassen, dass der Staat des Erfüllungsortes das dagegen verstoßende Verhalten gestatten könnte.[2607] Man hat sich also nur partiell angelehnt, jedenfalls soweit das englische IPR zuvor die Illegalität als eigenständigen Sonderanknüpfungstatbestand anerkannt haben sollte.[2608]

Dies droht Gewichte zu verschieben. Denn natürlich gibt es Wechselwirkungen. Was 984 *Foster v. Driscoll* abdeckte, musste man in England nicht mit *Ralli Bros.* abdecken. Dass in der Grundanknüpfung nur *Ralli Bros.* übernommen wurde, verringert also aus englischer Sicht gegenüber dem vorherigen, wegen des Vorbehalts gegen Art. 7 I EVÜ national geprägten Rechtszustand den Bereich, in dem eine Sonderanknüpfung ausländischen Eingriffsrechts möglich ist.[2609] Allerdings bleibt daneben immer noch der ordre public. Die Grenzlinie zwischen Eingriffsrecht und ordre public ist sicherlich nicht strikt. Aber beim Einsatz des ordre public geht es per definitionem um forumeigene Maßstäbe, nicht um eine Anwendung ausländischen Rechts.

Nachgerade paradox mutet es an, wenn englische Autoren die bisherige englische 985 Rechtslage als unklar, ja obskur bezeichnen und in Art. 9 III Rom I-VO eine mögliche Verbesserung sehen.[2610] Die bisherige Rechtslage jedenfalls hat nicht unerhebliche Unsicherheit produziert,[2611] und Unsicherheit ist bekanntlich aus Sicht der internationalen Wirtschaft (und namentlich der City of London) Gift.

Secondary sanctions nach US-Modell[2612] zeigen das Problem hinter dem Zuschnitt 986 des Art. 9 III 1 Rom I-VO: Dort ist nur der Erfüllungsort im Blick. Das ist ein nachgerade archaisches Verständnis von Zugriffsmöglichkeiten. Die moderne Welt mit ihren vielfältigen Verflechtungen hat Unternehmen aber verletzlicher gemacht und eröffnet erweiterte Zugriffsmöglichkeiten für Staaten. An die Stelle eines Eingriffs in den eigentlich inkriminierten Leistungsvorgang ist zunehmend der Zugriff auf Vermögenswerte, Marktzulassungen, öffentliche Aufträge oder (reisende) Organpersonen von Unternehmen getreten.

[2602] *Foster v. Driscoll* [1929] 1 K.B. 470 (C.A.); aufgegriffen in *Regazzoni v. KC Sethia (1944) Ltd.* [1958] A.C. 301 (H.L.).
[2603] Näher dazu *Kuckein* S. 232–236.
[2604] Näher dazu *Kuckein* S. 259–274. Siehe auch *Ispahani v. Bank Melli Iran* [1998] 1 Lloyd's Rep. Banking 133, 140 (C.A., per *Robert Walker* L.J.); *Beijing Jianlong Heavy Industry Group v. Golden Ocean Group Ltd.* [2013] EWHC 1063 (Comm), [2013] 2 All ER (Comm) 436 [20] (Q.B.D.); *Gregory Mitchell/C.er Bond,* [2010] BJIBFL 531.
[2605] *M. Hellner,* (2009) 5 JPrIL 447, 461 f.
[2606] Im Ergebnis ähnlich *Mauer/Stadtler,* RIW 2008, 544, 548; *W.-H. Roth,* FS Gunther Kühne, 2009, S. 859, 875 f.; jurisPK BGB/*Ringe* Art. 9 Rom I-VO Rn. 28 f.
Dagegen *Remien,* FS Bernd v. Hoffmann, 2011, S. 334, 344.
[2607] Staudinger/*Magnus* Art. 9 Rom I-VO Rn. 111; *Niksova,* EuZA 2017, 555, 566.
[2608] *Mankowski,* RabelsZ 75 (2011), 677, 685.
[2609] *Mankowski,* RabelsZ 75 (2011), 677, 685 und im Ergebnis ebenso *S. James,* [2009] JIBFL 665.
[2610] So *S. James,* [2009] JIBFL 665. Vgl. auch *Crawford,* 2010 SLT News 17, 19 (allerdings ist die Autorin Schottin, keine Engländerin).
[2611] Siehe nur *P.B. Carter,* (1993) 42 ICLQ 1; *Enonchong,* (1996) 45 ICLQ 633.
[2612] Zu diesen eingehend *Tehrani,* VersR 2016, 85, 87–93.

987 Die Machttheorie nicht fortzuentwickeln und für die Eingriffsmöglichkeiten moderner Zeiten fortzuschreiben ist die große Schwäche hinter Art. 9 III Rom I-VO.[2613] Ein striktes lex executionis-Konzept[2614] springt zu kurz. Damit treibt man Parteien in Pflichtenkollisionen.[2615] Wenn man auf effektive Zugriffsmöglichkeiten für den Erlassstaat abstellen will (und genau das will Art. 9 III 1 Rom I-VO[2616]), dann müsste man eigentlich der Erweiterung der Zugriffsmöglichkeiten folgen. Indes wird dies – wie heute bei der leistungsstörungsrechtlichen Berücksichtigung – nur relevant, wenn der Erlassstaat im konkreten Fall seine Zugriffsmöglichkeit zu einem echten Zugriff aktualisiert. Zieht er letztlich zurück und setzt seine Normen gar nicht effektiv durch, so gibt es keine tatsächlichen Auswirkungen, die man berücksichtigen müsste.[2617]

988 **6. Keine unionsrechtliche Pflicht zur Sonderanknüpfung von Eingriffsnormen anderer EU-Mitgliedstaaten aus Art. 4 III EUV.** Teilweise wird aus Art. 4 III EUV eine unionsrechtliche Pflicht zur Sonderanknüpfung von Eingriffsnormen anderer EU-Mitgliedstaaten abgeleitet.[2618] Allerdings wäre eine Einschränkung zwingend geboten: Ihrem Inhalt nach unionsrechtswidrige Eingriffsnormen anderer Mitgliedstaaten dürfen nicht zu beachten sein,[2619] sei es, dass sie am Primärrecht scheitern, sei es, dass sie mit Richtlinienrecht nicht vereinbar sind.[2620] Normhierarchisch würde sich eine solche primärrechtliche Pflicht als höherrangiges Recht gegenüber den in Art. 9 III Rom I-VO verfügten Einschränkungen durchsetzen,[2621] wenn es sie denn gäbe. Sie ist jedoch abzulehnen.[2622]

989 Gerade aus Binnenmarktsicht spricht gegen eine Pflicht zur Sonderanknüpfung des Eingriffsrechts anderer Mitgliedstaaten ein sehr starkes Argument: Eingriffsrecht ist Interventionsrecht. Es liberalisiert Waren- und Leistungsströme nicht, sondern beschränkt. Es steht schon seiner Anlage nach in einem latenten Konflikt mit den Grundfreiheiten.[2623] Im Binnenmarkt sind nationale Beschränkungen abzubauen. Dass andere Mitgliedstaaten Beschränkungen anerkennen müssten, würde dem Binnenmarktansatz also zuwiderlaufen. Es würde den perversen Anreiz setzen, möglichst viel Eingriffsrecht zu erlassen und so die eigene Rechtsdurchsetzungsmacht auszudehnen.[2624] Die strengste Regelung würde sich durchsetzen.[2625] Eine regulierungsverschärfende Lesart eines Anerkennungsprinzips[2626] liefe dessen liberalisierendem Grundanliegen strikt zuwider.[2627]

[2613] *Mankowski*, IPRax 2016, 485, 491.
[2614] Treffend *Bureau/d'Avout*, D. 2010, 996, 998.
[2615] *Mankowski*, IPRax 2016, 485, 491; siehe auch *Bonomi*, in: Boschiero S. 173, 188.
[2616] *Mankowski*, RabelsZ 75 (2011), 677, 679.
[2617] Siehe OLG Frankfurt ZIP 2011, 1354, 1355 f.; *A. Fuchs*, IPRax 1990, 260, 263 f.
[2618] *W.-H. Roth*, RabelsZ 55 (1991), 623, 663 f.; *ders.*, in: Reichert-Facilides (Hrsg.), Aspekte des Internationalen Versicherungsvertragsrechts im Europäischen Wirtschaftsraum, 1994, S. 1, 40; *ders.*, FS Manfred A. Dauses, 2014, S. 315, 334 f.; *Sonnenberger*, ZVglRWiss 95 (1996), 3, 40; *Furrer*, Zivilrecht im unionsrechtlichen Kontext, 2002, S. 314 ff.; *Thorn*, in: Ferrari/Leible (Hrsg.), Ein neues Internationales Vertragsrecht für Europa, 2007, S. 129, 147 sowie OGH JBl 2013, 362, 364; *A. V.M. Struycken*, Rec. 232 (1992 I), 260, 340; *Rummel/Verschraegen*, ABGB, Bd. 2/2, 3. Aufl. 2007, Art. 7 EVÜ Rn. 31; *A. Staudinger*, in: Ferrari IntVertragsR Art. 9 Rom I-VO Rn. 37; siehe auch *Laimer*, ZRB 2012, 139, 143; *Nemeth*, JBl 2013, 365, 367.
Offen OGH JBl 2013, 362, 364.
[2619] *v. Wilmowsky*, Europäisches Kreditsicherungsrecht, 1996, S. 71; *Fetsch* S. 319; vgl. auch *Cranshaw*, jurisPR-IWR 3/2017 Anm. 5 sub D II.
[2620] *Steindorff*, EuR 1981, 426, 434.
[2621] *W.-H. Roth*, IPRax 2018, 177, 185.
[2622] EuGH ECLI:EU:C:2016:774 Rn. 54 – Republik Griechenland/Grigorios Nikiforidis; *Mankowski*, in: v. Bar/Mankowski, IPR I § 4 Rn. 117 f.; *L. Günther* S. 111–113; *Maultzsch*, EuZA 2017, 241, 253 f.; *Oderkerk*, NIPR 2017, 747, 757.
[2623] Vgl. auch *Remien*, FS Bernd v. Hoffmann, 2011, S. 334, 340.
[2624] *Mankowski*, VersR 1999, 821, 824; *ders.*, RIW 2016, 815, 817; ähnlich *Höpping*, Auswirkungen der Warenverkehrsfreiheit auf das IPR, 1997, S. 257.
[2625] *Maultzsch*, EuZA 2017, 241, 254.
[2626] Dafür *W.-H. Roth*, IPRax 2018, 177, 186.
[2627] *Maultzsch*, EuZA 2017, 241, 254.

XVI. Sonderanknüpfung von Eingriffsrecht 990–993 § 1

Blankoschecks auf Unterstützung für interventionswillige Staaten stellt das Unionsrecht 990 gerade nicht aus. Legitime Regelungsinteressen der anderen Mitgliedstaaten im Bereich mitgliedstaatlicher Schutzpolitiken in den Reservat- und Ausnahmebereichen zu respektieren ist eines. Diesen extraterritorial durch Sonderanknüpfung Geltung zu verleihen ist etwas ganz anderes.[2628] Damit würde man die Eingriffsnorm des anderen Mitgliedstaats über die Rom I-VO erheben und so dem Effektivitätsgrundsatz, wie er Art. 4 III EUV bestimmt innewohnt, zuwiderlaufen.[2629] Eine Kontrolle auf inhaltliche Unionsrechtskonformität kann erst nachträglich erfolgen. Der Mitgliedstaat, der vorbehaltlos das Eingriffsrecht anderer Mitgliedstaaten anwendet, läuft ein erhebliches Risiko, darüber an deren Unionsrechtsverstößen teilzunehmen.[2630]

Ob und wenn ja wie ausländisches Eingriffsrecht zu berücksichtigen ist, mag Unsicher- 991 heiten bergen. Diese Unsicherheiten sind jedoch für Grundfreiheiten und Binnenmarkt weit weniger gefährlich, als es eine Anerkennungspflicht für Eingriffsnormen wäre.[2631] Schon die eigenen Eingriffsnormen der lex fori müssen sich einer Kontrolle an den Grundfreiheiten stellen, ob sie übermäßig beschränken.[2632] Umso mehr muss dies für jeden Mechanismus gelten, der über die Einschränkungen der lex fori hinaus Einschränkungen aus anderen Rechten importieren würde.

Außerdem würde man die Stoßrichtung von Art. 4 III EUV ändern: Art. 4 III EUV 992 dient der pflichtenakzessorischen Absicherung von Unionsrecht.[2633] Er begründet gleichsam vertikale Pflichten der Mitgliedstaaten gegenüber der Gemeinschaft, nicht horizontale Pflichten der Mitgliedstaaten untereinander.[2634] Der Binnenmarkt strebt zwar nach Entscheidungsharmonie.[2635] Solange es aber noch nationale Rechtsordnungen der Mitgliedstaaten gibt, ist es Sache der Unionsorgane, diese Entscheidungsharmonie durch Rechtsvereinheitlichung, Rechtsharmonisierung oder ausdrückliche sekundärrechtliche Anerkennungspflichten herzustellen.[2636] Daran ändert sich auch nichts, wenn man den Systemwettbewerb der mitgliedstaatlichen Rechtsordnungen als Element des Binnenmarktes anerkennen wollte.[2637]

7. Keine Sperrwirkung des Art. 9 Rom I-VO gegenüber einer materiellrechtli- 993 **chen Berücksichtigung der zur Durchsetzung von Eingriffsnormen gesetzten Fakten.** Soweit Eingriffsnormen eines forumfremden Staats gerichtlich nicht angewendet werden, heißt dies nicht, dass sie in jeglicher Hinsicht unbeachtlich wären. Vielmehr muss man zwischen Anwendung im eigentlichen Sinn, d. h. als Recht, und Beachtung unterscheiden. Denn in ihrem Erlassstaat heischen jene Eingriffsnormen Beachtung. Drittstaatliche Eingriffsnormen existieren, und sie setzen Marken für Unternehmen, die sie beachten und ihnen gehorchen wollen, um sich nicht Sanktionen auszusetzen. Insbesondere schafft ihre reale Durchsetzung Fakten, die man schlechterdings nicht leugnen kann. Die reale Durchsetzung durch den Erlassstaat schert sich nicht darum, ob die erlassenen Normen aus der Sicht des Forumstaates anwendbar sind oder nicht.

[2628] *Mankowski*, in: v. Bar/Mankowski, IPR I § 4 Rn. 118; *ders.*, RIW 2016, 815, 817.
Anders wohl *v. Wilmowsky*, Europäisches Kreditsicherungsrecht, 1996, S. 72 f.
[2629] *Duden*, EuZW 2016, 943, 944.
[2630] *Mankowski*, in: v. Bar/Mankowski, IPR I § 4 Rn. 118; vgl. *Höpping*, Auswirkungen der Warenverkehrsfreiheit auf das IPR, 1997, S. 251.
[2631] *Mankowski*, in: v. Bar/Mankowski, IPR I § 4 Rn. 118; *ders.*, RIW 2016, 815, 817; vgl. mit einer anders gelagerten Argumentation *Fetsch* S. 339 f.
[2632] GA *Wahl*, ECLI:EU:C:2013:301 Nr. 37; *Nourissat*, RLDA 86 (2013), 56, 58, 59.
[2633] GA *Szpunar*, ECLI:EU:C:2016:281 Rn. 116.
[2634] *Fetsch* S. 329.
[2635] Entscheidendes Argument für *W.-H. Roth*, RabelsZ 55 (1991), 623, 663 f.; *dens.*, in: Reichert-Facilides (Hrsg.), Aspekte des Internationalen Versicherungsvertragsrechts im Europäischen Wirtschaftsraum, 1994, S. 1, 40.
[2636] *Höpping*, Auswirkungen der Warenverkehrsfreiheit auf das IPR, 1997, S. 256; *Wördemann*, International zwingende Normen im Internationalen Privatrecht des europäischen Versicherungsvertrages, 1997, S. 364.
[2637] Differenzierend, in der Grundtendenz aber wie hier ablehnend *Fetsch* S. 327 f., 330 f.

994 Aus der Sicht des Erlassstaates sind dessen Eingriffsnormen anwendbar und werden gemeinhin mit aller Macht konsequent durchgesetzt. Die in ihnen vorgesehenen Sanktionen werden verhängt, bis hin zu Haftanordnungen gegen Organpersonen betroffener Unternehmen. Die auf dieser Grundlage geschaffenen Fakten kann und darf man nicht ignorieren. Fakten sind in der Welt und existieren real. Fakten müssen nicht durch einen Filter, damit man ihre Existenz anerkennt. Fakten sind nicht „anwendbar", sondern schlicht da. Mit ihnen muss das Recht leben und arbeiten.[2638] Indem man Fakten „anerkennt", erkennt man keineswegs die Motive für deren Grundlagen an.[2639] Fakten unterliegen keiner Inhaltskontrolle.[2640] Sie zu berücksichtigen ist ein Gerechtigkeitsgebot[2641] und vermeidet eine Differenzierung nach der Ursache zwischen verschiedenen Fakten.[2642]

995 Z.B. mag aus deutscher Sicht der UK Bribery Act 2010 in der Regel nicht rechtlich anwendbar sein. Trotzdem tun deutsche Unternehmen gut daran, ihn zu beachten, wenn sie im Vereinigten Königreich tätig werden wollen, denn nach sec. 7 (5) ist der UK Bribery Act 2010 bei geschäftlicher Tätigkeit im Vereinigten Königreich anwendbar, unabhängig von Niederlassung oder Registrierung des betreffenden Unternehmens.[2643] Das Vereinigte Königreich setzt ihn durch und schafft damit Fakten. Unter deutschem Vertragsstatut beginnt § 275 I BGB dann einzusetzen, wenn eine Vertragspartei sich oder ihr Personal durch die Erfüllung des Vertrags der realen Gefahr einer effektiven Starfverfolgung aussetzt.[2644]

996 Der kollisionsrechtlichen Ebene einschließlich etwaiger Sonderanknüpfungen nachgelagert ist daher die sachrechtliche Ebene, auf der man geschaffene und bestehende Fakten berücksichtigen kann und muss. Jeder Vorwurf, die sachrechtliche Berücksichtigung sitze einem Missverständnis auf, indem sie Normen als Tatsachen behandele,[2645] geht fehl. Denn er unterscheidet seinerseits nicht genau zwischen der normativen Anwendung von Normen und der Berücksichtigung durch tatsächliche Normdurchsetzung geschaffener Fakten. Die Sonderanknüpfung überlagert die lex causae von außen, die Berücksichtigung von Fakten geschieht gerade im sachrechtlichen Rahmen der lex causae.[2646]

997 Dass Eingriffsnormen der lex fori eine Sonderrolle und eine Sonderanknüpfung nach Art. 9 II Rom I-VO genießen, ist übrigens keine Ungleichbehandlung. Es rechtfertigt sich einfach dadurch, dass der im Forumstaat, also im Geltungsbereich dieser Normen, ansässige Rechtsanwender an sie als Teil von Recht und Gesetz des Forumstaates gebunden und ihnen unterworfen ist.[2647]

998 Die Berücksichtigung forumfremden *Rechts* als solchen ist und bleibt eine normative Methode. Sie unterscheidet sich von der richtiggehenden Anwendung forumfremden Rechts zwar dadurch, dass der kollisionsrechtliche Berücksichtigungsbefehl sich nur auf den Tatbestand der betreffenden Normen bezieht, während die Rechtsfolge nicht den ja nur berücksichtigten Normen zu entnehmen ist, sondern vielmehr den Sachnormen der lex causae.[2648] Das berücksichtigte Recht setzt dabei aber weiterhin einen *normativen* Bezugspunkt, namentlich als Auslegungsgesichtspunkt für die lex causae.[2649] Die Berücksichti-

---

[2638] Siehe nur EuGH ECLI:EU:C:2016:774 Rn. 51f. – Republik Griechenland/Grigorios Nikiforidis; GA *Szpunar*, ECLI:EU:C:2016:281 Rn. 103–106; *W.-H. Roth*, IPRax 2018, 177, 183f.
[2639] *Fetsch* S. 57, 61; *Kuckein* S. 88.
[2640] *Kuckein* S. 96.
[2641] *Bureau/Muir Watt*, RCDIP 2017, 238, 242.
[2642] *Anderegg*, Ausländische Eingriffsnormen im internationalen Vertragsrecht, 1989, S. 140 et passim; *Kuckein* S. 97.
[2643] *Deister/Geier/Ren*, CCZ 2011, 81, 84f.; *Timmerbeil/Spachmüller*, DB 2013, 2133f.
[2644] OLG Karlsruhe WM 2007, 350 Rn. 111; LG Frankfurt/Main 16.11.2017 – 2–24 O 37/17.
[2645] So *Rentsch*, in: Bauerschmidt/Fassbender/M. W. Müller/A. Siehr/Unseld (Hrsg.), Konstitutionalisierung in Zeiten globaler Krisen, 2015, S. 255, 283f.
[2646] GA *Szpunar*, ECLI:EU:C:2016:281 Rn. 103–106.
[2647] Das übersieht *Neuss*, Handelsembargos zwischen Völkerrecht und IPR, 1989, S. 148f.
[2648] Siehe nur *Ohler*, in: Leible/M. Ruffert (Hrsg.), Völkerrecht und IPR, 2006, S. 131, 150; *ders.*, Die Kollisionsordnung des Allgemeinen Verwaltungsrechts, 2005, S. 151.
[2649] Z.B. *Ohler*, Die Kollisionsordnung des Allgemeinen Verwaltungsrechts, 2005, S. 151; MüKoBGB/ *Sonnenberger*, Bd. 10, 5. Aufl. 2010, Einl. IPR Rn. 609; MüKoBGB/*v. Hein*, Einl. IPR Rn. 280.

gung als Folge der Durchsetzung forumfremden Rechts geschaffener Sachlagen ist nicht normativ, sondern faktisch.[2650] Sie determiniert Untersätze bei der Subsumtion unter Tatbestandsmerkmale aus den Sachnormen der lex causae.[2651] Untersatzbildung für die Subsumtion einerseits und Auslegung andererseits sind aber zwei ganz verschiedene Vorgänge.

Untersatzbildung bei der Subsumtion unter Tatbestandsmerkmale aus den Sachnormen der lex causae hat nichts Normatives. Ihr Material ist gänzlich anders gelagert. Sie muss nicht nach Anwendbarkeit und Anwendungswillen der forumfremden Norm fragen. Sie muss nicht unter die Tatbestandsmerkmale der in Rede stehenden Norm zusätzlich zu jenen der lex causae subsumieren. Sie fragt nicht: „Was soll und was darf geschehen?", sondern: „Was ist geschehen?"

Der Unterschied wird erstens augenfällig, wenn der Erlassstaat einer Norm seine Durchsetzungsmacht tatsächlich ausgeübt hat, obwohl dies von seiner eigenen Norm gar nicht gedeckt war. Als Faktum zu berücksichtigen ist auch das rechtswidrig gesetzte Faktum. Nicht als Faktum zu berücksichtigen ist dagegen die Rechtswidrigkeit oder Rechtmäßigkeit der angeblichen Rechtsdurchsetzung.

Der Unterschied wird zweitens augenfällig, wenn man betrachtet, wer im Erlassstaat handelt: beim Normerlass der dortigen Gesetzgeber, bei der tatsächlichen Durchsetzung die dortige Exekutive (bzw. bei strafrechtlichen Schritten unter Gerichtsvorbehalt die dortige Judikative).

Der Unterschied wird drittens augenfällig, wenn gar nicht der Erlassstaat der in Rede stehenden Norm gehandelt hat, sondern (aus außenpolitischer Gefälligkeit, aus außenpolitischer Sympathie oder aus Amtshilfe) ein anderer Staat, dessen Organe Fakten geschaffen haben.

XVII. Ordre public (Art. 21 Rom I-VO)

Art. 21 Rom I-VO ist eine traditionelle, offen formulierte ordre public-Klausel ohne nähere Spezifizierungen und Beispiele.[2652] Dem wird – anders als für Art. 26 Rom II-VO durch Erwägungsgrund (32) S. 2 Rom II-VO – nicht einmal durch einen Erwägungsgrund partiell abgeholfen. Erwägungsgrund (37) S. 1 Rom I-VO unterstreicht allein, dass der ordre public nur unter außergewöhnlichen Umständen durchschlagen darf. Der ordre public ist ultima ratio, absolute Ausnahme und sehr restriktiv einzusetzen. Er setzt einen Mindestbezug zum Forumstaat voraus, den so genannten proximity test.[2653]

Der Ober- und Rahmenbegriff des ordre public ist indes – wie unter Art. 45 I lit. a Brüssel Ia-VO[2654] – ein unionsrechtlicher und deshalb unionsrechtlich-autonom zu verstehender Begriff, der äußerste Grenzen zieht.[2655] Das nationale Recht darf den Untersatz zum Rahmen bilden.[2656] Die eigentliche Subsumtion folgt wieder europäisch-autonomen Maßstäben.

Wie stets erfolgt der Einsatz des ordre public nicht abstrakt gegen ausländische Normen, sondern nur konkret gegen die über diese im Einzelfall erzielten Ergebnisse.[2657] Der Rich-

---

[2650] Diese Unterscheidung sehen z. B. *Bureau/Muir Watt,* RCDIP 2017, 238, 243 f. nicht.
[2651] *Mankowski,* IPRax 2016, 485, 490.
[2652] Magnus/Mankowski/*Franzina* Art. 21 Rome I Regulation Rn. 12.
[2653] Siehe nur *Mills,* (2008) 4 JPrIL 201, 210; *Ferrari/Omlor* Art. 21 Rome I Regulation Rn. 10; Staudinger/*Hausmann* Art. 21 Rom I-VO Rn. 19.
[2654] Dort EuGH Slg. 2000, I-1935 Rn. 22 f. – Dieter Krombach/André Bamberski; EuGH Slg. 2000, I-2973 Rn. 28 f. – Renault SA/Maxicar SpA u. Orazio Formento; EuGH Slg. 2009, I-3571 Rn. 56 f. – Meletis Apsotolidis/D. Charles Orams u. Elizabeth Orams; EuGH ECLI:EU:2012:531 Rn. 49 – Trade Agency Ltd./Seramico Investments Ltd;; EuGH ECLI:EU:C:2014:2319 Rn. 47 – FlyLAL-Lithuanian Airlines AS/Starptaustik lidosta R ga VAS u. Air Baltic Corporation AS; EuGH ECLI:EU:C:2015:471 Rn. 42 – Diageo Brands BV/Simiramida-04 EOOD.
[2655] Siehe nur *Leible,* RIW 2008, 257, 263; *Rauscher*/Thorn Art. 21 Rom I-VO Rn. 5.
[2656] Siehe nur *Mankowski,* EWiR 2015, 557, 558.
[2657] Siehe nur *Rauscher*/Thorn Art. 21 Rom I-VO Rn. 11; Magnus/Mankowski/*Franzina* Art. 21 Rome I Regulation Rn. 40.

ter außerhalb des Erlassstaates hat keine Verwerfungskompetenz für forumfremde Normen. Für die Ergebniskontrolle spielt es keine Rolle, ob das zu kontrollierende Ergebnis über ein mitgliedstaatliches oder ein drittstaatliches Recht erzielt wurde.[2658]

1006 Zweiter Kontrollschritt ist, ob ein Widerspruch zu besonders wesentlichen Normen des Forumrechts *offensichtlich* ist. Diese Schwelle betont und unterstreicht den Ausnahmecharakter des ordre public.[2659] Offensichtlichkeit ist ein qualitatives Schweregradkriterium.[2660] Ein Verstoß gegen bloße Mindestharmonisierungsvorschriften in einer EU-Richtlinie (etwa des Verbraucherschutz- oder des Arbeitsrechts) z. B. genügt dem nicht.[2661]

1007 **Beispiel:** Die Reederei EasyFlow Malta Ltd. aus La Valetta hat Arbeitsverträge mit philippinischen Seeleuten zu einem Stundenlohn von 1,50 US$ geschlossen. Die Seeleute verpflichten sich außerdem, pro Tag für Unterbringung und Verköstigung auf dem Schiff 3,50 US$ zu zahlen.

XVIII. Rom I-VO und Kollisionsnormen des nationalen Rechts

1008 Die Rom I-VO bezweckt eine Vereinheitlichung des Internationalen Schuldvertragsrechts in ihren Mitgliedstaaten. Sie lässt den Mitgliedstaaten nur insoweit Raum für eigene Akte auf diesem Gebiet, als sie solchen Spielraum ausdrücklich einräumt, wie insbesondere in Art. 7 IV lit. b Rom I-VO (in Deutschland ausgefüllt durch Art. 46c EGBGB). Sofern es keine ausdrückliche Ausnahme zugunsten nationalen Kollisionsrechts gibt, verdrängt die Rom I-VO nationale Kollisionsnormen. Sie genießt den unionsrechtlichen Anwendungsvorrang,[2662] den jede EU-Verordnung genießt.[2663] Soweit nationales Kollisionsrecht (wie Art. 46b EGBGB) Rechtssetzungsaufträge aus EU-Richtlinien umsetzt, wird dieser Konflikt durch Art. 23 Rom I-VO gelöst.

1009 Die Rom I-VO macht keinerlei allgemeineren Vorbehalt zu Gunsten nationalen Kollisionsrechts. Sie hat selbst das letzte Schlupfloch noch verstopft und genommen, welches das EVÜ ließ. Art. 23 I EVÜ erlaubte dem einzelnen Vertragsstaat immerhin, neue Kollisionsnormen für „eine bestimmte Gruppe von Verträgen" einzuführen, wenn er ein Konsultationsverfahren mit den anderen Vertragsstaaten durchführte. Im Umkehrschluss hieß das aber auch: Nationale Alt-Kollisionsnormen aus der Zeit vor dem EVÜ fielen einem Vorrang des EVÜ zum Opfer und wurden vom EVÜ verdrängt.[2664] Dieser Schluss wurde noch bestärkt durch einen gleichlaufenden Schluss aus Art. 32 EVÜ und dem Protokoll zum EVÜ, die es für nötig erachteten, eine ausdrückliche Gestattung auszuspechen, damit Dänemark eine Altkollisionsnorm beibehalten konnte.[2665] Einen dritten Schluss in dieselbe Richtung trug Art. 21 EVÜ: Spezielle Kollisionsnormen aus Staatsverträgen – und damit nur aus Staatsverträgen – wurden ausdrücklich zugelassen. Nationales Alt-Kollisionsrecht wurde also bereits vom EVÜ außer Kraft gesetzt, auch wenn jenes nationale Recht nicht formell aufgehoben wurde, sondern in den Gesetzblättern stehen blieb.[2666] Der Spezialitätsgrundsatz lex specialis derogat legi generali kam dem nationalen Alt-Kollisionsrecht nicht

---

[2658] *Magnus/Mankowski*/Franzina Art. 21 Rome I Regulation Rn. 34–37; siehe auch *Wurmnest*, in: Leible/Unberath (Hrsg.), Brauchen wir eine Rom 0-Verordnung?, 2013, S. 446, 451–455: *ders.*, in: Leible (ed.), General Principles of European International Law, 2016, S. 305, 309–313.

[2659] Vorschlag für eine Verordnung des Europäischen Parlaments und des Rates über die gerichtliche Zuständigkeit und die Anerkennung und Vollstreckung in Zivil- und Handelssachen, KOM (1999) 348 endg. S. 25; GA *Szpunar*, ECLI:EU:C: 2015:137 Rn. 42.

[2660] Siehe nur GA *Szpunar*, ECLI:EU:C:2015:137 Rn. 51; *Mankowski*, EWiR 2015, 557, 558.

[2661] EuGH ECLI:EU:C:2015:471 Rn. 51 – Diageo Brands BV/Simiramida-04 EOOD.; GA *Szpunar*, ECLI:EU:C:2015:137 Rn. 52.

[2662] Siehe nur Magnus/Mankowski/*Magnus* Introduction Rome I Regulation Rn. 25; MüKoBGB/*Martiny* Vor Art. 1 Rom I-VO Rn. 20.

[2663] Grundlegend EuGH Slg. 1964, 1141 – Flaminio Costa/E. N. E. L.

[2664] *Mankowski*, RabelsZ 59 (1995), 148, 154; *ders.* S. 506 sowie *Forlati Picchio*, Riv. dir. int. 1992, 269, 273, 284.

[2665] *Mankowski*, RabelsZ 53 (1989), 487, 511; *ders.* S. 505 sowie *Forlati Picchio*, Riv. dir. int. 1992, 269, 273; *Lagarde*, RDIPP 1993, 33, 41.

[2666] Siehe nur BAGE 63, 17, 33 f.

zu Hilfe.[2667] Vielmehr setzte sich das Interesse an der Kollisionsrechtsvereinheitlichung durch.

XIX. Schiedsgerichte und Internationales Schuldvertragsrecht

Literatur: *Beulker,* Die Eingriffsnormenproblematik in internationalen Schiedsverfahren, 2005; *Busse,* Rom I und Rom II: Anwendbarkeit vor Schiedsgerichten, ecolex 2012, 1072; *Czernich,* Die Bestimmung des anwendbaren Rechts im Schiedsverfahren: Rom I-VO vs. nationales Sonderkollisionsrecht, wbl 2013, 554; *Ferrari/Kröll* (eds.), Conflict of Laws in International Commercial Arbitration, 2010; *Grigera Naón,* Choice of Law Problems in International Commercial Arbitration, RdC 289 (2001), 9; *A. Grimm,* Applicability of the Rome I and II Regulations in International Arbitration, SchiedsVZ 2012, 189; *Handorn,* Das Sonderkollisionsrecht der deutschen internationalen Schiedsgerichtsbarkeit, 2005; *Hartenstein,* Das IPR der Schiedsgerichte (§ 1051 ZPO), TranspR 2010, 261; *Hausmann,* Anwendbares Recht vor deutschen und italienischen Schiedsgerichten – Bindung an die Rom I Verordnung oder Sonderkollisionsrecht?, FS Bernd v. Hoffmann, 2011, S. 971; *A. Junker,* Deutsche Schiedsgerichte und Internationales Privatrecht (§ 1051 ZPO), FS Otto Sandrock, 2000, S. 443; *Kondring,* Flucht vor dem deutschen AGB-Recht bei Inlandsverträgen, RIW 2010, 184; *Kulpa,* Das anwendbare (materielle) Recht in internationalen Handelsschiedsgerichtsverfahren, 2005; *Lepschy,* § 1051 ZPO – Das anwendbare materielle Recht in internationalen Schiedsverfahren, 2003; *Mankowski,* Rom I-VO und Schiedsverfahren, RIW 2011, 30; *ders.,* Schiedsgerichte und die Verordnungen des europäischen Internationalen Privat- und Verfahrensrechts, FS Bernd v. Hoffmann, 2011, S. 1012; *ders.,* Schiedsgerichte und die Rom I-VO, RIW 2018, 1; *Martiny,* Die Bestimmung des anwendbaren Sachrechts durch das Schiedsgericht, FS Rolf A. Schütze, 1999, S. 529; *McGuire,* Grenzen der Rechtswahlfreiheit im Schiedsverfahrensrecht?, SchiedsVZ 2011, 257; *de Miguel Asensio,* The Rome I and Rome II Regulations in International Commercial Arbitration, in: Ferrari (ed.), The Impact of EU Law on International Commercial Arbitration, 2017, S. 177; *P. Ostendorf,* Wirksamkeit einer ausländischen Rechtswahl auch bei fehlendem Auslandsbezug im Fall einer Schiedsgerichtsvereinbarung und ausländischem Schiedsort?, SchiedsVZ 2010, 234; *Pfeiffer,* Internationales Vertragsrecht vor Schiedsgerichten, in: Graf v. Westphalen (Hrsg.), Arbeitsgemeinschaft Internationaler Rechtsverkehr – Deutsches Recht im Wettbewerb – 20 Jahre transnationaler Dialog, 2009, S. 178; *Rosenfeld,* The Rome Regulations in International Arbitration: The Road Not Taken, in: Ferrari (ed.), The Impact of EU Law on International Commercial Arbitration, 2017, S. 245; *O. Sandrock,* Welches Kollisionsrecht hat ein internationales Schiedsgericht anzuwenden?, RIW 1992, 785; *Schilf,* Römische IPR-Verordnungen – kein Korsett für internationale Schiedsgerichte, RIW 2013, 678; *Schmidt-Ahrendts/Höttler,* Anwendbares Recht bei Schiedsverfahren mit Sitz in Deutschland, SchiedsVZ 2011, 267; *Seog-Ung O,* Die Bestimmung des anwendbaren materiellen Rechts in der internationalen Handelsschiedsgerichtsbarkeit nach § 1051 ZPO, Diss. Bielefeld 2004; *Solomon,* Das von Schiedsgerichten in der Sache anzuwendende Recht, RIW 1997, 981; *Ulfat,* Zwischen entfesselten Schiedsgerichten und europäischer Harmonisierung – Die Rom I-Verordnung und die Schiedsgerichtsbarkeit, in: Gössl (Hrsg.), Politik und Internationales Privatrecht, 2017, S. 37; *Vocke,* Die Bestimmung des anzuwendenden materiellen Rechts in internationalen Handelsschiedsverfahren im Lichte des deutschen Schiedsverfahrensrechts vom 1. Januar 1998, 2002; *G. Wagner,* Rechtswahlfreiheit im Schiedsverfahren, FS Ekkehard Schumann, 2001, S. 535; *Wegen,* Die objektive Anknüpfung von Verträgen in deutschen internationalen Schiedsverfahren nach Inkrafttreten der Rom I Verordnung, FS Gunther Kühne, 2009, S. 933; *R. Wolff,* Das von Schiedsgerichten anzuwendende Recht: eine responsio, in: Gössl (Hrsg.), Politik und Internationales Privatrecht, 2017, S. 53; *Zobel,* Schiedsgerichtsbarkeit und Unionsrecht, 2005.

1. Art. 1 II lit. e Rom I-VO. Dass die Rom I-VO in Schiedsverfahren nicht anwendbar sein soll, soll vor allem aus der spezifischen Ausnahme in Art. 1 II lit. e Rom I-VO folgen.[2668] Dort heißt es freilich nicht etwa (wie in Art. 1 II lit. d Brüssel IaVO/LugÜ 2007), dass „die Schiedsgerichtsbarkeit" ausgenommen wäre. Vielmehr sind ausgenommen „Schieds- und Gerichtsstands*vereinbarungen*".[2669] Genauso hieß es schon in Art. 1 II lit. d EVÜ. Gestützt auf nicht einmal eindeutige[2670] Äußerungen im Bericht *Giuliano/*

[2667] BAGE 63, 17, 33 f.; *Mankowski,* RabelsZ 53 (1989), 487, 511 f.; *ders.* S. 504 f.
[2668] Siehe nur *A. Junker,* FS Otto Sandrock, 2000, S. 443, 454; *Pfeiffer,* EuZW 2008, 622 (622).
[2669] Hervorhebung hinzugefügt.
[2670] Näher *Ulfat,* in: Gössl (Hrsg.), Politik und Internationales Privatrecht, 2017, S. 37, 44–46.

Lagarde[2671] las die herrschende Meinung zum EVÜ daraus die Nichtanwendbarkeit des EVÜ in Schiedsverfahren.[2672] Beim Übergang zur Rom I-VO wurde das Thema nicht ernsthaft diskutiert.[2673] Schon die herrschende Meinung unter dem EVÜ war indes nur sehr wenigen ernsthaften Angriffen[2674] ausgesetzt. Die Kontinuität im Wortlaut und die fehlende Neudiskussion sprechen jedenfalls für Kontinuität und Fortschreibung des bisher unter dem EVÜ geltenden Zustands.[2675] Den effet utile kann man dagegen nicht für eine enge Auslegung der Rom I-VO ins Spiel bringen.[2676] Denn dem effet utile würde genau umgekehrt eine möglichst weite Auslegung am besten entsprechen.[2677]

1011 Betrachtet man Art. 1 II lit. e Rom I-VO unvoreingenommen, so spricht eigentlich alles für eine enge, auf Schiedsvereinbarungen beschränkte Auslegung, die also im Umkehrschluss die Rechtsanwendung im Schiedsverfahren selber unter der Rom I-VO beließe:[2678] Erstens ist dort in allen Sprachfassungen des Ausnahmetatbestands nur von Schieds*vereinbarungen* die Rede.[2679] Dies legt eine Beschränkung der Ausnahme auf Schiedsvereinbarungen als solche, also nur auf die prozessuale Abrede, mehr als nur nahe.[2680] Zweitens geschieht die Ausnahme für Schieds*vereinbarungen* in deutlichem Kontrast zum ersichtlich umfassenden und das Schiedsverfahren sicher erfassenden „Schieds*gerichtsbarkeit*" des Art. 1 II lit. d EuGVVO.[2681] Drittens stehen Schieds- und *Gerichtsstands*vereinbarungen nebeneinander.

[2671] Bericht *Giuliano/Lagarde*, ABl. EWG 1980 C 282/12.

[2672] *Basedow*, JbSch 1 (1987), 3, 4; *Sandrock*, RIW 1992, 785, 792; *Schlosser*, RIW 1994, 727; *Solomon*, RIW 1997, 981, 986 f.; *v. Schlabrendorff*, FS Karl Hempel, 1997, S. 240, 256; *Martiny*, FS Rolf A. Schütze, 1999, S. 529, 531–534; *ders.*, ZEuP 1999, 246, 248; *ders.*, ZEuP 2001, 308, 309 f.; *A. Junker*, FS Otto Sandrock, 2000, S. 443, 454 f.; *Vocke*, Die Bestimmung des anzuwendenden materiellen Rechts in internationalen Handelsschiedsverfahren im Lichte des deutschen Schiedsverfahrensrechts vom 1. Januar 1998, 2002, S. 44 f. et passim; *Lepschy*, § 1051 ZPO – Das anwendbare materielle Recht in internationalen Schiedsverfahren, 2003, S. 64 f.; *Kulpa*, Das anwendbare (materielle) Recht in internationalen Handelsschiedsgerichtsverfahren, 2005, S. 344–347; *Handorn*, Das Sonderkollisionsrecht der deutschen internationalen Schiedsgerichtsbarkeit, 2005, S. 60–70; *Zobel*, Schiedsgerichtsbarkeit und Unionsrecht, 2005, S. 107 f. et passim; *Beulker*, Die Eingriffsnormenproblematik in internationalen Schiedsverfahren, 2005, S. 195–197; *Hartenstein*, TranspR 2008, 143, 148; *Pfeiffer*, EuZW 2008, 622, 623; *Busse*, Austrian Yb. Int. Arb. 2013, 23, 39 sowie *Seog-Ung O*, Die Bestimmung des anwendbaren materiellen Rechts in der internationalen Handelsschiedsgerichtsbarkeit nach § 1051 ZPO, Diss. Bielefeld 2004, S. 44.

AA Award ICC Case No. 12494, 19 (1) ICC Int. Ct. Arb. Bull. 126, 130 (2008); *Quinke*, Börsenschiedsvereinbarungen und prozessualer Anlegerschutz, 2005, S. 294–298; *Cheshire/North/Fawcett*, Private International Law, 14. Aufl. 2008, S. 684; vgl. auch (allerdings als Gericht im Rahmen des sec. 1 Arbitration Act 1996) *Chalbury McCouat International Ltd. v. P G Foils Ltd.* [2010] EWHC 2050 (TCC), [2011] 1 Llod's Rep. 23, 27 f. [26]-[29] (Q. B. D., *Ramsey* J.). Vor Risiken warnend *Quinn*, 1992 ILT 244, 246.

[2673] Ausnahme, insoweit als der Ausnahmetatbestand des Art. 1 II lit. e Rom I Vorschlag insgesamt angegriffen wurde: *Radicati di Brozolo/Salerno*, in: Franzina (a cura di), La legge applicabile ai contratti nella Proposta di Regolamento „Roma I", 2006, S. 2 sowie *Gardella*, NLCC 2009, 572, 573.

[2674] *G. Wagner*, FS Ekkehard Schumann, 2001, S. 535; *Kronke*, RIW 1998, 257, 263.

[2675] *G.-P. Calliess/M. Weller*, Art. 1 Rome I Regulation Rn. 33; *Brödermann*, Unif. L. Rev. 2011, 589, 599.

[2676] So aber *Wegen*, FS Gunther Kühne, 2009, S. 933, 943; *Brödermann*, Unif. L. Rev. 2011, 589, 599 f.

[2677] *Mankowski*, FS Bernd v. Hoffmann, 2011, S. 1012, 1023; *Ulfat*, in: Gössl (Hrsg.), Politik und Internationales Privatrecht, 2017, S. 37, 49.

[2678] *Mankowski*, FS Bernd v. Hoffmann, 2011, S. 1012, 1024; *Czernich*, wbl 2013, 554, 555 f.; *Ulfat*, in: Gössl (Hrsg.), Politik und Internationales Privatrecht, 2017, S. 37, 40–42.

[2679] „arbitration agreements", „conventions d'arbitrage", „le clausole compromissorie", „overeenkomsten tot arbitraje", „los convenios de arbitraje", „convenções de arbitragem", „skiljedomsavtal", „zapisy na s d polubowny", „conven iile de arbitraj". Im Italienischen stehen zwei Glieder in der Aufzählung: „i compromessi, le clausole compromissorie"; beide bezeichnen Schiedsvereinbarungen, je nachdem, ob diese vor oder nach Anhängigkeit eines Rechtsstreits geschlossen werden.

[2680] *Mankowski*, RIW 2011, 30 (30 f.); *ders.*, RIW 2018, 1, 4; *Czernich*, wbl 2013, 554, 556.

[2681] *Zobel*, Schiedsgerichtsbarkeit und Unionsrecht, 2005, S. 53; *Quinke*, Börsenschiedsvereinbarungen und prozessualer Anlegerschutz, 2005, S. 295; *Mankowski*, RIW 2011, 30, 31; *ders.*, RIW 2018, 1 (1 f.) sowie *Czernich*, wbl 2013, 554, 556 und (allerdings ohne das systematische Argument aus dem IZVR) Begründung der Bundesregierung zum Entwurf eines Gesetzes zur Neuregelung des Schiedsverfahrensrechts, BT-Drs. 13/5274, 53; *Rigaux*, CDE 1988, 306, 309; *Moller*, NZG 2000, 57, 67; *Dickinson*, The Rome II Regulation, 2008, Rn. 3.83; *Wegen*, FS Gunther Kühne, 2009, S. 933, 942; *Gebauer/Wiedmann/Nordmeier* Kap. 37 Rn. 17.

XIX. Schiedsgerichte und Internationales Schuldvertragsrecht

Bei den Gerichtsstandsvereinbarungen sind aber eindeutig nur diese und nicht auch die Rechtsanwendung im Gerichtsverfahren vor dem forum prorogatum ausgenommen. Dies legt ein gleich enges Verständnis und Parallelität bei den Schiedsvereinbarungen nahe.[2682] Viertens bekräftigt die insoweit fehlende Ausnahme in der Rom II-VO sogar noch weiter, dass Art. 1 II lit. e Rom I-VO eng zu verstehen und wirklich auf Schiedsvereinbarungen zu begrenzen ist, weil es ihm spezifisch darum geht, eine Qualifikationsfrage abzuschneiden.[2683]

2. Sonderrechtsentwicklung im IPR für Schiedsverfahren? Teilweise wird behauptet, es gebe für die Schiedsgerichtsbarkeit eine Sonderrechtsentwicklung hin zu ihrem eigenen IPR; deshalb könnten die allgemeinen Kollisionsnormen der Rom I-VO nicht zur Anwendung kommen.[2684] Dies wäre jedoch zirkelbehaftet. Vielmehr könnte man eine Sonderrechtsentwicklung mit solchen Konsequenzen nur annehmen, wenn sich die Rom I-VO eindeutig aus der Schiedsgerichtsbarkeit zurückziehen würde. Die Rom I-VO statuiert gerade keine Kollisionsnormen für Schiedsgerichte und kann daher nur als Erschütterung, nicht aber als Stütze für eine angebliche Sonderrechtsentwicklung dienen.[2685]

Soweit sich die These von der Sonderrechtsentwicklung auf nationale Kollisionsnormen spezifisch für Schiedsverfahren stützen will,[2686] stellt sie die Verhältnisse auf den Kopf. Denn ob es solches nationales Sonderkollisionsrecht überhaupt geben darf und welche Bedeutung ihm nach Wirksamwerden der Rom I-VO noch zukommt, richtet sich gerade nach dem Anwendungsanspruch der Rom I-VO. Denn die Rom I-VO genießt den verdrängenden Anwendungsvorrang jeder EU-Verordnung vor nationalem Recht.[2687] Die klare Normhierarchie muss Ausgangspunkt für die Auflösung des Normkonflikts sein.[2688] Es ist nicht ersichtlich, dass die Rom I-VO sich aus Rücksicht auf solche nationalen Sonderkollisionsnormen zurückgenommen hätte. Art. 31 III lit. b WVK, die Berücksichtigung nachlaufender Praxis der Vertragsstaaten für die Auslegung eines völkerrechtlichen Vertrags, mag für das EVÜ noch theoretisch Bedeutung gehabt haben,[2689] spätestens für die Rom I-VO als Unionsrecht gilt dies aber so nicht mehr.

Der deutsche Gesetzgeber hat eine besondere Kollisionsnorm für Schiedsgerichte geschaffen, nämlich § 1051 ZPO. § 1051 I 1 ZPO gewährt den Parteien des Schiedsverfahrens Rechtswahlfreiheit. Eine Rechtswahl begründet nach § 1051 I 2 ZPO in der Regel eine Sachnormverweisung. Haben die Parteien keine Rechtswahl getroffen, so ist gemäß § 1051 II ZPO an die engste Verbindung anzuknüpfen, welche der Gegenstand des Verfahrens mit einem Recht aufweist. Zur Entscheidung nach Billigkeit bedürfen die Schiedsrichter nach der klaren Anordnung in § 1051 III 1 ZPO einer ausdrücklichen Ermächtigung durch die Parteien, die nach § 1051 III 2 ZPO bis zur Schiedsentscheidung erteilt werden kann. § 1051 IV ZPO hält das Schiedsgericht an, in Übereinstimmung mit den Bestimmungen des Vertrags zwischen den Parteien zu entscheiden und dabei bestehende Handelsbräuche zu berücksichtigen.

§ 1051 ZPO ist zwar nicht auf Schuldverträge beschränkt,[2690] hat aber vorrangig Schuldverträge im Auge. Der deutsche Gesetzgeber hat ihn in Auseinandersetzung mit dem EVÜ als seinerzeitiger Orientierungsmarke geschaffen.[2691] Streitigkeiten aus Schuldverträgen sind

---

[2682] *Mankowski*, RIW 2011, 30, 31; *ders.*, FS Bernd v. Hoffmann, 2011, S. 1012, 1024.

[2683] *Mankowski*, RIW 2011, 30, 38; *ders.*, FS Bernd v. Hoffmann, 2011, S. 1012, 1024; *ders.*, RIW 2018, 1, 4.

[2684] *Pfeiffer*, NJW 2012, 1169, 1170f.

[2685] *Mankowski*, RIW 2018, 1, 4f.

[2686] Z.B. *Hausmann*, FS Bernd v. Hoffmann, 2011, S. 971, 977; *Schilf*, RIW 2013, 678, 685; *Schack*, FS Rolf A. Schütze, 2014, S. 511, 515; Reithmann/Martiny/*Hausmann* Rn. 8.415.

[2687] → § 1 Rn. 1008f.

[2688] *Czernich*, wbl 2013, 554, 557; *Mankowski*, RIW 2018, 1, 5.

[2689] Vgl. *Ulfat*, in: Gössl (Hrsg.), Politik und Internationales Privatrecht, 2017, S. 37, 46.

[2690] *Mankowski*, FS Rolf A. Schütze, 2014, S. 369, 382.

[2691] Begründung der Bundesregierung zum Entwurf eines Gesetzes zur Neuregelung des Schiedsverfahrensrechts, BT-Drs. 13/5274, 52f.

der mit Abstand häufigste, wichtigste und geläufigste Streitgegenstand in Schiedsverfahren mit Auslandsbezug.

1016 § 1051 ZPO hat aber nur dann noch Bedeutung für Schuldverträge, wenn er neben der Rom I-VO fortbesteht. Das Verhältnis zwischen beiden ist klar: Wenn und soweit die Rom I-VO Anwendung heischt, genießt sie den verdrängenden Anwendungsvorrang jeder EU-Verordnung. § 1051 ZPO muss insoweit weichen. Ob die Rom I-VO neben § 1051 ZPO eingreifen könne,[2692] ist die falsche Frage und zäumt das Pferd von hinten auf. Vielmehr muss sich § 1051 ZPO die Frage nach seiner Existenzberechtigung gefallen lassen, und die Antwort hängt davon ab, ob die Rom I-VO anwendbar sein will.[2693]

1017 **3. Fehlende lex fori von Schiedsgerichten?** Noch weit grundsätzlicher ist ein anderes Argument, mit dessen Hilfe die Schiedsszene staatlichem IPR zu entrinnen versucht:[2694] Schiedsgerichte seien nicht in einem staatlichen Rechtssystem verankert. Sie hätten daher keine eigentliche lex fori.[2695] Und sie hätten deshalb auch kein IPR des Forums, von welchem die Rechtsermittlung auszugehen hätte.[2696] Stattdessen werden Modelle propagiert, die Schiedsrichtern viel Freiraum und nahezu unbegrenztes Ermessen geben. Die voie directe, der unmittelbare Zugriff auf ein den Schiedsrichtern passendes Recht, ist die am weitesten gehende Variante.[2697] Denationalisierung statt Nationalisierung ist das erklärte Ziel. Aus der Schiedsszene selbst und dem schiedsaffinen Teil der Wissenschaft regt sich dagegen kaum Widerstand.[2698] Die Rom I-VO wird als Störenfried empfunden, der den (aprioristisch als vorrangig gesetzten) eigenen Regeln der Schiedsgerichtsbarkeit zu weichen habe.[2699]

1018 Die Ausgangsthese von der fehlenden lex fori ist indes eine ganz eigene Art von „Unabhängigkeitserklärung".[2700] Sie dient dazu, sich gegen ein Überwirken staatlichen Rechts zu verwahren. Es ist eine eminent rechtspolitische Frage, ob das staatliche Recht sich dies ein-

---

[2692] So *R.A. Schütze,* in: Wieczorek/R.A. Schütze, ZPO, Bd. 11, 4. Aufl. 2014, § 1051 ZPO Rn. 12.
[2693] Näher *Mankowski,* FS Rolf A. Schütze, 2014, S. 369, 383 f.; *ders.,* RIW 2018, 1, 17 f.
[2694] Eingehend z.B. *Cordero Moss,* Global Jurist Advances vol. 8 (2008) issue 3 art. 2 <http://www.bepress.com/gj/vol8/iss3/art2>.
[2695] So z.B. *Saudi Arabia v. Arabian American Oil Co.* Ad Hoc Award August 23, 1958, 27 ILR 117 (1963); Award ICC Case No. 6294, Clunet 118 (1991), 1050 obs. *Arnaldez; Lalive,* Rev. arb. 1976, 155; *Goldman,* Clunet 106 (1979), 475, 492; *ders.,* Rev. arb. 1981, 469; *O. Lando,* FS Konrad Zweigert, 1981, S. 157, 163; *ders.,* (1986) 2 Arb.Int. 104, 110 f.; *Catranis,* RIW 1982, 19, 23; *Paulsson,* (1983) 32 ICLQ 53, 54 f.; *Hellwig,* RIW 1984, 421, 426; *David,* Arbitration in International Trade, 1985, Rn. 387; *Basedow,* JbSch 1 (1987), 3, 16; *Dasser,* Internationale Schiedsgerichte und lex mercatoria, 1989, S. 169; *Kassis,* Le nouveau droit européen des contrats internationaux, Paris 1993, S. 516 Rn. 493; *K.P. Berger,* International Economic Arbitration, 1993, S. 497; *ders.,* DZWiR 1998, 45, 52; *ders.,* Forum int. 26 (2000), 1, 14; *ders.,* Liber amicorum Karl-Heinz Böckstiegel, 2001, S. 31, 41; *Maniruzzaman,* (1993) 9 Arb. Int. 371, 384, 402; *ders.,* 16 J. Int. Arb. 141, 151 (1999); *Schlosser,* RIW 1994, 723, 727; *Lew,* in: Van den Berg (ed.), Planning Efficient Arbitration Proceedings, 1996, S. 447, 448; *Blessing,* 14 J.Int.Arb. 39, 53 (1997); *Solomon,* RIW 1997, 981, 988; *Zekos,* 16 J.Int.Arb. 173, 177, 182 (1999); *Fouchard/Gaillard/Goldman,* International Commercial Arbitration, 1999, Rn. 1517 et passim; *Gaillard,* in: L. Newman/R. Hill, The Leading Arbitrators' Guide to International Arbitration, 2004, S. 193; *Kulpa,* Das anwendbare (materielle) Recht in internationalen Handelsschiedsgerichtsverfahren, 2005, S. 169–172; *de Lima Pinheiro,* Arbitragem transnacional, Coimbra 2005, S. 30–32; *Nammour,* Droit et pratique de l'arbitrage interne et international, 3. Aufl. 2010, Rn. 680 sowie Award ICC Case No. 1512 (1971), (1976) II Yb. Comm. Arb. 128; Award ICC Case No. 2730, Clunet 111 (1984), 914 obs. *Derains.*
[2696] Siehe nur *Rigaux,* CDE 1988, 306, 310; *Blessing,* 14 J.Int.Arb. 39, 52 f., 55 f. (1997); *Grigera Naón,* RdC 289 (2001), 9, 225; *Marrella,* 19 (1) ICC Int.Ct.Arb. Bull. 87, 105 (2008); *Markert,* 2 (2) Contemp. Asia Arb. J. 217, 224 (2009); *Wegen,* FS Gunther Kühne, 2009, S. 933, 942; *Pfeiffer,* in: Graf v. Westphalen (Hrsg.), Arbeitsgemeinschaft Internationaler Rechtsverkehr – Deutsches Recht im Wettbewerb – 20 Jahre transnationaler Dialog, 2009, S. 178, 179–181 sowie *Sapphire Arbitration,* zitiert nach *Redfern/Hunter/Blackaby/Partasides,* Law and Practice of International Commercial Arbitration, 4. Aufl. 2004, S. 145.
[2697] Art. 1496 ncpc ist der bekannteste Ausdruck nationaler Provenienz, Art. 28 I 2 UNCITRAL Law der international wirkmächtigste Anhalt.
[2698] Bemerkenswert aber die Opposition bei *Sandrock,* FS Hans Stoll, 2001, S. 661; *dems.,* 12 Am.Rev.Int'l.Arb. 301 (2001).
[2699] Deutlich etwa *R. Wolff,* in: Gössl (Hrsg.), Politik und Internationales Privatrecht, 2017, S. 53, 54 f.
[2700] *Mankowski,* RIW 2018, 1, 6.

fach gefallen lassen will.[2701] Die Schweiz etwa ist ein bedeutender Schiedsplatz. Natürlich sieht sie sich im Wettstreit um lukrative Schiedsverfahren mit anderen Standorten. Trotzdem stand das Schweizerische Bundesgericht nicht an, Schiedsgerichte mit Sitz in der Schweiz dem schweizerischen IPR zu unterwerfen.[2702] Alles andere hätte auch die Frage aufgeworfen, was Art. 187 schwIPRG denn eigentlich sollte. Von dem gleichen Anspruch zeugt jede Kollisionsnorm, die nationale Gesetzgeber expressis verbis für Schiedsverfahren schaffen.[2703] Das einschlägige Spektrum in den Mitgliedstaaten der Rom I-VO reicht von § 1051 ZPO in Deutschland über Art. 1496 ncpc in Frankreich, sec. 46 Arbitration Act 1996 in England und Art. 1054 Rv in den Niederlanden bis zu § 603 öZPO in Österreich.

Dass die Schiedsgerichtsbarkeit ab legibus soluta wäre, akzeptiert auch das Unionsrecht keineswegs.[2704] Vielmehr heischt es Anwendung auch in Schiedsverfahren.[2705] Spätestens seit der Eco Swiss-Entscheidung[2706] ist dies der Schiedsgerichtsbarkeit eingebrannt. Der EuGH geht ganz selbstverständlich von der Anwendung europäischen Rechts durch Schiedsgerichte aus.[2707] Neben Eco Swiss ist diese Wertung noch Ingmar,[2708] Mostaza Claro[2709] und Asturcom Telecomunicaciones[2710] zu entnehmen.[2711] Selbst englische[2712] Gerichte erkennen etwa an, dass die HandelsvertreterRL[2713] und die Ingmar-Rechtsprechung[2714] auch auf Schiedsklauseln anzuwenden sind[2715] – sehr zur Enttäuschung der arbitration community.[2716]

Dass Schiedsgerichte keine Adressaten ausgerechnet der Rom I-VO seien,[2717] unter allen Rechtsakten des Unionsrechts, ist eine petitito principii. Dass Schiedsverfahren ein Mechanismus der *Alternative* Dispute Resolution seien,[2718] ist in sich richtig, aber keine Begründung, weshalb die Rom I-VO nicht anwendbar sein soll. Der Rom I-VO nur, aber immerhin indirekten, mittelbaren Einfluss zuzugestehen,[2719] wiederum wäre ein Mittelweg, der keine Seite befriedigen kann.

[2701] *Mankowski*, RIW 2011, 30, 35.

[2702] BG ASA Bull. 2000, 546.

[2703] Siehe *Solomon*, RIW 1997, 981, 987; *O. Sandrock*, RIW 2000, 321, 323; *G. Wagner*, FS Ekkehard Schumann, 2001, S. 535; *Schütze*, FS Karl-Heinz Böckstiegel, 2001, S. 715, 722; *Stein/Jonas/P.* Schlosser, ZPO, Bd. 9 , 22. Aufl. 2002, § 1051 ZPO Rn. 1; *Mankowski*, RIW 2011, 30, 35 f.; *ders.*, RIW 2018, 1, 6; Zöller/ *Geimer* § 1051 ZPO Rn. 2.

[2704] *Mankowski*, RIW 2011, 30, 35.

[2705] *Mankowski*, Interessenpolitik und Kollisionsrecht, 2011, S. 62 f.; *ders.*, RIW 2018, 1, 7; *Yüksel*, (2011) 7 JPrIL 149, 160–163.

[2706] EuGH Slg. 1999, I-3055 – Eco Swiss China Time Ltd./Benetton International NV.

[2707] *Quinke*, Börsenschiedsvereinbarungen und prozessualer Anlegerschutz, 2005, S. 298.

[2708] EuGH Slg. 2000, I-9305 Rn. 14–26 – Ingmar GB Ltd./Eaton Leonard Technologies, Inc.

[2709] EuGH Slg. 2006, I-10421 Rn. 35–39 – Elisa María Mostaza Claro/Centro Móvil Milenium SpA.

[2710] EuGH Slg. 2009, I-9579 Rn. 37–59 – Asturcom Telecomunicaciones SL/Cristina Rodríguez Nogueira.

[2711] *Nueber*, ecolex 2014, 31, 33; *Dermendjiev*, 8 J. Eurasian L. 1 (2015); *Mankowski*, RIW 2018, 1, 7.

[2712] Außerdem deutsche: OLG München IPRax 2007, 322 = IHR 2006, 166 mAnm *Thume* (dazu *Emde*, EWiR § 89b HGB 1/06, 621; *G. Rühl*, IPRax 2007, 294; *dies.*, ERPL 2007, 891; *Quinke*, SchiedsVZ 2007, 246) und österreichische: OGH ÖJZ 2017, 1016 mAnm *Gottlieb* = ecolex 2017, 520 mAnm *Mankowski* = ZVertriebsR 2017, 397 mAnm *W. Moritz* (dazu *W. Moritz*, wbl 2018, 1).
Anders im Ergebnis, allerdings ohne den Punkt zu sehen, CA Paris Rev. arb. 2006, 717 m. abl. Anm. *Bollée*.

[2713] Richtlinie 86/653/EWG des Rates vom 18.12.1986 zur Koordinierung der Rechtsvorschriften der Mitgliedstaaten betreffend die selbständigen Handelsvertreter, ABl. EG 1986 L 382/17.

[2714] EuGH Slg. 2000, I-9305 Rn. 14–26 – Ingmar GB Ltd./Eaton Leonard Technologies, Inc..

[2715] *Accentuate Ltd. v. Asigra Ltd.* [2009] EWHC 2655 (QB), [2010] 2 All ER (Comm) 738 [87]-[96] (Q. B. D., *Tugendhat* J.).

[2716] *Turnbridge*, [2010] ICCLR 296, 297.

[2717] So *de Miguel Asensio*, in: Ferrari (ed.), The Impact of EU Law on International Commercial Arbitration, 2017, S. 177, 186–195; *Rosenfeld*, ebd., S. 245, 272–277.

[2718] *de Miguel Asensio*, in: Ferrari (ed.), The Impact of EU Law on International Commercial Arbitration, 2017, S. 177, 195–199.

[2719] So *Rosenfeld*, in: Ferrari (ed.), The Impact of EU Law on International Commercial Arbitration, 2017, S. 1245, 277–281.

1021 Sachlich hat eine Anwendung der Rom I-VO in Schiedsverfahren viele Vorteile: Es gilt dasselbe IPR im Schieds- und im Einredeverfahren.[2720] Es gilt dasselbe IPR vor staatlichen Gerichten und Schiedsgerichten.[2721] Das Hauptvertragsstatut ist ex ante und ex post identisch; das erlaubt eine bessere und kostengünstigere Planung, die auf weniger Eventualitäten und Kontingenzen Rücksicht nehmen muss.[2722]

XX. Vollmachtsstatut

Literatur: *P. Becker,* Zum neuen internationalen Privatrecht der gewillkürten Stellvertretung (Art. 8 und 299 § 41 EGBGB), DNotZ 2017, 835; *Ebenroth,* Kollisionsrechtliche Anknüpfung kaufmännischer Vollmachten, JZ 1983, 821; *Dregelies,* Das Vollmachtsstatut im polnischen und deutschen Recht, IPRax 2016, 187; *Ficker,* Die Bestimmung des Vollmachtsstatuts in besonderen Fällen, RabelsZ 24 (1959), 330; *G. Fischer,* Verkehrsschutz im internationalen Vertragsrecht, 1990; *ders.,* Anscheinsvollmacht, Vollmachtsstatut und Rechtswahl, IPRax 2005, 269; *Gebauer,* Stellvertretung, in: Leible/Unberath (Hrsg.), Brauchen wir eine Rom 0-Verordnung?, 2013, S. 325; *ders.,* The Law of Agency, in: Leible (ed.), General Principles of European Private International Law, 2016, S. 345; *Heinz,* Das Vollmachtsstatut, 2011; *Kurzynsky-Singer,* Anknüpfung und Reichweite des Vollmachtsstatuts, 2005; *Leible,* Vollmachtsanknüpfung bei inländischen Zweigniederlassungen ausländischer Gesellschaften, IPRax 1997, 133; *ders.,* Vertretung ohne Vertretungsmacht, Genehmigung und Anscheinsvollmacht im IPR, IPRax 1998, 257; *Mäsch,* Ein Vollmachtsstatut für Europa, Liber amicorum Klaus Schurig, 2012, S. 147; *Makarov,* Die Vollmacht im IPR, Scritti di diritto internazionale in onore di Tomaso Perassi, vol. II, 1957, S. 40; *Mankowski,* Internationalprivatrechtliche Aspekte der IoC-Problematik: TranspR 1991, 253; *P. Müller,* Die Vollmacht im Auslandsgeschäft – ein kalkulierbares Risiko?, RIW 1979, 377; *D. Oellers,* Das Insichgeschäft im Internationalen Privat- und Verfahrensrecht, 2003; *Rabel,* Vertretungsmacht für obligatorische Rechtsgeschäfte, RabelsZ 3 (1929), 807; *ders.,* Unwiderruflichkeit der Vollmacht, RabelsZ 7 (1933), 797; *Rademacher,* Kodifikation des internationales Stellvertretungsrechts – Zum Referentenentwurf des Bundesjustizministeriums, IPRax 2017, 56; *Reszczyk-Król,* Law applicable to volunatry representation in some European legal systems, (2014) 10 JPrIL 265; *S. Reuter,* Die Qualifikation der Haftung des falsus procurator im Internationalen Privatrecht, 2016; *Ruthig,* Vollmacht und Rechtsschein im IPR, 1996; *M. Schäfer,* Das Vollmachtsstatut im deutschen IPR – einige neuere Ansätze in kritischer Würdigung, RIW 1996, 189; *S. Schwarz,* Das internationale Stellvertretungsrecht im Spiegel nationaler und supranationaler Kodifikationen, RabelsZ 71 (2007), 729; *Spellenberg,* Geschäftsstatut und Vollmacht im IPR, 1979; *ders.,* Vertreterverträge, in: Ferrari/Leible (Hrsg.), Ein neues internationales Vertragsrecht für Europa, 2007, S. 153; *Spickhoff,* Kodifikation des Internationalen Privatrechts der Stellvertretung, RabelsZ 80 (2016), 481; *ders.,* Die Vollmacht im Kollisionsrecht, ZfRV 2016, 175; *Thöne,* Die Vollmacht im Internationalen Privatrecht, IHR 2017, 141.

1022 **1. Abgrenzung zwischen rechtsgeschäftlich erteilter und gesetzlicher Vertretungsmacht.** Rechtsgeschäftlich erteilte Vertretungsmacht ist von gesetzlicher und organschaftlicher Vertretungsmacht zu unterscheiden. Gesetzliche Vertretungsmacht ist der Sache nach ein personenrechtlicher Aspekt[2723] und unterliegt daher im Grundsatz dem Statut des persönlichen Verhältnisses zwischen Vertretenem und Vertreter.[2724] Organschaftliche Vertretungsmacht folgt in ihrer Anknüpfung demselben Grundgedanken und ist daher eine Frage des Gesellschaftsstatuts.[2725] Die rechtsgeschäftlich erteilte Vertretungsmacht, in deutscher Terminologie: die Vollmacht, beruht dagegen auf einem Rechtsgeschäft, das vom Willen des Prinzipals bestimmt und getragen wird.

1023 **2. Eigenständige Anknüpfung der Vollmacht: keine Anknüpfung an das Vertretergeschäft.** Art. 8 EGBGB widmet sich dem IPR der gewillkürten Vertretungsmacht, also im Kern der Vollmacht. Der bemerkenswert ausführliche[2726] Art. 8 EGBGB ist die

---

[2720] *Mankowski,* RIW 2018, 1, 16.
[2721] *Mankowski,* RIW 2018, 1, 17.
[2722] *Mankowski,* RIW 2018, 1, 17.
[2723] Siehe nur Erman/*Hohloch* Art. 8 EGBGB Rn. 2.
[2724] Z. B. Art. 15 ErwSÜ; näher → § 6 Rn. 66–81.
[2725] → § 7 Rn. 178 sowie Erman/*Hohloch* Art. 8 EGBGB Rn. 2; Palandt/*Thorn* Art. 8 EGBGB Rn. 5.
[2726] Palandt/*Thorn* Art. 8 EGBGB Rn. 1.

XX. Vollmachtsstatut

jüngste Kollisionsnorm im EGBGB.[2727] Der deutsche Gesetzgeber hat sie erst im Juni 2017 geschaffen.[2728] Dem ging – mit einem Gutachten *Spickhoffs*[2729] als Grundlage – eine Diskussion und Beschlussfassung im Deutschen Rat für IPR voraus, die in einen Gesetzgebungsvorschlag mündete.[2730] Diesen Vorschlag griff der Gesetzgeber im Grundsatz auf.[2731] Allerdings gibt es doch Abweichungen in Einzelpunkten. Zum einen mag der qualifikatorische Zugriff weiter sein, indem Art. 8 EGBGB die gewillkürte Stellvertretung insgesamt und nicht nur die durch Rechtsgeschäft erteilte Vertretungsmacht erfasst.[2732] Zum anderen hat die Gesetzesfassung einen Absatz mehr und dürfte etwas übersichtlicher sein.[2733] Die Abfolge ist klar auf einer absteigenden Leiter: Rechtswahl hat Vorrang vor objektiver Anknüpfung; innerhalb der objektiven Anknüpfung haben die in aufsteigender numerischer Reihenfolge zu prüfenden Spezialregeln der Art. 8 II-IV EGBGB Vorrang vor dem allgemeinen und daher subsidiären Art. 8 V EGBGB.[2734]

Die Kodifikation entscheidet sich für eine selbständige Anknüpfung der Vollmacht, unabhängig vom Statut des Vertretergeschäfts.[2735] Damit entscheidet das gesetzgeberische Machtwort endgültig einen alten Streit. Freilich stritt für eine eigenständige Anknüpfung bereits seit 2009 der Ausschluss der verpflichtenden Außenwirkung von Vollmachten aus dem sachlichen Anwendungsbereich der Rom I-VO in Art. 1 II lit. g Rom I-VO. Dies gilt umso mehr angesichts der Genese des Art. 1 II lit. g Rom I-VO. Eine in Art. 7 Vorschlag Rom I-VO ursprünglich vorgesehene Regel über „Vertreterverträge" ist an entschiedenem Widerstand, insbesondere aus dem Vereinigten Königreich,[2736] und nahezu einhelligem Widerspruch aus der Wissenschaft[2737] gescheitert; Art. 1 II lit. g Rom I-VO kehrt also gezielt zum status quo des Art. 1 II lit. f EVÜ zurück, dass das IPR der Vollmacht jedenfalls im Internationalen Schuldvertragsrecht nicht gesetzlich geregelt ist. Rettungsversuche[2738] und Alternativvarianten[2739] zum Vorschlag hatten keinen Erfolg. Auch deshalb gibt es für Deutschland kein inter- oder supranationales Instrument, das sich des IPR der Vollmacht annähme.[2740]

Man mag die fehlende europäische Vereinheitlichung bedauern[2741] und die aus ihr erwachsende Notwendigkeit, dass in mehreren Staaten durch Repräsentanten tätige Unternehmen sich jeweils der nationalen Kollisionsnormen und Sachnormen vergewissern müssen.[2742] Das Haager StellvertretungsÜbk.[2743] hat kaum Freunde gefunden (nur Argentinien,

---

[2727] Eingefügt durch Art. 5 Nr. 1 Gesetz zur Änderung von Vorschriften im Bereich des Internationalen Privat- und Verfahrensrechts vom 11.6.2017, BGBl. 2017 I 1607.
[2728] Zu intertemporalen Abgrenzungsfragen Art. 229 § 41 EGBGB, eingefügt durch Art. 5 Nr. 2 Gesetz zur Änderung von Vorschriften im Bereich des Internationalen Privat- und Verfahrensrechts vom 11.6.2017, BGBl. 2017 I 1607.
[2729] Überarbeitet veröffentlicht als *Spickhoff*, RabelsZ 80 (2016), 481.
[2730] Abgedr. bei *v. Hein*, IPRax 2015, 578, 580 f.
[2731] Begründung der Bundesregierung zum Entwurf eines Gesetzes zur Änderung von Vorschriften im Bereich des Internationalen Privat- und Verfahrensrechts, BT-Drs. 18/10714, 27.
[2732] *Rademacher*, IPRax 2017, 56 (56 f.).
[2733] *Rademacher*, IPRax 2017, 56, 59.
[2734] *P. Becker*, DNotZ 2017, 835, 841.
[2735] Siehe nur Palandt/*Thorn* Art. 8 EGBGB Rn. 2; zugestanden selbst von MüKoBGB/*Spellenberg* Art. 8 EGBGB Rn. 8, 93.
[2736] *Mäsch*, Liber amicorum Klaus Schurig, 2012, S. 147, 150.
[2737] Siehe nur *Spellenberg*, in: Ferrari/Leible (Hrsg.), Ein neues Internationales Vertragsrecht für Europa, 2007, S. 151 und *Mankowski*, IPRax 2006, 101, 108 f.; *Lagarde*, RCDIP 95 (2006), 331, 343 f.; *O. Lando/P. A. Nielsen*, (2007) 3 JPrIL 29, 40; Max Planck Institute for Comparative and Private International Law, RabelsZ 71 (2007), 225, 298–301; *S. Schwarz*, RabelsZ 71 (2007), 729, 746–774.
[2738] Berichtet von *Heinz* S. 86 f.
[2739] Max Planck Institute for Comparative and Private International Law, RabelsZ 71 (2007), 225, 298 f.
[2740] jurisPK BGB/*D. Wiedemann* Art. 8 EGBGB Rn. 2.
[2741] *Mäsch*, Liber amicorum Klaus Schurig, 2012, S. 147, 148; MüKoBGB/*Spellenberg* Art. 8 EGBGB Rn. 10.
[2742] *Sonnenberger*, ZvglRWiss 100 (2001), 107, 119.
[2743] Hague Convention on 14 March 1978 on the Law Applicable to Agency <https://www.hcch.net/en/instruments/conventions/full-text/?cid=89>.

Frankreich, Italien, die Niederlande und Portugal) und sich nie durchzusetzen vermocht.[2744]

1026   Die selbständige Anknüpfung der rechtsgeschäftlichen Vertretungsmacht führt zu einer strukturellen Parallele mit der organschaftlichen Vertretungsmacht, die notwendig unabhängig vom Statut des Vertretergeschäfts aus der Organstellung folgt. Jede akzessorische Anknüpfung an das Vertretergeschäft[2745] hat mehrere Schwächen: Sie kann die Interessen des Prinzipals von einer Rechtswahl abhängig machen, an der er nicht persönlich beteiligt ist. Eine Rechtswahl zu Lasten des Prinzipals als eines Dritten würde so – entgegen dem fundamentalen und auch im IPR als Wertung durchschlagenden Verbot von Verträgen zu Lasten Dritter – möglich.[2746] Auf die Trennung zwischen Vertretergeschäft, Vollmacht und Grundgeschäft im deutschen Sachrecht mag man unterstützend rekurrieren.[2747]

1027   Nicht zu überzeugen[2748] vermag auch eine unselbständige Anknüpfung der Vollmacht an das Statut des Rechtsgeschäfts im Innenverhältnis zwischen Prinzipal und Vertreter.[2749] Denn eine Vollmacht soll gerade über dieses Innenverhältnis hinaus treten. Sie muss ihre Wirkung im externen Rechtsverkehr entfalten. An ihr sind Dritte, ihrem Bestand und ihrer Wirksamkeit hochgradig interessiert. Jede interessengeleitete Anknüpfung muss die Interessen dieser Dritten in den Blick nehmen und darf diese Interessen nicht einer den Dritten unbekannten Rechtswahl zwischen Prinzipal und Vertreter opfern. Der Dritte darf nicht gezwungen sein, in Informationen über die Ausgestaltung des Innenverhältnisses und über dessen rechtliche Grundlagen zu investieren,[2750] zumal dies die Summe der Transaktionskosten für gleichgelagerte Vertretergeschäfte explodieren lassen würde. Dies durch eine überlagernde Anknüpfung des Drittschutzes entsprechend Art. 17 ErwSÜ ausgleichen zu wollen,[2751] desavouiert den Grundansatz und lässt ihn an seiner inneren Schwäche implodieren, weil als Folge dieser Überlagerung von der Grundanknüpfung fast nichts mehr bleibt.

1028   Zudem haben die Sachrechte die Vollmacht bewusst als abstraktes, vom (gemeinhin vertraglichen) Innenverhältnis zwischen Prinzipal und Vertreter losgelöstes und unabhängiges Instrument ausgestaltet. Vollmachtrechtliches Trennungs- und Abstraktionsprinzip lassen sich daher für eine selbständige Anknüpfung der Vollmacht ins Feld führen.[2752]

1029   **3. Rechtswahl.** *a) Einseitige Festlegung durch den Prinzipal nach Art. 8 I 1 EGBGB.* Das Vollmachtsstatut kann ausweislich Art. 8 I EGBGB grundsätzlich Gegenstand einer subjektiven Anknüpfung kraft Rechtswahl sein. Die Rechtswahl ist danach sogar primäre Anknüpfungsstufe und genießt entsprechenden Vorrang.[2753] Der Prinzipal darf das Vollmachtsstatut nach Art. 8 I 1 EGBGB qua einseitiger Festlegung mit entsprechendem Rechtswahlbewusstsein[2754] bestimmen (ähnlich dem einseitigen Optionsrecht des Geschädigten unter Art. 40 I 2 EGBGB im Internationalen Deliktsrecht[2755]). Denn schließlich scheint eine Vollmacht sachrechtlich ihrer Natur eine einseitige Ermächtigung seitens des Prinzipals zu sein, und eine einseitige Rechtswahlmacht scheint dies kollisionsrechtlich abzubilden.[2756] Indes konfligiert

---

[2744] Siehe nur Erman/*Hohloch* Art. 8 EGBGB Rn. 11; jurisPK BGB/*D. Wiedemann* Art. 8 EGBGB Rn. 3.
[2745] Dafür *Spellenberg*, Geschäftsstatut und Vollmacht im IPR, 1979.
[2746] Siehe nur *S. Schwarz*, RabelsZ 71 (2007), 729, 743; *Dregelies*, IPRax 2016, 187, 190.
[2747] *Dregelies*, IPRax 2016, 187, 190.
[2748] *S. Schwarz*, RabelsZ 71 (2007), 729, 741.
[2749] Zuletzt vorgeschlagen von *Mäsch*, Liber amicorum Klaus Schurig, 2012, S. 147, 156 f.
[2750] Reithmann/Martiny/*Hausmann* Rn. 7.372.
[2751] So *Mäsch*, Liber amicorum Klaus Schurig, 2012, S. 147, 156, 158.
[2752] Zugestanden von *Mäsch*, Liber amicorum Klaus Schurig, 2012, S. 147, 153.
[2753] Begründung der Bundesregierung zum Entwurf eines Gesetzes zur Änderung von Vorschriften im Bereich des Internationalen Privat- und Verfahrensrechts, BT-Drs. 18/10714, 24; *Rademacher*, IPRax 2017, 56, 58; *Thöne*, IHR 2017, 141, 143; jurisPK BGB/*D. Wiedemann* Art. 8 EGBGB Rn. 21; MüKoBGB/*Spellenberg* Art. 8 EGBGB Rn. 12, 65, 72.
[2754] MüKoBGB/*Spellenberg* Art. 8 EGBGB Rn. 75.
[2755] Erman/*Hohloch* Art. 8 EGBGB Rn. 16.
[2756] So *Thöne*, IHR 2017, 141, 143 sowie *Spickhoff*, RabelsZ 80 (2016), 481, 501.

XX. Vollmachtsstatut

diese implizite Prämisse mit allen jenen Sachrechten, welche in der Bevollmächtigung einen Vertrag sehen.[2757]

Jedenfalls stellt Art. 8 I 1 EGBGB ein (konzeptionell notwendiges[2758]) Publizitätserfordernis auf: Die Rechtswahl seitens des Prinzipals bedarf zwar keines Zugangs,[2759] muss dem Dritten und dem Bevollmächtigten aber bekannt sein.[2760] Bekannt ist mehr als erkennbar und kommt den anderen Beteiligten entscheidend entgegen.[2761] Es vermeidet eine Erkundigungslast für die anderen Beteiligten und erlegt dem Prinzipal eine Last auf, aktiv zu werden, die allerdings mit seinem Eigeninteresse parallel läuft (auch wenn Art. 8 I 1 EGBGB nicht so weit geht, dem Prinzipal eine echte Mitteilungspflicht auzuerlegen[2762]). Maßgeblicher Zeitpunkt ist jener der Vollmachtsausübung; deshalb muss eine einseitige Rechtswahl seitens des Prinzipals vor diesem Zeitpunkt erfolgen, um wirksam sein und Wirkungen entfalten zu können.[2763] Mangels eines expliziten Ausdrücklichkeitserfordernisses sollte auch eine konkludente einseitige Rechtswahl möglich sein.[2764] **1030**

Zweite Voraussetzung ist die einseitige Festlegung seitens des Prinzipals vor Ausübung der Vollmacht. Der Prinzipal erreicht damit insbesondere bei Mehrfach- oder Dauervollmachten Einheitlichkeit bei Verhandlungen mit verschiedenen Vertragspartnern.[2765] Die vorherige Festlegung eröffnet den anderen Beteiligten Kalkulationsmöglichkeiten und verhindert, dass der Prinzipal sich durch eigenmächtigen Statutenwechsel von dem Vertretergeschäft befreien oder den Vertreter zum falsus procurator machen könnte.[2766] Die Zustimmung anderer ist nicht erforderlich. Das ist sinnvoll, denn häufig wird bei Vollmachtserteilung gar nicht ersichtlich sein, wer der andere Vertragspartner sein wird.[2767] **1031**

Beispiel: Paul Oltermann, e.K., aus Hamburg möchte sein Südamerikageschäft ausbauen. Zu diesem Behuf bestellt er den in Buenos Aires lebenden Ernesto Vilamin schriftlich zu seinem Südamerika-Bevollmächtigten. In der Vollmachtsurkunde besagt eine Klausel, dass die Vollmacht deutschem Recht unterliegt. **1032**

Die Ausübung des einseitigen Bestimmungsrechts des Vollmachtgebers vor Ausübung der Vollmacht nach Art. 8 I 1 EGBGB versperrt nicht die Möglichkeit, stattdessen eine Rechtswahl gemeinschaftlich vorzunehmen; umgekehrt erlischt jedoch mit dem Zustandekommen einer „dreiseitigen" Rechtswahl nach Art. 8 I 1 EGBGB das einseitige Bestimmungsrecht des Prinzipals.[2768] Kenntnis der einseitigen Rechtswahl gibt den anderen Beteiligten eine Möglichkeit, auf eine abändernde „dreiseitige" Rechtswahl zu drängen.[2769] Die Publizität sichert der Gesetzgeber nicht durch ein (Schrift-)Formerfordernis ab;[2770] das wirft allerdings die Gefahr von Beweisschwierigkeiten auf.[2771] Der Weg, wie der Dritte Kenntnis **1033**

[2757] Vgl. aber *Spickhoff*, RabelsZ 80 (2016), 481, 501.
[2758] *Spickhoff*, RabelsZ 80 (2016), 481, 502.
[2759] MüKoBGB/*Spellenberg* Art. 8 EGBGB Rn. 76.
[2760] Für positive Kenntnis des Dritten ebenso MüKoBGB/*Spellenberg* Art. 8 EGBGB Rn. 77–80.
[2761] *Spickhoff*, ZfRV 2016, 175, 179.
[2762] Begründung der Bundesregierung zum Entwurf eines Gesetzes zur Änderung von Vorschriften im Bereich des Internationalen Privat- und Verfahrensrechts, BT-Drs. 18/10714, 25; *P. Becker*, DNotZ 2017, 835, 845.
[2763] Begründung der Bundesregierung zum Entwurf eines Gesetzes zur Änderung von Vorschriften im Bereich des Internationalen Privat- und Verfahrensrechts, BT-Drs. 18/10714, 25.
[2764] Näher MüKoBGB/*Spellenberg* Art. 8 EGBGB Rn. 81–85.
[2765] *S. Schwarz*, RabelsZ 71 (2007), 729, 779.
[2766] *Thöne*, IHR 2017, 141, 144.
[2767] *Mankowski*, TranspR 1991, 253, 264; *Ruthig*, Vollmacht und Rechtsschein im IPR, 1998, S. 124f.; *S. Schwarz*, RabelsZ 71 (2007), 729, 779.
[2768] Begründung der Bundesregierung zum Entwurf eines Gesetzes zur Änderung von Vorschriften im Bereich des Internationalen Privat- und Verfahrensrechts, BT-Drs. 18/10714, 25.
[2769] *Thöne*, IHR 2017, 141, 143.
[2770] *Rademacher*, IPRax 2017, 56, 58; BeckOK BGB/*Mäsch* Art. 8 EGBGB Rn. 37; jurisPK BGB/*D. Wiedemann* Art. 8 EGBGB Rn. 22 sowie *Spickhoff*, RabelsZ 80 (2016), 481, 503f. Anders für Fälle des Art. 8 I 2 EGBGB Erman/*Hohloch* Art. 8 EGBGB Rn. 16.
[2771] BRAK-Stellungnahme Nr. 31/2016 S. 9 sowie *S. Schwarz* RabelsZ 71 (2007), 729, 784f.

von der Rechtswahl durch den Prinzipal erlangt, ist ohne Bedeutung.[2772] Ihm muss der Prinzipal die Rechtswahl nicht eigens mitteilen, so dass die Rechtswahlbestimmung keine empfangsbedürftige Willenserklärung ist.[2773] Allerdings muss dann dies genau trennen von einer möglichen Form für die eigentliche Erteilung der Vollmacht auf der sachrechtlichen Ebene.[2774]

1034 b) *Dreiseitige Rechtswahl nach Art. 8 I 2 EGBGB.* Wenn eine einseitige Rechtswahl durch den Prinzipal statthaft ist, muss erst recht eine mehrseitige Rechtswahl durch alle Beteiligten statthaft sein. Diese Konsequenz zieht Art. 8 I 2 EGBGB. Eine solche „dreiseitige" Rechtswahl ist sowohl vor als auch nach Ausübung der Vollmacht möglich.[2775] Sie vergrößert die Rechtssicherheit und vermindert tendenziell Transaktionskosten.[2776] Bei schwächeren Vertragsparteien können allerdings Wertungsfriktionen mit Artt. 6 I; 8 I Rom I-VO auftreten.[2777]

1035 Das Konkurrenzverhältnis, wenn es für eine Vollmacht sowohl eine einseitige Rechtsfestlegung durch den Prinzipal nach Art. 8 I 1 EGBGB als auch eine dreiseitige Rechtswahl nach Art. 8 I 2 EGBGB gibt, klärt verbindlich Art. 8 I 3 EGBGB: Die dreiseitige Rechtswahl hat immer Vorrang, gleich ob sie früher oder später erfolgt ist als die einseitige Festlegung. Es gilt kein Prioritäts- und kein Posterioritätsprinzip, sondern eine klare Hierarchie. Die dreiseitige Rechtswahl hat die größere Legitimität, und durch sie hat sich der Prinzipal anderen gegenüber gebunden. Immerhin bringt eine spätere dreiseitige Rechtswahl eine frühere einseitige Festlegung aber nicht zum Erlöschen;[2778] vielmehr lebt letztere wieder auf, wenn erstere später entfallen sollte.[2779]

1036 **4. Wirkungsland.** a) *Grundsatz.* Die Vollmacht untersteht objektiv als (subsidiäre) Grundregel dem Recht des Wirkungslandes, also des Landes, in dem sie bestimmungsgemäß ihre Wirkungen entfalten soll. Das verfügt Art. 8 V 1 EGBGB in Kodifizierung früheren Richterrechts[2780],[2781] Sachlich streitet dafür insbesondere der Schutz des am stärksten betroffenen Rechtsverkehrs. [2782] Maßgeblicher Anknüpfungszeitpunkt ist derjenige des Vollmachtsgebrauchs.[2783]

1037 Art. 8 V 1 EGBGB stellt zwar den Grundsatz auf, ist aber nach Stellung und Wortlaut eine bloße Auffangklausel für Konstellationen, die von Art. 8 II-IV EGBGB nicht erfasst werden.[2784] Unter ihn fallen im privaten Bereich ausgeübte Vollmachten, die keine Dauervollmachten sind, und die Fälle, in denen sich das anwendbare Recht nicht nach Art. 8 II-

---

[2772] Begründung der Bundesregierung zum Entwurf eines Gesetzes zur Änderung von Vorschriften im Bereich des Internationalen Privat- und Verfahrensrechts, BT-Drs. 18/10714, 25; Palandt/*Thorn* Art. 8 EGBGB Rn. 2.

[2773] Entgegen *Rademacher,* IPRax 2017, 56, 58.

[2774] Erman/*Hohloch* Art. 8 EGBGB Rn. 16.

[2775] Begründung der Bundesregierung zum Entwurf eines Gesetzes zur Änderung von Vorschriften im Bereich des Internationalen Privat- und Verfahrensrechts, BT-Drs. 18/10714, 25; *P. Becker,* DNotZ 2017, 835, 845; MüKoBGB/*Spellenberg* Art. 8 EGBGB Rn. 87.

[2776] *Spickhoff,* RabelsZ 80 (2016), 481, 498.

[2777] *Spickhoff,* RabelsZ 80 (2016), 481, 504f.

[2778] So aber Begründung der Bundesregierung zum Entwurf eines Gesetzes zur Änderung von Vorschriften im Bereich des Internationalen Privat- und Verfahrensrechts, BT-Drs. 18/10714, 25.

[2779] Erman/*Hohloch* Art. 8 EGBGB Rn. 17.

[2780] BGHZ 43, 21, 26; BGH NJW 2004, 1315; BAG AP Nr. 23 zu § 620 BGB Änderungskündigung Rn. 53; BAG AP Nr. 1 zu § 343 InsO Rn. 112; BAGE 152, 363 Rn. 18 = AP Nr. 24 zu § 174 BGB mAnm *Klostermann-Schneider.*

[2781] Begründung der Bundesregierung zum Entwurf eines Gesetzes zur Änderung von Vorschriften im Bereich des Internationalen Privat- und Verfahrensrechts, BT-Drs. 18/10714, 24.

[2782] BGH NJW-RR 1990, 248, 250; BGH NJW 1992, 618; OLG Düsseldorf BeckRS 2009, 09207; OLG Hamm RdTW 2014, 158, 163.

[2783] Palandt/*Thorn* Art. 8 EGBGB Rn. 3.

[2784] Begründung der Bundesregierung zum Entwurf eines Gesetzes zur Änderung von Vorschriften im Bereich des Internationalen Privat- und Verfahrensrechts, BT-Drs. 18/10714, 25; Erman/*Hohloch* Art. 8 EGBGB Rn. 28.

IV EGBGB bestimmt, weil die dortigen Anknüpfungspunkte für den Dritten nicht erkennbar waren.[2785] Der Dritte muss sich gehörig anstrengen; einfache Fahrlässigkeit dürfte ihm noch nicht schaden.[2786] Vorschläge, immer an den gewöhnlichen Aufenthalt des Prinzipals anzuknüpfen,[2787] wurden nicht aufgenommen.

Gebrauchsort der Vollmacht ist der Ort, an welchem der Bevollmächtigte die Erklärung abgibt oder empfängt; unerheblich ist hingegen der Ort, an dem die Erklärung des Bevollmächtigten dem Dritten zugeht.[2788] **1038**

Art. 8 V 2 EGBGB enthält eine Ausnahme von der Anknüpfung an den Gebrauchsort. Sofern der Dritte und der Bevollmächtigte wissen müssen, dass die Vollmacht nur in einem bestimmten Staat ausgeübt werden soll, sind die Sachvorschriften dieses Staates anzuwenden. Hierdurch wird sichergestellt, dass der Dritte und der Bevollmächtigte die Anwendung des Rechts am tatsächlichen Gebrauchsort nicht entgegen einer ihnen bekannten Vorstellung des Vollmachtgebers über den Gebrauchsort herbeiführen können.[2789] Kollusion soll keine Früchte tragen.[2790] **1039**

Ist der Gebrauchsort für den Dritten nicht erkennbar und liegt auch kein Fall des Art. 8 V 2 EGBGB vor, so beruft Art. 8 V 3 EGBGB die Sachvorschriften des Staates, in dem der Vollmachtgeber seinen gewöhnlichen Aufenthalt hat. Diese Ausnahme trägt zuvörderst dem Umstand Rechnung, dass bei Distanzgeschäften Erklärungen häufig mit Mitteln der Telekommunikation (z. B. Smartphone, Tablet oder Notebook[2791]) abgegeben werden und der Ort der Abgabe einer Erklärung durch den Bevollmächtigten daher für den Dritten oft nicht sicher feststellbar sein dürfte.[2792] Die Anknüpfung an diesen Ort könnte dann für den Dritten zu einem unerwarteten Recht führen. Es ist zwar nicht schlechthin auszuschließen, dass es Fälle gibt, in denen der gewöhnliche Aufenthalt des Vollmachtgebers für den Dritten nicht erkennbar ist. Hierbei handelt es sich aber zumindest um einen Anknüpfungspunkt, der im Regelfall leichter objektiv feststellbar sein dürfte, z.B. im Rahmen eines späteren Gerichtsverfahrens, als der Abgabeort einer Erklärung mittels Smartphone oder Computer. Es ist daher angemessen, als letzten subsidiären Anknüpfungspunkt auf den gewöhnlichen Aufenthaltsort des Vollmachtgebers abzustellen, selbst wenn dieser Ort für den Dritten ebenfalls nicht erkennbar war. **1040**

b) Eigene Regel bei fest niedergelassenem Vertreter. Art. 8 II Hs. 1 EGBGB statuiert, dass das Wirkungsland bei Bevollmächtigung eines fest niedergelassenen Vertreters automatisch mit dem Niederlassungsstaat dieses professionellen Vertreters identisch sein soll, jedoch unter dem Vorbehalt des Art. 8 II Hs. 2 EGBGB, dass dies der Gegenpartei des Vertreters erkennbar sein muss, und schützt dadurch den Verkehr.[2793] Wo ein solcher Vertreter konkret agiert, spielt dagegen keine Rolle.[2794] **1041**

[2785] Begründung der Bundesregierung zum Entwurf eines Gesetzes zur Änderung von Vorschriften im Bereich des Internationalen Privat- und Verfahrensrechts, BT-Drs. 18/10714, 25; BeckOK BGB/*Mäsch* Art. 8 EGBGB Rn. 42; MüKoBGB/*Spellenberg* Art. 8 EGBGB Rn. 117.
[2786] *Rademacher*, IPRax 2017, 56, 59; BeckOK BGB/*Mäsch* Art. 8 EGBGB Rn. 41.
[2787] *Seibold/Groner*, NZG 2009, 126, 128 f.
[2788] Begründung der Bundesregierung zum Entwurf eines Gesetzes zur Änderung von Vorschriften im Bereich des Internationalen Privat- und Verfahrensrechts, BT-Drs. 18/10714, 25; MüKoBGB/*Spellenberg* Art. 8 EGBGB Rn. 120.
[2789] Begründung der Bundesregierung zum Entwurf eines Gesetzes zur Änderung von Vorschriften im Bereich des Internationalen Privat- und Verfahrensrechts, BT-Drs. 18/10714, 25.
[2790] jurisPK BGB/*D. Wiedemann* Art. 8 EGBGB Rn. 39.
[2791] Weitere Beispiele bei BeckOK BGB/*Mäsch* Art. 8 EGBGB Rn. 44.
[2792] Begründung der Bundesregierung zum Entwurf eines Gesetzes zur Änderung von Vorschriften im Bereich des Internationalen Privat- und Verfahrensrechts, BT-Drs. 18/10714, 25 sowie *Heinz* S. 163, 187; *Spickhoff*, RabelsZ 80 (2016), 481, 516; *P. Becker*, DNotZ 2017, 835, 847; Palandt/*Thorn* Art. 8 EGBGB Rn. 3; MüKoBGB/*Spellenberg* Art. 8 EGBGB Rn. 92.
[2793] Begründung der Bundesregierung zum Entwurf eines Gesetzes zur Änderung von Vorschriften im Bereich des Internationalen Privat- und Verfahrensrechts, BT-Drs. 18/10714, 25; *P. Becker*, DNotZ 2017, 835, 845.
[2794] MüKoBGB/*Spellenberg* Art. 8 EGBGB Rn. 103.

§ 1 1042–1046   § 1. Internationales Schuldvertragsrecht

1042   Grundvoraussetzung für Art. 8 II Hs. 1 EGBGB ist – obwohl dieses Merkmal beim Deutschen Rat für IPR und *Spickhoff* noch nicht aufschien[2795] –, dass der Bevollmächtigte in Ausübung seiner eigenen unternehmerischen Tätigkeit gehandelt haben muss und nicht in privater Kapazität agiert.[2796] Für den Begriff des Unternehmers ist eine Anlehnung an § 14 BGB intendiert,[2797] aber nicht statuiert. Die funktionellen Maßstäben aus § 14 BGB entsprechen indes jenen für Unternehmer unter Art. 6 I Rom I-VO und passen deshalb umso besser.

1043   Paradigmatisches Beispiel ist ein eigenunternehmerisch tätiger Handelsvertreter.[2798] Außerdem ist an selbständige Versicherungsvertreter, Makler mit Abschlussvollmacht und gewerbliche Vermögensverwalter zu denken, des Weiteren an Beratungsberufe und Beratungsgewerbe, wenn sie jeweils Abschlussvollmacht haben.[2799] Hierher gehören auch die Anwaltsvollmacht (jenseits der Prozessvollmacht[2800]) und die Vollmachten von Steuerberatern oder Wirtschaftsprüfern.[2801] Selbständige sind ebenfalls Unternehmer.[2802]

1044   Anknüpfungspunkt ist nicht direkt die gewerbliche Niederlassung des Vertreters, sondern verbatim dessen gewöhnlicher Aufenthalt.[2803] Für die Definition des gewöhnlichen Aufenthalts verweist Art. 8 VIII EGBGB aber auf Art. 19 Rom I-VO, und für professionell Agierende stellt Art. 19 I UAbs. 2 Rom I-VO auf deren Hauptniederlassung ab. Art. 8 II EGBGB genießt nach dem Wortlaut des klar subsidiären Art. 8 V EGBGB und nach seiner eigenen Stellung an der Spitze der objektiven Anknüpfungen Vorrang vor Art. 8 V EGBGB. Die relativ feste, abstrakte und typisierende[2804] Anknüpfung enthebt der Mühe, im Einzelfall nach dem konkreten Gebrauchsort einer Vollmacht suchen zu müssen.[2805] Sie vermeidet eine missliche Spaltung bei Dauervollmachten ständiger professioneller Vertreter, sondern unterstellt Dauervollmachten und auch deren mehrfachen Gebrauch einem einheitlichen Statut.[2806]

1045   Die Hauptniederlassung sollte für den Dritten vergleichsweise gut und informationsgünstig zu erkennen bzw. zu ermitteln sein.[2807] Bei Dauervollmachten im Rahmen von Zweigniederlassung kommt es unter Art. 8 II Hs. 2 EGBGB in besonderem Maße darauf an, ob die Zuordnung gerade zur Zweigniederlassung für den Dritten erkennbar war.[2808]

1046   *c) Eigene Regel bei Arbeitnehmer des Prinzipals als Vertreter.* Eine echte Innovation gegenüber dem Altrecht ist Art. 8 III EGBGB: Ist keine Rechtswahl nach Art. 8 I 1 EGBGB getroffen worden und handelt der Bevollmächtigte als Arbeitnehmer des Vollmachtgebers, so sind die Sachvorschriften des Staates anzuwenden, in dem der Vollmachtgeber im Zeitpunkt der Ausübung der Vollmacht seinen gewöhnlichen Aufenthalt hat, es sei denn, dieser Ort ist für den Dritten nicht erkennbar. Für die Ausfüllung des gewöhnlichen Aufenthalts gilt über Art. 8 VIII EGBGB Art. 19 Rom I-VO. Dabei ist die Vollmacht des Niederlassungsleiters oder „Filialprokuristen" Art. 19 II Rom I-VO Basis für den Weg zur Niederlassung.[2809]

[2795] MüKoBGB/*Spellenberg* Art. 8 EGBGB Rn. 101.
[2796] MüKoBGB/*Spellenberg* Art. 8 EGBGB Rn. 100.
[2797] Begründung der Bundesregierung zum Entwurf eines Gesetzes zur Änderung von Vorschriften im Bereich des Internationalen Privat- und Verfahrensrechts, BT-Drs. 18/10714, 25.
[2798] BeckOK BGB/*Mäsch* Art. 8 EGBGB Rn. 38.
[2799] Erman/*Hohloch* Art. 8 EGBGB Rn. 21.
[2800] Zu dieser → § 1 Rn. 1061.
[2801] Erman/Hohloch Art. 8 EGBGB Rn. 21.
[2802] Vgl. MüKoBGB/*Spellenberg* Art. 8 EGBGB Rn. 94.
[2803] MüKoBGB/*Spellenberg* Art. 8 EGBGB Rn. 95.
[2804] Erman/*Hohloch* Art. 8 EGBGB Rn. 20.
[2805] Begründung der Bundesregierung zum Entwurf eines Gesetzes zur Änderung von Vorschriften im Bereich des Internationalen Privat- und Verfahrensrechts, BT-Drs. 18/10714, 25.
[2806] Begründung der Bundesregierung zum Entwurf eines Gesetzes zur Änderung von Vorschriften im Bereich des Internationalen Privat- und Verfahrensrechts, BT-Drs. 18/10714, 25; *S. Schwarz*, RabelsZ 71 (2007), 729, 761 f.; jurisPK BGB/*D. Wiedemann* Art. 8 EGBGB Rn. 27.
[2807] *S. Schwarz*, RabelsZ 71 (2007), 729, 767; *Thöne*, IHR 2017, 141, 144.
[2808] Erman/*Hohloch* Art. 8 EGBGB Rn. 22; jurisPK BGB/*D. Wiedemann* Art. 8 EGBGB Rn. 29.
[2809] Erman/*Hohloch* Art. 8 EGBGB Rn. 25a.

Denkbare Fälle für Art. 8 III EGBGB sind auch Prokuristen, Anwalts- und Notarpersonal.[2810]

Der Arbeitnehmerbegriff des Art. 8 III EGBGB dürfte sich an die Begrifflichkeit unter Artt. 8 Rom I-VO; 20–23 Brüssel Ia-VO anlehnen.[2811] Es wäre misslich, wenn ohne überzeugenden Sachgrund zwei verschiedene Arbeitnehmerbegriffe im für Deutschland geltenden IPR existieren würden. Dass der Prinzipal vollmachtsrechtlich Weisungen erteilen oder die Vollmachtsausübung binden darf, führt nicht per se zur Begründung eines Arbeitsverhältnisses. **1047**

Anders als Art. 8 II EGBGB knüpft Art. 8 III EGBGB an den gewöhnlichen Aufenthalt des Prinzipals, nicht an jenen des Vertreters an. Der Arbeitnehmer agiert unselbständig.[2812] Er ist beim Vollmachtsgebrauch kein Schutzsubjekt,[2813] deutlich anders als bei Art. 8 Rom I-VO im Zweierverhältnis zum Arbeitgeber. Der Gesetzgeber geht davon aus, dass in den von Art. 8 III EGBGB erfassten Fällen die Vollmacht im Regelfall im Rahmen des Betriebs oder Wirkungskreises des Prinzipals ausgeübt wird und der gewöhnliche Aufenthalt des Bevollmächtigten für den Ort der gewöhnlichen Ausübung der Vollmacht kollisionsrechtlich nur von untergeordneter Bedeutung ist.[2814] Für den gewöhnlichen Aufenthalt gilt über Art. 8 VIII EGBGB wiederum Art. 19 Rom I-VO. **1048**

Auch Art. 8 III EGBGB genießt nach dem Wortlaut des klar subsidiären Art. 8 V EGBGB und seiner eigenen Stellung in der Kaskade der objektiven Anknüpfungen Vorrang vor Art. 8 V EGBGB. Die relativ feste abstrakte Anknüpfung enthebt der Mühe, im Einzelfall nach dem konkreten Gebrauchsort einer Vollmacht suchen zu müssen.[2815] **1049**

Ebenso wenig ist zu suchen, welches Recht das Arbeitsverhältnis zwischen Arbeitgeber und Arbeitnehmer beherrscht. Das Arbeitsverhältnis ist Innenverhältnis und nach dem auch im IPR fortzuschreibenden vollmachtsrechtlichen Abstraktionsverhältnis nicht tragend für die Anknüpfung der Vollmacht als solcher. So ist der Dritte auch jeder Mühe enthoben, sich um Informationen über eine etwaige Rechtswahl für das Arbeitsvertragsverhältnis kümmern zu müssen. Ob der Arbeitgeber Kaufmann, Unternehmer oder öffentlich-rechtlicher Natur ist, ist ebenfalls ohne Belang.[2816] **1050**

d) Eigene Regel bei auf Dauer angelegter privater Vollmacht. Art. 8 IV EGBGB, die letzte der Typisierungen, unterwirft eine auf Dauer angelegte Vollmacht, welche der Vertreter weder im Rahmen einer eigenen unternehmerischen Tätigkeit noch als Arbeitnehmer des Prinzipals ausübt, den Sachvorschriften des Staates, in welchem der Vertreter von der Vollmacht gewöhnlich Gebrauch macht, es sei denn, dieser Ort ist für den Dritten nicht erkennbar. **1051**

Dauervollmachten können sowohl unbefristet als auch befristet erteilte Vollmachten sein, wenn sie denn nur auf einen längeren Zeitraum angelegt sind[2817] oder zu mehreren Geschäften bevollmächtigen.[2818] Im Einzelnen sollen z.B. Fälle erfasst sein, in denen ein Ehegatte den anderen auf Dauer bevollmächtigt.[2819] Von einer solchen rechtsgeschäftlichen **1052**

[2810] MüKoBGB/*Spellenberg* Art. 8 EGBGB Rn. 109.
[2811] Zu diesem → § 1 Rn. 540. BeckOK BGB/*Mäsch* Art. 8 EGBGB Rn. 39 und jurisPK BGB/*D. Wiedemann* Art. 8 EGBGB Rn. 32 wollen dagegen auf § 611a BGB rekurrieren. Erman/*Hohloch* Art. 8 EGBGB Rn. 24 will jenseits eines wirksamen Arbeitsvertrags auch die „Mitarbeit" im Unternehmen und darüber ggf. den bevollmächtigten Kommanditisten einer KG einbeziehen.
[2812] *P. Becker*, DNotZ 2017, 835, 846.
[2813] jurisPK BGB/*D. Wiedemann* Art. 8 EGBGB Rn. 31.
[2814] Begründung der Bundesregierung zum Entwurf eines Gesetzes zur Änderung von Vorschriften im Bereich des Internationalen Privat- und Verfahrensrechts, BT-Drs. 18/10714, 25.
[2815] Begründung der Bundesregierung zum Entwurf eines Gesetzes zur Änderung von Vorschriften im Bereich des Internationalen Privat- und Verfahrensrechts, BT-Drs. 18/10714, 25.
[2816] Erman/*Hohloch* Art. 8 EGBGB Rn. 24.
[2817] Begründung der Bundesregierung zum Entwurf eines Gesetzes zur Änderung von Vorschriften im Bereich des Internationalen Privat- und Verfahrensrechts, BT-Drs. 18/10714, 25; *P. Becker*, DNotZ 2017, 835, 846; BeckOK BGB/*Mäsch* Art. 8 EGBGB Rn. 40.
[2818] MüKoBGB/*Spellenberg* Art. 8 EGBGB Rn. 114.
[2819] Begründung der Bundesregierung zum Entwurf eines Gesetzes zur Änderung von Vorschriften im Bereich des Internationalen Privat- und Verfahrensrechts, BT-Drs. 18/10714, 25.

Bevollmächtigung ist eine gesetzliche Mitverpflichtungsbefugnis („Schlüsselgewalt"), wie sie z. B. § 1357 BGB statuiert, zu unterscheiden.[2820] Letztere ist allgemeine Ehewirkung und unterfällt der EuGüVO bzw. bei Altehen Art. 14 EGBGB.[2821]

1053 Maßgeblich ist der Ort, an dem der Bevollmächtigte von der Dauervollmacht gewöhnlich Gebrauch macht. Das unterscheidende Moment ist „gewöhnlich". Der gewöhnliche Gebrauchsort ist der quantitativ wie qualitativ bedeutsamste unter den Gebrauchsorten, ähnlich der Begriffsausfüllung für „gewöhnlich" bei gewöhnlichem Aufenthalt oder gewöhnlichem Arbeitsort. Die Typisierung ist deutlich.[2822] Konkrete Einzelabweichungen von einer an sich bestehenden Regel zählen also nicht. Maßgebend ist der Ort, an dem der Bevollmächtigte regelmäßig Erklärungen abgibt oder empfängt; auf den Ort, an dem seine Erklärungen Dritten zugehen, kommt es dagegen nicht an.[2823] Allerdings stellt sich hier verstärkt die Frage, inwieweit der nur von einem Einzelabschluss betroffene Dritte die „Gewöhnlichkeit" erkennen kann.[2824]

1054 Den gewöhnlichen Aufenthalt des Bevollmächtigten hat der Gesetzgeber nicht zum Anknüpfungspunkt erhoben, da dieser gewöhnliche Aufenthalt, gerade im privaten Bereich, nicht notwendigerweise mit dem Ort der gewöhnlichen Ausübung der Dauervollmacht korrespondiert, etwa in Fällen, in denen eine Dauervollmacht Familienangehörigen mit gewöhnlichem Aufenthalt im Ausland erteilt wird.[2825]

1055 **5. Spezielle Vollmachten.** Vollmachten können ganz verschiedenen Zuschnitts sein und vielerlei Gestalt annehmen. Dies kann spezifische Anknüpfungsregeln für bestimmte Vollmachtsarten nach sich ziehen. Allerdings schlägt sich dies in Art. 8 EGBGB nicht immer nieder.

1056 *a) Vollmacht für Immobiliengeschäfte.* Laut Art. 8 VI EGBGB ist bei Verfügungen über Grundstücke oder Rechte an Grundstücken das nach Artt. 43 I; 46 EGBGB[2826] zu bestimmende Recht anzuwenden, also in aller Regel das Belegenheitsrecht des betroffenen Grundstücks. Gewollt ist Einklang im Prinzip mit dem Belegenheitsrecht als Sachstatut (Art. 43 I EGBGB) des Verfügungsobjekts Immobilie.[2827] Es findet eine akzessorische Anknüpfung an das Sachstatut der Immobilie statt.[2828] Das gilt sowohl für die Veräußerer- wie auch für die Erwerberseite. Wird über mehrere Grundstücke in verschiedenen Staaten verfügt, so ist aufzuspalten: Jede Vollmacht zur Verfügung unterliegt dem Belegenheitsrecht des jeweiligen Grundstücks. Verfügungen über Anteile an Immobiliengesellschaften fallen nicht unter Art. 8 VI EGBGB. Was eine Immobilie ist, besagt qua Qualifikationsverweisung die lex rei sitae.[2829] Ebenso wenig fallen die zugrundeliegenden Verpflichtungsgeschäfte, z. B. ein Immobilienkaufvertrag, nicht unter Art. 8 VI EGBGB.[2830] Art. 8 VI EGBGB ist eng, klar und entspricht den Interessen der Immobiliarpraxis.[2831] Sein Normalfall sind Auflassungsvollmachten.[2832] Für Verfügungen über Mobilien gilt Art. 8 VI EGBGB nicht.[2833]

[2820] Erman/*Hohloch* Art. 8 EGBGB Rn. 26; jurisPK BGB/*D. Wiedemann* Art. 8 EGBGB Rn. 34.
[2821] → § 4 Rn. 196.
[2822] Erman/*Hohloch* Art. 8 EGBGB Rn. 27.
[2823] Begründung der Bundesregierung zum Entwurf eines Gesetzes zur Änderung von Vorschriften im Bereich des Internationalen Privat- und Verfahrensrechts, BT-Drs. 18/10714, 25; jurisPK BGB/*D. Wiedemann* Art. 8 EGBGB Rn. 35.
[2824] MüKoBGB/*Spellenberg* Art. 8 EGBGB Rn. 116.
[2825] Begründung der Bundesregierung zum Entwurf eines Gesetzes zur Änderung von Vorschriften im Bereich des Internationalen Privat- und Verfahrensrechts, BT-Drs. 18/10714, 25.
[2826] Ob die Verweisung auch auf Art. 46 EGBGB wirklich sinnhaft ist, bezweifelt selbst Begründung der Bundesregierung zum Entwurf eines Gesetzes zur Änderung von Vorschriften im Bereich des Internationalen Privat- und Verfahrensrechts, BT-Drs. 18/10714, 26; *P. Becker*, DNotZ 2017, 835, 843 f.
[2827] *P. Becker*, DNotZ 2017, 835, 843; jurisPK BGB/*D. Wiedemann* Art. 8 EGBGB Rn. 18.
[2828] Palandt/*Thorn* Art. 8 EGBGB Rn. 4.
[2829] MüKoBGB/*Spellenberg* Art. 8 EGBGB Rn. 124.
[2830] BeckOK BGB/*Mäsch* Art. 8 EGBGB Rn. 46; MüKoBGB/*Spellenberg* Art. 8 EGBGB Rn. 129.
[2831] Erman/*Hohloch* Art. 8 EGBGB Rn. 29.
[2832] Erman/*Hohloch* Art. 8 EGBGB Rn. 29.
[2833] Für eine Anwendung der lex rei sitae trotzdem MüKoBGB/*Spellenberg* Art. 8 EGBGB Rn. 126.

XX. Vollmachtsstatut

Aus der Stellung nach der objektiven Anknüpfungskaskade der Art. 8 II–V EGBGB und wegen des Fehlens eines Vorbehalts zugunsten von Art. 8 I EGBGB ist zu schließen, dass Art. 8 VI EGBGB *alle* anderen Absätze ausschließt und insbesondere keine Rechtswahl zulässt.[2834] Das entspricht auch dem ansonsten geltenden Exklusivitätsanspruch des Belegenheitsrechts von Immobilien. Zudem erleichtert es in einem Grundbuch- oder Registersystem den Behörden die Arbeit, wenn das Vollmachtsstatut zwingend mit dem Registerverfahrensstatut übereinstimmt.[2835]

b) *Vollmacht für Börsengeschäfte oder Versteigerungen.* Ausweislich Art. 8 VII EGBGB findet der gesamte Art. 8 EGBGB (also I VI, VIII) keine Anwendung auf die gewillkürte Stellvertretung bei Börsengeschäften und Versteigerungen. Dies geht den ungewöhnlichen Weg einer rein negativen Kollisionsnorm: Gesagt wird nur, negativ, was nicht gelten soll, dagegen nicht positiv, was gelten soll. In seiner Gesetz gewordenen Fassung ist Art. 8 VII EGBGB nur begrenzt eine spezielle Ausprägung der Gebrauchsortanknüpfung,[2836] weil es eben an einer entsprechenden positiven Anordnung fehlt.

Zwar dürfte Art. 8 VII EGBGB zuvörderst Platzgeschäfte im Auge haben, bei denen die Anwendung des jeweiligen Platzrechts[2837] dann wegen der Einheitlichkeit aller Geschäfte an dieser Börse sachangemessene Lückenfüllung wäre.[2838] Schon bei virtuellen Börsen und Marktplätzen herrschen jedoch andere ökonomisch induzierte Modelle.[2839] Die Notwendigkeit zu einem Rückgriff auf ungeschriebene Regeln[2840] ist in jedem Fall unglücklich. Bei Online-Auktionen ist fraglich, ob diese Versteigerungen sind.[2841]

Der Begriff der „Börsengeschäfte" ist jedenfalls weit zu verstehen und beschränkt sich nicht auf Geschäfte an Börsen im Sinne des BörsG.[2842] Richtigerweise sollte man versuchen, ihn soweit wie möglich an die Gegebenheiten auf den Waren-, Leistungs- und Finanzmärkten anzulehnen. Um mit zukünftigen Entwicklungen Schritt zu halten, muss er dynamisch und technologieneutral sein.

c) *Prozessvollmacht.* Eine Prozessvollmacht soll in dem Verfahren ausgeübt werden und Wirkung entfalten, für das sie erteilt worden ist. Ihr Wirkungsland ist das Land, in welchem der betreffende Prozess stattfindet oder stattfinden soll. Diese Anknüpfung führt zur lex fori des Prozesses[2843] und zu einem Gleichlauf mit dem Verfahrensstatut. Daraus ergibt sich der zusätzliche Vorteil, dass keine Divergenzen zu einer prozessualen Qualifikation der Prozessvollmacht und zu den Funktionen der Prozessvollmacht innerhalb des Prozesses aufbrechen können.[2844] Der Gesetzgeber hat zwar darauf verzichtet, dies in Art. 8 EGBGB zu kodifizieren,[2845] ist jedoch den ungewöhnlichen Weg gegangen, in den Materialien das Altrecht inhaltlich fortführen und festschreiben zu wollen.[2846]

d) *Kapitänsvollmacht.* Die Vollmacht eines Kapitäns, kraft seiner Bestellung Rechtsgeschäfte im Namen des Reeders und mit Wirkung gegen den Reeder tätigen zu dürfen,

---

[2834] MüKoBGB/*Spellenberg* Art. 8 EGBGB Rn. 125 sowie Rn. 66–68.
[2835] Vgl. *S. Schwarz,* RabelsZ 71 (2007), 729, 773f.
[2836] So indes Erman/*Hohloch* Art. 8 EGBGB Rn. 30.
[2837] So Art. 11 II lit. c Hague Convention on the law applicable to agency of 14 March 1978; Art. 7 II 2 Var. 3, 4 Vorschlag Rom I-VO.
[2838] Siehe Reithmann/Martiny/*Hausmann* Rn. 7.402; *Spickhoff,* RabelsZ 80 (2016), 481, 513.
[2839] *S. Schwarz,* RabelsZ 71 (2007), 729, 771.
[2840] *P. Becker,* DNotZ 2017, 835, 843.
[2841] Verneinend BeckOK BGB/*Mäsch* Art. 8 EGBGB Rn. 14; jurisPK BGB/*D. Wiedemann* Art. 8 EGBGB Rn. 9.
[2842] Begründung der Bundesregierung zum Entwurf eines Gesetzes zur Änderung von Vorschriften im Bereich des Internationalen Privat- und Verfahrensrechts, BT-Drs. 18/10714, 25; *P. Becker,* DNotZ 2017, 835, 843.
[2843] BGH NJW 1990, 3088.
[2844] Vgl. Erman/*Hohloch* Art. 8 EGBGB Rn. 31.
[2845] *P. Becker,* DNotZ 2017, 835, 848; jurisPK BGB/*D. Wiedemann* Art. 8 EGBGB Rn. 8.
[2846] Begründung der Bundesregierung zum Entwurf eines Gesetzes zur Änderung von Vorschriften im Bereich des Internationalen Privat- und Verfahrensrechts, BT-Drs. 18/10714, 26.

wird traditionell an die Flagge des von dem betreffenden Kapitän geführten Schiffs angeknüpft.[2847] Orientierungsmarke für den Rechtsverkehr und gut erkennbar ist grundsätzlich die Flagge. Zudem ist die Kapitänsvollmacht eine quasi-institutionalisierte Vollmacht aus Organisationszusammenhängen heraus. Zu ihr würde es schlecht passen, sie in jedem Hafen, in dem sie ausgeübt wird, dem Recht eines neuen Wirkungslandes zu unterwerfen.

1063 Andererseits ist der Kapitän (in dieser Eigenschaft) keine Organperson der Reederei, so dass eine Anknüpfung an das Gesellschaftsstatut der Reederei ebenfalls nicht in Betracht kommt. Eine Anknüpfung an die Flagge lässt sich auch nicht damit begründen, dass sie eine unter Art. 8 III EGBGB fallende Anknüpfung an den gewöhnlichen Aufenthalt des Arbeitgebers sei.[2848] Denn der Arbeitgeber des Kapitäns muss keineswegs im Flaggenstaat ansässig sein. Im Gegenteil wird dies bei einer Bare Boat Charter so gut wie nie der Fall sein, und selbst wenn der Schiffseigentümer-Reeder Arbeitgeber ist, wird er typischerweise anderweitig ansässig sein.

1064 Da weder im Gesetzeswortlaut noch in den Materialien eine Sonderregel für Kapitänsvollmachten aufgestellt ist, bleibt es letztlich im deutschen IPR bei der Anwendung von Art. 8 EGBGB. Dabei ist danach zu differenzieren, für wen als Prinzipal der Kapitän auftritt. Tritt er für seinen eigenen Arbeitgeber (dieser mag Reeder oder Bare Boat Charteter sein) auf, so kommt Art. 8 III EGBGB zum Zuge. Tritt er dagegen für einen anderen Beteiligten (z. B. einen vom Reeder oder Vercharterer verschiedenen Voyage oder Time Charterer) auf, so dürfte es bei Art. 8 IV EGBGB bleiben. Über die Vorhersehbarkeitsklausel des Art. 8 IV Hs. 2 EGBGB und Verkehrsschutzüberlegungen doch zur Anknüpfung an die Flagge des Schiffes zu gelangen wäre kühn.

1065 *e) Prokura.* Die Prokura ist eine rechtsgeschäftlich erteilte Vertretungsmacht mit gesetzlich festgelegtem und garantiertem Umfang und Inhalt. Ihrem Grundcharakter nach ist und bleibt sie aber eine freiwillig erteilte rechtsgeschäftliche Vollmacht, da keine Verpflichtung besteht, Prokura zu erteilen und Prokuristen zu bestellen. Dies schlägt sich in der prinzipiellen Anknüpfung nieder: Die Prokura wird einem Arbeitnehmer erteilt und richtet sich daher grundsätzlich nach Art. 8 III EGBGB.[2849] Sie ist keine organschaftliche Vertretungsmacht und folgt nicht dem Gesellschaftsstatut. Auch wenn Prokuristen in der Unternehmenshierarchie eine hohe Position einnehmen, sind sie trotzdem keine Organpersonen.

1066 **6. Umfang des Vollmachtsstatuts.** Art. 8 EGBGB enthält keine Klarstellung zum Umfang des Vollmachtsstatuts. Indes ist sein generelles Anliegen, vorherige Rechtsprechung zu kodifizieren und möglichst keinen Bruch auftreten zu lassen. Dies legt nahe, bisherige Ansätze gerade in einem nicht explizit abweichenden Bereich wie dem Umfang des Statuts fortzuführen.[2850] Im Ausgangspunkt gilt ein Prinzip der Statutseinheit mit einem möglichst weiten Anwendungsanspruch des Vollmachtsstatuts.[2851] Zum Vollmachtsstatut gehören danach jedenfalls Begründung, Wirksamkeit der Bevollmächtigung, Auslegung,[2852] Umfang und Ausgestaltung der Vollmacht, Wirkungen und Erlöschen der Vollmacht, dagegen sicher nicht das Vertretergeschäft.[2853] Zum Vollmachtsstatut gehören auch Fragen um

---

[2847] Siehe nur LG Hamburg IPRspr. 1962/63 Nr. 48; *Rabel*, RabelsZ 3 (1929), 807, 831; *v. Caemmerer*, RabelsZ 24 (1959), 201, 212; Reithmann/Martiny/*Hausmann* Rn. 7.395 mwN; Staudinger/*Magnus* Anh. II zu Art. 1 Rom I-VO Rn. 30 sowie BGHZ 40, 126.
AA *Maczeyzik*, Die Kapitänsvertretungsmacht, 1990, 297–300: gesetzliche Vertretungsmacht des Kapitän, anzuknüpfen an Sitz des Verfrachters, soweit dieser Sitz für Dritte erkennbar ist.
[2848] So aber BeckOK BGB/*Mäsch* Art. 8 EGBGB Rn. 51; Erman/*Hohloch* Art. 8 EGBGB Rn. 25a; Palandt/*Thorn* Art. 8 EGBGB Rn. 3.
[2849] jurisPK BGB/*D. Wiedemann* Art. 8 EGBGB Rn. 32.
[2850] *Thöne*, IHR 2017, 141, 143; MüKoBGB/*Spellenberg* Art. 8 EGBGB Rn. 151.
[2851] Erman/*Hohloch* Art. 8 EGBGB Rn. 33.
[2852] MüKoBGB/*Spellenberg* Art. 8 EGBGB Rn. 165–172.
[2853] *Thöne*, IHR 2017, 141, 143 unter Hinweis auf BGH IPRax 1983, 67, 68; Reithmann/Martiny/*Hausmann* Rn. 7.407; Erman/*Hohloch* Art. 8 EGBGB Rn. 34; jurisPK BGB/*D. Wiedemann* Art. 8 EGBGB Rn. 10; Palandt/*Thorn* Art. 8 EGBGB Rn. 6; MüKoBGB/*Spellenberg* Art. 8 EGBGB Rn. 152.

die Zulässigkeit von Insichgeschäften[2854] oder Doppelvertretung[2855] sowie über das Erteilen von Untervollmachten.[2856]

Die Offenkundigkeit samt Ausnahmen und etwaiger mittelbarer Stellvertretung sowie Handeln unter falschem Namen gehört dagegen zum Hauptvertragsstatut, denn es geht darum, wer Partei dieses Hauptvertrags ist (und damit um eine Frage des Zustandekommens nach Art. 10 I Rom I-VO[2857]).[2858] Ebenso gehören die Statthaftigkeit einer Stellvertretung (also das Fehlen von Höchstpersönlichkeit beim Vertragsabschluss) und etwaige Erfordernisse einer Spezialvollmacht zum Hauptvertragsstatut,[2859] desgleichen Zurechnungsregeln für Kenntnis oder Kennenmüssen.[2860]

Regeln wie § 174 BGB, die eine Zurückweisung von Bevollmächtigten vorgenommener einseitiger Rechtsgeschäfte (z.B. der Kündigung eines Arbeitsvertrags) erlauben, wenn die Vollmacht nicht ordnungsgemäß nachgewiesen wird, sollen zum Vertragsstatut, nicht zum Vollmachtsstatut gehören.[2861]

7. Keine Rück- oder Weiterverweisung. Fast alle Absätze des Art. 8 EGBGB verweisen bereits in ihrem Wortlaut auf die *Sach*vorschriften des berufenen Rechts. Eine Rück- oder Weiterverweisung findet insoweit nicht statt.[2862] Der Wortlaut des Art. 8 VI EGBGB weicht allerdings ab.[2863] Für den Rechtswahltatbestand des Art. 8 I EGBGB lässt sich ein renvoi-Ausschluss auf Art. 4 II EGBGB stützen.[2864]

8. Form der Bevollmächtigung. Die Form der Bevollmächtigung ist ein eigenständiger Anknüpfungsgegenstand und richtet sich nach Art. 11 I EGBGB (nicht etwa nach Art. 11 Rom I-VO; dieser ist wegen Art. 1 II lit. g Rom I-VO nicht anwendbar).[2865] Lex causae ist dabei für Art. 11 I Var. 1 EGBGB das Vollmachtsstatut, also das Recht des Wirkungslandes, nicht etwa das Statut des Vertretergeschäfts.[2866] Ortsrecht im Sinne von Art. 11 I Var. 2 EGBGB ist das Recht an dem Ort, an welchem der Prinzipal die Bevollmächtigungserklärung abgibt, weder der Empfangsort dieser Erklärung noch der Abschlussort des Vertretergeschäfts.[2867]

9. Vollmacht kraft Rechtsscheins. Rechtsscheinvollmachten sind in Art. 8 EGBGB nicht geregelt und nicht einmal angesprochen.[2868] Art. 8 EGBGB äußert sich also nicht zur

---

[2854] *Spickhoff*, RabelsZ 80 (2016), 481, 523; Erman/*Hohloch* Art. 8 EGBGB Rn. 34; jurisPK BGB/*D. Wiedemann* Art. 8 EGBGB Rn. 10.
AA MüKoBGB/*Spellenberg* Art. 8 EGBGB Rn. 157 mwN.
[2855] *A. Junker* IPR § 14 Rn. 51.
AA MüKoBGB/*Spellenberg* Art. 8 EGBGB Rn. 157.
[2856] Erman/*Hohloch* Art. 8 EGBGB Rn. 34; jurisPK BGB/*D. Wiedemann* Art. 8 EGBGB Rn. 10.
[2857] → § 1 Rn. 791.
[2858] BGH NJW-RR 2013, 743; Mankowski, TranspR 1991, 253, 256; *M. Schäfer*, RIW 1996, 189, 193; *Spickhoff*, RabelsZ 80 (2016), 481, 525; Staudinger/*Magnus* Anh. II zu Art. 1 Rom I-VO Rn. 44–47; jurisPK BGB/*D. Wiedemann* Art. 8 EGBGB Rn. 12; Palandt/*Thorn* Art. 8 EGBGB Rn. 6; MüKoBGB/*Spellenberg* Art. 8 EGBGB Rn. 156.
[2859] Reithmann/Martiny/*Hausmann* Rn. 7.434–Rn. 7.436; *Spickhoff*, RabelsZ 80 (2016), 481, 525; Palandt/*Thorn* Art. 8 EGBGB Rn. 6; MüKoBGB/*Spellenberg* Art. 8 EGBGB Rn. 157.
[2860] Reithmann/Martiny/*Hausmann* Rn. 7.438; Staudinger/*Magnus* Anh. II zu Art. 1 Rom I-VO Rn. 48; MüKoBGB/*Spellenberg* Art. 8 EGBGB Rn. 159.
Vgl. aber RGZ 51, 147, 149 f.; RGZ 78, 55, 60; RG LZ 1929 Sp. 1268; RGZ 134, 67, 69.
[2861] BAGE 152, 363 Rn. 20; *P. Ostendorf*, RIW 2014, 93, 95; MüKoBGB/*Spellenberg* Art. 8 EGBGB Rn. 161.
[2862] MüKoBGB/*Spellenberg* Art. 8 EGBGB Rn. 190.
[2863] *A. Junker* IPR § 14 Rn. 50; jurisPK BGB/*D. Wiedemann* Art. 8 EGBGB Rn. 17.
[2864] DNotI-Report 2017, 118; Erman/*Hohloch* Art. 8 EGBGB Rn. 13.
[2865] Siehe nur *Spickhoff*, RabelsZ 80 (2016), 481, 527; BeckOK BGB/*Mäsch* Art. 8 EGBGB Rn. 55; Erman/*Hohloch* Art. 8 EGBGB Rn. 37; MüKoBGB/*Spellenberg* Art. 8 EGBGB Rn. 174.
[2866] Siehe nur *Makarov*, Scritti in onore di Tomaso Perassi, vol. II, 1957, S. 39, 47; *v. Caemmerer*, RabelsZ 24 (1959), 201, 213; Steding, ZvglRWiss 86 (1987), 25, 48; Reithmann/Martiny/*Hausmann* Rn. 7.414 mwN.
[2867] Siehe nur Reithmann/Martiny/*Hausmann* Rn. 7.418 mwN.
[2868] Siehe *P. Becker*, DNotZ 2017, 835, 849; MüKoBGB/*Spellenberg* Art. 8 EGBGB Rn. 131. Missverständlich formuliert in Erman/*Hohloch* Art. 8 EGBGB Rn. 35.

Anknüpfung von Rechtsscheinvollmachten (es sei denn, man wollte die Duldungsvollmacht kollisionsrechtlich doch als konkludente Vollmacht bewerten und deshalb Art. 8 EGBGB anwenden). Rechtsscheinvollmachten werfen bereits auf der Qualifikationsebene Probleme auf. Denn zumindest bei der Anscheinsvollmacht fehlt es an einer Erklärung des Prinzipals. Vielmehr wird das Vertreterhandeln dem Prinzipal normativ zugeschrieben. Die Duldungsvollmacht könnte man immerhin noch als konkludente Bevollmächtigung bewerten. Die Übergänge zwischen konkludenter Vollmacht und Rechtsscheinvollmacht sind bekanntermaßen fließend, gerade aus Sicht Dritter, die mit dem Innenverhältnis nicht vertraut sind und deren berechtigte Erwartungen zu schützen hier oberste Richtschnur sein sollte.[2869]

1072 Rechtsscheinvollmachten und Vollmachten gleichermaßen führen zur Bindung des Prinzipals an die Vertretererklärung. Diese Parallelität der Rechtsfolgen ist das zentrale Argument, um auch Rechtsscheinvollmachten so weit wie möglich analog Vollmachten anzuknüpfen. Damit gelangt man in der Regel zum Gebrauchsort.[2870] Der Gebrauchsort ist zugleich der Ort, an welchem der Rechtsschein im Außenverhältnis zum Dritten gesetzt und an welchem der Dritte Vertrauen entwickelt. Zu überlegen bliebe allein, ob man den Prinzipal durch eine analoge Anwendung von Art. 10 II Rom I-VO schützen wollte[2871] oder nicht.[2872]

1073 Soweit bei der Anscheinsvollmacht reine normative Imputation obwaltet und kein Substrat einer auf freiem Willen beruhenden Selbstbindung des Prinzipals existiert, steht die Frage nach einer möglichen außervertraglichen Qualifikation und einer Anwendung der Rom II-VO im Raum.[2873] Gegen eine Anwendung der Rom II-VO sprechen indes zwei Gründe: Zum einen sah Art. 7 Vorschlag Rom I-VO noch eine eigene Kollisionsnorm für „Vertreterverträge" vor.[2874] Diese ist zwar gescheitert und kein Bestandteil der endgültigen Rom I-VO geworden. Trotzdem hat man die Frage nicht explizit dem außervertraglichen Bereich zugeschrieben.[2875] Zweitens würde sich bei außervertraglicher Qualifikation notwendig die Folgefrage stellen, welche Kollisionsnorm der Rom II-VO denn passen sollte. Noch relativ am besten wäre dies wohl Art. 12 Rom II-VO,[2876] jedoch ersichtlich als Notlösung zwischen den Stühlen.

1074 10. Stellvertretung ohne Vertretungsmacht. Rechtsfragen der Stellvertretung ohne Vertretungsmacht, insbesondere um die Genehmigung seitens des Prinzipals und die Haftung des falsus procurator, bewegen sich zwischen dem Vollmachtsstatut,[2877] dem Statut des Hauptgeschäfts,[2878] Art. 12 Rom II-VO für culpa in contrahendo[2879] oder einem ganz ei-

---

[2869] *S. Schwarz,* RabelsZ 71 (2007), 729, 793.
[2870] BGHZ 43, 21, 27; *Leible,* IPRax 1998, 257, 260 f.; *S. Schwarz,* RabelsZ 71 (2007), 729, 793 f.; *Heinz* S. 213; MüKoBGB/*Spellenberg* Vor Art. 11 EGBGB Rn. 134; *Spickhoff,* RabelsZ 80 (2016), 481, 523 sowie BGH MDR 1968, 486.
[2871] So *Soergel*/Lüderitz Anh. Art. 10 EGBGB Rn. 107; *G. Fischer,* IPRax 1989, 215, 216; *Leible,* IPRax 1998, 257, 263; Reithmann/Martiny/*Hausmann* Rn. 7.435; Palandt/*Thorn* Art. 8 EGBGB Rn. 6; MüKoBGB/*Spellenberg* Art. 8 EGBGB Rn. 140–144.
[2872] So *Spickhoff,* RabelsZ 80 (2016), 481, 524; BeckOK BGB/*Mäsch* Art. 8 EGBGB Rn. 59 unter Hinweis auf OLG Hamburg NJW-RR 2009, 1717, 1718.
[2873] Dafür *Bach,* IPRax 2011, 116, 118; *P. Huber*/*Bach,* Rome II Regulation, 2011, Art. 1 Rome II Regulation Rn. 24. Dagegen BeckOK BGB/*Mäsch* Art. 8 EGBGB Rn. 57.
[2874] Art. 7 (Vertreterverträge), KOM (2005) 650 endg. S. 19.
[2875] Magnus/Mankowski/*Mankowski* Art. 1 Rome II Regulation Rn. 54; jurisPK BGB/*D. Wiedemann* Art. 8 EGBGB Rn. 16.
[2876] *Bach,* IPRax 2011, 116, 118 f.
[2877] Dafür generell *Soergel*/Lüderitz Anh. Art. 10 EGBGB Rn. 105; *S. Schwarz,* RabelsZ 71 (2007), 729, 798 f.; *Heinz* S. 218–221; *Spickhoff,* RabelsZ 80 (2016), 481, 525; Staudinger/*Magnus* Anh. II zu Art. 1 Rom I-VO Rn. 59–62; *Kieninger,* in: Ferrari IntVertragsR Art. 1 Rom I-VO Rn. 28.
[2878] Dafür (allerdings ausgehend von einer Qualifikation nach englischem Sachrecht) *Golden Ocean Group Ltd. v. Salgaocar Mining Industries PVT Ltd.* [2012] EWCA Civ [49]-[53], [2012] 1 WLR 3674 (C. A., per *Tomlinson L. J.*).
[2879] *Hartley,* (2008) 57 ICLQ 899, 907; *P. Huber*/*Bach,* Rome II Regulation, 2011, Art. 12 Rome II Regulation Rn. 15.

XX. Vollmachtsstatut   1075–1077 § 1

genen Statut,[2880] etwa dem Recht am Empfangsort der Vertretererklärung.[2881] Art. 8 EGBGB enthält keine Regelung, nicht einmal eine deklaratorische Klarstellung, die (je nach vorherrschender Wertung) auf die Rom I- oder die Rom II-VO verwiese, so dass insoweit notwendig die Altrechtslage fortgilt,[2882] weil es gar keine Neurechtslage gibt.

Richtigerweise ist zu differenzieren:[2883] Wenn der Prinzipal das Vertretergeschäft kraft **1075** Genehmigung an sich zieht, wird er Vertragspartei, so dass man sich wegen Art. 10 I Rom I-VO sicher im Bereich Zustandekommen des Vertrags und damit unter dem Vertragsstatut bewegt.[2884] Die Haftung des falsus procurator dagegen beruht nicht auf einer freiwillig eingegangenen Verpflichtung des falsus procurator. Normen wie § 179 I Var. 1 BGB zwingen dem falsus procurator ohne, ja zumeist sogar gegen dessen Willen eine *gesetzliche* Vertragsübernahme auf. Primäre Schadensersatzansprüche, die nicht als sekundäre Ansprüche an die Verletzung einer anderweitig begründeten vertraglichen Pflicht anknüpfen, sind erst recht gesetzliche, keine vertraglichen Ansprüche. Insoweit wird der falsus procurator nicht einmal als neue Partei anstelle des Prinzipals in den Vertrag gezwungen. Handelt der falsus procurator, ohne dass es irgendeine Vollmacht geben würde, so kann man kaum an ein Vollmachtsstatut anknüpfen.[2885] Ein Postulat, das Vollmachtsstatut möglichst weit reichen zu lassen, weil sich damit leichter Abgrenzungs- und Anpassungsprobleme vermeiden ließen,[2886] steht hier vor dem nicht zu überwindenden Problem seiner Ausfüllung.

An das Statut des Hauptvertrags anzuknüpfen würde immerhin die gesetzliche Vertrags- **1076** übernahme und die Garantiehaftung, die sich auf ihrer Rechtsfolgenseite am Leistungsinteresse aus dem Vertrag oder am enttäuschten Vertrauen auf den Vertragsschluss orientiert, abbilden.

Eine Möglichkeit zur Rechtswahl sollte man dem Dritten und dem falsus procurator **1077** mindestens in dem von Art. 14 Rom II-VO gewährten Umfang eröffnen.[2887] Bei jeglicher vertraglicher Qualifikation wäre eh nur konsequent, insoweit auf Art. 3 Rom I-VO zu rekurrieren[2888] (wobei sich danach anschlösse, ob Art. 6 Rom I-VO ebenfalls beachtlich wäre, wenn der falsus procurator nicht professionell, sondern in privater Kapazität agiert hat[2889]). Der Prinzipal muss nicht zustimmen, denn er ist keine Partei des relevanten Verhältnisses.[2890] Wollte man dagegen an das Hauptvertragsstatut anknüpfen, so drohte der falsus procurator einer etwaigen Rechtswahl ausgesetzt zu sein, die Prinzipal und Dritter getroffen haben. Das wäre wertungsmäßig bedenklich;[2891] eine solche Konstellation dürfte sich aber mangels Kontakts zwischen Prinzipal und Dritten auch ergeben, es sei denn, der falsus procurator hätte auch diese Rechtswahlvereinbarung vermittelt (deren rechtsgeschäftliche Wirksamkeit aber eigentlich wiederum auf den Prüfstand gehören würde).

[2880] Dafür *S. Reuter* S. 271–379, 384.
[2881] Dafür *S. Reuter* S. 331 f.
[2882] Erman/*Hohloch* Art. 8 EGBGB Rn. 36 sowie *P. Becker*, DNotZ 2017, 835, 849.
[2883] Reithmann/Martiny/*Hausmann* Rn. 7.440-Rn. 7.447; BeckOK BGB/*Mäsch* Anh. Art. 10 EGBGB Rn. 54.
[2884] Richtig daher BGH NJW 1992, 618; BGHZ 128, 41, 48; MüKoBGB/*Spellenberg* Art. 8 EGBGB Rn. 161 und insoweit *Gebauer*, in: Leible/Unberath (Hrsg.), Brauchen wir eine Rom 0-Verordnung?, 2013, S. 325, 336; *ders.*, in: Leible (ed.), General Principles of European Private International Law, 2016, S. 345, 353.
[2885] Dafür aber *Kropholler*, NJW 1965, 1641, 1645 f.; *ders.* S. 308; *Kayser*, Vertretung ohne Vertretungsmacht im deutschen internationalen Privatrecht, 1967, S. 126–131; *Ruthig* S. 169 f.; *S. Schwarz*, RabelsZ 71 (2007), 729, 798; *Behnen*, IPRax 2011, 221, 228; *Gebauer*, in: Leible/Unberath (Hrsg.), Brauchen wir eine Rom 0-Verordnung?, 2013, S. 325, 337 f.; *ders.*, in: Leible (ed.), General Principles of European Private International Law, 2016, S. 345, 354.
[2886] So *Gebauer*, in: Leible/Unberath (Hrsg.), Brauchen wir eine Rom 0-Verordnung?, 2013, S. 325, 336; *ders.*, in: Leible (ed.), General Principles of European Private International Law, 2016, S. 345, 353.
[2887] Siehe *Behnen*, IPRax 2011, 221, 228; *S. Reuter* S. 336 f.; vgl. auch OLG Karlsruhe MDR 1998, 1470, 1471.
[2888] *Golden Ocean Group Ltd. v. Salgaocar Mining Industries PVT Ltd.* [2012] EWCA Civ [49]-[53], [2012] 1 WLR 3674 (C. A., per *Tomlinson* L. J.).
[2889] Eingehend dazu *S. Reuter* S. 351–354.
[2890] OLG Karlsruhe MDR 1998, 1470, 1471; *S. Reuter* S. 341.
[2891] *S. Reuter* S. 375–378.

11. Eigenhaftung des Vertreters. Die Eigenhaftung von Vertretern (also Dritten, die selber nicht Partner des Hauptvertrages werden) ist als Frage der culpa in contrahendo zu qualifizieren und damit nach der Rom II-VO anzuknüpfen.[2892] Art. 12 I Rom II-VO mit seiner akzessorischen Anlehnung an das Vertragsstatut passt für die Dritthaftung nicht. Gemäß Art. 12 II Rom II-VO unterliegt die Eigenhaftung von Vertretern letztlich zunächst dem Recht des Erfolgsortes, vorbehaltlich eines Eingreifens von Art. 4 II oder III Rom II-VO. Erfolgsort ist der Ort, an welchem das primär geschützte Rechtsgut verletzt wird.[2893] Bei Vermögensdelikten, wie sie hier in Rede stehen, kommt es damit auf den Belegenheitsort des geschädigten Vermögens an.[2894]

[2892] Näher *Kurt,* Culpa in contrahendo im europäischen Kollisionsrecht der vertraglichen und außervertraglichen Schuldverhältnisse, 2009, S. 189–195; altrechtlich *Mankowski,* VuR 1999, 219, 223 f. mwN auch zu den vielen Gegenauffassungen zur Qualifikation in dieser höchst umstrittenen Frage.

[2893] Für eine eigenständige (Unter-)Regelbildung im Rahmen des Art. 12 II lit. c Rom II-VO dagegen, methodisch zweifelhaft, *Kurt,* Culpa in contrahendo im europäischen Kollisionsrecht der vertraglichen und außervertraglichen Schuldverhältnisse, 2009, S. 195–203.

[2894] Siehe nur *H.-J. Ahrens,* IPRax 1990, 128, 132; *Kiethe,* NJW 1994, 222, 225 f.; *Hohloch,* IPRax 1997, 312, 314; *Mankowski,* EWiR Art. 5 EuGVÜ 3/98, 1085, 1086.

§ 2. Internationales Privatrecht der außervertraglichen Schuldverhältnisse

Literatur: *Ahern/Binchy* (eds.), The Rome II Regulation on the Law Applicable to Non-Contractual Obligations, 2009; *G.-P. Calliess*, Rome Regulations, 2. Aufl. 2015; *Beig/Greif-Schimek/Grubinger/Schacherreiter*, Rom II-VO, 2008; *Calvo Caravaca/Carrascosa González*, Las obligaciones extracontractuales en Derecho internacional privado – El Reglamento „Roma II", 2008; *Corneloup/Joubert* (dir.), Le règlement communautaire dit 'Rome II' sur la loi applicable aux obligations non contractuelles, 2008; *Dickinson*, The Rome II Regulation, 2008; *Dutoit*, Le droit international privé des obligations non contractuelles à l'heure européenne: le Règlement Rome II, Liber Fausto Pocar, tomo II, 2009, S. 309; *Freitag*, Rom I, Rom II – tertium est datur in Kollisionsrecht der Schuldverhältnisse!, FS Ulrich Spellenberg, 2010, S. 169; *ders.*, Die Rom-Verordnungen und die §§ 25–28 HGB, ZHR 174 (2010), 429; *ders.*, Art. 9 Rom I-VO, Art. 16 Rom II-VO als Superkollisionsnormen des Internationalen Schuldrechts? – Gedanken zum Verhältnis zwischen internen und externen Lücken des EuIPR, IPRax 2016, 418; *Garcimartín Alférez*, Hermeneutic Dialogue between Rome I and Rome II: General Principles and Argumentative Rules, Essays in Honour of Hans van Loon, 2013, S. 169; *Garofalo*, Diritto comunitario e conflitti di leggi: spunti sulle nuove tendenze del diritto internazionale privato contemporaneo emergenti dal Regolamento Roma II, Liber Fausto Pocar, tomo II, 2009, S. 413; Hamburg Group for Private International Law, Comments on the European Commission's Draft Proposal for a Council Regulation on the Law Applicable to Non-Contractual Obligations, RabelsZ 67 (2003), 1; *v. Hein*, Die Kodifikation des europäischen IPR der außervertraglichen Schuldverhältnisse vor dem Abschluss?, VersR 2007, 440; *ders.*, Something Old and Something Borrowed, but Nothing New? Rome II and the European Choice-of-Law Evolution, 82 Tulane L. Rev. 1663 (2008); *ders.*, Europäisches Internationales Deliktsrecht nach der Rom II-Verordnung, ZEuP 2009, 6; *ders.*, Of Older Siblings and Distant Cousins: The Contribution of the Rome II Regulation to the Communitarisation of Private International Law, RabelsZ 73 (2009), 461; *Heiss/Loacker*, Die Vergemeinschaftung des Kollisionsrechts der außervertraglichen Schuldverhältnisse durch Rom II, JBl 2007, 613; *P. Huber*, Rome II Regulation, 2011; *Kadner Graziano*, Le nouveau droit international privé communautaire en matière de responsabilité extracontractuelle, RCDIP 97 (2008), 445; *ders.*, Das auf außervertragliche Schuldverhältnisse anzuwendende Recht nach Inkrafttreten der Rom II-Verordnung, RabelsZ 73 (2009), 1; *Leible*, Rom I und Rom II: Neue Perspektiven im Europäischen Kollisionsrecht, 2009; *Leible/M. Lehmann*, Die neue EG-Verordnung über das auf außervertragliche Schuldverhältnisse anzuwendende Recht („Rom II"), RIW 2007, 721; *Magnus/Mankowski*, Rome II Regulation, 2018; *Malatesta* (ed.), The Unification of Choice of Law Rules on Torts and Other Non-Contractual Obligations in Europe, 2006; *Mansel*, Internationales Privatrecht de lege lata wie de elege ferenda und Menschenrechtsverantwortlichkeit deutscher Unternehmen, ZGR 2018, 439; *Ofner*, Die Rom II-Verordnung: neues Internationales Privatrecht für außervertragliche Schuldverhältnisse in der Europäischen Union, ZfRV 2008, 13; *Palao Moreno*, Responsabilidad civil extracontractual en el derecho europeo, 2008; *Plender/Wilderspin*, The European Private International Law of Obligations, 4. Aufl. 2015; *Rauscher*, EuZPR/EuIPR, Bd. III: Rom I-VO; Rom II-VO, 4. Aufl. 2016; *Rieländer*, Ein einheitliches „Unfallstatut" für Passagiergemeinschaften?, RabelsZ 81 (2017) 344; *de Sousa Gonçalves*, Da Responsabilidade Extracontractual em Direito Internacional Privado, 2013; *Spickhoff*, Der Erfolgsort im Europäischen Kollisionsrecht, ZEuP 2017, 953; *Vogeler*, Die freie Rechtswahl im Kollisionsrecht der außervertraglichen Schuldverhältnisse, 2013; *G. Wagner*, Die neue Rom II-Verordnung, IPRax 2008, 1; *R. Wagner*, Das Vermittlungsverfahren der Rom II-Verordnung, FS Jan Kropholler, 2008, S. 715; *Wurmnest*, Die Rom II-VO in der deutschen Rechtspraxis – Bestandsaufnahme und Reformüberlegungen, ZvglRWiss 115 (2016), 624.

I. Einleitung

An Bedeutung kaum nach dem Internationalen Schuldvertragsrecht steht das IPR der außervertraglichen Schuldverhältnisse. Seine Grundlage ist seit 2008 die Rom II-VO. Für sie gibt es keinen direkten Vorgänger auf der europäischen Ebene. Vielmehr regierten vor ihrem Inkrafttreten nationale Kollisionsnormen. Die Rom II-VO genießt als EU-Verordnung nach Art. 288 II AEUV verdrängenden Vorrang vor jedem nationalem IPR, soweit sie selber Anwendung beansprucht.

II. Struktur der Rom II-VO

2 Die Rom II-VO hat einen dreiteiligen sachlichen Anwendungsbereich: Sie umfasst das IPR der Delikte (Internationales Deliktsrecht), das IPR der ungerechtfertigten Bereicherung (Internationales Bereicherungsrecht) und das IPR der Geschäftsführung ohne Auftrag. Für jeden dieser drei Bereiche schafft sie eigene objektive Anknüpfungsregeln. Außerdem gibt es eine Anknüpfungsnorm für die culpa in contrahendo in Art. 12 Rom II-VO.

3 Die drei Bereiche sind qualifikatorisch voneinander geschieden und überlappen sich nicht.[1] Was ungerechtfertigte Bereicherung ist, ist zwar außervertragliches Schuldverhältnis (gemeinsamer Oberbegriff), aber keine unerlaubte Handlung (gleichgeordneter Schwesterbegriff, kein Oberbegriff). Daher ist die allgemeine internationaldeliktsrechtliche Anknüpfung aus Art. 4 Rom II-VO keine Auffanganknüpfung für alles, was nicht von anderen Regeln abgedeckt wird.[2] Vielmehr ist jeweils eine positive Einordnung notwendig, damit die einzelnen Bereiche einschlägig sind. Außervertraglich ist nicht mit deliktisch gleichzusetzen, auch nicht mit „subsidiär deliktisch". Vielmehr verlangen auch die unerlaubten Handlungen nach einer eigenen Qualifikation als unerlaubt.[3] Sofern es eine unerlaubte Handlung geben sollte, die weder als Delikt noch als ungerechtfertigte Bereicherung noch als GoA noch als cic zu qualifizieren wäre, würde diese durch das Raster der besonderen Anknüpfungsnormen in der Rom II-VO fallen.

4 Die Rom II-VO ist nicht auf alle nicht-vertraglichen Schuldverhältnisse anzuwenden, die nicht vertraglich im Sinne der Rom I-VO ist, sondern nur auf die in Art. 2 Rom II-VO genannten. Der Titel der Rom II-VO ist insoweit zu weit geraten und verspricht zu viel.[4] Rom I- und Rom II-VO sind zwar als komplementäre Rechtsakte gedacht.[5] Sie schließen aber nicht lückenlos aneinander an, sondern lassen – wenn auch wenig – Raum für Schuldverhältnisse, die weder vertraglich im Sinne der Rom I-VO noch außervertraglich im Sinne der Rom II-VO sind.[6] Weder Rom II- noch Rom I-VO sind Auffangsysteme.[7]

5 Den bereichsspezifischen objektiven Anknüpfungsregeln folgen allgemeine Regeln, die nominell für alle drei Bereiche in gleicher Weise gelten. Sie behandeln übergreifende Fragen, die sich für alle drei Bereiche gleichermaßen stellen. Nicht ausgewogen ist die Regelung der Qualifikation in Art. 15 Rom II-VO. Sie befasst sich bei näherem Hinsehen eigentlich nur mit den Qualifikationsfragen, welche das Internationale Deliktsrecht betreffen. Qualifikationsfragen des Internationalen Bereicherungsrechts und des IPR der Geschäftsführung ohne Auftrag ignoriert sie dagegen, gibt auf sie jedenfalls keine spezifischen Antworten. Entsprechende Anregungen zu eigenen parallelen Qualifikationsnormen für ungerechtfertigte Bereicherung und Geschäftsführung ohne Auftrag[8] hat der europäische Gesetzgeber leider nicht aufgegriffen. Der Versuch eines Transfers von den unerlaubten Handlungen auf die beiden anderen Bereiche in Art. 2 I Rom II-VO erfolgt allenfalls rudimentär und ist jedenfalls nicht gelungen.

6 Unter den allgemeinen Regeln sind die bedeutsamsten der Ausschluss von Rück- und Weiterverweisung in Art. 24 Rom II-VO und der angeordnete Vorrang von speziellen Kollisionsnormen in anderen EU-Rechtsakten oder in Staatsverträgen durch Artt. 27; 28 Rom II-VO.

---

[1] *Freitag*, FS Ulrich Spellenberg, 2010, S. 169, 173.
[2] *Freitag*, FS Ulrich Spellenberg, 2010, S. 169, 173.
[3] *Crespi Reghizzi*, RDIPP 2012, 317.
[4] *Freitag*, IPRax 2016, 418, 425.
[5] Siehe nur *M. Lehmann/Ungerer*, GPR 2017, 134, 135.
[6] Eingehend *Freitag*, FS Ulrich Spellenberg, 2010, S. 169; *ders.*, ZHR 174 (2010), 429; *ders.*, IPRax 2016, 418; *Kramme*, IPRax 2015, 225, 226; *M. Lehmann*, IPRax 2015, 495 (jeweils mit Fokus bei der Haftung aus Unternehmensfortführung z. B. nach § 25 HGB); außerdem *S. Reuter*, Die Qualifikation der Haftung des falsus procurator im Internationalen Privatrecht, 2016, S. 205–215.
[7] *Freitag*, IPRax 2016, 418, 425 f.
[8] Hamburg Group of Private International Law, RabelsZ 67 (2003), 1, 39.

III. Sachlicher Anwendungsbereich der Rom II-VO   7–10 § 2

Für die Anknüpfung am wichtigsten ist vom verfolgten Prinzip her Art. 14 Rom II-VO. **7**
Er erlaubt – allerdings unter Einschränkungen – eine Rechtswahl im IPR der außervertraglichen Schuldverhältnisse. Im Fallaufbau gehört die Frage, ob es eine wirksame Rechtswahl gibt, an den Anfang, also: *vor* jede Befassung mit objektiven Anknüpfungen. Denn eine wirksame Rechtswahl verdrängt jede objektive Anknüpfung und macht eine Beschäftigung mit objektiven Anknüpfungen überflüssig – und fehlerhaft! Erst wenn man festgestellt hat, dass es im konkreten Fall keine wirksame Rechtswahl gibt, darf man zu den objektiven Anknüpfungen fortschreiten. Objektive Anknüpfungen sind subsidiär zur subjektiven Anknüpfung durch Rechtswahl.

III. Sachlicher Anwendungsbereich der Rom II-VO

1. Grundsätzliches: außervertragliches Schuldverhältnis.

Allen drei Bereichen der **8** Rom II-VO ist die negative Abgrenzung von der Rom I-VO gemeinsam.[9] Außervertraglich ist jedenfalls nur, was nicht vertraglich ist.[10] Vertraglichkeit und Außervertraglichkeit schließen sich wechselseitig aus;[11] ein und dasselbe Schuldverhältnis kann nicht gleichzeitig sowohl vertraglich als auch außervertraglich sein. Daher ist vorrangig (und am besten vorab) die Frage zu stellen, ob ein vertragliches Schuldverhältnis vorliegt, das unter die Rom I-VO fällt. Ist dies zu bejahen, so greift die Rom I-VO. Nur wenn dies zu verneinen ist, kann die Rom II-VO überhaupt greifen. Insofern besteht eine Hierarchie zwischen Rom I- und Rom II-VO mit Vorrang der Rom I-VO und Subsidiarität der Rom II-VO.[12] Die außervertraglichen Schuldverhältnisse bilden eine Auffangkategorie.[13]

Im Fallaufbau gibt es zwei Wege, dies abzubilden: Zum einen kann man zuerst eigen- **9** ständig die sachliche Anwendbarkeit der Rom I-VO prüfen und im negativen Fall auf die Rom II-VO überwechseln, für die man dann das vorher erzielte Ergebnis, dass kein Vertrag vorliegt, übernehmen kann. Wenn etwas für die Zwecke der Rom I-VO nicht vertraglich ist, dann ist es grundsätzlich auch für die Zwecke der Rom II-VO nicht vertraglich. Oder man beginnt mit der Rom II-VO und prüft als Erstfrage incidenter anhand der Rom I-VO, ob ein Vertrag vorliegt und die Rom I-VO einschlägig ist. Beide Wege sind statthaft. Dem Subsidiaritäts- und Auffangverhältnis der Rom II- zur Rom I-VO würde indes der erste Weg besser entsprechen.

Der Vertragsbegriff ist der unter der Rom I-VO gültige, der seinerseits wieder zurück- **10** geht auf jenen aus dem europäischen IZPR.[14] Die Begriffsbildung ist – wie jene für den Begriff des außervertraglichen Schuldverhältnisses – autonom-europäisch.[15] Problematisch ist indes, ob das IPR die Ausdehnung des vertraglichen Bereichs auf Kosten des deliktischen Bereichs, wie sie der EuGH im IZPR in Brogsitter[16] auf die Spitze getrieben hat, nachvollziehen muss.[17] Dafür streiten das prinzipielle Konkordanzgebot und die Erwägungsgründe (7) Rom I-VO und Rom II-VO. Unterstützend mag man positiv bewerten,

---

[9] Siehe nur EuGH ECLI:EU:C:2016:40 Rn. 43–45 – Ergo Insurance SE/If P&C Insurance AS u. Gjensidige Baltic AAS/PZU Lietuva AUS DK; *Martiny*, IPRax 2017, 360, 363; *Schacherreiter*, ZVR 2017, 468, 469.
[10] Eingehend *Crespi Reghizzi*, RDIPP 2012, 317.
[11] Siehe nur *Dickinson* Rn. 3.104 f.; *Rushworth/A. Scott* [2008] LMCLQ 274, 299; *Plender/Wilderspin* Rn. 2–024.
[12] *Garcimartín Alférez*, Essays in Honour of Hans van Loon, 2013, S. 169, 173.
[13] GAin *Sharpston*, ECLI:EU:C:2015:630 Rn. 74.
[14] Siehe nur EuGH ECLI:EU:C:2016:40 Rn. 44 – Ergo Insurance SE/If P&C Insurance AS u. Gjensidige Baltic AAS/PZU Lietuva AUS DK; *P. Huber*, IPRax 2017, 356, 358.
[15] Siehe nur EuGH ECLI:EU:C:2016:40 Rn. 43 – Ergo Insurance SE/If P&C Insurance AS u. Gjensidige Baltic AAS/PZU Lietuva AUS DK; *Martiny*, IPRax 2017, 360, 363 mwN.
[16] EuGH ECLI:EU:C:2014:148 Rn. 23–29 – Marc Brogsitter/Fabrication des Montres Normandes EURL u. Karsten Fräßdorf.
[17] Zu dieser Diskussion *Reydellet*, RLDA 95 (2014), 58, 59; *Rauscher/v. Hein* Einl. Rom I-VO Rn. 7; *Grušić*, The European Private International Law of Employment, 2015, S. 232–236; Magnus/Mankowski/*Mankowski* Art. 7 Brussels Ibis Regulation Rn. 48; *ders.*, EWiR 2017, 515, 516; BeckOGK/*G. Rühl* Art. 4 Rom II-VO Rn. 26, 40 f.; *P. Huber*, IPRax 2017, 356, 358 f. Näher → § 1 Rn. 13 ff.

dass dies eine gesonderte Anknüpfung über die Rom II-VO mit abschließender Abgrenzung, welche nationalen Normen vom Vertragsbegriff erfasst sind, ersparen könnte.[18] Dagegen spricht, dass Brogsitter wesentlich auf einer unterschwelligen Antipathie gegen den Deliktsgerichtsstand und das im IZPR waltende Ubiquitätsprinzip beruht. Dies ist eine Überlegung, welche sich so nicht ins IPR übertragen lässt, weil die Rom II-VO im Deliktsrecht gerade kein Ubiquitätsprinzip (Anknüpfung gleichwertig an Handlungs- oder Erfolgsort) kennt. Zudem ist auch im IZPR keineswegs ausgemacht, ob Brogsitter nicht ein Einzelfall ist und doch keine echte Linie begründet.[19] Immerhin nähme eine Ausdehnung dem Opfer eine Anknüpfung an den Erfolgsort.[20] Auch eine vorfragenakzessorische Qualifikation der Hauptfrage wäre problematisch.[21] Jedenfalls hat Brogsitter erhebliche und nicht förderliche Unsicherheit in das Gesamtsystem hineingetragen.[22]

11   Abgrenzungskriterium für einen Vertrag ist nicht, ob der Schuldner seiner Verpflichtung aktuell zugestimmt hat.[23] Damit würde man unwilligen Schuldnern eine viel zu weite Möglichkeit eröffnen, sich Ansprüchen aus Gesetz zu entziehen, die an im Kern freiwillige eingegangene Bindungen anknüpfen. Tatbestände wie die Haftung für Gewinnzusagen aus § 661a BGB oder § 5a östKSchG fielen dann aus dem Vertragsbegriff heraus, und diese Gefahr bestünde sogar schon bei klassischen default rules des Leistungsstörungsrechts, die Lücken im Vertrag füllen. Abgrenzungskriterum und Grundlage für die Vertraglichkeit der Verpflichtung ist vielmehr der zurechenbar gesetzte Rechtsschein einer freiwilligen Verpflichtung.[24]

12   Allerdings gilt auch: Nicht jedes Schuldverhältnis, das nicht vertraglich im Sinne der Rom I-VO ist, ist automatisch außervertraglich im Sinne der Rom II-VO. Zwar sollen beide Verordnungen ausweislich ihrer jeweiligen Erwägungsgründe (7) ein System bilden.[25] Sie sollen sich nicht überschneiden,[26] und kein Rechtsinstitut soll unter beide Verordnungen gleichzeitig fallen. Das heißt jedoch nicht, dass sie lückenlos und hundertprozentig passgenau aneinander anschließen würden.[27] Vielmehr verbleibt ein kleiner Bereich an Schuldverhältnissen, der zwischen beide Verordnungen fällt. In ihm findet man namentlich Phänomene wie das von §§ 25 II; 28 II HGB erfasste.[28] Der gesetzliche Schuldbeitritt aus Unternehmensfortführung ist nach autonomem IPR anzuknüpfen und unterliegt dem Recht des Ortes, an welchem das fortgeführte Unternehmen seine gewerbliche Niederlassung hat.[29] In die Lücke fallen auch solche Schuldverhältnisse, die unter die Ausnahmetatbestände beider Rom-Verordnungen fallen,[30] insbesondere im Wertpapierrecht.

13   Im Internationalen Deliktsrecht kennt die Rom II-VO eine allgemeine objektive Anknüpfungsregel in Art. 4 Rom II-VO und Spezialtatbestände für ausgewählte einzelne Deliktstypen. Was unter keinen der Spezialtatbestände fällt, wird von der allgemeinen Anknüpfung aufgefangen. Man kann die Spezialtatbestände als Ausgliederungen aus der all-

---

[18] *P. Huber*, IPRax 2017, 356, 359.
[19] *Mankowski*, EWiR 2016, 747, 748; *ders.*, EWiR 2017, 515, 516; *Spickhoff*, IPRax 2017, 72, 74; *ders.*, FS Claus-Wilhelm Canaris zum 80. Geb., 2017, S. 547, 556 f.
[20] *Mansel/Thorn/R. Wagner*, IPRax 2015, 1, 16; *Spickhoff*, IPRax 2017, 72, 75.
[21] *Pfeiffer*, IPRax 2016, 111, 112 f.
[22] Siehe nur OGH ÖJZ 2015, 1051 mAnm *Brenn*; LAG Niedersachsen BeckRS 2016, 71314; *Baumert*, EWiR 2014, 435; *Slonina*, ecolex 2014, 790; *Wendenburg/M. Schneider*, NJW 2014, 1633; *Dornis*, GPR 2014, 352; *Brosch*, ÖJZ 2015, 958; *Wendelstein*, ZEuP 2015, 624; *Reydellet*, RLDA 111 (2016), 33; *Pfeiffer*, IPRax 2016, 111; *Mankowski*, EWiR 2016, 747, 748; *ders.*, EuZA 2016, 368, 372 f.; *ders.*, EuZA 2017, 126; *ders.*, EWiR 2017, 515, 516.
[23] MüKoBGB/*Spellenberg* Art. 10 Rom I-VO Rn. 90; *Freitag*, FS Ulrich Spellenberg, 2010, S. 169, 173 f.
[24] *Freitag*, FS Ulrich Spellenberg, 2010, S. 169, 174.
[25] *Leible*, Rom I und Rom II: Neue Perspektiven im Europäischen Kollisionsrecht, 2009, S. 43.
[26] *Lüttringhaus*, RIW 2008, 193, 195; *Dickinson* Rn. 3.104; *Lein*, YbPIL 10 (2008), 177, 197; *Garcimartín Alférez*, Essays in Honour of Hans van Loon, 2013, S. 169, 173.
[27] *Garcimartín Alférez*, Essays in Honour of Hans van Loon, 2013, S. 169, 172 f.
[28] *Freitag*, FS Ulrich Spellenberg, 2010, S. 169, 175.
[29] Siehe nur BGH DB 2014, 46, 47 = NZI 2014, 81, 83 m. zust. Anm. *Juretzek*; *Merkt/Dunkel*, RIW 1996, 533, 542; *Freitag*, ZHR 174 (2010), 429, 431 f.; *Goschler*, BB 2014, 210.
[30] *Crespi Righezzi*, RDIPP 2012, 317, 319.

III. Sachlicher Anwendungsbereich der Rom II-VO   **14–17 § 2**

gemeinen Hauptregel begreifen.³¹ Viele von ihnen sind aber auch nuancierte Ausfüllungen und Ergänzungen des Kerns der allgemeinen Hauptregel, nämlich der Anknüpfung an den Erfolgsort, für bestimmte Bereiche.³² Dies zeigt sich beispielhaft namentlich für die Anknüpfung im Internationalen Lauterkeitsrecht in Art. 6 I Rom II-VO.

Der Vertrag mit Schutzwirkung zu Gunsten Dritter (oder für Dritte) dient in vielen **14** Sachrechten des germanischen Rechtskreises dazu, bestimmte Defizite der dortigen Deliktsrechte (insbesondere Exkulpationsmöglichkeiten bei der Haftung für andere wie § 831 I 2 BGB und mangelnden Schutz des Vermögens als solchen) auszugleichen, indem man scheinbar umqualifiziert und auf eine vertragliche Haftung umschwenkt.³³ Diesem Trick folgt das IPR nicht. Vielmehr blickt es auf die Funktion und sieht den – abstrahierend betrachtet – deliktischen Kern.³⁴ Dies muss erst recht unter den Auspizien einer genuin europäisch-autonomen Qualifikation gelten.³⁵

2. Ausgrenzung hoheitlichen Handelns. Art. 1 I Rom II-VO begrenzt auf Zivil- und **15** Handelssachen. Art. 1 I 2 Rom II-VO nimmt explizit Steuer-, Zoll- und Verwaltungssachen aus. Grundgedanke ist die Ausgrenzung aller Materien, in denen der Staat spezifisch hoheitlich handelt. „Acta iure imperii" als Schlussstein des Art. 1 I 2 Rom II-VO macht dies explizit. Dies meint hier nicht Immunität, denn Immunität ist ein Institut des Prozessrechts.³⁶ Hoheitliches Handeln spielt bei außervertraglichen Schuldverhältnissen, insbesondere Delikten, eine große Rolle. Man denke nur an unrechtmäßige Inhaftierungen oder Ingewahrsamnahmen, unrechtmäßige Enteignungen oder Kollateralschäden von Militäraktionen.³⁷ Ein Spannungsverhältnis zur Qualifikation solcher Ansprüche als Zivilsachen für die Zwecke des Art. 6 I EMRK³⁸ besteht.³⁹ Indes hat die EMRK keine Suprematie über das Unionsrecht.⁴⁰

Einfache Staatsbeteiligung als Gläubiger oder als Schuldner reicht für eine Ausgrenzung **16** nicht; z. B. mag der Staat sein zivilrechtliches Eigentum schützen, wie jeder beliebige andere Eigentümer auch.⁴¹

3. Ausnahmekatalog des Art. 1 II Rom II-VO. *a) Grundsätzliches.* Insgesamt ver- **17** sucht der europäische Gesetzgeber mit dem Ausnahmekatalog ein Stück weit, aus seiner Verantwortung zu fliehen,⁴² soweit es sich nicht eh um nicht deliktisch, sondern anders zu

---

³¹ Rb. Kh. Dendermonde R.W. 2013–14, 184, 185 mAnm *Ponet*.
³² Siehe nur *Meeusen*, TBH 2008, 471, 480.
³³ Siehe nur monographisch H. *Dahm*, Die dogmatischen Grundlagen und tatbestandlichen Voraussetzungen des Vertrages mit Schutzwirkung für Dritte, 1988; *Dammann*, Die Einbeziehung Dritter in die Schutzwirkung eines Vertrages, 1990; *van Eickels*, Die Drittschutzwirkung von Verträgen, 2005; *Liebmann*, Der Vertrag mit Schutzwirkung zugunsten Dritter, 2006; *Papadimitropoulos*, Schuldverhältnisse mit Schutzwirkung zu Gunsten Dritter, 2007; *Lakenberg*, Kinder, Kranke, Küchenhilfen – Wie das Reichsgericht nach 1900 die Schutzwirkung von Verträgen zugunsten Dritter erweiterte, 2014.
³⁴ OGH ZVR 2001/71; OGH ecolex 2003, 515; FL OGH LES 2016, 181, 183.
³⁵ Siehe nur *Dutta*, IPRax 2009, 293, 294–297; *Martiny*, FS Reinhold Geimer zum 65. Geb., 2002, S. 641, 663; *ders.*, FS Ulrich Magnus, 2014, S. 483, 491–492; Rauscher/*Freitag* Art. 12 Rom II-VO Rn. 4, 20; *D. Paulus*, Außervertragliche Gesellschafter- und Organwalterhaftung im Lichte des Unionskollisionsrechts, 2013, Rn. 483; *Freitag*, IPRax 2016, 418, 421; jurisPK BGB/*Lund* Art. 1 Rom II-VO Rn. 29. AA MüKoBGB/*Spellenberg* Art. 12 Rom I-VO Rn. 63; NK-BGB/*Knöfel* Art. 1 Rom II-VO Rn. 4.
Für eine nicht-vertragliche Qualifikation unter dem östIPRG OGH IPRax 1988, 363, 364; OGH IPRax 2009, 354, 355–356; dagegen unter dem EGBGB OLG Hamburg VersR 1983, 350, 351; OLG Köln ZIP 1993, 1538, 1539.
³⁶ Magnus/Mankowski/*Mankowski* Art. 1 Rome II Regulation Rn. 19.
³⁷ Magnus/Mankowski/*Mankowski* Art. 1 Rome II Regulation Rn. 20.
³⁸ EGMR ÖJZ 1999, 355, 356 § 84 – McGinley and Egan v. United Kingdom; EGMR EHRJ 2002, 415 §§ 24–25 – McElhinney v. Ireland; EMRK CD 17, 36.
³⁹ *Knöfel*, FS Ulrich Magnus, 2014, S. 459, 473; NK-BGB/*Knöfel* Art. 1 Rom II-VO Rn. 28.
⁴⁰ Magnus/Mankowski/*Mankowski* Art. 1 Rome II Regulation Rn. 23.
⁴¹ *A. Junker*, FS Peter Salje, 2013, S. 243, 249; Magnus/Mankowski/*Mankowski* Art. 1 Rome II Regulation Rn. 11.
⁴² *G. Wagner*, IPRax 2006, 382, 384; *v. Hein*, VersR 2007, 440, 442; *Heiderhoff*, EuZW 2007, 428; *Corneloup*/*Joubert*, in: Corneloup/Joubert S. 9, 10; *Nourissat*, ebd., S. 11, 23; *Joubert*, ebd., S. 55, 60; *Kadner Graziano*, RabelsZ 73 (2009), 1, 60.

qualifizierende Fragen handelt. Insbesondere hat die Ausklammerung zur Folge, dass die Mitgliedstaaten gezwungen sind, weiterhin ein nationales Deliktskollisionsrecht vorzuhalten[43] – für einige wenige Aspekte,[44] während generell die Rom II-VO als loi uniforme regiert. Die Implementationskosten der gefundenen Kompromisslösung sind letztlich zu hoch.[45] Außerdem besteht eine nicht zu unterschätzende Gefahr, dass Rechtsanwender Ausnahmetatbestände übersehen.[46]

18 Anders als bei Art. 1 Rom I-VO für das Internationale Schuldvertragsrecht haben einige Beschränkungen des sachlichen Anwendungsbereichs in Art. 1 Rom II-VO für das IPR der außervertraglichen Schuldverhältnisse, insbesondere für das Internationale Deliktsrecht, eigenständige, konstitutive, nicht nur deklaratorische Bedeutung. Sie grenzen nicht nur aus, was sowieso schon kraft allgemeiner Qualifikation nicht dem IPR der außervertraglichen Schuldverhältnisse unterfiele. Vielmehr grenzen sie auch Materien aus, die eigentlich zum IPR der außervertraglichen Schuldverhältnisse gehören würde. In ihnen wirken sich Politik und Lobbyismus weitaus stärker aus als bei Art. 1 Rom I-VO.

19 Eine Ausgrenzung erfolgt nur, wenn es sich bei den betreffenden Fragen um Hauptfragen handelt. Dass Vorfragen aufgezählte Bereiche betreffen, reicht dagegen nicht.[47]

20 *b) Persönlichkeitsrechtsverletzungen und Mediendelikte (Art. 1 II lit. g Rom II-VO).* Sogar Hauptstreitpunkt bei der Entstehung und Entwicklung der gesamten Rom II-VO war die Regelung des IPR für Persönlichkeitsrechtsverletzungen. Denn dahinter verbirgt sich in modernen Zeiten zuvörderst das Internationale Mediendeliktsrecht. Damit sind die Interessen einer sehr meinungsmächtigen Lobby massiv betroffen. Entsprechend kam der Widerstand gegen die vorgeschlagene Norm hauptsächlich von der englischen Yellow Press, von Fleet Street. Diese befürchtete, auf dem Kontinent nach kontinentalem Recht „verhaftet" werden zu können. Die britische Regierung machte sich dieses Anliegen zu eigen. Liberalität und Pressepriviligien prallen auf den Schutz von Persönlichkeit und Privatsphäre. Die Abwägung zwischen beiden ist schwierig.[48] In sie fließen auch unterschiedliche verfassungsrechtliche Maßgaben und Vorstellungen ein.[49]

21 Massives Lobbying der Medienindustrie aus verschiedenen Mitgliedstaaten, an der Spitze die englische Yellow Press aus Fleet Street, diskreter im Hintergrund deutsche Verlage, erschwerte jede Einigung.[50] Nach langem Hin und Her,[51] das teilweise auf Spitz und Knopf stand und das Gesamtprojekt Rom II-VO mit dem Scheitern bedrohte,[52] erfolgte mangels politischen Konsenses über eine positive Lösung ein Kompromiss:[53] Man klammerte die umstrittene Frage einfach aus. Art. 1 II lit. g Rom II-VO nimmt außervertragliche Schuldverhältnisse aus der Verletzung der Privatsphäre oder der Persönlichkeitsrechte, einschließlich der Verleumdung, vom sachlichen Anwendungsbereich der Rom II-VO aus. Dies führt dazu, dass ausgerechnet die politisch sensibelste Materie weiterhin dem unvereinheitlichten nationalen Rest-IPR der einzelnen Mitgliedstaaten überantwortet ist.[54] Das nimmt der Rom II-VO einen wichtigen Anwendungsbereich und schadet ihrer Relevanz erheb-

---

[43] Vgl. *G. Wagner*, IPRax 2008, 1, 10.
[44] Vgl. *R. Wagner*, IPRax 2008, 314; *v. Hein*, RabelsZ 73 (2009), 461, 503.
[45] *Mankowski*, Interessenpolitik und europäisches Kollisionsrecht, 2011, S. 80.
[46] So geschehen z. B. in OLG Wien ecolex 2017, 774 m. krit. Anm. *Thiede* bezüglich Art. 1 II lit. g Rom II-VO.
[47] Magnus/Mankowski/*Mankowski* Art. 1 Rome II Regulation Rn. 24.
[48] Eingehend dazu z. B. *G. Wagner*, ERPL 2005, 21; *Kropholler/v. Hein*, FS Andreas Heldrich, 2005, S. 793; *Morse*, (2005) 58 Current Leg. Probl. 133; *Kunke*, 19 Emory Int'l. L. Rev. 1733 (2005); *Heiderhoff*, EuZW 2007, 428; *v. Hinden*, FS Jan Kropholler, 2008, S. 573; *Feraci*, Riv. dir. int. 2009, 1020.
[49] Stellungnahme des Europäischen Wirtschafts- und Sozialausschusses, ABl. EU 2004 C 241/4; *Heiss/Loacker*, JBl 2007, 613, 620.
[50] *Brand*, GPR 2008, 298, 299 f.
[51] Dazu z. B. *v. Hein*, VersR 2007, 440, 442; *Warshaw*, 32 Brooklyn J. Int'l. L. 269 (2006).
[52] Siehe nur *R. Wagner*, FS Jan Kropholler, 2008, S. 715, 720 f.
[53] Siehe nur *v. Hein*, ZEuP 2009, 6, 13; *Thiede*, ecolex 2017, 774, 775.
[54] Siehe nur *R. Wagner*, IPRax 2008, 314, 316; *Rushworth/A. Scott*, [2008] LMCLQ 274, 276; *Brand*, GPR 2008, 298, 299 f.; *Kadner Graziano*, RabelsZ 73 (2009), 1, 60.

III. Sachlicher Anwendungsbereich der Rom II-VO

lich.[55] Wenn das nationale IPR des Forums an den Erfolgsort anknüpft, tritt übrigens genau das Ergebnis ein, welches die englische Yellow Press eigentlich vermeiden wollte.[56] Von einem Sieg der Medienindustrie[57] kann man daher kaum sprechen. Das ist eine schöne, sehr ironische Pointe.

Die Überprüfungsklausel des Art. 30 II Rom II-VO hält allerdings die Hintertür für eine zukünftige Europäisierung offen.[58] Die Kommission hat sich selbst – über die Überprüfungsklausel hinausgehend, um so im Vermittlungsverfahren Wünschen und Vorstellungen des Europäischen Parlaments entgegenzukommen[59] – dahingehend gebunden, erforderlichen falls geeignete Maßnahmen zu ergreifen.[60] Unterdessen herrscht weiterhin strategisches Verhalten bei wohlhabenden Klägern, und es kann libel tourism geben, um Besonderheiten einzelner Rechtsordnungen (namentlich des englischen Rechts) auszunutzen.[61] England gilt als „the libel capital".[62] Dabei spielen auf der anderen Seite verfassungsrechtliche Garantien von Staaten hinein, welche der Meinungsfreiheit offener gegenüberstehen.[63] Zudem scheinen Persönlichkeitsrechtsverletzungen über das Internet weiterhin[64] einen gewissen Schrecken zu entfalten.[65] Bedenkenswert ist auch, inwieweit nur natürliche Personen Persönlichkeitsrechte haben können und ob nicht auch Gesellschaften, Vereinen usw. zumindest wirtschaftliche Persönlichkeitsrechte zukommen können, die unter den Ausnahmetatbestand fallen.[66]

Noch muss das letzte Wort nicht gesprochen sein. Indes fällt es schwer, sich vorzustellen, dass der Widerstand auf einmal dahinschmelzen sollte und dass eine für alle bisher nicht einig Gewordenen akzeptable Lösung erzielt wird.[67] Man mag europäische Lösungen für die einzig angemessenen halten.[68] Jedoch sprechen die dem Ausschluss zugrunde liegenden Gründe eher für Skepsis denn für Zuversicht, dass selbst in der Zukunft eine europäische Lösung in diesem Punkt politisch möglich sein sollte.[69] Eine 2010 nochmals angehobene wissenschaftliche Diskussion[70] förderte keine neuen Aspekte zutage, die unmittelbare, auch politische wirksame Durchschlagskraft entfalten würden. MEP *Diana Wallis,* prominente Berichterstatterin für Rom II und schottische Liberaldemokratin, versuchte indes mit Nachdruck, den Ball wieder ins Rollen zu bringen.[71] Dazu baute sie auf die so genannte Mainstrat Study auf,[72] welche die Universität des Baskenlandes erstellt hatte.

---

[55] *Wurmnest,* ZvglRWiss 115 (2016), 624, 627, 642.
[56] *Mankowski,* Interessenpolitik und europäisches Kollisionsrecht, 2011, S. 79.
[57] So z. B. *v. Hein,* 82 Tul. L. Rev. 1663, 1701 (2008).
[58] Vorschläge für europäische Kollisionsnormen de lege ferenda entwickeln namentlich *v. Hein,* On Rome II and Defamation <http://conflictoflaws.net/2010/von-hein-on-rome-ii-and-defamation> (19 July 2010); *J. B. Vogel,* Das Medienpersönlichkeitsrecht im Internationalen Privatrecht, 2014, S. 257–321.
[59] *R. Wagner,* FS Jan Kropholler, 2008, S. 715, 721.
[60] Erklärung der Kommission zur Überprüfungsklausel (Artikel 30) S. 2, ABl. EG 2007 L 199/49.
[61] *Hartley,* (2010) 59 ICLQ 25; Lord *Hoffmann,* Libel Tourism – Dame Anne Ebsworth Lecture (1.2.2010) <http://inform.files.wordpress.com/2010/02/libel-tourism-lordhoffmann-speech-01-02-2010.doc>.
[62] Siehe nur *Beauchamp,* 74 Fordham L. Rev. 3073 (2006).
[63] Z.B. aus US-Sicht *Sturtevant,* 22 Pace Int'l. L. Rev. 269 (2010).
[64] Dazu z. B. *v. Hinden,* Persönlichkeitsrechtsverletzungen im Internet, 1999; *Wüllrich,* Das Persönlichkeitsrecht des Einzelnen im Internet, 2006, S. 283–307.
[65] Vgl. etwa *Bogdan,* Liber amicorum Kurt Siehr, 2010, S. 375, 386f.
[66] *M.-Ph. Weller,* LMK 2013, 344766; Magnus/Mankowski/*Mankowski* Art. 1 Rome II Regulation Rn. 172; offen BGH GRUR 2016, 810 Rn. 35 – profitbricks.es.
[67] Siehe *R. Wagner,* IPRax 2008, 314, 316.
[68] Dahin *v. Hinden,* FS Jan Kropholler, 2008, S. 573, 578f.
[69] Vgl. *Sujecki,* EWS 2009, 310, 312.
[70] Insbesondere das Online Symposium auf conflict-of-laws.net <http://conflictoflaws.net/2010/rome-ii-and-defamation-online-symposium> mit Beiträgen von *v. Hein,* Hartley, Dickinson, Boskovic, Heiderhoff, Magallón, Perreau-Saussine, Mills Wade, Wallis.
[71] *Wallis,* Working Document on the Amendment of Regulation No. (EG) 864/2007 on the Law Applicable to Non-Contractual Obligations of June 13, 2010, PE443.025v01-00.
[72] Comparative Study on the Situation in the 27 Member States As Regards the Law Applicable to Non-contractual Obligations Arising Out of Violations of Privacy and Rights Relating to Personality, JLS/2007/C4/028.

24 Bis zu einer auf Art. 225 AEUV gestützten, nicht legislativen Resolution des Europäischen Parlaments vom 10.5.2012 ist dies gediehen,[73] aber auch nicht weiter. Das Europäische Parlament schlug – weitgehend im Anschluss[74] an einen Anstoß *v. Heins*[75] – einen neuen Art. 5a und einen neuen Erwägungsgrund (32a) vor.[76] Seit 2012 hat es aber keinerlei Fortschritte, ja überhaupt keinerlei Bewegung mehr gegeben. Daher steht eine Änderung in der absehbaren Zukunft nicht zu erwarten,[77] selbst wenn nach dem Vollzug des Brexit mit dem Vereinigten Königreich der wichtigste Opponent und Fleet Street nicht mehr Teil des Binnenmarkts sind. Es bleiben immer noch die massiven Eigeninteressen der mächtigen Medien in den anderen Mitgliedstaaten, mit denen es sich Politiker nicht leichthin verscherzen wollen.

25 Art. 1 II lit. g Rom II-VO erfasst sachlich nicht nur Ehr- oder Reputationsverletzungen, sondern vielmehr alle Persönlichkeitsrechtsverletzungen. Er erfasst z. B. auch die Verletzung von Namensrechten, wobei als Vorfrage – bei natürlichen Personen über Art. 10 EGBGB, bei Gesellschaften über das Internationale Gesellschaftsrecht – anzuknüpfen ist, ob ein Namensrecht existiert.[78] Auch Verletzungen des Datenschutzes fallen unter Art. 1 II lit. g Rom II-VO.[79] Denn der EuGH behandelt den Datenschutz als einfachrechtliche Ausgestaltung sowohl des Unionsgrundrechts auf Achtung des Privatlebens aus Art. 7 GRC als auch des Datenschutzgrundrechts aus Art. 8 GRC.[80] Die Haftung für Datenschutzverstöße hat damit ebenfalls eine persönlichkeitsrechtliche Dimension.[81] Die Verletzung der Privatsphäre hat sich vom Personenschaden zum Persönlichkeitsschaden gewandelt.[82]

26 *c) Ausgrenzung und Abgrenzung kraft anderweitiger Qualifikation.* Die meisten Ausnahmetatbestände in Art. 1 II Rom II-VO lassen sich auf einen gemeinsamen Grundgedanken zurückführen: Ausgegrenzt wird, was nicht als „normales" außervertragliches Schuldverhältnis, sondern anders zu qualifizieren bzw. einem anders zu qualifizierenden Grundkontext zuzuordnen ist. Dieser Grundgedanke liegt den Ausschlüssen in Art. 1 II litt. a, b, c, d und e zugrunde[83] (wobei ernsthaft im Raume steht, ob man sich Fälle des Art. 1 II lit. b Rom II-VO, also außervertragliche Schuldverhältnisse aus Güterständen, überhaupt vorstellen kann[84]). Art. 1 II lit. f Rom II-VO allerdings weicht einem einheitssachrechtlichen Sonderregime für Atomhaftung,[85] und Art. 1 II lit. g Rom II-VO ist – wie ausgeführt[86] – Ausfluss eines politischen Kompromisses, der eine Kernmaterie des Internationalen Deliktsrechts aus der europäischen Kollisionsrechtsvereinheitlichung bewusst ausklammert.

---

[73] P7_TA(2012)0200.

[74] *Kenny/Hefferman*, in: P. Stone/Farah (eds.), Research Handbook on EU Private International Law, 2015, S. 315, 341.

[75] *v. Hein*, v. Hein on Rome II and Defamation (19 July 2010) <http://conflictoflaws.net/2010/von-hein-on-rome-ii-and-defamation>.

[76] Kritisch dazu NK-BGB/*Knöfel* Art. 30 Rom II-VO Rn. 13–17.

[77] Magnus/Mankowski/*Mankowski* Art. 1 Rome II Regulation Rn. 175.

[78] Näher *Mankowski*, StAZ 2011, 93.

[79] *Dickinson* Rn. 3.228; M. *Weller/Nordmeier*, in: Spindler/Schuster, Recht der elektronischen Medien, 3. Aufl. 2015, Art. 40 EGBGB Rn. 11; *Brkan*, EDPL 2016, 1, 8 f.; *C. Kohler*, RDIPP 2016, 653, 673 f.; BeckOGK/*Fornasier* Art. 40 EGBGB Rn. 94; *Lüttringhaus*, ZvglRWiss 2018, 50, 75 f. Tendenziell anders (allerdings in lauterkeitsrechtlichem Kontext) BGH NJW 2016, 3445, 3447.

[80] EuGH Slg. 2010, I-11063 Rn. 47 – Volker und Markus Schecke GbR u. Harmut Eifert/Land Hessen; EuGH EU:C:2014:317 Rn. 38, 68 f. – Google Spain SL u. Google Inc./Agencia Española de Protección de Datos (AEPD); EuGH EU:C:2015:650 Rn. 39 – Maximilian Schrems/Data Protection Commissioner.

[81] *Lüttringhaus*, ZvglRWiss 117 (2018), 50, 75.

[82] *Agrifoglio*, Europa e dir. priv. 2017, 1265.

[83] Ob ex lege entstehende constructive trusts von Art. 1 II lit. e Rom II-VO erfasst sind, ist umstritten; *Schinkels*, ZEuP 2018, 250, 254 mwN.

[84] P. Huber/*Bach* Art. 1 Rom II-VO Rn. 38; NK-BGB/*Knöfel* Art. 1 Rom II-VO Rn. 39; Magnus/Mankowski/*Mankowski* Art. 1 Rom II-VO Rn. 107; siehe auch OGH EF-Z 2015, 283; OGH iFamZ 2016, 122, 123 = ZfRV 2016, 80; *Gitschthaler*, EF-Z 2015, 283; *Fucik*, iFamZ 2016, 123.

[85] Näher *Magnus*, FS Jan Kropholler, 2008, S. 595; Magnus/Mankowski/*Mankowski* Art. 1 Rom II-VO Rn. 160–164.

[86] → § 2 Rn. 21.

III. Sachlicher Anwendungsbereich der Rom II-VO

Art. 1 II lit. a Var. 1 Rom II-VO klammert außervertragliche Schuldverhältnisse aus Familienbeziehungen aus. Allerdings darf dafür das Familienverhältnis nicht bloße Vorfrage sein, sondern muss prägender Teil der Hauptfrage sein.[87] Einen Basisbestand dessen, was Familienbeziehungen sind, umschreibt Erwägungsgrund (10) Rom II-VO: Elternschaft, Ehe, Verwandtschaft. Insoweit erfolgt keine Qualifikationsverweisung auf IPR oder Sachrecht des jeweiligen Forums.

Im Gegensatz dazu spricht Art. 1 II Var. 2 Rom II-VO eine Qualifikationsverweisung aus, richtigerweise auf das IPR des Forums. Ihr Gegenstand sind Rechtsverhältnisse, welchen „das auf sie anwendbare Recht" den Familienbeziehungen vergleichbare Wirkungen beimisst. Dahinter verbirgt sich ein weiterer hochpolitischer Kompromiss. Im Auge hatte man insbesondere gleichgeschlechtliche Partnerschaften, aber auch nichteheliche, sei es auch registrierte verschiedengeschlechtliche Partnerschaften. Beide Phänomene stoßen in manchen (osteuropäischen) Mitgliedstaaten auf strikte Ablehnung. Diese Opposition verhinderte eine europäisch-autonome Lösung nach dem Vorbild des Art. 1 II lit. a iVm Erwägungsgrund (10) Rom II-VO.

d) Ausnahmen für unerlaubte Handlungen mit Bezug zu Wertpapieren oder zum Gesellschaftsrecht. aa) Grundsätzliches. Kapitalmarktrecht und Kapitalanlegerschutz gehören heute zu den wichtigsten Fallgestaltungen grenzüberschreitender Delikte. Gerade in diesem Bereich aber kann man die Technik beobachten, dass Ausnahmen die Reichweite der einheitlichen Regeln einschränken. Art. 1 II lit. c Rom II-VO nimmt außervertragliche Schuldverhältnisse aus handelbaren Wertpapieren aus, sofern die Verpflichtungen aus jener Handelbarkeit entstehen. Art. 1 II lit. d Var. 1 Rom II-VO nimmt außervertragliche Schuldverhältnisse, die sich aus dem Gesellschaftsrecht ergeben, aus. Damit wird die sachliche Reichweite der Rom II-VO im Finanz- und Kapitalmarktrecht unschärfer.[88] Man muss sich in vielen Punkten jedenfalls erst einmal mit den Ausnahmen und ihrem Gehalt befassen. Entmaterialisierung von Wertpapieren bewirkt einen Übergang von Wertpapieren zu Wertrechten, während gleichzeitig hergebrachte rechtliche Formen in den Sachrechten beibehalten werden. Rechtlich geht es um Aktien, Optionen, Derivate, aus der Sicht des Kapitalmarktes wirtschaftlich um securities. Anlegerschutz findet rechtlich seinen Platz nicht im eigentlichen Wertpapierrecht, aber häufig doch in Gesetzen, die sich noch an Wertpapierterminologie anlehnen. Man denke aus deutscher Sicht nur an das *Wertpapier*handels- und das *Wertpapier*übernahmegesetz.

Fallen etwa Schadensersatzansprüche aus §§ 97; 98 WpHG 2018 wegen unterlassener oder fehlerhafter ad hoc-Informationen nun unter die Rom II-VO oder kraft einer Ausnahme, primär wohl Art. 1 II lit. c Rom II-VO, aus der Rom II-VO heraus? Moderne Kapitalmarktinformationshaftung ist eigentlich kein traditionelles Wertpapierrecht mehr. Wie steht es um die Haftung für fehlerhafte oder unterlassene Übernahmeangebote oder für fehlerhaftes squeezing out? Beides hat ja durchaus mit Mitgliedschaftsrechten und damit mit der gesellschaftsrechtlichen Seite von Aktien zu tun. Der Einsatz traditioneller Kategorien und das Operieren im Grenzbereich machen es Anlegern jedenfalls nicht einfacher, ihre Positionen zu erkennen und ihre Rechte durchzusetzen.[89]

Schon die Erwägungsgründe der Rom II-VO schweigen und helfen nicht beim besseren Verständnis der Ausnahmetatbestände. Art. 1 II lit. c Rom II-VO importiert sachlich Art. 1 II lit. d Rom I-VO, der seinerseits in der Formulierung Art. 1 II lit. c EVÜ fortführt, allerdings mit der wichtigen Modifikation, dass unter dem EVÜ eine Qualifikationsverweisung auf die lex fori erfolgte,[90] während unter den Verordnungen gemeinschaftsautonome Maßstäbe für die Begriffsausfüllung obwalten.[91] Verpflichtungen, „die aus der Handelbar-

---

[87] *C. Mayer*, Haftung und Paarbeziehung, 2017, S. 438.
[88] *Mankowski*, Interessenpolitik und europäisches Kollisionsrecht, 2011, S. 76.
[89] *Mankowski*, Interessenpolitik und europäisches Kollisionsrecht, 2011, S. 76.
[90] Siehe dort Bericht *Giuliano/Lagarde*, ABl. EWG 1980 C 282 Art. 1 EVÜ Bem. (4).
[91] *Garcimartín Alférez*, EuLF 2008, I-61, I-63 Fn. 16; *Mankowski*, IHR 2008, 133, 134; *ders.*, TranspR 2008, 339, 352; *Kopper*, Der multimodale Ladeschein im internationalen Transportrecht, 2007, S. 122; *Ramming*, HmbZSchR 2009, 21, 29; vgl. auch *Stevens*, EJCCL 2009, 126, 127 f.

keit entstehen", waren aber seit je ein kaum verständlicher, ja bei wörtlichem Verständnis sinnleerer Terminus.[92] Man hat also eine Schwachstelle in einen anderen Kontext transponiert.

32 Beide Ausnahmetatbestände dürften Qualifikationsabgrenzungen ausweichen wollen und scheinen einer jeweils (vermeintlich) sachnäheren Materie weichen zu wollen. Indes reißen sie Lücken. Sie erhöhen die Komplexität. Sie schaffen Unsicherheit gerade auf einem bedeutsamen Gebiet moderner Rechtsbeziehungen, dessen Bedeutung für grenzüberschreitende Rechtsstreitigkeiten sich immer wieder erweist. Die Internationalität der Märkte wird leider nicht in einer hinreichend klaren, positiven IPR-Regelung auf europäischer Ebene aufgefangen. Andererseits sollte man nicht die Probleme unterschätzen, die sich stellen würden, wenn man sich ernsthaft daran machte, den kapitalmarktrechtlichen Delikten eine eigene Kollisionsnorm widmen zu wollen.[93] Dies finge schon mit der Frage an, ob man dabei nach einzelnen Haftungstatbeständen differenzieren und diese je gesondert anknüpfen sollte. Noch ein auf den ersten Blick scheinbar so klarer Anknüpfungspunkt wie die Emission auf einem Markt könnte Definitionsprobleme nach sich ziehen.[94]

33 Kapitalmarktinformationshaftung findet sich häufig in speziellen Regulierungsakten. Soweit diese EU-Verordnungen sind, muss man zunächst fragen, ob sie sachlich anwendbar sind. Sodann muss man im nächsten Schritt untersuchen, ob die jeweilige VO IPR-Kollisionsnormen enthält. Gemeinhin werden Verordnungen, von öffentlich-rechtlichem Regulierungsdenken geprägt, allenfalls einseitige Kollisionsnormen in Gestalt von Normen enthalten, die ihren räumlichen Anwendungsbereich abstecken. Wenn es solche Normen gibt, genießen sie nach Art. 27 Rom II-VO Spezialitätsvorrang vor der Rom II-VO. Als ein Beispiel dafür wird Art. 35a RatingVO[95] reklamiert.[96] Prominentestes Beispiel dürfte Art. 3 DSGVO werden, der eben auch einseitige, zur DSGVO hinführende Kollisionsnorm ist und insbesondere an die verordnungsautonome Haftungsregel des Art. 82 DSGVO anknüpft.[97] Typischerweise findet man jedoch keine, nicht einmal in diesem Sinne einseitige IPR-Kollisionsnormen in den Verordnungen. Ein Rückgriff auf deren sonstige (dann notwendig Sach-)Normen, um daraus die eigentlich fehlenden Kollisionsnormen im Wege der Auslegung zu gewinnen, erscheint in der Regel unpassend.[98]

34 bb) Prospekthaftung. Als praktisch wohl wichtigstes Beispiel sei die Prospekthaftung herausgegriffen: Prospekthaftung, wie sie sich namentlich im Umfeld der ProspektRL,[99] ab

---

[92] *v. Bar*, FS Werner Lorenz zum 70. Geb., 1991, S. 273, 285; *Mankowski*, Seerechtliche Vertragsverhältnisse im Internationalen Privatrecht, 1995, S. 140. Eingehend zur Auslegung des Begriffs *Mankowski*, Seerechtliche Vertragsverhältnisse im Internationalen Privatrecht, 1995, S. 134–149; *ders.*, TranspR 2008, 417, 420–423.
[93] Siehe Überlegungen und Vorschläge bei *M. Lehmann*, IPRax 2012, 399; *dems.*, RCDIP 101 (2012), 485; *Corneloup*, in: *Douchy-Oudot/E. Guinchard* (éds), La justice civile européenne en marche, 2012, S. 63.
[94] Siehe nur *A. Junker*, RIW 2010, 257, 260.
[95] VO (EG) Nr. 1060/2009 des Europäischen Parlaments und des Rates vom 16.9.2009 über Ratingagenturen, ABl. EU 2009 L 302/1 in der Fassung durch VO (EU) Nr. 513/2011 des Europäischen Parlaments und des Rates vom 21.5.2011 über die Änderung der VO (EG) Nr. 1060/2009 über Ratingagenturen, ABl. EU 2011 L 145/30 und VO (EU) Nr. 462/2013 des Europäischen Parlaments und des Rates vom 21.5.2013 über die Änderung der VO (EG) Nr. 1060/2009 über Ratingagenturen, ABl. EU 2013 L 146/1.
[96] Näher *Steinrötter*, ZIP 2015, 110.
[97] *de Miguel Asensio*, REDI 69 (2017), 75, 104; *Melcher*, in: Gössl (Hrsg.), Politik und Internationales Privatrecht, 2017, S. 129, 137–139; *Lüttringhaus*, ZvglRWiss 2018, 50, 72 f. sowie *Steinrötter*, EWS 2015, 83, 91.
Anders *Gola/C. Piltz*, DSGVO, 2017, Art. 3 DSGVO Rn. 40; *Jault-Seseke*, D. 2016, 2315.
[98] *Steinrötter*, RIW 2015, 407 (407); *U. G. Schroeter*, in: Zetzsche/M. Lehmann (Hrsg.), Grenzüberschreitende Finanzdienstleistungen, 2018, § 11 Rn. 62–68.
Zur Art. 35a IV 1, 2 RatingVO ausfüllenden, ergänzenden Anknüpfung über Art. 4 Rom II-VO dagegen *Dutta*, WM 2013, 1729, 1731; *ders.*, IPRax 2014, 33, 39; *Haar*, DB 2013, 2289, 2294; *U. G. Schroeter*, in: Zetzsche/M. Lehmann (Hrsg.), Grenzüberschreitende Finanzdienstleistungen, 2018, § 11 Rn. 80–84.
[99] Richtlinie 2003/71/EG des Europäischen Parlaments und des Rates vom 4.11.2003 betreffend den Prospekt, der beim öffentlichen Angebot von Wertpapieren oder bei deren Zulassung zum Handel zu veröffentlichen ist, und zur Änderung der Richtlinie 2001/34/EG, ABl. EG 2003 L 345/64.

III. Sachlicher Anwendungsbereich der Rom II-VO **35 § 2**

21.7.2019 der ProspektVO[100], ergeben kann,[101] ist deliktisch zu qualifizieren[102] und dementsprechend grundsätzlich nach Art. 4 Rom II-VO anzuknüpfen. Weder die Bereichsausnahme des Art. 1 II lit. d Rom II-VO für gesellschaftsrechtliche Fragen erfasst die Prospekthaftung, noch die Bereichsausnahme des Art. 1 II lit. c Rom II-VO für genuin wertpapierrechtliche Aspekte.[103] Ein eigenständiger kollisionsrechtlicher Gehalt der Artt. 6 II UAbs. 1, I 1 ProspektRL; 11 II UAbs. 1, I 1; 24 I 1 ProspektVO ist ebenso abzulehnen[104] wie eine eingriffsrechtliche Qualifikation der Prospekthaftung.[105] Die Prospektpflicht will eine Informationsasymmetrie gegenüber dem gesamten Anlagepublikum und damit auch gegenüber bloßen Interessenten, die später keine Vertragspartner des Emittenten werden, ausgleichen.[106]

Als Marktdelikt folgt für sie daraus, wenn es keine wirksame Rechtswahl unter Art. 14   **35** Rom II-VO gibt,[107] eine objektive Anknüpfung an den Marktort als Erfolgsort,[108] heute unter Art. 4 I Rom II-VO.[109] Dafür ist nicht die Ausweichklausel des Art. 4 III Rom II-VO zu bemühen,[110] obwohl eine akzessorische Anknüpfung an das Statut der Prospektpflicht[111] oder an das Recht, welchem die Billigung des Prospekts durch die zuständige Behörde unterlag,[112] durchaus eine elegante Idee ist. Beides würde aber eine spezielle Regel in die auf Abweichungen im Einzelfall zugeschnittene Ausweichklausel des Art. 4 III Rom II-VO hineinlesen und damit deren Platz im System missachten.[113] Zudem würde es

---

[100] Verordnung (EU) 2017/1129 des Europäischen Parlaments und des Rates vom 14.6.2017 über den Prospekt, der beim öffentlichen Angebot von Wertpapieren oder bei deren Zulassung zum Handel an einem geregelten Markt zu veröffentlichen ist, und zur Aufhebung der Richtlinie 2003/71/ EG, ABl. EU 2017 L 168/12.
[101] Dazu z. B. *Ferran*, ECFLR 2007, 461, 473–489.
[102] Dafür *Köstlin*, Anlegerschutz und Auslandsbeziehung, 1985, S. 127 f. (ebenso *Hopt*, Vorwort, ebd., S. 4, 5); *Grundmann*, RabelsZ 54 (1990), 283, 310; *G. Schuster*, Der internationale Anwendungsbereich des Börsenrechts, 1996, S. 560 f.; *J. Schneider*, Kapitalmarktrechtlicher Anlegerschutz und Internationales Privatrecht, 1998, S. 253; *Kronke*, RdC 286 (2000), 245, 309 f.; *Spindler*, ZHR 165 (2001), 324, 351 f.; *Bischoff*, AG 2002, 489, 491; *Floer*, Internationale Reichweite der Prospekthaftung, 2002, S. 148; *Benicke*, FS Erik Jayme, 2004, S. 1, 33 f.; *Einsele*, Bank- und Kapitalmarktrecht, 2006, § 7 Rn. 93; *Kuntz*, WM 2007, 432, 435; *Tschäpe/R. Kramer/Glück*, RIW 2008, 657, 662; *v. Hein*, in: Perspektiven des Wirtschaftsrechts – Beiträge für Klaus J. Hopt, 2008, S. 371, 384 f.; *C. Schmitt*, BKR 2011, 366, 369 f.; *Uhink*, Internationale Prospekthaftung nach der Rom II-VO, 2016, S. 56–63, 83 f., 88 f.
[103] Eingehend *v. Hein*, in: Perspektiven des Wirtschaftsrechts – Beiträge für Klaus J. Hopt, 2008, S. 371, 379–384; *C. Schmitt*, BKR 2011, 366, 368 f.; *Uhink*, Internationale Prospekthaftung nach der Rom II-VO, 2016, S. 90–94.
[104] *Benicke*, FS Erik Jayme, 2004, S. 1, 36; *Kuntz*, WM 2007, 432, 433; *v. Hein*, in: Perspektiven des Wirtschaftsrechts – Beiträge für Klaus J. Hopt, 2008, S. 371, 385; *Oulds*, WM 2008, 1573, 1574; *P. Denninger*, Grenzüberschreitende Prospekthaftung und Internationales Privatrecht, 2015, S. 234 f.
[105] *v. Hein*, in: Perspektiven des Wirtschaftsrechts – Beiträge für Klaus J. Hopt, 2008, S. 371, 388 f.
[106] *Floer*, Internationale Reichweite der Prospekthaftung, 2002, S. 134.
[107] Zur Anwendung des Art. 14 Rom II-VO im Kontext der Prospekthaftung *Uhink*, Internationale Prospekthaftung nach der Rom II-VO, 2016, S. 97–108.
[108] Siehe nur OGH ÖBA 2016, 528, 529; *Grundmann*, RabelsZ 54 (1990), 283, 304 f.; *ders.*, in: Schimansky/Bunte/Lwowski* (Hrsg.), Bankrechts-Handbuch, 3. Aufl. 2007, § 112 Rn. 65; *G. Fischer*, JZ 1991, 168, 174; *Hopt*, FS Werner Lorenz zum 70. Geb., 1991, S. 413, 421 f.; *J. Schneider*, Kapitalmarktrechtlicher Anlegerschutz und Internationales Privatrecht, 1998, S. 269–272; *H.-D. Assmann*, FS Rolf A. Schütze zum 65. Geb., 1999, S. 15, 28 f.; *Spindler*, ZHR 165 (2001), 324, 352, 359; *K. M. Bischoff*, AG 2002, 489, 492–494; *G. Bachmann*, IPRax 2007, 77, 79; *Henk*, Die Haftung für culpa in contrahendo im IPR und IZVR, 2007, S. 324–327.
[109] Inhaltlich zustimmend, aber skeptisch hinsichtlich der Subsumierbarkeit unter Art. 4 I Rom II-VO *Freitag*, WM 2015, 1165 (1165).
[110] Dahin aber *v. Hein*, in: Perspektiven des Wirtschaftsrechts – Beiträge für Klaus J. Hopt, 2008, S. 371, 390–392.
Für eine publizitätsakzessorische Anknüpfung über Art. 4 III Rom II-VO *P. Denninger*, Grenzüberschreitende Prospekthaftung und Internationales Privatrecht, 2015, S. 274–276.
[111] Dafür *Benicke*, FS Erik Jayme, 2004, S. 25, 36 f.; *v. Hein*, in: Basedow/Hopt/R. Zimmermann (Hrsg.), Handwörterbuch des Europäischen Privatrechts, 2009, S. 944.
[112] Dafür *Steinrötter*, Beschränkte Rechtswahl im Internationalen Kapitalmarktprivatrecht und akzessorische Anknüpfung an das Kapitalmarktordnungsstatut, 2014, S. 216–242; *ders.*, RIW 2015, 407, 413.
[113] Allgemein → § 2 Rn. 201. Wie hier *Kontogeorgou*, Das IPR der Kapitalmarktdelikte, 2018, S. 180–188.

im Kern auf eine Handlungsortsanknüpfung hinauslaufen.[114] Außerdem wird Inkompatibilität mit dem vertriebs- und damit marktbezogenen Ansatz der ProspektRL und der OGAW-RL[115] moniert,[116] des Weiteren mit den Wertungen des Internationalen Verbraucher- und Anlegerschutzrechts.[117] Platzierung und Staat der ersten Prospektbilligung können auseinanderfallen.[118] Art. 12 Rom II-VO wiederum ist nicht der richtige Ort, weil keine spezifische Betroffenheit von Vertrags*verhandlungen* verlangt ist.[119] Klarheit wäre jedenfalls geschaffen, wenn es eine eigene Spezialnorm für die Prospekthaftung (oder darüber hinausgreifend für die Kapitalmarktinformationshaftung schlechthin) gäbe,[120] an der es aber de regulatione lata fehlt.[121]

36 Der Schutz des Marktes steht freilich neben dem Individualschutz, denn Kapitalmarkthaftung hat gemeinhin individuelle Schadensersatzansprüche der einzelnen Geschädigten zur Folge. Der Individualschutz ist von dieser Rechtsfolge her gedacht, die man nicht allein als Mittel und Reflex bewerten kann, mindestens gleichgewichtig. Private enforcement geht hier weiter als im Kartellrecht. Mit mindestens derselben Berechtigung, wie sich eine Marktortanknüpfung vertreten lässt, lässt sich daher eine Anwendung der opferfreundlichen Anknüpfung an den Erfolgsort, den Ort der Verletzung des Opfervermögens, vertreten.[122] Prospekthaftung würde dann durchaus passend als Vermögensdelikt verstanden. Nicht alle Anleger auf demselben Markt würden gleichbehandelt, sondern alle Anleger in demselben Finanzprodukt.[123] Auch eine „gefilterte"[124] Anwendung des Art. 4 I Rom II-VO kann also zu einem Ergebnis führen.

37 Neben eine Prospekthaftung kann gegebenenfalls eine genuin deliktisch anzuknüpfende Haftung aus § 823 II BGB iVm § 7 AuslInvG treten, unter Umständen verstärkt durch eine ebenfalls deliktisch anzuknüpfende Handelndenhaftung bei Auftreten auf dem deutschen Inlandsmarkt.[125]

38 Spezifische Börsenzulassungsprospekte sind dem Recht der Börse zu unterstellen, für welche die Zulassung erfolgen soll.[126] Zumindest für die deutschrechtliche Haftung nach §§ 44; 45 BörsG ist allein dies sachgerecht, eben weil sie eine inländische Börsenzulassung voraussetzt. Darin treffen sich im Übrigen auch die Auffassungen, die deliktisch qualifizieren[127] und an den – hier notwendig inländischen – Marktort anknüpfen.[128] Eine Anknüpfung nach Internationalem Schuldvertragsrecht[129] scheidet ebenso aus wie eine eingriffsrechtliche Sonderanknüpfung.[130] Öffentlich-rechtliche Prospektpflichten schließlich gehören unter Art. 17 Rom II-VO und sind an den Ort der ursprünglichen Prospektbilligung anzuknüp-

---

[114] *Einsele*, ZEuP 2012, 23, 33.
[115] Richtlinie 2009/65/EG des Europäischen Parlaments und des Rates vom 13.7.2009 zur Koordinierung der Rechts- und Verwaltungsvorschriften betreffend bestimmte Organismen für gemeinsame Anlagen in Wertpapieren, ABl. EG 2009 L 302/32.
[116] *Freitag*, WM 2015, 1165, 1171.
[117] *Einsele*, ZEuP 2012, 23, 33 f.; *dies.*, RabelsZ 81 (2017), 781, 811.
[118] *Gomille*, JZ 2017, 289, 295.
[119] *P. Denninger*, Grenzüberschreitende Prospekthaftung und Internationales Privatrecht, 2015, S. 173–179 sowie *Uhink*, Internationales Prospekthaftung nach der Rom II-VO, 2016, S. 58 f.
[120] Einen Vorschlag entwickelt *Uhink*, Internationale Prospekthaftung nach der Rom II-VO, 2016, S. 205–219.
[121] *Steinrötter*, RIW 2015, 407 (407).
[122] *P. Denninger*, Grenzüberschreitende Prospekthaftung und Internationales Privatrecht, 2015, S. 242.
[123] *P. Denninger*, Grenzüberschreitende Prospekthaftung und Internationales Privatrecht, 2015, S. 243 f.
[124] MüKoBGB/*M. Lehmann* IntFinMarktR Rn. 549.
[125] Eingehend OLG Celle WM 2003, 325.
[126] Dafür *Floer*, Internationale Reichweite der Prospekthaftung, 2002, S. 153.
[127] *E. Rehbinder*, FS Heinrich Kronstein, 1967, S. 203, 220; *H.-D. Assmann*, Prospekthaftung, 1985, S. 252 f.; *Grundmann*, RabelsZ 54 (1990), 283, 308 f.; *Hopt*, Die Verantwortlichkeit der Banken bei Emissionen, 1991, Rn. 420.
[128] *Spindler*, NZG 2000, 1058, 1060; *ders.*, ZHR 165 (2001), 324, 352.
[129] Dafür aber wohl *Schwark/D. Zimmer/H. Beck*, Kapitalmarktrechts-Kommentar, 4. Aufl. 2010, §§ 45, 46 BörsG Rn. 33; *W. Groß*, Kapitalmarktrecht, 3. Aufl. 2008, §§ 44, 45 BörsG Rn. 4.
[130] Dafür aber *Ebenroth*, FS Max Keller, 1989, S. 391, 407 f.; *Kiel*, Internationales Kapitalanlegerschutzrecht, 1994, S. 245, 257.

III. Sachlicher Anwendungsbereich der Rom II-VO   39–41 § 2

fen,[131] insoweit als eine Art Herkunftslandprinzip.[132] Art. 17 Rom II-VO muss andere Hürden überwinden als der engere Art. 16 Rom II-VO, der eben nur eine Sonderanknüpfung forumstaatlichen Eingriffsrecht erlaubt.[133]

De lege ferenda wäre eine eigene Kollisionsnorm für die Prospekthaftung und verwandte 39
Delikte der Kapitalmarktinformationshaftung sinnvoll. Angemessen und ausgereift erscheint folgender von *M. Lehmann*[134] entworfener und vom Deutschen Rat für Internationales Privatrecht[135] befürworteter Art. 6a:

„(1) Auf außervertragliche Schuldverhältnisse aus unerlaubtem Verhalten auf dem Finanzmarkt ist das Recht des Staates anzuwenden, in dem das betreffende Finanzinstrument zum Handel an einem geregelten Markt zugelassen ist. Im Falle von Mehrfachnotierungen ist das Recht des Staates anzuwenden, in dem das Finanzinstrument erworben oder veräußert wurde. Dasselbe gilt im Fall des Handels außerhalb eines geregelten Marktes, es sei denn, dass die Person, deren Haftung geltend gemacht wird, dieses Recht vernünftigerweise nicht voraussehen konnte.

(2) Ergibt sich aus der Gesamtheit der Umstände, dass das Verhalten eine offensichtlich engere Verbindung mit einem anderen als dem in Absatz 1 bezeichneten Staat aufweist, so ist das Recht dieses anderen Staates anzuwenden.

(3) Kann das anzuwendende Recht nicht nach Absatz 1 bestimmt werden, so unterliegt das außervertragliche Schuldverhältnis dem Recht des Staates, zu dem es die engste Verbindung aufweist.

(4) Betrifft das unerlaubte Verhalten Märkte in mehr als einem Staat, so kann ein Geschädigter, der vor einem Gericht im Mitgliedstaat des Wohnsitzes des Beklagten klagt, seinen Anspruch auf das Recht des Mitgliedstaats des angerufenen Gerichts stützen, sofern das Finanzinstrument in diesem Mitgliedstaat zum Handel zugelassen ist oder öffentlich angeboten wird.

(5) Beeinträchtigt ein unerlaubtes Verhalten auf dem Finanzmarkt ausschließlich die Interessen einer bestimmten Person, sind Artikel 4 und 14 anwendbar.

(6) Von dem nach Absatz 1 bis 4 anzuwendenden Recht kann nur durch eine Vereinbarung nach Eintritt des schadensbegründenden Ereignisses abgewichen werden."

Im Kern wäre dies eine ausgefeilte Marktortanknüpfung mit einer Ausweich- und einer 40
Auffangklausel sowie in IV einer Möglichkeit zur Konzentration.[136] Daran werden (auf ein relatives Optimum zusteuernde) Rechtsklarheit und Rechtssicherheit gelobt.[137] Die im IZPR entwickelten Ansätze aus der Kolassa-Entscheidung des EuGH[138] lassen sich jedenfalls nicht in das IPR übertragen.[139] Kapitalmarkthaftung, insbesondere Kapitalmarktinformationshaftung an den Markt anzuknüpfen bleibt sinnvoll, weil Kapitalmarktrecht Marktordnungsrecht ist.[140]

Interessanterweise will VI Parteiautonomie nicht – wie in Art. 6 IV Rom II-VO für an- 41
deres Marktkollisionsrecht – schlechterdings ausschließen, sondern Rechtswahl ex post zu lassen.[141] Dies müsste aber beantworten können, ob der Einzelne wirklich kollisionsrecht-

---

[131] *M. Lehmann,* IPRax 2012, 399, 405; *P. Denninger,* Grenzüberschreitende Prospekthaftung und Internationales Privatrecht, 2015, S. 240 f.; *Schacherreiter,* ÖBA 2016, 529, 531.
[132] *Einsele,* RabelsZ 81 (2017), 781, 804.
[133] Vgl. MüKoBGB/*A. Junker* Art. 16 Rom II-VO Rn. 31; BeckOK BGB/*Spickhoff* Art. 17 Rom II-VO Rn. 2; *Einsele,* RabelsZ 81 (2017), 781, 803: Art. 17 Rom II-VO sei lex specialis zu Art. 16 Rom II-VO.
[134] *M. Lehmann,* IPRax 2012, 399, 403 f.
[135] Deutscher Rat für Internationales Privatrecht (Zweite Kommission), IPRax 2012, 470; zustimmend *Schacherreiter,* ÖBA 2016, 529, 532; ähnlich *Freitag,* WM 2015, 1165 (1165, 1171); *Gomille,* JZ 2017, 289, 295.
[136] *Schacherreiter,* ÖBA 2016, 529, 532.
[137] BeckOGK/*Poelzig/Windorfer* Art. 6 Rom II-VO Rn. 264.
[138] EuGH ECLI:EU:C:2015:37 Rn. 51–57 – Harald Kolassa/Barclays Bank plc.
[139] *Freitag,* WM 2015, 1165, 1169; *M. Lehmann,* (2016) 12 JPrIL 318, 337 f.
[140] *Einsele,* RabelsZ 81 (2017), 781, 787–790.
[141] BeckOGK/*Poelzig/Windorfer* Art. 6 Rom II-VO Rn. 265.

lich dispositionsberechtigt werden soll, sobald er individuell reklamieren kann, einen Schaden erlitten zu haben.

42 *e) Atomhaftung.* Art. 1 II lit. f Rom II-VO grenzt Schäden aus Kernenergie aus. Die Atomhaftung unterfällt nicht der Rom II-VO. Die Materie war zu sehr politisch aufgeheizt. Rechtstechnisch unterliegt sie zudem in erheblichem Umfang internationalen Sonderregeln,[142] wenn auch „nur" auf der sachrechtlichen Ebene.

43 **4. Fortgelten nationalen Kollisionsrechts in den Ausnahmebereichen: Artt. 38– 42 EGBGB.** *a) Ausgangslage.* In den sachlichen Ausnahmebereichen der Rom II-VO gilt das nationale Kollisionsrecht der Mitgliedstaaten fort. Denn insoweit beansprucht die Rom II-VO ja gerade keinen verdrängenden Vorrang. Der deutsche Gesetzgeber hat daraus die Konsequenz gezogen und die Artt. 38–42 EGBGB nicht aufgehoben, im Kontrast zu Artt. 27–37 EGBGB, die im Internationalen Schuldvertragsrecht der Rom I-VO vollständig gewichen sind und formell aufgehoben wurden.[143]

44 Artt. 38–42 EGBGB haben weiterhin eine Funktion, wenn auch sachlich eben stark eingegrenzt auf die Ausnahmebereiche der Rom II-VO. Da sie in ihrem Wortlaut gegenüber dem früheren Rechtszustand vor Wirksamwerden der Rom II-VO unverändert geblieben sind, vermitteln sie allerdings den gefährlichen und irreführenden Eindruck, weiterhin allgemein gültige Kollisionsnormen zu sein. Dass sie den ganz überwiegenden Teil ihres ursprünglichen Anwendungsbereichs verloren haben, wird aus ihrem Wortlaut leider nicht deutlich. Echte praktische Bedeutung können Artt. 38–42 EGBGB heute nur noch für Persönlichkeitsrechtsverletzungen reklamieren.[144] Ganz im Vordergrund steht insoweit das Deliktskollisionsrecht mit Artt. 40–42 EGBGB.

45 *b) Stufen im deutschen Internationalen Deliktsrecht der Artt. 40–42 EGBGB.* Erste Stufe ist die Frage, ob Gläubiger und Schuldner nach der Verletzung eine Rechtswahl getroffen haben. Eine nachträgliche, aber keine vorherige Rechtswahl dürfen sie nach Art. 42 EGBGB treffen, ohne zeitliche Beschränkung (auch nicht analog Art. 40 I 3 EGBGB),[145] solange die (behauptete) Forderung noch besteht.[146] Erfolgt keine Rechtswahl, so kommt auf der zweiten Stufe gemäß Art. 40 II EGBGB das Recht eines etwaigen gemeinsamen gewöhnlichen Aufenthalts von Verletztem und Schädiger zum Zuge.

46 Auf der dritten Stufe gelangt man subsidiär zur eigentlichen Zentralnorm des deutschen Deliktskollisionsrechts, nämlich Art. 40 I EGBGB. Art. 40 I 1 EGBGB beruft das Recht des Handlungsortes. Ein Handlungsort liegt dort, wo der Schädiger eine für den Schadenserfolg ursächliche Aktivität[147] entfaltet hat,[148] bei Unterlassen, wo er nach dem jeweiligen Ortsrecht hätte handeln müssen.[149] Vorbereitungshandlungen sollen nach herrschender Meinung[150] nicht relevant sein, womit aber z.B. das Konzipieren und das Schreiben eines

---

[142] Zu diesen z.B. *Kissich,* Internationales Atomhaftungsrecht, 2004; *Magnus,* FS Jan Kropholler, 2008, S. 595; *Hinteregger,* FS Helmut Koziol, 2010, S. 667; *Schärf,* Europäisches Atomrecht, 2. Aufl. 2012, S. 54–75.

[143] Letzteres durch Art. 5 Nr. 4 Gesetz zur Anpassung der Vorschriften des Internationalen Privatrechts an die Verordnung (EG) Nr. 593/2008 vom 25.6.2009, BGBl. 2009 I 1574.

[144] Siehe nur *Mansel,* FS Claus-Wilhelm Canaris zum 80. Geb., 2017, S. 739, 770.

[145] NK-BGB/*G. Wagner* Art. 42 EGBGB Rn. 4.

[146] *A. Junker,* JZ 2000, 477, 478 f.

[147] Näher zu Handlungsbewusstsein des Täters, Kausalität oder Zurechnung, actio libera in causa, wiederholten oder Dauer-Delikten *Mankowski,* FS Reinhold Geimer zum 80. Geb., 2017, S. 429, 435–438.

[148] Siehe nur BGHZ 29, 237, 239 f.; *Hohloch,* Das Deliktsstatut, 1984, S. 104; *Mankowski,* RabelsZ 63 (1999), 203, 257 sowie EuGH Slg. 2009, I-6917 Rn. 27 – Zuid-Chemie BV/Philippo's Mineralenfabriek NV/SA; BGE 125 III 346, 350; BGE 131 III 153; OLG Düsseldorf IPRspr. 2011 Nr. 234 S. 607; LG Frankfurt/Main AfP 2010, 512; *Chronos Containers NV v. Palatin* [2003] I.L.Pr. 283, 293 f. (Q.B.D., Morrison J.).

[149] Siehe nur *Spickhoff,* IPRax 2000, 1, 4; NK-BGB/*G. Wagner* Art. 40 EGBGB Rn. 17.

[150] Z.B. BGH MDR 1957, 31, 33; BGHZ 35, 329, 333 f.; Staudinger/*v. Hoffmann* Art. 40 EGBGB Rn. 17; MüKoBGB/*A. Junker* Art. 40 EGBGB Rn. 25; NK-BGB/*G. Wagner* Art. 40 EGBGB Rn. 17 sowie BGE 125 III 346, 350; BGE 131 III 153, 161; BGH IPRspr. 2002 Nr. 107 S. 108; OGH ZfRV 2016, 80, 81 = ZfRV-LS 2016/21; AG Hamburg RIW 1990, 319, 320; *Hohloch,* Das Deliktsstatut, 1984, S. 104;

III. Sachlicher Anwendungsbereich der Rom II-VO   47–51 § 2

Briefes nicht erfasst werden, sondern nur dessen letztendlicher Einwurf. Inhaltsbezogenes würde nicht zählen.[151] Alle Beiträge mehrerer abgestimmt agierender Schädiger sollte man jedem einzelnen Schädiger zurechnen.[152]

Art. 40 I 1 EGBGB stellt genau das gegenteilige Anknüpfungsprinzip zu Art. 4 I Rom **47** II-VO und dessen Grundanknüpfung an den Erfolgsort auf. Die Wasserscheide der Ausnahmen in Art. 1 II Rom II-VO scheint damit auch zur Wasserscheide zwischen entgegengesetzten Anknüpfungsprinzipien zu werden.

Indes eröffnet Art. 40 I 2 EGBGB dem Gläubiger ein einseitig ausübbares Optionsrecht **48** zugunsten des Rechts des Erfolgsortes. Dies ist ein modifiziertes, weil durch einseitigen, formell und fristgerecht ausgeübten Willen einer bestimmten Partei bedingtes Ubiquitätsprinzip,[153] aber keine subjektive Rechtswahl im eigentlichen Sinn, weil der maßgebliche Anknüpfungspunkt im Rahmen der objektiven Anknüpfung gleichsam ausgetauscht wird.[154]

Der Bestimmung des Erfolgsortes sollte man unter Art. 40 I 2 EGBGB im Ausgangs- **49** punkt funktionell dieselben Maßstäbe wie bei Art. 4 I Rom II-VO zugrundelegen und ausfüllend auch auf Artt. 7 Nr. 2 Brüssel Ia-VO; 5 Nr. 3 LugÜ 2007/EuGVVO blicken. Erfolgsort ist der Ort, an welchem das primär geschützte Rechtsgut verletzt wird.[155] Wird für den Erfolgsort optiert, so zieht dies das Mosaikprinzip nach sich: Jedes einzelne Erfolgsortrecht ist berufen, aber nur für den Schaden, der im Staat des jeweiligen Erfolgsorts entstanden ist oder zu entstehen droht.[156] Nur der Gläubiger hat das Optionsrecht, nicht aber der potentielle Schuldner;[157] das ist von Bedeutung, wenn der potentielle Schuldner eine negative Feststellungsklage erhebt.

Das Optionsrecht aus Art. 40 I 2 EGBGB ist gemäß Art. 40 I 3 EGBGB im ersten **50** Rechtszug bis zum Schluss der mündlichen Verhandlung des frühen ersten Termins (§ 275 ZPO) oder alternativ (je nachdem, welches Verfahren das Gericht nach § 272 II ZPO angeordnet hat) bis zum Ende des schriftlichen Vorverfahrens (§ 276 ZPO), d.h. bis zum Eintritt in die mündliche Verhandlung, auszuüben.[158] Die Frist ist eine Ausschlussfrist, mit deren Ablauf das Optionsrecht erlischt.[159]

Ob das Optionsrecht prozessualen Charakter hat[160] oder kollisionsrechtlichen,[161] ist um- **51** stritten und hat Bedeutung für die Bindung an eine einmal getroffene Ausübung z.B. in Fällen der Klagerücknahme.[162] Vorrangig wird Art. 40 I 3 EGBGB für einen prozessualen Charakter

---

B. Bachmann, IPRax 1997, 179, 182; *Coester-Waltjen*, FS Rolf A. Schütze zum 65. Geb., 1999, S. 175, 177; *Kubis*, Internationale Zuständigkeit bei Persönlichkeits- und Immaterialgüterrechtsverletzungen, 1999, S. 148 f.; *W.-H. Roth*, FS Eberhard Schilken, 2015, S. 427, 431.

[151] Für Relevanz von Vorbereitungshandlungen deshalb *Mankowski*, RabelsZ 63 (1999), 203, 262; Magnus/*Mankowski*/*Mankowski* Art. 7 Brussels Ibis Regulation Rn. 270; *Mankowski*, FS Reinhold Geimer zum 80. Geb., 2017, S. 429, 440 f.; *I. Roth*, Die internationale Zuständigkeit deutscher Gerichte bei Persönlichkeitsrechtsverletzungen im Internet, 2007, S. 197 f.

[152] OLG Brandenburg BeckRS 2014, 07701; OLG Stuttgart BeckRS 2016, 04578 Rn. 42–55; Magnus/Mankowski/*Mankowski* Art. 7 Brussels Ibis Regulation Rn. 282–294; *Mankowski*, FS Reinhold Geimer zum 80. Geb., 2017, S. 429, 438 f. sowie EuGH ECLI:EU:C:2015:335 Rn. 47–49 – CDC Hydrogen Peroxide SA/Akzo Nobel NV. Andere Ansicht EuGH ECLI:EU:C:2013:305 Rn. 25–41 – Hans Melzer/MF Global UK Ltd.; EuGH ECLI:EU:C:2014:215 Rn. 27–40 – Hi Hotel HCF SARL/Uwe Spoering; EuGH ECLI:EU:C:2014:1318 Rn. 50 – Coty Germany GmbH/First Note Perfumes NV.

[153] *Spickhoff*, FS Claus-Wilhelm Canaris zum 80. Geb., 2017, S. 547, 565.
[154] MüKoBGB/*A. Junker* Art. 40 EGBGB Rn. 121.
[155] Siehe nur RGZ 140, 25, 29; BGH 70, 7; NK-BGB/*G. Wagner* Art. 40 EGBGB Rn. 18.
[156] Siehe nur BeckOK BGB/*Spickhoff* Art. 40 EGBGB Rn. 41; BeckOGK/*Fornasier* Art. 40 EGBGB Rn. 61 f., 64; PWW/*R. Schaub* Art. 40 EGBGB Rn. 11, 23; Palandt/*Thorn* Art. 40 EGBGB Rn. 10.
[157] *Heiderhoff*, FS Dagmar Coester-Waltjen, 2015, S. 413, 429.
[158] Zur Konkretisierung der Fristenden MüKoBGB/*A. Junker* Art. 40 EGBGB Rn. 42.
[159] MüKoBGB/*A. Junker* Art. 40 EGBGB Rn. 42.
[160] Dafür z.B. *S. Lorenz*, NJW 1999, 2215, 2217; *Spickhoff*, IPRax 2000, 1, 5 f.
[161] Dafür z.B. *v. Hoffmann*, IPRax 1996, 1, 5; *A. Staudinger*, DB 1999, 1589, 1591 f.; *v. Hein*, NJW 1999, 3174, 3175; *Pfeiffer*, NJW 1999, 3674, 3676; *Freitag/Leible*, ZvglRWiss 99 (2000), 101, 122; *A. Junker*, FS Werner Lorenz zum 80. Geb., 2001, S. 321, 331 f.; *Looschelders* Art. 40 EGBGB Rn. 33; *v. Plehwe*, FS Gerda Müller, 2009, S. 159, 162–165.
[162] *G. Wagner*, RabelsZ 62 (1998), 243, 281; NK-BGB/*G. Wagner* Art. 40 EGBGB Rn. 24.

ins Feld geführt.[163] Das hätte indes zwei nachteilige Konsequenzen: Erstens müsste das Optionsrecht in jedem Klageverfahren erneut ausgeübt werden. Es dürfte sogar mit anderem Ergebnis neu ausgeübt werden und wäre nicht konsumiert.[164] Zweitens wäre eine außerprozessuale Ausübung nicht möglich,[165] und der Geschädigte wäre gezwungen Klage zu erheben, um das Optionsrecht ausüben zu können.[166] Außerprozessuale Beilegung ist aber gerade im Deliktsbereich häufig (und sinnvoll).[167] Art. 40 I 3 EGBGB behielte auch bei außerprozessualer Ausübbarkeit seinen Sinn, weil er einen spätesten Ausübungszeitpunkt markierte. Er beruht auf prozessökonomischen Überlegungen und dient im Kern dem Schutz des Gerichts.

52 Praktisch stehen Art. 40 I 2 EGBGB und das Recht des Erfolgortes ganz im Vordergrund, nicht Art. 40 I 1 EGBGB und das Recht des Handlungsortes. Stark vereinfachend kann man grobschnittig sagen, dass typischerweise der Handlungsort beim Täter und der Erfolgsort beim Opfer liegen wird. Der Erfolgsort beschert also dem Opfer ein rechtliches Heimspiel, und die typische Partei ist, wenn sie rational agiert, an einem rechtlichen Heimspiel interessiert. Die Rechtspraxis, in welcher die Ausübung des Optionsrechts vor deutschen Gerichten der absolute Regelfall ist, sieht sich allerdings mit der Befürchtung konfrontiert, Art. 40 I 2 EGBGB könne im Interesse der Gerichtsökonomie eine Übertölpelung nicht hinreichend informierter Gläubiger nach sich ziehen.[168] Allerdings bringt die Ausgestaltung als auszuübendes Optionsrecht für Geschädigte und ihre Berater bei optimaler Rationalität die Notwendigkeit einer Abwägung mit sich, ob die Ausübung für die eigene Position nachteilig sein könnte.[169]

53 Dies gilt umso mehr, wenn das Opfer – wie regelmäßig – im Erfolgsortsgerichtsstand unter Art. 7 Nr. 2 Brüssel Ia-VO bzw. Art. 5 Nr. 3 LugÜ 2007 bzw. § 32 ZPO klagt. Dann verstärkt das durch Ausübung des kollisionsrechtlichen Optionsrechts gewonnene Heimspiel das prozessuale Heimspiel. Dem Gericht des Erfolgsortes kommt es ebenfalls zupass, wenn der klagende Geschädigte sich für das Erfolgsortsrecht entscheidet, dann kann es sein gewohntes forumeigenes Recht anwenden (lex propria in foro proprio), und die tertiären Kosten der Rechtsdurchsetzung sitzen mindestens potentiell. Zu einer synchronen Ausübung seiner Optionen ist das Opfer aber nicht verpflichtet; es muss nicht obligatorisch das Erfolgsortrecht wählen, wenn am Erfolgsort klagt.[170]

54 Nach Art. 40 I oder II EGBGB erzielte Anknüpfungsergebnisse müssen sich einer Abwägung unter der Ausweichklausel des Art. 41 I EGBGB stellen. Eine wesentlich engere Verbindung zu einem anderen als dem vom Regelanknüpfungspunkt bezeichneten Recht setzt sich durch. Das offene Konzept der wesentlich engeren Verbindung wird in Art. 41 II EGBGB regelbeispielhaft konkretisiert. Im Internationalen Deliktsrecht ist insbesondere nach Art. 41 II Nr. 1 EGBGB zu fragen, ob im konkreten Fall eine akzessorische Anknüpfung an das Statut eines herrschenden Rechtsverhältnisses in Betracht kommt. Herrschendes Rechtsverhältnis kann etwa ein Vertrag sein, aber auch ein Familienverhältnis zwischen Verletztem und Schädiger.

c) Insbesondere: Erfolgsort bei der Verletzung von Persönlichkeitsrechten

Literatur: *Dehnert,* Der deliktische Erfolgsort bei reinen Vermögensschäden und Persönlichkeitsrechtsverletzungen, 2011; *v. Hinden,* Persönlichkeitsrechtsverletzungen im Internet und das anwendbare Recht, 1999; *Kernen,* Persönlichkeitsverletzungen im Internet, 2014; *Kropholler/v. Hein,* Der

---

[163] Insbesondere *Spickhoff,* IPRax 2000, 1, 6.
[164] Siehe nur *A. Junker,* FS Werner Lorenz zum 80. Geb., 2001, S. 321, 333; *v. Plehwe,* FS Gerda Müller, 2009, S. 159, 163.
[165] Siehe nur *v. Plehwe,* FS Gerda Müller, 2009, S. 159, 164 f.
[166] *A. Junker,* FS Werner Lorenz zum 80. Geb., 2001, S. 321, 326.
[167] *A. Junker,* FS Werner Lorenz zum 80. Geb., 2001, S. 321, 334.
[168] So *Schurig,* GS Alexander Lüderitz, 2000, S. 699, 703.
[169] *Pfeiffer,* NJW 1999, 3674, 3675 f.; *A. Junker,* RIW 2000, 241, 247 f.; *ders.,* FS Werner Lorenz zum 80. Geb., 2001, S. 321, 325.
[170] *Heiderhoff,* FS Dagmar Coester-Waltjen, 2015, S. 413, 425.

postmortale Persönlichkeitsschutz im geltenden und künftigen Internationalen Privatrecht, FS Andreas Heldrich, 2005, S. 793; *W.-H. Roth,* Persönlichkeitsschutz im Internet: Internationale Zuständigkeit und anwendbares Recht, IPRax 2013, 215; *Thiede,* Internationale Persönlichkeitsrechtsverletzungen, 2010; *J. B. Vogel,* Das Medienpersönlichkeitsrecht im Internationalen Privatrecht, 2014.

Bei der Verletzung von Persönlichkeitsrechten im Sinne des Art. 1 II lit. g Rom II-VO ist es eine besondere Herausforderung, deren Erfolgsort zu bestimmen. Das primär geschützte Rechtsgut ist noch leicht zu beschreiben: eben ein Persönlichkeitsrecht, z. B. die persönliche Ehre oder das Recht am eigenen Bild. Dieses Schutzgut ist aber – seinem Namen zum Trotz – nicht als Vorfrage nach dem Personalstatut des potenziellen Opfers zu beurteilen.[171] Dies gilt auch für das postmortale Persönlichkeitsrecht, das kein Ausfluss einer wie auch immer gearteten postmortalen Teilrechtsfähigkeit ist.[172]

Das Problem liegt bei der Lokalisierung solcher immateriellen wie personenbezogenen Rechtsgüter.[173] Störung des Betroffenen in seinem Lebenskreis, Achtungsanspruch des Betroffenen gegen Gestaltungsinteresse des Aktiven und gegebenenfalls (bei Mediendelikten) Informationsinteresse Dritter bzw. der Öffentlichkeit sollten einfließen.[174] Maßgeblich ist der Ort der Interessenkollision,[175] wo die Achtung des (potentiellen) Opfers gestört oder gefährdet wird.[176] Bei Mediendelikten spielen Verbreitungsgebiet des Mediums und Bekanntheit des Betroffenen hinein.

Beispiel: Die Boulevardzeitung „Sun" der NGN Ltd. mit Hauptverbreitungsgebiet in England, aber auch auf den Kanarischen Inseln (beliebtes Urlaubsziel für Engländer) und z. B. an deutschen Bahnhöfen und Flughäfen erhältlich, verkündet auf ihrer Titelseite, dass Angelina Jolie und Madonna 2005 eine Affäre miteinander gehabt hätten.

Der gewöhnliche Aufenthalt des Betroffenen entfaltet sicherlich eine gewisse Attraktivität, sollte aber nicht alles dominieren. Wenn eine deutschsprachige Zeitung mit Haupterscheinungsgebiet in Deutschland und ohne Verbreitung in den USA George Clooney angreift, sollte dies nicht in die Anwendbarkeit kalifornischen Rechts münden. Wenn eine deutschsprachige Fernsehsendung mit Hauptausstrahlungsgebiet in Deutschland und ohne nennenswerte Satellitenverbreitung oder Kabeleinspeisung in Schweden Prinzessin Madeleine von Schweden und ihrem Mann eine Ehekrise oder gar eine Scheidung andichtet, sollte dies nicht in die Anwendung schwedischen Rechts münden. Viele Prominente haben nahezu weltweit einen Namen und eine Reputation.[177] Ein Schwerpunkt ist sicherlich an ihrem gewöhnlichen Aufenthaltsort, der als Start- und Ausgangspunkt dienen muss.[178] Aber ihre Reputation ist auch andernorts nach dem jeweiligen dortigen Recht geschützt, weil sie auch dort relevant ist.[179] Wer sich über sie in einem weltweit verbreiteten Medium äußert, darf sich nicht beschweren, wenn dies rechtlich die Anwendung aller relevanten Deliktsrechte dieser Erde nach sich zieht – denn er wird im Zweifel ja auch auf weltweites Interesse spekuliert haben.[180] Otto Normalverbraucher hat dagegen zwar keine nahezu

---

[171] Siehe nur *Looschelders,* RabelsZ 66 (2002), 182; *H.-J. Ahrens,* FS Willi Erdmann, 2002, S. 3, 8 f.; *Kropholler/v. Hein,* FS Andreas Heldrich, 2005, S. 793, 795 f. Anderer Ansicht *Dankwerts,* Persönlichkeitsrechtsverletzungen im deutschen, schweizerischen und US-amerikanischen internationalen Privatrecht – Ein Plädoyer für das Personalstatut, 1999.
[172] *Gleichauf,* Das postmortale Persönlichkeitsrecht im internationalen Privatrecht, 1999, S. 304; *Friedrich,* Internationaler Persönlichkeitsschutz bei unerlaubter Vermarktung, 2003, S. 120; *Kropholler/v. Hein,* FS Andreas Heldrich, 2005, S. 793, 796.
[173] Siehe nur *Bach,* NJW 2017, 3436.
[174] Vgl. BGHZ 184, 313 Rn. 23; BGH NJW 2012, 2197 Rn. 31.
[175] BGHZ 191, 219 Rn. 14; BGH NJW 2011, 2059, 2060 f.
[176] BGH VersR 2012, 994 Rn. 31; BGHZ 197, 213 Rn. 12 – Autocomplete.
[177] Siehe nur *Lütcke,* Persönlichkeitsrechtsverletzungen im Internet, 2000, S. 136; *Adena,* RIW 2010, 868, 872.
[178] Siehe nur *Ehmann/Thorn* AfP 1996, 20, 23; *Adena,* RIW 2010, 868, 872.
[179] Siehe die Kriterien bei GA *Cruz Villalón,* ECLI:EU:C:2011:192 Rn. 60; *Sujecki,* K&R 2011, 315, 318.
[180] Magnus/Mankowski/*Mankowski* Art. 7 Brussels Ibis Regulation Rn. 363.

weltweite Reputation aufgebaut, darf sich aber auf rechtlichen Schutz in seiner lokalen Umgebung verlassen.[181]

59 Reputationsverletzungen erleidet jemand also überall dort, wo er eine Reputation besitzt und einen guten Ruf zu verlieren hat. Dabei sind strenge Maßstäbe dafür anzulegen, wo überall jemand einen solchen Ruf und eine schützenswerte Reputation genießt; verlangt ist eine deutliche und belegbare Verbindung zu dem betreffenden Staat;[182] z. B. sollte nicht ausreichen, dass der Angegriffene durch den Angriff am Verbreitungsort erst bekannt wird.[183] Auch die Veröffentlichung unvorteilhaften Bild- oder Tonmaterials über eine Person, die am betreffenden Verbreitungsort keine Reputation hat, kann nicht als Verletzung des Schutzguts Reputation relevant sein,[184] sondern höchstens als Angriff auf die Menschenwürde des Angegriffenen.

60 Die Sprache des Angriffs kann in diesem Zusammenhang eine wichtige, ein- wie ausgrenzende Rolle spielen. Indes gilt es, bei einer möglichen Ausgrenzung aufzupassen und eine mögliche Sonderrolle fremdsprachlicher Gemeinschaften in einem bestimmten Staat zu berücksichtigen: Angriffe in russischer Sprache und kyrillischer Schrift mögen z. B. an der Mehrheitsbevölkerung in Deutschland mangels Verständlichkeit vorbeigehen, nicht jedoch an der russischsprachigen Minderheit in Deutschland.[185] Darauf, ob der Angreifer einen Angriff auch insoweit beabsichtigt, kommt es bei offline erfolgenden Angriffen nicht an.[186] Nochmals: Der Angreifer muss die Risiken tragen, die sich aus dem von ihm ausgewählten Medium und dessen Verbreitungsgebiet ergeben. Auch Risiken aus seiner Wahl des angegriffenen Opfers hat er sich selber zuzuschreiben, und sie werden nicht zu seinen Gunsten durch eine zusätzliche Wesentlichkeitsschwelle gemildert.[187] Es ist aber eine durchaus schwierige Aufgabe zu beurteilen, ob jemand eine hinreichende Reputation in einem bestimmten Staat genießt (z. B. bei so genannten Sportstars).[188]

61 **Beispiel:** a) Die deutsche Boulevardzeitung X veröffentlicht in ihrer Printausgabe Deutschland auf Deutsch einen Artikel, dass Tom Brady (der Star-Quarterback der New England Patriots aus der National Football League im American Football und Ehemann von Gisèle Bündchen, häufiger Gast auch in Sport- wie in Klatschteilen deutscher Zeitungen) während eines Flugs im Privatflugzeug Ben Afflecks in näheren Kontakt mit dessen Kindermädchen getreten sei.
b) Inhaltlich dieselbe Meldung, aber ihr Objekt ist nicht Tom Brady, sondern Jimmy Garoppolo, dessen früherer Ersatzmann (der Brady bereits mehrfach mit großem Erfolg und vergleichbarem Rating vertreten hatte), inzwischen Quarterback der San Francisco 49ers, ohne prominente Partnerin, vorher noch nie außerhalb des Sportteils in deutschen Zeitungen aufgeschienen.

62 Auch bei potenziell ehrverletzenden Behauptungen auf Websites gilt, dass das Opfer nur dort in seiner Ehre und seinen Persönlichkeitsrechten verletzt wird, wo es eine Reputation aufgebaut. Wenn das Opfer nach objektiven Standards in einem Land unbekannt ist, kann in diesem Land keine relevante Reputationsverletzung eintreten.[189] Bereits die bloße Aufrufbar-

---

[181] Siehe nur *B. Buchner*, Kläger- und Beklagtenschutz im Recht der internationalen Zuständigkeit (1998) S. 142; *Adena*, RIW 2010, 868, 872; Magnus/Mankowski/*Mankowski* Art. 7 Brussels Ibis Regulation Rn. 363.
[182] Siehe BGHZ 184, 313 – New York Times = NJW 2010, 1752; BGH NJW 2011, 2059 – Sieben Tage in Moskau.
[183] *v. Hein* S. 325; BeckOGK/*Fornasier* Art. 40 EGBGB Rn. 55. Entgegen *v. Hinden*, Persönlichkeitsrechtsverletzungen im Internet und das anwendbare Recht, 1999, S. 90; *Dehnert*, Der deliktische Erfolgsort bei reinen Vermögensschäden und Persönlichkeitsrechtsverletzungen, 2011, S. 227.
[184] Entgegen *v. Hinden*, Persönlichkeitsrechtsverletzungen im Internet und das anwendbare Recht, 1999, S. 89; *Dehnert*, Der deliktische Erfolgsort bei reinen Vermögensschäden und Persönlichkeitsrechtsverletzungen, 2011, S. 227.
[185] Magnus/Mankowski/*Mankowski* Art. 7 Brussels Ibis Regulation Rn. 361; siehe BGH NJW 2011, 2059 – Sieben Tage in Moskau m. abl. Anm. *P.-A. Brand*.
[186] BGH RIW 2010, 67 = EuZW 2010, 313; BGHZ 184, 313 – New York Times = NJW 2010, 1752; *v. Hinden*, Persönlichkeitsrechtsverletzungen im Internet, 1999, S. 83; *Musiol*, GRUR-Prax 2010, 67; *Nordmeier*, LMK 2010, 296245.
[187] Magnus/Mankowski/*Mankowski* Art. 7 Brussels Ibis Regulation Rn. 361.
[188] Siehe *Mankowski*, MMR 2002, 61, 62.
[189] Magnus/Mankowski/*Mankowski* Art. 7 Brussels Ibis Regulation Rn. 360.

III. Sachlicher Anwendungsbereich der Rom II-VO   63, 64 § 2

keit der Website oder eine bewusste internationale Verbreitung ausreichen zu lassen[190] ginge zu weit, weil es nicht genügend auf die erforderliche Rechtsgutverletzung blickte.[191] Eine feststellbare Reputation wird verletzt, wenn User die Meldung inhaltlich wahrnehmen.[192]

In eDate (bestätigt und ausgedehnt auf Gesellschaften als Opfer in Svensk Handel[193]) hat 63
der EuGH den traditionellen Deliktsgerichtsständen am Handlungs- und am Erfolgsort einen dritten, weiteren, zusätzlichen[194] Gerichtsstand für Persönlichkeitsrechtsverletzungen über das Internet zur Seite gestellt: einen Gerichtsstand am Interessenmittelpunkt des Geschädigten, in welchem der Geschädigte seinen weltweit erlittenen Schaden liquidieren kann, ohne dass das Mosaikprinzip ihn einschränken würde.[195] Der EuGH will die Globalität des Mediums Internet ausgleichen.[196] Zu diesem Behuf entwickelt er einen weiteren Gerichtsstand mit voller Kognitionsbefugnis.[197] Typischerweise wird der Interessenmittelpunkt des Geschädigten bei einer natürlichen Person an deren gewöhnlichem Aufenthalt liegen;[198] bei juristischen Personen bedarf es einer offenen[199] (und deshalb verkomplizierenden[200]), wirtschaftlich-ökonomisch ausgerichteten[201] Schwerpunktsuche, für die kommerzielle Kriterien wie Umsatz, Kunden- oder berufliche Kontaktzahl, aber auch geschäftlicher Ruf, Bekanntheit und Reputation,[202] herangezogen werden könnten.[203] Der Satzungssitz ist jedenfalls nicht automatisch der gesuchte Schwerpunkt.[204] Bei Einzelunternehmern ist der Schwerpunkt ihrer Tätigkeit analog Art. 3 I UAbs. 3 EuInsVO 2015[205] am Ort ihrer gewerblichen Niederlassung zu vermuten.[206]

Indes sollte man die Anknüpfung an den gewöhnlichen Aufenthalt schon im IZPR nur 64
als Vermutung annehmen und selbst dort unter den Vorbehalt einer Abwägung stel-

---

[190] Siehe nur BGH RIW 2010, 67 = EuZW 2010, 313 and KG MMR 2007, 653; OLG München IPRspr. 2009 Nr. 203 S. 520; OLG München IPRspr. 2009 Nr. 125b S. 307; OLG München IPRspr. 2009 Nr. 138 S. 349; OLG Hamburg WRP 2009, 1305 = MMR 2010, 185; OLG Stuttgart K&R 2010, 40; LG München I IPRspr. 2009 Nr. 197 S. 507f.; *Wüllrich*, Das Persönlichkeitsrecht des Einzelnen im Internet, 2006, S. 235–242; *Adena*, RIW 2010, 868, 869.
[191] Magnus/Mankowski/*Mankowski* Art. 7 Brussels Ibis Regulation Rn. 360.
[192] *Wüllrich*, Das Persönlichkeitsrecht des Einzelnen im Internet, 2006, S. 235.
[193] EuGH ECLI:EU:C:2017:766 Rn. 33–44 – Bolagsupplysningen OÜ u. Ingrid Isljan/Svensk Handel AB; zustimmend *Papadopoulos*, jurisPR-IWR 6/2017 Anm. 6 sub C I, II; *Hau*, GRUR 2018, 163 (163); *Fallmann*, ecolex 2018, 247; *Sartori*, J. dr. eur. 2018, 298, 299, 300 f.
[194] Siehe nur *v. Welser*, GRUR-Prax 2011, 513; Magnus/Mankowski/*Mankowski* Art. 7 Brussels Ibis Regulation Rn. 364; *Lutzi*, IPRax 2017, 552, 553 f., 556.
[195] EuGH Slg. 2011, I-10269 Rn. 47–51 – eDate Advertising GmbH/X; Olivier u. Robert Martinez/MGN Ltd.; GA *Cruz Villalón*, ECLI:EU:C:2011:192 Rn. 57; *Olaf Weber*, MMR 2012, 48, 49; *Slonina*, ÖJZ 2012, 61, 63.
[196] EuGH Slg. 2011, I-10269 Rn. 47 f. – eDate Advertising GmbH/X; Olivier u. Robert Martinez/MGN Ltd.; GA *Cruz Villalón*, ECLI:EU:C:2011:192Rn. 57. Dem folgend BGH VersR 2012, 994 Rn. 19; BGH NJW 2014, 2504 Rn. 21; BGH VersR 2017, 1355 Rn. 19. Unterstützend *H.-P. Roth*, CR 2011, 811, 812; *Picht*, GRUR Int 2013, 19, 21; *W.-H. Roth*, IPRax 2013, 215, 219 f.; *Gabellini*, Riv. trim. dir. proc. civ. 2014, 271, 279. Kritisch *C. Heinze*, EuZW 2011, 947, 948.
[197] *Lederer*, K&R 2011, 791, 792.
[198] EuGH Slg. 2011, I-10269 Rn. 49 – eDate Advertising GmbH/X; Olivier u. Robert Martinez/MGN Ltd.; GA *Bobek*, ECLI:EU:C:2017:554 Rn. 114; LG Köln IPRspr. 2012 Nr. 238 S. 547.
[199] *Lutzi*, (2018) 134 L.Q. Rev. 208, 210 scheint eine gewisse Anlehnung an Art. 3 I UAbs. 1 EuInsVO 2015 zu erwägen.
[200] *d'Avout*, JCP G 2017, 2222, 2224.
[201] *Menjucq*, Bull. Joly Sociétés 2018, 16, 19 sowie *Jault-Seseke*, D. 2018, 276, 277 f.
[202] *Lutzi*, (2018) 134 L.Q. Rev. 208, 210.
[203] GA *Bobek*, ECLI:EU:C:2017:554 Rn. 104f., 112f. *Bogdan*, Nordic J. Int. L. 87 (2018), 212, 217 moniert, dass unter Umständen sogar auf den jeweiligen Geschädigten bezogene Elemente einbezogen würden.
[204] EuGH ECLI:EU:C:2017:766 Rn. 41 – Bolagsupplysningen OÜ u. Ingrid Isljan/Svensk Handel AB; *Menjucq*, Bull. Joly Sociétés 2018, 16, 18; *Mansel/Thorn/R. Wagner*, IPRax 2018, 121, 136; *A. Bizer*, (2018) 55 C.M.L.Rev. 1941, 1954 f.
[205] Skeptisch *Bogdan*, Nordic J. Int. L. 87 (2018), 212, 216: Art. 3 EuInsVO 2015 verfolge ganz andere Ziele.
[206] Für Umsatz usw. als Sachkriterien, indes ohne die Parallele zur EuInsVO zu sehen, *Mansel/Thorn/R. Wagner*, IPRax 2018, 121, 136.

len.²⁰⁷ Im IPR müsste solche Vorsicht umso mehr walten, selbst wenn man prinzipiell eDate übertragen wollte.²⁰⁸ Die Ausweichklausel stünde in Art. 41 EGBGB ohne weiteres parat. Umgekehrt den gewöhnlichen Aufenthalt als einzigen (Haupt-)Erfolgsort unwiderleglich zu vermuten und alle anderen Erfolgsorte zu verdrängen²⁰⁹ geriete in den Ruch einer Fiktion²¹⁰ und zu großer Pauschalierung.

65 Insgesamt sprechen gegen eDate fundamentale Gründe, schon im IZPR und erst recht im IPR: Ein Sonderrecht für Internetsachverhalte mit eigenen Maßstäben oder erweiterten Optionen zugunsten des Betroffenen erscheint konzeptionell und systematisch verfehlt.²¹¹ Es lässt sich kaum damit vereinbaren, dass viele Medien dieselben Inhalte offline und online verbreiten.²¹² Internetnutzung und online-Auftritte sind heute nichts Besonderes mehr, sondern im Gegenteil absolut alltäglich.²¹³ Außerdem wäre zu erklären, weshalb ausgerechnet online erfolgende Persönlichkeitsverletzungen eine Sonderbehandlung erfahren sollten. Online ist heute nicht mehr „Neuland" und Sondergebiet. Online ist nicht mehr eine neue Welt, sondern im Gegenteil einer der modernen Normalfälle.²¹⁴ Obendrein gibt es auch andere Kommunikationsmedien, deren Verbreitung schwer zu kontrollieren ist, z.B. Kurzwellenradio oder Satelliten-TV.²¹⁵

66 Eine Verdoppelung der Erfolgsortanknüpfung ist in keinem Fall gerechtfertigt, auch wenn man das von eDate ersichtlich verfolgte Ziel, Persönlichkeitsrechte zum Zweck ihrer Durchsetzung zu stärken,²¹⁶ prinzipiell zu akzeptieren bereit ist.²¹⁷ Das Pendel darf nicht zu sehr zu Gunsten des Geschädigten durchschwingen,²¹⁸ zumal in einem Zeitalter, in dem Geoblocking technisch immer leichter und damit die territoriale Segmentierung des Internets doch Realität wird.²¹⁹ Hinzu treten zusätzliche Unsicherheiten, wenn der Gesamtgerichtsstand für Unternehmen im Staat des größten Teils ihrer Tätigkeit (oder, besser zum geschützten Rechtsgut passend, doch ihres größten geschäftlichen Ansehens?²²⁰) liegen soll.²²¹

67 *d) Rück- und Weiterverweisung.* Artt. 40–42 EGBGB enthalten keine ausdrückliche Regel zur Rück- oder Weiterverweisung. Daher gilt für sie Art. 4 I 1 Hs. 1 EGBGB: Sie spre-

---

²⁰⁷ EuGH Slg. 2011, I-10269 Rn. 49 – eDate Advertising GmbH/X; Olivier u. Robert Martinez/MGN Ltd.; Magnus/Mankowski/*Mankowski* Art. 7 Brussels Ibis Regulation Rn. 368 sowie GA *Bobek*, ECLI:EU:C:2017:554 Rn. 115.
²⁰⁸ *Thiede*, ecolex 2017, 774, 775 erwähnt eDate für das IPR nicht einmal.
²⁰⁹ Dafür z.B. *Ehmann/Thorn* AfP 1996, 20, 23; *v. Hinden*, FS Jan Kropholler, 2008, S. 573, 590.
²¹⁰ *Dehnert*, Der deliktische Erfolgsort bei reinen Vermögensschäden und Persönlichkeitsrechtsverletzungen, 2011, S. 236.
²¹¹ *Thorn*, FS Bernd v. Hoffmann, 2011, S. 746, 757; *Slonina*, ÖJZ 2012, 61, 66; *Brand*, NJW 2012, 127, 129 f.; *v. Hinden*, ZEuP 2012, 940, 950; *W.-H. Roth*, IPRax 2013, 215, 221; Magnus/Mankowski/*Mankowski* Art. 7 Brussels Ibis Regulation Rn. 365–373 mwN; *Mankowski*, LMK 2017, 400139; *C. Heinze*, FS Hans-Jürgen Ahrens, 2016, S. 521, 535; *A. Stadler*, JZ 2018, 94, 95; *Kubis*, WRP 2018, 139, 145.
Anders GA *Bobek*, ECLI:EU:C:2017:554 Rn. 73–118, der für Internet-Sachverhalte das Mosaikprinzip aufgeben und komplett auf eine Erfolgsortanknüpfung an den Mittelpunkt der Interessen umschwenken will. Noch radikaler *A. Stadler*, JZ 2018, 94, 96–98: komplette Aufgabe des Mosaikprinzips.
²¹² *Thiede*, ecolex 2012, 131, 133; siehe auch *Junker*, FS H. Rüßmann, 2013, S. 811, 821. *W.-H. Roth*, IPRax 2013, 215, 221 will dies durch eine Ausdehnung des eDate-Ansatzes auf parallele offline-Veröffentlichungen lösen.
²¹³ *Lutzi*, IPRax 2017, 552, 554; *Mankowski*, LMK 2017, 400139.
²¹⁴ *Mankowski*, LMK 2017, 400139.
²¹⁵ *Bogdan*, Nordic J. Int. L. 87 (2018), 212, 218.
²¹⁶ *Hess*, JZ 2012, 189, 191; *W.-H. Roth*, IPRax 2013, 215, 220.
²¹⁷ *C. Heinze*, FS Hans-Jürgen Ahrens, 2016, S. 521, 535 sowie *Hau*, GRUR 2018, 163, 164 f.
²¹⁸ *Mankowski*, LMK 2017, 400139.
²¹⁹ *Papadopoulos*, jurisPR-IWR 6/2017 Anm. 6 sub C III; siehe auch BGH NJW 2017, 827; OVG Münster ZfWG 2014, 260; *Schoene*, GRURPrax 2017, 77.
²²⁰ Dafür *Keilmann*, BB 2017, 2574 sowie *H.-J. Ahrens*, WRP 2018, 17, 18.
²²¹ Dafür EuGH ECLI:EU:C:2017:766 Rn. 42 – Bolagsupplysningen OÜ u. Ingrid Isljan/Svensk Handel AB; *Klinkert*, WRP 12/2017 Editorial; *A. Stadler*, JZ 2018, 94, 95. Kritisch zum Kriterium *Kubis*, WRP 2018, 139, 143 sowie *Hau*, GRUR 2018, 163, 164. Zweifel hegt *Ettig*, K&R 2018, 33, 34.

IV. Rechtswahl unter Art. 14 Rom II-VO 68–70 § 2

chen eine Gesamtverweisung aus, es sei denn, man würde darin einen Verstoß gegen den Sinn der Verweisung sehen.[222]

Eine Ausnahme steht für das Optionsrecht des Geschädigten aus Art. 40 I 2 EGBGB **68** im Raum. Insoweit erscheint eine Analogie zu Art. 4 II EGBGB attraktiv.[223] Eine direkte Anwendung des Art. 4 II EGBGB scheidet aus, weil das Optionsrecht kein echter Rechtswahltatbestand ist.[224] Als anderer Weg zum gleichen Ergebnis, nämlich eine bloße Sachnormverweisung anzunehmen, wird die Sinnklausel des Art. 4 I 1 Hs. 2 EGBGB propagiert.[225] Wer sich beiden Wegen verschließt, gelangt konsequent zu Art. 4 I 1 Hs. 1 EGBGB und einer Gesamtverweisung.[226]

Ein eigener renvoi ist jedenfalls für die akzessorische Anknüpfung unter Art. 41 II Nr. 1 **69** EGBGB ausgeschlossen, die andererseits einem renvoi für das Statut des herrschenden Rechtsverhältnisses folgt.[227]

IV. Rechtswahl unter Art. 14 Rom II-VO

Literatur: *Bertoli,* Choice of Law by the Parties in the Rome II Regulation, Riv. dir. int. 2009, 697; *ders.,* Party Autonomy and Choice-of-Law: Methods in the „Rome II" Regulation on the Law Applicable to Non-Contractual Obligations, Dir. UE 2009, 231; *de Boer,* Party Autonomy and Its Limitation in the Rome II Regulation, YbPIL 9 (2007), 19; *Bosković,* L'autonomie de la volonté dans le règlement Rome II, D. 2009, 1639; *H. Jakobs,* Why international commercial contracts should include express choice-of-law clauses for non-contractual obligations, CDT 9 (1) (2017), 153; *Kadner Graziano,* Freedom to Choose the Applicable Law in Tort – Articles 14 and 4 (3) of the Rome II Regulation, in: Ahern/Binchy (eds.), The Rome II Regulation on the Law Applicable to Non-Contractual Obligations, 2009, S. 113; *Leible,* Rechtswahl im IPR der außervertraglichen Schuldverhältnisse nach der Rom II-Verordnung, RIW 2008, 257; *Mandery,* Party Autonomy in Contractual and Non-Contractual Obligations, 2014; *Mankowski,* Ausgewählte Einzelfragen zur Rom II-VO: Internationales Umwelthaftungsrecht, Internationales Kartellrecht, renvoi, Parteiautonomie, IPRax 2010, 389; *Pfütze,* Die Inhaltskontrolle von Rechtswahlvereinbarungen im Rahmen der Verordnungen Rom I bis III, ZEuS 2011, 35; *G. Rühl,* Rechtswahlfreiheit im Europäischen Kollisionsrecht, FS Jan Kropholler, 2008, S. 187; *Rugullis,* Die antizipierte Rechtswahl in außervertraglichen Schuldverhältnissen, IPRax 2008, 319; *Sendmeyer,* The Freedom of Choice in European Private International Law. An Analysis of Party Autonomy in the Rome I and Rome II Regulation, Contratto e impresa/Europa 2009, 792; *Symeonides,* Party Autonomy in Rome I and II from a Comparative Perspective, in: Liber amicorum Kurt Siehr, 2010, S. 513; *Vogeler,* Die freie Rechtswahl im Kollisionsrecht der außervertraglichen Schuldverhältnisse, 2013; *Zhang,* Party Autonomy in Non-Contractual Obligations: Rome II and Its Impacts on Choice of Lw, 39 Seton Hall L. Rev. 861 (2009).

1. Grundsätzliches. Bewegt man sich nicht in einem der Ausnahmebereiche des Art. 1 **70** II Rom II-VO unter nationalem IPR, sondern ist die Rom II-VO anwendbar, so ist die erste zu betrachtende Norm in jedem Fall Art. 14 Rom II-VO. Die erste zu beantwortende Frage ist, ob es im konkreten Fall eine wirksame Rechtswahl gibt. Dieser Schritt ist schnell durcheilt, wenn der Sachverhalt keinerlei Anhaltspunkte für eine Rechtswahl gibt. Sagt der Sachverhalt nichts, was sich als konsensuale Verständigung zwischen den Parteien verstehen lassen könnte, so ist die Antwort auf jene Frage verneinend. Das entbindet aber

---

[222] Siehe nur BGHZ 209, 157 = NJW 2016, 1648 mAnm *Luckey*; OLG Schleswig SchlHA 2018, 71, 72; BeckOGK/*Fornasier* Art. 40 EGBGB Rn. 158; *Friesen,* jurisPR-IWR 6/2017 Anm. 4 sub C I.
[223] *Kreuzer,* RabelsZ 65 (2001), 383, 424; BeckOGK/*Fornasier* Art. 40 EGBGB Rn. 159.
[224] MüKoBGB/*A. Junker* Art. 40 EGBGB Rn. 121.
[225] *P. Huber,* JA 2000, 67, 73; *A. Junker,* RIW 2000, 241, 242; *Freitag/Leible,* ZvglRWiss 99 (2000), 101, 140 f.; *Kreuzer,* RabelsZ 65 (2001), 383, 424; *Heiderhoff,* IPRax 2002, 366; MüKoBGB/*A. Junker* Art. 40 EGBGB Rn. 121.
[226] Dafür *Looschelders,* VersR 1999, 1316, 1324; *v. Hein,* ZvglRWiss 99 (2000), 251, 271; *Schurig,* GS Alexander Lüderitz, 2000, S. 699, 709; *Rehm,* DAR 2001, 531, 535; *H. Dörner,* FS Hans Stoll, 2001, S. 491, 495; BeckOK BGB/*Spickhoff* Art. 40 EGBGB Rn. 51.
[227] Begründung der Bundesregierung zum Entwurf eines Gesetzes zum internationalen Privatrecht für außervertragliche Schuldverhältnisse und Sachen, BT-Drs. 14/343, 8; BGHZ 190, 301 Rn. 22; BeckOGK/*Fornasier* Art. 41 EGBGB Rn. 8.

nicht davon, sich die Frage nach einer Rechtswahl zumindest im Kopf abklärend zu stellen.

71 Institutionell führt Art. 14 Rom II-VO die Parteiautonomie auf der europäischen Ebene verbindlich in das IPR der außervertraglichen Schuldverhältnisse ein. Die nationalen Alt-Kollisionsrechte der Mitgliedstaaten verhielten sich unterschiedlich und nicht einheitlich zur Parteiautonomie im außervertraglichen Schuldrecht. Die Palette reichte von vollständiger Ablehnung[228] bis hin zur grundsätzlich freien Rechtswahl[229]. Insbesondere fand eine Erlaubnis zur vorherigen Rechtswahl kaum Sympathie, während die nachträgliche Rechtswahl auf mehr Entgegenkommen zählen konnte, wie insbesondere Art. 42 EGBGB heute noch zeigt.

72 Art. 14 Rom II-VO beschreitet einen Mittelweg (und in Details der Ausgestaltung Neuland[230]). Er ist eine wesentliche und bedeutsame Neuerung im Vergleich mit den Alt-Kollisionsrechten der Mitgliedstaaten. Denn er erlaubt eine verlässliche Planung durch Rechtswahl bei außervertraglichen Rechtsbeziehungen zwischen professionellen Partnern. Das kommt häufiger vor, als man zuerst zu denken geneigt ist: In vielen B2B-Verträgen finden sich Rechtswahlklauseln für alle Ansprüche aus dem Vertrag und im Zusammenhang mit dem Vertrag. Während die erste Variante („aus dem Vertrag") vertragliche Ansprüche abdeckt, greift die zweite („im Zusammenhang mit dem Vertrag") darüber hinaus. Sie will ersichtlich das gesamte Verhältnis zwischen den Parteien nur einem, dem gewählten Recht unterwerfen.

73 Art. 14 I 1 lit. b Rom II-VO ist die eigentlich bemerkenswerte Neuerung im Vergleich zum Zustand, wie er vor der Rom II-VO herrschte. Er ist eine kleine Revolution. Während eine Rechtswahl im Internationalen Deliktsrecht zuvor höchstens ex post, also nach dem schadenstiftenden Ereignis, anerkannt war (Art. 14 I 1 lit. a Rom II-VO spiegelt dies wider),[231] erobert sie sich jetzt Raum auch ex ante, d. h. im Vorfeld des schadenstiftenden Ereignisses.[232] Wenn alle Parteien[233] einer kommerziellen Tätigkeit nachgehen, kann die Vereinbarung auch vor dem schadensbegründenden Ereignis (also der schadensverursachenden Handlung[234]) erfolgen, sofern sie frei ausgehandelt ist. Das ist neuartig und innovativ, ja progressiv.[235] Trotzdem bewegt es sich methodisch ganz im Instrumentarium des pactum de lege utenda und nicht in inhaltsorientierten Bahnen.[236]

74 Für viele Fragen, z. B. für das Zustandekommen und die Wirksamkeit einer Rechtswahl, enthält Art. 14 Rom II-VO keine eigene Regelung. Die Norm verhält sich zu ausfüllenden Fragen jenseits des Prinzips und der Statthaftigkeit der Rechtswahl sehr wortkarg und enthält dort einige Lücken. Insbesondere findet sich auch nichts zur Teilrechtswahl.

75 Für ausfüllende Hilfsnormen muss man sich daher bei dem ausgefeilteren Regime des Internationalen Schuldvertragsrechts in Art. 3 Rom I-VO bedienen.[237] Dies ist auch genetisch gerechtfertigt, weil man für die Rechtswahl in der Rom II-VO immer auf das Vorbild der Rechtswahl im Internationalen Schuldvertragsrecht (zum Zeitpunkt, da die Rom II-VO entstand: im EVÜ und im Vorschlag der Rom I-VO) blickte. Die Rechtswahl im IPR der außervertraglichen Schuldverhältnisse wurde genetisch und historisch immer als

---

[228] Z.B. Umkehrschluss aus Art. 26 IPRG in Griechenland; Artt. 62 f. IPRG in Italien; Art. 45 Código Civil in Portugal; Art. 108 IPRG in Rumänien.
[229] Z.B. Art. 42 EGBGB in Deutschland und § 35 I IPRG in Österreich.
[230] BeckOGK/G. Rühl Art. 14 Rom II-VO Rn. 12.
[231] Hier möge der Hinweis auf Art. 42 EGBGB genügen.
[232] Eingehend dazu insbesondere Leible, RIW 2008, 257; Rugullis, IPRax 2008, 319; Boskovic, D. 2009, 1639; Bertoli, Dir. UE 2009, 231.
[233] Relevant sind die Parteien der Vereinbarung, nicht diejenigen, möglicherweise abweichenden eines späteren Verfahrens; Dickinson Rn. 13.09 f.
[234] G. Wagner, IPRax 2008, 1, 14; jurisPK BGB/Lund Art. 14 Rom II-VO Rn. 9.
[235] Siehe nur Thorn, FS Karsten Schmidt, 2009, S. 1561, 1566; Bertoli, Riv. dir. int. 2009, 697, 699, 703.
[236] Feraci, Riv. dir. int. 2013, 424, 440.
[237] Siehe nur Magnus/Mankowski/Mankowski Art. 14 Rome I Regulation Rn. 167 et passim.

IV. Rechtswahl unter Art. 14 Rom II-VO

Ausdehnung der Parteiautonomie über ihr Stammgebiet, das Internationale Schuldvertragsrecht, hinaus angesehen. Die internationalschuldvertragsrechtliche Rechtswahl war das Vorbild, nach dem man modellierte. Dies muss sich in einer Art Auffangfunktion ihrer Hilfsnormen auf den nachbildenden Gebieten niederschlagen.

Immer erforderlich ist Konsens. Ohne Zustimmung von Gläubiger und Schuldner gibt es keine Rechtswahl. Eine nur einseitige Festlegung, z. B. durch einen Gutachter in seinem Gutachten, reicht nicht, wenn kein konsentierender Akt des potentiellen Gläubigers ersichtlich ist.[238] Bereits in der Entgegennahme eines Bewertungsgutachtens wird regelmäßig ebenso wenig eine Rechtswahlerklärung liegen.[239] Der vom Gutachtenauftraggeber personenverschiedene Dritte bekommt das Gutachten so und in der Ausgestaltung in die Hand, wie der Auftraggeber es akzeptiert hat. Er hat aber nicht unmittelbar zugestimmt. Der Auftraggeber ist auch nicht sein Vertreter. Daher könnte allenfalls in der Entgegennahme des Gutachtens tel quel ein Zustimmungsakt zu dessen Klauseln liegen. Ob dies der Fall ist, beurteilt sich entsprechend Art. 3 V i. V. m. Art. 10 I Rom I-VO nach dem Recht, das anwendbar wäre, wenn eine Rechtswahl erfolgt wäre, also nach dem in der Festlegung benannten Recht.[240]

Im Fall ist die Frage, ob konkret eine Rechtswahl vorliegt, die erste. Bei negativem Ausgang ist die Prüfung kurz. Sie besteht dann nur aus dem einen Satz, dass im konkreten Fall keine Rechtswahl vorliegt.[241] Erst wenn man festgestellt hat, dass es überhaupt eine Rechtswahl gibt, muss man sich deren Wirksamkeit zuwenden. Auch dies geschieht aber noch vor dem Einstieg in jegliche objektive Anknüpfung. Denn die subjektive Anknüpfung qua wirksamer Rechtswahl verdrängt die objektive. Die objektive Anknüpfung ist eine Anknüpfung mangels Rechtswahl und kommt eben nur zum Zuge, wenn es keine wirksame Rechtswahl gibt.

2. Nachträgliche Rechtswahl. Art. 14 I 1 lit. a Rom II-VO, die Zulassung der ex post-Rechtswahl, ist nicht kontrovers. Er löst keine effektiven Schutzdefizite aus und bewegt sich auf zuvor erprobten Bahnen. Zudem spiegelt er eine Parallele zu Artt. 15 Nr. 1; 19 Nr. 1; 23 Nr. 1 Brüssel Ia-VO; 13 Nr. 1; 17 Nr. 1; 21 Nr. 1 LugÜ 2007 wider:[242] Nach Entstehung einer Streitigkeit wird im IZPR selbst bei Beteiligung typischerweise schwächerer Parteien (prozessuale) Parteiautonomie zugelassen. Nach Ausbrechen eines Streits ist jede Partei alarmiert und alertisiert. Insbesondere hat der Geschädigte einen größeren Anreiz, sich über das anwendbare Recht zu informieren, als vor Eintritt des schädigenden Ereignisses, denn er weiß nun, dass er einen Schaden erlitten hat.[243] Häufig sind Anwälte eingeschaltet, und wenn erst das Stadium einer gerichtlichen Streitigkeit erreicht ist, ist faktisch endgültig sichergestellt, dass keine Partei von der anderen per Vereinbarung einseitig übervorteilt wird.[244] Allerdings setzt Art. 14 1 lit. a Rom II-VO nicht ausdrücklich voraus, dass die schwächere Partei Kenntnis von schädigendem Ereignis oder Schadenseintritt haben müsste.[245]

Wenn man sich mit jemandem bereits streitet, begegnet man Vorschlägen dieses anderen von vornherein mit einem gewissen Misstrauen. Man wird solche Vorschläge sorgfältig darauf untersuchen, was denn der Vorschlagende mit ihnen bezwecken könnte und welche Vorteile er sich davon verspricht. Oder umgekehrt: Man wird misstrauisch prüfen, ob es nicht für einen selber nachteilig sein könnte, sich auf den Vorschlag einzulassen. Ein isolierter Vorschlag für eine Rechtswahl über außervertragliche Rechtsverhältnisse ist etwas Un-

---

[238] *Gruson*, RIW 2002, 596, 601; *Mankowski*, FS Stanisława Kalus, 2010, S. 287, 302.
[239] *Gruson*, RIW 2002, 596, 601. Anders wohl *Adolff*, Die zivilrechtliche Verantwortlichkeit deutscher Anwälte bei der Abgabe von Third Party Legal Opinions, 1997, 202.
[240] *Mankowski*, FS Stanisława Kalus, 2010, S. 287, 302.
[241] Vorbildlich Rb. Rotterdam S&S 2016 Nr. 95 S. 681.
[242] *Mankowski*, IPRax 2010, 389, 399.
[243] G. *Rühl*, FS Bernd v. Hoffmann, 2011, S. 364, 374.
[244] *Flessner*, Liber amicorum Walter Pintens, 2012, S. 593, 605.
[245] *Dickinson* Rn. 13.35 f.; Magnus/Mankowski/*Mankowski* Art. 14 Rome I Regulation Rn. 170.

gewöhnliches. Er kann sich nicht – wie eine Rechtswahl ex ante im Umfeld eines Vertrags – als eine von vielen Klauseln in einer Vielzahl von AGB verstecken und erzeugt Aufmerksamkeit.[246] Der Geschädigte wird sich fragen, weshalb der Schädiger jetzt, nach dem schädigenden Ereignis, eine Rechtswahl vorschlägt. Er wird sich fragen, ob er sich nicht etwas vergibt und seine eigene Rechtsposition verschlechtert, wenn er sich nun auf einen Wechsel des anwendbaren Rechts einlassen sollte.

80 Allerdings setzt die Rechtswahlmöglichkeit ex post in der Rom II-VO bereichsspezifisch an und stellt – nach einigen Divergenzen in den verschiedenen Fassungen von Art. 10 I 1 Vorschlag Rom II-VO – auf das schadensbegründende Ereignis ab.[247] Das schadensbegründende Ereignis löst Abwicklungsbedarf aus und lässt den Interessengegensatz zwischen Täter und Opfer aufbrechen.[248] Bei mehraktigen oder Dauerdelikten sind Zusatzüberlegungen veranlasst.[249]

81 **3. Vorherige Rechtswahl.** *a) B2B-Verhältnisse.* Die Rechtswahl ex ante soll laut Erwägungsgrund (31) S. 3 Rom II-VO möglichst frühzeitig Klarheit und damit Rechtssicherheit herstellen.[250] Mit den Einschränkungen möchte man ausweislich des Erwägungsgrunds (31) S. 4 Rom II-VO die schwächere Partei schützen.[251] Dies ist Ausdruck der entsprechenden Gemeinschaftspolitik.[252] Der Rahmen, innerhalb dessen sich eine kollisionsrechtliche Rechtswahl bewegt, ist also merklich enger als im Internationalen Schuld*vertrags*recht. Art. 14 I 1 lit. b Rom II-VO ist trotzdem eine kleine Revolution, weil er der ex ante-Rechtswahl beachtlichen Raum lässt. Teilweise wird er als die bedeutendste und wichtigste Neuerung in der gesamten Rom II-VO bezeichnet.[253] Jedenfalls wird in ihm ein besonders modernes und liberales Element gesehen.[254] In England feiert man ihn als Durchbruch und heißt ihn ausgesprochen willkommen.[255]

82 Besonderen Nutzen verspricht man sich von einer ex ante-Rechtswahl im Umfeld von Vertragsgeflechten.[256] Selbst im Lichte einer möglichen akzessorischen Anknüpfung an ein gewähltes Vertragsstatut über Art. 4 III Rom II-VO verspricht eine ex ante-Rechtswahl für außervertragliche Ansprüche eigenen Nutzen, wenn sich die Beziehungen der Parteien nicht zu einem eigenen Schuldvertrag verdichtet haben oder wenn ein Vertrag im Kern Einheitsrecht unterliegt.[257] Jedenfalls kann eine entsprechend gestaltete Rechtswahl zu einem Gleichlauf vertraglicher und außervertraglicher Ansprüche führen.[258] Einzelne Wirtschaftskreise scheinen ihre Rechtswahlklauseln bereits darauf ausgerichtet zu haben.[259] Sinnvoll erscheint dies etwa beim Verkauf oder Transport gefährlicher Güter.[260]

83 aa) *Kommerzielle Betätigung aller Parteien.* Kommerzielle Betätigung ist ein Terminus, der so nur in Art. 14 I lit. b Rom II-VO vorkommt. Leider hat man sich nicht bemüht, sich an die Terminologie der bereits existierenden Verbraucherschutzrichtlinien anzuleh-

---

[246] Magnus/Mankowski/*Mankowski* Art. 14 Rome I Regulation Rn. 169.
[247] Siehe nur *Rugullis,* IPRax 2008, 319, 322.
[248] *Mankowski,* IPRax 2010, 389, 399.
[249] *Vogeler* S. 231; BeckOGK/*G. Rühl* Art. 14 Rom II-VO Rn. 59.
[250] *Kadner Graziano,* RabelsZ 73 (2009), 1, 7.
[251] Näher z. B. BeckOGK/*G. Rühl* Art. 14 Rom II-VO Rn. 47–50 zu Informationsasymmetrien als unterstelltem Hintergrund.
[252] Siehe nur *Bertoli,* Riv. dir. int. 2009, 697, 705; *ders.,* Dir. UE 2009, 231, 245
[253] Editorial, (2007) 44 C.M.L. Rev. 1567, 1570; vgl. auch *Bertoli,* Riv. dir. int. 2009, 697, 703.
[254] *v. Hein,* ZEuP 2009, 6, 20; *Kadner Graziano,* RabelsZ 73 (2009), 1, 5; *Sujecki,* EWS 2009, 310, 313.
[255] *Briggs,* (2009) 125 LQR 191, 193.
[256] *Dutoit,* Liber Fausto Pocar, tomo II, 2009, S. 309, 313.
[257] *Kadner Graziano,* RabelsZ 73 (2009), 1, 9.
[258] *Bertoli,* Riv. dir. int. 2009, 697, 706; *ders.,* Dir. UE 2009, 231, 246.
[259] *Bertoli,* Riv. dir. int. 2009, 697, 706 weist hin auf die Governing Law Section der Standard Documents der Loan Market Association <http://www.loan-market-assoc.com/documents>.
[260] *Bertoli,* Dir. UE 2009, 231, 246.

IV. Rechtswahl unter Art. 14 Rom II-VO   84–87 § 2

nen, sondern hat einen neuen Begriff geschaffen. Es ist nicht hundertprozentig klar, ob wirklich dasselbe gemeint ist wie bei der gewerblichen oder selbständigen beruflichen Tätigkeit des europäischen Verbrauchervertragsrechts. Der Begriff der Person, die einer kommerziellen Tätigkeit nachgeht, ist eben in dieser Gestalt neu und bedient sich nicht des Rückgriffs auf die eingeführte Terminologie des Unternehmers als Gegenbegriff zum Verbraucher.[261] Bedauerlicherweise erfährt er keine Definition oder nähere Erläuterung.[262]

Trotzdem besteht kein Grund, hier sachlich von den betreffenden Kategorien abzuweichen. Deshalb ist Art. 14 I 1 lit. b Rom II-VO an der Dichotomie des Unternehmers oder Gewerbetreibenden zum Verbraucher auszurichten.[263] Der Begriff der kommerziellen Tätigkeit zielt im Kern darauf ab, alle Tätigkeiten zu erfassen, die dem Unternehmensbereich zuzuordnen sind, und sie vom Bereich des privaten Handelns abzugrenzen; kommerziell handelt demnach jeder, der in Ausübung einer selbständigen oder gewerblichen Tätigkeit aktiv am Marktgeschehen teilnimmt.[264] „Gewerbetreibender" würde den Gleichlauf mit Art. 2 lit. c KlauselRL[265] herstellen.   84

Dass man nur vertraglich, aber nicht außervertraglich mit Bezug zu einer beruflichen oder gewerblichen Tätigkeit handeln könnte, also ein Delikt nicht als Unternehmer oder Verbraucher begehe, stimmt nicht.[266] Umweltemissionen, Produkthaftung, unlauterer Wettbewerb und Marktbeherrschung mögen nur als prominenteste Beispiele für eindeutig gewerblich ausgerichtete Delikte dienen. Der beruflich-gewerbliche Kontext wird umso deutlicher, wenn die Rechtswahl sich in einem Vertrag aus eben diesem Kontext findet.   85

Einer kommerziellen Tätigkeit geht also nach, wer in Ausübung einer gewerblichen oder selbständigen beruflichen Tätigkeit agiert.[267] Dies gebietet auch die von Erwägungsgrund (7) Rom II-VO verlangte Konsistenz mit der Rom I-VO, konkret mit Art. 6 I Rom I-VO.[268] Gleichlauf mit dem sonst im europäischen Sekundärrecht üblichen Begriff der unternehmerischen Tätigkeit ist anzustreben.[269] Dies passt umso besser, weil die Rechtswahlvereinbarung als solche ein Vertrag ist; dass das außervertragliche Schuldverhältnis kein Vertrag ist, verschlägt dafür nicht.[270]   86

Weniger überzeugend wäre es dagegen, sich an Art. 2 lit. d UGP-RL[271] und der dortigen Definition von Geschäftspraktiken zu orientieren.[272] Unter Geschäftspraktiken ist danach jede Handlung, Unterlassung, Verhaltensweise oder Erklärung, kommerzielle Mittei-   87

---

[261] G. Wagner, IPRax 2008, 1, 13; H. Ofner, ZfRV 2008, 13, 21; Thorn, FS Karsten Schmidt, 2009, S. 1561, 1566.
[262] G. Wagner, IPRax 2008, 1, 13; H. Ofner, ZfRV 2008, 13, 21; Leible, RIW 2008, 257, 259; v. Hein, RabelsZ 73 (2009), 461, 489.
[263] G. Wagner, IPRax 2008, 1, 13; Thorn, FS Karsten Schmidt, 2009, S. 1561, 1566 f.; Sujecki, EWS 2009, 310, 313; jurisPK BGB/Wurmnest Art. 14 Rom II-VO Rn. 10; Rauscher/Jakob/Picht Art. 14 Rom II-VO Rn. 21; Ostendorf, IHR 2012, 177, 179; vgl. auch Kreuzer, in: Malatesta S. 45, 55.
[264] Leible, RIW 2008, 257, 260.
[265] Richtlinie 93/13/EWG des Rates vom 5.4.1993 über missbräuchliche Klauseln in Verbraucherverträgen, ABl. EG 1993 L 95/29.
[266] Gegen Leible/M. Lehmann, RIW 2007, 721, 726.
[267] G. Wagner, IPRax 2008, 1, 13; Sujecki, EWS 2009, 310, 313.
[268] v. Hein, ZEuP 2009, 6, 20.
[269] Siehe nur Mankowski, IPRax 2010, 389, 399 f.; BeckOGK/G. Rühl Art. 14 Rom II-VO Rn. 64 mwN.
[270] G. Wagner, IPRax 2008, 1, 6; Rauscher/Jakob/Picht Art. 14 Rom II-VO Rn. 21; MüKoBGB/A. Junker Art. 14 Rom II-VO Rn. 23; BeckOGK/G. Rühl Art. 14 Rom II-VO Rn. 65.
[271] Richtlinie 2005/29/EG des Europäischen Parlaments und des Rates vom 11. Mai 2005 über unlautere Geschäftspraktiken im binnenmarktinternen Geschäftsverkehr zwischen Unternehmen und Verbrauchern und zur Änderung der Richtlinie 84/450/EWG des Rates, der Richtlinien 97/7/EG, 98/27/EG und 2002/65/EG des Europäischen Parlaments und des Rates sowie der Verordnung (EG) Nr. 2006/2004 des Europäischen Parlaments und des Rates (Richtlinie über unlautere Geschäftspraktiken), ABl. EU 2005 L 149/22.
[272] Dafür Leible, RIW 2008, 257, 260.

lung einschließlich Werbung und Marketing eines Gewerbetreibenden zu verstehen, die unmittelbar mit der Absatzförderung, dem Verkauf oder der Lieferung eines Produkts an Verbraucher zusammenhängt. Dies ist recht spezifisch lauterkeitsrechtlich und birgt erhebliche Schwierigkeiten bei der Verallgemeinerung. Zudem passt der Blick auf vertragsbezogene Tatbestände hier besser, weil es ja um die Rechtswahl und deren Vereinbarung geht.

88 Außerdem eröffnet sich so auch eine konsequente Antwort auf die weitere Frage,[273] wie eng der Zusammenhang zwischen dieser kommerziellen Tätigkeit der Parteien einerseits und dem außervertraglichen Schuldverhältnis andererseits sein muss, damit die Möglichkeit einer Rechtswahl für dieses Schuldverhältnis als zulässig bewertet werden kann: Die Abrede muss in Ausübung einer kommerziellen Tätigkeit, also in gewerblicher oder selbständiger Kapazität, geschlossen sein.[274] Der Tatbestand, der die deliktische Haftung begründet, sollte in einem Zusammenhang mit dieser kommerziellen Tätigkeit stehen.[275]

89 Rechtspolitisch ist zu kritisieren, dass Art. 14 I lit. b Rom II-VO in Teilen an seinem eigenen Ziel vorbeischießt. Er will die schwächere Partei schützen. Indes nimmt er mit dem Ausschluss jeglicher Rechtswahlmöglichkeit der schwächeren Partei auch die Chance, dass das gewählte Recht dieser Partei materiell günstiger ist als das objektiv berufene Statut.[276] Zudem öffnet Art. 4 III Rom II-VO eine Hintertür für die Rechtswahl, indem er eine akzessorische Anknüpfung an das Statut eines Vertrages gestattet, das seinerseits der Rechtswahl nach Art. 3 I Rom I-VO offen steht.[277]

90 bb) Freies Aushandeln und AGB. Die Rechtswahl muss unter Art. 14 I 1 lit. b Rom II-VO frei ausgehandelt sein, um Wirkung zu entfalten. Sie darf kein Diktat einer Partei sein.[278] Dies ist sie nicht, wenn sie in einem vorformulierten Vertragsentwurf oder in AGB einer Partei enthalten ist.[279] Vielmehr muss sie spezifisch im Einzelfall („Fall für Fall") individuell ausgehandelt sein,[280] also zumindest ernsthaft zur Disposition gestanden haben, auch wenn letztlich doch eine entsprechende AGB-Klausel beibehalten wurde (sei es auch gegen Kompensation für die Gegenpartei des Verwenders an anderer Stelle).[281]

91 Anderenfalls geriete man mit Definition und Konzept der missbräuchlichen Klausel in Konflikt, wie sie Art. 3 II UAbs. 1, 2 KlauselRL zu entnehmen sind.[282] Die KlauselRL ist zwar im B2B-Bereich nicht im eigentlichen Sinne anwendbar, prägt aber trotzdem allgemein das Vorstellungsbild, soweit sie verallgemeinerungsfähige Gedanken über Klauseln enthält. Die „Freiheit" fügt dem Aushandeln nichts Substantielles hinzu.[283] Daher wäre eine stärkere Anlehnung an Art. 3 I KlauselRL vorzuziehen, in dem es „nicht im einzelnen

---

[273] *Leible/M. Lehmann*, RIW 2007, 721, 726; *Leible*, RIW 2008, 257, 260.
[274] *Leible/M. Lehmann*, RIW 2007, 721, 727; *Leible*, RIW 2008, 257, 260.
[275] *Loquin*, in: Corneloup/Joubert S. 35, 52; *Kadner Graziano*, RabelsZ 73 (2009), 1, 8.
[276] *Rühl*, FS Bernd v. Hoffmann, 2011, S. 364, 373 f.
[277] *Jakob/Picht*, FS Ingeborg Schwenzer, 2011, S. 869, 887.
[278] *Calvo Caravaca/Carrascosa González* S. 92 f. no. 62.
[279] *Heiss/Loacker*, JBl 2007, 613, 623; *de Lima Pinheiro*, RDIPP 2008, 5, 12; *Leible*, RIW 2008, 257, 260; *Rushworth/A. Scott*, [2008] LMCLQ 274, 293; *Kadner Graziano*, RabelsZ 73 (2009), 1, 8; *Calvo Caravaca/Carrascosa González* S. 92 no. 62; *Francq*, Rev. eur. dr. consomm. 2007–2008, 319, 330, 334; *Dutoit*, Liber Fausto Pocar, tomo II, 2009, S. 309, 313; *Garofalo*, Liber Fausto Pocar, tomo II, 2009, S. 413, 418; *Boskovic, D.* 2009, 1639, 1641; *Sujecki*, EWS 2009, 310, 313; *Loquin*, in: Corneloup/Joubert S. 35, 52; *Mansel*, in: Leible/Unberath (Hrsg.), Brauchen wir eine Rom 0-Verordnung?, 2013, S. 241, 274; BeckOGK/*G. Rühl* Art. 14 Rom II-VO Rn. 69; jurisPK BGB/*Wurmnest* Art. 14 Rom II-VO Rn. 11; vgl. auch *Kreuzer*, in: Malatesta S. 45, 54 f.; *Pertegás* in: Malatesta S. 221, 236. Anderer Ansicht, mit Unterschieden untereinander, *G. Wagner*, IPRax 2008, 1, 14; *H. Ofner*, ZfRV 2008, 13, 22; *Dickinson* Rn. 13.38 f.; *Kadner Graziano*, RabelsZ 73 (2009), 1, 8; *ders.*, in: Ahern/Binchy S. 113, 121; *Bertoli*, Riv. dir. int. 2009, 697, 710; *Nehne*, Methodik und allgemeine Lehren des europäischen internationalen Privatrechts, 2012, S. 244–250; *Kroll-Ludwigs* S. 91 f.; MüKoBGB/*A. Junker* Art. 14 Rom II-VO Rn. 35; Rauscher/*Jakob/Picht* Art. 14 Rom II-VO Rn. 23; *Ostendorf*, IHR 2012, 177, 179.
[280] Siehe nur *Calvo Caravaca/Carrascosa González* S. 92 no. 62.
[281] Ähnlich *Kadner Graziano*, RabelsZ 73 (2009), 1, 8; *Bertoli*, Riv. dir. int. 2009, 697, 710.
[282] *Leible*, RIW 2008, 257, 260.
[283] Strenger wohl *Rugullis*, IPRax 2008, 319, 322.

IV. Rechtswahl unter Art. 14 Rom II-VO   92–94 § 2

ausgehandelt" heißt.²⁸⁴ Dieser Begriff wiederum wird in Art. 3 II KlauselRL ausführlich mit Inhalt und Leben erfüllt. Daran kann man sich anlehnen, außer an den dortigen UAbs. 2, der sich mit Verträgen insgesamt befasst, während hier eine ausschließliche Konzentration auf die Rechtswahlvereinbarung erfolgt. Richtigerweise sollte man die in Art. 3 I, II UAbs. 1 und 3 KlauselRL enthaltenen Begriffsumschreibungen mit den notwendigen Modifikationen (insbesondere dem Tilgen jedes Bezugs auf Verbraucher) im hiesigen Kontext in einen eigenen Erwägungsgrund überführen.²⁸⁵

cc) Reichweite vertraglicher Rechtswahlklauseln für außervertragliche Schuldverhältnisse. Viele Rechtswahlklauseln in Verträgen treffen eine Rechtswahl für alle Ansprüche aus dem Zusammenhang mit dem Vertragsverhältnis oder aus der Beziehung zwischen den Parteien. Sie bewegen sich ersichtlich und gezielt über den Rahmen des eigentlichen Vertrages hinaus. Besonders deutlich wird dies bei der Variationsbreite auf Englisch formulierter Rechtswahlklauseln. Sie lassen die ganze Schönheit des Bedeutungsgehalts von Präpositionen und Wortlautinterpretation zur Geltung kommen.²⁸⁶ „Arising under this contract", „Arising out of this contract", „Arising in any way whatsoever out of this contract", „Arising from this contract", „Arising in connection with this contract", „in relation to this contract", „construction of this contract" und „any disputes" sind die bekanntesten Formulierungen.²⁸⁷ Sie sind unterschiedlich weit;²⁸⁸ in der Sache geht es im Wesentlichen um die Einbeziehung der rectification einerseits²⁸⁹ und vorvertraglicher Ansprüche andererseits. Sogar in England hat man sich inzwischen von einem buchstabenbezogenen Verständnis solcher Formulierungen abgewandt und hat sich auf der Grundlage des Klauselwortlauts einem stärker zweckbezogenen Verständnis zugewandt.²⁹⁰   92

Ihre größte Bedeutung haben weitere Formulierungen der Rechtswahlklauseln für deliktische Ansprüche. Dabei sind zwei Arten deliktischer Ansprüche zu unterscheiden: zum einen deliktische Ansprüche, die mit genuin vertraglichen Ansprüchen aus dem Vertrag konkurrieren; zum anderen deliktische Ansprüche, die keine solche Konkurrenz aufweisen, sondern einen ganz eigenständigen Entstehungsgrund haben.   93

(1) Mit genuin vertraglichen Ansprüchen aus dem Vertrag konkurrierende deliktische Ansprüche. Bei weitem Verständnis erfasst „arising out of the contract" auch Ansprüche zwischen den Vertragsparteien, die als Ansprüche aus tort formuliert sind.²⁹¹ Deliktische   94

---

²⁸⁴ Ähnlich BeckOGK/G. Rühl Art. 14 Rom II-VO Rn. 70.
²⁸⁵ *Mankowski*, IPRax 2010, 389, 400.
²⁸⁶ Vgl. *Briggs*, Agreements on Jurisdiction and Choice of Law, 2008, Rn. 5.73.
²⁸⁷ Siehe *Briggs*, Agreements on Jurisdiction and Choice of Law, 2008, Rn. 5.74–5.91.
²⁸⁸ Vgl. *Heyman v. Darwins* [1942] AC 356, 385, 399 (H.L.); *The „Evje"* [1975] AC 757, 814, 817 (H.L.); *The „Antonis S. Lemos"* [1985] AC 711, 728 (H.L.); *Mackender v. Feldia AG* [1967] 2 QB 50, 598 (C.A., per Lord Denning MR), 602f. (C.A., per Diplock LJ); *The „Makefjell"* [1976] 2 Lloyd's Rep. 29, 33 (C.A., per Cairns LJ); *Ashville Investments Ltd. v. Elmer Actos Ltd.* [1989] QB 488 (C.A.); *Fillite (Runcorn) v. Aqua-Lift* (1989) 26 Construction LR 66 (C.A.); *Pacific Resources Corp. v. Credit Lyonnais Rouse* C.A. 7 October 1994 (per Hirst LJ); *Fiona Trust & Holding Corp. v. Privalov* [2007] EWCA Civ 20, [2007] Bus. LR 686 (C.A.), affirmed sub nomine *Premium Nafta Products Ltd. v. Fili Shipping Corp.* [2007] UKHL 40, [2008] 1 Lloyd's Rep. 254, [2007] 4 All ER 951 (H.L.); *Comandate Marine Corp. v. Pan Australia Shipping Pty. Ltd.* (2006) 157 FCR 45 [175] (Fed. C.A. Australia, per Allsop J.); *FAI General Insurance Co. Ltd. v. Ocean Marine Mutual Protection and Indemnity Association* [1998] 1 Lloyd's Rep. 24, 31f. (NSW High Ct.).
²⁸⁹ *Briggs*, Agreements on Jurisdiction and Choice of Law, 2008, Rn. 5.79, 5.88 unter Hinweis auf *Pacific Resources Corp. v. Credit Lyonnais Rouse* C.A. 7 October 1994 (per Hirst LJ); *Ethiopian Oilseeds and Pulses Export Co. v. Rio del Mar Foods* [1990] 1 Lloyd's Rep. 86 (Q.B.D., Hirst J.); *Kathmer Investments Pty. Ltd. v. Woolworts Pty. Ltd.* 1970 (2) SA 498 (App. Div., Sup. Ct. SA); *Roose Industries Ltd. v. Ready Mix Concrete Ltd.* [1974] 2 NZLR 246 (NZ C.A.); *Drennan v. Pickett* [1983] 1 Qd. R. 445 (High Ct. Qd.); *Francis Travel Marketing Pty. Ltd. v. Virgin Atlantic Airways Ltd.* (1996) 39 NSWLR 160 (NSW C.A.); *Comandate Marine Corp. v. Pan Australia Shipping Pty. Ltd.* (2006) 157 FCR 45 (Fed. C.A. Australia).
²⁹⁰ *Briggs*, Agreements on Jurisdiction and Choice of Law, 2008, Rn. 5.67 unter Bezugnahme auf *Fiona Trust & Holding Corp. v. Privalov* [2007] EWCA Civ 20, [2007] Bus. LR 686, affirmed sub nomine *Premium Nafta Products Ltd. v. Fili Shipping Corp.* [2007] UKHL 40, [2008] 1 Lloyd's Rep. 254, [2007] 4 All ER 951 (H.L.).
²⁹¹ *The „Playa Larga"* [1983] 2 Lloyd's Rep. 171 (C.A.); *Continental Bank NA v. Aeakos Compania Naviera SA* [1994] 1 WLR 588 (C.A.); *Government of Gibraltar v. Kenney* [1956] 2 QB 410, 422 (Q.B.D.).

Ansprüche, die mit genuin vertraglichen Ansprüchen konkurrieren, wollen die Parteien im Prinzip demselben Recht unterstellen wie diese vertraglichen Ansprüche. Nur eine Rechtsordnung soll entscheiden. Deshalb wählen die Vertragsparteien eine so weite Formulierung und beschränken sich nicht auf eine engere, eindeutig auf vertragliche Ansprüche beschränkte Formulierung. Freilich kann dies im Ansatz mit den Grenzen kollidieren, die Art. 14 Rom II-VO für die vorherige Rechtswahl im Internationalen Deliktsrecht zieht. Es lässt sich jedenfalls nicht automatisch argumentieren, dass jenes Recht ja sowieso beide Ansprüche beherrschen würde. Vielmehr kann man gezwungen sein, den Umweg über die Ausweichklausel des Art. 4 III Rom II-VO und die in Art. 4 III 2 Rom II-VO angelegte akzessorische objektive Anknüpfung des Deliktsstatuts an das Vertragsstatut anzutreten. Für deliktische Ansprüche, die mit vertraglichen Ansprüchen konkurrieren und im Umfeld eines Vertrages anzusiedeln sind, ist genau dies die ausgesprochen sinnvolle Funktion des Art. 4 III Rom II-VO.[292] Über die akzessorische Anknüpfung obwaltet indirekt Parteiautonomie,[293] auch jenseits dessen, was Art. 14 Rom II-VO an direkter Parteiautonomie zugesteht.[294]

95 Ein Spezialproblem ist, welche Rechtsordnung darüber entscheidet, ob eine Konkurrenz vertraglicher und deliktischer Ansprüche zulässig ist oder ob das Prinzip des non cumul gilt.[295] Soweit die Rechtswahlklausel greift, sollte das gewählte Recht diese Entscheidung treffen.

96 (2) Deliktische Ansprüche mit ganz eigenständigem Entstehungsgrund. Für deliktische Ansprüche mit einem ganz eigenständigen Entstehungsgrund passt die akzessorische Anknüpfung aus Art. 4 III Rom II-VO weniger. Sie sind nicht im Umfeld des Vertrages anzusiedeln, sondern entstehen nur zufällig gleichzeitig mit den vertraglichen Ansprüchen. Für sie fehlt es an der nötigen Nähe, um den Vertrag zum herrschenden Rechtsverhältnis zu erklären und dessen Statut regieren zu lassen. Damit fehlt es an der Grundvoraussetzung für eine sinnvolle und sachgerechte akzessorische Anknüpfung.[296]

97 Man ist also zurückgeworfen auf Art. 14 Rom II-VO und die Grenzen, welche diese Norm einer vorherigen Rechtswahl für deliktische Ansprüche zieht. In einem Vertrag zwischen unternehmerisch tätigen Parteien wird Art. 14 I 1 lit. b Rom II-VO gemeinhin eine internationaldeliktsrechtliche Rechtswahl decken. Deliktische Ansprüche mit ganz eigenständigem Entstehungsgrund werden von Rechtswahlklauseln für Ansprüche „aus oder im Zusammenhang mit diesem Vertrag" indes nicht abgedeckt. Auf der anderen steht das Interesse der Parteien, möglichst ihre gesamte Beziehung demselben Recht zu unterstellen. Indes muss dieses Interesse auch hinreichenden Ausdruck finden. Indem die Parteien keinen Bezug auf ihre Beziehung insgesamt nehmen, sondern einen Zusammenhang mit dem Vertrag voraussetzen, wählen sie nicht die denkbar weiteste Formulierung, sondern eine engere. Ihre Interessen nicht optimal verwirklicht zu haben müssen sie sich ihrer eigenen Wahl einer nicht optimalen Formulierung zuschreiben.

98 *b) B2C-Verhältnisse und Verhältnisse mit anderen nicht-kommerziellen Partnern.* Art. 14 I lit. b Rom II-VO verlangt positiv, dass beide Partner Professionelle sein müssen. Er hebt nicht etwa darauf ab, dass eine der Parteien kein Verbraucher sein dürfte. Er grenzt positiv auf B2B-Vereinbarungen ab, nicht negativ B2C-Vereinbarungen aus. Das hat eine gewisse Bedeutung. Denn damit sind auch solche Vereinbarungen ausgegrenzt, bei denen ein Partner nicht kommerziell agiert, aber kein Verbraucher ist. Blickt man nur darauf, ob ein Macht-

---

[292] Siehe nur MüKoBGB/*Junker* Art. 4 Rom II-VO Rn. 51; G.-P. Calliess/*v. Hein* Art. 4 Rome II Regulation Rn. 59; P. Huber/*Bach* Art. 4 Rome II Regulation Rn. 86.
[293] Siehe nur *Mankowski*, in: v. Bar/Mankowski, IPR I § 7 Rn. 73 mwN.
[294] BeckOGK/*G. Rühl* Art. 14 Rom II-VO Rn. 31.
[295] Eingehend *Spelsberg-Korspeter*, Anspruchskonkurrenz im internationalen Privatrecht, 2009, S. 110 et passim; siehe auch *Seibl*, IPRax 2010, 347; *Mankowski*, RIW 2011, 420, 422; *Czepelak*, (2011) 7 JPrIL 393; P. *Ostendorf*, IHR 2012, 177.
[296] Siehe nur *Kreytenberg*, Die individuelle Schwerpunktbestimmung internationaler Schuldverträge nach der Ausweichklausel des Artikel 4 Absatz 5 Satz 2 EVÜ, 2007, S. 188.

IV. Rechtswahl unter Art. 14 Rom II-VO

gefälle zwischen den Parteien auszugleichen ist, schießt der Ausschluss auch von C2C-Vereinbarungen über das verfolgte Ziel hinaus.[297]

Solche Vereinbarungen sind insbesondere im Umfeld von Arbeitsverträgen zwischen Arbeitgeber und Arbeitnehmer denkbar. Denn ein Arbeitnehmer betätigt sich spezifisch in dieser Funktion (also als abhängig, nicht selbständig Beschäftigter) nicht kommerziell. Das hat für das Internationale Deliktsrecht eine nicht zu unterschätzende Bedeutung. Denn damit ist eine vorherige Rechtswahl im Arbeitsvertrag zwischen Arbeitgeber und Arbeitnehmer für Delikte während des Arbeitsverhältnisses ausgeschlossen. Die Parteien des Arbeitsvertrages (also faktisch: der planende und von der Verhandlungsmacht her überlegene Arbeitgeber) können sich nicht vorab ein Recht aussuchen, dass Haftungsprivilegierungen des Arbeitnehmers in besonders großem oder in besonders geringem Maße kennt. 99

4. Ausdrückliche und stillschweigende Rechtswahl. Art. 14 I UAbs. 2 Rom II-VO erlaubt sowohl eine ausdrückliche als auch eine stillschweigende (oder konkludente) Rechtswahl. Letztere muss sich mit hinreichender Sicherheit aus dem Umstände des Falles ergeben und Rechte Dritter unberührt lassen. Das Erfordernis hinreichender Sicherheit variiert leicht von der Formulierung des Art. 3 I 2 Var. 2 Rom I-VO, derzufolge sich eine konkludente Rechtswahl im Internationalen Schuldvertragsrecht eindeutig aus den Bestimmungen des Vertrages oder aus den Umständen des Falles ergeben muss. Größere sachliche Divergenzen ergeben sich daraus aber nicht.[298] Art. 14 I UAbs. 2 Rom II-VO hatte, aus dem zeitlichen Ablauf erklärlich, noch Art. 3 I 2 Var. 2 EVÜ zum Vorbild. Dass Art. 14 I UAbs. 2 Var. 2 Rom II-VO anders als Art. 3 I 2 Var. 2 Rom I-VO nicht die „Bestimmungen des Vertrags" aufführt, erklärt sich zwanglos daraus, dass er nur im außervertraglichen Bereich operiert.[299] Zu verlangen ist als Grundlage jedenfalls ein kollisionsrechtliches Erklärungsbewusstsein.[300] 100

Der Kriterienkatalog für eine stillschweigende Rechtswahl kann sich grundsätzlich an jenem unter Art. 3 I 2 Var. 2 Rom I-VO orientieren. Ausschließliche Vereinbarung eines bestimmten Gerichtsstands oder eines qualifiziert lokalisierten Schiedsgerichts tragen auch hier.[301] Amiable composition trägt auch hier nicht.[302] Eine Bezugnahme auf Regeln aus bestimmten Rechtsordnungen dürfte im außervertraglichen Bereich seltener sein. Immerhin vermag man sich etwa eine Bezugnahme auf DIN oder ähnliche Standards vorzustellen.[303] Bedeutung kann das allseitige Plädieren auf der Basis ein und desselben Rechts in einem Gerichtsverfahren haben;[304] allerdings sind hier die gleichen generellen Bedenken angebracht wie im Internationalen Schuldvertragsrecht.[305] 101

5. Zustandekommen und rechtsgeschäftliche Wirksamkeit der Rechtswahl. Einzelheiten und Details zu Zustandekommen und rechtsgeschäftlicher Wirksamkeit regelt Art. 14 I Rom II-VO dagegen nicht. Konsensmaßstäbe sind ihm nicht zu entnehmen, es sei denn, man wollte das Erfordernis des freien Aushandelns aus Art. 14 I lit. a Rom II-VO als spezifischen Konsenstatbestand einordnen. Für Zustandekommen und rechtsgeschäftliche Wirksamkeit erscheint ein lückenfüllender Rückgriff auf Art. 3 Rom I-VO angezeigt. 102

---

[297] BeckOGK/*G. Rühl* Art. 14 Rom II-VO Rn. 53.
[298] Siehe nur *Plender/Wilderspin* Rn. 29-023; *Vogeler* S. 195–197.
[299] Magnus/Mankowski/*Mankowski* Art. 14 Rom II Regulation Rn. 23.
[300] Siehe nur *Kroll-Ludwigs* S. 92; BeckOGK/*G. Rühl* Art. 14 Rom II-VO Rn. 100 mwN.
[301] Magnus/Mankowski/*Mankowski* Art. 14 Rome II Regulation Rn. 35–54. Vorsichtiger *Leible*, RIW 2008, 257, 261; *Vogeler* S. 201–204; BeckOGK/*G. Rühl* Art. 14 Rom II-VO Rn. 103.
[302] Magnus/Mankowski/*Mankowski* Art. 14 Rome II Regulation Rn. 55.
[303] Magnus/Mankowski/*Mankowski* Art. 14 Rome II Regulation Rn. 75.
[304] Magnus/Mankowski/*Mankowski* Art. 14 Rome II Regulation Rn. 57. Beispiel: Hof Amsterdam NIPR 2018 Nr. 158 S. 378.
[305] Dort → § 1 Rn. 138–142; hier Magnus/Mankowski/*Mankowski* Art. 14 Rome II Regulation Rn. 58–73.

§ 2. Internationales Privatrecht der außervertraglichen Schuldverhältnisse

Denn die Rechtswahl im IPR der außervertraglichen Schuldverhältnisse folgt dem Vorbild der Rechtswahl im Internationalen Schuldvertragsrecht. Konkret mündet dies in ein bootstrap principle analog Art. 3 V iVm Art. 10 I Rom I-VO.[306] Für Zustandekommen und rechtsgeschäftliche Wirksamkeit ist dasjenige Recht anzuwenden, das anwendbar wäre, wenn die Rechtswahlklausel zustandegekommen und rechtsgeschäftlich wirksam wäre.

103 Dies ist hier ebenso wenig ein Zirkel wie im Internationalen Schuldvertragsrecht.[307] Das IPR des Forums definiert die Rahmenbedingungen für eine Rechtswahl, und das bezeichnete Recht wird nicht als endgültig gewähltes Statut für das gesamte Rechtsverhältnis angewendet, sondern nur als Statut für die viel engeren Anknüpfungsgegenstände Zustandekommen und rechtsgeschäftliche Wirksamkeit.[308] Anknüpfungspunkt ist auch nicht die Rechtswahl als solche, auf dass man dem Willen der Parteien folge, sondern das Faktum der Rechtswahl.[309] Anzuwenden ist also das in der Rechtswahlklausel benannte Recht. Dies ist eine vom Gesetzgeber gewählte Lösung, und es sind nicht etwa die Parteien, die sich am eigenen Schopf aus dem Sumpf zögen.[310]

104 **6. Inhaltliche Wirksamkeit der Rechtswahl.** Gänzlich anders verhält es sich jedoch für die inhaltliche Wirksamkeit der Rechtswahl. Insoweit enthält Art. 14 I Rom II-VO nämlich eigene Maßstäbe. Er erlaubt eine freie Rechtswahl ohne Beschränkung hinsichtlich des Kreises wählbarer Rechtsordnungen. Er trifft damit eine kollisionsrechtspolitische Grundsatzentscheidung.[311] Er beschränkt die Wahl nicht auf solche Rechtsordnungen, welche objektive Verbindungen zum Sachverhalt aufweisen.[312] Er erlaubt insbesondere die Wahl eines so genannten Rechts (also eines Rechts, in dessen Geltungsbereich keine der Parteien ansässig ist).[313] Er enthält keine Einschränkungen für den Inhalt der Rechtswahl. Er verzichtet also auf eine Inhaltskontrolle.[314] Die Entscheidung über eine Inhaltskontrolle der Rechtswahl ist aber eine genuin kollisionsrechtliche Entscheidung, die das IPR des Forums treffen muss – und die Art. 14 I Rom II-VO konsequent trifft. Insoweit erfolgt weder ein Rückgriff auf das Sachrecht der lex fori noch auf das Sachrecht der lex causae, des gewählten Rechts.

105 Beim Wahlobjekt kennt Art. 14 I Rom II-VO jedoch eine Einschränkung: Auch er erlaubt nur die Wahl eines staatlichen Rechts, aber nicht die kollisionsrechtliche Wahl eines nicht-staatlichen „Rechts" oder nicht-staatlicher Regelwerke. Artt. 1 I; 3; 14 II, III; 24; 25 Rom II-VO belegen, dass die Rechtsfolgen in der Rom II-VO immer nur auf staatliches Recht weisen.[315] Zweitens gewinnt Erwägungsgrund (13) Rom I-VO über Erwägungsgrund (7) Rom II-VO auch für die Rom II-VO Bedeutung.[316] Drittens prägt, wiederum über Erwägungsgrund (7) Rom II-VO, das Verständnis von „Recht" aus der Rom I-VO

---

[306] *Heiss/Loacker*, JBl 2007, 613, 623; *Leible*, RIW 2008, 257, 260; *ders.*, AEDIPr 2007, 219, 229; *A. Scott/Rushworth*, [2008] LMCLQ 274, 292; *Dickinson* Rn. 13.18–13.19; *Kadner Graziano*, RabelsZ 73 (2009), 1, 13; *ders.*, in: Ahern/Binchy S. 113, 123; *Bertoli*, Riv. dir. int. 2009, 697, 708; *Pfütze*, ZEuS 2011, 35, 52; *P. Huber/Bach* Art. 14 Rome II Regulation Rn. 17; *Vogeler* S. 146–150; *Mansel*, in: Leible/Unberath (Hrsg.), Brauchen wir eine Rom 0-Verordnung?, 2013, S. 241, 273; *Kroll-Ludwigs* S. 93; Rauscher/*Jakob/Picht* Art. 14 Rom II-VO Rn. 27; *G.-P. Calliess/v. Hein* Art. 14 Rome II Regulation Rn. 29; BeckOGK/*Rühl* Art. 14 Rom II-VO Rn. 109; Magnus/Mankowski/*Mankowski* Art. 14 Rome II Regulation Rn. 136 f.; PWW/*R. Schaub* Art. 14 Rom II-VO Rn. 3.
[307] → § 1 Rn. 78 f.
[308] Magnus/Mankowski/*Mankowski* Art. 14 Rome II Regulation Rn. 142–145.
[309] Magnus/Mankowski/*Mankowski* Art. 14 Rome II Regulation Rn. 146–149.
[310] Magnus/Mankowski/*Mankowski* Art. 14 Rome I Regulation Rn. 137.
[311] Magnus/Mankowski/*Mankowski* Art. 14 Rome II Regulation Rn. 87.
[312] Siehe nur *Garcimartín Alférez*, EuLF 2007, I-77, I-82; *G. Rühl*, FS Jan Kropholler, 2008, S. 187, 192; *Dutoit*, Liber Fausto Poacar, tomo II, 2009, S. 309, 312 f.; *Vogeler* S. 319 f.
[313] Magnus/Mankowski/*Mankowski* Art. 14 Rome II Regulation Rn. 89–93.
[314] Eingehend Magnus/Mankowski/*Mankowski* Art. 14 Rome I Regulation Rn. 150–166.
[315] Siehe nur *G. Rühl*, in: Gottschalk/Michaels/Rühl/von Hein (eds.), Conflict of Laws in a Globalized World, 2007, S. 153, 164; *Sujecki*, EWS 2009, 310, 314; *P. Huber/Bach* Art 14 Rome II Regulation Rn. 9; *Vogeler* S. 297.
[316] Magnus/Mankowski/*Mankowski* Art. 14 Rome II Regulation Rn. 116.

IV. Rechtswahl unter Art. 14 Rom II-VO　　　　　　　　　　　　　　　　106–108 § 2

jenes in der Rom II-VO mit.³¹⁷ Obendrein gibt es im außervertraglichen Bereich eigentlich keine ins Auge springenden nicht-staatlichen Regelwerke³¹⁸ und dementsprechend erst recht kein drängendes praktisches Bedürfnis nach deren Wahl.³¹⁹

7. Teilrechtswahl. Zur Teilrechtswahl äußert sich Art. 14 Rom II-VO nicht. Daraus 106 ist aber kein Umkehrschluss zu ziehen, dass sie schlechterdings unzulässig wäre.³²⁰ Sinnvoller ist vielmehr auch hier eine Anlehnung an die Regelung der Teilrechtswahl im Internationalen Schuldvertragsrecht, konkret an Art. 3 I 3 Rom I-VO.³²¹ Allerdings muss man die Frage bereichsspezifisch beantworten, welche Sachkomplexe bei außervertraglichen Schuldverhältnissen selbständig und trennbar genug wären, um eine eigenständige Teilrechtswahl tragen zu können. Haftungsbegründung einerseits und Haftungsausfüllung, also Rechtsfolgen, andererseits wäre eine gute Trennlinie im Internationalen Deliktsrecht.

8. Form der Rechtswahl. Zur Form einer Rechtswahl äußert sich Art. 14 Rom II- 107 VO nicht ausdrücklich (es sei denn, man sieht in der Zulassung der stillschweigenden Rechtswahl bereits eine eigene Formvorschrift³²²).³²³ Der übliche Weg, um diese Lücke zu füllen, wäre eine Analogie zu Art. 3 V iVm Art. 11 Rom I-VO.³²⁴ Freilich dürfte nahezu jedes Sachrecht vor einem Problem stehen, wenn es sich zur Form von Rechtswahlvereinbarungen für außervertragliche Schuldverhältnisse äußern muss.³²⁵

9. Ausnahmen bei Drittinteressen. Die Rom II-VO kennt zwei ausdrückliche Aus- 108 nahmen zu Art. 14 Rom II-VO: in Art. 6 IV Rom II-VO für das Internationale Lauterkeits- und das Internationale Kartellrecht und in Art. 8 III Rom II-VO für das Internationale Immaterialgüterrecht. Beide Male sind auch Interessen Dritter und der Allgemeinheit berührt.³²⁶ Beide Male wird daher Gläubiger und Schuldner des Sonderdeliktsanspruchs nicht die kollisionsrechtliche Verfügungsfreiheit über den zwischen ihnen bestehenden Anspruch zugestanden, wie sie sich in einer subjektiven Rechtswahl Bahn brechen würde. Das ist eine klare Aussage.³²⁷ Außer vielleicht bei nicht unionsrechtlich geregelten Randfragen unionseinheitlicher Schutzrechte³²⁸ ist eine teleologische Reduktion nicht angezeigt. Sie wäre auch keine der lex causae unterworfene Rechtsfrage,³²⁹ sondern strikt nach den Wertungen des europäischen IPR zu beantworten. Diese aber sind eindeutig. Sie geben ein telos vor, das gerade für einen Rechtswahlausschluss und nicht für dessen Reduktion spricht.

---

³¹⁷ Magnus/Mankowski/*Mankowski* Art. 14 Rome II Regulation Rn. 116; BeckOGK/*G. Rühl* Art. 14 Rom II-VO Rn. 78. Vorsichtiger *Vogeler* S. 300–303.
³¹⁸ Magnus/Mankowski/*Mankowski* Art. 14 Rome II Regulation Rn. 117 f.
³¹⁹ Magnus/Mankowski/*Mankowski* Art. 14 Rome II Regulation Rn. 119.
³²⁰ *Mills*, in: Ahern/Binchy S. 133, 148; *Vogeler* S. 327; Erman/*Hohloch* Art. 14 Rom II-VO Rn. 7; BeckOK BGB/*Spickhoff* Art. 14 Rom II-VO Rn. 2; BeckOGK/*G. Rühl* Art. 14 Rom II-VO Rn. 91; Magnus/Mankowski/*Mankowski* Art. 14 Rome II Regulation Rn. 80. Anderer Ansicht *de Lima Pinheiro*, RDIPP 2008, 5, 13; *Symeonides*, 56 Am. J. Comp. L. 173, 185 f. (2008); *Dickinson* Rn. 13.20; X. E. Kramer, NIPR 2008, 414, 423.
³²¹ Magnus/Mankowski/*Mankowski* Art. 14 Rome II Regulation Rn. 80; BeckOGK/*G. Rühl* Art. 14 Rom II-VO Rn. 91.
³²² Zur parallelen Frage bei Art. 3 Rom I-VO → § 1 Rn. 101.
³²³ Magnus/Mankowski/*Mankowski* Art. 14 Rome I Regulation Rn. 167.
³²⁴ P. Huber/*Bach* Art. 14 Rome II Regulation Rn. 20; BeckOK BGB/*Spickhoff* Art. 14 Rom II-VO Rn. 3; *Vogeler* S. 226; *Crawford/Carruthers*, (2014) 63 ICLQ 1, 14; BeckOGK/*G. Rühl* Art. 14 Rom II-VO Rn. 110; Magnus/Mankowski/*Mankowski* Art. 14 Rome II Regulation Rn. 167.
³²⁵ *Vogeler* S. 226 f.; Magnus/Mankowski/*Mankowski* Art. 14 Rome II Regulation Rn. 167.
³²⁶ Siehe nur *Kruger*, DCCR 92–93 (2011), 59, 67; *Mankowski*, Schadensersatzklagen bei Kartelldelikten, 2012, S. 57 f.; *Vogeler* S. 98–103, 106; *A. Wolf*, Die internationale Durchsetzung von Schadensersatzansprüchen wegen Verletzung des EU-Wettbewerbsrechts, 2017, S. 434 f.
³²⁷ Siehe nur *T. Richter*, Parteiautonomie im Internationalen Immaterialgüterrecht, 2017, S. 118 f.
³²⁸ Dort für eine primärrechtskonforme Reduktion *T. Richter*, Parteiautonomie im Internationalen Immaterialgüterrecht, 2017, S. 123–151.
³²⁹ So aber *P. Ostendorf*, IHR 2012, 177, 179.

109 Vergleichbare Gedanken könnte man noch bei zwei weiteren Deliktstypen anstellen, bei denen nicht nur Gläubiger und Schuldner betroffen sind, sondern Dritte oder gar die Allgemeinheit: bei Umweltdelikten[330] und bei Arbeitskampfdelikten.[331] Indes enthalten weder Art. 7 noch Art. 9 Rom II-VO einen ausdrücklichen Rechtswahlausschluss. Das könnte wiederum dafür sprechen, aus Artt. 6 IV; 8 III Rom II-VO einen Umkehrschluss zu ziehen.[332]

110 **10. Grenzen der Rechtswahl.** *a) Objektive Verbindungen nur zu einer Rechtsordnung und „Wahl" eines anderen Rechts.* Auf den Spuren des Art. 3 III EVÜ (heute Art. 3 IV Rom I-VO) wandelt Art. 14 II Rom II-VO: Bei einem außervertraglichen Schuldverhältnis, das objektiv Verbindungen nur zu einem einzigen Staat aufweist,[333] also bei einem reinen Inlandsdelikt (einer reinen Inlandsbereicherung, einer reinen Inlands-GoA), gibt es keine kollisionsrechtliche Rechtswahl. Vielmehr haben die Bestimmungen eines trotzdem vereinbarten Rechts nur den Rang von Bestimmungen einer bloßen Vereinbarung. Sie müssen den internrechtlich zwingenden, nicht dispositiven Vorschriften des objektiv allein betroffenen Rechts weichen. Die „Rechtswahl" wird zur materiellrechtlichen Verweisung degradiert. Die Parteien sollen sich nicht kraft relativer Vereinbarung dem Zugriff der Regulierung entziehen dürfen. Unerheblich ist, ob objektiv allein betroffener Staat gerade der Forumstaat ist.

111 *b) Objektive Verbindungen nur zu Mitgliedstaaten und „Wahl" eines drittstaatlichen Rechts.* Art. 14 III Rom II-VO verlängert den Gedanken des Art. 14 II Rom II-VO noch. Er ist Parallelnorm zu Art. 3 IV Rom I-VO. Beide haben indes kein Vorbild im EVÜ. Beide behandeln die EU, als wäre sie ein Staat: Bei einem außervertraglichen Schuldverhältnis, das objektiv Verbindungen nur zu EU-Staaten aufweist, also bei einem reinen Binnenmarktdelikt (einer reinen Binnenmarktbereicherung, einer reinen Binnenmarkt-GoA), gibt es keine kollisionsrechtliche Rechtswahl. Vielmehr haben die Bestimmungen eines trotzdem vereinbarten Rechts nur den Rang von Bestimmungen einer bloßen Vereinbarung. Sie müssen den internrechtlich zwingenden, nicht dispositiven Vorschriften des Unionsrechts weichen. Die „Rechtswahl" wird zur materiellrechtlichen Verweisung degradiert.[334] Die Parteien sollen sich nicht kraft relativer Vereinbarung aus der EU herauskatapultieren dürfen. Anzuwenden ist vielmehr das jeweils einschlägige Unionsrecht, bei Richtlinien in seiner Umsetzung durch den Forummitgliedstaat.[335]

112 Allerdings dürfte es im Bereich der außervertraglichen Schuldverhältnisse kaum je nicht dispositives Unionsrecht geben. Dem Bereicherungsrecht und der GoA hat sich das Unionsrecht bisher nicht spezifisch gewidmet.[336] Im Deliktsrecht kommt immerhin die Produkthaftungsrichtlinie[337] als prominentestes Beispiel vor Augen.[338] Allerdings mag es in speziellen Verordnungen einschlägige Tatbestände für spezifische Teilbereiche geben.[339]

---

[330] Näher *Mankowski*, GS Arndt Schmehl, 2018, sub IV 5.
[331] Näher Magnus/Mankowski/*Mankowski* Art. 9 Rome II Regulation Rn. 28 f., 64 f.
[332] Nachdrücklich *Vogeler* S. 122–134. Außerdem z. B. Magnus/Mankowski/*Mankowski* Art. 14 Rome II Regulation Rn. 9 f.
[333] Zu Faktoren, die relevante Auslandsverbindungen begründen, insbesondere zum Abschlussort der Rechtswahlvereinbarung Magnus/Mankowski/*Mankowski* Art. 14 Rome I Regulation Rn. 289 f.
[334] Nachweise zur – durchaus kontroversen – Einordnung bei BeckOGK/G. *Rühl* Art. 14 Rom II-VO Rn. 132–134.
[335] Siehe nur *Brière*, JDAI 2008, 31, 59; *de Lima Pinheiro*, RDIPP 2008, 5, 14; *Leible*, RIW 2008, 257, 262 f.; BeckOGK/G. *Rühl* Art. 14 Rom II-VO Rn. 144 mwN.
[336] Magnus/Mankowski/*Mankowski* Art. 14 Rome I Regulation Rn. 321.
[337] Richtlinie 85/374/EWG des Rates vom 25.7.1985 zur Angleichung der Rechts- und Verwaltungsvorschriften der Mitgliedstaaten über die Haftung für fehlerhafte Produkte, ABl. EWG 1985 L 201/29.
[338] Wenige weitere Beispiele für Richtlinien bei BeckOGK/G. *Rühl* Art. 14 Rom II-VO Rn. 142.
[339] Magnus/Mankowski/*Mankowski* Art. 14 Rome I Regulation Rn. 320 f. (mit Beispielen aus dem Kapitalmarktrecht und der Haftung für Schäden während Personenbeförderung in der Luft und auf See) sowie *Vogeler* S. 386.

V. Internationales Deliktsrecht

Theoretisch kommen auch richterrechtliche Regeln in Betracht.[340] Trotzdem fällt es schwer, konkrete Beispiele zu identifizieren. Art. 14 III Rom II-VO ist mehr der systematischen Parallele zu Art. 3 IV Rom IVO und der legislativen Komplettierung geschuldet als einem wirklich drängenden Bedürfnis. Seine praktische Bedeutung tendiert gegen Null. Zwar wird das Vereinigte Königreich mit Vollzug des Brexits zum Drittstaat, auch für die Zwecke des Art. 14 III Rom II-VO;[341] das ändert jedoch bei den einschlägigen (oder eben nicht einschlägigen) Unionsregeln nichts.

c) Rechte Dritter. Art. 14 I UAbs. 2 Var. 2 Rom II-VO benennt Rechte Dritter als 113 Schranke. Nach seiner systematischen Stellung gilt er sowohl für die nachträgliche als auch für die anfängliche Rechtswahl.[342] Allerdings wird es bei einer vorhergehenden Rechtswahl kaum je bereits feste Rechtspositionen Dritter jenseits bloßer Chancen und Aussichten geben.[343] Eine Rechtswahl ist wirkungslos, soweit sie Dritte schlechter stellen würde.[344] Dies gilt relativ im Verhältnis zu dem jeweils negativ beeinträchtigten Dritten.[345]

V. Internationales Deliktsrecht

Literatur: *G. Kühne*, Das Anknüpfungssystem des neuen europäischen Internationalen Deliktsrechts, FS Erwin Deutsch zum 80. Geb., 2009, S. 817.

1. Objektive Anknüpfung unter Art. 4 Rom II-VO. a) *Grundsatz: Erfolgsortanknüp-* 114 *fung unter Art. 4 I Rom II-VO.* aa) Vorrang der rechtsgüterschützenden Funktion des Deliktsrechts vor der handlungssteuernden. Fehlt es an einer wirksamen Rechtswahl (also an einer subjektiven Anknüpfung) unter Art. 14 Rom II-VO, so muss man zu einer objektiven Anknüpfung schreiten. Art. 4 I Rom II-VO hat sich für die Erfolgsortanknüpfung als objektive Grundanknüpfung entschieden. Damit stellt er die rechtsgüterschützende Funktion des Deliktsrechts über die verhaltenssteuernde und die Interessen des Opfers über jene des Täters.[346] Dies fügt sich ein in einen Generaltrend des modernen Deliktsrechts insgesamt.[347] Zudem korrespondiert es mit der Zunahme verschuldensunabhängiger Gefährdungshaftungstatbestände.[348] Sympathie für das Opfer kommt hinzu, weil die Erfolgsortanknüpfung eben auch bei einer negativen Feststellungsklage des potentiellen Schuldners greift und dem potentiellen Gläubiger-Opfer trotzdem ein rechtliches Heimspiel garantiert.

bb) Entscheidung gegen ein Ubiquitätsprinzip. Die Notwendigkeit, zwischen Erfolgsort- 115 und Handlungsortanknüpfung auswählen zu müssen, ist seit jeher das Grunddilemma und die Crux des Internationalen Deliktsrechts. Das eine zu bevorzugen heißt das andere hintan zu stellen. Das eine auszuwählen, heißt dessen Wertungen in den Vordergrund zu stellen und jene des anderen in den Hintergrund. Hinter jedem der beiden steht ein Grundwert des Deliktsrechts: hinter dem Handlungsort die Verhaltenssteuerung und hinter dem Erfolgsort der Rechtsgüterschutz.[349]

---

[340] *Vogeler* S. 386.
[341] *Bertoli*, RDIPP 2017, 599, 619 f.
[342] *Bertoli*, Riv. dir. int. 2009, 697, 706; *Francq*, Eur. J. Consumer L. 2008, 319, 334; *Symeonides*, 82 Tul. L. Rev. 1741, 1771 f. (2008); BeckOGK/*G. Rühl* Art. 14 Rom II-VO Rn. 118 mwN.
[343] *Czaplinski*, Das internationale Straßenverkehrsunfallrecht nach Inkrafttreten der Rom II-VO, 2015, S. 89; zugestimmt von BeckOGK/*G. Rühl* Art. 14 Rom II-VO Rn. 118.
[344] *Heiss/Loacker*, JBl 2017, 613, 623; *G. P. Calliess/v. Hein* Art. 14 Rome II Regulation Rn. 37; BeckOGK/*G. Rühl* Art. 14 Rom II-VO Rn. 120.
[345] *Vogeler* S. 368; Rauscher/*Jakob/Picht* Art. 14 Rom II-VO Rn. 45.
[346] Siehe nur *M.-P. Weller*, IPRax 2011, 429, 435; MüKoBGB/*A. Junker* Art. 4 Rom II-VO Rn. 3; *Finkelmeier*, Qualifikation der Vindikation und des Eigentümer-Besitzer-Verhältnisses, 2016, S. 213–215.
[347] Magnus/Mankowski/*Magnus* Art. 4 Rome II Regulation Rn. 66.
[348] Magnus/Mankowski/*Magnus* Art. 4 Rome II Regulation Rn. 66.
[349] Siehe nur *Alb. Ehrenzweig*, FS Ernst Rabel, Bd. I, 1954, S. 655, 657, 682 f.; *Rabel/Drobnig*, The Conflict of Laws, Vol. II, 2. Aufl. 1960, S. 334; MüKoBGB/*Kreuzer*, Bd. X, 3. Aufl. 1998, Art. 38 EGBGB

116 Lange hat man versucht (und versucht es heute noch im IZPR), sich mit dem Ubiquitätsprinzip zu behelfen. Damit machte man die Sache aber nicht besser, sondern schlechter. Denn das Ubiquitätsprinzip ist opferfreundlicher als selbst die Erfolgsortanknüpfung, die opferfreundlichere unter den beiden zur Auswahl stehenden Alternativen. Die Kombination erbrachte Effekte, die so eigentlich gar nicht gewollt waren.[350] Zwischen beiden Anknüpfungspunkten wollte man sich nicht dergestalt entscheiden, dass einem von ihnen der Vorrang vor dem anderen einzuräumen wäre.[351] Die größere Sympathie mit dem Opfer als mit dem Täter führt dann zur opferbegünstigenden Alternativität,[352] nicht zur täterbegünstigenden Kumulation.[353]

117 Die Opferbegünstigung ist aber nicht eigentlicher Zweck, sondern nur Nebenfolge.[354] Um eine Entscheidungsverlegenheit aufzulösen stürzt man sich mit ihr beim Ubiquitätsprinzip in eine Wertungsverlegenheit. Zu allen Überfluss steht diese Wertungsverlegenheit unter massivem Rechtfertigungsdruck, dem sie kaum standzuhalten vermag.[355] Allenfalls prozessuale Ökonomie vermag sie theoretisch zu ihren Gunsten zu reklamieren.[356] Unter der Hand ist das Ubiquitätsprinzip Ausdruck eines versteckten Heimwärtsstrebens, weil zumindest zwei Anknüpfungspunkte statt einem eine noch größere Wahrscheinlichkeit mit sich bringen, dass einer zum Recht des Forums weist.[357] Dem steht eine Schlechterbehandlung des Distanztäters gegenüber. Problematisch ist erst recht die Besserstellung des Opfers eines Distanzdelikts gegenüber dem Opfer eines Inlandsdelikts.[358] Vergleiche mit Inlandssachverhalten müssen freilich auch die Besonderheiten des Sachverhalts mit Auslandsbezug einstellen, so dass Gleichheitsvorstellungen nicht telles quelles übertragen werden können.[359]

118 Die alleinige Maßgeblichkeit des Erfolgsortes ist eine überaus bedeutsame Abkehr vom Ubiquitätsprinzip. Dem Ubiquitätsprinzip zufolge sind Handlungs- und Erfolgsort gleichwertig und konstituieren, sowohl der Handlungs- als auch der Erfolgsort je für sich, einen relevanten Tatort. Art. 4 I Rom II-VO hat sich demgegenüber für eine reine Erfolgsortanknüpfung entschieden und dem Handlungsort jeden Charakter als Regelanknüpfungspunkt genommen. Der europäische Gesetzgeber hat sich in Art. 4 I Rom II-VO gegen eine Tatortanknüpfung nach dem Ubiquitätsprinzip gestellt[360] und ebenso gegen eine Anknüpfung an die lex loci delicti commissi, weil letztere ein zu offenes Konzept wäre.[361] Vielmehr hat er sich statt der Anknüpfung an die lex loci delicti commissi für eine Anknüpfung an die lex damni entschieden.[362] Man könnte dies mit Blick auf die Verletzung des primär geschützten Rechtsguts als maßgeblichen Schadenserfolg auch lex loci laesionis nennen. Dass Art. 4 I Rom II-VO den Schaden in den Vordergrund stellt, beruht auf der Rücksichtnahme auf die Sachrechte jener mitgliedstaatlichen Rechtsordnungen, die mit einer delikts-

---

Rn. 3; *H. Koch*, FS Hans-Georg Koppensteiner, 2001, S. 609, 611; Staudinger/*v. Hoffmann* Art. 40 EGBGB Rn. 4; *Mankowski*, in: v. Bar/Mankowski, IPR I § 7 Rn. 52.

[350] *v. Bar*, JZ 1985, 961, 966 f.
[351] Siehe z. B. *Kegel*, in: Kegel/Schurig S. 724 (§ 18 IV 1a aa); Staudinger/*v. Hoffmann* Art. 40 EGBGB Rn. 7.
[352] Wenn man denn schon das Opfer begünstigen will, wäre ein Schutzprinzip samt Anknüpfung an den gewöhnlichen Aufenthalt des Opfers eigentlich konsequenter; *de Boer*, WPNR 6780 (2008), 993; *ders.*, Ned. Jur. 2016 Nr. 243 S. 3094, 3095.
[353] *Kegel*, in: Kegel/Schurig S. 724 f. (§ 18 IV 1 a aa).
[354] Staudinger/*v. Hoffmann* Art. 40 EGBGB Rn. 7.
[355] Siehe nur *W.-H. Roth*, RabelsZ 55 (1991), 623, 645 f.; *ders.*, GS Alexander Lüderitz, 2000, S. 635, 654; *G. Wagner*, RabelsZ 62 (1998), 243, 260.
[356] *v. Hein*, Das Günstigkeitsprinzip im Internationalen Deliktsrecht, 1999, S. 141; *ders.*, RabelsZ 73 (2009), 461, 480.
[357] *v. Hein*, 82 Tul. L. Rev. 1663, 1671, 1683 (2008).
[358] *G. Wagner*, IPRax 2006, 372, 377.
[359] *Kühne*, FS Erwin Deutsch zum 80. Geb., 2009, S. 817, 825.
[360] Siehe nur *Garcimartín Alférez*, Essays in Honour of Hans van Loon, 2013, S. 169, 176.
[361] Magnus/Mankowski/*Magnus* Art. 4 Rome II Regulation Rn. 3.
[362] Siehe nur Rb. Kh. Dendermonde RW 2013-14, 184, 185 mAnm *Ponet*.

rechtlichen Generalklausel arbeiten.³⁶³ Die Basisentscheidung zwingt klar dazu, im jeweils konkreten Fall genau zwischen Handlungs- und Erfolgsort zu unterscheiden.³⁶⁴

cc) Interessen, Fairness und Voraussehbarkeit. Eine klare Entscheidung zu Gunsten des Erfolgsortes als Grundanknüpfung löst die Entscheidungsverlegenheit auf, auch um den bewussten Preis, nicht alle Überlegungen abbilden zu können.³⁶⁵ Sie soll ausweislich Erwägungsgrund (16) Rom II-VO einen fairen Ausgleich zwischen den widerstreitenden Interessen der Beteiligten bewirken.

Die Entscheidung zu Gunsten des Erfolgsortes ist eine im Prinzip effiziente Entscheidung: Erstens kann dem Schädiger angesonnen und zugemutet werden, sich über das Recht im Staat möglicher Schadensfolgen zu informieren, und zweitens erlaubt sie es dem Opfer, sich bei der Wahl seines Versicherungsschutzes im Grundsatz an dem Recht der ihm vertrauten Umwelt orientieren zu können.³⁶⁶ Die Anknüpfung an den Erfolgsort ist insoweit neutral und Ausdruck des allgemeinen Desiderats, das Recht mit dem stärksten Sachbezug zu berufen.³⁶⁷ Am Erfolgsort wird der Rechtsfrieden am meisten gestört.³⁶⁸ Zudem bestehen am Erfolgsort die einfachsten und besten Möglichkeiten, das Ausmaß der Schädigung zu beurteilen;³⁶⁹ bei physischen Rechtsgütern können Augenscheinseinnahme und Sachverständigenuntersuchung dort erfolgen, und etwaige Zeugen für den Verletzungseintritt werden sich typischerweise auch im Umfeld des verletzten Rechtsguts finden.

Den Verhaltensinteressen des Schädigers ist durch das Kriterium der Vorsehbarkeit bei der Erfolgsortbestimmung³⁷⁰ Genüge getan:³⁷¹ Er kann sich über die anwendbaren Standards, Grenzen und Freiräume informieren. Typischerweise kann man voraussehen, wo die eigenen Handlungen sich auswirken werden.³⁷² Man kann ex ante Informationen über deren Reichweite gewinnen und, wenn man will, versuchen, eingrenzende oder gegensteuernde Maßnahmen zu ergreifen.³⁷³ Tut man dies nicht, so hat man als Schädiger sachgerechterweise die Kosten negativer Externalitäten zu internalisieren.³⁷⁴ Das ist zumutbar.³⁷⁵ Der Schädiger hat weitaus mehr Kontrolle über sein eigenes Verhalten und dessen Folgen, als der Geschädigte substituierend an Schutzmaßnahmen für seine Güter ergreifen könnte.³⁷⁶ Der Schädiger ist insoweit cheapest cost avoider.

---

³⁶³ *Spickhoff*, ZEuP 2017, 953, 957 f.
³⁶⁴ *Ungerer*, Maastricht J. Eur. & Comp. L. 24 (2017), 448, 454.
³⁶⁵ Freilich wäre dies bei der gegenteiligen Entscheidung zu Gunsten des Handlungsortrechts ebenfalls nicht der Fall gewesen; vgl. *Strikwerda*, WPNR 6780 (2008), 993, 995.
³⁶⁶ Siehe nur *v. Hein*, Das Günstigkeitsprinzip im Internationalen Deliktsrecht, 1999, S. 217–220; *dens.*, ZEuP 2009, 6, 16; *dens.*, RabelsZ 73 (2009), 461, 475; *Basedow*, in: Lima de Pinheiro (ed.), Seminário Internacional sobre a Comunitarização do Direito Internacional Privado, 2005, S. 17, 26; *Petch*, [2006] JIBLR 449, 454; *Garcimartín Alférez*, EuLF 2007, I-77, I-84; *A. Junker*, NJW 2007, 3675, 3678; *Lima de Pinheiro*, Riv. dir. int. priv. proc. 2008, 5, 16; *Sujecki*, EWS 2009, 310, 314; *Mankowski*, Interessenpolitik und europäisches Kollisionsrecht, 2011, S. 67 f.; MüKoBGB/*A. Junker* Art. 4 Rom II-VO Rn. 18; *Finkelmeier*, Qualifikation der Vindikation und des Eigentümer-Besitzer-Verhältnisses, 2016, S. 213.
³⁶⁷ *R. Wagner/Winkelmann*, RIW 2012, 277, 279.
³⁶⁸ *Schack*, Internationales Zivilverfahrensrecht, 7. Aufl. 2017, Rn. 337; *C. Heinze*, FS H.-J. Ahrens, 2016, S. 521, 534.
³⁶⁹ *Klinkert*, WRP 12/2017 Editorial.
³⁷⁰ Eingehend dazu *B. Czempiel*, Das bestimmbare Deliktsstatut, 1991, S. 26–46, 180–190.
³⁷¹ Skeptisch indes *X. E. Kramer*, NIPR 2008, 414, 421.
³⁷² *Mankowski*, Interessenpolitik und europäisches Kollisionsrecht, 2011, S. 68; *Finkelmeier*, Qualifikation der Vindikation und des Eigentümer-Besitzer-Verhältnisses, 2016, S. 214.
³⁷³ *v. Hein*, Das Günstigkeitsprinzip im Internationalen Deliktsrecht, 1999, S. 217–220; *ders.*, RabelsZ 73 (2009), 461, 475.
³⁷⁴ *Garcimartín Alférez*, EuLF 2007, I-77, I-84; *Lima de Pinheiro*, Riv. dir. int. priv. proc. 2008, 5, 16; *v. Hein*, RabelsZ 73 (2009), 461, 475; *Mankowski*, Interessenpolitik und europäisches Kollisionsrecht, 2011, S. 68; *Finkelmeier*, Qualifikation der Vindikation und des Eigentümer-Besitzer-Verhältnisses, 2016, S. 214 f.
³⁷⁵ OLG Wien MMR 2017, 812, 815; Koziol/P. Bydlinski/Bollenberger/*Neumayr*, ABGB, 4. Aufl. 2014, Art. 4 Rom I-VO Rn. 3.
³⁷⁶ *Rauscher*/Unberath/Cziupka/Pabst Art. 4 Rom II-VO Rn. 31 f.; Magnus/Mankowski/*Magnus* Art. 4 Rome II Regulation Rn. 67.

122 Es verhält sich keineswegs so, dass der Schädiger Schäden nur in derjenigen Rechtsordnung, in deren Geltungsbereich er handelt, vorhersehen könnte.[377] Der Schädiger ist und bleibt in einer optimalen Position, um einen Schadenseintritt zu verhindern.[378] Die Anwendung eines dem Schädiger weniger vertrauten Erfolgsortsrechts kann sogar einen zusätzlichen Anreiz zur Schadensvermeidung vermitteln. Sofern das Verhalten des Schädigers nach dem Handlungsortsrecht erlaubt sein sollte, könnte Art. 17 Rom II-VO Möglichkeiten eröffnen, dies einfließen zu lassen.[379]

123 Die Erfolgsortanknüpfung führt auch zu einer grundsätzlichen[380] Gleichbehandlung mit anderen Schädigern, die Rechtsgüter im Erfolgsortstaat verletzen.[381] Sie vermeidet insgesamt über- wie unteroptimale Sorgfaltsniveaus.[382] Sie ist keineswegs neutral, sondern weist Institutionen ihren Platz zu.[383] Sie spiegelt eben den sachrechtlichen Trend, Deliktsrecht stärker im Lichte des Rechtsgüterschutzes und der Kompensation als in jenem der Bestrafung zu sehen.[384] Harmonie mit den Entwicklungstendenzen im Sachrecht war ausdrücklich gewollt.[385]

124 Die Erfolgsortanknüpfung ist obendrein besser geeignet, verschuldensunabhängige Haftung abzubilden.[386] Sie garantiert den nationalen Gesetzgebern, negative Externalitäten zu regulieren, die sich im Geltungsbereich ihrer jeweiligen Rechtsordnung niederschlagen, während sie Schädigern auferlegt, die Konsequenzen ihres Verhaltens zu internalisieren, selbst wenn sich diese in einem anderen Staat niederschlagen.[387]

125 Bei mehreren gemeinschaftlich Handelnden (Mittätern oder Tätern und Teilnehmern) sind dem einzelnen Handelnden die von jedem anderen Handelnden verursachten Schadenserfolge zuzurechnen.[388]

126 Bei mehreren Opfern derselben Schädigung ist der Erfolgsort für jedes einzelne Opfer gesondert zu bestimmen.[389]

127 dd) Diskordanzen mit dem Ubiquitätsprinzip bei der internationalen Zuständigkeit? Aus der Entscheidung für eine alleinige Anknüpfung an den Erfolgsort scheint sich eine gewichtige Diskrepanz zwischen Internationalem Deliktsrecht und Internationalem Deliktsprozessrecht zu ergeben.[390] Denn Art. 7 Nr. 2 Brüssel I-VO wie Art. 5 Nr. 3 LugÜ 2007 oder § 32 ZPO folgen dem Ubiquitätsprinzip. Im europäischen Internationalen Deliktsprozessrecht begründen der Handlungsort und der Erfolgsort jeweils einen gleich maßgeblichen Tatort. Dies ist seit vierzig Jahren gefestigte und inzwischen unangefochtene Rechtsprechung des EuGH.[391]

---

[377] Siehe nur *Calvo Caravaca/Carrascosa González* S. 112 f.
[378] *Calvo Caravaca/Carrascosa González* S. 108.
[379] *v. Hein*, ZEuP 2009, 9, 16; MüKoBGB/*A. Junker* Art. 4 Rom II-VO Rn. 4; *Finkelmeier*, Qualifikation der Vindikation und des Eigentümer-Besitzer-Verhältnisses, 2016, S. 214.
[380] Vorbehaltlich Art. 17 Rom II-VO.
[381] *Kadner Graziano*, Gemeineuropäisches Internationales Privatrecht, 2002, S. 532; *Mankowski*, FS Andreas Heldrich, 2005, S. 867, 886.
[382] Vgl. *H.-B. Schäfer/Lantermann*, in: Basedow/Kono (eds.), An Economic Analysis of Private International Law, Tübingen 2006, S. 87, 114 f.
[383] *d'Avout*, D. 2009, 1629, 1633.
[384] *X. E. Kramer*, NIPR 2008, 414, 420; *Mankowski*, Interessenpolitik und europäisches Kollisionsrecht, 2011, S. 68; *Finkelmeier*, Qualifikation der Vindikation und des Eigentümer-Besitzer-Verhältnisses, 2016, S. 213; Magnus/Mankowski/*Magnus* Art. 4 Rome II Regulation Rn. 66.
[385] Begründung der Kommission zum Vorschlag für eine Verordnung über das auf außervertragliche Schuldverhältnisse anzuwendende Recht, KOM (2003) 427 endg. S. 12 f.
[386] *Kadner Graziano*, Gemeineuropäisches Internationales Privatrecht, 2002, S. 218; Magnus/Mankowski/*Magnus* Art. 4 Rome II Regulation Rn. 66. Kritisch dazu allerdings *Koziol/Thiede*, ZvglRWiss 106 (2007), 235, 243.
[387] *Garcimartín Alférez*, EuLF 2007, I-77, I-84.
[388] EuGH ECLI:EU:C:2014:215 Rn. 37 – Hi Hotel HCF SARL/Uwe Spoering; *M. Grünberger*, IPRax 2015, 56, 64 f.
[389] Magnus/Mankowski/*Magnus* Art. 4 Rome II Regulation Rn. 105.
[390] Siehe nur *Garcimartín Alférez*, Essays in Honour of Hans van Loon, 2013, S. 169, 176 f.
[391] Siehe nur EuGH ECLI:EU:C:2017:766 Rn. 29 – Bolagsupplysningen OÜ u. Ingrid Isljan/Svensk Handel AB und die darin aufgeführten Nachweise sowie die Nachweise bei Magnus/Mankowski/*Mankowski* Art. 7 Brussels Ibis Regulation Rn. 251.

V. Internationales Deliktsrecht   128–131 § 2

Die dortige Verfestigung ist so groß, dass der europäische Gesetzgeber nicht einmal die 128
sich ihm mit der Novellierung der EuGVVO zur Brüssel Ia-VO bietende Chance genutzt
hat, in der Brüssel Ia-VO dem Anknüpfungsprinzip des Art. 4 I Rom II-VO zu folgen und
Gleichklang zwischen Rom II-VO und Brüssel Ia-VO bei der Grundanknüpfung herzustellen. Allerdings ist zuzugestehen, dass sich weiterer Gleichklang jenseits der Grundanknüpfung kaum hätte herstellen lassen angesichts der Vielzahl von Sonderregeln für einzelne Gebiete in der Rom II-VO und insbesondere angesichts der allgemeinen überlagernden
Anknüpfung an den gewöhnlichen Aufenthalt in Art. 4 II Rom II-VO und an die engere
Verbindung in Art. 4 III Rom II-VO, für die es im IZPR keine Entsprechung geben
konnte.[392]

Insbesondere muss man sich aber vor Augen führen, dass eine reine Erfolgsortanknüp- 129
fung dem ersten Anschein zum Trotz in den praktischen Ergebnissen kaum vom Ubiquitätsprinzip abweicht:[393] Die verletzten Rechtsgüter werden sich in der Regel am Lebensmittelpunkt des Verletzten befinden. Die Erfolgsortanknüpfung kommt dem Verletzten
weitaus stärker entgegen als die Handlungsortanknüpfung. Sie gewährt ihm häufig ein
„Heimspiel". Über sie kommt man zu Klägerrecht. Zusammen mit einem forum actoris
am Erfolgsort aus dem IZPR senkt man so die tertiären Kosten der Rechtsdurchsetzung.
Denn der Geschädigte wird im Zweifel am Erfolgsort klagen.[394] Damit gilt „lex propria in
foro proprio", und dem entscheidenden Gericht ist die Mühe von Auslandsrechtsermittlung abgenommen.

Außerdem reduziert die Erfolgsortanknüpfung Unsicherheitskosten, weil nur *ein* An- 130
knüpfungspunkt zum Einsatz kommt, um das anwendbare Recht zu ermitteln.[395] So vermindert man auch Anreize zur Spekulation in der Rechtsanwendungsfrage und fördert
Anreize zur einvernehmlichen Lösung, ohne Gerichte bemühen zu müssen.[396] Die Erfolgsortanknüpfung hält auch eine Nähebalance, denn sie ist keine komplette, rein persönlich
begünstigende Schutzanknüpfung; Letzteres wäre die Anknüpfung an den gewöhnlichen
Aufenthalt des Geschädigten.[397]

ee) Entscheidung gegen ein Herkunftslandprinzip. Die Entscheidung für das Erfolgsort- 131
recht ist die Entscheidung für eine Bestimmungslandanknüpfung und gegen ein – wie auch
immer auszufüllendes – allgemeines Herkunftslandprinzip im Internationalen Deliktsrecht.[398] Insoweit ist die Rom II-VO erfreulich konservativ[399] und versagt sich falscher
Progressivität. Sie ist savignyanisch und traditionelles Kollisionsrecht.[400] Einzelne Rechtsakte des Binnenmarktrechts mögen sich dem Herkunftslandprinzip verschreiben,[401] als allgemeine und generelle Anknüpfungsmaxime im Delikts-IPR taugt es nicht, zumal für Fälle

---

[392] Siehe allgemein *Mankowski,* FS Andreas Heldrich, 2005, S. 867, 870.
[393] Siehe *v. Hein,* Das Günstigkeitsprinzip im Internationalen Deliktsrecht, 1999, S. 138; *Mankowski,* FS Andreas Heldrich, 2005, S. 867, 885.
[394] *Schurig,* GS Alexander Lüderitz, 2000, S. 699, 706; *Mankowski,* FS Andreas Heldrich, 2005, S. 867, 885.
[395] *v. Hein,* RabelsZ 73 (2009), 461, 475 sowie *d'Avout,* D. 2009, 1629, 1633.
[396] *v. Hein,* RabelsZ 73 (2009), 461, 475; umfassend zum Gesamtkomplex *ders.,* Das Günstigkeitsprinzip im Internationalen Deliktsrecht, 1999, S. 89–142.
[397] *de Boer,* WPNR 6780 (2008), 988, 991; *Strikwerda,* WPNR 6780 (2008), 993, 996.
[398] *Wilderspin,* NIPR 2008, 408, 409 f.; *v. Hein,* ZEuP 2009, 6, 9.
[399] Siehe nur *v. Hein,* 82 Tul. L. Rev. 1663 (2008); *Kozyris,* 56 Am. J. Comp. L. 471 (2008); *Leible,* Rom I und Rom II: Neue Perspektiven im Europäischen Kollisionsrecht, 2009, S. 7–9, 12.
[400] *Wilderspin,* NIPR 2008, 408, 409; *v. Hein,* 82 Tul. L. Rev. 1663, 1703 (2008).
[401] Z.B. Art. 3 Richtlinie 2000/31/EG des Europäischen Parlaments und des Rates vom 8. Juni 2000 über bestimmte rechtliche Aspekte der Informationsgesellschaft, insbesondere des elektronischen Geschäfts-verkehrs, im Binnenmarkt, ABl. EG 2000 L 178/1; Art. 31 Richtlinie 2004/39/EG des Europäischen Parlaments und des Rates vom 21. April 2004 über Märkte für Finanzinstrumente, zur Änderung der Richt-linien 85/611/EWG und 93/6/EWG des Rates und der Richtlinie 2000/12/EG des Europäischen Par-laments und des Rates und zur Aufhebung der Richtlinie 93/22/EWG des Rates, ABl. EU 2004 L 145/1; Artt. 2 Abs.2; 2a Abs. 1 Richtlinie 2007/65/EG des Europäischen Parlaments und des Rates vom 11. De-zember 2007 zur Änderung der Richtlinie des Rates zur Koordinierung bestimmter Rechts- und Verwal-tungsvorschriften der Mitgliedstaaten über die Ausübung der Fernsehtätigkeit, ABl. EU 2007 L 332/27.

außerhalb des Binnenmarktes.⁴⁰² Der Rom II-VO geht Opfernähe über Aktivitätsförderung.

132 Insoweit versperrt sie sich dem Binnenmarktdrängen einzelner Generaldirektionen, die eben nur ihren Binnenmarkt und dessen Politik im Blick haben, aber nicht die Allseitigkeit und die ganze Welt wie das klassische IPR. Kollisionsrechtliche Gerechtigkeit geht auch der Rom II-VO vor sachrechtlichen Überlegungen und jedwedem binnenmarktpolitischem Impetus. Damit vermeidet man auch die rechtspolitischen Fragwürdigkeiten des Herkunftslandprinzips, die zur Externalisierung von Kosten deregulierender, neoliberaler Wirtschaftsrechtsetzung und zur Exportförderung auf Kosten der Importmärkte drängen.⁴⁰³ Das Herkunftslandprinzip führt zudem zur Ungleichbehandlung mobiler gegenüber standorttreuen und auf den heimischen Markt ausgerichteter Unternehmen.⁴⁰⁴

133 Einer wirklich effektiven Herkunftslandkontrolle stehen die fehlenden Anreize für die Behörden des Herkunftslandes entgegen, Sachverhalte zu regulieren, die sich nur auf Auslandsmärkten abspielen. Im Zweifel knappe Ressourcen zum Schutz ausländischer Märkte und Marktteilnehmer einzusetzen, wird Behörden kaum in den Sinn kommen.⁴⁰⁵ Hinzu kommen erhebliche Informationsprobleme. Die Aufgabenteilung im Binnenmarkt und die stellvertretende Rechtspflege des Herkunftsstaates für alle Gemeinschaftsbürger werden schon deshalb nicht optimal, ja nicht einmal hinlänglich funktionieren.⁴⁰⁶

134 Das Herkunftslandprinzip soll den Anbietern von Leistungen Rechtsermittlungskosten ersparen. Die Anbieter sollen nicht mehr gezwungen sein, bei der Betätigung auf einer Mehrzahl nationaler Märkte das Recht jedes einzelnen dieser Märkte ermitteln zu müssen, um sich rechtstreu zu verhalten, sondern sollen sich weitgehend an einem einzigen Recht orientieren können, ihrem vertrauten Heimatrecht. Damit betont das Herkunftslandprinzip einseitig die Interessen der Anbieterseite. Die Gesamtsumme der Rechtsermittlungskosten *aller* Beteiligten aber gerät aus dem Blick. Den Anbietern stehen insoweit die Marktgegenseite, aber auch die Gerichte des Marktstaates gegenüber, die gezwungen wären, das aus ihrer Sicht ausländische Recht des Herkunftsstaates zu ermitteln. Zugleich wird der Grundsatz gleicher Wettbewerbsbedingungen für alle Teilnehmer auf den einzelnen Märkten zerstört.

135 In der Summe ist das Herkunftslandprinzip nicht notwendig die billigere, weil kostengünstigere Lösung. Insbesondere droht eine in sich unstimmige und inkonsistente Hybridlösung mit Bestimmungslandanknüpfung im IZPR und Herkunftslandanknüpfung im IPR zu entstehen, welche die tertiären Kosten der Rechtsverfolgung deutlich erhöht. Die Rom II-VO verschließt sich dem richtigerweise. Freilich wird auch sie eine Überlagerung nicht verhindern können, soweit spezielle Rechtsakte das Herkunftslandprinzip verwirklichen oder Anerkennung herkunftsstaatlicher Genehmigungen gebieten.⁴⁰⁷

136 *b) Lokalisierung des Erfolgsortes.* aa) Grundsätzliches. Erfolgsort ist der Ort, an welchem das primär geschützte Rechtsgut verletzt wird.⁴⁰⁸ Im Ausgangspunkt meint dies – wie Erwä-

---

⁴⁰² *Leible*, in: Nordhausen (Hrsg.), Neue Entwicklungen in der Dienstleistungs- und Warenverkehrsfreiheit, 2002, S. 71, 85; *ders.*, Rom I und Rom II: Neue Perspektiven im Europäischen Kollisionsrecht, 2009, S. 9.
⁴⁰³ Näher *Mankowski*, IPRax 2004, 385, 388 f.
⁴⁰⁴ Näher *Mankowski*, IPRax 2004, 385, 387 f.
⁴⁰⁵ Näher *Mankowski*, IPRax 2004, 385, 388.
⁴⁰⁶ *Mankowski*, in: Handwörterbuch des Europäischen Privatrechts, Bd. I, 2009, S. 825, 828.
⁴⁰⁷ Am Beispiel der Prospekthaftung *Arons*, NIPR 2008, 481; *v. Hein*, in: Perspektiven des Wirtschaftsrechts – Beiträge für Klaus J. Hopt, 2008, S. 371.
⁴⁰⁸ Siehe nur OLG Wien MMR 2017, 812, 815; *Mari*, Mélanges Fritz Sturm, 1999, S. 1573, 1583 et passim; Magnus/Mankowski/*Mankowski* Art. 7 Brussels Ibis Regulation Rn. 318; *ders.*, EWiR Art. 5 LugÜ 1/08, 215, 216; *ders.*, EWiR § 37b WpHG 1/10, 725 f.; Magnus/Mankowski/*Magnus* Art. 4 Rome II Regulation Rn. 91 sowie EuGH Slg. 1995, I-415 Rn. 28 – Fiona Shevill/Presse Alliance; EuGH Slg. 1995, I-2719 Rn. 34 – Antonio Marinari/Lloyd's Bank plc u. Zubaidi Trading Co.; EuGH Slg. 2004, I-6009 Rn. 19 – Rudolf Kronhofer/Marianne Meier; OGH ÖJZ 2005, 111, 112; *G. Wagner*, IPRax 2008, 1, 4; *Siehr*, IPRax 2009, 435, 437; *M. Grünberger*, IPRax 2015, 56, 58; *Gomille*, JZ 2017, 289, 293.

V. Internationales Deliktsrecht   137–139 § 2

gungsgrund (17) S. 2 Rom II-VO ausdrücklich besagt –, wo das Opfer physischen Personen- oder Sachschaden erlitten hat.[409] Gesucht wird der Ort, an dem sich der ursprüngliche, zeitlich erste[410] Schaden manifestiert,[411] wo die ursprüngliche Rechtsgutverletzung eingetreten ist.[412] Dies ist in Abhängigkeit von der Natur des geschützten Rechtsguts zu bestimmen.[413] Insoweit erfolgt notwendig eine Differenzierung nach den verschiedenen Deliktstypen.[414]

Kausalität zwischen der potenziell schadensverursachenden Handlung des Schädigers und **137** dem Schadenserfolg ist erforderlich.[415] Ob der Opfer oder ein agent provocateur den Schaden provoziert hat, ist auf der kollisionsrechtlichen Ebene ohne Bedeutung[416] und mag nur im Sachrecht als Mitverschulden zu berücksichtigen sein. So weit wie möglich und irgend angängig, sollte man einen einzigen Erfolgsort identifizieren; dies indiziert der bestimmte Artikel „*der* Schaden"[417] im Wortlaut des Art. 4 I Rom II-VO.[418]

Welches Rechtsgut das primär geschützte Rechtsgut ist, hängt davon ab, welches **138** Rechtsgut der möglicherweise einschlägige Deliktstatbestand schützt. Eine europäisch autonome Antwort auf diese Frage gibt es nicht.[419] Man kommt für eine sachgerechte Antwort um einen Rekurs auf das potenziell anwendbare nationale Deliktsrecht nicht herum.[420] Denn die Alternative wäre Intuition oder Imagination. Sie wäre kaum zweifelsfrei möglich und kaum zu kontrollieren.[421] Sie drohte zu Diskrepanzen zwischen einem intuitionsgeleiteten erstem Zugriff und der späteren Anwendung des berufenen Sachrechts zu führen. Schutzgüter und Schutzrichtungen zu identifizieren ist nicht immer eine leichte Aufgabe. Beispielsweise ist zu entscheiden, ob Tatbestände der Kapitalmarkthaftung wie §§ 97; 98 WpHG 2018 institutionellen Marktschutz oder Individualschutz für Vermögen bezwecken.[422]

bb) Ausgrenzung bloßer Folgeschäden oder indirekter Schäden. Bloße Folgeschäden be- **139** gründen keine Erfolgsorte,[423] z.B. die Lageorte der Konten, von denen die Kosten für eine Heilbehandlung bezahlt werden. Art. 4 I aE; Erwägungsgrund (17) S. 2 Rom II-VO erklären indirekte Schadensfolgen ausdrücklich für nicht lokalisierungstragend. Der Terminus

---

[409] Siehe nur Rb. Rotterdam S&S 2018 Nr. 130 S. 706; *Collins,* in: Dicey/Morris/Collins Rn. 11–262; *Spickhoff,* ZEuP 2017, 953, 957.
[410] NK-BGB/*M. Lehmann* Art. 4 Rom II-VO Rn. 82; *Gomille,* JZ 2017, 289, 293.
[411] *AMT Futures Ltd. v. Marzillier, Dr. Meier & Dr. Guntner Rechtsanwaltsgesellschaft mbH* [2014] EWHC 1085 (Comm), [2015] 2 WLR 187 [34] (Q.B.D., *Popplewell* J.).
[412] *Carpi,* FS R. Stürner, 2013, S. 1191, 1193.
[413] Siehe nur EuGH ECLI:EU:C:2015:28 Rn. 29 mwN – *Pez Hejduk/ EnergieAgentur.NRW GmbH;* EuGH ECLI:EU:C:2016:976 Rn. 30 – *Concurrence SARL/Samsung Electronics France SAS u. Amazon Services Europe Sàrl.*
[414] *C. Heinze,* FS H.-J. Ahrens, 2016, S. 521, 533f.
[415] *Dexter Ltd. v. Harley* The Times 2 April 2001 (Q.B.D., *Lloyd* J.); *Mari,* in: Mélanges Fritz Sturm (1999), S. 1573, 1577, 1583.
[416] Cass. Bull. civ. 2009 I n°. 64; *Reinmüller/Bücken,* IPRax 2013, 185, 187.
[417] Hervorhebung hinzugefügt.
[418] *AMT Futures Ltd. v. Marzillier, Dr. Meier & Dr. Guntner Rechtsanwaltsgesellschaft mbH* [2014] EWHC 1085 (Comm), [2015] 2 WLR 187 [34] (Q.B.D., *Popplewell* J.).
[419] *Mankowski,* EWiR § 37b WpHG 1/10, 725, 726; Magnus/Mankowski/*Mankowski* Art. 7 Brussels Ibis Regulation Rn. 319. Anders aber EuGH Slg. 1995, I-2719f. Rn. 18f. – Antonio Marinari/Lloyd's Bank plc u. Zubaidi Trading Co.; Cassaz. RDIPP 2004, 1372, 1374; *Alfred Dunhill Ltd. v. Diffusion Internationale de Maroquinerie de Prestige SARL* [2002] 1 All ER (Comm) 950, 961 (Q.B.D., Judge Kenneth Rokison Q.C.); *Holl,* EuZW 1995, 766, 767; *Volken,* SZIER 1996, 137; *Rauscher,* ZZP Int. 1 (1996), 151, 165f.; *Kubis,* Internationale Zuständigkeit bei Persönlichkeits- und Immaterialgüterrechtsverletzungen (1999) S. 105; *Briggs,* (2001) 72 BYIL 437, 471.
[420] Magnus/Mankowski/*Mankowski* Art. 7 Brussels Ibis Regulation Rn. 319f.; *ders.,* EuZA 2017, 126, 133 sowie *Bischoff,* Clunet 109 (1982), 463, 468; *Kaye,* Civil Jurisdiction and Enforcement of Foreign Judgments, 1987, S. 567; *Geimer,* JZ 1995, 1108; *Nerlich,* WiB 1995, 972; *Mansel,* RabelsZ 61 (1997), 756, 757f.; *Schack,* Internationales Zivilverfahrensrecht, 6. Aufl. 2014, Rn. 299.
[421] Magnus/Mankowski/*Mankowski* Art. 7 Brussels Ibis Regulation Rn. 320.
[422] Dazu OLG Frankfurt ZIP 2010, 2217; *Mankowski,* EWiR § 37b WpHG 1/10, 725, 726.
[423] *Fortress Value Recovery Fund I LLC v. Blue Skye Special Opportunities Fund LP* [2013] EWHC 14 (Comm45), [2013] 2 BCLC 351 (Q.B.D., *Flaux* J.).

"indirekte Schadensfolgen" stammt aus der Dumez France-Entscheidung[424] zu Art. 5 Nr. 3 EuGVÜ,[425] und der Kommissionsvorschlag[426] lehnte sich ausdrücklich an Marinari[427] an. Hier ist der Blick auf die zuständigkeitsrechtliche Rechtsprechung daher in besonderem Maße angezeigt.[428] Dass indirekten Schadensfolgen keine Relevanz für Lokalisierung und anwendbares Recht zukommt, verhindert eine Zersplitterung des Deliktsstatuts[429] und vermeidet Überraschungseffekte zu Lasten des Schädigers.

140   Die Einbeziehung jeden Ortes, wo sich irgendwelche nachteilige Folgen eines Ereignisses gezeigt haben, das schon anderweitig einen primären Schaden verursacht hat, ginge zu weit.[430] Zudem drohte man damit mindestens mittelbar dem gewöhnlichen Aufenthaltsort des Opfers zu viel Gewicht beizulegen, an dem sich mit der relativ größten Wahrscheinlichkeit eine Folge zeigen dürfte.[431] Eine „money pocket rule" (sozusagen „Ich habe den Schaden in meiner Tasche gespürt") darf es nicht geben.[432] Dass es für das Opfer günstiger wäre, Regress nach dem Recht des Zentrums seiner finanziellen Interessen zu nehmen, ist für sich richtig, vermag aber die legitimen Interessen des Schädigers zu überspielen.[433]

141   Andererseits können sich fortentwickelnde Schadensbilder herausfordernd für die Abgrenzung sein.[434] Die Abgrenzung ist noch einfach, wenn die weitere Schädigung ein anderes Rechtsgut betrifft als das primär geschützte.

142   **Beispiel:** A aus Hamburg wird auf der Skipiste von Gargellen im Montafon (Vorarlberg, Österreich) hinterrücks von der angetrunkenen B aus Rotterdam umgefahren und erleidet einen Wadenbeinbruch. Er lässt sich vom ADAC ausfliegen und wird im Universitätskrankenhaus Hamburg-Eppendorf behandelt. Die dortigen Krankenhauskosten bezahlt er von seinem Konto bei einer Hamburger Bank aus.

143   Weitere Schäden können sich allerdings auch am primär geschützten Rechtsgut einstellen. Einem am Urlaubsort erlittenen Beinbruch mag später nach Rückkehr aus dem Urlaub eine Sepsis in der Wunde am Heimatort folgen. Verschlimmerung und Verschlechterung beruhen nicht auf einer neuen, gleichsam kausalitätsunterbrechenden Schadensursache.[435] Man kann

---

[424] EuGH Slg. 1990, I-49, I-79 f. Rn. 14–22 – Dumez France SA u. Tracoba SARL/Hessische Landesbank.
[425] *Dickinson* Rn. 4.40; *Mantovani*, Int'l Lis 2016, 72, 74–76.
[426] Begründung der Kommission zum Vorschlag für eine Verordnung über das auf außervertragliche Schuldverhältnisse anzuwendende Recht, KOM (2003) 427 endg. S. 11.
[427] EuGH Slg. 1995, I-2719 Rn. 14–21 – Antonio Marinari/Lloyd's Bank plc u. Zubaidi Trading Co.
[428] GA *Wahl*, ECLI:EU:C:2015:586 Rn. 4, 25, 35, 48–68; *Lady Brownlie v. Four Seasons Holdings Inc.* [2015] EWCA Civ 665 [83], [2016] 1 WLR 1814 (C.A., per *Arden* L.J.); *Mankowski*, JZ 2016, 310, 311; *Mantovani*, Int'l Lis 2016, 72, 73 f.
[429] *Mantovani*, Int'l Lis 2016, 72, 75 f.; *Maseda Rodríguez*, REDI 2016-1, 187, 188 f. sowie *Boskovic, D.* 2016, 2156, 2158.
[430] EuGH Slg. 1995, I-2719 Rn. 14 – Antonio Marinari/Lloyd's Bank plc u. Zubaidi Trading Co.; EuGH Slg. 2004, I-6009 Rn. 19 – Rudolf Kronhofer/Marianne Maier; EuGH ECLI:EU:C:2015:37 Rn. 48 f. – Harald Kolassa/Barclays Bank plc; Cassaz. RDIPP 1997, 729, 733 f.; Cassaz. RDIPP 2006, 1059, 1061; Cassaz. RDIPP 2013, 431, 432; OGH SZ 71/31; Hof van Cass. R.W. 2003-2004, 457; OGH ÖJZ 2005, 111, 112; OGH WBl 2011, 279, 280; BGH WM 2014, 1614 Rn. 32; Hoge Raad NIPR 2015 Nr. 51 S. 140; Rb. Kh. Dendermonde TBH 2000, 242, 244 mAnm *Wautelet*; Rb. Dordrecht NIPR 2008 Nr. 55 S. 96; Rb. Rotterdam NIPR 2008 Nr. 65 S. 109.
[431] EuGH Slg. 1990, I-49 Rn. 19 – Dumez France SA u. Tracoba SARL/Hessische Landesbank; EuGH Slg. 1995, I-2719 Rn. 13–15 – Antonio Marinari/Lloyd's Bank plc u. Zubaidi Trading Co.; Cassaz. RDIPP 2006, 1059, 1061; *Mazur Media Ltd. v. Mazur Media GmbH* [2004] 1 WLR 2966, 2973 (Ch.D., *Lawrence Collins* J.); OLG Köln IPRspr. 2010 Nr. 219 S. 556; OLG Frankfurt ZIP 2010, 2217; siehe auch EuGH Slg. 1998, I-6511 f. Rn. 29 – Réunion europénne SA/Spliethoff's Bevrachtingskantoor BV u. Kapitän des Schiffes „Alblasgracht 002".
[432] Siehe nur *H.-J. Ahrens*, IPRax 1990, 129, 132; *Geimer*, JZ 1995, 1108; *Nisi*, RDIPP 2013, 385, 409 mit Fn. 118.
[433] Siehe EuGH Slg. 1995, I-2719 Rn. 20 – Antonio Marinari/Lloyd's Bank plc u. Zubaidi Trading Co.
[434] Magnus/Mankowski/*Magnus* Art. 4 Rome II Regulation Rn. 73–76.
[435] *Henderson v. Jaouen* [2002] 1 WLR 2971, 2976 (C.A., per *Wall* J.).

V. Internationales Deliktsrecht   144–147 § 2

sie als in nuce bereits in der Erstschädigung angelegt bewerten.[436] Daher sollten sie relevant sein.[437]

Dauer- und wiederholte Schädigungen sollte man im Prinzip zu einem Gesamtdelikt zu- **144** sammenziehen und der Erstschädigung zuweisen.[438] Bei akkumulierten Schäden ist dagegen erst der letzte Schaden der relevante und ausschlaggebende, gleichsam als der Tropfen, der das Fass zum Überlaufen bringt.[439]

cc) Schäden Dritter. Grundsätzlich sind Schäden, die Dritte erleiden, ohne Bedeutung. **145** Dies gilt indes nur, soweit dieser Schaden gerade durch die Schädigung des Erstgeschädigten vermittelt wird. Erleiden Dritte wegen der Schädigung eines Unternehmens einen Wertverlust an ihren Anteilen an jenem Unternehmen, so ist dies kein relevanter Schaden.[440] Nur der unmittelbar Geschädigte zählt.[441] Die Ausgrenzung betrifft insbesondere Gesellschafter oder Muttergesellschaften bei Schädigungen der Beteiligungsgesellschaften.[442] Anders verhält es sich aber bei deliktischen Schädigungen durch einen Mitgesellschafter.[443] Eine wieder anders gelagerte, eigene Fallgruppe sind die so genannten Schockschäden.[444]

dd) Mehrere Erfolgsorte: Mosaikprinzip. Gibt es mehrere Erfolgsorte, weil gleichwertige **146** primär geschützte Rechtsgüter in mehreren Staaten verletzt wurden, so gilt das Recht des einzelnen Erfolgsortes nicht für den weltweiten Gesamtschaden, sondern nur für den Schaden, der im Staat ebendieses Erfolgsortes erlitten wurde.[445] Der weltweite Gesamtschaden fügt sich dann als Summe der Schäden an den einzelnen Erfolgsorten unter den einzelnen Erfolgsortrechten zusammen. Die plastische Bezeichnung dafür ist Mosaikprinzip, weil sich gleichsam viele Einzelsteine zu einem Gesamtbild zusammenfügen. Würde man dem Opfer zubilligen, dass es den Gesamtschaden auf der Basis irgendeines der Erfolgsortrechte liquidieren dürfte, so würde man ihm ein zu weit gehendes Wahlrecht einräumen und damit die rechtsanwendungsrechtliche Balance zwischen Opfer- und Täterinteressen zu sehr zu Gunsten des Opfers verschieben.[446]

Jedenfalls für Schadensersatzansprüche funktioniert das Mosaikprinzip ohne Probleme, **147** weil es in einen Ausspruch über eine Gesamtsumme als Addition der verschiedenen Teil-

---

[436] Magnus/Mankowski/*Mankowski* Art. 7 Brussels Ibis Regulation Rn. 324; Magnus/Mankowski/*Magnus* Art. 4 Rome II Regulation Rn. 73, 76. Insoweit ungenau gewertet von *Henderson v. Jaouen* [2002] 1 WLR 2971, 2976 (C.A., per *Wall* J.).

[437] Cassaz. RDIPP 1999, 966, 972–975; Magnus/Mankowski/*Mankowski* Art. 7 Brussels Ibis Regulation Rn. 324.
Anderer Ansicht Hoge Raad Ned. Jur. 2002 Nr. 539 mAnm *Vlas*; *Henderson v. Jaouen* [2002] 1 WLR 2971, 2976 (C.A., per *Wall* J.); *Briggs*, (2002) 73 BYIL 453, 459; *Kropholler/v. Hein* Art. 5 EuGVO Rn. 83d.

[438] Magnus/Mankowski/*Magnus* Art. 4 Rome II Regulation Rn. 82.

[439] G.-P. Calliess/*v. Hein* Art. 4 Rome II Regulation Rn. 17; Magnus/Mankowski/*Magnus* Art. 4 Rome II Regulation Rn. 83.

[440] EuGH Slg. 1990, I-49 Rn. 22 – Dumez France SA u. Tracoba SARL/Hessische Landesbank; EuGH Slg. 1998, I-6511, I-6545 Rn. 31 – Réunion europénne SA/Spliethoff's Bevrachtingskantoor BV u. Kapitän des Schiffs „Alblasgracht 002".

[441] *AMT Futures Ltd. v. Marzillier, Dr. Meier & Dr. Guntner Rechtsanwaltsgesellschaft mbH* [2014] EWHC 1085 (Comm), [2015] 2 WLR 187 [34] (Q.B.D., *Popplewell* J.).

[442] EuGH Slg. 1990, I-49 Rn. 20 – Dumez France SA u. Tracoba SARL/Hessische Landesbank; Cass. D.S. 1990 IR 158; Magnus/Mankowski/*Mankowski* Art. 7 Brussels Ibis Regulation Rn. 326.

[443] OLG Stuttgart ZIP 2007, 1210; OLG Schleswig NZG 2008, 868; LG Kiel IPRax 2009, 164, 166; *G. Bachmann*, IPRax 2009, 140, 143f.; Magnus/Mankowski/*Mankowski* Art. 7 Brussels Ibis Regulation Rn. 326.

[444] → § 2 Rn. 399.

[445] *Brière*, Clunet (2008), 31, 42f.; *Dickinson* Rn. 4.71; *v. Hein*, RabelsZ 73 (2009), 461, 475f.; G.-P. Calliess/*v. Hein* Art. 4 Rome II Regulation Rn. 15; *Hohloch*, YbPIL 9 (2007), 1, 10; Erman/*Hohloch* Art. 4 Rom II-VO Rn. 7; MüKoBGB/*A. Junker* Art. 4 Rom II-VO Rn. 31f.; *Kadner Graziano*, RCDIP 97 (2008), 445, 477; *Plender/Wilderspin* Rn. 18-026; BeckOK BGB/*Spickhoff* Art. 4 Rom II-VO Rn. 9; *G. Wagner*, IPRax 2008, 1, 4; jurisPK BGB/*Lund* Art. 4 Rom II-VO Rn. 16; Magnus/Mankowski/*Magnus* Art. 4 Rome II Regulation Rn. 106. Grundlegend im IZPR EuGH Slg. 1995, I-415 Rn. 28–33 – Fiona Shevill/Presse Alliance SA.

[446] Magnus/Mankowski/*Magnus* Art. 4 Rome II Regulation Rn. 107.

schäden auf der Basis der verschiedenen Teilerfolgsorte mündet. Bei nicht-monetären Anspruchszielen wie Unterlassung wird allerdings eine kaum zu bewältigende oder exzessive Fragmentierung befürchtet.[447] Das Mosaikprinzip begrenzt auch die Kognitionsbefugnis im einzelnen Erfolgsortsgerichtsstand unter Art. 7 Nr. 2 Brüssel Ia-VO.[448]

148 ee) Vermögensschäden als primäre Schäden bei Vermögensdelikten. Ebenso bedeutsam wie schwierig ist die Lokalisierung des Erfolgsortes bei Vermögensdelikten. Vermögen ist anders als Sacheigentum nicht körperlich greifbar. Ortlos ist es aber auch nicht,[449] denn dies schlösse jegliche, auch jede normative Lokalisierung aus, was nicht sein kann. Ein Satz, dass Vermögensschäden niemals den Erfolgsort konstituieren könnten, wäre ebenso falsch, weil zu pauschal. Vermögensschäden konstituieren den Erfolgsort vielmehr, wenn primär verletztes Rechtsgut das Vermögen ist. Vermögensschäden konstituieren den Erfolgsort nur dann nicht, wenn primär geschütztes Rechtsgut ein anderes Rechtsgut als das Vermögen und der Vermögensschaden daher eine bloße indirekte Schadensfolge ist. Bei Vermögensdelikten ist dagegen, wie schon deren Name besagt, das Vermögen primär geschütztes Rechtsgut.[450]

149 Notwendig ist die vorgelagerte Frage zu beantworten, ob es sich konkret wirklich um ein Vermögensdelikt handelt. Dabei ist sorgfältig zwischen auf reale Sachen substanzbezogenen Eigentums- oder Besitzentziehungsdelikten einerseits und gleichsam wertbezogenen Vermögensdelikten andererseits zu unterscheiden. Diebstahl und Unterschlagung nach deutschem Verständnis gehören zur ersten, Betrug und Untreue nach deutschem Verständnis gehören zur zweiten Kategorie.

150 Die eigentliche Lokalisierung von Vermögensschäden bereitet dem EuGH massive Probleme. Seine – wegen Erwägungsgrund (7) Rom II-VO sehr zu beachtende – Rechtsprechung zum Erfolgsort unter Artt. 5 Nr. 3 EuGVÜ/EuGVVO; 7 Nr. 2 Brüssel Ia-VO müht sich redlich, ist aber weit davon entfernt, verlässliche Ergebnisse hervorzubringen.[451] Jede neue Entscheidung kann neue Überraschungen bringen und so vorher nicht gekannte Momente einbringen. Sie kann auch in einem unklaren Verhältnis oder gar in (Teil-) Widerspruch zu vorangegangenen Entscheidungen stehen.[452] Der EuGH hat insoweit kapituliert, als er sich gar nicht mehr an echten, über den Einzelfall hinaus Geltung beanspruchenden Leitentscheidungen versucht.[453] Mit einer Spur Fatalismus oder gar schon Zynismus mag man sagen, dass letztlich beinahe alles möglich und Sache des Einzelfalls sei.[454]

151 Einerseits ist Kronhofer heute als die fundamentale Basisentscheidung einzuordnen, darf aber andererseits nur Ausgangspunkt sein.[455] Sich spezifisch und isoliert für Vermögens- und Finanzdelikte vom IZPR abzukoppeln[456] wiederum bedürfte einer sehr guten Begründung, die sich kaum finden ließe.[457] Den Erfolgsort als Anknüpfungspunkt für diese

---

[447] *Dickinson* Rn. 4.70 f.; *Dicey/Morris/Collins/Dickinson* Rn. 35-028 sowie *Plender/Wilderspin* Rn. 18-026 f.

[448] Siehe nur EuGH Slg. 1995, I-415 Rn. 28–33 – Fiona Shevill/Presse Alliance SA; Cass. Clunet 125 (1998), 136, 137 note *A. Huet*; OGH RdW 2002, 603; OGH RdW 2002, 664; Cass. RCDIP 93 (2004), 632 with note *Cachard*; OLG Hamburg AfP 1996, 69, 71; OLG München MMR 2000, 277; Hof s's-Gravenhage [1999] FSR 352, 359; Trib. Bruxelles J. trib. 2003, 234, 235; Hof Amsterdam NIPR 2007 Nr. 297 S. 424; Magnus/Mankowski/*Mankowski* Art. 7 Brussels Ibis Regulation Rn. 257, 261.

[449] Entgegen *Oberhammer*, VbR 2017, 182, 183.

[450] GA *Szpunar*, ECLI:EU:C:2016:161 Rn. 38 Fn. 22; Hoge Raad Ned. Jur. 2015 Nr. 44 S. 548 f.; LG Dortmund IPRax 2005, 542, 544; Magnus/Mankowski/*Mankowski* Art. 7 Brussels Ibis Regulation Rn. 328; *ders.*, EuZW 2016, 585; *ders.*, EuZA 2017, 126, 132; *van Bochove*, NIPR 2016, 456, 457 f.; *Heindler*, IPRax 2018, 103, 106 f.

[451] Siehe nur *Oberhammer*, VbR 2017, 182, 183 (Rechtsprechung des EuGH sei „etwas diffus"); *Riss/Winner/Wolfbauer*, ZFR 2017, 469 („lässt den Rechtsadressaten einigermaßen orientierungslos zurück").

[452] *Schnichels/Lenzing/A. Stein*, EuZW 2017, 835, 838.

[453] *Mankowski*, EuZW 2016, 585, 586; *A. Stadler/Klöpfer*, ZEuP 2017, 890, 913.

[454] *Schacherreiter*, ÖBA 2017, 708; ähnlich *Haentjens/Verheij*, Bb 2016, 292, 295 f.; *dies.*, (2016) 31 JIBLR 346, 352, 358.

[455] *Mankowski*, EuZW 2016, 585, 586.

[456] Dafür *Boskovic*, RCDIP 104 (2015), 927; *dies.*, D. 2016, 2156, 2159.

[457] Vgl. nur *Freitag*, WM 2015, 1165.

V. Internationales Deliktsrecht 152–154 § 2

Deliktsgruppen ganz aufzugeben[458] geht jedenfalls im IPR nicht, weil der Erfolgsort einziger Anknüpfungspunkt der Grundregel in Art. 4 I Rom II-VO ist.

(1) Maßgebliches Teilvermögen des Geschädigten. Maßgeblich ist für den Erfolgsort die **152** Belegenheit des konkret betroffenen Vermögensteils des Geschädigten. Das Vermögen ist nicht etwa automatisch am Wohnsitz oder gewöhnlichen Aufenthalt des Geschädigten zu verorten.[459] Vielmehr kommt es auf das konkret betroffene Teilvermögen an, wenn sich eines isolieren lässt.[460] Hat der Geschädigte nur eine Vermögensmasse, so muss diese die einzig relevante sein. Eine natürliche Person wird typischerweise ihre Haupt- und erst recht ihre einzige Vermögensmasse dort halten, wo sie selber lebt, um darauf zurückgreifen zu können.[461] Daraus erwächst jedoch allenfalls eine Vermutung zugunsten einer Anknüpfung an den gewöhnlichen Aufenthalt; vielmehr ist und bleibt die Vermögensmasse anknüpfungsleitend.[462]

Sind investierte und verloren gegangene Gelder von einem bestimmten Konto des Ge- **153** schädigten aus überwiesen worden, so ist grundsätzlich der Ort maßgeblich, an welchem dieses Konto geführt wird, ohne dass vorherige interne Transfervorgänge (also wie das Geld auf das Konto gekommen ist) eine prägende Rolle spielen würden.[463] Darauf, ob der Geschädigte auch in diesem Staat seinen gewöhnlichen Aufenthalt hat, kommt es nicht an.[464] Wertungsleitendes Moment ist grundsätzlich der externe Transfer aus der Sphäre des Opfers heraus zu einer externen Person.[465] Denn dadurch verlässt das Geld das Opfervermögen. Konten, durch die das Geld nur innerhalb der Sphäre des Opfers durchfließt, sind dagegen prinzipiell unerheblich.[466] Bei einem Verrechnungskonto oder Effektenkonto,[467] vom dem aus nach voheriger interner Überweisung vom „eigentlichen" Konto des Opfers letztlich die Gelder abfließen, sollte es darauf ankommen, wer Inhaber ist und die Verfügungsgewalt hat; ist dies noch das Opfer, so hat noch kein Exit-Transfer aus dessen Sphäre stattgefunden.[468]

Auf den Verfügungsort statt des Orts des Mittelabflusses abzustellen[469] drohte die An- **154** knüpfung Zufälligkeiten auszusetzen und wäre der Erkennbarkeit abträglich. Außerdem kommt es auf den Vermögensschaden an. Die bloße Verfügungshandlung allein würde diesen noch nicht beiwirken. Das erhellt sofort, wenn man sich denkt, dass der Verfügungs-

---

[458] Dahin *A. Stadler,* FS Reinhold Geimer zum 80. Geb., 2017, S. 715, 725 f.
[459] Siehe nur EuGH Slg. 2004, I-6009 – Rudolf Kronhofer/Marianne Maier; EuGH ECLI:EU:C:2005:37 Rn. 48 f. – Harald Kolassa/Barclays Bank plc; GA *Szpunar,* ECLI:EU:C:2016:161 Rn. 38, 47; OGH ÖJZ 2005, 271, 272; *Spickhoff,* IPRax 2017, 72, 77.
[460] *Mankowski,* EWiR Art. 5 LugÜ 1/08, 215, 216; Magnus/Mankowski/*Mankowski* Art. 7 Brussels Ibis Regulation Rn. 329.
[461] Magnus/Mankowski/*Mankowski* Art. 7 Brussels Ibis Regulation Rn. 329.
[462] Magnus/Mankowski/*Mankowski* Art. 7 Brussels Ibis Regulation Rn. 329 sowie Magnus/Mankowski/*Magnus* Art. 4 Rome II Regulation Rn. 97. Nicht genau differenzierend in einem Prospekthaftungsfall EuGH ECLI:EU:C:2015:37 Rn. 53 – Harald Kolassa/Barclays Bank plc; GA *Szpunar,* ECLI:EU:C:2014: 2135 Rn. 67.
[463] EuGH Slg. 2004, I-6009 Rn. 20 – Rudolf Kronhofer/Marianne Maier; GA *Jääskinen,* ECLI:EU: C:2012:766 Rn. 32; BGH ZIP 2010, 1998, 2004; OLG Köln IPRspr. 2011 Nr. 219 S. 557; OLG Karlsruhe IPRspr. 2011 Nr. 199 S. 529; *Tenenbaum,* Bull. Joly Bourse 2014, 400, 402; *Spickhoff,* IPRax 2017, 72, 77; *Maultzsch,* IPRax 2017, 442, 444 f. Kritisch dagegen *A. Stadler,* FS Reinhold Geimer zum 80. Geb., 2017, S. 715, 722.
[464] *M. Lehmann,* IPRax 2012, 399, 400; *Steinrötter,* RIW 2015, 407, 411.
[465] *Corneloup,* RCDIP 103 (2014), 438, 441; *M. Müller,* EuZW 2015, 218, 223, 224; *Mankowski,* LMK 2015, 367447; Magnus/Mankowski/*Mankowski* Art. 7 Brussels Ibis Regulation Rn. 330; siehe auch Hof van Cass. R.W. 2017-18, 304; MXI Ltd. v. Farahzad [2018] EWHC 1041 (Ch) [10], [2018] 1 WLR 5553 (Ch. D., *Marcus Smith* J.).
[466] *M. Lehmann,* (2011) 7 JPrIL 527, 545; Magnus/Mankowski/*Mankowski* Art. 7 Brussels Ibis Regulation Rn. 330.
[467] *Haentjens/Verheij,* AV&S 2015, 156, 160 f.; *dies.,* (2016) 31 JIBLR 346, 352 wollen solche Konten von einfachen Bankkonten unterscheiden.
[468] Für Unerheblichkeit des Verrechnungskontos dagegen OGH ÖBA 2017, 706, 707 = ZFR 2017, 492, 493; *Winner,* ZFR 2017, 494.
[469] Dafür *v. Hein,* IPRax 2005, 17, 21 f.; *ders.,* BerDGIR 2011, 369, 399.

155 Betrug und Fehlinformation führen an demjenigen Ort zum Schaden, an welchem sie finanzielle Transaktionen des Opfers auslösen.[470] Wird eine potenziell betrügerische Behauptung gegenüber dem Opfer an einem Ort aufgestellt und handelt das Opfer als Folge dieser Behauptung an einem anderen Ort, z.B. indem es dort einen Kredit aufnimmt, so ist nur der letztere relevant.[471] Fallen der Ort der Entscheidungsfindung auf der Seite des Opfers und der Ort, wo das betroffene Opfer(teil)vermögen belegen ist, nicht zusammen, so ist letzterer ausschlaggebend.[472] Der Ort der Entscheidungsfindung kann zufällig sein; er ließe sich vom Täter zu leicht beeinflussen und nach kunstvollen Plänen manipulieren.[473] Geschütztes Rechtsgut ist eben das Vermögen, nicht die Entscheidungsfindung als solche oder der freie Wille des Opfers.[474]

156 Eine Ausnahme von der Anknüpfung an den Abflussort besteht, soweit es sich um Untreue oder Churning handelt, in deren Rahmen der Schädiger eine Überweisung zunächst auf ein von ihm kontrolliertes Konto veranlasst.[475] Ein Anlagebetrug will dem Kunden das Geld herauslocken, und deshalb liegt der Erfolgsort bei dem Konto, von dem der Kunde wegverfügt.[476] Ob der Schaden sich erst später als Anlageverlust voll materialisiert, ist – ebenso wie bei Kursverlusten legitim erworbener Aktien[477] – ohne Bedeutung.[478] Die Untreue vergreift sich dagegen am bereits herausgelockten Geld.[479] Sie betrifft dasjenige Teilvermögen, welches der Schädiger zu betreuen hat.[480]

157 Der gewöhnliche Aufenthalt des Geschädigten kommt wieder ins Spiel, wenn sich dort das relevante Konto für die Ausgangsüberweisung aus der Sphäre des Geschädigten heraus befindet[481] oder wenn ein Vermögensschaden allein mathematisch oder statistisch nachzuweisen ist.[482] Dass der Geschädigte durch die schnelle Eröffnung eines Kontos, von dem aus dann die Gelder aus seinem Bereich herausverfügt werden, den Erfolgsort beeinflussen kann, ist hinzunehmen,[483] auch wenn es Zufälligkeiten und Manipulationspotenzial eröffnen mag.[484] So schnell werden Konten im Ausland faktisch auch nicht eröffnet, zumal dies sowohl mit Eröffnungskosten als auch mit möglichen laufenden Kosten als Gegenanreizen verbunden ist.

158 (2) Lokalisierung von Bankkonten entsprechend Art. 2 Nr. 9 iii EuInsVO 2015. Wo ein Konto belegen ist, scheint auf den ersten Blick schwierig zu beantworten zu sein.[485] Soll es

---

[470] → § 2 Rn. 162.
[471] *Raiffeisen Zentralbank v. Tranos* [2001] I.L.Pr. 85 (Q.B.D., *Longmore* J.); siehe auch *London Helicopters Ltd. v. Helportugal LDA-INAC* [2006] 1 All ER (Comm) 595, 604 (Q.B.D., *Simon* J.).
[472] *Girsberger*, Liber amicorum Kurt Siehr, 2000, S. 219, 229 f.
[473] *Girsberger*, Liber amicorum Kurt Siehr, 2000, S. 219, 229 f.
[474] Magnus/Mankowski/*Mankowski* Art. 7 Brussels Ibis Regulation Rn. 344.
[475] BGH ZIP 2010, 2004; BGH WM 2010, 1590; BGH RIW 2011, 77; *v. Hein*, BerDGIR 2011, 369, 398; Magnus/Mankowski/*Mankowski* Art. 7 Brussels Ibis Regulation Rn. 333 mwN.
[476] *Girsberger*, AJP 2000, 177; *Schwander*, SZIER 2000, 354, 355 f.; *A. Junker*, ZZP Int. 9 (2004), 200, 206; *v. Hein*, BerDGIR 2011, 369, 398.
[477] *Engert/Groh*, IPRax 2011, 459, 463; *Heindler*, IPRax 2018, 103, 106.
[478] Anders *Haentjens/Verheij*, AV&S 2015, 156, 161.
[479] *Mankowski*, EWiR Art. 5 LugÜ 1/08. 215, 216.
[480] BGH WM 2008, 479; BGH WM 2010, 1590, 1593; BGH ZIP 2010, 2004, 2007; BGH WM 2010, 2214, 2217; OLG Stuttgart NJW-RR 1999, 318; *v. Hein*, IPRax 2005, 17, 23; *ders.*, BerDGfIR 2011, 369, 397 f.; *Mankowski*, EWiR Art. 5 LugÜ 1/09, 215, 216; *R. Wagner/Gess*, NJW 2009, 3481, 3482; *M. Lehmann*, (2011) 7 JPrIL 527, 544; *Engert/Groh*, IPRax 2011, 458, 463 f.; *P. Huber*, IPRax 2015, 403, 405.
[481] Siehe nur Magnus/Mankowski/*Mankowski* Art. 7 Brussels Ibis Regulation Rn. 334 mwN; *d'Avout*, D. 2015, 770, 772.
[482] *M. Lehmann*, (2011) 7 JPrIL 527, 537; *Mankowski*, LMK 2015, 367447.
[483] Anders EuGH ECLI:EU:C:2016:449 Rn. 38 – Universal Music International Holding BV/M. Tétreault Schilling, Irwin Schwartz u. Josef Brož; *M. Müller*, NJW 2016, 2169, 2170; *Haentjens/Verheij*, Bb 2016, 292, 296; *Spickhoff*, IPRax 2017, 72, 77.
[484] Siehe die Kritik z.B. bei *Ungerer*, Maastricht J. Eur. & Comp. L. 24 (2017), 448, 453; *A. Stadler/Klöpfer*, ZEuP 2017, 890, 906.
[485] *A. Stadler*, FS Reinhold Geimer zum 80. Geb., 2017, S. 715, 722; *Schacherreiter*, ÖBA 2017, 708.

V. Internationales Deliktsrecht

auf den Sitz der Zentrale der kontoführenden Bank oder auf die konkret kontoführende Bankfiliale ankommen?[486] Für die Antwort gibt es indes eine sehr elegante Lösung: die Wertung aus Art. 2 Nr. 9 iii EuInsVO 2015 zu übertragen (die sich sowieso für das gesamte IPR als Lokalisierungshilfe anbietet[487]). Guthaben auf Konten bei einem Kreditinstitut sind danach in dem Mitgliedstaaten belegen, der in der IBAN angegeben ist, oder, wenn es an einer IBAN fehlt, in dem Mitgliedstaat, in welchem das kontoführende Kreditinstiut seine Hauptverwaltung oder, sofern das Konto bei einer Niederlassung geführt wird, diese kontoführende Niederlassung hat. Dies ist angelehnt[488] an Art. 4 Nr. 4 EuBvKPfVO[489]. Diese Verwandtschaft mit dem IZPR ist deutlichster Beleg für die (Rück-)Transplantierbarkeit der Wertung in IZPR und IPR.

Soweit wie möglich auf die IBAN abzustellen, hat den großen Vorteil einfacher Feststellbarkeit[490] und ist ein sehr begrüßenswerter Fortschritt.[491] Denn der maßgebliche Mitgliedstaat ergibt sich aus einem formellen, eindeutigen und in der Regel ohne Informationsaufwand leicht erkennbaren Kriterium: Jede IBAN beginnt mit einem eindeutigen Länderkürzel, z. B. „DE" oder „NL". Man muss nur die IBAN ermitteln und keine weitere Detektivarbeit leisten.[492] Diese Lokalisierung entspricht der Intuition[493] und ist auch für Laien einleuchtend. Manipulationsrisiken bestehen bei der Kontenbezeichnung durch IBAN nicht, nur bei der Zuweisung, welchem Konto welchen Inhabers etwas zugewiesen wird. Jedwede Kritik an der Lokalisierbarkeit von Bankkonten, die sich auf Onlinebanking und weitere Konstellationen stützt,[494] verkennt die normative Lokalisierungswirkung, die über die IBAN möglich wird.

Innerhalb der EU müssen Banken ihren Kunden gemäß Art. 2 Abs. 15 VO (EU) Nr. 260/2012[495] eine IBAN für Konten bereitstellen, so dass im Prinzip jedes in der EU geführte Konto eine IBAN haben sollte.[496] Die IBAN ist also das optimal geeignete Instrument, um ansonsten zu befürchtende Unsicherheiten bei der Lokalisierung von Bankkonten[497] zu vermeiden.[498]

Bei Konten ohne IBAN (wie sie nur noch ausnahmsweise vorkommen sollten[499]) ist grundsätzlich derjenige Mitgliedstaat maßgeblich, in dem das kontoführende Kreditinstitut seine Hauptverwaltung hat. Sofern das Konto jedoch bei einer Zweigniederlassung, Agentur oder sonstigen Niederlassung geführt wird, wird derjenige Mitgliedstaat maßgeblich, in dem sich die betreffende Niederlassung befindet. Diese Differenzierung entspricht jener aus Artt. 19 Abs. 1 UAbs. 1, Abs. 2 Rom I-VO; 23 Abs. 1 UAbs. 1, 2 Rom

---

[486] Für letzteres OGH ÖBA 2017, 706, 707 = ZFR 2017, 492, 493.
[487] *Garcimartín*, IPRax 2015, 489, 493 f.
[488] Doc. 11734/13, 7; *Garcimartín*, IPRax 2015, 489, 494; *ders.* ZEuP 2015, 694, 726; *J. Schmidt*, in: Mankowski/Müller/Schmidt, EuInsVO 2015, 2016, Art. 2 EuInsVO 2015 Rn. 32; siehe bereits INSOL Europe, Revision of the European Insolvency Regulation. Proposals by INSOL Europe, 2012, Nr. 2.23.
[489] Verordnung (EU) Nr. 655/2014 des Europäischen Parlaments und des Rates vom 15. Mai 2014 zur Einführung eines Verfahrens für einen Europäischen Beschluss zur vorläufigen Kontenpfändung im Hinblick auf die Erleichterung der grenzüberschreitenden Eintreibung von Forderungen in Zivil- und Handelssachen, ABl. EU 2014 L 189/59.
[490] *M. Lehmann*, (2011) 7 JPrIL 527, 544; *J. Schmidt*, in: Mankowski/Müller/Schmidt, EuInsVO 2015, 2016, Art. 2 EuInsVO 2015 Rn. 35; Magnus/Mankowski/*Mankowski* Art. 7 Brussels Ibis Regulation Rn. 330; *ders.*, FS Klaus Pannen, 2017, S. 243, 249.
[491] *McCormack*, (2016) 79 Mod. L. Rev. 121, 138.
[492] *Mankowski*, FS Klaus Pannen, 2017, S. 243, 250 sowie Schlosser/Hess/*Hess* Art. 4 EuKtPVO Rn. 2.
[493] *Garcimartín*, IPRax 2015, 489, 494.
[494] Insbesondere *Freitag*, WM 2015, 1165, 1168.
[495] VO (EU) Nr. 260/2012 des Europäischen Parlaments und des Rates vom 14. März 2012 zur Festlegung der technischen Vorschriften und der Geschäftsanforderungen für Überweisungen und Lastschriften in Euro und zur Änderung der Verordnung (EG) Nr. 924/2009, ABl. EU 2012 L 94/22.
[496] Rauscher/*Rauscher*/*D. Wiedemann* Art. 4 EU-KPfVO Rn. 9.
[497] Siehe nur *Zwickel*, in: Duchy-Oudot/E. Guinchard (dir.), La justice civile européenne en marche, 2012, S. 233, 239.
[498] Rauscher/*Rauscher*/*D. Wiedemann* Art. 4 EU-KPfVO Rn. 9; *Mankowski*, FS Klaus Pannen, 2017, S. 243, 250.
[499] Rauscher/*Rauscher*/*D. Wiedemann* Art. 4 EU-KPfVO Rn. 9.

II-VO.⁵⁰⁰ Man verwirklicht einen PRIMA⁵⁰¹-Ansatz, keinen AAA⁵⁰²-Ansatz.⁵⁰³ Man knüpft objektiv an und eröffnet keinen Raum für Parteiautonomie durch Rechtswahl oder Lokalisierung qua Vereinbarung.⁵⁰⁴ Hauptverwaltung ist wie unter Artt. 54 AEUV; 63 Abs 1 lit. b Brüssel Ia-VO; 60 Abs. 1 lit. b EuGVVO/LugÜ 2007; 19 Abs. 1 UAbs. 1 Rom I-VO; 23 Abs 1 UAbs. 1 Rom II-VO der effektive Verwaltungssitz.⁵⁰⁵ Der Niederlassungsbegriff ist derselbe wie unter Art. 7 Nr. 5 Brüssel Ia-VO; 5 Nr. 5 EuGVVO/LugÜ 2007; 19 Abs. 2 Rom I-VO. Gemeint ist eine einfache Niederlassung, nicht *die* Niederlassung oder die Hauptniederlassung. Die BIC hilft hier allerdings nicht als Orientierungsmarke, denn sie ist auf die Zentralen ausgerichtet.

162 (3) Vermögensschaden und Eingehung von Verbindlichkeiten. Ein Vermögensschaden, also im Ausgangspunkt ein *Verlust* von Vermögenswerten, besteht nicht schon in einer belastenden Verpflichtung, sondern erst in deren Erfüllung.⁵⁰⁶ Die Verpflichtung zur Zahlung schlägt sich als solche nicht auf dem Bankkonto nieder, sondern erst die eigentliche Zahlung. Würde die Verpflichtung nicht erfüllt, so gäbe es keinen Abfluss vom Konto.⁵⁰⁷ Natürlich ist bereits die Belastung mit einer Verpflichtung ein rechtlicher Nachteil. Sie ist jedoch keine unmittelbare Verminderung vorhandener Aktiva. Das gilt bei der gebotenen rein funktionellen und wirtschaftlichen Betrachtung, unabhängig davon, ob man das deutschrechtliche Trennungsprinzip befürwortet oder nicht.

163 Wenn man dagegen bereits den wirtschaftlich ungünstigen Vertragsschluss als den relevanten Schaden ansehen würde, fiele es schwer, auf die Belegenheit von Bankkonten abzustellen, die allein von der anschließenden Abwicklung berührt sein können.⁵⁰⁸ Andererseits stünde man vor dem Problem, einen Vertrag im Wortsinne zu lokalisieren und drohte zum Abschlussort zu kommen,⁵⁰⁹ alternativ zum Erfüllungsort.⁵¹⁰ Ersteres hat bei Distanzabschlüssen massive Verortungsprobleme, letzteres würde etwaigen Erfüllungsortsabreden Raum als mittelbare Rechtswahl geben.⁵¹¹ Wer eine Anleihe beim Prinzip der charakteristischen Leistung aus der Rom I-VO machen und darüber zum gewöhnlichen Aufenthalt des Gläubigers, dann wohl bestimmt nach Art. 19 Rom I-VO, kommen will,⁵¹² steht vor der kaum überwindlichen Hürde, dass der Zahlungsschuldner normalerweise eben nicht die charakteristische Leistung erbringt.⁵¹³

164 Außerdem kann, muss und darf nicht jeder wirtschaftlich unvorteilhafte Vertragsschluss ein deliktisch relevanter Nachteil sein.⁵¹⁴ Eine allgemeine Äquivalenzkontrolle von Verträgen ist auch von nationalen Deliktsrechten nicht generell gewollt. Sie würde das Vertragsrecht, Fundament des Wirtschaftslebens, in dessen Grundfesten erschüttern und entwerten.

---

⁵⁰⁰ Vgl. *M. Born*, Europäisches Kollisionsrecht des Effektengiros, 2014, S. 116f., dort S. 117–119 auch Auseinandersetzung mit angeblichen Problemfällen bei Report *Goode/Kanda/Karl Kreuzer*, Explanatory Report Hague Securities Convention, 2005, Rn. 41–44; *Bernasconi/Potok*, [2003] IFLR 11, 13; *Potok*, (2004) JBFLP 204, 213f.
⁵⁰¹ PRIMA = **P**lace of the **R**elevant **I**nter**M**ediary **A**pproach.
⁵⁰² AAA = **A**ccount **A**greement **A**pproach.
⁵⁰³ *Mankowski*, FS Klaus Pannen, 2017, S. 243, 250.
⁵⁰⁴ *Mankowski*, FS Klaus Pannen, 2017, S. 243, 250.
⁵⁰⁵ *Mankowski*, FS Klaus Pannen, 2017, S. 243, 250.
⁵⁰⁶ *Mankowski*, EuZW 2016, 585, 586; *A. Stadler/Klöpfer*, ZEuP 2017, 890, 912f. Entgegen EuGH ECLI:EU:C:2016:449 Rn. 31f. – Universal Music International Holding BV/M. Tétreault Schilling, Irwin Schwartz u. Josef Brož; *Dickinson* Rn. 4.67; *Bach*, NZG 2016, 794, 795; *Schnichels/Lenzing/Andreas Stein*, EuZW 2017, 835, 838; *S. Huber/Geier-Thieme*, IPRax 2018, 155, 157.
⁵⁰⁷ *Mankowski*, EuZW 2016, 585, 586.
⁵⁰⁸ So in sich konsequent *Freitag*, WM 2015, 1165, 1168.
⁵⁰⁹ *M. Müller*, NJW 2016, 2169, 2170; *Bach*, NZG 2016, 794, 795.
⁵¹⁰ Dafür *van Bochove*, NIPR 2016, 456, 460.
⁵¹¹ *Gomille*, JZ 2017, 289, 293f.
⁵¹² So *Gomille*, JZ 2017, 289, 294.
⁵¹³ → § 1 Rn. 301.
⁵¹⁴ *Mankowski*, EuZW 2016, 585, 586.

V. Internationales Deliktsrecht   165–169 § 2

(4) Nichtbekommen geschuldeter Vermögenswerte. Geld zu verlieren und Geld, das ei- 165
nem jemand anders schuldet, nicht zu bekommen, ist zweierlei.[515] In der zweiten Konstellation ergibt sich der Schaden dort, wo der Gläubiger das Geld hätte bekommen müssen,[516] also am Erfüllungsort der Schuld, z. B. am Ort des vom Gläubiger rechtlich zulässig bezeichneten Empfangskontos.[517] Allerdings ist vorab immer zu klären, ob man sich nicht im vertragsrechtlichen Bereich bewegt mit einem sekundären, leistungsstörungsrechtlichen Schadensersatzanspruch als Sanktion für die Verletzung einer primären Leistungspflicht.[518]

(5) Nichtrealisierung oder Verlust von Chancen. Chancen sind nur Gewinnaussichten. 166
Ob sie sich ohne das schädigende Ereignis wirklich hätten realisieren lassen, hat immer ein hypothetisches und gleichsam in die Vergangenheit projiziertes prognostisches Element. Ob, unter welchen Voraussetzungen und in welchem Umfang entgangener Gewinn einerseits und der Verlust bloßer Chancen (perte d'une chance) andererseits ersatzfähige Schadenspositionen sind, muss letztendlich das anwendbare Sachrecht besagen. Die Sachrechte nehmen in diesem Bereich durchaus unterschiedliche Standpunkte ein, und man darf nicht bereits im Kollisionsrecht einen dieser Standpunkte präjudizieren oder gar präkludieren. Daher ist eine kollisionsrechtliche Anknüpfung vorzunehmen: Berufen ist unter Art. 4 I Rom II-VO das Recht des Ortes, an welchem sich der Gewinn bzw. die Chance realisiert, d. h. in einem nun ausgefallenen Vermögenszuwachs des potentiell Geschädigten niedergeschlagen hätte.

Eine Verfestigung und Konkretisierung kann sich z. B. ergeben, wenn durch einen Ver- 167
stoß gegen das Verbot eines Wiederverkaufs außerhalb eines selektiven Vertriebsnetzes der Inhaber des ausschließlichen Vertriebsrechts einen Absatzrückgang erleidet.[519] Dann ist Erfolgsort jeder Ort, an welchem dieser Inhaber einen Absatzrückgang erleidet (ob das Vertriebsverbot kartellrechtlich wirksam und letztlich geschützt ist, ist dafür eine Vorfrage).

ff) Ausgewählte Deliktsarten. Wenn man wrongful birth (die Geburt eines infolge feh- 168
lerhafter ärztlicher Behandlung behindert geborenen Kindes) deliktisch qualifiziert, besteht der erlittene Schaden des Elternteils in den Unterhaltsverpflichtungen gegenüber dem Kind, dem Betreuungsaufwand und dem Verlust an Zeit für Verdienstmöglichkeiten.[520] Es handelt sich um ein Vermögensdelikt. Dessen Erfolgsort liegt dort, wo die entsprechenden Beträge auf den Konten dieses Elternteils zuerst lokalisiert werden können.[521] Dagegen darf man nicht die Geburt des Kindes an sich als Schaden ansehen.[522] (Häufig wird allerdings eine akzessorische Anknüpfung an das Statut des Arztvertrags über Art. 4 III 2 Rom I-VO möglich sein.)

Eine medizinische Fehlbehandlung beeinträchtigt die Gesundheit des Opfers, wo immer 169
ihre Folgen das Opfer treffen.[523] Wenn ein Arzt nicht ordnungsgemäß über ein Medika-

---

[515] *Dolphin Maritime & Aviation Services Ltd. v. Sveriges Angartyggs Assurans Forening* [2009] EWHC 716 (Comm), [2010] 1 All ER (Comm) 473, 491 [90] (Q.B.D., *Christopher Clarke* J.); *AMT Futures Ltd. v. Marzillier, Dr. Meier & Dr. Guntner Rechtsanwaltsgesellschaft mbH* [2014] EWHC 1085 (Comm), [2015] 2 WLR 187 [34] (Q.B.D., *Popplewell* J.).
[516] OGH ÖJZ 2016, 968 mAnm *Haidmayer, Dolphin Maritime & Aviation Services Ltd. v. Sveriges Angartyggs Assurans Forening* [2009] EWHC 716 (Comm), [2010] 1 All ER (Comm) 473, 492 [90] (Q.B.D., *Christopher Clarke* J.); *AMT Futures Ltd. v. Marzillier, Dr. Meier & Dr. Guntner Rechtsanwaltsgesellschaft mbH* [2014] EWHC 1085 (Comm), [2015] 2 WLR 187 [34] (Q.B.D., *Popplewell* J.); *Wittwer*, in: Mayr (Hrsg.), Handbuch des europäischen Zivilverfahrensrechts, 2017, Rn. 3.322.
[517] Magnus/Mankowski/*Mankowski* Art. 7 Brussels Ibis Regulation Rn. 335.
[518] Magnus/Mankowski/*Mankowski* Art. 7 Brussels Ibis Regulation Rn. 335.
[519] EuGH ECLI:EU:C:2016:976 Rn. 32–35 – Concurrence SARL/Samsung Electronics France SAS u. Amazon Services Europe Sàrl; GA *Wathelet*, ECLI:EU:C:2016:843 Rn. 61; *Wittwer*, in: Mayr (Hrsg.), Handbuch des europäischen Zivilverfahrensrechts, 2017, Rn. 3.322.
[520] Rb. Middelburg NIPR 2003 Nr. 53 S. 104; Magnus/Mankowski/*Mankowski* Art. 7 Brussels I Regulation Rn. 375.
[521] Rb. Middelburg NIPR 2003 Nr. 53 S. 104.
[522] Entgegen Hof 's-Gravenhage NIPR 2005 Nr. 50 p. 89.
[523] Magnus/Mankowski/*Mankowski* Art. 7 Brussels I Regulation Rn. 342.

ment und dessen Nebenwirkungen aufklärt und dieses Medikament nachteilige Gesundheitsfolgen zeitigt, so ist Erfolgsort der Ort der Medikamenteneinnahme.[524]

170 Ein unzutreffendes Rating veranlasst Investoren zu fehlgeleiteten Investments. Dies geschieht auf den Märkten, auf denen die Opfer die entsprechenden Werte erwerben. Wertverlust oder Bezahlen überhöhter Preise im Vertrauen auf das Rating ereignen sich auf dem entsprechenden Marktplatz bzw. der entsprechenden Börse.[525] Allerdings ist dies keine besonders starke Verbindung, denn an welcher Börse Orders platziert oder ausgeführt werden, kann eher zufällig sein[526] (und ist bei Online-Handelsplätzen sowieso kaum zu bestimmen).

171 Wertrechte und Wertpapiere erleiden den entscheidenden Wertverlust an dem Ort, wo das Wertpapierkonto geführt wird, in dem sie oder die sie respräsentierenden Globalurkunden[527] registriert sind.[528] Das ist keineswegs notwendig des Investors gewöhnlicher Aufenthalt.[529] Teilweise wird bei Aktieninvestments argumentiert, dass der eigentlich relevante Schaden der Verlust an Wert bei der Zielgesellschaft sei und die auf den Konten merkbaren Realisierungen nur indirekte oder Folgeschäden.[530]

172 Für Marktmanipulationen fehlt es (noch[531]) an einer Sonderregel. Für sie wird eine Anknüpfung an den Marktort über ein entsprechendes Verständnis des Art. 4 I Rom II-VO vorgeschlagen.[532] Das setzt voraus, dass man als primär geschädigtes Rechtsgut den Markt, nicht das Vermögen des individuellen Marktteilnehmers ansieht.

173 Schäden an Sachen (namentlich Waren) in transitu, also während eines Transports insbesondere durch Schiff, Binnenschiff, Flugzeug, Bahn oder Lkw, werfen besondere Lokalisierungsprobleme auf. Im Container-Zeitalter ist es praktisch unmöglich, nachzuweisen, wo genau ein Schaden eingetreten ist.[533] Dementsprechend müssen normative Hilfslösungen heran, wenn sich der reale Schadensort nicht aufklären lässt. Der EuGH hat sich sowohl gegen den tatsächlichen letztendlichen Auslieferungsort als auch gegen den Ort der Schadensentdeckung entschieden[534] und für den vertraglichen Bestimmungsort.[535] Indes erscheint dies fingierend,[536] verlangt einen Rückgriff auf Vertragsdokumente und passt schlecht, wenn der ausführende Beförderer nur für eine Teilstrecke verantwortlich ist.[537]

174 **Beispiel:** Ein Container mit Unterhaltungselektronik wird zuerst per Lkw von einem Werk im chinesischen Binnenland zum Hafen Guangzhou, von dort per Schiff nach Hamburg, von Hamburg per Binnenschiff nach Prag und von dort wieder per Lkw nach Harrachov transportiert. Am Zielort Harrachov wird der Container geöffnet. Die Unterhaltungselektronik ist schwer beschädigt. Wo der Schaden real eingetreten ist, lässt sich nicht nachweisen.

---

[524] BGHZ 176, 342; OLG Karlsruhe OLGR Karlsruhe/Stuttgart 2007, 458; *Spickhoff,* FS Gerda Müller, 2009, S. 287, 294; *ders.,* IPRax 2009, 128, 129.
[525] Cassaz. RDIPP 2013, 431, 432f. sowie *Risso,* Dir. comm. int. 2013, 849, 857–859.
[526] *Nisi,* RDIPP 2013, 385, 411; Magnus/Mankowski/*Mankowski* Art. 7 Brussels I Regulation Rn. 336.
[527] Siehe *M. Lehmann,* (2011) 7 JPrIL 527, 533.
[528] Cass. RCDIP 103 (2014), 432, 434 mAnm *Corneloup*; *M. Lehmann,* (2011) 7 JPrIL 527, 543. Anderer Ansicht *Calvo Caravaca/Carrascosa González,* Rev. Der. Mercantil 292 (2014), 51, 61–62.
[529] *Corneloup,* RCDIP 103 (2014), 438, 441; Magnus/Mankowski/*Mankowski* Art. 7 Brussels I Regulation Rn. 337.
[530] *Berlioz,* Rev. jur. comm. 2014, 266, 271.
[531] Für Vorschläge de lege ferenda → § 2 Rn. 39.
[532] Insbesondere *Poelzig,* in: Zetzsche/M. Lehmann (Hrsg.), Grenzüberschreitende Finanzdienstleistungen, 2018, § 14 Rn. 65–68 mwN.
[533] Magnus/Mankowski/*Mankowski* Art. 7 Brussels I Regulation Rn. 340.
[534] EuGH Slg. 1998, I-6511 Rn. 34 – Réunion européenne SA/Spliethoff's Bevrachtingskantoor BV u. Kapitän des Schiffes „Alblasgracht 002".
[535] EuGH Slg. 1998, I-6511 Rn. 35 – Réunion européenne SA/Spliethoff's Bevrachtingskantoor BV u. Kapitän des Schiffes „Alblasgracht 002".
[536] *van Haersolte-van Hof,* NIPR 2000, 386, 389; NK-BGB/*M. Lehmann* Art. 4 Rom II-VO Rn. 110; BeckOGK/*G. Rühl* Art. 7 Rom II-VO Rn. 79.
[537] Magnus/Mankowski/*Mankowski* Art. 7 Brussels I Regulation Rn. 341 sowie *H. Koch,* IPRax 2000, 186, 188.

V. Internationales Deliktsrecht							175–178 § 2

gg) **Delikte an Bord von Schiffen.** Delikte, die nachweisbar an Bord eines Schiffes be- 175
gangen werden, z. B. Körperverletzungen durch Schlägereien an Bord oder Sachbeschä-
digungen durch nicht ausreichendes Festlaschen, aber auch durch Piratenüberfälle,[538]
werden – wenn weder Art. 14 noch Art. 4 II Rom II-VO greifen – dem Recht des Staates unterworfen, dessen Flagge das Schiff führt.[539] Zwar sind Schiffe kein Territorium
ihres Flaggenstaates. Sie unterstehen jedoch dessen Flaggenhoheit. Die Flaggenhoheit ist
dritte anerkannte Hoheitsform des Völkerrechts neben Territorial- und Personalhoheit.
Ohne diese Zurechnung zum Flaggenstaat würde das Schiff zum hoheits- und rechtsfreien
Raum.[540] Schon die strafrechtliche Gewalt des Flaggenstaates über das Schiff führt dies ad
absurdum.

Ereignet sich das Delikt nachweislich an Bord eines Schiffes, aber während dieses die Aus- 176
schließliche Wirtschaftszone oder die Küstengewässer eines bestimmten Staates durchquert
oder gar in einem Hafen liegt, so sind die Flaggenhoheit einerseits und die Territorialhoheit
der Anrainerstaaten andererseits gegeneinander abzuwägen.[541] Indes fällt diese Abwägung
völkerrechtlich dahin aus, dass zwar grundsätzlich Hafen- und Anrainerstaaten die Hoheit
hätten, diese aber grundsätzlich nur dann ausüben, wenn von den inneren Angelegenheiten
des Schiffes ihre Belange beeinträchtigt zu werden drohen. Die *inneren* Angelegenheiten des
Schiffes und des Schiffsbetriebs werden grundsätzlich dem Flaggenstaat überlassen.[542]

Zu den inneren Angelegenheiten zählen insbesondere Delikte rein an Bord.[543] Dies gilt 177
selbst in Häfen.[544] Solange die Würde des Hafenstaates oder die Ruhe des Hafens nicht berührt sind, also solange keine externen Effekte eintreten, überlässt die Staatenpraxis die inneren Angelegenheiten selbst dort der Regulierung durch den Flaggenstaat.[545] Umso mehr gilt
es bei Fahrt nur durch Ausschließliche Wirtschaftszonen, wo die Belange des Anrainerstaates
weniger berührt sind.[546] In jedem Fall gibt es dort konkurrierende Hoheitsansprüche von
Anrainer- und Flaggenstaat und keine exklusive, verdrängende Jurisdiktion des Anrainerstaates.[547] Daher ist richtigerweise auf Borddelikte in beiden Konstellationen das Recht des Flaggenstaates anzuwenden.[548]

hh) **Delikte an Bord von oder mit Flugzeugen.** Delikte an Bord von Flugzeugen werden 178
– wenn weder Art. 14 noch Art. 4 II Rom II-VO greifen – dem Recht des Staates unterworfen, dessen Hoheitskennzeichen das Flugzeug führt und in dem es für öffentlich-

---

[538] Magnus/Mankowski/*Magnus* Art. 4 Rome II Regulation Rn. 209.
[539] EuGH Slg. 2004, I-1417 Rn. 44 – Danmarks Rederiforening, handelnd für DFDS Torline AS/LO Landsorganisationen i Sverige, handelnd für SEKO Sjöfolk Facket for Service och Kommunikation; *Dickinson* Rn. 4.56; P. Huber/*Bach* Art. 4 Rome II Regulation Rn. 101; MüKoBGB/*A. Junker* Art. 4 Rom II-VO Rn. 35, 143; *Plender*/*Wilderspin* Rn. 18-050; G.-P. Calliess/*v. Hein* Art. 4 Rome II Regulation Rn. 72; NK-BGB/*M. Lehmann* Art. 4 Rom II-VO Rn. 106; Magnus/Mankowski/*Magnus* Art. 4 Rome II Regulation Rn. 209.
[540] *Henze*, Die Anknüpfung von mobilen Arbeitsverhältnissen anhand des Art. 8 Rom I-Verordnung, 2017, S. 256.
[541] *Henze* S. 230–236 sowie tendenziell *Temming*, jurisPR-ArbR 15/2010 Anm. 6 sub C.
[542] Siehe nur *Colombos*, International Law of the Sea, 6. Aufl. 1967, S. 326 § 350; *Churchill*/*Lowe*, Law of the Sea, 3. Aufl. 1999, S. 65–68.
[543] Siehe nur *v. Gadow-Stephani*, Der Zugang zu Nothäfen und sonstigen Notliegeplätzen für Schiffe in Seenot, 2006, S. 204.
[544] Siehe nur *Churchill*/*Lowe*, Law of the Sea, 3. Aufl. 1999, S. 65 f.
[545] Siehe nur *Sohn*/*Gustafson*, The Law of the Sea in a Nutshell, 1984, S. 86; *Churchill*/*Lowe*, Law of the Sea, 3. Aufl. 1999, S. 65 f.; *Haijiang Yang*, Jurisdiction of the Coastal State over Foreign Merchant Waters and the Territorial Sea, 2006, S. 84.
[546] Umfassend *Haijiang Yang*, Jurisdiction of the Coastal State over Foreign Merchant Waters and the Territorial Sea, 2006.
[547] Artt. 217; 218; 220 UNCLOS 1982; *Hasselmann*, Die Freiheit der Handelsschifffahrt, 1987, S. 360; *Lagoni*, AVR 26 (1988), 261, 335; *Haijiang Yang*, Jurisdiction of the Coastal State over Foreign Merchant Waters and the Territorial Sea, 2006, S. 84.
[548] *Basedow* RabelsZ 74 (2010), 118, 133; *ders.*, Liber amicorum Rüdiger Wolfrum, 2012, S. 1869, 1887 f.; *Magnus*, FS Willibald Posch zum 60. Geb., 2011, S. 443, 457; Magnus/Mankowski/*Magnus* Art. 4 Rome II Regulation Rn. 210; PWW/*R. Schaub* Art. 4 Rom II-VO Rn. 16; Palandt/*Thorn* Art. 4 Rom II-VO Rn. 23.

rechtliche Zwecke registriert ist.[549] Dieser Staat übt zwar keine Territorialhoheit aus, hat aber Bordgewalt über das Flugzeug. Für Schädigungen von Passagieren durch die Besatzung kommt vorrangig eine akzessorische Anknüpfung an das Statut des jeweiligen Beförderungsvertrags (ermittelt über Art. 5 Rom I-VO) in Betracht.[550]

179 Delikte, die sich nicht auf die „Innenwelt" des Flugzeugs beschränken, sondern die Außenwelt berühren, sind nach Art. 4 I Rom II-VO dort zu lokalisieren, wo sie Schäden in der Außenwelt zeitigen. Wenn ein Flugzeug auf dem Territorium eines bestimmten Staates abstürzt, so ist das Recht dieses Staates anzuwenden. Erst recht ist das Recht des „Platzstaates" anwendbar, wenn sich Unfälle auf Flughäfen oder im An- oder Abflug ereignen.[551]

180 ii) Schiffskollisionen. Bei Schiffskollisionen ist die erste (internationaleinheitsrechtliche) Frage, ob das Internationale Übereinkommen über Schiffszusammenstöße (IÜZ)[552] von 1910 anwendbar ist.[553] Es setzt allerdings voraus, dass nur Schiffe aus seinen Vertragsstaaten beteiligt sind (Art. 12 II Nr. 1 IÜZ)[554] und dass diese Schiffe aus verschiedenen Vertragsstaaten stammen.[555] Außerdem findet es auf Kriegsschiffe keine Anwendung (Art. 11 I IÜZ)[556] oder auf Klagen, die nicht von einem Reeder angestrengt werden[557] oder nicht gegen einen Reeder gerichtet sind.[558] Außerdem regelt das IÜZ nur die Haftungsvoraussetzungen, aber nicht Art, Umfang und Beschränkungsmöglichkeiten der Haftung.[559] Für die Haftungsbeschränkung ist das Londoner Haftungsbeschränkungsübereinkommen 1976[560] in der Fassung durch das Protokoll von 1996[561] maßgebliche Rechtsgrundlage.

181 Ist das IÜZ nicht anwendbar, so ist – wenn sich Gläubiger und Schuldner nicht auf eine Rechtswahl nach Art. 14 I lit. b Rom II-VO verständigen – als zweites zu ermitteln, wo die Schiffskollision stattgefunden hat. Die Rom II-VO enthält insoweit keine Sonderregel.[562] Hat die Schiffskollision in Territorialgewässern oder in der (insoweit nach UNCLOS zuzurechnenden[563]) ausschließlichen Wirtschaftszone eines bestimmten Staates stattgefunden, so führt Art. 4 I Rom II-VO zum Recht dieses Staates.[564]

182 Art. 4 II Rom II-VO setzt sich dagegen nur durch, wenn Gläubiger und Schuldner eines möglichen Anspruchs ihren gewöhnlichen Aufenthalt (Art. 23 Rom II-VO) in ein und

---

[549] MüKoBGB/*A. Junker* Art. 4 Rom II-VO Rn. 102; Palandt/*Thorn* Art. 4 Rom II-VO Rn. 25; jurisPK BGB/*Lund* Art. 4 Rom II-VO Rn. 59; Magnus/Mankowski/*Magnus* Art. 4 Rome II Regulation Rn. 222.
[550] Magnus/Mankowski/*Magnus* Art. 4 Rome II Regulation Rn. 222.
[551] PWW/*R. Schaub* Art. 4 Rom II-VO Rn. 17; Palandt/*Thorn* Art. 4 Rom II-VO Rn. 25; Rauscher/ *Unberath/Cziupka/Pabst* Art. 4 Rom II-VO Rn. 137; Magnus/Mankowski/*Magnus* Art. 4 Rome II Regulation Rn. 222.
[552] Internationales Übereinkommen zur einheitlichen Feststellung von Regeln über den Zusammenstoß von Schiffen vom 23.9.1910, RGBl. 1913, 89.
[553] Siehe nur *Basedow,* RabelsZ 74 (2010), 118, 124; *ders.,* Liber amicorum Rüdiger Wolfrum, 2012, S. 1869, 1876.
[554] Siehe nur BGH VersR 1976, 681; OLG Hamburg VersR 1976, 682.
[555] Siehe nur OLG Hamburg VersR 1970, 538.
[556] BGHZ 3, 321; *D. Rabe,* in: D. Rabe/Bahnsen, Seehandelsrecht, 5. Aufl. 2018, Vor § 570 HGB Rn. 29.
[557] Siehe nur OLG Hamburg VersR 1978, 760.
[558] Siehe nur OLG Hamburg VersR 1975, 762.
[559] BGHZ 29, 237, 242.
[560] Convention on Limitation of Liability for Maritime Claims of 19 November 1976, BGBl. 1986 II 787.
[561] Protocol of 1 May 1996 to amend the Convention on Limitation of Liability for Maritime Claims of 19 November 1976, BGBl. 2000 II 791.
[562] *D. Rabe,* in: D. Rabe/Bahnsen, Seehandelsrecht, 5. Aufl. 2018, Vor § 570 HGB Rn. 29.
[563] Siehe *Dickinson,* [2013] LMCLQ 86, 126; Magnus/Mankowski/*Mankowski* Introduction Rome II regulation Rn. 35.
[564] *Basedow,* RabelsZ 74 (2010), 118, 137; *ders.,* Liber amicorum Rüdiger Wolfrum, 2012, S. 1869, 1889; Magnus/Mankowski/*Magnus* Art. 4 Rome II Regulation Rn. 206; G.-P. Calliess/*v. Hein* Art. 4 Rome II Regulation Rn. 72; *Plender/Wilderspin* Rn. 18-052; Erman/*Hohloch* Art. 4 Rom II-VO Rn. 28; MüKoBGB/*Junker* Art. 4 Rom II-VO Rn. 141; BeckOK BGB/*Spickhoff* Art. 4 Rom II-VO Rn. 23; Palandt/ *Thorn* Art. 4 Rom II-VO Rn. 22; jurisPK BGB/*Wurmnest* Art. 4 Rom II-VO Rn. 54; MüKoHGB/ *Steingröver,* Bd. 7, 3. Aufl. 2017, Vor § 570 HGB Rn. 13; altrechtlich *Beitzke,* NJW 1961, 1993; Staudinger/ *v. Hoffmann* Art. 40 EGBGB Rn. 221 mwN.

V. Internationales Deliktsrecht 183–186 § 2

demselben Staat haben. Für Art. 4 II Rom II-VO kommt es auf die Personen der Anspruchsbeziehung an,[565] nicht etwa auf die Flaggen der beteiligten Schiffe.[566] Schiffe sind keine Personen. Die früher geläufige Anknüpfung an eine gemeinsame Flagge der beteiligten Schiffe[567] passt nicht zu Art. 4 II Rom II-VO.[568] Die beteiligten Schiffe sind Tatmittel oder Tatobjekte, aber nicht Tatsubjekte.

Hat die Schiffskollision dagegen außerhalb von Territorialgewässern oder Ausschließlicher Wirtschaftszone eines bestimmten Staates auf der Hohen See stattgefunden, so lässt sich zwar ein Erfolgsort lokalisieren; dieser ist jedoch keinem Staat zuzuordnen und kann also nicht zur Anwendung des Rechts eines einzelnen Staates führen. Art. 4 I Rom II-VO führt dann ins Leere.[569] Schiffe sind zwar kein schwimmendes Staatsgebiet ihres Flaggenstaates, da Flaggenhoheit und Territorialhoheit zwei verschiedene Hoheitsformen sind. Dass ein Schaden gleichsam im Flaggenstaat eingetreten sei,[570] ließe sich aber immerhin auf eine gleichstellende Auslegung des Art. 4 I Rom II-VO unter dem Aspekt der rechtlichen Zuordnung stützen. Andererseits kommt man dann zu unterschiedlichen Deliktsstatuten für Teile eines eigentlich einheitlichen Sachverhalts, wenn mehrere Schiffe unter verschiedenen Flaggen Schäden erlitten haben.[571] 183

Art. 4 II Rom II-VO kann ausnahmsweise ins Spiel kommen, wenn Gläubiger und Schuldner eines möglichen Anspruchs ihren gewöhnlichen Aufenthalt (Art. 23 Rom II-VO) in ein und demselben Staat haben.[572] Wiederum kommt es aber auf ein gemeinsames Flaggenrecht der beteiligten Schiffe nicht an,[573] weil diese keine Personen sind. 184

Ansonsten gilt es, eine Hilfslösung zu finden. Die Rom II-VO enthält zwar kein Pendant zu Art. 4 IV Rom I-VO, keine ausdrückliche Auffangklausel, die an die engste Verbindung anknüpft. Dies schließt als Notnagel, wenn Art. 4 I und II Rom II-VO nicht zum Zuge kommen, eine subsidiäre Anknüpfung an die engste Verbindung aber nicht endgültig aus. Methodisch mag man dafür eine Analogie zu Art. 4 IV Rom I-VO als Grundlage benennen. Anknüpfungsnot macht kreativ, und ausfüllende Analogien zur Rom I-VO gibt es immerhin auch bei Art. 14 Rom II-VO.[574] Die Flagge des „schuldigen" Schiffs[575] hat im Rahmen der Abwägung wenig Gewicht, weil sie allenfalls Gedanken einer Handlungsortanknüpfung aufgreift. Auf die lex fori zurückzugreifen kann keine generelle Lösung sein,[576] sondern allenfalls eine letzthilfsweise, denn es würde forum shopping begünstigen.[577] 185

jj) Kollisionen im Luftraum. An Kollisionen im Luftraum können alle Arten artifizieller fliegender Objekte beteiligt sein: Flugzeuge, Hubschrauer, Tragschrauber, Luftschiffe, 186

---

[565] P. Huber/*Bach* Art. 4 Rome II Regulation Rn. 97.
[566] So aber Magnus/Mankowski/*Magnus* Art. 4 Rome II Regulation Rn. 206; G.-P. Calliess/*v. Hein* Art. 4 Rome II Regulation Rn. 72; Erman/*Hohloch* Art. 4 Rom II-VO Rn. 28; MüKoBGB/*A. Junker* Art. 4 Rom II-VO Rn. 141; BeckOK BGB/*Spickhoff* Art. 4 Rom II-VO Rn. 23; Palandt/*Thorn* Art. 4 Rom II-VO Rn. 22; jurisPK BGB/*Wurmnest* Art. 4 Rom II-VO Rn. 54; MüKoHGB/*Steingröver*, Bd. 7, 3. Aufl. 2017, Vor § 570 HGB Rn. 13.
[567] RGZ 49, 187; *W. Lorenz*, FS Konrad Duden, 1977, S. 229, 268.
[568] P. Huber/*Bach* Art. 4 Rome II Regulation Rn. 97 sowie *D. Rabe*, in: D. Rabe/Bahnsen, Seehandelsrecht, 5. Aufl. 2018, Vor § 570 HGB Rn. 34.
[569] Siehe nur *Basedow*, RabelsZ 74 (2010), 118, 135f.; *ders.*, Liber amicorum Rüdiger Wolfrum, 2012, S. 1869, 1891f.; BeckOGK/*G. Rühl* Art. 4 Rom II-VO Rn. 77.
[570] Siehe RGZ 138, 243, 247.
[571] *Basedow*, RabelsZ 74 (2010), 118, 136; *ders.*, Liber amicorum Rüdiger Wolfrum, 2012, S. 1869, 1892; BeckOGK/*G. Rühl* Art. 4 Rom II-VO Rn. 77; Magnus/Mankowski/*Magnus* Art. 4 Rome II Regulation Rn. 207.
[572] *D. Rabe*, in: D. Rabe/Bahnsen, Seehandelsrecht, 5. Aufl. 2018, Vor § 570 HGB Rn. 34 sowie MüKoHGB/*Steingröver*, Bd. 7, 3. Aufl. 2017, Vor § 570 HGB Rn. 19.
[573] Dafür aber MüKoBGB/*A. Junker* Art. 4 Rom II-VO Rn. 141; MüKoHGB/*Steingröver*, Bd. 7, 3. Aufl. 2017, Vor § 570 HGB Rn. 15–17.
[574] Dort → § 2 Rn. 75.
[575] Siehe noch unter Art. 12 EGBGB 1896 RGZ 74, 46; RGZ 138, 243, 247.
[576] Dafür aber *Basedow*, RabelsZ 74 (2010), 118, 137; *ders.*, Liber amicorum Rüdiger Wolfrum, 2012, S. 1869, 1893.
[577] BeckOGK/*G. Rühl* Art. 4 Rom II-VO Rn. 77.

Drohnen. Ereignet sich der Zusammenstoß im Luftraum über einem bestimmten Staat, so ist dessen Recht anwendbar. Sofern man Luftfahrzeuge nicht personalisieren, also Personen gleichstellen will, sollte dagegen eine Anwendung des Art. 4 II Rom II-VO nicht in Betracht kommen, nur weil die beteiligten Luftfahrzeuge in demselben Staat registriert sind und Hoheitskennzeichen desselben Staates tragen.[578] Dies könnte allenfalls dann in Betracht kommen, wenn hinter ihnen dieselben Eigner stehen.

187 Bei Kollisionen über der Hohen See oder sonst nicht im Luftraum eines bestimmten Staates wäre denkbar, entsprechend den Grundsätzen bei Schiffskollisionen,[579] den Staat des geschädigten Luftfahrzeugs kraft Hoheitszuordnung als Staat des Erfolgsortes unter Art. 4 I Rom II-VO anzusehen.[580]

188 *c) Anknüpfung an den gemeinsamen gewöhnlichen Aufenthalt unter Art. 4 II Rom II-VO.* aa) Ratio. Die so genannten Auflockerungen des Deliktsstatuts machen seit den 1960ern Furore und Karriere.[581] Sie sind Durchbrechungen des Prinzips, dass die lex loci delicti das Deliktsrecht regiert, denn eine strikte und rigide Tatortanknüpfung könnte im Extremfall dazu führen, dass beide Beteiligten unter hohen Kosten das Recht eines jedem von ihnen fremden Staates ermitteln müssten. Eine solche Durchbrechung ist insbesondere dann angemessen, wenn Täter und Opfer in demselben Staat leben. Dann gehen beide typischerweise die Rechtsdurchsetzung von ihrem Heimatstaat aus an, und sie werden in demselben Staat auch typischerweise ihre Versicherer haben.[582] Die Folgen werden dort gespürt, und die Regulierung findet dort statt.[583] Daher ist ein Umschwenken auf das Recht eines gemeinsam gewöhnlichen Aufenthalts von Täter und Opfer nur logisch und sachlogisch. Art. 4 II Rom II-VO setzt dies ohne viel Federlesens um. Abwicklung und Klagen im gemeinsamen Umweltstaat senken die Kosten, ersparen aufwändige Auslandsrechtsermittlung und führen zu schnellerer wie im Zweifel qualitativ besserer Erledigung.[584]

189 Beispiel:[585] B aus Bremen fährt, von hinten kommend, H auf Hamburg auf einer Skipiste in Serfaus (Tirol) in die Beine. H erleidet einen Wadenbeinbruch. Sein ebenfalls in Hamburg ansässiger Unfallversicherer V übernimmt die Behandlungskosten und versucht, aus auf sie übergegangenem Recht Regress gegen B und dessen in Bremen ansässigen Haftpflichtversicherer HPV zu nehmen.

190 Teilweise wird Art. 4 II Rom II-VO allerdings vorgeworfen, er sei zu breit, da er nicht nur Schadensabwicklungsfragen erfasse, sondern sich auch auf Verhaltensregulierung erstrecke.[586] Eine Trennung zwischen Handlung und Erfolg(sbewältigung) würde indes massive Friktionen aufwerfen. Obendrein erlaubt Art. 17 Rom II-VO Rücksicht auf allgemeine Verkehrsregulierungen am Handlungsort zu nehmen.[587]

---

[578] Dafür aber P. Huber/*Bach* Art. 4 Rome II Regulation Rn. 97; jurisPK BGB/*Lund* Art. 4 Rom II-VO Rn. 58; Magnus/Mankowski/*Magnus* Art. 4 Rome II Regulation Rn. 221.

[579] → § 2 Rn. 180.

[580] Für Ansätze über Art. 4 I Rom II-VO *Dickinson* Rn. 4.56; MüKoBGB/*A. Junker* Art. 4 Rom II-VO Rn. 101; Palandt/*Thorn* Art. 4 Rom II-VO Rn. 24; Rauscher/*Unberath/Cziupka/Pabst* Art. 4 Rom II-VO Rn. 136; jurisPK BGB/*Lund* Art. 4 Rom II-VO Rn. 58. Für einen Ansatz über Art. 4 III 1 Rom II-VO *Calvo Caravaca/Carrascosa González* XXXI Rn. 80.2; Magnus/Mankowski/*Magnus* Art. 4 Rome II Regulation Rn. 221

[581] Typischerweise werden H. *Binder,* RabelsZ 20 (1955), 401 und *Kropholler,* RabelsZ 33 (1969), 601 als die maßgeblichen Anstoßgeber jedenfalls im deutschen IPR genannt.

[582] Siehe nur Begründung der Bundesregierung zum Entwurf eines Gesetzes zum internationalen Privatrecht für außervertragliche Schuldverhältnisse und Sachen, BT-Drs. 14/343, 12; BGHZ 93, 214, 217 f.; BGH 119, 137, 141 f.; *A. Junker,* JZ 2008, 169, 174; *ders.,* Liber amicorum Klaus Schurig, 2012, S. 81, 84; Magnus/Mankowski/*Magnus* Art. 4 Rome II Regulation Rn. 116.

[583] Siehe nur *Dornis,* EuLF 2007, I-152; *A. Junker,* JZ 2008, 169, 174; *Weintraub,* 43 Texas Int'l. L.J. 401, 408 (2008); *v. Hein,* ZEuP 2009, 6, 17.

[584] *Dornis,* EuLF 2007, I-152, 157; *v. Hein,* FS Jan Kropholler, 2008, S. 553, 570; *ders.,* RabelsZ 73 (2009), 461, 481.

[585] Nach LG Köln NJW-RR 2018, 150.

[586] So *Symeonides,* Codifying Choice of Law, 2014, S. 91 f.; *ders.,* 92 Tulane L. Rev. 1, 19 (2017).

[587] → § 2 Rn. 419.

bb) **Begriff des gewöhnlichen Aufenthalts (Art. 23 Rom II-VO).** Der Begriff des gewöhnlichen Aufenthalts ist zuvörderst Art. 23 Rom II-VO zu entnehmen, soweit dieser eine Aussage trifft. Gewöhnlicher Aufenthalt einer Gesellschaft ist nach Art. 23 I 1 Rom II-VO deren Hauptverwaltung, in Parallele zu Art. 63 I lit. b Brüssel Ia-VO.[588] In der hergebrachten Terminologie des deutschen IPR ist also der effektive Verwaltungssitz maßgeblich, der Ort ihrer eigentlichen unternehmerischen Leitung und der Umsetzung der unternehmenspolitischen Entscheidungen.[589] Das ist sachrichtig. Denn hier, beim „gewöhnlichen Aufenthalt" einer Gesellschaft, geht es darum, den Schwerpunkt der gelebten Gesellschaft zu bestimmen, nicht das Gesellschaftsstatut. Satzungssitz, Registrierungsort und Gründungsrecht spielen hier allesamt keine Rolle.[590]

Art. 23 I 2 Rom II-VO erhebt eine Zweigniederlassung zum gewöhnlichen Aufenthalt, wenn der „Schaden" (im Sinne von Art. 2 I Rom II-VO) aus deren Betrieb resultiert.[591] Ersichtlich lehnt sich dies an Art. 7 Nr. 5 Brüssel Ia-VO (ex Art. 5 Nr. 5 EuGVÜ/EuGVVO) an und sollte deshalb im Ausgangspunkt nach diesem Vorbild ausgelegt werden.[592] Dies gilt insbesondere für das einengende Erfordernis „aus dem Betrieb".[593] Eine Niederlassung ist demnach ein auf Dauer angelegter Stützpunkt für den unternehmensexternen Rechtsverkehr mit eigenem Geschäftsbereich und eigener personeller wie sachlicher Ausstattung unter der Aufsicht eines Stammhauses, der einen direkten Rekurs auf das Stammhaus unnötig macht.[594]

Als ein Problem könnte erscheinen, dass unter Art. 7 Nr. 5 Brüssel Ia-VO reine Produktionsstätten und Warenlager grundsätzlich keine Niederlassungen sein sollen.[595] Gerade von Produktionsstätten kann aber deliktsrechtlich eine besondere Gefahr ausgehen. Zumindest im Internationalen Umwelthaftungsrecht wird die drohende Sachungerechtigkeit aber aufgefangen, da Art. 7 Var. 1 Rom II-VO dort auch an den Handlungsort anknüpft. Daher ist dort die Produktionsstätte als realisierte Gefahrenquelle adäquat abgebildet.

Generell sollte man insbesondere bei deliktsrechtlichen Sachverhalten den Niederlassungsbegriff weit genug verstehen. Dies muss keine Diskrepanz zu Art. 7 Nr. 5 Brüssel Ia-VO begründen; vielmehr ist umgekehrt bei Art. 7 Nr. 5 Brüssel Ia-VO, der ja einen besonderen Gerichtsstand auch für Deliktsforderungen öffnet, dafür Sorge zu tragen, dass sich das Begriffsverständnis nicht zu einseitig an vertragsrechtlichen Sachverhalten orientiert.

Natürliche Personen, die eine berufliche oder gewerbliche Tätigkeit ausüben, haben für die Zwecke dieser Tätigkeit ihren gewöhnlichen Aufenthalt laut Art. 23 II Rom II-VO am Ort ihrer (beruflichen oder gewerblichen) Hauptniederlassung. Erfasst ist nur die selbständige berufliche Tätigkeit, dagegen keine unselbständige Tätigkeit als Arbeitnehmer.[596] Parallelen zu Art. 14 I lit. b Rom II-VO sind wünschenswert. Hauptniederlassung ist das Zentrum der beruflichen oder gewerblichen Aktivität ähnlich dem Niederlassungsbegriff

---

[588] Rauscher/*Jakob/Picht* Art. 23 Rom II-VO Rn. 4.
[589] Siehe nur MüKoBGB/*A. Junker* Art. 23 Rom II-VO Rn. 10; Rauscher/*Jakob/Picht* Art. 23 Rom II-VO Rn. 4.
[590] G.-P. Calliess/*Baetge* Art. 23 Rome II Regulation Rn. 10; jurisPK BGB/*Pabst* Art. 23 Rom II-VO Rn. 7.
[591] Anwendungsbeispiel: OLG Frankfurt RdTW 2018, 179, 180 f.
[592] *Mankowski,* IHR 2008, 133, 140 (zu Art. 19 I UAbs. 1 Rom I-VO); G.-P. Calliess/*Baetge* Art. 23 Rome II Regulation Rn. 12 f.
[593] P. Huber/*Altenkirch* Art. 23 Rome II Rn. 9 (unter Hinweis auf *Anton Durbeck GmbH v. Den Norske Bank* [2003] 2 WLR 1296 [C.A.]); NK-BGB/*G. Schulze* Art. 23 Rom II-VO Rn. 10 f.; inhaltlich näher Magnus/Mankowski/*Mankowski* Art. 7 Brussels Ibis Regulation Rn. 448–453.
[594] Siehe nur EuGH Slg. 1978, 2183 Rn. 12 – Somafer/Saar-Ferngas; EuGH Slg. 1981, 819 Rn. 11 – Blanckaert & Willems/Trost; EuGH Slg. 1987, 4905 Rn. 10 – Schotte/Parfums Rothschild; EuGH Slg. 1995, I-961 Rn. 18 – Lloyd's Register of Shipping/Société Campenon Bernard; EuGH ECLI:EU:C:2012:491 Rn. 48 – Ahmed Mahamdia/Volksrepublik Algerien; Cassaz. RDIPP 2013, 459, 464.
[595] Magnus/Mankowski/*Mankowski* Art. 7 Brussels Ibis Regulation Rn. 428.
[596] Begründung der Kommission zum Vorschlag für eine Verordnung über das auf außervertragliche Schuldverhältnisse anzuwendende Recht, KOM (2003) 427 endg. S. 27; G.-P. Calliess/*Baetge* Art. 23 Rome II Regulation Rn. 18.

§ 2. Internationales Privatrecht der außervertraglichen Schuldverhältnisse

der Niederlassungsfreiheit,[597] bei mehreren Stützpunkten das relative Zentrum. Eine Ausrichtung auf den unternehmensexternen Rechtsverkehr ist – abweichend von den normalen Kriterien des Niederlassungsbegriffs und von Art. 63 I lit. c Brüssel Ia-VO – nicht zu verlangen.[598]

196 Der gewöhnliche Aufenthalt für natürliche Personen, die keine berufliche oder gewerbliche Tätigkeit ausüben, also für Privatpersonen, wird in Art. 23 Rom II-VO dagegen nicht erläutert. Er sollte sich an die im Internationalen Familienrecht gebräuchlichen Maßstäbe anlehnen.[599] Leider enthält Art. 23 Rom II-VO gerade für diese wichtigste Fallgruppe eine schmerzhafte Lücke.[600] Indes sollten Artt. 21 I EuErbVO; 3 I litt. a, b EuUntVO; 5 I litt. a, b; 8 litt. a, b Rom III-VO; 6 litt. a–c; 22 I lit. a; 26 I lit. a EuGüVO; 6 litt. a–c; 22 I lit. a EuPartVO; 3 I UAbs. 4 S. 1 EuInsVO 2015 samt Erwägungsgründen (23), (24) EuErbVO zukünftig genug Fallmaterial und Orientierungsmarken produzieren. Zu suchen ist der Lebensmittelpunkt, der Schwerpunkt der persönlichen wie wirtschaftlichen und familiären Interessen für das einzelne Anknüpfungssubjekt.[601] Dies ist auch für die Zwecke der Rom II-VO ein rein faktisches, kein normativ determiniertes Kriterium.[602] Auf (ausländer- oder ordnungsrechtliche) Erlaubtheit des Aufenthalts kommt es nicht an.[603]

197 Maßgeblicher Zeitpunkt ist kraft ausdrücklicher Festlegung in Art. 4 II Rom II-VO derjenige des Schadenseintritts. Die Anknüpfung ist unwandelbar.[604] Spätere Aufenthaltswechsel, welches Beteiligten auch immer, sind irrelevant;[605] anderenfalls könnte der betreffende Beteiligte manipulieren, welches Recht anwendbar ist.[606]

198 cc) Maßgebliche Personen. Für Art. 4 II Rom I-VO sind die Person, deren Haftung geltend gemacht wird, und die Person, die geschädigt wurde, die relevanten Personen. Richtigerweise sollte man „die geschädigt wurde" lesen als „die geltend macht, geschädigt worden zu sein", denn ob es wirklich eine Schädigung gegeben hat, ist ja erst festzustellen. Auf den gewöhnlichen Aufenthalt eines Zessionars, welchem der ursprünglich eine eigene Schädigung Behauptende seinen Anspruch abgetreten hat, oder eines Legalzessionars kommt es nicht an.

199 Stehen auf einer Seite des Anspruchs mehrere Personen, die ihre jeweiligen gewöhnlichen Aufenthalte in verschiedenen Staaten haben, so kommt Art. 4 II Rom I-VO nur für jene Personen zum Zuge, die ihre jeweiligen gewöhnlichen Aufenthalte in demselben Staat haben, wie die Anspruchsgegenseite; im Übrigen bleibt Art. 4 I Rom II-VO anwendbar.[607]

200 Herunterzubrechen ist auf Relativverhältnisse, ohne dass es – selbst bei Massenschäden mit einer Vielzahl Geschädigter – zu einer teleologischen Reduktion käme.[608] Für notwendig erachtete Korrekturen lassen sich systemkonform über die Ausweichklausel des Art. 4 III Rom II-VO ins Werk setzen, die auch Art. 4 II Rom II-VO überspielt.[609]

---

[597] *C. Albers*, Die Begriffe der Niederlassung und der Hauptniederlassung im Internationalen Privat- und Zivilverfahrensrecht, 2010, S. 191.
[598] Ähnlich *C. Albers*, Die Begriffe der Niederlassung und der Hauptniederlassung im Internationalen Privat- und Zivilverfahrensrecht, 2010, S. 191.
[599] *Gaynor Winrow v. J. Hemphill and Ageas Insurance Ltd.* [2014] EWHC 3164 [40] (Q.B.D., *Slade* J.).
[600] Rauscher/*Jakob*/*Picht* Art. 23 Rom II-VO Rn. 7; NK-BGB/*G. Schulze* Art. 23 Rom II-VO Rn. 14.
[601] Siehe nur NK-BGB/*G. Schulze* Art. 23 Rom II-VO Rn. 15.
[602] G.-P. Calliess/*Baetge* Art. 23 Rome II Regulation Rn. 28.
[603] G.-P. Calliess/*Baetge* Art. 23 Rome II Regulation Rn. 28.
[604] Siehe nur *Dickinson* Rn. 4.83; G.-P. Calliess/*v. Hein* Art. 4 Rome II Regulation Rn. 39; P. Huber/*Bach* Art. 4 Rome II Rn. 78.
[605] Siehe nur MüKoBGB/*A. Junker* Art. 4 Rom II-VO Rn. 44; Palandt/*Thorn* Art. 4 Rom II-VO Rn. 5.
[606] Magnus/Mankowski/*Magnus* Art. 4 Rome II Regulation Rn. 133.
[607] *Dickinson* Rn. 4.83; MüKoBGB/*A. Junker* Art. 4 Rom I-VO Rn. 42; PWW/*R. Schaub* Art. 4 Rom II-VO Rn. 8; BeckOK BGB/*Spickhoff* Art. 4 Rom II-VO Rn. 11; Rauscher/*Unberath*/*Cziupka*/*Pabst* Art. 4 Rom II-VO Rn. 77; jurisPK BGB/*Lund* Art. 4 Rom II-VO Rn. 20; Magnus/Mankowski/*Magnus* Art. 4 Rome II Regulation Rn. 122, 125.
[608] *Rieländer*, RabelsZ 81 (2017) 344, 363 f.
[609] *Rieländer*, RabelsZ 81 (2017) 344, 364.

d) Ausweichklausel des Art. 4 III Rom II-VO. aa) Näherbeziehung. Für das Gesamtsystem **201** bedeutsamer ist die Ausweichklausel des Art. 4 III 1 Rom II-VO.[610] Aus deutscher Sicht bringt sie nichts wesentlich Neues, denn Art. 42 EGBGB enthielt bereits seit 1998 eine entsprechende Ausweichklausel. Sie erlaubt ein Abweichen von der Regel, wenn diese konkret ihre Funktion verfehlt, das mit dem Sachverhalt am engsten verbundene Recht zu bezeichnen. Die Ausweichklausel ist und bleibt aber eine Ausnahmeklausel,[611] und die Regel bleibt die Regel und muss dies auch bleiben. Die Ausweichklausel darf nicht missbraucht werden, um je eigenen Anknüpfungsvorstellungen durch die Hintertür zum Durchbruch verhelfen zu wollen. Die zu überwindende Hürde ist hoch, und die Darlegungslast trifft diejenige Partei, welche eine Abweichung von der Regel will.[612] In keinem Fall darf man Art. 4 III 1 Rom II-VO als Ausgangspunkt des kollisionsrechtlichen Prozesses nehmen.[613] Im Gegenteil bietet es sich an, Art. 4 III Rom II-VO im Normalfall allenfalls kurz zu erwähnen oder negativ zu prüfen.[613a]

Die Ausweichklausel ist keine allgemeine Flexibilisierung, sondern ein nur restriktiv und **202** mit großer Zurückhaltung einzusetzendes Korrekturmittel. Sie gehört zu einem modernen Anknüpfungssystem, das eben nicht behauptet, seine Regelanknüpfungen wären automatisch der Weisheit allerletzter Schluss für wirklich jeden Fall. Sie ist jedoch kein Einfallstor für nahezu unbegrenztes richterliches Ermessen.[614] Vielmehr ist und bleibt sie durch die klare Vorgabe, eine Abwägung vorzunehmen und dabei der Regelanknüpfung angemessenes Gewicht geben zu müssen, deutlich strukturiert. Vor ihrem Durchschlagen stehen hohe Hürden.[615]

Der Ausnahmecharakter des Art. 4 III 1 Rom II-VO ergibt sich schon daraus, dass der **203** Gebrauch offener, nicht benannter Kriterien mit dem generellen Ziel der Rom II-VO, Rechtssicherheit und Vorhersehbarkeit zu fördern, in einem Spannungsverhältnis steht.[616] Die Ausweichklausel ist eben keine diffuse, amerikanisch angekränkelte Grundanknüpfung an eine engste Verbindung,[617] sondern ultima ratio, wenn die Regelanknüpfung im Einzelfall wirklich nicht passt. Insbesondere darf man die Ausweichklausel nicht dazu missbrauchen, ihr eine Art allgemeiner Handlungsortanknüpfung einzuschreiben und so klandestin doch ein Herkunftslandprinzip verwirklichen zu wollen.[618] Ebensowenig darf man sie als Weg zur lex fori missbrauchen, indem man das aktive Betreiben eines Verfahrens in einem bestimmten Staat als besonderes wichtigen Faktor gewichtet.[619] Sie bietet auch keinen Ansatz zu einer Fragmentierung des Delikts in einzelne Aspekte.[620] Eine materielle Aufladung der Ausweichklausel z. B. für Fälle für Menschenrechtsverletzungen[621] wäre der falsche Weg;[622]

---

[610] Zu deren Genese eingehend *v. Hein*, FS Jan Kropholler, 2008, S. 553, 554–563.
[611] Siehe nur *Fortress Value Recovery Fund I LLC v. Blue Skye Special Opportunities Fund LP* [2013] EWHC 14 (Comm47), [2013] 2 BCLC 351 (Q.B.D., *Flaux J.*); *Pan Oceanic Chartering Inc. v. UNIPEC UK Co. Ltd.* [2016] EWHC 2274 (Comm) [206], [2017] 2 All ER (Comm) 196 (Q.B.D., *Carr J.*); *v. Hein*, ZEuP 2009, 6, 18; *Lafuente Sánchez*, AEDIPr 2016, 463.
[612] *Gaynor Winrow v. J. Hemphill and Ageas Insurance Ltd.* [2014] EWHC 3164 [42] (Q.B.D., *Slade J.*); *Marshall v. The Motor Insurers' Bureau* [2015] EWHC 3421 [20] (Q.B.D., *Dingemans J.*); Magnus/Mankowski/*Magnus* Art. 4 Rome II Regulation Rn. 136.
[613] *Marshall v. The Motor Insurers' Bureau* [2015] EWHC 3421 [16] (Q.B.D., *Dingemans J.*).
[613a] Vorbildlich z. B. Rb. Rotterdam S & S 2018 Nr. 130 S. 706.
[614] *Mankowski*, Interessenpolitik und europäisches Kollisionsrecht, 2011, S. 71.
[615] *Committeri v. Club Méditerranée SA* [2016] EWHC 1510 (QB) [57] (Q.B.D., *Dingemans J.*); *Pan Oceanic Chartering Inc. v. UNIPEC UK Co. Ltd.* [2016] EWHC 2274 (Comm) [206], [2017] 2 All ER (Comm) 196 (Q.B.D., *Carr J.*).
[616] *Rushworth/A. Scott*, [2008] LMCLQ 274, 275; *L.-C. Wolff*, (2014) 10 JPrIL 431, 457 f.
[617] Vgl. *v. Hein*, ZEuP 2009, 6, 18.
[618] *Mankowski*, Interessenpolitik und europäisches Kollisionsrecht, 2011, S. 72.
[619] *Plender/Wilderspin* Rn. 18–114 gegen *Stylianou v. Toyoshima* [2013] EWHC 2188 (QB) (Q.B.D., *Sir R. Nelson*).
[620] *Jakobs v. Motor Insurers' Bureau* [2010] EWHC 231 (QB46), [2010] 1 All ER (Comm) 1128, 1141 (Q.B.D., *Owen J.*).
[621] Dafür *Thomale/L. Hübner*, JZ 2017, 385, 391 f.; *M.-P. Weller/Thomale*, ZGR 2017, 509, 524 f.
[622] *Mansel*, ZGR 2018, 439, 457–459.

vielmehr ist dann gegebenenfalls der Weg über den ordre public zu gehen, um unerträgliche Ergebnisse im konkreten Einzelfall zu vermeiden.[623]

204 Der Funktion einer Ausweichklausel würde es allenfalls bedingt gerecht, wenn man ihr Unterregeln für bestimmte Fallgruppen einschreiben wollte. Für Massenschäden wird eine regelhafte Anwendung der Ausweichklausel durchaus diskutiert.[624] Einer Ausnahme eine Regel zu entnehmen heißt aber, die Ausnahme zur Regel zu machen und damit gegen deren Charakter zu verstoßen. Fallgruppenbildung darf nicht zur Regelbildung ausarten, sondern kann nur insoweit hilfreich sein, als sie Gleichbehandlung zwischen den Fällen dieser Gruppe im Auge hat. Fallgruppenbildung bildet eine Hilfestellung und eine Art Ausrufezeichen, dass es sich bei den betreffenden Fallgruppen lohnen könnte, über eine Anwendung der Ausweichklausel anhand der konkreten Umstände nachzudenken. Anwendung, gestützt auf Konkretes, ist etwas kategorial anderes als abstrakte (Unter-)Regelbildung.

205 Gesucht wird jedenfalls ein abweichender Schwerpunkt für das Delikt insgesamt, nicht nur für Schaden oder Schadensbemessung; die zu berücksichtigenden Umstände ändern sich nicht je nachdem, ob nur allein über die Rechtsfolgen zu entscheiden ist oder auch über die Haftung dem Grunde nach.[625]

206 Zwar sind alle Umstände gegeneinander abzuwägen. Es ginge aber zu weit, wenn Art. 4 III Rom II-VO sich letztlich nur dann durchsetzen würde, wenn wirklich und ausnahmslos alle Umstände außer dem Anknüpfungspunkt der Regelanknüpfung in ein und dieselbe Richtung wiesen.[626] Vielmehr reicht ein qualifiziertes Überwiegen. In die Abwägung sind alle Umstände einzubeziehen, auch wenn sie in verschiedene Richtungen weisen. Geboten ist eine Abwägung, bei der auf der einen Seite der Waage der Anknüpfungspunkt der jeweils einschlägigen Regelanknüpfung und diesen verstärkende Elemente liegen, auf der anderen Momente, die in eine andere Richtung weisen. Weisen weitere Momente in wieder andere, dritte oder gar vierte Richtungen, so erhöht sich – um im Bild zu bleiben – die Zahl der Waagarme und der Waagschalen.

207 bb) Akzessorische Anknüpfung. (1) Grundsätzliches. Art. 4 III 2 Rom II-VO etabliert eine akzessorische Anknüpfung an das Statut eines herrschenden Rechtsverhältnisses, sei dieses ein Vertrag oder ein anderes Rechtsverhältnis. Die Ausweichklausel in Art. 4 III Rom II-VO ist deshalb in ihrer legislativen Ausgestaltung besonders zu loben.[627] Denn sie gibt dem Rechtsanwender damit klare Direktiven, wann ein Ausnahmefall vorliegen könnte, indem sie die mit Abstand wichtigsten Fälle für Ausnahmen ausdrücklich normativ benennt.[628] Dies ist jeder Technik, die höchstens in den Erwägungsgründen Ansätze zu Beispielen nennt – wie dies bei Erwägungsgrund (20) Rom I-VO geschehen ist –, bei weitem vorzuziehen.[629] Rechtsanwender, Praktiker sind mit dem IPR gemeinhin nicht sehr vertraut. Jede Hilfestellung für sie ist daher hochwillkommen.

208 Allerdings verfolgt Art. 4 III 2 Rom II-VO seine eigene kollisionsrechtliche Agenda und verwirklicht Wertungen, die so unter der Ausweichklausel sonst nicht wiederkehren. Art. 4 III 2 Rom II-VO formuliert eigentlich eine Regel. Art. 4 III 1 Rom II-VO verlangt dagegen eine offene Abwägung. Art. 4 III 2 Rom II-VO steht nur unter kleinen Einschränkungen. In ihm ist die Abwägungsentscheidung schon abstrakt vorgegeben und bedarf nicht einer positiven konkreten Herleitung.

209 Die gewählte Technik, sich vorrangig an herrschende Rechtsverhältnisse anzulehnen, wenn solche existieren, hat den zusätzlichen Vorteil, Abgrenzungsprobleme infolge unter-

---

[623] *M. Stürner,* FS Dagmar Coester-Waltjen, 2015, S. 843, 851–853; *M.-P. Weller/Kaller/A. Schulz,* AcP 216 (2016), 387, 394; *Pförtner,* in: Gössl (Hrsg.), Politik und Internationales Privatrecht, 2017, S. 103–109; *Mansel,* ZGR 2018, 439, 468–670.
[624] Siehe nur *R. Schaub,* JZ 2011, 13, 18.
[625] *Gaynor Winrow v. J. Hemphill and Ageas Insurance Ltd.* [2014] EWHC 3164 [44]-[45] (Q.B.D., Slade J.).
[626] *de Boer,* Ned. Jur. 2016 Nr. 354 S. 4714, 4715.
[627] Ähnlich *Francq,* Rev. eur. dr. consomm. 2007–2008, 319, 332.
[628] *Mankowski,* Interessenpolitik und europäisches Kollisionsrecht, 2011, S. 72.
[629] *Leible,* Rom I und Rom II: Neue Perspektiven im Europäischen Kollisionsrecht, 2009, S. 18.

V. Internationales Deliktsrecht

schiedlicher Qualifikation und daraus folgenden Anpassungsbedarf zu vermeiden, indem von vornherein qua akzessorischer Anknüpfung nur ein Recht für beide Rechtsverhältnisse berufen wird.[630] So werden zudem alle Konkurrenzfragen einem einzigen Recht zugeführt, die ansonsten auf der kollisionsrechtlichen Ebene enorme Schwierigkeiten bereiten könnten.[631]

Im Fallaufbau sollte man indes überlegen, ob man der gesetzlichen Abfolge wirklich folgen will. Natürlich macht man nichts falsch und ist auf der sicheren Seite, wenn man der gesetzlichen Abfolge folgt. Dies hieße also: erst Art. 4 II, dann Art. 4 I, schließlich Art. 4 III 1 und erst in dessen Rahmen Art. 4 III 2 Rom II-VO. Mutiger, aber auch souveräner ist, sogleich auf Art. 4 III 2 Rom II-VO zuzusteuern, wenn im konkreten Fall ein herrschendes Rechtsverhältnis bestehen könnte.[632] Das bietet sich insbesondere dann an, wenn man zuvor bereits das Statut eben jenes herrschenden Rechtsverhältnisses ermittelt hat, z. B. weil man der Aufbauregel „Vertrag vor Delikt" gefolgt ist. Die akzessorische Anknüpfung in Art. 4 III 2 Rom II-VO hat eine eigene Grundlage, die es so bei der allgemeinen Ausweichklausel des Art. 4 III 1 Rom II-VO nicht gibt: Art. 4 III 2 Rom II-VO will Harmonie zwischen zwei Statuten herstellen. Art. 4 III 1 Rom II-VO dagegen verlangt allgemeines grouping of contacts und eine allgemeine Abwägung. Um Statutenharmonie geht es ihm nicht und kann es ihm nicht gehen, weil überhaupt kein Statut eines anderen relevanten Rechtsverhältnisses in Sicht ist, an das man sich anlehnen könnte.

(2) Herrschendes Rechtsverhältnis. Herrschendes Rechtsverhältnis kann insbesondere ein Schuldvertrag sein. Wenn zwischen Täter und Opfer eines Delikts bereits ein Vertrag besteht, liegt es nahe, dass vertragliche und außervertragliche Haftung demselben Recht unterliegen sollten, um keine Diskrepanzen aufzuwerfen und keinen Anpassungsbedarf entstehen zu lassen. Ein praktisch bedeutsames Beispiel bietet die Arzthaftung gegenüber dem Patienten aus Delikt; sie folgt dem Statut des Behandlungsvertrages zwischen Arzt und Patient.[633]

Andererseits sollte man nicht strikt auf Personidentität von Gläubiger und Schuldner des Delikts einerseits mit den Parteien des Vertrags andererseits beharren,[634] sondern vielmehr auf die Gesamttransaktion abstellen, wenn Dritte über einen Vertrag mit einer der Deliktsparteien oder gar untereinander wirtschaftlich beherrschenden Einfluss auf das Verhältnis zwischen den Deliktsparteien ausüben (wie z. B. als Parteien eines Hauptfrachtvertrags auf die Haftung des Unterfrachtführers gegenüber dem Empfänger).[635] Darin liegt keine eigene Möglichkeit zu Vereinbarungen zu Lasten der Deliktsparteien als an jenem Vertrag nicht Beteiligter,[636] denn die Vertragsparteien treffen keine Vereinbarungen direkt zu deren Lasten und es ist ein eigner internationaldeliktsrechtlicher Wertungsfilter vorgeschaltet.[637]

Jedes explizit aufgeführte Beispiel, hier der Schuldvertrag, birgt freilich sofort die Gefahr, dass aus seiner Erwähnung ein Umkehrschluss für nicht explizit aufgeführte Fälle gezogen werden könnte, etwa aus der fehlenden Erwähnung von familienrechtlichen Rechtsverhältnissen neben Verträgen in Art. 4 III 2 Rom II-VO.[638] Jedoch sollte ein „insbesondere", ein deutliches Unterstreichen des nur beispielhaften und gerade nicht abschließenden oder

---

[630] *Garcimartín Alférez*, EuLF 2007, I-77, I-84; *Mankowski*, Interessenpolitik und europäisches Kollisionsrecht, 2011, S. 72.
[631] Dazu z. B. *H. Stoll*, FS Apostolos Georgiades, Athen 2005, S. 941, 959 f.; *Spickhoff*, GS Halûk Konuralp, Ankara 2009, S. 977, 992–996 und generell *Spelsberg-Korspeter*, Anspruchskonkurrenz im internationalen Privatrecht, 2009; *Mankowski*, RIW 2010, 420.
[632] Magnus/Mankowski/*Mankowski* Rome II Regulation, 2018, Introduction Rn. 136 mit Fn. 272.
[633] Siehe *Spickhoff*, FS Gerda Müller, 2009, S. 287, 300; *H. Stoll*, FS Rudolf Reischauer, 2010, S. 389, 396 f.
[634] So aber *Czerwenka*, TranspR 2012, 408, 410; G.-P. *Calliess/v. Hein* Art. 4 Rome II Regulation Rn. 66.
[635] *Mankowski*, TranspR 2016, 131, 134.
[636] So aber *Czerwenka*, TranspR 2012, 408, 410.
[637] *Mankowski*, TranspR 2016, 131, 134.
[638] Vgl. *Leible*, Rom I und Rom II: Neue Perspektiven im Europäischen Kollisionsrecht, 2009, S. 18.

erschöpfenden Charakters der Erwähnungen, eine hinreichende klare Mahnung sein, dass ein solcher Umkehrschluss zu unterlassen ist. Herrschendes Rechtsverhältnis muss also keineswegs ein Schuldvertrag sein. Vielmehr kommen auch familienrechtliche Verhältnisse in Betracht, z.B. eine Ehe, ein Verlöbnis oder Verwandtschaft, indes nur, soweit die entsprechenden außervertraglichen Schuldverhältnisse nicht über Art. 1 II lit. b Rom II-VO bereits aus der Rom II-VO insgesamt herausfallen.[639]

214 Das herrschende Rechtsverhältnis ist ein präjudizielles Rechtsverhältnis, hier im Tatbestand einer Kollisionsnorm. Sein Statut zu ermitteln ist deshalb eine Erstfrage. Erstfragen in Kollisionsnormen der lex fori sind immer selbständig anzuknüpfen. Das Statut eines Vertrags, der herrschendes Rechtsverhältnis für ein Delikt ist, ist daher nach der Rom I-VO zu ermitteln. Das hat gewichtige Konsequenzen für Rechtswahlmöglichkeiten. Denn die zulässige Wahl des Vertragsstatuts bestimmt indirekt auch über das Statut des akzessorisch angeknüpften Delikts. Über Art. 4 III 2 Rom II-VO und größere Rechtswahlfreiheit für das Statut des herrschenden Rechtsverhältnisses wird der Sache nach Art. 14 Rom II-VO gesprengt.[640] Parteiautonomie kennt im Internationalen Deliktsrecht also zwei Stufen: erstens die unmittelbare Rechtswahl im IPR der außervertraglichen Schuldverhältnisse selber nach Art. 14 Rom II-VO; zweitens die „indirekte Rechtswahl" über die Rechtswahl für das Statut eines herrschenden Rechtsverhältnisses über die akzessorische Anknüpfung nach Art. 4 III 2 Rom II-VO.

215 Das Ergebnis ist paradox. Man müsste interessierten Parteien eigentlich empfehlen, nicht in den Versuch einer eigenständigen internationaldeliktsrechtlichen Rechtswahl zu investieren, sondern auf die internationalvertragsrechtliche Rechtswahl und deren mittelbare Wirkung qua akzessorischer Anknüpfung zu setzen.[641] Indem man der internationalvertragsrechtlichen Rechtswahl mittelbar solche Wirkung gibt, indem man solche indirekte Parteiautonomie walten lässt, importiert man mittelbar auch die Vereinbarungsanforderungen, wie sie im Internationalen Schuldvertragsrecht gelten. Das Aushandelnserfordernis des Art. 14 I lit. b Rom II-VO wird zum Papiertiger, weil es im Internationalen Schuldvertragsrecht kein Pendant hat und weil die akzessorische Anknüpfung die internationalvertragsrechtliche Rechtswahl überwirken lässt.[642]

216 Ist herrschendes Rechtsverhältnis ein Verbraucher- oder ein Arbeitsvertrag mit einer Rechtswahl, so ist Statut des herrschenden Rechtsverhältnisses ausweislich Art. 6 II 1 bzw. Art. 8 I 1 Rom I-VO im Ausgangspunkt das gewählte Recht.[643] Zu fragen bleibt aber in einem zweiten Schritt, welchen Einfluss das Günstigkeitsprinzip aus Art. 6 II 2 bzw. Art. 8 I 2 Rom I-VO hat. Richtigerweise sollte man es auch für internrechtlich zwingende Normen des Deliktsrechts aus dem Staat des hypothetischen objektiven Vertragsstatuts greifen lassen.[644]

2. Produkthaftung

Literatur: *P. Huber/Illmer*, A Commentary on Article 5 of the Rome II Regulation, YbPIL 9 (2007), 31; *Illmer*, The New European Private International Law of Product Liability – Steering Through Troubled Waters, RabelsZ 73 (2009), 269; *Marenghi*, La legge applicabile al danno da prodotto nell'unione Europea: l'Art. 5 des Regolamento n. 864/2007/CE, Dir. comm. int. 25 (2011), 335; *dies.*, The Law Applicable to Product Liability in Context: Article 5 of the Rome II Regulation and Ist Interaction with Other EU Instruments, YbPIL 16 (2014/15), 511; *Rodiek,* Die Produkthaf-

---

[639] Begründung der Kommission zum Vorschlag für eine Verordnung über das auf außervertragliche Schuldverhältnisse anzuwendende Recht, KOM (2003) 427 endg. S. 13; Magnus/Mankowski/*Magnus* Art. 4 Rome II Regulation Rn. 155.
[640] BeckOGK/*G. Rühl* Art. 14 Rom II-VO Rn. 31.
[641] *Mankowski*, IPRax 2010, 389, 402.
[642] *Mankowski*, IPRax 2010, 389, 402.
[643] → § 1 Rn. 476, 570.
[644] *v. Hein*, ZEuP 2009, 6, 21; G.-P. Calliess/*v. Hein* Art. 4 Rome II Regulation Rn. 69; NK-BGB/*M. Lehmann* Art. 4 Rom II-VO Rn. 165; BeckOGK/*G. Rühl* Art. 14 Rom II-VO Rn. 33; *Magnus/Mankowski*/Magnus Art. 4 Rome II Regulation Rn. 170.

V. Internationales Deliktsrecht   217–220 § 2

tung im Europäischen Kollisionsrecht, 2015; *C. Rudolf,* Internationales Produkthaftungsrecht nach der Rom II-Verordnung, wbl 2009, 525; *Sammeck,* Die internationale Produkthaftung nach Inkrafttreten der Rom II-VO im Vergleich zu der Rechtslage in den USA, 2017; *Spickhoff,* Die Produkthaftung im Europäischen Kollisions- und Zivilverfahrensrecht, FS Jan Kropholler, 2008, S. 671.

a) Grundsätzliches. Dem Internationalen Produkthaftungsrecht widmet Art. 5 Rom II-VO eine Anknüpfungsregel von außerordentlicher, ja zu großer Kompliziertheit und Unübersichtlichkeit.[645] Sie ist ein Kompromiss nach einem jahrelangen Kampf zwischen Hersteller- und Handelsverbänden einerseits und Verbraucherschutzorganisationen andererseits.[646] Nur dieser Kampf in der Entstehung erklärt den komplizierten Kompromiss der Norm gewordenen Struktur.[647] Lobbyarbeit hat beide Seiten zu Scheinerfolgen auf einzelnen Anknüpfungsstufen geführt. Beide Lobbies hätten aber die nötige Macht gehabt, das Gesamtprojekt der Rom II-VO zu gefährden, und mussten deshalb befriedigt werden.[648] 217

Im Internationalen Produkthaftungsrecht geht es um Haftungsrisiken insbesondere der Industrie, aber auch des Handels. Hier prallen niedrige, mittlere, hohe und überhöhte nationale Standards aufeinander. Hier werden Weichen gestellt, wie sehr Märkte durch hohe Produkthaftungsrisiken abgeschottet werden können. Hier werden Importfreiheit und Exportchancen in kleine Münze umgesetzt.[649] Im Hintergrund steht die Höhe von Versicherungsprämien für Produkthaftungsversicherungen, im Extremfall sogar die Frage, ob solche Risiken überhaupt noch versicherbar sind.[650] 218

Eine reine Erfolgsortanknüpfung würde aus Sicht der produzierenden Wirtschaft bei Proliferation und Weiterverbreitung Vorhersehbarkeitsrisiken und in der Folge kaum kontrollierbare Rechtsanwendungsrisiken bergen. Dementsprechend bemüht man sich im Internationalen Produkthaftungsrecht um eine Abfederung.[651] Freilich müssen die Interessen der produzierenden Wirtschaft mit jenen der jeweiligen Opfer austariert werden.[652] Denn Opfer haben legitime Erwartungen an Rechtsgüterschutz. Zudem besteht ein volkswirtschaftliches Interesse an effizienten Märkten, in denen Importleistungen einen heilsamen Druck ausüben.[653] 219

Auf der kollisionsrechtlichen Ebene ist die Abwägung keineswegs einfach. Das Resultat war ein eigenes Haager Übereinkommen[654].[655] Europäisch hat man in Art. 5 Rom II-VO mit einer speziellen Kollisionsnorm zu reagieren versucht.[656] Die Norm ist kompliziert und betont in einem sonst so nicht anzutreffenden Maße Vorsehbarkeitsinteressen des potenziellen Schuldners, hier also des Produzenten.[657] Sie entpuppt sich als Quelle mannigfaltiger Auslegungsprobleme.[658] Im Extremfall kann sie dazu zwingen, nicht weniger als acht Anknüpfungsstufen zu durchlaufen, auf einer Leiter Stufe für Stufe für Stufe für Stufe herabzusteigen.[659] Der erreichte Komplexitätsgrad ist zu groß und läuft dem eigentlich erklärten 220

---

[645] *P. Stone,* Ankara L. Rev. 4 (2007), 95, 118; *Hartley,* (20088) 57 ICLQ 899, 908; *v. Hein,* ZEuP 2009, 6, 26; *Mankowski,* EWiR Art. 5 EuGVVO 1/09, 569, 570.
[646] *Spickhoff,* FS Jan Kropholler, 2008, S. 671, 672; *A. Junker,* Liber amicorum Klaus Schurig, 2012, S. 81, 87.
[647] *A. Junker,* Liber amicorum Klaus Schurig, 2012, S. 81, 87; *Mankowski,* JZ 2016, 310, 311.
[648] *A. Junker,* Liber amicorum Klaus Schurig, 2012, S. 81, 87.
[649] *Mankowski,* Interessenpolitik und europäisches Kollisionsrecht, 2011, S. 72 f.
[650] *Mankowski,* Interessenpolitik und europäisches Kollisionsrecht, 2011, S. 73.
[651] BeckOGK/*M. Müller* Art. 5 Rom II-VO Rn. 3.
[652] Vgl. *Pontier,* MedNedVIR 136 (2008), 61, 96.
[653] BeckOGK/*M. Müller* Art. 5 Rom II-VO Rn. 6.
[654] Hague Convention of 2 October 1973 on the Law Applicable to Products Liability.
[655] Zu dessen Zusammenspiel mit der Rom II-VO insbesondere *Kadner Graziano,* NIPR 2008, 425, 427 f.; *Schwartze,* NIPR 2008, 430, 433 f.
[656] Zu Art. 5 Rom II-VO *P. Huber/Illmer,* (2007) 9 Yb. PIL 31; *P. Stone,* Ankara L. Rev. 4 (2007), 95, 118–123; *Kozyris,* 56 Am. J. Comp. L. 471, 485–495 (2008); *Spickhoff,* FS Jan Kropholler, 2008, S. 671; *Schwartze,* NIPR 2008, 430; *Illmer,* RabelsZ 73 (2009), 269; *C. Rudolf,* wbl 2009, 525.
[657] *Mankowski,* Interessenpolitik und europäisches Kollisionsrecht, 2011, S. 73.
[658] Siehe nur die Kritik bei *P. Stone,* Ankara L. Rev. 4 (2007), 95, 118; *v. Hein,* ZEuP 2009, 6, 26.
[659] *Kadner Graziano,* RabelsZ 73 (2009), 1, 38; *Thorn,* FS Karsten Schmidt, 2009, S. 1561, 1574 sowie *Garcimartín Alférez,* EuLF 2007, I-77, I-85; *Rushworth/A. Scott,* [2008] LMCLQ 274, 284; *Francq,* Rev. eur.

§ 2   221–224   § 2. Internationales Privatrecht der außervertraglichen Schuldverhältnisse

Ziel (nämlich Vorhersehbarkeit zu fördern) zuwider, da er die Vorhersehbarkeit insgesamt beeinträchtigt und damit Unsicherheit fördert.[660] Im Hintergrund steht nicht nur das kollisionsrechtliche Ziel, die engste Verbindung zu identifizieren, sondern vielmehr auch Unionspolitik.[661] Jedenfalls ist der Gesetz gewordene Kompromiss delikat.[662]

221   Die Komplexität der Interessen spiegelt Erwägungsgrund (20) Rom II-VO als policy-Überlegung[663] gut wider: Ihm zufolge dient die als ausgewogen bezeichnete Lösung des Art. 5 Rom II-VO den real existierenden Interessen, indem er die Risiken der hoch technischen Wirtschaft begrenzt, die Gesundheit der Verbraucher schützt, die nötigen Innovationsanreize vermittelt, einen unverfälschten Wettbewerb gewährleistet und den Handel erleichtert. Ein größeres Panorama ganz unterschiedlicher, ja zum Teil gegenläufiger Momente lässt sich kaum denken. Die verfolgten divergenten Zielsetzungen unter einen formellen Hut zu bringen muss man fast schon als legislative Leistung ansehen. Für die praktische Arbeit bedeutet dies aber – ganz in der inneren Logik einer Vernebelungstaktik[664] – Auslegungsschwierigkeiten und Meinungsdivergenzen. Art. 5 Rom II-VO ist gleichsam eine Vorschrift mit eingebautem Meinungsstreit.[665]

222   *b) Sachlicher Anwendungsbereich.* Anknüpfungsgegenstand sind primär Schäden an anderen Rechtsgütern als dem schädigenden Produkt selber. Der Kreis dieser anderen Rechtsgüter ist potenziell unbegrenzt und umfasst jedenfalls Leben, Gesundheit, Eigentum, Besitz und Vermögen.

223   Anknüpfungsgegenstand sind auch die Schäden am schädigenden Produkt selber,[666] das sich etwas selber zerstören oder beschädigen mag. Man denke z. B. an Explosionen oder an Durchsickern von Chemikalien durch ihre mitgelieferte Hülle. Insoweit sollte das Kollisionsrecht Fragen nicht vorgreifen, die sich erst auf der sachrechtlichen Ebene stellen, etwa ob insoweit ein Vorrang vertraglicher Regulierung besteht oder im Gegenteil eine Anspruchskonkurrenz.

224   Der Begriff des Produkts ist im Ausgangspunkt Art. 2 S. 1 ProdukthaftungsRL zu entlehnen.[667] Unter ihn fallen bewegliche körperliche Gegenstände, also weder Immobilien[668] noch Dienstleistungen.[669] Neu- und Gebrauchtwaren werden gleichermaßen erfasst.[670] Auch zwischen Industrie- und Handwerkserzeugnissen ist nicht zu differenzieren.[671] Umso weniger ist eine Reduzierung auf standardisierte Massenprodukte[672] veranlasst.[673] Nicht industriell gefertigte Waren sind ebenso erfasst wie Waren, die im Rahmen einer Dienstleistung gefertigt werden.[674] Allerdings enthält Art. 5 Rom II-VO keine direkte Verweisung auf Art. 2 S. 1 ProdukthaftungsRL, obwohl letzterer die bei weitem ältere Norm ist.

---

dr. consomm. 2007–2008, 319, 339; *Mankowski,* EWiR Art. 5 EuGVVO 1/09, 569, 570; *ders.,* Interessenpolitik und europäisches Kollisionsrecht, 2011, S. 73; BeckOGK/*M. Müller* Art. 5 Rom II-VO Rn. 7 f.

[660] *Hartley,* (2008) 57 ICLQ 899, 908 sowie *Marenghi,* YbPIL 16 (2014/15), 511, 520.

[661] *de Vareilles-Sommières,* in: A. Fuchs/Muir Watt/Duintjer Tebbens (éds.), Les conflits de lois et le système juridique communautaire, 2004, S. 185, 202; *Michaels,* FS Jan Kropholler, 2008, S. 151, 161.

[662] *d'Avout,* D. 2009, 1629, 1635; *Mankowski,* Interessenpolitik und europäisches Kollisionsrecht, 2011, S. 73.

[663] *Marenghi,* YbPIL 16 (2014/15), 511, 519 f.

[664] *A. Junker,* Liber amicorum Klaus Schurig, 2012, S. 81, 88.

[665] *Hartley,* (2008) 57 ICLQ 899, 908.

[666] G.-P. *Calliess/Schmid/Pinkel* Art. 5 Rome II Regulation Rn. 19; BeckOGK/*M. Müller* Art. 5 Rom II-VO Rn. 29.

[667] Begründung der Kommission zum Vorschlag für eine Verordnung über das auf außervertragliche Schuldverhältnisse anzuwendende Recht, KOM (2003) 427 endg. S. 14.

[668] Siehe nur *Dickinson* Rn. 5.12; Rauscher/*Unberath/Cziupka/Pabst* Art. 5 Rom II-VO Rn. 39.

[669] Siehe nur *Dickinson* Rn. 5.12; BeckOGK/*M. Müller* Art. 5 Rom II-VO Rn. 31.

[670] *Kadner Graziano,* RabelsZ 73 (2009), 1, 40; *C. Rudolf,* wbl 2009, 525, 528.

[671] NK-BGB/*Lehmann* Art. 5 Rom II-VO Rn. 26.

[672] Dafür aber *Hartley,* (2008) 57 ICLQ 899, 904; siehe auch G.-P. Calliess/*Schmid/Pinkel* Art. 5 Rome II Regulation Rn. 12.

[673] MüKoBGB/*A. Junker* Art. 5 Rom II-VO Rn. 13; BeckOK BGB/*Spickhoff* Art. 5 Rom II-VO Rn. 3; BeckOGK/*M. Müller* Art. 5 Rom II-VO Rn. 38.

[674] EuGH Slg. 2001, I-3569 – Henning Veedfald.

V. Internationales Deliktsrecht   225–228 § 2

Soweit man Art. 2 S. 1 ProdukthaftungsRL für zu eng hält, insbesondere in seiner Beschränkung auf körperliche Gegenstände, bestehen deshalb argumentative Möglichkeiten, über ihn hinauszugehen und namentlich Daten, Software, Apps, andere digitale Inhalte und Informationen in Art. 5 Rom II-VO einzubeziehen.[675]

c) Persönlicher Anwendungsbereich. Ebenfalls keine Begrenzung gibt es beim Kreis der Geschädigten. Zu ihm zählen sowohl der direkte Erwerber des Produkts als auch weitere Erwerber (sozusagen Erwerber vom Erwerber usw.) als auch Dritte, mögen diese in Verbindung zum Erwerber stehen oder nicht. Bildlich wird letzteres in der Bezeichnung als bystander. Natürliche Personen, juristische Personen und Gesellschaften können gleichermaßen Geschädigter sein.[676] „Geschädigter" ist zu verstehen als „originärer Anspruchsinhaber".[677]   225

Auf der Anspruchsgegnerseite sind im Ausgangspunkt Hersteller eines Endprodukts, Hersteller eines Edukts, Hersteller eines Bestandteils, Importeure, Zwischenhändler und Letztverkäufer als potentielle Haftungsschuldner erfasst.[678] Funktionell kommt es auf Verantwortlichkeit für die schädigenden Eigenschaften im Rahmen des Herstellungs- oder Vertriebsprozesses an.[679] Deshalb können auch Arbeitnehmer des Herstellers, Reparateure und Lagerhalter erfasst sein.[680]   226

d) Anknüpfung. aa) Achtstufiges System. Nach Art. 5 I UAbs. 1 Rom II-VO ist unbeschadet des Art. 4 II auf ein außervertragliches Schuldverhältnis im Falle eines Schadens durch ein Produkt folgendes Recht anzuwenden: a) das Recht des Staates, in dem die geschädigte Person beim Eintritt des Schadens ihren gewöhnlichen Aufenthalt hatte, sofern das Produkt in diesem Staat in Verkehr gebracht wurde, oder anderenfalls b) das Recht des Staates, in dem das Produkt erworben wurde, falls das Produkt in diesem Staat in Verkehr gebracht wurde, oder anderenfalls c) das Recht des Staates, in dem der Schaden eingetreten ist, falls das Produkt in diesem Staat in Verkehr gebracht wurde. Jedoch ist ausweislich Art. 5 I UAbs. 2 Rom II-VO das Recht des Staates anzuwenden, in dem die Person, deren Haftung geltend gemacht wird, ihren gewöhnlichen Aufenthalt hat, wenn sie das Inverkehrbringen des Produkts oder eines gleichartigen Produkts in dem Staat, dessen Recht nach Art. 5 I UAbs. 1 litt. a, b oder c anzuwenden ist, vernünftigerweise nicht voraussehen konnte. Ergibt sich aus der Gesamtheit der Umstände, dass die unerlaubte Handlung eine offensichtlich engere Verbindung mit einem anderen als dem in Art. 5 I Rom II-VO bezeichneten Staat aufweist, so ist nach Art. 5 II 1 Rom II-VO das Recht dieses anderen Staates anzuwenden. Eine offensichtlich engere Verbindung mit einem anderen Staat könnte sich gemäß Art. 5 II 2 Rom II-VO insbesondere aus einem bereits bestehenden Rechtsverhältnis zwischen den Parteien – wie einem Vertrag – ergeben, das mit der betreffenden unerlaubten Handlung in enger Verbindung steht.   227

Die acht Stufen der Anknüpfungsleiter stellen sich so dar, wobei man auf die nächstniedrigere Stufe nur kommt, wenn man die vorherigen Stufen mit negativem Ergebnis passiert hat (mit Ausnahme von Stufe 7):[681]   228

1. Rechtswahl nach Art. 14 Rom II-VO
2. Akzessorische Anknüpfung an das Statut eines herrschenden Rechtsverhältnisses, z.B. eines Vertrags, nach Art. 5 II 2 Rom II-VO
3. Gemeinsamer gewöhnlicher Aufenthalt von Geschädigtem und Schädiger nach Art. 4 II Rom II-VO, verwiesen durch Art. 5 I UAbs. 1 pr. Rom II-VO

---

[675] Magnus/Mankowski/*Machnikowski* Art. 5 Rome II Regulation Rn. 16 f.
[676] Siehe nur *Heiss/Loacker,* JBl 2007, 613, 628; *C. Rudolf,* wbl 2009, 525, 528.
[677] BeckOGK/*M. Müller* Art. 5 Rom II-VO Rn. 42.
[678] Begründung der Kommission zum Vorschlag für eine Verordnung über das auf außervertragliche Schuldverhältnisse anzuwendende Recht, KOM (2003) 427 endg. S. 16.
[679] Siehe nur *Dickinson* Rn. 5.13; BeckOGK/*M. Müller* Art. 5 Rom II-VO Rn. 49 mwN.
[680] *Dickinson* Rn. 5.13; *Peter P. Stone,* in: Ahern/Binchy S. 175, 182; NK-BGB/*Lehmann* Art. 5 Rom II-VO Rn. 39.
[681] Magnus/Mankowski/*Mankowski* Introduction Rome II Regulation Rn. 143.

4. Art. 5 I UAbs. 1 lit. a Rom II-VO: gewöhnlicher Aufenthalt des Geschädigten, wenn Produkt dort in Verkehr gebracht
5. Art. 5 I UAbs. 1 lit. b Rom II-VO: Erwerbsort des Produkts, wenn Produkt dort in Verkehr gebracht: Ort des Schadenseintritts, wenn Produkt dort in Verkehr gebracht
6. Art. 5 I UAbs. 1 lit. c Rom II-VO
7. Ob die Schritte 4 bis 6 bereits zum Ergebnis führen, hängt davon ab, dass der potenziell Haftende das Inverkehrbringen des Produkts oder eines gleichartigen Produkts in dem Staat, dessen Recht nach Art. 5 I UAbs. 1 litt. a, b oder c Rom II-VO anzuwenden ist, vernünftigerweise voraussehen konnte (nicht zu verwechseln mit einer bestimmungsgemäßen Verwendung des Produkts durch den Erwerber[682]); konnte der potenziell Haftende dies vernünftigerweise nicht vorhersehen, so kommt das Recht am gewöhnlichen Aufenthalt des potenziell Haftenden nach Art. 5 I UAbs. 2 Rom II-VO zum Zuge. Wesentlich in dieser komplizierenden (und wegen ihrer Konkretisierungsoffenheit[683] streitträchtigen) Bedingung schlagen sich Interessen von produzierender Industrie und Handel nieder.[684] Andererseits lastet sie Industrie und Handel Kontrollobliegenheiten ex ante und ex post auf, ob der Vertrieb wirklich nur dort erfolgt, wo er intendiert war.[685]
8. Ausweichklausel des Art. 5 II 1 Rom II-VO

229 Bereits die Bestimmung des für Art. 5 I UAbs. 1 lit. a Rom II-VO maßgeblichen Beurteilungszeitpunkts („beim Eintritt des Schadens") führt in massive Probleme bei zeitlich gestreckten Tatbeständen wie etwa einer Gesundheitsschädigung durch Dauereinnahme eines schädigenden Medikaments oder bei mehreren Primärschäden.[686] Soll es dann auf den Eintritt des ersten,[687] des letzten oder des materiell gewichtigsten Schadens ankommen? Oder muss man zu einer zeitlichen Stückelung (Mosaik) greifen und für jeden einzelnen Schaden auf dessen Eintrittszeitpunkt abstellen?[688]

230 Wichtige Anknüpfungsmomente sind, in je unterschiedlichem Einbau in den Schritten 4 und 5, der Ort, an welchem das Produkt in Verkehr gebracht wird, und der Ort, an welchem das Produkt erworben wurde. Ersterer blickt auf Aktivitäten des potenziell Haftenden oder diesem zumindest zuzurechnende Aktivitäten, letzterer auf die Erwerberseite. Überwölbend kann man bei ersterem von der Perspektive der Anbieter, bei letzterem von der Perspektive der Nachfragerseite sprechen. Generell haben die Interessen der Anbieter durch das einschränkende Vorhersehbarkeitserfordernis zu ihren Gunsten bei den geschädigtenfreundlichen Anknüpfungsstufen eine deutliche Aufwertung im Vergleich zum Sachrecht der ProdukthaftungsRL und des § 4 ProdHaftG erfahren.[689]

231 bb) Erwerb des Produkts. Beim Erwerb gibt es wenig Anlass, nur vorübergehenden Erwerb auszugrenzen. Das gemietete Fahrzeug kann ebenso seinen Fahrer oder Dritte aufgrund eines Defekts verletzen wie das gekaufte. Miete, Leihe, Sachdarlehen sind daher einzubeziehen. Ebenso wenig sollte man danach differenzieren, ob der Erwerb entgeltlich erfolgt oder nicht. Maßgeblich ist, ob das Produkt als Gefahrenquelle aus der Sphäre des Anbieters herauswechselt in die Sphäre des Erwerbers. Für den physischen Sphärenwechsel des Produkts ist aber unerheblich, ob es eine Gegenleistungsverpflichtung gibt. Haftungsrisiken preist der Anbieter bereits bei seiner Grundentscheidung ein, ob er ein Produkt unentgeltlich anbietet.

---

[682] *Mankowski*, EWiR Art. 5 EuGVVO 1/09, 569, 570.
[683] Näher z. B. BeckOGK/*M. Müller* Art. 5 Rom II-VO Rn. 107–116 mwN.
[684] Siehe nur *Spickhoff*, FS Claus-Wilhelm Canaris zum 80. Geb., 2017, S. 547, 566.
[685] BeckOGK/*M. Müller* Art. 5 Rom II-VO Rn. 109 f.
[686] Siehe nur BeckOGK/*M. Müller* Art. 5 Rom II-VO Rn. 64.
[687] Dafür z. B. NK-BGB/*M. Lehmann* Art. 5 Rom II-VO Rn. 60.
[688] Dafür *Spickhoff*, FS Jan Kropholler, 2008, S. 671, 684; BeckOK BGB/*Spickhoff* Art. 5 Rom II-VO Rn. 6; Rauscher/*Unberath/Cziupka/Pabst* Art. 5 Rom II-VO Rn. 57; BeckOGK/*M. Müller* Art. 5 Rom II-VO Rn. 67.
[689] *Spickhoff*, FS Claus-Wilhelm Canaris zum 80. Geb., 2017, S. 547, 566.

Erwerb ist dagegen zu beschränken auf den derivativen Erwerb durch Rechtsgeschäft. **232** Ausgegrenzt ist der „originäre" Erwerb durch eigenmächtige Aneignung, z. B. Diebstahl. Es wäre nicht zu rechtfertigen, wenn der Bestohlene kollisionsrechtlich Haftungsrisiken für die gestohlene Sache liefe, im Extremfall sogar gegenüber dem Dieb selber als „Erwerber".

cc) Inverkehrbringen des Produkts. (1) Erwerb oder Marketing? Inverkehrbringen des **233** Produkts scheint nach seiner Wortbedeutung im Deutschen die (physische) Entäußerung aus der Sphäre des potentiellen Haftungsschuldners. Im Englischen heißt der parallele Begriff indes „marketed"; dem sekundieren andere Sprachen: „commercialisé", „commercializzato", „comercialió". Insbesondere ist dabei der Kontrast zu Artt. 7; 11 ProdukthaftungsRL bemerkenswert, wo es „put into circulation", „mis en circulation", „messo in circolazione", „puso in circolación" heißt.[690] Andererseits hat der EuGH diesen engeren terminus weiter verstanden: Ein Produkt soll im Sinne der ProdukthaftungsRL in den Verkehr gebracht sein, wenn es den vom Hersteller eingerichteten Prozess der Herstellung verlassen hat und in einen Prozess der Vermarktung eingetreten ist, in dem es in ge- oder verbrauchsfertigem Zustand öffentlich angeboten wird.[691]

Wörtlich verstanden würde Marketing auch das Bewerben des Produkts erfassen können. **234** Ein so weites Begriffsverständnis erscheint jedoch unter Art. 5 Rom I-VO nicht sachgerecht: Werbung allein begründet keine Produkthaftung. Der deutsche Ausdruck ist nicht nur enger, sondern auch plastischer und funktionsgerechter. Eine Kombination von Werbung und Produktfehler würde Kategorien überspringen. Außerdem dringt jeder Rekurs auf Werbung auf das Territorium des Art. 6 Rom II-VO vor.

Ein enges Verständnis des Inverkehrbringens hätte zudem den Vorteil, dass man dann mit **235** dem tatsächlichen Lieferort eine sichere Lokalisierung hätte,[692] während jede Ausdehnung auf Werbung bei der Lokalisierung des Inverkehrbringens in neue Probleme geriete.[693] Ein enges Verständnis würde auch die ansonsten mögliche Umkehrung der zeitlichen Abfolge von Schädigung und Inverkehrbringen, weil bei einem weiten Verständnis des Inverkehrbringens auch die Gattung (oder gar nur vergleichbare Produkte) beworben werden könnte, vermeiden.[694]

(2) Rechtmäßigkeitserfordernis. Die Kommissionsbegründung differenzierte noch zwi- **236** schen rechtmäßigem und unrechtmäßigem Inverkehrbringen, weil bei letzterem keine der Parteien mit der Anwendung des betreffenden Rechts rechnen musste.[695] Das hat indes keinen direkten Niederschlag im heutigen Wortlaut mehr,[696] sondern wurde durch den Vorhersehbarkeitsvorbehalt des Art. 5 I UAbs. 2 Rom II-VO ersetzt.[697] Näher liegt heute eine Differenzierung nach Fallgruppen. Vier Fallgruppen bieten sich an: das Fehlen einer Produktfreigabe durch den Hersteller; der unautorisierte Vertrieb im Ausland; der unautorisierte Reimport ins Inland; der Schmuggel ins Inland.[698]

Eine Produktfreigabe durch den Hersteller zu verlangen erscheint angemessen.[699] Der **237** Hersteller benennt insoweit das Entlassen des Produkts aus seiner (Produktions)Sphäre und gibt dem Produkt das Siegel der Vertriebsfertigkeit. Unautorisierter Vertrieb im Ausland oder Reimport ins Inland verletzen allein nachgelagerte Vereinbarungen mit dem Hersteller über das Vertriebssystem für das an sich fertige Produkt.

---

[690] BeckOGK/*M. Müller* Art. 5 Rom II-VO Rn. 83.
[691] EuGH Slg. 2006, I-1330 Rn. 27 – Declan O'Byrne/Sanofi Pasteur MSD Ltd.
[692] NK-BGB/*M. Lehmann* Art. 5 Rom II-VO Rn. 77.
[693] Siehe BeckOGK/*M. Müller* Art. 5 Rom II-VO Rn. 97 f.
[694] Siehe die von BeckOGK/*M. Müller* Art. 5 Rom II-VO Rn. 99–99.3 dargestellten Komplikationen.
[695] Begründung der Kommission zum Vorschlag für eine Verordnung über das auf außervertragliche Schuldverhältnisse anzuwendende Recht, KOM (2003) 427 endg. S. 16.
[696] Sie Dok. 5041/84, S. 2 f.; Dok. 5430/04 S. 2.
[697] Dok. 6161/06, S. 2.
[698] BeckOGK/*M. Müller* Art. 5 Rom II-VO Rn. 85.
[699] Rauscher/*Unberath/Cziupka/Pabst* Art. 5 Rom II-VO Rn. 78; NK-BGB/*M. Lehmann* Art. 5 Rom II-VO Rn. 76; BeckOGK/*M. Müller* Art. 5 Rom II-VO Rn. 86 sowie *Thorn*, FS Karsten Schmidt, 2009, S. 1561, 1575.

238 Beim Schmuggel wiederum wird nicht gegen private Abreden, sondern gegen ein Gesetz des Ziellandes verstoßen. Hier würde sich ein Rechtmäßigkeitserfordernis auswirken – wenn es denn eines gäbe. Bei geschmuggelten Produkten droht eine Haftung des Herstellers aber Wertungsprobleme auszulösen, zumindest soweit deren Charakter als geschmuggelte Ware für Erwerber erkennbar ist. Denn mit dem Erwerb erkennbarer Schmuggelware stellt sich auch der Erwerber außerhalb des Gesetzes.[700] Den Hersteller auch noch für geschmuggelte Ware haften zu lassen erschiene als halber Bubenstreich und doppelte Härte, jedenfalls wenn der Hersteller nicht selber an dem Schmuggel beteiligt war.

239 (3) Objekt des Inverkehrbringens. Die Probleme gehen weiter, wenn man versucht, das Objekt des Inverkehrbringens zu identifizieren. Einander gegenüber stehen eine Beschränkung auf das konkret erworbene, schädigende Produkt,[701] eine vermittelnde Einbeziehung identischer Produkte[702] und eine Ausdehnung auf identische und gleichartige Produkte.[703] Dabei gibt es Rückkoppelungen zum Verständnis des Inverkehrbringens[704]: Je stärker man für den Vorgang des Inverkehrbringens auf Erwerb des konkreten Produkts abstellt, desto klarer schält sich das konkrete Produkt als Objekt heraus.

240 Die Bezüge innerhalb des Art. 5 Rom II-VO sind ambivalent bis widersprüchlich: Anknüpfungspunkt und Anknüpfungsgegenstand in Art. 5 Rom II-VO stellen auf das konkret erworbene Produkt ab.[705] In dieselbe Richtung scheint die Harmonie zwischen Erwerb und Inverkehrbringen zu weisen, die aber andererseits das Inverkehrbringen in seiner Selbständigkeit zu degradieren drohte, wenn man ihm eine Erwerbskomponente einschreibt und bloße Werbung nicht ausreichen lässt.[706] Jedenfalls blickt das Vorhersehbarkeitserfordernis des Art. 5 I UAbs. 2 Rom II-VO explizit auch auf gleichartige Produkte.

241 *e) Lücken im System.* Sogar der jetzige komplizierte und unübersichtliche Kompromiss enthält bei einigen Fallgestaltungen noch Lücken, in denen kein Anknüpfungspunkt prästiert wird.[707] Insbesondere gibt es Fälle, in denen die in Art. 5 I UAbs. 1 Rom II-VO genannten Anknüpfungen allesamt leerlaufen, weil das Produkt in keinem der in litt. a-c genannten Staaten in Verkehr gebracht wird.[708]

242 **Beispiel:** Ein in China ausschließlich für den dortigen Markt hergestelltes Produkt wird unautorisiert und unvorsehbar in Polen an einen in Deutschland lebenden Kunden verkauft, der in Deutschland geschädigt wird.[709]

243 Als Lösung wird darüber nachgedacht, entweder Art. 5 I UAbs. 2 Rom II-VO analog anzuwenden oder auf Art. 4 Rom II-VO zurückzufallen.[710] Gesamtsystematisch erscheint der Rückgriff auf die allgemeine Deliktskollisionsnorm vorzugswürdig, da sie hier gerade nicht durch eine Spezialnorm verdrängt wird. An der für eine Analogie nötigen Lücke fehlt es, weil ja die allgemeine Kollisionsnorm einspringen kann. Andererseits wird sogar ein argumentum a fortiori aus Art. 5 I UAbs. 2 Rom II-VO gewonnen: Wenn schon das

---

[700] Ähnlich G.-P. Calliess/*Schmid/Pinkel* Art. 5 Rome II Regulation Rn. 29; BeckOGK/*M. Müller* Art. 5 Rom II-VO Rn. 87.

[701] Dafür z. B. *Hartley*, (2008) 57 ICLQ 899, 904; *v. Hein*, ZEuP 2009, 6, 26f.; *ders.*, IPRax 2010, 330, 338f.

[702] Dafür z. B. *Dickinson* Rn. 5.21; G.-P. Calliess/*Schmid/Pinkel* Art. 5 Rome II Regulation Rn. 34f.; BeckOGK/*M. Müller* Art. 5 Rom II-VO Rn. 93.

[703] Dafür z. B. *Garcimartín Alférez*, EuLF 2007, I-77, I-85; *G. Wagner*, IPRax 2008, 1, 7; *Spickhoff*, FS Jan Kropholler, 2008, S. 671, 685; *Illmer*, RabelsZ 73 (2009), 269, 294f.; *C. Rudolf*, wbl 2009, 525, 530; NK-BGB/*M. Lehmann* Art. 5 Rom II-VO Rn. 83.

[704] Dazu → § 2 Rn. 233.

[705] BeckOGK/*M. Müller* Art. 5 Rom II-VO Rn. 89.

[706] *P. Huber/Illmer*, YbPIL 9 (2007), 31, 42; *Illmer*, RabelsZ 73 (2009), 269, 292f.; NK-BGB/*M. Lehmann* Art. 5 Rom II-VO Rn. 82; BeckOGK/*M. Müller* Art. 5 Rom II-VO Rn. 91.

[707] *Schwartze*, NIPR 2008, 430, 432f.

[708] *G. Wagner*, IPRax 2008, 1, 7; *Spickhoff*, FS Jan Kropholler, 2008, S. 671, 685; *A. Junker*, Liber amicorum Klaus Schurig, 2012, S. 81, 89.

[709] *Spickhoff*, FS Jan Kropholler, 2008, S. 671, 685.

[710] *Spickhoff*, FS Jan Kropholler, 2008, S. 671, 686. Siehe auch *A. Junker*, RIW 2010, 257, 266.

Inverkehrbringen in einem Staat (das die Schutzwürdigkeit des potentiell Haftenden mindert) nicht genügt, um das durch die fehlende Vorhersehbarkeit charakterisierte Schutzbedürfnis des potenziell Haftenden zu überwinden, müsse dies erst recht gelten, wenn es an dem Inverkehrbringen fehle und daher kein Inverkehrbringen die Schutzwürdigkeit des potenziell Haftenden mindere.[711]

Zweitkonsumenten oder innocent bystanders werden oft, sogar in der Regel den Ort 244 der Erstvermarktung nicht kennen.[712] Die daraus zu ziehenden Konsequenzen sind umstritten. Ein Lager plädiert für eine Erfolgsortanknüpfung über die Ausweichklausel des Art. 5 II Rom II-VO,[713] ein anderes will Art. 5 I UAbs. 2 Rom II-VO analog anwenden.[714] Vorstellbar erschiene auch, danach zu differenzieren, ob der bystander erwerbernah ist oder echter innocent bystander.[715] Die Ausweichklausel unterregelhaft mit festem Gehalt für eine bestimmte Fallgruppe anzuwenden würde jedenfalls methodische Probleme aufwerfen.[716]

f) Andere Rechtsakte, insbesondere Haager Produkthaftungsübereinkommen. Die sowieso schon 245 auf den ersten Blick nicht überschaubare[717] Rechtslage im Internationalen Produkthaftungsrecht wird noch unübersichtlicher, wenn man den Blick über Art. 5 Rom II-VO hinaus richtet:[718] Zum einen gilt in vielen Mitgliedstaaten der Rom II-VO (aber nicht in Deutschland!) das Haager Übereinkommen über das auf die Produkthaftung anwendbare Recht[719], das über Art. 28 Rom II-VO für seine Vertragsstaaten Vorrang vor der Rom II-VO reklamiert. Zum anderen kommen über Art. 29 Rom II-VO besondere Kollisionsnormen aus anderen Akten des Unionsrechts ins Spiel, z. B. für die Prospekthaftung Art. 3 IV e-commerce-RL und seine deutsche Umsetzung § 4 V Nr. 4 TMG.[720] Hierher zählt allerdings nicht die ProdukthaftungsRL[721], denn diese enthält keine Kollisionsnormen.[722] Zum dritten mögen einzelne Normen für spezielle Produkte Eingriffsnormen sein und sich über Art. 16 Rom II-VO durchsetzen, z. B. § 84 AMG für Arzneimittel.[723]

3. Lauterkeitsrecht

Literatur: *Bauermann,* Der Anknüpfungsgegenstand im europäischen Internationalen Lauterkeitsrecht, 2015; *B. Buchner,* Rom II und das Internationale Immaterialgüter- und Wettbewerbsrechtrecht, GRUR Int 2005, 1004; *Coureault,* La concurrence déloyale en droit international privé, 2009; *Dethloff,* Europäisches Kollisionsrecht des unlauteren Wettbewerbs, JZ 2000, 179; *Fabig,* Internationales Wettbewerbsprivatrecht nach Art. 6 Rom II-VO, 2016; *Fountoulakis,* Lauterkeitsrecht in Europa: IPR, in: Schmidt-Kessel/Schubmehl (Hrsg.), Lauterkeitsrecht in Europa, 2011, S. 719; *Handig,* Rom II-VO: Auswirkungen auf das Internationale Wettbewerbs- und Immaterialgüterrecht, wbl 2008, 1; *ders.,*

---

[711] BeckOGK/*M. Müller* Art. 5 Rom II-VO Rn. 103.
[712] *Heiss/Loacker,* JBl 2007, 613, 628; *Mankowski,* Interessenpolitik und europäisches Kollisionsrecht, 2011, S. 73.
[713] *Kander Graziano,* VersR 2004, 1204, 1208; *ders.,* RabelsZ 73 (2009), 1, 40–44; *Spickhoff,* FS Jan Kropholler, 2008, S. 671, 687–689; *v. Hein,* ZEuP 2009, 6, 29; *Illmer,* RabelsZ 73 (2009), 269, 302; *C. Rudolf,* wbl 2009, 525, 532; Palandt/*Thorn* Art. 5 Rom II-VO Rn. 13; *Sammeck,* Die internationale Produkthaftung nach Inkrafttreten der Rom II-VO im Vergleich zu der Rechtslage in den USA, 2017, S. 46 f.
[714] MüKoBGB/*A. Junker,* Art. 5 Rom II-VO Rn. 52; Rauscher/*Unberath/Cziupka/Pabst* Art. 5 Rom II-VO Rn. 70; NK-BGB/*M. Lehmann* Art. 5 Rom II-VO Rn. 92–96.
[715] Ablehnend *Sammeck,* Die internationale Produkthaftung nach Inkrafttreten der Rom II-VO im Vergleich zu der Rechtslage in den USA, 2017, S. 45 f.
[716] Siehe *Leible/M. Lehmann,* RIW 2007, 721, 728; *P. Huber/Illmer,* YbPIL 9 (2007), 31, 41.
[717] *A. Junker,* NJW 2007, 3675, 3679.
[718] *Spickhoff,* FS Jan Kropholler, 2008, S. 671, 673 f.
[719] Hague Convention of 2 October 1973 on the Law Applicable to Products Liability; abrufbar über <http://www.hcch.net/en/instruments/conventions/full-text>; Text auch in: RabelsZ 37 (1973), 594.
[720] *Spickhoff,* FS Jan Kropholler, 2008, S. 671, 674.
[721] Richtlinie 85/374/EWG des Rates vom 25.7.1985 zur Angleichung der Rechts- und Verwaltungsvorschriften der Mitgliedstaaten über die Haftung für fehlerhafte Produkte, ABl. EWG 1985 L 210/29.
[722] Zum Zusammenspiel zwischen Art. 5 Rom II-VO und der ProdHaftRL *Marenghi,* YbPIL 16 (2014/15), 511, 520–529.
[723] *Spickhoff,* FS Jan Kropholler, 2008, S. 671, 673.

§ 2   246–248   § 2. Internationales Privatrecht der außervertraglichen Schuldverhältnisse

Neues im Internationalen Wettbewerbsrecht – Auswirkungen der Rom II-Verordnung, GRUR Int 2008, 24; *M. Hellner,* Unfair Competition and Acts Restricting Free Competition. A Commentary on Article 6 of the Rome II Regulation, YbPIL 9 (2007), 49; *Honorati,* The Law Applicable to Unfair Competition, in: Malatesta (ed.), The Unification of Choice of Law Rules on Torts and Other Non-Contractual Obligations in Europe, 2006, S. 127; *dies.,* Restrizioni alla concorrenza: l'indermizzo regolato del mercato dove si subisce l'effetto, Guida dir., Dir. com e. int. 2007 n. 6 S. 27; *F. Kluth,* Das Marktauswirkungsprinzip im Kollisionsrecht des Kartell- und Lauterkeitsrechts, 2014; *H. Köhler,* Wettbewerbsstatut oder Deliktsstatut? – Zur Auslegung des Art. 6 Rom II-VO, FS Dagmar Coester-Waltjen, 2015, S. 501; *Leistner,* Unfair Competition Law against Imitations: a Hybrid under the Future Rome II Regulation?, in: Basedow/Drexl/Kur/A. Metzger (eds.), Intellectual Property in the Conflict of Laws, 2005, S. 129; *Lindacher,* Die internationale Dimension lauterkeitsrechtlicher Unterlassungsansprüche: Marktterritorialität versus Universalität, GRUR Int 2008, 453; *Luciani,* Regards critiques sur l'article 6 du règlement „Rome II" relatif à la loi applicable à la concurrence déloyale et aux actes restreignant la libre concurrence, JCP E 2008.2428 = JCP E n. 48, 27 novembre 2008, S. 18; *Mankowski,* Was soll der Anknüpfungsgegenstand des (europäischen) Internationalen Wettbewerbsrechts sein?, GRUR Int 2005, 634; *Nettlau,* Die kollisionsrechtliche Behandlung von Ansprüchen aus unlauterem Wettbewerbsverhalten gemäß Art. 6 Abs. 1 und 2 Rom II-VO, 2013; *Pironon,* Concurrence déloyale et actes restreignant la libre concurrence, in: Corneloup/Joubert (dir.), Le règlement communautaire Rome II sur la loi applicable aux obligations non contractuelles, 2008, S. 111; *Pontier,* Artikel 6 Rome II: alternatieven voor de lex loci delicti, in: Offerhauskring vijftig jaar, 2012, S. 119; *R. Sack,* Internationales Lauterkeitsrecht nach der Rom II-VO, WRP 2008, 845; *ders.,* Art. 6 Abs. 2 Rom II-VO und „bilaterales" unlauteres Wettbewerbsverhalten, GRUR Int 2012, 601; *ders.,* Internetwerbung – ihre Rechtskontrolle außerhalb des Herkunftslands des Werbenden, WRP 2013, 1407; *ders.,* Internetwerbung – ihre Rechtskontrolle im Herkunftsland des Werbenden, WRP 2013, 1545; *ders.,* Grenzüberschreitende Werbung in audiovisuellen Medien – ihre Rechtskontrolle im Herkunftsland, WRP 2015, 1281; *ders.,* Grenzüberschreitende Werbung in audiovisuellen Medien – ihre Rechtskontrolle außerhalb des Herkunftslandes, WRP 2015, 1417; *ders.,* Ausnutzung des internationalen Rechtsgefälles und § 3 UWG, WRP 2016, 1314; *Schaafsma,* Rome II: intellectuele eigendom en oneerlijke concurrentie, WPNR 6780 (2008), 998; *Schibli,* Multistate-Werbung im internationalen Lauterkeitsrecht, 2004; *Wautelet,* Concurrence déloyale et actes restreignant la libre concurrence, RDCB 2008, 502.

246 Art. 6 Rom II-VO enthält insgesamt drei Kollisionsnormen für zwei verschiedene und voneinander strikt zu trennende Anknüpfungsgegenstände: Art. 6 I und II Rom II-VO befassen sich mit dem Internationalen Lauterkeitsrecht, Art. 6 III Rom II-VO mit dem Internationalen Kartellrecht. Diese Zweiteilung bildet bereits die ebenfalls zweigeteilte Normüberschrift ab.

247 a) *Qualifikation.* Die internationallauterkeitsrechtliche Anknüpfung des Art. 6 I Rom II-VO erfasst sachlich – wie Erwägungsgrund (21) S. 2 Rom II-VO klarstellt – alle privatrechtlichen Normen, welche der Marktsteuerung zum Schutz der Allgemeinheit, der Konkurrenten und der Marktgegenseite dienen,[724] also alle Normen, welche den qualitativen Aspekt von Wettbewerb schützen.[725] Dies gilt für deren Tatbestands- wie deren Rechtsfolgenseite, also Voraussetzungen und Folgen eines inkriminierten Verhaltens.[726] Nicht nur die Interessen einzelner Geschädigter, sondern auch diejenigen anderer Marktteilnehmer müssen zumindest mittelbar geschützt sein.[727]

248 Vom Kartellrecht scheidet sich das Lauterkeitsrecht auch auf der kollisionsrechtlichen Ebene durch die Funktion:[728] Lauterkeitsrecht reguliert Verhalten auf einem Wettbewerbs-

---

[724] Siehe nur *Mankowski,* in: Spindler/Wiebe (Hrsg.), Elektronische Plattformen und Internet-Auktionen, 2. Aufl. 2005, Kap. 11 Rn. 136; jurisPK BGB/*Wiegandt* Art. 6 Rom II-VO Rn. 5.

[725] Hague Conference on Private International Law, Note on Conflicts of Law on the Question of Unfair Competition: Background and Updated, drawn up by the Permanent Bureau *(Christophe Bernasconi),* Prel. Doc. No 5, April 2000, S. 7; *Mankowski,* in: Spindler/Wiebe (Hrsg.), Elektronische Plattformen und Internet-Auktionen, 2. Aufl. 2005, Kap. 11 Rn. 136; *ders.,* GRUR Int 2005, 634, 635 f.

[726] MüKoUWG/*Mankowski* IntWettbR Rn. 11.

[727] *Dethloff* S. 293; *Mankowski,* GRUR Int 2005, 634, 636.

[728] Ausführlich zur Grenzziehung *A. Wolf,* Die internationale Durchsetzung von Schadensersatzansprüchen wegen Verletzung des EU-Wettbewerbsrechts, 2017, S. 418–429.

V. Internationales Deliktsrecht   249–251   § 2

markt, Kartellrecht müht sich, einen Wettbewerbsmarkt als solchen herzustellen oder zu erhalten.[729] Lauterkeitsrecht geht es um das „Wie" des Wettbewerbs, Kartellrecht um das „Ob".[730] Lauterkeitsrecht gebietet positiv Verhalten, Kartellrecht untersagt bestimmtes Verhalten (insbesondere Koordination mit anderen) und ist voraussetzungsstrenger.[731] Lauterkeitsrecht blickt im Kern auf Handlungs-, Kartellrecht auf Erfolgsunrecht.[732]

b) Marktortanknüpfung für marktbezogene Wettbewerbsdelikte. Art. 6 I Rom II-VO gestaltet die   249
hergebrachte und in den vorherigen Kollisionsrechten der Mitgliedstaaten gepflegte Marktortanknüpfung als besondere Erfolgsortanknüpfung aus.[733] Grundregel des europäischen Internationalen Deliktsrecht ist die Anknüpfung an den Erfolgsort. Der Erfolgsort liegt ausweislich Art. 6 I 1 Rom II-VO in dem Staat, in dem der Schaden eintritt oder einzutreten droht. Art. 6 I 2 Rom II-VO füllt diese allgemeine Umschreibung des Erfolgsorts für Wettbewerbsdelikte näher aus: Der spezifische Erfolgsort liegt in demjenigen Staat, in welchem die Wettbewerbsbeziehungen oder die kollektiven Interessen der Verbraucher unmittelbar und wesentlich beeinträchtigt worden sind oder beeinträchtigt werden könnten. Der Ort des Schadenseintritts soll laut Erwägungsgrund (21) S. 1 Rom II-VO als Ort des betroffenen Marktes konkretisiert werden, um so zur Stärkung der Rechtssicherheit beizutragen. Ohne Bedeutung ist, wo einzelne betroffene Wettbewerber letztlich Verluste erlitten haben.[734] Ein Marktdelikt ist kein Vermögensdelikt. Eine strikte Abgrenzung zwischen einem Einwirkungs- und einem Auswirkungsprinzip fällt schwer; sie steht in Nähe zu bloßer Semantik und sollte im Wege einer Synthese im Rahmen des Marktortprinzips aufgelöst werden.[735]

Die Marktortanknüpfung verhindert kollisionsrechtlich bedingte Wettbewerbsverzerrun-   250
gen dergestalt, dass einer der Wettbewerber in Folge der Anwendbarkeit eines anderen Rechts anderen rechtlichen Rahmenbedingungen unterläge und dadurch einen Wettbewerbsvorteil oder einen Wettbewerbsnachteil hätte.[736] Sie gewährleistet auch kollisionsrechtlich die par conditio concurrentium, die Gleichbehandlung aller Wettbewerber, und schafft einen einheitlichen Ordnungsrahmen für alle.[737] Sie schafft für alle Wettbewerber einheitliche Bedingungen und damit ein level playing field.[738] Lauterkeitsrecht ist primär der Verhaltenssteuerung verpflichtet; dazu passt am besten ein Anknüpfungspunkt, welcher den Ort für Spielregeln bezeichnet.[739]

Relevanter Markt ist der Ort der wettbewerblichen Interessenkollision.[740] Dort stoßen   251
die Interessen der Wettbewerber im Kampf um die Gunst der Marktgegenseite aufeinander. Auf dem Markt vereinen sich die Berührung der Marktgegenseiten und das Aufeinanderprallen der Konkurrenten auf jeder Marktseite. Entscheidend ist bei Werbemaßnahmen das Ringen um den Kunden,[741] der Versuch, auf die Marktgegenseite einzuwirken und deren

---

[729] *Adolphsen*, (2005) JPrIL 151, 176; *Mankowski*, GRUR Int 2005, 634, 636; *ders.*, RIW 2008, 177, 178; jurisPK BGB/*Wiegandt* Art. 6 Rom II-VO Rn. 16.
[730] *Peukert*, ZHR 173 (2009), 536, 542f.; *A. Wolf*, Die internationale Durchsetzung von Schadensersatzansprüchen wegen Verletzung des EU-Wettbewerbsrechts, 2017, S. 391f.
[731] MüKoBGB/*Wurmnest* IntWettbR/IntKartellR Rn. 114.
[732] *Fabig* S. 60.
[733] Siehe nur jurisPK BGB/*Wiegandt* Art. 6 Rom II-VO Rn. 17 sowie Trib. comm. Namur DCCR 92–93 (2011), 46, 57.
[734] *Dickinson* Rn. 6.57.
[735] Eingehend *F. Kluth* S. 225–269; ähnlich *Fabig* S. 160–162.
[736] Siehe nur OLG Hamm NJW-RR 1986, 1047, 1048 – *Wörishofer*; *Beitzke*, JuS 1966, 139, 141; *Kreuzer*, in: Vorschläge und Gutachten zur Reform des deutschen Internationalen Privatrechts der außervertraglichen Schuldverhältnisse, 1983, S. 232, 266, 275, 278; *R. Sack*, GRUR Int 1988, 320, 323; *Lindacher*, FS Hideo Nakamura, 1996, S. 321, 325.
[737] Siehe nur *Bär*, FS Rudolf Moser, 1987, S. 143, 147; *Lindacher* FS Hideo Nakamura, 1996, S. 321, 325; *Herkner* S. 84; *Honorati*, in: Malatesta S. 127, 144.
[738] *Mankowski*, IPRax 2004, 385, 387.
[739] *Schibli* Rn. 395.
[740] Siehe nur *R. Sack* WRP 2008, 845, 846; Rauscher/*Unberath/Cziupka/Pabst* Art. 6 Rom II-VO Rn. 27; Palandt/*Thorn* Art. 6 Rom II-VO Rn. 9.
[741] Siehe nur *Martiny*, FS Ulrich Drobnig, 1998, S. 389, 396; MüKoBGB/*Drexl* IntUnlWettbR Rn. 113.

Entscheidungen zu den eigenen Gunsten zu beeinflussen.[742] Die Interessen der Wettbeweber sind beeinträchtigt, wenn das in Rede stehende Verhalten ihre Marktchancen beeinträchtigt oder wahrscheinlich beeinträchtigen kann.[743] Kollektive Interessen der Verbraucher sind tangiert, wenn das in Rede stehende Verhalten mehrere Verbraucher schädigt oder schädigen kann oder seiner Art nach auf Fortsetzung oder Wiederholung ausgerichtet ist.[744] Relevant ist das externe Marktgeschehen. Daher spielt grundsätzlich keine Rolle, von wo aus die Wettbewerbshandlungen gesteuert werden.[745] Der Begriff des Marktes ist staatsbezogen einzugrenzen.[746]

252 Gegen eine Trennung zwischen dem Werbemarkt einerseits und dem Absatzmarkt andererseits[747] spricht die Absatzbezogenheit von Werbung:[748] Werbung soll Nachfrage generieren. Werbung zielt auf Förderung des Absatzes. Werbung ist sogar *die* Absatzförderung par excellence. Wirtschaftlich gehören Werbung und Absatz also in einem Maße zusammen, dass man sie rechtlich grundsätzlich nicht trennen sollte. Auf dem Absatzmarkt wird nur vollzogen, was auf dem Werbemarkt erreicht wird.[749] Der entscheidende Schritt ist der Entschluss der Abnehmer. Um diesen Entschluss wird aber eindeutig auf dem Werbemarkt gekämpft.[750] Als Handlung vollzieht sich die Werbung auf dem Werbemarkt, und dort soll sie auch den von ihr intendierten und angestrebten Erfolg erzielen, die Erwerbsentscheidung der Marktgegenseite zu bewirken.[751]

253 Eine Trennung zwischen Werbe- und Absatzmarkt ist nur dann zutreffend, wenn es allein darum geht, die Wettbewerbskonformität oder Wettbewerbswidrigkeit von Absatzhandlungen als solchen zu beurteilen.[752] Dann geht es nicht um die rechtliche Beurteilung von Werbung, und ein wie auch immer gearteter Werbemarkt kann dann nicht relevant sein. Vielmehr kann dann nur der Absatzmarkt relevant sein, denn nur auf diesem können sich Absatzhandlungen als solche abspielen.

254 *c) Ausrichtung von Werbemaßnahmen auf einen bestimmten Markt.* Welchen Markt eine Werbemaßnahme anspricht, lässt sich nach folgendem Kriterienkatalog beantworten:[753] Verbreitung des gewählten Werbemediums; Sprache des Angebots; Art und Einsatzmöglichkeiten der beworbenen Leistung; Zuschnitt des Anbieters (Handelt es sich um einen lokalen retailer mit Lager oder um ein überregional oder international tätiges Unternehmen? Wo kön-

---

[742] Siehe nur BGHZ 185, 66 Rn. 10 – Ausschreibung in Bulgarien; OGH wbl 2011, 680, 686 – Rohrprodukte; *Sack,* GRUR Int 1988, 320, 322 f.; *Lindacher,* WRP 1996, 645, 647; *ders.,* WRP 2008, 845, 846; *Martiny* FS Ulrich Drobnig, 1998, S. 389, 396; *Dethloff* S. 65; *Handig,* wbl 2008, 1, 7; MüKoBGB/*Drexl* IntUnlWettbR Rn. 132; Rauscher/*Unberath/Cziupka/Pabst* Art. 6 Rom II-VO Rn. 27 f.

[743] *H. Köhler,* in: Köhler/Bornkamm/Feddersen, UWG, 36. Aufl. 2018, Einl. Rn. 5.32; jurisPK BGB/*Wiegandt* Art. 6 Rom II-VO Rn. 17.

[744] *H. Köhler,* in: Köhler/Bornkamm/Feddersen, UWG, 36. Aufl. 2018, Einl. Rn. 5.32; jurisPK BGB/*Wiegandt* Art. 6 Rom II-VO Rn. 17.

[745] *Dutoit,* Liber amicorum Georges A.L. Droz, 1996, S. 51, 62 f.; *Martiny,* FS Ulrich Drobnig, 1998, S. 389, 396.

[746] ZürchKomm IPRG/*Volken* Art. 136 schwIPRG Rn. 12; *Honorati,* in: Malatesta S. 127, 148; *Dickinson* Rn. 6.51.

[747] Dafür OLG Stuttgart NJW-RR 1990, 1081, 1082; *Wengler,* RabelsZ 18 (1954), 401, 417, 424; *H. Koch,* JZ 1991, 1039, 1041; MüKoBGB/*Drexl* IntUnlWettbR Rn. 114 f.

[748] *Mankowski,* GRUR Int 1999, 909, 911; *Schibli* Rn. 484 sowie BGH GRUR 2004, 1035, 1036 – Rotpreis-Revolution = RIW 2004, 940, 941; *Veelken* FS 75 Jahre MPI, 2001, S. 293, 311; ähnlich auch *Dethloff* S. 68; *Handig* wbl 2008, 1, 8; Rauscher/*Unberath/Cziupka/Pabst* Art. 6 Rom II-VO Rn. 29; *Fabig* S. 166.

[749] *Höder* S. 36.

[750] BGHZ 113, 11, 15 f. – Kauf im Ausland; BGH GRUR 1998, 419, 420 – Gewinnspiel im Ausland; GRUR 2004, 1035, 1036 – Rotpreis-Revolution = RIW 2004, 940, 941; OLG Karlsruhe GRUR 1999, 354, 355 – Pflanzenschutzmittelverkauf im Ausland; OLG Köln CR 1998, 536 mAnm *F. Immenga; Höder* S. 35 f.; *H.-J. Ahrens,* FS Winfried Tilmann, 2003, S. 739, 751; *Ehrich* S. 103.

[751] *R. Sack,* WRP 2000, 269, 272.

[752] MüKoUWG/*Mankowski* IntWettbR Rn. 163.

[753] *Mankowski* GRUR Int 1999, 909, 917–919; *ders.,* EWiR § 1 UWG 7/99, 471, 472; *ders.,* EWiR § 14 UWG 1/2000, 651, 652; *ders.,* CR 2000, 763, 764; *ders.,* MMR 2002, 61; *Rüßmann* K&R 1998, 422, 426 f.; *J. Glöckner* ZVglRWiss 99 (2000), 278, 294 f.; *Dethloff* S. 114–120 sowie OLG Bremen CR 2000, 770, 771; LG Köln MMR 2002, 60 f. – budweiser.com.

V. Internationales Deliktsrecht   255–260 § 2

nen der Anbieter oder von diesem beauftragte Unternehmen eventuell erwartete after sales-Leistungen in Service,[754] Beratung und gegebenenfalls Wartung oder Reparatur so erbringen, dass Kundenerwartungen effektiv zufrieden gestellt werden?); Zahlungsmodalitäten; Ausrichtung gegen einen auf bestimmten Märkten starken Mitbewerber; Werbung in einem fremden Medium (z. B. in einer Zeitschrift oder auf einer fremden Website), das ersichtlich bestimmte Zielmärkte anspricht. Im Mittelpunkt und zentral stehen dabei die Verbreitung des Werbemediums und der Charakter der beworbenen Leistung.

aa) Potenzial der Werbung. Indem man auf die Ausrichtung der Werbung abstellt, hebt man auf das Potenzial der Werbung ab. Der tatsächliche Erfolg der Werbung ist irrelevant, wenn man von der Indizwirkung von Kommunikation und Warenverkehr ausschließlich mit Kunden auf bestimmten Absatzmärkten absieht.[755] **255**

Kriterium des ersten Zugriffs ist die Verbreitung des Werbemediums, dh. desjenigen Mediums, in welchem geworben wird. Die Verbreitung meint die technische Verbreitung. Wenn ein Werbemedium in bestimmten Staaten nicht empfangen werden kann, so ist die darin befindliche Werbung nicht auf die Märkte jener Staaten ausgerichtet. Die Reichweite der Werbung orientiert sich an jener des gewählten Werbemediums. **256**

Plakat- oder Litfasssäulenwerbung wird dort verbreitet, wo sie angeklebt oder aufgestellt wird.[756] Werbung an Verkehrsmitteln wird dort verbreitet, wo jene Verkehrsmittel fahren oder verkehren;[757] dies gilt auch für Luftfahrzeuge, bei denen Außenwerbung indes bisher nicht üblich ist. Mündliche Werbung wird verbreitet, wo die Ansprache der Kunden erfolgt.[758] Briefe, Faxe usw. werden verbreitet, wo sie die Empfänger erreichen.[759] **257**

Eine in Deutschland ausgestrahlte Rundfunk- oder Fernsehwerbung kann man jedenfalls ohne Satellitenanschluss nicht in Spanien empfangen. Kanäle, die nur über Kabel, nicht über Satellit verbreitet werden, finden ihre natürliche Verbreitungsgrenze an der Grenze des betreffenden Kabelnetzes. Selbst über Satelliten ausgestrahlte Programme können nicht überall auf der Welt empfangen werden. Eine Satellitensendung über einen Satelliten, der über der Nordhalbkugel und speziell über Westeuropa stationiert ist, kann man weder in Australien noch in den USA empfangen. Tageszeitungen zirkulieren erst recht nicht überall und weltweit. Allgemeine Publikationen und Fachzeitschriften sind hinsichtlich der Frage nach ihrer jeweiligen Verbreitung grundsätzlich nicht unterschiedlich zu behandeln. **258**

Ausnahmsweise kann es sich ergeben, dass ein Medium mit eigentlich klar umgrenztem Verbreitungsbereich außerhalb dieses Verbreitungsbereichs wahrgenommen wird. Beispiel ist das Zeitungs- oder Zeitschriftenexemplar aus der Heimat, das ein Geschäftsmann am Zielort einer Geschäftsreise ins Ausland oder das ein Tourist in seinem Urlaubsland liest und das jeweils dort von im betreffenden Ausland Ansässigen wahrgenommen wird. Intendiert ist aber keine dortige Verbreitung des Mediums, und nur per Zufall und in verschwindend geringen Quantitäten ist das Medium dorthin gelangt. Bei Printmedien und Druckerzeugnissen ist richtigerweise nach deren *regulärem* Verbreitungsgebiet abzugrenzen, so dass Irrläufer und Einzelstücke den Werbenden im „Überschussgebiet" nicht wettbewerbsrechtlich verantwortlich machen.[760] **259**

bb) Sprache der Werbemaßnahme. Bedeutung kann auch die Sprache erlangen, in welcher das Angebot abgefasst ist.[761] Eine auf Deutsch abgefasste Anzeige in einer in Deutschland zirkulierenden und verbreiteten Zeitung zielt auf den deutschen Markt. Eine deutschsprachige Website wird sich z. B. kaum je nicht an potenzielle Kunden in Deutschland **260**

---

[754] Siehe auch *Klinger* S. 103.
[755] MüKoUWG/*Mankowski* IntWettbR Rn. 165.
[756] *Schibli* Rn. 530.
[757] *Schibli* Rn. 531.
[758] *Schibli* Rn. 546.
[759] KantonsG Zug GVP 1989/90, 106 f.; *Schibli* Rn. 551.
[760] RG GRUR 1936, 670, 676 – Primeros; BGH GRUR 1971, 153, 155 – Tampax mAnm *Droste*; GRUR 1978, 194, 195 – profil; OLG Frankfurt ZUM 1991, 593 – Zulässigkeit von Preisvergleichen.
[761] Siehe nur *Ubber*, WRP 1997, 497, 503.

richten. Eine deutschsprachige Website unter einer „.at"-Domain dürfte kaum je nicht auf Österreich ausgerichtet sein.[762] Eine Sprachbarriere mag zudem für viele Angebote zu einer faktischen Eingrenzung des Adressatenkreises führen. Wer erfolgreich werben und über seine Werbung Absatz generieren will, der geht auf seinen potenziellen Kunden zu und holt diesen dort ab, wo der potenzielle Kunde steht; dies gilt auch für die Sprache, und selbst bei Werbung im Internet.[763]

261 Gleiches gilt in Grenzgebieten mit regem grenzüberschreitendem Austausch, in denen auf beiden Seiten der Grenze die Kenntnis beider Sprachen weit verbreitet ist.[764] Musterbeispiel wäre etwa das deutsch-dänische Grenzgebiet um Flensburg. Umso mehr besteht keine Barriere bei einem ausdrücklich für solche Grenzgebiete konzipierten lokalen Medium, selbst wenn es nur in einer Sprache veröffentlicht wird. Erst recht sind fremdsprachige Enklaven jenseits einer Staatsgrenze frei von einer Sprachbarriere für die Sprache des Nachbarstaates.[765] Eupen-Malmedy möge als Beispiel dienen.

262 Die Sprache versagt als ausgrenzendes Indiz auch, wenn eine Website in einer Weltsprache abgefasst ist. Insbesondere das Englische ist entweder als Erst- oder als erste Zweitsprache universell verbreitet und daher als einschränkendes Kriterium untauglich.[766] In Deutschland spricht man mit einer Werbung in Englisch die auch zahlenmäßig erheblichen Verkehrskreise an, die Englisch können.[767] Dass weite, ja überwiegende Verkehrskreise in ihrer nationalen Verkehrssprache angesprochen werden wollen, ändert umgekehrt nichts daran, dass es nicht unwesentliche Verkehrskreise gibt, die über englischsprachige Angebote angesprochen werden.[768]

263 Im Gegenteil bildet es ein Indiz für eine weltweite Ausrichtung einer Website, wenn ein nicht im englischsprachigen Raum ansässiger Anbieter sein Angebot auf Englisch gestaltet.[769] Allerdings kann es sich anders verhalten, wenn das englischsprachige Angebot nur eines von alternativ zur Auswahl stehenden Angeboten in verschiedenen Sprachen ist, also z.B. der User bei einer Internet-Website zwischen einer deutschen und einer englischen Version wählen kann.[770] Außerdem sollten zu einer englischsprachigen Website generell zusätzliche auf Deutschland weisende Indizien hinzukommen, bevor man eine *relevante* Betroffenheit auch des deutschen Marktes bejahen kann.[771] Insoweit spielt die Spürbarkeitsschwelle als generelles Kriterium[772] eine entscheidende korrigierende Rolle.

264 Auf der anderen Seite lässt sich eine tatsächliche Vermutung aufstellen, dass jede weiter verbreitete Sprache zwar ein lokales Kerngebiet hat, aber Mitglieder aus diesem Sprachraum auch in anderen Ländern ansässig sein werden.[773] Man denke an die Gemeinschaften Deutschstämmiger in den USA, an japanische communities in Deutschland oder an den hohen Anteil türkischer Wohnbevölkerung wiederum in Deutschland. Die Verwendung

---

[762] Vgl. OGH ÖJZ 2005, 26.
[763] Eingehend *Klinger* S. 306–308 mwN.
[764] MüKoUWG/*Mankowski* IntWettbR Rn. 181.
[765] MüKoUWG/*Mankowski* IntWettbR Rn. 181.
[766] Siehe nur *Rüßmann*, K&R 1998, 422, 424; *Kloos*, CR 1999, 46, 47; *Mankowski*, GRUR Int 1999, 909, 917; *S. Ernst*, NJW-CoR 1999, 302, 303; *R. H. Weber*, E-Commerce und Recht, 2001, S. 55; *Kieninger*, in Leible (Hrsg.), Die Bedeutung des Internationalen Privatrechts im Zeitalter der neuen Medien, 2003, S. 121, 128; *Hausmann/Obergfell*, in: Fezer/Büscher/Obergfell, UWG, 3. Aufl. 2016, IntLautPrivatR Einl. I Rn. 275.
[767] *S. Ernst*, NJW-CoR 1999, 302, 303; MüKoUWG/*Mankowski* IntWettbR Rn. 182.
[768] Siehe *Klinger* S. 308f.
[769] *Rüßmann*, JurPC Web-Dok 108/1998 Abs. 53; *Mankowski*, GRUR Int 1999, 909, 917; *Hausmann/Obergfell*, in: Fezer/Büscher/Obergfell, UWG, 3. Aufl. 2016, IntLautPrivatR Einl. I Rn. 275; *Klinger* S. 309; MüKoUWG/*Mankowski* IntWettbR Rn. 183.
[770] *Kotthoff*, CR 1997, 676, 682; *Kloos*, CR 1999, 46f.; *Mankowski*, GRUR Int 1999, 909, 917.
[771] LG Köln MMR 2002, 60 – budweiser.com mAnm *Mankowski* = CR 2002, 58, 59 mAnm *Cichon*; *F. A. Koch* CR 1999, 121, 124; *Mankowski*, GRUR Int 1999, 909, 917.
[772] → § 2 Rn. 289.
[773] MüKoUWG/*Mankowski* IntWettbR Rn. 184.

V. Internationales Deliktsrecht

einer bestimmten, nur in der Hauptsache regional konzentrierten Sprache kann daher bei einem weltweit eingesetzten und abrufbaren Medium nur schwach wiegen.[774]

Diese äußere Sprachgrenze lässt sich treffend als kulturelle Sprachgrenze bezeichnen.[775] Sie lässt sich insbesondere bei wenig verbreiteten Sprachen wie Finnisch oder Bulgarisch recht sauber ziehen.[776] Bei Weltsprachen, insbesondere Sprachen der ehemaligen Kolonialmächte, ist diese kulturelle Sprachgrenze weiter. Eine französischsprachige Website kann auch das frankophone Afrika oder Québec ansprechen.[777] Selbst Schwedisch, das doch auf den ersten Blick so begrenzt wirkt, wäre zumindest für eine Ausrichtung auf Finnland mit seiner großen schwedischsprachigen Minderheit (und seiner zweiten Amtssprache Schwedisch) gut.[778]

Eine Besonderheit besteht bei gezielter Werbung an Immigranten in einem Staat. Musterbeispiel mögen türkisch- oder polnischsprachige Fernsehsender im deutschen Kabelnetz sein. Obwohl die Sprache scheinbar auf ein anderes Land hindeutet, ist doch mit Werbung auf solchen Kanälen zumindest auch ein Teilmarkt in Deutschland angesprochen. Sprach-Enklaven ändern nichts an der Zuordnung zu einem bestimmten Staat. Die türkischsprachige Gemeinschaft in Deutschland ist werberechtlich kein Teil der Türkei, sondern in Deutschland und damit auf dem deutschen Markt angesprochen.[779]

cc) Angegebene Zahlungs- und Versandmodalitäten. Sodann können die angegebenen Zahlungs- und Versandmodalitäten Bedeutung haben. Eine Aufforderung zur Zahlung in britischen Pfund (£ oder GB£ oder GBP) z.B. richtet sich vorwiegend an Kunden in Großbritannien.[780] Entsprechendes dürfte etwa für türkische Lira, schwedische Kronen, australische Dollars oder thailändische Bath gelten. Beschränkend wirkt die verlangte Währung umso mehr, je weniger sie international gebräuchlich oder konvertibel ist. Eine nicht konvertible Währung, die ihrer Funktion nach reine Inlandswährung in einem bestimmten Staat ist (z.B. der Renminbi in der Volksrepublik China), bildet ein vergleichsweise starkes Indiz für eine Ausrichtung der Werbemaßnahmen auf diesen bestimmten Staat.[781]

Zu einer Einschränkung vermag die Währung indes bei Websites kaum zu führen. Erstens werden bei Käufen über das Internet häufig Zahlung per Kreditkarte, daneben über elektronische Bezahlsysteme (z.B. Paypal oder Adyen) möglich sein. Diese Zahlungsarten sind international verbreitet und lassen keinen Rückschluss auf bestimmte nationale Märkte zu.[782] Zweitens versagte das Kriterium der Zahlungswährung schon bei Euro als Zahlungswährung.[783] Man könnte dann allenfalls darauf schließen, dass vorrangig Märkte in europäischen Staaten und nicht Märkte in außereuropäischen Staaten anvisiert sind. Die weltweite Leitwährung US-Dollar (US$ oder schlicht $) wiederum ist keineswegs nur den USA zuzuordnen. Drittens wird der Anbieter häufig auf Zahlung in der Währung des Staates, in dem er ansässig ist, dringen. Dieser Staat ist aber nicht notwendig identisch mit demjenigen des anvisierten Marktes. Im Gegenteil fallen Ansässigkeit des Anbieters und anvisierter Markt bei gezielter Auslandswerbung gerade auseinander.[784] Die Währung wird umso eher zum Indiz, wenn sie nicht mit der Heimatwährung des Anbieters übereinstimmt.[785]

---

[774] MüKoUWG/*Mankowski* IntWettbR Rn. 184.
[775] Siehe Harte-Bavendamm/Henning-Bodewig/*Glöckner*, UWG, 4. Aufl. 2016, Einl. C Rn. 93.
[776] *Klinger* S. 93 mwN.
[777] MüKoUWG/*Mankowski* IntWettbR Rn. 185.
[778] *Thünken* S. 222.
[779] MüKoUWG/*Mankowski* IntWettbR Rn. 186 sowie *Dieselhorst*, ZUM 1998, 293, 295; *Höder* S. 71.
[780] Vgl. *Wegner*, CR 1998, 676, 681.
[781] MüKoUWG/*Mankowski* IntWettbR Rn. 187.
[782] *Mankowski*, GRUR Int 1999, 909, 918; *Glöckner*, ZVglRWiss 99 (2000), 278, 297; *Ruess* S. 141; *Itzen* S. 78; *Kieninger*, in: Leible (Hrsg.), Die Bedeutung des Internationalen Privatrechts im Zeitalter der neuen Medien, 2003, S. 121, 128 f.; *Hausmann/Obergfell*, in: Fezer/Büscher/Obergfell, UWG, 3. Aufl. 2016, IntLautPrivatR Einl. I Rn. 275; siehe auch *Klinger* S. 312.
[783] *Ruess* S. 140; *Schibli* Rn. 602; *Hausmann/Obergfell*, in: Fezer/Büscher/Obergfell, UWG, 3. Aufl. 2016, IntLautPrivatR Einl. I Rn. 275.
[784] MüKoUWG/*Mankowski* IntWettbR Rn. 188.
[785] MüKoUWG/*Mankowski* IntWettbR Rn. 189.

269 Nicht zu vernachlässigen ist auch der Indizcharakter von Vertriebs- und Liefermodalitäten, namentlich bei preissensiblen Waren: Ausdrücklich benannte Aufschläge für die Lieferung in bestimmte Zonen, Regionen oder Staaten indizieren, dass die Werbemaßnahme zumindest auch auf jene Staaten ausgerichtet ist.[786]

270 Eine real fehlende Bezugsmöglichkeit zeigt umgekehrt vergleichsweise deutlich, dass der betreffende Markt nicht anvisiert wird.[787] Nur vereinzelte Bestellungen deuten in die gleiche Richtung.[788] Freilich darf man insoweit nicht der Gefahr erliegen, Absatzerfolg einerseits und das für die wettbewerbsrechtliche Beurteilung ausschlaggebende Potenzial zu Absatzerfolgen miteinander zu verquicken.[789]

271 Ausdrückliche Bezugnahmen auf bestimmte Rechtsnormen, z.B. die Information über ein nach einem bestimmten Recht bestehendes Widerrufsrechts, wiederum indizieren positiv, dass der Anbieter seine Maßnahmen auch auf den Markt im Staat der betreffenden Rechtsordnung ausgerichtet hat.[790] Ob zu dieser subjektiven Ausrichtung das hinreichende objektive Volumen hinzukommt, ist in einem zweiten Schritt zu prüfen.

272 dd) Zuschnitt und Marktbedeutung des Anbieters. Indizcharakter hat die Marktbedeutung des werbenden Unternehmens. Je gewichtiger das Unternehmen ist, desto stärker ist die Vermutung, dass es weltweit oder zumindest auf allen wichtigeren Märkten eines Kontinents tätig sein will.[791] Dem steht der Zuschnitt des Unternehmens nahe. Ein bisher ausschließlich lokal tätiges Unternehmen mit Lager und Lieferservice nur in die Umgebung wird auch bei Werbung in einem global empfangbaren Medium selten weltweit tätig werden wollen, während dies bei einem global tätigen Unternehmen ohne Lager, mit Lieferung on demand oder einem international tätigen Direktvertrieb anders aussieht.[792]

273 **Beispiel:** Ein Friseursalon in einer grenznahen Stadt am Niederrhein wird mit seinem Internet-Auftritt nur den deutschen und allenfalls noch den niederländischen Markt relevant ansprechen, auch wenn er eine englischsprachige Website haben sollte.[793]

274 **Beispiel:** Wenn ein stationärer Autohändler aus Des Moines, Iowa, eine Mercedes Benz-Fahrzeuge bewerbende Anzeige auf der Website des „Time Magazine" schaltet, verhält es sich im Zweifel anders, als wenn Daimler selbst dieselbe Anzeige an derselben Stelle geschaltet hätte.[794]

275 ee) Charakter der beworbenen Leistung. Eine Begrenzung der Angebotsreichweite ist neben der üblichen Reichweite des Werbemediums vor allem auf den Charakter der beworbenen Leistung zu stützen.[795] So liegt zB eine Vermutung nahe, dass Tickets für Greyhound-Busse oder Züge innerhalb der USA den amerikanischen Inlandsmarkt angehen und außerhalb der USA kaum von Interesse sind.[796] Auch das Internet-Angebot eines Restaurants wird in der Regel nur die lokale Gemeinschaft, nicht die cyber-community insgesamt interessieren,[797] ebenso dasjenige eines lokalen Kinos.[798] Dies gilt erst recht für Pizzabringservices.[799] Indes lassen sich im Ticket-Beispiel Individualtouristen denken, die sich

---

[786] *Höder* S. 76; MüKoUWG/*Mankowski* IntWettbR Rn. 190.
[787] *Dethloff* S. 91; *Höder* S. 76.
[788] *Dethloff* S. 91 f.
[789] MüKoUWG/*Mankowski* IntWettbR Rn. 191.
[790] *Höder* S. 76; MüKoUWG/*Mankowski* IntWettbR Rn. 192.
[791] *Mankowski,* GRUR Int 1999, 909, 918.
[792] *F. A. Koch,* CR 1999, 121, 124 f.; *Mankowski,* GRUR Int 1999, 909, 918; *Naskret* S. 195.
[793] *Kieninger,* in: Leible (Hrsg.), Die Bedeutung des Internationalen Privatrechts im Zeitalter der neuen Medien, 2003, S. 121, 129.
[794] *Mankowski,* GRUR Int 1999, 909, 918.
[795] Siehe *Rosenthal,* AJP 1997, 1340, 1348; *Trzaskowski,* UfR 1998 A 287, 288; *Wegner,* CR 1998, 676, 681; *F.A. Koch* CR 1999, 121, 124 f.; *Mankowski,* CR 2000, 763, 766 f.; *Höder* S. 74 f.
[796] *Rußmann,* K&R 1998, 129, 134; *Mankowski,* GRUR Int 1999, 909, 918; *Morshäuser* S. 45.
[797] Vgl. *Bensusan Restaurant Corp. v. King* 937 F. Supp. 295 (S.D.N.Y. 1996), aff'd 126 F. 3d 25 (2d Cir. 1997).
[798] *Wegner* CR 1998, 676, 681 (Beispiel mit lokalem Kino in einer japanischen Stadt).
[799] Beispiel bei Harte-Bavendamm/Henning-Bodewig/*Glöckner,* UWG, 4. Aufl. 2016, Einl. C Rn. 90.

die Reiseunterlagen und Tickets für ihre USA-Reise im Internet selbst zusammensuchen und die Möglichkeit, Tickets online zu buchen, dankbar wahrnehmen.

Prohibitiv hohe Transportkosten für einen internationalen Transport einer beworbenen Ware sprechen ebenfalls für eine nur auf die engere regionale Umgebung des Anbietersitzes ausgerichtete Bewerbung.[800] Lässt sich der Leistungsgegenstand dagegen online übermitteln, so gehen die „Transportkosten" gegen Null und bilden daher kein eingrenzendes Kriterium.[801] Gerade wenn das Internet auch als Medium der Vertragserfüllung genutzt werden soll, kann selbst ein kleines oder bisher nur lokal bzw. regional tätiges Unternehmen die Erweiterung seiner internationalen Reichweite wollen.

Beispiel: Ein kleines Softwarehaus in Hamburg will und könnte seine Software online in alle Welt übermitteln.[802]

In der Regel wird ein Dienstleister seine Dienste nur einem Personenkreis ernsthaft anbieten, der auch in der Lage ist, von diesen Diensten Gebrauch zu machen.[803] Bei regelmäßig lokal zu erbringenden Dienstleistungen, wie jenen von Handwerkern, wirkt dies eingrenzend, bei Beratungsdienstleistungen außerhalb der rechtsgebundenen Berufe dagegen kaum.[804] Beratung kann online oder per Telefon oder nach Schriftwechseln erbracht werden.

Hinsichtlich des Charakters der beworbenen Leistung lassen sich folgende Prüffragen auf stellen:[805] Lässt sich die beworbene Leistung nur an bestimmten Orten sinnvoll einsetzen? Wäre ein Transport an bestimmte Orte mit prohibitiv hohen Kosten verbunden, oder kommt er für die beworbene Ware aus Zeitgründen (wegen Verderblichkeit) nicht in Betracht? Sprechen erkennbare Gewohnheiten in einem bestimmten Gebiet dagegen, dass Kunden das Angebot dort nutzen würden?

Beispiel: Die Best of the West Ranchers Products, Inc. aus El Paso bietet auf ihrer Website T-Bone Steaks frisch vom Grill an.

Die Lokalisierung von Interessenten an der Lieferung von Waren gestaltet sich relativ einfach. Die primäre Testfrage lautet, ob man die beworbene Ware dort, wo der einzelne potenzielle Interessent sie einsetzen könnte, sinnvoll einsetzen kann.[806] Die Lokalisierung von Dienstleistungsinteressenten ist dagegen schwieriger, denn Dienstleistungen können prinzipiell am Ort des Kunden oder am Ort des Unternehmens oder an einem dritten Ort erbracht werden. Wo sie erbracht werden, ist aber nicht zwingend relevant dafür, wo die potenziellen Interessenten ansässig sind.

Beispiel: Heinz Wiechowiak lebt in Essen, hat aber eine Finca auf Mallorca. Er ist interessiert an Angeboten für Reparaturleistungen mallorquinischer Handwerker und studiert regelmäßig deren Websites.

ff) Inhaltliche Ausgestaltung der Werbemaßnahme. Bedeutung kann daneben die Ausgestaltung der Werbemaßnahme haben. Z.B. können Personen auftreten, die nur in bestimmten Ländern bekannt sind.[807] Die Ausrichtung der Werbemaßnahme auf diese bestimmten Länder ist dann indiziert. Allerdings ist bei bekannten Persönlichkeiten aus dem Bereich des Films oder Showbusiness Vorsicht geboten hinsichtlich einer ausgrenzenden Wirkung. Namentlich amerikanische Film- und Fernsehschaffende können durch Export ihrer Filme oder Fernsehwerke außerhalb der USA sehr bekannt sein.[808] Bei italienischen und erst recht bei

---

[800] *Mankowski* GRUR Int 1999, 909, 918 sowie *Schibli* Rn. 581 f.; *Klinger* S. 310.
[801] *Mankowski* GRUR Int 1999, 909, 918 sowie *Klinger* S. 310 f.
[802] MüKoUWG/*Mankowski* IntWettbR Rn. 186.
[803] *Rüßmann* K&R 1998, 422, 424.
[804] *Mankowski*, GRUR Int 1999, 909, 918.
[805] *Mankowski*, GRUR Int 1999, 909, 918; *ders.*, EWiR § 14 UWG 1/2000, 651, 652; vgl. auch *Schibli* Rn. 577.
[806] MüKoUWG/*Mankowski* IntWettbR Rn. 199.
[807] LG Köln MMR 2002, 60 – budweiser.com mAnm *Mankowski* = CR 2002, 58, 59 mAnm *Cichon*.
[808] *Mankowski*, MMR 2002, 61 f.

rumänischen Schauspielern verhielte es sich wiederum anders. Bei Sportlern ist gegebenenfalls eine Differenzierung zwischen der Allgemeinheit und demjenigen Teil des Publikums anzuraten, der sich spezifisch für diese Sportart interessiert: Stars der National Football League mögen zwar in Deutschland allgemein relativ unbekannt sein, den Football-Fans sind sie dagegen ein klarer Begriff.[809]

284 Zu beachten sind auch Art und Weise der Präsentation.[810] Je spezifischer ein konkreter Warenabsatz bezweckt ist, der sich auch auf dem in Rede stehenden Markt abspielen könnte, desto eher ist das Angebot auf jenen Markt ausgerichtet.[811] Gegebenenfalls spricht das Umfeld, in welchem die Werbung plaziert ist, für eine bestimmte Ausrichtung. Schließlich können bestehende und erkennbare Konkurrenzverhältnisse bedeutsam sein. Ist ein werblicher Angriff spezifisch auf einen bestimmten Konkurrenten gezielt, der bekanntermaßen auf einzelnen nationalen Märkten besonders stark ist, so ist die betreffende Werbung als zumindest auch auf jene Märkte ausgerichtet zu bewerten.[812]

285 gg) Subjektive Momente (insbesondere Disclaimer). Ausdrückliche Benennungen der anvisierten Zielgebiete durch den Anbieter, insbesondere die so genannten Disclaimer, haben zwar keine Bedeutung als subjektive Anknüpfung, zum einen wegen Art. 6 IV Rom I-VO, zum anderen wegen ihrer einseitigen Aufstellung durch den Anbieter. Sie können aber Indizien im Rahmen der objektiven Anknüpfung sein: Sie können indizieren, auf welche räumlichen Märkte der Anbieter seine Werbemaßnahme objektiv ausgerichtet hat.[813] Dafür müssen sie hinreichend klar und eindeutig formuliert sein.[814]

286 Disclaimer bieten indes nicht per se Schutz für den Anbieter. Der Anbieter kann sich nicht beruhigt zurücklehnen, sobald er einen verbatim die Zielgebiete seiner Werbung eingrenzenden Disclaimer auf seiner Website plaziert hat. Der Anbieter muss sich vielmehr an seine Disclaimer auch halten und darf seine Leistungen nur an Empfänger in den von ihm benannten Zielgebieten erbringen.[815] Ein vom Anbieter selber nicht beachteter Disclaimer ist unbeachtlich.[816] Er wird zur verwirkten Schutzbehauptung, zur unbeachtlichen protestatio facto contraria.[817]

287 Der Disclaimer ist eben nur ein Indiz. Indizien können aber widerlegt werden von Contraindizien.[818] Den Disclaimer widerlegt zumindest eine Mehrzahl von Vertragsabschlüssen (Absatzhandlungen) mit Kunden aus einem angeblich ausgeschlossenen Gebiet; im Übrigen kann die Ausgestaltung so widersprüchlich sein (zB angeblicher Ausschluss Deutschlands, aber deutsche Website, deutsche Postanschrift und Ankündigung, Kundenanfragen in Deutsch zu beantworten), dass der Disclaimer nicht ernst zu nehmen ist.[819] Man kann sich nicht per einfacher Behauptung aus der rechtlichen Verantwortung steh-

---

[809] *Mankowski*, MMR 2002, 61, 62; MüKoUWG/*Mankowski* IntWettbR Rn. 200.
[810] MüKoUWG/*Mankowski* IntWettbR Rn. 202.
[811] *Dieselhorst*, ZUM 1998, 293, 295; *Mankowski*, GRUR Int 1999, 909, 919; *Höder* S. 72.
[812] MüKoUWG/*Mankowski* IntWettbR Rn. 203 sowie *Rüßmann*, K&R 1998, 422, 425; *Kotthoff* S. 29.
[813] Siehe nur OLG Frankfurt MMR 2001, 751, 752 – DocMorris mAnm *Mankowski*; KG GRUR Int 2002, 448, 449 f. – Knoblauch Kapseln; LG Frankfurt/Main GRUR-RR 2002, 81, 82 – DocMorris, 337; LG Frankfurt/Main CR 2002, 222 – Index Spamming mAnm *Dieselhorst*.
[814] Vgl. LG Frankfurt/Main GRUR-RR 2002, 81, 82 – DocMorris; LG Frankfurt/Main CR 2002, 222, 223 – Index Spamming mAnm *Dieselhorst*.
[815] BGH GRUR 2006, 513, 515 – Arzneimittelwerbung im Internet = GRUR Int 2006 m. zust. Anm. *Mankowski*; OLG Frankfurt MMR 2001, 751, 752 – DocMorris mAnm *Mankowski*; KG GRUR Int 2002, 448, 449 f. – Knoblauch Kapseln; *Mankowski*, CR 2000, 763, 764 f.; *ders.*, MMR 2001, 754, 756; *Schibli* Rn. 603.
[816] Siehe nur BGH GRUR 2006, 513, 515 – Arzneimittelwerbung im Internet = GRUR Int 2006 m. zust. Anm. *Mankowski*; OGH ÖBl. 2003, 31, 32 – Boss-Zigaretten IV; Harte-Bavendamm/Henning-Bodewig/*Glöckner*, UWG, 4. Aufl. 2016, Einl. C Rn. 92.
[817] Siehe nur OLG Frankfurt MMR 2001, 751, 752; *Hoeren* WRP 1997, 993, 998; *Mankowski*, GRUR Int 1999, 909, 920; *ders.*, CR 2000, 763, 767; *Schack*, MMR 2000, 135, 138; *Morshäuser* S. 45 f.; *Naskret* S. 194.
[818] Siehe auch *Chr. Frank*, in: Bräutigam/Leupold (Hrsg.), Online-Handel, 2003, B III Rn. 45.
[819] KG GRUR Int 2002, 448, 450 – Knoblauch Kapseln; LG Frankfurt/Main GRUR-RR 2002, 81, 82 – DocMorris = CR 2002, 222, 223 mAnm *Dieselhorst*.

V. Internationales Deliktsrecht   288–291   § 2

len.⁸²⁰ Bei einem Widerspruch zwischen (angeblicher) subjektiver Zielrichtung seitens des Anbieters und objektiver Ausrichtung setzt sich die objektive Lage durch.⁸²¹

Der Anbieter ist also im eigenen Interesse gehalten, Mechanismen zur Kontrolle der **288** Herkunft von eingehenden Anfragen zu etablieren, wenn er sein wettbewerbsrechtliches Gerichtspflichtigkeits- und Rechtsanwendungsrisiko tatsächlich minimieren will.⁸²² Der Disclaimer ist dann unbeachtlich, wenn der Anbieter selbst ihn systematisch nicht beachtet; bloß vereinzelte Fehler dagegen dürften schon die Spürbarkeitsschwelle der Marktortanknüpfung nicht überschreiten.⁸²³ Vertriebsbeschränkungen, die auf bloß unternehmensinternen Weisungen beruhen, reichen zur Begrenzung des Rechtsanwendungsrisikos nicht aus.⁸²⁴ Interne Weisungen ausreichen zu lassen, böte eine zu einfache Verteidigungsmöglichkeit für den Anbieter und erlegte dem potenziellen Kläger ein unangemessen hohes Aufklärungs- und Beweisrisiko auf.⁸²⁵

d) Spürbarkeitsschwelle. Eine Werbemaßnahme kann im einzelnen betroffenen Staat nur **289** vergleichsweise geringe Folgen haben. Als internationallauterkeitsretliche Folge bietet sich ein Spürbarkeitskriterium an.⁸²⁶ Art. 5 I Vorschlag Rom II-VO wollte dies erstmals in einer verbindlichen Anordnung normativ in eine Gesetzesregel umsetzen, denn er errichtete genau eine solche Wesentlichkeitsschwelle.⁸²⁷ Weder der Schutz der Marktbeteiligten noch jener des Marktes als Institution gebieten unterhalb einer spürbaren Marktbeeinflussung die Anwendung des jeweiligen Marktrechts.⁸²⁸ Entsprechende Überlegungen haben ihre sachliche Berechtigung für Art. 6 I Rom I-VO behalten⁸²⁹ und nicht etwa, zB als Folge der Umformulierung seit Art. 5 I Vorschlag Rom II-VO, verloren.⁸³⁰

Auch das EU-Primärrecht gebietet, eine Mindestschwelle zu errichten, die überschritten **290** sein muss, bevor man zu grundfreiheitsbeschränkenden Regulierungen greifen darf.⁸³¹ Das Rechtsanwendungs- und insbesondere das Gerichtspflichtigkeitsrisiko müssen für den einzelnen Anbieter kalkulierbar und beherrschbar sein.⁸³²

Eine Eignung zur spürbaren Marktbeeinflussung besteht bei einer gezielten Ausrichtung **291** auch auf Kunden auf dem betreffenden Markt.⁸³³ Die Spürbarkeitsschwelle ist insbesondere dann überschritten, wenn eine nicht unerhebliche Zahl von Vertragsabschlüssen mit Kunden in einem bestimmten Staat nachzuweisen ist.⁸³⁴ Tatsächlich erfolgter Absatz ist deutli-

---

⁸²⁰ *Mankowski*, MMR 2001, 754, 756.
⁸²¹ *Dieselhorst*, CR 2002, 224, 225.
⁸²² MüKoUWG/*Mankowski* IntWettbR Rn. 208.
⁸²³ *Rehm*, LMK 2006, 183948; *Mankowski*, GRUR Int 2006, 609, 610 f.
⁸²⁴ Siehe nur OLG Frankfurt K&R 1999, 138, 139; *Mankowski*, EWiR § 1 UWG 7/99, 471, 472.
⁸²⁵ *S. Ernst*, NJW-CoR 1999, 302, 303; MüKoUWG/*Mankowski* IntWettbR Rn. 209.
⁸²⁶ Siehe nur *R. Sack*, GRUR Int. 1988, 320, 329; *ders.*, WRP 2000, 269, 274, 278; *Omsels*, GRUR Int. 1997, 328, 337; *Dethloff*, NJW 1998, 1596, 1599 f.; *Wegner*, CR 1998, 676, 681 f.; *Mankowski*, GRUR Int 1999, 909, 916; *Lurger*, in: M. Gruber (Hrsg.), Die rechtliche Dimension des Internet, 2001, S. 69, 92; *Klinger* S. 74; *Leible*/*M. Lehmann*, RIW 2007, 721, 729; *Handig*, GRUR Int 2008, 24, 28; MüKoBGB/*Drexl* IntUnlWettbR Rn. 17, 123; G.-P. *Calliess*/*B. Buchner* Art. 6 Rome II Regulation Rn. 22. Ablehnend für die kollisionsrechtliche Ebene, befürwortend dagegen für die sachrechtliche Ebene *Löffler*, WRP 2001, 379, 383; Rauscher/ *Unberath*/*Cziupka*/*Pabst* Art. 6 Rom II-VO Rn. 39; Palandt/*Thorn* Art. 6 Rom II-VO Rn. 13.
⁸²⁷ *Buermeyer*, Liber amicorum Rauscher, 2005, S. 15, 23.
⁸²⁸ *Dethloff*, NJW 1998, 1596, 1600.
⁸²⁹ Ebenso *Leible*/*M. Lehmann*, RIW 2007, 721, 729; *Rosenkranz*/*Rohde*, NIPR 2008, 435, 437; BeckOK BGB/*Spickhoff* Rom II-VO Rn. 59; jurisPK BGB/*Wiegandt* Art. 6 Rom II-VO Rn. 22; G.-P. *Calliess*/ *B. Buchner* Art. 6 Rome II Regulation Rn. 23 sowie *Handig*, wbl 2008, 1, 8 f.
⁸³⁰ So im Ergebnis aber *M. Hellner*, YbPIL 9 (2007), 49, 64; *R. Sack*, WRP 2008, 845, 854; *P. Huber*/ *Illmer* Art. 6 Rome II Regulation Rn. 50; PWW/*R. Schaub* Art. 6 Rom II-VO Rn. 4; Palandt/*Thorn* Art. 6 Rom II-VO Rn. 13.
⁸³¹ *W.-H. Roth*, ZHR 149 (1985), 679, 690 Fn. 40; *Drasch* S. 330 f.; *Mankowski*, GRUR Int 1999, 909, 916.
⁸³² MüKoUWG/*Mankowski* IntWettbR Rn. 214; jurisPK BGB/*Wiegandt* Art. 6 Rom II-VO Rn. 22.
⁸³³ *Dethloff*, NJW 1998, 1596, 1600; *Mankowski*, GRUR Int 1999, 909, 917.
⁸³⁴ *Zippo Manufacturing Co. v. Zippo Dot Com, Inc.* 952 F. Supp. 1119, 1126 (W. D. Pa. 1997); *Blackburn v. Walker Oriental Rug Galleries, Inc.* 1998 U.S.Dist. LEXIS 4517, 1998 WL 166861 (E.D. Pa. April 7, 1998) <http://www.bna.com/e-law/cases/blackburn.html>; *Mankowski*, GRUR Int 1999, 909, 917; MüKoBGB/ *Drexl* IntUnlWettbR Rn. 126; MüKoUWG/*Mankowski* IntWettbR Rn. 216.

ches Indiz dafür, dass die Werbemaßnahme geeignet ist, in das Geschehen des betreffenden Marktes einzugreifen.

292 e) *Allgemeine internationaldeliktsrechtliche Anknüpfung für einzelunternehmensbezogene Delikte.* Die Marktortregel ist die optimale Regel für marktbezogene Wettbewerbsdelikte. Von diesen unterscheidet Art. 6 II Rom II-VO die unternehmens- oder betriebsbezogenen Wettbewerbsdelikte. Unternehmens- oder betriebsbezogene Wettbewerbsdelikte bestehen aus direkten Eingriffen in das Unternehmen und die Betriebsorganisation eines Konkurrenten, zB durch Sabotage, Industriespionage, gezieltes Abwerben von Mitarbeitern oder Ausspähen von Betriebsgeheimnissen.[835] Daneben sind noch zu nennen:[836] die lauterkeitsrechtliche Dimension des Eingriffs in fremde Immaterialgüterrechte,[837] die unbefugte Benutzung betrieblicher Vorlagen oder betrieblicher Software,[838] die Bestechung fremder Angestellter,[839] das Verleiten zum Geheimnisverrat oder zum Bruch ihres Arbeitsvertrags[840] und die unbegründete Schutzrechtsverwarnung seitens eines Herstellers oder sonstigen Rechteinhabers.[841] Nicht hierher gehören dagegen, da sie einen Marktbezug haben, die Anschwärzung und die geschäftliche Verleumdung.[842] Auch das Verwerten fremder Betriebsgeheimnisse ist – anders als deren Beschaffen – kein Fall von Art. 6 II Rom II-VO.[843] Domain grabbing behindert den Konkurrenten im Marktzugang und hat deshalb ebenfalls relevante Außenwirkung.[844]

293 Die gemeinten Delikten weisen keinen unmittelbaren Marktbezug auf. Ihr Marktbezug ist nur indirekt, indem sie die Position des Konkurrenten im Markt schwächen, weil dieser nicht seine vollen Ressourcen einsetzen kann.[845] Der Konkurrent wird daran gehindert, mit voller Kraft und allen Mitteln um Marktanteile zu kämpfen. Mittel sind aber keine Handlungen auf dem Markt selber, sondern bewegen sich in der Nähe zu allgemeinen Delikten.[846] Sie greifen in bestehende Güter und Positionen des Konkurrenten ein.[847] Insoweit greifen sie zumindest auch ein weiteres Gut an als nur die Lauterkeit des Marktverhaltens. Sie verletzen primär bereits innegehabte Rechtsgüter, nicht Marktchancen.[848] Sie verletzen Integritätsinteressen.[849] Der Angriff erfolgt als solcher nicht auf einem Markt und nicht über einen Markt.[850]

---

[835] Siehe nur Vorschlag für eine Verordnung des Europäischen Parlaments und des Rates über das auf außervertragliche Schuldverhältnisse anzuwendende Recht, KOM(2003) 427 endg. S. 15; *P. Huber/Bach*, IPRax 2005, 73, 78.
[836] MüKoUWG/*Mankowski* IntWettbR Rn. 247.
[837] ÖstOGH wbl 2011, 680, 684 – Rohrprodukte.
[838] *R. Sack*, GRUR Int 2012, 601, 606.
[839] *G. Wagner*, IPRax 2006, 372 (380); *R. Sack*, WRP 008, 845 (851); *ders.*, GRUR Int. 2012, 601 (606); OGK BGB/*Poelzig/Windorfer* Art. 6 Rom II-VO Rn. 102.
[840] *A. Junker*, NJW 2007, 3675, 3679; *R. Sack*, WRP 2008, 845, 851; *ders.*, GRUR Int 2012, 601, 607; Erman/*Hohloch* Art. 6 Rom II-VO Rn. 8. Anderer Ansicht MüKoBGB/*Drexl* IntLautR Rn. 159 f.; *Bauermann* S. 101 f.; OGK BGB/*Poelzig/Windorfer* Art. 6 Rom II-VO Rn. 101.
[841] *W. F. Weber* S. 173; *R. Sack*, GRUR Int. 1988, 320, 330; *ders.*, WRP 2000, 269, 273; *Dethloff* S. 74; Staudinger/*v. Hoffmann* EGBGB Art. 40 Rn. 319.
[842] *R. Sack*, GRUR Int. 1988, 320 (330); *Dethloff* S. 76; Staudinger/*v. Hoffmann* EGBGB Art. 40 Rn. 320. Anderer Ansicht *W. F. Weber* S. 173; *H. Köhler* FS Dagmar Coester-Waltjen, 2015, S. 501 (507) sowie *R. Sack*, WRP 2000, 269, 273.
[843] *R. Sack*, GRUR Int. 2012, 601 (606). Generell für eine enge Auslegung von Art. 6 II Rom II-VO *Wurmnest/Gömann*, IPRax 2018, 480, 483.
[844] Anders ÖstOGH GRUR Int. 2012, 464, 467 – alcom-international.at; Staudinger/*Fezer/Koos* IntWiR Rn. 662.
[845] *Dubs* S. 66.
[846] *Ehrich* S. 78.
[847] MüKoUWG/*Mankowski* IntWettbR Rn. 243.
[848] *Mankowski*, EWiR 2014, 403, 404.
[849] *Mankowski*, EWiR 2014, 403, 404.
[850] Deutscher Rat für IPR, in: *v. Caemmerer* (Hrsg.), Vorschläge und Gutachten zur Reform des deutschen internationalen Privatrechts der außervertraglichen Schuldverhältnisse, 1983, S. 11, 20; Staudinger/*v. Hoffmann* Art. 40 EGBGB Rn. 316; *H. Köhler*, FS Dagmar Coester-Waltjen, 2015, S. 501, 507; MüKoUWG/*Mankowski* IntWettbR Rn. 242 f. Zu gering gewichtet von MüKoBGB/*Drexl* IntUnlWettbR Rn. 92–95 und *Honorati*, in: Malatesta S. 127, 156 f.

Art. 6 II Rom I-VO erklärt Art. 4 Rom II-VO an Stelle von Art. 6 I Rom II-VO für 294 anwendbar. Dies umfasst auch die Aufenthaltsanknüpfung des Art. 4 II Rom II-VO[851] und die Ausweichklausel des Art. 4 III Rom II-VO.[852] Unter den Ausnahmefällen kommt insbesondere in Betracht, dass zwischen Angreifer und Angegriffenem ein Vertrag besteht, in dem sich zumindest der jetzige Angreifer dazu verpflichtet hat, bestimmte Schritte nach Art des jetzigen Angriffs zu unterlassen.[853] Prinzipiell zur Anwendung berufen ist aber Art. 4 I Rom II-VO.[854] Es kommt das Recht des Erfolgsortes zum Zuge. So wird Art. 6 II Rom II-VO zur Rückausnahme, die wieder zur Grundregel des Art. 4 Rom II-VO zurückführt.

Unter Art. 6 II Rom II-VO sollte eine Rechtswahl gemäß Art. 14 Abs. Rom II-VO 295 möglich sein.[855] Immerhin wird auf Art. 4 Rom II-VO verwiesen, und bei diesem ist eine Rechtswahl möglich. Außerdem findet keine direkte Festlegung des anwendbaren Rechts in Art. 6 Rom II-VO selber statt, so dass man schon formell an der Anwendbarkeit des Art. 6 IV Rom II-VO zweifeln könnte.[856] Bei den betriebsbezogenen Angriffen bestehen Dispositionsmöglichkeiten für den Rechtsgutsinhaber.[857]

f) Verbandsklage zur lauterkeitsrechtlichen Durchsetzung von Verbrauchervertragsrecht. Die Prü- 296 fung von Vertragsklauseln im Rahmen einer lauterkeitsrechtlichen Verbandsklage[858] erfolgt im IPR zweistufig:[859] Im ersten Schritt ist das für den lauterkeitsrechtlichen Unterlassungsanspruch maßgebliche Recht zu ermitteln.[860] Gesucht wird also das maßgebliche Lauterkeitsstatut. Art. 6 I Rom II-VO beruft das Marktortrecht.[861] Im zweiten Schritt ist dann als Vorfrage zu prüfen, ob unter einem Tatbestand des Wettbewerbsstatuts das Verwenden unzulässiger Vertragsklauseln untersagt wird.[862] Ob eine Vertragsklausel unzulässig oder missbräuchlich ist, muss das Vertragsstatut besagen. Dieses ist nach den Regeln des Internationalen Schuldvertragsrechts zu ermitteln. Nur auf diese Weise wird so weit wie möglich gewährleistet, dass dieselben Vertragsklauseln im lauterkeitsrechtlichen Verbandsklageverfahren grundsätzlich nach demselben Recht beurteilt werden wie in einem Individualverfahren,[863]

---

[851] OGH wbl 2011, 680, 684 – Rohrprodukte; *Luciani*, JCP E 2008.2428 = JCP E n°. 48, 27 novembre 2008, S. 18, 20; *Schaafsma*, WPNR 6780 (2008), 998, 1002; *Wautelet*, RDCB 2008, 502, 511.

[852] Siehe nur OGH wbl 2011, 680, 684 – Rohrprodukte; *Wautelet*, RDCB 2008, 502, 511.

[853] Ebenso Rauscher/*Unberath/Cziupka/Pabst* Art. 6 Rom II-VO Rn. 42.

[854] Siehe nur *Wautelet* RDCB 2008, 502, 511; G.-P. Calliess/B. Buchner Art. 6 Rome II Regulation Rn. 10.

[855] *Leible/M. Lehmann*, RIW 2007, 721, 730 f.; *G. Wagner*, IPRax 2008, 1, 8; *Dickinson* Rn. 6.74; *Schaafsmal* WPNR 6780 (2008), 998, 1002; *P. Huber/Illmer* Art. 6 Rome II Regulation Rn. 54; Erman/*Hohloch* Anh. Art. 42 EGBGB Art. 6 Rom II-VO Rn. 8; Rauscher/*Unberath/Cziupka/Pabst* Art. 6 Rom II-VO Rn. 26, 49; Palandt/*Thorn* Art. 6 Rom II-VO Rn. 19. Anderer Ansicht *v. Hein*, RabelsZ 73 (2009), 461, 500.

[856] *Leible/M. Lehmann*, RIW 2007, 721, 731; *Leible*, RIW 2008, 257, 259; *Dickinson* Rn. 6.75; *Schaafsma*, WPNR 6780 (2008), 998, 1002; Rauscher/*Unberath/Cziupka/Pabst* Art. 6 Rom II-VO Rn. 49.

[857] *P. Huber/Illmer* Art. 6 Rome II Regulation Rn. 54; Rauscher/*Unberath/Cziupka/Pabst* Art. 6 Rom II-VO Rn. 26.

[858] Fragen der Klagebefugnis werden hier nicht erörtert, sondern bewusst ausgeklammert.

[859] EuGH ECLI:EU:C:2016:612 Rn. 35–58 – Verein für Konsumenteninformation/Amazon EU Sàrl; *T. Pfeiffer*, LMK 2013, 343552; *Mankowski*, FS Wulf-Henning Roth, 2015, S. 361, 362; *ders.*, NJW 2016, 2705, 2706; *Micklitz/N. Reich*, EWS 2015, 181, 186–188; *Combet*, J. dr. eur. 2016, 389 (389 f.); *Rott*, EuZW 2016, 733, 734 f.; *Dorfmayr/Komuczky*, ZfRV 2016, 268, 269–271; *Kaufhold*, IWRZ 2016, 217; *Jault-Seseke*, D. 2016, 2315, 2316–2318; *van Hoek*, Ars Aequi 2016, 960, 961 f.; *Wilke*, GPR 2017, 21, 22 f.; *Rieländer*, RIW 2017, 28, 31; *Corneloup*, RCDIP 2017, 112, 114–116; *Rutgers*, NILR 64 (2017), 163, 169–172; *Sartori*, DCCR 2017, 49, 56 f.; *W.-H. Roth*, IPRax 2017, 449, 452–455; *Haftel*, Rev. des contrats 2017, 479 (479–481); *van Bochove/Pannebakker*, RDAI 2017, 431, 433 f.; *dies.*, TvCR 2017, 138 (138 f.).

[860] BGHZ 182, 41; *A. Staudinger*, NJW 2009, 3375 f.; *Hau*, LMK 2009, 293079; *Pfeiffer*, LMK 2013, 343552.

[861] Siehe nur KG K&R 2018, 113 – Rn. 93 – Facebook (dazu *Spittka*, GRUR-Prax 2018, 32; *R. Schmidt*, jurisPR-WettbR 2/2018 Anm. 4); LG Frankfurt/Main RRa 2018, 127, 128.

[862] *Mankowski*, FS Wulf-Henning Roth, 2015, S. 361, 362; *Steinrötter*, EWS 2015, 83; *ders.*, jurisPR-IWR 3/2017 Anm. 4 sub C I.

[863] EuGH ECLI:EU:C:2016:612 Rn. 53–57 – Verein für Konsumenteninformation/Amazon EU Sàrl. Anders GA *Saugmansgaard Øe*, ECLI:EU:C:2016:388 Nrn. 64–66.

und nur so wird die Gefahr eines überprohibitiven oder eines unzureichenden Kontrollmaßstabs im Unterlassungsklagverfahren vermieden.[864]

4. Kartellrecht

Literatur: *T. Ackermann,* Antitrust Damages Actions under the Rome II Regulation, Liber amicorum Piet Jan Slot, 2009, S. 109; *Danov,* Jurisdiction and Judgments in Relation to EU Competition Law Claims, 2011; *Fabig,* Internationales Wettbewerbsprivatrecht nach Art. 6 Rom II-VO, 2016; *Fitchen,* Choice of Law in International Claims Based on Restriction of Competition: Article 6 (3) of the Rome II Regulation, (2009) 5 JPrIL 337; *Francq/Wurmnest,* International Antitrust Claims under the Rome II Regulation, in: Basedow/Francq/Idot (eds.), International Antitrust Litigation, 2012, S. 91; *Immenga,* Das Auswirkungsprinzip des internationalen Wettbewerbsrechts als Gegenstand einer gemeinschaftsrechtlichen Verordnung, FS Gunther Kühne, 2009, S. 725; *F. Kluth,* Das Marktauswirkungsprinzip im Kollisionsrecht des Kartell- und Lauterkeitsrechts, 2014; *Lühmann,* Risiken und Nebenwirkungen des IPR bei der kollektiven Durchsetzung von Kartellschadensersatzansprüchen, RIW 2019, 7; *H. I. Maier,* Marktortanknüpfung im internationalen Kartelldeliktsrecht, 2011; *Mankowski,* Das neue Internationale Kartellrecht des Art. 6 Abs. 3 Rom II-VO, RIW 2008, 177; *ders.,* Ausgewählte Einzelfragen zur Rom II-VO: Internationales Umwelthaftungsrecht, Internationales Kartellrecht, renvoi, Parteiautonomie: IPRax 2010, 389; *ders.,* Schadensersatzklagen bei Kartelldelikten – Fragen des anwendbaren Rechts und der internationalen Zuständigkeit, 2012; *Massing,* Europäisches Internationales Kartelldeliktsrecht, 2011; *H. I. Maier,* Marktortanknüpfung im internationalen Kartelldeliktsrecht, 2011; *Munari,* L'entrata del vigore del regolamento Roma II e i suoi effetti sul private antitrust enforcement, Dir. comm. int. 22 (2008), 281 = Liber Fausto Pocar, tomo II, 2009, S. 757; *Rodríguez Pineau,* Conflict of Laws Comes to the Rescue of Competition Law: The New Rome II Regulation, (2009) 5 JPrIL 311; *W.-H. Roth,* Internationales Kartelldeliktsrecht in der Rom II-Verordnung, FS Jan Kropholler, 2008, S. 623; *Schnur,* Internationales Kartellprivatrecht nach der Rom II-Verordnung, 2012; *Tzakas,* Die Haftung für Kartellrechtsverstöße im internationalen Rechtsverkehr, 2011; *A. Wolf,* Die internationale Durchsetzung von Schadensersatzansprüchen wegen Verletzung des EU-Wettbewerbsrechts, 2017; *D. J. Zimmer,* Konkretisierung des Auswirkungsprinzips bei Hard-core-Kartellrechtsverstößen, 2012.

297 *a) Ausgrenzung des behördlichen Kartellrechts und Begrenzung auf das Kartellprivatrecht.* Das Internationale Kartellrecht ist Gegenstand des Art. 6 III Rom II-VO.[865] Gerade im Kartellrecht verlangen jedoch die Außengrenzen der Rom II-VO nach Art. 1 Rom II-VO besondere Beachtung. Art. 1 I Rom II-VO beschränkt den sachlichen Anwendungsbereich der Rom II-VO auf Zivil- und Handelssachen. Rein staatliche Rechtsdurchsetzung im Über/Unterordnungsverhältnis aber mit Sonderrechten des Staates ist keine Zivilsache.[866] Art. 6 III Rom II-VO gilt daher nur für das Kartellprivatrecht und für private enforcement, aber nicht für behördliche Kartellsachen und public enforcement.[867] Art. 6 III Rom II-VO steht auch seiner Genese nach in deutlichem Zusammenhang mit dem neu erwachsenen Augenmerk auf *private* enforcement des Unionskartellrechts.[868]

298 Die Ausgrenzung des behördlichen Kartellrechts scheint zwar vorderhand einen Keil zwischen die beiden Teile des Kartellrechts zu treiben.[869] Andererseits würde sie das fun-

---

[864] Siehe nur *Pfeiffer,* LMK 2013, 343552; *Micklitz/N. Reich,* EWS 2015, 181, 188; *Mankowski,* FS Wulf-Henning Roth, 2015, S. 361, 362.

[865] Zu dessen Genese eingehend *D. J. Zimmer* S. 354–374; *Dickinson* Rn. 6.02–6.10; MüKoBGB/*Wurmnest* IntWettbR/IntKartellR Rn. 69–77.

[866] Siehe nur EuGH Slg. 1980, 3807 Rn. 8 – Niederlande/Reinhard Rüffer; EuGH Slg. 2002, I-8111 Rn. 26 – Verein für Konsumenteninformation/Karl Heinz Henkel; EuGH Slg. 2002, I-10489 Rn. 30 – Gemeente Steenbergen/Luc Baten.

[867] Siehe nur *Garcimartín Alférez,* EuLF 2007, I-77, I-86; *Mankowski,* RIW 2008, 177, 180; *ders.,* Schadensersatzklagen bei Kartelldelikten, 2012, S. 13–15; *Rodríguez Pineau,* (2009) 5 JPrIL 311, 319; *Immenga,* FS Gunther Kühne, 2009, S. 725, 727; *Tzakas* S. 323; *H. I. Maier* S. 331 f.; *Massing* S. 118; *D. J. Zimmer* S. 384–386; *F. Kluth* S. 105 f.; *P.-T. Stoll/Holterhuis,* in: Kölner Kommentar zum Kartellrecht, Bd. II: §§ 35–131 GWB, 2014, § 130 GWB Rn. 85; *A. Wolf* S. 337–341; MüKoBGB/*Wurmnest* IntWettbR/IntKartellR Rn. 85 f., 97 f.; *Mäsch,* in: W. Berg/Mäsch, Deutsches und Europäisches Kartellrecht, 3. Aufl. 2018, § 185 GWB Rn. 11.

[868] *Mankowski* S. 13; vgl. auch schon Hamburg Group for Private International Law, RabelsZ 67 (2003), 1, 19 sowie MüKoBGB/*Wurmnest* IntWettbR/IntKartellR Rn. 121.

[869] Siehe *Adolphsen,* (2005) 1 JPrIL 151, 171.

V. Internationales Deliktsrecht　　　　　　　　　　　　　　　　　　299–302　§ 2

damentale Problem ausschalten, wie Kartellbehörden ausländisches Kartellrecht anwenden sollen.[870] Sie würde zudem parallel mit dem behördlichen Zuständigkeitstatbeständen verlaufen, die typischerweise Kompetenzen verleihen, soweit der jeweils heimische Markt betroffen ist.[871] Extraterritorialität des Anwendungsanspruchs für das je eigene Kartellrecht mag darüber hinausgehen. Die Anwendung ausländischen Kartellrechts durch inländische Behörden wäre aber etwas qualitativ Anderes.

§ 185 II GWB hat seit je traditionell einen Doppelcharakter als Kollisionsnorm einerseits 299 des Internationalen Privat- und andererseits des Internationalen Verwaltungsrechts, je nachdem, ob die über ihn einseitig angeknüpften Normen des GWB ihrerseits privat- oder verwaltungsrechtlichen Charakters sind.[872] Im privatrechtlichen Bereich wird § 185 II GWB heute kraft normhierarchischen Vorrangs vollständig von Art. 6 III Rom II-VO verdrängt.[873] Trotzdem wurde seinerzeit § 130 II GWB aF, heute § 185 II GWB, zu recht nicht aufgehoben. Denn sein zweiter Bereich, derjenige des behördlichen Kartellrechts, ist ihm erhalten geblieben, eben weil Art. 6 III Rom II-VO sich wegen Art. 1 I Rom II-VO nicht auch in diesem Bereich bewegt.[874] Dort fungiert § 185 II GWB weiterhin als besondere, einseitige Kollisionsnorm des Internationalen Verwaltungsrechts.[875] Dies gehört in den Kontext der Sonderanknüpfung nach Art. 16 Rom II-VO, wird dadurch aber nicht zum genuinen Anknüpfungsgegenstand der Rom II-VO,[876] sondern fährt auf einer zweiten Schiene.

b) *Anknüpfungsgegenstand.* Den Anknüpfungsgegenstand des Art. 6 III Rom II-VO um- 300 schreibt Erwägungsgrund (23) Rom III-VO: Der Begriff der Einschränkung des Wettbewerbs erfasst Verbote von Vereinbarungen zwischen Unternehmen, Beschlüssen von Unternehmensvereinigungen und abgestimmten Verhaltensweisen, die eine Verhinderung, Einschränkung oder Verfälschung des Wettbewerbs in einem Mitgliedstaat oder innerhalb des Binnenmarktes bezwecken oder bewirken, sowie das Verbot der missbräuchlichen Ausnutzung einer beherrschenden Stellung in einem Mitgliedstaat oder innerhalb des Binnenmarktes erfassen, sofern solche Vereinbarungen, Beschlüsse, abgestimmte Verhaltensweisen oder Missbräuche nach Artt. 81; 82 EGV (heute Artt. 101; 102 AEUV) oder dem Recht eines Mitgliedstaats verboten sind. Erwägungsgrund (23) Rom III-VO greift primär die Terminologie des Art. 81 EGV, heute Art. 101 AEUV, auf.[877] Er ist aber weit genug, um auch Missbrauchstatbestände wie Art. 102 AEUV aufzunehmen.[878] Verstöße gegen Beihilferecht (z. B. Artt. 107–109 AEUV) gehören dagegen zum Lauterkeitsrecht und Art. 6 I Rom II-VO.[879]

Für den Anknüpfungsgegenstand des Art. 6 III Rom II-VO reicht Potenzialität; es muss 301 also nicht bereits nachgewiesen sein, dass die inkriminierten Verhaltensweisen vorliegen und unerlaubt sind, denn eine solche Feststellung kann erst am Ende des Rechtsanwendungsprozesses stehen, nicht an dessen Anfang als Voraussetzung.[880]

Art. 6 III Rom II-VO erfasst follow on-Klagen (Klagen von Kartellopfern nach Durch- 302 führung eines behördlichen Kartellverfahrens) ebenso wie stand alone-Klagen ohne vorangegangenes behördliches Kartellverfahren.[881] Bei follow on-Klagen hat der Kläger den Vor-

---

[870] *Mankowski,* RIW 2008, 177, 180.
[871] *Mankowski,* RIW 2008, 177, 180 f.
[872] Siehe nur *W.-H. Roth,* FS Helmut Köhler, 2014, S. 541, 545.
[873] Siehe nur MüKoBGB/*Immenga* IntWettbR/IntKartellR Rn. 2.
[874] MüKoBGB/*Wurmnest* IntWettbR/IntKartellR Rn. 85.
[875] Siehe nur *Schnur* S. 65; *Langen/Bunte/C. Stadler,* Kartellrecht, Bd. I, 13. Aufl. 2018, § 185 GWB Rn. 123.
[876] *Mankowski,* Schadensersatzklagen bei Kartelldelikten, 2012, S. 15–17. Entgegen *Fabig* S. 254–258.
[877] *A. Wolf* S. 395 f.
[878] *A. Wolf* S. 396 sowie S. 410–414 mit Exemplifizierungen sowohl für wettbewerbsbeschränkende Vereinbarungen als auch für Missbrauch. Für Ausklammerung der Artt. 102; 102 AEUV wegen Vorrangs des Primärrechts dagegen MüKoBGB/*Wurmnest* IntWettbR/IntKartellR Rn. 91.
[879] *A. Wolf* S. 409 f. sowie *M. Hellner,* YbPIL 9 (2007), 49, 69.
[880] *Mankowski,* RIW 2008, 177, 182; *F. Kluth* S. 201 f.; Rauscher/*Unberath/Cziupka/Pabst* Art. 6 Rom II-VO Rn. 60; *A. Wolf* S. 400–405.
[881] *Fitchen,* (2009) 5 JPrIL 337, 353; G.P. Calliess/*Augenhofer* Art. 6 Rome II Rn. 85; MüKoBGB/*Wurmnest* IntWettbR/IntKartellR Rn. 102.

teil, auf die behördlich gewonnenen Informationen nach Maßgabe des für die betreffende Behörde geltenden Verwaltungsverfahrens und Verwaltungsinformationsrechts zurückgreifen zu können.[882] Persönlich sind Ansprüche sowohl von direkt Geschädigten (Abnehmern oder Lieferanten) als auch von indirekt Geschädigten (weiter auf- oder abwärts in der Kette) erfasst.[883] Vertikale und horizontale Wettbewerbsbeschränkungen fallen ebenso unter Art. 6 III Rom II-VO wie Missbrauchskonstellationen[884] oder Fusionen.

303 Hinsichtlich der erfassten Anspruchsinhalte gibt es keine Ausgrenzungen. Art. 6 III Rom II-VO erfasst Schadensersatz-, Unterlassungs-, Beseitigungs- und Gewinnabschöpfungsansprüche gleichermaßen,[885] einschließlich vorbereitender Auskunftsansprüche. Außerdem gilt er sachlich auch für Ansprüche von Verbänden.[886] Zu entscheiden, ob und, wenn ja, welche Verbände Ansprüche haben, obliegt erst dem berufenen Sachrecht.

304 *c) Ausfüllung des Auswirkungsprinzips.* Art. 6 III lit. a Rom II-VO ist die Grundanknüpfung. Er kodifiziert das Auswirkungsprinzip,[887] im Kartellrecht auch „effects doctrine" genannt.[888] Das Auswirkungsprinzip wird verstanden als Konkretisierung der allgemeinen Anknüpfung an den Erfolgsort.[889] Es soll präzisieren, wo bei einem Kartelldelikt der Ort des Schadenseintritts liegt.[890] Zudem wollte man jede Unsicherheit darüber ausschließen, ob die Beeinträchtigung des Wettbewerbs oder der Eintritt finanzieller Verluste das relevante Moment sind.[891] Erwägungsgrund (22) S. 2 Rom II-VO sekundiert.[892] Die ausdrückliche Sonderregel entzieht das Internationale Kartellrecht den Auflockerungen des allgemeinen Internationalen Deliktsrechts aus Art. 4 II,[893] III Rom II-VO; diese würden für das Internationale Kartellrecht nicht passen.[894]

305 Kartellrecht schützt einerseits die Allgemeinheit und andererseits (potenziell) individuell Betroffene vor Wettbewerbsbehinderungen und Wettbewerbsverzerrungen einschließlich deren Folgen. Kollisionsrechtlich ist diesem Schutzgedanken Rechnung zu tragen.[895] Dem wird die Anknüpfung an den Markt, auf welchem sich das Wettbewerbsverhalten auswirkt,

---

[882] *A. Wolf* S. 441 f.
[883] *D. J. Zimmer* S. 475–491 (mit Einschränkungen bei Art. 6 III lit. b Rom II-VO S. 491–495).
[884] Siehe nur MüKoBGB/*Wurmnest* IntWettbR/IntKartellR Rn. 107, 140–146 mwN.
[885] Siehe nur MüKoBGB/*Wurmnest* IntWettbR/IntKartellR Rn. 102 f. mwN.
[886] MüKoBGB/*Wurmnest* IntWettbR/IntKartellR Rn. 104.
[887] Siehe nur *Leible*/*M. Lehmann*, RIW 2007, 721, 730; *Honorati*, Guida dir., Dir. Com. e Int., N. 5, settembre-ottobre 2007, S. 27 f.; *A. Junker*, NJW 2007, 3675, 3679; *Mankowski*, RIW 2008, 177, 184; *T. Ackermann*, Liber Amicorum Pieter Jan Slot, 2009, S. 109, 113; jurisPK BGB/*Wiegandt* Art. 6 Rom II-VO Rn. 27; Rauscher/*Unberath*/*Cziupka*/*Pabst* Art. 6 Rom II-VO Rn. 67; MüKoBGB/*Wurmnest* IntWettbR/IntKartellR Rn. 65.
[888] Siehe nur jurisPK BGB/*Wiegandt* Art. 6 Rom II-VO Rn. 27; Rauscher/*Unberath*/*Cziupka*/*Pabst* Art. 6 Rom II-VO Rn. 37; G.-P. Calliess/*B. Buchner* Art. 6 Rome II Regulation Rn. 35; MüKoBGB/*Wurmnest* IntWettbR/IntKartellR Rn. 66.
[889] Gemeinsamer Standpunkt (EG) Nr. 22/2006, vom Rat festgelegt am 25.9.2006, im Hinblick auf die Annahme der Verordnung (EG) Nr. …/2006 des Europäischen Parlaments und des Rates über das auf außervertragliche Schuldverhältnisse anzuwendende Recht („Rom II"), ABl. EU 2006 C 289E/80; Arbeitspapier der Kommissionsdienststellen „Schadensersatzklagen wegen Verletzung des Wettbewerbsrechts" (10.2.2006), SEK (2005) 1732 S. 86 Nr. 247, S. 87 Nr. 252; ebenso z. B. *Bulst*, EWS 2004, 403, 406; *D. J. Zimmer*/*Leopold*, EWS 2005, 149, 150; *W.-H. Roth*, FS Jan Kropholler, 2008, S. 623, 638; *Munari*, Dir. comm. int. 22 (2008), 281, 289; *ders.*, Liber Fausto Pocar, tomo II, 2009, S. 757, 765; *Rodríguez Pineau*, (2009) 5 JPrIL 311, 321; G.-P. Calliess/*B. Buchner* Art. 6 Rome II Regulation Rn. 36; *Massing* S. 172.
[890] Gemeinsamer Standpunkt (EG) Nr. 22/2006, vom Rat festgelegt am 25.9.2006, im Hinblick auf die Annahme der Verordnung (EG) Nr. …/2006 des Europäischen Parlaments und des Rates über das auf außervertragliche Schuldverhältnisse anzuwendende Recht („Rom II"), ABl. EU 2006 C 289E/80; zuvor Vermerk des Vorsitzes für den AStV (2. Teil)/Rat vom 10.2.2006, 6165/06 JUSTCIV 26 CODEC 122 S. 6 Nr. 9.
[891] *Mankowski*, RIW 2008, 177, 184; *A. Wolf* S. 485 sowie 487–492. Siehe Arbeitspapier der Kommissionsdienststellen „Schadensersatzklagen wegen Verletzung des Wettbewerbsrechts" (10.2.2006), SEK (2005) 1732 S. 85 Nr. 245.
[892] Zu dessen Genese *A. Wolf* S. 473–479.
[893] Zu dessen allgemeiner Rechtfertigung *Dornis*, EuLF 2007, I-152.
[894] Siehe *Basedow*, in: Basedow (ed.), Private Enforcement of EC Competition Law, 2007, S. 229, 245 unter Hinweis auf EuGH Slg. 1971, 949, 961 f. Rn. 25/28 – Béguelin Import Co./SAGL Import Export.
[895] Siehe nur MüKoWettbR/*A. K. Schnyder* Einl. Rn. 846; *Rodríguez Pineau*, (2009) 5 JPrIL 311, 321.

V. Internationales Deliktsrecht   306–308 § 2

vorbildlich gerecht.⁸⁹⁶ Sie setzt die Steuerungsfunktion des Kartellrechts durch Anwendung des jeweiligen Marktrechts optimal um.⁸⁹⁷ Dies korrespondiert auch der allgemeinen Wettbewerbspolitik⁸⁹⁸ und gewährleistet die rechtliche Gleichbehandlung von Konkurrenten auf einem Markt.⁸⁹⁹ Auch ökonomisch ist das Auswirkungsprinzip vorteilhaft, da es das Kartellrecht effektiv gegen wettbewerbsbeschränkendes und damit gesamtwohlfahrtsminderndes Verhalten in Anschlag bringt.⁹⁰⁰

Das Auswirkungsprinzip verknüpft sachgerecht Wirkungen und rechtliche Folgen **306** ein und desselben Verhaltens.⁹⁰¹ Dass für Unternehmen, die miteinander auf einem Markt konkurrieren und um Marktanteile kämpfen, einheitliche Spielregeln gelten, ist sachgerecht. Zudem ist die effects doctrine seit langem der international übliche Standard,⁹⁰² als völkerrechtlich unbedenklich anerkannt, da eine sinnvolle Anknüpfung.⁹⁰³ Die Besonderheit besteht hier allenfalls in der allseitigen, nicht einseitigen Ausgestaltung.⁹⁰⁴ Das Auswirkungsprinzip schließt eine Anlehnung an den Handlungsort aus.⁹⁰⁵

Markt ist auch für die Zwecke des Internationalen Kartellrechts der Ort, wo Angebot **307** und Nachfrage aufeinander treffen und wo der Wettbewerb negativ beeinflusst wird.⁹⁰⁶ Zu betrachten ist der jeweils betroffene räumliche Markt (ohne dass man sich dabei am Verständnis des „relevanten Marktes" aus Artt. 101; 102 AEUV zu orientieren hätte⁹⁰⁷). Die Lage auf anderen Märkten ist auszublenden. Insbesondere erscheint es nicht angängig, bei der Frage, ob sich relevante Auswirkungen im EU-Binnenmarkt ergeben, zugleich die Verhältnisse am Weltmarkt prägend einfließen zu lassen.⁹⁰⁸ Von der Rechtsfolge her, der Anwendung eines bestimmten Rechts, muss man Märkte quasi nationalisieren und bestimmten Staaten zuordnen, auch wenn staatliche Territorien und sachliche Wirtschaftszone nicht immer so strikt übereinstimmen.⁹⁰⁹

Der Marktbegriff als Ort des Aufeinandertreffens von Angebot und Nachfrage ist **308** unionsautonom auszufüllen.⁹¹⁰ Ein Blick auf die einschlägige Rechtsprechung des EuGH

---

⁸⁹⁶ MüKoWettbR/*A. K. Schnyder* Einl. Rn. 847 sowie *Basedow,* ZWeR 2006, 294, 300f.
⁸⁹⁷ Siehe nur GA *Darmon,* Slg. 1988, 5214, 5225 Nr. 50; *Eeckman,* RCDIP 54 (1965), 499, 519; *Bischoff/ Kovac,* Clunet 102 (1975), 675, 700; *G. Wagner,* IPRax 2008, 1, 15; *Massing* S. 173.
⁸⁹⁸ Arbeitspapier der Kommissionsdienststellen „Schadensersatzklagen wegen Verletzung des Wettbewerbsrechts" (10.2.2006), SEK (2005) 1732 S. 87 Nr. 252.
⁸⁹⁹ Siehe nur *Honorati,* Guida dir., Dir. Com. e Int., N. 5, settembre-ottobre 2007, S. 27, 28.
⁹⁰⁰ Siehe nur *Meessen,* Völkerrechtliche Grundlagen des internationalen Kartellrechts, 1975, S. 108; *Seitel,* WuW 1996, 888, 895; *A. Schneider,* Das Drittstaatenargument in den fusionskontrollrechtlichen Entscheidungen der Europäischen Kommission, 2005, S. 20f.
⁹⁰¹ *Ashton/Vollrath,* ZWeR 2006, 1, 16.
⁹⁰² Siehe nur die Nachweise bei *Schwartz/Basedow,* Int. Encycl. Comp. L. III/35 (1995) Rn. 60–73; *Basedow,* RdC 264 (1997), 9; *ders.,* in: Basedow (ed.), Private Enforcement of EC Competition Law, 2007, S. 229, 241; *Ashton/Vollrath,* ZWeR 2006, 1, 16–19; außerdem z. B. BG sic! 2001, 675f.; OGH SZ 2008/ 102 E. 4.2; HG Zürich IPRax 2006, 490, 491; *Magnus,* BerDGesVR 41 (2005), 77, 108.
⁹⁰³ Siehe nur *E. Rehbinder,* Extraterritoriale Wirkungen des deutschen Kartellrechts, 1964, S. 127ff.; *Schwartz,* Deutsches internationales Kartellrecht, 1962, S. 36, 99, 101 et passim; *B. Beck,* Die extraterritoriale Anwendung nationalen Wettbewerbsrechts unter besonderer Berücksichtigung länderübergreifender Fusionen, 1986, S. 97f.
⁹⁰⁴ *T. Ackermann,* Liber Amicorum Pieter Jan Slot, 2009, S. 109, 113; *Immenga,* FS Gunther Kühne, 2009, S. 725, 731.
⁹⁰⁵ Siehe nur *Kreuzer,* in: Vorschläge und Gutachten zur Reform des deutschen Internationalen Privatrechts der außervertraglichen Schuldverhältnisse, 1983, S. 232, 261; *van Arnheim,* Der räumlich relevante Markt im Rahmen der Fusionskontrolle, 1991, S. 87; Soergel/*v. Hoffmann* Art. 34 EGBGB Rn. 35; *Martiny,* FS Ulrich Drobnig, 1998, S. 389, 400; jurisPK BGB/*Wiegandt* Art. 6 Rom II-VO Rn. 27.
⁹⁰⁶ *Mankowski,* RIW 2008, 177, 185; *ders.,* WuW 2012, 797, 806; *Grolimund,* in: Kronke/Melis/H. Kuhn, Handbuch Internationales Wirtschaftsrecht, 2. Aufl. 2017, Teil M Rn. 174; MüKoBGB/*Wurmnest* IntWettbR/IntKartellR Rn. 124. Näher *H. I. Maier* S. 338–343; *Tzakas* S. 336f.; *A. Wolf* S. 450–455.
⁹⁰⁷ *A. Wolf* S. 444–459 gegen *Dickinso* Rn. 6.62–6.64.
⁹⁰⁸ Dahin aber MüKoWettbR/*A. K. Schnyder* Einl. Rn. 928.
⁹⁰⁹ Siehe den Vorwurf von *Adolphsen,* (2005) 1 JPrIL 151, 162.
⁹¹⁰ *W.-H. Roth,* FS Jan Kropholler, 2008, S. 623, 642; *Massing* S. 175; *F. Becker/Kammin,* EuZW 2011, 503, 507.

zu Artt. 101; 102 AEUV (ex Artt. 81; 82 EGV), namentlich auf die Zellstoff-Entscheidung[911], und die seit langem bestehende Praxis der Kommission[912] liegt nahe.[913] Im nächsten Schritt sollte man generell die Anknüpfungsmaßstäbe des primären Unionskartellrechts übertragen und so weit wie möglich verallgemeinern.[914] Außerdem ist Vorhersehbarkeit der Auswirkung zu verlangen.[915] Allerdings sollte man die vom EuGH in der Zellstoff-Entscheidung für relevant erachtete Durchführung des Kartells nicht als einengende Anforderung übertragen, die mehr verlangen würde als ein wie auch immer geartetes Verhalten[916] samt potenziellem Erfolg im Binnenmarkt, das über eine relevante Auswirkung hinausginge.[917] Durchführung meint im Ergebnis in aller Regel Auswirkung.[918] Auswirkung ist jede Veränderung der Wettbewerbssituation.[919] Dabei handelt es sich um ein rein objektives Anknüpfungsmerkmal.[920] Auf einem bestimmten Markt erzielte Umsätze sind deutliches Indiz für eine Auswirkung auf dem betreffenden Markt.[921] Ein gemeinsamer Absatzmarkt, auf dem Geschädigter und Schädiger mit ihren jeweiligen Angeboten um Kunden kämpfen, ist jedenfalls betroffen.[922]

309 Außerdem ist eine Differenzierung nach einzelnen Kartellarten nicht verboten, sondern dürfte im Gegenteil sachlich sogar nicht selten geboten sein.[923] Marktauswirkungen lassen sich dann bejahen, wenn der Anwendungsanspruch einer Rechtsordnung dadurch ausgelöst wird, dass ein Merkmal in einer ihrer Sachnormen verwirklicht ist.[924] Im Ergebnis werden Preiskartelle an den Markt angeknüpft, auf dem überhöhte Preise verlangt werden, und

---

[911] EuGH 27.9.1988 – verb. Rs. 89, 104, 114, 116, 117 u. 125 bis 129/85, Slg. 1988, 5193, 5243 Rn. 16 – A. Ahlström Osakeyhtiö/Kommission.

[912] Siehe nur Entscheidung der Kommission vom 11.3.1964, ABl. EWG 1964 L 58/915 – Grosfillex; Entscheidung der Kommission vom 9.6.1972, ABl. EWG 1972 L 143/39 – Raymond/Nagoya; Entscheidung der Kommission vom 21.12.1973, ABl. EWG 1974 L 19/18 – Schiffsfarben II; Entscheidung der Kommission vom 19.12.1974, ABl. EWG 1975 L 29/11 – Duro-Dyne; Entscheidung der Kommission vom 19.12.1984, ABl. EG 1985 L 92/1, 48 – Aluminiumeinfuhren aus Osteuropa; Entscheidung der Kommission vom 21.12.1988, ABl. EG 1989 L 74/1, 14 – PVC; Entscheidung der Kommission vom 24.4.1996, ABl. EG 1997 L 11/30 Rn. 14 f. – Gencor/Lonrho; Entscheidung der Kommission vom 7.6.2000, ABl. EG 2001 L 152/24 Rn. 182, 234 – Aminosäuren.

[913] *Mankowski*, RIW 2008, 177, 185; *Dickinson*, The Rome II Regulation, Oxford 2008, Rn. 6.62f.; *Fitchen*, (2009) 5 JPrIL 337, 360f.; Rauscher/*Unberath/Cziupka/Pabst* Art. 6 Rom II-VO Rn. 68; P. Huber/ Illmer Art. 6 Rome II Regulation Rn. 92; vgl. auch *Bulst*, EWS 2004, 403, 408; *Handig*, GRUR Int 2008, 24, 28; *Tzakas* S. 337. Vgl. aber auch *M. Hellner*, (2007) 3 JPrIL 49, 60; *Danov*, Jurisdiction and Judgments in Relation to EU Competition Law Claims, 2011, S. 164 f.

[914] Ähnlich G. *Wagner*, IPRax 2008, 1, 8.

[915] Siehe Vermerk des Vorsitzes für den Ausschuss für Zivilrecht (Rom II) vom 23.2.2006, 6623/06 JUSTCIV 33 CODEC 172 S. 3 Fn. 3; Vermerk des Vorsitzes für den Ausschuss für Zivilrecht (Rom II) vom 16.3.2006, 7432/06 JUSTCIV 62 CODEC 247 S. 7 Fn. 3; Vermerk des Vorsitzes für den AStV vom 10.4.2006, 7929/06 JUSTCIV 85 CODEC 296 S. 8 Fn. 3; Vermerk des Vorsitzes für den AStV/Rat vom 21.4.2006, 8417/06 JUSTCIV 104 CODEC 350 S. 8 Fn. 3.

[916] Siehe K. *Günther*, Liber amicorum Karl Heinz Böckstiegel, 2001, S. 253, 262; *Hilbig*, Das unionsrechtliche Kartellverbot in internationalen Handelsschiedsverfahren, 2006, S. 77.

[917] So aber *van Gerven*, 1989 Fordham Corp. L. Inst. 451; *Griffin*, ECLR 1998, 64, 68; *D. J. Zimmer/Leopold*, EWS 2005, 149, 153.

[918] Siehe nur *Ebenroth/Parche*, BB 1988 Beil. 18 S. 17, 18, 22; *Schödermeier*, WuW 1989, 21, 28; *Martinek*, IPRax 1989, 347, 351 f.; Baudenbacher/*A. K. Schnyder*, Die Bedeutung des EG-Kartellrechts für Schweizer Schiedsgerichte, 1996, S. 26 Rn. 44; *Basedow*, RdC 264 (1997), 9, 103; *ders.*, in: Basedow (ed.), Private Enforcement of EC Competition Law, 2007, S. 229, 242; *J. Schwarze*, WuW 2001, 1190, 1200 f.; *Bulst*, EWS 2004, 403, 408; *Gottschalk*, IPRax 2006, 509, 510 sowie BGH IPRax 1999, 106 = WuW/E DE-R 89 (dazu *D. Zimmer/Rudo*, IPRax 1999, 89).

[919] Siehe nur *Martiny*, FS Ulrich Drobnig, 1998, S. 389, 399; Staudinger/*Fezer/Koos* IntWiR Rn. 115; MüKoBGB/*Immenga* IntWettbR/IntKartR Rn. 36.

[920] *Schwartz*, Deutsches internationales Kartellrecht, 1962, S. 31; MüKoBGB/*Immenga* IntWettbR/ IntKartR Rn. 17.

[921] Siehe BKartA WuW/E DE-V 1051; BKartA WuW/E DE-V 1055.

[922] Siehe OLG Hamburg EuLF 2007, II-133 = GRUR-RR 2008, 31 – Exklusivitätsklausel.

[923] MüKoWettbR/*A. K. Schnyder* Einl. Rn. 929; *Tzakas* S. 562–566; anders wohl *Massing* S. 174. Vgl. im deutschen Recht BGHSt 25, 208 – Ölfeldrohre; BGHZ 74, 322, 324 f. – Organische Pigmente; *Basedow*, NJW 1989, 627, 628; MüKoBGB/*Immenga* IntWettbR/IntKartR Rn. 37.

[924] MüKoWettbR/*A. K. Schnyder* Einl. Rn. 927.

V. Internationales Deliktsrecht   310–313 § 2

Lieferverweigerungen marktbeherrschender Unternehmen betreffen die Märkte, auf die Waren ihretwegen nicht gelangen.[925]

Obwohl sie nicht ausdrücklich festgeschrieben ist, sollte man dem Auswirkungsprinzip **310** eine immanente Wesentlichkeitsschwelle einschreiben.[926] Dies war teilweise für einen Erwägungsgrund vorgesehen,[927] hat aber letztlich keinen ausdrücklichen Niederschlag gefunden. Die fehlende Erwähnung im Normtext ändert aber nichts an der sachlichen Berechtigung und Notwendigkeit einer Wesentlichkeits- oder Spürbarkeitsschwelle.[928] Eine solche Schwelle ist dem Auswirkungsprinzip als Bagatellklausel[929] nachgerade immanent.

Die Spürbarkeit bemisst sich für Dritte an einer Beeinträchtigung ihrer Handlungsalter- **311** nativen.[930] Das Gemeinschaftssachrecht arbeitet ausgehend von einem unteren Schwellenwert von 5% Marktanteil als quantitativem Richtwert.[931] Dieser Richtwert erscheint auch für das Kollisionsrecht denkbar.[932] Insoweit wird der wertungsmäßige Gleichlauf zwischen primär- und sekundärrechtlichem Auswirkungskriterium zum zusätzlichen Vorteil.[933] Dagegen sollte man Richtwerte aus einzelnen Rechtsakten nicht telles quelles in das Kollisionsrecht übernehmen,[934] insbesondere nicht die Marktanteile von 10% horizontal und 15% vertikal aus der Bagatellbekanntmachung der Kommission[935].

Qualitativ sind indes die Schwere der Beeinträchtigung und die sonstigen Marktverhält- **312** nisse zu berücksichtigende Kriterien im Sachrecht,[936] die man im Kern auch auf das Kollisionsrecht übertragen kann. Ein Umkehrschluss aus Art. 6 III lit. b Hs. 1 Rom II-VO und der dortigen ausdrücklichen Anordnung einer „unmittelbaren und wesentlichen" Beeinträchtigung ist nicht angezeigt,[937] weil jene Kriterien ihrerseits nur Ausprägungen der allgemeinen Spürbarkeits- und Wesentlichkeitsschwelle sind.[938]

d) Beeinträchtigung mehrerer Märkte. aa) Grundsatz: Mosaikprinzip. Ergeben sich Aus- **313** wirkungen ein und desselben Verhaltens auf mehreren Märkten, so gilt als Ausgangspunkt

---

[925] jurisPK BGB/*Wiegandt* Art. 6 Rom II-VO Rn. 27.
[926] *Mankowski*, RIW 2008, 177, 186; *M. Hellner*, (2007) 3 JPrIL 49, 61–64; *G.-P. Calliess/B. Buchner* Art. 6 Rome II Regulation Rn. 38; *H. I. Maier* S. 345; *Massing* S. 186–190 sowie jurisPK BGB/*Wiegandt* Art. 6 Rom II-VO Rn. 28. Anderer Ansicht *W.-H. Roth*, FS Jan Kropholler, 2008, S. 623, 640 f.; *Dickinson* Rn. 6.65; *Rodríguez Pineau*, (2009) 5 JPrIL 311, 322; *Fitchen*, (2009) 5 JPrIL 337, 366; Rauscher/*Unberath/Cziupka/Pabst* Art. 6 Rom II-VO Rn. 69; *P. Huber/Illmer* Art. 6 Rome II Regulation Rn. 102; *Tzakas* S. 341.
[927] Erwägungsgrund (11a) S. 2 Vermerk des Vorsitzes für den Ausschuss für Zivilrecht (Rom II) vom 2.5.2006, 8498/06 JUSTCIV 105 CODEC 358 S. 6; Erwägungsgrund (11a) S. 2 Vermerk des Vorsitzes für den AStV/Rat vom 19.5.2006, 9143/06 JUSTCIV 118 CODEC 455 S. 6.
[928] Anderer Ansicht z. B. *Fitchen*, (2009) 5 JPrIL 337, 366; *A. Wolf* S. 499–509.
[929] Siehe nur *H. Schäfer*, Internationaler Anwendungsbereich der präventiven Zusammenschlusskontrolle im deutschen und europäischen Recht, 1993, S. 49; jurisPK BGB/*Wiegandt* Art. 6 Rom II-VO Rn. 28; *Massing* S. 186.
[930] *Mestmäcker/Schweitzer*, Europäisches Wettbewerbsrecht, 3. Aufl. 2014, § 10 Rn. 80; Internationaler Anwendungsbereich der präventiven Zusammenschlusskontrolle im deutschen und europäischen Recht, 1993, *H. Schäfer*, Internationaler Anwendungsbereich der präventiven Zusammenschlusskontrolle im deutschen und europäischen Recht, 1993, S. 215; Immenga/Mestmäcker/*V. Emmerich*, Wettbewerbsrecht, Bd. I: WettbR EU, Teil 1, 5. Aufl. 2012, Art. 101 I AEUV Rn. 185.
[931] Immenga/Mestmäcker/*V. Emmerich*, Wettbewerbsrecht, Bd. I: WettbR EU, Teil 1, 5. Aufl. 2012, Art. 101 I AEUV Rn. 190; *A. Fuchs*, ZWeR 2007, 369, 386.
[932] *Mankowski*, RIW 2008, 177, 186; *Massing* S. 192 f. Ablehnend Rauscher/*Unberath/Cziupka/Pabst* Art. 6 Rom II-VO Rn. 69.
[933] *H. I. Maier* S. 347–349.
[934] *Mankowski*, RIW 2008, 177, 186; *Massing* S. 195 f.
[935] Bekanntmachung der Kommission über Vereinbarungen von geringer Bedeutung, die den Wettbewerb gemäß Art. 81 I des Vertrags zur Gründung der EG nicht spürbar beschränken (de minimis), ABl. EG 2001 C 368/13 Rn. 2.
[936] Insbesondere EuG Slg. 1998, II-3141 Rn. 102 f. – European Night Services Ltd./Kommission.
[937] Entgegen *W.-H. Roth*, FS Jan Kropholler, 2008, S. 623, 640 f.; *Dickinson* Rn. 6.65; *Rodríguez Pineau*, (2009) 5 JPrIL 311, 322; *T. Ackermann*, Liber Amicorum Pieter Jan Slot, 2009, S. 109, 114; Rauscher/*Unberath/Cziupka/Pabst* Art. 6 Rom II-VO Rn. 69. Wie hier *Massing* S. 181.
[938] *Mankowski*, RIW 2008, 177, 189 f.; *Massing* S. 256 sowie *U. Scholz/Rixen*, EuZW 2008, 327, 331; *H. I. Maier* S. 350 f.

das Mosaikprinzip: Die Auswirkungen auf den einzelnen Märkten sind nach dem jeweiligen Marktrecht zu beurteilen.[939] Jeder Markt wird von seinem eigenen Recht beherrscht. Es erfolgt keine Suche nach einem relativen Schwerpunkt. Es erfolgt keine Suche nach dem relativ am stärksten betroffenen Markt.[940] Erwägungsgrund (20) S. 3 Gemeinsamer Standpunkt besagte noch ausdrücklich: „Ist der Schaden in mehr als einem Staat eingetreten, so ist das Recht jedes dieser Staaten nur für den jeweils in diesem Gebiet entstandenen Schaden anzuwenden."[941] Erwägungsgrund (20) S. 3 Gemeinsamer Standpunkt ist zwar in Erwägungsgrund (22) Rom II-VO nicht mehr so fortgeführt. Seine Aussage gilt aber unverändert fort.[942] Sie ist unverändert zutreffend und die richtige Leitschnur.[943]

314 Das Mosaikprinzip ist keine echte Mehrfachanknüpfung, die dazu führen würde, dass ein und derselbe Sachverhalt mehreren Rechten gleichzeitig unterläge, sondern eine distributive Anknüpfung: Es unterstellt verschiedene Sachverhaltsausschnitte verschiedenen Rechten, aber jeden Sachverhaltsausschnitt nur genau einem Recht, nicht mehreren.[944] Hinsichtlich eines Sachverhaltsausschnitts können daher nicht verschiedene Rechte kollidieren.[945] Allerdings setzt sich, sofern die betreffenden Unternehmen sich nicht von dem jeweiligen Markt zurückziehen wollen, im Ergebnis entweder das strengste Recht durch oder das Recht des ökonomisch stärksten Staates.

315 bb) Lex fori nach Art. 6 III lit. b Hs. 1 Rom II-VO. (1) Lex fori bei Klage am Beklagtenwohnsitz. Art. 6 III lit. b Rom II-VO will dem Geschädigten noch ein Stück weiter entgegenkommen.[946] Sein erster Halbsatz beruft die lex fori zur Anwendung, wenn drei Voraussetzungen erfüllt sind: Erstens muss eine Mehrzahl nationaler Märkte beeinträchtigt sein.[947] Zweitens muss die Klage im Wohnsitzstaat des Kartellanten erhoben sein, wobei der Wohnsitz über Erwägungsgrund (7) Rom II-VO nach Artt. 62; 63 Brüssel Ia-VO zu bestimmen ist.[948] Drittens muss der Markt im Forumstaat unmittelbar und wesentlich betroffen sein. Dies soll die durch eine Anwendung fremden Rechts verursachten Schwierigkeiten und Kosten vermeiden.[949] Es soll ein einziges Recht an Stelle einer Mehrzahl von Rechten zur Anwendung kommen und so rechtliche Konzentration eintreten.[950] Forumstaat muss ein Mitgliedstaat sein, ein Drittstaat reicht nicht aus.[951]

---

[939] Arbeitspapier der Kommissionsdienststellen „Schadensersatzklagen wegen Verletzung des Wettbewerbsrechts" (10.2.2006), SEK (2005) 1732 S. 86 Nr. 248; *D. J. Zimmer/Leopold*, EWS 2005, 149, 152; *Adolphsen*, (2005) 1 JPrIL 151, 161; *Basedow*, ZWeR 2006, 294, 299 f.; *Mankowski*, RIW 2008, 177, 188; *W.-H. Roth*, FS Jan Kropholler, 2008, S. 623, 640; *Dickinson* Rn. 6.64; *Rodríguez Pineau*, (2009) 5 JPrIL 311, 323; *Fitchen*, (2009) 5 JPrIL 337, 355 f.; *Immenga*, FS Gunther Kühne, 2009, S. 725, 729; MüKoBGB/*Immenga* IntWettbR/IntKartR Rn. 78; jurisPK BGB/*Wiegandt* Art. 6 Rom II-VO Rn. 30; Rauscher/*Unberath*/*Cziupka/Pabst* Art. 6 Rom II-VO Rn. 70; *Danov* S. 165–167; G.-P. Calliess/*B. Buchner* Art. 6 Rome II Regulation Rn. 39; P. Huber/*Illmer* Art. 6 Rome II Regulation Rn. 106; *H. I. Maier* S. 375 f.; *Tzakas* S. 362; *D. J. Zimmer* S. 392 f.; MüKoBGB/*Wurmnest* IntWettbR/IntKartellR Rn. 126; *A. Wolf* S. 554–561. Allgemein *H. Stoll*, GS Alexander Lüderitz, 2000, S. 733, 748 f.; *A. Fuchs*, GPR 2004, 100, 102.
[940] Dafür aber *Basedow*, ZWeR 2006, 294, 299 f.
[941] Gemeinsamer Standpunkt (EG) Nr. 22/2006, vom Rat festgelegt am 25.9.2006, im Hinblick auf die Annahme der Verordnung (EG) Nr. …/2006 des Europäischen Parlaments und des Rates über das auf außervertragliche Schuldverhältnisse anzuwendende Recht („Rom II"), ABl. EU 2006 C 289E/69.
[942] Siehe *Leible/M. Lehmann*, RIW 2007, 721, 730.
[943] Siehe nur *Tzakas* S. 364 f.
[944] *Mankowski*, RIW 2008, 177, 188; *Massing* S. 243.
[945] *Mankowski*, RIW 2008, 177, 188.
[946] Vgl. *Garcimartín Alférez*, EuLF 2007, I-77, I-86; *H. I. Maier* S. 381.
[947] *A. Wolf* S. 516 f.
[948] *Mankowski*, RIW 2008, 177, 189; *Rodríguez Pineau*, AEDIPr VII (2007), 447, 455; *A. Wolf* S. 523 mwN.
[949] Bericht des Europäischen Parlaments zu dem vom Vermittlungsausschuss angenommenen gemeinsamen Text für eine Verordnung des Europäischen Parlaments und des Rates über das auf außervertragliche Schuldverhältnisse anzuwendende Recht („Rom II"), A6-0257/2007, S. 9.
[950] Ähnlich *Fallon*, in: Basedow/Baum/Nishitani (eds.), Japanese and European Private International Law in Comparative Perspective, Tübingen 2008, S. 261, 268; *W.-H. Roth*, FS Jan Kropholler, 2008, S. 623, 646; *H. I. Maier* S. 381 f.; 403.
[951] *G. Wagner*, IPRax 2008, 1, 8; jurisPK BGB/*Wiegandt* Art. 6 Rom II-VO Rn. 31.

V. Internationales Deliktsrecht 316–319 § 2

Der Markt im Forumstaat muss unmittelbar und wesentlich beeinträchtigt sein. Es ist 316 nicht erforderlich, dass er der einzige unmittelbar und wesentlich beeinträchtigte Markt ist[952] oder der schwerpunktmäßig betroffene Markt oder der am stärksten betroffene Markt,[953] aber er muss zumindest zu den unmittelbar und wesentlich beeinträchtigten Märkten gehören. Es muss mindestens das Maß an Beeinträchtigung bestehen, das der Grundtatbestand des Art. 6 III lit. a Rom II-VO voraussetzt.[954] Unmittelbarkeit und Wesentlichkeit müssen zumindest Spürbarkeit begründen.[955] Ist der Markt im Forumstaat nicht relevant betroffen, so bleibt es beim Mosaikprinzip.[956]

Art. 6 III lit. b Hs. 1 Rom II-VO bietet nur eine Option, ein Wahlrecht.[957] Art. 6 III 317 lit. a Rom II-VO ist keineswegs vollständig verdrängt, sondern bleibt im Menu der Optionen.[958] Wird die Option gar nicht ausgeübt, so bleibt es bei der Regel: Auswirkungsprinzip und Mosaikprinzip.[959] Art. 6 III lit. b Rom II-VO ist also keine verdrängende lex specialis.[960] Andererseits eröffnet er dem Kläger natürlich Möglichkeiten zum forum shopping.[961] Die Ausübung der Option muss sich in den Rahmen des nationalen Prozessrechts und die dortigen Formen fügen.[962] In Deutschland dürfte dies auf eine analoge Anwendung der Artt. 40 I 2, 3; 46a EGBGB hinauslaufen.[963]

Das Optionsrecht steht nur dem Geschädigten zu, dagegen im Fall einer negativen Fest- 318 stellungsklage (also mit umgekehrten Parteirollen) dem Schädiger als Kläger.[964] Der Geschädigte kann es nicht teilen, sondern muss es einheitlich und insgesamt ausüben.[965]

(2) Lex fori bei Klage gegen mehrere Beklagte nach Art. 6 III lit. b Hs. 2 Rom II-VO. 319 An Kartellabsprachen oder abgestimmtem Verhalten sind per definitionem mehrere beteiligt. Daher liegt es nahe, dass die Geschädigten solcher Absprachen oder solchen Verhaltens alle daran Beteiligten verklagen. Art. 6 III lit. b Hs. 2 Rom II-VO dehnt die Anwendung der lex fori aus, wenn die Klage am Wohnsitz eines Kartellanten erhoben wird, der Markt im Forumstaat unmittelbar und wesentlich[966] betroffen ist und ein Anspruch gegen jeden Beklagten besteht. Dies erscheint als logische Extension des mit Art. 6 III lit. b Hs. 1 Rom II-VO begonnenen Gedankens.[967] Wieder wird eine Konzentration erzielt, wieder wird ein Mosaikprinzip vermieden, wieder werden tertiäre Rechtsdurchsetzungskosten erspart. Man möchte so dem Ideal, ein im Prinzip einheitliches Kartell nach nur einem Recht zu beur-

---

[952] *Danov* S. 169.
[953] Siehe nur *Mankowski*, RIW 2008, 177, 189; *W.-H. Roth*, FS Jan Kropholler, 2008, S. 623, 646; jurisPK BGB/*Wiegandt* Art. 6 Rom II-VO Rn. 32; *G.-P. Calliess/B. Buchner* Art. 6 Rome II Regulation Rn. 42. Vgl. die dazu angestellten Überlegungen bei *Basedow*, ZWeR 2006, 294, 300.
[954] *Mankowski*, RIW 2008, 177, 189; *H. I. Maier* S. 377 f.
[955] *Mankowski*, RIW 2008, 177, 189; siehe *Handig*, GRUR Int 2008, 24, 29 Fn. 89 unter Hinweis auf EuGH Slg. 1998, I-1983 Rn. 25 f. – Javico AG/Yves Saint Laurent Parfums SA und *W.-H. Roth*, FS Jan Kropholler, 2008, S. 623, 646.
[956] *Rodríguez Pineau*, (2009) 5 JPrIL 311, 325.
[957] *Heiss/Loacker*, JBl 2007, 613, 630 Fn. 204; *G. Wagner*, IPRax 2008, 1, 8; *W.-H. Roth*, FS Jan Kropholler, 2008, S. 623, 647; *Danov* S. 163; *H. I. Maier* S. 376; *Mäsch*, in: W. Berg/Mäsch, Deutsches und Europäisches Kartellrecht, 3. Aufl. 2018, § 185 GWB Rn. 21; MüKoBGB/*Wurmnest* IntWettbR/IntKartellR Rn. 148.
[958] Kaum verständlich daher *Rodríguez Pineau*, (2009) 5 JPrIL 311, 318; *Fitchen*, (2009) 5 JPrIL 337, 354 f.
[959] Siehe nur Rauscher/*Unberath/Cziupka/Pabst* Art. 6 Rom II-VO Rn. 79.
[960] *Danov* S. 163.
[961] MüKoBGB/*Wurmnest* IntWettbR/IntKartellR Rn. 150.
[962] jurisPK BGB/*Wiegandt* Art. 6 Rom II-VO Rn. 34; *P. Huber/Illmer* Art. 6 Rome II Regulation Rn. 109.
[963] jurisPK BGB/*Wiegandt* Art. 6 Rom II-VO Rn. 34; Rauscher/*Unberath/Cziupka/Pabst* Art. 6 Rom II-VO Rn. 78; MüKoBGB/*Wurmnest* IntWettbR/IntKartellR Rn. 170–173.
[964] *Mankowski*, RIW 2008, 177, 190; *H. I. Maier* S. 377; MüKoBGB/*Wurmnest* IntWettbR/IntKartellR Rn. 153.
[965] MüKoBGB/*Wurmnest* IntWettbR/IntKartellR Rn. 154 f.
[966] Eingehend zu diesen beiden Voraussetzungen insbesondere *A. Wolf* S. 530–547.
[967] *Mankowski*, RIW 2008, 177, 191; Rauscher/*Unberath/Cziupka/Pabst* Art. 6 Rom II-VO Rn. 82; *P. Huber/Illmer* Art. 6 Rome II Regulation Rn. 117; *H. I. Maier* S. 397 f.; *D. J. Zimmer* S. 404.

§ 2   320–324   § 2. Internationales Privatrecht der außervertraglichen Schuldverhältnisse

teilen,[968] näher kommen.[969] Synergieeffekte zwischen forum und ius sind bezweckt.[970] Prozessrechtlich steht der Gerichtsstand der Streitgenossenschaft aus Art. 8 Nr. 1 Brüssel Ia-VO[971] im Hintergrund.[972]

320   Art. 6 III lit. b Hs. 2 Rom II-VO verlangt materiell ein Verhalten, das einen Anspruch gegen *jeden* Beklagten begründet. Diese Anforderung ist im Grundsatz strenger als bloße Konnexität.[973] Bei Konnexität unter Art. 8 Nr. 1 oder Art. 30 III Brüssel Ia-VO ist bei Klagen aus Delikt nicht erforderlich, dass es sich um dasselbe Delikt handeln müsste.[974] Dort ist indes von einem hinreichenden Zusammenhang auszugehen, wenn die Klagen auf demselben rechtlichen Grund beruhen oder sich auf denselben tatsächlichen Gegenstand beziehen.[975] Auf ein entsprechendes Kriterium dürften die Anforderungen des Art. 6 III lit. b Hs. 2 Rom II-VO hinauslaufen, sodass jedenfalls keine Zuständigkeitsprobleme entstehen dürften.[976]

321   Bei horizontalen Kartellabsprachen, Missbräuchen einer kollektiven marktbeherrschenden Stellung oder abgestimmtem Verhalten beruhen Ansprüche gegen die daran beteiligten Unternehmen zumindest auf dem gleichen tatsächlichen Grund.[977]

322   *e) Nichtigkeitsfolge für kartellrechtswidrige Verträge.* Im Grenzbereich von Rom II- und Rom I-VO bewegt sich die Anknüpfung eventueller vertragsrechtlicher Sanktionen gegen kartellrechtswidrige Verträge, also insbesondere von Nichtigkeitsfolgen. Die Alternativen lauten: entweder internationalkartelldeliktsrechtliche Anknüpfung über Art. 6 III Rom II-VO oder eingriffsrechtliche Anknüpfung im Internationalen Vertragsrecht über Art. 9 Rom I-VO. Vorzuziehen ist letzteres. Denn Objekt, auf das eingewirkt und in das eingegriffen wird, ist der Vertrag. Nichtigkeitsanordnungen zur Durchsetzung übergeordneter öffentlicher Interessen sind der klassische Fall der exogenen Einwirkung auf den Vertrag, nachgerade das Paradebeispiel für die Wirkungsweise von Eingriffsrecht.

323   *f) Anknüpfung unionsrechtlichen Kartellrechts.* Art. 6 III Rom II-VO soll ausweislich Erwägungsgrund (22) S. 1 Rom II-VO der Anknüpfung nationalen wie unionsrechtlichen Kartellrechts dienen.[978] Das Konzept, wie unionsrechtliches Kartellrecht angeknüpft werden soll, bleibt indes unklar: Primärrecht kann schlecht von einem Sekundärrechtsakt angeknüpft werden, sondern muss seinen internationalen Anwendungsbereich aus sich selbst heraus entwickeln. Alles andere wäre mit der Normenhierarchie kaum vereinbar.[979] Indes besteht letztlich doch ein Ergänzungsverhältnis. Denn Artt. 101; 102 AEUV (ex Artt. 81; 82 EGV) enthalten keine Anspruchsgrundlage für Schadensersatzansprüche. Insoweit bedürfen sie bekanntlich der Ergänzung.[980]

324   Deutlicher Beleg für die fundamentale Schwierigkeit, unionsrechtliches Kartellrecht über Art. 6 III Rom II-VO anzuknüpfen, ist die Rechtsfolge: Art. 6 III Rom II-VO verweist auf das Recht eines Mitgliedstaates. Dies passt mit der unmittelbaren und einheitlichen Anwendbarkeit namentlich der VO (EG) Nr. 1/2003 vorderhand nur schlecht zusammen.

---

[968] Siehe Arbeitspapier der Kommissionsdienststellen „Schadensersatzklagen wegen Verletzung des Wettbewerbsrechts" (10.2.2006), SEK (2005) 1732 S. 85 Nr. 245.
[969] *Mankowski*, RIW 2008, 177, 191.
[970] *Negri*, Int'l. Lis 2011, 17, 23.
[971] Zu dessen Anwendung in Kartellsachen *Mankowski*, WuW 2012, 947.
[972] Siehe nur *Wurmnest*, EuZW 2012, 933, 939; *Tzakas* S. 590; *A. Wolf* S. 526–529; MüKoBGB/*Wurmnest* IntWettbR/IntKartellR Rn. 163.
[973] *Mankowski*, RIW 2008, 177, 192.
[974] Siehe dort EuGH Slg. 2007, I-8319 Rn. 37–47 – Freeport plc/Olle Arnoldsson.
[975] *Schurig*, FS Hans-Joachim Musielak, 2004, S. 493, 522; Rauscher/*Leible* Art. 8 Brüssel Ia-VO Rn. 8.
[976] *Mankowski*, RIW 2008, 177, 192.
[977] *Leible*/M. *Lehmann*, RIW 2007, 721, 730; *Mankowski*, RIW 2008, 177, 192; *Tzakas* S. 373.
[978] Erstmals ausformuliert in Erwägungsgrund (11a) S. 1 Vermerk des Vorsitzes für den Ausschuss für Zivilrecht (Rom II) vom 2.5.2006, 8498/06 JUSTCIV 105 CODEC 358 S. 6.
[979] *Mankowski*, RIW 2008, 177, 179; *ders.*, Schadensersatzklagen bei Kartelldelikten, 2012, S. 10; *Immenga*, FS Gunther Kühne, 2009, S. 725, 728.
[980] Siehe nur EuGH Slg. 2001, I-6297, I-6324 Rn. 29 – Courage Ltd./Bernard Crehan.

V. Internationales Deliktsrecht

Soll diese Verordnung etwa dann als Teil jenes mitgliedstaatlichen Rechts gelten, auf das Art. 6 III Rom II-VO verweist? Bei multistate-Sachverhalten, bei denen allein die Märkte von Mitgliedstaaten betroffen sind, wäre dies nur eine unnötige Komplikation. Mit der FusionskontrollVO sind kaum Zielkonflikte zu erwarten, da diese keine eigenen Schadensersatztatbestände enthält.[981]

5. Umwelthaftung

Literatur: *Bogdan*, The Treatment of Environmental Damage in Regulation Rome II, in: Ahern/Binchy (eds.), The Rome II Regulation on the Law Applicable to Non-Contractual Obligations, The Hague 2009, S. 219; *Giansetto*, Le droit international privé à l'épreuve des nouveaux contentieux en matière de responsabilité climatique, Clunet 2018, 507; *Grisel,* Analyse critique de l'article 7 du règlement du 11 juillet 2007 sur la loi applicable aux obligations non contractuelles („Rome II"), Rev. dr. int. dr. comp. 2011, 148; *Ivaldi*, European Union, Environmental Protection and Private International Law: Article 7 of Rome II Regulation, EuLF 2013, 137; *dies.,* Unione europea, tutela ambientale e diritto internazionale privato: l'Art. 7 del regolamento Roma II, RDIPP 2013, 861; *Junker*, Internationale Umwelthaftung der Betreiber von Energieanlagen nach der Rom II-Verordnung, FS Peter Salje, 2013, S. 243; *Kadner Graziano*, The Law Applicable to Cross-Border Damage to the Environment, YbPIL 9 (2007), 71; *Mankowski*, Ausgewählte Einzelfragen zur Rom II-VO: Internationales Umwelthaftungsrecht, Internationales Kartellrecht, renvoi, Parteiautonomie, IPRax 2010, 389; *ders.,* Internationalprozess- und internationalprivatrechtliche Aspekte von grenzüberscheitender Climate Change Litigation in Deutschland, GS Arndt Schmehl, 2019; *Martiny*, Grenzüberschreitende Umwelthaftung im Schnittfeld zwischen Internationalem Privatrecht und Internationalem Verwaltungsrecht, FS Franz-Joseph Peine, 2016, S. 181; *Matthes*, Umwelthaftung unter der Rom II-VO, GPR 2011, 146; *Planas*, Cross-Border Environmental Damage in Conflict of Laws, YbPIL 18 (2016/17), 289; *Rüppell*, Die Berücksichtigungsfähigkeit ausländischer Anlagengenehmigungen, 2012; *Thorn*, Die Haftung für Umweltschäden im Gefüge der Rom II-VO, in: Kieninger/Remien (Hrsg.), Europäische Kollisionsrechtsvereinheitlichung, 2012, S. 139; *Vrellis*, The Law Applicable to the Environmental Damage – Some Remarks on Rome II Regulation, Liber amicorum Alegria Borrás, 2013, S. 869.

a) Ubiquitätsprinzip. Im Internationalen Umwelthaftungsrecht verwirklicht der europäische Gesetzgeber in Art. 7 Rom II-VO punktuell und bereichsspezifisch[982] das Ubiquitätsprinzip:[983] Der Geschädigte hat die Wahl zwischen dem nach Art. 4 I Rom II-VO berufenen Recht (also dem Recht des Erfolgsorts) und dem Recht des Handlungsorts. Faktisch handelt es sich um eine einseitige Rechtswahloption des Geschädigten.[984] Theoretisch unterwirft man so den Schädiger dem kollisionsrechtlich strengsten Haftungsregime und fördert dadurch die Vermeidung von Umweltschädigungen.[985]

Man möchte das Verursacherprinzip auch auf der kollisionsrechtlichen Ebene durchsetzen und vermeiden, dass Betreiber umweltverschmutzender Anlagen Regulierungsarbitrage betreiben und von Regelungsgefällen profitieren.[986] Beim Rechtsgut Umwelt rücken damit die Abschreckungseffekte in den Vordergrund und prägen die Regelbildung.[987] Dahinter

---

[981] *Immenga*, FS Gunther Kühne, 2009, S. 725, 729.
[982] *Ivaldi*, RDIPP 2013, 861, 864.
[983] Siehe nur *Schiano di Pepe*, in: Carbone/Chiavario (a cura di), Cooperazione giudiziaria civile e penale nel diritto dell'Unione Europea, Torino 2008, S. 117; *Kadner Graziano*, YbPIL 9 (2007), 71; *Carbone/Schiano di Pepe*, Dir. mar. 111 (2009), 50; *Bogdan*, JT 2007, 575; *ders.,* Liber Fausto Pocar, tomo II, 2009, S. 95; *ders.,* in: Ahern/Binchy (eds.), The Rome II Regulation on the Law Applicable to Non-Contractual Obligations, The Hague 2009, S. 219; *Ivaldi*, RDIPP 2013, 861, 876f.; *Vrellis*, Liber amicorum Alegria Borrás, 2013, S. 869, 880f.
[984] *Feraci*, Riv. dir. int. 2013, 424, 441 f.; *Vrellis*, Liber amicorum Alegria Borrás, 2013, S. 869, 880f.
[985] *Leible/M. Lehmann*, RIW 2007, 721, 729; *G. Wagner*, IPRax 2008, 1, 9; *de Boer*, WPNR 6780 (2008), 988, 991; *v. Hein*, ZEuP 2009, 6, 30; *Kadner Graziano*, RabelsZ 73 (2009), 1, 47; *Sujecki*, EWS 2009, 310, 317.
[986] Vorschlag für eine Verordnung des Europäischen Parlaments und des Rates für das auf außervertragliche Schuldverhältnisse anzuwendende Recht, KOM (2003) 427 endg. S. 20; *G. Wagner*, IPRax 2006, 372, 380; *Garcimartín Alférez*, EuLF 2007, I-77, I-87; *de Lima Pinheiro*, RDIPP 2008, 5, 26; *Kadner Graziano*, RabelsZ 73 (2009), 1, 47.
[987] Vgl. *Bogdan*, Liber Fausto Pocar, tomo II, 2009, S. 95, 97; *Matthes*, GPR 2010, 146, 147–149; *Vrellis*, Liber amicorum Alegria Borrás, 2013, S. 869, 880f.

steht auch eine Gemeinschaftspolitik, die sich dem Umweltschutz als einem Ziel verschrieben hat.[988] Erwägungsgrund (25) Rom II-VO nennt ausdrücklich Art. 174 II 1 EGV (heute Art. 191 II 1 AEUV). Dies rechtfertigt in favorem naturae auch die Diskriminierung des ausländischen Emittenten[989] und den favor laesi.[990] Das Ubiquitätsprinzip wird gezielt als Günstigkeitsprinzip[991] und gleichsam als Mittel des private enforcement eingesetzt.

327 Die alternative Anknüpfung soll der gezielten Ansiedlung umweltverschmutzender, emissionsstarker Anlagen in Staaten mit niedrigen Umweltschutzniveaus entgegenwirken und lässt umgekehrt Geschädigte aus Staaten mit niedrigem Schutzniveau von höheren Umweltstandards im Standortland der Anlage profitieren.[992] Das Ubiquitätsprinzip als Ausgleich für die vom Umweltverschmutzer verfolgten wirtschaftlichen Interessen anzuführen[993] mag indes Wertungsprobleme mit der anders ausgestalteten Anknüpfung der Produkthaftung aufwerfen, wo ebenfalls eindeutig wirtschaftliche Interessen verfolgt werden.[994]

328 Öffentlichen Körperschaften kommt Art. 7 Rom II-VO nur begrenzt zugute. Denn spezifisch hoheitliche oder verwaltungsrechtliche Angelegenheiten grenzt bereits Art. 1 I Rom II-VO aus der gesamten Rom II-VO aus, also auch aus deren Art. 7.[995] Allerdings kommt Art. 7 Rom II-VO auch der öffentlichen Hand zugute, soweit sie sich auf privatrechtliche Anspruchsgrundlagen stützen kann, die jeder beliebige Gläubiger geltend machen könnte, z.B. für Abwendungen zur Abwehr einer Gefahr oder für Maßnahmen zur Beseitigung eines Schadens an öffentlichem Eigentum.[996] Für allgemeine Regenerierungsmaßnahmen kommt es darauf an, ob man die Wiederherstellung der natürlichen Lebensgrundlagen nur als Gemeinschaftsaufgabe ansieht, die funktionell auch ein Privater ausführen könnte, (dann Art. 7 Rom II-VO) oder aber als genuin hoheitliches Handeln (dann Ausgrenzung durch Art. 1 I Rom II-VO).[997]

329 *b) Erfolgsortanknüpfung.* Grundanknüpfung ist die allgemeine Anknüpfung an den Erfolgsort aus Art. 4 I Rom II-VO. Art. 7 Hs. 1 Rom II-VO enthält mehrere Einschränkungen. Deren erste macht bereits der Wortlaut ganz klar: Verwiesen wird nur und ausschließlich auf Art. 4 I Rom II-VO. Verwiesen wird dagegen nicht auf Art. 4 II und III Rom II-VO. Die Auflockerungen des allgemeinen Deliktsstatuts sollen keine Anwendung finden, nur die Erfolgsortanknüpfung. Es gibt keine Ausweichklausel und keine Anknüpfung an einen gemeinsamen gewöhnlichen Aufenthalt. Dadurch wird bei Umweltschäden, die häufig Massenschäden sind und viele Geschädigte betreffen, eine Gleichbehandlung der Geschädigten hinsichtlich des anwendbaren Rechts erzielt, ohne dass es auf Besonderheiten im Verhältnis zwischen dem Schädiger und einzelnen Geschädigten ankommen darf.[997a] Umweltschäden berühren nicht nur Individualgüter, sondern auch Allgemeininteressen und öffentliche Güter. Sie eignen sich deshalb weniger für eine Privatisierung und Verfügung in Relativbeziehungen.

330 Eine zweite Einschränkung ergibt sich, wenn man diesen Gedanken konsequent fortführt: Art. 7 Hs. 1 Rom II-VO verweist auch nicht auf Art. 14 Rom II-VO. Eine Rechts-

---

[988] *Michaels,* FS Jan Kropholler, 2008, S. 151, 160f.
[989] *G. Wagner,* IPRax 2008, 1, 9; *Bogdan,* Liber Fausto Pocar, tomo II, 2009, S. 95, 96; BeckOGK/ *S. Huber* Art. 7 Rom II-VO Rn. 35.
[990] *Feraci,* Riv. dir. int. 2013, 424, 442; *Giansetto,* Clunet 2018, 507, 527.
[991] *Bogdan,* Liber Fausto Pocar, tomo II, 2009, S. 95, 98.
[992] Vorschlag für eine Verordnung des Europäischen Parlaments und des Rates für das auf außervertragliche Schuldverhältnisse anzuwendende Recht, KOM (2003) 427 endg. S. 21f.; *Betlem/Bernasconi,* (2006) 122 LQR 124, 141; *v. Hein,* VersR 2007, 440, 449; *Mankowski,* IPRax 2010, 389f.; jurisPK BGB/*Wurmnest* Art. 7 Rom II-VO Rn. 1; *Vrellis,* Liber amicorum Alegria Borrás, 2013, S. 869, 882.
[993] Vorschlag für eine Verordnung des Europäischen Parlaments und des Rates für das auf außervertragliche Schuldverhältnisse anzuwendende Recht, KOM (2003) 427 endg. S. 20.
[994] *Heiss/Loacker,* JBl 2007, 613, 632.
[995] *A. Junker,* FS Peter Salje, 2013, S. 243, 249; BeckOGK/*S. Huber* Art. 7 Rom II-VO Rn. 25.
[996] *A. Junker,* FS Peter Salje, 2013, S. 243, 249; BeckOGK/*S. Huber* Art. 7 Rom II-VO Rn. 26.
[997] Siehe BeckOGK/*S. Huber* Art. 7 Rom II-VO Rn. 27.
[997a] *Giansetto,* Clunet 2018, 507, 526.

wahl wäre eine Besonderheit im Verhältnis zwischen dem Schädiger und einzelnen Geschädigten und dürfte daher unter einem strikten Gleichbehandlungspostulat keine Beachtung finden. Allerdings stehen dem zwei starke Gegenargumente entgegen: Erstens steht Art. 14 Rom II-VO *nach* Art. 7 Rom II-VO und beansprucht grundsätzlich allgemeine Geltung auch im Bereich der Sonderdeliktstatbestände. Zweitens kann man aus Artt. 6 IV; 8 III Rom II-VO einen Umkehrschluss ziehen: Soweit der europäische Gesetzgeber eine Rechtswahl nach Art. 14 Rom II-VO für einzelne Bereiche ausschließen will, tut er dies ausdrücklich.

Eine weitere Einschränkung enthält Art. 7 Hs. 1 Rom II-VO hinsichtlich der erfassten 331 Schäden: Sachlich gilt er sowohl für Personen- und Sachschäden als auch für Vermögensschäden.[998] Bei der Umwelthaftung lassen sich schnell unmittelbar aus der Umweltschädigung resultierende Vermögensschäden finden, namentlich Kosten für die Beseitigung von Umweltschäden. Umweltschäden definiert Erwägungsgrund (24) Rom II-VO in Anlehnung an Art. 2 RL 2004/35/EG[999] als nachteilige Veränderung einer natürlichen Ressource wie Wasser, Boden oder Luft, eine Beeinträchtigung einer Funktion, die eine natürliche Ressource zum Nutzen einer anderen Ressource oder der Öffentlichkeit erfüllt, oder eine Beeinträchtigung der Variabilität unter lebenden Organismen.

Versteht man diese Definition restriktiv, so grenzt sie Lärmemissionen aus, weil diese 332 keine nachteilige Veränderung einer natürlichen Ressource mit sich bringen.[1000] Was Art. 7 Rom II-VO nicht erfasst, ist objektiv über Art. 4 Rom II-VO anzuknüpfen.

Die Natur an sich kann man nicht verklagen, und sie ist auch kein Schuldner eines Anspruchs. 333 Daher erfasst Art. 7 Rom II-VO sachlich nur solche Umweltschäden, die sich auf menschliches Handeln zurückführen lassen, aber keine echten, nicht menschengemachten Naturkatastrophen.[1001]

c) Einseitiges Optionsrecht des Geschädigten zu Gunsten des Handlungsortsrechts. Der Geschä- 334 digte hat ein einseitiges Optionsrecht, das Handlungsortrecht zum anwendbaren Recht zu bestimmen. Er kann frei auswählen, ob er diese Option zieht. Zieht er die Option nicht, so bleibt es bei der Erfolgsortanknüpfung nach Art. 7 Hs. 1 iVm Art. 4 I Rom II-VO.[1002] Den Handlungsort umschreibt Art. 7 Hs. 2 Rom II-VO als den Ort, an dem das schadensbegründende Ereignis eingetreten ist.[1003]

Das Optionsrecht hat nur der individuelle Geschädigte. Es ist ein subjektives Individual- 335 recht. Der einzelne Geschädigte ist nicht gezwungen, sich bei Massenschäden mit anderen Geschädigten abzustimmen. Bei gleichgelagerten Sachverhalten kann sich daher aus Sicht des Schädigers eine Aufspaltung ergeben, je nachdem ob die einzelnen Geschädigten jeweils ihr individuelles Optionsrecht ausüben oder nicht.

Bei Umweltverschmutzungen durch Immissionen ist Ort, an dem das schadensbegründende 336 Ereignis eingetreten ist, der Belegenheitsort der Immissionsquelle zum Zeitpunkt der relevanten Immissionen. Das schadensbegründende Ereignis setzt kein aktuelles menschliches Handeln voraus. Auf Verschulden oder Zurechnung zum angeblichen Schädiger kommt es für die Zwecke des IPR nicht an.

Beides zu klären ist Aufgabe erst des letztendlich berufenen Sachrechts. Mindestens 337 rechtspolitisch erscheint es indes sinnvoll, auch den Ort, an welchem die unternehmerischen Entscheidungen über Ob und Wie für den Betrieb der Immissionsquelle gefällt werden, als (weiteren) Handlungsort einzubeziehen.[1004] Unternehmenszentralen und reale Ent-

---

[998] *Dickinson* Rn. 7.13; *A. Junker,* FS Peter Salje, 2013, S. 243, 246; BeckOGK/*S. Huber* Art. 7 Rom II-VO Rn. 19.
[999] Richtlinie 2004/35/EG des Europäischen Parlaments und des Rates vom 21.4.2004 über Umwelthaftung zur Vermeidung und Sanierung von Umweltschäden, ABl. EU 2004 L 143/56.
[1000] MüKoBGB/*A. Junker* Art. 7 Rom II-VO Rn. 13 f.
[1001] *Dutoit,* Liber Fausto Pocar, tomo II, 2009, S. 313, 319; *Planas,* YbPIL 18 (2016/17), 289, 307.
[1002] *Ivaldi,* RDIPP 2013, 861, 871.
[1003] Siehe nur *Ivaldi,* RDIPP 2013, 861, 868.
[1004] Dafür *Enneking,* ERPL 2008, 283, 302 f. Dagegen BeckOGK/*S. Huber* Art. 7 Rom II-VO Rn. 38.

scheidungsfindung werden nur ungern an Billigstandorte oder Standorte mit verminderten Standards verlagert. Gerade im Kontext von Umweltverletzungen durch Tochterunternehmen von Konzernen insbesondere in Afrika, Asien und Lateinamerika kann Handlungsort richtigerweise auch der Ort sein, an welchem für das Mutterunternehmen die steuernden und vom Tochterunternehmen nur ausgeführten Entscheidungen getroffen werden.[1005]

338 Kein Optionsrecht haben Umweltschutzverbände oder andere kollektive Institutionen. Denn sie erleiden keinen eigenen Schaden. Sie sind daher keine Geschädigten. Anders verhält es sich, wenn sie an die Stelle ursprünglicher geschädigter Individuen treten, weil diese ihnen Ansprüche abgetreten haben. In diesem Fall geht das Optionsrecht aus Art. 7 Hs. 2 Rom II-VO zusammen mit dem Hauptanspruch auf den Zessionar über. Es wäre unsinnig, das Optionsrecht dem Zedenten als eigenständiges Recht zu belassen. Denn als reines Hilfsrecht ist es für den Zedenten uninteressant, sobald dieser den wirtschaftlich ganz im Vordergrund stehenden Schadensersatzanspruch abgetreten hat.

339 Die Mitgliedstaaten erhalten an einer Stelle einen Spielraum: Laut Erwägungsgrund (25) S. 2 Rom II-VO unterliegt die Frage, wann der Geschädigte die Wahl des anzuwendenden Rechts zu treffen hat, also der zeitliche Rahmen für die Ausübung des Optionsrechts aus Art. 7 Hs. 2 Rom II-VO, der lex fori des angerufenen Gerichts. Insoweit spielen prozessrechtliche Präklusionsaspekte hinein.[1006]

340 Für das deutsche Recht zieht Art. 46a EGBGB die zeitliche Grenze nach dem Vorbild des Art. 40 I 3 EGBGB und füllt jenen unionsrechtlich eingeräumten Spielraum aus: Der Geschädigte darf sein Optionsrecht nur im ersten Rechtszug bis zum Schluss der mündlichen Verhandlung des frühen ersten Termins (§ 275 ZPO) oder alternativ (je nachdem, welches Verfahren das Gericht nach § 272 II ZPO angeordnet hat) bis zum Ende des schriftlichen Vorverfahrens (§ 276 ZPO), d. h. bis zum Eintritt in die mündliche Verhandlung, ausüben.[1007] Die Frist ist eine Ausschlussfrist, mit deren Ablauf das Optionsrecht erlischt.[1008] Nach Verfristung bleibt es bei Art. 7 Hs. 1 iVm Art. 4 I Rom II-VO.[1009] Wird kein Prozess angestrengt, so kann die Frist nicht nach Art. 46a EGBGB ablaufen.[1010] Als potenzielle Falle für Anwälte und wegen der Gefahr der Überbeschleunigung steht Art. 46a EGBGB in einem latenten Zielkonflikt mit Erwägungsgrund (25) S. 1 Rom II-VO und dem angestrebten hohen Umwelthaftungsniveau.[1011]

341 *d) Bedeutung im Ausland erteilter behördlicher Genehmigungen.* Von entscheidender Bedeutung ist, welche Bedeutung im Ausland erteilten behördlichen Genehmigungen zukommen soll. Insoweit bewegt sich Art. 7 Rom II-VO sachlich zwischen IPR und Internationalem Verwaltungsrecht,[1012] allerdings ohne letzterem explizit dessen Platz zuzuweisen. Aus diesem Schweigen folgt die skizzierte Frage und findet keine ausdrückliche Antwort. Nimmt eine Rechtfertigungswirkung einer staatlichen Genehmigung einer Umweltverschmutzung namentlich durch grenzüberschreitende Industrieanlagen den Charakter als unerlaubte Handlung, und ist eine solche Genehmigung auch in anderen Staaten als ihrem Erlassstaat anzuerkennen?[1013]

342 Genehmigungen nie überwirken zu lassen, weil öffentliches Recht nur territoriale Wirkung beschränkt auf seinen Erlassstaat haben könne,[1014] ist heute eine jedenfalls überwun-

---

[1005] *Mansel*, ZGR 2018, 439, 460–463.
[1006] *Heiss/Loacker*, JBl 2007, 613, 632 f.; BeckOK BGB/*Spickhoff* Art. 46a EGBGB Rn. 1.
[1007] Zur Konkretisierung der Fristenden MüKoBGB/*A. Junker* Art. 46a EGBGB Rn. 8.
[1008] Siehe MüKoBGB/*A. Junker* Art. 46a EGBGB Rn. 8.
[1009] PWW/*Remien* Art. 46a EGBGB Rn. 1.
[1010] PWW/*Remien* Art. 46a EGBGB Rn. 1 sowie Erman/*Hohloch* Art. 46a EGBGB Rn. 2.
[1011] BeckOK BGB/*Spickhoff* Art. 46a EGBGB Rn. 5.
[1012] *Martiny*, FS Franz-Joseph Peine, 2016, S. 181 (181).
[1013] Zu solchen Fragen eingehend insbesondere *T. Pfeiffer*, JbUTR 2000, 263.
[1014] So BGH IPRspr. 1978 Nr. 40; OLG Saarbrücken NJW 1958, 752, 754; *Nassr-Esfahani*, Grenzüberschreitender Bestandsschutz für unanfechtbar genehmigte Anlagen, 1991, S. 52–66.

dene Position.¹⁰¹⁵ Insbesondere entwertet sie mittelbar die notwendig ohne Berücksichtigung der ausländischen Genehmigung ergehende Entscheidung, indem sie deren Anerkennung im Erlassstaat gefährdet.¹⁰¹⁶ Zudem ist Anerkennung ein Akt des Zweitstaates, keine Ausübung von Hoheitsgewalt des Erststaates im Zweitstaat.¹⁰¹⁷ Allerdings sperrt sich die lex causae erfolgreich gegen ein Überwirken ausländischer Genehmigungen, wenn sie Genehmigungen, auch aus ihrer Sicht inländischen, nie im Zivilrecht haftungsausschließende Wirkung zubilligt.¹⁰¹⁸

Art. 17 Rom II-VO und die Anwendung des Handlungsortsrechts für lokale Standards sollen der Königsweg für ein Überwirken ausländischer Genehmigungen sein.¹⁰¹⁹ Denn auch sie scheinen die Erlaubtheit nach den nationalen Standards am Handlungsort ins Spiel bringen zu können.¹⁰²⁰ Dafür spricht immerhin die Kommissionsbegründung.¹⁰²¹ Dafür wird zudem ins Feld geführt, dass Art. 17 Rom II-VO keinen Automatismus begründe, so dass Befürchtungen, ausländische Genehmigungen schlügen immer durch,¹⁰²² unbegründet seien.¹⁰²³ Es stehe über das „soweit angemessen" ein Beurteilungsspielraum zur Verfügung, der eine geeignete Problemlösung erlaube.¹⁰²⁴ Den Rahmen für die Beurteilung soll – gegebenenfalls über Art. 15 I lit. b Rom II-VO ¹⁰²⁵ – die lex causae stellen.¹⁰²⁶ Jedoch wäre ein solcher Ansatz über Art. 17 Rom II-VO fragwürdig: Er würde Art. 17 Rom II-VO weit aus dessen Kerngebiet heraustragen und zudem jenseits eines kollisionsrechtlichen, verweisungsrechtlichen Ansatzes liegen. Obendrein wäre ein Weg über Art. 17 Rom II-VO für Praktiker kaum erkennbar. Er ergibt sich weder aus dem Wortlaut des Art. 7 Rom II-VO noch aus einem Erwägungsgrund.

De lege ferenda könnte man an einen neuen Art. 7 II Rom II-VO(-E) denken, welcher die Anerkennung von Genehmigungen aus anderen Mitgliedstaaten regelt (de lege lata gibt es keine entsprechende Regelung¹⁰²⁷). Für den engen Bereich des Internationalen Umwelthaftungsrechts wäre dies eine sehr willkommene Ergänzung und sehr sinnvoll, da es die wichtigste Frage verbindlich klären würde.¹⁰²⁸ Indes müsste man die Voraussetzungen für eine Anerkennung sehr sorgfältig formulieren.

Die Voraussetzungen sollten sein:¹⁰²⁹
– Hinreichende Nähe zwischen Genehmigungsstaat und Genehmigungsobjekt, in der Regel Belegenheit des Genehmigungsobjekts im Genehmigungsstaat
– Wahrung eines rechtsstaatlichen Erlassverfahrens
– Rechtliches Gehör durch Beteiligungsmöglichkeit für Betroffene einschließlich der außerhalb des Genehmigungsstaates Ansässigen

---

¹⁰¹⁵ Siehe nur *Fach Gómez*, YbPIL 6 (2004), 291, 308 f.; jurisPK BGB/*Wurmnest* Art. 7 Rom II-VO Rn. 18.
¹⁰¹⁶ OGH JBl 1988, 323; *Kadner Graziano*, RabelsZ 73 (2009), 1, 49.
¹⁰¹⁷ *Lummert*, in: Bothe/Prieur/Ress (Hrsg.), Grenzüberschreitende Umweltbelastungen, 1984, S. 183, 187.
¹⁰¹⁸ *Arif*, ZfRV 2011, 258, 264; *Matthes*, GPR 2011, 146, 154; *Rüppell* S. 243–247; BeckOGK/*Maultzsch* Art. 17 Rom II-VO Rn. 26.
¹⁰¹⁹ *Siems*, RIW 2004, 662, 666; *Sonnentag*, ZvglRWiss 105 (2006), 256, 296; *Leible/M. Lehmann*, RIW 2007, 721, 725; *Ofner*, ZfRV 2008, 13, 19; *Pontier*, MedNedVIR 136 (2008), 61, 103 f.; PWW/*R. Schaub* Art. 7 Rom II-VO Rn. 4.
¹⁰²⁰ BeckOGK/*Maultzsch* Art. 17 Rom II-VO Rn. 23.
¹⁰²¹ Vorschlag für eine Verordnung des Europäischen Parlaments und des Rates für das auf außervertragliche Schuldverhältnisse anzuwendende Recht, KOM (2003) 427 endg. S. 20.
¹⁰²² *A. Fuchs*, GPR 2004, 100, 103.
¹⁰²³ MüKoBGB/*A. Junker* Art. 7 Rom II-VO Rn. 34.
¹⁰²⁴ MüKoBGB/*A. Junker* Art. 7 Rom II-VO Rn. 32.
¹⁰²⁵ Siehe *Dickinson* Rn. 7.29 mit Fn. 92.
¹⁰²⁶ Siehe nur *Bogdan*, Liber Fausto Pocar, tomo II, 2009, S. 95, 103.
¹⁰²⁷ *Martiny*, FS Franz-Joseph Peine, 2016, S. 181, 189.
¹⁰²⁸ Kritisch dagegen *Martiny*, FS Franz-Joseph Peine, 2016, S. 181, 190.
¹⁰²⁹ *Mankowski*, IPRax 2010, 389, 395. Ähnlich *G. Hager*, RabelsZ 53 (1989), 293; *Kadner Graziano*, RabelsZ 73 (2009), 1, 50; PWW/*R. Schaub* Art. 7 Rom II-VO Rn. 4; Palandt/*Thorn* Art. 7 Rom II-VO Rn. 9; jurisPK BGB/*Wurmnest* Art. 7 Rom II-VO Rn. 18 sowie OGH JBl 1988, 323; OLG Linz JBl 1987, 577; Rb. Rotterdam Ned. Jur. 1984 Nr. 341.

- Keine territoriale Selbstbegrenzung durch die Genehmigung selber
- Völker- und unionsrechtliche Zulässigkeit der Umwelteinwirkungen durch das Genehmigungsobjekt
- Fehlender Verstoß gegen den zweitstaatlichen ordre public.

6. Immaterialgüterrechtsverletzungen

Literatur: *H.-J. Ahrens,* Das Schutzlandstatut nach Art. 8 Rom II-VO: Reichweite, Wirkung, Vorfragenanknüpfung, WRP 2011, 945; *Azzi,* Atteintes aux droits de propriéte intellectuelle: de l'utilité de l'article 8 du Règlement Rome, Propriéte intellectuelle 2009, 324,; *Basedow/Drexl/Kur/Metzger* (eds.), Intellectual Property in the Conflict of Laws, 2005; *Basedow/Kono/Metzger* (eds.), Intellectual Property in the International Arena, 2010; *Beckstein,* Einschränkungen des Schutzlandprinzips, 2010; *Boschiero,* Infringement of Intellectual Property Rights, YbPIL 9 (2007), 87; *van Engelen,* Rome II and intellectual property rights: Choice of law brought to a standstill, NIPR 2008, 440; *Fawcett/Torremans,* Intellectual Property and Private International Law, 2. Aufl. 2011; *S. Fischer,* Der Schutz von Know-How im deutschen materiellen und Internationalen Privatrecht, 2012; *Grünberger,* Das Urheberrechtsstatut nach der Rom II-VO, ZvglRWiss 108 (2009), 134; *Kono* (ed.), Intellectual Property and Private International Law: Comparative Perspectives, 2012; *Kur,* Durchsetzung gemeinschaftsweiter Schutzrechte: internationale Zuständigkeit und anwendbares Recht, GRUR Int 2014, 749; *Leible/Ohly* (eds.), Intellectual Property and Private International Law, 2009; *Metzger,* Perspektiven des internationalen Urheberrechts – Zwischen Territorialität und Universalität, JZ 2010, 929; *de Miguel Asensio,* La „Lex Loci Protectionis" tras el Reglamento „Roma II", AEDIPr 2007, 375; *Moura Vicente,* La propriété intellectuelle et droit international privé, RdC 335 (2008), 105; *S. Neumann,* Die Haftung der Intermediäre im Internationalen Immaterialgüterrecht, 2014; *Nourissat/Treppoz* (dir.), Droit international privé et propriété intellectuelle, 2010; *R. Sack,* Das IPR des geistigen Eigentums nach der Rom II-VO, WRP 2008, 1405; *Schack,* Das auf (formlose) Immaterialgüterrechtsverletzungen anwendbare Recht nach Rom II, FS Jan Kropholler, 2008, S. 651; *Torremans,* The law applicable to copyright infringement on the internet, NIPR 2016, 687; *Treppoz,* La lex protectionis et l'article 8 du règlement Rome II, D. 2009, 1643.

346 Immaterialgüterrechte und der Schutz des geistigen Eigentums gewinnen im Informationszeitalter und wegen der fortschreitenden Digitalisierung eine immer größer werdende Bedeutung. Das ist eine Binsenweisheit. Trotzdem hat sie Relevanz auch für das IPR. Eine sachgerechte Ausgestaltung des Internationalen Immaterialgüterrechts tut Not. Sie muss Immaterialität, Ubiquität und Territorialität von Schutzrechten miteinander in Einklang bringen.[1030] Die Aufgabe wird dadurch erschwert, dass die Welt der Immaterialgüterrechte selbstreferentiell um sich selber kreist und eine massive Tendenz zur Abschottung nach außen hat.[1031]

347 Eine sachgerechte Ausgestaltung des Internationalen Immaterialgüterrechts hat eminente rechtspolitische Bedeutung. Denn sie entscheidet darüber, ob man die Betonung auf den Schutz der Rechteinhaber oder auf den Schutz der Nutzer legt. Jedes Herkunftslandprinzip (im rechtstechnischen Sinne) öffnet Tür und Tor für Rechteinhaber, Einfluss auf die Legislative einzelner Staaten zu nehmen und sich größtmöglichen Schutz ihrer Position gegen ihre Niederlassung und den Aufbau oder die Bewahrung von Arbeitsplätzen in dem betreffenden Staat zusichern zu lassen. Der IP (Intellectual Property)-Imperialismus der US-Software- und der US-Filmwirtschaft (plastisch: Microsoft, Google, Apple und Hollywood) ist mahnendes und volkswirtschaftlich überragend wichtiges Beispiel.

348 *a) Grundsatz: Schutzlandprinzip.* Art. 8 I Rom II-VO statuiert für die Verletzung von Rechten des geistigen Eigentum das so genannte Schutzlandprinzip: Anwendbar ist das Recht desjenigen Staates, für den Schutz beansprucht wird, die lex loci protectionis[1032] mit einer gewissen subjektiven Komponente, die im „Beanspruchen" liegt.[1033] Wo Schutz be-

---

[1030] BeckOGK/*McGuire* Art. 8 Rom II-VO Rn. 18–21.
[1031] Treffend *Peukert,* RabelsZ 81 (2017), 158, 188 f.
[1032] Siehe nur Erwägungsgrund (26) S. 1 Rom II-VO.
[1033] G.-P. Calliess/*B. Buchner,* Rome Regulations, 1. Aufl. 2011, Art. 8 Rome II Regulation Rn. 9–12; *M. M. Grünberger,* ZVglRWiss 108 (2009) 134, 153; Magnus/Mankowski/*Metzger* Art. 8 Rome II Regulation Rn. 26.

gehrt wird, hat den Vorteil einfacher Feststellbarkeit.[1034] Ob die Verletzungshandlung tatsächlich begangen ist, ist erst auf der Stufe des anwendbaren Sachrechts zu klären, nachdem man die kollisionsrechtliche Anknüpfung durchgeführt hat.[1035] Insoweit waltet ein bootstrap principle. Die lex loci protectionis ist nicht gleichzusetzen mit der lex loci damni; es erfolgt keine allgemeine Erfolgs- oder Schadensortanknüpfung.[1036]

Die statuierte Anknüpfung harmoniert mit der policy des Schutzlandes[1037] ebenso wie mit den Interessen des Rechtsinhabers.[1038] Sie enthebt jeglicher Überlegungen darüber, ob Verletzung und Verletzungshandlung bei Immaterialgüterrechten auseinanderfallen können. Richtigerweise können Verletzungshandlungen auch außerhalb des Schutzlandes gesetzt sein, wenn nur der Verletzungserfolg im Schutzland eintritt.[1039] Auch eine kumulative Anwendung zweier Rechte aus Schutzland und Handlungsland kann es nicht geben.[1040] Der Rechtsgüterschutz steht im Vordergrund, nicht die Verwirklichung des Binnenmarkts.[1041]

Auflockerungen und Durchbrechungen durch eine Anknüpfung an einen gemeinsamen gewöhnlichen Aufenthalt oder durch eine Ausweichklausel gibt es nicht; die Anknüpfung ist fix.[1042] Natürlich genießen aber gemäß Art. 28 Rom II-VO Kollisionsnormen in völkerrechtlichen Übereinkommen Vorrang, deren Vertragsstaaten Mitgliedstaaten vor Annahme der Rom II-VO geworden waren.[1043]

Art. 8 I Rom II-VO ist strikt territorial[1044] orientiert.[1045] Er führt zu einer distributiven Mosaikanknüpfung: Es sind so viele Rechte anwendbar, wie nationale, territorial beschränkte Schutzrechte verletzt sind.[1046] Das bildet im IPR die territoriale Beschränkung und das Bündel nationaler Rechte bei internationaler Rechtsverfolgung getreulich ab.[1047] Mit einem negativen Vorzeichen kann man dies Fragmentarisierung nennen.[1048] Das einzelne Recht ist immer nur für denjenigen Sachverhaltsausschnitt relevant, der sich in dem einzelnen Schutzland abgespielt hat, dessen Recht es ist.[1049] Auf der anderen Seite gibt es keine Wesentlichkeitsschwelle, die überschritten sein müsste, damit ein Recht auf diesen Ausschnitt anwendbar ist.[1050] Auch Teilakte und Vorbereitungsakte sollen erfasst

---

[1034] *Torremans,* NIPR 2016, 687, 692.
[1035] BeckOGK/*McGuire* Art. 8 Rom II-VO Rn. 139; *T. Richter,* Parteiautonomie im Internationalen Immaterialgüterrecht, 2017, S. 98–100; siehe auch EuGH ECLI:EU:C:2012:642 Rn. 32–47 – Football Dataco Ltd./Sportradar GmbH u. Sportradar AG.
[1036] *Torremans,* NIPR 2016, 687, 691 f.
[1037] Siehe nur *Moura Vicente,* RdC 335 (2008), 105, 348; *Fawcett/Torremans,* Intellectual Property and Private International Law, 2. Aufl. 2011, Rn. 15.24 f.
[1038] BeckOGK/*McGuire* Art. 8 Rom II-VO Rn. 3.
[1039] BGH GRUR 2017, 785, 790 – Abdichtsystem; BeckOGK/*McGuire* Art. 8 Rom II-VO Rn. 134; *Steininger,* GRUR 2017, 875.
[1040] Entgegen *Azzi,* Propriétés intellectuelles 2009, 324, 332; *M.-É. Ancel,* in: Kono (ed.), Intellectual Property and Private International Law: Comparative Perspectives, 2012, S. 525, 564.
[1041] BeckOK BGB/*Spickhoff* Art. 8 Rom II-VO Rn. 2; BeckOGK/*McGuire* Art. 8 Rom II-VO Rn. 3.
[1042] Siehe nur *van Engelen,* NIPR 2008, 440, 444; *Treppoz,* D. 2008, 1643, 1645 f.; *ders.,* 37 Colum. J. L. & Arts. 557, 561 (2014).
[1043] *Treppoz,* D. 2008, 1643, 1644; *Azzi/Treppoz,* D. 2011, 1193.
[1044] Überlegungen zu einer extraterritorialen Reichweite von IP-Rechten z. B. bei *Peukert,* in: Handl/Zekoll/Zumbansen (eds.), Beyond Territoriality: Transnational Legal Authority in an Age of Globalization, 2012, S. 189.
[1045] Siehe nur *Bergé,* in: Nourissat/Treppoz (dir.), Droit international privé et propriété intellectuelle, 2010, S. 50; *Bouche,* ebd., S. 92.
[1046] Siehe nur *van Engelen,* NIPR 2008, 440, 445; *Beckstein,* Einschränkungen des Schutzlandprinzips, 2010, S. 81; G.-P. Calliess/*de la Durantaye* Art. 8 Rome II Regulation Rn. 20; *Torremans,* NIPR 2016, 687, 693 (mit rechtspolitischer Kritik); BeckOGK/*McGuire* Art. 8 Rom II-VO Rn. 142; *Schack,* ZUM 2017, 878 (878); Magnus/Mankowski/*Metzger* Art. 8 Rome II Regulation Rn. 28.
[1047] Siehe nur *Sesing,* MMR 12/2008, XXIX; *Matulionyte,* JIPITEC 6 (2) (2015) sub 4.1; BeckOGK/*McGuire* Art. 8 Rom II-VO Rn. 21 f.; Magnus/Mankowski/*Metzger* Art. 8 Rome II Regulation Rn. 2 f.
[1048] Z.B. *Treppoz,* 37 Colum. J. L. & Arts. 557, 560 (2014).
[1049] Siehe nur *Beckstein,* Einschränkungen des Schutzlandprinzips, 2010, S. 97.
[1050] jurisPK BGB/*C. Heinze* Art. 8 Rom II-VO Rn. 15; G.-P. Calliess/*de la Durantaye* Art. 8 Rome II Regulation Rn. 21; BeckOGK/*McGuire* Art. 8 Rom II-VO Rn. 147. Vgl. aber auch OLG München NJOZ 2012, 1328, 1330 und de lege ferenda Art. 3:602 CLIP Principles.

sein.¹⁰⁵¹ Ein so genannter in toto-Unterlassungsanspruch universalen Zuschnitts lässt sich nicht konsistent begründen.¹⁰⁵²

352 **b) Qualifikation: sachlicher Anwendungsbereich. aa)** Rechte des geistigen Eigentums. Art. 8 I Rom II-VO gilt für alle Rechte des geistigen Eigentums gleichermaßen ohne Binnendifferenzierung.¹⁰⁵³ Nach Erwägungsgrund (26) S. 2 Rom II-VO umfasst der Ausdruck „Rechte des geistigen Eigentums" beispielsweise Urheberrechte, verwandte Schutzrechte, das Schutzrecht sui generis für Datenbanken und gewerbliche Schutzrechte. Unternehmenskennzeichen sind erfasst,¹⁰⁵⁴ ebenso Know-How.¹⁰⁵⁵ Vorstufen sind miterfasst,¹⁰⁵⁶ dagegen nicht der so genannte ergänzende Leistungsschutz, der Lauterkeitsrecht und Gegenstand des Art. 6 Rom II-VO bleibt.¹⁰⁵⁷ Auch Sammlungen können als solche geschützt sein.¹⁰⁵⁸

353 Erwägungsgrund (26) S. 2 Rom II-VO ist weit und offen; verbindendes Element ist der absolute Charakter der subjektiven Rechte.¹⁰⁵⁹ Artt. 2 RL 2004/48/EG; 2 VO (EU) Nr. 608/2013 verfolgen parallele Linien,¹⁰⁶⁰ wenn auch jeweils im echten Normtext. Geschäfts- und Betriebsgeheimnisse stehen auf der Grenzlinie;¹⁰⁶¹ sogenannte „virtuelle Gegenstände" könnten Problemfälle sein.¹⁰⁶² Art. 1 II PVÜ¹⁰⁶³, über TRIPs¹⁰⁶⁴ auch für die EU Rechtsregel,¹⁰⁶⁵ passt dagegen nicht, denn er ist zu weit und zieht auch einiges zum Immaterialgüterrecht, was Art. 6 Rom II-VO zum Lauterkeitsrecht zieht.¹⁰⁶⁶

354 Eine Registrierung oder Eintragung in ein amtliches Register wird nirgends zur Voraussetzung erhoben.¹⁰⁶⁷ Im Gegenteil streitet die ausdrückliche Einbeziehung der Urheberrechte, die zumindest in ihren kontinentaleuropäischen Erscheinungsformen Urheberpersönlichkeitsrecht und droit moral nicht registriert sind, durch Erwägungsgrund (26) S. 2 Rom II-VO gegen jede Registrierungsvoraussetzung für eine Einbeziehung in Art. 8 I Rom II-VO. Daran wird allerdings kritisiert, dass Urheberrechte sachrechtlich ein anderes Substrat haben und auf den schöpferischen Akt abstellen, woraus kollisionsrechtlich eigentlich eher eine abweichende Anknüpfung an die lex originis folgen sollte.¹⁰⁶⁸ Formell ließe sich dies aber nur contra legem erzielen. Zudem müsste man sich damit auseinandersetzen, dass nicht jede Schöpfung per se und automatisch Schutz genießt, sondern dass gewährter

---

¹⁰⁵¹ P. Huber/*Illmer* Art. 8 Rome II Regulation Rn. 29; *Plender/Wilderspin* Rn. 22-025; G.-P. Calliess/*de la Durantaye* Art. 8 Rome II Regulation Rn. 19; Rauscher/*Unberath/Cziupka/Pabst* Art. 8 Rom II-VO Rn. 21 sowie BGHZ 126, 252; BGHZ 171, 151.

¹⁰⁵² Gegen *Fayaz*, GRUR Int 2009, 566, 572 f.; *Kur*, WRP 2011, 971, 975 sowie OGH GRUR Int 2012, 464 – alcom-international.at.

¹⁰⁵³ Siehe nur *Heiss/Loacker*, JBl 2007, 613, 634; Magnus/Mankowski/*Metzger* Art. 8 Rome II Regulation Rn. 9.

¹⁰⁵⁴ OGH GRUR Int 2012, 464, 465.

¹⁰⁵⁵ S. *Fischer*, Der Schutz von Know-How im deutschen materiellen und Internationalen Privatrecht, 2012, S. 248–250; S. Neumann, Die Haftung der Intermediäre im Internationalen Immaterialgüterrecht, 2014, S. 248. Differenzierend BeckOGK/*McGuire* Art. 8 Rom II-VO Rn. 117–119.

¹⁰⁵⁶ BeckOGK/*McGuire* Art. 8 Rom II-VO Rn. 112.

¹⁰⁵⁷ R. *Sack*, WRP 2008, 1405, 1407; NK-BGB/*M. Grünberger* Art. 8 Rom II-VO Rn. 26; BeckOGK/*McGuire* Art. 8 Rom II-VO Rn. 116.

¹⁰⁵⁸ G.-P. Calliess/*de la Durantaye* Art. 8 Rome II Regulation Rn. 9.

¹⁰⁵⁹ *Fawcett/Torremans*, Intellectual Property and Private International Law, 2. Aufl. 2011, Rn. 15.20.

¹⁰⁶⁰ Magnus/Mankowski/*Metzger* Art. 8 Rome II Regulation Rn. 9.

¹⁰⁶¹ Siehe sachrechtlich *Ohly*, GRUR 2014, 1, 3 f.; *Harte-Bavendamm*, FS H. Köhler, 2014, S. 235, 238 f.; *Kalbfus*, GRUR 2016, 1009 (1009).

¹⁰⁶² Siehe nur *Sesing*, MMR 12 /2008, XXIX.

¹⁰⁶³ Pariser Verbandsübereinkunft zum Schutz des gewerblichen Eigentums vom 20.3.1883, RGBl. 1903, 147, mit nachfolgenden Revisionen.

¹⁰⁶⁴ WTO Agreement on Trade-Related Aspects of Intellectual Property Rights (TRIPs), BGBl. 1994 II 1438.

¹⁰⁶⁵ Siehe nur *van Engelen*, NIPR 2008, 440, 441; Magnus/Mankowski/*Metzger* Art. 8 Rome II Regulation Rn. 13.

¹⁰⁶⁶ MüKoBGB/*Drexl* IntImmatGR Rn. 162.

¹⁰⁶⁷ Magnus/Mankowski/*Metzger* Art. 8 Rome II Regulation Rn. 16.

¹⁰⁶⁸ *Klass*, GRUR Int 2007, 373, 380 f.; *Schack*, Urheber- und Urhebervertragsrecht, 7. Aufl. 2015, Rn. 919; siehe auch G.-P. Calliess/*de la Durantaye* Art. 8 Rome II Regulation Rn. 3.

V. Internationales Deliktsrecht   355–358 § 2

Schutz auf einer normativ-staatlichen Entscheidung zur Schutzgewährung beruht.[1069] Zudem drohten bei universellen Urheberrechten über die trotzdem nötigen Interessenabwägungen Kollisionen mit dem Grundsatz der Inländergleichbehandlung.[1070]

Der Terminus „Verletzung" ist weit und erfasst alle Arten von Eingriffen in den Zuweisungsgehalt des absoluten subjektiven Rechts, indem Handlungen vorgenommen werden, welche von Rechts wegen exklusiv dem Rechtsinhaber zustehen.[1071] Daher sind auch Verfolgungsrechtsansprüche (droit de suite) umfasst.1072 Auch die Haftung für das Ermöglichen von Immaterialgüterrechtsverletzungen, der z. B. Intermediäre ausgesetzt sind, fällt unter Art. 8 I Rom II-VO. Dafür streiten Artt. 15 litt. a; g Rom II-VO.[1073] Dies erfasst auch Service Provider im Internet und deren etwaige Störerhaftung.[1074] 355

bb) Bestand und Umfang: Vorfrage. Allerdings ist Art. 8 Rom II-VO sachlich in einem anderen Punkt begrenzt: Nach seinem Wortlaut wie nach seiner Stellung als Teil der Rom II-VO knüpft er nur die außervertraglichen Schuldverhältnisse aus der Verletzung von Rechten des geistigen Eigentums an. *Ob* ein IP-Recht besteht, das verletzt wird, besagt er dagegen nicht. Das Bestehen und der Umfang des IP-Rechts sind vielmehr Vorfragen, die nach den Regeln des Internationalen Immaterialgüterrechts anzuknüpfen sind.[1075] 356

Glücklicherweise gilt im deutschen Internationalen Immaterialgüterrecht ebenfalls das Schutzlandprinzip, so dass „Rechtsstatut" und Verletzungsstatut im Ausgangspunkt parallelen Anknüpfungsregeln folgen. Ein Unterschied kann sich allerdings ergeben, weil Art. 24 Rom II-VO für die Verletzung einen renvoi ausschließt, während das deutsche Internationale Immaterialgüterrecht ihn über Art. 4 I 1 Hs. 1 EGBGB zulässt.[1076] Manche Staaten (z. B. Griechenland[1077] und Portugal[1078]) knüpfen in ihrem Internationalen Immaterialgüterrecht an die lex originis an,[1079] was für einen renvoi bei Verweisung auf diese Rechte zu beachten ist. 357

cc) (Erste?) Rechtsinhaberschaft: Vorfrage? Wie die Inhaberschaft an einem IP-Recht anzuknüpfen ist, ist die am meisten umstrittene Frage im IPR der IP-Rechte. Umstritten ist schon, ob insoweit eine Vorfrage besteht[1080] und, wenn ja,[1081] welchen Umfang eine 358

[1069] BeckOGK/*McGuire* Art. 8 Rom II-VO Rn. 44.
[1070] BeckOGK/*McGuire* Art. 8 Rom II-VO Rn. 45.
[1071] Siehe Magnus/Mankowski/*Metzger* Art. 8 Rome II Regulation Rn. 23 sowie z. B. *Schack*, in: Leible/Ohly (eds.), Intellectual Property and Private International Law, 2009, S. 79, 86; NK-BGB/*M. Grünberger* Art. 8 Rom II-VO Rn. 51; jurisPK BGB/*C. Heinze* Art. 8 Rom II-VO Rn. 16.
[1072] P. Huber/*Illmer* Art. 8 Rome II Regulation Rn. 55; Magnus/Mankowski/*Metzger* Art. 8 Rome II Regulation Rn. 25.
[1073] *Petz*, in: Kono (ed.), Intellectual Property and Private International Law: Comparative Perspectives, 2012, S. 217, 260f.; *S. Neumann*, Die Haftung der Intermediäre im Internationalen Immaterialgüterrecht, 2014, S. 120–124.
[1074] G.-P. Calliess/*de la Durantaye* Art. 8 Rome II Regulation Rn. 24. Überlegungen de lege ferenda bieten Art. 3:604 CLIP Principles; *Kur*, WRP 2011, 971, 980–982; Magnus/Mankowski/*Metzger* Art. 8 Rome II Regulation Rn. 32.
[1075] Siehe nur *Leistner*, in: Leible/Ohly (eds.), Intellectual Property and Private International Law, 2009, S. 97, 103; *Moura Vicente*, RdC 335 (2008), 105, 349–351; MüKoBGB/*Drexl* IntImmatGR Rn. 170–172; *S. Fischer*, Der Schutz von Know-How im deutschen materiellen und Internationalen Privatrecht, 2012, S. 220; *S. Neumann*, Die Haftung der Intermediäre im Internationalen Immaterialgüterrecht, 2014, S. 126; BeckOGK/*McGuire* Art. 8 Rom II-VO Rn. 66; *T. Richter*, Parteiautonomie im Internationalen Immaterialgüterrecht, 2017, S. 93–97; Magnus/Mankowski/*Metzger* Art. 8 Rome II Regulation Rn. 50. Anderer Ansicht *Schack*, FS Jan Kropholler, 2008, S. 651, 664; *H.-J. Ahrens*, WRP 2011, 945, 949f.
[1076] MüKoBGB/*Drexl* IntImmatGR Rn. 172.
[1077] Art. 64 grUrhG.
[1078] Art. 48 I Codigo Civil.
[1079] *J.C. Ginsburg*/*Treppoz*, International Copyright Law: U.S. and E.U. Perspectives, 2015, S. 688.
[1080] Verneinend *Basedow*/*Metzger*, FS Mark M. Boguslavskij, 2004, S. 153, 162; *Obergfell*, IPRax 2005, 9, 12f.; *M. Grünberger*, ZvglRWiss 108 (2009), 134, 158; *H.-J. Ahrens*, WRP 2011, 945, 948–950; NK-BGB/*M. Grünberger* Art. 8 Rom II-VO Rn. 43.
[1081] *Basedow*, in: Basedow/Kono/Metzger (eds.), Intellectual Property in the Global Arena, 3, 18; *Boschiero*, YbPIL 9 (2007), 87, 102; MüKoBGB/*Drexl* IntImmGR Rn. 169; *Leistner*, in: Leible/Ohly (eds.), Intellectual Property and Private International Law, 2009, S. 97, 104f.; *T. Richter*, Parteiautonomie im Internationalen Immaterialgüterrecht, 2017, S. 93–97.

solche Vorfrage hat (insbesondere ob sie sich auf die erste, ursprüngliche Inhaberschaft beschränkt[1082]). Art. 15 lit. f Rom II-VO beantwortet die Streitfrage nicht direkt;[1083] nach der inneren Systematik des Art. 15 Rom II-VO würde eine Antwort eigentlich zwischen lit. a und lit. b gehören, so dass eine Antwort erst in lit. f zu finden überraschend wäre.[1084] Ob ein IP-Recht übertragbar ist, ist ebenfalls eine Vorfrage.[1085]

359 Wichtigstes Argument *zugunsten* einer Vorfrage ist der Blick auf normales Sacheigentum:[1086] Bei der Verletzung von Sacheigentum ist Vorfrage, in wessen Eigentum die Sache steht. Dies bei anderen Exklusivrechten, gar bei „geistigem *Eigentum*", anders sehen zu wollen bedürfte einer starken Begründung. Zudem müsste man bei Anknüpfung der Inhaberschaft an die jeweilige lex loci protectionis ungewollte Statutenwechsel ex lege gewärtigen und müsste immer neue Rechte prüfen.[1087] Unterstützend kann man den Gleichlauf mit der Rom I-VO ins Feld führen, wo die Inhaberschaft an einem zu übertragenden oder zu lizenzierenden Immaterialgüterrecht klar Vorfrage ist.[1088]

360 *c) Sonderregel für Restfragen bei der Verletzung von Unionsschutzrechten: lex loci delicti commissi = Handlungsort.* Die EU hat viele unionsweite Schutzrechte in fast ebenso vielen Sonderrechtsakten geschaffen:[1089] Gemeinschafts- bzw. Unionsmarke;[1090] eingetragenes und nicht eingetragenes Gemeinschaftsgeschmacksmuster;[1091] gemeinschaftlicher Schutz von Sorten,[1092] Ursprungsbezeichnungen und geographischen Angaben,[1093] Europäisches Patent mit einheitlicher Wirkung.[1094] Nicht zum Unionsrecht zählt dagegen das europäische Patent, denn es beruht auf der völkervertraglichen Grundlage des EPÜ[1095].[1096] Die Unionsrechtsakte schaffen, soweit sie reichen, Unionssachrecht. Sie stellen aber punktuell auch eigene, besondere Kollisionsnormen auf, die dann der Rom II-VO über Art. 27 Rom II-

---

[1082] Dafür *Schack,* FS Jan Kropholler, 2008, S. 651, 666f.; *ders.,* Urheber- und Urhebervertragsrecht, 6. Aufl. 2013, Rn. 1051; *Metzger,* JZ 2010, 929, 933; hilfsweise auch *M. Grünberger,* ZvglRWiss 108 (2009), 134, 161.
[1083] So aber *R. Sack,* WRP 2008, 1405, 1409f. Dagegen z. B. *G.-P. Calliess/de la Durantaye* Art. 8 Rome II Regulation Rn. 38.
[1084] *S. Fischer,* Der Schutz von Know-How im deutschen materiellen und Internationalen Privatrecht, 2012, S. 222f.
[1085] Magnus/Mankowski/*Metzger* Art. 8 Rome II Regulation Rn. 52.
[1086] *Leistner,* in: Leible/Ohly (eds.), Intellectual Property and Private International Law, 2009, S. 97, 104; BeckOGK/*McGuire* Art. 8 Rom II-VO Rn. 35.
[1087] *Schack,* in: Leible/Ohly (eds.), Intellectual Property and Private International Law, 2009, S. 79, 94.
[1088] BeckOGK/*McGuire* Art. 8 Rom II-VO Rn. 36.
[1089] Näher z. B. *Seville,* EU Intellectual Property Law and Policy, 2. Aufl. 2016.
[1090] VO (EU) Nr. 2015/2424 des Europäischen Parlaments und des Rates vom 16.12.2015 zur Änderung der Verordnung (EG) Nr. 207/2009 des Rates vom 26.2.2009 über die Gemeinschaftsmarke und der Verordnung (EG) Nr. 2868/95 der Kommission zur Durchführung der Verordnung (EG) Nr. 40/94 des Rates vom 20.12.1993 über die Gemeinschaftsmarke und zur Aufhebung der Verordnung (EG) Nr. 2869/95 der Kommission über die an das Harmonisierungsamt für den Binnenmarkt (Marken, Muster und Modelle) zu entrichtenden Gebühren, ABl. EU 2015 L 341/21; zuvor VO (EG) Nr. 40/94 des Rates vom 20.12.1993 über die Gemeinschaftsmarke, ABl. EG 1994 L 11/1; VO (EG) Nr. 207/2009 des Rates vom 26.2.2009 über die Gemeinschaftsmarke, ABl. EG 2009 L 78/1.
[1091] VO (EG) Nr. 6/2002 des Rates vom 12.12.2001 über das Gemeinschaftsgeschmacksmuster, ABl. EG 2002 L 3/1.
[1092] VO (EG) Nr. 2100/94 des Rates vom 27.6.1994 über den gemeinschaftlichen Sortenschutz, ABl. EG 1994 L 227/1.
[1093] VO (EG) Nr. 1151/2012 des Europäischen Parlaments und des Rates vom 21.11.2012 über Qualitätsregelungen für Agrarerzeugnisse und Lebensmittel, ABl. EG 2012 L 343/1; zuvor VO (EG) Nr. 510/2006 des Rates vom 20.3.2006 über den Schutz von geografischen Angaben und Ursprungsbezeichnungen für Agrarerzeugnisse und Lebensmittel, ABl. EG 2006 L 93/12.
[1094] VO (EU) Nr. 1257/2012 des Europäischen Parlaments und des Rates vom 17.12.2012 über die Umsetzung der Verstärkten Zusammenarbeit im Bereich der Schaffung eines einheitlichen Patentschutzes, ABl. EU 2012 L 361/1.
[1095] Übereinkommen über die Erteilung europäischer Patente vom 5.10.1973, BGBl. 1976 II 826 mit nachfolgenden Änderungen.
[1096] Siehe nur Magnus/Mankowski/*Metzger* Art. 8 Rome II Regulation Rn. 34; NK-BGB/*M. Grünberger* Art. 8 Rom II-VO Rn. 49.

VO vorgehen,[1097] insbesondere Artt. 101 II; 102 II GMVO 2009; 89 I lit. d GGMVO[1098]; 97 I, II GSortenVO. Die UMVO 2015 und die HerkunftsangabenVO 2012 folgen einem neueren Modell und enthalten keine eigenen Kollisionsnormen mehr.[1099]

Um diese Lücken für Restfragen in den von jenen speziellen Unionsrechtsakten nicht geregelten Bereichen zu füllen, bedarf es jedoch eines anderweitig begründeten kollisionsrechtlichen Ausgangspunktes. Diesen liefert Art. 8 II Rom II-VO: Bei außervertraglichen Schuldverhältnissen aus der Verletzung unionsweit einheitlicher IP-Rechte ist auf Fragen, die nicht unter den einschlägigen Unionsrechtsakt fallen, das Recht desjenigen Staates anzuwenden, in welchem die Verletzung begangen wird. **361**

Man kann die Perspektive auch von einer anderen Seite einnehmen: Bei Unionsschutzrechten ist die EU gleichsam der maßgebliche Staat, und ihre Rechtsakte stellen die lex loci protectionis.[1100] Trotzdem bleiben Lücken Lücken, die verlangen, gefüllt zu werden, und dann reicht der lex loci protectionis-Ansatz eben nur bis zur EU und nicht weiter.[1101] Bei allem Anspruch der Unionsschutzrechte, einheitliche Rechtstitel zu sein, sind sie doch nur eine Teilharmonisierung.[1102] Dies erkennen sie sogar an, indem z.B. Artt. 101; 102 GMVO 2009; 88 II GGMVO in der Regel auf das IPR der Mitgliedstaaten und damit auf die Rom II-VO verweisen.[1103] Dies erklärt die Notwendigkeit einer Sonderregel, deren Ergebnisse aber keine Diskrepanz mit einer Schutzlandanknüpfung aufweisen[1104] (und aufweisen dürfen). **362**

Maßgeblich ist daher nicht die lex loci protectionis, sondern die lex loci delicti commissi. Allerdings formuliert Art. 8 II Rom II-VO in den meisten Sprachfassungen merklich anders als Art. 4 I Rom II-VO.[1105] Dies gilt insbesondere für die englische Sprachfassung: „the country in which the act of infringement was committed". Daraus wird geschlossen, dass Art. 8 II Rom II-VO nicht auf den Verletzungserfolg, sondern vielmehr allein auf die Verletzungshandlung abstellt.[1106] Auf der nächsten Stufe könnte man bei Verletzungshandlungen in mehreren Staaten entweder eine distributive Mosaikanknüpfung vornehmen oder mit erheblicher Rechtsunsicherheit einen Schwerpunkt zu bilden versuchen[1107] (z.B. mit Hilfe einer Marktauswirkungsregel[1108]) plus Mosaikprinzip als subsidiäre **363**

[1097] Siehe nur G.-P. Calliess/*de la Durantaye* Art. 8 Rome II Regulation Rn. 29; BeckOGK/*McGuire* Art. 8 Rom II-VO Rn. 180. Für ein zweistufiges Vorgehen, dass die Sonderkollisionsnorm quasi als Gesamtverweisung auf Art. 8 Rom II-VO verweise, dagegen jurisPK BGB/C. Art. 8 Rom II-VO Rn. 6, 16; NK-BGB/*M. Grünberger* Art. 8 Rom II-VO Rn. 19.
[1098] Dazu GA *Bot,* ECLI:EU:C:2017:146 Rn. 39–52.
[1099] BeckOGK/*McGuire* Art. 8 Rom II-VO Rn. 182.
[1100] MüKoBGB/*Drexl* IntImmR Rn. 135–138; G.-P. Calliess/*de la Durantaye* Art. 8 Rome II Regulation Rn. 25, 31; BeckOGK/*McGuire* Art. 8 Rom II Rn. 174–178; Magnus/Mankowski/*Metzger* Art. 8 Rome II Regulation Rn. 35.
[1101] Magnus/Mankowski/*Metzger* Art. 8 Rome II Regulation Rn. 35.
[1102] BeckOGK/*McGuire* Art. 8 Rom II-VO Rn. 5, 161 f.
[1103] EuGH ECLI:EU:C:2017:724 Rn. 93 – Nintendo Co. Ltd./BigBen Interactive GmbH u. BigBen Interactive SA.
[1104] Vgl. *van Engelen,* NIPR 2008, 440, 442, 443.
[1105] Siehe EuGH ECLI:EU:C:2017:724 Rn. 95 – Nintendo Co. Ltd./BigBen Interactive GmbH u. BigBen Interactive SA.
[1106] EuGH ECLI:EU:C:2017:724 Rn. 98 – Nintendo Co. Ltd./BigBen Interactive GmbH u. BigBen Interactive SA; GA *Bot,* ECLI:EU:C:2017:146 Rn. 56–58, 62–67; G. Wagner, IPRax 2008, 1, 9 f.; *Schack,* FS Jan Kropholler, 2008, S. 651, 657; *van Engelen,* NIPR 2008, 440, 443 f.; *M. Grünberger,* ZvglRWiss 108 (2009), 134, 149; *Leistner,* in: Leistner/Ohly (eds.), Intellectual Property and Private International Law, 2009, S. 97, 107; Staudinger/*Fezer/Koos* IntWirtschR Rn. 963; Rauscher/*Unberath/Cziupka/Pabst* Art. 8 Rom II-VO Rn. 24; NK-BGB/*M. Grünberger* Art. 8 Rom II-VO Rn. 50; jurisPK BGB/C. *Heinze* Art. 8 Rom II-VO Rn. 16. Dagegen BeckOGK/*McGuire* Art. 8 Rom II-VO Rn. 189 f.; *Kubis,* ZGE 2017, 471, 485.
[1107] So EuGH ECLI:EU:C:2017:724 Rn. 103 f. – Nintendo Co. Ltd./BigBen Interactive GmbH u. BigBen Interactive SA. Dagegen *Metzger,* in: Drexl/Kur (eds.), Intellectual Property and Private International Law, 2005, S. 215, 221; BeckOGK/*McGuire* Art. 8 Rom II-VO Rn. 194–197.
[1108] Dafür *Leistner,* in: Leible/Ohly (eds.), Intellectual Property and Private International Law, 2009, S. 97, 115 f.

Reserve¹¹⁰⁹ oder die letzte Handlung für maßgeblich zu erklären¹¹¹⁰ oder mit Gefahr des forum shopping die lex fori zu berufen oder freischöpfend auf den Sitz des Beklagten abzustellen.¹¹¹¹ In jedem Fall ist Art. 8 II Rom II-VO Sachnormverweisung.¹¹¹²

364 Das Europäische Patent mit einheitlicher Wirkung nach der EuPatVO (zu unterscheiden vom sogenannten Europäischen Patent nach dem EPÜ!) verdient besondere Betrachtung. Auf den ersten Blick sehen Artt. 5; 7 EuPatVO so aus, als würden sie über Art. 27 Rom II-VO Vorrang reklamieren können. Indes muss man im zweiten Blick ihren sachlichen Zuschnitt genauer ansehen, dass sie nämlich nur andere Fragen behandeln als Art. 8 II Rom II-VO; für Art. 8 II Rom II-VO bleiben daher die Verletzungsfolgen auch bei Europäischen Patenten.¹¹¹³ Art. 5 III EuPatVO verweist obendrein zur Lückenfüllung auf das nationale Recht, worunter ausweislich Erwägungsgrund (9) EuPatVO auch dessen IPR zu verstehen ist, also Art. 8 I Rom I-VO.¹¹¹⁴

365 *d) Rechtswahlausschluss.* Art. 8 III Rom II-VO verfügt einen Rechtswahlausschluss.¹¹¹⁵ Das ist nur konsequent, denn der Schutzgegenstand Immaterialgüterrecht erfasst nur subjektive Rechte mit absolutem Charakter. Über absoluten Schutz erga omnes aber können nicht einzelne Beteiligte relativ disponieren und ihn einem anderen Recht kraft Vereinbarung unterstellen. Territorialität von Schutzrechten und policy des Schutzlandes lassen schon aus Kollektivinteressen eine abweichende Rechtswahl nicht zu.¹¹¹⁶ Auch eine Rechtswahl bezüglich Rechtsfolgen im Relativverhältnis (Unterlassungs- und Schadensersatzansprüche) ist nicht gestattet.¹¹¹⁷ De lege lata ist die Normaussage des Art. 8 III Rom II-VO klar und unmissverständlich.¹¹¹⁸ Einer Verletzung nachlaufende und diese quasi-rückwirkend ausgleichende Lizenzverträge mit Rechtswahl sind aber möglich.¹¹¹⁹

366 *e) Alternative Ideen.* Angesichts der Häufigkeit, mit der einflussreiche Stimmen Art. 8 Rom II-VO kritisieren und statt seiner Alternativvorschläge in den Vordergrund stellen, sei betont, was eigentlich eine Selbstverständlichkeit sein müsste: Geltendes Recht ist de lege lata allein Art. 8 Rom II-VO. Alle Alternativen sind private Ideen der daran Beteiligten; sie sind nicht einmal soft law. Dies gilt insbesondere für die so genannten CLIP Principles¹¹²⁰ und die ALI Principles¹¹²¹ als ausgefeilteste Modelle,¹¹²² entwickelt von ausgewiesenen Fachleuten. Sie können allenfalls dort, wo Spielräume bestehen, argumentative Überzeu-

---

¹¹⁰⁹ Dafür *Kur*, GRUR Int 2014, 749, 753, 758; vgl. auch MüKoBGB/*Drexl* IntImmGR Rn. 135.
¹¹¹⁰ Dafür Magnus/Mankowski/*Metzger* Art. 8 Rome II Regulation Rn. 39.
¹¹¹¹ Für letzteres *Schack*, FS Jan Kropholler, 2008, S. 651, 660.
¹¹¹² *Leistner*, in: Leible/Ohly (eds.), Intellectual Property and Private International Law, 2009, S. 97, 110.
¹¹¹³ MüKoBGB/*Drexl* IntImmGR Rn. 147; jurisPK BGB/*C. Heinze* Art. 8 Rom II-VO Rn. 15; BeckOGK/*McGuire* Art. 8 Rom II-VO Rn. 82; Magnus/Mankowski/*Metzger* Art. 8 Rome II Regulation Rn. 43.
¹¹¹⁴ NK-BGB/*M. Grünberger* Art. 8 Rom II-VO Rn. 49c.
¹¹¹⁵ Für eine primärrechtskonforme Reduktion bei Unionsschutzrechten *T. Richter*, Parteiautonomie im Internationalen Immaterialgüterrecht, 2017, S. 142–150.
¹¹¹⁶ Hamburg Group for Private International Law, RabelsZ 67 (2003), 1, 35; *B. Buchner*, GRUR Int 2005, 1004, 1008; G.-P. Calliess/*de la Durantaye* Art. 8 Rome II Regulation Rn. 40; BeckOGK/*McGuire* Art. 8 Rom II-VO Rn. 202 f.
¹¹¹⁷ *Sonnentag*, ZvglRWiss 105 (2006), 256, 298; *Sack*, WRP 2008, 1405, 1406; *M. Grünberger*, ZvglRWiss 108 (2009), 134, 175 f. Für wünschenswert halten eine solche Wahl dagegen z. B. *Leible*, RIW 2008, 257, 259; *Boschiero*, YbPIL 9 (2007), 87, 107 f.; *X. E. Kramer*, NIPR 2008, 414, 422; *Schack*, FS Jan Kropholler, 2008, S. 651, 656; *Leistner*, in: Leible/Ohly (eds.), Intellectual Property and Private International Law, 2009, S. 97, 106.
¹¹¹⁸ *T. Richter*, Parteiautonomie im Internationalen Immaterialgüterrecht, 2017, S. 118, 151.
¹¹¹⁹ NK-BGB/*M. Grünberger* Art. 8 Rom II-VO Rn. 55.
¹¹²⁰ European Max Planck Group on Conflict of Laws in Intellectual Property, Conflict of Laws in Intellectual Property: The CLIP Principles and Commentary, 2013.
¹¹²¹ American Law Institute, Intellectual Property: Principles Governing Jurisdiction, Choice of Law, and Judgments in Transnational Disputes, 2007.
¹¹²² Einen Vergleich von CLIP Principles und ALI Principles stellt *Treppoz*, in: Nourissat/Treppoz (dir), Droit international privé et propriété intellectuelle, 2010, S. 270 an.

gungskraft entfalten.[1123] Die ALI Principles neigen in ihrem § 321 zum Recht am domicile des Rechtsinhabers – was natürlich US-Interessen maximal entgegenkommen würde[1124] und konträr zu Art. 8 I Rom II-VO läuft. Am offiziösesten ist noch die Joint Recommendation of WIPO and the Paris Union Concerning the Protection of Marks, and Other Industrial Property Rights in Signs, on the Internet of 2001.[1125] Sie operiert aber allein auf der sachrechtlichen Ebene.[1126]

7. Arbeitskampfrecht

Literatur: *Carballo Piñeiro*, International Maritime Labour Law, 2015; *Deinert*, Arbeitskampf und anwendbares Recht, ZESAR 2012, 311; *Dorssemont/van Hoek*, De collectieve actie bij arbeidsconflicten in Rome II, RDCB 2008, 515; *C. Heinze*, Der internationale Arbeitskampf, RabelsZ 73 (2009), 770; *van Hoek*, Stakingsrecht in de verordening betreffende het recht dat van toepassing is op niet-contractuele verbintenissen (Rome II), NIPR 2008, 449; *J. Jacobs*, Das Internationale Arbeitskampfrecht des Art. 9 der Rom II-Verordnung, 2017; *Knöfel*, Internationales Arbeitskampfrecht nach der Rom II-Verordnung, EuZA 2008, 228; *Palao Moreno*, The Law Applicable to a Non-Contractual Obligation with Respect to an Industrial Action, A Commentary on Article 9 of the Rome II Regulation, (2007) 9 YbPIL 115; *Zelfel*, Der Internationale Arbeitskampf nach Art. 9 Rom II-Verordnung, 2011.

Eine Neuerung der Rom II-VO und eigentlich überraschend ist eine eigene Kollisionsnorm für das Internationale Arbeitskampfrecht in Art. 9 Rom II-VO. Aus deutscher Sicht hätte niemand ernsthaft daran gedacht, sich diesem Komplex gesondert zuzuwenden. Es gab einfach keine großen Probleme mit grenzüberschreitenden Arbeitskämpfen, die einen Anreiz dafür gesetzt hätten, solch' eine Regel zu entwickeln. Andere Mitgliedstaaten sahen dies offensichtlich anders. Vordringlich Schweden stieß Art. 9 Rom II-VO an,[1127] unterstützt vom Europäischen Parlament,[1128] während sich Estland und Lettland, Zypern, Griechenland und Dänemark dagegen stemmten.[1129] 367

Die EuGH-Entscheidung Torline/DFDS[1130] unter der EuGVVO, der europäisch prominenteste Streikfall, kam aus der maritimen Wirtschaft Skandinaviens. Torline/DFDS hat im Hintergrund für Art. 9 Rom II-VO eine wichtige Patenrolle gespielt.[1131] Streiks in der Seewirtschaft waren der Hintergrund und sind das Paradigma.[1132] Dass mit Art. 9 Rom II-VO eine Sonderregel geschaffen wurde, die von der Regelanknüpfung an den Erfolgsort abweicht, spiegelt einen Erfolg der Arbeitgeberlobbies wie der Gewerkschaften wider:[1133] Diese befürchteten beide, dass eine Erfolgsortanknüpfung sie jeweils exzessiver Haftung aussetzen würde.[1134] Art. 9 Rom II-VO ist indes nur eine partielle, keine umfassende oder 368

[1123] Siehe immerhin AG *Cruz Villalón*, ECLI:EU:C:2012:193 Rn. 24 und ECLI:EU:C:2014:2212 Rn. 26; AG *Jääskinen*, ECLI:EU:C:2013:400 Rn. 53 sowie *Lucasfilm Ltd. v. Ainsworth* [2011] UKSC 39 [95], [2012] 1 AC 208 (H.L.).
[1124] MüKoBGB/*Drexl* IntImmGR Rn. 334 („lex Hollywood"); *Metzger*, JZ 2010, 930, 934; Magnus/Mankowski/*Metzger* Art. 8 Rome II Regulation Rn. 8.
[1125] Joint Recommendation Concerning the Protection of Marks, and Other Industrial Property Rights in Signs, on the Internet (2001) <www.wipo.int/edocs/pubdocs/en/marks/845/pub845.pdf>.
[1126] Magnus/Mankowski/*Metzger* Art. 8 Rome II Regulation Rn. 8.
[1127] Doc. 9009/04 ADD 8 JUSTCIV 71 CODEC 645 S. 12: „Art. 8a Industrial action. The law applicable to a non-contractual obligation arising out of a noticed or executed industrial action shall be the law of the country where the action has been taken."
[1128] *Carballo Piñeiro* S. 281.
[1129] Doc. 9143/06 ADD 2 LIMITE JUSTCIV 118 CODEC 455; Doc. 12219/06 ADD 1, CODEC 838 JUSTCIV 181 S. 1 f.
[1130] EuGH Slg. 2004, I-1417 – Danmarks Rederiforeniging, handelnd für DFDS Torline AS/LO Landsorganisationen i Sverige, handelnd für SEKO Sjöfolk Facket for Service och Kommunikation.
[1131] *Pontier*, MedNedVIR 136 (2008), 61, 107.
[1132] Z.B. *Siehr*, RabelsZ 74 (2010), 139, 148–151; *Mankowski*, Interessenpolitik und europäisches Kollisionsrecht, 2011, S. 74.
[1133] *v. Hein*, 82 Tul. L. Rev. 1663, 1701 (2008).
[1134] Siehe insbesondere *Evju*, RIW 2007, 898.

abschließende Regelung. Er regelt nur das Arbeitskampfdeliktsstatut, aber nicht das Arbeitskampfstatut generell.[1135]

369 Die wichtige Qualifikationsentscheidung, was eine Arbeitskampfmaßnahme ist, weist Erwägungsgrund (27) S. 1 Rom II-VO im Wege der Qualifikationsverweisung „den innerstaatlichen Vorschriften der einzelnen Mitgliedstaaten" zu.[1136] Leider entbehrt dies letzter Klarheit, ob die Verweisung auf das Sachrecht der lex fori[1137] oder jenes der lex causae[1138] geht.[1139] Einen Kern bilden jedenfalls „normaler" Streik und Aussperrung. Dem gesellen sich Arbeitsplatzbesetzung, „Dienst nach Vorschriften", koordinierte massenhafte Krankmeldung und Boykott hinzu.[1140] Problemfälle sind politischer Streik, Streik letztlich gegen den Staat und Generalstreik.[1141] Sicher nicht unter Art. 9 Rom II-VO fallen Exzesse von Individuen.[1142]

370 Seinem Wortlaut nach regelt Art. 9 Rom II-VO die Haftung von Arbeitgebern, Arbeitnehmern und deren Organisationen (also Arbeitgeberverbänden bzw. Gewerkschaften). Dem sollte man Managementpersonen von Arbeitgebern, Funktionäre der Organisationen und externe Streikposten hinzufügen.[1143] Auf der Gläubigerseite sind auch Ansprüche Dritter (z.B. der Kunden oder der Lieferanten eines bestreikten Betriebs) erfasst und damit Art. 4 Rom II-VO entzogen.[1144] Wichtig ist, dass Art. 9 Rom II-VO sachlich die beim Arbeitskampf praktisch im Vordergrund stehenden Unterlassungsansprüche ebenso erfasst wie Schadensersatzansprüche.[1145]

371 Art. 9 Rom II-VO erhebt den Ort der durchgeführten bzw. geplanten Arbeitskampfmaßnahme zum Anknüpfungspunkt. Er etabliert eine besondere Handlungsortanknüpfung.[1146] Dies bevorzugt den Angreifer, der sich einen Staat mit einem ihm günstigen Recht für seinen Angriff aussuchen kann.[1147] Solidaritäts- und Sympathiestreiks sind nicht akzessorisch, sondern selbständig anzuknüpfen an ihre je eigenen Streikorte.[1148]

[1135] *Knöfel*, EuZA 2008, 228, 234; *Deinert*, Internationales Arbeitsrecht, 2013, § 16 Rn. 2; BeckOGK/ *Knöfel* Art. 9 Rom II-VO Rn. 1; *J. Jacobs* S. 38 f.; Magnus/Mankowski/*Mankowski* Art. 9 Rome II Regulation Rn. 1.

[1136] Siehe nur *A. Junker*, NJW 2007, 3675, 3680; *Knöfel*, EuZA 2008, 228, 241; *v. Hein*, ZEuP 2009, 6, 31; *Deinert*, ZESAR 2012, 311, 314; NK-BGB/*Temming* Art. 9 Rom II-VO Rn. 34.

[1137] Dafür z.B. *Knöfel*, EuZA 2008, 228, 241; BeckOGK/*Knöfel* Art. 9 Rom II-VO Rn. 37; BeckOK BGB/*Spickhoff* Art. 9 Rom II-VO Rn. 1; *Winkler v. Mohrenfels/Block*, EAS B 3000 Rn. 206 (2010); *J. Jacobs* S. 76–79; Erman/*Hohloch* Art. 9 Rom II-VO Rn. 3; Palandt/*Thorn* Art. 9 Rom II-VO Rn. 2.

[1138] Dafür *C. Heinze*, RabelsZ 73 (2009), 770, 782; P. Huber/*Illmer* Art. 9 Rome II Regulation Rn. 9; *Zelfel* S. 41–46; *Deinert*, ZESAR 2012, 311, 314; MüKoBGB/*A. Junker* Art. 9 Rom II-VO Rn. 15; *Carballo Piñeiro* S. 284; Rauscher/*Unberath/Cziupka/Pabst* Art. 9 Rom II-VO Rn. 8; NK-BGB/*Temming* BGB Art. 9 Rom II-VO Rn. 36.

[1139] *M. Hellner* S. 190.

[1140] *Dickinson* Rn. 9.22; MüKoBGB/*A. Junker* Art. 9 Rom II-VO Rn. 19; BeckOGK/*Knöfel* Art. 9 Rom II-VO Rn. 41; *J. J. Jaacobs* S. 84–87; Magnus/Mankowski/Mankowski Art. 9 Rome II Regulation Rn. 40.

[1141] *Dickinson* Rn. 9.20; *M. Hellner* S. 190.

[1142] *C. Heinze*, RabelsZ 73 (2009), 770, 785; *M. Hellner* S. 191; NK-BGB/*Temming* Art. 9 Rom II-VO Rn. 51; BeckOGK/*Knöfel* Art. 9 Rom II-VO Rn. 41; *J. Jacobs* S. 40–41; Magnus/Mankowski/*Mankowski* Art. 9 Rome II Regulation Rn. 41.

[1143] *C. Heinze*, RabelsZ 73 (2009), 770, 784; jurisPK BGB/*C. Heinze* Art. 9 Rome II-VO Rn. 7; NK-BGB/*Temming* Art. 9 Rom II-VO Rn. 46; Magnus/Mankowski/*Mankowski* Art. 9 Rome II Regulation Rn. 44–47.

[1144] *Leible/M. Lehmann*, RIW 2007, 721, 731; *Dutoit*, Liber Fausto Pocar, tomo II, 2009, S. 309, 321; *Morse*, Liber Fausto Pocar, tomo II, 2009, S. 723, 730–731; *Dorssemont/van Hoek*, ELLJ 2011, 48, 70; *Zelfel* S. 74–78; *Deinert*, ZESAR 2012, 311, 317; *J. Jacobs* S. 43–44; Magnus/Mankowski/*Mankowski* Art. 9 Rome II Regulation Rn. 53–57.

[1145] *v. Hein*, VersR 2007, 440, 442; *Knöfel*, EuZA 2008, 228, 242; BeckOGK/*Knöfel* Art. 9 Rom II-VO Rn. 33; NK-BGB/*Temming* Art. 2 Rom II-VO Rn. 3; *C. Heinze*, RabelsZ 73 (2009), 770, 785; MüKoBGB/*A. Junker* Art. 2 Rom II-VO Rn. 8; P. Huber/*Bach* Art. 9 Rom II-VO Rn. 2, 5; *Zelfel* S. 65; Magnus/Mankowski/*Mankowski* Art. 9 Rome II Regulation Rn. 58 f.

[1146] *Knöfel*, EuZA 2008, 228, 235; *Jafferali*, RGAR 2008, 14399 No. 33; *Basedow*, RabelsZ 74 (2010), 118, 132; *Zelfel* S. 84; *A. Junker*, Liber Amicorum Klaus Schurig, 2012, S. 81, 93; *J. Jacobs* S. 95.

[1147] Magnus/Mankowski/*Mankowski* Art. 9 Rome II Regulation Rn. 80 f.

[1148] NK-BGB/*Temming* Art. 9 Rom II-VO Rn. 38; BeckOGK/*Knöfel* Art. 9 Rom II-VO Rn. 42.

V. Internationales Deliktsrecht 372–375 § 2

Eine Ausweichklausel gibt es nicht,[1149] wohl aber einen ausdrücklichen Vorbehalt zu- 372
gunsten der Anknüpfung an einen gemeinsamen gewöhnlichen Aufenthalt der Anspruchs-
parteien, obwohl diese Anknüpfung bei Kollektivverhältnissen allenfalls schlecht passt.[1150]
Einen ausdrücklichen Rechtswahlausschluss gibt es ebenfalls nicht;[1151] richtigerweise sollte
aber eine Rechtswahl wegen des Kollektivcharakters und der Mehrzahl berührter Interessen nicht statthaft sein.[1152]

8. Straßenverkehrsunfälle. Die Rom II-VO enthält keinen Spezialtatbestand für Stra- 373
ßenverkehrsunfälle. Die Anknüpfung von Straßenverkehrsunfällen richtet sich daher grundsätzlich primär nach Art. 14 Rom II-VO und objektiv bei Fehlen einer Rechtswahl nach
Art. 4 Rom II-VO.[1153] Massive Forderungen und Anregungen des Europäischen Parlaments, einen Spezialtatbestand zu schaffen,[1154] haben sich nicht durchzusetzen vermocht.
Auch die Obliegenheit zur Überprüfung aus Art. 30 Rom II-VO[1155] hat bisher keine gesetzgeberische Tätigkeit ausgelöst.

Straßenverkehrsunfälle stehen rechtstatsächlich in einem kaum trennbaren Zusam- 374
menhang mit Kfz-Haftpflichtversicherungen und Direktansprüchen des Geschädigten ge-
gen die Haftpflichtversicherung des Unfallverursachers. Spätestens seit der Odendahl-
Entscheidung des EuGH, der endgültigen Öffnung der internationalen Zuständigkeit
in einem Klägergerichtsstand im Heimatstaat des Geschädigten unter Art. 13 II iVm
Art. 11 I lit. b Brüssel Ia-VO,[1156] sind die Fälle Legion.[1157] Für Direktansprüche hält
Art. 18 Rom II-VO eine Sonderregel bereit. Außerdem spielt mindestens indirekt die
Sechste Kraftfahrzeug-HaftpflichtversicherungRL[1158] hinein,[1159] obwohl sie keine eigentli-
chen Kollisionsnormen aufstellt. Trotz rechtlicher Trennung bleibt der wirtschaftliche Zusammenhang.[1160]

Aus deutscher Sicht bergen Straßenverkehrsunfälle zwar unter Umständen knifflige An- 375
wendungsfragen um Art. 4 Rom II-VO im Einzelfall, sind jedoch nichts grundsätzlich
Besonderes, sondern im Gegenteil einer der praktischen Normalfälle der Rom II-VO.[1161]
Die Lage ändert sich grundlegend, wenn der Fall von Rechtsanwendern in einem Staat zu
entscheiden ist, der – anders als Deutschland[1162] – Vertragsstaat des Haager Straßenverkehrsunfallübereinkommens[1163] ist, z.B. in Österreich, Italien oder Frankreich.[1164] Dann
kann jenes Übereinkommen nämlich in seinen Vertragsstaaten gemäß Art. 28 I Rom II-

---

[1149] Siehe nur *G. Wagner*, IPRax 2008, 1, 10; Rauscher/*Unberath/Cziupka/Pabst* Art. 9 Rom II-VO Rn. 11; Magnus/Mankowski/*Mankowski* Art. 9 Rome II Regulation Rn. 26.
[1150] Zur Kritik Magnus/Mankowski/*Mankowski* Art. 9 Rome II Regulation Rn. 66–71.
[1151] *Dicey/Morris/Collins/Dickinson* Rn. 34-044; Rauscher/*Unberath/Cziupka/Pabst* Art. 9 Rom II-VO Rn. 12; Rauscher/*Jakob/Picht* Art. 14 Rom II-VO Rn. 8; G.-P. Calliess/*v. Hein* Art. 14 Rome II Regulation Rn. 7.
[1152] Magnus/Mankowski/*Mankowski* Art. 9 Rome II Regulation Rn. 28 f.
[1153] Siehe nur Trib. Trieste RDIPP 2013, 796; Trib. Varese RDIPP 2013, 798; AG Meldorf SchlHA 2017, 352; *v. Hein*, in: Ahern/Binchy S. 153; *Bouwmann*, NJW 2018, 1866.
[1154] Art. 22; Recital (34) European Parliament Legislative Resolution, P6_TA(2007)0006 vom 18.1.2007.
[1155] In deren Kontext *Papettas*, Choice of Law for Cross Border Road Traffic Accidents, 2012 (PE 462.492).
[1156] EuGH Slg. 2007, I-11321 Rn. 24–31 – FBTO Schadeverzekeringen BV/Jack Odenbreit.
[1157] Siehe nur *Mankowski*, IPRax 2018, 233 (233). Eingehend *Espiniella Menéndez*, Las reclamaciones derivadas de accidentes de circulación por carretera transfronterizos, 2012.
[1158] Richtlinie 2009/103/EG des Europäischen Parlaments und des Rates vom 16.9.2009 über die Kraftfahrzeug-Haftpflichtversicherung und die Kontrolle der entsprechenden Versicherungspflicht, ABl. EU 2009 L 263/11.
[1159] *v. Hein*, in: Ahern/Binchy S. 153, 158; *Papettas*, (2012) 8 JPrIL 297; *Sandrini*, RDIPP 2013, 677, 680–688.
[1160] *Sandrini*, RDIPP 2013, 677, 680–688.
[1161] *Wittwer*, ZVR 2016, 451; *ders.*, ÖJZ 2017, 35 f.
[1162] Siehe nur BGH NJW 2016, 1648 Rn. 13 mwN.
[1163] Hague Convention of 4 May 1971 on the Law Applicable to Traffic Accidents <http://www.hcch.net/en/instruments/conventions/full-text>.
[1164] Z.B. OGH ÖJZ 2017, 33 mAnm *Wittwer*; OGH IPRax 2018, 274; *Heindler*, IPRax 2018, 279.

VO Vorrang vor der Rom II-VO reklamieren.[1165] Ein wichtiger Grund, weshalb dies gebilligt wurde, ist der Versuch, Entscheidungsharmonie mit bedeutsamen Nachbarstaaten außerhalb der EU herzustellen, die ebenfalls Vertragsstaaten jenes Haager Übereinkommens sind.[1166]

376 Über denselben Fall ist aber in der Folge in verschiedenen Mitgliedstaaten der Rom II-VO kollisionsrechtlich unterschiedlich zu entscheiden, je nachdem ob der Forumstaat Vertragsstaat des Haager Übereinkommens ist oder nicht. Dies stört die europäische Kollisionsrechtsvereinheitlichung empfindlich, weil an einer sensiblen und praktisch bedeutsamen Stelle. Die Chance zum forum shopping begünstigt Kläger.[1167]

377 **9. Umfang des Deliktsstatuts (Qualifikation).** *a) Grundsätzliches.* Für den Umfang des Deliktsstatuts stellt Art. 15 Rom II-VO eine ausgefeilte und sehr detaillierte Qualifikationsnorm auf. Ihr Vorbild ist ersichtlich der bewährte Art. 10 EVÜ, seinerseits später direkter Vorläufer zu Art. 12 Rom I-VO. Art. 15 Rom II-VO greift bewusst weit aus.[1168] So weit wie irgend möglich bemüht er sich um ein umfassendes und einheitliches Deliktsstatut.[1169] Der Katalog ausdrücklich aufgezählter Materien ist („insbesondere") nicht abschließend.[1170] Er bietet aber eine wertvolle Hilfestellung und vermeidet, dass Qualifikationsprobleme bei den wichtigsten Aspekten auftreten.[1171] Praktikern ist er eine zuverlässige Orientierungsmarke.[1172] Etwaige Überschneidungsbereiche zwischen einzelnen Tatbeständen sind allenfalls klein und jedenfalls nicht ergebnisrelevant, weil ja alle Tatbestände gleichermaßen zum Deliktsstatut weisen.

378 Auf der anderen Seite ist der Katalog des Art. 15 Rom II-VO nicht abschließend. Das vorangestellte „insbesondere" ist insoweit eindeutig. Die Katalogtatbestände sind bloße Regelbeispiele. Neben ihnen ist z.B. ein Hinterbliebenengeld (wie in § 844 III BGB) zum Deliktsstatut zu schlagen,[1173] wenn man es nicht gleich Art. 15 litt. c, f Rom II-VO unterstellen will.

379 *b) Haftungsgrund, -umfang, -schuldner.* Art. 15 lit. a Rom II-VO schlägt zum Deliktsstatut den Grund und den Umfang der Haftung einschließlich der Bestimmung derjenigen Personen, die für ihre Handlungen haftbar gemacht haben. Grund der Haftung kann verschuldensabhängige Haftung, aber auch – wie Erwägungsgrund (11) S. 3 Rom II-VO klarstellt – verschuldensunabhängige oder Garantiehaftung sein.[1174] Natürlich bezeichnet das Deliktsstatut die Tatbestandsmerkmale der Haftungsnorm. Dies umfasst Erfolgs-, konkrete Gefährdungs- und abstrakte Gefährdungsdelikte gleichermaßen. Sachlich erfasst sind auch gleichermaßen Handlungs- und Unterlassungsdelikte.[1175]

[1165] Näher Cass. D. 2014, 1040 = Clunet 141 (2014), 1251 note *Latil* = JCP G 2014, 696 note *Corneloup*; Trib. Trieste RDIPP 2013, 796; Trib. Varese RDIPP 2013, 798; Rb. Amsterdam NIPR 2015 Nr. 280 S. 461–462; Politierb. West-Vlanderen, Afdeling Brugge RW 2014-15, 1236, 1237; *Kadner Graziano,* NIPR 2008, 425; *Sandrini,* RDIPP 2013, 677.

[1166] *Pauknerová,* Liber Fausto Pocar, tomo II, 2009, S. 793, 803.

[1167] Siehe nur *Thiede/Kellner,* VersR 2007, 1624; *Kadner Graziano,* NIPR 2008, 425; 427; *A. Staudinger,* FS Jan Kropholler, 2008, S. 691, 700; *C. I. Nagy,* (2010) 6 PrIL 93; *Sandrini,* RDIPP 2013, 677, 689–690; *Gaudemet-Tallon/Jault-Seseke,* D. 2015, 1056, 1063; *Maseda Rodríguez,* REDI 2016-1, 187, 190; *Wurmnest,* ZvglRWiss 115 (2016), 624, 633; *Magnus/Mankowski/Mankowski* Art. 28 Rome II Regulation Rn. 29.

[1168] Begründung der Kommission zum Vorschlag für eine Verordnung über das auf außervertragliche Schuldverhältnisse anzuwendende Recht, KOM (2003) 427 endg. S. 25.

[1169] Siehe nur MüKoBGB/*A. Junker* Art. 15 Rom II-VO Rn. 5; Rauscher/*Jakob/Picht* Art. 15 Rom II-VO Rn. 2.

[1170] Siehe nur *Ofner,* ZfRV 2008, 13, 15; NK-BGB/*Nordmeier* Art. 15 Rom II-VO Rn. 1; BeckOGK/*J. Schmidt* Art. 15 Rom II-VO Rn. 7.

[1171] Siehe nur Rauscher/*Jakob/Picht* Art. 15 Rom II-VO Rn. 3.

[1172] Hamburg Group for Private International Law, RabelsZ 67 (2003), 1, 33.

[1173] Siehe *Jayme,* IPRax 2018, 230, 231.

[1174] Begründung der Kommission zum Vorschlag für eine Verordnung über das auf außervertragliche Schuldverhältnisse anzuwendende Recht, KOM (2003) 427 endg. S. 26; BeckOGK/*J. Schmidt* Art. 15 Rom II-VO Rn. 12.

[1175] Siehe nur BeckOGK/*J. Schmidt* Art. 15 Rom II-VO Rn. 14.

Besonders herauszuheben ist, dass das Deliktsstatut über das Schutzgut, dessen Zuschnitt 380 und dessen Reichweite entscheidet.[1176] Es gibt ebenfalls Maß für Kausalitäts- oder Zurechnungserfordernisse samt deren Ausgestaltung (Adäquanz-, Äquivalenz- oder Zurechnungsprinzip), auch dafür, ob es eine haftungsbegründende Kausalität (zwischen Handlung und Verletzungserfolg) und eine getrennte haftungsausfüllende Kausalität (zwischen Erfolg und Schaden) gibt.

Haftungsumfang meint Haftungshöchstgrenze und etwaige Haftungsquoten mehrerer 381 Deliktsschuldner einschließlich der Anordnung einer Teil- oder einer Gesamtschuld.[1177]

Wer Haftungsschuldner ist, fällt unter Art. 15 lit. a Rom II-VO. Einstehenmüssen für 382 andere allerdings beansprucht Art. 15 lit. g Rom II-VO für sich, jedoch ohne dass dies zu einem anderen Statut als dem Deliktsstatut führen würde. Dagegen ist Art. 15 lit. f Rom II-VO einschlägig, wenn in Rede steht, wer Deliktsgläubiger ist.

Deliktsfähigkeit (selbst bei Gesellschaften, dem insoweit nicht einschlägigen Art. 1 II 383 lit. a Var. 2, 3 Rom II-VO zum Trotz) und Deliktsmündigkeit fallen unter Art. 15 lit. a Rom II-VO. Zwar wird dies aus dem deutschen Wortlaut nicht so deutlich. Der englische, der französische und der spanische Wortlaut („the basis and extent of liability, including the determination of persons who may be held liable for acts performed by them"; „les conditions et l'étendue de la responsabilité, y compris la détermination des personnes susceptibles d'être déclarées responsables des actes qu'elles commettent"; „el fundamento y el alcance de la responsabilidad, incluida la determinación de las personas que puedan considerarse responsables por sus propios actos") sind aber in diesem Punkt klarer.

c) Haftungsausschlussgründe, -beschränkung, -teilung. Art. 15 lit. b Rom II-VO gehören Haf- 384 tungsausschlussgründe sowie jede Beschränkung oder Teilung der Haftung zum Statut des außervertraglichen Schuldverhältnisses. Das gesamte Spektrum ist umfassend und vollständig erfasst. Beispielhaft nennt die Kommissionsbegründung: höhere Gewalt; Notstand; Verschulden Dritter; Mitverschulden des Geschädigten; Haftungsausschluss gegenüber bestimmten Personengruppen.[1178] Partielle Überschneidungen mit Art. 15 Lit. a bzw. h Rom II-VO, bei denen sich eine harte Abgrenzungslinie kaum ziehen ließe, sind unschädlich, weil eh immer das Deliktsstatut berufen ist.[1179]

Ob Klagbeschränkungen zwischen einander haftenden Ehegatten zum Schutz des Frie- 385 dens in der Ehe ebenfalls hierher gehören,[1180] ist allerdings zweifelhaft; Alternative ist eine Qualifikation als allgemeine Ehewirkung.

Vereinbarte Haftungsausschlüsse oder -minderungen für außervertragliche Schuldver- 386 hältnisse, also insbesondere vertragliche Haftungsausschluss- oder Haftungsbegrenzungsklauseln, fallen ebenso unter Art. 15 lit. b Rom II-VO wie gesetzliche.[1181] Indes können sie vertragliche Vorfragen nach Konsens und rechtsgeschäftlicher Wirksamkeit aufwerfen, die nach dem Vertragsstatut zu beantworten sind.[1182] Die inhaltliche Wirksamkeit richtet sich

---

[1176] Siehe nur Rauscher/*Jakob*/*Picht* Art. 15 Rom II-VO Rn. 6; NK-BGB/*Nordmeier* Art. 15 Rom II-VO Rn. 5.
[1177] Begründung der Kommission zum Vorschlag für eine Verordnung über das auf außervertragliche Schuldverhältnisse anzuwendende Recht, KOM (2003) 426 endg. S. 26; BeckOGK/J. *Schmidt* Art. 15 Rom II-VO Rn. 20–22.
[1178] Begründung der Kommission zum Vorschlag für eine Verordnung über das auf außervertragliche Schuldverhältnisse anzuwendende Recht, KOM (2003) 427 endg. S. 26.
[1179] Siehe nur BeckOK BGB/*Spickhoff* Art. 15 Rom II-VO Rn. 5; BeckOGK/J. *Schmidt* Art. 15 Rom II-VO Rn. 33.
[1180] So Begründung der Kommission zum Vorschlag für eine Verordnung über das auf außervertragliche Schuldverhältnisse anzuwendende Recht, KOM (2003) 427 endg. S. 26.
[1181] Vor der Rom II-VO bereits für Anwendung des Deliktsstatuts *Delachaux*, Die Anknüpfung von Obligationen aus Delikt und Quasidelikt im internationalen Privatrecht, 1960, S. 200; *Kahn-Freund*, RdC 124 (1968 II), 1, 142 f.; *North*, (1977) 26 ICLQ 914, 931; G. *Brandt*, Die Sonderanknüpfung im internationalen Deliktsrecht, 1993, S. 89; *Mankowski*, TranspR 1996, 10, 12 f.
[1182] *Kahn-Freund*, RdC 124 (1968 II), 1, 142 f.; R. *Birk*, Schadensersatz und sonstige Restitutionsformen im internationalen Privatrecht, 1969, S. 28–31; *North*, (1977) 26 ICLQ 914, 931; G. *Brandt*, Die Sonderanknüpfung im internationalen Deliktsrecht, 1993, S. 89; *Mankowski*, TranspR 1996, 10, 12 f.; *Dickinson*

§ 2 387–394   § 2. Internationales Privatrecht der außervertraglichen Schuldverhältnisse

nach dem Deliktsstatut. Dieses wird allerdings im Umfeld eines Vertragswerks, in dem sich eine Haftungsbeschränkungsklausel findet, häufig gemäß Art. 4 III 2 Rom II-VO akzessorisch an das Vertragsstatut angeknüpft sein, so dass im Ergebnis ein und dasselbe Recht alle Aspekte regiert.

387 Art. 15 lit. b Rom II-VO betrifft nur das Verhältnis zwischen Schädiger und Geschädigtem, dagegen nicht die Verteilung im Regress z. B. zwischen verschiedenen Versicherern.[1183]

388 Von Haftungserweiterungen sagt Art. 15 lit. b Rom II-VO nichts. Diese können sich namentlich aus Vereinbarungen ergeben. Es mag eine verschuldensunabhängige Haftung vereinbart sein, wo gesetzlich nur verschuldensabhängig gehaftet würde. Oder es wird eine höhere Haftungssumme vereinbart als die gesetzliche. Oder es wird pauschaliert, oder es werden gläubigergünstige Vermutungen oder sonstige Beweiserleichterungen vereinbart. Insoweit gilt dasselbe wie für Haftungsbeschränkungen durch Vereinbarung:[1184] Ob sie statthaft und wirksam sind, richtet sich nach dem Deliktsstatut, ob sie konsentiert und rechtsgeschäftlich wirksam sind, nach dem Vertragsstatut.

389 *d) Schaden.* Art. 15 lit. c Rom II-VO schlägt das Vorliegen, die Art und die Bemessung des Schadens oder der geforderten Wiedergutmachung zum Deliktsstatut. Er überwindet den im common law geläufigen und tiefen Graben einer Unterscheidung zwischen substance und procedure.[1185] Im Grundsatz bewegt er sich auf der Tatbestandsseite schadensersatzrechtlicher Anspruchsgrundlagen. Jedoch osziliert er zugleich auf die Rechtsfolgenseite über, spätestens indem er auch Art und Bemessung der geforderten Wiedergutmachung einbezieht. „Schaden" begegnet eben in deutschrechtlicher Terminologie sowohl als Tatbestandsmerkmal eines Schadensersatzanspruchs wie als Rechtsfolge.

390 Man darf sich allerdings beim „Schaden" nicht am wörtlichen Verständnis festklammern. Vielmehr gebietet Art. 2 I Rom II-VO ein weites Verständnis. Auf der Rechtsfolgenseite ist es hilfreich, dass die Wiedergutmachung zur Seite gestellt wird. Damit ist klar, dass es auf die Benennung nicht ankommen darf, sondern dass es auf die Funktion ankommen muss. Wiedergutmachung mag Reparation, Entschädigung oder sonst heißen. Sie umfasst sogar Feststellungsbegehren.[1186]

391 „Schaden" umfasst auch die delikate Fragen, inwieweit reine Vermögensschäden, verlorene Chancen (perte des chances), entgangener Gewinn, Umweltschäden, Kollektivschäden und immaterielle Schäden (Schmerzensgeld) ersatzfähig sind.[1187]

392 Erfasst sind alle Wege bei der Bemessung, von der strikt mathematischen Berechnung über die Schätzung bis hin zur Billigkeitsentscheidung.

393 Über Art. 15 lit. c Rom II-VO entscheidet das Deliktsstatut über: Naturalrestitution oder Geldentschädigung; Gewinnherausgabe (disgorgement[1188]); Strafschadensersatz (punitive damages; exemplary damages); Einmalzahlung (lump sum), Raten- oder periodische Zahlung.[1189]

394 *e) Auskunfts-, Beseitigungs- und Unterlassungsansprüche.* Art. 15 lit. d Rom II-VO erstreckt das Haftungsstatut hinaus auf alle Maßnahmen, die ein Gericht innerhalb seiner verfahrens-

---

Rn. 14.15; NK-BGB/*Nordmeier* Art. 15 Rom II-VO Rn. 10; BeckOGK/*J. Schmidt* Art. 15 Rom II-VO Rn. 34.
[1183] *M. Lehmann/Ungerer*, GPR 2017, 134, 135 entgegen EuGH ECLI:EU:C:2016:40 Rn. 52 – Ergo Insurance SE/If P&C Insurance AS u. Gjensidige Baltic AAS/PZU Lietuva AUS DK.
[1184] → § 2 Rn. 386.
[1185] *Cox v. Ergo Versicherung AG* [2014] UKSC 22, [2014] 2 All ER 926 [40] (S.C., per Lord *Mance*); *Moreno v. Motor Insurers' Bureau* [2016] UKSC 24 [41] (S.C., per Lord *Mance*).
[1186] *Dickinson* Rn. 14.25; *A. Wolf*, Die internationale Durchsetzung von Schadensersatzansprüchen wegen Verletzung des EU-Wettbewerbsrechts, 2017, S. 608.
[1187] Siehe nur Begründung der Kommission zum Vorschlag für eine Verordnung über das auf außervertragliche Schuldverhältnisse anzuwendende Recht, KOM (2003) 426 endg. S. 26; BeckOGK/*J. Schmidt* Art. 15 Rom II-VO Rn. 38.
[1188] Dazu eingehend *Hondius/Janssen* (eds.), Disgorgement of Profits, 2015; *Degeling/Varuhas* (eds.), Equitable Compensation and Disgorgement of Profits, 2017.
[1189] Siehe nur *Dickinson* Rn. 14.20 f.; BeckOGK/*J. Schmidt* Art. 15 Rom II-VO Rn. 39–41.

V. Internationales Deliktsrecht 395–399 § 2

rechtlichen Befugnisse zur Vorbeugung, zur Beendigung oder zum Ersatz des Schadens anordnen kann. Dies meint Auskunfts-, Beseitigungs- und Unterlassungsansprüche,[1190] aber auch andere Hilfs- oder Vorbereitungsansprüche und Ansprüche, um ein Fortwirken oder Sichausbreiten des Schadens zu verhindern. Gegendarstellungsansprüche sind im Prinzip erfasst; indes werden sie in der Hauptsache bei Persönlichkeitsrechtsverletzungen relevant und fallen dort über Art. 1 II lit. g Rom II-VO aus der Rom II-VO heraus.[1191]

395 Eine Grenze zieht die lex fori mit den Befugnissen, die sie speziell Gerichten zuspricht. Der effet utile gebietet allerdings, dass das Gericht alle Möglichkeiten, die ihm sein Prozessrecht bietet, ausschöpfen und unter Umständen bis zur Grenze des prozessrechtlich äußerst Zulässigen neue schaffen muss.[1192] Ob es einstweiligen Rechtsschutz und selbständige (vorweggezogene) Beweisverfahren gibt, richtet sich gleichermaßen nach dem Prozessrecht der lex fori.

396 *f) Übertragbarkeit von Ansprüchen.* Der Übertragbarkeit von Schadensersatz- oder Wiedergutmachungsansprüchen widmet sich Art. 15 lit. e Rom II-VO. Er erklärt das Deliktsstatut in allen Fragen der Übertragbarkeit, sei es im Wege der Singular-, sei es im Wege der Universalsukzession (insbesondere kraft Erbschaft), für anwendbar. Der Anknüpfungsgegenstand ist begrenzt. Es geht wirklich nur um die Übertragbarkeit, dagegen nicht um die Übertragung als solche. Zur Zession von Schadensersatz- oder Wiedergutmachungsansprüchen äußert sich die gesamte Rom II-VO nicht. Die Lücke lässt sich partiell durch eine Analogie zu Art. 14 Rom I-VO schließen. Indes bleibt das Problem, dass auch Art. 14 Rom I-VO die Drittwirkungen einer Zession ausklammert.[1193]

397 Art. 15 lit. e Rom II-VO spricht nur über Schadensersatz- oder Wiedergutmachungsansprüche. Unterlassungs- oder Beseitigungsansprüche erwähnt er nicht. Es spricht aber nichts dagegen, deren Übertragbarkeit jenseits des ja nicht abschließenden lit. e ebenfalls dem Deliktsstatut zu unterstellen. Gleichermaßen sollte das Deliktsstatut beantworten, ob ein Abtretungsverbot vereinbart werden kann.

398 *g) Haftungsgläubiger.* Nur eine scheinbare Selbstverständlichkeit besagt Art. 15 lit. f Rom II-VO: dass sich nach dem Deliktsstatut bestimmt, wer Deliktsgläubiger ist. In den Normalfällen ist dies in der Tat selbstverständlich. Zuerst ist das Statut zu bestimmen, dann unter dem Sachrecht des Statuts der Gläubiger.[1194] Gemeint ist der ursprüngliche Gläubiger. Spätere Rechtsnachfolge auf Gläubigerseite, sei es kraft Erbschaft, sei es kraft Zession, ändert daran nichts. Selbst eine – bei außervertraglichen Schuldverhältnissen wohl allenfalls als Globalzession ernsthaft vorstellbare – Vorabzession führt nicht dazu, dass auf den Zessionar abzustellen wäre.

399 Jedoch sind hier auch die Trauer- und die Schockfälle anzusiedeln, in denen Nahestehende durch die Nachricht oder Zeugen durch das Miterlebenmüssen eigene Gesundheitsschäden insbesondere seelischer Natur erleiden. Im Französischen werden die Angehörigenschäden ebenso schön wie plastisch préjudice par ricochet genannt.[1195] Insoweit steht in Rede, ob sich diese Geschädigten als bloß mittelbar Geschädigte in eine unselbständige Anknüpfung ihrer Schäden fügen und der Anknüpfung im Verhältnis zum primär Geschädigten folgen müssen[1196] oder ob sie selbständige Ansprüche mit eigenständiger Anknüp-

---

[1190] Siehe nur P. Huber/*Bach* Art. 15 Rome II Regulation Rn. 16; MüKoBGB/*A. Junker* Art. 15 Rom II-VO Rn. 20; BeckOGK/*J. Schmidt* Art. 15 Rom II-VO Rn. 48.
[1191] MüKoBGB/*A. Junker* Art. 15 Rom II-VO Rn. 20.
[1192] Siehe *Dickinson* Rn. 14.34; G.-P. Calliess/*Halfmeier* Art. 15 Rome II Regulation Rn. 15f.; BeckOGK/*J. Schmidt* Art. 15 Rom II-VO Rn. 50.
[1193] → § 1 Rn. 891ff.
[1194] EuGH ECLI:EU:C:2015:802 Rn. 28 – Florin Lazar/Allianz SpA.
[1195] Z.B. Cass. RCDIP 94 (2005), 83, 84f.; *Boskovic*, in: Corneloup/Joubert S. 183, 185; *Bureau*, RCDIP 2016, 678.
[1196] Dafür EuGH ECLI:EU:C:2015:802 Rn. 25 – Florin Lazar/Allianz SpA; OGH ÖJZ 2017, 33f. mwN (zum parallelen Art. 8 Nr. 6 HStVÜ); *Boskovic*, in: Corneloup/Joubert S. 183, 185; *Kadner Graziano*, RCDIP 97 (2008), 445, 475; *ders.*, RIW 2016, 227, 229; *C. Huber*, ZVR 2016/162; *Maseda Rodríguez*, REDI 2016-1, 187, 189; *Wittwer*, ÖJZ 2017, 35, 36; *Rieländer*, RabelsZ 81 (2017) 344, 356–359.

fung reklamieren können.¹¹⁹⁷ Die unselbständige Anknüpfung hat massive Wertungsprobleme, wenn der Anspruch des primär Geschädigten nach Art. 4 II oder III, insbesondere III 2 Rom II-VO angeknüpft wird, also gestützt auf Nähemomente, die nur den primär Geschädigten mit dem Schädiger verbinden nicht aber die anderen Geschädigten.¹¹⁹⁸

400 Hat der „sekundäre" Gläubiger aber einen eigenen Schadensersatzanspruch,¹¹⁹⁹ weil er selber geschädigt ist, so müsste eine auf den geltend gemachten Anspruch und dessen originären Inhaber abstellende Sicht eigentlich den eigenen Schaden des „sekundären" Gläubigers auch als relevant ansehen.¹²⁰⁰ Erwägungsgrund (17) Rom II-VO hilft nicht weiter, wenn er statuiert, dass bei Personenschäden der Staat, in dem die Verletzung erlitten wurde, der Staat des Schadenseintritts sein soll.¹²⁰¹ Auch bei Schockschäden¹²⁰² von Angehörigen wird die eigene Gesundheit des Angehörigen durch den Schock verletzt, den er erleidet, wenn er von Tod oder schwerer Verletzung des primären Opfers hört. Psychisch vermittelte Schäden müssen hier ebenso zählen wie z. B. bei Angstschäden¹²⁰³.

401 **Beispiel:** F aus Bordeaux verunglückt in Hamburg durch das Verschulden des D tödlich. Ihr Ehemann M erhält die Nachricht über ihren Tod in Bordeaux und erleidet einen schweren Schock im klinischen Sinne, der einen mehrwöchigen Krankenhausaufenthalt notwendig macht.

402 Ausgeschlossen ist sicherlich, dass sich das primäre Opfer entweder auf eigene Folgeschäden beruft¹²⁰⁴ oder auf vom sekundären Opfer erlittene Schäden beruft und daraus ein für es (das primäre Opfer) inhaltlich günstigeres Recht herleiten will.¹²⁰⁵ Aber ein eigener Anspruch des sekundären Opfers aufgrund eigenen Schadens an einem eigenen Rechtsgut bleibt möglich. Jenes eigene Rechtsgut ist dann das geschützte Rechtsgut dieses Anspruchs. Auch der sekundäre Gläubiger kann ein primär geschütztes Rechtsgut haben, dessen Verletzung ein relevanter Schaden ist.¹²⁰⁶ Insoweit mögen die unterschiedlichen Sachrechte unterschiedliche Einstellungen und solche Ansprüche nur in unterschiedlichem Maße, im Extremfall sogar gar nicht zusprechen. Jedoch bleibt dies eine sachrechtliche Frage, die nicht auf der kollisionsrechtlichen Ebene zu beantworten ist.¹²⁰⁷ Angehörigenschmerzensgeld, wie es viele europäische Sachrechte kennen,¹²⁰⁸ freilich rekurriert auf einen rein immateriellen Schaden ohne eigentlich verletztes Rechtsgut,¹²⁰⁹ es sei denn, man wollte ein Persönlichkeitsrecht ins Spiel bringen.¹²¹⁰

403 Bei Personenmehrheiten, mögen sie auch aus primär und sekundär Geschädigten bestehen, ist also gesondert nach Personen anzuknüpfen.¹²¹¹ Art. 15 lit. f Rom II-VO steht nicht

---

¹¹⁹⁷ Dafür Rauscher/*Unberath/Cziupka/Pabst* Art. 4 Rom II-VO Rn. 153; *Mankowski*, JZ 2016, 310, 311 f.; *Parisot*, Les Petites Affiches n° 194, 28 septembre 2016, S. 7, 9 f.
¹¹⁹⁸ Siehe *Bureau*, RCDIP 93 (2004), 85, 91; *Boskovic*, in: Corneloup/Joubert S. 183, 185 f.; *Kadner-Graziano*, RIW 2016, 227, 228 f.; *Spickhoff*, ZEuP 2017, 953, 964.
¹¹⁹⁹ Rechtsvergleichende Umschau über die Rechte der damaligen Vertragsstaaten des EuGVÜ bei GA *Darmon*, Slg. 1990, I-62, I-69-I-71 Rn. 33–46.
¹²⁰⁰ Dahin auch Magnus/Mankowski/*Magnus* Art. 4 Rome II Regulation Rn. 87.
¹²⁰¹ *Dickinson* Rn. 4.42; *Plender/Wilderspin* Rn. 18-012; siehe auch *Bureau*, RCDIP 2016, 678, 681 f.
¹²⁰² Zum Phänomen rechtsvergleichend *M. Fischer*, Schockschäden, 2016.
¹²⁰³ Zu diesen z. B. *Overheul*, AV&S 2017, 176.
¹²⁰⁴ *Hartley*, (1996) 21 Eur. L. Rev. 164, 165 f.
¹²⁰⁵ Vgl. EuGH Slg. 1990, I-49 Rn. 14 – Dumez France SA u. Tracoba SARL/Hessische Landesbank Magnus/Mankowski/*Mankowski* Art. 7 Brussels Ibis Regulation Rn. 327 zum parallelen Problem bei Gerichtsständen. Tendenziell anders *Rushworth/A. Scott*, [2008] LMLCQ 274, 279.
¹²⁰⁶ Vgl. *Plender/Wilderspin* Rn. 18-012 sowie Magnus/Mankowski/*Mankowski* Art. 7 Brussels Ibis Regulation Rn. 327 zum parallelen Problem bei Gerichtsständen. Anders generell *Franck*, ZEuP 2018, 667, 677 für Unterhaltsausfallschäden.
¹²⁰⁷ *Mankowski*, JZ 2016, 310, 311.
¹²⁰⁸ Z.B. Cass. D. 1970, 201 (Frankreich); OGH ZVR 1995, 116; OGH ZVR 1997, 186; OGH ZVR 2001, 204; OGH IPRax 2009, 524 (Österreich); BGE 117 II 50 (Schweiz).
¹²⁰⁹ *Spickhoff*, ZEuP 2017, 953, 963 f.
¹²¹⁰ *Kadner Graziano*, YbPIL 17 (2015/16), 477, 479.
¹²¹¹ Rauscher/*Unberath/Cziupka/Pabst* Art. 4 Rom II-VO Rn. 153; *Mankowski*, JZ 2016, 310, 311 f.; *Parisot*, Les Petites Affiches n° 194, 28 septembre 2016, S. 7, 9 f. sowie *Bureau*, RCDIP 2016, 678, 683 f. (allerdings methodisch kaum nachvollziehbar über Art. 4 III Rom II-VO)

entgegen,¹²¹² denn er schlägt nur die Gläubigerposition dem Anwendungsbereich des jeweiligen Deliktsstatuts zu, besagt aber nichts über getrennte, vereinte oder akzessorische Anknüpfung verschiedener Ansprüche mit möglicherweise verschiedenen Statuten. Auch dass Schaden des primär und Schaden des sekundär Geschädigten aus derselben Quelle fließen,¹²¹³ besagt nichts Ausschlaggebendes,¹²¹⁴ denn anderenfalls würde es ja an der Kausalität zwischen für beide gleichem schädigendem Ereignis und Schaden des sekundär Geschädigten fehlen. Es mag dieselbe Quelle sein, aber es bleibt ein eigener Schaden des sekundär Geschädigten.¹²¹⁵ Auch eine akzessorische Anknüpfung an das Statut des Delikts gegen das Primäropfer aus Art. 4 III 1 Rom II-VO überzeugt nicht.¹²¹⁶

Bei Eigentumsverletzungen darf das Deliktsstatut besagen, ob der Eigentümer Haftungsgläubiger ist. Wer aber Eigentümer ist, besagt nicht das Deliktsstatut, sondern als selbständig angeknüpfte Vorfrage das Sachstatut der verletzten Sache. **404**

h) Haftung für andere. Die Haftung für die von einem anderen begangenen Handlungen **405** unterstellt Art. 15 lit. g Rom II-VO dem Deliktsstatut im Verhältnis zwischen Gläubiger und Schuldner. Es geht um das Einstehenmüssen für den Dritten, um vicarious liability, gardien-Haftung, §§ 831; 832; 31; 89 BGB usw. Die Haftung für Dritte betrifft sachlich: die Haftung von Eltern (genauer: Sorgeberechtigte) für ihre Kinder; die Haftung von Prinzipalen für ihre Agenten; die Haftung von Arbeitgebern für ihre Arbeitnehmer; eine etwaige Haftung für Verrichtungsgehilfen; die Störerhaftung nach Lauterkeits-, Immaterialgüter- oder Umwelthaftungsrecht.¹²¹⁷

Haftung für andere meint indes Haftung für andere Menschen und andere Rechtssubjekte. Die Tierhalterhaftung und die Haftung für Tiere generell fallen nicht unter Art. 15 **406** lit. g Rom II-VO. Vielmehr führt der richtige Weg, um sie dem Deliktsstatut zu unterstellen, über das „insbesondere" am Anfang von Art. 15 Rom II-VO.

Ob das Deliktsstatut die Haftung für Dritte als personelle Erweiterung der Haftung über **407** eine Zurechnungskonstruktion ausgestaltet oder wie § 831 BGB als eigenen Haftungsanspruch gegen den Haftenden, ist für Art. 15 lit. g Rom II-VO unerheblich.

Theoretisch kann für die Haftung des Haftenden ein anderes Recht gelten als für die **408** Verantwortlichkeit des Dritten. Daraus könnten sich unter Umständen Regressprobleme ergeben, wenn einer der beiden unter dem gegen ihn geltenden Recht letztlich nicht haftet.¹²¹⁸ Eine kollisionsrechtliche Lösung bestünde darin, die Statuten parallel zu schalten, indem man die Verantwortlichkeit des Dritten zum herrschenden Rechtsverhältnis erhebt und auf die Beziehung des Geschädigten zum Haftenden Art. 4 III 2 Rom II-VO anwendet.

Vorfragen, ob ein Verhältnis und, wenn ja, welches zwischen Drittem und Haftendem **409** besteht, sind selbständig nach ihrem je eigenen Statut (z. B. Art. 8 Rom I-VO für Arbeitsverhältnis oder Art. 21 EGBGB für ein Eltern-Kind-Verhältnis) anzuknüpfen.¹²¹⁹

i) Erlöschen, Verjährung, Verfristung. Art. 15 lit. h Rom II-VO unterwirft die Bedingungen **410** für das Erlöschen von Verpflichtungen sowie die Vorschriften über die Verjährung und die Rechtsverluste, einschließlich des Beginns, der Unterbrechung und der Hemmung der einschlägigen Fristen dem Deliktsstatut. Erlöschen können Deliktsforderungen zuvörderst

---

¹²¹² Anderer Ansicht EuGH ECLI:EU:C:2015:802 Rn. 26 f. – Florin Lazar/Allianz SpA; *Boskovic*, in: Corneloup/Joubert S. 183, 185; *Kadner Graziano*, RCDIP 97 (2008), 445, 475.
¹²¹³ *Boskovic*, in: Corneloup/Joubert S. 183, 186; *Kadner Graziano*, RCDIP 97 (2008), 445, 475.
¹²¹⁴ *Bureau*, RCDIP 93 (2004), 85, 90; *Mankowski*, JZ 2016, 310, 312.
¹²¹⁵ *Gaudemet-Tallon*, RCDIP 79 (1990), 367, 374 unter Hinweis auf Cass. JCP 1981 II.19172 rapport *Ponsard* = RTD civ 1981, 857 obs. *Durry* = D. 1981, 641 note *Larroumet*.
¹²¹⁶ Entgegen *Kadner Graziano*, YbPIL 17 (2015/16), 477, 486 f.
¹²¹⁷ BeckOK BGB/*Spickhoff* Art. 15 Rom II-VO Rn. 10; Rauscher/*Jakob/Picht* Art. 15 Rom II-VO Rn. 16.
¹²¹⁸ P. Huber/*Bach* Art. 15 Rome II Rn. 22.
¹²¹⁹ *Dickinson* Rn. 14.47; P. Huber/*Bach* Art. 15 Rome II Rn. 23; MüKoBGB/*A. Junker* Art. 15 Rom II-VO Rn. 24; Rauscher/*Jakob/Picht* Art. 15 Rom II-VO Rn. 16.

§ 2   411–415   § 2. Internationales Privatrecht der außervertraglichen Schuldverhältnisse

durch ihre Erfüllung,[1220] sodann durch Erfüllungssurrogate. Erlöschen ist auch durch Vergleich, Erlass oder Verzicht möglich,[1221] außerdem theoretisch auch durch Unmöglichkeit,[1222] die allerdings bei Deliktsforderungen auf Schadensersatz kaum vorstellbar ist. Das Deliktsstatut entscheidet als Statut der Passivforderung analog Art. 17 Rom I-VO[1223] auch, ob und, wenn ja, in welchem Umfang und mit welchen Einschränkungen eine Aufrechnung gegen eine Deliktsforderung möglich ist.[1224]

411   Besondere Bedeutung hat die materiellrechtliche Qualifikation der Verjährung. In den Fußstapfen des Art. 10 I lit. d EVÜ, heute des Art. 12 I lit. d Rom I-VO, trifft Art. 15 lit. h Rom II-VO hier eine grundlegende und praktisch sehr wichtige Entscheidung für die Grenzziehung zum Prozessrecht. Die angelsächsischen Rechtsordnungen haben zu akzeptieren, dass das europäische IPR hier für eine materiell- und gegen eine prozessrechtliche Qualifikation entscheidet. Diese Einordnung ist eindeutig[1225] und lässt keinerlei Zweifel. Sie schließt zudem jegliche besondere Anknüpfung eigens für die Verjährung aus, möge diese vordergründig auch zum Vorteil des Geschädigten ausschlagen.[1226] Darauf, ob das berufene Sachrecht die Verjährung materiellrechtlich oder prozessual versteht, kommt es nicht an.[1227]

412   Art. 15 lit. h Rom II-VO ist gesetzgebungstechnisch sogar besser als Art. 12 I lit. d Rom I-VO. Denn anders als jener zählt er ausdrücklich auf, dass auch Fristbeginn, Fristdauer und Fristlauf materiellrechtlich zu qualifizieren sind. Die Fristen sind also definitiv nicht einheitlich oder qua Günstigkeitsprinzip anzuknüpfen.[1228]

413   *j) Weitere Aspekte.* Einzelne Aspekte erwähnt Art. 15 Rom II-VO nicht gesondert, obwohl sie Bedeutung haben. Zu nennen sind vor allem Mitverschulden und Erlöschen infolge Erfüllung der Deliktsverbindlichkeit. Entsprechende Klarstellungen wären hilfreich gewesen. Ihr Fehlen schadet jedoch angesichts des nicht abschließenden Charakters des Katalogs nicht. Man kann indes das Mitverschulden als Teilungsgrund dem Art. 15 lit. b Rom II-VO und die Erfüllung den Erlöschensgründen des Art. 15 lit. h Rom II-VO zuschlagen,[1229] also als spezifische Unterfälle nur generisch-allgemein formulierter Tatbestände einordnen. Leistungsstörungen bei der Erfüllung der Deliktsverbindlichkeit unterfallen nach dem allgemeinen Rechtsgedanken aus Art. 12 I lit. c Rom I-VO ebenfalls dem Deliktsstatut. Das kann für Zinspflichten wegen verspäteter Zahlung fälliger Geldsummen von Bedeutung sein.

414   Eine überlagernde besondere Anknüpfung oder gar eine Sonderanknüpfung von Rechtfertigungsgründen ist nicht veranlasst, auch nicht gestützt auf internen Entscheidungseinklang mit dem Strafrecht.[1230] Art. 17 Rom II-VO bietet ebenfalls keinen Weg dorthin.[1231]

415   *k) Beweisfragen.* Art. 22 Rom II-VO tritt ergänzend zu Art. 15 Rom II-VO hinzu. Er bemüht sich um eine qualifikatorische Abgrenzung und Zuweisung der Fragen rund um

---

[1220] Hamburg Group for Private International Law, RabelsZ 67 (2003), 1, 27 f.
[1221] Rauscher/*Jakob*/*Picht* Art. 15 Rom II-VO Rn. 17.
[1222] P. Huber/*Bach* Art. 15 Rome II Regulation Rn. 24; NK-BGB/*Nordmeier* Art. 15 Rom II-VO Rn. 24.
[1223] *Kieninger,* in: Ferrari IntVertragsR, 3. Aufl. 2018, Art. 17 Rom I-VO Rn. 2; *Lieder,* RabelsZ 78 (2014), 809, 824; Staudinger/*Magnus* Art. 17 Rom I-VO Rn. 15; *Koutsoukou,* Die Aufrechnung im europäischen Kollisions- und Verfahrensrecht, 2018, S. 228–231; Palandt/*Thorn* Art. 17 Rom I-VO Rn. 1.
[1224] *M. Hellner,* in: Ferrari/Leible (eds.), Rome I Regulation, 2009, S. 251, 264 stützt das Ergebnis tragend auf Art. 15 lit. h Rom II-VO
[1225] Siehe nur *Luckey,* NJW 2016, 1652.
[1226] *R. Wagner*/*Winkelmann,* RIW 2012, 277, 280 f. gegen Kadner Graziano, RIW 2007, 336, 339 f.; ders., RabelsZ 73 (2009), 1, 69 f.; *Kadner Graziano/Oertel,* ZvglRWiss 107 (2008), 113, 147 f.
[1227] BGH DZWir 2014, 143, 146 [25]; *Actavis UK Ltd. v. Eli Lilly & Co.* [2014] EWHC 1511 (Pat231]; NK-BGB/*Nordmeier* Art. 15 Rom II-VO Rn. 25 mwN.
[1228] Rauscher/*Jakob*/*Picht* Art. 15 Rom II-VO Rn. 17.
[1229] → § 2 Rn. 410.
[1230] *Spickhoff,* FS Erwin Deutsch zum 80. Geb., 2009, S. 907, 915–918.
[1231] *Spickhoff,* FS Erwin Deutsch zum 80. Geb., 2009, S. 907, 917 f.

V. Internationales Deliktsrecht 416–419 § 2

Beweise. Das Vorbild dafür ist ersichtlich Art. 14 EVÜ. Gesetzliche Vermutungen und Beweislastverteilung qualifiziert Art. 22 I Rom II-VO materiellrechtlich, nicht prozessual. Das ist eine sehr wichtige und keineswegs selbstverständliche Festlegung, die sich insbesondere von der hergebrachten Einordnung im angelsächsischen Rechtsraum abhebt. Der Anknüpfungsgegenstand Beweislast umfasst Behauptungslast, Darlegungslast, sekundäre Darlegungslast, subjektive Beweislast, Beweisführungslast und objektive Beweislast.[1232]

Der Anscheinsbeweis wird als Institut überwiegend[1233] prozessual qualifiziert und der lex 416 fori zugeschlagen.[1234] Dies drohte jedoch zu einer Überlagerung und Abänderung des materiellrechtlichen Ergebnisses zu führen.[1235] Anscheinsbeweis und Vermutung, aus Sicht des Gegners Gegenbeweis und Beweis des Gegenteils liegen nahe beieinander, oft auf einer gleitenden Skala. Zwischen richterlichen Vermutungen von Fakten als Unterfall gesetzlicher Vermutungen einerseits und Anscheinsbeweis mit erheblichen kollisionsrechtlichen Folgen differenzieren zu müssen entbehrte der Überzeugungskraft.[1236]

Das Beweismaß gehört ins Prozessrecht[1237] und fällt nicht unter das Deliktsstatut.[1238] 417 § 287 ZPO ist daher in einem Prozess vor einem deutschen Gericht auch bei ausländischem Deliktsstatut anzuwenden.[1239]

10. Sicherheits- und Verhaltensregeln des Handlungsortes

Literatur: *Diehl,* Internationalprivatrechtliche Aspekte des grenzüberschreitenden Skiunfalls, IPRax 2018, 371; *v. Hein,* Die Behandlung von Sicherheits- und Verhaltensregeln nach Art. 17 der Rom II-Verordnung, FS Bernd v. Hoffmann, 2011, S. 139; *Pfeiffer,* Datumtheorie und „local data" in der Rom II-VO – am Beispiel von Straßenverkehrsunfällen, Liber amicorum Klaus Schurig, 2012, S. 229.

Der Handlungsort spielt als Anknüpfungspunkt für die Regelanknüpfung im Internatio- 418 nalen Deliktsrecht keine Rolle. Art. 4 I Rom II-VO hat sich insoweit für seinen Antagonisten und ewigen Gegenspieler, den Erfolgsort, entschieden. Mit der Anknüpfung an den Handlungsort und der ausschließlichen Anknüpfung an den Erfolgsort entfällt auch jegliches Ubiquitätsprinzip im IPR. Denn ein Ubiquitätsprinzip setzt, da alternative Anknüpfung, Gleichwertigkeit von Erfolgs- und Handlungsort voraus. Daran fehlt es unter der Rom II-VO jedoch kraft bewusster politischer Grundentscheidung dagegen.[1240]

Art. 17 Rom II-VO gesteht dem Handlungsort[1241] und seinem Recht aber einen Rest 419 an Bedeutung zu: Bei der Beurteilung des Verhaltens der Person, deren Haftung geltend gemacht wird, sind faktisch und soweit angemessen die Sicherheits- und Verhaltensregeln zu berücksichtigen, die an dem Ort und zu dem Zeitpunkt des haftungsbegründenden Ereignisses in Kraft sind. Ausdrücklich aufgeführte[1242] Vorbilder dafür waren Artt. 7 Haager

---

[1232] BeckOK BGB/*Spickhoff* Art. 22 Rom II-VO Rn. 2; MüKoBGB/*A. Junker* Art. 22 Rom II-VO Rn. 10 f.; Rauscher/*Picht* Art. 22 Rom II-VO Rn. 10; umfassend *Bücken,* Internationales Beweisrecht im Europäischen internationalen Schuldrecht, 2016.
[1233] Ausnahmen: AG Geldern NJW 2011, 686, 687; *Coester-Waltjen,* Internationales Beweisrecht, 1983, S. 272; *A. Staudinger,* NJW 2011, 650, 651; *Greger,* in: Greger-Zwickel, Haftungsrecht des Straßenverkehrs, 5. Aufl. 2014, S. 923; *Zwickel,* IPRax 2015, 531, 534; G.-P. Calliess/*Klöhn* Art. 22 Rome II Regulation Rn. 8; *Bücken,* Internationales Beweisrecht im Europäischen internationalen Schuldrecht, 2016, S. 257–272.
[1234] LG Saarbrücken IPRax 2015, 567; *Thole,* IPRax 2010, 285, 287; BeckOK BGB/*Spickhoff* Art. 22 Rom II-VO Rn. 3. Eingehenste Darlegung der jeweiligen Argumente für beide Auffassungen bei *Bücken,* Internationales Beweisrecht im Europäischen internationalen Schuldrecht, 2016, S. 245–272.
[1235] *Zwickel,* IPRax 2015, 531, 534.
[1236] G.-P. Calliess/*Klöhn* Art. 22 Rome II Regulation Rn. 8.
[1237] LG Saarbrücken IPRax 2014, 180, 182; altrechtlich BGH WM 1977, 793; OLG Hamm FamRZ 1987, 1307, 1308; OLG Koblenz IPRax 2004, 302, 303.
[1238] So aber LG Hanau BeckRS 2012, 09924 Rn. 42.
[1239] BGH VersR 1987, 818; LG Saarbrücken IPRax 2014, 180, 182.
[1240] Siehe nur G. *Wagner,* RabelsZ 80 (2016), 717, 742.
[1241] Eine ausdrückliche Erweiterung um einen etwaigen Marktort (dafür *Einsele,* RabelsZ 81 [2017], 781, 806) ist nicht notwendig, wenn man den Marktort richtigerweise auch als Handlungsort versteht.
[1242] Begründung der Kommission zum Vorschlag für eine Verordnung über das auf außervertragliche Schuldverhältnisse anzuwendende Recht, KOM (2003) 427 endg. S. 28.

StraßenverkehrsunfallÜbk.[1243]; 9 Haager ProdukthaftungsÜbk. So soll das mögliche Dilemma mangelnder Vorhersehbarkeit des Erfolgsortes (oder gar eines zufälligen gleichlaufenden Aufenthalts des Opfers) für den Schädiger abgemildert werden.[1244] Das Orientierungsvertrauen des Schädigers wird geschützt.[1245] Mangelnde Vorhersehbarkeit des Erfolgsorts wird damit aber nicht zur Anwendungsvoraussetzung des Art. 17 Rom II-VO,[1246] denn dieser gilt auch dann, wenn über Art. 4 II oder III Rom II-VO gar nicht an den Erfolgsort angeknüpft wird. Im Gegenteil gilt Art. 17 Rom II-VO selbst bei Wahl des eigentlichen Statuts nach Art. 14 Rom II-VO.[1247]

420 Art. 17 Rom II-VO ist eigentlich für lokale Verkehrsregeln gedacht.[1248] Musterbeispiel ist das Linksfahrgebot im englischen Straßenverkehr.[1249] Weitere Beispiele stammen ebenfalls aus dem Straßenverkehrsrecht: Blutalkoholgrenze; Verbot des Mobiltelefonierens am Steuer; Einschalten des Fahrlichts auch bei Tage.[1250] In Betracht kommen z.B. auch die FIS[1251]-Regeln für Skifahrer[1252], die in Deutschland quasi-gewohnheitsrechtliche Geltung haben[1253] und auch Teil des österreichischen Rechts sind.[1254] „Regeln" beschränken sich nicht auf Gesetzesrecht, sondern beziehen sich auf alle Rechtsquellen, einschließlich richterrechtlich entwickelter Verkehrspflichten.[1255]

421 Zu beachtende Regeln sind unter Art. 17 Rom II-VO nicht im eigentlichen Sinn als Rechtsnormen kollisionsrechtlich berufen und anwendbar, sondern können nur als local data, quasi als Fakten Berücksichtigung finden.[1256] „Faktisch" im Wortlaut besagt dies. Zwar ist das Parlament mit seinem Vorschlag, „als Tatsache" zu formulieren,[1257] nicht durchgedrungen,[1258] aber der Unterschied ist allenfalls marginal. Auf der anderen Seite war das Parlament mit dem Wunsch erfolgreich, das tendenziell relativierende „soweit angemessen" einzufügen.[1259] Art. 17 Rom II-VO verändert also nicht die Antwort auf die Frage, welches Recht das Deliktsstatut stellt.[1260]

[1243] Der allerdings auf die Verkehrsregeln des Unfall-, nicht des Handlungsortes an sich abstellt; *v. Hein*, FS Bernd v. Hoffmann, 2011, S. 139, 140.
[1244] Siehe nur *v. Hein*, FS Bernd v. Hoffmann, 2011, S. 139 (139).
[1245] Begründung der Kommission zum Vorschlag für eine Verordnung über das auf außervertragliche Schuldverhältnisse anzuwendende Recht, KOM (2003) 427 endg. S. 24; G.-P. Calliess/*v. Hein* Art. 17 Rome II Regulation Rn. 2; *Einsele*, RabelsZ 81 (2017), 781, 807.
[1246] *v. Hein*, FS Bernd v. Hoffmann, 2011, S. 139, 151 gegen *Symeonides*, 56 Am. J. Comp. L. 173, 213 f. (2008); *Kozyris*, 56 Am. J. Comp. L. 471, 495 f. (2008); Palandt/*Thorn* Art. 17 Rom II-VO Rn. 1, 5.
[1247] *v. Hein*, FS Bernd v. Hoffmann, 2011, S. 139, 144.
[1248] *Mankowski*, IPRax 2010, 389, 390.
[1249] *Leible/M. Lehmann*, RIW 2007, 721, 725; jurisPK BGB/*Ludwig* Art. 17 Rom II-VO Rn. 6; G.-P. Calliess/*v. Hein* Art. 17 Rome II Regulation Rn. 17.
[1250] *A. Junker*, NJW 2007, 3675, 3681; *ders.*, JZ 2008, 169, 177; jurisPK BGB/*Ludwig* Art. 17 Rom II-VO Rn. 6.
[1251] Fédération Internationale de Ski.
[1252] Neueste Fassung von 2002.
[1253] Dazu OLG Brandenburg NJW-RR 2006, 1458, 1459; OLG Stuttgart NJW-RR 2010, 684, 685; OLG München IPRax 2018, 414 f.; *v. Hein*, FS Bernd v. Hoffmann, 2011, S. 139, 147; *Kreutz*, causa sport 2014, 23.
[1254] OLG Dresden BeckRS 2013, 199165 Rn. 5; OLG München r+s 2017, 660; LG Köln NJW-RR 2018, 150, 151.
[1255] MüKoBGB/*A. Junker* Art 17 Rom II-VO Rn. 33; NK-BGB/*M. Lehmann* Art. 4 Rom II-VO Rn. 33; *Mansel*, ZGR 2018, 439, 466. Trotzdem für die FIS-Regeln ablehnend *Diehl*, IPRax 2018, 371, 373–376.
[1256] Begründung der Kommission zum Vorschlag für eine Verordnung über das auf außervertragliche Schuldverhältnisse anzuwendende Recht, KOM (2003) 427 endg. S. 25; *Betlem/Bernasconi*, (2006) 122 LQR 124, 150; *v. Hein*, VersR 2007, 440, 446; *Leible/M. Lehmann*, RIW 2007, 721, 725; *Dickinson* Rn. 15.33; P. Huber/*Bach* Art. 17 Rome II Regulation Rn. 6; siehe auch *Pfeiffer*, Liber amicorum Klaus Schurig, 2012, S. 229, 233–236.
[1257] Art. 15 Legislative Entschließung Europäisches Parlament, PE 360.635.
[1258] Art. 17 Gemeinsamer Standpunkt (EG) Nr. 22/2006, vom Rat festgelegt am 25.9.2006, im Hinblick auf die Annahme der Verordnung (EG) Nr. …/2006 des Europäischen Parlaments und des Rates über das auf außervertragliche Schuldverhältnisse anzuwendende Recht („Rom II"), ABl. EG 2006 C 289E/78.
[1259] Art. 15 Legislative Entschließung Europäisches Parlament, PE 360.635.
[1260] *Mansel*, ZGR 2018, 439, 465; *Diehl*, IPRax 2018, 371, 372.

V. Internationales Deliktsrecht

422 Art. 17 Rom II-VO geht es in seinem Ausgangspunkt und Kernbereich jedenfalls um Gebote am Handlungsort, welche der Akteur notwendig zu beachten hat, weil er sonst Sanktionen am Handlungsort zu gewärtigen hätte.[1261] Im Straßenverkehr in England muss man sich an die Regeln des Linksverkehrs halten. Wer dort als deutscher Tourist auf der rechten Straßenseite fährt, verhält sich eben dort nicht verkehrsgerecht, sondern ist eine Gefährdung für sich und alle anderen. Insoweit prägt der Verkehr, in dem man sich bewegt.[1262] Die Regeln des Verkehrs gelten für alle, auch wenn sie ausnahmsweise nach einem anderen Recht als jenem des Verkehrsortes haften sollten. Die Interessen des Verkehrs und der Allgemeinheit haben gleichsam Vorfahrt. Geisterfahrer werden eben nicht privilegiert.

423 Wie extensiv oder wie restriktiv Art. 17 Rom II-VO zum Einsatz kommt, hängt von dem Verständnis der Sicherheits- und Verhaltensregeln ab. Beschränkt man diese auf positive Gebote, so hat Art. 17 Rom II-VO nur einen engen sachlichen Anwendungsbereich.[1263] Er geht dann kaum über den paradigmatischen Beispielsfall des Linksfahrgebots auf englischen Straßen hinaus (obwohl er nicht auf Straßenverkehrsunfälle beschränkt ist[1264]). Ein ausgreifenderes Verständnis bezieht dagegen auch Erlaubnisse mit ein. Dies würde z. B. eine umweltrechtliche Genehmigung für eine Industrieanlage betreffen.[1265] Ein weiteres Anwendungsgebiet drohte sich im Internationalen Kartellrecht zu öffnen.[1266] Für die Einbeziehung von Erlaubnissen und erteilten Genehmigungen lässt sich ins Feld führen, dass man so das Vertrauen des Schädigers auf die Erlaubtheit seines Tuns schütze und insoweit den haftungsfreien Handlungsspielraum erweitere.[1267] Der Schädiger dürfte darauf vertrauen, dass sein Tun erlaubt wird und dass er nicht mit schärferen Sorgfaltsstandards nach Erfolgsortrecht (oder anderweitig nach Art. 4 II oder III Rom II-VO ermitteltem Deliktsstatut) überzogen wird.[1268] Die Sicherheits- und Verhaltensregeln des Handlungsortrechts würden also danach eine Entlastung des Schädigers bewirken.[1269]

424 Indes wäre dies eine verkürzte Sichtweise. Die Sicherheits- und Verhaltensregeln des Handlungsortsrechts können nicht nur zu einer Haftungserleichterung, sondern in anderen Fällen genau umgekehrt zu einer Haftungsverschärfung führen; es gibt keinen favor actoris.[1270]

425 Ein **Beispiel** belegt dies: Zwei in Deutschland lebende Touristen erleiden einen Unfall im englischen Straßenverkehr, weil einer von ihnen auf der rechten Straßenseite gefahren ist, der andere links. Deliktsstatut ist nach Art. 4 II Rom II-VO eigentlich deutsches Recht (vorbehaltlich einer Anwendung von Art. 4 III Rom II-VO). Nach deutschem Straßenverkehrsrecht hat man rechts zu fahren. Das kann aber in England nicht gelten. Dort *muss* man links fahren. Wer dort rechts fährt, ist eben eine Gefahr für sich und andere. Er begeht einen Fehler und muss dafür haften.

426 Erlaubtheit oder Unerlaubtheit sind jedoch rein normative Standards, die sich nicht in Fakten transformieren lassen. Schon vom Gegenstand her spricht also Entscheidendes dagegen, Art. 17 Rom II-VO im Kartellrecht heranzuziehen.[1271] Zwar ist es leider nicht dazu gekommen, dass – wie vom Parlament vorgeschlagen[1272] – der Bereich des heutigen Art. 6

[1261] *Pontier*, MedNedVIR 136 (2008), 61, 103.
[1262] *v. Hein*, FS Bernd v. Hoffmann, 2011, S. 139, 145 sowie *Sieghörtner*, Internationales Verkehrsunfallrecht, 2002, S. 440.
[1263] Zugestanden von BeckOGK/*Maultzsch* Art. 17 Rom II-VO Rn. 24.
[1264] *Pfeiffer*, Liber amicorum Klaus Schurig, 2012, S. 229, 234.
[1265] *v. Hein*, FS Bernd v. Hoffmann, 2011, S. 139, 156.
[1266] Dafür *W.-H. Roth*, FS Jan Kropholler, 2008, S. 623, 639; *T. Ackermann*, Liber Amicorum Pieter Jan Slot, 2009, S. 109, 121.
[1267] BeckOGK/*Maultzsch* Art. 17 Rom II-VO Rn. 5.4, 24.
[1268] Siehe nur *G. Wagner*, RabelsZ 80 (2016), 717, 742.
[1269] *G. Wagner*, IPRax 2008, 1, 5; *ders.*, RabelsZ 80 (2016), 717, 742; BeckOK BGB/*Spickhoff* Art. 17 Rom II-VO Rn. 1; MüKoBGB/*A. Junker* Art. 17 Rom II-VO Rn. 18.
[1270] *v. Hein*, FS Bernd v. Hoffmann, 2011, S. 139, 152.
[1271] *Mankowski*, Schadensersatzklagen bei Kartelldelikten, 2012, S. 56. Im Ergebnis anders, allerdings ohne Art. 17 Rom II-VO einzubeziehen, *Massing*, Europäisches Internationales Kartelldeliktsrecht, 2011, S. 254 f.
[1272] Amendment 14 Report on the Proposal for a Regulation of the European Parliament and of the Council on the law applicable to non-contractual obligations, 27 June 2005, A6-0211/2005.

Rom II-VO insgesamt von der Anwendung des Art. 17 Rom II-VO ausgenommen wurde,[1273] so dass kein formelles Nichtanwendungsgebot besteht.[1274] Aber die ratio hinter dem Parlamentsvorstoß hat nach wie vor sachliche Gültigkeit: Man soll sich nicht hinter erlaubenden Vorschriften eines liberalen Rechts verstecken können.[1275] Marktbeeinflussung aus dem Ausland heraus darf nicht privilegiert werden.[1276] Jedenfalls wenn vorhersehbar war, welcher Markt beeinträchtigt würde, ist es nicht angemessen im Sinne von Art. 17 Rom II-VO, milderes Handlungsortrecht zu berücksichtigen.[1277]

427 Sofern man behördliche Akte unter Art. 17 Rom II-VO einbeziehen will, müssten dies in der Konsequenz Untersagungen oder Beschränkungen sein, also behördliche Anordnungen bestimmten Verhaltens.[1278] Genehmigungen sind dagegen Erlaubnisse, Gestattungen. Sie gebieten nichts, sondern eröffnen Möglichkeiten, deren Nichtwahrnahme gemeinhin keinerlei Sanktion auslösen würde. Art. 17 Rom II-VO einerseits und die Anerkennung ausländischer Genehmigungen betreffen daher zwei ganz unterschiedliche Phänomene.[1279]

428 Zudem verweist Art. 17 Rom II-VO auf Rechtsnormen, nicht auf Verwaltungsakte. Hielte man es anders, so verschöbe man die Grenze zwischen Kollisionsrecht und Anerkennungsrecht.[1280] Man wendete dann eben nicht das Recht des Genehmigungsstaates an, sondern übertrüge die erlaubende Wirkung. Auch wenn es nur um die Tatbestandswirkung einer ausländischen Genehmigung ginge, stünde die Erstreckung gerade dieser Wirkung ins Inland in Rede und damit eine echte Anerkennung.[1281]

429 Auf seiner Rechtsfolgenseite eröffnet Art. 17 Rom II-VO einen Beurteilungsspielraum und setzt keinen Automatismus in Gang.[1282] Berücksichtigen ist im Ansatz weniger als Anwenden.[1283] Sofern man Art. 17 Rom II-VO nicht als volle Kollisionsnorm begreifen will, könnte eine Berücksichtigung nur im Rahmen der Grenzen erfolgen, wie die lex causae, das eigentliche (und unter jener Prämisse einzig berufene) Deliktsstatut sie absteckt.[1284] Die Grenze zwischen Berücksichtigen und Anwenden ist bei Art. 17 Rom II-VO, wo Normatives, nicht rein Tatsächliches relevant ist, methodologisch unscharf.[1285] Nimmt man das „faktisch und soweit angemessen" des Wortlauts ernst, so gelangt man letztlich zu einem Ermessen des Gerichts[1286] – das durchaus den Wert des Subtrahenden „Sicherheits- und Verhaltensregeln" auch mit Null ansetzen kann.[1287]

11. Direktanspruch gegen den Haftpflichtversicherer

Literatur: *Espiniella Menéndez,* Las reclamaciones derivadas de accidentes de circulación por carretera transfronterizos, 2012; *Heindler,* Der Direktanspruch bei internationalen Straßenverkehrunfällen, IPRax 2018, 279; *Mansel,* Direktansprüche gegen den Haftpflichtversicherer – Anwendbares Recht

---

[1273] Gemeinsamer Standpunkt (EG) Nr. 22/2006, vom Rat festgelegt am 25.9.2006, im Hinblick auf die Annahme der Verordnung (EG) Nr. .../2006 des Europäischen Parlaments und des Rates über das auf außervertragliche Schuldverhältnisse anzuwendende Recht („Rom II"), ABl. EG 2006 C 289 E/78.
[1274] *Handig,* GRUR Int 2008, 24, 30; *Pironon,* in: Corneloup/Joubert S. 111, 125 f.; G.-P. Calliess/*v. Hein* Art. 17 Rome II Regulation Rn. 12.
[1275] Hamburg Group for Private International Law, RabelsZ 67 (2003), 1, 43 f.; *Bogdan,* in: Malatesta S. 33, 44; G.-P. Calliess/*v. Hein* Art. 17 Rome II Regulation Rn. 16.
[1276] *Mankowski,* Schadensersatzklagen bei Kartelldelikten, 2012, S. 56 f. sowie *v. Hein,* FS Bernd v. Hoffmann, 2011, S. 139, 156.
[1277] G.-P. Calliess/*v. Hein* Art. 17 Rome II Regulation Rn. 12; P. Huber/*Bach* Art. 17 Rome II Regulation Rn. 11.
[1278] *Dickinson* Rn. 15.31; jurisPK BGB/*Ludwig,* Art. 17 Rom II-VO Rn. 5.
[1279] Vgl. *Fach Gómez,* YbPIL 6 (2004), 291, 307 f. einerseits und 308 f. andererseits.
[1280] Vgl. ähnlich *Dickinson* Rn. 7.29.
[1281] Dies verkennt *Buschbaum,* Privatrechtsgestaltende Anspruchspräklusion im internationalen Privatrecht, 2008, S. 213 f., 237 f.
[1282] Siehe nur *A. Junker,* FS Peter Salje, 2013, S. 243, 261.
[1283] Rauscher/*Picht* Art. 17 Rom II-VO Rn. 10.
[1284] *Pfeiffer,* Liber amicorum Klaus Schurig, 2012, S. 229, 235.
[1285] *de Lima Pinheiro,* RDIPP 2008, 5, 33; *v. Hein,* FS Bernd v. Hoffmann, 2011, S. 139, 141.
[1286] *v. Hein,* FS Bernd v. Hoffmann, 2011, S. 139, 146, 153.
[1287] *Pfeiffer,* Liber amicorum Klaus Schurig, 2012, S. 229, 235.

V. Internationales Deliktsrecht   430–432   § 2

und internationale Zuständigkeit, 1986; *Martiny,* Zur Einordnung und Anknüpfung der Ansprüche und der Haftung Dritter im Internationalen Schuldrecht, FS Ulrich Magnus, 2014, S. 483; *Micha,* Der Direktanspruch im europäischen Internationalen Privatrecht, 2010; *Papettas,* Direct Actions against Insurers of Intra-Community Cross-Border Traffic Accidents: Rome II and the Motor Insurance Directive, (2012) 8 JPrIL 297.

Erhebliche praktische Bedeutung hat Art. 18 Rom II-VO. Ihm zufolge kann der Ge- **430** schädigte direkt einen Anspruch gegen den Versicherer des Haftenden geltend machen, wenn dies nach dem Deliktsstatut aus dem Verhältnis zwischen dem Haftenden und dem Geschädigten oder nach dem Statut des Versicherungsvertrags zwischen dem Haftenden und seinem Versicherer vorgesehen ist. Diese alternative Anknüpfung[1288] dient dem Geschädigtenschutz,[1289] der Prozessökonomie und dem Vermeiden von Qualifikationsproblemen[1290] gleichermaßen.[1291] Der Direktanspruch ist nach der Konzeption des Art. 18 Rom II-VO kein eigenständiges außervertragliches Schuldverhältnis (zumal er dann auch in Art. 2 Rom II-VO explizit aufgeführt sein müsste), sondern leitet seinen Charakter aus dem deliktischen Verhältnis zwischen Geschädigtem und Haftendem ab.[1292] Daraus folgt zugleich, dass bei vertraglichen Haftungsansprüchen gegen den Haftenden Art. 18 Rom II-VO jedenfalls nicht direkt anwendbar ist;[1293] eine Analogie erscheint aber hinsichtlich der Alternativanknüpfung trotzdem sachgerecht.[1294]

Beide Zweige der alternativen Anknüpfung sind gleichrangig und gleichwertig,[1295] das **431** Versicherungsvertragsstatut genießt keineswegs nur einen subsidiären Rang.[1296] Umgekehrt reicht es aber aus, wenn das Deliktsstatut einen Direktanspruch zulässt, auch wenn das Versicherungsvertragsstatut dies nicht tut.[1297] Eine Rechtswahl des Versicherungsvertragsstatuts kann dann nicht verhindern, dass der Geschädigte einen Direktanspruch hat.[1298] Versicherer und Versicherter/Schädiger können insoweit keine Rechtswahl zu Lasten des Geschädigten treffen.[1299] Im Ergebnis gilt das für den Geschädigten günstigere Recht.[1300]

Der Günstigkeitsvergleich ist von Amts wegen durchzuführen.[1301] Dem Geschädigten **432** wird nicht zugemutet, für die informierte Ausübung eines Optionsrechts den Inhalt beider

---

[1288] Siehe nur *Basedow,* Liber amicorum Ioannis K. Rokas, 2017, S. 1, 12; *Looschelders,* FS Karl-Heinz Danzl, 2017, S. 603, 619.
[1289] Siehe nur *A. Junker,* JZ 2008, 169, 177; *Kaminsky,* 85 Tulane L. Rev. 55, 69 (2010); *Micha,* Der Direktanspruch im europäischen Internationalen Privatrecht, 2010, S. 79; G.-P. *Calliess/U.P. Gruber* Art. 18 Rome II Regulation Rn. 5; Rauscher/*Jakob/Picht* Art. 18 Rom II-VO Rn. 1.
[1290] Zu diesen unter altem IPR *Mansel,* Direktansprüche gegen den Haftpflichtversicherer – Anwendbares Recht und internationale Zuständigkeit, 1986, S. 9 f.
[1291] NK-BGB/*Nordmeier* Art. 18 Rom II-VO Rn. 4.
[1292] NK-BGB/*Nordmeier* Art. 18 Rom II-VO Rn. 5.
[1293] MüKoBGB/*A. Junker* Art. 18 Rom II-VO Rn. 8; Rauscher/*Jakob/Picht* Art. 18 Rom II-VO Rn. 2a; vgl. auch Cass. JCP G 2015, 1978 note *Heuzé; Haftel,* Rev. contrats 2016, 71. Anderer Ansicht *Hartenstein,* TranspR 2013, 20, 26.
[1294] *Micha,* Der Direktanspruch im europäischen Internationalen Privatrecht, 2010, S. 96 f.; *Martiny,* FS Ulrich Magnus, 2014, S. 483, 499 f.; G.-P. *Calliess/U. P. Gruber* Art. 18 Rome II Regulation Rn. 22 f. sowie NK-BGB/*Nordmeier* Art. 18 Rom II-VO Rn. 7.
[1295] Siehe nur GA *Szpunar,* ECLI:EU:C:2015:325 Rn. 80; Cass. RCDIP 2016, 119 note *Corneloup* = JCP G 2015, 1978 note *Heuzé;* OLG Schleswig 14.9.2017 – 7 U 17/14; *Wittwer,* DAR 2016, 575; *Turgné,* Rev. gén. dr. ass. 2017, 446, 447; *Friesen,* jurisPR-IWR 6/2017 Anm. 4 sub C I. Kritisch *Heuzé,* JCP G 2017, 1259, 1261.
[1296] BGHZ 209, 157 Rn. 21 (zum parallelen Art. 40 IV EGBGB).
[1297] EuGH ECLI:EU:C:2015:567 Rn. 44 – Eleonore Prüller-Frey/N. Brodnig u. Axa Versicherung AG; *Dickinson,* (2016) 132 LQR 536, 540.
[1298] EuGH ECLI:EU:C:2015:567 Rn. 42 – Eleonore Prüller-Frey/N. Brodnig u. Axa Versicherung AG; GA *Szpunar,* ECLI:EU:C:2015:325 Rn. 79.
[1299] GA *Szpunar,* ECLI:EU:C:2015:325 Rn. 84.
[1300] BGHZ 209, 157 Rn. 21 (zum parallelen Art. 40 IV EGBGB); MüKoBGB/*A. Junker* Art. 18 Rom II-VO Rn. 1, 12 f.; G.-P. *Calliess/U. P. Gruber* Art. 18 Rome II Regulation Rn. 5; Palandt/*Thorn* Art. 8 Rom II-VO Rn. 1.
[1301] Siehe nur P. Huber/*Altenkirch* Art. 18 Rome II Rn. 9; G.-P. *Calliess/U. P. Gruber* Art. 18 Rome II Regulation Rn. 18; jurisPK BGB/*A. Engel* Art. 18 Rom II-VO Rn. 1; *Loacker,* EuZW 2015, 797, 798; *Luckey,* NJW 2016, 1852; *Looschelders,* FS Karl-Heinz Danzl, 2017, S. 603, 619.

Glieder ermitteln zu müssen.[1302] Kennt jedes der beiden Glieder einen Direktanspruch, so gilt dasjenige mit der für den Geschädigten in der Summe günstigeren Ausgestaltung.[1303] Maßgeblicher Zeitpunkt für die Beurteilung der Günstigkeit ist jener, in dem sich die Direktansprüche nach beiden Rechten erstmals gegenüber standen.[1304] Bejaht dagegen nur eines der Statuten einen Direktanspruch, so ist es automatisch das günstigere.

433 Sowohl das Deliktsstatut als auch das Versicherungsvertragsstatut sind im Wege der selbständigen Vorfragenanknüpfung festzustellen,[1305] das Deliktsstatut über Artt. 4–9 Rom II-VO, das Versicherungsvertragsstatut über Art. 7 Rom I-VO bzw. (bei vor dem 17.12.2009 abgeschlossenen Versicherungsverträgen) nach Artt. 7 ff. EGVVG.[1306] Schädiger und Geschädigter können keine Rechtswahl zulasten des Versicherers treffen; Art. 14 I UAbs. 2 Rom II-VO hindert sie daher daran, ein Recht als Deliktsstatut zu wählen, damit als Folge der Wahl ein Direktanspruch entsteht.[1307] Dagegen ist keine Ausnahme für Fälle des Art. 4 III Rom II-VO zu machen;[1308] Vorhersehbarkeitsaspekte für den Versicherer sind durch die indirekte Anknüpfung des Art. 18 Rom II-VO in ihrem Wert gemindert.[1309] Der Direktanspruch hat aber keinen eingriffsrechtlichen Charakter.[1310]

434 Anknüpfungsgegenstand des Art. 18 Rom II-VO ist allein die Statthaftigkeit des Direktanspruchs des Geschädigten gegen den Versicherer seines Schädigers.[1311] Wirtschaftlich und praktisch kann dieser Anspruch viel wertvoller sein als der eigentliche Deliktsanspruch gegen den Schädiger. Überragend wichtig sind Direktansprüche bei Straßenverkehrsunfällen im europäischen Raum, denn seit Art. 3 Vierte Kfz-Haftpflichtrichtlinie[1312] (und danach Art. 18 Sechste Kfz-Haftpflichtrichtlinie[1313]) sind die Mitgliedstaaten der EG (heute der EU) verpflichtet, einen Direktanspruch vorsehen zu müssen. Bei Unfällen in gleich welchem Mitgliedstaat sollte also (korrekte Umsetzung unterstellt[1314]) das regelhaft über Art. 4 I Rom II-VO an den Erfolgsort angeknüpfte Deliktsstatut einen Direktanspruch kennen.[1315]

435 Das Statut des Versicherungsvertrags zwischen dem Haftenden und dessen Versicherer wird der Geschädigte nur selten kennen und oft nur versuchen erraten zu können. Denn an diesem Vertrag ist er nicht beteiligt, und in dessen Klauseln (insbesondere eine mögliche Rechtswahl) hat er keine Einsicht.[1316] Für die Statthaftigkeit des Direktanspruchs steht deshalb praktisch der erste Zweig der alternativen Anknüpfung, das Deliktsstatut, im Vordergrund.

[1302] *Micha,* Der Direktanspruch im europäischen Internationalen Privatrecht, 2010, S. 92; Rauscher/*Jakob/Picht* Art. 18 Rom II-VO Rn. 1.
[1303] *Garcimartín Alférez,* EuLF 2007, I-77, I-90; *v. Hein,* VersR 2007, 440, 450; *A. Junker,* JZ 2008, 169, 177; *Dickinson* Rn. 14.89; Rauscher/*Jakob/Picht* Art. 18 Rom II-VO Rn. 3.
[1304] *Micha,* Der Direktanspruch im europäischen Internationalen Privatrecht, 2010, S. 94 f.
[1305] BGHZ 209, 157 Rn. 15, 28 (zum parallelen Art. 40 IV EGBGB); MüKoBGB/*A. Junker* Art. 18 Rom II-VO Rn. 11; BeckOK BGB/*Spickhoff* Art. 18 Rom II-VO Rn. 1.
[1306] *Loacker,* EuZW 2015, 797, 798.
[1307] MüKoBGB/*A. Junker* Art. 18 Rom II-VO Rn. 10; P. Huber/*Altenkirch* Art. 18 Rome II Rn. 10; G.-P. Calliess/*U. P. Gruber* Art. 18 Rome II Regulation Rn. 19 f.; Rauscher/*Jakob/Picht* Art. 18 Rom II-VO Rn. 4.
[1308] Anderer Ansicht *A. Staudinger,* EuLF 2005, I-61, I-63.
[1309] P. Huber/*Altenkirch* Art. 18 Rome II Rn. 12.
[1310] *Micha,* Der Direktanspruch im europäischen Internationalen Privatrecht, 2010, S. 158 f.
[1311] Siehe nur *Heindler,* IPRax 2018, 279, 281 mwN.
[1312] Richtlinie 2000/26/EG des Europäischen Parlaments und des Rates vom 16. Mai 2000 zur Angleichung der Rechtsvorschriften der Mitgliedstaaten über die Kraftfahrzeug-Haftpflichtversicherung und zur Änderung der Richtlinien 73/239/EWG und 88/357/EWG des Rates (Vierte Kraftfahrzeug-Haftpflichtrichtlinie), ABl. EG 2000 L 181/65.
[1313] Richtlinie 2009/103/EG des Europäischen Parlaments und des Rates vom 16. September 2009 über die Kraftfahrzeug-Haftpflichtversicherung und die Kontrolle der entsprechenden Versicherungspflicht, ABl. EG 2009 L 263/11.
[1314] Rechtsvergleichend *Franck,* Der Direktanspruch gegen den Haftpflichtversicherer, 2014.
[1315] P. Huber/*Altenkirch* Art. 18 Rome II Rn. 22; NK-BGB/*Nordmeier* Art. 18 Rom II-VO Rn. 27.
[1316] Ein Antrag des Geschädigten bei Gericht auf Vorlage des Versicherungsvertrags, in Deutschland nach § 421 ZPO, mag effektive Abhilfe schaffen; *Wittwer,* DAR 2016, 575.

V. Internationales Deliktsrecht 436–439 § 2

436 Indes holt das Versicherungsvertragsstatut den Geschädigten im nächsten Schritt doch ein. Denn Art. 18 Rom II-VO kommt ihm nicht vollständig, sondern eben nur hinsichtlich der Statthaftigkeit des Direktanspruchs entgegen. Art. 18 Rom II-VO erfasst das Ob eines Direktanspruchs,[1317] abstrakt wie konkret, also auch einschließlich etwaiger Verjährungs- oder Verfristungsfragen.[1318]

437 Dagegen untersteht der Umfang der Haftung, also der Umfang der Deckungspflicht des Versicherers, dem Versicherungsvertragsstatut.[1319] Nur soweit Versicherungsschutz unter dem Vertrag besteht, haftet der Versicherer im Außenverhältnis gegenüber dem Geschädigten.[1320] Keine Haftung besteht etwa, wenn der Versicherungsnehmer seine Prämien nicht bezahlt hat.[1321] Unter das Versicherungsvertragsstatut gehören auch Einwendungen z. B. aus Deckungsausschlüssen bei Vorsatztaten oder sogenannten pay to be paid-Klauseln, denen zufolge der Versicherungsnehmer in Vorlage treten müsste.[1322] Darin schlägt sich eine Abwägung zwischen den berechtigten Interessen des Versicherers einerseits und des Geschädigten andererseits nieder.[1323] Für den Umfang, in welchem der Schädiger oder dessen Versicherer dem Geschädigten haften, enthält Art. 18 Rom II-VO also keine Kollisionsnorm.[1324]

438 Der Geschädigte steht allerdings bei fehlender Deckung nicht notwendig schutzlos da. Vielmehr tritt bei fehlender Deckung durch einen Haftpflichtversicherer (z. B. infolge fehlender Prämienzahlung durch den Haftenden) bei einem Unfall in einem EU-Mitgliedstaat jeweils eine für Entschädigungen zuständige zentrale Stelle im Außenverhältnis zum Geschädigten ein. Das wiederum folgt heute aus Art. 10 I Sechste Kfz-Haftpflichtrichtlinie. Die Entschädigungsstelle ist insoweit Garantiefonds und subsidiärer Haftungsschuldner.[1325] Außerdem gibt es das so genannte Grüne-Karte-System, dass bei Unfällen mit Schädigung durch ausländische Kfz einen Direktanspruch gegen das Grüne-Karte-Büro desjenigen Staates vorsieht, in welchem sich der Unfall ereignet hat.[1326] Es gilt bei einem Inlandsunfall mit ausländischer Beteiligung,[1327] jeweils beurteilt aus der Sicht des Forumstaates.

439 Der Geschädigte hat gegen einen in einem Mitgliedstaat der Brüssel Ia-VO ansässigen Versicherer den Klägergerichtsstand an seinem eigenen Wohnsitz aus Art. 13 II iVm Art. 11 I lit. b Brüssel Ia-VO.[1328] Die Kombination aus alternativer Anknüpfung der

---

[1317] Siehe nur *Basedow*, Liber amicorum Ioannis K. Rokas, 2017, S. 1, 12.
[1318] *Looschelders*, FS Karl-Heinz Danzl, 2017, S. 603, 620 f.; *Friesen*, jurisPR-IWR 6/2017 Anm. 4 sub C II. Zu letzterem BGHZ 209, 157 Rn. 29 (zum parallelen Art. 40 IV EGBGB).
[1319] Siehe nur EuGH ECLI:EU:C:2016:40 Rn. 57 f. – Ergo Insurance SE/If P&C Insurance AS u. Gjensidige Baltic AAS/PZU Lietuva AUS DK; GA *Szpunar*, ECLI:EU:C:2015:325 Rn. 77; GAin *Sharpston*, ECLI:EU:C:2015:630 Rn. 79; OGH ÖJZ 2017, 666, 668 mwN; LG Berlin BeckRS 2017, 128569 Rn. 16; *Micha*, Der Direktanspruch im europäischen Internationalen Privatrecht, 2010, S. 166; *Jahnke*, jurisPR-VerkR 7/2016 Anm. 3 sub B; *Wittwer*, ÖJZ 2017, 668, 669; *Basedow*, Liber amicorum Ioannis K. Rokas, 2017, S. 1, 13; *Looschelders*, FS Karl-Heinz Danzl, 2017, S. 603, 621 f.; siehe EuGH ECLI:EU:C:2015:567 Rn. 40–42 – Eleonore Prüller-Frey/N. Brodnig u. Axa Versicherung AG. Kritisch zu möglichen Ergebnissen im Einzelfall *Frese*, NZV 2018, 40.
[1320] *A. Junker*, JZ 2008, 169, 177; *Tomson*, EuZW 2009, 204, 208; jurisPK BGB/*Engel* Art. 18 Rom II-VO Rn. 9; NK-BGB/*Nordmeier* Art. 18 Rom II-VO Rn. 24.
[1321] *Basedow*, Liber amicorum Ioannis K. Rokas, 2017, S. 1, 13.
[1322] *A. Junker*, NJW 2007, 3675, 3681; NK-BGB/*Nordmeier* Art. 18 Rom II-VO Rn. 25; *Looschelders*, FS Karl-Heinz Danzl, 2017, S. 603, 624 mwN. Anderer Ansicht *Micha*, Der Direktanspruch im europäischen Internationalen Privatrecht, 2010, S. 204; vgl. auch G.-P. *Calliess/U. P. Gruber* Art. 18 Rome II Regulation Rn. 30 f.
[1323] *Garcimartín Alférez*, EuLF 2007, I-77, I-90; Rauscher/*Jakob/Picht* Art. 18 Rom II-VO Rn. 5; NK-BGB/*Nordmeier* Art. 18 Rom II-VO Rn. 24.
[1324] EuGH ECLI:EU:C:2015:567 Rn. 42 – Eleonore Prüller-Frey/N. Brodnig u. Axa Versicherung AG; GA *Szpunar*, ECLI:EU:C:2015:325 Rn. 75.
[1325] *Mankowski*, VersR 2017, 1150.
[1326] Siehe nur *Sieghörtner*, Internationales Straßenverkehrsunfallrecht, 2002, S. 87 ff.; *Colin*, ZfS 2009, 242, 243; *Kuhnert*, NJW 2011, 3347, 3348.
[1327] OGH ZVR 2016/189 mAnm *Michtner*.
[1328] Grundlegend EuGH Slg. 2007, I-11321 Rn. 24–31 – FBTO Schadeverzekeringen BV/Jack Odenbreit.

§ 2   440–444   § 2. Internationales Privatrecht der außervertraglichen Schuldverhältnisse

Statthaftigkeit des Direktanspruchs und Klägergerichtsstand ist so geschädigtengünstig, wie es nur sein kann. Hinzu kommt: Weder der Klägergerichtsstand noch Art. 18 Rom II-VO sind auf Privatpersonen beschränkt; vielmehr kommen sie auch Unternehmen und Gesellschaften zugute.[1329]

440   **12. Regress, insbesondere Legalzession.** Regress und Legalzession haben im Deliktsrecht enorme praktische Bedeutung, weil häufig Sach- oder (bei Personenschäden) Krankenversicherungen regulieren, zuerst einspringen und dann versuchen, Regress gegen den Schädiger und dessen etwaigen Haftpflichtversicherer zu nehmen. Häufig vorkommende Regresstechnik ist eine Legalzession der Ansprüche des Geschädigten gegen den Schädiger oder dessen Versicherer zugunsten des zahlenden Versicherers des Geschädigten. Kollisionsrechtlich nimmt sich dessen Art. 19 Rom II-VO an, als prinzipiell für alle außervertraglichen Schuldverhältnisse geltende Regel hinter die Klammer gezogen, aber allein für die Legalzession von Deliktsansprüchen wirklich praxisrelevant.

441   Art. 19 Rom II-VO erklärt das Recht des Verhältnisses zwischen dem Geschädigten und seinem Versicherer für anwendbar dafür, ob und in welchem Umfang dem Versicherer eine Legalzession zugute kommt. Maßgeblich ist für Ob und Umfang also das Statut des Versicherungsvertrags zwischen dem Geschädigten und seinem Versicherer, seinerseits zu ermitteln nach Maßgabe von Art. 7 Rom I-VO. Springt eine Institution kraft Gesetzes, nicht kraft Vertrags ein, so richten sich Ob und Umfang einer Legalzession nach demjenigen Recht, welches diese gesetzliche Einstandspflicht begründet. Die Einstandspflicht des Dritten gegenüber dem Gläubiger dürfte häufig gerade wegen der Chance auf eine Erholung des Dritten beim Schädiger gewährt werden; beides sollte deshalb kollisionsrechtlich nicht voneinander getrennt werden.[1330]

442   Das Statut der im Wege der Legalzession übergegangenen Forderung ursprünglich des Geschädigten gegen den Schädiger oder dessen Versicherer bleibt unverändert. Es regiert das Verhältnis zwischen dem Legalzessionar und dem jeweiligen Forderungsschuldner. Das ergibt sich aus Art. 19 in fine Rom II-VO („die Forderung des Gläubigers gegen den Schuldner nach dem für deren Beziehung maßgebenden Recht geltend zu machen berechtigt ist"), wo derselbe, verallgemeinerungsfähige Gedanke zum Ausdruck kommt wie in Art. 14 II Rom I-VO für die rechtsgeschäftliche Zession vertraglicher Forderungen: Der Schuldner soll kollisionsrechtlich durch den Gläubigerwechsel weder Nachteile erleiden noch Vorteile haben.

443   Für die rechtsgeschäftliche Abtretung außervertraglicher Forderungen gilt Art. 19 Rom II-VO nicht. Vielmehr ist für sie Art. 14 Rom I-VO analog heranzuziehen.[1331] Auch der Regress zwischen Haftpflichtversicherern gehört nicht unter Art. 19 Rom II-VO, sondern unter Art. 20 Rom II-VO als Kollisionsnorm für den Regress innerhalb einer Mehrheit gleichrangig haftender Schuldner.[1332]

444   **13. Exkurs: Gesetzlicher Schuldbeitritt.** Gesetzlichen Schuldbeitritten ist keine eigene Anknüpfungsnorm in der Rom II-VO gewidmet. Das Adjektiv „gesetzlich" dient bei Schuldbeitritten nur der Abgrenzung zu „vertraglich" und der Ausgrenzung von eigenen Schuldübernahmevereinbarungen. Im IPR scheint man für gesetzliche Schuldbeitritte auf

---

[1329] Siehe nur OLG Celle NJW 2009, 86, 87; OLG Zweibrücken VersR 2011, 741; OLG Köln DAR 2010, 582f.; AG Bückeburg VersR 2011, 389; *Tomson*, VersR 2009, 61, 62f.; *M. Fricke*, VersR 2009, 429, 434; *Riedmeyer*, FS Gerda Müller, 2009, S. 473, 483; *Staudinger*, DAR 2009, 738, 739; *ders.*, DAR 2012, 589f.; *ders.*, DAR 2014, 557, 559; *Mankowski*, IPRax 2015, 115, 116.
[1330] Rauscher/*Picht* Art. 19 Rom II-VO Rn. 3.
[1331] *Heiss/Loacker*, JBl 2007, 613, 639; *Leible/M. Lehmann*, RIW 2008, 528, 542; *v. Hein*, ZEuP 2009, 6, 25; Rauscher/*Picht* Art. 19 Rom II-VO Rn. 10; NK-BGB/*Limbach* Art. 19 Rom II-VO Rn. 8.
[1332] OGH SZ 2015/112 = ZVR 2016/150 mAnm C. *Rudolf*; LG Berlin BeckRS 2017, 128569 Rn. 18; *Martiny*, IPRax 2017, 360, 364f.; *R. Schaub*, IPRax 2017, 521, 524; *Schacherreiter*, ZVR 2017, 468, 471 sowie *M. Lehmann/Ungerer*, GPR 2017, 134, 136. Entgegen EuGH ECLI:EU:C:2016:40 Rn. 56–60 – Ergo Insurance SE/If P&C Insurance AS u. Gjensidige Baltic AAS/PZU Lietuva AUS DK.

eine fallgruppenspezifische[1333] Anknüpfung an die engste Verbindung zurückgeworfen.[1334] Man müsste dabei versuchen, die Anknüpfungsinteressen von Altschuldner, Neuschuldner, Gläubiger und etwa interessierten Dritten (vor allem Gläubigern der primäre Beteiligten) miteinander in möglichst weitgehende Harmonie zu bringen.[1335] Im alten deutschen IPR wurden die Voraussetzungen eines Direktanspruchs kraft gesetzlichem Schuldbeitritt dem Deliktsstatut unterstellt, soweit Forderungen aus unerlaubten Handlungen geltend gemacht wurden.[1336] Den wichtigsten Fall des gesetzlichen Schuldbeitritts, den Direktanspruch gegen den Haftpflichtversicherer des deliktischen Schädigers, regelt Art. 18 Rom II-VO zwar mit einer alternativen Anknüpfung an das Statut des Delikts oder an das Statut des Versicherungsvertrags.[1337] Dies lässt sich aber, da spezifisch, z.B. nicht auf die Anknüpfung der Haftung des ausführenden Frachtführers gegenüber dem Empfänger aus § 437 HGB übertragen.[1338] Immerhin streitet die Natur des gesetzlichen Schuldbeitritts für eine grundsätzlich außervertragliche Qualifikation, wenn man Zweck über Mittel setzt:[1339] *Von Gesetzes wegen* wird dem *unfreiwillig* Beitretenden ein nur formell vertragliches Gewand aufgezwungen. Das Ergebnis ist nur *pseudo*-vertraglich. Ein vertragsrechtliches Mittel wird eingesetzt, um einen gesetzlichen Zweck zu erfüllen.

VI. Internationales Bereicherungsrecht

Literatur: *T. Behrens,* Bereicherungsrechtliche Mehrpersonenverhältnisse im Internationalen Privatrecht, 2011; *Chong,* Choice of law for unjust enrichment and the Rome II Regulation, (2008) 57 ICLQ 863; *Finkelmeier,* Qualifikation der Vindikation und des Eigentümer-Besitzer-Verhältnisses, 2016; *G. Fischer,* Ungerechtfertigte Bereicherung und Geschäftsführung ohne Auftrag im europäischen Internationalen Privatrecht, FS Ulrich Spellenberg, 2010, S. 151; *Moura Vicente,* El enriquicimiento sin causa en el reglamento del Roma II, Cuad. Der. Trans. 8 (2) (2016), 292; *Pitel,* Choice of Law for Unjust Enrichment: Rome II and the Common Law, NIPR 2008, 456; *ders.,* Rome II and Choice of Law for Unjust Enrichment, in: Ahern/Binchy S. 231; *Schinkels,* Bereicherungsrechtliche Qualifikation, aber keine deliktsakzessorische Anknüpfung eines Rückzahlungsanspruchs aus täuschungsbedingter Überweisung (CEO-fraud) nach Art. 10 Rom I-VO, ZEuP 2018, 250.

Dem Internationalen Bereicherungsrecht ist Art. 10 Rom II-VO gewidmet. Er enthält eine dreistufige Anknüpfungsleiter in absteigender Reihenfolge seiner ersten drei Absätze und eine Ausweichklausel. Art. 10 Rom II-VO regelt nur die objektive Anknüpfung. Vor ihm ist Art. 14 Rom II-VO zu prüfen, ob es eine wirksame Rechtswahl gibt.

Besondere Aufmerksamkeit verdient eine aus dem Wortlaut des Art. 10 I Rom II-VO so nicht ersichtliche „Falle": Art. 12 I lit. e Rom I-VO qualifiziert Ansprüche auf Rückabwicklung eines unwirksamen Vertrags vertraglich und entzieht sie damit Art. 10 Rom II-VO. Dies ergibt sich daraus, dass Art. 2 Rom II-VO den außervertraglichen Schuldverhältnissen nur zuschlägt, was nicht vertraglich ist und damit ein Qualifikationsprimat des Internationalen Schuldvertragsrechts begründet.

1. Ungerechtfertigte Bereicherung für die Zwecke des IPR. Was für die Zwecke des europäischen IPR unter einer ungerechtfertigten Bereicherung zu verstehen ist, definiert oder umschreibt die Rom II-VO nicht näher, auch nicht in einem Erwägungsgrund.[1340] Man ist daher auf eine europäisch-autonome Auslegung des Begriffs angewie-

---

[1333] *v. Bar,* IPRax 1991, 197, 198 f.; *Kieninger,* in: Ferrari IntVertragsR, 3. Aufl. 2018, Anh. zu Artt. 14–16 Rom I-VO Rn. 3.
[1334] Staudinger/*Hausmann* Anh. Art. 16 Rom I-VO Rn. 4.
[1335] Reithmann/Martiny/*Martiny* Rn. 3.327.
[1336] BGHZ 57, 265, 270; BGHZ 108, 200, 202 (dazu *Spickhoff,* IPRax 1990, 164); BGHZ 199, 137, 139 = VersR 1992, 1237 mAnm *Wandt*; BGH NJW 1993, 1007.
[1337] → § 2 Rn. 430.
[1338] *Czerwenka,* TranspR 2012, 408, 409; *Mankowski,* TranspR 2016, 131, 132.
[1339] *Mankowski,* TranspR 2016, 131, 133.
[1340] Siehe nur Begründung der Kommission zum Vorschlag für eine Verordnung über das auf außervertragliche Schuldverhältnisse anzuwendende Recht, KOM (2003) 427 endg. S. 23.

sen.¹³⁴¹ Diese muss sich von den Sichtweisen des einzelnen nationalen Sachrechts emanzipieren. Sie muss sich in einer Gesamtschau an der nötigen Weite versuchen, um die divergenten Vorstellungen der nationalen Sachrechte trotzdem zu integrieren und zu überwölben. Für Art. 10 Rom II-VO ist es also weder hinreichend noch notwendig, dass konkret auch ein Bereicherungsanspruch im Sinne der §§ 812–822 BGB vorliegen würde.¹³⁴²

448   Die europäisch-autonome Auslegung des Begriffs ungerechtfertigte Bereicherung muss insbesondere Einheits- und Trennungslehren bei den Kondiktionstypen gleichermaßen abbilden und auffangen. Eine Einteilung in Leistungs-, Nichtleistungs-, Eingriffs-, Verwendungs-, Rückgriffs- oder Abschöpfungskondiktionen findet jedenfalls auf dieser ersten Qualifikationsebene nicht statt.¹³⁴³ Art. 10 Rom I-VO differenziert nicht nach den Anknüpfungsgegenständen, sondern nach den Anknüpfungspunkten.¹³⁴⁴ Von den rechtstechnischen Ausdifferenzierungen in den nationalen Sachrechten darf man sich nicht blenden lassen.¹³⁴⁵ Entscheidend kommt es auf die verfolgte Funktion an.¹³⁴⁶

449   Funktionell zielt ungerechtfertigte Bereicherung darauf, rechtsgrundlos erfolgte Vermögensverschiebungen rückabzuwickeln.¹³⁴⁷ Um gegenüber Delikten abzugrenzen, darf nicht der Verlust des Gläubigers im Vordergrund stehen. Vielmehr sind die Mehrung des Schuldnervermögens und deren Abschöpfen prägend.¹³⁴⁸ Auf eine Vermögensverschiebung, bei welcher das Zuviel beim Schuldner der Einbuße, dem Zuwenig beim Gläubiger entspräche, kommt es nicht an.¹³⁴⁹

450   Eine wertvolle Hilfestellung können die breit angelegten Definitionen von ungerechtfertigter Bereicherung, Bereicherung und Nachteil in Artt. VII-1:101; VII-3:101; VII-3:102 DCFR bieten.¹³⁵⁰

451   **2. Rechtswahl nach Art. 14 Rom II-VO.** Primäre Anknüpfung ist auch für die ungerechtfertigte Bereicherung die Rechtswahl nach Art. 14 Rom II-VO. Rechtstatsächlich kann man sich dies etwa bei einer Zuvielleistung unter einem Vertrag vorstellen, der eine weite Rechtswahlvereinbarung für alle Ansprüche „im Zusammenhang mit diesem Vertrag" enthält. Eine *gesonderte* bereicherungsrechtliche Rechtswahl ist nicht zu verlangen,¹³⁵¹ wenn die Rechtswahlklausel nur hinreichend weit formuliert ist.¹³⁵²

452   Ein weiterer denkbarer Fall könnte der Eingriff eines Vertragspartners in Immaterialgüterrechte oder geistiges Eigentum des anderen Vertragspartners im Umfeld eines Vertrages mit einer so weiten Rechtswahlklausel sein. Wenn man indes Art. 8 Rom II-VO weit versteht und auch als lex specialis auf Eingriffskondiktionen erstreckt,¹³⁵³ wie es Art. 13 Rom II-VO tut, steht einer Rechtswahl in dieser zweiten Konstellation Art. 8 III Rom II-VO entgegen.

---

¹³⁴¹ Siehe nur *Heiss/Loacker*, JBl 2007, 613, 641; *Rushworth/A. Scott*, [2008] LMCLQ 274, 285; *Pitel*, in: Ahren/Binchy S. 231, 238; *Chong*, (2008) 57 ICLQ 863, 864–872; *Sendmeyer*, IPRax 2010, 500, 502; *T. Behrens* S. 60; *Moura Vicente*, Cuad. Der. Trans. 8 (2) (2016), 292, 300. Anderer Ansicht (lex fori) *Brière*, Clunet 135 (2008), 31, 50.
¹³⁴² NK-BGB/*Limbach* Art. 10 Rom II-VO Rn. 4.
¹³⁴³ *T. Behrens* S. 60 f.
¹³⁴⁴ *G. Fischer*, FS Ulrich Spellenberg, 2010, S. 151, 152.
¹³⁴⁵ *Moura Vicente*, Cuad. Der. Trans. 8 (2) (2016), 292, 294.
¹³⁴⁶ Siehe nur *Pitel*, NIPR 2008, 456, 457; *dens.*, in: Ahern/Binchy S. 231, 237 f.; *Chong*, (2008) 57 ICLQ 863, 869; *T. Behrens* S. 61.
¹³⁴⁷ Siehe nur MüKoBGB/*A. Junker* Art. 10 Rom II-VO Rn. 13; *Moura Vicente*, Cuad. Der. Trans. 8 (2) (2016), 292, 294 f.
¹³⁴⁸ MüKoBGB/*A. Junker* Art. 10 Rom II-VO Rn. 13; G.-P. Calliess/*Schinkels* Art. 10 Rome II Regulation Rn. 13; *Finkelmeier* S. 266 f.
¹³⁴⁹ *Rushworth/A. Scott*, [2008] LMCLQ 274, 286; *Dickinson* Rn. 10.19; *Finkelmeier* S. 266.
¹³⁵⁰ *Dickinson* Rn. 10.19-10.21.
¹³⁵¹ Entgegen Cassaz. Banca brosa tit. cred. 1990 II 1, 7 f. (dazu *v. der Seipen*, IPRax 1991, 66).
¹³⁵² *Briggs*, [2003] LMCLQ 389, 392; *ders.*, Agreement on Jurisdiction and Choice of Law, 2008, Rn. 10.63; *Kadner Graziano*, RabelsZ 73 (2009), 1, 8; *ders.*, in: Ahern/Binchy S. 113, 121 f.; *T. Behrens* S. 147 f.
¹³⁵³ Dafür *Moura Vicente*, Cuad. Der. Trans. 8 (2) (2016), 292, 302.

VI. Internationales Bereicherungsrecht 453–457 § 2

Die zeitliche Grenze zwischen vorheriger und nachfolgender Rechtswahl (wichtig, weil 453 erstere nur unter den strengeren Voraussetzungen des Art. 14 I lit. b Rom II-VO möglich ist), zieht der erste Teilakt der ungerechtfertigten Bereicherung,[1354] nicht der letzte Teilakt (das wäre in der Regel der Eintritt der Bereicherung[1355]). Auf eine etwaige nachfolgende Entreicherung des Kondiktionsschuldners kommt es für die zeitliche Abgrenzung jedenfalls nicht an.

3. Akzessorische Anknüpfung. *a) Grundsätzliches.* Wenn ein herrschendes Rechtsver- 454 hältnis existiert, sieht Art. 10 I Rom II-VO eine akzessorische Anknüpfung an das Statut dieses herrschenden Rechtsverhältnisses vor. Das Statut des herrschenden Rechtsverhältnisses ist als selbständig anzuknüpfende Erstfrage nach den für dieses herrschende Rechtsverhältnis geltenden Kollisionsnormen zu ermitteln. Art. 10 I Rom II-VO ist nach seiner eigenen Stellung und seinem eigenen Anspruch sowie dem klaren Wortlaut von Art. 10 II, III Rom II-VO die primäre Regel für die objektive Anknüpfung im Internationalen Bereicherungsrecht.[1356]

b) Condictio indebiti im Umfeld eines unwirksamen Schuldvertrags: Vertragliche Qualifikation 455 *kraft Art. 12 I lit. e Rom I-VO.* Die Leistung auf eine in Wahrheit nicht bestehende Verpflichtung aus einem vermeintlichen Vertrag, also den wichtigsten Fall eines herrschenden Rechtsverhältnisses, regelt indes gar nicht Art. 10 I Rom II-VO. Vielmehr ist sie nach Art. 12 I lit. e Rom I-VO schuldvertraglich einzuordnen und unterliegt den Anknüpfungsregeln der Rom I-VO, denn diese Norm qualifiziert die Leistungskondiktion vertraglich, weil alle Folgen aus der Nichtigkeit eines Vertrags vertraglich qualifiziert werden.[1357] Ob dies ein Vorrang nach dem Spezialitätsgrundsatz ist,[1358] kann dahingestellt bleiben.[1359] Jedenfalls ist bereits der sachliche Anwendungsbereich der Rom II-VO insgesamt (*nicht*-vertragliche Schuldverhältnisse) nicht eröffnet, weil er ein negatives Ergebnis bei der vorrangigen Frage nach einer vertraglichen Qualifikation voraussetzt. Die Abgrenzung, ob etwas konkret unter Art. 12 I lit. e Rom I-VO oder unter Art. 10 I Rom II-VO fällt, mag im Einzelfall nicht leicht sein,[1360] aber Methodik und Reihenfolge sind klar: Vorrangiger Ausgangspunkt ist Art. 12 I lit. e Rom I-VO.

Irritierend ist auf den ersten Blick, dass Art. 10 I Rom II-VO für diesen mit Abstand 456 wichtigsten Fall die Leistung auf eine in Wahrheit nicht bestehende Verpflichtung aus einem vermeintlichen Vertrag nicht ausdrücklich auf die Rom I-VO verweist. Die Rom II-VO würde sich mit einer solchen Verweisung nichts vergeben, und sie wäre auch keineswegs systemwidrig, wie Art. 12 I Rom II-VO (der für die culpa in contrahendo primär auf die Rom I-VO verweist) zeigt. So versäumt Art. 10 I Rom II-VO, für optimale Klarheit zu sorgen, und schafft eine vermeidbare Fehlerquelle. Indes ist die Rom II-VO älter als die Rom I-VO. Eine Verweisung hätte also nur auf Art. 10 I lit. e EVÜ gehen können- und gegen diesen hatten wichtige Vertragsstaaten, allen voran das Vereinigte Königreich, den zugelassenen Vorbehalt nach Art. 22 lit. b EVÜ eingelegt.

Dass die Rom I-VO und nicht die Rom II-VO für die condictio indebiti im Umfeld 457 unwirksamer Verträge gilt, hat eine bedeutsame Konsequenz: Bei der Rechtswahl braucht man sich nicht mit den Einschränkungen des Art. 14 Rom II-VO herumzuschlagen. Denn jene Norm gilt in dieser Fallgruppe überhaupt nicht. Vielmehr gilt Art. 3 Rom I-VO, direkt und ohne den Umweg einer akzessorischen Anknüpfung. Bei Verbraucher- und Ar-

---

[1354] *G. Wagner,* IPRax 2008, 1, 14; *Rugullis,* IPRax 2008, 319, 321; *Dickinson* Rn. 13.34; MüKoBGB/ *A. Junker,* Art. 14 Rom II-VO Rn. 19; *Vogeler* S. 243.
[1355] Dahin aber *Leible,* FS Erik Jayme, 2004, S. 485, 494.
[1356] *Plender/Wilderspin* Rn. 24–092.
[1357] Siehe nur *G. Fischer,* FS Ulrich Spellenberg, 2010, S. 151, 155; MüKoBGB/*Spellenberg,* Art. 12 Rom I-VO Rn. 169; Staudinger/*Magnus,* Art. 12 Rom I-VO Rn. 76 mwN.
[1358] So z. B. *Moura Vicente,* Cuad. Der. Trans. 8 (2) (2016), 292, 301.
[1359] *G. Fischer,* FS Ulrich Spellenberg, 2010, S. 151, 155.
[1360] *Crawford/Carruthers,* (2014) 63 ICLQ 1, 14.

beitsverträgen sollte man dies freilich ebenso durch den Günstigkeitsvergleich aus Art. 6 II 2 bzw. Art. 8 I 2 Rom I-VO einschränken, wie man die Beschränkungen der Rechtswahl für Personenbeförderungs- und Versicherungsverträge aus Art. 5 II UAbs. 2 bzw. Art. 7 III Rom I-VO nachvollziehen muss.

458 *c) Akzessorische Anknüpfung im Umfeld vertraglicher oder vertragsähnlicher Schuldverhältnisse.* Art. 12 I lit. e Rom I-VO beschränkt sich allerdings auf unwirksame Verträge. Dagegen erfasst er nicht die Zuvielleistung auf eine tatsächlich, aber eben nur in geringerer Höhe bestehende Forderung aus einem wirksamen Vertrag.[1361] Für diese greift Art. 10 I Rom II-VO. Ebenso greift er bei Rückabwicklung unwirksamer einseitiger Versprechen wie der Auslobung, die keine Verträge im Sinne des Art. 1 Rom I-VO sind,[1362] oder bei vorgreifenden Leistungen auf noch nicht geschlossene Verträge oder in Verfolg weitergehender, vertragsfremder Zwecke (also Fällen der condictio causa data non secuta oder condictio ob rem nach § 812 I 2 Var. 2 BGB im deutschen Sachrecht).[1363]

459 *d) Akzessorische Anknüpfung im Umfeld eines familienrechtlichen Verhältnisses.* Die akzessorische Anknüpfung nach Art. 10 I Rom II-VO hat ihre größte Bedeutung im Umfeld von Familienverhältnissen.[1364] Das Statut des betreffenden Familienverhältnisses ist nach den Kollisionsnormen zu ermitteln, die für diese Art von Familienverhältnis gelten. Die Rom II-VO gilt dafür nicht. Welches Recht Statut des Familienverhältnisses ist, ist eine selbständig anzuknüpfende Vorfrage, die gemäß Art. 1 II lit. b Rom II-VO aus der Rom II-VO vollständig ausgeschlossen ist. Eines Ausweichens auf Art. 38 I EGBGB, um die akzessorische Anknüpfung zu begründen, bedarf es nicht.[1365]

460 Denkbar ist insbesondere eine Rückabwicklung bei Zahlung auf eine in Wahrheit nicht bestehende Unterhaltsschuld oder bei Zuvielzahlung auf eine an sich bestehende Unterhaltsschuld. Dann erfolgt eine akzessorische Anknüpfung an das Unterhaltsstatut, allerdings nur, wenn man die Rückabwicklung nicht schon direkt dem HUP und dem Unterhaltsstatut unterwirft.[1366]

461 *e) Akzessorische Anknüpfung im Umfeld eines Delikts.* Art. 10 I Rom II-VO erwähnt als denkbares herrschendes Rechtsverhältnis ausdrücklich auch unerlaubte Handlungen. Es fällt allerdings schwer, sich ein Delikt vorzustellen, aufgrund dessen eine Leistungskondiktion ausgelöst würde. Anders steht es indes bei einer Verletzung von Integritätsinteressen. Dort könnten Delikt und Eingriffskondiktion miteinander konkurrieren und nebeneinander bestehen.[1367] Der deliktische Eingriff ist dann allerdings derselbe Eingriff, der auch die Kondiktion auslöst. Ein und derselbe Eingriff löst zwei Rechtsfolgen aus. Eine zeitliche Abfolge gibt es nicht, und das Delikt ist nicht vor der Eingriffskondiktion begründet, sondern zeitgleich mit dieser. Eingriffskondiktion und Delikt blicken aus zwei unterschiedlichen Pespektiven auf dasselbe Geschehen: Das Delikt blickt auf den Schaden, den Verlust, des Geschädigten, die Eingriffskondiktion auf die Bereicherung, den Gewinn, des Schädigers.

462 Anders als Art. 4 III 2 Rom II-VO setzt der Wortlaut des Art. 10 I Rom II-VO nicht voraus, dass das herrschende Rechtsverhältnis bereits *vor* der potentiellen Entstehung des Kondiktionsanspruchs bestanden haben müsste. Jedoch war der Wortlaut beider Normen in diesem Punkt ursprünglich identisch, und es ist nicht ersichtlich, dass das Erfordernis einer zeitlichen Abfolge in Art. 10 I Rom II-VO absichtlich entfallen wäre.[1368] Auf der anderen Seite wäre es sinnvoll, alle miteinander potenziell konkurrierenden Ansprüche insbesondere

---

[1361] P. Huber/P. Huber/Bach Art. 10 Rome II Regulation Rn. 21 Fn. 21.
[1362] G. Fischer, FS Ulrich Spellenberg, 2010, S. 151, 156.
[1363] G. Fischer, FS Ulrich Spellenberg, 2010, S. 151, 156; HK-BGB/*Dörner*, Art. 10 Rom II-VO Rn. 5.
[1364] Vgl. *Plender/Wilderspin* Rn. 24-091.
[1365] Entgegen G. Fischer, FS Ulrich Spellenberg, 2010, S. 151, 156.
[1366] Staudinger/*Mankowski* Art. 1 HUP Rn. 24 (2016).
[1367] Siehe *Schinkels*, ZEuP 2018, 250, 259 f.
[1368] P. Huber/P. Huber/Bach Art. 10 Rome II Regulation Rn. 20.

nichtvertraglicher Natur demselben Recht zu unterstellen und deshalb gleichzeitiges Entstehen ausreichen zu lassen.[1369]

Wieder anders gelagert ist die Frage, ob ein früheres, aktuell aber nicht mehr bestehendes Rechtsverhältnis ausreicht. Hier drängt ein pragmatisches, nicht formalistisches Verständnis dazu, auch ein bloß früheres Rechtsverhältnis in Betracht zu ziehen.[1370] **463**

f) Mehrzahl potentiell herrschender Rechtsverhältnisse. Einen nicht explizit geregelten Sonderfall bilden mehrere potentiell herrschende Rechtsverhältnisse.[1371] Bei ihnen kommt es auf das relativ bedeutsamste und prägendste herrschende Rechtsverhältnis an. Man muss also nach dem relativen Schwerpunkt suchen.[1372] Lässt sich kein Schwerpunkt feststellen, auch kein relativer, so wird vorgeschlagen, von einer Anwendung des Art. 10 I Rom II-VO abzusehen.[1373] Das erscheint allerdings allenfalls dann sinnvoll, wenn die beiden Konkurrenten unterschiedlichen Rechten unterstehen.[1374] Treffen ein Vertrag und ein Delikt als potentiell herrschende Rechtsverhältnisse aufeinander, so sollte wegen der regelhaften akzessorischen Anknüpfung des Delikts an den Vertrag über Art. 4 III 2 Rom II-VO der Vertrag dominieren. **464**

4. Gemeinsamer gewöhnlicher Aufenthalt. Gibt es kein herrschendes Rechtsverhältnis und ist deshalb eine akzessorische Anknüpfung unter Art. 10 I Rom II-VO nicht möglich, so erfolgt laut Art. 10 II Rom II-VO eine Anknüpfung an den gemeinsamen gewöhnlichen Aufenthalt der Parteien. Dies entspricht in der Ausführung der Anknüpfung Art. 4 II Rom II-VO beim Delikt. Der gewöhnliche Aufenthalt ist nach denselben Maßstäben[1375] zu bestimmen wie dort. **465**

Für den gewöhnlichen Aufenthalt maßgeblicher Zeitpunkt ist derjenige des Ereignisses, welches die ungerechtfertigte Bereicherung zur Folge hat. Gemeint ist, wie sich aus der terminologischen Differenz zu Art. 10 III Rom II-VO ergibt, nicht der Eintritt der Bereicherung, sondern der konditionsauslösende Vorgang.[1376] Eine fallrelevante Divergenz zur deliktsrechtlichen Anknüpfung kann sich nur ergeben, wenn man für die deliktsakzessorische Anknüpfung unter Art. 10 I Rom II-VO Gleichzeitigkeit von Delikt und ungerechtfertigter Bereicherung nicht auslösen lässt und ein Beteiligter zwischen Handlung und Erfolg seinen gewöhnlichen Aufenthalt gewechselt hat.[1377] **466**

Maßgebliche Anknüpfungspersonen sind die Parteien des Bereicherungsanspruchs, also potentieller Konditionsgläubiger und potentieller Konditionsschuldner. Diese zu bestimmen kann bei Mehrpersonenverhältnissen Schwierigkeiten bereiten, weil bei diesen ja gerade die Konditionsrichtung und die Parteien des Konditionsverhältnisses in Rede stehen. **467**

5. Ort des Bereicherungseintritts. Ist mangels herrschenden Rechtsverhältnisses keine akzessorische Anknüpfung möglich und haben die Parteien des Bereicherungsanspruchs ihren jeweiligen gewöhnlichen Aufentahlt nicht in demselben Staat, so knüpft Art. 10 III Rom II-VO objektiv an den Ort an, in welchem die ungerechtfertigte Bereicherung eingetreten ist. Der Ort des Bereicherungseintritts avanciert also zum ersten wirklich eigenen Anknüpfungspunkt im Internationalen Bereicherungsrecht. **468**

[1369] *Moura Vicente,* Cuad. Der. Trans. 8 (2) (2016), 292, 303.
[1370] P. *Huber/P. Huber/Bach* Art. 10 Rome II Regulation Rn. 20; *Anton/Beaumont/McEleavy,* Private International Law, 3rd ed. 2012, Rn. 14.196; *Plender/Wilderspin* Rn. 24-093.
[1371] *Petch,* (2006) 2 JIBLR 509, 513; *Plender/Wilderspin* Rn. 24-091f.
[1372] P. *Huber/P. Huber/Bach* Art. 10 Rome II Regulation Rn. 21; *Plender/Wilderspin* Rn. 24-092.
[1373] P. *Huber/P. Huber/Bach* Art. 10 Rome II Regulation Rn. 21.
[1374] *Plender/Wilderspin* Rn. 24-092.
[1375] → § 2 Rn. 191.
[1376] *G. Fischer,* FS Ulrich Spellenberg, 2010, S. 151, 154; P. *Huber/P. Huber/Bach* Art. 10 Rome II Rn. 23; NK-BGB/*Limbach* Art. 10 Rom II-VO Rn. 25; *Rauscher/Picht* Art. 10 Rom II-VO Rn. 33.
[1377] Vgl. *G. Fischer,* FS Ulrich Spellenberg, 2010, S. 151, 154.

469 Maßgebend ist die Bereicherung des Kondiktionsschuldners, nicht die Entreicherung des Kondiktionsgläubigers.[1378] Gleichermaßen irrelevant ist das bereicherungsauslösende Ereignis. Ein gegenteiliger Vorschlag des Europäischen Parlaments[1379] ist gescheitert.[1380] Entscheidend ist, wo sich der Vermögenszuwachs des Kondiktionsschuldners dauerhaft realisiert.[1381] Das Resultat ist entscheidend, nicht die vorangegangenen Entwicklungen. Bereicherungsrecht definiert sich über Rückgewähr und Ausgleich eingetretener Fehlallokationen, kaum dagegen über Abschreckung. Den Rückgewähransprüchen korrespondieren keine Unterlassungsansprüche, die ihrer Natur nach notwendig zukunftsgerichtet wären und deshalb Verhaltenssteuerung zu ihrem primären Ziel hätten. Daher entspricht die Anknüpfung an den Ort des Bereicherungseintritts der Funktionalität des Qualifikationsgegenstands Bereicherungsrecht.[1382] Schwerpunkt ist eben sachlich wie räumlich der Vermögenszufluss.[1383] Eine vorangegangene Handlung wessen auch immer ist keine notwendige Voraussetzung für eine Bereicherung.[1384] Beispiel ist die Bereicherung als Folge eines Naturereignisses (Erdrutsch, Flut, Sturm, Erdbeben usw.).[1385]

470 Die Anknüpfung an den Ort des Bereicherungseintritts soll den Kondiktionsschuldner schützen.[1386] Im Zweifel verschafft sie dem Kondiktionsschuldner die Anwendung eines ihm vertrauten und jedenfalls mit geringeren Hürden zugänglichen Rechts.[1387] Zudem kann die Bereicherung ohne eigenes Zutun des Bereicherungsschuldners eingetreten sein.[1388]

471 Zu fragen bleibt, ob es auf den zum Zeitpunkt der Anspruchsgeltendmachung aktuellen Ort der Bereicherung ankommen soll oder auf den Ort des ursprünglichen Bereicherungseintritts. Ersteres könnte dem Kondiktionsschuldner Anreize zu grenzüberschreitenden Verschiebungen geben. Art. 10 III Rom II-VO verwendet zudem häufig Vergangenheitsformen beim Verb („eingetreten ist", „took place"). Letzteres wäre freilich kaum weniger manipulationsanfällig. Gegen den aktuellen Belegenheitsort streitet die Gefahr möglicher Statutenwechsel, während der ursprüngliche Eintrittsort ein für allemal fixiert bliebe. Andererseits schiene ein Vollstreckungszugriff bei der Vollstreckung aus titulierten bereicherungsrechtlichen Herausgabeansprüchen am aktuellen Lageort der herauszugebenden Bereicherung sinnvoll; das setzt aber nicht notwendig einen Gleichlauf von lex fori (dann ja executionis) und ius voraus. Durchläuft das Bereicherungsobjekt bereits im ursprünglichen Vorgang mehrere Stationen (z.B. Buchgeld mehrerer Konten),[1389] so kommt es schon für die Lokalisierung des Ortes des ursprünglichen Bereicherungseintritts auf den Ort beim Abschluss des Vorgangs an;[1390] bloße Zwischenstationen zählen nicht.

472 Für den Bereicherungseintritt sollte es auf das konkrete Bereicherungsobjekt ankommen, nicht auf ein generelles Vermögenszentrum des Kondiktionsschuldners.[1391] Insoweit ist ein gegenstandsbezogener, kein vermögensorientierter Maßstab anzulegen. Für die Lokalisierung von Zugewinnen an Vermögen als Bereicherungsobjekt sind spiegelbildlich vergleichbare Wertungen und Maßstäbe heranzuziehen wie für die Lokalisierung von Vermögensschäden im Internationalen Deliktsrecht[1392] und unter Artt. 7 Nr. 2 Brüssel Ia-VO; 5

[1378] Siehe nur *Dicey/Morris/McClean* Rn. 36-037.
[1379] Legislative Entschließung des Europäischen Parlaments, P6_TA(2005)0284 S. 13 (Art. 9).
[1380] P. *Huber/P. Huber/Bach* Art. 10 Rome II Rn. 24.
[1381] *Brière,* Clunet 135 (2008), 31, 51; *Dickinson* Rn. 10.29f.; *G. Fischer,* FS Ulrich Spellenberg, 2010, S. 151, 154; Rauscher/*Picht* Art. 10 Rom II-VO Rn. 39; NK-BGB/*Limbach* Art. 10 Rom II-VO Rn. 25.
[1382] Treffend *Finkelmeier* S. 294.
[1383] *Finkelmeier* S. 294.
[1384] Entgegen *Pitel,* in: Ahern/Binchy S. 231, 248.
[1385] *Ellger,* Bereicherung durch Eingriff, 2002, S. 126.
[1386] *G. Fischer,* FS Ulrich Spellenberg, 2010, S. 151, 154; *Finkelmeier* S. 294f. sowie *Bird,* in: Rose (ed.), Restitution and the Conflict of Laws, 1995, S. 64, 114.
[1387] Rauscher/*Picht* Art. 10 Rom II-VO Rn. 37.
[1388] *Bird,* in: Rose (ed.), Restitution and the Conflict of Laws, 1995, S. 64, 114; *Finkelmeier* S. 295.
[1389] Siehe *Dickinson* Eur. Bus. L. Rev. 13 (2002), 369, 378.
[1390] Vgl. Rauscher/*Picht* Art. 10 Rom II-VO Rn. 39.
[1391] P. *Huber/P. Huber/Bach* Art. 10 Rome II Rn. 27.
[1392] Dort → § 2 Rn. 150.

VI. Internationales Bereicherungsrecht 473–476 § 2

Nr. 3 LugÜ 2007.[1393] Dort geht es zwar um Verluste, hier um Gewinne, aber die Lokalisierungsaufgabe als solche ist grundsätzlich dieselbe.

Eine Vermutung, dass Vermögenswerte im Zweifel am gewöhnlichen Aufenthalt bzw. 473
am Sitz des Bereicherungsschuldners belegen seien,[1394] erschiene zwar pragmatisch, ginge aber doch zu weit.[1395] Hätte der Gesetzgeber eine solche Vermutung etablieren wollen, so hätte er dies ohne weiteres gekonnt. Mit Vermutungen zu arbeiten ist eine dem europäischen Gesetzgeber seit dem EVÜ wohlvertraute Technik. Ihr Einsatz wurde nicht einmal ansatzweise diskutiert, als Art. 10 Rom II-VO formuliert wurde.

Ein kühner, aber interessanter Ansatz läge darin, sich an Art. 2 Nr. 9 EuInsVO 2015 zu 474
orientieren, um die jeweilige Belegenheit einzelner Vermögenswerte zu identifizieren. Vielversprechend wäre dies wegen Art. 2 Nr. 9 iii EuInsVO 2015 insbesondere bei Bankkonten.[1396]

Durch eine eigenständige Anknüpfung an den Ort des Bereicherungseintritts wird für 475
Eingriffskondiktionen jedoch die Parallelität mit Delikten empfindlich gestört.[1397] Jedwede ratio, dass der Bereicherungsschuldner kollisionsrechtlich schützenswert sei, sofern die Bereicherung ohne sein Zutun eingetreten sei,[1398] verfängt bei Eingriffskondiktionen nicht, denn dort hat der Bereicherungsschuldner ja gerade zur Bereicherung zugetan.[1399] Ein eleganter Ausweg aus dem Dilemma besteht darin, Eingriffskondiktionen weniger über Art. 10 III Rom II-VO anzuknüpfen als vielmehr über Art. 10 I Rom II-VO akzessorisch an das Statut eines uno actu mit dem Eingriff verübten potenziellen Delikts.[1400] Art. 10 I Rom II-VO hat nach der Gesetzessystematik Vorrang vor dem (doppelt) subsidiären Art. 10 Abs. 3 Rom II-VO. Zugleich applaniert man mit der akzessorischen Anknüpfung ansonsten drohende Qualifikationsprobleme[1401] in der Abgrenzung zwischen Delikts- und Bereicherungskollisionsrecht.[1402]

Wird durch Verarbeitung, Verbindung o. Ä., in dingliche Rechte eingegriffen, ist Ort 476
des Bereicherungserfolgs der Lageort der Sache zum Zeitpunkt des Eingriffs.[1403] Bei Verfügungen Nichtberechtigter über Sachen gilt dasselbe.[1404] Der Lageort der Sache entscheidet auch bei Verwendungen auf eine Sache.[1405]

[1393] Dort insbesondere EuGH Slg. 2004, I-6009 Rn. 20 f. – Rudolf Kronhofer/Marianne Maier; EuGH ECLI:EU:C:2016:449 Rn. 30–40 – Universal Music International Holding BV/M. Tétreault Schilling; Magnus/Mankowski/*Mankowski* Art. 7 Brussels Ibis Regulation Rn. 328–340 mit umfangreichen Nachweisen.

[1394] Dahin MüKoBGB/*A. Junker* Art. 10 Rom II-VO Rn. 28 f.; BeckOK BGB/*Spickhoff* Art. 10 Rom II-VO Rn. 9; Rauscher/*Picht* Art. 10 Rom II-VO Rn. 39.

[1395] Vgl. im deliktischen Kontext GA *Szpunar*, ECLI:EU:C:2016 Rn. 161 Rn. 43, 48; OGH ÖJZ 2005, 271, 272; Magnus/Mankowski/*Mankowski* Art. 7 Brussels Ibis Regulation Rn. 334.

[1396] Siehe zu dieser Norm *Mankowski*, FS Klaus Pannen, 2017, S. 243, 249–251.

[1397] P. Huber/*P. Huber*/*Bach* Art. 10 Rome II Rn. 25; Rauscher/*Picht* Art. 10 Rom II-VO Rn. 38.

[1398] Siehe Begründung der Bundesregierung zum Entwurf eines Gesetzes zum internationalen Privatrecht für außervertragliche Schuldverhältnisse und Sachen, BT-Drs. 14/343, 9; *v. Caemmerer*, in: Schlechtriem (Hrsg.), Vorschläge und Gutachten zur Reform des deutschen internationalen Privatrechts der außervertraglichen Schuldverhältnisse, 1983, S. 57 f.

[1399] Rauscher/*Picht* Art. 10 Rom II-VO Rn. 37.

[1400] Dafür *Heiss/Loacker*, JBl 2007, 613, 641; *G. Wagner*, IPRax 2008, 1, 11; *G. Fischer*, FS Ulrich Spellenberg, 2010, S. 151, 152; Erman/*Hohloch* Art. 10 Rom II-VO Rn. 7; MüKoBGB/*A. Junker* Art. 10 Rom II-VO Rn. 19; NK-BGB/*Limbach* Art. 10 Rom II-VO Rn. 21; Palandt/*Thorn* Art. 10 Rom II-VO Rn. 8; *Schinkels*, ZEuP 2018, 250, 259.

[1401] Siehe *Dickinson* Rn. 10.17; *Chong*, (2008) 57 ICLQ 863, 878 f.

[1402] NK-BGB/*Limbach* Art. 10 Rom II-VO Rn. 21.

[1403] *Schacherreiter*, in: Beig/Graf-Schimek/Grubinger/Schacherreiter S. 69, 76; *T. Behrens* S. 100; Palandt/*Thorn* Art. 10 Rom II-VO Rn. 10.

[1404] *T. Behrens* S. 100 unter Hinweis auf BGH IPRspr. 1960/61 Nr. 231 S. 700; BGH IPRspr. 1962/63 Nr. 172 S. 572; OLG Hamm IPRspr. 1989 Nr. 76 S. 164 f.; OLG Düsseldorf IPRspr. 1998 Nr. 54 S. 92; *Macmillan Inc. v. Bishopsgate Investemt Trust plc* [1996] 1 All ER 585, 602 (C.A.).

[1405] *T. Behrens* S. 101; vor der Rom II-VO ebenso *W. Lorenz*, IPRax 1985, 328 (328); *Einsele*, JZ 1993, 1025, 1032; *Schlechtriem*, IPRax 1995, 65, 69.

477 6. Ausweichklausel kraft Näherbeziehung. Art. 10 IV Rom II-VO enthält eine Ausweichklausel: Besteht eine engere Verbindung zu einem anderen Recht als dem durch Art. 10 I-III Rom II-VO bezeichneten, so ist jenes Recht der engeren Verbindung anzuwenden. Methodisch korrekt ermittelt man zuerst die einschlägige Regelanknüpfung und führt dies durch. Sich gleich auf die Ausweichklausel zu stürzen würde deren Funktion verkennen. Eigene Anknüpfungsregeln für einzelne Kondiktionsarten in Art. 10 IV Rom II-VO hineinzulesen ist methodisch verfehlt. Ausweichklauseln sind konkrete Ausnahmeklauseln, kein Freibrief zur abstrakten Unterregelbildung.

478 Geboten ist eine Abwägung, bei der auf der einen Seite der Waage der Anknüpfungspunkt der jeweils einschlägigen Regelanknüpfung und diesen verstärkende Elemente liegen, auf der anderen Momente, die in eine andere Richtung weisen. Weisen weitere Momente in wieder andere, dritte oder gar vierte Richtungen, so erhöht sich – um im Bild zu bleiben – die Zahl der Waagarme und der Waagschalen.

479 7. Die Einordnung der Kondiktionstypen des deutschen Sachrechts unter Art. 10 Rom I-VO. Art. 10 Rom I-VO differenziert nicht nach den einzelnen Kondiktionstypen, wie man sie aus dem deutschen Sachrecht kennt.[1406] Er liegt quer zu den Kategorien des deutschen Sachrechts[1407] und arbeitet mit anderen Parametern, da er Rücksicht auf die Unterschiedlichkeit in den verschiedenen nationalen Bereicherungssachrechten nehmen muss.[1408] Daher muss jeder Versuch, die Kondiktionstypen des deutschen Sachrechts als solche in Art. 10 Rom I-VO einzuordnen, notwendig mit Unschärfen und Systemproblemen behaftet sein. Trotzdem mag es für deutsche Rechtsanwender hilfreich sein, einen solchen Versuch mit aller Vorsicht und allem Vorbehalt zu unternehmen.

480 Vereinfachend und vergröbernd lässt sich sagen:
– Condictiones indebiti und condictiones ob causam finitam auf Rückabwicklung unwirksamer Verträge sind wegen Art. 12 I lit. e Rom I-VO vertraglich zu qualifizieren und fallen unter das Statut des rückabzuwickelnden Vertrages.
– Condictiones indebiti und condictiones ob causam finitam auf Rückabwicklung von Leistungen unter anderen unwirksamen Rechtsverhältnissen als Verträgen unterstehen nach Art. 10 I Rom I-VO akzessorisch dem Recht, welches das Statut des betreffenden Rechtsverhältnisses stellt.
– Condictiones causa data non secuta vel ob rem und condictiones ob turpem vel iniustam causam unterstehen nach Art. 10 I Rom I-VO akzessorisch dem Recht, welches das Statut des rückabzuwickelnden Rechtsverhältnisses stellt.
– Eingriffskondiktionen sind akzessorisch nach Art. 10 I Rom I-VO an das Statut eines uno actu in Rede stehenden Delikts anzuknüpfen, ansonsten nach Art. 10 III Rom II-VO, es sei denn, Art. 10 II Rom I-VO ist ausnahmsweise tatbestandlich erfüllt.
– Rückgriffskondiktionen wegen Begleichens fremder Schulden folgen akzessorisch dem Statut der beglichenen Forderung.
– Verwendungskondiktionen sind nach Art. 10 III Rom I-VO anzuknüpfen,[1409] es sei denn, Kondiktionsgläubiger und Kondiktionsschuldner haben ihren gewöhnlichen Aufenthalt beide in demselben Staat, so dass Art. 10 II Rom I-VO eingreift.

[1406] *Rauscher*/Jakob/Picht Art. 10 Rom II-VO Rn. 4.
[1407] Diese Kategorien sind nach *Larenz/Canaris*, Lehrbuch des Schuldrechts, Bd. II/2: Besonderer Teil, 13. Aufl. 1994, S. 146–158, 188–197 (§§ 68 I; 69 III, IV): Leistungskondiktion; Eingriffskondiktion; Rückgriffskondiktion; Verwendungskondiktion; Naturvorgangskondiktion; Zeitablaufskondiktion; Direkt- oder Kettendurchgriffskondiktion; oder nach *Reuter*, in: Reuter/Martinek, Ungerechtfertigte Bereicherung, 1983, S. 60 f. (§ 3 III 3) und *Martinek*, ebd., S. 383 f. (§ 9 III): Leistungskondiktion; Eingriffskondiktion; allgemeine Abschöpfungskondiktion.
[1408] Begründung der Kommission zum Vorschlag für eine Verordnung über das auf außervertragliche Schuldverhältnisse anzuwendende Recht, KOM (2003) 427 endg. S. 23.
[1409] Näher Rauscher/*Picht* Art. 10 Rom II-VO Rn. 40 f.

VI. Internationales Bereicherungsrecht   481–485 § 2

– Gleiches gilt für Naturvorgangs- und Zeitablaufskondiktionen sowie Kettendurchgriffskondiktionen oder, wenn man dieser Kategorie folgen will, allgemeine Abschöpfungskondiktionen.

8. Bereicherungsrechtliche Mehrpersonenverhältnisse. Keine eigene Regelung 481
gibt es für bereicherungsrechtliche Mehrpersonenverhältnisse.[1410] Deren Anknüpfung für alle denkbaren Fallgruppen durchzudeklinieren wäre zu kompliziert gewesen und hätte den Text zu sehr belastet. Es hätte die Regelung der Normalfälle nach Textfülle und Textumfang gegenüber der Regelung der Ausnahmefälle hintangesetzt. Vorschläge für eine ausformulierte Sonderregel[1411] wurden nicht aufgegriffen.

Die Kollisionsnormen in Art. 10 Rom II-VO sind für Zwei-Personen-Verhältnisse ge- 482
schaffen und auf Zwei-Personen-Verhältnisse zugeschnitten. Am ehesten ist noch Art. 10 III Rom II-VO neutral. Bei Drei-Personen-Verhältnissen verlagert er indes die entscheidende Wertungsfrage, was denn die maßgebliche Bereicherung sein soll, nur eine Stufe nach vorne.

Für die bereicherungsrechtliche Rückabwicklung einer Leistung an den begünstigten 483
Dritten zwischen dem Versprechenden und dem Dritten unter einem unwirksamen Vertrag zugunsten Dritter gilt das Vertragsstatut nach Art. 12 I Rom I-VO.[1412] Ansonsten ist der Bereicherungsausgleich in diesem Zuwendungsverhältnis akzessorisch an das Statut des Deckungsverhältnisses, also ebenfalls des Vertrags zugunsten Dritter anzuknüpfen.[1413] Ob sich der Versprechende an den Dritten wenden darf oder sich an den Versprechensempfänger halten muss, beantwortet ebenfalls das Statut des Vertrags zugunsten Dritter.[1414] Eine Auseinandersetzung zwischen dem Versprechensempfänger und dem Dritten richtet sich über Art. 10 I Rom II-VO nach dem Statut ihres Rechtsverhältnisses zueinander.[1415] Ein Bereicherungsausgleich zwischen Versprechendem und Versprechensempfänger folgt dem Statut des Vertrags zugunsten Dritter.[1416]

Für die bereicherungsrechtliche Rückabwicklung nach Leistung des Putativschuldners 484
an den Putativzessionar als Folge einer unwirksamen Zession gilt das Statut der nur scheinbar abgetretenen Forderung gemäß Art. 10 I Rom II-VO in Verbindung mit der verallgemeinerungsfähigen Aussage aus Art. 14 II Rom I-VO.[1417] Dieses Statut beherrscht den Hinweg, also sollte es auch den Rückweg beherrschen. Ein etwaiger Bereicherungsausgleich zwischen Forderungsschuldner und Zedent folgt über Art. 10 I Rom II-VO primär dem Statut eines zwischen diesen beiden Beteiligten bestehenden Rechtsverhältnisses[1418] (z.B. des Kaufvertrags, aus welchem die vermeintlich abgetretene Forderung stammt). Für eine Kondiktion des Zedenten gegen den Zessionar gilt über Art. 10 I Rom II-VO dasselbe Recht, welches auch das zugrundeliegende Obligationsverhältnis zwischen Zedent und Zessionar beherrscht, nicht das Zessionsstatut.[1419]

Bei irrtümlicher Annahme einer eigenen Verbindlichkeit, während in Wahrheit eine 485
fremde Verbindlichkeit getilgt wird, richtet sich die Rückgriffskondiktion des Leistenden gegen den eigentlichen Schuldner primär über Art. 10 I Rom II-VO nach dem Statut ei-

---

[1410] T. Behrens S. 161–163; G.-P. Calliess/Schinkels Art. 10 Rome II Regulation Rn. 28.
[1411] Insbesondere Busse, Internationales Bereicherungsrecht, 1998, S. 176 f.; ders., RIW 1999, 16, 20.
[1412] T. Behrens, S. 211–214; G.-P. Calliess/Schinkels Art. 10 Rome II Regulation Rn. 36; Rauscher/Picht Art. 10 Rom II-VO Rn. 51; NK-BGB/Limbach Art. 10 Rom II-VO Rn. 23; BeckOGK/Schinkels Art. 10 Rom II-VO Rn. 51.
[1413] T. Behrens S. 215–220 mit umfangreichen Nachweisen.
[1414] BeckOK BGB/Spickhoff Art. 10 Rom II-VO Rn. 8; G.-P. Calliess/Schinkels Art. 10 Rome II Regulation Rn. 36; Palandt/Thorn Art. 10 Rom II-VO Rn. 9; BeckOGK/Schinkels Art. 10 Rom II-VO Rn. 51.
[1415] G.-P. Calliess/Schinkels Art. 10 Rome II Regulation Rn. 36.
[1416] BeckOGK/Schinkels Art. 10 Rom II-VO Rn. 51.
[1417] Rauscher/Picht Art. 10 Rom II-VO Rn. 51; BeckOGK/Schinkels Art. 10 Rom II-VO Rn. 47 sowie T. Behrens S. 238–255 (wenn auch auf Art. 10 IV, nicht I Rom II-VO abstellend).
[1418] T. Behrens S. 236; PWW/Fehrenbacher Art. 10 Rom II-VO Rn. 3.
[1419] T. Behrens S. 228–236; BeckOGK/Schinkels Art. 10 Rom II-VO Rn. 46.

nes zwischen diesen beiden bestehenden Sonderverhältnisses.[1420] Fehlt es daran, so führt Art. 10 III Rom II-VO zwar zunächst zum Ort des Leistungsempfangs durch den Gläubiger;[1421] jedoch führt über Art. 10 IV Rom II-VO ein Weg zum Statut der getilgten Forderung.[1422]

486 Ebenfalls zu dem Recht, welches das Statut der betroffenen Forderung stellt, gelangt man in den Fällen einer Drittleistung auf eine unwirksame Forderung; nur bei einer veranlassten Drittleistung richtet sich der Ausgleich zwischen Veranlasser und Drittleistendem nach dem Statut des zwischen diesen beiden Beteiligten bestehenden Rechtsverhältnisses.[1423] Die Begründungslinie läuft nicht über Art. 10 I Rom II-VO, weil es an einem verbindenden Rechtsverhältnis zwischen Drittem und Gläubiger fehlt,[1424] sondern letztlich über Art. 10 IV Rom II-VO.[1425] Ob der Dritte in den Genuss einer cessio legis kommt, beurteilt sich – je nach der Natur der scheinbar getilgten Forderung – über Art. 15 Rom I-VO bzw. Art. 19 Rom II-VO.[1426]

487 Bei einer abgeirrten Leistung wird eine Leistung an einen vom Leistenden nicht intendierten Adressaten ausgelöst.[1427] Zwischen Leistendem und Adressat besteht dann kein herrschendes Rechtsverhältnis, so dass Art. 10 II, III Rom II-VO zum Zuge kommen.[1428]

488 Kondiktionsansprüche eines vermeintlichen Interzessionsschuldners und Sicherungsgebers (Bürgen, Garanten usw.) gegen den Sicherungsnehmer richten sich gemäß Art. 12 I lit. e Rom I-VO nach dem Statut der vermeinten Interzessionsschuld,[1429] solche gegen einen veranlassenden Hauptschuldner nach dem Statut des Innenverhältnisses zwischen Hauptschuldner und Interzedent.[1430]

489 Der Bereichungsausgleich bei Akkreditiven unterliegt akzessorisch über Art. 10 I Rom II-VO dem Statut des jeweils zugrundeliegenden Rechtsverhältnisses.[1431]

490 Bei der Verfügung eines Nichtberechtigten sind weder die Verfügung noch ihr Kausalgeschäft herrschendes Rechtsverhältnis im Sinne von Art. 10 I Rom II-VO;[1432] vielmehr greift normalerweise Art. 10 III Rom II-VO, kann aber zu unterschiedlichen Rechten führen, je nachdem, ob man eine Kondiktion gegen den Verfügenden oder eine gegen den Verfügungsempfänger prüft.[1433]

491 Zieht ein Nichtberechtigter eine ihm nicht zustehende Forderung ein und leistet der Forderungsschuldner an ihn mit befreiender Wirkung gegenüber dem wahren Berechtigten, so liegt ein Eingriff in eine fremde Forderungszuständigkeit vor. Mit Forderung und Forderungszuständigkeit als zentralen Elementen liegt es nahe, einen Bereicherungsausgleich des wahren Berechtigten gegen den Nichtberechtigten[1434] dem Statut der getilgten Schuld zu unterstellen,[1435] zumal dies in besonderem Maße Vorhersehbarkeit gewährleis-

---

[1420] Rauscher/*Picht* Art. 10 Rom II-VO Rn. 49.
[1421] *T. Behrens* S. 278 f.
[1422] G.-P. Calliess/*Schinkels* Art. 10 Rome II Regulation Rn. 31; BeckOGK/*Schinkels* Art. 10 Rom II-VO Rn. 45.
[1423] Eingehend *T. Behrens* S. 260–277.
[1424] *Ofner*, ZfRV 2008, 13, 20; *Chong*, (2008) 57 ICLQ 863, 877 f.
[1425] *Schacherreiter*, in: Beig/Graf-Schimek/Grubinger/Schacherreiter S. 69, 89–92; *T. Behrens* S. 272 f.; BeckOGK/*Schinkels* Art. 10 Rom II-VO Rn. 43.
[1426] G.-P. Calliess/*Schinkels* Art. 10 Rome II Regulation Rn. 29; Rauscher/*Picht* Art. 10 Rom II-VO Rn. 48; BeckOGK/*Schinkels* Art. 10 Rom II-VO Rn. 44.
[1427] Siehe Begründung der Bundesregierung zum Entwurf eines Gesetzes zur Neuregelung des Internationalen Privatrechts für außervertragliche Schuldverhältnisse und der Sachen, BT-Drs. 14/343, 9.
[1428] *Schacherreiter*, in: Beig/Graf-Schimek/Grubinger/Schacherreiter S. 69, 77; BeckOGK/*Schinkels* Art. 10 Rom II-VO Rn. 50.
[1429] *T. Behrens* S. 301–315; G.-P. Calliess/*Schinkels* Art. 10 Rome II Regulation Rn. 32; Rauscher/*Picht* Art. 10 Rom II-VO Rn. 50; BeckOGK/*Schinkels* Art. 10 Rom II-VO Rn. 53.
[1430] Näher *T. Behrens* S. 315–325; außerdem z. B. BeckOGK/*Schinkels* Art. 10 Rom II-VO Rn. 53.
[1431] *Schacherreiter*, in: Beig/Graf-Schimek/Grubinger/Schacherreiter S. 69, 82–84; *T. Behrens* S. 285–287.
[1432] BeckOGK/*Schinkels* Art. 10 Rom II-VO Rn. 55.
[1433] Rauscher/*Picht* Art. 10 Rom II-VO Rn. 55 f.
[1434] Im deutschen Recht sind dies Fälle des § 816 II BGB.
[1435] Rauscher/*Picht* Art. 10 Rom II-VO Rn. 57.

VI. Internationales Bereicherungsrecht   492–495 § 2

tet.[1436] In der rechtstechnischen Konstruktion geht dies jedenfalls nicht über Art. 10 I, sondern allenfalls über Art. 10 IV Rom II-VO.[1437] Art. 10 I Rom II-VO könnte nur ins Spiel kommen, soweit die jetzige Nichtberechtigung des Einziehenden darauf beruht, dass eine vorangegangene Zession des wahren Berechtigten an ihn unwirksam ist.[1438]

Die komplexesten Überlegungen verlangen Anweisungsfälle.[1439] Die Lage wird noch weiter verkompliziert, wenn man die Umgestaltung des früheren Rechts der Bankanweisung infolge der Zahlungsdiensterichtlinien[1440], also die Einführung des Zahlungsdienstevertrags als Institut, miteinbezieht. Sie könnte bekanntlich im deutschen Sachrecht eine Revolution bei den früher eindeutig bereicherungsrechtlichen Anweisungsdreiecken bewirkt haben.[1441] Das könnte kollisionsrechtliche Rückkoppelungen haben, indem die „Anweisung" auch für die Zwecke des Kollisionsrechts stärker in die vertragliche Beziehung zwischen dem Zahlenden (dem Anweisenden) und seinem Zahlungsdienstleister (typischerweise seiner Bank) eingerückt sein könnte.[1442] Entweder bildet man dies über eine direkte vertragsrechtliche Qualifikation ab oder, wenn man sich dazu nicht verstehen will, mittels einer akzessorischen Anknüpfung an das Statut dieses Zahlungsdienstevertrags über Art. 10 I Rom II-VO.

Ob ein Ausgleich zwischen Anweisendem und Zuwendungsempfänger stattfindet, entscheidet sich über Art. 10 I Rom II-VO nach dem Recht, welches deren Rechtsbeziehung zueinander beherrscht. Insoweit genießt das Vertrauen des Empfängers in die Anwendung eines Rechts, dem sein Verhältnis zum Anweisenden seit je unterstand, Schutz.[1443] An einem Rechtsverhältnis fehlt es aber bei einer abgeirrten Leistung, die an den falschen Empfänger geht.[1444] Fehlt es an einem Rechtsverhältnis, so kommen Art. 10 II, III Rom II-VO zum Zuge.[1445]

Davon über Art. 10 IV Rom II-VO zugunsten des Statuts des Valutaverhältnisses[1446] oder des Statuts des Deckungsverhältnisses[1447] abzuweichen vermag keine hinreichende Rechtfertigung zu finden,[1448] letzteres insbesondere, sofern man zuvor eine akzessorische Anlehnung an das Statut des Zahlungsdienstevertrags abgelehnt haben sollte.

9. Umfang des Bereicherungsstatuts (Qualifikation). Art. 15 Rom II-VO ist die zentrale Norm für Qualifikationsfragen rund um außervertragliche Schuldverhältnisse. In ihm findet sich ein Katalog von Gegenständen, welche positiv dem Statut des außervertraglichen

---

[1436] *T. Behrens* S. 252 f.
[1437] *T. Behrens* S. 250–252.
[1438] BeckOGK/*Schinkels* Art. 10 Rom II-VO Rn. 57.
[1439] Siehe insbesondere *Schacherreiter*, in: Beig/Graf-Schimek/Grubinger/Schacherreiter S. 69, 79 f.; *T. Behrens* S. 174–198.
[1440] Richtlinie 2007/64/EG des Europäischen Parlaments und des Rates vom 13.11.2007 über Zahlungsdienste im Binnenmarkt, zur Änderung der Richtlinien 97/7/EG, 2002/65/EG, 2005/60/EG und 2006/48/EG sowie zur Aufhebung der Richtlinie 97/5/EG, ABl. EG 2007 L 43/25; Richtlinie (EU) 2366/2015 des Europäischen Parlaments und des Rates vom 25.11.2015 über Zahlungsdienste im Binnenmarkt, ABl. EU 2015 L 337/35.
[1441] Siehe nur BGH NJW 2015, 2575; BGHZ 203, 378 = JZ 2016, 950 mAnm *Jansen* = NJW 2015, 3093 mAnm *Kiehnle*; LG Hannover ZIP 2011, 1406; LG Berlin WM 2015, 376; AG Hamburg-Harburg WM 2014, 352; AG Schorndorf WM 2015, 1239; *Langenbucher*, FS Andreas Heldrich, 2005, S. 285; *dies.*, FS Johannes Köndgen, 2016, S. 383; *Winkelhaus*, Der Bereicherungsausgleich nach Umsetzung des neuen Zahlungsdiensterechts, 2012; *Fornasier*, AcP 212 (2012), 410; *Linardatos*, BKR 2013, 395; *M. Auer*, FS Claus-Wilhelm Canaris zum 80. Geb., 2017, S. 509, 541–544.
[1442] Dahin BeckOGK/*Schinkels* Art. 10 Rom II-VO Rn. 48.
[1443] BeckOGK/*Schinkels* Art. 10 Rom II-VO Rn. 49 sowie *T. Behrens* S. 179.
[1444] BeckOGK/*Schinkels* Art. 10 Rom II-VO Rn. 48.
[1445] *T. Behrens* S. 177–187.
[1446] Dafür z. B. BGE 121 III 109, 111; OGH SZ 54/2 S. 8 f.; *Schlechtriem*, IPRax 1987, 356, 357; *ders.*, IPRax 1995, 65, 66.
[1447] Dafür z. B. *Jayme*, IPRax 1987, 186, 187; *ders.*, FS Werner Lorenz zum 80. Geb., 2001, S. 315, 318; *H. Plaßmeier*, Internationales Bereicherungsrecht, 1998, S. 346; *Busse*, Internationales Bereicherungsrecht, 1998, S. 183, 189; *ders.*, RIW 1999, 16, 20; *Eilinghoff*, Das Kollisionsrecht der ungerechtfertigten Bereicherung nach dem IPR-Reformgesetz von 1999, 2004, S. 212–214.
[1448] *T. Behrens* S. 188–192.

Schuldverhältnisses zugewiesen werden. Leider ist Art. 15 Rom II-VO zu stark auf Delikte fixiert. Ungerechtfertigte Bereicherung und Geschäftsführung ohne Auftrag mit ihren anders gelagerten Gedankenwelten, Konzepten und Terminologien finden keinen hinreichenden Niederschlag in Art. 15 Rom II-VO. Der Normtext spricht von Haftung, Haftbarmachen, Schaden, Wiedergutmachung, Schadensersatz (liability, damage, remedy; responsabilité, dommages, réparation; responsabilidad, daños, imdenicazión; responsabilità, danno, indennizzo; aansprakelijkheid, schade; ansvar, skad, göttgorelse usw.). Insbesondere der „Schaden" als Zentralbegriff stört sehr, weil er auf einen Verlust beim Gläubiger abstellt – während es bei der Bereicherung doch um die Vermögensmehrung beim Konditionsschuldner geht und bei der Geschäftsführung ohne Auftrag um Herausgabe oder Aufwendungsersatz.

496 Angemessen und sachgerecht wäre gewesen, jeder Kategorie von außervertraglichen Schuldverhältnissen eine eigene Qualifikationsnorm zu widmen. Damit hätte man die Notwendigkeit vermieden, Wortlaut und Gedankenwelt des Art. 15 Rom II-VO für ungerechtfertigte Bereicherung und Geschäftsführung ohne Auftrag erst in der Rechtsanwendung passend machen, gleichsam übersetzen zu müssen.[1449] Leider hat der europäische Gesetzgeber ausformulierte und begründete Vorschläge[1450] für jeweils eigene Qualifikationsnormen im IPR der ungerechtfertigten Bereicherung und der Geschäftsführung ohne Auftrag ignoriert. Das heißt aber nicht, dass man diese nicht sachlich aufgreifen dürfte, zumal sie sich bewusst an die Grundstruktur des Art. 15 Rom II-VO anlehnen, aber den jeweiligen Besonderheiten der anderen nichtvertraglichen Schuldverhältnisse außer Delikten Rechnung zu tragen.

497 Für die ungerechtfertige Bereicherung lautete der einschlägige Vorschlag:[1451]

Art. 10a – Scope of the law applicable to non-contractual obligations arising out of unjust enrichment

The law applicable to non-contractual obligations arising out of unjust enrichment shall govern:

1. the basis and conditions of any such obligation, including the determination of creditor and debtor;
2. the objections to, and exemptions from, any such obligation;
3. the extent of liability under such obligation including any privilege, exclusion, division or restriction and the question whether restitution in kind or money is due;
4. the question whether the liability might be extended upon third parties;
5. the question whether such obligation may be assigned or inherited;
6. performance and the various ways of extinguishing the obligation;
7. the rules of prescription and limitation, including rules relating to the commencement of a period of prescription or limitation and the interruption and suspension of the period;
8. accompanying tracing claims.

498 Bereicherungsrechtlich spezifisch ist davon insbesondere Art. 10a Nr. 4, der auf Normen wie § 822 BGB zurückgeht.[1452] Der Entreicherungseinwand, die defense of change of circumstances oder jede andere defense of disenrichment[1453] als eigene Besonderheit des Bereicherungsrechts ließe sich unter Art. 10a Nr. 3 subsumieren.

499 Zum Bereicherungsstatut gehören jedenfalls diese Phänomene, aber auch: die Herausgabepflichtigkeit von Nutzungen oder Surrogaten; Wertersatzverpflichtungen; Verzinsungs-

---

[1449] *Dickinson*, Eur. Bus. L. Rev. 13 (2002), 369, 378; Hamburg Group for Private International Law, RabelsZ 67 (2003), 1, 39; Rauscher/*Picht* Art. 10 Rom II-VO Rn. 8.
[1450] Hamburg Group for Private International Law, RabelsZ 67 (2003), 1, 39.
[1451] Hamburg Group for Private International Law, RabelsZ 67 (2003), 1, 39.
[1452] Siehe Hamburg Group for Private International Law, RabelsZ 67 (2003), 1, 33.
[1453] So die Bezeichnung in Art. 6:101 Principles of European Unified Enrichment Law und Artt. VII-5:101 (2); VII-6:101 DCFR.

VII. IPR der Geschäftsführung ohne Auftrag

pflichten; Saldierungen.[1454] Art. 22 Rom II-VO mit seiner Abgrenzung im Beweisbereich greift bei der ungerechtfertigten Bereicherung wie bei allen gesetzlichen Schuldverhältnissen.[1455]

Vorfragen, insbesondere nach der Existenz und der Zuweisung eines subjektiven Rechts, richten sich nach dem Statut des betroffenen Vorfragegegenstands,[1456] das richtigerweise selbständig nach dem IPR des Forums anzuknüpfen ist.[1457]

10. Sonderregel bei Bereicherung wegen Verletzung von Immaterialgüterrechten. Für Ansprüche aus ungerechtfertigter Bereicherung (oder Geschäftsführung ohne Auftrag) wegen einer Verletzung von Immaterialgüterrechten verweist Art. 13 Rom II-VO auf Art. 8 Rom II-VO, also primär auf Art. 8 I Rom II-VO und das Recht des Schutzlandes. Damit werden Qualifikationsfragen nivelliert, weil alle denkbaren Ansprüche unabhängig von ihrer deliktischen, bereicherungsrechtlichen oder sonstigen Qualifikation derselben Anknüpfung unterworfen sind.[1458]

VII. IPR der Geschäftsführung ohne Auftrag

Literatur: *de Bellis,* La negotiorum gestio nel Regolamento (CE) n. 864/2007, Liber Fausto Pocar, tomo II, 2009, S. 245; *Dornis,* Die Erbensuche im Kollisionsrecht – Von grenzüberschreitender „Menschenhilfe" zu internationaler Marktregulierung, ZfPW 2015, 376; *ders.,* Das Kollisionsrecht der auftragslosen Geschäftsführung – Ein Beispiel für Materialisierung und Typisierung im modernen europäischen IPR, RabelsZ 80 (2016), 543; *G. Fischer,* Ungerechtfertigte Bereicherung und Geschäftsführung ohne Auftrag im europäischen Internationalen Privatrecht, FS Ulrich Spellenberg, 2010, S. 151; *Heindler,* Der unbekannte Geschäftsherr: Erbensuche in Österreich, IPRax 2016, 79; *Légier,* Enrichissement sans cause, gestion d'affaires et culpa in contrahendo, in: Corneloup/Joubert (dir.), Le règlement communautaire „Rome II" sur la loi applicable aux obligations non-contractuelles, 2008, S. 145; *Nehne,* Die internationale Geschäftsführung ohne Auftrag nach der Rom II-Verordnung – Anknüpfungsgegenstand und Anknüpfungspunkte, IPRax 2012, 136; *Spickhoff,* Die Arzthaftung im Europäischen Internationalen Privat- und Prozessrecht, FS Gerda Müller, 2009, S. 287; *Wendelstein,* Das Statut der Geschäftsführung ohne Auftrag in Nothilfefällen – „Wechselwirkungen" zwischen Kollisionsrecht und Sachrecht, GPR 2014, 46.

Der systematischen Vollständigkeit und Schönheit geschuldet ist das IPR der Geschäftsführung ohne Auftrag. Seine praktische Relevanz ist minimal,[1459] und die Zahl veröffentlicher Gerichtsentscheidung ist sehr überschaubar.[1460] Prominentestes Beispiel scheint noch die grenzüberschreitende auftragslose Erbensuche zu sein.[1461] Die geringe praktische Bedeutung spiegelt sich auch darin wider, dass dem IPR der Geschäftsführung ohne Auftrag nur eine einzige Norm gewidmet ist, nämlich Art. 11 Rom II-VO. Vorbild war in gewissem Maße Art. 39 EGBGB.

[1454] MüKoBGB/*A. Junker* Art. 10 Rom II-VO Rn. 32; BeckOGK/*Schinkels* Art. 10 Rom II-VO Rn. 58; Palandt/*Thorn* Art. 10 Rom II-VO Rn. 12.
[1455] BeckOGK/*Schinkels* Art. 10 Rom II-VO Rn. 58.
[1456] In diesem Punkt übereinstimmend MüKoBGB/*A. Junker* Art. 10 Rom II-VO Rn. 25; Rauscher/*Unberath/Cziupka/Pabst* Einl. Rom II-VO Rn. 46; BeckOGK/*Schinkels* Art. 10 Rom II-VO Rn. 59; Palandt/*Thorn* Art. 10 Rom II-VO Rn. 12.
[1457] Zur generellen Vorzugswürdigkeit der selbständigen Vorfragenanknüpfung *Mankowski,* in: v. Bar/Mankowski IPR I § 7 Rn. 192–213.
[1458] P. Huber/*Illmer* Art. 13 Rome II Regulation Rn. 1; NK-BGB/*M. Grünberger*Art. 13 Rom II-VO Rn. 1; *A. Junker* IPR § 11 Rn. 32; Magnus/Mankowski/*Mankowski* Art. 13 Rome II Regulation Rn. 1.
[1459] Siehe *Wurmnest,* ZvglRWiss 115 (2016), 624, 626.
[1460] Anwendungsbeispiele immerhin OLG Düsseldorf TranspR 2014, 234, 243 (Havarie grosse); LG München I IPRax 2014, 438 (dazu *Looschelders,* IPRax 2014, 406; *Dornis,* ZfPW 2015, 376); ansatzweise Rb. Rotterdam ETL 2016, 335, 344 und, noch zu Art. 39 EGBGB, LG Stuttgart ZIP 2014, 1330 (dazu *Imhof,* GWR 2014, 88).
[1461] LG München I IPRax 2014, 438; *Späth,* Die gewerbliche Erbensuche im grenzüberschreitenden Rechtsverkehr, 2008, S. 275–278; *Looschelders,* IPRax 2014, 406; *Dornis,* ZfPW 2015, 376; *Heindler,* IPRax 2016, 79, 81 f. (mit dem berechtigten Hinweis, dass die Erbensuche nicht unter die EuErbVO fällt).

503 Bedeutung können über Art. 28 I Rom II-VO Spezialübereinkommen haben, insbesondere das Internationale Übereinkommen über Bergung vom 28.4.1989[1462] und das Übereinkommen zur einheitlichen Feststellung von Regeln über die Hilfeleistung und Bergung in Seenot vom 23.9.1910[1463].[1464] Indes liegen Bergungen heutzutage in aller Regel Verträge auf der Basis von Lloyd's Open Form zugrunde;[1465] insbesondere professionelle Berger leisten keine Hilfe ohne vorherigen Vertragsschluss. Daher liegt rechtstatsächlich keine vertragslose Hilfeleistung vor.[1466] Die Geschäftsführung von Konsuln für die Bürger ihres Entsendestaates kann hoheitlichen Schutzpflichten entspringen und über Art. 1 I Rom II-VO aus der Rom II-VO insgesamt herausfallen.[1467]

504 **Beispiel:** Die auf Bergungen spezialisierte Reederei Smits hat weltweit Bergungsschlepper stationiert. In der Biskaya gerät in einem Wintersturm das Containerschiff MS „Hainan Explorer" der Reederei QBX Enterprises Inc. in Seenot und havariert. Der Smits-Schlepper „Salvator XXIII" kreist in mehreren hundert Meter Abstand um den Havaristen. Zwischen der Zentrale von Smits und der Zentrale von QBX finden Verhandlungen über Ob und Preis einer etwaigen Bergung statt. Nach einem Tag einigt man sich auf der Basis der AGB von Smits (die eine Rechtswahlklausel zugunsten englischen Rechts vorsehen), nachdem die Treibstoffvorräte der „Hainan Explorer" auszulaufen drohen.

505 **1. Qualifikation: Geschäftsführung ohne Auftrag für die Zwecke des IPR.** Was für die Zwecke des europäischen IPR[1468] unter einer Geschäftsführung ohne Auftrag zu verstehen ist, definiert oder umschreibt die Rom II-VO nicht näher, auch nicht in einem Erwägungsgrund.[1469] Man ist daher auf eine europäisch-autonome Auslegung des Begriffs angewiesen.[1470] Funktionsorientiert[1471] sollte man auf das Tätigwerden im Rechts- oder Interessenkreis eines anderen im Bewusstsein und mit dem Willen, für jenen anderen zu handeln, abstellen.[1472] Dies grenzt namentlich die angemaßte Eigengeschäftsführung aus, bei der es am Fremdgeschäftsführungswillen in auch europäisch-kollisionsrechtlicher Weise fehlt.[1473] Auf der anderen Seite ist keine Voraussetzung, dass der Agierende altruistisch motiviert ist. Eine Differenzierung nach (in deutschsachrechtlicher Terminologie) berechtigter und unberechtigter Geschäftsführung ohne Auftrag findet nicht statt, weil durch die kollisionsrechtliche Interessenlage nicht veranlasst und im Widerspruch zu einer autonomen Qualifikation.[1474]

[1462] International Convention on Salvage of April 28, 1989, 1953 UNTS 165 (völkerrechtlich in Kraft seit 14.7.1996); Text u.a. in: Unif. L. Rev. 1989 I 218. Dazu u.a. *Brice,* [1990] LMCLQ 32; *Watkins,* [1989] LMCLQ 416; *Kerr,* 20 JMLC 505 (1989); *Gaeta,* Dir. Mar. 93 (1991), 291; *Bahnsen,* Internationales Übereinkommen von 1989 über Bergung, 1997.

[1463] Convention for the Unification of Certain Aspects relating to Assistance and Salvage at Sea vom 23.9.1910, RGBl 1913, 66.

[1464] Siehe nur *Nehne,* IPRax 2012, 136, 137.

[1465] Siehe nur *Gaskell,* 16 Tulane Mar. L. J. 1 (1991); Hamburg Group for Private International Law, RabelsZ 67 (2003), 1, 32.

[1466] Hamburg Group for Private International Law, RabelsZ 67 (2003), 1, 32 sowie *Schacherreiter,* in: Beig/Graf-Schimek/Grubinger/Schacherreiter S. 69, 86. Kritisch dagegen *Heiss/Loacker,* JBl 2007, 613, 643.

[1467] *de Bellis,* Liber Fausto Pocar, tomo II, 2009, S. 245, 250 f.

[1468] Sachrechtsvergleichend und ideengeschichtlich *Deppenkemper,* Negotiorum gestio – Geschäftsführung ohne Auftrag, 2014.

[1469] Siehe nur *C. Rudolf,* ÖJZ 2010, 300, 306; *Wendelstein,* GPR 2014, 46, 47.

[1470] *de Bellis,* Liber Fausto Pocar, tomo II, 2009, S. 245, 249; *Wendelstein,* GPR 2014, 46, 47; *Looschelders,* IPRax 2014, 406, 408; *Dornis,* RabelsZ 80 (2016), 543, 548. Anderer Ansicht (Qualifikation lege fori) *Brière,* Clunet 135 (2008), 31, 50.

[1471] *v. Bar,* FS Peter Schlechtriem, 2003, S. 699.

[1472] So (wenn auch mit Unterschieden im Detail) z.B. *Dickinson* Rn. 11.03-11.05; *Schacherreiter,* in: Beig/Greif-Schimek/Grubinger/Schacherreiter S. 69, 85; *Rushworth/A. Scott,* [2008] LMCLQ 274, 288; *Plender/Wilderspin* Rn. 25-024; *Nehne,* IPRax 2012, 136, 137; *PWW/Fehrenbacher,* Art. 11 Rom II-VO Rn. 6; NK-BGB/*Limbach* Art. 11 Rom II-VO Rn. 6; *Wendelstein,* GPR 2014, 46, 47.

[1473] *G. Fischer,* FS Ulrich Spellenberg, 2010, S. 151, 163; *Nehne,* IPRax 2012, 136, 137 mwN; *Dornis,* RabelsZ 80 (2016), 543, 548.

[1474] *G. Fischer,* FS Ulrich Spellenberg, 2010, S. 151, 163; *M. Lehmann/Duczek,* JuS 2012, 788, 789; *Wendelstein,* GPR 2014, 46, 47 f.; *Looschelders,* IPRax 2014, 406, 408; *Dornis,* RabelsZ 80 (2016), 543, 549. Anderer Ansicht NK-BGB/*Limbach* Art. 11 Rom II-VO Rn. 6.

VII. IPR der Geschäftsführung ohne Auftrag 506–511 § 2

Geboten ist eine einheitliche Anknüpfung aller Ansprüche aus derselben konkreten Geschäftsführung ohne Auftrag.[1475] Denn – anders als beim typischen Delikt – gibt es bei der Geschäftsführung ohne Auftrag Ansprüche beider Seiten (und erhebliche Qualifikationsdivergenzen zwischen den Sachrechten):[1476] Auskunfts-, Rechnungslegungs-, Herausgabe- und Schadensersatzansprüche des Geschäftsherrn, Aufwendungsersatzansprüche des Geschäftsführers. 506

2. Rechtswahl nach Art. 14 Rom II-VO. Primäre Anknüpfung ist auch für die Geschäftsführung ohne Auftrag die Rechtswahl nach Art. 14 Rom II-VO. Rechtstatsächlich wird sich nur selten eine vorherige Rechtswahl ergeben, weil Geschäftsherr und Geschäftsführer in der Regel vor der Geschäftsführung keinen Kontakt miteinander haben werden.[1477] Es mag allerdings ausnahmsweise so sein, dass beide Kontakt miteinander haben, auf den Abschluss eines Hauptvertrags verzichten, aber trotzdem eine Rechtswahl für Tätigwerden des Geschäftsführers im Interesse des Geschäftsherrn treffen. Ein Beispiel könnte etwa eine professionelle Erbensuche auf Risiko des Erbensuchers mit Einverständnis des potenziellen Erben sein. Indes muss man genau hinsehen. Bloße Provisionsbasis und Erfolgsabhängigkeit schließen keineswegs automatisch aus, dass es bereits einen Hauptvertrag gibt. 507

Die zeitliche Grenze zwischen vorheriger und nachfolgender Rechtswahl (wichtig, weil erstere nur unter den strengeren Voraussetzungen des Art. 14 I lit. b Rom II-VO möglich ist), zieht der erste Teilakt der Geschäftsführung ohne Auftrag,[1478] nicht der letzte Teilakt (das wäre in der Regel der Eintritt des Geschäftsführungserfolgs).[1479] 508

Kommerziell agiert für die Zwecke des Art. 14 I lit. b Rom II-VO ein professioneller Geschäftsführer, der Handlungen gleicher oder vergleichbarer Art, wie jene zur konkreten Geschäftsführung nötigen, üblicherweise gegen Entgelt erbringt. Der Geschäftsherr geht einer kommerziellen Tätigkeit nach, wenn er die Handlung, welche durch die Geschäftsführung ohne Auftrag ersetzt wird, kommerziell vornehmen würde, wenn er sie selber vornehmen würde. Tilgt der Geschäftsführer Schulden des Geschäftsherrn bei Dritten, so kommt es weniger darauf an, ob diese Schulden aus einer kommerziellen Tätigkeit des Geschäftsherrn erwachsen sind, sondern vielmehr, ob der Geschäftsführer aus kommerziellen Motiven handelt (z. B. als Bank in ein Umschuldungskonzept des Geschäftsherrn eingebunden ist und Schulden des Geschäftsherrn bei einem anderen Gläubiger ablöst). 509

Ein Arzt, der als Zuschauer oder Hinzukommender nach einem Unfall Hilfe leistet, dürfte im Rahmen seiner beruflichen Tätigkeit handeln, auch wenn die Hilfeleistung nicht auf vertraglicher Basis erfolgt. Handeln im Rahmen beruflicher Tätigkeit liegt auch bei professionellen Rettern vor. Soweit die eigentlich vor Ort Agierenden bei Arbeitgebern (z. B. Feuerwehr oder Rettungsdiensten) angestellt sein, ist maßgeblicher Geschäftsführer der Arbeitgeber. Erst recht handeln professionelle Erbensucher beruflich. 510

3. Akzessorische Anknüpfung an das Statut eines herrschenden Rechtsverhältnisses. Fehlt es an einer wirksamen Rechtswahl, so gelangt man zu Art. 11 Rom II-VO. Art. 11 I Rom II-VO statuiert eine akzessorische Anknüpfung an das Statut eines herrschenden Rechtsverhältnisses, insbesondere eines Vertrags oder eines Delikts. Die Rom I-VO enthält hier, anders als im Internationalen Bereicherungsrecht mit Art. 12 I lit. e Rom I-VO, keine lex specialis. Eine vertragsakzessorische Anknüpfung dürfte nur selten vorstellbar sein, denn jeder Auftrag zur Geschäftsführung macht die Geschäftsführung zu einer mit, nicht ohne Auftrag.[1480] Allerdings könnte man anders denken, wenn man aus deut- 511

[1475] Siehe nur *Rushworth/A. Scott*, [2008] LMCLQ 274, 289; *Dornis*, RabelsZ 80 (2016), 543, 547.
[1476] *Dornis*, RabelsZ 80 (2016), 543, 547.
[1477] *Wendelstein*, GPR 2014, 46, 48.
[1478] *A. Junker*, NJW 2007, 3675, 3676; *Vogeler* S. 244; MüKoBGB/*Junker*, Art. 14 Rom II-VO Rn. 19; Rauscher/*Jakob/Picht* Art. 14 Rom II-VO Rn. 11.
[1479] Dahin aber *de Bellis*, Liber Fausto Pocar, tomo II, 2009, S. 245, 254.
[1480] *Wendelstein*, GPR 2014, 46, 49.

scher Sicht die Fallgruppe des nichtigen (insbesondere formnichtigen), aber ausgeführten Vertrags unter die Geschäftsführung ohne Auftrag zu ziehen bereit wäre.[1481]

512 Eine deliktsakzessorische Anknüpfung mag zwar auf den ersten Blick erstaunen, ist aber für die unberechtigte Fremdgeschäftsführung unter Eingriff in bestehende Rechte des Geschäftsherrn ebenso sinnvoll[1482] wie bei der angemaßten Eigengeschäftsführung.[1483] Anders muss aber im Ansatz entscheiden, wer einschlägige Ansprüche von vornherein rein deliktisch qualifiziert und deshalb die Geschäftsführung ohne Auftrag schon sachlich nicht für einschlägig hält.[1484]

513 Zudem ist bei einer deliktsakzessorischen Anknüpfung die Hürde zu überwinden, dass zumeist das Delikt zeitgleich mit der Geschäftsführung passiert, ja aus der Geschäftsführung erwächst, so dass das Delikt eigentlich kein schon vor der Geschäftsführung bestehendes Rechtsverhältnis ist, wie es der Wortlaut des Art. 11 I Rom II-VO verlangt.[1485] Auf der anderen Seite wäre es sinnvoll, alle miteinander potenziell konkurrierenden Ansprüche insbesondere nichtvertraglicher Natur demselben Recht zu unterstellen und deshalb gleichzeitiges Entstehen ausreichen zu lassen.[1486]

514 Andere herrschende Rechtsverhältnisse, an deren Statut akzessorisch anzuknüpfen ist, können sachen- und familienrechtliche Verhältnisse sein. Der Ausschluss familienrechtlicher Verhältnisse aus dem sachlichen Anwendungsbereich der Rom II-VO durch Art. 1 II litt. a, b Rom II-VO stört dabei nicht,[1487] weil eben nicht die Anknüpfung dieser Verhältnisse selbst ins Werk gesetzt wird, sondern nur jene der GoA, wobei das Statut des herrschenden familienrechtlichen Verhältnisses im Wege der selbständigen Vorfragenanknüpfung zu ermitteln ist.

515 Das herrschende Rechtsverhältnis muss zwischen Geschäftsherrn und Geschäftsführer bestehen. Ein Rechtsverhältnis zu Dritten (z. B. eine Verpflichtung des Geschäftsherrn gegenüber Dritten, welche der Geschäftsführer tilgt) vermag kein herrschendes Rechtsverhältnis zu sein.[1488] Um eine akzessorische Anknüpfung rechtfertigen zu können, muss das herrschende Rechtsverhältnis eine enge Verbindung zu der Geschäftsführung ohne Auftrag aufweisen.[1489]

516 **4. Anknüpfung an den gemeinsamen gewöhnlichen Aufenthalt.** Gibt es kein herrschendes Rechtsverhältnis, so knüpft Art. 11 II Rom II-VO an den gemeinsamen gewöhnlichen Aufenthalt von Geschäftsherrn und Geschäftsführer an.[1490] Maßgeblicher Zeitpunkt ist derjenige der Geschäftsführung.[1491] Der gewöhnliche Aufenthalt ist so weit wie möglich mit Hilfe von Art. 23 Rom II-VO zu bestimmen.[1492] Art. 23 Rom II-VO enthält allerdings keine Definition oder Umschreibung des gewöhnlichen Aufenthalts für natürliche Personen, die nicht in Ausübung ihrer beruflichen Tätigkeit handeln, wie es bei altruistisch oder aus privaten Motiven agierenden Geschäftsführern regelmäßig der Fall sein wird.[1493] Insoweit ist ein Rückgriff auf die Maßstäbe angezeigt, wie sie sich für den ge-

---

[1481] Im deutschen Sachrecht BGHZ 101, 393, 399; BGH NJW 1993, 3196; BGH ZIP 1996, 2113, 2114; BGH LM § 677 BGB Nr. 40.
[1482] Begründung der Kommission zum Vorschlag für eine Verordnung über das auf außervertragliche Schuldverhältnisse anzuwendende Recht, KOM (2003) 427 endg. S. 24; *G. Fischer,* FS Ulrich Spellenberg, 2010, S. 151, 163.
[1483] *G. Fischer,* FS Ulrich Spellenberg, 2010, S. 151, 163.
[1484] *Wendelstein,* GPR 2014, 46, 49, 50.
[1485] *Dickinson,* Rn. 11.19; *Wendelstein,* GPR 2014, 46, 50.
[1486] *Moura Vicente,* Cuad. Der. Trans. 8 (2) (2016), 292, 303.
[1487] Entgegen *G. Fischer,* FS Ulrich Spellenberg, 2010, S. 151, 162.
[1488] *de Bellis,* Liber Fausto Pocar, tomo II, 2009, S. 245, 251.
[1489] *de Bellis,* Liber Fausto Pocar, tomo II, 2009, S. 245, 252.
[1490] Beispielsfall: OGH IPRax 2016, 73. Als nicht von den Parteierwartungen gedeckt bewertet dies *Dornis,* RabelsZ 80 (2016), 543, 571.
[1491] *Kadner Graziano,* RabelsZ 73 (2009), 1, 65; *G. Fischer,* FS Ulrich Spellenberg, 2010, S. 151, 164; *Nehne,* IPRax 2012, 136, 139.
[1492] Siehe nur *Heindler,* IPRax 2016, 79, 82.
[1493] Vgl. *de Bellis,* Liber Fausto Pocar, tomo II, 2009, S. 245, 252.

wöhnlichen Aufenthalt im Internationalen Familienrecht entwickelt haben. Zu suchen ist also der Lebensmittelpunkt, der Schwerpunkt der persönlichen wie wirtschaftlichen und familiären Interessen für das einzelne Anknüpfungssubjekt.

5. Ort der Geschäftsführung. Gibt es kein herrschendes Rechtsverhältnis und haben Geschäftsherr und Geschäftsführer keinen gemeinsamen gewöhnlichen Aufenthalt, so ist nach Art. 11 III Rom II-VO an den Ort der Geschäftsführung anzuknüpfen. Dies ist letzte Stufe einer Kaskadenanknüpfung.[1494] Trotzdem wird ihm attestiert, noch das praktisch bedeutsamste Anknüpfungsmoment zu sein.[1495] Z.B. kann man bei einer Erbensuche an ihn denken.[1496]

Der Terminus „Ort der Geschäftsführung" bedarf der Präzisierung: Ist mit ihm der Ort der Geschäftsführungshandlung gemeint[1497] oder der Ort des Geschäftsführungserfolgs[1498]? Klar ist nur eines: Ein Ubiquitätsprinzip, dass Handlungs- oder Erfolgsortsrecht gilt, je nachdem, welches von ihnen für einen noch festzulegenden Beteiligten (den Geschäftsführer oder den Geschäftsherrn?) im Ergebnis günstiger ist, verwirklicht Art. 11 III Rom II-VO nicht. Ebenfalls sicher nicht gemeint ist eine subjektbezogene Anknüpfung an Staatsangehörigkeit oder gewöhnlichen Aufenthalt nur eines Beteiligten.[1499]

Grammatisch sprechen die deutsche, deutlicher aber noch die englische und die spanische Fassung für den Handlungsort.[1500] Die systematische Auslegung kann kaum etwas aus Art. 10 III und Art. 12 II Rom II-VO gewinnen, weil die dortigen Tatbestände anders gelagert sind.[1501] Genetisch unterschied Art. 9 II, IV Vorschlag Rom II-VO zwischen Schadenseintritt und Geschäftsbesorgung. Geschäftsführung und Geschäftsbesorgung sind aber synonym.[1502] Der Geschäftsführer dürfte sich an dem Recht orientieren, in dessen Geltungsbereich er selber Aktivität entfaltet, und mit der Anwendung eines anderen Rechts eher nicht rechnen.[1503] Bei altruistischen Geschäftsführern, insbesondere Nothelfern, streiten Belohnungsgedanken und Anreizstruktur für das Recht des Handlungsortes.[1504] Der Gedanke eines „Marktplatzes für Hilfeleistungen" liegt nahe.[1505] Außerdem müsste man Handlungspflichten dem Recht des (potenziellen) Handlungsortes entnehmen. Eine Strafbarkeit aus Tatbeständen der unterlassenen Hifleleistung (z.B. § 323c StGB) muss sich gemäß Internationalem Strafrecht nach dem Recht des Ortes richten, an welchem hätte gehandelt werden müssen.[1506] Auch die Kongruenz mit Wertungen des Internationalen Sozialrechts, z.B. mit Versicherungsschutz durch eine gesetzliche Unfallversicherung für den Geschäftsführer, weist zum Handlungsort.[1507]

Systematisch würde dagegen eine Parallele zu Art. 4 I Rom II-VO für die Erfolgsortanknüpfung sprechen.[1508] Dies würde zudem einen Gleichlauf mit etwaigen konkurrierenden

---

[1494] *Dutoit*, Liber Fausto Pocar, tomo II, 2009, S. 309, 323.
[1495] *Erman/Hohloch* Art. 11 Rom II-VO Rn. 4; NK-BGB/*Limbach* Art. 11 Rom II-VO Rn. 13; *Dornis*, RabelsZ 80 (2016), 543, 549.
[1496] *A. Schreiber*, EuLF 2016, 93, 97.
[1497] Dafür *Heiss/Loacker*, JBl 2007, 613, 643; *Ofner*, ZfRV 2008, 13, 20; *Schacherreiter*, in: Beig/Greif-Schimek/Grubinger/Schacherreiter S. 69, 86; *Calvo Caravaca/Carrascosa González* Rn. 93-4; *C. Rudolf*, ÖJZ 2010, 300, 307; MüKoBGB/*A. Junker* Art. 11 Rom II-VO Rn. 17; *Nehne*, IPRax 2012, 136, 139 f.; *A. Schreiber*, EuLF 2016, 93, 97 sowie *Légier*, in: Corneloup/Joubert S. 145, 167.
[1498] Dafür *Leible/M. Lehmann*, RIW 2007, 721, 732; *G. Fischer*, FS Ulrich Spellenberg, 2010, S. 151, 165); PWW/*Fehrenbacher*, Art. 11 Rom II-VO Rn. 5; Palandt/*Thorn* Art. 11 Rom II-VO Rn. 8.
[1499] *Wendelstein*, GPR 2014, 46, 50.
[1500] *Heiss/Loacker*, JBl 2007, 613, 643; *Nehne*, IPRax 2012, 136, 139. Zurückhaltender *Dornis*, RabelsZ 80 (2016), 543, 550.
[1501] Nur im Ergebnis ähnlich *Dornis*, RabelsZ 80 (2016), 543, 550.
[1502] *Nehne*, IPRax 2012, 136, 139 f. Weniger überzeugt *Dornis*, RabelsZ 80 (2016), 543, 553 f.
[1503] *Wendelstein*, GPR 2014, 46, 51.
[1504] *Wendelstein*, GPR 2014, 46, 52 f.; *Dornis*, RabelsZ 80 (2016), 543, 563.
[1505] Vgl. *Dornis*, RabelsZ 80 (2016), 543, 563, 565.
[1506] Vgl. *Wendelstein*, GPR 2014, 46, 54.
[1507] *Wendelstein*, GPR 2014, 46, 54.
[1508] *Leible/M. Lehmann*, RIW 2007, 721, 732; *Spickhoff*, FS Gerda Müller, 2009, S. 287, 299 f.

Deliktsansprüchen begünstigen.[1509] Der Erfolgsort ist für Manipulationen durch den Geschäftsführer weniger anfällig als der Handlungsort.[1510] Auf ihn abzustellen würde dem Interesse des Geschäftsherrn besser entsprechen, sich unerwünschte Eingriffe in seinen Rechtskreis verbitten zu können.[1511] Der Geschäftsführer ist der aktive Teil,[1512] überspitzt gesagt sogar der potentiell übergriffige Teil. Ihm Informationskosten aufzuerlegen erscheint eher gerechtfertigt als dem Geschäftsherrn, der quasi auf die Belegenheitsorte für seine Rechtsgüter vertrauen darf. Zudem ist die Geschäftsführung ohne Auftrag häufig Regressinstrument für den Geschäftsführer, der als more efficient risk bearer auch deshalb eher die Informationslasten tragen sollte.[1513] Auf der anderen Seite werden gegen den Erfolgsort Erkennbarkeitsproblemen ins Feld geführt.[1514] Dies vermag jedoch konzeptionell nicht zu überzeugen, weil man damit zugleich die Grundanknüpfung des Internationalen Deliktsrechts angriffe und entwertete.

521 Art. 11 III Rom III-VO schweigt sich darüber aus, was gelten soll, wenn die Geschäftsführung ohne Auftrag in mehreren Staaten erfolgt.[1515] Ein materielles Stichkriterium könnte sein, wo die Geschäftsführung schwerpunktmäßig erfolgt, ansonsten wo der komplexeste Teilakt der Geschäftsführung erfolgt.[1516] Beide Kriterien sind allerdings mit inhärenten Unsicherheiten behaftet.[1517] Eine Alternative bestünde darin, auf den wirtschaftlichen Erfolg der Geschäftsführung abzustellen.[1518] Dies vermöchte aber nicht zu überzeugen, wenn man generell die Handlung und nicht den Erfolg in den Vordergrund stellt. Eine andere Alternative bestünde darin, ein Mosaikprinzip anzunehmen und den einzelnen Teilakt der Geschäftsführung dem Recht zu unterwerfen, in dessen Geltungsbereich er erfolgt ist.[1519] Nicht angängig wäre jedenfalls ein bloßes Abzählen, wo die meisten Teilakte erfolgt sind, ohne qualitative Gewichtung.[1520]

522 Dezionistisch wäre, auf den ersten Teilakt, den Handlungsbeginn, abzustellen,[1521] denn der Beginn muss keineswegs zwingend ein höheres Gewicht haben als nachfolgende Akte. Allerdings ließe sich anführen, dass das Recht zu Beginn der Geschäftsführung für den Geschäftsführer am ehesten ersichtlich und Orientierungs- wie Motivationsmarke sein könnte.[1522]

523 **Beispiel:** Erwin Finder aus Graz ist professioneller Erbensucher. Nachdem der 1955 aus Nürnberg nach Brasilien ausgewanderte Millionär Martin Selmeier in Belo Horizonte ohne Testament und ohne leibliche Nachkommen verstorben ist, macht sich Finder auf die Sucher nach möglichen Erben. Nach langem und aufwändigem Suchen, das er von Graz aus, in Brasilien und in Nürnberg betrieben hat, entdeckt Finder je einen Großneffen dritten Grades in Pittsburgh und in Canberra.

524 Die Tilgung fremder Verbindlichkeiten ist dem Statut der getilgten Forderung zu unterwerfen.[1523] Dies ist eine normative Verortung der Geschäftsführung, keine lokale. Ver-

---

[1509] *Sonnentag*, ZvglRWiss 105 (2006), 256, 304; *Leible/M. Lehmann*, RIW 2007, 721, 732.
[1510] Siehe nur *Habermann*, Die Geschäftsführung ohne Auftrag im System des deutschen Internationalen Privatrechts, 1990, S. 122 f.; *Kreuzer*, RabelsZ 65 (2001), 283, 411; *Leible/M. Lehmann*, RIW 2007, 721, 732; *Dornis*, ZfPW 2015, 376, 380 f.
[1511] *Dornis*, RabelsZ 80 (2016), 543, 563.
[1512] *Dornis*, RabelsZ 80 (2016), 543, 566.
[1513] *Dornis*, RabelsZ 80 (2016), 543, 566 f.
[1514] *Wendelstein*, GPR 2014, 46, 51.
[1515] *de Bellis*, Liber Fausto Pocar, tomo II, 2009, S. 245, 252; *Wendelstein*, GPR 2014, 46, 51.
[1516] Siehe *de Bellis*, Liber Fausto Pocar, tomo II, 2009, S. 245, 252 f. unter Hinweis auf *Zweigert/Müller-Gindullis*, Int. Encycl. Comp. L. III/30 (1973), 19 f.; *de Nova*, Encicl. Dir. XXIX (1979), 456, 496 f.; *Barel*, NLCC 1996, 1436.
[1517] *Wendelstein*, GPR 2014, 46, 51.
[1518] *Ballarino*, Diritto internazionale privato e processuale Gestione di affari III, EG XV (1989).
[1519] Dafür *Nehne*, IPRax 2012, 136, 139.
[1520] *de Bellis*, Liber Fausto Pocar, tomo II, 2009, S. 245, 253.
[1521] So aber z. B. G.-P. *Calliess/Schinkels* Art. 11 Rome II Regulation Rn. 21; PWW/*Fehrenbacher* Art. 11 Rom II-VO Rn. 4.
[1522] *Wendelstein*, GPR 2014, 46, 53.
[1523] *G. Fischer*, FS Ulrich Spellenberg, 2010, S. 151, 165.

VII. IPR der Geschäftsführung ohne Auftrag 525–528 § 2

gleichbares gilt für das Einziehen einer fremden Forderung, das dem Statut der eingezogenen Forderung zu unterwerfen ist.[1524]

6. Ausweichklausel kraft Näherbeziehung. Art. 11 IV Rom II-VO enthält eine 525 Ausweichklausel: Besteht eine engere Verbindung zu einem anderen Recht als dem durch Art. 11 I-III Rom II-VO bezeichneten, so ist jenes Recht der engeren Verbindung anzuwenden. Methodisch korrekt ermittelt man zuerst die einschlägige Regelanknüpfung und führt dies durch. Sich gleich auf die Ausweichklausel zu stürzen würde deren Funktion verkennen. Eigene Anknüpfungsregeln für einzelne Tatbestände oder Fallgruppen der Geschäftsführung ohne Auftrag in Art. 11 IV Rom II-RO hineinzulesen ist methodisch verfehlt. Dies gilt auch für das Tilgen fremder Verbindlichkeiten.[1525] Ausweichklauseln sind konkrete Ausnahmeklauseln, kein Freibrief zur abstrakten Unterregelbildung.

Geboten ist eine Abwägung, bei der auf der einen Seite der Waage der Anknüpfungs- 526 punkt der jeweils einschlägigen Regelanknüpfung und diesen verstärkende Elemente liegen, auf der anderen Momente, die in eine andere Richtung weisen. Weisen weitere Momente in wieder andere, dritte oder gar vierte Richtungen, so erhöht sich, – um im Bild zu bleiben – die Zahl der Waagarme und der Waagschalen. Vorbild für Art. 11 IV Rom II-VO innerhalb der Rom II-VO ist Art. 4 III 1 Rom II-VO, historisch weiter übergreifend Art. 4 V EVÜ, heute Art. 4 III Rom I-VO.[1526]

7. Umfang des Statuts der Geschäftsführung ohne Auftrag (Qualifikation). 527 Wie schon für das Internationale Bereicherungsrecht geschildet, passt Art. 15 Rom II-VO, die zentrale Qiualifikationsnorm der Rom II-VO, eigentlich nur für Delikte gut, während er für die anderen außervertraglichen Schuldverhältnisse erst passend gemacht werden muss.[1527] Man kann aber ausformulierte und begründete Vorschläge[1528] für jeweils eigene Qualifikationsnormen im IPR der ungerechtfertigten Bereicherung und der Geschäftsführung ohne Auftrag auch in das geltende Recht übertragen.

Für das IPR der Geschäftsführung ohne Auftrag lautet der Vorschlag: 528

Art. 10c – Scope of the law applicable to non-contractual obligations arising out of negotiorum gestio

The law applicable to non-contractual obligations arising out of negotiorum gestio shall govern:
1. the basis and conditions of any such obligation, including the determination of creditor and debtor;
2. the extent of liability under such obligation including any privilege, exclusion, division or restriction;
3. the mutual collateral obligations of the parties including claims against the gestor, and the question whether or to which extent the gestor may be entitled to an advance payment;
4. the standard of care to be observed by the gestor;
5. the question whether such obligation may be assigned or inherited;
6. performance and the various ways of extinguishing the obligation;
7. the rules of prescription and limitation, including rules relating to the commencement of a period of prescription or limitation and the interruption and suspension of the period.

[1524] Im Ergebnis ebenso, aber mit anderer Begründung, G. *Fischer,* FS Ulrich Spellenberg, 2010, S. 151, 166.
[1525] Gegen G. *Fischer,* FS Ulrich Spellenberg, 2010, S. 151, 165.
[1526] *de Bellis,* Liber Fausto Pocar, tomo II, 2009, S. 245, 253.
[1527] → § 2 Rn. 495.
[1528] Hamburg Group for Private International Law, RabelsZ 67 (2003), 1, 39.

VIII. Culpa in contrahendo

Literatur: *d'Alessandro,* La culpa in contrahendo nella prospettiva del regolamento EC n. 44 del 2001 e del regolamento CE n. 864 del 2007 (Roma II), Riv. dir. civ. 2009, 279; *Benedict,* Die culpa in contrahendo im IPR und IZPR, in: Symposium für Peter Winkler v. Mohrenfels, 2013, S. 19; *G. Fischer,* Culpa in contrahendo im Internationalen Privatrecht, JZ 1991, 168; *ders.,* Culpa in contrahendo im europäischen Internationalen Privatrecht, FS Gunther Kühne, 2009, S. 689; *Hage-Chahine,* Culpa in contrahendo in European Private International Law: Another Look at Article 12 of the Rome II Regulation, 32 Nw. J. Int'l. L. & Bus. 451 (2012); *v. Hein,* Die culpa in contrahendo im europäischen Privatrecht: Wechselwirkungen zwischen IPR und Sachrecht, GPR 2007, 54; *Henk,* Die Haftung für culpa in contrahendo im IPR und IZVR, 2007; *J. Hoffmann,* Aufklärungs- und Informationspflichtverletzungen im Europäischen Verbraucher-Kollisionsrecht, FS Manfred Dauses, 2014, S. 153; *Jakob/Picht,* Art. 12 Rom II-VO – Die kollisionsrechtliche Beurteilung vorvertraglicher Pflichtverletzungen aus europäischer und schweizerischer Sicht, FS Ingeborg Schwenzer, 2011, S. 869; *Junker,* Culpa in Contrahendo im Internationalen Privat- und Prozessrecht, FS R. Stürner, 2013, S. 1043; *ders.,* Vorvertragliche Haftung im deutschen und europäischen Recht, FS Helmut Köhler, 2014, S. 327; *Kurt,* Culpa in contrahendo im europäischen Kollisionsrecht der vertraglichen und außervertraglichen Schuldverhältnisse, 2009; *Lagarde,* La culpa in contrahendo à la croisée des règlements communautaires, Liber Fausto Pocar, tomo II, 2009, S. 583; *Lüttringhaus,* Das Internationale Privatrecht der culpa in contrahendo nach den EG-Verordnungen „Rom I" und „Rom II", RIW 2008, 193; *Mankowski,* Die Qualifikation der culpa in contrahendo – Nagelprobe für den Vertragsbegriff des europäischen IZPR und IPR, IPRax 2003, 127; *Moura Vicente,* Precontractual Liability in Private International Law, RabelsZ 67 (2003), 699; *ders.,* La culpa in contrahendo en el Derecho Internacional Privado europeo, AEDIPr 2013, 53; *Nickl,* Die Qualifikation der culpa in contrahendo im Internationalen Privatrecht, 1992; *Schüßler,* Kollisionsrechtsbezogene Informationspflichten des europäischen Privatrechts aus der Perspektive des Internationalen Privatrechts, 2017; *H. Stoll,* Kollisionsrechtliche Fragen der Haftung für culpa in contrahendo, FS Apostolos Georgiades, 2006, S. 941; *Thoma,* Culpa in contrahendo in the Rome II Regulation, RHDI 61 (2008), 669; *Volders,* Culpa in contrahendo in the Conflict of Laws, YbPIL 9 (2007), 127; *ders.,* Afgebroken contractonderhandelingen in het internationaal privaatrecht, 2008.

529 **1. Außervertragliche, nicht vertragliche oder deliktische Qualifikation.** Art. 12 Rom II-VO regelt die Anknüpfung der Haftung aus vorvertraglichen Schuldverhältnissen, also aus culpa in contrahendo. Korrespondierend nimmt Art. 1 II lit. j Rom I-VO diese Haftung ausdrücklich vom sachlichen Anwendungsbereich der Rom I-VO aus. Damit ist die culpa in contrahendo eindeutig dem IPR der außervertraglichen Schuldverhältnisse und nicht dem Internationalen Schuldvertragsrecht zugewiesen.[1529] Dies gilt – auf dieser ersten Stufe ohne Differenzierung – für alle Fallgruppen der culpa in contrahendo, auch soweit sie vertragliche Erfüllungsinteressen berühren. Eine Differenzierung nach Aufklärungspflichtverletzungen und Schutzpflichtverletzungen erfolgt nach dem Wortlaut der Kodifikationen auf der Ebene der Qualifikation nicht.

530 Erwägungsgrund (30) S. 1 Rom II-VO stellt klar, dass Art. 12 Rom II-VO ein eigenständiger europäischer Begriff der clupa in contrahendo zugrundeliegt, der europäischautonom zu verstehen und daher nicht zwangsläufig im Sinne eines nationalen Rechts ausgelegt werden sollte. Der Begriff der culpa in contrahendo in Art. 12 Rom II-VO ist also nicht mit dem Begriff der culpa in contrahendo in §§ 311 II; III; 241 II; 280 I BGB gleichzusetzen[1530] (auch wenn natürlich der deutschrechtliche Begriff über rechtsvergleichende Ausfüllung in den europäischen Begriff einfließen kann, jedoch eben niemals als einzige Basis).

531 Alle Fallgruppen der culpa in contrahendo sind zunächst außervertraglich zu qualifizieren, auch die vertragsnahen; erst auf der Ebene der Anknüpfung kann es, der Qualifikation nachgelagert, Differenzierungen geben.[1531] Der wichtigste Pate für diese Entwicklung dürf-

---

[1529] Siehe nur *Jakob/Picht,* FS Ingeborg Schwenzer, 2011, S. 869, 873.
[1530] *Mansel,* FS Claus-Wilhelm Canaris zum 80. Geb., 2017, S. 739, 787.
[1531] *Lüttringhaus,* RIW 2008, 193, 195.

VIII. Culpa in contrahendo 532–534 § 2

te die Tacconi-Entscheidung gewesen sein.[1532] In ihr qualifizierte der EuGH die culpa in contrahendo für die Zwecke des Art. 5 EuGVÜ deliktisch,[1533] ohne näher zwischen einzelnen Fallgruppen zu differenzieren.[1534] Die nationalen Vorverständnisse divergieren in einem Maße, dass es sinnvoll ist, auf europäischer Ebene zunächst von einer möglichst weit reichenden einheitlichen Qualifikation aller Fallgruppen der culpa in contrahendo auszugehen.[1535] Bemerkenswert ist eigentlich schon, dass es überhaupt eine eigenständige Kollisionsnorm für die culpa in contrahendo gibt, ein Institut, das vielen Rechtsordnung nicht oder bekannt ist und über dessen Reichweite erhebliche Divergenzen in den Sachrechten bestehen.[1536]

Art. 12 Rom II-VO findet sich allerdings nicht im Abschnitt über unerlaubte Handlungen, und es wird gerade nicht pauschal Art. 4 Rom II-VO für anwendbar erklärt, so dass die culpa in contrahendo nicht dem Internationalen Deliktsrecht im eigentlichen Sinne zugeordnet wird, sondern eine Behandlung als eigenständiges Institut findet.[1537] Dafür spricht auch die Stellung des Art. 12 Rom II-VO: Er steht nach Artt. 10; 11 Rom II-VO, also ungerechtfertigter Bereicherung und Geschäftsführung ohne Auftrag, die beide keine Delikte sind, und in dem Kapitel nicht über Delikte, sondern über Schäden, die aufgrund einer anderen Handlung als aus unerlaubter Handlung entstanden sind.[1538] Art. 2 I Rom II-VO sieht die culpa in contrahendo ebenfalls als eigenständigen Typ eines außervertraglichen Schuldverhältnisses jenseits der unerlaubten Handlungen.[1539] **532**

Die culpa in contrahendo, ein kontinentales Konzept, dem common law fremd,[1540] steht so treffend auf der Grenzlinie zwischen Vertrag und außervertraglichem Schuldverhältnis.[1541] Sie bildet eine eigene Unterkategorie.[1542] Man kann davon sprechen, dass bei ihr Pflichten zur Korrektheit und der gute Glauben verletzt seien.[1543] Im Vergleich mit dem deutschen Sachrecht, das culpa in contrahendo in § 311 II BGB bereits bei Pflichtverletzungen aus bloßer Gelegenheit von Vertragsverhandlungen ansetzt, kommt Art. 12 Rom II-VO sachlich nur zur Anwendung, wenn ein spezifischer Bezug zu Vertragshandlungen besteht und wenn sich der mögliche Verstoß vor Abschluss eines Vertrags ereignet.[1544] **533**

Aus der eigenständigen außervertraglichen Qualifikation der culpa in contrahendo ergeben sich gegenüber einer vertraglichen Qualifikation Unterschiede beim Ausmaß *direkt* gewährter Parteiautonomie: Es gelten grundsätzlich die Einschränkungen aus Art. 14 Rom II-VO. Eine Rechtswahl ex ante kann sich etwa in einem konsentierten oder zwar einseitig abgegebenem, jedoch von der anderen Seite akzeptierten Letter of Intent oder einem konsentierten Memorandum of Understanding finden.[1545] Bloß einseitig gebliebene, von der anderen Seite nicht akzeptierte Rechtswahlvorschläge reichen dagegen nicht. Ihnen fehlt es an dem für eine Rechtswahlvereinbarung nötigen Konsens. **534**

[1532] *Lagarde,* Liber Fausto Pocar, tomo II, 2009, S. 583, 584 f.; *G. Fischer,* FS Gunther Kühne, 2009, S. 689, 690; *Jakob/Picht,* FS Ingeborg Schwenzer, 2011, S. 869, 872 f.; *A. Junker,* FS Rolf Stürner, 2013, S. 1043, 1045.

[1533] EuGH Slg. 2002, I-7357 Rn. 19–27 – Fonderie Officine Meccaniche Tacconi SpA/Heinrich Wagner Sinto Maschinenfabrik GmbH.

[1534] Für eine Grundsatzkritik siehe *Mankowski,* IPRax 2003, 127.

[1535] *Lüttringhaus,* RIW 2008, 193, 195.

[1536] Rauscher/*Jakob/Picht* Art. 12 Rom II-VO Rn. 2.

[1537] *Jakob/Picht,* FS Ingeborg Schwenzer, 2011, S. 869, 873 f.; *Mansel,* FS Claus-Wilhelm Canaris zum 80. Geb., 2017, S. 739, 787; siehe auch *Benedict,* in: Symposium für Peter Winkler v. Mohrenfels, 2013, S. 19, 39 f.

[1538] *A. Junker,* FS Rolf Stürner, 2013, S. 1043, 1047 f.

[1539] *Mansel,* FS Claus-Wilhelm Canaris zum 80. Geb., 2017, S. 739, 787.

[1540] *A. Junker,* FS Rolf Stürner, 2013, S. 1043 (1043).

[1541] *Hartley,* (2008) 57 ICLQ 899, 907; *Benedict,* in: Symposium für Peter Winkler v. Mohrenfels, 2013, S. 19, 39 f.

[1542] *Lagarde,* Liber Fausto Pocar, tomo II, 2009, S. 583, 586.

[1543] *Garofalo,* Liber Fausto Pocar, tomo II, 2009, S. 413, 426.

[1544] *P. Denninger,* Grenzüberschreitende Prospekthaftung und Internationales Privatrecht, 2015, S. 176–179 mit Argument aus den Fassungen in den anderen Sprachen.

[1545] *A. Junker,* FS Rolf Stürner, 2013, S. 1043, 1048.

535 2. Grundsatz: Akzessorische Anknüpfung an das Vertragsstatut nach Art. 12 I Rom II-VO. Durch die Hintertür hält das Internationale Schuldvertragsrecht aber sofort und umso glänzender wieder Einzug: Art. 12 I Rom II-VO statuiert als Grundanknüpfung für die culpa in contrahendo eine akzessorische Anknüpfung an das Statut des betroffenen Vertrages, sei dieser zustande gekommen oder nicht. Ein Schutz des Erfüllungsinteresses aus dem Vertrag über die culpa in contrahendo zieht die Anlehnung an das Vertragsstatut nach sich.[1546] Zugleich vermeidet man so Friktionen zwischen vertraglicher und außervertraglicher Haftung, insbesondere mit Blick auf Haftungsbeschränkungen.[1547] Die Haftung aus culpa in contrahendo bleibt nämlich trotz der akzessorischen Anlehnung an den Vertrag eine außervertragliche;[1548] das Objekt, an das man sich anlehnt, überträgt seinen Charakter nicht auf das sich anlehnende Objekt, das seinen Charakter behält.

536 Man gerät mit der akzessorischen Anknüpfung an das Vertragsstatut weder in einen Widerspruch zu Art. 1 II lit. j Rom I-VO noch in einen aus dem Zusammenspiel mit jener Vorschrift erwachsenden ewigen Zirkel, denn es steht der Rom II-VO frei, für eine außervertraglich qualifizierte culpa in contrahendo eine akzessorische Anknüpfung als Lösung vorzusehen, weil damit die grundsätzliche Qualifikationsentscheidung nicht umgeworfen wird.[1549] Art. 12 Rom II-VO geht eben differenziert und nicht pauschal vor.[1550] Allerdings ist zu gestehen, dass die akzessorische Anknüpfung der grundsätzlichen Qualifikation eine eher formale Natur verleiht.[1551] Sie ist eine Pirouette,[1552] die letztlich zum Internationalen Vertragsrecht zurückführt, aber auf der späteren Ebene der eigentlichen Anknüpfung, nicht auf der vorgelagerten der Qualifikation. Trotz auf der ersten Stufe einheitlicher Qualifikation der culpa in contrahendo eröffnet sich auf der zweiten Stufe doch eine differenzierte Anknüpfung nach Fallgruppen und berührten Interessen.[1553] Diskrepanzen zur grundsätzlich außervertraglichen Qualifikation der culpa in contrahendo im IZPR freilich bleiben.[1554] Art. 12 Rom II-VO versucht sich bewusst an einer vermittelnden Lösung.[1555]

537 Angeknüpft wird akzessorisch an das Statut des Vertrages bzw., wenn kein wirksamer Vertrag zustande gekommen ist, an das hypothetische Statut des intendierten Vertrags.[1556] Für die Bestimmung des realen wie hypothetischen Vertragsstatuts ist die Rom I-VO heranzuziehen.[1557] Ob ein Vertrag zustandegekommen ist, bestimmt nach Art. 10 I Rom I-VO das prospektive Vertragsstatut. Insoweit stellen sich – aus der Sicht des Art. 12 I Rom II-VO – Erstfragen, die selbständig angeknüpft werden, eben nach der Rom I-VO. Eine Rechtswahl nach Art. 3 Rom I-VO ist die primäre Anknüpfung, die objektive Anknüpfung nach Art. 4 Rom I-VO die sekundäre.[1558]

[1546] *v. Hein*, GPR 2007, 54, 59; *ders.*, VersR 2007, 440, 450; *Heiss/Loacker*, JBl 2007, 613, 640; *G. Wagner*, IPRax 2008, 1, 13; *Ofner*, ZfRV 2008, 13, 21; *Lüttringhaus*, RIW 2008, 193, 195 f.; *Dickinson*, Rn. 12.06; *Kadner Graziano*, RabelsZ 73 (2009), 1, 64; *Jakob/Picht*, FS Ingeborg Schwenzer, 2011, S. 869, 875.

[1547] *G. Fischer*, FS Gunther Kühne, 2009, S. 689, 691.

[1548] Siehe nur Rb. Kh. Dendermonde RW 2013-14, 184, 186 mAnm *Ponet*; *de Meyer*, NJB 2008, 854, 857.

[1549] Ähnlich Rb. Kh. Dendermonde RW 2013-14, 184, 186 mAnm *Ponet*.

[1550] *Spickhoff*, FS Claus-Wilhelm Canaris zum 80. Geb., 2017, S. 547, 562 f.

[1551] *Erauw/H. Storme* (unter Mitarbeit von *Clijmans*), in: Beginselen van het Belgisch privaatrecht, Bd. XVII, 2009, S. 811, 825; *Ponet*, RW 2013-14, 186, 188.

[1552] Plastisch *Leible/M. Lehmann*, RIW 2007, 528, 530. Dies aufnehmend *A. Junker*, FS Helmut Köhler, 2014, S. 327, 330.

[1553] *Nadja Hoffmann*, Die Koordination des Vertrags- und Deliktsstatuts in Europa, 2006, S. 251 f.; *v. Hein*, GPR 2007, 54, 58 f.

[1554] *Benedict*, in: Symposium für Peter Winkler v. Mohrenfels, 2013, S. 19, 40–42.

[1555] *Basedow*, in: v. Hein/Rühl (Hrsg.), Kohärenz im Internationalen Privat- und Verfahrensrecht der Europäischen Union, 2016, S. 3, 14.

[1556] Siehe nur Rb. Kh. Dendermonde RW 2013-14, 184, 185 mAnm *Ponet*; *v. Hein*, RabelsZ 73 (2009), 461, 501; *A. Junker*, FS Rolf Stürner, 2013, S. 1043, 1049.

[1557] Siehe nur Rb. Kh. Dendermonde RW 2013–14, 184, 185 mAnm *Ponet*; *Volders*, in: Erauw/Taelman (eds.), Nieuw Internationaal privaatrecht: meer europees, meer global, 2009, S. 199, 223 f.; *Ponet*, R.W. 2013-14, 186, 188.

[1558] *A. Junker*, FS Rolf Stürner, 2013, S. 1043, 1049.

VIII. Culpa in contrahendo

Über die akzessorische Anknüpfung kommt die Rechtswahlfreiheit des Internationalen Schuldvertragsrechts zum Tragen, die weiter ist als jene des Art. 14 Rom II-VO und grundsätzlich auch bei B2C-Verhältnissen besteht.[1559] Eine Rechtswahl ist bei der Bestimmung des hypothetischen Vertragsstatuts, wenn kein wirksamer Vertrag zustande gekommen ist, nur mit Vorsicht und an Hand konkreter Anhaltspunkte anzunehmen, dagegen nicht leichtfertig zu unterstellen.[1560] Eine Rechtswahl bereits dann zu antizipieren, wenn bis zum Abbruch der Verhandlungen nur eine Partei ihre AGB mit einer Rechtswahlklausel einzubringen versucht hat, während sich die andere noch nicht dazu verhalten hat,[1561] würde dem Zufall der Reihenfolge oder dem Ergreifen der Initiative zu viel Gewicht beimessen.

Rechtswahlbeschränkungen nach Artt. 5, 6, 7 oder 8 Rom I-VO sind zu beachten.[1562] Insbesondere ist bei einem Verbrauchervertrag mit Rechtswahl über Art. 12 I Rom II-VO der Günstigkeitsvergleich des Art. 6 I Rom I-VO für die culpa in contrahendo durchzuführen.[1563] Denn die akzessorische Anknüpfung soll gerade einen Gleichlauf zwischen Vertrags- und culpa-Anknüpfung bewirken. Deshalb darf sich die Anknüpfung der culpa in contrahendo nicht abkoppeln und letztlich doch nur das selektiv „herauspicken", was sie angewendet sehen möchte.[1564] Anderenfalls verlöre man die Abstimmung zwischen den Statuten.[1565] Dann drohte in der Tat ein eigenständiges Verbraucher-Verhandlungsstatut nötig mit qualifikatorischer Abgrenzung, neuer Teilfrage und der Notwendigkeit, eine passende Kollisionsnorm zu formulieren.[1566] Dem wiederum durch eine Analogie zu Art. 6 II 2 Rom I-VO auszuweichen[1567] erscheint zu kompliziert und müsste sich fragen lassen, weshalb es sinnvoll sein könnte, erst eine Lücke zu reißen und diese dann mit einer Analogie zu ebenjener Norm zu füllen, in die man gerade die Lücke gerissen hat.

Das ist sachgerecht und leistet im zweiten Schritt die Differenzierung, die man wegen der Einbeziehung der culpa in contrahendo in die Rom II-VO zunächst zu vermissen geneigt sein könnte. Die direkte Verknüpfung von Vertrag und culpa in contrahendo wird so auch im IPR respektiert.[1568] Die sozioökonomische Realität der Verhandlungen wird geprägt durch einen Blick auf den zukünftigen Vertrag.[1569] Zugleich wird so eine vorsehbare Anknüpfung so weit wie möglich gewährleistet.[1570]

Transaktionsbezogene und integritätsbezogene Pflichten auseinander zu halten ist sinnvoll.[1571] Umgekehrt erscheint es richtig, bei der Anknüpfung nicht prinzipiell[1572] zwischen unzureichender Aufklärung über vertragswesentliche Umstände und fehlender Aufklärung über Wirksamkeitshindernisse bei einem nicht wirksam gewordenen Vertrag zu differenzieren.[1573]

Nach Erwägungsgrund (30) S. 2 Rom II-VO fallen unter Art. 12 I Rom II-VO jedenfalls Offenbarungs- oder in gewohnter deutscher Terminologie: Aufklärungspflichtverlet-

---

[1559] *Thoma*, RHDI 61 (2008), 669, 682.
[1560] Siehe nur *A. Junker*, FS Rolf Stürner, 2013, S. 1043, 1049 mwN.
[1561] Dafür P. Huber/*Bach* Art. 12 Rome II Rn. 28.
[1562] Gegen direkte Anwendung des Art. 6 II 2 Rom I-VO *Schüßler* S. 138–146, aber für Analogie S. 146–152.
[1563] *Mankowski*, RIW 2009, 98, 115. Anderer Ansicht *J. Hoffmann*, FS Manfred A. Dauses, 2014, S. 153, 160 f.
[1564] *Mankowski*, RIW 2009, 98, 115.
[1565] *J. Hoffmann*, FS Manfred A. Dauses, 2014, S. 153, 161 scheint dies hinnehmen zu wollen und lieber den historischen Gesetzgeber zu kritisieren.
[1566] Vgl. *J. Hoffmann*, FS Manfred A. Dauses, 2014, S. 153, 163–165.
[1567] Dafür *J. Hoffmann*, FS Manfred A. Dauses, 2014, S. 153, 164 f.
[1568] *Volders*, YbPIL 9 (2007), 127, 132.
[1569] Rb. Kh. Dendermonde RW 2013-14, 184, 185 mAnm *Ponet*; *Volders*, Afgebroken contractonderhandelingen in het internationaal privaatrecht, 2008, S. 335 Nrn. 645 f.
[1570] Rb. Kh. Dendermonde RW 2013-14, 184, 185 mAnm *Ponet*.
[1571] *Jakob/Picht*, FS Ingeborg Schwenzer, 2011, S. 869, 876; *A. Junker*, FS Helmut Köhler, 2014, S. 327, 336 f.
[1572] Wie es *H. Stoll*, FS Apostolos Georgiades, 2006, S. 941, 947 f.; *G. Fischer*, FS Gunther Kühne, 2009, S. 689, 693 f. tun.
[1573] *A. Junker*, FS Rolf Stürner, 2013, S. 1043, 1046.

zungen zum einen und die Haftung wegen Abbruchs von Vertragsverhandlungen zum anderen. Freilich fallen Aufklärungspflichtverletzungen nach erfolgtem Vertragsabschluss richtigerweise direkt (d. h. ohne Umweg über Art. 12 I Rom II-VO) unter das Vertragsstatut, so dass für Art. 12 I Rom II-VO nur die Verletzung von Aufklärungspflichten vor Vertragsabschluss bleibt.[1574]

543   Anbahnung, Abschluss und Durchführung eines Vertrages sind ein Kontinuum. Dies erkennt Art. 12 I Rom II-VO an, indem er die einschlägigen Momente der culpa in contrahendo dem Vertragsstatut unterstellt.[1575] Zudem unterstellt man aus Aufklärungspflichten resultierende vertragliche Rechtsbehelfe wie Vertragsnichtigkeit oder Anfechtbarkeit, misrepresentation oder dol, demselben Recht wie Aufklärungspflichten und deren Sanktionierung aus culpa in contrahendo,[1576] wenn auch rechtstechnisch gestützt auf zwei verschiedene IPR-Verordnungen.[1577]

544   Die Verweisung auf das Vertragsstatut in Art. 12 I Rom II-VO umfasst nicht dessen Regeln über das Zustandekommen von Verträgen.[1578] Sie passen nicht für ein allenfalls quasivertragliches Schuldverhältnis. Sie kommen allenfalls als Vorfrage ins Spiel, soweit culpa in contrahendo wegen Scheiterns oder ungerechtfertigten Abbruchs von Vertragsverhandlungen in Rede steht. In diesem Kontext ist freilich auch Art. 10 II Rom I VO zu beachten.[1579]

545   Zugleich erzielt Art. 12 I Rom II-VO einen grundsätzlichen kollisionsrechtlichen Gleichklang mit den verschiedenen Instrumenten planender Gestaltung vor dem eigentlichen Vertragsschluss, vom Letter of Intent über das Memorandum of Understanding, den Term Sheet und den Verhandlungsvertrag[1580] bis hin zum Optionsvertrag und zum Vorvertrag. Sie werden zwar dem Wortlaut nach von Art. 1 II lit. j Rom I-VO erfasst und aus dem sachlichen Anwendungsbereich der Rom I-VO ausgegrenzt, weil sie noch nicht der eigentliche Hauptvertrag sind, sondern nur zu diesem hinführen sollen.[1581] Art. 12 Rom II-VO aber erfasst nur die nicht-vertragliche Haftung aus Vertragsverhandlungen. Um keine Lücke entstehen zu lassen, sollte man daher Art. 1 II lit. j Rom I-VO korrigierend einschränken und die Rom I-VO auf diese Phänomene anwenden.[1582]

546   Wenn der intendierte Vertrag ein Kaufvertrag ist, den im Prinzip die CISG beherrschen würde, so hat die Geltung der CISG für Art. 12 I Rom II-VO grundsätzlich keine Bedeutung. Vielmehr ist für die Zwecke des Art. 12 I Rom II-VO das allgemeine Vertragsstatut jenseits der CISG zu ermitteln,[1583] denn die CISG erfasst die culpa in contrahendo grundsätzlich nicht.[1584] Selbst soweit man der CISG grundsätzlich (oder für einzelne Fallgruppen[1585]) zubilligen würde, sich auch auf Fragen der culpa in contrahendo zu erstrecken,[1586]

[1574] Vgl. *Volders*, YbPIL 9 (2007), 127, 131; *Leible/M. Lehmann*, RIW 2007, 721, 733; *Lüttringhaus*, RIW 2008, 193, 194; *Dickinson* Rn. 12.09 f.; *Jakob/Picht*, FS Ingeborg Schwenzer, 2011, S. 869, 892; *A. Junker*, FS H. Köhler, 2014, S. 327, 328–337.
[1575] *Mankowski*, IPRax 2003, 127, 128 f.; *v. Hein*, GPR 2007, 54, 58 f.; *Mansel*, FS Claus-Wilhelm Canaris zum 70. Geb., 2007, S. 809, 824 f.; *Brière*, Clunet 135 (2008), 31, 52; *Lüttringhaus*, RIW 2008, 193, 196; *Briggs*, (2009) 125 LQR 191, 194; *Lagarde*, Liber Fausto Pocar, tomo II, 2009, S. 583, 592; *Jakob/Picht*, FS Ingeborg Schwenzer, 2011, S. 869, 877.
[1576] *Lagarde*, Liber Fausto Pocar, tomo II, 2009, S. 583, 588; *G. Fischer*, FS Gunther Kühne, 2009, S. 689, 693.
[1577] *Lagarde*, Liber Fausto Pocar, tomo II, 2009, S. 583, 594 f.
[1578] *G. Fischer*, FS Gunther Kühne, 2009, S. 689, 697.
[1579] *Volders*, Afgebroken contractonderhandelingen in het internationaal privaatrecht, 2008, S. 339 Nr. 645.
[1580] *Lagarde*, Liber Fausto Pocar, tomo II, 2009, S. 583, 595 f.
[1581] *Land*, BB 2013, 2697, 2698.
[1582] *Lagarde*, Liber Fausto Pocar, tomo II, 2009, S. 583 f.; *Volders*, in: Erauw/Taleman (eds.), Nieuw Internationaal privaatrecht: meer europees, meer global, 2009, S. 199, 223 f.; *Ponet*, RW 2013-14, 186, 187.
[1583] Rb. Kh. Dendermonde RW 2013-14, 184, 186 mAnm *Ponet*.
[1584] *Karollus*, UN-Kaufrecht, 1991, S. 45; *Honsell/Siehr*, Kommentar zum UN-Kaufrecht, 2. Aufl. 2010, Art. 4 CISG Rn. 8 f.; Staudinger/*Magnus* Art. 4 CISG Rn. 42.
[1585] MüKoHGB/*Mankowski*, Bd. 3, 4. Aufl. 2018, Art. 4 CISG Rn. 19–19a; *ders.*, in: Mankowski (ed.), Commercial Law, 2018, Art. 4 CISG Rn. 15.
[1586] Dafür *Bonell*, RIW 1990, 700; *Brunner*, UN-Kaufrecht – CISG, 2. Aufl. 2014, Art. 4 CISG Rn. 48; *Sabbagh-Farshi*, Die vorvertragliche Haftung im UN-Kaufrecht und in den UNIDROIT- und Lando-

VIII. Culpa in contrahendo 547–550 § 2

könnte dies weniger für Art. 12 I Rom I-VO Bedeutung haben als sich vielmehr über Art. 28 I Rom II-VO Bahn brechen.

3. Allgemeindeliktische Auffanganknüpfung nach Art. 12 II Rom II-VO. 547
a) Qualifikationsfragen. Kann das Statut der culpa in contrahendo nicht nach Art. 12 I Rom II-VO durch vertragsakzessorische Anknüpfung ermittelt werden, so verwirklicht Art. 12 II Rom II-VO der Sache nach eine allgemeindeliktische Anknüpfung. Nimmt man Erwägungsgrund (30) Rom II-VO und die Unterscheidung zwischen transaktions- und integritätsbezogenen Pflichtverletzungen hinzu, so verbleibt für Art. 12 II Rom II-VO ein sinnvoller Anwendungsbereich, nämlich bei den integritätsbezogenen Pflichtverletzungen, die in Deutschland vor der Rom II-VO immer als deliktisch qualifiziert wurden.[1587] Anderenfalls stünde man vor dem Problem, jeweils positiv identifizieren zu müssen, ob eine Anknüpfung nach Art. 12 I Rom II-VO möglich ist;[1588] eine solche Anknüpfung erscheint aber selbst bei Abbruch von Vertragsverhandlungen denkbar, weil dann das (hypothetische) Statut des prospektiven Vertrags zu ermitteln ist.[1589]

Eine quasi-deliktische Anknüpfung ist schon mit Blick auf konkurrierende deliktische 548 Ansprüche sinnvoll.[1590] Außerdem passt eine vertragsakzessorische Anknüpfung für Obhuts- und Erhaltungspflichten nicht, weil diese mit den vertraglichen Leistungspflichten nicht verbunden sind.[1591] Eine Dreiteilung in vertragsnahe Fälle, für die Art. 12 I Rom II-VO gilt, gänzlich vertragsferne Fälle, für die Art. 4 Rom II-VO direkt gilt, und eine Kategorie dazwischen, für die Art. 12 II Rom-VO gilt,[1592] wäre zu kompliziert und würde die vorgelagerte Qualifikation als culpa in contrahendo antasten.

Der Abbruch von Vertragsverhandlungen kann ausnahmsweise eine Haftung nach sich 549 ziehen, wenn Vertrauen in das Zustandekommen des Vertrages erweckt wurde. Alle Parteien wissen aber, dass es noch keinen Vertrag gibt und dass der Abschluss eines Vertrags erst in der Zukunft erfolgen soll. Daher wird sich keine Partei bereits unter der Herrschaft, direkt oder indirekt, des Vertragsstatuts glauben.[1593] Das Vertrauen gilt nicht dem Vertrag und dessen Wirksamkeit, sondern vielmehr dem zukünftigen Zustandekommen eines Vertrages, so dass Art. 12 I Rom II-VO passt.[1594] Anders verhält es sich, wenn die Parteien einen Verhandlungsvertrag geschlossen haben, welcher die Regularien der Verhandlung für den Hauptvertrag und die Sanktionen für deren Missachtung festlegt.[1595] Wird von einer Partei bewusst ein unwirksamer Vertrag herbeigeführt, ist dies eine wieder andere Fallgruppe.[1596]

Eine analoge Anwendung des Art. 10 II Rom I-VO, um Vertrauen in die Rechtmäßig- 550 keit eines Verhandlungsabbruchs zu schützen, wäre sachlich durchaus denkbar,[1597] bricht sich aber am engen Ausnahmecharakter des Art. 10 II Rom I-VO, der diesem die Analo-

---

Principles unter Einbeziehung des deutschen und englischen Rechts, 2008, S. 113 sowie *Schütz*, UN-Kaufrecht und culpa in contrahendo, 1996, S. 185 ff.; Schlechtriem/Schwenzer/*Ferrari*, Kommentar zum Einheitlichen UN-Kaufrecht, 6. Aufl. 2013, Art. 4 CISG Rn. 46.

[1587] Siehe nur *Mankowski*, IPRax 2003, 127, 134; *H. Stoll*, FS Apostolos Georgiades, 2006, S. 941, 954f.

[1588] Vgl. *Garcimartín Alférez*, EuLF 2007, I-77, I-89; *v. Hein*, GPR 2007, 54, 59; *Volders*, YbPIL 9 (2007), 127, 134; *G. Wagner*, IPRax 2008, 1, 12; *Ofner*, ZfRV 2008, 13, 21; *Lüttringhaus*, RIW 2008, 193, 198; *Lagarde*, Liber Fausto Pocar, tomo II, 2009, S. 583, 591. Für ein generelles Stufenverhältnis zwischen Art. 12 I und II Rom II-VO *Kurt* S. 58–61.

[1589] *Jakob/Picht*, FS Ingeborg Schwenzer, 2011, S. 869, 878; *A. Junker*, FS Helmut Köhler, 2014, S. 327, 329f.

[1590] Für (ausschließlich) allgemeindeliktische Qualifkation der Obhuts- und Erhaltungspflichtverletzung dagegen *Kurt* S. 77–83.

[1591] *G. Fischer*, FS Gunther Kühne, 2009, S. 689, 692.

[1592] Dafür *v. Hein*, GPR 2007, 54, 59.

[1593] *Lagarde*, Liber Fausto Pocar, tomo II, 2009, S. 583, 589.

[1594] *G. Fischer*, FS Gunther Kühne, 2009, S. 689, 695f.; *Kurt* S. 126–131.

[1595] *Lagarde*, Liber Fausto Pocar, tomo II, 2009, S. 583, 595f., 597f.

[1596] Für deren Anknüpfung über Art. 12 I Rom II-VO *Kurt* S. 100–103.

[1597] Vgl. *G. Fischer*, JZ 1991, 168, 172f.; *Henk*, Die Haftung für culpa in contrahendo im IPR und IZVR, 2007, S. 156–161.

giefähigkeit nimmt,[1598] und an der mangelnden Schutzwürdigkeit des Abbrechenden, zumal im Lichte einer ansonsten notwendigen teleologischen Reduktion des Art. 12 II Rom II-VO.[1599]

551 Unter Art. 12 II Rom II-VO ist grundsätzlich auch die Dritthaftung des Sachwalters zu ziehen; dies ließe sich damit begründen, dass es bei ihr an einer vertraglichen Verbindung zwischen Geschädigtem und Sachwalter fehlt.[1600] Von besonderem Interesse kann hierbei die Haftung von Vermittlern sein. Dabei steht im Vordergrund, Verschiebungen und Verflechtungen durch persönliche Haftung aufzubrechen. Vermittler sind Zwischenpersonen zwischen dem Vertragspartner und dem Kunden. Dabei kann es sich namentlich um inländische Repräsentanten oder Kooperationspartner des Vertragspartners handeln. Culpa in contrahendo seitens nicht an einem Vertrag formell Beteiligter wird traditionell außervertraglich qualifiziert,[1601] erst recht unter Art. 12 Rom II-VO.[1602] Richtigerweise sollte man indes Art. 12 I, nicht II Rom II-VO anwenden,[1603] und die Haftung letztlich demselben Recht unterstellen wie den Vertrag, obwohl der potenziell Haftende keine Vertragspartei ist. Denn er bewegt sich im Umfeld des Vertrages und klar auf den Vertrag bezogen. Der Vertrag ist ihm nicht fremd, obwohl er an ihm formell nicht beteiligt ist.

552 Formell eigenständige Gutachter haften für Testat- oder Dritthaftung den Dritten (also den auf ihre Gutachten Vertrauenden, die sie nicht vertraglich beauftragt haben) deliktisch.[1604] Eine Analogie zu Art. 12 Rom II-VO auf der Basis eines hypothetischen Vertrages könnte zwar eine gewisse Nähe zur culpa in contrahendo für sich reklamieren,[1605] müsste aber eine dafür so nicht vorgesehene Spezialregel entsprechend ausdehnen und korrespondierend die allgemeinen Regeln reduzieren.[1606] Einen Vertrag mit Schutzwirkung für Dritte anzunehmen wäre zum einen stark am deutschen Sachrecht orientiert und würde zum anderen nicht zu einer vertraglichen Qualifikation führen,[1607] denn richtigerweise[1608] ist der Vetrrag mit Schutzwirkung für Dritte im europäischen IPR deliktsrechtlich einzuordnen.

553 Dass Erwägungsgrund (30) S. 3 Rom II-VO Personenschäden sowieso nicht dem Art. 12 Rom II-VO, sondern dem Art. 4 Rom II-VO unterfallen lässt, ist für Finanzverträ-

---

[1598] *Mankowski,* IPRax 1991, 305, 312.
[1599] *G. Fischer,* FS Gunther Kühne, 2009, S. 689, 696 f.
[1600] *G. Fischer,* FS Gunther Kühne, 2009, S. 689, 699; *Kurt* S. 195–203; *A. Junker,* FS Rolf Stürner, 2013, S. 1043, 1050.
[1601] Näher *Mankowski,* RIW 1994, 421, 424; *ders.,* VuR 1999, 219, 223 f. mwN auch zu den vielen Gegenauffassungen in dieser umstrittenen Frage. *Kurt* S. 195–203 will methodisch systemwidrig immer über Art. 12 II lit. c Rom II-VO anknüpfen. Anderer Ansicht z. B. *Spindler,* IPRax 2001, 400, 407 mwN.
[1602] *Lüttringhaus,* RIW 2008, 193, 198; *Mankowski,* RIW 2009, 98, 115; *v. Hein,* RabelsZ 73 (2009), 461, 502; *G. Fischer,* FS Gunther Kühne, 2009, S. 689, 699; *A. Junker,* FS Rolf Stürner, 2013, S. 1043, 1050; NK-BGB/*Budzikiewicz* Art. 12 Rom II-VO Rn. 40. Anderer Ansicht z. B. *Gomille,* JZ 2017, 289, 291 f. (allgemeindeliktisch).
[1603] Versuch einer Abgrenzung zwischen den beiden Absätzen bei *Mankowski,* RIW 2009, 98, 114.
[1604] *Nickl,* Die Qualifikation der culpa in contrahendo im Internationalen Privatrecht, 1992, S. 224 f.; *Egerer,* Konsensprobleme im internationalen Schuldvertragsrecht, 1994, S. 237; *Bertschinger,* in: Nobel (Hrsg.), Aktuelle rechtspolitische Probleme des Finanz- und Börsenplatzes Schweiz, 1999, S. 87, 114; *Mankowski,* CR 1999, 512, 520; *ders.,* FS Stanisława Kalus, 2010, S. 287, 299; *Gomille,* JZ 2017, 289, 292 sowie Hof's-Hertogenbosch NIPR 1998 Nr. 225, 267; *Reder,* Die Eigenhaftung vertragsfremder Dritter im internationalen Privatrecht, 1989, S. 149–176; *Adolff,* Die zivilrechtliche Verantwortlichkeit deutscher Anwälte bei der Abgabe von Third Party Legal Opinions, 1997, S. 203.
[1605] *Schinkels,* JZ 2008, 272, 278 f.
[1606] *Mankowski,* FS Stanisława Kalus, 2010, S. 287, 299.
[1607] Im Ergebnis übereinstimmend *Gomille,* JZ 2017, 289, 292.
[1608] Siehe nur *Dutta,* IPRax 2009, 293, 294–297; *Martiny,* FS Reinhold Geimer zum 65. Geb., 2002, S. 641, 663; *ders.,* FS Ulrich Magnus, 2014, S. 483, 491–492; Rauscher/*Freitag,* Art. 12 Rom I-VO Rn. 4, 20; *D. Paulus,* Außervertragliche Gesellschafter- und Organwalterhaftung im Lichte des Unionskollisionsrechts, 2013, Rn. 483; jurisPK BGB/*Lund* Art. 1 Rom II-VO Rn. 29. Anderer Ansicht MüKoBGB/*Spellenberg,* Art. 12 Rom I-VO Rn. 63; NK-BGB/*Knöfel* Art. 1 Rom II-VO Rn. 4. Für eine nichtvertragliche Qualifikation unter dem östIPRG OGH IPRax 1988, 363, 364; OGH IPRax 2009, 354, 355–356; dagegen unter dem EGBGB OLG Hamburg VersR 1983, 350, 351; OLG Köln ZIP 1993, 1538, 1539.

IX. Allgemeine Regeln für alle außervertraglichen Schuldverhältnisse   554–557 § 2

ge jedenfalls irrelevant, denn Art. 4 III 2 Rom II-VO führt in dieser Fallgruppe quasi regelhaft zu einer akzessorischen Anknüpfung an das Vertragsstatut.

Werden während Vertragsverhandlungen Personenschäden zugefügt, so weist Erwägungsgrund (30) S. 4 Rom II-VO dies Art. 12 II Rom II-VO und der deliktischen Anknüpfung zu.[1609] Dies meint die Schutzpflichten gegenüber absoluten Rechtsgütern des Verhandlungspartners,[1610] jedoch nicht gegenüber allen, sondern nur gegenüber ausgewählten Rechtsgütern, nämlich Leib und Leben.   554

Schäden an Eigentum oder Vermögen deckt jedenfalls Erwägungsgrund (30) S. 4 Rom II-VO nicht ab. Finanzverträge etwa können direkt nur Vermögensschäden verursachen.[1611] Trotzdem bedürfen solche Schäden natürlich einer Anknüpfung. Diese erfolgt richtigerweise als deliktische Anknüpfung unmittelbar nach Art. 4 Rom II-VO, ohne Vorschalten des insoweit sachlich eben nicht einschlägigen Art. 12 II Rom II-VO.[1612]   555

b) Anknüpfung. Art. 12 II Rom II-VO vereint in seinen drei Buchstaben drei Anknüpfungen, welche den drei Anknüpfungen nach Art. 4 I–III Rom II-VO entsprechen. Die beiden Vorschriften sind möglichst parallel auszulegen, um unnötige Friktionen zu vermeiden.[1613] Insbesondere knüpft bei einem gemeinsamem gewöhnlichem Aufenthalt Art. 12 II lit. b Rom II-VO nach dem Vorbild des Art. 4 II Rom II-VO vorrangig an diesen Aufenthalt an. Art. 12 II lit. c Rom II-VO enthält wie Art. 4 III Rom II-VO eine Ausweichklausel. Grundanknüpfung ist indes die Anknüpfung an den Schadensort gemäß Art. 12 II Rom II-VO. Dem Vorbild des Art. 4 I Rom II-VO folgend findet also eine Erfolgsortanknüpfung statt. Die drei Buchstaben stehen also in demselben Verhältnis zueinander wie die drei Absätze des Art. 4 Rom II-VO.[1614] Semantische Unterschiede dergestalt, dass Art. 12 II Rom II-VO die Anknüpfungen in nur einem Satz aufführt und mit „oder" verbindet, begründen keinen Unterschied in der Sache.[1615] Vielmehr hat man es wie bei Art. 4 Rom II-VO mit einer versteckten Anknüpfungsleiter zu tun.[1616]   556

IX. Allgemeine Regeln für alle außervertraglichen Schuldverhältnisse

1. Sonderanknüpfung von Eingriffsrecht des Forums nach Art. 16 Rom II-VO.   557

a) Grundsätzliches. Art. 16 Rom II-VO erlaubt eine Sonderanknüpfung von Eingriffsnormen des Forumstaates. Eingriffsnormen sind international zwingende Nomen im öffentlichen Interesse insbesondere wirtschafts-, sozial- oder sicherheitspolitischer Natur. Die Definition aus Art. 9 I Rom I-VO hat zwar kein Pendant (von der zeitlichen Abfolge her: keinen Vorläufer) in Art. 16 Rom II-VO. Daraus ist jedoch kein Schluss zu ziehen, dass man keine Parallele herstellen dürfte.[1617] Vielmehr ist eine solche Parallele inhaltlich durchaus zu ziehen, natürlich mutatis mutandis,[1618] denn auch bei den außervertraglichen Schuldverhältnissen, insbesondere im Deliktsrecht, können heterogen öffentliche Interessen

---

[1609] Siehe nur *G. Fischer*, FS Ulrich Spellenberg, 2010, S. 151, 163.
[1610] *Jakob/Picht*, FS Ingeborg Schwenzer, 2011, S. 869, 875.
[1611] *G. Wagner*, IPRax 2008, 1, 12; *Volders*, YbPIL 9 (2007), 127, 131 f.; *Calvo Caravaca/Carrascosa González* S. 150; *Mankowski*, RIW 2009, 98, 114.
[1612] *A. Junker*, FS Rolf Stürner, 2013, S. 1043, 1047, 1051.
[1613] Siehe nur *Volders*, YbPIL 9 (2007), 127, 134; *v. Hein*, RabelsZ 73 (2009), 461, 501; *A. Junker*, FS Rolf Stürner, 2013, S. 1043, 1049.
[1614] Anderer Ansicht *Lüttringhaus*, RIW 2008, 193, 197; *Thoma*, RHDI 61 (2008), 669, 683: disjunktive, gleichberechtigte Tatbestände.
[1615] Entgegen *G. Fischer*, FS Gunther Kühne, 2009, S. 689, 699; *Jakob/Picht*, FS Ingeborg Schwenzer, 2011, S. 869, 879.
[1616] *Garcimartín*, EuLF 2007, I-77, I-89; *v. Hein*, VersR 2007, 440, 450; *G. Wagner*, IPRax 2008, 1, 12; *Brière*, Clunet 135 (2008), 31, 52; *Dickinson* Rn. 12.21 f.; *P. Huber/Bach* Art. 12 Rome II Rn. 31.
[1617] Vgl. auch *Heiss*, in: Reichelt (Hrsg.), 30 Jahre österreichisches IPR-Gesetz – Europäische Perspektiven, 2009, S. 61, 64 f.; *A. Staudinger*, in: R. Schulze/Zuleeg/Kadelbach (Hrsg.), Europarecht, 2. Aufl. 2010, § 22 Rn. 68; *Verschraegen*, IPR, 2012, Rn. 1324.
[1618] *Arif*, ZfRV 2011, 258, 260; NK-BGB/*Knöfel* Art. 16 Rom II-VO Rn. 8.

§ 2   558–562   § 2. Internationales Privatrecht der außervertraglichen Schuldverhältnisse

Beachtung heischen.[1619] Art. 7 EVÜ, dem die Definition der Sache nach bereits zugrunde lag, kann man als Vorlage für Art. 9 I Rom I-VO wie für Art. 16 Rom II-VO gleichermaßen ansehen.[1620] Art 16 Rom II-VO hat übrigens erstmals den Terminus „Eingriffsnormen" in die europäische Rechtssprache deutscher Zunge gebracht und damit endgültig aus dem Status der Paralegalität erhoben.[1621]

558   Wie bei Art. 9 I Rom I-VO sind Normen aus dem Kreis der Eingriffsnormen einzugrenzen, die nur den Interessen Privater dienen und nur in einem Relativverhältnis zwischen Privaten eingreifen. Dabei ist auch zu beachten, dass nicht jeder marktregulierende Eingriff des nationalen Gesetzgebers automatisch eine Eingriffsnorm ist. Anderenfalls bestünde das gesamte Schuldrecht nur aus Eingriffsrecht, denn Schuldrecht ist auch marktregulierendes und Marktbedingungen definierendes Recht.

559   Art. 16 Rom I-VO sperrt nach seinem Wortlaut nur Eingriffsnormen des Forumstaates den Weg frei. Dies beinhaltet sowohl Eingriffsnormen rein nationalen Ursprungs als auch Eingriffsnormen unionsrechtlichen Ursprungs,[1622] denn bei allen EU-Mitgliedstaaten ist das Unionsrecht integraler Teil ihrer lex fori.

560   Eine Sonderanknüpfung kann nur dann stattfinden, wenn die betreffende Eingriffsnorm im konkreten Fall überhaupt Anwendung finden will. Hat die in Rede stehende Norm im konkreten Fall keinen Eingriffswillen, so findet keine Sonderanknüpfung statt. Unter welchen Voraussetzungen die in Rede stehende Eingriffsnorm angewendet sein will, ist der betreffenden Norm selber zu entnehmen, gegebenenfalls im Wege der Auslegung.[1623]

561   *b) Keine Sonderanknüpfung forumfremden Eingriffsrechts.* Eingriffsnormen anderer Staaten sperrt Art. 16 Rom II-VO nach seinem Wortlaut den Weg nicht frei. Bliebe man dabei stehen, so bliebe dies merklich hinter der Sonderanknüpfung von Eingriffsrecht im Internationalen Schuldvertragsrecht nach Art. 9 III Rom II-VO zurück. Deshalb gibt es starke Ansätze, den Wortlaut des Art. 16 Rom II-VO zu übergehen und stattdessen eine Parallele zu Art. 9 III Rom II-VO in das IPR der außervertraglichen Schuldverhältnisse zu übertragen.[1624] Ergänzend wird reklamiert, eine Sonderanknüpfung würde internationalen Entscheidungseinklang mit dem Erlassstaat der sonderangeknüpften Eingriffsnorm herstellen.[1625]

562   Indes sprechen die besseren Argumente dagegen: Erstens ist der Wortlaut des Art. 16 Rom II-VO eindeutig. Zweitens enthielt der ursprüngliche Vorschlag[1626] mit seinem Art. 12 I noch eine entsprechende, sonderanknüpfungsfreundliche Norm,[1627] und dieser Vorschlag fand keine Gnade im Gesetzgebungsverfahren.[1628] Übrig geblieben ist vielmehr nur der seinerzeitige Art. 12 II Vorschlag. Drittens gibt es etliche Mitgliedstaaten, die einer Sonderanknüpfung forumfremden Eingriffsrechts skeptisch bis ablehnend gegenüber stehen, an der Spitze das Vereinigte Königreich, dessen Opt-in in die Rom II-VO gefährdet gewesen wäre, wenn die VO eine großzügige Sonderanknüpfung forumfremden Eingriffsrechts vorgesehen hätte.[1629] Viertens müsste eine Parallele zu Art. 9 III Rom I-VO die Hürde überwinden, dass diese Norm späteren Ursprungs ist und deshalb kaum als Inspira-

---

[1619] *Remien,* FS Bernd v. Hoffmann, 2011, S. 334, 345.
[1620] *Tell,* Rev. eur. dr. consomm. 2004, 35, 55; NK-BGB/*Knöfel* Art. 16 Rom II-VO Rn. 8.
[1621] *Knöfel,* RdA 2006, 269, 271; *Mankowski,* IHR 2008, 133, 146; *Arif,* ZfRV 2011, 258, 259.
[1622] *Remien,* FS Bernd v. Hoffmann, 2011, S. 334, 338; NK-BGB/*Knöfel* Art. 16 Rom II-VO Rn. 5.
[1623] GmS-OGB GRUR 2013, 417, 418 Rn. 17 f. – Medikamentenkauf im Versandhandel; BSGE 101, 161 Rn. 23.
[1624] *v. Hein,* VersR 2007, 440, 446; *ders.,* ZEuP 2009, 6, 24 f.; *Leible/M. Lehmann,* RIW 2007, 721, 726; *Rühl,* FS Jan Kropholler, 2008, S. 187, 206 f.; *Kadner Graziano,* RCDIP 97 (2008), 445, 508; *ders.,* RabelsZ 73 (2009), 1, 72; MüKoBGB/*Sonnenberger,* Bd. 10, 5. Aufl. 2010, Einl. IPR Rn. 49; Staudinger/*Fezer/Koos,* IntWiR Rn. 344; *Günther,* Die Anwendung ausländischer Eingriffsnormen im Lichte der Rom I- und Rom II-Verordnungen, 2011, S. 199 f., 208 et passim; *Remien,* FS Bernd v. Hoffmann, 2011, S. 334, 345 f.
[1625] Palandt/*Thorn* Art. 16 Rom II-VO Rn. 3; *Remien,* FS Bernd v. Hoffmann, 2011, S. 334, 345.
[1626] Vorschlag für eine Verordnung über das auf außervertragliche Schuldverhältnisse anzuwendende Recht, KOM (2003) 427 endg.
[1627] Dazu z. B. *Leible/Engel,* EuZW 2004, 7, 16.
[1628] Näher P. Huber/*A. Fuchs,* Art. 16 Rome II Regulation Rn. 26–29.
[1629] NK-BGB/*Knöfel* Art. 16 Rom II-VO Rn. 6.

IX. Allgemeine Regeln für alle außervertraglichen Schuldverhältnisse 563–567 § 2

tion dienen kann. Fünftens wäre eine Parallele zu Art. 9 III Rom I-VO in seiner gegenwärtigen Gestalt gezwungen, auch eine Parallele zum Erfüllungsort als eingrenzendes Kriterium zu identifizieren.[1630]

Daher ist dem restriktiven, wortlauttreuen Ansatz zu folgen[1631] und ein Umkehrschluss 563 zu ziehen: Soweit eine Sonderanknüpfung von Eingriffsrecht nicht ausdrücklich erlaubt ist, soll sie nicht stattfinden. Bei bewussten Abweichungen einzelner Rechtsakte voneinander ist das Schweigen des europäischen Gesetzgebers beredt und trägt einen Umkehrschluss.[1632]

Nicht anwendbares Recht kann auch auf der deutschsachrechtlichen Ebene kein Schutzgesetz 564 im Sinne von § 823 II BGB sein.[1633] Vielmehr kann nur seine faktische Durchsetzung Tatsachen schaffen, die dann im Rahmen deutscher Deliktstatbestände im Untersatz zu berücksichtigen sind. Auch insoweit besteht eine Parallele zum Internationalen Schuldvertragsrecht.[1634]

c) *Beispiele für Eingriffsnormen.* Die praktische Wichtigkeit von Art. 16 Rom II-VO ist 565 nicht groß, denn im außervertraglichen Bereich gibt es nur relativ wenige Eingriffsnormen.[1635] Deren bedeutsamste dürften sich im behördlichen Kartellrecht finden, in Deutschland kollisionsrechtlich angeknüpft von § 185 II GWB. Bedeutung haben daneben strafrechtliche Normen,[1636] da diese nur Strafansprüche im Verhältnis zwischen Staat und Täter regeln.

Eingriffsnormen im Arbeitskampfrecht, also im Umfeld des Art. 9 Rom II-VO, sind die 566 Vorschriften über Steiknotdienstpflichten[1637] und die Neutralität des Staates im Arbeitskampf, verkörpert insbesondere in dem Verbot der Vermittlung in einem durch einen Arbeitskampf unmittelbar betroffenen Bereich gemäß § 36 III SGB III und dem Ruhen des Arbeitslosengeldes gemäß § 160 III SGB III.[1638] Über einen eingriffsrechtlichen Charakter nachdenken kann man bei Haftungsprivilegierungen etwa bei gefahrgeneigter Arbeit oder bei Arbeitsunfällen[1639] (insoweit ist allerdings im Innenverhältnis zum Arbeitgeber eine arbeitsvertragliche Qualifikation unter Art. 8 Rom I-VO die näher liegende Lösung) und Haftungskonzentrationen auf den Staat bei der Außenhaftung für Fehlverhalten von Beamten und Angestellten oder Arbeitern im öffentlichen Dienst.[1640]

Antidiskriminierungsrecht wird als weiterer Kandidat für Eingriffsrecht unter Art. 16 567 Rom II-VO genannt.[1641] Seiner gesellschaftspolitischen Steuerungsfunktion zum Trotz sollte man es jedoch den allgemeinen Anknüpfungen, sei es im Internationalen Schuldvertragsrecht, sei es bei abgelehntem Vertragsabschluss als culpa in contrahendo Art. 12 Rom II-VO zuschlagen.[1642]

[1630] *Remien,* FS Bernd v. Hoffmann, 2011, S. 334, 345 f.; MüKoBGB/*A. Junker* Art. 16 Rom II-VO Rn. 28.

[1631] *G. Wagner,* IPRax 2008, 1, 15; *Ofner,* ZfRV 2008, 13, 23; *A. Staudinger,* AnwBl 2008, 8, 12; *ders.,* in: Gebauer/Wiedmann Kap. 38 Rn. 83; *ders.,* in: R. Schulze/Zuleeg/Kadelbach (Hrsg.), Europarecht, 2. Aufl. 2010, § 22 Rn. 69; *Dutoit,* Liber Fausto Pocar, tomo II, 2009, S. 309, 325; P. Huber/*A. Fuchs* Art. 16 Rome II Regulation Rn. 30; Rauscher/*Jakob/Picht* Art. 16 Rom II-VO Rn. 9; BeckOK BGB/*Spickhoff* Art. 16 Rom II-VO Rn. 4; NK-BGB/*Knöfel* Art. 16 Rom II-VO Rn. 6.

[1632] *Garcimartín Alférez,* Essays in Honour of Hans van Loon, 2013, S. 169, 177.

[1633] NK-BGB/*Knöfel* Art. 16 Rom II-VO Rn. 6 f.; *Freitag,* NJW 2018, 430, 434.

[1634] Dort → § 1 Rn. 993 ff.

[1635] *Kadner Graziano,* RCDIP 97 (2008), 445, 507; NK-BGB/*Knöfel* Art. 16 Rom II-VO Rn. 1, 10.

[1636] BeckOK BGB/*Spickhoff* Art. 16 Rom II-VO Rn. 3; NK-BGB/*Knöfel* Art. 16 Rom II-VO Rn. 11.

[1637] *Knöfel,* EuZA 2008, 228, 248; MüKoBGB/*A. Junker,* Art. 16 Rom II-VO Rn. 16; *Zelfel,* Der internationale Arbeitskampf nach Art. 9 Rom II-Verordnung, 2011, S. 124.

[1638] *Hergenröder,* FS Rolf Birk, 2008, S. 197, 213; *Zelfel,* Der internationale Arbeitskampf nach Art. 9 Rom II-Verordnung, 2011, S. 123; NK-BGB/*Knöfel* Art. 16 Rom II-VO Rn. 12.

[1639] *Adelmann,* IPRax 2007, 538, 540 f.

[1640] *v. Hoffmann,* FS Dieter Henrich, 2000, S. 283, 294 f.; NK-BGB/*Knöfel* Art. 16 Rom II-VO Rn. 12.

[1641] *Mansel,* FS Claus-Wilhelm Canaris, 2007, S. 809, 830; *Lüttringhaus,* Grenzüberschreitender Diskriminierungsschutz, 2010, S. 191–301.

[1642] *Merrett,* Employment Contracts in Private International Law, 2011, Rn. 6.35.

568 § 84 AMG dürfte im internationalen Arzneimittelhandel eine Eingriffsnorm aus gesundheitspolitischem Interesse sein.[1643] Eingriffsrechtlicher Charakter wird auch den Normen des Arzneimittelpreisrechts zugesprochen, die sich gegenüber der international-lauterkeitsrechtlichen Anknüpfung des Art. 6 I Rom I-VO oder gegenüber einem Herkunftslandprinzip durchsetzen sollen.[1644]

569 Keine Eingriffsnorm ist, da es nur relativ wirkende Informationspflichten regelt, das belgische Wet van 19 december 2005[1645] über vorvertragliche Informationspflichten zwischen Unternehmen.[1646] Eingriffsnormen findet man aber im Chemikalienrecht[1647] und im Atomrecht. Keine Eingriffsnormen sind dagegen Haftungsprivilegierungen für Minderjährige,[1648] Rechtfertigungsgründe z. B. im Arzthaftungs- oder Medizinrecht[1649] und allgemeine schadensrechtliche Grundsätze.[1650]

570 Wohl einziges wichtiges Beispiel für eine höchstrichterliche Anwendung forumeigenen Eingriffsrechts durch ein nationales Höchstgericht ist § 9 iVm § 4 I Z 2 VOEG (Verkehrsopferentschädigungsgesetz) in Österreich.[1651] Dies hat absoluten Seltenheitswert,[1652] und wegen der Privatnützigkeit kann man – der indirekten gesellschaftssteuernden Komponente zum Trotz – an der Eingriffsnormenqualität zweifeln.

571 **2. Ordre public (Art. 26 Rom II-VO).** Art. 26 Rom II-VO statuiert eine allgemeine ordre public-Klausel. Den unter einem forumfremden Recht erzielten Ergebnissen steht offensichtliche Unvereinbarkeit mit der öffentlichen Ordnung des Forumstaates entgegen. Der ordre public ist ein absolutes Ausnahmeinstrument.[1653] Art. 26 Rom II-VO selber leistet keine näheren Spezifizierungen, Er zählt nicht einmal beispielhaft einzelne Konstellationen auf. Auch der erläuternde Erwägungsgrund (32) Rom II-VO belässt es dabei, nur eine Konstellation hervorzuheben, und überlässt die Konkretisierung ansonsten den Rechtsanwendern. Richtigerweise ist ein gewisser Inlandsbezug zum Forumstaat zu fordern, bevor es dem Forumstaat erlaubt ist, seinen ordre public zum Tragen zu bringen.[1654]

572 Der Ober- und Rahmenbegriff des ordre public ist indes – wie unter Artt. 45 I lit. a Brüssel Ia-VO[1655] – ein unionsrechtlicher und deshalb unionsrechtlich-autonom zu verstehender Begriff, der äußerste Grenzen zieht. Das nationale Recht darf den Untersatz zum

---

[1643] *I. Wiedemann*, Das Internationale Privatrecht der Arzneimittelhaftung, 1998, S. 95 f.; *Spickhoff,* FS Jan Kropholler, 2008, S. 671, 673; ders., FS Erwin Deutsch zum 80. Geb., 2009, S. 907, 916; ders., in: Spickhoff, Medizinrecht, 2. Aufl. 2014, § 84 AMG Rn. 10.

[1644] GmS-OGB GRUR 2013, 417, 418 Rn. 17 – Medikamentenkauf im Versandhandel; BSGE 101, 161 Rn. 23.

[1645] Wet van 19 december 2005 betreffend de precontractuële informatie bij commerciële samenwerkingsovereenkomsten, BS 18 januari 2006.

[1646] Anderer Ansicht *Tubeuf,* TBH 2008, 535, 547; *Ponet,* RW 2013-14, 186, 188.

[1647] NK-BGB/*M. Lehmann*, Art. 17 Rom II-VO Rn. 21.

[1648] *Kühne*, FS Erwin Deutsch zum 80. Geb., 2009, S. 817, 828 f.; NK-BGB/*Knöfel* Art. 16 Rom II-VO Rn. 15.

[1649] *Spickhoff,* FS Erwin Deutsch zum 80. Geb., 2009, S. 907, 916; NK-BGB/*Knöfel* Art. 16 Rom II-VO Rn. 15.

[1650] LG Neuruppin BeckRS 2017, 128777 Rn. 34.

[1651] OGH ZVR 2016, 359, 363 f. mAnm *C. Rudolf* = DAR 2016, 591 mAnm *Haupfleisch*.

[1652] *Wittwer,* ZVR 2016, 541, 545.

[1653] Siehe nur Begründung der Kommission zum Vorschlag für eine Verordnung über das auf außervertragliche Schuldverhältnisse anzuwendende Recht, KOM (2003) 427 endg. S. 28; P. *Huber/A. Fuchs* Art. 26 Rome II Rn. 11.

[1654] Siehe nur Rauscher/*Jakob/Picht* Art. 26 Rom II-VO Rn. 6 f.; NK-BGB/*G. Schulze* Art. 26 Rom II-VO Rn. 20; *Calvo Caravaca/Carrascosa González,* Derecho Internacional Privado, vol. II, 17. Aufl. 2017, S. 1431.

[1655] Dort EuGH Slg. 2000, I-1935 Rn. 22 f. – Dieter Krombach/André Bamberski; EuGH Slg. 2000, I-2973 Rn. 28 f. – Renault SA/Maxicar SpA u. Orazio Formento; EuGH Slg. 2009, I-3571 Rn. 56 f. – Meletis Apsotolidis/D. Charles Orams u. Elizabeth Orams; EuGH ECLI:EU:2012:531 Rn. 49 – Trade Agency Ltd./Seramico Investments Ltd,; EuGH ECLI:EU:C:2014:2319 Rn. 47 – FlyLAL-Lithuanian Airlines AS/Starptaustik lidosta R ga VAS u. Air Baltic Corporation AS; EuGH ECLI:EU:C:2015:471 Rn. 42 – Diageo Brands BV/Simiramida-04 EOOD.

IX. Allgemeine Regeln für alle außervertraglichen Schuldverhältnisse 573–576 § 2

Rahmen bilden.[1656] Die eigentliche Subsumtion folgt wieder europäisch-autonomen Maßstäben.

Wie stets erfolgt der Einsatz des ordre public nicht abstrakt gegen ausländische Normen, 573 sondern nur konkret gegen die über diese im Einzelfall erzielten Ergebnisse.[1657] Der Richter außerhalb des Erlassstaates hat keine Verwerfungskompetenz für forumfremde Normen. Für die Ergebniskontrolle spielt es keine Rolle, ob das zu kontrollierende Ergebnis über ein mitgliedstaatliches oder ein drittstaatliches Recht erzielt wurde.[1658]

Zweiter Kontrollschritt ist, ob ein Widerspruch zu besonders wesentlichen Normen des 574 Forumrechts *offensichtlich* ist. Diese Schwelle betont und unterstreicht den Ausnahmecharakter des ordre public.[1659] Offensichtlichkeit ist ein qualitatives Schweregradkriterium.[1660] Ein Verstoß gegen bloße Mindestharmonisierungsvorschriften in einer EU-Richtlinie (z.B. der ProdukthaftungsRL) z.B. genügt dem nicht.[1661]

Zu den Kernwerten der deutschen Rechtsordnung gehören die Grundrechte des GG. 575 Art. 6 S. 2 EGBGB enthält auch für die deutsche Ausfüllung des Art. 26 Rom II-VO die fundamentale Richtlinie.[1662] Hinzu kommen die Menschenrechte der EMRK und der GRCh.[1663] Der ordre public darf aber nicht unter der Hand zum Alien Tort Statute geraten und deutsche Human Rights Litigation in Verfolgung weltweit begangener Menschenrechtsverletzungen eröffnen. Auch bei Menschenrechtsverletzungen ist vielmehr der Filter eines hinreichenden Inlandsbezugs vorzuschalten.[1664] Ein ordre public transnational, der sich darüber hinwegsetzen würde,[1665] ist nicht anzuerkennen.[1666]

Wichtigster Anwendungsfall des Art. 26 Rom II-VO ist die Abwehr von Strafschadens- 576 ersatz nach angelsächsischen Rechten, weniger den exemplary damages des englischen Rechts als vielmehr punitive damages nach dem Recht der US-Bundesstaaten[1667].[1668] Erwägungsgrund (32) S. 2 Rom II-VO unterstreicht – als Quasi-Vertatbestandlichung[1669], nachdem eine Aufnahme in die ordre public-Klausel selber zuvor gescheitert war[1670] –, dass Art. 26 Rom II-VO je nach Rechtsordnung des Forummitgliedstaats Anwendungsergebnissen forumfremder Normen entgegenstehen kann, welche einen unangemessenen, über den Ausgleich des entstandenen Schadens hinausgehenden Schadensersatz mit abschreckender Wirkung oder Strafschadensersatz zusprechen würden.[1671] Strafschadensersatz ver-

---

[1656] Siehe nur *Mankowski*, EWiR 2015, 557, 558.
[1657] Siehe nur *Heiss/Loacker*, JBl 2007, 613, 641; Rauscher/*Jakob/Picht* Art. 26 Rom II-VO Rn. 15; NK-BGB/*G. Schulze* Art. 26 Rom II-VO Rn. 11.
[1658] Rauscher/*Jakob/Picht* Art. 26 Rom II-VO Rn. 12; siehe auch *Wurmnest*, in: Leible/Unberath (Hrsg.), Brauchen wir eine Rom 0-Verordnung?, 2013, S. 446, 451–455: *ders.*, in: Leible (ed.), General Principles of European International Law, 2016, S. 305, 309–313.
[1659] Vorschlag für eine Verordnung des Europäischen Parlaments und des Rates über die gerichtliche Zuständigkeit und die Anerkennung und Vollstreckung in Zivil- und Handelssachen, KOM (1999) 348 endg. S. 25; GA *Szpunar*, ECLI:EU:C: 2015:137 Rn. 42.
[1660] Siehe nur GA *Szpunar*, ECLI:EU:C:2015:137 Rn. 51; *Mankowski*, EWiR 2015, 557, 558.
[1661] EuGH ECLI:EU:C:2015:471 Rn. 51 – Diageo Brands BV/Simiramida-04 EOOD; GA *Szpunar*, ECLI:EU:C:2015:137 Rn. 52.
[1662] Siehe nur LG Neuruppin BeckRS 2017, 128777 Rn. 32.
[1663] Siehe nur MüKoBGB/*A. Junker* Art. 26 Rom II-VO Rn. 19; *M. Stürner*, FS Dagmar Coester-Waltjen, 2015, S. 843, 851.
[1664] *M. Stürner*, FS Dagmar Coester-Waltjen, 2015, S. 843, 852f.
[1665] Dafür *Völker*, Zur Dogmatik des ordre public, 1998, S. 275f.
[1666] *Mankowski*, BerDGIR 49 (2018), 45, 101f.
[1667] Zum Institut z.B. *Brockmeier*, Punitive damages, multiple damages und deutscher ordre public, 1999; *Meurkens*, Punitive damages, Deventer 2014; *Vanleenhove*, Punitive damages in private international law, 2016.
[1668] Eingehend *Calvo Caravaca/Carrascosa González*, Derecho Internacional Privado, vol. II, 16. Aufl. 2016, S. 1428–1435.
[1669] Rauscher/*Jakob/Picht* Art. 26 Rom II-VO Rn. 22 sowie *Vanleenhove*, Punitive damages in private international law, 2016., S. 80f.
[1670] Näher dazu *v. Hein*, VersR 2007, 440, 445; G.-P. Calliess/*v. Hein* Art. 26 Rome II Regulation Rn. 6–8.
[1671] LG Neuruppin BeckRS 2017, 128777 Rn. 35.

§ 2. Internationales Privatrecht der außervertraglichen Schuldverhältnisse

folgt einen Strafzweck, welcher dem deutschen Deliktsrecht fremd ist. Das deutsche Deliktsrecht zielt nur auf Kompensation und Restitution. Art. 40 III Nrn. 1 und 2 EGBGB zementieren dies. Sie sind deutlicher Fingerzeig des ja nicht formell aufgehobenen deutschen IPR für die Ausfüllung des deutschen ordre public unter Art. 26 Rom II-VO.[1672]

577 Das Ergebnis, wie es sich nach dem anwendbaren ausländischen Recht darstellt, ist mit dem Ergebnis zu vergleichen, wie es sich bei hypothetischer Anwendbarkeit deutschen Rechts darstellen würde. Dabei sind Abweichungen im Regelfall hinzunehmen. Z.B. verstößt ein Ergebnis nach ausländischem Recht nicht gegen den deutschen ordre public, wenn es zu einem um nur 15 % geringeren Schadensersatzanspruch kommt, als es das deutsche Recht käme.[1673]

578 **3. Renvoi-Ausschluss in Art. 24 Rom II-VO.** Art. 24 Rom II-VO enthält einen ebenso umfassenden wie eindeutigen Ausschluss jeglicher Rück- oder Weiterverweisung. Die Verweisungen der Rom II-VO gehen direkt auf das Sachrecht des verwiesenen Rechts, nicht auf dessen IPR. Dies gilt auch für das Statut des Direktanspruchs unter Art. 18 Rom II-VO.[1674]

579 **4. Mehrrechtsstaaten (Art. 25 Rom II-VO).** Wird auf das Recht eines Staates verwiesen, das für außervertragliche Schuldverhältnisse territorial gespalten ist, so wird gemäß Art. 25 I Rom II-VO jede Gebietseinheit dieses Staates für die Zwecke der Rom II-VO einem eigenständigen Staat gleichgestellt. Hat also z.B. eine natürliche Person ihren gewöhnlichen Aufenthalt in Schottland, so ist Schottland so anzusehen, als wäre es ein selbständiger Staat, und ist in der Folge schottisches Recht berufen (obwohl Völkerrechtssubjekt eigentlich nur das Vereinigte Königreich von Großbritannien und Nordirland wäre).

580 **5. Vorrang spezieller Kollisionsnormen in anderen EU-Rechtsakten nach Art. 27 Rom II-VO.** Spezielle Kollisionsnormen in anderen EU-Rechtsakten genießen nach Art. 27 Rom I-VO Vorrang vor der Rom II-VO. Damit wollte man die Tür offen halten für das Herkunftslandprinzip, soweit es in Spezialnormen anderer Rechtsakte verwirklicht wird.[1675] Darin liegt eine enorme rechtspolitische Brisanz. Denn für das allgemeine Deliktskollisionsrecht hat sich Art. 4 I Rom II-VO bewusst und gezielt für eine Erfolgsortanknüpfung und damit gegen eine Herkunftslandanknüpfung entschieden, die eine Handlungsortanknüpfung wäre.[1676]

581 Wichtig ist in diesem Kontext vor allem Art. 3 e-commerce-RL[1677]. Er führt für den elektronischen Geschäftsverkehr das Herkunftslandprinzip ein. Freilich stellen die herrschende Meinung[1678] und der EuGH[1679] in Abrede, dass es sich dabei um eine Kollisionsnorm des IPR handele. Denn schließlich besage Art. 1 IV e-commerce-RL ja, dass nicht beabsichtigt sei, mit der e-commerce-RL neue Kollisionsnormen einzuführen. Grammatisch ist dagegen nichts einzuwenden. Systematisch und teleologisch dagegen überzeugt es

---

[1672] Siehe nur MüKoBGB/*A. Junker* Art. 26 Rom II-VO Rn. 25; Rauscher/*Jakob/Picht* Art. 26 Rom II-VO Rn. 24; Palandt/*Thorn* Art. 26 Rom II-VO Rn. 3.
[1673] LG Neuruppin BeckRS 2017, 128777 Rn. 35.
[1674] *Looschelders*, FS Karl-Heinz Danzl, 2017, S. 603, 621.
[1675] Siehe Art. 23 II Vorschlag für eine Verordnung über das auf außervertragliche Schuldverhältnisse anzuwendende Recht, KOM (2003) 427 endg.; Magnus/Mankowski/*Mankowski* Art. 27 Rome II Regulation Rn. 7.
[1676] → § 2 Rn. 131.
[1677] Richtlinie 2000/31/EG des Europäischen Parlaments und des Rates vom 8.6.2000 über bestimmte rechtliche Aspekte der Dienste der Informationsgesellschaft, insbesondere des elektronischen Geschäftsverkehrs im Binnenmarkt (Richtlinie über den elektronischen Geschäftsverkehr), ABl. EG 2000 L 178/1.
[1678] Z.B. *Spindler*, MMR 1999, 199, 206; *H.-J. Ahrens*, CR 2000, 835, 837; *Glöckner*, ZVglRWiss 99 (2000), 278, 305 f.; *Fezer/Koos*, IPRax 2000, 349, 352–353; *R. Sack*, WRP 2001, 1408, 1417; *ders.*, WRP 2002, 271, 277; *A. V. Schefold*, Werbung im Internet und das deutsche Internationale Privatrecht, 2004, S. 235.
[1679] EuGH Slg. 2011, I-10269 Rn. 60–63 – eData Advertising GmbH/X u. Olivier Martinez u. Robert Martinez/MGN Ltd.

IX. Allgemeine Regeln für alle außervertraglichen Schuldverhältnisse   582–584   § 2

in keiner Weise. Denn auf den Kopf gefragt, was denn das Herkunftslandprinzip im e-commerce-Recht sei, wenn es keine Kollisionsnorm sei, werden die Antworten ausweichend. Das Herkunftslandprinzip soll etwas Drittes, Unionsrechtliches, zwischen Sachrecht und Kollisionsrecht sein.[1680]

Laut dem EuGH gebietet Art. 3 e-commerce-RL den Mitgliedstaaten keine Umsetzung 582
in Gestalt einer Kollisionsnorm; stattdessen habe der jeweilige Mitgliedstaat lediglich sicherzustellen, dass – vorbehaltlich der Möglichkeit, nach Art. 3 IV e-commerce-RL Ausnahmevorschriften zu erlassen – der betreffende Diensteanbieter keinen strengeren Anforderungen unterliegt, als sie das im Sitzmitgliedstaat dieses Anbieters geltende Recht vorsieht.[1681]

Das ist weder kollisionsrechtssystematisch eine belastbare Aussage noch eine sinnstiftende 583
Handreichung. So gelangt man nämlich zu einem sachrechtlichen Beschränkungsverbot,[1682] dessen Rahmen ein zweites, angeblich aber gar nicht kollisionsrechtlich berufenes Recht zieht.[1683] Einzig überzeugend ist dagegen, Art. 1 IV e-commerce-RL teleologisch auf Null zu reduzieren und das Herkunftslandprinzip offen als das zu bezeichnen, was es ist: eine Kollisionsnorm des IPR.[1684] Denn Sinn und Zweck des Herkunftslandprinzips bestehen darin, dass sich die Diensteanbieter an nur einem Recht sollen orientieren dürfen, dass ihnen obendrein als ihr jeweiliges eigenes Niederlassungsrecht vertraut ist, und so Rechtsermittlungs- und Informationskosten zu sparen.[1685] Gewollt ist eine einheitliche Beurteilung der europaweiten Aktivitäten ohne unterschiedliche Beurteilung je nach dem jeweiligen Zielland.[1686] Zum selben Ergebnis weisen auch Erwägungsgrund (4) Rom I-VO und Erwägungsgrund (35) Rom I-VO.[1687] Nationale Normen wie den österreichischen § 20 ECG als Kollisionsnormen mit Sachnormverweisung zu verstehen,[1688] wäre ein Ausweg für die Praxis, würde aber nicht die nötige Handreichung auf der unionsrechtlichen Ebene bieten können. In Bereichen, in denen unionsrechtlich Vollharmonisierung verfügt ist, unterscheiden sich die Ansätze in den Ergebnissen nicht, soweit nicht belegt ist, dass doch Residualbestände bleiben, in denen der Herkunftsstaat abweichen durfte.[1689]

Verfehlt ist es jedenfalls, einem angeblichen primärrechtlichen Herkunftslandprinzip 584
über Art. 27 Rom II-VO generell den Weg ebnen zu wollen.[1690] Erstens gibt es kein primärrechtliches Herkunftslandprinzip,[1691] wie der EuGH selber eindeutig ausgesprochen hat.[1692]

[1680] So in unterschiedlichen Variationen OLG Köln K&R 2014, 43 mAnm *Court-Coumont; Spindler,* ZHR 165 (2001), 324, 334, 336; *ders.,* IPRax 2001, 400, 401; *ders.,* RIW 2002, 183, 185; *ders.,* NJW 2002, 921, 926; *ders.,* RabelsZ 66 (2002), 633, 652–653; *ders.,* in: Gounalakis (Hrsg.), Rechtshandbuch Electronic Business, 2003, § 9 Rn. 80–100; *Croquenaire/Lazaro,* in: Le commerce électronique européen sur les rails?, 2001, S. 41, 50 no. 91 sowie *Francq,* Rev. ubiquité 7/2000, 47, 66.
[1681] EuGH Slg. 2011, I-10269 Rn. 63–67 – eDate Advertising GmbH/X u. Olivier Martinez u. Robert Martinez/MGN Ltd.; dem folgend BGH NJW 2012, 2197; ähnlich *W.-H. Roth,* IPRax 2013, 215, 226 f.
[1682] Deutlich BGH NJW 2012, 2197; OGH wbl 2013, 472, 474 – Vfg Versandapotheke für Österreich; ebenso *Sack,* EWS 2011, 513, 518; *Hess,* JZ 2012, 189, 192; *Spindler,* CR 2012, 176, 177.
[1683] Eine Variation bietet *Ofner,* ZfRV 2013, 227 f: kollisionsrechtliches Günstigkeitsprinzip im Interesse des Diensteanbieters mit internationaldeliktsrechtlicher Regelanknüpfung als Grundlage.
[1684] Dafür insbesondere *Mankowski,* ZVglRWiss 100 (2001), 137; *ders.,* FS 75 Jahre Max-Planck-Institut für Privatrecht, 2001, S. 595; *ders.,* CR 2001, 630; *ders.,* IPRax 2002, 257; MüKoUWG/*Mankowski* IntWettbR Rn. 48–89.
[1685] Insbesondere MüKoUWG/*Mankowski* IntWettbR Rn. 54 f.
[1686] LG Siegen CR 2013, 676 (676); MüKoBGB/*Martiny* § 3 TMG Rn. 19.
[1687] *Einsele,* IPRax 2012, 481, 489 Fn. 72.
[1688] So OGH MR 2012, 207 mAnm *Burgstaller/Kolmhofer* = jusIT 2012, 133 mAnm *Mader;* OGH ÖBl 2013, 109 – klimaneutral; *Brenn,* ÖJZ 2012, 494, 498. Anderer Ansicht OGH wbl 2013, 472, 474 – Vfg Versandapotheke für Österreich.
[1689] OGH wbl 2013, 472, 474 f. – Vfg Versandapotheke für Österreich.
[1690] Dafür aber *Tschäpe/R. Kramer/Glück,* RIW 2008, 657, 663–665, 667.
[1691] Eingehend MüKoUWG/*Mankowski* IntWettbR Rn. 78–83.
[1692] EuGH Slg. 1997, I-2405, 2464 Rn. 64 – Bundesrepublik Deutschland/Parlament und Rat (Einlagensicherungsurteil); zustimmend z.B. *W.-H. Roth,* in: Grundmann/Medicus/Rolland (Hrsg.), Europäisches Kaufgewährleistungsrecht, 2000, S. 113, 125; *ders.,* in: Mansel/J. F. Baur (Hrsg.), Systemwechsel im europäischen

Zweitens bräuchte es, wenn es denn existierte, keinen Art. 27 Rom II-VO, sondern würde sich über den normhierarchischen Vorrang des Primärrechts Bahn brechen. Drittens ist nicht ersichtlich, woher ein umfassendes Binnenmarktkollisionsrecht erwachsen sollte, das sich ebenso umfassend im Herkunftslandprinzip äußern sollte.[1693] Wo der Gemeinschaftsgesetzgeber jenes Prinzip wollte, hat er es ausdrücklich verwirklicht. Wo er dies nicht getan hat, regieren die allgemeinen Kollisionsnormen, denen ein Herkunftslandprinzip fremd ist und die als lois uniformes nicht zwischen Binnenmarkt- und Drittstaatensachverhalten differenzieren.

585 Ein Herkunftslandprinzip aus unionsrechtlichen Spezialvorschriften setzt sich nicht nur gegenüber der allgemeinen Anknüpfung aus Art. 4 Rom II-VO, sondern auch gegenüber besonderen Kollisionsnormen der Rom II-VO durch; dies gilt insbesondere im Internationalen Lauterkeitsrecht, wo das Marktortprinzip aus Art. 6 I Rom II-VO als gegenläufiges Prinzip zurücktreten muss.[1694]

586 Der Vorrang des Herkunftslandprinzips reicht nur, soweit dieses überhaupt gelten will. Eine Herkunftslandanknüpfung ist eine gezielte Privilegierung und Begünstigung von Anbietern und Akteuren, die in der EU ansässig sind. Sie ist binnenmarktspezifisch und soll Unternehmen aus der EU stärken. Das Herkunftslandprinzip aus Art. 3 I e-commerce-RL; § 3 TMG gilt nicht für Anbieter aus Drittstaaten.[1695]

587 **6. Spezielle Kollisionsnormen in Staatsverträgen.** Deutschland hat keine speziellen Staatsverträge mit Drittstaaten geschlossen, die Kollisionsnormen für außervertragliche Schuldverhältnisse enthielten. Daher hat Art. 28 Rom II-VO für Deutschland keine praktische Bedeutung. Viele andere Mitgliedstaaten der Rom II-VO sind dagegen Vertragsstaaten des Haager Straßenverkehrsunfallübereinkommens[1696] oder des Haager Produkthaftungsübereinkommens[1697]. Deren Rechtsanwender wenden dann das betreffende Haager Übereinkommen statt der Rom II-VO an.[1698]

588 Findet das Verfahren in Deutschland statt, so ist aber wiederum unerheblich, ob auf das Recht eines solchen Staates verwiesen wird. Denn Art. 24 Rom II-VO schließt jeglichen renvoi aus, und staatsvertragliche Kollisionsnormen der lex causae sind deshalb aus deutscher Sicht unbeachtlich. Vor deutschen Gerichten (und vor Gerichten in allen anderen Mitgliedstaaten, die kein Vertragsstaat des betreffenden Haager Übereinkommens sind) ist also nur die Rom II-VO anwendbar.[1699] Diese Spaltung, zumal bei den praktisch überragend wichtigen Straßenverkehrsunfällen, ist der Einheitlichkeit der Rom II-VO in den Mitgliedstaaten ungemein abträglich und fördert unerwünschtes forum shopping.[1700] Forum shopping ist hier leider verbreitet und in der Realität üblich.[1701]

Kollisionsrecht, 2002, S. 47, 54 f.; *v. Wilmowsky*, RabelsZ 64 (2000), 157, 159; *Leible*, in: Nordhausen (Hrsg.), Neue Entwicklungen in der Dienstleistungs- und Warenverkehrsfreiheit, 2002, S. 71, 75 f. Panorama der EuGH-Entscheidungen, aus denen sich die Aussage implizit ergibt, bei *Sack,* WRP 2001, 1408, 1413 f.
[1693] Dies behaupten *Tschäpe/R. Kramer/Glück,* RIW 2008, 657, 664 f.
[1694] LG Siegen CR 2013, 676 (676); MüKoBGB/*Martiny* § 3 TMG Rn. 54.
[1695] LG Siegen CR 2013, 676 (676); MüKoBGB/*Martiny* § 3 TMG Rn. 71.
[1696] Hague Convention of 4 May 1971 on the Law Applicable to Traffic Accidents <http://www.hcch.net/en/instruments/conventions/full-text>.
[1697] Hague Convention of 2 October 1973 on the Law Applicable to Products Liability <http://www.hcch.net/en/instruments/conventions/full-text>.
[1698] Siehe nur GA *Jääskinen,* ECLI:EU:C:2013:471 Rn. 50; Cass. Clunet 141 (2014), 1251 note *Latil* = JCP G 2014, 696 note *Corneloup*; Cass. Bull. civ. 2014 I n°. 71; OGH ZfRV 2016, 182; Trib. Trieste RDIPP 2013, 796; Trib. Varese RDIPP 2013, 798; Rb. Amsterdam NIPR 2015 Nr. 280 S. 461 f.; Politie-Rb. West-Vlanderen, Afdeling Brugge RW 2014-15, 1236, 1237; *C. Rudolf,* ZfRV 2008, 528, 531.
[1699] Magnus/Mankowski/*Mankowski* Art. 28 Rome II Regulation Rn. 29.
[1700] Siehe nur *Thiede/Kellner,* VersR 2007, 1624; *Kadner Graziano,* NIPR 2008, 425; 427; *A. Staudinger,* FS Jan Kropholler, 2008, S. 691, 700; *C. I. Nagy,* (2010) 6 JPrIL 93; *Sandrini,* RDIPP 2013, 677, 689–690; *Gaudemet-Tallon/Jault-Seseke,* D. 2015, 1056, 1063; *Maseda Rodríguez,* REDI 2016-1, 187, 190; *Wurmnest,* ZvglRWiss 115 (2016), 624, 633.
[1701] *Wurmnest,* ZvglRWiss 115 (2016), 624, 633.

7. Lückenfüllung durch Analogien zur Rom I-VO. In der Rom II-VO sind einige 589
Aspekte nicht geregelt, die in der Rom I-VO geregelt sind. Zum einen enthält die Rom
II-VO keine Norm zur Abtretung von Forderungen aus außervertraglichen Schuldverhältnissen (sondern in Art. 15 lit. e Rom II-VO nur zur Abtretbarkeit), zum anderen sagt sie
nichts zur Aufrechnung. Diese Lücken sind durch Analogien zu den einschlägigen Normen der Rom I-VO zu schließen: Für die Abtretung ist Art. 14 Rom I-VO analog heranzuziehen,[1702] für die Aufrechnung Art. 17 Rom I-VO.[1703] Auch Art. 16 S. 2 Rom I-VO ist
analog heranzuziehen, weil in Art. 20 Rom II-VO bei der Haftung mehrerer eine parallele
Norm für Verteidigungsrechte im Innenverhältnis fehlt und eine unbewusste Lücke besteht.[1704] Außerdem kann man Art. 3 (iVm Art. 10) Rom I-VO heranziehen, um Lücken
im Rechtswahltatbestand des Art. 14 Rom II-VO zu füllen.[1705]

X. Rom II-VO und Schiedsverfahren

Art. 1 II Rom II-VO enthält nicht den geringsten Ausnahmetatbestand für Schieds- 590
vereinbarungen[1706] oder gar für die Rechtsanwendung in Schiedsverfahren.[1707] Außerdem berühren etliche Tatbestände der außervertraglichen Haftung Interessen der Allgemeinheit oder zumindest einer Mehrzahl potenzieller Opfer.[1708] Darauf gründet sich
insbesondere der Ausschluss von Parteiautonomie für „Kollektiv"tatbestände in Artt. 6 IV; 8
III Rom II-VO. Die Rom II-VO heischt von daher Anwendung in Schiedsverfahren vor
Schiedsgerichten mit Sitz in einem Mitgliedstaat.[1709] Selbst soweit Schiedsgerichte nicht zur
Vorlage an den EuGH berechtigt sein sollten,[1710] hätte dies hier keine Aussagekraft.[1711]
Denn es gibt keinen Gleichlauf zwischen Normbindung und Vorlageberechtigung; vielmehr hat Art. 267 AEUV seinen spezifischen Gerichtsbegriff.[1712] Anderenfalls hätte man
unter Art. 68 EGV argumentieren müssen, dass nicht letztinstanzliche Gerichte ebenfalls
nicht an die Rom II-VO gebunden gewesen wären, da sie ja nicht hätten vorlegen dürfen.[1713]

Eine positive Begründung dergestalt, dass Erwägungsgrund (8) Rom II-VO in seiner 591
englischen Fassung mit dem ausdrücklich neben „court" erwähnten „tribunal" Schiedsge-

---

[1702] Siehe nur *Dickinson* Rn. 14.39; *P. Huber/Bach* Art. 15 Rome II Rn. 17; *Plender/Wilderspin* Rn. 16-072.

[1703] *Garcimartín Alférez*, Essays in Honour of Hans van Loon, 2013, S. 169, 178.

[1704] *Garcimartín Alférez*, Essays in Honour of Hans van Loon, 2013, S. 169, 178.

[1705] → § 2 Rn. 75.

[1706] Insoweit in Abweichung von Art. 1 II lit. e Rom I-VO.

[1707] Siehe nur *Dickinson* Rn. 3.82; *ders.*, (2016) 132 LQR 536, 540; *Hartenstein*, TranspR 2010, 261, 264, 267.

[1708] *Dickinson* Rn. 3.82; *D. J. Zimmer* S. 378.

[1709] *Mankowski*, FS Bernd v. Hoffmann, 2011, S. 1012, 1022; NK-BGB/*Knöfel* Art. 1 Rom II-VO Rn. 15. Im Ergebnis ebenso *G. Wagner*, IPRax 2008, 1, 3 sowie *A. Staudinger*, EuLF 2007, I- 257, I-263; *ders.*, AnwBl 2008, 8, 13. Anders *Dickinson* Rn. 3.83 f.; Comité Français de l'Arbitrage, Response (16.6.2009) S. 2; *Klingel*, Die Principles of European Law on Personal Securities als neutrales Recht für internationale Bürgschaftsverträge, 2009, S. 167; *Kondring*, RIW 2010, 184, 189 f.; *A. Grimm*, SchiedsVZ 2012, 189, 200; *Nueber*, SchiedsVZ 2014, 186, 189 f.; Rauscher/*Unberath/Cziupka/Pabst* Art. 1 Rom II-VO Rn. 10.

[1710] Zur Frage EuGH Slg. 1982, 1095, 1110 f. Rn. 12 – „Nordsee" Deutsche Hochseefischerei GmbH/ Reederei Mond Hochseefischerei AG & Co. KG u. Reederei Friedrich Busse Hochseefischerei Nordstern AG & Co. KG; EuGH Slg. 2005, I-923, I-932 f. Rn. 13–16 – Guy Denuit u. Betty Cordenier/Transporient Mosaïque Voyages et Culture SA; EuGH ECLI:EU:2014:92 Rn. 17 – Merck Canada Inc./Accord Healthcare Ltd. u. a.; EuGH ECLI:EU:2014:1754 Rn. 27–34 – Ascendi Beiras Litoral e Alta, Auto Estradas das Beiras Litoral e Alta SA/Autoridade Tributária e Aduaneira sowie *Basedow*, J. Int. Arb. 32 (2015), 367, 382–386; *Axtmann*, Die Vorlageberechtigung von Sportschiedsgerichten zum EuGH nach Art. 267 AEUV, 2016, S. 238–240 (mit vorangehender ausführlicher Herleitung).

[1711] Entgegen insbesondere *Zobel*, Schiedsgerichtsbarkeit und Unionsrecht, 2005, S. 120–213; *Rüßmann/Spohnheimer*, FS zum 60jährigen Bestehen des Europa-Instituts, 2011, S. 477, 490 f.

[1712] NK-BGB/*Knöfel* Art. 1 Rom II-VO Rn. 15.

[1713] *Mankowski*, RIW 2018, 1, 8.

richte meine,[1714] wird sich indes nicht halten lassen.[1715] Erstens findet diese Doppelung keine durchgängige Entsprechung in den anderen Sprachfassungen.[1716] Zweitens entspricht die Formulierung jener aus Art. 1 I EuGVVO. Dort hat sie zwar keine ausschließende, aber angesichts von Art. 1 II lit. e EuGVVO auch keine einschließende Bedeutung.[1717] Drittens begegnet sie in Artt. 2 I 1 EuVTVO; 2 I 1 EuGFVO wieder, wo ebenfalls angesichts eindeutiger Ausschlusstatbestände keine Einbeziehung gemeint sein kann.[1718] Viertens lassen sich auch aus der Entstehungsgeschichte keine Belege gewinnen, dass eine Einbeziehung durch die Formulierung des Erwägungsgrunds (8) Rom II-VO gezielt beabsichtigt gewesen wäre.[1719]

592   Dass die Rom II-VO nicht einmal eine Ausnahme für Schieds*vereinbarungen* kennt, lässt sich im Übrigen schnell erklären: Im außervertraglichen Bereich stellt sich für solche Vereinbarungen die Qualifikations- und Abgrenzungsfrage zwischen materiellem und Prozessrecht nicht.[1720]

[1714] So G. *Wagner,* IPRax 2008, 1, 3 sowie A. *Staudinger,* EuLF 2007, I-257, I-263; *ders.,* AnwBl 2008, 8, 13.
[1715] *Kondring,* RIW 2010, 184, 189 f.; *Mankowski,* FS Bernd v. Hoffmann, 2011, S. 1012, 1022.
[1716] *Kondring,* RIW 2010, 184, 190.
[1717] *Kondring,* RIW 2010, 184, 190.
[1718] *Kondring,* RIW 2010, 184, 190.
[1719] *Kondring,* RIW 2010, 184, 190.
[1720] *Mankowski,* RIW 2011, 30, 38; *ders.,* FS Bernd v. Hoffmann, 2011, S. 1012, 1022.

§ 3. Internationales Sachenrecht

Literatur: *d'Avout,* Sur les solutions du conflit de lois en droit des biens, 2006; *Akkermans,* Lex Rei Sitae and the EU Internal Market – towards mutual recognition of property relations, Eur. Property L. J. 7 (2018), 246; *Basedow,* The Lex Situs in the Law of Movables: A Swiss Cheese, YbPIL 18 (2016/17), 1; *Benecke,* Abhandenkommen und Eigentumserwerb im Internationalen Privatrecht, ZvglRWiss 101 (2002), 362; *F. Berner,* Wohlerworbene Rechte im europäischen Kreditsicherungsrecht, JJZ 2016, 335; *Bornheim,* Die Wirkung relativer dinglicher Rechte nach deutschem internationalen Sachenrecht, RabelsZ 79 (2015), 36; *Brinkmann,* Kreditsicherheiten an beweglichen Sachen und Forderungen, 2011; *Carré,* La loi applicable aux droit réels portant sur les biens virtuels, RCDIP 2017, 337; *Drobnig,* Eigentumsvorbehalte bei Importlieferungen nach Deutschland, RabelsZ 32 (1968), 450; *ders.,* Entwicklungstendenzen des deutschen internationalen Sachenrechts, FS Gerhard Kegel zum 65. Geb., 1977, S. 141; *ders.,* Vorschlag einer besonderen Kollisionsnorm für Transportmittel, in: Henrich (Hrsg.), Vorschläge und Gutachten zur Reform des deutschen internationalen Sachen- und Immaterialgüterrechts, 1991, S. 13; *ders.,* A Plea for European Conflict Rules on Proprietary Security, Liber amicorum Ole Lando, 2012, S. 85; *Drömann,* Die Integration ausländischer Sachenrechte im deutschen internationalen Privatrecht, 2013; *Duden,* Der Rechtserwerb vom Nichtberechtigten an beweglichen Sachen und Inhaberpapieren im deutschen internationalen Privatrecht, 1934; *Einsele,* Rechtswahlfreiheit im Internationalen Privatrecht, RabelsZ 60 (1996), 417; *A. Engel,* Internationales Sachenrecht: Verjährung durch Statutenwechsel?, IPRax 2014, 521; *Erlank,* The disconcerting exercise of finding and applying the lex rei sitae in Cyberspace, Eur. Property L. J. 7 (2018), 212; *U. Ernst,* Grenzüberschreitende Mobiliarsicherung in Europa: das deutsch-polnische Beispiel, RIW 2009, 451; *Finkelmeier,* Qualifikation der Vindikation und des Eigentümer-Besitzer-Verhältnisses, 2016; *Fisch,* Eigentumserwerb, Eigentumsvorbehalt und Sicherungsübereignung an Fahrnis im Internationalen Sachenrecht der Schweiz, der Bundesrepublik Deutschland und Frankreichs, Freiburg i. Ue. 1985; *Flessner,* Rechtswahl im internationalen Sachenrecht – neue Anstöße aus Europa, FS Helmut Koziol, 2010, S. 125; *Freigang,* Grenzüberschreitende Grundstücksimmissionen, 2008; *Fritzemeyer,* Internationalprivatrechtliche Anerkennungs- und Substitutionsprobleme bei Mobiliarsicherheiten 1984; *Gomille,* Der unfreiwillige Verlust von Eigentümerbefugnissen im internationalen Sachenrecht, Jura 2017, 54; *Graham-Siegenthaler,* Kreditsicherungsrechte im internationalen Rechtsverkehr, 2005; *Hesse-Schmitz,* Res in transitu – Sachen im grenzüberschreitenden Transport, 2012; *v. Hein,* Conflicts between International Property, Family and Succession Law – Interfaces and Regulatory Techniques, Eur. Property L. J. 2017, 142; *Jayme/Marzocco,* Zum gutgläubigen Erwerb in Italien gestohlener Kraftfahrzeuge – Fragen des Internationalen Privat- und Verfahrensrechts, FS Rolf A. Schütze zum 80. Geb., 2014, S. 205; *Junker,* Die IPR-Reform von 1999: Auswirkungen auf die Unternehmenspraxis – Im Blickpunkt: Außervertragliche Schuldverhältnisse und Sachenrecht, RIW 2000, 241; *ders.,* Der Statutenwechsel nach dem deutschen Internationalen Sachenrecht, FS Reinhold Geimer zum 80. Geb., 2017, S. 267; *Juutilainen,* Secured Credit in Europe – From Conflicts to Compatibility, 2018; *Kassaye,* Neuere Entwicklungen im internationalen Mobiliarsachenrecht, Diss Hamburg II 1983; *Kieninger,* Mobiliarsicherheiten im Europäischen Binnenmarkt, 1996; *dies.,* Securities in Movable Property within the Common Market, ERPL 1996, 41; *dies.,* Die Zukunft des deutschen und europäischen Mobiliarkreditsicherungsrechts, AcP 208 (2008), 182; *dies.,* Rechtswahlfreiheit im Sachenrecht?, FS Dieter Martiny, 2014, S. 391; *dies.,* Das internationale Sachenrecht als Gegenstand eines Rechtsakts der EU – eine Skizze, FS Dagmar Coester-Waltjen, 2015, S. 469; *dies.,* Freedom of Choice in the Law of Property, Eur. Property L. J. 7 (2018), 221; *Kleweta,* Die Sicherungsfunktion der Floating Charge in Deutschland, 2018; *Kopylov,* Art. 46 EGBGB und das Recht zur wirtschaftlichen Verwaltung nach russischem Recht, RIW 2009, 516; *Kreuzer,* Referentenentwurf eines Gesetzes zur Ergänzung des Internationalen Privatrechts, in: Henrich (Hrsg.), Vorschläge und Gutachten zur Reform des deutschen internationalen Sachen- und Immaterialgüterrechts, 1991, S. 38; *ders.,* Die Inlandswirksamkeit fremder besitzloser vertraglicher Mobiliarsicherheiten: die italienische Autohypothek und das US-amerikanische mortgage an Luftfahrzeugen, IPRax 1993, 157; *ders.,* La propriété mobilière en droit international privé, RdC 259 (1996 III), 9; *ders.,* Die Vollendung der Kodifikation des deutschen Internationalen Privatrechts durch das Gesetz zum Internationalen Privatrecht der außervertraglichen Schuldverhältnisse und Sachen vom 21.5.1999, RabelsZ 65 (2001), 383; *ders.,* Zur Anwendung des Art. 43 Abs. 3 EGBGB, FS Rainer Bechtold, 2006, S. 253; *Kroll-Ludwigs,* Die Rolle der Parteiautonomie im europäischen Kollisionsrecht, 2013; *Lipsky,* Statutenwechsel im italienischen Sachenrecht, 2011; *Mankowski,*

Das Statut der Schiffsgläubigerrechte, TranspR 1990, 213; *ders.*, Seerechtliche Vertragsverhältnisse im Internationalen Privatrecht, 1995; *ders.*, Der Heimathafen – Ein geeigneter Anknüpfungspunkt für das Internationale Seesachenrecht?, TranspR 1996, 228; *ders.*, Das Grundbuch im Internatioanlen Privat- und Verfahrensrecht, in: Wudarski (Hrsg.), Das Grundbuch im Europa des 21. Jahrhunderts, 2016, S. 83; *Mansel*, Normzweck und Tatbestandsstruktur des Art. 46 EGBGB, FS Andreas Heldrich, 2005, S. 699; *ders.*, Französisches internationales Sachenrecht und Sicherungsübereignung nach deutschem Recht, GS Ulrich Hübner, 2012, S. 705; *ders.*, Eingriffsnormen im internationalen Sachenrecht, FS Wulf-Henning Roth, 2014, S. 375; *Martiny*, Nichtanerkennung deutscher Sicherungsübereignung in Österreich, IPRax 1985, 168; *ders.*, Der Eigentumsübergang beim grenzüberschreitenden Warenkauf, FS Alexander v. Brünneck, 2011, S. 314; *A. Mayer*, Internationales Mobiliarsicherheitenrecht im deutsch-russischen Rechtsverkehr, 2009; *K. Müller*, Kollisionsrechtliche Behandlung von Reisegepäck und individuellen Verkehrsmitteln auf der Auslandsreise, RIW 1982, 461; *Paffenholz*, Die Ausweichklausel des Art. 46 EGBGB, 2006; *Peroni*, The regulation of patrimony within civil law systems: from a unitary to a divisional approach in the management of patrimonial assets and its effects on private international law rules, (2018) 14 JPrIL 368; *T. Pfeiffer*, Der Stand des Internationalen Sachenrechts nach seiner Kodifikation, IPRax 2000, 270; *Privat*, Der Einfluß der Rechtswahl auf die rechtsgeschäftliche Mobiliarübereignung im internationalen Privatrecht, 1964; *Rakob*, Ausländische Mobiliarsicherungsrechte im Inland, 2001; *Ramaekers*, Lex rei sitae: Een rechtsvergelijkende studie tussen Nederlands en Engels IPR goederenrecht, WPNR 6992 (2013), 920; *Ritterhoff*, Parteiautonomie im Internationalen Sachenrecht, 1999; *G. Rixen*, Das Sachstatut bei internationalen Verkehrsgeschäften nach der Kodifikation des internationalen Sachenrechtes, 2014; *Röthel*, Internationales Sachenrecht im Binnenmarkt, JZ 2003, 1021; *C. S. Rupp*, The lex rei sitae and Its Neighbours – Debates, Developments, and Delineating Boundaries Between PIL Rules, Eur. Property L. J. 7 (2018), 267; *Sailer*, Gefahrübergang, Eigentumsübergang, Verfolgungs- und Zurückbehaltungsrecht beim Kauf beweglicher Sachen im internationalen Privatrecht, 1966; *A. Schall*, Die neue englische floating charge im Internationalen Privat- und Verfahrensrecht, IPRax 2009, 209; *Schilling*, Besitzlose Mobiliarsicherheiten im nationalen und internationalen Privatrecht, 1985; *Schönemann*, Sicherungseigentum im grenzüberschreitenden Verkehr mit Italien, 2013; *Schurig*, Statutenwechsel und die neuen Normen des deutschen internationalen Sachenrechts, 2001, S. 577; *Schwind*, „Hinkendes Eigentum" im deutsch-österreichischen Rechtsverkehr – ein juristischer Alptraum, FS Gerhard Kegel zum 75. Geb., 1987, S. 599; *Seifer*, Ausländische Mobiliarkreditsicherungsrechte im inländischen Rechtsverkehr, 2019; *Siehr*, Das Lösungsrecht des gutgläubigen Käufers im Internationalen Privatrecht, ZvglRWiss 83 (1984), 100; *ders.*, Internationales Sachenrecht: Rechtsvergleichendes zu seiner Vergangenheit, Gegenwart und Zukunft, ZvglRWiss 105 (2006), 145; *A. Staudinger*, Das Gesetz zum Internationalen Privatrecht für außervertragliche Schuldverhältnisse und Sachen vom 21.5.1999, DB 1999, 1589; *H. Stoll*, Parteiautonomie und Handeln unter falschem Recht bei Übereignung beweglicher Sachen, IPRax 1997, 411; *ders.*, Zur gesetzlichen Regelung des Internationalen Sachenrechts in Artt. 43–46 EGBGB, IPRax 2000, 259; *Swienty*, Der Statutenwechsel im deutschen und englischen internationalen Sachenrecht unter besonderer Betrachtung der Kreditsicherungsrechte, 2011; *R. Weber*, Parteiautonomie im internationalen Sachenrecht, RabelsZ 44 (1980), 510; *van der Weide*, Mobiliteit van goederen in de IPR – Tussen situsregel en partijautonomie, 2006; *Wenckstern*, Die englische Floating Charge im deutschen Internationalen Privatrecht, RabelsZ 56 (1992), 624; *Westrik/van der Weide* (eds.), Party Autonomy in International Property Law, 2011; *v. Wilmowsky*, Europäisches Kreditsicherungsrecht, 1996; *Chr. S. Wolf*, Der Begriff der wesentlich engeren Verbindung im Internationalen Sachenrecht, 2002.

I. Einleitung

1   Das Internationale Sachenrecht ist nicht europäisch, sondern national kodifiziert. Es gibt keine Rom-Verordnung zum Internationalen Sachenrecht, es war nie eine ernsthaft geplant,[1] und es wird in absehbarer Zukunft auch keine solche EU-Verordnung geben.[2] Die vordergründige Erklärung dafür scheint zu sein, dass die Anwendung des Belegenheitsrechts der Sache, der lex rei sitae, für die dinglichen Rechtsverhältnisse an dieser Sache ein nahezu universal akzeptierter Grundsatz ist. Deshalb besteht aufgrund Parallelität der prinzipiellen Anknüpfung in den nationalen Kollisionsrechten der EU-Mitgliedstaaten kein

---

[1] *Mankowski*, in: Wudarski (Hrsg.), Das Grundbuch im Europa des 21. Jahrhunderts, 2016, S. 83, 84.
[2] *Kreuzer*, RabelsZ 65 (2001), 383, 462; *Kieninger*, FS Dagmar Coester-Waltjen, 2015, S. 469 (469); *A. Junker*, FS Reinhold Geimer zum 80. Geb., 2017, S. 267 (267).

I. Einleitung 2–5 § 3

drängender europäischer Vereinheitlichungsbedarf, welcher die Mühen lohnen würde, die mit dem Erarbeiten und Durchsetzen einer Rom-Verordnung verbunden sind.[3]

Dies ist indes nur die eine Seite der Medaille. Die andere Seite der Medaille benennt das Stichwort Warenkreditsicherheiten. Die Anknüpfung an die jeweilige Belegenheit führt zu einem Statutenwechsel bei Grenzübertritt. Dies droht bestehende Sicherungsrechte an Mobilien, insbesondere an Waren, zu vernichten oder in ihrer Durchsetzbarkeit zu behindern. Verschärft wird die Situation dadurch, dass in vielen Sachrechten ein numerus clausus der subjektiven Sachenrechte herrscht[4] und manche ausländische Sicherungsform im Inland nicht bekannt ist. Ob es besitzlose Pfandrechte, also Pfandrechte an einer Sache ohne Sachenbesitz des Pfandgläubigers, geben kann, erscheint vordergründig als eine rechtstechnische Frage am Rande. In Wirklichkeit ist sie fundamental und essentiell für moderne Warenkreditsicherung, die es dem Pfandschuldner erlaubt, mit der Ware zu handeln – und so mit der Ware das Geld zu verdienen, das er braucht, um den durch das Pfandrecht besicherten Kredit zu bedienen.[5]

Nicht nur im deutschen Recht ist das Prinzip des numerus clausus zu beachten, vielmehr beispielsweise auch in Portugal, Griechenland und Italien. Doch nicht nur in civil law-Staaten ist das Prinzip zuhause, sondern auch in common law-Staaten, wie beispielsweise Irland, England[6] und den USA,[7] wobei sich der numerus clausus dort auf die von der Rechtsprechung entwickelten und anerkannten Formen beschränkt. In vielen europäischen civil law-Staaten ist das Prinzip des Typenzwangs dagegen, deren Kodifikationstradition entsprechend, ausdrücklich gesetzlich geregelt. Im deutschen Recht ergibt sich das Prinzip allerdings nur mittelbar aus dem BGB.

Das deutsche Sicherungseigentum ist entstanden, um das strikte Faustpfandprinzip des deutschen Sachenrechts für „echte" Pfandrechte zu durchbrechen.[8] Ausländische Sachenrechte, die sich nicht dem Faustpfandprinzip verpflichtet haben, brauchen keine dem deutschen Sicherungseigentum entsprechenden Ausweichkonstruktionen. Umgekehrt kennt das deutsche Recht den Eigentumsvorbehalt. Dieser ist – zumindest in seinen weiteren Ausgestaltungen als erweiterter oder verlängerter Eigentumsvorbehalt – vielen ausländischen Rechtsordnungen unbekannt.[9] Viele, wenn auch nicht alle ausländischen Rechtsordnungen verfolgen dessen Ziele aber mit ähnlichen Konstruktionen, sei es auf dinglicher,[10] sei es auf vertraglicher Ebene.[11]

Z.B. in Italien gibt es aber auch besitzlose Pfandrechte an beweglichen Sachen oder sogar die „Autohypothek", einzutragen in das Pubblico Registro Automobilistico.[12] In

---

[3] Zu denkbaren Vorbildern und Inhalten einer solchen VO *Kieninger,* FS Dagmar Coester-Waltjen, 2015, S. 469, 474–483.
[4] Rechtsvergleichend z.B. *T.H.D. Struycken,* De numerus clausus in het goederenrecht, 2007; *Akkermans,* The Principle of Numerus Clausus in European Property Law, 2008.
[5] Siehe nur *Adams,* Ökonomische Analyse der Sicherungsrechte, 1980; *Drukarczyk,* Mobiliarsicherheiten, 1985; *Dorndorf,* Kreditsicherungsrecht und Wirtschaftsordnung, 1986.
[6] Nähere Nachweise zu den europäischen Staaten bei *Chr. v. Bar,* Essays in Honour of Hugh Beale, 2014, S. 441.
[7] Siehe z.B. *Merrill/H.E. Smith,* 110 Yale L.J. 1 (2000).
[8] Eingehend *Hromadka,* Die Entwicklung des Faustpfandprinzips im 18. und 19. Jahrhundert, 1971; *N. Reich,* AcP 169 (1969), 246; *ders.,* Die Sicherungsübereignung, 1970; *Wiegand,* ZBJV 116 (1980), 357; *D. Schwintowski,* Das besitzlose Pfandrecht, 2012.
[9] Siehe insbesondere *Verheul,* Eigendomsvoorbehoud, 2018, und die Überblicke bei *Kieninger,* Mobiliarsicherheiten im Europäischen Binnenmarkt, 1996, S. 42–68, 94–107, 117–119.
[10] Siehe die in der vorigen Fn. angeführten Überblicke. Eingehend zum niederländischen Recht *G.W. Micke,* NTBR 1995, 176; *Verheul,* Eigendomsvoorbehoud, 2018.
[11] Insbesondere über die Romalpa Clauses im englischen Recht; benannt nach *Aluminium Industrie Vaaseen BV v. Romalpa Aluminium Ltd.* [1978] 1 WLR 676 (C.A.); siehe sec. 19 Sale of Goods Act 1979 einerseits, UCC in den USA andererseits; eingehend *B. Collier,* Romalpa Clauses, North Ride 1989; *W. Davies,* (2006) 4 (2) Hertfordshire L.J. 2.
[12] Artt. 5ff. Regio Decreto n. 1814 del 29 giulio 127 – Dispozioni di attuazione del R.D.L. n.436 del 15 marzo 1927 concernete la disciplina dei contratti di compravendita degli autoveicoli e l'estituzione del Pubblico Registro Automobilistico presso le sei dell'Automobile Club d'Italia.

§ 3   6, 7   § 3. Internationales Sachenrecht

Deutschland kann eine Hypothekenbestellung hingegen nur an Immobilien erfolgen (§§ 1113–1190 BGB). Noch einen Schritt weiter als das italienische Recht geht das registrierte Mobilienpfandrecht des belgischen Rechts.[13] Das deutsche Recht geht bei den besitzlosen Pfandrechten und Pfandrechtsersatzkonstruktionen rechtsvergleichend betrachtet einen Sonderweg, indem es auf Publizität kraft Registrierung verzichtet.[14]

6   Nichtanerkennung von Mobiliarsicherheiten ist unionsrechtlich ein tatbestandlicher Verstoß gegen die Warenverkehrs-, die Dienstleistungs- oder die Kapitalverkehrsfreiheit[15] und bedarf einer Rechtfertigung, will sie standhalten.[16] Mutig wäre, als Abhilfe die Lehre(n) von den wohlerworbenen Rechten (vested rights, droits acquis)[17] zu revitalisieren.[18] Sie weisen zwar Berührungspunkte zur Rechtslagenanerkennung, wie sie der EuGH insbesondere im Internationalen Namensrecht etabliert hat,[19] auf,[20] aber auch bedeutsame Unterschiede.[21]

7   Die sachrechtliche Vereinheitlichung oder zumindest Harmonisierung der Kreditsicherheiten, insbesondere der Warenkreditsicherheiten, steht seit Jahrzehnten zumindest auf der wissenschaftlichen Agenda in Europa,[22] ist aber kaum vom Fleck gekommen.[23] Eine europäische Vereinheitlichung des IPR der Kreditsicherheiten wird durchaus angemahnt,[24] steht aber nicht auf der rechtspolitischen Agenda der politischen Akteure. Artt. IX-3.301 – IX-

---

[13] Title XVIII de livre III Code civil (Belgien), eingeführt durch Wet tot wijziging van het Burgerlijk Wetboek wat de zakelijke zekerheden op roerende goederen betreftm van 11 juli 2013; da Koninjkljik Besluit van 17 september 2017 tot uitvoering van de artikelen van titel XVIII van boek III van het Burgerlijk Wetboek, die het geburik van het nationaal pandsregister betreffen, B. S. 26 Sept. 2017, 88045. Dazu *Storme* (ed.), Roerende zekerhden na de Pandwet, 2017; *Brijs/Van Landuyt*, WPNR 7169 (2017), 877.

[14] Eine interessante Erklärung für diesen Sonderweg versucht *Brinkmann*, in: Limperg/Bormann/Filges/Graf-Schlicker/H. Prütting (Hrsg.), Recht im Wandel deutscher und europäischer Rechtspolitik, 2015, S. 277.

[15] Vgl. zur Kapitalverkehrsfreiheit, allerdings zu Nießbräuchen, EuGH ECLI:EU:C:2018:157 – SEGRO Kft/Vas Megyei Kormányhivatal Sárvári Járási Földhivatala; GA *Saugmansgaard Øe*, ECLI:EU:C:2017:410; *Ludwigs*, EuZW 2018, 339.

[16] *Basedow*, RabelsZ 59 (1995), 1 44; *Kieninger*, Mobiliarsicherheiten im Europäischen Binnenmarkt, 1996, S. 152–183; *dies.*, AcP 208 (2008), 182, 189 f.; *Kaufhold*, Internationales und europäisches Mobiliarsicherungsrecht, 1999, S. 281–291; *Th. Rott*, Vereinheitlichung des Rechts der Mobiliarsicherheiten, 2000, S. 40–67; *Rakob*, Ausländische Mobiliarsicherungsrechte im Inland, 2001, S. 63–76; *Röthel*, JZ 2003, 1027; *Diedrich*, ZvglRWiss 104 (2005), 116, 121–124; *B. Reich*, Das stille Pfandrecht der Niederlande, 2006, S. 120–163; *W.-H. Roth*, in: Kieninger/Eidenmüller (eds.), The Future of Secured Credit in Europe, 2008, S. 36; *F. Berner*, JJZ 2016, 335, 342–359.

[17] Z. B. (mit Unterschieden untereinander) *U. Huber*, De Conflictu Legum Diversarum in Diversis Imperiis, vol. II, 1689, Liber 1 Titulus 3; *Holland*, Elements of Jurisprudence, 1880, S. 288 Fn. 1; *Dicey*, (1885) 1 L. Q. Rev. 246, 248; *ders.*, (1890) 6 L. Q. Rev. 1 und 113; *ders.*, A Digest of the Law of England with Reference to the Conflict of Laws, 1896; *Beale*, Cases on the Conflict of Laws, vol. III, 1901, S. 517; *ders.*, A Treatise on the Conflict of Laws, vol. I, 3. Aufl. 1935, S. 52–55, vol. III, 3. Aufl. 1935, S. 1968 f; *Pillet*, Traité pratique de droit international privé I, 1923, S. 5; *J.-P. Niboyet*, Traité de droit international privé I, 1938, S. 284 f.

[18] Siehe *F. Berner*, JJZ 2016, 335, 363–368.

[19] → § 6 Rn. 215 ff.

[20] *Mankowski*, FS 75 Jahre Max-Planck-Institut für Privatrecht, 2001, S. 595, 602; *Michaels*, (2006) 2 JPrIL 195; *Jayme/Chr. Kohler*, IPRax 2004, 481, 484; *Kuipers*, Eur. L. J. 2009, 66, 75–78; *Grünberger*, in: Leible/Unberath (Hrsg.), Brauchen wir eine Rom 0-Verordnung?, 2013, S. 81, 158.

[21] *F. Berner*, JJZ 2016, 335, 337–339.

[22] Insbesondere *Drobnig*, in: Kreuzer (Hrsg.), Mobiliarsicherheiten – Vielfalt oder Einheit?, 1988, S. 9; *ders.*, in: Martiny/Witzleb (Hrsg.), Auf den Wege zu einem Europäischen Zivilgesetzbuch, 1999, S. 169; *ders.*, in: v. Bar (ed.), Principles, Definitions and Model Rules of European Private Law, 2009, S. 447; *Kieninger*, Mobiliarsicherheiten im Europäischen Binnenmarkt, 1996; *dies.*, AcP 208 (2008), 182; *Drobnig/Kieninger* (eds.), Security Rights in Movable Property in European Private Law, 2004; *Drobnig/Sanders/Zippro* (eds.), Divergences of Property Law – An Obstacle to the Internal Market?, 2006; *Sigman/Kieninger*, Cross-Border Security over Tangibles, 2007; *Kreuzer*, in: Basedow/Remien/Wenckstern (Hrsg.), Europäisches Kreditsicherungsrecht, 2010, S. 31; *S. Huber*, RabelsZ 81 (2017), 77.

[23] Z. B. *Legradi*, Mobiliarsicherheiten in Europa, 2012; *Matz*, Regulierung von Eigentumssicherheiten an beweglichen Sachen, 2014. Vier verschiedene Ansätze identifiziert *Juutilainen*, Secured Credit in Europe, 2018, rechtsvergleichend in den Sachrechten der EU-Mitgliedstaaten.

[24] Insbesondere *Drobnig*, Liber amicorum Ole Lando, 2012, S. 85.

II. Grundsatz: Anwendung des Belegenheitsrechts (lex rei sitae) 8–12 § 3

3.333 DCFR haben – auf einer sachrechtlichen Ebene – ein Konzept besitzloser Registerpfandrechte und ein europäisches Register für Sicherungsrechte (European Register of Proprietary Securities) vorgeschlagen.[25]

Ein weiterer Problembereich sind die dinglichen Rechte an Waren, die sich in oder auf 8 Transportmitteln, insbesondere Schiffen, befinden. Wo sind diese Waren während des Transports belegen? In welchem Umfang können Warendokumente sie repräsentieren und für rechtliche Zwecke an ihre Stelle oder neben sie treten? Welche Dokumente sind im elektronischen, papierlosen Zeitalter Warendokumente mit hinreichender Traditionsfunktion?

Beispiel: Ein mit Waren beladenes Schiff unter der Flagge Liberias startet in Hamburg mit dem 9 Ziel Guangzhou (vormals Kanton), VR China.

Ein eigenes Zwischenreich sind Wertpapiere, im elektronischen Zeitalter besser englisch 10 securities genannt.[26] Ist es noch bei ihnen sinnvoll, an eine im Ausgangspunkt physisch verstandene Belegenheit anzuknüpfen, wenn es überhaupt kein physisches Substrat mehr gibt, nicht einmal mehr eine Sammelurkunde in irgendeinem Tresor? Ist das IPR der securities überhaupt noch Internationales Sachenrecht?

Nicht unter das Internationale Sachenrecht fallen unkörperliche Gegenstände und die an 11 ihnen begründeten Rechte. Sie sind Rechtskonstrukte und gleichsam „virtuell". Für sie passt mangels physischen Substrats die Grundanknüpfung an die Belegenheit der betroffenen Sache schlicht nicht.[27] Namentlich sind Immaterialgüterrechte Gegenstand des Internationalen Immaterialgüterrechts als eines eigenen Teilgebiets des IPR.[28] Auch „virtuelle Gegenstände" der Online-Welt, z. B. Pay2Win-Items und Equipment, um Spielfiguren in Online-Spielen auf- und auszurüsten,[29] stehen außerhalb des Internationalen Sachenrechts.[30]

II. Grundsatz: Anwendung des Belegenheitsrechts (lex rei sitae)

1. Lex situs als Grundregel. Art. 43 I 1 EGBGB ist die Grundanknüpfung im Internationalen Sachenrecht: Er unterwirft subjektive dingliche Rechte an einer Sache dem Recht am Belegenheitsort der betroffenen Sache. Er beruft die lex rei sitae, auch lex situs genannt. Anknüpfungspunkt ist der situs, die Sachbelegenheit. Die Anknüpfung an den situs entspricht dem Prinzip der stärksten Beziehung und ist einfach zu handhaben.[31] Sie ist internationaler Standard und begegnet, wenn auch teilweise mit Modifikationen und Differenzierungen, in allen wichtigen westlichen Kollisionsrechten.[32] Obwohl natürlich nicht jeder rechtspolitischen Kritik a priori entzogen,[33] fördert sie den internationalen Entscheidungseinklang.[34] Ihre nachgerade universelle Akzeptanz schützt darüber wirksam den

---

[25] Näher dazu z. B. *Schauer*, FS Stanisława Kalus, 2010, S. 451.
[26] Gelungene Kurzdarstellung modernen securities-Handels an Börsen bei *Steuer*, JuS 2018, 415.
[27] *Carré*, RCDIP 2017, 337, 343–347; siehe auch *Erlank*, Eur. Property L. J. 7 (2018), 212.
[28] Ansatzweise dazu → § 2 Rn. 346.
[29] Zur Umschreibung solcher virtuellen Gegenstände z. B. *Lutzi*, NJW 2012, 2070; *Sabellek/Heinemeyer*, CR 2012, 719; *Hermes*, GRUR-Prax 2013, 400, 401; *Mankowski*, RabelsZ 79 (2015), 883, 884; *Fezer/Büscher/Obergfell/Mankowski*, UWG, 3. Aufl. 2016, § 4-S 12 UWG Rn. 293l–293m.
[30] Näher *Carré*, RCDIP 2017, 337. Vgl. auch die Behandlung bei *Gössl*, Internetspezifisches Kollisionsrecht? – Anwendbares Recht bei der Veräußerung virtueller Gegenstände, 2014, indes mit einem anderen Zuschnitt der betrachteten Anknüpfungsgegenstände.
[31] Begründung der Bundesregierung zum Entwurf eines Gesetzes zum internationalen Privatrechts für außervertragliche Schuldverhältnisse und Sachen, BT-Drs. 14/343, 15.
[32] Siehe nur die Überblicke bei *Akkermans/Ramaekers*, in: Akkermans/Ramaekers (eds.), Property Law Perspectives, 2012, S. 123; *Ramaekers*, WPNR 6992 (2013), 920 sowie z. B. *Kieninger*, Wettbewerb der Privatrechtsordnungen im Binnenmarkt, 2002, S. 82; *Sparkes*, European Land Law, 2007, S. 155. Danach z. B. Art. 10:127 I BW.
[33] Umfangreiche Kritik insbesondere bei *Carruthers*, The Transfer of Property in the Conflict of Laws, 2005, Rn. 8.16-8.77.
[34] Siehe nur Begründung der Bundesregierung zum Entwurf eines Gesetzes zum internationalen Privatrecht für außervertragliche Schuldverhältnisse und Sachen, BT-Drs. 14/343, 15; MüKoBGB/*Wendehorst* Art. 43 EGBGB Rn. 3; NK-BGB/*v. Plehwe* Art. 43 EGBGB Rn. 1; *Gomille*, Jura 2017, 54, 56.

Rechtsverkehr.³⁵ Sie kommt den im Sachenrecht besonders wichtigen Interessen Dritter und des Rechtsverkehrs in besonderem Maße entgegen.³⁶ Aus Gläubigersicht ist sie relativ leicht erkennbar und erlaubt eine relativ sichere Erkenntnis, nach welchem Recht ein Zugriff auf die Sache erfolgen kann. Zudem bewirkt sie einen Gleichlauf mit der jeweils aktuellen lex loci executionis für einen Vollstreckungszugriff.³⁷

13 Eine generelle Begründung der Belegenheitsanknüpfung aus dem Gedanken staatlicher Souveränität³⁸ ginge aber zu weit. Denn hier geht es um Rechtsverhältnisse zwischen Privaten, nicht um Rechtsverhältnisse im Verhältnis zwischen einem Privaten und einem Staat.³⁹

14 Dingliche Rechte sind absolute Rechte mit Wirkung gegen jedermann. Bei ihnen besteht ein besonderes Bedürfnisse nach Rechtssicherheit und Rechtsklarheit.⁴⁰ Dem Interesse des Rechtsverkehrs an Sicherheit und Leichtigkeit ist gedient, wenn er sich darauf verlassen, dass die Sache dem Recht des Staates unterliegt, in dem man sie sehen und greifen kann.⁴¹ Die Lehre von den wohlerworbenen Rechten trägt und prägt die Situs-Regel.⁴² Die Situs-Regel garantiert die internationale Validität eines subjektiven Sachenrechts.⁴³ Ihr Anknüpfungsmerkmal lässt sich – zumindest im Normalfall – relativ einfach nach objektiven Kriterien bestimmen.⁴⁴

15 Förderung der Rechtssicherheit und der Vorhersehbarkeit sind generell Pluspunkte der situs-Regel.⁴⁵ Die Anknüpfung an den Lageort korrespondiert mit etwaigen Publizitätserfordernissen.⁴⁶ Insbesondere sind Registrierungsanforderungen in der Regel am Lageort zu erfüllen. Allerdings ist bei einer Bestellung von Kreditsicherheiten eine Anknüpfung an den Sitz des Sicherungsgebers eine denkbare und in manchen Rechtsordnungen durchaus vorkommende⁴⁷ Alternative.⁴⁸ Erkundigungsmöglichkeiten beim Sicherungsgeber sind kein vollwertiger Ersatz für Publizität, wie insbesondere jene Rechtsordnungen deutlich machen, die am Faustpfandprinzip und damit an Publizität durch Besitz festhalten.⁴⁹ Namentlich bei Warenlagern oder Maschinen als Besicherungsgegenstand, ökonomisch bedeutsamen Sachverhalten für inventory financing und equipment financing, sind Konstanz und Publizität gegeben.⁵⁰

16 Die Situs-Regel dient der Ergänzung des Sachrechts.⁵¹ Sie soll verhindern, dass Regelungsanliegen des sachlichen Rechts als Folge einer abweichenden Rechtswahl leerlaufen.⁵²

---

³⁵ Begründung der Bundesregierung zum Entwurf eines Gesetzes zum internationalen Privatrecht für außervertragliche Schuldverhältnisse und Sachen, BT-Drs. 14/343, 15.
³⁶ Siehe nur Staudinger/*Mansel* Art. 43 EGBGB Rn. 24 f.; *Gomille*, Jura 2017, 54, 56. Kritisch aber *Basedow*, YbPIL 18 (2016/17), 1, 8 f.
³⁷ Staudinger/*Mansel* Art. 43 EGBGB Rn. 24 f.
³⁸ Dafür *Schmid*, Die Herrschaft der Gesetze, 1863, S. 58; *Zitelmann*, Internationales Privatrecht, Bd. I, 1897, S. 133, Bd. II, 1912, S. 353 f.
³⁹ Siehe nur *A. Raupach*, Res in transitu im deutschen Internationalen Privatrecht, Diss. Erlangen 1935, S. 26 f.
⁴⁰ MüKoBGB/*Wendehorst* Vor Art. 43 EGBGB Rn. 12.
⁴¹ Siehe nur *El-Bitar*, Der deutsche und der französische Kulturgüterschutz nach der Umsetzung der Kulturgüterrichtlinie, 2007, S. 136.
⁴² *Siehr*, IPR S. 271; *Wiese*, FS Kurt Siehr zum 75. Geb., 2010, S. 83, 85.
⁴³ *Pillet*, Principes de Droit International Privé, 1903, S. 38.
⁴⁴ Siehe nur *Ritterhoff*, Parteiautonomie im Internationalen Sachenrecht, 1999, S. 60.
⁴⁵ Siehe nur *Hanisch*, FS Wolfram Müller-Freienfels, 1986, S. 193, 222; *El-Bitar*, Der deutsche und der französische Kulturgüterschutz nach der Umsetzung der Kulturgüterrichtlinie, 2007, S. 136.
⁴⁶ Siehe nur *Benecke*, ZvglRWiss 101 (2002), 362, 364 f.; *Gomille*, Jura 2017, 54, 56.
⁴⁷ Siehe für das gage de stocks nach Art. L 527-1 – L-527-11 C. comm. in Frankreich *Leavy*, in: Sigman/Kieninger (eds.), Cross-Border Security over Tangibles, 2007, S. 101, 111, für das Registerpfandrecht zugunsten von Banken in Italien *Veneziano*, ebd., S. 169 und für das notice filing in den USA *Brinkmann*, Kreditsicherheiten an beweglichen Sachen und Forderungen, 2011, S. 382 f.
⁴⁸ *Kieninger*, FS Dieter Martiny, 2014, S. 391, 398 f.
⁴⁹ *Kieninger*, FS Dieter Martiny, 2014, S. 391, 399.
⁵⁰ *Kieninger*, FS Dieter Martiny, 2014, S. 391, 400.
⁵¹ *v. Wilmowsky*, Europäisches Kreditsicherungsrecht, 1996, S. 122.
⁵² *v. Wilmowsky*, Europäisches Kreditsicherungsrecht, 1996, S. 122.

II. Grundsatz: Anwendung des Belegenheitsrechts (lex rei sitae)

Der Belegenheitsstaat erhält die ausschließliche Regelungskompetenz, um seine Vorstellungen über seine nationale Gläubigerordnung verwirklichen zu können.[53] Die Gläubigerordnung beruht auf dem Haftungssubstrat, welches für einen Zugriff der Gläubiger offen steht, auf den Befriedigungsrechten, welche den Gläubigern an den Vermögenswerten ihres Schuldners zustehen.[54] Sicherungsrechte sind zur Sicherung des Kreditbedarfs essentiell und Grundlage des modernen Wirtschaftslebens wie eines modernen, wesentlich kreditbasierten Privatrechtsverkehrs. Im jeweiligen nationalen Sachenrecht (im objektiven Sinn) schlägt sich der hoheitlich ausbalancierte Kompromiss zwischen ökonomischen Finanzierungswünschen und politisch definierten Gerechtigkeitsvorstellungen nieder.[55] Rechtsvergleichend vorherrschend ist ein nach objektiven Gerechtigkeitsvorstellungen geordnetes Modell der Befriedigungs- und Verteilungsrechte.[56]

Einen Wettbewerb der Rechtsordnungen dergestalt, dass Gläubiger und Schuldner wählen könnten, gibt es dagegen kaum; allenfalls mag sich ein Gesetzgeber bei der Ausgestaltung seiner Sachenrechtsordnung an ausländischen Vorbildern orientieren und Anregungen aus diesen übernehmen. Die Situs-Regel ist eine Art Pendant zum völkerrechtlichen Territorialitätsprinzip.[57]

Aus der Perspektive des deutschen Verfassungsrechts betrachtet ist die Situs-Regel Inhalts- und Schrankenbestimmung für das Eigentum (im verfassungsrechtlichen Sinne) unter Art. 14 I 2 GG.[58]

Für die Zuordnung eines Belegenheitsortes zu einem Staat mit der Folge, dass das Recht dieses Staates anzuwenden ist, gelten im Ausgangspunkt die völkerrechtlichen Vorgaben. Völkerrechtliche Territorialhoheit ist die Basis. Von ihr weicht das IPR allerdings ab, wenn eine andere Autorität mit eigener Rechtsordnung ein Gebiet, das nominell und völkerrechtlich zum Territorium eines Staates gehört, faktisch beherrscht.[59] Die Ausschließliche Wirtschaftszone eines Staates gehört völkerrechtlich zwar – anders als der Festlandssockel und die Territorialgewässer – nicht zum Territorium dieses Staates. Trotzdem reichen die – wenn auch minderen – Befugnisse, welche das Völkerrecht einem Staat in seiner ausschließlichen Wirtschaftszone zugesteht, für eine Zuordnung zu dem betreffenden Staat aus, schon mangels überzeugender Alternative. Art. 43 I EGBGB ist also für Offshore-Windkraftanlagen oder stationäre Bohranlagen in einer ausschließlichen Wirtschaftszone anwendbar[60] (zumal ansonsten eine Analogie zu Art. 43 I EGBGB[61] die beste Lösung wäre). Auf Art. 46 EGBGB braucht man jedenfalls nicht zurückzugreifen, um das richtige Zuordnungsergebnis zu erzielen.[62]

2. Eigentumserwerb im Rahmen des Übergangs von Unternehmen und Sachgesamtheiten.
Art. 43 EGBGB regelt die Rechte an einzelnen Sachen, nicht dagegen

---

[53] Siehe nur *v. Wilmowsky*, Europäisches Kreditsicherungsrecht, 1996, S. 122; Staudinger/*Mansel* Art. 43 EGBGB Rn. 26.
[54] *v. Wilmowsky*, Europäisches Kreditsicherungsrecht, 1996, S. 122.
[55] *Stoll*, RabelsZ 38 (1974), 450, 464; *Adams*, Ökonomische Analyse der Sicherungsrechte, 1980, S. 105 f.
[56] *v. Wilmowsky*, Europäisches Kreditsicherungsrecht, 1996, S. 123.
[57] *Schwander*, Liber amicorum Nedim Peter Vogt, 2012, S. 235, 239.
[58] *Wiese*, Der Einfluss des EG-Rechts auf das Internationale Sachenrecht der Kulturgüter, 2005, S. 114–117; *ders.*, FS Kurt Siehr zum 75. Geb., 2010, S. 83, 86.
[59] Näher *Mankowski*, IPRax 2017, 347, 348–350.
[60] *Wurmnest*, RabelsZ 71 (2008), 236, 247 f.; *Bötticher*, RNotZ 2011, 589, 594 f. Anderer Ansicht *Gottschall*, Die Besicherung von offshore-Windkraftanlagen nach deutschem und US-amerikanischem Recht, 2011, S. 45–48.
[61] Dafür *Gottschall*, Die Besicherung von offshore-Windkraftanlagen nach deutschem und US-amerikanischem Recht, 2011, S. 50–52; *Peter Ehlers*, RdTW 2017, 480. Entgegen *Papenbrock*, Die Anwendung des deutschen Sachenrechts auf Windenergieanlagen im Bereich der deutschen Ausschließlichen Wirtschaftszone, 2017, S. 127–132.
[62] Entgegen *Papenbrock*, Die Anwendung des deutschen Sachenrechts auf Windenergieanlagen im Bereich der deutschen Ausschließlichen Wirtschaftszone, 2017, S. 134–144, der sogar für eine Analogie zu Art. 46 EGBGB plädiert.

den Übergang einer Gesamtheit von materiellen und immateriellen Betriebsmitteln im Rahmen eines Betriebsübergangs,[63] wie überhaupt das Internationale Sachenrecht nicht auf Vermögen als Gesamtheit sieht.[63a]

21 Beim Unternehmenskauf gibt es vorherrschend zwei Varianten. Zum einen gibt es den asset deal und zum anderen den share deal. Der asset deal bedeutet, dass alle Vermögensgegenstände wie beispielsweise Grundstücke dem Erwerber einzeln übertragen werden. Die Verpflichtung dies zu tun unterliegt zunächst dem Vertragsstatut, wohingegen die Übertragung der körperlichen Mobilien wie beispielsweise das Warenlager, das Inventar und das Zubehör gemäß Art. 43 EGBGB der lex rei sitae unterstehen.[64] Share deal meint, dass alle oder fast alle Anteile einer Personen- oder Kapitalgesellschaft vom neuen Erwerber gekauft werden. Diesbezüglich ist grundsätzlich an das Vertragsstatut anzuknüpfen.[65]

22 Ein Trust ist ein Sondervermögen mit eigenständiger Rechtspersönlichkeit. Unter ihm erwächst in seiner weltweit zum Modell gewordenen angelsächsischen Ausprägung ein eigentumsrechtlicher Dualismus[66] mit gespaltener Rechtsinhaberschaft, equitable ownership für beneficiary, legal ownership für den trustee. Für die dingliche Berechtigung im Außenverhältnis des Trusts gibt das Statut des jeweils betroffenen Vermögenswertes maß.[67] Die Rechtsstellung der beneficiaries am Trust-Gut ist nicht dinglich,[68] sondern schuldrechtlich einzustufen und dem Trust-Statut im Innenverhältnis zu unterstellen.[69] Die Rechtsstellung der beneficiaries wird dominiert durch den Errichtungsakt des Trusts, nicht durch die Statute der einzelnen Vermögensgegenstände; das Recht des einzelnen Vermögensgegenstandes kann allenfalls ein überlagerndes Veto-Recht haben.[70] Im Außenverhältnis bleibt das equitable interest, welches der beneficiary jedenfalls bei einem amerikanischen Trust-Statut hat, allerdings unberücksichtigt.[71]

23 Ein trust-Verhältnis ist sachenrechtlich zu qualifizieren, jedenfalls soweit es funktionell einer Treuhand vergleichbar ist.[72]

24 **3. Ausweichklausel des Art. 46 EGBGB.** a) *Grundsätzliches.* Art. 46 EGBGB statuiert eine Ausweichklausel. Von der einschlägigen Regelanknüpfung nach Art. 43 bzw. Art. 45 EGBGB[73] ist eine Abweichung möglich, wenn eine wesentlich engere Verbindung[74] zu einem anderen Recht besteht. Art. 46 EGBGB hat eine Doppelfunktion:[75] Zum einen begrenzt er Artt. 43; 45 EGBGB und verhindert, dass diese absolut gesetzt werden. Zum anderen schließt seine bloße Existenz einen Umkehrschluss aus, den man aus dem Fehlen einer Ausschlussklausel ziehen könnte.

---

[63] BAG ZIP 2011, 2023, 2024.
[63a] Näher *Peroni,* (2018) 14 JPrIL 368.
[64] Reithmann/Martiny/*Göthel* Rn. 6.2536.
[65] Reithmann/Martiny/*Göthel* Rn. 6.2480-6.2482.
[66] BGH IPRax 1985, 221, 223; Staudinger/*Mansel* Art. 43 EGBGB Rn. 535, 537.
[67] *Coing,* ZfRV 1974, 81, 85; *Czermak,* Der express trust im Internationalen Privatrecht, 1986, S. 213; *Mankowski,* FS Gunter Kühne, 2009, S. 795, 800 sowie OLG München FamRZ 2012, 1643; Staudinger/*Mansel* Art. 43 EGBGB Rn. 541.
[68] So aber *E. Heymann,* FS Heinrich Brunner, 1910, S. 473, 499–503; *Söldner,* Die Behandlung des angloamerikanischen Trust im internationalen Privatrecht, Diss. München 1958, S. 59 f.
[69] *Coing,* ZfRV 1974, 81, 89; *Czermak,* Der express trust im Internationalen Privatrecht, 1986, S. 217 f.; *Mankowski,* FS Gunter Kühne, 2009, S. 795, 801.
[70] *Czermak,* Der express trust im Internationalen Privatrecht, 1986, S. 218–220.
[71] *Czermak,* Der express trust im Internationalen Privatrecht, 1986, S. 289; *Wittuhn,* Das internationale Privatrecht des Trust, 1987, S. 143; *Mankowski,* FS Gunther Kühne, 2009, S. 795, 801.
[72] OLG München FamRZ 2012, 1643.
[73] In Art. 44 EGBGB wird die Anknüpfung des eigentumsrechtlichen Schutzes gegen Immissionen auf Grundstücke der Rom II-VO unterstellt. In Art. 4 III Rom II-VO findet sich bereits eine spezifischere internationaldeliktsrechtliche Ausweichklausel, so dass eine Doppelung über Art. 46 EGBGB weder veranlasst noch überhaupt sinnvoll wäre.
[74] Eingehende Auslegung dieses offenen und ausfüllungsbedürftigen Wertungsmaßstabs insbesondere bei *G. Rixen* S. 255–301.
[75] *Mansel,* FS Andreas Heldrich, 2005, S. 899, 901.

II. Grundsatz: Anwendung des Belegenheitsrechts (lex rei sitae) 25–28 § 3

Beispiel[76]: Ein in München ansässiges Transportunternehmen schickt seinen besten Fahrer mit 25 dem Lkw los nach Südfrankreich, um bei einem renommierten Weingut Wein abzuholen. Danach soll der Lkw wegen weiterer Aufträge wieder schnellstmöglich nach Deutschland verbracht werden. Die Durchreise führt über Österreich und Italien nach Südfrankreich. Der Fahrer hält sich mit dem Lkw aber nur sehr kurz – für die Dauer der Durchreise – in diesen Ländern auf.

Die Ausweichklausel des Art. 46 EGBGB korrigiert konkrete Funktionsverfehlungen 26 der jeweiligen Basisanknüpfung im Einzelfall.[77] Sie darf nicht als Notventil missbraucht werden, um Zweifelsfälle generell abweichend von den Basisregeln nach eigenen, besonderen Regeln anzuknüpfen. Eine Ausweichklausel ist eine einzelfallorientierte Ausnahmeklausel. Sie ist nicht der richtige Ort, um Regeln für ganze Kategorien zu formulieren.[78] Eine Ausweichklausel ist kein Allheilmittel und hat enge Grenzen. Soweit die kodifizierten Basisregeln für bestimmte Kategorien keine voll zufriedenstellende Anknüpfung bieten (wie namentlich bei res in transitu[79]), ist eine grundsätzliche, abstrakte Korrektur und Ergänzung der Basisanknüpfung notwendig. Wenn es sich um eine typische Funktionsverfehlung handelt, die nicht nur für den konkreten Einzelfall, sondern für eine ganze Kategorie typisch ist, ist die Ausweichklausel methodisch das falsche Instrument, um zur Korrektur anzusetzen. Sie kann nur am Symptom, aber nicht an der Wurzel ansetzen. Abstrakte Korrekturen gründen sich auf ein Bedürfnis nach übergreifender Rechtssicherheit, das eine Ausweichklausel gerade nicht befriedigen kann. Ausweichklauseln beruhen auf dem Grundgedanken, die jeweils betroffene Regelanknüpfung teleologisch zu reduzieren.[80] Art. 46 EGBGB eröffnet allein eine teleologische Anknüpfungskorrektur.[81]

Art. 46 EGBGB ist daher nur mit großer Vorsicht einzusetzen. Im Internationalen 27 Sachenrecht muss der Einsatz jeglicher Ausweichklausel die große Ausnahme bleiben. Denn die Situs-Regel ist eine sehr starke Regel. Hinter ihr stehen starke anerkennenswerte Interessen, und ihre weite internationale Verbreitung fördert die internationale Entscheidungsharmonie. Die Situs-Regel fördert Rechtssicherheit, und ein Einbruch der Ausweichklausel auf breiter Front würde Rechtsunsicherheit schaffen, die im Internationalen Sachenrecht besonders unpassend wäre.[82] Für eine Rechtsfortbildung durch Ausbilden von Sonderkollisionsnormen ist Art. 46 EGBGB der falsche Ort.[83] Diese muss vielmehr offen durch Kodifikation entsprechender Sonderregeln als abstrakte Ausnahme zur Situs-Regel erfolgen. In der Konsequenz gibt es auch keinen gleitenden Übergang von einzelfallbezogener Konkretisierung zu abstrahierender Sondernormbildung, der wiederum in Rückkoppelung bei der einzelfallbezogenen Anwendung zu berücksichtigen wäre.[84]

Die Materialien verlangen für einen Einsatz des Art. 46 EGBGB sogar, dass die einschlä- 28 gige Regelanknüpfung ein extrem sachfremdes Recht beruft.[85] Dieses Kriterium ist wertungsbelastet und insofern missverständlich, als unbedachte Anwender auf die Idee verfallen könnten, es käme auf die inhaltliche Ausgestaltung des so verwiesenen Rechts an. Das wäre jedoch verfehlt. Um Missverständnissen nicht die Tür zu öffnen, sollte man es vielmehr dabei belassen, dass nach dem Wortlaut des Art. 46 EGBGB eine *wesentlich* engere Verbindung verlangt ist. „Sachfremdheit" darf richtig nur in einem lokalisierenden, nicht in einem

---

[76] Nach *M. Wolf/Wellenhofer*, Sachenrecht, 32. Aufl. 2017, 1. Kap. Rn. 28.
[77] Siehe nur *G. Rixen* S. 301.
[78] Anderer Ansicht *C. S. Wolf*, Der Begriff der wesentlich engeren Verbindung im Internationalen Sachenrecht, 2002, S. 71–74; *Mansel*, FS Andreas Heldrich, 2005, S. 899, 901 f.
[79] → § 3 Rn. 106.
[80] Grundlegend *Kreuzer*, ZfRV 1992, 168, 185.
[81] *Looschelders* Art. 46 EGBGB Rn. 2; *Mansel*, FS Andreas Heldrich, 2005, S. 899 (899).
[82] *Mansel*, FS Andreas Heldrich, 2005, S. 899, 902.
[83] Entgegen *Mansel*, FS Andreas Heldrich, 2005, S. 899, 902.
[84] Entgegen *Mansel*, FS Andreas Heldrich, 2005, S. 899, 902 f.
[85] Begründung der Bundesregierung zum Entwurf eines Gesetzes zum Internationalen Privatrecht für außervertragliche Schuldverhältnisse und Sachen, BT-Drs. 14/343, 18 f.

inhaltlichen Sinne verstanden werden. Unzufriedenheit mit dem Inhalt des verwiesenen Rechts, z. B. mit dessen strengen Publizitätsanforderungen, bietet keine Rechtfertigung für einen Einsatz des Art. 46 EGBGB.[86]

29 Nötig ist jedenfalls eine Abwägung gegen die Stärke der jeweils einschlägigen Regelanknüpfung. Schon seinem Wortlaut nach gebietet Art. 46 EGBGB mit dem Komparativ „enger" einen Vergleich. Daher muss man zuerst die einschlägige Regelanknüpfung und deren Stärke ermitteln.[87] Insbesondere der Verkehrsschutz, wie er als Gedanke hinter den Regelanknüpfungen steht, gewinnt dabei erhebliches Gewicht und macht die Ausnahmeklausel zur engen Ausnahme.[88] Abzuwägen sind objektive Momente. Dass das regelhaft ermittelte Recht inhaltlich den Erwartungen eines Beteiligten nicht entspricht, ist kein Argument für Art. 46 EGBGB.[89] Die Zufälligkeit des Belegenheitsorts, z. B. des Auffindensorts eines gestohlenen Kraftfahrzeugs, dagegen könnte die Regelanknüpfung schwächen.[90] Art. 46 EGBGB ist auch kein Ausweg, wenn die Ermittlung des regelhaft angeknüpften Rechts Probleme bereitet.[91]

30 *b) Mögliche Faktoren.* Art. 46 EGBGB ist nicht das Instrument, um unionsrechtskonforme Anknüpfungen herzustellen.[92] Unionsrecht hat sich mit seinem verdrängenden Anwendungsvorrang selber durchzusetzen und geht, soweit ein echter Konflikt besteht, Artt. 43; 45 EGBGB vor, so dass eine nachträgliche Korrektur über Art. 46 EGBGB gar nicht mehr notwendig ist.

31 Gewöhnlicher Aufenthalt und Staatsangehörigkeit der an einem Übertragungsvorgang Beteiligten sind abzuwägende Faktoren; selbst wenn sie beiden Parteien jeweils gemeinsam sein sollten, müssten sie aber hinter den starken Drittinteressen, die für eine Belegenheitsanknüpfung sprechen, regelmäßig zurückstehen.[93] Weiterer Faktor könnte eine etwaige Registrierung der betroffenen Sache sein.[94]

32 Im Rahmen des Art. 46 EGBGB könnte man eine Rechtswahl ausnahmsweise als Indiz verwerten,[95] indes nur, wenn man bereit ist, die Grenzen zwischen objektiver und subjektiver Anknüpfung ein Stück weit zu verwirren. Eine Rechtswahl gehört nämlich eigentlich zur subjektiven Anknüpfung und nicht zur objektiven.[96] Parteiwille als Indiz hat das Problem, dass er sich im Ausgangspunkt nur inter partes äußert. An diesem Grundproblem ändert sich nichts, wenn er als Indiz im Rahmen der Ausweichklausel auftreten soll.[97] Man hätte obendrein das zusätzliche Wertungsproblem, wie sehr man Vorstellungsbild und Willen dominieren lassen wollte.[98] Art. 46 EGBGB als verstecktes Einfallstor für Parteiautonomie nutzbar zu machen drohte das System auf den Kopf zu stellen.[99]

---

[86] Vgl. OLG Saarbrücken IPRspr. 2013 Nr. 75 S. 149.
[87] *Mansel,* FS Andreas Heldrich, 2005, S. 899, 905.
[88] *S. Geisler,* Die engste Verbindung im internationalen Sachenrecht, 2001, S. 334; *T. Pfeiffer,* IPRax 2000, 270, 274; *Mansel,* FS Andreas Heldrich, 2005, S. 899, 906; MüKoBGB/*Wendehorst* Art. 46 EGBGB Rn. 19.
[89] *Smid,* DZWIR 2017, 1, 5.
[90] *Jayme/Marzocco,* FS Rolf A. Schütze zum 80. Geb., 2014, S. 205, 210.
[91] *Smid,* DZWIR 2017, 1, 5.
[92] *Mansel,* FS Andreas Heldrich, 2005, S. 899, 903. Anders *Pfeiffer,* IPRax 2000, 270, 275; BeckOK BGB/*Spickhoff* Art. 46 EGBGB Rn. 22; MüKoBGB/*Wendehorst* Art. 46 EGBGB Rn. 10.
[93] *C. S. Wolf* S. 29–35.
[94] *C. S. Wolf* S. 41.
[95] Überlegungen bei *H. Stoll,* IPRax 2000, 259, 264 f.; *S. Geisler* S. 78–80; *C. S. Wolf* S. 58–70; *Mansel,* FS Andreas Heldrich, 2005, S. 899, 902. Vgl. auch *Mankowski,* in: v. Bar/Mankowski IPR I § 7 Rn. 72. Differenzierend nach eingehender Analyse der kollisionsrechtlichen Interessen *G. Rixen* S. 406–426: Rechtswahl des Bestimmungsortsrecht für den Schuldvertrag entfalte über Art. 46 EGBGB auch (mittelbare?) Wirkung für den sachenrechtlichen Rechtsübertragungstatbestand, nicht aber für die Wirkungen des subjektiven Sachenrechts. Anderer Ansicht *Paffenholz* S. 114 f.
[96] Vgl. *Mankowski,* LAGE Art. 30 EGBGB Nr. 6 S. 15, 21 (2003).
[97] Zur Diskussion *C. S. Wolf* S. 55–70; *Mansel,* FS Andreas Heldrich, 2005, S. 899, 905.
[98] Vgl. *Mansel,* FS Andreas Heldrich, 2005, S. 899, 905 f.
[99] Siehe *Basedow,* YbPIL 18 (2016/17), 1, 12.

III. Einfacher und qualifizierter Statutenwechsel   33–39 § 3

Das Statut des zugrundeliegenden Verpflichtungsgeschäfts, z.B. eines Kaufvertrages, 33
kann unter Umständen ein Faktor im Rahmen von Art. 46 EGBGB sein.[100] Indes begründet eine Divergenz der Statuten von Verpflichtungs- und Erfüllungsgeschäft keinen Automatismus, dass sie immer eine Anwendung des Art. 46 EGBGB nach sich ziehen würde.[101]

Beispiel[102]: Ein deutscher Kaufmann schließt mit einer ausländischen Bank unter schweizerischem 34
Recht einen Kreditvertrag. Die Bank lässt sich das in Deutschland befindliche Warenlager des Kaufmanns zur Sicherheit übereignen.

Es wird auch reklamiert, dass Art. 46 EGBGB dazu dienen könne, den maßgeblichen 35
Zeitpunkt zu verändern, denn eine engere Verbindung müsse nicht zwingend in räumlicher, sondern könne auch in zeitlicher Hinsicht bestehen.[103]

Die Ausweichklausel sollte auch nicht dazu dienen, Umlauffähigkeit unter geringeren 36
Bedingungen als jenen des Belegenheitsrechts herzustellen. Zwar mögen die Parteien des geplanten Umsatzgeschäfts daran interessiert sein. Zwar mag der Sacheigentümer anstreben, seine Sache zur Besicherung eines Kredits einzusetzen. Dies rechtfertigt jedoch nicht, da rein subjektiv interessengeleitet, die räumliche Lokalisierung durch die Belegenheitsanknüpfung als fehlgehend zu bewerten und über Art. 46 EGBGB zu korrigieren.[104] Denn im Kern ginge es darum, einen Inhalt des Belegenheitsrecht, der bestimmten Interessierten nicht gefällt, auszuschalten.

So genannte „Sachen auf Besuch" sollen ihre Prägung angeblich durch ein anderes 37
Recht als jenes ihres aktuellen Belegenheitsortes erfahren, zumal wenn sie in den Geltungsbereich dieses anderen Rechts zurückkehren sollen.[105] Die ehrenwerte Absicht, einen doppelten Statutenwechsel zu vermeiden, bricht sich aber an den legitimen Interessen des Rechtsverkehrs im aktuellen Belegenheitsstaat.[106] Plastisch gefragt: Woher soll dieser Verkehr wissen, dass es sich um eine „Sache auf Besuch" handelt? Und ab wann endet der Charakter als „Besuch"?

III. Anerkennung, Hinnahme, Transposition und Anpassung bei dinglichen Rechten an Mobilien mit Grenzübertritt (einfacher und qualifizierter Statutenwechsel)

1. Grundsatz. *a) Abgeschlossene und nicht abgeschlossene Tatbestände.* Mobilien verändern 38
mit dem Überschreiten einer Grenze zwischen zwei Staaten ihre Belegenheit. Dementsprechend ändern sich ihr Belegenheitsrecht und ihr Sachstatut. Ortswechsel führen zu einer Aufspaltung des Statuts nach Zeitabschnitten.[107] Das neue Sachstatut kann aber nicht schlechterdings negieren, was vor dem Grenzübertritt bestand. Es muss subjektive Rechte akzeptieren, die vor dem Grenzübertritt begründet waren. Anderenfalls wäre ein Grenzübertritt für Rechtsinhaber eine Katastrophe, weil ihnen der vollständige Verlust ihrer bisherigen Rechte drohen würde und sie in einen Wettlauf um deren Neubegründung unter dem neuen Sachstatut eintreten müssten. Ebenfalls zu verhindern ist ein Vakuum ohne subjektive Rechte.

Beispiel[108]: D kauft sich in Deutschland einen sehr teuren Rennwagen. Dafür nimmt er einen 39
Kredit bei der B-Bank auf. Zur Sicherheit lässt sich die B-Bank den Rennwagen übereignen. Alsdann

---

[100] *v. Hein,* in: Westrik/van der Weide (eds.), Party Autonomy in International Property Law, 2011, S. 103, 113.
[101] jurisPK BGB/*Teubel* Art. 46 EGBGB Rn. 3; *v. Hein,* in: Westrik/van der Weide (eds.), Party Autonomy in International Property Law, 2011, S. 103, 113.
[102] *Stoll,* IPRax 2000, 259 ff., 269 f.
[103] *Mansel,* FS Andreas Heldrich, 2005, S. 899, 906.
[104] Im Ergebnis ebenso OLG Saarbrücken IPRspr. 2013 Nr. 75 S. 149.
[105] *Siehr,* IPRax 1982, 207, 209; *Fisch* S. 113 f.
[106] Siehe MüKoBGB/*Wendehorst* Art. 46 EGBGB Rn. 36, 41.
[107] LG Hamburg IPRspr. 2012 Nr. 71 S. 139.
[108] Ähnlicher Fall zu diesem Thema in: *Rauscher,* Klausurenkurs, Fall 18 Rn. 991.

kommt D bei der B-Bank in Ratenverzug und flüchtet, aus Angst den Wagen zu verlieren, mit seinem Rennwagen nach Modena.

40 **Beispiel:** Der Belgier D fährt mit seinem Auto von Brüssel nach Berlin. Der Statutenwechsel von belgischem zu deutschem Recht bedeutet nicht, dass er sein belgisches Eigentum an dem Wagen verliert und durch Ersitzung nach den §§ 937 ff. BGB erst wieder erlangen müsste.

41 aa) Abgeschlossene Tatbestände und einfacher Statutenwechsel (Art. 43 II EGBGB). Um solche unwillkommenen automatischen Rechtsverluste mit jedem Grenzübertritt zu vermeiden, gilt der Grundsatz des Statutenwechsels: Unter dem alten Sachstatut begründete und bereits vollständig erworbene subjektive Rechte sind in subjektive Rechte unter dem neuen Sachstatut zu überführen. Das besagt Art. 43 II EGBGB.[109] Art. 43 II EGBGB unterscheidet zwischen einem unwandelbaren Entstehungs- oder Rechtsbestands- und einem wandelbaren Wirkungs- oder Rechtswirkungsstatut.[110] Er regelt den so genannten einfachen Statutenwechsel.

42 Wer unter dem alten Sachstatut Eigentümer war, soll es im Prinzip auch unter dem neuen Sachstatut sein. Wer unter dem alten Sachstatut Inhaber eines Pfandrechts oder eines anderen beschränkten subjektiven dinglichen Rechts war, soll es im Prinzip auch unter dem neuen Statut sein. Voraussetzung ist jeweils, dass das in Rede stehende dingliche Recht bereits vollständig erworben war, d. h. dass alle für seinen Erwerb notwendigen Voraussetzungen nach dem dafür einschlägigen Tatbestand des alten Sachstatuts vorlagen.

43 Trotzdem ist einzupreisen, dass ein Statutenwechsel stattgefunden hat und dass nun das neue Sachstatut regiert. Deshalb ist das unter dem alten Sachstatut erworbene subjektive Recht in ein subjektives Recht nach dem neuen Sachstatut zu überführen, welches dem alten subjektiven Recht nach Funktion und Gewicht möglichst nahe kommt.[111] Bisher fremde subjektive Sachenrechte sollen keine anderen (und insbesondere keine größeren) Wirkungen zeitigen, als sie funktionell vergleichbaren subjektiven Sachenrechten aus dem neuen Lagerecht zukommen.[112] Dies verhindert den von Art. 43 II EGBGB geächteten Widerspruch auf der sachrechtlichen Ebene. Insoweit schneidet Art. 43 II EGBGB gegebenenfalls mehr ab, als es der engere ordre public täte.[113]

44 Was nicht hinübergerettet werden kann, geht aber nicht unter, sondern wird nur suspendiert; es mag bei einem weiteren Statutenwechsel (sei es zurück zum ursprünglichen Belegenheitsrecht, sei es zu einem dritten Recht) wieder aufleben. Eine überschießende Rechtspositionen vernichtende Transposition[114] mit einem so genannte effet de purge, einer tabula rasa, tritt nicht ein. Vielmehr ist von einer sanfteren Variation der Hinnahme und des Anerkennens seitens des neuen Belegenheitsrechts auszugehen.[115] Unionsrechtlich mag man dies sogar für geboten halten, sofern man die (für die Niederlassungsfreiheit entwickelte) Gebhard-Formel[116] zumindest auf die Warenverkehrsfreiheit erstrecken will.[117]

45 bb) Nicht abgeschlossene Tatbestände und qualifizierter Statutenwechsel (Art. 43 III EGBGB). Lagen dagegen erst einzelne Voraussetzungen des Erwerbstatbestands unter dem

---

[109] Zu dessen Entstehungsgeschichte eingehend *Drömann* S. 74–94.

[110] BGH NJW-RR 2010, 983, 984; *Jayme*, FS Rolf Serick, 1992, S. 241, 244; *Looschelders* Art. 43 EGBGB Rn. 48; MüKoBGB/*Wendehorst* Art. 43 EGBGB Rn. 116 f.; Staudinger/*Mansel* Art. 43 EGBGB Rn. 1232.

[111] Anderer Ansicht *Drömann* S. 191 et passim: Bestehenbleiben des fremden subjektiven Sachenrechts.

[112] Siehe *Drömann* S. 178.

[113] *Drömann* S. 178–181.

[114] Dafür aber *Rabel*, The Conflict of Laws, vol. IV, 1955, S. 91; *Ferid* IPR Rn. 7–64 f.; *Kegel*, in: Kegel/Schurig IPR S. 773 (§ 19 III).

[115] *Stoll*, IPRax 2000, 259, 262; *Looschelders* Art. 43 EGBGB Rn. 51–55; *Swienty* S. 72–74; MüKoBGB/*Wendehorst* Art. 43 EGBGB Rn. 153; Staudinger/*Mansel* Art. 43 EGBGB Rn. 1254–1265.

[116] Grundlegend EuGH Slg. 1995, I-4165 Rn. 37 – Reinhard Gebhard/Consiglio dell'Ordine degli Avvocati e Procuratori di Milano.

[117] *Swienty* S. 72; vgl. auch *Drömann* S. 210–214.

III. Einfacher und qualifizierter Statutenwechsel 46–48 § 3

alten Sachstatut vor, so richtet sich der Rechtserwerb ab dem Grenzübertritt nach Deutschland nach dem deutschem Recht als dem neuen Sachstatut. Das besagt Art. 43 III EGBGB.[118] Er regelt den so genannten qualifizierten Statutenwechsel. Ein qualifizierter Statutenwechsel ist der Wechsel des Sachstatuts im Laufe eines dinglichen Rechtserwerbs.[119] Ob das subjektive Sachenrecht erworben wird, entscheidet sich auf der Grundlage und nach den Erwerbstatbeständen des neuen Belegenheitsrechts, denn nur unter diesem neuen Statut steht die Vollendung des Erwerbs in Rede.[120]

Die Rechtsnatur des Art. 43 III EGBGB ist umstritten. Laut den Gesetzesmaterialien soll er eine Kollisionsnorm sein.[121] Konsequent weitergedacht würde dies zu einer *rückwirkenden* Anwendung des neuen Statuts auf im Ausland verwirklichte Vorgänge führen.[122] Auf dieser Grundlage könnte man sogar an einen allseitigen Ausbau denken. Die Alternative besteht darin, in Art. 43 III EGBGB eine Sachnorm mit auslandsbezogenem Tatbestandsmerkmal zu sehen,[123] elaboriert eine kollisionsrechtsakzessorische Auslegungshilfe zur Anwendung deutscher Sachnormen bei Auslandssachverhalten.[124] Dazu passt, dass Art. 43 III EGBGB eben nur für den Fall des Eingangsstatutenwechsels hin zu deutschem Recht als neuem Belegenheitsrecht formuliert ist. 46

Art. 43 III EGBGB wurde durch den berühmten deutsch-italienischen Strickmaschinenfall[125] inspiriert:[126] An einer in Italien befindlichen Strickmaschine wurde ein Eigentumsvorbehalt begründet, der aber mangels Beglaubigung gemäß Artt. 1523; 1524 I Codice civile nur relative Wirkung inter partes entfaltete. Indes erstarkte dieser mit dem Überschreiten der deutschen Grenze zu einem absoluten Eigentumsvorbehalt unter deutschem Recht, wobei die zuvor in Italien erzielte Einigung fortwirkte und den nötigen Konsens unter damals § 455 BGB (heute § 449 BGB) ausfüllte. 47

Art. 43 III EGBGB gilt für derivativen (rechtsgeschäftlichen) wie originären (gesetzlichen) Erwerb gleichermaßen, also z.B. auch für die Anrechnung früherer Zeiträume bei Ersitzung[127] oder Verjährung von Vindikationsansprüchen.[128] Er gilt für alle subjektiven Sachenrechte, deren Übertragung oder Entstehung beim Statutenwechsel noch nicht abgeschlossen ist.[129] Dabei zählen faktische Vorgänge, die sich vor dem Grenzübertritt abgespielt haben, für die Voraussetzungen von Erwerbstatbeständen des neuen Sachstatuts so, als hätten sie sich unter dem neuen Sachstatut abgespielt. Der Erwerb muss nicht ganz von vorne, ganz neu beginnen. Vielmehr wird angerechnet, was bereits passiert ist, bloß unter den Rechtskategorien und Erwerbstatbeständen des neuen Sachstatuts. Der Obersatz der Subsumtion entstammt nun einem anderen Recht und kann anderen Inhalt haben. Der Unter- 48

---

[118] BGH NJW-RR 2010, 983, 984; *Jayme*, FS R. Serick, 1992, S. 241, 244; *Looschelders* Art. 43 EGBGB Rn. 48; MüKoBGB/*Wendehorst* Art. 43 EGBGB Rn. 116f.; Staudinger/*Mansel* Art. 43 EGBGB Rn. 1232.
[119] *Stoll*, IPRax 2000, 259, 263; Staudinger/*Mansel* Art. 43 EGBGB Rn. 1309.
[120] Siehe nur BGH NJW 2009, 2424; OLG Koblenz IPRspr. 2003 Nr. 52; *Sonnenberger*, RCDIP 88 (1999), 647, 665; *A. Junker*, RIW 2000, 241, 254f.
[121] Begründung der Bundesregierung zum Entwurf eines Gesetzes zum Internationalen Privatrecht für außervertragliche Schuldverhältnisse und Sachen, BT-Drs. 14/343, 16; ebenso *Schurig*, FS H. Stoll, 2001, S. 578, 583; MüKoBGB/*Wendehorst* Art. 43 EGBGB Rn. 167; Staudinger/*Mansel* Art. 43 EGBGB Rn. 1314.
[122] Staudinger/*Mansel* Art. 43 EGBGB Rn. 1314.
[123] *Kreuzer*, RabelsZ 65 (2001), 383, 449; *A. Junker*, FS Reinhold Geimer zum 80. Geb., 2017, S. 267, 276 sowie *Stoll*, IPRax 2000, 259, 263.
[124] So *Kreuzer*, FS Rainer Bechtold, 2006, S. 253, 267.
[125] BGHZ 45, 95.
[126] *A. Junker*, FS Reinhold Geimer zum 80. Geb., 2017, S. 267, 277.
[127] *Jayme/Marzocco*, FS Rolf A. Schütze zum 80. Geb., 2014, S. 205, 209f. sowie LG Hamburg IPRspr. 1996 Nr. 55.
[128] OLG Hamburg IPRax 2014, 541, 543; *A. Engel*, IPRax 2014, 521 (521f.); *Gomille*, Jura 2017, 54, 60f.
[129] Siehe nur Begründung der Bundesregierung zum Entwurf eines Gesetzes zum Internationalen Privatrecht für außervertragliche Schuldverhältnisse und Sachen, BT-Drs. 14/343, 16; *A. Junker*, FS Reinhold Geimer zum 80. Geb., 2017, S. 267, 277.

satz aber bildet ein faktisches Kontinuum ab. Er löscht insoweit die Vergangenheit nicht, sondern respektiert sie.

49 Die betroffenen Erwerbstatbestände müssen aber mehraktig sein, also mehrere Tatbestandsmerkmale haben. Bei einem Erwerbstatbestand mit nur einem Tatbestandsmerkmal kann sich die vorausgesetzte Situation nicht ergeben, dass zwar mindestens ein Merkmal, aber eben noch nicht alle erforderlichen Merkmale im Ausland verwirklicht sind.

50 Erfüllte Einzelmerkmale eines Erwerbstatbestands unter dem alten Sachstatut verfallen dagegen. Denn sie gehören dem alten Obersatz an, den es nicht mehr anzuwenden und zu prüfen gilt. Maßgeblich ist vielmehr nur noch der neue Obersatz aus dem neuen Sachstatut. Dieser kann einen anderen Inhalt und andere Tatbestandsmerkmale haben. Ein Hybrid, also ein compositum mixtum aus Tatbestandselementen des alten und des neuen Rechts, gibt es nicht. Eine einander ergänzende Kombination von Elementen des alten und des neuen Rechts ist nicht statthaft. Vielmehr gibt immer nur ein Recht zur Zeit maß.

51 cc) Abgrenzung. Die Abgrenzung zwischen 43 II und 43 III EGBGB erfolgt danach, ob der sachenrechtliche Erwerbsvorgang bereits vor dem Belegenheitswechsel positiv oder negativ abgeschlossen war (dann II) oder nicht (dann III). Maßgeblich dafür, ob der sachenrechtliche Erwerb abgeschlossen war, ist das alte Belegenheitsrecht.[130] Negative Abgeschlossenheit liegt nur bei endgültigem Scheitern (wegen Fristablauf, Eintritts einer auflösenden Bedingung, Rücknahme, Widerruf, Anfechtung) vor, ansonsten handelt es sich um einen unter Art. 43 III EGBGB fallenden offenen Tatbestand.[131] Wenn aber der Erwerb unter altem Recht endgültig gescheitert ist, bleibt es dabei und bewirkt der Eingangsstatutenwechsel nichts Gegenteiliges.[132] Art. 43 III EGBGB erlaubt keine Umwertung bereits abgeschlossener Tatbestände.[133] Auf den Punkt gebracht: „Das Nein des alten Statuts bleibt Nein."[134] Umgekehrt gilt: „Ja bleibt im Prinzip Ja, aber ..."[135]

52 b) *Transposition.* Eine Transposition ist dadurch gekennzeichnet, dass auf der Grundlage eines fremden Rechts begründete Rechtsbegriffe oder Rechtsverhältnisse in die rechtlichen Kategorien des anwendbaren Rechts übertragen werden müssen.[136] Das Musterbeispiel dafür bietet eben der Statutenwechsel im Internationalen Sachenrecht: Unter dem alten Lagerecht sind an der Sache bestimmte Rechte begründet worden. Diese gehen mit dem Grenzübertritt nicht vollständig verloren. Andererseits können sie nicht als reine Importe unter dem neuen Lagerecht fortbestehen. Deshalb gilt es, sie nach Gehalt und Form möglichst gut in jene sachrechtlichen Institute zu überführen, welche das neue Lagerecht zur Verfügung stellt. Voraussetzung dafür, dass das dingliche Recht des alten Lagerechts in eine Form des neuen Lagerechts hinübergerettet werden kann, ist Äquivalenz beider Rechtsformen.

53 **Beispiel**[137]: In Frankreich wurde für einen Lkw zur Sicherung des Kredites zur Bezahlung des Lkw zugunsten einer französischen Bank ein besitzloses Pfandrecht ins Register eingetragen. Die Kreditnehmerin verbrachte den Lkw aber dann nach Deutschland. Als dann erwirkte der ein deutscher Gläubiger ein rechtskräftiges Urteil gegen die Kreditnehmerin. Dieses wollte der deutsche Gläubiger auch durchsetzen und veranlasste die Zwangsvollstreckung mittels Pfändung des sich nun in Deutschland befindlichen Lkw. Deshalb erhob die französische Kreditgeberin aber dann Klage auf vorzugsweise Befriedigung gem. § 805 ZPO, um ihr französisches besitzloses Register-

---

[130] MüKoBGB/*Wendehorst* Art. 43 EGBGB Rn. 135 f.; Staudinger/*Mansel* Art. 43 EGBGB Rn. 1227.
[131] Staudinger/*Mansel* Art. 43 EGBGB Rn. 1236.
[132] Siehe nur *Stoll*, IPRax 2000, 259, 263; *A. Junker*, FS Reinhold Geimer zum 80. Geb., 2017, S. 267, 278.
[133] OLG Hamburg IPRax 2014, 541, 543; *A. Engel*, IPRax 2014, 521, 522 f.
[134] *Raape* IPR S. 596. Zustimmend z. B. LG Hamburg IPRspr. 2012 Nr. 71 S. 143 = BeckRS 2013, 02260 Rn. 73; *Swienty* S. 66.
[135] MüKoBGB/*Wendehorst* Art. 43 EGBGB Rn. 144; *Swienty* S. 66.
[136] *Lewald*, Rec. des Cours 69 (1939 III) S. 1, 127 ff.; *ders.*, Règles générales des conflits de lois, Basel 1941, S. 129 ff.
[137] BGHZ 39, 173.

III. Einfacher und qualifizierter Statutenwechsel 54–58 § 3

pfandrecht auch in Deutschland durchzusetzen. Die Frage war nun, ob das französische besitzlose Registerpfandrecht nach dem Grenzübergang des Lkw immer noch Bestand hat. Damit einhergehend war fraglich, wie sich dieses französische besitzlose Registerpfandrecht mit dem deutschen numerus clausus zu verhalten hat. Der BGH wendete im Ergebnis die sog. Transpositionslehre an. Das ausländische Sicherungsrecht wurde in das deutsche Recht übergeführt. Das französische besitzlose Pfandrecht sei auch dem deutschen Recht in dem Sinne bekannt, als dass das deutsche Recht die Sicherungsübereignung mittels Besitzkonstitut kenne, die ebenso besitzlos funktioniere. Die französische Rechtsordnung sei also in dieser Hinsicht mit der deutschen Rechtsordnung äquivalent.

Art. 43 II, III EGBGB drückt die Gesamtgestaltung nicht vollständig aus.[138] Er will jedoch ersichtlich nicht mit der Lage im vorherigen IPR brechen[139] und ist deshalb im Sinne der zuvor ganz herrschenden Transpositionslehre[140] auszulegen.[141] 54

Ein theoretisch-dogmatisches caveat erscheint angebracht: Die Transpositionslehre ist nicht als eine versteckte Billigung der vested rights-Theorie[142] zu werten. Denn sie handelt nicht von gleichsam rechtsordnungslosen, abstrahierten subjektiven Rechten, sondern geht aus von Rechtspositionen, die unter einem früheren anwendbaren Recht konkret entstanden sind.[143] 55

c) Anpassung. Numerus clausus[144] und Typenzwang sind ebenso häufige wie charakteristische Strukturmerkmale in den objektiven Sachenrechten. Daher geht der Übertritt von einem alten in ein neues Sachstatut oft einher mit der Notwendigkeit, ein passendes Gewand für die subjektiven Sachenrechte zu finden. Am einfachsten geschieht dies, sofern eine Transposition möglich ist. Ansonsten muss man den Versuch, die zuvor bestehenden subjektiven Sachenrechte so weit wie möglich zu erhalten, mit dem offeneren und weniger konturenscharfen Instrument der Anpassung unternehmen.[145] 56

2. Einzelne Sicherungsmittel. *a) Einfacher Eigentumsvorbehalt.* Der einfache Eigentumsvorbehalt ist eine große Errungenschaft des deutschen Rechts. Er ist die wichtigste Warenkreditsicherheit. Durch die aufschiebende Bedingung des Verfügungsgeschäfts behält der Verkäufer bis zur vollständigen Kaufpreiszahlung sein Eigentum, während der Käufer für die Dauer des Schwebezustands immerhin ein Anwartschaftsrecht als subjektives Sachenrecht sui generis hat. Andere Rechtsordnungen kennen den Eigentumsvorbehalt in dieser konkreten Ausformung zwar so nicht, müssen aber trotzdem das zugrundeliegende wirtschaftliche Sicherungsbedürfnis abbilden. Dies mögen sie durch Legalreservation umsetzen oder Parteivereinbarungen überlassen, z.B. den Romalpa clauses im englischen Recht.[146] 57

Bestand der Eigentumsvorbehalt unter dem alten Belegenheitsrecht nur relativ zwischen Verkäufer und Käufer, so würde man ihm mit einer Umwandlung in einen Eigentumsvor- 58

---

[138] Zu Schwächen und unglücklichen Details der Gesetzesfassung *Schurig,* FS H. Stoll, 2001, S. 577.
[139] Siehe nur Erman/*Hohloch,* Art. 43 EGBGB Rn. 17.
[140] Siehe nur BGHZ 39, 173 f.; BGHZ 45, 95, 97; BGHZ 100, 321, 326; BGH NJW 1991, 1415, 1416; *Drobnig,* FS Gerhard Kegel zum 65. Geb., 1977, S. 141, 142; *Siehr,* ZVglRWiss 83 (1984), 100, 110; *Rauscher,* IPRax 1985, 265; Soergel/*Lüderitz,* Art. 38 EGBGB Anh. II Rn. 50, 53; MüKoBGB/*Kreuzer,* Nach Art. 38 EGBGB Anh. I Rn. 62. Abweichend (nur Veto-Recht des neuen Lagerechts) *H. Stoll,* RabelsZ 38 (1974), 450, 459; Staudinger/*H. Stoll,* Internationales Sachenrecht, Rn. 352 ff.
[141] *R. Wagner,* IPRax 1998, 429, 435; *Spickhoff,* NJW 1999, 2209, 2214; *A. Staudinger,* DB 1999, 1589, 1593; *T. Pfeiffer,* IPRax 2000, 270, 272 f.; *v. Bar/Mankowski* IPR I § 7 Rn. 246; Palandt/*Thorn* Art. 43 EGBGB Rn. 5. Konsequent anderer Ansicht *H. Stoll,* IPRax 2000, 259, 262.
[142] Zu dieser Theorie *v. Bar/Mankowski* IPR I § 6 Rn. 83.
[143] *Mankowski,* FS 75 Jahre MPI, 2001, S. 595, 603.
[144] Versuche einer analytischen Untergliederung in Entstehungs- oder Änderungstatbestände, Rechtsfolgen und ggf. deren fixierte Verknüpfung miteinander unternehmen *Rakob,* Ausländische Mobiliarsicherheiten im Inland, 2001, S. 36 f.; *Drömann* S. 164–172.
[145] Nachweise bei *Drömann* S. 126–130.
[146] Benannt nach *Aluminium Industrie Vaaseen BV v. Romalpa Aluminium Ltd.* [1978] 1 WLR 676 (C. A.); siehe sec. 19 Sale of Goods Act 1979 einerseits und Art. 9 UCC in den USA andererseits; eingehend *Berna Collier,* Romalpa Clauses, North Ride 1989; *William Davies,* (2006) 4 (2) Hertfordshire L.J. 2.

behalt deutschen Rechts bei einem Statutenwechsel unter deutsches Recht als neues Belegenheitsrecht mehr Gewicht und größere Stärke beilegen, als er zuvor hatte. Man würde relativen Schutz zu absolutem Schutz erstarken lassen.[147]

59 **Beispiel**[148]: Umwandlung eines nach italienischem Recht relativ wirksamen in einen nach deutschem Recht absolut wirksamen Eigentumsvorbehalts; „Strickmaschinenfall"

Ein italienischer Strickmaschinenhersteller verkauft einem deutschen Unternehmen Strickmaschinen unter Eigentumsvorbehalt, die auch alsdann nach Deutschland verbracht wurden. Dieser Eigentumsvorbehalt war aber nach italienischem Recht nur relativ (es fehlten Förmlichkeiten). Nach geraumer Zeit machte der italienische Kläger sein Eigentumsvorbehalt geltend und forderte Erfüllung eines Schadensersatzanspruches und eines Bereicherungsanspruches. Das Gericht hatte dabei letztlich darüber zu entscheiden, ob der unter damaligem italienischen Recht „relative" Eigentumsvorbehalt in Deutschland als wirksam zu betrachten ist. Im Ergebnis wurde eine Brücke über den Parteiwillen (auf den deutsches Recht anzuwenden sei) geschlagen. Die Parteien haben das gesamte Rechtsverhältnis auf Deutschland ausgerichtet. Im Ergebnis führte der Parteiwille dazu, dass der italienische „relative" Eigentumsvorbehalt in diesem Fall nach deutschem Recht zu einem „absolut" wirksamen Eigentumsvorbehalt erstarkte.

Anders zu entscheiden ist, wenn beide Parteien den Kaufvertrag und die Übergabe unter relativem Eigentumsvorbehalt in Italien vorgenommen hätten und nicht absehbar war, dass die Strickmaschinen in Deutschland belegen sein sollen. Dann war das Rechtsgeschäft nach Vorstellung der Parteien nur auf Italien ausgerichtet. Der relative Eigentumsvorbehalt erstarkt bei Statutenwechsel dann nicht zu einem absolut wirksamen.

60 *b) Verlängerter Eigentumsvorbehalt.* Die bei einem verlängerten Eigentumsvorbehalt im Voraus abgetretene Kaufpreisforderung aus der Weiterveräußerung ist keine Sache. Sie ist zwar ein subjektives Recht, aber keine physische Sache, kein körperlicher Gegenstand. Deshalb gelten die Regeln des Internationalen Sachenrechts für sie nicht. Welche Wirkungen ihre Zession hat, richtet sich nach dem Internationalen Zessionsrecht, zu finden in Art. 14 Rom I-VO und dessen Umfeld. Wirkungen im Verhältnis zwischen Zedent und Zessionar richten sich nach dem Zessionsgrundstatut, seien es schuldrechtliche, seien es verfügungsrechtliche,[149] Wirkungen gegenüber dem Schuldner nach dem Statut der abgetretenen Forderungen, und die Anknüpfung von Wirkungen im Verhältnis zu Dritten, also anderen Personen als Zedent, Zessionar und Schuldner, ist die am heftigsten umstrittene Frage in der gesamten Rom I-VO.[150]

61 *c) Erweiterter Eigentumsvorbehalt.* Beim erweiterten Eigentumsvorbehalt ist die dingliche Grundkonstruktion identisch mit jener beim einfachen Eigentumsvorbehalt. Der einzige Unterschied ergibt sich in Formulierung und Weite der Bedingung bei der dinglichen Einigung. Beim erweiterten Eigentumsvorbehalt soll der Eigentumsübergang auf den Erwerber erst dann eintreten, wenn er jenseits der Kaufpreisforderung noch weitere Forderungen des Verkäufers erfüllt hat. Diese Erweiterung lässt die dingliche Grundkonstruktion eines nur bedingten Eigentumserwerbs samt etwaigem Anwartschaftsrecht des Erwerbers unberührt.

62 *d) Sicherungseigentum.* Das Sicherungseigentum des deutschen Rechts ist ein in der Praxis notwendiges Instrument, um berechtigte Sicherungsinteresse trotz dem strikten Faustpfandprinzip der §§ 1204 ff. BGB umzusetzen.[151] Es ist so in Rechtsordnungen nicht bekannt, die entweder überhaupt kein Faustpfandprinzip samt Erfordernis des Gläubigerbesitzes für Pfandrechte an Mobilien kennen oder die flexibler sind. Wegen dieser rechtsvergleichend betrachtet solitären Stellung wirft es im grenzüberschreitenden Rechtsverkehr

---

[147] Ablehnend deshalb *Schurig*, FS Hans Stoll, 2001, S. 577.
[148] BGHZ 45, 95.
[149] → § 1 Rn. 883 ff.
[150] → § 1 Rn. 891 ff.
[151] Eingehend *Hromadka*, Die Entwicklung des Faustpfandprinzips im 18. und 19. Jahrhundert, 1971; *N. Reich*, AcP 169 (1969), 246; *ders.*, Die Sicherungsübereignung, 1970; *Wiegand*, ZBJV 116 (1980), 357; *D. Schwintowski*, Das besitzlose Pfandrecht, 2012.

III. Einfacher und qualifizierter Statutenwechsel   63–67 § 3

besondere Fragen auf[152] und muss sich beim Ausgangsstatutenwechsel weg vom deutschen Recht vielerlei Anpassung gefallen lassen, insbesondere eine Überführung in ein besitzloses Pfandrecht unter dem neuen Sachstatut.

Beispiel[153]: D kauft sich in Deutschland einen sehr teuren Rennwagen. Dafür nimmt er einen **63** Kredit bei der B-Bank auf. Zur Sicherheit lässt sich die B-Bank den Rennwagen übereignen. Alsdann kommt D bei der B-Bank in Ratenverzug und flüchtet, aus Angst den Wagen zu verlieren, mit seinem Rennwagen nach Mallorca. Würde man nun ausnahmslos an das Prinzip der *lex rei sitae* festhalten, so würde nun spanisches Recht gelten. Dieses kann aber nicht der B-Bank unvermittelt ihr Sicherungsrecht an dem Rennwagen vorenthalten.

e) Besitzloses Pfandrecht. Das Sachstatut regiert die Wirksamkeitsvoraussetzungen für **64** Pfandrechte. Es entscheidet, ob es besitzlose Pfandrechte kennt oder ob es dem Faustpfandprinzip anhängt[154] und, wenn es denn besitzlose Pfandrechte kennt, ob es Registrierungserfordernisse für diese aufstellt. Kennt das alte Sachstatut besitzlose Pfandrechte ohne Registrierung, so können sich bei Grenzübertritt und Wechsel unter ein neues Sachstatut unter Art. 43 II, III EGBGB intrikate Anpassungs- bzw. Überleitungsfragen stellen.[155] Ein besitzloses Pfandrecht, z. B. ein security interest nach dem Recht eines US-Bundesstaats, besteht nach Eingangsstatutenwechsel unter deutsches Recht als Sicherungseigentum fort.[156]

f) Registerpfandrecht und Autohypothek. Manche Rechtsordnungen kennen Registerpfand- **65** rechte an Mobilien. Sie verlangen keinen unmittelbaren Besitz des Pfandgläubigers an der Pfandsache, sondern eine konstitutive Registrierung. Bekanntestes Beispiel dafür ist die Hypothek an Automobilen nach Legge n. 436 di 15 marzo 1927; Decreto n. 1814 di 29 giulio 1927; Art. 2810 III, IV Codice civile. Nach Eingangsstatutenwechsel unter deutsches Recht besteht sie als Sicherungseigentum fort.[157] Das Erfordernis eines gerichtlichen Verwertungsverfahrens wird als prozessuales Element nicht übernommen.[158]

Beispiel[159]: In diesem Fall wurde ein aus Italien stammendes Fahrzeug nach Deutschland ver- **66** bracht. An diesem Wagen war eine Autohypothek bestellt worden. Zum Zeitpunkt der Geltendmachung dieser Autohypothek befand sich das Auto aber in Deutschland, so dass nach dem Prinzip *lex rei sitae* deutsches Recht Anwendung fand. Die Frage war hier nun wieder, ob auch die italienische Autohypothek mit dem Wagen über die Grenze ins deutsche Recht gefunden hat. Der BGH folgerte hier, dass auch die Autohypothek einem dem deutschen Recht nicht gänzlich unbekannten besitzlosen Pfandrecht (Sicherungsübereignung mit Besitzkonstitut) gleichkomme.

g) Sicherheiten an Unternehmen oder Sachgesamtheiten. Viele ausländische Rechtsordnungen **67** kennen – anders als das deutsche Sachenrecht mit seinem Bestimmtheits- oder Spezialitätsprinzip – Sicherheiten an Unternehmen oder Sachgesamtheiten mit wechselnden Beständen. Prominentestes Beispiel ist die Floating Charge des englischen Rechts,[160] auch im Commonwealth weit verbreitet.[161] Außerdem sind etwa das nantissement du fonds de commerce in Frankreich, Belgien und Luxemburg, die företagshypothek in Schweden und

---

[152] Insbesondere *Martiny*, IPRax 1985, 168; *Schwind*, FS Gerhard Kegel zum 75. Geb., 1987, S. 599; *Schönemann*, Sicherungseigentum im grenzüberschreitenden Verkehr mit Italien, 2013, S. 218–256.
[153] Ähnlicher Fall zu diesem Thema in: *Rauscher*, Klausurenkurs, Fall 18 Rn. 991.
[154] Siehe nur *Mansel*, GS U. Hübner, 2012, S. 705; Staudinger/*Mansel* Art. 43 EGBGB Rn. 769 iVm 763.
[155] → § 3 Rn. 56.
[156] OLG Karlsruhe WM 2003, 584.
[157] BGH NJW 1991, 1415.
[158] Kritisch dagegen *Jayme*, FS Rolf Serick, 1992, S. 241, 245; *Kreuzer*, IPRax 1993, 157, 160; Staudinger/*Mansel* Art. 43 EGBGB Rn. 1258.
[159] BGH NJW 1991, 1415.
[160] Das Institut stellen in deutscher Sprache *Brambosch*, Die Floating Charge, 2011, und *Kleweta* S. 9–113e eingehend vor.
[161] *Wenckstern*, RabelsZ 56 (1992), 624, 627.

die hipoteca de estableciemiento mercantil in Spanien zu nennen.[162] Im IPR sind sie allesamt als subjektive Sachenrechte zu qualifizieren.[163] Bei Statutenwechsel einzelner Gegenstände unter deutsches Recht nach der so genannten crystallization sind die in Sicherungsrechte an den nach Deutschland gelangten Einzelsachen herunterzubrechen.[164] Vor der crystallization hat sie im Wege der Hinnahme nur die isolierten dinglichen Wirkungen, die ihr das englische Recht dann zubilligt, indes auch diese nur bis zur Obergrenze der wirkungen, die eine Sicherungsübereignung nach deutschem Recht hätte.[165]

IV. Dingliche Rechte an Transportmitteln

68 **1. Transportmittel.** Für dingliche Rechte an bestimmten Transportmitteln[166] stellt Art. 45 I 1 EGBGB eine Sonderregel auf. Er unterwirft sie dem Recht ihres jeweiligen Herkunftslandes. Der Begriff des Herkunftslandes ist ausfüllungsbedürftig. Die nötige Ausfüllung leistet, differenziert nach den einzelnen Arten von Transportmitteln, Art. 45 I 2 EGBGB. Art. 45 I 1 EGBGB erfasst aber nicht alle Transportmittel, sondern nur bestimmte, enumerativ aufgezählte: Luft-, Wasser- und Schienenfahrzeuge. Zu den Luftfahrzeugen zählen Flugzeuge (mit oder ohne eigenen Antrieb), Hubschrauber und Ballons. Zu den Schienenfahrzeugen gehören alle Fahrzeuge, die sich auf festen Gleisanlagen bewegen, aber auch darunter (Hängebahnen) oder darüber (Schwebebahnen jeglicher Art, z.B. der Transrapid).[167]

69 Straßenfahrzeuge, also zuvörderst Kraftfahrzeuge, erfasst Art. 45 I EGBGB dagegen nicht,[168] also keine Lastkraftwagen, keine Kleinlaster, keine Straßentransporter, keine Lasttaxis. Alle anderen Straßentransportmittel erfasst er ebenfalls nicht, also auch keine Lastfahrräder, Rikschas, Kutschen, Schubkarren, Pferde-, Ochsen-, Kamel- oder Eselkarren.

70 Die Bezeichnung als „Transportmittel" findet sich nur in der Artikelüberschrift, aber nicht im eigentlichen Normtext des Art. 45 I EGBGB. Trotzdem gehört sie zum amtlichen Wortlaut. Auf der Basis einer Vermutung, dass Normtext und Überschrift kongruent sind, würde er der bloßen Bezugnahme auf „Fahrzeuge" als weitere Komponente einen Transport- oder Beförderungszweck hinzufügen. Freilich würde dies z.B. Schulschiffe, Schulflugzeuge oder Explorationsflugzeuge ausgrenzen. Fangschiffe (insbesondere Fischkutter) und Fabrikschiffe stünden auf der Grenze.

71 Ob Waren, Güter oder Personen befördert werden sollen, ist jedenfalls kein Differenzierungskriterium. Ausreichend sollte auch das Potenzial sein, als Beförderungsmittel dienen zu können, selbst wenn aktuell keine Nutzung für Beförderungszwecke erfolgt. Erst recht ist kein Ausgrenzungskriterium, ob Einsätze national oder grenzüberschreitend erfolgen.

72 Zum Fahrzeug gehört kollisionsrechtlich auch dessen Zubehör, dagegen nicht dessen anderwärts aufbewahrte Ersatzteile vor deren Einbau. Ob der Haftungsverbund sich auch

---

[162] *Wenckstern*, RabelsZ 56 (1992), 624, 627.
[163] *Wenckstern*, RabelsZ 56 (1992), 624, 656; *Graham-Siegenthaler* S. 177f. sowie grundsätzlich *Swienty* S. 194f. Offen Staudinger/*Mansel* Art. 43 EGBGB Rn. 1067. Anderer Ansicht *A. Schall*, IPRax 2009, 209, 211–214: gesellschafts-, teilweise insolvenzrechtliche Einordnung.
[164] *Wenckstern*, RabelsZ 56 (1992), 624, 664–668; *Swienty* S. 197; Staudinger/*Mansel* Art. 43 EGBGB Rn. 1072f.
[165] *Graham-Siegenthaler* S. 178; *Swienty* S. 196f.; Staudinger/*Mansel* Art. 43 EGBGB Rn. 1071 sowie im Ergebnis auch *A. Schall*, IPRax 2009, 209, 217. Eingehend, auch unter Einbeziehung des Insolvenzfalls, *Kleweta* S. 115–215.
[166] Originell ist der Versuch, Art. 45 EGBGB wegen deren vergleichbarer Mobilität analog auf Tiere anzuwenden und das Recht des „Heimatortes" zu berufen; BeckOGK BGB/*Prütting* Art. 43 EGBGB Rn. 50.
[167] *v. Bodungen*, Mobiliarsicherungsrechte an Kraftfahrzeugen und Eisenbahnrollmaterial im nationalen und internationalen Rechtsverkehr, 2009, S. 195.
[168] LG Hamburg IPRspr. 2012 Nr. 71 S. 139 = BeckRS 2013, 02260 Rn. 28; *Pfeiffer*, IPRax 2000, 270, 275; *Jayme/Marzocco*, FS Rolf A. Schütze zum 80. Geb., 2014, S. 205, 209; Palandt/*Thorn* Art. 45 EGBGB Rn. 1.

IV. Dingliche Rechte an Transportmitteln   73–79 § 3

auf das Zubehör erstreckt, entscheidet sachrechtlich aber das über Art. 45 EGBGB angeknüpfte Sachstatut selber.[169]

Sportflugzeuge oder Sportboote dienen keinem kommerziellen Transportzweck und 73
sind deshalb nicht von Art. 45 EGBGB erfasst.[170] Dasselbe gilt für dauerhaft stationäre Lager-, Hotel- oder Restaurantschiffe.[171] Sicher ausgegrenzt, weil stationär, nicht mobil, sind Bohrinseln und Offshore-Windkraftanlagen.[172] Schiffswracks sind keine Schiffe, ebenso wenig Schiffsbauwerke.[173]

Wird ein Luft-, Wasser- oder Schienenfahrzeug gleichsam als Ware veräußert und über- 74
tragen, so geschieht dies nicht in seiner spezifischen Nutzung und Funktion gerade als Transportmittel. Bei engem Verständnis würde dies zur Nichtanwendung des Art. 45 I EGBGB führen. Indes passt gerade dann eine immobilisierende Anknüpfung besonders gut. Außerdem würde man anderenfalls gerade das Eigentum ausklammern. Wirtschaftlich schließlich werden Transportmittel erworben, um sie nach dem Erwerb zum Transport oder zum Umsatz durch Transport einzusetzen, so dass ihre spezifische Funktion gerade als Transportmittel doch betroffen ist, wenn auch gleichsam mittelbar.

Ein Container, ein sonstiges Transportbehältnis oder eine Transportpalette ist kein Fahr- 75
zeug.[174] Schuten, Bargen und Leichter sind nach der Verkehrsanschauung Fahrzeuge, auch wenn sie keinen eigenen Antrieb haben, sondern geschleppt, gezogen oder geschoben werden. Schiffsbauwerke sind aber nicht erfasst,[175] ebenso wenig Ölbohrinseln oder Offshore-Windkraftanlagen.

Beispiel: Ein Hubschrauber soll von Hamburg zum Hafen von Tilbury (England) verschifft wer- 76
den. Der Hubschrauber ist zwar auch ein Lufttransportmittel; er ist in diesem Fall aber die Ware und fällt damit nicht unter Art. 45 I EGBGB, während das Schiff als Transportmittel dient, so dass für Rechte an dieser Sache Art. 45 I EGBGB Anwendung findet.

Beispiel: Per Lkw-Transport soll eine Bierlieferung von Deutschland nach Italien verbracht wer- 77
den. Hier ist Art. 45 I EGBGB auf den Lkw nicht anwendbar, sondern Art. 43 EGBGB, da es sich bei dem Lkw nicht um ein Luft-, Wasser- oder Schienenfahrzeug handelt.

2. Rechte. Rechte sind alle dinglichen Rechte am Transportmittel, für die keine ab- 78
weisenden Sonderregeln bestehen. In erster Linie steht hier das Eigentum. In zweiter Linie findet man vertraglich begründete Pfandrechte, insbesondere Kreditsicherungsrechte. Wann ein Recht dinglichen Charakter hat, bestimmt sich infolge des bootstrap principle, des verallgemeinerungsfähigen Rechtsgedankens aus Art. 10 I Rom I-VO, nach dem Recht, das anwendbar wäre, wenn es sich um ein dingliches Recht handeln würde, bei Art. 45 I EGBGB also nach dem Recht des Herkunftslandes.

Art. 45 I EGBGB unterscheidet seinem Wortlaut nach nicht zwischen registrierten und 79
nicht registrierten Rechten. Allerdings verliert die Anknüpfung an einen Registrierungsort für nicht registrierte Rechte an innerer Überzeugungskraft, weil es für diese eben nicht auf eine Registrierung und auf ein Register ankommt. Indes erlangt jene Anknüpfung wiederum Überzeugungskraft, weil sie eine Konkurrenz zwischen registrierten und nichtregistrierten Rechten gleichermaßen aufzulösen vermag, indem sie alle Rechte einheitlich demselben Recht und damit auch dessen Konkurrenzregeln unterstellt.[176]

---

[169] Staudinger/*Mansel* Art. 45 EGBGB Rn. 88 f.
[170] Staudinger/*Mansel* Art. 45 EGBGB Rn. 79, 99, 115 f.
[171] Staudinger/*Mansel* Art. 45 EGBGB Rn. 83.
[172] *Wurmnest*, RabelsZ 72 (2008), 236, 243; *Büllesfeld/Multmeier*, ZNER 2009, 7, 9 f.; *Gottschall*, Die Besicherung von offshore-Windkraftanlagen nach deutschem und US-amerikanischem Recht, 2011, S. 49.
[173] Begründung der Bundesregierung zum Entwurf eines Gesetzes zum Internationalen Privatrecht für außervertragliche Schuldverhältnisse und Sachen, BT-Drs. 14/343, 17.
[174] MüKoBGB/*Wendehorst* Art. 45 EGBGB Rn. 26; Staudinger/*Mansel* Art. 45 EGBGB Rn. 91; *Smid*, DZWIR 2017, 1, 4 f.; BeckOGK BGB/*Prütting* Art. 45 EGBGB Rn. 21.
[175] Erman/*Hohloch* Art. 45 EGBGB Rn. 8.
[176] *Mankowski*, TranspR 1990, 213, 225 f.

80 **3. Anknüpfung an das Herkunftsland.** Transportmittel sind ihrer Zweckbestimmung nach mobil. Sie bewegen sich bestimmungsgemäß über Grenzen. Wollte man an der Belegenheitsanknüpfung festhalten, so würde dies zu einem ständigen Statutenwechsel führen, der schnell nicht mehr zu entwirren wäre und keine belastbaren Ergebnisse mehr gewährleisten würde. Daher werden Transportmittel rechtlich quasi-immobilisiert. Art. 45 I EGBGB knüpft für sie an einen stabilen und im Prinzip unveränderlichen Anknüpfungspunkt an. Er macht sie gleichsam an einem Fixpunkt fest. Man kann Art. 45 I EGBGB cum grano salis als Berufung der lex originis bezeichnen.[177]

81 Welcher Fixpunkt relevant ist, legt Art. 45 I EGBGB je nach Verkehrsmittel unterschiedlich fest: für Luftfahrzeuge ihre Staatszugehörigkeit, dokumentiert durch ihre Registereintragung; bei Wasserfahrzeugen ihre Registereintragung, hilfsweise der Heimathafen oder der Heimatort; bei Schienenfahrzeugen ihre Zulassung. Letzteres meint die Zulassung in einem förmlichen, amtlichen Zulassungsverfahren.[178] Seit der Zulassung privater Bahnen und Liberalisierung der Auslandsinvestition passt dagegen eine Gleichsetzung mit dem Hauptverwaltungssitz des zulassenden Unternehmens[179] nicht mehr. Auch der angestammte Standort[180] ist faktisch, nicht registerbezogen.

82 Verkehrsbedürfnissen wird Genüge getan, denn der vom Gesetzgeber ausgewählte Anknüpfungspunkt ist für Dritte und den durch sie repräsentierten Rechtsverkehr relativ leicht ersichtlich, weil gemeinhin gut nach außen dokumentiert.[181] Er haftet dem Transportmittel an und lässt sich in der Regel an diesem ersehen: Ein Heimathafen steht am Heck des Schiffes, Registerkennzeichen stehen am Seitenleitwerk eines Luftfahrzeugs.

83 Bei Schiffen ergibt sich allerdings eine Diskrepanz zwischen dem angegebenen Heimathafen und der vorrangigen Registrierung, wenn das Schiff in zwei Staaten doppelregistriert ist, was in der Praxis häufig vorkommt. Dann weisen Heimathafen, Flagge und Flag Register zum Flaggenstaat, während das Real Rights Register zu einem anderen Staat weist. Internationalsachenrechtlich kann nur das Real Rights Register zählen.[182] Denn nur in diesem stehen – wie dessen Namen schon sagt – die eingetragenen subjektiven Sachenrechte, also Schiffseigentum und Schiffshypotheken. Das Flag Register dient dagegen nur öffentlich-rechtlichen, aber keinen privatrechtlichen Zwecken.[183] Billigflaggen und Ausflaggung lassen sich dadurch allgemein lösen[184] und insbesondere konkret für das Sachenrecht. Ausflaggung führt in der Regel zu Doppelregistrierung, denn die dinglich gesicherten Schiffskreditgeber und Schiffsfinanzierer (insbesondere Banken) werden darauf drängen, dass ihre Sicherungsrechte nicht durch vollständige Umregistrierung einen Statutenwechsel unter das Recht eines Billigflaggenstaates erleiden.

84 Bei nichtregistrierten Schiffen als Ersatzanknüpfungspunkt den Heimathafen heranzuziehen birgt verdeckte Probleme: Der Heimathafen ist keineswegs Quasi-Domizil oder auch nur Standort des Schiffes.[185] Sofern man auf ihn abstellen wollte, weil sich dort der

---

[177] *A. Meyer*, Internationales Mobiliarsicherheitenrecht im deutsch-russischen Rechtsverkehr, 2009, S. 127.
[178] *v. Bodungen*, Mobiliarsicherungsrechte an Kraftfahrzeugen und Eisenbahnrollmaterial im nationalen und internationalen Rechtsverkehr, 2009, S. 197.
[179] So noch § 33 I östIPRG.
[180] Den *Kropholler*, IPR S. 566 (§ 54 V 1) ausfüllend heranzieht.
[181] Siehe nur *Stoll*, IPRax 2000, 259, 266.
[182] Begründung der Bundesregierung zum Entwurf eines Gesetzes zum Internationalen Privatrecht für außervertragliche Schuldverhältnisse und Sachen, BT-Drs. 14/343, 17; *Mankowski*, TranspR 1990, 213, 226; *A. Meyer*, Internationales Mobiliarsicherheitenrecht im deutsch-russischen Rechtsverkehr, 2009, S. 128; *Kreuzer*, RabelsZ 65 (2001), 383, 453; MüKoBGB/*Wendehorst* Art. 45 EGBGB Rn. 48; Staudinger/*Mansel* Art. 45 EGBGB Rn. 130.
[183] *B. Kröger*, TranspR 1988, 173, 175; *Poli Cur i*, Dir. mar. 91 (1989), 415, 419; *Mankowski*, TranspR 1990, 213, 226; *ders.*, TranspR 1996, 228, 233 f.; *Drobnig*, BerDGesVR 31 (1990), 31, 52; *H. Stoll*, JZ 1995, 786, 787.
[184] Siehe nur *Eric Powell*, Ann. Survey Int'l. & Comp. L. 2013, 263; *Helenius*, JFT 2017, 304.
[185] *Mankowski*, TranspR 1996, 228, 231 f. Entgegen *M. Wolff*, Das internationale Privatrecht Deutschlands, 3. Aufl. 1954, S. 174; *v. Hoffmann*, in: v. Caemmerer (Hrsg.), Vorschläge und Gutachten zur Reform des

IV. Dingliche Rechte an Transportmitteln 85–89 § 3

Sitz des Schifffahrtsunternehmens befinde,[186] würde dies eine Anknüpfung an die Hauptverwaltung und damit eine im Kern personenbezogene Anknüpfung verdecken, keine gegenstandsbezogene Anknüpfung, wie das Internationale Sachenrecht sie gebietet.[187] Richtiger Ersatzanknüpfungspunkt für nichtregistrierte Schiffe wäre vielmehr die Flagge gewesen.[188]

4. Gesetzliche Sicherungsrechte, insbesondere Schiffsgläubigerrechte. *a) Entste-* 85 *hungsstatut nach Art. 45 II 1 EGBGB.* aa) Gesetzliche Sicherungsrechte. Für die Entstehung gesetzlicher Sicherungsrechte an Transportmitteln gibt es eine besondere Anknüpfungsregel in Art. 45 II 1 EGBGB. Sie weicht von der Herkunftslandanknüpfung des Art. 45 I EGBGB ab. Ihr Anknüpfungspunkt ist vielmehr das Statut derjenigen Forderung, welche das jeweilige Sicherungsrecht sichert. Das Entstehungsstatut des Sicherungsrechts folgt also akzessorisch dem Statut der gesicherten Forderung.

Art. 45 II EGBGB insgesamt gilt nicht für vertraglich begründete Sicherungsrechte. 86 Wird eines der in Art. 45 I EGBGB genannten Fahrzeuge auf vertraglicher Grundlage verpfändet (wird z. B. an einem Flugzeug oder einem Schiff eine Hypothek bestellt), so greift nicht Art. 45 II EGBGB, sondern vielmehr Art. 45 I EGBGB.

Für Sicherungsrechte an Flugzeugen ist vorrangig die Cape Town Convention samt ih- 87 ren diversen Zusatzprotokollen als besonderes Einheitssachrecht zu beachten.[189] IPR enthält sie – jenseits der Umschreibung ihres eigenen internationalen Anwendungsbereichs in Artt. 3 I; 4 – nicht.[190] Deutschland ist an das Grundübereinkommen und das Luftfahrtausrüstungsprotokoll gebunden, seitdem sie am 1.8.2009 für die EU in Kraft getreten sind.[191] Lücken sind nach Art. 5 Cape Town Convention, soweit irgend möglich, ohne Rückgriff auf ein kollisionsrechtlich berufenes Recht nach allgemeinen Grundsätzen der Cape Town Convention zu füllen.[192] Möglicherweise wird es in der Zukunft auch ein Protokoll für Schiffe und Schiffsausrüstungen geben.[193]

bb) Anknüpfungspunkt: Statut der gesicherten Forderung. Das Statut der gesicherten 88 Forderung ist unter Art. 45 II EGBGB kraft akzessorischer Anknüpfung zugleich Entstehungsstatut des Sicherungsrechts. Das ist eine klare und eindeutige Festlegung des Gesetzgebers. Mit ihr hat der Gesetzgeber einen lang andauernden Meinungsstreit[194] entschieden und Rechtssicherheit geschaffen, wenn auch um den Preis einer dezisionistischen Entscheidung mit einigen inhärenten Schwächen. Immerhin wird ihm zugute geschrieben, die Mehrheitsmeinung der bis dahin ergangenen, zumal damals jüngeren Rechtsprechung[195] kodifiziert zu haben.[196]

Die Anknüpfung an die lex causae der gesicherten Forderung für gesetzliche Sicherungs- 89 rechte erlaubt einen partiellen Einbruch von Parteiautonomie in das Internationale Sachen-

---

deutschen internationalen Privatrechts der außervertraglichen Schuldverhältnisse, 1983, S. 80, 91; *Habermann*, Die Geschäftsführung ohne Auftrag im Sinne des deutschen Internationalen Privatrechts, Diss. Mainz 1990, S. 322 bzw. *Jacobson*, Die Sachen im Internationalen Privatrecht Deutschlands, Frankreichs und Angloamerikas, Diss. Leipzig 1934, S. 100; *Kegel*, Internationales Privatrecht, 7. Aufl. 1995, S. 579.
[186] So *v. Hoffmann*, in: v. Caemmerer (Hrsg.), Vorschläge und Gutachten zur Reform des deutschen internationalen Privatrechts der außervertraglichen Schuldverhältnisse, 1983, S. 80, 91; *Habermann*, Die Geschäftsführung ohne Auftrag im Sinne des deutschen Internationalen Privatrechts, Diss. Mainz 1990, S. 321 f.
[187] *Mankowski*, TranspR 1996, 228, 232 f.
[188] *Mankowski*, TranspR 1996, 228, 234.
[189] Staudinger/*Mansel* Anh. zu Art. 45 EGBGB Rn. 5.
[190] *Kieninger*, FS Dagmar Coester-Waltjen, 2015, S. 469, 471; Erman/*Hohloch* Art. 45 EGBGB Rn. 3.
[191] ABl. EG 2009 L 121/7. Rechtspolitische Überlegungen bei *Schmalenbach*, ZLW 2015, 270, 278–284; *Reuleaux/M. Radbruch*, ZLW 2017, 439.
[192] *Kreuzer*, 2013 Cape Town Convention L. J. 149, 156–161.
[193] Näher *B. Köhler*, Unif. L. Rev. 2017, 507.
[194] Nachweise bei *Mankowski*, TranspR 1990, 213 (213–216).
[195] OLG Hamburg VersR 1975, 826, 830; OLG Hamburg VersR 1979, 933; OLG Hamburg VersR 1989, 1164; OLG Koblenz VersR 1987, 1088, 1089; OLG Bremen IPRspr. 1994 Nr. 60b.
[196] Erman/*Hohloch* Art. 45 EGBGB Rn. 11.

recht.[197] Denn sie folgt einer Rechtswahl, wenn diese für das Forderungsstatut in statthafter Weise erfolgt ist. Bei vertraglichen Forderung gilt der Grundsatz der freien Rechtswahl nach Art. 3 I 1 Rom I-VO. Infolge der akzessorischen Anknüpfung wirkt sich dies auf das Entstehungsstatut der Sicherungsrechte aus. Sie unterliegt zwar keiner eigenen internationalsachenrechtlichen Rechtswahl, schließt sich aber im Ergebnis der internationalschuldvertragsrechtlichen Rechtswahl an. Es gibt zwar keine direkte Rechtswahl etwa für maritime liens, Schiffsgläubigerrechte – anders als in den USA[198] –, aber eine mittelbare kraft akzessorischer Anknüpfung an ein wählbares Statut. Ist gesicherte Forderung eine Forderung aus einem außervertraglichen Schuldverhältnis, insbesondere aus einem Delikt (z. B. einem Schiffszusammenstoß), so wirkt eine Rechtswahl nach Art. 14 I Rom II-VO auf das gesetzliche Sicherungsrecht über, soweit sie statthaft ist.

90 Allerdings können sich wegen des übergreifenden Effekts auf das akzessorisch sichernde subjektive Sachenrecht Zusatzüberlegungen bei den Rechtswahlbeschränkungen aus Artt. 3 II 2 Var. 2 Rom I-VO; 14 I UAbs. 2 Var. 2 Rom II-VO ergeben, wenn sich mittelbar Einschränkungen für das Eigentum oder den Rang eines subjektiven Rechts eines an der Rechtswahl nicht beteiligten Dritten ergeben würden.[199]

91 Die akzessorische Anknüpfung an das Statut der gesicherten Forderung zwingt auch dazu, Sicherungsrechte aus diesem Recht selbst dann anzuerkennen, wenn das heimische Recht oder das Belegenheitsrecht sie aus guten rechtspolitischen Gründen abgeschafft haben. So erleben etwa die im deutschen Sachrecht bereits 1972 abgeschafften Schiffsgläubigerrechte für Ladungsschäden und Bunkeröllieferungen bei deutschen Schiffen eine Wiederauferstehung, wenn die lex causae sie kennt (wie namentlich das Recht der USA[200]).[201]

92 cc) Anknüpfungsgegenstand Entstehung (Qualifikation). Sachlich ist der Anknüpfungsgegenstand des Art. 45 II 1 EGBGB auf die Entstehung gesetzlicher Sicherungsrechte begrenzt. Damit unterfallen dieser Norm jedenfalls das Ob, die Art und den Umfang eines gesetzlichen Sicherungsrechts.[202] Die zur Verfügung stehenden Rechtstypen muss das Entstehungsstatut beisteuern. Zur Entstehung würde man dagegen nach dem Wortsinn weniger Inhalt und Ausübung eines Sicherungsrechts schlagen. Dies hieße aber, insbesondere den Umfang des Sicherungsbeschlags (mögliche Erstreckung auf Zubehör), Abwendungsbefugnisse, Ablösungsrechte und welche Forderungen gesichert sind, einem anderen Recht zu unterstellen.[203] Würde man diese Aspekte dem Recht des Herkunftslandes unterstellen – wie es die Auffangfunktion des Art. 45 I EGBGB eigentlich gebieten würde, soweit etwas nicht sicher von Art. 45 II EGBGB erfasst ist –, so könnte man zu einer misslichen und kaum aufzulösenden Gemengelage von drei Rechten (Entstehungsstatut nach Art. 45 II 1

---

[197] *v. Hein,* in: Westrik/van der Weide (eds.), Party Autonomy in International Property Law, 2011, S. 103, 112.

[198] Dort *Liverpool & London S. S. Protection & Indemnity Association v. Queen of Leman M/V* 296 F. 3d 350, 354 (5th Cir. 2002); *Trans-Tec Asia v. M/V Harmony Container* 518 F. 3d 1120, 1133f. (9th Cir. 2008); *Triton Marine Fuels Ltd. SA v. M/V Pacific Chukotka* 575 F. 3d 409, 419 (4th Cir. 2009); *World Fuel Services Singapore Pte. Ltd. v. Bulk Juliana M/V* 822 F. 3d 766, 775f. (5th Cir. 2016). Anders allerdings *Rainbow Line, Inc. v. M/V Tequila* 480 F. 2d 1024, 1026f. (2d Cir. 1973); *M. Davies,* 83 Tulane L. Rev. 1435, 1446 (2009); *Mark S. Davis/Tan,* 46 JMLC 395, 458 (2015); siehe auch *Crews,* 41 Tulane Mar. L. J. 585, 597f. (2017).

[199] Ansatzweise MüKoHGB/*T. Eckardt,* Bd. 7, 3. Aufl. 2014, Vor § 596 HGB Rn. 6.

[200] 46 U. S. C. § 31342; siehe nur *Gulf Oil Trading Co. v. M/V Caribe Mar* 757 F. 2d 343 (2d Cir. 1985); *O. W. Bunker Malta Ltd. v. MV Trogir* 602 F. App'x 673 (9th Cir. 2015); *Hapag-Lloyd AG v. U. S. Oil Trading LLC* 814 F. 3d 146 (2d Cir. 2016); *UPT Pool Ltd. v. Dynamic Oil Trading (Singapore) Pte. Ltd.* 2015 AMC 2070 (S. D. N. Y. 2015); *Valero Mktg. & Supply Co. v. M/V Almi Sun* 2015 WL 9459971 (E. D. La. 2015), reconsideration denied 2016 WL 475905 (E. D. La. 2016).

[201] *Herber,* TranspR 1999, 294; *ders.,* Seehandelsrecht, 2. Aufl. 2016, S. 125, 423f.; *Schmidt-Vollmer,* Schiffsgläubigerrechte und ihre Geltendmachung, 2003, S. 96–99; MüKoHGB/*T. Eckardt,* Bd. 7, 3. Aufl. 2014, Vor § 596 HGB Rn. 6; *Mankowski,* TranspR 2017, 197, 200.

[202] MüKoBGB/*Wendehorst* Art. 45 EGBGB Rn. 66.

[203] MüKoBGB/*Wendehorst* Art. 45 EGBGB Rn. 69.

IV. Dingliche Rechte an Transportmitteln 93–97 § 3

EGBGB, Rangstatut nach Art. 45 II 2 EGBGB und Herkunftslandrecht nach Art. 45 I EGBGB als Umfangs- und Inhaltsstatut) gelangen.[204]

b) Rangstatut nach Art. 45 II 2 EGBGB. Unterliegen verschiedene gesicherte Forderungen verschiedenen Rechten, so stellt sich die Frage, nach welchem Recht das Rangverhältnis zwischen den sie sichernden Sicherungsrechten zu bestimmen ist. Eine generelle Anknüpfung von Sicherungsrechten an das Sachstatut des besichernden Transportmittels ist klar von Vorteil, weil sie einheitlich alle Sicherungsrechte demselben Recht unterstellt und in der Folge auch diesem Recht die maßgeblichen Konkurrenzregeln entnehmen kann.[205] Art. 45 II EGBGB geht diesen Weg nicht mit Konsequenz. Vielmehr trennt er in ein Entstehungsstatut für das einzelne Sicherungsrecht, nämlich das Statut der gesicherten Forderung, gemäß Art. 45 II 1 EGBGB und ein Rangstatut zwischen konkurrierenden Sicherungsrechten, nämlich die lex rei sitae des besichernden Transportmittels, gemäß Art. 45 II 2 iVm Art. 43 I EGBGB. Er kombiniert also zwei Statuten und zwingt zur Ermittlung gegebenenfalls mehrerer Rechte. 93

Rangstatut ist nicht das eigentliche Sachstatut des besichernden Transportmittels. Dies wäre das über Art. 45 I EGBGB berufene Recht des Herkunftslandes. Rangstatut ist vielmehr das Recht des Staates, in welchem das Transportmittel belegen ist. Maßgeblicher Zeitpunkt ist jeweils derjenige, zu welchem sich die Rangfrage stellt und zu beantworten ist. Die Anknüpfung an die lex rei sitae stellt Schnelligkeit und Effektivität des Zugriffs in den Vordergrund. Ihr ist ein Gleichlauf mit der potenziellen lex loci executionis im Fall einer Zwangsvollstreckung wichtig. Indes verfolgt sie dies zu einem nicht zu unterschätzenden Preis. Denn sie eröffnet einen conflit mobile und verhindert eine stabile und kontinuierliche Anknüpfung, die erlauben würde, die Rangverhältnisse zu jedem beliebigen Zeitpunkt nach demselben Recht zu beurteilen. Eine Anknüpfung der Rangfrage an das Herkunftslandrecht würde genau diese Quasi-Immobilisierung leisten. Sie würde sämtliche Probleme vermeiden, die eine Belegenheitsanknüpfung bei ihrer Natur nach mobilen Gegenständen aufwerfen kann. 94

Praktisch führt Art. 45 II 2 EGBGB in den meisten Fällen zu einem Gleichklang mit der lex fori executionis, weil ein Vollstreckungszugriff, um effektiv zu sein, am jeweils aktuellen Belegenheitsort des Transportmittels erfolgen wird.[206] 95

5. Ausdehnung des Art. 45 EGBGB auf andere Fahrzeuge, insbesondere Straßenfahrzeuge? Art. 45 EGBGB erfasst direkt nur Luft-, Wasser- und Schienenfahrzeuge. Straßenfahrzeuge klammert er aus. Nimmt man dies ernst, so gilt Art. 45 EGBGB für Rechte an Straßenfahrzeugen nicht.[207] Anzuwenden ist – wie seit jeher[208] – die Situs-Regel aus Art. 43 I EGBGB.[209] Kfz werden behandelt wie grundsätzlich andere Sachen auch,[210] also nicht wie Transportmittel. Damit verändert sich das Sachstatut eines Straßenfahrzeugs mit jedem Grenzübertritt. Lkw werden dadurch als Besicherungsgrundlage für Kredite praktisch unbrauchbar. Dies kann Fuhrunternehmen, deren wesentliches Betriebsvermögen ihre Lkw sind, deren wichtigstes Besicherungsmittel entziehen und damit deren Kreditfähigkeit bei Versorgung im Ausland erschüttern. 96

Der Gesetzgeber des Art. 45 EGBGB hat aber eine bewusste Entscheidung getroffen, Straßenfahrzeuge aus der Sonderregel auszugrenzen. Er hat sich insoweit einem Vorschlag 97

---

[204] MüKoBGB/*Wendehorst* Art. 45 EGBGB Rn. 70.
[205] *Mankowski*, TranspR 1990, 213, 225 f.
[206] Begründung der Bundesregierung zum Entwurf eines Gesetzes zum Internationalen Privatrecht für außervertragliche Schuldverhältnisse und Sachen, BT-Drs. 14/343, 18; Staudinger/*Mansel* Art. 45 EGBGB Rn. 216.
[207] Siehe nur LG Hamburg IPRspr. 2012 Nr. 71 S. 139; *Pfeiffer*, IPRax 2000, 270, 275; *Jayme/Marzocco*, FS Rolf A. Schütze zum 80. Geb., 2014, S. 205, 209; Palandt/*Thorn* Art. 45 EGBGB Rn. 1.
[208] Siehe nur BGH NJW 1963, 1200; BGH NJW 1991, 1415; OLG Celle IPRspr. 1978 Nr. 41; LG Ravensburg IPRspr. 1954/55 Nr. 75.
[209] *R. Wagner*, IPRax 1998, 429, 436; *Stoll*, IPRax 2000, 259, 267; *Kreuzer*, RabelsZ 65 (2001), 383, 452.
[210] *Martiny*, IPRax 1985, 168, 169.

des Deutschen Rates für Internationales Privatrecht[211] angeschlossen, der seinerseits wieder von dem vorbereitenden Gutachten[212] abwich. Tragende Gründe für die Haltung des Deutschen Rates waren das Vorherrschen der Situs-Anknüpfung im Ausland, ein Bedürfnis nach Sicherungsrechten an ausländischen Kfz, die sich im Inland befinden, und die Gefahr der Fälschung bei Kfz-Kennzeichen.[213] Ergänzend wird auf die leichtere Veräußerbarkeit im Ausland verwiesen.[214]

98 Man kann Art. 45 EGBGB hier nicht analog anwenden,[215] denn dafür fehlt es an einer unbewussten Gesetzeslücke als methodischer Voraussetzung jeder Analogie. Vielmehr ist wegen der klaren gesetzgeberischen Entscheidung ein eindeutiger Umkehrschluss zu ziehen.[216] Die Interessenlage freilich wäre jener bei Transportmitteln vergleichbar, insbesondere jener bei Schienenfahrzeugen.[217] Gegen die Vergleichbarkeit kann man nicht erfolgreich ins Feld führen, dass viele privat genutzte Kfz gar nicht oder nur selten ins Ausland fahren.[218] Denn wenn sie in ihrem Registrierungsstaat bleiben, ist dieser zugleich Belegenheitsstaat, so dass Ergebnisgleichheit bestünde.[219]

99 Die Alternative zur Situs-Anknüpfung bestünde für Kfz in einer Anknüpfung an die lex stabuli.[220] Sie würde zum Recht desjenigen Staates führen, in dem ein Kfz registriert ist und dessen Kennzeichen es führt. Kfz würden damit ebenso quasi-immobilisiert wie die anderen Transportmittel. Sie würden ein stabiles Sachstatut bekommen, das sich nicht bei jedem Grenzübertritt ändert.[221] Dieses Sachstatut würde an ein leicht, kostenfrei und gut erkennbares Merkmal anknüpfen. Die große Schwäche der Situs-Regel bei besonders beweglichen Sachen würde vermieden.[222] Sicherlich besteht faktisch eine Gefahr, dass Kennzeichen gefälscht werden. Eine parallele Gefahr hat den Gesetzgeber jedoch nicht daran gehindert, unter Art. 45 I EGBGB für andere Transportmittel als Kfz an Kennzeichen anzuknüpfen.

100 Zudem würde man wertungsmäßig der Problemkonstellation besser gerecht, dass eine Veräußerung außerhalb des Registrierungsstaates regelmäßig bei gestohlenen Kfz und damit nicht durch den Eigentümer erfolgt.[223] Nach Entschädigung des Eigentümers hat der zahlende Versicherer ein legitimes Interesse an der Übereignung des gestohlenen Fahrzeugs, die bei Anwendung der situs-Regel daran zu scheitern droht, dass der aktuelle Belegenheitsort des gestohlenen und verschwundenen Kfz unbekannt ist.[224]

101 Am angestrebten internationalen Entscheidungseinklang dürfte eine Sonderregel nicht scheitern. Zum einen könnte man ein solches Argument bereits gegen die Existenz des

---

[211] Vorschläge des Deutschen Rats für Internationales Privatrechts, in: Henrich (Hrsg.), Vorschläge und Gutachten zur Reform des deutschen internationalen Sachen- und Immaterialgüterrechts, 1991, S. 9.
[212] *Drobnig*, in: Henrich (Hrsg.), Vorschläge und Gutachten zur Reform des deutschen internationalen Sachen- und Immaterialgüterrechts, 1991, S. 13, 19–21, 34 f.
[213] Vorschläge des Deutschen Rats für Internationales Privatrechts, in: Henrich (Hrsg.), Vorschläge und Gutachten zur Reform des deutschen internationalen Sachen- und Immaterialgüterrechts, 1991, S. 9.
[214] *Staudinger/Stoll*, Internationales Sachenrecht, 13. Bearb. 1996, Rn. 411; *Kropholler* S. 565 (§ 54 V); *Swienty* S. 48.
[215] Dafür tendenziell BeckOK BGB/*Spickhoff* Art. 45 EGBGB Rn. 7.
[216] *Swienty* S. 48; BeckOGK/*Prütting* Art. 45 EGBGB Rn. 21.
[217] *Drobnig*, in: Henrich (Hrsg.), Vorschläge und Gutachten zur Reform des deutschen internationalen Sachen- und Immaterialgüterrechts, 1991, S. 13, 19–21.
[218] Unterscheidung vorgeschlagen bei *Sonnenberger*, AWD 1971, 253, 257; *Ferid*, IPR Rn. 7–90.
[219] Kritisch zu der Unterscheidung auch *Drobnig*, FS Gerhard Kegel zum 65. Geb., 1977, S. 141, 154 f.; *ders.*, in: Henrich (Hrsg.), Vorschläge und Gutachten zur Reform des deutschen internationalen Sachen- und Immaterialgüterrechts, 1991, S. 13, 19.
[220] *Sonnenberger*, AWD 1971, 253, 257; *Drobnig*, FS Gerhard Kegel zum 65. Geb., 1977, S. 141, 144; *Kieninger*, AcP 208 (2008), 182, 191; *dies.*, FS Dieter Martiny, 2014, S. 391, 400; *dies.*, FS Dagmar Coester-Waltjen, 2015, S. 469, 481.
[221] *Martiny*, IPRax 1985, 168, 169 f.
[222] Siehe NK-BGB/*v. Plehwe* Art. 46 EGBGB Rn. 12; *Rauscher* Rn. 1547; BeckOK BGB/*Spickhoff* Art. 45 EGBGB Rn. 7.
[223] *Drobnig*, FS Gerhard Kegel zum 65. Geb., 1977, S. 141, 144.
[224] *Drobnig*, FS Gerhard Kegel zum 65. Geb., 1977, S. 141, 144.

V. Dingliche Rechte an res in transitu   102–105 § 3

Art. 45 I EGBGB ins Feld führen, wo es evident nicht durchschlägt, denn es gibt Art. 45 I EGBGB. Zum anderen würde man damit jeden Fortschritt verhindern, weil man alle Internationalen Sachenrechte zementieren würde.

Sachlich spricht also viel für eine solche Sonderregel. De lege lata gibt es aber für sie **102** keinen gesetzlichen Anhaltspunkt. Im Gegenteil hat sich der Gesetzgeber bewusst gegen sie entschieden.

Der Respekt vor dem Gesetzgeber gebietet, dessen Entscheidung zu achten, und verbie- **103** tet auch, diese Entscheidung durch die Hintertür über Art. 46 EGBGB wieder auszuheben.[225] Zudem stünde man vor dem Problem, dass Ausweichklauseln nur eine eng begrenzte Aufgabe haben: konkrete Funktionsverfehlungen der Regelanknüpfung im Einzelfall zu korrigieren. Sie sind dagegen kein Instrument, um generelle, einzelfallunabhängige Sonderregeln zu etablieren.[226]

6. Internationales Einheits(sach)recht: Cape Town Convention samt Protokol- **104** len.
Insbesondere Transportmittel sind nicht nur extrem mobil, sondern verkörpern häufig erhebliche Werte. Diese finanziellen Werte können als Sicherheit für Kredite an ihre Eigentümer dienen und insoweit zusätzlicher Funktionswert sein. Dafür bedarf es jedoch einer sicheren Beurteilungsgrundlage für die dingliche Rechtslage. Deshalb wurde das UNIDROIT-Übereinkommen über internationale Sicherungsrechte an beweglicher Ausrüstung[227] geschaffen, die Cape Town Convention. Sie ist besonderes Einheitssachrecht, kein Kollisionsrecht.

Die Cape Town Convention ist ein Rahmenübereinkommen, das jeweils durch bran- **105** chenspezifisch ansetzende Protokolle konkretisiert wird. Drei Protokolle existieren bereits: Das erste betrifft Luftfahrtausrüstung,[228] das zweite Eisenbahnen,[229] das dritte Weltraumausrüstung[230]. Die größte Bedeutung hat das erste Protokoll; es hat Finanzierungs- und Besicherungsstrukturen in der Luftfahrtindustrie nachgerade revolutioniert.[231] Gegenwärtig ist ein viertes Protokoll in Arbeit, das so genannte MAC Protocol; es zielt – jenseits der Transportmittel – auf Ausrüstungsgegenstände aus Bergbau (**M**ining), Landwirtschaft (**A**griculture) und Bauindustrie (**C**onstruction).[232] Weitere Überlegungen zielen auf ein Protokoll insbesondere für Wind-, Sonnen- und Wasserenergieanlagen.[232a]

V. Dingliche Rechte an res in transitu

Literatur: *Hesse-Schmitz,* Res in transitu – Sachen im grenzüberschreitenden Transport, 2012; *Kassaye,* Neuere Entwicklungen im internationalen Mobiliarsachenrecht, Diss. Hamburg I 1983, S. 161–206; *Klippert,* Die Veräußerung und Verpfändung von Waren, die mit der Eisenbahn durch mehrere Länder transportiert wurden – Zu beurteilen nach dem in Deutschland geltenden internationalen Privatrecht, Diss. Erlangen 1933; *Kondring,* Die internationalprivatrechtliche Behandlung

---

[225] *A. Junker,* RIW 2000, 241, 245 f.; *Looschelders* Art. 45 EGBGB Rn. 12; *C. S. Wolf,* Der Begriff der wesentlich engeren Verbindung im Internationalen Sachenrecht, 2002, S. 150 f.; MüKoBGB/*Wendehorst* Art. 45 EGBGB Rn. 25. Für eine Anwendung des Art. 46 EGBGB indes NK-BGB/*v. Plehwe* Art. 46 EGBGB Rn. 12; BeckOK BGB/*Spickhoff* Art. 45 EGBGB Rn. 7; siehe auch *R. Wagner,* IPRax 1998, 429, 436 Fn. 93.
[226] *Kreuzer,* FS Imre Zajtay, 1982, S. 295, 318.
[227] Convention on international interests in mobile equipment of 16 November 2001, ABl. EG 2009 L 121/8.
[228] Protocol to the Convention on international interests in mobile equipment on matters specific to aircraft equipment of 16 November 2001.
[229] Luxembourg Protocol to the Convention on international interests in mobile equipment on matters specific to railway rolling stock of 23 February 2007.
[230] Berlin Protocol to the Convention on international interests in mobile equipment on matters specific to space assets of 9 March 2012.
[231] *Durham/Basch,* (2015) 4 Cape Town Conv. J. 3; *v. Bodungen/Böger,* WM 2017, 1241, 1242.
[232] Dazu *v. Bodungen/Böger,* WM 2017, 1241; *v. Bodungen/Rosen,* Unif. L. Rev. 2018, 190; *Rodriguez de las Heras Ballell,* Unif. L. Rev. 2018, 214.
[232a] *Böger,* Unif. L. Rev. 2018, 242.

der rei vindicatio bei Sachen auf dem Transport, IPRax 1993, 371; *Mankowski,* Warenübereignung durch Dokumentenübertragung und Internationales Privatrecht, FS R. Herber, 1999, S. 147; *Markianos,* Die res in transitu im deutschen internationalen Privatrecht, RabelsZ 23 (1958), 21; *Raupach,* res in transitu im deutschen internationalen Privatrecht, Diss. Erlangen 1936; *Weil,* Die kollisionsrechtliche Beurteilung von Tatbeständen des Sachenrechts in Bezug auf „res in transitu", Diss. Berlin 1933.

106   **1. Res in transitu.** Die so genannten res in transitu bilden den größten Problemfall im Internationalen Sachenrecht. Res in transitu sind Waren auf einem grenzüberschreitenden Transport.[233] Knüpft man konsequent an die lex rei sitae an, so ändert sich das Sachstatut mit jedem Grenzübertritt.[234] Bei internationalen Transporten würde sich bei konsequenter Durchführung einer Belegenheitsanknüpfung das Eigentum dann im Zusammenhang mit einer einzigen Transaktion sukzessive sogar nach einer Vielzahl von Rechtsordnungen richten,[235] jedenfalls verbunden mit den Komplikationen und potentiellen Reibungsverlusten eines Statutenwechsels. Auslöser dafür wären nur ersichtlich flüchtige Beziehungen im Transit.[236] Selbst Ausgangs- oder Endort der einzelnen Beförderung können zufällig sein, jedenfalls keine starke Beziehung verkörpern.[237] Noch zusätzliche Probleme würde obendrein der Transport durch oder über hoheitsfreie Räume mit sich bringen. Das würde insbesondere den für die meisten Güter überragend wichtigen Schiffstransport über die Hohe See treffen, aber auch die Luftfrachtbeförderung. Landgebundene Transporte per Lkw oder Bahn und Binnenschiffstransporte wären insoweit freilich kaum betroffen. Eine konsequente Belegenheitsanknüpfung scheitert an diesen Problemen.[238]

107   Allerdings gilt dies nicht, wenn der Transport nur innerhalb eines Staates (z. B. innerhalb Deutschlands von Flensburg nach Augsburg) erfolgt oder soweit es um sachenrechtliche Vorgänge geht, die sich vollständig vor oder nach dem Transport abgespielt haben.[239] Die benutzten Transportmittel sind keine res in transitu,[240] und ihre Anknüpfung richtet sich nach Art. 45 I EGBGB.[241]

108   Um aus dem skizzierten mehrfachen Dilemma herauszukommen, wurde eine Vielzahl konkurrierender Lösungsvorschläge entwickelt. Deren bedeutsamste bemühen sich, den Grundansatz der Situs-Anknüpfung zu wahren und die Zahl der Statutenwechsel auf das unvermeidliche Minimum von eins zu reduzieren[242] (nämlich den Wechsel vom Recht des Ausgangslandes zu jenem des Bestimmungslandes). Teilweise wird auch sachlich differenziert zwischen so genannten spezifischen Vorgängen, die gezielt in einem Staat vorgenommen werden (z. B. Ausübung eines Pfandrechts durch einen Frachtführer) und vertragsakzessorisch anzuknüpfen sein sollen,[243] und so genannten unspezifischen Vorgängen wie z. B. Diebstahl oder gutgläubigem Erwerb bei einem Zwischenstopp, welche dem Lagerecht zu unterstellen seien.[244] Pfändung wird als lageortsabhängig der lex rei sitae (richtiger: der lex loci executionis) unterstellt,[245] gleichermaßen der Besitzschutz.[246] Weitere Anknüpfungs-

---

[233] Zur Begriffsbildung und möglichen alternativen Verständnissen insbesondere *Kassaye* S. 162–169.
[234] Siehe nur *Paffenholz* S. 147; *G. Rixen* S. 252 f.
[235] Siehe nur MüKoBGB/*Wendehorst* Art. 46 EGBGB Rn. 41, 44; *Pelz,* CCZ 2013, 234 (234).
[236] *Klippert* S. 36; *Kondring,* IPRax 1993, 371, 373.
[237] *Basedow,* YbPIL 18 (2016/17), 1, 4.
[238] Siehe nur *A. Raupach* S. 2, 36 f.; *Kassaye* S. 171.
[239] Siehe nur *Markianos,* RabelsZ 23 (1958), 21, 23; MüKoBGB/*Wendehorst* Art. 46 EGBGB Rn. 41.
[240] *Markianos,* RabelsZ 23 (1958), 21, 24; Staudinger/*Mansel* Art. 46 EGBGB Rn. 49.
[241] Eingehend → § 3 Rn. 68.
[242] Vgl. MüKoBGB/*Wendehorst* Art. 46 EGBGB Rn. 43.
[243] Anderer Ansicht (lex rei sitae) NK-BGB/*v. Plehwe* Art. 46 EGBGB Rn. 6; BeckOK BGB/*Spickhoff* Art. 46 EGBGB Rn. 7; Staudinger/*Mansel* Art. 46 EGBGB Rn. 59.
[244] So *Denninger,* Die Traditionsfunktion des Konnossements im internationalen Privatrecht, 1959, S. 27; *Fritzemeyer,* Internationalprivatrechtliche Anerkennungs- und Substitutionsprobleme bei Mobiliarsicherheiten, 1983, S. 19; *Hesse-Schmitz* S. 80 f. sowie für lageortsabhängige Vorgänge Staudinger/*Mansel* Art. 46 EGBGB Rn. 57 mwN. Siehe auch die Ausgrenzung bei *Markianos,* RabelsZ 23 (1958), 21, 23.
[245] Staudinger/*Mansel* Art. 46 EGBGB Rn. 57.
[246] *A. Junker,* RIW 2000, 241, 252; Staudinger/*Mansel* Art. 46 EGBGB Rn. 58.

V. Dingliche Rechte an res in transitu § 3

vorschläge sind: Wohnsitz des (Alt-)Eigentümers;[247] Heimatrecht des (Alt-)Eigentümers;[248] Kausalstatut (eines Übertragungsvorgangs);[249] lex fori.[250] Teilweise wird gar allen Schwierigkeiten zum Trotz für die Situs-Regel plädiert.[251]

Einerseits könnte man auf den bisherigen Situs vor Beginn der Beförderung abstellen und das Recht des Ausgangsortes zur Anwendung berufen, zumindest bis das Bestimmungsland erreicht ist.[252] Der Ausgangsort sei der letzte Ruheort der Ware.[253] Er sei leicht feststellbar[254] und stehe fest. Dies wäre ein Griff in die Vergangenheit,[255] würde aber die Unsicherheit einpreisen, ob die Ware jemals den Bestimmungsort erreicht. Im Vergleich mit der Zukunft sei die Vergangenheit ein relatives Optimum.[256] Nachwirkung sei immerhin keine Rückwirkung.[257] Legislativen Rückhalt bietet Art. 6 Haager Übereinkommen über die Eigentumsübertragung bei internationalen Warenkäufen von 1956, das allerdings nie völkerrechtlich in Kraft getreten ist und auch in Deutschland nie gegolten hat. Gegen den Ausgangsort sprechen Probleme, wenn Teilladungen aus verschiedenen Ausgangsorten später an Bord vermischt werden.[258] Irgendein Gedanke eines „Herkunftsstaates" und der Verbundenheit mit diesem überzeugen bei unbelebten Objekten ohne eigenen Willen nicht.[259] 109

Andererseits könnte man auf den intendierten Situs nach Beendigung der Beförderung abstellen und das Recht des Bestimmungsortes zur Anwendung berufen, zumindest sobald der Boden des Ausgangslandes verlassen ist.[260] Dies wäre ein Griff in die Zukunft.[261] Er findet in ausländischen IPR-Gesetzen viel Sympathie.[262] Immerhin scheint er für sich reklamieren zu können, die prospektiv engste Verbindung abzubilden,[263] während der Kontakt zum Ausgangsland schon gelockert ist.[264] Eine Belegenheit im Zielstaat wird fingiert.[265] Hilfsüberlegung ist, dass Sachrechte für eine Übereignung eine Übergabe verlangen und eine reale Übergabe bei einem Versendungskauf erst am Bestimmungsort erfolgt.[266] Indes vermag dies 110

---

[247] Dafür *v. Savigny*, System des heutigen römischen Rechts, Bd. VIII, 1849, S. 178; *Donle*, AöR 8 (1893), 546.
[248] Dafür *Lüttger*, MittDGesVR 9 (1929), 27, 28.
[249] Dafür *Privat* S. 78–81.
[250] Dafür *Josef*, AcP 127 (1927), 345, 357; *Flessner*, RabelsZ 34 (1970), 547, 549 f.
[251] BeckOK BGB/*Spickhoff* Art. 46 EGBGB Rn. 7; MüKoBGB/*Wendehorst* Art. 46 EGBGB Rn. 44.
[252] Dafür Art. 43 polnIPRG 2011; *F. Böhm*, Die räumliche Herrschaft der Rechtsnormen, 1890, S. 91; *Hellendall*, (193) 17 Can. Bar Rev. 7, 15; *Sailer* S. 78 f.; *U. Ernst*, RabelsZ 76 (2012), 597, 625.
[253] *Sailer* S. 78 f. sowie *M. Wolff*, IPR S. 174.
[254] *A. Raupach* S. 75; *Markianos*, RabelsZ 23 (1958), 21, 35.
[255] Siehe nur *Paffenholz* S. 151.
[256] *Sailer* S. 79.
[257] Vgl. *A. Raupach* S. 77.
[258] *Sovilla*, Eigentumsübergang an beweglichen körperlichen Gegenständen bei internationalen Käufen, 1954, S. 35; *Denninger*, Die Traditionsfunktion des Konnossements im internationalen Privatrecht, 1959, S. 75; *Kassaye* S. 185; *Paffenholz* S. 150.
[259] *G. Rixen* S. 380.
[260] Dafür RG Recht 1911 Nrn. 3476, 3497 = BayRpflZ 8 (1912), 45; *Lewald*, Das deutsche Internationale Privatrecht, 1931, S. 191; *Klippert* S. 55 (bei unbekanntem Lageort); *Kassaye* S. 194; *Kondring*, IPRax 1993, 371, 375 f.; *A. Junker*, RIW 2000, 241, 252; *S. Geisler* S. 334; *Looschelders* Art. 43 EGBGB Rn. 65, Art. 46 EGBGB Rn. 18; *Paffenholz* S. 155; *v. Hoffmann/Thorn* IPR § 12 Rn. 39; Staudinger/*Mansel* Art. 46 EGBGB Rn. 54; Palandt/*Thorn* Art. 43 EGBGB Rn. 2, Art. 46 EGBGB Rn. 3; siehe auch BGH NJW 2009, 2824, 2825 Rn. 14. *C. S. Wolf*, Der Begriff der wesentlich engeren Verbindung im Internationalen Sachenrecht, 2002, S. 105 f. verlangt einen zusätzlichen Bezug zum Bestimmungsland.
[261] *Markianos*, RabelsZ 23 (1958), 21, 36.
[262] Art. 46 II Código Civil in Portugal; Art. 10 schwIPRG; Art. 52 italIPRG; Art. 3097 II Code civil in Québec; Art. 21 II türkIPRG 2007; sowie subsidiär zu einer Rechtswahl Art. 2089 I Codigó Civil 1984 in Peru.
[263] Staudinger/*Mansel* Art. 46 EGBGB Rn. 54.
[264] *Weil* S. 15; *A. Raupach* S. 77; *Markianos*, RabelsZ 23 (1958), 21, 35; *Kassaye* S. 186; *Kondring*, IPRax 1993, 371, 373; Staudinger/*Stoll*, BGB, Internationales Sachenrecht, 13. Bearb. 1996, Rn. 369; *v. Hoffmann/Thorn* IPR § 12 Rn. 39 sowie BeckOK BGB/*Spickhoff* Art. 46 EGBGB Rn. 7.
[265] *Neuhaus*, Die Grundbegriffe des internationalen Privatrechts, 2. Aufl. 1976, S. 246.
[266] BGH NJW 2009, 2824, 2825 Rn. 14.

nicht für die sachenrechtliche Anknüpfung in denjenigen Fällen zu helfen, in denen die Übergabe bereits am Ausgangsort erfolgt ist. Ein Vakuum und Schwebezustand besteht, wenn der Bestimmungsort bei Beginn der Beförderung nicht identifizierbar ist.[267] Probleme ergeben sich auch, wenn der Bestimmungsort gewechselt wird, weil die Ware umdirigiert wird, z.B. als Folge einer Weiterveräußerung an einen Zweiterwerber.[268] Anders als unter Art. 5 I 1, 2 Rom I-VO[269] im Internationalen Schuldvertragsrecht ist im sachenrechtlichen Kontext ein Rückgriff auf einen inter partes vereinbarten Bestimmungsort[270] problembehaftet (obwohl Dritte bei Schiffstransport sich immerhin an der geplanten Route des Schiffes orientieren könnten,[271] indes wiederum unter Such- und Informationskosten). Ob der intendierte Bestimmungsort wirklich erreicht wird, soll unerheblich sein.[272] Schließlich sei die Ware ja immerhin dorthin auf den Weg gebracht worden.[273] Die Wirkung von Tatbeständen während des Transports bis zum tatsächlichen Eintreffen an einem Bestimmungsort zu verzögern[274] wiederum würde Schwebezustände erzeugen.[275]

111 Eine dritte Alternative könnte auf die Zuordnung des Transportmittels abstellen, also z.B. beim Transport auf einem Schiff die Flagge (oder die Registrierung[276]) des Schiffes zum Anknüpfungspunkt erheben.[277] Das hätte indes den Nachteil eines mindestens doppelten Statutenwechsels: vom Recht des Ausgangslandes zu jenem des Transportmittels, von diesem sodann zum Recht des Bestimmungslandes. Erfolgt gar ein Wechsel zu einem anderen Transportmittel unter anderer Flagge, so würde daraus ein weiterer Statutenwechsel folgen.[278] Über die statistische Häufigkeit solcher Umladungen mag man sich allerdings streiten.[279] Völkerrechtlich wäre jedenfalls begründungsbedürftig, ob das Recht des Transportmittels auch gelten kann, solange der Transport durch oder über Hoheitsgebiet eines Staates erfolgt, sei es auch durch dessen Territorialgewässer, über dessen Festlandssockel oder durch dessen Ausschließliche Wirtschaftszone.[280] Die Zuordnung des Transportmittels zu einem bestimmten Staat hat zudem nur bei Schiffen und Binnenschiffen (Flagge) und Luftfahrzeugen (Registrierung) völkerrechtliche Qualität. Bei Lkw gibt es keine völkerrechtliche Parallele zur Flaggenhoheit bei Schiffen.[281] Die Waren haben mit der Flagge typischerweise auch keinen wirklichen Zusammenhang.[282] An Bord gäbe es auch keinen Rechtsverkehr[283] (was allerdings nicht Rechtsverkehr mit der Ware durch Parteien außerhalb des Schiffes ausschließt). Stetigkeit kann eine Flaggenanknüpfung zwar für sich reklamieren[284] – aber nur während des Transports, soweit sie die Rechte von Transitstaaten ausblendet.

---

[267] *Sailer* S. 78.
[268] *A. Raupach* S. 80 sowie *Weil* S. 18; *Paffenholz* S. 153.
[269] Siehe dort → § 1 Rn. 718.
[270] Darauf stellen z.B. *Markianos,* RabelsZ 23 (1958), 21, 36 und Staudinger/*Mansel* Art. 46 EGBGB Rn. 54 ab.
[271] Siehe *Kassaye* S. 190.
[272] *Klippert* S. 54; *Sailer* S. 79; *Kassaye* S. 193; *Kondring,* IPRax 1993, 371, 376.
[273] *Kondring,* IPRax 1993, 371, 376.
[274] Dafür *Frankenstein,* Internationales Privatrecht (Grenzrecht), Bd. II, 1929, S. 56.
[275] *Markianos,* RabelsZ 23 (1958), 21, 37.
[276] Dafür Hoge Raad S&S 1989 Nr. 75; *van der Velde,* De position van het zeeship in het interntionaal privaatrecht, 2006, S. 63 f.
[277] Dafür *Weil* S. 28 f.; *A. Raupach* S. 41–50; *Frese,* Fragen des internationalen Privatrechts der Luftfahrt, Diss. Köln 1940, S. 53–55; *Lalive,* The Transfer of Chattels in the Conflict of Laws, 1955, S. 100 f. sowie *C. L. v. Bar,* Theorie und Praxis des internationalen Privatrechts I, 2. Aufl. 1889, S. 619 Fn. 8; *Boyens,* Das deutsche Seerecht, Bd. I, 1897, S. 33, wenn das Schiff zum relevanten Zeitpunkt nicht in einem Hafen liegt.
[278] *Markianos,* RabelsZ 23 (1958), 21, 40; *Denninger,* Die Traditionsfunktion des Konnossements im internationalen Privatrecht, 1959, S. 68; *Kassaye* S. 179.
[279] *A. Raupach* S. 43 f.
[280] Vgl. auch *Kassaye* S. 180. *A. Raupach* S. 45, 47 f., 49 unternimmt Versuche.
[281] Zugestanden von *A. Raupach* S. 59.
[282] *Riese,* Rev. dr. fr. aér. 5 (1951), 131, 143; *Sailer* S. 79; *Kassaye* S. 182 f.
[283] So *Markianos,* RabelsZ 23 (1958), 21, 41.
[284] *Weil* S. 29; *A. Raupach* S. 44 f. Verkannt von *G. Rixen* S. 376.

V. Dingliche Rechte an res in transitu   112–116 § 3

Ventiliert wurden als Anknüpfungspunkt auch der Wohnsitz des Eigentümers oder das 112
Statut des zugrundeliegenden Schuldvertrags (der causae)[285] oder eine alternative Anknüpfung an Ausgangs- oder Bestimmungsort.[286] Eine (beschränkte) Rechtswahl zuzulassen wäre eine weitere, elegante Lösung,[287] aber im deutschen IPR systemdurchbrechend.[288]

Ohne eine gewisse dezisionistische Willkür lässt sich keine Lösung finden. Das zeigt 113
sich schon daran, dass vorherrschend Art. 46 EGBGB als sedes materiae, als gesetzliche Verankerung erkoren wird.[289] Art. 46 EGBGB ist aber eine Abwägung, die eigentlich das Ergebnis einer vorher durchgeführten Regelanknüpfung als einen Part voraussetzt.[290] Als primäre Kollisionsnorm im Direktzugriff ist er nicht konzipiert. Man formuliert ihn gleichsam vom Komparativ („enger") zum Superlativ („engste") um, wenn man in ihm nach einer Regel für res in transitu sucht. Dies wirft methodische Spannungen mit dem Ausnahmecharakter des Art. 46 EGBGB auf.[291] Außerdem droht man hier „relativ engste" auch dann zu bejahen, wenn es sich absolut nicht einmal um eine enge Beziehung handelt.[292]

Alle vertretenen Lösungen haben jeweils ihre spezifischen Vorteile und ihre spezifischen 114
Nachteile. Keine überzeugt in allen Unterfallgruppen, sondern jede muss bestimmte Normalfallannahmen verabsolutieren. Auf die lex fori auszuweichen wäre eine Verlegenheitslösung und hätte massive Probleme mit relativer Zufälligkeit, wo gestritten wird, und ex ante-Vorhersehbarkeit.[293] In der Gesamtabwägung gelangt man zu einer Entscheidung zwischen Ausgangs- und Bestimmungsort. Gesucht wird in der Tat ein nur relatives Optimum, ein kleinster gemeinsamer Nenner.[294]

Insgesamt hat der Bestimmungsort mehr Vor- als Nachteile. Für ihn streitet inzwischen 115
auch die internationale Entscheidungsharmonie, weil er international betrachtet die größte Verbreitung in IPR-Gesetzen hat. Ergänzend kann man auf die Wertung des Art. 5 I 2 Rom I-VO hinweisen, auch wenn diese aus dem Internationalen Schuldvertragsrecht stammt, und auf die traditionelle Anknüpfung des objektiven Konnossementsstatuts an den Bestimmungshafen,[295] die heute immer noch fortzuführen ist,[296] weil sie in den Ausnahmebereich des Art. 1 II lit. d Var. 3 Rom I-VO fällt.[297] Sofern es Streitigkeiten um Rechte an der Ware gibt, werden sich diese relativ am häufigsten ex post aus versuchter Rechtsausübung am dann aktuellen Lageort der Ware nach Abschluss des Transports ergeben.

2. Übereignung durch Warenpapiere mit Traditionsfunktion. Indes gibt es häufig 116
einen eleganten und stimmigen Ausweg aus dem Dilemma um eine sachgerechte Anknüpfung der res in transitu: gar nicht auf die Ware selbst abzustellen, sondern vielmehr auf über

---

[285] Dafür Staudinger/*Stoll,* BGB, Internationales Sachenrecht, 13. Bearb. 1996, Rn. 369.
[286] Dafür *Lüderitz* IPR 146.
[287] → § 3 Rn. 194.
[288] Staudinger/*Mansel* Art. 46 EGBGB Rn. 54.
[289] *A. Staudinger,* DB 1999, 1589, 1593; *A. Junker,* RIW 2000, 241, 252; *Looschelders* Art. 43 EGBGB Rn. 65, Art. 46 EGBGB Rn. 18; *Paffenholz* S. 148 f.; *v. Hoffmann/Thorn* IPR § 12 Rn. 39; BeckOK BGB/ *Spickhoff* Art. 46 EGBGB Rn. 7; *G. Rixen* S. 255 et passim; Staudinger/*Mansel* Art. 46 EGBGB Rn. 52; Palandt/*Thorn* Art. 43 EGBGB Rn. 2, Art. 46 EGBGB Rn. 3.
[290] → § 3 Rn. 29.
[291] Vgl. MüKoBGB/*Wendehorst* Art. 46 EGBGB Rn. 42, 44.
[292] Ähnlich MüKoBGB/*Wendehorst* Art. 46 EGBGB Rn. 43.
[293] *Kassaye* S. 176 f.
[294] Siehe *Kondring,* IPRax 1993, 371, 375 f.
[295] Siehe nur BGHZ 6, 127, 134; BGHZ 9, 221, 224; BGHZ 25, 250, 254; BGH IPRspr. 1956/57 Nr. 57b; BGH IPRspr. 1958/59 Nr. 71b; BGH AWD 1967, 107, 108; BGH NJW 1971, 325; BGH NJW 1983, 2772, 2773.
[296] OLG Schleswig TranspR 1999, 69; *Mankowski,* TranspR 1988, 410, 413; *ders.,* Seerechtliche Vertragsverhältnisse im Internationalen Privatrecht, 1995, S. 175–181; *Ramming,* HmbZSchR 2009, 21 (31); Reithmann/Martiny/*Mankowski* Rn. 6.2015; Staudinger/*Magnus* Art. 5 Rom I-VO Rn. 121; MüKoBGB/ *Martiny* Art. 5 Rom I-VO Rn. 128.
[297] Siehe nur BGHZ 99, 207, 209; *Ramming,* TranspR 2007, 279, 296; *Mankowski,* TranspR 2008, 417, 422; Reithmann/Martiny/*Mankowski* Rn. 6.1996.

sie ausgestellte Warenpapiere mit Traditionsfunktion, zuvörderst Konnossemente des Seefrachtverkehrs und Durchkonnossemente des multimodalen Frachtverkehrs.

117 Ob ein ausgestelltes Warenpapier Traditionspapier ist, also seine Übereignung zugleich jene der Waren bewirkt, richtet sich nach seinem Wertpapierrechtsstatut.[298] Denn über die Qualitäten eines Wertpapiers entscheidet dessen Statut. Ob – vereinfacht – der Satz gilt „Das Papier repräsentiert die Ware, und das Recht an der Ware folgt dem Recht aus dem Papier" ist eine wesentliche Qualität des Wertpapiers und unterliegt deshalb dessen Statut.[299] Art. 106 I schwIPRG bringt dies vorbildlich zum Ausdruck. Damit überträgt man den Grundgedanken, der Warenpapieren innewohnt, die Repräsentation der Ware durch das Papier, ins IPR.[300] Das Papier ist Beurteilungsgrundlage. Die Eigenschaft als Traditionspapier haftet ihm ebenso an wie seine anderen[301] Eigenschaften.[302]

118 Die Alternative wäre, das Warensachstatut darüber entscheiden zu lassen, ob das Warenpapier die Ware auch sachenrechtlich repräsentiert. Immerhin ist neben der Übereignung der Ware durch Übereignung des Warenpapiers auch die direkte Übereignung der Ware selber denkbar, und man würde dann beide Vorgänge parallel behandeln. Jedoch ist das Warensachstatut bei res in transitu gerade nicht klar und einfach zu bestimmen. Auf das Papier als repräsentierendes Objekt abzustellen löst dieses Problem.

119 Die Übereignung der Ware mittels des Traditionspapiers richtet sich dagegen nach dem Wertpapiersachstatut.[303] Diese Lösung realisiert mit Recht Art. 106 II schwIPRG. Die Übereignung der Ware folgt der Übereignung des Traditionspapiers. Letztere aber unterliegt dem Wertpapiersachstatut. Insoweit ist nicht das Wertpapierrechtsstatut maßgeblich, denn ließe man es maßgeblich sein, so entkoppelte man das Recht aus dem Papier und das Recht am Papier.[304]

120 Eine direkte Warenübereignung ohne Verwendung des Papiers bleibt daneben möglich. Ihre bloße Möglichkeit aber kann kein durchschlagendes Argument gegen die Anwendung des Wertpapiersachstatuts für die Übereignung mittels eines Traditionspapiers sein,[305] denn anderenfalls würde man die Traditionsfunktion des Warenpapiers leugnen.[306] Prätendentenkonflikte, wenn eine direkte Übereignung der Ware und eine Übereignung der Ware mittels des Warenpapiers miteinander kollidieren, sind über das Warensachstatut aufzulösen.[307] Art. 106 III schwIPRG zeigt die Lösung auf. Es geht nicht allein um wertpapierbezogene Vorgänge, sondern um einen (behaupteten) Konflikt zwischen Papier und Sache.[308]

VI. Kulturgüter

Literatur: *M. Anton,* Illegaler Kulturgüterverkehr, 2010; *ders.,* Guter Glaube im internationalen Kunsthandel, 2010; *ders.,* Internationales Kulturgüterprivat- und -zivilverfahrensrecht, 2010; *d'Avout,* Sur les solutions du conflit de lois en droit des biens, 2006; *Asam,* Rechtsfragen des illegalen Handels mit Kulturgütern – Ein Überblick, FS Erik Jayme, 2004, S. 1651; *Fincham,* How Adopting the Lex Originis Rule Can Impede the Flow of Illicit Cultural Property, 32 Columb.J.L. & Arts 111 (2008); *Thilo Franke,* Die Nationalität von Kunstwerken, 2011; *Frigo,* Circulation des biens culturels: détermination de la loi applicable et méthodes de règlement des litiges, RdC 375 (2014), 89; *Jayme,* Anknüp-

---

[298] *Wolff* IPR S. 174; *Mankowski,* FS Rolf Herber, 1999, S. 147, 150 sowie *Mittelstein,* JW 1928, 1732; RGRK/*Pikart,* BGB, Bd. III/1, 12. Aufl. 1979, § 929 BGB Rn. 127 (Mai 1975); *Ferid* IPR Rn. 7–95.
[299] *Mankowski,* FS Rolf Herber, 1999, S. 147, 150 f.
[300] *Mankowski,* FS Rolf Herber, 1999, S. 147, 151.
[301] Aufzählung bei *Basedow,* in: Kreuzer (Hrsg.), Abschied vom Wertpapier?, 1988, S. 67, 73–75.
[302] *Mankowski,* FS Rolf Herber, 1999, S. 147, 151 f.
[303] *Mankowski,* FS Rolf Herber, 1999, S. 147, 165.
[304] *Mankowski,* FS Rolf Herber, 1999, S. 147, 165.
[305] Vgl. aber Staudinger/*Stoll,* Internationales Sachenrecht, 13. Bearb. 1996, Rn. 370.
[306] *Mankowski,* FS Rolf Herber, 1999, S. 147, 166.
[307] *Mankowski,* FS Rolf Herber, 1999, S. 147, 167 f.
[308] *Mankowski,* FS Rolf Herber, 1999, S. 147, 168.

fungsmaximen für den Kulturgüterschutz im Internationalen Privatrecht, Études en l'honneur de Pierre Lalive, 1993, S. 717; *ders.*, Neue Anknüpfungsmaximen für den Kulturgüterschutz im Internationalen Privatrecht, in: Dolzer/Jayme/Mußgnug (Hrsg.), Rechtsfragen des internationalen Kulturgüterschutzes, 1994, S. 35; *ders.*, „Entartete Kunst" und Internationales Privatrecht, Sitzungsberichte der Heidelberger Akademie der Wissenschaften, Philosophisch-Historische Klasse, Bericht 1.1994, S. 7; *ders.*, Nationales Kunstwerk und Internationales Privatrecht, 1999; *ders.*, Ein internationaler Gerichtsstand für Rechtsstreitigkeiten um Kunstwerke, FS Reinhard Mußgnug, 2005, S. 517; *Kienle/M.-Ph. Weller*, Die Vindikation gestohlener Kulturgüter im IPR, IPRax 2004, 290; *Kurpiers*, Die lex originis-Regel im Internationalen Sachenrecht, 2005; *Mansel*, DeWeerth v. Baldinger – Kollisionsrechtliches zum Erwerb gestohlener Kunstwerke, IPRax 1988, 268; *ders.*, Die Bedeutung des internationalen Privatrechts in Bezug auf das Herausgabeverlangen des Eigentümers bei abhanden gekommenen Kulturgütern, in: Koordinierungsstelle für Kulturgutverluste Magdeburg (Hrsg.), Im Labyrinth des Rechts? – Wege zum Kulturgüterschutz, 2007, S. 129; *Müller-Katzenburg*, Internationale Standards im Kulturgüterverkehr und ihre Bedeutung für das Sach- und Kollisionsrecht, 1996; *Mußgnug*, Die Staatsangehörigkeit des Kulturguts, FS Georg Ress, 2005, S. 1531; *Roodt*, Private International Law, Art and Cultural Heritage, 2015; *Schaffrath*, Die Rückführung unrechtmäßig nach Deutschland verbrachten Kulturguts an den Ursprungsstaat, 2007; *Siehr*, International Art Trade and the Law, RdC 243 (1993 VI), 9; *ders.*, Öffentliches Recht und internationales Privatrecht beim grenzüberschreitenden Kulturgüterschutz, in: Dolzer/Jayme/Mußgnug (Hrsg.), Rechtsfragen des internationalen Kulturgüterschutzes, 1994, S. 83; *ders.*, Kulturgüter als res extra commercium im internationalen Rechtsverkehr, FS Reinhold Trinker, 1995, S. 703; *ders.*, Kulturgüterschutz innerhalb der Europäischen Union, ZvglRWiss 95 (1996), 170; *ders.*, The lex originis for Cultural Objects in European Private International Law, Liber Fausto Pocar, tomo II, 2009, S. 879; *Spinellis*, Das Vertrags- und Sachenrecht des internationalen Kunsthandels, 2000; *Stoll*, Sachenrechtliche Fragen des Kulturgüterschutzes in Fällen mit Auslandsberührung, in: Dolzer/Jayme/Mußgnug (Hrsg.), Rechtsfragen des internationalen Kulturgüterschutzes, 1994, S. 53; *Strauch*, Rechtsverhältnisse an Kulturgütern im Internationalen Sachenrecht, 2007; *Wantuch-Thole*, Cultural Property in Cross-Border Litigation, 2015; *M. Weber*, Unveräußerliches Kulturgut im nationalen und internationalen Rechtsverkehr, 2002; *Weidner*, Kulturgüter als res extra commercium im internationalen Sachenrecht, 2001; *Wiese*, Der Einfluss des EG-Rechts auf das Internationale Sachenrecht der Kulturgüter, 2005; *ders.*, Der Bedeutungswandel der Situs-Regel im Internationalen Sachenrecht der Kulturgüter, FS Kurt Siehr zum 75. Geb., 2010, S. 83.

Eine erhebliche Sonderrolle spielen Kulturgüter. Denn bei ihnen sind nicht nur die Interessen Privater relevant. Vielmehr bestehen bei und an ihnen massive öffentliche Interessen. Diese können so weit gehen, dass Gesetze öffentliches Eigentum des Staates vorschreiben und einen Eigentumserwerb Privater ausschließen. Kulturgüter sind jedenfalls keine gewöhnliche Handelsware. Vielmehr sind sie Identifikationsträger von Nationen, Staaten, Völkern und Gesellschaften.[309]

Die typische Konfliktlinie verläuft zwischen einem Staat, der sein angebliches nationales Kulturgut zurückfordert, oder früheren Besitzern bzw. deren Erben auf der einen Seite und Sammlern, Museen oder Privatpersonen, die nicht selten gutgläubig auf Auktionen erworben haben, auf der anderen Seite. Die Kunstwerke, um die sich der Streit dreht, sind gestohlen, geraubt oder in der einen oder anderen rechtlichen Gestalt zwangsenteignet worden. Restitution und Gutglaubensschutz prallen aufeinander und werfen ebenso spezifische wie intrikate Fragen auf, denen es sich auch auf der kollisionsrechtlichen Ebene zu stellen gilt.[310] Im Hintergrund stehen häufig heikle historische Zeitläufte, aber auch Interessen eines stetig wachsenden internationalen Kunstmarkts an der Beständigkeit gutgläubigen Erwerbs. Hinzu treten die Eigeninteressen der großen Standorte des Kunsthandels, insbesondere der Standorte der bekanntesten Auktionshäuser, an der Anwendung ihres jeweils eigenen Rechts.[311]

---

[309] *Asam*, FS Erik Jayme, 2004, S. 1651 (1651).
[310] Siehe in den USA nur *Bakalar v. Vavra* 619 F. 3d 136 (2d Cir. 2010); *Reyhan*, 50 Duke L.J. 955 (2001); *Monique Lee*, 7 Cardozo Pub. L. Pol'y & Ethics J. 719 (2009), *Yip*, Spencer's Art L.J. July 2010; *Frey*, 55 Colum. L. Rev. 1055 (2012).
[311] Vgl. *Frey*, 55 Colum. L. Rev. 1055 (2012).

123 Ganz zu schweigen ist von der nur selten erwähnten kriminellen Dimension des Erwerbs von Kunstgegenständen und Kulturgütern, die sich in illegalem Kunsthandel ebenso äußert wie in Geldwäsche.[312] Illegaler Kunsthandel galt zumindest eine Zeitlang als zweitgrößter Schwarzmarkt, nur übertroffen vom Drogenhandel und noch vor Waffenschmuggel und Menschenhandel.[313] Das Volumen erklärt sich aus der großen Nachfrage finanzstarker Käuferschichten.[314] Die Zielpersonen zählen zu den kulturellen, sozialen und ökonomischen Eliten der Importstaaten.[315] Kulturgüterschutzrecht sollte sich gegen solche Auswüchse verwahren und beides bekämpfen.[316]

124 **Beispiel:** Das Auktionshaus Lombard in Köln führt in seinem jüngsten Auktionskatalog als Los 2312 „Die roten Schafe" von *Franz Marc* auf, angeblich jetzt aus einer amerikanischen Privatsammlung und mit der Provenienz einer (in Wahrheit nicht existierenden) Sammlung Flexheim. Nähere Recherche hätte ergeben, dass dieses Bild 1965 aus einem Museum in Basel verschwunden ist, in dem es als Leihgabe hing.

125 **Beispiel:** Das dänische Wahrzeichen in der Hauptstadt Kopenhagen ist eine Bronzestatue, die Kleine Meerjungfrau (Lille Havfrue), die friedlich auf das Wasser hinausblickt. Ihr wurde schon mehrmals der Kopf abgesägt. Kann einer dieser abgesägten Köpfe gutgläubig erworben werden bzw. wirksam veräußert werden?

126 Einen Eindruck, was alles unter den Begriff „Kulturgüter" fallen kann, vermittelt Anh. RL 93/7/EWG[317]. Danach sind Kulturgüter z. B. Mosaike, 100 Jahre alte Bücher, Verkehrsmittel, die über 75 Jahre alt sind und archäologische Sammlungen.

127 **Beispiel**[318]**:** Ein Mosaik, das vom italienischen Staat zum nationalen Kulturgut erklärt und aus einem Museum in Reggio di Calabria gestohlen wurde, taucht als angebliches Eigentum eines russischen Kunsthändlers, der in Berlin lebt, in London auf.

128 **1. Anknüpfung an die lex originis?** Im Ausgangspunkt werden Kulturgüter im deutschen Internationalen Sachenrecht allerdings wie normale Sachen behandelt;[319] denn für sie gibt es keine geschriebene Sonderregel. Das Fehlen einer Sonderregel, auch nach der Kodifizierung des deutschen Internationalen Sachenrechts von 1999, trägt einen Umkehrschluss: Ausgangspunkt sollte immer noch die lex rei sitae sein.

129 Als spezifischer Kandidat für eine besondere Anknüpfung wird bei Kulturgütern indes die lex originis propagiert,[320] am Prominentesten vom Institut de Droit Interna-

---

[312] *Asam*, FS Erik Jayme, 2004, S. 1651 (1651).
[313] Siehe nur *M. Anton*, Illegaler Kulturgüterverkehr, 2010, S. 46 mwN.
[314] *B. Audit*, Rev. int. dr. comp. 1994, 405 (405); *M. Anton*, Illegaler Kulturgüterverkehr, 2010, S. 44.
[315] *M. Anton*, Illegaler Kulturgüterverkehr, 2010, S. 53.
[316] *Siehr*, Liber Fausto Pocar, tomo II, 2009, S. 879, 887.
[317] Richtlinie 93/7/EWG des Rates vom 15.3.1993 über die Rückgabe von unrechtmäßig aus dem Hoheitsgebiet eines Mitgliedstaats verbrachten Kulturgütern, ABl. EWG 1993 L 74/74; in Deutschland umgesetzt durch das Gesetz zur Umsetzung der Richtlinie 93/7/EWG des Rates über die Rückgabe von unrechtmäßig aus dem Hoheitsgebiet eines Mitgliedstaats verbrachten Kulturgütern (Kulturgüterrückgabegesetz) vom 15.10.1998, BGBl. 1998 I 3161. Zu der Richtlinie u. a. *Siehr*, in: Reichelt (Hrsg.), Neues Recht zum Schutz von Kulturgut, 1997, S. 29.
[318] Nach *A. Junker* ZivilprozR, 2. Aufl. 2015, § 11 Rn. 3.
[319] *A. Fuchs*, IPRax 2000, 281, 284; *Hachmeister*, Gestohlene und unrechtmäßig verbrachte Kulturgüter im Kaufrecht, 2012, S. 100.
[320] Z. B. *Jayme*, in: Dolzer/Jayme/Mußgnug (Hrsg.), Rechtsfragen des internationalen Kulturgüterschutzes, 1994, S. 35; *ders.*, Nationales Kunstwerk und Internationales Privatrecht, 1999, S. 54 und S. 95; *ders.*, FS Reinhard Mußgnug, 2005, S. 517, 518 f.; *Jayme/C. Kohler*, IPRax 1993, 357, 360; *Müller-Katzenburg*, Internationale Standards beim Kulturgüterverkehr und ihre Bedeutung für das Sach- und Kollisionsrecht, 1995, S. 225–232; *Armbrüster*, NJW 2011, 3581, 3582 f.; *M. Weber*, Unveräußerliches Kulturgut im nationalen und internationalen Rechtsverkehr, 2002, S. 410; *Kienle/M.-P. Weller*, IPRax 2004, 290, 291; *Symeonides*, 38 Vand. J. Trans. L. 1177, 1186 (2005); *Fincham*, 32 Columb.J.L. & Arts 111, 146–149 (2008); *Siehr*, Liber Fausto Pocar, tomo II, 2009, S. 879; *M. Anton*, Internationales Kulturgüterprivat- und -zivilverfahrensrecht, 2010, S. 803–1009. Eingehend *Kurpiers*, Die lex originis-Regel im Internationalen Sachenrecht, 2005; *Wiese*, Der Einfluss des EG-Rechts auf das Internationale Sachenrecht der Kulturgüter, 2005.

VI. Kulturgüter § 3

tional.[321] Das Recht des Ursprungslandes des Kulturguts soll ein besonders gewichtiges Wort sprechen dürfen.[322] Die internationalen Übereinkommen von UNESCO[323] und UNIDROIT[324] zum Schutz und zur Rückgabe gestohlener Kulturgüter enthalten ebenso wenig wie die einschlägigen Verordnungen der EU[325] positive Kollisionsnormen,[326] sperren aber auch nicht negativ bestimmte Kollisionsnormen.[327] Das UNIDROIT-Übereinkommen ist einheitliches Sachrecht.[328] Art. 90 Code DIP in Belgien kombiniert lex rei sitae und lex originis als alternative Anknüpfungen zu Gunsten des ursprünglichen Eigentümers,[329] indes nicht beschränkt auf Kulturgüter, sondern für im Prinzip alle Sachen, jedoch nur für den gutgläubigen Erwerb gestohlener Sachen, zudem differenziert danach, ob der Diebstahl im Ausland oder in Belgien stattfand.

Art. 12 RL 93/7/EWG enthält eine etwas kryptisch formulierte[330] Kollisionsnorm, der **130** zufolge sich das Eigentum an einem Kunstwerk nach Rückgabe gemäß dem Recht des Mitgliedstaates bestimmt, welcher die Rückgabe verlangt hat.[331] Daraus wird ein lex originis-Prinzip gelesen,[332] für den Zeitraum vor der Rückgabe gleichsam retroaktiv ausgestaltet.[333] Indes befasst sich die RL 93/7/EWG insgesamt mit den Rückgabeansprüchen von

---

[321] Art. 2 Resolution La vente internationale d'objets d'art sous l'angle de la protection du patrimoine culturel, (Session Bâle 1991), Ann. Inst. Dr. Int. 64 (1992), 402; dazu z. B. *Jayme*, (1997) 6 Int. J. Cult. Property 376.
[322] Ablehnend *The Islamic Republic of Iran v. Denyse Berend* [2007] EWHC 132 (QB), [2007] Bus. LR D65 (Q. B. D., *Eady* J.).
[323] UNESCO Convention on the Means of Prohibiting and Preventing the Illicit Import, Export and Transfer of Ownership of Cultural Property of 14 November 1970, BGBl. 2007 II 626 = 823 UNTS 231. Dazu in Deutschland Gesetz zur Ausführung des UNESCO-Übereinkommens vom 14.11.1970 über Maßnahmen zum Verbot und zur Verhütung der rechtswidrigen Einfuhr, Ausfuhr und Übereignung von Kulturgut vom 18.5.2007, BGBl. 2007 I 757. Zum Inhalt z. B. *Siehr*, KUR 2005, 33; *Schulz-Hombach/Schenk*, KUR 2006, 47; *Müller-Karpe*, KUR 2006, 52; *Stamatoudi*, Cultural Property and Restitution, 2011; Schweizer UNESCO-Kommission (Hrsg.), Die UNESCO-Konvention 1970 und ihre Anwendung: Standortbestimmung und Perspektiven, 2011; *C. Steinbrück*, Die Umsetzung des UNESCO-Kulturgutübereinkommens in der Bundesrepublik Deutschland, 2012; *Ph. Seifert*, Das UNESCO-Übereinkommen zum Schutz des Kultur- und Naturerbes der Welt und die Rechtsordnung der Bundesrepublik Deutschland, 2016.
[324] UNIDROIT Convention on Stolen or Illegally Exported Cultural Objects of 24 June 1995, (1995) 34 ILM 1322; dazu insbesondere *Halsdorfer*, Privat- und kollisionsrechtliche Folgen der Verletzung von Kulturgüterschutznormen auf der Grundlage des UNESCO-Kulturgüterübereinkommens 1970, 2008. Deutschland gehört nicht zu den Vertragsstaaten und hat nicht einmal gezeichnet; *Schweizer*, KUR 2003, 25. Der Koalitionsvertrag von SPD und Bündnis 90/Die Grünen vom 16.10.2002 sah zwar eine Ratifizierung vor (<http://www.upi-institut.de/koalitionsvrrtrag> S. 71), jedoch ließ man dieses Vorhaben fallen, um keine Konkurrenz mit dem international breiter akzeptierten UNESCO-Übereinkommen entstehen zu lassen; Begründung der Bundesregierung zum Entwurf eines Gesetzes zur Ausführung des UNESCO-Übereinkommens vom 14.11.1970 über Maßnahmen zum Verbot und zur Verhütung der rechtswidrigen Einfuhr, Ausfuhr und Übereignung von Kulturgut, BT-Drs. 16/1371, 12. Ob des rechtspolitisch glücklich war, sei dahingestellt; kritisch *Halsdorfer*, IPRax 2009, 307; *Hachmeister*, Gestohlene und unrechtmäßig verbrachte Kulturgüter im Kaufrecht, 2012, S. 74 f.
[325] VO (EU) Nr. 116/2009 des Rates vom 18.12.2008 über die Ausfuhr von Kulturgütern, ABl. EU 2009 L 39/1 und zuvor VO (EWG) Nr. 3911/92 des Rates vom 9.12.1992 über die Ausfuhr von Kulturgütern, ABl. EWG 1992 L 395/1.
[326] *Siehr*, Liber Fausto Pocar, tomo II, 2009, S. 879, 880.
[327] Einen Überblick über den völker- und europarechtlichen Normenbestand verschafft *Radloff*, Kulturgüterrecht, 2013, S. 230–424.
[328] Siehe nur *Ch. Beck*, Die Rückgabe gestohlener und rechtswidrig ausgeführter Kulturgüter nach dem UNIDROIT-Übereinkommen 1995 und das deutsche Internationale Privatrecht, Diss. Zürich 2007, S. 143 f.
[329] Für Kulturgüter befürwortet von *Siehr*, Liber Fausto Pocar, tomo II, 2009, S. 879, 890 f.
[330] Vgl. *Siehr*, Liber Fausto Pocar, tomo II, 2009, S. 879, 882 f.
[331] Gleichlaufend § 8 KulturgüterrückgabeG.
[332] *El-Bitar*, Der deutsche und der französische Kulturgüterschutz nach der Umsetzung der Kulturgüterrichtlinie, 2007, S. 151 f., 160 f.
[333] *Müller-Katzenburg*, Internationale Standards im Kulturgüterverkehr und ihre Bedeutung für das Sach- und Kollisionsrecht, 1996, S. 285; *Wiese*, Der Einfluss des EG-Rechts auf das Internationale Sachenrecht der Kulturgüter, 2005 S. 68 f.; *ders.*, FS Kurt Siehr zum 75. Geb., 2010, S. 83, 94–96; *Halsdorfer*, Privat- und kollisionsrechtliche Folgen der Verletzung von Kulturgüterschutznormen auf der Grundlage des UNESCO-Kulturgüterübereinkommens 1970, 2008, S. 241–243.

Staaten, nicht mit dem Eigentum Privater. Zweck ist die Rückführung des Kulturguts in die domain public seines Ursprungsstaates.[334] Art. 12 RL 93/7/EWG soll nach einer auf ein staatliches Verlangen hin erfolgten Rückgabe die öffentlich-rechtliche und zivilrechtliche Lage miteinander in Einklang bringen.[335] Er verwirklicht gleichsam einen Übergang von der Bestands- zur Wertgarantie, wie sie der Situs-Regel inhärent sind.[336] Zu betonen ist, dass die RL 93/7/EWG und ihre nationalen Umsetzungen nur Mitgliedstaaten der EU schützen, also nicht anwendbar sind, wenn das Kulturgut aus einem Drittstaat verbracht wurde.[337]

131 Die lex originis wird gegenüber der lex rei sitae bevorzugt, weil letztere zufällig oder, schlimmer noch, manipuliert sein könnte.[338] Es würde derjenige Böswillige belohnt, welcher die Sache in den Geltungsbereich eines ihm z. B. bei Verjährung, Ersitzung oder Veräußerung günstigen Rechts verbringt.

132 Indes stellt sich sogleich die Frage, wie denn die lex originis zu bestimmen sei.[339] In Betracht kommt das Land, in welchem das Kulturgut ursprünglich gefertigt wurde. Die Elgin Marbles, die von Lord *Elgin* entnommenen Teile der Akropolis zu Athen, insbesondere des Parthenons, wären danach griechischen Ursprungs. In Betracht kommt aber auch ein Land, in welchem das Kultur dauerhaft ausgestellt oder der Öffentlichkeit zugänglich gemacht wurde und in den Rang eines nationalen Kulturguts nach dem dortigen Recht erwachsen ist. Die Elgin Marbles wären danach englischen Ursprungs, da seit 1816 im British Museum in London. Dritter Kandidat ist das Land, welchem der Künstler angehört, der das Kunstwerk geschaffen hat.[340] Differenzierende Ansätze, dass es auf die Bedeutung des Kunstwerks für die Identität einer Nation ankomme[341] und in welchem Zusammenhang es rezipiert worden sei, sind kaum zu handhaben. Offene Ansätze wiederum können kaum Fälle bewältigen, in denen die denkbaren Kriterien in verschiedene Richtungen weisen.[342]

133 Die Frage nach der „Staatsangehörigkeit" eines Kulturguts[343] verschiebt und verlagert die zu beantwortenden Wertungsfragen nur um eine Stufe. Es besteht etwa die Möglichkeit, einem Kulturgut die „Angehörigkeit" seines Belegenheitsstaates zuzuschreiben, wenn die Herausgabeansprüche, auch diejenigen aus Eigentum, verjährt sind.[344] Dann öffnet sich freilich sofort das nächste Fenster, nach welchem Recht die Verjährung, also eine Vorfrage, zu beurteilen wäre.

134 Rechtstechnisch wird Art. 46 EGBGB als Einfallstor für die Anknüpfung an die lex originis herangezogen.[345] Dies vermag jedoch nicht zu überzeugen. Ausweichklauseln sind keine Heimstatt für generell gedachte Sonderregeln. Ihnen darf man keine abstrakten Re-

---

[334] *Wiese*, FS Kurt Siehr zum 75. Geb., 2010, S. 83, 95.
[335] S. *Rudolph*, Restitution von Kunstwerken aus jüdischem Besitz: Dingliche Herausgabeansprüche nach deutschem Recht, 2007, S. 125 Fn. 408.
[336] *Wiese*, FS Kurt Siehr zum 75. Geb., 2010, S. 83, 96.
[337] KG NJW 2007, 705.
[338] *M. Weber*, Unveräußerliches Kulturgut im nationalen und internationalen Rechtsverkehr, 2002, S. 410; *Jayme*, FS Reinhard Mußgnug, 2005, S. 517 (517).
[339] Siehe nur *S. Rudolph*, Restitution von Kunstwerken aus jüdischem Besitz: Dingliche Herausgabeansprüche nach deutschem Recht, 2007, S. 125–127, 131 f.
[340] *Jayme*, Kunstwerk und Nation, 1991, S. 19, 28; *ders.*, Études en l'honneur de Pierre Lalive, 1993, S. 721, 728; *ders.*, in: Dolzer/Jayme/Mußgnug (Hrsg.), Rechtsfragen des internationalen Kulturgüterschutzes, 1994, S. 35, 48; *Kurpiers*, Die lex originis-Regel im Internationalen Sachenrecht, 2005, S. 195.
[341] *Jayme*, Kunstwerk und Nation, 1991, S. 19, 28; *ders.*, Études en l'honneur de Pierre Lalive, 1993, S. 721, 726 f.; *ders.*, in: Dolzer/Jayme/Mußgnug (Hrsg.), Rechtsfragen des internationalen Kulturgüterschutzes, 1994, S. 35, 48.
[342] *Jayme*, Kunstwerk und Nation, 1991, S. 30; *ders.*, in: Reichelt (Hrsg.), Internationaler Kulturgüterschutz, 1992, S. 7; *ders.*, Liber amicorum Kurt Siehr, 2000, S. 281, 288.
[343] Z. B. *Mußgnug*, FS Georg Ress, 2005, S. 1531, 1537 f.; *Th. Franke*, Die Nationalität von Kunstwerken, 2011.
[344] So *Mußgnug*, in: Justiz und Recht, 1985, S. 15, 31; *ders.*, FS Georg Ress, 2005, S. 1531, 1538.
[345] *M. Anton*, Internationales Kulturgüterprivat- und -zivilverfahrensrecht, 2010, S. 940–1009 sowie *Jayme*, FS Reinhard Mußgnug, 2005, S. 517, 519.

VI. Kulturgüter

gelsätze imputieren, sondern man muss sie auf ihre enge Aufgabe beschränken, konkrete Funktionsverfehlungen der jeweils einschlägigen Regelanknüpfung zu korrigieren. Ihnen geht es um Lokalisierung und räumliche Korrektur. Ein Aufladen mit materiellen Interessen ist ihnen fremd. Ordnungs- und Verkehrsinteressen als genuin kollisionsrechtliche Interessen dagegen haben ihren Platz und streiten dafür, dass die Regel die Regel und die Ausweichklausel eine Ausnahme bleibt. Wenn man die Situs-Regel für Kunstwerke aufgeben möchte, muss man dies allgemein mit einer Spezialregel tun und kann es nicht über die für andere Zwecke gedachte Ausweichklausel tun.[346]

An die lex rei sitae anzuknüpfen hat für den Kunsthandel den Vorteil, dass so die Beständigkeit eines Erwerbs zum Zeitpunkt des Erwerbs sicher beurteilt werden kann.[347] Indes wird das Gewicht der Interessen gerade des Kunsthandels massiv vermindert, wenn man Kulturgüter als res extra commercium begreift[348] und sie deshalb gerade dem Handel, als wäre sie eine normale Ware, entziehen will. Verkehrsschutz als tragende Rechtfertigung der Situs-Regel verliert insoweit stark an Gewicht.[349] Ein Internationales Sachenrecht der Kulturgüter derogiert als Spezialregel dem Prinzip der wohlerworbenen Rechte.[350]

2. Öffentlich-rechtliche Überlagerung. Bei Kulturgütern spielt öffentlich-rechtliche Überlagerung eine besondere Rolle. Kulturgüter sind seit jeher eine besonders heikle und besonders sensible Materie.[351] Sowohl auf der völkerrechtlichen als auch auf der unionsrechtlichen Ebene findet dies seinen Niederschlag in besonderen Rechtsakten. Zum einen gibt es die UNESCO-Konvention[352] und insbesondere die UNIDROIT-Konvention[353]. Zum anderen gibt es eine EU- und zuvor eine EWG-Verordnung,[354] welche die Ausfuhr von Kulturgütern verbieten, und eine EWG-Richtlinie samt deutscher Umsetzung.[355] Hinzu kommen eine Reihe von Codices, die indes nur soft law sind: Zu nennen sind insbesondere der ICOM[356] Code of Ethics for Museums[357]; der International Code of Ethics for Dealers in Cultural Property von 1999, ausgearbeitet von einem Komitee der UNESCO und bestätigt von der 30. UNESCO-Generalkonferenz im November 1999 und die Verhaltensrichtlinien der CINOA[358] von 1987/1998.

---

[346] Im Ergebnis ebenso, aber mit anderer Begründung *Strauch*, Rechtsverhältnisse an Kulturgütern im Internationalen Sachenrecht, 2007, S. 102–139.
[347] *Fincham*, 32 Columb. J. L. & Arts 111, 115 (2008); *Frey*, 55 Columb. L. Rev. 1055, 1067f. (2012).
[348] Zur Diskussion insbesondere *Siehr*, FS Reinhold Trinkner, 1995, S. 703; *Weidner*, Kulturgüter als res extra commercium im internationalen Sachenrecht, 2001.
[349] *Armbrüster*, NJW 2001, 3581, 3582 f.; *Wiese*, FS Kurt Siehr zum 75. Geb., 2010, S. 83, 84.
[350] *Siehr*, RdC 243 (1993 VI), 9, 237; *Wiese*, FS Kurt Siehr zum 75. Geb., 2010, S. 83, 85.
[351] Zur Geschichte des Kulturgüterschutzes auf der internationalen Ebene insbesondere *Müller-Katzenburg*, Internationale Standards im Kulturgüterverkehr und ihre Bedeutung für das Sach- und Kollisionsrecht, 1996, sowie *W. Rudolf*, FS Karl Doehring, 1989, S. 856; *Asam*, FS Erik Jayme, 2004, S. 1651, 1652–1660.
[352] UNESCO Convention on the Means of Prohibiting and Preventing the Illicit Import, Export and Transfer of Ownership of Cultural Property of 14 November 1970, BGBl. 2007 II 626 = 823 UNTS 231.
[353] UNIDROIT Convention on Stolen or Illegally Exported Cultural Objects of 24 June 1995, (1995) 34 ILM 1322.
[354] VO (EU) Nr. 116/2009 des Rates vom 18.12.2008 über die Ausfuhr von Kulturgütern, ABl. EU 2009 L 39/1 und zuvor VO (EWG) Nr. 3911/92 des Rates vom 9.12.1992 über die Ausfuhr von Kulturgütern, ABl. EWG 1992 L 395/1.
[355] Richtlinie 93/7/EWG des Rates vom 15.3.1993 über die Rückgabe von unrechtmäßig aus dem Hoheitsgebiet eines Mitgliedstaats verbrachten Kulturgütern, ABl. EWG 1993 L 74/74; in Deutschland umgesetzt durch das Gesetz zur Umsetzung der Richtlinie 93/7/EWG des Rates über die Rückgabe von unrechtmäßig aus dem Hoheitsgebiet eines Mitgliedstaats verbrachten Kulturgütern (Kulturgüterrückgabegesetz) vom 15.10.1998, BGBl. 1998 I 3161. Zu der Richtlinie u. a. *Siehr*, in: Reichelt (Hrsg.), Neues Recht zum Schutz von Kulturgut, Wien 1997, S. 29.
[356] ICOM = International Council of Museums.
[357] Vom 4.11.1986, fortgeschrieben am 6.7.2001.
[358] CINOA = Confédération Internationale des Négociants en Oeuvres d'Art, ein 1935 unter belgischem Recht gegründeter Dachverband des Kunst- und Antiquitätenhandels.

137 Eine Überlagerung besonderer Art findet man im besonders belasteten und besonders sensiblen Bereich der NS-Raub- und NS-Beutekunst.[359] Allerdings stehen dort die Rückgabeansprüche Privater im Vordergrund. Die einschlägigen Sonderregimes gewähren aber keine rechtsverbindlichen Ansprüche. Auch sie sind nur soft law.[360] Insbesondere sind in diesem Kontext die Washington Principles von 1998[361] und die Theresienstädter Erklärung von 2009[362] zu nennen. Sie verpflichten die unterzeichnenden Staaten für angemessene Rückgaberegelungen gegen staatliche Einrichtungen Sorge zu tragen. In Deutschland gibt es als soft law, das als deren Frucht auf die Washington Principles aufbaut,[363] die Berliner Gemeinsame Erklärung[364] und die Handreichung[365] dazu. Soft law hat indes seine strukturellen und konzeptionsbedingten Durchsetzungsprobleme.[366] Seine moralische Kraft ist größer als seine juristische Verbindlichkeit und seine Bindungswirkung gegenüber Privaten. Die Washington Principles sind ihrer Rechtsnatur nach nicht mehr als eine Absichtserklärung.[367]

138 Ausfuhrverbote für nationale Kulturgüter sind Eingriffsnormen, die öffentliche Interessen verfolgen.[368] Sie können nicht der normalen kollisionsrechtlichen Anknüpfung unterliegen, sie sich allein an privaten Interessen ausrichtet. Vielmehr kann für Eingriffsnormen im Internationalen Sachenrecht[369] nichts anderes gelten als im Internationalen Schuldvertragsrecht (dort Art. 9 Rom I-VO) und im IPR der außervertraglichen Schuldverhältnisse (dort Art. 16 Rom II-VO): Sie sind Gegenstand einer Sonderanknüpfung jenseits der normalen kollisionsrechtlichen Anknüpfung.[370]

139 Daran schließt sich aber sofort die nächste und entscheidende Frage an: Die Eingriffsnormen welcher Staaten für Kulturgüter sind sonderanzuknüpfen? Sonderanzuknüpfen sind jedenfalls die einschlägigen Normen des Forumstaates, also des deutschen Rechts.[371] Dies ergibt sich zum einen an der Rechts- und Gesetzesbindung deutscher Rechtsanwender an das deutsche Recht. Diese gilt auch für Spezialnormen des deutschen Rechts. Es folgt zum

---

[359] Zur Restitution durch die Westalliierten 1945–1949 umfassend *Armbruster*, Rückerstattung der Nazi-Beute, 2008. Zur Restitution von NS-Beute- oder Raubkunst von deutscher Seite siehe nur *Michael Franz*, Aus Parlament und Zeitgeschichte 49/2007, 27; *Schoeps/Ludewig* (Hrsg.), Eine Debatte ohne Ende? – Raubkunst und Restitution im deutschsprachigen Raum, 2007; *Schnabel/Tatzkow*, Nazi Looted Art, 2007; *Lubina*, Contested Cultural Property: The Return of Nazi Spoliated Art and Human Remains from Public Collections, Maastricht 2009; *Demarsin*, MJ 17 (2010), 306; *M. Müller*, FS Kurt Siehr zum 75. Geb., 2010, S. 147; *Lubina/H. Schneider*, FS Kurt Siehr zum 75. Geb., 2010, S. 161.
[360] *M. Müller*, FS Kurt Siehr zm 75. Geb., 2010, S. 147, 150.
[361] Washington Conference Principles on Nazi-Confiscated Art of December 3, 1998, Washington Conference on Holocaust Era Assets <http://www.state.gov/p/eur/rt/hlcst/122–308.htm>. Dazu *Jayme*, in: Koordinierungsstelle für Kulturgutverluste Magdeburg (Hrsg.), Museen im Zwielicht, 2. Aufl. 2007, S. 257.
[362] Terezin Declaration on Holocaust Era Assets and Related Issues of 30 June 2009, Prage Holocaust Era Assets Conference <http://www.eu2009.cz/en/news-and-documents/news/terezin-declaration-26304/>.
[363] *M. Müller*, FS Kurt Siehr zum 75. Geb., 2010, S. 147, 153.
[364] Gemeinsame Erklärung der Bundesregierung, der Länder und der kommunalen Spitzenverbände zur Auffindung und zur Rückgabe NS-verfolgungsbedingt entzogenen Kulturguts, insbesondere aus jüdischem Besitz (Dez. 1999).
[365] Beauftragter der Bundesregierung in Angelegenheiten der Kultur und der Medien, Handreichung vom Februar 2001 zur Umsetzung der Gemeinsamen Erklärung der Bundesregierung, der Länder und der kommunalen Spitzenverbände zur Auffindung und zur Rückgabe NS-verfolgungsbedingt entzogenen Kulturguts, insbesondere aus jüdischem Besitz; dazu *Heidt*, Restitutionsbegehren bei NS-Raubkunst, 2017.
[366] *Martinek*, FS Wilfried Fiedler, 2011, S. 415.
[367] *Wasmuth*, ZOV 2017, 178, 179.
[368] Zur Qualifikation von Normen als Eingriffsnormen im Bereich des Kulturgüterschutzes *Mansel*, FS Wulf-Henning Roth, 2014, S. 375, 380 f.; Staudinger/*Mansel* Art. 43 EGBGB Rn. 1195–1200.
[369] Jenseits des Kulturgüterschutzes sind insbesondere Verfügungsverbote aus dem Außenwirtschafts- oder dem Kriegswaffenkontrollrecht Eingriffsnormen.
[370] *Siehr*, FS Reinhold Trinkner, 1995, S. 703, 715 f.; *Schurig*, RabelsZ 54 (1990), 217, 240; *Weidner*, Kulturgüter als res extra commercium im internationalen Sachenrecht, 2001, S. 168; *Strauch*, Rechtsverhältnisse an Kulturgütern im Internationalen Sachenrecht, 2007, S. 193–208; *Mansel*, FS Wulf-Henning Roth, 2014, S. 375, 377 f. Zweifelnd indes *Asam*, FS Erik Jayme, 2004, S. 1651, 1664 f.
[371] Allgemein, auch jenseits des Kulturgüterschutzes, *Mansel*, FS Wulf-Henning Roth, 2014, S. 375, 378.

anderen auch aus dem allgemeinen Rechtsgedanken, der sich in Artt. 9 II Rom I-VO; 16 Rom II-VO ausdrückt.

Für forumfremdes Recht braucht man einen Filter, um nicht uferlos jedem eingriffswilligen Recht die Tür zu öffnen. Eine indirekte Orientierungshilfe könnte Art. 9 III Rom I-VO bieten. Dessen Anknüpfungspunkt, der Erfüllungsort, ist zwar vertragsspezifisch und passt bei Sachen nicht direkt. Indes baut er auf der Machttheorie auf und respektiert den Zugriff des Staates, der zugreifen kann, weil sich relevante Vorgänge auf seinem Territorium abspielen. Damit lässt sich als Ausgangspunkt auch im Internationalen Sachenrecht arbeiten.[372] Problemfall bleiben aber Eingriffsnormen einer lex originis oder eines früheren Belegenheitsstaates, wenn sich das Kulturgut inzwischen außerhalb des unmittelbaren Zugriffsbereichs befindet.

VII. Verbriefte Wertpapiere

Literatur: *v. Bar*, Wertpapiere im deutschen Internationalen Privatrecht, FS Werner Lorenz zum 70. Geb., 1991, S. 273; *Duden*, Der Rechtserwerb vom Nichtberechtigten an beweglichen Sachen und Inhaberpapieren im deutschen internationalen Privatrecht, 1934; *Einsele*, Wertpapierrecht als Schuldrecht, 1995; *Kalss/Oppitz*, Das Schicksal vinkulierter Wertpapiere bei Transaktionen mit Auslandsbezug, GesRZ 2016, 13; *S. Lorenz*, Zur Abgrenzung von Wertpapierrechtsstatut und Wertpapiersachstatut im internationalen Wertpapierrecht, NJW 1995, 176; *Mankowski*, Seerechtliche Vertragsverhältnisse im Internationalen Privatrecht, 1995; *ders.*, Warenübereignung durch Dokumentenübertragung und Internationales Privatrecht, FS R. Herber, 1999, S. 147; *L. Raiser*, Die Wirkungen der Wechselerklärungen im internationalen Privatrecht, 1931; *Schmigelsky*, Das Inhaberpapier im Internationalen Privatrecht, Diss. Freiburg i. Br. 1932.

Für verbriefte, effektive Wertpapiere gelten keine Sonderregeln, die auf spezifisch securities, Wertrechte oder elektronisierte „Dokumente" zugeschnitten wären.[373] Sie stehen zwar in einem Zwischenreich zwischen Sachen- und Schuldrecht, haben aber in ihrer Anknüpfung starke sachenrechtliche Momente.

1. Einordnung als Wertpapier und als Order-, Inhaber- oder Rektapapier. Ob ein Papier ein Wertpapier ist, beurteilt sich nach dem Wertpapierrechtsstatut, d. h. nach dem Statut des Rechts, das in diesem Papier verbrieft wird. Steht fest, dass es sich um ein Wertpapier handelt, so entscheidet wiederum das Wertpapierrechtsstatut, um welcher Art Wertpapier es sich handelt, ob das Wertpapier also ein Orderpapier, ein Inhaberpapier oder ein Rektapapier (ein Namenspapier) ist.[374] Nach dem bootstrap principle, dem allgemeinen Rechtsgedanken des Art. 10 I Rom I-VO, ist dabei als Wertpapierrechtsstatut dasjenige Recht heranzuziehen, das anzuwenden wäre, wenn es sich um ein Wertpapier bzw. ein Inhaber- oder Orderpapier handelt.[375] Anzuwenden ist also das Statut, das anzuwenden wäre, wenn der speziellere Papiertyp vorliegen würde; dies folgt aus dem Spezialitätsgrundsatz als einer auch innerhalb des IPR geltenden[376] Rangkollisionsregel.[377]

---

[372] Ähnlich *Mansel*, FS Wulf-Henning Roth, 2014, S. 375, 377.
[373] *Kalss/Oppitz*, GesRZ 2016, 13, 15.
[374] RG JW 1933, 2582, 2583; RG SeuffArch 88 (1934), 193; *L. Raiser*, Die Wirkungen der Wechselerklärungen im internationalen Privatrecht, 1931, S. 103; *Schmigelsky*, Das Inhaberpapier im Internationalen Privatrecht, Diss. Freiburg i. Br. 1932, S. 22 f.; *G. Maier*, WM 1961, 618, 626; *Bogdan*, Scand. Stud. L. 21 (1977), 23, 51; *v. Nayhauss Cormons*, Die Warenwertpapiere im Internationalen Privatrecht der Schweiz, Diss. Zürich 1977, S. 69; *v. Bar*, FS Werner Lorenz zum 70. Geb., 1991, S. 273, 285; *Koller*, IPRax 1993, 257; *Ebenroth/Lorz*, ZEV 1994, 115, 116; *S. Lorenz*, NJW 1995, 176, 177; *Einsele*, IPRax 1995, 163, 164; *dies.*, Wertpapierrecht als Schuldrecht, 1995, S. 398 f.; *Bungert/Patschos*, DZWir 1995, 221, 226; *Mankowski*, S. 132, 163; *ders.*, AG 1998, 11, 18; *ders.*, FS Rolf Herber, 1999, S. 147, 170; *A. Behr*, FG Otto Sandrock, 1995, S. 159, 160; *Brunner*, Wertrechte, 1996, S. 107; *Otte*, IPRax 1996, 327, 328; *Kieninger*, IPRax 1997, 449 454, 455, 457.
[375] *Mankowski* S. 133; *ders.*, AG 1998, 11, 18; *ders.*, FS Rolf Herber, 1999, S. 147, 170 f.
[376] Allgemein *Mankowski*, BB 1997, 465, 466.
[377] *Mankowski*, FS Rolf Herber, 1999, S. 147, 171.

143 **2. Übertragung von Inhaberpapieren.** Bei effektiv verbrieften Inhaberpapieren beherrscht deren Übertragung nach Art. 43 I EGBGB prinzipiell die lex cartae sitae, also das Belegenheitsrecht des zu übertragenden Wertpapiers zum Zeitpunkt des potenziellen Übertragungsakts[378] (ganz präzise: zum Zeitpunkt der Vollendung des potenziellen Übertragungsakts[379]). Sachrechtlich gilt für Inhaberpapier die Faustformel „Das Recht aus dem Papier folgt dem Recht am Papier". Dieses Charakteristikum ist in das IPR zu übertragen.[380] Führender Vorgang ist die Übertragung des Papiers. Sein Statut muss den Gesamtvorgang beherrschen. Die lex cartae sitae gilt deshalb auch für den Übergang der verbrieften Forderung bei Übereignung eines Inhaberpapiers.[381]

144 Eine Trennung dergestalt, dass man die Übereignung des Papiers nach der lex cartae sitae, die Übertragung der Forderung dagegen nach dem Forderungsstatut beurteilen wollte,[382] würde das Papier seiner Funktion entkleiden. Außerdem würde sie zu Friktionen führen, wenn das Papier gutgläubig erworben würde, die Forderung aber beim alten Gläubiger verbliebe.[383]

145 Jeder einzelne Übertragungsvorgang stellt eine neue Vorfrage nach der Berechtigung des Übertragenden, ob dieser also nach der damaligen lex cartae sitae Rechtsnachfolger seines Vorinhabers geworden ist.[384] Die Form der Übertragung ist ein eigener Anknüpfungsgegenstand und eine über Art. 11 IV EGBGB gesondert an die lex cartae sitae anzuknüpfende Teilfrage.[385]

146 **3. Übertragung von Orderpapieren.** Für Orderpapiere mit Blankoindossament gilt kollisionsrechtlich dasselbe wie für Inhaberpapiere.[386] Wird ein Orderpapier mit Indossament zu Gunsten eines benannten Indossatars übertragen, so unterliegen diese Übertragung und der Übergang der verbrieften Forderung also der lex loci indossamenti,[387] dem Recht desjenigen Ortes, an welchem das Indossament auf das Papier gesetzt wird. Das Indossament ist notwendig aus seiner Definition wie aus seiner Funktion heraus papiergebunden. Lex loci indossamenti ist also die lex cartae sitae des Orderpapiers zum Zeitpunkt des Indossaments.[388] Insoweit bestehen wünschenswerte Parallelen[389] zu den Verfügungsak-

---

[378] Siehe nur RGZ 11, 52; RGZ 28, 109; RG JW 1895, 302f.; RG JW 1897, 573; OLG Köln ZIP 1994, 1459, 1460; OLG Frankfurt ZEV 2010, 478, 479; *Schmigelsky*, Das Inhaberpapier im Internationalen Privatrecht, Diss. Freiburg i.Br. 1932, S. 35; *Duden*, Der Rechtserwerb vom Nichtberechtigten an beweglichen Sachen und Inhaberpapieren im deutschen internationalen Privatrecht, 1934, S. 79–81; *Drobnig*, FS Konrad Zweigert, 1981, S. 73, 90, 91; *ders.*, in: Kreuzer (Hrsg.), Abschied von Wertpapieren?, 1988, S. 11, 37; *Mankowski*, TranspR 1988, 410, 414; *ders.*, FS Rolf Herber, 1999, S. 147, 171 f.; *Einsele*, Wertpapierrecht als Schuldrecht, 1995, S. 399; *K. Otte*, IPRax 1996, 327, 328 f.; *Schefold*, IPRax 2000, 468, 469; *Dittrich* S. 167; *Than*, FS Siegfried Kümpel, 2003, S. 543, 548; *Ooi*, Shares and Other Securities in the Conflit of Laws, 2003, Rn. 2.60–2.69.

[379] *Kronke / G. Berger*, IPRax 1991, 316, 317; *S. Lorenz*, NJW 1995, 176, 177; *Kieninger*, IPRax 1997, 449, 457; *Mankowski*, FS Rolf Herber, 1999, S. 147, 171 f.

[380] *L. Raiser*, Die Wirkungen der Wechselerklärungen im internationalen Privatrecht, 1931, S. 102 f.; *Schmigelsky*, Das Inhaberpapier im Internationalen Privatrecht, Diss. Freiburg i.Br. 1932, S. 79; *Duden*, Der Rechtserwerb vom Nichtberechtigten an beweglichen Sachen und Inhaberpapieren im deutschen internationalen Privatrecht, 1934, S. 80 f.; *Mankowski* S. 262 f.; *ders.*, FS Rolf Herber, 1999, S. 147, 172. Anders *M. Wolff*, RabelsZ 7 (1933), 791, 793; Staudinger / *Stoll*, IntSachenR Rn. 361 (1996).

[381] *L. Raiser*, Die Wirkungen der Wechselerklärungen im internationalen Privatrecht, 1931, S. 102 f.; *Offerhaus*, AfS 2 (1954-57), 599, 619; *Mankowski* S. 263; *ders.*, FS Rolf Herber, 1999, S. 147, 172.

[382] Dafür *M. Wolff*, RabelsZ 7 (1933), 791, 793; Staudinger / *Stoll*, IntSachenR Rn. 361 (1996).

[383] *Duden*, Der Rechtserwerb vom Nichtberechtigten an beweglichen Sachen und Inhaberpapieren im deutschen internationalen Privatrecht, 1934, S. 75–80; *Mankowski*, S. 263; *ders.*, FS Rolf Herber, 1999, S. 147, 172 f.

[384] *Mankowski*, FS Rolf Herber, 1999, S. 147, 176.

[385] *v. Bar*, FS Werner Lorenz zum 70. Geb., 1991, S. 273, 281; *Einsele*, Wertpapierrecht als Schuldrecht, 1995, S. 399; *Mankowski* S. 192; *ders.*, FS Rolf Herber, 1999, S. 147, 176 f.

[386] Siehe nur *Einsele*, Wertpapierrecht als Schuldrecht, 1995, S. 400; *Mankowski*, FS Rolf Herber, 1999, S. 147, 173 Fn. 70.

[387] Siehe nur *Mankowski* S. 269 f.; *dens.*, FS Rolf Herber, 1999, S. 147, 173.

[388] *Mankowski*, FS Rolf Herber, 1999, S. 147, 173.

[389] *Mankowski*, FS Rolf Herber, 1999, S. 147, 173.

VIII. Securities   147–149   § 3

ten bei Inhaberpapieren und zum Internationalen Wechsel- und Scheckrecht, wo die lex loci indossamenti unangefochten herrscht.[390]

Locus indossamenti ist der Ausstellungsort des Indossaments. Wenn das Indossament selbst eine Ortsangabe enthält, so ist diese Beweis für die Ausstellung an dem in ihr angegebenen Ort.[391] Ein Gegenbeweis ist aber möglich, dass das Indossament in Wahrheit an einem anderen als dem angegebenen Ort erfolgt ist.[392] Wenn das Indossament selbst keine Ortsangabe enthält, ist sein Ausstellungsort nach Maßgabe der Umstände zu ermitteln.[393] Bei einem gestreckten Übertragungstatbestand mit räumlicher Trennung von Indossament und Übergabe des Orderpapiers gibt die lex cartae sitae des jeweils letzten Teilakts maß.[394] 147

Wer ursprünglicher, erster Berechtigter aus dem Orderpapier ist, ist eine Vorfrage, die nach dem Wertpapierrechtsstatut zu beantworten ist.[395] Die Position als erster Berechtigter ist deshalb wichtig, weil sich alle Indossamente, um wirksam zu sein, in einer Kette auf diesen ersten Berechtigten zurückführen lassen müssen. Jeder einzelne Übertragungsvorgang stellt eine neue Vorfrage nach der Berechtigung des Übertragenden, ob dieser also nach der damaligen lex cartae sitae Rechtsnachfolger seines Vorinhabers geworden ist.[396] Die Form der Übertragung ist ein eigener Anknüpfungsgegenstand und eine über Art. 11 IV EGBGB gesondert an die lex loci indossamenti anzuknüpfende Teilfrage.[397] 148

4. Rechtsübertragung bei Rektapapieren. Rektapapiere (Namenspapiere) unterscheiden sich fundamental von Inhaber- und Orderpapieren. Bei ihnen gilt der Satz „Das Recht aus dem Papier folgt dem Recht am Papier" gerade nicht. Vielmehr gilt genau umgekehrt der Satz „Das Recht am Papier folgt dem Recht aus dem Papier". Herrschender Vorgang ist also nicht die Übereignung des Rektapapiers, sondern die Abtretung der ihm zugrundeliegenden Forderung. Die Rechte aus Rektapapieren sind „normale" schuldrechtliche Forderungen.[398] Für ihre Abtretung gilt Art. 14 Rom I-VO direkt, ohne Einschränkungen und ohne spezifisch wertpapierrechtliche Überlagerung. Im Verhältnis zwischen Zedent und Zessionar greift daher das Zessionsgrundstatut nach Art. 14 I Rom I-V sowohl für das Verpflichtungs- als auch für das Verfügungsgeschäft, im Verhältnis zum Schuldner der abgetretenen Forderung greift das Forderungsstatut für die in Art. 14 II Rom I-VO aufgeführten Aspekte, und um die Anknüpfung für die Drittwirkungen der Verfügung rankt sich Streit.[399] 149

VIII. Securities

Literatur: *Bernasconi/Sigman*, The Hague Convention on the Law Applicable to Certain Rights in Respect of Securities Held with an Intermediary (Hague Securities Convention), (205) 11 Korea P. Int'l. L.J. 3; *Born*, Europäisches Kollisionsrecht des Effektengiros, 2014; *Changmin Chun*, Cross-Border Transactions of Intermediated Securities, 2012; *Dittrich*, Effektengiroverkehr mit Auslandsberührung,

---

[390] Siehe nur OGH EvBl 1980/47; OLG Bamberg IPRspr. 1978 Nr. 31 S. 53; *L. Raiser*, Die Wirkungen der Wechselerklärungen im internationalen Privatrecht, 1931, S. 111; *Stranz*, Wechselgesetz, 14. Aufl. 1952, Art. 93 WG Anm. 1; *Jacobi*, Wechsel- und Scheckrecht, 1955, S. 1020; *Wirth/Phillipps/Rinke*, FS Imre Zajtay, 1982, S. 527, 552; *Eschelbach*, Deutsches internationales Scheckrecht, Diss. Mainz 1990, S. 119; *Morawitz*, Das internationale Wechselrecht, 1991 S. 115–117; *v. Bar*, FS Werner Lorenz zum 70. Geb., 1991, S. 273, 293.
[391] *Mankowski*, FS Rolf Herber, 1999, S. 147, 174.
[392] *Mankowski*, FS Rolf Herber, 1999, S. 147, 174.
[393] *Mankowski* S. 268.
[394] *Einsele*, Wertpapierrecht als Schuldrecht, 1995, S. 399; *Mankowski*, FS Rolf Herber, 1999, S. 147, 174 sowie BGHZ 109, 353, 356; *Kronke/G. Berger*, IPRax 1991, 316, 317.
[395] *Mankowski*, Seerechtliche Vertragsverhältnisse im Internationalen Privatrecht, 1995, S. 246; *ders.*, FS Rolf Herber, 1999, S. 147, 175.
[396] *Mankowski*, FS Rolf Herber, 1999, S. 147, 176.
[397] *v. Bar*, FS Werner Lorenz zum 70. Geb., 1991, S. 273, 281; *Einsele*, Wertpapierrecht als Schuldrecht, 1995, S. 399; *Mankowski* S. 192; *ders.*, FS Rolf Herber, 1999, S. 147, 176 f.
[398] RG JW 1932, 2582, 2583; FG Düsseldorf RIW 1992, 776, 777; *M. Wolff*, RabelsZ 7 (1933), 791, 793; *Mankowski*, FS Rolf Herber, 1999, S. 147, 177.
[399] Eingehend → § 1 Rn. 883 ff.

2002; *Ege,* Das Kollisionsrecht der indirekt gehaltenen Wertpapiere, 2006; *Einsele,* Das Haager Übereinkommen über das auf bestimmte Rechte im Zusammenhang mit zwischenverwahrten Wertpapieren anzuwendende Recht, WM 2003, 2349; *dies.,* Das Kollisionsrecht Intermediär-verwahrter Wertpapiere, EuZW 2018, 402; *Franz,* Überregionale Effektentransaktionen und anwendbares Recht, 2005; *Garcimartín Alférez,* The Geneva Convention on Intermediated Securities: A Conflict-of-Laws Approach, Unif. L. Rev. 2010, 751; *Gullifer/Payne* (eds.), Intermediated Securities – Legal Problems and Practical Issues, 2010; *Keijser,* Financial Collateral Agreements, Deventer 2006; *Chr. Keller,* Die EG-Richtlinie 98/26 vom 19.5.1998 über die Wirksamkeit von Abrechnungen in Zahlungs- sowie Wertpapierliefer- und -abrechnungssystemen und ihre Umsetzung in Deutschland WM 2000, 1269; *ders.,* Die Wertpapiersicherheit im Gemeinschaftsrecht, BKR 2002, 347; *Kreuzer,* Innovative Features of the Hague Securities Convention, Essays in Honour of H. van Loon, 2013, S. 271; *Kronke,* Capital Markets and the Conflict of Laws, RdC 286 (2001), 245; Das Genfer UNIDROIT-Übereinkommen über materiellrechtliche Normen für intermediär-verwahrte Wertpapiere und die Reform des deutschen Depotrechts, WM 2010, 1625; *ders.,* Der Funktionale Ansatz in der Rechts-„Vereinheitlichung": Kritik und Bewährung am Beispiel des Rechts intermediärverwahrter Effekten, FS U. Magnus, 2014, S. 231; *M. Lehmann,* Finanzinstrumente, 2009; *Merkt/Rossbach,* Das Übereinkommen über das auf bestimmte Rechte in Bezug auf bei einem Zwischenverwahrer verwahrte Effekten anzuwendende Recht der Haager Konferenz für Internationales Privatrecht, ZvglRWiss 102 (2003), 33; *Ooi,* The Hague Securities Convention: A Critical Reading of the Road Map, [2005] LMCLQ 467; *Potok,* Cross Border Collateral, 2002; *Reuschle,* Haager Übereinkommen über die auf bestimmte Rechte in Bezug auf intermediär-verwahrte Wertpapiere anzuwendende Recht, IPRax 2003, 495; *ders.,* Grenzüberschreitender Effektengiroverkehr: Die Entwicklung des europäischen und internationalen Wertpapierkollisionsrechts, RabelsZ 68 (2004), 687; *J. S. Rogers,* Conflict of Laws for Transactions in Securities Held through Intermediaries, 39 Cornell J. Int'l. L. 285 (2006); *Saager,* Effektengiroverkehr und Internationales Privatrecht, 2007; *R. Sauer,* Die Harmonisierung des Kollisions- und des Sachrechts für Wertpapierguthaben und Wertpapiersicherheiten, 2008; *Schefold,* Grenzüberschreitende Wertpapierübertragungen und Internationales Privatrecht, IPRax 2000, 468; *ders.,* Intermediary Approach und Europäisches Kollisionsrecht, FS Siegfried Kümpel, 2003, S. 463; *Segna,* Bucheffekten, 2018; *Than,* Neue Rechtsentwicklungen für den grenzüberschreitenden Effektengiroverkehr, FS Siegfried Kümpel, 2003, S. 543; *Wust,* Die grenzüberschreitende Verbuchung von Wertpapieren, 2011; *Yates/ Montagu,* The Law of Global Custody, 3. Aufl. 2009.

150   1. Grundsätzliches. Mit der Elektronisierung und Entkörperlichung des Effektenverkehrs, beginnend schon mit der Globalurkunde (bis hin zu Cybermoney und Blockchains[400]), passt die Anknüpfung an das Wertpapiersachstatut mangels effektiver Verbriefung zunehmend weniger.[401] Wertrechte treten an die Stelle von Wertpapieren und werden nicht mehr verbrieft.[402] Entindividualisierung und Entmaterialisierung haben den Funktionsverlust des Wert*papiers* als Urkunde besiegelt.[403] Die Kapitalmarktprodukte haben sich vom Wertpapierrecht emanzipiert.[404] Securitization nennt sich zwar „Verbriefung", meint dies aber im übertragenen Sinne[405] und arbeitet mit der gesellschaftsrechtlichen Lösung von Special Purpose Vehicles oder Collateral Debt Organisations als Inhabern gebündelter Forderungsrechte, die dann ihrerseits Instrumente ausgeben. Verwahrungen von Teilbeständen an verschiedenen Orten in verschiedenen Staaten tun das ihre hinzu, um die Anknüpfung an das Belegenheitsrecht komplizierter zu machen.[406] Z. B. kann bei einer Globalurkunde deren Verwahrungsort zufällig sein und in keiner echten Beziehung zu den umfassten Werten stehen.[407] Eine lex

---

[400] Erste Ansätze zu IPR-Fragen von Blockchains bietet *de Vauplane,* NIPR 2018, 94; *ders.,* Rev. trim. dr. fin. 2017-4, 50.

[401] Grundlegend *Einsele,* Wertpapierrecht als Schuldrecht, 1995, S. 456–472; außerdem z. B. *Basedow,* YbPIL 18 (2016/17), 1, 6 f.

[402] Unter deutschem Sachrecht namentlich *Einsele,* Wertpapierrecht als Schuldrecht, 1995, S. 172 ff.; *Than,* FS Herbert Schimansky, 1998, S. 821.

[403] Illustrativ *M. Lehmann,* Finanzinstrumente, 2009, S. 29–53.

[404] Rechtsvergleichender Überblick bei *M. Lehmann,* Finanzinstrumente, 2009, S. 147–168.

[405] Siehe *M. Lehmann,* Finanzinstrumente, 2009, S. 53 f.

[406] *Benjamin,* The Law of Global Custody, 1996, S. 84; *Rogers,* JIBFL Spec. Supp. 1998, 47, 51; *Schefold,* IPRax 2000, 468, 469 f.; *Dittrich* S. 170–175.

[407] *Schefold,* IPRax 2000, 468, 470.

VIII. Securities   151, 152   § 3

cartae sitae im Wortsinn gibt es bei unphysischen Wertrechten nicht mehr.[408] Zentralverwahrer aus verschiedenen Staaten sind konto- und depotmäßig miteinander vernetzt, um eine Übertragung durch einfache Umbuchung zu ermöglichen, und verstärken dadurch die Tendenz zur Internationalisierung der Wertpapierverwahrung.[409]

2. Haager Übereinkommen über das auf intermediärverwahrte Wertpapiere anzuwendende Recht. Die Haager Konferenz für Internationales Privatrecht hat eine Convention on the Law Applicable to Certain Rights in Respect of Securities Held with an Intermediary[410] (Haager WPÜbk) aufgelegt. Die großen Hoffnungen und Erwartungen, die in sie angesichts angeblich dringender Nöte der internationalen Finanzwirtschaft gesteckt wurden, hat sie bisher nicht zu erfüllen vermocht.[411] Nur die USA, die Schweiz und Mauritius haben sie ratifiziert. Sie ist erst zum 1.4.2017 überhaupt in Kraft getreten.[412] Ob sich der Zeichnungs- wie der Ratifikationsstand in der Zukunft signifikant erhöhen wird, bleibt Spekulation. Gerüchten zufolge könnte das Vereinigte Königreich interessiert sein. Für die EU oder Deutschland sind dagegen keine Ratifikations- oder auch nur Zeichnungspläne bekannt. 151

Broking ist von diesem Übereinkommen erfasst.[413] Nach dem so genannten AAA[414]-Konzept knüpft es an eine rechtswahlbasierte Kombination verschiedener Momente an. Das so genannten PRIMA[415]-Konzept wurde dagegen nicht mehr umgesetzt, weil die Finanzwirtschaft Probleme sah, für technisch global organisierte Intermediäre einen Ort zu lokalisieren.[416] Nach Art. 4 I Haager WPÜbk[417] kommt es auf das zwischen Depot/Kontoinhaber und relevantem Intermediär vereinbarte Recht an, wenn jener Intermediär im Staat des gewählten Rechts eine Niederlassung (office) hat und diese zumindest einzelne Funktionen aus einem Katalog mit Blick auf Depot/Konto erfüllt.[418] Dem Ort des unmittelbar konto- bzw. depotführenden Intermediärs kommt also realistischerweise besondere Bedeutung zu.[419] Einer umfassenden objektiven Anknüpfungsregel jenseits des vermutlich nur geringe praktische Relevanz erlangenden[420] Art. 5 Haager WPÜbk enthält sich das Übereinkommen jedoch bewusst, weil darüber keine Einigkeit erzielt werden konnte.[421] Grundlegend ist indes die Entscheidung gegen einen look-through approach, der auf die lex cartae sitae abstellte.[422] Sachlich erfasst das Übereinkommen die verfügungsrechtlichen Aspekte der Transaktion[423] und beschränkt sich auf sammel-, nicht streifbandverwahrte 152

---

[408] Siehe nur *Zemp*, Auf internationale Sicherungstransaktionen anwendbares Recht, 2010, S. 97, 187; *Segna* S. 369; *Einsele*, EuZW 2018, 402, 403.
[409] *Einsele*, EuZW 2018, 402 (402).
[410] Vom 5.7.2006 <https://www.hcch.net/instruments/conventions/full-text/?cid=72>. Vollständige Dokumentation der Vorgeschichte abrufbar unter <https://www.hcch.net/e/workprog/securities.html>.
[411] *Mankowski*, Jap. Yb. Int. L. 51 (2008), 241, 266.
[412] <https://www.hcch.net/instruments/conventions/status-table/?cid=72>.
[413] Vorüberlegungen und rechtsvergleichende Grundlage liefert der Sammelband *Potok* (ed.), Cross Border Collateral – Legal Risk and the Conflict of Laws, 2002 (besprochen von *Schwarcz*, [2003] 38 Can. Bus. L. J. 150; *Mankowski*, ZBB 2003, 258).
[414] **A**ccount **A**greement **A**pproach; vgl. auch *Crawford*, (2003) 38 Can. Bus. L. J. 157, 184: „modified version of PRIMA".
[415] PRIMA = **P**lace of **R**elevant **I**nter**m**edi**a**ry.
[416] *Kronke*, FS Ulrich Magnus, 2014, S. 231, 240.
[417] Dazu *Merkt/Rossbach*, ZvglRWiss 102 (2003), 33, 44–48; *Crawford*, (2003) 38 Can. Bus. L. J. 157, 183–188.
[418] Entwickelt in Proposal for a Redraft of Articles 4 and 4 bis, submitted by the Permanent Bureau, Prel. Doc. No. 13 (May 2002).
[419] Siehe nur im Vorfeld *Goode*, (1998) 7 JIBL Spec. Supp. 27; *J. S. Rogers*, (1998) 7 JIBFL Spec. Supp. 48; *Potok*, IFLR 12/1999, 12.
[420] *Merkt/Rossbach*, ZvglRWiss 102 (2003), 33, 49.
[421] *Alexander*, (2003) 12 JIBFL 56, 60 sowie *Bernasconi/Potok*, IFLR 1/2003, 11, 13. Ungenau leider *Boele-Woelki*, Ars Aequi Katern 87 (2003), 4716.
[422] Siehe nur *Bernasconi/Potok*, IFLR 1/2003, 11 f.; *Merkt/Rossbach*, ZvglRWiss 102 (2003), 33, 43; *Millqvist*, JT 2002/03, 855, 865.
[423] Siehe nur *Alexander*, (2003) 12 JIBFL 56, 62; *Merkt/Rossbach*, ZvglRWiss 102 (2003), 33, 40; *Crawford*, (2003) 38 Can. Bus. L. J. 157, 179 f.

Effekten.[424] Die rein vertraglichen Aspekte sollen dagegen nicht erfasst, sondern freier Rechtswahl überantwortet sein,[425] obwohl dies Qualifikationsprobleme und Anpassungsnotwendigkeiten innerhalb eines eigentlich zusammengehörenden Vorgangs aufwerfen kann.[426] Wahrscheinlich gibt es aber keine funktionierende Verweisungsnorm, die schuld- und sachenrechtliche Verwahrformen gleichermaßen zu erfassen vermöchte.[427]

153 Der Schritt weg von objektiven Anknüpfungen hin zu einer rechtswahlbasierten Anknüpfung in einem Teil des Internationalen Sachenrechts ist ein radikaler Schritt.[428] Er stellt Sicherheit ex ante, Vorhersehbarkeit und Planbarkeit im Verein mit einer einheitlichen Anknüpfung, die Spaltungen je nach Belegenheit des verwahrten Wertpapiers, über die traditionellen Anknüpfungsüberlegungen im Internationalen Sachenrecht.[429] Unterschiedliche Portfolios sollen im Grundsatz keine uneinheitliche Anknüpfung nach sich ziehen.[430] Allerdings wird dies durch die Voraussetzungen für eine wirksame Rechtswahl, die doch wieder Bezug auf eine Niederlassung des Verwahrers im Staat des gewählten Rechts nehmen, eingeschränkt.

154 Die Haager Konferenz für Internationales Privatrecht war wesentlich getrieben von dem Wunsch, ihre eigene Relevanz auch für den modernen Wirtschaftsverkehr zu beweisen, und von den Begehren der Finanzwirtschaft. Damit ist sie spektakulär gescheitert. Niemand wollte das Übereinkommen ratifizieren, nachdem es unter großen Mühen geschaffen war. Dieselbe Finanzwirtschaft, die vorher ach so großen Bedarf an einem Übereinkommen zu diesen Fragen reklamiert hatte, sprach sich in den Mitgliedstaaten der Haager Konferenz gegen Zeichnung und Ratifizierung aus. Erst schickte sie ihre Experten, um ihre Interessen zu wahren und massiven Einfluss auf die Ausgestaltung des Übereinkommens zu nehmen – dann ließ sie das fertige Übereinkommen gnadenlos scheitern, obwohl man im Haag sehr auf die Einflüsterungen der Experten gehört hatte. Mangelnde Gleichwertigkeit der Systeme und vielerorts mangelndes Sachrechtsniveau ließen Rechtswahlfreiheit auf mehreren Stufen wohl doch als zu gefährlich erscheinen.[431] Zum Miteigentumssystem des deutschen Sachrechts bei Wertpapier/Wertrechtebeständen passt das Anknüpfungssystem des Haager Übereinkommens jedenfalls nicht besonders gut.[432]

155 Aus der Vogelperspektive des IPR im Allgemeinen ist es wahrscheinlich sogar gut und eine glückliche Fügung, dass jenes Haager Übereinkommen gescheitert ist. Denn es hätte eine sehr komplizierte und umfangreiche Teilkodifizierung für einen im Gesamtrahmen kleinen, wenn auch volumenstarken Aspekt eingeführt und damit die Messlatten für eine zukünftige Kodifizierung des Internationalen Sachenrechts insgesamt angehoben. Das Scheitern ist eine willkommene Warnung, dass sich das IPR nicht zu sehr an einzelne Wirtschaftszweige und deren Experten ausliefern darf, so verlockend dies auf den ersten Blick auch sein mag und so geschmeichelt sich das IPR zunächst auch fühlen mag, von den market players, den nach eigener Auffassung einzig relevanten Akteuren, überhaupt beachtet zu werden. Ob das schlussendliche Inkrafttreten des Haager Übereinkommens mit der baren Minimalzahl an Ratifikationen nach mehr als einem Jahrzehnt etwas ändert und ob die Ratifikation durch die USA Lokomotivwirkung entfaltet, bleibt abzuwarten. Der Ratifikation durch die USA ist jedenfalls danach (binnen jetzt schon mehr als zwei Jahren) nicht einmal eine einzige Zeichnung durch einen weiteren Staat gefolgt.

---

[424] Siehe nur *Merkt/Rossbach*, ZvglRWiss 102 (2003), 33, 41.
[425] *Bernasconi*, YbPIL 3 (2001), 63, 74; *van Beek/van Bruggen*, De afwikkeling van grenzoverschrijdende effectentransacties, Deventer 2002, S. 76 sowie *Merkt/Rossbach*, ZvglRWiss 102 (2003), 33, 40; *Crawford*, (2003) 38 Can. Bus. L. J. 157, 179 f.
[426] *Alexander*, (2003) 12 JIBFL 56, 62.
[427] Eingehend *Wust*, Die grenzüberschreitende Verbuchung von Wertpapieren, 2011, S. 444–451 et passim.
[428] *Kreuzer*, Essays in Honour of H. van Loon, 2013, S. 271, 282 f.
[429] *Kreuzer*, Essays in Honour of H. van Loon, 2013, S. 271, 282.
[430] *Kreuzer*, Essays in Honour of H. van Loon, 2013, S. 271, 282 f.
[431] *Kronke*, FS Ulrich Magnus, 2014, S. 231, 240.
[432] Siehe nur *Einsele*, EuZW 2018, 402, 404.

VIII. Securities 156–158 § 3

Zudem läuft man mit zu großer Spezialisierung Gefahr, sich zu sehr an zu einer be- 156
stimmten Zeit gerade gebräuchlichen Gestaltungen zu orientieren und darüber die Offenheit für zukünftige Entwicklungen zu verlieren, wie genereller und allgemeiner formulierte
Normen sie gerade im IPR wahren. Eine Lösung für die Probleme von heute muss keine
Lösung für die Probleme von morgen sein. Am Beispiel der Intermediärverwahrung von
securities: Die Unterschiede zwischen PRIMA und AAA (und damit zwischen den beiden
Hauptfassungen in der Genese des Haager Übereinkommens) zu erklären dürfte nur sehr
wenigen überzeugend und für Nicht-Fachleute einleuchtend gelingen – wenn man sich
überhaupt noch daran erinnert, wofür jene Abkürzungen einst standen.

3. § 17a DepotG. Grenzüberschreitenden Wertpapierübertragungen hat der deutsche 157
Gesetzgeber im Rahmen der Umsetzung der FinalitätsRL[433] in § 17a DepotG eine eigene
Kollisionsnorm gewidmet,[434] die indes deutlich über die RL hinausgeht,[435] z. B. indem sie
auch Verfügungen von Nicht-Professionellen erfasst.[436] § 17a DepotG lautet:
„Verfügungen über Wertpapiere oder Sammelbestandanteile, die mit rechtsbegründender
Wirkung in ein Register eingetragen oder auf einem Konto verbucht werden, unterliegen
dem Recht des Staates, unter dessen Aufsicht das Register geführt wird, in dem unmittelbar zugunsten des Verfügungsempfängers die rechtsbegründende Eintragung vorgenommen
wird, oder in dem sich die kontoführende Haupt- oder Zweigstelle des Verwahrers befindet, die dem Verfügungsempfänger die rechtsbegründende Gutschrift erteilt."
Die Norm ist nicht auf Wertpapiere beschränkt, sondern erfasst als allgemeine Geltung
beanspruchende Kollisionsnorm für Sammelverwahrungsbestände[437] auch Wertrechte.[438]
Verkörperung verlangt sie nicht.[439] Im Gegenteil gilt sie für Verfügungen über bestimmte
effektive Stücke gerade nicht,[440] ebenso wenig für das eigentliche Verwahrsystem.[441] Andererseits ist kein Sicherungszweck erforderlich.[442] Eine Erstreckung auf hybride Instrumente
ist denkbar.[443] § 17a DepotG begründet eine Sachnormverweisung.[444]

§ 17a DepotG untergliedert sich in zwei Kollisionsnormen: Bei Verfügungen über staatlich 158
registrierte Wertpapiere[445] oder Sammelbestandanteile, innerhalb so genannter „transparenter
Verwahrungssysteme",[446] gilt die lex libri siti, das Recht des Registerortes, genauer: das
Recht des Staates, welcher die Aufsicht über das Register führt.[447] Bei Verfügungen über
Wertpapiere oder Sammelbestandanteile, die nicht staatlich registriert, aber auf einem Konto
verbucht sind, gilt das Recht am Ort der kontoführenden Haupt- oder Zweigstelle des Verwahrers. Übergreifender Gedanke ist, dass auf Verfügungen über Effekten[448] das Recht des
Staates zur Anwendung kommt, in welchem die Rechtsstellung des (erwerbenden) Anlegers
unmittelbar festgehalten ist, sei es durch Registrierung, sei es durch Kontenführung.[449] Es

---

[433] Zum europäischen Fundament *Born* S. 228–230.
[434] Eingefügt durch Art. 4 Gesetz zur Änderung insolvenzrechtlicher und kreditwesenrechtlicher Vorschriften vom 8.12.1999, BGBl. 1999 I 2384.
[435] *Born* S. 230 f.
[436] Siehe nur *M. Lehmann* S. 493; Hopt/Seibt/*S. Schwarz*, SchVG, 2017, Rn. 14.171a.
[437] Näher, ob einzelne Phänomene erfasst sind, *Born* S. 242–258; *Segna* S. 379–383.
[438] *Chr. Keller*, WM 2000, 1269, 1281; *Schefold*, IPRax 2000, 468, 475; *Born* S. 234–236; Reithmann/
Martiny/*Mankowski* Rn. 6.1700.
[439] *Born* S. 232–234.
[440] *Chr. Keller*, WM 2000, 1269, 1281; *Einsele*, WM 2001, 7, 15.
[441] Staudinger/*Mansel* Anh. Art. 43 EGBGB Rn. 68; NK-BGB/*Lüttringhaus* Anh. Art. 46c EGBGB
Rn. 19. Anderer Ansicht *Franz* S. 59–69; *Bintz*, Die grenzüberschreitende Verwahrung von Wertpapieren
als Sicherheiten, 2007, S. 151 f.
[442] Hopt/Seibt/*S. Schwarz*, SchVG, 2017, Rn. 14.173.
[443] Hopt/Seibt/*S. Schwarz*, SchVG, 2017, Rn. 14.180.
[444] *C. Keller*, WM 2000, 1269, 1282; *Dittrich* S. 185; *Born* S. 288 f.
[445] Vgl. OLG Frankfurt ZEV 2010, 478, 479.
[446] Hopt/Seibt/*S. Schwarz*, SchVG, 2017, Rn. 14.183.
[447] Siehe nur *Born* S. 273 f.
[448] Zu diesem Merkmal und seinen Problemen *Born* S. 260–266.
[449] Reithmann/Martiny/*Mankowski* Rn. 6.1701 sowie *Dittrich* S. 185.

gilt gleichsam die „lex continis siti".[450] Die verwendeten Anknüpfungspunkte können für sich vergleichsweise gute und leichte Erkennbarkeit reklamieren und so zur Reduktion von Unsicherheit beitragen.[451] Allerdings wird die Kritik erhoben, dass das Abstellen auf einen „Verfügungsempfänger" im internationalen Verkehr und insbesondere bei indirekter Verwahrung problematisch sei.[452]

159 Die erste der beiden genannten Kollisionsnormen in § 17a DepotG geht zurück auf Art. 9 II Var. 1 FinalitätsRL, der seinerseits Rücksicht auf jene mitgliedstaatlichen Rechtsordnungen (insbesondere die spanische) nahm, die Registereintragungen als zusätzliches rechtsbegründendes Merkmal fordern[453] und in persönlicher wie sachlicher Hinsicht stark beschränkt ist.[453a] Im Hinblick auf deutsche Sammelbestände scheint sie leerzulaufen, weil in Deutschland keine konstitutive[454] Registrierung vorgeschrieben ist.[455] Die deutschsachrechtsinduzierte Herleitung wäre im Kern problematisch, wirkt sich aber auf die Ausgestaltung nicht aus, weil der Anknüpfungspunkt im Registrierungsfall gut erkennbar und klar ist.[456] Andere Sprachfassungen des Art. 9 II Var. 1 FinalitätsRL („legally recorded", „inscrit légalement") verlangen keine Konstitutivität der Registrierung, sondern eine weite Auslegung.[457]

160 Die deutsche Umsetzung reicht an anderer Stelle wiederum sachlich sogar erheblich weiter als Art. 9 II FinalitätsRL, der sich nicht allgemein mit Verfügungen, sondern nur mit dinglichen Sicherheiten an Wertpapieren befasst und generell in einem insolvenzbezogenen Kontext steht.[458] Auf Verfügungen abzustellen ist wiederum problematisch, weil z. B. im US-System des security entitlement[459] und generell bei so genannten indirekten Verwahrsystemen eigentlich gar keine Verfügung über Rechte erfolgt.[460]

161 An die Kontobuchung anzuknüpfen ist sinnvoll, weil Kontenbuchungen der Modus sind, in dem sich der Effektengiroverkehr ohne Wertpapiere vollzieht. Ein Konto aber existiert wiederum nicht als eigenständige Einheit, sondern ist der entsprechenden Niederlassung des Kontoführenden zuzuordnen. Der Kontoführungsort sieht objektiv aus, ist aber in Wahrheit subjektiv-objektiv, weil der Parteideterminierung offen.[461] Insgesamt ergibt sich allerdings das ungewohnte Ergebnis, das es nicht auf ein Merkmal einer der Parteien des Verfügungsgeschäfts ankommt, sondern auf ein Merkmal eines Intermediärs. Dies lässt sich indes dadurch rechtfertigen, dass man hier eine normative Lokalisierung vornehmen muss. Bei einem gestreckten Vorgang, der zugleich einen Wechsel des kontoführenden Intermediärs bedingt, kommt es auf den letzten Teilakt an, welcher die Rechtsübertragung zustande bringt.[462] Daher ist bei einem solchen Wechsel der Intermediär auf Seiten des Verfügungsempfängers die für § 17a Var. 2 DepotG entscheidende Anknüpfungsperson, nicht der Intermediär auf Seiten des Verfügenden.[463] Hinzu kommen die Rechtsermittlungsvor-

---

[450] *C. Keller*, WM 2000, 1269, 1274.
[451] *Dittrich* S. 189 f.; Reithmann/Martiny/*Mankowski* Rn. 6.1701 sowie *Sealy*, (2000) 2 Company Financial and Insolvency L. Rev. 221, 227.
[452] *Einsele*, EuZW 2018, 402, 406 f.
[453] *Schefold*, IPRax 2000, 468, 472; *Einsele*, WM 2001, 7, 15.
[453a] Näher *Segna* S. 369–372.
[454] Ob eine Registrierung konstitutiv ist, dürfte nach dem Wertpapierrechtsstatut, dem Statut der „verbrieften" Forderung, zu beurteilen sein; *Einsele*, EuZW 2018, 402, 406.
[455] *Schefold*, IPRax 2000, 468, 475; *Than*, FS Siegfried Kümpel, 2003, S. 543, 553.
[456] Reithmann/Martiny/*Mankowski* Rn. 6.1702.
[457] *Born* S. 239–241; *S. Schwarz* S. 817–819 sowie *C. Keller*, BKR 2002, 347, 349 f.; *Herring/Cristea*, ZIP 2004, 1627, 1632 f.; *Franz* S. 101–104; *Saager* S. 141–143; *Wust*, Grenzüberschreitende Verbuchung von Wertpapieren, 2011, S. 323 f.; Hopt/Seibt/*S. Schwarz*, SchVG, 2017, Rn. 14.176 f. Kritisch dagegen *Einsele*, EuZW 2018, 402, 408.
[458] *Schefold*, IPRax 2000, 468, 474; *ders.*, FS Siegfried Kümpel, 2003, S. 463, 467; *C. Keller*, BKR 2002, 347, 352; *Than*, FS Siegfried Kümpel, 2003, S. 543, 553.
[459] § 8–102 (a) (17) UCC.
[460] *Einsele*, EuZW 2018, 402, 405.
[461] Hopt/Seibt/*S. Schwarz*, SchVG, 2017, Rn. 14.185.
[462] Reithmann/Martiny/*Mankowski* Rn. 6.1703.
[463] Im Ergebnis übereinstimmend *Chr. Keller*, WM 2000, 1269, 1274; *Schefold*, IPRax 2000, 468, 476; *Einsele*, WM 2001, 7, 15.

teile daraus, dass ein Einkaufskommissionär die einkommende Verfügung auf der Basis seines eigenen Rechts abwickeln kann.[464] Allerdings muss man – für die deutsche Praxis ein Stück weit ungewohnt – für die Anknüpfung insgesamt den Blick vom deutschen Sachrecht lösen, das keine eigentlich konstitutiven Buchungen kennt.[465]

4. Richtlinie über Finanzsicherheiten. Art. 9 I FinanzsicherheitenRL[466] schreibt Art. 9 II FinalitätsRL fort[467] und knüpft an den Ort der Kontoführung im Effektengiroverkehr an. Nach der Qualifikationsnorm des Art. 9 II FinanzsicherheitenRL geht es um die verfügungsrechtlichen und dinglichen Aspekte von Sicherheiten, wiederum in bewusster Entscheidung gegen eine vollständige Anknüpfung an die lex rei sitae.[468] Ort der Kontoführung ist die im Kontovertrag genannte Zweigstelle oder Niederlassung des maßgeblichen Intermediärs.[469] In einfacherer Form als im Haager Übereinkommen und ohne Scheu vor einer objektiven Anknüpfungsregel begegnet hier ein echtes PRIMA-Konzept.[470] Der europäische Gesetzgeber ist sich der Bedeutung intermediatisierter Wertpapiere im Schnittfeld von Internationalem Sachen-, Schuld- und Insolvenzrecht bewusst.[471] 162

IX. Grundstücksimmissionen

Literatur: *v. Hein/U. Wolf,* Transboundary Environmental Damage in the Conflict of Laws, in: Wolfrum/Langenfeld/Minnerop (eds.), Environmental Liability in International Law: Towards a Coherent Conception, 2005, S. 381; *Mansel,* Kollisionsrechtliche Koordination von dinglichem und deliktischem Rechtsschutz – Normzweck und Tatbestandsstruktur des Art. 44 EGBGB, FS Adolf Laufs, 2005, S. 609.

Eine Sonderregel für Grundstücksimmissionen statuiert Art. 44 EGBGB: Für Ansprüche 163 aus beeinträchtigenden Einwirkungen, die von einem Grundstück ausgehen, gilt die Rom II-VO mit Ausnahme ihres Kapitels III (also der Artt. 10–12 Rom II-VO) entsprechend. Die Begriffe des Grundstücks wie der Einwirkungen orientieren sich dabei am Verständnis des deutschen Sachrechts, letzterer an § 906 BGB.[472]

Gesetzessystematisch und normhierarchisch muss man sich sofort veranlasst fühlen zu 164 fragen, ob Art. 44 EGBGB („Von Grundstücken ausgehende Wirkungen") neben Art. 7 Rom II-VO („Umweltschädigung") überhaupt noch existieren darf und, wenn ja, welche Fälle ihm verbleiben. Der Ausgangspunkt ist klar: Soweit Art. 7 Rom II-VO reicht und soweit er sich mit Art. 44 EGBGB überschneidet, genießt Art. 7 Rom II-VO den verdrängenden Anwendungsvorrang der EU-Verordnung gegenüber dem nationalen Recht. Wenn sich der nationale Gesetzgeber – sei es auch noch so gutwillig und unterstützend – einmischt, könnte wegen Verunklarung, welches der maßgebliche Normbefehl ist, ein Verstoß gegen das unionsrechtliche Verbot der Normwiederholung drohen.[473]

Hinter Art. 44 EGBGB steht die sachrechtliche Ausgestaltung im deutschen Recht. Ansprüche aus Delikt und aus Eigentum bei Abwehr und Kompensation von Immissionen konkurrieren dort miteinander. § 1004 BGB ist Ausfluss des Eigentums und steht im Sachenrecht. Um auch solche aus Eigentum fließenden Ansprüche zu erfassen, entscheidet 165

---

[464] *Dittrich* S. 180.
[465] Vgl. aber *Schefold,* IPRax 2000, 468, 475; *Dittrich* S. 178.
[466] Richtlinie 2002/47/EG des Europäischen Parlaments und des Rates vom 6.6.2002 über Finanzsicherheiten, ABl. EG 2002 L 168/43.
[467] Erwägungsgrund (7) FinanzsicherheitenRL.
[468] Erwägungsgrund (8) FinanzsicherheitenRL.
[469] Näher *Dittrich* S. 191 f. Anders allerdings *Than,* FS Siegfried Kümpel, 2003, S. 543, 555; offen *Segna,* Bucheffekten, 2018, S. 378.
[470] Reithmann/*Martiny/Mankowski* Rn. 6.1706 sowie *Merkt/Rossbach,* ZvglRWiss 102 (2003), 33, 43; *Eder/Zwitter-Tehovnik,* ÖBA 2003, 345, 348; *Zemp,* Auf internationale Sicherungstransaktionen anwendbares Recht, 2010, S. 192.
[471] Eingehend *Born* S. 77–226.
[472] VG Osnabrück NVwZ 2005, 422; Erman/*Hohloch* Art. 44 EGBGB Rn. 12.
[473] Vgl. *Freigang,* Grenzüberschreitende Grundstücksimmissionen, 2008, S. 281.

sich Art. 44 EGBGB für die eine sachlich-inhaltliche Verweisung auf die Rom II-VO.[474] Eine Aufspaltung zwischen lex damni für Deliktsansprüche und lex rei sitae für Abwehransprüche aus Eigentum wäre misslich und friktionsträchtig.[475] Art. 44 EGBGB verweist nicht nur auf die objektive Anknüpfung nach Art. 7 Rom II-VO, sondern auch auf die Rechtswahlmöglichkeit nach Art der objektiven Anknüpfung. Insgesamt verliert Art. 44 EGBGB nahezu jegliche Bedeutung, wenn man Abwehransprüche aus Eigentum für europäische Zwecke bereits per se nicht dinglich, sondern deliktisch qualifiziert[476] und die entsprechende Auslegung der Artt. 5 Nr. 3 EuGVVO/LugÜ; 7 Nr. 2 Brüssel Ia-VO auf die Rom II-VO überträgt, wie es Erwägungsgrund (7) Rom II-VO gebietet. Denn dann fallen solche Ansprüche sowieso in den sachlichen Anwendungsbereich der Rom II-VO, und es bedarf überhaupt keiner Verweisung mehr, um die Rom II-VO anwendbar zu machen.[477] Dass Beseitigungs- oder Unterlassungsansprüche im Vordergrund stehen, spielt angesichts von Art. 2 II Rom II-VO keine Rolle.[478]

166 Art. 44 EGBGB garantiert durch eine akzessorische Anknüpfung Statutenharmonie.[479] Er vermeidet Qualifikations- und Anpassungsprobleme.[480] Schließlich ist immer die Integritätssphäre des beeinträchtigten Rechtsinhabers gegenüber der Handlungsfreiheit des Störers und dessen etwaigen Rechten zur Beeinträchtigung aus eigenem Eigentum am emittierenden Grundstück betroffen.[481]

167 Beispiel: Eine französische Fabrik residiert an der Grenze zu Deutschland. Bei einem Fehler in der Produktion entsteht eine enorme Rauchsäule, die sich auch auf die angrenzenden deutschen Dörfer auswirkt. Viele Anwohner erleiden daher gesundheitliche Beeinträchtigungen wie auch enorme Rußverschmutzungen der Häuseraußenmauern.

168 Die Verweisung auf die Rom II-VO ist umfassend.[482] Sie erfasst nicht nur Art. 14 Rom II-VO,[483] sondern auch die allgemeine Anknüpfung nach Art. 4 Rom II-VO (soweit nicht von Art. 7 Rom II-VO verdrängt)[484] und den Direktanspruch gegen den Haftpflichtversicherer des Schädigers aus Art. 18 Rom II-VO.[485]

X. Parteiautonomie (Rechtswahl)

169 1. Parteiautonomie nach der Reform des Internationalen Sachenrechts 1999. Im deutschen Internationalen Sachenrecht gibt es seit jeher[486] (und schon vor der Kodifi-

---

[474] *v. Hein/U. Wolf*, Transboundary Environmental Damage in the Conflict of Laws, in: Wolfrum/Langenfeld/Minnerop (eds.), Environmental Liability in International Law: Towards a Coherent Conception, 2005, S. 381, 424 f.; *Mansel*, FS Adolf Laufs, 2005, S. 609, 617; *v. Hein*, in: Westrik/van der Weide (eds.), Party Autonomy in International Property Law, 2011, S. 103, 111; Erman/*Hohloch* Art. 44 EGBGB Rn. 12.
[475] *v. Hein*, in: Westrik/van der Weide (eds.), Party Autonomy in International Property Law, 2011, S. 103, 111; Staudinger/*Mansel* Art. 44 EGBGB Rn. 113.
[476] So EuGH Slg. 2006, I-4557 Rn. 34–40 – Land Oberösterreich/ EZ as = RIW 2006, 624 mAnm *Knöfel* = ecolex 2006, 709 mAnm *McGuire* = REDI 2006, 945 mAnm *Álvarez González* = Ned. Jur. 1008 Nr. 487 mAnm *Vlas; Thole*, IPRax 2006, 564; *Turatto*, Riv. trim. dir. e proc. civ. 2007, 1337; *Möstl*, (2010) 47 CML Rev. 1221.
[477] *v. Hein*, in: Westrik/van der Weide (eds.), Party Autonomy in International Property Law, 2011, S. 103, 111 f.
[478] *Freigang*, Grenzüberschreitende Grundstücksimmissionen, 2008, S. 282.
[479] Siehe nur Staudinger/*Mansel* Art. 44 EGBGB Rn. 89.
[480] Begründung der Bundesregierung zum Entwurf eines Gesetzes zum Internationalen Privatrecht für außervertragliche Schuldverhältnisse und Sachen, BT-Drs. 14/343, 16; Staudinger/*Mansel* Art. 44 EGBGB Rn. 7 f.; *Mansel*, FS Claus-Wilhelm Canaris zum 80. Geb., 2017, S. 739, 776.
[481] *Mansel*, FS Claus-Wilhelm Canaris zum 80. Geb., 2017, S. 739, 776.
[482] Siehe *Freigang*, Grenzüberschreitende Grundstücksimmissionen, 2008, S. 284 f.
[483] *v. Hein*, in: Westrik/van der Weide (eds.), Party Autonomy in International Property Law, 2011, S. 103, 111.
[484] Siehe nur Staudinger/*Mansel* Art. 44 EGBGB Rn. 97–103.
[485] Staudinger/*Mansel* Art. 44 EGBGB Rn. 116; Palandt/*Thorn* Art. 44 EGBGB Rn. 2.
[486] Siehe nur BGHZ 136, 380, 386; BGH NJW 1997, 461 = DZWIR 1997, 154 mAnm *Mankowski* = WiB 1997, 269 mAnm *K. Otte* = LM H. 3/1997 Art. 7 ff. EGBGB (Deutsches intern. Privatrecht) Nr. 63 mAnm *Dörner* (dazu *Geimer*, EWiR § 398 BGB 1/97, 209; *Stoll*, IPRax 1997, 411); OLG Köln IPRax

X. Parteiautonomie (Rechtswahl)

zierung von 1998) *keine* gesetzliche Gewährung von Parteiautonomie.[487] Die Beteiligten eines Verfügungsgeschäfts können nach dem Buchstaben der Gesetzeslage *keine* Rechtswahl treffen. Der deutsche Gesetzgeber hat sich bei der 1998 erfolgten Novellierung des Internationalen Sachenrechts der Rechtswahl bewusst verschlossen.[488]

Der Grund dafür scheint auf der Hand zu liegen: Das deutsche Internationale Sachenrecht stellt Publizität und Orientierungssicherheit für den Rechtsverkehr ganz in den Vordergrund. Eine Rechtswahl, also ein zwischen im Grundsatz zwei Beteiligten geschlossenes Rechtsgeschäft, soll die Orientierungsgrundlage für den Rechtsverkehr und für Dritte nicht verwirren. Die Rechtswahl steht in Konflikt mit der erga omnes-Wirkung subjektiver Sachenrechte.[489] Dritte sollen sich darauf verlassen können, dass das objektiv mit Hilfe der Artt. 43–46 EGBGB ermittelte Sachstatut maßgeblich ist und dass kein anderes Recht Verfügungen über Sachen regiert. Sachenrechte berühren massiv Drittinteressen, sowohl des Rechtsverkehrs allgemein als auch konkreter Dritter. Konkrete Dritte können insbesondere die Inhaber beschränkter dinglicher Rechte sein, in erster Linie Pfandgläubiger.

Der niederländische Gesetzgeber hat indes anders entschieden: Art. 3 II, III WCG[490] lässt eine Rechtswahl für Eigentumsvorbehalt oder dingliche Wirkungen von Leasingverträgen zu. Auch der schweizerische Gesetzgeber erkennt eine Rechtswahl im Internationalen Sachenrecht an: Nach Art. 104 I schwIPRG können die Parteien den Erwerb oder den Verlust dinglicher Rechte an beweglichen Sachen dem Recht des Abgangs- oder des Bestimmungsstaates oder dem Recht des zugrundeliegenden Rechtsgeschäfts unterstellen. Eine solche Rechtswahl kann nach Art. 104 II schwIPRG Dritten indes nicht entgegengehalten werden.

Parteiautonomie kommt auch unter Art. 43 I EGBGB ins Spiel, wenn eine Sache im Ausland belegen ist und das ausländische Belegenheitsrecht eine Rechtswahl zulässt. Dies ist über den renvoi zu beachten,[491] denn Art. 43 I EGBGB spricht eine Gesamtverweisung aus. Erlaubt das verwiesene Recht eine Rechtswahl, so ist diese also beachtlich.[492]

Beispiel: A und B treffen sich in der Schweiz und wählen für den Eigentumsübergang einer Rolex deutsches Recht. Nach kurzer Zeit klagt A gegen B in Deutschland auf Herausgabe der Rolex wegen unwirksamen Eigentumsübergangs. B lässt sich rügelos ein. Die Rolex verweilt dabei im Bankschließfach des B in einer Schweizer Bank. Das deutsche Gericht muss nun prüfen, ob das Eigentum wirksam übergangen ist. Dem EGBGB zufolge ist eine Rechtswahl in sachenrechtlichen Angelegenheiten nicht vorgesehen und nicht zulässig. Nach der *lex rei sitae* ist schweizerisches Recht per Gesamtverweisung anzuwenden. Nach schweizerischem IPR ist eine Rechtswahl für den Erwerb dinglicher Rechte aber möglich. Das deutsche Gericht hat dies aufgrund der Gesamtverweisung zu beachten. Letztlich hat es deutsches Recht anzuwenden.

1990, 46 (dazu *Armbrüster*, IPRax 1990, 25); OLG Köln RIW 1994, 968, 969 (dazu *Hanisch*, EWiR § 37 KO 1/94, 1213; *K. Otte*, IPRax 1996, 327); *Lüderitz*, in: Lauterbach (Hrsg.), Vorschläge und Gutachten zur Reform des deutschen internationalen Personen- und Sachenrechts, 1972, S. 185, 188–191; *v. Caemmerer*, FS Pan J. Zepos, Bd. 2, 1973, S. 25, 26; *Fritzemeyer* S. 13–15; *Schilling* S. 61–67; *Kreuzer*, in: Henrich (Hrsg.), Vorschläge und Gutachten zur Reform des deutschen internationalen Sachen- und Immaterialgüterrechts, 1991, S. 37, 75–83.

[487] Siehe nur BGHZ 177, 237 Rn. 8; BGH NJW 2009, 2824, 2825 Rn. 10; OLG Hamm NJOZ 2012, 984; *T. Pfeiffer*, IPRax 2000, 270, 273 f.; *Mankowski*, in: v. Bar/Mankowski IPR I § 7 Rn. 72. Weitreichende Überlegungen de lege ferenda bei *Ritterhoff*, Parteiautonomie im Internationalen Sachenrecht, 1999, S. 282 f. et passim.

[488] Begründung der Bundesregierung zum Entwurf eines Gesetzes zum Internationalen Privatrecht für außervertragliche Schuldverhältnisse und Sachen, BT-Drs. 14/343, 16; *v. Hein*, in: Westrik/van der Weide (eds.), Party Autonomy in International Property Law, 2011, S. 103, 106.

[489] *Kieninger*, AcP 208 (2008), 182, 193; *F. Berner*, JJZ 2016, 335, 361.

[490] Wet Conflictenrecht Goederenrecht vom 28.2.2008, Stbl. 2008/70.

[491] MüKoBGB/*Wendehorst* Art. 43 EGBGB Rn. 113; *Martiny*, FS Alexander v. Brünneck, 2011, S. 314, 321.

[492] BGH NJW 1998, 321; *v. Hein*, in: Westrik/van der Weide (eds.), Party Autonomy in International Property Law, 2011, S. 103, 107.

174 Keine Heimstatt für direkte Parteiautonomie kann dagegen Art. 46 EGBGB sein.[493] Diese Norm befasst sich nur mit einer konkreten Funktionskorrektur bei der objektiven Anknüpfung. Sie verwischt nicht die scharfe Grenze zwischen objektiver und subjektiver Anknüpfung. Ebenso wenig wie subjektive Momente unter Artt. 4 III Rom I-VO; 4 III Rom II-VO in die objektiven Ausweichklauseln einfließen dürfen (vielmehr sind sie dort dem Reich der subjektiven Anknüpfungen nach Artt. 3 Rom I-VO; 14 Rom II-VO zuzuweisen), darf man die internationalsachenrechtliche Ausweichklausel subjektiv aufladen. Parteiautonomie hätte der Gesetzgeber direkt und angesichts der vor der Reform von 1999 vorherrschenden Ablehnung ausdrücklich statuieren müssen. Sie über die Ausweichklausel entgegen dem erklärten Willen des historischen Gesetzgebers[494] doch einzuführen würde sich durch die Hintertür einschleichen. Die Hintertür ist aber mindestens ebenso gut verschlossen wie die Vordertür.

175 Mit der 1999 erfolgten Entscheidung des deutschen Gesetzgebers gegen Parteiautonomie muss noch nicht notwendig das letzte Wort gesprochen und der Stab über internationalsachenrechtliche Parteiautonomie im deutschen IPR noch nicht endgültig gebrochen sein. Denn das EU-Primärrecht könnte mit seinem normhierarchischen Vorrang anderes gebieten. Wenn und soweit sich internationalsachenrechtliche Rechtswahlfreiheit aus dem EU-Primärrecht ableiten lässt, muss dies auch das deutsche IPR respektieren. Primärrechtliche Wertungen müssten ihren Niederschlag auch im deutschen Internationalen Sachenrecht finden. Eine entsprechende Diskussion wurde insbesondere in den 1990ern sehr intensiv geführt[495] und flammt immer wieder auf.[496] Jüngst wurde etwa gefordert, einen europäischen Markt für grundpfandrechtlich gesicherte Kredite zu öffnen, indem man Rechtswahlfreiheit für Grundpfandrechte gewährt.[497]

176 2. Primärrechtliche Warenverkehrsfreiheit. Quelle für internationalsachenrechtliche Rechtswahlfreiheit könnte die Warenverkehrsfreiheit des Art. 34 AEUV (ex Art. 28 EGV) sein. Sofern diese grundsätzliche Rechtswahlfreiheit verlangt, bedürfte jede Einschränkung oder gar Nichtgewährung von Parteiautonomie einer Rechtfertigung durch zwingende Erfordernisse des Allgemeininteresses.[498] Eine solche Rechtfertigung lässt sich nach der parteiautonomiefreundlichen Ansicht aber weder im Verkehrsschutz allgemein noch im Schutz einer vom jeweiligen Lageortsrecht gesetzten Güter- und Gläubigerordnung finden, da dem Lageort insoweit keine ausreichende Bedeutung zukomme.[499] Parteiautonomie wird insbesondere zugutegehalten, dass sie bei internationalen Verkehrsgeschäften die von Art. 36 AEUV geschützte Einfuhr- und Durchfuhrfreiheit gewährleisten und fördern helfe.[500]

177 Die wechselseitige Anerkennung subjektiver Sachenrechte im Binnenmarkt könnte ein Weg zum Abbau von Hindernissen für den freien Warenverkehr sein, indem namentlich Warenkreditsicherheiten vollen Bestand trotz Grenzübertritt hätten.[501] Warenkreditsicherheiten, die vereinbart werden ohne Rücksicht auf die lex rei sitae, bergen ohne Rechtswahlfreiheit ein erhebliches Unwirksamkeitsrisiko.[502] Für Lieferantenkredite ist die Besiche-

---

[493] So aber *Stoll*, IPRax 2000, 259, 264; *Mansel*, FS Andreas Heldrich, 2005, S. 899, 905 f. Wie hier *A. Junker*, RIW 2000, 241, 252; *Pfeiffer*, IPRax 2000, 270, 274; jurisPK BGB/*Teubel* Art. 46 EGBGB Rn. 6 sowie grundsätzlich Palandt/*Thorn*, Art. 46 EGBGB Rn. 3.

[494] → § 3 Rn. 32.

[495] *Kieninger*, Mobiliarsicherheiten im Europäischen Binnenmarkt, 1996, S. 122–214; *dies.*, ERPL 1996, 41; *v. Wilmowsky*, Europäisches Kreditsicherungsrecht, 1996, S. 77–218; *Mankowski*, DZWIR 1997, 158, 160; *Ritterhoff*, Parteiautonomie im Internationalen Sachenrecht, 1999; *T. Pfeiffer*, IPRax 2000, 270, 276 f. und schon *Jayme*, FS Rolf Serick, 1992, S. 241, 246, 253.

[496] Z. B. *Flessner*, FS Helmut Koziol, Wien 2010, S. 125; *Kieninger*, FS Dieter Martiny, 2014, S. 391.

[497] *Patrão*, Autonomia conflictual na hipoteca e reforço da cooperação internacional: Removendo obstáculos ao mercado europeu de garantias imobiliárias, 2017.

[498] *Flessner*, FS Helmut Koziol, 2010, S. 125, 132 f.

[499] *Flessner*, FS Helmut Koziol, 2010, S. 125, 132 f.

[500] *W.-H. Roth*, ZEuP 1994, 5, 24 sowie *Basedow*, YbPIL 18 (2016/17), 1, 9–11.

[501] Siehe nur *Ramaekers*, European Union Property Law: From Fragments to a System, 2013, S. 189–195; *dies.*, WPNR 6992 (2013), 920, 926.

[502] *Ritterhoff*, Parteiautonomie im Internationalen Sachenrecht, 1999, S. 24.

rung durch die Kaufsache selbst eine Vermarktungsstrategie, die auch im Zielstaat anerkannt werden sollte, wenn sie im Ausgangsstaat in legaler Weise eingesetzt wird.[503] Eine Sicherheit nach dem Recht des Zielstaates erneut und zusätzlich bestellen oder auf kostenträchtige Personalsicherheiten ausweichen zu müssen ist eine Schlechterstellung von Importeuren und eine im Ausgangspunkt rechtfertigungsbedürftige Beschränkung.[504] Freilich gilt diese Argumentation nur für Kreditsicherheiten. Jenseits der Kreditsicherheiten gibt es keine entsprechenden Markterschließungs- und Vermarktungsstrategien, und bei einer einmaligen Veräußerung steht eine Doppelbelastung kaum in Rede.[505]

Primärrechtlich ist sachenrechtliche Parteiautonomie indes nicht zwingend geboten.[506] Die Grundfreiheiten sind in ihrem Kern Kontrolltatbestände. Sie verwehren Ergebnissen die rechtliche Anerkennung, die sich aus dem Zusammenspiel von Kollisions- und Sachrecht ergeben. Kontrollgegenstand ist das Ergebnis. Der Weg zum Ergebnis ist bestenfalls zweitrangig. Einem grundfreiheitlich bedingten Verdikt lässt sich also auch durch andere Ausgestaltung des Sachrechts im Aufnahme- und Empfangsmitgliedstaat ausweichen.[507] Eine bestimmte Ausgestaltung gerade des Kollisionsrechts gebietet die Warenverkehrsfreiheit dagegen nicht.[508] Sie ist negativer Kontrollmaßstab, nicht positives Gebot.

Außerdem gelten die Primärfreiheiten nur innerhalb des Binnenmarktes. Sie kommen bei Sachverhalten mit Drittstaatenbezug nicht zur Geltung. Die Warenverkehrsfreiheit gebietet jedenfalls keine Parteiautonomie beim Export in Drittstaaten und beim Import aus Drittstaaten.[509]

3. Verkehrsinteresse. Gegen die Zulassung einer Rechtswahl im Internationalen Sachenrecht werden zuvörderst entgegenstehende Verkehrsinteressen ins Feld geführt.[510] Sofern einzelne Beteiligte unter sich eine Rechtswahl treffen können, wird Dritten die Orientierungssicherheit entzogen, sich am Lagerecht der Sache ausrichten und sich entsprechend einstellen zu können. Sachenrechte sind absolute Rechte, und relative Befugnisse lassen sich mit einer absoluten Wirkung nur schwer in Einklang bringen.[511] Third-party effects, negative Externalitäten gegenüber Dritten, mindern die Effizienz von Parteiautonomie.[512] Eine vom Belegenheitsrecht abweichende Rechtswahl muss jedenfalls Publizitätsprobleme überwinden, solange es keine Registrierung gibt.[513]

Den relevanten Verkehr primär mit dem Erwerber zu identifizieren[514] wäre verkürzt. Natürlich gehört der Erwerber zum Rechtsverkehr und konkretisiert. Er befindet sich aber mit Blick auf eine Rechtswahl in der Lage, dass er erstens privates Sonderwissen hat und zweitens eine Gestaltungsmöglichkeit, welche bloß potenzielle Erwerber, Dritte und der Verkehr allgemein so nicht haben. Zum Verkehr zählen nicht nur der aktuelle Erwerber und potenzielle Erwerber,[515] sondern auch echte Dritte, die nicht erwerben wollen. Allerdings mögen bei einem Erwerb des Volleigentums vom Berechtigten dessen bei einer

---

[503] *Kieninger*, FS Dieter Martiny, 2014, S. 391, 395.
[504] *Kieninger*, AcP 208 (2008), 182, 192 f.; *dies.*, FS Dieter Martiny, 2014, S. 391, 39
[505] *Kieninger*, FS Dieter Martiny, 2014, S. 391, 396.
[506] *W.-H. Roth*, in: Eidenmüller/Kieninger (eds.), The Future of Secured Credit in Europe, 2008, S. 36, 45; *Kieninger*, FS Dieter Martiny, 2014, S. 391, 394 f.
[507] *Kieninger*, FS Dieter Martiny, 2014, S. 391, 395.
[508] *Kieninger*, FS Dieter Martiny, 2014, S. 391, 395.
[509] *Kieninger*, FS Dieter Martiny, 2014, S. 391, 396.
[510] Begründung der Bundesregierung zum Entwurf eines Gesetzes zum Internationalen Privatrecht für außervertragliche Schuldverhältnisse und Sachen, BT-Drs. 14/343, 16; *Looschelders* Art. 43 EGBGB Rn. 15; *Kieninger*, AcP 208 (2008), 182, 193; MüKoBGB/*Wendehorst* Art. 46 EGBGB Rn. 39; *Martiny*, FS Alexander v. Brünneck, 2011, S. 314, 320; NK-BGB/*Pfeiffer* Art. 46 EGBGB Rn. 6; jurisPK BGB/*Teubel* Art. 43 EGBGB Rn. 39, Art. 46 EGBGB Rn. 6.
[511] *Kieninger*, AcP 208 (2008), 182, 192 f.
[512] *H.-B. Schäfer/Lantermann*, in: Basedow/Kono (eds.), An Economic Analysis of Private International Law, Tübingen 2006, S. 87, 92 f.
[513] *Kieninger*, AcP 208 (2008), 182, 194.
[514] Dahin *Flessner*, FS Helmut Koziol, Wien 2010, S. 125, 133.
[515] Dahin *Flessner*, FS Helmut Koziol, Wien 2010, S. 125, 134.

Schenkung oder einer Veräußerung unter Marktwert mangels vollen Aktiventauschs negativ betroffene Gläubiger hinreichenden Schutz durch die Anfechtungsregeln im Zwangsvollstreckungs- oder Insolvenzrecht erhalten.[516]

182 Dass der jetzt betroffene Verkehr nicht geschützt wird, soweit subjektive Rechte unter einem früheren Lagerecht begründet wurden,[517] ist nur begrenzt richtig. Vielmehr kann sich der Verkehr darauf verlassen, dass subjektive Rechte jetzt nur in den Typen, den Gestalten und den Modalitäten auftreten können, wie das gegenwärtige Lagerecht sie kennt. Denn unter einem früheren Lagerecht begründete dingliche Rechte sind mit Grenzübertritt in dingliche Rechte des aktuellen Lagerechts transponiert. Das frühere Lagerecht hat über das Ob entschieden, das aktuelle entscheidet über das Was und das Wie. Aus dem (partiellen) Griff in die Vergangenheit auf die Herabminderung des aktuellen Verkehrsschutzes in einem Maße, dass Rechtswahl zuzulassen wäre, zu schließen[518] bleibt jedenfalls ein kühner Schluss. Zudem würde man damit die Möglichkeit in Abrede stellen, über eine Analogie zu Art. 3 II 2 Var. 2 Rom I-VO bereits vor der Rechtswahl bestehende subjektive Rechte Dritter angemessen zu schützen.

183 **4. Entziehung von Haftungssubstrat.** Eine Rechtswahl soll Gläubigern des Veräußerers bzw. des bisherigen Alteigentümers Haftungssubstrat entziehen können.[519] Sie soll, wenn sie zwischen einem Nichtberechtigten und einem gutgläubigen Erwerber zu Gunsten eines dem gutgläubigen Erwerb konkret freundlichen Rechts getroffen wird, jenen gutgläubigen Erwerb und damit einem Rechtstransfer weg vom bisherigen Eigentümer mit eigentumsentziehender Wirkung ermöglichen. Dies beeinträchtigt jedenfalls die Position des Alteigentümers selber.[520] Es droht eine echte Rechtswahl zu Lasten des Alteigentümers als einem Dritten, der am Veräußerungsgeschäft nicht beteiligt ist.[521] Dem kann man nicht entgegnen, dass der Alteigentümer ja auch die Folgen einer Verlagerung der Sache unter ein dem gutgläubigen Erwerb freundlicheres Lageortrecht hinnehmen müsse.[522] Denn eine Verlagerung ist mit Aufwand verbunden, eine Rechtswahl nicht, und bei vielen Sachen ist eine Verlagerung gar nicht möglich.[523]

184 Art. 45 II 1 EGBGB zeigt, dass Gläubigersicherung und Parteiautonomie kein Gegensatz sein müssen, sondern sich in der Vorstellungswelt des Gesetzgebers durchaus miteinander kombinieren lassen.[524]

185 **5. Sachrechtliches Konsensualprinzip.** Eine Rechtswahl zuzulassen liegt aus der Sicht solcher Rechtsordnungen näher, deren Sachenrecht dem Konsensualprinzip folgt, also eine Übereignung durch bloßes Rechtsgeschäft zulässt (wie z. B. das französische Recht), als aus der Sicht solcher Rechtsordnungen deren Sachenrecht dem Traditionsprinzip folgt, also eine Übereignung nicht allein durch bloßes Rechtsgeschäft zulässt, sondern zusätzlich eine Übergabe der Sache verlangt (wie z. B. das deutsche Recht).[525] Wenn eine Veräußerung konsensual möglich ist, liegt die kollisionsrechtliche Verlängerung der Konsensualität zur Rechtswahl nahe.[526] Unter dem Traditionsprinzip wird angefügt: Eine Verfügung wird sachrechtlich erga omnes, obwohl sich ihre rechtsgeschäftliche Komponente unzweifelhaft

---

[516] *Kieninger,* FS Dieter Martiny, 2014, S. 391, 397.
[517] Dahin *Flessner,* FS Helmut Koziol, Wien 2010, S. 125, 133; *v. Hein,* in: Westrik/van der Weide (eds.), Party Autonomy in International Property Law, 2011, S. 103, 114.
[518] *Flessner,* FS Helmut Koziol, 2010, S. 125, 133.
[519] *Basedow,* RabelsZ 59 (1995), 1, 44; Staudinger/*Stoll,* Internationales Sachenrecht, 13. Bearb. 1996, Rn. 360 f.; *Kieninger,* Mobiliarsicherheiten im europäischen Binnenmarkt, 1996, S. 173 f.
[520] Staudinger/*Stoll,* Internationales Sachenrecht, 13. Bearb. 1996, Rn. 305.
[521] *Kieninger,* FS Dieter Martiny, 2014, S. 391, 401.
[522] So *Flessner,* FS Helmut Koziol, Wien 2010, S. 125, 140.
[523] *Kieninger,* FS Dieter Martiny, 2014, S. 391, 402.
[524] *v. Hein,* in: Westrik/van der Weide (eds.), Party Autonomy in International Property Law, 2011, S. 103, 115.
[525] *Martiny,* FS Alexander v. Brünneck, 2011, S. 314, 321.
[526] *d'Avout,* Sur les solutions du conflit de lois en droit des biens, 2006, S. 589 f., 623 ff. (besprochen von *Stoll,* RabelsZ 73 [2009], 383).

X. Parteiautonomie (Rechtswahl)

zwischen Veräußerer und Erwerber vollzieht; dann wäre es nur eine konsequente Verlängerung, im IPR die sich gleichfalls rechtsgeschäftlich zwischen Veräußerer und Erwerber vollziehende Rechtswahl mit Wirkung erga omnes zuzulassen.[527]

6. Gleichlauf mit Verfügungen über andere Gegenstände. Für die Verfügung über bewegliche Sachen spiele deren Körperlichkeit keine entscheidende Rolle. Daher sei im Gleichklang mit der Verfügung über andere Gegenstände eine Rechtswahl zuzulassen.[528] Indes krankt dies daran, dass bei anderen Verfügungsgegenständen keineswegs eine Rechtswahl mit Drittwirkungen zugelassen ist oder zuzulassen wäre. Bei der Verfügung über Forderungen, der Zession, gewährt Art. 14 I iVm Art. 3 I Rom I-VO zwar Rechtswahlfreiheit. Dies gilt jedoch zuverlässig nur im Verhältnis inter partes zwischen Zedent und Zessionar, nach Erwägungsgrund (38) Rom I-VO erstreckt auch auf die dinglichen Aspekte und Verfügungen. Welchem Recht die Drittwirkungen einer Zession unterliegen, ist dagegen hochgradig umstritten.[529] Von Rechtswahlfreiheit mit Wirkung gegen Dritte und den Rechtsverkehr will nur wissen, wer[530] für eine Anwendung des Art. 14 I Rom I-VO auch auf diese Frage plädiert. 186

7. Unsicherheit der objektiven Anknüpfung und Rechtssicherheit durch Rechtswahl. Es gibt wichtige Fallgruppen, in denen die objektive Anknüpfung an die lex rei sitae Rechtssicherheit allenfalls begrenzt zu gewährleisten vermag. Res in transitu stehen dabei an erster Stelle. Bei Ware, die sich aktuell auf dem Transport befindet, ist deren Belegenheitsrecht in der Veränderung befindlich, oder der Anknüpfungspunkt Belegenheit kann gar nicht zuverlässig festgestellt werden. Ware auf Schiffen auf der Hohen See oder in Flugzeugen über der Hohen See bewegt sich über hoheitsfreies Gebiet und könnte allenfalls über die Staatszugehörigkeit bzw. Registrierung des Transportmittels normativ zugeordnet werden. Die Anknüpfung an das Belegenheitsrecht misst umgekehrt dem Recht bloßer Transitländer, die nur passiert werden, ohne dass sich in ihnen sachenrechtlich relevante Vorgänge mit der Ware abspielen würden, zu großes Gewicht bei, indem sie diese nicht zuverlässig ausblendet. In beiden Punkten kann eine Rechtswahl größere Rechtssicherheit und eine angemessenere Anknüpfung herstellen.[531] Insoweit ist die Belegenheit nämlich zufällig, willkürlich und wechselhaft.[532] Man vermeidet zudem eine gewisse Zufälligkeit von Ergebnisse, je nachdem ob ein Erwerber die Sache abholt oder ob der Veräußerer ihm die Sache liefert. 187

Parteiautonomie wird im Internationalen Sachenrecht indes vorgeworfen, generell Rechtsunsicherheit zu provozieren.[533] Letzte Sicherheit hinsichtlich des im Ergebnis anwendbaren Rechts lassen aber bereits der renvoi und die Ausweichklausel aufkommen, so dass auch die objektive Anknüpfung letzte Sicherheit nicht für sich reklamieren kann.[534] Im Gegenteil lässt sich sogar hören, dass Parteiautonomie ein Gegengewicht zu der Unsicherheit wäre, welche die Ausweichklausel aufwirft.[535] Indes wird dies umso weniger überzeugend, je enger und restriktiver man das Durchschlagen der Ausweichklausel aus Art. 46 EGBGB auf absolute Ausnahmefälle begrenzt.[536] 188

---

[527] *Flessner,* FS Helmut Koziol, Wien 2010, S. 125, 136.
[528] *d'Avout,* Sur les solutions du conflit de lois en droit des biens, 2006, S. 16–20.
[529] → § 1 Rn. 891 ff.
[530] Wie z. B. Hoge Raad Ned. Jur. 1998 Nr. 585 S. 3326 f. mAnm *M. de Boer;* Hof Amsterdam NIPR 2000 Nr. 190 S. 320; Rb. Rotterdam NIPR 2001 Nr. 272 S. 454; Rb. Rotterdam NIPR 2001 Nr. 124 S. 247 und Art. 10 (2) Wet conflictenrecht goederenrecht.
[531] *Mankowski,* DZWIR 1997, 158, 159.
[532] Siehe OLG Hamburg IPRspr. 1960/61 Nr. 72 S. 242.
[533] BGH NJW 1997, 461, 463.
[534] *v. Hein,* in: Westrik/van der Weide (eds.), Party Autonomy in International Property Law, 2011, S. 103, 114.
[535] *v. Hein,* in: Westrik/van der Weide (eds.), Party Autonomy in International Property Law, 2011, S. 103, 114.
[536] Dazu → § 3 Rn. 27.

189 **8. Ausgestaltung einer Rechtswahl.** Freie Rechtswahl jedenfalls kann es im Internationalen Sachenrecht nicht geben.[537] Sie ist auch nicht primärrechtlich geboten. Denn die Warenverkehrsfreiheit betrifft im konkreten Fall nur die aktuell berührten Staaten. Bei im- und exportierten Waren sind dies der Import- und der Exportstaat sowie die Durchfuhrstaaten. Sachgerecht ist es, den Parteien allein eine Wahl des Rechts des Ausgangs- oder des Rechts des Bestimmungsstaates zu gestatten.[538] Damit stehen das bisherige und das zukünftige Lagerecht zur Wahl. Bloße Durchfuhrstaaten sind dagegen nicht genügend berührt, auch wenn in ihnen ein Umschlag, eine Lagerung oder ein Wechsel des Transportmittels stattfinden sollten. Die Beschränkung der Rechtswahl verhindert, dass die Parteien des Übertragungsvorgangs sich in Kollision zu Lasten Dritter ein exotisches oder ein besonders laxes Recht aussuchen.[539] Mit dem Griff in die Vergangenheit oder in die Zukunft verhindert man Unsicherheit für den Verkehr, soweit dieser nicht zuverlässig erkennen kann, wann über eine Sache verfügt wurde und wo sich die Sache zu dem betreffenden Zeitpunkt genau befand.[540]

190 Den Interessen des Rechtsverkehrs und Dritter ist indes Genüge zu tun durch eine Anknüpfung des Verkehrsschutzes an das jeweils aktuelle Lagerecht.[541] Gutgläubig lastenfreier Erwerb Dritter ist danach immer nach dem Belegenheitsrecht möglich.[542] Vor der Rechtswahl begründete Rechte Dritter an der Sache sind durch eine Analogie zu Art. 3 II 2 Var. 2 Rom I-VO gesondert zu schützen.[543]

191 **9. Indirekte Wahlfreiheit durch „Wahl" der Sachbelegenheit.** Dem Eigentümer einer beweglichen Sache stehe es frei, die Belegenheit dieser Sache beliebig zu verändern. Über die Belegenheit könne er disponieren. Damit disponiere er aber zugleich über das objektiv anwendbare Recht und wähle dieses indirekt. Dann sei es nur konsequent, solcher indirekten Wahlfreiheit direkte Wahlfreiheit zur Seite zu stellen.[544]

192 Indes gibt es entscheidende Unterschiede zwischen „indirekter Rechtswahl" und direkter Rechtswahl: Die „indirekte Rechtswahl" setzt einen klaren, nach außen erkennbaren Rechtsscheinträger für den Rechtsverkehr insgesamt. Sie muss sich nicht aus dem Gefängnis einer inter partes-Vereinbarung befreien. Sie hat keine Probleme mit privatem Separatwissen und Informationsvorsprung Einzelner. Sie erfolgt eben durch ein Einwirken auf den objektiven Anknüpfungspunkt. Kategorial und abstrakt verändert sie jenen Anknüpfungspunkt nicht. Sie steht quasi-einseitig dem Eigentümer offen, ohne dass an ihr jemand anderes mitwirken müsste oder auch nur könnte. Zudem kann bei ihr nur ein „Wahlergebnis" herauskommen: Anwendbarkeit des neuen Belegenheitsrechts nach der grenzüberschreitenden Verbringung der betroffenen Sache. Sie kann dagegen nicht dazu führen, dass ein anderes Recht als das dann jeweils aktuelle Belegenheitsrecht zur Anwendung kommt. Nicht einmal ein früheres oder ein prospektives Belegenheitsrecht ließe sich über sie berufen. In allen diesen Punkten unterscheidet sie sich deutlich von der direkten Rechtswahl.

---

[537] Dahin aber *R. H. Weber,* RabelsZ 44 (1980), 510, 525–529.
[538] *Sovilla,* Eigentumsübergang an beweglichen körperlichen Gegenständen bei internationalen Käufen, 1954, S. 11, 43 f. et passim; *Meyer-Ladewig,* AWD 1963, 261, 262 f.; *Privat* S. 71–80; *Drobnig,* RabelsZ 32 (1968), 450, 460–462; *ders.,* FS Gerhard Kegel zum 65. Geb., 1977, S. 141, 150 f.; *H. Stoll,* RabelsZ 38 (1974), 450, 455–457; *Wiesböck,* Die lex rei sitae im internationalen Privatrecht, Diss. München 1974, S. 58 f.; *F. Sturm,* NJW 1974, 1036, 1037; *van Venrooy,* JuS 1980, 363, 365; *Kassaye* S. 137–141; *Siehr,* ZvglRWiss 83 (1984), 100, 109; *Fisch* S. 29–35; *Einsele,* RabelsZ 60 (1996), 417, 435–447; Staudinger/*Stoll,* Internationales Sachenrecht Rn. 282–285, 292, 369; *Mankowski,* DZWIR 1997, 158, 159.
[539] *Mankowski,* DZWIR 1997, 158, 159.
[540] *Ritterhoff,* Parteiautonomie im Internationalen Sachenrecht, 1999, S. 163.
[541] *Mankowski,* DZWIR 1997, 158, 159.
[542] *Mankowski,* DZWIR 1997, 158, 159.
[543] *Mankowski,* DZWIR 1997, 158, 159.
[544] *Einsele,* RabelsZ 60 (1996), 417, 441; Staudinger/*Stoll,* Internationales Sachenrecht, 13. Bearb. 1996, Rn. 262; *Pos,* NIPR 2001, 398, 401; *van der Weide,* Mobiliteit van goederen in de IPR – Tussen situsregel en partijautonomie, 2006, S. 182 f., 235 f.

XI. Umfang des Sachstatuts (Qualifikation) 193–197 § 3

Auch Art. 43 III EGBGB kann man nicht erfolgreich als indirekte Gewährung von Parteiautonomie ins Spiel bringen.[545] Von Parteiautonomie sagt diese Vorschrift nämlich nichts. Sie regelt den qualifizierten Eingangsstatutenwechsel, wenn sich die Sache jetzt in Deutschland befindet. Sie ist gerade Ausfluss und Konsequenz einer situs-Anknüpfung. Zudem ist diese Vorschrift bewusst einseitig formuliert,[546] weil der deutsche Gesetzgeber nicht an die sachrechtliche Ausgestaltung ausländischer Sachenrechte rühren wollte.[547]   193

10. Internationaler Entscheidungseinklang. Als Argument gegen Parteiautonomie im Internationalen Sachenrecht wird häufig vorgebracht, diese störe den internationalen Entscheidungseinklang, weil nahezu weltweit das Sachstatut der lex rei sitae unterstellt werde.[548] Die Situs-Regel würde aufgestört, wenn man eine Rechtswahl zulasse, und mit einer einseitigen Zulassung provoziere man hinkende Rechtsverhältnisse.[549] Dies vermag indes kaum zu überzeugen. Erstens kennen einige Kollisionsrechte schon Parteiautonomie. Zweitens würde man so jedwede Fortentwicklung behindern. Drittens würde man so die Kollisionsrechte dazu verdammen, statisch zu werden, sich wechselseitig zu belauern und aus wechselseitiger Rücksicht aufeinander zu versteinern.   194

11. Überlagerung im Insolvenzfall. Im Insolvenzfall unterfallen die Rechtspositionen des Insolvenzschuldners ausweislich Art. 7 EuInsVO 2015 (Art. 4 EuInsVO 2000) der lex fori concursus, für jene von Insolvenzgläubigern gilt das Belegenheitsrecht nach Artt. 8; 10 EuInsVO 2015 (Artt. 5; 7 EuInsVO 2000). Jedwede internationalsachenrechtliche Rechtswahl müsste weichen.[550] Indes ist dies kein durchschlagendes Argument gegen Parteiautonomie. Mit gleicher Berechtigung könnte man sich gegen die Parteiautonomie im Internationalen Schuldvertragsrecht wenden, weil Sonderkündigungsrechte und Entscheidungsrechte des Insolvenzverwalters bei Verträgen nach Art. 7 II lit. e EuInsVO 2015 (Art. 4 II lit. e EuInsVO 2000) insolvenzrechtlich zu qualifizieren sind[551] und sich gegen eine vertragsrechtliche Rechtswahl durchsetzen.[552]   195

XI. Umfang des Sachstatuts (Qualifikation)

An einer ausdrücklichen Qualifikationsnorm, die positiv regeln würde, welche Materien und welche Fragen sachenrechtlich einzuordnen sind, fehlt es im deutschen Internationalen Sachenrecht. Art. 10:127 IV BW in den Niederlanden zählt beispielhaft auf: Einordnung als beweglich oder unbeweglich; was ein Bestandteil der Sache ist, Übertragbarkeit und Begründung; Voraussetzungen für Übertragung oder Begründung; mögliche Belastungen und deren Inhalt; Modalitäten von Rechtsentstehung, -änderung, -übertragung, -beendigung und Verhältnisse der Rechte zueinander.   196

1. Dingliche Rechte. Das Sachstatut regiert also Erwerb, Bestand, Umfang, Änderung, Einzelheiten, Befugnisse und Verlust bei dinglichen Rechten.[553] Es legt fest, ob numerus   197

---

[545] Vgl. aber *v. Hein,* in: Westrik/van der Weide (eds.), Party Autonomy in International Property Law, 2011, S. 103, 109 f.
[546] *v. Hein,* in: Westrik/van der Weide (eds.), Party Autonomy in International Property Law, 2011, S. 103, 110.
[547] Begründung der Bundesregierung zum Entwurf eines Gesetzes zum Internationalen Privatrecht für außervertragliche Schuldverhältnisse und Sachen, BT-Drs. 14/343, 16.
[548] *Deutscher Rat für Internationales Privatrecht,* in: Lauterbach (Hrsg.), Vorschläge und Gutachten zur Reform des deutschen internationalen Personen- und Sachenrechts, 1972, S. 29.
[549] *Deutscher Rat für Internationales Privatrecht,* in: Henrich (Hrsg.), Vorschläge und Gutachten zur Reform des deutschen internationalen Sachen- und Immaterialgüterrechts, 1991, S. 76.
[550] *T. Rott,* Vereinheitlichung des Rechts der Mobiliarsicherheiten, 2000, S. 30–32; *Kieninger,* AcP 208 (2008), 182, 193.
[551] Siehe nur *M. Müller,* in: Mankowski/M. Müller/J. Schmidt, EuInsVO 2015, 2016, Art. 7 EuInsVO 2015 Rn. 32 mwN.
[552] Siehe nur *Pfeiffer,* FS Jobst Wellensiek, 2011, S. 821, 824 f.; *C. Paulus,* EuInsVO, 5. Aufl. 2017, Art. 7 EuInsVO Rn. 30.
[553] Siehe nur BGH NJW 1995, 58, 59; OLG Köln IPRspr. 2008 Nr. 187a S. 591; *Asam,* FS Erik Jayme, 2004, S. 1651, 1663.

clausus oder Typenzwang bestehen sollen oder nicht.[554] Es entscheidet auch darüber, ob ein Recht überhaupt dinglichen Charakter hat und welche Voraussetzungen Dinglichkeit erga omnes hat.[555] Es legt außerdem die Grenze zwischen Mobilien und Immobilien fest.[556] Eine entsprechende Qualifikationsverweisung auf die lex rei sitae erkennt in den letzten beiden Punkten auch das europäische IZPR an und legt sie in Artt. 24 Nr. 1 UAbs. 1 Var. 1 Brüssel Ia-VO; 22 Nr. 1 UAbs. 1 Var. 1 LugÜ 2007 zugrunde.[557]

198   Nach dem Sachstatut richtet sich, ob ein dingliches Recht nach dem Traditionsprinzip nur erworben werden kann, wenn auch ein Publizitätsakt, bei beweglichen Sachen im Ausgangspunkt die Übergabe der Sache, vorliegt, oder ob nach dem Konsensualprinzip eine rechtsgeschäftliche Einigung über den Rechtsübergang ausreicht.[558] Das jeweils aktuelle Sachstatut entscheidet auch darüber, ob für den Erwerb eines dinglichen Rechts Trennungs- und Abstraktionsprinzip greifen oder ob ein kausaler Rechtserwerb gefordert ist oder ob Titulus und Modus Bedeutung haben. Das deutsche Recht steht mit seinem Beharren auf Trennungs- und Abstraktionsprinzip rechtsvergleichend gesehen sehr weitgehen isoliert da.[559]

199   Das Belegenheitsrecht entscheidet also auch darüber, ob eine Sicherungsübereignung möglich ist.[560] Es gibt maß darüber, ob es besitz- und generell publizitätslose Pfandrechte geben kann oder ob das Faustpfandprinzip herrscht oder ob nur, aber immerhin registrierte Pfandrechte an Mobilien möglich sind. Allerdings beherrscht das Internationale Schuldvertragsrecht die zugrundeliegende causa, die Sicherheitengestellungsabrede.[561] Generell gilt das Sachstatut nicht für schuldrechtliche Abreden über die Übertragung, Begründung, Veränderung oder Aufhebung dinglicher Rechte.[562] Der Anspruch auf ein Recht ist kein Teil dieses Rechts selber.

200   **2. Gutgläubiger Erwerb.** Ob und unter welchen Voraussetzungen ein gutgläubiger Erwerb vom Nichtberechtigten möglich ist, bestimmt sich nach dem Sachstatut.[563] Das Sachstatut entscheidet, wie weit es Verkehrsschutz gewähren will. Das Sachstatut entscheidet, an welche Rechtsscheinträger es Verkehrsschutz knüpfen will und welche Stärke des Rechtsscheins es verlangt. Das Sachstatut entscheidet auch über Einschränkungen des gutgläubigen Erwerbs namentlich gestohlener oder sonst abhandengekommener Sachen. Daraus kann sich die rechtspolitisch missliche Konsequenz ergeben, dass die lex rei sitae, wie es im italienischen Recht der Fall ist, den gutgläubigen Erwerb von Kulturgütern zulässt, die in einem anderen Staat gestohlen wurden.[564]

201   Bei der Beurteilung, ob eine Sache gestohlen wurde oder sonst abhandengekommen ist, stellt sich eine Frage nach dem für die Anknüpfung maßgeblichen Zeitpunkt:[565] Soll auch insoweit die lex rei sitae zum Zeitpunkt des gutgläubigen Erwerbs maßgeblich sein?[566]

---

[554] Siehe nur OLG Köln IPRspr. 2008 Nr. 187a S. 591.
[555] Siehe nur Staudinger/*Mansel* Art. 43 EGBGB Rn. 450–458 mwN.
[556] Siehe nur Staudinger/*Mansel* Art. 43 EGBGB Rn. 487.
[557] Bericht *Schlosser*, ABl. EWG 1979 C 71/129; *P. Schlosser*, GS Rudolf Bruns, 1980, S. 45, 58–60; Schlosser/Hess/*P. Schlosser* Art. 24 EuGVO Rn. 2; *Kaye*, Civil Jurisdiction and Enforcement of Foreign Judgments, 1987, S. 894–898; Geimer/Schütze/*Thiel/Tschauner*, Internationaler Rechtsverkehr in Zivil- und Handelssachen, Losebl. 1973 ff., Art. 22 EuGVVO Rn. 11 (2005); *Kropholler/v. Hein* Art. 22 EuGVO Rn. 12; Rauscher/*Mankowski* Art. 24 Brüssel Ia-VO Rn. 12.
[558] Vgl. aber Staudinger/*Mansel* Art. 43 EGBGB Rn. 341, 450.
[559] Siehe nur *C. Hergenröder*, ZfRV 2017, 134.
[560] OLG Saarbrücken IPRspr. 2013 Nr. 75 S. 149.
[561] Vgl. OLG Saarbrücken IPRspr. 2013 Nr. 75 S. 149.
[562] BGH RIW 2010, 804; *Jaensch*, EWiR 2012, 761.
[563] Siehe nur BGHZ 100, 321, 324; BGH NJW-RR 2000, 1583, 1584; BGH NJW 2009, 2824, 2825 Rn. 15.
[564] Siehe Cassaz. Foro it. 1996 I/1 col. 907; *Winkworth v. Christie, Manson & Woods Ltd.* [1980] Ch. 496, [1980] 2 WLR 937 (Ch.D., *Slade* J.); umfassend zum gutgläubigem Erwerb von Kunstwerken *M. Anton*, Guter Glaube im internationalen Kunsthandel, 2010, S. 37–712.
[565] Nicht so deutlich LG Hamburg IPRspr. 2012 Nr. 71 S. 139 f.
[566] Dafür Staudinger/*Stoll*, Internationales Sachenrecht, 13. Bearb. 1996, Rn. 300 f.; *v. Hoffmann/Thorn* IPR § 12 Rn. 22.

XI. Umfang des Sachstatuts (Qualifikation)   202–205 § 3

Oder soll es auf die lex rei sitae zu dem Zeitpunkt ankommen, für welchen Diebstahl oder Abhandenkommen zu prüfen sind?[567] Für die erste Lösung sprechen Kongruenz und Parallelität mit den positiven Voraussetzungen eines gutgläubigen Erwerbs, für die es nur auf den Zeitpunkt des gutgläubigen Erwerbs ankommen kann. Für die zweite Lösung spricht der Rechtsgedanke aus Art. 43 II EGBGB. Verallgemeinert könnte dieser besagen, dass es für sachenrechtlich relevante Vorgänge immer auf den Zeitpunkt ankommen soll, zu welchem sie sich zutragen.[568] Art. 10:127 V BW in den Niederlanden stellt auf den Zeitpunkt ab, in welchem sich die maßgeblichen Tatsachen zutragen. Das führt nicht zu entscheidend größerer Klarheit.

Indes ist das Sachstatut nur für die dinglichen Konsequenzen und den eigentlichen Rechtserwerb berufen. Etwaige Rückübertragungspflichten und finanzielle Ausgleichspflichten eines gutgläubigen Erwerbers[569] richten sich dagegen nach dem über Art. 11 III Rom II-VO berufenen Bereicherungsstatut. Auch Aspekte der Rechtsumgehung oder Nähe zu unerlaubten Handlungen sprechen nicht für die unwandelbare Fixierung.[570] Sachrechtlich erfolgt der Eigentumsverlust des Alteigentümers zudem erst durch den gutgläubigen Erwerb, nicht durch das Abhandenkommen. Das Wegverfügen des Verfügenden ist also eigenständiger Akt. Deliktisch ist nach Art. 4 I Rom II-VO der letzte Eingriff in das Alteigentum also erst am Belegenheitsort der Sache zum Zeitpunkt der Verfügung, welche den gutgläubigen Erwerb herbeiführen könnte, anzuknüpfen. 202

Sachenrechtlich zu qualifizieren ist allerdings ein Lösungsrecht des Erwerbers[571].[572] Lösungsrechte sind ein Kompromiss zwischen dem Bestandswahrungsinteresse des ursprünglichen Eigentümers und dem Akquisitionsinteresse eines gutgläubigen Erwerbers dergestalt, dass der Alteigentümer einen Anspruch auf Restitution hat, jedoch nur gegen finanzielle Kompensation des gutgläubigen Erwerbers.[573] Insbesondere Art. 2280 Code Civil und Art. 934 II schwZGB kennen – wenn auch unterschiedlich ausgestaltete – Lösungsrechte. 203

Beispiel[574]: Francesco Ferrari, wohnhaft in Verona, möchte seinen Ferrari Testa Rossa wegen Geldnöten in Deutschland verkaufen. Er fährt in der Hoffnung auf einen schnellen Verkauf mit dem Wagen los Richtung Deutschland. Auf dem Weg macht er Station in Bern, wo der Ferrari Testa Rossa gestohlen wird. Den Wagen, durch die Diebe oder deren Hintermänner inzwischen mit schweizerischer Zulassung und Papieren ausgestattet, erwirbt der Autohändler Marc Amstutter in Zürich. Dieser veräußert ihn weiter an Maximilian Drehhofer aus Ingolstadt, wohin Drehofer den Wagen gleich selber überführt. Weder Amstutter noch Drehhofer wissen etwas von dem Diebstahl." 204

3. Vindikationsanspruch und Eigentümer-Besitzer-Verhältnis. Der Vindikationsanspruch unterliegt dem Sachstatut.[575] Dies erfasst auch Fragen nach dessen Verjährung.[576] Die Verjährung ist materiellrechtlich, nicht verfahrensrechtlich zu qualifizieren. Sie unterfällt deshalb selbst dann nicht der lex fori, wenn eine Rechtsverfolgung außerhalb des Bele- 205

---

[567] Dafür *Hanisch,* FS Wolfram Müller-Freienfels, 1986, S. 193, 215; *Mansel,* IPRax 1988, 268, 271; *H.-H. Kunze,* Restitution „entarteter Kunst" – Sachenrecht und Internationales Privatrecht, 2000, S. 138–149; *Rauscher* Rn. 1537.
[568] Dahin BGH NJW 2009, 2824, 2825 Rn. 15.
[569] Im deutschen Sachrecht nach § 816 II bzw. I 2 BGB.
[570] *Gomille,* Jura 2017, 54, 58 sowie *Benecke,* ZvglRWiss 101 (2002), 362, 364 f.
[571] Zur sachrechtlichen Konstruktion z. B. *M. Winter,* Das Lösungsrecht nach gutgläubigem Erwerb, 2014.
[572] Siehe nur *Siehr,* ZvglRWiss 83 (1984), 100; *Geyrhalter,* Das Lösungsrecht des gutgläubigen Erwerbers, 1996, S. 83–92; *Müller-Chen,* AJP 2005, 273, 275; Staudinger/*Mansel* Art. 43 EGBGB Rn. 857–861 mwN.
[573] Siehe nur *Geyrhalter,* Das Lösungsrecht des gutgläubigen Erwerbers, 1996; *Spaun,* Der Herausgabeanspruch bei Diebstahl oder illegalem Export von Kulturgütern, 2003, S. 69–62; *M. Anton,* Guter Glaube im internationalen Kunsthandel, 2010, S. 139, 143 et passim.
[574] Nach *Rauscher,* Klausurenkurs, Fall 18, Rn. 973 ff. „Verschobene Sportwagen" im Anschluss an BGHZ 100, 321, 324 f.
[575] Umfassend *Finkelmeier* S. 67–151 mwN; außerdem z. B. *Kondring,* IPRax 1993, 371, 372.
[576] Siehe nur Begründung der Bundesregierung zum Entwurf eines Gesetzes zum internationalen Privatrecht für außervertragliche Schuldverhältnisse und Sachen, BT-Drs. 14/343, 15; BGH NJW 1960, 1720; OLG Hamburg IPRax 2014, 541, 543; *A. Engel,* IPRax 2014, 520, 521 f.; *Gomille,* Jura 2017, 54, 59 f.

206 Dem Vindikationsanspruch folgen seine Folgeansprüche, die eine Vindikationslage voraussetzen (also alle Ansprüche, die man im deutschen Überschrift unter die Überschrift Eigentümer-Besitzer-Verhältnis fassen würde: Schadensersatzansprüche des Eigentümers wegen Untergangs; Veräußerung oder Beschädigung der Sache; Ansprüche des Eigentümers auf Herausgabe gezogener Nutzungen oder Wertersatz für nicht gezogene Nutzungen; Ansprüche des Besitzers auf Ersatz von auf die Sache getätigten Verwendungen) keineswegs automatisch. Im Gegenteil ist bei ihnen der hierarchische Anwendungsvorrang der Rom II-VO aus Art. 288 UAbs. 2 AEUV zu beachten. Jeder dieser Folgeansprüche ist je für sich auf seine Funktion zu analysieren und entsprechend funktionell zu qualifizieren. Daraus kann sich eine Einordnung als Delikt mit Anwendung des Art. 4 Rom II-VO (Schadensersatzansprüche des Eigentümers), eine Einordnung als ungerechtfertigte Bereicherung mit Anwendung des Art. 10 Rom II-VO (Nutzungsherausgabe bzw. -ersatz) oder eine Einordnung als Geschäftsführung ohne Auftrag mit Anwendung des Art. 11 Rom II-VO ergeben.[579]

genheitsstaates stattfinden sollte.[577] Die praktische Durchsetzung liegt auf einer anderen Ebene, namentlich bei der Rückerlangung gestohlener Sachen jenseits von strafgerichtlichen Verurteilungen, die neben einer Kriminalstrafe auch eine Rückgabe anordnen.[578]

207 **4. Sachstatut als Einzelstatut und Gesamtstatute von Vermögensmassen.** Komplizierte Grenzlinien verlaufen zwischen dem Sachstatut als Statut des einzelnen Vermögensgegenstands (Einzelstatut) und den Gesamtstatuten von Vermögensmassen. Abgrenzungsbedarf besteht insbesondere im Internationalen Eheaeliterrecht und im Internationalen Erbrecht.

208 Ausgangspunkt der Abgrenzung zum Internationalen Erbrecht müssen die einschlägigen Vorschriften der EuErbVO (Artt. 1 II litt. k, l; 30; 31 EuErbVO) sein. Denn die EuErbVO genießt als EU-Verordnung den verdrängenden Anwendungsvorrang des EU-Sekundärrechts gegenüber dem nationalen Recht. Sie steht normhierarchisch über Artt. 43–46 EGBGB und deren Implikationen. Systematisch ist daher der richtige Ort für die Abgrenzung zwischen Erb- und Sachstatut im Internationalen Erbrecht.[580]

209 Zum Internationalen Güterrecht muss die Abgrenzung von EuGüVO und EuPartVO ausgehen. Darin drückt sich wiederum der verdrängende Anwendungsvorrang des EU-Sekundärrechts gegenüber dem nationalen Recht aus.

210 Jenseits der von europäischen Kollisionsnormen erfassten und geregelten Bereiche, also in den Bereichen, welche dem nationalen IPR überlassen sind, griff bis zum 28.1.2019 Art. 3a II EGBGB. Er kodifizierte den Grundsatz Einzelstatut bricht Gesamtstatut. Indes löste er keine Qualifikations- und Abgrenzungsfragen. Vielmehr enthielt er eine Entscheidung zur Konkurrenz, soweit sowohl das Sachstatut als Einzelstatut als auch ein Gesamtstatut für eine Vermögensmasse greifen. Er räumte in dieser Konkurrenz dem Einzelstatut den Vorrang vor dem Gesamtstatut ein. Wie weit und wann das Einzelstatut greift, besagte er dagegen nicht. Das musste das Einzelstatut selber besagen.

XII. Rück- und Weiterverweisung

211 Die Anknüpfung an die lex rei sitae begründet eine Gesamtverweisung.[581] Für sie gilt Art. 4 I 1 Hs. 1 EGBGB. Harmonie ist besonders gefragt, und das Vermeiden hinkender

---

[577] Entgegen *Stoll*, JZ 1995, 786.
[578] Dazu *T. S. Greenberg/L. M. Samuel/Wingate Grant/Gray*, Stolen Asset Recovery, 2009.
[579] Umfassend *Finkelmeier* S. 153–253 bzw. 255–335 bzw. 337–404.
[580] Näher → § 5 Rn. 81 ff. sowie z. B. *K. Lechner*, IPRax 2013, 497; *Mansel*, FS Dagmar Coester-Waltjen, 2015, S. 587; *T. Lechner*, Die Reichweite des Erbstatuts in Abgrenzung zum Sachenrechtsstatut anhand der europäischen Erbrechtsverordnung 650/2012, 2017.
[581] Siehe nur OLG Saarbrücken IPRspr. 2013 Nr. 75 S. 150; *v. Hein*, in: Westrik/van der Weide (eds.), Party Autonomy in International Property Law, 2011, S. 103, 106 f.; Staudinger/*Mansel* Art. 43 EGBGB Rn. 1146; jurisPK BGB/*Teubel* Art. 43 EGBGB Rn. 43; *M.-P. Weller/A. Zimmermann*, JuS 2018, 265, 274.

Sachenrechtsverhältnisse ist besonderes Anliegen; die Sinnklausel des Art. 4 I 1 Hs. 2 EGBGB kommt daher nicht zum Zuge.[582]

Art. 45 I EGBGB spricht gleichermaßen eine Gesamtverweisung aus.[583] Art. 45 II 1 EGBGB dagegen, die akzessorische Anknüpfung an das Statut der gesicherten Forderung, unterliegt keinem eigenen sachenrechtlichen renvoi.[584] Bei einer akzessorischen Anknüpfung widerspräche ein eigener renvoi für das akzessorisch angeknüpfte Statut dem Sinn der Verweisung im Sinne von Art. 4 I 1 Hs. 2 EGBGB, weil er zu einer Trennung von akzessorisch angeknüpftem Statut und Statut, an das akzessorisch angeknüpft wird, führen könnte, während eine akzessorische Anknüpfung gerade erreichen will, das beide Statuten demselben Recht unterfallen.[585] Dagegen wäre einem renvoi für das Statut des herrschenden Rechtsverhältnisses zu folgen; denn würde man dies nicht tun, so würde man das Ziel der akzessorischen Anknüpfung, Statutengleichheit, gerade verfehlen.[586] Indes schließt Art. 20 Rom I-VO einen renvoi für vertragliche Forderungen aus, sodass es an einem zu beachtenden renvoi für die Zwecke des Art. 45 II 1 EGBGB fehlt, wenn gesicherte Forderung wie in aller Regel eine vertragliche Forderung ist.

Um eine Gesamtverweisung handelt es sich auch bei einer Anknüpfung an die engere Verbindung über Art. 46 EGBGB.[587] Wiederum ergibt sich dies aus der nicht verdrängten Grundregel des Art. 4 I 1 Hs. 1 EGBGB. Eine Ausweichklausel konstituiert nicht bereits ihrem Charakter nach eine Sachnormverweisung, so dass die Sinnklausel des Art. 4 I 1 Hs. 2 EGBGB eingreifen würde.[588]

Soweit man Parteiautonomie im Internationalen Sachenrecht zulässt, erfolgt für diese subjektive Anknüpfung kraft Rechtswahl eine Sachnormverweisung gemäß Art. 4 II EGBGB.[589]

XIII. Registerverfahrensrecht

Für Immobilien spielt die Verbücherung subjektiver Sachenrechte in Grundbüchern oder Immobiliarregistern rechtsvergleichend betrachtet eine überragend wichtige Rolle. Allerdings gibt es nicht in allen Staaten Immobiliarregister, und selbst, wo es Register gibt, muss es sich nicht um amtliche, sondern kann es sich auch um private Register handeln. Für Register gibt es einen deutlichen Ausgangspunkt: Das Registerverfahren richtet sich nach der lex libri siti, nach dem Verfahrensrecht des Staates, in welchem das Register geführt wird. Europäischen Ausdruck hat dies in Erwägungsgrund (18) S. 2 EuErbVO gefunden: „Somit sollte das Recht des Mitgliedstaats, in dem das Register (für unbewegliches Vermögen das Recht der belegenen Sache (lex rei sitae)) geführt wird, bestimmen, unter welchen gesetzlichen Voraussetzungen und wie die Eintragung vorzunehmen ist und welche Behörden wie etwa Grundbuchämter oder Notare dafür zuständig sind zu prüfen, dass alle Eintragungsvoraussetzungen erfüllt sind und die vorgelegten oder erstellten Unterlagen vollständig sind bzw. die erforderlichen Angaben enthalten." Die Erwägungsgründe (27) S. 2 EuGüVO und (27) S. 2 EuPartVO greifen dies nahezu wörtlich auf.

Das Grundbuch ist der zentrale Träger positiver und negativer Publizität, damit des Gutglaubens- und des Verkehrsschutzes.[590] Für es passen die zentralen rationes der situs-An-

---

[582] Staudinger/*Mansel* Art. 43 EGBGB Rn. 1150.
[583] Siehe nur *Mankowski*, TranspR 1990, 213, 228; Staudinger/*Mansel* Art. 45 EGBGB Rn. 299.
[584] Siehe nur *Pfeiffer*, IPRax 2000, 270, 277; Staudinger/*Mansel* Art. 45 EGBGB Rn. 213.
[585] *Mankowski*, TranspR 1990, 213, 227 f.
[586] *Mankowski*, TranspR 1990, 213, 227 f.
[587] *Sonnentag*, Der renvoi im Internationalen Privatrecht, 2001, S. 179; BeckOK BGB/*Spickhoff* Art. 46 EGBGB Rn. 9; HK-BGB/*H. Dörner* Art. 46 EGBGB Rn. 1. Entgegen *Kreuzer*, RabelsZ 65 (2001), 383, 455; Staudinger/*Hausmann* Art. 4 EGBGB Rn. 371; MüKoBGB/*Wendehorst* Art. 46 EGBGB Rn. 29; Staudinger/*Mansel* Art. 46 EGBGB Rn. 43 mwN.
[588] So aber Staudinger/*Hausmann* Art. 4 EGBGB Rn. 105 f.; Staudinger/*Mansel* Art. 46 EGBGB Rn. 43.
[589] Vgl. Staudinger/*Mansel* Art. 43 EGBGB Rn. 1153.
[590] Zu Funktionen des Grundbuchs insbesondere *Wudarski*, FS Stanisława Kalus, 2010, S. 629; *ders.*, in: Wudarski (Hrsg.), Das Grundbuch in Europa des 21. Jahrhunderts, 2016, S. 23.

knüpfung sogar in ganz besonderem Maße und Grade. Bei Rechtsordnungen mit Grundbuchsystem hat die situs-Anknüpfung den zusätzlichen Vorteil, zu einem Gleichlauf von anwendbarem materiellem Recht und anwendbarem Verfahrensrecht zu führen.[591] Im Gegenteil dürften subjektive Rechtspositionen oder objektive Verfügungsbeschränkungen nach einem anderen Recht als jenem des Belegenheitsstaates im Grundbuch nur ausnahmsweise eintragungsfähig sein.[592]

217 Der Bereich der materiellen Rechtspositionen ist abzugrenzen von den Verfahrensfragen. Beide unterliegen ihrem jeweils eigenen Statut. Zur Abgrenzung muss man qualifizieren. Um die Reichweite des Verfahrensrechts für ein Grundbuch abzustecken, muss man sich dem (Grundbuch-)Verfahrensrecht des grundbuchführenden Staates zuwenden.[593] Verfahrensvorschriften sind sauber zu unterscheiden von dem Inhalt der materiellen Rechtspositionen, um deren Eintragung es geht. Die konstitutive oder deklaratorische Wirkung der Eintragung ist eine verfahrensrechtliche Frage. Daher ist die rechtsbildende Funktion des Grundbuchs nicht beeinträchtigt. Auch die Ordnungs-, Sicherheits- und Informationsfunktion des Grundbuchs wird gewahrt: durch die Eintragung und mithilfe der durch die Eintragung bewirkten Verlautbarung. Im Gegenteil drohte das Grundbuch materiell unrichtig zu werden, wenn man in jenen Ausnahmefällen statt des Inhalts nach ausländischem Recht einen Inhalt nach Forumrecht eintrüge. Die Ausnahmefälle, dass ausländisches materielles Recht wirklich den Inhalt des Grundbuchs prägt, werden in der Regel nur Vorfragen betreffen, weil die sachenrechtlichen Hauptfragen nach der lex rei sitae anzuknüpfen sind und der Situs-Staat mit dem Staat identisch sein wird, dessen Register das betreffende Grundbuch ist.

218 Für die Abgrenzung zwischen materiellem Sachstatut und Grundbuchverfahrensrecht lassen sich folgende Sätze aufstellen:[594]

(1) Form, Frist und Statthaftigkeit einer Vertretung beim Antrag sind Verfahrensfragen.

(2) Internationale, örtliche, sachliche und funktionelle Zuständigkeit sind Verfahrensfragen.

(3) Darlegungs- und Beweislast stehen auf der Grenze. Wie sie zu qualifizieren sind, bestimmt sich danach, ob das Verfahrensrecht der grundbuchführenden Stelle sie prozessual qualifiziert oder nicht. In Mitgliedstaaten der Rom I-VO und der Rom II-VO steht in Rede, ob eine Gesamtanalogie zu Artt. 18 I Rom I-VO; 22 I Rom II-VO ein für alle Bereiche des IPR und insbesondere für das Internationale Immobiliarsachenrecht verallgemeinerungsfähiger Rechtssatz ist. Wenn dies zu bejahen ist, ist materiellrechtlich zu qualifizieren.

(4) Aufklärungs-, Amtserforschungs-, Informations- und Informationspflichten der grundbuchführenden Stelle sind Verfahrensfragen.

(5) Die Fähigkeit, Beteiligter im Grundbuchverfahren zu sein, ist eine Verfahrensfrage, kann aber eine nach dem Sachstatut zu beantwortende Vorfrage erster Stufe und ggf. nach anderen Statuten zu beantwortende Vorfragen zweiter Stufe (Ehe, Erbfolge usw.) aufwerfen.

(6) Art und Inhalt der eintragungsfähigen materiellen Rechtspositionen bestimmt das Sachstatut.

219 Mutatis mutandis gilt Gleiches für Mobiliarregister, in denen dingliche Rechte an beweglichen Sachen einzutragen sind bzw. eingetragen werden können. Wirtschaftlich besonders bedeutsam sind unter diesen Schiffs- und Luftfahrzeugregister. Auch Register für Rechte an Kraftfahrzeugen haben eine gewisse Verbreitung, z. B. in Italien. Registerverfahrensstatut ist jeweils die lex registrationis vel libri siti.

---

[591] Staudinger/*Mansel* Art. 43 EGBGB Rn. 36.
[592] LG Hamburg 22.1.2008 – 321 T 66/07 <http://www.bdr-hamburg.de/rspr/gh/lghhimmoinvfg.pdf>; *Zeiser*, in: Hügel, GBO, 2010, Internationale Bezüge Rn. 1.
[593] *Mankowski*, in: Wudarski (Hrsg.), Das Grundbuch im Europa des 21. Jahrhunderts, 2016, S. 83, 85.
[594] *Mankowski*, in: Wudarski (Hrsg.), Das Grundbuch im Europa des 21. Jahrhunderts, 2016, S. 83, 86.

§ 4. Internationales Familienrecht

Literatur: *Andrae,* Internationales Familienrecht, 3. Aufl. 2014; *Baarsma,* The Europeanisation of International Family Law, 2011; *Barnich/Nuyts/Pfeiff/Wautelet/van Gysel* (coord.), Le droit des relations familiales internationales à la croisée des chemins, 2016; *Bouyahia,* La proximité en droit international privé, 2015; *Buck,* International Child Law, 3. Aufl. 2014; *Coester-Waltjen,* Der Eheschutz des Art. 6 Abs. 1 GG und Auslandsehen, FS Dieter Henrich, 2000, S. 91; *dies.,* Reform des Art. 13 EGBGB?, StAZ 2013, 10; *dies.,* Fernwirkungen der europäischen Verordnungen auf die internationalfamilienrechtlichen Regelungen des EGBGB, FamRZ 2013, 170; *Corneloup,* Grundlagen der Rechtswahl im Familien- und Erbrecht, in: A. Roth (Hrsg.), Die Wahl ausländischen Rechts im Familien- und Erbrecht, 2013, S. 15; *Dethloff,* Denn sie wissen nicht, was sie tun, FS Dieter Martiny, 2014, S. 41; *R. Ernst,* Autonomes internationales Familien- und Erbrecht adé? – Versuch einer Standortbestimmung aus Sicht der rechtsanwendenden Praxis, in: Symposium für Peter Winkler v. Mohrenfels, 2013, S. 129; *Finger,* Die häufigsten Fehler bei der Rechtsanwendung für familienrechtliche Rechtsverhältnisse mit Auslandsbezug, FuR 2013, 689; *ders.,* Weitere Änderungen im deutschen internationalen Familienrecht, FuR 2019, 26; *Fongaro,* L'autonomie de la volonté en droit international privé des personnes et de la famille, Mélanges Jean-Pierre Laborde, 2015, S. 651; *Gössl/Verhellen,* Marriages and Other Unions in Private International Law – Separate but Equal?, (2017) 31 Int. J. L., Policy & Fam. 1; *Hausmann,* Die Inhaltskontrolle von Eheverträgen in Fällen mit Auslandsberührung, FS Reinhold Geimer zum 80. Geb., 2017, S. 199; *ders.,* Internationales und Europäisches Familienrecht, 2. Aufl. 2018, *Hamou,* La notion de résidence habituelle en droit international privé de la famille, Gaz. Pal. Nos. 277–279, 4–6 octobre 2015, S. 11; *Heiderhoff,* Das Kindeswohl im internationalen Familienverfahren, FS Reinhold Geimer zum 80. Geb., 2017, S. 231; *Helms,* Neues europäisches Familienkollisionsrecht, Liber amicorum Walter Pintens, 2012, S. 681; *ders.,* Sind die am Staatsangehörigkeitsprinzip orientierten Anknüpfungsregeln der Artt. 22; 23 EGBGB noch zeitgemäß?, FS Meo-Micaela Hahne, 2012, S. 69; *Henrich,* Internationales Familienrecht, 2. Aufl. 2000; *ders.,* Abschied vom Staatsangehörigkeitsprinzip?, FS Hans Stoll, 2001, S. 437; *ders.,* Europäisierung des Internationalen Familienrechts: Was bleibt vom EGBGB?, FS Ulrich Spellenberg, 2010, S. 195; *ders.,* Internationales Scheidungsrecht, 4. Aufl. 2017; *ders.,* Zur Parteiautonomie im europäisierten internationalen Familienrecht, Liber amicorum Walter Pintens, 2012, S. 701; *Hepting/Dutta,* Familie und Personenstand, 2. Aufl. 2015; *Iskander,* Hinkende Ehen zwischen islamischem Recht und europäischem Internationalem Privatrecht, 2009; *Jänterä-Jareborg,* Den internationella familjerätten i Europa, SvJT 2014, 226; *R. Kemper,* Internationales Familienrecht – (K)ein Buch mit sieben Siegeln, FuR 2018, 352; *H. Kotzur,* Kollisionsrechtliche Probleme christlich-islamischer Ehen, 1988; *Lowe/Everett/M. Nicholls,* International Movement of Children, 2. Aufl. 2016; *Mankowski,* Primärrechtliche Anerkennungspflicht im Internationalen Familienrecht?, FS Dagmar Coester-Waltjen, 2015, S. 571; *ders.,* Neue Gesetze im deutschen Internationalen Ehe- und Eheverfahrensrecht, NJW 2019; *Nademleinsky/Neumayr,* Internationales Familienrecht, 2. Aufl. 2017; *Niethammer-Jürgens,* Internationale Eheverträge unter Berücksichtigung des neuen europäischen Kollisionsrechts und der internationalen Übereinkommen, FamRB 2014, 193; *dies.,* 40 Jahre Internationales Familienrecht – Internationales Familienrecht von 1977 bis 2017, in: I. Götz/G. Schnitzler (Hrsg.), 40 Jahre Familienrechtsreform, 2017, S. 347; *Rass-Masson,* Les fondements du droit international privé européen de la famille, 2015; *Rauscher,* Heimatlos in Europa? – Gedanken gegen eine Aufgabe des Staatsangehörigkeitsprinzips im IPR, FS Erik Jayme, 2004, S. 719; *ders.,* Nur ein Not-Sitz des Rechtsverhältnisses – Zum gewöhnlichen Aufenthalt im Personalstatut, FS Dagmar Coester-Waltjen, 2015, S. 637; *Rentsch,* Die Zukunft des europäischen Personalstatuts im gewöhnlichen Aufenthalt, ZEuP 2015, 288; *dies.,* Der gewöhnliche Aufenthalt im System des europäischen Kollisionsrechts, 2017; *Rieck,* Möglichkeiten und Risiken der Rechtswahl nach supranationalem Recht bei der Gestaltung von Ehevereinbarungen, NJW 2014, 257; *Sagot-Duvauroux,* La préservation des liens familiaux en droit international privé, Mélanges Jean-Pierre Laborde, 2015, S. 191; *Vaquero López,* Mujer, matrimonio y maternidad: Cuestiones de Derecho internacional privado desde una perspectiva de género, Cuad. Der. Trans. 10 (1) (2018), 439; *Vienenkötter,* Der Begriff des gewöhnlichen Aufenthalts im Internationalen Familien- und Erbrecht der EU, 2017; *R. Wagner,* Familienrechtliche Entwicklungen im autonomen deutschen Internationalen Privatrecht, FS Gerd Brudermüller, 2014, S. 877; *M.-P. Weller,* Der gewöhnliche Aufenthalt – Plädoyer für einen willenszentrierten Aufenthaltsbegriff, in: Leible/Unberath (Hrsg.), Brauchen wir eine Rom 0-VO?, 2013, S. 293; *ders.,* Die neue Mobilitätsanknüpfung im Internationalen Familienrecht –

Abfederung des Personalstatutenwechsels durch die Datumtheorie, IPRax 2014, 225; *ders.*, Die lex personalis im 21. Jahrhundert: Paradigmenwechsel von der lex patriae zur lex fori, FS Dagmar Coester-Waltjen, 2015, S. 897; *Wennersbusch,* Rechtswahl im Spannungsfeld von Parteiautonomie und kollisionsrechtlichem Schutz des Schwächeren, 2018.

I. Einleitung

1   Das Internationale Familienrecht ist ein schwieriges, zerklüftetes und unübersichtliches Gebiet. Es war in den letzten Jahren Gegenstand einer rasanten Fortentwicklung.[1] In ihm finden sich viele Teilmaterien mit jeweils eigenen Rechtsgrundlagen. Teilweise ist es von der gesamten EU kodifiziert, teilweise zwar europäisch, aber nur im Wege der Verstärkten Zusammenarbeit (also nicht von allen EU-Mitgliedstaaten), teilweise international durch völkerrechtliche Verträge und teilweise national. Es gibt keine umfassende Rom-Verordnung zum gesamten Internationalen Familienrecht, und es wird in absehbarer Zukunft auch keine geben. Vielmehr gibt es einzelne Verordnungen für bestimmte Teilmaterien, Haager Übereinkommen regieren andere Teilmaterien, deutsche Kollisionsnormen wieder andere Teilmaterien. Ein bunter Flickenteppich schillert.[2]

2   Die Zersplitterung der Kollisionsrechtsquellen in der praktischen Rechtshandhabung ist beträchtlich,[3] insbesondere im Rahmen von Scheidungsverfahren.[4] Dies ist umso bedauerlicher, als „internationale" Ehen zwischen Ehegatten unterschiedlicher Nationalität wegen des oft unterschiedlichen kulturellen Hintergrunds noch gefährdeter und zerbrechlicher sind als „normale" Ehen und deshalb eines umso sichereren Rechtsrahmens bedürfen.[5] Selbst eine Lösung durch den Versuch einer möglichst umfassenden Vereinbarung im Scheidungsverfahren erscheint schwierig.[6]

3   Die Rom III-VO zum Internationalen Scheidungsrecht ist im Wege der Verstärkten Zusammenarbeit[7] nicht zwischen allen EU-Mitgliedstaaten entstanden, sondern nur zwischen solchen, die sich beteiligen wollten. Ihre Entstehung war ein Kraftakt, der mehr als einmal kurz vor dem endgültigen Scheitern stand.[8] Die Vorschläge für die EuGüVO und die EuPartVO brauchten ebenfalls sehr lang (vier Jahre), bis über ihr vorläufig negatives Schicksal Klarheit bestand – doch dann nur noch ein weiteres halbes Jahr, bis sie gewandelt als Ergebnis wiederum einer anders zusammengesetzten Verstärkten Zusammenarbeit wiederauferstanden. Beim Geltungsbereich (d. h. hinsichtlich der jeweils an ihnen beteiligten Staaten) unterscheiden sich die einzelnen Rechtsakte zwar; insofern ist das europäische Familienkollisionsrecht ein Patchwork.[9] Dies wirkt sich aber in der praktisch allein relevanten Frage, wie man es halten soll, wenn das Recht eines Nichtmitgliedstaats des jeweiligen Rechtsakts berufen ist, nicht aus; denn alle Rechtsakte enthalten lois uniformes und differenzieren nicht danach, ob das Recht eines Mitglieds- oder eines Nichtmitgliedstaats berufen ist. Sachlich weisen

---

[1] *Niethammer-Jürgens,* in: I. Götz/G. Schnitzler (Hrsg.), 40 Jahre Familienrechtsreform, 2017, S. 347, 356.
[2] *E. Becker,* NJW 2011, 1543, 1546.
[3] *Campuzano Díaz,* Rev. Der. Com. Eur. 39 (2011), 561, 586.
[4] Siehe nur *Queirolo/Carpaneto,* RDIPP 2012, 59, 75; *Barrière Brousse,* Mélanges en l'honneur du Jean-Michel Jacquet, 2013, S. 347, 354.
[5] Vgl. *Carrascosa González/Seatzu,* Studi integr. Eur. 5 (2010), 49, 51.
[6] *Barrière Brousse,* Mélanges en l'honneur du Jean-Michel Jacquet, 2013, S. 347, 356.
[7] Eingehend zu diesem Institut insbesondere *Cannone,* La cooperazioni rafforzate, 2005; *Bribosia,* in: Amtao/Bribosia/de Witte (éds.), Génèse et destinée de a Constitution Européenne, 2007, S. 623; *Král,* Multi-Speed Europe and the Lison Treaty – Threat or Opportunity, 2008; *Amtenbrink/Kochenov,* in: Ott/Vos (eds.), 50 Years of European Integration: Foundations and Perspectives, 2009, S. 181; *Hummer,* EuZ 2011, 78; *Zeitzmann,* ZEuS 2011, 87; *Louis,* Cah. dr. eur. 2013, 277 und spezifisch bei der Rom III-VO *Fiorini,* (2010) 59 ICLQ 1143; *Dethloff/Hauschild,* FPR 2010, 489; *Lopes Pegna,* Cuad. Der. Trans. 2 (2010), 126; *Franzina,* Int'l. Lis 2011, 7; *Pocar,* RDIPP 2011, 297; *Ottaviano,* Dir. UE 2011, 113; *Kuipers,* (2012) 18 Eur. L. J. 201, 212–218; *Lignier/Geier,* RabelsZ 79 (2015), 546; *Thomale,* ZEuP 2015, 517; *Böttner,* ZEuP 2016, 501.
[8] Siehe zum frühen Teil der Genese *Pintens,* FamRZ 2003, 329; *dens.,* FamRZ 2005, 1597; *Gärtner,* (2006) 2 JPrIL 99; *Boele-Woelki,* (2008) 39 Victoria U. Wellington L. Rev. 779; *Queirolo/Carpaneto,* RDIPP 2012, 59, 67 f.; NK-BGB/*U. P. Gruber* Vor Art. 1 Rom III-VO Rn. 11–21.
[9] *Hilbig-Lugani,* DNotZ 2017, 739, 740 f. (mit sehr aussagekräftiger Graphik auf S. 740).

die europäischen Verordnungen im Internationalen Eherecht zwei prägende Gemeinsamkeiten auf:[10] Erstens knüpfen sie zentral an den gewöhnlichen Aufenthalt, nicht an die Staatsangehörigkeit an; zweitens gewähren sie recht weitgehende Rechtswahlfreiheit.

Das Internationale Unterhaltsrecht als Teilgebiet des IPR basiert sachlich nicht, wie man zunächst denken könnte, auf der EuUnthVO. Art. 15 EuUnthVO verweist vielmehr für das Kollisionsrecht auf das Haager Protokoll (HUP) zum Haager Unterhaltsübereinkommen (HUÜ 1973). Die Kindersorge unterfällt im Prinzip dem KSÜ bzw. dem MSA und damit ebenfalls Haager IPR. Daneben bleiben als weitgehend deutsche Besonderheit der Versorgungsausgleich und die allgemeinen Ehewirkungen. Deren Anknüpfung richtet sich nach nationalem deutschem IPR. Ebenso regiert mangels europäischer oder internationaler Kollisionsnormen das nationale IPR die Eheschließung. Das Internationale Abstammungsrecht, verstanden in seiner kollisionsrechtlichen Dimension, ist bisher nationales IPR (in der verfahrensrechtlichen Dimension gibt es immerhin das Haager AdoptionsÜbk.).

In einem scheinbar ganz normalen und einfachen Scheidungsprozess mit Auslandsbezug finden sich nicht weniger als fünf Komplexe, die (als Teilfragen im Sinne des IPR[11]) unterschiedlichen IPR-Regeln unterfallen:[12] erstens die Scheidung als solche unter der Rom III-VO; zweitens der güterrechtliche Ausgleich für bis einschließlich 29.1.2019 geschlossene Ehen unter Art. 15 EGBGB, für danach geschlossene Ehen unter der EuGüVO; drittens der Unterhalt unter dem HUP, verwiesen über Art. 15 EuUnthVO und als Quasi-Sekundärrecht kraft einseitiger Inkraftsetzenserklärung[13] unter Art. 218 V AEUV seit dem 18.6.2011 integriert,[14] völkerrechtlich in Kraft seit dem 1.8.2013; viertens die Zuweisung von Ehewohnung und Hausrat als allgemeine vermögensrechtliche Scheidungsfolge; fünftens der Versorgungsausgleich unter Art. 17 IV EGBGB 2019. Gibt es Kinder, so kommen als Sechstes die Kindersorge und damit das KSÜ hinzu. Siebter Gegenstand kann das Recht zum Umgang mit den Kindern sein.[15] Als Vorfrage spielen selbst im Scheidungsverfahren die Eheschließung und Art. 13 EGBGB sowie für die Form einer Auslandsehe Art. 11 EGBGB hinein.[16] Die Namensführung der Ehegatten, an die man auch noch denken könnte, ist eine Frage des Internationalen Namensrechts unter Art. 10 EGBGB und nicht des Internationalen Familienrechts im engeren Sinne. Sie beruht nicht auf einem Antrag im Scheidungsverbundverfahren oder im Zusammenhang mit dem Scheidungsverfahren.

Vorwirkungen zeitigt die qualifikatorische Aufspaltung bereits bei der kautelarjuristischen Planung und Begleitung. Der Ehevertrag in Ehen mit Auslandsberührung muss sich einer je nach Materie in Maßstäben und Rechtsfolge differenzierenden Anknüpfung stellen; er unterliegt keinem einheitlichen Ehevertragsstatut, sondern einer Inhaltskontrolle je nach berührtem Gebiet.[17]

II. Eheschließung

Literatur: *Antomo*, Eheschließung Minderjähriger und deutsches Recht, NZFam 2016, 1155; *dies.*, Kinderehen, ordre public und Gesetzesreform, NJW 2016, 3558; *dies.*, Verbot von Kinderehen?, ZRP 2017, 79; *Boele-Woelki/Curry-Sumner/Schrama/Braat/Buzikiewicz/Jeepsen-de Boer*, De juridische status van polygame huwelijken in rechtsvergelijkend perspectief, 2009; *Bongartz*, Zur gebotenen rechtlichen Behandlung von Ehen unter Beteiligung Minderjähriger, NZFam 2017, 541; *Brie*, Drum prüfe, wer sich ewig bindet ... Zum Entwurf eines Gesetzes zur Bekämpfung von Kinderehen, FamRB 2017,

---

[10] Siehe nur *Dethloff*, FS Dieter Martiny, 2014, S. 41 (41).
[11] *J. Mörsdorf-Schulte*, RabelsZ 77 (2013), 786, 798.
[12] Siehe nur *Finger*, FamRB Int 2013, 84 f.; *Sabido Rodríguez*, Rev. Der. Com. Eur. 45 (2013), 499, 502 f.
[13] Beschluss 2009/941/EG des Rates vom 30.11.2009 über den Abschluss des Haager Protokolls vom 23.11.2007 über das auf Unterhaltspflichten anzuwendende Recht durch die Europäische Gemeinschaft, ABl. EU 2009 L 331/17.
[14] *Rauscher/Andrae* Art. 15 EG-UntVO Rn. 15, 22; *V. Lipp*, Liber amicorum Walter Pintens, 2012, S. 847, 850.
[15] *Finger*, FamRB Int 2013, 61.
[16] Siehe nur *Ganz*, FuR 2011, 369 (369).
[17] *Hausmann*, FS Reinhold Geimer zum 80. Geb., 2017, S. 199, 202.

§ 4 7 § 4. Internationales Familienrecht

232; *Coester,* Die rechtliche Behandlung von im Ausland geschlossenen Kinderehen, StAZ 2016, 257; *Coester/Coester-Waltjen,* Polygame Verbindungen und deutsches Recht, FamRZ 2016, 1618; *Coester-Waltjen,* Reform des Art. 13 EGBGB, StAZ 2013, 10; *dies.,* Kinderehen – Neue Sonderanknüpfungen im EGBGB, IPRax 2017, 429; *Coester-Waltjen/Heiderhoff,* Zum Entwurf eines Gesetzes zur Bekämpfung der Mehrehe, JZ 2018, 762; *Dethloff,* Polygamie – Wer definiert Ehe und Familie in Europa?, FS Ingeborg Schwenzer, 2011, S. 409; *dies.,* Child Brides on the Move: Legal Responses to Culture Clashes, (2018) 32 Int. J. L., Policy & Fam. 302; *J. Diala/A. Diala,* Child Marriage, Bridewealth and Legal Pluralism in Africa, J. Comp. L. in Africa 4 (2) (2017), 77; *Dutta,* Der bayerische „Entwurf eines Gesetzes zur Bekämpfung der Mehrehe", FamRZ 2018, 1141; *R. Frank,* Ausländische Minderjährigenehen auf dem Prüfstand des Kinderehebekämpfungsgesetzes: insbesondere zur Heilungswirkung nach Art. 229 § 44 Abs. 4 EGBGB und zur Rückwirkungsproblematik, StAZ 2018, 1; *Gausing/Wittebol,* Die Wirksamkeit von im Ausland geschlossenen Minderjährigenehen, DÖV 2018, 107; *Gössl,* Das Gesetz zur Bekämpfung von Kinderehen – eine politische Reaktion auf die Flüchtlingskrise, in: A. Friedrichs/Gössl/Hoven/Steinbicker (Hrsg.), Migration. Gesellschaftliches Zusammenleben im Wandel, 2018, S. 19; *Hüßtege,* Verbot der Kinderehe nach neuem Recht aus kollisionsrechtlicher Sicht, FamRZ 2017, 1374; *Jayme,* Kritische Betrachtungen zum Entwurf eines Gesetzes zur Bekämpfung der Mehrehe, IPRax 2018, 473; *C. Kohler,* La nouvelle législation allemande sur le mariage et le droit international privé, RCDIP 2018, 51; *Löhnig,* Die gleichgeschlechtliche Ehe im Internationalen Privatrecht, NZFam 2017, 1085; *Majer,* Das Gesetz zur Bekämpfung von Kinderehen, NZFam 2017, 537; *Mankowski,* In Deutschland (bisher) nicht anerkannte Scheidung aus einem Nichtmitgliedstaat der Brüssel IIa-VO und erfolgte Wiederverheiratung in einem dritten Staat, StAZ 2016, 193; *ders.,* Das Gesetz über die „Ehe für alle", seine Folgen und sein europäisches Umfeld im Internationalen Privat- und Prozessrecht: IPRax 2017, 541; *ders.,* Genießt die Polygamie Schutz durch Grund- oder Menschenrechte aus Verfassungs-, Unions- oder Völkerrecht?, FamRZ 2018, 1134; *Melcher,* (Un-)Wirksamkeit von Kinderehen in Österreich, EF-Z 2018, 103; *Opris,* Ausländische Ehen im deutschen Recht im Lichte des Gesetzentwurfs zur Bekämpfung von Kinderehen, ZErb 2017, 158; *Rauscher,* Rechtskolonialismus oder Zweckverfehlung? – Auswirkungen des Kinderehebekämpfungsgesetzes im IPR, FS Jolanta Kren Kostkiewicz, 2018, S. 245; *Rohe,* Rechtsfragen bei Eheschließungen mit muslimischen Beteiligten, StAZ 2000, 161; *ders.,* Die rechtliche Behandlung von Minderjährigenehen in Deutschland, StAZ 2018, 73; *P. Scholz,* Islam-rechtliche Eheschließung und deutscher ordre public, StAZ 2002, 321; *Spellenberg,* Handschuhehen im IPR, FS Dieter Schwab, 2005, S. 1279; *Strassberg,* The Challenge of Post-Modern Polygamy: Considering Polyamory, 31 Capital U. L. Rev. 439 (2003); *F. Sturm,* Eheschließungen im Ausland – Nachweise, Wirksamkeit und Folgen von Rechtsverletzungen, StAZ 2005, 1; *Thorn/Paffhausen,* Eine Ehe ist keine Ehe ist eine Ehe, IPRax 2017, 590; *Wall,* Bedeutung des § 107 Abs. 1 FamFG bei der Beurteilung der Wirksamkeit von Auslandseheschließungen, StAZ 2018, 55; *M.-P. Weller/Thomale/Hategan/J.-L. Werner,* Das Gesetz zur Bekämpfung von Kinderehen – eine kritische Würdigung, FamRZ 2018, 1289.

7 Das Internationale Eheschließungsrecht findet sich im EGBGB. Es ist bisher mit sehr wenigen Ausnahmen rein deutsches Kollisionsrecht. Das Haager Eheschließungsabkommen[18] von 1902 gilt nur noch im Verhältnis zu Italien.[19] Praktische Bedeutung hat allenfalls Art. 8 III Deutsch-persisches Niederlassungsabkommen[20].[21] Das CIEC-Eheschließungsabkommen[22] enthält kein Kollisions-, sondern nur Sachrecht. Konsularverträge bestehen mit der Türkei,[23] Japan[24] und den Nachfolgestaaten der Sowjetunion[25].

---

[18] Haager Abkommen zur Regelung des Geltungsbereichs der Gesetze auf dem Gebiet der Eheschließung vom 12.6.1902, RGBl. 1904, 221.
[19] Bekanntmachung vom 14.2.1955, BGBl. 1955 II 188; KG FamRZ 1999, 1130; OLG Hamm FamRZ 2007, 656.
[20] Niederlassungsabkommen zwischen dem Deutschen Reich und dem Kaiserreich Persien vom 17.2.1929, RGBl. 1930 II 1002; 1931 II 9; weitergeltend gemäß Bekanntmachung der Wiederanwendung vom 15.8.1955, BGBl. 1955 II 829.
[21] Näher zu dieser Norm und ihren Anwendungsvoraussetzungen → § 4 Rn. 1171 ff.
[22] Pariser CIEC-Übereinkommen Nr. 7 zur Erleichterung der Eheschließung im Ausland vom 10.9.1964, BGBl. 1969 II 451.
[23] Konsularvertrag zwischen der Türkischen Republik und dem Deutschen Reich vom 28.5.1929, RGBl. 1930 II 747; 1931 II 538.
[24] Abkommen betreffend die Erteilung standesamtlicher Befugnisse vom 27.6.1957, BAnz. vom 11.9.1957.
[25] Vom 25.4.1958, BGBl. 1959 II 233.

II. Eheschließung

Weder gibt es eine unionsrechtliche Vereinheitlichung des Internationalen Eheschließungsrechts, noch sind Bestrebungen in diese Richtung erkennbar.[26] Reformüberlegungen (insbesondere für ein Umschwenken von einer Staatsangehörigkeits- auf eine Aufenthaltsanknüpfung) sind zwar geäußert worden,[27] haben aber bisher keinen Niederschlag in Schritten des Gesetzgebers gefunden. Für das Aufeinandertreffen von monogamen und polygamen Heimatrechten hätte ein Umschwenken potentiell erhebliche Auswirkungen.[28] Eine Alternative wäre eine einheitliche Anknüpfung aller Voraussetzungen gleichermaßen an den Eheschließungsort, also ein einheitliches Berufen der lex loci celebrationis (dem weiterhin der deutsche ordre public nachgeschaltet wäre).[29] Dem sehr ähnlich wäre ein Anerkennungsmodell, bei Eheschließung in der EU unter Art. 21 AEUV, ansonsten nach dem Vorbild des Art. 45 schwIPRG,[30] denn die unter diesem anzuerkennende Rechtslage würde ja am Eheschließungsort geschaffen.

Charakteristisch für das geltende Recht ist und bleibt aber[31] die getrennte Anknüpfung von materiellen Voraussetzungen der Eheschließung über Art. 13 I EGBGB einerseits und der Eheschließungsform andererseits, letztere wiederum differenziert nach Eheschließung in Deutschland (Art. 13 IV EGBGB) oder im Ausland (Art. 11 EGBGB).

1. Ehebegriff. Der Anknüpfungsbegriff der Ehe muss weit genug sein, um alle rechtsvergleichend unter „Ehe" fallenden Phänomene zu erfassen.[32] Spätestens seit der Öffnung des deutschen Sachrechts für die gleichgeschlechtliche Ehe durch die Neufassung des § 1353 I 1 BGB sollte der kollisionsrechtliche Ehebegriff des Art. 13 EGBGB eigentlich auch gleichgeschlechtliche Ehen erfassen. Denn anderenfalls drohte er die wichtige Aufgabe zu verfehlen, dass Art. 13 EGBGB auch als Anknüpfung des forumeigenen, deutschen Sachrechts zu fungieren hat.

Das Gesetz zur Einführung der „Ehe für alle"[33] geht jedoch einen anderen, diametral entgegengesetzten Weg: Es erklärt im[34] neu eingefügten Art. 17b IV EGBGB 2017, heute Art. 17b IV 1 EGBGB 2019 auf die gleichgeschlechtliche Ehe Art. 17b I–III EGBGB für entsprechend anwendbar. Die amtliche Überschrift des Art. 17b EGBGB wird in sich konsequent durch „und gleichgeschlechtliche Ehe" ergänzt.[35] Dadurch koppelt es den Ehebegriff des deutschen IPR von jenem des deutschen Sachrechts ab (in dem eine gleichgeschlechtliche Ehe eine Ehe und keine eingetragene Lebenspartnerschaft ist).[36] Dadurch garantiert es zwar Gleichgeschlechtlichen durch Anknüpfung an den Eheschließungsort ein Eheschließungsstatut, welches die gleichgeschlechtliche Ehe kennen muss (sonst gäbe es dort ja keine Trauung), privilegiert aber gleichgeschlechtliche gegenüber verschiedengeschlechtlichen Ehen und bringt systematische Friktionen mit sich.[37] Ein Gleichstellungsziel verfolgt dies nicht.[38] Im Gegenteil erzeugt es verfassungsrechtlichen Rechtfertigungsbedarf

---

[26] BeckOGK/*Rentsch* Art. 13 EGBGB Rn. 3; Erman/*Hohloch* Art. 13 EGBGB Rn. 4.
[27] Insbesondere *Henrich*, FS Ulrich Spellenberg, 2010, S. 195, 201; *Coester-Waltjen*, StAZ 2013, 10, 17 sowie BeckOGK/*Rentsch* Art. 13 EGBGB Rn. 4.2.
[28] Vgl. *Dethloff*, FS Ingeborg Schwenzer, 2011, S. 409, 412 f.
[29] *Gössl/Verhellen*, (2017) 31 Int. J. L., Policy & Fam. 1, 11.
[30] *Mankowski*, StAZ 2016, 193, 198–200. Vgl. dazu *Wall*, StAZ 2018, 55, 57 f.
[31] Wenn man Art. 21 AEUV ausblendet; siehe *Mankowski*, StAZ 2016, 193, 199.
[32] Siehe nur *Röthel*, IPRax 2002, 496, 498; NK-BGB/*Andrae* Art. 13 EGBGB Rn. 1; BeckOGK/*Rentsch* Art. 13 EGBGB Rn. 21.
[33] Gesetz zur Einführung des Rechts auf Eheschließung für Personen gleichen Geschlechts vom 20.7.2017, BGBl. 2017 I 2787.
[34] Durch Art. 2 IV Nr. 2 Gesetz zur Einführung des Rechts auf Eheschließung für Personen gleichen Geschlechts.
[35] Art. 2 IV Nr. 1 Gesetz zur Einführung des Rechts auf Eheschließung für Personen gleichen Geschlechts.
[36] *Mankowski*, IPRax 2017, 541; *Löhnig*, NZFam 2017, 1085, 1086; BeckOGK/*Repasi* Art. 17b EGBGB Rn. 78; *C. Kohler*, RCDIP 2018, 51, 52–54.
[37] Eingehend *Mankowski*, IPRax 2017, 541; außerdem *Thorn/Paffhausen*, IPRax 2017, 590, 593.
[38] *Löhnig*, NZFam 2017, 1085 (1085).

für die entstandene Privilegierung.³⁹ Eine noch wieder andere Frage ist, ob Art. 6 I GG nicht einen verschiedengeschlechtlichen Ehebegriff gebietet und davon abweichende Schritte eine Änderung des Art. 6 I GG voraussetzen würden.⁴⁰

12   Auch eine Beschränkung des Ehebegriffs auf eine Verbindung zwischen genau zwei Personen droht in modernen Zeiten zu verengen. Eine Ehe zu dritt (trieja) soll es zumindest im Recht Kolumbiens geben.⁴¹ Freilich erscheint insoweit eine genaue Abgrenzung gegenüber bloßen formalisierten Partnerschaften besonders geboten. Zudem scheint rechtlich geboten, zwischen einer Ehe und einer bloßen Polyamorie zu unterscheiden.⁴² Ähnliches gilt für progressive Modelle bis hin zu „Gruppenehen", die sich jenseits tradierter Geschlechterrollen und eben monogamer Ausschließlichkeit bewegen.⁴³

13   Eine so genannte Solo-Hochzeit oder „Sologamie", eine „Ehe mit sich selbst", wie sie insbesondere in den USA und Japan einem Modetrend zu entspringen scheint,⁴⁴ begründet mit Sicherheit keine Ehe und hat keine spezifisch ehelichen Konsequenzen, denn eine Ehe setzt Partnerschaft und den Konsens zwischen (mindestens) zwei Personen voraus.

14   Der kollisionsrechtliche Ehebegriff setzt nicht notwendig voraus, dass die Verbindung auf potenziell unbegrenzte Zeit („auf Lebenszeit") eingegangen wird. Vielmehr erfasst er auch befristete (Zeit-)Ehen, wie sie insbesondere das iranische Recht mit der nikah kennt.⁴⁵ Prägend muss aber, in der Abgrenzung zu bloßen faktischen Lebensgemeinschaften, die Überformung und Institutionalisierung durch Rechtsregeln sein.⁴⁶ Einer Eheschließung kollisionsrechtlich gleichzustellen ist die Umwandlung einer Lebensgemeinschaft, z.B. einer união estavel in eine „richtige", formelle Ehe.⁴⁷

15   **2. Materielle Voraussetzungen der Eheschließung.** *a) Grundsatz.* aa) Distributive oder gekoppelte Anknüpfung. Art. 13 I EGBGB unterwirft für jeden Eheschließungswilligen (Nupturienten) die materiellen Voraussetzungen der Eheschließung dem Recht des Staates, dem er angehört. Im Wortlaut steht in einer etwas altertümlichen Vorstellung und Terminologie: „Verlobter". 1896, als der Tatbestand geschaffen wurde, mag dies in Deutschland noch gepasst haben. Dass der Ehe ein Verlöbnis aufgrund eines beidseitigen Versprechens, miteinander die Ehe einzugehen, vorangegangen sein müsste, ist damit jedoch nicht vorausgesetzt, zumal viele Rechtsordnungen das Rechtsinstitut Verlöbnis entweder nie gekannt haben oder zumindest heute nicht mehr kennen.

16   Art. 13 I EGBGB ist keine kumulative, sondern eine distributive oder gekoppelte Anknüpfung.⁴⁸ Er führt nicht zur Anwendung zweier Rechtsordnungen für dieselben Fragen. Vielmehr sind mehrere Voraussetzungen ein und derselben Rechtsfolge nach verschiedenen Rechtsordnungen zu beurteilen. Z.B. wird die Ehemündigkeit des Mannes nach sei-

---

³⁹ Verfassungskonformität bejaht BeckOGK/*Repasi* Art. 17b EGBGB Rn. 84.
⁴⁰ Z. B. *v. Coelln*, NJ 2018, 1; *Gärditz*, FF 2018, 8.
⁴¹ *Labbée*, D. 2017, 1608.
⁴² Generell z.B. *Di Masi*, Famiglia 2018, 243, 273f. Zur união estavel poliafetiva in Brasilien *Pereira Lima/Saráty Malveira*, Rev. IBDFAM Família e Successões 22 (2017), 29; *Oliveira Rotondano*, Rev. Fac. Der. 44 (2018), 35.
⁴³ Siehe dazu *Strassberg*, 31 Capital U. L. Rev. 439 (2003); *Dethloff*, FS Ingeborg Schwenzer, 2011, S. 409 sowie *Schwenzer*, Model Family Code, 2006; *dies.*, in: Deutscher Familiengerichtstag e. V. (Hrsg.), Siebzehnter Deutscher Familiengerichtstag vom 12. bis 15. September 2007 in Brühl, 2008.
⁴⁴ Siehe nur *M. Bogner*, In Japan können Frauen jetzt ohne Partner heiraten (5.9.2016) <https://ze.tt/in-japan-können-frauen-sich-jetzt-selbst-heiraten>; Ja, ich will mich: Vom Trend zur Selbst-Hochzeit, Merkur online 30.9.2017; *Rind*, Ich heirate – mich selbst, Hamburger Abendblatt Nr. 245 vom 20.10.2017, S. 1.
⁴⁵ Staudinger/*Mankowski* Art. 13 EGBGB Rn. 793; MüKoBGB/*Coester* Art. 13 EGBGB Rn. 7; BeckOGK/*Rentsch* Art. 13 EGBGB Rn. 26.
⁴⁶ *Coester*, FS Andreas Heldrich, 2005, S. 91, 94; MüKoBGB/*Coester* Art. 13 EGBGB Rn. 4–9; BeckOGK/*Rentsch* Art. 13 EGBGB Rn. 27.
⁴⁷ Siehe OLG Zweibrücken FamRZ 2016, 905.
⁴⁸ Siehe nur *Neuhaus* S. 158; *Raape/F. Sturm* S. 98f.; Soergel/*Schurig* Art. 13 EGBGB Rn. 1; Staudinger/*Mankowski* Art. 13 EGBGB Rn. 49; jurisPK BGB/*Mäsch* Art. 13 EGBGB Rn. 22; MüKoBGB/*Coester* Art. 13 EGBGB Rn. 11; Erman/*Hohloch* Art. 13 EGBGB Rn. 15. Besonders korrekt BeckOGK/*Rentsch* Art. 13 EGBGB Rn. 46: interpersonal-distributiv.

II. Eheschließung   17–21 § 4

nem Heimatrecht beurteilt, diejenige der Frau nach ihrem. Die Anknüpfungsgegenstände (Ehehindernisse für jeweils *einen* der Partner) sind insoweit voneinander getrennt.[49] Die Zusammenführung und das zweiseitige Zusammenwirken bei der Eheschließung vollziehen sich erst in der Rechtsfolge.

Anknüpfungspunkt ist die Staatsangehörigkeit des einzelnen Nupturienten. Insoweit **17** schreibt Art. 13 I EGBGB bis heute unverändert fort, was bereits in seiner Urfassung 1896 galt. Damals war er gedanklicher Ausfluss eines umfassenden und übergreifenden Gebildes Personalstatut, das alles zur Person und ihren personalen Bindungen erfasste und alle Mitglieder des Staatsvolks kollisionsrechtlich ebenso personenbezogen wie einheitlich anknüpfen wollte.[50]

bb) Maßgeblicher Zeitpunkt. Für die Beurteilung kommt es auf das durch die Staatsan- **18** gehörigkeit unmittelbar *vor* der Eheschließung bestimmte Recht an.[51] Es entscheidet also grundsätzlich der Zeitpunkt der Eheschließung.[52] Eine vor der Eheschließung verlorene Staatsangehörigkeit ist irrelevant.[53] Unerheblich ist grundsätzlich auch, ob eine Ehefrau durch die Eheschließung die Staatsangehörigkeit des Mannes erwirbt oder nicht. Nicht die *durch* (also nach oder frühestens bei) der Eheschließung erlangte Staatsangehörigkeit ist ausschlaggebend, sondern die unmittelbar *vor* der Heirat bestehende. Das Abstellen auf den Zeitpunkt unmittelbar vor der Eheschließung dient gerade und gezielt dazu, eine lege matrimonii erworbene (gegebenenfalls zusätzliche) Staatsangehörigkeit aus der Betrachtung auszuscheiden.[54]

Beispiel: Die Deutsche A und der Belgier B heiraten. Nach belgischem Recht (Art. 16 § 2 1° **19** Code de la nationalité belge) erwerben ausländische Staatsbürger durch eine Heirat mit einem Belgier automatisch selber die belgische Staatsangehörigkeit. A würde also ab der Heirat auch Belgier. Dies ist aber für Art. 13 I EGBGB ohne Bedeutung.

cc) Folgen. (1) Grundsätzliches. Art. 13 I EGBGB regiert auch die Folgen, die sich aus **20** dem Fehlen einer Eheschließungsvoraussetzung nach einer der berufenen Rechte ergeben: Das Recht, nach dem eine materielle Eheschließungsvoraussetzung fehlt, bestimmt auch über die daraus resultierenden Folgen.[55] Tatbestand und Rechtsfolge unterliegen im Ausgangspunkt demselben Recht. Das Recht, das einen Fehler sieht, entscheidet, ob die betroffene Ehe Nichtehe, nichtig, vernichtbar oder aufhebbar ist[56] oder ob es den Fehler nicht als so schwerwiegend ansieht, dass er Auswirkungen auf die Wirksamkeit der Ehe hätte. Des Weiteren bestimmt dieses Recht darüber, wer den Fehler geltend machen kann. Dies kann z. B. auch eine staatliche Stelle sein bis hin zu Staatsanwaltschaften.[57] Das Fehlerstatut bestimmt auch, welcher Art Geltendmachung erforderlich ist und wie die zeitliche Wirkung einer erfolgreichen Geltendmachung ist. Wenn eine gerichtliche Aufhebung oder Nichtigerklärung verlangt, aber konkret noch nicht erfolgt ist, so besteht die betreffende Ehe.[58]

Liegt eine Nichtehe vor, so kann es keine genuin eherechtlichen Wirkungen geben. Da- **21** her muss das Recht, welches den Fehler sieht und die Sanktion der Nichtehe verhängt, mangels besserer Alternative auch über die weiteren Folgen entscheiden, z. B. die vermögensrechtlichen Auswirkungen[59] (mit Ausnahme des Unterhalts, der sich nach dem HUP

---

[49] Siehe nur Staudinger/*Mankowski* Art. 13 EGBGB Rn. 49.
[50] *Sonnenberger*, FS Dagmar Coester-Waltjen, 2015, S. 787, 796.
[51] Siehe nur OLG Hamm FamRZ 2007, 656, 657; AG Hannover FamRZ 2002, 1116 mwN.
[52] Siehe nur AG Greifswald IPRspr. 2010 Nr. 85 S. 178.
[53] Staudinger/*Mankowski* Art. 13 EGBGB Rn. 79.
[54] Staudinger/*Mankowski* Art. 13 EGBGB Rn. 80.
[55] Siehe nur BGH FamRZ 2001, 991; BGH NJW 2002, 1568; OLG Oldenburg IPRax 2001, 143; OLG Düsseldorf FamRZ 2017, 359.
[56] Siehe nur BGH FamRZ 2001, 991; OLG Karlsruhe StAZ 1994, 287; OLG Zweibrücken FamRZ 2004, 950; OLG Stuttgart IPRax 2011, 91; OLG Nürnberg FamRZ 2011, 1507.
[57] Siehe nur OLG Karlsruhe IPRax 1986, 166.
[58] OLG Naumburg FamRZ 2015, 2054.
[59] AG Düsseldorf IPRspr. 1995 Nr. 64.

richtet⁶⁰). Dieses Statut muss funktionell insbesondere auffangen, dass es für Nichtehen kein Ehegüterrechtsstatut und kein Scheidungsfolgenstatut geben kann. Ob Kinder ehelich oder nichtehelich sind, wiederum ist eine Vorfrage, die sich im Sachrecht des über Art. 19 EGBGB berufenen Abstammungsstatuts stellen mag.

22 (2) *Grundsatz des ärgeren Rechts.* Aus dem System der häufenden Anwendung beider Heimatrechte ergibt sich, dass die Ehe auch dann mangelhaft ist, wenn sie vom Heimatrecht des anderen Teils als wirksam erachtet wird.⁶¹ Darüber hinaus gilt der sogenannte Grundsatz des ärgeren Rechts: Ist die Ehe nach beiden Rechten mit Mängeln behaftet, haben diese aber verschiedene Wirkungen für den Bestand der Ehe, so tritt die schärfere repressive⁶² Rechtsfolge ein (Nichtehe vor nichtiger Ehe, nichtige Ehe vor aufhebbarer Ehe).⁶³

23 Eine Doppelehe kann etwa Nichtehe, vernichtbar mit Wirkung ex tunc, vernichtbar mit Wirkung ex nunc oder nur relativ zu Lasten des bösgläubigen Teils vernichtbar sein. Trifft eine der ersterwähnten mit einer der später genannten Rechtsfolgen zusammen, so gilt erstere. Wirkt z. B. die Anfechtung nach einem Recht ex nunc, nach dem anderen ex tunc, ist die Wirkung ex tunc die ärgere Rechtsfolge.⁶⁴ Ist die prinzipiell gleiche Rechtsfolge nach einem Recht heilbar, nach dem anderen dagegen nicht, so greift die Unheilbarkeit nach dem strengeren zweiten Recht.⁶⁵

24 In den Fällen der bloßen Vernichtbarkeit der Ehe setzt die endgültige Vernichtung der Ehe die Geltendmachung des entsprechenden Vernichtungs-, Anfechtungs- oder Aufhebungsrechts durch einen Berechtigten, also einen Parteiakt voraus. Daraus ergibt sich die Notwendigkeit, jeweils im Einzelfall zu prüfen, welche Sanktion das je betreffende Recht konkret verhängen würde. Fehlt es an dem nach einem Recht notwendigen Akt, kommt das andere Recht (unterstellt, dessen Voraussetzungen sind konkret erfüllt) zum Zuge, auch wenn es abstrakt betrachtet die mildere Rechtsfolge verhängen würde.⁶⁶ Der Maßstab für die Beurteilung, welches Recht das „ärgere" ist, ist also insoweit konkret-fallbezogen, nicht abstrakt.⁶⁷

25 Sehen bei gemischtnationalen Ehen beide Heimatrechte dieselbe Hauptfolge (z. B. Nichtehe oder Vernichtbarkeit) vor und sind die Voraussetzungen beider Rechte erfüllt, so sind auch die weiteren Folgen der Eheauflösung für die Beurteilung heranzuziehen, welches Recht das ärgere ist.⁶⁸ Die Rechtsfolgen sind also jeweils als Gesamtlösung zu sehen und grundsätzlich in ihrer Gesamtheit miteinander zu vergleichen.⁶⁹ Gewährt ein Recht z. B. bei gleicher Hauptfolge Nichtigkeit und sonst zumindest vergleichbaren Nebenfolgen geringere Unterhaltsansprüche, so ist dieses Recht das „ärgere" Recht.⁷⁰

26 **Beispiel:** A, Staatsangehörige von X, und B, Staatsangehöriger von Y, heiraten. A hat dem B verschwiegen, dass sie noch mit C verheiratet ist. Sowohl das Recht von X als auch das Recht von Y enthalten jeweils das Ehehindernis der Mehrehe und ein Bigamieverbot. X knüpft an dessen Verlet-

---

[60] Palandt/*Thorn* Art. 13 EGBGB Rn. 14.
[61] Siehe nur LG Hamburg IPRspr. 1974 Nr. 50.
[62] *Hepting/Dutta* Rn. III-250.
[63] Siehe nur BGH NJW 1991, 3088, 3089 = FamRZ 1991, 300, 302; BayObLGZ 1993, 224 = NJW-RR 1993, 1351; OLG Schleswig IPRspr. 1952/53 Nr. 2; OLG München FamRZ 1970, 408; OLG Hamburg StAZ 1987, 311; OLG Hamburg StAZ 1988, 132, 134; OLG Düsseldorf IPRax 1993, 251; OLG Nürnberg FamRZ 1998, 1109, 1111; OLG Oldenburg IPRax 2001, 143, 144; OLG Frankfurt FPR 2002, 87, 88; OLG Zweibrücken FamRZ 2004, 950, 951; OLG Zweibrücken FamRZ 2006, 1201, 1202; LG Hamburg StAZ 1960, 99 m. Anm. *Henrich*; LG Essen IPRspr. 1958/59 Nr. 123; AG Hamburg IPRspr. 1966/67 Nr. 144; AG Düsseldorf IPRspr. 1992 Nr. 74a; *Henrich*, FamRZ 1987, 950; *ders.*, IPRax 1993, 236; *Jayme*, IPRax 1995, 44; *H. Kraus*, StAZ 1999, 118, 119; MüKoBGB/*Coester* Art. 13 EGBGB Rn. 110.
[64] Beispiel: LG Hamburg IPRspr. 1975 Nr. 38.
[65] OLG Oldenburg IPRax 2001, 143, 144.
[66] Staudinger/*Mankowski* Art. 13 EGBGB Rn. 444.
[67] MüKoBGB/*Coester* Art. 13 EGBGB Rn. 115.
[68] *Kegel*, in: Kegel/Schurig IPR § 20 IV 3 (S. 812); Staudinger/*Mankowski* Art. 13 EGBGB Rn. 445.
[69] *Henrich*, IPRax 1993, 236, 237.
[70] Staudinger/*Mankowski* Art. 13 EGBGB Rn. 445.

II. Eheschließung

zung die Nichtexistenz der Ehe, Y dagegen die Vernichtbarkeit auf Antrag der Staatsanwaltschaft von Y. Das Recht von X ist hier das ärgere Recht.

Lässt sich nicht sagen, dass ein Recht in den Rechtsfolgen strenger urteilt als das andere, gibt es also kein eigentliches „ärgeres Recht", sind jedoch die Formen der Geltendmachung des Aufhebungsrechtes (im weiteren Sinn) unterschiedlich, entscheidet nach der Rechtsprechung das Heimatrecht der verletzten Person.[71] Der Anknüpfungspunkt „Staatsangehörigkeit des *verletzten* Ehegatten" ist indes hochproblematisch:[72] Was ist eine Verletzung, und wann ist ein Ehegatte „verletzt"? Bei gemischtnationalen Ehen und gleich argen Rechtsfolgen sollte vielmehr entsprechend den Wertungen der Art. 14 I Nrn. 2, 3 EGBGB dasjenige Heimatrecht entscheiden, zu dem die gemeinsamen engeren Verbindungen der Eheleute zum Zeitpunkt der Eheschließung bestanden.[73] Ein generelles Ausweichen auf das Ehewirkungsstatut oder eine Analogie zum Scheidungsstatut sind aber nicht angezeigt.[74]

dd) Renvoi. Die Verweisung des Art. 13 I EGBGB ist eine Gesamtverweisung.[75] Für sie gilt die Grundregel des Art. 4 I 1 Hs. 1 EGBGB. Die Ausnahmeklausel des Art. 4 I 1 Hs. 2 EGBGB spielt für Art. 13 I EGBGB keine Rolle.[76]

b) Besondere ordre public-Klausel des Art. 13 II EGBGB. Der Grundsatz, dass für die sachlichen Voraussetzungen der Eheschließung die Heimatrechte der Verlobten in distributiver Anknüpfung maßgebend sind, wird in Art. 13 II EGBGB durchbrochen. Fehlt nach dem Heimatrecht eines Verlobten eine Eheschließungsvoraussetzung, so kommt es unter den in Art. 13 II Nrn. 1–3 EGBGB aufgeführten besonderen Umständen zu einer partiellen Anwendung deutschen Rechts. Insoweit wird deutsches Recht herangezogen, um eine Eheschließung zu ermöglichen. Art. 13 II EGBGB gewinnt seine Kernbedeutung zwar in Verfahren zur Befreiung von der Beibringung eines Ehefähigkeitszeugnisses nach § 1309 II BGB vor dem OLG-Präsidenten.[77] Er kann aber auch bei einer in Deutschland erfolgenden Nachbeurkundung einer im Ausland stattgehabten Eheschließung Anwendung finden.[78]

Den Hintergrund zu Art. 13 II, insbesondere zu Art. 13 II Nr. 3 Hs. 2 EGBGB bildet die Spanier-Entscheidung des BVerfG.[79] Der Gesetzgeber hat sich ausweislich der Materialien an ihr orientiert und wollte ihren Ansatz verallgemeinern.[80] Deshalb ist es methodisch zulässig, ja sogar geboten, sie für die Auslegung des Art. 13 II EGBGB heranzuziehen.[81] Weiterer Hintergrund war die übrige Rechtsprechung zur Beachtlichkeit oder Ausschaltung ausländischer Ehehindernisse bei (potentiell) hinkenden Ehen.[82] Auch sie bietet deshalb einen Anhaltspunkt für die Auslegung.[83]

---

[71] OLG Düsseldorf IPRax 1993, 251, 252; OLG Zweibrücken FamRZ 2006, 1201, 1202; LG Hamburg IPRspr. 1974 Nr. 50; *Henrich*, IPRax 1993, 236.
[72] Palandt/*Thorn* Art. 13 EGBGB Rn. 14; Staudinger/*Mankowski* Art. 13 EGBGB Rn. 449.
[73] Staudinger/*Mankowski* Art. 13 EGBGB Rn. 450.
[74] *Knott*, Die fehlerhafte Ehe im internationalen Privatrecht, 1997, S. 66 ff.
[75] Siehe nur OLG Hamm FamRZ 1992, 551; OLG Stuttgart FamRZ 2000, 821, 822; VGH Baden-Württemberg InfAuslR 1997, 456 = IPRspr. 1997 Nr. 62; *Westenburger*, StAZ 1995, 248; *Kampe*, StAZ 2007, 125; Staudinger/*Mankowski* Art. 13 EGBGB Rn. 55.
[76] Siehe nur MüKoBGB/*Coester* Art. 13 EGBGB Rn. 14; Staudinger/*Hausmann* Art. 4 EGBGB Rn. 163.
[77] Begründung der Bundesregierung zum Entwurf eines Gesetzes zur Neuregelung des Internationalen Privatrechts, BT-Drs. 10/504, 52.
[78] OLG München FamRZ 2011, 1506.
[79] BVerfGE 31, 58; dazu *Wochner*, FamRZ 1971, 419; *F. Becker*, NJW 1971, 1491; *Guradze*, NJW 1971, 2121; *F. Sturm*, FamRZ 1972, 16; *G. Otto*, StAZ 1972, 157; *Henrich*, RabelsZ 36 (1972), 2; *Jayme*, RabelsZ 36 (1972), 19; *ders.*, RDIPP 1972, 76; *Kegel*, RabelsZ 36 (1972), 27; *Lüderitz*, RabelsZ 36 (1972), 35; *Makarov*, RabelsZ 36 (1972), 54; *K. Müller*, RabelsZ 36 (1972), 60; *Neumayer*, RabelsZ 36 (1972), 73; *Siehr*, RabelsZ 36 (1972), 93; *Wengler*, RabelsZ 36 (1972), 116; *Neuhaus*, RabelsZ 36 (1972), 127.
[80] Begründung der Bundesregierung zum Entwurf eines Gesetzes zur Neuregelung des Internationalen Privatrechts, BT-Drs. 10/504, 53.
[81] MüKoBGB/*Coester* Art. 13 EGBGB Rn. 26; Staudinger/*Mankowski* Art. 13 EGBGB Rn. 108 sowie *W. Schulz*, StAZ 1991, 32, 33; Soergel/*Schurig* Art. 13 EGBGB Rn. 50.
[82] Insbesondere BGHZ 41, 136, 145–151 = JZ 1964, 417 m. Anm. *Wengler* (dazu *Fischer*, NJW 1964, 1323; *Henrich*, NJW 1964, 2015; *Böhmer*, StAZ 1964, 201); BGH IPRspr. 1972 Nr. 41 (dazu *F. Sturm*, RabelsZ 37 [1973], 61); BGH IPRspr. 1977 Nr. 49; OLG Celle IPRspr. 1963 Nr. 75; OLG Hamm FamRZ

31 Art. 13 II EGBGB ist eine spezielle ordre public-Klausel.[84]; Die Norm ist ein spezielles Instrument zur Durchsetzung des aus Art. 6 I GG fließenden Grundrechts der Eheschließungsfreiheit.[85] In Art. 13 II EGBGB begegnen die beiden typischen Elemente des ordre public wieder: erstens die Unvereinbarkeit mit einem wesentlichen Grundsatz des deutschen Rechts, nämlich dem Grundrecht der Eheschließungsfreiheit, und zweitens der hinreichende Inlandsbezug, definiert durch die Kriterien der Nrn. 1–3. Aus dem Spezialitätsgrundsatz ergibt sich, dass Art. 13 II EGBGB grundsätzlich vor Art. 6 EGBGB zu prüfen ist.[86]

32 Art. 13 II EGBGB hat insgesamt vier geschriebene und eine ungeschriebene Tatbestandsvoraussetzungen. Diese Voraussetzungen müssen kumulativ erfüllt sein, damit Art. 13 II EGBGB greift. Ist auch nur eine von ihnen nicht gegeben, kann Art. 13 II EGBGB nicht zur Anwendung kommen. Erstens muss eine Eheschließungsvoraussetzung nach einem ausländischen Recht fehlen. Zweitens darf keine Eheschließungsvoraussetzung nach deutschem Recht fehlen (das ist die ungeschriebene Voraussetzung). Drittens muss ein qualifizierter Personaler Bezug zu Deutschland bestehen. Viertens müssen die Nupturienten die ihnen zumutbaren Schritte unternommen haben, um das ausländische Ehehindernis wenn möglich aus der Welt zu schaffen. Fünftens muss die Eheschließungsfreiheit des Art. 6 I GG gebieten, den Nupturienten die Eheschließung zu ermöglichen.

33 aa) Fehlen einer Eheschließungsvoraussetzung nach ausländischem Recht. Ein nach einem über Art. 13 I EGBGB berufenen ausländischen Recht bestehendes Ehehindernis kann ein einseitiges oder ein zweiseitiges Ehehindernis sein. Grundsätzlich kommen jedes Ehehindernis und jede fehlende Ehevoraussetzung in Betracht.[87] Ausreichend ist, dass eines der beiden über Art. 13 I EGBGB berufenen Rechte ein Ehehindernis aufstellt. Das Fehlen einer Ehevoraussetzung nach dem ausländischen Eheschließungsrecht muss auch aus deutscher Sicht vorbehaltlich des Eingreifens des deutschen ordre public das Zustandekommen einer wirksamen Ehe verhindern.[88]

34 Die Frage lässt sich für die Scheidungsfälle konkretisieren: Ergibt sich schon aus dem deutschen Internationalen Prozessrecht, dass eine durch ein deutsches Gericht geschiedene Ehe aus deutscher Sicht auch bei Anwendbarkeit eines ausländischen Eheschließungsrechts und (noch) fehlender Anerkennung des deutschen Scheidungsurteils im Heimatstaat in jedem Fall wirksam aufgelöst ist? Gibt es eine so genannte internationale Gestaltungswirkung deutscher Scheidungsurteile, die für den deutschen Rechtsanwender die Frage nach der Anerkennung im Heimatstaat überflüssig macht? Denn wenn es eine solche internationale Gestaltungswirkung geben sollte, käme Art. 13 II EGBGB hier gar nicht mehr zum Einsatz, weil das Problem bereits über eine „selbständige Vorfragenanknüpfung" des deutschen Internationalen Zivilprozessrechts gelöst wäre.[89]

35 Hier hilft der Rückgriff auf die Grundlagen des Art. 13 II EGBGB in der vorangegangenen Rechtsprechung: Zum einen hatte das BVerfG vier Möglichkeiten zur Verwirklichung der Eheschließungsfreiheit in internationalen Fällen zur Auswahl gestellt, nämlich

---

1972, 140; OLG Hamm FamRZ 1973, 143 m. Anm. *Jayme*; OLG Hamm IPRspr. 1973 Nr. 36; OLG Hamm FamRZ 1974, 457 m. Anm. *Bosch*.

[83] OLG Celle StAZ 1988, 261, 262.

[84] Siehe nur Begründung der Bundesregierung zum Entwurf eines Gesetzes zur Neuregelung des Internationalen Privatrechts, BT-Drs. 10/504, 53; *Jayme*, Methoden der Konkretisierung des ordre public im Internationalen Privatrecht, 1989, S. 25; *Spickhoff*, JZ 1991, 323, 326; *F. Sturm*, FS Werner Lorenz zum 70. Geb., 1991, S. 597; *Westenburger*, StAZ 1995, 248, 249; *Sonnenberger*, ZvglRWiss 95 (1996), 3, 14.

[85] Siehe nur OLG Hamm StAZ 2003, 169, 170.

[86] Staudinger/*Mankowski* Art. 13 EGBGB Rn. 109.

[87] Siehe nur Erman/*Hohloch* Art. 13 EGBGB Rn. 17.

[88] Staudinger/*Mankowski* Art. 13 EGBGB Rn. 115.

[89] Dafür OLG Hamburg IPRspr. 1977 Nr. 54; AG München IPRspr. 1987 Nr. 43a S. 108; *Reichel*, AcP 124 (1925), 200; *Letzgus*, AcP 145 (1939), 295; *Rabel*, Conflict of Laws I, 2. Aufl. 1958, S. 558; *Kegel*, RabelsZ 35 (1960), 201, 204; *ders.*, in: Kegel/Schurig IPR § 20 IV 1 b bb (S. 801); *Kegel/Lüderitz*, FamRZ 1964, 57; *F. Sturm*, FamRZ 1972, 16, 18; *ders.*, RabelsZ 37 (1973), 61, 66–70; *U. Haas*, FamRZ 1993, 610 f.; Soergel/*Schurig* Art. 13 EGBGB Rn. 58, 60–62.

II. Eheschließung

erstens die selbständige Vorfragenanknüpfung, zweitens die internationale Gestaltungswirkung deutscher Scheidungsurteile, drittens die unmittelbare Anwendung der Grundrechte und viertens den Weg über den ordre public.[90] Die Entscheidung des Gesetzgebers zu Gunsten einer speziellen ordre public-Klausel bedeutet im Lichte dieser Alternativen zugleich eine Entscheidung gegen die internationale Gestaltungswirkung deutscher Scheidungsurteile.[91] Letztere wäre eigentlich eine prozessrechtliche Lösung eines Vorfragenproblems.[92]

Außerdem ist eine solche internationale Gestaltungswirkung abzulehnen,[93] weil zwischen Rechtskraft und Gestaltungswirkung von Entscheidungen zu differenzieren ist: Die Gestaltungswirkung ist hier vom anwendbaren materiellen Recht abhängig.[94] Gerade die Gestaltungswirkung hinsichtlich der Wiedererlangung der Ehefähigkeit ist eine rein materiellrechtliche Wirkung, die von der Auflösung des früheren Ehebandes zu unterscheiden ist. Wieder heiraten zu dürfen und geschieden zu sein sind zwei verschiedene Dinge, und über ersteres entscheidet das Eheschließungs-, nicht das Scheidungsstatut.[95] Daran hat sich der Gesetzgeber 1986 orientiert und gegenläufige Vorschläge des generell einflussreichen Deutschen Rats für Internationales Privatrecht[96] nicht übernommen.[97]

36

Weitergehend muss man Art. 13 II Nr. 3 Hs. 2 EGBGB sogar eine gesetzliche Festschreibung einer partiellen unselbständigen Vorfragenanknüpfung entnehmen[98] (das ist sehr ungewöhnlich, eigentlich einzigartig und systemdurchbrechend). Denn der deutsche IPR-Gesetzgeber ordnet ausdrücklich eine Rücksichtnahme auf die Sicht des ausländischen Eheschließungsrechts an. Er gibt damit dem Interesse an der Vermeidung einer hinkenden Ehe als eines hinkenden Statusverhältnisses Ausdruck.[99] Er bewertet das Interesse an der Erzielung internationaler Entscheidungsharmonie besonders hoch. So verfuhr auch die vorangegangene Rechtsprechung, indem sie die Vorfrage der Scheidung unselbständig anknüpfte.[100] Knüpfte man hier selbständig an, so käme man gar nicht zur Prüfung des deutschen ordre public.[101] Art. 13 II Nrn. 1 und 2 EGBGB hätten bei selbständiger Anknüpfung keinen sinnvollen Anwendungsbereich.[102] Der Gesetzgeber hat mit seinen Wertungen den normalerweise für die selbständige Vorfragenanknüpfung vorzubringenden Argumenten[103] hier konkret den Boden entzogen.[104]

37

---

[90] BVerfGE 31, 58, 84, 86.
[91] Staudinger/*Mankowski* Art. 13 EGBGB Rn. 118.
[92] Eingehend *Hausmann*, Kollisionsrechtliche Schranken der Gestaltungskraft von Scheidungsurteilen, 1980, S. 61–85.
[93] BGH NJW 1972, 1619 m. zust. Anm. *G. Otto* = StAZ 1972, 170 (zust. *Jayme* 227); BGH NJW 1977, 1014; BGH NJW 1997, 2114; *Hausmann*, Kollisionsrechtliche Schranken der Gestaltungskraft von Scheidungsurteilen, 1980, S. 46–89 mwN; *ders.*, FamRZ 1981, 833 mwN; *Süss*, FG Leo Rosenberg, 1949, S. 229, 249 f.; *M. Wolff* S. 212; *Neumayer*, RabelsZ 20 (1955), 66; *ders.*, RabelsZ 36 (1972), 73; *Gamillscheg*, JZ 1963, 21; *Wengler*, JZ 1964, 421; *ders.*, RabelsZ 36 (1972), 116; *Jayme*, RabelsZ 36 (1972), 19; *ders.*, NJW 1973, 934; *Neuhaus* S. 349 f.; *Müller-Freienfels*, FS Gerhard Kegel zum 65. Geb., 1977, S. 55, 90.
[94] Eingehend *Hausmann*, Kollisionsrechtliche Schranken der Gestaltungskraft von Scheidungsurteilen, 1980, S. 47–60 et passim.
[95] Staudinger/*Mankowski* Art. 13 EGBGB Rn. 119.
[96] *Deutscher Rat für Internationales Privatrecht*, in: Lauterbach (Hrsg.), Vorschläge und Gutachten zur Reform des deutschen internationalen Eherechts, 1962, Eheschließung § A II (S. 8) mit Begründung S. 12; *Deutscher Rat für Internationales Privatrecht*, in: Beitzke (Hrsg.), Vorschläge und Gutachten zur Reform des deutschen internationalen Personen-, Familien- und Erbrechts, 1981, Eheschließung § A II (S. 4) mit Begründung S. 29.
[97] Staudinger/*Mankowski* Art. 13 EGBGB Rn. 120.
[98] Staudinger/*Mankowski* Art. 13 EGBGB Rn. 122.
[99] Begründung der Bundesregierung zum Entwurf eines Gesetzes zur Neuregelung des Internationalen Privatrechts, BT-Drs. 10/504, 53.
[100] Siehe nur BGHZ 41, 136, 145–147 = JZ 1964, 617 m. Anm. *Wengler*; BGHZ 46, 87, 93 f.; BGH NJW 1972, 1619 m. zust. Anm. *G. Otto*; BGH NJW 1977, 1014; RGZ 78, 234, 236; RGZ 136, 142, 146; RGZ 160, 396, 403.
[101] *Hepting/Dutta* Rn. III-382.
[102] Staudinger/*Mankowski* Art. 13 EGBGB Rn. 123 sowie *Hepting/Dutta* Rn. III-382 f.
[103] *Mankowski*, in: v. Bar/Mankowski IPR I § 7 Rn. 192–213.
[104] Näher Staudinger/*Mankowski* Art. 13 EGBGB Rn. 124.

38 bb) Kein Ehehindernis nach deutschem Recht. Eine weitere (ungeschriebene) Voraussetzung ergibt sich aus der Zielsetzung des Art. 13 II EGBGB, durch partielle Anwendung des deutschen Rechts die Eheschließung zu ermöglichen: Das deutsche Recht darf im konkreten Fall anders als das ausländische Eheschließungsrecht kein entgegenstehendes Ehehindernis kennen.[105] Besteht auch nach deutschem Recht ein Ehehindernis, kann Art. 13 II EGBGB nicht greifen. Insbesondere ist Art. 13 II EGBGB nicht einzusetzen, wenn der geplanten Eheschließung nach deutschem Recht das Ehehindernis der Aufenthalts- oder Scheinehe entgegensteht.[106]

39 cc) Qualifizierter personaler Inlandsbezug (Art. 13 II Nr. 1 EGBGB). Nach Art. 13 II Nr. 1 EGBGB muss einer der Verlobten seinen gewöhnlichen Aufenthalt in Deutschland haben oder Deutscher sein. Dieses Tatbestandsmerkmal mit seinen beiden Varianten gewährleistet den für eine zwingende Durchsetzung deutschen Rechts nötigen Inlandsbezug. Es ist nicht erforderlich, dass gerade der von dem Ehehindernis betroffene Verlobte den Inlandsbezug in seiner Person herstellt. Anderenfalls fiele eine wichtige Fallgruppe aus Art. 13 II EGBGB heraus, nämlich die beabsichtigten Eheschließungen zwischen Deutschen und solchen Ausländern, die keinen gewöhnlichen Aufenthalt im Inland haben. Art. 13 II Nr. 1 EGBGB nennt die beiden Kriterien deutsche Staatsangehörigkeit und gewöhnlicher Inlandsaufenthalt disjunktiv und nicht kumulativ.

40 Ob jemand für die Zwecke des Art. 13 II Nr. 1 EGBGB Deutscher ist, beurteilt sich nach Maßgabe von Art. 5 EGBGB, einschließlich des Art. 5 I 2 EGBGB. Deutsches Personalstatut nach Art. 5 II EGBGB reicht ebenfalls. Ob ein Verlobter seinen gewöhnlichen Aufenthalt in Deutschland hat, ist ebenfalls nach den allgemein geltenden Maßstäben ohne Besonderheiten gerade für Art. 13 II Nr. 1 EGBGB festzustellen. Der gewöhnliche Aufenthalt in Deutschland muss zum Zeitpunkt der in Deutschland beabsichtigten Eheschließung bestehen.[107] Dass er bereits seit längerer Zeit besteht, ist hilfreich,[108] aber nicht notwendig.

41 dd) Verpflichtung zu zumutbaren Beseitigungsbemühungen (Art. 13 II Nr. 2 EGBGB). Art. 13 II Nr. 2 EGBGB fordert von den Verlobten, die zumutbaren Schritte zu unternehmen, um die noch fehlende Voraussetzung der Eheschließung zu erfüllen. Er ist zugeschnitten auf Ehehindernisse, die in einem Verfahren beseitigt werden können, sei es ein Verfahren auf Anerkennung einer ausländischen Entscheidung, sei es durch ein Scheidungsverfahren, sei es durch Beantragung eines möglichen Dispenses. Die Vorschrift soll „hinkende" Ehen vermeiden, deren Wirksamkeit von den Verlobten durch eigene Anstrengung für alle beteiligten Rechte hätte herbeigeführt werden können.[109] Auf der anderen Seite ist die Gefahr, dass eine „hinkende" Ehe entsteht, allein noch kein Grund, eine Eheschließung schlechthin abzulehnen. Systematisch ist Art. 13 II Nr. 2 EGBGB als vorgeblich eigenständiger Tatbestand falsch eingeordnet. Er gehört vielmehr als Gegenausnahme zu Art. 13 II Nr. 3 EGBGB: Kann das Ehehindernis beseitigt werden, haben aber die Verlobten nichts zu seiner Beseitigung unternommen, so verstößt das Ehehindernis nicht gegen den deutschen ordre public.[110]

42 Zumutbar sind alle erlaubten und zielgerichteten Anstrengungen zur Beseitigung des Ehehindernisses, die nicht von vornherein aussichtslos sind. Besteht von dem Ehehindernis dagegen überhaupt keine Dispensmöglichkeit, so kann man von den Verlobten keine Schritte verlangen, denen – wie von vornherein schon erkennbar – kein Erfolg beschieden sein kann.[111]

---

[105] Erman/*Hohloch* Art. 13 EGBGB Rn. 17; Staudinger/*Mankowski* Art. 13 EGBGB Rn. 125.
[106] OLG Celle StAZ 1988, 261 f.; *Kretschmer*, Scheinehen, 1993, S. 49.
[107] Staudinger/*Mankowski* Art. 13 EGBGB Rn. 131.
[108] Siehe AG Halle/Saale FamRZ 2016, 307.
[109] Begründung der Bundesregierung zum Entwurf eines Gesetzes zur Neuregelung des Internationalen Privatrechts, BT-Drs. 10/504, 53.
[110] Staudinger/*Mankowski* Art. 13 EGBGB Rn. 132.
[111] Begründung der Bundesregierung zum Entwurf eines Gesetzes zur Neuregelung des Internationalen Privatrechts, BT-Drs. 10/504, 53; BGH FamRZ 1997, 544; OLG Celle StAZ 1988, 261, 262; KG FamRZ 1994, 1413, 1414 f.

II. Eheschließung 43–46 § 4

Für die Beurteilung der Erfolgsaussichten einzelner Schritte sind Recht und Praxis des betreffenden Heimatstaates heranzuziehen; eine bloß auf dem Papier stehende Dispensmöglichkeit, die aber in Wirklichkeit von den zuständigen Stellen nie wahrgenommen wird, ist effektiv keine Dispensmöglichkeit.[112]

Ebenso wenig kann man von den Verlobten verlangen, dass sie illegale Akte begehen, z.B. zur Durchführung eines Verfahrens in einen Staat einreisen, der einem von ihnen ein strafbewehrtes Aufenthaltsverbot erteilt hat oder ihn gar mit der Todesstrafe bedroht.[113] Sie müssen auch nicht entgegen medizinischem Rat oder gar Verbot lange Reisen in den betreffenden Heimatstaat unternehmen.[114] Andererseits begründen die Beschwerlichkeit oder die absehbar lange Dauer eines Anerkennungs- bzw. Befreiungsverfahrens in der Regel keine Unzumutbarkeit.[115] Dies kann anders aussehen, wenn das Verfahren und seine Behinderung oder Verzögerung von dem betreffenden Staat prohibitiv oder als Schikane eingesetzt werden.[116] **43**

Für Art. 13 II Nr. 2 EGBGB ist es ausreichend, wenn sich der betreffende Verlobte nachhaltig und glaubhaft, letztendlich jedoch erfolglos bei den zuständigen Stellen seines Heimatstaates z.B. um die Anerkennung seines Scheidungsurteils oder einen prinzipiell möglichen Dispens bemüht hat.[117] Stellt der betroffene Nupturient im Ausland den richtigen Antrag und legt nötigenfalls Rechtsbehelfe ein, hat damit aber keinen Erfolg, so sind die Voraussetzungen des Art. 13 II Nr. 2 EGBGB erfüllt.[118] Der Verlobte muss nur nachweisen, dass er das ihm Mögliche und von seiner Seite für die Anerkennung Erforderliche getan hat.[119] **44**

Wollte man von ihm nicht nur das Bemühen, sondern auch den Erfolg verlangen, stellte man auf Umstände ab, die der Verlobte nicht beeinflussen kann und die allein in der Entscheidungsgewalt der ausländischen Stellen lägen. Vor allem aber entzöge man damit der Anwendung des Art. 13 II EGBGB überhaupt den Boden: Ein Erfolg der Bemühungen beseitigt gerade das vorher bestehende ausländische Ehehindernis.[120] Besondere Eilbedürftigkeit kann im Einzelfall die Grenzen des Zuzumutenden absenken, z.B. bei weit fortgeschrittener Schwangerschaft der Braut oder Todkrankheit eines Verlobten.[121] **45**

Ein früher verheirateter ausländischer Verlobter muss in aller Regel zumindest den Versuch unternehmen, ein deutsches oder drittstaatliches Scheidungsurteil oder eine behördliche Scheidung aus einem Drittstaat in seinem Heimatstaat anerkennen zu lassen.[122] Das Durchlaufen des heimatlichen Anerkennungsverfahrens nach Scheidung in einem anderen Staat, um die Ehefähigkeit wiederzuerlangen, ist mit Gerechtigkeitsanforderungen gut zu vereinbaren und keineswegs per se eine übermäßige Einschränkung der Eheschließungsfreiheit: Schließlich müssten selbst deutsche Staatsangehörige nach einer Scheidung im drittstaatlichen Ausland (aus deutscher Sicht beurteilt) jenseits der Brüssel IIa-VO erst das Anerkennungsverfahren nach § 107 FamFG durchlaufen, um in Deutschland wieder heiraten zu können. Insoweit stellt Art. 13 II Nr. 2 EGBGB ein Spiegelbild zu § 107 FamFG dar. **46**

---

[112] Staudinger/*Mankowski* Art. 13 EGBGB Rn. 134.
[113] Staudinger/*Mankowski* Art. 13 EGBGB Rn. 135.
[114] AG Halle/Saale FamRZ 2016, 307.
[115] *W. Schulz*, StAZ 1991, 32, 34; Staudinger/*Mankowski* Art. 13 EGBGB Rn. 135; *Hepting/Dutta* Rn. III-374.
[116] Staudinger/*Mankowski* Art. 13 EGBGB Rn. 135.
[117] Siehe nur *M. Sachse*, StAZ 1987, 84; *Westenburger*, StAZ 1995, 248, 249.
[118] BGH FamRZ 2012, 1635 m. Anm. *Wiggerich* = FuR 2013, 46 m. Anm. *Soyka*; dazu *Finger,* FamRB Int 2013, 1.
[119] *Henrich*, IntFamR S. 26 f.
[120] Staudinger/*Mankowski* Art. 13 EGBGB Rn. 136.
[121] *Kirchmayer*, Die Säkularisierung des spanischen Eheschließungsrechts durch die Reform von 1981 und die Auswirkungen auf den deutsch-spanischen Rechtsverkehr, Diss. Augsburg 1987, S. 223; *W. Schulz*, StAZ 1991, 32, 34; Staudinger/*Mankowski* Art. 13 EGBGB Rn. 137.
[122] OLG Köln StAZ 1989, 260, 261; KG FamRZ 1994, 1413, 1414; OLG Hamm StAZ 2003, 169, 170.

47 Schlägt sich die Scheidungsfeindlichkeit dagegen auch im Internationalen Zivilprozessrecht des betreffenden Staates nieder, so greift die Regel, dass von den Verlobten nur grundsätzlich erfolgversprechende Schritte, aber keine bloßen Förmeleien verlangt werden können: Der betreffende Verlobte muss dann keinen (ja von vornherein aussichtslosen) Antrag auf Anerkennung stellen.[123]

48 Manche Staaten, die im Prinzip die Scheidung kennen, erkennen eine aus ihrer Sicht im Ausland erfolgte Scheidung insbesondere aus Gründen ihres Internationalen Zivilprozessrechts nicht an. Z.B. mag der Heimatstaat das Scheidungsmonopol für seine Staatsbürger beansprucht. Erlaubt der Heimatstaat in einem solchen Fall aber in seiner eigenen Rechtsordnung die Scheidung, so kann man von dem betreffenden Verlobten verlangen, dass er ein (zweites) Scheidungsverfahren in seinem Heimatstaat betreibt.[124] Verlangt der Heimatstaat eine andere Art der Scheidung als die gerichtliche, so hat der betreffende Verlobte – ungeachtet der gerichtlichen Scheidung in Deutschland oder einem Drittstaat – eine entsprechende Scheidung vorzunehmen, soweit dies möglich ist, sogar bis zu einer Privatscheidung durch talaq nach islamischen Rechtsordnungen.[125]

49 Bei bloß aufschiebenden Ehehindernissen, z.B. Wartefristen, ist es den Verlobten in der Regel zuzumuten, bis zum Wegfall des Hindernisses zu warten. Die fehlende Ehemündigkeit eines Verlobten nach seinem Heimatrecht ist kein eigentlicher Anwendungsfall des Art. 13 II EGBGB: Ist kein Altersdispens möglich oder wird er rechtmäßig verweigert, so hat der betreffende Verlobte regelmäßig[126] bis zum Erreichen der Altersgrenze zu warten,[127] es sei denn, man wollte über den deutschen ordre public des Art. 6 EGBGB helfen.[128]

50 Ein besonderes Problem ergibt sich, wenn das ausländische Recht für das jeweilige Ehehindernis eine Befreiungs- oder Dispensmöglichkeit vorsieht. Bei prinzipiell noch für Art. 13 II EGBGB beachtlichen Ehehindernissen hat sich der Betroffene um den Dispens zu bemühen.[129] Dabei kann ihm auf einer Art. 13 II EGBGB vorgelagerten Stufe vor allem eine aus deutscher Sicht bestehende Zuständigkeit deutscher Stellen zur Erteilung von Befreiungen nach ausländischem Recht helfen.

51 ee) Unvereinbarkeit mit der Eheschließungsfreiheit des Art. 6 I GG. Zentrale Voraussetzung des Art. 13 II EGBGB ist die Unvereinbarkeit der Feststellung, dass nach dem ausländischen Recht eine Ehe nicht geschlossen werden könnte, mit der Eheschließungsfreiheit des Art. 6 I GG. Diese Voraussetzung gibt Art. 13 II EGBGB sein Gepräge als spezielle ordre public-Klausel. Ehelosigkeit ist indes nicht etwa generell unzumutbar. Denn auch das deutsche Sachrecht kennt Eheverbote. Überzeugende sachliche Gründe, die sich aus dem Wesen der Ehe ergeben, vermögen auch im deutschen Recht Eheverbote verfassungsrechtlich zu rechtfertigen, so sehr der deutsche Gesetzgeber auch beim Aufstellen solcher Hindernisse Zurückhaltung zu üben hat.[130]

52 In Art. 13 II Nr. 3 Hs. 2 EGBGB sind die beiden historisch wichtigsten Konstellationen der Unzumutbarkeit aufgezählt. Die erste entstammt der Spanier-Entscheidung des BVerfG[131], die zweite ist eine Verallgemeinerung des Art. 13 II EGBGB aF. Die erste betrifft die im Heimatstaat (noch) nicht anerkannte Scheidung in einem anderen Staat, die zweite die dort (noch) nicht anerkannte Todeserklärung des früheren Ehepartners eines Verlobten in einem anderen Staat. Beide beispielhaft und nicht abschließend aufgezählten

---

[123] BGH FamRZ 1997, 542, 544; OLG Celle StAZ 1988, 261, 262.
[124] Siehe nur *Schwimann*, StAZ 1988, 35, 37; Palandt/*Thorn* Art. 13 EGBGB Rn. 16 sowie OLG Hamm StAZ 1972, 140; OLG Hamm FamRZ 1973, 143 m. Anm. *Jayme*; StAZ 1974, 210; OLG Karlsruhe StAZ 1972, 310.
[125] Siehe OLG Hamm StAZ 1974, 64.
[126] Zu Ausnahmefällen *Westenburger*, StAZ 1995, 248, 249.
[127] Anderer Ansicht Soergel/*Schurig* Art. 13 EGBGB Rn. 54.
[128] AG Halle/Saale FamRZ 2016, 307.
[129] *W. Schulz*, StAZ 1991, 32, 35; auch *Westenburger*, StAZ 1995, 248, 249
[130] BVerfGE 36, 146, 163; 49, 286, 300.
[131] BVerfGE 31, 58.

II. Eheschließung

Fälle betreffen Konstellationen, in denen das IPR durch besondere Gerichts- oder Behördenakte und deren Anerkennung überlagert wird.[132]

ff) *Rechtsfolgen.* Sind alle tatbestandlichen Voraussetzungen des Art. 13 II EGBGB erfüllt, so wird die nach dem eigentlichen Eheschließungsstatut fehlende sachliche Eheschließungsvoraussetzung durch *partielle* Anwendung des deutschen Rechts ersetzt. Deutsches Recht kommt nur hinsichtlich dieser einen Eheschließungsvoraussetzung zur Anwendung. Im Übrigen bleibt das über Art. 13 I EGBGB berufene ausländische Recht in vollem Umfang weiter Eheschließungsstatut.[133]

gg) *Verhältnis zur allgemeinen ordre public-Klausel.* Grundsätzlich verdrängt Art. 13 II EGBGB als spezielle ordre public-Klausel die allgemeine ordre public-Klausel des Art. 6 EGBGB nach dem Spezialitätsgrundsatz. Art. 13 II EGBGB mit seiner (erschwerenden) Verpflichtung, sich um Beseitigung des Hindernisses zu bemühen, ist jedoch nicht anzuwenden, soweit das Ehehindernis (z. B. der Rasse- oder Religionsverschiedenheit) schlechterdings anstößig ist.[134] Die deutsche Rechtsordnung kann solche Hindernisse auch bei einem geringeren als dem in Art. 13 II EGBGB vorausgesetzten Inlandsbezug nicht hinnehmen, weil sie einen fundamentalen Verstoß gegen die Werteordnung des GG darstellen.[135] Bei solchen Ehehindernissen erfüllt Art. 6 S. 2 EGBGB die Aufgabe, sie eben auch bei einer geringeren als der in Art. 13 II EGBGB beschriebenen Nahebeziehung zum Inland auszuschalten.

c) *Konsens und Eheschließungserklärung.* Grundsätzlich setzt die Ehe voraus, dass die beiden Verlobten persönlich den freien Willen zur Eheschließung haben. Zumindest im kontinentaleuropäischen Rechtskreis ist dies selbstverständlich, auch wenn es in den Gesetzen vielfach nicht eigens ausgesprochen wird. Es sind jedoch ausländische Regelungen denkbar, die auf den freien Ehewillen verzichten und auf eine Zwangsverheiratung und Zwangsehe hinauslaufen.

In islamisch geprägten Gesellschaftsordnungen sind Verheiratungen ohne oder gar gegen den Willen der Frau, gern unter Verwandten zweiten Grades, leider verbreitete Realität.[136] Bei hinreichendem Inlandsbezug zu Deutschland scheitern solche Ehen, bei denen einer der Partner ohne oder sogar gegen seinen Willen von Dritten in die Ehe gegeben wird, spätestens an Art. 6 S. 2 EGBGB iVm Artt. 1 I; 2 I; 6 I GG. Sie sind Nichtehen.

Stellvertretung in der Erklärung (also nicht im Willen) ist dagegen eine Formfrage[137] und unterfällt daher nicht Art. 13 I, sondern Art. 13 IV bzw. 11 EGBGB. Historisch gewachsenes Beispiel ist die so genannte Handschuhehe, bei der ein Handschuh den Nupturienten symbolisiert, an dessen Stelle ein Vertreter für diesen die Erklärung abgibt.[138]

d) *Heiratsvormund.* Nach manchen islamischen Rechten, insbesondere jenen, welche der malikitischen Rechtsschule folgen, kann eine Frau die Ehe nicht selbst schließen. Sie bedarf vielmehr immer eines (männlichen) Heiratsvormunds (wali).[139] Dabei wird dem Vertreter eine Generalvollmacht erteilt, die sogar die Freiheit zur Auswahl des Ehepartners miteinschließen kann.[140] Der Heiratsvormund ist nicht nur ein bloßer gebundener „Vertre-

---

[132] Staudinger/*Mankowski* Art. 13 EGBGB Rn. 149.
[133] Siehe nur Erman/*Hohloch* Art. 13 EGBGB Rn. 22; Palandt/*Thorn* Art. 13 EGBGB Rn. 18.
[134] So *Schwimann*, StAZ 1988, 35, 38; *Krömer*, StAZ 2001, 43 f.
[135] Vorauflage Rn. 150 *(v. Bar)*.
[136] Näher zum Phänomen unter westlichen Rechtsordnungen *Sütçu*, Zwangsheirat und Zwangsehe, 2009; *Riaño*, Zwangsheirat, 2010; *Y. Meier*, Zwangsheirat, 2010; *L. Hildebrand*, Die Bekämpfung der Zwangsheirat in Deutschland, 2015.
[137] Siehe nur AG Darmstadt IPRspr. 2012 Nr. 77 S. 157; *Deuchler*, Eheschließung unter Abwesenden, 1942, S. 61–73.
[138] Eingehend zum Phänomen Handschuhehe insbesondere *Deuchler*, Eheschließung unter Abwesenden, 1942, S. 25–46; *Spellenberg*, FS Dieter Schwab, 2005, S. 1279.
[139] So vor allem Art. 11 Code de famille in Algerien.
[140] Dazu *Deuchler*, FS Leo Raape, 1949, S. 83; BGHZ 29, 137, 140; LG Hamburg IPRspr. 1958/59 Nr. 117; KG OLGZ 1973, 435, 439.

ter in der Erklärung",¹⁴¹ sondern soll vom Ansatz her gerade den Inhalt des Ehevertrages innerhalb der Grenzen seiner Bevollmächtigung frei (und mit vermuteter größerer Durchsetzungskraft) aushandeln, selbst wenn ihm kein Recht zur Auswahl des Ehemannes zusteht¹⁴²,¹⁴³

59 Solche Stellvertretung im Willen ist keine Frage der Form,¹⁴⁴ sondern eine inhaltliche Voraussetzung der Heirat und über Art. 13 I EGBGB anzuknüpfen,¹⁴⁵ denn sie berührt den zentralen Bereich der Willensbildung und Willensäußerung. Die Zulässigkeit der Stellvertretung im Willen ist jedenfalls für das deutsche Verweisungsrecht als zweiseitige Ehevoraussetzung aufzufassen.¹⁴⁶ Stellvertretung im Willen unter deutscher Beteiligung führt daher zu einer Nichtehe.¹⁴⁷

60 Soweit kein Dispens möglich ist, verstößt die Institution des Heiratsvormunds bei hinreichendem Inlandsbezug klar gegen den deutschen ordre public, weil sie einseitig Frauen diskriminiert.¹⁴⁸ Bei einer Eheschließung in Deutschland ist also selbst dann kein Heiratsvormund erforderlich, wenn das Heimatrecht der Frau ihn ausdrücklich vorschreibt.

61 e) *Geschäftsfähigkeit.* Viele Rechte verlangen Geschäftsfähigkeit, damit eine Person eine Ehe eingehen kann. § 1303 I BGB formuliert dies als Soll-Vorschrift. Ob eine Person geschäftsfähig oder geschäftsunfähig ist, bestimmt sich als selbständig anzuknüpfende Vorfrage gemäß Art. 7 EGBGB nach ihrem Personalstatut. Dies gilt auch im Zusammenhang mit der Eheschließung, insbesondere wenn ein Recht Geschäftsfähigkeit zusätzlich zur Ehemündigkeit verlangt.¹⁴⁹

62 Auch § 1303 I BGB knüpft die Ehemündigkeit nach deutschem Sachrecht an die Volljährigkeit. Ob jemand nach deutschem IPR als volljährig anzusehen ist, bestimmt sich nach Art. 7 II EGBGB und dem Grundsatz „semel maior semper maior" (d. h. eine einmal erworbene Geschäftsfähigkeit geht durch einen Wechsel der Staatsangehörigkeit nicht verloren) folgt. Art. 7 II EGBGB ist auf die Ehemündigkeit analog anzuwenden.¹⁵⁰

63 **3. Einwilligung Dritter in die Eheschließung, insbesondere Minderjähriger.** Das Heimatrecht jedes Verlobten bestimmt, welche anderen Personen eventuell ihre Einwilligung erteilen müssen und welche Folgen das Fehlen der Einwilligung für den Bestand der Ehe hat.¹⁵¹ Ihre Einwilligung oder Zustimmung können nach dem jeweiligen Heimatrecht z. B. gesetzliche Vertreter, Sorgeberechtigte oder bestimmte Verwandte erteilen müssen. Das Einwilligungserfordernis ist jeweils auf die Person eines Verlobten bezogen, der seinerseits in einer bestimmten rechtlichen Beziehung zu bestimmten Dritten stehen kann, und ist deshalb ein nur einseitiges Ehehindernis. Das über Art. 13 I EGBGB berufene Recht

---

¹⁴¹ So aber *Henrich*, StAZ 1960, 100, 101; *H. Kotzur* S. 72f.; *Rohe*, StAZ 2000, 161, 168f.; IPG 1982 Nr. 18 S. 187 (Freiburg), die alle in sich konsequent eine Qualifikation als Formfrage befürworten und Art. 13 IV bzw Art. 11 EGBGB anwenden wollen.

¹⁴² Auf letzteres stellt *Rohe*, StAZ 2000, 161, 168f. unter Bezugnahme auf *El Alami*, The Marriage Contract in Islamic Law, 1992, S. 50ff. tragend ab.

¹⁴³ Staudinger/*Mankowski* Art. 13 EGBGB Rn. 208.

¹⁴⁴ Entgegen *Henrich*, StAZ 1960, 100, 101; *H. Kotzur* S. 72f.; *Rohe*, StAZ 2000, 161, 168f.; IPG 1982 Nr. 18 S. 187 (Freiburg).

¹⁴⁵ Siehe nur BGHZ 29, 137, 140; BayObLGZ 2000, 335, 338; KG NJOZ 2006, 2138; Staudinger/*Mankowski* Art. 13 EGBGB Rn. 218.

¹⁴⁶ KG NJOZ 2006, 2138; Staudinger/*Mankowski* Art. 13 EGBGB Rn. 218.

¹⁴⁷ *Gamillscheg*, Eranion Giorgios Maridakis, Bd. III, 1964, S. 47, 49; *Deuchler*, FS Leo Raape, 1949, S. 83, 86f.; obiter ebenso OLG Celle FamRZ 1958, 30; BGHZ 29, 137, 140

¹⁴⁸ Staudinger/*Mankowski* Art. 13 EGBGB Rn. 209 sowie *P. Scholz*, StAZ 2002, 321, 330.

¹⁴⁹ Siehe nur Palandt/*Thorn* Art. 13 EGBGB Rn. 6; Soergel/*Schurig* Art. 13 EGBGB Rn. 13 mwN; *Krömer*, StAZ 2003, 87

¹⁵⁰ Staudinger/*Mankowski* Art. 13 EGBGB Rn. 206; *Hepting/Dutta* Rn. III-280.

¹⁵¹ Siehe nur BGH IPRspr. 1964/65 Nr. 88; OLG Frankfurt MDR 1951, 299 m. Anm. *Raape;* KG FamRZ 1968, 466; LG Aschaffenburg IPRspr. 1952/53 Nr. 110; LG Hamburg MDR 1956, 552; LG Berlin IPRspr. 1972 Nr. 42; LG Kassel StAZ 1990, 169 m. Anm. *Kremer;* AG Bad Wildungen StAZ 1990, 170.

II. Eheschließung

bestimmt auch, ob und welcher Personen Einwilligung gerichtlich oder behördlich ersetzt werden kann.[152]

Ob der Verlobte nur mit Zustimmung seiner Eltern oder Personensorgeberechtigten heiraten darf, sagt das von Art. 13 EGBGB bestimmte Recht; ob dagegen der heiratswillige Verlobte noch unter elterlicher Gewalt steht, wie das Personensorgerecht geregelt ist und wer Inhaber der gesetzlichen Vertretungsmacht ist, bestimmt jeweils als Vorfrage das Eltern-Kind-Statut.[153]

4. Eheschließung unter falschem Namen. Die Identität der Nupturienten ist wesentliches Element der Eheschließung. Bei der Eheschließung gibt es kein „Geschäft, für wen es angeht". Die materielle Höchstpersönlichkeit des Ehebunds verlangt, dass die Identität der Heiratenden zweifelsfrei feststeht. Daraus ergibt sich die Notwendigkeit, aber auch das Problem der Identitätsfeststellung, insbesondere in Fällen des Handelns unter falschem Namen. Bescheinigungen ausländischer diplomatischer oder konsularischer Vertretungen reichen in Deutschland typischerweise nicht aus; erforderlich ist grundsätzlich ein Ausweispapier mit Lichtbild und Angaben der Person.[154] Ausweisersatzpapiere deutscher Ausländerbehörden, die allein auf den eigenen Angaben des betreffenden Antragstellers beruhen, entfalten keine Beweiskraft.[155]

Man könnte das Handeln unter falschem Namen bei der Eheschließung stellvertretungsrechtlich und in der weiteren Folge als Formfrage qualifizieren.[156] Richtigerweise ist die Frage, wer Partei des Rechtsgeschäfts Heirat ist, aber zum Zustandekommen der Heirat und damit zum materiellen Eheschließungsstatut zu schlagen.[157] Das gilt auch für Fälle unrichtiger oder unvollständiger Namensangaben.[158] Stellvertretung kommt nur und erst dann ins Spiel, wenn es sich um ein Drei-Personen-Verhältnis handelt; vorher ist aber zu klären, ob überhaupt ein Drei-Personen-Verhältnis vorliegt oder ob nur zwei Personen beteiligt sind.[159]

5. Geschlecht der Eheschließenden. Das materielle Eheschließungsstatut entscheidet, ob es Geschlechtsverschiedenheit der Eheschließenden verlangt, dass also nur eine Frau und ein Mann miteinander die Ehe im rechtstechnischen Sinne heiraten dürfen oder ob es die Ehe als Institut auch zwei Frauen oder zwei Männern oder gar noch darüber hinaus öffnen will.

a) Gleichgeschlechtliche Ehe. Das deutsche Sachrecht hat in § 1353 I 1 BGB den Ehebegriff geöffnet:[160] „Die Ehe wird von zwei Personen verschiedenen oder gleichen Geschlechts auf Lebenszeit geschlossen." Es kennt nun die „Ehe für alle" und hat sich vom rein heterosexuellen Ehebegriff verabschiedet. Eine formelle Änderung von Art. 13 ist in diesem Kontext nicht erfolgt. Der deutsche Gesetzgeber ging vielleicht davon aus, dass das deutsche IPR der Änderung des Ehebegriffs im deutschen Sachrecht vorbehaltlich einer Sonderregelung folgen werde oder dass das deutsche IPR eh schon einen weiten, geschlechtsoffenen Ehebegriff gekannt habe.[161] Letzteres wäre sympathischer und im Sine einer funktionell-

---

[152] Siehe nur BeckOK BGB/*J. Mörsdorf-Schulte* Art. 13 EGBGB Rn. 32; Staudinger/*Mankowski* Art. 13 EGBGB Rn. 213.
[153] Staudinger/*Mankowski* Art. 13 EGBGB Rn. 214.
[154] OLG Frankfurt StAZ 2005, 322; LG Frankfurt/Main StAZ 2006, 327.
[155] BayObLG StAZ 2005, 104; OLG Hamm FamRZ 2007, 656.
[156] So OLG Karlsruhe StAZ 1994, 286; OLG Karlsruhe StAZ 2005, 322; *Kremer,* StAZ 1990, 366, 367; siehe auch AG Rüsselsheim StAZ 1990, 366.
[157] OLG Düsseldorf StAZ 2012, 204; OLG Hamm StAZ 2016, 375; OLG Düsseldorf FamRZ 2017, 359; Staudinger/*Mankowski* Art. 13 EGBGB Rn. 223; BeckOGK/*Rentsch* Art. 13 EGBGB Rn. 85; Palandt/*Thorn* Art. 13 EGBGB Rn. 12; offen OLG München FamRZ 2009, 1845.
[158] OLG Düsseldorf StAZ 2012, 204.
[159] Staudinger/*Mankowski* Art. 13 EGBGB Rn. 223.
[160] Mit Art. 1 Nr. 2 Gesetz zur Einführung des Rechts auf Eheschließung für Personen gleichen Geschlechts vom 20.7.2017, BGBl. 2017 I 2787.
[161] Explizite Aussagen zum IPR finden sich auch in den Gesetzesmaterialien nicht.

rechtsvergleichenden Qualifikation allein sachgerecht, weil ersteres ein Rückfall in die überwunden geglaubte Qualifikation kollisionsrechtlicher Systembegriffe nach dem Sachrecht der lex fori wäre. Immerhin hatte der Bundesrat in seinem Gesetzentwurf breite rechtsvergleichende Umschau gehalten und aufgelistet, in wie vielen und welchen Staaten inner- und außerhalb der EU die „Ehe für alle" bereits eingeführt worden war.[162]

69 Nach Art. 3 III Gesetz zur Einführung des Rechts auf Eheschließung für Personen gleichen Geschlechts vom 20.7.2017 können Lebenspartnerschaften nach dem LPartG ab dem 1.10.2017 nicht mehr begründet werden. Der deutsche Gesetzgeber ist also umgeschwenkt und stellt ab dem 1.10.2017 für neue Bindungswillige nur noch die gleichgeschlechtliche Ehe, aber nicht mehr die eingetragene Lebenspartnerschaft zur Verfügung. Er macht gleichgeschlechtliche Ehe und eingetragene Lebenspartnerschaft zu klaren, sukzessiven Alternativen, im Sachrecht zeitlich gegeneinander abgegrenzt.[163]

70 Im Kollisionsrecht hat der deutsche Gesetzgeber jedoch jenseits des Güterrechts ganz anders gearbeitet. Seine Antwort im IPR ist Art. 17b IV 1 EGBGB 2019: Auf gleichgeschlechtliche Ehen werden die für eingetragene Lebenspartnerschaften geschaffenen Art. 17b I–III EGBGB für entsprechend anwendbar erklärt. Die neue, zweigliedrige Überschrift des Art. 17b EGBGB 2017/2019 zementiert die kollisionsrechtliche Gleichstellung von eingetragenen Lebenspartnerschaften und gleichgeschlechtliche Ehen. Kollisionsrechtlich werden diese beiden Institute einander gleichgestellt, während im deutschen Sachrecht verschieden- und gleichgeschlechtliche Ehe einander gleichgestellt sind. Schon das ist eine Diskrepanz.[164] Im IPR will man nicht mit Art. 13 I EGBGB allseitig ins Dunkle springen und bei Heimatrechten landen, welche die gleichgeschlechtliche Ehe ablehnen. Vielmehr will man für die gleichgeschlechtliche Ehe das kollisionsrechtliche Privileg der Grundanknüpfung an den Eingehungsort nach Art. 17b IV 1 iVm I 1 EGBGB. Denn ein Staat, in dem eine gleichgeschlechtliche Ehe geschlossen werden kann, kennt die gleichgeschlechtliche Ehe logischerweise als Institut und billigt sie, denn anderenfalls wäre in ihm keine gleichgeschlechtliche Eheschließung möglich.[165]

71 Im IPR gehen verschieden- und gleichgeschlechtliche Ehe also jenseits des Güterrechts ganz getrennte und ganz unterschiedliche Wege.[166] Gleichgeschlechtliche Ehen werden in gewissem Sinne privilegiert und eröffnen, je nach Ausgestaltung des Rechts am Eingehungs- und Registrierungsort, eine Art Wahlfreiheit.[167] Allerdings ist dies indirekte Wahlfreiheit durch Auswahl des Registierungsortes. Es geht nicht etwa um direkte Parteiautonomie in dem Sinne, dass durch Rechtswahl vom eigentlich anwendbaren Art. 13 I EGBGB abgewichen würde.[168]

72 Für das Internationale Scheidungsrecht aber durchbricht Art. 17b IV 1 EGBGB 2019 die Anlehnung gleichgeschlechtlicher Ehen an eingetragene Partnerschaften und schwenkt auf eine Gleichbehandlung mit verschiedengeschlechtlichen Ehen um: Für die Scheidung einer gleichgeschlechtlichen Ehe gilt die Rom III-VO entsprechend.

73 Für das Güterrecht gleichgeschlechtlicher Ehen trifft Art. 17b IV 2 EGBGB 2019 ebenfalls eine eindeutige Anordnung: Sie unterliegen der EuGüVO. Im Internationalen Ehegüterrecht erfasst der einschlägige Ehebegriff des deutschen IPR also auch die gleichge-

---

[162] Begründung des Bundesrates zum Entwurf eines Gesetzes zur Einführung des Rechts auf Eheschließung für Personen gleichen Geschlechts, BT-Drs. 18/6665, 8 f.; ebenso Fraktion Bündnis 90/Die Grünen in: Beschlussempfehlung und Bericht des Ausschusses für Recht und Verbraucherschutz, BT-Drs. 18/12989, 7.

[163] Begründung des Bundesrates zum Entwurf eines Gesetzes zur Einführung des Rechts auf Eheschließung für Personen gleichen Geschlechts, BT-Drs. 18/6665, 9, 10 Zu Artikel 3 Absatz 3.

[164] *Mankowski*, IPRax 2017, 541, 543.

[165] *Mankowski*, IPRax 2017, 541, 543.

[166] Wobei es allerdings an Klarstellungen fehlt, ob Artt. 19 I 3; 22 I 3; 10 II; 47 I 2 EGBGB und das IZVR jetzt den kollisions- oder den sachrechtlichen Ehebegriff zugrundelegen sollen; eingehend *Mankowski*, IPRax 2017, 541, 544–546.

[167] *Pfeiffer*, FAZ vom 14.9.2017; *Mankowski*, IPRax 2017, 541, 543 f.; *Erbarth*, FamRB 2017, 429, 432.

[168] Dahin aber missverständlich *Erbarth*, FamRB 2017, 429, 434.

II. Eheschließung

schlechtlichen Ehen und behandelt diese gleich mit den verschiedengeschlechtlichen Ehen, nicht mit eingetragenen Partnerschaften. Erwägungsgrund (17) EuGüVO wird in diesem Sinne zulässig ausgefüllt. Das Internationale Eherecht soll so im Zusammenhang mit EuGüVO und EuPartVO unter Berücksichtigung des gesamteuropäischen Kontextes geregelt werden.[169] In den an EuGüVO und EuPartVO teilnehmenden Staaten werden gleichgeschlechtliche Ehen sachrechtlich üblicherweise den Ehen und nicht den eingetragenen Partnerschaften zugerechnet. Dem will Art. 17b IV 2 EGBGB 2019 im Interesse internationaler Entscheidungsharmonie zwischen den Mitgliedstaaten von EuGüVO und EuPartVO Rechnung tragen.[170]

Für gleichgeschlechtliche Ehen etabliert sich mit Art. 17b IV EGBGB 2019 das Modell, **74** dass sie im deutschen IPR zwar grundsätzlich den eingetragenen Lebenspartnerschaften folgen, dass es aber ausdrückliche Durchbrechungen gibt. Die beiden Durchbrechungen betreffen gerade die besonders wichtigen Bereiche der Scheidung und des Güterrechts. In diesen beiden Hinsichten werden gleichgeschlechtliche Ehen den verschiedengeschlechtlichen Ehen gleichgestellt. Art. 17b IV 1 iVm I–III EGBGB 2019 verbleiben also unter dem Strich nur Eingehung und allgemeine Wirkungen der gleichgeschlechtlichen Ehe sowie Versorgungsausgleich, Name, Gewaltschutz und Posterioritätsregel bei mehreren gleichgeschlechtlichen Ehen.

Heimat- oder Umweltrechte können gleichgeschlechtlichen Ehen die rechtliche Billi- **75** gung verweigern. Konservativ eingestellte Rechte, die sich der „Ehe für alle"-Bewegung verschlossen haben, werden dies ohne Zweifel weiterhin tun, schon beginnend in Polen. Andere Staaten differenzieren danach, ob mindestens einer ihrer eigenen Staatsangehörigen beteiligt ist, und stehen gleichgeschlechtlichen Ehen bei solcher Beteiligung ablehnend gegenüber, wärend sie umgekehrt im Ausland geschlossene gleichgeschlechtliche Ehen unter Ausländern hinnehmen. Prominentes Beispiel dafür ist der neu eingefügte Art. 32b italIPRG.[171] Ob die ablehnenden Ergebnisse bei Eheschließung in Deutschland standhalten, beurteilt sich über Art. 6 EGBGB danach, ob die Erweiterung des Ehebegriffs im deutschen Sachrecht durch die Neufassung des § 1353 I 1 BGB bereits zum deutschen ordre public zu zählen ist. Importiert man den in Frankreich nach der Einführung der mariage pour tous gepflegten Ansatz,[172] so wäre dies zu bejahen.

b) Transsexuellenproblematik. Hält das materielle Eheschließungsstatut am traditionellen **76** Bild fest[173] und öffnet die Ehe nur für Frau und Mann, so unterliegt ihm auch die Beurteilung, welches Geschlecht ein Transsexueller oder eine Person nach einer Geschlechtsumwandlung hat.[174] Insgesamt gilt für das Internationale Eheschließungsrecht: Die Wirkungen einer geschlechtsumwandelnden Operation sind eine Vorfrage und unterliegen entsprechend Art. 7 I EGBGB dem Personalstatut.[175] Die Hauptfrage der Ehefähigkeit ist eine

---

[169] Begründung der Bundesregierung zum Entwurf eines Gesetzes zum Internationalen Güterrecht und zur Änderung von Vorschriften des Internationalen Privatrechts, BR-Drs. 385/18, 38 Zu Nummer 8.
[170] Begründung der Bundesregierung zum Entwurf eines Gesetzes zum Internationalen Güterrecht und zur Änderung von Vorschriften des Internationalen Privatrechts, BR-Drs. 385/18, 38 Zu Nummer 8.
[171] Dazu *Campiglio*, RDIPP 2017, 33; *M. M. Winkler/Shappo*, RCDIP 2017, 319; *M. M. Winkler*, in: Buffone (a cura di), Unione civile e convivenza, 2017, S. 394; *ders.,* Ital. L. J. 8 (1) (2017), 273.
[172] Cass. JCP G 2015, 181 avis *Sarcelet* = JCP G 2015, 525 note *Léna Gannagé* = D. 2015, 464 note *Fulchiron* = = Clunet 142 (2015), 597; CA Chambéry JurisData 2012 n°. 2013–022910; CA Reims JurisData n°. 2016–001644; zur Diskussion *Devers*, JCP G 2013 act. 1159; *Fulchiron*, D. 2013, 2576; *Boulanger*, JCP G 2013, 2155; *Godechot-Patris*, Clunet 142 (2015), 598; *Vignal*, Clunet 142 (2015), 613; *Mathieu*, Clunet 142 (2015), 622; *Khiar*, Petites affiches N° 172, 28 août 2015, S. 8; *Sinopoli*, Rev. dr. hommes art. 1396 <http://revdh.revues.org/1396> (2016); *Despaquis*, JCP G 2016, 470.
[173] Zu Fortentwicklungen z. B. *Boele-Woelki/Angelika Fuchs* (eds.), Same-Sex Relationships and Beyond – Gender Matters in the EU, 2017.
[174] Staudinger/*Mankowski* Art. 13 EGBGB Rn. 185.
[175] BayObLGZ 2003, 346 = FamRZ 2004, 1394, 1395; KG StAZ 2002, 307, 308; *Norrie*, (1994) 43 ICLQ 757, 769; *Kegel*, in: Kegel/Schurig IPR § 17 I 3 (S. 565); Staudinger/*Mankowski* Art. 13 EGBGB Rn. 185; BeckOK BGB/*J. Mörsdorf-Schulte* Art. 13 EGBGB Rn. 25. Anderer Ansicht Soergel/*Schurig* Art. 13 EGBGB Rn. 15: Da die Geschlechtszugehörigkeit nur für die Eheschließung eine Rolle spielen

Frage des Rechts der Ehehindernisse und nach Art. 13 EGBGB an das Heimatrecht des betreffenden Nupturienten anzuknüpfen.[176]

77 Erlaubt das Heimatrecht des betreffenden Nupturienten nach einer geschlechtsumwandelnden Operation eine Eheschließung mit einem Angehörigen des nunmehr anderen Geschlechts,[177] so darf er seinen Partner heiraten. Dem steht kein zweiseitiges Eheverbot nach deutschem Recht entgegen. Im Gegenteil verlangen das deutsche Verfassungsrecht und damit bei hinlänglichem Inlandsbezug (gewöhnlicher Aufenthalt im Inland) auch der deutsche ordre public, eine erfolgreiche geschlechtsumwandelnde Operation als Änderung des Geschlechts und damit als Begründung der Fähigkeit, eine Ehe mit einem Angehörigen des früheren Geschlechts zu schließen, anzusehen. Insoweit setzen sich die deutschen Wertvorstellungen gegenüber einem abweichenden Heimatrecht des Transsexuellen durch.[178] Artt. 1; 2; 6 GG differenzieren nicht zwischen Ausländern und Deutschen. Eine grundrechtskonforme Regelung lässt sich zumeist schon über Art. 13 II EGBGB erzielen.[179]

78 Eine Reihe von ausländischen Rechtsordnungen untersagt operative Geschlechtsumwandlungen generell oder versagt ihnen jedenfalls die rechtliche Wirkung, schreibt also auch nach einer Operation weiterhin das vor einer Opertaion innegehabte Geschlecht zu. Haben sich also Angehörige solcher Länder in Deutschland oder in einem dritten Staat erfolgreich einer geschlechtsumwandelnden Operation unterzogen, so können sie in Deutschland nach dem Text des TSG iVm Art. 13 EGBGB dennoch nicht heiraten, weil ein deutsches Gericht die Geschlechtsänderung nicht feststellen kann, diese Feststellung aber wiederum Voraussetzung für die Ehefähigkeit ist (§ 10 TSG). Unter Berücksichtigung des Art. 6 I GG ist diese Vorschrift in verfassungskonformer Auslegung jedoch dahingehend zu lesen, dass transsexuellen Ausländern, denen ihr Heimatrecht eine Geschlechtsumwandlung verbietet oder einer erfolgten Umwandlung rechtliche Wirkungen versagt, nach erfolgtem operativen Eingriff der Weg zu den deutschen Standesämtern auch ohne gerichtliche Feststellung der Geschlechtsänderung freisteht.[180] Die Gleichberechtigung mit deutschen Transsexuellen kann in letzter Linie durch das Verfahren zur Befreiung von der Pflicht zur Beibringung des Ehefähigkeitszeugnisses gewährleistet werden,[181] auch wenn man dabei jenes Verfahren ein Stück ausweiten und über dessen eigentliche Funktion hinausgehen muss.[182]

79 c) *Intersexuellenproblematik.* Intersexuelle sind weder Männer noch Frauen, sondern gehören einem dritten, anderen oder neutralen Geschlecht an.[183] Solange man am traditionellen Ehebild als Anknüpfungsbegriff des Internationalen Eherechts festhielt und eine Ehe zwischen Mann und Frau verlangte, so lange war eine Verbindung, bei der ein Partner Intersexueller ist, keine Ehe.[184] Insoweit ist aber ein Wandel eingetreten, spätestens mit der Einführung der „Ehe für alle" im deutschen Sachrecht.[185] Nimmt man die „Ehe für alle" als

---

könne, sei sie als Teil der Hauptfrage über Art. 13 EGBGB anzuknüpfen. Schurigs Prämisse ist entgegenzuhalten, dass die Geschlechtszugehörigkeit auch im Arbeitsrecht von Bedeutung sein kann.
[176] Siehe nur Soergel/*Schurig* Art. 13 EGBGB Rn. 15; MüKoBGB/*Coester* Art. 13 EGBGB Rn. 52; Erman/*Hohloch* Art. 13 EGBGB Rn. 28.
[177] So z. B. unter Berufung auf die Ehefreiheit *Bellinger v. Bellinger* [2003] UKHL 21, [2003] 2 AC 467 (H. L.) in Großbritannien und *W v. Registrar of Marriages* [2013] HKEC 716 (HK Ct. Final Appeal); *Po Jen Yap*, (2013) 129 LQR 503 in Hong Kong.
[178] Staudinger/*Mankowski* Art. 13 EGBGB Rn. 186; BeckOK BGB/*J. Mörsdorf-Schulte* Art. 13 EGBGB Rn. 25.
[179] *Spickhoff,* Der ordre public im deutschen internationalen Privatrecht, 1898, S. 231; siehe auch LG Stuttgart StAZ 1999, 15, 16.
[180] Staudinger/*Mankowski* Art. 13 EGBGB Rn. 186; BeckOK BGB/*J. Mörsdorf-Schulte* Art. 13 EGBGB Rn. 25. Ablehnend BayObLGZ 2003, 346 = FamRZ 2004, 1394, 1396.
[181] LG Stuttgart StAZ 1999, 15, 16; AG Berlin-Schöneberg 8.3.2001 – 70 III 1011/97. Anderer Ansicht KG StAZ 2002, 307, 308; OLG Karlsruhe StAZ 2003, 139.
[182] Dies sei KG StAZ 2002, 307, 308 und OLG Karlsruhe StAZ 2003, 139 zugestanden.
[183] → § 6 Rn. 159 ff.
[184] *Gössl,* StAZ 2013, 301, 303.
[185] → § 4 Rn. 10 f., 68 f.

II. Eheschließung

Konzept ernst, so beschränkt sie sich nicht auf die traditionellen Geschlechter, sondern blickt wirklich auf alle Geschlechter, seien sie neutral, seien sie dritte, seien sie eigene, seien sie Nicht-Mann und Nicht-Frau.

Art. 17b IV 1 EGBGB 2019 schafft willkommene Klarheit: Er behandelt Ehen, bei denen mindestens ein Ehegatte weder dem weiblichen noch dem männlichen Geschecht angehört kollisionsrechtlich wie die gleichgeschlechtlichen Ehen und ordnet explizit eine entsprechenden Anwendung der Art. 17b I–III EGBGB an mit der Maßgabe, dass sich das auf Scheidung oder Trennung anzuwendende Recht nach der Rom III-VO richtet. Die Eingehung einer solchen Ehe unterliegt also nach Art. 17b IV 1 iVm I EGBGB 2019 dem Recht des Registrierungsstaates. Ein Staat, der eine solche Ehe registriert, akzeptiert sie notwendig, denn sonst würde er sie ja nicht registrieren. Die Registerortsanknüpfung will gerade verhindern, dass eine hypothetische Anknüpfung über Art. 13 I EGBGB zu einem ablehnend eingestellten Heimatrecht führen würde und ins Leere ginge.[186] Ein solches Ergebnis wäre mit der durch Art. 6 I GG grundrechtlich geschützten subjektiven Eheschließungsfreiheit der Intersexuellen nicht vereinbar.[187]

6. Eheschließungsalter (Ehemündigkeit). *a) Grundsatz.* Das Eheschließungsalter, Mindest- wie Höchstalter und die Ehemündigkeit unterliegt als materielle Eheschließungsvoraussetzung im Grundsatz Art. 13 I EGBGB.[188] Fehlende Ehemündigkeit ist ein einseitiges Ehehindernis.[189]

Die Altersstufen der Ehemündigkeit sind in den einzelnen Ländern noch immer recht unterschiedlich geregelt, obwohl eine gewisse Konvergenz zu verzeichnen ist und sich international ein Heiratsalter zwischen 16 und 18 Jahren weitgehend durchgesetzt hat.[190] Das alte kanonische Eherecht hat zunächst die Altersstufen des römischen Rechts übernommen, mithin (vereinfacht) für Mädchen die Vollendung des 12., für Jungen die Vollendung des 14. Lebensjahres. Das geltende *kanonische Recht* hat die Altersgrenzen auf 14/16 Jahre angehoben in Can. 1083 § 1 Codex Iuris Canonici. Im muslimischen Recht entscheidet die Geschlechtsreife, die für beide Geschlechter spätestens mit Vollendung des 15. Lebensjahres vermutet wird.[191]

Auch die Folgen einer Verletzung des Verbotes zu früher Eheschließung sind in den einzelnen Rechtsordnungen unterschiedlich. Ausgangspunkt der rechtsvergleichenden Betrachtung ist Art. 2 UN-Eheschließungsabkommen[192]: „Die Vertragsstaaten bestimmen im Wege der Gesetzgebung ein Heiratsmindestalter. Personen, welche dieses Alter nicht erreicht haben, können rechtmäßig eine Ehe nicht eingehen, es sei denn, dass die zuständige Behörde aus schwerwiegenden Gründen im Interesse der künftigen Ehegatten Befreiung vom Alterserfordernis erteilt hat." Damit ist es nicht zur international verbindlichen Festlegung eines bestimmten Heiratsmindestalters gekommen. Das Abkommen sieht lediglich

---

[186] Begründung der Bundesregierung zum Entwurf eines Gesetzes zur Umsetzung des Gesetzes zur Einführung des Rechts auf Eheschließung für Personen gleichen Geschlechts, BR-Drs. 432/18, 26 Zu Artikel 2 Nummer 1.
[187] Begründung der Bundesregierung zum Entwurf eines Gesetzes zur Umsetzung des Gesetzes zur Einführung des Rechts auf Eheschließung für Personen gleichen Geschlechts, BR-Drs. 432/18, 26 f. Zu Artikel 2 Nummer 1.
[188] Siehe nur OLG Köln IPRspr. 1998 Nr. 67; KG FamRZ 2012, 1495; OLG Bamberg FamRZ 2016, 1270, 1272; AG Hannover FamRZ 2002, 1116, 1117; *Henrich*, FamRZ 2000, 819; *Kampe*, StAZ 2008, 348, 349; *Mankowski*, FamRZ 2016, 1274, 1275 mwN; *Andrae*, NZFam 2016, 923 (923); *Majer*, NZFam 2017, 537, 538.
[189] RG JW 1917, 364; OLG Celle IPRspr. 1945–49 Nr. 17; LG Berlin IPRspr. 1962/63 Nr. 73; LG Mannheim IPRspr. 1964/65 Nr. 87; AG Hochheim IPRspr. 1966/67 Nr. 57; AG Hamburg IPRspr. 1966/67 Nr. 6; Staudinger/*Mankowski* Art. 13 EGBGB Rn. 203; MüKoBGB/*Coester* Art. 13 EGBGB Rn. 38; *Mankowski*, FamRZ 2016, 1274, 1275; *Antomo*, NZFam 2016, 1155, 1157; *Wall*, StAZ 2018, 96, 97. Anderer Ansicht *Andrae*, NZFam 2016, 923, 926.
[190] *Gaffney-Rhys*, [2009] IFL 228 sowie *Dethloff*, (2018) 32 Int. J. L., Policy & Fam. 302, 303 f.
[191] *Rauscher*, Sharia – Islamisches Familienrecht der sunna und shia, 1987, S. 18 f.
[192] UN-Übereinkommen über die Erklärung des Ehewillens, das Heiratsmindestalter und die Registrierung von Eheschließungen vom 7.11.1962, BGBl. 1969 II 161.

vor, dass es überhaupt ein Mindestalter geben soll. Das macht immerhin die Absicht, Kinderehen vorzubeugen, unmissverständlich deutlich.

84 *b) Sonderregel zur Bekämpfung von „Kinderehen": Art. 13 III EGBGB.* Zur Bekämpfung von so genannten „Kinderehen"[193] (richtig wäre: Minderjährigenehen[194]) wurde 2017 der (neue[195]) Art. 13 III EGBGB geschaffen:[196] Unterliegt die Ehemündigkeit eines Verlobten nach Art. 13 I EGBGB ausländischem Recht, so ist die Ehe trotzdem *nach deutschem Recht* unwirksam, wenn der Verlobte im Zeitpunkt der Eheschließung das 16. Lebensjahr nicht vollendet hatte (Nr. 1),[197] und aufhebbar, wenn der Verlobte im Zeitpunkt der Eheschließung das 16., aber nicht das 18. Lebensjahr vollendet hatte (Nr. 2).[198] Art. 13 III EGBGB kann man als spezielle, positive ordre public-Klausel verstehen.[199] Die Durchführung einer Aufhebung unter Art. 13 III Nr. 2 EGBGB richtet sich nach §§ 1315 I; 1316 BGB.[200] Minderjährigenehen sind im weltweiten Maßstab betrachtet ein Massenphänomen: 20–50% der Mädchen im Globalen Süden sollen Studien zufolge vor dem Alter von 18 Jahren oder um dieses Alter herum heiraten, in Afrika und Asien noch mehr, allen völkervertraglichen Bemühungen zum Trotz.[201] Menschenrechtlichen Interventionen vor Ort dürfte kaum Erfolg beschieden sein, selbst nicht solchen vor dem neuen African Court of Human Rights.[202]

85 Art. 13 III EGBGB ist ein eminent politischer Schritt, geboren aus dem Bestreben, politische Handlungsstärke zu beweisen,[203] und von erheblicher Härte.[204] Er ist eine politische Reaktion auf eine politische Diskussion.[205] Der Gesetzgeber hat aus politischen Motiven die vorher bestehende „reine" und offene kollisionsrechtliche Anknüpfung, kombiniert mit dem allgemeinen ordre public, durchbrochen. Dabei werden unterschwellig Minderjährigen- und Zwangsehen miteinander vermengt, obwohl es sich um zwei verschiedene Phänomene handelt.[206] Das Gesetz ist übermotiviert.[207] Vermutlich wäre Art. 13 III EGBGB jedenfalls nicht so schnell Gesetz geworden, wenn sein Entstehungsjahr 2017 kein Bundestagswahljahr gewesen wäre und wenn Politiker nicht deshalb auf Stimmenfang so aktivitätssuchend auf einen medialen Empörungszug aufgesprungen wären.[208]

86 Die Rechtsfolge ist strikt. Man kann von einer unbedingten Sonderanknüpfung deutschen Rechts sprechen,[209] das deutsche gesellschaftliche Vorstellungen schützen will.[210] Von der (allgemeinen) ordre public-Klausel unterscheidet sich dies merklich, da letztere eine

---

[193] Zum Phänomen UNICEF Report Ending Child Marriage – Progress and Prospects, 2014.
[194] *Coester-Waltjen,* IPRax 2017, 429 (429).
[195] Art. 13 III EGBGB 1986 ist heute Art. 13 IV EGBGB.
[196] Durch Art. 2 Nr. 1 Gesetz zur Bekämpfung von Kinderehen vom 17.7.2017, BGBl. 2017 I 2429.
[197] Intertemporal anwendbar nach Maßgabe von Art. 229 § 44 IV Nr. 2 EGBGB; dazu *Hüßtege,* FamRZ 2017, 1374, 1375; Erman/*Hohloch* Art. 13 EGBGB Rn. 41b; *R. Frank,* StAZ 2018, 1; *Wall,* StAZ 2018, 96.
[198] Eingehende Erläuterung der Differenzierung nach Altersgruppen bei *Rohe,* StAZ 2018, 73, 76–79.
[199] Erman/*Hohloch* Art. 13 EGBGB Rn. 41c; *Rohe,* StAZ 2018, 73, 76; *M.-P. Weller/Thomale/Hategan/ J.-L. Werner,* FamRZ 2018, 1289, 1293.
[200] Palandt/*Thorn* Art. 13 EGBGB Rn. 23.
[201] *J. A. Walker,* (2012) 16 African J. Reproductive Health 231 (231); *J. Diala/A. Diala,* J. Comp. L. in Africa 4 (2) (2017), 77, 80 f.
[202] Optimistischer *San Martano,* 50 Geo. Wash. Int'l. L. Rev. 653 (2018).
[203] *Rauscher,* FS Jolanta Kren Kostkiewicz, 2018, S. 245, 247.
[204] Diese lobend *Bongartz,* NZFam 2017, 541, 545.
[205] *Gössl,* in: A. Friedrichs/Gössl/Hoven/Steinbicker (Hrsg.), Migration. Gesellschaftliches Zusammenleben im Wandel, 2018, S. 19, 21.
[206] *Fountoulakis/Mäsch,* FS Thomas Geiser, 2017, S. 241, 244.
[207] *D. Schwab,* FamRZ 2017, 1369, 1373; *Rohe,* StAZ 2018, 73, 74.
[208] Siehe *Fountoulakis/Mäsch,* FS Thomas Geiser, 2017, S. 241, 243.
[209] *Coester-Waltjen,* IPRax 2017, 429, 432; BeckOGK/*Rentsch* Art. 13 EGBGB Rn. 159; *Rauscher,* FS Jolanta Kren Kostkiewicz, 2018, S. 245, 249 sowie *C. Kohler,* RCDIP 2018, 51, 57; *M.-P. Weller/Thomale/ Hategan/J.-L. Werner,* FamRZ 2018, 1289, 1293; vgl. auch *Mankowski,* FamRZ 2016, 1274, 1276; *Majer,* NZFam 2017, 537, 540 (positive Ausprägung des ordre public).
[210] *Gössl,* in: A. Friedrichs/Gössl/Hoven/Steinbicker (Hrsg.), Migration. Gesellschaftliches Zusammenleben im Wandel, 2018, S. 19, 21, 39 f. betont stärker die individualrechtliche Dimension.

II. Eheschließung   87–89 § 4

Einzelfallprüfung konkreter, auf der Basis ausländischen Rechts erzielter Ergebnisse gebieten würde[211] und bei Eheschließung im Ausland mehr Rücksicht im Einzelfall erlauben würde.[212] Methodisch mag dies ein Hybrid sein,[213] aber die Anknüpfungsergebnisse sind eindeutig und schaffen materiellrechtlich Klarheit.[214]

§ 1303 BGB wird unbedingt durchgesetzt.[215] Die deutsche Inlandssicht gilt[216] in Durchbrechung von Art. 13 I EGBGB.[217] Ein ausländisches Eheschließungsstatut ist unbeachtlich, soweit es vom deutschen Ehemindestalter nach unten abweicht.[218] Ob dies in allen Fällen und in allen Konsequenzen sachgerecht ist (z. B. entstehen hinkende Ehen,[219] daraus folgend paradoxerweise sogar die Gefahr von Doppelehen,[220] und Kinder eines solchen Paares werden unehelich, mit allen negativen Konsequenzen daraus in ihrem sozialen Umfeld; außerdem droht den Frauen ein Verlust finanzieller Absicherung[220a]), sei ebenso dahingestellt wie etwaige Konflikte mit dem konkreten Wohl der Minderjährigen[221] oder gar mit dem institutionellen Schutz der Ehe durch Art. 6 I GG, zumindest hinsichtlich fehlender Heilungsmöglichkeiten für Nichtehen.[222] Ob Art. 13 III EGBGB bei ohne Zwang zustandegekommenen Minderjährigenehen einer verfassungsrechtlichen Prüfung[222a] an der Eheschließungsfreiheit des Art. 6 I GG standhält, steht auf einem anderen Blatt.[223] Bis zu einer Nichtigerklärung durch das BVerfG ist Art. 13 III EGBGB jedenfalls geltendes Recht.[224] Umgekehrt wird übrigens reklamiert, dass ohne Art. 13 III EGBGB eine Schlechterbehandlung ausländischer minderjähriger Frauen gegenüber inländischen Frauen und damit eine kulturelle Relativierung der Grundrechte drohten.[225] 87

Der internationale Entscheidungseinklang wird geopfert.[226] Die unbedingte Durchsetzung kann jedenfalls nicht verhindern, dass faktisch eine Paarbeziehung geführt wird; sie kann sogar dazu führen, dass dem schwächeren Ehegatten ein besserer Schutz versagt wird, indem der Rechtsrahmen der Ehe nicht eröffnet wird.[227] 88

Die gesetzliche Anordnung ist jedenfalls unmissverständlich und vollkommen eindeutig.[228] Sie ist eine einseitige Sonderanknüpfung deutschen Rechts mit gezielter Aus- 89

---

[211] Vorbildlich OLG Bamberg FamRZ 2016, 1270 m. zust. Anm. *Mankowski*; dazu *Coester*, StAZ 2016, 257; *ders.*, FamRZ 2017, 77; *Andrae*, NZFam 2016, 923; *Antomo*, NZFam 2016, 1155; *dies.*, NJW 2016, 3558; *Stockmann*, jurisPR-FamR 17/2016 Anm. 6; *Nehls*, ZJS 2016, 657.
[212] *Coester-Waltjen*, IPRax 2017, 429, 434.
[213] So BeckOGK/*Rentsch* Art. 13 EGBGB Rn. 159 (härter Art. 159.1: „Methodensynkretismus").
[214] Siehe VG Berlin StAZ 2018, 285.
[215] Siehe Begründung der Fraktionen der CDU/CSU und der SPD zum Entwurf eines Gesetzes zur Bekämpfung von Kinderehen, BT-Drs. 18/12086, 23.
[216] Erman/*Hohloch* Art. 13 EGBGB Rn. 41c.
[217] *C. Kohler*, RCDIP 2018, 51, 56.
[218] *Coester-Waltjen*, IPRax 2017, 429, 433; Erman/*Hohloch* Art. 13 EGBGB Rn. 41b.
[219] *Gaaz*/*Bornhofen*, PStG, 4. Aufl. 2018, § 13 PStG Rn. 29; *Keil*, jurisPR-IWR 2/2018 Anm. 4 sub D; *Rauscher*, FS Jolanta Kren Kostkiewicz, 2018, S. 245, 254; *Gössl*, in: A. Friedrichs/Gössl/Hoven/Steinbicker (Hrsg.), Migration. Gesellschaftliches Zusammenleben im Wandel, 2018, S. 19, 37–39; *Erbarth*, FamRB 2018, 338, 339.
[220] *Hüßtege*, FamRZ 2017, 1374, 1377; *Erbarth*, FamRB 2018, 338, 339.
[220a] *Dethloff*, (2018) 32 Int. J. L., Policy & Fam. 302, 309.
[221] Näher *Heiderhoff*, FS Reinhold Geimer zum 80. Geb., 2017, S. 231, 235.
[222] Eingehend und differenzierend *Gausing*/*Wittebol*, DÖV 2018, 43, 46–50.
[222a] Der BGH hat Art. 13 III EGBGB dem BVerfG nach Art. 100 I GG zur Prüfung vorgelegt; BGH 14.11.2018 – XII ZB 292/16.
[223] Verneinend *Antomo*, ZRP 2017, 79, 81; *Coester-Waltjen*, IPRax 2017, 429, 435. Der BGH (FamRZ 2019, 181 m. Anm. *Dutta* = NZFam 2019, 65 m. Anm. *Löhnig* = FF 2019, 68 m. Anm. *Ring*) hat dem BVerfG vorgelegt und massive Zweifel insbesondere an der Rigidität der Unwirksamkeitsanordnung geäußert.
[224] VG Berlin StAZ 2018, 285, 286.
[225] *M.-P. Weller*/*Thomale*/*Hategan*/*J.-L. Werner*, FamRZ 2018, 1289, 1294.
[226] *Löhnig*, FamRZ 2018, 749, 750.
[227] *Dutta*, FamRZ 2018, 92; *Gössl*, in: A. Friedrichs/Gössl/Hoven/Steinbicker (Hrsg.), Migration. Gesellschaftliches Zusammenleben im Wandel, 2018, S. 19, 36.
[228] Mögliche praktische Probleme bei der Altersfeststellung (*Hüßtege*, FamRZ 2017, 1374, 1377 f.) sind nicht eheschließungsspezifisch.

formulierung der materiellen Rechtsfolgen (Aufhebbarkeit bzw. Unwirksamkeit[229]).[230] In die Rechtsfolgenverweisung eingeschlossen ist allerdings auch die Möglichkeit einer Heilung durch Bestätigung nach Erreichen des Volljährigkeitsalters gemäß § 1315 I 1 Nr. 1a BGB.[231] Dagegen ist zweifelhaft, ob man das „kann" in § 1314 BGB als Einräumung von Ermessen lesen kann.[232] Bei den vermögensrechtlichen Folgen einer Eheaufhebung ist jedenfalls § 1318 BGB umfasst.[233] Verfahrensrechtliche Probleme können sich bei internationaler Zuständigkeit und zulässiger Antrags- bzw. Klageart ergeben.[234]

90   Auslands- und erst recht Inlandseheschließungen sind gleichermaßen erfasst.[235] Für jede tatbestandlich erfasste inländische Trauung spricht § 11 II PStG ein Trauungsverbot aus, gerichtet an den deutschen Standesbeamten,[236] dem im Inland ja nach Art. 13 IV 1 EGBGB ein grundsätzliches Trauungsmonopol zukommt.

91   Auch die unionsrechtliche Freizügigkeit kann zum Prüfstein werden:[237] Ist die Ehe ausnahmsweise in einem Mitgliedstaat der EU geschlossen, so drohte ihre Nichtanerkennung an der unionsrechtlichen Freizügigkeit aus Art. 21 AEUV zu scheitern,[238] bei Arbeitnehmern obendrein aus Art. 45 AEUV.[239] Hier droht mehr als bloße rechtspolitische Umstrittenheit. Letzterer allein vermöchte nichts daran zu rütteln, dass Art. 13 III EGBGB geltendes Recht ist.[240] Eine Hürde kann auch Art. 8 III 2 dt.-pers. Niederlassungsabkommen[241] sein.[242] Gesellschaftlicher und publizistischer Druck haben ein politisch motiviertes Gesetz provoziert, das aus einer emotional, moralisch und ausländerpolitisch aufgeheizten Diskussion entsprungen ist.[243] Es symbolisiert nachgerade einen gesetzgeberischen Furor.[244] Allerdings haben echte Paare, die zusammen bleiben und einander ehelich verbunden sein wollen, eine durchaus pragmatische Möglichkeit: die Eheschließung zu wiederholen, sobald beide Partner 18 Jahre alt geworden sind.[245]

92   Der Beitritt der Bundesrepublik zum UN-Eheschließungsabkommen[246] zeigt deutlich, dass aus deutscher Sicht Kinderehen unerwünscht sind,[247] auch wenn dieses Abkommen in seinem Art. 2 ebenso wenig eine konkrete Altersgrenze nennt wie Art. 23 Abs. 2

---

[229] Generell gegen Unwirksamkeit als Sanktion *M.-P. Weller/Thomale/Hategan/J.-L. Werner*, FamRZ 2018, 1289, 1294 f.
[230] *Rauscher*, FS Jolanta Kren Kostkiewicz, 2018, S. 245, 249.
[231] AG Nordhorn FamRZ 2018, 750, 751; *Rauscher*, FS Jolanta Kren Kostkiewicz, 2018, S. 245, 251; *Löhnig*, FamRZ 2018, 749, 750.
[232] *Löhnig*, FamRZ 2018, 749, 750 gegen AG Frankenthal FamRZ 2018, 749.
[233] *Bongartz*, NZFam 2017, 541, 543; *Rauscher*, FS Jolanta Kren Kostkiewicz, 2018, S. 245, 255 sowie *M.-P. Weller/Thomale/Hategan/J.-L. Werner*, FamRZ 2018, 1289, 1295 f.
[234] Siehe AG Kassel FamRZ 2018, 1149 f.; *Dutta*, FamRZ 2018, 1150, 1151; *Erbarth*, FamRB 2018, 338, 340.
[235] *Rauscher*, FS Jolanta Kren Kostkiewicz, 2018, S. 245, 250.
[236] *Rauscher*, FS Jolanta Kren Kostkiewicz, 2018, S. 245, 251 f.
[237] Siehe selbst Begründung der Fraktionen der CDU/CSU und der SPD zum Entwurf eines Gesetzes zur Bekämpfung von Kinderehen, BT-Drs. 18/12086, 23.
[238] So (mit unterschiedlichen Begründungen im Einzelnen) OLG Oldenburg NZFam 2018, 609 = FamRB 2018, 296 m. Anm. *Erbarth*; AG Frankenthal FamRZ 2018, 749; AG Nordhorn FamRZ 2018, 750, 751; *Coester*, FamRZ 2017, 77, 79; *Bongartz*, NZFam 2017, 541, 544; *Löhnig*, FamRZ 2018, 749, 750; *Majer*, NZFam 2018, 610; *Erbarth*, FamRB 2018, 338, 339; *M.-P. Weller/Thomale/Hategan/J.-L. Werner*, FamRZ 2018, 1289, 1296 f.
[239] OLG Oldenburg NZFam 2018, 609 m. Anm. *Majer* = FamRB 2018, 296 m. Anm. *Erbarth*.
[240] VG Berlin BeckRS 2017, 135671 Rn. 6; VG Berlin BeckRS 2018, 551 Rn. 5 sowie *Keil*, jurisPR-IWR 2/2018 Anm. 4 sub C.
[241] RGBl. 1930 II 1006.
[242] *Coester-Waltjen*, IPRax 2017, 429, 434 f.
[243] Vgl. schon *Mankowski*, FamRZ 2016, 1274, 1275; Deutsches Institut für Jugend- und Familienrecht, JAmt 2016, 598; *Ring*, FF 2016, 411.
[244] *Löhnig*, FamRZ 2018, 749, 750.
[245] *Heiderhoff*, FS Reinhold Geimer zum 80. Geb., 2017, S. 231, 235.
[246] UN-Übereinkommen über die Erklärung des Ehewillens, das Heiratsmindestalter und die Registrierung von Eheschließungen vom 7.11.1962, BGBl. 1969 II 161.
[247] *Hepting/Dutta* Rn. III-281; *Mankowski*, FamRZ 2016, 1274, 1275.

II. Eheschließung

CCPR[248], Art. 16 Abs. 2 CEDAW[249] oder Art. 12 EMRK.[250] Das Mindesthochzeitsalter, unterhalb dessen eine Kinderehe anzunehmen ist, ist eine Frage der Feinsteuerung. Die Antwort des deutschen Gesetzgebers ist mit Art. 13 III EGBGB eindeutig: § 1303 II BGB, 16 Jahre. Die Altersgrenzen sind in Art. 13 III EGBGB beziffert. Art. 13 III EGBGB rekurriert (anders als Art. 229 § 44 IV Nr. 1 EGBGB) insoweit nicht auf den seinerseits auszufüllenden Tatbestand der Volljährigkeit und wirft kein Erstfragenproblem auf.[251]

Art. 229 § 44 EGBGB statuiert scheinbar die Überleitungsvorschrift zum Gesetz zur Bekämpfung von Kinderehen, sein vierter Absatz jene zu Art. 13 III EGBGB. Ohne ihn einzubeziehen, wäre das Gesamtbild indes unvollständig:

„(1) § 1303 Satz 2 des Bürgerlichen Gesetzbuchs in der ab dem 22. Juli 2017 geltenden Fassung ist für Ehen, die vor dem 22. Juli 2017 geschlossen worden sind, nicht anzuwenden. Die Aufhebbarkeit dieser Ehen richtet sich nach dem bis zum 22. Juli 2017 geltenden Recht.

(2) Die Aufhebung einer Ehe wegen eines Verstoßes gegen § 1303 des Bürgerlichen Gesetzbuchs ist ausgeschlossen, wenn sie nach Befreiung vom Erfordernis der Volljährigkeit nach § 1303 Absatz 2 bis 4 des Bürgerlichen Gesetzbuchs in der bis zum 21. Juli 2017 geltenden Fassung und vor dem 22. Juli 2017 geschlossen worden ist.

(3) Bis zum 22. Juli 2017 noch nicht abgeschlossene Verfahren über die Erteilung einer Befreiung nach § 1303 Absatz 2 bis 4 des Bürgerlichen Gesetzbuchs in der bis zum 21. Juli 2017 geltenden Fassung sind erledigt. Eine Genehmigung nach § 1315 Absatz 1 Satz 1 Nummer 1 Fall 1 des Bürgerlichen Gesetzbuchs in der bis zum 21. Juli 2017 geltenden Fassung kann nach dem 22. Juli 2017 nicht mehr erteilt werden.

(4) Artikel 13 Absatz 3 Nummer 1 gilt nicht, wenn

1. der minderjährige Ehegatte vor dem 22. Juli 1999 geboren worden ist, oder
2. die nach ausländischem Recht wirksame Ehe bis zur Volljährigkeit des minderjährigen Ehegatten geführt worden ist und kein Ehegatte seit der Eheschließung bis zur Volljährigkeit des minderjährigen Ehegatten seinen gewöhnlichen Aufenthalt in Deutschland hatte."

Es geschieht eine tatbestandliche Rückbeziehung, die keine unzulässige echte Rückwirkung ist.[252]

Art. 229 § 44 IV EGBGB ist jedoch mehr als eine bloße intertemporale Übergangsvorschrift. Er enthält auch fortgeltende materielle Elemente, die Art. 13 III EGBGB wesentlich modifizieren. An deren erster Stelle steht Art. 229 § 44 IV Nr. 2 EGBGB, eine Mischung aus Heilungstatbestand kraft Zeitablaufs zum einen und Konkretisierung des für die besondere ordre public-Klausel Art. 13 III EGBGB notwendigen Inlandsbezugs zu Deutschland zum anderen. Seiner Zielsetzung nach ist Art. 229 § 44 Nr. 2 EGBGB eine Härtefallregelung.[253]

Die bis zur Volljährigkeit des jüngeren, ursprünglich minderjährigen Partners im Ausland gelebte Minderjährigenehe wird nicht gleichsam rückwirkend vom deutschen Recht invalidiert. Insoweit nimmt der deutsche Gesetzgeber seinen Wirkungsanspruch zurück. In den Wirkungs- und Zugriffskreis treten die Ehegatten dann erst zu einem Zeitpunkt ein, an welchem auch das deutsche Recht bei einer hypothetischen Neuverheiratung nichts gegen deren Ehe einzuwenden hätte. So erspart man sich auch Mühen um ein drohendes hin-

---

[248] International Covenant on Civil and Political Rights of 19 December 1966 (Internationaler Parkt über bürgerliche und politische Rechte), BGBl. 1973 II 1553.
[249] Convention on the Elimination of All Forms of Discrimation against Women of 18 December 1979, BGBl. 1985 II 648.
[250] *Voltz*, Menschenrechte und ordre public im Internationalen Privatrecht, 2002, S. 348–353; siehe auch General Comment 19/39, UN Doc. CCPR/C/21/rev. 1/Add. 2 (1990) Rn. 4.
[251] Unter Art. 229 § 44 IV Nr. 1 EGBGB siehe die gegensätzlichen Positionen von *Coester-Waltjen*, IPRax 2017, 429, 433 einerseits und Palandt/*Thorn* Art. 13 EGBGB Rn. 22 andererseits.
[252] VG Berlin BeckRS 2018, 551 Rn. 6.
[253] AG Kassel FamRZ 2018, 1149, 1150 m. Anm. *Dutta*.

kendes Konkubinat oder um eine etwaige, im Ausland möglicherweise stigmatisierte Nichtehelichkeit von nach der Eheschließung geborenen Kindern der Ehegatten.

96 Indem Art. 229 § 44 IV Nr. 2 EGBGB auf die Volljährigkeit und nicht auf die Geschäftsfähigkeit abstellt, sollte Art. 7 I 2 EGBGB eigentlich nicht anwendbar sein und sich ein Konterkarieren des Art. 13 III Nr. 1 EGBGB durch den Satz „Ehe macht mündig" so nicht ergeben.[254]

97 c) *Zu hohes Heiratsmindestalter:* Auch gegen ein zu hohes Heiratsmindestalter ist bei hinreichendem Inlandsbezug der deutsche ordre public in Anschlag zu bringen. Schreibt ein Recht ein höheres Alter für die Heiratsmündigkeit vor, als es das Personalstatut des betreffenden Verlobten für die allgemeine Geschäftsfähigkeit vorsieht, so verstößt dies gegen das Grundrecht der Eheschließungsfreiheit aus Art. 6 I GG. Die allgemeine Geschäftsfähigkeit muss die Fähigkeit mit sich bringen, alle Arten von Geschäften eingehen zu können und insbesondere die Ehe als ein Geschäft, dessen Eingehung gerade gegen übermäßige Hindernisse besonders geschützt wird.[255]

98 **7. Ehehindernisse.** Hinderungs- und Unwirksamkeitsgründe, die einer Eheschließung entgegenstehen oder bei Nichtbeachtung eine ihnen zuwider eingegangene Ehe unwirksam machen, sind ebenfalls nach Art. 13 I EGBGB anzuknüpfen. Ob die Ehehindernisse eine Eheschließung präventiv verhindern (also im Ergebnis dazu führen, dass eine Eheschließung erst gar nicht stattfindet), ist eine Informationsfrage nach der Feststellung von Tatsachen in den vorbereitenden Verfahrensschritten vor der Eheschließung.[256] Wenn das Trauungsorgan die Tatsachen nicht kennt, welche den Tatbestand eines Ehehinderungsgrunds ausfüllen würden, oder wenn das Trauungsorgan ohne rechtliche Prüfung oder ohne Rechtskenntnisse vorgeht, findet die Trauung als solche statt, obwohl es sie eigentlich nicht geben dürfte.

99 a) *Kategorisierung: Einseitige und zweiseitige Ehehindernisse.* Bei den Ehehindernissen ist zwischen einseitigen und zweiseitigen Ehehindernissen zu unterscheiden. Einseitige Ehehindernisse ruhen in der Person des einzelnen Nupturienten. Sie beantworten die Frage: Darf dieser Nupturient (überhaupt) heiraten? Bei ihnen gerät der andere Nupturient nicht in den Blick. Seine Person und seine Eigenschaft sind für sie völlig irrelevant. Zweiseitige Ehehindernisse dagegen beruhen darauf, dass gerade diese beiden Nupturienten heiraten wollen. Sie beantworten die Frage: Darf dieser Nupturient gerade jenen anderen Nupturienten heiraten? Der erste Nupturient dürfte zwar abstrakt heiraten, ihm ist jedoch untersagt, konkret genau den ins Auge gefassten anderen Nupturienten zu heiraten. Ein zweiseitiges Ehehindernis verhindert die Eheschließung auch dann, wenn es nur in der Person des anderen Nupturienten vorliegt, egal ob es auch nach dessen Heimatrecht zu beachten wäre und der Eheschließung entgegenstünde.[257]

100 Ob ein Ehehindernis kollisionsrechtlich als einseitiges oder als zweiseitiges Ehehindernis zu qualifizieren ist, bestimmt sich für jede einzelne Norm durch deren Auslegung nach derjenigen Rechtsordnung, welcher sie entstammt, d. h. nach der lex normae.[258] Die Qualifikation erfolgt *nicht* nach Maßgabe eigener Maßstäbe des deutschen Internationalen Privatrechts, denn es geht hier nicht um die Abgrenzung der sachlichen Anwendungsbereiche mehrerer Kollisionsnormen des deutschen IPR gegeneinander, sondern um die Frage, wie eine bestimmte Rechtsordnung einzelne ihrer Normen in Fällen mit Auslandsberührung angewendet sehen möchte.[259]

---

[254] Entgegen *Coester-Waltjen,* IPRax 2017, 429, 433; *Dutta,* FamRZ 2018, 1150; *Erbarth,* FamRB 2018, 338, 340.
[255] Staudinger/*Mankowski* Art. 13 EGBGB Rn. 204; *P. Scholz,* StAZ 2002, 321, 328.
[256] *Hepting/Dutta* Rn. III-252.
[257] KG FamRZ 2013, 953; *Hepting/Dutta* Rn. III-259.
[258] Staudinger/*Mankowski* Art. 13 EGBGB Rn. 159; MüKoBGB/*Coester* Art. 13 EGBGB Rn. 48; *Hepting/Dutta* Rn. III-260.
[259] Staudinger/*Mankowski* Art. 13 EGBGB Rn. 159.

II. Eheschließung   101–106 § 4

b) Religiöse Ehehindernisse. Religiöse Ehehindernisse unterliegen im Grundsatz Art. 13 I **101**
EGBGB. Unter religiösen Ehehindernissen versteht man Beschränkungen des Rechts volljähriger Männer und Frauen, ohne Ansehen der Religion zu heiraten und eine Familie zu gründen.[260] Sie existieren weltweit in erstaunlicher Zahl und Vielfalt. Vorstaatliche Strukturen und archaische Vorstellungen brechen sich in ihnen Bahn. Eheschließung ist und war im Verständnis etlicher Religionen eben ein religiöses Sakrament (augenfällig dadurch, dass die Hochzeit eine religiöse, keine amtliche Zeremonie war und ist). Viele Staaten nehmen die beanspruchte Dominanz religiöser Normen bis heute hin. In besonderem Maße gilt dies für islamisch geprägte Rechtsordnungen.

Unter den religiösen Ehehindernissen ist das wichtigste das Ehehindernis der Religionsverschiedenheit. In zahlreichen islamischen Ländern ist traditionell wegen Sure 2, Vers 220 des Korans der Frau die Ehe mit einem Nicht-Muslim untersagt. Das Eheverbot des jüdisch-talmudischen Rechts, das die Ehe zwischen Juden und Nicht-Juden untersagt, hat Eingang in das staatliche Recht Israels gefunden. **102**

Weitere religiöse Ehehindernisse sind: das Ehehindernis der höheren Weihen oder der Verletzung des religiösen Keuschheitsgelübdes, also das (staatlich sanktionierte) Verbot an einen Priester oder Mönch, nach seiner Ordination zu heiraten[261] und das Ehehindernis der Pilgerschaft nach Mekka oder des Weihezustandes während der Wallfahrt.[262]. **103**

Bei genügendem Inlandsbezug verstoßen ausländische religiöse Ehehindernisse gegen den deutschen ordre public.[263] Deutschland ist von Verfassungs wegen dem Prinzip weltanschaulicher Neutralität verpflichtet.[264] Die religiöse Neutralität des Staates gehört zu den Kernpfeilern der staatlichen Ordnung Deutschlands. **104**

c) Politische Ehehindernisse. Politische Ehehindernisse unterliegen im Grundsatz Art. 13 I **105**
EGBGB. Im Prinzip lassen sich zwei Gruppen politisch motivierter Verbote unterscheiden: In der ersten wird das Erfordernis der Zustimmung bestimmter staatlicher Stellen zur Eheschließung eines jeweiligen Inländers mit einem Ausländer aufgestellt. Die zweite betrifft die Eheschließung jeweils inländischer Beamten, Soldaten und Studenten mit Ausländern. Insbesondere untersagt Saudi-Arabien Saudis gleich welchen Geschlechts, einen Ausländer bzw. eine Ausländerin zu heiraten, sofern es sich bei den betroffenen Saudis um Beamte des Außenministeriums, um Soldaten, um Mitglieder der Sicherheitsbehörden im weiteren Sinn oder um im Ausland studierende Studenten handelt.[265]

Bei genügendem Bezug zu Deutschland steht der deutsche ordre public einer Anerkennung politischer Ehehindernisse entgegen, denn die zum deutschen ordre public zählende Eheschließungsfreiheit aus Art. 6 I GG darf nicht zum Schutz fremder Staatsraison beschnitten werden.[266] Auch bei der zweiten Gruppe politischer Ehehindernisse sollen aus klar politischen Gründen der Staatsapparat oder potentiell wichtige Staatsdiener vor Überfremdung geschützt werden, oder der Staat möchte die bevölkerungspolitische Kontrolle über diesen Personenkreis behalten.[267] **106**

---

[260] BGHZ 56, 180, 190; vgl Art. 16 Allgemeine Erklärung der Menschenrechte und Präambel zu dem UN-Übereinkommen vom 10.12.1962 über die Erklärung des Ehewillens, das Heiratsmindestalter und die Registrierung von Eheschließungen.
[261] Wohl noch geltendes Recht im griechischen Teil Zyperns für Griechisch-Orthodoxe, siehe Art. 220 Nr. 2 lit. d Charta der Hochheiligen Kirche Zyperns, in Kraft seit dem 1.1.1980.
[262] Art. 1053 ZGB idF durch G Nr. 90940 vom 27.2.1983 im Iran.
[263] Siehe nur BGHZ 56, 180; OLG Hamburg Recht 1908 Nr. 3437; OLG München FamRZ 1970, 408, 410; 1970, 656; OLG Hamm NJW 1977, 1596; OLG Koblenz FamRZ 1994, 1262; AG Kaiserslautern IPRspr. 1992 Nr. 105 S. 246.
[264] Artt. 33 III; 140 GG iVm Art. 136 I, II WRV; siehe nur BGHZ 56, 180, 191; *Wengler,* JZ 1964, 621, 623; *E. Fischer,* NJW 1964, 1323, 1324.
[265] Art. 1 Beschluss des Ministerrates von Saudi-Arabien, bekanntgemacht am 15. 7. 1973, abgedr. in StAZ 1974, 276.
[266] Siehe nur *M. Wolff* IPR 190; *Ferid,* StAZ 1954, 19 f.; *Staudinger/Mankowski* Art. 13 EGBGB Rn. 411 mwN.
[267] *Staudinger/Mankowski* Art. 13 EGBGB Rn. 412.

107 d) *Ehehindernisse aus Familienbeziehungen.* aa) Verwandtschaft und Schwägerschaft. Die Ehehindernisse der Verwandtschaft und der Schwägerschaft sind ihrer Natur gemäß zweiseitige Ehehindernisse. Denn die Verbote nehmen schon ihrem Wortlaut nach auf eine Eigenschaft nicht nur derjenigen Person Bezug, die heiraten will, sondern auch auf eine Eigenschaft der anderen Person. Eine Ehe kann also nicht geschlossen werden, wenn das Verbot der Verwandtschaft oder der Schwägerschaft auch nur nach einem der von Art. 13 I EGBGB berufenen Rechte in dem von diesem festgelegten Umfang besteht.[268] Dieser Umfang vaariiert stark. Z. B. verbietet die Türkei in Art. 129 Nrn 1, 2 ZGB Ehen zwischen Onkeln, Tanten, Neffen und Nichten sowie zwischen Verschwägerten, während Finnland ausdrücklich auch Ehen zwischen Halbgeschwistern verbietet.[269]

108 In den Zusammenhang der Schwägerschaft, also der „Verwandtschaft" durch bestehende Einheirat, gehört das Verbot der Ehe zwischen Stiefeltern und Stiefkindern. Dem Ehehindernis der Verwandtschaft oder Schwägerschaft ist außerdem das insbesondere in Lateinamerika[270] weit verbreitete Ehehindernis der Vormundschaft benachbart. Es verbietet einem Vormund oder seinen Abkömmlingen die Heirat mit dem Mündel, solange das Vormundschaftsverhältnis noch besteht.

109 Grundsätzlich ist bei den Ehehindernissen der Verwandtschaft und der Schwägerschaft eine vom deutschen Recht inhaltlich abweichende Regelung des ausländischen Heimatrechts eines der Verlobten hinzunehmen, gleich, ob sie strenger oder weniger streng als das deutsche Recht ist.[271] Das Ehehindernis der Vormundschaft ist grundsätzlich akzeptabel, weil es ein nachvollziehbares Schutzanliegen verfolgt. Nur zu weit gefasste Ehehindernisse können, hinreichenden Bezug zu Deutschland unterstellt, am deutschen ordre public scheitern, z. B. das Ehehindernis der Schwägerschaft bis zum *achten* Grad in Südkorea nach Art. 809 II ZGB oder das Ehehindernis der Milchverwandtschaft nach manchem[272] islamisch gefärbtem Recht.[273]

110 Umgekehrt kommt eine Durchsetzung des § 1307 BGB über Art. 6 EGBGB in Betracht, wenn das Heimatrecht Ehen zwischen engen Blutsverwandten, namentlich Geschwistern, erlauben sollte.

111 bb) Mehrehe: Polygamie und Bigamie. (1) Art. 13 I und Art. 6 EGBGB. Ein praktisch besonders wichtiges Eheverbot ist das Verbot der Mehrehe. Es ist ein notwendig zweiseitiges Ehehindernis, das polygame wie bigamische Verbindungen untersagt. Wegen § 1306 BGB darf weder ein bereits verheirateter Deutscher ein zweites Mal heiraten, noch darf eine ledige Deutsche einen bereits verheirateten Ausländer ehelichen. Es spielt dabei keine Rolle, ob der Ausländer einem monogamen Ehestatut (dann echte Bigamie) oder einem polygamen Ehestatut unterliegt. Es spielt auch keine Rolle, wo die Eheschließung stattfindet. Ebenso dürfen bereits verheiratete Ausländer im Inland nicht heiraten.[274] Die Ausgestaltung des Verbots kann in den einzelnen Rechten nach Geschlechtern differenzieren; z. B. ist nach islamisch geprägten Rechtsordnungen nur der Frau eine mehrfache Ehe untersagt. Ein Ehehindernis kann auch bestehen, wenn ein Nupturient noch Partner einer eingetragenen Partnerschaft ist.[275] In einigen lateinamerikanischen Rechtsordnungen sperrt

---

[268] Siehe nur OLG Düsseldorf FamRZ 1969, 654; Erman/*Hohloch* Art. 13 EGBGB Rn. 28.
[269] § 7 II Var. 2 EheG Nr. 234 vom 13.6.1929 idF durch G Nr. 1226 vom 13.12.2001.
[270] Art. 115 Código civil in El Salvador; Art. 89 Nr. 4 Código civil in Guatemala; Art. 20 Nr. 5 FGB vom 31.5.1984 in Honduras; Art. 90 I, 2 Código civil in Ecuador; Art. 35 Nr. 4 FamGB vom 17.5.1994 in Panama; Art. 243 Nr. 1 Código civil vom 24.7.1984 in Peru; Art. 111 Nr. 3 Código civil in Nicaragua; Art. 1523 Nr. IV Código civil in Brasilien.
[271] Siehe nur OLG Stuttgart FamRZ 2000, 821, 822; *Westenburger*, StAZ 1995, 248, 249; *P. Scholz*, StAZ 2002, 321, 334.
[272] Z. B. Art. 1046 ZGB im Iran.
[273] *Stöcker*, RabelsZ 38 (1974), 79, 106; *H. Kotzur* 112; Staudinger/*Mankowski* Art. 13 EGBGB Rn. 232 sowie *P. Scholz*, StAZ 2002, 321, 334.
[274] Siehe nur BGHZ 41, 136; BGH IPRspr. 1976 Nr. 151; RGZ 136, 142, 145; 151, 313, 317; 152, 23, 36.
[275] Z. B. Art. 1:42 BW; § 9 Var. 2 G nr. 38 af 15.1.2007 in Dänemark; § 6 S. 2 EheG nr. 234 idF durch G nr. 1226 vom 13.12.2001 in Finnland.

II. Eheschließung   112–116 § 4

sogar das Bestehen einer anderweitigen tatsächlichen Lebensgemeinschaft.[276] In allen diesen Ausgestaltungen ist Art. 13 I EGBGB der Ausgangspunkt für die Anknüpfung, selbst wenn eine Differenzierung nach Geschlechtern erfolgt.[277]

Das Eheverbot der Doppelehe ist auch verletzt, wenn die erste Ehe zwar der Sache nach nichtig, aber noch nicht für nichtig erklärt worden ist. Andererseits liegt kein Verstoß gegen dieses Verbot vor, wenn die erste „Ehe" in Wahrheit eine Nichtehe ist oder rechtskräftig für nichtig erklärt worden ist.[278] 112

Beispiel: Die Syrer Fatima und Hafis heiraten in Deutschland allein vor dem Imam nach sunnitischem Ritus. Dieses Ehe ist wegen Art. 13 IV 1 EGBGB iVm § 1310 BGB aus deutscher Sicht eine formunwirksame Nichtehe. Später heiratet Hafis in Damaskus Laila. Diese Ehe ist aus deutscher Sicht keine Mehrehe. 113

Ein Ausländer, dessen Heimatrecht die Mehrehe gestattet, kann auch in Deutschland heiraten, solange er noch nicht verheiratet ist oder nachdem eine frühere Ehe aufgelöst[279] und diese Auflösung in Deutschland rechtlich anerkannt wurde.[280] Ein bloß *potentiell*, aber nicht *aktuell* polygames Eheschließungsstatut auf seiner Seite stört nicht.[281] Wer *aktuell* nicht verheiratet ist, heiratet jetzt ein erstes und bisher einziges Mal – und darf das auch.[282] Dabei ist es unerheblich, welche Staatsangehörigkeit der andere Ehegatte besitzt, wenn sein Heimatrecht der Eheschließung nur nicht entgegensteht. Will ein unverheirateter ausländischer Mann mit polygamem Ehestatut eine Ausländerin mit monogamem Ehestatut im Inland heiraten oder hat er sie im Ausland geheiratet – sei es in einem der beiden Heimatstaaten, sei es in einem dritten Staat –, so ist stets das Heimatrecht der jetzigen Nupturientin über die Fähigkeit zur Eheschließung oder die Wirksamkeit der Eheschließung zu befragen. Im Gegenteil kann eine Versagung der Eheschließung durch das Heimatrecht des anderern Ehegatten ihrerseits wegen Verstoßes gegen die Eheschließungsfreiheit am deutschen ordre public scheitern. 114

Dass die bloße Möglichkeit einer anstößigen Entwicklung der Dinge besteht, ist kein Grund, den Partnern die Eheschließung im Inland zu verweigern. Anderenfalls wären Ehen zwischen den Angehörigen der Staaten mit polygamen Eheverfassungen und Deutschen (oder anderen Angehörigen von Staaten mit monogamen Eheverfassungen) überhaupt nicht mehr möglich. Dieses undifferenzierte und diskriminierende Ergebnis wäre mit Art. 6 I GG nicht zu vereinbaren.[283] 115

Die im Ausland nach dem Heimatrecht der Parteien wirksam geschlossene aktuell polygame Ehe ist ebenfalls anzuerkennen.[284] Die nach ausländischem Recht im Ausland wirk- 116

---

[276] Z. B. Art. 19 Nr. 2 Var. 2 FamGB idF durch Lei no. 61–89 vom 4.5.1989 in Honduras.
[277] Siehe OLG Bremen FamRZ 2016, 828.
[278] Zur Nichtigerklärung bigamischer Ehen z. B. BGHZ 42, 99; BGH NJW 1962, 1152; BGH IPRspr. 1976 Nr. 151; BGH FamRZ 1991, 300; OLG Hamburg StAZ 1988, 132.
[279] Wird Scheidung der Vorehe im Ausland behauptet, so ist darüber Beweis zu führen; AG Berlin-Tempelhof-Kreuzberg FamRZ 2004, 1488.
[280] OLG Celle IPRspr. 1957 Nr. 98, bestätigt durch BGH FamRZ 1958, 168 [Hinweis]; auch LG München I FamRZ 1977, 332 m. Anm. *Hepting*; OLG Hamm FamRZ 1976, 29; OLG Celle FamRZ 1974, 314; KG IPRspr. 1973 Nr. 55; *P. Scholz*, StAZ 2002, 321, 332; Staudinger/*Mankowski* Art. 13 EGBGB Rn. 247 f.; BeckOGK/*Rentsch* Art. 13 EGBGB Rn. 146 (mit Ausnahme in Rn. 146.1, wonach das monogame Eheschließungsstatut des anderen Ehegatten präventiv die Eheschließung mit einem Angehörigen eines polygamieoffenen Staates verbieten sollte); MüKoBGB/*Coester* Art. 13 EGBGB Rn. 67.
[281] Siehe nur *Coester/Coester-Waltjen*, FamRZ 2016, 1618, 1624; MüKoBGB/*Coester* Art. 13 EGBGB Rn. 67.
[282] *Mankowski/S. Bock*, JZ 2019.
[283] Staudinger/*Mankowski* Art. 13 EGBGB Rn. 248; *P. Scholz*, StAZ 2002, 321, 332.
[284] BVerwGE 71, 228, 230 f. = JZ 1985, 740 m. Anm. *Kimminich*; BFHE 146, 39, 41 f; BFHE 152, 537; OLG Hamm StAZ 1986, 352, 353; LG Hamburg StAZ 1960, 99 m. Anm. *Henrich*; LG Frankfurt/Main FamRZ 1976, 217; FG Hamburg IPRspr. 1996 Nr. 66 S. 147; SG Düsseldorf InfAuslR 1996, 127 = IPRspr. 1995 Nr. 90 S. 159; AG Bremen StAZ 1991, 232, 233; StA München I NStZ 1996, 436 = IPRspr. 1996 Nr. 62 S. 134; Erman/*Hohloch* Art. 6 EGBGB Rn. 34; *Jarass*, in: Jarass/Pieroth, GG, 15. Aufl. 2018, Art. 6 GG Rn. 2; *Kreuzer*, RWiss 2010, 143, 155 f. mit rechtsvergleichenden Hinweisen.

sam geschlossene polygame Ehe verstößt nicht per se gegen den deutschen ordre public.²⁸⁵ Die einmal wirksam geschlossene Mehrehe darf sogar im Inland fortgesetzt werden, wenn die Ehegatten ihren gewöhnlichen Aufenthalt nach Deutschland verlegen.²⁸⁶

117 Ein in Deutschland geborenes Kind kann schon deswegen nicht mit der Begründung als nichtehelich behandelt werden, dass die nach dem Heimatrecht der Eltern wirksam geschlossene Mehrfachehe eines Ehepartners dem in Deutschland geltenden Grundsatz der Monogamie widerspräche; insoweit greift der Schutz durch die „Familie" als zweites Schutzgut des Art. 6 I GG.²⁸⁷

118 In Deutschland kann dagegen eine tatsächlich polygame Ehe weder eingegangen werden, noch kann man in Deutschland auf die Herstellung einer solchen Ehe klagen. Beidem steht selbst dann, wenn das Heimatrecht aller Beteiligten die Mehrehe gestattet, der deutsche ordre public entgegen, denn deutsche Standesämter und Gerichte sind durch Art. 6 I GG dem Prinzip der Einehe verpflichtet.²⁸⁸ Im Gegenteil kann die zuständige deutsche Behörde Aufhebungsklage nach §§ 1314; 1316 BGB erheben.

119 **Beispiel:**²⁸⁹ Ein verheirateter deutscher Staatsangehöriger heiratet im Ausland nochmals, ohne zuvor geschieden worden zu sein. Ändert sich etwas, wenn er er auch dort Staatsbürger ist und das ausländische Recht Polygynie zulässt? Ändert sich etwas, wenn die zweite Trauung im ursprünglichen Heimatland des jetzigen Deutschen stattfindet, er dessen Staatsbürgerschaft aber inzwischen aufgegeben hat?

120 Eheschließungs- und Religionsfreiheit sind nicht tangiert: Art. 6 I GG schützt im Bereich der Eheeingehung im Inland nur die Einehe.²⁹⁰ Das Recht zur Mehrehe ist keine Frage der Religionsausübung,²⁹¹ auch wenn es im Islam aus Sure 4, Vers 3 des Korans abgeleitet wird.

121 Nimmt ein Muslim mit mehreren Frauen aus seinem Heimatland gewöhnlichen Aufenthalt in Deutschland, so wird man keine der beiden Frauen gegen ihren Willen in der polygamen Verbindung belassen können. Beide Frauen können auf Nichtigerklärung ihrer Ehe klagen. Die Inlandsberührung ist dann durch den gewöhnlichen Aufenthalt in Deutschland stark genug geworden, um das maßgebliche Recht über Art. 6 EGBGB zu verdrängen. Sind aber beide Frauen mit dem gegenwärtigen Zustand einverstanden, besteht kein Anlass zu rechtlichen Eingriffen.²⁹² Sozialversicherungsrechtlich ist kein Witwer, wer nach dem Tod einer Ehefrau noch, sei es auch anderweitig, verheiratet ist.²⁹³

122 (2) Bayerischer Vorschlag eines speziellen Art. 13 IV EGBGB. Der Freistaat Bayern sagt der Polygamie den Kampf an: Er hat am 5.6.2018 den Entwurf eines Gesetzes zur Bekämpfung der Mehrehe in den Bundesrat eingebracht (der Rechtsausschuss des Bundesrates hat einer Einbringung in den Bundestag am 25.6.2018 zugestimmt²⁹⁴). Dessen Kern ist sein Art. 2 Nr. 1, in Art. 13 EGBGB folgenden neuen Absatz 4 einzufügen:

„Haben beide Ehegatten ihren gewöhnlichen Aufenthalt im Inland, so ist eine nach ausländischem Recht geschlossene Ehe nach deutschem Recht aufzuheben, wenn bei der

---

²⁸⁵ Z. B. AG Bremen StAZ 1991, 232, 233.
²⁸⁶ BVerwGE 71, 228, 230; VG Gelsenkirchen FamRZ 1975, 338 m. Anm. *Jayme* (zustimmend *Cullmann*, FamRZ 1976, 313); SG Düsseldorf InfAuslR 1996, 127 = IPRspr. 1995 Nr. 90 S. 159; StA München I NStZ 1996, 436 = IPRspr. 1996 Nr. 62 S. 134.
²⁸⁷ BVerwGE 71, 228, 231; LG Frankfurt/Main FamRZ 1976, 217, 218.
²⁸⁸ BVerwGE 71, 228, 230; *F. Bachmann*, StAZ 1975, 195; *Jayme*, FamRZ 1975, 340; *Cullmann*, Die Behandlung polygamer Ehen im internationalen Privatrecht von England, Frankreich und Deutschland, 1976, S. 82 mwN; *ders.*, FamRZ 1976, 313; *Hohloch*, JuS 1977, 679. Anders *Wiethölter*, BerDGesVR 7 (1967), 133, 139; *Stöcker*, RabelsZ 34 (1974), 79, 106.
²⁸⁹ Nach OLG Frankfurt StAZ 2006, 142.
²⁹⁰ BVerfGE 29, 166, 176; BVerfGE 62, 323, 330 = FamRZ 1983, 251 m. Anm. *Friedrich Wilhelm Bosch* (dazu *Müller-Freienfels*, JZ 1983, 230; *Wengler*, IPRax 1984, 68).
Eingehend *Mankowski*, FamRZ 2018, 1134 (1134–1137).
²⁹¹ *Ferid*, FS Gerhard Kegel zum 65. Geb., 1977, S. 473; *Rohe*, StAZ 2000, 161, 163.
²⁹² Vgl BVerwGE 71, 228, 230 f.
²⁹³ Hessisches LSG IPRspr. 2004 Nr. 51; Jayme IPRax 2005, 43.
²⁹⁴ Empfehlungen der Ausschüsse, BR-Drs. 249/1/18, 1 sub A 1, B 2.

II. Eheschließung

Eheschließung zwischen einem der Ehegatten und einer dritten Person bereits eine Ehe oder Lebenspartnerschaft bestand."

Dieser Vorschlag de lege ferenda liegt auf der mit Art. 13 III EGBGB[295] begonnenen Linie und ist weitgehend selbsterläuternd. Gewollt ist eine unbedingte Durchsetzung deutschen Rechts.[296] Instrument dazu ist wiederum eine spezielle ordre public-Klausel,[297] durchaus in Einklang mit der Gedankenwelt des hergebrachten IPR, das solche Durchbrechungen der Ergebnisse von allseitigen Grundanknüpfungen kennt.[298] Wegen des Eingriffs in ein Statusverhältnis und der erheblichen Wahrscheinlichkeit hinkender Rechtsverhältnisse[299] wird mit dem gewöhnlichen Aufenthalt beider Ehegatten (der zweiten oder späteren Ehe) in Deutschland ein sehr starker Inlandsbezug zur Voraussetzung erhoben.[300] Das ist positiver Kontrast zu Art. 13 III EGBGB.[301] Liegt diese Voraussetzung nicht vor, so greift die Sonderregel nicht und bleibt es bei Art. 13 I EGBGB samt Art. 6 EGBGB.[302]

123

Ebenso positiver Kontrast zu Art. 13 III EGBGB ist die Rechtsfolge, die eben nirgends das schärfste und undifferenzierte Schwert der Eheunwirksamkeit zückt:[303] Auf der Rechtsfolgenseite meint Aufhebung Anwendung der §§ 1313 ff. BGB.[304] Weil im Ausland Verbindungen bereits lange gelebt sein und Kinder hervorgebracht haben können, wird auf ein Aufhebungsverfahren, nicht auf automatische Unwirksamkeit (wie in Art. 13 III Nr. 1 EGBGB) gesetzt.[305] Die zweite oder spätere Ehe wäre in der Folge gemäß § 1313 S. 2 BGB erst mit Rechtskraft der Aufhebungsentscheidung aufgelöst.[306] Eine Heilungsmöglichkeit ist jenseits von § 1315 II Nr. 1 BGB nicht vorgesehen.[307]

124

Unschärfen bestehen in Randbereichen bei nicht seriell-sukzessiven, sondern gleichzeitig geschlossenen und bei gleichgeschlechtlichen polygamen Ehen.[308] Auch darüber, ob § 11 I PStG bei beabsichtigter Eheeingehung in Deutschland nicht der bessere Standort wäre, weil dann letztlich eine Anweisung an deutsche Standesbeamte gewollt ist, ließe sich nachdenken.[309] Bei nach Deutschland geflüchteten Flüchtlingen im Sinne von der GFK führt Art. 12 I GFK eh zu deutschem Personalstatut und zu deutschem Recht.[310] Mit höherrangigem Recht (GG, EMRK, GRCh, IBPR) ist der Vorschlag jedenfalls vereinbar.[311] Etwaige Konkurrenzverhältnisse zu Art. 8 III dt.-pers. Niederlassungsabkommen[312] und Art. 25 Nr. 6 S. 1 dt.-marokk. Abk. über die soziale Sicherheit[313] sind über Art. 3 Nr. 2 EGBGB

125

---

[295] Dazu → § 4 Rn. 84 ff.
[296] Begründung des Freistaates Bayern zum Entwurf eines Gesetzes zur Bekämpfung der Mehrehe, BR-Drs. 249/18, 5.
[297] *Dutta*, FamRZ 2018, 1141 (1141).
[298] Entgegen *Coester-Waltjen/Heiderhoff*, JZ 2018, 762, 768 f.
[299] *Jayme*, IPRax 2018, 473, 475.
[300] Begründung des Freistaates Bayern zum Entwurf eines Gesetzes zur Bekämpfung der Mehrehe, BR-Drs. 249/18, 5.
[301] *Dutta*, FamRZ 2018, 1141 (1141).
[302] Zu Unrecht rätselnd *Coester-Waltjen/Heiderhoff*, JZ 2018, 762, 763 f.
[303] *Dutta*, FamRZ 2018, 1141 (1141).
[304] Begründung des Freistaates Bayern zum Entwurf eines Gesetzes zur Bekämpfung der Mehrehe, BR-Drs. 249/18, 4.
[305] Begründung des Freistaates Bayern zum Entwurf eines Gesetzes zur Bekämpfung der Mehrehe, BR-Drs. 249/18, 5.
[306] Kritisch zu den möglichen faktischen und sozialen Folgen *Coester-Waltjen/Heiderhoff*, JZ 2018, 762, 765 f.
[307] *Coester-Waltjen/Heiderhoff*, JZ 2018, 762, 765.
[308] *Dutta*, FamRZ 2018, 1141 (1141).
[309] *Coester-Waltjen/Heiderhoff*, JZ 2018, 762, 763.
[310] *Coester-Waltjen/Heiderhoff*, JZ 2018, 762, 764.
[311] *Mankowski*, FamRZ 2018, 1134, 1140. Anderer Ansicht *Coester-Waltjen/Heiderhoff*, JZ 2018, 762, 767 f.
[312] Niederlassungsabkommen zwischen dem Deutschen Reich und dem Kaiserreich Persien vom 17.2.1929, RGBl. 1930 II 1002; 1931 II 9; weitergeltend gemäß Bekanntmachung der Wiederanwendung vom 15.8.1955, BGBl. 1955 II 829. → § 4 Rn. 1171 ff.
[313] Abkommen zwischen der Bundesrepublik Deutschland und dem Königreich Marokko über soziale Sicherheit vom 25.3.1981, BGBl. 1986 II 552. Zu Art. 23 des parallelen Abkommens zwischen Spanien und Marokko TS Famiglia 2018, 325 nota *Sandulli*.

zu Gunsten der beiden bilateralen Abkommen aufzulösen, soweit diese nicht gekündigt werden.[314] Koexistenz mit § 34 II SGB I wäre möglich, wenn auch mit Wertungsfriktionen behaftet.[315]

126 cc) Hinkende Ehe. Auch wenn die beiden Heimatrechte der Verlobten und das Recht des Eheschließungsortes dem Grundsatz der Einehe folgen, bestehen vielfältige Schwierigkeiten, wenn die beteiligten Rechtsordnungen über den Bestand oder Fortbestand einer von einem der beiden Verlobten früher geschlossenen Ehe verschiedener Ansicht sind. Es liegt dann eine hinkende Ehe vor. Sie „hinkt", weil mindestens eines der beteiligten Rechte sie als gegenwärtig bestehend ansieht, während das oder die anderen Rechte die Partner dieser „Ehe" für nicht miteinander verheiratet betrachten. Die Frage ist jeweils, ob eine solche „hinkende Ehe" einer erneuten Eheschließung entgegensteht oder nicht. Dagegen ist die Anwendung des Verbots der Doppelehe unproblematisch, wenn die Frage nach dem Bestehen der Vorehe von allen beteiligten Rechten gleich (positiv oder negativ) beantwortet wird.[316]

127 Die Entstehungsgründe für hinkende Ehen sind vielfältig: Erstens mag der Heimatstaat eines Nupturienten dessen Auslandstrauung für formunwirksam halten. Zweitens mag der Heimatstaat eines Nupturienten dessen Auslandsscheidung überhaupt nicht oder noch nicht anerkannt haben. Drittens mag ein solcher Staat die frühere Ehe des von seinem Staatsangehörigen auserwählten Ehepartners fremder Nationalität anders als dessen Heimatrecht noch für bestehend ansehen. Viertens mag er, im Ergebnis auf dasselbe hinauslaufend, seinen Gewaltunterworfenen verbieten, Geschiedene zu heiraten, gleich welcher Nationalität diese sind. Endlich kann ein Staat, fünftens, eine Ehe für aufgelöst ansehen, weil er vom Tode eines Ehegatten ausgeht, während dessen Heimatstaat diesen noch zu den Lebenden zählt.

128 Jedenfalls drei allgemeine Vorgaben sind aber aus Art. 13 II Nr. 2 EGBGB abzuleiten: Erstens ist die Vorfrage des Noch-Bestehens der Vorehe – als Ausnahme von der generellen Regel – unselbständig anzuknüpfen.[317]

129 Zweitens hat ein deutsches Scheidungsurteil aus deutscher Sicht keine internationale Gestaltungswirkung. Eine in Deutschland erfolgte Ehescheidung bedeutet daher auch für ein deutsches Gericht nicht, dass ein Ausländer absolut als geschieden anzusehen ist. Er ist zwar für die Zwecke des deutschen Sachrechts geschieden, aber nicht für das Heimatrecht, welches der deutsche Gesetzgeber insoweit, isoliert für das Internationale Eheschließungsrecht, für maßgeblich erklärt.

130 Drittens kommt es auf beide Heimatrechte an. Ist das Ehehindernis der Mehrehe – wie meist – zweiseitig, bedarf es auch dann der Anerkennung eines in einem anderen Staat ergangenen Scheidungsurteils, wenn gar nicht der eigene Staatsangehörige des betreffenden Rechts geschieden wurde, sondern dessen jetziger Verlobter.[318]

131 In allen drei Punkten will der deutsche Gesetzgeber das Entstehen hinkender Ehen soweit wie möglich vermeiden. Deshalb nimmt er den Anwendungsanspruch des deutschen Rechts zurück. Art. 13 II EGBGB macht dies deutlich. Er wäre seines wesentlichen Anwendungsbereichs beraubt und in seiner Entstehung kaum begreiflich zu machen, wenn es sich anders verhielte. Gleichzeitig bedingt er die Notwendigkeit einer mit ihm konsistenten Auslegung des Art. 13 I EGBGB: Was Art. 13 II EGBGB, der Ausnahme, konzeptionell zugrunde liegt, muss auch im Bereich des Art. 13 I EGBGB, der Regel, Gültigkeit beanspruchen. Die internationale Entscheidungsharmonie, die der deutsche IPR-Gesetzgeber hier soweit wie ihm möglich gewährleistet sehen will, geht in diesen Fragen des Internationalen Eheschließungsrechts der internen Entscheidungsharmonie vor.

---

[314] Das preisen *Coester-Waltjen/Heiderhoff*, JZ 2018, 762, 767 und *Jayme*, IPRax 2018, 473, 474 nicht ein.
[315] Vgl. *Jayme*, IPRax 2018, 473, 474.
[316] MüKoBGB/*Coester* Art. 13 EGBGB Rn. 70.
[317] → § 4 Rn. 37.
[318] Vorauflage Rn. 142 *(v. Bar)*.

II. Eheschließung   132–137 § 4

Man muss allerdings sauber zwischen zwei verschiedenen Vorfragen unterscheiden: erstens, ob überhaupt eine Vorehe geschlossen worden ist, und zweitens, ob eine Vorehe, deren Abschluss zuvor mit Hilfe der ersten Vorfrage bejaht worden ist, wirksam aufgelöst oder geschieden worden ist. Nur für die zweite Vorfrage gelten die aus Art. 13 II EGBGB abzuleitenden Vorgaben. Die erste Vorfrage ist dagegen selbständig anzuknüpfen,[319] hinsichtlich der materiellen wie hinsichtlich der formellen Eheschließungsvoraussetzungen.

e) Andere Ehehindernisse. Auch alle anderen Ehehindernisse unterliegen im Grundsatz Art. 13 I EGBGB. Zu nennen sind namentlich Ehehindernisse wegen geistiger oder körperlicher Gebrechen aus eugenischen Gründen, wegen Impotenz, wegen fehlender Vorlage eines Gesundheitszeugnisses oder wegen Ehebruchs. Ob die Verbote ein- oder zweiseitig sind, ist für jedes einzelne Verbot gesondert zu entscheiden.[320]

Art. 6 EGBGB steht bei hinreichendem Inlandsbezug der Anwendung ausländischer Eheverbote wegen körperlicher oder geistiger Gebrechen entgegen, soweit ein entsprechendes Ehehindernis, soweit es Teil des deutschen Rechts ist, gegen das GG verstoßen würde.[321] Zu bedenken ist, dass ein in seiner Geistestätigkeit erheblich Gestörter kaum einen informierten und freien Willen zur Eheschließung wird bilden können. Dies setzt bereits bei einer vorgelagerten, *positiven* Voraussetzung einer wirksamen Eheschließung an, die immer vorliegen muss.

Ein Ehehindernis des Ehebruchs scheitert bei hinreichendem Inlandsbezug in aller Regel am deutschen ordre public. Die Eheschließungsfreiheit wiegt schwer, und ein Ehehindernis des Ehebruchs kollidiert mit dem Zerrüttungsprinzip und der scheidungsrechtlichen Nichtsanktionierung ehelichen Verschuldens.[322]

f) Dispens von Ehehindernissen. Ob ein Dispens, also eine konkrete Befreiung von einem Ehehindernis, möglich ist, entscheidet dasjenige Recht, welches das betreffende Ehehindernis aufgestellt hat.[323] Die Befreiung benötigt immer nur der Verlobte, dessen Heimatrecht das Hindernis aufstellt; bei zweiseitigen Hindernissen wirkt eine erteilte Befreiung auch für den anderen Verlobten.[324] Verneint das betreffende Recht die Frage, so kommt eine Eheschließung über Art. 13 I EGBGB im Ausgangspunkt nicht in Betracht.[325] Zu beachten ist allerdings Art. 13 II Nr. 2 EGBGB als mögliche Durchbrechung kraft deutschen Rechts.[326]

International zuständig zur Befreiung von Ehehindernissen ist prinzipiell der Heimatstaat.[327] Die eigentliche Befreiung und ihre Erteilung sind von der Befreiungsmöglichkeit zu unterscheiden; sie sind verfahrensrechtliche Fragen.[328] Es greift ein Gleichlauf zwischen anwendbarem Recht und Zuständigkeit, wie insbesondere Art. 13 II Nr. 2 EGBGB zeigt. Daraus folgt aber weiter, dass im Fall einer Weiterverweisung für die Befreiung nicht die Behörden des Heimatstaates, sondern die Behörden jenes Staates, dessen Recht kraft Weiterverweisung Eheschließungsstatut ist, zuständig sind. Eine Rechtsgestaltung durch Befreiung kann aber grundsätzlich nur wirken, wenn sie von dem zu gestaltenden Recht akzeptiert wird. Eine ausländische behördliche oder gerichtliche Befreiung ist in Deutschland nach Maßgabe des § 107 FamFG anzuerkennen. Die Brüssel IIa-VO ist nicht anzuwen-

---

[319] BGH FamRZ 1976, 336, 338; Soergel/*Schurig* Art. 13 EGBGB Rn. 17; *Henrich,* IPRax 1993, 236; Erman/*Hohloch* Art. 13 EGBGB Rn. 31.
[320] Staudinger/*Mankowski* Art. 13 EGBGB Rn. 420.
[321] Staudinger/*Mankowski* Art. 13 EGBGB Rn. 420.
[322] Staudinger/*Mankowski* Art. 13 EGBGB Rn. 427.
[323] Siehe nur RG JW 1935, 1403; *Hepting/Dutta* Rn. III-261; Palandt/*Thorn* Art. 13 EGBGB Rn. 12.
[324] Staudinger/*Gamillscheg,* 10./11. Aufl. 1973, Art. 13 EGBGB aF Rn. 159.
[325] OLG Düsseldorf FamRZ 1969, 654; OLG Stuttgart FamRZ 2000, 821, 822.
[326] Staudinger/*Mankowski* Art. 13 EGBGB Rn. 144 f.
[327] Siehe nur KG NJW 1961, 2209; OLG Hamburg IPRspr. 1962/63 Nr. 67; OLG Karlsruhe IPRspr. 1962/63 Nr. 70; OLG Bremen IPRspr. 1962/63 Nr. 74; OLG Hamm StAZ 1964, 50; 1974, 370; Präsident LG Regensburg IPRspr. 1949 Nr. 14 = SJZ 1949, 781 m. Anm. *Ferid; Haunhorst,* Die „wesenseigene (Un-)Zuständigkeit" deutscher Gerichte, 1992, S. 54; Staudinger/*Mankowski* Art. 13 EGBGB Rn. 160.
[328] *Hepting/Dutta* Rn. III-261.

den,[329] da sie sich nicht mit der Eheaufhebung und umso weniger mit deren Vermeidung befasst.

138 Der Grundsatz schließt es jedoch nicht aus, dass der deutsche Gesetzgeber zusätzlich eine internationale Zuständigkeit deutscher Behörden oder Gerichte aufstellt. Von seiner völkerrechtlich eröffneten Gestaltungsfreiheit hat der deutsche Gesetzgeber im Ergebnis mit § 105 iVm § 187 III FamFG analog (bzw. bei Befreiung vom Ehehindernis der Adoption: direkt) sowie § 99 I iVm § 151 FamFG analog Gebrauch gemacht: Deutsche Gerichte sind international zuständig für die Befreiung von Ehehindernissen nach ausländischem Recht, wenn der betreffende ausländische Verlobte seinen gewöhnlichen Aufenthalt in der Bundesrepublik hat.[330] Aus deutscher Sicht kommt es, soweit deutsche Stellen international zuständig sind, nicht darauf an, ob Befreiungen durch diese deutschen Stellen im Heimatstaat anerkannt werden oder nicht. Art. 1 (der eine Aufenthaltszuständigkeit für Angehörige von Vertragsstaaten begründen würde) und der ganze Erste Titel des CIEC-Eheschließungsübereinkommens[331] gelten in Deutschland kraft ausdrücklichen deutschen Vorbehalts nicht.[332]

139 **8. Form der Eheschließung.** *a) Begriff der Form: Qualifikation.* Die Form der Eheschließung ist ein eigenständiger Anknüpfungsgegenstand, der anders angeknüpft wird als die materiellen Eheschließungsvoraussetzungen. Das macht eine qualifikatorische Abgrenzung notwendig, was zur Form und was zu den materiellen Eheschließungsvoraussetzungen gehört. Unter der Form der Eheschließung ist nicht nur die äußere Gestaltung der von dem Ehewilligen abzugebenden Willenserklärung, sondern auch die Mitwirkung eines Beamten oder Geistlichen oder etwaiger Hilfspersonen zu verstehen.[333] Zur Form der Eheschließung gehören also alle privatrechtlichen Fragen der äußeren Gestaltung des Eheschließungsaktes und seiner rechtlichen Vorbereitung.[334] Zur Form gehören desweiteren Fragen des Verfahrens vor der Trauungsperson einschließlich eventueller einzuhaltender Trauungsfristen oder Sperrfristen ab Beantragung der Trauung. Dieser (weite) Begriff der Eheschließungsform liegt sowohl Art. 11 I EGBGB als auch Art. 13 IV EGBGB zugrunde. Wie das berufene Sachrecht für seine intern-sachrechtlichen Zwecke qualifiziert, ist für die Begriffsbildung im deutschen IPR ohne Bedeutung.[335]

140 Zur Form gehören:
- das Aufgebot[336];
- das so genannte Heimataufgebot wegen des CIEC-Übereinkommens zur Erleichterung der Eheschließung im Ausland;
- die Möglichkeit, sich von einem Aufgebot befreien zu lassen (z.B. eine licence to marry without publication of banns or notice of marriage) samt ihren Erteilungsvoraussetzungen;
- die Heiratslizenz (marriage licence);[337]
- das Ehefähigkeitszeugnis (wie z.B. nach deutschem Recht für Ausländer verlangt);[338]

---

[329] *Hepting/Dutta* Rn. III-263.
[330] *Hepting/Dutta* Rn. III-268.
[331] Pariser CIEC-Übereinkommen Nr. 7 zur Erleichterung der Eheschließung im Ausland vom 10.9.1964, BGBl. 1969 II 451.
[332] *Hepting/Dutta* Rn. III-263.
[333] BGHZ 29, 137, 140; RGZ 88, 191, 193; 133, 161; BayObLG FGPrax 2000, 25; BayObLG StAZ 2000, 296; OLG Frankfurt IPRspr. 1966/67 Nr. 71; FamRZ 1971, 179; KG IPRspr. 1973 Nr. 55; OLG Bremen StAZ 1976, 50.
[334] BGHZ 29, 137, 140; Soergel/*Schurig* Art. 13 EGBGB Rn. 77–79; Staudinger/*Mankowski* Art. 13 EGBGB Rn. 765; MüKoBGB/*Coester* Art. 13 EGBGB Rn. 121; BeckOGK/*Rentsch* Art. 13 EGBGB Rn. 252.
[335] KG FamRZ 2006, 1383.
[336] Siehe nur BGHZ 29, 137, 140; RGZ 88, 191, 193; BayObLG FamRZ 1997, 818.
[337] BayObLG FamRZ 1997, 818; KG FamRZ 1999, 1130; LG Stuttgart FamRZ 1968, 197.
[338] BayObLG StAZ 1996, 300; AG Crailsheim IPRspr. 1992 Nr. 82; *Burmester-Beer,* Deutsch-philippinische Ehe- und Familienbeziehungen in rechtsvergleichender und kollisionsrechtlicher Hinsicht, 1987, S. 238; Jayme IPRax 1993, 256; BeckOGK/*Rentsch* Art. 13 EGBGB Rn. 252.1.

II. Eheschließung

- Formlosigkeit[339] als gleichsam negative Förmlichkeit;[340]
- die Mitwirkung eines Geistlichen[341] (dagegen nicht, ob die Eheschließung aus Sicht der betroffenen Kirche oder Religionsgemeinschaft obendrein ein Sakrament ist[342]);
- die Zuständigkeit der trauenden Personen,[343] auch bei etwaiger Delegation der Trauungsbefugnis seitens des eigentlich zuständigen Trauungsorgans;[344]
- der Ablauf des Trauungsaktes;[345]
- Vorschriften über besondere Sachverhalte wie Noteheschließung in Lebensgefahr usw.,[346] bis hin zu religiösen Nottrauungen mangels amtierender staatlicher Beamter in Ländern mit grundsätzlich obligatorischer Zivilehe;[347]
- spezielle Erschwerungen oder Erleichterungen bei einzelnen Ehetypen,[348] z. B. covenant marriages in den USA;[349]
- Registrierungserfordernisse;[350]
- heiratsbestätigende Urkunden (wie namentlich Certificates of Marriage);[351] verpflichtende Erfordernisse, dass die Eheleute besondere Unterlagen unterzeichnen müssen, z. B. ein obligatorisches Heirats- oder Familienbuch;[352]
- besondere Mitwirkungs- und Beweiserfordernisse für die Eheschließung, insbesondere ein Erfordernis eines oder mehrerer Trauzeugen[353] oder zweier rechtschaffener Zeugen/Notare (´udul);[354]
- (potentiell) konstitutiv wirkende Ehebestätigungsverfahren,[355] da sie die formelle Eheschließung ersetzen, indem jedenfalls nach ihrem positiven Abschluss eine Eheschließung feststeht.[356]

Eine abweichende Qualifikation der priesterlichen Mitwirkung bei der Eheschließung seitens betroffener ausländischer Internationaler Eherechte ist im deutschen Internationalen Eherecht unbeachtlich und verhindert nicht das Ergebnis, dass standesamtliche

---

[339] Siehe nur KG FamRZ 1993, 59.
[340] Siehe nur RG JW 1902, 361; RGZ 138, 214; 157, 257; BayObLG IPRspr. 1977 Nr. 161; KG IPRspr. 1932 Nr. 19; OLG Stuttgart IPRspr. 1958/59 Nr. 115; KG FamRZ 1993, 59; LG Tübingen JW 1934, 2802; LG Halle StAZ 1936, 356 (dazu *Bergmann*, StAZ 1937, 48); LG Berlin JW 1938, 2402; AG Mainz IPRspr. 1954/55 Nr. 83.
[341] Siehe nur BGH FamRZ 1959, 143, 144; RGZ 88, 191, 193; BayObLGZ 1970, 77, 80; OLG Frankfurt FamRZ 1967, 476 = RabelsZ 32 (1968), 727 m. Anm. *Jochem* (dazu *Reuscher*, StAZ 1968, 134); OLG Frankfurt FamRZ 1971, 179 m. Anm. *Heukelbach*; OLG Köln IPRspr. 1981 Nr. 48; OLG Hamm NJW 1988, 3097.
[342] Anderer Ansicht *Gamillscheg*, FS OLG Celle, 1961, S. 61, 68–71; *ders.*, RabelsZ 33 (1969), 654, 704 f.; *ders.*, FS Karl Michaelis, 1972, S. 94 f. sowie *Keidel*, NiemZ 7 (1897), 228, 239 f. Fn. 7; *Niemeyer*, NiemZ 26 (1916) 1, 6 f.; *Frankenstein*, IPR III S. 136–138; *Papadimas*, Die Form der Eheschließung im deutschen materiellen und Kollisionsrecht, Diss. Hamburg 1962, S. 62; *Schwind*, FS Walter Wilburg, 1965, S. 157, 171–173; *Neuhaus*, FamRZ 1966, 121 f.
[343] Siehe nur BGHZ 29, 137, 140; RGZ 88, 191; 133, 161, 165; BayObLG StAZ 2000, 296; KG DJ 1934, 1158; KG JW 1938, 1242; KG OLGZ 1976, 307; KG FamRZ 1999, 1130; OLG Celle NJW 1963, 2235; LSG Baden-Württemberg StAZ 2018, 127, 129.
[344] BayObLG FGPrax 2000, 25; MüKoBGB/*Coester* Art. 13 EGBGB Rn. 122.
[345] LSG Baden-Württemberg StAZ 2018, 127, 129.
[346] Staudinger/*Mankowski* Art. 13 EGBGB Rn. 790.
[347] Soergel/*Schurig* Art. 13 EGBGB Rn. 82.
[348] BeckOGK/*Rentsch* Art. 13 EGBGB Rn. 252.
[349] Dazu *Coester*, FS Dieter Henrich, 2000, S. 73.
[350] KG FamRZ 2006, 1383; LSG Baden-Württemberg StAZ 2018, 127, 129.
[351] OLG Bremen FamRZ 1992, 1083, 1084.
[352] Staudinger/*Mankowski* Art. 13 EGBGB Rn. 802 sowie OLG Düsseldorf IPRspr. 1966/67 Nr. 86.
[353] LSG Baden-Württemberg StAZ 2018, 127, 129; Staudinger/*Mankowski* Art. 13 EGBGB Rn. 803 sowie LG Stuttgart StAZ 1992, 379, 380.
[354] OLG Düsseldorf FamRZ 1993, 187; OLG Düsseldorf FamRZ 1993, 1083; *H. Kotzur*, IPRax 1993, 305, 306; *A. Börner*, StAZ 1993, 377, 378 f., 383; *Krömer*, StAZ 2001, 43.
[355] OLG Hamm FamRZ 2000, 823; AG Bremen StAZ 1991, 232; *Kubitz*, StAZ 1983, 135; *A. Börner*, StAZ 1993, 377, 383.
[356] OLG Hamm FamRZ 2000, 823; *A. Börner*, StAZ 1993, 377, 385; Staudinger/*Mankowski* Art. 13 EGBGB Rn. 805.

Eheschließungen nach deutschem oder ausländischem Ortsrecht wirksam sind, auch wenn das Heimatrecht der Verlobten dem nicht folgte.[357] Umgekehrt führen rein religiöse Ehezeremonien in Deutschland, sofern sie nicht von Art. 13 IV 2 EGBGB gedeckt sind, zu Nichtehen, selbst wenn das Heimatrecht der Verlobten eine religiöse Trauung auch im Ausland als unabdingbar ansieht und folglich die Eheschließung für wirksam hält.[358]

142   Besondere Betrachtung verdient das Verbot von Bedingung und Befristung. Ausgehend von der klassischen Grundauffassung, dass die Ehe im Prinzip ein Vertrag sei, lässt die schiitische Rechtsschule eine Befristung und damit eine Ehe auf Zeit zu. Das iranische Recht kennt daher die Ehe auf Zeit (nik'ah; Artt. 1075–1077 ZGB). Dagegen lehnen alle sunnitischen Rechtsschulen und die ihnen folgenden Rechtsordnungen die Ehe auf Zeit ab, weil sie häufig prostitutionsgleiche Wirkungen erzeuge.[359] Ob Bedingung und Befristung zulässig sind, ist prinzipiell eine Frage des materiellen Eheschließungsrechts und gehört daher grundsätzlich in den Bereich des Art. 13 I EGBGB.[360]

143   Hat eine befristete Ehe nach dem maßgeblichen Recht durch Erreichen des vereinbarten oder gesetzlich festgesetzten Endtermins ihr Ende gefunden, so ist es nur konsequent, dem grundsätzlich zu folgen.[361] Allerdings ist jeweils genau zu klären, ob die Bedingung oder Befristung bei der Eheschließung in gehöriger Form zum Ausdruck gebracht worden ist oder ob es sich bloß um eine nicht in den Eheschließungstatbestand eingeflossene interne Absprache zwischen den Nupturienten handelt.[362] Die Bedingung oder Befristung des Ehekonsenses scheitert bei einer Eheschließung in Deutschland immer an Art. 13 IV 1 EGBGB iVm § 1311 S. 2 BGB mit der Folge einer nichtigen Ehe.[363] Im Ergebnis läuft diese auf eine Doppelqualifikation von Bedingung und Befristung als sowohl materiellrechtliche wie Formfrage hinaus.[364]

144   *b) Bestimmung des Ortes der Eheschließung.* Für die Form der Eheschließung und ihre Anknüpfung kommt es entscheidend darauf an, ob die Ehe in Deutschland geschlossen wird oder im Ausland. Diese setzt wiederum voraus, dass man den Ort der Eheschließung lokalisiert.[365] Grundsätzlich ist Ort der Eheschließung derjenige Ort, an dem sich die Trauungsperson befindet.[366] Bei förmlichen Trauungszeremonien ist Ort der Eheschließung mithin derjenige Ort, wo die förmliche Zeremonie vor dem agierenden Trauungsorgan stattfindet. Eine Handschuhehe (Eheschließung durch Stellvertreter) wird also dort geschlossen, wo der Vertreter die Erklärung vor dem Trauungsorgan abgibt, unabhängig vom Aufenthaltsort des Vertretenen.

145   Findet anstelle einer förmlichen Zeremonie nur eine Registrierung durch einen Amtsträger statt und hat diese Registrierung für das Zustandekommen der Ehe konstitutive Bedeutung, so ist Ort der Eheschließung der Ort des Registrierungsaktes, genauer: der Amts-

---

[357] Siehe nur RG JW 1926, 375 m. Anm. *Wieruszowski;* BGHZ 19, 266; BayObLG IPRspr. 1962/63 Nr. 100; OLG Hamburg IPRspr. 1926 Nr. 28; OLG Tübingen IPRspr. 1950/51 Nr. 80; OLG Nürnberg IPRspr. 1952/53 Nr. 125; OLG Celle NJW 1962, 1160; OLG Düsseldorf IPRspr. 1964/65 Nr. 111; OLG München FamRZ 1970, 408; OLG Frankfurt FamRZ 1971, 179.
[358] BayObLGZ 1966, 1; OLG Stuttgart IPRspr. 1952/53 Nr. 97; OLG Celle IPRspr. 1964/65 Nr. 82; OLG München IPRspr. 1964/65 Nr. 84; OLG Hamm FamRZ 1967, 570 m. Anm. *Bosch;* OLG Karlsruhe IPRspr. 1966/67 Nr. 63b; OLG Hamm NJW 1970, 1509.
[359] *Rauscher,* Sharia – Islamisches Familienrecht der sunna und shia, 1987, S. 61; *Yassari,* in: Scherpe/Yassari (Hrsg.), Die Rechtsstellung nichtehelicher Lebensgemeinschaften, 2005, S. 557, 558; *Rohe,* Das islamische Recht, 2009, S. 82, 359.
[360] NK-BGB/*Andrae* Art. 13 EGBGB Rn. 30; *G. Schulze,* StAZ 2009, 197, 202; MüKoBGB/*Coester* Art. 13 EGBGB Rn. 7
[361] VG Berlin BeckRS 2009, 33043; *G. Schulze,* StAZ 2009, 197, 203 f.
[362] Vgl. OLG München FamRZ 1970, 408, 409.
[363] Staudinger/*Mankowski* Art. 13 EGBGB Rn. 794; *Rohe,* StAZ 2000, 161, 167; *G. Schulze,* StAZ 2009, 197, 202 f.
[364] MüKoBGB/*Coester* Art. 13 EGBGB Rn. 124; BeckOGK/*Rentsch* Art. 13 EGBGB Rn. 252.1
[365] Siehe nur BeckOGK/*Rentsch* Art. 13 EGBGB Rn. 258.
[366] Siehe nur BGHZ 29, 137, 146; BayObLGZ 2000, 335, 339.

sitz der agierenden Registrierungsbeamten.³⁶⁷ Denn erst die Registrierung und nicht schon die Zeremonie bringt dann die Ehe zustande. Die Übermittlung von Daten, die ein vor Ort agierender zuständiger Beamter aufgenommen hat, an ein zentrales Register z. B. in der jeweiligen Hauptstadt zur dortigen endgültigen Registrierung ändert nichts daran, dass Ort der Eheschließung dann der Ort ist, wo der Beamte im Außenverhältnis zu den Nupturienten gehandelt hat.³⁶⁸

Ist die Mitwirkung einer besonderen Trauungsperson nicht erforderlich, wie bei Konsensehen oder formlosen Ehen, liegt der Ort der Eheschließung dort, wo sich die Verlobten zum Zeitpunkt der Abgabe ihrer Erklärungen befinden. Bei anhaltendem Ehewillen kommt jedenfalls dann eine formlose Ehe zustande, sobald beide Verlobte sich in Staaten aufhalten, die eine formlose Eheschließung gestatten.³⁶⁹ Findet ein konstitutiv wirkendes Bestätigungsverfahren statt, so ist Ort der Eheschließung (erst) der Ort, an welchem jenes Bestätigungsverfahren stattfindet.³⁷⁰

Halten sich die Verlobten zum Zeitpunkt ihrer jeweiligen Erklärung in verschiedenen Staaten auf (Eheschließung durch Schriftwechsel), müssen grundsätzlich eines der beiden Ortsrechte nach Art. 11 II Var. 2 EGBGB oder beide Heimatrechte nach Art. 11 II Var. 1 iVm Art. 13 I EGBGB diese Form der Eheschließung gestatten. Für die maßgeblichen Orte kommt es auf die Handlungsorte an, also auf diejenigen Orte, wo die jeweiligen Erklärungen abgegeben werden, nicht auf diejenigen Orte, wo die jeweiligen Erklärungen zugehen.³⁷¹

Wird eine Ehe in der Botschaft oder einem Konsulat eines ausländischen Staates geschlossen, so gilt sie trotzdem als im Gaststaat geschlossen.³⁷² Die Gebäude der diplomatischen Vertretungen sind völkerrechtlich nicht exterritorial, sondern gehören zum Territorium des Empfangsstaates.³⁷³ Die in einer Botschaft eines ausländischen Staates in Bonn/Berlin, in einem Generalkonsulat oder einem Konsulat z. B. in Hamburg geschlossene Ehe ist also im Sinne des Art. 13 IV EGBGB in Deutschland eingegangen.

c) In Deutschland geschlossene Ehe. aa) Standesamtliche Eheschließung nach § 1310 BGB. Nach Art. 13 IV 1 EGBGB ist der Satz „locus regit actum" für die Form inländischer Eheschließungen zwingend: Die Form einer Ehe, die in der Bundesrepublik Deutschland geschlossen wird, bestimmt sich ausschließlich nach den deutschen Gesetzen. Es findet keine Alternativanknüpfung an das sachliche Eheschließungsstatut statt. Das über Art. 13 I EGBGB ermittelte materielle Eheschließungsstatut ist nicht berufen.³⁷⁴ Art. 13 IV 1 EGBGB führt ansatzlos und zwingend zur Form des § 1310 BGB:³⁷⁵ persönliche Anwesenheit der Eheschließung vor dem deutschen Standesbeamten. Eine andere Form stellt das deutsche Sachrecht für eine Inlandseheschließung nicht zur Verfügung. Bismarcks Kulturkampf gegen die Katholiken zeitigt seine Fernwirkungen, indem die Zivileheschließung in Deutschland obligatorisch ist.

Art. 13 IV 1 EGBGB enthält zwei wesentliche Aussagen: Erstens fragt das deutsche Recht ausländische Staaten nicht danach, ob sie die Ehe, die zwei Personen in Deutschland schließen, für formwirksam halten oder nicht. Dies gilt unabhängig davon, ob einer oder

---

³⁶⁷ LG Frankenthal FamRZ 1975, 698; LG Hamburg IPRspr. 1977 Nr. 51.
³⁶⁸ Staudinger/*Mankowski* Art. 13 EGBGB Rn. 479.
³⁶⁹ Siehe nur *Bergmann*, StAZ 1934, 444; *Raape* S. 254 f.; Soergel/*Schurig* Art. 13 EGBGB Rn. 79; Staudinger/*Mankowski* Art. 13 EGBGB Rn. 485.
³⁷⁰ OLG Hamm FamRZ 2000, 823, 824.
³⁷¹ Insoweit unrichtig LG Hamburg StAZ 1934, 442 m. abl. Anm. *Bergmann* (der Zugang sei maßgeblich).
³⁷² OLG Frankfurt StAZ 2014, 48; OLG Frankfurt FamRZ 2014, 1106; *Beitzke*, FamRZ 1959, 507; *G. Otto*, StAZ 1973, 129, 130 mwN; *Wipperfürth*, StAZ 1981, 306. Unzutreffend daher LG Stuttgart FamRZ 1959, 506.
³⁷³ Siehe nur BGHZ 82, 34, 43 f.; BFH/NV 1998, 1174, 1175; RGSt 3, 70; 69, 54; RFH JW 1923, 194; Cass. crim. D. 1865 I 192; Cass. crim. D. 1866 I 233; Cassaz. Clunet 49 (1922), 193; OGH SZ 25, 285; OLG Köln NJW 1982, 2740; *Verdross/Simma*, Universelles Völkerrecht, 3. Aufl. 1984, § 895.
³⁷⁴ Insofern unzutreffend OLG Karlsruhe IPRspr. 1992 Nr. 110 S. 255.
³⁷⁵ Siehe nur OVG Berlin-Brandenburg NJW 2014, 2665.

sogar beide Verlobten Ausländer sind. Ist die Ehe nach dem deutschen formellen Eheschließungsrecht wirksam zustande gekommen, ist sie in jedem Fall in Deutschland gültig. Wie das ausländische Heimatrecht die Formwirksamkeit beurteilt, ist aus deutscher Sicht unerheblich.[376]

151 Zweitens maßt sich das deutsche Recht umgekehrt die alleinige Entscheidungshoheit darüber an, wann eine Ehe, die in Deutschland eingegangen bzw einzugehen versucht worden ist, formfehlerhaft ist und welche Folgen der Formfehler hat. Sofern eine Heilung nach dem ausschließlich berufenen deutschen Sachrecht nicht in Betracht kommt,[377] führt also die priesterliche oder sonstige Trauung eines Paares, die nicht von Art. 13 IV 2 EGBGB gedeckt ist, niemals zu einer Ehe. Die Verbindung ist eine Nichtehe.[378]

152 Insbesondere schiebt der Zwang zur Wahrung der Inlandsform einer formlosen Eheschließung einen Riegel vor. Eine reine Konsensehe kann im deutschen Inland nicht geschlossen werden. Etwas, das infolge langjährigen Zusammenlebens nach den Heimatrechten der Zusammenlebenden eine marriage by cohabitation with habit and repute sein könnte, bleibt bei Zusammenleben in Deutschland trotzdem eine nichteheliche Lebensgemeinschaft.

153 bb) Ausnahme nach Art. 13 IV 2 EGBGB. Ausländern gestattet unter engen Voraussetzungen Art. 13 IV 2 EGBGB eine Heirat in Deutschland in der Form eines Heimatrechts. Die Form der auf der Grundlage des Art. 13 IV 2 EGBGB vollzogenen Trauung richtet sich nach dem Recht desjenigen Staates, der die Ermächtigung ausgesprochen hat, ebenso die Folgen eines Formverstoßes.[379]

154 Art. 13 IV 2 EGBGB steht nur Ausländern und Staatenlosen offen. Die beiden Nupturienten können unterschiedlichen Staaten und müssen nicht beide dem ermächtigenden Staat angehören. Staatenlose mit gewöhnlichem Aufenthalt in Deutschland, also mit deutschem Personalstatut, sind Nicht-Deutsche im Sinne des Art. 13 IV 2 EGBGB.[380] Ist einer der Verlobten deutscher Staatsangehöriger, so scheidet eine Anwendung nach dem klaren Wortlaut des Art. 13 IV 2 EGBGB aus.[381] Art. 5 I 2 EGBGB gilt.[382]

155 **Beispiel:** Die Deutsche Doris Lemke und der US-Soldat Adrian Peterson wollen vor dem Militärtrauungsbeamten der US Air Force Base in Ramstein heiraten.

156 Die Trauung muss vor einer Person stattfinden, die von der Regierung des Heimatstaates eines der beiden Nupturienten ordnungsgemäß ermächtigt worden ist. Fehlt es an einer wirksamen Ermächtigung, so ist Art. 13 IV 2 EGBGB nicht anwendbar. Dies trifft z. B. die Trauung durch „einfache" Priester katholischer Glaubensgemeinschaften in Deutschland.[383] Die Trauungsperson selber muss nicht dem ermächtigenden Staat angehören. Sie kann Angehöriger eines anderen Staates und sogar Deutscher sein.[384] Denkbare ermächtigte Personen sind: konsularische oder diplomatische Vertreter eines entsendenden Staates;[385] Trup-

---

[376] Siehe nur BGHZ 73, 370, 372 f.; BayObLGZ 1963, 265, 267; OLG Hamm NJW 1973, 1554; OLG Zweibrücken FamRZ 1974, 153; OLG Celle FamRZ 1974, 314; KG FamRZ 1976, 353; OLG Stuttgart NJW 1980, 1229.
[377] Dazu Staudinger/*Mankowski* Art. 13 EGBGB Rn. 522 ff.
[378] Siehe nur BVerfGE 63, 323, 331; BGHZ 43, 213, 220, 227 = FamRZ 1965, 311 m. Anm. *F. W. Bosch* = JZ 1965, 531 m. Anm. *Wengler*, BSGE 10, 1 = FamRZ 1959, 278 m. Anm. *F. W. Bosch*; BSGE 27, 96 = FamRZ 1967, 669 m. Anm. *F. W. Bosch*; BSGE 33, 219; 45, 180; BSG FamRZ 1968, 375 m. Anm. *F. W. Bosch*; 1978, 587; 1981, 767 m. Anm. *F. W. Bosch*.
[379] Staudinger/*Mankowski* Art. 13 EGBGB Rn. 625.
[380] Siehe nur *Hepting/Dutta* Rn. III-428.
[381] Siehe nur BFH BFH/NV 1998, 1174; Staudinger/*Mankowski* Art. 13 EGBGB Rn. 623; *Hepting/Dutta* Rn. III-427.
[382] Siehe nur BSG IPRspr. 1989 Nr. 82; BFH IPRspr. 1998 Nr. 63 = BFH/NV 1998, 1174; FG Hamburg IPRspr. 1996 Nr. 66 S. 147.
[383] OVG Berlin-Brandenburg FamRZ 2014, 1954.
[384] Siehe nur *Bornhofen*, StAZ 1981, 269, 271.
[385] BGHZ 43, 213, 222; *Buchheit*, StAZ 1994, 263.

penoffiziere mit standesamtlichen Befugnissen und andere Militärstandesbeamte[386] (diese Fallgruppe erklärt sich aus dem historischen Ursprung des Art. 13 IV 2 EGBGB in § 15a EheG aF mit Blick auf die alliierten Besatzungstruppen in der Nachkriegszeit, später die in der Bundesrepublik stationierten Truppen der NATO-Verbündeten, z. B. die British Army on Rhine in Osnabrück); Truppengeistliche mit allgemeiner gesetzlicher Ermächtigung oder Bestellung zum Trauungsorgan; Priester und sonstige Geistliche, diese aber nur bei *persönlicher* Benennung.[387] Unter den Priestern haben griechisch-orthodoxe (für Griechen und Zyprer) und katholische (für Italiener, Spanier und Lateinamerikaner) die größte Bedeutung,[388] daneben Rabbis,[389] Muftis[390] und Shia Shariat-Priester.[391]

Beispiel: Die Griechen Irini Athanassopoulou und Dimitrios Stamidatis leben in Hannover. Sie wollen vor dem für ihren Wohnort zuständigen Priester der griechisch-orthodoxen Kirche, Evangelos Vassilakis, heiraten. Dieser hat von der Regierung der Republik Griechenland die persönliche Berechtigung zur Trauung griechischer Staatsangehöriger erhalten.

Ohne Eintragung in ein Standesregister ist für die in Deutschland erfolgte Eheschließung gemäß Art. 13 IV 2 Hs. 2 EGBGB aus deutscher Sicht kein voller Beweis zu führen. Die Trauungsperson muss die nötigen Unterlagen der registerführenden Stelle zusenden, wenn sie das Register nicht selber führt. Die Eintragung in ein bloßes Kirchenbuch genügt nicht.[392] Die Registrierung soll aber nicht konstitutiv sein und ein zusätzliches Formerfordernis begründen, sondern durch andere Beweismittel ersetzt werden können, da im Wortlaut nur vom „vollen", nicht vom „ausschließlichen" Beweis die Rede ist.[393]

d) *Im Ausland geschlossene Ehe.* Für im Ausland geschlossene Ehen greift Art. 13 IV EGBGB nicht. Vielmehr gilt dann mangels vorrangiger Sonderregel die allgemeine Anknüpfungsregel für Formfragen aus Art. 11 EGBGB.[394] In Form einer alternativen Anknüpfung stehen also nebeneinander die Formvorschriften des Geschäftsrechts und jene des Ortsrechts zur Verfügung. Die Ehe ist aus deutscher Sicht formgültig, wenn die Eheschließung den Formerfordernissen zumindest eines dieser beiden Rechte genügt. In der Praxis steht die Ortsform bei weitem im Vordergrund. Das gilt auch, wenn zwei Deutsche miteinander in Ausland die Ehe eingehen.[395]

Beispiel: Die beiden Deutschen Sabine Hellmann und Martin Diepenbrock heiraten spontan während einer gemeinsamen Urlaubsreise in Las Vegas (Nevada, USA) mit einer kurzfristig ausgestellten Marriage License in einer dortigen Hochzeitskapelle vor einem als Elvis Presley kostümierten zur Trauung Bevollmächtigten.

aa) *Ortsform.* Wenn das Ortsrecht eine rein konsensuale Eheschließung ohne Beteiligung irgendwelcher Organe (seien es staatliche, staatlich beliehene oder religiöse) zulässt, so ist dies zu akzeptieren.[396] Den Ort einer solchen Eheschließung zu identifizieren ist

---

[386] Siehe nur KG NJW 1976, 1034; OLG Hamm FamRZ 1986, 678 m. Anm. *Bosch*; *Bornhofen*, StAZ 1981, 269, 270 f.; *Zinke*, StAZ 1982, 181; *Wipperfürth*, StAZ 1982, 283; *Breidenbach*, StAZ 1985, 22; *Hepting*, StAZ 1987, 154, 155–157.
[387] Siehe nur BGHZ 43, 213, 225.
[388] BGHZ 43, 213; BGH NJW 1980, 1229; BSG IPRspr. 1972 Nr. 40; 1975 Nr. 336; BSGE 33, 219; BayObLGZ 1986, 155 (dazu *Wengler*, IPRax 1987, 164); BayObLG FamRZ 1995, 602, 603 f. für erstere, BSG NJW 1972, 1021; BayObLG FamRZ 1966, 147; OLG Celle FamRZ 1964, 209 für letztere.
[389] BSG IPRspr. 1989 Nr. 82.
[390] AG Bonn StAZ 1982, 249.
[391] OLG Köln StAZ 1981, 326 sowie OLG Köln IPRspr. 1998 Nr. 67.
[392] BGHZ 43, 213, 226.
[393] *Hepting/Dutta* Rn. III-433 sowie BayObLG StAZ 1988, 259, 260; VG Stuttgart IPRspr. 1991 Nr. 73 S. 132. Anders noch Staudinger/*Mankowski* Art. 13 EGBGB Rn. 648.
[394] Siehe nur OLG München FamRZ 2010, 1280; OLG Nürnberg FamRZ 2011, 1508; OLG Frankfurt StAZ 2014, 48; OLG Frankfurt FamRZ 2014, 1106 = IPRax 2015, 257 (dazu *Gössl*, IPRax 2015, 233); OVG Sachsen-Anhalt ZAR 2015, 402 m. Anm. *Pfersich*; VG Oldenburg StAZ 2018, 317.
[395] Siehe nur Erman/*Hohloch* Art. 13 EGBGB Rn. 2.
[396] Siehe nur OLG Karlsruhe StAZ 2017, 375, 376.

strukturell nichts anders als bei einem schuldrechtlichen Vertragsschluss und deshalb eine leistbare Aufgabe.

162 bb) *Geschäftsform nach materiellem Eheschließungsstatut.* Für die Bestimmung des Geschäftsrechts ist auf Art. 13 I EGBGB zurückzugreifen. Geschäftsrecht ist danach jedenfalls das gemeinsame Heimatrecht beider Verlobter.[397] Haben die Verlobten kein gemeinsames Personalstatut, so ist die Struktur der Anknüpfung nach Art. 13 I EGBGB zu beachten: Nach ihr kommt materiell eine Ehe nur zustande, wenn beide Heimatrechte (jeweils begrenzt auf die zugewiesenen Fragen) zustimmen.[398] In formeller Hinsicht muss dann jeweils die Eheschließungsform jedes Heimatrechts erfüllt sein. Denn die Eheschließungsform ist immer zweiseitig und unteilbar. Kein Recht stellt für die Zustimmungserklärung des einen Teils andere Formerfordernisse auf als für jene des anderen Teils. Nach dem Geschäftsrecht ist eine Ehe also nur dann formwirksam, wenn sie die Formanforderungen beider Heimatrechte erfüllt.[399] Hier wird die distributive Anknüpfung wegen Zweiseitigkeit der Form in beiden beteiligten Rechten faktisch zur kumulativen Anknüpfung.[400]

163 e) *Folgen eines Formfehlers.* Die Folgen eines Formfehlers richten sich jeweils nach dem Recht, dessen Formvorschrift nicht eingehalten wurde. Dieses Recht entscheidet auch darüber, ob eine Heilung des Formfehlers möglich ist und, wenn ja, unter welchen Voraussetzungen und mit welcher zeitlicher Wirkung. Die Bestimmung der Rechtsordnung, welche über die Folgen einer Formverletzung entscheidet, ist nur notwendig, wenn die Eheschließungsform nach keinem der von Art. 11 I EGBGB berufenen Rechte gewahrt ist. Ist die Form entweder nach dem Geschäftsrecht oder nach dem Ortsrecht gewahrt, so reicht dies aus. Es ist unerheblich, ob das jeweils andere Recht die Ehe dann als formungültig ansieht oder nicht. Genau diese Begünstigung der Formwirksamkeit ist der Zweck der von Art. 11 I EGBGB ausgesprochenen alternativen Verweisung. Zudem liegt nur dann eine relevante Formverletzung vor, wenn der Formmangel nicht geheilt ist. Verlangt das betreffende Recht für eine bestimmte Rechtsfolge eine Gestaltungsklage, so tritt jene Rechtsfolge nicht ein, wenn es (noch) kein Gestaltungsurteil gibt.[401]

164 Es verbleiben Fälle, in denen Heimatrecht(e) und Ortsrecht zwar jeweils einen Formmangel bejahen, aber in der Beurteilung des Mangels voneinander abweichen. Wenn neben dem Ortsrecht nur eines der beiden Heimatrechte verletzt wurde, während das andere gewahrt war, gilt im Verhältnis der beiden beteiligten Heimatrechte zueinander der Grundsatz des *ärgeren* Rechts.[402] Stimmen das Ortsrecht und ein Heimatrecht in der Beurteilung des Formfehlers überein, so geht diese Übereinstimmung einem der Ehe günstiger gesonnenen Heimatrecht des anderen Teils vor.[403] Denn es liegt keine nach dem Geschäftsrecht (das sich eben aus beiden Heimatrechten in distributiver Anknüpfung zusammensetzt) formwirksame Eheschließung vor.

165 Bei Ehen, die sowohl nach dem Ortsrecht als auch nach dem Geschäftsrecht mit je unterschiedlich starken Rechtsfolgen formfehlerhaft sind, gilt im Verhältnis von Ortsrecht zu Geschäftsrecht der Grundsatz des milderen Rechts.[404] Denn Art. 11 I EGBGB begründet eben einen favor zu Gunsten der Formwirksamkeit der Eheschließung. Die Ortsform entfaltet nicht etwa deshalb eine größere rechtliche Attraktivität, weil sich die Verlobten aus rein praktischen Gründen bemühen, ihren Anforderungen zu genügen. Vor Ort werden zwar regelmäßig erheblich größere Möglichkeiten zur Eheschließung in der Ortsform als in

---

[397] Z. B. OLG Düsseldorf FamRZ 1992, 1078, 1079.
[398] KG FamRZ 1993, 59; AG Kassel StAZ 1998, 181.
[399] Siehe nur Cass. RCDIP 88 (1999), 509 note *Lequette;* OVG Lüneburg FamRZ 2008, 1785, 1786.
[400] Staudinger/*Mankowski* Art. 13 EGBGB Rn. 693.
[401] BayObLG FGPrax 2000, 25.
[402] Siehe nur Staudinger/*Mankowski* Art. 13 EGBGB Rn. 762; BeckOK BGB/*J. Mörsdorf-Schulte* Art. 13 EGBGB Rn. 52.
[403] Siehe LG Berlin IPRspr. 1960/61 Nr. 87 sowie LG Hamburg IPRspr. 1977 Nr. 51.
[404] Siehe nur BeckOK BGB/*J. Mörsdorf-Schulte* Art. 13 EGBGB Rn. 52; Staudinger/*Mankowski* Art. 13 EGBGB Rn. 764. Anders noch RGZ 133, 161: nur Ortsrecht.

II. Eheschließung

der Form des Geschäftsstatuts bestehen. Rein tatsächlich zieht die Ortsform an. Rechtliche Exklusivität der Ortsform kann man darauf aber nicht stützen, sondern muss dem favor aus der Alternativanknüpfung treu bleiben.

9. Rück- und Weiterverweisung. Rück- und Weiterweisung richten sich bei Art. 13 I EGBGB nach der Grundregel des Art. 4 I EGBGB. Die Verweisung des Art. 13 I EGBGB ist also eine Gesamtverweisung und geht auf das IPR des verwiesenen Rechts. Da es beim Eheschließungsstatut keine Rechtswahl gibt, ist Art. 4 II EGBGB hier nicht anwendbar. Ein renvoi kommt insbesondere in Betracht, wenn ein Heimatrecht an den gewöhnlichen Aufenthalt oder den Wohnsitz des betreffenden Nupturienten oder an den Eheschließungsort anknüpft.[405]

Art. 4 I EGBGB kommt grundsätzlich auch zum Zuge, soweit die Form einer im Ausland geschlossenen Ehe Anknüpfungsgegenstand unter Art. 11 I EGBGB ist. Indes ist dabei zu beachten, dass Art. 11 I EGBGB eine alternative Anknüpfung ist. Bei alternativen Anknüpfungen greift die so genannte Sinnklausel des Art. 4 I Hs. 2 EGBGB: Die Verweisung wird dann (aber auch nur dann) zur Sachnormverweisung auf eines von Art. 11 I EGBGB verwiesenen Rechte, wenn ein renvoi dazu führen würde, dass sich der Kreis der nebeneinander zur Auswahl stehenden Rechte verkleinert. Das würde dem favor validitatis widersprechen, der, wenn irgend möglich, kein Scheitern an Formunwirksamkeit will und deshalb möglichst viele disjunktive Möglichkeiten sehen will. Ein renvoi ist dagegen zu beachten, wenn er den Kreis der zur Auswahl stehenden Rechte sogar noch vergrößert.

Soweit im Rahmen des Art. 13 I EGBGB eine Rück- oder Weiterverweisung für die sachlichen Voraussetzungen der Eheschließung beachtlich ist, ist sie auch für Art. 11 I Var. 1 iVm Art. 13 I EGBGB zu beachten.[406] Insoweit geht es nicht um einen eigenen renvoi in Formfragen, sondern vielmehr um die Bestimmung des einen der disjunktiv zur Verfügung stehenden Parte bei der alternativen Anknüpfung.

Für die Form einer in Deutschland geschlossenen Ehe führt Art. 13 IV 1 EGBGB zwingend zum deutschen Sachrecht. Jeglicher Gedanke an einen renvoi ist dort fehl am Platze.

10. Exkurs: IPR des Verlöbnisses

Literatur: *Mankowski*, Verlöbnisbruch, konkurrierende Deliktsansprüche und Rückforderung von Geschenken im Internationalen Privat- und Zivilprozeßrecht, IPRax 1997, 173; *S. Lorenz/Unberath*, Nichteheliche Lebensgemeinschaft und Verlöbnis im Internationalen Privat- und Verfahrensrecht, IPRax 2005, 516; *Looschelders*, Der Anspruch auf Rückzahlung des Brautgeldes nach yezidischem Brauchtum, IPRax 2012, 238; *C. Mayer*, Haftung und Paarbeziehung, 2017.

Traditionell versprechen die Nupturienten einander vor der Ehe, die Ehe miteinander zu schließen. Dann vergeht noch eine mehr oder minder lange Zeit bis zur Eheschließung, wenn diese überhaupt später stattfindet. Das Versprechen, miteinander die Ehe einzugehen, kann ein besonderes Rechtsverhältnis zwischen den Parteien bestehen: das Verlöbnis. Für dessen Einordnung muss man im IPR eine Grundentscheidung treffen: Will man Verlöbnis und Verlobung familienrechtlich oder schuldvertragsrechtlich qualifizieren?

Vorzugswürdig ist eine familienrechtliche Einordnung, weil nur sie dem versprochenen, eindeutig familienrechtlichen Ziel der Eheschließung gerecht wird. Man bewegt sich im Bereich persönlicher Bindungen. Im Übrigen vermöchte eine schuldvertragsrechtliche Anknüpfung, die in eine Analogie zur Rom I-VO mündete, technisch nicht zu überzeugen: Rechtswahlfreiheit als primäre Anknüpfung wäre rechtfertigungsbedürftig,[407] und die objektive Anknüpfung müsste analog Art. 4 IV Rom I-VO nach der engsten Verbindung

---

[405] Länderübersicht bei Staudinger/*Mankowski* Art. 13 EGBGB Rn. 59–63.
[406] Siehe nur OLG Karlsruhe StAZ 1994, 286; Staudinger/*Mankowski* Art. 13 EGBGB Rn. 694 sowie AG Kassel StAZ 1998, 181.
[407] Staudinger/*Mankowski* Anh. Art. 13 EGBGB Rn. 26.

suchen, da sich bei den beiden parallelen Eheschließungsversprechen der Verlobten keine charakteristische Leistung identifizieren lässt. Man würde immerhin bei gewöhnlichem Aufenthalt beider Verlobter in einem Staat zum Recht dieses Staates kommen.

172 Die Verlobung ist das wechselseitige Versprechen, miteinander die Ehe schließen zu wollen. Sie begründet das Verlöbnis. Die Verlobung ist ein Rechtsgeschäft. Für ihre materiellen Voraussetzungen ist Art. 13 I EGBGB analog anzuwenden, für ihre Form Art. 11 I EGBGB.[408] Bei Eingehung in Deutschland erfolgt keine Analogie zu Art. 13 IV EGBGB.[409] Es gibt im deutschen Sachrecht keine zwingende staatliche Verlöbnisform, welche das deutsche IPR zu schützen hätte, parallel dem Zwang zur standesamtlichen Eheschließung.

173 Welche Wirkungen ein Verlöbnis als Folge einer wirksamen Verlobung zeitigt, ist analog Art. 14 EGBGB anzuknüpfen.[410] Güterrechtliche Wirkungen von Verlöbnissen sind aus den Sachrechten, soweit ersichtlich, nicht bekannt. Theoretisch könnte man für sie an eine Analogie zur EuGüVO kraft nationalen deutschen IPR denken. Die Folgen eines Verlöbnisbruchs sind ebenfalls familienrechtlich und nicht schuldrechtlich zu qualifizieren. Dies läuft wiederum auf eine Analogie zu Art. 14 EGBGB hinaus.[411] Wenn man deliktisch qualifizieren wollte, wäre der Ausschlusstatbestand aus Art. 1 II lit. a Rom II-VO zu beachten, mit der Folge, dass Artt. 40–42 EGBGB zum Zuge kommen müssten. Art. 41 II Nr. 1 EGBGB müsste dann eigentlich zu einer akzessorischen Anknüpfung an das Statut des herrschenden personenrechtlichen Verhältnisses führen[412] – das es aber gerade zu bestimmen gelten würde.[413]

174 Das Heimatrecht des jeweils (potenziell) schuldenden Verlobten anzuwenden[414] wäre dagegen ein Systembruch, für den es keine überzeugende Rechtfertigung gibt.[415] Wenn Schutzerwägungen eingreifen, dann allenfalls zugunsten des verlassenen Verlobten, nicht des anderen Teils.[416] Bei zweiseitigen personenrechtlichen Rechtsverhältnissen ist ein einseitiges Vertrauen darauf, dass man nur nach den Maßstäben seines eigenen Heimatrechts und keines anderen Rechts verpflichtet werden könne, ungerechtfertigt.[417] Wenn schon auf etwas vertraut wird, dann darauf, dass man selbst nach dem eigenen Heimatrecht geschützt ist, d.h. der Schutz höchstpersönlicher Rechtsgüter nach dem eigenen Personalstatut erfolgt. Insofern kann ein kollisionsrechtliches Rechtsanwendungsvertrauen allenfalls passiven Güterschutz, aber keine Handlungsbefugnisse nach dem eigenen Heimatrecht umfassen.[418]

175 Das bloße Versprechen einer Morgengabe oder eines Brautgeldes, also einer Zahlung bei Eingehung der Ehe durch die Braut, unterfällt dem Verlöbnisstatut.[419] Sie ist wegen Art. 1

---

[408] BGHZ 28, 375, 376 f.; OLG Köln LZ 1926 Sp 602; KG JW 1938, 1715; OLG Hamm FamRZ 1971, 321; LG Hamburg NJW 1955, 548; LG Düsseldorf NJW 1967, 2121 m Anm. *Stöcker;* LG Frankfurt IPRspr. 1978 Nr. 43; LG Bochum FamRZ 1990, 882; LG Essen FamRZ 1990, 884; LG Krefeld FamRZ 1990, 1351; *S. Lorenz/Unberath,* IPRax 2005, 516, 520; Staudinger/*Mankowski* Anh. Art. 13 EGBGB Rn. 10, 16.
[409] Staudinger/*Mankowski* Anh. Art. 13 EGBGB Rn. 16.
[410] Soergel/*Schurig* Vor Art. 13 EGBGB Rn. 16, 18; Staudinger/*Mankowski* Anh. Art. 13 EGBGB Rn. 19; *Henrich* IntFamR S. 43; *S. Lorenz/Unberath,* IPRax 2005, 516, 520; *Looschelders,* IPRax 2012, 238, 240; *C. Mayer,* Haftung und Paarbeziehung, 2017, S. 443 sowie LG Essen FamRZ 1990, 884; LG Krefeld FamRZ 1990, 1351; LG Berlin FamRZ 1993, 198.
[411] Eingehend Staudinger/*Mankowski* Anh. Art. 13 EGBGB Rn. 25–29 mwN.
[412] So NK-BGB/*Andrae* Anh. I zu Art. 13 EGBGB Rn. 6, wenn auch unter Art. 4 III 2 Rom II-VO.
[413] Staudinger/*Mankowski* Anh. Art. 13 EGBGB Rn. 26, 41.
[414] Dafür BGHZ 28, 375, 378; BGHZ 132, 105, 116; BGH IPRax 2005, 545, 546; OLG Düsseldorf FamRZ 1983, 1229 = IPRax 1984, 270 (dazu *Fudickar,* IPRax 1984, 253); NJW-RR 1993, 650 = FamRZ 1992, 1295; OLG Zweibrücken FamRZ 1986, 354; KG FamRZ 1990, 45; LG Düsseldorf NJW 1967, 2121 m. Anm. *Stöcker;* LG Frankfurt/Main IPRspr. 1978 Nr. 43.
[415] *Mankowski,* IPRax 1997, 173, 178–180; *S. Lorenz/Unberath,* IPRax 2005, 516, 520.
[416] *Mankowski,* IPRax 1997, 173, 179.
[417] Staudinger/*Mankowski* Anh. Art. 13 EGBGB Rn. 30.
[418] Staudinger/*Mankowski* Anh. Art. 13 EGBGB Rn. 30.
[419] OLG Hamm IPRax 2012, 257, 259; *Looschelders,* IPRax 2012, 238, 239.

III. Ehegüterrecht

II lit. b Rom I-VO nicht schuldvertraglich einzuordnen.[420] Ihre Form ist nach Art. 11 EGBGB anzuknüpfen.[421]

Die Beendigung eines Verlöbnisses ist analog einer Scheidung zu behandeln. Art. 17 I 1 **176** EGBGB analog führt zu einer entsprechenden Anwendung der Rom III-VO. Dass sich die Rom III-VO selber zu Verlöbnissen und deren Beendigung nicht verhält, schadet nicht. Denn die Rom III-VO sperrt und verwahrt sich jedenfalls nicht dagegen, außerhalb ihres eigentlichen, selbst definierten Anwendungsbereichs von nationalen Kollisionsrechten für *entsprechend* anwendbar erklärt zu werden. Die Rom III-VO missbilligt nicht, was außerhalb ihres selbst beanspruchten Anwendungsbereichs geschieht. Natürlich ist bei der Beendigung von Verlöbnissen zu beachten, dass kein richterlicher Akt und keine Klage nötig sind, sondern eine Auflösung jedenfalls durch einfache, einseitige Erklärung eines Verlobten hinreicht. Verschuldensabhängige Ersatzansprüche nach der Rom II-VO anzuknüpfen, Ansprüche auf Rückgabe von Geschenken aber analog Art. 14 EGBGB[422] wäre eine zu weitgehende Differenzierung.

Für eine Rückgabe von Geschenken Dritter kommt man zum Statut des Schenkungs- **177** vertrags mit dem Dritten, entweder direkt über Artt. 3; 4 II Rom I-VO, oder über eine akzessorisch anzuknüpfende Zweckverfehlungskondiktion über Art. 10 I Rom II-VO iVm Artt. 3; 4 Rom I-VO.[423]

Für das IPR des Verlöbnisses gilt Art. 4 I 1 Hs. 1 EGBGB. Grundsätzlich findet also eine **178** Rück- oder Weiterverweisung statt. Soweit die Verlobten eine analog Art. 14 II oder III EGBGB statthafte Rechtswahl getroffen haben, greift Art. 4 II EGBGB und steht einem renvoi entgegen.

III. Ehegüterrecht

Literatur: *Abadie*, Identification et mise en oeuvre du rattachement, Dr. & patr. 276 (2018), 37; *Alma-Delettre*, Champ d'application dans le temps et dans l'espace et définitions des règlements, Dr. & patr. 276 (2018), 32; *Andrae*, Der sachliche Anwendungsbereich der Europäischen Güterrechtsverordnung, IPRax 2018, 221; *Añoveros Terradas*, El régimen conflictual de las acpitulaciones en los nuevos Reglamentos de la Unión Europea en materia de reg´menes económicos matrimoniales y efectos patrimoniales de las uniones registradas, AEDIPr 2017, 821; *Antón Juárez*, La oposición del régimen ecónomico matrimonial y la protección del tercero en Derecho Internacional Privado, Cuad. Der. Trans. 9 (2) (2017), 59; *Azavant*, Correctifs au rattachement, Dr. & patr. 276 (2018), 42; *J. Bachmann*, Die neuen Rom IV-Verordnungen, 2016; *Baldovini*, Die europäischen Güterrechtsverordnungen, iFamZ 2018, 39; *Barrière Brousse*, Le patrimoine des couples internationaux dans l'espace judiciaire européen, Clunet 144 (2017), 485; *Bonomi*, The Interaction between the Future EU Instruments on Matrimonial Property, Registered Partnerships and Successions, YbPIL 13 (2011), 217; *ders.*, The Proposal for a Regulation on matrimonial property: a critique of the proposed rule on the immutability of the applicable law, in: Boele-Woelki/Dethloff/Martiny/Gephart (eds.), Family law and culture in Europe, 2014, S. 231; *ders.*, Fragen des Allgemeinen Teils: Qualifikation, Vorfrage, Renvoi und ordre public, in: Dutta/J. Weber (Hrsg.), Die Europäischen Güterrechtsverordnungen, 2017, S. 123; *Borrás*, The substantive scope of application of European instruments in matrimonial matters, Liber amicorum Christian Kohler, 2018, S. 23; *T. Bosch*, Die Durchbrechungen des Gesamtstatuts im internationalen Ehegüterrecht, 2002; *C. Bridge*, Le nouveau droit communautaire des régimes matrimoniaux (Loi applicable et limitation des risques d'insecurité juridique), Petites Affiches n° 201, 9 octobre 2017, S. 9; *Campuzano Díaz*, The Coordination of the EU Regulations on Divorce and Legal Separation with the Proposal on Matrimonial Property Regimes, YbPIL 13 (2011), 233; *Clavel/Jault-Seseke*, Public Interest Considerations – Changes in Continuity, YbPIL 19 (2017/2018), 233; *Coester-Waltjen*, Die objektive Anknüpfung des Ehegüterstatuts, in: Dutta/J. Weber (Hrsg.), Die Europäischen Güterrechtsverordnungen, 2017, S. 47; *dies.*, Connecting Factors to Determine the Law Applicable to Matrimonial Property Regimes, YbPIL 19 (2017/2018), 195; *Damascelli*, La legge applicabile ai rapporti patrimoniali tra coniugi, uniti civilmente e conviventi di fatto nel diritto internazionale privato italia-

---

[420] *Looschelders*, IPRax 2012, 238, 239.
[421] *Henrich*, FamRZ 2010, 537; *Wurmnest*, JZ 2010, 736, 738; *Yassari*, IPRax 2011, 63, 67.
[422] Dafür *C. Mayer*, Haftung und Paarbeziehung, 2017, S. 443 f.
[423] Im Ausgangspunkt ebenso NK-BGB/*Andrae* Anh. I zu Art. 13 EGBGB Rn. 7.

no e europeo, Riv. dir. int. 2017, 1103; *Dengel,* Die europäische Vereinheitlichung des internationalen Ehegüterrechts und des internationalen Güterrechts für eingetragene Partnerschaften, 2014; *Döbereiner,* Der Kommissionsvorschlag für das internationale Ehegüterrecht, MittBayNot 2011, 463; *ders.,* Rechtswahlfreiheit im Ehegüterrecht, in: Dutta/J. Weber (Hrsg.), Die Europäischen Güterrechtsverordnungen, 2017, S. 63; *ders.,* Die Europäischen Güterrechtsverordnungen, notar 2018, 244; *Dutta,* Das neue Internationale Güterrecht der Europäischen Union – ein Abriss der europäischen Güterrechtsverordnungen, FamRZ 2016, 1973; *Eichenberger,* Die Europäische Ehegüterrechtsverordnung (EU-EheGüterVO) und die Schweiz, FS Jolanta Kren Kostkiewicz, 2018, S. 21; *Erbarth,* Die Auswirkungen der EuGüVO auf das Internationale Privatrecht und die Internationale Zuständigkeit der Wirkungen der Ehe im Allgemeinen (§§ 1353 ff. BGB), NZFam 2018, 249 und 342 und 387; *Faucon Alonso,* Enfin un cadre législatif pour les couples européens et leur régime patrimonial, J. dr. eur. 2016, 348; *Finger,* Verstärkte Zusammenarbeit im internationalen Güterrecht für Eheleute und registrierte Lebenspartner, FuR 2016, 640; *García Más,* Los regímenes económico matrimoniales y efectos patrimoniales de las uniones registradas en la Unión Europee, Rev. Jur. Notariado 100–101 (2016/17), 205; *Godechot-Patris,* Commentaire du règlement du 24 juin 2016 relatif aux régimes matrimoniaux: le changement dans la continuité, D. 2016, 2292; *González Beilfuss,* The Proposal for a Council Regulation on the Property Consequences of Registered Partnerships, YbPIL 13 (2011), 183; *J. Gray/ Quinzá Redondo,* Stress-Testing the EU Proposal on Matrimonial Property Regimes: Co-operation between EU Private International Law Instruments on Family Matters and Succession, Familie & Recht november 2013 <http://www.bjutijdschriften.nl/tijdschrift/fener/2013/11/fenr-d-1300008/ fullscreen>; *dies.,* The Coordination of Jurisdiction and Applicable Law in Related Proceedings: The Interaction between the Proposal on Matrimonial Property Regimes and the Regulations on Divorce and Successions, in: Bergé/Francq/Gardeñes Santiago (eds.), Boundaries of European Private International Law, Bruxelles 2015, S. 617; *Grolimund/Bachofner,* Von der (Un-)Wandelbarkeit des Güterrechtsstatuts, FS Jolanta Kren Kostkiewicz, 2018, S. 61; *Heiderhoff,* Vorschläge zur Durchführung der EU-Güterrechtsverordnungen, IPRax 2017, 231; *dies.,* Die EU-Güterrechtsverordnungen, IPRax 2018, 1; *Heiderhoff/Beißel,* Die EU-Güterrechtsverordnungen als neueste Bausteine im Europäischen Familienkollisionsrecht, Jura 2018, 253; *Henrich,* Zur EU-Güterrechtsverordnung: Handlungsbedarf für die nationalen Gesetzgeber, ZfRV 2016, 171; *Joubert,* La dernière pierre (provisoire?) à l'édifice du droit international privé européen en matière familiale, RCDIP 2017, 1; *R. Kemper,* Vom FamFG und EGBGB zu EuGüVO und EuPartVO, FamRB 2019, 32; *Knot,* Europees IPR Huwelijksvermogensrecht: een verdere uitbreiding van den conflictregelkalender, FJR 2016, 231; *A. Köhler,* Der sachliche Anwendungsbereich der Güterrechtsverordnungen und der Umfang des Güterrechtsstatuts, in: Dutta/ J. Weber (Hrsg.), Die Europäischen Güterrechtsverordnungen, 2017, S. 147; *C. Kohler,* Die Güterrechtsverordnungen der Europäischen Union und die vorrangigen Staatsverträge mit Drittstaaten, in: Dutta/J. Weber (Hrsg.), Die Europäischen Güterrechtsverordnungen, 2017, S. 163; *Kroll-Ludwigs,* Vereinheitlichung des Güterkollisionsrechts in Europa, GPR 2016, 231; *dies.,* Stärkung der Parteiautonomie durch die Europäischen Güterrechtsverordnungen, NZFam 2016, 1061; *Laborde,* Le champ d'application des règlements du 24 juin 2016 concernant les régimes matrimoniaux et les effets patrimoniaux des partenariats enregistrés, Dr. fam. 2017 art. 29; *Laimer,* Eingeschränkte Rechtswahl im Internationalen Güterrecht für Eheleute und registrierte Lebenspartner – eine sinnvolle Begrenzung der Parteiautonomie durch die neuen EU-Güterrechtsverordnungen?, JBl 2017, 549; *Lamarche,* Union européenne: régimes matrimoniaux et effets patrimoniaux des partenariats enregistrés: un pas de plus vers l'harmonisation européenne des règles de droit international privé, Dr. fam. 2016 alerte 91; *Malagoli,* Regime patrimoniale dei coniugi ed effetti patrimoniali delle unioni civili: i Regolamenti UE „gemelli" n. 2016/1103 e n. 2016/1104, Contratto e impresa/Europa 2016, 828; *Mankowski,* Das Verhältnis zwischen der EuErbVO und den neuen Verordnungen zum Internationalen Güterrecht, ZEV 2016, 479; *Marino,* Strengthening the European civil judiciary cooperation: The patrimonial effects of family relationships, Cuad. Der. Trans. 9 (1) (2017), 265; *Martiny,* Die Kommissionsvorschläge für das internationale Ehegüterrecht sowie für das internationale Güterrecht eingetragener Partnerschaften, IPRax 2011, 437; *ders.,* Die Anknüpfung güterrechtlicher Angelegenheiten nach den europäischen Güterrechtsverordnungen, ZfPW 2017, 1; *Meise,* Rechtswahl in vorsorgenden Eheverträgen und Scheidungsfolgenvereinbarungen, RNotZ 2016, 485; *Mellema-Kranenburg/van den Hoonaard,* De Europese huwelijksvermogensrechtverordening in de notariële praktijk. Waar moet de notaris opletten?, WPNR 7216 (2018), 907; *Mota,* El ámbito de aplicación material y la ley aplicable en la Propuesta de reglamento „Roma IV": algunos problemas y omisiones, Cuad. Der. Trans. 5 (2) (2013), 428; *Moura Ramos,* Similitudes et disparités dans les instruments de droit international privé de l'Union européenee relatifs aux effets patrimoniaux du mariage et des parternariats enregistrés, Liber amicorum

III. Ehegüterrecht

Christian Kohler, 2018, S. 347; *Nademleinsky,* Rom IV: was bringen die neuen EU-Güterrechtsverordnungen?, JEV 2017, 36; *Nourissat,* Les règlements européens en matière patrimonial, Dr. fam. 2017 art. 36; *Nourissat/Revillard,* Règlements européens du 24 juin 2016 sur les régimes matrimoniaux et les effets patrimoniaux des partenariats enregistrés, Defrénois 2016, 878; *Peisse,* L'aspect patrimonial du divorce international, Dr. & patr. 268 (2017), 46; *Péroz,* Le nouveau règlement européen sur les régimes matrimoniaux, JCP N 2016.1241 = JCP N 2016 N° 28, S. 33; *dies.,* Les lois applicable au régime primaire, Clunet 144 (2017), 813; *Péroz/Fongaro,* Droit international patrimonial de la famille, 2. Aufl. 2017; *Perreau-Saussine,* Le nouveau Règlement européen „Régimes matrimoniaux", JCP G 2016, 1926; *Quinzá Redondo/J. Gray,* La (des)coordinación entre la propuesta del reglamento de régimen économico matrimonial y los reglamentos en la materia de divorcio y sucesiones, AEDIPr 13 (2014), 513; *Rademacher,* Changing the past: retroactive choice of law and the protection of third parties in the European regulations on patrimonial consequences of marriages and registered partnerships, Cuad. Der. Trans. 10 (1) (2018), 7; *Reinhartz,* IPR-huwelijksbetrekkingen en de nieuwe Europese verordeningen voor het IPR-huwelijksvermogensrecht en het IPR-partnerschapsvermogensrecht, WPNR 7216 (2018), 900; *Revillard,* Propositions de règlements communautaires sur les régimes matrimoniaux et les effets patrimoniaux des partenariats, Les Petites Affiches 6 juillet 2011, S. 3; *Rodríguez Rodrigo/ K. Miller,* Güterrechtsverordnung für europäische Ehegatten, NZFam 2016, 1065; *C. Rudolf,* Vereinheitlichtes Güterkollisionsrecht für Ehegatten und eingetragene Partner, ZfRV 2017, 171; *dies.,* Die Europäischen Güterrechtsverordnungen, EF-Z 2017, 244; *C. Rupp,* Die Verordnung zum europäischen internationalen Ehegüterrecht aus sachenrechtlicher Perspektive, GPR 2016, 295; *A. Sanders,* Das Nebengüterrecht und die EuGüVO, FamRZ 2018, 978; *V. Stoll,* Die Rechtswahl im Namens-, Ehe- und Erbrecht, 1991; *Süß,* Europäisierung des Familienrechts – Handlungsempfehlungen für den Notar zum status quo, ZNotP 2011, 282; *ders.,* Sonderanknüpfung von Eheverträgen und der Schutz Dritter, in: Dutta/J. Weber (Hrsg.), Die Europäischen Güterrechtsverordnungen, 2017, S. 85; *Tsouca,* Le droit applicable aux régimes matrimoniaux à défaut de choix des époux, RHDI 66 (2013), 249; *Twardoch,* Le règlement européen en matière de régimes matrimoniaux de la perspective du droit polonais, RCDIP 2016, 465; *Usunier,* Libre, mobil, divers: le coupe au miroir du droit international privé de l'Union européenne, RTDCiv 2016, 806; *Viarengo,* The EU Proposal on Matrimonial Property Regimes – Some General Remarks, YbPIL 13 (2011), 199; *Vinaixa Miquel,* La autonomía de la voluntad en los recientes reglamentos UE en materia de regímenes économicos matrimoniales (2016/1103) y efectos patrimoniales de las uniones registradas (2016/1104), InDret 2/2017, 274; *Vlas,* Nieuw IPR-relatievermogensrecht: voor huwelijk en geregistreerd partnerschap, WPNR 7216 (2018), 870; *Wautelet,* What's Wrong with Article 22? The Unsolved Mysteries of Choice of Law for Matrimonial Property, YbPIL 19 (2017/2018), 213; *J. Weber,* Interdependenzen zwischen Europäischer Erbrechtsverordnung und Ehegüterrecht – de lege lata und de lege ferenda, DNotZ 2016, 424; *ders.,* Die Europäischen Güterrechtsverordnungen – Eine erste Annäherung, DNotZ 2016, 659; *ders.,* Erwerb von Grundstücken durch Ehegatten mit ausländischem Güterstand – Teil I: Ermittlung des ausländischen Güterrechts und Prüfung durch das Grundbuchamt, MittBayNot 2016, 482; *ders.,* Erwerb von Grundstücken durch Ehegatten mit ausländischem Güterstand – Teil II: Risiken und Gestaltungsfragen, MittBayNot 2017, 22; *ders.,* Sachenrecht und Verkehrsschutz aus der Perspektive der Europäischen Güterrechtsverordnungen, RNotZ 2017, 365; *Weiss/Gremminger,* Die EU-Güterrechtsverordnungen für Ehegatten und eingetragene Partner – Eine erste Analyse und Beleuchtung von Auswirkungen für die Beratung in der Schweiz, successio 2017, 312; *ten Wolde,* Rechtskeuze, huwelijksvoorwaarden en derdenwerking onder de Verordening Huwelijksvermogensstelsels, WPNR 7216 (2018), 888.

1. Rechtsquellen. Das Internationale Ehegüterrecht, ein wirtschaftlich für die Ehegatten höchst relevanter Regelungsgegenstand,[424] ist für alle bis einschließlich 29.1.2019 geschlossenen Ehen noch eine dem nationalen IPR überlassene Materie.[425] Nationales Internationales Ehegüterrecht ist in Deutschland Art. 15 EGBGB. Er wird für Ehen, die nach dem 29.1.2019 geschlossen werden, durch die EuGüVO abgelöst. Die Übergangsregel für das IPR formuliert Art. 69 III EuGüVO dahin, dass Kapitel III der EuGüVO (das IPR-Kapitel) nur für solche Ehegatten gilt, die nach dem 29.1.2019 die Ehe eingegangen sind oder eine güterrechtliche Rechtswahl getroffen haben.[426]

---

[424] *Heiderhoff,* IPRax 2018, 1 (1).
[425] Siehe nur *Döbereiner,* notar 2018, 244 (244).
[426] Zum Fall der nachträglichen Rechtswahl z. B. *Joubert,* RCDIP 2017, 1, 5.

180 Die EuGüVO gilt also nicht für alle Ehegatten, die bis einschließlich 29.1.2019 geheiratet und nachher keine güterrechtliche Rechtswahl getroffen haben. Die Übergangszeit, in der Alt- und Neurecht für verschiedene Fallgruppen nebeneinander gelten, kann daher sehr lang ausfallen. Art. 69 III EuGüVO verwirklicht die denkbar altrechtsfreundlichste Übergangslösung. Noch auf Jahrzehnte wird Altrecht von Bedeutung sein,[427] in den ersten Jahren, während derer die EuGüVO schon wirksam ist, sogar die Mehrzahl der praktischen Fälle stellen. Erste Aufgabe in der Praxis ist daher, das Heiratsdatum zu ermitteln.[428] Allerdings ist die häufig anzutreffende Bemerkung, für Altehen sei eine Rechtswahl nach der EuGüVO erst nach dem 29.1.2019 möglich,[429] einzuschränken: Eine aufschiebend auf diesen Termin befristete und deshalb vor diesem Termin keine Wirkungen entfaltende Rechtswahl können die Ehegatten miteinander schon vorher schließen.

181 Auf die Eheschließung als maßgebliches Ereignis abzustellen entspricht dem Unwandelbarkeitsprinzip, welches die objektive Anknüpfung im Internationalen Ehegüterrecht traditionell auf den Zeitpunkt der Eheschließung fixiert. Dann ist es nur konsequent, auch intertemporal im IPR auf diesen Zeitpunkt abzustellen und damit einen möglichen Statutenwechsel allein wegen Anknüpfungswechsels im IPR des Forums zu vermeiden. Parallel stellt übrigens auch Art. 29 Rom I-VO auf den Zeitpunkt des Vertragsschlusses ab und kann fortbestehenden Dauerschuldverhältnissen (insbesondere Arbeits- oder Versicherungsverträgen) damit eine noch lang anhaltende Herrschaft des Alt-IPR bescheren.[430]

182 Hinsichtlich des 29.1.2019 wich Art. 69 III EuGüVO ursprünglich für das IPR ohne Begründung von der in Art. 69 I, II EuGüVO für das IZPR getroffenen Regelung ab, die diesen Tag schon dem Neurecht zuschlägt. Darin lag ein Redaktionsversehen für Art. 69 III EuGüVO,[431] das später berichtigt wurde.[432]

183 Die EuGüVO ist – wie die Rom III-VO – Produkt einer Verstärkten Zusammenarbeit. Hinter ihr liegt eine lange und mit politischen Kontroversen gespickte Entstehungsgeschichte. Die Kommission legte bereits 2011 einen entsprechenden Vorschlag vor.[433] Unglücklicherweise verfolgte die Kommission aber eine weitergehende rechts- und gesellschaftspolitische Agenda: Sie stellte ein Junktim zwischen diesem Vorschlag und einem zeitgleich vorgelegten Vorschlag für das Internationale Ehegüterrecht eingetragener Partnerschaften[434] auf. Beide Vorschläge sollte es nur im Paket geben. Sympathie für das Ehegüterrecht sollte das Güterrecht der eingetragenen Partnerschaften gleichsam huckepack nehmen. Damit stieß die Kommission jedoch auf den erbitterten Widerstand osteuropäischer EU-Mitgliedstaaten, an vorderster Front Polens und Ungarns. Rechtliche Anerkennung wollte man eingetragenen gleichgeschlechtlichen Partnerschaften dort nicht gewähren, auch nicht im IPR.

---

[427] Siehe nur *J. Weber*, DNotZ 2016, 659, 663 f.; *C. Rudolf*, ZfRV 2017, 171, 173; *Laimer*, JBl 2017, 549, 553; *Döbereiner*, notar 2018, 244 (244). Plastisch *J. Weber*, in: Dutta/J. Weber, Die Europäischen Güterrechtsverordnungen, 2017, S. 1, 4 f. Rn. 12: Ein junger Notarassessor, der 2017 beginne, müsse damit rechnen, bis zum Ende seines Berufslebens 2056 mit Altrecht unterliegenden Ehen konfrontiert zu werden.

[428] *Döbereiner*, notar 2018, 244 (244).

[429] So *Dutta*, FamRZ 2016, 1973, 1985; *J. Weber*, DnotZ 2016, 659, 664; *C. Rudolf*, ZfRV 2017, 171, 173; *dies.*, EF-Z 2017, 244, 245.

[430] EuGH ECLI:EU:C:2016:774 Rn. 26–39 – Republik Griechenland/Grigorios Nikiforides; GA *Szpunar*, ECLI:EU:C:2016:281 Rn. 34.

[431] Mit der präzisen Formulierung von Übergangsregeln scheint sich der europäische Gesetzgeber generell schwer zu tun. Fehler sind ihm auch bei Art. 28 Rom I-VO (dort durch ein eigenes Corrigendum korrigiert, ABl. EU 2009 L 309/87) und bei Artt. 84 I, II; 92 II EuInsVO 2015 unterlaufen; amüsant dazu *Freitag*, „Oops, they did it again" – Remarks on the intertemporal application of the Recast Insolvency Regulation, conflictoflaws.net 15.7.2016 und *Bogdan*, Comment, ebd.

[432] ABl. EU 2017 L 113/62.

[433] Vorschlag für eine Verordnung (EU) des Rates über die Zuständigkeit, das anzuwendende Recht, die Anerkennung und die Vollstreckung von Entscheidungen im Bereich des Ehegüterrechts, von der Kommission vorgelegt am 16. März 2011, KOM (2011) 126 endg.

[434] Vorschlag für eine Verordnung (EU) des Rates über die Zuständigkeit, das anzuwendende Recht, die Anerkennung und die Vollstreckung von Entscheidungen im Bereich des Güterrechts eingetragener Partnerschaften, von der Kommission vorgelegt am 16. März 2011, KOM (2011) 127 endg.

III. Ehegüterrecht   184–186 § 4

Die Verhandlungen in der Arbeitsgruppe des Rates zogen sich über Jahre[435] und mehrere **184**
neue Entwürfe[436] hin.[437] Schließlich präsentierte die im 2. Halbjahr 2015 amtierende Luxemburger Ratspräsidentschaft einen umfangreichen Kompromissvorschlag.[438] Auch dieser Vorschlag sah jedoch das Junktim zwischen Ehen und registrierten Partnerschaften vor. Da es sich um eine familienrechtliche Maßnahme handelte, war für seine Annahme nach Art. 81 III UAbs. 1 S. 2 AEUV Einstimmigkeit erforderlich. Die Abstimmung erfolgte auf dem Rat der Justizminister am 3.12.2015; Polen und Ungarn stimmten gegen den Vorschlag.[439] Das Vereinigte Königreich erklärte, dass es nicht hineinoptieren wolle.[440] Die luxemburgische Präsidentschaft erklärte daraufhin den Vorschlag für endgültig gescheitert.[441] Die Mehrzahl der Mitgliedstaaten bekundete aber ihre Bereitschaft, an einer Verstärkten Zusammenarbeit auf der Basis des von der luxemburgischen Präsidentschaft unterbreiteten Kompromissvorschlags mitzuwirken.[442]

Für diese Verstärkte Zusammenarbeit legte die Kommission am 2.3.2016 Vorschläge **185**
vor,[443] die sich weitgehend an den ursprünglichen Vorschlägen von 2011 orientierten.[444] Dem waren zwischen Dezember 2015 und Februar 2016 entsprechende Aufforderungen durch Schweden, Belgien, Griechenland, Kroatien, Slowenien, Spanien, Frankreich, Portugal, Italien, Malta, Luxemburg, Deutschland, die Tschechische Republik, die Niederlande, Österreich, Bulgarien und Finnland vorausgegangen, denen sich Zypern im März 2016 anschloss.[445] Ein Wermutstropfen ist, dass diese Staatengruppe nicht mit jener der Mitgliedstaaten der Rom III-VO identisch ist.[446]

Danach ging alles sehr schnell, ja rekordverdächtig[447] schnell: Am 9.6.2016 ermächtigte **186**
der Rat zur Verstärkten Zusammenarbeit,[448] und schon am 24.6.2016 gab es die Verordnungen,[449] die im Amtsblatt vom 8.7.2016 veröffentlicht wurden. Die langen Jahre der

---

[435] Kulminierend auf den Sitzungen des Rates der Justizminister am 6./7.12.2012, 16878/12 JUSTCIV 344, und 4./5.12.2014, 16171/14 JUSTCIV 313, und in zwei Legislativen Entschließungen des Europäischen Parlaments vom 10.9.2013.
[436] Z.B. Note from the Lithuanian Presidency to the Working Party on Civil Law Matters (Matrimonial Property Regimes and Registered Partnerships), Proposal for a Council Regulation on jurisdiction, applicable law and the recognition and enforcement of decisions in matters of matrimonial property regimes, 11 October 2013, 14756/13 JUSTCIV 215.
[437] Gegen Ende z.B. Dokumente 14124/15, 14658/15, 14660/15, 14664/15.
[438] Note from the Presidency to the Council, Proposal for a Council Regulation on jurisdiction, applicable law and the recognition and enforcement of decisions in matters of matrimonial property regimes – Political agreement, 26 November 2015, 14651/15 JUSTCIV 276, begleitend eine weitere Note, 1 December 2015, 14655/15 JUSTCIV 278.
[439] Video der Sitzung <http://video.consilium.europa.eu/webcast.aspx?ticket=775-979-16687>.
[440] *Marino*, Cuad. Der. Trans. 9 (1) (2017), 265, 266.
[441] Video der Sitzung <http://video.consilium.europa.eu/webcast.aspx?ticket=775-979-16687>; Justice and Home Affairs Council 03–04 December 2015, Council of the European Union, Meeting n° 3433 <http://consilium.europa.eu/en/meetings/jha/2015/12/03-04/>.
[442] Video der Sitzung <http://video.consilium.europa.eu/webcast.aspx?ticket=775-979-16687>.
[443] Proposal for a Council Regulation on jurisdiction, applicable law and recognition and enforcement of decisions in matters of matrimonial property regimes, COM (2016) 106 final; Proposal for a Council Regulation on jurisdiction, applicable law and recognition and enforcement of decisions in matters of the property consequences of registered partnerships, COM (2016) 107 final.
[444] *Trüten*, EuZ 2016, 94.
[445] Erwägungsgrund (11) COM (2016) 107 final.
[446] *Fucik*, ÖJZ 2016, 753.
[447] Ebenso *Weiss/Gremminger*, successio 2017, 312, 313.
[448] Beschluss (EU) 2016/954 des Rates vom 9.6.2016 zur Ermächtigung zu einer Verstärkten Zusammenarbeit im Bereich der Zuständigkeit, des anzuwendenden Rechts und der Anerkennung und Vollstreckung von Entscheidungen in Fragen der Güterstände internationaler Paare (eheliche Güterstände und vermögensrechtliche Wirkungen eingetragener Partnerschaften), ABl. EU 2016 L 159/16.
[449] Verordnung (EU) 2016/1103 des Rates vom 24.6.2016 zur Durchführung einer Verstärkten Zusammenarbeit einer Verstärkten Zusammenarbeit im Bereich der Zuständigkeit, des anzuwendenden Rechts und der Anerkennung und Vollstreckung von Entscheidungen in Fragen des ehelichen Güterstands, ABl. EU 2016 L 183/1; Verordnung (EU) 2016/1104 des Rates vom 24.6.2016 zur Durchführung einer Verstärkten Zusammenarbeit einer Verstärkten Zusammenarbeit im Bereich der Zuständigkeit, des anzuwen-

Arbeit an den letztlich gescheiterten allgemeinen Verordnungen waren damit nicht vergebens gewesen. Man konnte auf sie aufbauen und auf das in ihnen mehrheitlich Erreichte zurückgreifen.

187 Im Hintergrund stehen viele Anlehnungen an das – von Deutschland nicht ratifizierte – Haager EhegüterRÜbk 1978[450] (obwohl dieses lediglich in Frankreich, Luxemburg und den Niederlanden in Kraft getreten ist).[451] Sie erlaubt – worauf insbesondere französische Autoren immer wieder zurückgreifen[452] – eine Auslegung entweder in Anlehnung an jenes Übereinkommen oder im Kontrast zu jenem Übereinkommen.

188 Nicht zu unterschätzen ist zudem der Einfluss, den die anfangs parallelen Verhandlungen zur EuErbVO hatten.[453] Die EuGüVO hat viele Inspirationen auch durch die EuErbVO erfahren und übernimmt nicht selten Modelle und Gedanken, die sich erstmals in der EuErbVO fanden.[454]

189 **2. Anwendungsbereich der EuGüVO und Qualifikation.** Was Ehegüterrecht im europäischen Sinne ist, muss die EuGüVO als der darauf spezifisch zugeschnittene Rechtsakt besagen. Dies muss autonom erfolgen,[455] wie Erwägungsgrund (18) S. 2 EuGüVO ausdrücklich bekräftigt. Man darf also nicht das Güterrechtsverständnis etwa des deutschen Rechts zugrunde legen.[456] Art. 3 I lit. a EuGüVO umschreibt den ehelichen Güterstand, nach Art. 1 I UAbs. 1 EuGüVO den Zentralbegriff des sachlichen Anwendungsbereichs, als sämtliche vermögensrechtlichen Regelungen, die im Verhältnis der Ehegatten untereinander sowie zwischen ihnen und Dritten aufgrund der Ehe oder der Auflösung der Ehe gelten.[457] Weiter ins Detail geht die EuGüVO hier nicht, ähnlich wie das Haager EhegüterRÜbk 1978.[458]

190 Eine nähere Eingrenzung ihres sachlichen Anwendungsbereichs leistet die EuGüVO jenseits der Ausnahmetatbestände des Art. 1 II EuGüVO im Normtext nicht.[459] Hilfestellung bietet allerdings Erwägungsgrund (18) EuGüVO. Dabei übernimmt er über weite Strecken wörtlich Auslegungsdirektiven des EuGH[460] zu Art. 1 II Nr. 1 EuGVÜ.[461] Erfasst sind laut Erwägungsgrund (18) S. 1 EuGüVO – unter Ausgrenzung aller steuer- und öffentlichrechtlichen Fragen (Art. 1 I 2 EuGüVO)[462] – alle zivilrechtlichen Aspekte des ehelichen Güterstands, sowohl die Verwaltung des Vermögens der Ehegatten im Alltag als auch die güterrechtliche Auseinandersetzung bei Trennung des Ehepaars oder bei Tod eines Ehegatten. Das geht über das normale Verständnis von Güterrecht erheblich hinaus.[463]

191 *a) Ehe als Erstfrage.* Einen zentralen Begriff definiert die EuGüVO bewusst nicht selber: die Ehe. Vielmehr überlässt Erwägungsgrund (17) EuGüVO es dem nationalen Recht der

---

denden Rechts und der Anerkennung und Vollstreckung von Entscheidungen in Fragen des ehelichen Güterstands, ABl. EU 2016 L 183/30.

[450] Hague Convention of 14 March 1978 on the Law Applicable to Matrimonial Property Regimes (Haager Übereinkommen über das auf die ehelichen Güterstände anwendbare Recht vom 14.3.1978) <http://www.hcch.net/en/instruments/conventions/full-text/?cid=87>.

[451] *Kroll-Ludwigs,* Die Rolle der Parteiautonomie im europäischen Kollisionsrecht, 2013, S. 117; *Nourissat/Revillard,* Défrenois 2016, 878, 888; *Perreau-Saussine,* JCP G 2016, 1926, 1928; *Laimer,* JBl 2017, 549, 552 Fn. 34.

[452] Typisch insbesondere *Joubert,* RCDIP 2017, 1; *Barrière Brousse,* Clunet 144 (2017), 485.

[453] *Perreau-Saussine,* JCP G 2016, 1926, 1927.

[454] *Dutta,* FamRZ 2016, 1973 (1973 f.).

[455] Siehe nur *Knot,* FJR 2016, 231, 232.

[456] *Dutta,* FamRZ 2016, 1973 (1973).

[457] Näher z. B. *A. Köhler,* in: Dutta/J. Weber S. 147, 148 f. Rn. 3–9.

[458] *Martiny,* IPRax 2011, 437, 443.

[459] *Martiny,* IPRax 2011, 437, 443.

[460] EuGH Slg. 1979, 1055, 1066 Rn. 7 – Jacques de Cavel/Louise de Cavel; fortgeführt etwa in Cass. JurisData n° 2014–026514.

[461] *Perreau-Saussine,* JCP G 2016, 1926, 1928.

[462] Siehe nur *Añoveros Terradas,* AEDIPr 2017, 821, 827.

[463] *Tivardoch,* RCDIP 2016, 465, 470; *C. Rudolf,* ZfRV 2017, 171, 173.

III. Ehegüterrecht

Mitgliedstaaten, diesen Begriff auszufüllen.[464] Maßgeblicher Zeitpunkt für die Qualifikation ist – getreu dem Unwandelbarkeitsgrundsatz – jener der Begründung des zu qualifizierenden Rechtsverhältnisses.[464a] Das Vorliegen einer Ehe ist natürlich präjudiziell für die Kollisionsnormen des *Ehe*güterrechts, gerade in Abgrenzung zum IPR des Güterrechts der eingetragenen Partnerschaften, letzteres geregelt in der EuPartVO. Das Vorliegen einer Ehe ist Erstfrage. Erwägungsgrund (17) EuGüVO korrespondiert mit Art. 1 II lit. b EuGüVO.[465]

Die Zurückhaltung der EuGüVO beim Ehebegriff hat ihren rechts- und gesellschaftspolitischen Hintergrund: Viele Mitgliedstaaten haben die Ehe für gleichgeschlechtliche Paare geöffnet, z.B. die skandinavischen Staaten, Frankreich, Belgien, die Niederlande, inzwischen auch Deutschland. Andere Mitgliedstaaten wiederum wehren sich mit Vehemenz gegen jede Öffnung in diese Richtung, vornehmlich Polen und Ungarn (aber auch andere osteuropäische EU-Mitgliedstaaten). In diesem rechts- und gesellschaftspolitischen Minenfeld möchte die EuGüVO keine eigene Stellung beziehen und wählt deshalb den probaten Ausweg, aus der europäischen Regelung auszuklammern und die nationalen Rechte der Mitgliedstaaten zu berufen.[466] Insofern bleibt die EuGüVO hinter der Rom III-VO zurück. Denn die Rom III-VO bezieht gleichgeschlechtliche Ehen grundsätzlich in ihren Ehebegriff ein, erlaubt einem Forumstaat, der in seinem Recht anders verfahren will,[467] jedoch Abwehrschritte.

Erwägungsgrund (17) EuGüVO besagt im Ergebnis, dass der jeweilige Forumstaat den Ehebegriff seines nationalen Rechts heranziehen soll.[468] Liberale Staaten dürfen also gleichgeschlechtliche Ehen einbeziehen, konservative dürfen dies ablehnen.[469] Der Kompromisscharakter, chacon à son goût, ist offensichtlich. Eine Qualifikationsverweisung auf das Recht desjenigen Ortes, an welchem die einzuordnende Ehe oder Partnerschaft begründet wurde,[470] liegt darin aber nicht.[471] Unterschiedliche Qualifikationen sind je nach Forum möglich samt Zuweisung zur EuPartVO statt der EuGüVO und in der Konsequenz fehlender Einheitlichkeit[472] plus Gefahr von forum shopping insbesondere bei gleichgeschlechtlichen Ehen.[473] Der Kompromiss ist eine deutliche Schwachstelle der EuGüVO.[474]

Deutschland hat aber inzwischen einen neuen Problemfall hervorgebracht: die Rechtsordnung, die zwar in ihrem Sachrecht verschieden- und gleichgeschlechtliche Ehe einander gleichstellt (§ 1353 I 1 BGB), die aber in ihrem Kollisionsrecht die gleichgeschlechtliche Ehe der eingetragenen Partnerschaft entsprechend behandelt (Art. 17b IV 1 EGBGB 2017). Damit wirft es die Frage auf, ob Erwägungsgrund (17) EuGüVO auf das Sachrecht oder auf das nicht-güterrechtliche Kollisionsrecht des jeweiligen Forumstaates verweist.[475] Deutschland hat die Lage für sich inzwischen durch Art. 17b IV 2 EGBGB 2018 klargestellt.[475a]

---

[464] Obwohl es durchaus möglich wäre, sekundärrechtsvergleichend aus Entscheidungen des EuGH einen unionsautonomen Ehebegriff zu extrahieren; vgl. *Dengel* S. 84–89.
[464a] *Dutta*, FamRZ 2016, 1973, 1976; *Erbarth*, NZFam 2018, 249, 250; *R. Kemper*, FamRB 2019, 32, 34.
[465] *Damascelli*, Riv. dir. int. 2017, 1103, 1135.
[466] Siehe nur *Heiderhoff/Beißel*, Jura 2018, 253, 255. Mit bedenkenswerten Argumenten mindestens de lege ferenda anders *Dutta*, YbPIL 19 (2017/2018), 145, 149–153.
[467] Z.B. ist in Österreich eine im Ausland nach dortigem Recht wirksam geschlossene gleichgeschlechtliche Ehe trotzdem nicht der Eintragung als *Ehe* in ein österreichisches Ehebuch fähig; VwGH ÖstStA 2016, 172, 173.
[468] *Coester-Waltjen*, in: Dutta/J. Weber S. 47, 49 Rn. 6. Zweifelnd, ob nicht doch eine IPR-, keine Sachnormverweisung vorliegen könnte, *C. Rudolf*, ZfRV 2017, 171, 174. Für Anwendung der lex registrationis *Erbarth*, NZFam 2018, 249, 250.
[469] Siehe nur *Joubert*, RCDIP 2017, 1, 7.
Positiver *Marino*, Cuad. Der. Trans. 9 (1) (2017), 265, 268.
[470] Dafür *Dutta*, FamRZ 2016, 1973, 1976; *ders.*, YbPIL 19 (2017/2018), 145, 150–152.
[471] Vgl. aber auch *Löhnig*, NZFam 2017, 1085, 1087.
[472] *C. Rudolf*, ZfRV 2017, 171, 174.
[473] *Baldovini*, iFamZ 2018, 39, 40.
[474] *C. Rudolf*, ZfRV 2017, 171, 174.
[475] Für letzteres *C. Kohler/Pintens*, FamRZ 2016, 1509, 1510; *J. Weber*, DNotZ 2016, 659, 669; *Martiny*, ZfPW 2017, 1, 7; *Bonomi*, in: Dutta/J. Weber S. 123, 131 f. Rn. 45–53.
[475a] Näher *Mankowski*, NJW 2019 sub III 3.

195 Gleichermaßen ist nach nationalem Recht zu beantworten, ob eine polygame Ehe eine Ehe oder eine Nichtehe ist.[476] Artt. 10; 23 I, II; 25 I 1, II 1 EuGüVO sprechen zwar von beiden Ehegatten, können aber angesichts von Erwägungsgrund (17) EuGüVO keine Festlegung enthalten, sondern pauschalieren vereinfachend den Normalfall.[477]

196 *b) Weiter Güterrechtsbegriff.* Wenn eine Ehe vorliegt, heischt die EuGüVO insgesamt indes eher weite Anwendung.[478] Ihr Güterrechtsbegriff geht über das hinaus, was nach deutschem Sachrecht Ehegüterrecht wäre. Art. 3 I lit. a EuGüVO bezieht auch einiges ein, was im deutschen IPR bisher allgemeine Ehewirkung war.[479] Auch die vermögensrechtlichen Ehewirkungen etwa der §§ 1353 ff. BGB sind erfasst, einschließlich der Verpflichtungsbefugnis von Ehegatten und der güterstandsbezogenen Eigentumsvermutung.[480]

197 Güterrechtlich im weiten europäischen Sinne zu qualifizieren sind jetzt auch die Pflicht zur Zahlung eines Prozesskostenvorschusses, die Pflicht zur Zahlung von Beträgen zur freien Verfügung des anderen Ehegatten, Beschränkungen der Verfügung über Hausgut oder die Ehewohnung sowie die Pflicht zur Zahlung einer Morgengabe[481].[482] Die bisherige im nationalen deutschen IPR vorzunehmende Qualifikation der Morgengabe (mahr) als allgemeine Ehewirkung[483] ist europäisch überspielt.[484]

198 Auseinandersetzungsverträge sind jedenfalls Güterrecht.[485] Problemfall könnten komplexe Scheidungsvereinbarungen sein, die auf einen finanziellen Gesamtausgleich zielen.[486]

199 Auskunftsansprüche, um das Vermögen des anderen Ehegatten zu ermitteln, sind güterrechtlich zu qualifizieren.[487] Allerdings kennen nicht alle Sachrechte solche Auskunftsansprüche, so dass man das anwendbare Ehegüterstatut gegebenenfalls kreativ auslegen muss.[488]

---

[476] *Dutta*, YbPIL 19 (2017/2018), 145, 154 sowie *Dutta*, FamRZ 2016, 1973, 1976 Fn. 30; *Martiny*, ZfPW 2017, 1, 7 Fn. 39.

[477] Im Ergebnis ähnlich *Dutta*, YbPIL 19 (2017/2018), 145, 154.

[478] *Mankowski*, ZEV 2016, 479, 482; *Joubert*, RCDIP 2017, 1, 6; *A. Köhler*, in: Dutta/J. Weber S. 147, 148 Rn. 4.

[479] *A. Köhler*, in: Dutta/J. Weber S. 147, 148f. Rn. 5; *Erbarth*, NZFam 2018, 249, 252; *R. Kemper*, FamRB 2019, 32, 36.

[480] *Henrich*, ZfRV 2016, 171, 174; *J. Weber*, DNotZ 2016, 659, 665; *Dutta*, FamRZ 2016, 1973, 1974 sowie *C. Rudolf*, EF-Z 2017, 244, 245; *Baldovini*, iFamZ 2018, 39, 40; *Erbarth*, NZFam 2018, 249, 252; *R. Kemper*, FamRB 2019, 32, 36.

[481] Zu diesem Institut und seinen Funktionen in islamisch geprägten Rechtsordnungen umfassend *Yassari*, Die Brautgabe im Familienvermögensrecht, 2014, S. 19–268.

[482] *Henrich*, ZfRV 2016, 171, 174; *J. Weber*, DNotZ 2016, 659, 665; *Dutta*, FamRZ 2016, 1973, 1974; *Hausmann*, in: Hausmann/F. Odersky § 8 Rn. 74, § 9 Rn. 203; *Niethammer-Jürgens*, in: I. Götz/G. Schnitzler (Hrsg.), 40 Jahre Familienrechtsreform, 2017, S. 347, 354; *Erbarth*, NZFam 2018, 249, 252; *Andrae*, IPRax 2018, 221, 223; *Döbereiner*, notar 2018, 244, 246.

[483] BGHZ 183, 287 Rn. 12 = FamRZ 2010, 533 m. Anm. *Henrich* = JZ 2010, 733 m. Anm. *Wurmnest* (dazu *Yassari*, IPRax 2011, 63); OLG Nürnberg NJWE-FER 2001, 116; OLG Köln FamRZ 2007, 1380; OLG Zweibrücken FamRZ 2007, 1555; OLG Stuttgart FamRZ 2008, 1756 = FamRB Int 2008, 49 m. Anm. *J. Mörsdorf-Schulte* = FF 2008, 217 m. Anm. *Göhler-Schlicht*; OLG Stuttgart FamRZ 2009, 1580; OLG Hamm NJOZ 2013, 1006; OLG Zweibrücken FamRZ 2014, 1033; OLG Köln FamRZ 2015, 1605; KG FamRZ 2015, 1607 m. Anm. *Yassari*; OLG Köln FamRZ 2016, 720 = NZFam 2016, 40 m. Anm. *Pabst*; AG Karlsruhe FamRZ 2015, 663; AG Büdingen NJW-RR 2016, 1380.

[484] Für eine güterrechtliche Qualifikation bereits vor der EuGüVO OLG Bremen FamRZ 1980, 606; Soergel/*Schurig* Art. 14 EGBGB Rn. 48, Art. 15 EGBGB Rn. 35; MüKoBGB/*Siehr*, 6. Aufl. 2015, Art. 15 EGBGB Rn. 97; *Rauscher*, DEuFamR 1999, 194, 197; *Wurmnest*, FamRZ 2005, 1878; *ders.*, RabelsZ 71 (2007), 527, 553–555; *ders.*, JZ 2010, 736, 737 f.; *Yassari*, StAZ 2009, 366, 369; *dies.*, Die Brautgabe im Familienvermögensrecht, 2014, S. 308–312 (mit der Anregung, nicht weniger als vier eigene Kollisionsnormen für die Brautgabe zu schaffen; S. 327 f.); BeckOK BGB/*J. Mörsdorf-Schulte* Art. 14 EGBGB Rn. 44; *J. Mörsdorf-Schulte*, ZfRV 2010, 166, 168 sowie OLG Köln IPRax 1983, 76.

[485] *A. Köhler*, in: Dutta/J. Weber S. 147, 150 Rn. 8.

[486] *A. Köhler*, in: Dutta/J. Weber S. 147, 150 Rn. 9.

[487] *Heiderhoff*, IPRax 2018, 1, 3.

[488] Siehe Staudinger/*Mankowski* Art. 15 EGBGB Rn. 283; MüKoBGB/*Looschelders* Art. 15 EGBGB Rn. 35.

III. Ehegüterrecht   200–203 § 4

Ein funktionaler Güterstandsbegriff umfasst auch die Phänomene des Nebengüterrechts   200
wie Innengesellschaften und unbenannte Zuwendungen[489] zwischen Ehegatten.[490] Dies gilt
gleichermaßen für die Zuweisung von Hausrat und Ehewohnung,[491] die nicht dem Gewaltschutzrecht zuzuschlagen sind.[492] Für eine güterrechtliche Qualifikation reicht es allerdings nicht aus, dass ein Geldanspruch eines Ehegatten gegen den anderen besteht, sofern dieser Anspruch keinen Zusammenhang mit der Ordnung der Vermögensverhältnisse aufweist.[493]

Ehegattenmitarbeit im Betrieb oder Unternehmen des anderen Ehegatten ist arbeitsvertraglich zu qualifizieren, wenn ein Arbeitsvertrag existiert.[494] Ohne Vertrag dürfte sie dagegen unter die EuGüVO fallen.[495] Dies trifft insbesondere einen Anspruch auf angemessene Abgeltung der Mitarbeit.[496]   201

Die EuGüVO regiert über das Ehegüterrecht im engeren Sinn hinaus viel, aber nicht alles[497] vom sogenannten régime primaire.[498] Das macht der Positivkatalog des Art. 27 EuGüVO deutlich. Nach dem Vorbild der EuErbVO (dort Artt. 1 II; 23) kombiniert die EuGüVO also einen Negativkatalog aus dem Anwendungsbereich ausgegrenzter Gebiete mit einem Positivkatalog jedenfalls güterrechtlich zu qualifizierender Materien.[499] Dies zieht z. B. sämtliche ehespezifischen Verfügungsbeschränkungen ausweislich Art. 27 litt. d; f EuGüVO zum Güterrecht, auch wenn sie nicht güterstandsspezifisch sind.[500] Deren frühere Qualifikation als allgemeine Ehewirkung[501] ist durch den weiten europäischen Güterrechtsbegriff überspielt.[502]   202

Dies passt sehr gut dazu, dass die anderen IPR-Rechtsakte nachgerade peinlich darauf achten, das Güterrecht auszuklammern. Güterrecht als ausgegrenzte Materie begegnet in Artt. 1 II lit. d EuErbVO; 1 II lit. c Var. 1, 2 Rom I-VO; 1 II lit. b Var. 1, 2 Rom II-VO; 1 II lit. a Var. 5 EuGVVO; 1 II lit. a Var. 5, 6 Brüssel Ia-VO sowie (außerhalb des EU-Kontexts) Art. 1 II lit. d Haager ErbRÜbk 1989[503].[504] Allen diesen Normen ist richtigerweise derselbe Begriff des Güterrechts zugrunde zu legen, und dieser Begriff ist dem für das Güterrecht spezifischsten Rechtsakt, eben der EuGüVO, positiv zu entnehmen.[505] Al-   203

---

[489] Zu unbenannten Zuwendungen im deutschen Sachrecht z. B. *Liebrecht,* AcP 217 (2017), 886.
[490] *C. Mayer,* IPRax 2016, 353, 355; *J. Weber,* DNotZ 2016, 659, 665 f.; *Dutta,* FamRZ 2016, 1973, 1975; *Martiny,* ZfPW 2017, 1, 9; *Andrae,* IPRax 2018, 221, 223; *Döbereiner,* notar 2018, 244, 246; *R. Kemper,* FamRB 2019, 32, 35, sowie *Mankowski,* NZFam 2015, 783; *Wedemann,* IPRax 2016, 252, 255 f.
[491] *Dutta/Wedemann,* FS Athanassios Kaissis, 2012, S. 133, 147; *Dutta,* FamRZ 2016, 1973, 1975; *Martiny,* ZfPW 2017, 1, 9; *Nademleinsky,* JEV 2017, 36, 37.
[492] *Dutta,* FamRZ 2015, 85, 87.
[493] *J. Weber,* DNotZ 2016, 659, 666.
[494] Staudinger/*Mankowski* Art. 14 EGBGB Rn. 296; *Henrich,* FS Reinhard Richardi, 2007, S. 1041, 1043; *Andrae,* IPRax 2018, 221, 223.
[495] *Henrich,* ZfRV 2016, 171, 173; *Nademleinsky,* JEV 2017, 36, 37; *Andrae,* IPRax 2018, 221, 223.
[496] *C. Rudolf,* EF-Z 2017, 244, 245.
[497] *Péroz,* Clunet 144 (2017), 813, 814.
[498] *C. Kohler/Pintens,* FamRZ 2016, 1509, 1510; *J. Weber,* DNotZ 2016, 659, 662; *Dutta,* FamRZ 2016, 1973, 1974; *Usunier,* RTDCiv 2016, 806, 811; *Joubert,* RCDIP 2017, 1, 6; *Martiny,* ZfPW 2017, 1, 9; *Weiss/Gremminger,* successio 2017, 312, 315 sowie *Vinaixa Miquel,* InDret 2/2017, 274, 284–286; *Barrière Brousse,* Clunet 144 (2017), 485, 489–491; *Damascelli,* Riv. dir. int. 2017, 1103, 1136; *Péroz,* Clunet 133 (2017), 813; *Hausmann* Rn. F 394. Anderer Ansicht *Bonomi,* in: Dutta/J. Weber S. 123, 136 f. Rn. 69–72. Tendenziell zu weit *Hijas,* Notario del siglo XXI 69 (2016), 22, 25; *García Más,* Rev. Jur. Notariado 100–101 (2016/17), 205, 212.
[499] *Dutta,* FamRZ 2016, 1973 (1973) sowie *Martiny,* ZfPW 2017, 1, 8.
[500] *Buschbaum/U. Simon,* GPR 2011, 262, 263; *J. Weber,* DNotZ 2016, 659, 665.
[501] Z. B. OLG Karlsruhe FamRZ 2015, 1610.
[502] Für Doppelqualifikation noch *Dengel* S. 123–130.
[503] Hague Convention of 1 August 1989 on the Law Applicable to Succession to the Estate of Deceased Persons <http://www.hcch.net/en/instruments/conventions/full-text/?cid=62>.
[504] Siehe auch *Frimston,* in: Bergquist/Damascelli/Frimston/Lagarde/Odersky/Reinhartz, EU-Erbrechtsverordnung, 2015, Art. 1 EuErbVO Rn. 25 f.
[505] *Mankowski,* ZEV 2014, 121, 125; *ders.,* ZEV 2016, 479, 481.

lerdings sind bloße Ausgrenzungen in Ausnahmetatbeständen vom Anwendungsbereich im Prinzip nur negativer Natur.[506]

204 c) *Abgrenzung zum Unterhaltsrecht.* Art. 1 II lit. c EuGüVO grenzt Unterhaltspflichten zwischen den Ehegatten aus dem Ehegüterrecht aus. Diese sind vielmehr über Art. 15 EuUnthVO dem HUP überantwortet. Für die Abgrenzung im Einzelfall sollte man den vorrangigen, notwendig autonomen[507] Qualifikationszugriff dem HUP zugestehen, weil dieses völkerrechtlicher Vertrag mit außereuropäischen Partnern ist und eine Art Spezialitätsvorrang genießt. Unterhalt ist also, was das HUP als unterhaltsrechtlich qualifiziert. Dies trifft den Unterhalt zwischen nicht getrennten Ehegatten, den Trennungsunterhalt und den nachehelichen Scheidungsunterhalt gleichermaßen.

205 Inhaltlich geht es um eine funktionale Unterscheidung: Was sich an den Kriterien Bedürftigkeit des Gläubigers und Leistungsfähigkeit des Schuldners orientiert, ist Unterhalt.[508] Problemfall sind Rechte, die nicht differenzieren, sondern insbesondere im Scheidungsfall einen finanziellen Gesamtausgleich als clean break in einem einzigen Ausspruch vorsehen.[509] Weitere Grauzone sind Verpflichtungen zum Eheleben oder zur Befriedigung von Familienbedürfnissen beizutragen.[510]

206 d) *Abgrenzung zum Erbrecht.* Besondere praktische Bedeutung hat die Abgrenzung zwischen Ehegüterrecht und Erbrecht, in der EuGüVO an Art. 1 II lit. d EuGüVO festzumachen. Die EuErbVO muss besagen, was sie zum Erbrecht ziehen will; EuGüVO und EuPartVO müssen besagen, was sie zum Güterrecht ziehen wollen. Die funktionelle Abgrenzung von Erbrecht und Ehegüterrecht ist im Detail schwierig, weil der Tod eines Ehegatten bzw. Partners (nach Maßgabe des Güterrechtsstatuts) auch den Güterstand beendet und der überlebende Ehegatte bzw. Partner in der Folge sowohl nach Güterrecht als auch nach Erbrecht am Vermögen des Verstorbenen teilhaben könnte.[511] Innerhalb ein und derselben Rechtsordnung sind Erbrecht und Güterrecht aufeinander abgestimmt (oder sollten das zumindest sein). Eine schwächere Stellung nach Güterrecht mag durch eine großzügige Position im Erbrecht aufgefangen werden, und umgekehrt. Fallen Güterrechts- und Erbstatut dagegen auseinander und führen zu zwei verschiedenen Rechten, so werden jene Zusammenhänge innerhalb der einzelnen Rechtsordnung nicht beachtet, und die Stellung des Überlebenden mag sich unangemessen verschlechtern oder verbessern.[512]

207 Art. 1 II lit. d EuErbVO ist bei der Ausgrenzung güterrechtlicher Aspekte nicht besonders hilfreich.[513] Man kann ihm aber immerhin entnehmen, dass ein umfassender und kompletter Ausschluss jeglicher güterrechtsbezogener Aspekte nicht gewollt ist.[514] Das Güterrecht genießt insoweit den Vorrang vor dem Erbrecht, als nach dem Tod eines Ehegatten bzw. Partners zuerst eine güterrechtliche Auseinandersetzung zu erfolgen hat und deren Ergebnis Ausgangspunkt für den Nachlass ist.[515] Erwägungsgrund (12) S. 2 EuErbVO geht noch am weitesten. Ihm zufolge sollen die mit einer Erbsache unter der EuErbVO befassten Behörden je nach dem Umständen des Einzelfalls die Beendigung des ehelichen oder

---

[506] *Palao Moreno/Alonso Landeta,* in: Iglesias Buigues/Palao Moreno, Sucesiones internacionales, 2015, Art. 1 Regl. (UE) 650/2012 Anm. 3.2.4 (S. 37); *Mankowski,* ZEV 2016, 479, 481.
[507] *Martiny,* ZfPW 2017, 1, 10.
[508] *A. Köhler,* in: Dutta/J. Weber S. 147, 155 Rn. 20.
[509] *A. Köhler,* in: Dutta/J. Weber S. 147, 155 Rn. 20.
[510] *Twardoch,* RCDIP 2016, 465, 472.
[511] *Dörner,* in: Dutta/Herrler (Hrsg.), Die Europäische Erbverordnung, 2014, S. 73, 74 Rn. 2; Dutta/J. Weber/J. P. Schmidt, EuErbVO, 2016, Art. 1 EuErbVO Rn. 38; *Martiny,* ZfPW 2017, 1, 10 f.
[512] Staudinger/*Mankowski* Art. 15 EGBGB Rn. 324; Dutta/J. Weber/J. P. Schmidt, EuErbVO, 2016, Art. 1 EuErbVO Rn. 38.
[513] *Mankowski,* ZEV 2014, 121, 125.
[514] Siehe BeckOGK/*J. Schmidt* Art. 1 EuErbVO Rn. 22.
[515] Siehe nur *Bonomi,* in: Bonomi/Wautelet, Le droit européen des successions, 2. Aufl. 2016, Art. 1 Règl. Rn. 26; Geimer/Schütze/*F. Odersky,* Internationaler Rechtsverkehr in Zivil- und Handelssachen, Losebl. 1973 ff., Art. 1 EuErbVO Rn. 24 (2016).

sonstigen Güterstands des Erblassers bei der Bestimmung des Nachlasses und der jeweiligen Anteile der Berechtigten berücksichtigen. Die Koordinationsnotwendigkeit wird zwar gesehen,[516] jedoch gelangt man im Bereich der Qualifikation nicht über einen Programmsatz hinaus. Was Güterrecht sein soll, steht nirgendwo in der EuErbVO im Einzelnen.[517] Einen eigenen Begriff des Güterrechts enthält die EuErbVO nicht. Vielmehr orientiert sie sich an demselben, vom güterrechtlichen Rechtsakt geprägten Begriff des Güterrechts wie die EuGüVO/EuPartVO.[518]

Art. 3 I lit. a EuGüVO spricht im Lichte des Erwägungsgrunds (18) S. 1 EuGüVO insbesondere für eine kollisionsrechtliche Gleichbehandlung von güterrechtlichem und erbrechtlichem Zugewinnausgleich.[519] Der güterrechtliche Zugewinnausgleich ist aber klar dem Reich der EuGüVO zuzuschlagen. 208

e) Abgrenzung zum Sachenrecht. Der Grenzbereich zwischen Ehegüter- und Sachenrecht ist bedeutsam. Denn zwei der vier großen Güterstandsmodelle, Errungenschaftsgemeinschaft und Gütergemeinschaft, bewirken dingliche Berechtigungen. Güterrecht ist im Ausgangspunkt nicht nur Güterinnen-, sondern auch Güteraußenrecht, erfasst also auch das Verhältnis der Ehegatten zu Dritten,[520] wie Artt. 27 lit. f; 28 EuGüVO nochmals unterstreichen. 209

Die Regelung der Abgrenzung zum Sachenrecht ist in der EuGüVO ist zerklüftet und findet sich nicht in einer einzigen, einfachen Norm geklärt. Vielmehr berühren ihn verschiedene Stellen der EuGüVO. Im Ausgangspunkt nimmt Art. 1 II lit. g EuGüVO die Art der dinglichen Rechte vom Anwendungsbereich der EuGüVO aus. Dies meint den numerus clausus des Sachenrechts.[521] Erwägungsgrund (24) S. 2 EuGüVO unterstreicht das ausdrücklich. Vorbild war die Regelung in der EuErbVO.[522] Die EuGüVO soll die Natur der dinglichen Rechte, die Einordnung als dinglich und die Vorzugsstellung der Inhaber dinglicher Rechte nicht beeinträchtigen.[523] 210

Art. 1 II lit. g EuGüVO entbindet die Mitgliedstaaten davon, für in ihrem jeweiligen Territorium belegene Sachen ihrem eigenen Recht unbekannte subjektive Sachenrechte kraft Gesamtstatut Güterrecht anzuerkennen.[524] Das wiederum besagt Erwägungsgrund (24) S. 3 EuGüVO ausdrücklich. Dies wird jedoch nicht verabsolutiert zu einem vollständigen Ausschluss.[525] Vielmehr ist eine Anpassung nach Art. 29 EuGüVO notwendig, wenn das Ehegüterstatut ein dem Sachstatut unbekanntes dingliches Recht gewähren möchte.[526] Z.B. kann so aus einer Legalhypothek eine Hypothek oder Sicherungsgrundschuld nach der lex rei sitae werden.[527] Eine joint tenancy with right of survivorship (Anwachsungsrecht) mag in einen schuldrechlichen Anspruch auf Übertragung des Miteigentumsanteils umdeutbar sein.[528] 211

Eine Umdeutung ist aber nicht immer und unbedingt notwendig, nämlich dann nicht, wenn das zugrundeliegende Prinzip (etwa Vergemeinschaftung oder Gesamthandsprinzip) 212

---

[516] *Biagioni*, in: Franzina/Leandro (a cura di), Il diritto internazionale privato europeo delle sucessioni *mortis causa*, 2013, S. 25, 51; *Palao Moreno/Alonso Landeta*, in: Iglesias Buigues/Palao Moreno, Sucesiones internacionales, 2015, Art. 1 Regl. (UE) 650/2012 Anm. 3.2.4 (S. 37).
[517] *Mankowski*, ZEV 2014, 121, 125; *ders.*, ZEV 2016, 479, 481; Geimer/Schütze/*F. Odersky*, Internationaler Rechtsverkehr in Zivil- und Handelssachen, Losebl. 1973 ff., Art. 23 EuErbVO Rn. 25 (2016).
[518] *Mankowski*, ZEV 2016, 479, 481 sowie *Buschbaum/M. Kohler*, GPR 2010, 106, 107.
[519] *Mankowski*, ZEV 2016, 479, 482; siehe auch *Martiny*, IPRax 2011, 437, 445.
[520] *J. Weber*, RNotZ 2017, 365, 366.
[521] *J. Weber*, RNotZ 2017, 365, 366.
[522] *Nourissat/Revillard*, Défrenois 2016, 878, 884; *Martiny*, ZfPW 2017, 1, 11; *Döbereiner*, notar 2018, 244, 247.
[523] *Nourissat/Revillard*, Défrenois 2016, 878, 884.
[524] *J. Weber*, DNotZ 2016, 659, 667; *ders.*, RNotZ 2017, 365, 367.
[525] *Nourissat/Revillard*, Défrenois 2016, 878, 884.
[526] *J. Weber*, RNotZ 2017, 365, 368; *Döbereiner*, notar 2018, 244, 247.
[527] *J. Weber*, RNotZ 2017, 365, 368.
[528] *Hertel*, in: Dutta/Herrler (Hrsg.), Die Europäische Erbrechtsverordnung, 2014, S. 86, 91; *Andrae*, IPRax 2018, 221, 229.

beiden beteiligten Rechten vertraut ist.[529] Die Abfolge der gedanklichen Schritte ist in Erwägungsgründen (24), (25) EuGüVO gut abgebildet.

213 Weniger klar ist die Außengrenze, welche Erwägungsgrund (24) S. 1 EuGüVO ziehen will.[530] Diesem zufolge sollte die EuGüVO die sich aus dem ehelichen Güterstand ergebende Begründung oder Übertragung eines Rechts an beweglichen oder unbeweglichen Vermögensgegenständen nach Maßgabe des Ehegüterstatuts ermöglichen. „Ermöglichen" ist eine weiche Formulierung ohne präzise Rechtsfolge. Man kann aus ihr sicher allein schließen, dass kein pauschaler Vorrang des Ehegüterrechts bestehen soll; vielmehr soll sich im Konflikt das Ehegüterrecht den Zwecken des Sachenrechts beugen.[531]

214 In den Kontext der Abgrenzung zum Sachenrecht gehört auch Art. 1 II lit. h EuGüVO: Voraussetzungen und Wirkungen der Registereintragung von Rechten unterliegen nicht dem Ehegüterstatut, sondern der lex loci registrationis oder lex libri siti. Jedenfalls schafft eine solche klare Linie die größte Sicherheit, auch wenn sie dem Ehegüterrecht wenig freundlich ist.[532] Ob eine Registereintragung deklaratorisch oder konstitutiv ist, besagt ebenfalls die lex loci registrationis.[533]

215 Die Grenzziehung des Ehegüterrechts zum Sachenrecht folgt größtenteils bis ins Detail der Formulierung der Abgrenzung, wie die EuErbVO sie zwischen Erbrecht und Sachenrecht vornimmt.[534] Die EuErbVO ist insoweit besonders deutliches Vorbild, an das sich die EuGüVO anlehnt. Konsequent durchgeführt bedeutet dies, auch die enge Auslegung des Art. 1 II lit. l EuErbVO in eine enge Auslegung des Art. 1 II lit. h EuGüVO umzusetzen und die Handhabung von Vindikationslegaten durch die Kubicka-Entscheidung des EuGH[535] mit ihrer Zuweisung von Erwerbsmodi an das Erbstatut güterrechtlich nachzuvollziehen.[536] Dies ist der Fall bei automatischem Eigentums- oder Beteiligungswechsel unter dem Ehegüterstatut mit Eheschließung im Kontrast zu einem Verlangen nach einem Übertragungsakt (z. B. einer Auflassung) seitens des Belegenheitsrechts.[537] Will man Kubicka folgen,[538] so setzt sich dann das Ehegüter- gegen das Sachstatut durch.[539]

216 Allerdings steht das Ehegüterrecht in einer anderen Konfliktlage als das Erbrecht. Das Erbrecht setzt im Ausgangspunkt fixiert an, auf den Zeitpunkt des Erbfalls. Die Ehe dagegen lebt und ist intendiertes Dauerverhältnis. Sie muss Zuerwerbsvorgänge bewältigen. Beim Zuerwerb von Dritten ist das Verfügungsstatut prinzipiell sachenrechtlich, während das Güterrecht die ehebedingten Erwerbsvoraussetzungen der Vertretungsmacht und der Verfügungsbefugnis regelt.[540]

217 **Beispiel:**[541] Die Ehegatten A und B sind im Güterstand der Errungenschaftsgemeinschaft nach italienischem Recht verheiratet: A erwirbt mit Mitteln des gemeinsamen Vermögens ein Grundstück in Deutschland zu Alleineigentum, ohne seinen Güterstand offenzulegen, und wird als Alleineigentümer in das deutsche Grundbuch eingetragen.

218 *f) Andere Ausgrenzungen aus dem Anwendungsbereich der EuGüVO.* Art. 1 II EuGüVO enthält zusätzliche Ausgrenzungen aus dem Anwendungsbereich der EuGüVO. Der Katalog des Art. 1 II EuGüVO ist abschließend.[542]

---

[529] *J. Weber*, DNotZ 2016, 659, 667.
[530] Ähnlich *A. Köhler*, in: Dutta/J. Weber S. 147, 158 f. Rn. 26–28.
[531] *C. Rupp*, GRP 2016, 295, 297.
[532] *C. Rupp*, GRP 2016, 295, 297.
[533] *J. Weber*, RNotZ 2017, 365, 367.
[534] *C. Rupp*, GRP 2016, 295, 297; *Döbereiner*, notar 2018, 244, 247.
[535] EuGH ECLI:EU:C:2017:755 Rn. 45–65 – Aleksandra Kubicka; GA *Bot*, ECLI:EU:C:2017:387 Nr. 54–74.
[536] *Döbereiner*, notar 2018, 244, 247.
[537] *Döbereiner*, notar 2018, 244, 247.
[538] Kritisch zu Kubicka → § 5 Rn. 93 ff.
[539] *Döbereiner*, notar 2018, 244, 247.
[540] *J. Weber*, RNotZ 2017, 365, 367.
[541] Von *J. Weber*, RNotZ 2017, 365, 366 f.
[542] *Nourissat/Revillard*, Défrenois 2016, 878, 883.

Ausgeschlossen ist namentlich der Versorgungsausgleich (Art. 1 II lit. f EuGüVO), die 219
Teilung von Rentenanwartschaften auf Alters- oder Erwerbsunfähigkeitsrente. Aufgrund
enger Auslegung wird teilweise die Kategorisierung von während der Ehe bereits an einen
Ehegatten ausgezahlten Rentenbeträge und des eventuellen Ausgleichs bei Rentenversicherungen, welche aus gemeinsamem Vermögen finanziert wurden, der EuGüVO unterstellt.[543] Auch insoweit ist im Ausgangspunkt eine europäisch-autonome Begriffsauslegung
veranlasst, die jedoch auch das deutsche Vorbild funktionell berücksichtigen sollte.[544] Teilweise wird zwischen verschiedenen Aspekten des Versorgungsausgleichs im Sinne des deutschen Sachrechts differenziert; z. B. werden Kapitalleistungen aus betrieblicher Altersversorgung, da keine Rentenansprüche im Wortsinn, wegen des Gebots enger Auslegung der
Ausnahmen aus Erwägungsgrund (23) S. 2 EuGüVO zur EuGüVO gezogen.[545]

Rechts-, Geschäfts- und Handlungsfähigkeit nimmt Art. 1 II lit. a EuGüVO aus. Dies 220
hat Bedeutung für alle vertraglichen Vereinbarungen zwischen den Ehegatten.[546] Dabei
handelt es sich seit je um Teilfragen, die im deutschen IPR über Art. 7 EGBGB anzuknüpfen sind.[547] Erwägungsgrund (20) EuGüVO will freilich eine Rückausnahme machen für
spezifische Befugnisse und Rechte der Ehegatten im Verhältnis untereinander oder gegenüber Dritten im Zusammenhang mit dem Vermögen. Dies meint aus der güterrechtlichen
Sonderordnung resultierende Verwaltungsrechte (unter deutschem Recht Sachrecht z. B.
aus §§ 1422 ff. oder §§ 1450 ff. BGB), Verfügungs-, Erwerb- oder Klagebefugnisse[548] sowie
die Ehevertragsfähigkeit als besondere Geschäftsfähigkeit.[549]

3. Universalität der Kollisionsnormen aus der EuGüVO. Alle Kollisionsnormen der 221
EuGüVO sind universelle Kollisionsnormen.[550] Sie kommen also unabhängig davon zum
Zuge, ob sie ein mitgliedstaatliches oder ein drittstaatliches Recht berufen; dass die EuGüVO
Produkt „nur" einer Verstärkten Zusammenarbeit ist, wirkt sich im IPR also nicht aus.[550a]
Wie die Rom-Verordnungen hat das IPR der EuGüVO keinen eigentlichen räumlichpersönlichen Anwendungsbereich. Einzige Anwendungsvoraussetzung auch für dieses europäische IPR ist, dass der Rechtsanwender in einem Mitgliedstaat sitzt. Staatsangehörigkeit
oder Aufenthalt der Ehegatten spielen für die Anwendbarkeit der EuGüVO keine Rolle.[551]

4. Einheit des anzuwendenden Rechts. Art. 21 EuGüVO propagiert die so genann- 222
te Einheit des anzuwendenden Rechts (und damit des Vermögens[552]): Das *gesamte* Vermögen der Ehegatten unterliegt ungeachtet seiner Belegenheit (genauer: der jeweiligen Belegenheit der einzelnen Vermögensgegenstände) dem Ehegüterstatut. Erwägungsgrund (43)
S. 4 EuGüVO sekundiert und vervollständigt die programmatische Aussage: Aus Gründen
der Rechtssicherheit und um eine Aufspaltung des ehelichen Güterstands zu vermeiden,
soll das Güterrechtsstatut das gesamte zum Güterstand gehörende Vermögen erfassen, unabhängig von der Art der Vermögenswerte und unabhängig davon, ob diese in einem anderen Mitgliedstaat (als dem Forumstaat) oder in einem Drittstaat belegen sind. Das ist
gleichsam ins Europäische gewendet: „Güterstatut bricht Einzelstatut" als spezielle Ausprägung von „Gesamtstatut bricht Einzelstatut". Normen wie Art. 3a II EGBGB 2008 (fußend auf Art. 28 EGBGB 1896 und Art. 3 III EGBGB 1986), welche dem gegenläufigen
Grundsatz „Einzelstatut bricht Gesamtstatut" huldigen, müssen weichen.[553] Der deutsche

---

[543] *Martiny*, ZfPW 2017, 1, 11; *R. Kemper*, FamRB 2019, 32, 36.
[544] Ähnlich *Bonomi*, in: Dutta/J. Weber S. 123, 138 f. Rn. 81 f.
[545] *Dutta*, FamRZ 2016, 1973, 1975; *A. Köhler*, in: Dutta/J. Weber S. 147, 157 f. Rn. 25.
[546] Z. B. *Añoveros Terradas*, AEDIPr 2017, 821, 830–832.
[547] *Erbarth*, NZFam 2018, 249, 251.
[548] *A. Köhler*, in: Dutta/J. Weber S. 147, 151 Rn. 12.
[549] *R. Wagner*, FamRZ 2009, 269, 277; *Martiny*, IPRax 2011, 437, 444; *Dengel* S. 137.
[550] Siehe nur *Knot*, FJR 2016, 231, 232.
[550a] Siehe nur *Vlas*, WPNR 7216 (2018), 870, 872.
[551] *Nourissat/Revillard*, Défrenois 2016, 878, 882; *Martiny*, ZfPW 2017, 1, 13.
[552] Siehe nur *Faucon Alonso*, J. dr. eur. 2016, 348, 350.
[553] *J. Weber*, DNotZ 2016, 659, 676.

§ 4   223–226   § 4. Internationales Familienrecht

Gesetzgeber hebt Art. 3a II EGBGB 2008 deshalb konsequent insgesamt[554] auf[555] (wenn auch insoweit überschießend, als diese Vorschrift sachlich über die europäisch geregelten Bereiche des Internationalen Güter- und des Internationalen Erbrechts hinausreicht).

223   Jegliche dépeçage zugunsten von Belegenheitsrechten ist ausgeschlossen.[556] Das gilt auch für Rechte an Immobilien, in Abweichung von Artt. 3–6 Haager EhegüterRÜbk 1978 und aus der Sicht romanischer Kollisionsrechte eine kleine Sensation.[557] Freilich öffnet das Verhältnis zum Sachenrecht eine große Hintertür. Auch Art. 13 EuGüVO erlaubt als funktionelle Ausnahme[558] auf der Ebene der Zuständigkeit bei Erbfällen und gemeinschaftlichem Vermögen in einem Drittstaat eine Beschränkung des Verfahrens um drittstaatsbelegene Vermögenswerte.

224   **5. Rechtswahl.** Bei der internationalprivatrechtlichen Anknüpfung muss der erste Blick im konkreten Fall einer möglichen Rechtswahl gelten. Denn wenn konkret eine statthafte Rechtswahl getroffen ist, verdrängt diese jegliche objektive Anknüpfung. Subjektive Anknüpfung geht vor objektive Anknüpfung.[559] Die EuGüVO spiegelt dies sogar in ihrer Abfolge ebenso getreulich wie augenfällig wider: Artt. 22–24 EuGüVO über die Rechtswahl stehen vor Art. 26 EuGüVO über die objektive Anknüpfung (merkwürdig getrennt voneinander durch Art. 25 EuGüVO über die Form von Güterstandsvereinbarungen, eine Norm, die sich auch späterer Stelle hätte einfügen lassen). Eine beschränkte Rechtswahl steht in der Tradition der meisten nationalen Altkollisionsrechte und fügt sich in eine Linie z. B. mit Art. 22 EuErbVO.[560] Mangels ausdrücklichen Verbots ist auch eine bedingte oder befristete Rechtswahl denkbar.[561]

225   Parteiautonomie gerade im Internationalen Ehegüterrecht zuzulassen setzt europäisch eine in vielen Mitgliedstaaten[562] seit langem bestehende Linie fort und korrespondiert der güterrechtlichen Privatautonomie, der Möglichkeit, aus verschiedenen Güterständen auszuwählen, auf der sachrechtlichen Ebene.[563] Das Ehegüterrecht ist Vermögensrecht und hat eine gewisse Nähe zum Vertragsrecht. Schon Artt. 3; 4 Haager EhegüterRÜbk, ihrerseits Grundmodell für die EuErbVO, folgten dem französischen Vorbild,[564] wonach die Rechtswahl primäre Anknüpfung war und die objektive Anknüpfung eigentlich Abbildung des vermeintlichen Parteiwillens.[565]

226   Eine Rechtswahl kann ein sehr nützliches Instrument sein, um die unwandelbare Fixierung des objektiven Ehegüterrechtsstatuts auf den Zeitpunkt der Eheschließung zu durchbrechen und das Ehegüterrechtsstatut veränderten Lebensumständen anzupassen.[566] Sie schafft Planungssicherheit, und sie schafft Rechtssicherheit[567] (wenn auch nur, aber immerhin, soweit nicht eine Beurteilung durch die Gerichte rechtswahlfeindlicher Drittstaaten in Rede steht[568]). Sie ist geeignet, Unebenheiten bei den objektiven Anknüpfungsmomenten aus dem Weg zu gehen.[569] Zudem kann sie helfen, z. B. mit dem Scheidungsstatut zu koor-

---

[554] Näher Begründung der Bundesregierung zum Entwurf eines Gesetzes zum Internationalen Güterrecht und zur Änderung von Vorschriften des Internationalen Privatrechts, BR-Drs. 385/18, 35 Zu den Nummern 2 und 3.
[555] Durch Art. 2 Nr. 2 Gesetz zum Internationalen Güterrecht und zur Änderung von Vorschriften des Internationalen Privatrechts vom 17.12.2018, BGBl. 2018 I 2573.
[556] *Nourissat/Revillard*, Défrenois 2016, 878, 888.
[557] *Nourissat/Revillard*, Défrenois 2016, 878, 888; *C. Bridge*, Petites Affiches n° 201, 9 octobre 2017, S. 9, 10.
[558] Siehe *Martiny*, ZfPW 2017, 1, 13.
[559] Siehe nur *Vinaixa Miquel*, InDret 2/2017, 274, 290.
[560] *Kroll-Ludwigs*, GPR 2016, 231, 234.
[561] *Döbereiner*, in: Dutta/J. Weber S. 63, 79 Rn. 59.
[562] Z. B. in Deutschland: Art. 15 II EGBGB.
[563] *Usunier*, RTDCiv 2016, 806, 811; *Laimer*, JBl 2017, 549, 555.
[564] Siehe nur Cass. JCP 1972 II 17096 note *Gouthertz*.
[565] *Henrich*, FS Bernd v. Hoffmann, 2011, S. 159, 166.
[566] *Kroll-Ludwigs*, GPR 2016, 231, 234; *dies.*, NZFam 2016, 1061, 1063.
[567] *Kroll-Ludwigs*, GPR 2016, 231, 234; *Heiderhoff*, IPRax 2018, 1, 6.
[568] Siehe *Wautelet*, YbPIL 19 (2017/2018), 213, 214 f.
[569] *Kroll-Ludwigs*, NZFam 2016, 1061, 1063.

III. Ehegüterrecht

dinieren[570] oder mit dem Erbstatut.[571] Sie kann operatives Planungsinstrument sein.[572] Vorausschauende Planung und Gestaltung durch Vereinbarung vermeiden Anpassungsprobleme und aus diesen resultierende erhöhte Transaktionskosten.[573] Andererseits kostet jede Vereinbarung selber Transaktionskosten. Insbesondere mag ihre Vorbereitung das Einholen von zu vergütendem Rechtsrat erfordern, und ihr Abschluss zumal vor einem Notar mag ebenfalls Kosten und Gebühren auslösen. Jenseits von „big money marriages" und „Unternehmerehen" mag eine an sich wünschenswerte Rechtswahl deshalb praktisch die Ausnahme bleiben.[574]

Ein Defizit der EuGüVO ist allerdings, dass sie kein Pendant zu Art. 8 V HUP und Erwägungsgrund (18) Rom III-VO enthält. Machtungleichgewichte zwischen den Ehegatten gehen weder Art. 22 EuGüVO noch ein Erwägungsgrund an. Sachgerecht wäre eine analoge Übertragung dieser beiden Tatbestände.[575]

a) *Wahlberechtigte und Wahlzeitpunkt.* Art. 22 EuGüVO zählt Ehegatten und künftige Ehegatten gleichermaßen zum Kreis der Wahlberechtigten. Er äußert sich zwar explizit nicht zum Zeitpunkt einer Rechtswahl. Die zusätzliche und ausdrückliche Einbeziehung *künftiger* Ehegatten impliziert aber, dass eine ehegüterrechtliche Rechtswahl bereits *vor* der Eheschließung getroffen werden kann.[576] Erwägungsgrund (45) S. 2 EuGüVO bestätigt dies ausdrücklich: Eine Rechtswahl kann jederzeit *vor* der Ehe getroffen werden. Das ist praktisch von großer Bedeutung. Denn eine ehegüterrechtliche Rechtswahl ist gemeinhin Teil eines Ehevertrages, und Eheverträge werden typischerweise vor der Eheschließung geschlossen. Vermögende oder gut beratene Parteien, die ihr persönliches Vermögen vor dem Zugriff ihres zukünftigen Ehepartners schützen wollen, haben daran ein vitales Eigeninteresse. Natürlich entfaltet eine vor der Eheschließung getroffene Rechtswahl erst Wirkung ab der Eheschließung, weil es erst ab der Eheschließung ein Ehegüterrecht gibt. Schuldrechtliche Wirkungen kann sie indes auch schon vorher haben, sofern Verpflichtungen zwischen den Parteien in Rede stehen, die bereits vor der Eheschließung greifen sollen.

Indem *Ehegatten* die Wahlmöglichkeit eröffnet wird, wird die Rechtswahl nach der Eheschließung gestattet. Denn Ehegatte ist man erst nach wirksamer Eheschließung. Dies erlaubt eine Adaption einer früheren Rechtswahl oder einer bisherigen objektiven Anknüpfung an Veränderungen der Lebensumstände.[577] Die Ehegatten können jede einmal getroffene Rechtswahl auch aufheben (und damit zur objektiven Anknüpfung zurückkehren) oder ändern, indem sie eine neue Rechtswahl auf der Grundlage der dann herrschenden Anknüpfungsverhältnisse treffen.[578]

Eine zeitliche Grenze, nur bis zu der während bestehender Ehe eine Rechtswahl erlaubt wäre, gibt es nicht. Die Ehegatten können eine güterrechtliche Rechtswahl also selbst unmittelbar vor dem Urteil treffen, mit dem ihre Ehe geschieden wird. Im Extremfall, wenn das Scheidungsurteil nach seinen eigenen Maßgaben oder nach der lex fori processualis Wirkungen erst ab einem hinausgeschobenen späteren Zeitpunkt (z. B. Eintritt der formellen Rechtskraft) entfaltet, können sie sogar noch wählen, nachdem das Scheidungsurteil ergangen, aber noch nicht wirksam ist. Denn dann besteht ihre Ehe noch. Das Scheidungsurteil mag etwa durch eine einvernehmliche Regelung der vermögensrechtlichen

---

[570] *Joubert,* RCDIP 2017, 1, 18.
[571] *Mankowski,* ZEV 2014, 121, 128; *ders.,* ZEV 2016, 479, 486; *Quinzá Redondo/Gray,* AEDIPr 2013, 513, 537–539; *dies.,* in: Bergé/Francq/Gardeñez Santiago (eds.), Boundaries of European Private International law, 2015, S. 615, 632; *Crône/Perreau-Sauusine,* JCP N 2016.1327; *Barrière Brousse,* Clunet 144 (2017), 485, 498.
[572] *Barrière Brousse,* Clunet 144 (2017), 485, 498.
[573] *Kroll-Ludwigs,* GPR 2016, 231, 234; *Laimer,* JBl 2017, 549, 558.
[574] *Boele-Woelki,* YbPIL 12 (2010), 1, 16; *Laimer,* JBl 2017, 549, 559.
[575] Für eine Analogie zu Art. 8 IV HUP indes *Heiderhoff,* IPRax 2018, 1, 7.
[576] Siehe nur *Laimer,* JBl 2017, 549, 556; *Añoveros Terradas,* AEDIPr 2017, 821, 835 f.; *Döbereiner,* notar 2018, 244, 251.
[577] *Martiny,* ZfPW 2017, 1, 17; *Mellema-Kranenburg/van den Hoonaard,* WPNR 7216 (2018), 907, 909.
[578] *Döbereiner,* notar 2018, 244, 255.

Auseinandersetzung bedingt sein, zu der wiederum eine Rechtswahl sinnvolle Vorstufe sein kann.

231 Das Güterstatut einer bestimmten Ehe können immer nur die Partner gerade dieser Ehe wählen. Es spielt keine Rolle, ob ein Ehegatte unter einem polygamen Eheschließungsstatut bereits anderweitig verheiratet ist und noch einen Ehegatten hat. Der Gatte der anderen Ehe ist dann in Bezug auf die Ehe, deren Güterrechtsstatut zur Wahl steht, nur Dritter und nicht Wahlberechtigter.

232 *b) Wählbare Rechte.* Art. 22 I EuGüVO gewährt keine freie, sondern nur eine beschränkte Rechtswahl.[579] Man mag dies rechtspolitisch kritisieren, muss es aber de lege lata akzeptieren,[580] zumal für eine Beschränkung das Vermeiden von Rechtsunsicherheit ins Feld geführt wird.[581] Die Ehegatten können nicht jedes beliebige Recht dieser Erde wählen, sondern müssen ein Recht aus dem von Art. 22 I EuGüVO bezeichneten, abschließenden Katalog wählen. Gemeinsam ist den wählbaren Rechten aus dem Katalog, dass sie jeweils eine objektiv enge Verbindung zu mindestens einem Ehegatten aufweisen.[582] Die Ehegatten sollen nur Rechte wählen können, die mit ihrer realen Lebenssituation oder ihrer Lebensplanung etwas zu tun haben[583] (wobei allerdings nicht verlangt ist, dass der Anknüpfungsounkt beiden Ehegatten gemeinsam sein muss[584]). Wählen die Ehegatten ein Recht außerhalb des Katalogs, so hat diese Rechtswahl aus europäischer Sicht keine Wirkung.[585]

233 Wählbar ist das Recht des Staates, in dem ein Ehegatte zum Zeitpunkt der Rechtswahl seinen gewöhnlichen Aufenthalt hat (Art. 22 I lit. a EuGüVO), oder das Recht eines Staates, dem ein Ehegatte zum Zeitpunkt der Rechtswahl angehört (Art. 22 I lit. b EuGüVO). Beide Optionen stehen gleichberechtigt zur freien Auswahl der Ehegatten nebeneinander. Keineswegs ist das Heimatrecht nur subsidiär wählbar.[586] Die verknüpfende Konjunktion zwischen lit. a und lit. b ist eindeutig ein „oder", kein „sonst" oder „hilfsweise".

234 Die Ehegatten haben keine Möglichkeit, die Belegenheitsrechte einzelner Vermögensgegenstände zu wählen.[587] Jeder Teilrechtswahl steht obendrein das in Art. 21 EuGüVO kodifizierte Prinzip der Einheit des anzuwendenden Rechts entgegen.[588] Das gilt auch für Immobilien. Art. 15 II Nr. 3 EGBGB findet keine Fortschreibung auf der europäischen Ebene.[589] Für die deutsche Immobilienpraxis wird dies bedauert, weil dadurch Komplikationen sowohl auf Erwerber- als auch auf Veräußererseite auftreten können, wenn dort Ehegatten agieren.[590]

235 Ebenfalls nicht wählbar ist die lex fori als solche. Güterrecht geht es anders als Scheidungsrecht (dort Art. 5 lit. I lit. d Rom III-VO) nicht um einen bevorstehenden punktuellen Rechtsakt, sondern um einen Dauertatbestand.[591]

236 Dass es keine Wahlmöglichkeit gibt, welches expressis verbis die Wahl des Erbstatuts nach einem der Ehegatten gestattet, ist nicht optimal.[592] Zwar sind die erbrechtlichen Anknüpfungspunkte (jenseits der Ausweichklausel des Art. 21 II EuErbVO) im Prinzip auch

---

[579] Siehe nur *Kroll-Ludwigs,* NZFam 2016, 1061, 1062 f.; *Marino,* Cuad. Der. Trans. 9 (1) (2017), 265, 277; *Añoveros Terradas,* AEDIPr 2017, 821, 834. Mindestens terminologisch ungenau *Rodríguez Rodrigo/ K. Miller,* NZFam 2016, 1065, 1069.
[580] Siehe *Kroll-Ludwigs,* NZFam 2016, 1061, 1063, 1065.
[581] *C. Bridge,* Petites Affiches n° 201, 9 octobre 2017, S. 9, 11.
[582] *Kroll-Ludwigs,* NZFam 2016, 1061, 1063.
[583] KOM (2011) 126 endg. S. 8; *Laimer,* JBl 2017, 549, 556.
[584] *Marino,* Cuad. Der. Trans. 9 (1) (2017), 265, 278.
[585] *Marino,* Cuad. Der. Trans. 9 (1) (2017), 265, 277.
[586] So aber *Kroll-Ludwigs,* GPR 2016, 231, 235.
[587] *J. Weber,* DNotZ 2016, 659, 678; *Joubert,* RCDIP 2017, 1, 17; *Vinaixa Miquel,* InDret 2/2017, 274, 292; *C. Rudolf,* EF-Z 2017, 244, 247.
[588] *Laimer,* JBl 2017, 549, 556 und → § 4 Rn. 222 f.
[589] *Dutta,* FamRZ 2016, 1973, 1981; *ten Wolde,* WPNR 7216 (2018) 888 (888 f.).
[590] *Döbereiner,* in: Dutta/J. Weber S. 63, 65 Rn. 3.
[591] *Heiderhoff,* IPRax 2018, 1, 7.
[592] *J. Weber,* DNotZ 2016, 424, 429; vgl. auch *Wautelet,* YbPIL 19 (2017/2018), 213, 217 f.

III. Ehegüterrecht

Anknüpfungspunkte für eine ehegüterrechtliche Rechtswahl. Allerdings stehen unterschiedliche Anknüpfungszeitpunkte im Raum.

aa) Umweltrecht mindestens eines Ehegatten. Die Ehegatten oder Nupturienten können ausweislich Art. 22 I lit. a EuGüVO jedes Umweltrecht eines von ihnen wählen, Anknüpfungspunkt ist bereits der gewöhnliche Aufenthalt *eines* Ehegatten. Es ist nicht verlangt, dass es sich dabei um einen von dem anderen Ehegatten geteilten gewöhnlichen Aufenthalt handeln müsste. 237

Eine eigene Definition des gewöhnlichen Aufenthalts leistet die EuGüVO nicht, so dass eine für eine Rechtswahl abträgliche Restunsicherheit besteht, ob ein einheitliches Verständnis durch das gesamte europäische IPR obwaltet oder ob der gewöhnliche Aufenthalt kontextabhängig zu verstehen ist. Um Zweifel zu vermeiden, wird empfohlen, dass die Parteien in der Rechtswahl angeben, wo sie selber ihre jeweiligen gewöhnlichen Aufenthalte (notwendig subjektiv) verorten.[593] Damit würde man indes den Parteien Definitionsmacht zugestehen und schürte Diskrepanzen zu Art. 26 I lit. a EuGüVO. 238

bb) Heimatrecht mindestens eines Ehegatten. Zweite wählbare Option ist nach Art. 22 I lit. b EuGüVO das Recht eines Staates, dem ein Ehegatte angehört. Wiederum muss es sich dabei nicht um ein beiden Ehegatten gemeinsames Heimatrecht handeln. Rechtswahloptionen zugunsten von Heimatrechten sind im europäischen IPR nach dessen prinzipiellem Schwenk zur Aufenthaltsanknüpfung bei der objektiven Anknüpfung eine Konzession an jene Mitgliedstaaten, deren Altkollisionsrecht dem Staatsangehörigkeitsprinzip folgte. 239

Bei Doppel- oder Mehrstaatern ist die Wahl jedes Heimatrechts zulässig, auch eines nicht effektiven.[594] Dies indiziert, wenn auch in sehr verklausulierter Form, Erwägungsgrund (50) S. 2 EuGüVO.[595] Erwägungsgrund (50) S. 2 EuGüVO enthält für die Rechtswahl eine besondere Aussage, welche die Regel des Erwägungsgrunds (50) S. 1 EuGüVO (Rückgriff auf nationales Recht) überspielt.[596] 240

Weitere Unterstützung erwährt die Wählbarkeit jedweden Heimatrechts aus dem Fehlen einer Art. 26 I lit. b, II EuGüVO entsprechenden Einschränkung in Art. 22 I lit. b EuGüVO.[597] Art. 22 I lit. b EuGüVO verwendet den unbestimmten Artikel „eines".[598] Dies entspricht dem Gebrauch des unbestimmten Artikels „ein" bei den Ehegatten und bildet einen Kontrast zum sicheren Gebrauch des bestimmten Artikels „des" in Art. 22 I lit. a EuGüVO beim gewöhnlichen Aufenthalt. Zudem entspricht diese weite Wahlmöglichkeit dem im übrigen europäischen IPR und IZPR erreichten Standard, insbesondere dem Standard nach Art. 22 I UAbs. 2 EuErbVO.[599] Umso weniger ist gefordert, dass es sich bei dem gewählten Heimatrecht partout um ein gemeinsames Heimatrecht beider Ehegatten handeln müsste. 241

cc) Für die Wählbarkeit maßgeblicher Zeitpunkt. Entscheidend für die Wählbarkeit eines bestimmten Rechts ist der Zeitpunkt der Rechtswahl,[600] auch bei einer vor der Eheschließung vereinbarten Rechtswahl.[601] Immer, d. h. auch für eine nachträgliche Rechtswahl auf den Zeitpunkt der Eheschließung abzustellen,[602] würde den Grundgedanken einer nachträglichen Rechtswahl konterkarieren. Indem man eine nachträgliche Rechtswahl zulässt, hat man jedem Konzept eines immer unwandelbaren Ehegüterstatuts abgesprochen, denn 242

---

[593] *Martiny*, ZfPW 2017, 1, 16.
[594] *C. Kohler/Pintens*, FamRZ 2016, 1509, 1510; *J. Weber*, DNotZ 2016, 659, 678; *Kroll-Ludwigs*, GPR 2016, 231, 235; *Dutta*, FamRZ 2016, 1973, 1980; *Laimer*, JBl 2017, 549, 556; *Döbereiner*, in: Dutta/J. Weber S. 63, 67 Rn. 15 sowie *Joubert*, RCDIP 2017, 1, 17.
[595] *J. Weber*, DNotZ 2016, 659, 677f.; *Dutta*, FamRZ 2016, 1973, 1980; *Laimer*, JBl 2017, 549, 556; *Döbereiner*, notar 2018, 244, 251; siehe auch *Joubert*, RCDIP 2017, 1, 17.
[596] Siehe *Kroll-Ludwigs*, GPR 2016, 231, 235 sowie *Martiny*, ZfPW 2017, 1, 15.
[597] *J. Weber*, DNotZ 2016, 659, 678.
[598] *Dutta*, FamRZ 2016, 1973, 1980.
[599] *J. Weber*, DNotZ 2016, 659, 677; *Dutta*, FamRZ 2016, 1973, 1981.
[600] *Knot*, FJR 2016, 231, 233; *J. Weber*, DNotZ 2016, 659, 677; *Martiny*, ZfPW 2017, 1, 15.
[601] *Döbereiner*, in: Dutta/J. Weber S. 63, 66 Rn. 9f.; *ders.*, notar 2018, 244, 251.
[602] Dahin aber Commission Proposal, COM (2016) 106 final S. 10.

ein solches Ehegüterstatut müsste derogationsfest sein und jede nachträgliche Rechtswahl ausschließen. Die Möglichkeit einer nachträglichen Rechtswahl ist wichtige Durchbrechung des Unwandelbarkeitsdurchsatzes,[603] löst aber notwendig einen Statutenwechsel mit entsprechenden Überleitungsproblemen vom Güterstand des alten Statuts in jenen des neuen Statuts aus.[604] Vorschläge für eine privatautonome Ausgestaltung durch die Ehegatten[605] können nur greifen, soweit das gewählte Ehegüterstatut insoweit Privatautonomie zulässt.

243 Zudem grenzt Art. 22 EuGüVO auf Rechte ein, zu welchen die Ehegatten eine enge Verbindung haben und deren Wahl deshalb innere Legitimät besitzt. Das wäre aber nicht garantiert, wenn man zeitlich zurückgriffe. Denn eine bei Eheschließung bestehende, zum Zeitpunkt der Rechtswahl aufgegebene Staatsangehörigkeit würde nicht mehr eine enge Verbindung indizieren.[606]

244 Ein Sonderproblem stellt sich bei einer vorehelichen Rechtswahl. Eine voreheliche Rechtswahl zwischen Nupturienten ist erlaubt; genau dies will die ausdrückliche Nebeneinanderstellung von Ehegatten und *künftigen* Ehegatten in Art. 22 I pr. EuGüVO besagen.[607] In der Konsequenz liegt es dann, auch für eine voreheliche Rechtswahl auf die Anknüpfungstatsachen zum Zeitpunkt der Rechtwahlvereinbarung abzustellen. Das wiederum könnte dazu führen, dass ein Umweltrecht (mindestens) eines Ehegatten gewählt wird, das zum Zeitpunkt der Eheschließung gar nicht mehr aktuell ist. Art. 22 I lit. a EuGüVO stellt keine Voraussetzung auf, dass nur ein zum Zeitpunkt der Eheschließung noch aktuelles Umweltrecht gewählt werden dürfte.[608] Die Ehegatten können freilich eine solche aufschiebende Bedingung vereinbaren, wenn das Rechtswahlstatut des Art. 24 I EuGüVO aufschiebende Bedingungen bei güterrechtlichen Vereinbarungen zulässt.[609]

245 *c) Ausdrückliche oder konkludente Rechtswahl.* Art. 22 I EuGüVO garantiert die Möglichkeit einer Rechtswahl, lässt sich aber nicht näher über deren Modalitäten aus. Weder garantiert er expressis verbis ausdrückliche und konkludente Rechtswahl, noch schließt er eines von beiden aus. Insbesondere enthält er keine Parallele zu Art. 22 II EuErbVO, derzufolge nur eine ausdrückliche Rechtswahl statthaft wäre. Daraus ist ein Umkehrschluss auf die Zulässigkeit auch einer konkludenten Rechtswahl zu ziehen.[610] Dieser Umkehrschluss wird durch die Genese bestärkt:[611] Art. 19 II Vorschlag EuGüVO sah noch vor, dass eine Rechtswahl ausdrücklich erfolgen müsse. Er ist entfallen. Weitere, wenn auch schwache Unterstützung kann man aus Art. 24 II EuGüVO ziehen.[612]

246 Erwägungsgrund (46) S. 1 EuGüVO steht nicht entgegen.[613] Zwar besagt er, dass ein Wechsel des auf den ehelichen Güterstand anwendbaren Rechts nur nach einem entsprechenden ausdrücklichen Antrag der Parteien möglich sein solle. Aber erstens würde dies wenn überhaupt nur eine nachträgliche, aber keine originäre Rechtswahl abdecken, denn bei einer ursprünglichen Rechtswahl gibt es keinen Wechsel des Ehegüterrechtsstatuts, sondern von Anfang an nur das gewählte Statut. Zweitens ist die deutsche Terminologie „Antrag der Parteien" merkwürdig bis unverständlich. Man denkt dabei unwillkürlich an einen förmlichen Prozessantrag in einem Verfahren. Beides wäre für eine Rechtswahlvereinbarung, die außerhalb jedes Verfahrens möglich ist, unpassend. Verfolgt wird letztlich

---

[603] *Baldovini*, iFamZ 2018, 39, 43.
[604] *Döbereiner*, notar 2018, 244, 254.
[605] Insbesondere *Döbereiner*, notar 2018, 244, 256 Formulierungsvorschlag § 3.
[606] Vgl. *Knot*, FJR 2016, 231, 233 Fn. 29.
[607] → § 4 Rn. 228 f.
[608] *J. Weber*, DNotZ 2016, 659, 677.
[609] *J. Weber*, DNotZ 2016, 659, 677.
[610] *Kroll-Ludwigs*, GPR 2016, 231, 236. Unsicherheit sieht dagegen *Wautelet*, YbPIL 19 (2017/2018), 213, 218–222.
[611] Siehe *J. Weber*, DNotZ 2016, 659, 680; *Döbereiner*, in: Dutta/J. Weber S. 63, 77 f. Rn. 52. Vgl. aber auch *ten Wolde*, WPNR 7216 (2018), 888, 890: Kontrast zu Art. 11 Haager EhegüterRÜbk 1978.
[612] *Döbereiner*, notar 2018, 244, 253.
[613] *J. Weber*, DNotZ 2016, 659, 680; *Rodríguez Rodrigo/K. Miller*, NZFam 2016, 1065, 1070; *Döbereiner*, in: Dutta/J. Weber S. 63, 78 Rn. 52.

III. Ehegüterrecht

das legitime Ziel, keine Rechtswahl anzunehmen, wenn die Parteien keinen entsprechenden Rechtswahlwillen gebildet haben. Letztlich fügt sich Erwägungsgrund (46) S. 1 EuGüVO in eine Linie mit Erwägungsgrund (47) S. 2 EuGüVO.[614]

Wichtigstes Indiz für eine konkludente Rechtswahl könnte entsprechend Erwägungsgrund (12) Rom I-VO eine ausschließliche Gerichtsstandsvereinbarung zugunsten eines mitgliedstaatlichen Gerichts sein. Qui eligit forum eligit ius wäre auch im Ehegüterrecht eine durchaus sinnvolle Maxime. Sie würde den Ehegatten unterstellen, dass sie einen Gleichlauf von forum und ius wollen, indem das prorogierte Forum sein forumeigenes Recht anwendet. In den Fällen des Art. 5 II und des Art. 7 I Var. 3 EuGüVO erscheint dies tragfähig. Dagegen drohte sich ein Zirkel zu ergeben, soweit Art. 7 I Var. 1 EuGüVO gestattet, die Zuständigkeit der Gerichte des Staates zu vereinbaren, dessen Recht nach Art. 22 EuGüVO (also kraft Rechtswahl) anwendbar ist. Sicher keine Indizwirkung wird eine Gerichtsstandsvereinbarung nach Art. 7 I Var. 2 EuGüVO haben, in der die Zuständigkeit der Gerichte jenes Mitgliedstaates prorogiert wird, dessen Recht das objektive Güterstatut mangels Rechtswahl nach Art. 26 I lit. a oder b EuGüVO stellt.

Häufig wird in Frage stehen, ob sich eine Rechtswahl aus dem Kontext und Gesamtzusammenhang eines Ehevertrags ergeben wird,[615] insbesondere weil die Ehegatten darin Bezug auf Vorschriften eines bestimmten Rechts genommen oder sich Rechtsinstituten bedient haben, die ersichtlich vor dem Hintergrund eines bestimmten Rechts konzipiert sind. Auf der anderen Seite ist die Vereinbarung eines bestimmten Güterstands nicht per se und automatisch als stillschweigende Wahl eines (welchen?) Rechts zu werten, demzufolge dieser Güterstand zulässig wäre.[616] Deshalb ist auch Vorsicht gegenüber der Annahme einer konkludenten Rechtswahl geboten, wenn die Ehegatten nach der Eheschließung z. B. in einem Immobilienerwerbsvertrag angeben, dass sie einem bestimmten Güterstand unterstünden.[617]

Art. 11 Haager EhegüterRÜbk 1978 verlangt, dass sich das gewählte Recht unzweifelhaft aus den Bestimmungen des zugrundeliegenden Ehevertrags ergeben muss. Art. 22 EuGüVO hat dies nicht aufgegriffen; eine entsprechende Klarstellung mag zwar im Grundsatz sinnvoll sein,[618] würde aber im konkreten Fall immer noch Raum für Grauzonen und Fragen lassen.

d) Einigung und materielle Wirksamkeit. Art. 24 EuGüVO hat laut seiner Überschrift Einigung und materielle Wirksamkeit von Rechtswahlvereinbarungen zum Gegenstand, nach seinem deutschen Wortlaut Zustandekommen und Wirksamkeit. Er hat ersichtlich Art. 10 iVm Art. 3 V Rom I-VO zum Vorbild.

Laut Art. 24 I EuGüVO bestimmen sich das Zustandekommen und die Wirksamkeit einer Rechtswahlvereinbarung oder einer ihrer Bestimmungen nach demjenigen Recht, das nach Art. 22 EuGüVO anzuwenden wäre, wenn die Vereinbarung oder die Bestimmung wirksam wäre. Dies ist eine Anlehnung an Art. 10 I Rom I-VO[619] und etabliert ebenfalls ein bootstrap principle[620].[621] Es geht in der Formulierung sogar einen Schritt zu weit: Art. 24 I EuGüVO ist es nach seinem Wortlaut um das Zustandekommen und die Wirksamkeit einer Rechtswahlvereinbarung *und einer ihrer Bestimmungen* zu schaffen. Das ist eine schlechte und unbedachte Übertragung aus Art. 10 I Rom I-VO. Dabei wurde übersehen, dass Art. 10 I Rom I-VO sich eigentlich auf die sachrechtlichen Bestimmungen eines Vertrags bezieht. Erst die Verweisung in Art. 3 V Rom I-VO bringt dort die Rechtswahl ins Spiel. Art. 24 I EuGüVO befasst sich dagegen ausschließlich mit der ehegüterrechtlichen

---

[614] *J. Weber*, DNotZ 2016, 659, 680.
[615] Vgl. Rauscher/*Kroll-Ludwigs*, Einf. EU-GüterVO-E Rn. 58; *Kroll-Ludwigs*, GPR 2016, 231, 236.
[616] *Marino*, Cuad. Der. Trans. 9 (1) (2017), 265, 279.
[617] Vgl. Cass. 1re civ. Petites affiches n° 22, 30 janvier 2018, S. 11 note *Legrand* zu Art. 6 Haager EhegüterRÜbk 1978.
[618] So *Kroll-Ludwigs*, GPR 2016, 231, 236.
[619] Siehe nur *Joubert*, RCDIP 2017, 1, 19; *Marino*, Cuad. Der. Trans. 9 (1) (2017), 265, 278; *ten Wolde*, WPNR 7216 (2018), 888, 890.
[620] *J. Weber*, DNotZ 2016, 659, 679. Zum bootstrap principle als Institut → § 1 Rn. 78 ff.
[621] *C. Rudolf*, ZfRV 2017, 171, 177.

Rechtswahl und nicht mit Sachrecht. Eine ehegüterrechtliche Rechtswahl mit mehreren Einzelbestimmungen kann man sich kaum vorstellen.[622] Allenfalls eine gestaffelte Rechtswahl käme insoweit in Betracht. Schon bei einer bedingten Rechtswahl fiele es schwer, die Bedingung als quasi-eigenständige und isoliert zu betrachtende Einzelbestimmung zu begreifen. Immerhin richtet der Zusatz „und einer ihrer Bestimmungen" keinen Schaden an, denn man kann ihn einfach als überflüssig ignorieren.

252 Zustandekommen meint im Kern Konsens.[623] Hierher gehören auch alle Fragen einer Einbeziehungskontrolle für eine Rechtswahl. Freilich dürften bei ehegüterrechtlichen Rechtswahlvereinbarungen kaum je besondere Vorschriften des AGB-Rechts eingreifen. Zum einen dürften AGB nur dann vorliegen, wenn ein Notar oder sonstiger Rechtsberater eine vorformulierte Klausel einbringt. Zweitens grenzt das AGB-Recht familienrechtliche Verträge häufig aus. § 310 IV 1 Var. 2 BGB ist dafür ein gutes Beispiel.

253 Der scheinbar weite Wortlaut, der kein einschränkendes Attribut zu „Wirksamkeit" setzt, suggeriert, dass die Wirksamkeit in all' ihren Facetten Gegenstand sein soll. Die scheinbare Parellele zwischen der „materiellen Wirksamkeit" der Überschrift und der materiellen Nichtigkeit des Art. 25 I 1 Hs. 2 Brüssel Ia-VO scheint in dieselbe Richtung zu deuten. Trotzdem ist „Wirksamkeit" enger zu verstehen. Eine Verweisung kann sinnvollerweise nur für solche Aspekte erfolgen, welche die EuGüVO selber nicht bereits in Artt. 22; 23 EuGüVO regelt. Art. 22 EuGüVO als europäisch-autonome Regelung hat verdrängenden Anwendungsvorrang so weit er reicht. Er besagt bereits einiges: dass eine Rechtswahl konstitutionell statthaft ist; dass diese Rechtswahl nicht frei, sondern beschränkt ist; welche Wirkung sie hat. Die Formwirksamkeit (definitiv auch ein Wirksamkeitsaspekt) wiederum ist Gegenstand des Art. 23 EuGüVO.

254 Das zieht eine bedeutsame Konsequenz nach sich: Eine Inhaltskontrolle einer Rechtswahl nach dem Errichtungsstatut findet nicht statt.[624] Denn der Inhalt einer Rechtswahl ist ein kollisionsrechtlicher Inhalt. Diesen Inhalt regelt Art. 22 EuGüVO bereits abschließend. Eine Inhaltskontrolle wäre eine kollisionsrechtliche Kontrolle. Art. 24 I EuGüVO spricht aber ausweislich Art. 32 EuGüVO nur eine Sachnormverweisung aus und verweist gar nicht auf das IPR des Errichtungsstatuts. Zudem stünde man ansonsten bei (hypothetisch unterstelltem) negativem Ausgang einer Inhaltskontrolle vor dem paradoxen Ergebnis, dass das gewählte Recht sich selbst inhaltliche Unangemessenheit bescheinigen müsste.[625] Alle diese Argumente sind mutatis mutandis bereits zu Art. 3 V iVm Art. 10 I Rom I-VO bekannt,[626] der Vorbildregelung, an die Art. 24 I EuGüVO sich anlehnt. Deutlich unterscheiden muss man zwischen einer Inhaltskontrolle der Rechtswahl nach dem gewählten Recht (die nicht statthaft ist) und einer Inhaltskontrolle einer sachrechtlichen Vereinbarung des Güterstands unter dem gewählten Recht. Letztere ist eine sachrechtliche Angelegenheit, in Art. 22 EuGüVO nicht geregelt und statthaft.[627]

255 Problematisch ist, dass die EuGüVO selber keinen Mechanismus zum Schutz schwächerer Parteien vorsieht. Sie verlangt auch nirgends in Anlehnung an Art. 8 V HUP und Erwägungsgrund (18) Rom III-VO, dass die Ehegatten nur eine informierte Rechtswahl treffen dürften.[628] Art. 24 II EuGüVO, ersichtlich angelehnt an Art. 10 II Rom II-VO,[629] ist dafür allenfalls ein schwacher Teilersatz.[630] Im Lichte von Art. 23 I EuGüVO dürfte er zudem allenfalls selten Anwendung finden können.[631]

---

[622] Unzutreffend *Süß*, in: Dutta/J. Weber S. 85, 89 Rn. 12, der hier auf Eheverträge und Güterstandsvereinbarungenblicken will.
[623] Siehe nur *Rodríguez Rodrigo/K. Miller*, NZFam 2016, 1065, 1070.
[624] Anderer Ansicht *Döbereiner*, in: Dutta/J. Weber S. 63, 79 Rn. 57.
[625] *J. Weber*, DNotZ 2016, 659, 679 f.
[626] → § 1 Rn. 78 ff.
[627] *J. Weber*, DNotZ 2016, 659, 680.
[628] *J. Weber*, DNotZ 2016, 659, 680 f.; *Martiny*, ZfPW 2017, 1, 19.
[629] Das übersieht *Döbereiner*, in: Dutta/J. Weber S. 63, 79 Rn. 58.
[630] Freundlicher *Martiny*, ZfPW 2017, 1, 19 f.
[631] *Döbereiner*, notar 2018, 244, 253.

III. Ehegüterrecht   256–260 § 4

e) Wirkung. Laut Art. 22 II EuGüVO wirkt eine während der Ehe getroffene Rechtswahl 256
ex nunc (pro futuro[632] mit damit verbundenem Statutenwechsel[633]), es sei denn, die Ehegatten haben etwas anderes vereinbart. Der durch eine nachträgliche Rechtswahl bewirkte Statutenwechsel tritt also grundsätzlich nur ex nunc ein.[634] Die Ehegatten können jedoch anderes vereinbaren, also Rückwirkung, ex tunc-Wirkung.[635] Diese ausdrückliche Gestattung einer ex tunc-Wirkung ist eine Innovation im Gesamtreich des europäischen IPR.[636] Sie erweitert die Parteiautonomie der Ehegatten. Insoweit geht sie über das Maß an Parteiautonomie hinaus, welches die nationalen Kollisionsrechte, insbesondere Art. 15 II EGBGB,[637] vor der EuGVO äußerstenfalls zu gewähren bereit waren.[638]

Die Möglichkeit einer Wahl ex tunc muss sich der Frage stellen, wie das ex tunc gewählte 257
Recht denn über die Abwicklung eines bereits vor der Rechtswahl bestehenden Güterstands entscheiden können soll.[639] Eine teleologische Reduktion wird angemahnt.[640] Sie würde im Ergebnis darauf hinauslaufen, dass eine kollisionsrechtliche Wahl allein das bereits bestehende Vermögen dem gewählten Recht ex tunc unterstellen kann.[641] Art. 7 Haager EhegüterRÜbk 1978 sieht einen automatischen rückwirkenden Wechsel in der Anknüpfung bei nachfolgender Rechtswahl vor und hat dafür herbe Kritik einstecken müssen. Das vermeidet die in Art. 22 II EuGüVO etablierte Lösung.[642]

Grenzen ziehen einer Rechtswahl mit vereinbarter Rückwirkung jedenfalls die Ansprü- 258
che Dritter aus dem vorherigen Ehegüterstatut, die nicht beeinträchtigt werden dürfen. Art. 22 III EuGüVO ist insoweit eindeutig. Derselbe Grundgedanke findet sich schon in Art. 3 II 2 Var. 2 EVÜ; 3 II 2 Var. 2 Rom I-VO.[643] Eine Rechtswahl direkt zu Lasten Dritter soll nicht möglich sein. Denn die Dritten sind an der Rechtswahlvereinbarung nicht beteiligt, können keinen Einfluss nehmen und können sich nicht effektiv wehren. Insoweit soll ein eher sachrechtlich ausgerichtetes Rechtsfolgenverständnis (im Sinne von vested rights, wohlerworbenen Rechten) einem kollisionsrechtlichen Verständnis, das zwischen dem inter artes und dem gegenber Dritten anwendbaren Recht unterscheiden würde, vorgehen.[644] Art. 22 III EuGüVO ist eine für den Rechtsverkehr wichtige Schutzvorschrift.[645]

Die deutsche Fassung des Art. 22 III EuGüVO wirft allerdings die Frage auf, was sich 259
hinter „Ansprüchen" Dritter verbergen soll. Die anderen Sprachfassungen sprechen an dieser Stelle umfassender und besser von „rights", „droits", „derechos" usw.[646] Rechte Dritte wären mindestens dann beeinträchtigt, wenn sie diese Rechte infolge eines rückwirkenden Statutenwechsels nicht mehr besäßen.[647] Zu denken ist insbesondere an Dritte, die Immobilienrechte von den Ehegatten erworben haben.[648]

Eine eigene Regelung für Erwerbstatbestände zwischen den Ehegatten gibt es nicht 260
mehr. Art. 18 III Vorschlag EuGüVO 2011 hatte diese noch vorgesehen, fiel aber bereits

---

[632] *Baldovini*, iFamZ 2018, 39, 43.
[633] Siehe nur *Rademacher*, Cuad. Der. Trans. 10 (1) (2018), 7, 15 f.; *Döbereiner*, notar 2018, 244, 254 f.
[634] *Dutta*, FamRZ 2016, 1973, 1981; *Heiderhoff*, IPRax 2018, 1, 7; *ten Wolde*, WPNR 7216 (2018), 888, 889.
[635] Zu denkbaren Motiven für ein solches Vorgehen *Rademacher*, Cuad. Der. Trans. 10 (1) (2018), 7, 15.
[636] Rechtspolitisch kritisch dazu *Kroll-Ludwigs*, GPR 2016, 231, 235.
[637] Siehe darunter *Schotten/Schmellenkamp* Rn. 167; MüKoBGB/*Siehr*, Bd. 10, 6. Aufl. 2015, Art. 15 EGBGB Rn. 45; Palandt/*Thorn* Art. 15 EGBGB Rn. 21.
[638] *Kroll-Ludwigs*, GPR 2016, 231, 235.
[639] *J. Weber*, DNotZ 2016, 659, 682; *Kroll-Ludwigs*, GPR 2016, 231, 235; *Döbereiner*, in: Dutta/J. Weber S. 63, 82 f. Rn. 72.
[640] *Kroll-Ludwigs*, GPR 2016, 231, 235 sowie *Martiny*, ZfPW 2017, 1, 18.
[641] *Kroll-Ludwigs*, GPR 2016, 231, 235 unter Hinweis auf MüKoBGB/*Siehr*, Bd. 10, 6. Aufl. 2015, Art. 15 EGBGB Rn. 45.
[642] *Nourissat/Revillard*, Défrenois 2016, 878, 888.
[643] *Dutta*, FamRZ 2016, 1973, 1981.
[644] *J. Weber*, RNotZ 2017, 365, 369; *Rademacher*, Cuad. Der. Trans. 10 (1) (2018), 7, 17.
[645] *Añoveros Terradas*, AEDIPr 2017, 821, 836.
[646] *Martiny*, ZfPW 2017, 1, 18; *Rademacher*, Cuad. Der. Trans. 10 (1) (2018), 7, 18.
[647] *Martiny*, ZfPW 2017, 1, 18.
[648] *Damascelli*, Riv. dir. int. 2017, 1103, 1141.

2014 weg.⁶⁴⁹ Die dadurch offene Frage nach der Bewertung solcher abgeschlossenen Erwerbsvorgänge ist wohl dahin zu beantworten, dass selbst schon entstandene Eigentumsverhältnisse sich ändern können, also Alleineigentum eines Ehegatten werden kann, was vorher zur gesamten Hand oder in Bruchteilsgemeinschaft erworbenes Eigentum war und umgekehrt.⁶⁵⁰ Allerdings ist dabei die lex rei sitae zu beachten, die Umschreibungen und Änderungen in Registern (z. B. im deutschen Grundbuch) verlangen kann.⁶⁵¹

261 *f) Keine Teilrechtswahl.* Art. 21 EuGüVO gestattet nur eine Wahl einheitlich für das gesamte Vermögen der Ehegatten. Eine ehegüterrechtliche Teilrechtswahl ist nicht statthaft. Es gibt keine subjektive dépeçage im Internationalen Ehegüterrecht.⁶⁵² Art. 15 II Nr. 3 EGBGB gestattete die Wahl deutschen Rechts für in Deutschland belegenes Immobiliarvermögen.⁶⁵³ Diese Möglichkeit gibt es unter der EuGüVO nicht mehr.⁶⁵⁴ Preis der Parteiautonomie ist der Verzicht auf eine Spaltung des Vermögens kraft Rechtswahl. Es mag zwar durchaus legitime Interesse an einer Teilrechtswahl zumindest unter bestimmten Voraussetzungen geben, insbesondere um Gleichlauf mit Belegenheits- und etwaigem Registerrecht bei Immobilien herzustellen und so die praktische Durchsetzung zu verbessern.⁶⁵⁵ Trotzdem hat der europäische Gesetzgeber in Art. 21 EuGüVO ein klares Machtwort dagegen gesprochen. Eine Spaltung würde ihrerseits praktische Schwierigkeiten provozieren, insbesondere bei der Auseinandersetzung einer Gütergemeinschaft oder einer Errungenschaftsgemeinschaft⁶⁵⁶ (also allen Gemeinschaften mit dinglichen Beteiligungen beider Ehegatten).

262 *g) Form.* Der Form einer Rechtswahlvereinbarung widmet sich Art. 23 EuGüVO ausführlich in prinzipiell engster Anlehnung an Art. 7 Rom III-VO als Vorbild.⁶⁵⁷ Die Regelung ist eine Mischung aus Sach- und Kollisionsrecht: I ist Sach-, II-IV sind Kollisionsrecht.⁶⁵⁸ Sie sind eine in sich abschließende Regelung und erlauben keinen Rückgriff auf andere Kollisionsnormen für die Form.⁶⁵⁹

263 Die Form dient dazu, den erzielten Konsens (und im Ausgangspunkt auch dessen Integrität) beweissicher zu dokumentieren.⁶⁶⁰ Erwägungsgrund (46) EuGüVO trägt allerdings, da er sehr unglücklich formuliert ist, wenig zur Klarstellung bei. Man mag ihn mit viel Phantasie als Beleg dafür bewerten, dass Einhaltung der Form Konsens indiziere.⁶⁶¹

264 Die Form bezweckt laut Erwägungsgrund (43) EuGüVO den Schutz des schwächeren Ehegatten. Bei der Formgültigkeit sollen Schutzvorkehrungen sicherstellen, dass sich die Ehegatten der Tragweite ihrer Rechtswahl bewusst sind.⁶⁶² Das betont Erwägungsgrund (47) S. 2 EuGüVO.

265 Eine bloße Formvorschrift ist allerdings kaum geeignet, das materielle Ziel sicherzustellen, dass die Ehegatten ihre Rechtswahl in voller Sachkenntnis treffen. Dieses Ziel nennt Erwägungsgrund (47) S. 1 EuGüVO. Er bleibt allerdings in der Sicherstellung der Zielerreichung wie hinter dem Instrumentarium und Schutzniveau zurück, das Erwägungsgrund (18) Rom III-VO vorzeichnete.⁶⁶³ Insbesondere bleibt er weit hinter dem zurück, was

---

⁶⁴⁹ *Heiderhoff,* IPRax 2018, 1, 7.
⁶⁵⁰ *Heiderhoff,* IPRax 2018, 1, 7.
⁶⁵¹ *Heiderhoff,* IPRax 2018, 1, 7.
⁶⁵² *Kroll-Ludwigs,* GPR 2016, 231, 235.
⁶⁵³ Eingehend → § 4 Rn. 359 ff.
⁶⁵⁴ *Kroll-Ludwigs,* GPR 2016, 231, 235.
⁶⁵⁵ Siehe *Kroll-Ludwigs,* GPR 2016, 231, 235.
⁶⁵⁶ *Kroll-Ludwigs,* GPR 2016, 231, 235.
⁶⁵⁷ *J. Weber,* DNotZ 2016, 659, 678; *Martiny,* ZfPW 2017, 1, 18; *C. Rudolf,* ZfRV 2017, 171, 177; *Barrière Brousse,* Clunet 144 (2017), 485, 497.
⁶⁵⁸ *Vinaixa Miquel,* InDret 2/2017, 274, 293.
⁶⁵⁹ *Döbereiner,* notar 2018, 244, 252 f.
⁶⁶⁰ *Joubert,* RCDIP 2017, 1, 18.
⁶⁶¹ Dahin *Joubert,* RCDIP 2017, 1, 18.
⁶⁶² *Laimer,* JBl 2017, 549, 557.
⁶⁶³ Positiver *C. Bridge,* Petites Affiches n° 201, 9 octobre 2017, S. 9, 11.

III. Ehegüterrecht

Art. 8 V HUP iVm Art. 15 EuUnthVO im benachbarten Internationalen Unterhaltsrecht bereits neun Jahre zuvor etabliert hatte.

Art. 23 I 1 EuGüVO schreibt eine europäische Mindestform[664] vor: Eine ehegüterrechtliche Rechtswahlvereinbarung bedarf der Schriftform, ist zu datieren und von beiden Ehegatten zu unterzeichnen. Insoweit wird dieselbe Form verlangt wie bei einer Gerichtsstandsvereinbarung unter Art. 7 EuGüVO.[665] Bloße Paraphierung soll für eine Unterschrift nicht reichen.[666] Art. 23 I 1 EuGüVO ist keine Kollisions-, sondern eine einheitliche Sachnorm.[667] Er bedingt § 126 BGB ab.[668] Der systematischen Position nach soll Art. 23 I 1 EuGüVO die Regel sein, während er diese Stellung in der Praxis nicht genießen soll.[669]

Elektronische Übermittlungen, die eine dauerhafte Aufzeichnung der Vereinbarung ermöglichen, stellt Art. 23 I 2 EuGüVO der Schriftform gleich. Dies entspricht der Tradition der Artt. 23 II EuGVVO/LugÜ 2007; 25 II Brüssel Ia-VO für Gerichtsstandsvereinbarungen. Das Kriterium ist funktional und grundsätzlich technikneutral. Es erfasst jedenfalls E-Mails und SMS. Bei Websites ergeben sich indes massive Zweifel, soweit diese im technischen Zugriffsbereich ihres Betreibers verbleiben.[670] Allerdings dürften Websites im ehegüterrechtlichen Bereich praktisch keine Rolle spielen. An einer Übermittlung dürfte es bei Niederlegung auf einen USB-Stick fehlen.[671] Aufzeichnung bloß akustischer Nachrichten reicht nicht.[672]

Art. 23 II–IV EuGüVO folgen im Ausgangspunkt Art. 7 II–IV Rom III-VO.[673] Insbesondere setzt sich eine strengere nationale Formvorschrift nach Art. 23 II EuGüVO durch, z.B. wenn sie notarielle Beurkundung vorschreibt[674] oder die Mitwirkung von Personenstandsbehörden oder Zeugen.[675] Es gibt jedoch einen wichtigen Unterschied zu Art. 7 II–IV Rom III-VO[676]: Art. 23 II–IV EuGüVO verweisen unmittelbar auf mitgliedstaatliche Vorschriften für güterrechtliche Vereinbarungen (in Deutschland §§ 1410; 1408 BGB[677]); es gibt keine Parallele und erst recht keine Notwendigkeit für ein Pendant zu Art. 46e EGBGB[678] (daraus erklärlich, dass Art. 7 II Rom III-VO notwendig Scheidungsvereinbarungen im Auge haben muss, für die es in den Sachrechten weniger spezielle Vorschriften gibt[679]). Die Kommission hatte noch die für Eheverträge vorgesehene Form gefordert.[680] Damit ist sie nicht durchgedrungen. Viele Mitgliedstaaten kennen keinen Gleichlauf von Rechtswahl- und Ehevertragsform.[681] Da auch die Anknüpfung nach Art. 7 II EuGüVO ausweislich Art. 32 EuGüVO eine Sachnormverweisung ist, gibt es kein Unterlaufen des Schutzstandards, indem das verwiesene Recht über eine Alternativanknüpfung seines IPR

---

[664] Erwägungsgrund (47) S. 3 EuGüVO; *J. Weber*, DNotZ 2016, 659, 678; *Kroll-Ludwigs*, GPR 2016, 231, 235; *Martiny*, ZfPW 2017, 1, 18; *C. Rudolf*, ZfRV 2017, 171, 177; *dies.*, EF-Z 2017, 244, 248; *Damascelli*, Riv. dir. int. 2017, 1103, 1142; *Añoveros Terradas*, AEDIPr 2017, 821, 840; *Rademacher*, Cuad. Der. Trans. 10 (1) (2018), 7, 14.
[665] *Rodríguez Rodrigo/K. Miller*, NZFam 2016, 1065, 1070.
[666] *Döbereiner*, in: Dutta/J. Weber S. 63, 69 Rn. 23.
[667] *Martiny*, ZfPW 2017, 1, 18.
[668] *Döbereiner*, in: Dutta/J. Weber S. 63, 68 Rn. 20.
[669] *Döbereiner*, notar 2018, 244, 251.
[670] Vgl. *Mankowski*, LMK 2015, 369738 einerseits und EuGH ECLI:EU:C:2015:334 – Jaouad El Mahdoub/CarsOnTheWeb Deutschland GmbH; *Wurmnest*, EuZW 2015, 567 andererseits.
[671] *Döbereiner*, in: Dutta/J. Weber S. 63, 69 Rn. 24.
[672] Siehe *Döbereiner*, in: Dutta/J. Weber S. 63, 69f. Rn. 25.
[673] *Kroll-Ludwigs*, GPR 2016, 231, 236.
[674] *C. Rudolf*, ZfRV 2017, 171, 177f.
[675] *Döbereiner*, notar 2018, 244, 252.
[676] Zu diesen → § 4 Rn. 648ff.
[677] *J. Weber*, DNotZ 2016, 659, 679; *Kroll-Ludwigs*, NZFam 2016, 1061, 1063.
[678] *Döbereiner*, MittBayNot 2011, 463, 466; *J. Weber*, DNotZ 2016, 659, 679; *Kroll-Ludwigs*, GPR 2016, 231, 236; *Dutta*, FamRZ 2016, 1973, 1981.
[679] Siehe *J. Weber*, DNotZ 2016, 659, 679.
[680] Art. 19 I Vorschlag für eine Verordnung (EU) des Rates über die Zuständigkeit, das anzuwendende Recht, die Anerkennung und die Vollstreckung von Entscheidungen im Bereich des Ehegüterrechts, von der Kommission vorgelegt am 16. März 2011, KOM (2011) 126 endg. S. 24.
[681] *Kroll-Ludwigs*, GPR 2016, 231, 236.

zusätzlich die Ortsform ins Spiel brächte.[682] Art. 23 II–IV EuGüVO wird erhebliche Bedeutung für die Praxis attestiert, das bisher fünfzehn von achtzehn der Mitgliedstaaten der EuGüVO in ihren nationalen Rechten notarielle Beurkundung oder zumindest beglaubigung eines Ehevertrags vorsehen.[683]

269 *h) Inhaltskontrolle.* Eine Inhaltskontrolle von Rechtswahlvereinbarungen, die nach Artt. 22–24 EuGüVO an sich gültig sind, ist nicht statthaft.[684] Artt. 22–24 EuGüVO legen die Geltungsbedingungen für eine Rechtswahl abschließend fest. Für den kollisionsrechtlich zulässigen Inhalt einer Rechtswahl gibt allein das IPR der lex fori maß. Art. 22 EuGüVO nimmt dies wahr, indem er nur eine beschränkte, keine freie Rechtswahl zulässt. Art. 23 EuGüVO etabliert einen Schutz durch ein Mindestformgebot. Erwägungsgrund (47) S. 2 EuGüVO lässt klar erkennen, dass sich der europäische Gesetzgeber des Problems relativ (verhandlungs)schwächerer Ehegatten bewusst war. Die Schutzmechanismen mögen zu schwach sein, und eine ausdrückliche Parallele zu Art. 8 V HUP und Erwägungsgrund (18) Rom III-VO wäre wünschenswert gewesen.[685] Dies rechtfertigt jedoch nicht, zu einer allgemeinen Inhaltskontrolle zu schreiten.[686]

270 Allenfalls wäre an eine Analogie zu Art. 15 EuUnthVO iVm Art. 8 V HUP zu denken, für die methodisch jedoch die Voraussetzung einer planwidrigen Lücke fraglich wäre. Andererseits liegen gleiche Maßstäbe nahe, weil Vereinbarungen über ein clean break oder einen finanziellen Gesamtausgleich eben alle Elemente in einem Potpourri einer übergreifenden Lösung zuführen wollen.

271 *i) Exkurs: Form einer Güterstandsvereinbarung.* Art. 25 EuGüVO befasst sich mit der Form einer Vereinbarung über den ehelichen Güterstand. Art. 25 I, II EuGüVO kopiert inhaltlich Art. 23 I-IV EuGüVO.[687] Jedoch haben beide Vorschriften verschiedene Anknüpfungsgegenstände: Art. 23 EuGüVO die Form einer kollisionsrechtlichen Wahl des Ehegüterrechtsstatuts, Art. 25 EuGüVO die Form einer sachrechtlichen Vereinbarung des Güterstands. Beides ist strikt auseinanderzuhalten.[688] Art. 25 I EuGüVO ist ebenso wie Art. 23 I EuGüVO eine Sachnorm.[689]

272 Zur Form zählen sicher Erfordernisse nach schriftlicher Niederlegung, Unterschrift, Höchstpersönlichkeit und Beurkundung.[690] Informationserfordernisse, z. B. full and fair disclosure oder independent legal advice nach englischem Recht, stehen dagegen auf der Grenze zwischen Form und materiellem Inhalt.[691]

273 Hinzu kommen noch die Teilfragen nach Rechts-, Geschäfts- und Handlungsfähigkeit der Parteien; sie fallen gemäß Art. 1 II lit. a EuGüVO aus der EuGüVO voraus[692] und unterliegen dem nationalen IPR, in Deutschland auch in diesem Kontext Art. 7 EGBGB.

274 Güterstandsregimes sind ein Phänomen auf der sachrechtlichen Ebene. Rechtsvergleichend betrachtet gibt es drei große und verbreitete Regimes: die Gütergemeinschaft, die Gütertrennung und die Errungenschaftsgemeinschaft[693]. Weniger verbreitet, aber gesetzlicher Güterstand des deutschen Rechts ist die Zugewinngemeinschaft. Eine Gütergemeinschaft macht die Anfangsvermögen beider Ehegatten zu einer im gemeinschaftlichen Eigentum beider Ehegatten stehenden Vermögensmasse. Dieser fällt auch alles zu, was ei-

---

[682] *J. Weber*, DNotZ 2016, 659, 679.
[683] *Döbereiner*, notar 2018, 244, 252.
[684] → § 4 Rn. 254.
[685] → § 4 Rn. 255; ebenso *Wautelet*, YbPIL 19 (2017/2018), 213, 226–230.
[686] Ergebnisoffen aber *Laimer*, JBl 2017, 549, 557 f.
[687] *Baldovini*, iFamZ 2018, 39, 46.
[688] *Nourissat/Revillard*, Défrenois 2016, 878, 888 sowie *Baldovini*, iFamZ 2018, 39, 44.
[689] *C. Rudolf*, ZfRV 2017, 171, 180; *Heiderhoff*, IPRax 2018, 1, 8.
[690] *Süß*, in: Dutta/J. Weber S. 85, 98 Rn. 48.
[691] *Süß*, in: Dutta/J. Weber S. 85, 98 f. Rn. 52 f.
[692] Siehe nur *Rodríguez Rodrigo/K. Miller*, NZFam 2016, 1065, 1070.
[693] Zu ihr z. B. *Lauroba Lacasa/Ginebra Molins* (dir.), Régimes matrimoniaux de participation aux acquêts et autres mécanismes participatifs entre époux en Europe, 2016.

III. Ehegüterrecht

ner der beiden Ehegatten während der Ehe erwirbt. Eine Gütertrennung hält die Vermögen beider Ehegatten samt deren jeweiligen Zuwächsen während der gesamten Ehe dinglich separat. Jeder Ehegatte bleibt Eigentümer seines Anfangsvermögens und wird Eigentümer all' dessen, was er während der Ehe erwirbt, grundsätzlich ohne dass es irgendeinen Ausgleich zugunsten des anderen Ehegatten gäbe. Eine Errungenschaftsgemeinschaft verhält sich hinsichtlich der Anfangsvermögen beider Ehegatten wie eine Gütertrennung. Sie begründet aber eine dritte, beiden Ehegatten gemeinsam *dinglich* gehörende Vermögensmasse für alles, was einer der beiden Ehegatten während der Ehe erwirbt. Die Zugewinngemeinschaft hält die Anfangsvermögen beider Ehegatten ebenfalls getrennt. Ein Zuerwerb eines Ehegatten während der Ehe wird dessen persönlichem Vermögen zugeschlagen. Bei Auseinandersetzung des Güterstands wird derjenige Ehegatte, der während der Ehe mehr erworben hat, dem anderen Ehegatten gegenüber ausgleichspflichtig. Dazu sind die Differenzen zwischen den End- und den Anfangsvermögen der einzelnen Ehegatten gesondert zu ermitteln und miteinander zu vergleichen.

Gesetzliche Güterstände sind nur Folie für die von Art. 25 EuGüVO gemeinten Güterstandsvereinbarungen. Damit es überhaupt zu Güterstandsvereinbarungen kommen kann, muss der gesetzliche Güterstand des Ehegüterrechtsstatuts abdingbar sein. Ob er das ist, besagt das Ehegüterrechtsstatut. Das Ehegüterrechtsstatut besagt auch, welche Wahlgüterstände es zur Verfügung stellt. Das deutsche Recht etwa kennt traditionell die Wahlgüterstände der Gütertrennung und Gütegemeinschaft, seit dem 1.5.2013 zusätzlich die Wahl-Zugewinngemeinschaft. Letzterer beruht auf einem Deutsch-französischen Abkommen[694], ist aber in § 1519 BGB zu einem allgemeinen Wahlgerichtsstand erhoben.[695]

Über die Entsprechungen zu Art. 23 I-IV EuGüVO in Art. 25 I, II EuGüVO hinaus besagt Art. 25 III EuGüVO für die Vereinbarung eines ehelichen Güterstands, dass das Ehegüterrechtsstatut zusätzliche Formvorschriften jenseits der europäischen Mindestform aus Art. 25 I EuGüVO[696] vorsehen darf; wenn es solche Formvorschriften des Ehegüterrechtsstatuts gibt, sind sie anzuwenden. Dazu gibt es keine Parallele in Art. 23 EuGüVO. Hier geht Art. 25 EuGüVO über Art. 23 EuGüVO hinaus und ist strenger, indem er mehr verlangt.[697] Art. 25 III EuGüVO durchbricht das favor negotii-Prinzip.[698] Er droht zu komplexen Kumulationen von Formanforderungen zu führen.[699] In der Praxis könnten Doppelbeurkundungen (mit sich entsprechend addierenden Kosten) alsdrohen, um Sicherheit zu gewährleisten.[700]

Erwägungsgrund (48) EuGüVO erhellt das politische Anliegen hinter Art. 25 EuGüVO: Eine Vereinbarung über den ehelichen Güterstand sei eine Art Verfügung über das Vermögen, die in den Mitgliedstaaten nicht in gleichem Maße zulässig sei und anerkannt werde. Um die Anerkennung von auf der Grundlage einer solchen Vereinbarung erworbenen Güterstandsrechten zu erleichtern, sollen Formvorschriften festgelegt werden. Die (vermeinten) Garantien aus der Form sollen also den Weg bereiten für den Erhalt kraft Vereinbarung wohlerworbener Rechte. Verschärfende Anforderungen sollen die Akzeptanz für jene Mitgliedstaaten fördern, deren Rechte das Institut der Güterstandsvereinbarung nicht kennen.

Man kann mit Fug und Recht bezweifeln, ob Art. 25 EuGüVO nicht mit seinem Ausflug in reines Sachrecht im ersten Absatz die Gesetzgebungskompetenz der EU überschreitet, die Art. 81 I lit. c AEUV eben nur für IPR und IZPR gewährt.[701] Allerdings richtet

---

[694] Abkommen vom 4.2.2010 zwischen der Bundesrepublik Deutschland und der Französischen Republik über den Güterstand der Wahlzugewinngemeinschaft, BGBl. 2012 II 179.
[695] Eingehend dazu insbesondere *Pannemann,* Der deutsch-französische Güterstand der Wahlzugewinngemeinschaft, 2016.
[696] Siehe nur *Süß,* in: Dutta/J. Weber S. 85, 95–97 Rn. 41–44.
[697] *J. Weber,* DNotZ 2016, 659, 683 f.
[698] *Martiny,* ZfPW 2017, 1, 20; *Dutta* bei *Gräf,* in: Dutta/J. Weber (Hrsg.), Die Europäischen Güterrechtsverordnungen, 2017, S. 108 Rn. 4 (mit rechtspolitischer Kritik).
[699] *Süß,* in: Dutta/J. Weber S. 85, 94 f. Rn. 39 f.
[700] *Döbereiner,* notar 2018, 244, 2557
[701] *J. Weber,* DNotZ 2016, 659, 683.

dies praktisch kaum Schaden an, da die meisten mitgliedstaatlichen Rechte sowieso Formvorschriften oberhalb der von Art. 25 I EuGüVO vorgeschriebenen europäischen Mindestform vorhalten.[702]

279 **6. Objektive Anknüpfung.** *a) Unwandelbarkeitsgrundsatz.* Die objektive Anknüpfung im Internationalen Ehegüterrecht weist eine große und fundamentale Besonderheit auf: Sie fixiert ihren Anknüpfungszeitpunkt. Sie fixiert ihren Anknüpfungszeitpunkt auf den Beginn der Ehe. Noch genauer: Sie fixiert ihren Anknüpfungszeitpunkt auf den Zeitpunkt der Eheschließung.[703] Alle späteren Ereignisse sind für sie ohne Bedeutung und unbeachtlich. Sie ist unwandelbar.[704] Nur eine Rechtswahl kann zu einem anderen Ehegüterstatut führen. Eine Rechtswahl nach der Eheschließung ist das einzige spätere Ereignis, das die Unwandelbarkeit durchbrechen kann. Parteiautonomie geht auch insoweit vor Unwandelbarkeit. Findet aber keine nachträgliche Rechtswahl statt, so bleibt es bei der einmal fixierten objektiven Anknüpfung, auch wenn sich die Lebensumstände der Ehegatten komplett ändern sollten.[705] Es gibt keinen automatischen Wechsel bei Veränderung der ursprünglichen Anknüpfungstatsachen.[706] Das schafft willkommene Rechtssicherheit durch Klarheit.[707]

280 *b) Anknüpfungsleiter (Kaskadenanknüpfung).* Art. 26 I EuGüVO statuiert eine Kaskadenanknüpfung,[708] eine Anknüpfungsleiter.[709] Man kommt auf die nächstniedrigere Stufe erst, wenn man auf keiner der höheren Stufen ein Ergebnis erzielt hat. Niedrigere Stufen sind subsidiär gegenüber höheren. Es herrscht eine klare Hierarchie. Die Verbindungsworte „oder anderenfalls" jeweils am Ende von Art. 26 I litt. a und b EuGüVO zeigen dies eindeutig.

281 Die Abfolge ist: zuerst gemeinsamer gewöhnlicher Aufenthalt der Wahlberechtigten (lit. a); dann hilfsweise gemeinsame Staatsangehörigkeit der Wahlberechtigten (lit. b); dann letzthilfsweise engste Verbindung. Gesucht wird jeweils ein beiden Ehegatten gemeinsames Anknüpfungsmoment. Anknüpfungsmomente, die nur in der Person eines Ehegatten verwirklicht sind, spielen auf den ersten beiden Stufen keine Rolle. Erst im Rahmen der Abwägung auf der dritten und untersten Stufe können sie einfließen. Das Ergebnis der Abwägung muss aber zu einem Recht führen, zu dem jeder der beiden Ehegatten eine Verbindung hat. Insgesamt birgt diese Anknüpfungsleiter keine wirkliche Überraschung,[710] sondern folgt der gleichberechtigungsgeleiteten kollisionsrechtlichen Logik, nach der beiden Ehegatten gemeinsamen engsten Verbindung zu suchen, wobei das verbindende Merkmal auf den ersten Stufen benannt ist.

282 *c) Aufenthaltsanknüpfung als erste Stufe.* Art. 26 I lit. a EuGüVO beruft das Recht des Staates, in dem die Ehegatten nach der Eheschließung ihren ersten gemeinsamen gewöhnlichen Aufenthalt haben. Dies ist Art. 4 I Haager GüterrechtsÜbk 1978 nachgebildet.[711] Erläuternde Erwägungsgründe zur Ausfüllung des gewöhnlichen Unterhalts enthält die EuGü-

---

[702] *J. Weber*, DNotZ 2016, 659, 683.
[703] Zu Zusatzüberlegungen bei Art. 26 I lit. a EuGüVO sogleich → § 4 Rn. 282 ff.
[704] Siehe nur *Dutta*, FamRZ 2016, 1973, 1981; *Martiny*, ZfPW 2017, 1, 21; *C. Rudolf*, EF-Z 2017, 244, 248; *Coester-Waltjen*, in: Dutta/J. Weber S. 47, 50 Rn. 10; *Erbarth*, NZFam 2018, 249, 251; *Mellema-Kranenburg/van den Hoonaard*, WPNR 7216 (2018), 907, 908. Rechtspolitische Analyse und Kritik des Unwandelbarkeitsprinzips und möglicher Alternativen bei *Grolimund/Bachofner*, FS Jolanta Kren Kostkiewicz, 2018, S. 61.
[705] Eingehende Kritik bei *Bonomi*, in: Boele-Woelki/Dethloff/Martiny/Gephart (eds.), Family law and culture in Europe, 2014, S. 231, 234–240. Kritisch ebenfalls *Vinaixa Miquel*, InDret 2/2017, 274, 299–304, vorrangig wegen mangelnder Koordination mit den Zuständigkeitstatbeständen, der Rom III-VO und der EuErbVO.
[706] *Barrière Brousse*, Clunet 144 (2017), 485, 501; *C. Bridge*, Petites Affiches n° 201, 9 octobre 2017, S. 9, 12.
[707] *C. Bridge*, Petites Affiches n° 201, 9 octobre 2017, S. 9, 13.
[708] Siehe nur *Joubert*, RCDIP 2017, 1, 20; *Peisse*, Dr. & patr. 268 (2017), 46, 50.
[709] Siehe nur *C. Rudolf*, ZfRV 2017, 171, 178.
[710] *Damascelli*, Riv. dir. int. 2017, 1103, 1137.
[711] *Buschbaum/U. Simon*, GPR 2011, 162, 267; *J. Weber*, DNotZ 2016, 659, 670.

III. Ehegüterrecht

VO – in Kontrast zu den Erwägungsgründen (23), (24) EuErbVO – nicht.[712] Für viele Mitgliedstaaten – z.B. für Deutschland angesichts Art. 15 I iVm Art. 14 I Nr. 1 EGBGB – bedeutet dies einen Wechsel in der Grundanknüpfung vom Staatsangehörigkeitsprinzip ihres nationalen Alt-IPR zum Aufenthaltsprinzip.[713]

Ein möglichst gleichlaufendes Verständnis mit dem Aufenthaltsbegriff unter anderen Rechtsakten des europäischen Internationalen Familienrechts, namentlich der Brüssel IIa-VO[713a] und der Rom III-VO, ist mindestens wünschenswert.[714] Auch Erwägungsgründe (23) und (24) EuErbVO können gegebenenfalls eine Hilfestellung bieten, wobei man jedoch deren erbrechtsbedingte Retrospektive abstreifen müsste.[715] Berufliche Bindungen mögen zwar hinter persönlichen, familiären und sozialen zurückstehen, können aber trotzdem in das Gesamtbild einfließen. Dauer, Regelmäßigkeit, Umstände, Gründe des Aufenthalts sind zu wägen.[716] Subjektive Verbundenheit, Staatsangehörigkeit und Vermögensbelegenheit werden ebenfalls als mögliche Faktoren genannt,[717] sind aber nur mit Vorsicht einzubringen, weil sie letztlich anderen Systemen entspringende Wertungen in die Aufenthaltsanknüpfung einbringen würden.

Beim maßgeblichen Anknüpfungszeitpunkt formuliert Art. 26 I lit. a EuGüVO anders als Art. 26 I litt. b, c EuGüVO: „nach der Eheschließung", „after the conclusion of the marriage", „après la célébration de la mariage" usw. hier, „zum Zeitpunkt der Eheschließung", „at the time the conclusion of the marriage", „au moment de la célébration de la mariage" usw. dort. Wahrscheinlich will man solche Ehegatten erfassen, die zum Zeitpunkt der Eheschließung noch nicht zusammen leben, aber gleich oder schnell danach zusammenziehen.[718] Kriterium könnte ein (enger) zeitlicher Zusammenhang eines Umzugs mindestens eines Ehegatten mit der Eheschließung sein.[719] So vermeidet man Kollisionen mit einer möglichen Strafbarkeit oder Sanktionierung vorehelichen Zusammenlebens. Man verlässt aber den gesicherten Boden und den exakt fixierbaren Zeitpunkt der Eheschließung zugunsten eines offenen Konzepts, das Folgefragen auslöst.[720]

Erwägungsgrund (49) S. 2 EuGüVO verunklart das Bild weiter, indem er auf den ersten gemeinsamen gewöhnlichen Aufenthalt *kurz* nach der Eheschließung abstellt. Eine nähere Eingrenzung, was „kurz" heißen soll, leistet er nicht.[721] Wie lang die Zeitspanne sein darf, ist nirgends besagt.[722] Der europäische Gesetzgeber hat keine Fristlänge fixiert.[723] Der Gedanke dahinter ist, dass Ehegatten nicht erst lange Zeit (wie auch immer dabei das „lang" zu verstehen wäre) nach der Heirat einen gemeinsamen gewöhnlichen Aufenthalt begründen, z.B. um einer ungeliebten Staatsangehörigkeitsanknüpfung doch zu entgehen.[724] Wenn man Erwägungsgrund (49) S. 2 EuGüVO wörtlich nimmt, riskiert man indes in vielen Fällen einen nicht klar abgegrenzten Schwebezustand und die Gefahr, rückwirkend zuschreiben zu müssen.[725] Dem etwa durch eine Grenze von ungefähr drei Monaten abhel-

---

[712] *C. Rudolf,* ZfRV 2017, 171, 178; *Barrière Brousse,* Clunet 144 (2017), 485, 502.
[713] Siehe nur *Mankowski,* IPRax 2017, 130, 138; *Laimer,* JBl 2017, 549, 555.
[713a] Zum gewöhnlichen Aufenthalt Erwachsener unter der Brüssel IIa-VO insbesondere *Limante,* (2018) 14 JPrIL 160.
[714] Siehe nur *Damascelli,* Riv. dir. int. 2017, 1103, 1137f.; *Heiderhoff,* IPRax 2018, 1, 5; *Frohn,* WPNR 7216 (2018), 893, 896.
[715] *Rentsch* S. 208f.
[716] *Döbereiner,* notar 2018, 244, 248.
[717] *Döbereiner,* notar 2018, 244, 248.
[718] *Coester-Waltjen,* in: Dutta/J. Weber S. 47, 53 Rn. 22.
[719] *Kroll-Ludwigs,* GPR 2016, 231, 236.
[720] *Kroll-Ludwigs,* GPR 2016, 231, 236; siehe auch *Frohn,* WPNR 7216 (2018), 893, 895.
[721] *J. Weber,* DNotZ 2016, 659, 672; *Kroll-Ludwigs,* GPR 2016, 231, 236; *Heiderhoff,* IPRax 2018, 1, 5; *Frohn,* WPNR 7216 (2018), 893, 895.
[722] *C. Rudolf,* ZfRV 2017, 171, 178; *Döbereiner,* notar 2018, 244, 248; *Coester-Waltjen,* YbPIL 19 (2017/2018), 195, 203.
[723] *Baldovini,* iFamZ 2018, 39, 45.
[724] *Martiny,* IPRax 2011, 437, 450; *Kroll-Ludwigs,* GPR 2016, 231, 236.
[725] *Döbereiner,* notar 2018, 244, 248.

fen zu wollen,[726] ist nicht willkürfrei und jedenfalls sehr freihändig.[727] Eine funktionale Umschreibung sollte auf einen engen zeitlichen Zusammenhang mit der Eheschließung abheben,[728] freilich ohne dass dies letzte Sicherheit gewährleistete. Dass die Ehegatten ihre Berufsleben lang getrennt in verschiedenen Staaten leben und nach ihrer Pensionierung zusammenziehen, kommt jedenfalls zu spät.[729] Eine Obergrenze von einem Jahr nach der Eheschließung für „kurz"[730] erscheint nachvollziehbar, ist aber ebenfalls eine freihändige Schöpfung.

286 Haben die Ehegatten bei (bzw. „kurz" nach) Eheschließung keinen gemeinsamen gewöhnlichen Aufenthalt in einem Staat, so greift konsequent Art. 26 I lit. b EuGüVO. Dies gilt jedoch nur solange, bis die Ehegatten erstmals einen gemeinsamen gewöhnlichen Aufenthalt in einem Staat begründen. Tun sie dies innerhalb eines angemessen kurzen Zeitfensters nach der Eheschließung, so soll das neue gemeinsame Umweltrecht sogar ex tunc, rückwirkend ab dem Zeitpunkt der Eheschließung greifen.[731] Dies soll offensichtlich die Unbilden eines Statutenwechsels vermeiden und das Unwandelbarkeitsprinzip wahren, allerdings um den hohen Preis einer Fiktion und entsprechender Unsicherheit während des Schwebezustands.

287 **Beispiel:**[732] Die Deutsche A und der Italiener B haben sich in Italien kennengelernt und heiraten in Bologna. Beide haben immer geplant, sich beide in Deutschland anzusiedeln. A nimmt zwei Wochen vor der Hochzeit ein Stellenangebot in Eckernförde an und siedelt sofort über. B bleibt zunächst in Bologna, um seine dortigen Angelegenheiten zu regeln, und zieht sechs Monate nach der Hochzeit ebenfalls nach Eckernförde.

288 Nicht verlangt ist jedenfalls, dass die Ehegatten zusammen leben oder dass sie am selben Ort leben.[733] Vielmehr stellt Art. 26 I lit. a EuGüVO darauf ab, dass jeder der Ehegatten seinen jeweiligen gewöhnlichen Aufenthalt in demselben *Staat* hat wie der andere Ehegatte.[734] „Getrennt zusammen" innerhalb eines Staates reicht also.[735] Insoweit besteht eine gewisse Parallele zu Art. 5 I lit. a Rom III-VO, auch wenn beide Normen nicht genau denselben Wortlaut haben.[736] Living apart together-Konstellationen innerhalb eines Staates genügen also, nur grenzüberschreitende living apart together-Konstellationen schaden.

289 Ebenfalls nicht verlangt ist, dass die Ehegatten bereits zum Zeitpunkt der Eheschließung die Absicht gehegt haben müssten, ihren gewöhnlichen Aufenthalt in dem Staat zu nehmen, in dem sie ihn später zuerst genommen haben. Für ein solches subjektives Erfordernis fehlt es an der gesetzlichen Verankerung.[737] Außerdem würde jedes subjektive Erfordernis Beweisprobleme und Potenzial für ex post-Opportunismus eröffnen.

290 Problemfälle mit einem doppelten oder mehrfachen gewöhnlichen Aufenthalt eines Ehegatten[738] können sich nicht ergeben, weil eine Person zur selben Zeit immer nur einen oder keinen gewöhnlichen Aufenthalt haben kann. Hat ein Ehegatte innerhalb des angemessen kurzen Zeitraums nach der Eheschließung überhaupt keinen gewöhnlichen Aufenthalt (z.B. weil er dauerhaft und in kurzen Abständen zwischen mehreren Wohnorten

---

[726] So *J. Weber,* DNotZ 2016, 659, 672.
[727] *Kroll-Ludwigs,* GPR 2016, 231, 236 Fn. 91.
[728] *Dutta,* FamRZ 2016, 1973, 1981.
[729] *Marino,* Cuad. Der. Trans. 9 (1) (2017), 265, 280.
[730] *Heiderhoff,* IPRax 2018, 1, 5.
[731] *Martiny,* IPRax 2011, 437, 450; *J. Weber,* DNotZ 2016, 659, 672; *Dutta,* FamRZ 2016, 1973, 1982.
[732] Nach *Heiderhoff/Beißel,* Jura 2018, 253, 257.
[733] Siehe nur *Bonomi,* in: Boele-Woelki/Dethloff/Martiny/Gephart (eds.), Family law and culture in Europe, 2014, S. 231, 232; *Kroll-Ludwigs,* GPR 2016, 231, 232; *Rodríguez Rodrigo/K. Miller,* NZFam 2016, 1065, 1070; *Coester-Waltjen,* in: Dutta/J. Weber S. 47, 52 Rn. 21; *dies.,* YbPIL 19 (2017/2018), 195, 203; *Heiderhoff,* IPRax 2018, 1, 5; *Döbereiner,* notar 2018, 244, 248. Zweifelnd *Joubert,* RCDIP 2017, 1, 20.
[734] *J. Weber,* DNotZ 2016, 659, 671.
[735] *Döbereiner,* notar 2018, 244, 248.
[736] *J. Weber,* DNotZ 2016, 659, 671 Fn. 62.
[737] *J. Weber,* DNotZ 2016, 659, 672.
[738] Wie *Kroll-Ludwigs,* GPR 2016, 231, 236 f. sie befürchtet. Vgl. aber auch *Vienenkötter* S. 181–184.

wechselt, etwa ein archetypisches Jetset-Leben führt), so kann es auch keinen gemeinsamen gewöhnlichen Aufenthalt beider Ehegatten geben.

d) Staatsangehörigkeitsanknüpfung als zweite Stufe. Haben die Ehegatten nach der Eheschließung keinen gemeinsamen gewöhnlichen Aufenthalt, so beruft Art. 26 I lit. b EuGüVO das Recht des Staates, dessen Staatsangehörigkeit die Ehegatten zum Zeitpunkt der Eheschließung[738a] besitzen. Plural bei Subjekt und Prädikat einerseits und Singular beim Relativpronomen wie beim Objekt andererseits machen deutlich: Gemeint ist eine gemeinsame Staatsangehörigkeit beider Ehegatten.[739]

Für Mehrstaater ist Erwägungsgrund (50) EuGüVO heranzuziehen. Dieser trifft eine im Gesamtkonzert des europäischen IPR bis zur Rom III-VO außergewöhnliche Lösung: Welche von mehreren Staatsangehörigkeiten einer Person die maßgebliche sein soll, wird als „Vorfrage"[740] (preliminary question, question préalable) aus dem Anwendungsbereich der EuGüVO ausgeklammert und dem nationalen IPR überantwortet, wobei allerdings die allgemeinen Grundsätze der EU uneingeschränkt einzuhalten sind. Unionsrechtlich wird hier also weder der Effektivitätsgrundsatz noch eine Gleichwertigkeit aller Staatsangehörigkeiten dekretiert.[741] Dies folgt den Spuren des Erwägungsgrunds (22) Rom III-VO. Art. 26 II EuGüVO deutet zwar in eine andere Richtung, macht dies aber nicht so explizit, dass es Erwägungsgrund (50) S. 1 EuGüVO ausschalten würde.[742]

Maßgebliches nationales IPR muss dasjenige des Forums sein. Im deutschen Recht wäre dies eine Verweisung auf Art. 5 I EGBGB. Problemfall ist angesichts des letzten Teilsatzes von Erwägungsgrund (50) EuGüVO Art. 5 I 2 EGBGB, denn zu den allgemeinen Grundsätzen des Unionsrechts zählt das allgemeine Diskriminierungsverbot des Art. 18 AEUV.[743]

e) Engste Verbindung als dritte Stufe und Auffangklausel. Haben die Ehegatten keinen gemeinsamen gewöhnlichen Aufenthalt nach der Eheschließung und haben sie zum Zeitpunkt der Eheschließung keine gemeinsame Staatsangehörigkeit, so fällt man auf die dritte Sprosse der Leiter. Diese dritte Sprosse des Art. 26 I lit. c EuGüVO unterstellt den ehelichen Güterstand demjenigen Recht, mit welchem die Ehegatten unter Berücksichtigung aller Umstände zum Zeitpunkt der Eheschließung am engsten verbunden sind. Dabei handelt es sich um eine Auffangklausel.[744] Die Anknüpfung an die (relativ) engste Verbindung gewährleistet, dass es immer ein Anknüpfungsergebnis gibt. Alle stärkeren Anknüpfungen haben nicht zum Ziel geführt, deshalb muss die große Abwägung als ultima ratio zuhilfe eilen.

Die Abwägung muss anhand von Indizien und Faktoren stattfinden; wie bei jedem offenen weighing of contacts kommt es immer auf die Umstände des jeweiligen Einzelfalls an.[745] Merkmale, die beiden Ehegatten gemeinsam sind, wiegen dabei schwerer als solche, die nur ein Ehegatte aufweist. Allerdings können auch ein Merkmal eines Ehegatten und ein anderes Merkmal des anderen Ehegatten im Ergebnis zusammenspielen, z. B. Staatsangehörigkeit hier und gewöhnlicher Aufenthalt da. Ziel ist jedenfalls eindeutig, die für beide Ehegatten gemeinsam relativ engste Verbindung zu einem bestimmten Recht zu ermitteln. Wenn ein Ehegatte für sich isoliert betrachtet eine relativ engste Verbindung zu einem Staat aufweist, die relativ enger ist als die Verbindung des anderen Ehegatten zu einem anderen

---

[738a] Zum Zeitpunkt z. B. *Frohn*, WPNR 7216 (2018), 893, 897.
[739] Siehe nur *Heiderhoff*, IPRax 2018, 1, 5.
[740] Die Terminologie ist ungenau. Zum einen würde es sich bei präziser Betrachtung um ein präjudizielles Rechtsverhältnis im Tatbestand einer Kollisionsnorm des Forums und damit um eine Erstfrage handeln müssen. Zum anderen ist die Maßgeblichkeit oder die Effektivität einer Staatsangehörigkeit – anders als das Bestehen einer bestimmten Staatsangehörigkeit – kein Rechtsverhältnis.
[741] Treffend *Heiderhoff/Beißel*, Jura 2018, 253, 259: „etwas verwirrend".
[742] Vgl. mit gegenläufiger Tendenz *Heiderhoff*, IPRax 2018, 1, 5 f.
[743] *J. Weber*, DNotZ 2016, 659, 673; *Coester-Waltjen*, in: Dutta/J. Weber S. 47, 53 Rn. 26; *Döbereiner*, notar 2018, 244, 249 sowie *Kroll-Ludwigs*, GPR 2016, 231, 237.
[744] *Kroll-Ludwigs*, GPR 2016, 231, 237.
[745] *Kroll-Ludwigs*, GPR 2016, 231, 237.

Staat, dem jener andere Ehegatte für sich isoliert betrachtet relativ noch am engsten verbunden ist, gibt dies nicht den Ausschlag.

296 Weder Normtext noch Erwägungsgründe bieten eine ausdrückliche Hilfestellung und Konkretisierung; es gibt auch keine Regelbeispiele.[746] Faktoren im Rahmen der Abwägung können etwa sein:[747] zum Zeitpunkt der Eheschließung geplanter (aber später nicht realisierter) künftiger gemeinsamer gewöhnlicher Aufenthalt; gemeinsame soziale Bindung durch Herkunft, Prägung, Kultur, Religion; berufliche Tätigkeit; gemeinsame Staatsangehörigkeit, wenn unter Art. 26 I lit. b EuGüVO wegen II nicht berücksichtigt.[748] Art. 17 I lit. c Vorschlag EuGüVO hob noch „insbesondere" den Ort der Eheschließung hervor. Doch kann dieser zu flüchtig, zu zufällig oder zu manipulierbar sein.[749] Man denke nur an die Eheschließung in einem der bekannten Heiratsparadiese wie Las Vegas, Gretna Green oder Tondern. Trotzdem sollte man den Eheschließungsort nicht vollständig aus dem Kreis der denkbaren Faktoren ausklammern.[750] Man darf ihm bloß kein besonderes Gewicht geben.[751]

297 Maßgeblicher Zeitpunkt, zu welchem die Indizien vorliegen müssen und zu beurteilen sind, ist grundsätzlich jener der Eheschließung.[752] Dafür streiten das Unwandelbarkeitsprinzip und die Harmonie mit Art. 26 I litt. a, b EuGüVO. Allerdings will dies in der Retrospektive weniger gefallen etwa in folgendem Beispielsfall: Die Ehegatten haben in Las Vegas geheiratet. Für zwei Jahre bleibt jeder von ihnen noch an seinem jeweils eigenen gewöhnlichen Aufenthalt, sie in Lyon, er in Bologna. Nach zwei Jahren ziehen sie zusammen und leben für drei Jahre in Hamburg. Dann lassen sie sich scheiden, so dass eine güterrechtliche Auseinandersetzung notwendig wird. Eine unbefangene, intuitive Betrachtung würde eigentlich ergeben, dass über den Verlauf der Ehe betrachtet die relativ engste Beziehung zu Hamburg und Deutschland besteht. Dort war der einzige gemeinsame gewöhnliche Aufenthalt beider Ehegatten, auch wenn er erst nach jedem von Art. 26 I lit. a EuGüVO ins Auge gefassten Zeitraum („kurz nach der Eheschließung") begründet wurde. Die frühe Fixierung des maßgeblichen Zeitpunkts würde aber in ihrer Konsequenz verbieten, dies zu berücksichtigen.

298 *f) Sonderregel bei mehrfacher gemeinsamer Staatsangehörigkeit in Art. 26 II EuGüVO.* Für zwei Mehrstaater mit mehr als einer gemeinsamen Staatsangehörigkeit schreibt Art. 26 II EuGüVO eine ungewöhnliche[753] Lösung vor: Statt die maßgebliche gemeinsame Staatsangehörigkeit nach dem Effektivitätsprinzip auszuwählen und die relativ stärkste Verbindung zu einem der gemeinsamen Heimatrechte zu ermitteln, lässt er die Anknüpfung an die Staatsangehörigkeit insgesamt entfallen.[754] Er schließt eine Anwendung des Art. 26 I lit. b EuGüVO in solchen Fällen kategorisch aus. Vielmehr sollen nur Art. 26 I litt. a, c EuGüVO anwendbar sein. Für die Leiter heißt dies: Die mittlere Sprosse wird herausgesägt. Man fällt gleich von der obersten auf die unterste Sprosse.[755] Die Verweisung auch auf Art. 26 I lit. a EuGüVO geht in den Fällen des Art. 26 II EuGüVO ins Leere, denn solche Fälle können sich nur im Kontext des Art. 26 I lit. b EuGüVO ergeben, also nachdem man zuvor vergeblich unter Art. 26 I lit. a EuGüVO in direkter, nicht verwiesener Anwendung gesucht hat.[756] Diese Lösung weicht von derjenigen in allen anderen EU-Rechtsakten ab.[757]

---

[746] *Kroll-Ludwigs,* GPR 2016, 231, 238.
[747] *Kroll-Ludwigs,* GPR 2016, 231, 237; *J. Weber,* DNotZ 2016, 659, 673; *Martiny,* ZfPW 2017, 1, 23.
[748] Siehe *Marino,* Cuad. Der. Trans. 9 (1) (2017), 265, 280 f.; *Heiderhoff,* IPRax 2018, 1, 6.
[749] *Kroll-Ludwigs,* GPR 2016, 231, 238 sowie *Buschbaum/U. Simon,* GPR 2011, 262, 266.
[750] *Kroll-Ludwigs,* GPR 2016, 231, 238; *J. Weber,* DNotZ 2016, 659, 673 f.
[751] Vgl. *Barrière Brousse,* Clunet 144 (2017), 485, 502.
[752] *C. Rudolf,* ZfRV 2017, 171, 178; *Frohn,* WPNR 7216 (2018) 893, 897.
[753] *Joubert,* RCDIP 2017, 1, 20: „très originale".
[754] *Martiny,* ZfPW 2017, 1, 22.
[755] *C. Rudolf,* ZfRV 2017, 171, 178.
[756] *Kroll-Ludwigs,* GPR 2016, 231, 237; *Martiny,* ZfPW 2017, 1, 22; *C. Rudolf,* ZfRV 2017, 171, 178; *Heiderhoff/Beißel,* Jura 2018, 253, 259.
[757] *Joubert,* RCDIP 2017, 1, 20.

III. Ehegüterrecht

299 Haben die mehrstaatigen Ehegatten hier also notwendig keinen ersten gemeinsamen gewöhnlichen Aufenthalt nach der Eheschließung, so ist man in den Fällen des Art. 26 II EuGüVO unmittelbar auf die Ermittlung der engsten Verbindung nach Art. 26 I lit. c EuGüVO zurückgeworfen.[758] Das kann Gewichte verschieben: Denn die Effektivitätsprüfung würde nur zwischen den gemeinsamen Heimatrechten stattfinden, während Art. 26 I lit. c EuGüVO alle Umstände heranzieht und im Ergebnis zu einem Recht führen kann, das kein gemeinsames Heimatrecht ist. Ein zum Zeitpunkt der Eheschließung geplanter, aber letztlich nicht verwirklichter gemeinsamer gewöhnlicher Aufenthalt in einem Nicht-Heimatstaat könnte dies unter Umständen bewirken.

300 Art. 26 II EuGüVO gilt nicht für Ehepartner, die beide Mehrstaater sind, aber keine einzige Staatsangehörigkeit gemeinsam haben.[759] In diesem Fall ist Art. 26 I lit. b EuGüVO nämlich von vornherein tatbestandlich nicht erfüllt, und es bedarf keines besonderen Ausschlusses. Ist nur ein Ehegatte Mehrstaater, der andere aber Einstaater, kommt Art. 26 II EuGüVO ebenfalls nicht zum Zuge.

301 *g) Ausweichklausel in Art. 26 III EuGüVO: Engere Verbindung zum letzten gemeinsamen gewöhnlichen Aufenthalt mit starken Zusatzvoraussetzungen.* Art. 26 III EuGüVO rundet das System der objektiven Anknüpfung ab: Auf Antrag eines Ehegatten kann ausnahmsweise ein anderes Recht als dasjenige des ersten gemeinsamen gewöhnlichen Aufenthalts angewendet werden, wenn der Ehegatte nachweist, dass die Ehegatten ihren letzten gemeinsamen gewöhnlichen Aufenthalt in einem anderen Staat erheblich länger hatten als ihren ersten (Art. 26 III 1 lit. a EuGüVO) und dass beide Ehegatten sich auf das Recht dieses anderen Staates (des letzten gemeinsamen gewöhnlichen Aufenthalts) bei der Regelung und Planung ihrer vermögensrechtlichen Beziehungen berufen hatten (Art. 26 III lit. b EuGüVO). Lit. a ist objektiv, lit. b subjektiv.[760] Diese – gelinde gesagt – „etwas ungewohnte"[761] Regelung ist eine Ausweichklausel, eine korrigierende Anknüpfung,[762] um eine Versteinerung zu vermeiden.[763] Es geht also um eine Korrektur des Unwandelbarkeitsprinzips.[764] Sehr plastisch ist die Bezeichnung als Ausnahme- und Fluchtklausel.[765] Apart ist auch eine Bezeichnung als lex non conveniens[766] für die betroffene Grundanknüpfung.

302 Art. 26 III EuGüVO folgt aber nicht dem für Ausweichklauseln (z.B. Art. 4 III Rom I-VO; Art. 4 III Rom II-VO; Art. 21 II EuErbVO) sonst üblichen Prinzip, schlichtweg eine engere Verbindung gegenüber der Regelanknüpfung durchschlagen zu lassen. Vielmehr schränkt er ein und betrachtet nur Ausschnitte aus dem Gesamtgeschehen. Schon dies geht freilich weiter als der ursprüngliche Vorschlag, der noch keinerlei Ausweichklausel in dieser Form vorgesehen hatte,[767] sondern eine an die engste Verbindung anknüpfende letzte Stufe der Anknüpfungsleiter (Art. 17 I lit. c Vorschlag EuGüVO). Wahrscheinlich ist Art. 26 III EuGüVO ein Zugeständnis an jene Mitgliedstaaten, die in ihren Alt-Kollisionsrechten nicht dem Unwandelbarkeitsprinzip folgten.[768] Zudem erfolgt ein Balanceakt zwischen Näheranknüpfung und Kautelen.[769] Trotzdem bleibt eine erhebliche Verlockung für viel Streit zwischen Ehegatten insbesondere um die güterrechtliche Auseinandersetzung im Scheidungsfall, insbesondere je größer die betroffenen Vermögen sind.[770]

---

[758] *Kroll-Ludwigs,* GPR 2016, 231, 237.
[759] *Martiny,* ZfPW 2017, 1, 22.
[760] *Barrière Brousse,* Clunet 144 (2017), 485, 499.
[761] *F. Schmidt/M. Wahl,* BWNotZ 2016, 145, 146; *Joubert,* RCDIP 2017, 1, 22.
[762] *Kroll-Ludwigs,* GPR 2016, 231, 238.
[763] *Baldovini,* iFamZ 2018, 39, 45.
[764] *Heiderhoff/Beißel,* Jura 2018, 253, 259; *Coester-Waltjen,* YbPIL 19 (2017/2018), 195, 206.
[765] *Rodríguez Rodrigo/K. Miller,* NZFam 2016, 1065, 1071.
[766] So *Marino,* Cuad. Der. Trans. 9 (1) (2017), 265, 282.
[767] *J. Weber,* DNotZ 2016, 659, 674; *Nourissat/Revillard,* Défrenois 2016, 878, 890.
[768] *J. Weber,* DNotZ 2016, 659, 674; *Coester-Waltjen,* in: Dutta/J. Weber S. 47, 55 Rn. 28.
[769] *Barrière Brousse,* Clunet 144 (2017), 485, 500.
[770] *Peisse,* Dr. & patr. 268 (2017), 46, 50.

303 Seinem Wortlaut nach greift Art. 26 III EuGüVO nur dann, wenn die Regelanknüpfung an den ersten gemeinsamen gewöhnlichen Aufenthalt der Ehegatten nach Art. 26 I lit. a EuGüVO erfolgt, nicht aber, wenn die subsidiäre Regelanknüpfung an die gemeinsame Staatsangehörigkeit nach Art. 26 I lit. b EuGüVO oder die doppeltsubsidiäre Anknüpfung an die engste Verbindung nach Art. 26 I lit. c EuGüVO einschlägig ist.[771] Dies mag in extremis sogar die Frage aufwerfen, ob eine gemeinsame Staatsangehörigkeit auch dann gegen ein Eingreifen der Ausweichklausel immunisiert, wenn sie neben einem ersten gemeinsamen gewöhnlichen Aufenthalt besteht, es also unter Art. 26 I EuGüVO auf sie gar nicht ankommt.[772] Andererseits ist eine vom ersten gemeinsamen gewöhnlichen Aufenthalt abweichende gemeinsame Staatsangehörigkeit kein für Art. 26 III EuGüVO relevanter Abwägungsfaktor.[773]

304 Art. 26 III EuGüVO stellt strenge Voraussetzungen und eine Vielzahl von Kautelen auf. Als erstes verlangt er einen Antrag eines Ehegatten. Eine Anwendung von Amts wegen, aus Eigeninitiative des Gerichts ex proprio motu ist damit ausgeschlossen. Andererseits reicht eben ein einseitiger Antrag, ohne dass der andere Ehegatte zustimmen müsste.[774] Das Gericht hat bei der Entscheidung über den Antrag kein Ermessen; der Wortlaut des Art. 26 III UAbs. 1 EuGüVO („kann") ist insoweit ungenau.[775]

305 Sodann erlegt Art. 26 III EuGüVO dem antragstellenden Ehegatten die Darlegungs- und Beweislast für die aufgeführten Anknüpfungstatsachen auf. Eine explizite Zuweisung der Darlegungs- und Beweislast für kollisionsrechtliche Anknüpfungstatsachen ist außergewöhnlich für eine europäische Kollisionsnorm. Sofern beide Ehegatten ausweichen wollen, empfiehlt sich daher eine weniger voraussetzungsstrenge Rechtswahl.[776]

306 Die Bedeutung des Art. 26 III EuGüVO liegt darin, das Unwandelbarkeitsprinzip und die Fixierung auf den Zeitpunkt der Eheschließung oder kurz danach zu durchbrechen.[777] Die Norm erlaubt, auf einen späteren Zeitpunkt abzustellen, und bringt Wandelbarkeit durch Statutenwechsel in das System.[778] Indes bringt sie wieder ein mögliches Ungleichgewicht mit sich. Denn Art. 26 III UAbs. 1 lit. a, UAbs. 2 S. 2 EuGüVO blickt nur auf den letzten gemeinsamen gewöhnlichen Aufenthalt der Ehegatten. Dieser kann aber für die Ehe insgesamt weniger prägend gewesen sein als ein vorangegangener gemeinsamer gewöhnlicher Aufenthalt, der wiederum nicht mit dem ersten identisch ist. Wenn man schon die Dauer der gemeinsamen gewöhnlichen Aufenthalte miteinander vergleicht, wäre es nur konsequent, dies offen zu tun und alle gemeinsamen gewöhnlichen Aufenthalte zu betrachten, nicht nur den ersten und den letzten.[779] Erwägungsgrund (51) EuGüVO spricht auch ohne Einschränkung auf den letzten gewöhnlichen Aufenthalt von *dem* gewöhnlichen Aufenthalt der Ehegatten. Derselbe Erwägungsgrund mahnt zudem an, dass die Ausweichklausel nur in Ausnahmefällen durchschlagen dürfe.[780]

307 Dass ein gewöhnlicher Aufenthalt der *letzte* gemeinsame war, steht verlässlich erst in der Retrospektive fest, wenn man sicher sagen kann, dass ihm kein weiterer gemeinsamer gewöhnlicher Aufenthalt nachgefolgt ist. Mit dem Vorstellungsbild der Ehegatten, während sie einen gemeinsamen gewöhnlichen Aufenthalt haben, der sich erst retrospektiv nicht als

---

[771] *J. Weber*, DNotZ 2016, 659, 674; *Coester-Waltjen*, in: Dutta/J. Weber S. 47, 55 Rn. 30; *dies.*, YbPIL 19 (2017/2018), 195, 207; *Heiderhoff*, IPRax 2018, 1, 6.
[772] *J. Weber*, DNotZ 2016, 659, 674f.
[773] *Barrière Brousse*, Clunet 144 (2017), 485, 500.
[774] *Joubert*, RCDIP 2017, 1, 22; *Marino*, Cuad. Der. Trans. 9 (1) (2017), 265, 283.
[775] *J. Weber*, DNotZ 2016, 659, 676; *Coester-Waltjen*, in: Dutta/J. Weber S. 47, 57 Rn. 37; *Döbereiner*, notar 2018, 244, 249.
[776] *Coester-Waltjen*, in: Dutta/J. Weber S. 47, 55 Rn. 31; *dies.*, YbPIL 19 (2017/2018), 195, 207.
[777] *J. Weber*, DNotZ 2016, 659, 674; *Coester-Waltjen*, YbPIL 19 (2017/2018), 195, 199. Vorsichtiger formuliert *Martiny*, ZfPW 2017, 1, 24.
Verteidigung des Prinzips bei *Bonomi*, in: Boele-Woelki/Dethloff/Martiny/Gephart (eds.), Family law and culture in Europe, 2014, S. 231, 242–247.
[778] *Joubert*, RCDIP 2017, 1, 22.
[779] *Coester-Waltjen*, in: Dutta/J. Weber S. 47, 56 Rn. 34; *Heiderhoff*, IPRax 2018, 1, 6.
[780] *C. Bridge*, Petites Affiches n° 201, 9 octobre 2017, S. 9, 12.

III. Ehegüterrecht

ihr letzter entpuppt, wird dies nur schwer übereinstimmen. Subjektive Orientierungssicherheit bietet es nicht. Subjektive Orientierungssicherheit vermöchte vielmehr nur eine Rechtswahl nach Art. 22 I lit. a EuGüVO zu schaffen.

Selbst wenn man versuchen würde, den letzten gemeinsamen gewöhnlichen Aufenthalt als Gegengewicht zum ersten mit dessen Aktualität und Nähe zur jetzigen Auseinandersetzung zu begründen, vermöchte das nicht zu überzeugen. Denn der letzte gemeinsame gewöhnliche Aufenthalt muss zum Zeitpunkt der Auseinandersetzung keineswegs mehr eine Restaktualität haben. Zwischen ihm und der Auseinandersetzung können vielmehr Trennung, Auseinanderziehen und je separate gewöhnliche Aufenthalte der Ehegatten in verschiedenen Staaten liegen.

Sofern man letztlich auf die lex fori zielt, erreichte man das Ziel nur, wenn das Verfahren noch im Staat des letzten gemeinsamen gewöhnlichen Aufenthalts der Ehegatten stattfindet. Das ist aber nicht sicher garantiert und in erheblichem Maße zufällig. Zudem wäre ein Rückgriff auf die lex fori in einem aufenthaltsorientierten System schon als Motiv ein Fremdkörper und müsste wenn zumindest als Motiv offen ausgesprochen sein.

Damit sich der letzte gemeinsame gewöhnliche Aufenthalt gegen den ersten durchsetzt, muss er *erheblich* länger gewesen sein als der erste. Die Länge eines Aufenthalts lässt sich in Zeiteinheiten messen. Die faktischen Probleme liegen bei Beginn und Ende des jeweiligen Aufenthalts. Sie folgen aus dem offenen Konzept des gewöhnlichen Aufenthalts. Rechtlich fügt Art. 26 III 1 lit. a EuGüVO ein weiteres Problem hinzu. Er verlangt ein erhebliches, also ein besonders deutliches Überwiegen. Dafür bieten weder er selbst noch irgendein Erwägungsgrund einen Maßstab,[781] obwohl sich beim reinen Vergleich von Zeitdauern eine Grenze recht gut (sei es auch nicht ohne Dezisionismus) beziffern ließe. Vier Jahre dürften erheblich länger sein als nur eines, aber 23 nicht als 20, obwohl beide Male die Differenz der zu vergleichenden Werte drei Jahre beträgt.[782] Drei Jahre dürften erheblich länger sein als 11 Monate, aber nicht 25 Jahre als 22 Jahre, obwohl der absolute Abstand im zweiten Fall sogar größer wäre.[783]

Schwierig zu handhaben ist auch die weitere Voraussetzung des Art. 26 III UAbs. 1 lit. b EuGüVO. Sie lässt erheblichen Interpretationsspielraum.[784] Jedenfalls muss sie zusätzlich, kumulativ zu jener des Art. 26 III UAbs. 1 lit. a EuGüVO vorliegen. Auf subjektive Vorstellungsbilder und Planungen der Ehegatten abzustellen trägt fast Züge einer konkludenten Rechtswahl.[785] Allerdings ist eine konkludente Rechtswahl in Wirklichkeit gerade nicht erfolgt, denn sonst würde man sich ja nicht im Bereich der objektiven Anknüpfung, also der Anknüpfung bei Fehlen einer Rechtswahl, bewegen. Unter Griff in die Vergangenheit Pläne und subjektive Intentionen belegen zu müssen, die sich gerade nicht in einer Rechtswahlvereinbarung materialisiert haben, verlangt dem darlegungs- und beweisbelasteten Antragsteller einiges ab.

Den Kampf mit dem Unwandelbarkeitsprinzip als Grundsatz spiegelt auch Art. 26 III UAbs. 2 EuGüVO wider: Nach Art. 26 III UAbs. 2 S. 1 EuGüVO gilt das ausnahmsweise berufene Recht rückwirkend ab dem Zeitpunkt der Eheschließung, es sei denn, ein Ehegatte ist damit nicht einverstanden. Jeder der beiden Ehegatten hat also ein Vetorecht gegen eine ex-tunc-Wirkung. Dies gilt sowohl für den Ehegatten, welcher den Antrag nach Art. 26 III UAbs. 1 EuGüVO gestellt hat, als auch für den anderen Ehegatten. Übt ein Ehegatte sein Vetorecht aus, so bleibt es bei einer ex nunc-Wirkung; Art. 26 III UAbs. S. 2 EuGüVO zieht diese ebenso logische wie naheliegende Konsequenz. Das Vetorecht besteht also nur hinsichtlich der zeitlichen Wirkung, nicht hinsichtlich der Anwendung des ausnahmsweise berufenen Rechts schlechterdings.

---

[781] *Kroll-Ludwigs,* GPR 2016, 231, 238.
[782] *Baldovini,* iFamZ 2018, 39, 46.
[783] *Döbereiner,* notar 2018, 244, 249.
[784] *J. Weber,* DNotZ 2016, 659, 674; *Coester-Waltjen,* YbPIL 19 (2017/2018), 195, 208.
[785] *Dutta,* FamRZ 2016, 1973, 1982.

313 Ohne Ausübung des Vetorechts kommt das ausnahmsweise berufene Recht retrospektiv zum Zuge. Man möchte die Anwendung zweier Rechte und einen Statutenwechsel vermeiden.[786] Rechtlich mag das über die Fiktion des Art. 26 III UAbs. 2 S. 1 EuGüVO vielleicht angehen. Dem subjektiven Horizont der Ehegatten während der gelebten Ehe wird es aber kaum entsprechen. Bei per definitionem erst nachträglich eintretenden Anknüpfungstatsachen Rückwirkung zu konstruieren führt zu Handeln unter falschem Recht, nämlich demjenigen Recht, von dem die Ehegatten seinerzeit annehmen durften, dass es ihr Ehegüterstatut regiere.

314 Art. 26 III UAbs. 3 EuGüVO fügt dem eine weitere wichtige Einschränkung hinzu: Die Anwendung des ausnahmsweise berufenen Rechts darf diejenigen Rechte Dritter nicht beeinträchtigen, die sich auf das nach Art. 26 I lit. a EuGüVO regulär berufene Recht des ersten gemeinsamen gewöhnlichen Aufenthalts der Ehegatten gründen. Dies gewährleistet kollisionsrechtlichen Vertrauensschutz für Dritte. Diese sollen nicht überrascht werden können durch einen späteren Wechsel des anwendbaren Rechts. Man mag in Art. 26 III UAbs. 3 EuGüVO für die objektive Anknüpfung eine Parallele zu Art. 22 III EuGüVO für die Rechtswahl sehen. Allerdings ist Art. 26 III UAbs. 3 EuGüVO seinem Wortlaut nach nicht auf den (Regel-)Fall beschränkt, dass die Anwendung des ausnahmsweise berufenen Rechts nach Art. 26 III UAbs. 2 S. 1 EuGüVO ex tunc, rückwirkend erfolgt. Vielmehr greift er auch, wenn die Anwendung des ausnahmsweise berufenen Rechts nach Art. 26 III UAbs. S. 2 EuGüVO nur mit Wirkung ex nunc erfolgt, weil ein Ehegatte sein Veto gegen eine Rückwirkung eingelegt hat.

315 Die für die Praxis wichtigste Einschränkung steht indes in Art. 26 III UAbs. 4 EuGüVO:[787] Art. 26 III UAbs. 1–3 EuGüVO gilt nicht, wenn die Ehegatten vor der Begründung ihres letzten gemeinsamen gewöhnlichen Aufenthalts eine Vereinbarung über den ehelichen Güterstand getroffen haben. Explizite Regelung ist betätigtes, geäußertes und kundgetanes Vertrauen. Die Ehegatten können kaum später die Voraussetzung des Art. 26 III UAbs. 1 lit. b EuGüVO erfüllt haben. Vereinbarung geht bloßen Intentionen vor. Art. 26 III UAbs. 4 EuGüVO gilt aber nicht, wenn der Ehevertrag erst nach Begründung des letzten gemeinsamen gewöhnlichen Aufenthalts geschlossen wurde.[788]

316 Allerdings gibt es wertungsmäßig einen Problemfall: Die Ehegatten können nach Begründung ihres letzten gemeinsamen gewöhnlichen Aufenthalts eine neue Güterstandsvereinbarung geschlossen haben mit der Absicht, die alte aufzuheben oder zu ersetzen. Auch diese neue Vereinbarung wäre eigentlich betätigt, geäußert und kundgetan. Ohne Statutenwechsel würde sich ihre Gültigkeit nach dem „alten", richtig: dem einzigen jemals anwendbaren Statut (hier als Errichtungsstatut unter Art. 25 EuGüVO[789]) richten. Das geht mit dem gedanklichen Hintergrund der Ehegatten nicht konform, sofern diese sich bei der Ausgestaltung an ihrem neuen Umweltrecht orientieren. Kontrahieren unter falschem Recht wäre die Folge. Zudem gäbe es widersprüchliche Signale.

317 Wenn die Güterstandsvereinbarung nach ihrem Errichtungsstatut unwirksam ist, können die Ehegatten eigentlich kein schützenswertes Vertrauen auf den Bestand der Vereinbarung haben.[790] Denn sie haben einen Ermittlungs- oder Bewertungsfehler hinsichtlich des Errichtungsstatuts begangen. Allerdings werden die Ehegatten typischerweise subjektiv keine Kenntnis von der Unwirksamkeit haben. Sie werden grundsätzlich auf den Bestand der Vereinbarung vertrauen. Das wiederum kann verhindern, dass sie auf die Geltung ihres später begründeten neuen Umweltrechts vertrauen; dann aber würde die Voraussetzung nach Art. 26 III UAbs. 1 lit. b EuGüVO nicht vorliegen.[791]

---

[786] *Rodríguez Rodrigo/K. Miller*, NZFam 2016, 1065, 1071.
[787] *J. Weber*, DNotZ 2016, 659, 675.
[788] *Süß*, in: Dutta/J. Weber S. 85, 87 Rn. 4.
[789] *J. Weber*, DNotZ 2016, 659, 675.
[790] *J. Weber*, DNotZ 2016, 659, 675.
[791] *J. Weber*, DNotZ 2016, 659, 675 f.

III. Ehegüterrecht   318–323 § 4

Insgesamt schafft die Ausweichklausel erhebliche Unsicherheit und ist geeignet, die Praxis zu beunruhigen.[792] Sie ist sehr komplex und voraussetzungsreich. Sie ist vage, indem sie auf ein so offenes Konzept wie „Vertrauen" der Ehegatten rekurriert.[793] Sie ist ersichtlich ein Kompromiss und verzichtet deshalb auf Konsequenz und Treue zu welchem Prinzip auch immer. Ihre Grenzen sind schwer auszuloten.[794] Bei gemeinsamem Aufenthaltswechsel und gemeinsamem Willen zur kollisionsrechtlichen Anpassung sollten die Ehegatten eine Rechtswahl zugunsten ihres neuen Aufenthaltsrechts nach Art. 22 I lit. a EuGüVO treffen. 318

Eine denkbare Reaktion der Praxis dürfte sein, auf explizite Güterstandsvereinbarungen zu setzen und damit die Sperrwirkung des Art. 26 III UAbs. 4 EuGüVO auszulösen. Selbst dies könnte indes Komplikationen mit sich bringen, wenn die Ehegatten ihren Willen ändern und später eine neue Vereinbarung nach ihrer gemeinsamen Vorstellung unter einem neuen Statut schließen. Letztlich erscheint eine neue Güterstandsbegründung in Kombination mit einer ausdrücklichen Rechtswahl nach Art. 22 I lit. a EuGüVO als der relativ beste und sicherste Weg. Die Rechtswahl ist zwar nicht unbedingt notwendig,[795] aber eine verlässliche und belastbare Absicherung. 319

7. Umfang des Statuts (Qualifikation). Dem Ehegüterstatut unterstehen alle ehegüterrechtlichen Fragen, die in den Anwendungsbereich der EuGüVO fallen. Es ist umfassend angelegt. Das ergibt sich aus dem (sehr) weiten Begriff des Ehegüterrechts in Art. 3 EuGüVO. Art. 27 EuGüVO enthält einen sehr hilfreichen Positivkatalog als ehegüterrechtlich einzuordnender und damit dem Ehegüterstatut unterworfener Bereiche.[796] Jedenfalls was im Katalog steht, ist explizit ehegüterrechtlich.[797] Dieser Katalog ist nicht abschließend. Andere, in ihm nicht explizit aufgeführte Bereiche können daher trotzdem ehegüterrechtlich zu qualifizieren sein, wenn man sie unter den Ehegüterrechtsbegriff des Art. 3 EuGüVO subsumieren kann. Dies gilt z. B. für die sachrechtliche Änderbarkeit des Güterstands.[798] 320

Art. 27 lit. a EuGüVO zieht die Einteilung des Vermögens eines oder beider Ehegatten in verschiedene Kategorien vor oder während der Ehe unter das Ehegüterstatut. Damit sind Eigengut, Gemeinschaftsgut oder Gesamtgut gemeint, aber auch, wenn für die Zwecke eines güterrechtlichen Ausgleichs notwendig, Anfangs- und Endvermögen. Das Ehegüterstatut bestimmt, welche Güterstände es vorhält und in welcher Gestalt (gesetzlicher oder Wahlgüterstand).[799] Hierher gehören auch Eigentumsvermutungen nach Art des § 1362 BGB.[800] 321

Den Transfer zwischen verschiedenen Vermögensmassen und eine damit einhergehende Charakteränderung schlägt Art. 27 lit. b EuGüVO konsequent ebenfalls zum Ehegüterstatut. Dies betrifft insbesondere einen Wechsel zwischen Eigen- und Gesamtgut.[801] 322

Ehegüterrechtlich ist nach Art. 27 lit. c EuGüVO die Haftung des einen Ehegatten für die Verbindlichkeiten und Schulden des anderen. Das ist mehr als eine deklaratorische Klarstellung, sondern durchaus eine konstitutive Festschreibung, jedenfalls für solche Mitgliedstaaten, deren nationales Kollisionsrecht wie bisher das deutsche „Schlüsselgewalt" und Mitverpflichtungsbefugnis samt daraus resultierender Schuldenmithaftung zu den allgemei- 323

---

[792] *Nourissat/Revillard*, Défrenois 2016, 878, 890; *Heiderhoff*, IPRax 2018, 1, 6.
[793] *Heiderhoff*, IPRax 2018, 1, 6.
[794] *Péroz*, JCP N 2016 N° 28, S. 33, 37; *Perreau-Sassine*, JCP G 2016, 1926, 1930; *Martiny*, ZfPW 2017, 1, 24.
[795] *J. Weber*, DNotZ 2016, 659, 675.
[796] Siehe nur GA *Szpunar*, ECLI:EU:C:2017:965 Rn. 76.
[797] Siehe nur *Weiss/Gremminger*, successio 2017, 312, 315.
[798] *Vinaixa Miquel*, InDret 2/2017, 274, 295.
[799] *Martiny*, ZfPW 2017, 1, 24.
[800] *Dutta*, FamRZ 2016, 1973, 1974, 1982; *Martiny*, ZfPW 2017, 1, 25; *Heiderhoff/Beißel*, Jura 2018, 253, 256.
[801] *Martiny*, ZfPW 2017, 1, 25; *J. Weber*, RNotZ 2017, 365, 367 f.

nen Ehewirkungen, nicht zum Ehegüterrecht ziehen würde. Beides fällt jetzt sicher unter das Ehegüterstatut.[802]

324 Eine weitere Setzung und Festschreibung bringt Art. 27 lit. d EuGüVO: Befugnisse, Rechte und Pflichten eines oder beider Ehegatten in Bezug auf das Vermögen gehören gleichermaßen zum Ehegüterstatut. Der Ergebnisgleichlauf von lit. c und lit. d macht eine nähere Angrenzung zwischen Haftungsbegründung und Haftungsfolge letztlich unnötig.

325 Im Ausgangspunkt eine sachliche Selbstverständlichkeit statuiert Art. 27 lit. e EuGüVO: das Ehegüterstatut regiert die Auflösung des ehelichen Güterstands und die Teilung, Aufteilung oder Abwicklung des Vermögens. Ein selbständiges Finalstatut für den Güterstand mit denkbarem Statutenwechsel wäre ein Albtraum. Das Ehegüterstatut, nicht das Erbstatut regiert auch die güterrechtliche Auseinandersetzung im Todesfall.[803] Dies entbebt freilich nicht der Notwendigkeit zu qualifikatorischen Abgrenzung. EuErbVO und EuGüVO sind Komplementärrechtsakte.[804]

326 Art. 27 lit. f EuGüVO unterwirft die Wirkungen des ehelichen Güterstands auf ein Rechtsverhältnis zwischen einem Ehegatten und Dritten dem Ehegüterstatut. Die sachenrechtliche Aspekte der Abwicklung sollten im Lichte des Art. 1 II lit. g EuGüVO dem jeweiligen Sachstatut zustehen.[805] Obendrein erleidet Art. 27 lit. f EuGüVO eine wesentliche Einschränkung, weil immer der kollisionsrechtliche Gutglaubensschutz für den oder die Dritten aus Art. 28 EuGüVO mitzulesen ist.

327 Bedeutsam ist Art. 27 lit. g EuGüVO. Er zieht eigene Güterrechtsvereinbarungen und die güterrechtlichen Aspekte von Eheverträgen zum Ehegüterstatut,[806] einschließlich vorehelicher Vereinbarungen[807] (z.B. pre-nuptials, pre-nups). Das Ehegüterstatut bestimmt also, in welchem Umfang die Ehegatten auf der sachrechtlichen Ebene güterrechtliche Privatautonomie genießen, also ob sie ihren Güterstand frei wählen oder nach ihren persönlichen Vorstellungen ausgestalten können, ob es einen numerus clausus wählbarer Güterstände gibt oder ob es überhaupt keine Wahlmöglichkeiten für den Güterstand gibt. Es bestimmt auch, welche Grenzen für eine Güterstandsvereinbarung bestehen, z.B. wegen sittenwidriger Übervorteilung eines Ehegatten.

328 Wegen des weiten Güterrechtsbegriffs der EuGüVO, wie Erwägungsgrund (18) EuGüVO ihn anlegt, können auch Schenkungsverträge zwischen Ehegatten unter Art. 27 lit. g EuGüVO fallen.[808] Dasselbe gilt für Darlehensverträge zwischen den Ehegatten.[809] Kosten für einen Detektiv, welchen der eine Ehegatte engagiert, um dem anderen Ehegatten ehewidriges Verhalten nachweisen zu können, haben aber keinen hinreichenden Bezug zum Ehevermögen.[810]

329 **8. Schutz Dritter.** Dem Schutz Dritter ist Art. 28 EuGüVO gewidmet. Im Ausgangspunkt untersteht der Schutz Dritter freilich nach Art. 27 lit. f EuGüVO dem Ehegüterstatut, denn das Ehegüterstatut beherrscht auch die Wirkungen des Güterstands auf ein Rechtsverhältnis zwischen einem Ehegatten und einem Dritten. Indes bleibt man dabei nicht stehen. Der Dritte ist an der Ehe nicht beteiligt und hat kein sicheres Wissen um Güterstand oder – wegen der Rechtswahlmöglichkeit – Güterstatut.[811] Insbesondere wäre er potenzielles Opfer einer zwischen den Ehegatten geschlossenen Rechtswahl. Das würde

---

[802] *C. Rudolf*, EF-Z 2017, 244, 245. Zögernd und in Richtung einer Doppelqualifikation *Dengel* S. 121 f.
[803] *Paffhausen*, BLJ 2014, 10, 11; *Martiny*, ZfPW 2017, 1, 25.
[804] GA *Szpunar*, ECLI:EU:C:2017:965 Rn. 72.
[805] *J. Weber*, RNotZ 2017, 365, 368.
[806] Die anderen Aspekte von Eheverträgen unterliegen den Kollisionsnormen für den jeweils betroffenen Sachbereich; *Twardoch*, RCDIP 2016, 465, 471 f.
[807] *Perreau-Saussine*, JCP G 2016, 1926, 1928; *Martiny*, ZfPW 2017, 1, 26.
[808] *Twardoch*, RCDIP 2016, 465, 473. Anderer Ansicht *Laimer*, JBl 2017, 549, 554; *Döbereiner*, notar 2018, 244, 246.
[809] Anderer Ansicht *Laimer*, JBl 2017, 549, 554.
[810] *Laimer*, JBl 2017, 549, 554 Fn. 74 entgegen OGH JBl 2016, 45 = iFamZ 2016, 122 m. Anm. *Fucik*.
[811] *Martiny*, ZfPW 2017, 1, 26; *C. Rudolf*, ZfRV 2017, 171, 180.

III. Ehegüterrecht 330–332 § 4

mit dem Verbot von Verträgen zu Lasten Dritter, einem fundamentalen Gerechtigkeitspostulat, kollidieren. Nach Erwägungsgründen (46), (51) EuGüVO dürfen weder eine rückwirkende Rechtswahl noch eine Anwendung der Ausweichklausel aus Art. 26 III EuGüVO die Rechte Dritter verletzen. Art. 28 EuGüVO greift also nicht nur bei Rechtswahl, sondern auch bei objektiver Anknüpfung.[812] Außerdem steht die Aussagekraft öffentlicher Register in Rede, ein wichtiger Punkt, der obendrein mit Art. 1 II lit. h EuGüVO zusammen zu sehen ist.[813]

Art. 28 I EuGüVO dekretiert weiter: Ein Ehegatte darf in einem Rechtsstreit zwischen 330 einem Dritten und einem oder beiden Ehegatten das für den Güterstand maßgebende Recht dem Dritten grundsätzlich nicht entgegenhalten; etwas anderes gilt nur dann, wenn der Dritte von diesem Recht Kenntnis hatte oder bei gebührender Sorgfalt davon Kenntnis hätte haben müssen. Ein gutgläubiger Dritter kann also Schutz reklamieren, ein bösgläubiger nicht. Bösgläubigkeit setzt bereits bei einfach fahrlässiger Unkenntnis an, nicht erst (wie unter § 932 II BGB) bei grob fahrlässiger Unkenntnis oder gar (wie unter dem vom EuGüVO-AusfG aufgehobenen[814] Art. 16 I EGBGB) erst bei positiver Kenntnis.[815] Art. 28 EuGüVO gilt nur bei rechtsgeschäftlichem Erwerb eines Dritten, nicht aber bei gesetzlichem Erwerb.[816]

Art. 28 I EuGüVO nimmt den Ehegatten Einwendungen, gewährt aber nicht dem Dritten 331 so weitgehenden positiven Schutz, dass die in einem Güterrechtsregister eingetragenen Güterrechtsverhältnisse immer als zutreffend gelten würden.[817] Art. 28 I EuGüVO gibt dem Dritten im Prinzip ein Wahlrecht, ob er die objektive Rechtslage oder die von ihm *gutgläubig* angenommene Rechtslage gelten lassen will.[818]

Bezugsgegenstand der Gut- oder Bösgläubigkeit des Dritten ist das Ehegüterrechtsstatut.[819] Ein europäisches-autonomes Begriffsverständnis scheint geboten.[820] Es geht allein um die Tatsache, dass ein ausländisches Recht Ehegüterrechtsstatut ist, nicht um dessen konkreten Inhalt.[821] Auf die Kenntnis oder Unkenntnis des Güterstands kommt es nicht an.[822] Eine ausländische Staatsangehörigkeit des nach außen agierenden Ehegatten muss den Dritten nicht automatisch misstrauisch machen, da Art. 26 I lit. a EuGüVO ja primär auf den gewöhnlichen Aufenthalt als Anknüpfungspunkt abstellt.[823] Wohnbevölkerung in einem Staat mit Staatsangehörigkeit eines anderen Staates ist in einem Zeitalter wachsender grenzüberschreitender Mobilität nichts Ungewöhnliches mehr, gerade in der EU. Z.B. haben in Deutschland über 10% der Wohnbevölkerung einen ausländischen Hintergrund. Allerdings erhebt Art. 28 I EuGüVO nicht zur Voraussetzung für kollisionsrechtlichen Verkehrsschutz, dass wenigstens einer der Ehegatten seinen gewöhnlichen Aufenthalt im Staat des Geschäftsabschlusses haben müsste.[824] Ein „ausländisch klingender" Name des Ehegatten allein löst umso weniger Bösgläubigkeit aus.[825] Jenseits von Art. 28 I EuGüVO richtet sich der Gutglaubensschutz für allgemein sachenrechtliche Voraussetzungen nach dem jeweiligen Sachstatut.[826] 332

---

[812] *Rademacher*, Cuad. Der. Trans. 10 (1) (2018), 7, 16.
[813] *J. Weber*, DNotZ 2016, 659, 685 mit Fn. 98.
[814] Art. 2 Nr. 5 Gesetz zum Internationalen Güterrecht und zur Änderung von Vorschriften des Internationalen Privatrechts vom 17.12.2018, BGBl. 2018 I 2573.
[815] *J. Weber*, DNotZ 2016, 659, 687; *Martiny*, ZfPW 2017, 1, 26.
[816] *Dutta*, FamRZ 2016, 1973, 1982; *C. Rudolf*, ZfRV 2017, 171, 181. Tendenziell abweichend *Tiwardoch*, RCDIP 2016, 465, 474 unter Hinweis auf „transaction" im englischen Wortlaut.
[817] *J. Weber*, RNotZ 2017, 365, 369.
[818] *Dutta*, FamRZ 2016, 1973, 1982; *J. Weber*, RNotZ 2017, 365, 370.
[819] *Dutta*, FamRZ 2016, 1973, 1982; *J. Weber*, DNotZ 2016, 659, 685; *ders.*, RNotZ 2017, 365, 369.
[820] *Baldovini*, iFamZ 2018, 39, 47.
[821] *Dutta*, FamRZ 2016, 1973, 1982; *Rademacher*, Cuad. Der. Trans. 10 (1) (2018), 7, 16.
[822] *J. Weber*, DNotZ 2016, 659, 685.
[823] *J. Weber*, DNotZ 2016, 659, 685 sowie *Döbereiner*, notar 2018, 244, 257.
[824] *J. Weber*, DNotZ 2016, 659, 687.
[825] *Döbereiner*, notar 2018, 244, 257.
[826] *J. Weber*, RNotZ 2017, 365, 371.

333 Art. 28 I EuGüVO wirft die Aufgabe auf, den Fahrlässigkeitsmaßstab europäisch-autonom näher auszufüllen.[827] Dieser Aufgabe nimmt sich Art. 28 II EuGüVO en detail an. Gutgläubigkeit wird dort anhand von Fallgruppen ausgefüllt,[828] im Wege der unwiderleglichen Vermutung[829] (weniger einer Fiktion[830]). Der Katalog des Art. 28 II EuGüVO ist zwar nicht abschließend;[831] er lässt jedoch in seiner Ausführlichkeit und Detailfreudigkeit wenig Platz für weitere Fälle, die dann nur über Art. 28 I EuGüVO anzugehen wären.[832] Nach Art. 28 II EuGüVO wird davon ausgegangen, dass der Dritte schädliche Kenntnis von dem Ehegüterrechtsstatut hat, wenn dasselbe Recht Ehegüterrechtsstatut und lex causae des Rechtsgeschäfts mit dem Dritten (lit. a i)) oder gemeinsames Umweltrecht des vertragsschließenden Ehegatten und des Dritten (lit. a ii)) oder Belegenheitsrecht betroffener Immobilien (lit. a iii)) ist oder ein Ehegatte die geltenden Anforderungen an die Publizität oder Registrierung des ehelichen Güterstands eingehalten hat nach der lex causae des Rechtsgeschäfts mit dem Dritten (lit. b i)) oder nach dem gemeinsamen Umweltrecht des vertragsschließenden Ehegatten und des Dritten (lit. b ii)) oder nach dem Belegenheitsrecht betroffener Immobilien (lit. b iii)).

334 Es schadet dem Dritten bereits, wenn nur einer der insgesamt sechs Untertatbestände erfüllt ist. Alle sechs sind gleichen Ranges. Es gibt auch keine Hierarchie zwischen lit.a und lit. b. Lit. b zwingt den bedachten Dritten dazu, sich um nicht weniger als drei Register kümmern zu müssen.[833] Grundidee ist der Rekurs auf erkennbare Anknüpfungen, um Überraschungen für den Dritten zu vermeiden.[834] Andererseits fehlt es an dem Fall, dass nur der Dritte seinen gewöhnlichen Aufenthalt in einem anderen Staat hat.[835]

335 Welches Recht lex causae des Rechtsgeschäfts mit dem Dritten ist, ist eine Erstfrage.[836] Sie ist selbständig anzuknüpfen. Ist Rechtsgeschäft ein Schuldvertrag, so ist dessen Statut über die Rom I-VO zu ermitteln.

336 Immobilien sind dann betroffen, wenn sie Gegenstand eines Verpflichtungs- oder eines Verfügungsgeschäfts sind (zumal das deutschrechtliche Trennungsprinzip den meisten Rechtsordnungen fremd ist). Immobilienkaufverträge sind allemal erfasst. Immobilienmiet- oder -pachtverträge sind jedenfalls nicht ausgegrenzt. Ob ein Gegenstand Immobilie oder Mobilie ist, sollte man entsprechend den bei Art. 24 Nr. 1 UAbs. 1 Var. 1 Brüssel Ia-VO angelegten Maßstäben per Qualifikationsverweisung auf die lex rei sitae klären.

337 Struktur und Abfolge innerhalb des Art. 28 I EuGüVO erlegen demjenigen Ehegatten, welcher Bösgläubigkeit des Dritten reklamiert, die Darlegungs- und Beweislast für die Bösgläubigkeit des Dritten auf.

338 Wenn sich ein Ehegatte gegenüber dem Dritten nicht auf das Ehegüterrechtsstatut berufen kann, braucht es ein Ersatzrecht,[837] das an die Stelle des Ehegüterrechtsstatuts tritt, damit der Ehegatte nicht völlig rechtlos wird.[838] Das statuiert Art. 28 III EuGüVO. Er beruft für die Wirkungen des ehelichen Güterstands gegenüber dem Dritten das Recht der lex causae des Rechtsgeschäfts mit dem Dritten (lit. a) oder das Belegenheitsrecht betroffener Immobilien bzw. das Recht des Registerstaates bei eingetragenen Vermögenswerten oder Rechten (lit. b). Eingetragene Vermögenswerte oder Rechte können z. B. auch Gesell-

---

[827] *Dutta*, FamRZ 2016, 1973, 1982; *J. Weber*, RNotZ 2017, 365, 370; *Rademacher*, Cuad. Der. Trans. 10 (1) (2018), 7, 17.
[828] *Kroll-Ludwigs*, GPR 2016, 231, 239.
[829] *J. Weber*, DNotZ 2016, 659, 687; ders., RNotZ 2017, 365, 370; *Martiny*, ZfPW 2017, 1, 26; *Süß*, in: Dutta/J. Weber S. 85, 102 Rn. 63; *Damascelli*, Riv. dir. int. 2017, 1103, 1144 f.
[830] So aber *Dutta*, FamRZ 2016, 1973, 1983; *Heiderhoff*, IPRax 2018, 1, 8.
[831] *Süß*, in: Dutta/J. Weber S. 85, 103 f. Rn. 66–73 versucht sich.
[832] *J. Weber*, DNotZ 2016, 659, 687.
[833] Vgl. *J. Weber*, DNotZ 2016, 659, 687.
[834] *Antón Juárez*, Cuad. Der. Trans. 9 (2) (2017), 59; 62.
[835] *Heiderhoff*, IPRax 2018, 1, 8.
[836] *J. Weber*, DNotZ 2016, 659, 688.
[837] *Dutta*, FamRZ 2016, 1973, 1982; *Martiny*, ZfPW 2017, 1, 27; *C. Rudolf*, ZfRV 2017, 171, 181; dies., EF-Z 2017, 244, 249; *J. Weber*, RNotZ 2017, 365, 371.
[838] *Süß*, in: Dutta/J. Weber S. 85, 104 Rn. 74.

III. Ehegüterrecht

schaftsanteile oder Autohypotheken sein. Lit. b sollte man als lex specialis zu lit. a einordnen,[839] nicht als alternative Anknüpfung.[840] Weshalb beim Ersatzstatut ein bestimmter favor walten sollte, ist nicht ersichtlich. Lit. b greift nur für Rechtsgeschäfte, die sich auf Vermögenswerte der bezeichneten Art beziehen, nicht auf Rechtsgeschäfte, die sich abstrakt auf das gesamte Vermögen eines oder beider Ehegatten oder einen Bruchteil davon beziehen.[841] Bei Kollisionen zwischen lit. a und lit. b wird dem nicht am Rechtsgeschäft beteiligten Ehegatten teilweise ein Wahlrecht zugebilligt.[842]

9. Rück- und Weiterverweisung. Art. 32 EuGüVO verfügt einen klaren und eindeutigen Ausschluss für jeglichen renvoi.[843] Eine Rück- oder Weiterverweisung findet im Internationalen Ehegüterrecht nicht statt. Dies gilt – anders als im Internationalen Erbrecht unter Art. 34 EuErbVO – selbst dann, wenn verwiesenes Recht das Recht eines Drittstaats ist.[844] Ob ein Drittstaat die Verweisung auch annimmt, ist aus europäischer Perspektive ohne Belang.[845] Auch jede versteckte Rückverweisung, wenn das IPR des Drittstaats die jeweilige lex fori beruft und das Forum in einem Mitgliedstaat liegt, ist ausgeschlossen (mit der Folge, dass nach Vollzug des Brexit deutsche Gerichte den englischen Matrimonial Causes Act 1973 werden anwenden müssen, wenn englisches Recht berufen ist).[846] Drittstaatliches Kollisionsrecht kann für Rechtsgestalter aber dann eine Rolle spielen, wenn ein mögliches Forum in dem betreffenden Drittstaat bestehen könnte und hinkende Rechtsverhältnisse zu befürchten sind[847] oder erhebliche Werte des Gütervermögens dort belegen sind.[848]

10. Eingriffsnormen. Anders als die Rom III-VO oder das HUP enthält die EuGüVO mit Art. 30 EuGüVO eine eigene Norm für die Sonderanknüpfung von Eingriffsnormen. Deren Existenz mag sich besonderem französischem Einfluss verdanken. Jedenfalls handelt es sich um ein Novum im Konzert der internationalfamilienrechtlichen Rechtsakte der EU.[849]

Die Definition der Eingriffsnormen in Art. 30 II EuGüVO ist im Kern und mutatis mutandis sogar in der Formulierung Art. 9 I Rom I-VO entlehnt:[850] Es geht um zwingende Vorschriften, deren Einhaltung von einem Mitgliedstaat als so entscheidend für die Wahrung seines öffentlichen Interesses, insbesondere seiner politischen, sozialen oder wirtschaftlichen Ordnung angesehen wird, dass sie ungeachtet des nach Maßgabe dieser Verordnung auf den ehelichen Güterstand anzuwendenden Rechts auf alle Sachverhalte anzuwenden sind, die in ihren Anwendungsbereich fallen.

Als Musterbeispiel nennt Erwägungsgrund (53) S. 2 EuGüVO – wie schon die Kommission[851] – Normen zum Schutz der ehelichen Wohnung. Gedacht ist dabei an Artt. 215 III Code civil in Frankreich; 215 § 1 I Code civil in Belgien.[852] In den französisch geprägten Rechtsordnungen genießt die Familienwohnung solchen ganz besonderen Schutz.[853] Aus deutscher Sicht mag man an Ehewohnung und Haushaltsgegenstände, konkret an

---

[839] *Dutta*, FamRZ 2016, 1973, 1982; *Heiderhoff*, IPRax 2018, 1, 8.
[840] Dahin aber *Süß*, in: Dutta/J. Weber S. 85, 105 Rn. 75–80.
[841] *Dutta*, FamRZ 2016, 1973, 1982.
[842] Dafür *Süß*, in: Dutta/J. Weber S. 85, 105 Rn. 79; *Döbereiner*, notar 2018, 244, 258.
[843] Siehe *Martiny*, ZfPW 2017, 1, 29.
[844] *J. Weber*, DNotZ 2016, 659, 688.
[845] *C. Rudolf*, ZfRV 2017, 171, 175 f.; *Döbereiner*, notar 2018, 244, 250.
[846] *Dutta*, (2017) 29 Child & Fam. L. Q. 199, 205.
[847] *Coester-Waltjen*, in: Dutta/J. Weber S. 47, 51 Rn. 16.
[848] *Döbereiner*, notar 2018, 244, 250.
[849] *Kroll-Ludwigs*, GPR 2016, 231, 238; *Heiderhoff*, IPRax 2018, 1, 8.
[850] Siehe *Martiny*, ZfPW 2017, 1, 28; *Erbarth*, NZFam 2018, 342, 343; *Clavel/Jault-Seseke*, YbPIL 19 (2017/2018), 233, 240.
[851] Vorschlag für eine Verordnung (EU) des Rates über die Zuständigkeit, das anzuwendende Recht, die Anerkennung und die Vollstreckung von Entscheidungen im Bereich des Ehegüterrechts, von der Kommission vorgelegt am 16. März 2011, KOM (2011) 126 endg. S. 11.
[852] *Kroll-Ludwigs*, GPR 2016, 231, 238 Fn. 122; *Heiderhoff*, IPRax 2018, 1, 9.
[853] Näher z.B. *Ferrand*, in: Henrich/D. Schwab (Hrsg.), Der Schutz der Familienwohnung in europäischen Rechtsordnungen, 1995, S. 45.

§§ 1361b, 1568a BGB,[854] denken (die bisher eigener Anknüpfungsgegenstand in Art. 17a EGBGB waren),[855] während umgekehrt §§ 1361a, 1568b BGB keine Eingriffsnormen sind.[856] Bloße kollisionsrechtliche Spaltung zwischen Mobilien und Immobilien ist keine Eingriffsnorm.[857]

343 Eingriffsnormen setzen sich auch gegen die Verkehrsschutzregelung des Art. 28 EuGüVO durch.[858] Interessen jedes beliebigen Privaten müssen relevanten überindividuellen Interessen weichen. Extensive Ansätze zählen darüber hinaus sogar noch Verfügungsverbote, Nichtigkeitsvorschriften gegenüber Eheverträgen und Sondervermögen begründende Vorschriften zu Art. 30 EuGüVO, jedenfalls soweit diese öffentlichen Interessen dienen.[859]

344 Gegenstand einer Sonderanknüpfung können nur die Eingriffsnormen des jeweiligen Forumstaats sein (der, damit die EuGüVO überhaupt greifen kann, ja Mitgliedstaat der EuGüVO sein muss). Dies ist Parallele zu Art. 16 Rom II-VO; Art. 9 II Rom I-VO.[860] Anders als bei Art. 30 EuErbVO wird keine Rücksicht auf Eingriffsnormen eines forumfremden Belegenheitsrechts genommen.[861] Es gibt im Kontrast zu Art. 9 III Rom I-VO überhaupt keine Sonderanknüpfung forumfremder Eingriffsnormen.[862]

345 Überträgt man soweit möglich die zur Sonderanknüpfung von Eingriffsrecht im Internationalen Schuldvertragsrecht als dem Muttergebiet der Gedanken entwickelten Ansätze, so sind ein eigener Anwendungswille der sonderanzuknüpfenden Norm und, wie in Art. 30 EuGüVO selber explizit, die Ausrichtung der Norm auf überindividuelle, gesamtgesellschaftliche Interessen zu fordern. Sie muss dem Schutz qualifizierter Interessen der Allgemeinheit und nicht allein dem Individualschutz eines einzelnen Ehegatten oder Dritten dienen.[863] Staatliche Ordnungsinteressen wird es aber im Ehegüterrecht weitaus seltener geben als im Ehegüterrecht.[864]

346 **11. Ordre public.** Art. 31 EuGüVO enthält einen allgemeinen ordre public-Vorbehalt. Zu überschreiten ist – wie im modernen europäischen IPR üblich – die hohe Schwelle, dass das nach einem ausländischen Recht erzielte konkrete Ergebnis im konkreten Fall mit dem ordre public des Forumstaats offensichtlich unvereinbar ist. Erwägungsgrund (54) EuGüVO zieht Verstöße gegen die GRC in einen europäisch aufzuladenden ordre public der Mitgliedstaaten.[865] Eine Parallelnorm zu Art. 10 Rom III-VO[866] gibt es in der EuGüVO nicht.[867]

347 Denkbarer Anwendungsfall für Art. 31 EuGüVO sind gleichheitswidrige, weil nach Geschlechtern differenzierende Vermögensaufteilungen zwischen den Ehegatten, gemeinhin einseitig zugunsten des Ehemanns und zulasten der Ehefrau.[868] Angesichts der Zulässigkeit von Gütertrennung im deutschen Sachrecht kann dies aber vor deutschen Gerichten nur in extremen Ausnahmefällen durchschlagen.[869] Unterschiedliche Verwaltungsbefugnisse können aber ein Punkt sein.[870]

---

[854] *Heiderhoff*, IPRax 2018, 1, 9; *Erbarth*, NZFam 2018, 342, 343 f.; *Andrae*, IPRax 2018, 221, 224.
[855] *Coester-Waltjen*, in: Dutta/J. Weber S. 47, 59 Rn. 43.
[856] *Erbarth*, NZFam 2018, 342, 344.
[857] *Döbereiner*, notar 2018, 244, 250.
[858] Entgegen *J. Weber*, DNotZ 2016, 659, 688.
[859] *A. Köhler*, in: Dutta/J. Weber S. 147, 161 Rn. 33.
[860] *Dutta*, FamRZ 2016, 1973, 1983; *Erbarth*, NZFam 2018, 342 (342 f.).
[861] *Dutta*, FamRZ 2016, 1973, 1980.
[862] *Bonomi*, in: Dutta/J. Weber S. 123, 143 Rn. 109; *Clavel/Jault-Seseke*, YbPIL 19 (2017/2018), 233, 243 f. Rechtspolitische Kritik bei *Twardoch*, RCDIP 2016, 465, 475 und rechtspolitische Rechtfertigung bei *Clavel/Jault-Seseke*, YbPIL 19 (2017/2018), 233, 244–246.
[863] *Kroll-Ludwigs*, GPR 2016, 231, 239.
[864] *Kroll-Ludwigs*, GPR 2016, 231, 239.
[865] *Heiderhoff*, IPRax 2018, 1, 9.
[866] Zu diesem → § 4 Rn. 717 ff.
[867] *Heiderhoff*, IPRax 2018, 1, 9.
[868] *J. Weber*, DNotZ 2016, 659, 689.
[869] *Bonomi*, in: Dutta/J. Weber S. 123, 141 f. Rn. 101 f.
[870] *Bonomi*, in: Dutta/J. Weber S. 123, 142 Rn. 103.

III. Ehegüterrecht 348–353 § 4

12. Verhältnis zu bestehenden völkerrechtlichen Abkommen der Mitgliedstaa- 348
ten mit Drittstaaten. Art. 62 I EuGüVO billigt – vorbehaltlich Art. 351 AEUV[871] – bereits bestehenden bi- oder multilateralen völkerrechtlichen Übereinkommen der Mitgliedstaaten mit Drittstaaten[872] einen Vorrang vor der EuGüVO zu. Für Deutschland bleibt also Art. 8 III 1 Deutsch-Persisches Niederlassungsabkommen in Wirkung.[873] Konfliktpotenzial birgt insbesondere die Zulassung der Rechtswahl in Art. 22 EuGüVO.[874]

Umgekehrt derogiert die EuGüVO nach ihrem Art. 62 II EuGüVO völkerrechtlichen 349
Übereinkommen im Verhältnis zwischen den Mitgliedstaaten. Mitgliedstaaten- oder Drittstaatenqualität beruteilt sich allein durch Teilnahme oder Nichtteilnahme an der EuGüVO; deshalb sind solche Mitgliedstaaten der EU, die an der Verstärkten Zusammenarbeit und der EuGüVO nicht teilnehmen, Drittstaaten für die Zwecke des Art. 62 I EuGüVO.[875] Zwischen Mitgliedstaaten gilt nicht mehr das Übereinkommen, auch wenn ihm Drittstaaten angehören.

Das Haager Ehegüterrechtsübereinkommen (als relativ wichtigstes Abkommen im Inter- 350
nationalen Ehegüterrecht, dem Deutschland jedoch nicht angehört) gilt also im Angesicht der EuGüVO nicht mehr im Binnenverhältnis zwischen Frankreich, Luxemburg und den Niederlanden, würde aber vor französischen Gerichten in einem Fall mit Auslandsbezug nur zur Schweiz noch zur Anwendung kommen.[876] Das ist rechtsanwendungsrechtliche Divergenz trotz angestrebter europäischer Kollisionsrechtsvereinheitlichung und sollte den Vertragsstaaten des Haager Ehegüterrechtsabkommens Anlass geben, über dessen Kündigung nachzudenken.[877]

13. Altfälle mit Eheschließung vor dem 29.1.2019 ohne Rechtswahl ab diesem 351
Datum. Für Ehen, die vor dem 29.1.2019 geschlossen wurden, gilt die EuGüVO kraft ihrem Art. 69 III nicht, es sei denn, die Ehegatten würden am oder nach dem 29.1.2019 eine Rechtswahl treffen. Für das Ehegüterstatut solcher Ehen gilt vielmehr Art. 15 EGBGB.[878] Zwar hebt Art. 2 Nr. 5 EuGüVO-AusfG aus Gründen der Rechtsklarheit[879] Art. 15 EGBGB auf. Dies geschieht jedoch intertemporal nach Maßgabe des Art. 229 § 47 II Nr. 2 EGBGB, demzufolge Art. 15 EGBGB weitergelten soll für Ehen, die vor dem 29.1.2019 geschlossen wurden und für die ab dem 29.1.2019 keine Rechtswahl getroffen wurde.

Die Übergangsregelung des Art. 69 III EuGüVO und diesem getreulich folgend des 352
Art. 229 § 47 II EGBGB ist großzügig zum Alt-IPR. Das Alt-IPR wird noch auf Jahrzehnte hinaus Bedeutung behalten, wenn auch in kontinuierlich abnehmendem Maße, der im Laufe der Zeit abnehmenden Zahl erfasster Ehen folgend. Die Ehegatten solcher Altehen können gemäß Art. 69 III Var. 2 EuGüVO unter das neue IPR-Regime überwechseln, indem sie am oder nach dem 29.1.2019 eine Rechtswahl treffen. Jede ab dem 29.1.2019 getroffene Rechtswahl führt zu einem Wechsel unter das neue Regime. Nur für eine vor dem 29.1.2019 getroffene Rechtswahl gilt noch Art. 15 II EGBGB 1986.

a) Rechtswahl. Nach dem Inkrafttreten des neuen Rechts ist wegen Art. 69 III Var. 2 353
EuGüVO eine Rechtswahl nach altem Recht nicht mehr möglich. Art. 15 II EGBGB ist und bleibt aber der Maßstab für jede vor dem 29.1.2019 getroffene Rechtswahl.

---

[871] Näher zur Bedeutung dieses Vorbehalts *C. Kohler,* in: Dutta/J. Weber S. 163, 173–175 Rn. 19–21.
[872] Übersicht, welche Übereinkommen dies praktisch meint, bei *C. Kohler,* in: Dutta/J. Weber S. 163, 166 f. Rn. 7 samt Systematisierung 167–171 Rn. 8–14.
[873] *Martiny,* ZfPW 2017, 1, 31; *C. Kohler,* in: Dutta/J. Weber S. 163, 166 Rn. 7; *Döbereiner,* notar 2018, 244, 245.
[874] *C. Kohler,* in: Dutta/J. Weber S. 163, 171 Rn. 15
[875] *C. Kohler,* in: Dutta/J. Weber S. 163, 164 f. Rn. 2–4 sowie *Martiny,* ZfPW 2017, 1, 31 am Beispiel Polens.
[876] *Weiss/Gremminger,* successio 2017, 312, 317.
[877] *Weiss/Gremminger,* successio 2017, 312, 317.
[878] → § 4 Rn. 179 ff.
[879] Begründung der Bundesregierung zum Entwurf eines Gesetzes zum Internationalen Güterrecht und zur Änderung von Vorschriften des Internationalen Privatrechts, BR-Drs. 385/18, 36 Zu Nummer 5.

354 Art. 15 II EGBGB 1986 erlaubt eine großzügige beschränkte Rechtswahl (die allerdings vor dem 29.1.2019 ausgeübt worden sein muss, weil anderenfalls, also bei einer Rechtswahl ab diesem Termin, nach Art. 69 III Var. 2 EuGüVO die EuGüVO greift). Die Ehegatten können für die güterrechtlichen Wirkungen ihrer Ehe wählen: das Recht des Staates, dem einer von ihnen angehört (Nr. 1), das Recht des Staates, in dem einer von ihnen seinen gewöhnlichen Aufenthalt hat (Nr. 2) oder für unbewegliches Vermögen das Recht des Lageortes. Zwar ist eine konkludente Rechtswahl möglich.[880] Die Vereinbarung eines Güterstands nach einem fremden Ortsrecht führt jedoch nicht automatisch dazu, dass eine Wahl dieses Rechts anzunehmen wäre; vielmehr kommt auch ein Handeln unter falschem Recht in Betracht.[881]

355 aa) Wahl des Heimats- oder des Aufenthaltsrechts nach Art. 15 II Nrn. 1, 2 EGBGB. Die beiden ersten Rechtswahltatbestände entsprechen im Ausgangspunkt, wenn auch in umgekehrter Reihenfolge, Art. 22 I litt. a, b EuGüVO.[882] Es erscheint sinnvoll, sich für das Verständnis der Anknüpfungspunkte so weit wie möglich an das europäische Verständnis anzulehnen und unnötige Differenzierungen oder gar Friktionen zu vermeiden. Das gilt umso mehr, weil nach Art. 69 III Var. 2 EuErbVO jede nach dem 29.1.2019 vorgenommene Rechtswahl auch für solche Ehen zu einem Wechsel unter das europäische Regime führt, die vor dem 29.1.2019 geschlossen worden sind.

356 Die Staatsangehörigkeit ist hier (wie auch bei der objektiven Anknüpfung) nach den allgemeinen Grundsätzen festzustellen, d.h. unter Bezugnahme auf das Staatsangehörigkeitsrecht desjenigen Staates, dessen Staatsangehörigkeit in Rede steht.

357 Unterschiede zwischen dem europäischen und dem deutschen Regime ergeben sich freilich bei Doppelstaatern: Erwägungsgrund (50) S. 2 EuGüVO kann man entnehmen, dass im europäischen IPR *jedes* beliebige Heimatrecht wählbar sein sollte, also auch ein ineffektives.[883] Dies verhält sich unter Art. 15 II Nr. 1 EGBGB 1986 deutlich anders, wenn man dort Art. 5 I 1, 2 EGBGB zur Anwendung bringt.[884] Denn Art. 5 I 1 EGBGB führt bei Mehrstaatern ohne deutsche Staatsangehörigkeit zum Effektivitätsgrundsatz, Art. 5 I 2 EGBGB führt bei Mehrstaatern mit deutscher Staatsangehörigkeit zum deutschen Recht als deren Heimatrecht. Der Begriff des gewöhnlichen Aufenthalts im deutschen IPR unterscheidet sich dagegen sachlich-inhaltlich nicht von jenem im europäischen IPR.

358 Die Orientierung an (nachfolgenden) europäischen Maßstäben kann auch wertvolle Richtschnur sein, um Fragen nach der Reichweite des Art. 15 II Nr. 1 EGBGB zu beantworten, die sich um Wählbarkeit oder Nichtwählbarkeit nicht effektiver Heimatrechte ranken. Die europäischen Maßstäbe sprechen dafür, jeweils die liberale Option zu befürworten und im Zweifel sogar die Wahl eines nicht effektiven Heimatrechts zuzulassen. Dies gilt sowohl für die eh zu befürwortende Chance, das effektive gemeinsame Heimatrecht der Ehegatten zu wählen,[885] als auch für die Möglichkeit, das ineffektive Heimatrecht eines Mehrstaaters zu wählen. Unter Art. 15 EGBGB isoliert betrachtet sprechen allerdings beim zweiten Streitstand die besseren Argumente für das gegenteilige Ergebnis, nämlich der Wortlaut („des", nicht „eines" Staates, dem einer der Ehegatten angehört, die Gesetzgenese und der Umkehrschluss aus Art. 14 II EGBGB.[886]

359 bb) Wahl des Belegenheitsrecht bei Immobilien, Art. 15 II Nr. 3 EGBGB. (1) Grundsätzliches. Art. 15 II Nr. 3 EGBGB 1986 hat kein Pendant in der EuGüVO: Er erlaubt den

---

[880] Staudinger/*Mankowski* Art. 15 EGBGB Rn. 106; MüKoBGB/*Sieh* Art. 15 EGBGB Rn. 42. Anderer Ansicht allerdings OLG Hamm FamRZ 2002, 459.
[881] BGH IPRax 2012, 356 (dazu *Wachter*, FamRZ 2011, 1497; *Henrich*, FamRZ 2011, 1498; *Ludwig*, FamRB Int 2011, 69); *Helms*, IPRax 2012, 324.
[882] Näher zu letzteren → § 4 Rn. 237 ff.
[883] → § 4 Rn. 240.
[884] Näher zum insoweit bestehenden Streitstand Staudinger/*Mankowski* Art. 15 EGBGB Rn. 133–139 mit Nachweisen zu beiden Auffassungen.
[885] Dafür *Langenfeld*, BWNotZ 1986, 153; *J. Schneider*, MittRhNotK 1989, 33, 41; Staudinger/*Mankowski* Art. 15 EGBGB Rn. 140 f.
[886] Näher Staudinger/*Mankowski* Art. 15 EGBGB Rn. 133–139.

III. Ehegüterrecht   360–363 § 4

Ehegatten die Wahl des jeweiligen Belegenheitsrechts für unbewegliches Vermögen. Diese Wahlmöglichkeit besteht *nicht* für bewegliches Vermögen. Insofern handelt es sich bei Art. 15 II Nr. 3 EGBGB 1986 um die Möglichkeit einer gegenständlich begrenzten Rechtswahl, die nicht das gesamte eheliche Vermögen erfasst. Ihre Wirkungen enden, wenn der betreffende Gegenstand aus dem ehelichen Vermögen ausscheidet, insbesondere an einen Dritten veräußert wird.[887]

Art. 15 II Nr. 3 EGBGB dient einem doppelten Zweck: Zum einen soll er den Parteien **360** eine Rücksichtnahme auf besondere Kollisionsnormen der lex rei sitae ermöglichen, die zwingend die Anwendung des Sachrechts der lex rei sitae auch in güterrechtlichen Fragen vorschreiben, und so Spannungen mit der lex rei sitae vermeiden helfen.[888] Insoweit besteht ein Zusammenhang mit Art. 3a II EGBGB.

Zum zweiten erleichtert Art. 15 II Nr. 3 EGBGB durch die parteiautonome Festschrei- **361** bung eines Rechts den deutschen Grundstücksverkehr.[889] Man muss im Fall einer Rechtswahl nämlich nicht mehr nach dem jeweiligen allgemeinen Güterstatut fragen, um die Eigentumsverhältnisse und die Verfügungsbefugnis zu ermitteln. Ansonsten bestehen im Fall einer Grundstücksveräußerung oder -belastung häufig Zweifel, ob der eine Ehegatte der Verfügung des anderen (im Grundbuch eingetragenen) zustimmen muss. Hat ein Ehegatte ein Grundstück erworben, so kann wiederum zweifelhaft sein, ob nur der tatsächliche Käufer Eigentümer wird oder ob aufgrund einer bestehenden Gütergemeinschaft das Grundstück in das gemeinschaftliche Vermögen beider Ehegatten fällt.[890] Durch die Wahl deutschen Rechts können einerseits die Kosten einer Ermittlung des Inhalts eines fremden Güterstatuts erspart und andererseits Bedenken von Kaufinteressenten ausgeschaltet werden.[891]

(2) Unbewegliches Vermögen. Der Begriff des „unbeweglichen Vermögens" ist richti- **362** gerweise durch Qualifikationsverweisung auf die lex rei sitae des jeweiligen Gegenstands auszufüllen.[892] Die Alternative bestünde in einer Qualifikation immer nach den Maßstäben des deutschen Sachrechts.[893]

Als Faustregel für eine erste Orientierung gilt bei Belegenheit in Deutschland: Unter **363** den Begriff des „unbeweglichen Vermögens" fallen alle der Eintragung ins Grundbuch fähigen subjektiven Sachenrechte.[894] Kein geeignetes Orientierungskriterium gibt dagegen der hypothekarische Haftungsverbund nach §§ 1120 BGB; 90, 55, 20 ZVG ab.[895] Eine Orientierung am Umfang des hypothekarischen Haftungsverbundes würde bedeuten, dass alles, was in diesen Haftungsverbund fällt, als unbeweglich, alles außerhalb des Haftungsverbundes als beweglich zu qualifizieren wäre. Der Umfang der hypothekarischen Haftung geht jedoch auf andere Interessen zurück als die für die Zwecke des Art. 15 II Nr. 3 EGBGB ausschlaggebenden Verkehrs- und Ordnungsinteressen. Die hypothekarische Haftung soll dem Gläubiger die Möglichkeit zur wertmäßigen Befriedigung nach dem Umfang der wertmäßigen Sachsubstanz erhalten und ihn gegen Manipulationen des Hypothekenschuldners schützen. Insoweit beruht der Umfang der Haftung auf Zurechnungsüberlegungen, welche für das Kollisionsrecht unbeachtlich sind.[896]

---

[887] Staudinger/*Mankowski* Art. 15 EGBGB Rn. 150 sowie *Schotten*, DNotZ 1994, 566, 568.
[888] *Henrich*, in: Conflict and Integration – Comparative Law in the World Today, 1989, S. 561, 568 f.
[889] Beschlussempfehlung und Bericht des Rechtsausschusses, BT-Drs. 10/5632, 42
[890] *Henrich*, in: Conflict and Integration – Comparative Law in the World Today, 1989, S. 561, 568–570; *Mankowski*, FamRZ 1994, 1457.
[891] Vorauflage Rn. 225 *(v. Bar)*; Staudinger/*Mankowski* Art. 14 EGBGB Rn. 152.
[892] *G. Kühne*, IPRax 1987, 69, 73; *Kötters*, Parteiautonomie und Anknüpfungsmaximen, 1988, S. 57–61; *V. Stoll* S. 108; Soergel/*Schurig* Art. 15 EGBGB Rn. 22; Staudinger/*Mankowski* Art. 15 EGBGB Rn. 164.
[893] Siehe nur *Lichtenberger*, DNotZ 1986, 644, 659; *ders.*, FS Murad Ferid zum 80. Geb., 1988, S. 269, 284; *Böhringer*, BWNotZ 1987, 104, 109; *J. Schneider*, MittRhNotK 1989, 33, 41; *Kropholler* S. 356.
[894] Siehe nur *Jayme*, IPRax 1986, 265, 270; *Krzywon*, BWNotZ 1986, 154, 160 mit 155 f.; *Siehr*, IPRax 1987, 4, 7; *G. Reinhart*, BWNotZ 1987, 97, 101; *A. Tiedemann*, RabelsZ 55 (1991), 17, 35; *Bentler*, Die Erbengemeinschaft im Internationalen Privatrecht, 1993, S. 22; *Riering*, ZEV 1995, 404, 405; *T. Bosch* S. 323; Staudinger/*Mankowski* Art. 15 EGBGB Rn. 168.
[895] Entgegen *Neuhaus*, RabelsZ 19 (1954), 556, 563; *Krzywon*, BWNotZ 1987, 4, 5; *T. Bosch* S. 321.
[896] *V. Stoll* S. 117; Staudinger/*Mankowski* Art. 15 EGBGB Rn. 169.

364 Zum „unbeweglichen Vermögen" zählen unter deutschem Recht jedenfalls: Grundstückseigentum; beschränkt dingliche Rechte an Grundstücken (dingliches Vorkaufsrecht, subjektiv persönliche Reallast, Nießbrauch, persönliche Dienstbarkeit) einschließlich landesrechtlicher Gerechtigkeiten; grundeigentumsgleiche Rechte, z. B. Wohnungs-, Stockwerk- und Teileigentum, Erbbaurecht und Bergwerkseigentum.[897]

365 Grundpfandrechte, Grundstückszubehör sind als unbeweglich einzustufen, abgetrennte Bestandteile und Früchte, Surrogaten (z. B. Forderungen gegen Versicherungen), Forderungen auf Übertragung von Grundstücksrechten (selbst vormerkungsgesicherte) sowie Miet- und Pachtzinsforderungen dagegen als beweglich.[898] Als Faustformel mag dienen, dass Forderungen nur relative, aber keine absoluten Rechte und nicht der Eintragung im Grundbuch fähig sind.

366 Anteile an Erbengemeinschaften oder Gesellschaften, deren wesentliches Vermögen aus Grundstücken besteht, sollte man ebenfalls als unbeweglich qualifizieren und nicht die Qualität des Vermögensobjekts auf die Gemeinschaft oder Gesellschaft als Eigentümer durchschlagen lassen. Es überwiegt eindeutig der besondere Zweck der gesellschaftlichen oder gesamthänderischen Bindung.[899] Bei natürlichen Personen, deren Vermögen im Wesentlichen aus Grundstücken besteht, würde auch nichts durchschlagen. Außerdem geriete man anderenfalls in Wertungsprobleme bei Gesellschaften, die zwar nur Grundbesitz haben, diesen aber in verschiedenen Staaten. Obendrein wären die Anteile am Gesellschaftssitz zu verorten und nach dortigem Recht zu qualifizieren, während die Vermögensobjekte Grundstücke wiederum nach ihren jeweiligen Belegenheitsrechten zu qualifizieren wären.

367 Schiffe und Schiffsbauwerke werden zwar im Ausgangspunkt durch Registereintragung quasi-immobilisiert.[900] Trotzdem sind sie als beweglich zu qualifizieren.[901] Ihre Quasi-Immobilisierung ist nur eine Gegenreaktion auf ihre besonders erhöhte Mobilität. Sie unterscheiden sich in einem wichtigen Punkt wesentlich von Grundstücken: Anders als Grundstücke können Schiffe das Register grenzüberschreitend wechseln.[902]

368 (3) Wählbarkeit der jeweiligen lex rei sitae. Nach dem lex rei sitae-Prinzip erfasst die Rechtswahl nur das in einem bestimmten Staat belegene Immobiliarvermögen. Nur für dieses kann das Recht seiner eigenen Belegenheit gewählt werden. Die einheitliche Unterstellung des gesamten, in mehreren Staaten belegenen Immobiliarvermögens unter eines der Belegenheitsrechte ist nicht möglich.[903] Dagegen ist es zulässig, in verschiedenen Staaten belegenes Immobiliarvermögen unterschiedlich zu behandeln. Von den Ehegatten wird nicht verlangt, dass sie für ihr gesamtes Immobiliarvermögen das jeweilige Lagerecht wählen müssen, wenn sie überhaupt eine Rechtswahl treffen wollen. Ihnen ist vielmehr eine ländermäßige Differenzierung gestattet.[904]

369 Die Ehegatten können die Wahl der jeweiligen lex situs gegenständlich sogar auf einen einzelnen Gegenstand des Immobiliarvermögens beschränken; sie müssen nicht für das gesamte in einem Staat belegene Immobiliarvermögen wählen.[905] Dafür spricht schon der

---

[897] Siehe nur *Jayme*, IPRax 1986, 265, 270; *Krzywon*, BWNotZ 1986, 154, 160 mit 155 f.; *ders.*, BWNotZ 1987, 4, 5; *Siehr*, IPRax 1987, 4, 7; *Reinhart*, BWNotZ 1987, 97, 101; *Dörner*, DNotZ 1988, 67, 94 f.; *Schotten*, RPfleger 1991, 181, 186; *V. Stoll* S. 117 f.
[898] Im Einzelnen Staudinger/*Mankowski* Art. 15 EGBGB Rn. 172–208 mwN auch zu den jeweiligen Gegenauffassungen.
[899] *V. Stoll* S. 127; *v. Oertzen* IPRax 1994, 73, 79; *T. Bosch* S. 336; BeckOK BGB/*J. Mörsdorf-Schulte* Art. 15 EGBGB Rn. 25.
[900] Vgl. Art. 45 I Nr. 2 EGBGB.
[901] *Neuhaus*, RabelsZ 19 (1954), 556, 567; *Raape* S. 417; *V. Stoll* S. 131; Erman/*Hohloch* Art. 15 EGBGB Rn. 28; *T. Bosch* S. 325; Staudinger/*Mankowski* Art. 15 EGBGB Rn. 215.
[902] Staudinger/*Mankowski* Art. 15 EGBGB Rn. 215.
[903] *V. Stoll* S. 132; *T. Bosch* S. 302; Staudinger/*Mankowski* Art. 15 EGBGB Rn. 216.
[904] *G. Kühne*, IPRax 1987, 69, 73; *B. Wegmann*, NJW 1987, 1740, 1743; *V. Stoll* S. 132; *T. Bosch* S. 303; Staudinger/*Mankowski* Art. 15 EGBGB Rn. 217.
[905] Siehe nur LG Mainz NJW-RR 1994, 73, 74; *Henrich*, FamRZ 1986, 841, 847; *Lichtenberger*, DNotZ 1986, 644, 662; *ders.*, DNotZ 1987, 297, 300; *ders.*, FS Murad Ferid zum 80. Geb., 1988, S. 269, 275–278; *Böhringer*, BWNotZ 1987, 104, 109; *Röll*, MittBayNot 1989, 1, 3; *V. Stoll* S. 137; *Reithmann*, WM 1991,

III. Ehegüterrecht   370–374 § 4

Wortlaut des Gesetzes: „unbewegliches Vermögen", nicht „*das* unbewegliche Vermögen".[906] Mit der sachrechtlichen Einheit des Güterstands[907] darf man die rein kollisionsrechtliche Frage der partiellen Rechtswahl nicht vermengen.[908] Art. 15 II Nr. 3 EGBGB betrifft aber nur die erste, kollisionsrechtliche Ebene.[909]

Den Ausschlag zu Gunsten der partiellen Rechtswahl gibt in jedem Fall die Zielsetzung des Art. 15 II Nr. 3 EGBGB:[910] Dieser dient sowohl Partei- als auch Verkehrs- und Durchsetzungsinteressen. Die Nichtzulassung der partiellen Rechtswahl hätte den Zwang zur Folge, für das gesamte in einem Staat belegene Immobiliarvermögen zu wählen, welches die Wählenden bereits besitzen oder jetzt oder künftig erwerben. Damit wäre den Bedürfnissen nicht entsprochen, die im Zusammenhang mit dem Erwerb eines einzelnen Grundstücks auftreten können und welche den Gesetzgeber entscheidend veranlasst haben, eine Wahl der lex rei sitae überhaupt zuzulassen. Der Einzelvorgang würde den Gesamtkomplex des ehelichen Immobiliarvermögens aufstören.[911] 370

Die wegen des in jedem Fall gegenständlich beschränkten Umfangs der Rechtswahl nach Art. 15 II Nr. 3 EGBGB bei ausländischem generellem Ehegüterstatut unvermeidliche Statutenspaltung führt wiederum zu einer Spaltung des ehelichen Vermögens in verschiedene, unterschiedlichen Rechten unterstehende Vermögensmassen. Daraus könnten schwierige Anpassungsprobleme entstehen, insbesondere wenn die kollisionsrechtliche Sondervermögensbildung einem der involvierten Rechte widerspricht.[912] 371

Beispiel:[913] Ausländische Ehegatten, die nach ihrem gemeinsamen Heimatrecht in Gütertrennung leben, vereinbaren beim Erwerb eines deutschen Grundstücks durch die Ehefrau die Geltung deutschen Güterrechts für dieses Grundstück. Der Mann erzielt im Lauf der Ehe einen Zugewinn von 500.000 EUR, während das Grundstück der Frau im Wert um 100.000 EUR wächst. Muss dann bei Scheidung die Frau an den Mann 50.000 EUR zahlen, ohne von ihm etwas fordern zu können? Inwieweit kann § 1381 BGB helfen? Ist der Zugewinnausgleich billig oder unbillig, wenn die Ehegatten hinsichtlich ihres sonstigen Vermögens bewusst bei Gütertrennung geblieben sind? 372

Der kollisionsrechtlichen Logik entspricht es, die einzelnen Splittergüterrechte losgelöst voneinander so zu behandeln, als wäre der jeweils andere Teil des ehelichen Vermögens nicht vorhanden.[914] In jedem Fall ist keines der Statute berufen, das gesamte Vermögen einer Gesamtbetrachtung zu unterwerfen. Andererseits muss dafür Sorge getragen werden, dass es auf der sachrechtlichen Ebene nicht zu absolut unerträglichen Ergebnissen in der Addition der Einzelstatute kommt. Auf der sachrechtlichen Ebene kommt eine Berücksichtigung der Ausgestaltung des anderen Statuts durch Vereinbarung eines diesem möglichst nahekommenden Güterstands in Betracht.[915] 373

cc) Form. Eine Rechtswahl nach Art. 15 II EGBGB 1986 bedarf gemäß Art. 15 III iVm Art. 14 IV EGBGB 1986 der notariellen Beurkundung oder bei Auslandsvornahme ersatz- 374

1898, 1899; *Mankowski*, FamRZ 1994, 1457, 1458 f. Anderer Ansicht *Langenfeld*, BWNotZ 1986, 153; *ders.*, FamRZ 1987, 9, 13; *G. Kühne*, IPRax 1987, 69, 73; *B. Wegmann*, NJW 1987, 1740, 1743; *J. Schneider*, MittRhNotK 1989, 33, 42; *Schotten*, Rpfleger 1991, 181, 187; *ders.*, DNotZ 1994, 566, 567–569.

[906] *Böhringer*, BWNotZ 1987, 104, 109; *Lichtenberger*, FS Murad Ferid zum 80. Geb., 1988, S. 269, 276; *T. Bosch* S. 305.
[907] Auf diese stellen *B. Wegmann*, NJW 1987, 1740, 1743; *J. Schneider*, MittRhNotK 1989, 33, 42 ab.
[908] *Böhringer*, BWNotZ 1987, 104, 109 f.; *Lichtenberger*, FS Murad Ferid zum 80. Geb., 1988, S. 269, 275 f.; Staudinger/*Mankowski* Art. 15 EGBGB Rn. 219.
[909] Staudinger/*Mankowski* Art. 15 EGBGB Rn. 220; *Andrae*, NotBZ 2001, 44, 50.
[910] *Böhringer*, BWNotZ 1987, 104, 109; *Lichtenberger*, FS Murad Ferid zum 80. Geb., 1988, S. 269, 278; Staudinger/*Mankowski* Art. 15 EGBGB Rn. 226.
[911] MüKoBGB/*Looschelders* Art. 15 EGBGB Rn. 90; auch Soergel/*Schurig* Art. 15 EGBGB Rn. 21. Skeptisch dagegen *T. Bosch* S. 311 f.
[912] *V. Stoll* S. 151.
[913] *Henrich*, FamRZ 1986, 841, 847.
[914] Vorauflage Rn. 225 *(v. Bar)*; Palandt/*Thorn* Art. 15 EGBGB Rn. 22.
[915] Staudinger/*Mankowski* Art. 15 EGBGB Rn. 158.

weise der Form für Eheverträge nach dem gewählten Recht oder dem Recht des Vornahmeortes.[916] Die Verweisung wirft im Prinzip keine Besonderheiten auf.[917]

375 **b) Objektive Anknüpfung.** Gibt es keine wirksame Rechtswahl, so unterwirft Art. 15 I EGBGB 1986 das Ehegüterstatut in Altfällen dem bei der Eheschließung für die allgemeinen Wirkungen der Ehe geltenden Recht. Damit verweist er auf das Ehewirkungsstatut, das seinerseits nach Art. 14 EGBGB zu ermitteln ist. Zentral zielt dies auf Art. 14 I EGBGB, die so genannte „modifizierte *Kegel*'sche Leiter"[918]. Sie sucht gemeinsame Verbindungen der Ehegatten zu einem Staat. Ihre oberste Stufe ist die gemeinsame Staatsangehörigkeit der Ehegatten.

376 Art. 15 EGBGB verweist auf *alle* Absätze des Art. 14 EGBGB ohne Ausnahme, also auch auf die Rechtswahltatbestände der Art. 14 II, III EGBGB[919] (die allerdings neben den liberaleren eigenen Rechtswahlmöglichkeiten des Internationalen Ehegüterrechts aus Art. 15 II EGBGB 1986 keine wirkliche Rolle spielen).

377 Die Besonderheit des Art. 15 I EGBGB 1986 liegt in der zeitlichen Fixierung des Anknüpfungszeitpunkts auf den Zeitpunkt der Eheschließung: Das objektive Ehegüterstatut für Altehen wird *unwandelbar*[920] nach den tatsächlichen Verhältnissen zum Zeitpunkt der Eheschließung angeknüpft.[921] Spätere Veränderungen bei Staatsangehörigkeit oder gewöhnlichem Aufenthalt der Ehegatten *nach* der Eheschließung sind für Art. 15 I iVm Art. 14 I EGBGB 1986 ohne jede Bedeutung, ebenso das spätere Eheleben.[921a] Wollen die Ehegatten auf sie reagieren, so können und müssen sie dies durch Rechtswahl nach Art. 15 II EGBGB 1986 tun.[922] Mit einer Rechtswahl nach dem Stichtag 29.1.2019 wechseln sie aber – unabhängig vom Datum ihrer Eheschließung – ins Regime der EuGüVO über und können nur noch auf die Möglichkeiten des Art. 22 EuGüVO zurückgreifen, nicht mehr auf die (liberaleren) des Art. 15 II EGBGB.

378 Aus der Unwandelbarkeit des Ehegüterstatuts ergibt sich eine wichtige Konsequenz: Die Verweisung des Art. 15 I EGBGB auf Art. 14 I EGBGB erfasst *nicht* die Kontinuitätsklauseln der Art. 14 I 1 Nr. 1 Var. 2 und Nr. 2 Var. 2 EGBGB.[923] Im Internationalen Ehegüterrecht kann es keine Anknüpfung an eine letzte gemeinsame, einseitig beibehaltene Staatsangehörigkeit oder an einen letzten gemeinsamen, einseitig beibehaltenen gewöhnlichen Aufenthalt geben, denn ein Griff in die Vergangenheit ist in ihm nicht möglich. Für die objektive Anknüpfung zählt nur das, was genau im Moment der Eheschließung vorliegt.[924]

379 **c) Umfang des Ehegüterstatuts (Qualifikation).** Der Ehegüterrechtsbegriff des Art. 15 EGBGB ist enger als der weite Ehegüterrechtsbegriff des Art. 3 I lit. a EuGüVO. Hinter letzterem steht ein europäischer effet utile, das Streben eines vereinheitlichten europäischen IPR-Rechtsakts nach möglichst weiter sachlicher Anwendbarkeit, ohne durch Rücksichtnahmen innerhalb einer Gesamtkodifikation des Internationalen Familienrechts beschränkt zu sein. Solche Freiheit hat Art. 15 EGBGB nicht. Vielmehr ist er Teil einer Kodifikation. Er ist insbesondere gehalten, den allgemeinen Ehewirkungen desy Art. 14 EGBGB einen gewissen Raum zu lassen. Zudem ist der europäische Güterrechtsbegriff bewusst „übergrif-

---

[916] Zu Art. 14 IV EGBGB → § 4 Rn. 427 ff.
[917] Näher zu Details und Ausnahmekonstellationen *Kleinheisterkamp,* IPRax 2004, 399.
[918] Eingehend zu ihr sogleich → § 4 Rn. 386.
[919] Siehe nur MüKoBGB/*Looschelders* Art. 15 EGBGB Rn. 14; Palandt/*Thorn* Art. 15 EGBGB Rn. 1.
[920] Zum Unwandelbarkeitsgrundsatz insbesondere *Gamillscheg,* FS Eduard Bötticher, 1969, S. 143.
[921] Siehe nur OLG Zweibrücken NJW 2016, 1185, 1186; Staudinger/*Mankowski* Art. 15 EGBGB Rn. 1; MüKoBGB/*Looschelders* Art. 15 EGBGB Rn. 15.
[921a] So mit Recht *Looschelders,* FamRZ 2018, 1785, 1786 gegen OLG Düsseldorf FamRZ 2018, 1783, 1785.
[922] Siehe nur MüKoBGB/*Looschelders* Art. 15 EGBGB Rn. 16.
[923] Siehe nur Bericht des Rechtsausschusses, BT-Drs. 10/5632, 41; *Henrich,* FamRZ 1986, 841, 845; *J. Schneider,* MittRhNotK 1989, 33, 40; Soergel/*Schurig* Art. 15 EGBGB Rn. 7, 11.
[924] Staudinger/*Mankowski* Art. 15 EGBGB Rn. 28.

III. Ehegüterrecht

fig", während Art. 15 EGBGB sich einem hergebrachten, restriktiveren Verständnis verbunden fühlt.

Zum Ehegüterrecht zählen unter Art. 15 EGBGB:[925] Güterstände (einschließlich Begründung, Beginn, Aussetzung, Beendigung samt jeweiliger Rechtsfolgen und Gegenrechte); Verwaltungsbefugnisse; Verfügungsbefugnisse (einschließlich etwaiger Verbote); Sorgfaltspflichten; Zuweisung von Nutzungen; von einem bestimmten Güterstand abhängige Befugnisse für den anderen Ehegatten; die von einem bestimmten Güterstand abhängige Haftung gegenüber Dritten oder gegenüber dem anderen Ehegatten; Auskunftsansprüche und funktionelle Entsprechungen.

Bei vertraglichen Güterständen regiert das Ehegüterstatut auch sämtliche Fragen rund um den begründenden Vertrag als solchen mit Ausnahme der Teilfragen Form und allgemeine Geschäftsfähigkeit.[926] Zu den regierten Fragen zählen insbesondere Statthaftigkeit und zulässiger Inhalt von Eheverträgen einschließlich des Kreises wählbarer Güterstände, außerdem Zustandekommen und rechtsgeschäftliche Wirksamkeit.

Das Ehegüterstatut regiert alle diese Aspekte auch im Fall der Scheidung. Art. 17 I 1 EGBGB erfasst nicht die güterrechtlichen Scheidungsfolgen. Anderenfalls drohte entgegen dem Unwandelbarkeitsgrundsatz ein Statutenwechsel für güterrechtliche Fragen bei einem statistisch sehr häufigen und praktisch überragend wichtigen Beendigungsgrund für den Güterstand.

Werden Ehe und Güterstand durch den Tod eines Ehegatten beendet, so ist eine qualifikatorische Abgrenzung zum Erbstatut geboten. Traditioneller Streitstand ist die Einordnung des so genannten erbrechtlichen Viertels aus § 1371 I BGB, um welches der Erbteil eines überlebenden Ehegatten bei deutschem gesetzlichem Güterstand der Zugewinngemeinschaft erhöht wird. Insoweit streiten güterrechtlicher Zweck und erbrechtliches Mittel miteinander. Bereits seit langem ist eine güterrechtliche Qualifikation des erbrechtlichen Viertels[927] in Deutschland vorherrschend, 2015 endlich höchstrichterlich befestigt.[928] Eine genuin erbrechtliche Qualifikation wurde eigentlich nur in den 1950ern und 1960ern, danach aber nicht mehr vertreten,[929] und die ernsthaft mit der güterrechtlichen Qualifikation konkurrierenden Ansätze bestanden in Variationen einer Doppel-, einer differenzierten oder einer bedingten Qualifikation,[930] vornehmlich in der OLG-Rechtsprechung[931] vor der für die Praxis Verbindlichkeit schaffenden Entscheidung des BGH.

---

[925] Siehe nur Staudinger/*Mankowski* Art. 15 EGBGB Rn. 234–272; MüKoBGB/*Looschelders* Art. 15 EGBGB Rn. 31–35.
[926] Siehe nur Staudinger/*Mankowski* Art. 15 EGBGB Rn. 293–323; MüKoBGB/*Looschelders* Art. 15 EGBGB Rn. 36–41.
[927] Z. B. BayObLG 1975, 133, 135; OLG Karlsruhe IPRax 1990, 407, 408 = NJW 1990, 1421; OLG München ZEV 2011, 137; OLG München ZEV 2012, 591 = MittBayNot 2013, 73 m. zust. Anm. *Süß;* OLG Schleswig NJW 2014, 88; OLG Frankfurt BeckRS 2016, 116008; KG FamRZ 2017, 64; OLG Frankfurt ZEV 2017, 572, 574; LG Mosbach ZEV 1998, 489, 490; *Dörner*, ZEV 2005, 444, 445; *ders.*, in: Dutta/Herrler (Hrsg.), Die Europäische Erbrechtsverordnung, 2014, S. 73, 76 f.; *Ludwig*, DNotZ 2005, 588–590; *ders.*, FamRB Int. 2013, 10, 11 f.; *C.-H. Horn*, ZEV 2008, 417, 418; Staudinger/*Mankowski* Art. 15 EGBGB Rn. 342–364; *Looschelders*, FS Bernd v. Hoffmann, 2011, S. 266, 272 f.; NK-BGB/*Looschelders* Art. 1 EuErbVO Rn. 31; *Mankowski*, ZEV 2014, 121; *ders.*, FamRZ 2015, 1183.
[928] BGHZ 205, 290 = ZEV 2015, 409 m. Anm. *W. Reimann* = NZFam 2015, 758 m. Anm. *D. Schäuble* = MittBayNot 2015, 507 m. Anm. *Süß* = FamRZ 2015, 1180 m. zust. Anm. *Mankowski*. Offen noch BGH FamRZ 2012, 1871.
[929] *Schwörer*, Justiz 1957, 321, 325; *Knur*, DNotZ 1957, 451, 455; *D. Reinicke*, NJW 1957, 889, 892; *Rittner*, DNotZ 1958, 181, 189 f.; *Bärmann*, AcP 157 (1958/59) 145, 198; *H. Krüger/Breetzke/Nowak*, GleichberG, 1958, Vor § 1371 BGB Anm. 2; *Raape* S. 336 f.; *U. Schwarz*, Der Zugewinn im Todesfall bei Anwendung ausländischen Erbrechts, 1964, S. 87; *Firsching*, Deutsch-amerikanische Erbfälle, 1965, S. 63; *ders.*, Einführung in das Internationale Privatrecht, 3. Aufl. 1987, S. 58; *Sielemann*, MittRhNotK 1969, 375; *Liehner*, MittRhNotK 1969, 465, 469; Staudinger/*Firsching*, BGB, Artt. 24–26 EGBGB, 12. Aufl. 1981, Vor Art. 24 EGBGB [aF] Rn. 223; *Hering*, Die gesetzlichen Rechte des überlebenden Ehegatten in deutsch-kanadischen Erbfällen, 1984, S. 186 f.; *Ferid/Firsching*, Internationales Erbrecht, Losebl., Deutschland Grdz. Rn. 71 (Jan. 1990).
[930] OLG Düsseldorf MittRhNotK 1988, 68; *Braga*, FamRZ 1957, 334, 341; *J. Schröder*, Die Anpassung von Kollisions- und Sachnormen, 1961, S. 91 f.; *Graue*, 15 Am. J. Comp. L. 164, 189 (1966); Staudinger/

IV. Allgemeine Ehewirkungen

Literatur: *v. Bar*, Private International Law – Personal Effects of Marriage, IntEncyclCompL III/17 (1986); *ders.*, Nachträglicher Versorgungsausgleich und Ehewirkungsstatut in einer deutsch-niederländischen Ehe, IPRax 1994, 100; *A. Börner*, Die Anforderungen an die konkludente Wahl des auf die Ehewirkungen anwendbaren Rechts nach Art. 14 EGBGB, IPRax 1995, 309; *Erbarth*, Die Auswirkungen der EuGüVO auf das Internationale Privatrecht und die internationale Zuständigkeit der Wirkungen der Ehe im Allgemeinen (§§ 1353 ff. BGB), NZFam 2018, 249 und 342; *Kegel*, Zur Reform des deutschen internationalen Privatrechts der persönlichen Ehewirkungen, in: Lauterbach (Hrsg.), Vorschläge und Gutachten zur Reform des deutschen internationalen Eherechts, 1962, S. 75; *Kötters*, Parteiautonomie und Anknüpfungsmaximen, 1989; *Kühne*, Die außerschuldvertragliche Parteiautonomie im neuen Internationalen Privatrecht, IPRax 1987, 69; *Lichtenberger*, Zu einigen Problemen des Internationalen Familien- und Erbrechts, FS Murad Ferid zum 80. Geb., 1988, S. 269; *Mayr*, Die Anknüpfung des allgemeinen Ehewirkungsstatuts bei Staatenlosen und Flüchtlingen, FamRBInt 2013, 51; *J. Schneider*, Internationales Familienrecht – Vergleich des neuen IPR-Gesetzes mit dem bisherigen gesetzlichen Regelungen im EGBGB, MittRhNotK 1989, 33; *Spickhoff*, Die engste Verbindung im interlokalen und internationalen Familienrecht, JZ 1993, 336; *V. Stoll*, Rechtswahl im Ehe-, Namens- und Erbrecht, 1991; *B. Wegmann*, Rechtswahlmöglichkeiten im internationalen Familienrecht, NJW 1987, 1740.

384 **1. Grundsätzliches.** Das deutsche IPR widmet den allgemeinen Ehewirkungen in Art. 14 EGBGB eine eigene Kollisionsnorm. Im Rahmen der IPR-Novelle von 1986 war diese Norm Zentralnorm und Grundnorm im Internationalen Familienrecht.[932] Ihre Bedeutung erlangte sie weniger in ihrem unmittelbaren Anwendungsbereich als vielmehr durch eine Vielzahl von Bezugnahmen. Bezugnahmen gab es insbesondere im Internationalen Ehegüterrecht durch Art. 15 I EGBGB 1986 und im Internationalen Scheidungsrecht durch Art. 17 I 1 EGBGB 1986. Letztere gibt es seit Wirksamwerden der Rom III-VO nicht mehr, und erstere entfällt mit dem Wirksamwerden der EuGüVO für alle Ehen, die nach dem 29.1.2019 geschlossen sind. Heute noch verblieben sind Bezugnahmen im Internationalen Adoptionsrecht durch Art. 22 I 2 EGBGB 2019 und im Internationalen Abstammungsrecht durch Art. 19 I 3 EGBGB 2019, beide zudem nur auf Art. 14 II EGBGB 2019, aber nicht auf Art. 14 I EGBGB 2019, so dass schon deshalb ein Statutengleichlauf nicht gewährleistet ist.[933] Obendrein ist Art. 19 I 3 EGBGB 2019 nur eines von drei Gliedern einer alternativen Anknüpfung.

385 Zentralnorm des Internationalen Familienrechts, wofür Art. 14 EGBGB 1986 bei seiner Schaffung angelegt war,[934] ist Art. 14 EGBGB 2019 heute nicht mehr. Seine Funktion als Grundnorm ist stark rückläufig[935] und ab Wirksamwerden der EuGüVO auf dürre Reste reduziert.[936] Wahrscheinlich existiert er überhaupt nur noch, weil sein eigentlicher, unmittelbarer Anwendungsbereich zu unbedeutend ist, um die Aufmerksamkeit der EU zu erwecken und Vereinheitlichungswünsche hervorzurufen.[937]

386 Art. 14 I EGBGB 1986 verkörperte die so genannte „modifizierte *Kegel'sche* Leiter", benannt nach *Gerhard Kegel*, dem seinerzeitigen Doyen des deutschen IPR, auf dessen Vor-

---

Gamillscheg, BGB, Artt. 13–17 EGBGB, 10./11. Aufl. 1973, Art. 15 EGBGB aF Rn. 335; *Coester*, JA 1979, 351, 353; *Vékás*, IPRax 1985, 24; *Ferid/Böhmer*, Internationales Privatrecht, 3. Aufl. 1986, Rn. 8–130; *Schotten*, MittRhNotK 1987, 18, 19; *Schotten/Johnen*, DtZ 1991, 257, 259; *Süß*, ZNotP 1999, 385, 392; *Schotten/Schmellenkamp* Rn. 288; MüKoBGB/*R. Birk*, Bd. 10, 5. Aufl. 2010, Art. 25 EGBGB Rn. 158; IPG 1977 Nr. 37 S. 363 (München); auch *Massfeller*, DB 1958, 563, 566; *Schotten*, ZEV 2009, 193, 194.

[931] OLG Stuttgart ZEV 2005, 443 m. Anm. *Dörner* = NJW 2005, 2164 zum Ersten, OLG Frankfurt ZEV 2010, 253, 254 = FamRZ 2010, 767 f. zum Zweiten, OLG Köln ZEV 2012, 205 m. Anm. *K. W. Lange* zum Dritten.
[932] Siehe nur *Mankowski*, IPRax 2017, 130, 137.
[933] Staudinger/*Mankowski* Art. 14 EGBGB Rn. 2; MüKoBGB/*Looschelders* Art. 14 EGBGB Rn. 10.
[934] Begründung der Bundesregierung zum Entwurf eines Gesetzes zur Neuregelung des Internationalen Privatrechts, BT-Drs. 10/504, 41.
[935] NK-BGB/*Andrae* Art. 14 EGBGB Rn. 4.
[936] → § 4 Rn. 196–202.
[937] *R. Ernst*, in: Symposium für Peter Winkler v. Mohrenfels, 2013, S. 129, 134.

IV. Allgemeine Ehewirkungen 387–391 § 4

schlag im Deutschen Rat für Internationales Privatrecht die Norm grundsätzlich zurückgeht.[938] Art. 14 I EGBGB enthielt die berühmteste Anknüpfungskaskade (oder Anknüpfungsleiter) im deutschen IPR. Sie umfasste insgesamt fünf Sprossen, denn die beiden ersten Nummern waren jeweils zweigeteilt:[939] Nr. 1 Var. 1, Nr. 1 Var. 2, Nr. 2 Var. 1, Nr. 2 Var. 2, Nr. 3. Zur nächstniedrigeren Sprosse gelangte man erst, wenn man auf der nächsthöheren kein Ergebnis gefunden hat. Jede niedrigere Sprosse war zu allen höheren Sprossen subsidiär.

Art. 14 II EGBGB 1986 war bei seiner Einführung eine sehr progressive Regelung. In ihm (und Art. 10 II EGBGB 1986) fand sich das erste Ausgreifen der Rechtswahlfreiheit auf einen Anknüpfungsgegenstand jenseits vermögensrechtlicher Beziehungen. 387

Rechtspolitisch stand Art. 14 I EGBGB 1986 seit langem unter starkem Druck.[940] Denn er verwirklichte in Art. 14 I Nr. 1 EGBGB 1986 auf der ersten Stufe der objektiven Anknüpfung noch ein Staatsangehörigkeitsprinzip.[941] Das europäische IPR ist aber vom Staatsangehörigkeits- auf das Aufenthaltsprinzip umgeschwenkt.[942] Es gibt keine überzeugende Rechtfertigung, um die allgemeinen Ehewirkungen im Anknüpfungsprinzip anders anzuknüpfen als die wichtigste besondere Ehewirkung, nämlich das Ehegüterrecht. Für das Ehegüterrecht erfolgt aber europäisch mit Art. 26 I lit. a EuGüVO der Schwenk zum Aufenthaltsprinzip. 388

Sofern Art. 14 EGBGB wenigstens noch rudimentär seine eine Funktion als Grundnorm für ein „Familienstatut" erfüllen will, musste er über kurz oder lang dieser Entwicklung folgen und ebenfalls auf den gewöhnlichen Aufenthalt statt der Staatsangehörigkeit als primären Anknüpfungspunkt umschwenken.[943] Der deutsche Gesetzgeber hat die Gelegenheit des Ausführungsgesetzes zur EuGüVO und EuPartVO genutzt, um diesen Schritt bei der objektiven Anknüpfung in Art. 14 II EGBGB 2019 mit der jüngsten Novellierung zu tun.[944] Er ist aber noch einen Schritt weiter gegangen und hat großzügige Rechtswahlmöglichkeiten in Art. 14 I EGBGB 2019 zur primären Anknüpfung erhoben.[945] 389

Die objektive Anknüpfung des Ehewirkungsstatuts ist – anders als jene des Ehegüterstatuts nach EuGüVO bzw. Art. 15 I EGBGB – nicht fixiert auf die Anknüpfungsverhältnisse zum Zeitpunkt der Eheschließung. Vielmehr ist sie wandelbar.[946] Sie folgt also Veränderungen der Anknüpfungsverhältnisse. 390

Die Wandelbarkeit der Anknüpfung für die allgemeinen Ehewirkungen im Gegensatz zur Unwandelbarkeit des Internationalen Ehegüterrechts spiegelt sich auch im intertemporalen Übergang von Art. 14 EGBGB 1986 zu Art. 14 EGBGB 2019 wider:[947] Statt wie Art. 69 III Var. 1 EuGüVO darauf abzustellen, ob die Ehe bis zum oder nach dem 391

---

[938] Die Modifikation gegenüber der originalen *Kegel'schen* Leiter betrifft die letzte Anknüpfungsstufe; vgl. zum Kontrast *Kegel*, in: Lauterbach (Hrsg.), Vorschläge und Gutachten zur Reform des deutschen internationalen Eherechts, 1962, S. 75, 85.
[939] *Hausmann*, in: Hausmann/Odersky IPR § 8 Rn. 8 spricht von drei Haupt- und zwei Unterstufen.
[940] *Coester-Waltjen*, FamRZ 2013, 170; *Mansel*, IPRax 2013, 200.
[941] Ebenso Art. 10:36 BW.
[942] Zur rechtspolitischen Diskussion um die Vor- und Nachteile des Staatsangehörigkeitsprinzips *Henrich*, FS Hans Stoll, 2001, S. 437; *Mansel*, in: Jayme (Hrsg.), Kulturelle Identität und Internationales Privatrecht, 2003, S. 119; *ders.*, BerDGesVR 43 (2008), 137, 161 ff.; *Rauscher*, FS Erik Jayme, 2004, S. 719; *Jayme*, Zugehörigkeit und kulturelle Identität, 2012, S. 19–22.
[943] *Henrich*, FS Ulrich Spellenberg, 2010, S. 195; *Helms*, Liber amicorum Walter Pintens, 2012, S. 681, 697; *Mankowski*, IPRax 2017, 130, 138.
[944] Begründung der Bundesregierung zum Entwurf eines Gesetzes zum Internationalen Güterrecht und zur Änderung von Vorschriften des Internationalen Privatrechts, BR-Drs. 385/18, 36 Zu Nummer 4.
[945] Begründung der Bundesregierung zum Entwurf eines Gesetzes zum Internationalen Güterrecht und zur Änderung von Vorschriften des Internationalen Privatrechts, BR-Drs. 385/18, 36 Zu Nummer 4.
[946] Siehe nur Begründung der Bundesregierung zum Entwurf eines Gesetzes zum Internationalen Güterrecht und zur Änderung von Vorschriften des Internationalen Privatrechts, BR-Drs. 385/18, 36 Zu Nummer 4; AG Leverkusen FamRZ 2005, 1684; *Hausmann*, in: Hausmann/Odersky IPR § 8 Rn. 20 mwN.
[947] Begründung der Bundesregierung zum Entwurf eines Gesetzes zum Internationalen Güterrecht und zur Änderung von Vorschriften des Internationalen Privatrechts, BR-Drs. 385/18, 39 Zu Nummer 12.

28.1.2019 geschlossen wurde, statuiert Art. 229 § 47 I EGBGB 2019,[948] dass sich die allgemeinen Ehewirkungen bis einschließlich 28.1.2019 nach Art. 14 EGBGB 1986 bestimmen. Im Umkehrschluss heißt dies: Die allgemeinen Ehewirkungen bestimmen sich mit Inkrafttreten des Änderungsgesetzes[949] ab dem 29.1.2019 nach Art. 14 EGBGB 2019,[950] unabhängig vom Datum der Eheschließung. Dadurch kann es zwar zu einer Veränderung beim Statut kommen. Diese Veränderung resultiert nicht aus einer Veränderung der maßgeblichen Anknüpfungstatsachen bei gleichbleibendem Anknüpfungspunkt, sondern vielmehr aus einem Wechsel der Anknüpfungsregel selber. Bei einer wandelbaren Anknüpfung ist dies aber systemkonform.

392 **2. Qualifikation.** Art. 14 EGBGB 2019 ist in seiner einzig verbliebenen gegenstandsbezogenen Funktion Auffangnorm.[951] Er erfasst im engeren Sinn persönliche, (ab Wirksamwerden der EuGüVO) nicht vermögensrechtliche Ehewirkungen.[952] Was für die Zwecke des IPR eine allgemeine Ehewirkung ist, bestimmt sich nach einem Subtraktionsverfahren: Allgemeine Ehewirkung ist, was keine besondere Ehewirkung ist und nicht bereits besonderen Kollisionsnormen unterfällt.

393 Allgemeine Ehewirkung ist insbesondere nicht, was bereits als Ehegüterrecht zu qualifizieren ist und der EuGüVO bzw. – für Ehegatten, die bis einschließlich 29.1.2019 geheiratet und keine Rechtswahl nach diesem Stichtag getroffen haben – Art. 15 EGBGB unterfällt. Angesichts der Weite des Güterrechtsbegriffs in der EuGüVO ist dies für nach dem 29.1.2019 geschlossene Ehen eine deutliche Einschränkung. Vermögensbeziehungen zwischen Ehegatten fallen deshalb aus Art. 14 EGBGB 2019 eigentlich vollständig heraus[953] und werden unter der EuGüVO ehegüterrechtlich unwandelbar angeknüpft.[954] Art. 14 I 1 EGBGB 2019 respektiert dies, indem er an seinem Anfang einen ausdrücklichen Vorbehalt zugunsten der EuGüVO macht. Dies trifft etwa die Mitverpflichtungsbefugnis von Ehegatten (z.B. § 1357 BGB; siehe Art. 27 lit. c EuGüVO)[955] oder die Eigentumsvermutung (z.B. § 1362 BGB).[956]

394 Allgemeine Ehewirkung ist auch nicht, was als Unterhalt einzuordnen ist und dem HUP unterfällt. Art. 3 Nr. 2 EGBGB verschafft dem HUP gebieterisch Vorrang. Der Ehename ist keine allgemeine Ehewirkung, sondern eigenständiges Objekt des Internationalen Namensrechts nach Art. 10 EGBGB.[957]

395 Für die allgemeinen Ehewirkungen bleibt daher sachlich nicht viel und nichts wirklich Wichtiges. Im Sammelsurium finden sich:[958] Gleichberechtigung der Ehegatten und Recht zur Wohnsitzbestimmung; ehebedingte Minderung der Geschäftsfähigkeit; Interzessionsverbote; die Herstellung der ehelichen Gemeinschaft und das Recht zum Getrenntleben;

---

[948] Der Referentenentwurf eines Gesetzes zum Internationalen Güterrecht und zur Änderung von Vorschriften des Internationalen Privatrechts vom 28.5.2018 hatte noch keine solche Übergangsregel enthalten.
[949] Art. 10 I Gesetz zum Internationalen Güterrecht und zur Änderung von Vorschriften des Internationalen Privatrechts vom 17.12.2018, BGBl. 2018 I 2573.
[950] Begründung der Bundesregierung zum Entwurf eines Gesetzes zum Internationalen Güterrecht und zur Änderung von Vorschriften des Internationalen Privatrechts, BR-Drs. 385/18, 39 Zu Nummer 12.
[951] NK-BGB/*Andrae* Art. 14 EGBGB Rn. 4.
[952] *Hausmann*, in: Hausmann/Odersky IPR § 8 Rn. 53.
[953] *Henrich*, ZfRV 2016, 171, 173 f.; *Heiderhoff*, IPRax 2017, 231, 234; *dies.*, IPRax 2018, 1, 2.
[954] *Hausmann*, in: Hausmann/Odersky IPR § 8 Rn. 3a.
[955] Begründung der Bundesregierung zum Entwurf eines Gesetzes zum Internationalen Güterrecht und zur Änderung von Vorschriften des Internationalen Privatrechts, BR-Drs. 385/18, 36 Zu Nummer, 4, 36 Zu Nummer 5; *Hausmann*, in: Hausmann/Odersky IPR § 8 Rn. 3; *Heiderhoff*, IPRax 2018, 1, 2; *Döbereiner*, notar 2018, 244, 246. Anders *Dengel* S. 122 f.
[956] Begründung der Bundesregierung zum Entwurf eines Gesetzes zum Internationalen Güterrecht und zur Änderung von Vorschriften des Internationalen Privatrechts, BR-Drs. 385/18, 36 Zu Nummer 5; *Henrich*, ZfRV 2016, 171, 174; *J. Weber*, DNotZ 2016, 659, 665; *Dutta*, FamRZ 2016, 1973, 1974; *Döbereiner*, notar 2018, 244, 246.
[957] Siehe nur BayObLG IPRax 2002, 405, 408; AG Berlin-Schöneberg StAZ 2002, 81, 82; Rauhmeier, StAZ 2011, 117; NK-BGB/*Mankowski* Art. 10 EGBGB Rn. 88.
[958] Siehe nur Staudinger/*Mankowski* Art. 14 EGBGB Rn. 213–305 mwN.

IV. Allgemeine Ehewirkungen

gegenseitige Hilfspflichten im nichtwirtschaftlichen Bereich;[959] Berufstätigkeit der Frau; eheliche Solidarität;[960] interne Aufgabenverteilung und Haushaltsführung;[961] die Ehestörungsklage, auch gegen Dritte; der Haftungsmaßstab zwischen den Ehegatten;[962] Beschränkungen der Zwangsvollstreckung; die besondere Verjährung von Ansprüchen gegen den anderen Ehegatten; Sicherungsrechte und Legalhypotheken; Verträge zwischen Ehegatten. Für alle Ehen, die bis einschließlich zum 29.1.2019 geschlossen und für die nach dem 29.1.2019 keine Rechtswahl getroffen wurde, treten Mitverpflichtungsbefugnis von Ehegatten (z.B. § 1357 BGB) oder die Eigentumsvermutung (z.B. § 1362 BGB) hinzu.

Eine gewisse Hilfestellung vermag bei der Qualifikation kollisionsrechtsvergleichend Art. 48 § 2 Code DIP in Belgien zu bieten, der allerdings ebenfalls darauf zu überprüfen ist, inwieweit die EuGüVO Stücke aus seinem nicht abschließenden Beispielskatalog herausgeschnitten hat.

3. Rechtswahl. *a) Grundsätzliches.* Art. 14 I EGBGB 2019 gewährt den Ehegatten Rechtswahlfreiheit, wenn auch in gewissen Grenzen. Die Bedeutung der Parteiautonomie wird besonders betont, indem sie mit Art. 14 I EGBGB 2019 augenfällig erste Stufe der Anknüpfungsleiter ist und die objektive Anknüpfung mangels Rechtswahls durch ihre Stellung erst im nachfolgenden Absatz deutlich als subsidiär gekennzeichnet ist. Die Rechtswahl ist vorrangig.[963] Statthafte subjektive Anknüpfung geht vor objektive Anknüpfung. Die Reihenfolge der Absätze gibt dem Rechtsanwender ein klares Prüfungsprogramm mit eindeutiger Abfolge vor.

Rechtswahlfreiheit, Parteiautonomie ist insofern bemerkenswert, als die allgemeinen Ehewirkungen keine vermögens-, sondern eine im weitesten Sinne personenrechtliche Materie sind. Parteiautonomie wird eigentlich primär für vermögensrechtliche Fragen gewährt. Art. 14 I EGBGB 2019 gleicht das mögliche Gefahrenpotenzial jedoch von vornherein aus, indem er nur eine beschränkte, aber keine freie Rechtswahl erlaubt. Die Ehegatten können nicht jedes Recht wählen, das sie wollen, sondern nur aus einem Kreis von Umwelt- und Heimatrechtsordnungen auswählen, zu denen mindestens einer von ihnen eine enge objektive Verbindung hat.[964] Eine wirksam getroffene Rechtswahl hat Vorrang vor der objektiven Anknüpfung. Dies bildet sich in Art. 14 EGBGB 2019 auch in der systematischen Abfolge der Absätze ab, anders als unter Art. 14 EGBGB 1986, wo II–IV hinter I standen.[965]

Bereits Art. 14 II–IV EGBGB 1986 hatten einen wesentlichen Teil ihrer früheren (und schon damals nicht großen) Bedeutung verloren, seitdem Art. 5 Rom III-VO eine eigene, obendrein erheblich großzügigere Rechtswahl für das (vor dem Wirksamwerden der Rom III-VO akzessorisch an das Ehewirkungsstatut angeknüpfte) Scheidungsstatut eröffnet.[966] Unter demselben Schicksal leidet Art. 14 I EGBGB 2019, der gleichermaßen dem verdrängenden Anwendungsvorrang des Art. 5 Rom III-VO weichen muss, soweit dieser reichen will.

Praktikern wird empfohlen, dass ihre Mandaten einer Rechtswahl eine kurze Zusammenfassung der für die Anknüpfungspunkte relevanten Tatsachen, eine confessio iuris, als „statement of facts" voranzuschicken sollten. Jeder Ehegatte sollte darin angeben, wel-

---

[959] Begründung der Bundesregierung zum Entwurf eines Gesetzes zum Internationalen Güterrecht und zur Änderung von Vorschriften des Internationalen Privatrechts, BR-Drs. 385/18, 36 Zu Nummer 4.
[960] *Heiderhoff,* IPRax 2018, 1, 2.
[961] Begründung der Bundesregierung zum Entwurf eines Gesetzes zum Internationalen Güterrecht und zur Änderung von Vorschriften des Internationalen Privatrechts, BR-Drs. 385/18, 36 Zu Nummer 4; *Heiderhoff,* IPRax 2018, 1, 2.
[962] Begründung der Bundesregierung zum Entwurf eines Gesetzes zum Internationalen Güterrecht und zur Änderung von Vorschriften des Internationalen Privatrechts, BR-Drs. 385/18, 36 Zu Nummer 4.
[963] Begründung der Bundesregierung zum Entwurf eines Gesetzes zum Internationalen Güterrecht und zur Änderung von Vorschriften des Internationalen Privatrechts, BR-Drs. 385/18, 36 Zu Nummer 4.
[964] Vgl. auch Art. 10:35 BW.
[965] Vorbildlich dagegen Art. 10:35 BW (Rechtswahl) vor Art. 10:36 BW (objektive Anknüpfung).
[966] MüKoBGB/*Looschelders* Art. 14 EGBGB Rn. 108.

401 Eine Rechtswahl eigens und speziell für die allgemeinen Ehewirkungen ist kollisionsrechtsvergleichend ein ungewöhnliches und seltenes Phänomen. Die meisten Kollisionsrechte tun sich bereits schwer, die allgemeinen Ehewirkungen (die personal effects of marriage) zu einem eigenständigen Anknüpfungsgegenstand zu erheben. Umso weniger Kollisionsrechte haben gar einschlägige Rechtswahltatbestände geschaffen. Daraus erwächst die Gefahr einer so genannten hinkenden Rechtswahl: dass eine Rechtswahl zwar aus deutscher Sicht unter Art. 14 I EGBGB 2019 wirksam, aber aus der Sicht mindestens eines anderen relevanten Staates unwirksam, weil nicht gestattet, ist. Praktiker sollten darauf schon in ihrem Eigeninteresse, eine eigene Haftung zu vermeiden, hinweisen und auf die Aufnahme einer entsprechenden ausdrücklichen Formulierung in die Rechtswahlvereinbarung hinwirken.[968]

402 Art. 14 II, III EGBGB 1986 zogen weit engere Grenzen: Gehörte ein Ehegatte mehreren Staaten an, so konnten die Ehegatten nach Art. 14 II EGBGB 1986 ungeachtet des Art. 5 I EGBGB das Recht eines dieser Staaten wählen, falls ihm auch der andere Ehegatte angehörte. Ehegatten können nach Art. 14 III EGBGB 1986 das Recht des Staates wählen, dem ein Ehegatte angehört, wenn die Voraussetzungen des Art. 14 I Nr. 1 EGBGB 1986 nicht vorliegen und kein Ehegatte dem Staat angehört, in dem beide Ehegatten ihren gewöhnlichen Aufenthalt haben, (Nr. 1) oder die Ehegatten ihren gewöhnlichen Aufenthalt nicht in demselben Staat haben (Nr. 2). Um diese auf die Staatsangehörigkeit abstellenden Tatbestände rankten sich jeweils Auslegungsstreitigkeiten, wie es mit effektiven oder nichteffektiven Staatsangehörigkeiten im Detail stehe.[969] Besonders apart war der gesetzliche Erlöschenstatbestand aus Art. 14 III 2 EGBGB 1986, sobald die Ehegatten eine gemeinsame Staatsangehörigkeit hatten.[970] Von allen diesen Lasten hat sich Art. 14 I 2 EGBGB 2019 befreit.

403 *b) Rechtswahltatbestände (Art. 14 I 2 EGBGB 2019).* Art. 14 I 2 EGBGB 2019 enthält insgesamt drei Rechtswahltatbestände. Von dieser sind Art. 14 I 2 Nr. 1 und Nr. 2 EGBGB 2019 zueinander tatbestandlich komplementär: Entweder haben die Ehegatten zum Zeitpunkt der Rechtswahl ein gemeinsames Umweltrecht (dann Art. 14 I Nr. 1 EGBGB 2019), oder sie hatten früher eines, welches nur einer von ihnen beibehalten hat (dann Art. 14 I 2 Nr. 2 EGBGB 2019). Beides kann nicht gleichzeitig vorliegen. Dagegen bietet Art. 14 I 2 Nr. 3 EGBGB 2019 eine sowohl zu Art. 14 I 2 Nr. 1 EGBGB 2019 als auch zu Art. 14 I 2 Nr. 2 EGBGB 2019 zusätzliche Option, ohne dass es irgendein Rangverhältnis zu ihm gäbe.

404 aa) Gemeinsames Aufenthaltsrecht der Ehegatten zum Zeitpunkt der Rechtswahl (Art. 14 I 2 Nr. 1 EGBGB 2019). Art. 14 I 2 Nr. 1 EGBGB 2019 erlaubt den Ehegatten, ein gemeinsames Aufenthaltsrecht zum Zeitpunkt der Rechtswahl zu wählen. Auf den ersten Blick könnte dies verwundern, führt Art. 14 II Nr. 1 EGBGB 2019 doch bei der objektiven Anknüpfung auch zum gemeinsamen Aufenthaltsrecht der Ehegatten. Jedoch gibt es zwei relevante Unterschiede zwischen den beiden Tatbeständen: Erstens fixiert Art. 14 I 2 Nr. 1 EGBGB 2019 auf den Zeitpunkt der Rechtswahl, während Art. 14 II Nr. 1 EGBGB 2019 dynamisch ist. Art. 14 I 2 Nr. 1 EGBGB 2019 gibt die Möglichkeit, sich gegen einen Statutenwechsel bei gemeinsamem Umzug präventiv zu verwahren. Zweitens gibt es bei Art. 14 I 2 EGBGB 2019 wegen Art. 4 II 2 EGBGB 2019 keine Rück- oder Weiterverweisung, bei Art. 14 II Nr. 1 EGBGB 2019 wegen Art. 4 I 1 Hs. 1 EGBGB dagegen schon.

405 (1) Gewöhnlicher Aufenthalt. Gewöhnlicher Aufenthalt ist der auf Dauer angelegte Schwerpunkt aller sozialen, kulturellen und wirtschaftlichen Beziehungen einer Person,

---

[967] Siehe die Formulierungsbeispiele für Notare in *Hausmann*, in: Hausmann/Odersky IPR § 8 Rn. 28, 35, 37.

[968] *Hausmann*, in: Hausmann/Odersky IPR § 8 Rn. 51 und wiederum die Formulierungsbeispiele für Notare Rn. 28, 35, 37.

[969] Eingehend Staudinger/*Mankowski* Art. 14 EGBGB Rn. 164–198 mwN.

[970] Eingehend Staudinger/*Mankowski* Art. 14 EGBGB Rn. 199–212 mwN.

IV. Allgemeine Ehewirkungen

oder anders ausgedrückt: der Daseins- oder Lebensmittelpunkt einer Person, an welchem der Schwerpunkt der Bindungen dieser Person insbesondere in familiärer und beruflicher Hinsicht liegt.[971] Grundsätzlich setzt dies (insbesondere in Abgrenzung zum schlichten oder einfachen Aufenthalt) einen Aufenthalt von nicht nur geringer oder vorübergehender Dauer voraus,[972] der also entweder schon länger dauert oder nach den Umständen noch längere Zeit dauern wird.[973]

Der Begriff des gewöhnlichen Aufenthalts weist in Art. 14 I Nr. 2 EGBGB keine Spezifika auf, die eine Anlehnung an Maßstäbe aus anderen Teilgebieten des IPR verbieten würden haben. Insbesondere ist erlaubt, sich an Entwicklungen im europäischen IPR zu orientieren, soweit diese für Ehegatten passen. Der Blick sollte insoweit vor allem auf Artt. 26 I lit. a; 22 I lit. a EuGüVO fallen und sich um Harmonie mit deren Aufenthaltsverständnis bemühen. Eine Divergenz zwischen den beiden so eng benachbarten Materien Ehegüter- und Ehewirkungskollisionsrecht zu vermeiden sollte Maxime sein.

Der gewöhnliche Aufenthalt ist gleichsam ein „faktischer Wohnsitz".[974] Es gibt erstens im Gegensatz zum Wohnsitz des deutschen Sachrechts (§ 7 BGB) keinen gesetzlichen gewöhnlichen Aufenthalt. Zweitens kann eine Person höchstens einen einzigen gewöhnlichen Aufenthalt, einen einzigen relativen Lebensschwerpunkt, aber nicht mehrere gewöhnliche Aufenthalte zur selben Zeit haben. Die Anknüpfung muss eindeutig und berechenbar sein.[975] Denn selbst bei ständigem Wechsel zwischen mehreren bestimmten Orten in verschiedenen Ländern wird entweder eine Wertung zu Gunsten eines dieser Orte möglich sein,[976] oder es bestehen zeitlich aufeinander folgende, aber nie simultan vorliegende gewöhnliche Aufenthalte, oder es besteht überhaupt keine hinreichende Verbindung, um von einem gewöhnlichen Aufenthalt sprechen zu können.[977] Findet dagegen nur ein Wechsel zwischen verschiedenen Orten innerhalb desselben Landes statt, so ist sicher ein gewöhnlicher Aufenthalt in diesem Land begründet.

Drittens kommt es, wenn es einen objektiven Lebensmittelpunkt gibt, nicht notwendig auf den Willen des Betreffenden an, an genau diesem Ort seinen gewöhnlichen Aufenthalt zu begründen.[978] Aufenthaltnahme ist ein faktischer Vorgang. Andererseits ist ein dahingehender bekundeter Wille ein wichtiges Indiz dafür, dass ein bestimmter Ort als Lebensmittelpunkt ausgewählt worden ist.[979] Wichtig wird dieses Indiz dann, wenn der Betreffende gerade den Lebensmittelpunkt wechseln will und die Absicht hat, sich am neuen Ort auf Dauer niederzulassen.[980]

Generell kann auch der Grad der sozialen Integration in eine bestimmte Umwelt Maßstab für die Annahme eines gewöhnlichen Aufenthalts sein.[981] Indizien sind in diesem Zu-

---

[971] BGHZ 19, 240, 245 = JZ 1956, 535 m. Anm. *Neuhaus*; BGHZ 78, 293; 87, 95; 119, 137; BGH NJW 1975, 1068; 1981, 520; 1983, 2771; 1993, 2047, 2048; OLG Düsseldorf FamRZ 1984, 194; OLG Frankfurt FamRZ 1996, 1478, 1479; OLG Nürnberg NJW-RR 2002, 1515; KG FamRZ 2007, 1564; OLG Celle FamRZ 2007, 1566.
[972] Siehe nur BGH NJW 1993, 2047, 2049; KG FPR 2002, 304, 305.
[973] *Mankowski*, in: v. Bar/Mankowski IPR I § 7 Rn. 23.
[974] Siehe nur BGHZ 78, 293, 295; BGH NJW 1975, 1068; 1993, 2047, 2048; OLG Frankfurt FamRZ 1998, 1431.
[975] Palandt/*Thorn* Art. 5 EGBGB Rn. 10; MüKoBGB/*v. Hein* Art. 5 EGBGB Rn. 160.
[976] Beispiel: OLG Oldenburg FamRZ 2010, 1565.
[977] MüKoBGB/*Sonnenberger*, Bd. 10, 5. Aufl. 2010, Einl IPR Rn. 724; Staudinger/*Mankowski* Art. 14 EGBGB Rn. 53 sowie KG NJW 1988, 649 m. Anm. *Geimer; Schwind*, FS Murad Ferid zum 80. Geb., 1988, S. 423, 431.
[978] BGHZ 78, 293, 295; *Mankowski*, in: v. Bar/Mankowski IPR I § 7 Rn. 24. Für stärkere Subjektivierung und Willensbezogenheit *M.-P. Weller*, in: Leible/Unberath (Hrsg.), Brauchen wir eine Rom 0-Verordnung?, 2013, S. 293; *M.-P. Weller/Rentsch*, in: Leible (ed.), General Principles of European Private International Law, 2016, S. 171; *Rentsch*, Der gewöhnliche Aufenthalt im System des Europäischen Kollisionsrechts, 2017, S. 276–438.
[979] Z. B. OLG Celle FamRZ 2007, 1566.
[980] Siehe nur *Baetge*, Der gewöhnliche Aufenthalt im internationalen Privatrecht, 1994, S. 130–135.
[981] Siehe OLG Hamm NJW 1990, 651; OLG Frankfurt FamRZ 1996, 1478, 1479; OLG Zweibrücken FamRZ 1999, 940.

sammenhang die Dauer des Aufenthalts, familiäre und berufliche Bindungen, Schul- und Berufsausbildung, sprachliche Eingliederung sowie Miete oder Kauf einer zur Selbstnutzung gedachten Wohnung.[982] Die polizeiliche Anmeldung oder ähnliche öffentlichrechtliche Meldeerfordernisse erscheinen dagegen als Indizien weniger geeignet.[983] Bei der Dauer ist jedenfalls nach einem Jahr grundsätzlich kontinuierlicher physischer Präsenz ein gewöhnlicher Aufenthalt anzunehmen.[984]

408   Nach dem Verständnis des deutschen IPR gibt es keinen von einer anderen Person abgeleiteten „abhängigen gewöhnlichen Aufenthalt". Es erfolgt insbesondere keine Festschreibung, dass die Ehefrau ihren Aufenthalt von Rechts wegen am Ort des gewöhnlichen Aufenthalts des Ehemannes hat. Dies wäre mit der Würde der Person nicht zu vereinbaren (und obendrein gleichberechtigungswidrig). Es gibt im deutschen IPR kein Pendant zum früher im englischen IPR[985] benutzten dependent domicile. Vielmehr ist für jeden Ehegatten gesondert anhand aller relevanten Umstände zu prüfen, wo er persönlich seinen gewöhnlichen Aufenthalt hat.[986]

409   Für Arbeitnehmer lassen sich einige Grundsätze formulieren:[987] (1) Der Grenzgänger, der in einem Staat arbeitet, aber in einem anderen Staat wohnt und dorthin jeden Abend zurückkehrt, hat seinen gewöhnlichen Aufenthalt im Wohnstaat. (2) Gastarbeiter haben ihren gewöhnlichen Aufenthalt jedenfalls dann im Gastland, wenn sie dort mit ihrer Familie leben. (3) Gastarbeiter, deren Aufenthalt im Gastland auf Dauer angelegt ist (etwa solange, bis sie genügend Vermögen erarbeitet haben, um in ihrer Heimat ein Haus bauen oder ein Kleinunternehmen gründen zu können) haben in der Regel ihren gewöhnlichen Aufenthalt im Gastland, selbst wenn ihre Familie im Heimatland lebt. Eine Ausnahme gilt dann, wenn die Gastarbeiter in regelmäßigen und vergleichsweise kurzen Abständen ihre Familie im Heimatland besuchen.[988] (4) Wer nur für einen absehbaren Zeitraum von einigen Monaten, z. B. als Montagearbeiter an einem Großprojekt, im Gastland lebt, begründet dort keinen gewöhnlichen Aufenthalt. Dasselbe gilt auch für regelmäßig wiederkehrende Saisonarbeiter (v. a. Arbeitskräfte im Ernte-, Restaurant- oder Hotelbereich).

410   (2) Gemeinsamkeit des gewöhnlichen Aufenthalts. Für die Annahme eines gemeinsamen gewöhnlichen Aufenthalts in einem bestimmten Staat ist es nicht erforderlich, dass die Ehegatten zusammen wohnen.[989] Der gemeinsame Haushalt ist zwar der rechtstatsächliche Normalfall,[990] aber keineswegs zwingend vorausgesetzt. Die Ehegatten müssen nicht einmal am selben Ort leben.[991] Ausreichend ist vielmehr schon, dass sie in demselben Staat leben.[992]

411   **Beispiel:** Ein Engländer mit gewöhnlichem Aufenthalt in Osnabrück und eine Deutsche mit gewöhnlichem Aufenthalt in Hamburg haben einen gemeinsamen gewöhnlichen Aufenthalt in

---

[982] *Baetge,* Der gewöhnliche Aufenthalt im internationalen Privatrecht, 1994, S. 107–117 mwN; *Andrae,* NotBZ 2001, 44, 46.
[983] Vgl. aber BGHZ 27, 47; BGH NJW 1993, 2047, 2048; AG Frankfurt/Main FamFR 2011, 94; *Baetge,* Der gewöhnliche Aufenthalt im internationalen Privatrecht, 1994, S. 118.
[984] KG FamRZ 2007, 1564. Kritisch indes *Rentsch,* Der gewöhnliche Aufenthalt im System des Europäischen Kollisionsrechts, 2017, S. 156–160.
[985] Bis zur Abschaffung durch den Domicile and Matrimonial Proceedings Act 1973 bzw. sec. 5 Domicile Act 1976 in Neuseeland und jeweils sec. 5 in den Domicile Acts der australischen Bundesstaaten sowie sec. 1 (1) Domicile and Recognition of Foreign Divorces Act 1986 in Irland.
[986] Siehe nur Erman/*Hohloch* Art. 14 EGBGB Rn. 16; *v. Hoffmann/Thorn* IPR § 8 Rn. 24.
[987] *Henrich,* Internationales Familienrecht, 2. Aufl. 2000, S. 32 f. sowie *Spickhoff,* IPRax 1995, 185, 186–188.
[988] Staudinger/*Mankowski* Art. 14 EGBGB Rn. 56 sowie AG Heilbronn IPRspr. 1984 Nr. 67A.
[989] Siehe nur *Ferid/Böhmer* Rn. 8/86; Staudinger/*Mankowski* Art. 14 EGBGB Rn. 57; MüKoBGB/*Looschelders* Art. 14 EGBGB Rn. 96 mwN.
[990] *Henrich,* Internationales Familienrecht, 2. Aufl. 2000, S. 60.
[991] Siehe nur Begründung der Bundesregierung zum Entwurf eines Gesetzes zur Neuregelung des Internationalen Privatrechts, BT-Drs. 10/504, 55; *J. Schneider,* MittRhNotK 1989, 33, 37
[992] Siehe nur Staudinger/*Mankowski* Art. 14 EGBGB Rn. 57; MüKoBGB/*Looschelders* Art. 14 EGBGB Rn. 96 mwN.

IV. Allgemeine Ehewirkungen

Deutschland, und Ehegatten können für die allgemeinen Wirkungen ihrer Ehe nach Art. 14 I 2 Nr. 1 EGBGB 2019 deutsches Recht wählen.

bb) **Letztes gemeinsames, von einem Ehegatten beibehaltenes Aufenthaltsrecht zum Zeitpunkt der Rechtswahl (Art. 14 I 2 Nr. 2 EGBGB 2019).** Art. 14 I Nr. 2 EGBGB 2019 enthält eine so genannte Kontinuitätsklausel: Die Möglichkeit, das gemeinsame Aufenthaltsrecht zu wählen, und damit eine subjektive Aufenthaltsanknüpfung bleibt auch dann erhalten, wenn der letzte gemeinsame gewöhnliche Aufenthalt nur von einem Ehegatten beibehalten worden ist.

Typischer Fall des Art. 14 I Nr. 2 EGBGB 2019 ist folgende Konstellation: Gemischtnationale Ehegatten heiraten und ziehen in das Heimatland eines von ihnen, um dort auf Dauer zu leben. Nach einer gewissen Zeit (die ausreicht, um die Begründung eines gewöhnlichen Aufenthalts zu bejahen) trennen sich die Ehepartner, und der Ehegatte, der ins Ausland gezogen war, zieht wieder in seinen Heimatstaat zurück.[993]

Beispiel:[994] Ein deutsch-englisches Ehepaar lebt für ein Jahr in England. Man trennt sich. Nach der Trennung kehrt die deutsche Ehefrau nach Deutschland zurück.

Beispiel:[995] Ein Deutscher und eine Pakistani leben in Lahore. Nach der Trennung kehrt er nach Deutschland zurück, während sie in Lahore bleibt.

Der letzte gemeinsame, einseitig beibehaltene gewöhnliche Aufenthalt markiert in diesen Fällen mit der gemeinsamen Ehewohnung den Schwerpunkt der gelebten ehelichen Beziehungen. Daher ist er ein ebenso geeigneter wie gerechtfertigter Anknüpfungspunkt. Eine unwesentliche Variation liegt vor, wenn man die Ehewohnung nicht in einem der Heimatstaaten, sondern in einem Drittstaat nimmt und einer der Ehegatten später in seinen Heimatstaat zurückzieht, während der andere in der Ehewohnung bleibt.[996]

Beispiel:[997] Eine Serbin und ein Kroate leben in Heidelberg. Er zieht weiter nach Wien, sie bleibt in Heidelberg.

Maßgeblich ist nur der *letzte* gemeinsame gewöhnliche Aufenthalt. Alle früheren, d.h. zeitlich davor liegenden gemeinsamen Aufenthalte zählen nicht. Sie können keine aktuelle Kontinuität mehr vermitteln, denn der Zusammenhang mit ihnen ist bereits durch ihre Aufgabe und das Überwechseln zum letzten gemeinsamen gewöhnlichen Aufenthalt durchschnitten.

Beispiel: Ein deutsch-französisches Paar lebt zuerst zwölf Jahre gemeinsam in Bordeaux, zieht dann gemeinsam nach Boston und trennt sich fünf Jahre später. Der deutsche Ehepartner zieht nach Braunschweig, der französische bleibt in Boston. Hier kommt es nur auf den in Boston begründeten Aufenthalt, nicht mehr auf den vorangegangenen in Bordeaux an, obwohl dieser länger gedauert hat.

Der sesshaft gebliebene Ehepartner muss seinen gewöhnlichen Aufenthalt kontinuierlich und ununterbrochen beibehalten haben. Er darf zwischenzeitig nicht seinen gewöhnlichen Aufenthalt in einem anderen Staat als jenem des letzten gemeinsamen gewöhnlichen Aufenthalts gehabt haben. Wiederbegründung des gewöhnlichen Aufenthalts im früheren gemeinsamen Aufenthaltsstaat reicht nicht aus. Denn es heißt „*noch* seinen gewöhnlichen Aufenthalt hat", nicht „*wieder*".[998]

---

[993] Siehe nur OLG Hamm NJW 1991, 3101; OLG Hamburg IPRax 2002, 304, 305; OLG Celle FamRZ 2007, 1566; Präsidentin OLG Frankfurt StAZ 2003, 137; AG Mannheim IPRspr. 1997 Nr. 75 S. 140; AG Hamburg FamRZ 1998, 1590; AG Lemgo IPRspr. 2000 Nr. 62 S. 132; AG Meißen IPRspr. 2000 Nr. 66A S. 139; AG Leverkusen FamRZ 2006, 950; AG Mainz FamRZ 2007, 2083.
[994] Nach OLG Hamm NJW 1991, 3101.
[995] Nach AG Meißen IPRspr. 2000 Nr. 66A S. 139.
[996] Siehe nur OLG Nürnberg FamRZ 2009, 637; AG Heidelberg IPRspr. 1998 Nr. 83 S. 145; AG Freiburg FamRZ 2002, 888. Zwar atypisch, aber ebenfalls erfasst ist der Fall, dass man im Heimatstaat eines Ehegatten lebt und gerade dieser Ehegatte wegzieht; OLG Zweibrücken NJWE-FER 2001, 143.
[997] Nach AG Heidelberg IPRspr. 1998 Nr. 83 S. 145.
[998] Begründung der Bundesregierung zum Entwurf eines Gesetzes zur Neuregelung des Internationalen Privatrechts, BT-Drs. 10/504, 54; BGH NJW 1993, 2047, 2048 = LM H. 8/1993 Art. 14 EGBGB 1986 Nr. 2 m. Anm. *K. Otte;* Präsidentin OLG Celle FamRZ 1998, 686; KG FPR 2002, 304, 305.

421 cc) *Heimatrecht eines Ehegatten zum Zeitpunkt der Rechtswahl (Art. 14 I 2 Nr. 3 EGBGB 2019).* Art. 14 I 2 Nr. 3 EGBGB 2019 erlauben, das Heimatrecht eines Ehegatten zum Zeitpunkt der Rechtswahl zu wählen. Das Wahlrecht besteht ungeachtet des Art. 5 I EGBGB. Wählbar ist also sowohl ein effektives als auch ein nicht effektives Heimatrecht eines Ehegatten. Ein Effektivitätstest nach Art. 5 I 1 EGBGB ist ausgeschlossen. Es gibt auch keinen Vorrang der deutschen Staatsangehörigkeit bei deutsch-ausländischen Mehrstaatern nach Art. 5 I 2 EGBGB. Ist ein Ehegatte Mehrstaater, so können die Ehegatten jedes seiner Heimatrechte nach ihrer freien Auswahl wählen.

422 Selbstverständlich gibt es vollkommen gleichberechtigungskonform keine Differenzierung zwischen den Ehegatten nach dem Geschlecht. Die Heimatrechte des Ehemannes sind genauso wählbar wie jene der Ehefrau.

423 Seinem Wortlaut und dem Hinweis gerade auf Art. 5 I EGBGB nach scheint Art. 14 I 2 Nr. 3 EGBGB 2019 allein auf die Staatsangehörigkeit als Anknüpfungspunkt abzuheben. Richtigerweise sollte man jedoch auf das Personalstatut blicken, also mindestens Art. 12 GFK für Flüchtlinge im Sinne der GFK einbeziehen. Bei Staatenlosen oder Personen, deren Staatsangehörigkeit nicht festgestellt werden kann, würde Art. 5 II EGBGB eigentlich den gewöhnlichen Aufenthalt an die Stelle der Staatsangehörigkeit treten lassen. Ene Ausnahme gerade für Rechtswahltatbestände gibt es in Art. 5 II EGBGB nicht, der eine allgemeine Ersatzanknüpfung für eine primäre Anknüpfung an die Staatsangehörigkeit formuliert.

424 Die Alternative dazu, Art. 5 II EGBGB heranzuziehen, wäre im spezifischen Kontext des Art. 14 I 2 Nr. 3 EGBGB 2019 der Verlust dieser Rechtswahlmöglichkeit, weil der vorausgesetzte Anknüpfungspunkt Staatsangehörigkeit entweder überhaupt nicht gegeben oder nicht feststellbar wäre.

425 dd) *Nicht vorgesehene Rechtswahlmöglichkeiten.* Art. 14 I 2 EGBGB 2019 zieht den Kreis der wählbaren Rechtsordnungen deutlich weiter als zuvor Art. 14 II, III EGBGB 1986.[999] Trotzdem erlaubt er nicht alles. Insbesondere erlaubt er nicht die Wahl des Umweltrechts eines einzelnen Ehegatten (es sei denn, es wäre mit dem Recht des letzten gemeinsamen gewöhnlichen Aufenthalts beider Ehegatten identisch). Das ist eigentlich verwunderlich angesichts von Art. 14 I 2 Nr. 3 EGBGB 2019: Eine Wahl, die auf den eigentlich legitimationsschwächeren Anknüpfungspunkt Staatsangehörigkeit gestützt wird, ist gestattet, eine Wahl, die auf den legitimationsstärkeren gewöhnlichen Aufenthalt abstellt, dagegen nicht. Vermutlich wollte man verhindern, einen einseitigen Umzug eines Ehegatten zu prämieren. Indes dürfte selbst dann das Erfordernis eines Konsenses zwischen den Ehegatten, ohne den es ja keine Rechtswahl geben kann, eine hinreichend hohe Hürde darstellen. Außerdem wird der Ehegatte, der einseitig in sein Heimatland zieht, von Art. 14 I 2 Nr. 3 EGBGB 2019 eh in diesem Snne „prämiert", weil seine Staatsangehörigkeit und sein gewöhnlicher Aufenthalt dann auf denselben Staat weisen.

426 Außerdem sieht Art. 14 I 2 EGBGB 2019 nicht die Wahl des Rechts vor, welches das Ehegüterstatut stellt. Es gibt keinen Tatbestand, der sich spezifisch der Koordination von Güterrechts- und allgemeinem Ehewirkungsstatut, wie sie infolge der unterschiedlichen Anknüpfungszeitpunkte beider sinnvoll wäre, durch ehewirkungsrechtliche Rechtswahl widmen würde. Das ist aber zu verschmerzen, weil sich eine solche Koordination von der ehegüterrechtlichen Seite mit Hilfe des großzügigeren Katalogs aus Art. 21 EuGüVO ins Werk setzen lässt.

427 c) *Form der Rechtswahlvereinbarung (Art. 14 I 3, 4 EGBGB 2019).* aa) *Struktur.* Hinsichtlich der Form der Rechtswahl differenziert Art. 14 I 3, 4 EGBGB 2019 wie schon der inhaltlich übernommene Art. 14 IV EGBGB 1986 strikt zwischen einer im Inland vorgenommenen Rechtswahl und einer im Ausland vorgenommenen Rechtswahl. Eine im In-

---

[999] Begründung der Bundesregierung zum Entwurf eines Gesetzes zum Internationalen Güterrecht und zur Änderung von Vorschriften des Internationalen Privatrechts, BR-Drs. 385/18, 36 Zu Nummer 4.

IV. Allgemeine Ehewirkungen

land vorgenommene Rechtswahl muss zwingend notariell beurkundet werden. Fehlt es an der Beachtung der notariellen Beurkundungsform, ist die Rechtswahlvereinbarung (form-) nichtig, und an Stelle des gewählten Rechts ist das objektiv angeknüpfte Ehewirkungsstatut maßgeblich.[1000] Zur Rechtfertigung dieser Regelung beruft sich die Regierungsbegründung auf Gründe der Rechtsklarheit und die Unerlässlichkeit der Beratung der Ehegatten.[1001] Art. 14 IV 1 EGBGB ist eine gesetzliche Ausnahme vom Grundsatz des Art. 11 I EGBGB, der Alternativanknüpfung an lex loci actus und lex causae für Formfragen. Eine alternative Anknüpfung an die Formerfordernisse eines gewählten ausländischen Rechts ist ausgeschlossen.[1002]

Seinem Charakter nach ist Art. 14 I 3 EGBGB 2019 zugleich eine spezielle Sachnorm des deutschen Rechts für internationale Sachverhalte.[1003] Richtigerweise ist bei der Rechtswahl die Ehevertragsform unter Einschluss des § 1410 BGB zu verlangen, also gleichzeitige Anwesenheit beider Ehegatten vor dem Notar.[1004] Die Verstärkung der Warnfunktion ist geboten. Die ehewirkungsrechtliche Rechtswahl greift tief in die Stellung der Ehegatten zueinander ein, indem sie diese auf eine neue rechtliche Grundlage stellt. Deshalb ist ein besonderer Übereilungs- und Übervorteilungsschutz durch eine qualifizierte Beratung ebenso notwendig wie bei einem materiellen Ehevertrag.[1005]

428

Im Gegensatz zu Art. 14 I 3 EGBGB 2019 stellt Art. 14 I 4 EGBGB 2019 für die Form einer im Ausland vorgenommenen Rechtswahl wieder eine Alternativanknüpfung auf. Primär stellt er auf die Ehevertragsform des Geschäftsrechts und sekundär auf die Ehevertragsform des Ortsrechts ab. Geschäftsrecht, lex causae, ist dabei das gewählte Ehewirkungsstatut,[1006] insoweit ohne Rücksicht auf die Beachtung einer Form.[1007] Insofern läuft Art. 14 I 4 EGBGB 2019 hinsichtlich der Art der Anknüpfung und des Kreises der alternativ berufenen Rechtsordnungen parallel zu Art. 11 I EGBGB 2019.

429

Art. 14 I 4 EGBGB 2019 lässt sogar eine von *drei* möglichen Formalternativen ausreichen: Ehevertragsform des Geschäftsrechts, Ehevertragsform des Ortsrechts oder einer deutschen notariellen Beurkundung gleichwertige Beurkundung durch einen Notar am Vornahmeort. Die letzte, versteckte Möglichkeit ergibt sich aus den Worten „so genügt es" im Wortlaut des Art. 14 I 4 EGBGB 2019.[1008]

430

bb) Ehevertragsform der lex causae oder der lex loci actus. Anders als Art. 11 I EGBGB überlässt Art. 14 I 4 EGBGB 2019 der je berufenen ausländischen Rechtsordnung seinem Wortlaut nach nicht die Entscheidung darüber, welche Form sie als passend ansieht. Verwiesen wird vielmehr spezifisch auf die Ehevertragsform der berufenen Rechtsordnung. Diese Verweisung auf die Ehevertragsform des ausländischen Rechts rechtfertigt sich im Wesentlichen daraus, dass die meisten Rechtsordnungen eine Rechtswahl im Internationalen Ehewirkungsrecht nicht kennen und deshalb keine entsprechenden spezifischen Formvorschriften für eine solche Rechtswahl bereithalten.[1009] Sie soll also einem Mangel an spezifischen Normen im ausländischen Recht ausweichen.

431

[1000] Siehe nur *B. Wegmann*, NJW 1987, 1740, 1741; *J. Schneider*, MittRhNotK 1989, 33, 38; Erman/*Hohloch* Art. 14 EGBGB Rn. 24; Palandt/*Thorn* Art. 14 EGBGB Rn. 14.
[1001] Begründung der Bundesregierung zum Entwurf eines Gesetzes zur Neuregelung des Internationalen Privatrechts, BT-Drs. 10/504, 57.
[1002] *J. Schneider*, MittRhNotK 1989, 33, 38.
[1003] *V. Stoll* S. 196.
[1004] *Lichtenberger*, FS Murad Ferid zum 80. Geb., 1988, S. 269, 271 f.; Erman/*Hohloch* Art. 14 EGBGB Rn. 24; Palandt/*Thorn* Art. 14 EGBGB Rn. 14.
Anderer Ansicht *B. Wegmann*, NJW 1987, 1740, 1741; *V. Stoll* S. 196; Soergel/*Schurig* Art. 14 EGBGB Rn. 32 sowie *J. Schneider*, MittRhNotK 1989, 33, 38.
[1005] *Lichtenberger*, FS Murad Ferid zum 80. Geb., 1988, S. 269, 271.
[1006] Palandt/*Thorn* Art. 14 EGBGB Rn. 14.
[1007] Begründung der Bundesregierung zum Entwurf eines Gesetzes zur Neuregelung des Internationalen Privatrechts, BT-Drs. 10/504, 57.
[1008] *Lichtenberger*, DNotZ 1986, 644, 663; *ders.*, FS Murad Ferid zum 80. Geb., 1988, S. 269, 270; *J. Schneider*, MittRhNotK 1989, 33, 38; *V. Stoll* S. 198 sowie BayObLG FamRZ 1998, 1594, 1596.
[1009] MüKoBGB/*Looschelders* Art. 14 EGBGB Rn. 59 f sowie BayObLG NJW-RR 1998, 1528, 1539.

432 Trotzdem kann ein Normenmangel im verwiesenen ausländischen Recht auftreten, sobald dieses Eheverträge institutionell nicht kennt.[1010] In diesem Fall geht die Verweisung ins Leere. Ein Ersatz z.B. durch einen Rekurs auf die schuld- oder sachenrechtlichen Formen dieses Rechts ist nicht möglich. Zum einen hat sich das deutsche IPR klar auf die Ehevertragsform festgelegt, erkennbar in der Vermutung, dass Eheverträge auch im Ausland formgebunden sind und regelmäßig bestimmten Beratungserfordernissen unterliegen. Zum anderen würde man durch einen solchen Ersatz das ausländische Recht manipulieren und ihm auf der sachrechtlichen Ebene Erscheinungen unterstellen, die es überhaupt nicht kennt. Infolge des Leerlaufens der Verweisung auf der sachrechtlichen Ebene sind daher allein die Formvorschriften der anderen anwendbaren Rechte maßgeblich.

433 Dem Wortlaut des Art. 14 I 4 EGBGB 2019 („so genügt es") ist zu entnehmen, dass sich der deutsche Gesetzgeber auch mit einer milderen Ehevertragsform des ausländischen Rechts als dem Äquivalent einer deutschen notariellen Beurkundung zufriedengibt. Insofern konstituieren die Merkmale der deutschen notariellen Beurkundung keine Untergrenze, sondern allenfalls eine Obergrenze.[1011] Auch mildere Formen ausländischer Rechte bis hin zur Formlosigkeit sind zu akzeptieren.[1012]

434 cc) *Ehevertragsform und abweichende Form für Rechtswahl im ausländischen Recht.* Das ausländische Recht kann indes eine spezifische Form speziell für eine ehewirkungsrechtliche Rechtswahl kennen, die entweder strenger oder milder, d.h. weniger streng als die für Eheverträge vorgeschriebene Form ist. Dann stellt sich die Frage nach einer teleologischen Reduktion des Art. 14 I 4 EGBGB 2019, nämlich die Frage, ob jene Form anstelle der Ehevertragsform anzuwenden ist, insbesondere ob bereits die Einhaltung einer milderen Form ausreichen soll.[1013] Die skizzierte Rechtfertigung der Verweisung auf die Ehevertragsform, nämlich einem Normenmangel im ausländischen Recht auszuweichen, trifft zwar in dieser Konstellation nicht mehr zu. Trotzdem geht die Verweisung des deutschen IPR ohne Einschränkung auf die Ehevertragsform, nicht auf die besondere Rechtswahlform des fremden Rechts.

435 Es wäre dem Gesetzgeber möglich gewesen, Vorsorge für diese speziellen Konstellationen zu schaffen. Dies hat er aber nicht getan. Insoweit hat der Gesetzgeber eine Entscheidung getroffen, die zu respektieren ist. In Art. 14 I 4 EGBGB 2019 wie schon in Art. 14 IV EGBGB 1986 die notarielle Beurkundung oder die Ehevertragsform vorzuschreiben verfolgt eine klare Dokumentations- und Belehrungsfunktion, deren Beachtung zumindest bei einer milderen Form nicht gewährleistet wäre. Insoweit achtet der deutsche Gesetzgeber den Entscheidungseinklang mit dem verwiesenen Recht geringer als die vom im selber verfolgten Zwecke.

436 d) *Zustandekommen, Wirksamkeit und Auslegung der Rechtswahl.* Zu den weiteren Modalitäten der Rechtswahl jenseits der in Art. 14 I 3, 4 EGBGB 2019 behandelten Form verhält sich Art. 14 I EGBGB 2019 nicht. Die insoweit bestehenden Lücken sind, soweit wie möglich und passend, durch Anleihen beim Internatonalen Schuldvertragsrecht als dem Mutter- und Ausgangsgebiet kollisionsrechtlicher Parteiautonomie zu schließen. Das Zustandekommen und die rechtsgeschäftliche Wirksamkeit der Rechtswahl sind nach dem gewählten Recht zu beurteilen. Dies ergibt sich aus dem allgemeinen Rechtsgedanken der Art. 3 V iVm Art. 10 I Rom I-VO, früher Art. 27 IV iVm Art. 31 I EGBGB. Dieser ist nicht auf das Internationale Schuldvertragsrecht begrenzt, sondern allgemeines Prinzip der kollisionsrechtlichen Parteiautonomie.[1014]

[1010] *J. Schneider*, MittRhNotK 1989, 33, 38.
[1011] Anderer Ansicht *A. Börner*, IPRax 1995, 309, 312.
[1012] Anderer Ansicht *A. Börner*, IPRax 1995, 309, 312.
[1013] Dafür *J. Schneider*, MittRhNotK 1989, 33, 38; *V. Stoll* S. 197f.; Soergel/*Schurig* Art. 14 EGBGB Rn. 32.
[1014] *Mankowski*, TranspR 1991, 253, 256; *ders.*, in: v. Bar/Mankowski IPR I § 7 Rn. 82; *Mankowski/Osthaus*, DNotZ 1997, 10, 20.

IV. Allgemeine Ehewirkungen 437–441 § 4

Grundsätzlich muss die Wahl des Ehewirkungsstatuts nicht ausdrücklich sein, sondern 437
kann auch konkludent erfolgen. Das für diesen Punkt maßgebende deutsche IPR enthält
insoweit keine Beschränkung der Rechtswahlmodalitäten. Dies heißt jedoch nicht, dass
eine konkludente Rechtswahl ohne weiteres anzunehmen wäre. Sie setzt genauso wie eine
ausdrückliche Rechtswahl einen kollisionsrechtlichen Rechtswahlwillen gerade für die allgemeinen Ehewirkungen und die Einhaltung der Ehevertragsform voraus. Die Ehegatten
müssen objektiv Handlungen vornehmen, die den Schluss auf eine Rechtswahl zulassen;
subjektiv müssen sie die Umstände, die den Schluss auf einen Rechtsfolgewillen begründen, kennen oder müssen zumindest erkennen. dass ihre jeweilige Äußerung nach Treu
und Glauben oder Verkehrssitte als Rechtswahl aufgefasst werden darf und vom jeweiligen
Empfänger auch so verstanden wird.[1015] Der Abschluss eines Ehevertrages enthält nur dann
eine konkludente ehewirkungsrechtliche Rechtswahl, wenn er eindeutig auf der Basis eines
bestimmten Rechts erfolgt und auch die allgemeinen Ehewirkungen und nicht nur das
Ehegüterrecht betrifft.[1016] In der Vereinbarung einer Morgengabe liegt jedenfalls keine
konkludente Wahl des Ehewirkungsstatuts.[1017]

e) Keine Teilrechtswahl. Das Ehewirkungsstatut kann nur einheitlich für *alle* allgemeinen 438
Ehewirkungen gewählt werden.[1018] Eine Teilrechtswahl für einzelne allgemeine Ehewir-
kungen ist nicht möglich. Das schließt natürlich eine eigene Rechtswahl für einzelne *beson-
dere* Ehewirkungen nach den jeweils für diese geltenden Rechtswahltatbeständen (Art. 22
EuGüVO im Ehegüterrecht, Artt. 7, 8 HUP im Unterhaltsrecht, Art. 10 II EGBGB im
Namensrecht) nicht aus.

f) Zeitliche Wirkung. Die ehewirkungsrechtliche Rechtswahl wirkt grundsätzlich ex nunc 439
ab Eintritt ihrer Wirksamkeit. Die Wirksamkeit der Rechtswahl tritt mit dem Zeitpunkt
ein, zu dem alle Rechtswahlvoraussetzungen des jeweils einschlägigen Rechtswahltatbe-
stands erstmals nach Vereinbarung der Rechtswahl erfüllt sind.[1019]

Fraglich ist, ob die Parteien durch Vereinbarung ihrer Rechtswahl Rückwirkung beile- 440
gen können. Dies ist zumindest insoweit nicht möglich, wie durch eine solche Vereinbarung die Erfordernisse des Art. 14 I 2 EGBGB 2019 überspielt würden, d. h. Rückwirkung
für einen Zeitraum ins Auge gefasst würde, in dem die Voraussetzungen des Art. 14 I 2
EGBGB 2019 nicht vorlagen.[1020] Insofern besteht kein Vertrauensschutz darauf, dass Dispositionen der Parteien nach dem Recht zu beurteilen sind, dem sie ihre Dispositionen
unterstellen wollten. Im Gegenteil würde ein Vertrauensschutz vielmehr auf den Schutz
der unter der objektiven Anknüpfung getroffenen Dispositionen hinauslaufen. Sofern aber
die Ehegatten eine Rückwirkung nur für einen Zeitraum wollen, während dessen gesamter
Dauer die Voraussetzungen des Art. 14 I 2 EGBGB 2019 gegeben waren, sollte man die
parteiautonome Anordnung einer Rückwirkung respektieren.[1021]

g) Änderung und Aufhebung. Die Ehegatten können eine einmal getroffene Rechtswahl je- 441
derzeit wieder aufheben. Heben sie nur auf, ohne eine neue Rechtswahl zu treffen, so tritt
ab Wirksamwerden der Aufhebung die objektive Anknüpfung nach Art. 14 II EGBGB ein.
Die Ehegatten können aber auch ihre ursprüngliche Rechtswahl durch eine neue Rechtswahl ersetzen. Die neue Rechtswahl unterliegt ihrerseits wieder Art. 14 I EGBGB 2019.

[1015] BayObLG NJW-RR 1994, 771, 772; BayObLG FamRZ 1998, 1594, 1596; *A. Börner,* IPRax 1995, 309, 313; Staudinger/*Mankowski* Art. 14 EGBGB Rn. 139.
[1016] Staudinger/*Mankowski* Art. 14 EGBGB Rn. 139 sowie BayObLG FamRZ 1998, 1594, 1596.
[1017] KG FamRZ 2013, 1480 = FamRB Int 2013, 57 m. Anm. *J. Mörsdorf-Schulte* (dazu *Breidenstein,* FamFR 2013, 117; *U. P. Gruber,* IPRax 2014, 53); AG Clausthal-Zellerfeld IPRspr. 2011 Nr. 71 S. 151.
[1018] *Ferid/Böhmer* Rn. 8–87.2; *Lichtenberger,* DNotZ 1986, 644, 662; MüKoBGB/*Looschelders* Art. 14 EGBGB Rn. 109; Staudinger/*Mankowski* Art. 14 EGBGB Rn. 116; *Hausmann,* in: Hausmann/Odersky IPR § 8 Rn. 25.
[1019] Palandt/*Thorn* Art. 14 EGBGB Rn. 12; Soergel/*Schurig* Art. 14 EGBGB Rn. 29.
[1020] *V. Stoll* S. 82.
[1021] Staudinger/*Mankowski* Art. 14 EGBGB Rn. 153 sowie *Lichtenberger,* DNotZ 1986, 644, 660. Anderer Ansicht *V. Stoll* S. 83; Erman/*Hohloch* Art. 14 EGBGB Rn. 25.

Welche Rechte mit der neuen Rechtswahl gewählt werden können, ergibt sich wiederum aus einer Anwendung des Art. 14 I 2 EGBGB 2019, bezogen auf den Zeitpunkt der neuen Rechtswahl.

442 **4. Objektive Anknüpfung.** Zu einer Ehe gehören (mindestens) zwei Ehegatten. Gleichberechtigung und Gleichbehandlung der Ehegatten gebieten, dass man nicht einen von ihnen kollisionsrechtlich bevorzugt und ihm komparative Rechtsanwendungsvorteile gegenüber dem anderen Ehegatten verschaffte, indem man ein Recht anwendet, das ihm nahesteht und nicht auch dem anderen Ehegatten. Gesucht sind bei einem Ehepaar beiden Partnern *gemeinsame* Bezüge zu einem bestimmten Recht. Das alte Internationale Eherecht von 1896 wurde dieser Aufgabe nicht gerecht, weil es im Zweifel „einseitig" anknüpfte und das Heimatrecht des Ehemanns berief. Damit ist es am Gleichheitssatz und Gleichberechtigungsgebot des Art. 3 II GG gescheitert. Die Reform von 1986, aus der Art. 14 EGBGB in seiner heutigen Gestalt hervorging, stellte diesen Mangel ab. Gleichberechtigung war ihr erstes Anliegen, und Art. 14 I EGBGB als seinerzeitige Grundnorm des Internationalen Familienrechts ist vornehmster Ausdruck dieses Anliegens. Er sucht konsequent nach beiden Ehegatten *gemeinsamen* Anknüpfungsmerkmalen.

443 *a) (Aktueller) Gemeinsamer gewöhnlicher Aufenthalt (Art. 14 II Nr. 1 EGBGB 2019).* Auf der ersten Stufe der Anknüpfungsleiter vollzieht der Gesetzgeber einen Paradigmenwechsel: Er wechselt von der stark formal typisierenden Staatsangehörigkeit des Art. 14 I Nr. 1 Var. 1 EGBGB 1986 auf das stärker faktisch orientierte Kriterium des gewöhnlichen Aufenthalts. Der *gemeinsame* gewöhnliche Aufenthalt indiziert jedenfalls eine engere gemeinsame Beziehung beider Ehegatten zu einem Recht, als es die Staatsangehörigkeit nur eines Ehegatten tut, selbst wenn sie durch weitere Elemente verstärkt wird. Außerdem korrespondiert diese Anknüpfung mit dem Normalfall, dass Ehegatten zusammenleben. Gewollt ist ein Anschluss an die internationale rechtspolitische Entwicklung und insbesondere an Art. 21 EuGüVO.[1022]

444 Der gewöhnliche Aufenthalt hat in Art. 14 II Nr. 1 EGBGB 2019 denselben Begriffsinhalt wie in Art. 14 I Nr. 1 EGBGB 2019.[1023] Es gibt keine überzeugende Begründung dafür, der objektiven einen anderen Aufenthaltsbegriff zu unterlegen wie der subjektiven. Ebenso sind die Maßstäbe für die Gemeinsamkeit der gewöhnlichen Aufenthalte beider Ehegatten unter Art. 14 II Nr. 1 EGBGB 2019 dieselben wie unter Art. 14 I Nr. 1 EGBGB 2019.[1024]

445 Art. 14 I Nr. 1 EGBGB 2019 und Art. 14 II Nr. 1 EGBGB 2019 unterscheiden sich aber beim Anknüpfungszeitpunkt: Während der Anknüpfungszeitpunkt bei Art. 14 I Nr. 1 EGBGB 2019 auf den Zeitpunkt der jeweiligen Rechtswahl fixiert ist, verwirklicht Art. 14 II Nr. 1 EGBGB 2019 eine dynamische Anknüpfung[1025] und stellt auf den jeweils aktuellen gewöhnlichen Aufenthalt zum Zeitpunkt des jeweils zu beurteilenden Geschehnisses ab.

446 *b) Letzter gemeinsamer, einseitig beibehaltener gewöhnlicher Aufenthalt (Art. 14 II Nr. 2 EGBGB).* Art. 14 II Nr. 2 EGBGB 2019 enthält eine so genannte Kontinuitätsklausel: Die Aufenthaltsanknüpfung wird auch dann objektiv fortgeschrieben, wenn der letzte gemeinsame gewöhnliche Aufenthalt nur von einem Ehegatten beibehalten worden ist. Art. 14 II Nr. 2 EGBGB 2019 ist ein Griff in die *gemeinsame* Vergangenheit und eine partielle Ausnahme vom Wandelbarkeitsgrundsatz.[1026] Zwar wird das bisher anknüpfungstragende Moment aufgegeben; das führt aber nicht automatisch zu einem Statutenwechsel. Einen sol-

---

[1022] Begründung der Bundesregierung zum Entwurf eines Gesetzes zum Internationalen Güterrecht und zur Änderung von Vorschriften des Internationalen Privatrechts, BR-Drs. 385/18, 36 Zu Nummer 4.
[1023] Unter Art. 14 I Nr. 1 EGBGB 2019 → § 4 Rn. 405 ff.
[1024] Unter Art. 14 I Nr. 1 EGBGB 2019 → § 4 Rn. 410 f.
[1025] Begründung der Bundesregierung zum Entwurf eines Gesetzes zum Internationalen Güterrecht und zur Änderung von Vorschriften des Internationalen Privatrechts, BR-Drs. 385/18, 36 Zu Nummer 4.
[1026] Staudinger/*Mankowski* Art. 14 EGBGB Rn. 59.

IV. Allgemeine Ehewirkungen   447–451 § 4

chen Statutenwechsel zu vermeiden ist genau das Ziel des Gesetzgebers. Er hält solange wie möglich an dem einmal gewählten Anknüpfungsprinzip fest. Zum einen kann man so den Schwierigkeiten, denen man auf der Suche nach einer Ersatzlösung begegnet, entgehen. Zum anderen werden die mit einem Statutenwechsel verbundenen Übergangs- und Anpassungsprobleme vermieden.

 Der gewöhnliche Aufenthalt hat in Art. 14 II Nr. 2 EGBGB 2019 denselben Begriffsinhalt wie in Art. 14 I Nr. 1, Nr. 2, II Nr. 1 EGBGB 2019.[1027] Ebenso sind die Maßstäbe für die Gemeinsamkeit der gewöhnlichen Aufenthalte beider Ehegatten unter Art. 14 II Nr. 2 EGBGB 2019 dieselben wie unter Art. 14 I Nr. 1, Nr. 2, II Nr. 1 EGBGB 2019.[1028] Ob ein gemeinsamer gewöhnlicher Aufenthalt der letzte war, bestimmt sich ebenso wie unter Art. 14 I Nr. 2 EGBGB 2019.[1029] **447**

 Der sesshaft gebliebene Ehepartner muss seinen gewöhnlichen Aufenthalt unter Art. 14 II Nr. 2 EGBGB 2019 ebenso kontinuierlich und ununterbrochen beibehalten haben wie unter Art. 14 I Nr. 2 EGBGB 2019. Er darf zwischenzeitig nicht seinen gewöhnlichen Aufenthalt in einem anderen Staat als jenem des letzten gemeinsamen gewöhnlichen Aufenthalts gehabt haben. Wiederbegründung des gewöhnlichen Aufenthalts im früheren gemeinsamen Aufenthaltsstaat reicht nicht aus. Denn es heißt „*noch* seinen gewöhnlichen Aufenthalt hat", nicht „*wieder*".[1030] Besonders sinnvoll ist diese Strenge des Art. 14 II Nr. 2 EGBGB 2019 nicht, denn auf der nachfolgenden Stufe der Anknüpfung an die engste Verbindung unter Art. 14 II Nr. 4 EGBGB 2019 wird dem früheren gemeinsamen gewöhnlichen Aufenthalt doch wieder im Zweifel ausschlaggebendes Gewicht zukommen.[1031] **448**

 c) (Aktuelle) Gemeinsame Staatsangehörigkeit (Art. 14 II Nr. 3 EGBGB 2019). Auf der dritten Stufe der Anknüpfungsleiter für die objektive Anknüpfung knüpft Art. 14 II Nr. 3 EGBGB 2019 an die (aktuelle) gemeinsame Staatsangehörigkeit beider Ehegatten an. Damit übernimmt er sachlich, jedoch auf niedrigerer Stufe den Gehalt des Art. 14 I Nr. 1 Var. 1 EGBGB 1986. Erforderlich ist die Feststellung der jeweiligen Staatsangehörigkeit für die einzelnen Ehegatten. Maßgeblich für die Feststellung der Staatsangehörigkeit ist das Recht desjenigen Staates, um dessen Staatsangehörigkeit es geht. **449**

 Für Staatenlose und Flüchtlinge gilt die allgemeine Ersatzanknüpfung ihres Personalstatuts an den gewöhnlichen Aufenthalt anstelle der Staatsangehörigkeit nach Art. 5 II EGBGB (Staatenlose) bzw. nach Art. 12 Genfer Flüchtlingskonvention (Flüchtlinge).[1032] **450**

 Für die Bestimmung der maßgeblichen Staatsangehörigkeit bei Mehrstaatern gilt Art. 5 EGBGB. Besitzt der Mehrstaater die deutsche Staatsangehörigkeit, so dominiert diese nach Art. 5 I 2 EGBGB und macht deutsches Recht zu seinem Heimatrecht. Dies gilt selbst dann, wenn die zweite, nach üblichen Maßstäben effektive Staatsangehörigkeit des Mehrstaaters mit der Staatsangehörigkeit des anderen, einstaatigen Ehegatten übereinstimmt.[1033] Deutsches Personalstatut hat auch ein in Deutschland anerkannter Asylbewerber.[1034] Sind beide Ehegatten deutsch-ausländische Mehrstaater, so ist deutsches Recht (wenn denn auf die dritte Stufe der Leiter gelangt) konsequent Ehewirkungsstatut nach Art. 14 II Nr. 3 EGBGB 2019.[1035] Dies gilt wiederum selbst dann, wenn die Ehegatten **451**

[1027] Unter Art. 14 I Nr. 1 EGBGB 2019 → § 4 Rn. 405 ff.
[1028] Unter Art. 14 I Nr. 1 EGBGB 2019 → § 4 Rn. 410 f.
[1029] Unter Art. 14 I Nr. 2 EGBGB 2019 → § 4 Rn. 412 ff.
[1030] Begründung der Bundesregierung zum Entwurf eines Gesetzes zur Neuregelung des Internationalen Privatrechts, BT-Drs. 10/504, 54; BGH NJW 1993, 2047, 2048 = LM H. 8/1993 Art. 14 EGBGB 1986 Nr. 2 m. Anm. *K. Otte;* Präsidentin OLG Celle FamRZ 1998, 686; KG FPR 2002, 304, 305.
[1031] *v. Bar,* IPRax 1994, 100, 102 f.
[1032] Siehe nur BGHZ 169, 240, 244; *Rehm,* LMK 2007, 40, 41.
[1033] Siehe nur BGH FamRZ 2003, 1737; BayObLG NJW-RR 1994, 771, 772; BayObLG FamRZ 1998, 1594, 1596; OLG Stuttgart FamRZ 1989, 760, 761; OLG Hamm FamRZ 1990, 54, 55; OLG Karlsruhe IPRspr. 1992 Nr. 110 S. 254 f.; OLG Stuttgart FamRZ 1998, 1321; OLG Zweibrücken FuR 2000, 425; Präsidentin OLG Celle StAZ 1999, 80, 81; AG Leverkusen FamRZ 2002, 1484, 1485.
[1034] Siehe nur OLG Karlsruhe FamRZ 1996, 1146; OLG Stuttgart FamRZ 1998, 1321.
[1035] Siehe nur OLG Stuttgart FamRZ 1989, 760, 761.

ihren gemeinsamen gewöhnlichen Aufenthalt immer im Staat ihrer übereinstimmenden ausländischen Staatsangehörigkeit gehabt haben und aktuell noch haben.[1036]

452 Besitzt der Mehrstaater mehrere ausländische Staatsangehörigkeiten, so ist nach Art. 5 I 1 EGBGB nur die effektive entscheidend. Dies gilt selbst dann, wenn die ineffektive Staatsangehörigkeit mit jener des anderen, einstaatigen Ehegatten übereinstimmt.[1037] Sind beide Ehegatten ausländische Mehrstaater, so kommt es ebenfalls jeweils auf die effektive Staatsangehörigkeit an. Es ist für jeden Ehegatten gesondert seine effektive Staatsangehörigkeit nach Art. 5 I 1 EGBGB festzustellen und nicht etwa eine Gesamtschau anzustellen, mit welcher Staatsangehörigkeit die Ehegatten im Eheverlauf insgesamt am engsten verbunden wären.[1038] Eine übereinstimmende ineffektive Staatsangehörigkeit führt nicht zur Anwendung des Art. 14 II Nr. 3 EGBGB 2019.[1039] Art. 14 II Nr. 3 EGBGB 2019 ist auch nicht anzuwenden, wenn die Ehegatten zwar gemeinsame Staatsangehörigkeiten, aber je unterschiedliche effektive Staatsangehörigkeiten haben.[1040]

453 *d) Andere engste gemeinsame Verbindung (Art. 14 II Nr. 4 EGBGB 2019).* aa) Grundsätzliches. Die Anknüpfung an die andere engste gemeinsame Verbindung der Ehegatten auf der letzten Stufe der Anknüpfungsleiter in Art. 14 II Nr. 4 EGBGB 2019 ist bewusst offen gestaltet. Sie bildet einen Auffangtatbestand zur Anknüpfung derjenigen atypischen Fallgruppen, die durch die Maschen des von Art. 14 II Nrn. 1–3 EGBGB 2019 gebildeten Netzes gefallen sind. Die in Betracht kommenden Fälle sind vielgestaltig und entziehen sich einer schematisierend-typisierenden festen Anknüpfungsregel. Der Tatbestand fügt sich nahtlos in ein gesetzliches Anknüpfungssystem ein, dessen Grundmaxime die Anwendung des mit dem Sachverhalt am engsten verbundenen Rechts ist. Er übernimmt grundsätzlich den Gehalt des Art. 14 I Nr. 3 EGBGB 1986.

454 bb) Mögliche Anknüpfungspunkte. Im Rahmen der Abwägungsentscheidung kann folgenden Aspekten Gewicht beikommen:[1041] erstens der gemeinsamen sozialen Bindung an einen Staat durch Herkunft im weiteren Sinne, Kultur, Sprache oder berufliche Tätigkeit; zweitens dem gemeinsamen einfachen Aufenthalt, der allerdings nicht nur ganz vorübergehender Natur sein darf; drittens dem letzten gemeinsamen gewöhnlichen Aufenthalt, wenn zwar beide Ehegatten ihn aufgegeben haben, aber einer von ihnen dem betreffenden Staat angehört; viertens dem beabsichtigten Erwerb einer gemeinsamen Staatsangehörigkeit; fünftens der beabsichtigten Begründung eines gemeinsamen gewöhnlichen Aufenthalts; sechstens dem Ort der Eheschließung, soweit die Verbindung zu dem betreffenden Staat nicht rein zufällig ist, sondern durch weitere Faktoren, z.B. die Staatsangehörigkeit oder den gewöhnlichen Aufenthalt eines Ehegatten verstärkt wird. Zwischen diesen Aspekten besteht keine innere Rangfolge. Der gewöhnliche Aufenthalt gemeinsamer Kinder[1042] betrifft eigentlich andere Anknüpfungssubjekte, nicht die Ehegatten.

455 Gegenüber Art. 14 I Nr. 3 EGBGB 1986 ergibt sich freilich eine graduelle Veränderung. Denn während Art. 14 I Nr. 1 Var. 2 EGBGB 1986 eine Kontinuitätsklausel auch bei der Staatsangehörigkeitsanknüpfung kannte, gibt es dazu kein explizites Pendant in Art. 14 II EGBGB 2019. Damit ist aber nicht besagt, dass der entsprechende Gedanke keinen Eingang in die offene Abwägung und Schwerpunktsuche unter Art. 14 II Nr. 4 EGBGB finden dürfte. Wenn die Ehegatten zwar aktuell nicht mehr die gleiche Staatsangehörigkeit besitzen, während der Ehezeit aber einmal demselben Staat angehört haben, kann dies ein Faktor sein. Verstärkend zu fordern ist, dass einer der beiden Ehegatten die letzte gemein-

---

[1036] OLG Düsseldorf NJW-RR 1994, 1221, 1222 (in Polen lebende Polendeutsche).
[1037] OLG Frankfurt FamRZ 1994, 715, 716.
[1038] AG Freiburg FamRZ 2002, 888, 889.
[1039] OLG München FamRZ 1994, 634.
[1040] AG Freiburg FamRZ 2002, 888, 889.
[1041] Beschlussempfehlung und Bericht des Rechtsausschusses zum Entwurf eines Gesetzes zur Neuregelung ds Internationalen Privatrechts, BT-Drs. 10/5632, 41; KG FamRZ 2012, 1142 m. Anm. *Henrich.*
[1042] Siehe AG Hannover FamRZ 2000, 1576.

IV. Allgemeine Ehewirkungen 456–462 § 4

same Staatsangehörigkeit einseitig beibehalten hat. Damit wäre sichergestellt, dass auch aktuell noch ein gewisser Bezug zu jenem Recht besteht, und verhindert die Anknüpfung an ein objektiv inzwischen beziehungsloses Recht. Haben *beide* Ehegatten die letzte gemeinsame Staatsangehörigkeit verloren oder aufgegeben, so ist die Verbindung schwächer geworden.

cc) Fallmaterial. Zu Art. 14 I Nr. 3 EGBGB 1986, dem grundsätzlichen Vorgänger zu Art. 14 II Nr. 4 EGBGB 2019, existiert erhebliches Fallmaterial. Einfach ist der Fall, dass Eheschließungsort, 22 Jahre dauerndem gemeinsamem gewöhnlichem Aufenthalt, beruflicher Tätigkeit des Alleinverdieners und Staatsangehörigkeit des anderen Ehegatten zum selben Recht weisen.[1043] 456

Eine Kombination aus letztem gemeinsamem gewöhnlichem Aufenthalt und Staatsangehörigkeit eines Ehegatten kann ausschlaggebend sein, jedenfalls wenn der andere Ehegatte auf der Ebene der Staatsangehörigkeit bildet, sei es, dass seine Staatsangehörigkeit nicht festgestellt werden kann, sei es, dass er verschollen ist.[1044] 457

Nicht selten sind Fälle, in denen Deutsche in einem Entwicklungsland einen dortigen Einheimischen geheiratet haben und (angeblich) ein Zusammenleben in Deutschland geplant war, das aber letztlich an den mangelnden Einreisemöglichkeiten des anderen Ehegatten scheiterte; angeknüpft wurde im Zweifel an den Ort des geplanten Zusammenlebens.[1045] 458

Beispiel:[1046] Eine Deutsche heiratet einen Gambier in Gambia und reiste nur für die Eheschließung für kurze Zeit nach Gambia. Die Ehegatten planten, in Deutschland miteinander zu leben. Dieser Plan wurde nie realisiert, weil dem immer in Gambia lebenden Ehemann keine Einreiseerlaubnis erteilt wurde und die Ehefrau das Visumverfahren nicht mehr betrieb. Abzuwägen war der Ort der Eheschließung gegen den geplanten Ort des Zusammenlebens. 459

Jenseits des Verdachts, dass eine so genannte „Aufenthaltsehe" geschlossen worden war, um einen ausländischen Ehegatten einen Aufenthalt mit ausländerrechtlichem Aufenthaltstitel in Deutschland zu ermöglichen, steht folgender Fall: Eine Deutsche heiratet in Mombasa einen Keniaten. Aus der Ehe entspringen zwei gemeinsame Kinder, die immer in Kenia leben. Die Ehefrau lebt während der Ehe im Wechsel in Deutschland und Kenia, der Mann immer in Kenia. Das Gericht verneint wegen der langen Deutschland-Aufenthalte, dass die Ehefrau je einen gewöhnlichen Aufenthalt in Kenia begründet habe, und kommt über Art. 14 I Nr. 3 EGBGB 1986 zum kenianischen Recht.[1047] 460

In einem Fall kapitulierte ein Gericht. Es sah keinerlei engste Verbindung als gegeben und als nicht anwendbar an.[1048] Diese Vorgehensweise verkennt den Charakter der Norm. Art. 14 II Nr. 4 EGBGB 2019 sucht nach der relativ engsten Verbindung. Eine solche *relativ* engste Verbindung muss es immer geben, mag sie auch *absolut* eher schwach sein.[1049] Art. 14 II Nr. 4 EGBGB 2019 setzt eben *nicht* voraus, dass diese *relativ engste* Verbindung eine wirklich *enge* Verbindung beider Ehegatten zu dem betreffenden Staat begründet. Nach einer so ausgestalteten Auffangregelung gibt es logisch keine weitere Anknüpfungsregel.[1050] 461

dd) Fallgruppenbildung. Aus den unter Art. 14 II Nr. 4 EGBGB 2019 fallenden Konstellationen lassen sich grob zwei Gruppen herausheben: (1) In der ersten Gruppe hatten die Ehegatten niemals eine gemeinsame Staatsangehörigkeit oder einen gemeinsamen gewöhn- 462

[1043] BGH NJW 1993, 2047, 2049.
[1044] AG Amberg IPRspr. 1989 Nr. 92a S. 220; AG Leverkusen FamRZ 2002, 1484, 1485.
[1045] AG Hannover FamRZ 2000, 1576; AG Hannover NJWE-FER 2001, 279, 280; siehe auch OLG Köln FamRZ 1998, 1590.
[1046] Nach AG Hannover FamRZ 2000, 1576.
[1047] AG Würzburg FamRZ 1998, 1591.
[1048] KG FamRZ 2002, 840, 842
[1049] Staudinger/*Mankowski* Art. 14 EGBGB Rn. 70a; MüKoBGB/*Looschelders* Art. 14 EGBGB Rn. 106.
[1050] So aber KG FamRZ 2002, 840, 842; OLG Schleswig FamRZ 2007, 470; NK-BGB/*Andrae* Art. 14 EGBGB Rn. 33; Erman/*Hohloch* Art. 14 EGBGB Rn. 18a: deutsche lex fori.

lichen Aufenthalt. (2) In der zweiten Gruppe hatten die Ehegatten zwar zu einem Zeitpunkt in der Vergangenheit eine gemeinsame Staatsangehörigkeit oder einen gemeinsamen gewöhnlichen Aufenthalt, aber beide haben die Verbindungen zu dem betreffenden, ihnen früher gemeinsamen Recht abgebrochen und sich in jeweils verschiedene Richtungen begeben.

463 (1) Gemischtnationale Ehen ohne gemeinsamen gewöhnlichen Aufenthalt. Die Situation der ersten Gruppe ist vom Leitbild der Ehe als gelebter Lebensgemeinschaft her atypisch,[1051] aber im Zeitaler von „together apart" und internationaler Mobilität häufiger geworden. Man muss genau analysieren, was zu dieser atypischen Situation geführt hat und welches Moment die Eheleute kollisionsrechtlich zusammengeführt hat.[1052]

464 **Beispiel:** Ein Deutscher mit gewöhnlichem Aufenthalt in Schwerin und eine Schwedin mit gewöhnlichem Aufenthalt in Lund lernen sich im jeweiligen Urlaub in Mexiko kennen und lieben. Schon nach einer Woche wird in Puerto Valerta geheiratet. Aus beruflichen Gründen kehrt jeder Ehegatte eine Woche später in sein Heimatland zurück, wo er jeweils weiterhin wohnt. Man besucht sich pari pari jeweils an den Wochenenden.

465 **Beispiel:**[1053] Eine Deutsche und ein Kubaner heiraten in Havanna. Sie kehrt im Anschluss an die Hochzeit nach Deutschland zurück, während er in Kuba bleibt.

466 Als letzte Zuflucht bleibt die Anknüpfung an den Ort der Eheschließung als größten gemeinsamen Nenner der Ehegatten.[1054] Die Bedenken dagegen liegen auf der Hand: Der Eheschließungsort bezeichnet nur einen kurzen Zeitraum zu Beginn der Ehe. Er hat, wenn an ihm kein Aufenthalt begründet wird, keine dauerhaften Auswirkungen und prägt deshalb in aller Regel die als Dauerverhältnis angelegte Ehe nicht.

467 Die Verbindung zum Eheschließungsort kann allerdings durch weitere Momente, insbesondere durch den gewöhnlichen Aufenthalt eines Ehegatten, verstärkt werden

468 **Beispiel:** Ein Deutscher mit gewöhnlichem Aufenthalt in Kiel und eine Französin mit gewöhnlichem Aufenthalt in Rouen heiraten in Rouen.

469 Auch die Staatsangehörigkeit eines Ehegatten kann eine verstärkende Verbindung zum Staat der Eheschließung herstellen; dies gilt sogar für eine inzwischen bloß frühere, zum Zeitpunkt der Eheschließung aber vorhandene.[1055]

470 Der Anknüpfung an den Ort der Eheschließung vorzuziehen ist jedenfalls die Anknüpfung an einen gemeinsamen schlichten Aufenthalt, wenn dies möglich ist.[1056] Dieser schlichte Aufenthalt kann auch in der Vergangenheit liegen. Er muss indes eine gewisse Dauer gehabt haben. Ein bloßer Urlaub von wenigen Wochen oder gar Tagen im Land der Eheschließung sollte nicht ausreichen.

471 **Beispiel:** Dänin und Niederländer in Diensten eines US-amerikanischen Konzerns werden von ihrem Arbeitgeber jeweils vorübergehend für sechs Monate aus ihren Heimatländern in die deutsche Niederlassung nach Heidelberg versetzt, lernen sich dort kennen, heiraten in Heidelberg, leben dort für die ihnen verbliebenen vier Monate zusammen, bevor sie in ihre jeweiligen Heimatländer zurückkehren.

472 Der Ort, an dem die Flitterwochen verbracht wurden, prägt die Ehe ebensowenig wie der ansonsten mit der Ehe räumlich nicht verbundene Eheschließungsort.[1057]

473 **Beispiel:** Flitterwochen in Venedig bei deutsch-englischer Ehe und gewöhnlichem Aufenthalt jedes Ehegatten in seinem Heimatstaat

---

[1051] Ebenso AG Hannover NJWE-FER 2001, 279 f.
[1052] Vorauflage Rn. 206 (v. Bar); *Spickhoff*, JZ 1993, 336, 341.
[1053] Nach AG Leverkusen FamRZ 2006, 1384.
[1054] Dahin auch MüKoBGB/*Looschelders* Art. 14 EGBGB Rn. 106.
[1055] OLG Düsseldorf FamRZ 2003, 381.
[1056] Ähnlich OLG Frankfurt FamRZ 1996, 1478, 1479; AG Königstein/Taunus IPRspr. 2000 Nr. 59 S. 127.
[1057] Vorauflage Rn. 206 (v. Bar).

IV. Allgemeine Ehewirkungen

(2) Gemischtnationale Ehen mit beidseitig aufgegebenem gemeinsamem gewöhnlichem Aufenthalt. Die zweite Gruppe bilden im Wesentlichen Fälle, in denen Ehegatten verschiedener Nationalität miteinander in einem Drittland gelebt haben. Nach dem Scheitern der Ehe ist jeder von ihnen in seinen jeweiligen Heimatstaat zurückgezogen. Hier wird die gemeinsame engste Verbindung in der Regel zu dem Drittland bestehen, in dem die Ehegatten miteinander gelebt haben. Das Recht des Drittlandes ist wegen Art. 14 II Nr. 1 EGBGB 2019 während der Zeit des gemeinsamen gewöhnlichen Aufenthalts dort vorbehaltlich einer Rechtswahl sowieso Ehewirkungsstatut gewesen. Also führt das Abstellen auf den früheren gemeinsamen Aufenthalt zu Anknüpfungskontinuität und vermeidet in aller Regel einen Statutenwechsel. Aus Art. 14 II Nr. 2 EGBGB 2019 lässt sich kein Gegenschluss dergestalt ziehen, dass die Anknüpfung an einen früheren gemeinsamen gewöhnlichen Aufenthalt immer ausgeschlossen wäre, wenn ihn keiner der Ehegatten einseitig beibehalten hat.[1058]

Eine Ausnahme von der Anwendung des Drittlandrechts kann aber dann sinnvoll sein, wenn die Ehegatten in dem Drittland in einem enklavenartigen Sondermilieu gelebt haben, das stärker von den übereinstimmenden Vorstellungen ihrer Heimatländer geprägt war als von den wesentlich abweichenden Maßstäben des Drittlandes.

Beispiel: Eine Französin und ein Italiener lebten gemeinsam in Riad in einer eigenen Vorstadt für katholische Ausländer. Beide kehrten nach dem Scheitern ihrer Ehe in ihre jeweiligen Heimatländer zurück.

Im Zweifel ist in dieser Ausnahmekonstellation das Heimatrecht eines Ehegatten anzuwenden, wenn die Verbindung zu diesem Recht durch mindestens ein weiteres auf dieses Recht weisendes Moment neben der Staatsangehörigkeit verstärkt wird und so ein relatives Übergewicht gegenüber dem Heimatrecht des anderen Ehegatten gewinnt.

Modifikation zum letzten **Beispiel:** Die Französin und der Italiener hatten in der französischen Botschaft in Riad geheiratet und ihre Hochzeitsreise in die Provence gemacht.

Anders kann es sich wiederum verhalten, wenn ein Ehegatte regelmäßige Besuche in demjenigen Staat unternimmt, in dem der andere Ehegatte jetzt seinen gewöhnlichen Aufenthalt hat. Dies kann insbesondere durch gemeinsame Kinder veranlasst sein, die bei dem anderen Ehegatten leben. Dann ist im Zweifel das Aufenthaltsrecht des anderen Ehegatten anzuwenden.[1059]

ee) **Abzulehnende Ansätze.** Auf den sogenannten Grundsatz des schwächeren Rechts, demzufolge die Heimatrechte der beiden Ehegatten kumulativ berufen wären und dasjenige Recht sich im Einzelfall durchsetzte, welches die geringeren Wirkungen entfaltete, ist abzulehnen.[1060] Denn damit würden Ideen *Kegels*[1061] verwirklicht, denen der Gesetzgeber gerade bewusst nicht gefolgt ist, als er Art. 14 I Nr. 3 EGBGB 1986 schuf und auf die engste Verbindung abstellte.[1062]

Ebenfalls abzulehnen ist ein Rückgriff auf die deutsche lex fori bei Anhängigkeit eines Gerichtsverfahrens in Deutschland.[1063] Bei einem von einem Ehegatten einseitig angestrengten Gerichtsverfahren fehlt es an einer *gemeinsamen* Verbindung beider Ehegatten zum deutschen Recht. Der Rückgriff auf das Recht des Gerichtsortes läuft im Endeffekt auf

---

[1058] *v. Bar*, IPRax 1994, 100, 103.
[1059] *Kersting*, FamRZ 1992, 268, 270.
[1060] Dafür aber Soergel/*Schurig* Art. 14 EGBGB Rn. 15; *Kegel*, in: Kegel/Schurig IPR § 20 V 1a (S. 833); BeckOK BGB/*J. Mörsdorf-Schulte* Art. 14 EGBGB Rn. 19; offen AG Leverkusen FamRZ 2006, 1384; 1385. Im Ergebnis wie hier *Spickhoff*, JZ 1993, 336, 338f., 341f.; MüKoBGB/*Looschelders* Art. 14 EGBGB Rn. 106.
[1061] *Kegel*, in: Lauterbach (Hrsg.), Vorschläge und Gutachten zur Reform des deutschen internationalen Eherechts, 1962, S. 75, 85.
[1062] Staudinger/*Mankowski* Art. 14 EGBGB Rn. 29, 81a.
[1063] Dafür aber MüKoBGB/*Siehr* Bd. 10, 6. Aufl. 2015, Art. 14 EGBGB Rn. 38; Palandt/*Thorn* Art. 14 EGBGB Rn. 10 sowie *Kersting*, FamRZ 1992, 268, 270

eine schlecht verbrämte Anknüpfung an den gewöhnlichen Aufenthalt nur eines Ehegatten in Deutschland[1064] oder an die deutsche Staatsangehörigkeit nur eines Ehegatten[1065] hinaus.[1066]

482 5. **Rück- und Weiterverweisung.** Treffen die Ehegatten eine nach Art. 14 I EGBGB 2019 zulässige Rechtswahl, so erfolgt kein renvoi. Dieser Ausschluss einer Rück- und Weiterverweisung bei Rechtswahl ergibt sich aus Art. 4 II EGBGB.

483 Die objektive Anknüpfung nach Art. 14 II EGBGB 2019 ist – wie schon ihr Vorgänger Art. 14 I EGBGB 1986 – eine Gesamtverweisung.[1067] Für sie gilt Art. 4 I 1 Hs. 1 EGBGB ohne Einschränkungen.[1068] Auch die Anknüpfung an die engste Verbindung aus Art. 14 II Nr. 4 EGBGB 2019 auf der letzten Stufe der Anknüpfungsleiter ist keine Sachnormverweisung.[1069] Die so genannte Sinnklausel des Art. 4 I 1 Hs. 2 EGBGB greift bei ihr nicht.[1070] Es wäre paradox, ausgerechnet der schwächsten und am wenigsten legitimierten Stufe (die zudem ersichtlich aus bloßer Verlegenheit geboren ist) eine stärkere und bedeutsamere Wirkung beizumessen als den vorrangigen benannten Anknüpfungen auf den vier vorangegangenen Stufen.[1071]

484 6. **Betretungs-, Näherungs- und Kontaktverbote im Zusammenhang mit einer in Deutschland belegenen Ehewohnung (Art. 17a EGBGB 2019).** Betretungs-, Näherungs- und Kontaktverbote, die mit einer in Deutschland belegenen Ehewohnung zusammenhängen, unterstellt Art. 17a EGBGB 2019 den deutschen Sachvorschriften. Im Gegensatz zu Art. 17a EGBGB 2001 erfasst Art. 17a EGBGB 2019 nicht mehr die Nutzungsbefugnis für eine in Deutschland belegenen Ehewohnung und die in Deutschland befindlichen Haushaltsgegenstände als weitere Anknüpfungsgegenstände. Der Grund für diese sachliche Reduktion liegt darin, dass diese Anknüpfungsgegenstände der EuGüVO unterfallen.[1072]

485 Nicht erfasst ist bei gemieteten Ehewohnungen das Außenverhältnis zum Vermieter. Sachlich betrifft Art. 17a EGBGB 2019 nur das Verhältnis der Ehegatten untereinander (und auch dies nur ausschnittsweise). Das Außenverhältnis zu einem Vermieter, der Dritter außerhalb der Ehe ist, ist internationalschuldvertragsrechtlich anzuknüpfen[1073] und unterliegt Artt. 3; 4 I litt. c, d, III Rom I-VO.[1074]

486 7. **Gewaltschutz.** Gewaltschutz bewegt sich im Grenzbereich zwischen Zivil- und Strafrecht, wie das Nebeneinander der EuSchutzMVO[1075] und der RL 2011/99/EU[1076] im IZVR nachdrücklich belegt.[1077] Art. 17a EGBGB entstammt zwar dem Zusammenhang

---

[1064] Siehe Art. 2 I lit. a Lemmata 4–6 Brüssel IIa-VO; § 606a ZPO I Nrn 3, 4 ZPO.
[1065] Siehe § 606a I Nr. 1 ZPO iVm Art. 8 Brüssel IIa-VO.
[1066] Staudinger/*Mankowski* Art. 14 EGBGB Rn. 81.
[1067] Siehe nur Staudinger/*Mankowski* Art. 14 EGBGB Rn. 82.
[1068] Siehe nur Staudinger/*Mankowski* Art. 14 EGBGB Rn. 82.
[1069] KG FamRZ 2007, 1561, 1562 m. Anm. *Henrich*; AG Leverkusen FamRZ 2002, 1484, 1485 f.; *Kartzke*, IPRax 1988, 8, 9; *G. Kühne*, FS Murad Ferid zum 80. Geb., 1988, S. 251, 262; *Rauscher*, NJW 1988, 2151; *Ebenroth/Eyles*, IPRax 1989, 1, 11; Staudinger/*Mankowski* Art. 14 EGBGB Rn. 97; *Hausmann*, in: Hausmann/Odersky IPR § 8 Rn. 19.
[1070] Entgegen *Siehr*, FS Murad Ferid zum 80. Geb., 1988, S. 433, 441; *Henrich*, IntFamR S. 63 f.; *Piltz*, Internationales Scheidungsrecht, 1988, S. 58; Erman/*Hohloch* Art. 4 EGBGB Rn. 18; Palandt/*Thorn* Art. 4 EGBGB Rn. 8.
[1071] Staudinger/*Mankowski* Art. 14 EGBGB Rn. 97.
[1072] Begründung der Bundesregierung zum Entwurf eines Gesetzes zum Internationalen Güterrecht und zur Änderung von Vorschriften des Internationalen Privatrechts, BR-Drs. 385/18, 38 Zu Nummer 7.
[1073] NK-BGB/*U. P. Gruber* Art. 17a EGBGB Rn. 13; *Schaal*, BWNotZ 2009, 172, 173. Anders aber wohl *Turan-Schnieders/Finger*, FamRB 2002, 307, 310; *Naumann*, RNotZ 2003, 343, 350.
[1074] Staudinger/*Mankowski* Art. 17a EGBGB Rn. 13.
[1075] VO (EU) Nr. 606/2013 des Europäischen Parlaments und des Rates vom 12.6.2013 über die gegenseitige Anerkennung von Schutzmaßnahmen in Zivilsachen, ABl. EU 2013 L 181/4.
[1076] Richtlinie 2011/99/EU des Europäischen Parlaments und des Rates vom 13.12.2011 über die Europäische Schutzanordnung, ABl. EU 2011 L 338/2.
[1077] *Hess*, FS Dagmar Coester-Waltjen, 2015, S. 453 (453).

V. Scheidung und Trennung ohne Auflösung des Ehebandes   486 § 4

des GewSchG, hat aber ein auf die Zuweisung von Ehewohnung und Haushaltsgegenständen begrenztes Anknüpfungsobjekt und äußert sich nicht zum IPR des Gewaltschutzes insgesamt.

V. Scheidung und Trennung ohne Auflösung des Ehebandes

Literatur: *Althammer,* Brüssel IIa/Rom III, 2014; *ders.,* Das europäische Scheidungskollisionsrecht der Rom III-VO unter Berücksichtigung aktueller deutscher Judikatur, NZFam 2015, 9; *Antomo,* Anerkennung ausländischer Privatscheidungen – Rom III-Verordnung analog?, NJW 2018, 435; *S. Arnold/Schetter,* Privatscheidungen und die renaissance der autonomen Kollisionsrechte Europas, ZEuP 2018, 646; *Basedow,* European divorce law – Comments on the Rome III Regulation, Liber amicorum Walter Pintens, 2012, S. 135; *Boiché,* Le divorce saisi par le droit européen: premières expériences avec tle Règlement Rome III et pratique du Règlement Bruxelles IIbis, in: Barnich/Nuyts/Pfeiff/Wautelet/van Gysel (coord.), Le droit des relations familiales internationales à la croisée des chemins, 2016, S. 25; *Boquet,* De l'intérêt du règlement Rome III pour le praticien du droit, JCP G 2014, 1378; *Campiglio,* Prime applicazioni delle norme europee sui divorzi „internazionali", NLCC 2015 II 173; *Campuzano Díaz,* El Reglamento (UE) n°. 1259/2010, de 20 de deciembre de 2010, por el que se establece una cooperación reforzada en el ámbito de la ley aplicable al divorcio y a la separación judicial, Rev. Der. Com. Eur. 39 (2011), 561; *Carrascosa González,* La ley aplicable a la separación judicial y al divorcio en defecto de elección de ley por los conyuges, Cuad. Der. Trans. 4 (1) (2012), 52; *Carrascosa González/Seatzu,* La legge applicabile alla separazione personale di coniugi ed al divorzio nella proposta di regolamento „Roma III", Studi integr. eur. 5 (2010), 49; *Coester-Waltjen,* Die verpasste Chance – Der EuGH und die Privatscheidung, IPRax 2018, 238; *Devers,* La nouvelle convention de divorce sans juge à l'aune d'un dorit international privé nouvellé, Dr. & patr. N° 276 (2018), 51; *Devers/Farge,* Le nouveau droit international privé du divorce – À propos du règlement Rome III sur la loi applicable au divorce, JCP G 2012, 1277; *G. Dumont,* Le choix de la loi applicable: un paramètre désormais incontournable du bilan patrimonial, Dr. & patr. N°208 (2011), 26; *Dutta,* Ausländische Privatscheidungen nach Sahyouni, FF 2018, 60; *Englert,* in: Nuyts (coord.), Actualités en droit international privé, 2013, S. 35; *Fallon,* Le nouveau droit du divorce international selon le règlement Rome III : une évolution tranquille, Rev. trim. dr. fam. 2012, 291; *Feraci,* L'autonomia della volontà nel diritto dell'Unione Europea, Riv. dir. int. 2013, 424; *Finger,* Verstärkte Zusammenarbeit einzelner Mitgliedstaaten der europäischen Gesetzgebung für das Kollisionsrecht der Ehescheidung, FuR 2011, 61; *ders.,* Neues Kollisionsrecht der Ehescheidung und der Trennung ohne Auflösung des Ehebandes, VO Nr. 1259/2010 (Rom 3) – vorrangig: Rechtswahl der Beteiligten, FuR 2013, 305; *ders.,* Neues internationales Recht der Ehescheidung (VO Nr. 1259/2010 – Rom III) – Nachträge und Ergänzungen, FamRB 2014, 273; *ders.,* Kollisionsrecht der Ehescheidung und der Scheidungsfolgen bei Antragstellung nach dem 21.6.2012 im Verhältnis zur Türkei – Nachträge und Ergänzungen, FamRB 2015, 33; *Fongaro,* Le règlement Rome III et des conséquences patrimoniales du divorce, JCP N 2012.1274; *Fongaro/Crone,* Divorce international: Le règlement Rome III et ses ramifications, JCP N 2013.1108; *Franzina,* The Law Applicable to Divorce and Legal Separation under Regulation n°. 1259/2010 of 20 December 2010, Cuad. Der. Trans. 3 (2) (2011), 85; *Gade,* Schwerpunktbereich IPR: Die Rom III-VO, JuS 2013, 779; *V. Gärtner,* Die Rom-III-Verordnung unter besonderer Berücksichtigung von Privatscheidungen, StAZ 2012, 357; *Gaudemet-Tallon,* La loi françise sur le divorce sans juge confrontée au droit européen et international, Liber amicorum Christian Kohler, 2018, S. 91; *Gössl,* „Anerkennung" ausländischer Ehescheidungen und der EuGH – Lost in Translation?, StAZ 2016, 232; *dies.,* Open Issues in International Family Law: Sahyouni, „Private Divorces" and Islamic Law under the Rome II Regulation, EuLF 2017, 68; *dies.,* Überlegungen zum deutschen Scheidungskollisionsrecht nach „Sahyouni", GPR 2018, 94; *Gomes de Almeida,* A brief overview of Rome III Regulation on the applicable law to divorce and legal separation, Liber amicorum Liviu Pop, 2015, S. 9; *ders.,* O Divórcio em Direito Internacional Privado, 2017; *U. P. Gruber,* Scheidung auf europäisch – Die Rom III-Verordnung, IPRax 2012, 381; *ders.,* Rechtswahl in der Rom III-Verordnung, in: A. Roth (Hrsg.), Die Wahl ausländischen Rechts im Familien- und Erbrecht, 2013, S. 33; *Guzmán Zapater,* Divorcio, matrimonios y ciertas diferencias nacionales: aproposito tratamiento en el artículo 13 del Reglamento Roma III, Liber amicorum José Luis Iglesias Buhigues, 2012, S. 521; *Hammje,* Le nouveau règlement (UE) n° 1259/2010 du Conseil du 20 décembre 2010 mettant en œuvre une coopération renforcée dans le domaine de la loi applicable au divorce et à la séparation de corps, RCDIP 100 (2011), 291; *dies.,* Le divorce par consentement mutuel extrajudiciaire et le droit international privé – Les aléas d'un divorce sans for, RDCIP 2017, 143; *Hau,* Zur Durchführung der Rom III-Verordnung in Deutschland, FamRZ 2013, 249; *ders.,* Zur

Maßgeblichkeit der lex fori in internationalen Ehesachen, FS Rolf Stürner, 2013, S. 1237; *Helms,* Reform des internationalen Scheidungsrechts durch die Rom III-Verordnung, FamRZ 2011, 1765; *ders.,* Neubewertung von Privatscheidungen nach ausländischem Recht vor dem Hintergrund der Enwticklungen im deutschen Sach-, Kollisions- und Verfahrensrecht, FS Dagmar Coester-Waltjen, 2015, S. 431; *ders.,* Anwendbarkeit der Rom III-VO auf Privatscheidungen?, FamRZ 2016, 1134; *T. Henderson,* From Brussels to Rome: The necessity of resolving divorce law conflicts across the European Union, 2012 Wis. Int'l. L.J. 768; *Henrich,* Internationales Scheidungsrecht, 3. Aufl. 2012; *ders.,* Die Umwandlung einer gerichtlichen Trennung in eine Scheidung: Internationale Zuständigkeit und anwendbares Recht, FS Peter Gottwald, 2014, S. 267; *Henricot,* Droit applicable au divorce international: mise en application du règlement „Rome III", J. trib. 2012, 557; *R. Kemper,* Die Umsetzung des neuen Internationalen Scheidungsrechts in Deutschland – Rom III und die Folgen, FamRBInt 2013, 12; *J. Koch,* Die Anwendung islamischen Scheidungs- und Scheidungsfolgenrechts im Internationalen Privatrecht der EU-Mitgliedstaaten, 2012; *C. Kohler,* Le choix de la loi applicable au divorce – Interrogations sur le règlement „Rome III" de l'Union européenne, FS Bernd v. Hoffmann, 2011, S. 208; *Kuipers,* The Law Applicable to Divorce as Test Ground for Enhanced Cooperation, Eur. L.J. 18 (2012), 201; *Letellier,* Le Règlement Rome III: du nouveau pour les contrats de mariage!, Gaz. Pal. 13/14 Avril 2012, S. 7; *N. de Maizière,* Das Europäische Scheidungskollisionsrecht nach der Rom III-Verordnung, 2017; *de Meo,* Il diritto europeo e il divorzio privato islamico, Foro it. 2018 IV col. 282; *Makowsky,* Europäisierung des Internationalen Ehescheidungsrechts durch die Rom III-Verordnung, GPR 2012, 266; *Mörsdorf-Schulte,* Europäisches Internationales Scheidungsrecht (Rom III), RabelsZ 77 (2013), 786; *L.-M. Möller,* No fear of *Ṭalāq:* A reconsideration of Muslim divorce laws in light of the Rome III Regulation, (2014) 10 JPrIL 461; *Nademleinsky,* Internationales Scheidungsrecht, 2014; *Nitsch,* Scheidungsrecht – International, Die Rom III-VO, ZfRV 2012, 264; *Olzen/A. Frank,* Rom III-VO – Zwei Jahre danach, FS Siegfried H. Elsing, 2015, S. 1015; *Orejudo Prieto de los Mozos,* La nueva regulación de la ley aplicable a la separación judicial y al divorcio: aplicación del Reglamento Roma III en España, La Ley T. 3/2012, 1766; *Othenin-Girard,* Divorce internationale et autonomie de la volonté, FS Ivo Schwander, 2011, S. 593; *Péroz,* Le choix de la loi applicable au divorce international – Nouvelle perspective pour les praticiens, JCP G 2012, 1202; *Pfütze,* Die Inhaltskontrolle von Rechtswahlvereinbarungen im Rahmen der Verordnung ROM I bis III, ZEuS 2011, 35; *Pietsch,* Rechtswahl für Ehesachen nach „Rom III", NJW 2012, 1768; *Pika/M.-P. Weller,* Privatscheidungen zwischen Europäischem Kollisions- und Zivilprozessrecht, IPRax 2017, 65; *Queirolo/Carpaneto,* Considerazioni critiche sull'estensione dell'autonomia privata a separazione e divorzione en il regolamento „Roma III", RDIPP 2012, 59; *dies.,* Party autonomy under the Rome III Regulation: an unsatisfactory compromise. Which possible way out?, EuLF 2014, 29; *C. Raupach,* Ehescheidung mit Auslandsbezug in der Europäischen Union, 2015; *Rauscher,* Anpassung des IPR an die Rom III-VO, FPR 2013, 257; *ders.,* Schutzinstrumente bei vorsorgender Rechtswahl unter der Rom III-VO, FS Rolf A. Schütze zum 80. Geb., 2014, S. 463; *Revillard,* Le mariage entre personnes de même sexe en droit international privé, Defrénois 2013, 743; *dies.,* Divorce des couples internationaux: choix de la loi applicable, Defrénois 2011, 445; *Rieck,* Möglichkeiten und Risiken der Rechtswahl nach supranationalem Recht bei der Gestaltung von Ehevereinbarungen, NJW 2014, 257; *Rösler,* Rechtswahlfreiheit im Internationalen Scheidungsrecht der Rom III-Verordnung, RabelsZ 78 (2014), 155; *Röthel,* Il regolamento Roma III: spunti per una materializzazione dell'autonomia delle parti, RDIPP 2013, 883; *Rudolf,* Europäisches Kollisionsrecht für Ehescheidungen – Rom III-VO, EF-Z 2012, 101; *Rutten,* Sahyouni/Mamisch; Het Hof van Justitie EU over islamitische verstotingen, NIPR 2018, 333; *Sabido Rodríguez,* La nueva regulación del divorcio en la Unión Europea. Su proyección en derecho international privado español, Rev. Der. Com. Eur. 45 (2013), 499; *Sánchez Jiménez,* El divorcio internacional en la Unión Europea (Jurisdicción y ley aplicable), 2013; *C. Schall/J. Weber,* Die vorsorgende Wahl des Scheidungsstatuts nach der Rom III-VO, IPRax 2014, 381; *J. Stürner,* Die Rom III-VO – ein neues Scheidungskollisionsrecht, Jura 2012, 708; *Traar,* Rom III – EU-Verordnung zum Kollisionsrecht für Ehescheidungen, ÖJZ 2011, 805; *Traest,* Rome III: „Europese" verwijzingsregels inzake echtscheiding als eerste toepassing van de nauwere samenwerking, SEW 2012, 98; *Viarengo,* Il nuovo regolamento sulla legge applicabile a divorzio per gli Stati europei interessati alla cooperazione rafforzata: prime riflessioni, Scritti in onore di Ugo Draetta, 2011, S. 771; *dies.,* The role of party autonomy in cross-border divorces, NIPR 2012, 555; *M.-P. Weller/Hauber/A. Schulz,* Gleichstellung im Internationalen Scheidungsrecht – talaq und get im Lichte des Art. 10 Rom III-VO, IPRax 2016, 123; *Winkler v. Mohrenfels,* Art. 10 Rom III-VO: Kollisionsrechtliche Eingriffsnorm oder Spezialfall des ordre public?, FS Dieter Martiny, 2014, S. 595; *Ziereis/Zwirlein,* Das Verhältnis von Art. 17 Abs. 2 EGBGB zur Rom III-Verordnung, IPRax 2016, 103.

V. Scheidung und Trennung ohne Auflösung des Ehebandes § 4

1. Rechtsquellen. *a) Rom III-VO als Ergebnis einer Verstärkten Zusammenarbeit.* Kraft ihrem Art. 21 UAbs. 2 seit dem 21.6.2012 regiert die Rom III-VO[1078] das Internationale Scheidungsrecht[1079] (wobei nicht vollständig klar wird, welches Faktum sich nach diesem Termin[1080] zugetragen haben muss, um die Rom III-VO anwendbar zu machen[1081]). Die Rom III-VO ist im Wege der Verstärkten Zusammenarbeit entstanden und war seinerzeit der erste Versuch einer solchen Zusammenarbeit. Ihr gehören nicht alle heute achtundzwanzig EU-Staaten an, sondern nur eine „Koalition der vierzehn Willigen"[1082], nämlich Belgien, Bulgarien, Deutschland, Frankreich, Italien, Lettland, Luxemburg, Malta, Österreich, Portugal, Rumänien, Slowenien, Spanien und Ungarn,[1083] zu denen als fünfzehnter Teilnehmer ab dem 22.5.2014 Litauen, als sechzehnter Teilnehmer ab dem 29.7.2015 Griechenland und als siebzehnter Teilnehmer ab dem 11.2.2018 Estland gestoßen sind,[1084] die jeweils einen entsprechenden Antrag auf nachträgliche Teilnahme gemäß Art. 331 AEUV gestellt haben.[1085] Dies bringt eine ausgesprochen differenzierte „variable Geographie"[1086] von erheblicher Komplexität und Unübersichtlichkeit mit sich: Dänemark ist bereits primärrechtlich außenvor, und es steht nicht zu erwarten, dass die common law-Staaten sich der Rom III-VO jemals anschließen werden.[1087] Malta dagegen hat seine Beteiligung dazu genutzt, um Vorteile herauszuschlagen, die es sonst niemals hätte erzielen können.[1088]

Ursprünglich dreizehn, heute noch zwölf seinerzeitige EU-Mitgliedstaaten haben sich der Rom III-VO nicht angeschlossen. Die Gründe dafür sind vielfältig:[1089] Dänemark nimmt gar nicht an der europäischen IPR-Vereinheitlichung teil kraft Primärrecht; das Vereinigte Königreich und Irland stehen grundsätzlich außerhalb, können aber hineinoptieren, wiederum kraft Primärrechts; Zypern, die Tschechische Republik, Finnland, Polen, die Slowakei, Schweden und die Niederlande[1090] wollen ihre nationalen Kollisionsregeln beibehalten. Dies galt ursprünglich auch für Estland. Griechenland hatte sich zunächst beteiligt, seine Beteiligung aber am 3.3.2010 wieder zurückgezogen,[1091] um beim nationalen IPR zu bleiben. Kroatien hat sich noch nicht entschieden, ob es sich anschließen will. Der Vorstoß einer Verstärkten Zusammenarbeit hat letztlich den Traum von einem einheitlichen Europäischen Internationalen Familienrecht zerstört.[1092] Er führt zu einem Europa

---

[1078] VO (EU) Nr. 1259/2010 des Rates vom 20.12.2010 zur Durchführung einer Verstärkten Zusammenarbeit im Bereich des auf die Ehescheidung und Trennung ohne Auflösung des Ehebandes anzuwendenden Rechts (Rom III-VO), ABl. EU 2010 L 343/10.
[1079] Zur Genese konzise *Winkler v. Mohrenfels*, FS Bernd v. Hoffmann, 2011, S. 527, 530–535; *Traest*, SEW 2012, 98, 99 f.; *Lignier/Geier*, RabelsZ 79 (2015), 546, 571 f
[1080] *J. Mörsdorf-Schulte*, RabelsZ 77 (2013), 786, 815 f. scheint auch dem Zeitpunkt des Inkrafttretens der Rom III-VO am 30.12.2010 Bedeutung beimessen zu wollen.
[1081] *Boele-Woelki*, YbPIL 12 (2010), 1, 11 f.; *Basedow*, Liber amicorum Walter Pintens, 2012, S. 135, 138.
[1082] Treffender Ausdruck bei *Winkler v. Mohrenfels*, FS Bernd v. Hoffmann, 2011, S. 527, 533.
[1083] *Peers*, EuConst 2010, 347, 348 f. bemerkt mit Recht: Die Beteiligung von acht alten und sechs neuen EU-Mitgliedstaaten ist ein deutlicher Beleg dafür, dass die Verstärkte Zusammenarbeit nicht genutzt wurde, damit alte Mitgliedstaaten sich von neuen entfernten.
[1084] Siehe Beschluss der Europäischen Kommission 2012/714/EU zur Bestätigung der Teilnahme Litauens an der Verstärkten Zusammenarbeit im Bereich des auf die Ehescheidung und Trennung ohne Auflösung des Ehebandes anzuwendenden Rechts, ABl. EU 2012 L 323/18; Beschluss der Europäischen Kommission 2014/39/EU zur Bestätigung der Teilnahme Griechenlands an der Verstärkten Zusammenarbeit im Bereich des auf die Ehescheidung und Trennung ohne Auflösung des Ehebandes anzuwendenden Rechts, ABl. EU 2014 L 14/41; Beschluss der Europäischen Kommission (EU) 2016/1366 zur Bestätigung der Teilnahme Litauens an der Verstärkten Zusammenarbeit im Bereich des auf die Ehescheidung und Trennung ohne Auflösung des Ehebandes anzuwendenden Rechts, ABl. EU 2016 L 216/23.
[1085] *J. Mörsdorf-Schulte*, RabelsZ 77 (2013), 786, 790.
[1086] *C. Kohler/Pintens*, FamRZ 2010, 1481, 1483.
[1087] *Kuipers*, (2012) 18 Eur. L. J. 201, 227.
[1088] *Kuipers*, (2012) 18 Eur. L. J. 201, 2221–223.
[1089] *Basedow*, Liber amicorum Walter Pintens, 2012, S. 135, 137.
[1090] Siehe Rome III voor echtscheidingen binnen de EU – Nederland doet niet mee, NJB 2010, 1643; *Oderkerk*, NTER 2011, 122.
[1091] Erwägungsgrund (6) S. 2 Rom III-VO.
[1092] *Boele-Woelki*, YbPIL 12 (2010), 1, 26.

der zwei Geschwindigkeiten im Kollisionsrecht.[1093] Obendrein belässt er Potenzial für forum shopping bei Scheidungen.[1094] Trotzdem darf man nicht unterschätzen, dass die teilnehmenden Staaten zwei Drittel der Unionsbevölkerung repräsentieren.[1095]

489 Die hinter der Rom III-VO stehende Kollisionsrechtspolitik sollte man indes nicht als Trotzreaktion abwerten,[1096] sondern das Motto „Besser der Spatz in der Hand als die Taube auf dem Dach" sehen. Wenigstens das Internationale Scheidungsrecht anzugehen, ist besser als auf eine umfassende Vereinheitlichung des Internationalen Eherechts einschließlich des Internationalen Ehegüter- und des Internationalen Unterhaltsrechts zu setzen,[1097] auch wenn letztere bei der Auswahl des Scheidungsgerichts oftmals wichtigere strategische und taktische Faktoren sind als die Scheidung selber.[1098]

490 Die Rom III-VO ergänzt die Brüssel IIa-VO um die notwendigen Regeln zur Rechtsanwendung,[1099] nachdem ein ursprüngliches Projekt „Rom III"[1100] (das man wohl besser und ehrlicher „Rom III/Brüssel IIb" hätte nennen sollen[1101]) gescheitert war,[1102] das sich auch an eine Novellierung der Zuständigkeitsregeln wagte.[1103] Die Ergänzung um Kollisionsnormen sollte das durch die zahlreichen alternativen Zuständigkeiten in der Brüssel IIa-VO begründete Risiko des forum shopping eindämmen, wie Erwägungsgrund (9) Rom III-VO unterstreicht, und der Kollisionsrechtsblindheit der Brüssel IIa-VO abhelfen.[1104]

491 Der entscheidende Widerstand gegen jenes Projekt kam aus Schweden, das sein liberales Scheidungsrecht und das fundamentale subjektive Recht auf Scheidung in Gefahr sah.[1105] Vom entgegengesetzten Ende her hatte Malta Widerstand signalisiert, das seinerzeit noch keine Scheidung in seinem Sachrecht kannte. Eine dritte Flanke bestand gegenüber den common law-Staaten Vereinigtes Königreich, Irland und Zypern (und auch gegenüber einigen skandinavischen Staaten, namentlich Schweden, Dänemark und Finnland sowie Lettland),[1106] die traditionell nur ihre eigene lex fori in Scheidungsverfahren anwandten und denen eine Anwendung ausländischen Rechts in Scheidungssachen kaum zu vermitteln war.[1107] Irland entschied sich schon früh gegen eine Teilnahme am gesamten Rom III-

---

[1093] *Carruthers,* (2012) 61 ICLQ 881, 884; *Mansel/Thorn/R. Wagner,* IPRax 2013, 1 (1); *J. Mörsdorf-Schulte,* RabelsZ 77 (2013), 786, 791.

[1094] *Sabido Rodríguez,* Rev. Der. Com. Eur. 45 (2013), 499, 506.

[1095] *J. Mörsdorf-Schulte,* RabelsZ 77 (2013), 786, 790.

[1096] So aber *Schurig,* FS Bernd v. Hoffmann, 2011, S. 405, 406.

[1097] Dahin *Kuipers,* (2012) 18 Eur. L. J. 201, 206.

[1098] Eingehend dazu *Meeusen,* in: Meeusen/Pertegás/Straetmans/Svennen (eds.), Internationale Familiy Law for the European Union, 2007, S. 239.

[1099] Siehe nur *Franzina,* Cuad. Der. Trans. 3 (2) (2011), 85, 87; *Traest,* SEW 2012, 98, 99; *J. Mörsdorf-Schulte,* RabelsZ 77 (2013), 786, 789.

[1100] Vorschlag für eine Verordnung des Rates zur Änderung der Verordnung (EG) Nr. 2201/2003 im Hinblick auf die Zuständigkeit in Ehesachen und zur Einführung von Vorschriften betreffend das anwendbare Recht in diesem Bereich, KOM (2006) 399 endg.

[1101] Als Fußnote am Rande sei festgehalten, dass das vorangegangene Grünbuch KOM (2005) 82 endg. am 14.3.2005 veröffentlicht wurde, also wenige Wochen nach dem Wirksamwerden der Brüssel IIa-VO; *Barrière Brousse,* D. 2008, 625; *Traest,* SEW 2012, 98, 99.

[1102] Ratsbeschluss vom 5./6.6.2008, 9985/08 JUSTCIV 111. Näher *Hammje,* RCDIP 100 (2011), 291, 292–296.

[1103] Zur Diskussion *Jänterä-Jareborg,* in: Basedow/Baum/Nishitani (eds.), Japanese and European Private International Law in Comparative Perspective, 2008, S. 317; *Fiorini,* (2008) 22 Int. J. L. Policy & Fam. 178; *Baarsma,* NIPR 2009, 9.

[1104] *C. Kohler,* FamRZ 2008, 1673, 1675 f.; *J. Mörsdorf-Schulte,* RabelsZ 77 (2013), 786, 789 sowie *Makowsky,* GPR 2012, 266 (266).

[1105] Siehe nur Stellungnahme der schwedischen Regierung zum Kommissionsvorschlag, Faktapromemoria 2006/07:FPM 8 (Fördordning om val av lag för skilsmässa) sowie *Helms,* FamRZ 2011, 1765 (1765); *Gärtner,* StAZ 2012, 357 (357); *N. de Maizière* S. 72 f.

[1106] *Queirolo/Carpaneto,* RDIPP 2012, 59, 62; *Kuipers,* (2012) 18 Eur. L. J. 201, 203; *Rösler,* RabelsZ 78 (2014), 155, 157 f.

[1107] Siehe European Union Committee, Rome III – Choice of Law in Divorce, 2005–6 H. L. 272 S. 6; Begründung der Bundesregierung zum Entwurf eines Gesetzes zur Anpassung der Vorschriften des Internationalen Privatrechts an die Verordnung (EU) Nr. 1259/2010 und zur Änderung anderer Vorschriften des

V. Scheidung und Trennung ohne Auflösung des Ehebandes   492–495 § 4

Prozess, weil nach irischem Verfassungsrecht eine Scheidung nur unter weit strengeren Voraussetzungen zu erlangen ist als in den kontinentalen Rechtsordnungen.[1108] Wesentlich an dieser dritten Flanke und an der Skepsis Belgiens, Frankreichs und der Niederlande scheiterte der erste Anlauf.[1109]

So kam es zu einer erstmaligen Verstärkten Zusammenarbeit (Art. 20 EUV; Art. 326– 492
334 AEUV) als Novum im gesamten Unionsrecht.[1110] Mit Beschluss vom 12.7.2010 hat der Rat die interessierten Mitgliedstaaten zu einer solchen Verstärkten Zusammenarbeit im Internationalen Scheidungsrecht ermächtigt,[1111] nachdem das Europäische Parlament am 16.6.2010 dem Projekt seinen Segen erteilt hatte.[1112] Einer Reform der Brüssel IIa-VO wendet man sich nicht mehr zu, weil eine Verstärkte Zusammenarbeit keine Zuständigkeitsregelungen treffen darf.[1113]

Die Rom III-VO soll ausweislich ihres Erwägungsgrunds (9) forum shopping und races 493
to the courthouse verhindern helfen, welche die Position des Antragstellers einseitig verbessern würden.[1114] Zumindest nehmen einheitliche Kollisionsnormen den Anreiz, sich einen Vorteil beim anwendbaren Recht sichern zu wollen, weil ja (theoretisch) alle mitgliedstaatlichen Gerichte zur Anwendung desselben Rechts kommen müssten. Die Arbeitsteilung mit der Brüssel IIa-VO bleibt aber klar: Die Rom III-VO enthält nur Kollisionsnormen des IPR.[1115] Diese sind zwingend, auch wenn dies nirgends in der Rom III-VO besagt wird.[1116]

Zur Terminologie sei eine Anmerkung erlaubt: Anders als bei der Rom I- oder der 494
Rom II-VO findet sich bei der Rom III-VO die Bezeichnung als „Rom III" nicht im offiziellen Titel der Verordnung. Vielmehr enthält sich dieser eines entsprechenden Zusatzes in Klammern und Anführungszeichen. Dies dürfte darauf zurückzuführen sein, dass die Rom III-VO „nur" Ergebnis einer Verstärkten Zusammenarbeit ist und deshalb – anders als die „echten" Rom-Verordnungen Rom I und Rom II – nicht prinzipiell in allen Mitgliedstaaten der EU gilt. Trotzdem hat sich in Deutschland und europaweit die Bezeichnung als Rom III-VO eingebürgert und durchgesetzt.[1117] Die strukturelle Parallelität mit Rom I- und Rom II-VO im Aufbau sprechen dafür,[1118] ebenso die Beschränkung auf das IPR unter Ausklammerung des IZVR.[1119]

b) Universelle Kollisionsnormen. Obwohl „nur" im Wege der Verstärkten Zusammenarbeit 495
entstanden, enthält die Rom III-VO laut ihrem Art. 4 allgemein geltende Kollisionsnormen, lois uniformes.[1120] Deren Anwendbarkeit wird allein dadurch bedingt, dass der Ge-

---

Internationalen Privatrechts, BT-Drs. 17/11049, 7; *Olzen/A. Frank,* FS Siegfried H. Elsing, 2015, S. 1015, 1016 f.

[1108] Siehe *Kuchler,* Member States Attack Divorce Law Scheme, EUObserver November 16, 2006; *McQuaid,* 16 Transnat'l. L. & Contemp. Prbls. 373, 378 f. (2006); *Kuipers,* (2012) 18 Eur. L. J. 201, 208; *T. Henderson,* 2012 Wis. Int'l. L. J. 768, 782.

[1109] *Kuipers,* (2012) 18 Eur. L. J. 201, 208–210; *Queirolo/Carpaneto,* RDIPP 2012, 59, 67 mit Fn. 18.

[1110] Vorschlag für eine Verordnung (EU) des Rates zur Begründung einer Verstärkten Zusammenarbeit im Bereich des auf die Ehescheidung und Trennung ohne Auflösung des Ehebandes anwendbaren Rechts, KOM (2010) 105 endg.

[1111] Beschluss des Rates 2010/405/EU vom 12.7.2010 über die Ermächtigung zu einer Verstärkten Zusammenarbeit im Bereich des auf die Ehescheidung und Trennung ohne Auflösung des Ehebandes anwendbaren Rechts, ABl. EU 2010 L 189/12.

[1112] Legislative Entschließung des Europäischen Parlaments vom 16.6.2010 zu dem Entwurf eines Beschlusses des Rates über die Ermächtigung zu einer Verstärkten Zusammenarbeit im Bereich des auf die Ehescheidung und Trennung ohne Auflösung des Ehebandes anwendbaren Rechts, 09898/2/2010 – C7 – 0145/2010 – 2010/0066/NLE, ABl. EU 2010 L 236E.

[1113] *J. Mörsdorf-Schulte,* RabelsZ 77 (2013), 786, 789 Fn. 14.

[1114] Siehe nur *Franzina,* Cuad. Der. Trans. 3 (2) (2011), 85, 87 f.

[1115] *Franzina,* Cuad. Der. Trans. 3 (2) (2011), 85, 91 f.

[1116] Zu furchtsam *Orejudo Prieto de los Mozos,* La Ley T. 3/2012, 1766, 1769.

[1117] *J. Mörsdorf-Schulte,* RabelsZ 77 (2013), 786, 789.

[1118] *J. Mörsdorf-Schulte,* RabelsZ 77 (2013), 786, 790.

[1119] *J. Mörsdorf-Schulte,* RabelsZ 77 (2013), 786, 789.

[1120] Siehe nur *Gomes de Almeida,* O Divórcio em Direito Internacional Privado, 2017, S. 326–330.

richtsstaat Mitgliedstaat der Rom III-VO ist.[1121] Die Kollisionsnormen der Rom III-VO sind in ihrer Geltung nicht etwa darauf beschränkt, dass die in Rede stehende Scheidung nur Bezüge zu Mitgliedstaaten gerade der Rom III-VO aufweisen dürfte. Vielmehr gelten sie aus der Sicht von Rechtsanwendern in Mitgliedstaaten der Rom III-VO gleichermaßen im Verhältnis zu Mitgliedstaaten der Rom III-VO, zu Mitgliedstaaten der EU, die keine Mitgliedstaaten der Rom III-VO sind, und zu Drittstaaten außerhalb der EU, z.B. der Türkei.[1122] Ein Gegenseitigkeitserfordernis besteht gerade nicht. Art. 4 Rom III-VO schreibt ausdrücklich die universelle Anwendung fest. Dies schließt die Möglichkeit ein, ein drittstaatliches Recht zu wählen.[1123] Obwohl nicht einmal alle Mitgliedstaaten der Brüssel IIa-VO teilnehmen, hat die Rom III-VO die scheidungsrelevanten Alt-Kollisionsnormen ihrer Mitgliedstaaten mit ihrem Wirksamwerden außer Kraft gesetzt.[1124] Natürlich gilt sie auch für Scheidungen unter Beteiligung von Drittstaatsangehörigen.[1125]

496 *c) Räumlich-persönlicher Anwendungsbereich.* Eine Einengung des räumlich-persönlichen Anwendungsbereichs kennt die Rom III-VO nicht. Genauer gesagt: Sie hat keinen räumlich-persönlichen Anwendungsbereich im eigentlichen Sinn.[1126] Sie setzt nicht voraus, dass die Ehegatten verschiedene Staatsangehörigkeiten haben müssten.[1127] Sie setzt auch nicht voraus, dass mindestens einer der Ehegatten seinen gewöhnlichen Aufenthalt in einem Mitgliedstaat oder die Staatsangehörigkeit eines Mitgliedstaats haben müsste.[1128] Sie setzt nicht einmal eine wie auch immer geartete enge Verbindung der Ehegatten zu einem Mitgliedstaat voraus.[1129] Sie verlangt in ihrem Art. 1 I[1130] nur einen grenzüberschreitenden Bezug, also Auslandsbezug, nicht Bezug zu mindestens zwei Mitgliedstaaten.[1131] Bezugsobjekt ist die Ehe, nicht begrenzt die Scheidung als solche.[1132] Der Auslandsbezug kann sich daraus ergeben, dass die Ehegatten verschiedenen Staaten angehören oder ihre jeweiligen gewöhnlichen Aufenthalte in verschiedenen Staaten haben oder dass das Scheidungsverfahren nicht im Heimat- oder Aufenthaltsstaat eines oder beider Ehegatten durchgeführt wird.[1133] Zweck ist nicht, die Freizügigkeit allein der Unionsbürger innerhalb der EU zu schützen, sondern ein einheitliches IPR-Regime unter Einbezug von Fällen mit Drittstaatenbezug zu schaffen.[1134]

497 *d) Objektive Internationalität.* Vorausgesetzt ist durch Art.1 I Rom III-VO – in Parallele zu Art. 1 I 1 Rom I-VO, Art. 1 I 1 Rom II-VO[1135] – objektive Internationalität des Sachverhalts, vermittelt z.B. durch unterschiedliche Staatsangehörigkeiten der Ehegatten oder gewöhnliche Aufenthalte der Ehegatten in verschiedenen Staaten.[1136] Ob sich der Bezug zu

---

[1121] *C. Kohler/Pintens,* FamRZ 2010, 1481, 1483; *Hammje,* RCDIP 100 (2011), 291, 306, 310; *Queirolo/Carpaneto,* RDIPP 2012, 59, 74f., 84; *Péroz,* JCP G 2012, 1202 (1202).
[1122] OLG Hamm FamRZ 2013, 217; *Traest,* SEW 2012, 98, 102.
[1123] *Álvarez de Toledo Quintana,* La Ley 7613 (18 de abril 2011), 1, 2; *Malagoli,* Contratto e impresa/Europa 2011, 436, 437; *Viarengo,* RDIPP 2011, 601, 605; *Othenin-Girard,* FS Ivo Schwander, 2011, S. 593, 599; *N. de Maizière* S. 168. Zu Unrecht zweifelnd *Viganotti,* Gaz. Pal. 22–23 juin 2011, 5, 6.
[1124] *Devers/Farge,* JCP G 2012, 1277, 1280.
[1125] *Finger,* NZFam 2015, 687.
[1126] *Helms,* FamRZ 2011, 1765 (1765); *C. Raupach* S. 30.
[1127] *Finger,* FuR 2011, 61, 64.
[1128] *Franzina,* Cuad. Der. Trans. 3 (2) (2011), 85, 106f.; *Revillard,* Défrenois 2011, 445, 448.
[1129] *Hammje,* RCDIP 100 (2011), 291, 307.
[1130] Dem assistiert die aus Art. 16 Rom III-VO zu entnehmende Wertung; vgl. *Devers/Farge,* JCP G 2012, 1277, 1278.
[1131] *Hammje,* RCDIP 100 (2011), 291, 307f.; *Helms,* FamRZ 2011, 1765 (1765); *Henricot,* J. trib. 6487 (2012), 557, 559; *Rösler,* RabelsZ 78 (2014), 155, 157f.
[1132] *Hammje,* RCDIP 100 (2011), 291, 308f.
[1133] *Hammje,* RCDIP 100 (2011), 291, 308; *Revillard,* Défrenois 2011, 445, 448; *Traar,* ÖJZ 2011, 805, 806f.; *Queirolo/Carpaneto,* RDIPP 2012, 59, 73f.; *Henricot,* J. trib. 6487 (2012), 557 (557); *Nitsch,* ZfRV 2012, 264 (264); *Hau,* FamRZ 2013, 249 (249); *Rösler,* RabelsZ 78 (2014), 155, 167f.
[1134] Vgl. *Hammje,* RCDIP 100 (2011), 291, 309.
[1135] *J. Mörsdorf-Schulte,* RabelsZ 77 (2013), 786, 794; BeckOGK/*Gössl* Art. 1 Rom III-VO Rn. 76.
[1136] Siehe nur *Rudolf,* EF-Z 2012, 101, 102; BeckOGK/*Gössl* Art. 1 Rom III-VO Rn. 79; *N. de Maizière* S. 142f.

V. Scheidung und Trennung ohne Auflösung des Ehebandes   498–501 § 4

mehreren Staaten aus Bezügen zu Mitgliedstaaten oder zu Nicht-Mitgliedstaaten ergibt, steht gleich.[1137] Ebenso ist es unerheblich, ob der Forumstaat zu denjenigen Staaten gehört, zu denen objektive Bezüge bestehen. Sofern der Forumstaat nur Mitgliedstaat ist, kommt die Rom III-VO selbst dann zur Anwendung, wenn sich die Internationalität nur aus Bezügen zu Drittstaaten ergibt. Die Ehegatten können aber einen reinen Inlandsfall, der Bezüge zu nur einem Staat hat, nicht dadurch mit einem relevanten Auslandsbezug versehen, dass sie das Recht eines anderen Staates wählen.[1138] Freilich dürfte dies unter einem System beschränkter Rechtswahlfreiheit, dass objektive Bezüge für die Wählbarkeit eines Rechts verlangt, sowieso kaum vorkommen können.[1139] Am Fehlen eines objektiven Auslandsbezugs ändert sich auch dann nichts, wenn die Ehegatten der Wahl eines ausländischen Rechts die Vereinbarung eins Gerichtsstands im Staat des gewählten Rechts hinzugesellen. Insoweit lässt sich ein allgemeiner Rechtsgedanke aus Art. 3 III Rom I-VO übertragen.[1140]

e) Verweisungsziel. Die Rom III-VO enthält allseitige Kollisionsnormen. Sie hat sich gegen ein System einseitiger Kollisionsnormen entschieden,[1141] das notwendig unvollkommen wäre und das für eine europäische Kollisionsrechtsvereinheitlichung konzeptionell nicht passen würde. Berufen wird unter der Rom III-VO nur das Recht von Staaten, nicht direkt religiöses Recht.[1142] Islamische Sharia und traditionelles jüdisches Recht können nur berufen sein, soweit der Staat, dessen Recht anwendbar ist, interreligiös gespalten ist, sein staatliches Recht auf das Recht der jeweiligen Religionsgemeinschaft verweist und so jenes religiöse Recht in das staatliche Rechtssystem integriert.

2. Sachlicher Anwendungsbereich der Rom III-VO. Den sachlichen Anwendungsbereich der Rom III-VO steckt deren Art. 1 ab. Die Abgrenzungsbegriffe sind verordnungsautonom auszulegen. Qualifikationskataloge der nationalen Rechte sind nicht heranzuziehen und geben keine direkte Hilfestellung.[1143]

a) Scheidung. Die Rom III-VO verwendet den Begriff der Ehescheidung nur in Art. 1 I Rom III-VO, leider ohne ihn in Art. 3 Rom III-VO zu definieren.[1144] Die Scheidung hat funktionell, von allen Besonderheiten in den verschiedenen Rechtsordnungen abstrahiert, drei Charakteristika:[1145] Erstens löst sie das Eheband auf. Zweitens tut sie dies mit Wirkung für die Zukunft ab Wirksamwerden der Scheidung, nicht aber rückwirkend ab Beginn der Ehe. Drittens muss dies auf Initiative mindestens eines Ehegatten geschehen.

Das erste Charakteristikum unterscheidet sie von der Trennung ohne Auflösung des Ehebandes. Das zweite Charakteristikum unterscheidet sie von der rückwirkenden Auflösung der Ehe wegen eines der Ehe von Beginn anhaftenden Ehemangels. Das dritte Charakteristikum unterscheidet sie von der Eheaufhebung auf Antrag eines staatlichen Organs.[1146] Für die Rom III-VO spielt das Gewand, in das sich eine Auflösung des Ehebandes kleidet, prinzipiell keine Rolle, denn sie soll grundsätzlich alle Arten der Scheidung erfassen.[1147] Die Rom III-VO

[1137] Siehe nur OGH EF-Z 2015/112, 190; *Rudolf,* EF-Z 2012, 101, 102.
[1138] *Viarengo,* RDIPP 2011, 601, 602; *Vaquero López,* AEDIPr 2011, 957, 963; *Orejudo Prieto de los Mozos,* La Ley T. 3/2012, 1766, 1767; *Sabido Rodríguez,* Rev. Der. Com. Eur. 45 (2013), 499, 505.
[1139] *J. Mörsdorf-Schulte,* RabelsZ 77 (2013), 786, 795.
[1140] NK-BGB/*U. P. Gruber* Art. 1 Rom III-VO Rn. 87; BeckOGK/*Gössl* Art. 1 Rom III-VO Rn. 81.
[1141] Wie es den in den angloamerikanisch geprägten und einigen skandinavischen Rechten gepflegten lex fori-Ansatz zugrunde liegt; *Franzina,* Cuad. Der. Trans. 3 (2) (2011), 85, 90.
[1142] *Carrascosa González,* Cuad. Der. Trans. 4 (1) (2012), 52, 63 sowie *Carrascosa González/Seatzu,* Studi integr. Eur. 5 (2010), 49, 53 f.
[1143] *Fallon,* Rev. crit. trim. dr. fam. 2012, 291, 293.
[1144] EuGH ECLI:EU:C:2017:988 Rn. 38 – Soha Sahyouni/Raja Mamisch.
[1145] Siehe nur *Baarsma* S. 159; *M. Stürner,* Jura 2012, 708, 709; *Althammer/S. Arnold* Art. 1 Rom III-VO Rn. 6; *Hausmann* Rn. A 26; BeckOGK/*Gössl* Art. 1 Rom III-VO Rn. 33.
[1146] *Hausmann* Rn. A 35; *C. Raupach* S. 95 f.; BeckOGK/*Gössl* Art. 1 Rom III-VO Rn. 35.
[1147] *Hammje,* RCDIP 100 (2011), 291, 299; *Traest,* SEW 2012, 98, 102. Zu Privatscheidungen näher → § 4 Rn. 507 ff.

isoliert die Scheidung als Statusänderung vom Rest der Ehe und löst sie aus jeglichem Kontext mit den Ehewirkungen.[1148]

502 aa) Abgrenzung von der Ungültigerklärung einer Ehe. Die Ungültigerklärung einer Ehe grenzen Art. 1 II lit. c und Erwägungsgrund (10) UAbs. 1 S. 2 Rom III-VO aus dem sachlichen Anwendungsbereich der Rom III-VO gezielt aus.[1149] Augenfällig ist der Kontrast zu Art. 1 I lit. a Brüssel IIa-VO angezeigt; dieser bezieht auch die Ungültigerklärung in den sachlichen Anwendungsbereich der Brüssel IIa-VO ein. Damit strebt die Rom III-VO keine Parallelität an.[1150] Im IPR wirft die Ungültigerklärung eigene Fragen auf, die zu beantworten eine zu detaillierte Regelung erfordern würde, als dass man sie in eine auf die Scheidung zugeschnittene Verordnung einschließen würde.[1151] Insbesondere wäre zu klären, wie weit man Parteiautonomie gewähren kann.[1152] Außerdem würde man zu tief in das jeweils verfolgte Konzept von Ehen eindringen, ein Thema, das generell aus der Rom III-VO ausgeklammert ist.[1153]

503 Ungültigerklärung einer Ehe ist für die Zwecke des Art. 1 II lit. c Rom III-VO jedes Verfahren, welche die Ehe infolge von Mängeln bei ihrer Eingehung aufhebt, unabhängig davon, ob dies ex tunc oder ex nunc geschieht.[1154] Insbesondere ist die Nichtigerklärung oder Aufhebung einer Ehe ex tunc erfasst.[1155] Daneben stehen Aufhebung und Annullierung.[1156] Der Ungültigerklärung einer Ehe steht die Feststellung einer Nichtehe gleich.[1157]

504 bb) Ausgrenzung anderer Arten der Eheauflösung. Die Rom III-VO erfasst nicht sämtliche Arten der Auflösung des Ehebands, sondern spezifisch nur die Scheidung.[1158] Dies grenzt auch die Eheauflösung durch Verschollenheit, Todeserklärung, Wiederheirat oder Religionswechsel aus.[1159]

505 cc) Prinzipielle Irrelevanz von Verfahrens- und Gerichtsart. Die Art des angerufenen Gerichts hat keine Bedeutung, ebenso wenig, ob es sich um ein streitiges oder um ein nichtstreitiges Verfahren handelt.[1160] Was zählt, sind Ziel und Objekt, nicht Ausgestaltung des Verfahrens.[1161] Ohne Bedeutung ist auch, ob der Scheidungsausspruch deklaratorische oder konstitutive Wirkung hat.[1162] Ausgeschlossen sind allerdings – wie aus der gemäß Erwägungsgrund (10) UAbs. 1 S. 1 Rom III-VO prinzipiell mitzubeachtenden Brüssel IIa-VO bekannt[1163] – Scheidungsverfahren vor rein religiösen Gerichten.[1164]

[1148] *J. Mörsdorf-Schulte,* RabelsZ 77 (2013), 786, 797.
[1149] Siehe nur GA *Saugmansgaard Øe,* ECLI:EU:C:2017:686 Rn. 60. Falsch daher *Finger,* FuR 2011, 61, 65.
[1150] Erwägungsgrund (10) Rom III-VO; OGH ÖJZ 2013, 1019, 1020 = ZfRV 2013, 228; *Helms,* FamRZ 2011, 1765, 1766; *Hau,* FamRZ 2013, 249 (249 f.); *Rudolf,* ÖJZ 2013, 1021.
[1151] Vgl. *Franzina,* Cuad. Der. Trans. 3 (2) (2011), 85, 101; *Viarengo,* Scritti in onore di Ugo Draetta, 2011, S. 771, 773.
[1152] Vorschlag für eine Verordnung (EU) des Rates zur Begründung einer Verstärkten Zusammenarbeit im Bereich des auf die Ehescheidung und Trennung ohne Auflösung des Ehebandes anwendbaren Rechts, KOM (2010) 105 endg. Art. 1 Anm. 6.
[1153] Vorschlag für eine Verordnung des Rates zur Änderung der Verordnung (EG) Nr. 2201/2003 im Hinblick auf die Zuständigkeit in Ehesachen und zur Einführung von Vorschriften betreffend das anwendbare Recht in diesem Bereich, KOM (2006) 399 endg. S. 9 f.; *Campuzano Díaz,* Rev. Der. Com. Eur. 39 (2011), 561, 565.
[1154] OGH EvBl 2013/144 = ÖJZ 2013, 1019, 1020 = ZfRV 2013, 228; BeckOGK/*Gössl* Art. 1 Rom III-VO Rn. 92, 92.1; *N. de Maizière* S. 136.
[1155] OGH ÖJZ 2013, 1019, 1020 = ZfRV 2013, 228.
[1156] *Makowsky,* GPR 2012, 266, 267.
[1157] Erman/*Hohloch* Art. 1 Rom III-VO Rn. 4; PWW/*Martiny* Art. 17 EGBGB Anh. I Rn. 6.
[1158] *Hammje,* RCDIP 100 (2011), 291, 298 f.
[1159] *Hau,* FamRZ 2013, 249, 250; MüKoBGB/*Winkler v. Mohrenfels* Art. 1 Rom III-VO Rn. 19; zweifelnd *J. Mörsdorf-Schulte,* RabelsZ 77 (2013), 786, 804. Anderer Ansicht *Rauscher* Rn. 811.
[1160] Siehe nur *Franzina,* Cuad. Der. Trans. 3 (2) (2011), 85, 101.
[1161] *Hammje,* RCDIP 100 (2011), 291, 299.
[1162] *J. Mörsdorf-Schulte,* RabelsZ 77 (2013), 786, 804.
[1163] Siehe dort *Bertrand Ancel/Muir Watt,* RCDIP 90 (2001), 403, 410; *Nourissat,* in: Fulchiron/Nourissat (dir), Le nouveau droit communautaire du divorce et de responsabilité parentale, 2005, S. 1, 4; Magnus/Mankowski/*Siehr* Art. 21 Brussels IIbis Regulation Rn. 4.
[1164] *Hammje,* RCDIP 100 (2011), 291, 299 f. Anders *J. Mörsdorf-Schulte,* RabelsZ 77 (2013), 786, 804.

V. Scheidung und Trennung ohne Auflösung des Ehebandes

Das Scheidungsstatut befindet auch darüber, ob es die Scheidung als Rechtsinstitut überhaupt kennt.[1165] Aus Erwägungsgrund (10) UAbs. 2 S. 2 Rom III-VO, der nur die Scheidungsgründe gesondert erwähnt, kann man keinen Umkehrschluss ziehen.[1166]

dd) Privatscheidungen. Allerdings erhebt sich die Frage, ob die Rom III-VO Privatscheidungen, also Auflösungen des Ehebandes nur durch private Akte *ohne*[1167] konstitutive Mitwirkung eines Gerichts oder einer Behörde sachlich erfasst.[1168] Eine verfahrensrechtliche Anerkennung scheidet dann mangels anerkennungsfähigen gerichtlichen Akts aus.[1169] Privatscheidungen in diesem Sinne sind rechtsvergleichend betrachtet häufiger, als man zunächst denkt:[1170] ostasiatische Rechtsordnungen (China, Japan, Südkorea, Thailand) kennen konsensuale Scheidungen; islamische Rechtsordnungen kennen den talaq (die Verstoßung); in jüngster Zeit haben sich auch viele Mitgliedstaaten der EU zugunsten von Konsensualscheidungen entschieden.[1171]

Wenn man Art. 17 III 1 EGBGB 2019 als verfahrensrechtliche Regel qualifiziert[1172] und deshalb einen möglichen Konflikt mit der nur materiellrechtlichen Rom III-VO verneint,[1173] stellt sich die aufgeworfene Frage nur noch für Privatscheidungen außerhalb Deutschlands, weil in Deutschland dann für die Inlandsscheidung zwingend ein gerichtlicher Ausspruch der Scheidung verlangt wäre.[1174] In Deutschland vorgenommene Privatscheidungen scheitern dann an Art. 17 III 1 EGBGB 2019.[1175] Selbst wenn man Art. 17 III 1 EGBGB 2019 nicht verfahrensrechtlich, sondern als Formregelung ohne ordre public-Charakter qualifiziert,[1176] wäre ein Konflikt vermieden, soweit die Rom III-VO die Scheidungsform nicht regeln würde.[1177]

Die universelle Anwendbarkeit der Rom III-VO verlangt jedoch im Prinzip Offenheit auch für Arten der Auflösung eines bestehenden Ehebandes, die einem klassischen europäisch-abendländischen Verständnis nicht entsprechen.[1178] Dass die Rom III-VO die Privatscheidung nicht explizit erwähnt, ist kein beredtes Schweigen und begründet keinen Umkehrschluss.[1179] Dies meint etwa die Privatscheidung durch Verstoßung (talaq) oder durch

---

[1165] Siehe nur *Orejudo Prieto de los Mozos*, La Ley T. 3/2012, 1766, 1767.
[1166] *Orejudo Prieto de los Mozos*, La Ley T. 3/2012, 1766, 1767.
[1167] Privatscheidungen mit konstitutiver Mitwirkung von ausländischen Gerichten oder Behörden sind Gegenstand einer vor dem IPR vorrangigen verfahrensrechtlichen Anerkennung; *Pika/M.-P. Weller*, IPRax 2017, 65, 68.
[1168] Näher *Gärtner*, StAZ 2012, 357, 358f. Verneinend EuGH ECLI:EU:C:2017:988 Rn. 37–49 – Soha Sahyouni/Raja Mamisch; GA *Saugmansgaard Øe*, ECLI:EU:C:2017:686 Rn. 59–67; NK-BGB/*U. P. Gruber* Art. 1 Rom III-VO Rn. 5. Bejahend *Helms*, FamRZ 2011, 1765, 1766; *Makowsky*, GPR 2012, 266, 268; *Rauscher* Rn. 810; *ders.*, FPR 2013, 257, 258; *Henrich*, IntScheidR Rn. 95; *Hau*, FamRZ 2013, 249, 250; PWW/*Martiny* Art. 17 EGBGB Anh. I Rn. 4; *J. Mörsdorf-Schulte*, RabelsZ 77 (2013), 786, 804; BeckOGK/*Gössl* Art. 1 Rom III-VO Rn. 39–42; MüKoBGB/*Winkler v. Mohrenfels* Vor Art. 1 Rom III-VO Rn. 32.
[1169] *Gössl*, StAZ 2016, 232, 233; MüKoBGB/*Winkler v. Mohrenfels* Art. 1 Rom III-VO Rn. 12; *Antomo*, NJW 2018, 435 (435f.); *S. Arnold/Schetter*, ZEuP 2018, 646, 657.
[1170] *Helms*, FS Dagmar Coester-Waltjen, 2015, S. 431 (431).
[1171] → § 4 Rn. 513.
[1172] Siehe nur BGH NJW 1982, 517, 519f.; *Gössl*, EuLF 2017, 68, 69; *Antomo*, NZFam 2018, 243 (243).
[1173] Anders wohl *Gärtner*, StAZ 2012, 357, 359f.
[1174] *Helms*, FamRZ 2011, 1765, 1766; *Sonnenberger*, IPRax 2011, 325, 328; *Hau*, FamRZ 2013, 249, 250; *Rauscher*, FPR 2013, 257, 260; NK-BGB/*U. P. Gruber*, Vor Art. 1 Rom III-VO Rn. 32; *Rösler*, RabelsZ 78 (2014), 155, 175; *Coester-Waltjen*, IPRax 2018, 238, 242; vgl. auch *Schurig*, FS Bernd v. Hoffmann, 2011, S. 405, 412.
[1175] Siehe nur OLG Düsseldorf BeckRS 2018, 12904; *Rieck*, NZFam 2018, 709 (unter Hinweis auf § 1564 S. 1 BGB).
[1176] Dafür *Ziereis/Zwirlein*, IPRax 2016, 103, 104f.
[1177] *Ziereis/Zwirlein*, IPRax 2016, 103, 106f.
[1178] *Helms*, FamRZ 2011, 1765, 1766; *Gärtner*, StAZ 2012, 357, 358f.; *Makowsky*, GPR 2012, 266, 268; *Nitsch*, ZfRV 2012, 264 (264); *Hausmann* Rn. A 321; *Gade*, JuS 2013, 779, 780; *Pika/M.-P. Weller*, IPRax 2017, 65, 69; *N. de Maizière* S. 123f.; BeckOGK/*Gössl* Art. 1 Rom III-VO Rn. 38; MüKoBGB/*Winkler v. Mohrenfels* Art. 1 Rom III-VO Rn. 10; *Majer*, NZFam 2017, 1010, 1011 sowie *Traar*, ÖJZ 2011, 805, 807; *Olzen/A. Frank*, FS Siegfried H. Elsing, 2015, S. 1015, 1020; *C. Rudolf*, EF-Z 2012, 101, 102.
[1179] *Majer*, NZFam 2017, 1010, 1011.

Übergabe eines Scheidebriefes (Get).[1180] Die Fragestellung hat indes bereits mehrere zentrale mitgliedstaatliche Rechtsordnungen säkularen Zuschnitts erreicht, seitdem zumindest das italienische, das französische und das spanische Recht die konsensuale Vertragsscheidung vor einem Notar eingeführt haben. Diskriminierungen nach dem Geschlecht ist über den ordre public, nicht über den Scheidungsbegriff zu wehren.[1181]

510 Deshalb ist es kein automatisch durchschlagendes Argument, dass z. B. Artt. 3 Nr. 2; 5 I lit. d; 8; 18 I 1, II Rom III-VO durchaus auf der Basis eines europäischen Verständnisses der Scheidung als gerichtlicher Scheidung formuliert sind.[1182] Freilich würde dies Korrekturen des Wortlauts im Hinblick auf Privatscheidungen verlangen, weil es bei diesen namentlich eine Anrufung des Gerichts nicht geben kann, so dass es etwa für den Zeitpunkt auf das Wirksamwerden der für die Privatscheidung maßgeblichen Willenserklärungen ankommt.[1183] Artt. 5 I lit. d; 8 lit. d Rom III-VO sind bei Privatscheidungen nicht anwendbar, weil man diesen schlechterdings keine lex fori zuschreiben kann.[1184]

511 Erwägungsgrund (9) Rom III-VO schreibt dieser zu, einen umfassenden Rechtsrahmen für das Internationale Scheidungsrecht zu schaffen. Diesem eigenen Anspruch muss die Rom III-VO mit Blick auf Privatscheidungen gerecht werden.[1185] Dass Erwägungsgrund (10) UAbs. 1 S.1 Rom III-VO den sachlichen Anwendungsbereich auf jenen der Brüssel IIa-VO abstimmen will, steht jedenfalls nicht entgegen.[1186] Insoweit bestehen gerade Unterschiede zwischen IPR und IZVR. Es wäre nicht sinnvoll, sich in einem Rechtsakt über die internationale Zuständigkeit mit Privatscheidungen zu befassen, für deren Zentralakt, eben weil er privat ist, es keine internationale Zuständigkeit geben kann; dagegen ist es sehr sinnvoll, sich in einem Rechtsakt über das anwendbare Recht mit Privatscheidungen zu befassen. Echte Privatscheidungen sind definitv kein Gegenstand für eine verfahrensrechtliche Anerkennung unter der Brüssel IIa-VO. Auf der anderen Seite gilt die Brüssel IIa-VO auch nur für die Anerkennung und Vollstreckung von Scheidungs- und Sorgerechtsentscheidungen aus Mitgliedstaaten.

512 Der deutsche Gesetzgeber hat Art. 17 I EGBGB 1986 vorbehaltlos gestrichen, weil er von einer Anwendung der Rom III-VO auch auf Privatscheidungen ausging.[1187] Der deutsche Gesetzgeber sah für Art. 17 I EGBGB 1986 angesichts dessen keinen Restanwendungsbereich mehr.[1188] Er wollte kein zweispuriges Kollisionsrecht, gerade angesichts Art. 4 Rom III-VO.[1189] Er hat auch keine Parallelnorm zu Art. 25 EGBGB 2015 geschaffen.[1190] Unionsrechtlich ist dies allerdings kein valides Argument, denn der Wille eines nationalen Gesetzgebers ist kein ausschlaggebender Faktor unionsrechtlicher Auslegung. Die Genese der Rom III-VO besagt nichts, woraus ein Schluss darauf zu ziehen wäre, dass man Privat-

---

[1180] PWW/*Martiny* Art. 17 EGBGB Anh. I Rn. 4.
[1181] *Makowsky,* GPR 2012, 266, 268.
[1182] *Helms,* FamRZ 2011, 1765, 1766; *Traar,* ÖJZ 2011, 805, 807; *Gärtner,* StAZ 2012, 357, 359; *Hau,* FamRZ 2013, 249, 250; *Gade,* JuS 2013, 779, 780; *J. Mörsdorf-Schulte,* RabelsZ 77 (2013), 786, 804; *Pika/M.-P. Weller,* IPRax 2017, 65, 69; *Mansel/Thorn/R. Wagner,* IPRax 2018, 121, 151. Anders EuGH ECLI:EU:C:2017:988 Rn. 39 – Soha Sahyouni/Raja Mamisch; GA *Saugmansgaard Øe,* ECLI:EU:C:2017:686 Rn. 60; *U. P. Gruber,* IPRax 2012, 381, 383; *C. Mayer,* FamRZ 2018, 171; vgl. auch *Gössl,* StAZ 2016, 232, 234.
[1183] *Helms,* FamRZ 2011, 1765, 1766; PWW/*Martiny* Art. 17 EGBGB Anh. I Rn. 23.
[1184] *Helms,* FamRZ 2011, 1765, 1766.
[1185] Zweifelnd *U. P. Gruber,* IPRax 2012, 381, 383.
[1186] *J. Mörsdorf-Schulte,* RabelsZ 77 (2013), 786, 804. Klar anders EuGH ECLI:EU:C:2017:988 Rn. 40–43 – Soha Sahyouni/Raja Mamisch; GA *Saugmansgaard Øe,* ECLI:EU:C:2017:686 Rn. 63 f. Tendenziell anders *U. P. Gruber,* IPRax 2012, 381, 383; *Gade,* JuS 2013, 779, 780.
[1187] Begründung der Bundesregierung zum Entwurf eines Gesetzes zur Anpassung der Vorschriften des Internationalen Privatrechts an die Verordnung (EU) Nr. 1259/2010 und zur Änderung anderer Vorschriften des Internationalen Privatrechts, BT-Drs. 17/11049, 8.
[1188] OLG München NZFam 2016, 790, 792; *Helms,* FamRZ 2016, 1134, 1135; *S. Arnold,* NZFam 2016, 794, 795.
[1189] *Althammer/S. Arnold* Art. 4 Rom III-VO Rn. 2; *S. Arnold,* NZFam 2016, 794, 795; *N. de Maizière* S. 145.
[1190] *C. Mayer,* FamRZ 2018, 171, 172.

V. Scheidung und Trennung ohne Auflösung des Ehebandes

scheidungen ausgegrenzt hätte.[1191] „Einseitige" Hintergrundmotivationen, dass es in den Mitgliedstaaten damals keine Privatscheidungen gegeben habe,[1192] passen nicht für die allseitige und universelle Rom III-VO. Dass sich umgekehrt nichts Positives für eine Einbeziehung finden lässt, ist kein zwingender Grund für eine Ausgrenzung.[1193] Sieht man auf die Funktionalität, dann muss entscheidend sein, dass auch die Privatscheidung das Eheband zerschneidet. Eine Ausgrenzung hätte daher ausdrücklich sein müssen. Privatscheidungen die Anerkennung zu versagen, droht zu hinkenden Ehen zu führen.[1194]

Seitdem Art. 6 d.l. n. 132[1195] und Art. 229–1 Code civil[1196] einverständliche Vertragsscheidungen ohne konstitutive Gerichtsbeteiligungen in das Recht wichtiger EU-Mitgliedstaaten[1197] eingeführt haben,[1198] spricht der Charakter der Rom III-VO, auch internationale Anwendungsnorm für das Sachrecht ihrer Mitgliedstaaten zu sein, tendenziell für die Einbeziehung solcher Gestaltungen.[1199] Allerdings wird dies abgeschwächt, sofern die notwendige Beteiligung eines registrierenden Notars den weiten Gerichtsbegriff des Art. 3 Nr. 2 Rom III-VO eröffnet.[1200] Richtig und vorzugswürdig wäre in jedem Fall eine legislative Antwort des europäischen IPR-Gesetzgebers.[1201] Anderenfalls drohte Erleichterungen bei der Scheidung eine Nichtanerkennung außerhalb des Forumstaates zu folgen.[1202] Hinkende Scheidungen liefen dem Grundanliegen einer einheitlichen praktischen Handhabung erfolgter Scheidungen in allen Mitgliedstaaten der Rom III-VO zuwider.[1203]

Wer die Rom III-VO nicht direkt auf Privatscheidungen anwenden will, sieht sich im nächsten Schritt gezwungen, die Rom III-VO analog anzuwenden, insoweit kraft nationalen Kollisionsrechts.[1204] Natürlich kann eine solche Analogie nur stattfinden, soweit die

---

[1191] Zugestanden von GA *Saugmansgaard Øe*, ECLI:EU:C:2017:686 Rn. 65. Siehe ansonsten nur *Gössl*, EuLF 2017, 68, 70.

[1192] Siehe GA *Saugmansgaard Øe*, ECLI:EU:C:2017:686 Rn. 65 sowie EuGH ECLI:EU:C:2017:988 Rn. 45 – Soha Sahyouni/Raja Mamisch.

[1193] So aber GA *Saugmansgaard Øe*, ECLI:EU:C:2017:686 Rn. 66 sowie EuGH ECLI:EU:C:2017:988 Rn. 46 – Soha Sahyouni/Raja Mamisch.

[1194] *Helms*, FS Dagmar Coester-Waltjen, 2015, S. 431, 440.

[1195] G. U. vom 12.9.2014.

[1196] Durch Loi n° 2016–1547 du 18 novembre 2016 de modernisation de justice de la XXIᵉ siècle, JORF n° 269 du 19 novembre 2016; darauf aufbauend Décret n° 2016–1907 du 28 décembre 2016, JORF du 29 décembre 2016; Circulaire n° CIV/02/17 du Ministre de la Justice du 26 janvier 2017.

[1197] Außerdem z.B. Art. 90 Código Civil in Spanien (seit 27.7.2015); Art. 1773 II Código Civil in Portugal; Art. 1441 I AK in der Fassung durch G Nr. 4509/2017 in Griechenland. Näher die Beiträge in *Dutta/ D. Schwab/Henrich/Gottwald/Löhnig* (Hrsg.), Scheidung ohne Gericht? – Entwicklungen im europäischen Scheidungsrecht, 2017, und *C. Mayer*, StAZ 2018, 106; *Kontogeorgou*, NZFam 2018, 385; *Kramar*, Famiglia 2018, 277.

[1198] Zu den damit aufgeworfenen Problemen für das europäische IZVR *Hammje*, RCDIP 2017, 143, 146–154.

[1199] Circulaire du Ministère de Justice du 26 janvier 2017; *Hammje*, RCDIP 2017, 143, 155; *Althammer*, NZFam 3/2018 Editorial sowie *Antomo*, NJW 2018, 435, 438; *dies.*, NZFam 2018, 243, 247 f.; *Dimmler*, FamRB 2018, 91, 92; *Coester-Waltjen*, IPRax 2018, 238, 240 f. Vorsichtiger *Nourissat*, Procédures N° 2, février 2018, 14; *Gaudemet-Tallon*, Liber amicorum Christian Kohler, 2018, S. 91, 94–96. EuGH ECLI:EU:C:2017:988 Rn. 47 – Soha Sahyouni/Raja Mamisch verlangt dagegen eine ausdrückliche Einbeziehung und Änderung.

[1200] Siehe *Franzina*, NLCC 2011, 1465, 1466; BeckOGK/*Gössl* Art. 3 Rom III-VO Rn. 14 f.; *Gössl*, EuLF 2017, 68 (68).

[1201] EuGH ECLI:EU:C:2017:988 Rn. 47 – Soha Sahyouni/Raja Mamisch; GA *Saugmansgaard Øe*, ECLI:EU:C:2017:686 Rn. 66; *Vigelotti*, Gaz. Pal. N° 7, 20 février 2018, S. 27, 28 sowie *Verhellen*, R. W. 2018–19, 155, 156.

[1202] *Rieck*, NZFam 2018, 376.

[1203] *Dimmler*, FamRB 2018, 343, 344.

[1204] *U. P. Gruber*, IPRax 2012, 381, 383; *Hau*, FamRZ 2013, 249, 254; *Gade*, JuS 2013, 779, 780; NK-BGB/*U. P. Gruber* Art. 1 Rom III-VO Rn. 70; *Gössl*, StAZ 2016, 232, 234; BeckOGK/*Gössl* Art. 1 Rom III-VO Rn. 41.1; *Pika/M.-P. Weller*, IPRax 2017, 65, 71 f.; *Dutta*, FF 2018, 60 (60 f.); *C. Mayer*, FamRZ 2018, 171 f.; *Rieck*, NZFam 2018, 128, 129; *Antomo*, NJW 2018, 435, 436 f.; *dies.*, NZFam 2018, 243, 245; *Mankowski*, FamRZ 2018, 821 f. Siehe aber auch die hauptsächlich methodischen Zweifel bei *Helms*, FamRZ 2016, 1134, 1135; *S. Arnold/Schetter*, ZEuP 2018, 646, 659 (die 659 f. für eine Analogie zu Art. 14 EGBGB plädieren) und genereller *Gössl*, GPR 2018, 94, 95–97; *Coester-Waltjen*, IPRax 2018, 238, 242.

einzelnen Tatbestände der Rom III-VO nicht spezifisch auf gerichtliche Scheidungen zugeschnitten sind.[1205] Die Streichung des Art. 17 I EGBGB 1986 hatte in Deutschland eine unbewusste Regelungslücke gerissen.[1206]

515 Vor dem EuGüVOAusfG wurde als – weniger überzeugende – Alternative zur analogen Anwendung der Rom III-VO eine Reaktivierung des gestrichenen Art. 17 I EGBGB 1986 ins Spiel gebracht.[1207] Ein Regime auf der Grundlage alter Rechtsprechung, aber unter Einbeziehung der Entwicklungen in den anderen EU-Staaten zu formulieren wäre indes eine sehr offene Aufgabe.[1208]

516 Mit dem EuGüVO-AusfG ist eine gesetzgeberische Lösung der Frage erfolgt: Art. 17 II 2 EGBGB 2019 schreibt jetzt kraft nationalen Anwendungsbefehls eine entsprechende Anwendung der Rom III-VO vor, zählt aber einzeln und en detail diejenigen Normen der Rom III-VO auf, bei denen Besonderheiten walten. Er nimmt dabei die notwendigen Differenzierungen gegenüber dem Normalfall der gerichtlichen Scheidung vor. Den Rechtsanwendern werden die exakten Grenzen aufgezeigt, welche für eine entsprechende Anwendung der Rom III-VO bestehen. Eine entsprechende Anwendung ist eben keine direkte Anwendung tel quel, sondern verlangt nach Modifikationen, soweit diese notwendig sind.

517 Insbesondere kann es bei einer Privatscheidung mangels angerufenen Gerichts keine Analogie zu Artt. 5 I lit. d; 8 lit. d Rom III-VO geben.[1209] Das bildet Art. 17 II Nr. 1; 4 EGBGB 2019 getreulich ab.[1210] Freilich ist zu beachten, dass die notwendige Beteiligung eines registrierenden Notars an der Scheidung den weiten Gerichtsbegriff des Art. 3 Nr. 2 Rom III-VO eröffnen kann.

518 Art. 10 Var. 2 Rom III-VO ist ebenfalls kein Kandidat für eine entsprechende Anwendung.[1211] Art. 17 II Nr. 5 EGBGB 2019 geht sogar noch darüber hinaus, indem er anstelle einer entsprechenden Anwendung der Artt. 10, 12 Rom III-VO eine Anwendung des Art. 6 EGBGB anordnet.[1212] Damit fällt auch Art. 10 Var. 1 Rom III-VO, und für eine entsprechende, d. h. analoge Anwendung einer allgemeinen ordre public-Klausel wie Art. 12 Rom III-VO ist in einer nationalen Kodifikation, die selber eine prinzipiell umfassende allgemeine ordre public-Klausel enthält, keine Lücke. Die Materialien betonen ausdrücklich, dass zum deutschen ordre public auch das inländische Scheidungsmonopol der Gerichte aus Art. 17 III EGBGB 2019 gehört.[1213] Eine in Deutschland „vollzogene" Privatscheidung verstößt also gegen den deutschen ordre public.

519 Auch der maßgebliche Anknüpfungszeitpunkt unter Artt. 5 II; 6 II; 8 litt. a–c Rom III-VO ist auf jenen zu verschieben, in welchem der andere Ehegatte erstmals förmlich von dem Scheidungsbegehren oder der einseitig vollzogenen Scheidung erfährt.[1214] Art. 17 II

[1205] Gegen „Rosinenpicken" indes *Coester-Waltjen*, IPRax 2018, 238, 242 Fn. 42.
[1206] S. *Arnold/Schetter*, ZEuP 2018, 646, 657.
[1207] OLG München NZFam 2016, 703, 705 m. Anm. S. *Arnold*; OLG München FamRZ 2016, 363, 365 m. Anm. *Helms* = NZFam 2016, 790, 793 m. Anm. S. *Arnold*; OLG München FamRZ 2018, 817, 819 f. m. krit. Anm. *Mankowski*; *Dimmler*, FamRB 2018, 343, 344 sowie *Althammer*, NZFam 3/2018 Editorial; vgl. auch *C. Mayer*, FamRZ 2018, 171, 172. Kritisch *Gössl*, GPR 2018, 94, 97 f.; S. *Arnold/Schetter*, ZEuP 2018, 646, 658.
[1208] *Dimmler*, FamRB 2018, 91; *Gössl*, GPR 2018, 94, 98 f.
[1209] *Dutta*, FF 2018, 60, 61.
[1210] Begründung der Bundesregierung zum Entwurf eines Gesetzes zum Internationalen Güterrecht und zur Änderung von Vorschriften des Internationalen Privatrechts, BR-Drs. 385/18, 37 Zu Nummer 6 Absatz 2.
[1211] *Winkler v. Mohrenfels*, FS Dieter Martiny, 2014, S. 595, 614; MüKoBGB/*Winkler v. Mohrenfels* Art. 1 Rom III-VO Rn. 17; *Antomo*, NJW 2018, 435, 437; *dies.*, NZFam 2018, 243, 246; *Gössl*, GPR 2018, 94, 96 f.
[1212] Begründung der Bundesregierung zum Entwurf eines Gesetzes zum Internationalen Güterrecht und zur Änderung von Vorschriften des Internationalen Privatrechts, BR-Drs. 385/18, 37 Zu Nummer 6 Absatz 2.
[1213] Begründung der Bundesregierung zum Entwurf eines Gesetzes zum Internationalen Güterrecht und zur Änderung von Vorschriften des Internationalen Privatrechts, BR-Drs. 385/18, 37 Zu Nummer 6 Absatz 2.
[1214] *Gärtner*, StAZ 2012, 257, 263; *C. Mayer*, FamRZ 2018, 171, 172; *Dutta*, FF 2018, 60, 61.

V. Scheidung und Trennung ohne Auflösung des Ehebandes   520–525   § 4

Nr. 2 EGBGB 2019 setzt genau dies ins Werk. Bloße Vorbereitungshandlung wie das Mandatieren eines Anwalts oder Notars zur einvernehmlichen Scheidung genügen nicht.[1215]

In Abweichung von Art. 5 III Rom III-VO erlaubt Art. 7 II Nr. 3 EGBGB 2019 den **520** Ehegatten, eine Rechtswahl auch noch im Lauf des Verfahrens in der Form entsprechend Art. 7 Rom III-VO zu treffen, wenn das gewählte Recht dies vorsieht.

Auf einen ausdrücklichen Ausschluss des Art. 13 Rom III-VO hat der deutsche Gesetz- **521** geber verzichtet, weil bei einer Privatscheidung ohnehin kein Gericht in die Situation kommt, eine Ehescheidung auszusprechen.[1216] Insoweit ist eine entsprechende Anwendung gar nicht möglich.

ee) Kirchengerichtliche Eheaufhebungen. Definitiv außerhalb der Rom III-VO liegen **522** jedenfalls kirchengerichtliche Ehe*aufhebungen*, etwa durch die Sacra Rota der römisch-katholischen Kirche (während kirchengerichtliche Scheidungen erfasst sind).[1217]

ff) Begriff der Ehe. Verlangt ist für die Anwendbarkeit der Rom III-VO die Scheidung **523** einer Ehe. Eine bloße registrierte Partnerschaft reicht – wie unter der Brüssel IIa-VO[1218] – nicht aus.[1219] Dagegen ist eine gleichgeschlechtliche Ehe eine Ehe, soweit sie nach dem Eheschließungsstatut als Vorfrage so eingeordnet wird. Anderenfalls ergäbe Art. 13 Rom III-VO wenig Sinn.[1220] Von einer Ausgrenzung gleichgeschlechtlicher Ehen kann keine Rede sein,[1221] wohl aber von einer Ausgrenzung gleichgeschlechtlicher bloßer Partnerschaften unterhalb des rechtlichen Niveaus einer Ehe.[1222]

Im Übrigen macht die Rom III-VO keine Vorgaben für den Begriff der Ehe. Sie enthält **524** sich definitorischer Eingriffe in einen sensiblen Bereich und belässt den nationalen Verständnissen dort ihre Partikularismen und Idiosynkrasien.[1223] Rechtsvergleichende Umschau offenbart eine Vielzahl möglicher Variationen von Ehe: unter anderem monogame; polygame;[1224] zivile; religiöse; private.[1225] Dies bedeutet einerseits Toleranz gegenüber den nationalen Ausgestaltungen und andererseits eine liberale Verpflichtung der Mitgliedstaaten, ihre jeweiligen Gestaltungen untereinander wechselseitig anzuerkennen.[1226] Starke kulturelle und soziale Unterschiede in den Sachrechten spielen hinein.[1227]

Art. 13 Rom III-VO einerseits und Art. 1 II lit. c; Erwägungsgrund (10) UAbs. 1 S. 2 **525** Rom III-VO andererseits streiten gegen ein autonomes Verständnis des Ehebegriffs.[1228]

[1215] Begründung der Bundesregierung zum Entwurf eines Gesetzes zum Internationalen Güterrecht und zur Änderung von Vorschriften des Internationalen Privatrechts, BR-Drs. 385/18, 37 Zu Nummer 6 Absatz 2.
[1216] Begründung der Bundesregierung zum Entwurf eines Gesetzes zum Internationalen Güterrecht und zur Änderung von Vorschriften des Internationalen Privatrechts, BR-Drs. 385/18, 37 Zu Nummer 6 Absatz 2.
[1217] *N. de Maizière* S. 130 f.
[1218] Dort *Garber*, FS Daphne-Ariane Simotta, 2012, S. 145, 150–154 mit umfangreichen Nachweisen.
[1219] *Franzina*, Cuad. Der. Trans. 3 (2) (2011), 85, 102; *Viarengo*, Scritti in onore di Ugo Draetta, 2011, S. 771, 773 f.; *Pietsch*, NJW 2012, 1768 (1768); *Olzen/A. Frank*, FS Siegfried H. Elsing, 2015, S. 1015, 1019; MüKoBGB/*Winkler v. Mohrenfels* Art. 1 Rom III-VO Rn. 6.
[1220] *Traar*, ÖJZ 2011, 805, 807; *Rudolf*, EF-Z 2012, 101, 102; *Devers/Farge*, JCP G 2012, 1277, 1279; *Verschraegen*, Internationales Privatrecht, 2012, Rn. 125; *Nitsch*, ZfRV 2012, 264 (264); *Makowsky*, GPR 2012, 266, 267; *Hau*, FamRZ 2013, 249, 250 f.; *Gade*, JuS 2013, 779 (779); *Olzen/A. Frank*, FS Siegfried H. Elsing, 2015, S. 1015, 1019; vgl. auch *Rösler*, RabelsZ 78 (2014), 155, 175 f.
[1221] BeckOGK/*Gössl* Art. 1 Rom III-VO Rn. 67; MüKoBGB/*Winkler v. Mohrenfels* Art. 1 Rom III-VO Rn. 6a. Unzutreffend *Nademleinsky*, Zak 2012/288, 147; *Pietsch*, NJW 2012, 1768 (1768). Für die Brüssel IIa-VO ist die Frage stark umstritten; näher *Garber*, FS Daphne-Ariane Simotta, 2012, S. 145, 156–161 mit weiteren Nachweisen zu allen Auffassungen.
[1222] *Traar*, ÖJZ 2011, 805, 807 f.; *Rösler*, RabelsZ 78 (2014), 155, 175 f.
[1223] *Devers/Farge*, JCP G 2012, 1277, 1279.
[1224] *J. Mörsdorf-Schulte*, RabelsZ 77 (2013), 786, 800; *Raupach* S. 55 f.; MüKoBGB/*Winkler v. Mohrenfels* Art. 1 Rom III-VO Rn. 5.
[1225] *Devers/Farge*, JCP G 2012, 1277, 1279.
[1226] *Devers/Farge*, JCP G 2012, 1277, 1279.
[1227] BeckOGK/*Gössl* Art. 1 Rom III-VO Rn. 59.
[1228] *C. Raupach* S. 35 f.
Ein autonomes Verständnis befürworten dagegen *Kemper*, FamRB Int 2013, 63, 64; *J. Mörsdorf-Schulte*, RabelsZ 77 (2013), 786, 800 f.

Dem könnte man noch Erwägungsgrund (26) UAbs. 2 S. 1 Rom III-VO hinzugesellen, der jedoch schwächere Aussagekraft hat.[1229] Ein autonomes Verständnis des Begriffs Ehe müsste zudem die hohe Hürde überwinden, dass sich in der Rom III-VO keine wirklichen Anhaltspunkte fänden, um einen solchen Begriff mit eigenem Leben zu erfüllen.[1230] Eine Mittellinie bestünde – auch angesichts des primärrechtlichen Prinzips der nur begrenzten Einzelermächtigung für die EU – darin, eine autonome Begriffsbildung nur für einen Kernbegriff vorzunehmen und ansonsten allenfalls, soweit die EU sachrechtliche Regelungskompetenzen hat.[1231] Parallelität zur Brüssel IIa-VO ist zwar wegen Erwägungsgrund (10) Rom III-VO anzustreben,[1232] aber Identität der Ehekonzepte unter beiden Rechtsakten gibt es angesichts Art. 13 Rom III-VO nicht.[1233]

526 Ob konkret eine scheidungsfähige Ehe besteht, ist eine mehrteilige Vorfrage: Erstens ist nach dem materiellen und dem formellen Eheschließungsstatut zu beurteilen, ob überhaupt eine Ehe geschlossen wurde;[1234] zweitens ist zu fragen, ob diese Ehe im Forumstaat geschieden wurde; drittens ist nach dem IZVR des Forums zu beurteilen, ob es eine vom Forumstaat anzuerkennende ausländische Scheidung gibt (bei Mitgliedstaaten der Rom III-VO also nach der Brüssel IIa-VO, ob eine Scheidung aus einem Mitgliedstaat der Brüssel IIa-VO existiert). Die kollisionsrechtliche erste Vorfrage ist selbständig anzuknüpfen.[1235]

527 *b) Scheidungsvoraussetzungen.* Dem Scheidungsstatut unterliegen die Scheidungsvoraussetzungen, also in erster Linie die Scheidungsgründe (Einverständnis, Zerrüttung, Verschulden, Wartefristen),[1236] wie Erwägungsgrund (10) UAbs. 2 S. 2 Rom III-VO ausweist. Das Scheidungsstatut gibt dafür Maß, welche Bedeutung das Verschulden eines Ehegatten hat und ob ein Mitverschulden des anderen Ehegatten zu beachten ist.[1237] Es stellt etwaige Vermutungsregeln, z.B. für Scheitern einer Ehe oder Scheidungsschuld.[1238]

528 Es regelt auch den Zeitpunkt, ab welchem die Scheidung Wirkungen entfaltet.[1239] Es entscheidet auch, welche Voraussetzungen eine einvernehmliche oder einverständliche Scheidung hat, insbesondere welchen Anforderungen eine zugrundeliegende Vereinbarung genügen muss[1240] (ob sie z.B. nur als Scheidungsgrundlage taugt, wenn alle wichtigen Scheidungsfolgen, zuvörderst nachehelicher Unterhalt, Kindessorge oder güterrechtlicher Ausgleich vertraglich geklärt sind[1241]). Ob eine Geschlechtsumwandlung Scheidungs- oder Eheaufhebungsgrund ist, besagt ebenfalls das (prospektive) Scheidungsstatut.[1242]

529 Zum sachlichen Beritt des Scheidungsstatuts gehören außerdem:[1243] die Statthaftigkeit der Scheidung als Institut;[1244] die unmittelbaren materiellrechtlichen Rechtsfolgen des

---

[1229] Vgl. *J. Mörsdorf-Schulte*, RabelsZ 77 (2013), 786, 801.
[1230] Zugestanden von *J. Mörsdorf-Schulte*, RabelsZ 77 (2013), 786, 802 f.
[1231] *Gössl*, ZfRV 2011, 65, 68 f.; *dies.*, (2012) 8 JPrIL 63, 66 f.; *Siehr*, IPRax 2012, 316, 318 f.; BeckOGK/*Gössl* Art. 1 Rom III-VO Rn. 60.
[1232] Stark betont für den Scheidungsbegriff von EuGH ECLI:EU:C:2017:988 Rn. 40–42 – Soha Sahyouni/Raja Mamisch.
[1233] *C. Raupach* S. 36–38. Schon die Rückkopplung eines einheitlichen Scheidungsbegriffs von der Rom III-VO auf die Brüssel IIa-VO müsste, konsequent durchgehalten, zu interessanten Schlussfolgerungen bei der gleichgeschlechtlichen Ehe zwingen; *Nademleinsky*, EF-Z 2018, 93.
[1234] Siehe nur *C. Raupach* S. 50.
[1235] Eingehend *C. Raupach* S. 39–48; außerdem z.B. MüKoBGB/*Winkler v. Mohrenfels* Art. 1 Rom III-VO Rn. 24 f.
[1236] Siehe nur *Traar*, ÖJZ 2011, 805, 807; *Hammje*, RCDIP 100 (2011), 291, 304; *Revillard*, Défrenois 2011, 445, 448; *Traest*, SEW 2012, 98, 102; *J. Stürner*, Jura 2012, 708, 711; PWW/*Martiny* Art. 17 EGBGB Anh. I Rn. 9a; *J. Mörsdorf-Schulte*, RabelsZ 77 (2013), 786, 798; BeckOGK/*Gössl* Art. 1 Rom III-VO Rn. 44.
[1237] *Franzina*, Cuad. Der. Trans. 3 (2) (2011), 85, 127.
[1238] BeckOGK/*Gössl* Art. 1 Rom III-VO Rn. 48.
[1239] *Hammje*, RCDIP 100 (2011), 291, 304; *Dumont*, Dr. & patr. 208 (2011), 26, 27.
[1240] PWW/*Martiny* Art. 17 EGBGB Anh. I Rn. 9a.
[1241] Siehe OLG Stuttgart FamRZ 2012, 480; *Henrich*, IPRax 2012, 450, 451.
[1242] BeckOGK/*Gössl* Art. 1 Rom III-VO Rn. 45.
[1243] *Calvo Caravaca/Carrascosa González*, Cuad. Der. Trans. 1 (2009), 36, 64; *Campuzano Díaz*, Rev. Der. Com. Eur. 39 (2011), 561, 565.
[1244] *Hammje*, RCDIP 100 (2011), 291, 304.

V. Scheidung und Trennung ohne Auflösung des Ehebandes 530–532 § 4

Scheidungsantrags; Versöhnungsversuche;[1245] freiwillige oder zwangsweise Mediation oder Schlichtung;[1246] die Möglichkeit einer einverständlichen Scheidung, gegebenenfalls unter Erleichterungen;[1247] materielle Fristen für Trennung oder Zerrüttungen; etwaiger Verschuldensausspruch;[1248] Rückkehraufforderungen bei Trennung;[1249] Form und Vollziehung der Scheidung;[1250] Einzelheiten des Scheidungsausspruchs und inhaltliche Tenorierungsnotwendigkeiten,[1251] insbesondere etwaige Feststellungen der Scheidungsschuld.[1252] Vermögensrechtliche Folgen und Zuteilung der Ehewohnung oder des Hausrats nach der Scheidung gehören indes nicht hierher.[1253]

c) Scheidungsfolgen. Die Rom III-VO beschränkt sich sachlich auf die Scheidung als solche, also auf die Auflösung des Statusverhältnisses.[1254] Sie regelt dagegen keine Scheidungsfolgen, nicht besondere und nicht einmal die allgemeinen.[1255] Die Scheidung als Statusfrage wird mit der Rom III-VO isoliert.[1256] 530

Diese Beschränkung folgt aus praktischen Motiven. Es wäre noch schwieriger gewesen, eine politische Einigung unter den verbliebenen Staaten zu erzielen, je mehr Materien man einbezogen hätte. Konsequenterweise enthält die Rom III-VO – im Kontrast zu Art. 12 Rom I-VO; Art. 15 Rom II-VO – keine Katalognorm, in der sie aufzählen würde, was europäisch-autonom als scheidungsrechtlich zu qualifizieren ist.[1257] Aus dem Fehlen einer solchen Katalognorm ist aber kein Umkehrschluss zu ziehen, dass das Scheidungsstatut solche Folgen erfassen würde, die nicht ausdrücklich ausgeschlossen sind.[1258] Das gewählte Konzept trennt kollisionsrechtlich die Scheidung von ihren Folgen; das ist im gedanklichen Ansatz nicht unproblematisch.[1259] Zudem besteht ein gewisser Widerspruch zu Erwägungsgrund (9) Rom III-VO, der einen klaren und umfassenden Rechtsrahmen für die Scheidung postuliert.[1260] In der Praxis kann der Streit um Scheidungsfolgen weit gewichtiger sein als die Scheidung als solche.[1261] 531

Die Rom III-VO grenzt nur negativ aus, was jedenfalls ausgegrenzt ist, und tut dies beim sachlichen Anwendungsbereich in Art. 1 II Rom III-VO; sie enthält sich dagegen einer positiven Qualifikationsnorm.[1262] Negativ ausgegrenzt werden – selbst so- 532

[1245] MüKoBGB/*Winkler v. Mohrenfels* Vor Art. 1 Rom III-VO Rn. 18.
[1246] *Kruger*, Rome III and Parties' Choice <http://papers.ssrn.com/sol3/papers.cfm?abstract_id=217334> (2012) S. 16; MüKoBGB/*Winkler v. Mohrenfels* Vor Art. 1 Rom III-VO Rn. 21.
[1247] Vgl. *Höbbel/Seibert/T. Möller*, FuR 2013, 28, 32.
[1248] *Rauscher*, FPR 2013, 257, 258.
[1249] MüKoBGB/*Winkler v. Mohrenfels* Vor Art. 1 Rom III-VO Rn. 22.
[1250] *J. Mörsdorf-Schulte*, RabelsZ 77 (2013), 786, 798.
[1251] Erman/*Hohloch* Art. 1 Rom III-VO Rn. 5; *J. Mörsdorf-Schulte*, RabelsZ 77 (2013), 786, 798.
[1252] MüKoBGB/*Winkler v. Mohrenfels* Vor Art. 1 Rom III-VO Rn. 23–28, auch zu Einkleidungen und Anpassungen bei Verfahren in Deutschland.
[1253] Erman/*Hohloch* Art. 1 Rom III-VO Rn. 7; *Makowsky*, GPR 2012, 266, 267; PWW/*Martiny* Art. 17 EGBGB Anh. I Rn. 7. Insoweit entgegen *Calvo Caravaca/Carrascosa González*, Cuad. Der. Trans. 1 (2009), 36, 64; *Campuzano Díaz*, Rev. Der. Com. Eur. 39 (2011), 561, 565.
[1254] Siehe nur GA *Saugmansgaard Øe*, ECLI:EU:C:2017:686 Rn. 95; *Rudolf*, EF-Z 2012, 101, 102; *N. de Maizière* S. 119.
[1255] Siehe nur GA *Saugmansgaard Øe*, ECLI:EU:C:2017:686 Rn. 95; *Franzina*, Cuad. Der. Trans. 3 (2) (2011), 85, 92; *Hammje*, RCDIP 100 (2011), 291, 302; *Traar*, ÖJZ 2011, 805, 807; *Helms*, FamRZ 2011, 1765, 1766; *Dumont*, Dr. & patr. 208 (2011), 26, 27; *Viarengo*, RDIPP 2011, 601, 607; *Devers/Farge*, JCP G 2012, 1277, 1279; *J. Stürner*, Jura 2012, 708, 711; *Fongaro*, JCP N 2012.1274; *Rauscher*, FPR 2013, 257, 258; *Olzen/A. Frank*, FS Siegfried H. Elsing, 2015, S. 1015, 1017. Anderer Ansicht *Finger*, FuR 2013, 305, 310: selbst Trostgeschenk und immaterieller Schadensersatz einbezogen. Vgl. auch *Barrière Brousse*, Mélanges en l'honneur du Jean-Michel Jacquet, 2013, S. 347, 356 mit Überlegungen zur Anwendung eines anderen Rechts ald des Scheidungsstatuts für dommages-intérêts bei rein objektivem Scheidungsgrund ohne Verschuldenselement.
[1256] *J. Mörsdorf-Schulte*, RabelsZ 77 (2013), 786, 798; *N. de Maizière* S. 135.
[1257] Vgl. *Franzina*, Cuad. Der. Trans. 3 (2) (2011), 85, 127.
[1258] Zweifelnd *Schurig*, FS Bernd v. Hoffmann, 2011, S. 405, 406.
[1259] *Hammje*, RCDIP 100 (2011), 291, 303.
[1260] *Hammje*, RCDIP 100 (2011), 291, 305.
[1261] *Basedow*, FS Willibald Posch zum 70. Geb., 2011, S. 17, 21; *Hau*, FamRZ 2013, 249, 251.
[1262] *Campuzano Díaz*, Rev. Der. Com. Eur. 39 (2011), 561, 566.

weit Art. 1 I Rom III-VO die Anwendung der Rom III-VO grundsätzlich eröffnen würde[1263] – durch Art. 1 II lit. d–g Rom III-VO: die Namen der Ehegatten nach der Scheidung; die vermögensrechtlichen Scheidungsfolgen; die elterliche Verantwortung; Unterhaltspflichten auf nacheheliche Unterhalt (denn für letztere greift über Art. 15 EuUnthVO das HUP[1264]). Art. 1 II lit. h Rom III-VO fügt Trusts und Erbschaften hinzu. Letzteres meint die Auswirkungen einer Scheidung auf die Erbberechtigung der dann geschiedenen Ehegatten nach dem Tod des jeweils anderen; diese untersteht dem Erbstatut.[1265]

533 Die allgemeinen vermögensrechtlichen Scheidungsfolgen unterwirft Art. 17 I EGBGB in der Fassung durch das AnpassungsG[1266] zur Rom III-VO dem Scheidungsstatut. Den Mitgliedstaaten ist nämlich nicht verboten, Scheidungsfolgen scheidungsakzessorisch anzuknüpfen.[1267] Im Gegenteil ist die akzessorische Anknüpfung des Scheidungsfolgenstatuts an das Scheidungsstatut geboten, weil sie den materiellrechtlichen Zusammenhang zwischen Scheidung und Scheidungsfolgen abbildet[1268] (z. B. mag ein Recht Verschuldensprinzip als Scheidungsgrund und negative finanzielle Konsequenzen für die scheidungsschuldige Partei miteinander verknüpfen). Sie vermeidet im Ergebnis eine Zersplitterung der Statute in verschiedene Teilfragen.[1269]

534 Besondere Scheidungsfolgen mit je eigenen Kollisionsnormen sind: der nacheheliche Unterhalt (oder Scheidungsunterhalt), welcher dem HUP untersteht;[1270] der Versorgungsausgleich, welchen Art. 17 IV EGBGB 2019 anknüpft; die Namensführung, geregelt durch Art. 10 EGBGB; die Kindessorge, angeknüpft über das KSÜ bzw. das MSA. Der Wortlaut des Art. 17 I EGBGB ist insoweit zu eng geraten, als er scheinbar nur besonderen Anknüpfungen „dieses Abschnitts", also der Art. 13 ff. EGBGB, Platz machen will, denn natürlich sind auch Art. 10 EGBGB, KSÜ, MSA und HUP vorrangig.[1271]

535 Dass Art. 17 I EGBGB nur *vermögensrechtliche* Scheidungsfolgen anknüpft, ergibt sich zwingend daraus, dass die Hauptfolge der Scheidung, nämlich die Auflösung des Ehebandes, bereits Regelungsgegenstand der Rom III-VO ist. Keine durchschlagende Bedeutung für den Zuschnitt des Art. 17 I EGBGB hat dagegen Art. 1 II lit. e Rom III-VO, denn Art. 1 II lit. e Rom III-VO grenzt nur die vermögensrechtlichen Folgen der Ehe, nicht aber jene der Scheidung gesondert aus dem sachlichen Anwendungsbereich der Rom III-VO aus.[1272]

536 Soweit Güterrecht im Sinne der EuGüVO betroffen sein sollte, geht die EuGüVO mit dem verdrängenden Anwendungsvorrang aus Art. 288 UAbs. 2 AEUV dem Art. 17 I EGBGB vor. Als Service für die Rechtsanwender enthält Art. 17 I EGBGB 2019 in der Fassung durch das EuGüVOAusfG einen ausdrücklichen Vorbehalt zugunsten sowohl der EuGüVO als auch EuUnthVO.[1273] Der weitere Vorbehalt zugunsten anderer Vorschriften „dieses Abschnitts" hat vornehmlich Art. 17 IV EGBGB und die dortige spezielle Kollisionsnorm für den Versorgungsausgleich im Blick.

[1263] Vgl. *Rauscher,* FPR 2013, 257, 258.
[1264] Siehe nur *Gomes de Almeida,* O Divórcio em Direito Internacional Privado, 2017, S. 324.
[1265] *Hammje,* RCDIP 100 (2011), 291, 302.
[1266] Gesetz zur Anpassung der Vorschriften des Internationalen Privatrechts an die Verordnung (EU) Nr. 1259/2010 und zur Änderung anderer Vorschriften des Internationalen Privatrechts vom 23.1.2013, BGBl. 2013 I 101.
[1267] *Basedow,* FS Willibald Posch zum 70. Geb., 2011, S. 17, 19 f.; *Hau,* FamRZ 2013, 249, 251; *Rauscher,* FPR 2013, 257, 258; *Rösler,* RabelsZ 78 (2014), 155, 175 f.
[1268] *Mansel,* FS Claus-Wilhelm Canaris zum 80. Geb., 2017, S. 739, 775.
[1269] *N. de Maizière* S. 137 f.
[1270] Siehe nur *Fallon,* Rev. trim. dr. fam. 2012, 291, 294; *Nitsch,* ZfRV 2012, 264, 265; *Fucik,* iFamZ 2013, 109.
[1271] *Rauscher,* FPR 2013, 257, 258.
[1272] Anders jurisPK BGB/*Ludwig* Art. 17 EGBGB Rn. 12. Vgl. auch *Rauscher,* FPR 2013, 257, 258.
[1273] Begründung der Bundesregierung zum Entwurf eines Gesetzes zum Internationalen Güterrecht und zur Änderung von Vorschriften des Internationalen Privatrechts, BR-Drs. 385/18, 37 Zu Nummer 6 Absatz 1.

V. Scheidung und Trennung ohne Auflösung des Ehebandes   537–542   § 4

Für Art. 17 I EGBGB verbleibt damit nur ein schmaler sachlicher Anwendungsbereich, 537 nämlich Genugtuungs-, Schadensersatz- und Entschädigungsansprüche[1274] sowie der Anspruch auf den bei Scheidung fälligen Teil der Morgen- oder Brautgabe,[1275] der mahr.[1276] Noch bei Entschädigungs- und Schadensersatzansprüchen muss man genau prüfen, ob diese nicht im Kern unterhaltsrechtliche Funktionen haben und deshalb dem vorrangigen HUP unterfallen, wie es namentlich bei dem Schadensersatzanspruch nach Art. 174 I türkZGB der Fall ist.[1277] Eine „Abendgabe", die vordringlich der nachehelichen Versorgung der Ehefrau dient, ist ebenfalls Unterhalt.[1278] Art. 17 I EGBGB erfasst außerdem den Widerruf von Schenkungen aus Anlass der Scheidung.[1279]

Die akzessorische Anknüpfung an das Scheidungsstatut nach Art. 17 I EGBGB erfolgt, 538 gleich ob das Scheidungsstatut durch Rechtswahl der Ehegatten bestimmt wird oder Ergebnis einer objektiven Anknüpfung ist. Die akzessorische Anknüpfung bei Rechtswahl zu lockern, um so die Rechtswahlfreudigkeit durch geringere Folgen einer Rechtswahl zu steigern,[1280] würde eine innere Spaltung in Art. 17 I EGBGB tragen, die weder durch den Wortlaut noch durch das telos der Norm gedeckt wäre. Gerade der primären Anknüpfung des Scheidungsstatuts die Qualität als taugliches Anlehnungsobjekt einer akzessorischen Anknüpfung abzusprechen, wäre paradox. Es wird also akzessorisch auch an ein gewähltes Scheidungsstatut angeknüpft.[1281]

Nicht überblicken oder nicht bedachten mittelbaren Nebenfolgen der Rechtswahl ist 539 auf der Ebene des Sachrechts im Scheidungsfolgenstatut zu wehren,[1282] schlimmstenfalls über den ordre public des Art. 6 EGBGB.

Für gleichgeschlechtliche Ehen gilt gemäß Art. 17b IV 1 EGBGB 2019[1283] Art. 17 I 540 EGBGB entsprechend.

d) *Bestehen und Gültigkeit der Ehe als Vorfrage.* Taugliches Objekt einer Scheidung ist 541 grundsätzlich nur eine bestehende und gültige Ehe. Anderenfalls fehlt es an einem Eheband, welches die Scheidung durchtrennen könnte. An einer Definition der Ehe versucht sich die Rom III-VO nicht. Vielmehr überlässt sie es dem jeweiligen Forum, dem Ehebegriff Leben einzuhauchen. Art. 1 II lit. b Rom III-VO nimmt Bestehen, Gültigkeit und Anerkennung einer Ehe ausdrücklich aus.

Bestehen und Gültigkeit einer Ehe sind Vorfragen,[1284] wie Erwägungsgrund (10) 542 UAbs. 3 Rom III-VO bestätigt. Sie unterliegen dem Eheschließungsstatut. Dieses regelt die Rom III-VO nicht, sondern überlässt dessen Anknüpfung dem IPR des Forums.[1285] Eine ausdrückliche Lösung erfolgt nicht, vielmehr ausweislich Art. 1 II lit. b Rom III-VO eine bewusste Ausklammerung. Insbesondere wird aber keine unselbständige Anknüpfung von Vorfragen befohlen,[1286] sondern im Gegenteil ausgeschlossen.[1287] Eine unselbständige Anknüpfung kommt nicht in Betracht, wenn man die ausdrückliche Ausnahme in Art. 1 II

[1274] *Rauscher,* FPR 2013, 257, 259; Palandt/*Thorn* Art. 17 EGBGB Rn. 1; NK-BGB/*U. P. Gruber* Art. 1 Rom III-VO Rn. 99.
[1275] Zu diesem Institut und seinen Funktionen in islamisch geprägten Rechtsordnungen umfassend *Yassari,* Die Brautgabe im Familienvermögensrecht, 2014, S. 19–268.
[1276] *Rauscher,* FPR 2013, 257, 259.
[1277] OLG Stuttgart FamRZ 2012, 999, 1000; NK-BGB/*U. P. Gruber* Art. 1 Rom III-VO Rn. 100 sowie Palandt/*Thorn* Art. 17 EGBGB Rn. 1.
[1278] OLG Hamm FamRZ 2016, 1926, 1929.
[1279] Palandt/*Thorn* Art. 17 EGBGB Rn. 1.
[1280] So *J. Mörsdorf-Schulte,* RabelsZ 77 (2013), 786, 814f.
[1281] *Rauscher,* FS Rolf A. Schütze zum 80. Geb., 2014, S. 463, 474.
[1282] *Rauscher,* FS Rolf A. Schütze zum 80. Geb., 2014, S. 463, 474.
[1283] Geändert durch Art. 2 Nr. 1 lit. a Gesetz zur Umsetzung des Gesetzes zur Einführung des Rechts auf Eheschließung für Personen gleichen Geschlechts vom 18.12.2018, BGBl. 2018 I 2639.
[1284] Siehe nur *Hammje,* RCDIP 100 (2011), 291, 301; *Hau,* FamRZ 2013, 249, 250.
[1285] *Hammje,* RCDIP 100 (2011), 291, 301; NK-BGB/*U. P. Gruber* Vor Art. 1 Rom III-VO Rn. 70.
[1286] Erman/*Hohloch* Art. 1 Rom III-VO Rn. 10.
[1287] *Nehne,* Methodik und allgemeine Lehren des europäischen Internationalen Privatrechts, 2012, S. 220; *Rauscher* Rn. 825. Anderer Ansicht *J. Mörsdorf-Schulte,* RabelsZ 77 (2013), 786, 822.

lit. b Rom III-VO ernst nimmt, denn anderenfalls würde man die Rom III-VO entgegen ihrem eigenen Ansatz doch partiell auf Eheschließungen erstrecken. Dagegen lässt sich auch nicht der effet utile ins Feld führen.[1288] Zudem können Kollisionsnormen der lex causae, hier also des Scheidungsstatuts, nicht berufen sein, auch nicht für eine unselbständige Anknüpfung von Vorfragen an Hand des IPR der lex causae, denn Art. 11 Rom III-VO schließt explizit eine Rück- oder Weiterverweisung aus.[1289] Dass Art. 1 II lit. b Rom III-VO nicht in dem Block an Vorschriften steht, die sich Fragen des allgemeinen Teils des IPR widmen, ist kein Gegenargument gegen eine selbständige Anknüpfung.[1290]

543   Hier[1291] wie generell[1292] streiten für eine selbständige Anknüpfung von Vorfragen der innere Entscheidungseinklang und die gleichlaufende Anknüpfung desselben Aspekts, gleich ob er sich als Haupt- oder als Vorfrage stellt. Der Rom III-VO lässt sich kein Vorrang des externen Entscheidungseinklangs vor dem internen entnehmen; im Gegenteil enthält sie mit Art. 11 Rom III-VO und dem dortigen renvoi-Ausschluss eine Regel, die bewusst keine Rückischt auf externe Entscheidungsharmonie nimmt.[1293] Erwägungsgrund (10) UAbs. 3 Rom III-VO deutet ebenfalls in Richtung einer selbständigen Vorfrageanknüpfung, indem er für Vorfragen auf die Kollisionsnormen der lex fori verweist.[1294] Sofern das IPR der lex fori (auch) ein Anerkennungsprinzip verfolgt, ist dem Folge zu leisten.[1295]

544   Die Vorfrage nach Bestehen und Gültigkeit einer Ehe ist also selbständig über das IPR des Forums, in Deutschland nach dem deutschen IPR der Artt. 13; 11 EGBGB anzuknüpfen,[1296] für die gleichgeschlechtliche Ehe nach Art. 17b IV 1 iVm I EGBGB.

545   Eine generelle Festschreibung, ob eine gleichgeschlechtliche Ehe eine Ehe ist oder, umgekehrt, nicht ist, erfolgt in der Rom III-VO selber nicht, wie sich aus Art. 13 Var. 2 Rom III-VO ableiten lässt.[1297] Vielmehr haben die nationalen Gesetzgeber insoweit Spielraum. Der deutsche Gesetzgeber hat diesen Spielraum spezifisch für die Scheidung gleichgeschlechtlicher Ehen genutzt, indem er jetzt in Art. 17b I Hs. 2 EGBGB 2019 die entsprechende Anwendung der Rom III-VO anordnet. Die Rom III-VO steht einer solchen nationalen Anordnung und Erstreckung nicht entgegen.

546   *e) Verfahrensfragen.* Reine Verfahrensfragen unterliegen der lex fori.[1298] Hierher zählen insbesondere Verfahrensablauf, Entscheidungsgestalt und Rechtsmittel.[1299] Die internationale Zuständigkeit regelt die Brüssel IIa-VO, nicht die Rom III-VO,[1300] wie Art. 2 Rom III-VO betont. Ob und in welchem Umfang einstweiliger Rechtsschutz möglich ist, bestimmt die lex fori.[1301]

547   Beweisfragen bewegen sich auf der Grenze zwischen Verfahrensrecht und materiellem Recht. Richtigerweise sollte man sie nicht pauschal und leichter Hand analog Art. 1 III Rom I-VO; Art. 1 III Rom II-VO ganz aus dem sachlichen Anwendungsbereich der Rom III-VO ausschließen, sondern vielmehr eine Analogie zu Art. 18 I Rom I-VO; Art. 22 I

[1288] Entgegen *J. Mörsdorf-Schulte*, RabelsZ 77 (2013), 786, 822.
[1289] Vgl. im Ergebnis ähnlich *Bernitt*, Die Anknüpfung von Vorfragen im europäischen Kollisionsrecht, 2009, S. 126 f.; NK-BGB/*U. P. Gruber* Vor Art. 1 Rom III-VO Rn. 72.
[1290] Entgegen *J. Mörsdorf-Schulte*, RabelsZ 77 (2013), 786, 822.
[1291] NK-BGB/*U. P. Gruber* Vor Art. 1 Rom III-VO Rn. 72.
[1292] Näher *v. Bar/Mankowski* IPR I § 7 Rn. 192–213.
[1293] NK-BGB/*U. P. Gruber* Vor Art. 1 Rom III-VO Rn. 72.
[1294] *Devers/Farge*, JCP G 2012, 1277, 1287; *N. de Maizière* S. 102 f.
[1295] Siehe *Devers/Farge*, JCP G 2012, 1277, 1287.
[1296] *U. P. Gruber*, IPRax 2012, 381, 388 f.; *Rauscher* IPR Rn. 813, 825; *Hausmann* Rn. A 340; PWW/*Martiny* Art. 17 EGBGB Anh. I Rn. 30; *Andrae* IntFamR § 4 Rn. 41; *N. de Maizière* S. 103 f.
[1297] Siehe nur *U. P. Gruber*, IPRax 2012, 381, 382 f.; *Makowsky*, GPR 2012, 266, 267; *N. de Maizière* S. 106–112 mwN; *Hausmann* Rn. A 422.
[1298] Siehe nur *Hammje*, RCDIP 100 (2011), 291, 304; *Traar*, ÖJZ 2011, 805, 808; *Nitsch*, ZfRV 2012, 264, 265; *Hau*, FamRZ 2013, 249, 250.
[1299] Siehe nur *Finger*, FuR 2013, 305, 307.
[1300] Siehe nur *Revillard*, Défrenois 2011, 445, 448; *Traest*, SEW 2012, 98, 101; BeckOGK/*Gössl* Art. 2 Rom III-VO Rn. 11.
[1301] *Hammje*, RCDIP 100 (2011), 291, 304; *Traest*, SEW 2012, 98, 102.

V. Scheidung und Trennung ohne Auflösung des Ehebandes 548–551 § 4

Rom II-VO bilden und materielle Vermutungen wie Verteilung der Beweislast dem Scheidungsstatut unterstellen.[1302]

Eine Frage für das nationale Recht des Forums ist der Umgang mit forumfremdem Recht:[1303] Ist Auslandsrecht als Recht oder als Tatsache zu behandeln? Besteht eine subjektive oder objektive Darlegungs- oder Beweislast der Parteien? Bestehen bei grundsätzlicher Beweispflichtigkeit Besonderheiten wie z. B. eine stärkere Einbindung? 548

f) Trennung ohne Auflösung des Ehebandes. Der Begriff der Trennung ohne Auflösung des Ehebandes ist ebenfalls europäisch-autonom auszulegen und ebenso zu verstehen wie unter der Brüssel IIa-VO.[1304] Gemeint ist nicht eine faktische Trennung, sondern eine rechtliche durch richterlichen Ausspruch.[1305] Es reicht also nicht aus, wenn die Ehegatten faktisch ihre eheliche Gemeinschaft aufgeben und faktisch getrennt leben. Die Trennung ohne Auflösung des Ehebandes kennen namentlich die romanischen Rechtsordnungen, zuvörderst das italienische Recht (separazione giudiziale in Art. 151 Codice civile), das spanische (separación in Artt. 81 ff. Código civil), das portugiesische (separação judicial de pessoas e bens in Artt. 1794 ff. Código civil) und das französische (Artt. 296–309 Code civil) sowie das niederländische Recht (scheiding van tafel en bed in Artt. 1.168–1:176 BW). 549

Der sachliche Umfang, in welchem die Rom III-VO sich dem anwendbaren Recht für die Trennung ohne Auflösung des Ehebandes zuwendet, ist demjenigen vergleichbar, in welchem sie die Scheidung regelt: Das Trennungsstatut bestimmt über Statthaftigkeit der Trennung ohne Auflösung des Ehebandes und Trennungsgründe,[1306] dagegen nicht über die allgemeinen und besonderen, insbesondere vermögensrechtlichen Trennungsfolgen.[1307] Es besagt auch, ob und inwieweit die Trennung als Vorstufe für eine Scheidung dienen kann. 550

3. Rechtswahl. *a) Grundsätzliches.* Eine große Neuerung,[1308] eigentlich eine kleine Revolution,[1309] in der Rom III-VO ist die Rechtswahlmöglichkeit des Art. 5 Rom III-VO. Ihrer Stellung, ihrem Wortlaut und ihrem Zweck nach ist sie die primäre Anknüpfung im System.[1310] Schon in ihrer Abfolge erhebt die Rom III-VO die Rechtswahl zur primären Anknüpfung.[1311] Eine wirksam ausgeübte Rechtswahl verdrängt jede objektive Anknüpfung.[1312] Die Rechtswahl ist *das* Kernstück der Rom III-VO.[1313] Sie genießt den höchsten 551

[1302] *Franzina,* Cuad. Der. Trans. 3 (2) (2011), 85, 128.
[1303] *Orejudo Prieto de los Mozos,* La Ley T. 3/2012, 1766, 1769.
[1304] *Franzina,* Cuad. Der. Trans. 3 (2) (2011), 85, 101.
[1305] Siehe nur *J. Mörsdorf-Schulte,* RabelsZ 77 (2013), 786, 805.
[1306] Siehe nur *Revillard,* Défrenois 2011, 445, 448.
[1307] *Hammje,* RCDIP 100 (2011), 291, 305.
[1308] Siehe nur Trib. Belluno RDIPP 2016, 206, 213; *Pfütze,* ZEuS 2011, 35, 49; *Viarengo,* Scritti in onore di Ugo Draetta, 2011, S. 771, 775; *dies.,* RDIPP 2011, 601, 603, 610; *Hammje,* RCDIP 100 (2011), 291, 311; *Franzina,* Riv. dir. int. 2011, 488, 489; *Campuzano Díaz,* Rev. Der. Com. Eur. 39 (2011), 561, 570; *Péroz,* JCP G 2012, 1202 (1202); *Torga,* NIPR 2012, 547 (547); *Kruger,* Rome III and Parties' Choice <http://papers.ssrn.com/sol3/papers.cfm?abstract_id=217334> (2012) S. 2; *Hau,* FamRZ 2013, 249, 252; *Corneloup/González Beilfuss,* Droit européen du divorce, 2013, Art. 5 Règ. Rome III Rn. 2; NK-BGB/*Hilbig-Lugani* Art. 5 Rom III-VO Rn. 2.
[1309] *Queirolo/Carpaneto,* RDIPP 2012, 59, 70, 84; *Devers/Farge,* JCP G 2012, 1277, 1278. Zum ideengeschichtlichen Kontrast zu der Lage noch in den 1980ern elegant NK-BGB/*Hilbig-Lugani* Art. 5 Rom III-VO Rn. 3.
[1310] Siehe nur Vorschlag für eine Verordnung des Rates zur Änderung der Verordnung (EG) Nr. 2201/2003 im Hinblick auf die Zuständigkeit in Ehesachen und zur Einführung von Vorschriften betreffend das anwendbare Recht in diesem Bereich, KOM (2006) 399 endg. S. 10; *Finger,* FamRB Int 2013, 86; *Olzen/A. Frank,* FS Siegfried H. Elsing, 2015, S. 1015, 1022; NK-BGB/*Hilbig-Lugani* Art. 5 Rom III-VO Rn. 9; *N. de Maizière* S. 162.
[1311] Siehe nur *Carrascosa González/Seatzu,* Studi integr. Eur. 5 (2010), 49, 63; *Finger,* FuR 2011, 61 (61); *E. Becker,* NJW 2011, 1543, 1544; *Schurig,* FS Bernd v. Hoffmann, 2011, S. 405, 407; *Péroz,* JCP G 2012, 1202 (1202); *Höbbel/Seibert/T. Möller,* FuR 2013, 28 (28); *Rieck,* NZFam 2018, 128, 129; NK-BGB/*U. P. Gruber* Vor Art. 1 Rom III-VO Rn. 35.
[1312] Siehe nur OLG Hamm FamRZ 2016, 1926, 1927.
[1313] MüKoBGB/*Winkler v. Mohrenfels* Art. 5 Rom III-VO Rn. 1.

552 Stellenwert.[1314] Im konkreten Fall ist zuerst mit Vorrang zu fragen, ob eine Rechtswahl vorliegt oder nicht.[1315] Art. 5 Rom III-VO ist die zentrale Vorschrift der Rom III-VO.[1316] Der europäische Gesetzgeber ermutigt die Ehegatten, die kollisionsrechtliche Regelung ihrer Verhältnisse selbst in die eigene Hand zu nehmen.[1317] Er privilegiert ihre Wahl.[1318] Ehegatten können sich durch Rechtswahl über zwischen ihnen strittige Aspekte einigen und so abgestimmte kollisionsrechtliche Ergebnisse finden, ohne sie näher rechtlich einordnen und festlegen zu müssen.[1319] Sie dokumentieren durch ihre Rechtswahl im Prinzip eine innere Verbundenheit mit dem gewählten Recht.[1320] Parteiautonomie ist hier definitiv keine wie auch immer geartete Verlegenheitslösung,[1321] sondern veritables Gestaltungsinstrument. Man muss für sie nicht Fortschrittlichkeit und Liberalität bemühen.[1322] Gleichermaßen dürfte es zu weit gehen, sie (auch) auf Marktförderungsaspekte stützen zu wollen.[1323]

553 Man kann die Einführung der Rechtswahl allerdings als kollisionsrechtlichen Baustein in der Vertraglichung des Eherechts und als Antwort auf das Schwinden staatlicher Hoheitsansprüche in diesem privaten Bereich sehen.[1324] Soweit Scheidungssachrecht nicht disponibel ist, besteht allerdings ein Spannungsverhältnis.[1325]

554 aa) Parteiautonomie und Parteiinteressen. Die Rechtswahlmöglichkeit des Art. 5 Rom III-VO kann sich auf die (grundrechtlich gestützte) Selbstbestimmung der Ehegatten,[1326] einen überpositiven Autonomie- und Freiheitsgedanken,[1327] mindestens mittelbar auf den Schutz des Privat- und Familienlebens in Art. 8 EMRK und in Art. 7 GRC,[1328] auf die Quasi-Konstitutionalisierung im europäischen IPR[1329] und auf einen immer weiter in diese Richtung hin zu einer Vertraglichung des Eherechts gehenden sachrechtlichen Trend stützen,[1330] der sich vom religiös geprägten Verständnis der Ehe als Sakrament, gottgegeben und der Disposition entzogen, löst.[1331] Wer eine philosophische Fundierung sucht, mag sie bei *Kant*, im Neukantianismus und bei *Savigny* finden.[1332] Umgekehrt ist der früher gehegte Glaube geschwunden, durch Restriktionen gegen die Scheidung den Zusammenhalt von Familien stärken und Scheidungen verhindern zu können.[1333]

[1314] Trib. Belluno RDIPP 2016, 206, 216; *J. Mörsdorf-Schulte*, RabelsZ 77 (2013), 786, 805.
[1315] Praktische Beispiele: OLG Hamm NJOZ 2013, 1524; OLG Nürnberg FamRZ 2013, 1321; OLG Karlsruhe FamRZ 2017, 959, 960.
[1316] BeckOGK/*Gössl* Art. 5 Rom III-VO Rn. 2.
[1317] *Kruger*, Rome III and Parties' Choice <http://papers.ssrn.com/sol3/papers.cfm?abstract_id=217334> (2012) S. 4.
[1318] Trib. Milano RDIPP 2013, 768, 770.
[1319] *Finger*, FuR 2013, 305, 308.
[1320] *J. Mörsdorf-Schulte*, RabelsZ 77 (2013), 786, 810.
[1321] *Pfütze*, ZEuS 2011, 35, 50; NK-BGB/*Hilbig-Lugani* Art. 5 Rom III-VO Rn. 6.
[1322] Dahin aber *J. Mörsdorf-Schulte*, RabelsZ 77 (2013), 786, 810.
[1323] Dahin aber *Muir Watt*, in: Corneloup (dir.) Droit européen du divorce, 2013, S. 729; *Loquin*, ebd., S. 741; *Corneloup*, in: A. Roth (Hrsg.), Die Wahl ausländischen Rechts im Familien- und Erbrecht, 2013, S. 15, 21 f.
[1324] *N. de Maizière* S. 165 f.
[1325] *Helms*, FS Dagmar Coester-Waltjen, 2015, S. 431, 435.
[1326] *Franzina*, Riv. dir. int. 2011, 488, 490; *Feraci*, Riv. dir. int. 2013, 424, 444; *Helms*, FS Dagmar Coester-Waltjen, 2015, S. 431, 435.
[1327] *Leible*, FS Erik Jayme, 2004, S. 485, 488; NK-BGB/*Hilbig-Lugani* Art. 5 Rom III-VO Rn. 5.
[1328] *Marzal Yetano*, Yb. PIL 6 (2010), 155, 186–192; *Feraci*, Riv. dir. int. 2013, 424, 444.
[1329] *Marzal Yetano*, Yb. PIL 6 (2010), 155, 156 et passim; *Franzina*, Riv. dir. int. 2011, 488, 490; *Wautelet*, Rev. gén. dr. civ. belge 2012, 414, 419; *Feraci*, Riv. dir. int. 2013, 424, 444; *Rösler*, RabelsZ 78 (2014), 155, 161 f.
[1330] *Queirolo*, in: Carbone/Queirolo (a cura di), Diritto di famiglia e Unione Europea, 2008, S. 219, 227; *Courbe*, Liber amicorum Hélène Gaudemet-Tallon, 2008, S. 703; *Hammje*, RCDIP 100 (2011), 291, 313; *Franzina*, Cuad. Der. Trans. 3 (2) (2011), 85, 108 f.; *ders.*, Riv. dir. int. 2013, 424, 492 f.; *Mansel*, in: Leible/Unberath (Hrsg.), Brauchen wir eine Rom 0-Verordnung?, 2013, S. 241, 263; NK-BGB/*Hilbig-Lugani* Art. 5 Rom III-VO Rn. 2 sowie *Torga*, NIPR 2012, 547 (547). Anderer Ansicht *Lardeux*, D. 2008, 795, 797 sowie *Fiorini*, 2008 Int. J. L. Pol'y. & Fam. 178, 186; *J. Mörsdorf-Schulte*, RabelsZ 77 (2013), 786, 810. Zurückhaltend *Carrascosa González/Seatzu*, Studi integr. eur. 5 (2010), 49, 60.
[1331] *Rösler*, RabelsZ 78 (2014), 155, 177 f.
[1332] *Pearl*, NIPR 2012, 597.
[1333] *Helms*, FS Dagmar Coester-Waltjen, 2015, S. 431, 435.

V. Scheidung und Trennung ohne Auflösung des Ehebandes   555–557 § 4

Anwachsende Migration und sinkende hoheitliche Gestaltungsansprüche im Familien- 555
recht ließen eine ablehnende Haltung gegenüber der Parteiautonomie zunehmend fragwürdig erscheinen.[1334] Ein voluntaristisches Bild der Scheidung zieht Parteiautonomie im Interesse der Ehegatten und ihrer Mobilität nach sich.[1335] Internationalscheidungsrechtliche Parteiautonomie mag Mobilität zwar nicht hervorrufen, aber sie erleichtert ohnehin mobilen Bürgern Planung und Lebensgestaltung.[1336] Das Eherecht wird in Teilen auch im IPR zur disponiblen Materie.[1337] Parteiautonomie kann sich auch hier auf eine grund- und menschenrechtliche Verankerung berufen.[1338] In philosophischen Dimensionen mag man in der Ausdehnung von Parteiautonomie in den familien- und statusrechtlichen Bereich ein neoliberales Modell von private governance sehen.[1339] Im Vergleich mit Art. 17 EGBGB aF, unter dem eine eigene Wahl des Scheidungsstatuts nicht gestattet war,[1340] wird die Lage gleichsam auf den Kopf gestellt[1341] und erfolgt ein Paradigmenwechsel.[1342] Nur drei der Mitgliedstaaten der Rom III-VO, nämlich Belgien, Deutschland und die Niederlande, kannten vor der Rom III-VO in ihrem Alt-IPR überhaupt direkte oder indirekte Parteiautonomie im Internationalen Scheidungsrecht,[1343] außerdem von den EU-Mitgliedstaaten Bulgarien.[1344]

Die Rechtswahl erlaubt es den Ehegatten, ein „an sich", d. h. bei objektiver Anknüp- 556
fung berufenes scheidungsfeindliches Recht abzuwählen und ein scheidungsfreundlicheres Recht zu wählen.[1345] Insoweit begünstigt sie die Scheidung und verwirklicht einen favor divortii.[1346] Die Rom III-VO etabliert (nicht nur, aber auch) insoweit eine „véritale culture de la désunion".[1347] Dies gilt insbesondere für gleichgeschlechtliche Ehepartner, die sich durch Rechtswahl einem Scheidungsrecht unterstellen können, welches die gleichgeschlechtliche Ehe als Institut kennt und deshalb gleichgeschlechtliche Ehen zu scheiden bereit ist.[1348] Eine zu Beginn der Ehe erfolgte Rechtswahl mag aber genau gegenläufig ein strengeres Scheidungsrecht berufen als das objektiv anwendbare. Dadurch erhält später ein Ehegatte, der an der Ehe festhalten will, eine sehr starke Position, es sei denn, die Ehegatten würden gemeinsam ihre zuerst getroffene Wahl aufheben oder abändern.[1349]

Autonomie zeitigt indes in der Regel interessengerechte Ergebnisse,[1350] weil die Ehegat- 557
ten die besten Hüter ihrer eigenen Interessen sind. Ein Recht, dass man selber gewählt hat,

---

[1334] *Hau*, FS Rolf Stürner, 2013, S. 1237, 1241.
[1335] *Hammje*, RCDIP 100 (2011), 291, 312; NK-BGB/*Hilbig-Lugani* Art. 5 Rom III-VO Rn. 5.
[1336] NK-BGB/*Hilbig-Lugani* Art. 5 Rom III-VO Rn. 5.
[1337] *Péroz*, JCP G 2012, 1202 (1202).
[1338] Eingehend *Kroll-Ludwigs*, Die Rolle der Parteiautonomie im europäischen Kollisionsrecht, 2013, S. 189–262.
[1339] So *Muir Watt*, ERCL 2010, 1, 9f.
[1340] BayObLG NJW-RR 1994, 771; KG IPRax 2000, 544; OLG Köln FamRZ 2009, 1589, 1590; Soergel/*Schurig*, Art. 17 EGBGB Rn. 21; Erman/*Hohloch* Art. 17 EGBGB Rn. 20; Staudinger/*Mankowski* Art. 17 EGBGB Rn. 139. Anderer Ansicht G. *Wagner*, IPRax 2000, 512, 513 f.
[1341] *Helms*, FamRZ 2011, 1765, 1769; *Breuer*, FamRB Int 2013, 29.
[1342] *Henrich*, Internationales Scheidungsrecht, 3. Aufl. 2012, Rn. 84.
[1343] *Queirolo/Carpaneto*, RDIPP 2012, 59, 84; NK-BGB/*Hilbig-Lugani* Art. 5 Rom III-VO Rn. 2.
[1344] *Rösler*, RabelsZ 78 (2014), 155, 160–162.
[1345] U. P. *Gruber*, IPRax 2012, 381, 384; *Corneloup/González Beilfuss* Art. 5 Règ. Rome III Rn. 11; *Feraci*, Riv. dir. int. 2013, 424, 453; NK-BGB/*U. P. Gruber* Vor Art. 1 Rom III-VO Rn. 54; NK-BGB/*Hilbig-Lugani* Art. 5 Rom III-VO Rn. 8.
[1346] *Lardeux*, D. 2008, 795, 798; *Carrascosa González/Seatzu*, Studi integr. Eur. 5 (2010), 49, 59; *Hammje*, RCDIP 100 (2011), 291, 313; *Queirolo/Carpaneto*, RDIPP 2012, 59, 79; *Fallon*, Rev. trim. dr. fam. 2012, 291, 299; U. P. *Gruber*, IPRax 2012, 381, 384; *Corneloup/González Beilfuss* Art. 5 Règ. Rome III Rn. 11; *Feraci*, Riv. dir. int. 2013, 424, 452; *Barrière Brousse*, Mélanges en l'honneur du Jean-Michel Jacquet, 2013, S. 347, 353; NK-BGB/*U. P. Gruber* Vor Art. 1 Rom III-VO Rn. 54; NK-BGB/*Hilbig-Lugani* Art. 5 Rom III-VO Rn. 8; *Wennersbusch* S. 72f.
[1347] *Barrière Brousse*, M´lenages Jean-Michel Jacquet, 2013, S. 347, 352; zustimmend *Gaudemet-Tallon*, Mélanges Pierre Mayer, 2015, S. 255, 270f.; *N. de Maizière* S. 284f.
[1348] *Queirolo/Carpaneto*, RDIPP 2012, 59, 72.
[1349] *Corneloup/González Beilfuss* Art. 5 Règ. Rome III Rn. 12.
[1350] E. *Becker*, NJW 2011, 1543, 1544.

darf im Grundsatz auf größere Akzeptanz zählen.[1351] Die Möglichkeit, das anwendbare Recht selber wählen zu dürfen, vermittelt den Ehegatten eher das Gefühl, das Geschehen selber in der Hand zu haben und größere Kontrolle zu besitzen,[1352] ein Gefühl, wie es in Scheidungsverfahren typischerweise fehlt und dessen Fehlen Scheidungsverfahren besonders belastend machen kann.[1353] Sie nimmt das belastende Gefühl, bloßes Objekt der Rechtsanwendung zu sein. Sogar bei einer Privatscheidung durch Verstoßung ist eine Rechtswahl denkbar, wenn die Verstoßung einvernehmlich erfolgt und die Ehefrau ihr zustimmt.[1354]

558 Die Rechtswahl ist eine persönliche Angelegenheit der Ehegatten; daher sind Steuerbehörden, procurateurs publics oder andere Vertreter des öffentlichen Interesses keine tauglichen Parteien einer Rechtswahlvereinbarung.[1355]

559 Die Motive, aus denen heraus sich die Ehegatten zur Wahl eines bestimmten Rechts entscheiden, unterliegen keinerlei Kontrolle und sind frei. Die Ehegatten können ein bestimmtes Recht wählen, weil sie sich diesem räumlich verbunden fühlen.[1356] Sie können ein Recht aber auch wegen seines Inhalts auswählen, sei dieser scheidungsfreundlich, sei er scheidungsfeindlich, sei er ablehnend gegenüber einer Trennung ohne Auflösung des Ehebandes.[1357] Die Ehegatten können insbesondere ein Recht wählen, über das sich ihre Scheidung möglichst schnell und günstig ins Werk setzen lässt, und dabei sogar genrell bestehende persönliche Divergenzen überbrücken.[1358]

560 Nicht verschwiegen sei indes die denkbare Kehrseite: Eine Rechtswahl kann faktisch Gestaltungs- und Dominanzinstrument eines überlegenen Ehegatten gegenüber dem anderen sein.[1359] Eheverträge haben sich etwa im deutschen Sachrecht als problematisch und kontrollbedürftig erwiesen, weil sie einseitig die Interessen des einen, überlegenen, wirtschaftlich mächtigeren oder besser beratenen Ehegatten auf Kosten des anderen durchsetzen.[1360] Entsprechende Erfahrungen stehen für die Rechtswahl im Internationalen Scheidungsrecht noch bevor.[1361] Formale Autonomie heißt nicht automatisch gleichberechtigte materiale Autonomie auf Augenhöhe. Stehen die Ehegatten einander nicht auf Augenhöhe gegenüber, so kann sich dies auch im Inhalt der Rechtswahl niederschlagen. Art. 7 und Erwägungsgrund (18) Rom III-VO versuchen, zumindest residuale Schranken einzuziehen.[1362]

561 Wählen die Ehegatten ein Recht, das nicht identisch ist mit der lex fori ihres (späteren) Scheidungsverfahrens, so ergibt sich daraus die Anwendung eines forumfremden Rechts mit den damit typischerweise verbundenen Mühen und Kosten der Auslandsrechtsermittlung, Gutachten- und Übersetzungsbedarf.[1363] Dies ist jedoch nicht spezifisch mit einer Rechtswahl verbunden, sondern eben mit der Anwendung forumfremden Auslandsrechts.[1364] Daher kann es keinen spezifischen Kritikpunkt gegen die Zulassung von Partei-

---

[1351] NK-BGB/*Hilbig-Lugani* Art. 5 Rom III-VO Rn. 6.
[1352] NK-BGB/*Hilbig-Lugani* Art. 5 Rom III-VO Rn. 6.
[1353] EPEC, Study to Inform a Subsequent Impact Assessment on the Commission Proposal on Jurisdiction and Applicable Law in Divorce Matters, Final Draft Report, April 2006, S. 156.
[1354] *Gottwald*, FS Helmut Rüßmann, 2013, S. 771, 775.
[1355] *Álvarez de Toledo Quintana*, La Ley 7613 (18 de abril 2011), 1, 3; vgl. auch *Lardeux*, D. 2011, 1835, 1839.
[1356] *Devers/Farge*, JCP G 2012, 1277, 1282.
[1357] *Devers/Farge*, JCP G 2012, 1277, 1282.
[1358] *Queirolo/Carpaneto*, RDIPP 2012, 59, 79; *J. Mörsdorf-Schulte*, RabelsZ 77 (2013), 786, 813; *Spickhoff*, in: Spickhoff (Hrsg.), Symposium Parteiautonomie im Europäischen Internationalen Privatrecht, 2014, S. 93, 111; BeckOGK/*Gössl* Art. 5 Rom III-VO Rn. 26.
[1359] *A. Roth*, in: A. Roth (Hrsg.), Die Wahl ausländischen Rechts im Familien- und Erbrecht, 2013, S. 7, 9.
[1360] Siehe nur BVerfGE 103, 89; BGHZ 158, 81; BGH NJW 2004, 930; BGH NJW 2013, 1359.
[1361] *A. Roth*, in: A. Roth (Hrsg.), Die Wahl ausländischen Rechts im Familien- und Erbrecht, 2013, S. 7, 9; *K. Frank*, Eheverträge als effektives Gestaltungsinstrument, 2015, S. 300–305 et passim.
[1362] BeckOGK/*Gössl* Art. 5 Rom III-VO Rn. 27.
[1363] NK-BGB/*Hilbig-Lugani* Art. 5 Rom III-VO Rn. 10.
[1364] Siehe *Rühl*, RabelsZ 61 (2007), 559.

V. Scheidung und Trennung ohne Auflösung des Ehebandes   562–564   § 4

autonomie bilden.[1365] Zudem steht es den Ehegatten frei, durch eine neue Rechtswahl in den zeitlichen Grenzen, die Art. 5 II Rom III-VO und über Art. 5 III Rom III-VO das Recht des Forums ziehen, gemäß Art. 5 I lit. d Rom III-VO das Recht des Forums zu wählen und so die Anwendung forumeigenen Rechts ohne Mühen und Kosten einer Auslandsrechtsanwendung sicherzustellen.

Art. 5 Rom III-VO macht zwar das Scheidungsstatut parteidisponibel, aber nicht das **562** IPR der Mitgliedstaaten. Er führt keine Doktrin vom fakultativen Kollisionsrecht ein. Vielmehr ist die Rom III-VO als Kollisionsrecht zwingendes Recht ihrer Mitgliedstaaten und bindet Richter wie Parteien in den Mitgliedstaaten.[1366] Allerdings gehen Parteien mit einer internationalscheidungsrechtlichen Rechtswahl das Risiko einer hinkenden Rechtswahl und einer Divergenz hinsichtlich des anzuwendenden Rechts ein, in Abhängigkeit davon, ob die Scheidung später in einem Mitgliedstaat oder einem Nichtmitgliedstaat verhandelt wird.[1367]

bb) Rechtssicherheit und Vorhersehbarkeit. Des Weiteren fördert Parteiautonomie die **563** Rechtssicherheit,[1368] wie Erwägungsgrund (15) Rom III-VO betont. Sie befreit ein Stück weit von den Zufälligkeiten bei der Auswahl des Gerichtsstands.[1369] Insoweit hat sie eine Garantiefunktion.[1370] Obendrein kann man kasuistische Elemente glätten, wie sie sich im Rahmen der objektiven Anknüpfung zu ergeben drohten.[1371] Insbesondere kann eine Rechtswahl tatsächliche oder vermeinte Unsicherheit beim Bestimmen des gewöhnlichen Aufenthalts vermeiden.[1372] Freilich schließt dies nicht aus, dass die Unsicherheit der objektiven Anknüpfung gegen erneute Unsicherheit eingetauscht wird, wenn einer der Ehegatten ex post die Rechtswahl angreift.[1373] Indes dürfte es sich dabei zumal angesichts der Formerfordernisse des Art. 7 Rom III-VO um einen eher seltenen Fall handeln. Erfolg versprechend dürfte ein solcher Angriff allenfalls sein, soweit der angreifende Ehegatte reklamieren kann, nicht im Sinne des Erwägungsgrunds (18) Rom III-VO über die Tragweite der Rechtswahl informiert gewesen zu sein.

Ein gewähltes Recht ist ein vorhersehbares Recht.[1374] Vorhersehbarkeit spielt mit Prob- **564** lembewusstsein zusammen, und wer eine Rechtswahl für die Ehekrise vor der Ehekrise trifft, wird nicht selten kompetenten Rat eingeholt haben.[1375] Die mobile Binnenmarktehe[1376] kann so im IPR vertragliche Wurzeln schlagen.[1377] Dies macht wiederum Erwägungsgrund (15) Rom III-VO deutlich. Wer sein Scheidungsstatut wählt, nimmt es auch bei einem Umzug mit.[1378] Insoweit erlaubt die Rechtswahl Stabilität und Kontinuität als Gegengewicht zu persönlicher Mobilität.[1379] Dies sollte man fördern, indem man eine vor-

---

[1365] So aber NK-BGB/*Hilbig-Lugani* Art. 5 Rom III-VO Rn. 10.
[1366] *Devers/Farge,* JCP G 2012, 1277, 1286.
[1367] *U. P. Gruber,* in: A. Roth (Hrsg.), Die Wahl ausländischen Rechts im Familien- und Erbrecht, 2013, S. 33, 35.
[1368] *Franzina,* Cuad. Der. Trans. 3 (2) (2011), 85, 109; *Helms,* FamRZ 2011, 1765, 1767; *Viarengo,* Scritti in onore di Ugo Draetta, 2011, S. 771, 777; dies., RDIPP 2011, 601, 612; *Ganz,* FuR 2011, 369, 370; *Campuzano Díaz,* Rev. Der. Com. Eur. 39 (2011), 561, 571; *Feraci,* Riv. dir. int. 2013, 424, 443, 451; *Gomes de Almeida,* Liber amicorum Liviu Pop, 2015, S. 9, 17.
[1369] *Letellier,*Gaz. Pal. 13–14 avril 2012, 7, 8.
[1370] *Queirolo/Carpaneto,* RDIPP 2012, 59, 81.
[1371] *Campuzano Díaz,* Rev. Der. Com. Eur. 39 (2011), 561, 572.
[1372] *Viarengo,* YbPIL 13 (2011), 199, 210.
[1373] *Corneloup/González Beilfuss* Art. 5 Règ. Rome III Rn. 10.
[1374] *Viarengo,* YbPIL 13 (2011), 199, 210; *Kruger,* Rome III and Parties' Choice <http://papers.ssrn.com/sol3/papers.cfm?abstract_id=217334> (2012) S. 2; *Feraci,* Riv. dir. int. 2013, 424, 443; *J. Mörsdorf-Schulte,* RabelsZ 77 (2013), 786, 811; *Fongaro,* Mélanges Jean-Pierre Laborde, 2015, S. 651, 654 f.
[1375] Vgl. *Rauscher,* FS Konstantinos Kerameus, 2009, S. 1113, 1119.
[1376] *C. Kohler,* FPR 2008, 193, 195.
[1377] *Helms,* FamRZ 2011, 1765, 1767 sowie *Queirolo* S. 219, 227 f.; *Viarengo,* Scritti in onore di Ugo Draetta, 2011, S. 771, 777; *Ganz,* FuR 2011, 369, 370; *C. Kohler,* FS Bernd v. Hoffmann, 2011, S. 208, 211.
[1378] *Péroz,* JCP G 2012, 1202 (1202); *U. P. Gruber,* in: A. Roth (Hrsg.), Die Wahl ausländischen Rechts im Familien- und Erbrecht, 2013, S. 33, 44.
[1379] *Viarengo,* YbPIL 13 (2011), 199, 210.

sorgende Rechtswahl auch für den Fall erlaubt, dass sich ein relevanter Auslandsbezug erst in der Zukunft ergibt.[1380] Rechtswahl vermeidet (objektive) Statutenwechsel.[1381]

565 Die Ehegatten können gleichsam korrigieren, wenn sie in der objektiven Anknüpfung keine ihnen genehme Näheverbindung verwirklicht sehen.[1382] Die Rechtswahl bringt ein Moment der Flexibilität in das Gesamtsystem.[1383] So kann man zugleich den Gefahren steuern, die Art. 3 I Brüssel IIa-VO durch die Vielzahl der in ihm vorgesehenen Gerichtsstände schafft.[1384] Außerdem ist die internationalscheidungsrechtliche Rechtswahl Baustein zu einer besseren Koordination von Scheidungs-, Unterhalts- und Ehegüterstatut,[1385] ja selbst Erbstatut.[1386]

566 cc) Auslandsbezug. Aus der Perspektive der Mitgliedstaaten der Rom III-VO können selbst zwei Angehörige eines oder mehrere Drittstaaten ein auf Art. 5 Rom III-VO gestützte Rechtswahl treffen.[1387] Nicht übersehen darf man aber die große Gefahr einer „hinkenden" Rechtswahl: Die Ehegatten wählen ihr Scheidungsstatut. Diese Wahl wird zwar in den Mitgliedstaaten der Rom III-VO respektiert – aber nicht in anderen Staaten, deren Kollisionsrecht keine internationalscheidungsrechtliche Rechtswahl kennt.[1388] Rechtswahl in Statussachen berührt nicht nur die Interessen der an ihr Beteiligten, sondern auch übergreifende Überzeugungen und Traditionen sowie das Allgemeininteresse.[1389] So kann z. B. die Wahl eines Rechts, welches die einvernehmliche Privatscheidung kennt, daran kranken, dass dieses Recht sich selbst gar nicht als berufen ansieht.[1390] Art. 5 Rom III-VO begegnet dem allerdings nicht, nicht einmal dadurch, dass er das Erfordernis aufstellen würde, dass mindestens einer der Ehegatten einem Mitgliedstaat angehören oder in einem Mitgliedstaat seinen gewöhnlichen Aufenthalt haben müsste.[1391]

567 Die Ehegatten können nicht durch Wahl eines ausländischen Rechts einen Inlandsfall, der objektive Verbindungen allein zum Inland aufweist, zu einem grenzüberschreitenden Fall machen.[1392] Indes stellt sich diese Frage nicht ernsthaft, weil Art. 5 I Rom III-VO seinerseits objektive Verbindungen zum gewählten Recht verlangt und daher der Rechtsgedanke des Art. 3 III Rom I-VO nicht zu übertragen ist.[1393] Theoretisch ist eine bloße materiellrechtliche Verweisung auf ein bestimmtes Recht nicht ausgeschlossen;[1394] es ist aber nicht ersichtlich, welcher praktische Vorteil in ihr liegen sollte.

568 Wenn man gestützt auf Art. 1 I Rom III-VO eine objektive Auslandsverbindung verlangt, bleibt zu klären, zu welchem Zeitpunkt diese vorliegen muss: zum Zeitpunkt der

---

[1380] *U. P. Gruber*, IPRax 2012, 381, 384; *ders.*, in: A. Roth (Hrsg.), Die Wahl ausländischen Rechts im Familien- und Erbrecht, 2013, S. 33, 47; NK-BGB/*U. P. Gruber* Art. 5 Rom III-VO Rn. 89f.; *Hammje*, RCDIP 100 (2011), 291, 308f. Fn. 17. Entgegen *Rossolillo*, NLCC 2011, 1447, 1455.

[1381] *U. P. Gruber*, in: A. Roth (Hrsg.), Die Wahl ausländischen Rechts im Familien- und Erbrecht, 2013, S. 33, 47.

[1382] *Helms*, FamRZ 2011, 1765, 1767.

[1383] *Feraci*, Riv. dir. int. 2013, 424, 443.

[1384] *Franzina*, Riv. dir. int. 2011, 488, 492; *Viarengo*, RDIPP 2011, 601, 615.

[1385] *Bonomi*, in: Bariatti/Ricci (a cura di), Lo scoglimento di matrimonio nei regolamenti europei: da Bruxelles II a Roma III, 2007, S. 91, 97f.; *Dumont*, Dr. & patr. 208 (2011), 26, 30; *Viarengo*, Scritti in onore di Ugo Draetta, 2011, S. 771, 778; *dies.*, RDIPP 2011, 601, 613; *Campuzano Díaz*, Rev. Der. Com. Eur. 39 (2011), 561, 571f.; *dies.*, YbPIL 13 (2011), 233, 247.

[1386] *Franzina*, Riv. dir. int. 2011, 488, 495.

[1387] *Rösler*, RabelsZ 78 (2014), 155, 157f.

[1388] *U. P. Gruber*, IPRax 2012, 381, 384f.; *Kuipers*, (2012) 18 Eur. L. J. 201, 226; *Devers/Farge*, JCP G 2012, 1277, 1281; *J. Stürner*, Jura 2012, 708, 710; *Henrich*, Liber amicorum Walter Pintens, 2012, S. 701, 710; *Kruger*, Rome III and Parties' Choice <http://papers.ssrn.com/sol3/papers.cfm?abstract_id=217349> (2012) S. 10; *Gade*, JuS 2013, 779, 780; NK-BGB/*Hilbig-Lugani* Art. 5 Rom III-VO Rn. 10.

[1389] *C. Kohler*, FS Bernd v. Hoffmann, 2011, S. 208, 209f.

[1390] *Schurig*, FS Bernd v. Hoffmann, 2011, S. 405, 411.

[1391] Vgl. *Revillard*, Défrenois 2011, 445, 449, 450.

[1392] *Viarengo*, RDIPP 2011, 601, 604; *Queirolo/Carpaneto*, RDIPP 2012, 59, 74.

[1393] *Franzina*, Cuad. Der. Trans. 3 (2) (2011), 85, 104; *Mansel*, in: Leible/Unberath (Hrsg.), Brauchen wir eine Rom 0-Verordnung?, 2013, S. 241, 269.

[1394] *Álvarez de Toledo Quintana*, La Ley 7613 (18 de abril 2011), 1, 2.

V. Scheidung und Trennung ohne Auflösung des Ehebandes   569–571 § 4

Rechtswahl[1395] oder erst zum Zeitpunkt der Scheidung[1396]? Für ersteres streitet, dass die Zulässigkeit einer Vereinbarung ab ihrem Abschluss feststehen sollte. Für letzteres streiten Heilungsmöglichkeiten im Interesse der Ehegatten und die Gestattung einer planenden, vorausschauenden Rechtswahl für zum Zeitpunkt des Abschlusses noch zukünftige Eventualitäten. Rechtswahl soll stablisieren können und macht deshalb Sinn gerade mit Blick auf mögliche zukünftige Umzüge.[1397] Dass eine Kollision erst ab einem Scheidungsverlangen wirklich aktuell werde,[1398] ist dagegen weniger überzeugend.

dd) Informierte Entscheidung über die Rechtswahl. Erwägungsgrund (18) S. 1 Rom III-VO stellt einen als wesentlich bezeichneten Grundsatz auf: Jeder Ehegatte muss eine informierte Entscheidung über die Rechtswahl treffen. Dies soll eine Übervorteilung des verhandlungsschwächeren Ehegatten durch den juristisch besser beratenen und verhandlungsstärkeren Ehegatten auf der kollisionsrechtlichen Ebene verhindern. Chancengleichheit der Ehegatten und gleiche Augenhöhe sind angestrebtes Ziel.[1399] Dabei sind auch etwaige soziale und steuerliche Konsequenzen einer Rechtswahl mitzubedenken.[1400] Erwägungsgrund (18) S. 2 Rom III-VO verlangt, dass jeder Ehegatte sich genau über die rechtlichen und sozialen Folgen der Rechtswahl im Klaren sein muss. Insbesondere gilt es der Gefahr zu steuern, dass über die Rechtswahl des Scheidungsstatuts und die akzessorische Anknüpfung der Scheidungsfolgen an das Scheidungsstatut in einem sensiblen Bereich bis zur Grenze des ordre public operiert werden kann.[1401] Insoweit kommt man der Ordnungsaufgabe der Rom III-VO nach.[1402]

Weshalb ein so wesentlicher und als so wesentlich angesehener Grundsatz sich in einem Erwägungsgrund versteckt und nicht an der normativen Kraft der Verordnung teilnimmt,[1403] weshalb er keinen Eingang in Art. 5 Rom III-VO selbst gefunden hat, harrt einer vernünftigen Erklärung.[1404] Die Verortung in einem bloßen Erwägungsgrund gefährdet sogar die Verbindlichkeit des Gedankens, wenn man aufgrund eines Wesentlichkeitsprinzips die Einführung einer echten Pflicht nur einer echten Norm überlassen wollte.[1405]

Wertungsmäßig mag man fragen, weshalb in den doch eigentlich gewichtigeren Beziehungen zwischen Ehegatten ein geringerer Schutz gegen eine Rechtswahl zu Lasten des Schwächeren herrscht als bei Verbraucherverträgen, obwohl hier komplexere Fragen, Manipulation, psychologischer Druck und sogar körperliche Einschüchterung an der Tagesordnung sind.[1406] Dies gilt zumal, weil geringere Verhandlungsstärke bei einem Ehegatten, zumeist (aber nicht notwendig[1407]) der Ehefrau, die Regel und nicht die Ausnahme sein dürfte.[1408] Der wirtschaftlich schwächere Ehepartner dürfte in aller Regel auch der schlech-

---

[1395] Dafür Palandt/*Thorn* Art. 1 Rom III-VO Rn. 5.
[1396] Dafür *U. P. Gruber*, IPRax 2012, 381, 382; *Gade*, JuS 2013, 779, 780; *Hausmann* Rn. A 353; *J. Mörsdorf-Schulte*, RabelsZ 77 (2013), 786, 794 f., 810; *Rösler*, RabelsZ 78 (2014), 155, 167 f.; *C. Schall/J. Weber*, IPRax 2014, 381, 383.
[1397] *C. Schall/J. Weber*, IPRax 2014, 381, 382.
[1398] So *C. Schall/J. Weber*, IPRax 2014, 381, 383. *C. Schall/J. Weber*, IPRax 2014, 381, 38.
[1399] *Pfütze*, ZEuS 2011, 35, 64 f.
[1400] *Viganotti*, Gaz. Pal. 22–23 juin 2011, 5, 7 sowie *Corneloup/González Beilfuss* Art. 5 Règ. Rome III Rn. 6.
[1401] *Rauscher*, FS Konstantinos Kerameus, 2009, S. 1113, 1120.
[1402] Vgl. *Pfütze*, ZEuS 2011, 35, 62.
[1403] Erwägungsgrund (18) Rom III-VO setzt bei materiellen Kriterien an und wird nicht durch Artt. 6; 7 Rom III-VO verwirklicht; dies übersieht *Hammje*, RCDIP 100 (2011), 291, 322.
[1404] *Campuzano Díaz*, Rev. Der. Com. Eur. 39 (2011), 561, 574 f.; vgl. auch *Rösler*, RabelsZ 78 (2014), 155, 180 f.
[1405] Siehe *U. P. Gruber*, IPRax 2012, 381, 386; *Wennersbusch* S. 139; Palandt/*Thorn* Art. 6 Rom III-VO Rn. 1.
[1406] *Kruger*, Rome III and Parties' Choice <http://papers.ssrn.com/sol3/papers.cfm?abstract_id=217334> (2012) S. 13; *Rösler*, RabelsZ 78 (2014), 155, 187 f.
[1407] *Kroll-Ludwigs* S. 483; *Wennersbusch* S. 77.
[1408] Vgl. *Corneloup/González Beilfuss* Art. 5 Règ. Rome III Rn. 5.

ter oder gar nicht beratene sein.[1409] Ein besonders mutiger Vorstoß will daraus die Konsequenz ziehen, Artt. 6 II 2; 8 I 2 Rom I-VO analog anzuwenden.[1410]

572 Methodisch und auslegungstechnisch lohnt sich nicht selten ein vergleichender Blick auf Art. 8 V HUP. Denn Erwägungsgrund (18) Rom III-VO (aus dem Jahre 2010) orientiert sich in der Sache an Wertung und Gedanken des Art. 8 V HUP (aus dem Jahre 2007, also älter und damit taugliches Vorbild für eine indirekte Anlehnung).[1411] Rechtstechnisch eröffnet Erwägungsgrund (18) Rom I-VO eine richterliche Kontrolle,[1412] die aber keine echte Inhaltskontrolle ist,[1413] sondern nur die erhöhten Hürden für das Zustandekommen einer eben informierten Rechtswahl prüft. Eine Inhaltskontrolle gestützt auf nationales Recht, sei es die lex fori,[1414] sei es das gewählte Recht, sei es das hypothetische Ehescheidungsstatut ohne Rechtswahl, ist daneben nicht möglich, sondern ausgeschlossen.[1415] Erwägungsgrund (18) Rom III-VO hat damit im Kern eine an die Mitgliedstaaten gerichtete Appellfunktion.[1416] Eine volle Analogie zu Art. 8 V HUP lässt sich auf ihn schlecht stützen; andererseits verbietet er nachgerade einen Umkehrschluss, dass das sich in Art. 8 V HUP niederschlagende Gedankengut nicht übertragen werden dürfte. Einer über jenes Gedankengut hinausgehende Kontrolle stellt er sich ebenfalls nicht entgegen.[1417] Art. 6 Rom III-VO wäre freilich ein falscher Ankerpunkt für solche Überlegungen.[1418]

573 Im Lichte des Erwägungsgrunds (21) Rom III-VO kann man sogar darüber nachdenken, ob den Gerichten nicht eine entsprechende Prüfungspflicht unionsrechtlich auferlegt ist.[1419] Der deutsche Gesetzgeber hat indes auf eine eigene Ausführungsbestimmung zur gerichtlichen Inhaltskontrolle im Rahmen von Erwägungsgrund (18) Rom III-VO verzichtet, weil er der Appellfunktion des Erwägungsgrundes durch das beschränkte Amtsermittlungsprinzip des § 27 FamFG und die breitgefächerte Prozessleitungsfunktion des deutschen Familienrichters Genüge getan sah, die eine flexible Verhandlungsführung auch mit Blick auf Rechtswahlvereinbarungen erlauben.[1420] Auch Erwägungsgrund (18) S. 4 Rom III-VO gebietet nichts anderes.[1421] In keinem Fall trägt Erwägungsgrund (18) Rom III-VO eine echte Inhaltskontrolle.[1422]

574 Sieht ein Richter die Voraussetzungen des Erwägungsgrunds (18) als nicht erfüllt an, so versagt er nur im Wege der inzidenten Prüfung der Rechtswahl die Bedeutung und beendet nicht etwa das gesamte Scheidungsverfahren.[1423] Allerdings findet sich diese Sanktion nirgends in der Rom III-VO normiert, auch nicht in Erwägungsgrund (18).[1424] Im Gegenteil mäandert Erwägungsgrund (18) S. 4 Rom III-VO und scheut vor einer klaren Aussage zurück, indem er besagt, die Richter in den Mitgliedstaaten müssten wissen, dass es darauf

---

[1409] *Rösler*, RabelsZ 78 (2014), 155, 180.
[1410] *Rauscher*, FS Rolf A. Schütze zum 80. Geb., 2014, S. 463, 471 f. sowie *Pfütze*, ZEuS 2011, 35, 54, 64 f.
[1411] Ähnlich *C. Kohler*, FS Bernd v. Hoffmann, 2011, S. 208, 217.
[1412] *E. Becker*, NJW 2011, 1543, 1545; *Rauscher*, FS Rolf A. Schütze zum 80. Geb., 2014, S. 463, 468; BeckOGK/*Gössl* Art. 6 Rom III-VO Rn. 18.
[1413] *N. de Maizière* S. 191 f. Anders *Röthel*, JbItalR 25 (2012), 3, 14; *Rösler*, RabelsZ 78 (2014), 155, 180 f.
[1414] Dafür *Rauscher*, FS Rolf A. Schütze zum 80. Geb., 2014, S. 463, 470.
[1415] Die Ausschlusswirkung des Erwägungsgrunds (18) Rom III-VO gegenüber nationalem Recht übersehen *Finger*, FuR 2011, 61, 64; *Pfütze*, ZEuS 2011, 35, 66, 68; *E. Becker*, NJW 2011, 1543, 1545; *Rauscher* Rn. 819; *ders.*, FS Rolf A. Schütze zum 80. Geb., 2014, S. 463, 468; *Hausmann* Rn. A 360, 394.
[1416] *U. P. Gruber*, in: A. Roth (Hrsg.), Die Wahl ausländischen Rechts im Familien- und Erbrecht, 2013, S. 33, 40; BeckOGK/*Gössl* Art. 6 Rom III-VO Rn. 17.
[1417] Siehe *Rauscher*, FS Rolf A. Schütze zum 80. Geb., 2014, S. 463, 469.
[1418] BeckOGK/*Gössl* Art. 6 Rom III-VO Rn. 13–15.
[1419] *Álvarez de Toledo Quintana*, La Ley 7613 (18 de abril 2011), 1, 4.
[1420] Begründung der Bundesregierung zum Entwurf eines Gesetzes zur Anpassung der Vorschriften des Internationalen Privatrechts an die Verordnung (EU) Nr. 1259/2010 und zur Änderung anderer Vorschriften des Internationalen Privatrechts, BT-Drs. 17/11049, 8.
[1421] *Wennersbusch* S. 140 f. Anderer Ansicht *E. Becker*, NJW 2011, 1543, 1545.
[1422] *Wennersbusch* S. 141 f.
[1423] Siehe *Álvarez de Toledo Quintana*, La Ley 7613 (18 de abril 2011), 1, 5.
[1424] Siehe *Corneloup/González Beilfuss* Art. 5 Règ. Rome III Rn. 7.

V. Scheidung und Trennung ohne Auflösung des Ehebandes 575–578 § 4

ankomme, dass die Ehegatten ihre Rechtswahlvereinbarung in voller Kenntnis der Rechtsfolgen schließen.

In der Praxis empfiehlt es sich für Rechtsberater, Art und Umfang der erteilten oder erreichbar gemachten Information und der auf deren Grundlage erfolgten Beratung zu dokumentieren.[1425] Insgesamt erhöht sich die auf den Schultern von Anwälten und Beratern liegende Last, Informationen zu sammeln, nicht unerheblich;[1426] eine einfache Internetrecherche über den Inhalt ausländischen Rechts wird häufig nicht ausreichen.[1427] Problematisch ist auch der Kreis der Rechtsordnungen, über die Informationen zu sammeln und zu erläutern sind, insbesondere im Lichte des Art. 5 I lit. d Rom III-VO.[1428] 575

Für deutsche Notare stellt sich außerdem die (haftungsrelevante!) Frage, wie sie sich der „vollen Sachkenntnis" der Ehegatten zu vergewissern und in welchem Umfang sie diese Kenntnis gegebenenfalls selber herzustellen haben, insbesondere mit Blick auf Weiterungen im Bereich der Scheidungsfolgen, die sich unter dem gewählten Recht ergeben können.[1429] 576

Dass eine Information über die von der Kommission aufgrund der Entscheidung 2001/470/EG[1430] unterhaltene Website ausreichen könnte, ist ein frommer Wunsch.[1431] Die Aktualisierung dieser Website geschieht zufällig und unsystematisch; nicht selten findet man auf ihr gefährlich veraltete Angaben zum Recht einzelner EU-Mitgliedstaaten.[1432] Zudem bietet sie gemeinhin nur oberflächliche oder zusammenfassende Angaben ohne Detailtiefe.[1433] Ihr drittes Manko: Sie informiert nicht über das Recht von Drittstaaten außerhalb der EU.[1434] Erwägungsgrund (17) S. 2 Rom III-VO spiegelt europäische Politik und europäisches Wunschdenken wider. In der Realität aber schafft er eine Haftungsgefahr für Anwälte, die auf ihn vertrauen. Dass gar mit Rechtsfragen nicht vertraute Ehegatten, also blutige Laien, über jene Website die nötigen Informationen bekämen, ist weit jenseits jeglicher Realität.[1435] Jene Website führt nicht zwingend aktuelle Informationen auf, kann veraltet sein und informiert jedenfalls nicht über die Rechte von Drittstaaten, obwohl diese anwendbares Scheidungsstatut sein können.[1436] Selbst wenn sich Informationen über ein bestimmtes Recht finden, taugen diese bestenfalls als Ausgangspunkt für eine erste und oberflächliche Kenntnisnahme.[1437] 577

ee) Rechtswahlobjekt. Taugliches Objekt einer Rechtswahl ist nur das Recht von Staaten, kein nichtstaatliches Recht.[1438] Übereinkommen, Gebräuche, Rechtsprinzipien oder religiöses Recht als solches sind nicht wählbar.[1439] Die Principles of European Family 578

[1425] *E. Becker,* NJW 2011, 1543, 1545.
[1426] *Pietsch,* NJW 2012, 1768, 1770.
[1427] *Viganotti,* Gaz. Pal. 22–23 juin 2011, 5, 7.
[1428] Siehe *Rösler,* RabelsZ 78 (2014), 156, 170; jurisPK BGB/*Ludwig* Art. 5 Rom III-VO Rn. 23; *Wennersbusch* S. 117; Palandt/*Thorn* Art. 5 Rom III-VO Rn. 5.
[1429] *U. P. Gruber,* in: A. Roth (Hrsg.), Die Wahl ausländischen Rechts im Familien- und Erbrecht, 2013, S. 33, 39.
[1430] Entscheidung 2001/470/EG des Rates vom 28.5.2001 über die Einrichtung eines Europäischen Justiziellen Netzes für Zivil- und Handelssachen, ABl. EG 2001 L 174/25.
[1431] Erwägungsgrund (17) Rom III-VO; *Devers/Farge,* JCP G 2012, 1277, 1283; ähnlich *Corneloup/González Beilfuss* Art. 5 Règ. Rome III Rn. 9.
[1432] *Devers/Farge,* JCP G 2012, 1277, 1283.
[1433] *Devers/Farge,* JCP G 2012, 1277, 1283.
[1434] *Devers/Farge,* JCP G 2012, 1277, 1283.
[1435] *Boele-Woelki,* YbPIL 12 (2010), 17, 32; *Campuzano Díaz,* Rev. Der. Com. Eur. 39 (2011), 561, 574; *Corneloup/González Beilfuss* Art. 5 Règ. Rome III Rn. 9; *Wennersbusch* S. 138.
[1436] *Kruger,* Rome III and Parties' Choice <http://papers.ssrn.com/sol3/papers.cfm?abstract_id=217334> (2012) S. 15; *Corneloup/González Beilfuss* Art. 5 Règ. Rome III Rn. 9; *Wennersbusch* S. 138 f.
[1437] *Corneloup/González Beilfuss* Art. 5 Règ. Rome III Rn. 9.
[1438] *Queirolo/Carpaneto,* RDIPP 2012, 59, 78; *Garrascosa González,* Cuad. Der. Trans. 4 (1) (2012), 52, 63 mit Fn. 35; *Devers/Farge,* JCP G 2012, 1277, 1282; *Coester-Waltjen/Coester,* Liber amicorum Klaus Schurig, 2012, S. 33, 37; *Kruger,* Rome III and Parties' Choice <http://papers.ssrn.com/sol3/papers.cfm?abstract_id=217334> (2012) S. 15; NK-BGB/*Hilbig-Lugani* Art. 5 Rom III-VO Rn. 12; *Rösler,* RabelsZ 78 (2014), 155, 167 f.; *Wennersbusch* S. 79 f. sowie *Corneloup/González Beilfuss* Art. 5 Règ. Rome III Rn. 16.
[1439] BeckOGK/*Gössl* Art. 5 Rom III-VO Rn. 30.

Law[1440] etwa können Ehegatten nicht kollisionsrechtlich wählen.[1441] Eine direkte Wahl religiösen Rechts mit kollisionsrechtlichen Wirkungen ist ebenfalls nicht möglich.[1442] Ob eine trotzdem erfolgte „Wahl" religiösen Rechts, namentlich der Shari'a, Wirkungen hat und, wenn ja, welche, bestimmt das objektiv angeknüpfte Scheidungsstatut.[1443]

579 Gewählt werden kann nur geltendes Recht.[1444] Die Wahl eines nicht mehr geltenden oder eines zukünftigen Rechts ist nicht möglich. Eine negative Rechtswahl, also der bloße Ausschluss eines bestimmten Rechts ohne positive Wahl eines anderen anwendbaren Rechts, dürfte ebenfalls nicht zulässig sein angesichts des durch Art. 5 I Rom III-VO begrenzten Katalogs an Wahlmöglichkeiten.[1445]

580 ff) Ausgestaltung der Rechtswahl. Art. 5 I Rom III-VO lässt nur die Wahl jeweils eines einzigen Rechts zu. Eine kumulative Wahl mehrerer Rechte gleichzeitig gestattet er nicht.[1446]

581 Eine bedingte Rechtswahl ist zulässig.[1447] Sie ist ein Minus zur gestatteten unbedingten Rechtswahl. Dass eine bedingte Rechtswahl ein zusätzliches Moment der Unsicherheit mit sich bringt, nämlich ob die Bedingung eintritt oder ausfällt, müssen die Ehegatten hinnehmen, denn sie haben sich eben für eine nur bedingte Rechtswahl entschieden. Als Sonderform der bedingten Rechtswahl ist eine bloß hilfsweise, subsidiäre Rechtswahl denkbar.[1448]

582 Die Ehegatten sind nicht gehalten, anzugeben, auf welche Alternative aus dem Katalog des Art. 5 I litt. a–d Rom III-VO sie ihre Rechtswahl genau stützen wollen. Natürlich schadet es aber nicht, wenn sie die von ihnen herangezogene Rechtswahlalternative benennen.[1449]

583 gg) Rechtswahl und sachrechtliche Gestattung. Art. 5 Rom III-VO bewegt sich nur auf der kollisionsrechtlichen Ebene. Sachrechtliche Fragen berührt er nicht, und in ihm liegt auch keine Gestattung zu bestimmten sachrechtlichen Gestaltungen. Man darf eine Rechtswahl nicht mit einem Ehevertrag verwechseln.[1450] Eine Rechtswahl kann (und sollte) zwar Teil eines Ehevertrages sein,[1451] auch alleiniger Inhalt. Trotzdem ist sie von dem Ehevertrag als solchem verschieden. Sie kann auch anders als in einem Ehevertrag erfolgen.[1452] In jedem Fall ist sie gegenüber dem sachrechtlichen Ehevertrag autonom, und ihr Schicksal ist gesondert zu beurteilen.[1453]

584 hh) Keine stillschweigende Rechtswahl unter Art. 5 Rom III-VO. In Art. 5 Rom III-VO wird nicht explizit verlangt, dass die Rechtswahl ausdrücklich sein müsste. Daraus sollte man aber keinen Umkehrschluss auf die Zulassung der stillschweigenden Rechtswahl

---

[1440] *Boele-Woelki/Ferrand/González-Beilfuss/Jänterä-Jareborg/Lowe/Martiny/Pintens*, Principles of European Family Regarding Divorce and Maintenance Between Former Spouses, 2004; Commission on European Family Law, Principles of European Family Regarding Divorce and Maintenance Between Former Spouses <http://ceflonline.net/wp-content/uploads/Principles-English.pdf>. Dazu z. B. *Boele-Woelki*, Liber amicorum Walter Pintens, 2012, S. 167.
[1441] *Devers/Farge*, JCP G 2012, 1277, 1282; BeckOGK/*Gössl* Art. 5 Rom III-VO Rn. 30 sowie NK-BGB/*Hilbig-Lugani* Art. 5 Rom III-VO Rn. 12.
[1442] *Corneloup/González Beilfuss* Art. 5 Règ. Rome III Rn. 16; NK-BGB/*Hilbig-Lugani* Art. 5 Rom III-VO Rn. 12.
[1443] *Hammje*, RCDIP 100 (2011), 291, 315; *Corneloup/González Beilfuss* Art. 5 Règ. Rome III Rn. 16.
[1444] *Rühl*, FS Jan Kropholler, 2008, S. 187, 194f.; *Coester-Waltjen/Coester*, Liber amicorum Klaus Schurig, 2012, S. 33, 37; NK-BGB/*Hilbig-Lugani* Art. 5 Rom III-VO Rn. 12.
[1445] Anders NK-BGB/*Hilbig-Lugani* Art. 5 Rom III-VO Rn. 12.
[1446] *Franzina*, Cuad. Der. Trans. 3 (2) (2011), 85, 112; jurisPK BGB/*Ludwig* Art. 5 Rom III-VO Rn. 5; NK-BGB/*Hilbig-Lugani* Art. 5 Rom III-VO Rn. 12.
[1447] Vgl. aber auch *Traar*, ÖJZ 2011, 805, 810f.; BeckOGK/*Gössl* Art. 5 Rom III-VO Rn. 39f.
[1448] *Franzina*, Cuad. Der. Trans. 3 (2) (2011), 85, 112; jurisPK BGB/*Ludwig* Art. 5 Rom III-VO Rn. 6; NK- BGB/*Hilbig-Lugani* Art. 5 Rom III-VO Rn. 12.
[1449] Vgl. *Devers/Farge*, JCP G 2012, 1277, 1283.
[1450] *Álvarez de Toledo Quintana*, La Ley 7613 (18 de abril 2011), 1, 2; *Rieck*, NJW 2014, 257 (257).
[1451] *Fallon*, Rev. trim. dr. fam. 2012, 291, 298; *Devers/Farge*, JCP G 2012, 1277, 1283.
[1452] *Fallon*, Rev. trim. dr. fam. 2012, 291, 298.
[1453] *Devers/Farge*, JCP G 2012, 1277, 1284.

V. Scheidung und Trennung ohne Auflösung des Ehebandes   585, 586   § 4

ziehen.[1454] Vielmehr ist genau umgekehrt ein Umkehrschluss daraus zu ziehen, dass der europäische Gesetzgeber die stillschweigende Rechtswahl explizit zulässt, wenn er dies will, namentlich in Art. 3 I 2 Var. 2 Rom I-VO; Art. 14 I 2 Var. 2 Rom II-VO. Fehlt es an einer solchen expliziten Zulassung, so fehlt es an der notwendigen Grundlage.[1455] Art. 6 II Rom III-VO befasst sich sachlich wie Art. 10 II Rom I-VO mit anderen Fragen als der Zulassung der konkludenten Rechtswahl und kann deshalb kein Argument zu deren Gunsten sein.[1456]

Zumindest Art. 5 III Rom III-VO erfordert sogar indirekt eine ausdrückliche Rechtswahl, weil eine Rechtswahl ansonsten kaum in ein Prozessprotokoll gelangen kann.[1457] Art. 7 I Rom III-VO verlangt als unionsrechtliches Mindesterfordernis Schriftform und steht ebenfalls einer stillschweigenden Rechtswahl im Wege.[1458] In Deutschland engt auch Art. 46e I EGBGB mit dem Erfordernis notarieller Beurkundung jeglichen Spielraum für eine stillschweigende Rechtswahl ein.[1459] Die Zulassung der stillschweigenden Rechtswahl hätte zudem unangenehme Konsequenzen für die Beratungspraxis: Man müsste dann jegliche Vereinbarung, insbesondere einen Ehevertrag, penibel darauf untersuchen, ob ihm unter Umständen Indizien für eine stillschweigende Rechtswahl entnommen werden könnten.[1460] Eine scheidungsrechtliche Rechtswahl kann man jedenfalls nicht aus einem zur Eheschließung aufgesetzten Ehevertrag (zumal islamischer Prägung) herauslesen, welcher die Scheidung nicht einmal erwähnt.[1461] Andererseits kann eine Bezugnahme beider Ehegatten in einem gemeinsam unterschriebenen Dokument auf ein wählbares Recht durchaus eine Rechtswahl sein.[1462]

ii) *Rechtswahl und forum shopping.* Die Rom III-VO will durch Vereinheitlichung des Kollisionsrechts Anreize zum forum shopping und zum Wettlauf zu den Gerichten nehmen, wie ihre Erwägungsgründe (9) und (21) betont. Diesem Ziel dient die eingeräumte Parteiautonomie nicht, bedingt dadurch, dass der Rom III-VO nicht alle Mitgliedstaaten der Brüssel IIa-VO angehören. Im Gegenteil kann sie einen Wettlauf zu den Gerichten gerade anfachen:[1463] Soweit die Brüssel IIa-VO einen Gerichtsstand in einem Nichtmitgliedstaat der Rom III-VO eröffnet, kann ein Anreiz bestehen, schnell Scheidung in diesem Gerichtsstand einzureichen, um so die Rechtswahl auszuschalten, die in einem Nichtmitgliedstaat der Rom III-VO nur insoweit anerkannt würde, als dessen eigenes Internationales Scheidungsrecht eine Rechtswahl mit gleichem Ergebnis erlaubt. Kennt das Internationale Scheidungsrecht jenes Nichtmitgliedstaats keine Parteiautonomie, so wird die Rechtswahl leerlaufen.[1464] Taktische Antragstellung in einem Staat, der nur der Brüssel IIa-VO, aber nicht der Rom III-VO angehört, ist ein probates Mittel, um der Rom III-VO und auch ihrem Art. 5 zu entgehen.[1465] Dabei ist auch zu bedenken, dass gerade die in

---

[1454] Dahin aber *U. P. Gruber,* IPRax 2012, 381, 387; *Mansel,* in: Leible/Unberath (Hrsg.), Brauchen wir eine Rom 0-Verordnung?, 2013, S. 241, 275; *Hilbig-Lugani* FamRB Int 2013, 83; *Finger,* FuR 2013, 305, 309; NK-BGB/*Hilbig-Lugani* Art. 5 Rom III-VO Rn. 11; MüKoBGB/*Winkler v. Mohrenfels* Art. 6 Rom III-VO Rn. 6. Offen *Devers/Farge,* JCP G 2012, 1277, 1283. Wie hier *Pfütze,* ZEuS 2011, 35, 70; *Helms,* 2011, 1765, 1768; *J. Mörsdorf-Schulte,* RabelsZ 77 (2013), 786, 817; *Raupach* S. 181 f.; *Henrich,* IntScheidR Rn. 80.
[1455] NK-BGB/*Hilbig-Lugani* Art. 5 Rom III-VO Rn. 11.
[1456] Gegen *U. P. Gruber,* in: A. Roth (Hrsg.), Die Wahl ausländischen Rechts im Familien- und Erbrecht, 2013, S. 33, 41; NK-BGB/*Hilbig-Lugani* Art. 5 Rom III-VO Rn. 11.
[1457] *Mansel,* in: Leible/Unberath (Hrsg.), Brauchen wir eine Rom 0-Verordnung?, 2013, S. 241, 275.
[1458] Vgl. *Carrascosa González/Seatzu,* Studi integr. eur. 5 (2010), 49, 64. Tendenziell anders NK-BGB/*Hilbig-Lugani* Art. 5 Rom III-VO Rn. 11 sowie BeckOGK/*Gössl* Art. 5 Rom III-VO Rn. 37.
[1459] *Mansel,* in: Leible/Unberath (Hrsg.), Brauchen wir eine Rom 0-Verordnung?, 2013, S. 241, 275 f.
[1460] *Hilbig-Lugani* FamRB Int 2013, 83.
[1461] OLG Hamm FamRZ 2016, 1926, 1927 f.
[1462] Trib. Belluno RDIPP 2016, 206, 214.
[1463] NK-BGB/*Hilbig-Lugani* Art. 5 Rom III-VO Rn. 7.
[1464] *Devers/Farge,* JCP G 2012, 1277, 1281; *U. P. Gruber,* IPRax 2012, 381, 384; NK-BGB/*Hilbig-Lugani* Art. 5 Rom III-VO Rn. 10.
[1465] *Devers/Farge,* JCP G 2012, 1227, 1285.

ihrem Scheidungssachrecht besonders liberalen (scheidungsfreundlichen) oder besonders restriktiven (scheidungsfeindlichen) Mitgliedstaaten der Brüssel IIa-VO, nämlich Schweden und Finnland auf der einen und Irland und Griechenland auf der anderen Seite, der Rom III-VO bisher nicht angehören.[1466]

587 Die Ehegatten können den Gerichtsständen der Brüssel IIa-VO nicht entkommen, indem sie ihrer Rechtswahl eine absichernde Gerichtsstandsvereinbarung zur Seite stellten, denn die Brüssel IIa-VO erlaubt keine Gerichtsstandsvereinbarungen.[1467] Art. 3a Vorschlag Brüssel IIb/Rom IIII-VO[1468], der Gerichtsstandsvereinbarungen einführen wollte, ist gescheitert.

588 b) *Beschränkte Rechtswahl.* aa) Grundsätzliches. Allerdings erlaubt Art. 5 I Rom III-VO keine freie Rechtswahl,[1469] sondern nur eine beschränkte.[1470] Er benennt einen Kreis von Rechten, die allein zur Wahl stehen. Alle diese Rechte weisen eine objektive Verbindung mit mindestens einem Ehegatten auf.[1471] Erwägungsgrund (14) Rom III-VO betont, dass die wählbaren Rechte alle eine enge Verbindung zu den Ehegatten aufweisen. Die Auswahl erster Stufe trifft der Gesetzgeber, die Ehegatten erst die Auswahl auf der zweiten Stufe.[1472] Eine Wahl exotischer oder fern liegender Rechte ohne echte Verbindung mit der Ehe soll ausgeschlossen sein.[1473]

589 Ob die Rechtswahlbeschränkung dem Schutz des schwächeren Ehegatten dient,[1474] erscheint dagegen zweifelhaft. Denn dann wäre ein Günstigkeitsvergleich entsprechend Artt. 6 II 2; 8 I 2 Rom I-VO die bessere Lösung gewesen. Außerdem deutet Erwägungsgrund (18) Rom III-VO in eine andere Richtung, ebenso Art. 8 V HUP. Die Ehegatten können kein neutrales Recht wählen, zu dem keiner von ihnen objektive Bezüge aufweist.[1475]

590 Alles in allem ist Art. 5 Rom III-VO ein gelungener Kompromiss zwischen Freiheit und der Suche nach engen objektiven Verbindungen.[1476] Die Möglichkeit, das Heimatrecht zu wählen, fungiert auch als Korrektiv der objektiven Aufenthaltsanknüpfung und umgekehrt.[1477] Der Kreis wählbarer Rechte ist weiter als in den nationalen Altkollisionsrechten, soweit diese überhaupt internationalscheidungsrechtliche Parteiautonomie kannten.[1478] Nicht wählbar ist allerdings (richtigerweise[1479]) ein Recht, dem sich die Ehegatten am engsten verbunden fühlen.[1480]

[1466] NK-BGB/*Hilbig-Lugani* Art. 5 Rom III-VO Rn. 10.

[1467] *Devers/Farge,* JCP G 2012, 1277, 1281.

[1468] Vorschlag für eine Verordnung des Rates zur Änderung der Verordnung (EG) Nr. 2201/2003 im Hinblick auf die Zuständigkeit in Ehesachen und zur Einführung von Vorschriften betreffend das anwendbare Recht in diesem Bereich, KOM (2006) 399 endg.

[1469] Siehe nur *Devers/Farge,* JCP G 2012, 1277, 1281; *Hau,* FS Rolf Stürner, 2013, S. 1237, 1241.

[1470] Siehe nur Grünbuch über das anzuwendende Recht und die gerichtliche Zuständigkeit in Scheidungssachen, KOM (2005) 82 endg. S. 7; *Hammje,* RCDIP 100 (2011), 291, 312, 313.

[1471] Siehe nur *Pfütze,* ZEuS 2011, 35, 51; *Baruffi,* Dir. UE 2011, 867, 884; *De Marzo,* Foro it. 2011 I col. 917, 918; *Malagoli,* Contratto e impresa/Europa 2011, 436, 441; *Lardeux,* D. 2011, 1835, 1839; *C. Kohler,* FS Bernd v. Hoffmann, 2011, S. 208, 210; *Traest,* SEW 2012, 98, 103; *Devers/Farge,* JCP G 2012, 1277, 1281; *Corneloup/González Beilfuss* Art. 5 Règ. Rome III Rn. 14.

[1472] *C. Kohler,* FS Bernd v. Hoffmann, 2011, S. 208, 210.

[1473] Grünbuch über das anzuwendende Recht und die gerichtliche Zuständigkeit in Scheidungssachen, KOM (2005) 82 endg. S. 8; *Hammje,* RCDIP 100 (2011), 291, 312; *Viarengo,* Scritti in onore di Ugo Draetta, 2011, S. 771, 778; *dies.,* RDIPP 2011, 601, 614; *Feraci,* Riv. dir. int. 2013, 424, 451.

[1474] So *Helms,* Liber amicorum Walter Pintens, 2012, S. 281, 291; *Rösler,* RabelsZ 78 (2014), 155, 167 f.

[1475] *Rösler,* RabelsZ 78 (2014), 155, 167 f.

[1476] *Hammje,* RCDIP 100 (2011), 291, 314.

[1477] NK-BGB/*Hilbig-Lugani* Art. 5 Rom III-VO Rn. 6 unter Bezugnahme auf *Mansel,* in: Jayme (Hrsg.), Kulturelle Identität und Internationales Privatrecht, 2003, S. 119, 138–144; *C. Kohler,* FS Europa-Institut Saarbrücken, 2011, S. 309, 322.

[1478] *Corneloup/González Beilfuss* Art. 5 Règ. Rome III Rn. 2.

[1479] *Hau,* FamRZ 2013, 249, 252.

[1480] Dahin ein Vorschlag von *Coester/Coester-Waltjen,* Liber amicorum Klaus Schurig, 2012, S. 33, 38.

V. Scheidung und Trennung ohne Auflösung des Ehebandes 591–594 § 4

Alle Optionen in Art. 5 I Rom III-VO sind gleichrangig;[1481] es gibt keine Hierarchie 591
oder Stufenfolge zwischen ihnen.[1482] Die Ehegatten sind frei darin, welche Option sie ziehen wollen.[1483] Dabei müssen sie nicht von dem Motiv geleitet, die kollisionsrechtliche engste Verbindung auszuwählen, sondern werden in der Regel ein Recht wählen, das ihnen für ihre Situation besonders geeignet erscheint, sei es auch aus inhaltlichen Gründen.[1484] Dies fördert Freizügigkeit, beschränkt in geringstmöglichem Umfang und vermeidet Gewichtungsdilemmata.[1485] Anknüpfungsgerechtigkeit als kollisionsrechtliches Motiv[1486] wird dabei verwirklicht, soweit Parteiinteressen anerkannt werden. Die Ehegatten können dasjenige Recht auswählen, das ihnen nach ihrer Ansicht räumlich oder weltanschaulich, am nächsten steht.[1487] Die Ehegatten mögen dabei auch ihrer kulturellen Identität rechtsanwendungsrechtlichen Ausdruck verleihen.[1488] Die Ehegatten können ein Recht auswählen, das ihren eigenen weltanschaulichen Ansichten, seien diese progressiv oder traditionell, am nächsten kommt.[1489]

Gestattet ist nur eine einfache Rechtswahl, keine Wahl mehrerer Rechte für denselben 592
Gegenstand.[1490] Eine Teilrechtswahl und eine subjektive dépeçage sind nicht eröffnet,[1491] schon mit Blick auf die Enge des Anknüpfungsgegenstands Scheidung. Es wäre kaum sinnvoll, eine gesonderte Rechtswahl für unmittelbare Scheidungsfolge oder Scheidungsgründe zuzulassen.

Indes können die Ehegatten für Scheidung und Trennung ohne Auflösung des Ehebandes 593
eine jeweils eigene Rechtswahl treffen,[1492] wie Art. 5 I Rom III-VO und Erwägungsgrund (16) Rom III-VO zeigen, obwohl insoweit erhebliche Divergenzen zwischen den verschiedenen Sprachfassungen bei der Verwendung von „oder" oder „und" bestehen.[1493] Unabhängig davon ist der Anknüpfungsgegenstand des Art. 9 I Rom III-VO ein von der Scheidung deutlich getrennter.[1494] Der Vorbehalt, dass das Recht des Trennungsstatuts auch das Scheidungsstatut stellt, wenn die Ehegatten nicht gemäß Art. 5 Rom III-VO etwas anderes vereinbart haben, verlöre jeglichen Sinn, wenn keine eigenständige Rechtswahl für jeden der Anknüpfungsgegenstände Trennung ohne Auflösung des Ehebandes und Scheidung möglich wäre.[1495]

Maßgeblicher Zeitpunkt für die Anknüpfungspunkte, welche die wählbaren Rechte bezeichnen, und ebenso für den nach Art. 1 I Rom III-VO notwendigen objektiven Auslandsbezug[1496] ist der Zeitpunkt, zu welchem die Rechtswahlvereinbarung abgeschlossen wird. Dies gibt eine klare Antwort auf die Frage nach dem conflit mobile, also inwieweit nachfolgende Veränderungen bei den Anknüpfungspunkten beachtlich sind:[1497] Sie sind es 594

[1481] Vgl. *Coreloup/González Beilfuss* Art. 5 Règ. Rome III Rn. 4.
[1482] *Viganotti*, Gaz. Pal. 22–23 juin 2011, 5, 6; *Lardeux*, D. 2011, 1835, 1840; *Coreloup/González Beilfuss* Art. 5 Règ. Rome III Rn. 15.
[1483] *Álvarez de Toledo Quintana*, La Ley 7613 (18 de abril 2011), 1, 3.
[1484] *Coreloup/González Beilfuss* Art. 5 Règ. Rome III Rn. 5.
[1485] BeckOGK/*Gössl* Art. 5 Rom III-VO Rn. 16.
[1486] *Rühl*, FS Bernd v. Hoffmann, 2011, S. 364, 366; NK-BGB/*Hilbig-Lugani* Art. 5 Rom III-VO Rn. 6.
[1487] *C. Kohler*, FS Bernd v. Hoffmann, 2011, S. 208, 211; NK-BGB/*Hilbig-Lugani* Art. 5 Rom III-VO Rn. 6.
[1488] BeckOGK/*Gössl* Art. 5 Rom III-VO Rn. 20.
[1489] *Reinhart*, ZvglRWiss 80 (1981), 150, 163; NK-BGB/*Hilbig-Lugani* Art. 5 Rom III-VO Rn. 6.
[1490] *Franzina*, Cuad. Der. Trans. 3 (2) (2011), 85, 112.
[1491] *Álvarez de Toledo Quintana*, La Ley 7613 (18 de abril 2011), 1, 2; *Hammje*, RCDIP 100 (2011), 291, 315; *Aubart*, Die Behandlung der dépeçage im europäischen internationalen Privatrecht, 2013, S. 192 f.; BeckOGK/*Gössl* Art. 5 Rom III-VO Rn. 34; *N. de Maizière* S. 193 sowie *Carrascosa González/Seatzu*, Studi integr. Eur. 5 (2010), 49, 62. Ungenau *Queirolo/Carpaneto*, RDIPP 2012, 59, 79.
[1492] *Franzina*, Cuad. Der. Trans. 3 (2) (2011), 85, 112; *Álvarez de Toledo Quintana*, La Ley 7613 (18 de abril 2011), 1, 3; *Aubart* S. 196 f.; BeckOGK/*Gössl* Art. 5 Rom III-VO Rn. 33.
[1493] *Aubart* S. 194.
[1494] *Pabst*, FPR 2008, 230; *Franzina*, Cuad. Der. Trans. 3 (2) (2011), 85, 112.
[1495] *Baruffi*, Dir. UE 2011, 867, 883; *Aubart* S. 196.
[1496] *N. de Maizière* S. 197 f.
[1497] *Sabido Rodríguez*, Rev. Der. Com. Eur. 45 (2013), 499, 519.

nicht. Eine auf Art. 5 I lit. a, b oder c Rom III-VO gestützte Rechtswahl bleibt wirksam, wenn der vorausgesetzte enge Bezug im Zeitpunkt der Rechtswahl gegeben war, aber nachher wegfällt (also z. B. wenn die Ehegatten ihren gemeinsamen gewöhnlichen Aufenthalt nach der Rechtswahl in einen anderen Staat verlegen).[1498] Falls die Parteien Veränderungen bei den Anknüpfungspunkten folgen wollen, stehen ihnen eine Abänderung ihrer ursprünglichen Rechtswahl oder eine neue Rechtswahl als passende Instrumente zur Verfügung. Eine vorsorgende Rechtswahl wäre hier allenfalls als Rechtswahl mit hinausgeschobenem Wirksamkeitszeitpunkt denkbar.[1499] Art. 5 I lit. d Rom III-VO spielt von vornherein eine Sonderrolle.[1500]

595   bb) Aktueller oder früherer, einseitig beibehaltener gemeinsamer gewöhnlicher Aufenthalt. Die Ehegatten können nach Art. 5 I litt. a, b Rom III-VO das Recht ihres gemeinsamen gewöhnlichen Aufenthalts wählen, wenn dieser aktuell ist (also zum Zeitpunkt der Rechtswahlvereinbarung besteht[1501]) oder früher bestand und von einem Ehegatten (ohne Unterbrechung[1502]) beibehalten wurde. Insoweit besteht eine enge Parallele zur internationalen Zuständigkeit aus Art. 3 I lit. a 1. und 2. Lemma Brüssel IIa-VO. Den gewöhnlichen Aufenthalt verwendet als Anknüpfungspunkt auch die objektive Anknüpfung, so dass die ersten Rechtswahloptionen nur selten zu Abweichungen führen werden, auch wenn diese wegen bestehender Unterschiede im Detail (kein Jahreserfordernis bei der Rechtswahl) denkbar sind.[1503]

596   Der früher gemeinsame gewöhnliche Aufenthalt signalisiert frühere Verbundenheit,[1504] ohne dass es eine Zeitgrenze gäbe, wie weit man in die Vergangenheit zurückgreifen darf.[1505] Nimmt man die zeitliche Dimension in den Blick, so kann Art. 5 I lit. b Rom III-VO den Kreis der Optionen durchaus erweitern.[1506] Er kommt insbesondere in der keineswegs seltenen Konstellation zum Tragen, dass Ehegatten ihre Ehe im Heimatstaat des einen gelebt haben, der andere aber nach der Trennung in seinen eigenen Heimatstaat zurückgezogen ist.[1507]

597   Ein eheliches Zusammenleben ist für einen gemeinsamen gewöhnlichen Aufenthalt nicht verlangt.[1508] Getrennte Wohnungen und persönlich-individuelle Lebensmittelpunkte an demselben Ort, ja auch nur in demselben Staat reichen aus. An einem gemeinsamen gewöhnlichen Aufenthalt in demselben Staat fehlt es aber, wenn die Ehegatten nie in demselben Staat gelebt haben oder wenn sie zwar in einem Staat gelebt haben, einer der Ehegatten aber seinen gewöhnlichen Aufenthalt zum Zeitpunkt der Rechtswahl aus diesem Staat in einen anderen Staat verlagert hatte.[1509] Nicht mehr wählbar ist das Recht eines früheren gemeinsamen gewöhnlichen Aufenthalts, wenn keiner der Ehegatten mehr seinen gewöhnlichen Aufenthalt in dem betreffenden Staat hat.[1510] Dabei zählt auch nicht mehr, dass das eheliche Zusammenleben überwiegend in einem bestimmten Staat stattgefunden hat.[1511]

598   cc) Heimatrecht eines Ehegatten. Wählbar ist ausweislich Art. 5 I lit. c Rom III-VO auch das Heimatrecht eines Ehegatten zum Zeitpunkt der Rechtswahl. Parteiautonomie

---

[1498] *Traar*, ÖJZ 2011, 805, 809; *N. de Maizière* S. 199.
[1499] Vgl. aber *U. P. Gruber*, IPRax 2012, 381, 384; *C. Schall/J. Weber*, IPRax 2014, 381, 382; *N. de Maizière* S. 198 f.
[1500] Dazu → § 4 Rn. 604 ff.
[1501] Siehe nur BeckOGK/*Gössl* Art. 5 Rom III-VO Rn. 44.
[1502] PWW/*Martiny*, Art. 17 EGBGB Anh. I Rn. 11.
[1503] *Schurig*, FS Bernd v. Hoffmann, 2011, S. 405, 407; *U. P. Gruber*, IPRax 2012, 381, 385 mit Fn. 58; vgl. auch *Viganotti*, Gaz. Pal. 22–23 juin 2011, 5, 7.
[1504] *Coester-Waltjen/Coester*, Liber amicorum Klaus Schurig, 2012, S. 33, 38; *N. de Maizière* S. 167.
[1505] *Wennersbusch* S. 87.
[1506] *J. Mörsdorf-Schulte*, RabelsZ 77 (2013), 786, 811.
[1507] Siehe nur *Wennersbusch* S. 87.
[1508] *Helms*, FamRZ 2011, 1765, 1767.
[1509] *Viarengo*, RDIPP 2011, 601, 613.
[1510] *Hammje*, RCDIP 100 (2011), 291, 315; *Corneloup/González Beilfuss* Art. 5 Règ. Rome III Rn. 21.
[1511] *Henrich*, FamRZ 2013, 1485.

V. Scheidung und Trennung ohne Auflösung des Ehebandes   599–601 § 4

erhält so Reste des Staatsangehörigkeitsprinzips aufrecht und sorgt für einen partiellen Ausgleich zwischen Nationalitäts- und Aufenthaltsprinzip.[1512] Insbesondere mag sie hier (vermeinte oder wirklich bestehende) Unsicherheiten bei der Bestimmung des gewöhnlichen Aufenthalts vermeiden.[1513] Außerdem kann sie, wie jede Rechtswahl, zu einem den Ehegatten etwa mit Blick auf kürzere Trennungsfristen inhaltlich lieberen Heimatrecht führen.[1514] Allerdings müssen die Ehegatten auch beachten, dass es zu Art. 5 I lit. c Rom III-VO keine korrespondierend direkt an die Staatsangehörigkeit anknüpfende Norm bei der internationalen Zuständigkeit gibt.[1515]

Späterer Wegfall oder Hinzuwerb einer Staatsangehörigkeit sind wegen der zeitlichen 599 Fixierung auf den Zeitpunkt der Rechtswahl unbeachtlich.[1516] Wollen die Ehegatten sie abbilden, so müssen sie eine neue Rechtswahl vereinbaren.

Verlangt ist – im Gegensatz zu Art. 8 lit. c Rom III-VO bei der objektiven Anknüpfung 600 – nicht eine gemeinsame Staatsangehörigkeit der Ehegatten, sondern ausreichend ist, dass ein Ehegatte dem Staat des gewählten Rechts angehört.[1517] Art. 5 I lit. c Rom III-VO kann mittelbar der Gefahr entgegenwirken, die in einem Wechsel des gewöhnlichen Aufenthalts liegt.[1518] Er kann als Instrument dienen, um bei Ausländern in Deutschland deren Heimatrecht zur Anwendung zu bringen.[1519] Insoweit kann sie zur Integration und zum Ausgleich in einer multikulturellen Gesellschaft beitragen.[1520]

Bei der Wahl des Heimatrechts sind Diskriminierungen unter Art. 18 AEUV zu vermei- 601 den,[1521] so dass jedenfalls eine Anwendung des Art. 5 I 2 EGBGB sicher ausscheidet.[1522] Ob auch ein ineffektives Heimatrecht wählbar ist, ist nicht vollständig klar:[1523] Einerseits tendiert Erwägungsgrund (22) Rom III-VO dahin, die Auflösung der Mehrstaatigkeit dem nationalen Recht zu überlassen, in Deutschland also Art. 5 I 1 EGBGB[1524] und Art. 17 I EGBGB aF iVm Art. 14 II EGBGB.[1525] Dies würde das Fehlen eines Konsenses unter den Mitgliedstaaten zur Entstehungszeit der Rom III-VO widerspiegeln.[1526] Andererseits ist unter Art. 3 I lit. b Brüssel IIa-VO für die internationale Zuständigkeit europäisch autonom vorzugehen, so dass dort jede Staatsangehörigkeit, auch eine ineffektive, ausreicht.[1527] Das gleiche Ergebnis gilt im Primärrecht der Artt. 18, 21 AEUV, für das IPR relevant im Internationalen Namensrecht[1528] und durchaus im Sinne eines verallgemeinerungsfähigen

---

[1512] *Franzina*, Cuad. Der. Trans. 3 (2) (2011), 85, 109; *ders.*, Riv. dir. int. 2011, 488, 491; *Feraci*, Riv. dir. int. 2013, 424, 444; *Rösler*, RabelsZ 78 (2014), 155, 163–167.
[1513] *Rösler*, RabelsZ 78 (2014), 155, 163–167.
[1514] *Rösler*, RabelsZ 78 (2014), 155, 163–167.
[1515] *Sabido Rodríguez*, Rev. Der. Com. Eur. 45 (2013), 499, 519.
[1516] *Traar*, ÖJZ 2011, 805, 809; *Raupach* S. 165; MüKoBGB/*Winkler v. Mohrenfels* Art. 5 Rom III-VO Rn. 12.
[1517] *Schurig*, FS Bernd v. Hoffmann, 2011, S. 405, 408; *Henricot*, J. trib. 6487 (2012), 557, 560.
[1518] *Franzina*, Riv. dir. int. 2011, 488, 491.
[1519] *J. Stürner*, Jura 2012, 708, 709 f.
[1520] *Feraci*, Riv. dir. int. 2013, 424, 443.
[1521] *Basedow*, Liber amicorum Walter Pintens, 2012, S. 135, 140.
[1522] *U. P. Gruber*, IPRax 2012, 381, 386; *Helms*, FamRZ 2011, 1765, 1770; *ders.*, Liber amicorum Walter Pintens, 2012, S. 681, 695; *Hau*, FS Rolf Stürner, 2013, S. 1237, 1249; BeckOGK/*Gössl* Art. 5 Rom III-VO Rn. 50; *N. de Maizière* S. 180; MüKoBGB/*Winkler v. Mohrenfels* Art. 5 Rom III-VO Rn. 8 sowie *Franzina*, Cuad. Der. Trans. 3 (2) (2011), 85, 111.
[1523] *U. P. Gruber*, IPRax 2012, 381, 385 f.
[1524] Siehe nur *Coester-Waltjen/Coester*, Liber amicorum Klaus Schurig, 2012, S. 33, 39; *Rösler*, RabelsZ 78 (2014), 155, 182 f.
[1525] *J. Mörsdorf-Schulte*, RabelsZ 77 (2013), 786, 814.
[1526] *Wautelet*, Rev. gén. dr. civ. belge 2012, 414, 420.
[1527] EuGH Slg. 2009, I-6871 Rn. 32–58 – Laszlo Hadadi (Hadady)/Csilla Marta Mesko, verheiratete Hadadi (Hadady) = RCDIP 99 (2010), 184 m. Anm. *Brière* = Clunet 137 (2010), 157 m. Anm. *d'Avout*; dazu u. a. *Tomasi*, Int'l. Lis 2008, 134; *Álvarez González*, La Ley 7312 (30 de diciembre de 2009), 1; *Hau*, IPRax 2010, 50; *Dilger*, IPRax 2010, 54; *Andrae/S. Schreiber*, IPRax 2010, 79; *Maestre Casas*, Cuad. Der. Trans. 2 (2010), 290.
[1528] EuGH Slg. 2003, I-11613 Rn. 28 f., 32–38, 45 – M. Carlos Garcia Avello/Belgischer Staat = RCDIP 93 (2004), 184 note *Lagarde* = Clunet 131 (2004), 1219 note *Poillot-Perruzzetto*; dazu u. a. *J. Mörsdorf-Schulte*, IPRax 2004, 315; *Ballarino/Ubertazzi*, YbPIL 6 (2004), 85; *Ackermann*, (2007) 44 CMLRev. 141. Ebenso

Prinzips.[1529] Man kann Erwägungsgrund (22) Rom III-VO in einem Konflikt mit den primärrechtlichen Grundfreiheiten und ihren Auswirkungen auf die Staatsangehörigkeit, wie sie der EuGH in Micheletti[1530] ausgesprochen und in Garcia Avello[1531] für das IPR ausgeformt hat, sehen.[1532] In eine parallele Richtung weist Erwägungsgrund (15) Rom III-VO.[1533]

602 Dies könnte – zumal im Lichte des Erwägungsgrunds (10) UAbs. 1 S. 1 Rom III-VO, der generell eine Anlehnung an die Brüssel IIa-VO will[1534] – für eine teleologische Reduktion von Erwägungsgrund (22) Rom III-VO sprechen,[1535] umso mehr weil Erwägungsgrund (22) Rom III-VO sich systematisch im Kontext zu Art. 8, nicht in jenem zu Art. 5 Rom III-VO befindet.[1536] In die gleiche Richtung weist das Primat der Parteiautonomie an der Spitze der Anknüpfungspyramide,[1537] ebenso der Wunsch, den Ehegatten eine flexible Lösung zu ermöglichen.[1538] Soweit keine ausdrückliche Beschränkung im Normtext erfolgt ist, sollte dies für Freiheit sprechen.[1539] Rechtsaktübergreifend kann man Art. 22 I UAbs. 2 EuErbVO ins Feld führen,[1540] außerdem Art. 8 HUP.[1541] Als relevanten Anknüpfungspunkt für die Zwecke des Erwägungsgrunds (22) Rom III-VO die Rechtswahl und nicht die Staatsangehörigkeit als solche anzusehen[1542] dürfte eine zu weit getriebene semantische Ziselierung sein. Lässt man jede Staatsangehörigkeit ausreichen, so begünstigt dies Mehrstaater und deren Ehegatten, weil diesen eine größere Auswahl wählbarer Rechte offen steht.[1543] Außerdem vermeidet man so Probleme, die sich zu ergeben drohten, wenn mehrere Kollisionsrechte dieselbe Person jeweils als Angehörigen des Forumstaates reklamierten.[1544]

603 Bei Flüchtlingen und Staatenlosen tritt nach Art. 12 Nr. 1 Genfer Flüchtlingskonvention bzw. Übereinkommen über die Rechtsstellung der Staatenlosen der gewöhnliche Aufenthalt an die Stelle der Staatsangehörigkeit.[1545] Der Sache nach verlieren diese Personenkreise

---

OLG Nürnberg StAZ 2012, 182, 183; *J. Mörsdorf-Schulte,* IPRax 2004, 315, 322, 326; *Mansel,* RabelsZ 70 (2006), 651, 692 f.; *Basedow,* IPRax 2011, 109, 112; *W.-H. Roth,* EWS 2011, 314, 324 Fn. 146; *Wall,* StAZ 2012, 301, 304; *ders.,* StAZ 2013, 237, 246; NK-BGB/*Mankowski* Art. 10 EGBGB Rn. 170; *Freitag,* StAZ 2013, 69, 71

[1529] *Hammje,* RCDIP 100 (2011), 291, 318 sowie im Ergebnis *Helms,* FamRZ 2011, 1765, 1770; *Makowsky,* GPR 2012, 266, 269; Erman/*Hohloch* Art. 5 Rom III-VO Rn. 7; PWW/*Martiny,* Art. 17 EGBGB Anh. I Rn. 12; *Wennersbusch* S. 91 f. Anderer Ansicht *Finger,* FuR 2011, 61, 65; *U. P. Gruber,* IPRax 2012, 381, 385 f. Skeptisch auch *Coester-Waltjen/Coester,* Liber amicorum Klaus Schurig, 2012, S. 33, 39.

[1530] EuGH Slg. 1992, I-4239 Rn. 10 – Mario Vicente Micheletti/Delegación deGobierno en Calabria.

[1531] EuGH Slg. 2003, I-11613 Rn. 28 f., 32–38, 45 – M. Carlos Garcia Avello/Belgischer Staat.

[1532] *Kuipers,* (2012) 18 Eur. L. J. 201, 224 f.

[1533] *N. de Maizière* S. 178.

[1534] *Gade,* JuS 2013, 779, 780.

[1535] *Dahin Franzina,* Int'l. Lis. 2011, 7, 8; *ders.,* Cuad. Der. Trans. 3 (2) (2011), 85, 111; *Traar,* ÖJZ 2011, 805, 809 f.; *Traest,* SEW 2012, 98, 104; *Rudolf,* EF-Z 2012, 101, 103; *Kuipers,* (2012) 18 Eur. L. J. 201, 225 f.; *Makowsky,* GPR 2012, 266, 269; *Corneloup/González Beilfuss* Art. 5 Règ. Rome III Rn. 23; *Rösler,* RabelsZ 78 (2014), 155, 182 f.; BeckOGK/*Gössl* Art. 5 Rom III-VO Rn. 50.1; vgl. auch *Finger,* FuR 2013, 305, 309.

[1536] *Corneloup/González Beilfuss* Art. 5 Règ. Rome III Rn. 23; *Gade,* JuS 2013, 779, 780; siehe auch Begründung der Bundesregierung zum Entwurf eines Gesetzes zur Anpassung der Vorschriften des Internationalen Privatrechts an die Verordnung (EU) Nr. 1259/2010 und zur Änderung anderer Vorschriften des Internationalen Privatrechts, BT-Drs. 17/11049, 8. Anders *U. P. Gruber,* IPRax 2012, 381, 385; *Hausmann* Rn. A 376.

[1537] *Helms,* Liber amicorum Walter Pintens, 2012, S. 681, 694.

[1538] *Paulino Pereira,* Rev. Marché Commun UE 2007, 391, 394; *Helms,* FamRZ 2011, 1765, 1770. Anderer Ansicht *Finger,* FuR 2011, 61, 65.

[1539] *Bariatti,* YbPIL 13 (2011), 1, 14.

[1540] *Bariatti,* YbPIL 13 (2011), 1, 14.

[1541] *U. P. Gruber,* IPRax 2012, 381, 385; *Gade,* JuS 2013, 779, 780.

[1542] So *Kruger,* Rome III and Parties' Choice <http://papers.ssrn.com/sol3/papers.cfm?abstract_id=217334> (2012) S. 9; *Corneloup/González Beilfuss* Art. 5 Règ. Rome III Rn. 23.

[1543] *Devers/Farge,* JCP G 2012, 1277, 1282.

[1544] *Olzen/A. Frank,* FS Siegfried H. Elsing, 2015, S. 1015, 1024.

[1545] *Traar,* ÖJZ 2011, 805, 810; Erman/*Hohloch* Art. 5 Rom III-VO Rn. 8; *Devers/Farge,* JCP G 2012, 1277, 1282; PWW/*Martiny,* Art. 17 EGBGB Anh. I Rn. 12; BeckOGK/*Gössl* Art. 5 Rom III-VO Rn. 52; *N. de Maizière* S. 181 f.; *Wennersbusch* S. 92–96 sowie *Makowsky,* GPR 2012, 266, 269.

V. Scheidung und Trennung ohne Auflösung des Ehebandes 604–608 § 4

eine Rechtswahloption, weil sich deren Anknüpfungspunkt nicht identifizieren lässt.[1546] Der Ersatzanknüpfungspunkt gewöhnlicher Aufenthalt ist derselbe wie bei der objektiven Anknüpfung und führt deshalb (vorbehaltlich eines renvoi bei der objektiven Anknüpfung) zu demselben Recht wie die objektive Anknüpfung.

dd) lex fori. Letzte Rechtswahloption ist nach Art. 5 I lit. d Rom III-VO die lex fori. Die **604** Wahl der lex fori ist eine indirekte Bezugnahme auf das internationale Zuständigkeitsrecht für Scheidungen aus der Brüssel IIa-VO.[1547] Sie soll einen parteiautonom hergestellten Gleichlauf zwischen internationaler Zuständigkeit und anwendbarem Recht erlauben[1548] und so Anpassungsbedarf vermeiden.[1549] Sie fördert Effektivität und Kosteneffizienz.[1550] Sie macht Verfahren potenziell schneller, weil die Mühen der Auslandsrechtsermittlung erspart bleiben.[1551]

In der Möglichkeit, die lex fori zu wählen, liegt eine nicht unerhebliche Erweiterung **605** gegenüber den anderen Rechtswahlmöglichkeiten, weil nach Art. 3 I lit. a 3.–6. Lemma Brüssel IIa-VO bereits der einseitige gewöhnliche Aufenthalt eines Ehegatten, sei es auch unter zusätzlichen Voraussetzungen, zuständigkeitsbegründend wirken kann[1552] und weil es die Restzuständigkeiten nach Artt. 6; 7 Brüssel IIa-VO gibt.[1553] Insoweit mögen die Ergebnisse dem Antragsteller stärker entgegenkommen als dem Antragsgegner.[1554] Allerdings sind die zukünftigen Parteirollen bei einer planenden Rechtswahl weder festgelegt noch genau absehbar.

Die Brüssel IIa-VO erlaubt keine Gerichtsstandsvereinbarung und stellt kein internatio- **606** nalverfahrensrechtliches Gestaltungspendant zur Rechtswahl zur Verfügung.[1555]

Kollisionsrechtspolitisch betrachtet ermöglicht Art. 5 I lit. d Rom III-VO ein Entgegen- **607** kommen gegenüber den traditionell an die lex fori anknüpfenden Rechten.[1556] Das mag aus deren Kreis Lettland zur Teilnahme bewogen haben.[1557]

Wählen die Ehegatten das Recht eines bestimmten Forums, vor dem ihr Scheidungsverfah- **608** ren anhängig ist, so ergeben sich daraus Folgefragen, ob diese Rechtswahl auch in Verfahren in anderen Mitgliedstaaten gelten soll, sei es, dass der ursprüngliche Scheidungsantrag zurückgenommen wird, sei es, dass das Scheidungsforum sich für unzuständig erklärt und deshalb den Scheidungsantrag als unzulässig abweist.[1558] Art. 5 I lit. d Rom III-VO soll die Möglichkeit zur parteiautonomen Koordination von Gerichtsstand und anwendbarem Recht eröffnen. Diese ratio trifft nicht mehr zu, wenn das Forum grenzüberschreitend wechselt.[1559] Dass die anderen Sprachfassungen anders als die deutsche kein Erfordernis des „angerufenen" Gerichts in Art. 5 I lit. d Rom III-VO kennen, vermag diese ratio nicht auszuheben.[1560]

[1546] *Devers/Farge*, JCP G 2012, 1277, 1282.
[1547] *Schurig*, FS Bernd v. Hoffmann, 2011, S. 405, 408; *Basedow*, Liber amicorum Walter Pintens, 2012, S. 135, 141; *Rösler*, RabelsZ 78 (2014), 155, 178; siehe auch *Campuzano Díaz*, Rev. Der. Com. Eur. 39 (2011), 561, 572; *Kruger*, Rome III and Parties' Choice <http://papers.ssrn.com/sol3/papers.cfm?abstract_id=217334> (2012) S. 10.
[1548] *Viarengo*, RDIPP 2011, 601, 619; *Queirolo/Carpaneto*, RDIPP 2012, 59, 70; *U. P. Gruber*, IPRax 2012, 381, 386; *Makowsky*, GPR 2012, 266, 270; BeckOGK/*Gössl* Art. 5 Rom III-VO Rn. 53.
[1549] *Franzina*, Riv. dir. int. 2011, 488, 496.
[1550] *Kruger*, Rome III and Parties' Choice <http://papers.ssrn.com/sol3/papers.cfm?abstract_id=217334> (2012) S. 9; *Corneloup/González Beilfuss* Art. 5 Règ. Rome III Rn. 24; BeckOGK BGB/*Gössl* Art. 5 Rom III-VO Rn. 53.
[1551] *Corneloup/González Beilfuss* Art. 5 Règ. Rome III Rn. 24.
[1552] *Basedow*, FS Willibald Posch zum 70. Geb., 2011, S. 17, 23; *U. P. Gruber*, IPRax 2012, 381, 386; *Coester-Waltjen/Coester*, Liber amicorum Klaus Schurig, 2012, S. 33, 39; *Kruger*, Rome III and Parties' Choice <http://papers.ssrn.com/sol3/papers.cfm?abstract_id=217334> (2012) S. 10; *Rösler*, RabelsZ 78 (2014), 155, 171-173.
[1553] *Coester-Waltjen/Coester*, Liber amicorum Klaus Schurig, 2012, S. 33, 39.
[1554] *Rösler*, RabelsZ 78 (2014), 155, 171-173.
[1555] *Rauscher*, FS Rolf A. Schütze zum 80. Geb., 2014, S. 463 (463).
[1556] *Baruffi*, Dir. UE 2011, 867, 885.
[1557] *Winkler v. Mohrenfels*, RabelsZ 81 (2017), 694, 698 f.
[1558] *Traar*, ÖJZ 2011, 805, 810.
[1559] *Traar*, ÖJZ 2011, 805, 810.
[1560] Im Ergebnis anders *Rösler*, RabelsZ 78 (2014), 155, 170 f.

609 Bei Privatscheidungen ist die Wahl des Rechts eines bloß registerführenden Gerichts nicht möglich, wenn kein für die Wirksamkeit der Privatscheidung konstitutiver Akt des Gerichts erforderlich ist.[1561]

610 In der Formulierung der Rechtswahl sollten, wenn sie nach Art. 5 I lit. d Rom III-VO die lex fori wählen wollen, die Ehegatten das Recht des zukünftigen Scheidungsforums wählen,[1562] nicht deutsches oder französisches Recht oder das Recht eines anderen namentlich benannten Staates.[1563] Aus der deutschen Fassung wird zwar nicht vollständig klar, dass dies erlaubt ist, wohl aber aus der englischen, der französischen, der italienischen, der spanischen und der portugiesischen.[1564] Art. 5 II, III Rom III-VO sprechen ebenfalls für eine großzügige Zulassung von Parteiautonomie.[1565] Die Ehegatten können auch eine floating choice of law treffen und nur die lex fori des jeweils angerufenen Scheidungsgerichts wählen, ohne das Gericht näher zu benennen.[1566] Nur dies wird dem anerkannten Interesse an der parteiautonomen Herstellung eines Gleichlaufs gerecht. Gute Beratung wird auch in Betracht ziehen, eine Gerichtsstandsvereinbarung mit einer Wahl der lex fori zu kombinieren,[1567] selbst wenn erstere unter der Brüssel IIa-VO für das Statusverfahren keine Wirkung hat.[1568]

611 *c) Zeitliches Verhältnis zum Scheidungsverfahren und zur Scheidung.* Erlaubt ist gerade eine vorausschauende, planende Wahl des Rechts eines zukünftigen Forums.[1569] Es wäre widersinnig, wenn man den Ehegatten eine solche Wahl des Scheidungsstatuts vor Einleitung eines Scheidungsverfahrens versagen wollte. Damit drohte man das Scheidungsverfahren notwendig mit einem Statutenwechsel während des bereits begonnenen Verfahrens zu belasten. Dass Art. 5 I litt. a–c Rom III-VO die Anknüpfungspunkte auf den Zeitpunkt der Rechtswahl fixieren, hat für Art. 5 I lit. d Rom III-VO keine Bedeutung, dem es an einer solchen Fixierung gerade fehlt.[1570] Art. 5 II Rom III-VO liefert ein weiteres Argument, denn er erlaubt unionsrechtlich eine Rechtswahl spätestens bis zur Einleitung des Scheidungsverfahrens, ohne dabei Art. 5 I lit. d Rom III-VO eine Sonderrolle beizulegen oder die Wahl der lex fori auszugrenzen. Im Gegenteil geht Art. 5 III Rom III-VO sogar noch einen Schritt weiter.[1571] Das Scheidungsverfahren zieht also allenfalls eine hintere, aber keine vordere Grenze.

612 Zudem denken viele Ehegatten in guten Tagen klarer und sind in guten Tagen weniger von dem Willen, das Verhandlungsspiel gewinnen zu wollen, beseelt als nach Ausbruch einer bis zum Scheidungsverfahren führenden Ehekrise.[1572] Böse Tage können verlockende rechtliche Zufälle mit sich bringen und etwa Deals, in denen ein Einverständnis mit einer

---

[1561] Ähnlich *Helms,* FamRZ 2011, 1765, 1768.

[1562] *Basedow,* Liber amicorum Walter Pintens, 2012, S. 135, 142; *Raupach* S. 169. Eine Wahl der lex fori vor aktueller Einleitung eines Scheidungsverfahrens lehnen *Coneloup/González Beilfuss* Art. 5 Règ. Rome III Rn. 25; *J. Mörsdorf-Schulte,* RabelsZ 77 (2013), 786, 814 sowie MüKoBGB/*Winkler v. Mohrenfels* Art. 5 Rom III-VO Rn. 10 (keine floating choice of law) kategorisch ab.

[1563] Anders BeckOGK/*Gössl* Art. 5 Rom III-VO Rn. 56.

[1564] *Basedow,* Liber amicorum Walter Pintens, 2012, S. 135, 142 sowie *Helms,* FamRZ 2011, 1765, 1767; *Hau,* FS Rolf Stürner, 2013, S. 1237, 1241 f.

[1565] *Hau,* FS Rolf Stürner, 2013, S. 1237, 1242.

[1566] *Basedow,* FS Willibald Posch zum 70. Geb, 2011, S. 17, 23 mit Fn. 23; *Nitsch,* ZfRV 2012, 264, 266; vgl. auch *Rösler,* RabelsZ 78 (2014), 155, 169 f. Anderer Ansicht *U. P. Gruber,* IPRax 2012, 381, 386; *J. Mörsdorf-Schulte,* RabelsZ 77 (2013), 786, 814; *Winkler v. Mohrenfels,* RabelsZ 81 (2017), 694, 696; BeckOGK/*Gössl* Art. 5 Rom III-VO Rn. 55; Palandt/*Thorn* Art. 5 Rom III-VO Rn. 5 sowie *Helms,* FamRZ 2011, 1765, 1768; *N. de Maizière* S. 184 f.

[1567] *Hau,* FS Rolf Stürner, 2013, S. 1237, 1242.

[1568] *Rösler,* RabelsZ 78 (2014), 155, 171–173.

[1569] *Rauscher,* FS Konstantinos Kerameus, 2009, S. 1113, 1129; *Helms,* FamRZ 2011, 1765, 1767; Erman/Hohloch Art. 5 Rom III-VO Rn. 9; *Makowsky,* GPR 2012, 266, 270; ähnlich *Fallon,* Rev. trim. dr. fam. 2012, 291, 294 (rechtspolitische Kritik aber auf S. 313); *Devers/Farge,* JCP G 2012, 1277, 1289; *Corneloup/González Beilfuss* Art. 5 Règ. Rome III Rn. 27.

[1570] Vgl. aber *Devers/Farge,* JCP G 2012, 1277, 1282.

[1571] Siehe Trib. Milano RDIPP 2013, 768, 770.

[1572] Vgl. *Rauscher,* FS Konstantinos Kerameus, 2009, S. 1113, 1129.

V. Scheidung und Trennung ohne Auflösung des Ehebandes 613–615 § 4

schnellen Scheidung in einen Handel gegen Zugeständnisse bei den Scheidungsfolgen, insbesondere beim Geld, eingebracht werden.[1573] Gute Berater denken vor und antizipieren den Krisenfall, auch kollisionsrechtlich.[1574] Es mag nicht schön sein, in einem Ehevertrag Vereinbarungen für den Scheidungsfall zu treffen – aber ein guter Ehevertrag hat gerade den Scheidungsfall im Auge, und Eheverträge, um den Scheidungsfall und dessen Folgen zu regeln, sind gute Vorsorge und eine angemessene Vorsichtsmaßnahme.[1575]

Eine Rechtswahl in einem Ehevertrag, geschlossen in einem Ehevertrag zu Beginn der **613** Ehe oder gar noch vor Eheschließung,[1576] erlaubt eine kollisionsrechtliche Absicherung der zu diesem Zeitpunkt gehegten Pläne der Ehegatten für die absehbare Zukunft, insbesondere unter Berücksichtigung der Auswahl beim Wohnort.[1577] Insbesondere big money marriages fordern Planungssicherheit gegen ex post-Opportunismus.[1578] Deshalb passt auch der Zeitpunkt, dass es für die Lokalisierung der Anknüpfungspunkte auf den Abschluss der Rechtswahlvereinbarung ankommt. Jede spätere Veränderung bei den Anknüpfungspunkten entfaltet keine automatische Wirkung.[1579] Wer sowieso vorausschauend auf einen Ehevertrag setzt, dem liegt auch eine scheidungsrechtliche Rechtswahl als Teil des Gesamtpakets Ehevertrag nahe.

Ein Vorwurf, dieser Zeitpunkt könne Jahre vor der Anrufung des Scheidungsgerichts liegen **614** und die Fixierung des Anknüpfungspunktes könne deshalb in zeitlicher Hinsicht fehlgehen,[1580] ist fehl am Platze.[1581] Genauso gut (oder schlecht) könnte man einwenden, dass es Ehen gibt, bei denen gar kein Scheidungsverfahren eingeleitet wird, obwohl die Ehegatten planend und vorausdenkend eine internationalscheidungsrechtliche Rechtswahl getroffen haben. Der Vorwurf schlägt selbst dann nicht durch, wenn Ehe und Ehegatten nach Abschluss der Rechtswahlvereinbarung relevante Bezüge zu nur noch einem Staat aufweisen und das ursprünglich vorhandene grenzüberschreitende Moment verloren gegangen ist.[1582] Dass man mit dem frühen Anknüpfungszeitpunkt indirekt eine Anknüpfung an den Eheschließungsort revitalisiere,[1583] trifft nicht zu. Denn der Eheschließungsort muss keineswegs mit dem gewöhnlichen Aufenthalt auch nur eines der beiden Ehegatten zusammenfallen.

Auf jedwede innere oder äußere Bewegung weg vom gewählten Recht können die Ehegatten zudem reagieren, indem sie ihre Rechtswahl nach Art. 5 II Rom III-VO abändern **615** oder aufheben.[1584] Allerdings ist zuzugestehen, dass eine spätere Verschlechterung der Beziehungen der Ehegatten untereinander den Boden für einen Konsens zerstören kann.[1585] Verändert dagegen das ursprünglich gewählte Recht seinen Inhalt in für die Ehegatten relevanter Weise,[1586] so werden sie dem ebenfalls durch eine Abänderung ihrer Rechtswahl Rechnung tragen können.

[1573] *Rauscher*, FS Konstantinos Kerameus, 2009, S. 1113, 1129.
[1574] *Devers/Farge*, JCP G 2012, 1277, 1289.
[1575] *Rieck*, NJW 2014, 257 (257).
[1576] Vgl. *Kruger*, Rome III and Parties' Choice <http://papers.ssrn.com/sol3/papers.cfm?abstract_id=217334> (2012) S. 11; *Corneloup/González Beilfuss* Art. 5 Règ. Rome III Rn. 27; BeckOGK BGB/*Gössl* Art. 5 Rom III-VO Rn. 59.
[1577] *Letellier*, Gaz. Pal. 13–14 avril 2012, 7, 9.
[1578] Vgl. *Boele-Woelki*, YbPIL 12 (2010), 1, 16; *Rösler*, RabelsZ 78 (2014), 155, 190.
[1579] *Revillard*, Essays in Honour of Hans van Loon, 2013, S. 487, 494.
[1580] So *Hammje*, RCDIP 100 (2011), 291, 319–321; *De Marzo*, Foro it. 2011 I col. 917, 918; *Queirolo/Carpaneto*, RDIPP 2012, 59, 81 f.; *Fallon*, Rev. trim. dr. fam. 2012, 291, 313; *Corneloup/González Beilfuss* Art. 5 Règ. Rome III Rn. 18.
[1581] Im Ergebnis übereinstimmend *Kruger*, Rome III and Parties' Choice <http://papers.ssrn.com/sol3/papers.cfm?abstract_id=217334> (2012) S. 10 f.
[1582] Vgl. *Rösler*, RabelsZ 78 (2014), 155, 167–169. Entgegen *Corneloup/González Beilfuss* Art. 5 Règ. Rome III Rn. 28.
[1583] So *Hammje*, RCDIP 100 (2011), 291, 321.
[1584] Zugestanden selbst von *Hammje*, RCDIP 100 (2011), 291, 320; *Queirolo/Carpaneto*, RDIPP 2012, 59, 82.
[1585] *Hammje*, RCDIP 100 (2011), 291, 321.
[1586] Vgl. *Queirolo/Carpaneto*, RDIPP 2012, 59, 81.

616 Handlungsbedarf für eine Rechtswahl werden zumeist Paare sehen, die im Kontext verschiedener Rechtsordnungen leben.[1587] Ob selbst erkannter Handlungsbedarf ausgelebt wird, hängt wiederum davon ab, ob den Paaren die Klarheit die zusätzlichen Mühen und Kosten wert ist, zumal die Materie Scheidung recht komplex ist.[1588] Den Parteien wird immerhin zweierlei abverlangt, wenn sie eine wirklich informierte Rechtswahl treffen wollen: erstens den Kreis der konkret zur Auswahl stehenden Rechtsordnungen zu identifizieren und zweitens die in Betracht kommenden Rechten inhaltlich zu prüfen, insbesondere darauf, welche Folgen sie an die Scheidung knüpfen.[1589]

617 Daneben gibt es weitere psychologische Barrieren. In guten Zeiten (sozusagen wenn Liebe blind macht und totales Vertrauen herrscht, sowohl in den Partner als auch in eine gemeinsame Zukunft bis zum Lebensende) werden die Ehegatten häufig nicht an eine Rechtswahl denken.[1590] Man mag die rechtlichen Folgen eines z. B. beruflich bedingten Umzugs ins Ausland und das Ausmaß an Freizügigkeit innerhalb der EU unterschätzen und kein einschlägiges Problembewusstsein für die Gefahren aus der Aufenthaltsanknüpfung des Art. 8 litt. a, b Rom III-VO entwickeln.[1591] Oder aber man unterlässt eine vertragliche Regelung vorsätzlich, um den Frieden zwischen den Partnern für den Moment zu bewahren.[1592]

618 Wenn es aber erst einmal bis zu einem Scheidungsverfahren gekommen ist und erst recht wenn gar ein Rosenkrieg ausgebrochen ist, werden dann im Streit miteinander befindliche Noch-Ehegatten sich im Zweifel kaum auf eine Rechtswahl verständigen können.[1593] Vielmehr liegt es nahe, dass jeder Ehegatte dann egoistisch seine eigenen Interessen verfolgt und dabei auch etwaige ihm günstigere Foren in EU-Staaten, die keine Mitgliedstaaten der Rom III-VO sind, oder in Drittstaaten im Auge hat.[1594] Jedenfalls sind Ehegatten und deren Anwälte bei streitigen Verfahren in besonderem Maße aufgerufen, wachsam zu sein, um nicht vom Noch-Ehegatten und dessen Rechtsberatern übervorteilt zu werden.[1595]

619 Indes bedeutet eine Scheidung nicht automatisch Streit und Rosenkrieg zwischen den Ehegatten. Vielmehr darf man die Zahl einverständlicher Scheidungen nicht unterschätzen. Bei ihnen reden die Ehegatten noch miteinander und haben ein gemeinsames Interesse an einem sauberen Abschluss ihrer Ehe. Dabei kann eine Rechtswahl helfen.[1596] Diese kann auch, wenn die lex fori eine so späte Rechtswahl im Verfahren zulässt, noch im Vorschlag einer Scheidungsvereinbarung enthalten sein, welcher dem Scheidungsgericht zum gütlichen Abschluss des Verfahrens unterbreitet wird.[1597] Konsens spart Zeit und Geld – und Nerven. Das ist kein kleiner Anreiz. Gute Anwälte werden darauf hinwirken und eine dergestalt einverständliche Scheidung zu verhandeln versuchen.[1598] „Good divorces" sind häufig gelebte Realität.[1599] Scheidungsvereinbarungen sind im Sachrecht gang und gäbe.[1600] Kollisionsrechtlich finden sie in einer Rechtswahl ihre Ergänzung. Gerade hier schafft eine

---

[1587] *E. Becker*, NJW 2011, 1543, 1544.
[1588] *E. Becker*, NJW 2011, 1543, 1544.
[1589] *E. Becker*, NJW 2011, 1543, 1544.
[1590] *Rauscher*, FS Konstantinos Kerameus, 2009, S. 1113, 1119; *Helms*, FamRZ 2011, 1765, 1769.
[1591] *Rauscher*, FPR 2013, 257, 259.
[1592] *Rauscher*, FS Konstantinos Kerameus, 2009, S. 1113, 1119.
[1593] *De Boer*, in: Boele-Woelki/Sverdrup (eds.), European Challenges in Contemporary Family Law, 2008, S. 321 (321 f.); *C. Kohler*, FPR 2008, 193, 195; *ders.*, FamRZ 2008, 1677, 1679; *Lardeux*, D. 2008, 795, 800; *Rauscher*, FS Konstantinos Kerameus, 2009, S. 1113, 1129; *Viganotti*, Gaz. Pal. 22–23 juin 2011, 5, 6; *Helms*, FamRZ 2011, 1765, 1769; *Schurig*, FS Bernd v. Hoffmann, 2011, S. 405, 407, 413.
[1594] *E. Becker*, NJW 2011, 1543, 1544.
[1595] *J. Stürner*, Jura 2012, 708, 709.
[1596] *Viganotti*, Gaz. Pal. 22–23 juin 2011, 5, 6; vgl. auch *Queirolo* S. 219, 227.
[1597] *Devers/Farge*, JCP G 2012, 1277, 1283.
[1598] Siehe *Rauscher*, FS Konstantinos Kerameus, 2009, S. 1113, 1129.
[1599] Zum Phänomen z. B. *Paris*, Splitopia: Dispatches from Today's Good Divorces and How to Part Well, 2016; *N. Cahn/Jana Singer*, 50 Fam. L. Q. 139 (2016).
[1600] Z. B. für das schweizerische Recht *Geiser*, FS Ingeborg Schwenzer, 2011, S. 545.

V. Scheidung und Trennung ohne Auflösung des Ehebandes   620–626   § 4

Rechtswahl eine sichere und belastbare rechtliche Grundlage.[1601] Die lex fori oder ein scheidungsfreundliches Recht unter den wählbaren zu wählen, kann helfen eine gescheiterte Ehe schneller zu beenden und halbwegs schicklich-friedlich auseinander zu gehen.[1602]

Den einverständlichen Scheidungen hinzu gesellen sich die Fälle, in denen den Ehegatten erst angesichts des Scheidungsverfahrens bewusst wird, dass eine Rechtswahl notwendig, zumindest aber hilfreich sein könnte.[1603] Tatsächliche Zerrüttung mag ein Interesse an einer schnellen und möglichst problemlosen Scheidung sogar fördern,[1604] sei es, dass man sich aus den Fängen des nicht mehr geliebten Ehepartners befreien will, sei es, dass bereits ein neuer Partner im Schwange ist. 620

Eine Rechtswahl in einem laufenden Scheidungsverfahren kann Einfluss auf Zulässigkeit und insbesondere Begründetheit der Anträge in jenem Verfahren haben.[1605] Wird eine solche Rechtswahl getroffen, so kann daher eine entsprechende (Folge-)Anpassung der Anträge erforderlich sein. 621

Denkbar erscheint eine informierte und überwachte Rechtswahl auch im Rahmen eines verfahrensabschließenden Vergleichs oder eines konsentierten Mediationsergebnisses.[1606] 622

Die Ehegatten können den Inhalt des gewählten Rechts nicht auf den Zeitpunkt der Rechtswahl fixieren und gleichsam einfrieren.[1607] Eine Versteinerung, dass das gewählte Recht so anzuwenden ist, wie es zum Zeitpunkt der Rechtswahl war, liegt außerhalb der Macht der Ehegatten. Ein bestimmtes Recht wegen seines Inhalts zu wählen, z.B. weil es besonders scheidungsfreundlich ist,[1608] bleibt eine Spekulation auf die Zukunft und gegen grundlegende Veränderungen dieses Rechts (auf die man gegebenenfalls mit einer Änderung der Rechtswahl gemäß Art. 5 II Rom III-VO reagieren müsste). 623

d) Nachträgliche Rechtswahl. Eine Änderung oder Aufhebung ihrer Rechtswahl ist den Ehegatten im Rahmen des Art. 5 II Rom III-VO jederzeit möglich.[1609] So ist eine Anpassung an Veränderungen während des Ehelebens möglich, wenn sich anfangs gehegte Pläne nicht realisiert haben oder wenn man die spätere Realität nicht eingeplant hatte.[1610] Geänderte persönliche Einstellungen zur Ehe, z.B. infolge Enttäuschung oder objektiver Ehezerrüttung, können nur insoweit Widerhall finden, als der andere Ehegatte einer Änderung (oder Aufhebung) einer urspünglich getroffenen Rechtswahl zustimmt.[1611] Positiv formuliert: Jedenfalls bis zur Einleitung des Scheidungsverfahrens können die Ehegatten jederzeit eine Rechtswahl treffen, ändern oder aufheben.[1612] 624

Anders als Art. 3 II Rom I-VO; Art. 14 II Rom II-VO erfolgt kein Vorbehalt zu Gunsten der Rechte Dritter,[1613] denn Rechte Dritter erscheinen nicht denkbar, da sie sich auf die Scheidungsgründe als zentralen Gegenstand des Scheidungsstatuts beziehen müssten und Scheidungsgründe nur zwischen den Ehegatten Bedeutung haben.[1614] 625

Die nachträgliche Rechtswahl kann sich, selbst wenn bereits ein Scheidungsverfahren anhängig ist, außerhalb des gerichtlichen Scheidungsverfahrens als solchen vollziehen, so dass es nicht zwingend notwendig (wenn auch empfehlenswert) ist, die Regeln für Prozess- 626

[1601] *Queirolo/Carpaneto,* RDIPP 2012, 59, 86.
[1602] *Rauscher,* FS Rolf A. Schütze zum 80. Geb., 2014, S. 463 (463).
[1603] *C. Kohler/Pintens,* FamRZ 2011, 1433, 1434; *Kroll-Ludwigs* S.104.
[1604] *J. Mörsdorf-Schulte,* RabelsZ 77 (2013), 786, 813.
[1605] *Rieck,* NJW 2014, 257, 260.
[1606] Vgl. *Álvarez de Toledo Quintana,* La Ley 7613 (18 de abril 2011), 1, 7.
[1607] *Franzina,* Cuad. Der. Trans. 3 (2) (2011), 85, 110; *Viarengo,* RDIPP 2011, 601, 618; *Corneloup/González Beilfuss* Art. 5 Règ. Rome III Rn. 29.
[1608] *Hammje,* RCDIP 100 (2011), 291, 321.
[1609] Siehe nur *Finger,* FuR 2011, 61, 66.
[1610] *Campuzano Díaz,* Rev. Der. Com. Eur. 39 (2011), 561, 572.
[1611] Vgl. *Corneloup/González Beilfuss* Art. 5 Règ. Rome III Rn. 30.
[1612] *Sabido Rodríguez,* Rev. Der. Com. Eur. 45 (2013), 499, 524.
[1613] *Mansel,* in: Leible/Unberath (Hrsg.), Brauchen wir eine Rom 0-Verordnung?, 2013, S. 241, 271.
[1614] *Campuzano Díaz,* Rev. Der. Com. Eur. 39 (2011), 561, 572f.

erklärungen nach dem Recht des Forums zu beachten.[1615] Art. 5 II Rom III-VO zieht eine zeitliche Grenze für die Rechtswahl: Die Ehegatten können eine Rechtswahl gestützt auf Unionsrecht nur bis zur Anrufung des Scheidungsgerichts treffen.[1616] Wann ein Gericht angerufen ist, bestimmt sich für mitgliedstaatliche Gerichte ausweislich Erwägungsgrund (13) S. 2 Rom III-VO nach Art. 16 Brüssel IIa-VO.[1617] Art. 5 II Rom III-VO nimmt Rücksicht darauf, dass nicht alle Mitgliedstaaten eine Rechtswahl im laufenden Verfahren zulassen.[1618]

627 Indes stellt Art. 5 III 1 Rom III-VO dem IPR des Scheidungsgerichts anheim, eine Rechtswahl auch noch während des laufenden Verfahrens zu gestatten. Größere Liberalität und Flexibilität ist also möglich, wenn auch auf Kosten einer vollständigen Kollisionsrechtsvereinheitlichung.[1619] Vorzugswürdig wären eine verordnungsautonome Regelung und die Klarstellung gewesen, dass Präklusionsregeln der nationalen Verfahrensrechte unberührt bleiben.[1620] Die Rechtswahl noch während des Verfahrens erscheint sinnvoll, insbesondere wenn – wie nicht selten – Relevanz von Auslandsbezug und IPR-Fragen zu Beginn des Verfahrens nicht hinreichend gewürdigt wurden.[1621] Außerdem kann es für Ehegatten, die eine schnelle Scheidung wollen, hilfreich sein, Trennungsfristen nach dem ursprünglichen Scheidungsstatut durch nachträgliche Rechtswahl aus dem Weg zu gehen.[1622] Nationalen Scheidungsvorstellungen im Verfahren Raum zu lassen,[1623] erscheint als Diversion. Ohne Zulassung durch das nationale IPR der lex fori ist eine Rechtswahl im Verfahren jedenfalls nicht möglich.[1624]

628 Sachgerecht ist jedenfalls, eine Rechtswahl auch noch während des Verfahrens zuzulassen, insbesondere um Klarheit zu schaffen, wenn die Ehegatten im Unklaren darüber sind, welches Recht das objektiv angeknüpfte Scheidungsstatut stellt.[1625] Es wäre wenig sinnvoll, die Ehegatten zur Rücknahme des Scheidungsantrags und zum Stellen eines neuen Scheidungsantrags zu zwingen, nur um eine Rechtswahl zu eröffnen.[1626] Eine Rechtswahl noch im Scheidungsverfahren erfüllt vielfach reale Bedürfnisse.[1627] Zudem sind im Verfahren regelmäßig beide Parteien anwaltlich beraten, so dass die Legitimation einer Rechtswahl besonders groß ist.[1628] Außerdem werden knappe staatliche Ressourcen geschont und die tertiären Kosten gesenkt, wenn die Rechtswahl zur lex fori führt und so Gleichlauf zwischen internationaler Zuständigkeit und anwendbarem Recht herstellt.[1629]

629 Die Rechtswahl in einem Scheidungsverfahren beschränkt sich nicht auf das konkrete Scheidungsverfahren, sondern wirkt auch dann weiter, wenn das konkrete Scheidungsverfahren auf andere Weise als durch einen Scheidungsausspruch beendet wird und später ein neues Scheidungsverfahren anhängig gemacht wird.[1630]

[1615] Die außer- oder nebenprozessuale Möglichkeit sehen *Álvarez de Toledo Quintana*, La Ley 7613 (18 de abril 2011), 1, 3 und *Lardeux*, D. 2011, 1835, 1839 nicht.

[1616] Ungenau *Pfütze*, ZEuS 2011, 35, 53: Art. 5 II Rom III-VO verbiete eine Rechtswahl nach Anrufung des Scheidungsgerichts.

[1617] *Traar*, ÖJZ 2011, 805, 810; *Ganz*, FuR 2011, 369, 370; *Fallon*, Rev. trim. dr. fam. 2012, 291, 314; *Henricot*, J. trib. 6487 (2012), 557, 560; *Corneloup/González Beilfuss* Art. 5 Règ. Rome III Rn. 31, Art. 6 Règ. Rome III Rn. 9; BeckOGK/*Gössl* Art. 5 Rom III-VO Rn. 61. Übersehen von *Devers/Farge*, JCP G 2012, 1277, 1283; vgl. auch *Fongaro*, Mélanges Jean-Pierre Laborde, 2015, S. 651, 658.

[1618] *Gade*, JuS 2013, 779, 781.

[1619] *Franzina*, Cuad. Der. Trans. 3 (2) (2011), 85, 113 sowie *Baruffi*, Dir. UE 2011, 867, 886.

[1620] *Hau*, FS Rolf Stürner, 2013, S. 1237, 1248.

[1621] Vgl. *Viganotti*, Gaz. Pal. 22–23 juin 2011, 5, 6.

[1622] *Höbbel/Seibert/T. Möller*, FuR 2013, 28, 30.

[1623] *Hammje*, RCDIP 100 (2011), 291, 325.

[1624] *Traest*, SEW 2012, 98, 103.

[1625] *C. Kohler*, FS Bernd v. Hoffmann, 2011, S. 208, 213.

[1626] *Schurig*, FS Bernd v. Hoffmann, 2011, S. 405, 408.

[1627] *Schurig*, FS Bernd v. Hoffmann, 2011, S. 405, 408.

[1628] *Schurig*, FS Bernd v. Hoffmann, 2011, S. 405, 408.

[1629] Siehe *De Marzo*, Foro it. 2011 I col. 917, 920.

[1630] Anderer Ansicht *Devers/Farge*, JCP G 2012, 1277, 1283.

V. Scheidung und Trennung ohne Auflösung des Ehebandes 630–634 § 4

Endgültige Grenze ist der rechtskräftige Abschluss des Scheidungsverfahrens:[1631] Nach **630** Auflösung des Ehebandes ist eine nachträgliche Rechtswahl, die nun der bereits ausgesprochenen Scheidung ihre rechtliche Grundlage entziehen würde, nicht mehr möglich. Sofern man Privatscheidungen einbezieht, muss die Rechtswahl vor der Vornahme der Privatscheidung erfolgen.[1632] Es kommt bei Privatscheidungen in keinem Fall auf ein nachlaufendes Anerkennungsverfahren durch staatliche Stellen eines anderen als des Vornahmestaates an.[1633]

Funktionsentsprechend ist bei Privatscheidungen ohne konstitutive gerichtliche Mitwir- **631** kung Art. 5 II Rom II-VO auf die erste relevante Handlung, hilfsweise auf die Eheauflösung als spätesten Zeitpunkt zu beziehen, da ersteres Äquivalent zu einer förmlichen Verfahrenseinleitung ist.[1634]

e) Zustandekommen und rechtsgeschäftliche Wirksamkeit. Für das Zustandekommen und die **632** rechtsgeschäftliche Wirksamkeit der Rechtswahl lehnt sich Art. 6 Rom III-VO eng an Art. 10 Rom I-VO als Vorbild an.[1635] Im Grundsatz greift daher das bootstrap principle: Nach Art. 6 I Rom III-VO entscheidet über Zustandekommen und rechtsgeschäftliche Wirksamkeit dasjenige Recht, das anwendbar wäre, wenn die Rechtswahl wirksam zustande gekommen wäre. Zustandekommen meint die äußeren Abläufe,[1636] also das Vorliegen von Willenserklärungen und Konsens. Insoweit ist also das in der Rechtswahl benannte Recht anzuwenden und nicht etwa das objektive Scheidungsstatut, das ohne eine Rechtswahl berufen wäre. Anknüpfungspunkt ist das Faktum der Rechtswahlvereinbarung und der Bezeichnung des gewünschten Rechts. Darin liegt keine fiktive Unterstellung der Wirksamkeit der Rechtswahl.[1637] Dies fördert als bewährtes und auf dem traditionellen Heimatgebiet der Parteiautonomie eingeführtes Konzept die Rechtssicherheit.[1638] Von einer „Korrektur" der Rechtswahl kann keine Rede sein.[1639]

Auch stellt Art. 6 I Rom III-VO keine eigenen Maßstäbe für Zustandekommen und **633** rechtsgeschäftliche Wirksamkeit auf, sondern verweist insoweit auf ein Sachrecht und dessen Maßstäbe. Dies ist eine pragmatische Lösung.[1640] Kennt das gewählte Recht keine Rechtswahl für Scheidungen und enthält deshalb keine spezifischen Regeln dafür,[1641] so ist mit allgemeinen rechtsgeschäftlichen Konsensregeln auszuhelfen, z.B. in Entsprechung zu jenen, welches das betreffende Recht für Scheidungsvereinbarungen auf der sachrechtlichen Ebene kennt. Zur rechtsgeschäftlichen Wirksamkeit gehören hier wie bei Art. 10 I Rom I-VO die Regeln über Irrtum, Täuschung und Drohung.[1642] Das wird insbesondere interessant, wenn ein Ehegatte den anderen unter Druck gesetzt hat.[1643]

Die Anlehnung an Art. 10 Rom I-VO beim Zustandekommen geht sogar soweit, dass **634** Art. 6 II Rom III-VO als besondere Zumutbarkeitsregel[1644] in sachlicher Übernahme von

---

[1631] *Helms,* FamRZ 2011, 1765, 1768.
[1632] *Helms,* FamRZ 2011, 1765, 1768.
[1633] *Gärtner,* StAZ 2012, 357, 363.
[1634] *Schurig,* FS Bernd v. Hoffmann, 2011, S. 405, 411; BeckOGK/*Gössl* Art. 5 Rom III-VO Rn. 64.
[1635] Siehe nur *Álvarez de Toledo Quintana,* La Ley 7613 (18 de abril 2011), 1, 4; *Hammje,* RCDIP 100 (2011), 291, 322; *Franzina,* Riv. dir. int. 2011, 488, 493; *Campuzano Díaz,* Rev. Der. Com. Eur. 39 (2011), 561, 573; *Queirolo/Carpaneto,* RDIPP 2012, 59, 77 f.; *Kruger,* Rome III and Parties' Choice <http://papers.ssrn.com/sol3/papers.cfm?abstract_id=217334> (2012) S. 11; *Corneloup/González Beilfuss* Art. 6 Règ. Rome III Rn. 1.
[1636] *Finger,* FuR 2013, 305, 308; MüKoBGB/*Winkler v. Mohrenfels* Art. 6 Rom III-VO Rn. 3.
[1637] Entgegen *Malagoli,* Contratto e impresa/Europa 2011, 436, 442.
[1638] *Campuzano Díaz,* Rev. Der. Com. Eur. 39 (2011), 561, 573 sowie *Olzen/A. Frank,* FS Siegfried H. Elsing, 2015, S. 1015, 1028.
[1639] So aber *Rieck,* NJW 2014, 257, 259.
[1640] *Kruger,* Rome III and Parties' Choice <http://papers.ssrn.com/sol3/papers.cfm?abstract_id=217334> (2012) S. 11.
[1641] Die Frage wirft *Lardeux,* D. 2011, 1835, 1841 auf.
[1642] *Corneloup/González Beilfuss* Art. 6 Règ. Rome III Rn. 3.
[1643] BeckOGK/*Gössl* Art. 6 Rom III-VO Rn. 19.
[1644] *J. Stürner,* Jura 2012, 708, 709.

Art. 10 II Rom I-VO einer Partei erlaubt, sich für die Behauptung, sie habe nicht zugestimmt, zusätzlich auf ihr Aufenthaltsrecht zu berufen, obwohl dies in einem mehr als nur latenten Widerspruch zu Art. 7 III Rom III-VO steht.[1645] Art. 10 II Rom I-VO hat Phänomene im Blick, die im Internationalen Scheidungsrecht keine direkte Parallele haben.[1646] Insbesondere gilt dies für die im Internationalen Scheidungsrecht nicht zuzulassende stillschweigende Rechtswahl.[1647] Das heißt aber nicht, dass sein Gedanke im Internationalen Scheidungsrecht schlechterdings nicht passt.[1648] Vielmehr kann er gerade bei der Frage, ob ein übervorteilter und schlechter informierter Ehegatte zugestimmt hat, besonders gut passen.[1649] Als weiterer Fall lässt sich die durch häusliche Gewalt erzwungene Zustimmung denken.[1650] Rechts- und Geschäftsfähigkeit klammert Art. 1 II lit. a Rom III-VO auch für den Rechtswahlkontext aus.[1651]

635 Jedenfalls hat Art. 6 II Rom III-VO Vorzüge gegenüber einem autonomen Konzept effektiver Zustimmung jenseits des Erwägungsgrunds (18) Rom III-VO,[1652] das erst noch der Ausfüllung und Konkretisierung bedürfte.[1653] Die Qualität eingeholten Rechtsrats (die vermutungsweise schlechter ausfällt, wenn es ein Rat vom heimischen Anwalt über ihm fremdes Recht ist) kann unter den am Beginn von Art. 6 II Rom III-VO verwiesenen, zu beachtenden Umständen eine Rolle spielen.[1654] Art. 6 II Rom III-VO ist nicht von Amts wegen zu prüfen, sondern nur auf (kollisionsrechtliche) Einrede des mangelnde Zustimmung reklamierenden Ehegatten.[1655]

636 Ein latentes Spannungsverhältnis zur unionsrechtlichen Zulassung beschränkter Rechtswahl als Prinzip bleibt indes.[1656] Es ist aber nicht erforderlich, dass der Ehegatte, der sich auf Art. 6 II Rom III-VO beruft, eine bestimmte Rolle haben, also gerade Antragsteller oder Antragsgegner sein müsste.[1657] Unpassend ist es, den gewöhnlichen Aufenthalt zum Zeitpunkt der Anrufung des Gerichts heranzuziehen, weil man damit Anreize für einen Aufenthaltswechsel nach Abschluss der Rechtswahl schafft.[1658] Zustimmung und Konsens sind eigentlich von Anfang an zu beurteilen und sollten sich auf den Zeitpunkt beziehen, zu welchem die Rechtswahl abgeschlossen wird.

637 Art. 6 II Rom III-VO hat nur einen eng begrenzten sachlichen Anwendungsbereich. Er bezieht sich nur und ausschließlich auf die Behauptung, nicht zugestimmt zu haben. Dagegen erstreckt er sich nicht auf die rechtsgeschäftliche Wirksamkeit einer erteilten Zustimmung. Für Willensmängel gilt er grundsätzlich nicht.[1659] Mangelnde Zustimmung wird jemand kaum reklamieren können, der ein verkörpertes Dokument unterschrieben

---

[1645] *Lardeux, D.* 2011, 1835, 1841; *Basedow,* Liber amicorum Walter Pintens, 2012, S. 135, 141 sowie *De Marzo,* Foro it. 2011 I col. 917, 920; *Coester-Waltjen/Coester,* Liber amicorum Klaus Schurig, 2012, S. 33, 42; *Mansel,* in: Leible/Unberath (Hrsg.), Brauchen wir eine Rom 0-Verordnung?, 2013, S. 241, 272; *N. de Maizière* S. 186.
[1646] *C. Kohler,* FS Bernd v. Hoffmann, 2011, S. 208, 215.
[1647] *Lardeux, D.* 2011, 1835, 1841 sowie *Hammje,* RCDIP 100 (2011), 291, 322; vgl. aber auch *Traar,* ÖJZ 2011, 805, 811; *Verschraegen,* Internationales Privatrecht, 2012, Rn. 130; *Nitsch,* ZfRV 2012, 264, 266.
[1648] Dahin aber *C. Kohler,* FS Bernd v. Hoffmann, 2011, S. 208, 215.
[1649] Vgl. *Viarengo,* Scritti in onore di Ugo Draetta, 2011, S. 771, 779; *dies.,* RDIPP 2011, 601, 616; *Kruger,* Rome III and Parties' Choice <http://papers.ssrn.com/sol3/papers.cfm?abstract_id=217334> (2012) S. 11; *Sabido Rodríguez,* Rev. Der. Com. Eur. 45 (2013), 499, 520; *Olzen/A. Frank,* FS Siegfried H. Elsing, 2015, S. 1015, 1028.
[1650] *Devers/Farge,* JCP G 2012, 1277, 1284.
[1651] *Rudolf,* EF-Z 2012, 101, 104; BeckOGK/*Gössl* Art. 1 Rom III-VO Rn. 85.
[1652] Zu Erwägungsgrund (18) Rom III-VO und dessen Konsequenzen → § 4 Rn. 569 ff.
[1653] Entgegen *C. Kohler,* FS Bernd v. Hoffmann, 2011, S. 208, 215.
[1654] Siehe *Kruger,* Rome III and Parties' Choice <http://papers.ssrn.com/sol3/papers.cfm?abstract_id=217334> (2012) S. 11.
[1655] *Corneloup/González Beilfuss* Art. 5 Règ. Rome III Rn. 7; *Sabido Rodríguez,* Rev. Der. Com. Eur. 45 (2013), 499, 521; BeckOGK/*Gössl* Art. 6 Rom III-VO Rn. 24; *Wennersbusch* S. 119.
[1656] *Álvarez de Toledo Quintana,* La Ley 7613 (18 de abril 2011), 1, 4.
[1657] *Álvarez de Toledo Quintana,* La Ley 7613 (18 de abril 2011), 1, 4.
[1658] *Lardeux, D.* 2011, 1835, 1841; siehe auch *Wennersbusch* S. 121.
[1659] Entgegen Erman/*Hohloch* Art. 6 Rom III-VO Rn. 2; *J. Mörsdorf-Schulte,* RabelsZ 77 (2013), 786, 819.

V. Scheidung und Trennung ohne Auflösung des Ehebandes 638–641 § 4

hat[1660] (vorbehaltlich einer Fälschung), dagegen schon eher jemand, der nicht positiv zugestimmt, sondern nur auf ein entsprechendes Vereinbarungsangebot des anderen Ehegatten geschwiegen hat.[1661]

Indes spricht Art. 6 II Rom III-VO keine schematische Verweisung auf das Aufenthaltsrecht des betreffenden Ehegatten aus, sondern verlangt eine einschränkende Abwägung, ob die Umstände es nicht rechtfertigen, das in der Rechtswahl benannte Recht zugrundezulegen. Geboten ist eine Interessenabwägung; dies betont den Ausnahmecharakter des Art. 6 II Rom III-VO.[1662] Eine Inkonsistenz liegt darin, dass Art. 6 II Rom III-VO nach seinem Wortlaut das Umweltrecht zum Zeitpunkt der Gerichtsanrufung und nicht jenes bei Abgabe der zu beurteilenden Rechtswahlerklärung beruft.[1663] 638

f) Inhaltliche Wirksamkeit. Die inhaltliche Wirksamkeit einer Rechtswahl regelt Art. 5 I Rom III-VO selber und abschließend: Eine nach ihm zulässige Rechtswahl ist inhaltlich wirksam.[1664] Die im Laufe des Gesetzgebungsverfahrens verschiedentlich geforderte allgemeine Inhaltskontrolle einer Rechtswahl[1665] ist damit vom Tisch.[1666] Dies gilt umso mehr, als die für verhandlungsschwächere Ehegatten besonders gefährlichen und folgenträchtigen Scheidungsfolgen gar nicht nach der Rom III-VO bestimmt werden.[1667] 639

Art. 3 I Vorschlag Rom III-VO verlangte noch im Normtext, dass das gewählte Recht mit den in den EU-Verträgen und in der Charta der Grundrechte der Europäischen Union verankerten Grundrechten und dem ordre public-Vorbehalt vereinbar sein müsse. In Art. 5 I Rom III-VO kehrt dies nicht wieder. Indes besagt Erwägungsgrund (16) S. 2 Rom III-VO, dass das von den Ehegatten gewählte Recht mit den Grundrechten vereinbar sein muss, wie sie durch die Verträge und durch die Charta der Grundrechte der Europäischen Union anerkannt werden. Neben dem ordre public-Vorbehalt des Art. 12 Rom III-VO hat dies keinen eigenständigen justiziablen Gehalt.[1668] Eine eigene Inhaltskontrolle etabliert es nicht. 640

Die inhaltliche Wirksamkeit einer Rechtswahl als kollisionsrechtliche Frage ist von der rechtsgeschäftlichen Wirksamkeit einer Rechtswahl zu trennen. Letztere unterwirft Art. 6 I Rom III-VO dem in der Rechtswahl benannten Recht. Leider fügt der Normtext des Art. 6 I Rom III-VO dem Terminus „Wirksamkeit" keine qualifizierenden und klarstellenden Zusätze hinzu. Er lädt dadurch zu Missverständnissen ein, auch die inhaltliche Wirksamkeit der Rechtswahl nach dem in der Rechtswahl benannten Recht zu beurteilen.[1669] Auf das Ausmaß, in welchem das in der Rechtswahl benannte Recht Vertragsfreiheit gewährt, kommt es für die Rechtswahl nicht an.[1670] Ebenso wenig steht in Rede, ob das in der Rechtswahl benannte Recht die Ehegatten sachrechtlich gleich behandelt, also die Gleichbehandlung der Geschlechter gewährleistet. Dies gehört nicht zur rechtsgeschäftlichen Wirksamkeit[1671] (es sei denn, einem Ehegatten würde die Notwendigkeit seiner Zustimmung beschnitten). Scheidungsrechtliche Privatautonomie bewegt sich auf der sachrechtlichen Ebene, die Rechtswahl dagegen auf der kollisionsrechtlichen Ebene. 641

[1660] Vgl. *Rieck*, NJW 2014, 257, 261.
[1661] *Hausmann* Rn. A 397.
[1662] *J. Mörsdorf-Schulte*, RabelsZ 77 (2013), 786, 820.
[1663] Siehe *J. Mörsdorf-Schulte*, RabelsZ 77 (2013), 786, 819 f.; BeckOGK/*Gössl* Art. 6 Rom III-VO Rn. 25.
[1664] *Basedow*, Liber amciorum Walter Pintens, 2012, S. 135, 143; *Raupach* S. 174; MüKoBGB/*Winkler v. Mohrenfels* Art. 6 Rom III-VO Rn. 3. Zugestanden von *C. Kohler*, FS Bernd v. Hoffmann, 2011, S. 208, 216 f.
[1665] *Jayme/C. Kohler*, IPRax 2006, 537, 539; *C. Kohler*, FPR 2008, 193, 195.
[1666] Anderer Ansicht *E. Becker*, NJW 2011, 1543, 1545.
[1667] *Helms*, FamRZ 2011, 1765, 1768.
[1668] *Mansel*, in: Leible/Unberath (Hrsg.), Brauchen wir eine Rom 0-Verordnung?, 2013, S. 241, 257 f.
[1669] Vgl. aber *Rauscher*, FS Rolf A. Schütze zum 80. Geb., 2014, S. 463, 468.
[1670] Entgegen *Álvarez de Toledo Quintana*, La Ley 7613 (18 de abril 2011), 1, 3 f.; *Sabido Rodríguez*, Rev. Der. Com. Eur. 45 (2013), 499, 520.
[1671] Entgegen *Sabido Rodríguez*, Rev. Der. Com. Eur. 45 (2013), 499, 521.

642 g) *Wirkungseintritt.* Ab wann eine Rechtswahl Wirkung entfaltet, ist in der Rom III-VO weder eigens besagt noch durch Verweisung geregelt.[1672] Insoweit haben die Ehegatten die Prärogative und können eine Abrede treffen. Verbleibende Lücken füllt das gewählte Recht. Im Zweifel wird es bei Fehlen abweichender Vereinbarung den Zeitpunkt ansetzen, zu welchem die Rechtswahl zustande gekommen und wirksam ist.

643 *h) Form.* aa) Europäische Mindestform nach Art. 7 I Rom III-VO. Art. 7 I Rom III-VO schreibt als Grundregel[1673] europäisch eine Mindestform[1674] für die Rechtswahl fest: Die vor einem Scheidungsverfahren getroffene Rechtswahl muss schriftlich erfolgen und bedarf der Datierung und Unterzeichnung durch beide Ehegatten.[1675] Strengeren Vorschlägen hat man sich nicht anschließen wollen.[1676] Art. 7 I Rom III-VO schließt immerhin nicht dokumentierte und bloß mündliche Rechtswahlvereinbarungen zuverlässig aus.[1677] Bei Distanzerklärungen ist die einzelne Erklärung zu datieren.[1678] Eine alternative Anknüpfung (in Deutschland nach Art. 11 EGBGB) ist ausgeschlossen.[1679] Nicht explizit geregelt sind die Zulässigkeit einer Stellvertretung und etwaige Erfordernisse gleichzeitiger und persönlicher Anwesenheit.[1680]

644 Das Erfordernis beiderseitiger eigenhändiger Unterschrift bedurfte der gesonderten Festschreibung, weil Art. 23 I 3 lit. a Var. 1 EuGVVO, heute Art. 25 I 3 lit. a Var. 1 Brüssel Ia-VO für Schriftlichkeit keine Unterschrift verlangt.[1681] Eigenhändigkeit besteht nur für die Unterschrift, nicht für die Niederlegung und Formulierung des eigentlichen Rechtswahltextes.[1682]

645 Was schriftlich ist, ist europäisch-autonom festzulegen; dafür sind erst noch die Maßstäbe zu entwickeln.[1683] Elektronische Übermittlungen, die dauerhaft reproduzierbar sind, können nach Maßgabe des Art. 7 I 2 Rom III-VO ausreichen, der sich an Art. 23 II EuGVVO, heute Art. 25 II Brüssel Ia-VO, anlehnt.[1684] E-Mail kann ausreichen;[1685] indes dürfte die Parallele zur eigenhändigen Unterschrift ihrem Identifikations- und Authentizitätszweck nach eine qualifizierte elektronische Signatur erfordern.[1686] Anderenfalls gäbe es

---

[1672] Vgl. *Viarengo,* RDIPP 2011, 601, 617.
[1673] *Gade,* JuS 2013, 779, 781.
[1674] Siehe nur *Rauscher,* FS Konstantinos Kerameus, 2009, S. 1113, 1130; *Hammje,* RCDIP 100 (2011), 291, 323; *Lardeux,* D. 2011, 1835, 1841; *Campuzano Díaz,* Rev. Der. Com. Eur. 39 (2011), 561, 573; *C. Kohler,* FS Bernd v. Hoffmann, 2011, S. 208, 213; *Traest,* SEW 2012, 98, 104; *Corneloup/González Beilfuss* Art. 7 Règ. Rome III Rn. 6; *Hausmann* Rn. A 403; *J. Mörsdorf-Schulte,* RabelsZ 77 (2013), 786, 817; *Rösler,* RabelsZ 78 (2014), 155, 177 f.; BeckOGK/*Gössl* Art. 7 Rom III-VO Rn. 7.
[1675] Beispiel: Trib. Belluno RDIPP 2016, 206, 214.
[1676] Siehe *Pocar,* Mélanges en l'honneur de Mariel Revillard, 2007, S. 245; *Revillard,* Défrenois 2011, 445, 453 f.
[1677] *Helms,* FamRZ 2011, 1765, 1768; *J. Mörsdorf-Schulte,* RabelsZ 77 (2013), 786, 817.
[1678] BeckOGK/*Gössl* Art. 7 Rom III-VO Rn. 13.1.
[1679] MüKoBGB/*Winkler v. Mohrenfels* Art. 7 Rom III-VO Rn. 2.
[1680] *J. Mörsdorf-Schulte,* RabelsZ 77 (2013), 786, 818 f.; MüKoBGB/*Winkler v. Mohrenfels* Art. 7 Rom III-VO Rn. 3.
[1681] *Rauscher* Rn. 820; *ders.,* FPR 2013, 257, 260; *J. Mörsdorf-Schulte,* RabelsZ 77 (2013), 786, 817.
[1682] *Andrae,* FPR 2020, 505, 506; BeckOGK/*Gössl* Art. 7 Rom III-VO Rn. 14.
[1683] *Mansel,* in: Leible/Unberath (Hrsg.), Brauchen wir eine Rom 0-Verordnung?, 2013, S. 241, 285.
[1684] Siehe nur *Álvarez de Toledo Quintana,* La Ley 7613 (18 de abril 2011), 1, 5; *Campuzano Díaz,* Rev. Der. Com. Eur. 39 (2011), 561, 573; *Rauscher,* FS Rolf A. Schütze zum 80. Geb., 2014, S. 463, 464.
[1685] Vgl. *Kruger,* Rome III and Parties' Choice <http://papers.ssrn.com/sol3/papers.cfm?abstract_id=217334> (2012) S. 12; *Hau,* FamRZ 2013, 249, 252; *Rauscher* Rn. 820; *ders.,* FPR 2013, 257, 261; *J. Mörsdorf-Schulte,* RabelsZ 77 (2013), 786, 819 f.
[1686] *C. Kohler/Pintens,* FamRZ 2011, 1433, 1434; *Helms,* FamRZ 2011, 1765, 1768 f.; *Makowsky,* GPR 2012, 266, 270; *Kroll-Ludwigs* S. 104; *Corneloup/González Beilfuss* Art. 7 Règ. Rome III Rn. 7; MüKoBGB/*Winkler v. Mohrenfels* Art. 7 Rom III-VO Rn. 4 sowie *Rauscher,* FS Rolf A. Schütze zum 80. Geb., 2014, S. 463, 464; *N. de Maizière* S. 187 und zu den parallelen Artt. 7 II; 8 II HUP Explanatory Report *Bonomi* on the Hague Protocol on the Law Applicable to Maintenance Obligations Rn. 145; *Mansel,* in: Leible/Unberath (Hrsg.), Brauchen wir eine Rom 0-Verordnung?, 2013, S. 241, 287. Milder BeckOGK/*Gössl* Art. 7 Rom III-VO Rn. 17.

V. Scheidung und Trennung ohne Auflösung des Ehebandes   646–649 § 4

Wertungsprobleme mit der Gleichwertigkeit.[1687] Auch im eherechtlichen Kontext wirkt dies weniger deplaziert, als auf den ersten Blick scheinen mag.[1688] Die Unterschrift bevollmächtigter Anwälte kann die persönliche Unterschrift eines Ehegatten ersetzen.[1689] Registrierung oder sonstige Publizität sind in Art. 7 I Rom III-VO nicht vorgesehen,[1690] ebensowenig ein Erfordernis, dass ein Rechtskundiger die Rechtswahl aufgesetzt haben müsste.[1691]

Dies ist zumal im Lichte des Erwägungsgrunds (18) Rom III-VO, dass eine nicht informierte Rechtswahl nicht gewollt ist, eine milde, leicht zu erfüllende[1692] und den materiellen Zwecken nicht immer hinreichend genügende Form,[1693] eine Art minimum minimorum.[1694] Art. 7 I Rom III-VO stellt eine Hürde etwa auf dem Niveau einer Bestellung im Internet auf[1695] und öffnet einem opportunistisch gesinnten Ehegatten weiten Spielraum, den anderen Ehegatten zu düpieren.[1696] **646**

Formvorschriften bieten Beweis für Konsens und Existenz einer Rechtswahl und versperren den Weg für eine weitergehende gerichtliche Annahme einer Rechtswahl.[1697] Sie sind indes generell kein geeignetes Instrument, um eine informierte Rechtswahl sicherzustellen.[1698] Auch Art. 7 I Rom III-VO dient letztlich mehr der Beweissicherung, als er dem vordergründig intendierten Übereilungsschutz zu dienen vermag.[1699] Erwägungsgrund (19) S. 2 Rom III-VO verstrahlt insoweit mehr Optimismus und mehr legislatives Vertrauen, als gerechtfertigt ist. **647**

bb) Strengere Formvorschriften der Mitgliedstaaten unter Beachtung des Art. 7 II–IV Rom III-VO. Den Mitgliedstaaten (und nur diesen, nicht etwa Drittstaaten oder EU-Staaten, die keine Mitgliedstaaten der Rom III-VO sind)[1700] steht es frei, unter Beachtung des Art. 7 II–IV Rom III-VO *strengere* Formanforderungen zu stellen. Im Auge hatte man dabei insbesondere eine notarielle Beurkundung oder eine amtliche Registrierung.[1701] Die Formvorschriften, die sachrechtlich für einen Ehevertrag bestehen, können nach Erwägungsgrund (19) S. 4 Rom III-VO ins IPR ausgedehnt werden (und zwar allgemein, nicht nur wenn die Rechtswahl im Rahmen eines Ehevertrags erfolgt,[1702] sondern auch für eine isolierte Rechtswahl). Der Preis ist Inhomogenität zwischen den Mitgliedstaaten.[1703] Von der notariellen Beurkundung als allgemeinem Erfordernis sah man ab, weil das lateinische Notariat nicht in allen Mitgliedstaaten bekannt ist.[1704] **648**

Die Mitgliedstaaten hatten ihre vorhandenen strengeren Formvorschriften nach Art. 17 I 1 lit. a Rom III-VO der Kommission bis zum 21.9.2011 mitzuteilen. Dieser Termin entfal- **649**

[1687] Vgl. *Sabido Rodríguez*, Rev. Der. Com. Eur. 45 (2013), 499, 522.
[1688] Entgegen *Rauscher*, FPR 2013, 257, 260; *dems.*, FS Rolf A. Schütze zum 80. Geb., 2014, S. 463, 464.
[1689] *Viganotti*, Gaz. Pal. 22–23 juin 2011, 5, 6.
[1690] *Revillard*, Essays in Honour of Hans van Loon, 2013, S. 487, 494.
[1691] *Devers/Farge*, JCP G 2012, 1277, 1284.
[1692] *Gomes de Almeida*, Liber amicorum Liviu Pop, 2015, S. 9, 17.
[1693] *C. Kohler*, FS Bernd v. Hoffmann, 2011, S. 208, 214; *Schurig*, FS Bernd v. Hoffmann, 2011, S. 405, 408; *Hau*, FamRZ 2013, 249, 252; *ders.*, FS Rolf Stürner, 2013, S. 1237, 1242; *Hausmann* Rn. A 403; *Revillard*, Essays in Honour of Hans van Loon, 2013, S. 487, 494; *Rauscher*, FS Rolf A. Schütze zum 80. Geb., 2014, S. 463, 467 f.; vgl. auch *Rösler*, RabelsZ 78 (2014), 155, 179–182; tendenziell freundlicher *Campuzano Díaz*, Rev. Der. Com. Eur. 39 (2011), 561, 574.
[1694] *Lardeux*, D. 2011, 1835, 1841; *J. Mörsdorf-Schulte*, RabelsZ 77 (2013), 786, 818.
[1695] *Rauscher* Rn. 830.
[1696] *Schurig*, FS Bernd v. Hoffmann, 2011, S. 405, 408.
[1697] *Sabido Rodríguez*, Rev. Der. Com. Eur. 45 (2013), 499, 522
[1698] *Franzina*, Riv. dir. int. 2011, 488, 495; *Wennerbusch* S. 108; vgl. auch *Rauscher*, FS Konstantinos Kerameus, 2009, S. 1113, 1130; *Kruger*, Rome III and Parties' Choice <http://papers.ssrn.com/sol3/papers.cfm?abstract_id=217334> (2012) S. 12.
[1699] *Wennerbusch* S. 108 f.
[1700] *Álvarez de Toledo Quintana*, La Ley 7613 (18 de abril 2011), 1, 6.
[1701] *Franzina*, Cuad. Der. Trans. 3 (2) (2011), 85, 114; *Viarengo*, RDIPP 2011, 601, 618 sowie *Rauscher*, FS Rolf A. Schütze zum 80. Geb., 2014, S. 463, 465.
[1702] So aber *Corneloup/González Beilfuss* Art. 7 Règ. Rome III Rn. 10.
[1703] *Franzina*, Riv. dir. int. 2011, 488, 494; *Viarengo*, RDIPP 2011, 601, 619.
[1704] *Hausmann* Rn. A 405.

tete aber keine Sperrwirkung; vielmehr erlaubt Art. 17 I 2 Rom III-VO auch eine spätere Einführung strengerer Formvorschriften.[1705] Die Kommission hat Informationen über die Regelungen der einzelnen Mitgliedstaaten elektronisch veröffentlicht,[1706] allerdings ohne dass dabei voll Aktualität gewährleistet wäre.[1707]

650 Eine exklusive Regelungskompetenz hat nach Art. 7 II Rom III-VO nur ein Mitgliedstaat, in welchem die Ehegatten ihren gemeinsamen gewöhnlichen Aufenthalt haben. Haben die Ehegatten ihre gewöhnlichen Aufenthalte in verschiedenen Mitgliedstaaten und sehen diese Staaten unterschiedlich strenge Formvorschriften vor, so reicht es nach Art. 7 III Rom III-VO aus, wenn einer der Formen genügt ist, faktisch also der mildesten.[1708] Haben die Ehegatten ihre gewöhnlichen Aufenthalte in verschiedenen Staaten, von denen nur einer Mitgliedstaat ist, und sehen diese Staaten unterschiedlich strenge Formvorschriften vor, so kommt es nach Art. 7 IV Rom III-VO[1709] nur auf die Formanforderungen des betreffenden mitgliedstaatlichen Rechts an; die drittstaatlichen Formvorschriften sind aus europäischer Sicht unerheblich.[1710] Der Grund für die Differenzierung zwischen Mitglied- und Nichtmitgliedstaaten dürfte hier ganz praktischer Natur sein: Es ist schwieriger, strengere Formvorschriften aus Nichtmitgliedstaaten zu ermitteln, denn Mitgliedstaaten müssen ihre strengeren Formvorschriften nach Art. 17 Rom III-VO der Kommission melden.[1711] Dass Art. 7 Rom III-VO keine Regel für Fälle enthielte, in den keiner der Ehegatten seinen gewöhnlichen Aufenthalt in einem Mitgliedstaat hat,[1712] ist nicht richtig. Vielmehr greift in einem solchen Fall Art. 7 I Rom III-VO.

651 Eine Verweisung auf eine Ortsform am Abschlussort der Rechtswahl findet generell und ganz prinzipiell nicht statt.[1713] Mildere Formvorschriften in drittstaatlichen Rechten interessieren ebenso wenig wie strengere.[1714] Mitgliedstaaten können eh keine milderen Formvorschriften unterhalb der unionsrechtlich verfügten Mindestform aufstellen. Art. 7 Rom III-VO verwirklicht keinen favor validitatis, wie er sonst bei der Anknüpfung der Form, namentlich unter Art. 11 Rom I-VO, im IPR üblich ist.[1715]

652 Eine Aufhebung oder Änderung der Rechtswahl unter Art. 5 II Rom III-VO muss ihrerseits der europäischen Mindestform des Art. 7 I Rom III-VO und etwaigen strengeren Formanforderungen der lex fori genügen. Es ist aber nicht notwendig, dass sie in derselben Form erfolgt wie die Rechtswahl, die sie aufhebt oder abändert.[1716]

653 cc) Protokollierung bei Rechtswahl im Lauf eines Verfahrens. Für die Rechtswahl, die im Lauf eines Verfahrens getroffen wird, lässt Art. 5 III 2 Rom III-VO als europäische Vorgabe genügen, wenn sie im Einklang mit der lex fori zu Protokoll genommen wird. Insoweit wird ein Primat des Prozessrechts anerkannt. Art. 7 I Rom III-VO bezieht sich ausdrücklich nur auf Art. 5 I und II Rom III-VO; er gilt deshalb hier nicht.[1717] Der Zwang zur Protokollierung ist ein Schutz vor einer vorschnellen Annahme, dass konkludent die lex fori gewählt worden sei.[1718]

[1705] Wohl übersehen von *Lardeux*, D. 2011, 1835, 1841.
[1706] <https://e-justice.europa.eu/content_law_applicable-to_divorce_and_legal_separation-356-de.doc>.
[1707] BeckOGK/*Gössl* Art. 7 Rom III-VO Rn. 23.
[1708] Siehe nur *Rösler*, RabelsZ 78 (2014), 155, 1177–179.
[1709] *Hau*, FamRZ 2013, 249, 252 kritisiert zu Recht, dass diese Norm reichlich kompliziert ausgefallen ist.
[1710] Einen zukünftigen allseitigen Ausbau durch die Rechtsprechung hält *J. Mörsdorf-Schulte*, RabelsZ 77 (2013), 786, 818 für möglich.
[1711] *Kruger*, Rome III and Parties' Choice <http://papers.ssrn.com/sol3/papers.cfm?abstract_id=217334> (2012) S. 12.
[1712] So *Corneloup/González Beilfuss* Art. 7 Règ. Rome III Rn. 3; vgl. auch *J. Mörsdorf-Schulte*, RabelsZ 77 (2013), 786, 818.
[1713] *Álvarez de Toledo Quintana*, La Ley 7613 (18 de abril 2011), 1, 6; *Rauscher*, FS Rolf A. Schütze zum 80. Geb., 2014, S. 463, 465.
[1714] *Álvarez de Toledo Quintana*, La Ley 7613 (18 de abril 2011), 1, 6.
[1715] *Sabido Rodríguez*, Rev. Der. Com. Eur. 45 (2013), 499, 523.
[1716] *Devers/Farge*, JCP G 2012, 1277, 1284.
[1717] *Helms*, FamRZ 2011, 1765, 1769; *J. Mörsdorf-Schulte*, RabelsZ 77 (2013), 786, 817 Fn. 120.
[1718] *Hau*, FS Rolf Stürner, 2013, S. 1237, 1249.

V. Scheidung und Trennung ohne Auflösung des Ehebandes   654–658 § 4

Der deutsche Gesetzgeber hat auf eine spezifische Durchführungsvorschrift verzichtet, 654
weil über § 113 I FamFG für deutsche Scheidungsprozesse §§ 159 ff. ZPO über das Sitzungsprotokoll gelten.[1719] Gemäß § 160 II ZPO sind die wesentlichen Vorgänge von Verhandlungen, zu denen auch die Abgabe von Willenserklärungen gehört, zu Protokoll zu nehmen. § 114 FamFG ist dagegen keine zwingende Voraussetzung.[1720]

dd) Notarielle Beurkundung unter Art. 46e I EGBGB. Die Mitgliedstaaten haben die 655
Option kaum wahrgenommen. Belgien, Ungarn, Österreich und Rumänien haben offiziell mitgeteilt, dass sie keine strengere Form einführen wollen.[1721] Italien kennt faktisch keine.[1722] Deutschland bricht indes aus der liberalen Linie aus.

Die Form der vorprozessualen Rechtswahl regelt in Deutschland Art. 46e I EGBGB, 656
eingefügt durch das deutsche AnpassungsG zur Rom III-VO. Nach Art. 46e I EGBGB ist für eine internationalscheidungsrechtliche Rechtswahl im Inland in der Regel die notarielle Beurkundung erforderlich. Dies ist eine hohe, vielleicht zu hohe und jedenfalls kostenträchtige Hürde für vorsorgende Planung und Gestaltung.[1723] Der deutsche Gesetzgeber hielt die unionsrechtliche Schriftform des Art. 7 I Rom III-VO jedenfalls für keine ausreichende Absicherung des schwächeren Ehegatten vor einer ihm ungünstigen Rechtswahl.[1724] Deshalb orientierte sich der deutsche Gesetzgeber an den Formvorschriften des deutschen IPR (Artt. 15 III; 14 IV EGBGB) und des deutschen Sachrechts (§§ 1409; 1410; 1585c BGB; § 7 VersAusglG).[1725] Art. 46e I EGBGB kommt nur in dem Rahmen zum Zuge, den Art. 7 II-IV Rom III-VO dem nationalen Recht lässt; dies ist dem Wortlaut des Art. 46e I EGBGB leider nicht zu entnehmen,[1726] ergibt sich aber eindeutig aus dem normhierarchischen Anwendungsvorrang des sekundären Unionsrechts.[1727] Außerdem setzt Art. 46e I EGBGB als Sachnorm die kollisionsrechtliche Berufung deutschen Rechts als Formstatut voraus.[1728]

ee) Form des § 127a BGB bei Rechtswahl in einem deutschen Scheidungsverfahren ge- 657
mäß Art. 46e II 2 EGBGB. Art. 46e II EGBGB nutzt auf der einen Seite die Erlaubnis des Art. 5 III Rom III-VO, auch in einem laufenden Scheidungsverfahren eine Rechtswahl zuzulassen.[1729] Auf der anderen Seite zieht er der Rechtswahl insofern eine zeitliche Grenze, als diese bis zum Schluss der mündlichen Verhandlung im ersten Rechtszug erfolgt sein muss. Damit ist eine Rechtswahl noch in der Rechtsmittelinstanz ausgeschlossen;[1730] deren Zulassung hielt der deutsche Gesetzgeber im Interesse der Verfahrensökonomie für überzogen.[1731]

Art. 46e II 2 EGBGB erklärt § 127a BGB für entsprechend anwendbar; eine Erklärung 658
zu Protokoll des Gerichts ersetzt die Schriftform und selbst die notarielle Beurkundung.[1732]

[1719] Begründung der Bundesregierung zum Entwurf eines Gesetzes zur Anpassung der Vorschriften des Internationalen Privatrechts an die Verordnung (EU) Nr. 1259/2010 und zur Änderung anderer Vorschriften des Internationalen Privatrechts, BT-Drs. 17/11049, 11; BeckOGK/*Gössl* Art. 5 Rom III-VO Rn. 67.1.
[1720] BeckOGK/*Gössl* Art. 5 Rom III-VO Rn. 67.2.
[1721] *Rauscher*, FS Rolf A. Schütze zum 80. Geb., 2014, S. 463, 466.
[1722] *Viarengo*, JbItalR 26 (2013), 3, 17.
[1723] *Helms*, Liber amicorum Walter Pintens, 2012, S. 681, 692; *Nitsch*, ZfRV 2012, 264, 266.
[1724] Siehe Begründung der Bundesregierung zum Entwurf eines Gesetzes zur Anpassung der Vorschriften des Internationalen Privatrechts an die Verordnung (EU) Nr. 1259/2010 und zur Änderung anderer Vorschriften des Internationalen Privatrechts, BT-Drs. 17/11049, 10 f.
[1725] Begründung der Bundesregierung zum Entwurf eines Gesetzes zur Anpassung der Vorschriften des Internationalen Privatrechts an die Verordnung (EU) Nr. 1259/2010 und zur Änderung anderer Vorschriften des Internationalen Privatrechts, BT-Drs. 17/11049, 11; *Rauscher*, FPR 2013, 257, 260; *Olzen/A. Frank*, FS Siegfried H. Elsing, 2015, S. 1015, 1027.
[1726] *Rauscher*, FPR 2013, 257, 260.
[1727] *Rauscher/Pabst*, NJW 2012, 3490, 3497; *Hau*, FamRZ 2013, 249, 252; *Hausmann* Rn. A 577.
[1728] *Rauscher/Pabst*, NJW 2012, 3490, 3497; *Hau*, FamRZ 2013, 249, 252.
[1729] *Rauscher*, FPR 2013, 257, 260; *Hausmann* Rn. A 578.
[1730] Kritisch dazu *Hau*, FamRZ 2013, 249, 253.
[1731] Begründung der Bundesregierung zum Entwurf eines Gesetzes zur Anpassung der Vorschriften des Internationalen Privatrechts an die Verordnung (EU) Nr. 1259/2010 und zur Änderung anderer Vorschriften des Internationalen Privatrechts, BT-Drs. 17/11049, 11 f.
[1732] OLG Nürnberg FamRZ 2013, 1321, 1322 f.

Eine dem Prozess vorangegangene schriftliche Vereinbarung (die an sich Art. 46e I BGB und dem dortigen Erfordernis der notariellen Beurkundung nicht genügt) lässt erwarten, dass eine inhaltlich übereinstimmende formgerechte Vereinbarung im Lauf des Verfahrens erfolgt.[1733] Für die Erklärungen im Prozess gilt Anwaltszwang nach § 114 I FamFG, § 127a ZPO.[1734]

659 Die Bezugnahme auf Ausgestaltungen im deutschen Prozessrecht ist gerechtfertigt, weil Art. 46e II EGBGB eine einseitige Kollisionsnorm nur für Inlandsprozesse ist. Der deutsche Gesetzgeber weicht inhaltlich von der früheren unwandelbaren Festschreibung des Scheidungsstatuts auf den Zeitpunkt, zu welchem das Scheidungsgericht angerufen wird, ab.[1735]

660 Es gibt keine europäische Mindestvorgabe, dass die Rechtswahl öffentlich registriert oder sonst publiziert sein müsste. Dies kann – indes hinzunehmende und nicht rechtswahlspezifische – Beweisprobleme nach sich führen, wenn das einzige Original der Rechtswahl nicht mehr verfügbar ist und dessen Existenz bestritten wird.[1736]

661 Art. 46e II EGBGB eröffnet keine Möglichkeit zu einer Teilrechtswahl allein für die Statussache oder allein für alle oder ausgewählte Scheidungsfolgen, sondern erlaubt nur eine umfassende Rechtswahl, soweit die scheidungsrechtliche Rechtswahlfreiheit reicht.[1737] Treffen schlecht beratene oder sonst unkundige Ehegatten eine Rechtswahl nur für die Statussache, so ist diese Rechtswahl trotzdem für die Scheidungssache zu beachten und indirekt auch für die Scheidungsfolgen maßgeblich, soweit diese scheidungsakzessorisch an das Scheidungsstatut angeknüpft werden.[1738]

662 **4. Objektive Anknüpfung.** *a) Struktur.* Die objektive Anknüpfung kommt als subsidiäre Anknüpfung zum Zuge, wenn die Ehegatten keine Rechtswahl getroffen haben oder wenn eine getroffene Rechtswahl nicht wirksam ist.[1739] Objektiv erfolgt primär eine Anknüpfung an den gemeinsamen gewöhnlichen Aufenthalt der Ehegatten, wenn dieser noch aktuell ist (Art. 8 lit. a Rom III-VO) oder subsidiär, wenn dieser früher bestand, aber noch von einem Ehegatten einseitig beibehalten wird (Art. 8 lit. b Rom III-VO). Die weiteren Stufen der Kaskadenanknüpfung bezeichnen das Recht einer gemeinsamen Staatsangehörigkeit (Art. 8 lit. c Rom III-VO) und letzthilfsweise die lex fori (Art. 8 lit. d Rom III-VO). Zur jeweils nächstniedrigeren Stufe der Kaskade gelangt man erst, wenn sich auf der vorangegangenen Stufe kein Ergebnis erzielen ließ.[1740] Es gibt eine eindeutige Hierarchie und eine eindeutige Subsidiaritätsreihenfolge. Die höchste Stufe, auf der sich ein Ergebnis erzielen lässt, bestimmt das anwendbare Recht.

663 Art. 8 Rom III-VO enthält eine Kaskade,[1741] eine *Kegel*'sche Leiter[1742] und sucht nach der größtmöglichen Nähe.[1743] Er enthält zugleich eine Entscheidung gegen eine generelle

---

[1733] OLG Nürnberg FamRZ 2013, 1321, 1323.
[1734] *Dimmler/Bißmaier,* FamRB Int. 2013, 30.
[1735] *Helms,* FamRZ 2011, 1765, 1768.
[1736] *Nascimbene,* in: Carbone/Queirolo (a cura di), Diritto di famiglia e Unione Europea, 2008, S. 207, 216; *De Marzo,* Foro it. 2011 I col. 917, 920.
[1737] *Hau,* FamRZ 2013, 249, 253.
[1738] *Hau,* FamRZ 2013, 249, 253.
[1739] Siehe nur *Othenin-Girard,* FS Ivo Schwander, 2011, S. 593, 601; *Queirolo/Carpaneto,* RDIPP 2012, 59, 69.
[1740] Siehe nur *Malagoli,* Contratto e impresa/Europa 2011, 436, 439.
[1741] Trib. Belluno RDIPP 2016, 206, 213; Trib. Verona RDIPP 2016, 225, 226; Arr.Rb. West-Vlanderen R. W. 2017–18, 713.
[1742] Allerdings mit Umkehrung der ersten beiden Stufen: von der Staatsangehörigkeit zum gewöhnlichen Aufenthalt; *Niethammer-Jürgens,* in: I. Götz/G. Schnitzler (Hrsg.), 40 Jahre Familienrechtsreform, 2017, S. 347, 350.
[1743] *Franzina,* Cuad. Der. Trans. 3 (2) (2011), 85, 115; *Hammje,* RCDIP 100 (2011), 291, 32 *Hammje,* RCDIP 100 (2011), 291, 326; *Traar,* ÖJZ 2011, 805, 809; *Carrascosa González,* Cuad. Der. Trans. 4 (1) (2012), 52, 68; *J. Stürner,* Jura 2012, 708, 710; *Hau,* FS Rolf Stürner, 2013, S. 1237, 1243; *Rösler,* RabelsZ 78 (2014), 155, 1163–167 sowie *Campuzano Díaz,* Rev. Der. Com. Eur. 39 (2011), 561, 575; *Traest,* SEW 2012, 98, 105; *Finger,* FuR 2013, 305, 307; *Gade,* JuS 2013, 779, 781; *J. Mörsdorf-Schulte,* RabelsZ 77 (2013), 786, 806.

V. Scheidung und Trennung ohne Auflösung des Ehebandes 664–668 § 4

Anwendung der lex fori und wendet sich damit gegen die Lösung der angloamerikanischen Kollisionsrechte,[1744] die durchgängig auf die lex fori setzen und so den Filter der Nahebeziehung ausschließlich der internationalen Zuständigkeit überlassen. Die Anwendung der lex fori kann überraschen und setzt Ehegatten, die ohne dauerhafte Integrationsabsicht in einem Staat leben, unter Druck.[1745] Freilich hat die Entscheidung gegen ein lex fori-Prinzip die politische Konsequenz, dass die Rom III-VO zumindest vorläufig die common law-Staaten nicht zu ihren Mitgliedstaaten zählen darf.[1746]

Damit die Ehegatten einander auf Augenhöhe begegnen können, ist grundsätzlich an 664 solche Anknüpfungspunkte anzuknüpfen, die beiden Ehegatten gemeinsam sind oder zu denen beide zumindest eine gewisse Nähe aufweisen, wenn auch nicht notwendig eine gleich ausgeprägte. Jedenfalls gilt es, eine Diskriminierung nach dem Geschlecht zu vermeiden und Artt. 18; 21 AEUV Genüge zu tun.[1747] Rechtssicherheit und Vorsehbarkeit soll Art. 8 Rom III-VO ebenfalls wahren.[1748]

Eine einseitige Rechtswahl durch nur einen Ehegatten gibt es unter der Rom III-VO 665 nicht. Daher liegt keine relevante Abweichung von Art. 8 Rom III-VO vor, wenn einer der Ehegatten oder dessen Anwalt auf der Basis eines Rechts vorträgt, das objektiv unter Art. 8 Rom III-VO nicht berufen ist.[1749]

Das Scheidungsstatut ist bis zum Beginn des Scheidungsverfahrens wandelbar,[1750] ab 666 dann aber unwandelbar.

Eine Ausweichklausel kennt Art. 8 Rom III-VO nicht. Er erlaubt also kein Abweichen 667 von der Regelanknüpfung, falls engere Verbindungen zu einer anderen Rechtsordnung bestehen. Dies erklärt sich daraus, dass die einzelnen Anknüpfungen des Art. 8 Rom III-VO ihrerseits dem Näheprinzip, dem Prinzip einer Anknüpfung nach der relativ engsten Verbindung, zu folgen bemüht sind.[1751] Der europäische Gesetzgeber hat bereits abstrakt die Wertungsentscheidungen getroffen, wie die einzelnen in Betracht kommenden Anknüpfungspunkte zu gewichten sind. Rechtssicherheit und Klarheit der Rechtsanwendung stehen im Vordergrund.[1752]

b) Aufenthaltsprinzip, nicht Staatsangehörigkeitsprinzip als primäre Maxime. In Art. 8 litt. a, b 668 Rom III-VO liegt für viele Mitgliedstaaten eine kleine kollisionsrechtliche Revolution. Denn diese Normen erheben den gewöhnlichen Aufenthalt zum primären Anknüpfungspunkt. Sie verwirklichen das Aufenthaltsprinzip und wenden sich vom Staatsangehörigkeitsprinzip ab, wie es vielen nationalen Alt-Kollisionsrechten zugrunde liegt.[1753] Sie vermeiden Rigidität und fördern soziale Mobilität.[1754] Sie erkennen an, dass es in Europa Millionen von Migranten gibt, bei denen eine Anknüpfung an die Staatsangehörigkeit Auslandsrechtsanwendung mit entsprechend höheren tertiären Kosten und Erschwernissen für die Justiz des Aufenthaltsstaates wäre.[1755] Sie passen zur politisch gewollten Nichtdiskriminierung, Gleichstellung und Inländergleichbehandlung.[1756] Sie gewichten die soziale Verbindung höher als die kulturelle.[1757] Integration von Immigranten steht auf den rechts-

---

[1744] *Rauscher,* FS Konstantinos Kerameus, 2009, S. 1113, 1131; *Carrascosa González,* Cuad. Der. Trans. 4 (1) (2012), 52, 67 f.
[1745] *Rauscher,* FS Konstantinos Kerameus, 2009, S. 1113, 1118.
[1746] *Lardeux,* D. 2011, 1835 (1835).
[1747] *Franzina,* Cuad. Der. Trans. 3 (2) (2011), 85, 99.
[1748] *Hammje,* RCDIP 100 (2011), 291, 325.
[1749] *Viganotti,* Gaz. Pal. 22–23 juin 2011, 5, 7.
[1750] *Kroll-Ludwigs* S. 392.
[1751] *Fallon,* Rev. trim. dr. fam. 2012, 291, 301.
[1752] *Sabido Rodríguez,* Rev. Der. Com. Eur. 45 (2013), 499, 526.
[1753] Siehe nur *Helms,* FamRZ 2011, 1765, 1769; *Rösler,* RabelsZ 78 (2014), 155, 163–167; *N. de Maizière* S. 206.
[1754] *Carrascosa González,* Cuad. Der. Trans. 4 (1) (2012), 52, 71; BeckOGK/*Gössl* Art. 8 Rom III-VO Rn. 8.
[1755] *Carrascosa González,* Cuad. Der. Trans. 4 (1) (2012), 52, 79.
[1756] *Helms,* Liber amicorum Walter Pintens, 2012, S. 681, 686.
[1757] *Calvo Caravaca/Carrascosa González,* Cuad. Der. Trans. 1 (2009), 36, 59.

politischen Fahnen.¹⁷⁵⁸ Zugleich stellen Art. 8 litt. a, b Rom III-VO grundsätzlich wertungsmäßigen Gleichklang mit den Kriterien für die internationale Zuständigkeit in Art. 3 I Brüssel IIa-VO her.¹⁷⁵⁹ Die Scheidung zweier in Deutschland lebender türkischer Ehepartner unterliegt jetzt deutschem Recht, nicht mehr wie vor dem Wirksamwerden der Rom III-VO türkischem Recht.¹⁷⁶⁰

669 Wenn sich die Ehegatten trotz gemeinsamem gewöhnlichem Aufenthalt einem anderen Staat, namentlich einem gemeinsamen Heimatstaat, enger verbunden fühlen, so müssen sie jener kulturellen Verbundenheit durch eine Rechtswahl nach Art. 5 I lit. c Rom III-VO besonderen Ausdruck verleihen;¹⁷⁶¹ auf der Ebene der objektiven Anknüpfung gibt es keine Ausweichklausel für ein Abweichen vom Aufenthaltsprinzip.¹⁷⁶² So kann sich für Deutsche, die einen gemeinsamen gewöhnlichen Aufenthalt im Ausland haben oder hatten, ergeben, dass sie sich nicht nach deutschem Recht, sondern nach dem Recht ihres ausländischen Aufenthalts zu scheiden sind.¹⁷⁶³

670 Die Staatsangehörigkeit behält als subsidiäre objektive Anknüpfung nur im Rahmen des Art. 8 lit. c Rom III-VO Bedeutung, also auf der dritten Stufe der Leiter, eigentlich doppeltsubsidiär.¹⁷⁶⁴ Insoweit zählen Kontinuität und kulturelle Verbundenheit noch, aber erst auf einer niedrigen, nachgeordneten Stufe der Anknüpfungsleiter. Darin liegt ein schwacher Kompromiss.¹⁷⁶⁵ Insgesamt aber entscheidet sich die Rom III-VO für eine objektive Anknüpfung nach dem Aufenthaltsprinzip und sorgt mit ihren kompromisshaften Elementen, insbesondere der Rechtswahlmöglichkeit nach Art. 5 I lit. c Rom III-VO, für eine recht elegante Lösung.¹⁷⁶⁶

671 Allerdings enthält sich die Rom III-VO jeglicher Definition des gewöhnlichen Aufenthalts, und schreibt so eine nachgerade traditionelle Lücke im europäischen IPR fort,¹⁷⁶⁷ die man schon fast eine offene Wunde nennen kann.¹⁷⁶⁸ Art. 19 Rom I-VO in den familienrechtlichen Kontext zu übertragen erscheint unpassend, da es bei einer Scheidung eindeutig um den privaten Bereich geht und nicht – wie bei Art. 19 II Rom I-VO – um eine Notwendigkeit, den gewöhnlichen Aufenthalt bei beruflicher Tätigkeit unter Berücksichtigung der Erkennbarkeit für Externe zu bestimmen.¹⁷⁶⁹ Mit einer Anlehnung an Art. 19 Rom I-VO im IPR hätte man auch im Ansatz einen Keil zwischen die Maßstäbe bei der internationalen Zuständigkeit und beim anwendbaren Recht getrieben.

672 Der gewöhnliche Aufenthalt ist auch in der Rom III-VO ein faktisch determinierter Anknüpfungspunkt.¹⁷⁷⁰ Ein Interesse eines Staates, die Belange seiner Wohnbevölkerung zu regulieren, spielt für seine Ausfüllung keine Rolle,¹⁷⁷¹ da es sich dabei um ein normatives Element handeln würde.

---

¹⁷⁵⁸ *Lardeux*, D. 2011, 1835, 1836; *Campuzano Díaz*, Rev. Der. Com. Eur. 39 (2011), 561, 571.
¹⁷⁵⁹ *Baruffi*, Dir. UE 2011, 867, 887; *Sabido Rodríguez*, Rev. Der. Com. Eur. 45 (2013), 499, 517.
¹⁷⁶⁰ NK-BGB/*U. P. Gruber* Vor Art. 1 Rom III-VO Rn. 40.
¹⁷⁶¹ *Carrascosa González*, Cuad. Der. Trans. 4 (1) (2012), 52, 75.
¹⁷⁶² *Remien*, in: Leible/Unberath (Hrsg.), Brauchen wir eine Rom 0-Verordnung?, 2013, S. 223, 235.
¹⁷⁶³ *Höbbel/Seibert/T. Möller*, FuR 2013, 28, 33.
¹⁷⁶⁴ Trib. Verona RDIPP 2016, 225, 226.
¹⁷⁶⁵ Siehe *Franzina*, Cuad. Der. Trans. 3 (2) (2011), 85, 96–98, 115.
¹⁷⁶⁶ *Carrascosa González*, Cuad. Der. Trans. 4 (1) (2012), 52, 64; *Mansel*, in: Leible/Unberath (Hrsg.), Brauchen wir eine Rom 0-Verordnung?, 2013, S. 241, 263f.
¹⁷⁶⁷ *Lardeux*, D. 2008, 795, 799; *Hammje*, RCDIP 100 (2011), 291, 316; *Rösler*, RabelsZ 78 (2014), 155, 163–167.
¹⁷⁶⁸ Siehe *Carrascosa González/Seatzu*, Studi integr. Eur. 5 (2010), 49, 53.
¹⁷⁶⁹ *Carrascosa González/Seatzu*, Studi integr. Eur. 5 (2010), 49, 66; *Carrascosa González*, Cuad. Der. Trans. 4 (1) (2012), 52, 73.
¹⁷⁷⁰ Siehe nur *Calvo Caravaca/Carrascosa González*, Cuad. Der. Trans. 1 (2009), 36, 60; *Campuzano Díaz*, Rev. Der. Com. Eur. 39 (2011), 561, 576; *Queirolo/Carpaneto*, RDIPP 2012, 59, 65; *Fallon*, Rev. trim. dr. fam. 2012, 291, 312; *Kruger*, S. 4; *Feraci*, Riv. dir. int. 2013, 424, 451; *Sabido Rodríguez*, Rev. Der. Com. Eur. 45 (2013), 499, 525.
¹⁷⁷¹ Entgegen *Calvo Caravaca/Carrascosa González*, Cuad. Der. Trans. 1 (2009), 36, 59; *Rodríguez Benot*, Cuad. Der. Trans. 2 (2010), 186, 193; *Campuzano Díaz*, Rev. Der. Com. Eur. 39 (2011), 561, 577f.

V. Scheidung und Trennung ohne Auflösung des Ehebandes   673–675 § 4

Bereichsspezifische Differenzierungen sind damit, gerade wenn wie bei der Scheidung 673
Statusfragen berührt sind, keineswegs ausgeschlossen.[1772] Was unter Artt. 8 ff. Brüssel IIa-
VO zum gewöhnlichen Aufenthalt von Kindern gesagt wird, wird regelmäßig für den gewöhnlichen Aufenthalt von Erwachsenen und erst recht von erwachsenen Ehegatten nicht
ganz passen.[1773] Differenzierung nach dem Zuschnitt der Anknüpfungsperson ist geboten
und sogar veranlasst.[1774] Im Scheidungskontext benötigt man eine auf erwachsene Ehegatten zugeschnittene Ausfüllung.[1775] Dies hindert aber nicht, Stabilität, Integration in ein
soziales Umfeld, Dauer und Grund des Aufenthalts als wesentliche Faktoren zu bewerten.[1776]

Das unter der Brüssel IIa-VO obwaltende und im Kern bewährte autonome Begriffsver- 674
ständnis[1777] für den gewöhnlichen Aufenthalt kann auch unter der Rom III-VO als Ausgangspunkt dienen. Eine Anlehnung an die zu Art. 3 I lit. a Brüssel IIa-VO entwickelten
Maßstäbe ist dagegen grundsätzlich zweckmäßig,[1778] aber nicht schlechterdings geboten.[1779]
Jedenfalls ist eine europäisch-autonome Bestimmung verlangt.[1780] Rechtsaktübergreifende
Auslegung steht auch im Gesamtkontext des europäischen Internationalen Privat- und Verfahrensrechts gut zu Gesicht.[1781] Schließlich sind die verschiedenen europäischen Rechtsakte Teile eines sich entwickelnden und ausdehnenden Systems, das seine Schöpfer und die
hinter ihm stehende Institution als prinzipiell einheitliches Konstrukt ansehen.

Im Begriffskern bezeichnet der gewöhnliche Aufenthalt den Lebensmittelpunkt einer 675
Person[1782] (auch wenn dies einen unbestimmten Rechtsbegriff durch einen anderen „aus-
füllt"[1783]). Verlangt ist jedenfalls eine physische Präsenz von einer gewissen Dauer oder zumindest subjektiv intendierten Dauer.[1784] Auf eine Einschreibung in Melderegister kommt
es nicht an.[1785] Dass eine bestimmte Wohnung den Lebensmittelpunkt eines Menschen
bildet, wird umso eher zu bejahen sein, wenn dieser keinen anderen Ort hat, der während
der zu beurteilenden Zeitspanne für sein Privat- und Berufsleben zumindest annähernd
vergleichbare Bedeutung hat.[1786] Ein Aufenthalt, der auf unbestimmte Zeit angelegt ist, ist
im Zweifel ein gewöhnlicher Aufenthalt, z. B. bei immigrierten Gastarbeitern.[1787] Weniger
eindeutig sind Fälle von vornherein zeitlich befristeten Aufenthalts mit anschließender

---

[1772] *Helms,* FamRZ 2011, 1765, 1769 f.; *ders.,* Liber amicorum Walter Pintens, 2012, S. 681, 688.
[1773] *Traar,* ÖJZ 2011, 805, 808; vgl. auch *Kruger,* Rome III and Parties' Choice <http://papers.ssrn.com/sol3/papers.cfm?abstract_id=217334> (2012) S. 5; *Rösler,* RabelsZ 78 (2014), 155, 164. Nicht gesehen von *Campuzano Díaz,* Rev. Der. Com. Eur. 39 (2011), 561, 577.
[1774] *Mankowski,* GPR 2011, 209, 212 f.
[1775] *Traar,* ÖJZ 2011, 805, 808.
[1776] *Fallon,* Rev. trim. dr. fam. 2012, 291, 312.
[1777] Siehe nur EuGH Slg. 2009, I-2805 Rn. 40 – A/Perusturvalautakunta; EuGH Slg. 2010, I-14358 Rn. 50 f. – Barbara Mercredi/Richard Chaffe; EuGH ECLI:EU:C:2017:436 Rn. 40 – OL/PQ; HD NJA 2011, 499; OLG Bamberg FamRZ 2018, 38, 39; *Marinos v. Marinos* [2007] EWHC 2047 (Fam) [17], [2007] 2 FLR 1018 (F. D., *Munby* J.); *Re T (A Child: Art. 15 Brussels II Revised)* [2013] EWHC 521 (Fam) [14], [2013] 1 FLR 909 (F. D., *Mostyn* J.).
[1778] *E. Becker,* NJW 2011, 1543, 1545; *Hammje,* RCDIP 100 (2011), 291, 316; *Helms,* FamRZ 2011, 1765, 1769; *Campuzano Díaz,* Rev. Der. Com. Eur. 39 (2011), 561, 577.
[1779] Vgl. *Helms,* Liber amicorum Walter Pintens, 2012, S. 681, 689.
[1780] Siehe nur *Franzina,* Cuad. Der. Trans. 3 (2) (2011), 85, 97; *Campuzano Díaz,* Rev. Der. Com. Eur. 39 (2011), 561, 576; *Kruger,* Rome III and Parties' Choice <http://papers.ssrn.com/sol3/papers.cfm?abstract_id=217334> (2012) S. 4 und allgemein *Baetge,* FS Jan Kropholler, 2008, S. 77.
[1781] Siehe nur *Vienenkötter* S. 369 et passim; *G. John,* GPR 2018, 70, 76 f.
[1782] Siehe nur Cass. civ. Bull. Civ. 2005 I n°. 506 = D. 2006, 1503 note *Courbe/Jault-Seseke* = Gaz. Pal. 24–25 février 2006, 8 note *Guez* = AJF 2006, 161 note *David*; OGH EFSlg 124.678; *Helms,* FamRZ 2011, 1765, 1769.
[1783] *G. John,* GPR 2018, 70, 78.
[1784] *Helms,* FamRZ 2011, 1765, 1770 unter Hinweis auf EuGH Slg. 2009, I-2805, I-2846 Rn. 40 – A/Perusturvalautakunta; EuGH Slg. 2010, I-14358, I-14378 Rn. 50 f. – Barbara Mercredi/Richard Chaffe.
[1785] *Baetge,* FS Jan Kropholler, 2008, S. 77, 83 f.; *Carrascosa González/Seatzu,* Studi integr. eur. 5 (2010), 49, 67; *M.-P. Weller,* in: Leible/Unberath (Hrsg.), Brauchen wir eine Rom 0-Verordnung?, 2013, S. 293, 322.
[1786] OGH EFSlg 124.678.
[1787] *J. Stürner,* Jura 2012, 708, 710.

Rückkehr in den Ausgangsstaat, z. B. Diplomaten, Projektingenieure, im Ausland stationierte Soldaten.[1788]

676 Nicht jeder vorübergehende Aufenthaltswechsel führt gleich zum Verlust des gewöhnlichen Aufenthalts.[1789] Man darf den Unterschied zwischen einem *schlichten* und einem *gewöhnlichen* Aufenthalt nicht einebnen. Der gewöhnliche Aufenthalt verlangt mehr, ist aber auch dementsprechend schwerer zu verlieren. Trotzdem kann ein neuer gewöhnlicher Aufenthalt begründet werden, wenn ein Ehegatte den Berufsnotwendigkeiten des anderen Ehegatten in einen anderen Staat folgt.[1790]

677 Die Rom III-VO schreibt für den gewöhnlichen Aufenthalt keine Mindestdauer vor.[1791] Im Prinzip schwebt ihr eine Kombination objektiver und subjektiver Momente vor.[1792] Das Grundkonzept ist eine faktische, keine normative Anknüpfung. Ob ein Lebensmittelpunkt temporär, semipermanent oder permanent gedacht ist, ist unerheblich.[1793] Unerheblich ist auch ein Wille zur späteren Rückkehr in einen anderen Staat.[1794] Dem animus manendi kann man unter Umständen Gewicht beimessen, seit die objektive Anknüpfung an den gewöhnlichen Aufenthalt der Parteiautonomie zur Seite gestellt wird.[1795] Früher dominierten eher statische Verhältnisse, heute gilt es Mobilität zu bewältigen und in Einklang mit Kontinuitätsinteressen zu bringen.[1796] Zudem sollte bei freien und erwachsenen Menschen deren Willen zumindest mittelbar eine gewisse Bedeutung zukommen.[1797]

678 Ein auch objektiv nur vorübergehender Aufenthalt reicht dagegen nicht, um einen gewöhnlichen Aufenthalt zu tragen.[1798] Entscheidend ist letztlich der Ausdruck einer gewissen sozialen Integration.[1799] Je länger eine Integration andauert und je stärker die Identifikation mit dem Aufenthaltsstaat ist, desto mehr ist ein gewöhnlicher Aufenthalt zu bejahen.[1800]

679 In der Regel wird der gewöhnliche Aufenthalt einer Person leichter zu bestimmen sein, als es ist, dafür abstrakt Maßstäbe zu formulieren.[1801] Natürlich bleiben Problemfälle. Man denke etwa an den internationalen Jetsetter mit Häusern oder Wohnungen in vielen Ländern[1802] oder an jemanden, der etwa die gleiche Zeit in zwei verschiedenen Staaten verbringt.[1803] Wie steht es um jemanden, der die Werktage dauerhaft in einem Staat verbringt, um dann am Wochenende nach Hause in einen anderen Staat zu kommen.[1804] Ändert sich etwas, wenn das eigentliche Eheleben am Wochenende stattfindet, und können Intentionen der Ehegatten allgemein objektive Gewichte verschieben?[1805]

[1788] *J. Stürner*, Jura 2012, 708, 710.
[1789] *Helms*, FamRZ 2011, 1765, 1770 unter Hinweis auf GA *Kokott*, Slg. 2009, I-2808, I-2821 Nr. 42.
[1790] *Rauscher*, FS Konstantinos Kerameus, 2009, S. 1113, 1132.
[1791] *Helms*, FamRZ 2011, 1765, 1770; *Carrascosa González*, Cuad. Der. Trans. 4 (1) (2012), 52, 74; *Fallon*, Rev. trim. dr. fam. 2012, 291, 312 sowie EuGH Slg. 2010, I-14358, I-14378 Rn. 51 – Barbara Mercredi/Richard Chaffe.
[1792] *Hammje*, RDCIP 100 (2011), 291, 292; *Carrascosa González*, Cuad. Der. Trans. 4 (1) (2012), 52, 74 sowie *Traar*, ÖJZ 2011, 805, 809.
[1793] *Carrascosa González*, Cuad. Der. Trans. 4 (1) (2012), 52, 74.
[1794] *Carrascosa González*, Cuad. Der. Trans. 4 (1) (2012), 52, 74; vgl. auch *Helms*, FamRZ 2011, 1765, 1770.
[1795] *M.-P. Weller* S. 293, 295, 320 f.
[1796] Vgl. *M.-P. Weller* S. 293, 317–320.
[1797] OGH EFSlg 124.678.
[1798] *Carrascosa González*, Cuad. Der. Trans. 4 (1) (2012), 52, 74.
[1799] *Helms*, FamRZ 2011, 1765, 1770 unter Hinweis auf EuGH Slg. 2009, I-2805, I-2845 Rn. 38 – A/Perusturvalautakunta; EuGH Slg. 2010, I-14358, I-14377 Rn. 47 – Barbara Mercredi/Richard Chaffe.
[1800] *E. Becker*, NJW 2011, 1543, 1545.
[1801] Siehe als Beispiel Trib. Liège Tijdschrift@ipr.be 4/2013, 66, 67.
[1802] *Gottwald*, FS Daphne-Ariane Simotta, 2012, S. 187, 190.
[1803] *Baetge*, FS Jan Kropholler, 2008, S. 77, 86 f.; Fasching/Konecny/*Simotta*, Kommentar zu den Zivilprozessgesetzen, Bd. V/2, 2. Aufl. 2010, Art. 3 EuEheKindVO Rn. 76; *Gottwald*, FS Daphne-Ariane Simotta, 2012, S. 187, 190; *Kruger*, Rome III and Parties' Choice <http://papers.ssrn.com/sol3/papers.cfm?abstract_id=217334> (2012) S. 5.
[1804] *Kruger*, Rome III and Parties' Choice <http://papers.ssrn.com/sol3/papers.cfm?abstract_id=217334> (2012) S. 5.
[1805] *Kruger*, Rome III and Parties' Choice <http://papers.ssrn.com/sol3/papers.cfm?abstract_id=217334> (2012) S. 5.

V. Scheidung und Trennung ohne Auflösung des Ehebandes				680–683	§ 4

c) Aktueller gemeinsamer gewöhnlicher Aufenthalt (Art. 8 lit. a Rom III-VO). Die primäre An- 680
knüpfung an den *gemeinsamen* gewöhnlichen Aufenthalt durch Art. 8 lit. a Rom III-VO
verdient in mehrfacher Hinsicht Beifall: Erstens knüpft sie gleichsam an den „Sitz der gelebten Ehe" an.[1806] Dies gilt für den einen Normalfall, dass die Ehegatten gemeinsam leben, und fördert die Rechtssicherheit.[1807] Er dominiert die bisherige Gerichtspraxis.[1808]
Zweitens führt sie zu einem neutralen Recht, dem keiner der beiden Ehegatten automatisch[1809] näher steht[1810] und das beiden Ehegatten nahe steht. Drittens ist sie eine effiziente
Lösung, weil sie sowohl die Rechtsinformationskosten beider Ehegatten als auch die tertiären Kosten des Gerichts im Ansatz niedrig hält, indem ein vertrautes Recht zur Anwendung kommt.[1811]

Die Gemeinsamkeit des gewöhnlichen Aufenthalts ist bereits dann zu bejahen, wenn 681
beide Ehegatten in demselben Staat leben, sei es auch in getrennten Wohnungen oder gar
in verschiedenen Orten.[1812] Nicht verlangt sind Zusammenleben oder eine gemeinsame
Ehewohnung.[1813] Im Kern geht es um eine Lokalisierung des Ehelebens in der bisher gelebten Ehe.[1814] Der Begriff des gewöhnlichen Aufenthalts ist derselbe wie bei Art. 5 I lit. a
Rom III-VO.[1815]

d) Früher gemeinsamer, einseitig beibehaltener gewöhnlicher Aufenthalt (Art. 8 lit. b Rom III- 682
VO). Auf der zweiten Stufe knüpft Art. 8 lit. b Rom III-VO an einen früheren gemeinsamen gewöhnlichen Aufenthalt der Ehegatten an, wenn einer der Ehegatten in dem betreffenden Staat immer noch seinen gewöhnlichen Aufenthalt hat. Zugrunde liegender
Gedanke ist derjenige eines gleichsam verlängerten gemeinsamen gewöhnlichen Aufenthalts.[1816] Der frühere gemeinsame gewöhnliche Aufenthalt kennzeichnet im Zweifel den
Schwerpunkt der gelebten Ehe. An ihm waren regelmäßig beide Ehegatten sozial integriert, dort haben sie gemeinhin ihre Güter und ihre sozialen Verbindungen.[1817] Insoweit
handelt es sich auch um einen neutralen Anknüpfungspunkt.[1818]

Der früher gemeinsame, noch einseitig beibehaltene gewöhnliche Aufenthalt soll sich 683
insbesondere der Fallgruppe annehmen, dass die Ehegatten früher zusammengelebt haben
und einer von ihnen noch in der Ehewohnung lebt, während der andere grenzüberschreitend verzogen ist (faktisch in der Regel zurück in sein Heimatland). Haben die Ehegatten
nie zusammen oder zumindest in demselben Land gelebt, so kommt er nicht zum Zuge.[1819]
Die Beibehaltung des früher gemeinsamen gewöhnlichen Aufenthalts durch einen Ehegatten soll belohnt werden, wenn sie Kontinuität signalisiert. Dies ist nicht der Fall, wenn der
betreffende Ehegatte zwischenzeitig seinen gewöhnlichen Aufenthalt ebenfalls in einen

---

[1806] *Henrich,* in: H. Roth (Hrsg.), Europäisierung des Rechts, 2010, S. 77, 80; *Carrascosa González,* Cuad.
Der. Trans. 4 (1) (2012), 52, 72; *N. de Maizière* S. 208.
[1807] *Campuzano Díaz,* Rev. Der. Com. Eur. 39 (2011), 561, 576.
[1808] *Olzen/A. Frank,* FS Siegfried H. Elsing, 2015, S. 1015, 1030 unter Hinweis auf OLG Hamm FamRZ
2013, 217; KG MDR 2013, 1467; OLG München FamRZ 2014, 862; AG Berlin-Schöneberg NZFam
2014, 576; AG Büdingen NJW-RR 2014, 1033, 1034.
[1809] Wenn einer der Ehegatten Angehörigen des Aufenthaltsstaates ist, weist er natürlich eine zusätzliche
Verbindung zu jenem Staat und dessen Recht auf.
[1810] *Calvo Caravaca/Carrascosa González,* Cuad. Der. Trans. 1 (2009), 36, 60; *Carrascosa González,* Cuad.
Der. Trans. 4 (1) (2012), 52, 71; BeckOGK/*Gössl* Art. 8 Rom III-VO Rn. 16.
[1811] *Carrascosa González,* Cuad. Der. Trans. 4 (1) (2012), 52, 72; NK-BGB/*U. P. Gruber* Vor Art. 1 Rom
III-VO Rn. 36; BeckOGK/*Gössl* Art. 8 Rom III-VO Rn. 12.
[1812] *Traar,* ÖJZ 2011, 805, 809.
[1813] *Kruger,* Rome III and Parties' Choice <http://papers.ssrn.com/sol3/papers.cfm?abstract_id=217334>
(2012) S. 5.
[1814] Vgl. *Vismara,* RDIPP 2002, 961; *Carrascosa González/Seatzu,* Studi integr. Eur. 5 (2010), 49, 59.
[1815] BeckOGK/*Gössl* Art. 8 Rom III-VO Rn. 15.
[1816] *Carrascosa González,* Cuad. Der. Trans. 4 (1) (2012), 52, 74.
[1817] *Calvo Caravaca/Carrascosa González,* Cuad. Der. Trans. 1 (2009), 36, 61; *Carrascosa González,* Cuad.
Der. Trans. 4 (1) (2012), 52, 74.
[1818] *Calvo Caravaca/Carrascosa González,* Cuad. Der. Trans. 1 (2009), 36, 61.
[1819] Vgl. Trib. civ. Liège Tijdschrift@ipr.be 3/2010, 136.

anderen Staat verlegt hatte, dann aber in den Staat des früheren gemeinsamen gewöhnlichen Aufenthalts zurückgekehrt ist und dort wieder lebt.[1820] Das Jahreserfordernis ist strenger als Art. 3 I lit. a 2. Lemma Brüssel IIa-VO,[1821] welchem der ursprüngliche Vorschlag folgen wollte.[1822] Bloße innere Vorbehalte eines Ehegatten zählen gleichsam als protestatio facto contrario nicht, wenn der Ehegatte objektiv zum anderen gezogen ist. Ebenso wenig zählt ursprünglicher, aber aufgegebener Widerstand.[1823]

684 Die Anknüpfung steht unter der zusätzlichen Voraussetzung, dass der gewöhnliche Aufenthalt jetzt noch eines Ehegatten als gemeinsamer gewöhnlicher Aufenthalt nicht vor mehr als einem Jahr vor Anrufung des Scheidungsgerichts endete. Das wirkt überlangen Perpetuierungen entgegen.[1824] Wann ein Gericht angerufen ist, soll sich gemäß Erwägungsgrund (13) S. 2 Rom III-VO nach der Brüssel IIa-VO richten, die wiederum sich dieser Frage in Art. 16 Brüssel IIa-VO annimmt. Auf Veränderungen während des Instanzenzugs, namentlich zwischen der Abschlussentscheidung erster Instanz, und dem Anhängigwerden des Rechtsbehelfs sollte es dagegen nicht ankommen.[1825]

685 Die Jahresfrist ist nicht nach der lex causae zu berechnen, sondern nach Art. 3 I VO (EWG) Nr. 1182/71[1826].[1827] Dies wahrt Einklang mit den Maßstäben, welche Erwägungsgrund (41) EuUtnVO zugrundelegt.[1828]

686 Das Jahreserfordernis eröffnet taktischen Spielraum für den Antragsteller:[1829] Will der Antragsteller sich das Recht des Aufenthalts sichern, so wird er seinen Antrag schnell stellen;[1830] dünkt ihn dagegen die subsidiär eingreifende Anknüpfung nach Art. 8 lit. c oder lit. d Rom III-VO günstiger, so wird er die Antragstellung über die Jahresfrist hinausziehen.[1831] „Sitzen gelassene" Ehegatten erhalten starke Anreize, noch binnen der Jahresfrist Scheidungsantrag zu stellen, wodurch sich ein race to the courthouse, ein forum running ergeben kann.[1832] Die Darlegungs- und Beweislast dafür, dass die Jahresfrist noch nicht abgelaufen ist, trifft den Antragsteller.[1833]

687 Die Kontinuitätsinteressen desjenigen Ehegatten, der noch am früher gemeinsamen gewöhnlichen Aufenthaltsort lebt, werden hintangestellt, weil bereits der einseitige Wechsel des gewöhnlichen Aufenthalts nach Verstreichen der Jahresfrist für einen Wechsel im anwendbaren Recht sorgt.[1834] Man soll eben nicht zu weit in die Vergangenheit zurückgreifen, auch wenn diese Vergangenheit dasjenige ist, was die Ehegatten verbindet. Es ist und bleibt jetzt aber eine immer weiter zurückliegende Vergangenheit, von der sich zumindest der eine Ehegatte ersichtlich gelöst hat.

688 Ein unterstützendes Argument sei angeführt: Der erste Vorschlag sah noch eine Möglichkeit vor, das Recht eines Staates zu wählen, in welchem die Ehegatten bis fünf Jahre vor der Anrufung des Scheidungsgerichts ihren gemeinsamen gewöhnlichen Aufenthalt hatten.[1835] Dies ist zu Recht entfallen, weil damit ein Griff in eine zeitlich wie gegebenenfalls

---

[1820] Vgl. Trib. civ. Mons Rev. divorce 2007, 155; Trib. civ. Bruxelles JMLB 2008, 337.
[1821] *Hammje*, RCDIP 100 (2011), 291, 327.
[1822] Art. 20b lit. b Vorschlag Brüssel IIb/Rom III-VO, KOM (2006) 399 endg. S. 17.
[1823] OGH iFamZ 2016/236, 377.
[1824] MüKoBGB/*Winkler v. Mohrenfels* Art. 8 Rom III-VO Rn. 5.
[1825] Entgegen *Fallon*, Rev. trim. dr. fam. 2012, 291, 300.
[1826] VO (EWG, Euratom) Nr. 1182/17 des Rates vom 3.6.1971 zur Festlegung der Regeln für die Fristen, Daten und Termine, ABl. EWG 1971 L 124/1.
[1827] BeckOGK/*Gössl* Art. 8 Rom III-VO Rn. 28.
[1828] BeckOGK/*Gössl* Art. 8 Rom III-VO Rn. 28.
[1829] *Traar*, ÖJZ 2011, 805, 811 sowie *Gade*, JuS 2013, 779, 781.
[1830] Vgl. *Gottwald*, FS Daphne-Ariane Simotta, 2012, S. 187, 191.
[1831] *U. P. Gruber*, IPRax 2012, 381, 387.
[1832] *Hau*, FS Rolf Stürner, 2013, S. 1237, 1246.
[1833] Erman/*Hohloch* Art. 8 Rom III-VO Rn. 3; BeckOGK/*Gössl* Art. 8 Rom III-VO Rn. 29.
[1834] *U. P. Gruber*, IPRax 2012, 381, 387.
[1835] Art. 20a I lit. c Vorschlag Brüssel IIb/Rom III-VO, KOM (2006) 399 endg. S. 17. Ebenso *Basedow*, FS Willibald Posch zum 70. Geb., 2011, S. 17, 26; vgl. auch *U. P. Gruber*, IPRax 2012, 381, 388; *Rösler*, RabelsZ 78 (2014), 155, 171–173.

V. Scheidung und Trennung ohne Auflösung des Ehebandes 689–692 § 4

räumlich zu weit entfernte Vergangenheit ohne aktuelle Bezüge im Zeitpunkt der Verfahrenseinleitung erfolgt wäre.[1836]

e) Aktuelle gemeinsame Staatsangehörigkeit (Art. 8 lit. c Rom III-VO). Fehlt es an einem hinreichend aktuellen oder „frischen" gemeinsamen gewöhnlichen Aufenthalt, so kommt nach Art. 8 lit. c Rom III-VO das Recht der gemeinsamen Staatsangehörigkeit beider Ehegatten zum Zuge.[1837] Mangels Beibehaltungsklausel in Parallele zu Art. 8 lit. b Rom III-VO meint dies allein eine aktuelle gemeinsame Staatsangehörigkeit. Eine früher gemeinsame, jedoch nur von einem Ehegatten einseitig beibehaltene Staatsangehörigkeit reicht dagegen nicht aus. Dass die Staatsangehörigkeit beiden Ehegatten gemeinsam sein muss, soll einseitige Bevorzugungen auf der kollisionsrechtlichen Ebene verhindern.[1838] Insoweit besteht eine Abweichung von Art. 5 I lit. c Rom III-VO, wo die freiwillige Rechtswahl auch die Wahl eines nur einseitigen Heimatrechts deckt.[1839] 689

Die Staatsangehörigkeit stellt eine stabile und auch theoretisch nicht leicht zu wechselnde Verbindung her.[1840] Zudem steht zu vermuten, dass sie eine kulturelle Verbundenheit ausdrückt,[1841] die hier mangels vorrangiger sozialer Verbindung ihr Gewicht behält.[1842] 690

Inwieweit die Staatsangehörigkeit ein primärrechtskonformer Anknüpfungspunkt ist oder im Lichte des Art. 18 AEUV ein unzulässiges Diskriminierungskriterium, kehrt hier – als spezifischer Ausschnitt einer übergreifenden Problematik[1843] – im internationalscheidungsrechtlichen Gewand wieder.[1844] Wenn wie in Art. 8 lit. c Rom III-VO an eine *gemeinsame* Staatsangehörigkeit *beider* Ehegatten angeknüpft wird, wird jedenfalls keiner der Ehegatten einseitig bevorzugt oder benachteiligt. Die Anknüpfung an die Staatsangehörigkeit erfolgt zudem allgemein und ohne negative Ausblendung bestimmter Staatsangehörigkeiten. Nicht jede Differenzierung ist sofort eine Diskriminierung, namentlich bei allseitigen Kollisionsnormen.[1845] Eine besondere, zusätzliche Beziehung zu einer durch Eheschließung erworbenen Staatsangehörigkeit ist nicht zu verlangen.[1846] 691

Art. 8 lit. c Rom III-VO knüpft zeitlich fixiert und unwandelbar an. Ihm kommt es nur auf den Zeitpunkt an, zu welchem das Scheidungsbegehren bei Gericht anhängig wird. Diesen Zeitpunkt umreißt Art. 16 Brüssel IIa-VO. Auf Staatsangehörigkeiten der Ehegatten, sei es beider, sei es nur eines Ehegatten, kommt es insoweit (also beim Zeitpunkt) nicht an,[1847] eben- 692

[1836] *Lardeux,* D. 2011, 1835, 1840.
[1837] Beispiel: Hof van Cass. R. W. 2017–18, 304.
[1838] *Campuzano Díaz,* Rev. Der. Com. Eur. 39 (2011), 561, 578.
[1839] *Sabido Rodríguez,* Rev. Der. Com. Eur. 45 (2013), 499, 525.
[1840] Siehe nur *Carrascosa González/Seatzu,* Studi integr. eur. 5 (2010), 49, 68; *Campuzano Díaz,* Rev. Der. Com. Eur. 39 (2011), 561, 578.
[1841] *Carrascosa González/Seatzu,* Studi integr. eur. 5 (2010), 49, 68; *Campuzano Díaz,* Rev. Der. Com. Eur. 39 (2011), 561, 579 f.
[1842] *Gärtner,* (2006) 2 JPrIL 99, 115–127; *Silverman,* 82 Tulane L. Rev. 1999 (1999–2016) (2008); *Calvo Caravaca/Carrascosa González,* Cuad. Der. Trans. 1 (2009), 36, 61.
[1843] Siehe nur *G. Fischer,* in: v. Bar (Hrsg.), Europäisches Gemeinschaftsrecht und internationales Privatrecht, 1991, S. 157; *Puljak,* Le droit international privé à l'épreuve du principe communautaire de non discrimination en raison de la nationalité, 2003; *Bogdan,* in: Meeusen/Pertegás/Straetmans/Swennen (eds.), International Family Law for the European Union, 2007, S. 303, 308–315; *Meeusen,* Eur. J. L. & Migr. 3 (2007), 291; *ders.,* Rec. des Cours 353 (3011), 9; *B. Audit,* Écrits en l'honneur de Jacques Foyer, 2008, S. 49; *C. Stern,* Das Staatsangehörigkeitsprinzip in Europa, 2008; *Troge,* Europarecht und das Staatsangehörigkeitsprinzip im internationalen Privatrecht, 2009; *Rodríguez Benot,* Cuad. Der. Trans. 2 (2010), 186, 197; *Pataut,* Rev. trim. dr. eur. 2010, 617; *Basedow,* RCDIP 99 (2010), 427; *ders.,* IPRax 2011, 109; *Quiñones Escámez,* Rev. Der. Com. Eur. 10 (2011), 645; *Corneloup,* Clunet 138 (2011), 491; *Kruger/Verhellen,* (2011) 7 JPrIL 601; *Kroll-Ludwigs* S. 339–357 sowie EWR-GH 25.4.2012 – E-13/11 – Granville Establishment/Volker Anhalt, Melanie Anhalt u. Jasmin Barbaro; *Hausmann,* FS Kay Hailbronner, 2013, S. 429.
[1844] *Campuzano Díaz,* Rev. Der. Com. Eur. 39 (2011), 561, 580.
[1845] *Fallon,* in: Meeusen/Pertegás/Straetmans/Swennen (eds.), International Family Law for the European Union, 2007, S. 149, 160.
[1846] MüKoBGB/*Winkler v. Mohrenfels* Art. 8 Rom III-VO Rn. 7. Anderer Ansicht *Basedow,* Liber amicorum Walter Pintens, 2012, S. 135, 146.
[1847] *Carrascosa González,* Cuad. Der. Trans. 4 (1) (2012), 52, 78.

so wenig auf spätere Veränderungen nach diesem maßgeblichen Zeitpunkt. Umgekehrt ist eine früher gemeinsame, aber nur von einem Ehegatten beibehaltene Staatsangehörigkeit ohne Bedeutung.[1848]

693 Für Mehrstaater stellt sich das gleiche systematisch-methodische Problem wie bei der Rechtswahl unter Art. 5 I lit. c Rom III-VO[1849]: Wie verbindlich sind Erwägungsgrund (22) Rom III-VO und die dortige Verweisung auf das IPR des Forums? Kapituliert der europäische Gesetzgeber vor der Verschiedenheit der Ansätze in den nationalen Kollisionsrechten, und überlässt es den Nationalstaaten, die maßgebliche Staatsangehörigkeit zu bestimmen?[1850] Oder gibt es eine europäische Überlagerung, die auch eine nicht effektive Staatsangehörigkeit zählen lässt, schon um so weitestmöglich den Gleichklang mit Art. 3 I Brüssel IIa-VO zu wahren?[1851] Reicht kraft europäischer Vorgabe,[1852] dass ein Ehegatte eine Staatsangehörigkeit vorweist, ohne dass es auf deren Effektivität ankäme?[1853] Immerhin geht es im IZVR nur um eine Nahebeziehung, während das IPR die engste Verbindung sucht und damit im Ansatz mehr verlangt.[1854] Das IZPR kann mit Mehrfachanknüpfungen gut leben,[1855] das IPR nicht.[1856] Eine Übertragung tel quel scheint damit nicht möglich.[1857] Effektivität einer Staatsangehörigkeit wird in erster Linie durch einen korrespondierenden gewöhnlichen Aufenthalt vermittelt. Wenn man zu Art. 8 lit. c Rom III-VO gelangt, hat aber eine Aufenthaltsanknüpfung auf den vorangegangenen, vorrangigen Stufen nicht gegriffen.[1858] Auch dadurch verliert ein Effektivitätskriterium an Überzeugungskraft.[1859]

694 Auf der anderen Seite verlangt Erwägungsgrund (22) Rom III-VO Diskriminierungsfreiheit im Sinne des Art. 18 AEUV und nimmt Bezug auf die allgemeinen Grundsätze des Unionsrechts; letzteres heißt hier die Rechtsprechung des EuGH[1860] zu Nationalitätsfragen.[1861] Art. 5 I 2 EGBGB und vergleichbare Regeln in anderen Kollisionsrechten, die jeweils die forumeigene Staatsangehörigkeit zur allein maßgeblichen erheben, können jedenfalls nicht zur Anwendung kommen,[1862] aus Gleichbehandlungsgründen und wegen der

---

[1848] *Hau*, FS Rolf Stürner, 2013, S. 1237, 1243.
[1849] Dazu → § 4 Rn. 601 f.
[1850] Vgl. *Bariatti*, YbPIL 13 (2011), 1; *Kruger/Verhellen*, (2011) 7 JPrIL 601; *Carrascosa González*, Cuad. Der. Trans. 4 (1) (2012), 52, 81; *Kruger*, Rome III and Parties' Choice <http://papers.ssrn.com/sol3/papers.cfm?abstract_id=217334> (2012) S. 7.
[1851] Dafür *Traar*, ÖJZ 2011, 805, 809; *Basedow*, FS Willibald Posch zum 70. Geb., 2011, S. 17, 28 sowie *Fallon*, Rev. trim. dr. fam. 2012, 291, 310; *Rösler*, RabelsZ 78 (2014), 155, 182–184. Skeptisch *Devers/Farge*, JCP G 2012, 1277, 1285.
[1852] Zur Anknüpfung an die Staatsangehörigkeit in der EU generell *Basedow*, RCDIP 99 (2010), 427; *ders.*, IPRax 2011, 109.
[1853] Vgl. *Franzina*, Cuad. Der. Trans. 3 (2) (2011), 85, 116; *Lardeux*, D. 2011, 1835, 1837; *Basedow*, FS Willibald Posch zum 60. Geb., 2011, S. 17, 28; *Carrascosa González*, Cuad. Der. Trans. 4 (1) (2012), 52, 78; *Hau*, FS Rolf Stürner, 2013, S. 1237, 1250. Tendenziell anders aber *Boele-Woelki*, YbPIL 12 (2010), 1, 18 f.; *Hammje*, RCDIP 100 (2011), 291, 328; *Helms*, FamRZ 2011, 1765, 1771.
[1854] *Carrascosa González*, Cuad. Der. Trans. 4 (1) (2012), 52, 82; *Campuzano Díaz*, Rev. Der. Com. Eur. 39 (2011), 561, 579.
[1855] *Mankowski*, FS Andreas Heldrich, 2005, S. 867, 869.
[1856] *Franzina*, Cuad. Der. Trans. 3 (2) (2011), 85, 116.
[1857] *Boele-Woelki*, YbPIL 12 (2010), 1, 18; *Kruger*, Rome III and Parties' Choice <http://papers.ssrn.com/sol3/papers.cfm?abstract_id=217334> (2012) S. 8; BeckOGK/*Gössl* Art. 8 Rom III-VO Rn. 45.
[1858] *J. Mörsdorf-Schulte*, RabelsZ 77 (2013), 786, 809.
[1859] *J. Mörsdorf-Schulte*, RabelsZ 77 (2013), 786, 809.
[1860] EuGH Slg. 1998, I-7637 Rn. 17 – Strafverfahren gegen Horst Otto Bickel u. Ulrich Franz; EuGH Slg. 1999, I-7955 Rn. 29 – Belgischer Staat/Fatna Mesbah; EuGH Slg. 2004, I-9925 – Kunquian Catherine Zhu u. Lavette Man Chen/Secretary of State fort he Home Department; EuGH Slg. 2003, I-11613 Rn. 19 – Carlos Garcia Avello/Belgischer Staat; EuGH Slg. 2005, I-6421 Rn. 19 – Egon Schempp/Finanzamt München V; EuGH Slg. 2006, I-7917 Rn. 78 – Königreich Spanien/Vereinigtes Königreich; EuGH Slg. 2010, I-1449 Rn. 48, 51–57 – Janko Rottmann/Freistaat Bayern.
[1861] *Carrascosa González*, Cuad. Der. Trans. 4 (1) (2012), 52, 82 f.
[1862] *Helms*, FamRZ 2011, 1765, 1771; *Bariatti*, YbPIL 13 (2011), 1, 15; *U. P. Gruber*, IPRax 2012, 381, 386; *Hau*, FamRZ 2013, 249, 253; *ders.*, FS Rolf Stürner, 2013, S. 1237, 1249 f.; *Gade*, JuS 2013, 779, 781; *J. Mörsdorf-Schulte*, RabelsZ 77 (2013), 786, 808; *Rösler*, RabelsZ 78 (2014), 155, 182–184; BeckOGK/*Gössl*

universalen Anwendbarkeit der Rom III-VO auch, wenn Drittstaater beteiligt sind.[1863] Ansonsten dürfte der Hinweis auf den Vorrang des Primärrechts nichts Substantielles hinzufügen.[1864]

Die Perspektive verändert sich gegenüber Art. 5 I lit. c Rom III-VO insofern, als es bei Art. 8 lit. c Rom III-VO um eine gemeinsame Staatsangehörigkeit beider Ehegatten geht. Dies soll eine Anknüpfung umsetzen, die besondere Nähe ausdrückt, und man darf es nicht zur interpretativen Neuschöpfung verwenden.[1865] Daher erscheint es als ein zwar nicht besonders eleganter, aber trotzdem vorzugswürdiger Ausweg, bei Mehrstaatigkeit ohne gemeinsame effektive Staatsangehörigkeit beider Ehegatten die Anwendbarkeit des Art. 8 lit. c Rom III-VO zu verneinen und eine Stufe auf der Anknüpfungsleiter nach unten zu gehen.[1866]

In dem seltenen Fall, dass die Ehegatten mehr als eine gemeinsame Staatsangehörigkeit haben, dürfte Art. 17 II Vorschlag EuGüVO[1867] wie schon zuvor Art. 15 II Haager GüterrechtsÜbk. den vernünftigsten und elegantesten Weg weisen:[1868] die Staatsangehörigkeitsanknüpfung auszuschließen und eine Stufe auf der Anknüpfungsleiter nach unten zu gehen.[1869]

Erwirbt ein Ehegatte bei der Heirat automatisch die Staatsangehörigkeit des anderen Ehegatten (wie es Burkina Faso, Burundi, Gambia, Kambodscha, Senegal, Somalia und die Zentralafrikanische Republik in ihren Staatsangehörigkeitsrechten vorsehen[1870]), so ist dies für Art. 8 I lit. c Rom III-VO im Ausgangspunkt zu akzeptieren. Denn Art. 8 I lit. c Rom III-VO differenziert nicht nach dem Grund, aus welchem die in Rede stehende Staatsangehörigkeit erworben wird, und stellt mit der Anrufung des Scheidungsgerichts auf einen eindeutig nach der Eheschließung liegenden Zeitpunkt ab.[1871] Indes kann das Verbot der Diskriminierung aus Art. 21 I GRC eine grundrechtskonforme Auslegung gebieten, weil eigentlich immer nur Ehefrauen automatisch der Staatsangehörigkeit des Ehemannes unterworfen werden.[1872]

f) Lex fori (Art. 8 lit. d Rom III-VO). Letzte Stufe der Anknüpfungsleiter ist nach Art. 8 lit. d Rom III-VO die lex fori. Dies meint das Recht im Staat des tatsächlich angerufenen Gerichts. Die Nähekontrolle auf eine hinreichend enge Verbindung wird den Zuständigkeitstatbeständen überlassen. Was diesen gut genug ist, soll mittelbar auch dem IPR reichen.[1873] Man darf nicht vergessen, dass das IPR sein Arsenal ausgeschöpft hat und mit seinem Latein benannter Anknüpfungspunkte am Ende ist, wenn man diese letzte Anknüpfungsstufe erreicht hat. Das IPR hat vorher in die Schlacht geworfen, was es an Anknüpfungspunkten benennen konnte (gemeinsamen gewöhnlichen Aufenthalt und gemeinsame Staatsangehörigkeit), und nichts hat zu einem Ergebnis geführt. Die lex fori mag eine halbe Verzweiflungslösung und absolut gesehen keine gute Lösung sein. Aber sie ist die relativ

---

Art. 8 Rom III-VO Rn. 43; *N. de Maizière* S. 213 sowie *Traar*, ÖJZ 2011, 805, 809 f.; weniger klar *Fallon*, Rev. trim. dr. fam. 2012, 291, 310. Übersehen von *J. Stürner*, Jura 2012, 708, 710.

[1863] *Andrae*, FPR 2010, 505, 510; *Hau*, FS Rolf Stürner, 2013, S. 1237, 1250 f.; NK-BGB/*Hilbig-Lugani* Art. 8 Rom III-VO Rn. 19a; BeckOGK/*Gössl* Art. 8 Rom III-VO Rn. 52.

[1864] Tendenziell anders *Kruger*, Rome III and Parties' Choice <http://papers.ssrn.com/sol3/papers.cfm?abstract_id=217334> (2012) S. 7 f.

[1865] *Franzina*, Cuad. Der. Trans. 3 (2) (2011), 85, 117; *Traar*, ÖJZ 2011, 805, 811.

[1866] *Franzina*, Cuad. Der. Trans. 3 (2) (2011), 85, 117; *Traar*, ÖJZ 2011, 805, 811; siehe auch *Helms*, FamRZ 2011, 1765, 1771.

[1867] Vorschlag für eine Verordnung des Rates über die Zuständigkeit, das anwendbare Recht, die Anerkennung und die Vollstreckung von Entscheidungen im Bereich des Ehegüterrechts, KOM (2011) 126 endg.

[1868] *Bariatti*, YbPIL 13 (2011), 1, 16; *Fallon*, Rev. trim. dr. fam. 2012, 291, 311.

[1869] Vgl. aber auch *Devers/Farge*, JCP G 2012, 1277, 1285.

[1870] Liste nach MüKoBGB/*Winkler v. Mohrenfels* Art. 8 Rom III-VO Rn. 6.

[1871] BeckOGK/*Gössl* Art. 8 Rom III-VO Rn. 54.

[1872] *Basedow*, Liber amicorum Walter Pintens, 2012, S. 135, 145 f.; *N. de Maizière* S. 214 f.

[1873] Siehe z. B. die Kombination von Art. 8 lit. d Rom III-VO mit Art. 3 I 5. Lemma Brüssel IIa-VO; *Finger*, FamRB Int 2013, 84.

beste Lösung, an die sich jetzt noch denken lässt.[1874] Dieses relative Optimum muss ausreichen. Immerhin kann die Anwendung der lex fori die Effektivität des Rechtsschutzes und des Zugangs zur Justiz erhöhen.[1875]

699 Außerdem wird die Anwendung der lex fori in einer Vielzahl von Staaten praktiziert, darunter auch vielen der EU-Mitgliedstaaten, die keine Mitgliedstaaten der Rom III-VO sind.[1876] Man kann in Art. 8 lit. d Rom III-VO sogar ein – letztlich allerdings nur teilweise erfolgreiches – Angebot an die Staaten des englischen und des skandinavischen Rechtskreises verstehen, die in ihrem nationalen IPR für die Scheidung ein lex fori-Prinzip verwirklichen.[1877] Es entbehrt nicht einer gewissen Ironie, dass sich das Vereinigte Königreich und Irland nicht zum opt in haben entschließen konnten, obwohl man ihnen so weit entgegenkam.[1878] Das Vereinigte Königreich wird mit Vollzug des Brexits endgültig zum Drittstaat ohne opt in-Möglichkeit.[1879]

700 Rechtspolitisch ist die Anwendung der lex fori nicht unumstritten. Denn eine Schwerpunktanknüpfung liegt ihr nicht zugrunde. Im Gegenteil kann sie einem relativen „Leichtgewicht" Bedeutung zumessen und einem langjährigen gemeinsamen gewöhnlichen Aufenthalt entsprechend Bedeutung nehmen, wenn dieser von keinem Ehegatten mehr beibehalten wurde oder zwar von einem Ehegatten beibehalten wurde, aber mehr als ein Jahr vor Anrufung des Gerichts zurückliegt.[1880] Wieder sollte man aber bedenken, dass kein Rückgriff in eine zu ferne Vergangenheit erfolgen sollte. Die Anwendung der lex fori mutet ein wenig an wie das Durchschlagen des gordischen Knotens, aber sie kann sich immerhin auf die Nahebeziehungen berufen, welche der internationalen Zuständigkeit zugrunde liegen (denn anderenfalls gäbe es keinen Gerichtsstand), und stellt einen Gleichlauf zwischen internationaler Zuständigkeit und anwendbarem Recht her.

701 Außerdem führt die Anwendung der lex fori materielles Recht und Verfahrensrecht aus einer Rechtsordnung zusammen und vermeidet so Abstimmungsprobleme.[1881] Schließlich steht zu vermuten, dass das Scheidungsverfahren, wenn es sich auch auf der materiellen Basis der lex fori vollzieht, weniger lang dauert und schneller abgeschlossen ist als bei Anwendung eines forumfremden Rechts.[1882] Durch die Anwendung eines dem Gericht vertrauten Rechts spart die Anwendung der lex fori Kosten einer Fremdrechtsanwendung, insbesondere tertiäre Rechtsermittlungskosten des Gerichts, und schont schon die Geldbeutel der Parteien wie die Justizkassen des Forumstaates.[1883] Alles dies ist nicht zu unterschätzen.

702 Ebenfalls nicht zu unterschätzen ist die relative Rechtssicherheit, die sich mit der lex fori verbindet. Diese tritt besonders hervor, wenn man sich die sinnvollste Alternative vor Augen führt: nach dem Vorbild des Art. 14 I Nr. 3 EGBGB an die sonstige engste gemeinsame Verbindung beider Ehegatten mit einem Staat anzuknüpfen.[1884] Der Versuch, an eine soziale oder kulturelle Verbundenheit anzuknüpfen, ist weitgehend gescheitert, wenn man bis zur letzten Stufe der Anknüpfung gelangt ist; das Forum bietet dann immerhin einen aktuellen Anknüpfungspunkt und sorgt für relativ geringere tertiäre Kosten der Rechtsanwendung.[1885] Zudem kann man Vertrauen darauf setzen, dass die vereinheitlichten Ge-

---

[1874] *Hammje*, RCDIP 100 (2011), 291, 328 bringt als Alternative für eine denkbare Zwischenstufe die frühere gemeinsame Staatsangehörigkeit der Ehegatten ins Spiel.
[1875] *Sabido Rodríguez*, Rev. Der. Com. Eur. 45 (2013), 499, 526.
[1876] *Campuzano Díaz*, Rev. Der. Com. Eur. 39 (2011), 561, 581.
[1877] *J. Mörsdorf-Schulte*, RabelsZ 77 (2013), 786, 806, 809; *Rösler*, RabelsZ 78 (2014), 155, 159 f.; *N. de Maizière* S. 225.
[1878] *Rauscher* Rn. 806 Fn. 41.
[1879] *Dutta*, (2017) 29 Child & Fam. L. Q. 199, 201.
[1880] Siehe *U. P. Gruber*, IPRax 2012, 381, 388; vgl. auch *Lardeux*, D. 2008, 795, 799.
[1881] *Franzina*, Cuad. Der. Trans. 3 (2) (2011), 85, 95.
[1882] *Franzina*, Cuad. Der. Trans. 3 (2) (2011), 85, 94 sowie *Feraci*, Riv. dir. int. 2013, 424, 453.
[1883] *Rösler*, RabelsZ 78 (2014), 155, 159 f.
[1884] Siehe *J. Stürner*, Jura 2012, 708, 710.
[1885] Siehe *Carrascosa González*, Cuad. Der. Trans. 4 (1) (2012), 52, 84.

V. Scheidung und Trennung ohne Auflösung des Ehebandes 703–709 § 4

richtsstände der Brüssel IIa-VO eine hinreichende Verbindung zum Forumstaat gewährleisten.[1886] Da die Rom III-VO nur ihre Mitgliedstaaten bindet, kann Art. 8 lit. d Rom III-VO nur zu mitgliedstaatlichem, nicht aber zu nichtmitgliedstaatlichem oder gar drittstaatlichem Recht führen.[1887]

Anreize zum forum shopping werden allerdings erhöht, wenn man materiell die lex fori 703 anwendet.[1888] Dies kann gerade mobileren Ehegatten zugutekommen, die alle im Zuständigkeitssystem der Brüssel IIa-VO angelegten Möglichkeiten zu ihren Gunsten ausnutzen.[1889] Mittelbar kann selbst die Drohung mit forum shopping den anderen Ehegatten kompromissbereiter stimmen.[1890] Erwägungsgrund (9) Rom III-VO spricht zwar davon, dass forum shopping einzudämmen sei, an dieser Stelle folgt die kleine Münze der normativen Regelungen aber nicht dem hehren rechtspolitischen Ziel.

Wenn beiden Ehegatten die Anwendung der lex fori nicht gefällt, so steht ihnen immer 704 offen, sich auf eine abweichende Rechtswahl zu verständigen.[1891]

5. Umwandlung einer Trennung in eine Scheidung. Einer besonderen Konstella- 705 tion widmet sich Art. 9 Rom III-VO: der Umwandlung einer Trennung ohne Auflösung des Ehebandes in eine Scheidung. Gemeint ist die gerichtliche Trennung von Tisch und Bett (*legal separation*), nicht die rein faktische Trennung.[1892] Nach Art. 9 I Rom III-VO ist in diesem Fall, vorbehaltlich einer weiterhin zulässigen Rechtswahl nach Art. 5 Rom III-VO, Scheidungsstatut das auf die Trennung angewandte Recht, also das Trennungsstatut.

Den Hintergrund für Art. 9 I Rom III-VO bilden romanische Rechtsordnungen, die 706 eben eine solche Umwandlung einer Trennung in eine Scheidung kennen, zuvörderst Art. 306 Code civil und Art. 1795 D-1 Código civil in Portugal, aber z. B. auch Art. 1580 Código Civil in Brasilien.[1893]

Art. 9 I Rom III-VO trägt kollisionsrechtlich der engen sachrechtlichen Verzahnung 707 zwischen Trennung und Scheidung Rechnung.[1894] Sein Instrument dazu ist eine akzessorische Anknüpfung des Scheidungs- an das Trennungsstatut. Die zweistufige Eheauflösung wird kollisionsrechtlich zu einem Kontinuum.[1895] Kontinuität ohne Wechsel des anwendbaren Rechts ist der Leitgedanke.[1896]

Art. 9 I Rom III-VO ist eine Ausnahme zu Art. 8 Rom I-VO. Er verändert den 708 maßgeblichen Anknüpfungszeitpunkt und verlegt diesen nach vorn auf den Zeitpunkt der Trennung. Das Trennungsstatut wird zwar grundsätzlich nach denselben Maßstäben angeknüpft wie das Scheidungsstatut. Anknüpfungszeitpunkt ist aber bei Art. 9 I Rom III-VO der Trennungszeitpunkt. Dies sorgt für Kontinuität ohne Statutenwechsel. Außerdem führt Art. 9 I Rom III-VO dann zu einer anderen Beurteilung in der Sache, wenn das trennende Gericht bei seinem Trennungsausspruch ein falsches Recht zugrundegelegt hat.[1897]

Sachlich streiten eine enge und eine weite Auffassung miteinander. Die enge will Art. 9 709 I Rom III-VO nur dann anwenden, wenn im konkreten Fall das Scheidungsverfahren als Fortsetzung des Trennungsverfahrens begriffen werden kann; nur wenn das Trennungsurteil sich gleichsam als aufgeschobenes Scheidungsurteil darstelle, sei eine Statuseinheit gerecht-

---

[1886] J. Mörsdorf-Schulte, RabelsZ 77 (2013), 786, 806.
[1887] J. Mörsdorf-Schulte, RabelsZ 77 (2013), 786, 806.
[1888] Campuzano Díaz, Rev. Der. Com. Eur. 39 (2011), 561, 582; Hau, FS Rolf Stürner, 2013, S. 1237, 1244; Feraci, Riv. dir. int. 2013, 424, 452; BeckOGK/Gössl Art. 8 Rom III-VO Rn. 56.
[1889] Hau, FS Rolf Stürner, 2013, S. 1237, 1244; vgl. Hammje, RCDIP 100 (2011), 291, 329.
[1890] Hau, FS Rolf Stürner, 2013, S. 1237, 1244.
[1891] MüKoBGB/Winkler v. Mohrenfels Art. 8 Rom III-VO Rn. 10.
[1892] Siehe nur BeckOGK/Gössl Art. 9 Rom III-VO Rn. 4.
[1893] Henrich, FS Peter Gottwald, 2014, S. 267, 268.
[1894] Rossolillo, NLCC 2011, 1501 f.; Hausmann Rn. A 443; BeckOGK/Gössl Art. 9 Rom III-VO Rn. 3.
[1895] N. de Maizière S. 133.
[1896] MüKoBGB/Winkler v. Mohrenfels Art. 9 Rom III-VO Rn. 1.
[1897] Vgl. die Fälle OLG Stuttgart FamRZ 2013, 1803; OLG Nürnberg FamRZ 2014, 835 und dazu Finger, FamRB Int 2013, 37, 40; Rauscher/Pabst, NJW 2013, 3692, 3693.

fertigt.[1898] Darin läge eine teleologische Reduktion des Art. 9 Rom III-VO, in dessen Wortlaut eine solche Differenzierung nicht angelegt ist. Außerdem wäre man jeweils – potenziell zirkulär – gezwungen, erst ein Sachrecht zu ermitteln, das dann dafür maßgeben müsste, ob jene Differenzierungsvoraussetzung erfüllt ist oder nicht. Zumal für die Praxis ist es einfacher, nicht zu differenzieren und etwa das türkische und das italienische Trennungs/Scheidungsverfahren gleich einzuordnen.[1899]

710 Art. 9 II Rom III-VO statuiert eine Ausnahme zu Art. 9 I Rom III-VO: Sieht das Trennungsstatut keine Umwandlung der Trennung in eine Ehescheidung vor, so findet Art. 8 Rom III-VO Anwendung, wenn die Ehegatten keine abweichende Rechtswahl getroffen haben. Konsequent wird also eine Rückausnahme angeordnet, die zur allgemeinen Regel des Art. 8 Rom III-VO zurückführt, wenn das Trennungsstatut sachrechtlich keine Fortsetzung und Umwandlung vorsieht.[1900] Dies ist der Fall, wenn das Trennungsstatut die Scheidung überhaupt nicht kennt (namentlich weil es auf dem kanonischen Recht beruht) oder weil es die Trennung als echte Alternative zur Scheidung konstruiert.[1901]

711 **6. Nichtanwendung ausländischen Rechts kraft Art. 13 Rom III-VO.** Eine erhebliche Besonderheit ergibt sich aus Art. 13 Rom III-VO. Dieser erlaubt eine Nichtanwendung ausländischen Rechts, wenn das Sachrecht[1902] des Forums die Scheidung als Institut nicht kennt. Dies war eine politisch notwendige (wenn auch im Lichte des Art. 288 II AEUV primärrechtlich zweifelhafte[1903]) Konzession an die scheidungsfeindlichen Rechte. Insbesondere war sie eine partielle opt out-Möglichkeit für Malta.[1904] Malta wurde sogar böser Wille unterstellt, dass es sich an der Rom III-VO nur beteilige, um ein Veto-Recht zu haben, obwohl es selber nie in die Verlegenheit kommen werde, die VO letztendlich auch anwenden zu müssen.[1905] Praktisch hat Art. 13 Var. 1 Rom III-VO aber zumindest für verschiedengeschlechtliche Ehen die Bedeutung mit Blick auf mitgliedstaatliche Rechte verloren, seit Malta[1906] als letzter Mitgliedstaat die Scheidung eingeführt hat.[1907] Nur noch drittstaatliche Rechte können insoweit scheidungsfeindlich sein.[1908] Dagegen liegt kein Fall des Art. 13 Var. 1 Rom III-VO vor, wenn das Scheidungsstatut zwar die Scheidung als Institut abstrakt kennt, es aber konkret an den Voraussetzungen für eine Scheidung fehlt.[1909]

712 Art. 13 Var. 1 Rom III-VO begründet einen Wertungskonflikt mit Art. 10 Rom III-VO im Besonderen und mit der generellen Tendenz, die Scheidung zu begünstigen, wie sie die Rom III-VO insgesamt durchzieht.[1910] Effektiven Rechtsschutz gewährleistet er nicht, sondern versagt diesen partiell.[1911] Man kann ihn einerseits als prozessrechtsverknüpfte Regelung und andererseits als eine Art Eingriffsnorm ansprechen,[1912] aber auch als besondere ordre public-Klausel einordnen.[1913] Er löst einen Konflikt zwischen fundamentalen Wer-

---

[1898] Henrich, FS Peter Gottwald, 2014, S. 267, 268; BeckOGK/Gössl Art. 9 Rom III-VO Rn. 6.
[1899] Siehe die Fälle OLG Stuttgart FamRZ 2013, 1803; OLG Nürnberg FamRZ 2014, 835. Anderer Ansicht Henrich, FS Peter Gottwald, 2014, S. 267, 269 f.
[1900] Siehe nur MüKoBGB/Winkler v. Mohrenfels Art. 9 Rom III-VO Rn. 3.
[1901] BeckOGK/Gössl Art. 9 Rom III-VO Rn. 12.
[1902] Anders Torga, NIPR 2012, 547, 549, die auf das IPR des Forums abstellen will.
[1903] Traar, ÖJZ 2011, 805, 813.
[1904] Baarsma, NIPR 2009, 9, 10 f.; Traest, SEW 2012, 98, 106.
[1905] Kuipers, Eur. L. J. 2012, 201, 221 f. Kritisch dazu wiederum N. de Maizière S. 240.
[1906] Civil Code (Amemdnment) Act 2011, Government Gazette of Malta N°. 18.784 of 29 July 2011, in Artt. 66A-66N Civil Code als Folge der Volksabstimmung vom 28.5.2011.
[1907] Franzina, Cuad. Der. Trans. 3 (2) (2011), 85, 126; Campuzano Díaz, Rev. Der. Com. Eur. 39 (2011), 561, 584; Queirolo/Carpaneto, RDIPP 2012, 59, 83; Devers/Farge, JCP G 2012, 1277, 1288; Nitsch, ZfRV 2012, 264, 267; Makowsky, GPR 2012, 266, 271; Duintjer Tebbens, Essays in Honour of Hans van Loon, 2013, S. 123, 130; Rauscher, FS Rolf A. Schütze zum 80. Geb., 2014, S. 463, 473.
[1908] Vgl. E. Becker, NJW 2011, 1543, 1544. Übersehen von Queirolo/Carpaneto, RDIPP 2012, 59, 83.
[1909] Franzina, Cuad. Der. Trans. 3 (2) (2011), 85, 126; Makowsky, GPR 2012, 266, 871.
[1910] Sabido Rodríguez, Rev. Der. Com. Eur. 45 (2013), 499, 529.
[1911] Sabido Rodríguez, Rev. Der. Com. Eur. 45 (2013), 499, 529.
[1912] Guzmán Zapater, Liber amicorum José Luis Iglesias Buhigues, 2012, S. 521, 525.
[1913] Franzina, Cuad. Der. Trans. 3 (1) (2011), 85, 125; BeckOGK/Gössl Art. 13 Rom III-VO Rn. 2.

V. Scheidung und Trennung ohne Auflösung des Ehebandes 713–716 § 4

tungen des Forumrechts und Bindung an das vereinheitlichte Internationale Scheidungsrecht, indem er die Rom III-VO zurücktreten lässt.[1914]

Die zweite Variante des Art. 13 Rom III-VO hat dagegen ihre volle Bedeutung behalten. Sie gestattet eine Nichtanwendung ausländischen Rechts, wenn das Forumrecht die Ehe als nicht wirksam geschlossen erachtet und ihr deshalb die Scheidbarkeit versagt. Darin schlagen sich unterschiedlich weite Verständnisse von Ehehindernissen und unterschiedliche Typusverständnisse von „Ehe" nieder.[1915] Art. 13 Var. 2 Rom III-VO ist eine Art Schutzklausel für die familienrechtliche Ausrichtung der lex fori und entschärft den rechtspolitisch aufgelandenen Streit um den Ehebegriff.[1916]

Insoweit „hinkt" die Ehe, je nachdem, wo sie beurteilt wird, und Art. 13 Var. 2 Rom III-VO erlaubt immerhin ihre Auflösung im Forumstaat.[1917] In dem Interesse, die Tür für eine Beteiligung möglichst vieler Staaten offen zu halten, sah sich der Unionsgesetzgeber ein weiteres Mal zu einem Kompromiss veranlasst.[1918] Die Freiheit, im Ausland zu heiraten, besteht nicht, wenn die im Ausland geschlossene Ehe zumindest für Scheidungszwecke nicht anerkannt und als nicht geschlossen unscheidbar gestellt wird.[1919] Dies betrifft insbesondere nicht-traditionelle Formen der Eheschließung.[1920] Art. 13 Var. 2 Rom III-VO ist keine bloße Wiederholung von Erwägungsgrund (10) UAbs. 2 Rom III-VO, sondern zieht aus dessen Ansatz notwendige Konsequenzen.[1921]

Art. 13 Var. 2 Rom III-VO hat insbesondere (aber nicht nur[1922]) die gleichgeschlechtliche Ehe im Auge. Mitgliedstaaten, deren Sachrecht die Ehe nicht für gleichgeschlechtliche Paare öffnet, sondern am traditionellen Ehebild festhält, können eine nach Auslandsrecht geschlossene gleichgeschlechtliche Ehe als nicht gültig ansehen[1923] und sind nicht verpflichtet, eine Scheidung auszusprechen.[1924] Ein weiteres denkbares Anwendungsfeld sind polygame Ehen.[1925] Gefordert ist jedenfalls eine Beurteilung, ob im konkreten Einzelfall die konkrete Ehe wirksam geschlossen wurde.[1926] Die Unwirksamkeit kann sich auch aus unterschiedlichen Untergrenzen für das Eheschließungsalter ergeben.[1927] Ist die Ehe im Forumstaat bereits gerichtlich annulliert oder aufgehoben worden oder ist dies im Ausland durch eine Entscheidung geschehen, die im Forumstaat anzuerkennen ist, so sollte die Rechtskraft der Entscheidung, sei es auch qua Anerkennung, sich durchsetzen und eine Scheidung ausschließen.[1928]

Art. 13 Rom III-VO ist eine Durchbrechung des normalen Anknüpfungsergebnisses. Ihm liegt in Var. 1 eine Art Anerkennungsprinzip zugrunde,[1929] nicht einmal beschränkt auf

---

[1914] *Guzmán Zapater,* Liber amicorum José Luis Iglesias Buhigues, 2012, S. 521, 527.
[1915] BeckOGK/*Gössl* Art. 13 Rom III-VO Rn. 6.
[1916] Mansel, FS Claus-Wilhelm Canaris zum 80. Geb., 2017, S. 739, 769.
[1917] *Fallon,* Rev. trim. dr. fam. 2012, 291, 308 sowie *Gade,* JuS 2013, 779, 782.
[1918] *Franzina,* Cuad. Der. Trans. 3 (2) (2011), 85, 125.
[1919] Vgl. *Torga,* NIPR 2012, 547, 548.
[1920] Vgl. *Torga,* NIPR 2012, 547, 548.
[1921] Vgl. *Orejudo Prieto de los Mozos,* La Ley T. 3/2012, 1766, 1768.
[1922] Mansel, FS Claus-Wilhelm Canaris zum 80. Geb., 2017, S. 739, 769.
[1923] Z. B. Italien: Cassaz. Giust. civ. 2012 I 1691 m. Anm. *Chiovini; Sgobbo,* Giust. civ. 2013 I 2183.
[1924] *Velletti/Calò/Boulanger,* JCP G, 13 mai 2011, 34 f.; *Hammje,* RCDIP 100 (2011), 291, 337; *Martiny,* IPRax 2011, 437, 441; *Lardeux,* D. 2011, 1835, 1839; *Helms,* FamRZ 2011, 1765, 1766; *Revillard,* Défrenois 2011, 445, 455; *Baruffi,* Dir. UE 2011, 867, 877, 890; *Viarengo,* RDIPP 2011, 601, 609; *Campuzano Díaz,* Rev. Der. Com. Eur. 39 (2011), 561, 584; *Makowsky,* GPR 2012, 266, 271; *Guzmán Zapater,* Liber amicorum José Luis Iglesias Buhigues, 2012, S. 521, 528; *Kruger,* Rome III and Parties' Choice <http://papers.ssrn.com/sol3/papers.cfm?abstract_id=217334> (2012) S. 14; *Duintjer Tebbens,* Essays in Honour of Hans van Loon, 2013, S. 123, 130; *Gade,* JuS 2013, 779, 782; *Sabido Rodríguez,* Rev. Der. Com. Eur. 45 (2013), 499, 530; vgl. auch *Schurig,* FS Bernd v. Hoffmann, 2011, S. 405, 411; *Torga,* NIPR 2012, 547, 549.
[1925] *Devers/Farge,* JCP G 2012, 1277, 1288; *U. P. Gruber,* IPRax 2012, 381, 382 f.; *Hausmann* Rn. A 313; BeckOGK/*Gössl* Art. 13 Rom III-VO Rn. 7.
[1926] *Guzmán Zapater,* Liber amicorum José Luis Iglesias Buhigues, 2012, S. 521, 527.
[1927] *Guzmán Zapater,* Liber amicorum José Luis Iglesias Buhigues, 2012, S. 521, 529.
[1928] Vgl. *Guzmán Zapater,* Liber amicorum José Luis Iglesias Buhigues, 2012, S. 521, 529.
[1929] *Orejudo Prieto de los Mozos,* La Ley T. 3/2012, 1766, 1768.

mitgliedstaatliche Rechte. Er sollte ähnlich restriktiv angewandt werden wie eine ordre public-Klausel,[1930] zumal man in ihm eine Art spezielle ordre public-Klausel sehen kann.[1931] Entgegen anderweitig zu beobachtenden Tendenzen im europäischen IPR dehnt er den ordre public eher aus.[1932] Im Umfeld des Art. 13 Rom III-VO gibt es eine Erklärung des Rates, dass die Kommission bei der Reform der Brüssel IIa-VO ein forum necessitatis einführen möge.[1933] Anderenfalls drohte der Fall, dass den scheidungswilligen Gatten einer gleichgeschlechtlichen Ehe Gerichtsstände nur in solchen Staaten offen stehen könnten, die keine gleichgeschlechtliche Ehe kennen.[1934] Diesem Anstoß ist der Kommissionsvorschlag zur Reform der Brüssel IIa-VO nicht nachgekommen.[1935]

717 **7. Rekurs auf die lex fori kraft Art. 10 Rom III-VO.** Artt. 5; 8 Rom III-VO werden kraft Art. 10 Rom III-VO zu Gunsten der lex fori durchbrochen, wenn das eigentliche Scheidungsstatut die Scheidung nicht vorsieht oder einem der Ehegatten aufgrund seiner Geschlechtszugehörigkeit keinen gleichberechtigten Zugang zur Scheidung gewährt. Dies verfolgt einen doppelten Zweck: erstens zu vermeiden, dass eheliche Bande untrennbar werden, und zweitens die Gleichbehandlung der Geschlechter sicherzustellen.[1936] Hinter dem ersten Zweck steht vor allem die Freiheit zur Wiederverheiratung, geschützt durch die Eheschließungsfreiheit des Art. 12 EMRK (und in Deutschland durch Art. 6 I GG).[1937] Insoweit spiegelt Art. 10 Var. 1 Rom III-VO die Grundentscheidung der Rom III-VO[1938] zugunsten der Scheidungsfreiheit und einen favor divortii wider.[1939] Art. 10 Var. 1 Rom III-VO ist gleichsam das Spiegelbild zu Art. 13 Var. 1 Rom III-VO.[1940] Er verdankt sich dem Druck der scheidungsliberalen Länder Nordeuropas.[1941] Er entstammt einem am Art. 107 II Código Civil angelehnten Vorschlag der spanischen Delegation, um den nordischen Staaten den Weg zur Teilnahme zu ebnen.[1942]

718 Eine Scheidung ist unter dem eigentlichen Scheidungsstatut nicht zu erlangen, wenn dieses die Scheidung als Institut nicht kennt oder wenn es konkret an Scheidungsvoraussetzungen fehlt.[1943] Eine Beschränkung auf eine abstrakte Betrachtung und scheidungsfeindliche Rechte[1944] wäre im Lichte der Wiederverheiratungsfreiheit zu eng.[1945] Erwägungsgrund (26) Rom III-VO und der Gedanke aus Art. 13 Var. 1 Rom III-VO sind nicht zu

---

[1930] *Franzina*, Cuad. Der. Trans. 3 (2) (2011), 85, 125.
[1931] *Pfütze*, ZEuS 2011, 35, 55; *Viarengo*, Scritti in onore di Ugo Draetta, 2011, S. 771, 782. Kritisch *Devers/Farge*, JCP G 2012, 1277, 1288.
[1932] *Viarengo*, RDIPP 2011, 601, 623.
[1933] Erklärung des Rates vom 26.11.2010, 17046/10 JUSTCIV 214 JAI 1008. Siehe auch Legislative Entschließung des Europäischen Parlaments vom 15.12.2010, KOM (2010) 0105 – C 7 – 0315/2010–2010067 (CNS).
[1934] *U. P. Gruber*, IPRax 2012, 381, 390; *Duintjer Tebbens*, Essays in Honour of Hans van Loon, 2013, S. 123, 130 f.; *N. de Maizière* S. 235.
[1935] Vorschlag für eine Verordnung des Rates über die Zuständigkeit und die Anerkennung und Vollstreckung von Entscheidungen in Ehesachen und in Verfahren betreffend die elterliche Verantwortung und über Kindesentführung (Neufassung), von der Kommission vorgelegt am 4.7.2016, KOM (2016) 411/2.
[1936] *Franzina*, Cuad. Der. Trans. 3 (2) (2011), 85, 121; BeckOGK/*Gössl* Art. 10 Rom III-VO Rn. 2.
[1937] *J. Stürner*, Jura 2012, 708, 713.
[1938] Differenzierter dagegen BeckOGK/*Gössl* Art. 1 Rom III-VO Rn. 25 f.
[1939] *Traest*, SEW 2012, 98, 106; *Vaquero López*, AEDIPr 2011, 957, 973 f.; *Sabido Rodríguez*, Rev. Der. Com. Eur. 45 (2013), 499, 527 f. Art. 10 Var. 1 Rom III-VO ist allerdings wesentlich enger als zuvor Art. 17 I 2 EGBGB; *Makowsky*, GPR 2012, 266, 271.
[1940] *N. de Maizière* S. 243 f.
[1941] *Mansel/Thorn/R. Wagner*, IPRax 2018, 121, 151.
[1942] *Paulino Pereira*, Rev. Marché Commun 2007, 390, 394; *Helms*, FamRZ 2011, 1765, 1772; MüKoBGB/*Winkler v. Mohrenfels* Art. 10 Rom III-VO Rn. 1.
[1943] *Franzina*, Cuad. Der. Trans. 3 (2) (2011), 85, 122. Anderer Ansicht für den zweiten Fall *C. Kohler*, FS Bernd v. Hoffmann, 2011, S. 208, 212 f. sowie *Schurig*, FS Bernd v. Hoffmann, 2011, S. 405, 409.
[1944] Dafür *U. P. Gruber*, IPRax 2012, 381, 391; Palandt/*Thorn* Art. 10 Rom III-VO Rn. 3; *Gade*, JuS 2013, 779, 782; BeckOGK/*Gössl* Art. 10 Rom III-VO Rn. 8–12; MüKoBGB/*Winkler v. Mohrenfels* Art. 10 Rom III-VO Rn. 3.
[1945] Im Ergebnis wie hier *Hau*, FamRZ 2013, 249, 254.

V. Scheidung und Trennung ohne Auflösung des Ehebandes　　　　　719–721　§ 4

übertragen,[1946] sondern bilden einen Kontrast. Ein Beispiel für die zweite Fallgruppe des Art. 10 Rom III-VO wäre bei einem abstrakten Ansatz ein interreligiös gespaltenes Recht, dass bestimmten gemischtreligiösen oder gemischtkonfessionellen Ehepaaren die Scheidung versagt.[1947]

Was zählt, ist nur das negative Ergebnis, nicht der Weg dorthin. So kann z. B. ein Forumrecht, welches die gleichgeschlechtliche Ehe kennt, eine Scheidung aussprechen, auch wenn das Scheidungsstatut keine gleichgeschlechtliche Ehe kennt und diese deshalb nicht scheidet.[1948] Insoweit ist im Wege einer besonderen positiven ordre public-Klausel[1949] ein favor divortii ohne Rücksicht auf Nächstbeziehung und ohne spezifische Rücksicht auf Vorhersehbarkeit, die über die Vorhersehbarkeit der Gerichtsstände hinausginge, verwirklicht.[1950] Dieser setzt sich sogar gegen die Rechtswahl der Ehegatten durch, ohne aber jene Rechtswahl unwirksam zu machen.[1951] Sie schützt indes gegen unbedachte Folgen einer Rechtswahl.[1952] 719

Der zweite Fall, Ungleichbehandlung der Geschlechter, hat primär islamische Rechtsordnungen im Auge,[1953] ist aber nicht auf diese beschränkt, sondern kann sich auch gegen andere Mannesvorrechte z. B. der get-Scheidung nach jüdischem Recht (verwiesen als Teil staatlicher Rechtsordnungen) kehren.[1954] Eine Ungleichbehandlung liegt abstrakt vor, wenn ein Ehegatte wegen seines Geschlechts kein Scheidungsrecht oder ein weniger effektives oder langsameres Scheidungsrecht als der andere Ehegatte hat. Art. 10 Var. 2 Rom III-VO dient dem Schutz des schwächeren Ehegatten[1955] und der Wahrung von Menschenrechten mit kollisionsrechtlichen Mitteln.[1956] 720

Indes sollte man auch hier eine konkrete Ergebniskontrolle im konkreten Fall walten lassen und nicht abstrakt urteilen; ein abstraktes Sortieren von Rechtsordnungen nach „guten" und „schlechten" ist nicht angängig.[1957] Der Wortlaut, dass das anzuwendende Recht keinen gleichberechtigten Zugang zur Scheidung gewähre, und der Kontrast zur Formulierung der allgemeinen ordre public-Klausel aus Art. 12 Rom III-VO sprechen zwar für eine abstrakte Betrachtungsweise,[1958] ebenso Erwägungsgrund (24) Rom III-VO in anderen Sprachfassungen als der deutschen.[1959] Auch eine erzieherische Funktion mag man gutheißen- 721

[1946] Entgegen *U. P. Gruber*, IPRax 2012, 381, 391; Palandt/*Thorn* Art. 10 Rom III-VO Rn. 3; *Gade*, JuS 2013, 779, 782.
[1947] *Fallon*, Rev. trim. dr. fam. 2012, 291, 306 f. unter Hinweis auf *Bernard-Maugiron/Henricot*, Rev. trim. dr. fam. 2010, 901.
[1948] *Franzina*, Cuad. Der. Trans. 3 (2) (2011), 85, 122 f.; *Baruffi*, Dir. UE 2011, 867, 887.
[1949] *Henricot*, J. trib. 6487 (2012), 557, 561; *S. Arnold/Schetter*, ZEuP 2018, 646, 660.
[1950] Vgl. *Hammje*, RCDIP 100 (2011), 291, 332 f.; *Lardeux, D.* 2011, 1835, 1837 f.; *Traar*, ÖJZ 2011, 805, 812; *Queirolo/Carpaneto*, RDIPP 2012, 59, 83; *Rauscher*, FS Rolf A. Schütze zum 80. Geb., 2014, S. 463, 472.
[1951] *Hammje*, RCDIP 100 (2011), 291, 333; *Lardeux, D.* 2011, 1835, 1838 sowie *Rauscher*, FS Rolf A. Schütze zum 80. Geb., 2014, S. 463, 472.
[1952] *Finger*, FuR 2013, 305, 310; vgl. auch *Duintjer Tebbens*, Essays in Honour of Hans van Loon, 2013, S. 123, 129; *Revillard*, Essays in Honour of Hans van Loon, 2013, S. 487, 495.
[1953] Siehe nur *C. Kohler*, FamRZ 2008, 1677, 1678; *Hammje*, RCDIP 100 (2011), 291, 334; *Schurig*, FS Bernd v. Hoffmann, 2011, S. 405, 410; *Makowsky*, GPR 2012, 266, 271; *Kruger*, Rome III and Parties' Choice <http://papers.ssrn.com/sol3/papers.cfm?abstract_id=217334> (2012) S. 13.
[1954] *Duintjer Tebbens*, Essays in Honour of Hans van Loon, 2013, S. 123, 129; *M.-P. Weller/Hauber/ A. Schulz*, IPRax 2016, 123, 131; *Gössl*, EuLF 2017, 68 , 70.
[1955] GA *Saugmansgaard Øe*, ECLI:EU:C:2017:686 Rn. 102.
[1956] GA *Saugmansgaard Øe*, ECLI:EU:C:2017:686 Rn. 84 f.; *Viarengo*, RDIPP 2011, 601, 621 f.
[1957] *Schurig*, FS Bernd v. Hoffmann, 2011, S. 405, 410; *Gössl*, EuLF 2017, 68, 73; *N. de Maizière* S. 246; *S. Arnold/Schetter*, ZEuP 2018, 646, 661 f. Vgl. aber auch *Duintjer Tebbens*, Essays in Honour of Hans van Loon, 2013, S. 123, 129. Explizit anders GA *Saugmansgaard Øe*, ECLI:EU:C:2017:686 Rn. 73 f.; *M.-P. Weller/Hauber/A. Schulz*, IPRax 2016, 123, 129 f.; *Majer*, NZFam 2017, 1010, 1011.
[1958] Siehe nur GA *Saugmansgaard Øe*, ECLI:EU:C:2017:686 Rn. 79–83; *Basedow*, FS Willibald Posch zum 60. Geb., 2011, S. 17, 31; *U. P. Gruber*, IPRax 2012, 381, 391; *Hau*, FS Rolf Stürner, 2013, S. 1237, 1248; *Winkler v. Mohrenfels*, FS Dieter Martiny, 2014, S. 595, 599 f.; BeckOGK/*Gössl* Art. 10 Rom III-VO Rn. 20; *Gössl*, EuLF 2017, 68, 72 f.
[1959] GA *Saugmansgaard Øe*, ECLI:EU:C:2017:686 Rn. 76–78; MüKoBGB/*Winkler v. Mohrenfels* Art. 10 Rom III-VO Rn. 3.

ßen[1960] (obwohl die Chancen, dass sich islamische Rechtsordnungen „erziehen" lassen, denkbar gering sind). Bei einer rein abstrakten Betrachtungsweise drohten viel hinkende Rechtsverhältnisse.[1961] Insbesondere drohte man aber abstrakt Diskriminierte, die sich konkret scheiden lassen könnten, ein Stück weit gegen ihren Willen in der Ehe festzuhalten.[1962]

722 Um solche Ergebnisse zu vermeiden, plädieren nahezu[1963] alle diejenigen, die auf der ersten Stufe aus wesentlich systematischen Gründen für ein abstraktes Verständnis plädiert haben, auf einer nachgeschalteten zweiten Stufe für eine telelogische Reduktion des doch als zu weit zu erkennenden abstrakten Verständnisses.[1964] Das kann man mit einem konkreten Verständnis bereits auf der ersten Stufe einfacher und billiger haben. Eine Konstruktion als „kollisionsrechtliche Eingriffsnorm"[1965] müsste bereits mit einem neuen Begriff arbeiten.

723 Art. 10 Rom III-VO ist eine Art europäischer spezieller ordre public-Klausel.[1966] Er kommt nur ins Spiel, wenn sich das gewünschte Ergebnis auf dem normalen Weg über Artt. 5; 8 Rom III-VO nicht erzielen lässt, und ist restriktiv anzuwenden.[1967] Soweit er anwendbar ist, ist er graduell rigoroser als der allgemeine ordre public[1968] und erhebt das Fehlen eines europäisch definierten Minimalstandards zur Voraussetzung.[1969] Er bewegt sich zwar auch auf der abstrakten Ebene ex ante,[1970] ist aber letztlich konkret ex post anzuwenden.[1971] Dafür streitet Erwägungsgrund (24) Rom III-VO, wenn dort von bestimmten Situationen die Rede ist.[1972] Konkrete Ergebniskontrolle vermeidet auch eine abstrakte Diskriminierung von islamischem und jüdischem Recht.[1973] Ein abstrakter Ansatz wäre zwar einfacher und insoweit rechtssicherer,[1974] würde aber wichtige Wertungen abschneiden.

724 Konkret ist etwa darauf zu achten, ob beiden Ehegatten gleichermaßen eine Möglichkeit zur einseitigen Aufsagung der Ehe zur Verfügung steht[1975] (wie mit dem chiqaq im marokkanischen Recht[1976]). Kennt das Scheidungsstatut die einseitige Eheaufsagung dagegen nur durch talaq und damit nur für den Ehemann, so ist eine Anwendung des Art. 10 Var. 2

[1960] So BeckOGK/*Gössl* Art. 10 Rom III-VO Rn. 21.
[1961] *Andrae*, FPR 2010, 505, 507 f.; *Boele-Woelki*, YbPIL XII (2010), 1, 19; *Schurig*, FS Bernd v. Hoffmann, 2011, S. 405, 410; *Möller*, (2014) 10 JPrIL 461, 466; *Gössl*, EuLF 2017, 68, 71.
[1962] *C. Kohler*, FS Bernd v. Hoffmann, 2011, S. 208, 212; *Möller*, (2014) 10 JPrIL 461, 469.
[1963] Ausnahme: *Calvo Caravaca/Carracosa González*, Cuad. Der. Trans. 5 (2) (2009), 36, 67.
[1964] *Helms*, FamRZ 2011, 1765, 1772; *Schurig*, FS Bernd v. Hoffmann, 2011, S. 405, 410; *Hau*, FamRZ 013, 249, 254; *J. Mörsdorf-Schulte*, RabelsZ 77 (2013), 786, 825; *Hausmann* Rn. A 458; *Althammer/Tolani* Art. 10 Rom III-VO Rn. 4; MüKoBGB/*Winkler v. Mohrenfels* Art. 10 Rom III-VO Rn. 4 f.; Palandt/*Thorn* Art. 10 Rom III-VO Rn. 4.
[1965] Dafür *Verschraegen*, Internationales Privatrecht, 2012, Rn. 138; *Winkler v. Mohrenfels*, FS Dieter Martiny, 2014, S. 595, 615.
[1966] *Hammje*, RCDIP 100 (2011), 291, 334; *C. Kohler/Pintens*, FamRZ 2011, 1433, 1434; *Helms*, FamRZ 2011, 1765, 1771 f.; *ders.*, Liber amicorum Walter Pintens, 2012, S. 681, 684; *C. Kohler*, FS Bernd v. Hoffmann, 2011, S. 208, 212; *Mansel*, in: Leible/Unberath (Hrsg.), Brauchen wir eine Rom 0-Verordnung?, 2013, S. 241, 258; *J. Mörsdorf-Schulte*, RabelsZ 77 (2013), 786, 825; BeckOGK/*Gössl* Art. 10 Rom III-VO Rn. 3; ähnlich *Franzina*, Cuad. Der. Trans. 3 (2) (2011), 85, 122. Anderer Ansicht (abstraktes Diskriminierungsverdikt) *M.-P. Weller/Hauber/A. Schulz*, IPRax 2016, 123, 129 f.
[1967] *Franzina*, Cuad. Der. Trans. 3 (2) (2011), 85, 121; BeckOGK/*Gössl* Art. 10 Rom III-VO Rn. 4; vgl. auch *Schurig*, FS Bernd v. Hoffmann, 2011, S. 405, 409 f.
[1968] *Fallon*, Rev. trim. dr. fam. 2012, 291, 299.
[1969] *Hammje*, RCDIP 100 (2011), 291, 334 f. sowie selbst *Winkler v. Mohrenfels*, FS Dieter Martiny, 2014, S. 595, 601.
[1970] *Majer*, NZFam 2017, 1010, 1011.
[1971] Anderer Ansicht *C. Kohler*, FS Bernd v. Hoffmann, 2011, S. 208, 212.
[1972] Begründung der Bundesregierung zum Entwurf eines Gesetzes zur Anpassung der Vorschriften des Internationalen Privatrechts an die Verordnung (EU) Nr. 1259/2010 und zur Änderung anderer Vorschriften des Internationalen Privatrechts, BT-Drs. 17/11049, 8; *Hau*, FamRZ 2013, 249, 254.
[1973] *Hau*, FamRZ 2013, 249, 254.
[1974] *Winkler v. Mohrenfels*, FS Dieter Martiny, 2014, S. 595, 600 f.
[1975] *Kruger*, Rome III and Parties' Choice <http://papers.ssrn.com/sol3/papers.cfm?abstract_id=217334> (2012) S. 13 f.
[1976] Art. 97 Mudawwana (marokFGB); näher *Foblets/Loukili*, RCDIP 95 (2006), 549. Ein Anwendungsbeispiel bietet Trib. civ. Liège JMLB 2010, 1807 m. Anm. *Wautelet*.

V. Scheidung und Trennung ohne Auflösung des Ehebandes 725–729 § 4

Rom III-VO zu prüfen.[1977] Daran finden auch Versuche muslimischer Ehemänner, durch Wahl eines islamischen Rechts dem scheidungsfreundlichen deutschen Recht zu entgehen, ihre Grenzen und ihr Ende.[1978] Dabei ist freilich eine Gesamtschau des konkreten Falls veranlasst. Hat die Ehefrau bei der Eheschließung ihre Vorstellungen bezüglich etwaiger Scheidungsgründe einbringen oder sogar durchsetzen können oder hatte sie zumindest eine reale Chance dazu, so ist dies zu beachten.[1979]

Für einen Ehegatten einseitig günstigere Scheidungsgründe, die sich konkret niederschlagen (z. B. dass der Ehebruch des Mannes konkret nicht zählt, während ein Ehebruch der Frau zählen würde), sind ebenfalls ein Fall für Art. 10 Var. 2 Rom III-VO.[1980] Gibt es vertragliche neben den gesetzlichen Scheidungsgründen, so sind diese miteinzubeziehen.[1981] Die Möglichkeit, dass die Ehefrau sich selbst loskaufen kann, ist angesichts der nur einseitigen finanziellen Belastung problematisch.[1982] 725

Umso weniger zählt eine Unterwerfung der Ehefrau unter die Gewalt des Mannes im Eherecht allgemein.[1983] Ist die Ehefrau konkret mit dem talaq und der Diskriminierung eines einseitigen Mannesrechts einverstanden (z. B. weil ihr vorrangiges Ziel das Ende der Ehe und der talaq der schnellste Weg dorthin ist), so ist dies zu akzeptieren.[1984] 726

Kein Fall der Ungleichbehandlung von Mann und Frau liegt in der möglichen Ungleichbehandlung gleichgeschlechtlicher Partnerschaften gegenüber verschiedengeschlechtlichen Ehen.[1985] 727

Die Rechtsfolge ist eindeutig: kein Versuch, das ausländische Recht zu „operieren" oder auf ein verwandtes Recht auszuweichen, sondern Anwendung der lex fori.[1986] Die Ergebniskontrolle unter etwaiger Ersetzung durch das Ergebnis nach der lex fori ist keine echte alternative Anknüpfung, die Scheidungsstatut und lex fori als die beiden Alternativen verwenden würde.[1987] Vielmehr versucht er sich an der delikaten Balance zwischen favor divortii und Sensibilität vieler Staaten.[1988] Als nachteilig wird kritisiert, dass kein Sachverhaltsbezug zu einem Mitgliedstaat verlangt ist (jedenfalls jenseits der zuständigkeitsbegründenden Tatsachen)[1989] und dass den Richtern kein Ermessen eingeräumt wird, sondern eine strikte Rechtsfolge angeordnet ist.[1990] 728

Haben die Ehegatten eine Rechtswahl des Scheidungsstatuts getroffen, so liegt es nahe, dass sie beide die Scheidung im Zweifel wollen und deshalb kein Recht gewählt haben, dass ihnen insoweit Steine in den Weg legt.[1991] Sie werden jedenfalls kaum mit Absicht ein scheidungsfeindliches Recht wählen.[1992] Denkbar erscheint allenfalls, dass sie unbedacht ein interreligiös gespaltenes Recht wählen, das etwa auf das kanonische katholische Recht wei- 729

[1977] Fallon, Rev. trim. dr. fam. 2012, 291, 307; Devers/Farge, JCP G 2012, 1277, 1289; Höbbel/Seibert/T. Möller, FuR 2013, 28, 31; Kruger, Rome III and Parties' Choice <http://papers.ssrn.com/sol3/papers.cfm?abstract_id=217334> (2012) S. 14.
[1978] Höbbel/Seibert/T. Möller, FuR 2013, 28, 31.
[1979] Vgl. Hilbig-Lugani, FamRB Int 2013, 85.
[1980] MüKoBGB/Winkler v. Mohrenfels Art. 10 Rom III-VO Rn. 12.
[1981] Vgl. OLG Hamm FamRZ 2013, 1481, 1483; Hilbig-Lugani, FamRB Int 2013, 85.
[1982] Vgl. aber KG FamRZ 2013, 1377 m. Anm. Hohloch: kein Verstoß gegen den deutschen ordre public.
[1983] Übersehen von Álvarez de Toledo Quintana, La Ley 7613 (18 de abril 2011), 1, 4.
[1984] U. P. Gruber, IPRax 2012, 381, 391; Henrich, Liber amirocum Walter Pintens, 2012, S. 701, 708; Hausmann Rn. A 491; N. de Maizière S. 247; Rutten, NIPR 2018, 333, 340 f. Anders GA Saugmansgaard Øe, ECLI:EU:C:2017:686 Rn. 93–104; M.-P. Weller/Hauber/A. Schulz, IPRax 2016, 123, 130; MüKoBGB/Winkler v. Mohrenfels Art. 10 Rom III-VO Rn. 11; Majer, NZFam 2017, 1010, 1011.
[1985] Kruger, Rome III and Parties' Choice <http://papers.ssrn.com/sol3/papers.cfm?abstract_id=217334> (2012) S. 14.
[1986] Siehe nur J. Mörsdorf-Schulte, RabelsZ 77 (2013), 786, 825.
[1987] Entgegen Schurig, FS Bernd v. Hoffmann, 2011, S. 405, 409.
[1988] De Marzo, Foro it. 2011 I col. 917, 920.
[1989] Vgl. Hammje, RCDIP 100 (2011), 291, 334.
[1990] Duintjer Tebbens, Essays in Honour of Hans van Loon, 2013, S. 123, 130.
[1991] Torga, NIPR 2012, 547, 548.
[1992] Kruger, Rome III and Parties' Choice <http://papers.ssrn.com/sol3/papers.cfm?abstract_id=217334> (2012) S. 13; vgl. Rauscher, FS Rolf A. Schütze zum 80. Geb., 2014, S. 463, 472 f.

terverweist und so für Katholiken scheidungsfeindlich ist.[1993] Jedenfalls setzt sich Art. 10 Rom III-VO notfalls auch gegen ein gewähltes Scheidungsstatut durch.[1994]

730   **8. Allgemeiner ordre public (Art. 12 Rom III-VO).** Neben den speziellen ordre public-Klauseln steht die allgemeine ordre public-Klausel des Art. 12 Rom III-VO. Sie ist kein Instrument zum Rosinenpicken.[1995] Die speziellen ordre public-Klauseln genießen Vorrang, und ihre Wertungen sind auch bei der Anwendung des Art. 12 Rom III-VO zu beachten. Der Rahmenbegriff des ordre public ist wie bei anderen europäischen Rechtsakten, insbesondere heute Art. 45 I lit. a Brüssel Ia-VO, früher Art. 34 Nr. 1 EuGVVO,[1996] europäisch-autonom auszulegen. Er steckt die äußersten Grenzen ab, innerhalb derer die Mitgliedstaaten etwas zum Teil ihres jeweiligen nationalen ordre public erheben können.[1997] Die Mitgliedstaaten liefern gleichsam die Untersätze, Art. 12 Rom III-VO den europäischen Obersatz. Erwägungsgrund (25) Rom III-VO verweist für den Obersatz auf die GRC, insbesondere auf das Verbot der Diskriminierung aufgrund des Geschlechts aus Art. 21 I GRC.[1998] Das ist aber keine wirkliche Einschränkung, da die GRC eh zum ordre public der EU-Mitgliedstaaten gehört.[1999] Mit diesen Maßgaben kann man für den deutschen ordre public die scheidungsrechtlichen Fälle aus der Anwendung des Art. 6 EGBGB prinzipiell übertragen.[2000]

731   Im Übrigen bleibt der ordre public trotz europäischem Rahmenbegriff ein Reservatbereich für die Wertvorstellungen aus dem Kern der nationalen Rechtsordnungen. Daraus können sich durchaus unterschiedliche Ergebnisse für eigentlich gleichgelagerte Fälle ergeben: Ein talaq, eine Verstoßung der Ehefrau durch den Ehemann unter einem islamisch geprägten Scheidungsstatut, kann in einem Mitgliedstaat der Rom III-VO gegen den dortigen ordre public verstoßen,[2001] in anderem dagegen nicht gegen den wiederum dortigen.[2002] Die Europäisierung des Scheidungskollisionsrechts überbrückt solche Wertungsdifferenzen nicht.[2003]

732   Unter Art. 12 Rom III-VO ist Kontrollgegenstand das konkrete Ergebnis, das sich aus der Anwendung des berufenen forumfremden Rechts ergibt, nicht abstrakt das forumfremde Recht als solches.

733   Rechtsfolge eines festgestellten ordre public-Verstoßes ist zunächst als negativer ordre public, dass das vom eigentlich berufenen Recht konkret erzielte Ergebnis nicht akzeptiert wird. An seine Stelle muss ein anderes konkretes Ergebnis treten. Art. 12 Rom III-VO enthält hier keine positive Anordnung, sondern eine (Formulierungs-)Lücke.[2004] Richtigerweise tritt über die positive Komponente des ordre public das Sachrecht des Forums ein.[2005] So wird die Lücke durch dasselbe, garantiert ordre public-konforme Recht gefüllt, das zuvor bereits den Kontrollmaßstab stellte.

734   Gegen den deutschen ordre public können überlange Scheidungswartefristen verstoßen sowie ein Vetorecht des anderen Ehegatten kraft Widerspruchs.[2006] Nicht in den Kontext des Art. 12 Rom III-VO, sondern in jenen der Artt. 17 I; 6 EGBGB gehören – da bloße

---

[1993] *Henricot,* J. trib. 2012, 561, 563; *Kruger,* Rome III and Parties' Choice <http://papers.ssrn.com/sol3/papers.cfm?abstract_id=217334> (2012) S. 13.
[1994] MüKoBGB/*Winkler v. Mohrenfels* Art. 10 Rom III-VO Rn. 6.
[1995] *Fucik,* iFamZ 2013, 109.
[1996] Grundlegend dort EuGH Slg. 2000, I-1935 Rn. 21 f. – Dieter Krombach/André Bamberski.
[1997] Vgl. BeckOGK/*Gössl* Art. 12 Rom III-VO Rn. 7.
[1998] Dazu insbesondere im Lichte von Art. 13 Var. 2 Rom III-VO *N. de Maizière* S. 241 f.
[1999] *M. Stürner,* FS Bernd v. Hoffmann, 2011, S. 463, 475; *Raupach* S. 219 f.; MüKoBGB/*Winkler v. Mohrenfels* Art. 12 Rom III-VO Rn. 1.
[2000] Vgl. Erman/*Hohloch* Art. 12 Rom III-VO Rn. 1; *Makowsky,* GPR 2012, 266, 271.
[2001] Z. B. in Spanien: AP Logroño 108/2014, LO 223/2014.
[2002] Z. B. in Italien: Trib. Firenze 9.5.2014.
[2003] *Viarengo* auf der Jahrestagung der ERA zum IPR am 5.9.2014, wiedergegeben in ZEuP 2015, 436, 437.
[2004] NK-BGB/*Budzikiewicz* Art. 12 Rom III-VO Rn. 22 f.
[2005] Anderer Ansicht z. B. BeckOGK/*Gössl* Art. 12 Rom III-VO Rn. 27.
[2006] Für letzteres MüKoBGB/*Winkler v. Mohrenfels* Art. 12 Rom III-VO Rn. 4 mwN.

V. Scheidung und Trennung ohne Auflösung des Ehebandes   735–737 § 4

Scheidungsfolge – etwaige Strafwartefristen vor einer Wiederverheiratung[2007] (d. h. dass ein beziffterter zeitlicher Abstand zur Scheidung einzuhalten ist, bevor sich ein jetzt geschiedener Ehegatte wiederverheiraten darf).

Beispiel: Die in Deutschland lebenden türkischen Staatsbürger Dilek und Hayri Omenöglü haben 735
für die Scheidung ihrer Ehe nach Art. 5 lit. c Rom III-VO türkisches Recht gewählt. Er will sich scheiden lassen. Sie widerspricht dem gestützt auf Art. 166 II türkZGB.

9. Ausschluss von Rück- und Weiterverweisung. Art. 11 Rom III-VO schließt 736
eine Rück- oder Weiterverweisung aus. Alle Kollisionsnormen der Rom III-VO sprechen daher Sachnorm-, keine Gesamtverweisungen aus. Das IPR des verwiesenen Rechts ist nicht zu beachten. Der renvoi-Ausschluss kann sich auf zwei traditionelle Gedanken stützen: Erstens wird ein renvoi traditionell ausgeschlossen, soweit eine zulässige Rechtswahl erfolgt.[2008] Zweitens wird ein renvoi traditionell bei vereinheitlichten Kollisionsnormen ausgeschlossen. Die Entscheidungsharmonie zwischen den Teilnehmerstaaten am vereinheitlichten IPR wird dann höher gewichtet als die Entscheidungsharmonie mit den Staaten der verwiesenen Rechte.[2009] Zudem ist innerhalb der Mitgliedstaaten der Brüssel IIa-VO die Gefahr hinkender Ehen als Folge nicht anerkannter Scheidungen weitgehend gebannt, weil eine grundsätzliche Anerkennungspflicht besteht.[2010] Es gibt auch keine Blockverweisung nach der Lehre vom ordre juridique compétent und keine Entsprechung zu Art. 34 EuErbVO.[2011] Für deutsche Rechtsanwender erfolgt mit dem renvoi-Ausschluss ein Paradigmenwechsel gegenüber dem Altrecht Artt. 17 I 1; 14 I; 4 I 1 Hs. 1 EGBGB.[2012]

10. Rom III-VO und Schiedsverfahren. Für den Ausspruch einer Scheidung oder 737
einer Trennung von Tisch und Bett besteht typischerweise ein Entscheidungsmonopol der staatlichen Gerichte.[2013] Art. 17 II 1 EGBGB ist insoweit paradigmatisch.[2014] Schiedsgerichte haben für diese Aussprüche typischerweise keine Kompetenzen, weil der Gegenstand insoweit nach den nationalen Rechten objektiv nicht schiedsfähig ist.[2015] Insoweit kann es keine Überschneidung zwischen Schiedsgerichtsbarkeit und Rom III-VO geben.[2016] Erwägungsgrund (13) S. 1 Rom III-VO überspielt dies nicht. Er ordnet nicht etwa die objektive Schiedsfähigkeit solcher Aussprüche an. Erstens ginge dies sowieso nicht in einem Erwägungsgrund,[2017] da Erwägungsgründe keine normative Bindungskraft haben.[2018] Und zweitens müsste eine so gewichtige (und obendrein revolutionäre) Umstellung ausdrücklich erfolgen. Sie dürfte sich keinesfalls nur aus bloßen Implikationen ergeben, die zudem nicht eindeutig und jenseits jeden Zweifels wären.[2019] Drittens geht es dem Erwägungsgrund (13) Rom III-VO nicht um Eingriffe in das nationale Zuständigkeitsrecht für Rechtsweg oder Schiedsfähigkeit. Er greift erst später, nachdem die Zuständigkeit des angerufenen Gerichts geklärt ist.[2020]

[2007] MüKoBGB/*Winkler v. Mohrenfels* Art. 12 Rom III-VO Rn. 6.
[2008] Siehe nur *Traest*, SEW 2012, 98, 105.
[2009] *J. Mörsdorf-Schulte*, RabelsZ 77 (2013), 786, 821. Rechtspolitisch bedauernd MüKoBGB/*Winkler v. Mohrenfels* Art. 11 Rom III-VO Rn. 1.
[2010] *J. Mörsdorf-Schulte*, RabelsZ 77 (2013), 786, 821.
[2011] Bedauernd BeckOGK/*Gössl* Art. 11 Rom III-VO Rn. 11–12.1.
[2012] *Niethammer-Jürgens*, in: I. Götz/G. Schnitzler (Hrsg.), 40 Jahre Familienrechtsreform, 2017, S. 347, 351.
[2013] Durchbrechungen des Grundsatzes infolge Zulassung behördlicher oder notarieller Scheidungen listet z. B. *Gössl*, GPR 2018, 94 (94 Fn. 5, 6) auf.
[2014] Außerdem z. B. § 46 EheG in Österreich.
[2015] Siehe nur *Gilfrich*, Schiedsverfahren im Scheidungsrecht, 2007, S. 33f., 137–139; *Coester-Waltjen*, Liber amicorum Kurt Siehr, 2010, S. 595, 596f.
[2016] *Mankowski*, FS Bernd v. Hoffmann, 2011, S. 1012, 1027.
[2017] *Mankowski*, FS Bernd v. Hoffmann, 2011, S. 1012, 1027.
[2018] Siehe nur Nr. 10 S. 2 Gemeinsamer Leitfaden des Europäischen Parlaments, des Rates und der Kommission für Personen, die in den Gemeinschaftsorganen an der Abfassung von Rechtstexten mitwirken (2003 mit Änderungen 2008) <http://eur-ex.europa.eu/de/techleg/index.htm>.
[2019] *Mankowski*, FS Bernd v. Hoffmann, 2011, S. 1012, 1027f.
[2020] *Mankowski*, FS Bernd v. Hoffmann, 2011, S. 1012, 1028.

738 Die vermögensrechtlichen Folgen von Scheidungen dagegen sind objektiv schiedsfähig. Auch insoweit ergibt sich jedoch kein Überschneidungsbereich mit der Rom III-VO.[2021] Denn Art. 1 II lit. e Rom III-VO nimmt die vermögensrechtlichen Folgen der Ehe ausdrücklich vom sachlichen Anwendungsbereich dieser VO aus. Die Rom III-VO hat nur einen engen sachlichen Anwendungsbereich und ist im Kern auf den eigentlichen Ausspruch von Scheidung oder Trennung ohne Auflösung des Ehebandes beschränkt.

11. IPR des Versorgungsausgleichs

Literatur: *U. P. Gruber,* Die neue Anknüpfung des Versorgungsausgleichs: Eine Bestandsaufnahme, IPRax 2016, 539.

739 *a) Versorgungsausgleich als sachrechtliches Institut.* Der Versorgungsausgleich ist rechtsvergleichend gesehen ein seltenes Rechtsinstitut.[2022] Das deutsche Recht ist sein prominentester Propagent. Ihm gesellen sich die Schweiz und die Niederlande zu.[2023] Ähnliche Ansätze gibt es noch in einigen Provinzen Kanadas und in Neuseeland.[2024] Im Vereinigten Königreich ist seit dem Welfare Reform and Pensions Act 1999 eine gerichtliche Anordnung von pension sharing möglich, wird aber praktisch kaum eingesetzt.[2025]

740 *b) Qualifikationsfragen.* Weil der Versorgungsausgleich eine sehr „deutsche" Erscheinung ist, ist er direkt nur im nationalen deutschen IPR angesprochen, nämlich in Art. 17 IV EGBGB 2019 (und dort ein eigenständiger Anknüpfungsgegenstand, so dass ein Versorgungsausgleich nach deutschem Recht nicht etwa schon dadurch ausgelöst würde, dass deutsches Recht Scheidungsstatut ist[2026]). Das heißt aber nicht zwingend, dass er im europäischen IPR überhaupt nicht geregelt wäre. Das europäische IPR, in EU-Verordnungen kodifiziert, hat nach Art. 288 II AEUV verdrängenden Anwendungsvorrang vor nationalem IPR. Soweit es Anwendung beansprucht, verdrängt es also das nationale IPR. Daher ist zuerst zu klären, ob das europäische IPR sich nicht an versteckter Stelle doch des Versorgungsausgleichs annimmt. Es kennt den Versorgungsausgleich zwar nicht als eigenständigen Systembegriff. Es kann ihn aber unter einen seiner Systembegriffe ziehen. Kandidaten dafür sind Unterhalt und güterrechtlicher Ausgleich nach der Scheidung. Art. 1 II lit. f EuGüVO grenzt den Versorgungsausgleich jedoch ausdrücklich aus dem sachlichen Anwendungsbereich der EuGüVO aus.[2027] Auch zum Unterhaltsbegriff des HUP passt der Versorgungsausgleich nicht. Denn er stellt nicht auf aktuelle Bedürftigkeit des Gläubigers und Leistungsfähigkeit des Schuldners ab. Allerdings mag er über Art. 14 HUP in ein clean break mittels umfassendem finanziellem Ausgleich einbezogen sein.[2028]

741 *c) Rechtswahl.* Eine eigene Rechtswahl für das IPR des Versorgungsausgleichs gibt es nicht.[2029] Vielmehr wirken dort über die primäre Anknüpfung an das Scheidungsstatut indirekt die Rechtswahlmöglichkeiten über, wie sie im Internationalen Scheidungsrecht be-

---

[2021] *Mankowski,* FS Bernd v. Hoffmann, 2011, S. 1012, 1028.
[2022] Überblick, wenn auch nicht mehr auf dem neuesten Stand, bei Staudinger/*Mankowski* Art. 17 EGBGB Rn. 305–316.
[2023] Artt. 122–124 schwZGB; Wet van 28 april 1994 houdende vaststelling van regels met betrekking tot de verevening pensioenrechten bij echtscheiding of scheiding van tafel en bed en daarmede verband houdende wijzigingen in andere wetten, Staatsblad 1994 Nr. 342.
[2024] In Québec Artt. 462.3–462.13; 463.9 Code civil; in *Manitoba* sec. 27 (2) Pension Benefit Act; in Alberta *Herchuk v. Herchuk* (1983) 35 Rep. Fam. L. 2d 327 (Alberta C. A.); *Yeudall v. Yeudall* (1988) 16 Rep. Fam. L. 3d 344 (Alberta Q. B. D.); in British Columbia sec. 46 (3) iVm sec. 45 (3) (d) Family Relations Act 1979; vgl. auch in Ontario Part I nos. 5.1, 5.6 Family Law Act 1986; in Neuseeland sec. 8 (i) Matrimonial Property Act 1976.
[2025] *Woodward/Sefton,* [2014] Fam. L. 509.
[2026] Vgl. OLG Frankfurt IPRspr. 2012 Nr. 94 S. 194.
[2027] Siehe nur *U. P. Gruber,* IPRax 2016, 539, 544.
[2028] Staudinger/*Mankowski* Art. 14 HUP Rn. 13f. (2016).
[2029] Entgegen *U. P. Gruber,* in: A. Roth (Hrsg.), Die Wahl ausländischen Rechts im Familien- und Erbrecht, 2013, S. 33, 51.

V. Scheidung und Trennung ohne Auflösung des Ehebandes   742–745 § 4

stehen, also nach Art. 5 Rom III-VO.[2030] Allerdings kann eine nicht hinreichend bedachte Rechtswahl des Scheidungsstatuts die negative Konsequenz haben, dass aus ihr akzessorisch eine Abwahl des versorgungsausgleichsfreundlichen deutschen Rechts folgt.[2031] Eine Teilrechtswahl allein für das Versorgungsausgleichsstatut lässt sich jedenfalls nicht auf Art. 5 Rom III-VO stützen.[2032]

d) Objektive Anknüpfung. Art. 17 III 1 Hs. 1 EGBGB unterstellt den Versorgungsausgleich im Grundansatz dem Scheidungsstatut. Das Konzept sah ursprünglich auf die Anknüpfung des Scheidungsstatuts unter deutschem IPR nach Art. 17 I EGBGB aF. Das AnpassungsG zur Rom III-VO hat nun konsequent auf das nach der Rom III-VO ermittelte Scheidungsstatut umgestellt.[2033] Es bleibt also bei der akzessorischen Anknüpfung des Versorgungsausgleichsstatuts an das Scheidungsstatut.[2034] Der Versorgungsausgleich ist in seiner Ausgestaltung notwendig Scheidungsfolge und muss deshalb im IPR der Scheidung und deren Statut akzessorisch folgen.[2035] Wird das Scheidungsstatut ausnahmsweise nach Art. 10 Rom III-VO angeknüpft, so folgt dem das Versorgungsausgleichsstatut konsequent.[2036] 742

Das Versorgungsausgleichsstatut besagt auch, ob und, wenn ja, in welchem Umfang und unter welchen Voraussetzungen, ein vertraglicher Ausschluss des Versorgungsausgleichs möglich ist (mit der Form als eigenständig nach Art. 11 EGBGB angeknüpfter Teilfrage[2037]).[2038] 743

Nur die Maßstäbe für die Ermittlung des Scheidungsstatuts wurden ausgetauscht. Vorschläge, von diesem Konzept im Ausgangspunkt abzuweichen,[2039] haben sich nicht durchgesetzt.[2040] Allerdings ist der Anknüpfungszeitpunkt für den Versorgungsausgleich ein eigener und besonderer: Art. 17 III 1 Hs. 1 EGBGB stellt nicht auf das Einreichen der Klagschrift ab, sondern auf die Zustellung des Scheidungsantrags.[2041] 744

Die scheidungsakzessorische Grundanknüpfung erleidet jedoch durch Art. 17 III 1 Hs. 2 EGBGB eine alles überlagernde doppelte Einschränkung: Ein Versorgungsausgleich nach dem Scheidungsstatut findet nur dann statt, wenn deutsches Recht Scheidungsstatut ist *und* wenn ihn (außerdem) das Recht eines der Staaten kennt, denen die Ehegatten im Zeitpunkt der Rechtshängigkeit des Scheidungsantrags angehören. Die wichtige erste Einschränkung hat der Gesetzgeber mit der Reform des Versorgungsausgleichsrechts 2009 eingeführt.[2042] Sie schließt aus, dass in Deutschland ein Versorgungsausgleich auf der Grundlage eines ausländischen Rechts durchgeführt wird, welches das Scheidungsstatut stellt. 745

[2030] Vgl. *Helms,* FamRZ 2011, 1765, 1768; *Rieck,* NJW 2014, 257, 261; *U. P. Gruber,* IPRax 2016, 539, 542 f.

[2031] *U. P. Gruber,* in: A. Roth (Hrsg.), Die Wahl ausländischen Rechts im Familien- und Erbrecht, 2013, S. 33, 49 f.; *ders.,* IPRax 2016, 539, 543.

[2032] *U. P. Gruber,* in: A. Roth (Hrsg.), Die Wahl ausländischen Rechts im Familien- und Erbrecht, 2013, S. 33, 51.

[2033] Siehe nur *U. P. Gruber,* IPRax 2016, 539 (539).

[2034] OLG Zweibrücken BeckRS 2015, 11170 = NJW-Spezial 2015, 518 m. Anm. *Haußleiter/B. Schramm; Hau,* FamRZ 2013, 249, 251; *Rauscher,* FPR 2013, 257, 259; *Rösler,* RabelsZ 78 (2014), 155, 173–177; *U. P. Gruber,* IPRax 2016, 539 (539).

[2035] Begründung der Bundesregierung zum Entwurf eines Gesetzes zur Neuregelung des Internationalen Privatrechts, BT-Drs. 10/504, 61; *Hausmann,* FS Reinhold Geimer zum 80. Geb., 2017, S. 199, 205.

[2036] *Winkler v. Mohrenfels,* FS Dieter Martiny, 2014, S. 595, 604.

[2037] OLG Celle FamRZ 2007, 1566, 1568; OLG Köln FamRZ 2009, 1589, 1590 f.; OLG Schleswig FamRZ 2012, 132, 133.

[2038] *Hausmann,* FS Reinhold Geimer zum 80. Geb., 2017, S. 199, 206.

[2039] *Schurig,* FS Bernd v. Hoffmann, 2011, S. 405, 407. De lege ferenda will *U. P. Gruber,* IPRax 2016, 539, 543 f. an die EuGüVO, nicht die Rom III-VO anknüpfen.

[2040] Rechtstechnische und rechtspolitische Kritik de lege lata übt *U. P. Gruber,* IPRax 2016, 539, 540 f., 543 f.

[2041] *Elden,* NZFam 2014, 245, 246.

[2042] Durch Art. 20 Gesetz zur Strukturreform des Versorgungsausgleichs (VAStrRefG) vom 3.4.2009, BGBl. 2009 I 700.

746 Die Umstellung in der Grundanknüpfung des Scheidungsstatuts vom Staatsangehörigkeitsprinzip des Art. 17 I EGBGB in der bis 2013 geltenden Fassung auf das Aufenthaltsprinzip des Art. 8 litt. a, b Rom III-VO hat gravierende Konsequenzen für deutsche Ehegatten, die im Ausland leben:[2043] Nach altem IPR war deutsches Recht ihr Scheidungsstatut, ihr beiderseits deutsches Heimatrecht kannte den Versorgungsausgleich, und ein Versorgungsausgleich konnte in Deutschland von Amts wegen stattfinden,[2044] auch nachgeholt bei Scheidung im Ausland. Unter Art. 8 lit. a Rom III-VO ist ihr Scheidungsstatut dagegen das Recht ihres Aufenthaltsstaates, also nicht deutsches Recht, und ein Versorgungsausgleich in Deutschland findet nicht mehr von Amts wegen unter Art. 17 III 1 Hs. 2 EGBGB statt.

747 Damit bleibt nur der Versorgungsausgleich auf Antrag nach Art. 17 IV 2 EGBGB 2019. Dies wäre misslich, wenn der Ausgleich nach Art. 17 IV 2 EGBGB 2019 kein vollständiger Ausgleich wäre, sondern nur die inländischen Anwartschaften erfasste.[2045] Bei längerem Zusammenleben im Ausland wären aber gerade die ausländischen Anwartschaften interessant, die bei dieser Konstruktion vom inländischen Versorgungsausgleich selbst auf Antrag nicht erfasst würden.[2046] Jedoch ist Art. 17 IV 2 EGBGB 2019 nicht so eng zu verstehen. Er setzt vielmehr einen vollständigen Ausgleich auch der ausländischen Anwartschaften ins Werk. Ob sich dieser vollständige Ausgleich auf der nachgelagerten Durchsetzungsebene im Ausland hinsichtlich der ausländischen Anwartschaften realisieren lässt, steht auf einem anderen Blatt. Jedoch sind auf dem Papier auch die ausländischen Anwartschaften einbezogen.

748 Ein isolierter nachlaufender Versorgungsausgleich ist möglich, ohne dass dafür eine Frist gewahrt werden müsste.[2047] Wird im Scheidungsurteil ausgesprochen, dass ein Versorgungsausgleich nicht stattfindet, und basiert dies allein auf dem Fehlen eines Antrags nach Art. 17 IV 2 EGBGB 2019, so entfaltet jener Ausspruch keine materielle Rechtskraft, die einem späteren Versogungsausgleich aufgrund eines später gestellten Antrags nach Art. 17 IV 2 EGBGB 2019 entgegenstünde.[2048]

749 **Beispiel:** Das Ehepaar Michelle und Étienne Labardieu, beide Franzosen, lebt in Kehl am Rhein. EL arbeitet zwei Jahrzehnte lang für Unternehmen zuerst in Kehl am Rhein, später in Karlsruhe. Er erwirbt Anwartschaften bei deutschen Rentenversicherungsträgern und Ansprüche auf Betriebsrenten gegen seine Arbeitgeber. ML zieht der internen Absprache gemäß die zwei Kinder auf und versieht den Haushalt. Nach zwanzig Jahren Ehe zieht ML nach Strasbourg und reicht die Scheidung vor dem AG – FamG – Kehl am Rhein ein.

750 Für gleichgeschlechtliche Ehen gilt gemäß Art. 17b IV 1 EGBGB 2019[2049] Art. 17b I EGBGB entsprechend. Dieser enthält seinerseits in Art. 17b I 2, 3 EGBGB eine eigene Kollisionsnorm für den Versorgungsausgleich, die Art. 17 IV EGBGB 2019 nachgebildet ist. Es ist daher kein Zufall, dass Art. 17b V 1 EGBGB 2019 nur auf Art. 17 I, III EGBGB 2019 verweist, nicht dagegen auf Art. 17 IV EGBGB 2019. Denn die in der Tat benötigte Verweisung auf das IPR des Versorgungsausgleichs findet sich ja bereits an anderer, systematisch vorrangiger Stelle.

751 **12. Trennung ohne Auflösung des Ehebandes.** Bei den Anknüpfungen behandelt die Rom III-VO die Trennung ohne Auflösung des Ehebandes, traditionell Trennung ohne Auflösung des Ehebandes geheißen, im Prinzip ebenso wie die Scheidung. Es gibt grundsätzlich keine eigenen Kollisionsnormen für die Trennung ohne Auflösung des Ehebandes.

[2043] *Rauscher,* FPR 2013, 257, 259; *U. P. Gruber,* IPRax 2016, 539, 541.
[2044] Beispiel: OLG Karlsruhe FamRZ 2012, 1716.
[2045] So OLG Bremen FamRZ 2016, 141; *Rauscher,* FPR 2013, 257, 259.
[2046] *Rauscher,* FPR 2013, 257, 259.
[2047] *Finger,* NZFam 2015, 687.
[2048] OLG Schleswig FamRZ 2012, 132; OLG Bremen FamRZ 2013, 222.
[2049] Geändert durch Art. 2 Nr. 1 lit. a Gesetz zur Umsetzung des Gesetzes zur Einführung des Rechts auf Eheschließung für Personen gleichen Geschlechts vom 18.12.2018, BGBl. 2018 I 2639.

V. Scheidung und Trennung ohne Auflösung des Ehebandes 752–756 § 4

Vielmehr wird die Trennung ohne Auflösung des Ehebandes in den einzelnen Anknüpfungstatbeständen der Scheidung ausdrücklich gleichgestellt und beigesellt. Die Rom III-VO nimmt insoweit durchgängig die Mühe der gesonderten Erwähnung der Trennung ohne Auflösung des Ehebandes auf sich.

Allerdings gibt es eine Ausnahme, die sich notwendig aus der Natur der Trennung 752 ohne Auflösung des Ehebandes ergibt, und in der Folge eine eigene Kollisionsnorm. Sie befasst sich mit der Konstellation, dass eine Trennung ohne Auflösung des Ehebandes in eine Scheidung mit Auflösung des Ehebandes umgewandelt wird. Diese Konstellation wirft die Frage auf, welches Recht darüber entscheiden soll, ob eine solche Umwandlung stattfindet.

Art. 9 I Rom III-VO beruft für die Umwandlung primär das Trennungsstatut und erhebt für diesen Fall der Umwandlung das Trennungs- auch zum Scheidungsstatut, vorbehaltlich einer abweichenden Rechtswahl der Ehegatten. Diese Anknüpfung wahrt nicht nur Statuseinheit und Statutskontinuität.[2050] Sie vermeidet nicht nur Friktionen und Divergenzen, wie sie sich in der komplexen Materie durch die Anwendung zweier verschiedener, nicht aufeinander abgestimmter Rechte nebeneinander ergeben würden.[2051] Sie unterstellt nicht nur Lockerung und Auflösung des Ehebandes derselben Rechtsordnung.[2052] Sie ist noch darüber hinaus sinnvoll. Denn wenn eine Trennung ohne Auflösung des Ehebandes ausgesprochen ist, kann man sicher sein, dass die Rechtsordnung, auf deren Grundlage der Ausspruch erfolgt ist, die Trennung ohne Auflösung des Ehebandes als Institut kennt und für sie Regeln bereit hält.

Ein Trennungsstatut, welches die Trennung ohne Auflösung des Ehebandes als Institut 754 nicht kennt, wäre ein Widerspruch in sich (oder ein Fehler bei der Rechtsanwendung). Ein Scheidungsstatut, das die Trennung ohne Auflösung des Ehebandes nicht kennt, würde sich umgekehrt mit einer Umwandlung mehr als schwer tun, sodass eine Durchbrechung des Art. 8 Rom III-VO sinnvoll ist.[2053] Art. 9 I Rom III-VO hat den zusätzlichen Vorteil, Einheit von Trennungs- und Scheidungsstatut zu gewährleisten [2054] und einen Quasi-Statutenwechsel in einem Kontinuum zu vermeiden. Er fördert qua Kontinuität Rechtssicherheit und Vorhersehbarkeit.[2055] Trennungsstatut ist dasjenige Recht, welches der ausgesprochenen Trennung faktisch zugrundegelegt wurde, nicht das Recht, das auf die Trennung anzuwenden war oder richtigerweise anzuwenden gewesen wäre.[2056]

Falls das Trennungsstatut keine Umwandlung der Trennung ohne Auflösung des Ehe- 755 bandes in eine Scheidung kennt, beruft Art. 9 II Rom III-VO in favorem divortii[2057] subsidiär das reguläre Scheidungsstatut, sei es gewählt nach Art. 5, sei es objektiv angeknüpft nach Art. 8 Rom III-VO. Absatz 1 hat verdrängenden Vorrang vor Absatz 2.[2058] Echte Statutendivergenz zwischen Scheidungs- und Trennungsstatut dürfte nur bei Änderung der Anknüpfungstatsachen nach der Trennung oder bei einer Rechtswahl nur für die Trennung oder nur für die Scheidung ergeben.[2059]

Den Ehegatten steht es nach Erwägungsgrund (23) S. 4 Rom III-VO natürlich frei, eine 756 Scheidung aus einem anderen Grund als der Umwandlung einer Trennung ohne Auflösung des Ehebandes zu begehren, sofern ein alternativer Scheidungsgrund nach dem Scheidungsstatut vorliegt.[2060]

[2050] OLG Stuttgart FamRB Int 2013, 29 m. Anm. *Dimmler/Bißmaier* = NJW-Spezial 2013, 133; *Rossolillo*, NLCC 2011, 1501, 1502; *Traest*, SEW 2012, 98, 105.
[2051] *Rossolillo*, NLCC 2011, 1501, 1502.
[2052] *Rossolillo*, NLCC 2011, 1501, 1502.
[2053] *Lardeux*, D. 2011, 1835, 1837.
[2054] *Franzina*, Cuad. Der. Trans. 3 (2) (2011), 85, 118.
[2055] *Revillard*, Défrenois 2011, 445, 454; *Malagoli*, Contratto e impresa/Europa 2011, 436, 439.
[2056] *Traar*, ÖJZ 2011, 805, 812.
[2057] Siehe nur *J. Mörsdorf-Schulte*, RabelsZ 77 (2013), 786, 805 mit Fn. 84.
[2058] Siehe nur OLG Stuttgart FamRB Int. 2013, 29 m. Anm. *Dimmler/Bißmaier*.
[2059] *Rossolillo*, NLCC 2011, 1501, 1502.
[2060] *Nitsch*, ZfRV 2012, 264, 267.

757 Die ganz überwiegende Mehrzahl jener Rechtsordnungen, welche die Trennung ohne Auflösung des Ehebandes als Institut kennen, kennt aber auch deren Umwandlung in eine Scheidung, so dass es auf die subsidiäre Anknüpfung an das reguläre Scheidungsstatut kaum je ankommen wird.[2061] Art. 9 II Rom III-VO kommt nicht zum Zug, wenn das Trennungsstatut zwar die Umwandlung in eine Scheidung abstrakt kennt, aber konkret die Voraussetzungen dafür (z. B. eine dreijährige Zeit faktischer Trennung nach dem Trennungsausspruch unter italienischem Recht) noch nicht erfüllt sind.[2062] Auswirkungen hätte eine ursprüngliche Divergenz von Trennungs- und Scheidungsstatut nur bei einem conflit mobile, bei einem Wechsel des maßgeblichen Anknüpfungspunkts nach dem Ausspruch der Trennung.[2063]

VI. Gleichgeschlechtliche Partnerschaften

1. Registrierte Partnerschaften

Literatur: *Coester,* Besonderheiten der Verordnung für das Güterrecht eingetragener Partner, in: Dutta/J. Weber (Hrsg.), Die Europäischen Güterrechtsverordnungen, 2017, S. 111; *Knot,* Nieuwe Europese verordening IPR Partnerschapsvermogensrecht, FJR 2016, 292; *V. Legrand,* Les rapports patrimoniaux des couples internationaux enregistrés: nouveau mode d'emploi à compter du 29 janvier 2019, Petites affiches n° 255, 21 décembre 2018, 14; *Scherpe/Hayward* (eds.), The Future of Registered Partnership, 2017; *Viarengo,* Effetti patrimoniali dell unioni civili transfrontaliere: la nouva discplinia europea, RDIPP 2918, 33.

758 *a) Phänomen und Einstufung.* Die registrierte Partnerschaft steht in der überwiegenden Mehrzahl aller Staaten, die sie überhaupt kennen, nur gleichgeschlechtlichen Partnern offen (allerdings mit so gewichtigen Ausnahmen wie dem PACS – Pacte d'action civil de solidarité in Frankreich). Für gleichgeschlechtliche Partner ist sie historisch funktioneller Teilersatz für die Ehe, die traditionell nur verschiedengeschlechtlichen Partnern offen stand.[2064] Soweit Rechtsordnungen für gleichgeschlechtliche Partner inzwischen die registrierte Partnerschaft und die gleichgeschlechtliche Ehe nebeneinander kennen,[2065] ist die gleichgeschlechtliche Partnerschaft die rechtlich sanktionierte Verbindung minderen Ranges.[2066]

759 Die registrierte Partnerschaft nähert sich in vielen Bereichen der Ehe an.[2067] Trotzdem sollte man sich nicht von der formellen Bezeichnung lösen und zu einer rein funktionellen Qualifikation greifen, die registrierte Partnerschaften ohne formellen Ehecharakter bereits als Ehen einstuft.[2068]

760 Schon terminologisch unterscheiden insbesondere die europäischen Rechtsakte klar zwischen Ehen einerseits und registrierten Partnerschaften andererseits.[2069] Besonders eindeutig ist dies im Internationalen Güterrecht, wo es sogar zwei verschiedene Rechtsakte gibt, EuGüVO für Ehen und EuPartVO für registrierte Partnerschaften. Die Unterscheidung trifft insbesondere den PACS.[2070] Auch im deutschen IPR haben sich jedwede Über-

---

[2061] Die Ausnahme war bis zur Einführung der Scheidung und der ausdrücklichen Regelung der Umwandlung durch Art. 66F Civil Code durch Act XIV of 2011 Malta; *Pietsch,* NJW 2011, 1768, 1770 Fn. 39.
[2062] OLG Stuttgart FamRB Int 2013, 29 m. Anm. *Dimmler/Bißmaier; U. P. Gruber,* IPRax 2012, 381, 388; *Dimmler/Bißmaier,* FamRB Int. 2012, 66, 67. Anderer Ansicht *Ramon,* FamRB Int. 2012, 90, 91.
[2063] *Fallon,* Rev. trim. dr. fam. 2012, 291, 301.
[2064] Zur Entwicklung in verschiedenen Ländern (Dänemark, Norwegen, Schweden, Island, Niederlande, Frankreich, England und Wales, Schottland, Nordirland, Irland, Griechenland, Zypern, Spanien, Belgien, Australien, Neuseeland) siehe die Beiträge in: *Scherpe/Hayward* (eds.), The Future of Registered Partnership, 2017.
[2065] Rechtsvergleichender Überblick z. B. bei *Jae Won Shin,* 49 NYU J. Int'l. & Politics 1119 (2017).
[2066] Zum institutionellen Konkurrenzverhältnis rechtsvergleichend *Scherpe,* in: Scherpe/Hayward S. 561, 576–583.
[2067] Vgl. die auf immer mehr Gebiete ausgreifende Gleichstellung durch verfassungsgerichtliche Rechtsprechung in Deutschland: BVerfGE 105, 113; BVerfGE 124, 199; BVerfG EuGRZ 2010, 520.
[2068] Gegen *Gaudemet-Tallon,* Mélanges en l'honneur de Mariel Revillard, 2007, S. 147, 154–158.
[2069] *Fallon,* Rev. trim. dr. fam. 2012, 291, 296.
[2070] *Döbereiner,* notar 2018, 244, 258 f.

VI. Gleichgeschlechtliche Partnerschaften 761–766 § 4

legungen, die Spaltung in zwei Rechtsinstitute mit unterschiedlichen Anknüpfungsregeln aufzugeben und zu einer einheitlichen Anknüpfung unter einem übergeordneten Systembegriff (z. B. personale Lebens- und Risikogemeinschaft) überzugehen,[2071] mit dem Gesetz über die Ehe für alle erledigt. Dort hat der Gesetzgeber die Trennung gerade betont.

Über die gleichgeschlechtlichen Partnerschaften hinaus zeichnen sich Probleme bei Partnerschaften von Intersexuellen oder bei eigenangenommen sozialen Geschlechterrollen ab,[2072] für die es im IPR noch keine Regelungen gibt. **761**

b) Eingehung und Registrierung. Die Begründung einer eingetragenen Lebenspartnerschaft unterwirft Art. 17b I 1 EGBGB den Sachvorschriften des Register führenden Staates. Das gilt auch als Vorfrage für güterrechtliche Zwecke, denn insoweit verweist Erwägungsgrund (21) EuPartVO auf das IPR des Forums.[2073] Dies entspricht der generellen Zurückhaltung des europäischen Gesetzgebers bei der Begründung familienrechtlicher Statusverhältnisse.[2074] **762**

Die Registerortsanknüpfung des Art. 17b I 1 EGBGB ist eine deutliche und markante Abweichung von den von verschiedengeschlechtlichen Ehen geltenden Anknüpfungsmaßstäben aus Art. 13 I EGBGB (materielle Voraussetzungen distributiv angeknüpft nach den Heimatrechten) und Art. 13 IV bzw. Art. 11 EGBGB (formelle Voraussetzungen). **763**

Die Anknüpfung an die lex loci registrationis eröffnet den Partnern indirekte Rechtswahlfreiheit, denn sie können aussuchen, wo sie sich verpartnern und wo sie sich registrieren lassen wollen[2075] (wenn auch abhängig davon, welche Anforderungen z. B. an eine vorangegangene Aufenthaltsmindestdauer das Recht am Eingehungs- und Registrierungsort aufstellt, bevor es eine gleichgeschlechtliche Eheschließung erlaubt). Denn Anknüpfung an den Eingehungs- und Registrierungsort ist Anknüpfung an ein Merkmal, auf dessen Lokalisierung die Parteien Einfluss haben. **764**

Primäres Ziel des Art. 17b I 1 EGBGB ist es, das Institut der eingetragenen Lebenspartnerschaft gleichsam kollisionsrechtlich abzusichern.[2076] Dazu wählt er – abweichend von der grundsätzlichen Entscheidung des Internationalen Familienrechts für Staatsangehörigkeits-, subsidiär Aufenthaltsprinzip – eine rechtspolitisch bedingte[2077] und zweckbezogene Grundanknüpfung:[2078] Durch die Anknüpfung an den Registrierungsort in Art. 17b I 1 EGBGB ist sichergestellt, dass die Verweisung zu einem Recht führt, welches die eingetragene oder registrierte Lebenspartnerschaft als Institut kennt. Denn wer Lebenspartnerschaften registriert, kennt zwangsläufig das Institut, anderenfalls würde er dessen Registrierung weder erlauben noch vornehmen.[2079] Man entgeht so der Gefahr, dass die Verweisung zu einem Recht führen würde, welches das Institut als solches gar nicht kennt.[2080] **765**

Das Recht des Registrierungsstaates beherrscht alle materiellen Voraussetzungen der Eingehung. Es entscheidet insbesondere über das Partnerschaftsmündigkeitsalter und über Eingehungshindernisse.[2081] Bedeutung haben vor allem Eintragungsvoraussetzungen, die einen Mindestbezug der Partner zum Registrierungsstaat verlangen, z. B. dass mindestens einer der Partner Angehöriger dieses Staates sein muss oder dass ein oder beide der Partner **766**

[2071] Insbesondere *Sonnenberger*, FS Dieter Martiny, 2014, S. 181; *ders.*, FS Dagmar Coester-Waltjen, 2015, S. 787; *Gössl/Verhellen*, (2017) 31 Int. J. L., Policy & Fam. 1, 12 f.
[2072] Z. B. *Fenwick/Hayward*, Child & Fam. L. Q. 30 (2018), 97.
[2073] *Viarengo*, RDIPP 2018, 33, 36.
[2074] *Viarengo*, RDIPP 2018, 33, 36.
[2075] Siehe nur *Gössl/Verhellen*, (2017) 31 Int. J. L., Policy & Fam. 1, 11.
[2076] Staudinger/*Mankowski* Art. 17b EGBGB Rn. 1.
[2077] *R. Wagner*, IPRax 2001, 281, 289; *Löhnig*, NZFam 2017, 1085 (1085).
[2078] Staudinger/*Mankowski* Art. 17b EGBGB Rn. 1; ähnlich *Henrich*, FamRZ 2002, 137; *Thorn*, IPRax 2002, 349, 355; *Martiny*, in: Hausmann/Hohloch (Hrsg), Das Recht der nichtehelichen Lebensgemeinschaft, 2. Aufl. 2003, Kap. 12 Rn. 58.
[2079] Staudinger/*Mankowski* Art. 17b EGBGB Rn. 1.
[2080] Siehe *Martiny*, ZfPW 2017, 1, 32; *Löhnig*, NZFam 2017, 1085, 1087.
[2081] *Siehr*, Das Internationale Privatrecht der Schweiz, 2002, S. 69; *Martiny*, in: Hausmann/Hohloch (Hrsg.), Das Recht der nichtehelichen Lebensgemeinschaft, 2. Aufl. 2003, Kap. 12 Rn. 75.

ihren gewöhnlichen Aufenthalt zuvor für einen bestimmten Zeitraum im Registrierungsstaat gehabt haben müssen. Solche Anforderungen sind dem Recht des Registrierungsstaates zu entnehmen.[2082] Es handelt sich um Fremdenrecht im Sachrecht.[2083]

767 Die Verweisung nach Art. 17b I 1 EGBGB umfasst auch die Form der Begründung.[2084] Darin liegt eine Durchbrechung des Art. 11 EGBGB.[2085] Das Recht des Registrierungsstaates beherrscht ebenfalls die registerverfahrensrechtlichen Fragen.

768 **Beispiel:** Die beiden deutschen Männer A und B leben in Århus. Sie lassen sich in Dänemark als eingetragene Partner registrieren.

769 Ändert sich etwas, wenn beide in Rotterdam leben und miteinander dort die Ehe samt Registrierung im niederländischen Eheregister eingehen?

770 Gibt es mehrere Registrierungen, so ergibt sich die Stichregel aus Art. 17b III EGBGB: Es gilt das Posterioritätsprinzip, und die jeweils letzte Registrierung stellt das Statut.

771 c) *Güterrecht.* Für alle ab dem 29.1.2019 eingetragenen Partnerschaften beherrscht die EuPartVO die güterrechtliche Anknüpfung.[2086] Der deutsche Gesetzgeber hat konsequent das Güterrecht aus Art. 17b I 1 Var. 3 EGBGB 2001 herausgestrichen und Art. 17 b II 2, 3 EGBGB 2001 aufgehoben.[2087] Die EuPartVO läuft in vielem mit der EuGüVO parallel. Im IPR geht diese Parallelität bis zur Nummerierung. Jedoch weicht die EuPartVO bei der objektiven Anknüpfung kraft rechtpolitischer Entscheidung fundamental von der EuGüVO ab.[2088] Art. 3 I lit. a EuPartVO enthält eine autonome Definition der registrierten Partnerschaft und verweist insoweit nicht auf die nationalen Rechte.[2089]

772 aa) *Rechtswahl.* Primäre Anknüpfung ist aber eine Rechtswahl. Art. 22 I EuPartVO räumt den Partnern beschränkte Parteiautonomie ein (so dass dahingestellt bleiben kann, ob ein komplettes Rechtswahlverbot gegen Artt. 10, 11 GRC verstieße[2090]). Diese Zubilligung von Parteiautonomie ist eine wichtige Neuerung,[2091] ganz in der Linie des europäischen Internationalen Familienrechts.[2092] Die Partner haben drei Optionen, die alle eine objektive Verbindung und dadurch eine hinreichende Nähe zur Partnerschaft aufweisen:[2093] das Umweltrecht eines Partners (lit. a); das Heimatrecht eines Partners (lit. b); das Recht des Staates, nach dessen Recht die eingetragene Partnerschaft begründet wurde (lit. c). Die ersten beiden Optionen stimmen mit jenen des Art. 22 I EuGüVO überein. Insoweit gelten die zum Internationalen Ehegüterrecht gemachten Ausführungen[2094] entsprechend. Bei Mehrstaatern ist jedes Heimatrecht wählbar.[2095] Maßgeblicher Zeitpunkt ist bei litt. a und b jener der Rechtswahl, so dass nachträgliche Veränderungen bei gewöhnlichem Aufenthalt oder Staatsangehörigkeit keinen Einfluss auf die Gültigkeit der Rechtswahl haben[2096] (der Registerort des lit. c ist eh unwandelbar festgelegt).

[2082] Staudinger/*Mankowski* Art. 17b EGBGB Rn. 1.
[2083] *F. Sturm,* FS Otto Sandrock, 2000, S. 973, 986; *R. Wagner,* IPRax 2001, 281, 286.
[2084] Begründung der Fraktionen von SPD und Bündnis 90/Die Grünen zum Entwurf eines Gesetzes zur Beendigung der Diskriminierung gleichgeschlechtlicher Gemeinschaften, BT-Drs. 14/3751, 60 Zu § 63; *R. Wagner,* IPRax 2001, 281, 289; *Hohloch/Kjelland,* YbPIL 3 (2001), 223, 229; *Frucht,* Der Pacte civil de solidarité im französischen und deutschen internationalen Privatrecht, 2005, S. 135.
[2085] *Martiny,* in: Hausmann/Hohloch (Hrsg.), Das Recht der nichtehelichen Lebensgemeinschaft, 2. Aufl. 2003, Kap 12 Rn. 76; Staudinger/*Mankowski* Art. 17b EGBGB Rn. 36.
[2086] Art. 69 III EuPartVO.
[2087] Begründung der Bundesregierung zum Entwurf eines Gesetzes zum Internationalen Güterrecht und zur Änderung von Vorschriften des Internationalen Privatrechts, BR-Drs. 385/18, 38 Zu Nummer 8.
[2088] Siehe nur *J. Weber,* DNotZ 2016, 659, 694; *Barrière Brousse,* Clunet 143 (2016), 485, 501; *Usunier,* RTDCiv 2016, 806, 812; *Nademleinsky,* JEV 2017, 36, 37; *Vinaixa Miquel,* InDret 2/2017, 274, 298.
[2089] *Viarengo,* RDIPP 2018, 33, 35.
[2090] Dafür *Kroll-Ludwigs,* NZFam 2016, 1061, 1064 sowie *Dengel* S. 295 f.
[2091] *Vinaixa Miquel,* InDret 2/2017, 274, 290; *Viarengo,* RDIPP 2018, 33, 48.
[2092] *Usunier,* RTDCiv 2016, 806, 811.
[2093] *Marino,* Cuad. Der. Trans. 9 (1) (2017), 265, 278; *Vinaixa Miquel,* InDret 2/2017, 274, 292.
[2094] → § 4 Rn. 237 ff.
[2095] *Knot,* FJR 2016, 292, 295.
[2096] *Viarengo,* RDIPP 2018, 33, 49.

VI. Gleichgeschlechtliche Partnerschaften

Spezifisch und allein Partnerschaften vorbehalten ist dagegen die dritte, erweiternde Option.[2097] Sie soll den Partnern eine Möglichkeit garantieren, dass ihr Güterrecht immer von einem Recht beherrscht wird, welches die eingetragene Partnerschaft als Institut kennt und respektiert. Es soll kein „rechtsfreier Raum" entstehen.[2098] Denn anderenfalls hätte die Partnerschaft ja nicht nach dem Recht dieses Staates begründet werden können. Erwägungsgrund (48) EuPartVO weist zur lex loci registrationis. Insoweit wird law shopping (gewollt) begünstigt.[2098a]

Zum möglichen Fall einer mehrfachen Registrierung trifft die EuPartVO keine ausdrückliche Regelung. Liberal wäre, dass das Recht jedes Registerstaates gewählt werden kann, entsprechend dem liberalen Vorgehen bei der Staatsangehörigkeit unter anderen Rechtsakten. Zudem ist jede Registrierung ein beiden Partnern gemeinsames Merkmal. Eine solche Wahlmöglichkeit würde insbesondere erlauben, durch nachträgliche Rechtswahl auf ein wirkungsstärkeres Recht einer späteren Registrierung umzuschwenken.[2099]

Weil die objektive Grundanknüpfung nach Art. 26 I EuPartVO ebenfalls zum Recht des Registerstaates führt,[2100] scheint Art. 22 I lit. c EuPartVO auf den ersten Blick überflüssig. Auf den zweiten Blick gewinnt er jedoch Sinn: Eine gültige Wahl des Registerstaatsrechts schließt eine Anwendung der objektiven Ausweichklausel aus Art. 26 II EuPartVO aus.[2101] Dadurch wird die Rechtssicherheit gestärkt.[2102] Das gilt auch bei einer nachträglichen Wahl des Registerstaatsrechts, die also insoweit andere Wirkungen hat als ein bloßer Widerruf einer vorangegangenen Rechtswahl nach Art. 22 I lit. a oder b EuPartVO.[2103] Natürlich stehen auch bei einer erneuten Rechtswahl wieder alle Optionen zur Verfügung.[2104]

Bei allen drei Optionen besteht nach Art. 26 I pr. EuPartVO eine zusätzliche (Gültigkeits-[2105])Voraussetzung: Damit die Rechtswahl wirksam ist, muss das gewählte Recht güterrechtliche Wirkungen an das Institut der eingetragenen Partnerschaft knüpfen. Dadurch ist ausgeschlossen, dass man über eine Rechtswahl zu einem Recht gelangen könnte, welches entweder schon die eingetragene Partnerschaft als Institut ablehnt[2106] oder die eingetragene Partnerschaft zwar im Prinzip als Institut kennt, ihr aber keine güterrechtlichen Wirkungen beilegt. Ausweislich Erwägungsgrund (44) S. 2 EuPartVO sollen die Partner nicht in einem rechtsfreien Raum enden können. Haben die Partner ein Recht ohne Güterrecht gewählt, so ist diese Rechtswahl wirkungslos und unwirksam; man muss zur objektiven Anknüpfung schreiten.[2107] Da Art. 26 I EuPartVO nur Güterrecht zum Anknüpfungsgegenstand hat, geht eine Wahl eines Rechts, welches zwar die eingetragene Partnerschaft kennt, aber ihr kein Güterrecht beilegt, ins Leere.[2108] Allerdings ist vorher zu klären, ob das Fehlen eines ausformulierten eigenen Güterrechts nicht eine negative Entscheidung ist,[2109] als deren Folge funktionell Gütertrennung ohne Ausgleichspflichten herr-

---

[2097] *Barrière Brousse,* Clunet 143 (2016), 485, 495.
[2098] Erwägungsgrund (44) S. 2 EuPartVO; *Baldovini,* iFamZ 2018, 39, 43.
[2098a] *V. Legrand,* Petites Affiches n° 255, 21 décembre 2018, 14, 17.
[2099] *Coester,* in: Dutta/J. Weber S. 111, 118 Rn. 21.
[2100] → § 4 Rn. 778 ff.
[2101] *Dutta,* FamRZ 2016, 1973, 1981; *J. Weber,* DNotZ 2016, 659, 695; *C. Rudolf,* ZfRV 2017, 171, 176; *Coester,* in: Dutta/J. Weber S. 111, 117 Rn. 18; *Rademacher,* Cuad. Der. Trans. 10 (1) (2018), 7, 14.
[2102] *Marino,* Cuad. Der. Trans. 9 (1) (2017), 265, 277.
[2103] *Coester,* in: Dutta/J. Weber S. 111, 117 Rn. 19 sowie *J. Weber,* DNotZ 2016, 659, 695. Anders wohl *Dutta,* FamRZ 2016, 1973, 1981.
[2104] Vgl. *Laimer,* JBl 2017, 549, 557.
[2105] *Coester,* in: Dutta/J. Weber S. 111, 116 Rn. 16.
[2106] *Kroll-Ludwigs,* NZFam 2016, 1061, 1064; *Martiny,* ZfPW 2017, 1, 31.
[2107] *Kroll-Ludwigs,* NZFam 2016, 1061, 1064; *Marino,* Cuad. Der. Trans. 9 (1) (2017), 265, 277; *Coester,* in: Dutta/J. Weber S. 111, 117 Rn. 17. Anders *Heiderhoff/Beißel,* Jura 2018, 253, 260.
[2108] Ähnlich *Coester,* in: Dutta/J. Weber S. 111, 116 Rn. 16. Insoweit anders *Dutta,* FamRZ 2016, 1973, 1981; *Martiny,* ZfPW 2017, 1, 31 f.
[2109] *Dutta,* FamRZ 2016, 1973, 1981. Offen *C. Rudolf,* ZfRV 2017, 171, 176. Anderer Ansicht *J. Weber,* DNotZ 2016, 659, 694; *Coester,* in: Dutta/J. Weber S. 111, 117 Rn. 17.

777 Die Modalitäten und Einzelheiten der Rechtswahl sind in Artt. 22 II, III–25 EuPartVO entsprechend jenen im Internationalen Ehegüterrecht der Artt. 22 II, III–25 EuGüVO geregelt (und nach dem weiteren Vorbild der Artt. 5–7 Rom III-VO[2111]). Wiederum gelten die zum Internationalen Ehegüterrecht gemachten Ausführungen[2112] entsprechend. Eine rein redaktionelle Abweichung gibt es nur in der Binnennummerierung der beiden Art. 25: Art. 25 II UAbs. 3, III EuGüVO sind in der EuPartVO Art. 25 III, IV EuPartVO. Insbesondere haben die Partner die Möglichkeit zu einer nachträglichen Rechtswahl.[2113]

778 bb) Objektive Anknüpfung. (1) Grundanknüpfung: Recht des Registrierungsstaates. Bei der objektiven Anknüpfung weicht Art. 26 I EuPartVO fundamental von Art. 26 I, II EuGüVO ab.[2114] Er etabliert eine Gründungsrechtsanknüpfung: Die güterrechtlichen Wirkungen einer eingetragenen Partnerschaft unterliegen dem Recht des Staates, nach dessen Recht die eingetragene Partnerschaft begründet wurde. Das ist essentiell. Denn dadurch herrscht ein Recht, welches die eingetragene Partnerschaft als Institut kennt und respektiert.[2115] Anderenfalls hätte die Partnerschaft ja nicht nach dem Recht dieses Staates begründet werden können. Das Recht des Registrierungsstaates ist Fundament und Quelle der Partnerschaft.[2116] Es zu berufen bietet die beste Gewähr für institutionelle Einheit und Kohärenz für Partnerschaften.[2117] Es greift eine Art Herkunftslandprinzip (bezogen auf die Partnerschaft, nicht auf die einzelnen Partner), für das man mit ein wenig Phantasie sogar eine Parallele zur Gründungstheorie im Internationalen Gesellschaftsrecht[2118] sehen mag.[2119] Die Anknüpfung ist unwandelbar[2120] (jedenfalls solange keine spätere weitere Registrierung und keine Rechtswahl stattfindet). Vorbilder waren z.B. Art. 17b I 1 EGBGB und Art. 515-7-1 Code civil.[2121]

779 Den Anknüpfungspunkt füllt Erwägungsgrund (48) EuPartVO näher aus:[2122] Maßgebend ist das Recht des Staates, nach dessen Recht die verbindliche Eintragung zur Begründung der Partnerschaft vorgenommen wird. Ganz genau sollte man hier von einer Berufung der lex loci registrationis sprechen, nicht von einer der lex loci celebrationis.[2123] Denn theoretisch ist über eine Substitution oder bei großer Liberalität denkbar, dass die Zeremonie und der Konsenstatbestand (das beiderseitige „Ja") in einem Staat stattfinden, die Registrierung aber in einem anderen.

780 Bedeutsamer dürfte der Fall einer mehrfachen Registrierung in verschiedenen Staaten sein. Dazu findet sich keine ausdrückliche Stichregelung,[2124] auch kein Posterioritätsprinzip.[2125] Die Partner können den Konflikt durch Wahl des späteren Registrierungsrechts nach Art. 22 I lit. c EuPartVO auflösen.[2126]

[2110] *C. Rudolf,* ZfRV 2017, 171, 176.
[2111] *Viarengo,* RDIPP 2018, 33, 51 f.
[2112] → § 4 Rn. 224 ff.
[2113] *Viarengo,* RDIPP 2018, 33, 50.
[2114] Siehe nur *Heiderhoff,* IPRax 2018, 1, 7 f.
[2115] Siehe nur *Knot,* FJR 2016, 292, 293; *Usunier,* RTDCiv 2016, 806, 812; *Marino,* Cuad. Der. Trans. 9 (1) (2017), 265, 281; *Heiderhoff/Beißel,* Jura 2018, 253, 260.
[2116] Plastisch *Barrière Brousse,* Clunet 143 (2016), 485, 503: „loi de la source".
[2117] *Barrière Brousse,* Clunet 143 (2016), 485, 504; *Usunier,* RTDCiv 2016, 806, 812.
[2118] Zu dieser → § 7 Rn. 76 ff.
[2119] *Laimer,* JBl 2017, 549, 555.
[2120] Siehe nur *Knot,* FJR 2016, 292, 294; *Marino,* Cuad. Der. Trans. 9 (1) (2017), 265, 281; *Vinaixa Miquel,* InDret 2/2017, 274, 298 f.; *Viarengo,* RDIPP 2018, 33, 53 f.
[2121] *Joubert,* RCDIP 2017, 1, 19.
[2122] Übersehen von *Marino,* Cuad. Der. Trans. 9 (1) (2017), 265, 281 f.
[2123] So aber ungenau *Knot,* FJR 2016, 292, 293.
[2124] *Coester,* in: Dutta/J. Weber S. 111, 118 Rn. 21. *Döbereiner,* notar 2018, 244, 259 neigt zum Abstellen auf die Erstregistrierung.
[2125] *Marino,* Cuad. Der. Trans. 9 (1) (2017), 265, 282.
[2126] *Coester,* in: Dutta/J. Weber S. 111, 118 f. Rn. 21.

VI. Gleichgeschlechtliche Partnerschaften

Für die objektive Grundanknüpfung nach Art. 26 I EuGüVO spielen weder die gewöhnlichen Aufenthalte noch die Staatsangehörigkeiten der Partner noch irgendwelche anderen Faktoren irgendeine Rolle.[2127] Es gibt keine Anknüpfungsleiter, sondern eine einzige Grundanknüpfung.[2128]

(2) Ausweichklausel mit Antragserfordernis nach Art. 26 II EuPartVO. Art. 26 I EuPartVO ist die Regel. Er steht aber unter dem Vorbehalt der Ausweichklausel aus Art. 26 II EuPartVO, die auch ein Wandelbarkeitsmoment in die Anknüpfung hineinbringt,[2129] weil bei ihr Entwicklungen nach der Registrierung eine Rolle spielen. Diese entspricht weitgehend Art. 26 III EuGüVO.[2130] Parallelen sind das Antragserfordernis, die Nachweislast des Antragstellers und die eng gefassten Voraussetzungen für ein Abweichen von der Regel sowie der Ausschluss bei Abschluss einer güterrechtlichen Vereinbarung vor Begründung des letzten gemeinsamen gewöhnlichen Aufenthalts. Konsens des Antragsgegners ist nicht erforderlich.[2131] Daher sind Annäherungen an eine konkludente Rechtswahl letztlich doch zu verneinen.[2132] Das angerufene Gericht hat Ermessen, wie das Modalverb „kann" unterstreicht.[2133]

Hinzu tritt bei Partnerschaften indes ein spezifisches Zusatzmoment: Das Recht des letzten gemeinsamen gewöhnlichen Aufenthalts muss güterrechtliche Wirkungen an das Institut der eingetragenen Partnerschaft knüpfen. Dadurch ist ausgeschlossen, dass man über die Ausweichklausel zu einem Recht gelangen könnte, welches entweder schon die eingetragene Partnerschaft als Institut ablehnt oder die eingetragene Partnerschaft zwar im Prinzip als Institut kennt, ihr aber keine güterrechtlichen Wirkungen beilegt.[2134] Das Merkmal ist ebenso auszulegen wie bei Art. 22 I lit. c EuPartVO.[2135]

cc) Keine Rück- oder Weiterverweisung. Der renvoi-Ausschluss des Art. 32 EuPartVO steht jeder Rück- oder Weiterverweisung entgegen. Alle Kollisionsnormen der EuPartVO sprechen Sachnormverweisungen aus. Ob ein verwiesener Drittstaat die Verweisung annimmt, ist aus Sicht der EuPartVO ohne Bedeutung.[2136]

d) *Unterhalt.* Für die Anknüpfung des Unterhalts zwischen eingetragenen Partnern ist entscheidend, ob man das HUP für sachlich anwendbar hält oder nicht. Art. 17b I 1 EGBGB kommt nur zum Zuge, soweit das HUP nicht anwendbar ist, zumal weil das HUP über Art. 15 EuUnthVO hierarchisch den verdrängenden Anwendungsvorrang eines Unionsrechtsakts genießt.

e) *Andere Wirkungen.* Für andere, allgemeine Wirkungen eingetragener Partnerschaften gilt im Prinzip mangels europäischer Regelung Art. 17b EGBGB. Berufen sind nach Art. 17b I 1 Var. 2 EGBGB die Sachnormen des registerführenden Staates. Auch auf dieser Ebene setzt sich im IPR der gleichgeschechtlichen Partnerschaften also die grundsätzlich alles beherrschende Registeranknüpfung durch.

Den Versorgungsausgleich unterwirft Art. 17b I 2 Hs. 1 EGBGB im Ausgangspunkt ebenfalls dem Registerstaatsrecht. Er ist aber ausweislich Art. 17b I 2 Hs. 2 EGBGB nur durchzuführen, wenn deutsches Recht Registerstaatsrecht ist und das Recht eines Heimatstaates eines Partners den Versorgungsausgleich zwischen Lebenspartnern kennt. Ersichtlich lehnt sich Art. 17b I 2 Hs. 1 EGBGB an Art. 17 III 1 Hs. 2 EGBGB.

[2127] Siehe nur *C. Rudolf,* ZfRV 2017, 171, 177.
[2128] *Martiny,* ZfPW 2017, 1, 32; *Marino,* Cuad. Der. Trans. 9 (1) (2017), 265, 281; *Coester,* in: Dutta/J. Weber S. 111, 118 Rn. 20.
[2129] *Dutta,* FamRZ 2016, 1973, 1982; *J. Weber,* DNotZ 2016, 659, 694 sowie *V. Legrand,* Petites affiches n° 255, 21 décembre 2018, 14, 16.
[2130] Siehe nur *Nourissat/Revillard,* Défrenois 2016, 878, 890; *C. Rudolf,* EF-Z 2017, 244, 248. Unterschiede will dagegen *Vinaixa Miquel,* InDret 2/2017, 274, 301 ausmachen.
[2131] *Coester,* in: Dutta/J. Weber S. 111, 120 Rn. 27.
[2132] Entgegen *Dutta,* FamRZ 2016, 1973, 1982.
[2133] *Coester,* in: Dutta/J. Weber S. 111, 119 Rn. 26.
[2134] In letzterer Hinsicht großzügiger *C. Rudolf,* ZfRV 2017, 171, 179.
[2135] Siehe *C. Rudolf,* ZfRV 2017, 171, 177.
[2136] *C. Rudolf,* ZfRV 2017, 171, 176.

788 *f) Auflösung und Beendigung.* Eingetragene Partnerschaften unterhalb der Ehe fallen nicht in den sachlich-persönlichen Anwendungsbereich der Rom III-VO.[2137] Das belegt schon die deutliche Trennung für den Bereich des Güterrechts zwischen EuGüVO und EuPartVO. Zudem war das Thema eingetragene Partnerschaften in den 2000ern noch heikler als später, und der Versuch seiner Integration hätte die Chancen der Rom III-VO auf eine größere Mitgliedschaft weiter vermindert.

789 Auf der Ebene des nationalen deutschen IPR mag man einen Gleichklang mit der Rom III-VO herstellen, indem man die Rom III-VO entsprechend anwendet. Das kann außerhalb des sachlich-persönlichen Anwendungsbereichs der VO nicht auf unionsrechtliche Bedenken stoßen. Am elegantesten wäre eine gesetzliche Anordnung der entsprechenden Anwendung in einer Novelle des Art. 17b EGBGB gewesen.[2138] Indes ist der deutsche Gesetzgeber diesen Weg nicht gegangen. Vielmehr hat er die ausschließliche, objektive Anknüpfung an den Registrierungsort für die Auflösung in Art. 17b I 1 EGBGB sowohl bei der Ausführungsgesetzgebung zur Rom III-VO als auch beim Gesetz über die Ehe für alle unverändert beibehalten.

790 *g) Anerkennungsprinzip.* Registrierung in einem EU-Mitgliedstaat schafft einen staatlich geschützten Status aufgrund eines staatlichen Aktes. Dieser Status ist keine diffuse oder informelle Rechtslage, sondern hat eine klar identifizierbare Grundlage. Der Status wird durch die Registrierung vom Registerstaat verliehen. Diesen Status müssten die anderen Mitgliedstaaten primärrechtlich über Artt. 21, 18 AEUV eigentlich anerkennen, da Nichtanerkennung zu einem Statusverlust bei grenzüberschreitendem Umzug und daraus folgend zu inkriminierten Konsequenzen führen würde.[2139] Umregistrierung in einen neuen Aufenthaltsstaat scheitert, wenn dieser Staat die registrierte Partnerschaft als Institut ablehnt und deshalb über kein entsprechendes Register verfügt.[2140]

791 *h) Rückwirkender Wegfall der Kappungsgrenze des Art. 17b IV EGBGB 2001.* Art. 17b IV EGBGB 2001 begrenzte die Wirkungen unter ausländischem Recht eingetragener Partnerschaften auf die Wirkungen eingetragener Partnerschaften unter deutschem Recht. Dies wurde mit dem Eheöffnungsgesetz aufgehoben.[2141] Art. 229 § 48 EGBGB, eingefügt durch das „Reparaturgesetz" zum Eheöffnungsgesetz,[2142] geht sogar so weit, Rückwirkung anzuordnen und ausdrücklich Nichtanwendung des Art. 17b IV EGBGB 2001 für eingetragene Partnerschaften und gleichgeschlechtliche Ehen festzuschreiben, die vor dem 1.10.2017 im Ausland nach dem Recht des jeweiligen Registerstaates wirksam begründet wurden. Damit soll klargestellt werden, dass die Kappungsgrenze auch für den Zeitraum vor dem Inkrafttreten des Eheöffnungsgesetzes entfällt.[2143] Im Ausland wirksam begründete eingetragene Partnerschaften (und ausländische Ehen) sollen auch aus deutscher Sicht ab ihrer Begründung die vollen Wirkungen entfalten, die sie nach dem Recht des Registrierungsstaates haben, unabhängig vom Zeitpunkt ihrer Begründung.[2144]

[2137] Siehe nur *Hammje,* RCDIP 100 (2011), 291, 300; *Traar,* ÖJZ 2011, 805, 808; *Baruffi,* Dir. UE 2011, 867, 876; *Viarengo,* RDIPP 2011, 601, 608; *Traest,* SEW 2012, 98, 102; *Fallon,* Rev. trim. dr. fam. 2012, 291, 294f.; *Henricot,* J. trib. 6487 (2012), 557, 559.
[2138] *J. Stürner,* Jura 2012, 708, 712.
[2139] *Mankowski,* FS Dagmar Coester-Waltjen, 2015, S. 571, 585; *Trüten,* Die Entwicklung des Internationalen Privatrechts in der Europäischen Union, 2015, S. 497.
[2140] *Trüten,* Die Entwicklung des Internationalen Privatrechts in der Europäischen Union, 2015, S. 497.
[2141] Begründung des Bundesrates zum Entwurf eines Gesetzes zur Einführung des Rechts auf Eheschließung für Personen gleichen Geschlechts, BT-Drs. 18/6665, 10 Zu Artikel 2 Nummer 4; Begründung der Fraktion Die Linke zum Entwurf eines Gesetzes zur Einführung des Rechts auf Eheschließung für Personen gleichen Geschlechts, BT-Drs. 18/8, 8 Zu Artikel 2 Nummer 4; *Mankowski,* IPRax 2017, 541, 542.
[2142] Konkret durch Art. 2 Nr. 2 Gesetz zur Umsetzung des Gesetzes zur Einführung des Rechts auf Eheschließung für Personen gleichen Geschlechts vom 18.12.2018, BGBl. 2018 I 2639.
[2143] Begründung der Bundesregierung zum Entwurf eines Gesetzes zur Umsetzung des Gesetzes zur Einführung des Rechts auf Eheschließung für Personen gleichen Geschlechts, BR-Drs. 432/18, 27 Zu Artikel 2 Nummer 1.
[2144] Begründung der Bundesregierung zum Entwurf eines Gesetzes zur Umsetzung des Gesetzes zur Einführung des Rechts auf Eheschließung für Personen gleichen Geschlechts, BR-Drs. 432/18, 27 Zu Artikel 2 Nummer 1.

VI. Gleichgeschlechtliche Partnerschaften 792–795 § 4

2. Gleichgeschlechtliche Ehen. *a) Rom III-VO und Art. 17b IV 1 aE EGBGB 2019.* 792
Gleichgeschlechtliche Ehen fallen anders als bloße registrierte Partnerschaft in den Anwendungsbereich der Rom III-VO.[2145] Anderenfalls wäre Art. 13 Rom III-VO nicht zu erklären.[2146] Man darf sich insoweit nicht von Erwägungsgrund (10) UAbs. S. 1 Rom III-VO irritieren lassen.[2147] Dieser will zwar generell eine Anlehnung an die Brüssel IIa-VO, und unter der Brüssel IIa-VO ist bestenfalls umstritten, ob sie auch gleichgeschlechtliche Ehen erfasst.[2148] Jedoch muss Erwägungsgrund (10) Rom III-VO hinter klaren und speziellen Wertungen aus dem normativen Teil der Rom III-VO zurückstehen. Ohne dass dies Verbindlichkeit für die europäisch-autonome Auslegung hätte, belegt der deutsche Gesetzgeber in Art. 17b IV 1 EGBGB 2019[2149] ein ähnliches Verständnis, indem dort besagt ist, dass sich die Scheidung einer gleichgeschlechtlichen Ehe nach der Rom III-VO richtet.[2150]

Eine gleichgeschlechtliche Ehe in eine (registrierte) Partnerschaft umzudeuten und sie 793
damit aus der Rom III-VO herausfallen zu lassen wäre als Denaturierung der gleichgeschlechtlichen Ehe angreifbar.[2151] Ende der 2000er, als die Rom III-VO geschaffen wurde, waren gleichgeschlechtliche Ehen noch Ausnahmeerscheinungen in den Familienrechten der EU-Mitgliedstaaten. Andererseits hatten sie unbestreitbar eine andere, höhere Qualität als registrierte Partnerschaften und bezeichneten einen weiteren Schritt in der Entwicklung.

Laut Art. 17b IV 1 aE EGBGB 2019 richtet sich das auf die Ehescheidung und auf die 794
Trennung ohne Auflösung des Ehebandes anzuwendende Recht bei gleichgeschlechtlichen Ehen nach der Rom III-VO. Selbst dann, wenn die Rom III-VO selber gleichgeschlechtliche Ehen nicht erfassen sollte, wäre also kraft nationalem deutschem Kollisionsrecht das Ergebnis geklärt. Denn die Rom III-VO könnte sich gegen ihre entsprechende Anwendung aufgrund nationalen Kollisionsrechts außerhalb ihres eigenen sachlichen Anwendungsbereichs nicht verwahren und würde keinerlei Sperrwirkung entfalten.

Ganz problemfrei ist Art. 17b IV 1 aE EGBGB 2019 insoweit allerdings nicht: Wenn 795
man nämlich – wie soeben hergeleitet[2152] – die *direkte* sachliche Anwendbarkeit der Rom III-VO auf gleichgeschlechtliche Ehen bejaht, ist eigentlich kein Platz für die Anordnung einer *entsprechenden* Anwendung kraft nationalen Kollisionsrechts. Dann steht vielmehr ein Konflikt des Art. 17b IV 1 EGBGB 2019 mit dem unionsrechtlichen Normwiederholungsverbot[2153] im Raum. Das unionsrechtliche Normwiederholungsverbot will Klarheit darüber bewirken, welche Rechtsquelle anwendbar ist, und den Vorrang des Unionsrechts

---

[2145] *Revillard*, Défrenois 2011, 445, 451; *dies.*, Défrenois 2013, 743, 749; *Gaudemet-Tallon*, JCl. Dr. int. fasc. 547–20 n°. 77.
[2146] Vgl. auch *Fallon*, Rev. trim. dr. fam. 2012, 291, 296 f.
[2147] Vgl. aber *Henricot*, J. trib. 6487 (2012), 557, 558 f.
[2148] Siehe *Boele-Woelki/González-Beilfuss*, in: Boele-Woelki/González-Beilfuss (eds.), The Impact and Application of the Brussels IIbis Regulation in the Member States, 2007, S. 23, 29; *Fongaro*, Dr. & patr. 353 (2009), 336; *Wautelet*, in: Wautelet (dir.), Relations familiales internationales, 2010, S. 7, 19 zum einen und *Pintens*, Liber memorialis Petar Sarčević, 2006, S. 335, 337; *Magnus/Mankowski/Pintens*, Brussels IIbis Regulation, 2. Aufl. 2017, Art. 1 Brussels IIbis Regulation Rn. 20–23 zum anderen.
[2149] Geändert durch Art. 2 Nr. 1 lit. a Gesetz zur Umsetzung des Gesetzes zur Einführung des Rechts auf Eheschließung für Personen gleichen Geschlechts vom 18.12.2018, BGBl. 2018 I 2639.
[2150] Siehe Begründung der Bundesregierung zum Entwurf eines Gesetzes zur Umsetzung des Gesetzes zur Einführung des Rechts auf Eheschließung für Personen gleichen Geschlechts, BR-Drs. 432/18, 27 Zu Artikel 2 Nummer 1.
[2151] *Revillard*, Défrenois 2013, 743, 749.
[2152] → § 4 Rn. 792 ff.
[2153] Siehe nur EuGH Slg. 1972, 1055, 1061 Rn. 12/17 – Belgischer Staat/NV Cobelex; EuGH Slg. 1973, 981, 990 Rn. 9–11 – Fratelli Variola SpA/Amministrazione italiana delle Finanze; EuGH Slg. 1978, 99, 115 f. Rn. 22/27 – Fratelli Zerbone SNC/Amministrazione delle Finanze dello Stato; *v. Danwitz*, Europäisches Verwaltungsrecht, 2008, S. 179; Streinz/*W. Schroeder*, EUV/AEUV, 3. Aufl. 2018, Art. 288 AEUV Rn. 58; C. Calliess/Ruffert/*Ruffert*, EUV/AEUV/GRC, 5. Aufl. 2016, Art. 288 AEUV Rn. 42 sowie EuGH Slg. 1985, 1037, 1074 Rn. 26 – Kommission/Italien. Heute herzuleiten aus Artt 4 III; 19 I S 2 EUV; siehe nur VG München 26.9.2012 – M 18 K. 11.5138 Rn. 83; *Kraus* EWS 2011, 89, 90.

wahren.²¹⁵⁴ Eine *entsprechende* Anwendung von Unionsrecht anzuordnen impliziert eine eigene Regelungsbefugnis des nationalen Rechts und ist kategoriell etwas anderes als eine Hinweisnorm, die einen bestehenden und akzeptierten Vorrang des Unionsrechts nur nochmals unterstreicht. Die Gesetzesbegründung zum „Reparaturgesetz" verbrämt Art. 17b IV 1 aE EGBGB 2019 als Klarstellung, um Rechtsunsicherheit zu vermeiden.²¹⁵⁵

796 b) *EuGüVO und Art. 17b IV 2 EGBGB 2019.* Die güterrechtlichen Wirkungen einer gleichgeschlechtlichen Ehe unterliegen gemäß Art. 17b IV 2 EGBGB 2019 dem nach der EuGüVO anwendbaren Recht. Ein Konflikt des Art. 17b IV 2 EGBGB 2019 mit dem unionsrechtlichen Normwiederholungsverbot besteht nicht. Denn die EuGüVO enthält sich ausweislich Erwägungsgrund (17) EuGüVO ausdrücklich einer eigenen unionsrechtlichen Definition des Begriffs „Ehe". Insoweit verweist sie vielmehr auf das nationale Recht des Forummitgliedstaats und räumt den nationalen Rechtssetzern der Mitgliedstaaten die Definitionskompetenz ein.²¹⁵⁶ Art. 17b IV 2 EGBGB 2019 nimmt für Deutschland genau diesen Ball auf, welchen das Unionsrecht den nationalen Rechten zuwirft.²¹⁵⁷

797 c) *Art. 17b IV 1, V EGBGB 2019.* Die ursprüngliche kollisionsrechtliche Regelung gleichgeschlechtlicher Ehen durch das Eheöffnungsgesetz fiel in Art. 17b IV EGBGB 2017 deutlich zu knapp aus. Sie hatte etliche Lücken. Erklärlich war dies nur aus der Entstehungsgeschichte, dass der ursprüngliche Entwurf von einer Oppositionsfraktion (den Linken) stammte, vordringlich politische Zwecke verfolgte und in Details und Folgen nicht ausgearbeitet war. Hinter ihm standen eben nicht Mühe, Sorgfalt und Sachverstand des Bundesjustizministeriums. Dabei konnte es der deutsche Gesetzgeber aber nicht belassen. Vielmehr hat er ein eigenes „Reparaturgesetz"²¹⁵⁸ erlassen und nachgebessert. Ein eigenes Umsetzungsgesetz für ein deutsches Gesetz ist ein ungewöhnlicher und im IPR bisher einmaliger Schritt.

798 Gemäß Art. 17b V 1 EGBGB 2019 gelten für gleichgeschlechtliche Ehen Artt. 13 III; 17 I, II; 19 I 3; 22 I 2, III 1 sowie Art. 46e EGBGB entsprechend. Den gleichgeschlechtlichen Ehegatten erlaubt Art. 17b V 2 EGBGB 2019, für die allgemeinen Ehewirkungen eine Rechtswahl gemäß Art. 14 I EGBGB 2019 treffen.

799 Unterhalt und Versorgungsausgleich finden sich zwar als Anknüpfungsgegenstände ebensowenig im Katalog der von Art. 17b V 1 EGBGB 2019 verwiesenen Normen, wie durch jenen Katalog die objektive Anknüpfung für die allgemeinen Wirkungen einer gleichgeschlechtlichen Ehe abgedeckt wäre. Insoweit bestehen jedoch keine Lücken im Gesamtsystem. Denn die genannten Materien deckt zwar nicht Art. 17b V 1 EGBGB 2019 ab, aber Art. 17b IV 1 iVm I–III EGBGB 2017.

VII. Nichteheliche Lebensgemeinschaften

Literatur: *P. Becker,* Die Qualifikation der cohabitation légale des belgischen Rechts im deutschen internationalen Privatrecht, 2011; *Dutta,* Beyond Husband and Wife – New Couple Regimes and the European Property Regulations, YbPIL 19 (2017/2018), 145; *Escudey,* Le couple en droit international privé, 2016 <https://tel.archives-ouvertes.fr/tel-01447611/document>; *Gössl/Verhellen,* Marriages and Other Unions in Private International Law – Separate but Equal?, (2017) 31 Int. J. L., Policy & Fam. 1; *Henrich,* Ansprüche bei Auflösung einer nichtehelichen Lebensgemeinschaft in Fällen mit Auslandsberührung, FS Jan Kropholler, 2008, S. 305; *ders.,* Im Ausland begründete und im Inland fortgeführte heterosexuelle Lebenspartnerschaften, FS Dagmar Coester-Waltjen, 2015, S. 443; *S. Lorenz/Unberath,* Nichteheliche Lebensgemeinschaft und Verlöbnis im Internationalen Privat- und Ver-

---

²¹⁵⁴ Nachweise wie letzte Fn.
²¹⁵⁵ Begründung der Bundesregierung zum Entwurf eines Gesetzes zur Umsetzung des Gesetzes zur Einführung des Rechts auf Eheschließung für Personen gleichen Geschlechts, BR-Drs. 432/18, 27 Zu Artikel 2 Nummer 1.
²¹⁵⁶ → § 4 Rn. 191 ff.
²¹⁵⁷ → § 4 Rn. 73.
²¹⁵⁸ Gesetz zur Umsetzung des Gesetzes zur Einführung des Rechts auf Eheschließung für Personen gleichen Geschlechts vom 18.12.2018, BGBl. 2018 I 2639.

VII. Nichteheliche Lebensgemeinschaften 800–802 § 4

fahrensrecht – oder: „Was es nicht gibt, knüpf' ich nicht an", IPRax 2005, 516; *Sonnenberger,* Die Eingehung einer Ehe und anderer personaler Lebens- und Risikogemeinschaften als Anknüpfungsgegenstände des Internationalen Privatrechts – Ein Zwischenruf, FS Dieter Martiny, 2014, S. 181; *ders.,* Zur Reform der kollisionsrechtlichen Behandlung der Eingehung einer Ehe und anderer personaler Lebens- und Risikogemeinschaften – Ein zweiter Zwischenruf, FS Dagmar Coester-Waltjen, 2015, S. 787; *Spickhoff,* Zur Qualifikation der nichtehelichen Lebensgemeinschaft im Europäischen Zivilprozess- und Kollisionsrecht, Liber amicorum Klaus Schurig, 2012, S. 285.

1. Sachrechtliche Phänomene. Die nichteheliche Lebensgemeinschaft hat sich weltweit und auch in der modernen westlichen Welt[2159] als Alternative zur Ehe längst etabliert.[2160] Sie kommt allein in Deutschland millionenfach vor.[2161] Die Motive dafür sind vielfältig:[2162] Zum einen kann eine nichteheliche Lebensgemeinschaft eine Art „Ehe auf Probe" sein.[2163] Zum anderen wird die Ehe mit Blick auf ihre schwerwiegenden rechtlichen Konsequenzen und Bindungen im Güter-, Unterhalts- und Scheidungsfolgenrecht vermieden. Zum dritten tuen sich Partner nach gescheiterten anderweitigen Ehen zusammen (cohabitation after marriage), vermeiden aber eine Ehe miteinander, um so rechtlichen Nachteilen für Kinder aus den früheren Verbindungen aus dem Weg zu gehen.[2164] Zum vierten werden traditionelle Modelle schlechterdings abgelehnt. Nichteheliches Zusammenleben wird dann zur dauerhaften Alternative zur Ehe, sogar noch nach der Geburt von Kindern.[2165] Solche Partner betrachten sich als so gut wie verheiratet.[2166] Zum fünften kann (zumindest) ein Partner noch anderweitig verheiratet sein, so dass eine neue Ehe bei monogamem Eheschließungsstatut ohne vorherige Scheidung der bisherigen Ehe nicht in Betracht kommt. In Lateinamerika boten die uniones de hecho die Möglichkeit zum Zusammenleben, wenn eine anderweitige Ehe wegen Scheidungsfeindlichkeit des einschlägigen Rechts nicht geschieden werden konnte. 800

Soziologisch ist der Aufstieg der nichtehelichen Lebensgemeinschaft zentraler Teil der so genannten zweiten demographischen Transition.[2167] Diese ist geprägt einerseits von sinkenden Geburtenraten, insbesondere in Ehen, und sinkenden Ehezahlen, andererseits vom Ansteigen bei Scheidungen, außerehelichem Zusammenleben und außerehelichen Geburten.[2168] Die nichteheliche Lebensgemeinschaft ist unaufhaltsam auf dem Vormarsch.[2169] Sie ist zentral für den Wandel des Familienbildes, weg von der Institution Ehe und zwingenden staatlichen Formungen hin zu Gestaltungen ihres Zusammenlebens durch die beteiligten Privaten.[2170] 801

Die rechtlichen Antworten der Sachrechte sind ebenso bunt und vielgestaltig.[2171] Teilweise glauben Rechte, die nichteheliche Lebensgemeinschaft schlicht ignorieren zu kön- 802

[2159] Siehe dazu nur *Kiernan,* (2001) 15 Int. J. L., Policy & Fam. 1; *dies.,* in: Macura/Beets (eds.), Dynamics of Fertility and Partnership in Europe, 2002, S. 57; *Antokolskaia,* Liber amicorum Walter Pintens, 2012, S. 41.
[2160] Rechtsvergleichend z. B. *Scherpe/Yassari* (Hrsg.), Die Rechtsstellung nichtehelicher Lebensgemeinschaften, 2005; *Boele-Woelki/Mol/van Gelder* (eds.), European Family Law in Action V: Informal Relationships, 2015; *Asland/Brattström/G. Lind/Lund-Anderse/A. Singer/Sverdrup,* Nordic Cohabitation Law, 2015.
[2161] Für 2007 nennt das Statistische Bundesamt 2,4 Millionen nichteheliche Lebensgemeinschaften in Deutschland; Pressemitteilung Nr. 307 (25.8.2008).
[2162] Konzise zusammengefasst bei *Spickhoff,* Liber amicorum Klaus Schurig, 2012, S. 285 (285 f.).
[2163] Siehe nur *Garssen/de Graaff/Apperloo* (eds.), Relatie en gezijn aan het begin van de 21ste eeuw, 2009; *Antokolskaia,* Liber amicorum Walter Pintens, 2012, S. 41, 44.
[2164] *Antokolskaia,* Liber amicorum Walter Pintens, 2012, S. 41, 45.
[2165] Eurostat Yearbook 2010, 177.
[2166] *Barlow/S. Duncan/G. James/A. Park,* Cohabitation, Marriage and the Law: Social Change and Legal Reform in the 21st Century, 2005, S. 67.
[2167] Zu dieser Transition z. B. schon *Van de Kaa,* Population Bull. 42 (1987), 1.
[2168] Siehe nur *Corijn/Matthijs,* in: Forder/Verbeke (eds.), Gehuwd of neit: maakt het iets uit?, 2005, S. 47.
[2169] *Henrich,* FS 50 Jahre ZfRV, Wien 2013, S. 59, 60 f.
[2170] *Henrich,* FS 50 Jahre ZfRV, Wien 2013, S. 59, 60.
[2171] Rechtsvergleichend *Scherpe/Yassari* (Hrsg.), Die Rechtsstellung nichtehelicher Lebensgemeinschaften, 2005; *Kroppenberg/D. Schwab/Henrich/Gottwald/Spickhoff* (Hrsg.), Rechtsregeln für nichteheliches Zusammenleben, 2009; *Spickhoff,* Liber amicorum Klaus Schurig, 2012, S. 285, 287–290.

nen. Die gegenteilige Extremposition besteht in einer Regulierung als eheähnlich oder gar in einer Bewertung als Ehe jedenfalls bei langjährigem Zusammenleben. Als drittes Modell mögen sich Einzelregelungen zu einzelnen Komplexen finden.

803 **2. Registrierte Partnerschaft als Abgrenzungspol.** Die nichteheliche Lebensgemeinschaft ist ein informelles Gebilde. Sie ist klar zu unterscheiden von der registrierten Partnerschaft. Letztere war zwar historisch ein Instrument für gleichgeschlechtliche Paare, hat sich aber in einigen Staaten fortentwickelt und geöffnet. Das Institut Pacte civil de solidarité (PACS) steht im französischen Recht sowohl gleich- als auch verschiedengeschlechtlichen Paaren offen. Es hat sich in der Realität gänzlich anders entwickelt, als es ursprünglich gedacht war: Gedacht war es eigentlich für gleichgeschlechtliche Partner; in der Realität gehen heterosexuelle Paare über 90 % aller PACS ein, zu Lasten und auf Kosten der traditionellen Eheschließung.[2172]

804 Für registrierte Partnerschaften gelten die spezifisch für dieses Rechtsinstitut geschaffenen eigenen Kollisionsnormen, für heterosexuelle registrierte Partnerschaften jedoch nur, soweit die registrierten Partnerschaften nicht Homosexuellen exklusiv vorbehalten sind.[2173] Leuchtturm für eine Gleichbehandlung homo- und heterosexueller registrierter Partnerschaften ist die EuPartVO. Art. 2 I lit. a EuPartVO definiert „registrierte Partnerschaft" als eine rechtlich vorgesehene Form der Lebensgemeinschaft zweier Personen, deren Eintragung nach den betreffenden rechtlichen Vorschriften verbindlich ist und welche die in den betreffenden rechtlichen Vorschriften vorgesehenen Formvorschriften für ihre Begründung erfüllt. Das ist vollkommen geschlechtsneutral formuliert und enthält keinerlei Beschränkung gerade auf Personen gleichen Geschlechts.[2174] Auch Art. 17b I-III EGBGB ist geschlechtsneutral und erfasst z. B. heterosexuelle PACS.[2175] Eine nicht geschlechtsneutrale Ausgestaltung, d. h. eine Ausgrenzung heterosexueller Partnerschaften von den Privilegien, die homosexuelle genießen, verstieße aber nicht gegen Artt. 8; 14 EMRK.[2176]

805 **3. Qualifikation.** Obwohl sehr weit verbreitet und ein zig-millionenfaches, wenn nicht gar weltweit betrachtet milliardenfaches Phänomen hat die nichteheliche Lebensgemeinschaft im deutschen IPR[2177] jenseits der gleichgeschlechtlichen registrierten Partnerschaft und ihrem Art. 17 b I-III EGBGB keine eigene Regelung erfahren. Sie muss sich deshalb de lege lata[2178] unter das möglichst passende Dach anderweitig geregelter Institute flüchten.[2179] Sie muss ihren Platz in der Nähe zum Internationalen Eherecht und in der Nähe zum Internationalen Schuldrecht finden. Die große Weichenstellung ist, ob man familien- und damit im Ergebnis quasi-eherechtlich[2180] oder ob man schuldrechtlich[2181] qualifiziert.

[2172] *Pla/Beuamel,* Bilan démographique 2009, INSÉE première, N° 1276, janvier 2010, 1 f. (95 % in 2009); *Limbach,* FS Ingeborg Schwenzer, 2011, S. 1079, 1085; das Verhältnis von ungefähr 95 % ist bis einschließlich 2013 konstant geblieben; siehe <http://www.insee.fr/fr/themes/tableau.asp?ref_id=NATTEF02327>.

[2173] Siehe für letzteres Decreto legislativ n. 7/2017 di 19 gennaio 2017 in Italien; dazu *Biagioni,* Riv. dir. int. 2017, 496; *Lopes Pegna,* Riv. dir. int. 2017, 527.

[2174] *Dutta,* YbPIL 19 (2017/2018), 145, 147.

[2175] Siehe nur DNotI-Gutachten, DNotI-Report 2017, 124, 125.

[2176] EGMR 26.10.2017 – 28475/12 – Helga Ratzenböck u. Martin Seydl/Österreich; *Steinfeld and Keiden v. Secretary of State for Education* [2017] EWCA Civ 81, [2017] 2 FLR 692 (C. A.); *Rebecaa Kelly/Place,* [2018] Fam. L. 410.

[2177] Anders dagegen §§ 35, 36 IPRG 2017 in Ungarn.

[2178] Zu Reformüberlegungen und Reformbedarf z. B. *Sonnenberger,* FS Dieter Martiny, 2014, S. 181; *ders.,* FS Dagmar Coester-Waltjen, 2015, S. 787; *Gössl/Verhellen,* (2017) 31 Int. J. L., Policy & Fam. 1.

[2179] *Escudey,* Le couple en droit international privé, 2016, S. 231–249 schlägt vor, das Paar (le couple) als neuen, eigenen Anknüpfungsgegenstand zu etablieren.

[2180] Dafür *Striewe,* IPRax 1983, 248, 250; *Hausmann,* FS Dieter Henrich, 2000, S. 241, 249; Staudinger/ *Mankowski* Anh. Art. 13 EGBGB Rn. 59 f.; *Prinz v. Sachsen Gessaphe,* LMK 2005, 154687; *Henrich,* FS Dagmar Coester-Waltjen, 2015, S. 443, 444; NK-BGB/*Andrae* Anh. II zu Art. 13 EGBGB Rn. 2. Differenziert indes *Gaudemet-Tallon,* Mélanges en l'honneur de Mariel Revillard, 2007, S. 147, 152–154: PACS des französischen Rechts familienrechtlich, aber nicht quasi-eherechtlich.

[2181] Dafür *Revillard,* Défrenois 2000, 340; *dies.,* Études offertes à J. Rubellin-Devichi, 2002, S. 588; *Vassaux/Vauvillé,* Rev. jurid. personne et famille mai 2000, S. 7 sowie *Spickhoff,* Liber amicorum Klaus Schurig, 2012, S. 285, 295 f., 300.

VII. Nichteheliche Lebensgemeinschaften

Schuldrechtlich meint hierbei vertragliches wie außervertragliches Schuldrecht, wobei letzteres bei der Abwicklung und dem Ausgleich nach dem Ende einer nichtehelichen Lebensgemeinschaft eine besondere Rolle spielen kann.[2182] Dies kommt insbesondere in Betracht, wenn (faktisch selten[2183]) ein eigener Partnerschaftsvertrag geschlossen wird, auch wenn dieser funktionell Parallele zu einem Ehevertrag ist, der eherechtlich zu qualifizieren wäre. Eine dritte, im IPR eigentlich nicht ernsthaft vertretene Alternative besteht in einer gesellschaftsrechtlichen Qualifikation als Innengesellschaft.[2184] Eine weitere Alternativlösung differenziert danach, wie weitgehend die jeweils in Rede stehende nichteheliche Lebensgemeinschaft der Ehe angeglichen ist.[2185]

Eine schuldrechtliche Qualifikation müsste mit einer schweren Bürde kämpfen, wenn nichteheliche Lebensgemeinschaften aus dem sachlichen Anwendungsbereich der Rom I- und der Rom II-VO ausgeschlossen wären. Artt. 1 II lit. b Rom I-VO; 1 II lit. b Rom II-VO schließen Schuldverhältnisse aus „aus einem Familienverhältnis und aus Verhältnissen, die nach dem auf diese Verhältnisse anzuwendenden Recht vergleichbare Wirkungen entfalten" aus. Auf den ersten Blick scheint hier ein Zirkel zu drohen, denn es geht doch bei der vorgelagerten Qualifikationsfrage gerade darum, welches Recht denn anwendbar ist.[2186]

Die Erwägungsgründe (8) S. 2 Rom I-VO; 10 S. 2 Rom II-VO stiften weitere Verwirrung. Denn sie erläutern Art. 1 II lit. b Rom I-VO; Art. 1 II lit. b Rom II-VO dahin, dass diese jeweils nach dem Recht des Forumstaates auszulegen seien. Dies steht sowohl im Widerspruch zum eigentlichen Normtext als auch zum prinzipiellen Gebot europäischautonomer Auslegung gerade der Systembegriffe in Ausschlusstatbeständen.[2187] Bezwecken sollen diese Erwägungsgründe eine Rücksichtnahme auf die lex fori, wenn diese nicht bereit ist, dem jeweiligen Lebensverhältnis familienrechtlichen Charakter zuzusprechen.[2188] Vor diesem Hintergrund bleibt die Tür für eine Einbeziehung nichtehelicher Lebensgemeinschaften in die Ausschlusstatbestände offen[2189] und ist man doch wieder auf eine Qualifikation nach den eigenen Maßstäben zurückgeworfen, ohne einen Schritt weitergekommen zu sein.[2190] Nur für explizite Innenabreden dürfte man sicher vertraglich qualifizieren.[2191]

Methodisch wäre es ein schlechtes Fundament, wenn man im IPR schuldrechtlich qualifizierte, um den schuldrechtlichen Grundansatz des deutschen Sachrechts gegenüber nichtehelichen Lebensgemeinschaften[2192] gleichsam ins IPR zu verlängern. Dies wäre zu – im kollisionsrechtlichen Sinne – einseitig gedacht.[2193] Andere Sachrechte denken anders. Z.B. werden im italienischen Recht güterstandsähnliche Elemente einer convivazione more uxorio diskutiert.[2194]

4. Anknüpfung

Beispiel: Die Französin Françoise Latouche-Tréville und der Engländer Thomas Nelson lernen sich in Boulogne-sur-Mer kennen und lieben. Sie ziehen in Palermo (wo N arbeitet) zusammen,

---

[2182] Siehe für das deutsche Sachrecht: Wegfall der Geschäftsgrundlage aus § 313 I BGB oder Zweckverfehlungskondiktion causa data non secuta aus § 812 I 2 Var. 2 BGB; BGHZ 177, 393; BGHZ 183, 242; BGH FamRZ 2011, 1563; BGH FamRZ 2013, 1295 m. Anm. *Grziwotz*.
[2183] *Oswald, Schmallegger*, EF-Z 2013, 13.
[2184] Siehe für das deutsche Sachrecht BGHZ 177, 393; BGH FamRZ 2011, 1563.
[2185] *Spickhoff*, Liber amicorum Klaus Schurig, 2012, S. 285, 295–299.
[2186] *Spickhoff*, Liber amicorum Klaus Schurig, 2012, S. 285, 293.
[2187] *Hohloch*, IPRax 2012, 110, 112; *Spickhoff*, Liber amicorum Klaus Schurig, 2012, S. 285, 293.
[2188] MüKoBGB/*Martiny*, Art. 1 Rom I-VO Rn. 24.
[2189] *Leible/M. Lehmann*, RIW 2008, 528, 530; Rauscher/*Unberath/Cziupka* Art. 1 Rom II-VO Rn. 33; *Spickhoff*, Liber amicorum Klaus Schurig, 2012, S. 285, 293 f.
[2190] *Spickhoff*, Liber amicorum Klaus Schurig, 2012, S. 285, 294 f.
[2191] Staudinger/*Magnus* Art. 1 Rom I-VO Rn. 57; HK-BGB/*Ansgar Staudinger*, Art. 1 Rom I-VO Rn. 6; *Spickhoff*, Liber amicorum Klaus Schurig, 2012, S. 285, 295.
[2192] Siehe nur die Nachweise bei *Grziwotz*, Nichteheliche Lebensgemeinschaft, 2014.
[2193] Siehe *Süß*, in: Süß/Ring (Hrsg.), Eherecht in Europa, 3. Aufl. 2017, § 2 Rn. 386.
[2194] Cassaz. Giur. it. 2018, 1087; *Fazio*, Giur. it. 2018, 1089 mwN.

unterzeichnen gemeinsam den Mietvertrag über ihre Wohnung und erwerben einen Hausrat und ein Auto, wobei jeder Partner aus seinen Mitteln beisteuert. Später ziehen sie nach Napoli und erwerben dort teils auf gemeinsam unterzeichneten Kredit, teils aus vorhandenen Eigenmitteln beider, teils mit finanzieller Unterstützung durch Ns Eltern eine Wohnung. In Napoli bekommen sie zwei gemeinsame Kinder. Fünf Jahre nach der Geburt des zweiten Kindes

a) kommt N bei einem Unfall ums Leben.

b) trennen sich L-T und N. Es erhebt sich erbitterter Streit um finanzielle Ausgleichsansprüche und um Unterhaltsfragen.

811 *a) Bei familienrechtlicher Grundqualifikation.* Welche Anknüpfungsregeln maßgeblich sind, entscheidet sich nach der Qualifikation. Wer familienrechtlich qualifiziert, wird die Kollisionsnormen des Internationalen Eherechts analog anwenden, soweit dies geht. Denn anderenfalls gelangte man in offenes, normenarmes Gelände ohne Anlehnungspunkt, es sei denn, man wollte freihändig auf den gemeinsamen gewöhnlichen Aufenthalt der Partner zusteuern.[2195] Dafür wird die Faktizität der Partnerschaft ins Zentrum gerückt: Mittel- und Schwerpunkt der Partnerschaft sei eben, wo diese gelebt werde.[2196] Ebenso freihändig wäre es, den Partnern der nichtehelichen Lebensgemeinschaft Rechtswahlfreiheit für das „Gemeinschaftsbegründungsstatut" einzuräumen.[2197] Eine Analogie zu Art. 17b EGBGB scheidet jedenfalls sicher aus, denn für sie fehlt es bei nichtregistrierten Lebensgemeinschaften gerade am zentralen Anknüpfungspunkt Ort der Registrierung.[2198] Bei registrierten wie dem PACS des französischen Rechts hätte sie dagegen ihre Meriten und würde ein Prinzip der loi d'autorité verwirklichen.[2199]

812 Die Hürde, dass die Partner einer nichtehelichen Lebensgemeinschaft sich gerade nicht dafür, sondern dagegen entschieden haben, einander zu heiraten,[2200] muss eine eheähnliche Qualifikation sowieso überwinden. Gelingt ihr dies nicht, so kann sie die für eine Analogie methodisch notwendige Vergleichbarkeit und Rechtsähnlichkeit der zu vergleichenden Sachverhalte nicht bejahen.

813 Hat man diese Hürde überwunden, so kommt man bei einer Analogie zu eherechtlichen Anknüpfungen ebenso wenig um eine analytische Aufgliederung und eine Betrachtung einzelner Wirkungen und Anknüpfungsgegenstände[2201] herum wie bei der Ehe selber. Auf die Lebensgemeinschaft als Gesamtensemble abzustellen geht ebenso wenig an, wie es anginge, für die Ehe ein „Ehegesamtstatut" zu suchen.

814 Eine Analogie zur Rom III-VO insgesamt verbietet sich, weil es an einem formellen (staatlichen) Akt fehlt, welcher die Gemeinschaft aufheben würde.[2202] Indes kann man Art. 5 Rom III-VO analog heranziehen und den Parteien eine entsprechende Rechtswahl erlauben.[2203] Wenn schon für die stärker formalisierte Ehe in diesem Umfang Parteiautonomie besteht, muss dies bei der weniger formalisierten, freieren und generell mehr für Gestaltung durch die Partner offenen nichtehelichen Lebensgemeinschaft erst recht gelten.[2204] Eine familienrechtliche Qualifikation führt bei Unterhaltsansprüchen jedenfalls

---

[2195] Dahin *Sonnenberger,* FS Dagmar Coester-Waltjen, 2015, S. 787, 809; *Escudey,* Le couple en droit international privé, 2016, S. 370–383.

[2196] *Siehr,* Internationales Privatrecht, 2001, S. 80; NK-BGB/*Andrae* Anh. II zu Art. 13 EGBGB Rn. 2; *Scherpe,* in: Scherpe/Yassari (Hrsg.), Die Rechtsstellung nichtehelicher Lebensgemeinschaften, 2005, S. 571, 602; Erman/*Hohloch* Vor Art. 13 EGBGB Rn. 19; *Süß,* in: Süß/Ring (Hrsg.), Eherecht in Europa, 3. Aufl. 2017, § 2 Rn. 387.

[2197] Dafür *Henrich,* FS Erik Jayme, 2004, S. 321, 322f.; *ders.,* FS Ulrich Spellenberg, 2010, S. 195, 197; *Sonnenberger,* FS Dagmar Coester-Waltjen, 2015, S. 787, 810.

[2198] Siehe nur *Sonnenberger,* FS Dieter Martiny, 2014, S.181, 193.

[2199] *Escudey,* Le couple en droit international privé, 2016, S. 271–280, 322–338.

[2200] *Spickhoff,* Liber amicorum Klaus Schurig, 2012, S. 285, 299.

[2201] Dagegen *Sonnenberger,* FS Dieter Martiny, 2014, S.181, 193.

[2202] Vgl. *Carlier/Francq/van Boxstael,* J. trib. dr. eur. 2001, 73, 75; *Garber,* FS Daphne-Ariane Simotta, 2012, S. 145, 149 zur insoweit parallelen Brüssel IIa-VO.

[2203] *J. Stürner,* Jura 2012, 708, 713.

[2204] Vgl. *Escudey,* Le couple en droit international privé, 2016, S. 340–352, sogar für registrierte Partnerschaften.

VII. Nichteheliche Lebensgemeinschaften

zum HUP, dessen sachlich-persönlichen Anwendungsbereich sie entsprechend weit verstehen würde.

Eine Analogie zur EuGüVO ist abzulehnen.[2205] Sie hat nicht nur immanente Anknüpfungsprobleme.[2206] Sie müsste sich zuvörderst der Tatsache stellen, dass die überwiegende Mehrzahl aller Sachrechte kein eigenes güterrechtliches Regime für nichteheliche Lebensgemeinschaften kennt. Freilich kann dies in Rechtsordnungen anders aussehen, in denen die nichteheliche Lebensgemeinschaft Quasi-Ersatz für die Ehe ist.[2207]

Eine Analogie zur EuPartVO würde sich über die ausdrücklich entgegenstehende Festlegung aus Erwägungsgrund (16) EuPartVO hinwegsetzen müssen.[2208] Die Analogie würde also schon an der methodisch notwendigen Voraussetzung einer planwidrigen Lücke scheitern. Außerdem gäbe es mangels Registrierung gerade kein Pendant zum für die EuPartVO zentralen Anknüpfungspunkt des Registrierungsortes. Obendrein stünde eine unwandelbare objektive Anknüpfung analog Art. 26 EuGüVO vor dem Problem, den für sie wichtigen Zeitpunkt zu bestimmen, wann die nichteheliche (und eben nicht amtlich registrierte) Lebensgemeinschaft denn genau begründet wurde.[2209]

b) Bei schuldrechtlicher Grundqualifikation. Wer schuldrechtlich qualifiziert, muss sich damit auseinandersetzen, was dies in der Folge heißt und in welchem Umfang die Rom I-VO und – für das internationale Bereicherungsrecht – die Rom II-VO zur Anwendung gelangen können.[2210] Bei einer Entscheidung für eine schuldrechtliche Qualifikation ist damit zugleich entschieden, dass die Anwendungsausschlüsse für das Familienrecht in Artt. 1 II lit. b Rom I-VO; 1 II lit. a Rom II-VO nicht eröffnet sind.

Die eigentliche Anknüpfung gestaltet sich danach strukturell einfach, wenn die Konsequenz wahrt, eine konsensuale Verbindung einem dann notwendig weiten Vertragsbegriff unterfallen zu lassen (auch wenn es schwer fallen mag, den Inhalt des jeweiligen Basisversprechens des einzelnen Partners zu konkretisieren): Erste Stufe ist die Möglichkeit zu einer Rechtswahl der Partner miteinander nach Art. 3 Rom I-VO. Treffen die Partner keine Rechtswahl, so kommt man zur objektiven Anknüpfung als zweiter Stufe. Nichteheliche Lebensgemeinschaften scheinen weder im Katalog des Art. 4 I Rom I-VO auf; sie weisen gleichberechtigte Leistungen beider Partner und keine charakteristische Leistung seitens eines Partners im Sinne von Art. 4 II Rom I-VO. Man ist daher auf die Anknüpfung an die engste Verbindung nach Art. 4 IV Rom I-VO zurückgeworfen, die in aller Regel zum Ort der gelebten Lebensgemeinschaft oder Partnerschaft führt.[2211]

Im Bereich der außervertraglichen Schuldverhältnisse scheidet eine akzessorische Anknüpfung nach Artt. 10 I; 11 I; 12 I, 4 III 2 Rom II-VO aus. Denn dafür fehlt es bei schuldrechtlicher Grundqualifikation an einem herrschenden Rechtsverhältnis und notwendig an dessen Statut, an die man sich anlehnen könnte, weil man dann ja die nichteheliche Lebensgemeinschaft gerade nicht als (herrschendes) familienrechtliches Rechtsverhältnis einstuft. Es bleiben Artt. 10 II; 11 II; 4 II Rom II-VO, wenn die Partner beide ihren jeweiligen gewöhnlichen Aufenthalt in demselben Staat haben.[2212] Das wird regelmäßig der Fall sein, weil nichteheliche Lebensgemeinschaften in Abgrenzung zu bloßen Paarbeziehungen gerade durch das Zusammenleben der Partner gekennzeichnet sind. Ist dies nicht der Fall, also in grenzüberschreitenden together apart-Situationen, so kommen Artt. 10 III; 11 III; 4 I Rom II-VO zum Zuge.[2213]

[2205] *Cebrían Salvat,* Cuad. Der. Trans. 10 (1) (2018), 127, 129; *Dutta,* YbPIL 19 (2017/2018), 145, 156.
[2206] So *Heiderhoff,* IPRax 2018, 1, 3.
[2207] *Heiderhoff,* IPRax 2018, 1, 4; *Dutta,* YbPIL 19 (2017/2018), 145, 156.
[2208] Siehe *Dutta,* YbPIL 19 (2017/2018), 145, 155.
[2209] *Sonnenberger,* FS Dagmar Coester-Waltjen, 2015, S. 787, 809.
[2210] Siehe nur *Henrich,* FS Jan Kropholler, 2008, S. 305, 307–310; *Spickhoff,* Liber amicorum Klaus Schurig, 2012, S. 285, 295.
[2211] *Henrich,* FS Dagmar Coester-Waltjen, 2015, S. 443, 445.
[2212] *Spickhoff,* Liber amicorum Klaus Schurig, 2012, S. 285, 296.
[2213] Vgl. *Spickhoff,* Liber amicorum Klaus Schurig, 2012, S. 285, 296, der indes einem Rückgriff vorrangig auf die Ausweichklauseln der Artt. 10 IV; 11 IV; 4 III 1 Rom II-VO zuzuneigen scheint.

820 *c) Unterhaltsansprüche.* Eine schuldrechtliche Qualifikation müsste sich allerdings winden, soweit es um Unterhaltsansprüche geht, weil Unterhaltsansprüche nun einmal kein schuldrechtliches Phänomen sind. Bereicherungsrecht hilft jedenfalls nicht weiter, und auch ergänzende Vertragsauslegung vermag kaum so weitgehende und finanziell belastende Folgen wie Unterhaltspflichten zu tragen. Aus dem Dilemma würde eine Kombination mit dem HUP helfen, wenn und soweit dieses auch bei nicht-familienrechtlicher Qualifikation Ansprüche aus nichtehelichen Lebensgemeinschaften erfasst. Ob dies der Fall ist, muss eine Auslegung des Art. 1 HUP ergeben. Nach seiner Entstehungsgeschichte stellt das HUP den Vertragsstaaten ausdrücklich frei, ob sie das HUP auf nicht registrierte nichteheliche Lebensgemeinschaften anwenden wollen oder nicht.[2214] Wieder ist man also ohne nähere Klärung auf die Qualifikation nach der lex fori zurückgeworfen.[2215]

821 *d) Beziehungen zu Kindern und Erbfragen.* Nicht im Qualifikationsstreit befangen sind die Beziehungen zu Kindern und Erbfragen. Für beide greifen als abgesonderte Anknüpfungsgegenstände die jeweils eigenen Anknüpfungsnormen, und die allgemeine Qualifikationsfrage wird dadurch überspielt und verdrängt. Kindschaftsrechtliche Fragen unterliegen dem Internationalen Kindschaftsrecht (in Deutschland KSÜ, MSA, Art. 21 EGBGB) und erbrechtliche dem Internationalen Erbrecht (in Deutschland der EuErbVO und für Altfälle Artt. 25, 26 EGBGB 1986). Abstammungsrechtliche Fragen unterliegen dem Internationalen Abstammungsrecht, in Deutschland also Art. 19 EGBGB.

822 Die EuErbVO gilt sachlich-persönlich ohne Einschränkungen auf bestimmte Erbgründe und deshalb auch für die Erbfolge der Partner einer nichtehelichen Lebensgemeinschaft nacheinander.[2216] Auf der Sachrechtsebene dürfte ein gesetzliches Erbrecht der Partner nacheinander immer noch seltene Ausnahme sein. Testamentarisches Bedenken ist dagegen überall möglich, wo Testierfreiheit waltet.

823 *e) Beziehungen zu Dritten.* Beziehungen zu anderen Dritten unterliegen dem Recht, welches die betreffende Drittbeziehung im Außenverhältnis beherrscht. Z.B. beantwortet sich die Frage, inwieweit Eltern, Verwandte oder Freunde Beiträge zurückfordern können, die sie in der Hoffnung auf den Bestand der Partnerschaft zum Erwerb oder Aufbau eines Haushalts oder Heims der Partnerschaft erbracht haben, über Art. 10 Rom II-VO (oder über die Rom I-VO nach dem Statut eines Vertrags mit dem jeweiligen Dritten, wenn es einen solchen Vertrag gibt).

824 **5. Rück- und Weiterverweisung.** Bei einer schuldrechtlichen Grundqualifikation ist konsequent auch der renvoi-Ausschluss aus Art. 20 Rom I-VO analog zu übertragen. Bei einer familienrechtlichen Grundqualifikation sollten dagegen die renvoi-Regeln gelten, die für die entsprechend-analog herangezogenen internationalfamilienrechtlichen Anknüpfungen gelten.

VIII. Unterhalt

Literatur: B. *Ancel/M. Watt,* Aliments sans frontiers, RCDIP 99 (2010), 457; *Andrae,* Zum Verhältnis der Haager Unterhaltskonvention 2007 und des Haager Protokolls zur geplanten EU-Unterhaltsverordnung, FPR 2008, 196; *dies.,* Zum Beitritt der Europäischen Gemeinschaft zum Haager Protokoll über das Unterhaltskollisionsrecht, GPR 2010, 196; *Bambust,* Le règlement européen 4/2009 en matière d'obligations alimentaires, J. trib. 2009, 381; *Beaumont,* International Familiy Law in Europe – The Maintenance Project, the Hague Conference and the EU: A Triumph of Reverse Subsidiarity, RabelsZ 73 (2009), 509; *Boele-Woelki/Mom,* Vereinheitlichung des internationalen Unterhaltsrechts in der Europäischen Union – ein historischer Schritt, FPR 2011, 485; *Bonomi,* The

---

[2214] Explanatory Report *Bonomi* on the Hague Protocol on the Law Applicable to Maintenance Obligations Rn. 31.
[2215] Rauscher/*Andrae* Art. 5 HUntStProt Rn. 7; NK-BGB/*U. P. Gruber* Anh. Art. 18 EGBGB Art. 1 HUP Rn. 2; *Spickhoff,* Liber amicorum Klaus Schurig, 2012, S. 285, 294; *Löhnig,* NZFam 2017, 1085, 1087.
[2216] → § 5 Rn. 328.

VIII. Unterhalt 824 § 4

Hague Protocol of 23 November 2007 on the Law Applicable to Maintenance Obligations, YbPIL 10 (2008), 333; *Borrás*, Dos nuevos instrumentos en materia de alimentos: el Convenio y el Protocolo de La Haya de 23 de noviembre de 2007, AEDIPr 2007, 1305; *dies.*, The Necessary Flexibility in the Application of the New Instruments on Maintenance, Liber amicorum Kurt Siehr, 2010, S. 173; *Brückner*, Unterhaltsregreß im Internationalen Privat- und Verfahrensrecht, 1994; *Castellaneta/Leandro*, Il regolamento CE n. 4/2009 relativo alle obbligazioni alimentari, NLCC 2009, 1051; *Conti*, Grenzüberschreitende Durchsetzung von Unterhaltsansprüchen in Europa, 2011; *Dechamps*, Le règlement européen 4/2009 relatif aux aliments: Tentative de simplification de la résolution des litiges transfrontalières en matière d'obligations alimentaires, Rev. trim. dr. fam. 2011, 801; *Dimmler/Bißmaier*, Die Anwendung materiellen Rechts bei Trennung- und Nacheheunterhaltsverfahren mit Auslandsbezug, FPR 2013, 11; *Dörner*, Der Vorschlag für eine europäische Verordnung zum Internationalen Unterhalts- und Unterhaltsverfahrensrecht, FS Koresuke Yamauchi, 2006, S. 81; *Duncan*, The New Hague Maintenance Convention and Protocol – Comments on Its Objectives and Some of Its Special Features, YbPIL 10 (2008), 313; *Eames*, The New EU Maintenance Regulation: A Different Outcome in Radmacher v Granatino?, [2011] Fam. L. 389; *Finger*, Verordnung EG Nr. 4/2009 des Rates (EuUnterhaltsVO) – mit Haager Protokoll vom 30.11.2009, FuR 2011, 254; *ders.*, Neue kollisionsrechtliche Regeln für Unterhaltsforderungen, JR 2012, 51; *ders.*, Die Europäische Unterhaltsverordnung und das Haager Unterhaltsprotokoll – im Verhältnis zu Drittstaaten, die durch das HUÜ 1973 gebunden sind, Art. 18 HUP, FuR 2014, 82; *Fucik*, Das neue Haager Unterhaltsprotokoll – globales Einheitskollisionsrecht gezeichnet, iFamZ 2008, 90; *ders.*, Die neue Europäische Unterhaltsveronrdung iFamZ 2009, 245; *U. P. Gruber*, Die neue EG-Unterhaltsverordnung, IPRax 2010, 128; *ders.*, Das Haager Protokoll zum internationalen Unterhaltsrecht, FS Ulrich Spellenberg, 2010, S. 177; *Hausmann*, Der Unterhaltsbegriff in Staatsverträgen des internationalen Privat- und Verfahrensrechts, IPRax 1990, 382; *ders.*, Internationales und Europäisches Ehescheidungsrecht, 2013; *ders.*, Schranken der Rechtswahl im internationalen Unterhaltsrecht, FS Dieter Martiny, 2014, S. 345; *Heger*, Die europäische Unterhaltsverordnung, ZKJ 2010, 52; *Henrich*, Unterhaltsvereinbarungen und Unterhaltsverzicht in Fällen mit Auslandsberührung, FS Ingrid Groß, 2004, S. 109; *ders.*, Rechtswahl im Unterhaltsrecht nach dem Haager Protokoll, in: A. Roth (Hrsg.), Die Wahl ausländischen Rechts im Familien- und Erbrecht, 2013, S. 53; *Hilbig*, Der Begriff des Familienverhältnisses in Art. 1 HPUnt 2007 und Art. 1 EuUnthVO, GPR 2011, 310; *J. Hirsch*, Das neue Haager Unterhaltsübereinkommen und das Haager Protokoll über das auf Unterhaltspflichten anzuwendende Recht, in: Coester-Waltjen/V. Lipp/E. Schumann (Hrsg.), Europäisches Unterhaltsrecht, 2010, S. 17; *van Iterson*, IPR-aspecten van de nieuwe mondiale en Europese regelgeving op het gebied van alimentatie, FJR 2009, 246; *Janzen*, Die neuen Haager Übereinkünfte zum Unterhaltsrecht und die Arbeiten an einer EG-Unterhaltsverordnung, FPR 2008, 218; *Jayme*, Wandel des Unterhaltsbegriffs und Staatsvertäge im Internationalen Privatrecht, Mélanges en l'honneur d'Alfred E. v. Overbeck, 1990, S. 529; *Karsten*, The New Hague Convention and EU Regulation on Maintenance Obligations – An English Perspective, in: Coester-Waltjen/V. Lipp/E. Schumann (Hrsg.), Europäisches Unterhaltsrecht, 2010, S. 47; *Lipp*, Parteiautonomie im internationalen Unterhaltsrecht, Liber amicorum Walter Pintens, 2012, S. 847; *E. Long*, The New Hague Maintenance Convention, (2008) 57 ICLQ 984; *Malatesta*, La Convenzione e il Protocollo dell'Aja del 2007 in materia di alimenti, RDIPP 2009, 829; *Marino*, I nuovo regolamento comunitario sulla cooperazione giudiziaria civile in materia di obbligazioni alimentari, NGCC 2009 II 599; *dies.*, Il difficile coordinamento delle fonti nella cooperazione giudiziaria in materia di obbligazioni alimentari, Contratto e impresa/Europa 2010, 363; *Martiny*, Maintenance Obligations in the Conflict of Laws, RdC 247 (1994 III), 135; *ders.*, Unterhaltsrang und -rückgriff, 2000; *Nademleinsky*, Der internationale Unterhaltsstreit, EF-Z 2009, 115; *ders.*, Die neue EU-Unterhaltsverordnung, EF-Z 2011, 130; *Nourissat*, Le règlement (CE) n° 4/2009 du Conseil du 18 décembre 2008 relatif à la compétence, la loi applicable, la reconnaissance et l'exécution des décisions et la coopération en matière d'obligations alimentaires, Procédures juin 2009, S. 7; *Panet*, Les aliments au sein de la famille, in: Barnich/Nuyts/Pfeiff/Wautelet/van Gysel (coord.), Le droit des relations familiales internationales à la croisée des chemins, 2016, S. 39; *Pocar/Viarengo*, I regolamento (CE) n. 4/2009 in materia di obbligazioni alimentari, RDIPP 2009, 805; *N. Prinz*, Das neue Internationale Unterhaltsrecht unter europäischem Einfluss, 2013; *Ring*, Materiellrechtliche Berücksichtigung des Auslandsbezugs bei Geltendmachung von Kindesunterhalt nach dem HUP, FPR 2013, 16; *Vanderkerckhove*, Le recouvrement des obligations alimentaires en Europe – Un nouveau cadre législatif, Rev. Dr. UE 2010, 57; *Villata*, Obblighi alimentari e rapporti di famiglia secondo il regolamento n. 4/2009, Riv. dir. int. 2011, 731; *Vlas*, Alimentatie uit Brussels met een Haags randje, WPNR 6794 (2009), 293; *R. Wagner*, Ein neues unterhaltsrechtliches Übereinkommen aus Den Haag, FamRZ 2005, 410; *ders.*, Der Wettstreit um

679

§ 4   825–827   § 4. Internationales Familienrecht

neue kollisionsrechtliche Vorschriften im Unterhaltsrecht, FamRZ 2006, 979; *M. Weber,* Der sachliche Anwendungsbereich der EU-Unterhaltsverordnung, ÖJZ 2011, 946; *ders.,* Der europäische Unterhaltsstreit, EF-Z 2012, 88; *ders.,* Die privilegierten Unterhaltsansprüche nach Art. 4 des Haager Unterhaltsprotokolls, EF-Z 2012, 204; *ders.,* Die Grundlage der Unterhaltspflicht nach dem Haager Unterhaltsprotokoll, ZfRV 2012, 170.

825   **1. Rechtsquellen.** *a) Räumliche Aspekte.* Die EuUnthVO enthält kein eigenes IPR-Regime. Sie widmet sich vielmehr in ihren näheren Ausgestaltungen ausschließlich Fragen des IZVR. Für das IPR verweist Art. 15 EuUnthVO dagegen auf das HUP und erklärt dessen Regeln für anwendbar. Der ursprüngliche Vorschlag[2217] sah in seinen Artt. 12–21 noch eigene europäische Kollisionsnormen für den Unterhalt vor. Er ist jedoch am Widerstand des Vereinigten Königreichs gescheitert, das von einer lex fori-Lösung nicht lassen wollte.[2218] So kam es zur Verweisung auf das HUP als Kompromiss.[2219] Mit Art. 15 EuUnthVO macht sich die EU die Regeln des HUP inhaltlich zu eigen.[2220] Das Vereinigte Königreich hat übrigens trotz dieser Verweisung in die EuUnthVO hineinoptiert,[2221] nachdem es durchgesetzt hatte, dass das HUP nur solche Mitgliedstaaten der EuUnthVO binden würde, die zugleich Vertragsstaaten des HUP sind.[2222] Die Integrationslösung über Art. 15 EuUnthVO hat die wichtige Konsequenz, dass der EuGH zur Auslegung von Streitfragen berufen ist, die sich vor mitgliedstaatlichen Gerichten zur Auslegung des HUP ergeben.[2223]

826   Das HUP ist über die Ratifikation der EU für alle Mitgliedstaaten der EuUnthVO mit Ausnahme des Vereinigten Königreichs bindend.[2224] Es gilt auch nicht für Dänemark, das schon kraft Primärrechts außerhalb der europäischen Kollisionsrechtsvereinheitlichung steht.[2225] Das HUP gilt indes nicht nur als völkerrechtliches Übereinkommen. Es wird dergestalt konstitutiv in Bezug genommen, dass es Teil des Unionsrechts wird und seine Auslegung unionsrechtlichen Maßstäben folgt.[2226] Der EuGH wird sowieso eine Auslegungskompetenz nach Art. 267 AEUV reklamieren, weil er von der EU abgeschlossene völkerrechtliche Übereinkommen als Handlung der Unionsorgane ansieht.[2227]

827   Das HUP enthält nach seinem Art. 2 universelle Kollisionsnormen, deren Anwendbarkeit nicht von einer Gegenseitigkeit mit dem Staat des Unterhaltsstatuts abhängig ist.[2228]

[2217] Vorschlag für eine Verordnung des Rates über die Zuständigkeit und das anwendbare Recht in Unterhaltssachen, die Anerkennung und Vollstreckung von Unterhaltsentscheidungen und die Zusammenarbeit im Bereich der Unterhaltspflichten, KOM (2005) 649 endg. S. 19–22.

[2218] *C. Kohler/Pintens,* FamRZ 2009, 1529, 1530. Zur britischen Position z. B. *McEleavy,* (2004) 53 ICLQ 605; *Karsten,* in: Coester-Waltjen/V. Lipp/E. Schumann S. 47, 49; *Rösler,* RabelsZ 78 (2014), 155, 157 f. Zur Anwendung der lex fori z. B. *Radmacher (formerly Granatino) v. Granatino* [2010] UKSC 42 [103], [2011] 1 AC 534 (S. C., per Lords *Philipps, Hope, Rodger, Walker, Brown, Collins, Kerr*).

[2219] Siehe nur *Eßer,* IPRax 2013, 399 (399).

[2220] Begründung der Bundesregierung zum Entwurf eines Gesetzes zur Durchführung der Verordnung (EG) Nr. 4/2009 und zur Neuordnung bestehender Aus- und Durchführungsbestimmungen auf dem Gebiet des internationalen Unterhaltsverfahrensrechts, BT-Drs. 17/4887, 53.

[2221] Schreiben des Vereinigten Königreichs vom 15.1.2009; dazu Entscheidung der Kommission 2009/451/EG vom 8.6.2009 zum Wunsch des vereinigten Königreichs auf Annahme der Verordnung (EG) Nr. 4/2009, ABl. EU 2009 L 149/73.

[2222] *Radmacher (formerly Granatino) v. Granatino* [2010] UKSC 42 [104]-[105], [2011] 1 AC 534 (S. C., per Lords *Philipps, Hope, Rodger, Walker, Brown, Collins, Kerr*).

[2223] BGH FamRZ 2013, 1366, 1368 m. Anm. *U. P. Gruber; Rauscher/Pabst,* GPR 2011, 41, 47.

[2224] Siehe nur *B. Ancel/M. Watt,* RCDIP 99 (2010), 457, 476–478; *Othenin-Girard,* FS Ivo Schwander, 2011, S. 593, 603.

[2225] Siehe Begründung der Bundesregierung zum Entwurf eines Gesetzes zur Durchführung der Verordnung (EG) Nr. 4/2009 und zur Neuordnung bestehender Aus- und Durchführungsbestimmungen auf dem Gebiet des internationalen Unterhaltsverfahrensrechts, BT-Drs. 17/4887, 53.

[2226] Eingehend *Prinz* S. 86–98.

[2227] *Rauscher/Andrae* Art. 15 EG-UntVO Rn. 23 unter Hinweis auf EuGH Slg. 1974, 449 Rn. 2/6 – Haegeman/Belgischer Staat.

[2228] OGH iFamZ 2013, 62; *Rauscher/Andrae* Art. 15 EG-UntVO Rn. 20; *Fucik,* iFamZ 2011, 170, 171; *ders.,* iFamZ 2013, 109; *Nademleinsky,* EF-Z 2011, 130, 132 sowie Hof Brussel Tijdschrift@ipr.be 3/2013, 59, 72.

VIII. Unterhalt   828–831 § 4

Berufen sein kann also auch das Recht eines Nichtvertragsstaats.[2229] Ein Bezug zum EU-Binnenmarkt ist nicht erforderlich.[2230] Das HUP hat auch keinen eigentlich persönlichen Anwendungsbereich dergestalt, dass seine Anwendbarkeit davon abhängig wäre, dass eine Partei oder gar eine bestimmte Partei Angehöriger eines Vertragsstaates sein oder ihren gewöhnlichen Aufenthalt in einem Vertragsstaat haben müsste.[2231]

Allerdings ergibt sich ein Sonderproblem aus dem Protokollcharakter des HUP, das als 828 Protokoll ein Änderungs- und Ersetzungsübereinkommen zum HUÜ ist: Gilt das HUP auch im Verhältnis zu solchen Vertragsstaaten des HUÜ, die keine Vertragsstaaten des HUP sind?[2232] Praktische Relevanz hat dies im Verhältnis zur Türkei und zur Schweiz, also zwei aus deutscher Sicht überaus wichtigen Staaten.[2233] Hinzu kommen Albanien und Japan.[2234] Parallele Fragen stellen sich für das HKUÜ 1956 im Verhältnis zu Liechtenstein.[2235]

Abgrenzungskriterium wäre, ob sich der gewöhnliche Aufenthalt des Unterhaltsgläubi- 829 gers in einem Vertragsstaat nur des HUÜ befindet.[2236] Ob das HUÜ oder das HUP Anwendung findet, ist durchaus bedeutsam, vor allem beim Scheidungsunterhalt:[2237] Art. 8 HUÜ knüpft dort ohne Rechtswahlmöglichkeit an das tatsächlich angewandte Scheidungsstatut an, Artt. 7; 8 HUP eröffnen dagegen Rechtswahlmöglichkeiten, und Art. 3 HUP knüpft objektiv an den gewöhnlichen Aufenthalt des Unterhaltsgläubigers an. Wird die Ehe zweier in Deutschland lebender Türken geschieden, so kippt die objektive Anknüpfung: Unter Art. 8 HUÜ gelangte man zu türkischem Recht, unter Art. 3 HUP zu deutschem Recht.[2238]

Für eine Anwendung des HUP spricht, dass das HUÜ keine Gegenseitigkeitsklausel ent- 830 hält und damit keine explizite Verpflichtung, es gegenüber den Vertragsstaaten des HUÜ anzuwenden, die keine Vertragsstaaten des HUP sind.[2239] Art. 2 HUP wiederum verfügt universelle Kollisionsnormen, grundsätzlich ohne Differenzierung danach, welche Statusqualität der Staat des berufenen Rechts hat.[2240]

Ein Argument gegen eine Anwendung des HUP liefert Art. 18 HUP. Nach dem Wort- 831 laut des Art. 18 HUP wird das HUÜ von dem HUP im Verhältnis zwischen den Vertragsstaaten des HUP und nur in diesem Verhältnis verdrängt. Dies legt eine Ersetzung des

---

[2229] Siehe nur BGH FamRZ 2013, 1366, 1368.
[2230] OGH iFamZ 2013, 62.
[2231] Hof Brussel Tijdschrift@ipr.be 3/2013, 59, 72.
[2232] Dafür Explanatory Report *Bonomi* on the Hague Protocol on the Law Applicable to Maintenance Obligations Rn. 197; Begründung der Bundesregierung zum Entwurf eines Gesetzes zur Durchführung der Verordnung (EG) Nr. 4/2009 und zur Neuordnung bestehender Aus- und Durchführungsbestimmungen auf dem Gebiet des internationalen Unterhaltsverfahrensrechts, BT-Drs. 17/4887, 53; OLG Stuttgart BeckRS 2013, 12437; OLG Stuttgart FamRZ 2014, 2005; *Conti/Bißmaier*, FamRB Int 2011, 62, 63; BeckOK BGB/*Heiderhoff* Art. 18 EGBGB Rn. 6; NK-BGB/*U. P. Gruber* Art. 18 EGBGB Rn. 3, Art. 18 HUP Rn. 2; *Hausmann* Rn. C 476; *U. P. Gruber*, FamRZ 2013, 1374, 1375.
Dagegen *Andrae*, GPR 2010, 196, 200; Rauscher/*Andrae* Art. 18 HUP Rn. 4; *Nademleinsky*, EF-Z 2011, 130, 132; *Özen/Odendahl*, FamRB Int 2012, 11, 12; Erman/*Hohloch* Art. 18 EGBGB Rn. 1, 6; *Dimmler/Bißmaier*, FPR 2013, 11, 12; *Ring*, FPR 2003, 16 (16); *K. Meyer*, FPR 2013, 83, 87; *Dimmler*, in: Kottke/Zahran (Hrsg.), Die 100 typischen Mandate im Familienrecht, 3. Aufl. 2012, Kap. 15 Anm. 3.6.1 (S. 838); *ders.*, FamRB Int 2013, 87; *Dutta*, FamRZ 2014, 2005, 2006; Palandt/*Thorn* HUP Rn. 53, 55f. Bewusst offenlassend BGH FamRZ 2013, 1366; OLG Stuttgart NZFam 2014, 264, 265 m. Anm. *Mankowski*; *Savas*, FPR 2013, 101; *Elden*, NZFam 2014, 245, 246
[2233] *Dimmler*, FamRB Int 2013, 87, 88; *Herrler*, DNotI-Report 2014, 30f.; *Dutta*, FamRZ 2014, 2005, 2006.
[2234] *Hausmann* Rn. C 476.
[2235] Vgl. *Nademleinsky*, EF-Z 2011, 130, 132; *Ring*, FPR 2013, 16 (16).
[2236] Rauscher/*Andrae* Art. 18 HUP Rn. 5.
[2237] *Herrler*, DNotI-Report 2014, 30f.; *Dutta*, FamRZ 2014, 2005, 2006.
[2238] *Dimmler*, FamRB Int 2013, 87, 88.
[2239] Begründung der Bundesregierung zum Entwurf eines Gesetzes zur Durchführung der Verordnung (EG) Nr. 4/2009 und zur Neuordnung bestehender Aus- und Durchführungsbestimmungen auf dem Gebiet des internationalen Unterhaltsverfahrensrechts, BT-Drs. 17/4887, 53; *Hausmann* Rn. C 476.
[2240] OLG Stuttgart BeckRS 2013, 12437; OLG Stuttgart NZFam 2014, 264, 265 m. Anm. *Mankowski*; *Elden*, NZFam 2014, 245, 246.

HUÜ durch das HUP nur zwischen den Vertragsstaaten des Protokolls nahe.[2241] Teleologisch wird dagegen ins Feld geführt, dass das HUP ein Änderungs- und Ersetzungsübereinkommen ist und aus der Sicht seiner Vertragsstaaten mit universellen Kollisionsnormen das HUÜ vollständig ersetzen sollte.[2242] Den moderneren Regeln sei der Vorzug zu geben.[2243] Dagegen streitet wiederum die völkerrechtliche Vertragtreue im Verhältnis zu jenen Staaten, die nur das HUÜ ratifiziert haben.[2244] An der völkervertragsrechtlichen Zulässigkeit einer einseitigen Ersetzung mag man aus der isolierten Sicht des HUP letztlich nicht zweifeln,[2245] jedoch kann diese Sicht nicht die maßgebliche sein; vielmehr müsste man die Blickrichtung vom HUÜ her einnehmen. Außerdem erzielt man nur so internationale Entscheidungsharmonie mit den Vertragsstaaten des HUÜ und vermeidet so forum shopping und unterschiedliche Ergebnisse zwischen Vertragsstaaten des HUÜ.[2246]

832   Gleichermaßen umstritten ist der argumentative Gehalt von Art. 19 I HUP. Seinem Wortlaut nach räumt er internationalen Übereinkünften zum Internationalen Unterhaltsrecht den Vorrang ein. Auch das HUÜ ist eine internationale Übereinkunft und könnte deshalb Vorrang genießen.[2247] Auf der anderen Seite wird Art. 19 I, II HUP benutzt, um dem Vorrang einer ergänzenden Auslegung des Ratsbeschlusses vom 30.11.2009[2248] das Wort zu reden, wobei ein solcher Vorrang auch gegenüber Art. 18 HUP bestehen soll.[2249] Dies dürfte sich nicht damit vereinbaren lassen, dass Art. 19 HUP sich nur mit dem Verhältnis des HUP zu anderen Übereinkommen als dem HUÜ befasst, während sich dem Verhältnis zum HUÜ gerade nicht Art. 19 HUP, sondern Art. 18 HUP widmet.[2250]

833   *b) Intertemporale Aspekte.* Die Verweisung durch Art. 15 EuUnthVO auf das HUP war keine komplette Verweisung, denn in einem mehrere Jahre lang sehr wichtigen Punkt trifft die EuUnthVO doch eine eigene Regelung: Sie, genauer: der auf ihr basierende Ratsbeschluss vom 30.11.2009,[2251] erklärt das HUP der Sache nach in der EU für anwendbar ab dem 18.6.2011, unabhängig davon, ob das HUP zu diesem Zeitpunkt völkerrechtlich in Kraft war oder nicht. Kraft autonomer Entscheidung, nämlich einer Inkraftsetzenserklärung per Ratsbeschluss[2252] unter Art. 218 V AEUV galt das HUP also sachlich seit dem 18.6.2011 in den Mitgliedstaaten der EuUnthVO, obwohl es damals völkerrechtlich noch nicht in Kraft war.[2253] Eine Übergangsfrage ist, ob das HUP kraft europäischer Entscheidung auch Unterhaltsansprüche erfassen soll, die vor dem 18.6.2011 entstanden, aber erst danach anhängig geworden sind.[2254] Richtigerweise sollte man das HUP jedenfalls in allen

---

[2241] *Andrae,* GPR 2010, 196, 200; *Dimmler,* FamRB Int 2013, 87; *Henrich,* in: A. Roth (Hrsg.), Die Wahl ausländischen Rechts im Familien- und Erbrecht, 2013, S. 53, 63; *Dutta,* FamRZ 2014, 2005, 2006.
[2242] NK-BGB/*U. P. Gruber* Art. 18 EGBGB Rn. 3; *Hausmann* Rn. C 476.
[2243] Explanatory Report *Bonomi* on the Hague Protocol on the Law Applicable to Maintenance Obligations Rn. 197; *U. P. Gruber,* FamRZ 2013, 1374, 1375.
[2244] *Dimmler/Bißmaier,* FPR 2013, 11, 12; *Dimmler,* FamRB Int 2013, 87; *Dutta,* FamRZ 2014, 2005, 2006.
[2245] So NK-BGB/*U. P. Gruber* Art. 18 HUP Rn. 2 sowie *U. P. Gruber,* FamRZ 2013, 1374, 1375.
[2246] *Henrich,* in: A. Roth (Hrsg.), Die Wahl ausländischen Rechts im Familien- und Erbrecht, 2013, S. 53, 63 f.
[2247] Siehe *Dimmler,* FamRB Int 2013, 87.
[2248] Beschluss 2009/941/EG des Rates vom 30.11.2009 über den Abschluss des Haager Protokolls vom 23.11.2007 über das auf Unterhaltspflichten anzuwendende Recht durch die Europäische Gemeinschaft, ABl. EU 2009 L 331/17.
[2249] BeckOK BGB/*Heiderhoff* Art. 18 EGBGB Rn. 6; *Hausmann* Rn. C 424.
[2250] *U. P. Gruber,* FamRZ 2013, 1374, 1375 Fn. 23; ähnlich *Dutta,* FamRZ 2014, 2005, 2006.
[2251] Beschluss 2009/941/EG des Rates vom 30.11.2009 über den Abschluss des Haager Protokolls vom 23.11.2007 über das auf Unterhaltspflichten anzuwendende Recht durch die Europäische Gemeinschaft, ABl. EU 2009 L 331/17.
[2252] Beschluss 2009/941/EG des Rates vom 30.11.2009 über den Abschluss des Haager Protokolls vom 23.11.2007 über das auf Unterhaltspflichten anzuwendende Recht durch die Europäische Gemeinschaft, ABl. EU 2009 L 331/17.
[2253] Rauscher/*Andrae* Art. 15 EG-UntVO Rn. 15, 22; *V. Lipp,* Liber amicorum Walter Pintens, 2012, S. 847, 850.
[2254] Bejahend OLG Celle FamRZ 2012, 1501; OLG Köln FamRZ 2012, 1507. Verneinend OLG München FamRZ 2012, 1512.

VIII. Unterhalt   834–837   § 4

erst nach dem 18.6.2011 anhängig gemachten Verfahren anwenden, für Unterhaltsansprüche aus davor liegenden Zeiträumen jedoch nur nach Maßgabe von Art. 22 HUP.[2255] Es konnte daher zu einem Statutenwechsel kommen.[2256]

Zwar hat sich die EU selber zu einer Ratifikation des HUP durchringen können und dabei Rücksichtnahme auf den britischen Widerstand hintan gestellt. Jedoch hat sich ihr lange kein zweiter Staat hinzugesellt, der geholfen hätte, die (extrem niedrige) Schwelle von zwei Ratifikationen für das völkerrechtliche Inkrafttreten des HUP zu erreichen. Eine Politik, die nicht die EU als solche ratifizieren ließe, sondern die willigen Mitgliedstaaten der EU als einzelne Staaten, hätte die Schwelle dagegen ohne jede Probleme übersprungen.[2257] Auch Dänemark zu einer Ratifikation neben der EU zu veranlassen (und so obendrein elegant Probleme zu lösen, die sich aus der Abstinenz Dänemarks von der europäischen Kollisionsrechtsvereinheitlichung ohne Opt in-Möglichkeit ergeben) hätte geholfen.[2258] Ab dem 1.8.2013 hat sich die völkerrechtliche Problematik mit Wirkung für die Zukunft ganz erledigt, weil an diesem Tag das HUP völkerrechtlich in Kraft getreten ist. Jetzt greift Art. 15 EuUnthVO unmittelbar.[2259] Die zweite Ratifikation neben jener der EU stammt von Serbien.   834

Zu dem Tag des Inkrafttretens des HUP für die Mitgliedstaaten der EuUnthVO, also letztlich zum 1.8.2013, hat der deutsche Gesetzgeber einerseits Art. 18 EGBGB und andererseits die unterhaltsrechtliche Komponente des Art. 17b I 2 EGBGB im IPR der registrierten Partnerschaften gestrichen. Ob durch den Wegfall der subsidiären Anknüpfung an den Registrierungsort eine Schutzlücke für registrierte Partnerschaften gerissen wurde, hängt davon ab, inwieweit man vergleichbare Ergebnisse über Art. 5 HUP erzielen kann.[2260]   835

2. Qualifikation. Mit der Verweisung auf das HUP in Art. 15 EuUnthVO macht sich die EuUnthVO für die Zwecke des IPR zugleich den Unterhaltsbegriff des HUP zu eigen. Zwar regelt die EuUnthVO weitere Materien jenseits des IPR, insbesondere das europäische Internationale Unterhaltsverfahrensrecht. Sie kann aber für die Zwecke des IPR keinen eigenständigen und erst recht keinen vom Haager Begriff abweichenden Begriff des Unterhalts verwenden. Anderenfalls würde Art. 15 HUP, der ohne Einschränkung verweist, sich selber widersprechen. Zwar kann eine verweisende Norm Vorgaben für die Verweisung machen und insoweit die Anwendung der verwiesenen Norm beschränken. Wenn sie dies aber nicht tut, akzeptiert sie die Rahmenbedingungen, wie die verwiesenen Normen sie setzen. Anderenfalls würde die EU zudem gegen ihre völkerrechtlichen Verpflichtungen verstoßen, die sie mit der Ratifkation des HUP seit dessen Inkrafttreten übernommen hat. Alles dies will äußere Kohärenz mit dem HUP.[2261] Demgegenüber muss die innere Kohärenz innerhalb der EuUnthVO zurückstehen. Diese wäre aber nur dann überhaupt beeinträchtigt, wenn die EuUnthVO jenseits des IPR einen anderen Unterhaltsbegriff verwenden würde als jenen des HUP.   836

Art. 1 I EuUnthVO erklärt die EuUnthVO für anwendbar auf Unterhaltspflichten, die auf einem Familien-, Verwandtschafts- oder eherechtlichen Verhältnis oder auf Schwägerschaft beruhen. Einen eigenen europäischen Begriff der Unterhlatspflicht stellt er nicht auf. Er definiert nicht näher, was unter einer Unterhaltspflicht zu verstehen ist. Vielmehr be-   837

[2255] OGH iFamZ 2013, 62; OGH EvBl 2013/44 m. Anm. *Rudolf* = EF-Z 2013, 43 m. Anm. *Nademleinsky*, OGH EvBl 2013/86 m. Anm. *Gaber* = iFamZ 2013, 109 m. Anm. *Fucik;* OGH ZfRV-LS 2013/70, 271; Rauscher/*Andrae* Art. 15 EG-UntVO Rn. 20; *Fucik*, iFamZ 2011, 170, 171; *Nademleinsky*, EF-Z 2011, 130, 132.
[2256] OGH iFamZ 2013, 62; Rauscher/*Andrae* Art. 22 HUntStProt Rn. 1; *Fucik*, iFamZ 2011, 170, 171; *Nademleinsky*, EF-Z 2011, 130, 132.
[2257] *Mankowski*, FamRZ 2010, 1487.
[2258] *Mankowski*, FamRZ 2010, 1487.
[2259] *Streicher*, FamRB Int 2013, 89.
[2260] *Coester*, IPRax 2003, 114, 120.
[2261] GA *Szpunar*, ECLI:EU:C:2018:46 Rn. 22.

schränkt er sich darauf, eine Einschränkung auf Unterhaltspflichten aus bestimmten persönlichen Naheverbindungen zwischen Unterhaltsschuldner und Unterhaltsgläubiger zu verfügen. Auch im Definitionskatalog des Art. 2 EuUntvO findet sich keine Definition für „Unterhalt". Damit setzt die EuUnthVO einen anderweitig funktionell zu gewinnenden Unterhaltsbegriff voraus.

838 Erwägungsgrund (11) EuUnthVO betont allein, dass der Unterhaltsbegriff verordnungsautonom auszulegen sei. Dabei mag eine Übersicht[2262] über Unterhaltsansprüche in den mitgliedstaatlichen Rechten hilfreich sein, welchen die Kommission eingeholt hat.[2263] Auf mehr und Detaillierteres, was unter „Unterhalt" zu verstehen sei, konnte man sich nicht verständigen.[2264] Indes wird allgemein eine Anlehnung an die unter HUÜ und HUP erzielten Ergebnisse für hilreich erachtet.[2265]

839 Art. 19 II EGBGB unterwirft bei nicht miteinander verheirateten Eltern Verpflichtungen des Vaters gegenüber der Mutter aufgrund der Schwangerschaft dem Recht des Staates, in welchem die Mutter ihren gewöhnlichen Aufenthalt hat. Dies erfasst jedenfalls nicht den Betreuungsunterhalt für die Mutter nach der Geburt des Kindes.[2266] Unterhaltsansprüche wegen der Schwangerschaft unterfallen wegen des normhierarchischen Vorrangs über Art. 15 EuUnthVO dem HUP, so dass für Art. 19 II EGBGB eigentlich kaum mehr Raum bleibt.

840 **3. Vorfragen.** In ihnen gibt es keine Kollisionsnormen für die Anknüpfung familienrechtlicher Vorfragen. Von ihnen angeknüpfte Hauptfrage ist allein das Bestehen von Unterhaltsansprüchen. Es würde ihre Qualifikationsgrenzen sprengen, wollte man ihnen nur für eine unselbständige Vorfragenanknüpfung eine Verweisung auf die Kollisionsnormen des Unterhaltsstatuts für Verwandtschaft oder Bestehen einer Ehe einschreiben.

841 Die Kollisionsnormen schon des HUÜ sind Sachnormverweisungen unter Ausschluss eines renvoi,[2267] selbst soweit sie nicht ausdrücklich auf die innerstaatlichen Vorschriften des Unterhaltsstatuts verweisen. Art. 12 HUP schließt einen renvoi ausdrücklich aus. Damit wäre es nicht zu vereinbaren, wenn man eine unselbständige Vorfragenanknüpfung annehmen wollte, denn diese müsste konstruktionsnotwendig über die dann für die Vorfrage einschlägigen Kollisionsnormen des Unterhaltsstatuts erfolgen und auf Kollisionsnormen des Unterhaltsstatuts wird bei einer Sachnormverweisung gerade nicht verwiesen.

842 Im europäischen Rahmen kommt ein Argument aus der EuUnthVO hinzu:[2268] Erwägungsgrund (21) S. 1 EuUnthVO besagt, dass im Rahmen der EuUnthVO präzisiert werden soll, dass die Kollisionsnormen nur das auf die Unterhaltspflicht anzuwendende Recht bestimmen und nicht bestimmen, ob ein Familienverhältnis besteht, das Unterhaltspflichten begründet. Die Feststellung eines Familienverhältnisses unterliegt nach Erwägungsgrund (21) S. 2 EuUnthVO weiterhin dem einzelstaatlichen Recht der Mitgliedstaaten, *einschließlich ihrer Vorschriften des Internationalen Privatrechts*.[2269]

843 **4. Rechtswahl.** Wie stets ist in jedem Fall zu fragen, ob eine Rechtswahl statthaft ist und ob jeweils konkret eine wirksame Rechtswahl vorliegt. Anders als das HUÜ gestattet das HUP den Parteien eine Rechtswahl. Allerdings eröffnet es ihnen keine freie Rechtswahl, sondern erlegt in Artt. 7; 8 HUP Kautelen auf und beschränkt den Kreis der wählbaren Rechtsordnungen. Es hat in diesem Umfang Parteiautonomie eingeführt, weil es der Rechtswahl den Vorteil zuschreibt, Stabilität und Vorsehbarkeit zu garan-

---

[2262] Veröffentlicht bei *Fucik*, iFamZ 2007, 97.
[2263] Fasching/Konecny/*Fucik*, Art. 1 EuUVO Rn. 1.
[2264] Fasching/Konecny/*Fucik*, Art. 1 EuUVO Rn. 1.
[2265] *U. P. Gruber*, IPRax 2010, 128, 130; Fasching/Konecny/*Fucik*, Art. 1 EuUVO Rn. 1.
[2266] OLG Karlsruhe BeckRS 2017, 121375; *T. Obermann*, NZFam 2017, 865.
[2267] Siehe nur BGH FamRZ 1992, 298 = NJW 1992, 438; OLG Karlsruhe FamRZ 1990, 313; *Martiny*, Rec. des Cours 247 (1994 III), 131, 231; Staudinger/*Mankowski* Art. 18 EGBGB Anh. I Rn. 7.
[2268] *Nehne*, Methodik und allgemeine Lehren des europäischen Internationalen Privatrechts, 2012, S. 219.
[2269] Hervorhebung hinzugefügt.

VIII. Unterhalt

tieren.[2270] Die Parteien können kalkulieren und planen; sie können präventiv z.B. auf denkbare Umzüge, Versetzungen oder Abordnungen reagieren.[2271] Ein weiterer Vorteil ist, Parteien, die dies wollen und erklären, eine Anknüpfung nach dem Staatsangehörigkeitsprinzip zu eröffnen statt des objektiven Aufenthaltsprinzips.[2272] Außerdem können die Parteien, insbesondere unter Art. 7 HUP, einen Gleichlauf zwischen forum und ius herstellen. Dadurch können sie die Rechtsanwendung vereinfachen und die Rechtsanwendungskosten senken.[2273]

Risiken einer unterhaltsrechtlichen Rechtswahl sind die allgemeinen Risiken einer Rechtswahl im Internationalen Familienrecht: Erstens mag ein Beteiligter versuchen, die anderen zu dominieren und ein für ihn einseitig günstiges Rechtswahlergebnis kraft überlegener Verhandlungsstärke durchzusetzen. Zweitens kann die Rechtswahl „hinken". Ihr droht Nichtanerkennung in allen Nichtvertragsstaaten des HUP, in denen die Parteien sich dann darauf einstellen müssen, doch wieder einer objektiven Anknüpfung unterworfen zu werden.[2274] **844**

a) Wahl der lex fori nach Art. 7 HUP. aa) Wahl für die Zwecke eines bestimmten Unterhaltsverfahrens. Nach Art. 7 I HUP können die Parteien eines Unterhaltsstreits für die Zwecke dieses Unterhaltsstreits, also für ein bestimmtes Unterhaltsverfahren, die lex fori des Unterhaltsgerichts wählen.[2275] Für eine solche nachträgliche Rechtswahl bestehen keine Schranken oder Eingrenzungen auf bestimmte Unterhaltsansprüche.[2276] Die Privilegierung des Art. 4 III HUP gilt nicht bei der Rechtswahl.[2277] Erfolgt die Rechtswahl im Prozess, so muss sie nach Art. 7 I 1 HUP ausdrücklich erfolgen; eine stillschweigende Rechtswahl reicht nicht.[2278] **845**

Die Zielsetzung des Art. 7 I HUP ist materiell und verfolgt bestimmte Zwecke: Er dient dazu, parteiautonom einen Gleichlauf von Gerichtsstand und anwendbarem Recht herzustellen; dadurch wird das Verfahren potentiell vereinfacht und beschleunigt, da aus der Sicht des Gerichts keine aufwändige Fremdrechtsanwendung nötig ist.[2279] Dies vermindert zudem die tertiären Kosten der Rechtsanwendung und damit einen Bereich der Transaktionskosten. Die Wahl der lex fori wird garantiert, und der Parteiwille wird insoweit mit Sympathie akzeptiert.[2280] Größere Gefahren für den Schutz schwächerer Parteien werden nicht gesehen.[2281] Einschränkungen wie insbesondere nach Art. 8 III oder V HUP nennt Art. 7 HUP nicht.[2282] **846**

Die Vereinbarung kann während des Verfahrens und davor getroffen werden. Sie ist nicht daran geknüpft, dass sie im Verfahren stattfinden müsste. Auch der Rechtswahl, während ein Verfahren bereits läuft, ist nicht vorgeschrieben, dass sie nur im förmlichen Verfahren vor dem Gericht als Vertrag im Prozess stattfinden dürfte. Deshalb ist es nicht zutref- **847**

[2270] Explanatory Report *Bonomi* on the Hague Protocol on the Law Applicable to Maintenance Obligations Nr. 125.
[2271] *Henrich,* in: A. Roth (Hrsg.), Die Wahl ausländischen Rechts im Familien- und Erbrecht, 2013, S. 53, 55 f.
[2272] *Corneloup,* in: A. Roth (Hrsg.), Die Wahl ausländischen Rechts im Familien- und Erbrecht, 2013, S. 15, 19 f.
[2273] *Corneloup,* in: A. Roth (Hrsg.), Die Wahl ausländischen Rechts im Familien- und Erbrecht, 2013, S. 15, 20.
[2274] *Henrich,* in: A. Roth (Hrsg.), Die Wahl ausländischen Rechts im Familien- und Erbrecht, 2013, S. 53, 56.
[2275] Formulierungsvorschlag z. B. bei *C. Maurer,* Der Ehevertrag in der anwaltlichen Praxis, 2. Aufl. 2018, Rn. 324.
[2276] *V. Lipp,* Liber amicorum Walter Pintens, 2012, S. 847, 851.
[2277] *V. Lipp,* Liber amicorum Walter Pintens, 2012, S. 847, 851.
[2278] *V. Lipp,* Liber amicorum Walter Pintens, 2012, S. 847, 851; *Feraci,* Riv. dir. int. 2013, 424, 446.
[2279] *Feraci,* Riv. dir. int. 2013, 424, 448; *Henrich,* in: A. Roth (Hrsg.), Die Wahl ausländischen Rechts im Familien- und Erbrecht, 2013, S. 53, 54.
[2280] *Feraci,* Riv. dir. int. 2013, 424, 448.
[2281] Näher *Wennersbusch* S. 152–156.
[2282] GA *Szpunar,* ECLI:EU:C:2018:297 Rn. 46.

fend, die Rechtswahl nach Art. 7 HUP als accord procédural zu bezeichnen.[2283] Dies würde insbesondere damit kollidieren, dass die Rechtswahl bereits vor und damit unabhängig vom Verfahren statthaft ist. Die Beschränkung auf ein bestimmtes Verfahren steht einer Erstreckung auf Folgeverfahren entgegen.[2284]

848 bb) *Griff in die Zukunft.* Indes wirft die Rechtswahl vor Verfahrenseinleitung (die grundsätzlich zulässig ist, wie sich den Anfangsworten des Art. 7 II HUP entnehmen lässt) ein Problem auf: Das zuständige Gericht steht noch nicht sicher fest, und es gibt noch keine fixierte lex fori. Nach seiner Entstehungsgeschichte soll Art. 7 HUP keine vorausschauende und planende Rechtswahl der jeweiligen zukünftigen lex fori als solcher erlauben; vielmehr müssen die Parteien entweder ein bestimmtes, namensmäßig bezeichnetes Recht (z.B. deutsches Recht) wählen oder eine Gerichtsstandsvereinbarung treffen (was in der EU in Unterhaltssachen nach Art. 4 EuUnthVO möglich ist) und dies mit einer Wahl des Rechts am vereinbarten Forum kombinieren.[2285]

849 cc) *Form.* Art. 7 II HUP stellt eine besondere Formvorschrift für die Rechtswahl vor Einleitung des Verfahrens auf: Eine solche Rechtswahl hat durch eine von beiden Parteien unterschriebene Vereinbarung in Schriftform zu geschehen oder erfasst auf einem Datenträger, dessen Inhalt für eine spätere Einsichtnahme zugänglich ist.

850 In der deutschen Übersetzung scheint das Erfordernis beidseitiger Unterschrift nur für die schriftliche Vereinbarung zu bestehen, nicht aber für die Datenträgervariante, da es für letztere an dem qualifizierenden Zusatz fehlt. Jedoch handelt es sich dabei um eine ungenaue Übertragung ins Deutsche. In der verbindlichen englischen Fassung heißt es nämlich: „an agreement, signed by both parties, in writing or recorded in any medium, the information contained in which is accessible so as to be usable for subsequent reference." Im Englischen bezieht sich das Erfordernis beidseitiger Unterschrift also auf beide Varianten. Anderenfalls bestünde auch eine nicht zu erklärende Divergenz zwischen Art. 7 II HUP und Art. 8 II HUP, obwohl beide Normen ersichtlich als Parallelnormen angelegt sind. Gleiches ergibt sich aus der (allerdings nicht verbindlichen) spanischen Fassung: „un acuerdo, firmado por ambas partes, por escrito o registrado en cualquier soporte cuyo contenido sea accessible para su ulterior consulta."

851 Der Rekurs auf die anderen Fassungen offenbart noch eine andere Betonung als in der deutschen Übersetzung: Die deutsche Übersetzung stellt auf „Einsichtnahme" ab, im Englischen heißt es „usable for subsequent reference", im Spanischen „accessible para su ulterior consulta". Der Unterschied kann sich darin zeigen, ob es auf das Original ankommt oder ob eine Kopie oder eine inhaltliche Reproduktion ausreichen.

852 b) *Beschränkte Rechtswahl nach Art. 8 HUP.* Die eigentliche Zentralnorm für Parteiautonomie im Internationalen Unterhaltsrecht ist Art. 8 HUP. Er regelt die Rechtswahl außerhalb eines konkreten Verfahrens.[2286] Er erlaubt den Parteien eine Verfestigung[2287] und Absicherung gegen zukünftige Änderungen der Anknüpfungsverhältnisse.

853 Art. 8 I HUP gewährt keine freie, sondern nur eine beschränkte Rechtswahl. Der Unterhaltsberechtigte und der Unterhaltsverpflichtete können aus maximal sechs Optionen auswählen. Art. 8 I HUP umfasst zwar auf den ersten Blick nur vier Buchstaben, die letzten beiden von diesen enthalten aber jeweils zwei Optionen. Man kann die Rechtswahlmöglichkeiten der litt. a und b als autonome, diejenigen der litt. c und d als „abhängige" oder angelehnte bezeichnen.[2288]

[2283] So aber *Fongaro*, Mélanges Jean-Pierre Laborde, 2015, S. 651, 658.
[2284] GA *Szpunar*, ECLI:EU:C:2018:297 Rn. 46, 49.
[2285] Explanatory Report *Bonomi* on the Hague Protocol on the Law Applicable to Maintenance Obligations Rn. 120; Rauscher/*Andrae* Art. 7 HUntStProt Rn. 8; *V. Lipp*, Liber amicorum Walter Pintens, 2012, S. 847, 856.
[2286] Formulierungsvorschlag z.B. bei *C. Maurer*, Der Ehevertrag in der anwaltlichen Praxis, 2. Aufl. 2018, Rn. 324.
[2287] GA *Szpunar*, ECLI:EU:C:2018:297 Rn. 37.
[2288] *Feraci*, Riv. dir. int. 2013, 424, 446.

VIII. Unterhalt　　　　　　　　　　　　　　　　　　　　　854–861　§ 4

aa) Heimatrecht einer Partei. Nach Art. 8 I lit. a HUP können die Parteien das Recht 854
eines Staates wählen, dem eine von ihnen zum Zeitpunkt der Rechtswahl angehört. Ob
es sich um das Heimatrecht des Unterhaltsberechtigten oder das Heimatrecht des Unterhaltsverpflichteten handelt, steht gleich. Jedes von diesen Rechten ist gleichermaßen wählbar.

Es erfolgt keine Einschränkung, dass bei Mehrstaaten nur ein effektives Heimatrecht 855
wählbar wäre. Im Interesse der Wahlfreiheit ist daher jedes Heimatrecht einer Partei wählbar, auch ein ineffektives.[2289]

bb) Aufenthaltsrecht einer Partei. Art. 8 I lit. b HUP gestattet die Wahl des Rechts 856
eines Staates, in dem eine der Parteien zum Zeitpunkt der Rechtswahl ihren gewöhnlichen Aufenthalt hat. Der Begriff des gewöhnlichen Aufenthalts ist derselbe wie in Art. 3
HUP. Wählbar sind das Aufenthaltsrecht des Unterhaltsgläubigers und das Aufenthaltsrecht
des Unterhaltsschuldners. In der Möglichkeit, das Aufenthaltsrecht des Schuldners zu wählen, liegt die eigentliche Bedeutung des Art. 8 I lit. b HUP im Vergleich zu Art. 3
HUP.[2290]

Eine Wahl des Aufenthaltsrecht des Unterhaltsgläubigers weist zu der objektiven An- 857
knüpfung nach Art. 3 HUP, die ebenfalls an den gewöhnlichen Aufenthalt des Unterhaltsgläubigers anknüpft, einen Unterschied beim maßgeblichen Zeitpunkt auf: Die Wahl ist
fixiert auf den gewöhnlichen Aufenthalt zum Zeitpunkt der Rechtswahl. Die subjektive
Anknüpfung arbeitet mit einer unwandelbaren Anknüpfung, die objektive mit einer wandelbaren. Von der fixierenden Rechtswahl können die Parteien nur durch Aufhebung oder
Änderung abweichen. Es erfolgt keine automatische Anpassung an die Veränderung der
Verhältnisse, wenn der Unterhaltsgläubiger seinen gewöhnlichen Aufenthalt nach der
Rechtswahl in einen anderen Staat verlegt.

cc) Tatsächliches Güter- oder tatsächliches Scheidungsstatut. Den insgesamt vier 858
Rechtswahlmöglichkeiten nach Art. 8 I litt. c, d HUP ist der Grundgedanke gemeinsam,
dass so eine gemeinsame Behandlung zusammenhängender Lebenssachverhalte möglich
wird,[2291] nämlich des Unterhalts und des Güterrechts (lit. c) oder des Unterhalts und der
Scheidung (lit. d). So wird eine gewisse Kontinuität im Familien- und Eheleben gewahrt.[2292] In vielen Fällen wird sich auch Übereinstimmung mit dem generellen Ziel des
HUP einstellen, die Durchsetzung von Unterhaltsforderungen zu erleichtern.[2293]

Manche Rechtsordnungen, insbesondere das englische Recht in sec. 21–26 Matrimonial 859
Causes Act 1973, trennen bei einer Scheidung nicht zwischen den einzelnen vermögensrechtlichen Folgen, sondern führen zu einer Gesamtentscheidung über den finanziellen
Ausgleich mit einer einzigen Zusammenrechnung. Auch dem trägt Art. 8 I lit. c HUP
Sorge.[2294]

Alle diese Optionen stehen zuvörderst Ehegatten offen. Andere Parteien einer Unter- 860
haltsbeziehung als Ehegatten haben grundsätzlich weder ein Ehegüter- noch ein Scheidungsstatut. Der Ehebegriff ist derselbe wie in Artt. 1 I Var. 3; 5 HUP.

Allerdings erfasst Art. 8 I lit. c HUP auch andere Formen persönlicher Verbindungen 861
mit einem eigenen Güterrechtsregime, z. B. die eingetragene Lebenspartnerschaft des deutschen Rechts und den PACS des französischen Rechts.[2295] Gleiches gilt für Art. 8 I lit. d
HUP, wenn für die rechtliche Auflösung einer Partnerschaft ein formalisierter Akt vorgese-

---

[2289] Rauscher/*Andrae* Art. 8 HUntStProt Rn. 8; *Martiny,* IPRax 2011, 437, 449; *Coester-Waltjen/Coester,*
Liber amicorum Klaus Schurig, 2012, S. 33, 39.

[2290] *Feraci,* Riv. dir. int. 2013, 424, 447.

[2291] *Coester-Waltjen/Coester,* Liber amicorum Klaus Schurig, 2012, S. 33, 40; *Corneloup,* in: A. Roth
(Hrsg.), Die Wahl ausländischen Rechts im Familien- und Erbrecht, 2013, S. 15, 24 f.

[2292] *Feraci,* Riv. dir. int. 2013, 424, 448.

[2293] *Albano,* Dir. UE 2011, 603, 610; *Feraci,* Riv. dir. int. 2013, 424, 448.

[2294] Rauscher/*Andrae* Art. 8 HUntStProt Rn. 11; *Henrich,* in: A. Roth (Hrsg.), Die Wahl ausländischen
Rechts im Familien- und Erbrecht, 2013, S. 53, 66.

[2295] Rauscher/*Andrae* Art. 8 HUntStProt Rn. 10.

862 Art. 8 I lit. c Var. 1 und lit. d Var. 1 HUP erlauben die unterhaltsrechtliche Anlehnung an ein gewähltes Güter- bzw. Scheidungsstatut. Ob die Parteien ihr Güter- bzw. ihr Scheidungsstatut wählen dürfen, besagt Art. 8 I HUP nicht. Insoweit übernimmt er vielmehr die Möglichkeiten, wie sie das IPR des Forums für das Güter- bzw. das Scheidungsrecht zur Verfügung stellt. Im europäischen Kontext heißt dies in den Mitgliedstaaten der Rom III-VO: Rekurs auf Art. 5 Rom III-VO für das Scheidungsstatut.[2297] Über die Rom III-VO hinausgehend ist auch die Anlehnung an das Statut einer gerichtlichen Trennung möglich, eine rein faktische Trennung reicht nicht aus.[2298] Die Wahl eines Rechts, welches die gerichtliche Trennung von Tisch und Bett als Institut kennt, will allerdings gut überlegt sein, denn soweit dieses Recht die gerichtliche Trennung zur Scheidungsvoraussetzung erhebt, kann sich dadurch die Scheidung verzögern.[2299]

863 Zu beachten ist, dass Art. 8 I lit. c Var. 2 und lit. d Var. 2 HUP nicht auf das objektive Güter- bzw. Scheidungsstatut abstellen, sondern auf das tatsächlich angewandte. Letzteres kann sich vom objektiv eigentlich berufenen Statut unterscheiden. Das tatsächlich angewandte Recht muss bei korrekter Betrachtung gar nicht berufen sein. Es mag sich namentlich bei einer Scheidung aus einer Fehlanwendung ergeben, weil das Scheidungsgericht sein eigenes IPR falsch angewandt oder ganz missachtet hat. Ziel ist es, Gleichlauf zwischen Scheidungsstatut und Unterhaltsstatut herzustellen. Dies gelingt aber für den nachehelichen Unterhalt nur, wenn das dann ja feststehende, der Scheidung tatsächlich zugrundegelegte Recht herangezogen wird. Anderenfalls würde man in großer Korrektheit das eigene Ziel verfehlen. Art. 8 lit. d Var. 2 HUP steht in einer Linie mit Art. 8 HUÜ, für den die Unterscheidung zwischen unterhaltsrechtlich irrelevantem anzuwendendem Scheidungsstatut und unterhaltsrechtlich relevantem auf die Scheidung tatsächlich angewandtem Recht etabliert ist.[2300] Gewollt ist eine akzessorische Anlehnung,[2301] und diese kann nach Scheidung oder Güterrechtsausgleich nur an das tatsächlich angelegte Statut erfolgen.

864 dd) Nicht: lex fori. Im Katalog des Art. 8 I HUP taucht die lex fori eines zukünftigen Unterhaltsprozesses nicht auf. Das HUP enthält nämlich kein eigenes Zuständigkeitssystem, auf das sich eine Wahl der lex fori indirekt zurückbeziehen könnte und über das man die nötige Nähebeziehung kontrollieren könnte.[2302] Die Parteien können über die Wahl des Aufenthaltsrechts des prospektiven Unterhaltsberechtigten aber praktisch Gleichlauf mit dem zukünftigen Forum herstellen.[2303] Sofern ein Verfahren anhängig ist, steht den Parteien die Rechtswahlmöglichkeit nach Art. 7 HUP offen und befriedigt etwaige Bedürfnisse nach einer Wahl der lex fori.

865 ee) Zeitpunkt. Art. 8 I HUP erlaubt eine jederzeitige Rechtswahl. Er erlaubt also eine anfängliche wie eine nachträgliche Rechtswahl. Ein Unterhaltsprozess oder dessen Abschluss ziehen hier keine zeitliche Grenze. Umgekehrt können die Parteien eine Rechtswahl auch ex ante treffen, bevor die betroffene Unterhaltspflicht überhaupt entsteht. So

---

[2296] Rauscher/*Andrae* Art. 8 HUntStProt Rn. 13.
[2297] *Feraci*, Riv. dir. int. 2013, 424, 449; *Henrich*, in: A. Roth (Hrsg.), Die Wahl ausländischen Rechts im Familien- und Erbrecht, 2013, S. 53, 64f.
[2298] *Henrich*, in: A. Roth (Hrsg.), Die Wahl ausländischen Rechts im Familien- und Erbrecht, 2013, S. 53, 65.
[2299] *Henrich*, in: A. Roth (Hrsg.), Die Wahl ausländischen Rechts im Familien- und Erbrecht, 2013, S. 53, 65.
[2300] Siehe nur BGH FamRZ 1987, 682; OLG Karlsruhe FamRZ 1987, 1149; OLG Hamm FamRZ 1989, 1095; OLG Karlsruhe NJW-RR 1989, 1436; OLG Düsseldorf FamRZ 1995, 885; OLG Hamm FamRZ 2000, 29, 30; OLG Zweibrücken FuR 2000, 425, 426f.; OLG Zweibrücken FamRZ 2001, 920, 921; *Hausmann*, IPRax 1990, 382, 383; *Henrich*, IPRax 1992, 84, 85; *Martiny*, RdC 247 (1994 III), 131, 195.
[2301] *Martiny*, IPRax 2011, 437, 448.
[2302] *Coester-Waltjen/Coester*, Liber amicorum Klaus Schurig, 2012, S. 33, 40.
[2303] Ungenau *Coester-Waltjen/Coester*, Liber amicorum Klaus Schurig, 2012, S. 33, 40.

VIII. Unterhalt

können Ehegatten eine Rechtswahl für Trennungs- oder Scheidungsunterhalt in einem Ehevertrag noch vor Beginn ihrer Ehe, in einem Ehevertrag während laufender Ehe oder in einer Scheidungsvereinbarung treffen.[2304]

ff) Form. Art. 8 II HUP schreibt für die Form der Rechtswahl vor, dass die Rechtswahl schriftlich zu erstellen oder auf einem Datenträger zu erfassen ist, dessen Inhalt für eine spätere Einsichtnahme zugänglich ist, und von beiden Parteien zu unterschreiben. „Schriftlich" soll hier bedeuten, dass die Parteien die Vereinbarung eigenhändig auf einer einheitlichen Urkunde unterschreiben müssen.[2305] Indes muss man sich hüten, unbewusst Anforderungen des deutschen § 126 BGB auf einen internationalen Schriftlichkeitsbegriff zu übertragen. Denn geboten ist auch für Schriftlichkeit eine übereinkommensautonome Auslegung. Näher läge jedenfalls rechtsaktübergreifende Auslegung[2306] im Lichte der Art. 25 I 3 lit. a Brüssel Ia-VO; Art. 23 I 3 lit. a LugÜ. Deren Begriff der Schriftlichkeit stimmt nicht mit jenem der deutschen Schriftform überein. Insbesondere verlangt er keine eigenhändige Unterschrift.[2307] Ein Unterschriftserfordernis gleich welcher Art. bereits in die Schriftlichkeit hineinzulesen würde zudem das zweite Tatbestandsmerkmal des Art. 8 II HUP überflüssig machen, denn was bliebe dann vom ausdrücklichen Unterschriftserfordernis? 866

Das Unterschriftserfordernis bezieht sich auch auf die zweite Variante des Art. 8 II HUP, nämlich den Datenträger. Daraus kann man schließen, dass bei Datenträgern zur Speicherung elektronischer Daten eine elektronische Signatur jeder Partei notwendig ist, welche funktionsäquivalent zur Authentizitäts- und Identifikationsfunktion einer eigenhändigen Unterschrift ist. Eine einfache elektronische Unterschrift z.B. unter einer e-mail würde dem nicht genügen. 867

gg) Inhaltskontrolle nach Art. 8 V HUP. Die Rechtswahlfreiheit hat bei der Rechtswahl außerhalb eines Verfahrens allerdings Schranken. Insbesondere wäre es nicht hinnehmbar, wenn eine besser informierte oder überlegene Partei die andere Partei auf der kollisionsrechtlichen Ebene per Rechtswahlvereinbarung übervorteilen könnte. Die Zeiten unbeschränkter Vertragsfreiheit sind im Eherecht auf der sachrechtlichen Ebene insbesondere in Deutschland vorbei,[2308] und auf der kollisionsrechtlichen Ebene dürfen sie gar nicht erst beginnen. In der Wahl eines „falschen", weil ungünstigen Rechts kann für den Unterhaltsgläubiger ein effektiver Unterhaltsverzicht liegen.[2309] Unterhalt berührt die Lebensgrundlage des Unterhaltsberechtigten, während die dahinterstehenden Familienbeziehungen nicht selten von Abhängigkeit, Machtungleichgewichten und stark unterschiedlicher bargaining power geprägt sind.[2310] 868

Art. 8 V HUP schiebt dem Versuch einer Übervorteilung einen klaren Riegel vor. Ihm zufolge ist das von den Parteien gewählte Recht nicht anzuwenden, wenn seine Anwendung für eine der Parteien offensichtlich unbillige und unangemessene Folgen hätte, es sei denn, dass die Ehegatten im Zeitpunkt der Rechtswahl umfassend unterrichtet und sich der Folgen ihrer Wahl vollständig bewusst waren. Er etabliert also eine materiell ausgerich- 869

[2304] *Rieck,* NJW 2014, 257, 260.
[2305] So Rauscher/*Andrae* Art. 8 HUntStProt Rn. 16; jurisPK BGB/*Ludwig* Art. 8 UntProt Rn. 25.
[2306] Dazu allgemein nur *Lein,* YbPIL 10 (2008), 177; *Haftel,* Clunet 137 (2010), 761; *M. Würdinger,* RabelsZ 75 (2011), 102; *Grundmann,* RabelsZ 75 (2011), 882; *Lüttringhaus,* RabelsZ 77 (2013), 31; *G. Rühl,* GPR 2013, 122.
[2307] BGH NJW 1994, 2700; OGH JBl 2001, 117, 119; BGE 131 III 398; Rauscher/*Mankowski* Art. 25 Brüssel Ia-VO Rn. 88. Unzutreffend Cassaz. RDIPP 2013, 453, 454; OLG Karlsruhe InVo 2007, 33, 38; OLG Karlsruhe NJOZ 2009, 2282, 2284; LG Aachen IHR 2011, 82, 83.
[2308] Siehe nur BVerfGE 103, 89 = FamRZ 2001, 343 m. Anm. *D. Schwab* = MDR 2001, 392 m. Anm. *Grziwotz*; BGH FamRZ 2004, 601; BGH FamRZ 2005, 691; BGH FamRZ 2008, 2011; BGH FamRZ 2009, 198; BGH NJW 2013, 380; OLG Celle NJW-RR 2009, 1302; OLG Hamm FF 2013, 313 m. Anm. *A. Sanders; Cubeddu Wiedemann,* Liber amicorum Walter Pintens, 2012, S. 339.
[2309] Staudinger/*Mankowski* Art. 8 HUP Rn. 82.
[2310] *V. Lipp,* Liber amicorum Walter Pintens, 2012, S. 847, 851; Staudinger/*Mankowski* Art. 8 HUP Rn. 82.

tete Inhaltskontrolle.[2311] Dies erfolgt über eine Sachnorm im IPR, nicht über eine spezielle ordre public-Klausel.[2312] Man kann von einer negativen Billigkeitsklausel sprechen,[2313] die Ausdruck inhäreneter Vorbedingungen für eine legitime Rechtswahl ist.[2314] Allerdings scheint Art. 8 V HUP bei schneller Lektüre selbst offensichtlich unbillige und unangemessene Ergebnisse einer Rechtswahl unter den in ihm augestellten Voraussetzungen zu akzeptieren.[2315]

870   Gefordert ist ein Vergleich der Ergebnisse unter dem gewählten Recht einerseits und unter dem Recht, das ohne Rechtswahl anwendbar wäre, andererseits.[2316] Der Unterhaltsberechtigte wird relevant schlechter gestellt, wenn er unter dem gewählten Recht substantiell weniger Unterhalt bekommt als unter dem objektiven Statut. Allerdings ist Art. 8 V HUP beidseitig anwendbar. Er kann also auch zum Schutz des Unterhaltsverpflichteten zum Tragen kommen, wenn dessen Unterhaltslast unter dem gewählten Recht merklich höher ist oder gar erst begründet wird.[2317] Ob ein Unterschied offensichtlich unbillig und unangemessen ist, ist eine tatrichterlich zu beantwortende Frage, in deutscher Terminologie weniger eine Ermessensfrage[2318] als vielmehr eine Beurteilungsfrage. Verlangt ist eine Wertungsentscheidung.[2319]

871   Ein zu berücksichtigender Faktor ist die Nähe der Parteien zum gewählten Recht. Wichtig kann sein, ob eine oder beide der Parteien eine enge Verbindung zur Rechtsordnung des gewählten Rechts aufweist oder ob jene Rechtsordnung bezogen auf die Lebensverhältnisse der Parteien eher fern liegt.[2320] Letzteres ist insbesondere der Fall, wenn zwischen Parteien aus einem Land mit hohem Lebensstandard und entsprechend hohen Unterhaltssummen das Recht eines Landes mit niedrigem Lebensstandard und niedrigen Unterhaltssummen vereinbart wird. Des Weiteren kann sich eine Entfremdung vom gewählten Recht durch Zeitablauf und Veränderung der Umstände ergeben.[2321] Gewähltes Recht kann auch die lex fori sein; sie ist gegen eine Ergebniskontrolle nicht immun.[2322] Art. 8 V HUP ist keine ordre public-Klausel, wie sich schon aus der Rechtsfolge ergibt: Scheitert die Rechtswahl in der Inhaltskontrolle, so kommt nicht die lex fori zum Zuge, sondern vielmehr das objektiv berufene Unterhaltsstatut.[2323]

872   Subjektive Momente auf der Seite des von der Rechtswahl Begünstigten sind im Ausgangspunkt unbeachtlich.[2324] Insbesondere ist nicht verlangt, dass ein begünstigter Unterhaltsschuldner die Wirkungen der Rechtswahl überblickt oder gar beabsichtigt haben müsste.[2325] Eine nachgewiesene Absicht kann aber unter den zu berücksichtigenden Um-

---

[2311] Explanatory Report *Bonomi* on the Hague Protocol on the Law Applicable to Maintenance Obligations Rn. 76; *Jayme*, in: Jud/Rechberger/Reichelt (Hrsg.), Kollisionsrecht in der Europäischen Union, 2008, S. 63, 72f.; *Rauscher/Andrae* Art. 8 HUntStProt Rn. 24; *Henrich*, Liber amicorum Walter Pintens, 2012, S. 701, 709; *V. Lipp*, Liber amicourm Walter Pintens, 20120, S. 847, 848; *Mansel*, in: Leible/Unberath (Hrsg.), Brauchen wir eine Rom 0-Verordnung?, 2013, S. 241, 280; *Wennersbusch* S. 183.
[2312] NK-BGB/*U. P. Gruber* Art. 8 HUP Rn. 11; *Mansel*, in: Leible/Unberath (Hrsg.), Brauchen wir eine Rom 0-Verordnung?, 2013, S. 241, 280 f.; Staudinger/*Mankowski* Art. 8 HUP Rn. 83.
[2313] Siehe nur *Hausmann* Rn. C 689; *ders.*, FS Dieter Martiny, 2014, S. 345, 361; Staudinger/*Mankowski* Art. 8 HUP Rn. 84.
[2314] *Gaudemet-Tallon*, Mélanges Pierre Mayer, 2015, S. 255, 266.
[2315] *Rieck*, NJW 2014, 257, 261.
[2316] Siehe nur *Andrae*, GPR 2010, 196, 201; *Dimmler/Bißmaier*, FPR 2013, 11, 15; *Hausmann* Rn. C 689; *ders.*, FS Dieter Martiny, 2014, S. 345, 361; Staudinger/*Mankowski* Art. 8 HUP Rn. 85; *Wennersbusch* S. 183 f.
[2317] *Rauscher/Andrae* Art. 8 HUntStProt Rn. 25; *Hausmann*, FS Dieter Martiny, 2014, S. 345, 361; Staudinger/*Mankowski* Art. 8 HUP Rn. 85.
[2318] So aber *Rauscher/Andrae* Art. 8 HUntStProt Rn. 25; *Hausmann* Rn. C 690.
[2319] NK-BGB/*Ludwig* Art. 8 UntProt Rn. 34.
[2320] Explanatory Report *Bonomi* on the Hague Protocol on the Law Applicable to Maintenance Obligations Rn. 76; *Othenin-Girard*, FS Ivo Schwander, 2011, S. 593, 603.
[2321] *Rauscher/Andrae* Art. 8 HUntStProt Rn. 25.
[2322] *Rauscher/Andrae* Art. 8 HUntStProt Rn. 27; Staudinger/*Mankowski* Art. 8 HUP Rn. 88.
[2323] *Rauscher/Andrae* Art. 8 HUntStProt Rn. 27; Staudinger/*Mankowski* Art. 8 HUP Rn. 88.
[2324] Siehe *Rauscher/Andrae* Art. 8 HUntStProt Rn. 25.
[2325] Staudinger/*Mankowski* Art. 8 HUP Rn. 89.

VIII. Unterhalt   873–877 § 4

ständen einen gewichtigen Platz einnehmen.[2326] Gleichermaßen sind die Umstände, unter denen die Rechtswahlvereinbarung zustande kommt, zu berücksichtigen.[2327]

Dagegen spielen subjektive Momente auf der Seite des von der Rechtswahl Benachtei- 873 ligten schon im Ausgangspunkt eine große Rolle. Denn Art. 8 V HUP erhält die Rechtswahl aufrecht, wenn die benachteiligte Partei zum Zeitpunkt der Rechtswahl umfassend unterrichtet und sich der Folgen der Rechtswahl vollständig bewusst war. „Umfassend" und „vollständig" bauen hohe Hürden auf.[2328] Diese sind bei einer nicht rechtskundigen Partei regelmäßig nicht erfüllt.[2329]

Der Sache nach ist eine qualifizierte Rechtsberatung gefordert, die insbesondere darüber 874 aufklärt, welche finanziellen Auswirkungen die Rechtswahl für die betreffende Partei haben wird.[2330] Diese Rechtsberatung muss der Vereinbarung der Rechtswahl vorausgehen. Schon im eigenen Interesse (nämlich zum Schutz vor eigener Haftung) wird der eingeschaltete Rechtsberater dokumentieren, worüber er in welchem Umfang, in welcher Tiefe und mit welcher Intensität aufgeklärt hat und wie er sich gegebenenfalls hinreichende Kenntnis von Auslandsrecht verschafft hat. Eine einfache schriftliche Vereinbarung ohne Rechtsberatung wird dem Goldstandard des Art. 8 V HUP nicht genügen.[2331] Selbst bei einer notariellen Beurkundung, wie Art. 46e I EGBGB sie vorschreibt, ist sicherzustellen, dass der Notar in der Sache auch über Auslandsrecht aufklärt und sich nicht schlicht auf den ihm bequemen § 17 BeurkG zurückzieht.[2332]

Rechtsberatung sollte neutral und gegenüber beiden Parteien fair erfolgen. Dies kann es, 875 schon um den Anschein von Parteilichkeit und Interessenkonflikt des Rechtsberaters auszuschließen, problematisch erscheinen lassen, dass namentlich die Beratung beider Ehegatten durch nur einen Anwalt erfolgt.[2333] Andererseits würde die Beteiligung je eines Rechtsberaters für jede Partei die Kosten in die Höhe treiben.[2334] Zudem würde sie mit dem Bild des lateinischen Notars kollidieren, der von vornherein der Neutralität verpflichtet ist.[2335]

Die deutsche Übersetzung „umfassend aufgeklärt" darf nicht dahin missverstanden werden, 876 dass es ausreicht, wenn die Aufklärung erteilt wird. Vielmehr ist darüber hinaus erforderlich, dass sie auch verstanden wurde.[2336] „Fully informed and aware" und „pleinement informés et conscientes" in den verbindlichen Fassungen des HUP sind insoweit deutlicher.[2337]

Art. 8 V HUP gilt direkt nur für das Internationale Unterhaltsrecht. Direkt gilt er in an- 877 deren Bereichen nicht. Daher stellt sich die Frage, ob er nicht indirekt doch Wirkungen erzielen kann, wenn eine formell einheitliche Rechtswahl für Scheidung, Unterhalt, Güterrecht und Versorgungsausgleich in einem formell einheitlichen Ehevertrag geschlossen wird. Die Teilunwirksamkeit beim Unterhalt könnte dann Gesamtunwirksamkeit auch für die anderen Bereiche nach sich ziehen.[2338] Zudem kann Art. 8 V HUP Modell und Vorbild für eine Inhaltskontrolle in anderen Bereichen sein, namentlich über Erwägungsgrund (18) Rom III-VO im Internationalen Scheidungsrecht.[2339]

[2326] Staudinger/*Mankowski* Art. 8 HUP Rn. 89.
[2327] BeckOK BGB/*Heiderhoff* Art. 18 EGBGB Rn. 90; *Hausmann* Rn. C 690.
[2328] Siehe nur *Wennersbusch* S. 186.
[2329] Rauscher/*Andrae* Art. 8 HUntStProt Rn. 26; Staudinger/*Mankowski* Art. 8 HUP Rn. 91.
[2330] *Hausmann* Rn. C 691.
[2331] Rauscher/*Andrae* Art. 8 HUntStProt Rn. 26.
[2332] Staudinger/*Mankowski* Art. 8 HUP Rn. 93.
[2333] *Rieck*, NJW 2014, 257, 262.
[2334] Staudinger/*Mankowski* Art. 8 HUP Rn. 94.
[2335] Staudinger/*Mankowski* Art. 8 HUP Rn. 94.
[2336] Fasching/Konecny/*Fucik*, Kommentar zu den Zivilprozeßgesetzen, Bd. 5/2, 2. Aufl. 2010, Art. 15 EuUVO Rn. 42; *Hausmann*, FS Dieter Martiny, 2014, S. 345, 363; Staudinger/*Mankowski* Art. 8 HUP Rn. 95.
[2337] Fasching/Konecny/*Fucik*, Kommentar zu den Zivilprozeßgesetzen, Bd. 5/2, 2. Aufl. 2010, Art. 15 EuUVO Rn. 42.
[2338] *Henrich*, Liber amicorum Walter Pintens, 2012, S. 701, 710; Staudinger/*Mankowski* Art. 8 HUP Rn. 96.
[2339] → § 4 Rn. 572 ff. Anderer Ansicht *Wennersbusch* S. 265.

878 **Beispiel:** Natalie Rybarenko aus München und Andreas Hausmaninger aus Innsbruck heiraten einander. Sie leben miteinander in Wien. Vor dem Wiener Notar Martin Klatečka wählen sie für ihre wechselseitigen Unterhaltsansprüche, nachdem jeder Ehegatte durch seinen je eigenen Anwalt eingehend über Vor- und Nachteile einer solchen Rechtswahl beraten wurde, deutsches Recht.
1. **Abwandlung:** R hat sich vor der Rechtswahl anwaltlich beraten lassen, H nicht.
2. **Abwandlung:** Weder R noch H sind anwaltlich beraten. Vielmehr klärt K beide gemeinsam auf, in deutscher Sprache. R beherrscht die deutsche Sprache (auch für K, der ein Kennenlerngespräch geführt hat, erkennbar) nur gebrochen auf einem schlechten Alltagsniveau.

879 hh) Rechtswahlausschluss für Unterhaltsverzicht nach Art. 8 IV HUP. Dem Art. 8 V HUP assistiert Art. 8 IV HUP: Das auf einen Unterhaltsverzicht anwendbare Recht kann nicht gewählt werden. Dies geschieht zum Schutz des Unterhaltsberechtigten,[2340] mittelbar auch zum Schutz der öffentlichen Interessen des Staates, in welchem der Berechtigte seinen gewöhnlichen Aufenthalt hat, insbesondere zum Schutz vor finanziellen Folgelasten.[2341] Besondere Bedeutung hat dies bei Unterhaltsverzicht und Rechtswahl in einem Ehevertrag.[2342]

880 Das Recht am gewöhnlichen Aufenthalt des Unterhaltsberechtigten (und kein anderes Recht) entscheidet notwendig – und zwar auf der sachrechtlichen Ebene – über Möglichkeit und Bedingungen eines Unterhaltsverzichts.[2343] Dies schließt nicht nur eine Rechtswahl aus, sondern gleichermaßen eine objektive Anknüpfung nach Artt. 3–6 HUÜ.[2344] Darin liegt indes keine Sonderanknüpfung von Eingriffsrecht,[2345] denn primär geht es um die Interessen Privater. Maßgebend ist der Zeitpunkt der Rechtswahl, nicht der Zeitpunkt, ab welchem der vereinbarte Unterhaltsverzicht Wirkungen entfalten soll,[2346] selbst wenn beide Rechtsgeschäfte in einer Urkunde formell zusammengefasst sein sollten.[2347] Ein Aufenthaltswechsel nach diesem Zeitpunkt hat für Art. 8 IV HUP keine Bedeutung.[2348]

881 Art. 8 IV HUP wirkt wie eine lex specialis zu Art. 8 V HUP.[2349] Dabei wird allerdings eine andere Rechtstechnik eingesetzt, denn es erfolgt keine eigentliche Inhaltskontrolle; vielmehr wird der sachliche Anwendungsbereich des Art. 8 HUP beschnitten.[2350] Eine nach Art. 7 HUP getroffene Rechtswahl dagegen ist auch bei einem Unterhaltsverzicht wirksam.[2351]

882 Verzichten beide Parteien der Rechtswahlvereinbarung jeweils auf den ihnen eigentlich zustehenden Unterhalt, so ist die Zulässigkeit jedes der beiden wechselseitigen Verzichte nach dem Aufenthaltsrecht des jeweils Verzichtenden zu beurteilen.[2352] Ist danach ein Verzicht wirksam, der andere nicht, so sollte man es dem gewählten Recht überlassen, ob die fehlende Gegenseitigkeit den bei isolierter Betrachtung an sich wirksamen Verzicht unwirksam macht.[2353]

[2340] Siehe nur *Othenin-Girard*, FS Ivo Schwander, 2011, S. 593, 603; *V. Lipp*, Liber amicorum Walter Pintens, 2012, S. 847, 857.
[2341] *Hausmann* Rn. C 678.
[2342] jurisPK BGB/*Ludwig* Art. 8 UntProt Rn. 28.
[2343] Explanatory Report *Bonomi* on the Hague Protocol on the Law Applicable to Maintenance Obligations Rn. 147; *V. Lipp*, Liber amicorum Walter Pintens, 2012, S. 847, 857 sowie Rauscher/*Andrae* Art. 8 HUntStProt Rn. 21.
[2344] Rauscher/*Andrae* Art. 8 HUntStProt Rn. 21; jurisPK BGB/*Ludwig* Art. 8 UntProt Rn. 26.
[2345] Entgegen Palandt/*Thorn* HUP Rn. 32; *Hausmann* Rn. C 679.
[2346] Rauscher/*Andrae* Art. 8 HUntStProt Rn. 20; jurisPK BGB/*Ludwig* Art. 8 UntProt Rn. 27.
[2347] jurisPK BGB/*Ludwig* Art. 8 UntProt Rn. 27.
[2348] *Hausmann* Rn. C 688.
[2349] Vgl. Rauscher/*Andrae* Art. 8 HUntStProt Rn. 21.
[2350] *Mansel*, in: Leible/Unberath (Hrsg.), Brauchen wir eine Rom 0-Verordnung?, 2013, S. 241, 281; Staudinger/*Mankowski* Art. 8 HUP Rn. 78.
[2351] Rauscher/*Andrae* Art. 8 HUntStProt Rn. 21; *Hausmann* Rn. C 679; Staudinger/*Mankowski* Art. 8 HUP Rn. 78.
[2352] Rauscher/*Andrae* Art. 8 HUntStProt Rn. 22.
[2353] Rauscher/*Andrae* Art. 8 HUntStProt Rn. 22.

VIII. Unterhalt 883–889 § 4

Art. 8 IV HUP kommt bei einem entgeltlichen Unterhaltsverzicht gegen eine angemessene Abfindung nicht zum Zuge.[2354] Denn darin liegt eine vorwegnehmende Kapitalisierung und Abgeltung der Unterhaltsansprüche, die gerade nicht vollständig und restlos in Verfall gebracht werden.[2355] 883

Von Art. 8 IV HUP erfasst ist auch eine Rechtswahl, die zu einem Recht führt, welches dem ohne Rechtswahl Unterhaltsberechtigten keinen Unterhaltsanspruch gewährt.[2356] Denn darin liegt im Ergebnis ein Ausschluss von Unterhalt, der auf eine Vereinbarung zurückzuführen ist. Für eine solcher Art extensive Handhabung des Art. 8 IV HUP spricht dessen Zweck, den Unterhaltsberechtigten vor einem Unterhaltsverzicht als Folge einer Rechtswahl zu schützen. 884

Verzichten beide Beteiligte im einer Vereinbarung mit Rechtswahl auf ihnen zustehende Unterhaltsansprüche, so ist zu trennen:[2357] Ob ein Verzicht auf Unterhalt zulässig ist, bestimmt sich für jeden einzelnen Beteiligten nach dem Recht seines gewöhnlichen Aufenthalts zum Zeitpunkt der Rechtswahlvereinbarung.[2358] Die Rechtswahl als solche ist dagegen hinsichtlich beider Verzichtsvereinbarungen unwirksam nach Art. 8 IV HUP. 885

ii) Ausschluss einer Rechtswahl zu Lasten besonders schutzbedürftiger Personen nach Art. 8 III HUP. Art. 8 III HUP schließt eine Rechtswahl aus, wenn die erfassten Unterhaltspflichten eine Person betreffen, die ihr 18. Lebensjahr noch nicht vollendet hat, oder einen Erwachsenen, der aufgrund einer Beeinträchtigung oder der Unzulänglichkeiten seiner persönlichen Fähigkeiten nicht in der Lage ist, seine Interessen zu schützen. Dies ist ein abstrakter Ansatz, der nicht nach den Gegebenheiten des konkreten Einzelfalls differenziert. Ihm wird teilweise eine überschießende Tendenz vorgeworfen.[2359] 886

Primärer Anwendungsfall ist, dass die Schutzperson Unterhaltsgläubiger ist. Der Rechtswahlausschluss soll dem Unterhaltsschuldner jeden Anreiz nehmen, den schutzbedüftigen Unterhaltsgläubiger hinter das Licht zu führen und der Sache nach zu einem (Teil-)Verzicht auf seine Unterhaltsansprüche zu bringen, indem er der Wahl eines Rechts zustimmt, das ihm seine Unterhaltsansprüche, wie sie ohne diese Rechtswahl bestünden, ganz oder teilweise nimmt. Insoweit ist Art. 8 III HUP Schwesternorm zu Art. 8 IV HUP und schützt gegen die Gefahren, die auf der kollisionsrechtlichen Ebene drohen, indem eine Rechtswahl die anwendbare materiell-sachrechtliche Grundlage verändert.[2360] Der Kindesunterhalt ist insbesondere jedem kollisionsrechtlichen Zugriff durch die Eltern entzogen.[2361] 887

Der Rechtswahlausschluss greift aber nicht nur dann ein, wenn die Schutzperson Unterhaltsgläubiger ist. Vielmehr greift er auch dann, wenn die Schutzperson Unterhaltsschuldner ist. Denn eine Rechtswahl kann auch zur Ausdehnung von Unterhaltspflichten führen, wenn ein Recht gewählt wird, welches dem Unterhaltsgläubiger eine materiell bessere Position verschafft und mehr Unterhalt zuspricht als das ohne diese Rechtswahl anwendbare Recht.[2362] 888

5. Objektive Anknüpfung. *a) Gewöhnlicher Aufenthalt des Unterhaltsberechtigten.* aa) Grundsätzliches. Zentraler Anknüpfungspunkt für die objektive Anknüpfung ist unter Art. 3 HUP der gewöhnliche Aufenthalt des Unterhaltsberechtigten. Für die Regelan- 889

[2354] Explanatory Report *Bonomi* on the Hague Protocol on the Law Applicable to Maintenance Obligations Rn. 148; NK-BGB/*U. P. Gruber* Art. 8 HUP Rn. 10; *Hausmann* Rn. C 681.
[2355] Staudinger/*Mankowski* Art. 8 HUP Rn. 80.
[2356] Explanatory Report *Bonomi* on the Hague Protocol on the Law Applicable to Maintenance Obligations Rn. 149; *Hausmann* Rn. C 680; Palandt/*Thorn* HUP Rn. 32.
[2357] Staudinger/*Mankowski* Art. 8 HUP Rn. 79.
[2358] Rauscher/*Andrae* Art. 8 HUntStProt Rn. 22; jurisPK BGB/*Ludwig* Art. 8 UntProt Rn. 29.
[2359] *M. Hellner*, in: Boele-Woelki/Sverdrup/Tone (eds.), European Challenges in Contemporary Family Law, 2008, S. 343, 354f.; *Fucik*, iFamZ 2008, 90, 95; *Bremner*, (2010) 2 King's Student L. Rev. 5, 20; *V. Lipp*, Liber amicorum Walter Pintens, 2012, S. 847, 859; *Wennersbusch* S. 173.
[2360] Staudinger/*Mankowski* Art. 8 HUP Rn. 64.
[2361] *Rieck*, NJW 2014, 257, 258.
[2362] Staudinger/*Mankowski* Art. 8 HUP Rn. 69.

knüpfung kommt es weder auf die Staatsangehörigkeit des Unterhaltsberechtigten noch auf den gewöhnlichen Aufenthalt oder die Staatsangehörigkeit des Unterhaltsverpflichteten an.

890 Für nachehelichen oder Scheidungsunterhalt gilt Art. 3 HUP genauso wie für alle anderen Unterhaltsarten;[2363] eine bereits im Grundansatz[2364] besondere Anknüpfungsregel wie zuvor Art. 8 HUÜ 1973 und Art. 18 IV EGBGB gibt es für ihn nicht mehr.[2365] Darin liegt – neben der Zulassung der Rechtswahl – die wichtigste Neuerung des HUP gegenüber dem HUÜ 1973. Wichtige Nebenfolge ist, dass die Anknüpfung für nachehelichen Unterhalt jetzt wandelbar ist.[2366]

891 bb) Unterhaltsberechtigter. Anknüpfungsperson ist der Berechtigte. Der „Berechtigte" ist als Anspruchsteller zu verstehen, d. h. als diejenige Person, die behauptet, Inhaber eines Unterhaltsanspruchs zu sein.[2367] Diese Definition passt jedoch nur dann, wenn bereits ein Unterhaltsverfahren eingeleitet worden ist. Für Beratungskonstellationen, mit denen sich der Anwalt oder Notar konfrontiert sieht, passt sie nicht genau. Ebenso wenig passt sie, wenn die Berechtigung eben noch nicht festgestellt ist, sondern erst noch festzustellen ist, also zu Beginn und vor Abschluss eines Verfahrens. Der „Berechtigte" ist deshalb präziser (und zugleich umfassender) als der potenzielle Gläubiger eines Unterhaltsanspruchs zu definieren[2368]. Dies entspricht auch der Definition in der Schwesterkonvention HUntGÜ 2007:[2369] Art. 3 lit a HUntGÜ 2007 zufolge ist Berechtigter jede Person, der ein Anspruch zusteht oder angeblich zusteht. Bereits im Rahmen der kollisionsrechtlichen Anknüpfung prüfen zu müssen, ob ein Anspruch wirklich besteht, wäre zirkulär.[2370]

892 Berechtigter ist nicht der als bloßer Vertreter oder Prozessstandschafter Auftretende, auch nicht der gesetzliche Vertreter eines Minderjährigen. Es kommt auf die behauptete materielle Anspruchsinhaberschaft an. Wer nur behauptet, ein fremdes Recht im eigenen oder im fremden Namen geltend zu machen, ist kein „Berechtigter".[2371] Auch der Zessionar angeblicher Unterhaltsansprüche ist nicht „Berechtigter" im Sinne von Art. 3 HUP, denn anderenfalls änderte sich mit dem Anspruchsübergang die maßgebliche Anknüpfungsperson und damit der Anspruchsinhalt.[2372] Für die Anknüpfung maßgeblich bleibt im Fall der Zession vielmehr der potenzielle *ursprüngliche* Gläubiger des zedierten Anspruchs.[2373] Gewollt ist allein eine persönliche, personell relative Begünstigung. Rechtsnachfolger bekommen nicht ihr Umweltrecht, sondern müssen sich mit dem Umweltrecht des ursprünglichen Berechtigten bescheiden.

893 cc) Gewöhnlicher Aufenthalt. Der gewöhnliche Aufenthalt des Berechtigten ist für das Internationale Unterhaltsrecht der gleichsam natürliche Anknüpfungspunkt: Denn Unterhalt richtet sich nach den Bedürfnissen des Berechtigten, und diese Bedürfnisse werden ihrerseits geprägt von den Verhältnissen an seinem Lebensmittelpunkt.[2374] Der Lebensbedarf, welchen der Unterhalt sichern soll, richtet sich nach jenen Verhältnissen.[2375] Die An-

---

[2363] Siehe nur OGH iFamZ 2013, 62, 63.
[2364] Vgl. aber Art. 5 HUP für Ausnahmefälle.
[2365] Siehe nur *Dimmler/Bißmaier,* FamRB Int. 2013, 30; *Finger,* FamRB Int 2013, 61.
[2366] *Niethammer-Jürgens,* in: I. Götz/G. Schnitzler (Hrsg.), 40 Jahre Familienrechtsreform, 2017, S. 347, 352.
[2367] Bericht Verwilghen BT-Drs. 10/258, 29 Nr. 137.
[2368] Staudinger/*Mankowski* Art. 3 HUP Rn. 7 sowie zur parallelen Frage bei Art. 5 Nr. 2 EuGVVO/EuGVÜ/ LugÜ EuGH Slg. 1997, I-1683 Rn. 19–27 – Jackie Farrell/James Long; *A. Fuchs,* IPRax 1998, 327, 329 f.
[2369] NK-BGB/*Bach* Art. 3 HUP Rn. 9.
[2370] NK-BGB/*Bach* Art. 3 HUP Rn. 9.
[2371] NK-BGB/*Bach* Art. 3 HUP Rn. 9; Staudinger/*Mankowski* Art. 3 HUP Rn. 8.
[2372] Staudinger/*Mankowski* Art. 3 HUP Rn. 9.
[2373] NK-BGB/*Bach* Art. 3 HUP Rn. 10; Staudinger/*Mankowski* Art. 3 HUP Rn. 9.
[2374] GA *Szpunar,* ECLI:EU:C:2018:46 Rn. 58; Staudinger/*Mankowski* Art. 3 HUP Rn. 4.
[2375] GA *Szpunar,* ECLI:EU:C:2018:46 Rn. 58 BGHZ 78, 288, 292; *Pålsson,* RdC 199 (1986 IV), 313, 369; *Martiny,* RdC 247 (1994 III), 131, 175; *Dechamps,* Rev. trim. dr. fam. 2011, 801, 819; *Živković/Marjanović,* RHDI 67 (2014), 961, 982 sowie EuGH ECLI:EU:C:2018:406 Rn. 42 – KP/LO; OLG Hamm NJW 1979, 1108.

VIII. Unterhalt   894–897 § 4

knüpfung an den gewöhnlichen Aufenthalt des Berechtigten erlaubt, dessen Unterhalt bedarfsgerecht zu beziffern.[2376]

Außerdem stellt die Anknüpfung an den gewöhnlichen Aufenthalt in weitem Umfang 894
einen Gleichlauf mit dem Internationalen Sozialversicherungs- und dem Internationalen
Steuerrecht her, soweit diese auf die Unterworfenheit durch persönliche Anwesenheit in
einem Territorium abstellen: Inwieweit der Berechtigte vom Sozialsystem seines örtlichen
Lebensmittelpunkts unterstützt wird, kann von ausschlaggebender Bedeutung für seine
Bedürfnisse sein, das Steuerrecht jenes Ortes wiederum ausschlaggebend dafür, wieviel der
Berechtigte effektiv erhält.[2377]

Gewöhnlicher Aufenthalt ist der Mittelpunkt der sozialen und wirtschaftlichen Bezie- 895
hungen einer Person, oder anders ausgedrückt: der Daseins- oder Lebensmittelpunkt einer
Person, an welchem der Schwerpunkt der Bindungen dieser Person insbesondere in familiärer und beruflicher Hinsicht liegt.[2378] Grundsätzlich setzt dies (insbesondere in Abgrenzung zum schlichten oder einfachen Aufenthalt) einen Aufenthalt von nicht nur geringer
oder vorübergehender Dauer voraus.[2379] Die Dauer des Aufenthalts ist ein wichtiges Indiz,
aber nicht das einzige. Auf sie zu sehen bietet sich an, weil sie vergleichsweise einfach festzustellen ist und sich in Zahlen festmachen lässt.[2380]

Der gewöhnliche Aufenthalt als Lebensmittelpunkt ist aber insgesamt nicht quantitativ, 896
sondern qualitativ auszufüllen:[2381] Er verlangt die besondere Qualität einer sozialen Integration der betreffenden Person.[2382] Für diese Integration bietet die Aufenthaltsdauer ein Indiz
und trägt zumindest den komparativen Satz, dass umso eher von einer sozialen Integration
auszugehen ist, je länger der betreffende Aufenthalt dauert.[2383] Sechs Monate kontinuierlicher Aufenthalt sind eine für praktische Zwecke durchaus brauchbare Faustformel,[2384] aber
eben nicht mehr als eine Faustformel.

Der Wille der Anknüpfungsperson zur geplant ständigen Niederlassung kann ein wichti- 897
ges bestätigendes Indiz sein.[2385] Er ist aber nicht allein ausschlaggebend, ebenso wenig wie
der Wille von Bezugspersonen.[2386] Jedenfalls muss zur Begründung eines neuen gewöhnlichen Aufenthalts ein Wille zur zeitnahen Rückkehr an den bisherigen Aufenthaltsort fehlen.[2387] Ein echter grenzüberschreitender Umzug ist immer ein Hiatus (insbesondere wenn
er mit der Trennung von bisherigen Bezugspersonen einhergeht) und auf seine Integrationskonsequenzen zu untersuchen.[2388] Verlangt ist nicht eine abgeschlossene, vollständige,
sondern nur eine beginnende Integration.[2389]

[2376] *Bonomi*, Explanatory Report on the Hague Protocol on the Law Applicable to Maintenance Obligations Nr. 37; *Andrae* § 8 Rn. 112; *Živković/Marjanović*, RHDI 67 (2014), 961, 982; *Zimmer*, IPRax 2015, 180, 181
[2377] *Pålsson*, RdC 199 (1986 IV), 313, 369 f.; Staudinger/*Mankowski* Art. 3 HUP Rn. 5 sowie *Martiny*, RdC 247 (1994 III), 131, 175.
[2378] Bericht *Verwilghen* BT-Drs. 10/258, 29 Nr. 137; GA *Szpunar*, ECLI:EU:C:2014:2275 Nr. 79; OLG Karlsruhe FamRZ 1990, 1351, 1352; OLG Hamm FamRZ 1991, 1466; 1992, 673, 675.
[2379] BGH NJW 1993, 2047, 2049; OGH ÖJZ 2015, 881, 883; *Franceso Pesce* S. 234 f.; *Haidmayer*, ÖJZ 2015, 905, 906.
[2380] *Baetge*, FS Jan Kropholler, 2008, S. 77, 81.
[2381] *Re F (Habitual Residence; Peripatetic Existence)* [2014] EWFC 26 [52], [2015] 1 FLR 1303 (F.C., Peter Jackson J.); *Richez-Pons*, GPR 2009, 247, 249; *Guez*, Gaz. Pal. 2009, 3795, 3797; Staudinger/*Mankowski* Art. 3 HUP Rn. 28.
[2382] Siehe nur EuGH ECLI:EU:C:2017:436 Rn. 42 – OL/PQ; *Henrich*, IPRax 1981, 125, 126; *Mansel*, Personalstatut, Staatsangehörigkeit und Effektivität, 1988, Rn. 307; *Rogerson*, (2000) 49 ICLQ 86, 88 f.; *Baetge*, FS Jan Kropholler, 2008, S. 77, 81 f.; *Spellenberg*, FS Konstantinos Kerameus, Bd. 1, 2009, S. 1307, 1321.
[2383] Staudinger/*Mankowski* Art. 3 HUP Rn. 29.
[2384] Siehe nur *Baetge*, Der gewöhnliche Aufenthalt im Internationalen Privatrecht, 1994, S. 132.
[2385] *Richez-Pons*, GPR 2009, 247, 250; ähnlich *Gallant*, RCDIP 98 (2009), 802, 809 f.
[2386] Für letzteres EuGH ECLI:EU:C:2017:436 Rn. 47 – OL/PQ.
[2387] *Boulanger*, JCP G 2009 N° 41, 5 octobre 2009, S. 33, 36.
[2388] *LCG v. RL (Habitual Residence)* [2013] EWHC 1383 [Fam] [68], [2014] 1 FLR 1383 (F.D., *Cobb* J.).
[2389] *LCG v. RL (Habitual Residence)* [2013] EWHC 1383 [Fam] [67], [2014] 1 FLR 1383 (F.D., *Cobb* J.); Staudinger/*Mankowski* Art. 3 HUP Rn. 31.

898 Der *gewöhnliche* Aufenthalt verlangt eine gewisse Beständigkeit und Regelmäßigkeit, aber keine Mindestdauer.[2390] Verlangt ist nicht Permanenz, sondern Stabilität.[2391] Ist ein Aufenthalt prekär, so spricht dies indiziell dagegen, dass er den nötigen Grad an Stabilität hat.[2392]

899 Grenzpendler haben ihren gewöhnlichen Aufenthalt nicht an ihrem gewöhnlichen Arbeitsort, sondern an ihrem Wohnort, an dem sie ihre Freizeit verbringen und an dem typischerweise auch ihre Familie lebt. Schulkinder, die grenzüberscheitend in einem Staat zur Schule gehen und in einem anderen Staat leben, haben ihren gewöhnlichen Aufenthalt auch an ihrem Wohnort.[2393]

900 *b) Privilegierte Ansprüche nach Art. 4 HUP.* aa) Kreis der privilegierten Ansprüche. Kollisionsrechtlich privilegiert sind nach Art. 4 I HUP die Anspruchsteller für drei Kategorien von Unterhaltsansprüchen gegen bestimmte Schuldner: Kinder gegen ihre Eltern (lit. a); Personen bis zur Vollendung des 21. Lebensjahrs gegen andere Personen als ihre Eltern, es sei denn, es würde sich um eine unter Art. 5 HUP fallende Unterhaltspflicht handeln (lit. b); Eltern gegen ihre Kinder (lit. c). Anders als Artt. 5; 6 HUÜ greift Art. 4 HUP daher z. B. nicht mehr für möglichen Unterhalt einer nichtehelichen Mutter gegen den Kindesvater.[2394] Art. 4 I HUP wählt in seiner Formulierung die Perspektive von den Verpflichteten her und macht damit unklarer, dass es sich eigentlich um eine Privilegierung der jeweiligen Antragsteller handeln soll.[2395]

901 bb) Anknüpfungskaskade unter Art. 4 II HUP. Kann die berechtigte Person nach dem in Art. 3 HUP vorgesehenen Recht von der verpflichteten Person keinen Unterhalt erhalten, so ist nach Art. 4 II HUP das am Ort des angerufenen Gerichts geltende Recht anzuwenden. Art. 4 II HUP kodifiziert eine Anknüpfungskaskade,[2396] bei welcher die (subsidiäre, nachrangige,[2397] sekundäre[2398]) Anknüpfung auf der zweiten Stufe durch eine bestimmtes, nämlich negatives Sachergebnis auf der ersten Stufe bedingt und erst bei dessen Vorliegen eröffnet ist. Der Anspruchsteller bekommt eine zweite Chance, wenn er bei der ersten nicht erfolgreich war (vorausgesetzt, dass die lex fori ein anderes Recht ist als sein für den betreffenden Zeitraum relevantes Umweltrecht[2399]). Das eröffnet taktisches Potenzial für die Berater des Anspruchstellers[2399a] (aber auch Haftungsgefahren, wenn sie dieses Potenzial übersehen). Wegen des systematischen Vorrangs des Art. 4 III HUP ist Art. 4 II HUP allerdings nicht anwendbar, wenn der Anspruchsteller Klage im Aufenthaltsstaat des Verpflichteten erhebt.[2400]

902 Art. 4 II HUP kommt *nur* dann zum Zuge, wenn das über Art. 3 HUP berufene Recht am gewöhnlichen Aufenthalt des Berechtigten diesem keinen Unterhaltsanspruch gewährt und der Berechtigte deshalb keinen Unterhalt erhält. Sachlich ist mit dieser Voraussetzung dasselbe gemeint wie in Art. 3 HKUA 1956. Dort heißt es deutlicher: „Versagt [jenes] Recht [...] *jeden* Anspruch auf Unterhalt".[2401] Gefordert ist also, dass das

---

[2390] EuGH Slg. 2010, I-14358 Rn. 44 – Barbara Mercredi/Richard Chaffe; GA *Szpunar*, ECLI:EU:C:2014:2275 Nr. 74.

[2391] *A v. A (Children: Habitual Residence)* [2013] UKSC 60, [2013] 3 WLR 761 [80 vii] (S. C., per Lord Hughes JSC); *DL v. EL* [2013] 2 FLR 163 [71]-[72] (F. D., Sir *Peter Singer*), bestätigt durch *DL v. EL* [2013] EWCA Civ 865 (C. A.).

[2392] *Re KL [Abduction: Habitual Residence]* [2013] UKSC 75 [26], [2014], 1 FLR 772, [2013] 3 WLR 1597 (S. C., per Lady *Hale of Richmond* DPSC); Staudinger/*Mankowski* Art. 3 HUP Rn. 33.

[2393] OGH iFamZ 2017, 413, 414; *Fucik*, iFamZ 2017, 414.

[2394] Staudinger/*Mankowski* Art. 4 HUP Rn. 6.

[2395] Staudinger/*Mankowski* Art. 4 HUP Rn. 7.

[2396] Siehe nur EuGH ECLI:EU:C:2018:408 Rn. 44 – KP/LO; *Dimmler*, FamRB 2018, 429.

[2397] GA *Szpunar*, ECLI:EU:C:2018:297 Rn. 32.

[2398] *M. Weber*, EF-Z 2012, 204, 205; Staudinger/*Mankowski* Art. 4 HUP Rn. 23.

[2399] EuGH ECLI:EU:C:2018:408 Rn. 29–33 – KP/LO.

[2399a] *Dimmler*, FamRB 2018, 429, 430.

[2400] GA *Szpunar*, ECLI:EU:C:2018:46 Rn. 48 f.; *U. P. Gruber*, FS Ulrich Spellenberg, 2010, S. 177, 184; Staudinger/*Mankowski* Art. 4 HUP Rn. 24.

[2401] Hervorhebung hinzugefügt.

VIII. Unterhalt 903–905 § 4

Aufenthaltsrecht überhaupt keinen Unterhaltsanspruch dem Grunde nach zuspricht.[2402] Allerdings besteht dabei immer ein Periodenbezug: Es geht um Unterhalt für einen bestimmten Zeitraum.[2403] Zu Prüfen ist also immer das Umweltrecht für diesen bestimmten Zeitraum.[2404] Andererseits erlaubt Art. 4 II HUP auch, Unterhalt für die Vergangenheit zu fordern, wenn die lex fori, aber nicht das Recht des ehemaligen gewöhnlichen Aufenthalts einen solchen Unterhaltsanspruch gewährt, sofern die lex fori schon für den betreffenden Zeitraum zur familiären Situation des Anspruchstellers und des Anspruchsberechtigten hatte.[2405]

Gewährt das über Art. 3 HUP berufene Recht zwar einen Unterhaltsanspruch, bleibt 903 dieser aber im Umfang hinter jenem Unterhaltsanspruch zurück, welchen die lex fori gewähren würde, so kommt Art. 4 II HUP also nicht zum Zuge, und es bleibt bei der Anknüpfung über Art. 3 HUP.[2406] Art. 4 II HUP enthält keine Regel, dass der Berechtigte immer mindestens den Unterhalt nach der lex fori bekommen soll,[2407] und etabliert kein Günstigkeitsprinzip.[2408]

Unterhalt wird jedenfalls dann versagt, wenn nach dem Aufenthaltsrecht zwischen den 904 konkret Beteiligten überhaupt keine Unterhaltspflicht bestehen kann, weil sie in keiner der dort für eine gesetzliche Unterhaltspflicht vorausgesetzten Beziehungen zueinander stehen. Beispiele wären etwa die fehlende Unterhaltspflicht zwischen Geschwistern oder Verschwägerten im deutschen Recht oder der fehlende Unterhaltsanspruch von Adoptivkindern nach anderen Rechtsordnungen.[2409] Eine Unterhaltsversagung liegt aber auch dann vor, wenn ein Anspruch zwar abstrakt bestehen könnte, jedoch konkret nicht besteht. Der Berechtigte bekommt eben auch dann keinen Unterhalt, wenn zwar abstrakt eine gesetzliche Unterhaltspflicht besteht, jedoch eine der Voraussetzungen des auf die Unterhaltspflicht anzuwendenden Rechts im speziellen Fall nicht erfüllt ist,[2410] z.B. der Zeitraum der Gewährung überschritten ist oder ein notwendiges Verschulden des Verpflichteten fehlt. Prinzipiell ist es also irrelevant, aus welchem Grund das über Art. 3 HUP berufene Recht konkret keinen Unterhaltsanspruch gewährt. Von Bedeutung ist prinzipiell nur das Ergebnis, aber nicht der Grund dafür.[2411]

Relevante Versagungsgründe können z.B.[2412] sein: Altersgrenzen für den Unterhalt von 905 Kindern, dass also Unterhalt von einem Kind nur für Zeiträume vor dem Erreichen eines bestimmten Lebensalters geltend gemacht werden kann;[2413] Versagung jeden Unterhalts für die Vergangenheit, also Erlöschen nach dem Satz „in praeteritum non vivitur", wonach Lebensbedürfnisse nicht gleichsam rückwirkend befriedigt werden können;[2414] Verwirkung, vor allem wegen schwerer Verfehlung des Berechtigten gegenüber dem Verpflichteten z.B.

[2402] Siehe nur OLG Hamm FamRZ 1998, 25; OLG Hamm FamRZ 1999, 888; OLG Hamm FamRZ 2000, 29, 31; OLG Brandenburg FamRZ 2006, 1766; AG Berlin-Schöneberg FamRZ 2007, 1558.
[2403] Staudinger/*Mankowski* Art. 4 HUP Rn. 27.
[2404] Siehe EuGH ECLI:EU:C:2018:408 Rn. 31 – KP/LO.
[2405] EuGH ECLI:EU:C:2018:408 Rn. 44–47 – KP/LO; GA *Szpunar*, ECLI:EU:C:2018:46 Rn. 77–82; *Lurger*, EF-Z 2018, 241, 242.
[2406] Erman/*Hohloch* Art. 4 UnthProt Rn. 4; *M. Lehmann*, GPR 2014, 342, 347; NK-BGB/*Bach* Art. 4 HUP Rn. 9; *Lurger*, EF-Z 2018, 241 (241) sowie unter dem HUÜ OLG Karlsruhe FamRZ 1990, 1351, 1352; OLG Hamm NJW-RR 1992, 710, 711; OLG Bremen FamRZ 2013, 224.
[2407] Staudinger/*Mankowski* Art. 4 HUP Rn. 28 sowie OLG Hamm FamRZ 1999, 888.
[2408] OLG Hamm FamRZ 1998, 25; *A. Bucher*, SZIER 1999, 315, 316; Staudinger/*Mankowski* Art. 4 HUP Rn. 29; *Lurger*, EF-Z 2018, 241 (241).
[2409] Bericht *Verwilghen* BT-Drs. 10/258, 29 Nr. 145.
[2410] EuGH ECLI:EU:C:2018:408 Rn. 54–59 – KP/LO; Explanatory Report *Bonomi* on the Hague Protocol on the Law Applicable to Maintenance Obligations Nr. 61; Bericht *Verwilghen* BT-Drs. 10/258, 29 Nr. 145; *Henrich*, IPRax 2001, 437; *Ring*, FPR 2013, 16, 18; NK-BGB/*Bach* Art. 4 HUP Rn. 10; Staudinger/*Mankowski* Art. 4 HUP Rn. 35 sowie OVG Berlin-Brandenburg NVwZ-RR 2013, 207. Anders generell BGH FamRZ 2001, 412; OLG Oldenburg FamRZ 1996, 1240.
[2411] Staudinger/*Mankowski* Art. 4 HUP Rn. 36.
[2412] Weitere Gründen aufgeführt bei Staudinger/*Mankowski* Art. 4 HUP Rn. 38–47.
[2413] MüKoBGB/*A. Staudinger* Art. 4 UnthProt Rn. 15.
[2414] OLG Köln IPRspr. 1979 Nr. 107.

nach § 1611 I BGB;²⁴¹⁵ Nichterfüllen einer vorgeschriebenen Mahnobliegenheit;²⁴¹⁶ fehlende Bedürftigkeit des Anspruchstellers.²⁴¹⁷

906 Dass Art. 4 II HUP nur eingreift, wenn das über Art. 3 HUP berufene Recht überhaupt keinen Unterhaltsanspruch gewährt, wird insbesondere dann von Bedeutung, wenn das über Art. 3 HUP berufene Recht im konkreten Fall zwar generell einen Anspruch auf Unterhalt, aber keinen Anspruch auf Prozesskostenvorschuss gewährt. Dann greift Art. 4 II HUP nicht isoliert für den Anspruch auf Prozesskostenvorschuss ein. Vielmehr bleibt es bei der ausschließlichen Anwendung des von Art. 3 HUP berufenen Rechts.²⁴¹⁸

907 cc) Abweichung von Art. 3 HUP unter Art. 4 III 1 HUP. Hat der Unterhaltsgläubiger die zuständige Behörde in dem Staat angerufen, in welchem der Unterhaltsschuldner seinen gewöhnlichen Aufenthalt hat, so gilt gemäß Art. 4 III 1 HUP in Abweichung von Art. 3 HUP die lex fori jener Behörde, also das Umweltrecht des Unterhaltsschuldners. Die Behörde soll ihr eigenes Recht anwenden können; das soll Zeit und Kosten sparen.²⁴¹⁹

908 Art. 4 III 1 HUP ist Durchbrechung von Art. 3 HUP und nicht subsidiär zu diesem.²⁴²⁰ Dies erhellt schon daraus, dass Art. 4 III 2 HUP eine subsidiäre Anknüpfung zugunsten des Umweltrechts des Berechtigten ausspricht (also im Ergebnis zu Art. 3 I HUP zurückgekehrt), wenn nach dem über Art. 4 III 1 HUP berufenen Umweltrecht des Verpflichteten kein Unterhaltsanspruch besteht.

909 Der Unterhaltsgläubiger muss die Behörde anrufen und das betreffende Verfahren einleiten.²⁴²¹ Der Antragsteller muss sich der Jurisdiktion der Behörde unterstellen und so auf seinen rechtlichen „Heimvorteil" aus Art. 3 HUP verzichten.²⁴²¹ᵃ Für die Person des Antragstellers ist die formelle Rolle im Verfahren maßgeblich, nicht die materielle Anspruchsberechtigung. Tritt indes jemand als Vertreter des Unterhaltsgläubigers auf, so bleibt der vertretene Unterhaltsgläubiger, in dessen Namen und für den agiert wird, Partei. Dies gilt auch, wenn eine öffentliche Einrichung für einen Minderjährigen dessen Unterhalt einfordert, jedoch nicht, wenn sie im eigenen Namen Regressansprüche geltend macht.²⁴²²

910 Art. 4 III 1 HUP ist kein Tatbestand einer direkten Rechtswahl.²⁴²³ Vielmehr gibt er dem Berechtigten ein einseitiges Optionsrecht, auszuüben durch Anrufen der zuständigen Stellen im Aufenthaltsstaat des Verpflichteten. Dieses Optionsrecht übt der Antragsteller auf eigenes Risiko aus. Art. 4 III 1 HUP beruft die lex fori auch dann, wenn sie für den Anspruchsteller ungünstiger ist als sein eigenes Umweltrecht.²⁴²⁴

911 Richtigerweise ist zu verlangen, dass ein direkt unterhaltsbezogenes Verfahren eingeleitet wird. Verfahren, deren Gegenstand auf den Unterhalt nur mittelbar im Wege der Vorfrage Einfluss hat, fallen aus Art. 4 III HUP sachlich heraus. Ebensowenig sind umgekehrt Unterhaltsvereinbarungen umfasst, die einen Zusammenhang mit einem behördlichen Verfahren aufweisen. Daher erfasst Art. 4 III HUP nicht Vereinbarungen über den Kindesun-

---

²⁴¹⁵ BGE 113 II 374; MüKoBGB/*A. Staudinger* Art. 4 UnthProt Rn. 16; NK-BGB/*Bach* Art. 4 HUP Rn. 10. Anderer Ansicht OLG Bremen FamRZ 2013, 224, 225.
²⁴¹⁶ EuGH ECLI:EU:C:2018:408 Rn. 58 – KP/LO; GA *Szpunar*, ECLI:EU:C:2018:46 Rn. 93.
²⁴¹⁷ Explanatory Report *Bonomi* on the Hague Protocol on the Law Applicable to Maintenance Obligations Nr. 29; *M. Lehmann*, GPR 2014, 342, 347; NK-BGB/*Bach* Art. 4 HUP Rn. 11. Anderer Ansicht BGH FamRZ 2001, 412, 413; OLG Hamm FamRZ 1998, 25.
²⁴¹⁸ KG IPRax 1988, 234, 236; *v. Bar*, IPRax 1988, 220, 222; Staudinger/*Mankowski* Art. 4 HUP Rn. 32.
²⁴¹⁹ Explanatory Report *Bonomi* on the Hague Protocol on the Law Applicable to Maintenance Obligations Nr. 66; GA *Szpunar*, ECLI:EU:C:2018:297 Rn. 53.
²⁴²⁰ Explanatory Report *Bonomi* on the Hague Protocol on the Law Applicable to Maintenance Obligations Nr. 66; Hof Arnhem-Leeuwraden, locatie Arnhem NIPR 2018 Nr. 252 S. 597. Ungenau insoweit GA *Szpunar*, ECLI:EU:C:2018:297 Rn. 32.
²⁴²¹ Explanatory Report *Bonomi* on the Hague Protocol on the Law Applicable to Maintenance Obligations Rn. 65.
²⁴²¹ᵃ *Dimmler*, FamRB 2018, 627, 628.
²⁴²² *M. Weber*, EF-Z 2012, 204, 206.
²⁴²³ GA *Szpunar*, ECLI:EU:C:2018:297 Rn. 35.
²⁴²⁴ Explanatory Report *Bonomi* on the Hague Protocol on the Law Applicable to Maintenance Obligations Nr. 66; GA *Szpunar*, ECLI:EU:C:2018:297 Rn. 50.

VIII. Unterhalt 912–918 § 4

terhalt im Rahmen einer einverständlichen Scheidung der Eltern, auch wenn diese Vereinbarung zu ihrer Wirksamkeit einer gerichtlichen Genehmigung bedarf.[2425]

Fraglich ist, ob Art. 4 III 1 HUP auch dann durchschlägt, wenn bei Verfahrenseinleitung 912 der Unterhaltsgläubiger seinen gewöhnlichen Aufenthalt in demselben Staat hatte, in dem auch der Unterhaltsschuldner seinen gewöhnlichen Aufenthalt hat, und diesen Aufenthalt nach Verfahrenseinleitung grenzüberschreitend verlegt.[2426] Sofern man Art. 3 HUP von Art. 4 III 1 HUP immer, gleichsam zwingend verdrängt sieht,[2427] ist diese Frage zu bejahen.

dd) Weitere Anknüpfungskaskade unter Art. 4 IV HUP. Eine noch weitergehende Be- 913 günstigung des Berechtigten schafft Art. 4 IV HUP. Er etabliert sogar eine weitere subsidiäre, tertiäre Anknüpfung:[2428] Wenn der Berechtigte weder nach seinem eigenen Aufenthaltsrecht noch nach der lex fori einen Unterhaltsanspruch gegen den Verpflichteten hat, ist auf einer weiteren Stufe zu prüfen, ob ihm das Recht eines gemeinsamen Heimatstaates mit dem Verpflichteten einen Unterhaltsanspruch gewährt. Hintereinander gestaffelt wird also ein weiteres, drittes Recht berufen.

Anknüpfungspunkt ist die Staatsangehörigkeit, der unterstellt wird, dass sie grundsätzlich 914 dauerhaft und bekannt ist.[2429] Bei Mehrstaatern streitet der Begünstigungszweck des Art. 4 IV HUP, dass es ausreicht, wenn die Beteiligten überhaupt eine Staatsangehörigkeit gemeinsam haben, mag diese auch die ineffektive des Mehrstaaters sein.[2430] Bei Staatenlosen ist Art. 4 IV HUP nicht anwendbar.[2431] Ob jemand einem bestimmten Staat angehört, ist nach dem Staatsangehörigkeitsrecht genau dieses Staates zu beurteilen.

Art. 4 IV HUP knüpft ebenso wie Art. 3 I HUP wandelbar an. Daher kommt es auf die 915 jeweilige Staatsangehörigkeit an. Art. 4 IV HUP greift nur, *solange* die Beteiligten eine gemeinsame Staatsangehörigkeit haben.[2432] Verliert einer der Beteiligten die vorher gemeinsame Staatsangehörigkeit, kann ab dem Zeitpunkt jenes Verlusts Art. 4 IV HUP also grundsätzlich nicht mehr angewandt werden, es sei denn, der Verpflichtete hätte missbräuchlich und in Benachteiligungsabsicht seine Staatsangehörigkeit gewechselt.[2433]

c) *Kollisionsrechtliche Einrede für Trennungs- oder Scheidungsunterhalt aus Art. 5 HUP.* Gemäß 916 Art. 5 HUP findet das nach Art. 3 HUP berufene Recht beim Trennungs- oder Scheidungsunterhalt keine Anwendung, wenn eine der Parteien sich dagegen wendet und das Recht eines anderen Staates, insbesondere das Recht des Staates des letzten gemeinsamen gewöhnlichen Aufenthalts beider Ehegatten, zu der Ehe eine engere Verbindung aufweist.

Diese Regelung ist restriktiv zu handhaben. Es handelt sich um eine Ausnahmeklau- 917 sel.[2434] Art. 3 HUP muss die Regelanknüpfung bleiben; der gewöhnliche Aufenthalt des Unterhaltsberechtigten muss der Regelanknüpfungspunkt auch für Trennungs- oder Scheidungsunterhalt bleiben.[2435]

Hintergrund für Art. 5 HUP ist das Vertrauen der Ehegatten in diejenige Rechtsord- 918 nung, der sich beide Ehegatten während des Bestehens der Ehe unterstellt haben.[2436] Dieses

---

[2425] Anderer Ansicht *M. Weber,* EF-Z 2012, 204, 206.
[2426] Offen gelassen von OGH 29.8.2013 – 1 Ob 125/13h.
[2427] Rauscher/*Andrae* Art. 4 HUP Rn. 13; Burgstaller/Neumayr/Geroldinger/Schmaranzer/*M. Weber* Art. 4 HUP Rn. 11 (2012); *M. Weber,* EF-Z 2012, 204, 206.
[2428] Staudinger/*Mankowski* Art. 4 HUP Rn. 73.
[2429] GA *Szpunar,* ECLI:EU:C:2018:46 Rn. 60.
[2430] Siehe nur Explanatory Report *Bonomi* on the Hague Protocol on the Law Applicable to Maintenance Obligations Nr. 76; *Andrae,* FPR 2008, 196, 203; *U. P. Gruber,* FS Ulrich Spellenberg, 2010, S. 177, 185; *Helms,* Liber Amicorum Walter Pintens, 2012, S. 681, 695 f.
[2431] Erman/*Hohloch* Art. 4 UnthProt Rn. 8; Staudinger/*Mankowski* Art. 4 HUP Rn. 78.
[2432] Staudinger/*Mankowski* Art. 4 HUP Rn. 80.
[2433] NK-BGB/*Bach* Art. 4 HUP Rn 31; Staudinger/*Mankowski* Art. 4 HUP Rn. 80.
[2434] Siehe nur OGH iFamZ 2017, 414, 415.
[2435] OGH iFamZ 2013, 62, 63.
[2436] BGH FamRZ 2013, 1366, 1369 m. Anm. *U. P. Gruber; Dimmler/Bißmaier,* FamRB Int 2013, 11, 14.

Vertrauen soll Art. 5 HUP schützen. Die engere Verbindung muss zur Ehe der Parteien bestehen, nicht zu einer der Parteien oder zur Unterhaltspflicht als solcher.[2437]

919 aa) Kollisionsrechtliche Einrede. Art. 5 HUP arbeitet mit dem seltenen Instrument einer kollisionsrechtlichen Einrede.[2438] Die mögliche Näherbeziehung ist nicht von Amts wegen zu prüfen, sondern nur auf Einrede. Die Einrede kann jede Partei erheben, nicht nur der Unterhaltsschuldner. Insoweit sind vielmehr beide Ehegatten gleichberechtigt, und auch der Unterhaltsgläubiger kann über die Einrede versuchen, zu einem ihm günstigeren Recht zu gelangen. Die Einredekonstruktion dient auch dazu, die Gerichte zu entlasten, weil sie eben nicht von Amts wegen das durch Art. 5 HUP bezeichnete Recht ermitteln müssen.[2439]

920 **Beispiel:** Die Deutsche E und der Italiener G sind miteinander verheiratet. Sie leben miteinander in Zürich. Nach schwerwiegenden Zerwürfnissen zieht E nach Nürnberg. Beider Ehe wird geschieden. E verlagt nachehelichem Unterhalt nach deutschem Recht. G erhebt die Einrede nach Art. 5 HUP und verlangt die Anwendung schweizerischen Rechts.

921 In Art. 5 HUP selbst wird kein Zeitpunkt festgelegt, bis zu welchem die Einrede erhoben werden muss. Nachdem ein Regelungsvorschlag der Schweiz gescheitert war, muss vielmehr das nationale Verfahrensrecht des Forums diese Frage beantworten.[2440] In Deutschland gelten die Regeln über neues Tatsachenvorbringen, sodass die Einrede nur noch dann erstmals in der Revisionsinstanz erhoben werden kann, wenn ihre vorherige Nichterhebung auf einem Verfahrensfehler des Berufungsgerichts beruht.[2441]

922 Ein Gericht ist nicht gehalten, Einredeberechtigte auf die Möglichkeit der Einredeerhebung besonders hinzuweisen.[2442] Etwas anderes kann sich nur ausnahmsweise ergeben, wenn aus einem Fehler des Gerichts bei den Parteien der Eindruck entstanden ist, Art. 3 HUP gelte unumstößlich.[2443] Generell liegt die Verantwortung für die Einredeerhebung bei den Parteien und ihren Rechtsberatern.[2444] Dadurch trifft die rechtlichen Berater eine nicht zu unterschätzende Verantwortlichkeit, sanktioniert durch ein Haftungsrisiko.[2445] Sie müssen Informationen über ausländisches Unterhaltsrecht einholen und einen Günstigkeitsvergleich anstellen.[2446]

923 bb) Engere Verbindung. Eine engere Verbindung zu einem anderen Recht liegt jedenfalls nicht vor, wenn beide Ehegatten (also auch der Unterhaltsberechtigte) noch im Staat des letzten gemeinsamen gewöhnlichen Aufenthalts leben und in diesem Staat mehr als die Hälfte ihrer Ehezeit verbracht haben.[2447] Hat ein Ehegatte den letzten gemeinsamen gewöhnlichen Aufenthalt einseitig beibehalten, wird kaum ein Abweichen möglich sein.[2448] Anderenfalls hätte es der Unterhaltsschuldner zu leicht, durch einseitiges Wegziehen unter ein ihm sachlich günstiges Recht zu gelangen.[2449] Art. 5 HUP dient auch nicht dazu, die lex fori zu bevorzugen.[2450] Der BGH hat eine engere Verbindung bejaht, wenn ein langjähriger gemeinsamer gewöhnlicher Aufenthalt (im konkreten Fall 18 Jahre), die Staatsangehö-

---

[2437] OGH iFamZ 2017, 414, 415; *Huter*, in: A. Burgstaller/Neumayr/Geroldinger/Schmaranzer, Internationales Zivilverfahrensrecht, Losebl., Art. 5 HUP Rn. 24 f.
[2438] Siehe nur BGH FamRZ 2013, 1366, 1369 m. Anm. *U. P. Gruber*; OLG Köln FamRZ 2012, 1509, 1510; *Andrae*, GPR 2010, 196, 202.
[2439] *U. P. Gruber*, FamRZ 2013, 1374.
[2440] Explanatory Report *Bonomi* on the Hague Protocol on the Law Applicable to Maintenance Obligations Rn. 84; *U. P. Gruber*, FamRZ 2013, 1374.
[2441] BGH FamRZ 2013, 1366, 1369; *U. P. Gruber*, FamRZ 2013, 1374.
[2442] *U. P. Gruber*, FamRZ 2013, 1374.
[2443] *U. P. Gruber*, FamRZ 2013, 1374; siehe auch BGH FamRZ 2013, 1366, 1369.
[2444] *U. P. Gruber*, FamRZ 2013, 1374.
[2445] *U. P. Gruber*, FamRZ 2013, 1374.
[2446] *U. P. Gruber*, FamRZ 2013, 1374.
[2447] OGH iFamZ 2013, 62, 63.
[2448] OGH iFamZ 2017, 414, 415 f. = FamRZ 2018, 342, 345.
[2449] OGH iFamZ 2017, 414, 416 = FamRZ 2018, 342, 345.
[2450] Rauscher/*Andrae* Art. 5 HUP Rn. 3; OGH iFamZ 2017, 414, 416 = FamRZ 2018, 342, 345.

VIII. Unterhalt   924–929 § 4

rigkeit eines Ehegatten und die Staatsangehörigkeit des gemeinsamen Kindes zusammenfallen.[2451]

Wollen Parteien Unsicherheiten und Gefahren aus Art. 5 HUP vermeiden, so wird ih- 924
nen geraten, eine Rechtswahl nach Art. 8 HUP zu treffen.[2452]

d) *Kollisionsrechtliche Einrede aus Art. 6 HUP.* Außer bei Unterhaltspflichten gegenüber ei- 925
nem Kind aus einer Eltern-Kind-Beziehung und Trennungs- oder Scheidungsunterhalt
kann der Verpflichtete dem Anspruch nach Art. 6 HUP entgegenhalten, dass für ihn weder
nach seinem Umweltrecht noch gegebenenfalls nach dem Recht des Staates, dem beide
Parteien gemeinsam angehören, eine Unterhaltspflicht besteht. Ebenso wie bei Art. 5 HUP
handelt es sich dabei um eine kollisionsrechtliche Einrede,[2453] die im Ergebnis zu einer
Statutenkumulation führt.[2454]

Art. 6 HUP hat nur einen relativ kleinen Anwendungsbereich, weil er mit Unterhaltsan- 926
sprüchen von Kindern und Ehegatten gerade die beiden praktisch wichtigsten Kategorien
nicht erfasst.[2455] Ihm verbleiben Unterhaltsansprüche zwischen Aszendenten und Deszendenten über mehr als eine Generation (also gegen oder von Großeltern; Urgroßeltern
usw.)[2456] und in der Seitenlinie (also gegen Onkel, Tanten, Neffen, Nichten, Großonkel,
Großtanten usw.) sowie Unterhaltspflichten der Elternteile gegeneinander unter Art. 6
HUP, insbesondere von Mütter gegen die mit ihnen nicht verheirateten Väter ihrer Kinder,
vor allem auf Betreuungsunterhalt.[2457]

Das Nichtbestehen einer Unterhaltspflicht richtet sich unter Art. 6 HUP nach denselben 927
Maßstäben wie unter Art. 4 II HUP.[2458] Es ist also periodenbezogen, dem Grunde nach
und konkret, nicht kategoriell-abstrakt zu beurteilen.

6. Abänderung. Ist ein Unterhaltstitel abzuändern, so ist für die Abänderungsentschei- 928
dung materiell das aktuelle Unterhaltsstatut zum Zeitpunkt der Abänderungsentscheidung
zugrunde zu legen, nicht dasjenige Recht, auf dessen Grundlage der Ausgangstitel ergangen ist.[2459] Insbesondere ist eine aus Art. 4 III HUP folgende Anwendung der damaligen
lex fori aus dem Ursprungsverfahren im Abänderungs- oder Aufhebungsverfahren nicht
fortzuschreiben; dies gilt insbesondere in einem vom Unterhaltsverpflichteten angestrengten Folgeverfahren.[2460]

Die materielle Rechtskraft des Ausgangstitels ist kein Gegenargument, denn sie wird ja 929
durch die Abänderungsentscheidung gerade institutionell durchbrochen.[2461] Auch völkerrechtlich besteht kein Verbot der Abänderung ausländischer Gerichtstitel.[2462] Es kommt
nicht darauf an, ob das Recht des Urteilsstaates eine Abänderung von (Unterhalts-)Titeln

---

[2451] BGH FamRZ 2013, 1366, 1369 m. Anm. *U. P. Gruber*.
[2452] *Herrler*, DNotI-Report 2011, 57; *ders.*, DNotI-Report 2014, 30, 31.
[2453] Staudinger/*Mankowski* Art. 6 HUP Rn. 14.
[2454] *Martiny*, RdC 247 (1994 III), 131, 199; *M. Lehmann*, GPR 2014, 342, 348.
[2455] NK-BGB/*Bach* Art. 6 HUP Rn. 4.
[2456] *Janzen*, FPR 2008, 218, 220.
[2457] *Hausmann*, Internationales und Europäisches Ehescheidungsrecht, 2013, Rn. C 547; *Andrae* § 8 Rn. 145.
[2458] Explanatory Report *Bonomi* on the Hague Protocol on the Law Applicable to Maintenance Obligations Rn. 109; GA *Szpunar*, ECLI:EU:C:2018:46 Rn. 95.
[2459] BGH NZFam 2015, 262, 265 f.; OLG Nürnberg IPRax 2012, 551, 552; *Conti*, Grenzüberschreitende Durchsetzung von Unterhaltsansprüchen in Europa, 2011, S. 86–90; *Coester-Waltjen*, IPRax 2012, 528, 530; *Dimmler/Bißmaier*, FPR 2013, 11, 13; Staudinger/*Mankowski* Vor Art. 1 HUP Rn. 62–69 sowie *Andrae*, NZFam 2015, 267; *U. P. Gruber*, IPRax 2016, 338, 344 und zum HUÜ OLG Koblenz NJW 1987, 2167; FamRZ 1990, 426, 427; OLG-Report Koblenz/Saarbrücken/Zweibrücken 2003, 339; OLG Karlsruhe FamRZ 1989, 1310; 1991, 600, 601; OLG Hamm FamRZ 1991, 718, 719; OLG Frankfurt NJW-RR 1991, 1411; KG NJ 1992, 121; OLG Koblenz OLGR 2003, 339; OLG Köln FamRZ 2005, 534, 535; OLG Hamm NJW-RR 2005, 876.
[2460] GA *Szpunar*, ECLI:EU:C:2018:297 Rn. 59–62.
[2461] *Dimmler/Bißmaier*, FPR 2013, 11, 13.
[2462] Siehe nur BGH FamRZ 1983, 806 f; BGH FamRZ 1992, 1060, 1061; BGH NZFam 2015, 262, 263 f. m. Anm. *Andrae*; *U. P. Gruber*, IPRax 2016, 338, 339.

abstrakt zulässt.[2463] Dies ergibt sich aus dem verfahrensrechtlichen Institut der Anerkennung, grundsätzlich verstanden als Wirkungserstreckung.[2464]

930 Funktionell ersetzt das Abänderungsverfahren ein neues Klagverfahren. In einem neuen Unterhaltsklageverfahren wäre aber das HUP für die Ermittlung des anzuwendenden Rechts maßgeblich und würden die Anknüpfungspunkte nach der Lage während jenes Verfahrens beurteilt.[2465] Eine klare Wertung für die Anwendung des gegenwärtigen Unterhaltsstatuts enthält auch Art. 11 lit. a HUP:[2466] Das Unterhaltsstatut bestimmt über das Ausmaß des Unterhalts, also über dessen Art und Höhe; die Höhe des Unterhalts ist aber der zentrale Punkt des Abänderungsverfahrens.

931 **7. Anspruchskonkurrenz.** Konkurrieren Unterhaltsansprüche mehrerer Berechtigter mit unterschiedlichen Statuten miteinander, so richtet sich deren Reihenfolge samt Vor-, Nach- oder Gleichrang nach demjenigen Recht, für das nach sachrechtlichen Kriterien die besten Gründe sprechen.[2467]

932 **8. Unterhaltsregress.** *a) Unterhaltsregress Privater.* Artt. 10; 11 lit. f HUP regeln nur und allein den Unterhaltsregress seitens öffentlicher Einrichtungen. Unter „öffentlichen Einrichtungen" sind zwar auch solche Private zu verstehen, die in öffentlichem Auftrag handeln.[2468] Der Unterhaltsregress seitens anderer Privater[2469] liegt aber außerhalb des HUP. Dies gilt sowohl für den Regress seitens eines ersatzweise Verpflichteten wie für jenen seitens eines Nichtverpflichteten, den Scheinvater- und den Elternregress sowie den Regress unter mehreren Berechtigten und den Regress aufgrund einer vertraglichen Drittleistung.[2470]

933 Haftet der Regressgläubiger im Außenverhältnis zum Unterhaltsgläubiger als subsidiärer Unterhaltsschuldner, so kommt der Rechtsgedanke aus Art. 15 Rom I-VO; Art. 19 Rom II-VO sowie Art. 33 III 1 EGBGB 1986 zur Anwendung: Das Statut der Leistungspflicht des Dritten ist Regressgrundstatut.[2471] Art. 15 Rom I-VO; Art. 19 Rom II-VO sowie Art. 33 III 1 EGBGB 1986 regeln genau den Fall des Regresses eines nachrangig Verpflichteten,[2472] wie er bei der Ersatzhaftung gegeben ist. Allerdings beschränken sie sich ihrem Wortlaut nach auf den Regress im Wege der Legalzession des Unterhaltsanspruchs gegen den vorrangig Verpflichteten. Der Rechtsgedanke aus Art. 15 Rom I-VO; Art. 19 Rom II-VO; Art. 33 III 1 EGBGB 1986 greift jedoch unabhängig vom Regressweg, sei der Regress als Legalzession oder als Anspruch auf Abtretung des Unterhaltsanspruchs, sei er als selbständiger Regressanspruch gegen den vorrangig Verpflichteten ausgestaltet: Diejenige Rechtsordnung, welche die nachrangige Verpflichtung zur Leistung anordnet, soll auch über den Ausgleich bestimmen.[2473] Ebenso muss sie darüber befinden, ob die von ihr angeordnete Verpflichtung gegenüber einer anderen Verpflichtung nachrangig ist.[2474]

934 *b) Unterhaltsregress staatlicher Stellen.* Dem Unterhaltsregress staatlicher Stellen ist Art. 10 HUP gewidmet. Das Bestehen des Regressanspruchs beurteilt sich grundsätzlich unabhängig vom Statut der eigentlichen Unterhaltsforderung.[2475] Von der Grundanknüpfung her

---

[2463] *U. P. Gruber,* IPRax 2016, 338, 342f.; gegen OLG Nürnberg IPRax 1984, 162; LG München II NJW 1975, 1609; AG Emmendingen IPRspr. 1982 Nr. 54.
[2464] Staudinger/*Mankowski* Vor Art. 1 HUP Rn. 47.
[2465] Staudinger/*Mankowski* Vor Art. 1 HUP Rn. 68.
[2466] Staudinger/*Mankowski* Vor Art. 1 HUP Rn. 66.
[2467] Staudinger/*Mankowski* Art. 18 EGBGB Anh. I Rn. 369; *Dimmler/Bißmaier,* FPR 2013, 11, 13; vgl. auch östOGH EF-Z 2018, 243 m. Anm. *Nademleinsky.*
[2468] Bericht Verwilghen BT-Drs. 10/258, 29 Nrn. 33, 90; Staudinger/*Mankowski* Art. 10 HUP Rn. 7.
[2469] Rechtsvergleichend *Martiny,* Unterhaltsrang und -rückgriff, Bd. II, 2000, S. 738–1069.
[2470] Staudinger/*Mankowski* Art. 11 HUP Rn. 77.
[2471] Erman/*Hohloch* Art. 10 UnthProt Rn. 1; Staudinger/*Mankowski* Art. 11 HUP Rn. 79.
[2472] *H. Stoll,* FS Wolfram Müller-Freienfels, 1986, S. 631, 634; *Wandt,* ZVglRWiss 86 (1987), 272, 278; *Einsele,* ZVglRWiss 90 (1991), 1, 19.
[2473] *v. Bar,* RabelsZ 53 (1989), 462, 477; *Brückner* S. 48.
[2474] *Brückner* S. 33, 39.
[2475] Ktg. Groenlo NIPR 1994 Nr. 411; Staudinger/*Mankowski* Art. 10 HUP Rn. 4. Unzutreffend Rb. Arnhem NIPR 1995 Nr. 496 S. 671.

VIII. Unterhalt

unterliegt auch die Höhe des Regressanspruchs dem von Art. 10 HUP berufenen Recht.[2476] Der Regressschuldner kann sich aber für das Ausmaß seiner Erstattungspflicht nach Art. 11 lit. f HUP auf das Unterhaltsstatut berufen. Das Unterhaltsstatut entscheidet, ob und bis zu welcher Höhe ein Unterhaltsanspruch besteht und was im Höchstmaß zu leisten ist.[2477] Dies umfasst Nachforderungsverbote und die Möglichkeit, rückständigen Unterhalt zu verlangen.[2478] Eine Rechtswahrungsanzeige nach dem über Art. 10 HUP berufenen Einrichtungsstatut kann im Wege der Substitution eine Leistungsaufforderung nach dem Unterhaltsstatut (z.B. nach § 1613 I BGB) ersetzen.[2479]

Art. 11 lit. f HUP begrenzt die Erstattungspflicht jedoch nur nach oben. Er ist insoweit eine kumulative Anknüpfung[2480] mit einem engeren sachlichen Anwendungsbereich als Art. 10 HUP. Sieht nur das Unterhaltsstatut, nicht aber das von Art. 10 HUP berufene Recht einen Regressanspruch vor, so unterbleibt dagegen ein Regress. Nur Art. 10 HUP entscheidet über das „Ob" eines Regressanspruchs,[2481] selbst wenn dieser theoretisch der Höhe nach Null betragen mag, weil keine Erstattungspflicht nach dem Unterhaltsstatut besteht.[2482]

Der für Art. 10 HUP zentrale Begriff der „öffentliche Aufgaben wahrnehmenden Einrichtung" ist im HUP ebenso wenig definiert wie im HUÜ. Man wollte damit Raum für eine weite Auslegung lassen, welche den unterschiedlichen Fürsorgesystemen in den Mitgliedstaaten der Haager Konferenz für Internationales Privatrecht Rechnung tragen kann.[2483] Öffentliche Aufgaben wahrnehmende Einrichtungen sind alle staatlichen Behörden, halbstaatlichen Institutionen und alle zwar nicht unmittelbar staatlichen, aber staatlich beliehenen Stellen, die auf Grund von Gesetzen oder einer staatlich anerkannten Tätigkeit subsidiär Hilfe zu leisten haben oder dies zumindest tun dürfen.[2484] Für die Zwecke des Art. 10 HUP ist indes das Erbringen von Fürsorgeleistungen unbedingte Voraussetzung.

Auf die öffentlichrechtliche oder privatrechtliche Organisation der Einrichtung kommt es nicht an.[2485] In vielen Staaten sind private Institutionen maßgebliche Versorgungsträger, und funktionell lassen sich Aufgaben der öffentlichen Fürsorge ohne weiteres auf eigene Einheiten mit privater Rechtsform übertragen, ohne dass sich an ihrem Charakter etwas änderte.[2486] Gerade im Bereich der öffentlichen Fürsorge gibt es häufig erhebliche Berührungspunkte und Verflechtungen zwischen öffentlichem Recht und Privatrecht.[2487]

Statut des Erstattungsanspruchs einer öffentlichen Einrichtung ist dasjenige Recht, welchem diese Einrichtung untersteht. Maßgebend ist insoweit das Organisationsstatut der öffentlichen Einrichtung.[2488] Art. 10 HUP verweist bewusst nicht auf das Recht am Sitz der Einrichtung,[2489] weil durch eine solche Sitzanknüpfung eine Fehlzuordnung von Konsulaten und diplomatischen Vertretungen, die Sozialleistungen erbringen, eintreten würde.[2490] Ohne direkte Bedeutung ist an sich das Recht, das auf eine eventuelle Einstandspflicht der öffentliche Aufgaben wahrnehmenden Einrichtung und der bedürftigen Person

---

[2476] Siehe nur *Brückner* S. 119, 121.
[2477] *Brückner* S. 124, 135; *Andrae,* FPR 2013, 38, 43.
[2478] *Andrae,* FPR 2013, 38, 43 sowie *M. Weber,* ÖJZ 2011, 947, 951.
[2479] *Brückner* S. 126f.; *Andrae,* FPR 2013, 38, 43.
[2480] OLG Düsseldorf FamRZ 2001, 919; *Andrae,* FPR 2013, 38, 43.
[2481] Siehe nur Palandt/*Thorn* HUntProt Rn. 35.
[2482] Staudinger/*Mankowski* Art. 10 HUP Rn. 5. Vom Ansatz her anders *Brückner* S. 118.
[2483] Bericht *Verwilghen* BT-Drs. 10/258, 29 Nr. 90; *Brückner,* IPRax 1992, 366, 367; *dies.* S. 91.
[2484] Bericht *Verwilghen* BT-Drs. 10/258, 29 Nr. 90, 66 Nr. 166; MüKoBGB/*A. Staudinger* Art. 10 HUP Rn. 2.
[2485] Bericht *Verwilghen,* BT-Drs. 10/258, 29 Nr. 90; Procès-verbal No 7 [zum HUVÜ], Actes et Doc XII/4, 201; *Brückner* S. 91 f.
[2486] Staudinger/*Mankowski* Art. 10 HUP Rn. 7.
[2487] Procès-verbal No 7 [zum HUVÜ] Actes et Doc XII/4, 201; *Brückner,* IPRax 1992, 366, 367.
[2488] Staudinger/*Mankowski* Art. 10 HUP Rn. 14.
[2489] So aber z.B. *Andrae,* FPR 2013, 38, 43.
[2490] *v. Overbeck,* SchwJbIntR 23 (1973), 135, 160; *Brückner,* IPRax 1992, 366, 368; *dies.* S. 116.

anwendbar ist.[2491] Für staatliche Stellen (Behörden oder hoheitlich handelnde Beamte) ist Organisationsstatut das Recht desjenigen Staates, in dessen Behördenstruktur die konkret handelnde Stelle eingebunden ist.[2492] Hier ergibt sich eine eindeutige Zuordnung zu einem Staat. Behörden bestehen als Hoheitsträger nur auf Grund des Rechts eines bestimmten Staates. Dagegen ist nicht darauf abzustellen, die sozialen Aufgaben welchen Staates die staatlichen Stellen wahrnehmen.[2493]

939 Privatrechtlich organisierte Einrichtungen sind dagegen kein Teil einer Behördenstruktur. Ihr Organisationsstatut ist nach den Maßstäben des IPR der privaten Körperschaften zu bestimmen. Insofern enthält Art. 10 HUP keine Vorgaben, sondern eine stillschweigende Verweisung auf das nationale IPR des Forums.[2494] Nach deutschem IPR ist Einrichtungsstatut im Ausgangspunkt das Recht des effektiven Verwaltungssitzes der Korporation. Ihm verdanken die juristische Person oder die Gesellschaft, ein Rechtskonstrukt, ihre Existenz. Regressgrundstatut ist also aus deutscher Sicht vorderhand das Recht des effektiven Verwaltungssitzes,[2495] es sei denn, es handelte sich um eine Gesellschaft mit Satzungssitz in einem EU- oder EWR-Mitgliedstaat; in letzterem Fall kommt es wegen der primärrechtlichen Niederlassungsfreiheit aus Art. 54; 49 AEUV auf den Satzungssitz an.[2496] Ganz genau formuliert ist Regressgrundstatut das Gesellschaftsstatut,[2497] zumal die internationalgesellschaftsrechtliche Verweisung nach der Sitztheorie im deutschen IPR eine Gesamtverweisung ist.[2498]

940 **9. Rück- und Weiterverweisung.** Das HUP spricht ausweislich seines eindeutigen Art. 12 HUP Sachnormverweisungen aus. Art. 12 HUP schließt jeglichen renvoi aus. Im Internationalen Unterhaltsrecht gibt es keine Rück- oder Weiterverweisungen.

IX. Abstammung

Literatur: *Andrae,* Die gesetzliche Zuordnung des Kindes nach ausländischem Recht bei lesbischer institutioneller Partnerschaft, StAZ 2015, 163; *Blauwhoff/Frohn,* International Commercial Surrogacy Agreements: The Interests of the Child as a Concern of Both Human Rights and Private International Law, in: Paulussen/Takács/Lazić/van Rompuy (eds.), Fundamental Rights in International and European Law, The Hague 2016, S. 211; *Coester-Waltjen,* Die Mitmutterschaft nach südafrikanischem Recht im deutschen Geburtsregister, IPRax 2016, 132; *Dutta,* Konkurrierende Vaterschaften bei scheidungsnah geborenen Kindern mit Auslandsbezug: Divergierende obergerichtliche Rechtsprechung, StAZ 2016, 200; *Freitag,* Das Kuckuckskind im IPR, StAZ 2013, 333; *Frie,* Wer ist der richtige Vater? Streit um das „Günstigkeitsprinzip" in Art. 19 Abs. 1 EGBGB in der aktuellen obergerichtlichen Rechtsprechung, StAZ 2017, 104; *Helms,* Künstliche Fortpflanzung und Internationales Privatrecht, in: Dutta/D. Schwab/Henrich/Gottwald/Löhnig (Hrsg.), Künstliche Fortpflanzung und europäisches Familienrecht, 2015, S. 59; *Henrich,* Das Kind mit zwei Müttern (und zwei Vätern) im Internationalen Privatrecht, FS Dieter Schwab, 2005, S. 1141; *ders.,* Kollisionsrechtliche Fragen bei medizinisch assistierter Zeugung, FS Rainer Frank, 2008, S. 249; *Reuß,* Gestaltung des europäischen abstammungsrechtlichen Kaleidoskops – Einige Überlegungen zur Anerkennung der niederländischen Duo-Mutterschaft in Deutschland, FS Dagmar Coester-Waltjen, 2015, S. 681; *ders.,* Theorie eines Elternschaftsrechts, 2018; *Schäkel,* Die Abstammung im neuen deutschen Internationalen Privatrecht, 2009; *A. Schirmer,* Die Begründung gleichgeschlechtlicher Elternschaft im materiellen und internationalen Privatrecht, 2016; *Siehr,* Zur Reform des deutschen Internationalen Abstammungsrechts (Art. 19 und 20 EGBGB), FS Dagmar Coester-Waltjen, 2015, S. 769; *Wautelet,* Bébés papiers, gestation pour atrui et co-maternité: la filiation internationale dans tous ses états, in: Barnich/Nuyts/Pfeiff/Wautelet/van Gysel (coord.), Le droit des relations familiales internationales à la croisée des chemins, 2016, S. 179; *P. Weber,* Gleichgeschlechtliche Elternschaft im Internationalen Privatrecht,

---

[2491] *Martiny,* RdC 247 (1994 III), 131, 243; Staudinger/*Mankowski* Art. 10 HUP Rn. 14.
[2492] MüKoBGB/*Siehr* Art. 10 UnthProt Rn. 8; *Brückner* S. S. 117; Staudinger/*Mankowski* Art. 10 HUP Rn. 15.
[2493] Staudinger/*Mankowski* Art. 10 HUP Rn. 7.
[2494] Staudinger/*Mankowski* Art. 10 HUP Rn. 17.
[2495] MüKoBGB/*A. Staudinger* Art. 10 HUP Rn. 8; *Brückner* S. 117.
[2496] Staudinger/*Mankowski* Art. 10 HUP Rn. 18.
[2497] Staudinger/*Mankowski* Art. 10 HUP Rn. 18.
[2498] → § 7 Rn. 112, 297.

IX. Abstammung   941–944 § 4

2017; *Wedemann*, Konkurrierende Vaterschaften und doppelte Mutterschaft im Internationalen Abstammungsrecht, 2006; *dies.*, Die kollisionsrechtliche Behandlung der qualifizierten Drittanerkennung nach § 1599 Abs. 2 BGB sowie vergleichbarer ausländischer Rechtsinstitute, StAZ 2012, 225.

1. Rechtspolitische Brisanz der Materie. Das Internationale Abstammungsrecht betrifft den gegenwärtig wohl lebendigsten Teil des IPR. Es steht vor den meisten innovativen Fragen. In den letzten Jahrzehnten ist viel in Bewegung geraten.[2499] Reproduktionsmedizin und Kommerzialisierung haben Phänomene hervorgebracht, dies man vor Jahren kaum erahnen konnte. Das gesamte Gebiet zeichnet sich durch eine große Dynamik aus und kann kaum mit den tatsächlichen Entwicklungen Schritt halten. In den Sachrechten haben sich verschiedene nationale Gesetzgeber zur letztlich nur partiellen Regelung einzelner neuer Phänome aufgerafft. Dies wiederum eröffnet Interessierten Möglichkeiten zur Regulierungsarbitrage und zum „parentage shopping". Insbesondere gilt dies für gleichgeschlechtliche Partner mit Kinderwunsch.[2500]   941

Die große Entwicklung begann in der Neuzeit mit der In vitro-Fertilisation. Samenspende und Eizellspende traten sodann hinzu. Spender können bekannt oder unbekannt sein. Leihmutterschaft[2501] wiederum brachte eine Diskrepanz zwischen natürlicher und Wunschmutter. Leihmutterschaft ist heute nicht selten kommerzialisiert und in vielen Staaten ein Geschäftsmodell[2502] mit vielen Intermediären, die finanziell partizipieren wollen.[2503] Die möglichen Phänomene explodieren nachgerade weltweit. Das eine der gegenwärtig jüngsten Phänomene ist das sogenannte „Drei-Eltern-Baby", erzeugt mittels Mitochrondrien-Spende (auch Nuclear Spindle Technology genannt): Der Eizellkern stammt von einer Frau, die sie aufnehmende leere Eizelle samt Mitochondrien-DNA von einer anderen Frau, der Samen von einem Mann.[2504] Als erstes Land hat das Vereinigte Königreich diese Technik legalisiert.[2505] Der Pionier der Technik, Leiter des New York Fertility Centre, war noch gezielt nach Mexiko ausgewichen, um das dortige Fehlen kontrollierender Regulierungen auszunutzen.[2506] Mehrelternschaft[2507] ist inzwischen noch weiter gediehen: Leihmutterschaft mit Fremdei- und Fremdsamenspende plus den von beiden Spendern personenverschiedenen Wunscheltern betrifft gleich fünf Personen – menschenrechtlich abgesichert.[2508]   942

Eine andere Neuerung ist die Gebärmuttertransplantation, 2014 weltweit erstmals in Schweden durch eine erfolgreiche Schwangerschaft der Transplantatempfängerin gekrönt und im Oktober 2016 auch am Universitätsklinikum Tübingen durchgeführt.[2509]   943

Die nächsten Schritte stehen schon vor der Tür: Ektogenese[2510] (im Englischen auch deutlicher als Artifical Womb Technology bezeichnet) könnte eine Schwangerschaft ganz   944

[2499] Siehe nur *Wautelet*, in: Barnich/Nuyts/Pfeiff/Wautelet/van Gysel (coord.), Le droit des relations familiales internationales à la croisée des chemins, 2016, S. 179.

[2500] Eingehend dazu insbesondere *P. Weber*, Gleichgeschlechtliche Elternschaft im Internationalen Privatrecht, 2017.

[2501] Dazu z. B. *K. Duden*, Leihmutterschaft im Internationalen Privat- und Verfahrensrecht, 2015.

[2502] Eingehend *Thomale*, Mietmutterschaft, 2015; außerdem z. B. *Wells-Greco*, The status of children arising from inter-country surrogacy agreements, 2016, S. 55 f.

[2503] *Wells-Greco*, The status of children arising from inter-country surrogacy agreements, 2016, S. 56 f.

[2504] Z. B. *Hamzelou*, Exclusive: World's first baby born with „3parent-technique", New Scientist online 27.9.2016 <https://www.newscientist.com/article/2107219/exclusive-worlds-first-baby-born>; *U. Bahnsen*, Ein solches Kind gab es noch nie, Die Zeit Nr. 41 vom 29.9.2016, S. 39.

[2505] The Human Fertilisation and Embryology (Mitochondrial Donation) Regulations 2015 No. 572.

[2506] Z. B. *I. Johnston*, World's first baby born with controversial new „three-parent technique", The Independent Online 27.9.2016 <http://www.independent.co.uk/news/science/three-parent-baby-world-first-born-mexico-a7333191.htm>.

[2507] Zu ihren Facetten z. B. *Diurni*, Riv. dir. priv. 2018, 23 und insbesondere *A. Sanders*, Mehrelternschaft, 2018.

[2508] EGMR 24.1.2017 – 25358/12 – Paradiso u. Campanelli/Italien = NJW 2017, 941 = FamRZ 2017, 444 m. Anm. *K. Duden* = JCP G 2017, 566 note *Fulchiron*; dazu z. B. *A. Sanders*, NJW 2017, 925; *Romeo*, Giur. it. 2018, 835.

[2509] Schwanger mit Gebärmutter der Mutter, Hamburger Abendblatt vom 10.11.2016, S. 22.

[2510] Angedacht bereits von *J. B. S. Haldane*, Daedalus, or Science of the Future, 1924 (sic!). Instruktiv dazu *Dronamraju* (ed.), Haldane's 'Daedalus' Revisited, 1995.

705

außerhalb des weiblichen Körpers möglich machen.[2511] Instrument dafür ist eine künstliche Gebärmaschine mit synthetischem Fruchtwasser.[2512] Und bei Tieren gelingt bereits die Züchtung von Eizellen im Labor.[2513]

945 Gesellschaftspolitisch geben insbesondere die Vorstöße gleichgeschlechtlicher Paare Anreize, die Grenzen des medizintechnisch Möglichen und rechtlich Erlaubten auszutesten, denn solche Paare können sich etwaige Kinderwünsche nicht auf natürlichem Weg miteinander erfüllen.[2514] Lesbische Paare können sich ihren Kinderwunsch indes mit bekannten Samenspendern oder mit anonymer Samenspende erfüllen.[2515] Rechtlich muss man eine Antwort finden, wer rechtliche Mutter ist.[2516] Zwei rechtliche Mütter gibt es, sich ausbreitend, bei rechtlich anerkannter Co- oder Mitmutterschaft.[2517] Schwule Paare können sich einen Kinderwunsch per Leihmutterschaft erfüllen. Manche Rechte gehen so weit, zwei Väter als Elternpaar auszusprechen. Elternschaft kann heute rechtliche, biologische oder soziale Elternschaft meinen. Plädoyers für Mehrvaterschaft bei einem rechtlichen und einem sozialen Vater haben längst begonnen.[2518] Tri-Parenting wird diskutiert.[2518a] LGBTTQ-Familien machen eine Kind- und Elternzuordnung deutlich schwerer und vielfältiger.[2519] Die gesellschaftspolitische Dimension ist ebenso deutlich wie die Lobbyarbeit meinungsmächtiger LGBTTQ-Verbände.[2520]

946 Übergreifend gibt es eine deutliche Tendenz zu Privatautonomie, zu privater Gestaltung der Abstammung jenseits der natürlichen Vorgänge. Reproduktionsmedizin und Entstehen einer Reproduktionsindustrie eröffnen immer neue Möglichkeiten. Kommerzialisierung macht Geld zu einem Faktor, erlaubt aber andererseits die Verwirklichung des eigenen Willens. Z. B. werden die natürlichen Altersgrenzen weiblicher Fertilität immer weiter ausgedehnt.[2521]

947 Eine wieder andere Volte sieht Frau-zu-Mann-Transsexuelle, die nach ihrer Geschlechtsumwandlung Kinder gebären und die Frage aufwerfen, ob sie für diese Kinder, da gebärend, eine Mutter[2522] oder nach dem Geschlecht zum Zeitpunkt der Geburt ein Vater sind.

948 Im deutschen Internationalen Abstammungsrecht hat all' dies bisher keinen gesetzlichen Widerhall gefunden. Die einzige einschlägige Kollisionsnorm, Art. 19 EGBGB, ist seit 1986 unverändert geblieben. Sie wurde kodifiziert, bevor die rechtstatsächliche Entwicklung ihre heutige Rasanz und Brisanz gewann. Ergänzt wird sie durch die internationalzi-

---

[2511] Dazu z. B. *Corea*, The Mother Machine, 1985 (sic!); *Sander-Staudt*, Of Machine Born?, 2006; *Gelfand/Shook* (eds.), Ectogenesis: Artificial Womb Technology and the Future of Human Reproduction, 2006; *Chemaly*, What Do Artificial Wombs Mean for Women? (23.2.2012) <https://rewire.news/article/02/23/2012/what-do-artificial-wombs-mean-for-women>; *Zoltan Istvan*, Die künstliche Gebärmütter der Zukunft befinden sich längst in der Entwicklung (6.8.2014) <http://motherboard.vice.com/de/read/kuenstliche-gebaermuetter-sind-laengst-in-der-entwicklung>; zu strafrechtlichen Risiken in Deutschland *Hilgendorf*, MedR 1994, 429.
[2512] *Assheuer*, Schwanger war gestern, Die Zeit Nr. 44 vom 20.10.2016, S. 47.
[2513] *U. Bahnsen*, Die Maus des Anstoßes, Die Zeit Nr. 44 vom 20.10.2016, S. 35.
[2514] *Mankowski*, FamRZ 2016, 289.
[2515] Dazu z. B. *Leckley*, (2009) 23 Int. J. L., Policy & Fam. 62 (Québec); *Louw*, (2016) 133 SALJ 1 (Südafrika).
[2516] Zum deutschen Sachrecht z. B. *R. Lammers*, Leihmutterschaft in Deutschland, 2016.
[2517] Z. B. in den Niederlanden nach Art. 1:198 I lit. b BW.
[2518] Eingehend *Plettenberg*, Vater, Vater, Mutter, Kind – Ein Plädoyer für die rechtliche Mehrvaterschaft, 2016.
[2518a] Z. B. *C. Quinn*, 31 J.AAML 175 (2018).
[2519] Siehe *Dunne*, 30 J. AAML 27 (2017) für Europa und *Kisthradt/Roane*, 30 J. AAML 55 (2017) für die USA.
[2520] Vgl. z. B. *Fulchiron/Sasson* (dir.), Parenté, filiation, origine – Le droit de l'engendrement à plusieurs, 2013; *Herbrand*, Dr. et société 2013/3, 27; *Meys*, Ann. dr. Louvain 76 (2016), 385; *B. Paulsen*, 2018 Ill. L. Rev. 311.
[2521] Rechtsvergleichend dazu *Büchler/Parizer*, (2017) 31 Int. J. L., Policy & Fam. 269.
[2522] Dafür unter deutschem Sachrecht BGH NJW 2017, 3379 m. Anm. *Tölmein* = FamRZ 2017, 1855 m. Anm. *Wapler* = NZFam 2017, 1051 m. Anm. *Theile*; KG FamRZ 2015, 683 = NZFam 2015, 32 m. krit. Anm. *Theile*; AG Münster FamRZ 2017, 1862; siehe auch *Gössl*, ZRP 2018, 174.

IX. Abstammung

vilprozessrechtliche Anerkennung ausländischer gerichtlicher Aussprüche in Abstammungsfragen,[2523] die Vorrang vor einer IPR-Anwendung hat. Art. 19 EGBGB ist eine verunglückte Norm, die viele diffizile Auslegungs- und Anwendungsprobleme provoziert.[2524]

Ein ausgearbeiteter Reformvorschlag zielt darauf ab, alle Möglichkeiten, wie eine Abstammung begründet werden kann (also natürliche Abstammung, Anerkennung durch einen Elternteil), gleichermaßen zu erfassen plus eine (partielle) Regel für Abstammungskonflikte.[2525] Selbst dieser Vorschlag tut sich aber schwer, die in modernen Zeiten immer tiefer aufreißende Flanke zu Mehrmutterschaft und Mehrvaterschaft bei gleichgeschlechtlichen Verbindungen zu schließen.[2526]

Eine simplere Alternative bestünde de lege ferenda darin, Art. 19 I 3 EGBGB schlicht ganz zu streichen. „Verheiratet" ist problematisch geworden,[2527] und selbst „Mutter" ist problematisch.[2528] Außerdem würde man so die kollisionsrechtliche Ungleichbehandlung zwischen Kindern verheirateter Mütter einerseits und nicht verheirateter Mütter andererseits beheben. Denn Art. 19 I 3 EGBGB in seiner gegenwärtigen Gestalt kommt eben nur ersteren zugute. Indes soll Art. 19 I 3 EGBGB in seiner gegenwärtigen Gestalt Raum gerade bieten, um Ehelichkeitsvermutungen der Sachrechte aufzunehmen. Ehelichkeitsvermutungen sind in den Sachrechten ein weit verbreitetes Phänomen. Art. 19 I 3 EGBGB zu streichen drohte Regeln von der Flanke rechtstatsächlich und statistisch seltener Ausnahmefälle her zu betreiben.

2. Qualifikation. Qualifikatorisch bezeichnet Abstammung im Gegensatz zur Adoption die rechtliche Eltern-Kind-Beziehung kraft Gesetzes.[2529] Im Kern geht es um die Rechtsfragen betreffend das mögliche Zustandekommen einer Eltern-Kind-Beziehung aufgrund biologischer Herkunft,[2530] insbesondere einschließlich der rechtlichen Zuordnung jenseits der biologischen.[2531] Art. 19 I EGBGB soll aber den Gesamtbereich der Abstammung beherrschen.[2532] Abstammung von weiteren Aszendenten vermittelt sich über die dazwischenliegenden Eltern-Kind-Beziehungen.

Auch hinsichtlich der Abstammungsmodi erhebt Art. 19 EGBGB einen grundsätzlich umfassenden Anwendungsanspruch: Er erfasst alle drei Arten der Abstammungsfeststellung gleichermaßen, nämlich sowohl jene durch Gesetz (ex lege) als auch jene durch Richterspruch als auch jene durch Anerkennung seitens relevanter Beteiligter.[2533]

Der Verwandtschaft ist zwar keine eigene Kollisionsnorm gewidmet. Sie vermittelt sich aber über Eltern-Kind-Beziehungen und deren Seitenlinien. Deshalb geht auch sie kollisionsrechtlich über Art. 19 EGBGB.

3. Strukturfragen der Anknüpfung. *a) Keine Rechtswahlmöglichkeit.* Rechtswahlfreiheit gibt es im deutschen Internationalen Abstammungsrecht nicht.[2534] Abstammung berührt immer Interessen Dritter oder des Staates, also an einer (theoretisch immerhin denkbaren) bilateralen Vereinbarung zwischen Vorfahr und Abkömmling nicht Beteiligten. Zudem stünden intrikate Probleme im Raum, wer denn für minderjährige Abkömmlinge eine Rechtswahlerklärung sollte abgeben dürfen. Für die dann zu prüfenden gesetzlichen

---

[2523] Leading case: BGHZ 203, 350. Anders in der Schweiz BG IPRax 2016, 167 (dazu *Thomale,* IPRax 2016, 177).
[2524] *Helms,* StAZ 2016, 376.
[2525] Vorschlag eines Art. 19 EGBGB-E von *Siehr,* FS Dagmar Coester-Waltjen, 2015, S. 769, 784. Kritisch dazu *Reuß* S. 497f.
[2526] Durchaus offen eingestanden von *Siehr,* FS Dagmar Coester-Waltjen, 2015, S. 769, 785.
[2527] → § 4 Rn. 977ff.
[2528] → § 4 Rn. 974f.
[2529] Siehe nur BGH FamRZ 2016, 1251 Rn. 27 m. Anm. *Dutta.*
[2530] BGH NJW 2016, 3174 Rn. 18.
[2531] *Coester-Waltjen,* IPRax 2016, 132, 133f.
[2532] BGH NJW 2016, 3174 Rn. 18.
[2533] Siehe nur *Siehr,* FS Dagmar Coester-Waltjen, 2015, S. 769 (769).
[2534] *Corneloup,* in: A. Roth (Hrsg.), Die Wahl ausländischen Rechts im Familien- und Erbrecht, 2013, S. 13, 16.

Vertretungsverhältnisse würde die (bisherige) Abstammung zur Vorfrage. Desweiteren drohten in vielen Konstellationen Statutenwechsel, wenn die Abstammungsfrage nicht bereits mit Wirkung ab der Geburt per Wahl geklärt werden könnte.

955 *b) Günstigkeitsprinzip.* Die drei Anknüpfungen des Art. 19 I EGBGB stehen zueinander nicht in einem Stufen-, Hierarchie- oder Subsidiaritätsverhältnis, sondern sind abstrakt gleichwertig.[2535] Das „kann" im Wortlaut des Art. 19 I 3 EGBGB verschlägt nicht.[2536] Es gibt keinen Vorrang des Aufenthaltsrechts.[2537] Die gesetzliche Reihenfolge ist nur eine nahegelegte, aber keine zwingende Prüfungsfolge.[2538] Dabei gilt indes konkret jeweils ein Günstigkeitsprinzip: Anzuwenden ist dasjenige Recht, welches zu dem für das Kind günstigsten Ergebnis kommt.[2539] Das ist eine materielle Vorgabe.[2540] Die Verweisung umfasst in allen drei Alternativen etwaige Elternschaftsvermutungen, z. B. wegen Verheiratetseins mit der Kindesmutter zum Zeitpunkt der Geburt oder in einem bestimmten Zeitraum vor der Geburt.[2541]

956 Die Günstigkeit orientiert sich nicht an konkreten Vor- oder Nachteilen wie dem Erwerb einer bestimmten Staatsangehörigkeit, konkretem Wohlergehen oder Möglichkeiten der Lebensgestaltung.[2542] Abzuwägen ist vielmehr abstrakt und abstammungsspezifisch.[2543] Übergreifendes Kriterium ist das Kindeswohl.[2544] Auch dieses ist abstrakt zu verstehen.[2545] Eine konkrete Bewertung würde dem Fundamentalpostulat der Rechtssicherheit und Rechtsklarheit in Statusfragen widersprechen.[2546] Die Vermögensverhältnisse der in Betracht kommenden Eltern (namentlich Väter), der Grad ihrer persönlichen Zuwendung oder der mögliche Erwerb einer deutschen Staatsangehörigkeit für das Kind sind auch beim Kindeswohl keine relevanten Faktoren.[2547] Ebensowenig spielt die konkrete Erziehungsfähigkeit der potentiellen Eltern hinein; vielmehr ist entscheidend, wie eine Abstammung schnell und dauerhaft stabil etabliert werden kann.[2548]

957 Zwei Prinzipien stehen einander gegenüber:[2549] Das Prioritätsprinzip entscheidet danach, welches Recht dem Kind schneller, ohne Verfahren und Umstände, eine dauerhafte und belastbare Beziehung zu einem Elternteil verschafft.[2550] Das Prinzip der Abstammungs-

---

[2535] Siehe nur BGHZ 168, 79 Rn. 12; BGH StAZ 2016, 374 Rn. 8; BGH FamRZ 2016, 1251 Rn. 28 m. Anm. *Dutta*; BGH NJW 2016, 3171 Rn. 14; BayObLG FamRZ 2002, 686, 687; OLG Celle StAZ 2007, 82; OLG Hamm FamRZ 2009, 126; OLG München FamRZ 2012, 1503; OLG Karlsruhe ZKJ 2016, 138, 139; OLG Nürnberg FamRZ 2016, 920, 921; KG FamRZ 2016, 922, 923; KG FamRZ 2018, 1925, 1926; *Reuß*, FS Dagmar Coester-Waltjen, 2015, S. 681, 685; *ders.*, S. 496 f.; *A. Schneider*, NZFam 2016, 192; *Löhnig*, NZFam 2017, 910 (910).
[2536] *P. Weber* S. 75–77.
[2537] Dafür AG Leverkusen FamRZ 2007, 2087; AG Heidelberg IPRspr. 2014 Nr. 97 S. 221 (gestützt auf eine sehr interessante vergleichende Auslegung im Lichte des europäischen Internationalen Familienrechts).
[2538] *Coester-Waltjen*, IPRax 2016, 132, 134.
[2539] Siehe nur BGH FamRZ 2006, 1745; BayObLG FamRZ 2002, 686; OLG Nürnberg FamRZ 2005, 1697; OLG Hamm FamRZ 2009, 126; KG FamRZ 2011, 1518; OLG Köln StAZ 2013, 319, 320; OLG Karlsruhe OLG Karlsruhe FamRZ 2015, 1636; ZKJ 2016, 138, 139; OLG München FGPRax 2016, 220, 221; OLG Jena FamRZ 2017, 1232, 1233; OLG München 29.6.2017 – 31 Wx 402/16; *Dörner*, FS Dieter Henrich, 2000, S. 119; Palandt/*Thorn* Art. 19 EGBGB Rn. 6.
[2540] *Löhnig*, NZFam 2017, 910 (910).
[2541] Siehe nur BGH NJW 2017, 160 Rn. 24.
[2542] *F. Sturm*, FS Hans Stoll, 2001, S. 451, 454 f.; *ders.*, FS Gunther Kühne, 2009, S. 919, 920.
[2543] Tendenziell anders für individuelle Einzelfallabwägung OLG München 29.6.2017 – 31 Wx 402/16.
[2544] Siehe nur *Henrich*, FS Dieter Schwab, 2005, S. 1142, 1148 f.; *dens.*, IPRax 2008, 549 f.
[2545] KG NJW-RR 2017, 391 Rn. 11.
[2546] MüKoBGB/*Helms* Art. 19 EGBGB Rn. 14.
[2547] KG 29.11.2016 – 1 W 7/16 Rn. 11.
[2548] OLG Hamm FamRZ 2009, 126; OLG Hamm FamRZ 2014, 1559; OLG Karlsruhe FamRZ 2016, 924; *Dörner*, FS Dieter Henrich, 2000, S. 119,123 f.; *Heiderhoff*, FS Reinhold Geimer zum 80. Geb., 2017, S. 231 (231).
[2549] Prägnante Gegenüberstellung z. B. bei OLG Jena FamRZ 2017, 1232, 1233.
[2550] Dafür z. B. OLG Hamm FamRZ 2009, 126; OLG Köln StAZ 2013, 319, 320; KG BeckRS 2015, 1229; *F. Sturm*, FS Hans Stoll, 2001, S. 451, 454 f.; *ders.*, FS Gunther Kühne, 2009, S. 919, 920.

wahrheit dagegen sieht es als günstiger an, wenn das Kind seinen wahren, biologischen Eltern zugeordnet wird.[2551] Als pragmatischer Mittelweg wird angedacht, dem Prioritätsprinzip nur dann zu folgen, wenn kein Vater „in Sicht" ist.[2552] So vermeide man nachfolgende Korrekturen einer vom Prioritätsprinzip geleitet gefundenen Lösungen durch nachlaufende Anfechtungsprozesse.[2553] Das Prioritätsprinzip lasse die Parteien bei mangelndem Kooperationswillen des Exmanns der Mutter einen hohen Preis zahlen.[2554] Völlige Vaterlosigkeit nach einem alternativ berufenen Recht wäre jedenfalls das für das Kind ungünstigste Ergebnis und ist zu vermeiden, indem dann ein anderes alternativ berufenes Recht maßgeblich wird, dass zu einer Vaterzuordnung führt.[2555]

Für ein Prioritätsprinzip innerhalb der Günstigkeit (angewendet wird dasjenige Recht, welches am frühesten ein für das Kind vorteilhaftes Ergebnis zeitigt) wird die ratio des Art. 19 I EGBGB ins Feld geführt, dem Kind möglichst schnell die Feststellung seiner Abstammung zu ermöglichen, gerade mit Blick auf mögliche Unterhaltsansprüche, aber auch auf etwaige Erbansprüche.[2556] Das Prioritätsprinzip hat eine wichtige Folge: Wenn ein Recht qua Vermutung, dass der Ehemann der verheirateten Mutter der Vater sei, zu einer Antwort in der Abstammungsfrage gekommen ist, sind die anderen Alternativen gesperrt, soweit es für sie auf ein nachgeburtliches Vaterschaftsanerkenntnis eines Dritten ankommen müsste.[2557] Noch schneller und der Ehelichkeitsvermutung vorgreiflich wäre allerdings ein Vaterschaftsanerkenntnis eines Dritten noch vor der Geburt des Kindes.[2558]

958

Eine wirksame Vaterschaftsanerkennung nach deutschem Recht soll Vorrang vor einer nach ausländischem Recht bestehenden Vaterschaft des geschiedenen Ehemanns der Mutter haben.[2559] Sofern eine Vaterschaftsanerkennung nach deutschem Recht nicht zu erwarten ist, soll dasjenige Recht dem Kindeswohl günstiger sein, nach welchem eine von der biologischen Vaterschaft unabhängige Fiktion dem Kind einen rechtlichen Vater und damit einen Unterhaltspflichtigen zuweist.[2560] Für das Kind ist es jedenfalls günstiger, einen rechtlichen Vater zu haben (eben schon wegen dessen möglicher Unterhaltspflichtigkeit), als möglicherweise auf längere Sicht ohne rechtlichen Vater zu sein.[2561] Freilich drohen Anfechtungsverfahren als Nachteil.[2562] Ein Ausweichen, indem man die Abstammungswahrscheinlichkeit berücksichtigt,[2563] droht dagegen mit erheblicher Zusatzarbeit und findet keinen Niederschlag im Gesetzestext.[2564] Die Belastbarkeit von Vaterschaftsanerkennungen sollte nicht überdehnt werden, denn ob der Anerkennende wirklich der biologische Vater ist, steht mangels Überprüfung keineswegs fest[2565] und ein Vaterschaftsanerkenntnis kann aus ganz eigenen, z.B. ausländerrechtlichen Gründen[2566] missbräuchlich erfolgen.[2567]

959

[2551] Dafür z. B. KG FPR 2011, 440.
[2552] Henrich, FamRZ 2002, 688; ders., FamRZ 2009, 129; ders., FamRZ 2016, 926; ders., FamRZ 2016, 1601; Staudinger/Henrich Art. 19 EGBGB Rn. 43; jurisPK BGB/Duden Art. 19 EGBGB Rn. 68 sowie OLG Karlsruhe FamRZ 2015, 1636, 1638; OLG München FamRZ 2016, 1599, 1600.
[2553] Henrich, FamRZ 2017, 1691.
[2554] Duden, FamRZ 2017, 1690.
[2555] BGH NJW 2016, 3171 Rn. 22; Dethloff, IPRax 2005, 325, 329; Henrich, FamRZ 2016, 926.
[2556] OLG Köln StAZ 2013, 319, 320; KG FamRZ 2016, 922, 923.
[2557] BGH StAZ 2017, 340 m. zust. Anm. Helms; BGH StAZ 2018, 84 m. zust. Anm. Helms; BayObLG NJW-RR 2002, 1009; OLG Hamm FamRZ 2009, 126; OLG Köln StAZ 2013, 319, 320.
[2558] OLG Köln StAZ 2013, 319, 320.
[2559] OLG Karlsruhe FamRZ 2015, 1636.
[2560] OLG Karlsruhe ZKJ 2016, 138, 140; A. Schneider, NZFam 2016, 192.
[2561] OLG Karlsruhe ZKJ 2016, 138, 140; KG FamRZ 2016, 922, 923.
[2562] Löhnig, NZFam 2017, 910, 911.
[2563] Dafür OLG Karlsruhe FamRZ 2015, 1636, 1638; OLG München FamRZ 2016, 1599; OLG München NZFam 2017, 755 Rn. 20; AG Regensburg FamRZ 2003, 1856, 1857; AG Karlsruhe FamRZ 20017, 1585, 1586; Henrich, FamRZ 1998, 1401, 1402.
[2564] Ablehnend daher BGH FamRZ 2017, 1687, 1689.
[2565] Vgl. BGHZ 197, 242 Rn. 2.
[2566] Siehe § 1597a BGB-E nach dem Entwurf eines Gesetzes zur besseren Durchsetzung der Ausreisepflicht, BT-Drs. 18/12415, 4.
[2567] BGH FamRZ 2017, 1687, 1689 Rn. 22.

Typische Problemkonstellation ergeben sich aus deutscher Perspektive, seit das deutsche Sachrecht im Fall einer Scheidung keine nachwirkende Vaterschaftsvermutung mehr kennt.[2568]

960　Ein Mitspracherecht der Mutter bei der Bestimmung des Vaters[2569] würde ein subjektives Element und damit mindestens indirekt eine Rechtswahloption einführen.[2570] Für einen so tief gehenden strukturellen Eingriff gibt es aber in Art. 19 EGBGB keinen Anhaltspunkt. Die Günstigkeit für das Kind festzustellen ist zwar keine einfache Aufgabe, aber der zugrundeliegenden Aufgabe, das Kindeswohl konkret zu umreißen, muss man sich bei Kindern eh auf allen Ebenen stellen.

961　Zusammenfassend lässt sich feststellen: Das Günstigkeitsprinzip ist gut gemeint, macht die Eltern-Kind-Unordnung aber unübersichtlich und kompliziert.[2571] Gerade bei Statusfragen wären Klarheit, Eindeutigkeit und Einfachheit aber nicht zu unterschätzende Werte. Polemisch wird das Günstigkeitsprinzip von einigen Stimmen sogar als „unglückselig" bezeichnet.[2572] Eine Zuordnung im Zweifel zum Träger der tatsächlichen Verantwortung erscheint zum Besten des Kindes bedenkenswert.[2572a]

962　*c) Zeitpunkt der Geburt.* aa) Grundsätzliches. Zum Schwur kommt es für das Günstigkeitsprinzip als Grundprinzip des Art. 19 I EGBGB bereits beim maßgeblichen Anknüpfungszeitpunkt. Der vorherrschende Ansatz geht dahin, dem Kind schon möglichst früh, am besten schon im Zeitpunkt der Geburt, einen rechtlichen Vater zuzuweisen.[2573] Eine Ausnahme wird allein dann befürwortet, wenn – insbesondere wegen pränataler Feststellung der biologischen Vaterschaft – bereits zum Zeitpunkt der Geburt mehrere mögliche Väter miteinander konkurrieren.[2574] Ein Gegenansatz zielt darauf, dem Kind möglichst den Umweg einer späteren Vaterschaftsanfechtung und die damit verbundene Unsicherheit zu ersparen und nur einen erkannten richtigen, biologischen Vater in das Geburtsregister einzutragen.[2575] Maßgeblich würde dann der Zeitpunkt der Eintragung in das Geburtsregister. Dies würde indes einen Schwebezustand und damit eine Unsicherheitsphase nach sich ziehen,[2576] es sei denn, man wollte diese vermeiden, indem man zweimal beurteilte (und damit die Gefahr eines anderen Ergebnisses und eines potentiellen Statutenwechsels laufen).

963　bb) Art. 19 I 3 EGBGB und vorgeburtliche Sachverhalte. *Direkte* Anwendung findet Art. 19 I 3 EGBGB nach seinem eindeutigen Wortlaut nur für Sachverhalte *nach* der Geburt des Kindes.[2577] Das schließt aber eine (gegebenenfalls analoge) Anwendung von Art. 19 I 1, 2 EGBGB auf Vorgänge *vor* der Geburt des Kindes nicht a priori aus.[2578] Als Art. 19 I EGBGB 1986 geschaffen wurde, waren die inzwischen erreichten und sich immer weiter fortentwickelnden Möglichkeiten der Reproduktionsmedizin noch Zukunftsmusik. Der Gesetzgeber des Jahres 1986 konnte sie schlechterdings noch nicht

---

[2568] R. Kemper, FamRB 2017, 458, 459.
[2569] Dafür Palandt/*Thorn* Art. 19 EGBGB Rn. 6; Erman/*Hohloch* Art. 19 EGBGB Rn. 18.
[2570] R. Kemper, FamRB 2017, 379, 380.
[2571] Coester-Waltjen, FamRZ 2017, 1697, 1698.
[2572] So Frank, StAZ 2009, 65; Helms, StAZ 2017, 343.
[2572a] Reuß S. 502.
[2573] Paradigmatisch BGH FamRZ 2017, 1848 Rn. 13 m. Anm. *Henrich; Siede*, FamRB 2017, 457.
[2574] BayObLGZ 2002, 4, 7; OLG Frankfurt FamRZ 2002, 688; OLG Schleswig FamRZ 2003, 781; OLG Nürnberg FamRZ 2005, 1697; OLG Nürnberg StAZ 2006, 117; OLG Celle StAZ 2007, 82; OLG Hamm FamRZ 2009, 126; OLG München StAZ 2012, 208; OLG Köln StAZ 2013, 319; OLG Hamm StAZ 2014, 239; *Hepting*, StAZ 2000, 33; *Helms*, StAZ 2009, 293, 294.
[2575] OLG Karlsruhe StAZ 2015, 182, 183; AG Osnabrück FamRZ 2008, 1771; AG Leverkusen FamRZ 2007, 2087; AG Karlsruhe FamRZ 2007, 1585; AG Hannover FamRZ 2002, 1722; AG Regensburg FamRZ 2003, 1856; *R. Frank*, StAZ 2009, 65, 67; *Helms*, FamRZ 2012, 618.
[2576] Paradigmatisch BGH FamRZ 2017, 1848 Rn. 14 m. Anm. *Henrich*.
[2577] Siehe nur BGH NJW 2016, 3174 Rn. 17.
[2578] Beispiel wäre auch eine Anerkennung der Vaterschaft schon vor der Geburt; AG Schöneberg IPRspr. 2015 Nr. 101 S. 265.

IX. Abstammung

bedenken. Deshalb besteht insoweit eine planwidrige Lücke. Sie ist durch Analogie zu Art. 19 I EGBGB zu schließen.[2579] Richtigerweise reicht dies hin bis zu einer Berufung des Rechts am Aufbewahrungsort für kryokonservierte Embryonen analog Art. 19 I 1 EGBGB.[2580]

Wenn irgend möglich die Anknüpfung nicht am Fehlen eines Anknüpfungspunkts scheitern zu lassen, entspricht der übergreifenden ratio gerade des Art. 19 I EGBGB: Art. 19 I EGBGB statuiert eine Alternativanknüpfung nach dem Günstigkeitsprinzips zu Gunsten des Kindes. Jeder Zweig, den man nimmt, schwächt diese Alternativanknüpfung entgegen ihrer Natur und Zielsetzung ab.[2581] Nur bei Art. 19 I 3 EGBGB steht außer Frage, dass dieser erst ab der Geburt anwendbar ist. Das ist zu respektierende gesetzliche Vorgabe, die man auch im Wege einer Analogie nicht überwinden kann, weil insoweit eben nicht die für eine Analogie nötige Lücke besteht.[2582] Ansonsten sind Art. 19 I, 2 EGBGB wandelbar, weil nicht auf einen Anknüpfungszeitpunkt fixiert. Dies kann in der Konsequenz zu Umorientierungen bei der Kindeszuordnung führen.[2583]

Bei kryokonservierten unbefruchteten Eizellen (social freezing) fehlt indes noch ein zu entscheidendes und zu gewichtiges Moment auf dem Weg zur Menschwerdung, sodass bei ihnen keine Analogie zu ziehen ist. Sie sind noch eine Vorstufe, aus der allein sich – anders als bei Embryonen – kein Leben entwickeln könnte. Bei befruchteten Eizellen vor dem Embryonalstadium liegt es aber wieder anders.[2584]

4. Anknüpfung an den gewöhnlichen Aufenthalt des Kindes nach Art. 19 I 1 EGBGB. Der gewöhnliche Aufenthalt des Kindes ist eigenständig zu bestimmen, d. h. nicht von dem gewöhnlichen Aufenthalt einer Bezugsperson schlechterdings oder gar automatisch abzuleiten.[2585] Dies gilt selbst bei gerade frisch Geborenen. Auch für sie ist ihr Daseinsmittelpunkt, der Schwerpunkt ihrer sozialen Bindungen, zu ermitteln. Säuglinge können naturgemäß noch keine sozialen Bindungen selbst ausgebildet haben.[2586]

Die bloße Geburt in einem Staat macht diesen Staat aber noch nicht zum Staat des gewöhnlichen Aufenthalts für das frisch Geborene.[2587] Vielmehr ist auf die zukünftige Entwicklung abzustellen, also darauf, in welchem Staat sich das Kind im Anschluss an die Geburt dauerhaft aufhalten wird.[2588] Bleibt das Kind nicht im Land seiner Geburt,[2589] sondern wird (insbesondere wenn wie zuvor geplant und angelegt) zeitnah zur Geburt in ein anderes Land verbracht, so begründet es seinen ersten gewöhnlichen Aufenthalt nicht im Geburtsland.[2590] Man denke nur an Geburtsklinikentourismus, bei dem die Ehefrauen arabischer Prinzen in Geburtskliniken in Deutschland zur Welt bringen, die eine besonders gute Reputation genießen.

[2579] BGH NJW 2016, 3174 Rn. 19; *Backmann,* Künstliche Fortpflanzung und Internationales Privatrecht, 2002, S. 80; *Mankowski,* FamRZ 2015, 1980f.

[2580] *Mankowski,* FamRZ 2015, 1980f.; *ders.,* LMK 2016, 382308; *Coester-Waltjen,* FamRZ 2015, 1981 sowie *Gössl,* IPRax 2019, 41, 47.
Entgegen BGH NJW 2016, 3174 Rn. 28–30; *Dutta/Hammer,* FamRZ 2016, 1852; *S. Arnold,* GPR 2017, 29, 32; *Reuß* S. 494.

[2581] *Mankowski,* LMK 2016, 382308; *Gössl,* IPRax 2019, 41, 46.

[2582] *Mankowski,* LMK 2016, 382308 sowie im Ergebnis *Dutta/Hammer,* FamRZ 2016, 1852; *Reuß* S. 494.

[2583] OLG Hamm FamRZ 2012, 1504; *Siehr,* FS Dagmar Coester-Waltjen, 2015, S. 769, 770.

[2584] *Mankowski,* FamRZ 2015, 1980; *ders.,* LMK 2016, 382308.

[2585] Siehe nur OLG Hamm FamRZ 1999, 1519; OLG Celle FamRZ 2011, 1518; *Heiderhoff,* IPRax 2012, 523, 524.

[2586] VG Berlin IPRax 2012, 548, 549.

[2587] VG Berlin IPRax 2012, 548, 550; *Rauscher,* JR 2016, 97, 98.

[2588] *Krömer,* StAZ 2000, 310; *Henrich,* FS Dieter Schwab, 2005, S. 1141, 1147; *Benicke,* StAZ 2013, 101, 107.

[2589] Anders der Sachverhalt zu VG Berlin StAZ 2012, 382; siehe auch VG Berlin IPRax 2012, 548.

[2590] OLG Celle FamRZ 2011, 1518 = IPRax 2012, 544 (Geburt in Spanien, Umzug nach Deutschland sieben Wochen später); OLG Stuttgart NJW-RR 2012, 389; KG StAZ 2013, 348; OLG Celle FamRZ 2017, 1486 m. Anm. *E. Unger* = NZFam 2017, 658 m. Anm. *Biermann;* OLG München NZFam 2018, 36 m. Anm. *Löhnig.*

968 Eine nicht zur Ausführung gelangte Absicht, das Kind in das Aufenthaltsland der Eltern zu verbringen, hat umgekehrt nicht automatisch einen positiv bestimmenden Einfluss auf den gewöhnlichen Aufenthalt des Kindes, führt also nicht dazu, dass das Kind seinen gewöhnlichen Aufenthalt ab Geburt im – dann eben nur – geplanten Verbringungsland hätte.[2591]

969 Ein Wechsel des gewöhnlichen Aufenthalts des Kindes lässt eine zuvor nach dem alten Aufenthaltsrecht begründete Abstammung nicht entfallen. Die Abstammungsfrage ist nicht bei jedem Aufenthaltswechsel aufs Neue zu stellen und ab ovo frisch zu beantworten. Vielmehr ist eine positiv begründete Abstammung ein wohlerworbenes Recht.[2592] Ein Aufenthaltswechsel samt damit einhergehendem Statutenwechsel kann nur eine nach dem alten Statut nicht gegebene Abstammung neu begründen.[2593]

970 **5. Anknüpfung an das Heimatrecht des möglichen Elternteils nach Art. 19 I 2 EGBGB.** Dass ein Kind von einer bestimmten Person abstammt, kann alternativ gemäß Art. 19 I 2 EGBGB auch nach dem Recht jenes Staates bestimmt werden, welchem dieser potentielle Elternteil angehört. Art. 19 I 2 EGBGB hat einen eingeschränkten Anknüpfungsgegenstand: Er erfasst nicht die Abstammung des Kindes insgesamt und schlechthin, sondern nur die Abstammung des Kindes von gerade jener Person, deren Heimatrecht geprüft wird.[2594] Das „kann" im Normtext begründet kein Ermessen des Gerichts oder eines Beteiligten.[2595]

971 Wird die Abstammung von einer Co-Mutter oder Mitmutter, also der Partnerin oder Ehegattin der leiblichen Mutter aus einer gleichgeschlechtlichen Ehe, geprüft, so ist unter Art. 19 I 2 EGBGB das Heimatrecht der Co-Mutter oder Mitmutter berufen.[2596] Kennen weder das Aufenthaltsrecht des Kindes (Art. 19 I 1 EGBGB) noch das Heimatrecht der prospektiven Co-Mutter (Art. 19 I 2 EGBGB) eine Mitmutterschaft,[2597] so kann eine Stiefkindapotion[2598] ein realistischer Ausweg sein, um rechtlich das gewünschte Ergebnis einer Mutter-Kind-Beziehung zu erzielen.[2599]

972 Denkt man das Günstigkeitsprinzip als Grundtenor des gesamten Art. 19 I EGBGB konsequent fort, so scheint nahezuliegen, es bei Mehrstaatern auch auf die Auswahl zwischen

---

[2591] *Heiderhoff,* IPRax 2012, 523, 525; *Benicke,* StAZ 2013, 101, 107. Siehe aber VG Berlin StAZ 2012, 382: Die Absicht verhindere immerhin negativ, dass ein gewöhnlicher Aufenthalt im Geburtsland begründet werde.
[2592] Siehe nur *Benicke,* StAZ 2013, 101, 108.
[2593] Siehe nur *Looschelders,* IPRax 1999, 420, 424; *Dörner,* FS Dieter Henrich, 2000, S. 119, 124 f.; *Henrich,* IPRax 2005, 454; BeckOK BGB/*Heiderhoff* Art. 19 EGBGB Rn. 14.
[2594] Siehe nur *Hepting* Rn. IV-103; *Rauscher,* JR 2016, 97, 98 f.
[2595] *Gottschalk,* ZKJ 2016, 140.
[2596] OLG Celle FamRZ 2011, 1518 = NJW-RR 2011, 1157, 1158 = IPRax 2012, 544, 546; KG IPRax 2016, 160; *Coester-Waltjen,* IPRax 2016, 132; *Andrae,* StAZ 2016, 161.
[2597] Die skandinavischen Rechtsordnungen haben als progressive Vorreiter der Entwicklung die Mitmutterschaft jeweils kodifiziert: Lov nr. 652 vom 12.6.2013 in Dänemark (dazu *Fötschl,* FamRZ 2013, 1445); seit 2009 Kap. 1 § 9 Föräldrabalk in Schweden und §§ 3; 4 IV; 4a Barnelova in Norwegen. Im englischen Recht dagegen gibt es aller Liberalität zum Trotz keine doppelte Mutterschaft der natürlichen Mutter und einer Co-Mutter; *Re G; Re Z (Children: Sperm Donors; Leave to Apply for Children Act Orders)* [2013] EWHC 1134 (Fam), [2013] 1 FLR 1334 (F.D., *Baker J.*); *AB v. CD and the Z Fertility Clinic* [2013] EWHC 1418 (Fam), [2013] 2 FCR 532 (F.D., *Cobb J.*); *Yeatman,* [2013] Fam. L. 1581. Zum Recht der US-Bundesstaaten z. B. *B. Paulsen,* 2018 Ill. L. Rev. 311. Das deutsche Recht lehnt eine gesetzliche Mitmutterschaft ab; BGH FamRZ 2018, 1919 m. Anm. *Coester-Waltjen* = FF 2019, 18 m. Anm. *Rake;* OLG Dresden FamRZ 2018, 1165; KG FamRZ 2018, 1925, 1927.
[2598] Zur Stiefkindadoption unter deutschem Recht allgemein *C. Wilke,* Die Adoption minderjähriger Kinder durch den Stiefelternteil, 2013.
[2599] EGMR 19.2.2013 – 19010/07 – *X/Österreich* = EF-Z 2013, 115 m. Anm. *B. Simma;* Cass. D. 2014, 2031 note *Leroyer* = RCDIP 104 (2015), 144 note *Bollée;* OLG Celle FamRZ 2011, 1518 = NJW-RR 2011, 1157, 1158 = IPRax 2012, 544, 547. Zur Diskussion *Paul Johnson,* (2012) 56 Mod. L. Rev. 1136; *Wells-Greco,* [2013] Int. Fam. L. 254; *Bracken,* [2013] Irish J. Fam. L. 79; *Casburi,* Foro it. 2014 IV col. 561; *Fulchiron,* D. 2015, 21; siehe auch EGMR 15.3.2012 – 25951/07 – *Gas/Dubois* = Giur it. 2013, 1764 m. Anm. *Poli.*

IX. Abstammung

den Staatsangehörigkeiten anzuwenden und jede Staatsangehörigkeit ausreichen zu lassen, auch eine ineffektive.[2600] Darin läge eine teleologische Reduktion nicht nur des Art. 5 I 2 EGBGB, sondern auch des Art. 5 I 1 EGBGB. Wie bei jeder teleologischen Reduktion weist der Wortlaut des Art. 5 I EGBGB indes in die andere Richtung.[2601]

6. Anknüpfung an das Ehewirkungsstatut bei verheirateter Mutter nach Art. 19 I 3 EGBGB. *a) Grundsätzliches.* Den dritten und letzten Zweig der Alternativanknüpfung bildet Art. 19 I 3 EGBGB: Ist die Mutter des Kindes verheiratet, so kann die Abstammung des Kindes auch nach dem Recht bestimmt werden, welchem die allgemeinen Wirkungen der Ehe der Mutter zum Zeitpunkt der Geburt nach Art. 14 II EGBGB 2019 unterliegen; ist die Ehe der Mutter vor der Geburt des Kindes durch Tod aufgelöst worden, so ist der Zeitpunkt der Auflösung maßgebend.

Die Mutter so in den Vordergrund zu stellen geht auf die alte Maxime „Mater semper certa est" zurück. Traditionell wusste man eben faktisch, welche Frau das Kind geboren hat, worauf auch § 1591 BGB im deutschen Sachrecht abstellt. Eine unzulässige Diskriminierung von Vätern liegt letztlich nicht vor. Die Prämisse „mater semper certa est" gilt heute aber nicht mehr; der rechtliche, der faktische und der reproduktionsmedizinische Fortschritt haben sie überholt.[2602] Die Problemfelder sind vielfältig.

Man denke zuvörderst an eine Leihmutterschaft.[2603] Man denke des Weiteren an die sofortige Anerkennung durch eine Mit/Co/Duo-Mutter. Das Grundprinzip „Ein Vater, eine Mutter" ist heute in vielfacher Hinsicht rechtlich überholt.[2604] Man denke schließlich an Geschlechtswechsel, insbesondere von Frau zu Mann, so dass zum Zeitpunkt der Geburt ein Mann gebiert. Dem ließe sich immerhin durch ein Verständnis von „Mutter" auch als „Vater" oder allgemeiner „gebärende Person" bzw. „gebärender Elternteil" für diesen seltenen Ausnahmefall abhelfen. Eine Erstfrage nach der Geschlechtszugehörigkeit[2605] ist vorgeschaltet.[2606] Wenn das über sie berufene Sachrecht die gebärende Person als Mann ansieht, so ist die Korrektur des Wortlauts nötig. Sie lässt sich aber noch im Wege der rechtsfortbildenden Auslegung ins Werk setzen. Wenn das über die Erstfrage berufene Sachrecht die gebärende Person als Frau ansieht, so ist die Korrektur dagegen nicht nötig (allerdings könnten diese Antwort des ausländischen Sachrechts ordre public-Probleme aufwerfen).

b) Verheiratetsein der Mutter. Ob die Mutter verheiratet ist, ist eine Erstfrage,[2607] weil Tatbestandsmerkmal einer deutschen Kollisionsnorm. Diese Erstfrage beantwortet sich (notwendig im Wege der selbständigen Anknüpfung, da man ja noch gar keine lex causae angeknüpft hat, sondern erst auf der Stufe des deutschen IPR steht[2608]) über Art. 13 EGBGB für die materiellen Voraussetzungen der Eheschließung und über Art. 13 IV bzw. Art. 11 EGBGB für die formellen Voraussetzungen der Eheschließung[2609] sowie der Brüssel IIa-VO, subsidiär § 107 FamFG bzw. der Rom III-VO für die zwischenzeitliche Auflösung einer ursprünglich bestehenden Ehe durch Scheidung.

[2600] Dahin *Coester-Waltjen,* IPRax 2016, 132, 135.
[2601] So im Ergebnis, allerdings ohne eine mögliche Reduktion zu problematisieren, z. B. KG IPRax 2016, 160, 162; NK-BGB/*Bischoff* Art. 19 EGBGB Rn. 16.
[2602] *Siehr,* FS Dagmar Coester-Waltjen, 2015, S. 769, 785.
[2603] Dazu näher → § 4 Rn. 985 ff.
[2604] *Reuß,* FS Dagmar Coester-Waltjen, 2015, S. 679, 690.
[2605] Zur Anknüpfung der Geschlechtszugehörigkeit → § 6 Rn. 148 ff.
[2606] Die Anregung zur Auseinandersetzung mit dieser Fragestellung verdanke ich PD Dr. *Philipp M. Reuß* (München) aus Anlass der von ihm veranstalteten Online-Konferenz „Abstammung und Geschlecht" am 15.5.2018.
[2607] Siehe nur *P. Weber* S. 68.
[2608] Übersehen von KG FamRZ 2015, 943.
[2609] OLG München FamRZ 2008, 1772, 1773; OLG Celle FamRZ 2011, 1518 = NJW-RR 2011, 1157, 1158 = IPRax 2012, 544, 547; Staudinger/*Henrich,* Art. 19 EGBGB Rn. 19; NK-BGB/*Bischoff* Art. 19 EGBGB Rn. 19; Palandt/*Thorn* Art. 19 EGBGB Rn. 5, 8.

977 „Verheiratet" wirft die Frage auf, ob auch eine gleichgeschlechtliche Ehe zum Verheiratetsein der gebärenden, biologischen Mutter führt. Sofern eine Co-Mutter mit der leiblichen Mutter in gleichgeschlechtlicher Ehe verheiratet ist, ist eigentlich gemäß Art. 19 I 3 EGBGB zu prüfen, ob sich aus dem allgemeinen Ehewirkungsstatut dieser gleichgeschlechtlichen Ehe eine Mutterschaft der Co-Mutter ergibt.[2610] Ob eine gleichgeschlechtliche Ehe besteht oder nur eine gleichgeschlechtliche Partnerschaft oder überhaupt keine rechtlich relevante Verbindung, ist eine selbständig anzuknüpfende Erstfrage.[2611]

978 Art. 19 I 3 EGBGB selber verwendet selbst nach dem Gesetz über die Ehe für alle[2612] einen Ehebegriff ohne qualifizierenden Zusatz; er verweist sogar auf den nur für verschiedengeschlechtliche Ehen geltenden Art. 14 II EGBGB 2019. Von Art. 17b I EGBGB ist in ihm keinerlei Rede. Darin schlägt sich nieder, dass der Gesetzgeber des Gesetzes über die „Ehe für alle" seine Hausaufgaben nicht ordentlich gemacht hatte und nicht die nötige Umsicht bewiesen hatte walten lassen.[2613]

979 Um Art. 19 I 3 EGBGB für gleichgeschlechtlich verheiratete Mütter „passend" zu machen, bedarf es also einer doppelten gedanklichen Operation:[2614] erstens einer entsprechenden Erweiterung auf gleichgeschlechtliche Ehen im Tatbestand; zweitens einer gedanklichen Modifikation der Rechtsfolge, auf dass diese bei gleichgeschlechtlichen Ehen nicht auf Art. 14 II, sondern auf Art. 17b I EGBGB verweist.[2615] Nur dies entspricht dem Geist des Art. 17b IV EGBGB, bei gleichgeschlechtlichen Ehen den Art. 17b I EGBGB an die Stelle des Art. 14 EGBGB setzen zu wollen.

980 Der Gesetzgeber ist auch dem in seinem „Reparaturgesetz"[2616] nachgekommen und hat nachgebessert. Reparaturmittel der Wahl ist der[2617] neu eingefügte Art. 17b V 2 EGBGB 2019: Dieser ordnet ausdrücklich die entsprechende Anwendung des Art. 19 I 3 EGBGB auf gleichgeschlechtliche Ehen an, allerdings mit der konsequenten Maßgabe, dass nicht auf Art. 14 II EGBGB 2019, sondern auf Art. 17b I 1 EGBGB verwiesen wird. Im Ergebnis soll also das Recht des registerführenden Staates gelten.[2618]

981 Ein ungelöster Problemkomplex eigener Art sind Rechte eines biologischen Vaters bei Duo-Mutterschaft. Aus deutscher Sicht kann hier wegen der grundrechtlichen Fundierung solcher Rechte[2619] Art. 6 S. 2 EGBGB Ankerpunkt sein.[2620]

982 *c) Rechtsfolge: Verweisung auf Art. 14 II EGBGB 2019.* Rechtsfolge ist die Anwendung des objektiven Ehewirkungsstatuts nach Art. 14 II EGBGB 2019.[2621] Eine Rechtswahl nach Art. 14 I EGBGB 2019 ist unerheblich, weil auf sie nicht ebenfalls verwiesen wird. Die Mutter und ihr Ehemann sollen keine Möglichkeit haben, durch Rechtswahl den Kreis der für die Abstammung alternativ berufenen Rechtsordnungen zu verkleinern, indem sie ein

---

[2610] OLG Celle FamRZ 2011, 1518 = IPRax 2012, 544, 547.
[2611] OLG Celle FamRZ 2011, 1518 = IPRax 2012, 544, 547.
[2612] Dies ist natürlich abgeleitet vom semantisch wie gedanklich positiv besetzten französischen „mariage pour tous". Das prosaische „gleichgeschlechtliche Ehe" des Gesetzestextes steht allerdings dem englischen „same-sex marriage" zur Seite.
[2613] *Mankowski*, IPRax 2017, 541, 545.
[2614] *Mankowski*, IPRax 2017, 541, 545.
[2615] In diese Richtung bereits Wortbeitrag U. P. *Gruber*, Beratung der Ersten Kommission des Deutschen Rates für Internationales Privatrecht am 8.7.2017 in Würzburg (unveröffentlicht).
[2616] Gesetz zur Umsetzung des Gesetzes zur Einführung des Rechts auf Eheschließung für Personen gleichen Geschlechts vom 18.12.2018, BGBl. 2018 I 2639.
[2617] Durch Art. 2 Nr. 1 lit. b Gesetz zur Umsetzung des Gesetzes zur Einführung des Rechts auf Eheschließung für Personen gleichen Geschlechts vom 18.12.2018, BGBl. 2018 I 2639.
[2618] Begründung der Bundesregierung zum Entwurf eines Gesetzes zur Umsetzung des Gesetzes zur Einführung des Rechts auf Eheschließung für Personen gleichen Geschlechts, BR-Drs. 432/18, 27 Zu Artikel 2 Nummer 1.
[2619] BVerfGE NJW 2003, 2151, 2152 f.; BVerfG FamRZ 2008, 2257.
[2620] *Reuß*, FS Dagmar Coester-Waltjen, 2015, S. 681, 691 f., 693.
[2621] Der Absatz im Bezugsobjekt wurde als Folgeänderung durch Art. 2 Nr. 9 Gesetz zum Internationalen Güterrecht und zur Änderung von Vorschriften des Internationalen Privatrechts vom 17.12.2018, BGBl. 2018 I 2573 geändert.

IX. Abstammung   983–985 § 4

Recht wählen, das bereits nach Art. 19 I 1 oder 2 EGBGB berufen ist.[2622] Art. 19 I 3 EGBGB erfasst die Abstammung im Verhältnis gegenüber jedermann,[2623] nicht etwa nur im Verhältnis der Ehegatten zueinander oder zum Kind. Im Gesamtsystem des deutschen IPR ist die Verweisung auf Art. 14 EGBGB 2019 auch deshalb problematisch geworden, weil diese Norm, genauer: schon ihr Vorgänger Art. 14 EGBGB 1986 ihre ursprüngliche Funktion, Grundnorm eines einheitlichen Familienstatuts zu sein, gerade mit Blick auf die Ehe als vermeinten Kern der Familie weitgehend verloren hat.[2624]

Beispiel: Maria Antonioni, Italienerin, lebt zunächst mit ihrem deutschen Ehemann Bernhard Fleischer in Hannover. Beide trennen sich. A zieht mit dem Niederländer Johan Wesselink in Arnhem zusammen. 250 Tage nach der faktischen Trennung von F bringt A einen Sohn Mario zur Welt. W erkennt durch Erklärung vor einem niederländischen Notar an, dass Mario sein Sohn ist. Zu jedweden Gerichtsverfahren kommt es nicht.   983

d) Art. 19 I 3 Hs. 2 EGBGB. Art. 19 I 3 Hs. 2 EGBGB hat beim maßgeblichen Zeitpunkt den Fall vor Augen, dass der Ehemann der Mutter vor der Geburt des Kindes verstorben ist. Denkbar und vom Wortlaut abgedeckt erscheint indes auch der Fall, dass die Mutter vor der (Vollendung der) Geburt des Kindes verstirbt, Ärzte aber das Kind (z. B. per Kaiserschnitt) noch aus dem Leib der toten Mutter retten können. Das Versterben der Mutter im Kindbett nach der Geburt ist dagegen kein Fall des Art. 19 I 3 Hs. 2 EGBGB.   984

7. Leihmutterschaft

Literatur: *Bergè,* Contextualisation et circulation des situations: approche modale des phénomènes de gestation pur autrui à l'étranger, Clunet 145 (2018), 3; *Calvo Caravaca/Carrascosa Gonzalez,* Gestación por sustitución y Derecho Internacional Privado, Cuad. Der. Trans. 7 (2) (2015), 45; *Coester-Waltjen,* Ausländische Leihmütter – Deutsche Wunscheltern, FF 2015, 186; *dies.,* Die Mitmutterschaft nach südafrikanischem Recht im deutschen Geburtsregister, IPRax 2016, 132; *K. Duden,* Leihmutterschaft im Internationalen Privat- und Verfahrensrecht, 2015; *ders.,* International Surrogate Motherhood – Shifting the Focus to the Child, ZEuP 2015, 637; *Feraci,* Maternità surrogata conclusa all'estero e Convenzione europea dei diritti dell'uomo, Cuad. Der. Trans. 7 (2) (2015), 420; *Gössl,* The recognition of a judgment of „paternity" in a case of cross-border surrogacy under German law, Cuad. Der. Trans. 7 (2) (2015), 448; *Heiderhoff,* Rechtliche Abstammung im Ausland geborener Leihmutterkinder, NJW 2014, 2673; *Lederer,* Grenzenloser Kinderwunsch – Leihmutterschaft im nationalen, europäischen und globalen rechtlichen Spannungsfeld, 2016; *Pol,* Proposing an International Instrument to Address Issues Arising out of International Surrogacy Agreements, 48 Georgetown J. Int'l. L. 1309 (2018); *Thomale,* Mietmutterschaft, 2015; *ders.,* Anerkennung kalifornischer Leihmutterschaftsdekrete in der Schweiz, IPRax 2016, 177; *Vettorel,* International Surrogacy Arrangements: Recent Developments and Ongoing Problems, RDIPP 2015, 523; *Wells-Greco,* The status of children arising from inter-country surrogacy agreements, 2016.

a) *Phänomen.* Fortpflanzungsfreiheit hat eine eminente grund- und menschenrechtliche Dimension.[2625] Fortpflanzung und Elternschaft werden zunehmend häufiger zum Gegenstand rechtsgeschäftlicher Gestaltung.[2626] Kinderwunschverträge[2627] rücken ebenfalls in ein neues Licht,[2628] auch und gerade von gleichgeschlechtlichen Partnerschaften[2629] zwischen   985

[2622] NK-BGB/*Bischoff* Art. 19 EGBGB Rn. 21.
[2623] KG JAmt 2001, 470; AG Düsseldorf IPRspr. 2012 Nr. 107 S. 209.
[2624] *Siehr,* FS Dagmar Coester-Waltjen, 2015, S. 769, 773 sowie § 4 Rn. 385.
[2625] Für die EMRK *P. Czech,* Fortpflanzungsfreiheit, Wien 2015. Für die US Constitution *Roe v. Wade* 410 US 113, 153 f. (1973) (reproductive autonomy)
[2626] Z. B. *Steininger,* Reproduktionsmedizin und Abstammungsrecht – Fortpflanzung und Elternschaft als Rechtsgeschäft?, 2014; *P. Huth,* Die statusrechtliche Zuordnung des Kindes nach heterologer Insemination, 2014.
[2627] Dazu insbesondere *Grziwotz,* in: Coester-Waltjen/V. Lipp/E. Schumann (Hrsg.), „Kinderwunschmedizin" – Reformbedarf im Abstammungsrecht?, 2015, S. 103.
[2628] BGH NJW 2013, 2589 = FamRZ 2013, 1209 m. Anm. *Heiderhoff* = FF 2013, 299 m. Anm. *Grziwotz*; OLG Hamm NJW 2013, 1167; *Kingreen,* FamRZ 2013, 641; *Grziwotz,* FF 2013, 233; *Fink/Grün,* NJW 2013, 1913; *Remus/Liebscher,* NJW 2013, 2558; *P. Meier,* NZFam 2014, 337.

zwei Frauen,[2630] gleichermaßen die Leihmutterschaft.[2631] Letztere hat allerdings eine lange, bis in die Antike zurückreichende Geschichte.[2632]

986 Reproduktionsmedizin wirft intrikate Probleme auf, wenn sie Leihmutterschaften über In vitro-Fertilisation mit Eizellen entweder der letztlichen Wunschmutter oder sogar einer dritten Frau ermöglicht. Gesellschaftliche Trends gehen dahin, sich über Bedenken hinwegzusetzen und alle Möglichkeiten, die sich eröffnen lassen, zu erlaubten oder geduldeten, zumindest nicht verbotenen Optionen zu machen.[2633] Der Kinderwunsch wird zum dominierenden Moment in der Abwägung.[2634] Das narzisstische Moment der Elternschaft[2635] drängt sich in den Vordergrund. Die ratio hinter Elternschaft beginnt sich vom genetischen Band hin zur Intention zu verschieben.[2636] Man kann schon das Rechtsinstitut der Adoption als frühen Brückenkopf dieser Entwicklung bewerten.[2637] Privatautonomie droht in das Abstammungsrecht einzubrechen.[2638]

987 Insbesondere männliche gleichgeschlechtliche Paare, die eben auf natürlichem Wege keine eigenen biologischen Kinder bekommen können, sehen Leihmutterschaft als einen alternativen Weg zur ihnen häufig aus Rechtsgründen versperrten Adoption.[2639] Die Anerkennung von Leihmutterschaft wäre in dieser Dimension logische Konsequenz aus der Anerkennung gleichgeschlechtlicher Paare.[2640] Ein neues Konzept von Elternschaft erscheint am Horizont.[2641] Andere Interessentengruppen sind Paare mit mindestens einem infertilen Partner oder Paare jenseits der Altersgrenze für eine natürliche Empfängnis.

[2629] In Deutschland gibt es etwa 19.000 gleichgeschlechtliche Elternpaare pro Jahr; *Weiguny,* Wo kommen all die Babies her?, FAS Nr. 12 vom 23.3.2014, S. 17.

[2630] Siehe in England Human Fertilisation and Embryology Act 2008; *A v. B and C* [2012] EWCA Civ 285 (C. A.); *Re D* [2006] EWHC 2 (Fam), [2006] 1 FCR 556 (F. D., *Black* J.); *Re B* [2008] EWHC 1952 (Fam), [2008] 1 FLR 1015 (F. D., *Hedley* J.); *Re V and F* [2010] EWHC 417 (Fam), [2010] 2 FLR 383 (F. D., *Bennett* J.); *Sheldon/McCandless,* (2010) 73 Mod. L. Rev. 175; *Blain/Worwood,* [2011] Fam. L. 289; *Leanne Smith,* (2013) 33 Leg. Stud. 355. Im Kontrast dazu die Rechtslage unter dem Human Fertilisation and Embryology Act 1990: *Re G (Children)* [2006] UKHL 43, [2006] 2 FLR 629 [37] (H. L., per); *G v. F (Contact and Shared Residence: Applications for Leave)* [1998] 2 FLR 799 (F. D., J.). In Österreich wurden Teile des FortpflanzungsmedizinG für verfassungswidrig erklärt und die Samenspende zu Gunsten lesbischer Paare geöffnet; VerfGH iFamZ 2014, 5 m. Anm. *Meinl;* in der Folge OGH EF-Z 2014, 66; *Fischer-Czermak,* EF-Z 2014, 61; *Kopetzki,* RdM 2014, 69; *Voithofer/Flatscher-Thön,* iFamRZ 2014, 54; zuvor bereits OGH iFamZ 2013, 70 m. Anm. *Pesendorfer.*

[2631] Siehe nur OLG Düsseldorf StAZ 2013, 253; VG Berlin IPRax 2012, 548 und die Beiträge in: *Trimmings/Beaumont* (eds.), International Surrogate Agreements, 2013 (Argentinien, Australien, Belgien, Brasilien, China, Tschechische Republik, Frankreich, Deutschland, Griechenland, Guatemala, Ungarn, Indien, Irland, Israel, Japan, Mexiko, Niederlande, Neuseeland, Russland, Südafrika, Spanien, Ukraine, Großbritannien, USA. Venezuela) und zu Österreich § 137b ABGB; VerfGH IPRax 2013, 271; VerfGH IPRax 2013, 275 = RdM 2012/83 m. Anm. *Bernat ; Lurger,* IPRax 2013, 282.

[2632] Vgl. *F. Sturm,* Mélanges en l'honneur des professeurs Marie-Thérèse Allemand-Gay et Jean Gay, 2011, S. 607.

[2633] Rechtsvergleichend z. B. *Coester,* FS Erik Jayme, 2004, S. 1243; *Lamm,* Gestación por substitución, 2013, S. 118–192; außerdem z. B. LG Frankfurt/Main StAZ 2013, 222.

[2634] Vgl. *Boele-Woelki,* Essays in Honour of Hans van Loon, 2013, S. 47, 51.

[2635] Eingehend dazu *Guyotat,* Mort, naissance et filiation, 1980.

[2636] *M. Engel,* in: Boele-Woelki/Dethloff/Gephart (eds.), Family Law and Culture in Europe, 2014, S. 199, 213 f.

[2637] *M. Engel,* in: Boele-Woelki/Dethloff/Gephart (eds.), Family Law and Culture in Europe, 2014, S. 199, 214.

[2638] Insbesondere *Budzikiewicz,* in: Boele-Woelki/Dethloff/Gephart (eds.), Family Law and Culture in Europe, 2014, S. 151, 153–161 mit rechtsvergleichendem Überblick.

[2639] Insoweit soll sogar ein Menschenrecht des gleichgeschlechtlichen Paars auf Anerkennung von elterlicher Zuordnung nach einer Leihmutterschaft bestehen; EGMR 26.6.2014 – 65192/11 – Mennesson/Frankreich = Rev. crit. jur. belge 2015, 5 note *Van Bunnen* = iFamZ 2014, 230 m. Anm. *Cap;* EGMR 26.6.2014 – 65941/11 – Labassée/Frankreich; *Viganetti,* Gaz. Pal. N°s. 204–205, 23–24 juillet 2014, S. 12; *K. Duden,* ZEuP 2015, 637.

[2640] *Schnapper,* L'esprit démocratique des lois, 2014, S. 336; *Cochelard/Depasse,* Petites affiches N° 207, 16 octobre 2015, S. 12.

[2641] *DePrince,* 100 Minn. L. Rev. 797 (2015).

IX. Abstammung 988–991 § 4

Leihmutterschaft bewegt sich in einem schwierigen Konflikt menschlich verständlicher **988** Wünsche, religiöser Modelle[2642] und ethischer Bedenken. Es gibt etwa kein einheitliches europäisches Regime selbst für den begrenzten Aspekt von Mutterschutz bei Leihmutterschaft.[2643] Die Antworten der einzelnen Rechte fallen ausgesprochen unterschiedlich aus[2644] und reichen vom strafbewehrten Verbot[2645] über den Einsatz des nationalen ordre public gegen eine ausländische Leihmutterschaft[2646] oder eine generell liberale Einstellung[2647] bis zur indirekten oder gar direkten Förderung.[2648] Libertäre und utilitaristische Vorstellungen vom Mehren des gesamtwirtschaftlichen Nutzens durch Leihmutterschaft als neuen „Gewerbezweig" spielen in die letztgenannten Stufen hinein.[2649] Jenseits der abstammungsrechtlichen Fragen ist an (qualifikatorisch klar geschiedene[2650]) vertragsrechtliche Fragen unter einem Leihmutterschaftsvertrag unter der Rom I-VO zu denken oder gar an Deliktsansprüche bei Gesundheitsschäden der Leihmutter[2651] unter der Rom II-VO.

Rechtstechnisch hat im komplexen Feld der Leihmutterschaft die Anerkennung ausländi- **989** scher (Feststellungs-)Aussprüche über Elternschaft besondere Bedeutung. Soweit bereits die Anerkennung einer ausländischen Entscheidung zu einem konkreten Ergebnis führt, gelangt man gar nicht mehr zum deutschen IPR, denn Anerkennung nach IZPR hat Vorrang vor dem IPR. Knackpunkt ist bei der Anerkennung, ob der deutsche ordre public aus § 109 I Nr. 4 FamFG der Anerkennung einer positiven ausländischen Elternschaftszuordnung entgegensteht[2652] oder nicht.[2653] Auch in diesem Rahmen sollte man den rechtspolitischen Streit um die Prävention von Leihmutterschaften nicht auf dem Rücken der betroffenen Kinder austragen.[2654] Das Kind darf nicht im rechtlichen Niemandsland sein und als niemandes Kind mit unklarer Identität enden.[2655] Noch komplexer wird es, wenn man das existierende enfant accompli gegen den präventiven Schutz des Wohls zukünftiger Kinder durch ein Verbot der Leihmutterschaft ausspielen wollte.[2656]

Ob Eintragungen in ausländische Geburtsregister in Deutschland anerkennungsfähige **990** Entscheidungen sind und sich bereits darüber eine Anerkennungslösung ergibt, die Vorrang vor einer kollisionsrechtlichen Verweisungslösung hätte, ist umstritten.[2657]

Die Haager Konferenz für Internationales Privatrecht hat sich ein Instrument für Fra- **991** gen grenzüberschreitende Leihmutterschaft als ihr nächstes großes Projekt auf die Fahnen

---

[2642] Konzise *F. Sturm,* FS Gunther Kühne, 2009, S. 919, 922–924.
[2643] EuGH 18.3.2014 – Rs. C-167/12, ECLI:EU:C:2014:169 – CD/ST; EuGH 18.3.2014 – Rs. C-363/12, ECLI:EU:C:2014:159 – Z/A Government Department u. The Board of Management of a Community School; *Caracciolo di Torella/Foubert,* (2015) 40 Eur. L. Rev. 52.
[2644] Siehe nur *Boele-Woelki/Curry-Sumner/Schrama/Vonk,* Draagmoederschap en illegale opneming van kinderen, 2012; *Boele-Woelki,* Essays in Honour of Hans van Loon, 2013, S. 47, 48 f.
[2645] So z. B. in Deutschland § 1 I Nrn. 1, 2, 6 und 7 Embryonenschutzgesetz und in Frankreich Art. 227–12 Code pénal.
[2646] Z. B. Trib. civ. Bruxelles Rev. trim. dr. fam. 2014, 544 m. Anm. *Sosson/Mary.*
[2647] So z. B. das Vereinigte Königreich im Human Fertilisation and Embryology Acts 1990 und 2008 und in den Human Fertilisation and Embryology (Mitochondrial Donation) Regulations 2015 No 572; siehe nur *Parizer-Krief,* Rev. int. dr. comp. 2011, 645; *Chau/Herring,* August [2015] Fam. L. 912.
[2648] Prägnanter Überblick (allerdings notwendig auf damaligem Stand) bei *F. Sturm,* FS Gunther Kühne, 2009, S. 919, 925–927.
[2649] Siehe nur *Sandel,* Gerechtigkeit, TB-Ausgabe 2013, S. 139–143; *Pande,* Wombs in Labour: Transnational Commercial Surrogacy in India, New York 2014; *Majumdar,* Transnational Commercial Surrogacy and the (Un-)Making of Kin in India, New Delhi 2017.
[2650] *Blauwhoff/Frohn,* in: Paulussen/Takács/Lazić/van Rompuy (eds.), Fundamental Rights in International and European Law, 2016, S. 211, 238.
[2651] Dazu XX v. *Whittington Hospital NHS Trust* [2017] EWHC 2318 (QB) (Q. B. D., Sir *Robert Nelson*); *Fenton-Glynn,* [2017] Fam. L. 1293.
[2652] Dafür OLG Braunschweig BeckRS 2017, 107276.
[2653] Dafür BGHZ 203, 350; OLG Düsseldorf FamRZ 2017, 976 = NZFam 2017, 404 m. Anm. *Biermann.*
[2654] OLG Düsseldorf NZFam 2017, 404; *Haußleiter/B. Schramm,* NJW-Spezial 2017, 390.
[2655] *Vettorel,* RDIPP 2015, 523, 524; *Thomale,* IPRax 2016, 177, 179 Fn. 19.
[2656] Dahin *Thomale,* IPRax 2016, 177, 179; *ders.,* IPRax 2016, 493, 497.
[2657] Pro OLG Celle FamRZ 2017, 1496 m. Anm. *E. Unger* = NZFam 2017, 658 m. Anm. *Biermann.* Contra OLG München NZFam 2018, 36 m. Anm. *Löhnig.*

geschrieben.²⁶⁵⁸ Daneben gibt es private Entwürfe und Skizzen für ein solches Instrument.²⁶⁵⁹

992 b) *Anknüpfung der Abstammungsverhältnisse über Art. 19 EGBGB.* Welche Verbindungen zwischen dem Kind und anderen Personen bei Leihmutterschaft bestehen, ist eine Frage der Abstammung. Abstammung im Rechtssinne meint nicht nur die Geburt, sondern kann auch andere Elemente wie die Leihmuttervereinbarung oder die genetische Abstammung erfassen.²⁶⁶⁰ Daher ist Art. 19 I EGBGB heranzuziehen.²⁶⁶¹ Damit die Wuncheltern Eltern im Rechtssinne werden, muss das Abstammungsstatut die Leihmutterschaft zulassen, und es müssen die Voraussetzungen für eine Elternschaft der Wuncheltern nach dem Abstammungsstatut gegeben sein.²⁶⁶² Bei der Anknüpfung der Abstammungsverhältnisse ist genau zu unterscheiden, die Abstammung des Kindes von wem gerade geprüft wird. Denn je nach potenziellem Elternteil kann der Anknüpfungspunkt zu einem anderen Recht weisen, oder es können sich unterschiedliche Antworten ergeben.

993 aa) *Gewöhnlicher Aufenthalt des Kindes unter Art. 19 I 1 EGBGB.* Über Art. 19 I 1 EGBGB ist das Recht am gewöhnlichen Aufenthalt des Kindes berufen. Dies gilt für die Abstammung des Kindes von wem auch immer, greift also umfassend sowohl für die Frage, ob das Kind von der Leihmutter abstammt, als auch für die Frage, ob das Kind von den Wuncheltern abstammt.²⁶⁶³ Das Kindeswohl zu berücksichtigen hat bei der hergebrachten Konstruktion des gewöhnlichen Aufenthalts keinen Platz.²⁶⁶⁴ Im Gegenteil könnte gerade eine Konstruktion, welche den gewöhnlichen Aufenthalt des Kindes ab der Geburt im Zielland, also dem Aufenthaltsstaat der Wuncheltern verorten würde, zu dem pradoxen Ergebnis führen, dass das Kind nicht in seinen „Aufenthaltsstaat" einreisen dürfte, wenn das Recht jenes Staates der Leihmutterschaft als Institution ablehnend gegenübersteht.²⁶⁶⁵ Das öffentliche Recht spielt auch darüber hinein, dass es dem Kind die Staatsangehörigkeit des Ziellandes²⁶⁶⁶ und in der Folge wiederum die Einreise ins Zielland versagen kann, um Anreize für Leihmutterschaft im Ausland zu bekämpfen.²⁶⁶⁷

994 bb) *Heimatrecht der Leihmutter unter Art. 19 I 2 EGBGB für Mutterschaft der Leihmutter.* Elternteil ist für die Zwecke des Art. 19 I 2 EGBGB als Mutter zunächst die Leihmutter, denn sie hat das Kind zur Welt gebracht.²⁶⁶⁸ Für die Mutterschaft der Leihmutter ist also deren Heimatrecht berufen.²⁶⁶⁹ Das Heimatrecht der Leihmutter wird die Leihmutterschaft typischerweise respektieren und anerkennen,²⁶⁷⁰ denn gemeinhin wird das Kind im Heimatland der Leihmutter ausgetragen und geboren.²⁶⁷¹ Es wäre wenig sinnvoll und für die Beteiligten sogar gefährlich, eine Leihmutterschaft in einem Staat durchzuführen, in dem Leihmutterschaften nicht erlaubt, sondern verboten sind.

---

²⁶⁵⁸ Siehe die unter <http://www.hcch.net/de/projects/legislative-projects/parentage-surrogacy> aufgelisteten Dokumente, insbesondere den Preliminary Report Doc. Prél. No. 10 (March 2012), die Background Note January 2016 und zuletzt den Report of the Experts' Group über das Meeting vom 6.–9.2.2018 nach der 2015 erfolgten Mandatserteilung durch den Council on General Affairs and Policy.
²⁶⁵⁹ Z. B. *Pol*, 48 Georgetown J. Int'l. L. 1309 (2018).
²⁶⁶⁰ *Benicke*, StAZ 2013, 101, 106.
²⁶⁶¹ Zur Rechtslage unter schweizerischem IPR *Turolla*, SJZ 2016, 393.
²⁶⁶² *Benicke*, StAZ 2013, 101, 106.
²⁶⁶³ OLG Celle FamRZ 2011, 1518 = NJW-RR 2011, 1157, 1158 = IPRax 2012, 544, 545 f.; *Benicke*, StAZ 2013, 101, 107.
²⁶⁶⁴ *Heiderhoff*, IPRax 2012, 523, 525.
²⁶⁶⁵ *Heiderhoff*, IPRax 2012, 523, 525.
²⁶⁶⁶ Zum möglichen Einfluss einer Leihmutterschaft auf Staatsangehörigkeit oder Staatenlosigkeit des Kindes z. B. *Boillet/Akiyama*, SZIER 2017, 513.
²⁶⁶⁷ Näher *Heiderhoff*, NJW 2014, 2673.
²⁶⁶⁸ *Heiderhoff*, IPRax 2012, 523, 524; *Benicke*, StAZ 2013, 101, 106.
²⁶⁶⁹ Siehe nur *Heiderhoff*, IPRax 2012, 523, 524.
²⁶⁷⁰ Siehe z. B. das Recht der Ukraine und den für grenzüberschreitende Leihmutterschaft typischen Fall *X and Y (Foreign Surrogacy)* [2009] 1 FLR 733 (F. D.).
²⁶⁷¹ *Benicke*, StAZ 2013, 101, 106.

Allerdings ist, wenn die Leihmutterschaft nach dem über Art. 19 I 2 EGBGB berufenen 995 Heimatrecht der Leihmutter bejaht wird, dieses Ergebnis einer Kontrolle an Hand des deutschen ordre public unter Art. 6 EGBGB zu unterziehen. Dabei ist ein gewichtiger Faktor, dass man mit einer Respektierung dieses Ergebnisses kommerzielle Leihmutterschaft unterstützen würde.[2672] Wenn die Ablehnung kommerzieller Leihmutterschaft eine fundamentale Überzeugung des deutschen Rechts ist, weist dies bei hinreichendem Inlandsbezug (vermittelt namentlich über den Aufenthalt oder die Staatsangehörigkeit der Wunscheltern) zu einem ordre public-Verstoß. Auf der anderen Seite ist nur das konkrete Ergebnis zu kontrollieren. Dabei kann auch das Kindeswohl einfließen,[2673] für das eine sichere Abstammung besser sein kann als keine Abstammung infolge umfassender Ablehnung von Elternschaft.

cc) Ehewirkungsstatut einer verheirateten Leihmutter unter Art. 19 I 3 EGBGB für 996 Mutterschaft der Leihmutter. Ist die Leihmutter verheiratet (was als Vorfrage selbständig über Artt. 13; 11 EGBGB für die Begründung und die Rom III-VO für eine etwaige Auflösung anzuknüpfen ist), so eröffnet Art. 19 I 3 EGBGB eine weitere Option, nämlich an das Ehewirkungsstatut der Ehe der Leihmutter anzuknüpfen.[2674]

dd) Heimatrechte der Wunscheltern unter Art. 19 I 2 EGBGB für Elternschaft der 997 Wunscheltern. Art. 19 I 2 EGBGB beruft das Heimatrecht der Leihmutter aber nur insoweit, als die Mutterschaft der Leihmutter in Rede steht. Die anders gelagerte Frage, ob das Kind rechtlich von den Wunscheltern abstammt, ist davon nicht abgedeckt und erfasst.[2675] Vielmehr geht es insoweit um die Elternschaft der Wunscheltern; diese ist wiederum über Art. 19 I 2 EGBGB nach den jeweiligen Heimatrechten der Wunscheltern zu klären.[2676] Hier kommt auch eine Mutterschaft der genetischen Mutter ins Spiel. Der deutsche ordre public zwingt keineswegs dazu, für die Abstammung a matre nur die Leihmutter zu betrachten.[2677]

ee) Ehewirkungsstatut verheirateter Wunscheltern unter Art. 19 I 3 EGBGB für Eltern- 998 schaft der Wunscheltern. Ob das Kind von den Wunscheltern abstammt, kann sich bei verheirateten Wunscheltern auch gemäß Art. 19 I 3 EGBGB auch nach dem Recht beurteilen, welches deren Ehewirkungsstatut stellt. Ob die Wunscheltern miteinander verheiratet sind, ist eine selbständig nach Artt. 13; 11 EGBGB anzuknüpfende Vorfrage. Dabei gilt derselbe Begriff der Ehe wie auch sonst im nationalen deutschen IPR. Dies hat besondere Bedeutung, wenn Wunscheltern ein gleichgeschlechtliches Paar ist. Soweit das deutsche IPR an dem hergebrachten Ehebegriff festhält und eine Ehe nur zwischen Mann und Frau kennt, können gleichgeschlechtliche Paare nicht miteinander verheiratet sein, auch nicht für die Zwecke des Art. 19 I 3 EGBGB. Selbst wenn man den kollisionsrechtlichen Ehebegriff auf gleichgeschlechtliche Ehen hätte ausweiten wollen, hätte die Kappungsgrenze des Art. 17b IV EGBGB 2001 eingegriffen und eine Abstammung von gleichgeschlechtlichen Wunscheltern ausgeschlossen.[2678]

Beispiel: Claudia und Ingo Westermann, beide in Bielefeld lebende, miteinander verheira- 999 tete Deutsche, versuchen seit Jahren erfolglos, ein Kind zu bekommen. Nach dem Fehlschlagen mehrerer künstlicher Befruchtungen engagieren sie über die in Bratislava ansässige Agentur Beautiful Children World die Ukrainerin Oksana Gritschko aus Kiew, die nach Befruchtung mit IWs Samen einen Sohn zur Welt bringt, verheiratet mit Vitali Gritschko, ebenfalls aus Kiew. CW und IW sind bei der Geburt dabei. Nach der Geburt weigert sich OG, das Kind vereinbarungsgemäß auszuhändigen.

[2672] *Wedemann* S. 138 f.; *Heiderhoff*, IPRax 2012, 523 (523).
[2673] *Heiderhoff*, IPRax 2012, 523 (523).
[2674] *Heiderhoff*, IPRax 2012, 523, 524.
[2675] *Benicke*, StAZ 2013, 101, 106 f.
[2676] *Benicke*, StAZ 2013, 101, 107.
[2677] *F. Sturm*, FS Gunther Kühne, 2009, S. 919, 921 gegen *Looschelders*, IPRax 1999, 420, 423.
[2678] OLG Celle FamRZ 2011, 1518 = NJW-RR 2011, 1157, 1158 = IPRax 2012, 544, 547; MüKoBGB/*Coester* Art. 17b EGBGB Rn. 110; *Heiderhoff*, IPRax 2012, 523, 524.

Abwandlung: CW und IW nehmen das Kind nach der Geburt mit nach Deutschland, ohne dass sich die durch die schwere Geburt noch geschwächte OG dagegen wehren würde.

1000 **8. Gleichgeschlechtliche Paare und Abstammung.** *a) Phänomen.* Das moderne Familienrecht bewegt sich. Rollenbilder brechen auf, und neben die biologische tritt die soziale Elternschaft. Ob und inwieweit aus sozialer Elternschaft rechtliche Elternschaft wird, ist eine große Herausforderung an das Recht. Viele Entwicklungen sind insoweit parallel in vielen Staaten im Fluss. In besonderem Maße gilt dies, wenn gleichgeschlechtliche Paare sich einen Kinderwunsch erfüllen.[2679] Bei allem möglichem rechtlichem Fortschritt zieht die Biologie hier eine Grenze: Es können nicht beide Partner eines gleichgeschlechtlichen Paares *biologische* Eltern desselben Kindes sein. Leihmutterschaft, in der Realität gern genutztes Mittel, um den Kinderwunsch doch erfüllt zu sehen, ist besonders gelagert und soeben eingehend betrachtet worden.[2680]

1001 Sofern eine Adoption durch den zweiten Partner nach dem über Artt. 22; 23 EGBGB berufenen Recht stattfinden kann, ist die rechtliche Lage ebenfalls klar. Die rechtliche Abstammung ist dann normativ verbindlich und abweichend von der biologischen Elternschaft geregelt. Diese Fallgruppe hat besondere rechtstatsächliche Bedeutung als Stiefkindadoption, d.h. als Adoption eines leiblichen Kinds des anderen Partners. Insbesondere kann hier das IPR aber durch das IZVR überlagert sein: Bei einer Dekretadoption durch ausländische Adoptionsentscheidung steht die verfahrensrechtliche Anerkennung dieser Entscheidung ganz im Vordergrund.[2681]

1002 Es bleiben die Fallgruppen, in denen ein Partner eines gleichgeschlechtlichen Paares natürlicher Elternteil eines Kindes wird und der andere Partner die Rolle eines sozialen Elternteils annimmt. Indes darf die Betrachtung nicht bei den Interessen der beiden Partner stehen bleiben. Vielmehr gibt es noch einen notwendigen Beteiligten, das Kind, die Mutter als weitere notwendige Beteiligte bei männlichen Partnern und den biologischen Vater als möglichen weiteren Beteiligten bei lesbischen Partnern. Der biologische Vater kann bekannt sein, er kann aber bei (grundsätzlich) anonymer Samenspende auch zumindest vorläufig und vorbehaltlich Nachforschungen unbekannt sein. Das niederländische Recht hat die Pionierrolle unter den europäischen Rechten übernommen und mit Wirkung zum 1.4.2014 die Co- oder Duo-Mutterschaft eingeführt.[2682] Dies ist ein Meilenstein hin auf dem Weg zu einer Vertraglichung des Familienrechts,[2683] das sich zunehmend in einem Spannungsfeld zwischen Biologismus und Gestaltungswunsch wiederfindet.[2684] Co- oder Duo-Mutterschaft kann sich (selten) ex lege bereits ab der Geburt einstellen,[2685] regelmäßig aber durch Anerkennung der Mutterschaft.[2686]

1003 *b) Anknüpfung.* Die Anknüpfung erfolgt grundsätzlich über Art. 19 EGBGB. Art. 19 I 1 EGBGB wirft hier keine spezifischen Probleme auf. Art. 19 I 2 EGBGB lässt sich sachgerecht anwenden, wenn an ihn richtigerweise auf die Frage begrenzt, ob eine konkret in Rede stehenden Person nach ihrem Heimatrecht Elternteil des Kindes ist, dessen Abstammung zu beurteilen ist. In welchem Verhältnis diese Person zu weiteren, dritten Personen steht, ist für das Zwei-Personen-Verhältnis unter Art. 19 I 2 EGBGB ohne Bedeutung.

[2679] Siehe z. B. *Amos/Rainer*, in: Boele-Woelki/A. Fuchs (eds.), Same-Sex Relationships and Beyond, 3. Aufl. 2017, S. 79.
[2680] → § 4 Rn. 985 ff.
[2681] → § 4 Rn. 1082 f.
[2682] Artt. 1:198 ff. BW in der Fassung durch Wet van 25 november 2013 tot wijziging van Boek 1 van het Burerglijk Wetboek in verband met het juridisch ouderschap van de vrouwelijke partner van de moeder anders dan door adoptie, StBl. 2013 nr. 480 S. 1.
[2683] *Boele-Woelki/Jonker*, in: van Vliet (ed.), Netherlands Reports to the Nineteenth International Congress of Comparative Law – Vienna 2014, S. 115.
[2684] Siehe nur *Senigaglia*, Europa e dir. priv. 2017, 953.
[2685] Artt. 1:198 (1) lit. b S. 3; 1:199 lit. b S. 1 BW.
[2686] Art. 1:198 (1) lit. c iVm Artt. 1:203 ff. BW.

IX. Abstammung

Problemfall ist Art. 19 I 3 EGBGB. Denn seinem Wortlaut nach setzt Art. 19 I 3 **1004**
EGBGB eine Ehe voraus. Das wirft die Frage auf, ob er analog zumindest auf registrierte
Partnerschaften oder gleichgeschlechtliche Ehen angewendet werden kann. Die Entwicklung in vielen Sachrechten geht dahin, Eltern-Kind-Beziehungen auch aus solchen Partnerschaften erwachsen zu lassen; alle Sachrechte, die Mit/Co/Duo-Mutterschaft eingeführt haben, stehen dabei an der Spitze.[2687] Für ein behütetes Aufwachsen des Kindes und eine stabile Eltern-Kind-Beziehung spielen die Geschlechtsverhältnisse der möglichen Eltern eigentlich keine entscheidende Rolle. Vielmehr geht es insoweit um Fakten. Das weist in Richtung einer analogen Anwendung des Art. 19 I 3 EGBGB auf registrierte Partnerschaften und erst recht auf gleichgeschlechtliche Ehen.

Indes stehen hier normative Momente neben faktischen. Obendrein würde das Argu- **1005**
ment faktischer Geborgenheit für das Kind sich kaum auf registrierte Partnerschaften begrenzen lassen, sondern hätte nur unwesentlich schwächeres Gewicht auch bei nichtregistrierten Partnerschaften.

Aus deutscher Sicht stehen unter den Auspizien des deutschen ordre public weder das **1006**
Ein-Vater-und-eine-Mutter-Prinzip[2688] noch der Grundsatz der Statuswahrheit noch Rechte des biologischen Vaters aus Art. 6 II GG einer rechtlichen Anerkennung der Mutterschaft nach einem ausländischen Abstammungsstatut entgegen.[2689]

Auch eine automatische Anerkennung ohne gesonderte Kindeswohlprüfung löst nicht **1007**
per se einen ordre public-Verstoß aus, denn auch das deutsche Abstammungsrecht kennt Zuordnungen ohne konkrete Kindeswohlprüfung.[2690] Im Gegenteil weisen Menschenrechte des Kindes eher dahin, diesem die Eltern-Kind-Beziehung zu belassen, die sich aus dem anwendbaren Recht ergeben, und so die Identität des Kindes zu wahren.[2691] Dem Kind ist damit im Zweifel mehr geholfen, als wenn man die rechtliche Beziehung erst durch einen weiteren rechtlichen Akt, insbesondere eine Adoption, mit entsprechenden Mühen, Kosten und Verzögerungen herstellen müsste.[2692]

Es bleibt freilich das Bedenken, dass über Leihmutterschaft die vergleichsweise strengen **1008**
Voraussetzungen für eine grenzüberschreitende Adoption umgangen werden könnten.[2693] Im Extremfall, wenn eine Verbindung nur auf dem Kinderwunsch der Wunscheltern beruhen würde, von denen niemand mit dem Kind genetisch verwandt ist, drohte Abstammung auf „Bestellung" prämiert zu werden.[2694]

9. Legitimation. Legitimation meint im Kontext des Kindschaftsrechts die Anerken- **1009**
nung eines Kindes als eheliches Kind. Das deutsche Sachrecht hat die Unterscheidung zwischen ehelichen und nichtehelichen Kindern zum 1.1.1998 abgeschafft,[2695] konsequenterweise auch das Institut der Legitimation. Damit ist dieses Institut aber nicht aus Auslandsrechten verschwunden, ebenso wenig wie die insbesondere in islamisch geprägten Rechtsordnungen stark und folgenreich ausgeprägte Diskriminierung nichtehelicher Kinder. Deshalb war der zu sehr allein auf das deutsche Sachrecht blickende[2696] weitere Schritt, Art. 21 EGBGB aF aufzuheben, die Legitimation auch im deutschen IPR nicht mehr zu

---

[2687] *Coester-Waltjen,* IPRax 2016, 132, 135.
[2688] BVerfG NJW 2003, 2151, 2153.
[2689] Eingehend *Reuß,* FS Dagmar Coester-Waltjen, 2015, S. 681, 690–692.
[2690] *Reuß,* FS Dagmar Coester-Waltjen, 2015, S. 681, 692.
[2691] BGHZ 203, 350; *Coester-Waltjen,* IPRax 2016, 132, 136 im Anschluss an EGMR 26.6.2014 – 65912/11 u. 65941/11 – Mennesson u. Labassée/Frankreich.
[2692] BGHZ 203, 350; *Coester-Waltjen,* IPRax 2016, 132, 136. Anders BG IPRax 2016, 167 StAZ 2016, 179 m. Anm. *Helms;* Thomale, Mietmutterschaft, 2015, S. 27; *ders.,* IPRax 2016, 177.
[2693] BG IPRax 2016, 167 = StAZ 2016, 179 m. Anm. *Helms.*
[2694] *Helms,* StAZ 2016, 185, 186.
[2695] Durch das Gesetz zur Reform des Kindschaftsrechts (Kindschaftsrechtsreformgesetz – KindRG) vom 16.12.1997, BGBl. 1997 I 2942.
[2696] Siehe Begründung der Bundesregierung zum Entwurf eines Gesetzes zur Reform des Kindschaftsrechts, BT-Drs. 13/4899, 137.

betrachten und aus dem Kreis der von Art. 19 EGBGB erfassten Anknüpfungsgegenstände zu eliminieren,[2697] voreilig und riss eine Lücke.

1010 Die Lücke verkleinert sich allerdings, wenn man das Legitimanerkenntnis des Ehemannes (iqrar) aus islamischen Rechten bereits per se als Abstammungsregel einstuft und Art. 19 EGBGB direkt zur Anwendung bringt.[2698] Die verbleibende Lücke ist richtigerweise durch Analogie zu Art. 19 EGBGB zu füllen.[2699] Dem von Art. 19 EGBGB verfolgten favor filiationis ist ein favor legitimationis zur Seite zu stellen.[2700] Alternativvorschläge greifen zum Eltern-Kind-Verhältnis aus Art. 21 EGBGB[2701] oder möchten Art. 22 I EGBGB analog anwenden.[2702]

1011 **10. Rück- und Weiterverweisung.** Mangels besonderer Regelung gilt im Internationalen Abstammungsrecht für Rück- und Weiterverweisung im Ausgangspunkt die allgemeine renvoi-Regel des Art. 4 EGBGB.[2703] Indes ist von entscheidender Bedeutung, dass das Günstigkeitsprinzip eine alternative Anknüpfung begründet. Denn bei alternativen Anknüpfungen widerspricht eine Rück- oder Weiterverweisung dann (aber auch *nur* dann) dem Sinn der Verweisung im Sinne des Art. 4 I 1 Hs. 2 EGBGB, wenn sie dazu führt, dass sich der Kreis der zur Auswahl stehenden Rechtsordnungen verkleinert.[2704] Die alternative Anknüpfung will den Kreis der zur Auswahl stehenden Rechtsordnungen vielmehr so groß wie möglich halten, weil sie ein bestimmtes, positives Ergebnis bevorzugt, wenn dies irgend möglich ist. Dies gilt auch für Art. 19 I EGBGB.[2705]

1012 Führt eine Rück- oder Weiterverweisung dazu, dass sich der Kreis der zur Auswahl führenden Rechtsordnungen nicht verkleinert, sondern vergrößert, so ist sie dagegen gerade bei Art. 19 I EGBGB zu beachten.[2706] Daher ist es ungenau, ohne Einschränkung zu formulieren, dass der Sinn und Zweck der alternativen Verweisung dem Sinn der alternativen Verweisung widerspräche.[2707] Führt allerdings bereits das Sachrecht eines über Art. 19 I EGBGB berufenen Rechts zu einer positiven Feststellung der Abstammung, so soll es dabei bleiben und nicht auf eine etwaige Rück- oder Weiterverweisung durch das Kollisionsrecht dieses Rechts ankommen.[2708]

1013 **11. Anfechtung der Abstammung (Art. 20 EGBGB).** Art. 20 EGBGB stellt eine spezielle Anknüpfungsregel für die Anfechtung der Abstammung auf. Die Brisanz auch dieses auf den ersten Blick sehr speziell erscheinenden Anknüpfungsgegenstands ist groß. Man denke nur an den Ehemann der Mutter, dem eine Ehelichkeitsvermutung die Vaterschaft für das Ehebruchskind zuschreibt, solange er nicht (rechtzeitig) angefochten hat.[2709] „Kuckucksväter" können z.B. ein massives Interesse daran haben, langjährige Unterhaltsleistungen an das untergeschobene Kind (oder dessen Mutter) vom wahren Vater zurück-

---

[2697] Durch Art. 12 Nr. 2 KindRG und verkürzende Neufassung des Art. 19 EGBGB.
[2698] *Krömer*, StAZ 2000, 274; *Rauscher* IPR Rn. 1020.
[2699] *Mankowski*, in: v. Bar/Mankowski IPR I § 7 Rn. 213; *Rauscher* IPR Rn. 1022.
[2700] *Rauscher* IPR Rn. 1022.
[2701] Dafür VG Köln StAZ 2012, 276; *P. Huber*, IPRax 2000, 118f.; BeckOK BGB/*Heiderhoff* Art. 19 EGBGB Rn. 34; Erman/*Hohloch* Art. 19 EGBGB Rn. 22; Palandt/*Thorn* Art. 19 EGBGB Rn. 8.
[2702] So *Budziekiewicz*, Materielle Statuseinheit und kollisionsrechtliche Statusverbesserung, 2007, Rn. 535–576; dahin wohl auch AG Stuttgart IPRspr. 2015 Nr. 115 S. 298f.
[2703] Siehe nur AG Berlin-Schöneberg StAZ 2013, 260 m. Anm. *Helms*.
[2704] Siehe nur *Konrad Schmidt*, Die Sinnklausel der Rück- und Weiterverweisung im Internationalen Privatrecht nach Artikel 4 Absatz 1, Satz 1 EGBGB, 1998, S. 71f.; *Mankowski*, in: v. Bar/Mankowski IPR I § 7 Rn. 228.
[2705] BGH NJW 2016, 3171 Rn. 23; OLG Nürnberg FamRZ 2005, 1697, 1698; OLG Celle FamRZ 2011, 1518, 1520; OLG Nürnberg FamRZ 2016, 920, 921; *Wall*, StAZ 2018, 288, 289.
[2706] Siehe nur *Andrae*, StAZ 2015, 163, 170; MüKoBGB/*Helms* Art. 19 EGBGB Rn. 28.
[2707] So aber OLG Nürnberg FamRZ 2005, 1967; OLG Hamm FamRZ 2009, 126; OLG Karlsruhe ZKJ 2016, 138, 140.
[2708] OLG Hamm FamRZ 2009, 126; OLG Celle FamRZ 2011, 1518; OLG Nürnberg FamRZ 2016, 920, 921.
[2709] Zu Behandlung des „Kuckuckskinds" im IPR eingehend *Freitag*, StAZ 2013, 333.

IX. Abstammung

zuerlangen. Voraussetzung dafür ist die erfolgreiche Anfechtung der ihnen zunächst zugeschriebenen Vaterschaft.

Allerdings beschränkt sich der Anknüpfungsgegenstand – wie schon Art. 20 S. 2 EGBGB augenfällig zeigt – nicht auf die Anfechtung der Vaterschaft seitens des rechtlichen Vaters. Vielmehr erfasst er jegliche Arten der Anfechtung aller Formen von Abstammung durch jeden möglichen Beteiligten. Ein Vater mag seine Vaterschaft anfechten, eine Mutter mag ihre Mutterschaft anfechten, ein Kind mag seine Abstammung von einer bestimmten Person anfechten usw. Ob eine Anfechtung z. B. durch ein Großelternteil oder ein Familienoberhaupt (im Sinne eines pater familias) möglich ist, ist eine Frage an das Sachrecht des Abstammungsstatus. Das IPR steht ihr jedenfalls nicht im Wege, sondern knüpft sie an (welches sachrechtliche Ergebnis auch immer dabei am Schluss herauskommen mag). Ebenso mag das berufene Recht jedem Interessierten eine Anfechtungsmöglichkeit einräumen; der deutsche ordre public akzeptiert dies.[2710] Nicht verwiesen wird dagegen auf Anfechtungsrechte staatlicher Organe (z. B. der Staatsanwaltschaft) als Vertreter des Staates (wohl aber, wenn sie als Vertreter des Kindes in dessen Interesse anficht).[2711]

Nach Art. 20 S. 1 EGBGB kann die Abstammung nach jedem Recht angefochten werden, aus dem sich ihre Vorraussetzungen ergeben. Dies nimmt Bezug auf Art. 19 I EGBGB. Da Art. 19 I EGBGB aber eine bis zu dreigliedrige alternative Anknüpfung statuiert, sind Zusatzüberlegungen notwendig. Als Ziel der Verweisung scheidet unter Art. 20 S. 1 EGBGB jedes unter den von Art. 19 I EGBGB benannten Recht aus, nach dem überhaupt keine Abstammung bestehen würde, denn dann fehlt es schon am Anfechtungsobjekt „bestehende Abstammung". Dagegen kommt es nicht darauf an, ob die Abstammung wirklich nach dem Anfechtungsstatut begründet wurde; vielmehr reicht aus, dass eine entsprechende positive Abstammungsfeststellung nach dem betreffenden Recht *möglich* war.[2712] Abstammungsfeststellung über Art. 19 I 1 EGBGB und Anfechtung der Abstammung nach Art. 20 S. 1 iVm Art. 19 I 2 EGBGB lassen sich also miteinander kombinieren, wenn nur die angefochtene Abstammungsfeststellung auch nach dem von Art. 19 I 2 EGBGB anvisierten Recht möglich war (und umgekehrt).

Art. 20 S. 1 EGBGB etabliert über seine Bezugnahme auf Art. 19 I EGBGB ebenfalls eine alternative Anknüpfung ohne Reihung und Hierachie. Nur kommt der favor hier der Anfechtung zugute.[2713] Wenn nach dem Recht, nach welchem die Abstammung ursprünglich festgestellt wurde, eine Anfechtung nicht (oder nicht mehr) möglich ist, dann kann eine Anfechtung nach einem alternativ berufenen Recht trotzdem zum Zuge kommen.[2714] Der Anfechtungswillige hat ein Wahlrecht.[2715]

Aus deutscher Sicht zeitigt das Institut der so genannten vaterschaftsdurchbrechenden Anerkennung nach § 1599 II BGB aus seiner Doppelrolle heraus ein besonderes Ergebnis: Zwar unterfällt es grundsätzlich Art. 20 EGBGB; jedoch beurteilt sich die Frage, ob alle Voraussetzungen für die wirksame Anerkennung seitens des Dritten erfüllt sind, als selbständig anzuknüpfende Vorfrage nach Art. 19 I EGBGB.[2716]

Zugunsten eines anfechtungswilligen Kindes garantiert Art. 20 S. 2 EGBGB als zusätzliche Sonderregel neben (nicht anstelle von) Art. 20 S. 1 EGBGB, dass Anfechtungsstatut immer auch das Recht des Staates sein kann, in welchem das Kind seinen gewöhnlichen Aufenthalt hat. Voraussetzungen dafür ist nicht etwa, dass eine Anfechtung über Art. 20

[2710] OLG Hamm FamRZ 1965, 90; KG IPRax 1985, 48, 49; MüKoBGB/*Helms* Art. 20 EGBGB Rn. 11.
[2711] Staudinger/*Henrich* Art. 20 EGBGB Rn. 31–34; MüKoBGB/*Helms* Art. 20 EGBGB Rn. 11; jurisPK BGB/*Gärtner* Art. 20 EGBGB Rn. 22.
[2712] BGH FamRZ 2012, 616, 617 m. zust. Anm. *Helms;* OLG Hamburg StAZ 2012, 178, 179; MüKoBGB/*Helms* Art. 20 EGBGB Rn. 2 f.; NK-BGB/*Bischoff* Art. 20 EGBGB Rn. 7.
[2713] Nach dem verfolgten favor fragend dagegen *Siehr*, FS Dagmar Coester-Waltjen, 2015, S. 769, 771.
[2714] Siehe nur OLG Stuttgart FamRZ 1999, 610; OLG Karlsruhe FamRZ 2000, 107.
[2715] OLG Stuttgart FamRZ 1999, 610; OLG Stuttgart ZAR 2011, 67 m. Anm. *Pfersich/Fritzsch*.
[2716] BGH FamRZ 2012, 616 m. zust. Anm. *Helms; Wedemann*, StAZ 2012, 225, 226; *Freitag*, StAZ 2013, 333; *Rauscher*, FPR 2002, 352, 358 f. sowie LG Saarbrücken StAZ 2005, 18, 19. Anderer Ansicht *Jayme*, IPRax 2012, 555.

S. 1 EGBGB nicht möglich wäre;[2717] Art. 20 S. 2 EGBGB ist eine vollwertige weitere und keine bloße subsidiäre Anknüpfung. Er erweitert für die Konstellation, dass nach dem Aufenthaltsrecht des Kindes aus welchen Gründen auch immer keine Abstammung festgestellt werden kann.[2718]

1019 Ein gerichtliches Anfechtungsverfahren ist eine aufwändige Lösung. Wenn man den Begriff „Anfechtung" funktional verstehen könnte als „Beseitigung der Vaterschaft", wäre dies offen genug, um insbesondere die qualifizierte Anerkennung, die so genannte „Dreiererklärung", nach § 1599 II BGB und etwaige ausländische Äquivalente ebenfalls sachlich abzudecken.[2719] Dies wäre pragmatisch und würde bei Konsens der Beteiligten vieles erleichtern.[2720] Man würde damit einen so genannten scheidungsakzessorischen Statutenwechsel ermöglichen, also dem früheren Ehegatten und dem potentiellen biologischen Vater die Mühen und Kosten eines Vaterschaftsanfechtungsverfahrens ersparen.[2721] Das international hergebrachte Wortverständnis von „Anfechtung" würde man damit indes weiten. Der BGH jedenfalls bezieht auch die Anfechtung durch Willenserklärung oder Rechtsgeschäft ein.[2722]

1020 Für Rück- und Weiterverweisung gilt wie hier bei jeder alternativen Anknüpfung: Grundsätzlich findet ein renvoi statt, nur dann wegen Art. 4 I 1 Hs. 2 EGBGB nicht, wenn sich durch ihn der Kreis der zur Verfügung stehenden Rechte verkleinern würde.[2723]

1021 **12. Vorrang des Internationalen Zivilverfahrensrechts.** Internationalprivatrechtliche Überlegungen müssen und können zurückstehen, wenn sich das Ergebnis zur Abstammung bereits über die Anerkennung einer ausländischen Gerichtsentscheidung ergibt. Anerkennung nach IZVR hat Vorrang vor Anknüpfung über das IPR. Mit der Anerkennung steht ein bestimmtes Ergebnis bereits fest, nämlich qua Wirkungserstreckung ins Inland das von der ausländischen Entscheidung erzielte. Dies stürzt man nicht mehr um durch nachfolgendes Durchlaufen des Anknüpfungsprozesses nach dem eigenen IPR, als würde man frei entscheiden können.

1022 Besondere Bedeutung hat der Vorrang der Anerkennung nach IZVR in jüngerer Zeit erlangt, wenn ein Kind im Ausland in Leihmutterschaft geboren wurde und im Ausland eine Gerichtsentscheidung ergangen ist, welche die Abstammung des Kindes und namentlich die Vaterschaft zu dem Kind feststellt; Letzteres gewinnt bei schwulen Vaterpaaren eine erhebliche Bedeutung. Eine solche Gerichtsentscheidung ist in Deutschland anzuerkennen, wenn die Voraussetzungen des § 109 FamFG vorliegen.[2724] Der deutsche ordre public steht ihrer Anerkennung unter § 109 I Nr. 4 FamFG auch dann nicht entgegen, wenn sie die Vaterschaft beiden Partnern eines schwulen Paars zugesteht.[2725] Die Entwicklung schreitet weiter, so dass in Deutschland selbst eine ausländische gerichtliche Zuerkennung der Vaterschaft an einen Single-Wunschvater nach Leihmutterschaft anerkannt wird.[2726]

[2717] NK-BGB/*Bischoff* Art. 20 EGBGB Rn. 13.
[2718] *Henrich,* FamRZ 1998, 1401, 1403; MüKoBGB/*Helms* Art. 20 EGBGB Rn. 4; NK-BGB/*Bischoff* Art. 20 EGBGB Rn. 5.
[2719] Dafür BGH NZFam 2018, 746, 747 Rn. 19–22 = StAZ 2018, 281; *Hepting/Dutta* Rn. V-329 f.; *Helms,* StAZ 2017, 343; *ders.,* StAZ 2018, 283, 284; *Schwonberg,* FamRB 2018, 397, 398. Offen BGH StAZ 2017, 340 Rn. 31.
[2720] *Helms,* StAZ 2017, 343; *ders.,* StAZ 2018, 283, 284.
[2721] *Schwonberg,* FamRB 2018, 397, 398.
[2722] BGH FamRZ 2012, 616 Rn. 19 m. Anm. *Helms;* BGH StAZ 2017, 340 Rn. 31 = NZFam 2017, 907 m. zust. Anm. *Löhnig,* BGH NZFam 2017, 1048 m. zust. Anm. *Löhnig;* BGH NZFam 2018, 746, 747 f. Rn. 15–26 m. zust. Anm. *Löhnig* = StAZ 2018, 281 m. zust. Anm. *Helms.*
[2723] Siehe nur OLG Stuttgart FamRZ 2001, 248; Palandt/*Thorn* Art. 20 EGBGB Rn. 1.
[2724] BGHZ 203, 350; BGH FamRZ 2018, 1846 m. Anm. *Reuß* = FamRB 2018, 481 m. Anm. *Siede;* OLG Düsseldorf NJW-RR 2018, 1351; AG Frankfurt/Main StAZ 2018, 352; *Heiderhoff,* NJW 2015, 485; *Zwißler,* NZFam 2015, 118; *Coester-Waltjen,* FF 2015, 186; *Gössl,* Cuad. Der. Trans. 7 (2) (2015), 448. Vgl. in Italien C. cost. Giur. It. 2018, 1830 m. Anm. *Falletti.* Ablehnend *Rauscher,* JR 2016, 97, 101–105.
[2725] BGHZ 203, 350 Rn. 40–44. Ablehnend *Rauscher,* JR 2016, 97, 102–105.
[2726] KG FamRZ 2017, 1693 m. Anm. *Coester-Waltjen* = NJW 2017, 3241 = NZFam 2017, 919 m. Anm. *B. Biermann.*

X. Adoption 1023–1025 § 4

Den Fokus auf eine gerichtliche Entscheidung zu legen kann einen wünschenswerten 1023
Steuerungseffekt entfalten; es setzt nämlich Anreize, sich um Leihmutterschaft unter solchen Systemen zu bemühen, die einen besonders hohen Standard gewährleisten.[2727] Innerhalb Europas müsste man bei Unionsbürgern allerdings wohl mit Blick auf Art. 21 AEUV noch einen Schritt weitergehen[2728] und auch bloße Registereintragungen von Abstammungsverhältnissen durch zuständige Stellen in anderen Mitgliedstaaten anerkennen.[2729]

X. Adoption

Literatur: *Benicke*, Typenmehrheit im Adoptionsrecht und deutsches Internationales Privatrecht, 1995; *ders.*, Die Anknüpfung der Adoption durch Lebenspartner in Art. 22 Abs. 1 S. 3 EGBGB, IPRax 2015, 393; *Borrás*, The Protection of the Rights of Children and the Recognition of Kafala, Essays in Honour of Hans van Loon, 2013, S. 77; *Emmerling de Oliveira*, Adoptionen mit Auslandsberührung, MittBayNot 2010, 429; *Fenton-Glynn*, Children's Rights in Intercountry Adoption, 2014; *Gallala-Arndt*, Die Einwirkung der Europäischen Konvention für Menschenrechte auf das Internationale Privatrecht am Beispiel der Rezeption der Kafala in Europa, RabelsZ 79 (2015), 405; *Helms*, Sind die am Staatsangehörigkeitsprinzip orientierten Anknüpfungsregeln der Artt. 22; 23 EGBGB noch zeitgemäß?, FS Meo-Micaela Hahne, 2012, S. 69; *Jayme*, Kindeswohl und Rückverweisung im internationalen Adoptionsrecht, IPRax 1989, 157; *ders.*, Erwachsenenadoption und IPR, NJW 1989, 3069; *S. Lorenz*, Internationale Erwachsenenadoption und lex loci actus, IPRax 1994, 193; *Menhofer*, Die Kafala des marokkanischen Rechts vor deutschen Gerichten, IPRax 1997, 252; *Monéger*, L'adoption d'un enfant devenu français après son recueil par kafala, Mélanges Claire Neirinck, 2015, S. 613; *G. Müller/Sieghörtner/Emmerling de Oliveira*, Adoptionsrecht in der Praxis: einschließlich Auslandsbezug, 3. Aufl. 2016; *Sayed*, The Kafala of Islamic Law and How to Approach It in the West, Essays in honour of Michael Bogdan, 2013, S. 507; *F. Sturm*, Das Günstigkeitsprinzip und die Zustimmung nach Art. 23 EGBGB, StAZ 1997, 261; *L. Walker*, Intercountry adoption and the best interest of the child under the Hague Convention of 1993 and the importance of bonding, (2015) 27 Child & Fam. L.Q. 355; *Yassari*, Adoption und Funktionsäquivalente im islamischen Rechtskreis, FS Dagmar Coester-Waltjen, 2015, S. 1059.

1. Haager AdoptionsÜbk. Das Haager AdoptionsÜbk. ist *der* rechtliche Meilenstein 1024
im Kampf gegen grenzüberschreitenden Adoptionstourismus, also gegen die Adoption von Kindern aus ärmeren Ländern durch Angehörige von reicheren Ländern für Geld. Darauf ist sein für eine Haager Konvention zum IPR außergewöhnlicher Erfolg[2730] zurückzuführen. Die betroffenen Staaten in Asien und Lateinamerika, aus denen Kinder per Adoption „exportiert" wurden, haben es aus wohl verstandenem Eigeninteresse in großer Zahl ratifiziert. Es vermag allerdings nicht vollständig gegen Korruption im Herkunftsland der Kinder zu schützen.

Eine Adoption nicht anzuerkennen, kann erheblich persönliche Konsequenzen nach sich 1025
ziehen. Dies gilt insbesondere, wenn das Kind mit seinen scheinbaren Adoptiveltern bereits in deren Heimat- oder sonstiges Aufenthaltsland eingereist ist und dort mit ihnen zusam-

---

[2727] *Heiderhoff*, NJW 2015, 482.
[2728] Im Ergebnis noch vollständig ablehnend Cass. 1re civ. Bull. civ. 2011 I no. 72 = D. 2011, 1522 note *Berthiau* = Rev. crit. dr. int. pr. 100 (2011), 722 note *Hammje*; Cass. 1re civ. D. 2012, 1033 note *Douchy-Oudot*; Cass. 1re civ. D. 2013, 2170 obs. *Gallmeister*; Cass. 1re civ. D. 2013, 2382 = RCDIP 102 (2013), 910 note *Hammje* = Clunet 141 (2014), 133 note *Guillaume*; Cass. 1re civ. D. 2013, 2383 = Clunet 141 (2014), 134 note *Guillaume* ; CA Rennes D. 2012, 1436 note *Granet-Lambrechts* = Dr. fam. 2012 comm. 67 note *Neirinck*; *Brunet*, D. 2011, 1001; *Chénedé*, AJ fam. 2011, 262; *Granet-Lambrechts*, D. 2011, 1585; *Gouttenoire*, D. 2011, 1995; *Fulchiron/Bidaud-Garon*, D. 2013, 2349; *Petit*, D. 2013, 2377; *Fabre-Magnan*, D. 2013, 2384; *Hauser*, RTDciv 2013, 816. Siehe jetzt aber Cass. 1re civ. JCP G 2017, 1691 note *Gouttenoire* = D. 2017, 1737 note *Fulchiron* = Petites affiches N° 181, 11 septembre 2017, S. 8 note *Hisquin* (insgesamt fünf Parallelentscheidungen vom 5.7.2017); Cass., cour de réexamen D. 2018, 825; Cass., cour de réexamen D. 2018, 826 note *Guillaume*; dazu u. a. *Bollée*, RCDIP 2018, 143.
[2729] OLG Celle FamRZ 2017, 1496 m. Anm. *E. Unger*; *Fulchiron/Bidaud-Garon*, D. 2014, 905, 908 f. sowie App. Bari RDIPP 2009, 699 (dazu *Campiglio*, ebd., 589); Rb. 's-Gravenhage JPF 2008/72 m. Anm. *Vlas*. Insoweit zurückhaltend allerdings noch *Heiderhoff*, NJW 2015, 482.
[2730] Siehe die eindrucksvolle Liste der Vertragsstaaten im Fundstellennachweis BGBl. II und bei *Jayme/Hausmann*, Internationales Privat- und Verfahrensrecht, 18. Aufl. 2016, S. 1045 f. Fn. 1.

men lebt. Auf der einen Seite steht die Generalprävention, Eltern-Kind-Verhältnisse, die Erwachsene sich erschlichen haben, nicht anzuerkennen; auf der anderen Seite stehen Schicksal und Bedürfnis des Kindes.[2731] Art. 3 UN-KinderRKonv.[2732] gebietet eigentlich einen Vorrang des Kindeswohls.[2733] Die Macht des Faktischen darf aber andererseits nicht durch Anerkennung der Adoption belohnt werden.[2734] Das Kind bereits nicht einreisen zu lassen[2735] mag nur eine Hilfslösung sein, verhindert aber relativ zuverlässig, dass das Kind mit seinen Adoptiveltern ein Familienleben aufbaut und emotionale Bindungen entwickelt.

1026 Durch die Ratifikation sind die Grundsätze des Haager AdoptionsÜbk. Bestandteil des deutschen ordre public geworden.[2736] Das färbt wenn möglich auch auf den kollisionsrechtlichen ordre public des Art. 6 EGBGB ab.

1027 Die Adoption Minderjähriger hat eklatante Problemlagen:[2737] Zum einen droht sie, die Kanalisierung durch obligatorische Begleitung seitens zugelassener Vermittlungsagenturen zu unterlaufen. Zum anderen sind Kindeswohl und Elterneignung zu prüfende Pole. Zum dritten droht versteckte Einwanderung. Zum vierten können wirtschaftliche Erwägungen insbesondere auf der Seite des Anzunehmenden hineinspielen. Überlagernd gibt es menschenrechtliche Dimensionen, außerdem politische wie philosophische Ebenen, weil eine Erste Welt/Dritte Welt-Gefällelage bei zu liberaler Handhabung ausgenutzt zu werden drohte.[2738] Rassen-, Klassen- und Geschlechterfragen spielen ebenfalls massiv hinein.[2739]

1028 **2. Vorrang der internationalverfahrensrechtlichen Anerkennung.** Spricht ein ausländisches Gericht eine Adoption per Entscheidung (Dekretadoption) aus, so ist die causa auch aus deutscher Sicht entschieden, wenn jene ausländische Entscheidung in Deutschland entweder unter dem Haager AdoptionsÜbk oder, sofern sie in einem Nichtvertragsstaat des Haager AdoptionsÜbk ergangen ist oder zwar in einem Vertragsstaat, aber ohne die Bescheinigung nach Art. 23 Haager AdoptionsÜbk ergangen ist, nach §§ 108; 109 FamFG anerkannt wird.[2740] Anerkennung nach IZVR hat Vorrang vor Anwendung des IPR, denn sie zeitigt bereits kraft Wirkungserstreckung ein konkretes Ergebnis, insbesondere über § 2 I AdWirkG. Die Grenzlinie verläuft grundsätzlich zwischen Dekretadoption nach ausländischem Recht (dann AdWirkG) einerseits und Vertragsadoption nach ausländischem Recht (dann Artt. 22; 23 EGBGB) andererseits.[2741] Eine im Ausland erfolgte Adoption durch den Ehegatten der Mutter nach künstlicher Befruchtung und anonymer Eispende ist jedenfalls anzuerkennen.[2742]

1029 Die internationalverfahrensrechtliche Anerkennung einer ausländischen Dekretadoption hat die wichtige Konsequenz, dass sich die Adoptionswirkungen grundsätzlich in Deutschland nicht nach Art. 22 II EGBGB richten, sondern nach dem vom ausländischen Gericht

---

[2731] *Meysen,* JAmt 2013, 493.
[2732] UN Convention on the Rights of the Child of 20 November 1989, BGBl. 1992 II 16, 990; 2011 II 600.
[2733] Dafür *Borrás,* Essays in Honour of Hans van Loon, 2013, S. 77; *Meysen,* JAmt 2013, 493.
[2734] *Meysen,* JAmt 2013, 493.
[2735] *Meysen,* JAmt 2013, 493.
[2736] LG Stuttgart JAmt 2008, 102; LG Flensburg IPRspr. 2011 Nr. 127 S. 307.
[2737] *Botthof,* Perspektiven der Minderjährigenadoption, 2014, S. 123–142.
[2738] Näher B. *Stark,* 51 Vand. J. Trans. L. 159 (2018).
[2739] Siehe nur *Cherry,* 17 U. Penn. J. L. & Social Change 257, 271–288 (2014); *Goodwin,* 88 Indiana L. J. 1289 (2013); *Mutcherson,* 43 N. C. J. Int'l. L. 150 (2018).
[2740] Beispiele: OLG Hamm IPRax 2017, 497, 498 (dazu *Geimer,* IPRax 2017, 472); OLG Nürnberg FamRZ 2015, 1640; OLG Schleswig FamRZ 2015, 1985; OLG Braunschweig NJOZ 2016, 42; OLG Brandenburg StAZ 2017, 15; OLG Celle FamRZ 2017, 1503, 1504; OLG Stuttgart BeckRS 2017, 126257; AG Hamm IPRspr. 2011 Nr. 125 S. 299; AG Schöneberg IPRspr. 2015 Nr. 116 S. 300; *Majer,* FamRZ 2015, 1138, 1139; *Riegner,* NZFam 2017, 1019. Gegen eine Anwendung der §§ 108; 109 FamFG neben dem Haager AdoptionsÜbk. indes OLG Düsseldorf IPRspr. 2012 Nr. 124b S. 251; OLG Schleswig FamRZ 2014, 498, 500 f.; LG Berlin JAmt 2010, 85 f.
[2741] Deutlich z. B. AG Frankfurt/Main StAZ 2018, 315.
[2742] Cass. Clunet 142 (2015), 101 note *Barrière Brousse* = AJF 2014, 555 note *Chénédé* = RJPF 2014 No. 11 S. 33 note *Garé* = Dr. fam. 2014 comm. 160 obs. *Neirinck* = D. 2014, 1876 obs. *Dionisi-Peyrusse.*

X. Adoption   1030–1032   § 4

tatsächlich zugrunde gelegten Recht, dem so genannten Adoptionsbegründungsstatut.[2743] Soweit § 2 AdWirkG greift, bewirkt dies aber eine Gleichstellung mit einer Adoption nach deutschem Recht im Verhältnis zur Aufnahmefamilie, während das Adoptionsbegründungsstatut weiterhin das Verhältnis zur Herkunftsfamilie beherrschen kann.[2744]

3. Grundanknüpfung im autonomen deutschen IPR durch Art. 22 EGBGB.   1030
a) Begriff der Adoption. Weder definiert das deutsche IPR den von ihm verwendeten Begriff der Adoption, noch würde es sich an eine Umschreibung wagen. Der Begriff muss weit genug sein, um das breite Spektrum weltweit gebräuchlicher Arten der Annahme als Kind abzudecken: starke Adoptionen (welche die Bande des Angenommenen zu seiner Herkunftsfamilien kappen) ebenso wie schwache (welche dies nicht tun), Minderjährigen- und Erwachsenenadoption gleichermaßen.[2745] Auch eine so genannte equitable adoption als faktisch-gelebte Eltern-Kind-Beziehung unter dem Recht einiger US-Bundesstaaten gehört hierher.[2746] Die Bezeichnung als „Annahme als Kind" ist insofern unglücklich, als der Teil „Kind" eine Beschränkung auf Minderjährige zu suggerieren scheint. Dies ist aber nicht gewollt; vielmehr ist auch die Erwachsenenadoption erfasst, immerhin ein unter römischem Recht vielfach praktiziertes Rechtsinstitut[2747].

Eine besondere Herausforderung ist die kafala vieler (aber nicht aller[2748]) islamisch   1031
geprägten Rechtsordnungen, insbesondere aus dem Maghreb. Ihr Hintergrund ist das Adoptionsverbot aus Sure 33, Verse 4, 5 und 37 des Koran;[2749] sie bietet einen funktionellen Ersatz für eine Adoption,[2750] aber ohne echte Statusbegründung.[2751] Sie ist nach europäischen Maßstäben keine echte Adoption, führt aber immerhin zur Aufnahme in die Familie des kafil.[2752] Hinter ihr verstecken sich durchaus unterschiedliche soziale Phänomene, z.B. sowohl die altruistische Sorge für ein elternloses oder verlassenes Kind[2753] als auch das Kaschieren einer außerehelichen Vaterschaft seitens des kafil. Für die Zwecke des deutschen IPR ist sie wohl im ersten Schritt am besten als eine Art vertraglicher Begründung eines Pflegschaftsverhältnisses mit einer Schutzzusage als zentralem Element einzuordnen.[2754]

Art. 20 III 1 UN-Kinderrechtekonvention[2755] stellt die kafala ausdrücklich als eigenstän-   1032
diges Institut *neben* die Adoption. Ihre „Anerkennung"[2756] fällt europäischen Kollisions-

---

[2743] MüKoBGB/*Helms* Art. 22 EGBGB Rn. 38, 102; NK-BGB/*Benicke* Art. 22 EGBGB Rn. 17.
[2744] NK-BGB/*Benicke* Art. 22 EGBGB Rn. 18–20.
[2745] Siehe nur Staudinger/*Henrich* Art. 22 EGBGB Rn. 2; MüKoBGB/*Helms* Art. 22 EGBGB Rn. 6; NK-BGB/*Benicke* Art. 22 EGBGB Rn. 2.
[2746] Staudinger/*Henrich* Art. 22 EGBGB Rn. 2; MüKoBGB/*Helms* Art. 22 EGBGB Rn. 8; NK-BGB/*Benicke* Art. 22 EGBGB Rn. 5.
[2747] Man denke nur an die iulisch-claudische Dynastie (z. B. adoptiert allein *Augustus*, der selber – als leiblicher Großneffe – von C. *Iulius Caesar* adoptiert worden war, *Drusus, Marcellus, Gaius Caesar, Lucius Caesar* und *Tiberius* oder *Claudius* den *Nero*) oder an P. *Cornelius Scipio Aemilianus Africanus minor Numantinus* (leiblicher Sohn von L. *Aemilius Paullus Macedonicus*, adoptiert von P. *Cornelius Scipio*).
[2748] Tunesien, Irak und Iran etwa kennen in unterschiedlichen Abstufungen eine schwache Dekretadoption; näher *Yassari*, FS Dagmar Coester-Waltjen, 2015, S. 1059, 1065–1071.
[2749] Zu deren Auslegung und praktizierten Umgehungsmöglichkeiten *Yassari*, FS Dagmar Coester-Waltjen, 2015, S. 1059 (1059–1065).
[2750] Überblick über das „Adoptionsrecht" (im weiten Sinn) islamischer Staaten *Yassari*, in: Behrentin (Hrsg.), Handbuch Adoptionsrecht, 2017, S. 445.
[2751] *Helms* FS Meo-Micaela Hahne, 2012, S. 69, 80.
[2752] OLG Hamm FamRZ 2015, 427; LG Karlsruhe IPRspr. 1010 Nr. 141 S. 348. Näher dazu in lateinischer Schrift z. B. *Quiñonez Escámez*, Kafala y adopción en las relaciónes hispano-marroqués, 2009, S. 12–126; *Meziou*, RdC 345 (2009), 9, 275–284.
[2753] Z.B. *Assim*, In the Best Interest of Children Deprived of a Family Environment: A Focus on Islamic Kafala as an Alternative Care Option, 2009.
[2754] OLG Karlsruhe FamRZ 1998, 56; SG München IPRspr. 2012 Nr. 133 S. 281; AG Höchst IPRax 1997, 264; *Jayme*, Zugehörigkeit und kulturelle Identität, 2012, S. 38.
[2755] UN Convention on the Rights of the Child of 20 November 1989, BGBl. 1992 II 16, 990; 2011 II 600.
[2756] Dazu z. B. *Sayed*, Essays in honour of M. Bogdan, 2013, S. 507.

rechten wie dem französischen leichter, die eine Anerkennung so genannter situations juridiques als zweite, vorrangige Schiene vor dem Verweisungsrecht kennen.[2757] Wegen der massiv einschlägigen Kindeswohlinteressen besteht auch eine menschenrechtliche Dimension.[2758] Diese zwingt das IPR dazu, Wege zu finden, um der kafala Wirkungen beizulegen.[2759] Das heißt indes nicht automatisch, dass die kafala als Adoption qualifiziert werden *muss*. Versteht man sie dagegen als funktionellen Ersatz für eine so im Auslandsrecht nicht vorfindliche Adoption, so könnte dies im zweiten Schritt doch für eine Qualifikation als Adoption für die Zwecke des deutschen IPR sprechen.[2760]

1033 Jedoch ist ein dritter Schritt notwendig. Mit dem Inkrafttreten des KSÜ für Deutschland ist nämlich eine anderweitige Klärung der Lage eingetreten: Art. 3 I lit. e KSÜ zählt die kafala ausdrücklich zu den vom KSÜ erfassten Schutzmaßnahmen. Für die kafala gelten also die Kollisionsnormen des KSÜ mit Vorrang vor dem autonomen IPR nach Art. 3 Nr. 2 EGBGB. Für eine (direkte oder analoge) Anwendung von Art. 22 EGBGB bleibt daneben kein Platz.[2761]

1034 *b) Grundanknüpfung, Art. 22 I 1 EGBGB.* Nach Art. 22 I 1 EGBGB als Grundanknüpfung unterliegt eine Adoption dem Recht des Staates, welchem der Annehmende bei der Annahme angehört. Anknüpfungssubjekt ist also nicht der Anzunehmende,[2762] sondern nur der Annehmende. Art. 22 I 1 EGBGB ist keine Schutzanknüpfung, sondern kommt z. B. deutschen Adoptionswilligen entgegen. Für den Anknüpfungspunkt Staatsangehörigkeit gilt Art. 5 EGBGB ohne besondere Einschränkungen.

1035 *c) Adoption durch einen oder mehrere Ehegatten, Art. 22 I 2 EGBGB.* Dies ist verdrängende Ausnahme zu Art. 22 I 1 EGBGB.[2763] Es wird nicht etwa alternativ angeknüpft. Es herrscht kein Günstigkeitsprinzip zu Gunsten der Adoptionswirksamkeit. Das macht der Kontrast zum gänzlich anders ausgestalteten Art. 19 I EGBGB deutlich. Daraus ergibt sich die Aufgabenteilung: Nur Art. 22 I 2 EGBGB gilt, wenn der Annehmende verheiratet ist; dagegen gilt Art. 22 I 1 EGBGB, wenn der Annehmende verheiratet ist.

1036 Ob der Annehmende zum Zeitpunkt der Annahme verheiratet ist, ist eine Erstfrage, weil es sich dabei um ein Merkmal im Tatbestand einer deutschen Kollisionsnorm und nicht einer Sachnorm handelt. Erstfragen sind immer auf der Grundlage des deutschen IPR anzuknüpfen, hier konkret nach Art. 13 EGBGB (bei Auslandsheirat auch nach Art. 11 EGBGB für die Form) bezüglich der ursprünglichen Eheschließung und der Brüssel IIa-VO, subsidiär § 107 FamFG bzw. der Rom III-VO für den aktuellen Fortbestand (also die Nichtauflösung) einer geschlossenen Ehe.

1037 Rechtsfolge ist die Anwendung der Adoptionsvorschriften aus dem objektiven Ehewirkungsstatut, ermittelt nach Art. 14 II EGBGB 2019.[2764] Eine Rechtswahl nach Art. 14 I EGBGB 2019 ist für das Adoptionsstatut nicht zu beachten, weil nicht mitverwiesen. Die Ankoppelung an das Ehewirkungsstatut und damit an das Staatsangehörigkeitsprinzip des Art. 14 EGBGB hat an innerer Legitimation verloren, je mehr das Ehewirkungsstatut als allgemeines „Familienstatut" zurückgedrängt wurde und je mehr das europäische IPR mit seinem Aufenthaltsprinzip vordringt.[2765]

[2757] Siehe z. B. *Monéger*, Mélanges Claire Neirinck, 2015, S. 613.
[2758] EGMR 4.10.2012 – 43631/09 – Harroudj/France.
[2759] Näher *Gallala-Arndt*, RabelsZ 79 (2015), 405.
[2760] *Jayme*, IPRax 1996, 242, 243; *ders.*, IPRax 1997, 376; *ders.*, IPRax 1999, 49; *Menhofer*, IPRax 1997, 252, 254.
[2761] Staudinger/*Henrich* Art. 22 EGBGB Rn. 2; MüKoBGB/*Helms* Art. 22 EGBGB Rn. 8; NK-BGB/*Benicke* Art. 22 EGBGB Rn. 4. Vorsichtiger OVG Hamburg NJW-RR 2013, 2, 3.
[2762] Rechtspolitisch kritisch dazu *Helms* FS Meo-Micaela Hahne, 2012, S. 69, 72 f.
[2763] Siehe AG Hamm IPRspr. 2014 Nr. 110a S. 259.
[2764] Der Absatz im Bezugsobjekt wurde als Folgeänderung durch Art. 2 Nr. 10 Gesetz zum Internationalen Güterrecht und zur Änderung von Vorschriften des Internationalen Privatrechts vom 17.12.2018, BGBl. 2018 I 2573 geändert.
[2765] *Helms*, FS Meo-Micaela Hahne, 2012, S. 69, 76.

X. Adoption 1038–1044 § 4

Beispiel: Bradley Kidd und Angelica Jones, beide Staatsbürger der USA mit Lebensmittelpunkt in 1038 Portland (Oregon) und miteinander verheiratet, adoptieren auf einer Reise nach Kenia das fünfjährige Mädchen Maria Osanto.

d) Adoption durch einen Lebenspartner, Art. 22 I 3 EGBGB. Ausweislich Art. 22 I 3 1039 EGBGB unterliegt die Adoption durch einen Lebenspartner dem Recht, welches nach Art. 17b I 1 EGBGB für die allgemeinen Wirkungen der Lebenspartnerschaft maßgebend ist, also dem Recht des Staates, in welchem die Lebenspartnerschaft registriert worden ist. Dies ist wiederum verdrängende Ausnahme zu Art. 22 I 1 EGBGB. Art. 22 I 3 EGBGB ist mit Wirkung vom 27.6.2014 eingeführt worden.[2766]

Art. 22 I 3 EGBGB gilt direkt für eingetragene Lebenspartnerschaften im Sinne von 1040 Art. 17b I EGBGB.[2767] Mit der 2017 erfolgten Neufassung des Art. 17b IV EGBGB ist kraft bewusster und ausgesprochen zielgerichteter gesetzgeberischer Entscheidung die Kappungsgrenze des Art. 17b IV EGBGB 2001 ersatzlos entfallen,[2768] und ausweislich Art. 229 § 48 EGBGB sogar rückwirkend entfallen.[2769] Dies gilt auch mit Blick auf Adoptionen.[2770]

Für bloße faktische, nicht eingetragene Lebensgemeinschaften, egal ob gleich- oder ver- 1041 schiedengeschlechtlich, greift Art. 22 I 3 EGBGB nicht.[2771]

Für gleichgeschlechtliche Ehen verweist der[2772] neu eingefügte Art. 17b V 1 EGBGB 1042 2019 explizit auch auf Art. 22 I 3 EGBGB. Das „Reparaturgesetz" hat die dringend notwendige Klarstellung bewirkt. Es hat zuvor bestehende massive Zweifel ausgeräumt, die entstanden, weil Art. 17b IV EGBGB 2017 nach seinem Wortlaut nur auf Art. 17b I-III EGBGB verwies, nicht auf weitere Normen des EGBGB.[2773]

Art. 22 I 3 EGBGB betrachtet in bewusster Abgrenzung von Art. 22 I 2 EGBGB nur 1043 die Adoption durch *einen* Lebenspartner, nicht die gemeinsame durch beide Lebenspartner.[2774] Ihm geht es zuvörderst um die Stiefkindadoption, die Adoption eines Kindes des einen Lebenspartners durch den anderen. Schon der Titel des Änderungsgesetzes bezieht sich auf die *Sukzessiv*adoption. Trotzdem sollte man, da der Gesetzgeber sich unsachgemäß nur von Motiven aus dem deutschen Sachrecht hat leiten lassen,[2775] Art. 22 I 3 EGBGB auch auf gemeinschaftliche Adoptionen durch beide Lebenspartner anwenden.[2776] Kann man sich dazu nicht verstehen, wäre die Alternative ein Rückgriff auf Art. 22 I 1 EGBGB mit kumulativer Anwendung der Heimatrechte beider annehmender Lebenspartner.[2777]

e) Sekundärer Anwendungsbefehl. Kennt ein verwiesenes ausländisches Recht die Adoption 1044 als Institut nicht (wie viele islamische Rechtsordnungen es halten) und hält es auch kein funktionell vergleichbares Ersatzinstitut bereit, das sich unter einen weiten Adoptionsbegriff

---

[2766] Durch Art. 1 Nr. 1 Gesetz zur Umsetzung der Entscheidung des Bundesverfassungsgerichts zur Sukzessivadoption durch Lebenspartner vom 20.6.2014, BGBl. 2014 I 786.
[2767] Näher *A. Schirmer* S. 152–165.
[2768] Begründung des Bundesrates zum Entwurf eines Gesetzes zur Einführung des Rechts auf Eheschließung für Personen gleichen Geschlechts, BT-Drs. 18/6665, 10 Zu Artikel 2 Nummer 4; Begründung der Fraktion Die Linke zum Entwurf eines Gesetzes zur Einführung des Rechts auf Eheschließung für Personen gleichen Geschlechts, BT-Drs. 18/8, 8 Zu Artikel 2 Nummer 4; *Mankowski,* IPRax 2017, 541, 542.
[2769] → § 4 Rn. 791.
[2770] Diskussion der vorangegangenen Rechtslage insbesondere bei *Benicke,* IPRax 2015, 393, 395 f.
[2771] Näher *A. Schirmer* S. 177–183.
[2772] Durch Art. 2 Nr. 1 lit. b Gesetz zur Umsetzung des Gesetzes zur Einführung des Rechts auf Eheschließung für Personen gleichen Geschlechts vom 18.12.2018, BGBl. 2018 I 2639.
[2773] *Mankowski,* IPRax 2017, 541, 544.
[2774] Begründung der Fraktionen der CDU/CSU und der SPD zum Entwurf eines Gesetzes zur Umsetzung der Entscheidung des Bundesverfassungsgerichts zur Sukzessivadoption durch Lebenspartner, BT-Drs. 18/841, 6; *Benicke,* IPRax 2015, 393, 394.
[2775] Siehe Begründung der Fraktionen der CDU/CSU und der SPD zum Entwurf eines Gesetzes zur Umsetzung der Entscheidung des Bundesverfassungsgerichts zur Sukzessivadoption durch Lebenspartner, BT-Drs. 18/841, 6.
[2776] MüKoBGB/*Helms* Art. 22 EGBGB Rn. 9; BeckOK BGB/*Heiderhoff* Art. 22 EGBGB Rn. 41; *Benicke,* IPRax 2015, 393, 394 f.
[2777] Dafür Erman/*Hohloch* Art. 22 EGBGB Rn. 10.

fassen ließe, so geht der primäre Anknüpfungsbefehl des Art. 22 I EGBGB ins Leere. Grund- und menschenrechtliche Aspekte können dann bei hinreichendem Inlandsbezug zu Deutschland gebieten, eine Adoption nach deutschem Recht als Ersatzrecht unter einem sekundären Anwendungsbefehl vorzunehmen.[2778]

1045 **4. Umfang des Adoptionsstatuts.** Das Adoptionsstatut entscheidet über die Voraussetzungen der Adoption, z. B. Altersgrenze (also insbesondere: Statthaftigkeit einer Erwachsenenadoption), Altersabstand, physische, psychische oder finanziellen Gegebenheiten beim Annehmenden, Fehlen natürlicher Kinder; außerdem regiert es die Art der Adoption durch Vertrag,[2779] Dekret oder anderes.[2780] Minderjährigkeit ist eine nach Art. 7 EGBGB selbständig anzuknüpfende Vorfrage, wenn das Adoptionsstatut auf sie abstellt,[2781] ohne selber eine bezifferte Altersgrenze zu ziehen.

1046 Auch für die Wirkungen einer Adoption ist das Adoptionsstatut maßgeblich. Art. 22 II EGBGB macht dies explizit für das Verwandschaftsverhältnis zwischen dem Angenommenen und dem (oder den) Annehmenden sowie den Personen, zu denen das Kind in einem familienrechtlichen Verhältnis steht. Dem Adoptionsstatut fällt also insbesondere die starke oder schwache Ausgestaltung der Adoption anheim, ob die Adoption die Bande des Angenommenen zu seiner Ursprungsfamilie durchschneidet oder nicht und ob sie dementsprechend die volle rechtliche Integration in die Familie des Annehmenden bewirkt oder nicht. Das Adoptionswirkungsstatut beherrscht allerdings nicht solche Rechtsfolgen, die eigenen Anknüpfungsnormen zugewiesen, insbesondere den Namen (Art. 10 EGBGB) und das Eltern-Kind-Verhältnis (KSÜ, subsidiär Art. 21 EGBGB).

1047 So wie über den Beginn herrscht das Adoptionsstatut auch über das Ende einer Adoption. Es normiert die Voraussetzungen, unter denen eine Adoption aufgehoben oder rückgängig gemacht werden kann, und über die zeitliche Wirkung (ex nunc oder ex tunc) eines solchen Schritts.

1048 Besonderheiten bestehen beim Erbrecht des Angenommenen.[2782] Art. 22 III EGBGB enthält eine besondere Gleichstellungsregel unter sehr eingeschränkten Voraussetzungen und hat kaum praktische Bedeutung.[2783] Der Grundansatz besteht aus einem strukturierten Zusammenspiel von Erbstatut und Adoptions(wirkungs)statut: Das Erbstatut besagt, welches Verwandschaftsverhältnis für ein subjektives Erbrecht bestehen muss, und das Adoptions(wirkungs)statut beantwortet in selbständiger Anknüpfung der Vorfrage, ob ein solches Verwandtschaftsverhältnis zwischen dem Erblasser und dem Angenommenen bestand.[2784] Problemfälle sind die Konstellationen, in denen ein (nicht deutsches) Erbstatut pauschal, abstrakt und a priori keine Erbberechtigung eines Adoptivkindes kennt.

1049 **5. Kumulative Anknüpfung für die Zustimmung zur Adoption nach Art. 23 EGBGB.** *a) Kumulative Anknüpfung an das Heimatrecht des Kindes.* aa) Anknüpfungsgegenstand. Für einen eng begrenzten Anknüpfungsgegenstand etabliert Art. 23 S. 1 EGBGB eine kumulative Anknüpfung[2785] zusätzlich zur Grundanknüpfung des Art. 22 EGBGB: Die Erforderlichkeit und die Erteilung der Zustimmung des Kindes und einer Person, zu der das Kind in einem familienrechtlichen Verhältnis steht, zu einer Abstammungserklärung, Namenserteilung oder Annahme als Kind unterliegen zusätzlich dem Recht des Staates, dem das Kind angehört. Der Begriff „Annahme als Kind" ist dabei derselbe wie unter Art. 22 EGBGB.[2786]

[2778] OLG Schleswig FamRZ 2008, 1104.
[2779] Z. B. AG Karlsruhe IPRspr. 2011, Nr. 138.
[2780] Siehe nur MüKoBGB/*Helms* Art. 22 EGBGB Rn. 18 f.; Palandt/*Thorn* Art. 22 EGBGB Rn. 1.
[2781] OLG Köln StAZ 2012, 88.
[2782] Zum Komplex insbesondere *Sonnenberger*, GS Alexander Lüderitz, 2000, S. 713; *S. Lorenz*, FS Hans Jürgen Sonnenberger, 2004, S. 497.
[2783] NK-BGB/*Benicke* Art. 22 EGBGB Rn. 47 f.
[2784] Siehe nur BGH NJW 1989, 2197; OLG Düsseldorf IPRax 1999, 380, 382 f.; MüKoBGB/*Helms* Art. 22 EGBGB Rn. 37 f.
[2785] Siehe nur AG Stuttgart FamRZ 2015, 1986.
[2786] Staudinger/*Henrich* Art. 23 EGBGB Rn. 2.

X. Adoption

Kumulativ angeknüpft werden nur Erfordernisse zur Zustimmung seitens des Kindes und dem Kind familienrechtlich verbundener Personen. Sieht das verwiesene Auslandsrecht eine Einwilligung solcher Personen (z. B. der leiblichen oder rechtlichen Eltern) nicht als erforderlich an, so bleibt es dabei.[2787]

Von der Verweisung *nicht* erfasst sind dagegen Erfordernisse zur Zustimmung durch Behörden, Gerichte oder staatlich belehnte Institutionen des Heimatstaates.[2788] Der Heimatstaat als solcher soll kein Vetorecht haben. Freilich droht man damit hinkende Adoptionen zu provozieren, denen im Heimatstaat aus Verdruss über die mangelnde Mitwirkung der heimatstaatlichen Stellen die Anerkennung versagt sein könnte. Klüger ist jedenfalls, die heimatstaatlichen Behörden in deutsche Adoptionsverfahren einzubinden. Dabei kann aber wiederum das Problem auftreten, dass jenen Behörden die Mitwirkung in bestimmten Fällen durch ihr eigenes Recht versagt sein mag, z. B. wenn dort ein Adoptionsverbot besteht.[2789]

bb) Erstfrage. Art. 23 S. 1 EGBGB setzt ein familienrechtliches Verhältnis zwischen dem Zustimmungsberechtigten und dem Anzunehmenden voraus. Darunter fällt auch eine eingetragene Lebenspartnerschaft zwischen dem Annehmenden und dem Vater des Kindes.[2790]

Welche Personen ein familienrechtliches Verhältnis zu dem Anzunehmenden aufweise, ist eine Erstfrage, weil es sich dabei um ein Merkmal im Tatbestand einer deutschen Kollisionsnorm und nicht einer Sachnorm handelt. Erstfragen sind immer auf der Grundlage des deutschen IPR anzuknüpfen, hier konkret nach Art. 19 EGBGB.

cc) Anknüpfungspunkt. Anknüpfungspunkt ist die Staatsangehörigkeit des Kindes, nicht dessen gewöhnlichen Aufenthalt, und auch kein persönliches Merkmal des oder der Adoptierenden. Maßgeblich ist die Staatsangehörigkeit des Kindes vor der Adoption; eine erst als Folge der Adoption erworbene Staatsangehörigkeit zählt nicht.[2791] Art. 5 EGBGB kommt voll zum Tragen, einschließlich Art. 5 I 2 EGBGB.[2792]

b) Ersetzung durch deutsches Recht nach Art. 23 S. 2 EGBGB. Gemäß Art. 23 S. 2 EGBGB sind Erforderlichkeit und Erteilung einer Zustimmungserklärung nicht nach dem eigentlichen Adoptionsstatut, sondern nach deutschem Recht zu beurteilen, wenn das Kindeswohl dies erfordert.[2793] Dabei handelt es sich um eine spezielle, Art. 6 EGBGB verdrängende Ausprägung des deutschen ordre public,[2794] weil die Berücksichtigung des Kindeswohls bei Entscheidungen, welche das Kind zentral und gewichtig betreffen, zum Kernbestand der deutschen Rechtsordnung zählt. Art. 23 S. 2 EGBGB ist auch dadurch als Ausnahmevorschrift gekennzeichnet. Wegen dieses Charakters darf er nicht vorschnell angewendet werden, sondern nur mit Bedacht und Zurückhaltung, strengen Maßstäben folgend.[2795]

Allerdings ist umstritten, wie streng die Maßstäbe sein müssen. Nach einem Ansatz muss die Anwendung deutschen Rechts konkret nicht nur nützlich, sondern erforderlich sein, um das Kindeswohl zu wahren.[2796] Nach einem anderen Ansatz sind dagegen nicht so hohe

---

[2787] AG Stuttgart FamRZ 2015, 1986.
[2788] BayObLGZ 1993, 332, 336; *S. Lorenz*, IPRax 1994, 193, 195; NK-BGB/*Benicke* Art. 23 EGBGB Rn. 14.
[2789] Siehe BVerwGE 138, 77 Rn. 8 für Marokko und OVG Hamburg NVwZ-RR 2013, 2 Rn. 26 für Algerien.
Vgl. aber auch VG Berlin 4.4.2013 – 29 K 224.12 Rn. 13 für Pakistan.
[2790] OLG Düsseldorf NJW 2017, 2774.
[2791] OLG Frankfurt NJW 1988, 1472; OLG Frankfurt FamRZ 1997, 241.
[2792] OLG Düsseldorf NJW 2017, 2774; AG Nürnberg FamRZ 2011, 308; MüKoBGB/*Helms* Art. 23 EGBGB Rn. 3.
[2793] Grundsätzlich kritisch zu dieser Vorschrift *F. Sturm*, StAZ 2007, 261, 269 f. sowie *Helms*, FS Meo-Micaela Hahne, 2012, S. 69, 77.
[2794] OLG Köln StAZ 2013, 319, 320; Erman/*Hohloch* Art. 23 EGBGB Rn. 16.
[2795] OLG Köln StAZ 2013, 319, 320.
[2796] BayObLG NJW-RR 1995, 327, 329; OLG Celle StAZ 1989, 9, 10; OLG Frankfurt FamRZ 1997, 241, 243; LG Bielefeld FamRZ 1989, 1338, 1339; *Henrich*, StAZ 1995, 284, 286.

Anforderungen zu stellen[2797] und soll ein bloßer Vorteil für das Kind ausreichen.[2798] Differenzierend könnte man darauf abstellen, ob dem Kind ohne die Anwendung deutschen Rechts ernsthafte Nachteile drohen.[2799] Nachteilig soll bereits sein, wenn sich die Frage nach der Notwendigkeit einer Zustimmungserklärung gemäß dem vom Art. 23 S. 1 EGBGB berufenen ausländischen Recht nicht in angemessener Zeit klären lässt.[2800] Ein ernsthafter Nachteil droht jedenfalls, wenn sich die Anforderungen der eigentlichen lex causae nicht oder nur unter erheblichen Schwierigkeiten erfüllen ließen, etwa weil die Zustimmung eines Elternteils verlangt wird, die sich faktisch nicht erreichen lässt, da der betreffende Elternteil unbekannt verzogen ist, und wenn die Klärung, ob der statusrechtliche Vorgang wirksam ist, für das Kind große Bedeutung hat.[2801]

1057 Beispielsfälle für ein hinreichendes Kindeswohl sind: der Verbleib eines bisherigen Pflegekinds in seiner bisherigen Pflegefamilie, in die es integriert ist;[2802] unzumutbare Verzögerungen beim Einholen von Zustimmungen;[2803] Überspielen zu weit gespannter Zustimmungserfordernisse auch zugunsten entfernter Verwandter.[2804]

1058 **6. Rück- und Weiterverweisung.** Art. 22 I EGBGB begründet Gesamtverweisungen.[2805] Bei Art. 22 I 2 EGBGB wird auf die Kollisionsnorm des Ehewirkungsstatuts verwiesen, die für Adoptionen gilt, nicht auf jene, die für die allgemeinen Ehewirkungen generell gelten würde.[2806] Auch Art. 22 I 3 EGBGB führt zu der für Adoptionen maßgeblichen Kollisionsnorm eines ausländischen Partnerschaftsstatuts.

1059 Art. 23 S. 1 EGBGB folgt der Grundregel des Art. 4 I 1 Hs. 1 EGBGB und spricht eine Gesamtverweisung aus.[2807] Über die Sinnklausel des Art. 4 I 1 Hs. 2 EGBGB zu einer Sachnormverweisung zu gelangen[2808] bedürfte einer überzeugenden Begründung. Eine Differenzierung je nachdem, ob ein im Prinzip verwiesenes Recht eine Kollisionsnorm von vergleichbar speziellem Zuschnitt wie jenem des Art. 23 S. 1 EGBGB kennt,[2809] würde sich der misslichen und komplizierten Konstruktion einer bedingten Gesamtverweisung bedienen, die in Art. 4 I 1 EGBGB keine Grundlage hat. Bei Art. 23 S. 2 EGBGB als einseitiger Kollisionsnorm hin zum deutschen Recht scheidet ein renvoi a priori aus.

XI. Kindessorge

Literatur: *Allinger,* Das Haager Minderjährigenschutzübereinkommen, 1987; *Benicke,* Haager Kindesschutzübereinkommen, IPRax 2013, 44; *Boelck,* Reformüberlegungen zum Haager Minderjährigenschutzübereinkommen von 1961, 1994; *Büren,* Das auf die Regelung der elterlichen Sorge anzuwendende Recht, 2010; *Kölbl,* Normenkonkurrenz im internationalen Minderjährigenschutz, 2011;

[2797] LG Lahnstein FamRZ 1994, 1350, 1351; NK-BGB/*Benicke* Art. 23 EGBGB Rn. 36.
[2798] AG Frankfurt/Main DAVorm 1994, 734.
[2799] BayObLG NJW-RR 1995, 327, 329; OLG Fankfurt FamRZ 1997, 241, 243; OLG Frankfurt DAVorm 1998, 472; OLG Köln StAZ 2013, 319, 320; Palandt/*Thorn* Art. 23 EGBGB Rn. 6.
[2800] OLG Köln StAZ 2013, 319, 320.
[2801] OLG Köln StAZ 2013, 319, 320; BeckOK BGB/*Heiderhoff* Art. 23 EGBGB Rn. 23.
[2802] Begründung der Bundesregierung zum Entwurf eines Gesetzes zur Neuregelung des Internationalen Privatrechts, BT-Drs. 10/504, 73; BayObLG FamRZ 2002, 1282; BayObLGZ 1988, 868; AG Celle FamRZ 2017, 1500, 1503; *F. Sturm,* StAZ 1997, 261, 265.
[2803] BayObLGZ 1994, 332; OLG Köln StAZ 2013, 319, 320.
[2804] BayObLG FamRZ 2002, 1282; NK-BGB/*Benicke* Art. 23 EGBGB Rn. 42.
[2805] Siehe nur OLG Köln StAZ 2012, 88; OLG Karlsruhe IPRspr. 2013 Nr. 137 S. 296; AG Nürnberg FamRZ 2011, 308; AG Frankfurt/Main StAZ 2018, 315.
[2806] BayObLG FamRZ 1997, 841; *Henrich,* FamRZ 1986, 841, 849f.; *H. Dörner,* StAZ 1990, 1, 5; *S. Lorenz,* IPRax 1992, 305, 307.
[2807] BayObLG FamRZ 2005, 1694; OLG München FGPrax 2007, 127, 128; AG Lübbecke IPRax 1987, 327; AG Bielefeld IPRax 1989, 172; AG Siegen IPRax 1992, 259; AG Frankfurt/Main StAZ 2018, 315; *Jayme,* IPRax 1989, 157; *S. Lorenz,* IPRax 1994, 193, 194; *Hohnerlein,* IPRax 1994, 197; NK-BGB/*Benicke* Art. 23 EGBGB Rn. 19–21.
[2808] Dafür BayObLG IPRax 1989, 172; LG Bielefeld FamRZ 1989, 1338; AG Plettenberg IPRax 1994, 219; Palandt/*Thorn* Art. 24 EGBGB Rn. 2 sowie AG Stuttgart FamRZ 2015, 1986.
[2809] Dafür MüKoBGB/*Klinkhardt* (5. Aufl. 2010) Art. 23 EGBGB Rn. 4; BeckOK BGB/*Heiderhoff* Art. 23 EGBGB Rn. 19; *Andrae* § 7 Rn. 58.

XI. Kindessorge

Krah, Das Haager Kinderschutzübereinkommen, 2004; *Kropholler*, Das Haager Übereinkommen über den Schutz Minderjähriger, 2. Aufl. 1977; *Lowe/Nicholls*, The 1996 Hague Convention on the Protection of Children, 2012; *Pirrung*, Improvements to International Child Protection as a Result of the 1996 Hague Child Protection Convention, In Honour of William Duncan, 2012, S. 70; Practical Handbook on the Operation of the 1996 Hague Child Protection Convention, 2014; *A. Schulz*, Inkrafttreten des Haager Kindesschutzübereinkommens vom 19.10.1996 für Deutschland am 1.10.2011, FamRZ 2011, 156; *dies.*, Deutsches internationales Kindschaftsrecht, FamRZ 2018, 797; *Setright/ D. Williams/Curry-Sumner/M. Wright*, The 1996 Hague Convention on the Protection of Children and Brussels IIa, 2015; *Siehr*, The 1996 Hague Convention on the Protection of Children and Its Application in the EU and the World, In Honour of William Duncan, 2012, S. 74; The 1996 Hague Convention Practice Guide, 2013 (UK Ministry of Justice); *R. Wagner/Janzen*, Die Anwendung des Haager Kindesschutzübereinkommens in Deutschland, FPR 2011, 110.

1. Rechtsquellen. *a) KSÜ in Nachfolge zum MSA.* Das KSÜ nimmt sich im System der Haager Konventionen der Sorgen und Nöte von Kindern in innerfamiliären Verhältnissen an.[2810] Zusammen mit dem Haager AdoptionsÜbk. 1993 wird es bezeichnet als „the twin peaks of international family law making of the last quarter century."[2811] Das KSÜ enthält keine eigene Norm zur Eingrenzung oder Umschreibung seines räumlich-persönlichen Anwendungsbereichs.[2812] Daraus folgt die denkbar weiteste Anwendbarkeit: Das KSÜ ist immer dann anwendbar, wenn der Forumstaat Vertragsstaat des KSÜ ist. Das nötige Regulativ und den nötigen Inlandsbezug besorgen die Zuständigkeitsgründe. Unterstützt wird der Schluss durch Art. 20 KSÜ: Die Kollisionsnormen des KSÜ sind lois uniformes, selbst wenn sie im Ergebnis das Recht eines Nichtvertragsstaates für anwendbar erklären. Artt. 15–22 KSÜ gelten universell, auch wenn Staatsangehörige von Nichtvertragsstaaten betroffen sind.[2813] Den nötigen Auslandsbezug und die nötige Internationalität stellen bereits Bezüge zu einem Drittstaat her, ohne dass es Bezüge zu einem weiteren Vetragsstaat außer dem Forumstaat bräuchte.[2814]

b) MSA im Verhältnis zu Vertragsstaaten nur des MSA und nicht des KSÜ. Das KSÜ hat das MSA ausweislich Art. 51 KSÜ nur im Verhältnis der Vertragsstaaten des KSÜ zueinander ersetzt. Daher gilt im Verhältnis zu Vertragsstaaten des MSA, die keine Vertragsstaaten des KSÜ sind, weiterhin das MSA. Deutschland hat das MSA nicht gekündigt. Bedeutung hatte das MSA für Deutschland noch im Verhältnis zur Türkei, denn die Türkei war lange zwar Vertragsstaat des MSA, nicht aber des KSÜ. Erst zum 1.2.2017 ist sie Vertragsstaat des KSÜ geworden.[2815] Nur Macao[2816] ist heute noch Vertragsstaat allein des MSA, da für Belgien und Italien (die ebenfalls keine Vertragsstaaten des KSÜ sind) das MSA aufgrund Art. 60 lit. a Brüssel IIa-VO außer Kraft getreten ist.[2817] Außerdem gilt das KSÜ nicht im Verhältnis zu den niederländischen Überseegebieten Aruba und Sint Maarten.[2818]

2. Abgrenzung zur Brüssel IIa-VO. An der Abgrenzung zwischen KSÜ und Brüssel IIa-VO[2819] versucht sich Art. 61 Brüssel IIa-VO. Ihm zufolge ist die Brüssel IIa-VO anwendbar, wenn das betreffende Kind seinen gewöhnlichen Aufenthalt im Hoheitsgebiet eines Mitgliedstaats der Brüssel IIa-VO hat (lit. a) oder in Fragen der Anerkennung und

---

[2810] *Laquer Estin*, 62 Fla. L. Rev. 47, 95 (2010).
[2811] Lord Justice *Thorpe*, in: The 1996 Hague Convention Practice Guide, 2013, S. 1.
[2812] Siehe nur *Lukits*, EF-Z 2017, 15, 17.
[2813] Siehe nur OLG Brandenburg StAZ 2017, 111; OLG Celle NJW-RR 2018, 1093; *C. Seiler*, in: I. Götz/G. Schnitzler (Hrsg.), 40 Jahre Familienrechtsreform, 2017, S. 357, 360.
[2814] BGH FamRZ 2018, 457; OLG Karlsruhe BeckRS 2018, 1556 (dazu *Jesgarzweski*, NZFam 2018, 756); OLG Celle NJW-RR 2018, 1093.
[2815] BGBl. 2016 II 1263.
[2816] Aufgrund seiner insoweit fortwirkenden portugiesischen Vergangenheit: Portugal war Vertragsstaat des MSA, die VR China ist es bis heute nicht; *Rodríguez Mateos*, Liber amicorum Alegría Borrás, 2013, S. 785, 789 Fn. 15.
[2817] Siehe Staudinger/*Henrich* Art. 21 EGBGB Rn. 80.
[2818] *A. Schulz*, FamRZ 2018, 797, 803.
[2819] Näher *McEleavy*, Essays in Honour of Hans van Loon, 2013, S. 371.

Vollstreckbarerklärung einer Entscheidung aus einem Mitgliedstaat der Brüssel IIa-VO, auch wenn das betreffende Kind seinen gewöhnlichen Aufenthalt im Hoheitsgebiet eines Drittstaats hat, der Vertragsstaat des KSÜ ist.

1063 Die Abgrenzung ist im IPR dennoch einfach und einleuchtend, weil es eine sachlich-katgeorielle Abgrenzung ist: Die Brüssel IIa-VO regelt nur die internationale Zuständigkeit der Gerichte und die Anerkennung und Vollstreckbarerklärung von Entscheidungen. Sie regelt also nur Fragen des Internationalen Prozessrechts und enthält keine Kollisionsnormen des Internationalen Privatrechts.[2820] Deshalb kann im IPR kein relevanter und per Rangkollisionsnorm zu klärender Normkonflikt zwischen Brüssel IIa-VO und KSÜ entstehen.[2821] Im Gegenteil besteht ein Kooperations- und Ergänzungsverhältnis zwischen beiden Rechtsakten.[2822]

1064 3. Qualifikation. Das KSÜ befasst sich ausweislich seines Art. 1 mit Maßnahmen zum Schutz von Kindern. Den Zentralbegriff „Kind" definiert Art. 2 KSÜ übereinkommensautonom mit je einer festen Grenze nach oben und nach unten: Kind ist man zwischen der Geburt und der Vollendung des 18. Lebensjahres. Dies ist eine abschließende Eigenregelung durch eine einheitliche Sachnorm.[2823] Es erfolgt keine Verweisung auf nationale Sachrechte, und es wird auch kein Bezug auf irgendwelche nationalen Volljährigkeitsgrenzen vorgenommen.[2824] Umgekehrt macht das KSÜ auch keine Vorgaben, wenn es in anderen Kontexten um Volljährigkeit geht.[2825] Mit dem Abstellen auf die Geburt werden zugleich nascituri ausgegrenzt,[2826] erst recht nondum concepti.

1065 Was unter „Maßnahmen" zu verstehen ist, führt Art. 3 in einem ausführlichen, aber nicht abschließenden[2827] Katalog näher aus:[2828] die Zuweisung, die Ausübung und die vollständige oder teilweise Entziehung der elterlichen Verantwortung sowie deren Übertragung (lit. a); das Sorgerecht einschließlich der Sorge für die Person des Kindes und insbesondere des Rechts, den Aufenthalt des Kindes zu bestimmen, sowie das Recht zum persönlichen Umgang einschließlich des Rechts, das Kind für eine begrenzte Zeit an einen anderen Ort als den seines gewöhnlichen Aufenthalts zu bringen (lit. b); die Vormundschaft, die Pflegschaft und entsprechende Einrichtungen (lit. c); die Bestimmung und den Aufgabenbereich jeder Person oder Stelle, die für die Person oder das Vermögen des Kindes verantwortlich ist, das Kind vertritt oder ihm beisteht (lit. d); die Unterbringung des Kindes in einer Pflegefamilie oder einem Heim oder seine Betreuung durch Kafala oder eine entsprechende Einrichtung (lit. e); die behördliche Aufsicht über die Betreuung eines Kindes durch jede Person, die für das Kind verantwortlich ist (lit. f); die Verwaltung und Erhaltung des Vermögens des Kindes oder die Verfügung darüber (lit. g).

1066 Aus deutscher Sicht erfasst dies positiv z.B. Schutzmaßnahmen bei Gefährdung des Kindeswohls aus § 1666 BGB, die Verteilung der elterlichen Sorge bei Trennung gemeinsam sorgeberechtigter Eltern nach § 1671 BGB, die Regelung des Umgangs- und Besuchsrechts aus §§ 1684; 1685 BGB und die Anordnung einer Vormundschaft nach § 1774 BGB.

1067 Wichtig sind auch die negativen Abgrenzungen gegenüber anderen Materien, welche das KSÜ nicht erfassen will. Sie nimmt Art. 4 KSÜ vor. Art. 3 und Art. 4 KSÜ zusammen sollen den Anwendungsbereich so abstecken, dass keine (Schutz-)Lücken entstehen. Wie-

---

[2820] Siehe nur *A. Schulz*, FamRZ 2018, 797, 802.
[2821] OLG Frankfurt FamRZ 2015, 1633; *Kölbl* S. 282; Geimer/Schütze/*U. P. Gruber*, Internationaler Rechtsverkehr in Zivil- und Handelssachen, Losebl. 1973ff., Vorb. KSÜ Rn. 7, Art. 15 KSÜ Rn. 2.
[2822] *Kölbl* S. 285; The 1996 Hague Convention Practice Guide, 2013, S. 8.
[2823] Siehe Erman/*Hohloch* KSÜ Rn. 14.
[2824] Siehe *Lowe/Nicholls* S. 22 f.
[2825] OLG Brandenburg StAZ 2017, 111; Erman/*Hohloch* Art. 7 EGBGB Rn. 2c; Staudinger/*Hausmann* Art. 7 EGBGB Rn. 12.
[2826] *Lowe/Nicholls* S. 22; *Rauscher* IPR Rn. 959.
[2827] In re J (a child) [2015] UKSC 70 [23], [2016] AC 1291 (S. C.); dazu *Scarano*, (2016) 38 J. Social Welfare & Fam. L. 205.
[2828] Dazu z. B. *Lowe/Nicholls* S. 24–28.

derum findet man einen ausführlichen Katalog.²⁸²⁹ Ausgeklammert sind demzufolge: auf die Feststellung und Anfechtung des Eltern-Kind-Verhältnisses (lit. a); auf Adoptionsentscheidungen und Maßnahmen zur Vorbereitung einer Adoption sowie auf die Ungültigerklärung und den Widerruf der Adoption (lit. b); auf Namen und Vornamen des Kindes (lit. c); auf die Volljährigerklärung (lit. d); auf Unterhaltspflichten (lit. e); auf trusts und Erbschaften (lit. f); auf die soziale Sicherheit (lit. g); auf öffentliche Maßnahmen allgemeiner Art in Angelegenheiten der Erziehung und Gesundheit (lit. h); auf Maßnahmen infolge von Straftaten, die von Kindern begangen wurden (lit. i); auf Entscheidungen über Asylrecht und Einwanderung (lit. j). Litt. a–f beziehen sich auf andere privatrechtliche Materien, während litt. g–j sich dem öffentlich- und strafrechtlichen Bereich zuwenden. Generell verläuft die Abgrenzung aber nicht dergestalt, dass öffentlichrechtliche Maßnahme a priori ausgegrenzt wären;²⁸³⁰ das erhellt insbesondere mit Blick auf die als Kernpunkt erfassten *behördlichen* Schutzmaßnahmen.

Die meisten Tatbestände des Art. 4 KSÜ sind eigentlich deklaratorischer Natur, ersparen **1068** aber Auslegungsmühen, die anstünden, wenn sie nicht existieren würden. Insgesamt machen sie in ihrem privatrechtlichen Teil aber klar, dass abstammungs- und statusrechtliche Vorfragen *nicht* vom KSÜ erfasst sind. Vielmehr sind diese nach dem IPR des Forums anzuknüpfen,²⁸³¹ in Deutschland z. B. Abstammungsfragen nach Art. 19 EGBGB und Adoptionsaspekte nach Artt. 22; 23 EGBGB.

4. Anknüpfung. *a) Gleichlaufprinzip und Grundsatzanknüpfung an die lex fori.* Das KSÜ **1069** verfolgt wie sein Vorgänger MSA das Prinzip des Gleichlaufs von internationaler Zuständigkeit und anwendbarem Recht, das lex fori-Prinzip.²⁸³² So wird aufwändige und verlangsamende Auslandsrechtsanwendung vermieden,²⁸³³ die sich namentlich bei eilbedürftigen Schutzmaßnahmen praktisch sowieso kaum realisieren ließe. Auch eine kompliziertere kollisionsrechtliche Anknüpfung erübrigt sich.²⁸³⁴ Deshalb gilt für den Erlass von Schutzmaßnahmen die lex fori, wobei das Forum sich in der Regel nach dem gewöhnlichen Aufenthalt des Kindes richtet. Insoweit geht Schnelligkeit vor, und Schnelligkeit gewährleistet am besten die Anwendung der lex fori, desjenigen Rechts, welches dem Gericht vertraut ist und vor dem es keine Sprachbarrieren überwinden muss. Das kommt gerade Verwaltungsbehröden entegen und vermeidet eine Spaltung gegenüber öffentlichrechtlichen Regeln, welche dem Territorialitätsprinzip folgen.²⁸³⁵

Sofern das Forum nicht an den gewöhnlichen Aufenthalt anknüpft, sondern sich über **1070** Artt. 8; 10; 11; 12 KSÜ bestimmt, bleibt es trotzdem bei der Anwendung der lex fori, um die Rechtsanwendung auch dann zu erleichtern.²⁸³⁶ Das Prinzip lex propria in foro proprio bleibt schließlich auch dann bestehen. Das Gleichlaufprinzip setzt sich durch.²⁸³⁷ Woraus das Forum seine Zuständigkeit ableitet, ist sogar generell ohne Bedeutung; es ist – unter leichter Korrektur des Wortlauts des Art. 15 I KSÜ²⁸³⁸ – nicht einmal notwendig, dass das Forum seine Zuständigkeit gerade auf einen Zuständigkeitstatbestand aus dem KSÜ stützen

---

²⁸²⁹ Rapport explicatif *Lagarde* BT-Drs. 16/12068 Rn. 26; *Boele-Woelki/Jänterä-Jareborg*, Liber amicorum Kurt Siehr, 2010, S. 125, 135.
²⁸³⁰ *Boele-Woelki/Jänterä-Jareborg*, Liber amicorum Kurt Siehr, 2010, S. 125, 135.
²⁸³¹ MüKoBGB/*Siehr* Art. 15 KSÜ Rn. 17.
²⁸³² Siehe nur OLG Karlsruhe FamRZ 2012, 1955; OLG Köln FamRZ 2013, 528, 529; OLG Köln FamRZ 2017, 1514, 1515 m. Anm. *Menne*; OLG Karlsruhe 17.1.2018 – 18 UF 185/17 Rn. 18; *Krah* S. 208–210; *Büren* S. 188 f.; *Geimer/Schütze/U. P. Gruber*, Internationaler Rechtsverkehr in Zivil- und Handelssachen, Losebl. 1973 ff., Art. 15 KSÜ Rn. 7; Staudinger/*Pirrung* Vor Art. 19 EGBGB Rn. 100.
²⁸³³ Staudinger/*Pirrung* Vor Art. 19 EGBGB Rn. D 100; *Benicke*, IPRax 2013, 46, 49.
²⁸³⁴ *Büren* S. 190.
²⁸³⁵ *Krah* S. 209 und schon für das MSA *v. Overbeck*, NedTIR 1961, 140, 148; *Kropholler* MSA S. 111; *Allinger* S. 45; *Boelck* S. 65.
²⁸³⁶ Siehe nur Rapport explicatif *Lagarde* BT-Drs. 16/12068 Rn. 87.
²⁸³⁷ NK-BGB/*Benicke* Art. 15 KSÜ Rn. 2. Geimer/Schütze/*U. P. Gruber*, Internationaler Rechtsverkehr in Zivil- und Handelssachen, Losebl. 1973 ff., Art. 15 KSÜ Rn. 15.
²⁸³⁸ *Rodríguez Mateos*, Liber amicorum Alegría Borrás, 2013, S. 785, 789.

würde.²⁸³⁹ Es reicht auch ein Zuständigkeitstatbestand aus der Brüssel IIa-VO.²⁸⁴⁰ Insoweit hat das IPR-Kapitel des KSÜ einen eigenständigen Geltungswillen.²⁸⁴¹

1071 Einen Vorbehalt zu Gunsten des Heimatrechts des Kindes für gesetzliche Gewaltverhältnisse gibt es nicht mehr; Art. 3 MSA, eine stete Quelle von Unsicherheit und Streitigkeiten in Theorie und Praxis, hat keine Nachfolgenorm im KSÜ.²⁸⁴²

1072 b) *Gewöhnlicher Aufenthalt des Kindes.* Der Grundtatbestand des KSÜ für die internationale Zuständigkeit ist Art. 5 I KSÜ. Er knüpft an den gewöhnlichen Aufenthalt des Kindes an. Das Kind steht als Schutzperson im Mittelpunkt. Wo die Eltern ihren jeweiligen gewöhnlichen Aufenthalt haben, ist dagegen ohne Bedeutung.²⁸⁴³

1073 Über die lex fori-Anknüpfung des Art. 15 I KSÜ schlägt dies auch in das IPR durch. Man kann also auch im IPR davon sprechen, dass das KSÜ im Grundsatz an den gewöhnlichen Aufenthalt des Kindes anknüpft (allerdings ohne dass man dies verabsolutieren und allein setzen dürfte).

1074 Das KSÜ definiert den gewöhnlichen Aufenthalt nicht. Dieser Begriff ist übereinkommensautonom auszulegen.²⁸⁴⁴ In Rückkoppelung daraus, dass sich die Brüssel IIa-VO in ihren kindschaftsrechtlichen Teilen an das KSÜ als Vorbild anlehnt, kann man die Begriffsbildung für den gewöhnlichen Aufenthalt von Kindern aus der Brüssel IIa-VO auf das KSÜ so weit wie möglich übertragen.²⁸⁴⁵ Umgekehrt baut das KSÜ auf dem MSA auf, so dass zum MSA gewonnene Erkenntnisse auch beim KSÜ zum Tragen kommen können.²⁸⁴⁶ Gemeinsame Zielsetzungen aller Rechtsakte sind der Schutz des Kindes, das Kindeswohl und die räumliche Nähe.²⁸⁴⁷

1075 Der gewöhnliche Aufenthalt des Kindes ist für die Zwecke des KSÜ der Lebensmittelpunkt, der Schwerpunkt der sozialen Existenz und der sozialen Beziehungen, ohne dass eine Absicht erforderlich wäre, sich dauerhaft an diesem Ort niederzulassen.²⁸⁴⁸ Der Begriff ist faktisch, nicht normativ auszufüllen.²⁸⁴⁹ Das ist wichtig, weil es dadurch nicht auf Konformität mit dem Willen eines Sorgeberechtigten ankommt. Ob der Aufenthalt rechtmäßig oder unrechtmäßig ist, ist nicht ausschlaggebend.

1076 Physischer Aufenthalt ist regelmäßig Grundvoraussetzung.²⁸⁵⁰ Soziale Integration, familiäre und soziale Bindungen sind die entscheidenden Kriterien.²⁸⁵¹ Sprache und Staatsangehörigkeit können ergänzend eine Rolle spielen.²⁸⁵² Dies steht im Einklang mit den

---

²⁸³⁹ Rapport explicatif *Lagarde* BT-Drs. 16/12068 Rn. 85; *Andrae*, IPRax 2006, 82, 87; *Benicke*, IPRax 2013, 44, 53 f.; *Lukits*, EF-Z 2017, 15, 17.
²⁸⁴⁰ SI 2010/1898 reg. 7; Begründung der Bundesregierung zum Entwurf eines Gesetzes zu dem Haager Übereinkommen vom 19. Oktober 1996 über die Zuständigkeit, das anzuwendende Recht, die Anerkennung, Vollstreckung und Zusammenarbeit auf dem Gebiet der elterlichen Verantwortung und der Maßnahmen zum Schutz von Kindern, BT-Drs. 16/12068, 31; OLG Köln FamRZ 2017, 1514, 1515 m. Anm. *Menne* = NZFam 2017, 855 m. Anm. *Groeneveld/Türke*; *A. Schulz*, FamRZ 2011, 156, 159 f.; The 1996 Hague Convention Practice Guide, 2013, S. 28; Erman/*Hohloch* KSÜ Rn. 39 sowie OLG Karlsruhe FamRZ 2013, 1238, 1239. Mit beachtlichen Gründen dagegen, soweit nicht eine sachliche Übereinstimmung mit KSÜ-Zuständigkeiten besteht, *Rauscher* IPR Rn. 964.
²⁸⁴¹ Geimer/Schütze/*U. P. Gruber*, Internationaler Rechtsverkehr in Zivil- und Handelssachen, Losebl. 1973 ff., Art. 15 KSÜ Rn. 4 f.
²⁸⁴² Siehe nur *Benicke*, IPRax 2013, 46, 49.
²⁸⁴³ KG FamRZ 2015, 79 (dazu *Spangenberg*, FamRZ 2015, 1726).
²⁸⁴⁴ Siehe nur OGH EvBl 2013/71 = ÖJZ 2013, 500 = JBl 2013, 381; *Traar*, iFamZ 2011, 44, 46.
²⁸⁴⁵ OGH EvBl 2013/71 = ÖJZ 2013, 381 = JBl 2013, 381; OGH IPRax 2014, 183, 185; OLG Stuttgart NJW 2012, 2043 Rn. 16; *Winkler v. Mohrenfels*, FPR 2001, 189, 190; *Traar*, iFamZ 2011, 44, 46; *Heindler*, IPRax 2014, 201, 204.
²⁸⁴⁶ OGH EvBl 2013/71 = ÖJZ 2013, 500 = JBl 2013, 381; OGH EF-Z 2013, 238 m. Anm. *Nademleinsky*; *Nademleinsky/Neumayr*, Internationales Familienrecht, 2. Aufl. 2017, Rn. 08.13.
²⁸⁴⁷ OGH EvBl 2013/71 = ÖJZ 2013, 500 = JBl 2013, 381.
²⁸⁴⁸ OGH EvBl 2013/71 = ÖJZ 2013, 500 = JBl 2013, 381.
²⁸⁴⁹ BGH FamRZ 2005, 1540, 1541; OLG Bremen NJW 2016, 665, 666.
²⁸⁵⁰ EuGH ECLI:EU:C:2017:118 Rn. 60–62 – V u. W/X; OLG Bremen NJW 2016, 665, 666; *Mankowski*, FamRZ 2017, 738.
²⁸⁵¹ OLG Suttgart FamRZ 2013, 49, 50; OLG Bremen NJW 2016, 665, 666.
²⁸⁵² OLG Bremen NJW 2016, 665, 666.

XI. Kindessorge   1077-1079 § 4

modernen Wirklichkeiten und Lebenswelten.[2853] Je jünger das Kind ist, desto mehr steht zu vermuten, dass es von seinen tatsächlichen Bezugspersonen abhängig ist und dass sein gewöhnlicher Aufenthalt sich von deren gewöhnlichem Aufenthalt faktisch ableitet.[2854]

Gefordert ist eine Prüfung an Hand der Umstände im konkreten Einzelfall.[2855] Aus den **1077** tatsächlichen Umständen müssen sich dauerhafte Verbindungen mit dem betreffenden Ort ergeben.[2856] Die Dauer des Aufenthalts ist für sich kein isoliert ausschlaggebendes Moment. Auch ein (bisher) nur kurzer Aufenthalt kann Ausgangspunkt für eine dauerhafte Verbindung sein.[2857] Faustformel ist, dass ein Aufenthalt von sechs Monaten Dauer in der Regel ein gewöhnlicher Aufenthalt ist.[2858] Dies ist allerdings nur eine grobe Richtschnur und nicht überzubewerten.[2859] Aus der maßgeblichen Sicht des Kindes stellt sich ein Aufenthalt an einem Ort um so mehr als gewöhnlich dar, je länger es an diesem Ort bleibt.[2860] Insbesondere jüngere Kinder können sich schneller als Erwachsene an eine neue Umgebung gewöhnen, sich dort einleben und dort sozial integrieren.[2861]

c) Anknüpfung von Schutzmaßnahmen. Art. 15 I KSÜ unterwirft Schutzmaßnahmen der **1078** lex fori, soweit Behörden der Vertragsstaaten des KSÜ im Rahmen ihrer Zuständigkeiten tätig werden. Die lex fori regiert Art, Umfang, Modifizierbarkeit, Flexibilität der Maßnahmen sowie Ausübungs- wie Entschließungsermessen der Behörden.[2862] Die Abänderung einer Maßnahme ist im Prinzip selber eine Maßnahme und unterliegt der lex fori.[2863] Die Beendigung einer Maßnahme unterfällt ebenfalls der lex fori.[2864] Für Art. 15 I KSÜ zählt weder die Staatsangehörigkeit des Kindes[2865] noch jene der Eltern.[2866] Soweit die elterliche Sorge Vorfrage ist, ist sie auch im Bereich des Art. 15 KSÜ nach Art. 16 KSÜ anzuknüpfen.[2867]

Für Schutzmaßnahmen enthält Art. 15 II KSÜ eine Ausweichklausel: Die zuständige **1079** Behörde kann ein anderes Recht als die lex fori berücksichtigen oder anwenden, wenn der Schutz von Person oder Vermögen des Kindes es erfordert und wenn der Sachverhalt eine enge Verbindung zum Staat des betreffenden Rechts aufweist.[2868] Diese Ausweichklausel hat klaren Ausnahmecharakter.[2869] An die Erforderlichkeit einer Abweichung sind strenge Maßstäbe anzulegen.[2870] Da die grundsätzliche Anknüpfung zur lex fori und zum eigenen Recht der zuständigen Behörde führt, führt jede Abweichung notwendig zu Auslandsrechtsanwendung. Dies stößt in der Praxis schon aus Kostengründen auf wenig Sympathie;[2871] deshalb findet die Ausweichklausel praktisch kaum je Anwendung.[2872] Denkbar

---

[2853] *Bailey-Harris/J. Wilson,* [2016] Fam. L. 568, 570.
[2854] OLG Bremen NJW 2016, 665, 666.
[2855] OGH RIS-Justiz RS0074198; OGH RIS-Justiz 0074327; OGH EvBl 2013/71 = ÖJZ 2013, 500 = JBl 2013, 381.
[2856] OGH RIS-Justiz RS0046742; OGH EvBl 2013/71 = ÖJZ 2013, 500 = JBl 2013, 381.
[2857] OGH RIS-Justiz RS0046742; OGH EvBl 2013/71 = ÖJZ 2013, 500 = JBl 2013, 381.
[2858] OGH EvBl 2013/71 = ÖJZ 2013, 500 = JBl 2013, 381; OGH iFamZ 2016/237, 377; OLG Karlsruhe FamRZ 2010, 1577; OLG Stuttgart NJW 2012, 2043 Rn. 16; OLG Karlsruhe NJW-RR 2015, 1415 Rn. 26; OLG Karlsruhe 17.1.2018 – 18 UF 185/17 Rn. 15, 16.
[2859] OLG Stuttgart IPRspr. 2011 Nr. 113 S. 147 Rn. 23; OLG Stuttgart NJW 2012, 2043 Rn. 18.
[2860] OLG Frankfurt FamRZ 2006, 883, 884; OLG Stuttgart NJW 2012, 2043 Rn. 16.
[2861] OLG Stuttgart NJW 2012, 2143 Rn. 17.
[2862] Siehe nur MüKoBGB/*Siehr* Art. 15 KSÜ Rn. 7 f.
[2863] MüKoBGB/*Siehr* Art. 15 KSÜ Rn. 11.
[2864] MüKoBGB/*Siehr* Art. 15 KSÜ Rn. 12.
[2865] OLG Karlsruhe FamRZ 2012, 1955.
[2866] OLG Frankfurt FamRZ 2013, 1225.
[2867] *Kropholler,* FS Peter Schlosser, 2005, S. 449, 457; Geimer/Schütze/*U. P. Gruber,* Internationaler Rechtsverkehr in Zivil- und Handelssachen, Losebl. 1973 ff., Art. 16 KSÜ Rn. 3.
[2868] Denkbare Fälle in The 1996 Hague Convention Practice Guide, 2013, S. 25 f.
[2869] Staudinger/*Pirrung* Vor Art. 19 EGBGB Rn. 102.
[2870] Staudinger/*Pirrung* Vor Art. 19 EGBGB Rn. 103.
[2871] The 1996 Hague Convention Practice Guide, 2013, S. 25.
[2872] Staudinger/*Pirrung* Vor Art. 19 EGBGB Rn. D 102.

erscheint dies freilich, Rücksicht zu nehmen auf das Recht eines anderen Landes, in dem eine zu treffende Maßnahme sich letztlich auswirken soll.[2873]

1080 Vorstellbar ist allerdings ein Rückgriff auf das Heimatrecht des Kindes, wenn das Kind voraussichtlich in seinen Heimatstaat zurückkehren wird.[2874] Dann fallen prospektiver gewöhnlicher Aufenthalt und Staatsangehörigkeit zusammen. Insoweit stehen Kontinuität und Vermeiden von Brüchen bei Schutzmaßnahmen in Rede.

1081 Art. 15 III KSÜ behandelt den Wechsel im gewöhnlichen Aufenthalt des Kindes (z. B. weil ein Vormund mit seinem Mündel grenzüberschreitend umzieht[2875]). Dabei unterscheidet er zwischen dem Bestand und dem Inhalt bereits zuvor angeordneter Schutzmaßnahmen einerseits und der Ausübung dieser Maßnahmen andererseits. Mit dem Aufenthaltswechsel darf keine tabula rasa eintreten. Es dürfen nicht sämtliche Schutzmaßnahmen entfallen. Dies drohte das Kind schutzlos zu stellen, jedenfalls bis zur Anordnung neuer Schutzmaßnahmen. Daher verfügt Art. 14 KSÜ die Fortgeltung der im bisherigen Aufenthaltsstaat getroffenen Maßnahmen. Jedoch können dessen Behörden die Maßnahmen nach dem Aufenthaltswechsel nicht mehr effektiv durchsetzen. Effektive Durchsetzung steht vielmehr nur den Behörden des neuen Aufenthaltsstaates zu Gebote. Umgekehrt lässt Art. 15 III KSÜ eine automatische Abänderungsnotwendigkeit bei Grenzübertritt des Kindes entfallen.[2876]

1082 Daraus ergibt sich, dass die Modalitäten für Ausübung und Durchsetzung der angeordneten Maßnahmen sich nun nach dem Recht des neuen gewöhnlichen Aufenthalts des Kindes richten.[2877] Zieht z. B. ein Vormund mit dem Kind um, so beurteilt sich die Notwendigkeit eines Berichts über das Wohlergehen des Kindes nach dem Recht des neuen Aufenthalts, auch wenn Adressat eines Berichts letztlich das Gericht wäre, welches die Vormundschaft ursprünglich angeordnet hat.[2878] An Art. 15 III KSÜ wird ein zu enger Zuschnitt, der nur einen Teil aus der Wandelbarkeit des Maßnahmestatuts abbilde, kritisiert und eine entsprechende Anwendung gefordert, wenn die Wirkungen einer nicht nur punktuell greifenden Schutzmaßnahme auch in einem anderen Staat zu beurteilen seien.[2879]

1083 *d) Anknüpfung der elterlichen Sorge.* Die elterliche Sorge ist ein eigener Anknüpfungsgegenstand mit eigenen Anknüpfungsregeln.[2880] Sie ist strikt von behördlichen Schutzmaßnahmen getrennt zu sehen. Allerdings kann eine behördliche Schutzmaßnahme darin bestehen, die elterliche Verantwortung zu entziehen oder die Bedingungen ihrer Ausübung zu ändern. Entsprechende behördliche oder gerichtliche Anordnungen haben nach Art. 18 KSÜ Vorrang.[2881]

1084 Das Anknüpfungssystem des KSÜ für die elterliche Sorge ist kompliziert und wenig übersichtlich.[2882] Sein Startpunkt ist aber klar Art. 16 I KSÜ: Die Zuweisung, also die Entstehung[2883] (aber nicht deren bloße Feststellung[2884]) oder das Erlöschen der elterlichen Verantwortung kraft Gesetzes ohne Einschreiten eines Gerichts oder einer Verwaltungsbehörde bestimmt sich nach dem Recht des Staates, in welchem das Kind seinen gewöhnlichen Aufenthalt hat. Dies ist ein weiteres klares Bekenntnis zum Aufenthalts- und gegen das

---

[2873] *Rauscher* IPR Rn. 965.
[2874] Rapport explicatif *Lagarde* BT-Drs. 16/12068 Rn. 89; Geimer/Schütze/*U. P. Gruber,* Internationaler Rechtsverkehr in Zivil- und Handelssachen, Losebl. 1973 ff., Art. 15 KSÜ Rn. 19 f.; NK-BGB/*Benicke* Art. 15 KSÜ Rn. 4.
[2875] *A. Schulz,* FamRZ 2018, 797, 802.
[2876] Geimer/Schütze/*U. P. Gruber,* Internationaler Rechtsverkehr in Zivil- und Handelssachen, Losebl. 1973 ff., Art. 15 KSÜ Rn. 23.
[2877] *Siehr,* RabelsZ 62 (1998), 464, 488; *Benicke,* IPRax 2013, 46, 49.
[2878] *A. Schulz,* FamRZ 2011, 156, 159; *dies.,* FamRZ 2018, 797, 802.
[2879] *Rauscher* IPR Rn. 967.
[2880] Methodisch etwas anders Erman/*Hohloch* KSÜ Rn. 43: Art. 16 KSÜ sei lex specialis zu Art. 15 KSÜ.
[2881] Siehe nur AG Otterndorf FamRZ 2012, 1140; Erman/*Hohloch* KSÜ Rn. 51.
[2882] NK-BGB/*Benicke* Art. 19 KSÜ Rn. 5 sowie Lowe/*Nicholls* S. 59.
[2883] Erman/*Hohloch* KSÜ Rn. 44.
[2884] OGH IPRax 2010, 542.

XI. Kindessorge 1085–1089 § 4

Staatsangehörigkeitsprinzip.[2885] Sachlich erfasst Art. 16 I KSÜ auch alle Rechtsfragen in Bezug auf die Rechte, Befugnisse und Pflichten der elterlich Sorgeberechtigten.[2886]

Bei Art. 16 I KSÜ steht wiederum das Kind als Schutzperson im Mittelpunkt. Der Begriff des gewöhnlichen Aufenthalts ist derselbe wie bei behördlichen Schutzmaßnahmen.[2887] Art. 16 I KSÜ verwendet denselben Anknüpfungspunkt wie Art. 15 I KSÜ. Das ist ebenso scharfer wie willkommener Kontrast zum MSA:[2888] Artt. 1; 3 MSA knüpfen Schutzmaßnahmen an den gewöhnlichen Aufenthalt, elterliche Sorge und ex lege-Gewaltverhältnisse dagegen an die Staatsangehörigkeit des Kindes an. Artt. 15 I; 16 I KSÜ harmonisieren dagegen die Grundanknüpfungen für beide Anknüpfungsgegenstände miteinander. Allerdings ist die Anknüpfung wandelbar, so dass bei verschiedenen Anknüpfungszeitpunkten unterschiedliche Ergebnisse erzielt werden.[2889] **1085**

Art. 16 I KSÜ hat zum Anknüpfungsgegenstand nur die Zuweisung und das Erlöschen der elterlichen Sorge. Über die Ausübung einer zugewiesenen elterlichen Verantwortung besagt er dagegen nichts. Dies holt Art. 17 S. 1 KSÜ nach: Die Ausübung einer zugewiesenen elterlichen Verantwortung bestimmt sich nach dem Recht des Staates des gewöhnlichen Aufenthalts des Kindes. Nur dies entspricht den Geboten von Einfachheit, Schnelligkeit und Effektivität.[2890] Sachlich erfasst dies:[2891] Genehmigungserfordernisse; Stichregeln für den Fall der Uneinigkeit zwischen mehreren Sorgeberechtigten; die etwaige Bestellung eines Ergänzungspflegers; mögliche Auswirkungen einer Trennung der sorgeberechtigten Eltern. **1086**

Die Kontraktualisierung und Vertraglichung des Familienrechts macht auch vor der elterlichen Sorge nicht halt. Im Gegenteil ist gerade in Trennungs- und Scheidungskonstellationen eine konsensuale Lösung zwischen den Eltern hocherwünscht und spart Nerven, Zeit, Geld und tertiäre Kosten. Art. 16 II KSÜ bildet dies ab: Die Zuweisung oder das Erlöschen der elterlichen Verantwortung durch eine Vereinbarung oder ein einseitiges Rechtsgeschäft (z. B. eine Sorgeerklärung nach § 1626a BGB[2892]) ohne Einschreiten eines Gerichts oder einer Verwaltungsbehörde bestimmt sich nach dem Recht des Staates des gewöhnlichen Aufenthalts des Kindes in dem Zeitpunkt, in dem die Vereinbarung oder das einseitige Rechtsgeschäft wirksam wird. Die Wirksamkeit zählt, nicht der Abschluss.[2893] **1087**

Modifiziert wird dabei der Anknüpfungszeitpunkt: Aus der grundsätzlich wandelbaren Anknüpfung des Art. 16 I KSÜ an den jeweils aktuellen gewöhnlichen Aufenthalt des Kindes[2894] wird eine unwandelbare Anknüpfung.[2895] Art. 16 II KSÜ greift aber nicht, wenn eine gerichtliche Entscheidung erforderlich ist, sei es auch nur eine Genehmigungsentscheidung am Maßstab des Kindeswohls, z. B. in Deutschland über § 156 II FamFG.[2896] **1088**

Einem Aufenthaltswechsel des Kindes tragen Art. 16 III, IV KSÜ in doppelter, miteinander kombinierter[2897] und verwobener Hinsicht Rechnung: Laut Art. 16 III KSÜ, prak- **1089**

[2885] *Büren* S. 191.
[2886] Siehe nur OLG München ZEV 2017, 582 Rn. 24; Geimer/Schütze/*U. P. Gruber*, Internationaler Rechtsverkehr in Zivil- und Handelssachen, Losebl. 1973 ff., Art. 16 KSÜ Rn. 2; *D. Schäuble*, BWNotZ 2016, 5, 7 f.; NK-BGB/*Benicke* Art. 16 KSÜ Rn. 1.
[2887] Dazu → § 4 Rn. 1072 ff.
[2888] Siehe nur Staudinger/*Pirrung* Vor Art. 19 EGBGB Rn. 106.
[2889] BGH FamRZ 2011, 796 Rn. 32; OLG Karlsruhe 17.1.2018 – 18 UF 185/17 Rn. 23.
[2890] MüKoBGB/*Siehr* Art. 17 KSÜ Rn. 1.
[2891] NK-BGB/*Benicke* Art. 17 KSÜ Rn. 1; *Rauscher* IPR Rn. 981.
[2892] AG Pankow-Weißensee FamRZ 2015, 1630; AG Pankow-Weißensee FamRZ 2016, 145 m. Anm. *Dutta*.
[2893] KG FamRZ 2011, 1516; Geimer/Schütze/*U. P. Gruber*, Internationaler Rechtsverkehr in Zivil- und Handelssachen, Losebl. 1973 ff., Art. 16 KSÜ Rn. 7.
[2894] Siehe nur BGH FamRZ 2011, 796, 798 m. Anm. *Völker*; OLG Karlsruhe FamRZ 2013, 1238; Staudinger/*Pirrung* Vor Art. 19 EGBGB Rn. D 107; *Finger*, FamRB Int 2010, 95, 99; *Rauscher*, NJW 2011, 2332; NK-BGB/*Benicke* Art. 16 KSÜ Rn. 3.
[2895] Geimer/Schütze/*U. P. Gruber*, Internationaler Rechtsverkehr in Zivil- und Handelssachen, Losebl. 1973 ff., Art. 16 KSÜ Rn. 6.
[2896] MüKoBGB/*Siehr* Art. 16 KSÜ Rn. 10.
[2897] Geimer/Schütze/*U. P. Gruber*, Internationaler Rechtsverkehr in Zivil- und Handelssachen, Losebl. 1973 ff., Art. 16 KSÜ Rn. 9.

tisch wichtig,[2898] besteht die elterliche Verantwortung nach dem Recht des Staates des gewöhnlichen Aufenthalts des Kindes nach dem Wechsel dieses gewöhnlichen Aufenthalts in einen anderen Staat fort.[2899] Wechselt das Kind seinen gewöhnlichen Aufenthalt, so führt dies also nach Art. 16 III KSÜ nicht zum Wegfall eines zuvor vollständig begründeten elterlichen Sorgerechts.[2900] Dies bietet Schutz vor überraschenden Aufenthaltswechseln.[2901] Das positive Kontinuitätsinteresse überwiegt.[2902] Der Statutenwechsel betrifft nur zukünftige Zuweisungen, bewirkt aber keinen Eingriff in einen bereits zuvor abgeschlossenen Tatbestand.[2903] Z. B. behält ein nichtehelicher Vater ein nach dem alten Aufenthaltsrecht des Kindes begründetes Mitsorgerecht selbst dann, wenn das Sachrecht des neuen Aufenthaltsrechts kein Mitsorgerecht für nichteheliche Väter kennt.[2904]

1090 Wechselt der gewöhnliche Aufenthalt des Kindes, so bestimmt sich laut Art. 17 S. 2 KSÜ indes die *Ausübung* einer zugewiesenen elterlichen Verantwortung nach dem Recht des Staates des neuen gewöhnlichen Aufenthalts. Insoweit wird die Kontinuität begrenzt.[2905] Lokales Delikts- und Strafrecht des neuen Aufenthaltsrechts ziehen Grenzen.[2906]

1091 Art. 16 IV KSÜ blickt auf die Neubegründung einer elterlichen Verantwortung unter dem neuen Aufenthaltsrecht: Wechselt der gewöhnliche Aufenthalt des Kindes, so bestimmt sich die Zuweisung der elterlichen Verantwortung kraft Gesetzes an eine Person, die diese Verantwortung nicht bereits hat, nach dem Recht des Staates des neuen gewöhnlichen Aufenthalts. Z. B. kann ein Wechsel des Kindes nach Deutschland zur gemeinsamen Sorge beider Eltern führen,[2907] während nach dem alten Recht nur ein Elternteil verantwortlich war. Eine negative Kontinuität, dass jemand, der vorher keine elterliche Sorge hatte, auch nachher haben könnte, gibt es nicht.[2908] Daraus können widersprüchliche Sorgerechtsverhältnisse resultieren, die gegebenenfalls durch behördlichen Eingriff über Art. 18 KSÜ zu klären sind.[2909]

1092 **Beispiel:** Die Eheleute Dominique Leissèguez und John Duckworth, die bisher zusammen in Birmingham gelebt haben, trennen sich. L zieht mit dem gemeinsamen Sohn Thomas zunächst nach Manchester. Ein Jahr später zieht sie mit T weiter in ihre Heimatstadt Lille.

1093 Die Gültigkeit eines Rechtsgeschäfts zwischen einem Dritten und einer anderen Person, die nach dem Recht des Staates, in welchem das Rechtsgeschäft abgeschlossen wurde, als gesetzlicher Vertreter zu handeln befugt wäre, kann ausweislich Art. 19 I KSÜ nicht allein deswegen bestritten und der Dritte nicht nur deswegen verantwortlich gemacht werden, weil die andere Person nach dem in diesem Kapitel bestimmten Recht nicht als gesetzlicher Vertreter zu handeln befugt war, es sei denn, der Dritte wusste oder hätte wissen müssen, dass sich die elterliche Verantwortung nach diesem Recht bestimmte. Vertrauen in die Geltung des Rechts am Abschlussort in die gesetzliche Vertretung wird geschützt. Insofern besteht eine gewisse Parallele zu Art. 13 Rom I-VO; Art. 11 EVÜ; Art. 12, 16 EGBGB.[2910] Erfasst sind alle Geschäfte, auch familien- und erbrechtlicher Natur oder Im-

---

[2898] *Büren* S. 192.
[2899] Beispielsfälle: OLG Karlsruhe FamRZ 2011, 1963 m. Anm. *Henrich*; OLG Karlsruhe FamRZ 2015, 1723.
[2900] OGH iFamZ 2013, 107, 108; *Looschelders*, IPRax 2014, 152, 153.
[2901] OLG Celle NJW-RR 2018, 1093.
[2902] The 1996 Hague Convention Practice Guide, 2013, S. 30; OLG Celle NJW-RR 2018, 1093; NK-BGB/*Benicke* Art. 16 KSÜ Rn. 4 sowie *Heiderhoff*, IPRax 2015, 326, 328.
[2903] OLG Karlsruhe FamRZ 2015, 1633; Staudinger/*Pirrung* Vor Art. 19 EGBGB Rn. D 110. Kritisch dazu *F. Sturm*, IPRax 1997, 10, 12; *Looschelders*, IPRax 1999, 420, 426.
[2904] *A. Schulz*, FamRZ 2018, 797, 803.
[2905] NK-BGB/*Benicke* Art. 17 KSÜ Rn. 1.
[2906] *Clive*, [1998] Juridical Rev. 169, 182; The 1996 Hague Convention Practice Guide, 2013, S. 34.
[2907] OLG Stuttgart IPRax 2015, 251, 253 (dazu *Helms*, IPRax 2015, 217).
[2908] The 1996 Hague Convention Practice Guide, 2013, S. 31.
[2909] MüKoBGB/*Siehr* Art. 16 KSÜ Rn. 5; *Rauscher* IPR Rn. 979.
[2910] Geimer/Schütze/*U. P. Gruber*, Internationaler Rechtsverkehr in Zivil- und Handelssachen, Losebl. 1973ff., Art. 19 KSÜ Rn. 2; Erman/*Hohloch* KSÜ Rn. 52.

XII. Eltern-Kind-Verhältnis jenseits der Kindessorge　　　　　　　　　　1094–1098　§ 4

mobiliengeschäfte.[2911] Geschützt wird der gute Glaube des Geschäftsgegners, der seinerseits keine Erkundigungspflicht verletzt hat.[2912] Das Kindeswohl ist dagegen kein durchschlagender Faktor.[2913]

Art. 19 II KSÜ statuiert indes eine starke Einschränkung: Art. 19 I KSÜ ist nur anzuwenden, wenn das Rechtsgeschäft unter Anwesenden im Hoheitsgebiet desselben Staates geschlossen wurde. Für Distanzgeschäfte über Staatsgrenzen hinweg gibt es also keinen kollisionsrechtlichen Gutglaubensschutz.[2914]　　　　　　　　　　　　　　　　　　1094

5. Rück- und Weiterverweisung. Das Kapitel III des KSÜ enthält lois uniformes 1095 (Art. 20 KSÜ). Es spricht ausweislich Art. 21 I KSÜ grundsätzlich Sachnormverweisungen aus und schließt einen renvoi im Prinzip aus. Indes formuliert Art. 21 II KSÜ dazu eine komplizierte Ausnahme: Ist das nach Art. 16 KSÜ für die elterliche Verantwortung verwiesene Recht dasjenige eines Nichtvertragsstaats und verweist das Kollisionsrecht dieses Staates auf das Recht eines anderen Nichtvertragsstaats, der sein eigenes Recht anwenden würde, so ist das Recht dieses anderen Staates anzuwenden; betrachtet sich das Recht dieses anderen Nichtvertragsstaats dagegen als nicht anwendbar, so ist das nach Art. 16 KSÜ bestimmte Recht anzuwenden. Art. 21 II KSÜ ist missglückt, weil überkompliziert. Leider hat er als Vorbild für Art. 34 EuErbVO gedient.[2915]

XII. Eltern-Kind-Verhältnis jenseits der Kindessorge

Art. 21 EGBGB unterstellt das Eltern-Kind-Verhältnis dem Recht am gewöhnlichen 1096 Aufenthalt des Kindes. Für die sachliche Reichweite, also den Anknüpfungsgegenstand, des Art. 21 EGBGB ist Art. 3 Nr. 1 EGBGB von besonderer Bedeutung. Denn Art. 21 EGBGB muss weichen, soweit das KSÜ oder das MSA einen Anwendungsanspruch erheben.[2916] Damit ist insbesondere der wichtige Bereich der Kindessorge dem Art. 21 EGBGB ganz weitgehend entzogen. Art. 21 EGBGB verbleiben aus diesem Bereich die elterliche Sorge für einen nasciturus oder für einen über 18jährigen (denn das ErwSÜ erfasst nur Schutzmaßnahmen für hilfsbedürftige Erwachsene, aber nicht die elterliche Sorge).[2917] Art. 21 EGBGB greift auch im Bereich der Schutzmaßnahmen dann noch, wenn man Art. 15 I KSÜ nicht für anwendbar halten sollte, sofern die Zuständigkeit nicht auch auf das KSÜ, sondern nur auf die Brüssel IIa-VO gestützt wird.[2918] Er ist also bloßer Auffangtatbestand für das, was vorrangige Staatsverträge nicht regeln.[2919]

Eigentlich alle weiteren besonderen Wirkungen des Eltern-Kind-Verhältnisses unterstehen ebenfalls anderen, eigenständigen Regimes: Der Kindesname gehört nicht zu Art. 21 EGBGB, sondern zu Art. 10 EGBGB. Der Kindesunterhalt gehört nicht zu Art. 21 EGBGB, sondern zum HUP.　　　　　　　　　　　　　　　　　　　　　　　　　　　　　　1097

Art. 21 EGBGB knüpft das Eltern-Kind-Verhältnis an den gewöhnlichen Aufenthalt des 1098 Kindes an. Art. 21 EGBGB unterfällt der Grundregel aus Art. 4 I 1 Hs. 1 EGBGB und spricht eine Gesamtverweisung aus.[2920] Vorbehaltlich von Differenzen beim renvoi (deren

---

[2911] Siehe nur Rapport explicatif *Lagarde* BT-Drs. 16/12068 Rn. 114; *Siehr*, RabelsZ 62 (1998), 464, 492; Geimer/Schütze/*U. P. Gruber*, Internationaler Rechtsverkehr in Zivil- und Handelssachen, Losebl. 1973 ff., Art. 19 KSÜ Rn. 10.
[2912] NK-BGB/*Benicke* Art. 19 KSÜ Rn. 8 f. sowie The 1996 Hague Convention Practice Guide, 2013, S. 34; *Lowe/Nicholls* S. 65.
[2913] Kritisch deshalb *M. Roth/Döring*, JBl 1999, 758, 771.
[2914] Rapport explicatif *Lagarde* BT-Drs. 16/12068 Rn. 113; Geimer/Schütze/*U. P. Gruber*, Internationaler Rechtsverkehr in Zivil- und Handelssachen, Losebl. 1973 ff., Art. 19 KSÜ Rn. 11; MüKoBGB/*Siehr* Art. 19 KSÜ Rn. 4.
[2915] → § 5 Rn. 557.
[2916] Siehe nur BGH FamRZ 2011, 796, 798; OLG Frankfurt FamRZ 2015, 1633; *A. Schulz*, FamRZ 2018, 797, 803.
[2917] *Rauscher* IPR Rn. 963 mit Fn. 143.
[2918] Staudinger/*Henrich* Art. 21 EGBGB Rn. 10; *Rauscher* IPR Rn. 963 mit Rn. 964.
[2919] *Büren* S. 242 sowie *A. Schulz*, FamRZ 2018, 797, 804.
[2920] BGH FamRZ 2016, 1747, 1748 m. Anm. *Prinz v. Sachsen Gessaphe*; KG ZKJ 2015, 235; AG Regensburg FamRZ 2014, 1556.

Wahrscheinlichkeit Art. 21 II KSÜ indes verringert) kommt Art. 21 EGBGB zu gleichen Anknüpfungsergebnissen wie das KSÜ.[2921] Auch er knüpft wandelbar an,[2922] folgt also – wie im Ausgangspunkt Art. 16 I KSÜ[2923] – einem Aufenthaltswechsel des Kindes.

XIII. Kindesentführung

Literatur: *Alfieri,* Enlèvement international d'enfants, 2016; *Bala/Maur,* The Hague Convention on Child Abduction – A Canadian Primer, (2014) 33 Can. Fam. L. Q. 267; *Beaumont,* The Hague Convention in International Child Abduction, 1999; *Bookman,* The new Canadian test for habitual residence in the Hague Convention, [2018] IFL 222; *Easteal/Favaloro/Thornton,* Hague Convention on the Civil Aspects of International Child Abduction: The consideration of habitual residence in Australian courts, (2016) 6 Fam. L. Rev. 194; *Finger,* Haager Übereinkommen zur internationalen Kindesentführung – weitere Nachträge und Ergänzungen, FamRB 2014, 153; *Diggelmann,* Grounds for refusal of Art. 13 of the 1980 Hague Convention – Return and best interests of the child, [2018] IFL 175; *Fucik,* Checkliste für Entführungsfälle, EF-Z 2017, 285; *R. George,* How do judges decide international relocation cases?, (2015) 27 Child & Fam. L.Q. 377; *van Hof/Kruger,* Separation from the Abducting Parent and the Best Interests of the Child, NILR 2018, 351; *Hutchison,* International Parental Child Abduction, 1998; *Jänterä-Jareborg,* Barnets bästa och Sveriges ansvar för överflyttning av olovligen bortförda barn, SvJT 2014, 387; *Jorzik,* Das neue zivilrechtliche Kindesnetführungsrecht, 1995; *Kruger,* International Child Abduction, 2011; *Lowe,* Strasbourg in Harmony with The Hague and Luxembourg over Child Abduction?, FS Dagmar Coester-Waltjen, 2015, S. 543; *Martiny,* Internationale Kindesentführung und europäischer Menschenrechtsschutz – Kollision unterschiedlicher Ansätze, FS Dagmar Coester-Waltjen, 2015, S. 597; *McClean,* The Hague Convention on the Civil Aspects of International Child Abduction, 1990; *McEleavy,* The European Court of Human Rights and the Hague Child Abduction Convention: Prioritising Return or Reflection?, NILR 2015, 365; *Medlin,* Habitually Problematic: The Hague Convention and the Many Definitions of Habitual residence in the United States, 30 J. AAML 241 (2017); *Pfeiff,* L'enlèvement international d'enfants dans l'Union européenne: la fin de retour immédiat?, in: Barnich/Nuyts/Pfeiff/Wautelet/van Gysel (coord.), Le droit des relations familiales internationales à la croisée des chemins, 2016, S. 149, *Puckett,* The Hague Convention on International Child Abduction: Can Domestic Violence Establish the „Grave Risk" Defense under Article 13?, 30 J. AAML 259 (2017); *Rainer,* Article 13 exceptions – return and best interests of the child, [2018] IFL 190; *dies.,* Rückführung und Kindeswohl, iFamZ 2018, 370; *Rains* (ed.), The 1980 Hague Abduction Convention – Comparative Aspects, 2014; *Ruitenberg,* De toepassing van het Haags Kinderontvoeringsverdrag in Nederland en het belang van het kind, 2015; *ders.,* Het Haags Kinderontvoeringsverdrag: een verrijking maar tijd vor herijking, FJR 2016, 106; *Schuz,* The Hague Child Abduction Convention, 2013; *Siehr,* Gewöhnlicher Aufenthalt eines entführten Kindes vor und nach dessen Rückführung, IPRax 2015, 144; *ders.,* „Widerrechtliches Zurückhalten" eines Kindes nach dem Haager Kindesnetführungsübereinkommen (HKÜ) von 1980, IPRax 2018, 498; *B. Stark,* Foreign Fathers, Japanese Mothers and the Hague Convention Spirited Away, 41 N.C.J. Int'l. L. 761 (2016); *Tischer/Daniel Walker,* Die Bedeutung des Kindeswillens in Fällen internationaler Kindesentführung, NZFam 2014, 241; *Trimmings,* Child Abduction within the European Union, 2013.

1099   1. Soziale Problemlage. Ein praktisch wichtiges Thema, dem man zunächst keine Bedeutung beizumessen und das eher am Rande zu verorten man schnell geneigt ist, sind grenzüberschreitende Kindesentführungen. Der zweite Blick offenbart indes die sozialen Dramen, die sich dahinter verbergen: zerbrechende Beziehungen oder gar Ehen, bei denen ein Partner als Elternteil die eigenen Kinder über eine Grenze verbringt und damit dem Zugriff des anderen Elternteils entzieht. Zumeist werden die Kinder in den Heimatstaat des entführenden Elternteils verbracht, in welchen auch der entführende Elternteil selbst zurückkehrt.[2924] Typisches Beispiel sind Väter aus orientalischen Ländern, die ihre Kinder

---

[2921] OLG Köln FamRZ 2013, 528, 529; OLG Brandenburg IPRspr. 2014 Nr. 220 S. 567.
[2922] Siehe nur *Büren* S. 243.
[2923] → § 4 Rn. 1085.
[2924] Statistische Aufarbeitung für 2015 bietet Prel. Doc. No. 11A *(Lowe/V. Stephens)* of February 2018 (revised) for the Seventh Meeting of the Special Commission on the Practical Operation of the 1980 Hague Child Abduction Convention and the 1996 Hague Child Protection Convention.

XIII. Kindesentführung

ohne, ja gegen den Willen der Mutter in ihren eigenen Heimatstaat bringen und dort von ihren eigenen Eltern, den Großeltern der Kinder, aufziehen lassen.

Beispiel: Der Irani Reza Nohani ist mit der Deutschen Michaela Kramer verheiratet. Beide leben miteinander in Münster und haben den gemeinsamen Sohn Oliver. Sie trennen sich. In einer Nacht- und Nebelaktion reist RN mit O in den Iran.

Ein weiteres, genau gegenläufiges Beispiel sind Mütter, die vor häuslicher Gewalt fliehen, ihre Kinder mitnehmen und sie so dem Zugriff des allein sorgeberechtigten oder zumindest mitsorgeberechtigten Vaters entziehen.[2925] Rückgabe würde hier in den Gewaltzustand zurückführen, vor dem Mutter und Kind gerade geflohen sind – und der falschen Partei in die Karten spielen.[2926]

Beispiel: Der Irani Reza Nohani ist mit der Deutschen Michaela Kramer verheiratet. Beide leben miteinander in Isfahan und haben den gemeinsamen Sohn Oliver. In einer Nacht- und Nebelaktion nach erheblicher häuslicher Gewalt seitens RN reist MK mit O in ihre Heimatstadt Münster.

Das Problem gewinnt eine weitere Dimension durch Rückentführungen: Der Elternteil, welchem die Kinder faktisch entzogen wurden, reist in den Staat, in welchen die Kinder verbracht wurden, und bringt sie von dort in seinen eigenen Aufenthaltsstaat zurück.

Beispiel: Der Irani Reza Nohani ist mit der Deutschen Michaela Kramer verheiratet. Beide leben miteinander in Isfahan und haben den gemeinsamen Sohn Oliver. In einer Nacht- und Nebelaktion nach erheblicher häuslicher Gewalt seitens RN reist MK mit O in ihre Heimatstadt Münster. Anderthalb Jahre später reist RN nach Münster, holt O dort aus der Kita ab und reist mit O nach Isfahan zurück.

Für die Kinder kann eine solche Rückentführung eine persönliche Katastrophe sein. Zum zweiten Mal werden sie ihrer jeweiligen Umwelt und ihren jeweiligen Bezugspersonen entrissen. Teilweise über Jahre aufgebaute persönliche Bindungen, etwa zu den erziehenden Großeltern, werden missachtet und durchschnitten. Erneutes Umgewöhnen und Umstellen, häufig sogar auf eine andere Kultur, werden den Kindern zugemutet.

Die Haager Konferenz für Internationales Privatrecht hat sich des Themas angenommen. Das Haager Übereinkommen über Kindesentführungen (HKÜ), zählt zu ihren wichtigsten Übereinkommen, zumal im IPR. Das HKÜ ist eine große Erfolgsgeschichte, an der sich u. a. Russland, Japan und Südkorea beteiligen.[2927] Der Zweck des HKÜ besteht nach seiner Präambel darin, das Kind vor den Nachteilen eines widerrechtlichen Verbringens oder Zurückhaltens international zu schützen und Verfahren einzuführen, um seine sofortige Rückgabe in den Staat seines gewöhnlichen Aufenthalts sicherzustellen und den Schutz des Rechts zum persönlichen Umgang mit dem Kind zu gewährleisten. Grundsätzlich bezweckt ist, den status quo ante, die Lage vor der Entführung oder Zurückhaltung, wiederherzustellen.[2928]

Das HKÜ stellt das Kindeswohl ganz in den Vordergrund, noch über die Beseitigung von Unrecht. Es erkennt durchaus die normative Kraft der Fakten an, die ein länger andauernder gewöhnlicher Aufenthalt des Kindes unter Aufbau eines sozialen Umfelds in einem Staat geschaffen hat, sei es auch nach einer Entführung oder Rückentführung. Die „Bestrafung" des (rück-)entführenden Elternteils durch Rückführung des Kindes, auf dass unrecht' Tun nicht gedeihe, wird im Interesse des Kindes am Erhalt seiner aktuellen sozialen Umwelt nicht konsequent verwirklicht. Die UN-Kinderrechtekonvention[2929] steht im

---

[2925] Zu diesen Konstellationen häuslicher Gewalt unter dem HKÜ *Weiner*, 69 Fordham L. Rev. 593 (2000); *Alanen*, 40 U. Mia. Int.-Am. L. Rev. 29 (2008); *K. B. Williams*, 4 John Marshall L. J. 39 (2011); *N. L. Browne*, 60 Duke L. J. 1193 (2011); *Quillen*, 49 Texas Int'l. L. J. 621 (2014).
[2926] *Puckett*, 30 J. AAML 259, 275 (2017).
[2927] Näher *Khazova*, *Elrod* und *Kwang Hyun Suk* 48 Fam. L. Q. 253, 351 und 267 (2014); *Watanabe*, FS Dagmar Coester-Waltjen, 2015, S. 883.
[2928] Siehe nur OGH ZfRV 2013, 172; OLG Schleswig 28.6.2013 – 12 UF 4/12 Rn. 4; *Lozano v. Alvarez* 697 F. 3d 41, 52 (2d Cir. 2012); *Dutta/Scherpe*, FamRZ 2006, 901, 906, 908.
[2929] UN Convention on the Rights of the Child of 20 November 1989, BGBl. 1992 II 16, 990; 2011 II 600.

Hintergrund bei der Auslegung des HKÜ.[2930] Verfahrensrechtlich muss das HKÜ seinen Platz im Zusammenspiel mit Art. 11 Brüssel IIa-VO finden; außerdem kann das EuSorge-RÜ[2931] über eine Anerkennung und Vollstreckung ausländischer Sorgerechts- oder Besuchsbeschlüsse hineinspielen.[2932]

1108 Freilich merkt man dem HKÜ inzwischen sein Alter an. Gegenüber seiner Entstehungszeit hat sich viel verändert, faktisch wie im Bezugsrahmen der Sachrechte. Väter haben heute mehr Rechte. Modernes Sorgerecht im objektiven Sinne kehrt sich von der Vorstellung, dass quasi-natürlich die Mutter das alleinige Sorgerecht habe, ab und setzt immer stärker auf gemeinsame Sorge.[2933] Dies schlägt sich auch darin nieder, wer entführt. Waren früher in aller Regel Väter die Entführer, so sind es heute zu 70–80 % Mütter.[2934] Das HKÜ saß ursprünglich der Vorstellung auf, dass der stärkere, vermögendere Elternteil entführen werde; heute ist dies eine Fehlvorstellung.[2935] Zum paradigmatischen Fall haben sich japanische Mütter entwickelt, die ihre von amerikanischen Ehemännern empfangenen Kinder aus den USA entführen und sich hinter dem faktisch obwaltenden Rückgabeunwillen der japanischen Behörden verschanzen können.[2936]

1109 Das HKÜ will verhindern, dass jemand davon profitiert, rechtswidrig Fakten zu schaffen. Unrecht tun soll nicht gedeihen und keine Früchte tragen. Seiner Konzeption nach versteht sich das HKÜ als schnelle und notwendig summarische Rechtshilfe bei der möglichst umgehenden Kindesrückführung.[2937] Um die endgültige Verteilung des Sorgerechts ist es dem HKÜ gerade nicht zu schaffen.[2938] Das HKÜ will ein erfolgreiches fait accompli verhindern. Dadurch setzt es unter Zeitdruck. Es arbeitet mit Vorläufigkeit und Zwischenzuständen; Eile tut ihm nicht.[2939] In der Praxis nehmen indes die Schwierigkeiten zu, Rückführungsordern bei Entführung durch einen Elternteil zu erlangen, weshalb Protokolle über präventive Maßnahmen, um Entführungen zu verhindern, angeregt werden.[2940]

1110 Keineswegs nur am Rande sei erwähnt, dass das HKÜ zu einem der effektivsten Systeme judizieller Zusammenarbeit geführt hat. Zurückgehend auf eine Initiative des englischen Lord Justice *Thorpe* aus dem Jahre 1998 hat sich ein International Hague Judicial Network als Institution etabliert.[2941] Es umfasst ausgewählte Richter aus den Vertragsstaaten, die vor allem Kontaktpersonen für ihre Kollegen aus den anderen Vertragsstaaten sind und diesen Auskunft über Vorgehen und Rechtslage in ihrem jeweils eigenen Vertragsstaat geben.

1111 **2. Anknüpfungssystem.** Nach seinem Art. 4 S. 1 ist das HKÜ auf jedes Kind anwendbar, das unmittelbar vor einer Verletzung des Sorgerechts oder des Rechts zum persönlichen Umgang seinen gewöhnlichen Aufenthalt in einem Vertragsstaat hatte. Die obere Altersgrenze für Kinder zieht Art. 4 S. 2 HKÜ in übereinkommensautonomer Festsetzung mit der Vollendung des 16. Lebensjahres.

1112 Seinem Charakter nach ist das HKÜ ein besonderes Rechtshilfeübereinkommen. Ihm gelten Schnelligkeit und Effektivität viel. Daher führt es grundsätzlich zur Anwendung der lex fori, zumal es auch die Fälle im Blick hat, dass nicht Gerichte mit rechtskundigen Richtern, sondern Behörden über Kindesrückgabeverlangen entscheiden. Jedoch imple-

---

[2930] Eindrucksvoll durchgehalten bei *Schuz*, The Hague Child Abduction Convention, 2013.
[2931] Europäisches Übereinkommen über die Anerkennung und Vollstreckung von Entscheidungen über das Sorgerecht für Kinder und die Wiederherstellung des Sorgeverhältnisses vom 20.5.1980, BGBl. 1990 II 220.
[2932] Siehe nur *Fucik*, EF-Z 2017, 285.
[2933] *Finger*, FamRB 2014, 153 (153); *Trinder*, (2014) 26 Child & Fam. L. Q. 30.
[2934] *Finger*, FamRB 2014, 153 (153); *B. Stark*, 41 N. C. J. Int'l. L. 761, 781 (2016).
[2935] *B. Stark*, 41 N. C. J. Int'l. L. 761, 791 f. (2016).
[2936] Aus US-Sicht dazu z. B. *Abbott v. Abbott* 560 U. S. 1 (2010); *Zdenek*, 16 San Diego Int'l. L. J. 209 (2014); *B. Stark*, 41 N. C. J. Int'l. L. 761 (2016).
[2937] Siehe nur *Re C (Children)* [2018] UKSC 8 [21], [2018] 3 All ER 1 (S. C., per Lord *Hughes*).
[2938] Siehe nur *Re C (Children)* [2018] UKSC 8 [23], [2018] 3 All ER 1 (S. C., per Lord *Hughes*).
[2939] *Finger*, FamRB 2014, 153 (153).
[2940] *Galdos*, 49 The Geo. Wash. Int'l. L. Rev. 983, 985 (2017).
[2941] Näher dazu z. B. *Kreeger*, 48 Fam. L. Q. 221 (2014).

XIII. Kindesentführung 1113–1116 § 4

mentiert es dem Sachrecht seiner Vertragsstaaten (nur deren Behörden und Gerichte können ja angesprochen und gebunden sein) einheitliche Sachnormen.[2942] Deren Anknüpfung ist das lex fori-Prinzip, dieses gekoppelt an die Zuständigkeit, diese wiederum bestimmt durch den Aufenthalt des Kindes zu dem Zeitpunkt, zu welchem das Rückgabeverlangen rechtshängig wird. Nur dieser so genannte Zufluchtstaat kann schließlich effektiv eine Rückgabe des Kindes ins Werk setzen, wenn denn eine Rückgabeanordnung ausgesprochen wird.

Eigene Kollisionsnormen für die Hauptsache Rückgabe enthält das HKÜ nicht.[2943] Jedoch stellt es für einzelne Vorfragen Kollisionsnormen auf. Hervorzuheben und besonders bedeutsam ist Art. 3 I lit. a HKÜ: Für das Bestehen eines möglicherweise widerrechtlich verletzten Sorgerechts ist auf das Recht des Staates abzustellen, in dem das Kind unmittelbar vor dem Verbringen oder Zurückhalten seinen gewöhnlichen Aufenthalt hatte. Eine Einschränkung, dass dieser Staat ein Vertragsstaat des HKÜ sein müsste, enthält Art. 3 I lit. a HKÜ zwar nicht, wohl aber Art. 4 S. 1 HKÜ.[2944]   1113

Eine Entführung ist das widerrechtliche Verbringen oder Zurückhalten des Kindes außerhalb seines ursprünglichen Aufenthaltsstaates.[2945] Nimmt ein Elternteil des Kindes dessen Pass oder Ausweis an sich, um die Ausreise des Kindes zu verhindern, so liegt darin ein widerrechtliches Zurückhalten,[2946] obwohl es an einer unmittelbaren physischen Einwirkung auf das Kind fehlt.   1114

3. Gewöhnlicher Aufenthalt des Kindes. Zentraler Anknüpfungspunkt ist – insbesondere ausweislich Art. 8 I HKÜ – der gewöhnliche Aufenthalt des Kindes. Das HKÜ definiert ihn in der Tradition der Haager Konventionen nicht.[2947] Er ist gerade im spezifischen Kontext von Entführung kein einfacher Anknüpfungspunkt.[2948] Der gewöhnliche Aufenthalt meint den tatsächlichen Lebensmittelpunkt des Kindes und den Schwerpunkt seiner sozialen und familiären Bindungen,[2949] gleichsam den faktischen Wohnsitz.[2950] Gewöhnlicher Aufenthalt ist der tatsächliche Mittelpunkt der Lebensführung, also derjenige Ort, an dem die betreffende Person in beruflicher, familiärer und gesellschaftlicher Hinsicht den Schwerpunkt ihrer Bindungen hat.[2951]   1115

Im Interesse kohärenter Rechtsanwendung sollten für den gewöhnlichen Aufenthalt unter dem HKÜ dieselben Maßstäbe gelten wie unter dem KSÜ und insbesondere unter Artt. 8 ff. Brüssel IIa-VO.[2952] Der gewöhnliche Aufenthalt ist auch unter dem HKÜ ein faktisch determinierter Anknüpfungspunkt, nicht an rechtlichen Ausfüllungen ausgerichtet und vom Wohnsitz zu unterscheiden.[2953] Der gewöhnliche Aufenthalt, habitual residence, ist zu unterscheiden von einer ordinary residence[2954].[2955] Jedwede normativen Konzepte der   1116

[2942] Siehe nur MüKoBGB/*Heiderhoff* Vor Art. 1 KindEntfÜbk Rn. 34.
[2943] Siehe nur MüKoBGB/*Heiderhoff* Vor Art. 1 KindEntfÜbk Rn. 34.
[2944] *Siehr*, IPRax 2018, 498, 499 f.
[2945] OGH iFamZ 2013, 165 m. Anm. *Fucik*; *Nademleinsky/Neumayr*, Internationales Familienrecht, 2. Aufl. 2017, Rn. 09.04.
[2946] *Chafin v. Chafin* 101 So. 3d 234, 236 (Ala. Civ. App. 2011).
[2947] Siehe nur *Spector*, 47 Int'l. Lawyer Special Issue 147, 148 (2013).
[2948] Siehe *Holley*, 30 J. AAML 233 (2017) für das vereinigte Königreich und *Medlin*, 30 J. AAML 241 (2017) für die USA.
[2949] OLG Karlsruhe FamRZ 2010, 1577; *Romeyko*, FamRZ 2010, 1579; Palandt/*Thorn* Anh. Art. 24 EGBGB Rn. 60 mwN.
[2950] BGH FamRZ 1997, 1070.
[2951] OLG Karlsruhe FamRZ 2010, 1577.
[2952] GA *Kokott*, Slg. 2009, I-2808 Nr. 23; *A v. A (Children: Habitual Residence)* [2013] UKSC 60 [35], [2013] 3 WLR 761, [2013] 3 FCR 559 (S. C., per Baroness *Hale of Richmond* DPSC); *Gillian Douglas*, [2013] Fam. L. 1529, 1530.
[2953] Explanatory Report *Pérez-Vera* on the 1980 Hague Child Abduction Convention Rn. 66; GA *Kokott*, Slg. 2009, I-2808 Nr. 31; *A v. A (Children: Habitual Residence)* [2013] UKSC 60 [36], [2013] 3 WLR 761 (S. C., per Baroness *Hale of Richmond* DPSC).
[2954] Dem HKÜ unterlegt von *In re M (Abduction: Habitual Residence)* [199] 1 FLR 887 (F. D.); *Al Habtoor v. Fotheringham* [2001] 1 FLR 216 (F. D.); *In re R (Abduction: Habitual Residence)* [2004] 1 FLR 216 (F. D.); *In re P-J (Children) (Abduction: Habitual Residence)* [2010] 1 WLR 1237 (F. D.); *In re H-K (Habitual Residence)*

lex fori sind fehl am Platze und dürfen nicht einfließen.[2956] Der öffentlichrechtliche Aufenthalts- oder Immigrationsstatus eines Kindes hat keine ausschlaggebende Bedeutung für den gewöhnlichen Aufenthalt dieses Kindes.[2957]

1117 Insbesondere kleine Kinder können noch keine hinreichenden eigenen Willen bilden und werden in aller Regel nicht über ihre eigenen Angelegenheiten frei bestimmen können, sondern von der Bestimmung durch ihre Bezugspersonen, also in den Normalfällen ihre Eltern, abhängig. Eine umgesetzte *gemeinsame* Willensbildung der Eltern gewinnt damit entscheidende Bedeutung für den gewöhnlichen Aufenthalt des Kindes.[2958] Eine ausdrückliche Vereinbarung der Eltern ist natürlich ein starkes Indiz für deren Willen.[2959] Die Eltern können ihren Willen unter Bedingungen stellen und konditionieren, z. B. dadurch, dass das Kind in der Zukunft nur dann in einem bestimmten Staat leben soll, wenn auch eines der Elternteile dort leben darf und kann.[2960] Andererseits sind die Eltern nicht notwendig die Bezugspersonen; Bezugspersonen sind vielmehr die Personen, zu denen das Kind faktisch enge emotionale Bindungen hat.[2961] Im angelsächsischen Bereich kämpfen ein Ansatz, der auf die Absichten der Eltern abstellt, ein auf das Kind als eigenständige Persönlichkeit abhebender zweiter Ansatz und ein beides gegeneinander abwägender, so genannter hybrider Ansatz miteinander;[2962] in jüngerer Zeit hat bei den dortigen Höchstgerichten der hybride Ansatz die Oberhand gewonnen.[2963]

1118 Als Faustregel lässt sich formulieren, dass nach sechs Monaten physischem Aufenthalt von Erwerb und Begründung eines gewöhnlichen Aufenthalts auszugehen ist.[2964] Der Aufenthalt kann aber schon von früher zum gewöhnlichen werden, wenn er von vornherein auf Dauer angelegt ist.[2965] Wird der Aufenthalt dadurch herbeigeführt oder verlängert, dass ein Elternteil dem Kind den Pass wegnimmt und dadurch eine legale Ausreise verhindert, so kann dies einen Rechtsmissbrauchseinwand begründen, wenn jener Elternteil sich später auf Aufenthalt und zwangsläufig erfolgte Integration beruft.[2966]

1119 Eine Faustregel könnte dahin gehen, dass es bei gemeinsamem Sorgerecht der Eltern keine einseitige Verschiebung des gewöhnlichen Aufenthalts des Kindes durch nur ein Elternteil geben könne, weil man kein fait accompli rechtlich anerkennen dürfe.[2967] Jedoch gibt es keine solche Faustregel, ohne dass man den gewöhnlichen Aufenthalt normativ aufladen würde und damit dem Grundkonzept untreu würde.[2968] Zudem knüpft Art. 3 HKÜ an den gewöhnlichen Aufenthalt unmittelbar vor der Entführung an, und die einseitige Verlegung des Aufenthalts ist typischerweise gerade die Entführung, die Art. 3 HKÜ außer

---

[2012] 1 FLR 436 (F. D.), jeweils im Anschluss an *R. v. Barnet London Borough Council, ex parte Nilish Shah* [1983] 2 AC 309, 343 (H. L., per Lord *Scarman*), entwickelt zum englischen Steuer- und Immigrationsrecht.

[2955] *A v. A (Children: Habitual Residence)* [2013] UKSC 60 [37], [2013] 3 WLR 761, [2013] 3 FCR 559 (S. C., per Baroness *Hale of Richmond* DPSC).

[2956] *A v. A (Children: Habitual Residence)* [2013] UKSC 60 [37]-[39], [2013] 3 WLR 761, [2013] 3 FCR 559 (S. C., per Baroness *Hale of Richmond* DPSC); *Schuz,* (2001) 13 CFLQ 1, 4.

[2957] *Thompson v. Gnirk* 2012 WL 3598854 [13]-[14] (D. N. H. 2012).

[2958] *Mozes v. Mozes* 239 F. 3d 1067 (9th Cir. 1999); *Larbie v. Larbie* 690 F. 3d 295, 310 f. (5th Cir. 2012); *Spector,* 47 Int'l. Lawyer Special Issue 147, 148 (2013).

[2959] *Vela v. Ragnarsson* 386 S. W. 2d 72, 74 f. (Ark. App. 2011).

[2960] *Mota v. Castillo* 692 F. 3d 108, 116 (2d Cir. 2012).

[2961] Cassaz. Dir. fam. e pers. 2017, 1191, 1194 f.

[2962] Darstellung z. B. bei *Bookman,* [2018] IFL 222; *Easteal/Favaloro/Thornton,* (2016) 6 Fam. L. Rev. 194.

[2963] Ihn vertreten insbesondere *Punter v. Secretary of Justice* [2007] NZLR 40 (NZ Sup. Ct.); *Office oft he Children's Lawyer v. Balev* 2016 SCC 16 [59]-[71] (Sup. Ct. Can., majority opinion per *McLachlin* C. J.).

[2964] OLG Karlsruhe FamRZ 2010, 1577.

[2965] OLG Karlsruhe FamRZ 2009, 239; OLG Karlsruhe FamRZ 2010, 1577.

[2966] *Romeyko,* FamRZ 2010, 1579.

[2967] *In re J (A Minor) (Abduction: Custody Rights)* [1990] 2 AC 562, 572 (C. A., per Lord *Donaldson of Lymington* M. R.); *In re M (Abduction: Habitual Residence)* [1996] 1 FLR 887, 892 (C. A., per Morton L. J.); *In re S. (Minors) (Child Abduction: Wrongful Detention)* [1994] Fam. 70 (F. D.); *A v. A (Children: Habitual Residence)* [2012] EWCA Civ 1396 [52], [2013] Fam. 232, [2013] 2 WLR 1061 (C. A., per Patten L. J.).

[2968] *A v. A (Children: Habitual Residence)* [2013] UKSC 60 [40], [2013] 3 WLR 761 (S. C., per Baroness *Hale of Richmond* DPSC). Vgl. auch *Mozes v. Mozes* 239 F. 3d 1067 (9th Cir. 2001); *SK v. KP* [2005] 3 NZLR 590 (N. Z. C. A.).

Acht zu lassen gebietet.[2969] Allerdings kann diese Argumentation nur in Entführungs-, nicht aber in Zurückhaltungsfällen greifen.[2970]

4. Sorgerecht. Art. 3 I lit. a HKÜ stellt für das Sorgerecht auf die Lage unmittelbar vor der Entführung ab, beruft also insoweit das Recht des Staates, in welchem das Kind unmittelbar vor der Entführung seinen gewöhnlichen Aufenthalt hatte.[2971] Ein bloßes Umgangsrecht reicht bei restriktiver Betrachtung nicht für ein Sorgerecht im Sinne des KSÜ.[2972] Eine Sorgerechtsverletzung ergibt sich in der Regel nur gegenüber einem Elternteil, bei welchem das Kind wohnt und welcher das Sorgerecht tatsächlich ausübt.[2973] Ob das Sorgerecht tatsächlich ausgeübt wird, ist zu prüfen; eine bloße Aufenthaltsbestimmung reicht nicht für eine Sorgerechtsausübung.[2974] **1120**

Maßnahmen zum Schutz des Kindes umfassen unter Art. 3 I lit. b KSÜ auch alle Mittel der modernen Kommunikation.[2975] **1121**

5. Rechtsfolge. Rechtsfolge ist nach Art. 12 I HKÜ die Rückgabe des Kindes in den Staat, aus dem es entführt wurde.[2976] Dies kann bis hin zur Anordnung einer persönlichen Rückgabe durch den Entführenden gehen.[2977] Dieser muss damit verbundene Härten ertragen und als Konsequenz der von ihm verübten rechtswidrigen Entführung hinnehmen, ohne dass darin ein Verstoß gegen seine allgemeine Handlungsfreiheit aus Art. 2 I GG liegen würde.[2978] Zentraler Zweck des Art. 12 I HKÜ und des HKÜ insgesamt ist, jedes Elternteil, ja jedermann, davon abzuschrecken, das Recht in seine eigene Hand zu nehmen, Selbstjustiz zu üben und dem zukünftigen Resultat eines Sorgerechtsverfahrens vorweg zu greifen, indem man einseitig Fakten schafft.[2979] Wenn eine widerrechtliche Entführung stattfindet, muss daher eine Rückgabe in den vorherigen Aufenthaltsstaat erfolgen, um ein effektives Sorgerechtsverfahren dort zu ermöglichen.[2980] Die Rückgabeanordnung selber trifft jedoch keinerlei Aussage über die Verteilung der Sorge.[2981] **1122**

Allerdings ist der Begriff der Rückgabe nicht eindeutig. Wiederherstellung des status quo ante kann sich auf den möglicherweise weit zurückliegenden Zustand beziehen, dass das Kind im Ursprungsstaat fest verwurzelt war, oder auf den Zeitabschnitt unmittelbar vor dem Verbingen, als das Kind – bildlich gesprochen – schon auf gepackten Koffern saß.[2982] **1123**

Zudem kann es Fälle geben, in denen sich während der Zeit der Kindesentführung das frühere soziale Umfeld des Kindes grenzüberschreitend verlagert hat, so dass eine Rückgabe in den Staat, aus dem entführt wurde, zur Isolierung des Kindes führen würde. Richtigerweise zielt Rückgabe auf eine Rückführung in das soziale Umfeld und zu den zentralen Bezugspersonen vor der Entführung. Sind diese in einen anderen Staat verzogen, so sollte **1124**

[2969] *A v. A (Children: Habitual Residence)* [2013] UKSC 60 [40], [2013] 3 WLR 761 (S. C., per Baroness *Hale of Richmond* DPSC).
[2970] *A v. A (Children: Habitual Residence)* [2013] UKSC 60 [76], [2013] 3 WLR 761 (S. C., per Lord *Hughes* JSC).
[2971] OGH iFamZ 2013, 165 m. Anm. *Fucik*; OLG Karlsruhe FamRZ 2010, 1577, 1578.
[2972] OGH RIS-Justiz RS 0106625; OGH iFamZ 2013, 165 m. Anm. *Fucik*; OGH EF-Z 2013, 236, 237; OLG Stuttgart FamRZ 2001, 345; OLG Saarbrücken FamRZ 2011, 1235; *Dimmler*, FamRB 2018, 392, 393.
[2973] OGH RIS-Justiz RS 0106625; OGH iFamZ 2013, 165 m. Anm. *Fucik*; OGH EF-Z 2013, 236, 237.
[2974] *Nademleinsky*, EF-Z 2013, 237, 238; *ders.*, EF-Z 2013, 238, 239.
[2975] OGH EF-Z 2013, 238.
[2976] Siehe nur OLG München FamRZ 2005, 1002.
[2977] BVerfG 8.4.2010 – 1 BvR 862/10 (FamRZ 2010, 1578); OLG Karlsruhe FamRZ 2010, 1577, 1578.
[2978] BVerfGE 99, 145, 159 f.
[2979] *Re E (Children) (Abduction: Custody Appeal)* [2011] UKSC 27, [2012] 1 AC 144, [2011] 2 FLR 758 [8] (S. C., per Baroness *Hale of Richmond* and Lord *Wilson of Culworth*); *Re H (Return: Child's Objections)* [2013] 2 FLR 1163 [23], [42] (F. D., HHJ *Clifford Bellamy*).
[2980] *Re E (Children) (Abduction: Custody Appeal)* [2011] UKSC 27, [2012] 1 AC 144, [2011] 2 FLR 758 [8] (S. C., per Baroness *Hale of Richmond* and Lord *Wilson of Culworth*); *Re H (Return: Child's Objections)* [2013] 2 FLR 1163, 1168 [23] (F. D., HHJ *Clifford Bellamy*).
[2981] Siehe nur *Dimmler*, FamB 2018, 392, 393.
[2982] OLG Schleswig 28.6.2013 – 12 UF 4/12 Rn. 4.

eine „Rückgabe" entgegen dem natürlichen Wortsinn in deren neuen Aufenthaltsstaat erfolgen, auch wenn das Kind in diesem Staat zuvor nicht gelebt hat.[2983]

1125 Der zeitliche Umfang der Rückgabe bedarf ebenfalls der Konkretisierung. Voraussetzungsstreng wäre es, eine Rückgabe erst dann anzunehmen, wenn das Kind seinen gewöhnlichen Aufenthalt wieder im Ursprungsstaat begründet hat.[2984] Damit behielten die Gerichte des Verbringungsstaates lange die Kontrolle und würden Verbleibensdruck ausüben, obwohl im Ursprungsstaat längst hätte effektiver Rechtsschutz erlangt werden können.[2985] Außerdem könnte so eine mehrfach faktische Rückgabe auf der Grundlage einer Rückgabeanordnung erzwungen werden, wenn das Kind in der Zukunft erneut in den Verbringungsstaat gebracht werden sollte.[2986] Die Alternative besteht darin, die Rückgabeverpflichtung auf einen Zeitraum zu beschränken, der es dem rückfordernden Elternteil effektiv ermöglicht, eine den dortigen Verbleib des Kindes sichernde Anordnung im Ursprungsstaat zu erwirken.[2987]

1126 **6. Ausschlusstatbestände des Art. 13 HKÜ.** Generell muss man darauf achten, dass die Ausnahmen die Regel nicht entwerten und dass sich das Regel-Ausnahme-Verhältnis nicht umkehrt. Das HKÜ wird vom Grundsatz der Rückgabe widerrechtlich entführter Kinder als Maxime beherrscht. Dies bedingt eine im Prinzip restriktive und enge Auslegung der durchbrechenden Ausnahmetatbestände aus Art. 13 I HKÜ.[2988] Die Darlegungs- und Beweislast für das Vorliegen eines der Ausnahmetatbestände trägt derjenige, der sich auf dessen Vorliegen beruft.[2989]

1127 *a) Tatsächliche Nichtausübung des Sorgerechts durch den Sorgeberechtigten.* Art. 13 I lit. a Var. 1 HKÜ statuiert als ersten Ausschlussgrund, dass der Sorgeberechtigte das Sorgerecht zur Zeit des Verbringens oder Zurückhaltens des Kindes tatsächlich nicht ausgeübt hat. Die Beweislast dafür, dass er sein Sorgerecht tatsächlich wahrgenommen hat, trägt der Antragsgegner.[2990] Allerdings sind für die Wahrnahme keine zu strengen Maßstäbe anzulegen. Täglicher Kontakt mit dem Kind ist nicht erforderlich, gelegentlicher Kontakt kann ausreichen, jedenfalls sofern der Sorge(mit)berechtigte an den wesentlichen das Kind betreffenden Entscheidungen (mit)beteiligt ist.[2991] Insoweit ist Trennungssituationen Rechnung zu tragen, in denen der Berechtigte, bei welchem das Kind nicht lebt, sein Sorgerecht nie real ausüben könnte.[2992] Ein tatsächlich ausgeübtes Wochenend-Besuchsrecht unterschreitet die Grenze nicht.[2992a]

1128 *b) Zustimmung des Sorgeberechtigten.* Nach Art. 13 I lit. a Var. 2 HKÜ besteht dann keine Verpflichtung, die Rückgabe anzuordnen, wenn die Person, die sich der Rückgabe widersetzt, nachweist, dass die Person, der die Sorge für das Kind zustand, dem Verbringen oder Zurückhalten zugestimmt oder dieses nachträglich genehmigt hat. Die widersetzende Per-

---

[2983] *Re A* [1988] 1 FCR 365, 373 (C. A., per *Nourse* L. J.); *Re L (Abduction Pending Criminal Proceedings)* [1999] 1 FLR 433, 438 (F. D., *Wilson* J.); *O v. O (Abduction: Return to third country)* [2013] EWHC 2970 (Fam), [2014] 1 FLR 1406 [57]-[70] (F. D., *Keehan* J.).
[2984] So OLG Karlsruhe FamRZ 2008, 2223.
[2985] OLG Schleswig 28.6.2013 – 12 UF 4/12 Rn. 5.
[2986] OLG Schleswig 28.6.2013 – 12 UF 4/12 Rn. 6.
[2987] OLG Schleswig 28.6.2013 – 12 UF 4/12 Rn. 6.
[2988] *Whallon v. Lynn* 230 F. 3d 450 (1st Cir. 2000); *Gaudin v. Remis* 415 F. 3d 1028 (9th Cir. 2005); *Simcox v. Simcox* 511 F. 3d 594 (6th Cir. 2007).
[2989] *Re GP (a child)* [2017] EWCA 1677 Rn. 31, [2018] 1 FLR 892, [2018] 1 FCR 638 (C. A., per *Henderson* L. J.).
[2990] BVerfG NJW 1996, 3145; KG FamRZ 1996, 691, 692; OLG Rostock IPRax 2002, 218; NK-BGB/*Benicke* Art. 13 HKÜ Rn. 6.
[2991] BVerfG FamRZ 1997, 1269; OLG Hamm FanRZ 2002, 44, 45; OLG Rostock FamRZ 2002, 46, 47; OLG Dresden FamRZ 2002, 1136, 1137; OLG Hamm FamRZ 2004, 723, 724; MüKoBGB/*Siehr* Art. 13 HKÜ Rn. 2. Umfangreiche Nachweise zur Rechtsprechung des OGH bei *Rainer*, iFamZ 2018, 370, 371 f.
[2992] NK-BGB/*Benicke* Art. 3 HKÜ Rn. 25.
[2992a] *Rainer*, iFamZ 2018, 370, 372.

XIII. Kindesentführung

son, also der Entführer, trägt die volle Darlegungs- und Beweislast für eine von ihm behauptete Zustimmung des Antragstellers.[2993]

Der Sorgeberechtigte kann ausdrücklich oder konkludent zustimmen oder genehmigen.[2994] Eine Zustimmung muss zum Zeitpunkt vorliegen, zu welchem das Kind verbracht wird.[2995] Anderenfalls steht nur eine nachträgliche Genehmigung in Rede. Eine nachträgliche konkludente Genehmigung kann sich aus Umständen oder Verhalten ergeben.[2996] Sie ist durch Auslegung nach verobjektiviertem Empfängerhorizont einerseits und Gesamtverhalten andererseits zu ermitteln.[2997] Bloße Passivität und Hinnahme reichen dafür aber nicht.[2998] Die Zustimmung muss einen dauerhaften, nicht nur einen vorübergehenden Verbleib des Kindes zum Gegenstand haben[2999] und darf keine Einschränkungen enthalten.[2999a] Sie muss richtigerweise klar und eindeutig sein. Man darf sie indes nicht leichtfertig annehmen, denn die Gründe für einen Ausschluss der Rückführung sind restriktiv zu handhaben.[3000]

Die Zustimmung ist eine Willenserklärung. Man könnte einen Widerruf dieser Willenserklärung erlauben.[3001] Jedoch erwüchsen daraus massive Folgeprobleme: Erstens bestünde dann immer die Notwendigkeit, nicht nur das ursprüngliche Erklären der Zustimmung darzulegen und zu beweisen, sondern auch das Fehlen eines späteren Widerrufs.[3002] Zweitens korrespondieren Parteien im realen Leben gern über Telefon, SMS, MMS oder sonstige elektronische Medien. Mitteilungen sind schnell geschrieben und nicht selten nur wenig durchdacht und nicht auf ihre Konsequenzen hin untersucht. Aus so einer flüchtigen Äußerung eventuell einen Widerruf herauszulesen drohte ihr eine Bedeutung beizumessen, die sie zum Zeitpunkt der Kommunikation nicht hatte.[3003] Drittens müsste man bestimmen, bis zu welchem Zeitpunkt ein Widerruf möglich sein soll. Eine zeitliche Grenze zieht jedenfalls eine erfolgreiche Verbringung des Kindes. Beim Widerruf könnten sich daraus mehrere Alternativen ergeben: Zulässigkeit bis zur Abfahrt, bis zum Grenzübertritt aus dem Ausgangsstaat, bis zum Grenzübertritt in den neuen Gaststaat, bis zur Ankunft?[3004] Insgesamt spricht daher mehr für Unwiderruflichkeit der Genehmigung.[3005]

c) Schwerwiegende Gefahr eines körperlichen oder seelischen Schadens für das Kind. Nach Art. 13 I lit. b HKÜ besteht dann keine Verpflichtung, die Rückgabe anzuordnen, wenn die Rückgabe mit der schwerwiegenden Gefahr („grave risk") eines körperlichen oder seelischen Schadens für das Kind verbunden wäre oder das Kind auf andere Weise in eine unzumutbare Lage gebracht würde. Dies ist eine Ausnahmenorm; sie wirkt dem Hauptziel des HKÜ, die Beteiligten von einer widerrechtlichen Entfernung von Kindern abzuhalten und eine Sorgerechtsentscheidung am gewöhnlichen Aufenthalt des Kindes sicherzustellen, entgegen.[3006] Im Rahmen des Zielkonflikts soll die Regel Regel bleiben. Deshalb ist die Ausnahme tendenziell restriktiv zu handhaben,[3007] wie bereits die Häufung einschränkender

---

[2993] OGH Zak 2008, 193; OGH IPRax 2011, 408, 411; OLG Rostock IPRax 2002, 218; OLG Stuttgart FamRZ 2009, 217; OLG Nürnberg FamRZ 2010, 1575, 1576; NK-BGB/*Benicke* Art. 13 HKÜ Rn. 7.
[2994] OGH 3 Ob 210/05m; OGH IPRax 2011, 408, 410; OLG Karlsruhe FamRZ 2006, 1699; OLG Nürnberg FamRZ 2009, 240; OLG Stuttgart FamRZ 2009, 2017; OLG Karlsruhe FamRZ 2010, 1577, 1578.
[2995] OGH IPRax 2011, 408, 411.
[2996] OLG Karlsruhe FamRZ 2010, 1577, 1578.
[2997] OLG Düsseldorf FamRB 2018, 158 m. Anm. *Niethammer-Jürgens/K. Wölfer*.
[2998] OLG Karlsruhe FamRZ 2006, 1699; OLG Karlsruhe FamRZ 2010, 1577, 1578.
[2999] OGH IPRax 2011, 408, 410 f.
[2999a] OGH 1.4.2008 – 5 Ob 17/08y; OGH 29.1.2009 – 1 Ob 256/09; *Rainer*, iFamZ 2018, 370, 372.
[3000] *Nademleinsky/Neumayr*, Internationales Familienrecht, 2. Aufl. 2017, Rn. 09.09.
[3001] OLG Hamm 7.12.2005 – 11 UF 219/05; OLG Hamm 4.6.2013 – 11 UF 95/13.
[3002] OLG Hamm 4.6.2013 – 11 UF 95/13; *Vogelgesang/Niethammer-Jürgens*, FamRB Int 2013, 90.
[3003] *Vogelgesang/Niethammer-Jürgens*, FamRB Int 2013, 90.
[3004] *Vogelgesang/Niethammer-Jürgens*, FamRB Int 2013, 90.
[3005] OLG Düsseldorf FamRB 2018, 158 m. Anm. *Niethammer-Jürgens/K. Wölfer*.
[3006] OLG Nürnberg FamRZ 2010, 1575, 1576; OLG Karlsruhe FamRZ 2010, 1577, 1578.
[3007] OGH ZfRV 2013, 172, 173; OGH iFamZ 2017, 292; OLG Nürnberg FamRZ 2010, 1575, 1576; *Niethammer-Jürgens*, FamRB Int 2013, 33.

Vokabeln im Wortlaut („grave", „real", „intolerable") impliziert.[3008] Dem Kindeswohl entspricht in aller Regel die Rückführung; außerdem ist als generalpräventiver Zweck zu berücksichtigen, dass eine Abschreckung vor Entführungen stattfinden soll.[3009] Praktisch ist Art. 13 I lit. b HKÜ jedoch zur häufig gespielten „Trumpfkarte" in Rückgabeverfahren geworden.[3010] Die Haager Konferenz für Internationales Privatrecht ist deshalb den ungewöhnlichen Schritt gegangen, durch eine Spezialkommission einen eigenen Good Practice Guide speziell zu dieser Vorschrift entwickeln zu lassen.[3011]

1132   Was dem Kindeswohl entspricht, ist an Hand einer Einzelfallprüfung und der konkreten Umstände des Einzelfalls zu ermitteln. Dies ist bereits in Art. 13 I lit. b HKÜ selber angelegt,[3012] ergibt sich aber verstärkend auch aus dem Menschenrecht auf Achtung des Familienlebens gemäß Art. 8 EMRK.[3013] Allerdings stehen Menschenrechte und HKÜ in einem Spannungsverhältnis: Das HKÜ konzentriert sich im Ansatz doch auf die Organisation der Rückführung,[3014] während die Menschenrechte eine einzelfallorientierte Kindeswohlprüfung in den Vordergrund stellen.[3015] Das Spannungsverhältnis wird institutionell reduziert,[3016] wenn man Gleichklang zwischen beiden Instrumenten sucht,[3017] also EMRK und HKÜ gleichsam Hand in Hand arbeiten sieht.[3018] Dass zwei verschiedene Gerichtshöfe für die Auslegung zuständig sind (der EGMR für die EMRK und der EuGH für mit dem HKÜ kooperierende Bestimmungen der Brüssel II-VO, insbesondere deren Art. 11) macht die Aufgabe, solche Harmonie oder zumindest praktische Konkordanz herzustellen, nicht leichter.[3019]

1133   Das Kindeswohl ist im Staat einer potenziellen Rückführung erst dann hinreichend durch angemessene Vorkehrungen abgesichert und garantiert, wenn konkrete Maßnahme der dort zuständigen Stellen existieren; die bloße Existenz von Gesetzen, also eine abstrakte Rechtslage auf Papier, reicht nicht.[3020] Zu bedenken sind auch individuelle Garantien (Undertakings), welche die beteiligten Elternteile abgeben, deren mögliche Einschränkungen, Reichweite und Auswirkungen.[3021]

[3008] *Re E (Children) (Abduction: Custody Appeal)* [2011] UKSC 27 [34], [2012] 1 AC 144 (SC, per Lady Hale DPSC); *Re W (Abduction: Intolerable Situation)* [2018] EWCA Civ 664 [46], [2018] 2 FLR 748 (C. A., per *Moylan* L. J.).

[3009] *Re M (Children) (Children's Rights)* [2007] UKHL 55 (42), [2008] AC 1288 (H. L., per Lady *Hale*); OGH IPRax 2011, 408, 411; *Re B (Return of Children)* [2018] EWCA Civ 644 [37], [2018] 2 FLR 663 (C. A., per *Peter Jackson* L. J.).

[3010] *Rauscher*, NZFam 2016, 143.

[3011] Draft Guide to Good Practice on Article 13 (1) (b) of the Hague Convention of 25 October 1980 on the Civil Aspects of International Child Abduction, Prel. Doc. No. 3 of June 2017.

[3012] OGH ZfRV 2017, 183; OLG Stuttgart FamRZ 2012, 238; *Niethammer-Jürgens*, FamRB Int 2013, 33.

[3013] EGMR 6.7.2010 – 41615/07 – Neulinger u. Shuruk/Schweiz. Dem grundsätzlich folgend EGMR 26.10.2010 – 25437/08 – Raban/Rumänien; EGMR 13.12.2011 – 27853/09 – X/Lettland, REDi 2014, 1, 240 m. Anm. *Jiménez Blanco*; EGMR 21.2.2012 – 16965/10 – Karrer/Rumänien; EGMR 15.5.2012 – 13420/12 – MR u. LR/Estland; EGMR 10.7.2012 – 4320/11 – B/Belgien; EGMR 5.2.2015 – 66775/11 – Phostira Efthymiou u. Ribeiro Fernandes/Portugal (dazu *Moura Ramos*, RLJ 2015, 392); EGMR 28.4.2015 – 1714/10 – Ferrari/Rumänien, [2015] 3 FCR 296; *Re E (Abduction: Evaluation of Welfare: Protective Measures)* [2011] UKSC 27, [2011] 2 FLR 758, [2012] Fam. 1. 919 m. Anm. *Gillian Douglas*; Hoge Raad 26.4.2013 – ECLI:NL:HR:2013:BZ0293; Hof van Cass. Rev. trim. dr. fam. 2015, 949. Näher dazu L. *Walker*, (2010) 6 JPrIL 649; *Beaumont/L. Walker*, Essays in Honour of Hans van Loon, 2013, S. 17. Zur vorangegangenen Rechtsprechung des EGMR zu Art. 13 HKÜ insbesondere *A. Schulz*, 12 Trans. L. & Contemp. Prbls. 355 (2002); *Beaumont*, RdC 335 (2008), 12.

[3014] Deutlich OGH iFamZ 2017, 292.

[3015] *Martiny*, FS Dagmar Coester-Waltjen, 2015, S. 597 (597); näher *McEleavy*, NILR 2015, 365.

[3016] Siehe *Martiny*, FS Dagmar Coester-Waltjen, 2015, S. 597, 602.

[3017] EGMR 6.12.2007 – 39388/05 – Maumosseau u. Washington/Frankreich.

[3018] *Re E (Children) (Abduction: Custody Appeal)* [2011] UKSC 27 [27], [2012] 1 AC 144, [2011] 2 FLR 758 (S. C., per Baroness *Hale of Richmond* and Lord *Wilson of Culworth*).

[3019] *Lowe*, FS Dagmar Coester-Waltjen, 2015, S. 543, 551–554.

[3020] OGH ZfRV 2017, 238; OLG Hamm NJW-RR 2013, 69; Rauscher/*Rauscher* Art. 11 Brüssel IIa-VO Rn. 22; Fasching/Konecny/*Kaller-Pröll*, Kommentar zu den Zivilprozessgesetzen, Bd. 5/2, 2. Aufl. 2010, Art. 11 EuEheKindVO Rn. 17.

[3021] *H v. K (Abduction: Undertakings)* [2017] EWHC 1141 (Fam), [2018] 1 FLR 700 (F. D., *MacDonald* J.).

XIII. Kindesentführung 1134–1137 § 4

Jedenfalls muss man darauf achten, entführenden Elternteilen keine Hintertüren zu öff- **1134** nen, etwa für den Fall, dass die Entführung in einen Staat geführt hat, welchem das Kind angehört.[3022] Art. 8 EMRK verlangt eine detaillierte und eingehende Prüfung des Kindeswohls, aber beschränkt auf Einwendungstatsachen im Rahmen der Artt. 12; 13 HKÜ.[3023] Trotzdem kann schlechter Parteivortrag schaden.[3024] Zu bedenken ist auch, ob dem entführenden Elternteil eine Rückkehr zumutbar ist,[3025] die ihm erlauben würde, ein eigenes Familienleben mit dem Kind fortzusetzen. Auch eine drohende Trennung von Geschwistern und deren mögliche Vermeidung durch Reisen kann ein Faktor sein.[3026]

Eine Prüfung des Art. 13 I lit. b HKÜ darf nicht darauf hinauslaufen, eine Sorgerechts- **1135** entscheidung vorwegzunehmen, wie sie gerade erst durch Rückführung des Kindes und Wiederherstellen der ursprünglichen tatsächlichen Verhältnisse ermöglicht werden soll.[3027] Das Abkommen hat eine abstrakte Abwägung getroffen, und die Ausnahmenorm lässt nur den Raum, allein schwere Abweichungen im konkreten Fall aufzufangen und zu berücksichtigen. Nur ungewöhnlich schwerwiegende Beeinträchtigungen des Kindeswohls stehen daher einer Rückführung entgegen.[3028] Hat das Kind lange an den Ort gelebt, an den eine Rückführung erfolgen würde, kehrt es also in eine grundsätzlich vertraute und gewohnte Umgebung zurück, hatte es intensiven Kontakt zu der Person, an die es zurückgegeben würde, und beherrscht es die Sprache des Rückkehrortes, so wird es an solchen ungewöhnlich schwerwiegenden Beeinträchtigungen fehlen, auch wenn unbezweifelbar Belastungen bestehen.[3029] Gewisse erzieherische oder wirtschaftliche Schwierigkeiten reichen jedenfalls nicht aus,[3030] ebenso ein gewaltigerer Eingriff in das Leben.[3031] Ein zu berücksichtigender Faktor kann auch sein, ob der entführende Elternteil ebenfalls zurückkehrt, so dass das Kind beide Elternteile hat und gegebenenfalls einen innerfamiliären Schutz gegen den Sorgeberechtigten, oder ob es allein mit dem Sorgeberechtigten leben muss.[3032]

Art. 13 I lit. b HKÜ will vermeiden, dass sich durch die Rückgabe des Kindes die **1136** schwerwiegende Gefahr eines körperlichen oder seelischen Schadens für das Kind materialisiert. Dies ist der berechtigte Versuch, die grundsätzliche Politik der Rückgabe in Balance zu bringen mit dem Schutz des Kindes gegen häusliche Gewalt seitens des Elternteils, dem es zurückgegeben würde.[3033] Die Balance zu finden ist gerade angesichts der Häufigkeit, mit der drohende häusliche Gewalt von potenziell Rückgabepflichtigen ins Spiel gebracht wird, delikat.[3034] Gleichermaßen delikat ist die Abwägung, ob eine Retraumatisierung oder nur vorübergehende Traurigkeit des Kindes droht.[3034a]

Ein weiteres Problem bei Art. 13 I lit. b HKÜ ist psychologischer Natur: Häufig wird **1137** das Kind gezwungen sein, als Zeuge aufzutreten oder schriftlich Zeugnis abzulegen. Dabei besteht eine erhebliche Gefahr, dass das Kind sich als Grund und Ursache für Spannungen

---

[3022] *Silberman,* The Judges' Newsletter XVIII (2010), 18 f.
[3023] EGMR 26.11.2013 – 27853/09 – X/Lettland, iFamZ 2014, 4 m. Anm. *Sigmund/Fucik.*
[3024] Siehe *Re M (Abduction: Hague Convention Article 13 (B))* [2016] EWCA Civ 942, [2017] 2 FLR 556 (C. A.).
[3025] OGH ZfRV 2017, 183.
[3026] OGH ZfRV 2017, 183.
[3027] OLG Nürnberg FamRZ 2010, 1575, 1576; *Niethammer-Jürgens,* FamRB Int 2013, 33.
[3028] OLG Nürnberg FamRZ 2004, 726; OLG Nürnberg FamRZ 2010, 1575, 1576; OLG Karlsruhe FamRZ 2010, 1577, 1578.
[3029] OLG Nürnberg FamRZ 2010, 1575, 1576.
[3030] OGH iFamZ 2017, 292; *Nademleinsky/Neumayr,* Internationales Familienrecht, 2. Aufl. 2017, Rn. 09.10.
[3031] OGH ZfRV 2013, 172, 173.
[3032] OGH ZfRV 2013, 173.
[3033] Explanatory Report *Pérez-Vera* on the 1980 Hague Child Abduction Convention Rn. 29; *Shani M. King,* 47 Fam. L. Q. 299 (2013).
[3034] Zum Komplex z. B. *Lindhorst/Edleson,* Battered Women, Their Children, and International Law – The Unintended Consequences of the Hague Child Abduction Convention, 2012.
[3034a] *Rainer,* iFamZ 2018, 370, 373 mit Nachweisen aus der Rechtsprechung des OGH.

zwischen seinen Eltern empfinden und das Bewusstsein, es sei schuld an der Malaise, als permamente Belastung für sich selber internalisieren[3035] wird.

1138 In Mitgliedstaaten der Brüssel IIa-VO wird Art. 13 I lit. b HKÜ durch Art. 11 IV Brüssel IIa-VO überlagert:[3036] Eine Verweigerung der Rückgabe kommt nicht in Betracht, wenn durch *konkrete* Maßnahmen belegt ist, dass angemessene Vorkehrungen getroffen wurden, um den Schutz des Kindes nach dessen Rückkehr zu gewährleisten. Z. B. wird das Kind zwar in den Ursprungsstaat zurückgebracht, aber nicht notwendigerweise zum Antragsteller, dem zurückgebliebenen Elternteil.[3037] Verlangt ist aber immer eine *konkrete* Sicherstellung des Kindeswohls, das abstrakte Bestehen von Regelwerken allein reicht nicht aus.[3038] Undertakings (Zusicherungen seitens des zurückgebliebenen Elternteils) oder Safe Harbour Orders sind Beispiele.[3039] Art. 11 IV Brüssel IIa-VO ist spezifischer Ausdruck der rigiden Rückführungspolitik[3040] im Verhältnis zwischen den Mitgliedstaaten der Brüssel IIa-VO.[3041] Er kann Anstöße zu einer friedlichen Lösung geben, indem frühzeitig die Voraussetzungen für eine sichere und gefährdungsfreie Rückkehr des Kindes hergestellt werden.[3042]

1139 d) *Widersetzen des Kindes gegen die Rückgabe.* Nach Art. 13 II HKÜ kann von der Anordnung einer Rückgabe abgesehen werden, wenn sich das Kind der Rückgabe widersetzt und ein Alter und eine Reife erlangt hat, angesichts derer es angebracht erscheint, seine Meinung zu berücksichtigen. Dies fügt sich in eine wesentlich durch Art. 12 UN KinderrechteKonv.[3043] gestützte Tendenz, den geäußerten Willen eines Kindes zu berücksichtigen.[3044]

1140 Eine starre Altersgrenze für ein Mindestalter, ab wann der Wille des Kindes einzubeziehen ist, wird nicht gezogen; vielmehr kommt es auf die konkreten Umstände des Einzelfalls an.[3045] Das Kind muss reif genug sein, um eine eigene Meinung bilden zu können. Allerdings kann bei geringem Alter des Kindes eine Prägung durch die gegenwärtige Bezugsperson und ein Zueigenmachen der Ängste dieser Bezugsperson angenommen werden.[3046] Je älter ein Kind ist, desto mehr wird man ihm einen eigenen Willen zutrauen können und müssen.[3047] Z. B. ist die bei Zwölfjährigen schon regelhaft zu bejahen.[3048] Die Widerspruchsfähigkeit eines Kindes ist ebenfalls im Lichte von Art. 12 KinderReKonv. zu betrachten.[3049]

1141 Es ist zu ermitteln, ob der geäußerte Wille des Kindes wirklich der echte und autonome Wille des Kindes ist und ob er unabhängig oder hinreichend unabhängig[3050] von dem Wil-

---

[3035] *Rainer,* [2018] IFL 190, 195.
[3036] Siehe nur *Re B (Return of Children)* [2018] EWCA Civ 644 [23], [2018] 2 FLR 663 (C. A., per *Peter Jackson* L. J.).
[3037] *Fucik,* EF-Z 2017, 285, 286.
[3038] ÖstOGH iFamZ 2015, 192 m. Anm. *Fucik* = EF-Z 2016, 30 m. Anm. *Nademleinsky;* Fasching/Konecny/*Kaller-Pröll,* Kommentar zu den Zivilprozeßgesetzen, Bd. V/2, 2. Aufl. 2010, Art. 11 EuEheKindVO Rn. 10; Rauscher/*Rauscher* Art. 11 Brüsesel IIa-VO Rn. 22.
[3039] Magnus/Mankowski/*Pataut/Gallant* Art. 11 Brussels IIbis Regulation Rn. 42.
[3040] Allgemein dazu *Pfeiff,* in: Barnich/Nuyts/Pfeiff/Wautelet/van Gysel (coord.), Le droit des relations familiales internationales à la croisée des chemins, 2016, S. 149.
[3041] Magnus/Mankowski/*Pataut/Gallant* Art. 11 Brussels IIbis Regulation Rn. 41.
[3042] *Fulchiron,* in: Fulchiron/Nourissat (dir.), Le nouveau droit communautaire du divorce et de la responsabilité parentale, 2005, S. 223, 234; Magnus/Mankowski/*Pataut/Gallant* Art. 11 Brussels IIbis Regulation Rn. 47.
[3043] UN Convention on the Rights of the Child of 20 NovMever 1989, A/ES/44/25.
[3044] *Re M (Children) (Abduction: Rights of Custody)* [2007] UKHL 55, [2008] 1 AC 1288 [46] (H. L., per Baroness *Hale of Richmond*).
[3045] BVerfG FamRZ 1999, 1053; BVerfG FamRZ 2006, 1261; *Re F (Child's Objections)* [2015] EWCA Civ 1022 [41], [2016] 1 FCR 168 (C. A., per *Moore-Bick* L. J.).
[3046] OLG Karlsruhe FamRZ 2010, 1577, 1578.
[3047] *Re M (Children) (Abduction: Rights of Custody)* [2007] UKHL 55, [2008] 1 AC 1288 [46] (H. L., per Baroness *Hale of Richmond*).
[3048] OGH ZfRV 2013, 173.
[3049] Cass. NGCC 2014 II 793 m. Anm. *Tacconi.*
[3050] *Re H (Return: Child's Objections)* [2013] 2 FLR 1163 [35]-[36] (F. D., HHJ *Clifford Bellamy*).

XIV. Unions- oder menschenrechtliches Anerkennungsprinzip?

len des entführenden Elternteils gebildet wurde.[3051] Das Gericht muss Gründe und Motive des geäußerten angeblichen Kindeswillens, deren Stärke, deren Nachvollziehbarkeit und deren Validität bewerten.[3052] Dabei ist auch zu beachten, inwieweit das Kind wirklich einen eigenen, unbeeinflussten Willen geäußert hat oder inwieweit es sich an ein geprobtes „Skript", erstellt von einem Elternteil, gehalten hat.[3053] Die Ermessensentscheidung des Gerichts muss insbesondere die zentralen Ziele des HKÜ und den Regelcharakter der Rückgabeanordnung mit dem angemessenen Gewicht berücksichtigen.[3054] Den Kindeswillen zu berücksichtigen heißt nicht, ihn automatisch oder auch nur vermutungsweise durchschlagen zu lassen.[3055] Wünsche, Präferenzen und Gefühle sind noch nicht automatisch ein Widersetzen;[3056] Widersetzen hat eine andere Qualität und muss eine höhere Schwelle überschreiten. Allerdings sind differenzierende Technikalitäten und Unterkriterien zu vermeiden.[3057]

Bezugsobjekt des Widersetzens ist eigentlich die Rückgabe in den ursprünglichen Aufenthaltsstaat, nicht die Sorge des Antragstellers; in der Praxis sind beide Aspekte jedoch miteinander untrennbar verwoben und verbunden.[3058]

7. Rück- und Weiterverweisung. Soweit das HKÜ Kollisionsnormen enthält, rekurriert es auf die Sicht des betreffenden Staates und spricht deshalb Gesamtverweisungen aus.[3059] Dies gilt insbesondere für Art. 3 I lit. a HKÜ.[3060] Rück- oder Weiterverweisungen durch das IPR des verwiesenen Rechts sind daher beachtlich.

XIV. Unions- oder menschenrechtliches Anerkennungsprinzip?

Literatur: *Baratta,* La reconnaissance internationale des situations juridiques personnelles et familiales, RdC 348 (2010), 253; *Basedow,* Das Prinzip der gegenseitigen Anerkennung im Internationalen Wirtschaftsrecht, FS Dieter Martiny, 2014, S. 243; *Bollée,* L'extension du domaine de la méthode de reconnaissance unilatérale, RCDIP 96 (2007), 307; *A. Bucher,* La dimension sociale de droit international privé, RdC 341 (2009), 3, 320–395; *Buschbaum,* Anerkennung von Rechtslagen aufgrund von Personenstandsurkunden?, StAZ 2011, 106; *Coester-Waltjen,* Das Anerkennungsprinzip im Dornröschenschlaf?, FS Erik Jayme, 2004, S. 121; *dies.,* Anerkennung im Internationalen Personen-, Familien- und Erbrecht und das Europäische Kollisionsrecht, IPRax 2006, 392; *Fulchiron/Panet,* Citoyenneté européenne, liberté de circulation et reconnaissance des situations familiales créées dans un État membre: un petit pas pour de grandes enjambées?, D. 2018, 1674; *Funken,* Das Anerkennungsprinzip im internationalen Privatrecht, 2009; *V. Gärtner,* Die Privatscheidung im deutschen internationalen Privat- und Verfahrensrecht, 2008, S. 364–432; *Gaudemet-Tallon,* Individualisme et mondialisation: aspects de droit international privé de la famille, Essays in Honour of Hans van Loon, 2013, S. 181; *Geier,* Internationales Privat- und Verfahrensrecht in föderalen Systemen, 2013; *G. Goldstein/Muir*

[3051] *Re M (Children) (Abduction: Rights of Custody)* [2007] UKHL 55, [2008] 1 AC 1288 [46] (H. L., per Baroness *Hale of Richmond*); *Niethammer-Jürgens,* FamRB Int 2013, 33 f.
[3052] *De L v. H* [2009] EWHC 3074 (Fam), [2010] 1 FLR 1229 [63] (F. D., Sir *Mark Potter* P.); *Re H (Return: Child's Objections)* [2013] 2 FLR 1163 [32]-[33] (F. D., Judge *Clifford Bellamy*).
[3053] Siehe *Re F (Child's Objections)* [2015] EWCA Civ 1022 [22], [2016] 1 FCR 168 (C. A., per *Moore-Bick* L. J.).
[3054] *Re M (Children) (Abduction: Rights of Custody)* [2007] UKHL 55, [2008] 1 AC 1288 [43] (H. L., per Baroness *Hale of Richmond*); *Cannon v. Cannon* [2004] EWCA Civ 1330, [2005] 1 WLR 32, [2005] 1 FLR 169 [38] (C. A., per *Thorpe* L. J.).
[3055] *Re M (Children) (Abduction: Rights of Custody)* [2007] UKHL 55, [2008] 1 AC 1288 [46] (H. L., per Baroness *Hale of Richmond*).
[3056] Vgl. *Re F (Child's Objections)* [2015] EWCA Civ 1022 [35], [2016] 1 FCR 168 (C. A., per *Moore-Bick* L. J.); *Rainer,* [2018] IFL 190, 196.
[3057] *Re M (Republic of Ireland) (Child's Objections) (Joinder of Children as Parties to Appeal)* [2015] EWCA Civ 26 [69], [2015] 2 FLR 1074 (C. A., per *Moore-Bick* L. J.).
[3058] *De L v H* [2009] EWHC 3074 (Fam), [2010] 1 FLR 1229 [64] (F. D., Sir *Mark Potter* P.).
[3059] Explanatory Report *Pérez-Vera* on the 1980 Hague Child Abduction Convention Rn. 66; OGH ZfRV 1993, 34; AG Bielefeld FamRZ 1992, 467; *Farquhar,* (1983) 4 Can. J. Fam. L. 5, 13; *Jorzik* S. 31; *Schuz* S. 146; MüKoBGB/*Heiderhoff* Art. 3 KindEntfÜbk Rn. 4; Palandt/*Thorn,* Anh. Art. 24 EGBGB Rn. 32.
[3060] Cass. D. 1993, 352; östOGH ZfRV 1993, 34; OLG Karlsruhe FamRZ 2003, 956; AG Bielefeld FamRZ 1992, 467; östOGH JBl 2005, 793, 795; *Siehr,* IPRax 2018, 498, 500.

Watt, La méthode de la reconnaissance à la lueur de la Convention de Munich du 5 septembre 2007 sur la reconnaissance des partenariats enregistrés, Clunet 137 (2010), 1085; *Grünberger,* Alles obsolet? – Anerkennungsprinzip vs. klassisches IPR, in: Leible/Unberath (Hrsg.), Brauchen wir eine Rom 0-Verordnung?, 2013, S. 81; *Heiderhoff,* Ist das Anerkennungsprinzip schon geltendes internationales Familienrecht in der EU?, FS Bernd v. Hoffmann, 2011, S. 127; *Henrich,* Anerkennung statt IPR: eine Grundsatzfrage, IPRax 2005, 422; *J. Koch,* Die Anwendung islamischen Scheidungs- und Scheidungsfolgenrechts im Internationalen Privatrecht der EU-Mitgliedstaaten, 2012; *Jayme / C. Kohler,* Europäisches Kollisionsrecht 2001: Anerkennungsprinzip statt IPR?, IPRax 2001, 501; *C. Kohler,* Der Einfluss der Globalisierung auf die Wahl der Anknüpfungsmomente im Internationalen Familienrecht, Symposium Ulrich Spellenberg, 2006, S. 9; *M. Kohler/Buschbaum,* IPRax 2010, 313; *Lagarde,* Developpements futurs du droit international privé dans une Europe voie d'unification: quelques conjectures, RabelsZ 68 (2004), 225; *ders.,* La reconnaissance. Mode d'emploi, Mélanges Hélène Gaudemet-Tallon, 2008, S. 479; *Lagarde* (éd.), La reconnaissance des situations en droit international privé, 2013; *Leifeld,* Das Anerkennungsprinzip im Kollisionsrechtssystem des internationalen Privatrechts, 2010; *Mankowski,* Primärrechtliche Anerkennungspflicht im Internationalen Familienrecht?, FS Dagmar Coester-Waltjen, 2015, S. 571; *Mankowski/Höffmann,* Scheidung ausländischer gleichgeschlechtlicher Ehen in Deutschland?, IPRax 2011, 247; *Mansel,* Anerkennung als Grundprinzip des Europäischen Rechtsraums, RabelsZ 70 (2006), 651; *ders.,* Kritisches zur Urkundsinhaltsanerkennung, IPRax 2011, 341; *Mansel/Coester-Waltjen/Henrich/C. Kohler,* Stellungnahme im Auftrag des Deutschen Rats für Internationales Privatrecht zum Grünbuch der Europäischen Kommission – Weniger Verwaltungsaufwand für EU-Bürger: Den freien Verkehr öffentlicher Urkunden und die Anerkennung der Rechtswirkungen von Personenstandsurkunden erleichtern – KOM (2010) 747 endg., IPRax 2011, 335; *Pierre Mayer,* Les méthodes de la reconnaissance en droit international privé, Mélanges Paul Lagarde, 2005, S. 547; *Nordmeier,* Stand, Perspektiven und Grenzen der Rechtslagenanerkennung im europäischen Rechtsraum anhand Entscheidungen mitgliedstaatlicher Gerichte, IPRax 2012, 31; *Pamboukis,* La renaissance-métamorphose de la méthode de reconnaissance, RCDIP 97 (2008), 513; *Pfeiff,* La portabilité du statut personnel dans l'espace européen, 2017; *dies,* Exite-t-il un droit fondamental à la permanence transfrontière des éléments du statut personnel et familial?, Liber amicorum Nadine Watté, 2017, S, 461; *Rieks,* Anerkennung im Internationalen Privatrecht, 2012; *Romano,* La bilatéralité éclipsée par l'autorité. Développements récents en matière d'état des personnes, RCDIP 95 (2006), 457; *W.-H. Roth,* Methoden der Rechtsfindung und Rechtsanwendung im Europäischen Kollisionsrecht, IPRax 2006, 338; *Sagot-Duvauroux,* La préservation des liens familiaux en droit international privé, Mélanges Jean-Pierre Laborde, 2015, S. 191; *Sonnenberger,* Anerkennung statt Verweisung? Eine neue internationalprivatrechtliche Methode?, FS Ulrich Spellenberg, 2010, S. 371; *Spellenberg,* Der EuGH und das internationale Namensrecht, Liber amicorum Walter Pintens, 2012, S. 1349; *R. Wagner,* Anerkennung von Personenstandsurkunden – was heißt das?, DNotZ 2011, 176; *ders.,* Anerkennung im Ausland begründeter Statusverhältnisse – neue Wege?, StAZ 2012, 133.

1144   1. Grundsätzliches. Eine übergreifende Problematik ist, ob das EU-Primärrecht ein Anerkennungsprinzip aufstellt. Dies kann insbesondere in Statusfragen von überragender Bedeutung sein. Ist jemand in Deutschland als verheiratet anzuerkennen, weil er in einem Register eines anderen EU-Staates als verheiratet eingetragen ist? Ist jemand in Deutschland als geschieden anzuerkennen, weil er in einem Register eines anderen EU-Staates als geschieden eingetragen ist? Ist jemand Vater oder Mutter eines Kindes, weil ein entsprechender Abstammungsvermerk in einem Register eines anderen EU-Staates steht?[3061] Ist Eintragungen in Personenstandsurkunden aus anderen EU-Saaten konstitutive Kraft beizulegen? Kann ein Status gleichsam mit einer Person zusammen mitmigrieren?[3062] Migration ist ein Massenphänomen geworden; die rechtlichen Instrumente müssen damit Schritt zu halten und dem gerecht zu werden versuchen.[3063] Brutale und einschneidende Brüche in persönlichen Beziehungen zu vermeiden ist ein hehres Anliegen.[3064]

[3061] Vgl. *Benicke,* IPRax 2013, 101, 108.

[3062] Siehe den auf den Punkt gebrachten Titel von *A. Bucher,* Essays in Honour of Hans van Loon, 2013, S. 101: „La migration de l'état civil".

[3063] Vgl. Doc. Prél. N°. 7 à l'attention du Conseil de la Conférence de La Haye de droit internationale privé sur les affaires générales et la politique (février 2010); *van Loon,* Liber amicorum Hélène Gaudemet-Tallon, 2008, S. 419.

[3064] *Sagot-Duvauroux,* Mélanges Jean-Pierre Laborde, 2015, S. 191, 195.

XIV. Unions- oder menschenrechtliches Anerkennungsprinzip?   1145–1148   § 4

Anerkennung wäre eine Anerkennung von Rechts wegen und würde die im anzuerkennenden Rechtsakt dokumentierte Rechtslage erstrecken.[3065] Dies ginge weit über die bisher praktizierte Echtheits- und Tatsachenvermutung einer im Ausland erstellten Urkunde hinaus,[3066] zumal sich bei Urkunden die Anerkennung von deren Wirkungen einer Kontrolle anhand des zweitstaatlichen ordre public stellen müsste, die wiederum eine einheitliche Rechtswirkung der Urkunde beeinträchtigen würde.[3067]

Anerkennung wäre Korrektur und Durchbrechung[3068] würde eine echte kollisionsrechtliche Anknüpfung überflüssig machen und in ihrem Gefolge auch der Mühen der Kollisionsrechtsvereinheitlichung in der EU entheben.[3069] Der Zielkonflikt tritt deutlich zutage.[3070] Er wird noch verstärkt durch kompetenzielle Aspekte: Kollisionsrechtsvereinheitlichung im Familienrecht bedürfte nach Art. 81 III AEUV der Einstimmigkeit im Rat und einer Anhörung des Europäischen Parlaments; müsste dies nicht gleichermaßen für eine Anerkennung von Statusverhältnissen als zweite Schiene[3071] des Kollisionsrechts gelten?[3072]   1145

Gegenwärtig mag der politische Wille der EU-Organe und der Mitgliedstaaten noch in Richtung Kollisionsrechtsvereinheitlichung gehen.[3073] Doch der politische Wille müsste (und würde) weichen, wenn das Primärrecht anderes gebieten würde. Dem Primärrecht müssten auch einengende Gestaltungen im Sekundärrecht weichen. Ein Schluss daraus, dass Art. 2 Nr. 2 lit. b FreizügigkeitsRL[3074] eine Aufnahme eingetragener Lebenspartner nur gebietet, sofern die Aufnahmemitgliedstaat die eingetragene Lebenspartnerschaft der Ehe gleichstellt, lässt sich daher letztlich nicht halten.[3075]   1146

Dass EU-Organe und damit über den Rat der EU die Mitgliedstaaten auf Vereinheitlichung durch Sekundärrechtsakte setzen, ist instutionell übrigens gut nachvollziehbar: So behalten sie Bestimmungsmacht und können gestalten, denn das Sekundärrecht ist ihr Metier und ihr Beritt. Ein Ansatz über Primärrecht dagegen würden ihnen Entwicklung und Ausgestaltung aus der Hand nehmen. Ein Ansatz über Sekundärrecht hätte zudem den Vorteil klar umrissener Normaussagen, die Gehalt und Grenzen des Gewollten deutlich beschreiben würden und Richtschnur wie Handreichung für die Rechtsanwender wären.   1147

a) Bedeutung des Art. 21 AEUV. Eine zentrale Rolle spielt Art. 21 AEUV (ex Art. 18 EGV). Eine direkte IPR-Norm kann man ihm zwar nicht entnehmen. Jedoch wird er teilweise als versteckte Kollisionsnorm bewertet.[3076] Dafür fehlt es ihm jedoch an einem positiven Regelungsgehalt.[3077] Art. 21 AEUV ist eine rein negative Kontrollnorm. Ihm kann man entnehmen, was nicht geht, weil es die Freizügigkeit zu sehr beschränkt. Dagegen legt er sich nicht positiv auf einen bestimmten Weg fest, sondern lässt mehrere Wege offen, um der Freizügigkeit gerecht zu werden.[3078] Eine kollisionsrechtliche Verweisungs-   1148

[3065] *Coester-Waltjen,* FS Rolf Stürner, 2013, S. 1197, 1204.
[3066] *Coester-Waltjen,* FS Rolf Stürner, 2013, S. 1197, 1204.
[3067] *Mansel/Coester-Waltjen/Henrich/C. Kohler,* IPRax 2011, 335, 340; *Mansel,* IPRax 2011, 341, 342.
[3068] Deutlich *Sagot-Duvauroux,* Mélanges Jean-Pierre Laborde, 2015, S. 191, 195.
[3069] Grünbuch der EU Kommission „Weniger Verwaltungsaufwand für EU-Bürger: Den freien Verkehr von öffentlichen Urkunden und die Anerkennung der Rechtswirkungen von Personenstandsurkunden erleichtern", KOM (2010) 747 endg. S. 13–16.
[3070] Vgl. *Mansel/Coester-Waltjen/Henrich/C. Kohler,* IPRax 2011, 335, 340; Wissenschaftlicher Beirat des Bundesverbandes der Deutschen Standesbeamtinnen und Standesbeamten, StAZ 2011, 165, 172–174.
[3071] *Mankowski,* in: v. Bar/Mankowski IPR I § 5 Rn. 3, 36.
[3072] *Mansel,* IPRax 2011, 341, 342.
[3073] *Heiderhoff,* FS Bernd v. Hoffmann, 2011, S. 127 (127).
[3074] Richtlinie 2004/38/EG des Europäischen Parlaments und des Rates vom 29.4.2004 über das Recht der Unionsbürger und ihrer Familienangehörigen, sich im Hoheitsgebiet der Mitgliedstaaten frei zu bewegen und aufzuhalten, zur Änderung der Verordnung (EWG) Nr. 1612/68 und zur Aufhebung der Richtlinien 64/221/EWG, 68/360/EWG, 72/194/EWG, 73/148/EWG, 75/34/EWG, 75/35/EWG, 90/364/EWG, 90/365/EWG und 93/96/EWG, ABl. EG 2004 L 158/77.
[3075] Gegen *Heiderhoff,* FS Bernd v. Hoffmann, 2011, S. 127, 131.
[3076] Insbesondere *Wall,* StAZ 2009, 261, 264; *ders.,* IPRax 2010, 433, 434.
[3077] Im Ergebnis ebenso *Heiderhoff,* FS Bernd v. Hoffmann, 2011, S. 127, 137.
[3078] *Spellenberg,* Liber amicorum Walter Pintens, 2012, S. 1349, 1370.

norm, die zu einem ganz bestimmten Recht weisen würde, ist ihm nicht zu entnehmen. Schon im Internationalen Namensrecht als dem denkbaren Ausgangspunkt einer möglichen Verallgemeinerung fällt es schwer, ihm eine auf das Recht des Erstregistrierungsstaates verweisende Kollisionsnorm zu entnehmen.[3079] Umgekehrt könnte man eine kollisionsrechtliche Dimension des Art. 21 AEUV schwerlich auf das Internationale Namensrecht beschränken, sondern müsste vielmehr konsequent zu einer Ausdehnung auf das gesamte Internationale Familienrecht schreiten.[3080]

1149 Methodisch sollte man richtigerweise auf die Grundfreiheiten und die Unionsbürgerrechte direkt rekurrieren und nicht Analogien zu EuGH-Entscheidungen vornehmen.[3081] Denn Grundlage der EuGH-Entscheidungen sind eben jene Grundfreiheiten und Unionsbürgerrechte. Um deren Reichweite geht es, der EuGH ist gleichsam nur ihr „Mund". Die Unionsbürgerschaft verleiht einen Kernbestand an Rechten.[3082] Ein Punkt ist die Abgrenzung der Unionsbürgerrechte als Privilegierung der Angehörigen von EU-Mitgliedstaaten unter Ausgrenzung von Drittstaatsangehörigen. Reinen Drittstaatsangehörigen gegenüber würde in der Konsequenz keine Anerkennungspflicht bestehen.[3083] Auf der anderen Seite kommt die Unionsbürgerschaft auch jenen zugute, die Mehrstaater mit nichteffektiver Staatsangehörigkeit eines EU-Mitgliedstaates sind.[3084]

1150 Zu verlangen ist auch ein grenzüberschreitender Bezug des Sachverhalts,[3085] also Internationalität mit Bezügen zu einem weiteren Staat (der kein Mitgliedstaat zu sein braucht) jenseits des Mitgliedstaates, in welchem die Statusänderung oder die Eintragung erfolgt ist. Die Anforderungen daran sind nicht hoch.[3086]

1151 Für die Unionsbürgerschaft wie für Art. 21 I AEUV stellt sich jedenfalls die Frage nach einem Mindestgewicht des Eingriffs, nach einer Spürbarkeitsschwelle.[3087] Freilich dürfte die Spürbarkeitsschwelle regelmäßig überschritten sein, wenn es um etwas so Bedeutsames und für den Betroffenen so Wichtiges wie den Status geht. Ob man verheiratet ist, kann massive Konsequenzen auf allen möglichen Rechtsgebieten haben. Ob man mit einer bestimmten anderen Person als verwandt gilt, kann etwa im Erbrecht oder im Eheschließungsrecht von größter Bedeutung sein. Schwerwiegende Nachteile administrativer, beruflicher oder privater Art[3088] drohen und heben über die Schwelle.

[3079] Dahin aber *Wall*, StAZ 2009, 261, 264; *ders.*, IPRax 2010, 433, 434.

[3080] App. Bari RDIPP 2009, 699 (dazu *Campiglio*, RDIPP 2009, 589); KG NJW 2011, 535 = FamRZ 2011, 652; *Henrich*, IPRax 2005, 422, 423; *Heiderhoff*, FS Bernd v. Hoffmann, 2011, S. 127, 129; *Lurger*, IPRax 2013, 282, 288.

[3081] *Nordmeier*, IPRax 2012, 31, 36 sowie VG Berlin IPRax 2011, 270 = StAZ 2010, 372. Anders KG NJW 2011, 535 = FamRZ 2011, 652.

[3082] EuGH Slg. 2011, I-1177 Rn. 42 – Gerardo Ruiz Zambrano/Office national de l'emploi; *Hailbronner/Thym*, NJW 2011, 2008; *Nikolaus Graf Vitzthum*, EuR 2011, 550.

[3083] *Lurger*, IPRax 2013, 282, 288.

[3084] EuGH 2.10.1997 – Rs. C-122/96, Slg. 1997, I-5325 Rn. 15 – Stephen Austin Saldanha u. MTS Securities Corp./Hiross Holding AG; *Schönberger*, Unionsbürger, 2005, S. 290; *P. Kubicki*, EuR 2006, 489, 490f.; *Basedow*, IPRax 2011, 109, 112; *Nordmeier*, IPRax 2012, 31, 37.

[3085] EuGH Slg. 2003, I-11613 Rn. 24 – M. Carlos Garcia Avello/Belgischer Staat; EuGH Slg. 2008, I-7639 Rn. 16 – Verfahren auf Antrag von Stefan Grunkin und Dorothee Regina Paul; EuGH Slg. 2010, I-1449 Rn. 38–46 – Janko Rottmann/Freistaat Bayern; EuGH Slg. 2011, I-3375 Rn. 47f. – Shirley McCarthy/Secretary of State for the Home Department; *Corneloup*, D. 2011, 1604.

[3086] *Epiney*, NVwZ 2004, 1067, 1070f.; *J. Mörsdorf-Schulte*, IPRax 2004, 315, 318; *Mansel*, RabelsZ 70 (2006), 651, 706; *Craig/de Búrca*, EU Law, 6. Aufl. 2015, S. 865–871; *Nordmeier*, IPRax 2012, 31, 37.

[3087] VG Berlin IPRax 2011, 270 = StAZ 2010, 372; *C. Kohler*, FS Erik Jayme, 2004, S. 445, 456; *F. Wollenschläger*, Grundfreiheit ohne Markt, 2007, S. 305–307; *Kroll*, ZvglRWiss 107 (2008), 320, 331–333; *Heiderhoff*, FS Bernd v. Hoffmann, 2011, S. 127, 133f.; *Nordmeier*, IPRax 2012, 31, 38 einerseits und *Rabenschlag*, Leitbilder der Unionsbürgerschaft, 2009, S. 200; *Körber*, Grundfreiheiten und Privatrecht, 2004, S. 171–175 andererseits.

[3088] Zu diesem Kriterium EuGH Slg. 2003, I-11613 Rn. 36 – M. Carlos Garcia Avello/Belgischer Staat; EuGH Slg. 2008, I-7639 Rn. 23–28 – Verfahren auf Antrag von Stefan Grunkin und Dorothee Regina Paul; EuGH Slg. 2010, I-13693 Rn. 67–70 – Ilonka Sayn-Wittgenstein/Landeshauptmann von Wien; EuGH Slg. 2011, I-3787 Rn. 76 – Małgożata Runevič-Vardyn u. Łukasz Paweł Wardyn/Vilniaus Miesto savivaldybes administracija.

XIV. Unions- oder menschenrechtliches Anerkennungsprinzip?   1152–1156   § 4

In Rede steht das Beschränkungsverbot, nicht das Diskriminierungsverbot (das Gebot 1152
vollständiger Inländergleichbehandlung) aus Art. 21 AEUV.[3089] Die Freizügigkeit darf nicht
durch nationales Recht beschränkt werden.[3090] Dies hängt nicht davon ab, ob ein Bereich
betroffen ist, in welchem die EU eine Regelungskompetenz besitzt,[3091] denn ein solches
einschränkendes Tatbestandsmerkmal findet sich in Art. 21 AEUV nicht, der vielmehr aus
sich heraus und nach seinen eigenen Kriterien gilt.[3092]

Mit einem Verständnis des Art. 21 AEUV als Verweisungsnorm würde man indes die kate- 1153
gorialen Grenzen zwischen kollisionsrechtlicher Verweisung zum einen und Anerkennung
individueller Lagen zum anderen verwischen. Verweisungsrechtlicher Gehalt wird gar nicht
abgefragt, soweit eine Anerkennung vorrangig Platz greift. Der Unterschied zeigt sich insbesondere, wenn im Erststaat eine eigentlich fehlerhafte Anwendung des anwendbaren Rechts
erfolgt ist. Ein zweiter gewichtiger Unterschied liegt darin, wer zur Rechtsanwendung schreitet. Bei einer Anerkennungslösung findet die eigentliche Rechtsanwendung nur im Erststaat
statt. Bei einer kollisionsrechtlichen Lösung ist es dagegen der „Zweitstaat" (wobei schon die
Terminologie irreführend wäre, weil es bei einer verweisungsrechtlichen Lösung weder Erst-
noch Zweitstaat gibt). Eine Anerkennungslösung erstreckt bereits im Erststaat gefundene Ergebnisse, bei einer verweisungsrechtlichen Lösung stellt der „Zweitstaat" und nur dieser Ergebnisse erst her, die aus einer von ihm vorgenommenen Rechtsanwendung resultieren.

b) Stabilitätsinteressen der Betroffenen und Anerkennung. Für eine Anerkennung streiten Sta- 1154
bilitätsinteressen des Betroffenen. Stabilität kann rechtlichen Niederschlag finden, wenn die
im Binnenmarkt gewollte und geförderte Mobilität und Freizügigkeit der Unionsbürgerschaft behindert würde, weil man sich in jedem neuen Aufenthaltsstaat aufs Neue ab ovo
im Status bestätigen lassen müsste und wenn bereits zuvor erlangte Rechtspositionen verloren zu gehen drohten. Stabilitätsinteressen haben ihren Ausdruck im sämtlichen Spielarten
des Herkunftslandprinzips gefunden.[3093]

Freilich steht Stabilität nur dann ernsthaft in Rede, wenn eine starke Verbindung zum 1155
Ausgangsstaat der Rechtslage bestand. Ein schlichter Aufenthalt dort, begründet nur, um
die Rechtslage begründen zu können, kann nicht ausreichen. Er würde „Rechtslagentou-
rismus" begünstigen. Anreize zu Wettrennen um einen Status darf es nicht geben.[3094]

c) Denkbare Ausgangspunkte einer Entwicklung. Ganz ohne Vorbild und Parallele wäre eine 1156
Anerkennung auch keineswegs. Denn jedenfalls bei einem statusbegründenden Akt erkennt
man bereits an: nämlich bei der Dekretadoption. Auch dort wird eine behördliche oder
gerichtliche Entscheidung anerkannt, die keinem eigentlichen Gerichtsverfahren entstammt. Dies könnte man als Türöffner verstehen und im Ansatz fortdenken.[3095] Allerdings
ist eine verfahrensrechtliche Anerkennung bloßer ausländischer Rechtslagen de lege lata
über § 109 FamFG kaum vorstellbar, weil es Rechtslagen am dort vorausgesetzten Ent-
scheidungscharakter fehlt;[3096] im Ausland geschlossene familienrechtliche Rechtsgeschäfte
sind vielmehr traditionell über das IPR zu beurteilen.[3097] Allerdings gab es norm- und einzelfallbezogene Durchbrechungen aus Art. 6 I GG heraus,[3098] insbesondere beim Begriff
der „Witwe" für das Sozialrecht und das öffentliche Recht.[3099]

[3089] *Heiderhoff*, FS Bernd v. Hoffmann, 2011, S. 127, 129.
[3090] EuGH Slg. 2002, I-6191 Rn. 31–35 – Marie-Natalie D'Hoop/Office national d'emploi; *Philipp Kubicki*, EuZW 2009, 366, 367; *Leifeld*, Das Anerkennungsprinzip im Kollisionsrechtssystem des internationalen
Privatrechts, 2010, S. 36.
[3091] Dahin aber *C. Calliess/Ruffert/W. Kluth*, EUV/AEUV, 5. Aufl. 2016, Art. 21 AEUV Rn. 6 f.
[3092] *Heiderhoff*, FS Bernd v. Hoffmann, 2011, S. 127, 133.
[3093] *Dutta*, in: Reichelt/Rechberger (Hrsg.), Internationales Erb- und Erbverfahrensrecht, 2011, S. 57, 65 f.
[3094] *Heiderhoff*, FS Bernd v. Hoffmann, 2011, S. 127, 135.
[3095] Vgl. *Mankowski/Höffmann*, IPRax 2011, 247, 253 f.
[3096] *R. Wagner*, FamRZ 2013, 1620.
[3097] *R. Wagner*, FamRZ 2013, 1620, 1623.
[3098] *Nordmeier*, IPRax 2012, 31, 34 f.
[3099] BVerfG NJW 1983, 511 = FamRZ 1983, 251 m. Anm. *Bosch*; BVerwG IPRspr. 2008 Nr. 51; OVG
Lüneburg NJW 2005, 1739, 1740; *Müller-Freienfels*, JZ 1983, 230; *Schmeiduch*, FamRZ 1983, 668; *Bayer/*

1157 Bekanntlich hat der EuGH in Garcia Avello[3100] und Grunkin Paul II[3101] sowie in Sayn-Wittgenstein[3102] und Runevi-Vardyn[3103] für das Internationale Namensrecht Tendenzen zum Anerkennungsprinzip erkennen lassen.[3104] Der Name, mit dem eine Person im Register eines EU-Staates eingetragen ist, ist in den anderen EU-Staaten anzuerkennen.[3105] Dies gilt selbst dann, wenn jene Eintragung zu Unrecht erfolgt ist.[3106] Das Anerkennungsprinzip, merkwürdig oszillierend zwischen Kollisionsrecht und Verfahrensrecht,[3107] hat unionsrechtlichen Aufwind.[3108] Bis zu Überlegungen in einem Grünbuch[3109] hat es Gefallen bei den Unionsorganen gefunden. Der Schritt, eine generelle Anerkennungspflicht für die in Registern anderer EU-Staaten erfolgten Eintragungen zu bejahen, erscheint darauf aufbauend nahe liegend und verlockend.[3110] Der Export von Statusverhältnissen durch Anerkennung[3111] hätte große Brisanz.[3112] Er würde insbesondere französischem Denken entsprechen. Im französischen IPR gibt es schon lange eine starke Tradition, auf ein principe de reconnaissance zu setzen und „Tatsachen" anzuerkennen.[3113]

1158 Die Tragweite einer Anerkennungspflicht wäre nahezu unbegrenzt. Man könnte etwa an eine Anerkennung von Verwandtschaftsverhältnissen im Gefolge einer Leihmutterschaft denken.[3114] Auch eine Pflicht zur Anerkennung im EU-Ausland geschlossener gleichge-

---

Knörzer/Wandt, FamRZ 1983, 770; *Jasper*, MDR 1983, 543; *B. Rauscher*, NJW 1983, 2477; *Behn*, NJW 1984, 1019; Staudinger/*Mankowski* Art. 13 EGBGB Rn. 532–535.

[3100] EuGH Slg. 2003, I-11613 – M. Carlos Garcia Avello/Belgischer Staat = RCDIP 93 (2004), 184 note *Lagarde*; dazu u. a. *J. Mörsdorf-Schulte*, IPRax 2004, 315; *Ackermann*, (2007) 44 CMLRev. 141.

[3101] EuGH Slg. 2008, I-7639 – Verfahren auf Antrag von Stefan Grunkin und Dorothee Regina Paul; dazu u. a. *Funken*, FamRZ 2008, 2091; *Lagarde*, RCDIP 98 (2009), 87; *d'Avout*, Clunet 136 (2009), 207; *Kroll-Ludwigs*, JZ 2009, 153; *Martiny*, DNotZ 2009, 453; *Joëlle Long*, NGCC 2009, 272; *Blázquez Peinado*, Rev. der. com. eur. 2009, 649; *Meeusen*, ZEuP 2010, 189 und *V. Lipp*, StAZ 2009, 1; *Wall*, StAZ 2009, 261; *Maria Castellaneta*, Dir. com scambi int. 2009, 745; *Honorati*, Dir. UE 2009, 379; *M. Lehmann*, YbPIL 10 (2008), 135.

[3102] EuGH Slg. 2010, I-13693 Rn. 93 mit Rn. 79 f. – Ilonka Sayn-Wittgenstein/Landeshauptmann von Wien.

[3103] EuGH Slg. 2011, I-3787 Rn. 78 – Malgožata Runevič-Vardyn u. Łukasz Paweł Wardyn/Vilniaus Miesto savivaldybes administracija.

[3104] Zusammenfassend *Heiderhoff*, FS Bernd v. Hoffmann, 2011, S. 127, 128; *Spellenberg*, Liber amicorum Walter Pintens, 2012, S. 1349, 1366–1368.

[3105] → § 6 Rn. 215–224 mwN.

[3106] → § 6 Rn. 219; KG StAZ 2011, 148, 150; *F. Sturm*, StAZ 2010, 146, 147; *Wall*, StAZ 2010, 225, 228 (mit Einschränkung 229 f.); *Mankowski*, StAZ 2014, 97, 103; NK-BGB/*Mankowski* Art. 48 EGBGB Rn. 39; Soergel/*M. Müller* Art. 48 EGBGB Rn. 14 sowie Wall, StAZ 2009, 261, 263; ders., StAZ 2011, 37, 42. Anderer Ansicht Koritz, FPR 2008, 213, 214; Mansel/Thorn/R. Wagner, IPRax 2009, 1, 3; Krömer, StAZ 2009, 150, 151 Fn 9. *Gössl*, IPRax 2018, 376, 379 f. befürwortet für die Rechtmäßigkeit eine Blockverweisung nach der Lehre vom ordre juridique compétent.

[3107] *v. Bar*, RabelsZ 57 (1993), 63, 104.

[3108] Zur Diskussion insbesondere *Jayme/C. Kohler*, IPRax 2001, 501; *Lagarde*, RabelsZ 68 (2004), 225; *ders.*, Mélanges Hélène Gaudemet-Tallon, 2008, S. 479; *Coester-Waltjen*, FS Erik Jayme, 2004, S. 121; *dies.*, IPRax 2006, 392; *Henrich*, IPRax 2005, 422; *P. Mayer*, Mélanges Paul Lagarde, 2005, S. 547; *Mansel*, RabelsZ 70 (2006), 651; *ders.*, IPRax 2011, 341; *Romano*, RCDIP 95 (2006), 457, 458; *W.-H. Roth*, IPRax 2006, 338, 342 f.; *Bollée*, RCDIP 96 (2007), 307; *Pamboukis*, RCDIP 97 (2008), 513; *Gärtner*, Die Privatscheidung im deutschen und gemeinschaftsrechtlichen Internationalen Privat- und Verfahrensrecht, 2008, S. 364–432; *Funken*, Das Anerkennungsprinzip im internationalen Privatrecht, 2009; *Leifeld*, Das Anerkennungsprinzip im Kollisionsrechtssystem des internationalen Privatrechts, 2010; *A. Bucher*, RdC 341 (2009), 3, 282 ff.; *Sonnenberger*, FS Ulrich Spellenberg, 2010, S. 371; *M. Kohler/Buschbaum*, IPRax 2010, 313; *Baratta*, RdC 348 (2010), 253; *R. Wagner*, DNotZ 2011, 176; *Mansel/Coester-Waltjen/Henrich/C. Kohler/ Deutscher Rat für Internationales Privatrecht*, IPRax 2011, 335; *Gaudemet-Tallon*, Essays in Honour of Hans van Loon, 2013, S. 181, 191–194.

[3109] Grünbuch der EU Kommission „Weniger Verwaltungsaufwand für EU-Bürger: Den freien Verkehr von öffentlichen Urkunden und die Anerkennung der Rechtswirkungen von Personenstandsurkunden erleichtern", KOM (2010) 747 endg.

[3110] KG NJW 2011, 535 = FamRZ 2011, 652. Ablehnend dagegen VG Berlin IPRax 2011, 270 = StAZ 2010, 372.

[3111] KG NJW 2011, 535 = FamRZ 2011, 652.

[3112] *Rauscher/Pabst*, NJW 2011, 3547, 3548.

[3113] Siehe die französischen Nachweise in der fünftletzten Fn.

[3114] App. Bari RDIPP 2009, 699; Rb. 's-Gravenhage 11.12.2007 – LJN:BB9844 (dazu *Vonk*, 14.3. Electr. J. Comp. L. [Dec. 2010] art. 22); *Campiglio*, RDIPP 2009, 589, 596 f.; *Lagarde*, Rev. héll. dr. int. 2009, 511,

XIV. Unions- oder menschenrechtliches Anerkennungsprinzip?

schlechtlicher Ehen oder registrierter Partnerschaften ist alles andere als ausgeschlossen. Der EuGH hat Art. 21 AEUV dafür im Kontext der FreizügigkeitsRL[3115] bereits instrumentalisiert.[3116]

d) Menschenrechtliche Dimension unter der EMRK. Dem genuinen Unionsrecht könnte zudem Art. 8 EMRK zu Gunsten einer Anerkennungspflicht zur Seite springen.[3117] Der EGMR verfolgt seit der Wagner-Entscheidung,[3118] insbesondere aber in Mennesson[3119] und Labassée[3120], einen klaren Schutzansatz, einmal etablierte Familienbeziehungen und Statusverhältnisse möglichst nicht mehr antasten zu lassen.[3121]

Allerdings sind Unionsbürgerrechte des EU-Rechts keine Menschenrechte; eine zu pauschale und zu großzügige Anwendung des Art. 8 EMRK drohte die in Artt. 9 S. 1; 217 AEUV; Art. 45 GRC verankerten Differenzierungen zwischen Unionsbürgern und Drittstaatsangehörigen zu überspielen.[3122] Außerdem ist die Unionsbürgerschaft aus Art. 21 AEUV anders aufgestellt als der Schutz von Privatleben und Familie aus Art. 8 EMRK. Auf einer höher gelagerten rechtspolitischen Ebene kommt hinzu, dass der Beitritt der EU zur EGMR wesentlich daran gescheitert ist, dass die EU und ihr Organ EuGH keine Interpretationshoheit und Souveränität an den EGMR abgeben wollten.[3123] Dies spricht dagegen, Rechtsprechung des EGMR tel quel, ungefiltert oder ohne Wertungsüberprüfung auf Normen des Unionsrechts zu übertragen.[3124]

e) Anerkennung von Rechtslagen vs. Anerkennung einzelner Rechtsakte. Die Anerkennung von Inhalten und Rechtslagen geht über die formelle Anerkennung einzelner Rechtsakte hinaus.[3125] Man dürfte sie aber nicht in Richtung einer bloßen Optimierung abschwä-

---

518 f.; *Baratta*, RDIPP 2016, 413. Ablehnend dagegen Instrucción DGRN de 5 octubre 2010 sobre régimen registral de la filiación de los nacidos mediante gestación por sustitución; BOE 2010, 84803 (dazu *Calvo Caravaca/Carrascosa González*, Cuad. Der. Trans. 3 (2) [2011], 247).

[3115] Richtlinie 2004/38/EG des Europäischen Parlaments und des Rates vom 29.4.2004 über das Recht der Unionsbürger und ihrer Familienangehörigen, sich im Hoheitsgebiet der Mitgliedstaaten frei zu bewegen und aufzuhalten, zur Änderung der Verordnung (EWG) Nr. 1612/68 und zur Aufhebung der Richtlinien 64/221/EWG, 68/360/EWG, 72/194/EWG, 73/148/EWG, 75/34/EWG, 75/35/EWG, 90/364/EWG, 90/365/EWG und 93/96/EWG, ABl. EG 2004 L 229/35.

[3116] EuGH ECLI:EU:C:2018:385 Rn. 38–51 – Relu Adrian Coman u. a./Inspectoratul General pentru Imigrări u. Ministerul Afacerilor Interne; dazu u. a. *Dutta*, FamRZ 2018, 1067; *Michl*, FamRZ 2018, 1147; *Jessurun d'Oliveira*, NJB 2018, 2060; *Fulchiron/Panet*, D. 2018, 1674; *Croon-Gestefeld*, StAZ 2018, 297; *Bribosia/Rorive*, J. dr. eur. 2018, 344; *Chaltiel*, Petites affiches n° 233, 21 novembre 2018, 4.

[3117] KG NJW 2011, 535 = FamRZ 2011, 652; Trib. Lamezia Terme RDIPP 2010, 736; *Franzina*, Riv. um. dir. int. 5 (2011), 609; *Dionisi-Peyrusse*, Mélanges à la mémoire de Patrick Courbe, 2012, S. 157; *Lurger*, IPRax 2013, 282, 288

[3118] EGMR 28.6.2007 – 76240/01 – Wagner u. J. M. W. L./Luxemburg = FamRZ 2007, 1529 m. Anm. *Henrich*; dem folgend EGMR 13.12.2007 – 39051/03 – Emonet/Schweiz; EG;R 3.5.2011 – 56759/08 – Negrepontis-Giannisis/Griechenland; EGMR 14.11.2013 – 19391/11 – Topcic-Rosenberg/Kroatien.

[3119] EGMR 26.6.2014 – 65192/11 – Mennesson/Frankreich = RCDIP 104 (2015), 144 note *Bollée* = Rev. crit. jur. belge 2015, 5 note *Van Bunnen* = iFamZ 2014, 230 m. Anm. *Cap* = REDI 2015, 1, 238 m. Anm. *Jiménez Blanco*; dazu *Viganetti*, Gaz. Pal. N°s. 204–205, 23–24 juillet 2014, S. 12; *K. Duden*, ZEuP 2015, 637.

[3120] EGMR 26.6.2014 – 65941/11 – Labassée/Frankreich = FamRZ 2014, 1525 m. Anm. *R. Frank* = NJW 2015, 3211 = RCDIP 103 (2014), 619 note *Bollée* = D. 2014, 1794 note *Chénedé* = D. 2014, 1806 note *d'Avout*; dazu *Fulchiron/Bidaud-Garon*, RCDIP 104 (2015), 1; *K. Duden*, ZEuP 2015, 637.

[3121] *Sagot-Duvauraux*, Mélanges Jean-Pierre Laborde, 2015, S. 191, 195 f.

[3122] *Nordmeier*, IPRax 2012, 31, 40.

[3123] EuGH 18.12.2014 – Gutachten 2/13, ECLI:EU:C:2014:2454 Rn. 178–258 – Beitritt der EU zur EMRK; dazu u. a. *Jacqué*, RTDEur 2014, 823; *ders.*, Cah. dr. eur. 2015, 19; Editorial, (2015) 51 CML Rev. 1; *Tomuschat*, EuGRZ 2015, 133; *Wendel*, NJW 2015, 921; *Lambrecht*, Eur. Hum. Rghts. Rev. 2015, 185; *Thym* u. *Grabenwarter*, EuZW 2015, 180; *Usunier*, RTDciv 2015, 535.

[3124] *Michl*, FamRZ 2018, 1147 f. Vgl. aber EuGH ECLI:EU:C:2018:385 Rn. 48–50 – Relu Adrian Coman u. a./Inspectoratul General pentru Imigrări u. Ministerul Afacerilor Interne zu Art. 7 GRC unter Hinweis auf EGMR 7.11.2013 – 29381/09 u. 32684/09 § 73 – Vallianatos u. a./Griechenland = CE:ECHR:2013:1107JUD002938109 und EGMR 14.12.2017 – 26431/12, 26742/12, 44057/12 u. 60088/12 § 143 – Orlandi u. a./Italien = CE:ECHR:2017:1214JUD002643112.

[3125] *R. Wagner*, DNotZ 2011, 176, 187.

chen,³¹²⁶ weil es gerade um die Übertragung erzielter Ergebnisse geht. Anerkennung von Rechts wegen stünde vor dem Problem, eine unionsweit einheitliche Geltung von Statusverhältnissen einer Person sicherstellen zu müssen, ohne Rechtsunterschiede und unterschiedliche Sichtweisen der Mitgliedstaaten auf der abstrakten Ebene zu perpetuieren und durchschlagen zu lassen.³¹²⁷ Außerdem droht Anerkennung von Rechts wegen in die Souveränität und die Personalhoheit der Mitgliedstaaten einzugreifen, soweit diese in ihrem Staatsangehörigkeitsrecht an das Vorliegen eines bestimmten Status anknüpfen.³¹²⁸

1162 **2. Anerkennung gleichgeschlechtlicher Ehen im Besonderen.** Das principe de reconnaissance soll nach französischen Vorstellungen bis zur Anerkennung registrierter Partnerschaften³¹²⁹ oder registrierter gleichgeschlechtlicher Ehen³¹³⁰ reichen.³¹³¹ Praktisch verwirklicht eine Anerkennung gleichgeschlechtlicher „Ehen" konkret auch eine Réponse ministerielle.³¹³² Die Zulassung des PACS und ähnlicher Institute wird dort zugleich als eine Art Gestattung zur „Umgehung" des Instituts Ehe verstanden.³¹³³ Auch in Luxemburg wurde eine in Belgien geschlossene gleichgeschlechtliche belgische „Ehe" bereits anerkannt.³¹³⁴

1163 Deutschem kollisionsrechtlichem Denken freilich wäre ein solcher Ansatz weltenfremd. Denn er würde jegliche Anwendung der Artt. 13; 11 EGBGB bei Eheschließungen im EU-Ausland pulverisieren. Er würde sich darüber hinwegsetzen, dass eine Eheschließung eben gerade keine Gerichtsentscheidung ist, die in einem verfahrensrechtlichen Modus verfahrensrechtlich anzuerkennen wäre und dann die Anwendung des IPR überspielend verdrängen würde. Das Unionsrecht zwingt jedenfalls nicht zu einer umfassenden Anerkennungslösung.³¹³⁵

1164 Primärrechtlich können gleichgeschlechtliche Partnerschaften und Ehen Besonderheiten aufweisen. Denn selbst wenn man generell ein primärrechtliches Anerkennungsprinzip aus den Grundfreiheiten herleiten wollte, stünde für diesen besonderen Bereich eine Ausnahme in Rede. Ein Anerkennungsprinzip kann dort nicht greifen, wo die Grundfreiheiten selber nicht gelten.³¹³⁶ Bei gleichgeschlechtlichen Partnerschaften und Ehen lässt sich aber im Speziellen argumentieren, dass insoweit die Grundfreiheiten nicht greifen, weil die Anschauungen und Einstellungen zu diesen Phänomenen in den Mitgliedstaaten zu unterschiedlich sind.³¹³⁷ Der gescheiterte Versuch allgemeiner (d. h. nicht auf eine Verstärkte Zusammenarbeit reduzierter) Verordnungen im Internationalen Güterrecht³¹³⁸ ist gerade im IPR deutlicher Beleg für unterschiedliche Einstellungen bis hin zur unverhohlenen Ablehnung. Entspechend vorsichtig und zurückhaltend verhält sich auch das Sekundärrecht:³¹³⁹ Erwägungsgrund (5) FreizügigkeitsRL³¹⁴⁰ gebietet den Mitgliedstaaten nur dann eine Behand-

---

³¹²⁶ Dahin aber *Heiderhoff*, FS Bernd v. Hoffmann, 2011, S. 127, 137.
³¹²⁷ *Mansel*, IPRax 2011, 341, 342.
³¹²⁸ *Mansel*, IPRax 2011, 341, 342.
³¹²⁹ *Bollée*, RDCIP 96 (2007), 307, 328; *Quinoñes Escámez*, RCDIP 96 (2007), 357; *Jault-Seseke*, Mélanges à la memoire de Patrick Courbe, 2012, S. 311.
³¹³⁰ *Leifeld*, Das Anerkennungsprinzip im Kollisionsrechtssystem des internationalen Privatrechts, 2010, S. 147 sowie *Lagarde*, Mélanges Hélène Gaudemet-Tallon, 2008, S. 479, 491; *Devers*, JCP G 2009 II 10071 = JCP G 15 avril 2009, 35, 37 f. Siehe auch grundlegend *Pamboukis*, L'acte public étranger en droit international privé, 1993, S. 26 et passim für die Anerkennung von Ehen und Partnerschaften.
³¹³¹ Siehe bereits *Röthel*, IPRax 2006, 250; außerdem *Kissner*, StAZ 2010, 119, 120; vgl. auch VG Berlin IPRax 2010, 270 Rn. 20 = StAZ 2001, 372; *M. Bruns*, StAZ 2010, 187, 188.
³¹³² Vom 26.7.2005, JO 2005, 7437. Siehe näher *Fongaro*, Clunet 133 (2006), 477.
³¹³³ *Courbe*, Mélanges Hélène Gaudemet-Tallon, 2008, S. 703, 711.
³¹³⁴ Trib. adm. Luxembourg BIJ 2006, 7 m. Anm. *Kinsch*.
³¹³⁵ Tendenziell anders wohl *Scherpe*, in: Basedow/Hopt/R. Zimmermann (Hrsg.), Handwörterbuch des Europäischen Privatrechts, 2009, S. 768, 771.
³¹³⁶ *Heiderhoff*, EU-Privatrecht, 3. Aufl. 2012, Rn. 539 f.; *dies.*, IPRax 2012, 523 (523).
³¹³⁷ VG Berlin IPRax 2011, 270; *Coester-Waltjen*, IPRax 2006, 392, 398; *Heiderhoff*, IPRax 2012, 523 (523).
³¹³⁸ → § 4 Rn. 183 f.
³¹³⁹ *Heiderhoff*, IPRax 2012, 523 (523).
³¹⁴⁰ Richtlinie 2004/38/EG des Europäischen Parlaments und des Rates vom 29.4.2004 über das Recht der Unionsbürger und ihrer Familienangehörigen, sich im Hoheitsgebiet der Mitgliedstaaten frei zu bewe-

XIV. Unions- oder menschenrechtliches Anerkennungsprinzip? 1165–1168 § 4

lung eingetragener Lebenspartner von Unionsbürgern als Familienangehörige, wenn sie die eingetragene Partnerschaft der Ehe gleichstellen, und ansonsten nicht. Der Rekurs auf mitgliedstaatliche Vorstellungen ist Politik. Einem Wandel der Einstellungen würde auch ein Wandel bei der Reichweite der Grundfreiheiten folgen.[3141]

Selbst wenn man ein gemeinschaftsrechtliches Verbot hinkender registrierter Verhältnisse bejahen wollte,[3142] würde die kollisionsrechtliche Anknüpfung an den Registrierungsort eine hinreichende Abhilfe bieten.[3143] Auch sie vermöchte zu leisten, was als Plus für die Anerkennung reklamiert wird,[3144] nämlich Kontinuität und Permanenz. Eine gezielte und benannte kollisionsrechtliche Anknüpfung hat sogar den Vorteil, alle Nachteile zu vermeiden, welche einer bloß impliziten und nicht ausformulierten Anerkennungslösung in familien- und statusrechtlichen Bereichen innewohnen würden.[3145] Das Stockholmer Programm des Europäischen Rates vom 10./11.12.2009 fordert die Kommission auf, den Traditionen der Mitgliedstaaten Rechnung zu tragen.[3146] Diese Tradition ist aber in den meisten Mitgliedstaaten savignianisches Verweisungsrecht.[3147] 1165

Auf der anderen Seite könnte man nicht – wie sonst bei der angeblichen Anerkennung von „Rechtslagen" oder gar „Diensten", „Dienstleistungen" o.Ä.[3148] – reklamieren, das Anerkennungsobjekt wäre unklar. Denn die Eheschließung samt Registrierung steht als deutlich umrissener Akt kristallklar im Raum. Zudem liefert die Eintragung – wie allgemein[3149] – einen stabilen und obendrein für die einzelne Partnerschaft unwandelbaren Anknüpfungspunkt.[3150] 1166

Der Anerkennungsgedanke hat staatsvertraglich bei der Anerkennung registrierter Partnerschaften[3151] mit dem CIEC-Übereinkommen von 2007[3152] wichtigen Boden gewonnen[3153] und ist erstmals in einem internationalen Rechtsakt verankert worden. 1167

Gar nicht aus der Ferne grüßt außerdem das Anerkennungsprinzip des (freilich weitgehend gescheiterten) Haager Eheschließungsübereinkommens, das seiner Zeit zu weit voraus war[3154] und das im weltweiten Kontext auch heute kaum auf hinreichende Akzeptanz zählen darf.[3155] Allerdings erfasst das Haager Übereinkommen selber keine gleichgeschlechtlichen Ehen,[3156] die 1978 schlicht nicht zur Debatte standen.[3157] Als Vorbild für eine Anlehnung erscheint Art. 9 Haager Eheschließungsübk. allerdings durchaus denkbar.[3158] 1168

---

gen und aufzuhalten, zur Änderung der Verordnung (EWG) Nr. 1612/68 und zur Aufhebung der Richtlinien 64/221/EWG, 68/360/EWG, 72/194/EWG, 73/148/EWG, 75/34/EWG, 75/35/EWG, 90/364/EWG, 90/365/EWG und 93/96/EWG, ABl. EG 2004 L 229/35.

[3141] *Heiderhoff,* IPRax 2012, 523 (523 f.).
[3142] Dafür mit eingehender Begründung *Leifeld,* Das Anerkennungsprinzip im Kollisionsrechtssystem des internationalen Privatrechts, 2010, S. 19–118.
[3143] *Leifeld,* Das Anerkennungsprinzip im Kollisionsrechtssystem des internationalen Privatrechts, 2010, S. 138 f.
[3144] Siehe dort *Lagarde,* Mélanges Hélène Gaudemet-Tallon, 2008, S. 481, 491.
[3145] Zu solchen Nachteilen *Baratta,* IPRax 2007, 4, 8 f.
[3146] Dok. 17024/2/09 REV 2 sub 3.1.2.
[3147] *Sonnenberger,* FS Ulrich Spellenberg, 2010, S. 371, 387.
[3148] Siehe dort *Mankowski,* ZVglRWiss 100 (2001), 137, 146–150; *ders.,* FS 75 Jahre Max-Planck-Institut für Privatrecht, 2001, S. 595, 601–604.
[3149] *Mansel,* RabelsZ 70 (2006), 651, 715 f.; *Gärtner,* Die Privatscheidung im deutschen und gemeinschaftsrechtlichen Internationalen Privat- und Verfahrensrecht, 2008, S. 382.
[3150] Vgl. *Funken,* Das Anerkennungsprinzip im internationalen Privatrecht, 2009, S. 313 f.
[3151] *Funken,* Das Anerkennungsprinzip im internationalen Privatrecht, 2009, S. 311 f.
[3152] CIEC Convention (No. 32) sur la reconnaissance des partenariats enregistrés vom 5.9.2007. Dazu insbesondere *Lagarde,* FS Rainer Frank, 2008, S. 125.
[3153] G. *Goldstein/Muir Watt,* Clunet 137 (2010), 1085.
[3154] *van Loon,* Liber amicorum G. A. L. Droz, The Hague 1996, S. 3, 17.
[3155] A. *Bucher,* Essays in Honour of Hans van Loon, 2013, S. 101, 108.
[3156] Dafür aber *Gaffney-Rhys,* IFL [2005], 86, 90.
[3157] *Nygh,* Liber amicorum G. A. L. Droz, 1996, S. 253, 259; *Funken,* Das Anerkennungsprinzip im internationalen Privatrecht, 2009, S. 201 f. Fn. 77.
[3158] *Funken,* Das Anerkennungsprinzip im internationalen Privatrecht, 2009, S. 313.

Dass im Rechtsverkehr der Status weniger Bedeutung hätte als der Name, kann jedenfalls kein Argument gegen ein Anerkennungsprinzip beim Status sein.[3159]

1169 Anerkennung hätte bei einem Registrierungsakt sogar keine Mühe, eine Nahebeziehung zum Staat, in welchem der statusrelevante Akt geschah, zu konstruieren. Auch Anerkennung nach einem quasi-verfahrensrechtlichen Modus vermöchte freilich die Schranke des ordre public nicht zu überspielen. Eine Gesamtanalogie zu Art. 45 Nr.1 Brüssel Ia-VO; Art. 34 Nr. 1 LugÜ 2007; Art. 22 lit. a Brüssel IIa-VO wäre auch im europäischen Raum dringend veranlasst. Auch ein Anerkennungsmechanismus würde seine Grenzen im deutschen ordre public und an dem Gebot des deutschen Verfassungsrechts, dass eine Ehe ein Bund von Mann und Frau sein müsse, finden.[3160] Menschenrechtlich ist eine solche Ausformung des ordre public nicht zu beanstanden.[3161] Denn Art. 12 EMRK behält selber die Institution Ehe einer Verbindung von Mann und Frau.[3162] Keine gleichgeschlechtliche Ehe zuzulassen verstößt nicht gegen Art. 12 EMRK.[3163] Die gleichgeschlechtliche „Ehe" wird also in der EMRK selber gegenüber der verschiedengeschlechtlichen Ehe anders behandelt. Daher kann in solcher Ungleichbehandlung kein Verstoß gegen Artt. 8; 14 EMRK liegen.[3164]

1170 Ein Anerkennungsmechanismus nur für gleichgeschlechtliche Eheschließungen im EU-Ausland geriete zudem in arge Erklärungsnot und letztlich sogar in Konflikt mit dem Gleichbehandlungsgebot des Art. 3 I GG, wenn es an einem vergleichbaren oder gleichwertigen Anerkennungsmechanismus für echte, verschiedengeschlechtliche Eheschließungen auch im EU-Ausland weiterhin fehlen würde.[3165]

XV. Bilaterale Staatsverträge

Literatur: *Schotten/Wittkowski,* Das deutsch-iranische Niederlassungsabkommen im Familien- und Erbrecht, FamRZ 1995, 264.

1171 Im deutschen Internationalen Familienrecht gibt es als wichtigen bilateralen Staatsvertrag das Deutsch-persische Niederlassungsabkommen,[3166] genauer: dessen Art. 8 III 1 und das Schlussprotokoll dazu.[3167] Diese Normen greifen nur ein, wenn alle relevanten Beteiligten dieselbe Staatsangehörigkeit besitzen.[3168] Deshalb kommen sie nicht mehr zur Anwendung, wenn ein Beteiligter seine frühere iranische Staatsangehörigkeit verloren hat (und z.B. an-

---

[3159] So aber VG Berlin IPRax 2011, 270, 272.
[3160] Siehe AG Köln StAZ 2010, 114. Anderer Ansicht *M. Bruns,* StAZ 2010, 187, 188. Zweifelnd *Coester,* FS Hans Jürgen Sonnenberger, 2004, S. 321, 334f. mit dem bedenkenswerten Argument, dass auch Einehe und Monogamie zum Kern des Ehebegriffs aus Art. 6 I GG gehören würden, unter ausländischen Ehewirkungsstatuten im Ausland geschlossene polygame Ehe in Deutschland aber trotzdem als Ehe gelten könnten; ebenso für England *Norrie,* (2006) 2 JPrIL 137, 165.
[3161] *Devers,* JCP G 2009 II 10071 = JCP G 15 avril 2009, 35, 38.
[3162] EGMR 28.11.2006 – R u. F/Vereinigtes Königreich und Parry/Vereinigtes Königreich, RTD civ. 2007, 287 m. Anm. *Marguénaud.*
[3163] EGMR 24.6.2010 – 30141/04 – Schalk u. Kopf/Österreich. Ebenso VG Berlin 15.6.2010 – 23 A 242.08 Rn. 25.
[3164] Siehe EGMR 24.6.2010 – 30141/04 – Schalk u. Kopf/Österreich. Entgegen *Norrie,* (2006) 2 JPrIL 137, 164f.
[3165] *Mankowski/F. Höffmann,* IPRax 2011, 247, 254.
[3166] Niederlassungsabkommen zwischen dem Deutschen Reich und dem Kaiserreich Persien vom 17.2.1929, RGBl. 1930 II 1002; 1931 II 9; weitergeltend gemäß Protokoll vom 4.11.1954 und Bekanntmachung der Wiederanwendung vom 15.8.1955, BGBl. 1955 II 829.
[3167] Abgedruckt in: *Jayme/Hausmann* Nr. 22.
[3168] BGHZ 60, 68, 74f.; BGH IPRax 1986, 382, 383 = FamRZ 1986, 345, 346; BGH NJW 1990, 636, 637 = FamRZ 1990, 32, 33 = IPRax 1991, 54, 55; BGH FamRZ 2004, 1952, 1953 m. Anm. *Henrich* = NJW-RR 2005, 81, 82f.; BayObLGZ 1977, 180, 184 = FamRZ 1978, 243, 245; OLG Hamm FamRZ 1976, 29, 30; OLG OLGZ 1976, 281, 282; KG FamRZ 1978, 90, 91 = StAZ 1978 Nr. 92 S. 222f.; KG NJW-RR 1994, 199; OLG Bremen IPRspr. 1984 Nr. 92; OLG Hamm FamRZ 2012, 1498; OLG Hamm FamRZ 2013, 1481, 1482; LG Krefeld IPRspr. 1977 Nr. 63; IPG 1972 Nr. 75 (Köln); IPG 1973 Nr. 7 (Köln); *Hilmar Krüger,* FamRZ 1973, 6, 9f.; *Henrich,* IPRax 1985, 296; *Jayme,* IPRax 1988, 367; *Schotten/Wittkowski,* FamRZ 1995, 264, 265; Staudinger/*Mankowski* Art. 14 EGBGB Rn. 5a.

erkannter Asylberechtigter in der Bundesrepublik ist).³¹⁶⁹ Das gleiche gilt, wenn ein Beteiligter in Deutschland die Stellung eines Flüchtlings genießt.³¹⁷⁰ Hat sich ein Iraner in Deutschland einbürgern lassen, so gilt das Abkommen ebenfalls nicht mehr.³¹⁷¹ Deutsch-iranische Doppelstaater fallen ebenfalls nicht unter das Abkommen,³¹⁷² unabhängig davon, welche Staatsangehörigkeit die effektive ist.³¹⁷³ Denn wer Angehöriger beider Vertragsstaaten ist, ist Angehöriger jedes Vertragsstaats und hat damit in jedem Vertragsstaat die Stellung als Inländer garantiert; er braucht keine Inländergleichstellung und -gleichbehandlung mehr, denn er ist schon Inländer.³¹⁷⁴

Das Abkommen sollte seinerzeit Privilegierungen für die betroffenen Personenkreise schaffen, hat sich aber heute fast in sein Gegenteil verkehrt.³¹⁷⁵ Kollisionsrechtstheoretisch ist es eigentlich ein Relikt, denn es fragt von den Rechtssätzen her, folgt also im Kern der Statutentheorie, während das moderne Kollisionsrecht vom Sachverhalt her fragt.³¹⁷⁶

Gegenüber nationalen deutschen Kollisionsnormen genießt das Deutsch-Persische Niederlassungsabkommen Vorrang nach Art. 3 Nr. 2 EGBGB.³¹⁷⁷ Gegenüber Kollisionsnormen aus europäischen Rechtsakten oder multilateralen Übereinkommen klärt sich die Vorrangfrage an Hand der Konkurrenzregeln, die jene Rechtsakte oder Übereinkommen für ihr jeweiliges Verhältnis zu Kollisionsnormen aus Alt-Staatsverträgen oder speziellen Staatsverträgen ihrer Mitglied- bzw. Vertragsstaaten aufstellen.

Gegenüber der Rom III-VO ergibt sich ein Vorrang des Deutsch-Persischen Niederlassungsabkommens aus Art. 19 I Rom III-VO,³¹⁷⁸ gegenüber dem HUP aus Art. 19 HUP,³¹⁷⁹ gegenüber der EuGüVO aus Art. 62 I EuGüVO.³¹⁸⁰ Dabei ist jeweils vorausgesetzt, dass der Terminus „internationale Übereinkünfte" auch bilaterale Abkommen umfasst.³¹⁸¹ Multi- und bilaterale Übereinkommen über das IPR registrierter Partnerschaften sind jedoch nicht bekannt, so dass der Vortritt, den Art. 62 I EuPartVO ihnen lassen würde, keinen realen Anwendungsfall hat.

Art. 19 Rom III-VO macht zwei Vorbehalte für den Vorrang multi- und bilateraler Übereinkommen: Zum einen rekurriert er explizit auf Art. 351 AEUV und mahnt Vereinbarkeit mit den Vorgaben des EU-Primärrechts an. Anderenfalls wären nach Art. 351 II, III AEUV Neuverhandlungen, Modifikationen und, wenn dies nicht genügt oder nicht zustandekommt, eine Kündigung notwendig. Bilaterale Übereinkommen nur zwischen

---

³¹⁶⁹ BGH NJW 1990, 636, 637 = FamRZ 1990, 32, 33 = IPRax 1991, 54, 55; OLG München 1989, 238, 240; KG NJW-RR 1994, 139; OLG Hamburg OLG-Report Bremen/Hamburg/Schleswig 1996, 28; OLG Hamburg FamRZ 2004, 459, 450; AG Frankfurt IPRax 1989, 237 = NJW 1989, 1434; *Jayme,* IPRax 1989, 223; Staudinger/*Mankowski* Art. 14 EGBGB Rn. 5a sowie OLG Karlsruhe FamRZ 1996, 1346.
³¹⁷⁰ AG Leverkusen IPRspr. 2007 Nr. 68 S. 214; BeckOK BGB/*J. Mörsdorf-Schulte* Art. 14 EGBGB Rn. 3; Staudinger/*Mankowski* Art. 14 EGBGB Rn. 5a.
³¹⁷¹ OLG Zweibrücken NJW-RR 2007, 1232, 1233 = FamRZ 2007, 1555, 1556; Staudinger/*Mankowski* Art. 14 EGBGB Rn. 5a.
³¹⁷² BVerfG NJW-RR 2007, 577; OLG München ZEV 2010, 255; OLG Hamm FamRZ 2012, 1498; OLG Hamm IPRspr. 2012 Nr. 90 S. 183; OLG Köln FamRZ 2015, 1605; OLG Köln FamRZ 2015, 1763; *Finger,* FuR 1999, 158, 159; Staudinger/*Dörner,* Vor Artt. 25 f. EGBGB Rn. 157; Staudinger/*Mankowski* Art. 14 EGBGB Rn. 5a.
³¹⁷³ *Finger,* FuR 1999, 158, 159; Staudinger/*H. Dörner* Vor Artt. 25 f. EGBGB Rn. 157; Staudinger/ *Mankowski* Art. 14 EGBGB Rn. 5a.
Anderer Ansicht MüKoBGB/*Birk,* Bd. 10, 5. Aufl. 2010, Art. 25 EGBGB Rn. 295.
³¹⁷⁴ BVerfG FamRZ 2007, 615; OLG München FamRZ 2010, 1810, 1811; *Schotten/Wittkowski,* FamRZ 1995, 264, 265 f.
³¹⁷⁵ *Finger,* FuR 1999, 58, 62; Staudinger/*Mankowski* Art. 14 EGBGB Rn. 5a.
³¹⁷⁶ *Finger,* FuR 1999, 58, 63; Staudinger/*Mankowski* Art. 14 EGBGB Rn. 5a.
³¹⁷⁷ Siehe nur BGH NJW-RR 2005, 1449; OLG Frankfurt FamRZ 2011, 1065.
³¹⁷⁸ OLG Hamm FamRZ 2013, 1481, 1482; *Helms,* FamRZ 2011, 1765, 1767; *J. Mörsdorf-Schulte,* RabelsZ 77 (2013), 786, 795 f.; *Finger,* FuR 2013, 689 (689); MüKoBGB/*Winkler v. Mohrenfels* Art. 19 Rom III-VO Rn. 1; vgl. auch *Rudolf,* EF-Z 2012, 101, 103 für das Österreichisch-Iranische Übereinkommen.
³¹⁷⁹ NK-BGB/*U. P. Gruber* Art. 19 HUP Rn. 1.
³¹⁸⁰ *J. Weber,* DNotZ 2016, 569, 592.
³¹⁸¹ Eingehend dazu *Mankowski,* ZEV 2013, 529 und → § 5 Rn. 591 (zum parallelen Art. 75 I UAbs. 1 EuErbVO).

Mitgliedstaaten der Rom III-VO werden durch die Rom III-VO überspielt. In anderen Mitgliedstaaten kann sich zudem eine territoriale Aufspaltung ergeben, soweit sie Übereinkommen mit dem seinerzeitigen Jugoslawien geschlossen haben; solche Übereinkommen gelten nur im Verhältnis zu solchen Nachfolgestaaten Jugoslawiens fort, die keine Mitgliedstaaten der Rom III-VO sind (also Serbien, Montenegro, Mazedonien sowie Kroatien, das zwar Mitgliedstaat der EU, aber nicht der Rom III-VO ist, und dem Kosovo, soweit man es völkerrechtlich anerkennt).[3182]

[3182] Décret n°. 2012–621 du 2 mai 2012 portant publication d'accord sous forme d'échange de lettres entre le Gouvernement de la République française et la Gouvernement du Monténégro relatif à la succession en matière de traités bilatéraux conclus entre la France et l'Union de Serbie-et-Monténégro (ensemble une annexe), signées à Paris le 30 septembre 2010 et à Podgorica le 13 juin 2011, JO 2012, 7895; *Devers/Farge*, JCP G 2012, 1277, 1280.

§ 5. Internationales Erbrecht

Literatur: *Achille,* Lex successionis e compatibilità con gli ordinamenti degli Stati membri nel reg n. 650/2012, NGCC 2018 I 697; *Álvarez González,* ¿Qué norma de conflicto de leyes hay que adoptar para determinar la ley aplicable a las cuestiones previas a efectos de la sucesión?, REDI 2017-1, 19; *Álvarez Torné,* Key points on the determination of international jurisdiction in the new EU Regulation on succession and wills, YbPIL 14 (2013/14), 409; *Artigot i Golobardes,* Will Regulation 650/2012 Simplify Cross-Border Successions in Europe?, Eur. Property L.J. 4 (2015), 22; *Bajons,* Internationale Zuständigkeit und anwendbares Recht in Erbsachen, in: Schauer/Scheuba (Hrsg.), Europäische Erbrechtsverordnung, 2013, S. 29; *dies.,* Die EU-ErbrechtsVO: Gleichlauf und Auseinanderfallen von forum und ius im Wechselspiel mit Drittstaaten, FS Helmut Rüßmann, 2013, S. 751; *dies.,* Erbfälle mit Auslandsberührung unter Geltung der Europäischen Erbrechtsverordnung – Länderbericht Österreich, in: Löhnig/D. Schwab/Henrich/Gottwald/Grziwotz/W. Reimann/Dutta (Hrsg.), Erbfälle unter Geltung der Europäischen Erbrechtsverordnung, 2014, S. 93; *Ballarino,* Il nuovo regolamento europeo delle successioni, Riv. dir. int. 2013, 1116; *Bandel,* Rechtsübergang und Rechtsbegründung durch ausländische Vindikationslegate in Deutschland, MittBayNot 2018, 99; *Barel,* La disciplina di patti successori, in: Franzina/Leandro (a cura di), Il diritto internazionale privato europeo delle successioni mortis causa, 2013, S. 105; *Barnich,* Présentation du Règlement successoral européen, in: Nuyts (coord.), Actualités en droit international privé, 2013, S. 7; *Barrière Brousse,* La mise en application du règlement européen sur les successions: cauchemar à l'office notarial?, D. 2015, 1651; *Battiloro,* Le successioni transfrontaliere ai sensi del reg. UE n. 650/2012 tra residenza abituale e certificato successorio europeo, Dir. fam. pers. 2015, 658; *F. Bauer,* Art. 59 EuErbVO: Verfahrensrechtliche Kollisionsnorm zur Sicherung des freien Verkehrs öffentlicher Urkunden, GS Hannes Unberath, 2015, S. 19; *P. Becker/Wegener,* Das Europäische Nachlasszeugnis im elektronischen Rechtsverkehr in Grundbuchsachen, notar 2017, 32; *Benquet,* Le notaire et la succession du conjoint ou du partenaire en droit international, 2017; *Bergami,* Le principali novità del regolamento (UE) n. 650/2012: I criteri di collegamento nell'individuazione della legge regolatrice della successione mortis causa e l'introduzione del certificato europeo, Vita not. 2013, 1138; *Bergquist/Damascelli/Frimston/Lagarde/F. Odersky/Reinhartz,* EU-Erbrechtsverordnung, 2015; *R. A. Bayer,* Die Problematik gemeinschaftlicher Testamente im internationalen Erbrecht am Beispiel Deutschland – Italien, ZErb 2015, 171; *Biagioni,* L'ambito di applicazione del Regolamento successioni, in: Franzina/Leandro (a cura di), Il diritto internazionale privato europeo delle successioni mortis causa, 2013, S. 25; *Blanco-Morales Limones,* Consideraciones sobre el ámbito de la ley aplicable a las sucesiones en la Propuesta del Reglamento del Parlamento Europeo y del Consejo relativo a la competencia, la ley aplicable, el reconocimiento y la ejecución des las resoluciones y las actas auténticos en la materia de sucesiones y a la creación de un certificado sucesorio europeo, Liber amicorum José Luis Iglesias Buhigues, 2012, S. 413; *Bonimaier,* Erb- und Pflichtteilsverzichte bei Anwendung der EuErbVO, NZ 2016, 321; *Bonomi,* Successions internationales: conflits de lois et de juridictions, RdC 350 (2010), 71; *ders.,* Le choix de la loi applicable à la succession dans la proposition de règlement européen, in: Bonomi/C. Schmid (éds.), Successions internationales, 2010, S. 23; *ders.,* Il regolamento europeo sulle successioni, RDIPP 2013, 293; *ders.,* Conférence de La Haye et Union Européenne – Synergies dans le domaine du droit des successions, Essays in Honour of Hans van Loon, 2013, S. 69; *ders.,* Les pactes successoraux à l'épreuve du règlement européen sur les successions, Dr. & patr. 246 (avril 2015), 47; *ders.,* Le règlement européen sur les successions et son impact pour la Suisse, in: Journée de droit successoral 2015, 2015, S. 63; *Bonomi/Öztürk,* Das Statut der Verfügung von Todes wegen (Art. 24 f. EuErbVO), in: Dutta/Herrler (Hrsg.), Die Europäische Erbrechtsverordnung, 2014, S. 47; *Bonomi/Wautelet,* Le droit européen des successions, 2. Aufl. Bruxelles 2016; *Bosse-Paltière/Damas/Dereur* (dir.), L'avenir européen du droit des successions internationales, 2011; *van Boxstael,* Le règlement succesoral européen, Rev. not. belge 2012, 838; *ders.,* Successions internationales: un mode d'emploi – Quelques mois après l'entrée en application du règlement successoral européen, in: La liquidation d'une succession: la réponse à toutes vos questions, Bruxelles 2015, S. 369; *Boving,* Der deutsch-portugiesische Erbfall, ZErb 2018, 197; *Chr. Bridge,* Le nouveau droit communautaire des successions (unité de compétence, autonomie de la volonté, et limitation des risques d'insécurité juridique), Petites affiches N° 132, 3 juillet 2014, S. 6; *P. Brinkmann/Blasius,* Der deutsch-singapuranische Erbfall – Ein Überblick, ZErb 2016, 61; *M. Bruns,* Eingetragene Lebenspartnerschaften im Rahmen der EU-

§ 5 § 5. Internationales Erbrecht

Erbrechtsverordnung, ZErb 2014, 181; *Burandt,* Das europäische Erbrecht im Wandel, FuR 2013, 314 u. 377; *Buonomenna,* Recenti sviluppi della disciplina successoria in base al regolamento (UE) n. 650/2012, Dir. com. e scambi int. 2015, 453; *Buschbaum,* Die künftige Erbrechtsverordnung, GS Ulrich Hübner, 2012, S. 589; *Buschbaum/M. Kohler,* Vereinheitlichung des Erbkollisionsrechts in Europa, GPR 2010, 106; *Buschbaum/U. Simon,* Beantragung und Erteilung eines Europäischen Nachlasszeugnisses sowie Verwendung eines Europäischen Nachlasszeugnisses in Deutschland, RPfleger 2015, 444; *Cach/A. Weber,* Rechtswahl im Internationalen Erbrecht – Novum oder zu erwartender Entwicklungsschritt?, JEV 2013, 90; *dies.,* Privatautonomie im Internationalen Erbrecht, ZfRV 2013, 263; *dies.,* Das Kriterium der Staatsangehörigkeit bei der Bestimmung des Erbstatuts ab 2015, EF-Z 2014, 163; *Callé,* L'anticipation successorale, Trav. Com. fr. d.i.p. 2014–2016, 143; *Callé/Deneuville,* De l'impact du règlement Successions du 4 juillet 2012 sur la réception en France des trusts testamentaires, Defrénois 2015, 1001; *Calvo Vidal,* El certificado sucesorio Europeo, 2015; *Calvo Caravaca/Davì/Mansel* (eds.), The EU Succession Regulation, 2016; *Campiglio,* La facoltà di scelta delle legge applicabile in materia successoria, RDIPP 2016, 925; *Carrascosa González,* Reglamento sucesorio europeo y actividad notaril, Cuad. Der. Trans. 6 (1) (2014), 1; *ders.,* El Reglamento Sucesorio Europeo 650/2012, de 4 de julio de 2012 – Análisis crítico, 2014; *ders.,* Reglamento sucesorio europeo y residencia habitual del causante, Cuad. Der. Trans. 8 (1) (2016), 47; *Castelen,* De impact van de Europese Erfrechtverordening op de afwikkeling van een grensoverschrijdende nalatenschap in Belgie, in: Barbaix/Carette (eds.), Tendensen vermogensrecht 2015, 2015, S. 115; *Cebrián Salvat,* Los *will substitutes* y el reglamento sucesorio europeo, Cuad. Der. Trans. 8 (1) (2016), 318; *Chassaing,* La préparation des notaires et du notariat concernant la mise en application du règlement du 4 juillet 2012, in: Khairallah/Revillard (dir.), Droit européen des successions internationales, 2013, S. 37; *Chikoc Barreda,* Reflexiones sobre los regímenes especiales en Derecho internacional privado sucesorio segun el Reglamento europeo 650/2012 de 4 de julio de 2012, Cuad. Der. Trans. 6 (1) (2014), 121; *Coester,* Das Erbrecht registrierter Lebenspartner unter der EuErbVO, ZEV 2013, 115; *Corneloup,* Grundlagen der Rechtswahl im Familien- und Erbrecht, in: A. Roth (Hrsg.), Die Wahl ausländischen Rechts im Familien- und Erbrecht, 2013, S. 15; *Crawford/Carruthers,* Speculation on the operation of Succession Regulation 650/2012 – Tales of the unexpected, ERPL 2014, 847; *dies.,* Rome IV – An unexpected legacy?, 2016 SLT Notes 51; *Crespi Reghizzi,* Succession and Property Rights in EU Regulation No 650/2012, RDIPP 2017, 633; *Damascelli,* La „circulation" au sein de l'espace juridique européen des actes authentiques en matière successorale, RCDIP 102 (2013), 425; *ders.,* I criteri di collegamento impiegati dal regolamento n. 650/2012 per la designazione della legge regolatrice della successione a causa di morte, in: Franzina/Leandro (a cura di), Il diritto internazionale privato europeo delle successioni mortis causa, 2013, S. 87; *Davì/Zanobetti,* I nuovo diritto internazionale privato delle successioni nell'Unione Europe, Cuad. Der. Trans. 5 (2) (2013), 5; *Deixler-Hübner,* Die Zuständigkeiten für internationale Erbfälle nach der EU-Erbrechtsverordnung, öAnwBl 2016, 243; *Deixler-Hübner/Schauer* EuErbVO, 2015; *Döbereiner,* Das internationale Erbrecht nach der EU-Erbrechtsverordnung, MittBayNot 2013, 358 u. 437; *ders.,* Vindikationslegate unter Geltung der EU-Erbrechtsverordnung, GPR 2014, 42; *ders.,* (Bindende?) Rechtswahlen nach der EU-Erbrechtsverordnung, DNotZ 2014, 323; *ders.,* Das Damnationslegat unter Geltung der EU-Erbrechtsverordnung (am Beispiel des deutsch-französischen Rechtsverkehrs), ZEV 2015, 559; *ders.,* Aktuelle Entwicklungen zur EuErbVO in Frankreich, ZEV 2016, 490; *Dörner,* Der Entwurf einer europäischen Verordnung zum Internationalen Erb- und Erbverfahrensrecht – Überblick und ausgewählte Probleme, ZEV 2010, 221; *ders.,* EuErbVO: Die Verordnung zum Internationalen Erb- und Erbverfahrensrecht ist in Kraft!, ZEV 2012, 505; *ders.,* Die Abgrenzung des Erbstatuts vom Güterstatut, in: Dutta/Herrler (Hrsg.), Die Europäische Erbrechtsverordnung, 2014, S. 73; *ders.,* Erbauseinandersetzung und Bestellung eines Minderjährigenpflegers nach Inkrafttreten der EuErbVO, ZEV 2016, 117; *ders.,* Besser spät als nie – Zur güterrechtlichen Qualifikation des § 1371 Abs. 1 BGB im deutschen und europäischen IPR, IPRax 2017, 81; *ders.,* Erbrechtliche Qualifikation des § 1371 Abs. 1 BGB durch den EuGH: Konsequenzen und neue Fragen, ZEV 2018, 305; *Dorsel,* Europäische Erbrechtsverordnung und Europäisches Nachlasszeugnis, ZErb 2014, 212; *Dorsel* (Hrsg.), Kölner Formularbuch Erbrecht, 2. Aufl. 2015; *Durth,* Testamentarische Anordnung eines ausländischen Vindikationslegats im Hinblick auf ein deutsches Nachlassgrundstück, ZEV 2018, 11; *Dressler,* Das Europäische Nachlasszeugnis unter Berücksichtigung des Vindikationslegats ausländischer Rechtsordnungen, Rpfleger 2018, 413; *Dutta,* Succession and Wills in the Conflict of Laws on the Eve of Europeanization, RabelsZ 73 (2009), 547; *ders.,* Die Abgrenzung von Gesellschaftsstatut und Erbstatut beim Tod des Gesellschafters, RabelsZ 73 (2009), 727; *ders.,* Die Rechtswahlfreiheit im künftigen internationalen Erbrecht der europäischen Union, in: Reichelt/Rechberger (Hrsg.), Europäisches Erb- und Erb-

§ 5

verfahrensrecht, 2011, S. 57; *ders.,* Das neue Internationale Erbrecht der Europäischen Union – Eine erste Lektüre der Erbrechtsverordnung, FamRZ 2013, 4; *ders.,* Die europäische Erbrechtsverordnung vor ihrem Anwendungsbeginn: Zehn ausgewählte Streitstandsminiaturen, IPRax 2015, 32; *ders.,* The European Certificate of Succession: A New European Instrument between Procedural and Substantive Law, Int. J. Proced. L. 5 (2015), 38; *ders.,* Das neue Internationale Erbverfahrensgesetz, ZEV 2015, 493; *ders.,* Trusts in Schleswig-Holstein? – Ein Lehrstück zum Testieren unter falschem Recht, IPRax 2016, 139; *Dutta/J. Weber,* Internationales Erbrecht, 2016; *Eckelskemper,* IPR-Reform und ordre public unter besonderer Berücksichtigung des gemeinschaftlichen Testaments, FS Günter Brambring, 2011, S. 73; *Egidy/Volmer,* ErbVO und IntErbRVG in der Anwendung durch die Nachlassgerichte, RPfleger 2015, 433; *J. Emmerich,* Probleme der Anknüpfung im Rahmen der EuErbVO, 2016; *v. Erdmann,* Aneignungsrechte im europäischen Internationalen Privatrecht, 2018; *van Erp,* The New Succession Regulation: the lex rei sitae rule in need of reappraisal, EPLJ 2012, 187; *ders.,* De Europese Erfrechtverordening: WPNR 7183 (2018), 193; *Everts,* Neue Perspektiven zur Pflichtteilsdämpfung aufgrund der EuErbVO?, ZEV 2013, 124; *ders.,* Fälle und Formulierungsbeispiele zur EU-Erbrechtsverordnung – Teil 2, NotBZ 2015, 3; *Faber/S. Grünberger,* Vorschlag der EU-Kommission zu einer Erbrechts-Verordnung, NZ 2011, 97; *Feraci,* L'autonomia della volontà nel diritto internazional privato dell'Unione Europea, Riv. dir. int. 2013, 424; *Fernández-Tresguerres García,* Las sucesiones „mortis causa" en Europa: Aplicación del Reglamento (UE) N° 650/2012, 2016; *Fischer-Czermak,* Anwendungsbereich, in: Schauer/Scheuba (Hrsg.), Europäische Erbrechtsverordnung, 2013, S. 23; *dies.,* Anwendbares Recht, in: Schauer/Scheuba (Hrsg.), Europäische Erbrechtsverordnung, 2013, S. 43; *dies.,* Gestaltung der Erbfolge durch Rechtswahl, EF-Z 2013, 52; *Fongaro,* Les principales innovations du règlement Successions, in: Fulchiron/Bidaud-Garon (dir.), Vers un statut européen de la famille, 2014, S. 74; *Forner Delaygua,* Ley aplicable a fondo de la sucesión por cause de muerte en el Reglamento 650/2012, in: Ginebra Molins/Tarabal Bosch (Dirs.), El Reglamento (UE) 650/2012: su impacto en las sucesiones transfronterizas, 2016, S. 93; *J.-H. Frank/Leithold,* Die Ermittlung des anwendbaren Erbrechts im deutsch/US-amerikanischen Erbfall nach der EuErbVO, ZEV 2014, 462; *J.-H. Frank/Salinas,* Die Ermittlung des anwendbaren Erbrechts im deutsch-spanischen Erbfall nach der EuErbVO, ErbR 2015, 182; *S. Frank/Döbereiner,* Nachlassfälle mit Auslandsbezug, 2015; *Franzina,* Ragioni, valori e collocazione sistematica della disciplina internazionalprivatistica europea delle successioni mortis causa, in: Franzina/Leandro (a cura di), Il diritto internazionale privato europeo delle successioni mortis causa, 2013, S. 1; *Franzina/Leandro,* Il nuovo diritto internazionale privato delle successioni per causa di morte in Europa, NLCC 2013, 275; *Frodl,* Einheit durch Aufgabe nationaler Rechtstraditionen? – EU-Erbrechtsverordnung kundgemacht, ÖJZ 2012, 950; *Frohn,* De rechtskeuze in de Europese Erfrechtsverordening: einige opmerkingen, in: IPR in de spiegel van Paul Vlas, 2012, S. 65; *dies.,* Art. 21 Erfrechtverordening: de objective verwijzingsregel nader belicht, WPNR 7024 (2014), 581; *dies.,* Nieuw Europees IPR-erfrecht, FJR 2015, 162; *Fulchiron,* Règlement „Successions": de nouveaux champs pour la liberté successorale, Dr. & patr. 246 (avril 2015), 39; *ders.,* Réserve et ordre public: protection nécessaire ou protection du nécessaire?, Dr. & patr. 246 (avril 2015), 59; *Garb/J. Wood* (eds.), International Succession, 4. Aufl. 2015; *F. Gärtner,* Die Behandlung ausländischer Vindikationslegate im deutschen Recht, 2014; *Gasté/Ricard,* Règlement Successions: les questions à se poser, Defrénois 2017 N°. 18, 14 septembre 2017, S. 15; *Gebauer,* § 1371 Abs. 1 BGB und das deutsch-türkische Nachlassabkommen im Sog der erbrechtlichen Qualifikation, IPRax 2018, 586; *ders.,* Das deutsch-türkische Nachlassabkommen im Sog des Europäischen Kollisionsrechts, IPRax 2018, 345; *Geimer,* Die geplante Europäische Erbverordnung, in: Reichelt/Rechberger (Hrsg.), Europäisches Erb- und Erbverfahrensrecht, 2011, S. 1; *ders.,* Gedanken zur europäischen Rechtsentwicklung – Von der Donaumonarchie zur Europäischen Union, NZ 2012, 70; *ders.,* Die europäische Erbrechtsverordnung im Überblick, in: J. Hager (Hrsg.), Die neue europäische Erbrechtsverordnung, 2013, S. 9; *Geimer/R. A. Schütze* (Hrsg.), Europäische Erbrechtsverordnung (EuErbVO), 2016; *Di Gesu,* Le successioni internazionali, Vita not. 2017, 1003; *Ghazlan,* La professio iuris comme instrument de planification successorale internationale, 2017; *Gierl/A. Köhler/Kroiß/Wilsch,* Internationales Erbrecht, 2. Aufl. 2017; *Goré,* La professio iuris, Defrénois 2012, 762; *A. M. E. Giuliano,* De Erfrechtverordening: één bevoegde autoriteit en één toepasselijk recht, FJR 2013, 68; *Godechot-Patris,* Le nouveau droit international privé des successions: entre satisfactions et craintes …, D. 2012, 2462; *dies.,* L'administration des successions, in: Khairallah/Revillard (dir.), Droit européen des successions internationales, 2013, S. 87; *Goossens,* De Europese Erfrechtverordening: krachtlijnen en knelpunten, R.W. 2015-16, 563; *dies.,* De Europese erfrechtverklaring, 2016; *Goossens/Verbeke,* De Europese Erfrechtverordening, Themis IPR, 2012, S. 110; *dies.,* De Erfrechtverordening, in: Allemeersch/Kruger (ed.), Handboek Europees burgerlijk procesrecht, 2015, S. 117;

§ 5 § 5. Internationales Erbrecht

Górecki/M. Pazdan, Nowe europejskie prawo spadkowe, 2015; *Grau,* Deutscher Erbschein und Europäische Erbrechtsverordnung, FS Eberhard Schilken, 2015, S. 3; *Greeske,* Die Kollisionsnormen der neuen EU-Erbrechtsverordnung, 2014; *Grimaldi,* Brèves réflexions sur l'ordre public et la réserve héréditaire, Defrénois 2012, 755; *Grziwotz,* Einheitliches Internationales Erbrecht in Europa, FF 2014, 487; *J. Harris,* The Proposed EU Regulation on Succession and Wills: Prospects and Challenges, (2008) 22 Trust L. Int. 181; *Hausmann,* Drawing the Border Line between the Succession Regulation and the Matrimonial Property Regulation: The example of section 1371 (1) German Civil Code (BGB), EuLF 2018, 61; *M. Heckel,* Das Fiskuserbrecht im Internationalen Privatrecht, 2006; *Heijning,* Uit de praktijk van het Notarieel Juridisch Bureau, WPNR 6956 (2012), 963; *v. Hein,* Conflicts between International Property, Family and Succession Law – Interfaces and regulatory Techniques, Eur. Property L.J. 6 (2017), 142; *Heinig,* Erhöhung des Ehegattenerbteils nach § 1371 Abs. 1 BGB bei Anwendbarkeit ausländischen Erbrechts?, DNotZ 2014, 251; *ders.,* Rechtswahlen in Verfügungen von Todes wegen nach der EU-Erbrechts-Verordnung, RNotZ 2014, 197; *Heiss* (Hrsg.), Europäische Erbrechtsverordnung – Auswirkungen auf das Fürstentum Liechtenstein und die Schweiz, 2016; *Hertel,* Die Abgrenzung des Erbstatuts vom Sachstatut und vom Gesellschaftsstatut, in: Dutta/Herrler (Hrsg.), Die Europäische Erbrechtsverordnung, 2014, S. 85; *S. Herzog,* Die EU-Erbrechtsverordnung (EuErbVO), ErbR 2013, 2; *Hohloch,* Internationales Erbrecht und Ordre public – Stand, Bedeutung und Perspektiven, FS Dieter Leipold, 2009, S. 997; *Iglesias Buigues/Palao Moreno* (dir.), Sucesiones internacionales, 2015; *Janzen,* Die EU-Erbrechtsverordnung, DNotZ 2012, 484; *Jahnel/Sykora/Glatthard,* Arbitration in matters of succession with special consideration of the Regulation (EU) No. 650/2012, b-Arbitra 2015, 41; *Jayme,* Zur Reichweite des Erbstatuts, in: Reichelt/Rechberger (Hrsg.), Europäisches Erb- und Erbverfahrensrecht, 2011, S. 27; *ders.,* Zur Formunwirksamkeit von Testamenten im Internationalen Privatrecht, FS Dagmar Coester-Waltjen, 2015, S. 461; *Jülicher,* Nachlassplanung gegenüber dem anglo-amerikanischen Rechtskreis, EWS 2017, 19; *Käferböck,* Erleichterungen und Erschwernisse zur Realisierung des Erblasserwillens im Internationalen Erbrecht, 2008; *Kanzleiter,* Die Reform des Internationalen Erbrechts in der Europäischen Union, FS S. Zimmermann, 2010, S. 165; *Keim,* Rechtswahl nach der Europäischen Erbrechtsverordnung (EuErbVO), in: A. Roth (Hrsg.), Die Wahl ausländischen Rechts im Familien- und Erbrecht, 2013, S. 67; *Khairallah,* La détermination de la loi applicable à la succession, in: Khairallah/Revillard (dir.), Droit européen des successions internationales, 2013, S. 47; *Kindler,* From Nationality to Habitual Residence: Some Brief Remarks on the Future EU Regulation on International Successions and Wills, Liber amicorum Kurt Siehr, 2010, S. 251; *ders.,* Vom Staatsangehörigkeits- zum Domizilprinzip – das künftige internationale Erbrecht der Europäischen Union, IPRax 2010, 44; *ders.,* La legge regolatrice delle successioni nella proposta di regolamento dell'Unione Europea: qualche riflessione in tema di carattere universale, rinvio e professio iuris, Riv. dir. int. 2011, 422; *ders.,* Der Aktionär im toskanischen Lebensabend – Zum Kollisionsrecht der Testamentsgestaltung bei Auslandsdomizil nach der neuen EU-Erbverordnung, FS Eberhard Stilz, 2014, S. 345; *Kleinschmidt,* Optionales Erbrecht – Das Europäische Nachlasszeugnis als Herausforderung an das Kollisionsrecht, RabelsZ 77 (2013), 723; *Knot,* De Europese Erfrechtverordening – nieuwste loot aan de stam van het Europese IPR, NTER 2012, 273; *ders.,* Internationale Bodelafwikkeling volgens de regels van de Erfrechtverordening: vereffening, verdeling en Näherberechtigung vanaf 17/8/2015, WPNR 7024 (2014), 593; *Knoth,* Verminderte Sicherheit der Nachlassplanung durch den Wechsel von der Staatsangehörigkeitsanknüpfung hin zum gewöhnlichen Aufenthalt unter der EuErbVO?, ErbR 2019, 2; *Kroiß,* Erbschein und Europäisches Nachlasszeugnis im Verfahren und in ihren Wirkungen, Hereditare – JbErbR 6 (2016), 1; *Kroiß/H. Horn/Solomon,* Nachfolgerecht, 2014; *L. Kunz,* Die neue Europäische Erbrechtsverordnung – ein Überblick, GPR 2012, 208 u. 253; *dies.,* Nachlassspaltung durch die registerrechtliche Hintertür, GPR 2013, 293; *Kurth,* Der gewöhnliche Aufenthalt in Art. 4, 21 Abs. 1 EuErb-VO, 2017; *ders.,* Die Notwendigkeit einer erbrechtsspezifischen ausschließlich objektiven Auslegung des „gewöhnlichen Aufenthalts" in Art. 4, 21 Abs. 1 EuErbVO, ErbR 2018, 249; *Lafuente Sanchéz,* Hacia una sistema unitario europeo en materia de ley aplicable a las sucesiones internacionales, Cuad. Der. Trans. 5 (2) (2013), 350; *dies.,* Cross Border Testamentary Trusts and the Conflict of Laws, Cuad. Der. Trans. 8 (1) (2016), 184; *Lagarde,* Présentation de la proposition de règlement sur les successions, in: Bonomi/C. Schmid (éds.), Successions internationales, 2010, S. 11; *ders.,* Les principes de base du nouveau règlement européen sur les successions, RCDIP 101 (2012), 691; *ders.,* Le règlement Successions est arrivé!, GPR 2012, 165; *ders.,* Présentation du règlement sur les successions, in: Khairallah/Revillard (dir.), Droit européen des successions internationales, 2013, S. 5; *Laimer,* Vertrag mit erbrechtlichen Folgen? – Zur kollisionsrechtlichen Qualifikation des „patto di famiglia", FS Bernhard Eccher, 2017, S. 623; *K. W. Lange,* Die geplante Harmonisierung des Internationalen Erbrechts in

§ 5

Europa, ZvglRWiss 110 (2011), 426; *ders.*, Das Erbkollisionsrecht im neuen Entwurf einer EU-ErbVO, ZErb 2012, 160; *Laukemann,* Die lex rei sitae in der Europäischen Erbrechtsverordnung, FS Rolf A. Schütze zum 80. Geb., 2014, S. 325; *Leandro,* La giurisdizione nel regolamento dell'Unione europe sulle successioni mortis causa, in: Franzina/Leandro (a cura di), Il diritto internazionale privato europeo delle successioni mortis causa, 2013, S. 59; *K. Lechner,* Erbverträge und gemeinschaftliche Testamente in der neuen EU-Erbrechtsverordnung, NJW 2013, 26; *ders.*, Die EuErbVO im Spannungsfeld zwischen Erbstatut und Sachenrecht, IPRax 2013, 497; *ders.*, Die Entwicklung der Erbrechtsverordnung – Eine Einführung zum Gesetzgebungsverfahren, in: Dutta/Herrler (Hrsg.), Die Europäische Erbrechtsverordnung, 2014, S. 5; *ders.*, Die Entwicklung der Erbrechtsverordnung – eine rechtspolitische Betrachtung zum Gesetzgebungsverfahren, ZErb 2014, 188; *T. Lechner,* Die Reichweite des Erbstatuts in Abgrenzung zum Sachenrechtsstatut anhand der europäischen Erbrechtsverordnung 650/2012, 2017; *V. Legrand,* Le nouveau droit international privé des successions, Les petites affiches N° 99, 19 mai 2015, 6; *D. Lehmann,* Die Reform des Internationalen Erb- und Erbprozessrechts im Rahmen der geplanten Rom IV-Verordnung, 2006; *ders.*, Die EU-Erbrechtsverordnung zur Abwicklung grenzüberschreitender Nachlässe, DStR 2012, 2085; *ders.*, EuErbVO: Die Verordnung im Kurzüberblick, ZEV 2012, 533; *ders.*, Die EU-ErbVO: Babylon in Brüssel und Berlin, ZErb 2013, 25; *ders.*, Der Regierungsentwurf für ein Gesetz zum Internationalen Erbrecht, ZEV 2015, 138; *Lein,* A Further Step Towards a European Code of Private International Law: The Commission Proposal for a Regulation on Succession, YbPIL 11 (2009), 107; *dies.*, Die Erbrechtsverordnung aus der Sicht von Drittstaaten, in: Dutta/Herrler (Hrsg.), Die Europäische Erbrechtsverordnung, 2014, S. 199; *Leipold,* Ist unser Erbrecht noch zeitgemäß?, JZ 2010, 802; *ders.*, Das Europäische Erbrecht (EuErbVO) und das deutsche gemeinschaftliche Testament, ZEV 2014, 139; *Leithold,* Die kollisionsrechtliche Qualifikation des zur Nachlassplanung verwendeten inter vivos trust, FamRZ 2015, 709; *Leitzen,* EuErbVO: Praxisfragen an der Schnittstelle zwischen Erb- und Gesellschaftsrecht, ZEV 2012, 520; *ders.*, Die Rechtswahl nach der EuErbVO, ZEV 2013, 128; *ders.*, Kubicka und die Folgen: Vindikationslegate in der Rechtspraxis, ZEV 2018, 311; *Leu,* Die EU-Erbrechtsverordnung und ihre Bedeutung aus Schweizer Sicht, SJZ 2016, 441; *Lokin,* Grensoverschrijdende erpofvolging, 2012; *dies.*, De Erfrechtverordening, NIPR 2013, 329; *Looschelders,* Die allgemeinen Lehren des Internationalen Privatrechts im Rahmen der Europäischen Erbrechtsverordnung, FS Dagmar Coester-Waltjen, 2015, S. 531; *ders.*, Qualifikations- und Anpassungsprobleme bei deutsch-italienischen Erbfällen, IPRax 2016, 349; *S. Lorenz,* Erbrecht in Europa – Auf dem Weg zu kollisionsrechtlicher Rechtseinheit, ErbR 2012, 39; *ders.*, Internationaler Pflichtteilschutz und Reaktionen des Erbstatuts auf lebzeitige Zuwendungen, in: Dutta/Herrler (Hrsg.), Die Europäische Erbrechtsverordnung, 2014, S. 113; *Ludwig,* Die Wahl zwischen zwei Rechtsordnungen durch bedingte Rechtswahl nach Art. 22 der EU-Erbrechtsverordnung, DNotZ 2014, 12; *T. Lutz,* Auswirkungen der EU-ErbVO auf die Praxis des Nachlassgerichts, BWNotZ 2016, 34; *R. Magnus,* Die konkludente Rechtswahl im internationalen Erb- und Familienrecht, IPRax 2019, 8; *Majer,* Die Geltung der EU-Erbrechtsverordnung für reine Drittstaatensachverhalte, ZEV 2011, 445; *Mankowski,* Das erbrechtliche Viertel nach § 1371 Abs. 1 BGB im deutschen und europäischen Internationalen Privatrecht, ZEV 2014, 121; *ders.*, Erbrechtliche Schiedsgerichte in Fällen mit Auslandsbezug und die EuErbVO, ZEV 2014, 395; *ders.*, Der gewöhnliche Aufenthalt des Erblassers unter Art. 21 Abs. 1 EuErbVO, IPRax 2015, 39; *ders.*, Das Verhältnis zwischen der EuErbVO und den neuen Verordnungen zum Internationalen Güterrecht, ZEV 2016, 479; *ders.*, Europäische Reversion: Das erbrechtliche Viertel ist im europäischen IPR Erbrecht, ErbR 2018, 295; *Mansel,* Vereinheitlichung des Internationalen Erbrechts in der Europäischen Gemeinschaft – Kompetenzfragen und Regelungsgrundsätze, Tuğrul Ansay'a Armağan, 2006, S. 185; *ders.*, Movables or immovables – Zur Qualifikation eines vererbten Miterbenanteils im deutsch-englischen Erbrechtsverkehr, Liber amicorum Klaus Schurig, 2012, S. 181; *ders.*, Gesamt- und Einzelstatut: Die Koordination von Erb- und Sachstatut nach der EuErbVO, FS Dagmar Coester-Waltjen, 2015, S. 587; *ders.*, EuErbVO und beeinträchtigende Schenkungen, insbesondere von Grundstücken, FS Reinhold Geimer zum 80. Geb., 2017, S. 443; *Marongiu Buonaiuti,* The EU Succession Regulation and third country courts, (2016) 12 JPrIL 545; *Martiny,* Internationale Zuständigkeit und gewöhnlicher Aufenthalt des verstorbenen Grenzpendlers, IPRax 2018, 29; Max Planck Institute for Comparative and Private International Law, Comments on the European Commission's Proposal for a Regulation of the European Parliament and of the Council on Jurisdiction, Applicable Law, Recognition and Enforcement of Decisions and Authentic Instruments in Matters of Succession and the Creation of a European Certificate of Successions, RabelsZ 74 (2010), 522; *Mellema-Kranenburg/van der Plas,* In hoeverre lost de Erfrechtsverordening praktische problemen voor het notariaat bij internationale nalatenschapen op?, WPNR 7024 (2014), 607; *Mikulić,* Kroatisches

§ 5 § 5. Internationales Erbrecht

Erbrecht in der deutschen Rechtspraxis und die Auswirkungen der EU-Erbrechtsverordnung, ZErbR 2015, 272; *Moreno Sanchéz-Moraleda*, El Certificado Sucesorio Europeo en el Reglamento (UE) núm. 650/2012, Estudios Jurídicos en Homenaje al Profesor José Maria Miquel, 2014, S. 2045; *Motal*, EU-Erbrechtsverordnung: Anpassungsbedarf im IPRG und der JN, EF-Z 2014, 251; *Moura Ramos*, Le nouveau droit international privé des successions de l'Union Européenne: premières réflexions, Studi in onore di Laura Picchio Forlati, 2014, S. 205; *Müller-Lukoschek*, Die neue EU-Erbrechtsverordnung, 2. Aufl. 2015; *Neumayr*, Europäisches Nachlasszeugnis, öAnwBl 2016, 262; *Nietner*, Erbrechtliche Nachlassspaltung durch Rechtswahl – Schicksal nach der EuErbVO?, IPRax 2015, 79; *Nordmeier*, Zulässigkeit und Bindungswirkung gemeinschaftlicher Testamente im Internationalen Privatrecht, 2008; *ders.*, EuErbVO: Neues Kollisionsrecht für gemeinschaftliche Testamente, ZEV 2012, 513; *ders.*, Erbverträge und nachlassbezogene Rechtsgeschäfte in der EuErbVO – eine Begriffsklärung, ZEV 2013, 117; *ders.*, Erbverträge in der neuen EU-Erbrechtsverordnung: zur Ermittlung des hypothetischen Erbstatuts nach Art. 25 ErbRVO, ZErb 2013, 112; *ders.*, Grundfragen der Rechtswahl in der neuen EU-Erbrechtsverordnung – eine Untersuchung des Art. 22 EuErbRVO, GPR 2013, 148; *ders.*, Erbenlose Nachlässe im Internationalen Privatrecht – versteckte Rückverweisung, § 29 öst. IPRG und Art. 33 EuErbVO, IPRax 2013, 418; *ders.*, Erbannahme, Erbausschlagung und ihre Anfechtung bei Nachlassspaltung nach EGBGB und EuErbVO, IPRax 2016, 439; *Nourissat*, Le champ d'application du règlement, in: Khairallah/Revillard (dir.), Droit européen des successions internationales, 2013, S. 17; *ders.*, Certificat succesoral européen: premières observations, JCP G 2015, 102; *ders.*, Une révolution copernicienne pour les successions internationales ..., JCP G 2015, 1536; *Nourissat/Revillard*, Le notaire français et le règlement „successions", Defrénois 2015, 985; *F. Odersky*, Die Europäische Erbrechtsverordnung in der Gestaltungspraxis, notar 2013, 3; *ders.*, Der wirksamwirkungslose Erb- und Pflichtteilsverzicht nach der EU-Erbverordnung, notar 2014, 139; *ders.*, Die Anwendung der Erbrechtsverordnung in der notariellen Praxis ab August 2015, notar 2015, 183; *v. Oertzen*, Die EU-ErbVO – Neue Planungsgrundlage für Internationale Familienunternehmer, BB 37/2015, I; *K.F. Oppermann*, Die Unteranknüpfung nach der EuErbVO im Mehrrechtsstaat Spanien, 2016; *Omlor*, Gutglaubensschutz durch das Europäische Nachlasszeugnis, GPR 2014, 216; *Oswald*, Grenzüberschreitende Erbfälle, Wien 2016; *Palao Moreno*, La elección de la ley aplicable a las sucesiones internacionales en el Derecho Internacional privado Europeo, Rev. Fac. Der. México 269 I (2017), 53; *D. Paulus*, Das Schicksal von Gesellschaftsanteilen in internationalen Erbfällen, notar 2016, 3; *Pamboukis* (Hrsg.), EU Succession Regulation No 650/2012, 2017; *Pennazio*, Il nuovo diritto delle successioni in Europa: l'introduzione del certificato successorio europeo e la tutele di terzi acquirenti di beni ereditari, Contratto e impresa/Europa 2015, 317; *Pertiñez Vilchez*, Problems of application of EU Regulation 650/2012 in matters of succession in Spain, in: Löhnig/D. Schwab/Henrich/Gottwald/Grziwotz/Reimann/Dutta (Hrsg.), Erbfälle unter Geltung der Europäischen Erbrechtsverordnung, 2014, S. 81; *Peter*, Die Anwendung der ErbVO und ihrer Durchführungsvorschriften ab 17.8.2015, MDR 2015, 309; *Pfeiffer*, Ruhestandsmigration und EU-Erbrechtsverordnung, IPRax 2016, 310; *Pfundstein*, Pflichtteilsrecht und ordre public, 2010; *Picht*, „Wo die Liebe Wohnsitz nimmt" – Schlaglichter auf deutsch-schweizerische Ehegattenerbfälle in Zeiten der EuErbVO, FS Dagmar Coester-Waltjen, 2015, S. 619; *ders.*, Der Erb-trust und die neue EU-Erbverordnung, Liber amicorum Makoto Arai, 2015, S. 535; *Pintens*, Einführung in die Erbrechtsverordnung, in: Löhnig/D. Schwab/Henrich/Gottwald/Grziwotz/Reimann/Dutta (Hrsg.), Erbfälle unter Geltung der Europäischen Erbrechtsverordnung, 2014, S. 1; *Popescu*, Das neue Internationale Erbrecht – Die Europäische Erbverordnung (VO EU Nr. 650/2012, EuErbVO) vom 4. Juli 2012 – Anwendungsbereich, Exequaturverfahrens [sic] in Erbsachen und Europäischen Nachlasszeugnisses [sic], Liber amicorum Liviu Pop, 2015, S. 759; *ders.*, Die internationale Zuständigkeit und die Kollisionsnormen für Erbsachen, Liber amicorum Liviu Pop, 2015, S. 804; *Rauscher*, § 1371 Abs. 1 BGB zwischen EU-ErbVO und EU-EheGüterVO, FS Reinhold Geimer zum 80. Geb., 2017, S. 529; *M. Reich*, Verfügungen von Todes wegen mit Bindungswirkung in gemischt-nationalen Ehen unter Berücksichtigung der Besonderheiten der EuErbVO, ZEV 2014, 144; *M. Reich/Assan*, Das anwendbare Recht in deutsch-israelischen Erbfällen: Veränderungen durch die EU-Erbrechtsverordnung, ZEV 2015, 145; *W. Reimann*, Testamentsvollstrecker im Auslandseinsatz: Änderungen nach Inkrafttreten der EuErbVO?, ZEV 2015, 510; *Remde*, Die Europäische Erbrechtsverordnung nach dem Vorschlag der Kommission vom 14. Oktober 2009, RNotZ 2012, 65; *Revillard*, Successions internationales: le règlement du Parlament européen et du Conseil du 4 juillet 2012 en matière de successions, Defrénois 2012, 743; *dies.*, Portée de la loi applicable, in: Khairallah/Revillard (dir.), Droit européen des successions internationales, 2013, S. 67; *dies.*, L'autonomie de la volonté dans les relations de famille internationales: regards sur les récents instruments internationaux, Essays in Honour of Hans van

Loon, 2013, S. 487; *dies.,* Stratégie de transmission d'un patrimoine, 2. Aufl. 2017; *Ring,* Erbrechtliche Qualifikation des pauschalen Zugewinnausgleichs im Todesfall gemäß § 1371 Abs. 1 BGB nach der EuGH-Entscheidung Mahnkopf, ZErb 2018, 297; *Rodríguez-Uría Suárez,* La ley aplicable a las sucesiones mortis causa en el Reglamento (UE) 650/2012, InDret 2/2013, 26; *Romano,* Remarks on the Impact of the Regulation No 650/2012 on the Swiss-EU Successions, YbPIL 17 (2015/2016), 253; *Rosenau,* Le règlement succesoral européen à l'aune de la réserve successorale, Rev. trim. dr. fam. 2016, 11; *dies.,* Les successions internationales au regard du droit de l'Union européenne, J. dr. eur. 2016, 218; *C. Rudolf,* Vorschlag einer EU-Verordnung im Internationalen Erb- und Erbverfahrensrecht, NZ 2010, 353; *dies.,* Die Erbrechtsverordnung der Europäischen Union, NZ 2013, 225; *dies.,* Die Formanknüpfung letztwilliger Verfügungen im Internationalen Erbrecht, FS Attila Fenyves, 2013, S. 293; *dies.,* EU-Erbrechtsverordnung – Übergangsvorschriften für die Wirksamkeit einer Rechtswahl und letztwilliger Verfügungen, ZfRV 2015, 212; *Sakka,* Der pauschalierte Zugewinnausgleich und das Europäische Nachlasszeugnis, MittBayNot 2018, 4; *Sartori,* Successioni transfronatliere: il nuovo regolamento europeo di diritto internazionale privato, Riv. not. 2013, 1351; *Sauvage,* L'option et la transmission du passif dans les successions internationales au regard du règlement européen du 4 juillet 2012, in: Khairallah/Revillard (dir.), Droit européen des successions internationales, 2013, S. 105; *Savoure,* Réflexions pratiques sur la loi successorale unique et la réserve héréditaire, JCP G N° 22, 29 mai 2015, 87; *Schauer,* Die neue Erbrechtsverordnung der Europäischen Union- eine Annäherung, JEV 2012, 78; *ders.,* Das heitere Erbrechtsraten aus Brüssel – Neues zur Erbrechts-Verordnung, ecolex 2012, 575; *ders.,* Europäisches Nachlasszeugnis, in: Schauer/Scheuba (Hrsg.), Europäische Erbrechtsverordnung, 2013, S. 73; *ders.,* Europäische Erbrechtsverordnung – Grundlagen und anwendbares Recht, öAnwBl 2016, 254; *Scheuba,* Anmerkungen zur Entstehungsgeschichte, in: Schauer/Scheuba (Hrsg.), Europäische Erbrechtsverordnung, 2013, S. 1; *Scheucher,* Das Haager Testamentsabkommen, ZfRV 1964, 216 und ZfRV 1965, 85; *M. Schlüter,* Probleme bei der Anpassung von Sachenrechten nach der EuErbVO, FS Wolfgang Krüger, 2017, S. 327; *J. P. Schmidt,* Die kollisionsrechtliche Behandlung dinglich wirkender Vermächtnisse – Ein Prüfstein für Grundfragen des internationalen und des materiellen Privatrechts, RabelsZ 77 (2013), 1; *ders.,* Ausländische Vindikationslegate über im Inland belegene Immobilien – zur Bedeutung des Art. 1 Abs. 2 lit l. EuErbVO, ZEV 2014, 133; *ders.,* Der Erwerb der Erbschaft in grenzüberschreitenden Sachverhalten unter besonderer Berücksichtigung der EuErbVO, ZEV 2014, 455; *J. Schmidt,* Der Erbnachweis in Deutschland ab 2015: Erbschein vs. Europäisches Nachlasszeugnis, ZEV 2014, 389; *S. Schmitz/Steegmans,* Die Erbeinsetzung von Ehegatten nach niederländischem Erbrecht im deutschen Erbvertrag, RNotZ 2014, 577; *Schols,* De Europese erfrechtelijke rechtskeuze, WPNR 7024 (2014), 587; *Schulte-Euler/Swane,* Die Auslegung der EuErbVO, ErbR 2014, 429; *Schurig,* Das internationale Erbrecht wird europäisch – Bemerkungen zur kommenden Europäischen Verordnung, FS Ulrich Spellenberg, 2010, S. 343; *Schwander,* Die EU-Erbrechtsverordnung – Auswirkungen auf die Nachlassplanung aus schweizerischer Sicht, AJP 2014, 1084; *Seeger,* Erbverzichte im neuen europäischen Kollisionsrecht, 2018; *U. Simon/Buschbaum,* Die neue EU-Erbrechtsverordnung, NJW 2012, 2393; *Solomon,* Die allgemeine Kollisionsnorm (Art. 21, 22 EuErbVO), in: Dutta/Herrler (Hrsg.), Die Europäische Erbrechtsverordnung, 2014, S. 19; *Soutier,* Die Geltung deutscher Rechtsgrundsätze im Anwendungsbereich der Europäischen Erbrechtsverordnung, 2015; *ders.,* Verbindliche Rechtswahlen im Erbrecht, ZEV 2015, 515; *A. Staudinger/Friesen,* Leben und sterben lassen in der EU – Europäisches Internationales Privatrecht in Erbsachen nach der Verordnung (EU) Nr. 650/2012, JA 2014, 641; *Steiner,* EU-Verordnung in Erbsachen sowie zur Einführung eines europäischen Nachlasszeugnisses, NZ 2012, 104; *Steiniger,* Neues Europäisches Erbrecht in Kraft getreten – der Beratungsbedarf ist nicht einmal ansatzweise gedeckt, jM 2016, 46; *Steinmetz,* EuErbVO: Beibehaltung des letzten gewöhnlichen Aufenthalts ohne Unterkunft im Herkunftsstaat? – Überlegungen zur Maßgeblichkeit des Erblasserwillens und zum „Mallorca-Rentner", ZEV 2018, 317; *Strauß,* Der notleidende Nachlass bei Auslandsberührung – Zugleich ein Beitrag zur Abgrenzung in EuInsVO und EuErbVO, 2015; *M. Stürner,* Die Bedeutung des ordre public in der EuErbVO, GPR 2014, 317; *Süß,* Der Vorbehalt zugunsten bilateraler Abkommen mit Drittstaaten, in: Dutta/Herrler (Hrsg.), Die Europäische Erbrechtsverordnung, 2014, S. 181; *ders.,* Der unnichtige Erbvertrag nach der Europäischen Erbrechtsverordnung, ZErb 2014, 225; *ders.,* Die Entscheidung des EuGH in der Rechtssache Mahnkopf: Folgen für das gesetzliche Erbrecht des überlebenden Ehegatten in internationalen Ehen und neue Gestaltungsmöglichkeiten, DNotZ 2018, 742; *Swane,* Die EU-Erbrechtsverordnung in der Testamentsgestaltung – Haftungsfragen aus anwaltlicher Sicht, ErbR 2014, 575; *Tacconi,* Prime osservazioni sul regolamento UE n. 650/2013 del Parlamento europeo e del Consiglio in materia di successioni, Vita not. 2013, 96; *Thorn/Lasthaus,* Rechtsnachfolge in Immobilien unter der Europäischen Erbrechtsverordnung, IPRax 2019, 24; *Topal-Gökceli/Kührer,* Anhaltspunkte zur Auslegung des Begriffs des gewöhnlichen Aufenthalts in der Europäischen Erbrechtsverordnung, NZ 2015, 298; *Torfs/van Soest,* Le règlement européen concernant les successions: D.I.P., reconnaissance et certificat successoral, Liber amicorum Walter Pintens, 2012, S. 1443; *Traar,* Die EU-Erbrechtsverordnung, iFamZ 2015, 250 und 301; *Traut,* Das Wirkungskonzept des Europäischen Nachlasszeugnisses, ZvglRWiss 115 (2016), 358; *Trombetta-Panigadi,* Osservazioni sulla futura disciplina comunitaria in materia di successioni per causa di morte, Liber Fausto Pocar, vol. II, 2009, S. 951; *Tschugguel,* EU-Erbrechtsverordnung – Zwei spezielle Fälle der gesetzlichen Anpassung, EF-Z 2015, 260; *Vassilakakis,* Das auf die Vererblichkeit von Anteilen an einer Kapitalgesellschaft anzuwendende Recht (im Hinblick auf die EuErbVO), ZfRV 2016, 75; *Vékás,* Objektive Anknüpfung des Erbstatuts, in: Reichelt/Rechberger (Hrsg.), Europäisches Erb- und Erbverfahrensrecht, 2011, S. 41; *Verdickt,* Successierechten op een internationale nalatenschap: de Erfrechtverordening lost niet alle problemen op!, in: Barbaix/Carette (eds.), Tendensen vermogensrecht 2015, Antwerpen 2015, S. 295; *Vienenkötter,* Der Begriff des gewöhnlichen Aufenthalts im Internationalen Familien- und Erbrecht der EU, 2017; *Vismara,* Patti successori nel Regolamento (UE) n. 650/2012 e patti di famiglia: un'interferenza possibile?, RDIPP 2014, 803; *Vlas,* De Verordening IPR-erfrecht in wording, WPNR 6924 (2012), 249; *ders.,* Het notariaat en de Erfrechtverordening, WPNR 7024 (2014), 567; *Vlas/Ibili,* Ontwikkelingen: IPR-erfrecht, WPNR 6989 (2013), 759; *Vollmer,* Die neue europäische Erbrechtsverordnung – ein Überblick, ZErb 2012, 227; *Volmer,* Die EU-Erbrechtsverordnung – erste Fragen zu Dogmatik und Forensik, RPfleger 2013, 421; *ders.,* Definitive Entscheidung von Vorfragen aufgrund der Gerichtszuständigkeit nach der EuErbVO, ZEV 2014, 129; *ders.,* Erbschein und ENZ nach der EuErbVO, notar 2016, 323; *Wachter,* Europäische Erbrechtsverordnung in der Gestaltungspraxis, ZNotP 2014, 2; *R. Wagner,* Der Kommissionsvorschlag vom 14.10.2009 zum internationalen Erbrecht: Stand und Perspektiven des Gesetzgebungsverfahrens, DNotZ 2010, 506; *R. Wagner/P. Scholz,* Der Referentenentwurf eines Gesetzes zur Durchführung der EU-Erbrechtsverordnung, FamRZ 2014, 714; *Walther,* Die Qualifikation des § 1371 Abs. 1 BGB im Rahmen der europäischen Erb- und Güterrechtsverordnungen, GPR 2014, 315; *Wautelet,* L'Union européenne et le testament conjonctif: la fin des incertitudes?, Dr. & patr. 246 (avril 2015), 40; *ders.,* La fraude en droit patrimonial international: le cas des successions internationales, in: Apparences, abus, simulations et fraudes – Sanctions et conséquences civiles et fiscales, 2015, S. 283; *Wautelet/Mary,* Le règlement 650/2012 rélatif aux successions internationales, J. trib. 2016, 377; *J. Weber,* Erb- und Pflichtteilsverzichtsverträge im Spiegel der EuErbVO, ZEV 2015, 503; *ders.,* Interdependenzen zwischen Europäischer Erbrechtsverordnung und Ehegüterrecht – de lege lata und de lege ferenda, DNotZ 2016, 424; *ders.,* Kubicka und die Folgen: Vindikationslegate aus Sicht des deutschen Immobiliarsachenrechts, DNotZ 2018, 16; *ders.,* Ein Klassiker neu aufgelegt: Die Qualifikation des § 1371 BGB unter dem Regime der Europäischen Erbrechtsverordnung, NJW 2018, 1356; *J. Weber/Francastel,* Der gewöhnliche Aufenthalt pflegebedürftiger Erblasser im Kontext von EuErbVO und FamFG, DNotZ 2018, 163; *Weingart,* Nachlassplanung, Nachlassspaltung, Nachlasskonflikt und EU-Erbrechtsverordnung, FS Anton K. Schnyder, 2018, S. 395; *Weiss/Bigler,* Die EU-Erbrechtsverordnung – Neue Erforderungen für die internationale Nachlassplanung aus Schweizer Sicht, successio 2014, 163; *Werkmüller,* Verträge zugunsten Dritter auf den Todesfall im Lichte der EuErbVO: Probleme bei der lebzeitigen Übertragung von Vermögen „am Nachlass vorbei"?, ZEV 2016, 123; *Wilke,* Das internationale Erbrecht nach der neuen EU-Erbrechtsverordnung, RIW 2012, 601; *Wilsch,* Die EuGH-Rechtsprechung zu den Vindikationslegaten und die Auswirkungen auf das deutsche Grundbuch- und Nachlassverfahren, ZfIR 2018, 253; *ders.,* Die EuGH-Rechtsprechung zu den Vindikationslegaten und die Auswirkungen auf das deutsche Grundbuch- und Nachlassverfahren, ZfIR 2018, 253; *Wysocka,* How can a valid professio iuris be made under the EU Succession Regulation?, NIPR 2012, 569; *Yarayan,* Das Erbrecht nach einem in Deutschland verstorbenen türkischen Staatsangehörigen, ErbR 2014, 571; Zerberus, Die neue EU-ErbVO gelangt jetzt zu voller Blüte!, ZErb 8/2015, I; *M. Zimmer/K. F. Oppermann,* Geschäftsunfähigkeit, „Demenztourismus" und gewöhnlicher Aufenthalt nach der EuErbVO am Beispiel der Schweiz, ZEV 2016, 126; *W. Zimmermann,* Das neue Internationale Erbverfahrensgesetz, FGPrax 2015, 145; *Zwirlein,* Neues Internationales Erbrecht für Europa, JuS 2015, 981.

I. Einleitung

1. Entstehungsgeschichte der EuErbVO. Für Erbfälle ab dem 17.8.2015 regiert 1 nach einer langen und schwierigen Entstehungsgeschichte[1] die EuErbVO[2] das Internationale Erbrecht. Die Spuren reichen zurück bis zum Haager ErbRÜbk[3] von 1989 für das Internationale Erbrecht und zu einem Beschluss der Groupe Européenne de Droit International Privé aus dem Jahre 1993[4] für das Internationale Erbverfahrensrechtsrecht.[5] Der Wiener Aktionsplan[6] setzte eine gemeinschaftsweite Regelung zum Erbrecht 1999 auf die Agenda,[7] und das Maßnahmenprogramm vom November 2000 erhob die Vereinheitlichung des Internationalen Erb- und Erbverfahrensrechts zu einem konkret ins Auge gefassten Projekt.[8] Ihren eigentlichen sachlichen Ursprung nahm die EuErbVO in einer ausführlichen kollisionsrechtsvergleichenden Studie von *Dörner* und *Lagarde*, vorgelegt am 8. November 2002, unter den Auspizien des Deutschen Notarinstituts[9] und von 2000 bis 2002 gefördert von der EG-Kommission. Sie wurde nach Expertenanhörungen im November 2004 fertiggestellt.[10] Auf ihr beruhen die neunundvierzig Fragen eines 2005 erschienenen Grünbuchs.[11] Zu diesem Grünbuch gab es eine Vielzahl von Stellungnahmen[12] und eine öffentliche Anhörung.[13] Außerdem waren wichtige Entscheidungen, insbesondere das Umschwenken vom Staatsangehörigkeits- zum Aufenthaltsprinzip, bereits mit der *Dörner/Lagarde*-Studie weitgehend gefallen, auch wenn der europäische Gesetzgeber dies nie so verlautbart hat.[14] Parallel verfasste der Rechtsausschuss des Europäischen Parlaments durch seinen damaligen Berichterstatter *Gargani* einen Berichtsentwurf,[15] welchen das Plenum des Europäischen Parlaments mit Entschließung vom 16.11.2006 billigte.[16]

Nach dem Einsetzen einer Sachverständigengruppe im ersten Quartal 2006,[17] einer er- 2 neuten Expertenanhörung[18] und einem Vorentwurf vom 30.6.2008[19] legte die Kommission

---

[1] Zu deren frühen Phasen *Navrátilová*, GPR 2008, 144, 145 f.; *R. Wagner*, DNotZ 2010, 506, 507 f.
[2] VO (EU) Nr. 650/2012 des Europäischen Parlaments und des Rates vom 4.7.2012 über die Zuständigkeit, das anzuwendende Recht, die Anerkennung und Vollstreckung von Entscheidungen und die Annahme und Vollstreckung öffentlicher Urkunden in Erbsachen sowie zur Einführung eines Europäischen Nachlasszeugnisses, ABl. EU 2012 L 201/107.
[3] Hague Convention of 1 August 1989 on the Law Applicable to Succession to the Estates of Deceased Persons.
[4] Proposition pour une convention concernant la compétence judiciare et l'exécution des décisions en matière familiale et successorale, RCDIP 82 (1993), 841.
[5] *Frodl*, ÖJZ 2012, 950, 951 sowie *Lagarde*, in: Khairallah/Revillard (dir.), Droit européen des successions internationales, 2013, S. 5, 6 f.
[6] Aktionsplan des Rates und der Kommission zur bestmöglichen Umsetzung der Bestimmungen des Amsterdamer Vertrags über den Aufbau eines Raums der Freiheit, der Sicherheit und des Rechts, ABl. EG 1999 C 19/1, 10 Nr. 41 lit. c.
[7] *Davì/Zanobetti*, Cuad. Der. TranS. 5 (2) (2013), 5, 14; Dutta/Weber/*J. Weber*, Einl. Rn. 9.
[8] Maßnahmenprogramm vom 24.11.2000 zur Umsetzung des Grundsatzes der gegenseitigen Anerkennung gerichtlicher Entscheidungen in Zivil- und Handelssachen, ABl. EG 2001 C 12/1.
[9] Veröffentlicht mitsamt den zugrundeliegenden Länderberichten in: DNotI (éd.), Les successions internationales das l'Union européenne – Perspectives pour une harmonisation, 2005. Zusammenfassung in *Dörner/Hertel/Lagarde/Riering*, IPRax 2005, 1.
[10] Aktualisierte Fassung abrufbar unter <http://ec.europa.eu/civiljustice/publications/docs/testaments_successions_de.pdf> und <http://www.successions.org>.
[11] Grünbuch Erb- und Testamentsrecht, von der Kommission vorgelegt am 1.3.2005, KOM (2005) 65 endg.
[12] U.a. *C. Rudolf*, NZ 2005, 297.
[13] Am 21.11.2005 auf Initiative des Rechtsausschusses des Europäischen Parlaments.
[14] *Rauscher*, in: Rauscher, Einf. EG-ErbVO-E Rn. 3; *Frodl*, ÖJZ 2012, 950, 954 Fn. 54, 958.
[15] Entwurf eines Berichts zum Erb- und Testamentsrecht (2005/2148 INI) vom 7.2.2006, Berichterstatter: *Gargani*, PE 367.975 f 01-00.
[16] Entschließung des Europäischen Parlaments vom 16.11.2006, ABl. EG 2006 C 314 E/04 <http://eur-lex.europa.eu/legal-content/DE/TXT/HTML/?uri=OJ:C:2006:314E:FULL&from=SV>.
[17] *R. Wagner*, DNotZ 2010, 506, 507.
[18] Am 30.6.2008; dazu u.a. *R. Wagner*, DNotZ 2010, 506, 507; *Steiner*, NZ 2012, 104, 105.
[19] U.a. östBMJ-C30.061/0002-i 9/2008.

§ 5   3, 4   § 5. Internationales Erbrecht

indes erst am 14.10.2009[20] einen Vorschlag für eine EuErbVO vor,[21] flankiert durch einen umfangreichen Bericht zur Folgenabschätzung (impact assessment).[22] Intern hatte es zuvor erheblichen Widerstand insbesondere des Vereinigten Königreichs gegeben.[23] Dieser gehörte zu den wichtigsten Gründen für das mehrmalige Verzögern eines Vorschlags und die ungewöhnlich lange Zeitspanne zwischen Grünbuch und Vorschlag.[24] Der Kommissionsvorschlag rief eine Vielzahl politischer und wissenschaftlicher Stellungnahmen hervor, unter denen die extrem ausführliche des Hamburger Max-Planck-Instituts für ausländisches und internationales Privatrecht[25] besonders hervorzuheben ist,[26] zumal weil sie wohl den größten Einfluss unter allen wissenschaftlichen Stellungnahmen gewinnen konnte.

3   Zum Hauptstreitpunkt im Kommissionsvorschlag entwickelte sich das Europäische Nachlasszeugnis, das auf einem Konzept der wechselseitigen Anerkennung authentischer Akte beruhte.[27] Politisch sahen einige nationale Parlamente einen zu tiefen Eingriff in ihre Kompetenzen und erhoben Subsidiaritätsrügen. Auch Bundestag und Bundesrat regten eine nähere Auseinandersetzung mit der Rechtsgrundlage an.[28] In der Sache gab es namentlich Opposition gegen den angeblich mangelnden Schutz von Pflichtteilsberechtigten, gipfelnd im Widerstand Belgiens.[29] Ein weiterer Streitpunkt war, wie weit die kollisionsrechtliche Anknüpfung Erbverträge begünstigen sollte, ein in vielen Mitgliedstaaten sogar verbotenes Instrument.[30] Ein interner Zwischenentwurf[31] brachte durchaus wesentliche Änderungen. Die Stellungnahme des Europäischen Wirtschafts- und Sozialausschusses[32] dagegen hatte kaum Einfluss auf den weiteren Fortgang.

4   Der Rechtsausschuss des Europäischen Parlaments machte eine Vielzahl von Änderungsvorschlägen. Sein Bericht, verfasst von dem deutschen MdEP *Kurt Lechner*,[33] schloss sich in

---

[20] Das Datum wurde wohl bewusst so spät gewählt, um schädliche Auswirkungen eines früheren Vorschlags auf den Ausgang des zweiten irischen Referendums zum Lissabon-Vertrag zu vermeiden; *R. Wagner*, DNotZ 2010, 506, 507.
[21] Vorschlag für eine Verordnung des Europäischen Parlaments und des Rates über die Zuständigkeit, das anwendbare Recht, die Anerkennung und die Vollstreckung von Entscheidungen und öffentlichen Urkunden in Erbsachen sowie zur Einführung eines Europäischen Nachlasszeugnisses, von der Kommission vorgelegt am 14.10.2009, KOM (2009) 154 endg.
[22] Begleitdokument zu dem Vorschlag für eine Verordnung des Europäischen Parlaments und des Rates über die Zuständigkeit, das anwendbare Recht, die Anerkennung und die Vollstreckung von Entscheidungen und öffentlichen Urkunden in Erbsachen sowie zur Einführung eines Europäischen Nachlasszeugnisses – Zusammenfassung der Folgenabschätzung, SEK (2009) 411 endg. vom 14.10.2009.
[23] *Buschbaum*, GS Ulrich Hübner, 2012, S. 589, 592.
[24] Näher *R. Wagner*, DNotZ 2010, 506 (506 f.); *Buschbaum/M. C. Kohler*, GPR 2010, 106 (106).
[25] Max Planck Institute for Comparative and Private International Law, RabelsZ 74 (2010), 522.
[26] *Frodl*, ÖJZ 2012, 950, 952.
[27] Siehe zum ENZ *K.W. Lange*, DNotZ 2012, 168; *Schauer*, EF-Z 2012, 245; *ders.*, in: Schauer/Scheuba (Hrsg.), Europäische Erbrechtsverordnung, 2013, S. 73; *F. Sturm/G. Sturm*, Liber amicorum Krešimir Sajko, 2012, S. 309; *Buschbaum/U. Simon*, ZEV 2012, 525; *dies.*, RPfleger 2015, 444; *Padovini*, Liber amicorum D. Henrich, tomo II, Torino 2012, S. 215; *ders.*, Europa e dir. priv. 2013, 729; *Maida*, NLCC 2013, 389; *Barone*, Notariato 2013, 427; *Benanti*, NGCC 2014 II 1; *ders.*, NGCC 2014 II 85; *Moreno Sanchéz-Moraleda*, Estudios Jurídicos en Homenaje al Profesor José Maria Miquel, 2014, S. 2045; *Calvo Vidal*, El certificado sucesorio Europeo, 2015; *Dutta*, Int. J. Proced. L. 5 (2015), 38; *Meijer*, WPNR 7071 (2015), 667; *Pennazio*, Contratto e impresa/Europa 2015, 317; *Lagarde*, Contratto e impresa/Europa 2015, 405; *Dörner*, Contratto e impresa/Europa 2015, 424; *Wautelet/Gossens*, Contratto e impresa/Europa 2015, 434; *Yagüe-Arantzadu Vicandi Martínez*, Contratto e impresa/Europa 2015, 449; *Patti*, Contratto e impresa/Europa 2015, 466; *Neumayr*, öAnwBl 2016, 262; *Traut*, ZvglRWiss 115 (2016), 358; *A. Steiner*, ZEV 2016, 487; *Volmer*, notar 2016, 323; *Goossens*, De Europese erfrechtverklaring, 2016, und Übersicht unter <http://www.ipex.eu/IPEXL-WEB/dossier/document/COM20090154FIN.dodossier-COD20090157>.
[28] *R. Wagner*, DNotZ 2010, 506, 510.
[29] *Buschbaum*, GS Ulrich Hübner, 2012, S. 589, 592.
[30] *Buschbaum*, GS Ulrich Hübner, 2012, S. 589, 592.
[31] Dok. 11637/10 JUSTCIV 129 CODEC 627 vom 30.6.2010.
[32] Stellungnahme des Europäischen Wirtschafts- und Sozialausschusses (Berichterstatter: *Claudio Capellini*), INT/511 „Erbsachen und Europäisches Nachlasszeugnis" vom 14.7.2010.
[33] Entwurf eines Berichts über den Vorschlag für eine Verordnung des Europäischen Parlaments und des Rates über die Zuständigkeit, das anwendbare Recht, die Anerkennung und die Vollstreckung von Entscheidungen und öffentlichen Urkunden in Erbsachen sowie zur Einführung eines Europäischen Nachlass-

I. Einleitung   5-7 § 5

vielen Punkten Vorschlägen und Kritik des Hamburger Max-Planck-Instituts[34] an.[35] Im Rat hielt eine Arbeitsgruppe viele Sitzungen ab.[36] Ihre Arbeit mündete (nach einer vorläufigen Einigung im Juni 2011[37]) in einer politischen Einigung des Rates Justiz und Inneres vom 13./14.12.2011.[38] Nach sehr engagierter Diskussion[39] und mit vielen Änderungen, zum Teil in letzter Minute, nahm das Europäische Parlament die EuErbVO am 13.3.2012 in erster Lesung mit überwältigender Mehrheit[40] an.[41] Sie wurde sodann vom Rat Justiz und Inneres am 7.6.2012 endgültig beschlossen.[42] Ihre Veröffentlichung im Amtsblatt der EU erfolgte am 27.7.2012 mit der Folge ihres Inkrafttretens zum 16.8.2012 und ihres Wirksamwerdens zum 17.8.2015.

Die EuErbVO wird ergänzt durch eine DurchführungsVO der Kommission, die VO (EU) Nr. 1329/2014[43]. Sie enthält in der Hauptsache die in der EuErbVO vorgesehenen Formblätter, insbesondere im Bereich der Anerkennung und Vollstreckung sowie für das Europäische Nachlasszeugnis. Der EuErbVO sekundiert zudem das deutsche AusführungG[44]. Es hat das deutsche Internationale Erbverfahrensrecht novelliert und die nötigen Anpassungen insbesondere von BGB, EGBGB und FamFG and die EuErbVO vorgenommen. 5

2. Ausgewählte Hintergründe. Das Projekt EuErbVO war besonders ambitioniert, 6 weil es eine régulation quadruple betraf, welche sowohl die internationale Zuständigkeit als auch das anwendbare Recht sowie die Anerkennung und Vollstreckbarerklärung von Entscheidungen ebenso wie die Annahme und Vollstreckbarerklärung öffentlicher Urkunden in Erbsachen regeln wollte. Obendrein wollte es noch mit dem Europäischen Nachlasszeugnis Neuland betreten. Mit diesem breiten und hohen Anspruch steht es unter den Verordnungen des europäischen IPR und IZVR allein, allenfalls die EuInsVO ist entfernt vergleichbar.[45]

Außerdem ist das Erbrecht in besonderem Maße von zum Teil jahrhundertealten Tradi- 7 tionen geprägt und streckenweise sogar von religiösen Vorstellungen beeinflusst.[46] Die materiellen Erbrechtskonzepte divergieren schon zwischen den Mitgliedstaaten stark.[47] Nimmt man das Alt-Kollisionsrecht hinzu, steht man erst recht vor etlichen Gegensatzpaaren und Problembereichen:[48] Staatsangehörigkeits- vs. Aufenthalts- vs. domicile-Prin-

---

zeugnisses, KOM (2009) 154 endg. – C7- 0236/2009 – 2009/0157 (COD), Bericht des Rechtsausschusses des Europäischen Parlaments vom 23.2.2011, Berichterstatter: *K. Lechner*.
[34] Max Planck Institute for Comparative and Private International Law, RabelsZ 74 (2010), 522.
[35] *Frodl*, ÖJZ 2012, 950, 952.
[36] Am. 4./5.1., 6./7.9.2010, 16./17.2., 21.–23.3., 12./13.5., 14./15.7., 12./1.3.9., 3./4.10., 17.–19.10., 9./10.11.2011, 11./12.1., 20.1.2012, 1.2./3.2012.
[37] *Steiner*, NZ 2012, 104, 105.
[38] Add. 1 Interinstitutionelles Dossier 2009/015 (COD) 18475/11 ADD 1 REV 3 JUSTCIV 356 CODEC 2397.
[39] Z. B. auf einer Tagung der Expertengruppe im Rechtsausschuss des Europäischen Parlaments am 22.3.2010.
[40] 589 Ja-, 21 Nein-Stimmen, 79 Enthaltungen; siehe *U. Simon/Buschbaum*, NJW 2012, 2393 (2393); *Scheuba*, in: Schauer/Scheuba (Hrsg.), Europäische Erbrechtsverordnung, 2013, S. 1, 18 Fn. 93.
[41] Entschließung des Europäischen Parlaments vom 13.3.2012 – P7_TA (2012)0068, Ratsdok. 10569/1/12 REVI, PE-CONS 14/12.
[42] *Dutta/Weber/J. Weber*, Einl. Rn. 12.
[43] DurchführungsVO (EU) Nr. 1329/2014 der Kommission vom 9.12.2014 zur Festlegung der Formblätter nach Maßgabe der Verordnung (EU) Nr. 650/2012 des Europäischen Parlaments und des Rates über die Zuständigkeit, das anzuwendende Recht, die Anerkennung und Vollstreckung von Entscheidungen und die Annahme und Vollstreckung öffentlicher Urkunden in Erbsachen sowie zur Einführung eines Europäischen Nachlasszeugnisses, ABl. EU 2014 L 359/30.
[44] Gesetz zum internationalen Erbrecht und zur Änderung von Vorschriften zum Erbschein sowie zur Änderung sonstiger Vorschriften vom 29.6.2015, BGBl. 2015 I 1042.
[45] *Frodl*, ÖJZ 2012, 950, 952.
[46] Siehe nur *Frodl*, ÖJZ 2012, 950, 951.
[47] *Scheuba*, in: Schauer/Scheuba (Hrsg.), Europäische Erbrechtsverordnung, 2013, S. 1, 3 f.
[48] Ähnliche Listen bei *Lagarde*, in: Bonomi/C. Schmid (éds.), Successions internationales, 2010, S. 11, 16 f.; *Geimer*, NZ 2012, 70, 71 f.; *ders.*, in: J. Hager (Hrsg.), Die neue europäische Erbrechtsverordnung, 2013, S. 9, 10 f.; *Frodl*, ÖJZ 2012, 950, 951 Fn. 10.

§ 5   8–10   § 5. Internationales Erbrecht

zip; Nachlasseinheit vs. Nachlassspaltung; Zulassung vs. Ausschluss der Rechtswahl; Damnations- vs. Vindikationslegat; Vonselbstanfall vs. hereditas iacens vs. gerichtliche Zuweisung vs. Treuhändermodell;[49] Nachlassverwaltung vs. Testamentsvollstreckung; Pflichtteilsrecht vs. Noterbrecht;[50] Umfang von Pflichtteilsrechten; Pflichtteilsergänzungsanspuch vs. Abneigung gegen claw backs; Zulassung vs. Verbot des Erbvertrags; Zulassung vs. Verbot gemeinschaftlicher Testamente.[51] Hinzu treten schwierige Berührungspunkte mit Nachbarmaterien, insbesondere soweit Grundbücher betroffen sind. Immerhin hatte die EuErbVO im Haager ErbRÜbk einen Vorgänger und eine Marke, um sich daran zu orientieren, um Lösungen zu übernehmen, zu modifizieren oder bewusst andere Wege zu gehen.[52]

8   Im Erbrecht gibt es unter public choice-Aspekten eine Besonderheit: Dort agiert mit den Notaren ein ebenso gut organisierter wie gut vernetzter Berufsstand, dessen Interessen massiv berührt waren. Denn Testamentsgestaltung ist in der Praxis zumindest in den Ländern des lateinischen Notariats wesentlich Notaraufgabe und Notargeschäft, insbesondere in den einerseits besondere Schwierigkeiten bergenden und andererseits in der Regel besonders lukrativen Fällen mit Auslandsbezug. Eigeninteressen am erbrechtlichen Beratungsgeschäft haben auch Rechtsanwälte, deren Standesvertretungen sich ebenfalls sehr intensiv in Stellungnahmen und Beratungsgremien engagiert haben.[53]

9   Die EuErbVO bringt gegenüber dem vorherigen deutschen Internationalen Erbrecht zwei radikale Paradigmenwechsel mit sich: Erstens führt sie in großem Umfang Rechtswahlfreiheit in das Internationale Erbrecht ein. Zweitens schwenkt sie bei der objektiven Anknüpfung von der Staatsangehörigkeit des Erblassers auf den gewöhnlichen Aufenthalt des Erblassers als Regelanknüpfungspunkt um. Dies ist nur scheinbar ein rechtstechnischer Punkt. Vielmehr hat er große praktische Bedeutung. Denn er unterstellt Erbfälle für inländische Wohnbevölkerung mit ausländischer Staatsangehörigkeit nicht mehr grundsätzlich den ausländischen Heimatrechten, sondern dem inländischen Aufenthaltsrecht. Europaweit geht es um Hunderttausende Fälle[54] und mehrstellige Milliardenbeträge[55] an zu vererbenden Vermögen – und das jedes Jahr! Auslandsbezüge stellen sich schnell ein, auch auf der Vermögensseite etwa durch Bankkonten im Ausland (z. B. in Luxemburg oder in der Schweiz) oder Immobilienvermögen im Ausland (z. B. in Spanien oder in der Türkei).[56]

10 **3. Drittstaatenbezüge.** Die EuErbVO genießt als EU-Verordnung nach Art. 288 II AEUV verdrängenden Vorrang vor jedem nationalen IPR, soweit sie selber Anwendung beansprucht. Sie macht die grenzüberschreitende Nachlassplanung sicherer[57] und war daher den Notaren und anderen professionellen Nachlassplanern ein besonderes Anliegen, das

---

[49] *J. P. Schmidt*, ZEV 2014, 455, 456 mit Nachweisen zu europäischen Rechtsordnungen.
[50] Dazu *Henrich/D. Schwab* (Hrsg.), Familienerbrecht und Testierfreiheit im europäischen Vergleich, 2001; Pintens, ZEuP 2001, 628; *Röthel* (Hrsg.), Reformfragen des Pflichtteilsrechts, 2007; *Castelein/Foqué/Verbeke* (eds.), Imperative Inheritance Law in a Late-Modern Society, 2009; *Dutta*, FamRZ 2011, 1589; *Röthel*, AcP 212 (2012), 157.
[51] Hierzu *Davì*, in: Calvo Caravaca/Davì/Mansel Introduction Rn. 2.
[52] Vgl. *Lagarde*, in: Bonomi/C. Schmid (éds.), Successions internationales, 2010, S. 11, 17.
[53] z.B. die Stellungnahmen des Bar Council of England and Wales und des Österreichischen Rechtsanwaltskammertages bei der von der Kommission organisierten Anhörung zum Grünbuch vom 30.11.2006; Stellungnahme des Council of Bars and Law Societies of Europe (CCBE) vom 26.9.2005.
[54] 450.000 Erbfälle sollen in den Mitgliedstaaten der EU jedes Jahr grenzüberschreitende Bezüge aufweisen; SEK (2009) 411 endg. S. 4 f.; Pressemitteilung der Europäischen Kommission vom 7.7.2012, IP/12/576; *Eckelskemper*, FS Günter Brambring, 2011, S. 73, 77; *K. W. Lange*, ZErb 2012, 160, 161. Dies macht 9–10 % aller Erbfälle aus; SEK (2009) 411 endg. S. 4 f.; *Frodl*, ÖJZ 2012, 950 (950).
[55] SEK (2009) 411 endg. S. 4 f. nennt einen Gesamtwert von 123 Mrd. EUR bei Abwicklungskosten von 3,77 Mrd. EUR für 2008; siehe auch *R. Wagner*, DNotZ 2010, 506, 508.
[56] *Torfs/van Soest*, Liber amicorum Walter Pintens, 2012, S. 1443, 1450.
[57] *Chassaing*, in: Khairallah/Revillard (dir.), Perspectives du droit des successions européennes et internationales, 2010, S. 35, 51; *Khairallah*, ebd., S. 61, 67; *Revillard*, Essays in Honour of Hans van Loon, 2013, S. 487, 497.

sich auch in erheblichem Druck auf den europäischen Gesetzgeber niederschlug. Art. 20 EuErbVO besagt unmissverständlich, dass die Kollisionsnormen der EuErbVO universelle Anwendung finden, also echte allseitige Kollisionsnormen sind.[58] Sie sind anwendbar, auch wenn das von ihnen berufene Recht dasjenige eines Nichtmitgliedstaats (eines Nicht-EU-Staats, des Vereinigten Königreichs, Irlands[59] oder Dänemarks) ist. Eine gegenständliche Beschränkung auf Nachlassvermögen innerhalb der EU erfolgt nicht.[60] Die Vererbung von Vermögen in Drittstaaten richtet sich aus europäischer Sicht ebenfalls nach der EuErbVO.[61]

Einfache Drittstaatensachverhalte (die Bezüge sowohl zu Mitglied- als auch zu Drittstaaten aufweisen) sind von der EuErbVO ebenso erfasst wie reine Drittstaatensachverhalte (die Bezüge allein zu Drittstaaten aufweisen).[62] Ein spezifischer Bezug gerade zu Mitgliedstaaten ist nicht verlangt.[63] Dies erspart eine erst noch im Detail und möglichst trennscharf zu definierende Abgrenzung.[64] Ob im Bereich der internationalen Zuständigkeit doch eine gewisse Rücksicht auf Drittstaatensachverhalte zu nehmen ist,[65] spielt für die kollisionsrechtliche Anknüpfung keine Rolle. Art. 20 EuErbVO nimmt zugleich jeden Raum für internationalerbrechtliche Kollisionsnormen mitgliedstaatlicher Provenienz.[66]

Ein caveat ist allerdings angebracht: Die EU kann natürlich nur für ihre Perspektive die Festlegungen treffen. Dies heißt nicht, dass ein Drittstaat aus seiner Sicht das über die EuErbVO erzielte Anknüpfungsergebnis sang- und klanglos akzeptieren müsste. Vielmehr wird der Drittstaat den Sachverhalt natürlich auf der Grundlage seines eigenen Internationalen Erbrechts anknüpfen. Dieses kann anders ausgestaltet sein und zu anderen Ergebnissen führen als die EuErbVO, z. B. eine Belegenheitsanknüpfung für Immobilien vorsehen und so die Nachlasseinheit aus Artt. 21–23 EuErbVO nicht teilen. Für die Praxis heißt dies: Soweit es auch auf die Sicht eines Drittstaates ankommen könnte, insbesondere weil sich dort Nachlassvermögen oder Interessierte (z. B. Erbprätendenten) befinden, muss der Rechtsanwalt oder Notar prüfen, was das dortige IPR sagt.[67] Aus naheliegenden Gründen ist das Interesse an der EuErbVO insbesondere bei Schweizer Rechtsberatern groß;[68] diese müssen und wollen die EuErbVO bei ihrer Beratungsleistung Estate Planning berücksichtigen.

Relevante Auslandsbezüge können sich aus Bezügen zu weiteren Mitgliedstaaten oder zu Drittstaaten ergeben.[69] Maßgeblicher Zeitpunkt, zu dem Internationalität bestehen muss, ist

---

[58] Rechtspolitisch kritisch *Bajons*, FS Andreas Heldrich, 2005, S. 495, 504 f.; *Kindler*, IPRax 2010, 44, 48; *Vékás*, in: Reichelt/Rechberger (Hrsg.), Europäisches Erb- und Erbverfahrensrecht, 2011, S. 41, 55.

[59] Das Vereinigte Königreich und Irland haben bisher nicht in die EuErbVO hineinoptiert, Erwägungsgrund (82) EuErbVO, und werden dies aller Voraussicht nach auch zukünftig nicht tun, vgl. *Davì*, in: Calvo Caravaca/Davì/Mansel Introduction Rn. 13; *Calvo Caravaca/Davì/Mansel/Contaldi*, Art. 29 Successions Regulation Rn. 8 mit Blick auf das britische Referendum vom 23.06.2016. Der Vollzug des Brexits wird also nichts verändern: Das Vereinigte Königreich war vorher Drittstaat und wird es nachher ebenso sein; *Dutta*, (2017) 29 Child & Fam. L. Q. 199, 201; *Bertoli*, RDIPP 2017, 599, 628 f.

[60] Unzutreffend *Torfs/van Soest*, Liber amicorum Walter Pintens, 2012, S. 1443, 1451.

[61] *Remde*, RNotZ 2012, 65, 75.

[62] *Geimer*, in: J. Hager (Hrsg.), Die neue europäische Erbrechtsverordnung, 2013, S. 9, 19; *Dutta/Weber/J. Weber* Einl. Rn. 72. Kritisch dazu *Majer*, ZEV 2011, 445, 447–450, wesentlich wegen Kompetenzbedenken aufgrund des primärrechtlichen Prinzips der begrenzten Einzelermächtigung zur unionsrechtlichen Rechtssetzung, sowie *Remde*, RNotZ 2012, 65, 75.

[63] *Barnich*, in: Nuyts (coord.), Actualités en droit international privé, 2013, S. 7, 11; *Deixler-Hübner/Schauer/Schauer* Art. 20 EuErbVO Rn. 3.

[64] *Mansel*, Tuğrul Ansay'a Armağan, 2006, S. 185, 197.

[65] *A. M. E. Giuliano*, FJR 2013, 68, 70.

[66] *Bogdan*, Essays in Honour of Hans van Loon, 2013, S. 59, 61; *Davì*, in: Calvo Caravaca/Davì/Mansel Introduction Rn. 22.

[67] *F. Odersky*, notar 2013, 3 (3); *Vlas/Ibili*, WPNR 6989 (2013), 759, 761 sowie unter dem Haager ErbRÜbk Rb. Rotterdam NIPR 2009 Nr. 14; *Knot*, TE 2009, 25.

[68] Siehe nur *Weiss/Bigler*, successio 2014, 163; *Leu*, SJZ 2016, 441 und die Beiträge in: Heiss (Hrsg.), Europäische Erbrechtsverordnung, 2016.

[69] *Godechot-Patris*, D. 2012, 2462, 2464.

jener des Erbfalls, bei Rechtsgeschäften des Erblassers, die zu dessen Lebzeiten bereits Bindungswirkung entfalten, dagegen der Zeitpunkt des Geschäftsabschlusses.[70] Einen persönlichen Anwendungsbereich dergestalt, dass jenseits der objektiven Internationalität bestimmte Beteiligte bestimmte Nationalitäten oder bestimmte Aufenthalte haben müssten, kennt die EuErbVO nicht.[71]

14 **4. Zeitlicher Anwendungsbereich.** Die EuErbVO greift ab dem Erbfall. Sie erlangt aber auch schon vor dem Tod des Erblassers Bedeutung, soweit erbrechtliche oder erbrechtsrelevante Fragen anstehen. Z.B. gilt sie für die Bindungswirkung von Erbverträgen zu Lebzeiten des Erblassers. Ein Eindruck, dass sich die EuErbVO aus der Zeit vor dem Erbfall zurückziehen wollte, wäre nicht zutreffend, soweit es um die Kollisionsnormen geht.[72] Die Zuständigkeitstatbestände der EuErbVO freilich können erst ab dem Erbfall Anwendung finden; ihre analoge Anwendung vor dem Erbfall scheitert am Fehlen einer Lücke, da insoweit die EuGVVO bzw. ab dem 17.1.2015 die Brüssel Ia-VO greift.[73]

II. Struktur der EuErbVO

15 Wie schon ihr Titel zeigt, befasst sich die EuErbVO nicht nur mit dem IPR, also mit der Frage, welches Recht in der Sache anzuwenden ist. Vielmehr widmet sie sich gleichermaßen der Zuständigkeit für gerichtliche Entscheidungen in Erbsachen und der Anerkennung und Vollstreckbarerklärung solcher Entscheidungen sowie der Anerkennung und Vollstreckbarerklärung öffentlicher Urkunden in Erbsachen. Außerdem führt sie ein Europäisches Nachlasszeugnis ein. Aus der Vielzahl geregelter Materien erklären sich der ungewöhnlich große Umfang der VO und die große Zahl ihrer Artikel (84) wie ihrer Erwägungsgründe (83).[74] Die umfassende „Paketlösung" aus diesen vier Materien war etwa für Deutschland conditio sine qua non.[75] In Erbfällen mit Bezug zu nur einem Staat fehlt es an dem grenzüberschreitenden Element der Internationalität, das für ein Eingreifen der EuErbVO vorausgesetzt ist.[76] Die EuErbVO ist abschließend und „autosuffizient".[77] Schon ihrem Umfang nach ist sie ein „Monumentalwerk".[78]

16 In der Abfolge, wie sie die einzelnen Materien behandelt, folgt die EuErbVO im Prinzip der Reihenfolge im praktischen Fall: Zuerst kommt die internationale Zuständigkeit, dann das anwendbare Recht, darauf die Anerkennung und Vollstreckbarerklärung gerichtlicher Entscheidung. Gleichsam als Coda stehen die Regelungen über das Europäische Nachlasszeugnis. Mit ihrer Gesamtkombination aus Aufenthaltsanknüpfung, Rechtswahlmöglichkeit, Nachlasseinheit und Europäischem Nachlasszeugnis darf die EuErbVO auf Akzeptanz und Wohlwollen in der Praxis der Nachlassplanung und Erbfallberatung hoffen.[79] An einer Vereinheitlichung oder Harmonisierung des Sachrechts für Erbsachen versucht sie sich richtigerweise nicht.[80]

---

[70] *Godechot-Patris,* D. 2012, 2462, 2464.
[71] *Biagioni,* in: Franzina/Leandro (a cura di), Il diritto internazionale privato europeo delle successioni mortis causa, 2013, S. 25, 52 f. Vgl. auch Deixler-Hübner/Schauer/*Schauer* Art. 20 EuErbVO Rn. 4.
[72] Entgegen Max Planck Institute for Comparative and Private International Law, RabelsZ 74 (2010), 522, 570 f.; *Wilke,* RIW 2012, 601, 602.
[73] *Wilke,* RIW 2012, 601, 602.
[74] Siehe nur *Davì/Zanobetti,* Cuad. Der. TranS. 5 (2) (2013), 5, 16.
[75] *R. Wagner,* DNotZ 2010, 506, 509.
[76] *Völlmer,* ZErb 2012, 227, 229. Zumindest würde die EuErbVO bei reinen Inlandssachverhalten eh immer zur Anwendung des Rechts des betroffenen Landes führen, sodass die Abwesenheit einer ausdrücklichen Eingrenzung der Verordnung auf grenzüberschreitende Sachverhalte unerheblich sei, so Palandt/*Thorn* Art. 1 EuErbVO Rn. 1.
[77] *Campiglio,* RDIPP 2016, 925 (925).
[78] *Clerici,* in: Plachetti (a cura di), L'incidenza del diritto non scritto sul diritto internazionale ed europeo, 2016, S. 241 (241).
[79] *Revillard,* Defrénois 2012, 743, 753 f.
[80] *Schauer,* JEV 2012, 78, 79. Hierfür würde der Union auch die Gesetzgebungskompetenz fehlen vgl. MüKoBGB/*Dutta* Vorb. Art. 1 EuErbVO Rn. 3.

III. Sachlicher Anwendungsbereich der EuErbVO

1. Grundsätzliches. Die EuErbVO differenziert beim sachlichen Anwendungsbereich 17 nicht nach dem Berufungsgrund für eine Erbfolge, insbesondere differenziert sie ausweislich Art. 3 I lit. a und Erwägungsgrund (9) nicht nach der Art eines Näheverhältnisses zwischen Erblasser und Erben.[81] Vielmehr umfasst die Rechtsnachfolge von Todes wegen (der Kernbegriff des Art. 1 I EuErbVO) nach Art. 3 I lit. a EuErbVO jede Vermögensweitergabe von Todes wegen aufgrund gewillkürter oder gesetzlicher Erbfolge. Daher erfasst die EuErbVO auch infolge bloßer (registrierter) Partnerschaft berufene Erben.[82] Positiv unterstreicht dies Erwägungsgrund (12) EuErbVO. Testat- und Intestaterbfolge sind in gleichem Maße erfasst.[83] Es wird nicht differenziert nach dem konkreten Titel der erbrechtlichen Berufung.[84]

Rechtsnachfolge von Todes wegen liegt dann vor, wenn die Zuweisung von Vermö- 18 genswerten allein auf der Notwendigkeit beruht, im Zeitpunkt des Todes für die Rechtspositionen des Verstorbenen einen Nachfolger zu bestimmen.[85] Man hat die denkbar umfassendste Definition der Rechtsnachfolge von Todes wegen gewählt.[86] Sie korrespondiert dem Grundsatz der Nachlasseinheit und differenziert nicht zwischen Aktiva und Passiva des erblasserischen Vermögens.[87] Sie differenziert weder nach der Belegenheit noch nach der Natur der Aktiva.[88] Sie umfasst Universalsukzession zum einen[89] und Rechtsnachfolge von Todes wegen in Einzelgegenstände zum anderen.

Da kein unmittelbarer Vermögenstransfer, fallen die trans- und die postmortale Voll- 19 macht dagegen nicht unter die EuErbVO, auch wenn sie zumindest im Niederländischen als „levenstestament" bezeichnet werden.[90]

Die Positivliste des Art. 23 II EuErbVO zeigt, was jedenfalls erbrechtlich einzuordnen ist 20 und daher in den sachlichen Anwendungsbereich der EuErbVO fällt.[91] Prüfungstechnisch vorrangig ist aber der Negativkatalog ausgeschlossener Materien in Art. 1 II EuErbVO,[92] der durch den Positivkatalog nur ergänzt wird.[93] Die positive Einsteuerung in Art. 1 I 1 EuErbVO, dass die EuErbVO auf die Rechtsnachfolge von Todes wegen anzuwenden ist, benennt eine bare Selbstverständlichkeit und hat keinen weiterführenden Aussagegehalt.[94] Äußerstenfalls kann man zu einem zweistufigen Prüfungsaufbau schreiten: Unter die EuErbVO fällt, was sowohl positiv zur Rechtsnachfolge von Todes wegen gehört und deshalb von Art. 1 I 1 EuErbVO erfasst ist als auch nicht negativ von Art. 1 II EuErbVO ausgeschlossen wird.[95] Der sachliche Anwendungsbereich der EuErbVO ist daher ten-

---

[81] Deixler-Hübner/Schauer/*Mankowski* Art. 1 EuErbVO Rn. 2.
[82] *Coester*, IPRax 2013, 114, 115, 120.
[83] Siehe nur *Lokin*, NIPR 2013, 329 (329).
[84] Siehe nur *Franzina/Leandro*, NLCC 2013, 275, 286.
[85] *Dörner*, ZEV 2012, 505, 507; *ders.*, in: Dutta/Herrler (Hrsg.), Die europäische Erbrechtsverordnung, 2014, sub II 2; Palandt/*Thorn* Art. 1 EuErbVO Rn. 8.
[86] *Biagioni*, in: Franzina/Leandro (a cura di), Il diritto internazionale privato europeo delle successioni mortis causa, 2013, S. 25, 28; *Davì/Zanobetti*, Cuad. Der. TranS. 5 (2) (2013), 5, 17. Andere Ansicht Dutta/Weber/*J. P. Schmidt* Art. 1 EuErbVO Rn. 5.
[87] *Biagioni*, in: Franzina/Leandro (a cura di), Il diritto internazionale privato europeo delle successioni mortis causa, 2013, S. 25, 28; Geimer/Schütze/*C. Schall/U. Simon* Art. 1 EuErbVO Rn. 6.
[88] *Franzina/Leandro*, NLCC 2013, 275, 286.
[89] OLG Nürnberg RPfleger 2017, 545; OLG München FGPrax 2018, 39 m. Anm. *Wilsch*; OLG Nürnberg FGPrax 2018, 40.
[90] Rechtsvergleichend *van den Broeck*, WPNR 7125 (2016), 881.
[91] *Janzen*, DNotZ 2012, 484, 486; *Dutta*, FamRZ 2013, 4, 5 sowie *Bonomi*, in: Bonomi/Wautelet Art. 1 Règ. Rn. 3; *Döbereiner*, MittBayNot 2013, 358, 359.
[92] Siehe nur *Godechot-Patris*, D. 2012, 2462, 2464; *Franzina/Leandro*, NLCC 2013, 275, 287.
[93] *Fischer-Czermak*, in: Schauer/Scheuba (Hrsg.), Europäische Erbrechtsverordnung, 2013, S. 43, 49.
[94] *Nourissat*, in: Khairallah/Revillard (dir.), Droit européen des successions internationales, 2013, S. 17, 20.
[95] *Bonomi*, in: Bonomi/Wautelet Art. 1 Règ. Rn. 1.

denziell weit,[96] wie Erwägungsgrund (9) EuErbVO unterstreicht. Die Negativliste des Art. 1 II EuErbVO ist abschließend, denn im Wortlaut der Norm taucht kein „insbesondere" auf, das – wie in Art. 23 II EuErbVO – auf einen bloß beispielhaften Charakter hinwiese.[97]

21 Viele Materien, die in Art 1 II EuErbVO ausgenommen werden, sind bereits Regelungsgegenstand anderer Verordnungen im europäischen IPR.[98] Insoweit gilt es, die sachlichen Anwendungsbereiche der betreffenden Verordnungen gegenüber der EuErbVO abzustecken und abzugrenzen.[99] Dies trifft – allen Verzahnungen in den Sachrechten zum Trotz[100] – etwa die Unterhaltspflichten des Art. 1 II lit. e EuErbVO, welche der EuUntVO und dem HUP unterfallen, und die Schenkungen oder Versicherungsverträge auf den Todesfall aus Art. 1 II lit. g EuErbVO, welche der Rom I-VO unterfallen.[101] Soweit es keine unionsrechtliche Kollisionsnormen für die ausgegrenzten Gebiete gibt, hat eine europäisch-autonome Auslegung der Ausgrenzungsbegriffe in der EuErbVO die Prärogative.[102] Von schwierigen Abgrenzungs- und Qualifikationsfragen im Detail vermag dies natürlich nicht zu befreien,[103] zumal viele Ausgrenzungen eine lange und verwickelte Geschichte hinter sich haben.[104] Grundmaxime des Art. 1 II EuErbVO ist nach Erwägungsgrund (11) EuErbVO, Zivilrechtsbereiche ausdrücklich abzuschichten, die nicht direkt die Rechtsnachfolge von Todes wegen betreffen, sondern mit Erbsachen nur zusammenhängen.[105] Solche Bereiche sind nicht erbrechtlich zu qualifizieren und würden auch dann aus Art. 1 I 1 EuErbVO herausfallen, wenn sie nicht von einem Tatbestand der Negativliste aus Art. 1 II EuErbVO erfasst wären.[106]

22 Kommt es in einer verwiesenen Sachnorm darauf an, ob der Erblasser verheiratet ist oder in einer registrierten Partnerschaft lebt oder ob ein bestimmtes Verwandtschaftsverhältnis besteht, so stellt sich eine Vorfrage.[107] Familien- und eherechtliche Aspekte behandelt die EuErbVO nicht, auch nicht als Vorfragen. Vielmehr grenzt sie diese Aspekte in Art. 1 II lit. a EuErbVO ausdrücklich aus.[108] Daher kommt ihre Anknüpfung über die EuErbVO nicht in Betracht. Sie können auch nicht ausnahmsweise als Teil der erbrechtlichen Hauptfrage mitverwiesen sein. Vielmehr richtet sich ihre Anknüpfung nach dem IPR des Forums.[109]

23 Die EuErbVO macht zwar keine direkte Vorgabe für eine selbständige oder unselbständige Vorfragenanknüpfung.[110] Jedoch wird argumentiert, bei selbständiger Vorfragenanknüpfung drohten unterschiedliche Ergebnisse bei der Ausstellung von Europäischen

---

[96] *Bonomi*, in: Bonomi/Wautelet Art. 1 Règ. Rn. 4.
[97] *Bonomi*, in: Bonomi/Wautelet Art. 1 Règ. Rn. 10.
[98] *Calvo Caravaca/Davì/Mansel/M. Weller* Art. 1 Successions Regulation Rn. 11.
[99] *Dörner*, ZEV 2012, 505, 507; *Nourissat*, in: Khairallah/Revillard (dir.), Droit européen des successions internationales, 2013, S. 17, 22.
[100] Vgl. *Torfs/van Soest*, Liber amicorum Walter Pintens, 2012, S. 1443, 1449.
[101] Für letztere siehe nur *C. Kohler/Pintens*, FamRZ 2009, 1529, 1531; *dies.*, FamRZ 2010, 1481, 1483; *Faber/S. Grünberger*, NZ 2011, 97, 99; *Döbereiner*, MittBayNot 2013, 358, 360; *Mansel*, FS Reinhold Geimer zum 80. Geb., 2017, S. 443, 446 f.
[102] *Dörner*, ZEV 2012, 505, 508; *Nourissat*, in: Khairallah/Revillard (dir.), Droit européen des successions internationales, 2013, S. 17, 28 f.; *Bonomi*, in: Bonomi/Wautelet Art. 1 Règ. Rn. 2.
[103] *Dörner*, ZEV 2010, 221, 223; *Wilke*, RIW 2012, 601, 602.
[104] *Nourissat*, in: Khairallah/Revillard (dir.), Droit européen des successions internationales, 2013, S. 17, 22.
[105] *Calvo Caravaca/Davì/Mansel/M. Weller* Art. 1 Successions Regulation Rn. 10; *Lokin*, NIPR 2013, 329, 330.
[106] *Bonomi*, in: Bonomi/Wautelet Art. 1 Règ. Rn. 9, 10.
[107] Dutta/Weber/*J. P. Schmidt* Art. 1 EuErbVO Rn. 20.
[108] MüKoBGB/*Dutta* Art. 1 EuErbVO Rn. 12.
[109] *Nordmeier*, ZEV 2012, 513, 515; *Müller-Lukoschek* § 2 Rn. 57; *Bonomi*, in: Bonomi/Wautelet Art. 1 Règ. Rn. 13, 17; *Döbereiner*, MittBayNot 2013, 358, 361. Für eine Anknüpfung nach der lex causae *Pamboukis/Metallinos* Art. 23 Successions Regulation Rn. 37.
[110] *S. Lorenz*, ErbR 2012, 39, 48; *Geimer*, in: J. Hager (Hrsg.), Die neue europäische Erbrechtsverordnung, 2013, S. 9, 29.

III. Sachlicher Anwendungsbereich der EuErbVO   24, 25   § 5

Nachlasszeugnissen in den verschiedenen Mitgliedstaaten mangels vereinheitlichten Kollisionsrechts für die Vorfragen.[111] Zudem erleichtere eine unselbstständige Anknüpfung dem Erblasser die Nachlassplanung.[112] Für eine selbständige Vorfragenanknüpfung streitet indes die vollständige Ausgrenzung der betreffenden Aspekte, also auch wenn sie als Vorfragen auftreten, aus dem sachlichen Anwendungsbereich der EuErbVO.[113] Vorfragen nehmen nicht am Charakter der Hauptfrage teil und machen deren Regelungen nicht anwendbar, wie auch die Parallele zum Zuständigkeitsrecht unter Art. 24 Nr. 2 Brüssel Ia-VO; 22 Nr. 2 EuGVVO/LugÜ 2007[114] belegt.[115]

Die EuErbVO befasst sich nur mit zivilrechtlichen Fragen. Das Erbschaftsteuerrecht er- 24 fasst sie dagegen ausweislich Art. 1 I 2 EuErbVO nicht,[116] obwohl es in vielen Fällen dominanter und beherrschender Hintergrund insbesondere für testamentarische Gestaltungen sein kann[117] und die EuErbVO sich deshalb dem Vorwurf ausgesetzt sieht, nur eine halbe Lösung zu bieten.[118] Das nationale Steuerrecht muss selber entscheiden, ob und in welchem Umfang es Privilegierungen auch dann gewähren will, wenn die Erbfolge einem ausländischen Recht unterliegt und dessen Ausgestaltung von jener des heimischen Rechts abweicht, an der sich wiederum das Steuerrecht orientiert hat.

Die europäischen Organe haben indes begonnen, ihr Augenmerk auch dem Erbschafts- 25 steuerrecht zuzuwenden.[119] So wurde 2014 eine Expertengruppe eingerichtete, die sich mit den Steuerproblemen von grenzüberschreitend tätigen EU-Bürgern insbesondere auf dem Bereich der Erbschaftssteuer befasst und Lösungsvorschläge erarbeiten soll.[120] Sollte sich dieser Prozess fortsetzen, so könnte er auch in eine entsprechende Koordination mit der EuErbVO münden.[121] Dies liegt umso näher,[122] als das Erbschaftsteuerrecht die Kapitalverkehrsfreiheit aus Art. 63 AEUV (ex Art. 56 EGV) berührt,[123] wie RL 88/361/EWG[124] Anh. I XI D unterstreicht. Unionsrechtlich geht es also wie bei der EuErbVO um Mobilitätshindernisse.[125] Beratungsmandate für Vermögende und insbesondere für Familienunternehmen müssen sich dem durchaus komplexen Zusammenspiel zwischen Erbrecht

---

[111] *Dörner*, ZEV 2012, 505, 512; *Dutta*, FamRZ 2013, 4, 15; Palandt/*Thorn* EuErbVO, Art. 1 EuErbVO Rn. 5.
[112] Dutta/Weber/*J. P. Schmidt* Art. 1 EuErbVO Rn. 26.
[113] *Nordmeier*, ZEV 2012, 513, 515; *Geimer*, in: J. Hager (Hrsg.), Die neue europäische Erbrechtsverordnung, 2013, S. 9, 30; *Döbereiner*, MittBayNot 2013, 358, 361; *Álvarez González*, REDI 2017-1, 19, 43–45.
[114] Dort EuGH Slg. 2011, I-3961 – Berliner Verkehrsbetriebe (BVG), Anstalt des öffentlichen Rechts/JP Morgan Chase NA, Frankfurt Branch.
[115] *Biagioni*, in: Franzina/Leandro (a cura di), Il diritto internazionale privato europeo delle successioni mortis causa, 2013, S. 25, 47.
[116] Siehe nur *K. W. Lange*, ZErb 2012, 160, 162; *Torfs/van Soest*, Liber amicorum Walter Pintens, 2012, S. 1443, 1447; *Bonomi*, in: Bonomi/Wautelet Art. 1 Règ. Rn. 8; *Biagioni*, in: Franzina/Leandro (a cura di), Il diritto internazionale privato europeo delle successioni mortis causa, 2013, S. 25, 29.
[117] *Godechot-Patris*, D. 2012, 2462, 2464.
[118] *De Wolf*, ZErb 2017, 181. Ebenfalls kritisch Geimer/Schütze/*C. Schall/U. Simon* Art. 1 EuErbVO Rn. 8; *Pamboukis/Nikolaidis* Art. 1 Successions Regulation Rn. 16 f.
[119] Empfehlung 2011/856/EU der Kommission vom 15.12.2011 zur Vermeidung der Doppelbesteuerung von Erbschaften, ABl. EU 2011 L 336/81; Mitteilung der Kommission an das Europäische Parlament, den Rat und den Europäischen Wirtschafts- und Sozialausschuss: Abbau grenzüberschreitender Erbschaftssteuerhindernisse in der EU, KOM (2011) 864 endg.
[120] Weitere Informationen und aktueller Stand unter <https://ec.europa.eu/taxation_customs/individuals/personal-taxation/direct-tax-crossborder-tax-problems-affecting-citizens/reports-tackling-crossborder-tax-obstacles-facing-citizens_en>.
[121] *Revillard*, Defrénois 2012, 743, 745.
[122] Vgl. *Nourissat*, in: Khairallah/Revillard (dir.), Droit européen des successions internationales, 2013, S. 17, 21.
[123] EuGH Slg. 2008, I-6845 – H. Eckelkamp/Belgischer Staat; EuGH Slg. 2009, I-9807 – Grundstücksgemeinschaft Busley u. Cibrian Fernandez/Finanzamt Stuttgart-Körperschaften.
[124] Richtlinie 88/361/EWG des Rates vom 24.6.1988 zur Durchführung von Artikel 67 des Vertrages, ABl. EWG 1988 L 178/5.
[125] Siehe *Nourissat*, in: Khairallah/Revillard (dir.), Droit européen des successions internationales, 2013, S. 17, 21 f.; vgl. auch *Bonomi*, in: Bonomi/Wautelet Art. 1 Règ. Rn. 8.

und Erbschaftsteuerrecht auch in dessen internationaler Dimension stellen.[126] Unter die EuErbVO dürften schon heute interne Regressansprüche zwischen Erben fallen, soweit einzelne Erben im Außenverhältnis Erbschaftsteuer verauslagt haben.[127] Die EuErbVO hat insoweit indirekten Einfluss auf das Erbschaftsteuerrecht, als sie dem Erbstatut die Bestimmung der Erben und damit der Steuerschuldner überantwortet.[128]

26 Art. 1 I 2 EuErbVO ergänzt Art. 1 I 1 EuErbVO und stellt klar, was ziviles Erbrecht für die Zwecke des europäischen IPR ist.[129] Der ausdrückliche Ausschluss verwaltungsrechtlicher Angelegenheiten[130] erklärt sich daraus, dass manche Rechtsordnungen, zuvörderst die britische, keine klare Grenze zwischen Zivilrecht und Öffentlichem Recht ziehen, ja keinen eigenen Normcorpus des Öffentlichen Rechts haben.[131] Art. 1 I 2 EuErVO folgt den Spuren von Artt. 1 I 2 EuGVVO; 1 I 2 Rom II-VO; 1 I 2 Rom I-VO[132] und muss daher im Gleichklang mit diesen Normen gelesen werden.[133]

27 **2. Rechtsgeschäfte unter Lebenden.** *a) Verträge zu Gunsten Dritter auf den Todesfall.* Rechtsgeschäfte unter Lebenden schlägt Art. 1 II lit. g EuErbVO grundsätzlich nicht dem Erbstatut zu, sondern geht – in gezielter Abgrenzung von EuErbVO und Rom I-VO[134] – von einer vertragsrechtlichen Qualifikation aus. Dies trifft alle Verträge auf den Todesfall,[135] also einschlägige Lebensversicherungsverträge,[136] Rentenfonds,[137] Sparverträge,[138] Kontenverträge und Depotverträge. Für sie greift die Rom I-VO.[139]

28 Dies gilt jedenfalls für das Deckungsverhältnis zwischen Erblasser und Versprechendem zum einen[140] und das Leistungsverhältnis zwischen Versprechendem und Drittem. Aus der EuErbVO ausgeschlossen ist aber auch das Valutaverhältnis zwischen Erblasser und Begünstigtem.[141] Dafür spricht zum einen der Wortlaut des Art. 1 II lit. g EuErbVO: Dieser enthält keine Einschränkung, dass Versicherungsverträge zu Gunsten Dritter auf den Todesfall nur ausgenommen seien mit Blick auf das Rechtsverhältnis zwischen Erblasser und Versicherer.[142] Außerdem schloss Art. 1 II lit. d Haager ErbRÜbk als legislatives Vorbild Verträge zu Gunsten Dritter auf den Todesfall umfassend aus.[143] Positiv könnte man das Valutaverhältnis an das Statut des Deckungsverhältnisses anknüpfen.[144] Verträge zu Gunsten

---

[126] *v. Oertzen*, BB 37/2015, I.
[127] *Biagioni*, in: Franzina/Leandro (a cura di), Il diritto internazionale privato europeo delle successioni mortis causa, 2013, S. 25, 29.
[128] *Bonomi*, in: Bonomi/Wautelet Art. 1 Règ. Rn. 8.
[129] *Nourissat*, in: Khairallah/Revillard (dir.), Droit européen des successions internationales, 2013, S. 17, 21.
[130] Dazu insbesondere *Biagioni*, in: Franzina/Leandro (a cura di), Il diritto internazionale privato europeo delle successioni mortis causa, 2013, S. 25, 30.
[131] *Nourissat*, in: Khairallah/Revillard (dir.), Droit européen des successions internationales, 2013, S. 17, 21.
[132] *Bonomi*, in: Bonomi/Wautelet Art. 1 Règ. Rn. 6 f.
[133] *Calvo Caravaca/Davì/Mansel/M. Weller* Art. 1 Successions Regulation Rn. 8.
[134] *Biagioni*, in: Franzina/Leandro (a cura di), Il diritto internazionale privato europeo delle successioni mortis causa, 2013, S. 25, 36 f.
[135] Für eine differenzierte Behandlung der weiteren Beziehungen *Vollmer*, ZErb 2012, 227, 229 unter Hinweis auf MüKoBGB/R. *Birk*, Bd. 10, 5. Aufl. 2010, Art. 25 EGBGB Rn. 158: Deckungsverhältnis nach Schuldvertragsstatut, Valutaverhältnis je nach der Natur des Verhältnisses zwischen Erblasser und Begünstigtem schuldvertrags- oder erbrechtlich.
[136] *U. Simon/Buschbaum*, NJW 2012, 2393, 2394.
[137] *Andrae*, IPRax 2018, 221, 227.
[138] *Werkmüller*, ZEV 2016, 123, 125; *Andrae*, IPRax 2018, 221, 227.
[139] *Dörner*, ZEV 2012, 505, 508; *Blanco-Morales Limones*, Liber amicorum José Luis Iglesias Buhigues, 2012, S. 413, 426; *Nordmeier*, ZEV 2013, 117, 122; *Bonomi*, in: Bonomi/Wautelet Art. 1 Règ. Rn. 59 sowie *Godechot-Patris*, D. 2012, 2462, 2464; *Pamboukis/Nikolaidis* Art. 1 Successions Regulation Rn. 39.
[140] OLG Düsseldorf ZEV 2001, 484, 485; *Döbereiner*, MittBayNot 2013, 437, 439; Palandt/*Thorn* Art. 1 EuErbVO Rn. 11.
[141] *Nordmeier*, ZEV 2013, 117, 122; *Werkmüller*, ZEV 2016, 123, 125.
Anders *Vollmer*, ZErb 2012, 227, 229; vgl. auch *Döbereiner*, MittBayNot 2013, 437, 439.
[142] *Nordmeier*, ZEV 2013, 117, 122.
[143] *Nordmeier*, ZEV 2013, 117, 122; *Werkmüller*, ZEV 2016, 123, 125.
[144] *Nordmeier*, ZEV 2013, 117, 123; Dutta/Weber/*J. P. Schmidt* Art. 1 EuErbVO Rn. 93.

III. Sachlicher Anwendungsbereich der EuErbVO   29–31 § 5

Dritter auf den Todesfall sind ein denkbares Mittel, um durch nicht-erbrechtliche Gestaltung Pflichtteilsrechte am Erbrecht vorbei zu vermindern.[145] Die Ausklammerung von Lebensversicherungsverträgen aus der EuErbVO lässt allerdings die Frage im Raum, ob diese nicht doch pflichtteilsrechtliche Relevanz im Rahmen von Anrechnungen gewinnen könnten.[146] Generell will Art. 23 II lit. i EuErbVO den erbrechtlichen Ausgleich für lebzeitige Vermögensverschiebungen in die EuErbVO einbeziehen.[147]

Beispiel[148]: Der vermögende E schließt mit seiner Hausbank H einen Vertrag auf den Todesfall zu 29
Gunsten seines Sohnes S. H verspricht darin die Auskehrung von 1 Mio. EUR an den S bei Kenntnis vom Tode des E. E heiratet später F und zieht mit dieser nach Rom. Er setzt F testamentarisch als Alleinerbin ein, während seine insgesamt drei Kinder aus der Ehe mit seiner ersten, vor Jahren verstorbenen Ehefrau M keine Erbteile erhalten. E und F leben sehr gut und aufwändig nach dem Motto „Das letzte Hemd hat keine Taschen". Als E verstirbt, hat er nur noch ein Vermögen von ca. 1,5 Mio. EUR.

b) Schenkungen. Schenkungen zu Lebzeiten sind aus der EuErbVO ausgenommen[149] und 30
unterliegen der Rom I-VO.[150] Diese Aussage gilt auch für unbenannte Zuwendungen unter Ehegatten oder Lebenspartnern, die kollisionsrechtlich als Schenkungen zu behandeln sind.[151] Avantages matrimoniaux sind ebenfalls von Art. 1 II lit. g EuErbVO erfasst (wenn auch wegen Art. 1 II lit. b Var. 1 Rom I-VO nicht von der Rom I-VO), soweit sie auf Vereinbarungen, nicht auf Gesetz beruhen,[152] und jedenfalls, soweit sie von einem gesetzlichen Halbteilungsgrundsatz für das Gesamtgut abweichen.[153] Dabei ist zu beachten, dass Ausgleichung oder Anrechnung nach Art. 23 II lit. i EuErbVO dem Erbstatut verbleiben.[154] Dies trifft etwa Pflichtteilsergänzungsansprüche oder die Reduktion von Schenkungen.[155]

Weniger eindeutig ist die Einordnung von Schenkungen auf den Todesfall.[156] Zum einen 31
könnte man auf den Vertragsabschluss inter vivos abstellen. Wenn man richtigerweise auch unentgeltliche Verträge und damit vorrangig Schenkungen unter die Rom I-VO fallen lässt, würde dies auch für Schenkungen auf den Todesfall gelten. Indes haben diese Schenkungen die Besonderheit, dass sie keinen Vermögensabfluss bewirken, welcher den Schenkenden zu dessen Lebzeiten betreffen und belasten würde, sofern sie nicht vor dem Tod des Erblassers vollzogen werden. Vielmehr würde dann ein Vermögensabfluss erst nach dem Todesfall erfolgen und den Nachlass bzw. die Erben treffen. Die erst postmortale Vermögensverteilung spricht für eine erbrechtliche Qualifikation.[157] Abgrenzungskriterium zur Schenkung unter Lebenden wäre der Vollzug noch zu Lebzeiten des Erblassers.[158]

---

[145] Vgl. aber auch *Henrich,* ZEV 2011, 487, 487.
[145] *Everts,* ZEV 2013, 124, 127 unter Hinweis auf *Leitzen,* RNotZ 2009, 129.
[146] *Volmer,* RPfleger 2013, 421, 427.
[147] *Werkmüller,* ZEV 2016, 123, 125.
[148] Nach *Werkmüller,* ZEV 2016, 123 (123 f.).
[149] *Vollmer,* ZErb 2012, 227, 229; *Bonomi,* in: Bonomi/Wautelet Art. 1 Règ. Rn. 46; *Biagioni,* in: Franzina/Leandro (a cura di), Il diritto internazionale privato europeo delle successioni mortis causa, 2013, S. 25, 38; Dutta/Weber/*J. P. Schmidt* Art. 1 EuErbVO Rn. 68. Vgl. aber auch *Lokin,* Grensoverschrijdende erpofvolging, 2012, S. 200.
[150] *Dutta,* FamRZ 2013, 4, 5; *Wachter,* ZNotP 2014, 2, 10; *Müller-Lukoschek* § 2 Rn. 48, 82.
[151] *Dutta,* FamRZ 2013, 4, 5. Andere Ansicht MüKoBGB/*Dutta* Art. 1 EuErbVO Rn. 22; Geimer/Schütze/*C. Schall/U. Simon* Art. 1 EuErbVO Rn. 31; *Calvo Caravaca/Davì/Mansel/M. Weller* Art. 1 Successions Regulation Rn. 8, die eine güterrechtliche Qualifikation befürworten.
[152] Vgl. *Bonomi,* YbPIL 13 (2011), 217, 219 f.; *dens.,* in: Bonomi/Wautelet Art. 1 Règ. Rn. 47; siehe zur Qualifikation vor der EuErbVO *Henrich,* FS Helmut Schippel, 1996, S. 905; *van Boxstael,* Mélanges Roland de Valkeneer, 2000, S. 487.
[153] Vgl. *Döbereiner,* MittBayNot 2013, 437, 439.
[154] *Vollmer,* ZErb 2012, 227, 229.
[155] *Biagioni,* in: Franzina/Leandro (a cura di), Il diritto internazionale privato europeo delle successioni mortis causa, 2013, S. 25, 38.
[156] Rechtsvergleichend zum Begriffsinhalt *Bonomi,* in: Bonomi/Wautelet Art. 1 Règ. Rn. 51.
[157] *Dörner,* ZEV 2012, 505, 508; *U. Simon/Buschbaum,* NJW 2012, 2393, 2394; *Vollmer,* ZErb 2012, 227, 229; *Everts,* ZEV 2013, 124, 127; *Döbereiner,* MittBayNot 2013, 437, 439; *Leithold,* FamRZ 2015, 709, 714; *Pamboukis/Nikolaidis* Art. 1 Successions Regulation Rn. 43.
[158] *Müller-Lukoschek* § 2 Rn. 87; Dutta/Weber/*J. P. Schmidt* Art. 1 EuErbVO Rn. 79; *Calvo Caravaca/Davì/Mansel/M. Weller* Art. 1 Successions Regulation Rn. 55.

32 Erwägungsgrund (14) EuErbVO bietet zusätzlich ein gewisses Argumentationspotenzial. Ihm zufolge soll bei unentgeltlichen Zuwendungen unter Lebenden mit dinglicher Wirkung vor dem Tod eine Ausgleichung oder Anrechnung unter dem Erbstatut stattfinden können. Dies könnte einen Schluss nahe legen, dass die eigentliche Schenkung eine Verfügung von Todes wegen ist.[159]

33 Eine erbrechtliche Heimstatt für Schenkungen unter Lebenden auf den Todesfall könnte insbesondere die weite Definition des Erbvertrages in Art. 3 I lit. b EuErbVO anbieten.[160] Dies gilt jedenfalls für so genannte donations-partage, wie sie jene Rechtsordnungen kennen,[161] welche hergebrachte Erbverträge kategorisch ablehnen, denn solche donations-partage sind funktionell Erbvertragsersatz und damit versteckte konsentierte Verfügungen von Todes von wegen.[162] Gleichermaßen Erbvertragsersatz sind dort donations au dernier vivant.[163]

34 Bereits zu Lebzeiten vollzogene Schenkungen von Todes wegen bewirken einen bereits lebzeitigen Vermögensabfluss und verlieren dadurch ihren erbrechtlichen Charakter, so dass die EuErbVO auf sie nicht mehr zur Anwendung kommt.[164] Keine Option kann jedenfalls sein, wegen Art. 1 II lit. c Var. 2 Rom I-VO die Rom I-VO a priori nicht auf nicht vollzogene Schenkungen unter Lebenden auf den Todesfall anzuwenden und so in einem Niemandsland zwischen EuErbVO und Rom I-VO beim nationalen IPR zu landen.[165]

35 **Beispiel:** A hat fünf Kinder, wobei er speziell seinen Sohn S, der in den Niederlanden lebt, sehr schätzt. Deshalb schenkt er ihm 400.000 EUR. Nachdem A im Januar 2016 verstarb und seine Kinder Erben geworden sind, waren die anderen 4 Kinder brüskiert über die Schenkung an den Sohn S. Ob eine Ausgleichung der Schenkung unter den Erben stattfindet, richtet sich nach dem Erbstatut, das nach den Vorschriften der EuErbVO zu ermitteln ist, während die Wirksamkeit des Schenkungsvertrags dem nach der Rom I-VO zu bestimmenden Vertragsstatut unterfällt.

36 *c) Weitere ausdrücklich genannte Rechtsgeschäfte.* Rentenpläne, Pensionspläne und betriebliche Hinterbliebenenversorgungen sind ebenfalls aus dem sachlichen Anwendungsbereich der EuErbVO auszunehmen.[166] Das Gleiche gilt für gesetzliche Zuwendungen auf den Todesfall unter Ehegatten (mortis causa capiones), die zu den Ehewirkungen zu zählen sind.[167]

37 Zu den von Art. 1 II lit. g EuErbVO ausgenommenen Gestaltungen gehört auch die joint tenancy, Miteigentum mit Anwachsungsberechtigung des Überlebenden,[168] (genauer: joint tenancy with right of survivorship), da nicht nur schuldrechtliche Geschäfte erfasst sind, sondern gleichermaßen dingliche Rechte. Der Erwerb vollzieht sich außerhalb der Rechtsnachfolge von Todes wegen.[169] Der joint tenancy funktionsäquivalente Geschäfte, auch schuldrechtlicher Natur, z.B. vereinbart beim Erwerb eines Gutes, sind ebenfalls erfasst.[170]

---

[159] *Dörner,* ZEV 2012, 505, 508 sowie *Fischer-Czermak,* in: Schauer/Scheuba (Hrsg.), Europäische Erbrechtsverordnung, 2013, S. 23, 27.
[160] *Dörner,* ZEV 2012, 505, 508; *Vollmer,* ZErb 2012, 227, 229; *Dutta,* FamRZ 2013, 4, 5; *Nordmeier,* ZEV 2013, 117, 121; *Everts,* ZEV 2013, 124, 127; *Biagioni,* in: Franzina/Leandro (a cura di), Il diritto internazionale privato europeo delle successioni mortis causa, 2013, S. 25, 38; MüKoBGB/*Dutta* Art. 1 EuErbVO Rn. 22 sowie *Bonomi,* in: Bonomi/Wautelet Art. 1 Règ. Rn. 53.
[161] Art. 2029 Código Civil in Portugal; außerdem das belgische und das französische Recht.
[162] *Bonomi,* in: Bonomi/Wautelet Art. 1 Règ. Rn. 54.
[163] *Bonomi,* in: Bonomi/Wautelet Art. 1 Règ. Rn. 55.
[164] *Nordmeier,* ZEV 2013, 117, 121.
[165] *Nordmeier,* ZEV 2013, 117, 122.
[166] *K. W. Lange,* ZErb 2012, 160, 161; *Lagarde,* RCDIP 101 (2012), 691, 695; *Godechot-Patris,* D. 2012, 2462, 2464; *Torfs/van Soest,* Liber amicorum Walter Pintens, 2012, S. 1443, 1449.
[167] *Blanco-Morales Limones,* Liber amicorum José Luis Iglesias Buhigues, 2012, S. 413, 422.
[168] *Nordmeier,* ZEV 2013, 117, 121; *Hertel,* in: Dutta/Herrler (Hrsg.), Die Europäische Erbrechtsverordnung, 2014, S. 85, 96; *Pamboukis/Nikolaidis* Art. 1 Successions Regulation Rn. 48.
[169] *Jülicher,* ZEV 2001, 469; *Müller-Lukoschek* § 2 Rn. 84. Siehe aber auch *Calvo Caravaca/Davì/Mansel/ M. Weller* Art. 1 Successions Regulation Rn. 56.
[170] *Bonomi,* in: Bonomi/Wautelet Art. 1 Règ. Rn. 56; *Frimston,* in: Bergquist/Damascelli/Frimston/Lagarde/F. Odersky/Reinhartz Art. 1 EuErbVO Rn. 44; Dutta/Weber/*J. P. Schmidt* Art. 1 EuErbVO Rn. 86.

III. Sachlicher Anwendungsbereich der EuErbVO   38–43 § 5

Dass viele der in Art. 1 II lit. g EuErbVO aufgeführten Gestaltungen in einigen com- 38
mon law-Rechtsordnungen als so genannte will substitutes[171] angesehen werden, verschlägt
nicht und führt auf der europäischen Bühne nicht zu ihrer erbrechtlichen Qualifkation.[172]

d) Offene Liste in Art. 1 II lit. g EuErbVO. Die Liste des Art. 1 II lit. g EuErbVO ist nicht 39
abschließend, wie der offene und öffnende Verweis auf „ähnliche Vereinbarungen" an
ihrem Ende zeigt.[173] Zu den ähnlichen Vereinbarungen könnten zählen:[174] nicht ausdrücklich genannte Rechtsgeschäfte auf den Todesfall; carnet d'épargne; Sparverträge auf den
Namen eines Dritten mit Klausel der Auszahlung nach dem Todesfall (z.B. einer Klausel
payable on death); Geschäftsführung für einen Dritten; postmortale Aufträge.

e) Rechtsgeschäfte zur Abwicklung der Erbschaft. Rechtsgeschäfte unter Lebenden und von 40
Art. 1 II lit. g EuErbVO erfasst sind auch alle lebzeitigen Geschäfte zur Abwicklung der
Erbschaft, z.B. die Übereignung des vermachten Gegenstands an einen Damnationslegatar
durch den Erben und die Auseinandersetzung einer Erbengemeinschaft.[175] Erbauseinandersetzungsverträge zwischen Erben sollte man dagegen wegen ihrer zentralen Bedeutung bei
der Nachlassabwicklung erbrechtlich qualifizieren, obwohl die Erben sie inter vivos abschließen.[176]

f) Vorweggenommene Erbfolge, insbesondere in ein Unternehmen. Die vorweggenommene Erb- 41
folge, insbesondere in ein Unternehmen, aber auch in andere Vermögenswerte, geschieht
zu Lebzeiten des zukünftigen Erblassers durch Rechtsgeschäfte unter Lebenden. Sie fällt für
die Zwecke der EuErbVO unter die Rechtsgeschäfte unter Lebenden.[177] Hierher sollte
man auch den italienischen patto di famiglia einordnen, der sich der Unternehmensübergabe unter Lebenden widmet.[178] In der Praxis scheinen Abstimmung mit dem Erbstatut
und Harmonie zwischen den Statuten wünschenswert.[179]

g) Testierverträge. Rechtsgeschäfte unter Lebenden im Sinne der Ausnahme sind schließ- 42
lich die Testierverträge des angloamerikanischen Rechtskreises.[180] In ihnen verpflichtet sich
mit einem contract to make a will der zukünftige Erblasser, festgelegte Verfügungen von
Todes wegen zu erlassen. Da der Erblasser keine Verfügungen bezüglich des Nachlasses
trifft, sondern sich nur verpflichtet, sind sie keine Erbverträge im Sinne von Art. 3 I lit. b
EuErbVO.[181] Erst recht nicht von der EuErbVO erfasst ist der negative Testiervertrag, mit
dem sich der Erblasser verpflichtet, keine testamentarischen Verfügungen oder zumindest
bestimmte Verfügungen von Todes wegen nicht zu treffen.[182]

h) Anpassung. Allerdings heißt der Ausschluss aus dem sachlichen Anwendungsbereich 43
der EuErbVO nicht, dass alle erfassten Zuwendungen auf den Todesfall im Rahmen von
Anwendungs- und Anrechnungsregeln des Erbstatuts nicht zu berücksichtigen wären.

---

[171] Gemäß der Definition in § 7 (1) (a) Restatement Third on Property, Wills and Other Donative Transfers (2003); siehe auch *Langbein*, 97 Harv. L. Rev. 1109 (1984); *McCouch*, 58 Brooklyn L. Rev. 1123 (1992).
[172] Eingehend *Cebrián Salvat*, Cuad. Der. TranS. 8 (1) (2016), 318, 321–325; vgl. *Bonomi*, in: Bonomi/Wautelet Art. 1 Règ. Rn. 41.
[173] *Bonomi*, in: Bonomi/Wautelet Art. 1 Règ. Rn. 40.
[174] *Bonomi*, in: Bonomi/Wautelet Art. 1 Règ. Rn. 60.
[175] *J.P. Schmidt*, RabelsZ 77 (2013), 1, 15 f.
[176] *Biagioni*, in: Franzina/Leandro (a cura di), Il diritto internazionale privato europeo delle successioni mortis causa, 2013, S. 25, 39 f.
[177] *Davì/Zanobetti*, Cuad. Der. TranS. 5 (2) (2013), 5, 18 f.
[178] Siehe *Dörner/Ferrante*, ZEV 2008, 53, 57 f. Für eine erbrechtliche Qualifikation dagegen *Kindler*, FamRZ 2007, 954, 960; *Castelli/Molinari*, ZErb 2007, 367, 372 f.
[179] Näher *Callé*, Trav. Com. fr. d.i.p. 2014–2016, 143.
[180] *Nordmeier*, ZEV 2013, 117, 123; *Calvo Caravaca/Davì/Mansel/M. Weller* Art. 1 Successions Regulation Rn. 57. Für eine erbrechtliche Qualifikation dagegen Staudinger/*Dörner* Art. 25 EGBGB Rn. 404; MüKoBGB/*Birk* Art. 26 EGBGB Rn. 152; BeckOK BGB/*S. Lorenz* Art. 25 EGBGB Rn. 42.
[181] *Nordmeier*, ZEV 2013, 117, 123; Palandt/*Thorn* Art. 1 EuErbVO Rn. 11.
[182] *Nordmeier*, ZEV 2013, 117, 124.

Vielmehr gilt insoweit Art. 23 II lit. i EuErbVO.[183] Zwingende Schutzbestimmungen des Erbstatuts heischen Vorrang.[184]

44   Darin liegt erhebliche Brisanz. Denn Rechtsgeschäfte zu Lebzeiten sind die typischen Instrumente für eine vorweggenommene Erbfolge, die Übertragung der Vermögenswerte auf den Bedachten bereits zu Lebzeiten.[185] Durch Ausgleichung und Anrechnung gerät die vorweggenommene Erbfolge in den Sog der „normalen", erbrechtlich instrumentierten Erbfolge.[186] Berater können sich gezwungen sehen, zukünftige Aufenthalts- und damit Erbstatutswechsel des Erblassers auch bei lebzeitigen Rechtsgeschäften mitzubedenken, um letztere wechselfest zu machen.[187]

45   **3. Gesellschaftsrecht.** Art. 1 II lit. h EuErbVO grenzt Fragen des Gesellschaftsrechts aus, ohne dass sich gegenüber der deutschen Altrechtslage für die Abgrenzung zwischen Gesellschafts- und Erbrecht[188] substantiell etwas ändern würde.[189] Sachlich erfasst sind alle Gesellschaftsformen, gleich ob sie personalistisch oder kapitalistisch strukturiert sind. Erfasst sind Gesellschaften mit eigener Rechtspersönlichkeit ebenso wie solche ohne.[190] Zu den Gesellschaften im traditionellen Sinne treten Vereine und Stiftungen,[191] einschließlich vom Erblasser zu seinen Lebzeiten errichteter Stiftungen.[192] Auch Stiftungen von Todes wegen unterfallen wegen Art. 1 II lit. h EuErbVO nicht dem Internationalen Erbrecht, sondern orientieren sich am Internationalen Gesellschaftsrecht.[193] Von Todes wegen errichtete Stiftungen erwerben das ihnen gewidmete Vermögen als Erben oder Vermächtnisnehmer; allein dieser Erbgang unterfällt dem Erbstatut,[194] während Errichtung, Kautelen und Organe der Stiftung sich nach dem Stiftungsstatut richten.

46   Ob die jeweilige Organisationsgestalt rechtsfähig ist oder nicht, spielt für Art. 1 II lit. h EuErbVO grundsätzlich keine Rolle.[195] Im deutschen Recht fallen in den Ausnahmebereich AG, GmbH, KGaA, PartG, PartGmbH, SE, EWIV, KG, OHG, e.V., e.G., nicht rechtsfähiger Verein, Außen-GbR und rechtsfähige Stiftung sowie die Vorgesellschaften zu den eingetragenen Gesellschaften.[196] Keine Gesellschaften sind Einzelunternehmen, e.K., Innen-GbR und Bruchteilsgemeinschaft.[197] Juristische Personen und Zusammenschlüsse des öffentlichen Rechts sind analog Art. 1 I 2 EuErbVO ausgegrenzt.[198]

47   Das Gesellschaftsstatut bestimmt nach Art. 1 II lit. h EuErbVO, ob und wenn ja, welche Regeln es für das Schicksal der Anteile verstorbener Gesellschafter kennt. Es gibt maß für Klauseln im Errichtungsakt oder in der Satzung der Gesellschaft, welche das Schicksal der Anteile verstorbener Gesellschafter regeln.[199] Dies umfasst: die Vererblichkeit der Gesellschafterstellung als solche, die Vererbung von Anteilen an Personengesellschaften mit ihren planenden vertraglichen Vorläufen in Gestalt von Nachfolge-, Fortsetzungs-, und Eintritts-

---

[183] Dutta/Weber/J. P. Schmidt Art. 1 EuErbVO Rn. 66; *Calvo Caravaca/Davì/Mansel/M. Weller* Art. 1 Successions Regulation Rn. 58.
[184] *Bonomi*, in: Bonomi/Wautelet Art. 1 Règ. Rn. 44.
[185] *Volmer*, RPfleger 2013, 421, 424.
[186] *Volmer*, RPfleger 2013, 421, 424.
[187] *Volmer*, RPfleger 2013, 421, 424.
[188] Dazu z. B. *Haverkamp*, Die Erbfolge in Gesellschaftsanteile im Internationalen Privatrecht, 2007, S. 47–60; *Dutta*, RabelsZ 73 (2009), 727.
[189] *Müller-Lukoschek* § 2 Rn. 93; *Leitzen* ZEV 2012, 520; *Hertel*, in: Dutta/Herrler (Hrsg.), Die Europäische Erbrechtsverordnung, 2014, S. 85, 105.
[190] *Wautelet* in: Bonomi/Wautelet Art. 1 Règ. Rn. 65; Dutta/Weber/J. P. Schmidt Art. 1 EuErbVO Rn. 96.
[191] *Leitzen*, ZEV 2012, 520 (520); *Wachter*, BB 2017, 2633, 2635.
[192] Vgl. *Faber/S. Grünberger*, NZ 2011, 97, 99.
[193] *Wachter*, BB 2017, 2633, 2635.
[194] *Faber/S. Grünberger*, NZ 2011, 97, 99 f.
[195] Vgl. *Leitzen*, ZEV 2012, 520 (520).
[196] *Leitzen*, ZEV 2012, 520 (520).
[197] *Leitzen*, ZEV 2012, 520 (520).
[198] Im Ergebnis übereinstimmend *Leitzen*, ZEV 2012, 520 (520).
[199] *Calvo Caravaca/Davì/Mansel/M. Weller* Art. 1 Successions Regulation Rn. 62.

III. Sachlicher Anwendungsbereich der EuErbVO   48–50 § 5

klauseln samt etwaigen Ausscheidensregelungen und Vorkaufs- oder Einziehungsrechten[200] sowie die gesellschaftsrechtlichen Bindungen der Erben bei Eintritt in die Gesellschafterposition des Erblassers[201] einschließlich etwaiger Anteilsvinkulierungen.[202] In der Konsequenz sind auch Fortsetzungs-, Eintritts- und Nachfolgeklauseln, sei es auch unter Zustimmungsvorbehalt,[203] samt den mit ihnen zusammenhängenden pflichtteilsmindernden Gestaltungen wie Abfindungsausschlüssen oder Einbringungsstrategien gesellschaftsrechtlich zu qualifizieren.[204] Plastisch gesagt: Was der Gesellschaftsvertrag vertraglich regeln kann, gehört dem Gesellschaftsstatut, und dem Erbrecht verbleibt nur die Verteilung der vom Gesellschaftsstatut „freigegebenen Vermögenspositionen".[205] Man kann, leicht verkürzend, von einem Vorrang des Gesellschaftsstatuts sprechen.[206]

Satzungsmäßige Vorgaben des Gesellschaftsstatuts setzen sich generell gegen das Erbstatut 48 durch, z.B. auch im Konflikt zwischen Vinkulierungsklauseln und einem Vindikationslegat oder dinglich wirkenden Pflichtteilsrechten auf Gesellschaftsanteile.[207]

Das Gesellschaftsstatut entscheidet auch darüber:[208] welche Folgen der Tod eines Gesell- 49 schafters für den Bestand der Gesellschaft hat (insbesondere ob er die Auflösung der Gesellschaft kraft Gesellschaftsvertrags oder von Gesetzes wegen zur Folge hat[209] oder einen Wechsel der Gesellschaftsform[210]), wie Art. 1 II lit. i. EuErbVO klarstellt, einschließlich von Gesetzesrecht abweichender Vereinbarungen im Gesellschaftsvertrag[211] und etwaiger Auflösungsrechte der Erben[212]; ob mehrere Erben quotal als Einzelgesellschafter oder gemeinsam als Erbengemeinschaft Gesellschafter werden;[213] ob allein durch den Erbgang Geschäftsanteilsbruchteile entstehen, wenn das Erbstatut den Erben dingliche Bruchteilsberechtigungen an den einzelnen Nachlassgegenständen zusprechen will;[214] ob Nutzungsrechte, z.B. ein Nießbrauch, an Gesellschaftsanteilen begründet werden können; ob und, wenn ja, mit welchen Rechten, Testamentsvollstreckung, Nachlassverwaltung o. Ä. an Gesellschaftsanteilen möglich ist.[215]

Was nach dem Gesellschaftsstatut vererblich ist, wird in der Folge indes nach dem Erb- 50 statut verteilt; dies trifft vor allem die Vererbung von Kapitalgesellschaftsanteilen, z.B. Aktien.[216] Das Erbstatut entscheidet auch über den Wert von Gesellschaftsanteilen, etwa für Ausgleichungszwecke.[217] Eine Faustformel, dass Regelungswidersprüche zwischen Erb- und Gesellschaftsstatut im Zweifel zu Gunsten des Gesellschaftsstatuts aufzulösen wären,[218] ginge zu weit und wäre mit dem Anwendungsvorrang der EuErbVO als EU-Verordnung vor dem bisher nicht mit gleichem Rang kodifizierten Internationalen Gesellschaftsrecht nicht zu vereinbaren.[219]

---

[200] *Dörner*, ZEV 2012, 505, 508; *Leitzen*, ZEV 2012, 520 (520 f.); *Döbereiner*, MittBayNot 2013, 358, 360 sowie *v. Oertzen*, IPRax 1994, 73, 75; *Wautelet* in: Bonomi/Wautelet Art. 1 Règ. Rn. 67.
[201] *Wautelet* in: Bonomi/Wautelet Art. 1 Règ. Rn. 68; Geimer/Schütze/*C. Schall/U. Simon* Art. 1 EuErbVO Rn. 46.
[202] *Wautelet* in: Bonomi/Wautelet Art. 1 Règ. Rn. 69.
[203] *Wautelet* in: Bonomi/Wautelet Art. 1 Règ. Rn. 67.
[204] *Dörner*, ZEV 2012, 505, 508; *Everts*, ZEV 2013, 124, 127; *D. Paulus*, notar 2016, 3, 10.
[205] *Hertel*, in: Dutta/Herrler (Hrsg.), Die Europäische Erbrechtsverordnung, 2014, S. 85, 105.
[206] *Wachter*, ZNotP 2014, 2, 19.
[207] *D. Paulus*, notar 2016, 3, 11.
[208] *Leitzen*, ZEV 2012, 520, 521.
[209] *Wautelet* in: Bonomi/Wautelet Art. 1 Règ. Rn. 72, 74; *Pamboukis/Nikolaidis* Art. 1 Successions Regulation Rn. 51.
[210] *Wautelet* in: Bonomi/Wautelet Art. 1 Règ. Rn. 76.
[211] *Wautelet* in: Bonomi/Wautelet Art. 1 Règ. Rn. 75.
[212] *Wautelet* in: Bonomi/Wautelet Art. 1 Règ. Rn. 77.
[213] *v. Oertzen*, IPRax 1994, 73, 75; vgl. auch *Wautelet* in: Bonomi/Wautelet Art. 1 Règ. Rn. 70.
[214] *Leitzen*, ZEV 2012, 520, 523.
[215] *D. Paulus*, notar 2016, 3, 11 f; Geimer/Schütze/*C. Schall/U. Simon* Art. 1 EuErbVO Rn. 47. Beispiel bei *Leitzen*, ZEV 2012, 520, 522 f.
[216] *Dörner*, ZEV 2012, 505, 508.
[217] *Wautelet* in: Bonomi/Wautelet Art. 1 Règ. Rn. 71.
[218] *Schurig*, IPRax 2011, 446, 448.
[219] *Leitzen*, ZEV 2012, 520, 521.

51 Das Gesellschaftsstatut entscheidet über die Gesellschafterhaftung. Ist Gesellschafter ein Erbe nach einem ursprünglichen Gesellschafter, so legt das Erbstatut fest, welche Beschränkungsmöglichkeiten für Nachlassverbindlichkeiten aus Gesellschafterhaftung bestehen.[220]

52 Die Ausgrenzung des Gesellschaftsrechts aus der EuErbVO ist rechtstechnisch richtig. Ein spezifisch auf Erbrecht zugeschnittener Rechtsakt kann nicht anders, als das Gesellschaftsrecht auszugrenzen. Indes droht damit ein übergreifender Zusammenhang aus dem Blick zu geraten: Das Erbrecht ist nicht der einzige Transfermechanismus für die generationenübergreifende Weitergabe von Vermögen; vielmehr stehen erbrechtliche Gestaltungen in Konkurrenz zu gesellschafts-, trust- oder stiftungsrechtlichen Gestaltungen, derer sich der Erblasser für einen Transfer bedienen kann.[221] Solche Konstruktionen nicht erbrechtlicher Art erlauben dem Erblasser oft in weitaus höherem Maße als das Erbrecht, über seinen Tod hinaus seine Willen zu perpetuieren und regieren zu lassen, namentlich qua trust settlement act oder Stiftungsurkunde. Das lebzeitige Einbringen des erblasserischen Vermögens in eine Gesellschaft, einen Trust oder eine Stiftung entzieht das eingebrachte Vermögen dem Nachlass und insbesondere den Pflichtteilsberechtigten.[222] Das Pflichtteilsergänzungsrecht als Ausgleich lebzeitiger Zuwendungen an Dritte kann dem sachlich wie generationell nur begrenzt abhelfen.[223]

53 **4. Güterrecht.** Besonders intrikat ist, wie Güterrecht und Erbrecht voneinander zu trennen sind. Zwar wäre Parallelität beider Statuten wünschenswert, jedoch lässt sie sich nicht durch Dominanz des Erbstatuts durchsetzen.[224] Art. 1 II lit. d EuErbVO nimmt Fragen des Güterrechts vom sachlichen Anwendungsbereich der EuErbVO aus. Das Güterrecht ist selbständig anzuknüpfen. Dem fügt Erwägungsgrund (12) EuErbVO nichts Substantielles hinzu.[225] Zum Güterrecht gehört im Prinzip auch die Beendigung eines Güterstands durch Tod eines Ehegatten.[226] Die EuErbVO enthält keine Bestimmungen zur Koordinierung von Erb- und Güterstatut; im Gegenteil leistet sie nicht einmal einen eigenen inhaltlichen Beitrag zur Abgrenzung beider Rechtsgebiete.[227] Vielmehr muss man insoweit auf EuGüVO und EuPartVO sehen, die vom anderen betroffenen Rechtsgebiet her ansetzen.[228] Denn aus der Sache heraus ist eine Gesamtschau von Erb- und Güterstatut kaum zu vermeiden.[229] Erb- und Güterstatut sind kommunizierende Röhren,[230] spielen also mit- bzw. gegeneinander ein Nullsummenspiel.

54 Güterrecht umfasst alle vermögensrechtlichen Beziehungen, die sich unmittelbar aus der Ehe oder Partnerschaft oder aus ihrer Auflösung ergeben,[231] also alle vermögensrechtlichen Sonderregeln, die sich daraus ergeben, dass der Erblasser vor seinem Tod verheiratet war oder in einer Partnerschaft mit eigenem Vermögensregime lebte.[232] Ob eine bestimmte

---

[220] *Leitzen*, ZEV 2012, 520, 524; unter deutschem Alt-IPR *Witthöft*, Die Vererbung von Anteilen deutscher Personengesellschaften im IPR, 1993, S. 135 f.
[221] *Dutta*, in: Reichelt/Rechberger (Hrsg.), Europäisches Erb- und Erbverfahrensrecht, 2011, S. 57, 69 f.; *Kalss/Cach*, JEV 2017, 109. Umfassend *Dutta*, Warum Erbrecht?, 2014, S. 21–149.
[222] Zum Konflikt zwischen Pflichtteilsrecht und z.B. der Unternehmerstiftung FL OGH LES 2013, 30; *Bösch*, Privatstiftung 2013, 55; *ders.*, LJZ 2014, 15; *Böckle*, LJZ 2013, 141 sowie OGH EFSlg. 130.996.
[223] *Dutta*, in: Reichelt/Rechberger (Hrsg.), Europäisches Erb- und Erbverfahrensrecht, 2011, S. 57, 70.
[224] *Lagarde*, RCDIP 101 (2012), 691, 695.
[225] *Vollmer*, ZErb 2012, 227, 229; *Rauscher*, FS Reinhold Geimer zum 80. Geb., 2017, S. 529, 534.
[226] Vgl. *Bonomi*, in: Bonomi/Wautelet Art. 1 Règ. Rn. 26.
[227] *Döbereiner*, MittBayNot 2013, 358, 359; *Pamboukis/Nikolaidis* Art. 1 Successions Regulation Rn. 29.
[228] So auch Dutta/Weber/*J. P. Schmidt* Art. 1 EuErbVO Rn. 39; *Calvo Caravaca/Davì/Mansel/M. Weller* Art. 1 Successions Regulation Rn. 43; *Rauscher*, FS Reinhold Geimer zum 80. Geb., 2017, S. 529, 534, 538.
[229] *Mansel*, Tuğrul Ansay'a Armağan, 2006, S. 185, 197 f.
[230] *Kleinschmidt*, ErbR 2018, 327, 328.
[231] *Dörner*, in: Dutta/Herrler (Hrsg.), Die Europäische Erbrechtsverordnung, 2014, S. 73, 75 unter Hinweis auf EuGH Slg. 1979, 1055 Rn. 3, 5 - Jacques de Cavel/Louise de Cavel.
[232] *Dörner*, in: Dutta/Herrler (Hrsg.), Die Europäische Erbrechtsverordnung, 2014, S. 73, 75.

III. Sachlicher Anwendungsbereich der EuErbVO   55–57 § 5

Regelung güterrechtlichen Charakter hat, entscheidet der Zweck der Regelung, nicht die Art und Weise, wie dieser Zweck rechtstechnisch realisiert wird.[233]

a) Güterrecht von Verhältnissen jenseits der Ehe. Ausgegrenzt ist nicht nur das eheliche 55 Güterrecht, sondern auch das Güterrecht aufgrund von Verhältnissen, die nach dem auf diese Verhältnisse anzuwendenden Recht mit der Ehe vergleichbare Wirkungen entfalten. Zumindest in der deutschen Fassung stimmt dies wörtlich mit den entsprechenden Ausschlusstatbeständen in Artt. 1 II lit. c Var. 2 Rom I-VO; 1 II lit. b Var. 2 Rom II-VO sowie Art. 1 II lit. a Var. 6 Brüssel Ia-VO überein. Art. 1 III lit. d Vorschlag EuErbVO wurde so verändert, dass er sich in diese Linie, insbesondere mit Art. 1 II lit. b Var. 2 Rom I-VO, einfügt.[234] Im Blick hat man dabei registrierte Lebensgemeinschaften und eingetragene Lebenspartnerschaften. Dabei gibt es keine europäische Vorgabe, ob es sich um verschieden- oder um gleichgeschlechtliche Partnerschaften handeln müsste.[235] Gleichgeschlechtliche Partnerschaften mit eigenem Güterrecht wie die eingetragene Lebenspartnerschaft deutschen Rechts sind europäisch nicht aus der Ausnahme ausgegrenzt. Dies hat den zusätzlichen Vorteil, dass man sich so eine scharfe Grenzlinie zur gleichgeschlechtlichen Ehe erspart,[236] deren Güterrecht als eheliches Güterrecht einzuordnen ist.

Entscheidend ist die güterrechtliche Komponente. Eine statusrechtliche Komponente ist 56 vorderhand nicht gefordert. Art. 1 II lit. d Var. 2 EuErbVO ist offen und funktional formuliert. Er verlangt nicht expressis verbis, dass es sich um ein eingetragenes Verhältnis oder gar um eine eingetragene Partnerschaft handeln müsste. Dies würde bei weitem Verständnis sogar bedeuten, dass rein faktische Lebensgemeinschaften unter die Ausnahme fallen, wenn sie nach ihrem Güterrechtsstatut ein Güterrecht haben,[237] wie es für die faktische Lebensgemeinschaft etwa das slowenische Recht vorsieht.[238]

Für ein Registrierungserfordernis spricht indes der Anschluss an die EuPartVO, da diese 57 ausweislich ihres Art. 3 I lit. a nur das Güterrecht registrierter Partnerschaften erfassen will. Andernfalls bliebe auch eine Lücke, die aus der EuErbVO ausgegrenzt wäre und – anders als die güterrechtliche Ausnahme im Allgemeinen – nicht von einem anderen EU-Rechtsakt gefüllt würde. Zwar wäre eine solche Lücke nichts wirklich Ungewöhnliches. Art. 1 II lit. a Var. 5 EuGVVO klammert das eheliche Güterrecht seit jeher aus, obwohl es noch keine EuGüVO gab. Auch Artt. 1 II lit. c Var. 1 Rom I-VO; 1 II lit. b Var. 1 Rom II-VO haben mit einer Ausklammerung des ehelichen Güterrechts ohne lückenfüllende EuGüVO ohne weiteres leben können. Dass es auch in Artt. 1 II lit. c Var. 2 Rom I-VO; 1 II lit. b Var. 2 Rom II-VO an einem Registrierungserfordernis fehlt, deutet aber wieder darauf hin, dass auch in Art. 1 II lit. d Var. 2 EuErbVO keine Registrierung vorausgesetzt ist. Zur Technik, auf das für güterrechtliche Aspekte maßgebliche Statut des Verhältnisses zu verweisen, passt es besser, diesem Statut auch zu überlassen, ob es für die Zubilligung eines Güterrechts Registrierung verlangt oder nicht. Daher sollte man unter Art. 1 II lit. d Var. 2 EuErbVO dieselben Maßstäbe walten lassen wie unter Artt. 1 II lit. c Var. 2 Rom I-VO; 1 II lit. b Var. 2 Rom II-VO, also tendenziell eher funktional lege causae als formell abgrenzen. Die Grenzlinie verliefe dann zwischen eheähnlichen und bloß schuldrechtlichen Verhältnissen.[239]

---

[233] *Dörner,* in: Dutta/Herrler (Hrsg.), Die Europäische Erbrechtsverordnung, 2014, S. 73, 75; *Calvo Caravaca/Daví/Mansel/M. Weller* Art. 1 Successions Regulation Rn. 32; beide unter Hinweis auf EuGH Slg. 1997, I-1147 Rn. 21 ff. - Antonius van den Boogaard/Paula Laumen.
[234] Siehe *Nourissat,* in: Khairallah/Revillard (dir.), Droit européen des successions internationales, 2013, S. 17, 23.
[235] *Frimston,* in: Bergquist/Damascelli/Frimston/Lagarde/F. Odersky/Reinhartz Art. 1 EuErbVO Rn. 27.
[236] *Buschbaum/M. C. Kohler,* GPR 2010, 106, 108.
[237] *Buschbaum/M. C. Kohler,* GPR 2010, 106, 108.
[238] *Buschbaum,* RNotZ 2010, 73, 78.
[239] *Lagarde,* RCDIP 95 (2006), 331, 333 f.; *Leible/M. Lehmann,* RIW 2008, 528, 530; *Francq,* Clunet 136 (2009), 41, 44–46.

58 *b) Qualifikation des erbrechtlichen Viertels aus § 1371 I BGB.* Insbesondere das deutsche Recht sieht für den gesetzlichen Güterstand des Zugewinnausgleichs eine Veränderung der Erbquote vor, nämlich eine Erhöhung um das erbrechtliche Viertel aus § 1371 I BGB. Die Qualifikation des erbrechtlichen Viertels gehörte zu den Klassikern, zu den meistumstrittenen Fragen im deutschen IPR vor der EuErbVO.[240] Eine (vorherrschende) güterrechtliche Qualifikation[241] kämpfte gegen eine erbrechtliche Qualifikation oder eine Doppelqualifikation als sowohl erb- als auch güterrechtlich.[242] Vereinzelt wird auch eine unterhaltsrechtliche Qualifikation ins Spiel gebracht.[243]

59 Art. 1 II lit. d EuErbVO ist bei der Ausgrenzung güterrechtlicher Aspekte nicht besonders hilfreich. Erwägungsgrund (12) S. 2 EuErbVO geht noch am weitesten. Ihm zufolge sollen die mit einer Erbsache unter der EuErbVO befassten Behörden je nach den Umständen des Einzelfalls die Beendigung des ehelichen oder sonstigen Güterstands des Erblassers bei der Bestimmung des Nachlasses und der jeweiligen Anteile der Berechtigten berücksichtigen. Was Güterrecht sein soll, steht nirgendwo in der EuErbVO im Einzelnen.[244]

60 Auch die EuGüVO, die Klarheit hätte schaffen können, indem sie von der güterrechtlichen Seite her festgeschrieben hätte, was güterrechtlich zu qualifizieren ist, bleibt diesbezüglich hinter den Erwartungen zurück.[245] Dem erbrechtlichen Viertel wendet sich bisher keine europäische Qualifikationsnorm spezifisch zu.[246] Art. 23 II lit. b EuErbVO, der Nachlassansprüche des überlebenden Ehegatten dem Erbrecht zuweist, schafft jedenfalls keine endgültige Klarheit, sondern setzt eine anderweitig herzuleitende nicht-güterrechtliche Qualifikation voraus.[247] Ebenso wirft die Ausgrenzung erbrechtlicher Ansprüche aus dem Internationalen Ehegüterrecht in Art. 1 II lit. d EuGüVO nur erneut das Qualifikationsproblem auf, anstatt es zu lösen.[248] EuErbVO und EuGüVO sind zwar eindeutig als komplementäre Rechtsakte konzipiert,[249] ziehen aber die Grenze zueinander nicht im Detail trennscharf.

61 In der EuErbVO findet man allein, nämlich in Art. 68 lit. h EuErbVO, dass ein erbrechtliches Viertel in einem Europäischen Nachlasszeugnis informatorisch ausgewiesen werden kann, allerdings ohne an der Vermutungswirkung des Art. 69 II EuErbVO teilzuhaben. Für eine erbrechtliche Zuordnung im IPR bildet dies keine sichere Basis,[250] denn das Europäische Nachlasszeugnis ist nur ein verfahrensrechtliches Instrument und eine Be-

---

[240] Insbesondere noch offen gelassen von BGH FamRZ 2012, 1871 = NJW-RR 2013, 201 = WM 2013, 895. Der BGH hat sich dann in BGHZ 205, 290 eindeutig positioniert.
[241] Z. B. BGHZ 205, 290 = ZEV 2015, 409 m. Anm. *W. Reimann* = NZFam 2015, 758 m. Anm. *D. Schäuble* = MittBayNot 2015, 507 m. Anm. *Süß*; BayObLG 1975, 133, 135; OLG Karlsruhe IPRax 1990, 407, 408 = NJW 1990, 1421; OLG München ZEV 2011, 145; OLG München ZEV 2012, 159 = MittBayNot 2013, 73 m. zust. Anm. *Süß*; OLG Schleswig NJW 2014, 88; OLG Frankfurt BeckRS 2016, 116008; OLG Frankfurt ZEV 2017, 572, 574; OLG Düsseldorf ErbR 2018, 590, 591 m. Anm. *Eberl-Borges*; LG Mosbach ZEV 1998, 489, 490; *Dörner*, ZEV 2005, 444, 445; *C.-H. Horn*, ZEV 2008, 417, 418; *Looschelders*, FS Bernd v. Hoffmann, 2011, S. 266, 272 f.; *Ludwig*, DNotZ 2005, 588–590; *ders.*, FamRB Int. 2013, 10, 11 f.
[242] Siehe nur BGH FamRZ 2012, 1871; OLG Stuttgart ZEV 2005, 443 m. Anm. *Dörner*; OLG Düsseldorf ZEV 2009, 515; OLG Frankfurt ZEV 2010, 253; OLG Frankfurt 1.6.2012 – 20 W 74/09; OLG Köln ZEV 2012, 205 m. Anm. *K. W. Lange*. Ausführliche Nachweise bei Staudinger/*Mankowski* Art. 15 EGBGB Rn. 343. Qualifikation konkret offengelassen bei OLG Köln ZErb 2014, 173.
[243] *Marino*, Riv. dir. int. 2012, 1114, 1120 f.
[244] Siehe nur GA *Szpunar*, ECLI:EU:C:2017:965 Rn. 70.
[245] KG ZEV 2017, 209 Rn. 23; *Döbereiner*, MittBayNot 2013, 358, 359; *Mankowski*, ZEV 2014, 121, 126; *Hausmann*, EuLF 2018, 61, 63. Ähnlich *J. Weber*, DNotZ 2016, 424, 429: Die EuGüVO äußere sich zur Abgrenzung zum Internationalen Erbrecht nur „kursorisch".
[246] Vgl. *Kowalczyk*, ZfRV 2013, 126, 128.
[247] Siehe *Dutta*, FamRZ 2013, 452.
[248] *Mankowski*, ZEV 2016, 479, 481 f.; *J. Weber*, DNotZ 2016, 659, 666; *Martiny*, ZfPW 2017, 1, 11 sowie *Rauscher*, FS Reinhold Geimer zum 80. Geb., 2017, S. 529, 538.
[249] GA *Szpunar*, ECLI:EU:C:2017:965 Rn. 72.
[250] Im Ergebnis anders aber *Süß*, ZEuP 2013, 725, 743; *Kleinschmidt*, RabelsZ 77 (2013), 723, 757; Dutta/Weber/*Fornasier* Art. 63 EuErbVO Rn. 30.

III. Sachlicher Anwendungsbereich der EuErbVO

scheinigung ohne konstitutive Wirkung.[251] Richtig ist allerdings, dass sich die volle Vermutungs- und Legitimationswirkung des Europäischen Nachlasszeugnisses nur auf erbrechtlich zu qualifizierende und den Kollisionsnormen der EuErbVO unterfallende Sachverhalte erstreckt.[252]

Das Erbrecht des überlebenden Ehegatten bedürfte besonderer kollisionsrechtlicher Sorgfalt. EuErbVO einerseits und Art. 1 II lit. d EuGüVO andererseits lassen es aber insoweit an der letzten Koordination vermissen.[253] Aus der Ausgrenzung des Güterrechts aus der EuErbVO in Art. 1 II lit. d EuErbVO kann man nicht automatisch auf eine güterrechtliche Qualifikation gerade des § 1371 I BGB schließen.[254] Zu dessen Qualifikation sagt die EuErbVO vielmehr direkt nichts,[255] beansprucht aber immerhin auch nicht ausdrücklich eine erbrechtliche Qualifikation. Dies spricht dafür, die bisherigen Qualifikationsmaßstäbe jedenfalls solange fortzuführen, bis von der güterrechtlichen Flanke her europäisch anderes besagt würde – was nicht der Fall ist.[256] Erwägungsgrund (18) EuGüVO liefert sogar ein (wenn auch schwaches) positives Indiz für eine güterrechtliche Qualifikation.[257] Dass nichts erbrechtlicher sei als ein Erbteil,[258] blickt nur auf das Mittel. Mit noch besserem Recht kann man sagen, dass nichts güterrechtlicher sei als eine güterrechtliche Verteilung – und die güterrechtliche Nachlassbeteiligung geht einer erbrechtlichen Verteilung vor.[259] 62

Wer im deutschen Alt-IPR güterrechtlich qualifiziert hat,[260] kann dies also auch nach Wirksamwerden von EuErbVO und EuGüVO fortschreiben.[261] Funktionelle Qualifikation muss weiterhin das güterrechtliche Ziel vor das erbrechtliche Mittel stellen.[262] Die zum alten deutschen IPR entwickelten Sachargumente zugunsten einer güterrechtlichen Qualifikation halten einer Überprüfung jedoch auch unter dem neuen europäischen IPR stand und lassen sich daher fortschreiben:[263] Erstens ändert die EuErbVO nichts am güterrechtlichen, da spezifisch auf einen Güterstand bezogenen und auf einen pauschalierten Zugewinnausgleich im Todesfall gerichteten Zweck des § 1371 I BGB.[264] Insoweit besteht auch ein (enger) Zusammenhang mit den eherechtlichen Verhältnissen.[265] Die EuErbVO verschiebt die Grenzen zwischen güterrechtlichem Kern und erbrechtlichem Instrument nicht. Der Kern zählt weiterhin mehr und entfaltet größere Prägekraft als das 63

---

[251] *J. Weber*, DNotZ 2018, 16, 23.
[252] Siehe nur GA *Szpunar*, ECLI:EU:C:2017:965 Rn. 100f.
[253] Vgl. *Kowalczyk*, GPR 2012, 212; *Marino*, Riv. dir. int. 2012, 1114, 1116f.
[254] Dahin aber *Dörner*, ZEV 2010, 221, 223; *C. Kohler/Pintens*, FamRZ 2010, 1481, 1483.
[255] *K. W. Lange*, ZErb 2012, 160, 161; *Vollmer*, ZErb 2012, 227, 229.
[256] Eingehend zum Verhältnis zwischen EuErbVO und EuGüVO *Mankowski*, ZEV 2016, 479; *J. Weber*, DNotZ 2016, 424.
[257] *Mankowski*, ZEV 2016, 479, 482 sowie *Müller-Lukoschek* § 2 Rn. 75.
[258] So *Margonski*, ZEV 2017, 212 (212).
[259] *Dörner*, IPRax 2017, 81, 86; *ders.*, ZEV 2017, 211, 212.
[260] Wie z. B. Staudinger/*Mankowski*, Art. 15 EGBGB Rn. 346–364; *Ludwig*, DNotZ 2005, 586; *Tersteegen*, NotBZ 2005, 351; *Süß*, ZErb 2005, 208; *Riering*, Mélanges en l'honneur de Mariel Revillard, 2007, S. 253, 261.
[261] OLG Schleswig NJW 2014, 88; *Dörner*, ZEV 2010, 221, 223; *Schurig*, FS Ulrich Spellenberg, 2010, S. 343, 351 f.; *Martiny*, IPRax 2011, 437, 445; *U. Simon/Buschbaum*, NJW 2012, 2393, 2396; *Dutta*, FamRZ 2013, 4, 9; *ders.*, FamRZ 2013, 452; NK-BGB/*Looschelders* Art. 1 EuErbVO Rn. 30; *Looschelders*, IPRax 2016, 349, 351; *Hausmann*, EuLF 2018, 61, 64f. sowie *Ludwig*, FamRB Int 2013, 10, 11f. Vgl. auch *Buschbaum/M. Kohler*, GPR 2010, 106, 108; *Bonomi*, YbPIL 13 (2011), 217, 219.
[262] *Looschelders*, IPRax 2016, 349, 351. Anders im Ergebnis GA *Szpunar*, ECLI:EU:C:2017:965 Rn. 93.
[263] *Dörner*, ZEV 2012, 505, 507; *dens.*, in: Dutta/Herrler (Hrsg.), Die Europäische Erbrechtsverordnung, 2014, S. 73, 77 f. Rn. 13; *Mankowski*, ZEV 2014, 121, 127 f.; *ders.*, ZEV 2016, 479, 483; *Burandt*, in: Burandt/Rojahn, Erbrecht, 2. Aufl. 2014, Art. 1 EuErbVO Rn. 5; *Deixler-Hübner/Schauer/Mankowski* Art. 1 EuErbVO Rn. 32; MüKoBGB/*Dutta* Art. 1 EuErbVO Rn. 16; *Looschelders*, FS Dagmar Coester-Waltjen, 2015, S. 531, 534; NK-BGB/*Looschelders* Art. 1 EuErbVO Rn. 30f.; Dutta/Weber/*J. P. Schmidt* Art. 1 EuErbVO Rn. 43 sowie Geimer/Schütze/*F. Odersky* Art. 23 EuErbVO Rn. 16.
[264] Vgl. *Schurig*, FS Ulrich Spellenberg, 2010, S. 343, 352; *Rauscher*, in: Rauscher, Europäisches Zivilprozess- und Kollisionsrecht, Bd. III, 2010, Einf EG-ErbVO Rn. 8.
[265] Übersehen von GA *Szpunar*, ECLI:EU:C:2017:965 Rn. 94.

bloße Instrument. Auch unionsrechtlich stehen Zweck und Telos vor Gestalt und Gewand.[266]

64 Zweitens bestehen die alternativen Instrumente für den Zugewinnausgleich aus § 1371 II Hs. 1; IV BGB unverändert fort und belegen weiterhin die Instrumentalisierung des erbrechtlichen Gewands für einen güterrechtlichen Zweck bei § 1371 I BGB.[267]

65 Europäisch lässt sich dem sogar ein neues Argument hinzufügen: Eine erbrechtliche Qualifikation würde über Art. 21 I EuErbVO zu einem Statutenwechsel infolge Aufenthaltswechsels des Erblassers führen und damit die Unwandelbarkeit von Folgen aus dem Güterstand unterminieren.[268] Indem es aus eigenen Stücken dem Güterrecht den Vortritt lässt, nimmt das Erbrecht auch hin, dass sich die Erbquote gegenüber der vom eigentlichen Erbstatut vorgesehenen verändern kann.[269] Dahinter muss zurückstehen, dass der Erblasser durch abweichendes Testieren die Zuteilung des vollen erbrechtlichen Viertels verhindern kann[270] – jedoch bleibt dem Ehegatten die Erhöhung im Rahmen des eben nicht disponiblen, erbrechtlichen Pflichtteils.

66 Eine Doppelqualifikation des § 1371 I BGB würde für eine Anwendung der Vorschrift weiterhin verlangen, dass deutsches Recht sowohl das Erbstatut als auch das Ehegüterstatut stellt[271] und damit den Anwendungsbereich des § 1371 I BGB massiv einengen.[272]

67 Allerdings verschiebt sich praktisch, wer mit dem Qualifikationsproblem befasst ist: Mussten sich vor Wirksamwerden der EuErbVO deutsche Gerichte mit ausländischen Erblassern befassen, die in Deutschland lebten und unter deutschem Ehegüterstatut verheiratet waren, so müssen sich danach Gerichte in anderen Mitgliedstaaten der EuErbVO mit Erblassern herumschlagen, die im Foruminland lebten, aber unter deutschem Ehegüterstatut verheiratet waren.[273]

68 Die güterrechtliche Qualifikation des § 1371 I BGB hat eine Konsequenz: Die Erhöhung des Erbteils ist im Europäischen Nachlasszeugnis auszuweisen, um das Vertrauen auf die Quoten zu wahren, dies aber nur informatorisch nach Artt. 65 III lit. m; 68 lit. h EuErbVO, nicht dagegen nach Art. 68 lit. l EuErbVO.[274] Wer volle Vermutungswirkung nach Art. 69 II EuErbVO haben will, müsste erbrechtlich qualifizieren.[275] Jedoch kann dieser Wunsch nicht umgekehrt die Qualifikation determinieren.[276] Die Europäisierung des Internationalen Ehegüterrechts erleichtert oder verändert insoweit nichts.[277]

69 Der EuGH hat sich indes in Mahnkopf für eine erbrechtliche Qualifikation des erbrechtlichen Viertels entschieden.[278] Er hat dem (vermeinten) effet utile des Europäischen Nachlass-

---

[266] MüKoBGB/*Dutta* Art. 1 EuErbVO Rn. 16 unter Hinweis auf EuGH RS. 120/79, Slg. 1980, 731 Rn. 3, 5 – Jacques de Cavel/Louise de Cavel; EuGH RS. C-220/95, Slg. 1997, I-1147 Rn. 22–27 – Antonius van den Boogaard/Paula Laumen.
[267] *Mankowski*, ZEV 2014, 121, 127. Hinsichtlich dieser Alternativen entstehen Folgeprobleme, wenn man § 1371 I BGB erbrechtlich qualifiziert; *Hausmann*, EuLF 2018, 61, 67; *J. Weber*, NJW 2018, 1356, 1358; *Ring*, ZErb 2018, 297, 301; *Süß*, DNotZ 2018, 742, 747 f.
[268] Dutta/Weber/*J. P. Schmidt* Art. 1 EuErbVO Rn. 43; *Mankowski*, ZEV 2016, 479, 483.
[269] Entgegen der Tendenz bei Geimer/Schütze/*F. Odersky* Art. 23 EuErbVO Rn. 17.
[270] GA *Szpunar*, ECLI:EU:C:2017:965 Rn. 95.
[271] OLG Stuttgart ZEV 2005, 443; *Jeremias/Schäper*, IPRax 2005, 521; Dutta/Weber/*J. P. Schmidt* Art. 1 EuErbVO Rn. 41.
[272] Staudinger/*Mankowski*, Art. 15 EGBGB Rn. 360; *ders.*, ZEV 2016, 479, 483; *Looschelders*, Die Anpassung im Internationalen Privatrecht, 1995, S. 315; *ders.*, IPRax 2009, 505, 509; *ders.*, FS Bernd v. Hoffmann, 2011, S. 266, 272 f.; Dutta/Weber/*J. P. Schmidt* Art. 1 EuErbVO Rn. 44.
[273] *Dörner*, in: Dutta/Herrler (Hrsg.), Die Europäische Erbrechtsverordnung, 2014, S. 73, 78 f.; *ders.*, IPRax 2017, 81, 85; siehe auch *Barrière-Brousse*, Clunet 145 (2018), 1218, 1225–1227.
[274] *Dörner*, IPRax 2017, 81, 85–88; *ders.*, ZEV 2017, 211, 212; *Rauscher*, FS Reinhold Geimer zum 80. Geb., 2017, S. 529, 542 f. sowie GA *Szpunar*, ECLI:EU:C:2017:965 Rn. 113–125.
[275] In sich konsequent GA *Szpunar*, ECLI:EU:C:2017:965 Rn. 102.
[276] Entgegen GA *Szpunar*, ECLI:EU:C:2017:965 Rn. 102. Tendenziell wie hier EuGH ECLI:EU:C:2018:183 Rn. 41 – Doris Margrit Lisette Mahnkopf.
[277] *Dörner*, IPRax 2017, 81, 85 f. Optimistischer MüKoBGB/*Dutta* Art. 63 EuErbVO Rn. 8; *Looschelders*, JR 2016, 199 f.
[278] EuGH ECLI:EU:C:2018:183 Rn. 44 – Doris Margrit Lisette Mahnkopf.

III. Sachlicher Anwendungsbereich der EuErbVO 70–72 § 5

zeugnisses den Vorzug vor allen anderen Argumenten eingeräumt.[279] Dabei hat sich der EuGH freilich nicht mit Artt. 67 I 1; 69 II EuErbVO und den dortigen Bezugnahmen auf andere Statute neben dem Erbstatut auseinandergesetzt.[280] Unterschwellig dürfte auch die mangelnde Vertrautheit mit der Zugewinngemeinschaft, einem international kaum verbreiteten und rechtsvergleichend gesehen sehr seltenen Güterstand, eine wichtige Rolle gespielt haben.[281]

Zum Abgrenzungskriterium zwischen Güter- und Erbrecht erhebt der EuGH, ob eine 70 Norm der Aufteilung des Vermögens oder der Beendigung des ehelichen Güterstands dient oder ein subjektives Recht des überlebenden Ehegatten an den Gegenständen, die schon zum Nachlassvermögen statuiert werden, statuiert.[282] Diese Formulierung ist blass, offen und dehnbar; sie gibt keine hinreichend sichere Basis für andere Qualifikationsfragen, z. B. bei § 1931 IV BGB oder bei avantages matrimoniaux.[283] Die Funktionsfähigkeit des Europäischen Nachlasszeugnisses wird um den Preis neuer Koordinationsfragen zwischen Erb- und Ehegüterstatut erkauft.[284]

Denn weiterhin bestehen Substitutions- und Anpassungsprobleme auch noch nach 71 Mahnkopf, wenn auch jetzt mit genau umgekehrter Front- und Fragestellung.[285] Eine erfolgreiche Substitution der in § 1371 I BGB eigentlich vorausgesetzten Zugewinngemeinschaft deutschen Rechts durch einen Güterstand eines ausländischen Rechts setzt voraus, dass der ausländische Güterstand funktionell vergleichbar ist, mit einer Erbteilserhöhung arbeitet und keinen anderweitigen Kompensatonsmechanismus kennt.[286] Diesem Maßstab genügen schon die Errungenschaftsgemeinschaften des romanischen Rechtskreises in aller Regel nicht.[287] Vergleichbarkeit ausländischer güterrechtlicher Gestaltung wird man gemeinhin verneinen müssen.[288] Ein Ausweichen auf den ehegüterrechtlichen Ausgleichsmechanismus des § 1371 II BGB könnte funktionell eine Lösung sein, um Substitutionsproblemen aus dem Weg zu gehen.[289]

Praktisch dürfte eine ehegüterrechtliche Rechtswahl unter Art. 22 EuGüVO[290] zuguns- 72 ten des prospektiven Erbstatuts noch der beste Versuch sein, wenigstens durch rechtsgeschäftliche Gestaltung Statutengleichlauf zwischen Ehegüter- und Erbstatut herzustellen.[291] Zu wählen wäre dabei das Recht, welches das prospektive Erbstatut des zuerst versterbenden Ehegatten stellt, immer vorausgesetzt, dieses Recht gehört zum Kreis der nach Art. 22 EuGüVO wählbaren Rechte.[292] Das Internationale Ehegüterrecht bietet mehr Rechtswahlmöglichkeiten als das Internationale Erbrecht.[293] Allerdings bleiben unterschiedliche Anknüpfungszeitpunkte für Ehegüter- und Erbstatut[294] sowie die Unsicherheiten einer Prognose, welcher Ehegatte als erster versterben dürfte.

---

[279] EuGH ECLI:EU:C:2018:183 Rn. 36, 42f. – Doris Margrit Lisette Mahnkopf; *Andrae*, IPRax 2018, 221, 226f.
[280] *Mankowski*, ErbR 2018, 295, 298f.
[281] *Mankowski*, ErbR 2018, 295, 299f.
[282] EuGH ECLI:EU:C:2018:183 Rn. 40 – Doris Margrit Lisette Mahnkopf.
[283] *Kleinschmidt*, ErbR 2018, 327 (327).
[284] *C. Rudolf*, JEV 2018, 71, 72.
[285] *Fornasier*, FamRZ 2018, 634f.; *Bandel*, ZEV 2018, 207, 208; *Mankowski*, ErbR 2018, 295, 301–304; *Kleinschmidt*, ErbR 2018, 327, 328f.; *Ludwig*, FamRB 2018, 274, 275; *C. Rudolf*, JEV 2018, 71, 72; *Süß*, DNotZ 2018, 742, 750–753 sowie *Hartlich*, RNotZ 2018, 250, 251.
[286] *J. Weber*, NJW 2018, 1356, 1358; *Mankowski*, ErbR 2018, 295, 302f.
[287] *Dutta/Weber/Fornasier* Art. 63 EuErbVO Rn. 32; *J. Weber*, NJW 2018, 1356, 1358; *Mankowski*, ErbR 2018, 295, 302f.
[288] *Ludwig*, FamRB 2018, 274, 275.
[289] *Mankowski*, ErbR 2018, 295, 303. Zurückhaltender *Dörner*, ZEV 2018, 305, 309.
[290] Selbst für vor dem 29.1.2019 geschlossene Ehen führt eine nach dem 29.1.2019 vereinbarte Rechtswahl unter das Regime der EuGüVO; Art. 69 III Var. 2 EuGüVO.
[291] *Mankowski*, ZEV 2014, 121, 127; *ders.*, ErbR 2018, 295, 304; *Walther*, GPR 2014, 325, 328; *Heinig*, DNotZ 2014, 251, 255; *W. Reimann*, ZEV 2015, 410, 413; MüKoBGB/*Looschelders* Art. 1 EuErbVO Rn. 30; *Dörner*, ZEV 2018, 305, 308.
[292] *Mankowski*, ZEV 2014, 121, 127.
[293] *Mankowski*, ZEV 2014, 121, 127.
[294] Vgl. *Dörner*, ZEV 2018, 305, 306.

73 c) *Andere Problemfälle.* Ein weiterer Problemfall für die Qualifikation sind Regeln aus common law-Rechtsordnungen, denen zufolge eine nachfolgende Eheschließung des Testators ein vorangegangenes Testament ungültig macht oder dem Testator wie z.B. nach S. 18 Wills Act 1837 zumindest ein Widerrufsrecht eröffnet.[295] Eherecht und, sowieso nur am Rande, Güterrecht sind hier bestenfalls Vorfragen.[296] Einwirkungsobjekt (Testament) und Einwirkungsinstrument (Ungültigkeit oder Widerrufsrecht) sind dagegen eindeutig erbrechtlich.[297] Die Besonderheit liegt in der Anknüpfung: Maßgeblich ist nicht das Erbstatut, sondern wegen Art. 24 III EuErbVO das Testamentserrichtungsstatut, also das hypothetische Erbstatut zum Zeitpunkt der Testamentserrichtung.[298]

74 Einer qualifikatorischen Zuordnung harren zudem die fortgesetzte Gütergemeinschaft zwischen überlebendem Ehegatten und Kindern z.B. nach dänischem Recht (uskiftet bo).[299] Ebenfalls umstritten ist die Einordnung der avantages matrimoniaux aus dem französischen Recht.[300] Traditionell qualifizieren französische Stimmen diese güterrechtlich,[301] deutsche Stimmen dagegen erbrechtlich.[302] Außerdem wird eine Differenzierung danach vorgeschlagen, ob avantages vorgeschrieben oder bloße optionale Gestaltung sind.[303] Ehevertragliche Regelungen z.B. nach Art. 1527 Code civil, dass im Todesfall der Anteil des Verstorbenen dem Überlebenden zufallen soll, jenseits der „simplen" clause d'attribution intégrale de la communauté universelle des biens au conjoint survivant aus Art. 1526 Code civil) sind erbrechtlich.[304] Funktional hat dies erbvertraglichen Charakter.[305]

75 Gütergemeinschaften auf den Todesfall wie z.B. nach § 1234 ABGB haben Versorgungsfunktion und entstehen erst mit dem Tode; sie sind erbrechtlich zu qualifizieren.[306] Manche Rechtsordnungen (z.B. Florida und Wisconsin räumen überlebenden Ehegatten ein Wahlrecht zwischen güterrechtlicher und erbrechtlicher Abfindung ein. Die Grenzlage des Wahlrechts zwischen beiden Statuten ist ebenso evident wie die Qualifikationsentscheidung intrikat.[307] Eindeutig liegt es dagegen letztlich mit Wahlrechten zwischen Erbquote bzw. Erbbruchteilen und Nießbrauchsrechten am Gesamtnachlass:[308] Solche Wahlrechte lösen nicht güterrechtliche Probleme mit erbrechtlichen, sondern betreffen Modalitäten und Inhalte subjektiver Erbrechte.[309] Welche Bedeutung Art. 9 núm. 8 Código Civil früher

---

[295] *Bonomi,* YbPIL 13 (2011), 217, 220; *ders.,* in: Bonomi/Wautelet Art. 1 Règ. Rn. 28; Deixler-Hübner/Schauer/*Mankowski* Art. 1 EuErbVO Rn. 35.
[296] *Calò,* InDret 3/2010, 5; *Mankowski,* ZEV 2016, 479, 483.
[297] Chambre de recours vaudoise 12.3.2008; Trib. cant. vaudois 5.1.2007 (beide zitiert nach *Bonomi,* YbPIL 13 [2011], 217, 220); *André Jahn,* IPRax 2008, 149, 153 f.; Dutta/Weber/*J. P. Schmidt* Art. 1 EuErbVO Rn. 53. Offen indes *Bonomi,* in: Bonomi/Wautelet Art. 1 Règ. Rn. 28.
[298] *Revillard,* in: Khairallah/Revillard (dir.), Droit européen des successions internationales, 2013, S. 67 no. 185; Dutta/Weber/*J. P. Schmidt* Art. 1 EuErbVO Rn. 53; *Mankowski,* ZEV 2016, 479, 483.
[299] Dazu *Thorstein Franzen,* in: Löhnig/D. Schwab/Henrich/Gottwald/Grziwotz/W. Reimann/Dutta (Hrsg.), Erbfälle unter Geltung der Europäischen Erbrechtsverordnung, 2014, S. 73.
[300] Hierzu *Döbereiner,* MittBayNot 2013, 437, 439; *Carrascosa González* S. 40; *Bonomi,* in: Bonomi/Wautelet Art. 1 Règl. Rn. 28; *Dörner,* RabelsZ 80 (2016), 651 (651 f.).
[301] Siehe nur *Revillard,* Droit international privé et européen, 8. Aufl. 2014, n°. 982 mwN und schon unter der EuErbVO *Jacoby,* JCP N 2012 n° 25 S. 65, 69; *Boulanger,* JCP N 2013 n° 27 S. 39, 41.
[302] Siehe nur *Döbereiner,* Ehe- und Erbverträge im deutsch-französischen Rechtsverkehr, 2001, S. 275 ff. mwN. Vgl. auch *Chassaing,* Rev. Lamy dr. civ. 95 (2012), 47, 50.
[303] *Döbereiner,* ZEV 2016, 490, 494 eingehend *Döbereiner,* in: Löhnig/D. Schwab/Henrich/Gottwald/Grziwotz/W. Reimann/Dutta (Hrsg.), Erbfälle unter Geltung der Europäischen Erbrechtsverordnung, 2014, S. 161. Vgl. *Bonomi,* YbPIL 13 (2011), 217, 220 sowie altrechtlich *Van Boxstael,* Mélanges Roland de Valkeneer, 2000, S. 487.
[304] *Calò,* InDret 3/2010 S. 4; *Carrascosa González* S. 40.
[305] Siehe *Döbereiner,* MittBayNot 2013, 437, 439; Dutta/Weber/*J. P. Schmidt* Art. 1 EuErbVO Rn. 50; *Mankowski,* ZEV 2016, 479, 484.
[306] *Fischer-Czermak,* in: Schauer/Scheuba (Hrsg.), Europäische Erbverordnung, 2012, S. 23, 26; *C. Rudolf,* NZ 2013, 225, 227; Dutta/Weber/*J. P. Schmidt* Art. 1 EuErbVO Rn. 52; *Mankowski,* ZEV 2016, 479, 484.
[307] MüKoBGB/*R. Birk,* Bd. 11, 5. Aufl. 2010, Art. 25 EGBGB Rn. 155.
[308] Zweifelnd aber *Steinmetz/Löber/García Alcazar,* ZEV 2010, 234, 237; *Kleinschmidt,* RabelsZ 77 (2013), 723, 758 f.
[309] Dutta/Weber/*J. P. Schmidt* Art. 1 EuErbVO Rn. 51.

III. Sachlicher Anwendungsbereich der EuErbVO 76–79 § 5

auch immer für das sogenannte katalanische Witwenviertel gehabt haben mag, ist nach dem Wirksamwerden der EuErbVO irrelevant geworden,[310] denn Art. 9 núm. 8 Código muss normhierarchisch der EuErbVO weichen.[311]

Reine Eheverträge, die keine erbrechtliche Regelung treffen, sind ausweislich Erwägungsgrund (12) S. 1 EuErbVO nicht erbrechtlich zu qualifizieren.[312] Bei formell kombinierten und in einem Dokument vereinten „Ehe- und Erbverträgen" wird man sachlich und funktionell differenzieren und die einzelnen Vereinbarungen je nach ihrem jeweiligen Funktionsgehalt qualifizieren müssen, wenn sie für sich hinreichend gewichtig sind.[313] Ob und, wenn ja, in welchem Umfang durch einen Vertrag zwischen den Ehegatten Pflichtteilsrechte Dritter eingeschränkt oder beeinträchtigt werden können, ist in jedem Fall eine erbrechtliche Frage.[314] 76

d) Leitlinie. Mangels ausdrücklich festgeschriebener Qualifikationsmaßstäbe muss man auf eine funktionelle Abgrenzung zwischen Erbrecht und Güterrecht als Leitlinie zurückfallen:[315] Regelungen, die im Ergebnis auf einen hypothetischen Willen des Erblassers rekurrieren, seinen überlebenden Ehegatten wegen des zwischen ihnen beiden bestehenden Näheverhältnisses zu bedenken und so den Ehegatten in eine Reihe mit den nahen Verwandten zu stellen, tendieren zum Erbrecht. Regelungen, die einen Ausgleich für Leistungen während der Ehe darstellen oder als Konsequenz aus einer zumindest teilweisen Verschmelzung der Vermögen beider Ehegatten folgen, sind dem Güterrecht zuzuschlagen. Güterrechtlich zu qualifizieren ist zudem, wenn Vergünstigungen im Todesfall vom Bestehen eines bestimmten Güterstands abhängig sind. 77

Soll eine Sonderordnung des Vermögens der Eheleute bzw. Partner während und aufgrund der Ehe bzw. Partnerschaft abgewickelt werden, so geht es also gemeinhin um Güterrecht; wird der überlebende Ehegatte bzw. Partner ohne Rücksicht auf eine solche Sonderordnung einfach kraft seiner Verbundenheit mit dem Erblasser an dessen Vermögen beteiligt, so geht es gemeinhin um Erbrecht.[316] Dieser Leitlinie haftet nichts an, was für irgendeine Rechtsordnung spezifisch und nur für diese eine Rechtsordnung typisch wäre. Vielmehr ist sie so funktionell und so funktional, wie es irgend geht. Sie passt auch europäisch und ist genuine funktional-autonome Qualifikation. 78

e) Anpassung. Etwaige Ergebniskonflikte zwischen Güter- und Erbstatut sind durch Anpassung so weit wie möglich zu beseitigen.[317] Erwägungsgrund (12) S. 2 EuErbVO schafft zwar keine eigene europäischen Anpassungsmaßstäbe oder -lösungen,[318] aber besagt immerhin, dass die mit einer Erbsache befassten Behörden je nach dem Umständen des Einzelfalls die Beendigung des ehelichen oder sonstigen Güterstandes des Erblassers bei der Bestimmung des Nachlasses und der jeweiligen Anteile der Berechtigten berücksichtigen sollen. Bedeutung erlangt dies insbesondere, wenn ein Statut erbrechtliche Folgen für das Ende des Güterstands vorsieht, das andere Statut dagegen güterrechtliche Beteiligungen 79

---

[310] Dutta/Weber/*J. P. Schmidt* Art. 1 EuErbVO Rn. 51.
[311] *Carrascosa González* S. 176.
[312] *Dörner,* in: Dutta/Herrler (Hrsg.), Die Europäische Erbrechtsverordnung, 2014, S. 73, 74f. Rn. 4f.; Mankowski, ZEV 2016, 479, 484.
[313] *Fongaro,* Clunet 141 (2014), 477, 535f. sowie *Bonomi,* in: Bonomi/Wautelet Art. 1 Règ. Rn. 29. So bereits altrechtlich BayObLGZ 1981, 178; *Henrich,* FS Helmut Schippel, 1996, S. 905, 914; Staudinger/*Dörner* Art. 25 EGBGB Rn. 349; Staudinger/*Mankowski* Art. 15 EGBGB Rn. 337–339 mwN. Vgl. *Van Boxstael,* Mélanges Roland de Valkeneer, 2000, S. 487.
[314] *Henrich,* FS Helmut Schippel, 1996, S. 905, 916; Staudinger/*Mankowski* Art. 15 EGBGB Rn. 339.
[315] *Döbereiner,* MittBayNot 2013, 358, 359; *Mankowski,* ZEV 2014, 121, 127; *ders.,* ZEV 2016, 479, 480; *Dörner,* in: Dutta/Herrler (Hrsg.), Die Europäische Erbrechtsverordnung, 2014, S. 73, 75 Rn. 5, 7; Deixler-Hübner/Schauer/*Mankowski* Art. 1 EuErbVO Rn. 31; Geimer/Schütze/*Odersky* Art. 23 EuErbVO Rn. 25; Dutta/Weber/*J. P. Schmidt* Art. 1 EuErbVO Rn. 40 und altrechtlich Staudinger/*Dörner* BGB, Artt. 25; 26 EGBGB, 2007, Art. 25 EGBGB Rn. 33; Staudinger/*Mankowski* Art. 15 EGBGB Rn. 328.
[316] LG München I FamRZ 1978, 364 m. Anm. *Jayme;* Staudinger/*Mankowski* Art. 15 EGBGB Rn. 328.
[317] *Calvo Caravaca/Davì/Mansel/M. Weller* Art. 1 Successions Regulation Rn. 39.
[318] *Bonomi,* in: Bonomi/Wautelet Art. 1 Règ. Rn. 29.

nach Maßgabe des Güterstands.[319] Eine Anwendung beider Lösungen nebeneinander würde zu einer ungerechtfertigten Kumulation zu Gunsten des anderen am Güterstand Beteiligten und zu Lasten der übrigen Erbberechtigten führen.[320]

80 **Beispiel:**[321] Der österreichische Erblasser E hat mit seiner deutschen Frau F lange in Deutschland gelebt und sie dort auch geheiratet, bevor die Eheleute mit ihren zwei Kindern nach Österreich zogen. Am 15.1.2018 verstarb E ohne ein Testament errichtet zu haben.
Nach Art. 21 I EuErbVO ist österreichisches Erbrecht anwendbar. Danach erhält die F als Ehegattin neben ihren Kindern gem. § 744 I ABGB eine Erbquote von $1/3$. Güterrechtsstatut ist jedoch deutsches Recht, da E und F keine gemeinsame Staatsangehörigkeit hatten und somit der gemeinsame gewöhnliche Aufenthalt bei Eheschließung maßgeblich ist (Art. 15 I iVm Art. 14 I Nr. 2 EGBGB).[322] Mangels Ehevertrag lebten E und F im Güterstand der Zugewinngemeinschaft, § 1363 I BGB. Wird § 1371 I BGB güterrechtlich qualifiziert, käme er hier mit der Folge zur Anwendung, dass die Erbquote der F um den pauschalen Zugewinnausgleich von $1/4$ erhöht wird. Dadurch erhielte F insgesamt eine Quote von $7/12$, also mehr als bei einheitlicher Anwendung nur österreichischen oder nur deutschen Rechts. Wäre deutsches Recht sowohl Güterrechts- als auch Erbstatut, hätte F gem. §§ 1931 I, III; 1371 I BGB einen Erbteil von $1/2$ bekommen. Wäre nur österreichisches Recht anwendbar, so stünde F $1/3$ zu. Dieser Widerspruch lässt sich durch Anpassung lösen, indem der F nur das zukommt, was ihr nach jedem Recht höchstens zustünde.[323] F erhält somit eine Erbquote von $1/2$.

81 **5. Sachenrecht.** *a) Grundsätzliches.* Die Abgrenzung zwischen dem Erbstatut als Gesamtstatut und dem Statut einzelner Nachlassgegenstände als dem Einzelstatut ist schwierig und komplex.[324] Die EuErbVO widmet sich ihr an verschiedenen Stellen, ohne dass dabei immer ein dahinter stehendes System oder Prinzip erkennbar würde.[325] Das Sachenrecht ist ein primärrechtlich in Art. 345 AEUV den Mitgliedstaaten vorbehaltener Bereich.[326] Die Abgrenzung zum Sachenrecht war für etliche Mitgliedstaaten eine sensible Zone: zum einen für Mitgliedstaaten, die in ihrem Alt-IPR eine Nachlassspaltung und die Anknüpfung der Erbfolge in Immobilien an die lex rei sitae vorsahen; zum anderen für Deutschland, dessen nationales IPR bei dinglichen Übertragungsakten einen Vorbehalt zu Gunsten der lex rei sitae vorsah, wesentlich um das deutsche Grundbuchsystem zu schützen.[327]

82 Wie Erb- und Sachstatut gegeneinander abzugrenzen seien, war umstritten[328] und wurde Gegenstand eines politischen Kompromisses.[329] Dieser erfolgte in großer Eile und hat zur misslichen Folge, dass nicht alle Normen mit der eigentlich nötigen Sorgfalt und Präzision formuliert sind.[330] Brüche und ein Mangel an letzter Konsistenz sind zu beklagen.[331] Eine echte Parallele zum prinzipiellen Ausschluss des Gesellschaftsrechts in Art. 1 II lit. h EuErbVO gibt es für das Sachenrecht so nicht.[332] In manchen Einzelheiten mag die Abgren-

---

[319] *Bonomi,* in: Bonomi/Wautelet Art. 1 Règ. Rn. 29; *Looschelders,* IPRax 2016, 349, 353; *Dörner,* IPRax 2017, 81, 85.
[320] *Bonomi,* in: Bonomi/Wautelet Art. 1 Règ. Rn. 29.
[321] Nach *Müller-Lukoschek* § 2 Rn. 73–75; OLG Schleswig ZEV 2014, 93, 96.
[322] Auch für eine Ehe dieses Zuschnitts, die in den zeitlichen Anwendungsbereich der EuGVO fiele, bliebe deutsches Recht Güterrechtsstatut, da E und F ihren ersten gemeinsamen gewöhnlichen Aufenthalt in Deutschland nach der Eheschließung in Deutschland hatten, Art. 26 I lit. a EuGüVO.
[323] OLG Schleswig ZEV 2014, 93, 96.
[324] Umfassend *T. Lechner,* Die Reichweite des Erbstatuts in Abgrenzung zum Sachenrechtsstatut anhand der europäischen Erbrechtsverordnung 650/2012, 2017. Außerdem z. B. *Crespi Reghizzi,* RDIPP 2017, 633, 637.
[325] *Dörner,* ZEV 2012, 505, 509; *Ludwig,* ZEV 2013, 151, 152.
[326] Näher *Akkermans/Ramaekers,* (2010) 15 Eur. L.J. 292.
[327] *Buschbaum,* GS Ulrich Hübner, 2012, S. 589, 594.
[328] *Janzen,* DNotZ 2012, 484, 485; *Döbereiner,* MittBayNot 2013, 358, 360.
[329] Europäischer Rat der Justiz- und Innenminister, Dok. 11067/11 Rn. 1–8 (Juni 2011).
[330] *Döbereiner,* MittBayNot 2013, 358, 360; *ders.,* FamRZ 2017, 2060.
[331] *Döbereiner,* FamRZ 2017, 2060.
[332] *Buschbaum/M. C. Kohler,* GPR 2010, 106, 109.

III. Sachlicher Anwendungsbereich der EuErbVO 83–85 § 5

zung sogar unklar, künstlich oder gar gekünstelt erscheinen.[333] Sie muss jedenfalls funktions-, nicht strukturbezogen erfolgen.[334]

Über die Art dinglicher Rechte entscheidet nach Art. 1 II lit. k EuErbVO das Sachstatut, 83 also über Zulässigkeit, numerus clausus,[335] Publizität,[336] Zuschnitt und Charakter,[337] Entstehen, Inhalt, Schutz, Erlöschen und Transfer einzelner Sachenrechte.[338] Das Sachstatut darf und muss die statthaften *Typen* dinglicher Rechte definieren.[339] Die Beschränkung auf die *Art* dinglicher Rechte führt vorderhand zu dem Schluss, dass dingliche Rechte damit nicht schlechthin aus der EuErbVO ausgegrenzt sein sollten.[340] Immerhin wurde Art. 21 Vorschlag EuErbVO, der dies noch vorsah, nicht übernommen.[341] Richtigerweise sollte man indes auch die Frage, ob und wann überhaupt Dinglichkeit besteht, grundsätzlich dem Sachstatut unterstellen.[342] Art. 1 II lit. k EuErbVO errichtet dem Sachstatut eine gewisse Schutzzone,[343] auch aus kompetenziellen Gründen, namentlich Art. 345 AEUV.[344] Das Sachstatut regelt als lex loci registrationis und lex fori registrationis auch das formelle und materielle Grundbuchrecht,[345] darüber hinaus ausweislich Art. 1 II lit. l EuErbVO Voraussetzungen und Wirkungen einer Registereintragung von Rechten an beweglichen oder unbeweglichen Sachen.[346] Insbesondere bleibt das nationale Grundbuchverfahrensrecht unberührt.[347]

Dem Sachstatut obliegt auch, die Vorfrage zu beantworten, ob der Erblasser Eigentümer 84 einer bestimmten Sache war oder welche dinglichen Rechte er an der Sache hatte.[348] Erwägungsgrund (71) S. 3 EuErbVO belegt dies. Dabei kann das Sachstatut seinerseits eine Vorfrage an das Ehegüterstatut stellen. Dies gewinnt Bedeutung insbesondere z. B. mit Blick auf die gemeinschaftliche Berechtigung von Ehegatten bei Gütergemeinschaft.[349] Insoweit geht es um die Zuordnung schon zu Lebzeiten und die Zugehörigkeit zum Nachlass, nicht dagegen um die Verteilung dem Nachlass zuzuordnender Werte.[350]

Generell sollte man Art. 1 II lit. k EuErbVO im Lichte des Art. 31 EuErbVO wie des 85 Erwägungsgrunds (15) EuErbVO indes eher eng auffassen[351] und genuin erbrechtliche Vorgänge nicht sachenrechtlich qualifizieren.[352] Den Übergang der zum Nachlass gehörenden Vermögenswerte, Rechte und Pflichten reklamiert Art. 23 II lit. e EuErbVO für das Erbstatut. Von Art. 1 II lit. k EuErbVO erfasst ist jedenfalls ein numerus clausus der Arten dinglicher Rechte, nicht zwingend aber ein numerus clausus der Erwerbsmodi.[353] Die

---

[333] *Biagioni*, in: Franzina/Leandro (a cura di), Il diritto internazionale privato europeo delle successioni mortis causa, 2013, S. 25, 41.
[334] *Laukemann*, FS Rolf A. Schütze zum 80. Geb., 2014, S. 325, 327.
[335] Erwägungsgrund (15) S. 2 EuErbVO; *Janzen*, DNotZ 2012, 484, 487; *Fischer-Czermak*, in: Schauer/Scheuba (Hrsg.), Europäische Erbrechtsverordnung, 2013, S. 23, 27; *Döbereiner*, MittBayNot 2013, 358, 360; *ders.*, GPR 2014, 42 (42).
[336] *Biagioni*, in: Franzina/Leandro (a cura di), Il diritto internazionale privato europeo delle successioni mortis causa, 2013, S. 25, 41; *Achille*, NGCC 2018 I 697, 701.
[337] *Wautelet* in: Bonomi/Wautelet Art. 1 Règ. Rn. 114.
[338] *Dörner*, ZEV 2012, 505, 509; *Wautelet*, in: Bonomi/Wautelet Art. 1 Règ. Rn. 107.
[339] Siehe nur *Mansel*, FS Dagmar Coester-Waltjen, 2015, S. 587 (587 f.).
[340] *Remde*, RNotZ 2012, 65, 81; *Dörner*, ZEV 2012, 505, 509; *Hertel*, ZEV 2013, 539, 540.
[341] *Crespi Reghizzi*, RDIPP 2017, 633, 641 f.
[342] *Pamboukis/Nikolaidis* Art. 1 Successions Regulation Rn. 63.
[343] Siehe *Cranshaw*, jurisPR-IWR 6/2017 Anm. 5 sub C III.
[344] *Laukemann*, FS Rolf A. Schütze zum 80. Geb., 2014, S. 325, 338.
[345] *L. Kunz*, GPR 2013, 293 (293).
[346] *Dörner*, ZEV 2012, 505, 509; *Calvo Caravaca/Davì/Mansel/M. Weller* Art. 1 Successions Regulation Rn. 87.
[347] *Wilsch*, ZfIR 2018, 253, 260 f.
[348] OGH ErbR 2018, 23, 25 m. Anm. *Wittwer/M. Maier*; *Crespi Reghizzi*, RDIPP 2017, 633, 636.
[349] Siehe GA *Szpunar*, ECLI:EU:C:2017:965 Rn. 77.
[350] GA *Szpunar*, ECLI:EU:C:2017:965 Rn. 77 f.
[351] *J. P. Schmidt*, RabelsZ 79 (2015), 888, 890.
[352] *J. P. Schmidt*, RabelsZ 77 (2013), 1, 16; MüKoBGB/*Dutta* Art. 1 EuErbVO Rn. 32; *Calvo Caravaca/Davì/Mansel/M. Weller* Art. 1 Successions Regulation Rn. 78.
[353] *Geimer*, in: Reichelt/Rechberger (Hrsg.), Europäisches Erb- und Erbverfahrensrecht, 2011, S. 1, 21; Dutta/Weber/*J. P. Schmidt* Art. 1 EuErbVO Rn. 127.

86 Strukturprinzipien des Sachenrechts gelten für den erbrechtlichen Erwerb so nicht.[354] Prägend ist vielmehr eine erbrechtliche, vermögensübergangsbezogene Interessenabwägung.[355] Vielmehr ist ein Erwerb kraft Erbrechts ein erbrechtlicher Erwerb jenseits genuin sachenrechtlicher Erwerbsmodi und unterfällt daher der EuErbVO.[356] Dies folgt schon daraus, dass das Sachenrecht keine Bestimmung erbrechtlicher Erwerber, also der Erben und sonstiger dinglich Berechtigter, vornehmen kann, weil ihm dafür die Regelungsbefugnis fehlt.[357] Zum Erbrecht ist im Ausgangspunkt auch ein erbrechtlicher modus acquirendi zu schlagen.[358] Das hat Bedeutung, wenn die lex rei sitae dem Eigentumserwerb eine besondere gerichtliche Entscheidung, z. B. die Erbseinantwortung in Österreich oder den envoi en possession, vorschalten würde oder umgekehrt, wenn das Erbstatut dies tut, das Sachstatut es aber nicht tun würde.[359] Generell hat sich das Erbstatut mit seiner vereinheitlichen europäischen Anknüpfung ein Stück zulasten des Sachenrechts mit seinen nationalen Kollisionsnormen ausgedehnt.[360]

87 *b) Anpassung nach Art. 31 EuErbVO.* Art. 31 EuErbVO, spät im Verfahren geschaffen nach dem Vorbild des Art. 15 Haager TrustÜbk,[361] sieht bei einem spezifischen Konflikt zwischen Erb- und Sachstatut eine Anpassung vor. Wenn jemand ein dingliches Recht geltend macht, das ihm nach dem Erbstatut zusteht, und die Rechtsordnung des Mitgliedstaats, in welchem das subjektive Recht geltend gemacht wird, ein dingliches Recht dieses Typs nicht kennt, so ist dieses subjektive Recht soweit erforderlich und möglich an das in der Rechtsordnung des betreffenden Mitgliedstaats am ehesten vergleichbare subjektive Recht anzupassen; dabei sind die mit jenem subjektiven Recht verfolgten Ziele und Interessen ebenso zu berücksichtigen wie die mit ihm verbundenen Wirkungen. Art. 31 EuErbVO will die „Kooperation" von Erb- und Sachstatut insoweit koordinieren[362] und arbeitet mit einer Hinnahmekonstruktion[363] (das Sachstatut muss im Ausgangspunkt mindestens als Ziel hinnehmen, was das Erbstatut will). Das ist Konsequenz aus der Großzügigkeit der „Einlasskontrolle".[364] Art. 31 EuErbVO respektiert den sachenrechtlichen Typenzwang und steht in direktem Regelungszusammenhang mit Art. 1 II lit. k und Erwägungsgrund (15) EuErbVO.[365]

88 Die Anpassung hat sich also im Rahmen des Sachrechts jenes Staates zu vollziehen, in welchem das subjektive Recht (noch besser: die subjektive Berechtigung) geltend gemacht wird.[366] Seine Rechtsinstitute setzen die Eckpunkte. Es bestimmt darüber, welche dinglichen Rechte es gibt und welche nicht. Das Erbrecht respektiert einen numerus clausus im Sachenrecht.[367] Auf der anderen Seite muss sich das Sachstatut öffnen. Es darf nicht darauf beharren, dass nur das berechtige, was genau so sei, wie in seinem eigenen Katalog subjektiver dinglicher Rechte vorgesehen.[368] Die komplizierte Anpassungsregel ist notwendige Konsequenz daraus, dass die EuErbVO ausweislich ihres Art. 1 II lit. k nicht in den numerus clausus der subjektiven Sachenrechte nach der lex rei sitae eingreifen will.[369] In der

---

[354] *Laukemann*, FS Rolf A. Schütze zum 80. Geb., 2014, S. 325 (325); *Thorn/Lasthaus*, IPRax 2019, 2426.
[355] *Laukemann*, FS Rolf A. Schütze zum 80. Geb., 2014, S. 325, 330.
[356] *Wautelet* in: Bonomi/Wautelet Art. 1 Règ. Rn. 110.
[357] *Wautelet* in: Bonomi/Wautelet Art. 1 Règ. Rn. 110.
[358] *Wautelet* in: Bonomi/Wautelet Art. 1 Règ. Rn. 111; *Crespi Reghizzi*, RDIPP 2017, 633, 643. Anderer Ansicht *Dressler*, RPfleger 2018, 413, 414.
[359] *Crespi Reghizzi*, RDIPP 2017, 633, 644–646.
[360] *Crespi Reghizzi*, RDIPP 2017, 633, 640 sowie OGH ErbR 2018, 23, 25 m. Anm. *Wittwer/M. Maier*.
[361] *Wautelet*, in: Bonomi/Wautelet Art. 31 Règ Rn. 20; *T. Lechner* S. 191.
[362] *Mansel*, FS Dagmar Coester-Waltjen, 2015, S. 587, 592 f.
[363] *Mansel*, FS Dagmar Coester-Waltjen, 2015, S. 587, 593.
[364] *J.P. Schmidt*, ZEV 2014, 133, 137.
[365] *Laukemann*, FS Rolf A. Schütze zum 80. Geb., 2014, S. 325, 399.
[366] Dutta/Weber/*J. P. Schmidt* Art. 31 EuErbVO Rn. 2.
[367] *Lokin*, NIPR 2013, 329, 335.
[368] Dutta/Weber/*J. P. Schmidt* Art. 31 EuErbVO Rn. 10.
[369] *K. W. Lange*, ZErb 2012, 160, 161; Geimer/Schütze/*F. Odersky* Art. 31 EuErbVO Rn. 1.

III. Sachlicher Anwendungsbereich der EuErbVO   89–92 § 5

Praxis und im Detail ist sie nicht leicht zu handhaben.[370] Insbesondere enthält sich Art. 31 EuErbVO einer klaren Regelung für die konkrete Ausgestaltung eines Anpassungsmodus, z. B. hinsichtlich Kosten- und Lastentragung.[371]

Beispiel: Der Erblasser mit gewöhnlichem Aufenthalt in Belgien war verheiratet und hatte ein 89
Haus in Deutschland. Erbstatut ist belgisches Recht. Art. 745*bis* belg. Code Civil räumt dem überlebenden Erbgatten einen Nießbrauch am gesamten Nachlass, also auch am Haus in Deutschland, ein. Unbeachtlich ist, dass das deutsche Erbrecht dem überlebenden Ehegatten kein Nießbrauchsrecht zuspricht,[372] da ein Nießbrauchsrecht dem deutschen Recht grundsätzlich bekannt ist. Ein Nießbrauch an Vermögensgesamtheiten kennt das deutsche Recht zwar nicht, dies kann jedoch entsprechend § 1085 BGB in ein Nießbrauchsrecht an den einzelnen Nachlassgegenständen umgedeutet werden.[373] Für die wirksame Begründung des Nießbrauchsrechts an der Immobilie in Deutschland wäre allerdings nach § 873 BGB die Einigung und die Eintragung ins Grundbuch zu fordern.

Entscheidend ist die Gleichwertigkeit und Funktionsäquivalenz der Institute unter dem 90
Erbstatut und unter dem Sachstatut.[374] In das Sachstatut ist so viel wie irgend möglich von dem hinüberzuretten, was das Erbstatut will.[375] Trotzdem entscheidet das Sachstatut über den Umfang der Nichtanerkennung des ausländischen Rechtsinstituts.[376] Anzupassen sind nur dem Sachstatut unbekannte Rechte; das ist nicht bereits dann gegeben, wenn keine hundertprozentige Identität besteht.[377] Umgekehrt scheidet eine Anpassung bei Unmöglichkeit infolge Wesensfremdheit aus.[378]

Für die Anpassung mag es der beste Weg sein, eine dingliche Verfügung als Konstruktion 91
einzuschieben.[379] Die Alternativen sind jedenfalls in Deutschland weniger überzeugend. Sie liefen entweder auf Fremdrechtsanwendung durch das Nachlassgericht im Aufenthaltsstaat des Erblassers oder auf umfangreiche und aufwändige Arbeit eines etwaigen Grundbuchamts im Geltungsbereich der lex rei sitae hinaus.[380] Theoretisch vorstellbar wären auch Wege über Ergänzungserbscheine oder Zusatzzertifikate.[381] Sie müssten sich jedoch nach ihrer Vereinbarkeit mit dem Zuständigkeitssystem der EuErbVO fragen lassen.[382]

Aus Art. 31 EuErbVO ist jedenfalls kein Umkehrschluss zu ziehen, dass die EuErbVO 92
eine Anpassung nur im Fall des Art. 31 EuErbVO erlaubte und ansonsten ausschlösse. Vielmehr ist ausweislich Erwägungsgrund (17) EuErbVO eine Anpassung auch jenseits des Art. 31 EuErbVO statthaft, etwa als Folge einer güterrechtlichen Qualifikation des erbrechtlichen Viertels aus § 1371 BGB, nachdem das europäisches IPR in Artt. 31; 33 EuErbVO; 29 EuGüVO; 29 EuPartVO die Anpassung als integralen Teil seines methodischen Instrumentariums anerkannt hat.[383] Denkbar wäre auch eine Analogie für die anpassende Umwandlung eines Vindikations- in ein Damnationslegat bei Belegenheit der zugewendeten Sache in Deutschland.[384] Dagegen steht allerdings, dass beim Vindikationslegat das Eigentum als subjektives Sachenrecht dem deutschen Recht wohlbekannt ist, nur der erbrechtliche Erwerbsmodus ex lege nicht.[385]

---

[370] *Biagioni*, in: Franzina/Leandro (a cura di), Il diritto internazionale privato europeo delle successioni mortis causa, 2013, S. 25, 42.
[371] *M. Schlüter*, FS Wolfgang Krüger, 2017, S. 327, 333.
[372] *Wautelet*, in: Bonomi/Wautelet Art. 31 Règ. Rn. 12
[373] Dutta/Weber/*J. P. Schmidt* Art. 31 EuErbVO Rn. 30.
[374] *Franzina/Leandro*, NLCC 2013, 275, 327 sowie *M. Schlüter*, FS Wolfgang Krüger, 2017, S. 327, 330.
[375] Vgl. *Wautelet*, in: Bonomi/Wautelet Art. 31 Règ Rn. 18 f.
[376] *Davì/Zanobetti*, Cuad. Der. TranS. 5 (2) (2013), 5, 19.
[377] *M. Schlüter*, FS Wolfgang Krüger, 2017, S. 327, 329.
[378] *M. Schlüter*, FS Wolfgang Krüger, 2017, S. 327, 331.
[379] *Volmer*, RPfleger 2013, 421, 427.
[380] *Volmer*, RPfleger 2013, 421, 427.
[381] *Dörner*, ZEV 2012, 505, 509.
[382] *Volmer*, RPfleger 2013, 421, 427.
[383] *Looschelders*, FS Dagmar Coester-Waltjen, 2015, S. 531, 540; *ders.*, IPRax 2016, 349, 352; *Dörner*, IPRax 2017, 81, 85.
[384] Dagegen *Dutta*, IPRax 2015, 32, 34; *Mansel*, FS Dagmar Coester-Waltjen, 2015, S. 587, 595.
[385] *F. Gärtner* S. 83–86; *J. P. Schmidt*, RabelsZ 79 (2015), 888, 890.

93   c) *Vindikationslegate.* Eine klassische Qualifikationsfrage besteht im Bereich der Vermächtnisse: Vermächtnisse können als Damnationslegate rein schuldrechtlich oder als Vindikationslegate[386] dinglich ausgestaltet sein. Das betroffene subjektive Sachenrecht bleibt inhaltlich gleich, nur der Übergangsmodus unterscheidet sich: beim Vindikationslegat direkt, beim Damnationslegat mittelbar.[387] Viele Rechtsordnungen kennen das Vindikationslegat in ihrem Sachrecht, z. B. das polnische Recht[388] und die romanischen Rechtsordnungen, viele andere kennen es in ihrem Sachrecht nicht, z. B. das deutsche Recht.[389] Das IPR muss die Qualifikationsfrage beantworten und eine angemessene Zuweisung an Erb- oder Sachstatut vornehmen.[390]

94   Welches Recht darüber bestimmt, ob ein Legat dinglich ausgestaltet ist oder nicht, ist in der EuErbVO nicht ausdrücklich besagt.[391] Die lange vorherrschende Meinung in Deutschland, insbesondere aus Notarskreisen, gab dem Sachstatut den Vorrang.[392] Ein immer stärker werdendes Lager hielt dagegen zugunsten des Erbstatuts.[393] Der EuGH hat sich für das Erbstatut ausgesprochen,[394] ebenso der OGH.[395] Dadurch wird für praktische Zwecke die Bereichsausnahme erheblich eingeschränkt und die Kompromisslinie zu Lasten des Sachenrechts stark zu Gunsten des Erbrechts verschoben,[396] um den Preis vieler Folgefragen bei Berechtigungsnachweisen und Registerführung.[397]

95   Die Prärogative sollte zwar, da Legate Institute des Erbrechts sind, das Erbstatut haben. Indes billigt Erwägungsgrund (47) EuErbVO dem Sachstatut eine Art eingeschränktes Vetorecht zu. Wenn das Erbstatut ein dingliches Vindikationslegat zuspricht und dem Sachstatut dieses Recht unbekannt ist, bekommt nicht etwa die Gestaltung des Erbstatuts Vorrang, sondern ist der Normwiderspruch durch Anpassung nach Art. 31 EuErbVO aufzulösen.[398] Dies

---

[386] Zur Phänomenologie z. B. *Leitzen,* ZEV 2018, 311 (311–313).
[387] EuGH ECLI:EU:C:2017:755 Rn. 49 – Aleksandra Kubicka; GA *Bot,* ECLI:EU:C:2017:387 Nr. 47.
[388] Dazu *Zakrzewski,* in: v. Bar/Wudarski (Hrsg.), Deutschland und Polen in der europäischen Rechtsgemeinschaft, 2012, S. 699; *Żukowski,* ebd., S. 719, 725–732; *Margonski,* ZErb 2012, 97; *ders.,* GPR 2013, 106; *Osajda,* ZEuP 2012, 484; *de Vries,* ZEV 2013, 548.
[389] Eingehend insbesondere *Titz,* Das Vindikationslegat, 2017.
[390] Siehe unter altem deutschem IPR nur *van Venrooy,* ZvglRWiss 85 (1986), 205; *Nishitani,* IPRax 1998, 74; *Kegel,* Liber amicorum Ignaz Seidl-Hohenveldern, 1998, S. 339; *Süß,* RabelsZ 65 (2001), 245.
[391] Unter Art. 25 EGBGB 1986 wurden ausländische Vindikationslegate nicht anerkannt und zu bloßen Damnationslegaten herabgestuft; BGH NJW 1995, 58 = ZEV 1995, 298; BayObLGZ 1995, 366; OLG Hamm NJW 1954, 1731, 1733; OLG Köln NJW 1983, 525; KG ZEV 2013, 561, 562; *Birk,* ZEV 1995, 283, 284 f.; *Dörner,* IPRax 1996, 26 f.; *Nishitani,* IPRax 1998, 74, 77; *H. Stoll,* IPRax 2000, 259, 260; *Wachter,* in: Flick/B. Piltz (Hrsg.), Der internationale Erbfall, 2008, Rn. 140; *Remde,* RNotZ 2012, 65, 81; *Buschbaum,* GS Ulrich Hübner, 2012, S. 589, 595 f.; *Müller-Lukoschek* § 2 Rn. 100–103 sowie mit anderer Begründung *Gröschler,* JZ 1996, 1030; *Süß,* RabelsZ 65 (2001), 245.
[392] *Remde,* RNotZ 2012, 65, 81; *Dörner,* ZEV 2012, 505, 509; *Wilsch,* ZEV 2012, 530, 531; *Janzen,* DNotZ 2012, 484, 487–489; *U. Simon/Buschbaum,* NJW 2012, 2393, 2394; *Hertel,* DNotZ 2012, 688, 690; *F. Odersky,* notar 2013, 3, 4; *S. Herzog,* ErbR 2013, 2, 5; *Döbereiner,* MittBayNot 2013, 358, 360–362; *ders.,* GPR 2014, 42, 43; *ders.,* NJW 2015, 2449, 2452 f.; *ders.,* ZEV 2015, 559; *Volmer,* Rpfleger 2013, 421, 426; *K. Lechner,* IPRax 2013, 497, 499 f.; *ders.,* ZErb 2014, 188, 194 f.; Deixler-Hübner/Schauer/*Mankowski* Art. 1 EuErbVO Rn. 78–81; Palandt/*Weidlich* Anh. § 2353 BGB Artt. 62 f. EuErbVO Rn. 7; Erman/*Hohloch* Art. 1 EuErbVO Rn. 13.
[393] *Margonski,* GPR 2013, 106; *J. P. Schmidt,* ZEV 2014, 133; *ders.,* ZEV 2014, 455; *Hertel,* in: Dutta/Herrler (Hrsg.), Die Europäische Erbrechtsverordnung, 2014, S. 85, 99; *Dutta,* IPRax 2015, 32, 34; MüKo BGB/*Dutta* Art. 1 EuErbVO Rn. 30–32; *Looschelders,* FS Dagmar Coester-Waltjen, 2015, S. 531, 535–537; *Mansel,* FS Dagmar Coester-Waltjen, 2015, S. 587, 590–592; Dutta/Weber/*J. P. Schmidt* Art. 1 EuErbVO Rn. 125–138, Art. 31 EuErbVO Rn. 12–16; NK-BGB/*Looschelders* Art. 1 EuErbVO Rn. 60, Art. 23 EuErbVO Rn. 15–17; Rauscher/*Hertel* Art. 1 EuErbVO Rn. 40–43; *Schlüter,* FS Wolfgang Krüger, 2017, S. 327, 331 f.; Palandt/*Thorn* Art. 1 EuErbVO Rn. 15.
[394] EuGH ECLI:EU:C:2017:755 Rn. 45–65 – Aleksandra Kubicka; GA *Bot,* ECLI:EU:C:2017:387 Nr. 54–74.
[395] OGH ErbR 2018, 23, 25 m. Anm. *Wittwer/M. Maier.*
[396] *Wachter,* ZErb 2017, 358, 361; *van Erp,* WPNR 7183 (2018), 193, 196.
[397] *Leitzen,* ZEV 2018, 311, 317.
[398] Vgl. *Dörner* ZEV 2012, 505, 509; Erman/*Hohloch,* Art. 31 EuErbVO Rn. 4. Anderer Ansicht Dutta/Weber/*J. P. Schmidt* Art. 1 Rn 129; vgl. auch *Mansel,* FS Dagmar Coester-Waltjen, 2015, S. 587, 589.

III. Sachlicher Anwendungsbereich der EuErbVO

macht die Anwendung von Erb- und Sachstatut fließender.[399] Allerdings gilt es die Hürde zu überwinden, dass bei einem ernst genommenen Vindikationslegat das Eigentum an dem vermachten Gegenstand mit dem Tode des Erblassers auf den Vindikationslegatar übergehe, während das dingliche Recht Eigentum keiner mitgliedstaatlichen Rechtsordnung unbekannt ist, weshalb eine Voraussetzung des Art. 31 EuErbVO nicht gegeben wäre.[400]

Ansatzstelle für eine Korrektur könnte der Begriff „Übergang der Vermögenswerte" in Art. 23 II lit. e EuErbVO sein, dahingehend, dass darunter nur zu verstehen ist, welche Rechte an Einzelsachen beim Tod des Erblassers prinzipiell in der Person eines Berechtigten in einer bestimmten Ausprägung zur Entstehung gelangen können.[401] Wer was erwirbt, würde das Erbstatut regeln, wie er es erwirbt, dagegen das Sachstatut.[402] **96**

Argumente für eine erbrechtliche Qualifikation von Vindikationslegaten werden dagegen aus Art. 30 EuErbVO e contrario und wiederum Art. 23 II lit. e EuErbVO ins Feld geführt:[403] Art. 30 EuErbVO setze das Sachstatut allein durch, soweit es Eingriffsnormen aufstelle. Art. 23 II lit. e EuErbVO wiederum verliere den wesentlichen Teil seiner Bedeutung, wenn man ihn im Lichte von Art. 1 II lit. l EuErbVO nur auf nicht registrierte Rechte anwenden würde.[404] In Art. 23 II lit. e EuErbVO sei ein (umfassender) Grundsatz der Einheit des Erbstatuts ausgesprochen.[405] Erwägungsgrund (19) EuErbVO bildet indes für registerpflichtige Rechte ein Gegengewicht dazu.[406] Eine sachenrechtliche Qualifikation aber spalte in erbrechtliches Modus und sachenrechtlichen Titulus.[407] **97**

Wenn und soweit aus der Sicht des Forums ein Vermächtnisnehmer eine unmittelbare dingliche Berechtigung an Nachlassgegenständen erwirbt, ist ein solcher erbrechtlicher Übergang nach Art. 23 II lit. e EuErbVO vom Erbstatut erfasst; an diesen Übergang anschließende rechtsgeschäftliche Übertragungen inter vivos sind davon aber nicht erfasst.[408] **98**

Die EuErbVO hat sich im Ergebnis nach dem Vorbild von Wertungen aus dem deutschen Alt-IPR für einen Vorbehalt zugunsten der lex rei sitae bei dinglichen Rechten als systematischen Grundansatz entschieden.[409] Der Ausschluss von Registertatbeständen nach Art. 1 II lit. l EuErbVO verhindert eine Anordnung der EuErbVO, dass aus einem forumfremden Recht herrührende dingliche Rechte wie z. B. Vindikationslegate oder dinglich wirkende Teilungsanordnungen in Register eines Mitgliedstaates eingetragen werden müssten, der solche Rechte nicht kennt.[410] Art. 1 II lit. l EuErbVO will die Sicherheit, Funktionsweise und Integrität der mitgliedstaatlichen Register schützen.[411] Die lex rei sitae soll darüber entscheiden dürfen, ob, wann und in welchem Umfang sie einen Rechtsübergang außerhalb des Registers durch nachfolgende konstitutive Registereintragung billigt.[412] **99**

---

[399] *Lagarde*, RCDIP 101 (2012), 691, 716.
[400] *Dörner*, ZEV 2012, 505, 509; *F. Gärtner* S. 83–86; *J. P. Schmidt*, RabelsZ 79 (2015), 888, 890; Dutta/Weber/*J. P. Schmidt* Art. 31 EuErbVO Rn. 15; *Calvo Caravaca/Daví/Mansel/Calzolaio/Vagni* Art. 31 Successions Regulation Rn. 10; siehe ausführlich *T. Lechner* S. 192–252.
[401] *Dörner*, ZEV 2012, 505, 509.
[402] *Geimer*, in: Reichelt/Rechberger (Hrsg.), Europäisches Erb- und Erbverfahrensrecht, 2011, S. 1, 23; *Martiny*, IPRax 2012, 119, 127.
[403] *J.P. Schmidt*, RabelsZ 77 (2013), 1, 15; Dutta/Weber/*J. P. Schmidt* Art. 23 EuErbVO Rn. 66.
[404] *Dutta*, FamRZ 2013, 4, 12; *J. P. Schmidt*, RabelsZ 77 (2013), 1, 15; *T. Lechner* S. 76.
[405] GA *Bot*, ECLI:EU:C:2017:387 Nr. 60 sowie *J. P. Schmidt*, RabelsZ 79 (2015), 888, 890 f.
[406] *Laukemann*, FS Rolf A. Schütze zum 80. Geb., 2014, S. 325, 332.
[407] *Laukemann*, FS Rolf A. Schütze zum 80. Geb., 2014, S. 325, 334 sowie *Kleinschmidt*, LMK 2018, 403371.
[408] *Buschbaum*, GS Ulrich Hübner, 2012, S. 589, 596.
[409] *Buschbaum*, GS Ulrich Hübner, 2012, S. 589, 596; *Wilsch*, ZEV 2012, 530, 531. Vgl. aber *Geimer*, in: Reichelt/Rechberger (Hrsg.), Europäisches Erb- und Erbverfahrensrecht, 2011, S. 1, 22 zum Vorschlag EuErbVO. Ebenso Dutta/Weber/*J. P. Schmidt* Art. 1 EuErbVO Rn. 127 mit Verweis auf den Vorentwurf der Verordnung.
[410] OLG Nürnberg MDR 2018, 156 = FGPrax 2018, 40, 41; *Buschbaum*, GS Ulrich Hübner, 2012, S. 589, 596; *Lechner*, ZErb 2014, 188, 194 f.; Geimer/Schütze/*C. Schall/U. Simon* Art. 1 EuErbVO Rn. 73.
[411] *K. Lechner*, IPRax 2013, 497, 500; *Looschelders*, FS Dagmar Coester-Waltjen, 2015, S. 531, 536; Geimer/Schütze/*C. Schall/U. Simon* Art. 1 EuErbVO Rn. 76; *J. Weber*, DNotZ 2018, 16, 21.
[412] *J. Weber*, DNotZ 2018, 16, 21.

100 Dies hat überragende Bedeutung für Vindikationslegate an deutschen Grundstücken:[413] Diese müssen nicht kraft EuErbVO in das deutsche Grundbuch (ein Register!) eingetragen werden.[414] Denn anderenfalls wäre es überflüssig und ohne eigenen Gehalt gewesen, Art. 1 II lit. l EuErbVO erstmals nach dem Vorschlag EuErbVO einzuführen.[415] Der Ausschluss nach Art. 1 II lit. l EuErbVO erfasst nicht nur die Registereintragung an sich, sondern auch deren materielle Voraussetzungen.[416] Anderenfalls bliebe für Art. 1 II lit. l EuErbVO kaum ein sinnvoller Restbereich,[417] höchstens das formelle Registerverfahrensrecht,[418] das indes auch ohne ausdrückliche Ausnahme außerhalb der EuErbVO stehen würde.[419] Zudem vermeidet man so Folgeprobleme mit Blick auf § 47 GBO, etwa bei gemeinschaftlichen Berechtigungen.[420] Auflassung und Eintragung bleiben konstitutiv. Dass es beim Übergang auf die Erben anders geht und ein „Erwerb außerhalb des Grundbuchs" stattfinden kann, ist den Besonderheiten der Universalsukzession geschuldet[421] und kein verallgemeinerungsfähiges Argument.[422]

101 Argumente aus Feinheiten des deutschen Wortlauts des Art. 1 II lit. l EuErbVO werden entgegengehalten: Es heiße nur „Voraussetzungen der Eintragung", nicht „Eintragung als Voraussetzung des Rechtserwerbs".[423] Oder in anderer Formulierung: Es heiße nur „gesetzliche Voraussetzungen für eine Eintragung", nicht „Voraussetzung der Eintragung".[424] Erwägungsgrund (18) EuErbVO unterstreiche dies nochmals.[425]

102 Erkennt man, dem EuGH[426] folgend, Vindikationslegate doch an, so ist eine Auflassung durch die Erben weder erforderlich[427] noch überhaupt möglich.[428] Eine Eintragung des Vermächtnisnehmers in das Grundbuch hat dann nur noch nachvollziehende, deklaratorische Bedeutung, umzusetzen durch einen Antrag auf Grundbuchberichtigung nach § 22 GBO.[429] Der mögliche Nachweis des Vindikationslegats in einem Europäischen Nachlasszeugnis wirft Friktionen mit dem Bestimmtheitsgrundsatz des deutschen Sachenrechts auf, wenn im legatsbegründenden Testament nicht – wie von § 28 S. 2 GBO gefordert – das Grundbuchblatt der betroffenen Immobilie angegeben ist.[430] Allerdings haben die Nieder-

---

[413] Nicht beschränkt auf Grundstückseigentum; vielmehr sind zugewendete Nutzungsrechte und Dienstbarkeiten ebenso betroffen (außerdem Rechte an anderen registrierten Gegenständen); *Leitzen*, ZEV 2018, 311 (311).

[414] *Remde*, RNotZ 2012, 65, 81; *U. Simon/Buschbaum*, NJW 2012, 2393 (2393f.); *Wilsch*, ZEV 2012, 530 (530f.); *Hertel*, DNotZ 2012, 688, 690; *F. Odersky*, notar 2013, 3, 4; *Volmer*, RPfleger 2013, 421, 426; *Döbereiner*, MittBayNot 2013, 358, 361 sowie *Dörner*, ZEV 2012, 505, 508; *C. Kohler/Pintens*, FamRZ 2012, 1425, 1427; Geimer/Schütze/*C. Schall/U. Simon* Art. 1 EuErbVO Rn. 76; *Calvo Caravaca/Davì/Mansel/M. Weller* Art. 1 Successions Regulation Rn. 96. Anderer Ansicht *Dutta* FamRZ 2013, 4, 12; *Margonski*, GPR 2013, 106, 109; Dutta/Weber/*J. P. Schmidt* Art. 1 EuErbVO Rn. 137; *Thorn/Lasthaus*, IPRax 2019, 24, 27f.

[415] *Döbereiner*, MittBayNot 2013, 358, 361; *ders.*, GPR 2014, 42, 43.

[416] *Döbereiner*, MittBayNot 2013, 358, 361; *ders.*, GPR 2014, 42, 43 sowie OLG München ZEV 2017, 580; OLG Nürnberg MDR 2018, 156.

[417] Vgl. *Durth*, ZEV 2018, 11, 12. Anders *J. P. Schmidt*, ZEV 2014, 133, 136 unter Hinweis auf Sonderkonstellationen z. B. unter Artt. 1193; 1198 grZGB; dem zustimmend *T. Lechner* S. 80.

[418] ÖstOGH ErbR 2018, 382, 384. *J. P. Schmidt*, ZEV 2014, 133, 135 will als besonderen Zweck § 39 GBO gewahrt sehen.

[419] *J. Weber*, DNotZ 2018, 16, 21.

[420] *Döbereiner*, GPR 2014, 42, 44; vgl. auch *Wilsch*, ZfIR 2018, 253, 261.

[421] Indirekt zugestanden von *T. Lechner* S. 79.

[422] Entgegen *J. P. Schmidt*, ZEV 2014, 133, 135; *T. Lechner* S. 190; *Kleinschmidt*, LMK 2018, 403371.

[423] *J. P. Schmidt*, ZEV 2014, 133, 135.

[424] *Dutta*, FamRZ 2013, 4, 12; *ders.*, IPRax 2015, 32, 34; *Soutier* S. 269f.; *T. Lechner* S. 76.

[425] MüKoBGB/*Dutta* Art. 3 EuErbVO Rn. 32; *T. Lechner* S. 77.

[426] EuGH ECLI:EU:C:2017:755 Rn. 45–65 – Aleksandra Kubicka; GA Bot, ECLI:EU:C:2017:387 Nr. 54–74.

[427] *Leitzen*, ZEV 2018, 311, 315. Dafür auf dem Boden der Gegenansicht z. B. *Wilsch*, ZEV 2012, 530, 531; *K. Lechner*, IPRax 2013, 497, 499; *Wachter*, ZNotP 2014, 2, 22 mwN.

[428] *Wilsch*, ZfIR 2018, 253, 256f., siehe auch *Dressler*, RPfleger 2018, 413, 416.

[429] *Wachter*, ZErb 2017, 358, 361f.; *J. Weber*, DNotZ 2018, 16, 23f.; *Wilsch*, ZfIR 2018, 253, 257. Anders unter Hinweis auf § 35 I 1 GBO *Litzenburger*, FD-ErbR 2017, 396271. Dagegen eingehend *Wilsch*, ZfIR 2018, 253, 257f.

[430] *Wachter*, ZErb 2017, 358, 362. Optimistischer *Wilsch*, ZfIR 2018, 253, 259f.

III. Sachlicher Anwendungsbereich der EuErbVO   103–105 § 5

lande (deren nationales Recht wie das deutsche keine Vindikationslegate kennt) mit einer Änderung ihrer Registerbestimmungen[431] gezeigt, dass sich Folgeprobleme bewältigen lassen.[432] Besondere Probleme können bloße Teilflächenvindikationslegate mit sich bringen.[433]

Art. 1 II lit. k EuErbVO dagegen trifft keinerlei Aussage über eine Ausgrenzung einzelner Übergangsmodi.[434] Er fällt also keine negative Aussage und kann deshalb einer Anerkennung von Vindikationslegaten nicht entgegengehalten werden.[435] Rechtspolitisch mag man dies kritisieren, weil so Publizitätserfordernisse und Bedürfnisse des Rechtsverkehrs nach dem Belegenheitsrecht hintan gestellt werden.[436] 103

Außerdem kann sich die Abgrenzung zwischen Damnations- und Vindikationslegat schwierig gestalten, insbesondere wenn das anzuwendende Recht zwar keinen Übertragungsakt, aber Besitzeinweisung oder Übergabe des Gegenstands verlangt, wie es Art. 1014 II Code civil tut.[437] Verschaffungsvermächtnisse, bei denen der Beschwerte den zugedachten Gegenstand erst besorgen muss, sind eine weitere Problemzone.[438] 104

Das Europäische Nachlasszeugnis enthält nach Artt. 68 lit. m; 63 II lit. b EuErbVO Angaben über Nachlassgegenstände, die einem bestimmten Vermächtnisnehmer mit unmittelbarer Berechtigung am Nachlass zustehen.[439] Vermächtnisnehmer mit dinglicher Beteiligung am Nachlass können ausweislich Art. 63 I EuErbVO das Europäische Nachlasszeugnis verwenden. Ob jemand Vindikationslegatar ist, bestimmt sich indes als eine Vorfrage nach dem Erbstatut.[440] Wer nach dem Erbstatut nur Damnationslegatar ist, kann ein Europäisches Nachlasszeugnis nicht verwenden.[441] Art. 41 II lit. i Vorschlag EuErbVO sah noch eine radikalere Lösung vor, nämlich im Ergebnis bei Immobilien Grundbuchumschreibung allein aufgrund des Europäischen Nachlasszeugnisses ohne weiteres dingliches Vollzugsgeschäft.[442] Davon ist die verbindlich gewordene Gesetzesfassung wieder abgerückt.[443] Ein Europäisches Nachlasszeugnis sollte im Prinzip nur in einem anderen Mitgliedstaat als dem Ausstellungsstaat verwendet werden.[444] Für die Berichtigung eines deutschen Grundbuchs bedürfte es für den Nachweis nach § 35 GBO wegen des dortigen Nachweistypenzwangs[445] also entweder eines deutschen Erbscheins (dessen Erlangung Probleme bereiten kann)[446] oder eines Europäischen Nachlasszeugnisses aus einem anderen Mitgliedstaat. Für den Ausweis von Vindikationslegaten an deutschen Grundstücken in einem in Deutschland ausgestellten ENZ kann § 37 I Nr. 4 IntErbRVG einen Weg weisen.[447] Als formelle Um- 105

---

[431] Art. 13 Uitvoeringswet Verordening Erfrecht, StBl. 2014 Nr. 430, hat Art. 27a in das Kadasderwet (StBl. 2005 Nr. 107) eingefügt.
[432] GA *Bot,* ECLI:EU:C:2017:387 Nr. 69.
[433] *J. Weber,* DNotZ 2018, 16, 31 f.; *Wilsch,* ZfIR 2018, 253, 262 f.
[434] EuGH ECLI:EU:C:2017:755 Rn. 50 – Aleksandra Kubicka; GA *Bot,* ECLI:EU:C:2017:387 Nr. 48; *Laukemann,* FS Rolf A. Schütze zum 80. Geb., 2014, S. 325, 336; *Mansel,* FS Dagmar Coester-Waltjen, 2015, S. 587, 589; *J. Weber,* DNotZ 2018, 16, 19; *Mansel/Thorn/R. Wagner,* IPRax 2018, 121, 152 sowie *Hertel,* in: Dutta/Herrler (Hrsg.), Die Europäische Erbrechtsverordnung, 2014, S. 85, 98 (ebd. 99: „Immobilienstatut vor Erbstatut vor beweglichem Sachenrecht" als Kompromiss).
[435] EuGH ECLI:EU:C:2017:755 Rn. 51 – Aleksandra Kubicka.
[436] *J. Weber,* DNotZ 2018, 16, 19 f.
[437] *Dörbereiner,* GPR 2014, 42, 43.
[438] *Dörbereiner,* GPR 2014, 42, 43.
[439] *Buschbaum,* GS Ulrich Hübner, 2012, S. 589, 595; *J. Weber,* DNotZ 2018, 16, 24.
[440] *C. Rudolf,* NZ 2013, 225, 239.
[441] LandesG Innsbruck NZ 2017, 464, 466 m. Anm. *Schwärzler; Schauer,* in: Schauer/Scheuba (Hrsg.), Europäische Erbrechtsverordnung, 2013, S. 73, 82; *C. Rudolf,* NZ 2013, 225, 239; Deixler-Hübner/Schauer/Perscha Art. 63 EuErbVO Rn. 29, Art. 68 EuErbVO Rn. 19; Geimer/Schütze/Dorsel Art. 68 EuErbVO Rn. 30; Calvo Caravaca/Davì/Mansel/Budzikiewicz Art. 68 Successions Regulation Rn. 20.
[442] *Dörner,* ZEV 2010, 221, 228; *Buschbaum/M. Kohler,* GPR 2010, 162; *Remde,* RNotZ 2012, 65, 82.
[443] *Wilsch,* ZEV 2012, 530, 531.
[444] Vgl. Art. 62 I EuErbVO, allerdings hinsichtlich der Wirkung im Ausstellungsstaat nicht in Einklang mit Art. 69 I EuErbVO.
[445] BeckOK GBO/*Wilsch,* 32. Ed. 1.5.2018, § 35 GBO Rn. 24.
[446] *J. Weber,* DNotZ 2018, 16, 25 f.
[447] *Leitzen,* ZEV 2018, 311, 313.

setzung wird eine gemeinsame Berichtigungsbewilligung von Erben und Vermächtnisnehmer in der Form des § 29 GBO ins Spiel gebracht.[448]

106 d) *Dinglich wirkende Teilungsanordnungen.* Dinglich wirkende Teilungsanordnungen werfen ein ähnliches Qualifikationsproblem auf wie Vindikationslegate. Es ist im gleichen Sinn wie bei Vindikationslegaten und parallel den gleichen Wertungen zu entscheiden.[449]

107 **6. Trusts.** Errichtung, Funktionsweise und Auflösung eines Trusts scheint Art. 1 II lit. j EuErbVO pauschal und ohne Einschränkungen aus der EuErbVO herauszunehmen, aus Rücksicht auf die Divergenz der Sachrechtsordnungen.[450] Indes schießt hier der Wortlaut über das eigentlich verfolgte Ziel hinaus. Die Formulierung ist zu weit geraten. Sie steht in massivem Konflikt zu Erwägungsgrund (13) EuErbVO.[451] Was wirklich gemeint ist, erschließt sich vielmehr gerade aus aus diesem Erwägungsgrund. Dessen Satz 2 betont ausdrücklich, dass die Ausnahme für Errichtung, Funktionsweise und Auflösung eines Trusts nicht als genereller Ausschluss von Trusts verstanden werden sollte. Dies betrifft insbesondere Trusts als Gestaltungsmöglichkeit für Erblasser.[452] Es hat erhebliche praktische Bedeutung, denn Trusts begegnen häufig als Planungs- und Gestaltungsinstrument insbesondere vermögender Erblasser.[453] Für Rechte, welche den Trust als Institut nicht kennen, bleibt es bei einer Anpassungsproblematik und gilt es, Strukturen und Begriffe des Trusts von Todes wegen in ihr erbrechtliches System zu übersetzen.[454]

108 Für Definition bzw. Umschreibung des vielgesichtigen Instituts Trust ist eine Anlehnung an Art. 2 Haager TrustÜbk[455] anzuraten.[456] Wünschenswert ist auch ein möglichst weitgehender Gleichlauf mit Artt. 7 Nr. 6 Brüssel Ia-VO; 5 Nr. 6 EuGVVO/LugÜ 2007.[457] Allerdings ist zu beachten, dass diese Vorschriften Einengungen auf rechtsgeschäftliche Trusts enthalten. Eine besondere Rolle können resulting trusts und constructive trusts spielen.[458]

109 Erwägungsgrund (13) S. 3 EuErbVO stellt klar:[459] Wird ein Trust testamentarisch oder kraft Gesetzes im Rahmen der gesetzlichen Erbfolge errichtet, so sollte im Hinblick auf den Übergang der Vermögenswerte und die Bestimmung der Berechtigten das nach der EuErbVO ermittelte Erbstatut gelten.[460] Soweit Trusts die Funktion der Vor- und Nacherbfolge übernehmen und als Dauertestamentsvollstreckung oder Dauernachlassverwaltung dienen,[461] sind sie Gegenstand der EuErbVO. Testamentary trusts sind weiterhin[462] erbrechtlich zu qualifizieren.[463] Im Prinzip ist diese Abgrenzungslinie kompatibel mit dem

---

[448] *Dressler,* RPfleger 2018, 413, 417.
[449] Siehe *Müller-Lukoschek* § 2 Rn. 104 f; Dutta/Weber/*J. P. Schmidt* Art. 31 EuErbVO Rn. 18.
[450] *Davì/Zanobetti,* Cuad. Der. TranS. 5 (2) (2013), 5, 20.
[451] *J. P. Schmidt,* RabelsZ 77 (2013), 1, 17 Fn. 88; Dutta/Weber/*J. P. Schmidt* Art. 1 EuErbVO Rn. 105.
[452] *Vollmer,* ZErb 2012, 227, 229; näher *Picht,* Liber amicorum Makoto Arai, 2015, S. 535.
[453] *Bonomi,* in: Bonomi/Wautelet Art. 1 Règ. Rn. 79; *Calvo Caravaca/Davì/Mansel/M. Weller* Art. 1 Successions Regulation Rn. 68; *Pamboukis/Nikolaidis* Art. 1 Successions Regulation Rn. 54.
[454] *Müller-Lukoschek* § 2 Rn. 96; *Pamboukis/Nikolaidis* Art. 1 Successions Regulation Rn. 59.
[455] Übereinkommen vom 1.7.1985 über das auf Trusts anzuwendende Recht und über ihre Anerkennung, deutscher Text des Übereinkommens abrufbar unter <https://www.hcch.net/de/instruments/conventions/full-text/?cid=59>.
[456] *Bonomi,* in: Bonomi/Wautelet Art. 1 Règ. Rn. 82.
[457] *Bonomi,* in: Bonomi/Wautelet Art. 1 Règ. Rn. 82.
[458] *Bonomi,* in: Bonomi/Wautelet Art. 1 Règ. Rn. 83. Zu diesen Formen des Trusts Geimer/Schütze/ *C. Schall/U. Simon* Art. 1 EuErbVO Rn. 60.
[459] Zum Zusammenspiel und zur Abgrenzung von Trust- und Erbstatut vor der EuErbVO *Godechot,* L'articulation du trust et du droit de successions, 2004.
[460] *Biagioni,* in: Franzina/Leandro (a cura di), Il diritto internazionale privato europeo delle successioni mortis causa, 2013, S. 25, 43; *Wachter,* ZNotP 2014, 2, 22.
[461] *Schurig,* FS Ulrich Spellenberg, 2010, S. 343, 351.
[462] Siehe Staudinger/*Dörner* Art. 25 EGBGB Rn. 427; *Richters,* ZEV 2012, 576, 577.
[463] Vgl. *Döbereiner,* MittBayNot 2013, 358, 361; *Biagioni,* in: Franzina/Leandro (a cura di), Il diritto internazionale privato europeo delle successioni mortis causa, 2013, S. 25, 43 f.

III. Sachlicher Anwendungsbereich der EuErbVO　　　　　　　　　110–113　§ 5

Haager TrustÜbk.⁴⁶⁴ Indes genießt geht das Haager TrustÜbk in seinen Vertragsstaaten den Vorrang als Staatsvertrag gemäß Art. 75 I UAbs. 1 EuErbVO. Sofern es Anwendung auch auf testamentary trusts heischt, haben seine Vertragsstaaten dem zu folgen und den testamentary trust im Haager Sinne trust-, nicht erbrechtlich zu qualifizieren.⁴⁶⁵

Erbrechtlich zu qualifizieren sind alle Fragen der Auslegung einer testamentarischen Verfügung, mit welcher ein Trust errichtet wird.⁴⁶⁶ Auf die trustrechtliche Seite fallen dagegen auf den Todesfall widerruflicher Trusts, sog. revocable trusts, allen Ähnlichkeiten mit einer testamentarischen Verfügung zum Trotz.⁴⁶⁷ Man kann insoweit eine Wertungsparallele zum Ausschluss von Rechtsgeschäften zu Gunsten Dritter auf den Todesfall durch Art. 1 II lit. g EuErbVO sehen. 110

Trusts darf man rechtspolitisch nicht akzeptieren, soweit sie als Instrument für Vermögensverschiebung und Benachteiligung der Erben eingesetzt zu werden drohen; insoweit müssen sich Drittansprüche der Erben gegen die Inkorporation in einer willigen Rechtsordnung durchsetzen, da ansonsten die nachteiligste Rechtsordnung und die interessengesteuerte Sicht von deren Vermögensverwaltungsindustrie übergroße Marktgeltung erlangen würde.⁴⁶⁸ Insoweit mag der Blick auch auf die Wertung des Art. 15 I lit. c Haager TrustÜbk fallen:⁴⁶⁹ Zwingende Regeln der lex fori über Pflichtteile sind dort zu Lasten des Truststatuts vorbehalten. Dies hat etwa zur Folge, dass an einen Trust benachteiligend verfügte Werte für Zuschnitt und Berechnung der Pflichtteile dem Nachlass wieder hinzuzurechnen sind⁴⁷⁰ und dass der Trust gegebenenfalls sogar zu reduzieren ist.⁴⁷¹ 111

Sorgen des Vereinigten Königreichs, dass Trustkonstruktionen des englischen Rechts durch Pflichtteilsergänzungsrechte kontinentaleuropäischer Erbrechte gefährdet werden könnten, insbesondere weil der Zuwendungsempfänger zum Zeitpunkt der Zuwendung das Erbstatut noch nicht mit letzter Sicherheit bestimmen und deshalb einplanen kann,⁴⁷² haben sich indes nicht in einem kompletten Ausschluss von Trusts aus der EuErbVO niedergeschlagen. Ebenso wenig wurden Überlegungen aufgegriffen, eine eigene Regel für testamentarische Trusts aufzunehmen, sei es auch nur, wenn das Aufenthaltsrecht oder das Heimatrecht des Erblassers den Trust (richtigerweise: von Todes wegen oder auf den Todesfall) als Rechtsinstitut kennt.⁴⁷³ 112

7. Unterhaltsrecht. Fragen des Unterhaltsrechts nimmt Art. 1 II lit. e EuErbVO aus. Sie sind jedoch nicht pauschal und in jeglicher Hinsicht ausgenommen. Vielmehr erfasst die EuErbVO kraft der ausdrücklichen Rückausnahme des Art. 1 II lit. e Var. 2 EuErbVO Unterhaltspflichten, die erst mit dem Erbfall von Todes wegen entstehen.⁴⁷⁴ Insoweit ist die funktionelle Nähe zu finanziellen Beteiligungen am Nachlass entscheidend. Dem Erblasser können mehrere funktionell verwandte und gleichwertige Wege und Konstruktionen offenstehen, um eine finanzielle Beteiligung am Nachlass ins Werk zu setzen. Gesetzliche Unterhaltspflichten von Todes wegen haben oft ähnliche Schutzfunktionen zu Gunsten von Ehegatten und nahen Verwandten wie zwangsweise Nachlassbeteiligungen nach Art 113

---

⁴⁶⁴ *Biagioni*, in: Franzina/Leandro (a cura di), Il diritto internazionale privato europeo delle successioni mortis causa, 2013, S. 25, 43.
⁴⁶⁵ Geimer/Schütze/C. *Schall*/U. *Simon* Art. 1 EuErbVO Rn. 61 f. sowie *Caravaca/Davì/Mansel/M. Weller* Art. 1 Successions Regulation Rn. 72 f. Differenzierend Dutta/Weber/J. P. *Schmidt* Art. 1 EuErbVO Rn. 113–115: Die Mitgliedstaaten, welche auch Vertragsstaaten des Haager TrustÜbk. sind, müssten Art. 4 HaagerTrustÜbk. so weit auslegen, dass die testamentary trusts wieder der EuErbVO unterfallen.
⁴⁶⁶ *Bonomi*, in: Bonomi/Wautelet Art. 1 Règ. Rn. 85.
⁴⁶⁷ *Bonomi*, in: Bonomi/Wautelet Art. 1 Règ. Rn. 94 f; Dutta/Weber/J. P. *Schmidt* Art. 1 EuErbVO Rn. 108.
⁴⁶⁸ *Breitschmid*, ZEV 2013, 548 f.
⁴⁶⁹ Vgl. *Bonomi*, in: Bonomi/Wautelet Art. 1 Règ. Rn. 98.
⁴⁷⁰ *Bonomi*, in: Bonomi/Wautelet Art. 1 Règ. Rn. 99.
⁴⁷¹ *Bonomi*, in: Bonomi/Wautelet Art. 1 Règ. Rn. 100–102 sowie CasS. RDCIP 85 (1996), 692 note *Droz*; *Lequette*, D. 1996, 235; *Godechot*, L'articulation du trust et du droit des successions, 2004, S. 338 f.
⁴⁷² *Dutta*, in: Reichelt/Rechberger (Hrsg.), Europäisches Erb- und Erbverfahrensrecht, 2011, S. 57, 58.
⁴⁷³ Siehe dafür *Mansel*, Tuğrul Ansay'a Armağan, 2006, S. 185, 221.
⁴⁷⁴ *Frodl*, ÖJZ 2012, 950, 952; *Bonomi*, in: Bonomi/Wautelet Art. 1 Règ. Rn. 33.

eines Pflichtteils, einer réserve héréditaire oder eine family provision.[475] Maßgeblich für eine unterhaltsrechtliche, nicht-erbrechtliche Qualifikation ist, ob die Unterhaltspflicht bereits dem Erblasser zu dessen Lebzeiten effektive Lasten auferlegt hat.[476]

114 Erbrechtlich zu qualifizieren und anzuknüpfen sind insbesondere von Todes wegen entstehende Rechte überlebender Ehegatten (oder Partner[477]) mit Unterhaltscharakter, z. B. das Vorausvermächtnis nach § 785 ABGB oder der bedarfsabhängige Anspruch auf Versorgungsleistungen, family provisions, nach englischem Recht.[478] Von der EuErbVO erfasst sind aber auch alle anderen von Todes neu entstehenden Unterhaltsansprüche gegen den Nachlass, sei es von überlebenden Ehegatten (z. B. nach § 796 ABGB) oder von Kindern des Erblassers (z. B. nach § 142 ABGB), wenn es sich nicht um Erblasser-, sondern um Erbgangsschulden handelt.[479]

115 Generell ist eine Abstimmung mit der EuUnthVO, dem HUP (durch Art. 15 EuUntVO Teil des europäischen IPR) und deren Maßstäben für eine unterhaltsrechtliche Qualifikation anzustreben,[480] um Friktionen und Diskrepanzen zu vermeiden. Dabei sollten EuUnthVO und HUP als die insoweit spezielleren Rechtsakte den Vorrang haben bei der Qualifikation, was als unterhaltsrechtlich einzuordnen ist und was nicht. So vermeidet man auch am besten Lücken zwischen EuUnthVO/HUP einerseits und EuErbVO andererseits. Es wäre kein glückliches Ergebnis, wenn einzelne Phänomene in ein Niemandsland fielen, weil das Erbrecht sie unterhaltsrechtlich einordnete, während das Unterhaltsrecht sie nichtunterhaltsrechtlich einordnete. Richtigerweise ist daher unterhaltsrechtlich zu qualifizieren, wenn eine Unterhaltsverpflichtung eine höchstpersönliche ist, also mit dem Tode des Erblassers erlischt.[481]

116 **8. Rechts-, Geschäfts- und Handlungsfähigkeit.** Art. 1 II lit. b EuErbVO nimmt die Rechts-, Geschäfts- und Handlungsfähigkeit natürlicher Personen aus. Dies kann man in eine Linie mit Art. 1 II lit. a Var. 2 Rom I-VO; 1 II lit. a Var. 2 EuGVVO; 1 II lit. a Var. 2 Brüssel Ia-VO stellen.[482] Indes macht Art. 1 II lit. b EuErbVO selber zwei Rückausnahmen, die sich an anderen Stellen der EuErbVO befinden und den Besonderheiten des Erbrechts Rechnung tragen: Art. 23 II lit. c EuErbVO schlägt die (passive) Erbfähigkeit, also die Fähigkeit, Erbe zu werden, dem Erbstatut zu, und Art. 26 I lit. a EuErbVO die Testierfähigkeit dem Errichtungsstatut.[483] Schutzmaßnahmen und Vertretung von Minderjährigen regelt auch im erbrechtlichen Kontext das KSÜ, von Erwachsenen das ErwSÜ,[484] die über Art. 75 I UAbs. 1 EuErbVO Vorrang heischen.

117 Bei einem Erbvertrag ist die Testierfähigkeit nur für den letztwillig Verfügenden die maßgebliche Qualität; für eine Erbvertragspartei, die selber keine letztwillige Verfügung trifft, bleibt es vielmehr bei der allgemeinen Geschäftsfähigkeit.[485] Bei einem Erbverzichtsvertrag kommt es auf die Testierfähigkeit desjenigen an, demgegenüber verzichtet wird, nicht auf jene des Verzichtenden.[486]

---

[475] *Bonomi*, in: Bonomi/Wautelet Art. 1 Règ. Rn. 33.
[476] *Bonomi*, in: Bonomi/Wautelet Art. 1 Règ. Rn. 34.
[477] *Biagioni*, in: Franzina/Leandro (a cura di), Il diritto internazionale privato europeo delle successioni mortis causa, 2013, S. 25, 50.
[478] *Scheuba*, in: Schauer/Scheuba (Hrsg.), Europäische Erbrechtsverordnung, 2013, S. 1, 12 mit Fn. 62.
[479] *Fischer-Czermak*, in: Schauer/Scheuba (Hrsg.), Europäische Erbrechtsverordnung, 2013, S. 23, 26.
[480] *Biagioni*, in: Franzina/Leandro (a cura di), Il diritto internazionale privato europeo delle successioni mortis causa, 2013, S. 25, 49–51; Geimer/Schütze/*C. Schall/U. Simon* Art. 1 EuErbVO Rn. 31; *Calvo Caravaca/Daví/Mansel/M. Weller* Art. 1 Successions Regulation Rn. 44.
[481] *Bonomi*, in: Bonomi/Wautelet Art. 1 Règ. Rn. 32.
[482] Vgl. Geimer/Schütze/*C. Schall/U. Simon* Art. 1 EuErbVO Rn. 17.
[483] Siehe nur *Jayme*, in: Reichelt/Rechberger (Hrsg.), Europäisches Erb- und Erbverfahrensrecht, 2011, S. 27, 37; *Daví/Zanobetti*, Cuad. Der. TranS. 5 (2) (2013), 5, 18.
[484] *Bonomi*, in: Bonomi/Wautelet Art. 1 Règ. Rn. 22; Dutta/Weber/*J. P. Schmidt* Art. 1 EuErbVO Rn. 31.
[485] *Döbereiner*, MittBayNot 2013, 437, 440.
[486] *Döbereiner*, MittBayNot 2013, 437, 443; Geimer/Schütze/*C. Schall/U. Simon* Art. 1 EuErbVO Rn. 5.

9. Personenstand, Abstammung, Familienverhältnisse und gleichgestellte Verhältnisse. Personenstand, Familienverhältnisse und Verhältnisse, die nach dem auf sie anwendbaren Recht vergleichbare Wirkungen wie Familienverhältnisse entfalten, nimmt Art. 1 II lit. a EuErbVO aus. Dies umfasst die Verwandtschaft mit dem Erblasser und insbesondere die Abstammung vom Erblasser,[487] einschließlich Adoption oder Vaterschaftsanerkennung,[488] außerdem Bestand und Auflösung einer Ehe oder Partnerschaft mit dem Erblasser.[489] Diese Materien werden zu Vorfragen, soweit das anwebare Erbrecht sie berührt,[490] z. B. beim Erbrecht eines Ehegatten. Die Auflösung von Ehen unterliegt der Rom III-VO, die anderen Materien dem nationalen IPR der Mitgliedstaaten.[491] Die Erweiterung nach Maßgabe des jeweiligen Statuts meint moderne Formen der familiennahen Rechtsverhältnisse wie z. B. nichtregistrierte Partnerschaften.[492] Qualifikation nach der lex causae ist ein Kompromiss zwischen liberalen und traditionell-konservativen Familienmodellen. Erstere würden abstrakt immer für, letzere immer gegen eine Erweiterung plädieren. Mit dem Kompormiss bekommen beide ihren jeweiligen Willen, wenn sie denn berufen sind. Nicht zum Personenstand sollte man dagegen die Abgrenzung zwischen Leben und Tod und Todesvermutungen schlagen.[493] 118

10. Verschollenheit, Abwesenheit und Todesvermutung. Nach Art. 1 II lit. c EuErbVO behandelt die EuErbVO weder die Verschollenheit oder Abwesenheit einer Person noch eine Todesvermutung. Insoweit wird Art. 23 II lit. a EuErbVO eingeschränkt, indem von den anderen Gründen, welche das Erbstatut neben dem (festgestellten) Tod des Erblassers für den Erbfall vorsehen mag, deren Voraussetzungen abgetrennt werden.[494] In Deutschland wird die Verschollenheit auch für erbrechtliche Zwecke weiterhin über Art. 9 EGBGB angeknüpft.[495] 119

Eine Todesvermutung mündet, wenn sie echte Konsequenzen haben soll, darin, dass der Betreffende für tot erklärt wird. Die Todeserklärung erwähnt Art. 1 II lit. c EuErbVO nicht gesondert. Eine gewisse Durchbrechung des Art. 1 II lit. c EuErbVO findet man in Art. 32 EuErbVO, nämlich eine eigene Sachnorm für Kommorientenfälle (mehrere Erblasser mit verschiedenen Erbstatuten, deren Todesreihenfolge ungewiss ist).[496] Konsequent wäre es gewesen, auch die Kommorientenvermutung gleichzeitigen Todes aus dem Anwendungsbereich der EuErbVO auszuschließen, statt partiell systemwidrig eine materielle Regel zu schaffen.[497] 120

11. Formgültigkeit mündlicher Testamente. Der EuErbVO unterliegt nach Art. 1 II lit. f EuErbVO nicht die Formgültigkeit mündlicher Testamente. Mündliche Testamente sind in einigen Rechtsordnungen zumindest in Notsituationen erlaubt, etwa bei Soldaten im Kampfeinsatz oder an Bord eines Schiffes in Seenot; sie haben nur eine begrenzte Gültigkeitsdauer.[498] Vorausgesetzt sind in der Regel außergewöhnliche Umstände, die ein Testieren in regulären Formen nicht mehr erlauben.[499] 121

---

[487] *Fischer-Czermak,* in: Schauer/Scheuba (Hrsg.), Europäische Erbrechtsverordnung, 2013, S. 23, 25.
[488] *Biagioni,* in: Franzina/Leandro (a cura di), Il diritto internazionale privato europeo delle successioni mortis causa, 2013, S. 25, 44; *Bonomi,* in: Bonomi/Wautelet Art. 1 Règ. Rn. 12.
[489] *Bonomi,* in: Bonomi/Wautelet Art. 1 Règ. Rn. 12.
[490] Siehe nur *Looschelders,* FS Dagmar Coester-Waltjen, 2015, S. 531, 537.
[491] *Bonomi,* in: Bonomi/Wautelet Art. 1 Règ. Rn. 12; *Pamboukis/Nikolaidis* Art. 3 Successions Regulation Rn. 20.
[492] *Bonomi,* in: Bonomi/Wautelet Art. 1 Règ. Rn. 14; *Calvo Caravaca/Davì/Mansel/M. Weller* Art. 1 Successions Regulation Rn. 22.
[493] Anders wohl *Biagioni,* in: Franzina/Leandro (a cura di), Il diritto internazionale privato europeo delle successioni mortis causa, 2013, S. 25, 44 f.
[494] *Bonomi,* in: Bonomi/Wautelet Art. 1 Règ. Rn. 23.
[495] *Müller-Lukoschek* § 2 Rn. 70; MüKoBGB/*Dutta* Art. 1 EuErbVO Rn. 14; *Geimer/Schütze/C. Schall/U. Simon* Art. 1 EuErbVO Rn. 21.
[496] *Fischer-Czermak,* in: Schauer/Scheuba (Hrsg.), Europäische Erbrechtsverordnung, 2013, S. 23, 25.
[497] *Blanco-Morales Limones,* Liber amicorum José Luis Iglesias Buhigues, 2012, S. 413, 421 f.
[498] *Bonomi,* in: Le droit des successions en Europe, 2003, S. 31, 37; *Wysocka,* NIPR 2012, 569, 571.
[499] *Bonomi,* in: Bonomi/Wautelet Art. 1 Règ. Rn. 36.

122 **12. Registereintragungen.** Art. 1 II lit. l EuErbVO formuliert eine Ausnahme vom Erbstatut für jede Eintragung von Rechten an beweglichen oder unbeweglichen Vermögensgegenständen in einem Register, einschließlich der gesetzlichen Voraussetzungen für eine solche Eintragung, sowie die Wirkungen der Eintragung oder der fehlenden Eintragung solcher Rechte in einem Register. Registerrecht bleibt Domäne des registerführenden Staates. Insoweit wird der Gemengelage und der wechselseitigen Durchdringung von materiellem Recht und Verfahrensrecht bei Registereintragungen Rechnung getragen. Dies gilt insbesondere für die Registrierung und Eintragung von Rechten an Immobilien in Grundbücher,[500] Landregister oder sonstige Immobiliarregister. Daneben sind Register für immaterielle Schutzrechte, Register für Finanzinstrumente oder Gesellschaftsregister zu beachten,[501] außerdem Handelsregister.[502]

123 Diese auf den ersten Blick unscheinbar und technisch wirkende Ausnahme hat große Bedeutung, weil sie der Sache nach einen Vorbehalt der lex rei sitae und des Sachenrechts durchsetzt.[503] Ganz genau gesehen erfolgt der Vorbehalt zu Gunsten der lex auctoris vel auctoritatis, des Rechts des registerführenden Staates (weniger der lex loci registrationis[504]); dieses fällt aber bei Immobiliarsachenrechten mit der lex rei sitae zusammen.[505] Im Vorschlag EuErbVO war sie noch nicht enthalten.[506] Die zum Vorschlag EuErbVO geäußerte Befürchtung, die deutschen Grundbücher würden sich mit ausländischen Begriffen füllen,[507] ist daher ausgeräumt.[508] Außerdem ist eine Parallele zu Art. 22 Nr. 3 EuGVVO/LugÜ; 24 Nr. 3 Brüssel Ia-VO hergestellt.[509] Es besteht ein Zusammenhang mit der Organisation öffentlicher Dienste (auch wenn die Form als solche nicht nationales Schutzgut ist).[510]

124 Ist die Eintragung nach dem Recht des registerführenden Staates konstitutiv für den Übergang des einzutragenden subjektiven Rechts,[511] so wird jener Übergang erst nach Eintragung wirksam, selbst wenn das Erbstatut einen Übergang außerhalb des Registers vorsehen würde.[512] Das Registerstatut entscheidet laut Erwägungsgrund (19) S. 2 EuErbVO, ob eine Eintragung konstitutiv oder nur deklaratorisch ist.[513]

125 Die Erwägungsgründe (18) und (19) EuErbVO machen die hinter dem Normtext stehenden Überlegungen und das verfolgte Konzept deutlich. Schon die Länge der Ausführungen indiziert, dass hier ein Schwerpunkt der Beratungen und ein besonderer Knackpunkt lagen. Problematisch ist, dass sich darin häufig Bezüge auf Mitgliedstaaten finden, nicht auf Staaten allgemein. Damit wird die Generallinie verlassen, allseitige Kollisionsnormen von „universeller Anwendung" (Art. 20 EuErbVO) aufzustellen. Zudem treten Friktionen selbst mit Art. 30 EuErbVO auf, denn auch dieser ist allseitig ausgestaltet. Noch

---

[500] *Janzen*, DNotZ 2012, 484, 487.
[501] *Wautelet* in: Bonomi/Wautelet Art. 1 Règ. Rn. 120.
[502] *Müller-Lukoschek* § 2 Rn. 110.
[503] Siehe *Buschbaum*, GS Ulrich Hübner, 2012, S. 589, 596; *Frodl*, ÖJZ 2012, 950, 952.
[504] Dafür *van Erp*, EPLJ 2012, 1, 2; *Calvo Caravaca/Davì/Mansel/M. Weller* Art. 1 Successions Regulation Rn. 96.
[505] *Wautelet* in: Bonomi/Wautelet Art. 1 Règ. Rn. 123.
[506] *Döbereiner*, MittBayNot 2013, 358, 360; *Wautelet* in: Bonomi/Wautelet Art. 1 Règ. Rn. 118.
[507] *Jayme*, in: Reichelt/Rechberger (Hrsg.), Europäisches Erb- und Erbverfahrensrecht, 2011, S. 27, 30.
[508] Anderes Verständnis der Genese bei GA *Bot*, ECLI:EU:C:2017:387 Nr. 68.
[509] *Biagioni*, in: Franzina/Leandro (a cura di), Il diritto internazionale privato europeo delle successioni mortis causa, 2013, S. 25, 42.
[510] *Popescu*, Liber amicorum Liviu Pop, 2015, S. 759, 782 f.
[511] Das Prinzip des Vonselbstanfalls der Erbschaft aus § 1922 BGB dürfte die Eintragung des Übergangs von Rechten an deutschen Immobilien im deutschen Grundbuch eigentlich zu einer nicht konstitutiven machen; *Mansel*, FS Dagmar Coester-Waltjen, 2015, S. 587, 592.
[512] *Janzen*, DNotZ 2012, 484, 487 f. Anderer Ansicht MüKoBGB/*Dutta* Art. 1 EuErbVO Rn. 32.
[513] GA *Bot*, ECLI:EU:C:2017:387 Nr. 59; *Frodl*, ÖJZ 2012, 950, 952; *Fischer-Czermak*, in: Schauer/Scheuba (Hrsg.), Europäische Erbrechtsverordnung, 2013, S. 23, 28; *Biagioni*, in: Franzina/Leandro (a cura di), Il diritto internazionale privato europeo delle successioni mortis causa, 2013, S. 25, 42; *Calvo Caravaca/Davì/Mansel/M. Weller* Art. 1 Successions Regulation Rn. 96; *Crespi Reghizzi*, RDIPP 2017, 633, 649 f.; *Dressler*, RPfleger 2018, 413, 414.

III. Sachlicher Anwendungsbereich der EuErbVO

eine Stufe höher besteht ein weiteres Problem darin, dass in Erwägungsgründen, also außerhalb des allein verbindlichen normativen Teils der Verordnung, scheinbar Kollisionsnormen formuliert werden. Dies ist in der Sache fragwürdig und geht außerdem an der beschränkten Zielsetzung vorbei, eine Ausnahme zum sachlichen Anwendungsbereich näher zu erläutern. Wie die im Ausnahmebereich geltenden Kollisionsnormen aussehen, ist Sache der Mitgliedstaaten; Ausnahmebereiche sind dem nationalen Kollisionsrecht zugewiesen. Das Unionsrecht hätte den Erstzugriff auf diese Bereiche gehabt, hat ihn aber nicht ausgeübt. Damit hat es sich auch der Möglichkeit begeben, Vorgaben in den Ausnahmebereichen zu machen.

Das Recht des registerführenden Staates soll nach Erwägungsgrund (18) S. 2 EuErbVO **126** bestimmen, unter welchen gesetzlichen Voraussetzungen und wie die Eintragung vorzunehmen ist und welche Behörden (wie etwa Grundbuchämter) oder Notare dafür zuständig sind zu prüfen, dass alle Eintragungsvoraussetzungen erfüllt sind bzw. die erforderlichen Angaben enthalten.

Insbesondere prüfen die Behörden nach Erwägungsgrund (18) S. 3 EuErbVO, ob es sich **127** bei dem subjektiven Recht des Erblassers an dem Nachlassvermögen, das in dem für die Eintragung vorgelegten Schriftstück erwähnt ist, um ein Recht handelt, das als solches in dem Register eingetragen ist oder nach dem Recht des registerführenden Mitgliedstaats anderweitig nachgewiesen wird.

Um eine doppelte Ausstellung von Schriftstücken zu vermeiden, sollten die Eintragungsbehörden diejenigen von den zuständigen Behörden in einem anderen Mitgliedstaate erstellten Schriftstücke annehmen, deren Verkehr nach der EuErbVO vorgesehen ist, insbesondere Europäische Nachlasszeugnisse (Erwägungsgrund [18] S. 4, 5 EuErbVO). Jedoch soll dies gemäß Erwägungsgrund (18) S. 6 EuErbVO die Eintragungsbehörden nicht daran hindern, von dem Antragsteller diejenigen zusätzlichen Angaben oder die Vorlage derjenigen zusätzlichen Schriftstücke zu verlangen, die nach dem Recht des registerführenden Staates erforderlich sind, z. B. über die Zahlung von Steuern. Dies hat insbesondere, aber keineswegs nur Erbschaftsteuern im Blick.

Die zuständige Behörde kann den Antragsteller darauf hinweisen, wie die fehlenden An- **129** gaben oder Schriftstücke beigebracht werden können (Erwägungsgrund [18] S. 7 EuErbVO). Die stete Bezugnahme auf Behörden spricht dagegen, rein private Register einzubeziehen.[514] Zu verlangen ist vielmehr mindestens eine staatliche Belehnung, besser noch eine Delegation im strengen Sinn.

Das Europäische Parlament schlug vor, die Anwendung der lex auctoritatis im Normtext **130** selbst festzuschreiben.[515] Damit vermochte es sich indes nicht durchzusetzen.

Art. 1 II lit. l EuErbVO ist eine möglichst große Reichweite beizumessen,[516] obwohl **131** dies in den Erwägungsgründen (18) und (19) EuErbVO so nicht eindeutig festgeschrieben ist.[517] Ein Prinzip, dass Ausnahmen eng auszulegen seien, gibt es nicht.[518] Eine weite Auslegung des Ausschlusses vermeidet Probleme damit, ob ein ausländisches Recht als Erbstatut einen weiteren Übertragungsakt verlangt oder, weil ihm das Abstraktionsprinzip im Sachenrecht fremd ist, auf einen anderen Akt mit Publizitätswirkung (z. B. die délivrance nach Art. 1014 II Code civil) ausweicht.[519] Ohne weite Auslegung von Art. 1 II lit. l EuErbVO würde man den Rechtspfleger oder sonstigen Eintragungsbeamten mit der schwie-

---

[514] Im Ergebnis anders *Wautelet* in: Bonomi/Wautelet Art. 1 Règ. Rn. 119.
[515] Art. 20a Entwurf eines Berichts über den Vorschlag für eine Verordnung des Europäischen Parlaments und des Rates über die Zuständigkeit, das anwendbare Recht, die Anerkennung und die Vollstreckung von Entscheidungen und öffentlichen Urkunden in Erbsachen sowie zur Einführung eines Europäischen Nachlasszeugnisses, KOM (2009) 154 endg. – C7- 0236/2009 – 2009/0157 (COD), Bericht des Rechtsausschusses des Europäischen Parlaments vom 23.2.2011, Berichterstatter: *K. Lechner*.
[516] *Wautelet*, in: Bonomi/Wautelet Art. 1 Règ. Rn. 122. Siehe aber auch MüKoBGB/*Dutta* Art 1 EuErbVO Rn. 32.
[517] *Mansel*, FS Dagmar Coester-Waltjen, 2015, S. 587, 591.
[518] Entgegen GA *Bot*, ECLI:EU:C:2017:387 Nr. 55.
[519] *Döbereiner*, MittBayNot 2013, 358, 361.

rigen Prüfung belasten, ob ein forumfremdes Erbstatut ein echtes Vindikationslegat statuiert oder noch zusätzliche Übertragungsakte verlangt.[520] Langwierige Ermittlungen von Auslandsrecht, schlimmstenfalls über kostspielige Gutachten, würden dem Vereinheitlichungs- und Beschleunigungszwecke der EuErbVO zuwiderlaufen.[521] Insoweit stehen hinter dem Ausschluss handfeste politische Interessen, insbesondere Deutschlands, an der praktischen Funktionsfähigkeit von Grundbuchsystemen.[522]

132 Hinsichtlich der Wirkungen einer Registereintragung sollte nach Erwägungsgrund (19) S. 2 EuErbVO das Recht des registerführenden (Mitglied-)Staates insbesondere dafür maßgebend sein, ob die Eintragung konstitutive oder nur deklaratorische Wirkung hat.[523] Wenn beispielsweise der Erwerb eines Immobiliarsachenrechts nach dem Recht des registerführenden (Mitglied-)Staates die Eintragung in einem Register erfordere, damit die Wirkung erga omnes von Registern sichergestellt werde oder Rechtsgeschäfte geschützt würden, sollte der Zeitpunkt des Erwerbs dem Recht des registerführenden (Mitglied-)Staates unterliegen (Erwägungsgrund [19] S. 3 EuErbVO). Ob ein weiterer Akt erforderlich ist, z.B. eine attestation notariée in Frankreich, bestimmt die lex loci registrationis.[524]

133 Eine Differenzierung zwischen verschiedenen Registertypen findet nicht statt, allerdings ohne dass es eine nähere Ausfüllung des Registerbegriffs in der EuErbVO geben würde.[525] Ob das Register klassisch in Büchern oder elektronisch geführt wird, steht gleich.[526] Ebenfalls erfasst sein dürften internationale Register, etwa jenes nach dem Übereinkommen von Kapstadt für Sicherungsrechte am Zubehör von Luftfahrzeugen.[527]

134 Von der Ausnahme erfasst sind die Voraussetzungen wie die Wirkungen von Registereintragungen. Zu den Voraussetzungen zählen insbesondere Eintragungsfristen und formelle Eintragungsvoraussetzungen sowie die Frage, was überhaupt eingetragen werden kann.[528] Die lex auctoritatis entscheidet über den Zugang zum Register.[529] Sie entscheidet auch darüber, welche Stelle zuständig ist und Eintragungen in das betroffene Register vornimmt. Sie regelt das formelle Registerverfahrensrecht.[530] Regeln, was in eine gerichtliche Erbeinweisung aufzunehmen ist (wie z.B. § 178 II Nr. 2 östAußStrG), sind kein spezifisches Registerverfahrensrecht und gehören deshalb nicht hierher.[531]

135 Der Registervorbehalt kann Bedeutung gewinnen z.B. für die materiellrechtlichen Erwerbsvoraussetzungen für die Auseinandersetzung des Nachlasses mit Blick auf Beteiligungen an Gesellschaften, die ihrerseits in einem Register eingetragen sind.[532] Um ein praktisch nur schwer in den Griff zu bekommendes Nebeneinander von erbrechtlichem Erwerbstatbestand und Registerrecht aus verschiedenen Rechtsordnungen zu vermeiden, empfiehlt es sich zudem, auch den Erwerb von Gesellschaftsanteilen im Rahmen der Nachlassauseinandersetzung dem Gesellschaftsstatut und dem Registerrecht zu unterstellen.[533] Daraus folgt als Kon-

---

[520] *Döbereiner*, MittBayNot 2013, 358, 361.
[521] *Döbereiner*, MittBayNot 2013, 358, 361 sowie *Wachter*, ZErb 2017, 358, 362.
[522] *L. Kunz*, GPR 2013, 293, 295.
[523] *Wautelet*, in: Bonomi/Wautelet Art. 1 Règ. Rn. 132; *Calvo Caravaca/Davì/Mansel/M. Weller* Art. 1 Successions Regulation Rn. 95f.; *Pamboukis/Nikolaidis* Art. 1 Successions Regulation Rn. 73.
[524] Siehe *Jacoby*, JCP N 2012 n° 25 S. 65, 70; *Crône*, in: Khairallah/Revillard (dir.), Droit européen des successions, 2013, n°. 98; *Sagaut*, JCP N 2013 n°. 15 S. 56, 57; *Revillard*, Droit international privé et européen, 8. Aufl. 2014, n°. 1045.
[525] *Leitzen*, ZEV 2012, 520, 521.
[526] *Wautelet*, in: Bonomi/Wautelet Art. 1 Règ. Rn. 119.
[527] *Wautelet*, in: Bonomi/Wautelet Art. 1 Règ. Rn. 121; *Calvo Caravaca/Davì/Mansel/M. Weller* Art. 1 Successions Regulation Rn. 88.
[528] *Wautelet*, in: Bonomi/Wautelet Art. 1 Règ. Rn. 125.
[529] *Wautelet*, in: Bonomi/Wautelet Art. 1 Règ. Rn. 125.
[530] ÖstOGH ErbR 2018, 382, 384.
[531] ÖstOGH ErbR 2018, 382, 384.
[532] *Leitzen*, ZEV 2012, 520, 521 sowie DNotI-Report 2012, 121, 123; *U. Simon/Buschbaum*, NJW 2012, 2393, 2394.
[533] *Leitzen*, ZEV 2012, 520, 521.

IV. Rechtswahl unter Art. 22 EuErbVO   136–139 § 5

sequenz, dass gesellschaftsvertragliche oder gesetzliche Vinkulierungen der Beteiligungsübertragung bei Vindikationslegaten zu beachten sein können.[534]

Aus deutscher Sicht gewinnt die Ausnahme des Art. 1 II lit. l EuErbVO ihre größte Bedeutung für Immobiliarsachenrechte, denn diese sind im Grundbuch registriert, und GmbH-Anteile, denn diese sind im Gesellschaftsregister registriert.[535] Insbesondere bei im deutschen Grundbuch verzeichneten Immobiliarrechten genießt die Einheit des Sachenrechts wegen Verkehrsschutz und Rechtssicherheit Vorrang vor dem Erbrecht und lässt weder ein dinglich wirkendes Vindikationslegat noch einen unmittelbaren Rechtserwerb (Bruchteilserwerb) eines Miterben zu.[536] Notarielle und Grundbuchpraxis in Deutschland, denen letztlich die reale Umsetzung der EuErbVO im Grundbuchbereich zufällt, haben sich der Maxime „Immobilienstatut vor Erbstatut vor beweglichem Sachenrecht" verschrieben.[537] 136

Erfasst sind formelles und materielles Grundbuchrecht[538], also auch das immobilienbezogene Sachenrecht in einer Rechtsordnung mit Grundbuchsystem.[539] Dies kann zu hinkenden Rechtsverhältnissen und zu einer faktischen Nachlassspaltung zwischen Mobilien und Immobilien führen.[540] Außerdem können sich im Grenzbereich Koordinationsprobleme zwischen Register- bzw. Grundbuchstatut und Erbstatut ergeben.[541] Auch das Verhältnis des Ausschlusstatbestandes aus Art. 1 II lit. l EuErbVO und des Art. 23 II lit. j EuErbVO, welcher die Teilung des Nachlasses dem Erbstatut zuschlägt, ist nicht vollständig klar.[542] 137

13. Insolvenzrecht. Nicht im Katalog des Art. 1 II EuErbVO findet man eine Ausnahme für Nachlassinsolvenzen. Sie erscheint aber sachlich geboten, denn anderenfalls drohten Kompetenzkonflikte zwischen dem Verwalter der Erbschaft (den Erben oder dem persönlichen Vertreter) einerseits und dem Insolvenzverwalter andererseits.[543] Nachlassinsolvenzen erfasst die EuInsVO 2000 bzw. 2015.[544] Daher vollzieht sich die Abgrenzung zur EuErbVO durch den Vorrang der EuInsVO 2000 bzw. 2015 nach Art. 76 EuErbVO.[545] 138

IV. Rechtswahl unter Art. 22 EuErbVO

1. Grundsätzliches. Die Rechtswahl war im Internationalen Erbrecht bisher ein seltener, wenn auch dogmatisch-theoretisch viel diskutierter[546] Gast.[547] Das deutsche Alt-IPR 139

---

[534] *Leitzen,* ZEV 2012, 520, 522.
[535] *Hertel,* ZEV 2013, 539, 540.
[536] *Hertel,* ZEV 2013, 539, 540.
[537] *Wilsch,* in: Gierl/A. Köhler/Kroiß/Wilsch, S. 297 f.; *Döbereiner,* DNotZ 2016, 399, 400.
[538] Palandt/*Thorn* Art. 1 EuErbVO Rn. 16.
[539] *L. Kunz,* GPR 2013, 293 (293).
[540] *L. Kunz,* GPR 2013, 293 (293).
[541] *L. Kunz,* GPR 2013, 293, 294.
[542] *L. Kunz,* GPR 2013, 293, 294 f.; *Wautelet,* in: Bonomi/Wautelet Art. 1 Règ. Rn. 132.
[543] Max Planck Institute for Comparative and Private International Law, RabelsZ 74 (2010), 522, 712; *Lagarde,* RCDIP 101 (2012), 691, 696.
[544] Siehe nur *Mankowski,* ZIP 2011, 1501.
[545] *Lagarde,* RCDIP 101 (2012), 691, 696; *Lokin* S. 212.
[546] Siehe nur *Breslauer,* Private International Law of Succession in England, America and Germany, 1937; *Rabel* (with *Drobnig),* The Conflict of Laws IV, 1958, S. 273 ff.; *Dölle,* RabelsZ 30 (1966), 205, 215 ff.; *Ferid,* in: Lauterbach (Hrsg.), Vorschläge und Gutachten zur Reform des deutschen internationalen Erbrechts, 1969, S. 91, 98 ff.; *Hotz,* Die Rechtswahl im Erbrecht, 1969; *Kühne,* Die Parteiautonomie im internationalen Erbrecht, 1973; *ders.,* JZ 1973, 403; *Firsching,* in: Beitzke (Hrsg.), Vorschläge und Gutachten zur Reform des deutschen internationalen Personen-, Familien- und Erbrechts, 1981, S. 201, 221 ff.; *F. Sturm,* FS Ernst Wolf, 1985, S. 637; *Li,* RdC 224 (1990 V), 9, 82 ff.; *Goré,* Mélanges en l'honneur d'Yvon Loussouarn, 1994, S. 195; *Einsele,* RabelsZ 60 (1996), 417, 422 ff.; *K. Dreher,* Die Rechtswahl im internationalen Erbrecht, 1998; *Kemp,* Grenzen der Rechtswahl im internationalen Ehegüter- und Erbrecht, 1999; *Pirrung,* Mélanges Fritz Sturm, vol. II, 1999, S. 1607, 1623 f.; *Hohloch,* FS Hans Stoll, 2001, S. 533, 550; *de Cesari,* Autonomia della volontà e legge regolatrice delle successioni, 2001; *Vassilakakis,* Méoanges en lÁhonneur de Paula Lagarde, 2005, S. 803; *Fontanellas Morell,* La professio iuris sucesoria, 2010 (besprochen von *Álvarez Torné,* RabelsZ 77 [2013], 205).
[547] Überblick bei *Dutta,* in: Reichelt/Rechberger (Hrsg.), Europäisches Erb- und Erbverfahrensrecht, 2011, S. 57, 59; *Cach/A. J. Weber,* JEV 2013, 90, 91 f., 94–96. Zur Opportunität der ebrechtlichen Rechtswahl eingehend z. B. *Davì,* RDIPP 2004, 473.

811

etwa erlaubte in Art. 25 II EGBGB 1986 allein die Wahl deutschen Rechts und nur für in Deutschland belegenes Immobiliarvermögen. Eine Wahl ausländischen Rechts war vom deutschen IPR ebensowenig erlaubt wie eine Rechtswahl für Mobilien oder im Ausland belegene Immobilien. Nur das über Art. 25 I EGBGB berufene Heimatrecht des Erblassers konnte größere Parteiautonomie eröffnen, die dann im Wege der Rück- oder Weiterverweisung auch aus deutscher Sicht zu beachten war.[548] Ob man eine erbrechtliche Rechtswahl zulassen wollte und, wenn ja, in welchem Umfang, war eine Gretchenfrage, welche die Kollisionsrechtswissenschaft spaltete.[549] Für die Notare des Lateinischen Notariats war sie ein Wunsch und ein Desiderat, weil sie Gestaltungsmöglichkeiten eröffnete.[550]

140 Die Lage hat sich mit Art. 22 I EuErbVO radikal geändert.[551] Diese Norm gewährt dem Erblasser die Möglichkeit, sein Heimatrecht im Wege der kollisionsrechtlichen Rechtswahl[552] zu wählen. Obwohl Art. 22 I EuErbVO erst nach Art. 21 EuErbVO und damit die subjektive nach der objektiven Anknüpfung steht, ist die subjektive Anknüpfung die primäre.[553] Hat der Erblasser eine wirksame Rechtswahl getroffen, so kommt die objektive Anknüpfung gar nicht mehr zum Zuge.

141 Heimatrecht ist sowohl das Heimatrecht zum Zeitpunkt der Rechtswahl[554] als auch das Heimatrecht zum Zeitpunkt des Todes. Die Möglichkeit, das Heimatrecht zu wählen, befreit den Erblasser von etwaigen Unsicherheiten bei der Bestimmung seines gewöhnlichen Aufenthalts.[555] Wer Labilität des Aufenthalts oder den unerwünschten Zugriff eines Aufenthaltsrechts fürchtet, das gar sorgfältig ausgeklügelte testamentarische Gestaltungen wie Dauertestamentsvollstreckung oder Nacherbschaft mit kühnem Griff vernichtet, sollte eine absichernde Rechtswahl treffen.[556]

142 Außerdem mag der Inhalt des Aufenthaltsrechts nur schwer zugänglich sein, oder das Aufenthaltsrecht mag dem Erblasser keine Gewähr bieten, das es alle testamentarischen Verfügungen und Anordnungen des Erblassers respektiert.[557] Der Erblasser mag das Recht wählen, dem er sich subjektiv am engsten verbunden fühlt und mit dem er relativ am präzisesten umzugehen vermag.[558] Eine weitere Fallgruppe betrifft Konstellationen, in denen der Erblasser seinen gewöhnlichen Aufenthalt wechselt, nachdem er auf der Grundlage seines früheren Aufenthaltsrechts testiert hat.[559] Außerdem erlaubt die Rechtswahl, den Unsicherheiten der Ausweichklausel aus Art. 21 II EuErbVO zu entkommen.[560] Zudem schaltet sie zuverlässig einen renvoi aus.[561]

---

[548] Siehe nur *Mankowski/Osthaus*, DNotZ 1997, 10, 13 f.; Staudinger/*Dörner* Art. 25 EGBGB Rn. 504 mwN; MüKoBGB/*R. Birk*, Bd. 10, 5. Aufl. 2010, Art. 25 EGBGB Rn. 27 f.

[549] *Khairallah*, in: Khairallah/Revillard (dir.), Droit européen des successions internationales, 2013, S. 47, 53.

[550] *Khairallah*, in: Khairallah/Revillard (dir.), Droit européen des successions internationales, 2013, S. 47, 54 unter Hinweis auf den 101ᵉ Congrès des notaires de France (Nantes 2005).

[551] Siehe nur *Andrae*, FS Bernd v. Hoffmann, 2011, S. 3, 11; *Wilke*, RIW 2012, 601, 605; *Wysocka*, NIPR 2012, 569 (569); *Fischer-Czermak*, EF-Z 2013, 52 (52); *Bäßler/Moritz-Knobloch*, ErbR 2014, 12, 16.

[552] Siehe nur *Lokin*, NIPR 2013, 329, 334; *Campiglio*, RDIPP 2016, 925, 931 f.

[553] *A. Staudinger/Friesen*, JA 2014, 641, 643.

[554] Siehe nur *Vlas/Ibili*, WPNR 6989 (2013), 759, 761; *Heinig*, RNotZ 2014, 197, 203.

[555] *Dutta*, in: Reichelt/Rechberger (Hrsg.), Europäisches Erb- und Erbverfahrensrecht, 2011, S. 57, 61; *Lagarde*, RCDIP 101 (2012), 691, 697; *Fischer-Czermak*, in: Schauer/Scheuba (Hrsg.), Die Europäische Erbverordnung, 2013, S. 43, 47; *Leitzen*, ZEV 2013, 128, 131; *Revillard*, Essays in Honour of Hans van Loon, 2013, S. 487, 500; *Cach/A. J. Weber*, JEV 2013, 90, 100 f.

[556] *Zerberus*, ZErb 8/2015, I. Allerdings ist auch der umgekehrte Fall denkbar, dass das Aufenthaltsrecht die gewünschte Dauertestamentsvollstreckung als Institut kennt, das Heimatrecht aber nicht; dann wäre eine Rechtswahl des Heimatrechts aus Sachgründen verfehlt; *v. Oertzen*, BB 37/2015, I.

[557] *Lagarde*, RCDIP 101 (2012), 691, 697.

[558] *Cach/A. J. Weber*, JEV 2013, 90, 100; *Calvo Caravaca/Daví/Mansel/Castellanos Ruiz* Art. 22 Successions Regulation Rn. 4.

[559] *Kindler*, Liber amicorum Kurt Siehr, 2010, S. 251, 256; *Bonomi*, in: Bonomi/Wautelet Art. 22 Règ. Rn. 9; Geimer/Schütze/*S. Frank* Art. 22 EuErbVO Rn. 1; *Calvo Caravaca/Daví/Mansel/Castellanos Ruiz* Art. 22 Successions Regulation Rn. 4.

[560] *Müller-Lukoschek* § 4 Rn. 17; *Damascelli*, in: Franzina/Leandro (a cura di), Il diritto internazionale privato europeo delle successioni mortis causa, 2013, S. 87, 99; MüKoBGB/*Dutta* Art. 22 EuErbVO Rn. 1.

[561] *Bonomi*, in: Bonomi/Wautelet Art. 22 Règ. Rn. 13.

IV. Rechtswahl unter Art. 22 EuErbVO   143–145   § 5

Die Rechtswahloption ermöglicht eine sichere Nachlassplanung.[562] Sie vereinfacht.[563]   **143**
Sie schafft den Nachlassgerichten eine sicherere Basis für deren Arbeit.[564] Eine Rechtswahl
kann schon dann sinnvoll sein, wenn ein Umzug ins Ausland nur angedacht wird,[565] um
gegen Gefahren aus einem Statutenwechsel abzusichern.[566] Rechtssicherheit ist ein nicht
nur von Erwägungsgrund (37) S. 1 EuErbVO hochgehaltenes Interesse, sondern ein allgemeines Anliegen von hoher Wertigkeit im europäischen IPR, wie die Erwägungsgründe
(11) EuGVVO; (6) Rom II-VO; (6) Rom I-VO; (19) EuUnthVO belegen.[567] Eine
Rechtswahl wird zwar nicht zur Pflicht, aber nahezu zur Obliegenheit, wenn ein Erblasser
größtmögliche Sicherheit erzielen will.[568] Erblasser, denen es – mag dies auch übertrieben
furchtsam sein - vor einem „heiteren Erbrechtsraten"[569] bei der objektiven Anknüpfung
graut, werden ihre Zuflucht bei einer klarstellenden und festschreibenden Rechtswahl
nehmen.[570] Dabei können festschreibende Auskünfte des Erblassers über seine Staatsangehörigkeit und seinen gewöhnlichen Aufenthalt zum Zeitpunkt der Rechtswahl wie nach
seiner Planung als Ausgangspunkt dienen.[571] Freilich wird nur wählen, wer um seine
Wahlmöglichkeit überhaupt weiß und nicht von der irrigen Vorstellung ausgeht, er würde
eh und unausweichlich nach seinem Heimatrecht beerbt.[572]

Eine Rechtswahl dokumentiert und führt evident vor Augen, welches Recht anwendbar   **144**
ist. Sie bietet daher eine verlässliche Basis für Erbschein oder Europäisches Nachlasszeugnis
und für den Rechtsverkehr insgesamt, denn sie vermeidet jede Notwendigkeit, sich näher
mit den Lebensumständen des Erblassers auseinanderzusetzen zu müssen, sondern erlaubt
einen bloßen Rekurs auf ein Schriftstück.[573] Rechtswahl schafft Rechtssicherheit[574] und
Vorhersehbarkeit.[575] Die Rechtswahl im Internationalen Erbrecht fügt sich als Baustein ein
in die Entwicklung des europäischen IPR, dass Parteiautonomie ein, wenn nicht *der*
Grundpfeiler wird.[576] Sie kann auch helfen, die Fragmentierung des europäischen IPR zu
überwinden, indem sie erlaubt, verschiedene Statuten letztlich demselben Recht zu unterwerfen.[577]

Von einer höheren Warte aus betrachtet steht hinter der kollisionsrechtlichen Parteiauto-   **145**
nomie im Internationalen Erbrecht die Testierfreiheit[578] als Grund- und Menschenrecht,[579]

---

[562] *Lokin* S. 202; *Revillard*, Essays in Honour of Hans van Loon, 2013, S. 487, 497; *Nordmeier*, GPR 2013, 148 (148); *Franzina/Leandro*, NLCC 2013, 275, 316; *Lokin*, NIPR 2013, 329, 334; *Cach/A. J. Weber*, JEV 2013, 90, 99 f.
[563] *Goré*, Defrénois 2012, 762, 763.
[564] *Dörner*, ZEV 2010, 221, 226; *Pfundstein* S. 324; *Dutta*, in: Reichelt/Rechberger (Hrsg.), Europäisches Erb- und Erbverfahrensrecht, 2011, S. 57, 61 f.
[565] *Remde*, RNotZ 2012, 65, 74; *Leitzen*, ZEV 2013, 128, 131; Geimer/Schütze/*S. Frank* Art. 22 EuErb-VO Rn. 3.
[566] *Fischer-Czermak*, EF-Z 2013, 52, 53; *Wachter*, ZNotP 2014, 2, 4 f.
[567] *Dutta*, in: Reichelt/Rechberger (Hrsg.), Europäisches Erb- und Erbverfahrensrecht, 2011, S. 57, 62.
[568] Siehe *Scheuba*, in: Schauer/Scheuba (Hrsg.), Europäische Erbrechtsverordnung, 2013, S. 1, 21.
[569] *Schauer*, ecolex 2012, 575.
[570] *Scheuba*, in: Schauer/Scheuba (Hrsg.), Europäische Erbrechtsverordnung, 2013, S. 1, 21.
[571] Siehe die Formulierungsbeispiele bei *Müller-Lukoschek* § 4 Rn. 18, 21, 25, 26, 27.
[572] *Rauscher*, in: Rauscher, Einf. EG-ErbVO-E Rn. 50, 60; *S. Lorenz*, ErbR 2012, 39, 43; *Geimer*, in: J. Hager (Hrsg.), Die neue europäische Erbrechtsverordnung, 2013, S. 9, 27.
[573] *Leitzen*, ZEV 2013, 128, 131.
[574] Siehe nur *Bonomi*, in: Bonomi/C. Schmid (éds.), Successions internationales, 2010, S. 23, 33; *Franzina/Leandro*, NLCC 2013, 275, 316.
[575] Siehe nur *Bonomi*, in: Bonomi/Wautelet Art. 22 Règ. Rn. 8.
[576] *Bonomi*, in: Bonomi/C. Schmid (éds.), Successions internationales, 2010, S. 23, 33; *ders.*, in: Bonomi/Wautelet Art. 22 Règ. Rn. 2.
[577] *Franzina/Leandro*, NLCC 2013, 275, 317.
[578] Zu deren Umfang in europäischen Staaten *Miriam Anderson/Arroyo i Anayuelas* (eds.), The Law of Succession: Testamentary Freedom, 2011.
[579] *Dölle*, RabelsZ 30 (1966), 204; *Dörner/Hertel/Lagarde/Riering*, IPRax 2005, 1, 5; *Lurger*, in: Bäck (Hrsg.), Familien- und Erbrecht – Europas Perspektiven, 2007, S. 53, 69; *Mansel*, FS Tuğrul Ansay, 2006, S. 185, 212; *Kindler*, IPRax 2010, 44, 49; *ders.*, Liber amicorum Kurt Siehr, 2010, S. 251, 256; *Mariottini*, Famiglia 2012, 110, 118; *Wilke*, RIW 2012, 601, 605; *Nordmeier*, GPR 2013, 148 (148); *Cach/A. J. Weber*, JEV 2013, 90, 98; *J. Emmerich* S. 163; *M.-P. Weller/Benz/Thomale*, ZEuP 2017, 250, 258.

verankert in Art. 17 I GRCh wie in Art. 14 I 1 GG. Der Erblasserwille und der Respekt vor ihm tragen beides.[580] Von der sachrechtlichen Testierfreiheit entscheidet sich die kollisionsrechtliche Parteiautonomie freilich insoweit, als letzterer das Pflichtteilsrecht Grenzen zieht, während Rechtswahl gerade dazu führen kann, dass ein Recht zum Zuge kommt, das für die bisherigen Pflichtteilsberechtigten weniger oder nichts vorsieht.[581] Dem Erblasser eine Rechtswahl zu gestatten, nähert zudem erbrechtliche Verfügung nach dem Tode und schuldrechtliche Weggabe vor dem Tode einander an.[582] Rechtswahlfreiheit ist ein Stück persönliche Freiheit, indem sie gegen (vermutete oder tatsächliche) Gefahren von Mobilität absichern hilft, und würde auch Anerkennung für die Diversität möglicher Lebensentwürfe ausdrücken.[583]

146 **Beispiel:** Der deutsche Rentner Manfred Schmidt aus Hamburg möchte seinen Lebensabend in der Sonne verbringen. Er hat sich aber noch nicht entschieden, ob er lieber nach Mallorca oder an die Côte d'Azur ziehen will. Jedenfalls möchte er vor seinem Umzug seinen Nachlass regeln. Damit er sich nicht mit den Besonderheiten des französischen oder spanischen Erbrechts auseinandersetzen muss, wählt er für seine Rechtsnachfolge von Todes wegen deutsches Recht.

147 „Rechtswahl" heißt im Internationalen Erbrecht – anders als im IPR der Schuldverhältnisse oder im Internationalen Familienrecht – nicht Vereinbarung, sondern einseitige Festlegung und Gestaltung durch den Erblasser.[584] Eine Gegenpartei zum Erblasser, die zustimmen müsste (oder auch nur könnte), gibt es jenseits von Erbverträgen und Art. 25 III EuErbVO nicht.

148 Generell muss man beachten, dass die Rechtswahl nicht zu stark zu Lasten der nach dem ohne Rechtswahl anwendbaren Recht Pflichtteilsberechtigten geht.[585] *Ausschließlich* auf den Erblasser und dessen Willen zu sehen wäre zu einseitig.[586] Freilich ist genau darauf zu sehen, ob und mit welcher Strenge wirklich ein Schutz der Familienmitglieder spezifisch vor einer Rechtswahl veranlasst ist, insbesondere wenn man bedenkt, dass bereits die objektive Anknüpfung an den gewöhnlichen Aufenthalt des Erblassers keine spezielle Rücksicht auf die Interessen der Familienmitglieder nimmt.[587] Eine spezifische und ausdrückliche Beschränkung in dieser Hinsicht nimmt Art. 22 I EuErbVO jedenfalls nicht vor.[588] Ebenso wenig findet sich ein auf missbräuchliche Rechtsausübung gestütztes Verdikt gegen eine Rechtswahl im Einzelfall oder ein eigener Tatbestand der fraus legis.[589] Vielmehr bleibt der Schutz der nach dem ohne Rechtswahl anwendbaren Recht Pflichtteilsberechtigten allein dem ordre public überlassen.[590]

149 Eine wirksame Rechtswahl macht das gewählte Recht in vollem erbrechtlichem Umfang anwendbar, sowohl die dispositiven Normen als auch die internrechtlich zwingenden Normen.[591] In welchem Umfang das gewählte Recht Testierfreiheit und damit sachrechtliche Privatautonomie des Erblassers gewährt, ist eine auf der sachrechtlichen Ebene zu beantwortende Frage. Die Rechtswahl arbeitet nur auf der kollisionsrechtlichen Ebene und hat ihre Arbeit getan, wenn die sachrechtliche Ebene erreicht ist.

---

[580] *Cach/A. J. Weber,* JEV 2013, 90, 99.
[581] *Pfundstein* Rn. 564.
[582] Vgl. *Cach/A. J. Weber,* JEV 2013, 90, 100.
[583] *Mansel,* Tuğrul Ansay'a Armağan, 2006, S. 185, 213.
[584] Siehe nur *Damascelli,* in: Franzina/Leandro (a cura di), Il diritto internazionale privato europeo delle successioni mortis causa, 2013, S. 87, 101; *M.-P. Weller/Benz/Thomale,* ZEuP 2017, 250, 258.
[585] *Jud,* GPR 2005, 133, 135f.; *Pfundstein* Rn. 564; *Bonomi,* NIPR 2010, 605; *ders.,* in: Bonomi/Wautelet Art. 22 Règ. Rn. 15; *Knot,* TE 2011, 77; *Calvo Caravaca/Davì/Mansel/Castellanos Ruiz* Art. 22 Successions Regulation Rn. 5.
[586] *Pfundstein* Rn. 565.
[587] *Dutta,* in: Reichelt/Rechberger (Hrsg.), Europäisches Erb- und Erbverfahrensrecht, 2011, S. 57, 68; *Cach/A.J. Weber,* JEV 2013, 90, 99.
[588] *Bonomi,* in: Bonomi/C. Schmid (éds.), Successions internationales, 2010, S. 23, 32, 34.
[589] *Bonomi,* in: Bonomi/C. Schmid (éds.), Successions internationales, 2010, S. 23, 35.
[590] Hierzu *Calvo Caravaca/Davì/Mansel/Castellanos Ruiz* Art. 22 Successions Regulation Rn. 7.
[591] *Wysocka,* NIPR 2012, 569, 574 sowie *Bonomi,* in: Bonomi/C. Schmid (éds.), Successions internationales, 2010, S. 23, 32.

IV. Rechtswahl unter Art. 22 EuErbVO 150–153 § 5

Typischerweise wird der Erblasser eine Rechtswahl treffen, wenn er sein Testament er- 150
richtet, Rechtswahl und materielle Verfügung von Todes wegen werden typischerweise in
einer Urkunde stehen. Dies heißt aber nicht, dass sie in ihrer Wirksamkeit aneinander gekoppelt und voneinander abhängig wären. Vielmehr ist die Rechtswahl ein eigenständiger
Vertrag und besteht unabhängig von der Wirksamkeit der formell parallel, aber eben materiell eigenständig zu ihr getroffenen materiellen Verfügung.[592] Insoweit mag man den
Rechtsgedanken aus Artt. 3 V Rom I-VO; 25 V Brüssel Ia-VO verallgemeinern.

Eine Rechtswahl will wohlüberlegt sein, wenn Bezüge zu Drittstaaten bestehen und ins- 151
besondere wenn aus Sicht eines Drittstaates ein Nachlassforum in jenem Drittstaat besteht.
Denn zwar ist die Rechtswahl aus europäischer Sicht, also aus der Sicht der EuErbVO-
Mitgliedstaaten wirksam, wenn Art. 21 I 1 EuErbVO sie deckt. Ein Drittstaat, dessen IPR
keine erbrechtliche Parteiautonomie kennt, kann dies jedoch anders sehen. Dann ist die
Rechtswahl aus der Sicht dieses Drittstaates unwirksam. Sie würde also in verschiedenen
Staaten unterschiedlich beurteilt und wäre nur eine hinkende Rechtswahl. Die Rechtswahl
würde dann den Drittstaat nicht an einer objektiven Anknüpfung nach seinem IPR hindern können.[593] Umgekehrt hindert es die Wirksamkeit der Rechtswahl unter Art. 22 I
EuErbVO aus europäischer Sicht nicht, wenn das gewählte Recht die Rechtswahl institutionell nicht kennt oder konkret nicht „anerkennt".[594]

Eine unwirksame Rechtswahl führt nicht zur kollisionsrechtlichen Berufung des in ihr 152
benannten Rechts. Vielmehr verbleibt es bei der objektiven Anknüpfung mangels Rechtswahl.[595] Eine unwirksame Rechtswahl steht insoweit also einer schlechthin fehlenden
Rechtswahl gleich.[596]

Eine Rechtswahl steht unter Art. 22 I EuErbVO nur dem Erblasser offen.[597] Die Erben 153
können dagegen keine Rechtswahl treffen.[598] Dies ist aus mehreren Gründen richtig: Erstens ist der Erblasser allein relevante Zentralfigur und Anknüpfungsperson des Erbfalls.
Auch die objektive Anknüpfung des Erbstatuts nimmt auf die Erben keine Rücksicht.[599]
Zweitens treffen die für die Zulassung der Rechtswahl tragenden Interessen auf die Erben
nicht zu.[600] Drittens bestimmt sich, wer Erbe ist, nach dem Erbstatut, und das Erbstatut
würde durch eine Rechtswahl erst bestimmt. Hier müsste man den gordischen Knoten
zerschlagen, indem man prospektive Erbenstellung, damit die Rechtswahlbefugnis und
mittelbar die Rechtswahl nach dem objektiven Erbstatut beurteilte.[601] Eine Rechtswahl der
Erben wäre allenfalls begrenzt für die Nachlassabwicklung denkbar,[602] denn insoweit sind
nach dem bereits eingetretenen Erbfall nur die Erben betroffen und wer Erbe ist, lässt sich

---

[592] *Heinig*, RNotZ 2014, 197, 205 f.
[593] *Khairallah*, in: Khairallah/Revillard (dir.), Droit européen des successions internationales, 2013, S. 47, 56; *Bonomi*, in: Bonomi/Wautelet Art. 22 Règ. Rn. 11 (Rn. 12 betont zu Recht, dass bei objektiver Anknüpfung an die Staatsangehörigkeit im IPR des betreffenden Drittstaates im Ergebnis dasselbe Recht anwendbar wird wie aus europäischer Sicht als Folge der Rechtswahl, jedenfalls vorbehaltlich eins renvoi).
[594] BeckOGK/*J. Schmidt* Art. 22 EuErbVO Rn. 5; NK-BGB/*Looschelders* Art. 22 EuErbVO Rn. 5.
[595] Siehe nur *Wysocka*, NIPR 2012, 569, 575.
[596] Siehe aber Dutta/Weber/*F. Bauer* Art. 22 EuErbVO Rn. 25 f. zur Bedeutung der unwirksamen Rechtswahl im Rahmen des Renvoi, der Ausweichklausel in Art. 21 II und des Handelns unter falschem Recht.
[597] *Calvo Caravaca/Davì/Mansel/Castellanos Ruiz* Art. 22 Successions Regulation Rn. 9.
[598] Rechtspolitisch anders im Anschluss an Art. 46 III italIPRG *Davì*, in: DNotI (éd.), Les successions internationales dans l'Union Européenne, 2004, S. 387, 409 ff. Vgl. auch *Cach/A. J. Weber*, JEV 2013, 90, 93 f.; *Damascelli*, in: Franzina/Leandro (a cura di), Il diritto internazionale privato europeo delle successioni mortis causa, 2013, S. 87, 101.
[599] *Dutta*, in: Reichelt/Rechberger (Hrsg.), Europäisches Erb- und Erbverfahrensrecht, 2011, S. 57, 80.
[600] *Dutta*, in: Reichelt/Rechberger (Hrsg.), Europäisches Erb- und Erbverfahrensrecht, 2011, S. 57, 80.
[601] *Dutta*, in: Reichelt/Rechberger (Hrsg.), Europäisches Erb- und Erbverfahrensrecht, 2011, S. 57, 80.
[602] So Artt. 46 III italIPRG; 4 I Wet IPR Erfvolging; Deixler-Hübner/Schauer/*Schauer* Art. 22 EuErbVO Rn. 9.

nach dem objektiven Erbstatut sicher beurteilen. Indes sprechen gegen die Zubilligung von Parteiautonomie die Interessen Dritter, insbesondere der Nachlassgläubiger.[603]

154 Bei Testamentserrichtung in Deutschland ist § 34a BeurkG zu beachten. Er verlangt, dass Vereinbarungen zur Änderung der gesetzlichen Erbfolge dem Zentralen Testamentsregister anzuzeigen sind. Dies kann auch eine für den Güterstand und damit für gesetzliche Erbteile des überlebenden Ehegatten relevante güterrechtliche Vereinbarung, sei es eine sachrechtliche, sei es eine güterrechtliche Rechtswahl, sein.[604]

155 **2. Beschränkte Rechtswahl.** Die Wahlmöglichkeit nach Art. 22 I EuErbVO ist nicht frei,[605] sondern beschränkt. Sie ist eng begrenzt. Der Erblasser darf nur sein Heimatrecht zum Zeitpunkt der Rechtswahl (also sein dann aktuelles Heimatrecht) oder sein Heimatrecht im Zeitpunkt seines Todes wählen. Beiden Rechten wird eine hinreichend enge und verobjektivierte Verbindung zum Erblasser unterstellt.[606] Der Erblasser hat also keine volle Freiheit, sondern im Ergebnis die Wahl zwischen seinem Umwelt- und seinem Heimatrecht.[607] Wählt der Erblasser ein nicht wählbares Recht, ein Recht, dessen Wahl von Art. 22 I 1 EuErbVO nicht eröffnet wird, so ist seine Rechtswahl unwirksam und wirkungslos.[608] Eine Inhaltskontrolle der Rechtswahl findet zwar als solche nicht statt[609] und die Rechtswahl kann im Ergebnis auch die internrechtlich zwingenden Bestimmungen des hypotehtischen objektiven Erbstatuts ausschalten,[610] jedoch hat der europäische IPR-Gesetzgeber keineswegs auf jegliche Einschränkung verzichtet.

156 Die enge Eingrenzung der Rechtswahlmöglichkeiten dient auch dazu, einen Gleichlauf von internationaler Zuständigkeit und anwendbarem Recht zu erhalten, soweit beide objektiv an den gewöhnlichen Aufenthalt des Erblassers anknüpfen.[611] Eine Rechtswahl nach Art. 22 I EuErbVO eröffnet – und das ist ein von Beratern ebenfalls zu bedenkender Aspekt – die Möglichkeit einer Gerichtsstandsvereinbarung zu Gunsten der Gerichte des Heimatstaates nach Art. 5 EuErbVO,[612] indes nur, wenn der Heimatstaat Mitgliedstaat der EuErbVO und kein Drittstaat ist.[613] Noch gewichtiger und noch mehr zu bedenken sind die möglichen Konsequenzen, die Artt. 6; 7 EuErbVO für die internationale Zuständigkeit aus einer Rechtswahl ziehen.[614]

157 *a) Parteiautonomes Korrektiv zur objektiven Aufenthaltsanknüpfung.* Die Möglichkeit, das Heimatrecht zu wählen, kompensiert den Übergang vom Staatsangehörigkeits- zum Aufenthaltsprinzip bei der objektiven Anknüpfung[615] und hat quasi Korrektivfunktion.[616] Politisch macht sie den Übergang zur objektiven Aufenthaltsanknüpfung für jene Mitgliedstaaten akzeptabler, deren nationales IPR bisher dem Staatsangehörigkeitsprinzip folgte.[617] Individuell

---

[603] *Mansel*, Tuğrul Ansay'a Armağan, 2006, S. 185, 212, 213; *Dutta*, in: Reichelt/Rechberger (Hrsg.), Europäisches Erb- und Erbverfahrensrecht, 2011, S. 57, 81.
[604] DNotI-Report 2014, 98, 99.
[605] Siehe nur *Schauer*, JEV 2012, 78, 86.
[606] Siehe nur *Trombetta-Panigadi*, Liber Fausto Pocar, vol. II, 2009, S. 951, 959; *Goré*, Defrénois 2012, 762, 763.
[607] *Bonomi*, in: Bonomi/C. Schmid (éds.), Successions internationales, 2010, S. 23, 37.
[608] Siehe *Wysocka*, NIPR 2012, 569, 575.
[609] *Campiglio*, RDIPP 2016, 925, 934.
[610] *Campiglio*, RDIPP 2016, 925, 937f.
[611] R. *Magnus*, IPRax 2013, 393, 394f.
[612] *Fischer-Czermak*, EF-Z 2013, 52, 54; *Nordmeier*, GPR 2013, 148, 154; Deixler-Hübner/Schauer/Schauer Art. 22 EuErbVO Rn. 5.
[613] *Bajons*, in: Schauer/Scheuba (Hrsg.), Europäische Erbrechtsverordnung, 2013, S. 29, 34.
[614] *Goré*, Defrénois 2012, 762, 764; *Nordmeier*, GPR 2013, 148, 154 sowie *Wysocka*, NIPR 2012, 569, 574.
[615] Siehe nur *Eckelskemper*, FS Günter Brambring, 2011, S. 73, 87; *Buschbaum*, GS Ulrich Hübner, 2012, S. 589, 593; *Burandt*, FuR 2013, 377, 382. Kritisch und drastisch *Kanzleiter*, FS Stefan Zimmermann, 2010, S. 165, 175: „Feigenblatt" für „Unzufriedene".
[616] *Steinmetz/Löber/García Alcázar*, ZEV 2010, 234, 235.
[617] K. W. *Lange*, ZvglRWiss 110 (2011), 426, 432; U. *Simon/Buschbaum*, NJW 2012, 2393, 2395; *Nordmeier*, GPR 2013, 148 (148).

IV. Rechtswahl unter Art. 22 EuErbVO 158, 159 § 5

gibt sie dem Erblasser das beste und geeignetste Instrument an die Hand, wenn er sich denn subjektiv seinem Heimatstaat besonders verbunden fühlt und dies zum Ausdruck bringen will.[618] Steht hinter dem Heimatrecht eine besondere religiöse oder kulturelle Prägung, an welcher der Erblasser teilhaben will, wie es insbesondere bei islamisch geprägten Rechtsordnungen der Fall sein kann, so kann der Erblasser seiner religiösen oder kulturellen Identität mit der Rechtswahl Ausdruck verleihen.[619] Eine Wahl des Heimatrechts kann aber auch Auslandsdeutschen mit Immobilienvermögen in Deutschland angelegen sein, um die effektive Nachlassabwicklung zu erleichtern.[620] Die Rechtswahlmöglichkeit privilegiert Migranten gegenüber Wohnbevölkerung mit der Staatsangehörigkeit ihres Aufenthaltsstaates.[621] Auch Drittstaatsangehörige können ihr Heimatrecht wählen.[622] Ob ein Drittstaat als Heimatstaat in seinem eigenen IPR an die Staatsangehörigkeit oder etwa an das domicile anknüpft, interessiert für Art. 22 I 1 EuErbVO nicht.[623]

Wählbar ist bei Mehrrechtsstaaten zwar auch ein Teilrecht, es muss aber das Recht jenes **158** Teiles sein, welchem der Erblasser angehört: Ein Katalane kann nicht das Recht Galiziens wählen.[624] Die Freiheit zur Wahl direkt eines bestimmten Teilrechts folgt unmittelbar aus Art. 22 I EuErbVO. Es bedarf keines Umwegs über das interlokale Privatrecht des Mehrrechtsstaates und keiner Verteilung durch Art. 36 EuGVVO.[625] Wird nur das Recht des gespaltenen Gesamtstaates gewählt (also z. B. spanisches Recht oder das Recht der USA), so sollte man den Erblasserwillen so weit wie möglich respektieren und versuchen, die Wahl eines bestimmten Teilrechts durch Auslegung, gegebenenfalls als stillschweigende Rechtswahl, zu gewinnen.[626]

Art. 22 I EuErbVO hat zum einen den begrenzten Zweck, dem Erblasser die Möglich- **159** keit zu geben, seine Verbundenheit mit seinem Heimatstaat zum Ausdruck zu bringen.[627] Er soll einen Wechsel von der (objektiven) Aufenthaltsanknüpfung zur Staatsangehörigkeitsanknüpfung erlauben. Er erlaubt, den traditionellen Gegensatz zwischen Staatsangehörigkeits- und Aufenthaltsanknüpfung im Wege der Rechtswahl zu überwinden[628] und nimmt der Kritik die Spitze, die man einem reinen Aufenthaltsprinzip entgegenbringen könnte.[629] Er macht das Anknüpfungssystem insgesamt verträglicher mit Art. 21 AEUV, indem er Mobilitätshindernisse als Folge von subjektiver Furcht vor einem Statutenwechsel aus dem Weg räumt.[630] Er soll gleichsam ein Stück praktische Niederlassungsfreiheit gewährleisten.[631] Er ist ein Ausdruck von Liberalität als Großtendenz im europäischen IPR.[632]

---

[618] *Damascelli*, in: Franzina/Leandro (a cura di), Il diritto internazionale privato europeo delle successioni mortis causa, 2013, S. 87, 99.
[619] *Andrae*, FS Bernd v. Hoffmann, 2011, S. 3, 11; Dutta/Weber/*F. Bauer* Art. 22 EuErbVO Rn. 2.
[620] Vgl. *Jayme*, in: Reichelt/Rechberger (Hrsg.), Europäisches Erb- und Erbverfahrensrecht, 2011, S. 27, 31.
[621] *Eckelskemper*, FS Günter Brambring, 2011, S. 73, 88.
[622] *Nordmeier*, GPR 2013, 148, 149.
[623] *Schurig*, FS Ulrich Spellenberg, 2010, S. 343, 345.
[624] *Leitzen*, ZEV 2013, 128 (128); *Nordmeier*, GPR 2013, 148, 149.
[625] *Steinmetz/Löber/García Alcázar*, ZEV 2013, 535, 537. Anderer Ansicht *Nordmeier*, GPR 2013, 148, 149; *Döbereiner*, MittBayNot 2013, 358, 362; Dutta/Weber/*F. Bauer* Art 22 Rn. 14; Geimer/Schütze/*S. Frank* Art. 22 EuErbVO Rn. 13.
[626] Ähnlich *Nordmeier*, GPR 2013, 148, 151.
[627] Vorschlag für eine Verordnung des Europäischen Parlaments und des Rates über die Zuständigkeit, das anwendbare Recht, die Anerkennung und die Vollstreckung von Entscheidungen und öffentlichen Urkunden in Erbsachen sowie zur Einführung eines Europäischen Nachlasszeugnisses, KOM (2009) 154 endg. S. 7; *F. Odersky*, in: Hausmann/Odersky IPR § 15 Rn. 98.
[628] *Trombetta-Panigadi*, Liber Fausto Pocar, vol. II, 2009, S. 951, 959 f.
[629] *Bogdan*, Essays in Honour of Hans van Loon, 2013, S. 59, 62 f. sowie *Leitzen*, ZEV 2013, 128 (128).
[630] *Bogdan*, Essays in Honour of Hans van Loon, 2013, S. 59, 63.
[631] *F. Sturm*, FS Ernst Wolf, 1985, S. 637, 653; *Dutta*, in: Reichelt/Rechberger (Hrsg.), Europäisches Erb- und Erbverfahrensrecht, 2011, S. 57, 66. Vgl. auch MüKoBGB/*Dutta* Art. 22 EuErbVO Rn. 1.
[632] *Dutta*, in: Reichelt/Rechberger (Hrsg.), Europäisches Erb- und Erbverfahrensrecht, 2011, S. 57, 66 f.; *Bonomi*, in: Bonomi/C. Schmid (éds.), Successions internationales, 2010, S. 23, 33; *Davì*, in: Calvo Caravaca/Davì/Mansel Introduction Rn. 38.

160 Art. 22 I EuErbVO soll ein Minimum an Flexibilität bringen,[633] insbesondere wo die Aufenthaltsanknüpfung als nicht zufriedenstellend empfunden wird.[634] Er soll den Erblasser in die Lage versetzen, seiner Verbundenheit mit seinem Heimatstaat oder Kontinuitätsinteressen Ausdruck zu verleihen.[635] Er soll Stabilitätsinteressen des Erblassers Genüge tun.[636] Er soll erlauben, sich durch Wahl des Heimatrechts gegen drohende Gefahren aus einem zukünftigen Aufenthaltswechsel zu immunisieren und entsprechend rechtssicher testieren zu können.[637] Er soll eine Koordination mit den Statuten anderer Anknüpfungsgegenstände, namentlich des Ehegüterrechts, erleichtern.[638] Er soll eine Nachlassspaltung verhindern und die Nachlassplanung erleichtern.[639]

161 In diesem Rahmen soll der Erblasser seine Interessen verwirklichen können, auch und gerade soweit ihm sein Heimatrecht größere Spielräume dafür eröffnet als sein Aufenthaltsrecht.[640] Der Erblasser mag besondere Gestaltungen wünschen, die nur sein Heimatrecht erlaubt.[641] Er mag wesentliche Teile seines Vermögens in seiner Heimat haben und seinen Erben die Möglichkeit eröffnen, das Nachlassverfahren einheitlich in seiner Heimat abwickeln zu lassen.[642] Er mag das Pflichtteilsrecht seines Heimatrechts für günstiger erachten, weil es dem Erblasserwillen größere Spielräume lässt als jenes des Aufenthaltsrechts.[643] Auch alle diese materiell-inhaltlichen Überlegungen erlaubt Art. 22 I EuErbVO, indem er die Wahl des Heimatrechts erlaubt. Weitergehende Ambitionen hegt Art. 22 I EuErbVO jedoch nicht, und darüber hinausreichende Optionen eröffnet er ganz konsequent nicht. Staaten, deren Alt-IPR dem Aufenthaltsprinzip ohne Wahlmöglichkeit folgte, müssen akzeptieren, dass das Heimatrecht als Option ins Spiel kommt.[644]

162 Eine Wahl des Heimatrechts kann selbst dann sinnvoll sein, wenn der Erblasser seinen gewöhnlichen Aufenthalt zum Zeitpunkt der Rechtswahl in seinem Heimatstaat hat. Durch eine (vorsorgliche) Wahl des Heimatrechts kann der Erblasser seine Nachlassplanung zuverlässig seinem Heimatrecht unterstellen und sich daran ausrichten, ohne dass ihm ein Statutenwechsel infolge Aufenthaltswechsels drohen würde.[645] Eine Inlandsfalleinschränkung der Rechtswahl entsprechend Art. 3 III Rom I-VO gibt es unter Art. 22 I EuErbVO nicht.[646]

163 Schließlich kann der Erblasser eine Rechtswahl treffen, um seinen Erben die Möglichkeiten zu eröffnen, untereinander eine Gerichtsstandsvereinbarung nach Artt. 5–9 EuErbVO zu schließen.[647]

164 Wechselt der Erblasser später seinen gewöhnlichen Aufenthalt, so kann er, wenn er es denn will, seine erbrechtlichen Verhältnisse durch Änderung oder Aufhebung seiner ur-

---

[633] *Trombetta-Panigadi*, Liber Fausto Pocar, vol. II, 2009, S. 951, 959.
[634] *Mansel/Thorn/R. Wagner*, IPRax 2013, 1, 7.
[635] Siehe nur *Davì*, Riv. dir. int. 2005, 297, 318; *Trombetta-Panigadi*, Liber Fausto Pocar, vol. II, 2009, S. 951, 960; *Revillard*, Essays in Honour of Hans van Loon, 2013, S. 487, 500.
[636] *Dutta*, in: Reichelt/Rechberger (Hrsg.), Europäisches Erb- und Erbverfahrensrecht, 2011, S. 57, 63; *Bonomi*, in: Bonomi/C. Schmid (éds.), Successions internationales, 2010, S. 23, 33; *F. Odersky*, in: Hausmann/Odersky IPR § 15 Rn. 98.
[637] *Schauer*, JEV 2012, 78, 87.
[638] *Trombetta-Panigadi*, Liber Fausto Pocar, vol. II, 2009, S. 951, 960; *Calvo Caravaca/Davì/Mansel/Castellanos Ruiz* Art. 22 Successions Regulation Rn. 8. Allerdings dürfte sich die Koordination zwischen Erb- und Güterstatut auch im europäischen System besser und leichter über die weiteren Rechtswahlmöglichkeiten des Internationalen Ehegüterrechts in ihr Werk setzen lassen; *Bonomi*, YbPIL 13 (2011), 217, 229.
[639] *Wilke*, RIW 2012, 601, 605; *Weingart*, FS Anton K. Schnyder, 2018, S. 395, 419.
[640] *Feraci*, Riv. dir. int. 2013, 424, 460 f; *Davì*, in: Calvo Caravaca/Davì/Mansel Introduction Rn. 38.
[641] *F. Odersky*, notar 2013, 3, 7.
[642] *F. Odersky*, notar 2013, 3, 7.
[643] *F. Odersky*, notar 2013, 3, 7; *Pamboukis/Stamatiadis* Art. 22 Successions Regulation Rn. 36; *F. Odersky*, in: Hausmann/Odersky IPR § 15 Rn. 98.
[644] *Geimer*, in: J. Hager (Hrsg.), Die neue europäische Erbrechtsverordnung, 2013, S. 9, 27.
[645] *D. Lehmann*, DStR 2012, 2085, 2087.
[646] *Biagioni*, in: Franzina/Leandro (a cura di), Il diritto internazionale privato europeo delle successioni mortis causa, 2013, S. 25, 53.
[647] *F. Odersky*, in: Hausmann/Odersky IPR § 15 Rn. 98.

IV. Rechtswahl unter Art. 22 EuErbVO 165–168 § 5

sprünglichen Rechtswahl den veränderten Umständen anpassen.[648] Ansonsten aber vermeidet er die Nachteile eines Handelns unter falschem Recht[649] und erspart seinen Erben Anpassungsbedarf. Eine solche vorsorgliche Rechtswahl ist denkbar, ja in vielen Fällen ratsam, jedoch natürlich nicht zwingend notwendig.[650] Sie wird umso ratsamer, je mehr Anhaltspunkte für einen zukünftigen Aufenthaltswechsel, etwa in den sonnigen Süden als Altersruheort, bestehen.[651] Eine Rechtswahl bietet generell Kontinuität, Sicherheit und Verlässlichkeit.[652] Dies gilt in besonderem Maße für Personen, die ihren gewöhnlichen Aufenthalt häufiger wechseln.[653]

b) *Staatsangehörigkeit.* Ob der Erblasser einem bestimmten Staat angehört, beur- 165
teilt sich ausweislich Erwägungsgrund (41) EuErbVO nach dem Staatsangehörigkeitsrecht des Staates, dessen Staatsangehörigkeit in Rede steht, sowie nach Unionsrecht und nach einschlägigen Staatsverträgen. Darin liegt keine Kompetenzbelassung spezifisch für Mitgliedstaaten,[654] denn Erwägungsgrund (41) EuErbVO ist zu Recht nicht auf Mitgliedstaaten beschränkt. Art. 22 I 1 EuErbVO deckt die Wahl eines drittstaatlichen Rechts ebenso wie die Wahl eines mitgliedstaatlichen Rechts, wenn es sich um das Heimatrecht des Erblassers handelt.[655] Eine Ausweichklausel parallel Art. 21 II EuErbVO gibt es nicht.[656]

Die Staatsangehörigkeit ist eine öffentlich-rechtliche Erstfrage, die nur das Recht desje- 166
nigen Staates beantworten kann, dessen Staatsangehörigkeit in Rede steht.[657] Dies umfasst Erwerb wie Verlust der Staatsangehörigkeit und deren jeweilige zeitliche Wirkung ex nunc oder ex tunc.[658] Ist der Staat, welchem der Erblasser zum für die Anknüpfung der Rechtswahl maßgeblichen Zeitpunkt angehörte, zum Zeitpunkt des Erbfalls untergegangen, so geht die Rechtswahl ins Leere.[659]

Elemente eines eigenständigen Staatsangehörigkeitsbegriffs für die begrenzten Zwecke 167
der EuErbVO sollte man auch bei völkerrechtswidrigen Masseneinbürgerungen oder „Golden Tickets"[660] nicht anerkennen,[661] um nicht hinkende Staatsangehörigkeiten und eine unterschiedliche Beurteilung für je verschiedene Teilbereiche des Rechts zu provozieren. Keine Staatsangehörigkeit ist die Unionsbürgerschaft nach Art. 20 AEUV, denn diese ergänzt, aber ersetzt die Staatsangehörigkeiten der Mitgliedstaaten nicht.[662]

Art. 22 I UAbs. 2 EuErbVO stellt eine ineffektive Staatsangehörigkeit der effektiven 168
gleich und erlaubt auch die Wahl des Rechts einer ineffektiven Staatsangehörigkeit.[663] Dabei wird nicht zwischen der Staatsangehörigkeit von Mitgliedstaaten und der Staatsangehö-

---

[648] *D. Lehmann,* DStR 2012, 2085, 2087.
[649] *D. Lehmann,* DStR 2012, 2085, 2087.
[650] *F. Odersky,* notar 2013, 3, 7.
[651] *F. Odersky,* notar 2013, 3, 7.
[652] *Revillard,* Défrénois 2012, 743, 748.
[653] *Fischer-Czermak,* EF-Z 2013, 52, 53.
[654] Dahin aber *Wautelet* Rev. gén. dr. civ. belge 2012, 414, 420; *Bonomi,* in: Bonomi/Wautelet Art. 22 Règ. Rn. 20.
[655] *Goré,* Défrénois 2012, 762, 764; *F. Odersky,* in: Hausmann/Odersky IPR § 15 Rn. 100; *Pamboukis/Stamatiadis* Art. 22 Successions Regulation Rn. 39.
[656] *Nordmeier,* GPR 2013, 148, 149.
[657] *Nordmeier,* GPR 2013, 148, 149. Im Ergebnis auch MüKoBGB/*Dutta* Art. 22 EuErbVO Rn. 4.
[658] *Nordmeier,* GPR 2013, 148, 149; Geimer/Schütze/*S. Frank* Art. 22 EuErbVO Rn. 6.
[659] Anders *Nordmeier,* GPR 2013, 148, 149; Geimer/Schütze/*S. Frank* Art. 22 EuErbVO Rn. 8: Anwendung des Rechts des Staates, welchem der Erblasser zum Zeitpunkt seines Todes angehörte.
[660] Drittstaatsangehörige können sich die Staatsangehörigkeit bestimmter EU-Mitgliedstaaten (insbesondere Maltas) erwerben, indem sie dort eine bestimmte Summe „investieren". Residenzerfordernisse stehen auf dem Papier und lassen sich bereits durch den Nachweis eines Mietvertrags oder eines Wohnungserwerbs erfüllen.
[661] Entgegen *Nordmeier,* GPR 2013, 148, 149.
[662] *Nordmeier,* GPR 2013, 148, 149.
[663] *Dörner,* ZEV 2012, 505, 511; *Coester-Waltjen/Coester,* Liber amicorum Klaus Schurig, 2012, S. 33, 39; *Feraci,* Riv. dir. int. 2013, 424, 457; *Bogdan,* Essays in Honour of Hans van Loon, 2013, S. 59, 62; Dutta/Weber/*F. Bauer* Art. 22 EuErbVO Rn. 5.

rigkeit von Drittstaaten differenziert.⁶⁶⁴ Angeknüpft wird an das formelle Bestehen der Staatsangehörigkeit, gleich, wie stark die wirklichen Bezüge des Erblassers zu dem Staat jener Staatsangehörigkeit sind.⁶⁶⁵ Der Erblasser kann jedes seiner Heimatrechte wählen. Dies ist nur logisch und konsequent.⁶⁶⁶ Denn typischerweise macht der gewöhnliche Aufenthalt in dem betreffenden Staat eine Staatsangehörigkeit effektiv. Der gewöhnliche Aufenthalt regiert aber bereits die objektive Anknüpfung, von welcher die Rechtswahlmöglichkeit gerade eine Abweichung eröffnen will.⁶⁶⁷ Der Verzicht auf eine Effektivitätsprüfung fördert zudem die Rechtssicherheit.⁶⁶⁸ Außerdem vermeidet man so einen Vorrang für die Staatsangehörigkeit des Forumsstaates.⁶⁶⁹ Die Klarstellung ist wertvoll und vermeidet die unter Art. 5 I und Erwägungsgrund (22) Rom III-VO auftretenden Zweifelsfragen.⁶⁷⁰ Art. 22 I 2 EuErbVO erweitert die Rechtswahloptionen und verwirklicht einen favor zu Gunsten der Parteiautonomie.⁶⁷¹

169 Staatenlose haben per definitionem kein Heimatrecht. Wörtlich genommen wäre ihnen also die Rechtswahlmöglichkeit nach Art. 22 I 1 EuErbVO nicht eröffnet.⁶⁷² Jedoch sollte bei ihnen die übliche Ersatzanknüpfung greifen und man sollte die nicht vorhandene Staatsangehörigkeit durch den gewöhnlichen Aufenthalt bzw. den Wohnsitz ersetzen, wie es die einschlägigen Übereinkommen über die Rechtsstellung Staatenloser und anerkannter Flüchtlinge⁶⁷³ gebieten.⁶⁷⁴ Diese Übereinkommen und ihre Wertungen genießen über Art. 75 I UAbs. 1 EuErbVO Vorrang vor der EuErbVO.⁶⁷⁵ Die Möglichkeit, das Wohnsitz- bzw. Aufenthaltsrecht zum Zeitpunkt der Rechtswahl zu wählen, bietet immerhin eine Option neben der objektiven Anknüpfung an das Recht des gewöhnlichen Aufenthalts zum Zeitpunkt des Todes.⁶⁷⁶ Die Wahl des Aufenthaltsrechts zum Todeszeitpunkt wiederum kann gemäß Art. 34 II EuErbVO den nach Art. 34 I EuErbVO denkbaren renvoi abschneiden.

170 *c) Für die Anknüpfung maßgeblicher Zeitpunkt.* Welchem Staat er aktuell angehört, kann der Erblasser zu dem Zeitpunkt sicher beurteilen, zu welchem er die Rechtswahl trifft.⁶⁷⁷ Denn die Rechtswahl trifft er zu seinen Lebzeiten, rechtlich ohne notwendigen zeitlichen Zusammenhang mit seinem Tod. Wird das aktuelle Heimatrecht zum Zeitpunkt der Rechtswahl gewählt, so wird der Anknüpfungszeitpunkt unwandelbar fixiert, und spätere Staatsangehörigkeitswechsel oder -verluste prallen an der Rechtswahl

---

⁶⁶⁴ *Goré,* Defrénois 2012, 762, 763; *Revillard,* Essays in Honour of Hans van Loon, 2013, S. 487, 498; *Calvo Caravaca/Davì/Mansel/Castellanos Ruiz* Art. 22 Successions Regulation Rn. 15.

⁶⁶⁵ Vgl. *Bonomi,* in: Bonomi/Wautelet Art. 22 Règ. Rn. 21.

⁶⁶⁶ *Goré,* Defrénois 2012, 762, 763 kritisiert dagegen, dass man sich mit der Möglichkeit, ein ineffektives Heimatrecht zu wählen und das effektive Heimatrecht abzuwählen, vom principe de proximité entferne. Rechtspolitisch kritisch auch *Barnich,* in: *Nuyts* (coord.), Actualités en droit international privé, 2013, S. 7, 14.

⁶⁶⁷ Ebenso *Calvo Caravaca/Davì/Mansel/Castellanos Ruiz* Art. 22 Successions Regulation Rn. 8.

⁶⁶⁸ *Bonomi,* in: Bonomi/C. Schmid (éds.), Successions internationales, 2010, S. 23, 39; *Lagarde,* RCDIP 101 (2012), 691, 719; *Calvo Caravaca/Davì/Mansel/Castellanos Ruiz* Art. 22 Successions Regulation Rn. 8.

⁶⁶⁹ *Lagarde,* RCDIP 101 (2012), 691, 719.

⁶⁷⁰ *Wautelet* Rev. gén. dr. civ. belge 2012, 414, 420; *Bonomi,* in: Bonomi/Wautelet Art. 22 Règ. Rn. 24.

⁶⁷¹ *Godechot-Patris,* D. 2012, 2462, 2465.

⁶⁷² *Leitzen,* ZEV 2013, 128 (128); *Geimer,* in: J. Hager (Hrsg.), Die neue europäische Erbrechtsverordnung, 2013, S. 9, 18.

⁶⁷³ Genfer UN-Übereinkommen über die Rechtsstellung der Flüchtlinge vom 28.7.1951, BGBl. 1953 II 560; Genfer Protokoll über die Rechtsstellung der Flüchtlinge vom 31.1.1967, BGBl. 1969 II 1294; New Yorker UN-Übereinkommen über die Rechtsstellung der Staatenlosen vom 28.9.1954, BGBl. 1976 II 454.

⁶⁷⁴ *U. P. Gruber,* IPRax 2012, 381, 385 f.; *Nordmeier,* GPR 2013, 148, 149; *Döbereiner,* MittBayNot 2013, 358, 362; NK-BGB/*Looschelders* Art. 22 EuErbVO Rn. 12 f.

⁶⁷⁵ *Nordmeier,* GPR 2013, 148, 149; *Dutta/Weber/F. Bauer* Art. 22 EuErbVO Rn. 7; *Pamboukis/Stamatiadis* Art. 22 Successions Regulation Rn. 41.

⁶⁷⁶ Dafür auch MüKoBGB/*Dutta* Art. 22 EuErbVO Rn. 5. Zweifelnd hingegen Dutta/Weber/*F. Bauer* Art. 22 EuErbVO Rn. 8 f.

⁶⁷⁷ Vgl. *Wilke,* RIW 2012, 601, 605.

IV. Rechtswahl unter Art. 22 EuErbVO

ab.[678] Sofern eine Rechtswahl auf die erste Option gestützt wird und der Erblasser danach seine Staatsangehörigkeit wechselt, muss sich der Erblasser allerdings Gedanken machen, ob er es bei seiner ursprünglichen Rechtswahl belassen will oder ob er eine neue, auf seine neue Staatsangehörigkeit abgestimmte Rechtswahl treffen will.[679] Denn immerhin könnte die Rechtswahl dann ein Recht berufen, zu welchem der Erblasser keine Verbindung und erst recht keine enge Verbindung mehr aufweist.[680] Die erste Option führt ohne spätere Korrektur der Rechtswahl des Erblassers zu einer perpetuatio professionis iuris.[681]

Die Wahl des Heimatrechts zum Todeszeitpunkt, bei Vornahme der Rechtswahl notwendig ein Griff in die Zukunft, wurde erlaubt, um keinen Streit über den zeitlichen Ablauf aufkommen zu lassen.[682] Der Rechtsanwender wird der Mühe enthoben, in die Vergangenheit zurückgreifen und aufklären zu müssen, welche Staatsangehörigkeit der Erblasser zum Zeitpunkt der Rechtswahl hatte, wenn der Erblasser denn nur zum Zeitpunkt seines Todes dem Staat des gewählten Rechts angehörte.[683] Der conflit mobile wird gelöst,[684] und die Antizipation des Erbfalls wird miteinbezogen.[685]

Es bleibt aber ein Restrisiko: Eine auf die zweite Variante gestützte Wahl des Rechts einen Staates, welchem der Erblasser noch nicht angehört,[686] entfaltet nur dann Wirkungen, wenn der Erblasser zwischen der Vornahme der Rechtswahl und seinem Tod die Nationalität desjenigen Staates erwirbt, dessen Recht er gewählt hat.[687] Insoweit wohnt der zweiten Option ein Validierungsgedanke inne.[688] Indes dürfte der Fall, dass der Erblasser eine Staatsangehörigkeit erst noch erwerben, aber schon zuvor auf der Grundlage des betreffenden Rechts verfügen will, nur selten vorkommen.[689] Er mag vorstellbar sein, wenn der Erblasser einen zeitnahen Erwerb der betreffenden Staatsangehörigkeit plant.[690]

Allzu häufig dürften Divergenzen zwischen den beiden Optionen des Art. 22 I EuErbVO nicht vorkommen.[691] Vorstellbar als wichtigerer Anwendungsbereich der zweiten Variante sind vielleicht Fälle, in denen der Erblasser die Staatsangehörigkeit seines früheren Heimatlands verloren hat, sie aber wiederzuerwerben beabsichtigt und seine Nachlassplanung ohne Zuwarten festschreiben will.[692] Reale Fälle, in denen das Heimatrecht zum Todeszeitpunkt von dem Heimatrecht zum Zeitpunkt einer früher gelegenen Rechtswahl abweicht, dürften aber eher selten sein.[693] Die Entscheidung dafür, das Heimatrecht zum Zeitpunkt der Rechtswahl zu wählen, birgt trotzdem das inhärente Risiko, dass das gewählte Recht dann, wenn die Rechtswahl mit dem Erbfall Wirkung entfaltet, dem Erblasser inzwischen fern steht.[694]

---

[678] *Volmer*, RPfleger 2013, 421, 423; *Heinig*, RNotZ 2014, 197, 203; vgl. auch *Bonomi*, in: Bonomi/C. Schmid (éds.), Successions internationales, 2010, S. 23, 40 f.; *ders.*, in: Bonomi/Wautelet Art. 22 Règ. Rn. 28.
[679] *Geimer*, in: Reichelt/Rechberger (Hrsg.), Europäisches Erb- und Erbverfahrensrecht, 2011, S. 1, 20.
[680] Vgl. *Bonomi*, in: Bonomi/Wautelet Art. 22 Règ. Rn. 29; *Calvo Caravaca/Daví/Mansel/Castellanos Ruiz* Art. 22 Successions Regulation Rn. 8.
[681] *Romano*, YbPIL 17 (2015/2016), 253, 276.
[682] *K. W. Lange*, ZErb 2012, 160, 163; *S. Herzog*, ErbR 2013, 2, 6.
[683] *Wilke*, RIW 2012, 601, 606; BeckOGK/*J. Schmidt* Art. 22 EuErbVO Rn. 8; NK-BGB/*Looschelders* Art. 22 EuErbVO Rn. 19.
[684] Anders noch Art. 17 Vorschlag EuErbVO; kritisch dazu *Bonomi*, in: Bonomi/C. Schmid (éds.), Successions internationales, 2010, S. 23, 40.
[685] *Goré*, Defrénois 2012, 762, 763; *Revillard*, Essays in Honour of Hans van Loon, 2013, S. 487, 498.
[686] Siehe Muster 4.7 bei *Müller-Lukoschek* § 4 Rn. 27 sowie *Heinig*, RNotZ 2014, 197, 221; *Campiglio*, RDIPP 2016, 925, 942–947.
[687] *Wilke*, RIW 2012, 601, 605; *Heinig*, RNotZ 2014, 197, 204; *Müller-Lukoschek* § 2 Rn. 141; *Bonomi*, in: Bonomi/Wautelet Art. 22 Règ. Rn. 31.
[688] *S. Herzog*, ZErb 2013, 2, 6; *Nordmeier*, GPR 2013, 148, 151; vgl. auch *Bonomi*, in: Bonomi/C. Schmid (éds.), Successions internationales, 2010, S. 23, 41.
[689] *Fischer-Czermak*, in: Schauer/Scheuba (Hrsg.), Europäische Erbrechtsverordnung, 2013, S. 43, 47.
[690] *F. Odersky*, in: Hausmann/Odersky IPR § 15 Rn. 106.
[691] *Wilke*, RIW 2012, 601, 605.
[692] *Wilke*, RIW 2012, 601, 605.
[693] *Khairallah*, in: Khairallah/Revillard (dir.), Droit européen des successions internationales, 2013, S. 47, 55.
[694] *Khairallah*, in: Khairallah/Revillard (dir.), Droit européen des successions internationales, 2013, S. 47, 55.

174 Eine Wahl des Heimatrechts zum Todeszeitpunkt sollte sich weniger an einer bestimmten, benannten Staatsangehörigkeit ausrichten (also deutsches oder französisches Recht benennen),[695] sondern zu der funktionellen Umschreibung „Recht des Staates, dem ich, der Erblasser, zum Zeitpunkt meines Todes angehöre" greifen.[696] Eine solche teildynamische Rechtswahl ist zulässig.[697] Ob eine solche ergebnisoffene Rechtswahl zu empfehlen ist, steht freilich auf einem anderen Blatt. Sie vermag nämlich die Gestaltungsoptionen und die Verbote des zukünftigen Heimatrechts gar nicht einzukalkulieren und die getroffene Verfügung daher nicht zuverlässig verbotsfest zu machen.[698]

175 Nicht gestattet ist jedenfalls eine wandelbare Anknüpfung, die automatisch einem Wechsel der Staatsangehörigkeit folgen würde. Eine Formulierung „Ich wähle mein jeweiliges Heimatrecht" ist nicht statthaft.[699] Die subjektive Anknüpfung hat vielmehr zeitlich fixiert zu erfolgen, entweder auf den Zeitpunkt der Rechtswahl oder auf den Todeszeitpunkt.

176 Anders und strenger als Art. 5 I Haager ErbRÜbk erlaubt Art. 22 I 1 EuErbVO nicht die Wahl des Rechts eines Staates, dessen Nationalität der Erblasser zu erwerben beabsichtigt.[700] Ein früheres, zum Zeitpunkt der Rechtswahl nicht mehr gegebenes Heimatrecht kann der Erblasser nicht wählen.[701] Freilich kann der Erblasser dies mit einem einfachen und in der Regel nicht zu kontrollierenden Trick umgehen: Er braucht nur seine Rechtswahlerklärung rückzudatieren auf einen Zeitpunkt, zu welchem er noch dem Staat des gewählten Rechts angehörte.[702]

177 **Beispiel:** Der in Ungarn lebende Slowake S kann nach Art. 22 I 1 Var. 1 EuErbVO slowakisches Recht wählen. Verliert er nach der Rechtswahl die slowakische Staatsbürgerschaft, wäre die Rechtswahl dennoch wirksam und slowakisches Recht Erbstatut.

Plant S in der Zukunft die ukrainische Staatsbürgerschaft anzunehmen, so kann er bereits jetzt ukrainisches Recht als Erbstatut wählen. Wenn S die ukrainische Staatsbürgerschaft vor seinem Tod jedoch nicht mehr erwirbt, geht eine solche Rechtswahl ins Leere und hätte keine Wirkungen. Nach Art. 21 I EuErbVO wäre dann ungarisches Erbrecht anwendbar.

178 *d) Nicht offen stehende Optionen für eine Rechtswahl.* Nicht erlaubt ist die Wahl des Rechts des gewöhnlichen Aufenthalts zum Zeitpunkt der Rechtswahl, das von jenem im Zeitpunkt des Todes, wie es Art. 21 I EuErbVO bei der objektiven Anknüpfung beruft, abweichen kann.[703] Eine solche Rechtswahl hätte zwar großen Charme und würde gegen Aufenthaltswechsel absichern, die zum Zeitpunkt der Rechtswahl noch in der Zukunft liegen, ja vielleicht nicht einmal absehbar sind;[704] trotzdem ist sie nicht

---

[695] So aber *Janzen*, DNotZ 2012, 484, 486; vgl. auch *Fischer-Czermak*, EF-Z 2013, 52, 53.
[696] *Mansel*, FS Tuğrul Ansay, 2006, S. 185, 212; *Nordmeier*, GPR 2013, 148, 149; siehe auch *Wilke*, RIW 2012, 601, 605 f.; *Cach/A. J. Weber*, ZfRV 2013, 263, 266; Deixler-Hübner/Schauer/*Schauer* Art. 22 EuErbVO Rn. 27.
[697] *Volmer*, RPfleger 2013, 421, 423. Anderer Ansicht *Dörner*, ZEV 2012, 505, 511; *Janzen*, DNotZ 2012, 484, 486; *Leitzen*, ZEV 2013, 128 (128); Palandt/*Thorn* Art. 22 EuErbVO Rn. 3; *Pamboukis/Stamatiadis* Art. 22 Successions Regulation Rn. 53.
[698] *Volmer*, RPfleger 2013, 421, 423.
[699] S. *Herzog*, ErbR 2013, 2, 6; *Calvo Caravaca/Davì/Mansel/Castellanos Ruiz* Art. 22 Successions Regulation Rn. 8.
[700] *Lagarde*, RCDIP 101 (2012), 691, 719; *Heijning*, WPNR 6956 (2012), 963, 966.
[701] Deixler-Hübner/Schauer/*Schauer* Art. 22 EuErbVO Rn. 26.
[702] *Dutta*, RabelsZ 73 (2009), 547, 576; *ders.*, in: Reichelt/Rechberger (Hrsg.), Europäisches Erb- und Erbverfahrensrecht, 2011, S. 57, 72; Max Planck Institute for Comparative and Private International Law, RabelsZ 74 (2010), 522, 610.
[703] *Bonomi*, in: Bonomi/C. Schmid (éds.), Successions internationales, 2010, S. 23, 41; *ders.*, YbPIL 13 (2011), 217, 230; *ders.*, in: Bonomi/Wautelet Art. 22 Règ. Rn. 33; *Lagarde*, RCDIP 101 (2012), 691, 720; *Schauer*, JEV 2012, 78, 86; *Heijning*, WPNR 6956 (2012), 963, 965; *Frohn*, in: IPR in de spiegel van Paul Vlas, 2012, S. 65, 73; *Müller-Lukoschek* § 2 Rn. 145; *Vlas/Ibili*, WPNR 6989 (2013), 759, 761; *Volmer*, RPfleger 2013, 421, 424; *Cach/A. J. Weber*, ZfRV 2013, 263, 267; *Wachter*, ZNotP 2014, 2, 6; NK-BGB/*Looschelders* Art. 22 EuErbVO Rn. 2.
[704] *Mansel*, Tuğrul Ansay'a Armağan, 2006, S. 185, 213. In diesem Sinne auch Dutta/Weber/*J. Weber* Einl. Rn. 37.

IV. Rechtswahl unter Art. 22 EuErbVO

erlaubt.[705] Zudem würde sie eine parteiautonome Möglichkeit eröffnen, den Unwägbarkeiten der objektiven Ausweichklausel aus Art. 21 II EuErbVO zu entgehen.[706] Der Vorentwurf von 2008 hatte sie noch vorgesehen,[707] wurde aber insoweit fallengelassen. In der Praxis wird das Fehlen dieser Wahlmöglichkeit ebenso sehr bedauert wie in der Lehre.[708]

Erst recht ist das Recht eines früheren, nicht mehr aktuellen gewöhnlichen Aufenthalts nicht mehr wählbar,[709] zumal insoweit Manipulationen durch Vor- oder Rückdatierung von Testamenten drohten.[710] Auch das Recht seines zu Lebzeiten letzten gewöhnlichen Aufenthalts kann der Erblasser nicht wählen,[711] obwohl dies zur Beseitigung von Restunsicherheiten aus Art. 21 II EuErbVO und zum sicheren Ausschluss eines renvoi sinnvoll sein könnte.[712] Eine solche Option wäre durchaus sinnvoll für Erblasser, die mit dem Inhalt ihres Umweltrechts zufrieden sind und ihre Nachlassplanung zuverlässig auch über einen späteren Aufenthaltswechsel hinaus darauf ausrichten wollen.[713] Auf der anderen Seite nimmt man bösartigen Erblassern so die Chance, Pflichtteile z.B. ihrer Kinder zu vermindern, indem sie in ein Land mit geringeren Pflichtteilsberechtigungen emigrieren, eine Rechtswahl zu Gunsten ihres dann aktuellen Aufenthaltsrechts treffen und anschließend in ihr Heimatland remigrieren.[714]

Kein zugelassener Anknüpfungspunkt einer Rechtswahl ist auch das domicile,[715] gleich zu welchem Zeitpunkt. Das Recht eines früheren gewöhnlichen Aufenthalts ist ebenfalls nicht wählbar, selbst wenn dorthin über das ganze Leben des Erblassers betrachtet die engsten Verbindungen bestanden, weil der Erblasser dort gelebt hat, ohne die Staatsangehörigkeit des betreffenden Staates zu besitzen.[716]

Nicht gestattet ist eine erbrechtliche Wahl desjenigen Rechts, welches bei verheirateten Ehegatten das Ehegüterstatut stellt.[717] Zwar wäre eine solche Rechtswahlmöglichkeit sinnvoll, um Erb- und Ehegüterstatut derselben Rechtsordnung zu unterstellen, so Friktionen auszuweichen und Anpassungsbedarf zu vermeiden.[718] Jedoch hat man darauf verzichtet,

---

[705] *Bonomi*, in: Bonomi/C. Schmid (éds.), Successions internationales, 2010, S. 23, 41 f.; *Schauer*, JEV 2012, 78, 86; *F. Odersky*, notar 2013, 3, 7; *Lagarde*, in: Khairallah/Revillard (dir.), Droit européen des successions internationales, 2013, S. 5, 13; *Volmer*, RPfleger 2013, 421, 424; *J. Emmerich* S. 228 f.

[706] *Volmer*, RPfleger 2013, 421, 424.

[707] Art. 3.2 Nr. 1 Vorentwurf vom 30.6.2008.

[708] So unter anderem MüKoBGB/*Dutta* Art. 22 EuErbVO Rn. 2; Deixler-Hübner/Schauer/*Schauer* Art. 22 EuErbVO Rn. 2; Dutta/Weber/*J. Weber* Einl. Rn. 37.

[709] *Dutta*, in: Reichelt/Rechberger (Hrsg.), Europäisches Erb- und Erbverfahrensrecht, 2011, S. 57, 72; *Wachter*, ZNotP 2014, 2, 6.

[710] *Wachter*, ZNotP 2014, 2, 6.

[711] *R. Wagner*, DNotZ 2010, 506, 515; *Lagarde*, RCDIP 101 (2012), 691, 720; *Frohn*, in: IPR in de spiegel van Paul Vlas, 2012, S. 65, 73; *Nordmeier*, GPR 2013, 148, 149 sowie *Bonomi*, in: Bonomi/C. Schmid (éds.), Successions internationales, 2010, S. 23, 41.

[712] *Dörner/Hertel/Lagarde/Riering*, IPRax 2005, 1, 5; *Dutta*, in: Reichelt/Rechberger (Hrsg.), Europäisches Erb- und Erbverfahrensrecht, 2011, S. 57, 71 f.; *Wilke*, RIW 2012, 601, 606; *Damascelli*, in: Franzina/Leandro (a cura di), Il diritto internazionale privato europeo delle successioni mortis causa, 2013, S. 87, 100; *Calvo Caravaca/Davì/Mansel/Castellanos Ruiz* Art. 22 Successions Regulation Rn. 9.

[713] *D. Lehmann*, DStR 2012, 2085, 2088.

[714] *Heijning*, WPNR 6956 (2012), 963, 965.

[715] *Schurig*, FS Ulrich Spellenberg, 2010, S. 343, 345.

[716] *K. W. Lange*, ZErb 2012, 160, 163.

[717] Vorschlag für eine Verordnung des Europäischen Parlaments und des Rates über die Zuständigkeit, das anwendbare Recht, die Anerkennung und die Vollstreckung von Entscheidungen und öffentlichen Urkunden in Erbsachen sowie zur Einführung eines Europäischen Nachlasszeugnisses, KOM (2009) 154 endg. S. 7; *Wilke*, RIW 2012, 601, 606; *Bonomi*, in: Bonomi/C. Schmid (éds.), Successions internationales, 2010, S. 23, 43 f.; *ders.*, YbPIL 13 (2011), 217, 230; *ders.*, in: Bonomi/Wautelet Art. 22 Règ. Rn. 38; *Mariottini*, Famiglia 2012, 110, 121; *Khairallah*, in: Khairallah/Revillard (dir.), Droit européen des successions internationales, 2013, S. 47, 54; *Nordmeier*, GPR 2013, 148, 149; *Damascelli*, in: Franzina/Leandro (a cura di), Il diritto internazionale privato europeo delle successioni mortis causa, 2013, S. 87, 101; *Wachter*, ZNotP 2014, 2, 6; NK-BGB/*Looschelders* Art. 22 EuErbVO Rn. 2.

[718] *R. Wagner*, FamRZ 2009, 269, 279; Max Planck Institute for Comparative and Private International Law, RabelsZ 74 (2010), 522, 610 f.; *Dutta*, in: Reichelt/Rechberger (Hrsg.), Europäisches Erb- und Erb-

weil man angesichts der flexibleren Zulassung der Rechtswahl im Internationalen Ehegüterrecht und der Vielzahl der Wahlmöglichkeiten, die eine Anlehnung an das Ehegüterstatut für das Erbstatut eröffnet hätte, einen Widerspruch zu den Zielsetzungen der EuErbVO sah.[719] Mit dem Wirksamwerden der EuGüVO wäre freilich der Einwand einer Rechtswahl, die sich „blind" auf die Statutenbestimmung im Internationalen Ehegüterrecht verlassen müsste, vom Tisch, weil ab dann eine EU-einheitliche Regelung auch für das Ehegüterstatut bestünde.[720] Bis zum Wirksamwerden der europäischen Vereinheitlichung des Internationalen Ehegüterrechts wäre die Zulassung einer entsprechenden internationalerbrechtlichen Rechtswahl dagegen von der Ausgestaltung der nationalen Ehegüterkollisionsrechte abhängig.[721]

182 Ebenso wenig ist es möglich, das Recht des Errichtungsortes einer testamentarischen Verfügung zu wählen.[722]

183 Insbesondere erlaubt Art. 22 I 1 EuErbVO nicht die Wahl des oder eines Belegenheitsrechts für Immobilien, wie sie Art. 25 II EGBGB 1986 im deutschen Alt-IPR gestattete.[723] Insoweit ist er dem Prinzip der Nachlasseinheit verpflichtet[724] und enger als Art. 6 Haager ErbRÜbk.[725] Die dort ausweislich Art. 6 S. 2 Haager ErbRÜbk. allein angelegte materiellrechtliche Verweisung[726] fand allerdings in der Praxis der Vertragsstaaten des Haager ErbRÜbk. kaum Gebrauch.[727] Insoweit hält Art. 21 I 1 EuErbVO wohl das Prinzip der Nachlasseinheit hoch und möchte eine Zersplitterung auch durch Rechtswahl vermeiden.[728] Denn auch über eine Rechtswahl ist eine Nachlassspaltung nicht erlaubt.[729] Aus demselben Grund gibt es keine Chance, durch eine erbrechtliche Rechtswahl Gleichklang zwischen dem Erbstatut und dem Statut einer Gesellschaft, von der Anteile zum Nachlass gehören, herzustellen.[730]

184 *e) Schutz der Pflichtteilsberechtigten.* Mit der Beschränkung der Wahlmöglichkeiten auf das Heimatrecht des Erblassers wollte der Unionsgesetzgeber zugleich dem drängendsten Problem[731] begegnen, das in einer Zulassung erbrechtlicher Parteiautonomie liegt:

---

verfahrensrecht, 2011, S. 57, 72f.; *Wilke,* RIW 2012, 601, 606; *Bonomi,* YbPIL 13 (2011), 217, 229; *Coester-Waltjen/Coester,* Liber amicorum Klaus Schurig, 2012, S. 33, 40; *Goré,* Defrénois 2012, 762, 765.

[719] Vorschlag für eine Verordnung des Europäischen Parlaments und des Rates über die Zuständigkeit, das anwendbare Recht, die Anerkennung und die Vollstreckung von Entscheidungen und öffentlichen Urkunden in Erbsachen sowie zur Einführung eines Europäischen Nachlasszeugnisses, KOM (2009) 154 endg. S. 7.

[720] *Bonomi,* in: Bonomi/Schmid (éds.), Successions internationales, 2010, S. 23, 43; *ders.,* YbPIL 13 (2011), 217, 230.

[721] *Mansel,* Tuğrul Ansay'a Armağan, 2006, S. 185, 199; *Calvo Caravaca/Davì/Mansel/Castellanos Ruiz* Art. 22 Successions Regulation Rn. 8.

[722] *Bogdan,* Essays in Honour of Hans van Loon, 2013, S. 59, 62.

[723] *Steinmetz/Löber/García Alcázar,* ZEV 2010, 234, 236; *Bonomi,* in: Bonomi/C. Schmid (éds.), Successions internationales, 2010, S. 23, 43; *ders.,* in: Bonomi/Wautelet Art. 22 Règ. Rn. 35; *Eckelskemper,* FS Günter Brambring, 2011, S. 73, 76; *Dutta,* in: Reichelt/Rechberger (Hrsg.), Europäisches Erb- und Erbverfahrensrecht, 2011, S. 57, 74; *Coester-Waltjen/Coester,* Liber amicorum Klaus Schurig, 2012, S. 33, 40; *Revillard,* Defrénois 2012, 743, 748; *Goré,* Defrénois 2012, 762, 765; *Mansel/Thorn/R. Wagner,* IPRax 2013, 1, 7; *F. Odersky,* notar 2013, 3, 8; *Everts,* ZEV 2013, 124, 126; *Bogdan,* Essays in Honour of Hans van Loon, 2013, S. 59, 62; *Volmer,* RPfleger 2013, 421, 423; *Döbereiner,* MittBayNot 2013, 358, 363; *ders.,* DNotZ 2014, 323, 324; *Damascelli,* in: Franzina/Leandro (a cura di), Il diritto internazionale privato europeo delle successioni mortis causa, 2013, S. 87, 100f.; *Wachter,* ZNotP 2014, 2, 6.

[724] *Bonomi,* in: Bonomi/C. Schmid (éds.), Successions internationales, 2010, S. 23, 43; *Vékás,* in: Reichelt/Rechberger (Hrsg.), Europäisches Erb- und Erbverfahrensrecht, 2011, S. 41, 45.

[725] *Vlas,* WPNR 6924 (2012), 249, 252.

[726] Siehe nur *Wysocka,* NIPR 2012, 569, 570.

[727] *Frohn,* in: IPR in de spiegel van Paul Vlas, 2012, S. 65, 75.

[728] Vgl. *Khairallah,* in: Khairallah/Revillard (dir.), Droit européen des successions internationales, 2013, S. 47, 55.

[729] *Bonomi,* in: Bonomi/Wautelet Art. 22 Règ. Rn. 42 f; *Pamboukis/Stamatiadis* Art. 22 Successions Regulation Rn. 47; *Weingart,* FS Anton K. Schnyder, 2018, S. 395, 419.

[730] *Wachter,* ZNotP 2014, 2, 6.

[731] Daneben mag man auch an Auswirkungen einer Rechtswahl auf die Erbschaftsteuer denken; *Steiner,* NZ 2012, 104, 111.

IV. Rechtswahl unter Art. 22 EuErbVO 185, 186 § 5

dem Schutz der Pflichtteilsberechtigten.⁷³² Bei einer freien oder zumindest freieren Rechtswahl könnte der Erblasser nämlich ein Recht auswählen, welches pflichtteilsfeindlich oder zumindest für diejenigen, die ohne Rechtswahl unter dem objektiven Erbstatut pflichtteilsberechtigt wären, weniger günstig ist. Indem nur eine begrenzte Wahloption eröffnet wird, wird ein Ausgleich zwischen den Vorteilen einer Rechtswahl (Rechtssicherheit und einfachere Nachlassplanung) einerseits und dem Schutz der berechtigten Interessen der Angehörigen des Erblassers angestrebt.⁷³³ Die Pflichtteilsberechtigten sollen gegen Manöver und Manipulationen seitens des Erblassers geschützt werden.⁷³⁴ Die Ausgestaltung als beschränkte Rechtswahl macht auch einen ausdrücklichen Vorbehalt zu Gunsten der Pflichtteilsberechtigten⁷³⁵ gedanklich überflüssig. Konsequenterweise gibt es ihn in Art. 22 EuErbVO nicht.⁷³⁶

Art. 22 I EuErbVO erlaubt jedoch auch, das Heimatrecht zu wählen, um sich dort vorfindliche sachrechtliche Gestaltungsmöglichkeiten zu eröffnen, welche den Erblasser günstiger dünken als jene des objektiv berufenen Aufenthaltsrechts. Z.B. mag der Erblasser so seinen Nachlass bedarfsunabhängigen Pflichtteilsansprüchen oder gar dinglich wirkenden Noterbrechten naher Verwandter entziehen.⁷³⁷ Oder die Ausgestaltung von Pflichtteilergänzungsansprüchen mag ihm vorteilhafter erscheinen, was von Bedeutung wird, wenn er größere Schenkungen gemacht hat.⁷³⁸ Oder der Erblasser will eine Dauertestamentsvollstreckung einrichten, um so den Nachlass nicht dem Zugriff minderjähriger oder in der Ausbildung befindlicher Erben auszusetzen.⁷³⁹ Solche am sachrechtlichen Gehalt des Heimatrechts orientierten Überlegungen erhöhen zum einen den Überlegungs- und Beratungsbedarf des Erblassers und zum anderen die Beratungslast eingeschalteter Rechtsberater. 185

f) Informationsproblem. Wie jede Rechtswahloption steht Art. 22 I EuErbVO vor einem Informationsproblem: Seine Parteiautonomie ausüben wird nur, wer von ihr überhaupt weiß.⁷⁴⁰ Zudem muss man um eine Möglichkeit nicht nur wissen, sondern auch konkret an sie denken, sich ihrer konkret erinnern,⁷⁴¹ wenn es darauf ankommt, im Erbrecht also dann, wenn man seinen Nachlass plant und seine testamentarischen Verfügungen trifft. Gerade wohlhabende Erblasser, bei denen es etwas zu erben und dementsprechend etwas zu planen gibt, werden aber in aller Regel gut beraten sein oder sich guten Rat konkret einkaufen.⁷⁴² 186

---

⁷³² Vorschlag für eine Verordnung des Europäischen Parlaments und des Rates über die Zuständigkeit, das anwendbare Recht, die Anerkennung und die Vollstreckung von Entscheidungen und öffentlichen Urkunden in Erbsachen sowie zur Einführung eines Europäischen Nachlasszeugnisses, KOM (2009) 154 endg. S. 7; *Nourissat,* Defrénois 2010, 394, 399; *R. Wagner,* DNotZ 2010, 506, 515; *Bonomi,* in: Bonomi/ C. Schmid (éds.), Successions internationales, 2010, S. 23, 38; *Lagarde,* RCDIP 101 (2012), 691, 720; *ders.,* in: Khairallah/Revillard (dir.), Droit européen des successions internationales, 2013, S. 5, 12; *Mansel/Thorn/R. Wagner,* IPRax 2013, 1, 7; *Müller-Lukoschek* § 2 Rn. 145; *Franzina/Leandro,* NLCC 2013, 275, 317.
⁷³³ Vorschlag für eine Verordnung des Europäischen Parlaments und des Rates über die Zuständigkeit, das anwendbare Recht, die Anerkennung und die Vollstreckung von Entscheidungen und öffentlichen Urkunden in Erbsachen sowie zur Einführung eines Europäischen Nachlasszeugnisses, KOM (2009) 154 endg. S. 7; *Bonomi,* in: Bonomi/C. Schmid (éds.), Successions internationales, 2010, S. 23, 38.
⁷³⁴ *Lagarde,* RCDIP 101 (2012), 691, 719. *Damascelli,* in: *Franzina/Leandro* (a cura di), Il diritto internazionale privato europeo delle successioni mortis causa, 2013, S. 87, 100 gibt zu bedenken, dass diese ratio sich gegen die Wahl des aktuellen Aufenthaltsrechts zum Zeitpunkt der Rechtswahl kehren mag, jedoch bei anderen theoretisch denkbaren Wahloptionen weniger passt.
⁷³⁵ Vermisst von *Barnich,* in: Nuyts (coord.), Actualités en droit international privé, 2013, S. 7, 14.
⁷³⁶ *Bonomi,* in: Bonomi/Wautelet Art. 22 Règ. Rn. 77 f.
⁷³⁷ *D. Lehmann,* DStR 2012, 2085, 2087.
⁷³⁸ *D. Lehmann,* DStR 2012, 2085, 2087.
⁷³⁹ *D. Lehmann,* DStR 2012, 2085, 2087.
⁷⁴⁰ *Schurig,* FS Ulrich Spellenberg, 2010, S. 343, 347; *Steinmetz/Löber/García Alcázar,* ZEV 2010, 234, 235 sowie *Bogdan,* Essays in Honour of Hans van Loon, 2013, S. 59, 65.
⁷⁴¹ *Schurig,* FS Ulrich Spellenberg, 2010, S. 343, 347.
⁷⁴² *Schurig,* FS Ulrich Spellenberg, 2010, S. 343, 347.

187 Vorschlägen, eine dokumentierte qualifizierte Belehrung des Erblassers über die materiellrechtlichen und verfahrensrechtlichen Konsequenzen einer beabsichtigten Rechtswahl als Wirksamkeitsvoraussetzung für eine Rechtswahl zu verlangen,[743] ist die Kommission nicht gefolgt.[744] Die EuErbVO enthält auch keine Parallele zu Erwägungsgrund (18) Rom III-VO und Art. 8 V HUP, die eine informierte Rechtswahl verlangen. Beide sind indes spezifisch auf eine Rechtswahl im Zwei-Personen-Verhältnis zugeschnitten und wollen eine Übervorteilung der schwächeren von beiden Parteien verhindern. Dies lässt sich auf die einseitige Rechtswahl im Internationalen Erbrecht nicht übertragen, so dass sowohl eine echte Analogie als auch eine Anlehnung ausscheiden.

188 **3. Zustandekommen und Wirksamkeit der Rechtswahl** . *a) Zustandekommen.* Eine eigene Regelung für das Zustandekommen der Rechtswahl enthält Art. 22 EuErbVO nicht. Dies erstaunt nicht. Denn erbrechtliche Rechtswahl ist im Prinzip einseitige Rechtswahl durch den Erblasser.[745] Konsens und Einigung mit einem anderen sind dabei nicht notwendig, ja grundsätzlich wesensfremd. Andere Personen als der Erblasser kommen erst bei Erbverträgen ins Spiel, und dort trifft Art. 25 III EuErbVO eine eigene Regelung zur Rechtswahl. Daraus zieht Art. 22 II EuErbVO die logische Konsequenz: Die Rechtswahl muss in einer Verfügung von Todes wegen erfolgen; sie muss ausdrücklich sein oder sich aus den Bestimmungen dieser Verfügung ergeben. Die Rechtswahl kann isoliert als einziger Inhalt einer Verfügung von Todes wegen erfolgen und muss nicht mit anderen Anordnungen des Erblassers kombiniert sein.[746]

189 *b) Rechtsgeschäftliche Wirksamkeit.* Gemäß Art. 22 III EuErbVO beurteilt sich die materielle Wirksamkeit der Rechtshandlung, durch welche die Rechtswahl vorgenommen wird, nach dem gewählten Recht. Insoweit wird also an das Faktum der Rechtswahl angeknüpft und kehrt das aus dem Internationalen Schuldvertragsrecht bekannte, dort in Art. 3 V iVm Art. 10 I Rom I-VO kodifizierte bootstrap principle wieder. Zur rechtsgeschäftlichen Wirksamkeit zählen die Willensmängel, namentlich Irrtum, Täuschung, Drohung, Nötigung, economic duress,[747] sowie weitere Fragen der Rechtsgeschäftslehre einschließlich der Stellvertretung,[748] Auslegung, Höchstpersönlichkeit und Testierfähigkeit.[749] Art. 26 I litt. c, e EuErbVO steckt auch hier den Rahmen.[750] Sofern es an speziellen Regeln für die erbrechtliche Rechtswahl im gewählten Recht fehlt, sind die einschlägigen Normen des Erbsachrechts anzuwenden[751] und nur ergänzend jene der allgemeinen Rechtsgeschäftslehre.[752]

190 *c) Inhaltliche Wirksamkeit.* Die inhaltliche Wirksamkeit einer Rechtswahl ist dagegen nicht Anknüpfungsgegenstand des Art. 22 III EuErbVO.[753] Ob die Rechtswahl frei oder beschränkt ist, welche Rechte gewählt werden dürfen und ob und in welchem Umfang eventuell ein Günstigkeitsvergleich mit dem hypothetischen objektiven Erbstatut stattfindet, muss das IPR der lex fori, hier also die EuErbVO, selber besagen. Erwägungsgrund (40) S. 1 EuErbVO erkennt dies an. Ihm zufolge soll eine Rechtswahl „nach dieser Verord-

---

[743] Stellungnahme des Österreichischen Rechtsanwaltskammertages vom 25.8.2008, 21/07/254, S. 7 f., abrufbar unter <http://www.rechtsanwaelte.at>.

[744] Vgl. *Scheuba*, in: Schauer/Scheuba (Hrsg.), Europäische Erbrechtsverordnung, 2013, S. 1, 11 f.

[745] *Pfundstein* Rn. 564; *Coester-Waltjen/Coester*, Liber amicorum Klaus Schurig, 2012, S. 33, 38; *Feraci*, Riv. dir. int. 2013, 424, 457.

[746] *Leitzen*, ZEV 2013, 128, 129; *Döbereiner*, MittBayNot 2013, 358, 363; *F. Odersky*, in: Hausmann/Odersky IPR § 15 Rn. 111.

[747] Explanatory Report *Waters*, Proceedings of the Sixteenth Session (1988) of the Hague Conference on Private International Law, vol. II, 1990, S. 557; *Wysocka*, NIPR 2012, 569, 573; *Nordmeier*, GPR 2013, 148, 153; BeckOGK/*J. Schmidt* Art. 22 EuErbVO Rn. 30; NK-BGB/*Looschelders* Art. 22 EuErbVO Rn. 29.

[748] *Nordmeier*, GPR 2013, 148, 153; *Döbereiner*, MittBayNot 2013, 358, 363.

[749] *Müller-Lukoschek* § 2 Rn. 152; Deixler-Hübner/Schauer/*Schauer* Art. 22 EuErbVO Rn. 14.

[750] *Nordmeier*, GPR 2013, 148, 153; *Müller-Lukoschek* § 2 Rn. 152.

[751] *Döbereiner*, MittBayNot 2013, 358, 363.

[752] Dafür indes *Nordmeier*, GPR 2013, 148, 153.

[753] *Wysocka*, NIPR 2012, 569, 573; *Bonomi*, in: Bonomi/Wautelet Art. 22 Règ. Rn. 66.

IV. Rechtswahl unter Art. 22 EuErbVO   191–194 § 5

nung" auch dann wirksam sein, wenn das gewählte Recht keine Rechtswahl in Erbsachen vorsieht. Die Entscheidung über Existenz und Umfang internationalerbrechtlicher Parteiautonomie trifft die EuErbVO selber und überantwortet sie nicht dem *gewählten* Recht. Dessen Kollisionsnormen über internationalerbrechtliche Parteiautonomie werden nicht befragt, zumal dies ja überhaupt nur bei einem drittstaatlichen Recht als gewähltem Recht zu Abweichungen führen könnte, da die EuErbVO das geltende Kollisionsrecht ihrer Mitgliedstaaten ist.[754]

Beispiel: Erblasser E hat seinen gewöhnlichen Aufenthalt in Deutschland. Sein Heimatrecht gestattet eine Rechtswahl für das Erbstatut nicht. Dennoch wählt E für die Rechtsnachfolge von Todes wegen sein Heimatrecht. Da die Zulässigkeit der Rechtswahl nach dem IPR der lex fori zu beurteilen ist, würden deutsche Gerichte die Rechtswahl des E anerkennen, denn die Möglichkeit, sein Heimatrecht zu wählen, wird gerade von Art. 22 I EuErbVO eingeräumt. 191

In Art. 22 EuErbVO gibt es zwar kein ausdrückliches Pendant zu Artt. 3 III Rom I-VO; 14 II Rom II-VO, aber trotzdem muss auch hier der Gedanke gelten, dass nicht allein durch subjektiven Willen ein rein interner Sachverhalt, der objektiv nur mit einem Staat verbunden ist, zu einem internationalen werden darf.[755] 192

Gehört der Erblasser mehreren Staaten an und bestimmt nur, dass sein Heimatrecht gelten solle, so trifft er nicht die erforderliche Auswahl, und die Rechtswahl scheitert,[756] es sei denn, weitere besondere Indizien ließen erkennen, welches Heimatrecht er gemeint hat.[757] Wählt der Erblasser nur sein Heimatrecht und wechselt er zwischen der Rechtswahl und seinem Tod die Staatsangehörigkeit, so ist anzunehmen, dass er sein zum Zeitpunkt der Rechtswahl aktuelles Heimatrecht gemeint hat.[758] Man sollte eine solche Wahl nicht zu schnell verdammen.[759] 193

Streng wäre es, eine spezifische, konkrete Benennung des gewählten Rechts nach dem betreffenden Staat zu verlangen.[760] Zulässig wären dann nur Formulierungen wie „Ich wähle deutsches Recht" oder „Nach meinem Tode sollen sich die erbrechtlichen Verhältnisse nach französischem Recht richten." Dies würde eine funktionelle, abstrakte Bezeichnung ausschließen, wie sie etwa in der Formulierungen „Ich will nach dem Recht beerbt werden, das bei meinem Tode mein Heimatrecht sein wird." oder „Nach meinem Tode soll das Recht des Staates, dem ich bei meinem Tode angehöre, anwendbar sein." zum Ausdruck käme.[761] Der Wortlaut des Art. 22 I EuErbVO gebietet solche Strenge nicht.[762] Solche Strenge stößt sich an der Freiheit für den Erblasser, die nur solche Grenzen kennen soll, wie Art. 22 I EuErbVO sie anlegt. Sie droht zudem ungültige Rechtswahlerklärungen Rechtsunkundiger zu produzieren. Außerdem passt sie nicht zu vorausschauenden, planenden Gestaltungen weit vor dem Erbfall, nach deren Errichtung der Erblasser noch seine 194

---

[754] Anders liegt es, wenn keine wirksame Rechtswahl nach Art. 22 EuErbVO vorliegt, z.B. weil der Erblasser das Recht des Ehegüterstatuts gewählt hat, das nicht mit mit seinem Heimatrecht zusammenfällt. Dann ist nach Art. 21 EuErbVO objektiv anzuknüpfen. Diese Verweisung ist im Lichte des Art. 34 EuErbVO zu sehen. Führt sie zu einem drittstaatlichen Recht und kennt dieses größere Parteiautonomie, so kann die Rechtswahl nach Maßgabe des Art. 34 EuErbVO beachtlich sein. Dabei geht es aber um Parteiautonomiegewährungen des objektiven Erbstatuts, nicht des gewählten Rechts.
[755] Vgl. *Franzina/Leandro*, NLCC 2013, 275, 319. Anderer Ansicht MüKoBGB/*Dutta* Vorb. Art. 20 EuErbVO Rn. 40; Dutta/Weber/*F. Bauer* Art. 22 EuErbVO Rn. 6.
[756] Explanatory Report *Waters*, Proceedings of the Sixteenth Session (1988) of the Hague Conference on Private International Law, vol. II, 1990, S. 555; *Wysocka*, NIPR 2012, 569, 570; Geimer/Schütze/*S. Frank* Art. 22 EuErbVO Rn. 17.
[757] Deixler-Hübner/Schauer/*Schauer* Art. 22 EuErbVO Rn. 27.
[758] Geimer/Schütze/*S. Frank* Art. 22 EuErbVO Rn. 17.
[759] Anders *Wysocka*, NIPR 2012, 569, 570.
[760] So *Janzen*, DNotZ 2012, 484, 486; *Dörner*, ZEV 2012, 505, 511 sowie *Döbereiner*, MittBayNot 2013, 358, 363.
[761] *Janzen*, DNotZ 2012, 484, 486; *Dörner*, ZEV 2012, 505, 511.
[762] *Fischer-Czermak*, in: Schauer/Scheuba (Hrsg.), Europäische Erbrechtsverordnung, 2013, S. 43, 47; *Nordmeier*, GPR 2013, 148, 150; siehe auch schon *Mansel*, Tuğrul Ansay'a Armağan, 2006, S. 185, 212; Dutta/Weber/*F. Bauer* Art. 22 EuErbVO Rn. 17.

Staatsangehörigkeit wechseln kann. In solchen Fällen würde Strenge zu einer neuen, zweiten, späteren Rechtswahlerklärung zwingen. Davon würden nur Rechtsberater und Notare profitieren, ohne dass es einen echten Gewinn in der Sache geben würde. Indes wird ein Erblasser genau überlegen, bevor er mit einem Griff in die Zukunft ein noch unbekanntes Heimatrecht wählt.[763]

195 Auch Art. 22 II EuErbVO gebietet keine konkrete Rechtswahl,[764] sondern weist im Gegenteil eher in eine liberale Richtung und zur Zulassung einer abstrakten Rechtswahl. Denn wenn eine stillschweigende Rechtswahl aus den Bestimmungen der Verfügung von Todes wegen zulässig ist, dann muss eine abstrakte, funktionell umschreibende, aber nicht ausdrückliche Rechtswahl erst recht zulässig sein.[765] Für die Zulässigkeit einer funktionalen Rechtswahl spricht auch die Parallele zum Internationalen Schuldvertragsrecht, wo eine umschreibende, aber bestimmbare Formulierung wie „Recht des Klägers" oder „Recht am Sitz des Verkäufers" zulässig und wirksam ist, und zu Artt. 25 Brüssel Ia-VO; 23 LugÜ 2007, wo entsprechende Formulierungen bei der Gerichtsstandswahl ebenfalls akzeptiert werden.

196 **4. Stillschweigende Rechtswahl.** Eine stillschweigende Rechtswahl erkennt Art. 22 II Var. 2 EuErbVO an und stellt sie einer ausdrücklichen Rechtswahl[766] gleich.[767] Das ist im Grundansatz zu begrüßen,[768] denn eine verlässliche Grenze zwischen ausdrücklicher und stillschweigender Rechtswahl zu ziehen, welche der Belastung standhielte, zwischen zulässiger und unzulässiger Rechtswahl abzugrenzen, fiele sehr schwer.[769] Zudem liefe man mit einer Nichtzulassung der stillschweigenden Rechtswahl Gefahr, der Maxime untreu zu werden, welche das gesamte Erbrecht sachrechtlich wie kollisionsrechtlich durchzieht: dem Erblasserwillen so weit wie irgend möglich Rechnung zu tragen.[770] Außerdem lassen sowohl Art. 3 I 2 Rom I-VO als auch Art. 14 I UAbs. 2 Rom II-VO die stillschweigende Rechtswahl zu, weshalb die Kohärenz innerhalb des europäischen IPR auch für deren Zulassung im Internationalen Erbrecht spricht.[771]

197 Allerdings beantworten weder Art. 22 II Var. 2 EuErbVO noch Erwägungsgrund (39) EuErbVO im Einzelnen, welche Indizien für eine stillschweigende Rechtswahl sprechen könnten. Der Maßstab dafür muss ein europäisch-unionsrechtsautonomer sein und ist nicht dem (möglicherweise gewählten) Recht zu entnehmen.[772] Eine bloß hypothetische oder vermutete Rechtswahl reicht nicht aus,[773] ebenso wenig die Annahme einer Rechtswahl auf der Basis vager, nicht hinreichend belasteter Indizien.[774] Basiserfordernis ist, dass der Erblasser die Anwendung einer bestimmten Rechtsordnung vor Augen gehabt muss.[775]

---

[763] *Fischer-Czermak*, in: Schauer/Scheuba (Hrsg.), Europäische Erbrechtsverordnung, 2013, S. 43, 47.
[764] So aber *Janzen*, DNotZ 2012, 484, 486.
[765] *Nordmeier*, GPR 2013, 148, 151.
[766] Beispiel für eine ausdrückliche Rechtswahl unter dem parallelen Art. 5 I Haager ErbRÜbk Rb. Haarlem NIPR 2001 Nr. 36.
[767] Siehe nur *Dutta*, FamRZ 2013, 4, 8.
[768] Eingehend *J. Emmerich* S. 196–201. Kritisch aber *C. Bridge*, Petites affiches N° 132, 3 juillet 2014, S. 6, 10.
[769] *Dutta*, in: Reichelt/Rechberger (Hrsg.), Europäisches Erb- und Erbverfahrensrecht, 2011, S. 57, 75; *F. Odersky*, in: Hausmann/Odersky IPR § 15 Rn. 119.
[770] Siehe *Dutta*, in: Reichelt/Rechberger (Hrsg.), Europäisches Erb- und Erbverfahrensrecht, 2011, S. 57, 75; *Bonomi*, in: Bonomi/Wautelet Art. 22 Règ. Rn. 58.
[771] *Dutta*, in: Reichelt/Rechberger (Hrsg.), Europäisches Erb- und Erbverfahrensrecht, 2011, S. 57, 75 f.
[772] *Nordmeier*, GPR 2013, 148, 151, 153; *Cach/A. J. Weber*, ZfRV 2013, 263, 265; MüKoBGB/*Dutta* Art. 22 EuErbVO Rn. 14; Palandt/*Thorn* Art. 22 EuErbVO Rn. 6. Anders wohl *Leitzen*, ZEV 2013, 128, 129.
[773] *Pfeiffer*, IPRax 2016, 310, 313.
[774] *Cach/A. J. Weber*, ZfRV 2013, 263, 265.
[775] *F. Odersky*, in: Hausmann/Odersky IPR § 15 Rn. 121.

IV. Rechtswahl unter Art. 22 EuErbVO   198–202 **§ 5**

Den im Internationalen Schuldvertragsrecht für Art. 3 I 2 Rom I-VO entwickelten Katalog[776] wird man kaum unbesehen ins Internationale Erbrecht übertragen können. Vereinbarung eines ausschließlichen Gerichtsstands, Vereinbarung eines qualifiziert lokalisierten Schiedsgerichts, Vereinbarung eines einheitlichen Erfüllungsorts, Anlehnung an einen herrschenden Vertrag passen im Erbrecht nicht. Wohl passt dagegen die Bezugnahme auf Normen oder Institute eines bestimmten Rechts, wie Erwägungsgrund (39) S. 2 EuErbVO hervorhebt.[777] Denn damit zeigt der Erblasser ersichtlich, dass er sich unter jenem Recht bewegen will und von dessen Anwendung ausgeht. Dies kann und muss namentlich das Heimatrecht des Erblassers sein.[778] 198

Ein **Beispiel** wäre in einem deutschsprachigen Testament die Bezugnahme auf Einantwortung und Verlassenschaft; darin sollte man eine konkludente Wahl österreichischen Rechts sehen.[779] Die konkludente Wahl des Heimatrechts liegt nahe, wenn das Testament auf Rechtsinstituten beruht, die zwar das Heimatrecht, aber nicht das Aufenthaltsrecht des Erblassers (also das hypothetische objektive Erbstatut) kennt.[780] Dies mag etwa der Fall sein, wenn in in Deutschland lebender Brite einen testamentary trust errichten will.[781] „Handeln unter fremdem Recht" lässt sich so elegant durch Verständnis als stillschweigende Rechtswahl lösen.[782] Ein favor testamenti würde helfen, wenn nur das Heimatrecht die vom Erblasser gewünschten Wirkungen tragen würde.[783] 199

Trotzdem erscheint es angezeigt, Vorsicht bei der Annahme einer stillschweigenden Rechtswahl walten zu lassen, dergestalt, dass das Verwenden einer bestimmten Sprache in der Regel ebenso wenig reicht wie jenes solcher rechtlichen Ausdrücke, die Äquivalente in vielen Sprachen und vielen Rechtsordnungen haben.[784] Generell sollte man linguistischen Aspekten nicht zu viel Gewicht beilegen; verfehlt wäre insbesondere, bereits aus dem Gebrauch einer Sprache, die einem bestimmten Staat zuzuordnen ist, allein und ohne weitere Indizien bereits eine stillschweigende Rechtswahl herauslesen zu wollen.[785] 200

Auch ohne Bezugnahme auf einzelne Bestimmungen oder Rechtsausdrücke kann eine stillschweigende Rechtswahl vorliegen, wenn sich der Erblasser bestimmter Konstruktionen oder quotaler Verteilungen aus einem bestimmten Recht für seine Nachlassplanung bedient.[786] Z.B. kann in der Errichtung eines trust nach englischem Recht eine stillschweigende Wahl englischen Rechts als Erbstatut liegen,[787] zumal die Annahme einer solchen Wahl den zusätzlichen Vorteil mit sich bringen würde, dass Trust und Erbfall demselben Recht unterliegen würden.[788] 201

Schreibt der Erblasser ins Testament, dass seinem Willen nach dem für ihn persönlich geltenden Recht in größtmöglichem Umfang Genüge getan werden solle, so kann dies 202

---

[776] Näher dazu → § 1 Rn. 120 ff.
[777] *Döbereiner*, DNotZ 2014, 323, 324.
[778] *Goré*, Defrénois 2012, 762, 765; *Dutta*, FamRZ 2013, 4, 8; *Fischer-Czermak*, EF-Z 2013, 52, 53; *Frohn*, in: IPR in de spiegel van Paul Vlas, 2012, S. 65, 75; *Nordmeier*, GPR 2013, 148, 152.
[779] Max Planck Institute for Comparative and Private International Law, RabelsZ 74 (2010), 522, 614; *Wilke*, RIW 2012, 601, 606; *Wysocka*, NIPR 2012, 569, 572; *Cach/A. J. Weber*, ZfRV 2013, 263, 266.
[780] *Volmer*, RPfleger 2013, 421, 423; *Calvo Caravaca/Davì/Mansel/Castellanos Ruiz* Art. 22 Successions Regulation Rn. 24.
[781] Siehe *Bonomi*, in: Bonomi/Wautelet Art. 22 Règ. Rn. 60.
[782] *Döbereiner*, DNotZ 2014, 323, 325.
[783] *Nordmeier*, ZEV 2012, 513, 519; BeckOGK/*J. Schmidt* Art. 22 EuErbVO Rn. 26; *F. Odersky*, in: Hausmann/Odersky IPR § 15 Rn. 122.
[784] *F. Odersky*, notar 2013, 3, 5; *Müller-Lukoschek* § 2 Rn. 150; *R. Magnus*, IPRax 2019, 8, 10.
[785] *Damascelli*, in: Franzina/Leandro (a cura di), Il diritto internazionale privato europeo delle successioni mortis causa, 2013, S. 87, 102; *Calvo Caravaca/Davì/Mansel/Castellanos Ruiz* Art. 22 Successions Regulation Rn. 24; *Pamboukis/Stamatiadis* Art. 22 Successions Regulation Rn. 61.
[786] *Frohn*, in: IPR in de spiegel van Paul Vlas, 2012, S. 65, 75; *Nordmeier*, GPR 2013, 148, 152; *Pamboukis/Stamatiadis* Art. 22 Successions Regulation Rn. 58.
[787] *Bonomi*, in: Bonomi/Schmid (éds.), Successions internationales, 2010, S. 23, 45; *Wysocka*, NIPR 2012, 569, 572.
[788] *Goré*, Defrénois 2012, 762, 765.

eine Wahl des Personalstatuts des Erblassers sein.[789] Die stillschweigende Rechtswahl muss sich grundsätzlich unmittelbar in der Verfügung von Todes wegen niederschlagen.[790] Art. 22 II Var. 2 EuErbVO verlangt, dass sich aus den Bestimmungen der Verfügung von Todes wegen eine Rechtswahl ergeben muss, und schließt damit eine Einbeziehung von Umständen außerhalb der Testamentsurkunde im Grundansatz aus.[791] Man sollte aber nicht zu hohe Hürden vor einer stillschweigenden Rechtswahl errichten.[792]

203 Ob eine stillschweigende Rechtswahl vorliegt, wird zur Auslegungsfrage[793] und kann in der Praxis zu Schwierigkeiten führen. Dies befördert Rechtsunsicherheit,[794] im Widerspruch zum Hauptziel einer Rechtswahl, Klarheit zu schaffen.[795] Außerdem eröffnet es Erbprätendenten Streitpotenzial,[796] zumal weil man den Erblasser nach seinem Tode nicht mehr befragen kann, welchen Willen er denn gehegt habe. Ein massiver Interessengegensatz zwischen testamentarisch bedachten und übergangenen Verwandten oder Ehegatten ist programmiert und kann Konflikte und Streitigkeiten schüren.[797] Schon unterschiedliche Ausgestaltung der Pflichtteilsberechtigungen macht es erheblich, nach welchem Recht enterbt wird.[798]

204 Vor dem Erbfall eingeschaltete Berater, insbesondere Berater, die bei der Testamentsgestaltung zur Seite stehen, sollten auf eine ausdrückliche Rechtswahl im Testament hinwirken, wenn denn eine Rechtswahl wirklich gewollt ist.[799] Will der Erblasser keine stillschweigende Rechtswahl, sondern die Anwendung seines Aufenthaltsrechts, so sollte dies im Testament festgehalten werden, um so ein klares Gegenindiz gegen die Unterstellung einer stillschweigenden Rechtswahl zu haben.[800]

205 Die stillschweigende Rechtswahl zuzulassen ist trotzdem richtig, weil anderenfalls Härten bei rechtsunkundigen Erblassern drohten, die ihr Heimatrecht wollen, dies aber nicht ausdrücklich äußern.[801] Erklärungsbewusstsein ist wie bei jeder Rechtswahl notwendig,[802] denn eine Rechtswahl muss eine bewusste Gestaltung sein. Ein spezifisches Rechtswahlbewusstsein auf der Grundlage von Wissen um einen Rechtskonflikt und um eine Wahlmöglichkeit sollte man dagegen nicht verlangen.[803]

206 Ersichtliches Handeln unter falschem Recht kann ein starkes Indiz für eine stillschweigende Rechtswahl sein.[804] Damit kann man auch den Fällen abhelfen, in denen insbe-

---

[789] Vgl. *Frohn*, in: IPR in de spiegel van Paul Vlas, 2012, S. 65, 75.
[790] *Leitzen*, ZEV 2013, 128, 129; *Bonomi*, in: Bonomi/Schmid (éds.), Successions internationales, 2010, S. 23, 44 sowie MüKoBGB/*Dutta* Art. 22 EuErbVO Rn. 13.
[791] *Goré*, Defrénois 2012, 762, 765; *R. Magnus*, IPRax 2019, 8, 10.
[792] *Dutta*, FamRZ 2013, 4, 8; *Nordmeier*, GPR 2013, 148, 152.
[793] *Dörner*, ZEV 2012, 505, 511; *Revillard*, Essays in Honour of Hans van Loon, 2013, S. 487, 499; *F. Odersky*, in: Hausmann/Odersky IPR § 15 Rn. 120f.; vgl. aber auch *R. Magnus*, IPRax 2019, 8, 10.
[794] *Lagarde*, RCDIP 101 (2012), 691, 721.
[795] *Bonomi*, in: Bonomi/Schmid (éds.), Successions internationales, 2010, S. 23, 47.
[796] *Vollmer*, ZErb 2012, 227, 231; *Bonomi*, in: Bonomi/Wautelet Art. 22 Règ. Rn. 58.
[797] *Volmer*, RPfleger 2013, 421, 423.
[798] *Volmer*, RPfleger 2013, 421, 423 f.
[799] *Heijning*, WPNR 6956 (2012), 963, 965; *Goré*, Defrénois 2012, 762, 764f.; *Frohn*, in: IPR in de spiegel van Paul Vlas, 2012, S. 65, 75; *Müller-Lukoschek* § 2 Rn. 151; *Pamboukis/Stamatiadis* Art. 22 Successions Regulation Rn. 62; *F. Odersky*, in: Hausmann/Odersky IPR § 15 Rn. 124.
[800] *Leitzen*, ZEV 2013, 128, 132; MüKoBGB/*Dutta* EuErbVO Art. 22 EuErbVO Rn. 14.
[801] *Dörner*, ZEV 2012, 505, 511; ähnlich *Bonomi*, in: Bonomi/C. Schmid (éds.), Successions internationales, 2010, S. 23, 47 und *Pamboukis/Stamatiadis* Art. 22 Successions Regulation Rn. 55.
[802] *Döbereiner*, MittBayNot 2013, 358, 363; *Leitzen*, ZEV 2013, 128, 129 (unter Hinweis auf LG München I NJW 2007, 3445; BeckOK BGB/*S. Lorenz* Art. 25 EGBGB Rn. 21); *Cach/A. J. Weber*, ZfRV 2013, 263, 265.
[803] *Wysocka*, NIPR 2012, 569, 573; *Davì/Zanobetti*, Cuad. Der. TranS. 5 (2) (2013), 5, 48; *Calvo Caravaca/Davì/Mansel/Castellanos Ruiz* Art. 22 Successions Regulation Rn. 24. Anders tendenziell *Bonomi*, in: Bonomi/C. Schmid (éds.), Successions internationales, 2010, S. 23, 46; *ders.*, in: Bonomi/Wautelet Art. 22 Règ. Rn. 63; MüKoBGB/*Dutta* Art. 22 EuErbVO Rn. 14; *Dutta/Weber/F. Bauer* Art. 22 EuErbVO Rn. 19.
[804] *U. Simon/Buschbaum*, NJW 2012, 2393, 2395; *Döbereiner*, MittBayNot 2013, 358, 363; *ders.*, DNotZ 2014, 323, 325.

IV. Rechtswahl unter Art. 22 EuErbVO   207–210 § 5

sondere ältere Menschen als selbstverständlich davon ausgehen, dass sie nach ihrem Heimatrecht beerbt werden.[805] Insoweit kann man übergreifend von einem Schutz der Erblasservorstellungen und der Testierfreiheit sprechen.[806] Auch die Errichtung eines gemeinschaftlichen Testaments kann ein Indiz für die Wahl des Erbstatuts nach einem der Ehegatten sein.[807]

In der Praxis ist anzuraten, klare Formulierungen zu wählen.[808] Um jeglicher Unsicherheit, ob denn konkret eine stillschweigende Rechtswahl vorliegt und gewollt ist, aus dem Wege zu gehen, ist zudem zu einer ausdrücklichen Rechtswahl zu raten.[809] Wer so weit geht, sich beraten zu lassen, wird in aller Regel auch bereit sein, einem Rat zu folgen und eine Rechtswahl, wenn er sie denn will, ausdrücklich vorzunehmen. Die beratende Praxis sollte eine Routine entwickeln, nach der Staatsangehörigkeit eines testierenden Mandanten zu fragen, um dadurch eröffnete Optionen darlegen zu können.[810] Jedem Verdacht auf Auslandsbezug ist nachzugehen.[811] Freilich bedeutet dies für die Beratungspraxis auch, dass jenseits der vertrauten eigenen Rechtsordnung mehr an Basiskenntnissen ausländischer Erbrechte vorhanden sein sollte,[812] ersatzweise Kontakte zu in der jeweiligen ausländischen Rechtsordnung heimischen Rechtsberatern.   207

5. Teilrechtswahl. Zur Zulässigkeit einer Teilrechtswahl findet sich in der EuErbVO   208
kein direktes Verbot. Für einen Ausschluss spricht aber konzeptionell das Prinzip der Nachlasseinheit.[813] Denn jede Teilrechtswahl spaltet den Nachlass in einen Teil, für den sie gelten will, und einen anderen Teil, den sie nicht erfassen will.

Die Möglichkeit einer Teilrechtswahl für den Erblasser wurde während der Entstehungs- 209
zeit durchaus gefordert,[814] soweit Komplexe in Rede stehen, die sich sinnvoll voneinander trennen lassen und die jeder für sich allein Bestand haben können. Solchen Forderungen ist der europäische Gesetzgeber jedoch nicht erkennbar gefolgt.

Wenn eine Rechtswahl für alle Fragen und für den gesamten Nachlass erlaubt ist, dann 210
könnte man zwar theoretisch daran denken, eine Rechtswahl für einzelne Fragen oder für Nachlassteile als minus ebenfalls zuzulassen. Das Prinzip der Nachlasseinheit steht jedoch massiv entgegen.[815] Dem Erblasser steht es zwar sachrechtlich abhängig, von der jeweiligen Ausgestaltung des anwendbaren Sachrechts auch im Prinzip frei, ein Testament nur für bestimmte Nachlassteile zu errichten und es darüberhinaus bei Intestaterbfolge zu belassen. Die Teilrechtswahl zuzulassen würde dem eine entsprechende Gestaltungsmöglichkeit auf

---

[805] Als Problemfälle identifiziert bei *Schurig,* FS Ulrich Spellenberg, 2010, S. 343, 347.
[806] *Dutta,* in: Reichelt/Rechberger (Hrsg.), Europäisches Erb- und Erbverfahrensrecht, 2011, S. 57, 63.
[807] *Nordmeier,* ZEV 2012, 513, 519. Unter deutschem Alt-IPR vgl. zu Art. 25 II EGBGB 1986 OLG Zweibrücken ZEV 2003, 162 m. Anm. *Süß* = MittByNot 2003, 146 m. Anm. *Riering;* LG Stuttgart MittBayNot 2003, 305, 306; LG München I ZEV 2007, 434, 435.
[808] *Vollmer,* ZErb 2012, 227, 231.
[809] *F. Odersky,* notar 2013, 3, 5.
[810] *Vollmer,* ZErb 2012, 227, 231.
[811] *Vollmer,* ZErb 2012, 227, 231.
[812] *Vollmer,* ZErb 2012, 227, 231.
[813] *Lagarde,* RCDIP 101 (2012), 691, 721; *Goré,* Defrénois 2012, 762, 764; *Nordmeier,* ZEV 2012, 513, 519; *ders.,* GPR 2013, 148, 154; *Wysocka,* NIPR 2012, 569, 570; *C. Kohler/Pintens,* FamRZ 2012, 1425, 1427; *Frohn,* in: IPR in de spiegel van Paul Vlas, 2012, S. 65, 73; *Aubart,* Die Behandlung des dépeçage im europäischen internationalen Privatrecht, 2013, S. 214; *Bogdan,* Essays in Honour of Hans van Loon, 2013, S. 59, 62; *Bonomi,* in: Bonomi/Wautelet Art. 22 Règ. Rn. 45; *Cach/A. J. Weber,* ZfRV 2013, 263, 264; *Wachter,* ZNotP 2014, 2, 6; *Heinig,* RNotZ 2014, 197, 206; MüKoBGB/*Dutta* Art. 22 EuErbVO Rn. 8; Dutta/Weber/*F. Bauer* Art. 22 EuErbVO Rn. 18; *J. Emmerich* S. 165; Geimer/Schütze/*S. Frank* Art. 22 EuErbVO Rn. 21; *Calvo Caravaca/Davì/Mansel/Castellanos Ruiz* Art. 22 Successions Regulation Rn. 10; *Boving,* ZErb 2018, 197, 199.
[814] *Dutta,* RabelsZ 73 (2009), 547, 577 f.; Max Planck Institute for Comparative and Private International Law, RabelsZ 74 (2010), 522, 607, 610; *Altmayer,* ZEuS 2010, 475, 489; *Coester-Waltjen/Coester,* Liber amicorum Klaus Schurig, 2012, S. 33, 40.
[815] *Lagarde,* RCDIP 101 (2012), 691, 721; *Nordmeier,* ZEV 2012, 513, 519; *Rieck,* NJW 2014, 257, 261; *Calvo Caravaca/Davì/Mansel/Castellanos Ruiz* Art. 22 Successions Regulation Rn. 10.

der kollisionsrechtlichen Ebene hinzufügen. Indes hat sich das europäische Kollisionsrecht in *seiner* Ausgestaltung für Nachlasseinheit entschieden.

211 Dass andere Sprachfassungen des Art. 22 I 1 EuErbVO eine Rechtswahl nur für die gesamte Erbfolge gestatten,[816] ist ein weiteres Argument,[817] weil es den Schluss a maiore ad minus deutlich versperrt. Auch Art. 23 I EuErbVO ist ein Argument,[818] obwohl er sich pauschalierend, vereinfachend und verkürzend am Normalfall einer ganzheitlichen Rechtswahl orientiert. Der Grundsatz der Nachlasseinheit ist aber gegenüber der Parteiautonomie des Erblassers absolut zu setzen und Durchbrechungen nicht zugänglich.[819] Dies trifft sowohl die Teilrechtswahl als Wahl für Teilnachlässe[820] wie die Rechtswahl für einzelne isolierbare Materien, z. B. die Nachlassabwicklung.[821]

212 Für ausfüllende Hilfsnormen kann man sich zwar im Prinzip bei dem ausgefeilteren Regime des Internationalen Schuldvertragsrechts in Art. 3 Rom I-VO bedienen. Jedoch hat die EuErbVO selber eine abschließende Entscheidung gegen die Teilrechtswahl getroffen und enthält in diesem Punkt keine ausfüllungsbedürftige Lücke.

213 **6. Bedingte oder befristete Rechtswahl.** Eine bedingte oder befristete Rechtswahl entfaltet weniger Wirkungen als eine unbedingte. Der Erblasser darf eine unbedingte Rechtswahl treffen. Dann darf er erst recht eine mindere, als minus zur vollen Rechtswahl anzusehende bedingte oder befristete Rechtswahl treffen.[822] Die mit einer Bedingung verbundene Unsicherheit, ob die Bedingung letztlich eintreten oder ausfallen wird, und der Schwebezustand treten hinter der Autonomie des Erblassers zurück und sind hinzunehmen. Die Klarheit des Erbstatuts wird freilich beeinträchtigt, insbesondere wenn zur Bedingung erhoben wird, dass eine bestimmte Person nicht Erbe wird.[823] Dies ist jedoch in Abwägung gegen das höhere Prinzip der Selbstbestimmungsfreiheit für den Erblasser zu akzeptieren. Selbst bei einem zurückhaltenderen Ansatz wäre gegen eine solche Bedingung nichts einzuwenden, wenn ihr Eintritt oder Ausfall bereits zum Zeitpunkt des Erbfalls feststeht.[824]

214 **7. Negative Rechtswahl.** Wohl eher theoretische als praktische Bedeutung dürfte eine rein negative Rechtswahl haben: Ein Erblasser wählt ein bestimmtes Recht, nämlich das objektiv berufene Erbstatut, ausdrücklich ab.[825] Darin liegt indes nicht die für Art. 22 I EuErbVO erforderliche positive Wahl des Heimatrechts. Bloße Derogation ist eben nicht die geforderte Prorogation. Eine konkludente Wahl des Heimatrechts ist jedenfalls nicht zu unterstellen.[826] Die ausdrückliche Nichtwahl des einzigen Heimatrechts durch einen Monostaater ist aber kein komplettes rechtliches Nullum,[827] sondern immerhin eine klare und eindeutige Äußerung eines Erblasserwillens.

215 Ebenso wenig sollte man eine negative Rechtswahl durchschlagen lassen, mit welcher ein Doppelstaater sein eines Heimatrecht ausschließt. Es bliebe dabei zumindest unklar, ob dann das objektiv berufene Aufenthaltsrecht oder das Recht der anderen Staatsangehörig-

---

[816] Englisch: „to govern his succession as a whole"; französisch: „régissant l'ensemble de sa succession"; italienisch: „che regola la sua intera successione"; portugiesisch: „para regular toda a sua sucessão".
[817] *Nordmeier*, ZEV 2012, 513, 519; *ders.*, GPR 2013, 148, 154; *Wysocka*, NIPR 2012, 569, 570; *Bogdan*, Essays in Honour of Hans van Loon, 2013, S. 59, 62; *Heinig*, RNotZ 2014, 197, 206; *F. Odersky*, in: Hausmann/Odersky IPR § 15 Rn. 106; MüKoBGB/*Dutta* Art. 22 EuErbVO Rn. 8.
[818] MüKoBGB/*Dutta* Art. 22 EuErbVO Rn. 8.
[819] *Aubart*, Die Behandlung der dépeçage im europäischen internationalen Privatrecht, 2013, S. 214.
[820] *Aubart*, Die Behandlung der dépeçage im europäischen internationalen Privatrecht, 2013, S. 211–214.
[821] MüKoBGB/*Dutta* Art. 22 EuErbVO Rn. 8.
[822] Im Ergebnis ebenso *Leitzen*, ZEV 2013, 128, 129; *Ludwig*, DNotZ 2014, 12, 14; *Heinig*, RNotZ 2014, 197, 202; MüKoBGB/*Dutta* Art. 22 EuErbVO Rn. 12; Deixler-Hübner/Schauer/*Schauer* Art. 22 EuErbVO Rn. 28; *F. Odersky*, in: Hausmann/Odersky IPR § 15 Rn. 129.
[823] *Ludwig*, DNotZ 2014, 12, 14.
[824] *Ludwig*, DNotZ 2014, 12, 15; Geimer/Schütze/*S. Frank* Art. 22 EuErbVO Rn. 24.
[825] *Cach/A. J. Weber*, ZfRV 2013, 263, 266.
[826] Insoweit anderer Ansicht *Cach/A. J. Weber*, ZfRV 2013, 263, 266.
[827] So aber *J. Emmerich* S. 182 f.

IV. Rechtswahl unter Art. 22 EuErbVO 216–219 § 5

keit zum Zuge kommen soll.[828] Eine solche „Rechtswahl" hätte keine hinreichend klare Richtung.

8. Form einer Rechtswahl. Für die Form einer Rechtswahl ordnet Art. 22 II EuErb- 216
VO an, dass die Rechtswahl in Form einer Verfügung von Todes wegen nach dem jeweiligen Formstatut zu errichten ist. Eine eigene Formvorschrift, welche eine bestimmte Form, sei es auch nur als Mindestform spezifisch für die Rechtswahl, vorschreiben würde, enthält die EuErbVO – im Gegensatz zu Art. 7 I Rom III-VO für die Rechtswahl im Internationalen Scheidungsrecht[829] – nicht.[830] Insbesondere ist kein Gebrauch sakraler Formen vorgeschrieben.[831] Ebenso wenig verlangt Art. 22 II EuErbVO, dass eine Rechtswahl immer zusammen mit einer letztwilligen Verfügung vorgenommen und nicht isoliert getroffen werden dürfte.[832]

Eine Mindestform, nämlich Schriftlichkeit, verlangt allerdings Art. 27 I 1 EuErbVO. 217
Dieser tritt aber wiederum nach Art. 75 I UAbs. 2 EuErbVO hinter dem HTestFormÜbk zurück, das keine entsprechende Regelung kennt. Im Übrigen steht der gesamte Katalog alternativer Anknüpfungen aus Art. 1 I HTestFormÜbk bzw. Art. 27 I EuErbVO zur Verfügung,[833] allerdings selbst jene des Lageortrechts für Immobilien aus Art. 1 I lit. e HTestFormÜbk bzw. Art. 27 I lit. e EuErbVO, da eine Teilrechtswahl auch für einzelne Immobilien gestattet sein sollte.[834] Zum Katalog der alternativen Anknüpfung zählt indes nicht das gewählte Recht als solches[835] (wohl aber das Heimatrecht des Erblassers[836]), und auch eine alternative Anknüpfung an das Erbstatut als solches findet nicht statt.

Eine mündliche Rechtswahl ist unter der EuErbVO nicht zulässig.[837] Denn einerseits 218
verlangt Art. 22 II EuErbVO für eine Rechtswahl die Form einer Verfügung von Todes wegen, und zum anderen grenzt Art. 1 II lit. f EuErbVO mündliche Testamente aus dem sachlichen Anwendungsbereich der EuErbVO aus. Nur Art. 22 I EuErbVO ist Grundlage für eine Rechtswahl und dies natürlich nur, soweit die EuErbVO insgesamt reicht. Eine Kombination von mündlicher Testamentsform nach dem über HTestFormÜbk berufenen Formstatut und Rechtswahl nach dem IPR der lex fori[838] ist neben Art. 22 EuErbVO nicht statthaft. Ein Widerspruch zum Basiserfordernis der Schriftform aus Art. 27 I EuErbVO besteht für mündliche Testamente übrigens nicht, denn Art. 1 II lit. f EuErbVO klammert deren Formgültigkeit eben aus dem Anwendungsbereich der EuErbVO insgesamt aus.[839]

Art. 22 II EuErbVO besagt nicht, dass die Rechtswahl immer mit einer materiellen Ver- 219
fügung zu verbinden wäre und eine isolierte Rechtswahl daher nicht erfolgen dürfte.[840] Er ist nur eine Formvorschrift. Er schreibt Testamentsform vor, aber nicht Verknüpfung mit einem materiellen Testament.[841] Eine isolierte Rechtswahl bleibt vielmehr statthaft, wie

---

[828] *Cach/A. J. Weber,* ZfRV 2013, 263, 266; *J. Emmerich* S. 183. Anders Deixler-Hübner/Schauer/*Schauer* Art. 22 EuErbVO Rn. 12, der bei entsprechenden Anhaltspunkten eine Wahl zugunsten der anderen Staatsbürgerschaft nicht ausschließt.
[829] Dazu → § 4 Rn. 643 ff.
[830] *Bonomi,* in: Bonomi/Wautelet Art. 22 Règ. Rn. 54.
[831] *Damascelli,* in: Franzina/Leandro (a cura di), Il diritto internazionale privato europeo delle successioni mortis causa, 2013, S. 87, 102.
[832] *Dutta,* DamRZ 2013, 4, 8 Fn. 40; *Volmer,* Rpfleger 2013, 421, 423 Fn. 42; *Döbereiner,* DNotZ 2014, 323, 324; *J. Emmerich* S. 168 f.
[833] Siehe nur *Nordmeier,* GPR 2013, 148, 152; *C. Rudolf,* FS Attila Fenyves, 2013, S. 293, 308.
[834] Entgegen *Nordmeier,* GPR 2013, 148, 153; *Pamboukis/Stamatiadis* Art. 22 Successions Regulation Rn. 67. → § 5 Rn. 208.
[835] *Leitzen,* ZEV 2013, 128, 129; *Pamboukis/Stamatiadis* Art. 22 Successions Regulation Rn. 65.
[836] *C. Rudolf,* FS Attila Fenyves, 2013, S. 293, 308.
[837] Entgegen *Nordmeier,* GPR 2013, 148, 153; MüKoBGB/*Dutta* Art. 22 EuErbVO Rn. 15. Ähnlich wie hier *Bonomi,* in: Bonomi/C. Schmid (éds.), Successions internationales, 2010, S. 23, 44.
[838] Dorthin müsste *Nordmeier,* GPR 2013, 148, 153 konsequenterweise schreiten.
[839] Übersehen von *Wysocka,* NIPR 2012, 569, 571.
[840] *Dutta,* FamRZ 2013, 4, 8 Fn. 40; *Leitzen,* ZEV 2013, 128, 129 gegen *L. Kunz,* GPR 2012, 208 (208). Offen *Wysocka,* NIPR 2012, 569, 571.
[841] *Volmer,* RPfleger 2013, 421, 425. Vgl. auch Dutta/Weber/*F. Bauer* Art. 22 EuErbVO Rn. 23; Geimer/Schütze/*S. Frank* Art. 22 EuErbVO Rn. 23.

sich bereits aus Artt. 24 II; 25 III EuErbVO ergibt, denn beide Vorschriften erwähnen den Fall einer Rechtswahl bei einer materiellen Verfügung von Todes wegen gesondert.[842] Eine Rechtswahl bleibt also auch für die Intestaterbfolge ohne (sachrechtliches) Testament möglich.[843] Denkbar ist auch eine erbrechtliche Rechtswahl in einer Urkunde mit einem lebzeitigen Rechtsgeschäft, insbesondere einem Akt der vorweggenommenen Erbfolge durch lebzeitige Schenkung oder lebzeitig Überlassung von Vermögenswerten durch den Erblasser.[844]

220 **9. Änderung und Widerruf einer Rechtswahl.** Zu Änderung oder Widerruf einer Rechtswahl sagt Art. 22 IV EuErbVO – ähnlich Art. 5 III Haager ErbRÜbk[845] – nur, dass deren Form der Form für Änderung oder Widerruf einer Verfügung von Todes wegen entsprechen muss. Dies ist zu begrenzt, rudimentär[846] und sogar etwas unbeholfen.[847]

221 Der Widerruf einer Rechtswahl ist funktionell eine beachtliche negative Rechtswahl. Er kommt in seinem Ergebnis – mit Ausnahme des renvoi - einer Wahl des objektiven Erbstatuts gleich.[848] Daher ist es angemessen, auf ihn als actus negativus vel contrarius so weit wie möglich die für die positive Rechtswahl geltenden Regeln anzuwenden. Daher ist z. B. auch ein konkludenter Widerruf möglich,[849] etwa durch Zerreißen der Testamentsurkunde mit der ursprünglichen Rechtswahl.[850] Folglich wird die Zulässigkeit eines Widerrufs wie einer Änderung von der EuErbVO vorausgesetzt und richtet sich nach dem vorab gewählten Recht.[851]

222 Allerdings soll nach Erwägungsgrund (40) S. 3 EuErbVO das in Art. 22 III EuErbVO niedergelegte Prinzip auch für Änderung oder Widerruf einer Rechtswahl gelten. Dies betrifft sachlich Auslegung und materielle Wirksamkeit, für die Art. 22 I–III EuErbVO mutatis mutandis greift.[852] Es gilt insoweit also bei einer Änderung das Recht, das gelten würde, wenn die geänderte Rechtswahl wirksam wäre. Bei einer geänderten Rechtswahl entscheidet für diese das nunmehr, nicht das ursprünglich gewählte Recht.[853] Beim bloßen Widerruf ist dagegen das ursprünglich gewählte und einzige jemals gewählte Recht auch für den actus negativus vel contrarius des Widerrufs maßgeblich.[854] Dahin deutet auch Erwägungsgrund (40) S. 2 EuErbVO.[855] Ein Satz, dass eine spätere Rechtswahl eine frühere abbedinge, kann sich jedenfalls nur aus einem anwendbaren Sachrecht ergeben, denn er steht so nicht in Art. 22 IV EuErbVO.[856]

223 Art. 24 III 2 EuErbVO enthält ein Prinzip, das richtigerweise über den engen Anwendungsbereich des Art. 24 II EuErbVO hinaus auf den allgemeinen Rechtswahltat-

---

[842] *Dutta*, FamRZ 2013, 4, 8 Fn. 40.
[843] *Frodl*, ÖJZ 2012, 950, 955; Deixler-Hübner/Schauer/*Schauer* Art. 22 EuErbVO Rn. 8.
[844] *Volmer*, RPfleger 2013, 421, 425.
[845] *Wysocka*, NIPR 2012, 569, 573.
[846] *Nordmeier*, GPR 2013, 148, 154; *Müller-Lukoschek* § 2 Rn. 153.
[847] *Dutta*, in: Reichelt/Rechberger (Hrsg.), Europäisches Erb- und Erbverfahrensrecht, 2011, S. 57, 77.
[848] *Döbereiner*, DNotZ 2014, 323, 325.
[849] *Fischer-Czermak*, EF-Z 2013, 52, 53; *Bonomi*, in: Bonomi/Wautelet Art. 22 Règ. Rn. 69; *Cach/A. J. Weber*, ZfRV 2013, 263, 266; im Ergebnis ebenso *Leitzen*, ZEV 2013, 128, 129.
[850] *Nordmeier*, GPR 2013, 148, 154; *Calvo Caravaca/Daví/Mansel/Castellanos Ruiz* Art. 22 Successions Regulation Rn. 19.
[851] *Calvo Caravaca/Daví/Mansel/Castellanos Ruiz* Art. 22 Successions Regulation Rn. 19. Grundsätzlich auch *Nordmeier* GPR 2013, 148, 154, der aber ein Problem bei etwaiger Bindungswirkung nach dem gewählten Recht sieht. Anders etwa MüKoBGB/*Dutta* Art. 22 EuErbVO Rn. 19, der die Zulässigkeit des Widerrufs unter die „materielle Wirksamkeit" in Art. 22 III EuErbVO subsumieren und das gewählte Recht entscheiden lassen will.
[852] *Dutta*, FamRZ 2013, 4, 9; *Bonomi*, in: Bonomi/Wautelet Art. 22 Règ. Rn. 69.
[853] *Döbereiner*, MittBayNot 2013, 358, 363; *Müller-Lukoschek* § 2 Rn. 153; Geimer/Schütze/*S. Frank* Art. 22 EuErbVO Rn. 36; *F. Odersky*, in: Hausmann/Odersky IPR § 15 Rn. 163. Entgegen *Nordmeier*, GPR 2013, 148, 154; *Bonomi*, in: Bonomi/Wautelet Art. 22 Règ. Rn. 70.
[854] *Nordmeier*, GPR 2013, 148, 154; *Döbereiner*, MittBayNot 2013, 358, 363; MüKoBGB/*Dutta* Art. 22 EuErbVO Rn. 19.
[855] *Döbereiner*, MittBayNot 2013, 358, 363; *ders.*, DNotZ 2014, 323, 326.
[856] Missverständlich *F. Odersky*, in: Hausmann/Odersky IPR § 15 Rn. 161.

V. Objektive Anknüpfung   224–228 § 5

bestand des Art. 22 EuErbVO zu erstrecken ist: Die derogierende Komponente eines Widerrufs oder einer Änderung der Rechtswahl unterliegt dem ursprünglich gewählten Recht, die prorogierende bei einer Änderung samt Neuwahl dem nun neu gewählten Recht.[857]

Änderung oder Widerruf meint allein einen parteiautonomen Eingriff des Erblassers in die von ihm getroffene Rechtswahl. Einige Rechtsordnungen greifen gesetzlich ex lege ein, wenn sich wesentliche Umstände ändern, die einen Wunsch nach Änderung oder Anpassung der Rechtswahl nahelegen könnten, z. B. wenn der Erblasser heiratet oder die Ehe des Erblassers gschieden wird. Solche Eingriffe ex lege sind kein Widerruf der Rechtswahl.[858] Sie können allenfalls über eine andere Anknüpfung Beachtung finden.[859]   224

Eine Änderung, d. h. die positive Wahl eines anderen Rechts, ist gestützt auf Art. 22 I EuErbVO sowieso nur denkbar, wenn der Erblasser zwischen der ursprünglichen Rechtswahl und der Änderung seine Staatsangehörigkeit gewechselt hat.[860] Art. 25 III EuErbVO eröffnet nur bei Erbverträgen über die Nachlässe mehrerer Personen die Möglichkeit, das Heimatrecht eines anderen Erblassers zu wählen.   225

Beispiel: E hat seinen gewöhnlichen Aufenthalt in Amsterdam und die deutsche Staatsbürgerschaft. Er wählt deutsches Recht als Erbstatut. Diese Rechtswahl möchte E zwei Jahre später widerrufen.   226

10. Kosten einer Rechtswahl vor einem Notar in Deutschland. Bei Beurkundung durch einen deutschen Notar ist eine Rechtswahl nach § 111 Nr. 4 GNotKG ein besonderer, gegenüber den materiellen Verfügungen selbständiger Gegenstand.[861] Ihr Geschäftswert bestimmt sich nach § 104 II GNotKG.[862] Eine Ablehnung einer Rechtswahl oder ein bloßer Hinweis auf eine Rechtswahlmöglichkeit lösen ebenso wenig Gebühren aus wie eine confessio iuris, eine Beschreibung der gegenwärtigen und geplanten Aufenthaltssituation.[863] Für einseitige Rechtswahlen nach Art. 22 I oder Art. 24 II EuErbVO wird eine 1,0-Gebühr nach KV Nr. 21200 erhoben, erfolgen beide zusammen, nur eine Gebühr insgesamt.[864] Für die mehrseitige Rechtswahl nach Art. 25 III EuErbVO wird eine 2,0-Gebühr nach KV Nr. 21100 erhoben.[865] Ob eine Rechtswahl nur vorsorglich oder effektiv erfolgt, macht keinen Unterschied.[866]   227

V. Objektive Anknüpfung

1. Gewöhnlicher Aufenthalt des Erblassers. *a) Grundsätzliches.* Die zweite große und fundamentale Neuerung, ja eine kleine Revolution,[867] in der EuErbVO sind die Abkehr von jeglicher Staatsangehörigkeitsanknüpfung und der Paradigmenwechsel hinüber zu   228

---

[857] *Dutta*, FamRZ 2013, 4, 9; *Leitzen*, ZEV 2013, 128, 129; *Müller-Lukoschek* § 4 Rn. 30. Weniger genau *Goré*, Defrénois 2012, 762, 766. Dagegen aber *Pamboukis/Stamatiadis* Art. 22 Successions Regulation Rn. 74.
[858] *Davì/Zanobetti*, Cuad. Der. TranS. 5 (2) (2013), 5, 54 f.; *Calvo Caravaca/Davì/Mansel/Castellanos Ruiz* Art. 22 Successions Regulation Rn. 19.
Entgegen *Bonomi*, Rec. des Cours 350 (2011), 71, 251 f.; *Wysocka*, NIPR 2012, 569, 573.
[859] Siehe Explanatory Report *Waters*, Proceedings of the Sixteenth Session (1988) of the Hague Conference on Private International Law, vol. II, 1990, S. 557; *Wysocka*, NIPR 2012, 569, 574.
[860] *Heinig*, RNotZ 2014, 197, 206.
[861] *Heinig*, RNotZ 2014, 197, 227.
[862] *Heinig*, RNotZ 2014, 197, 227 mit Einzelheiten.
[863] *Diehn/Sikora/Tiedtke*, Das neue Notarkostenrecht, 2013, Rn. 731; HK-GNotKG/*Fackelmann/Otto*, 2013, § 104 GNotKG Rn. 14; *Heinig*, RNotZ 2014, 197, 227.
[864] *Heinig*, RNotZ 2014, 197, 228.
[865] *Heinig*, RNotZ 2014, 197, 228.
[866] *Bormann*, ZEV 2013, 425, 427; *Sikora*, MittBayNot 2013, 446, 453; *Heinig*, RNotZ 2014, 197, 229.
[867] *Geimer*, in: Reichelt/Rechberger (Hrsg.), Europäisches Erb- und Erbverfahrensrecht, 2011, S. 1, 24; *Damascelli*, in: Franzina/Leandro (a cura di), Il diritto internazionale privato europeo delle successioni mortis causa, 2013, S. 87, 90. Vgl. aber *Bonomi*, in: Bonomi/Wautelet Art. 22 Règ. Rn. 72 f.

einer Aufenthaltsanknüpfung in Art. 21 I EuErbVO.[868] Dies ist eine überragend wichtige Innovation für alle Mitgliedstaaten, die zuvor in ihrem nationalen Internationalen Erbrecht der Staatsangehörigkeitsanknüpfung gefolgt waren. Sie bedeutet nicht weniger, als die gesamte Wohnbevölkerung eines Staates – unabhängig von deren Staatsangehörigkeit – erbrechtlich dem Recht ihres Aufenthaltsstaates zu unterstellen. Gerichtsstand und anwendbares Recht kommen in Gleichklang,[869] wie Erwägungsgrund (27) S. 1 EuErbVO unterstreicht. Dies ist das vorrangige Ziel der EuErbVO und dominiert alle anderen Überlegungen bei der Ausgestaltung der IPR-Anknüpfung.[870] Darin liegt das politische Kernstück der EuErbVO.[871]

229 Der rechtspolitische Trend weg von der Staatsangehörigkeit, hin zum gewöhnlichen Aufenthalt im europäischen IPR setzt sich fort,[872] von Haag her kommend.[873] Allerdings ist Art. 3 Haager ErbRÜbk, dem ein gewisser Vorbildcharakter für die europäische Regelung attestiert wurde,[874] keine echte Aufenthaltsanknüpfung, sondern vielmehr eine Kombination von Aufenthalts- und Staatsangehörigkeitsanknüpfung.[875] Art. 21 I EuErbVO enthält nur eine Kollisionsnorm, keine gestufte Abfolge wie Art. 3 Haager ErbRÜbk.[876]

230 Die steigende grenzüberschreitende Mobilität fordert ausweislich Erwägungsgrund (23) S. 1 EuErbVO ihren Tribut; ansonsten drohten erhöhte Anforderungen an die Rechtspflege.[877] Betrachtet man nur die Altkollisionsrechte, so war die Anknüpfung an die Staatsangehörigkeit mit 62 % der EU-Bürger, errechnet aus dem Anteil der Mitgliedstaaten mit Nationalitätsprinzip an der Gesamtbevölkerung, allerdings die stärker vertretene.[878] Von der Zahl der Altkollisionsrechte her, gezählt nach „Köpfen" der Staaten, waren Staatsangehörigkeits- und Aufenthalts- bzw. domicile-Prinzip dagegen ungefähr gleich stark.[879] Mobilität und gesellschaftlicher Wandel machen das Aufenthaltsprinzip aber zeitgemäßer.[880] Berater und Urkundspersonen wird der Erblasser in aller Regel dort herbeiziehen, wo er lebt. Diese werden aber mit dem Recht des gewöhnlichen Aufenthalts des Erblassers, das auch ihre gewohnte Rechtsumgebung ist, vertrauter sein als mit jedem ausländischen Heimatrecht.[881] Sie haben ein Interesse an der Anwendung von Aufenthaltsrecht, um so sachkundig beraten bzw. mit geringerer Fehlerwahrscheinlichkeit beurkunden zu können.[882] Ihr Rechtsberatungsangebot ist zum Aufenthaltsrecht von objektiv besserer Qualität.[883]

---

[868] Siehe nur *Pfundstein* Rn. 555; *Eckelskemper*, FS Günter Brambring, 2011, S. 73, 75; DNotI-Report 2012, 121; *S. Lorenz*, ErbR 2012, 39, 41; *Fischer-Czermak*, in: Schauer/Scheuba (Hrsg.), Europäische Erbrechtsverordnung, 2013, S. 43, 44; *dies.*, EF-Z 2013, 52 (52); *Burandt*, FuR 2013, 377 (377).
[869] Siehe nur *Trombetta-Panigadi*, Liber Fausto Pocar, vol. II, 2009, S. 951, 958; *Lagarde*, RCDIP 101 (2012), 691, 701; *Wilke*, RIW 2012, 601, 604; *S. Herzog*, ErbR 2013, 2, 5.
[870] *Lokin*, NIPR 2013, 329, 337.
[871] *L. Kunz*, GPR 2012, 208 (208).
[872] *Dutta*, RabelsZ 73 (2009), 547, 563; *Kindler*, IPRax 2010, 44, 45f.; *Dörner*, ZEV 2010, 221, 222; *Schurig*, FS Ulrich Spellenberg, 2010, S. 343, 345; *Majer*, ZEV 2011, 445, 446; *Wilke*, RIW 2012, 601, 604; *Buschbaum/U. Simon*, NJW 2012, 2393, 2395; *C. Rudolf*, NZ 2013, § 225, 234; *Burandt*, FuR 2013, 377, 381; *Müller-Lukoschek* § 2 Rn. 124; *Damascelli*, in: Franzina/Leandro (a cura di), Il diritto internazionale privato europeo delle successioni mortis causa, 2013, S. 87, 91.
[873] *Pfundstein* Rn. 555; *Mankowski*, IPRax 2015, 39 (39).
[874] Vorschlag für eine Verordnung des Europäischen Parlaments und des Rates über die Zuständigkeit, das anwendbare Recht, die Anerkennung und die Vollstreckung von Entscheidungen und öffentlichen Urkunden in Erbsachen sowie zur Einführung eines Europäischen Nachlasszeugnisses, KOM (2009) 154 endg. S. 7.
[875] *Kanzleiter*, FS Stefan Zimmermann, 2010, S. 165, 168f.
[876] *Heijning*, WPNR 6956 (2012), 963, 964.
[877] *Dörner*, ZEV 2010, 221, 222; *Burandt*, FuR 2013, 377 (377).
[878] *Kanzleiter*, FS Stefan Zimmermann, 2010, S. 165, 166; *Geimer*, in: J. Hager (Hrsg.), Die neue europäische Erbrechtsverordnung, 2013, S. 9, 26.
[879] *Mansel*, Tuğrul Ansay'a Armağan, 2006, S. 185, 187f.
[880] *Mansel*, Tuğrul Ansay'a Armağan, 2006, S. 185, 208; *Burandt*, FuR 2013, 377, 381; *Damascelli*, in: Franzina/Leandro (a cura di), Il diritto internazionale privato europeo delle successioni mortis causa, 2013, S. 87, 90; *J. Emmerich* S. 76.
[881] *Eckelskemper*, FS Günter Brambring, 2011, S. 73, 87f.
[882] *Eckelskemper*, FS Günter Brambring, 2011, S. 73, 87f.
[883] *Eckelskemper*, FS Günter Brambring, 2011, S. 73, 88.

V. Objektive Anknüpfung   231–233   § 5

Die Entscheidung für das Aufenthalts- und gegen das Staatsangehörigkeitsprinzip[884] um- 231
fasst eine Entscheidung gegen einen Anknüpfungspunkt Staatsangehörigkeit, der sich vergleichsweise leicht feststellen lässt, der relativ stabil ist, der Erben und Erblasser eine gewisse Rechtssicherheit vermittelt und mit dem bei vielen eine hohe Identifikation einhergeht.[885] Welche Staatsangehörigkeit ein Mensch hat, ist in den allermeisten Fällen klar oder zumindest leicht feststellbar.[886] Die Vorlage eines Passes oder anderen amtlich ausgestellten Identitätsnachweises mit Ausweis der Staatsangehörigkeit reicht.[887]

Der gewöhnliche Aufenthalt kann für sich reklamieren, eine Anpassung an die jeweilige 232
Lebenssituation ins Werk zu setzen und einem Wechsel des Lebensmittelpunkts zu folgen.[888] Er greift nicht in die Vergangenheit, sondern in die Gegenwart.[889] An ihn anzuknüpfen ist zugleich eine integrationspolitische Maßnahme, indem der aktuelle Lebensmittelpunkt und nicht mehr das Heimatrecht prägt.[890] Diese Wertung zieht sich durch das gesamte neuere europäische IPR und IZPR.[891] Je länger jemand in einem Staat lebt, desto mehr dürfte er von seiner Umwelt rechtlich geprägt sein, und desto mehr wird er auch subjektiv einverstanden sein, seinem Umweltrecht unterworfen zu werden.[892] Insoweit passt der gewöhnliche Aufenthalt besser zu integrationspolitischen Zielen der EU und ist weniger diskriminierungsverdächtig als die Staatsangehörigkeit im Lichte des Art. 12 EUV.[893] Er sorgt für eine prinzipielle Gleichbehandlung aller in einem Staat lebenden Personen.[894]

Zudem lässt sich eine weitere Vermutung aufstellen: dass am gewöhnlichen Aufenthalt, 233
verstanden als Lebensmittelpunkt, des Erblassers sich auch der Schwerpunkt der Vermögenswerte des Erblassers (und damit des Nachlasses) befindet.[895] Für Erben und Nachlassgläubiger wird es damit einfacher, den Nachlass abzuwickeln.[896] Zudem kann man eine Vermutung aufstellen, dass auch die meisten Erben und Legatare sich im selben Staat wie der Mittelpunkt der sozialen Beziehungen des Erblassers befinden.[897] Indes gilt dies voll nur dann, wenn der Erblasser wirklich längere Zeit am Aufenthaltsort verbrachte und seinen Lebensmittelpunkt in sozialer und vermögensmäßiger Hinsicht dort hatte.[898] Der gewöhnliche Aufenthalt wird zudem in vielen, allerdings nicht in allen Fällen mit dem Wohnsitz als Anknüpfungspunkt des Steuerrechts zusammenfallen.[899]

---

[884] Zur rechtspolitischen Diskussion um die Vor- und Nachteile des Staatsangehörigkeitsprinzips *Henrich*, FS H. Stoll, 2001, S. 437; *Mansel*, in: Jayme (Hrsg.), Kulturelle Identität und Internationales Privatrecht, 2003, S. 119, 130–140; *ders.*, BerDGesVR 43 (2008), 137, 161 ff.; *Rauscher*, FS Erik Jayme, 2004, S. 719; *Jayme*, Zugehörigkeit und kulturelle Identität, 2012, S. 19 ff.
[885] *Süß*, ZErbR 2009, 342, 344; *Kanzleiter*, FS Stefan Zimmermann, 2010, S. 165, 174 f.; *Buschbaum/M. C. Kohler*, GPR 2010, 106, 108; *Schurig*, FS Ulrich Spellenberg, 2010, S. 343, 346; *Remde*, RNotZ 2012, 65, 72; *Buschbaum/U. Simon*, NJW 2012, 2393, 2395; *Burandt*, FuR 2013, 377, 381.
[886] Siehe nur *Schauer*, JEV 2012, 78, 84.
[887] *Müller-Lukoschek* § 2 Rn. 122.
[888] *Burandt*, FuR 2013, 377, 381.
[889] *Mankowski*, IPRax 2015, 39, 40.
[890] Vgl. *Dutta*, RabelsZ 73 (2009), 547, 549; *Burandt*, FuR 2013, 377, 381.
[891] *Bonomi*, in: Bonomi/Wautelet Art. 21 Règ. Rn. 7; *Lange* ZVglRWiss 110 (2011), 426, 428.
[892] *Schauer*, JEV 2012, 78, 83; *Mankowski*, IPRax 2015, 39, 40.
[893] *Damascelli*, in: Franzina/Leandro (a cura di), Il diritto internazionale privato europeo delle successioni mortis causa, 2013, S. 87, 91.
[894] *Bonomi*, in: Bonomi/Wautelet Art. 21 Règ. Rn. 11.
[895] *Mansel*, Tuğrul Ansay'a Armağan, 2006, S. 185, 201; *Kindler*, IPRax 2010, 44, 47; *Pfundstein* Rn. 555; *Geimer*, in: Reichelt/Rechberger (Hrsg.), Europäisches Erb- und Erbverfahrensrecht, 2011, S. 1, 19; *Müller-Lukoschek* § 2 Rn. 122; *Damascelli*, in: Franzina/Leandro (a cura di), Il diritto internazionale privato europeo delle successioni mortis causa, 2013, S. 87, 91; *Dutta/Weber/J. Weber* Einl. Rn. 35.
[896] *Dörner*, ZEV 2010, 221, 222; *Geimer*, in: Reichelt/Rechberger (Hrsg.), Europäisches Erb- und Erbverfahrensrecht, 2011, S. 1, 19.
[897] *Geimer*, in: Reichelt/Rechberger (Hrsg.), Europäisches Erb- und Erbverfahrensrecht, 2011, S. 1, 19; *Bonomi*, in: Bonomi/Wautelet Art. 21 Règ. Rn. 8; *Damascelli*, in: Franzina/Leandro (a cura di), Il diritto internazionale privato europeo delle successioni mortis causa, 2013, S. 87, 91.
[898] *Vĕkás*, in: Reichelt/Rechberger (Hrsg.), Europäisches Erb- und Erbverfahrensrecht, 2011, S. 41, 52; *Bonomi*, in: Bonomi/Wautelet Art. 21 Règ. Rn. 9.
[899] *Bonomi*, in: Bonomi/Wautelet Art. 21 Règ. Rn. 13; *Pamboukis*, in: Pamboukis, Art. 21 Successions Regulation Rn. 2.

234 Der gewöhnliche Aufenthalt stellt Gleichlauf zwischen Gerichtsstand und anwendbarem Recht her, weil er sich für beides als Anknüpfungspunkt eignet.[900] Die Staatsangehörigkeit dagegen würde im IZPR Probleme aufwerfen, insbesondere bei Doppel- oder Mehrstaatern.[901] Ihr eignet umso weniger eine lokalisierende Funktion, je verbreiteter es ist, im Ausland außerhalb des eigenen Heimatstaates zu leben.[902] Ein Staatsangehörigkeitsprinzip im IZPR würde im Zuständigkeitsrecht notwendig internationale und örtliche Zuständigkeit an verschiedene Anknüpfungspunkte anknüpfen müssen, da die Staatsangehörigkeit nur auf dem Gesamtstaat bezogen ist.[903] Der gewöhnliche Aufenthalt sollte im IZPR nicht einfacher konstruiert werden als im IPR (mit dem Ziel, die Zuständigkeit des Gerichts einfach ermittelbar zu machen und in der Zulässigkeit Diskussionen weitgehend abzuschneiden), weil ansonsten eine Divergenz gleichklingender, aber inhaltlich unterschiedlicher Zentralbegriffe drohte.[904]

235 Der europäische Gesetzgeber hat sich in Art. 21 I EuErbVO für den gewöhnlichen Aufenthalt und gegen den Wohnsitz oder das domicile als Regelanknüpfungspunkt entschieden.[905] Dem Wohnsitz wie dem domicile liegt jeweils ein normatives Konzept zugrunde, das von Staat zu Staat variieren kann.[906] Der gewöhnliche Aufenthalt dagegen ist faktisch,[907] nicht normativ ausgerichtet und leidet daher nicht unter konzeptionellen Divergenzen zwischen den Mitgliedstaaten.[908] Er ist originär und nicht abhängig.[909] Trotzdem kann der gewöhnliche Aufenthalt – jedenfalls im Vergleich mit der Staatsangehörigkeit als Alternative – ein Entgegenkommen und ein Teilkompromiss gegenüber den common law-Staaten sein, die traditionell an das domicile anknüpfen.[910] Die Staatsangehörigkeit war der hergebrachte Anknüpfungspunkt der kontinentaleuropäischen Nationalstaaten für das Personalstatut, das statut personnel; für die weiteren Kontexte wie das Erbrecht drängt sie sich dagegen weniger auf, weil diese keine im engeren Sinne persönlichen Angelegenheiten des Anknüpfungssubjekts betreffen.[911] Die Staatsangehörigkeit hat etwas Ideales, Ideelles, ja Sentimentales.[912]

236 Für Gerichte und Berater bringt der Übergang zum gewöhnlichen Aufenthalt eine erhebliche Erleichterung mit sich. Sie brauchen sich nicht mehr mit ausländischen Heimatrechten ausländischer Erblasser zu befassen. Dies war eine immer stärker steigende Last, je mehr Immigration erfolgte, Einwanderung von Neubürgern, die ihre ausländische Staatsangehörigkeit beibehielten. Millionen von Einwohnern mit ausländischer Staatsangehörigkeit drohten eine Lawine an Auslandsrechtsanwendung über den Nachlassgerichten zusammenbrechen zu lassen. Der Übergang zum Aufenthaltsprinzip ist für diese überragend

---

[900] *Mansel*, Tuğrul Ansay'a Armağan, 2006, S. 185, 200, 201; *Haas*, in: Jud/Rechberger/Reichelt (Hrsg.), Kollisionsrecht in der Europäischen Union, 2008, S. 127, 133 f.; *Rechberger/Schur*, in: Jud/Rechberger/Reichelt (Hrsg.), Kollisionsrecht in der Europäischen Union, 2008, S. 185, 209 f.; *Geimer*, NZ 2012, 70, 76; *Lagarde*, RCDIP 101 (2012), 691, 698 f.; *Lokin* S. 199 Fn. 769; *Bonomi*, in: Bonomi/Wautelet Art. 21 Règ. Rn. 10; *Vienenkötter* S. 273–276; *Knoth*, ErbR 2019, 2, 3.
[901] *Lagarde*, RCDIP 101 (2012), 691, 698.
[902] *Lagarde*, RCDIP 101 (2012), 691, 698.
[903] *Mankowski*, FS Andreas Heldrich, 2005, S. 867, 878.
[904] Vgl. – mit anderem Ansatz – *Süß*, ZErb 2009, 342, 344; *Kanzleiter*, FS Stefan Zimmermann, 2010, S. 165, 173; *Bonomi*, in: Bonomi/Wautelet Art. 21 Règ. Rn. 16.
[905] Siehe nur *Godechot-Patris*, D. 2012, 2462, 2465; *Lagarde*, in: Khairallah/Revillard (dir.), Droit européen des successions internationales, 2013, S. 5, 11; *Müller-Lukoschek* § 2 Rn. 125.
[906] Siehe nur *Damascelli*, in: Franzina/Leandro (a cura di), Il diritto internazionale privato europeo delle successioni mortis causa, 2013, S. 87, 90.
[907] Siehe nur *Leandro*, in: Franzina/Leandro (a cura di), Il diritto internazionale privato europeo delle successioni mortis causa, 2013, S. 59, 62.
[908] Vgl. *Lagarde*, RCDIP 101 (2012), 691, 699.
[909] *Bonomi*, in: Bonomi/Wautelet Art. 21 Règ. Rn. 6.
[910] *Khairallah*, in: Khairallah/Revillard (dir.), Droit européen des successions internationales, 2013, S. 47, 50; vgl. auch *Pamboukis*, in: Pamboukis, Art. 21 Successions Regulation Rn. 2.
[911] Vgl. *Khairallah*, in: Khairallah/Revillard (dir.), Droit européen des successions internationales, 2013, S. 47, 50.
[912] *Popescu*, Liber amicorum Liviu Pop, 2015, S. 804, 825.

V. Objektive Anknüpfung   237–240   § 5

wichtige Fallgruppe ein Übergang zur lex fori. Er reduziert jedenfalls die tertiären Kosten der Rechtsanwendung für die Gerichte.[913] Er fördert die Prozessökonomie.[914] Zuleich steigen Zuverlässigkeit der Entscheidung, getroffen auf der Basis des gerichtsvertrauten Gerichts und die Rechtssicherheit, gerade wenn es bei einer Entscheidung durch das Eingangsgericht erster Instanz bleibt.[915]

Für Erblasser bedeutet die Anknüpfung an den gewöhnlichen Aufenthalt, dass sie in ihrer Umgebung leichter, schneller und ohne Reisekosten kompetente Berater finden.[916] Über sein Heimatrecht müsste sich ein Erblasser entweder in seiner Heimat von dortigen Rechtsberaten kundig machen lassen oder in seinem Aufenthaltsstaat die im Zweifel teureren Dienste auf jenes Auslandsrecht spezialisierter Rechtsberater in Anspruch nehmen. Im letzteren Fall wäre die Zuverlässigkeit vermindert,[917] und in ersterem Fall hat man mit einem principal-agent-Problem zu kämpfen, ob sich eine im Zweifel vereinzelte Beratung ohne Nachfolgegeschäft für den Berater aus dem Heimatstaat so lohnt, dass er sich besonders engagiert.   237

An den gewöhnlichen Aufenthalt anzuknüpfen hat drei weitere Vorteile: Erstens werden viele Erblasser den Hauptteil ihres Vermögens in ihrem Aufenthaltsstaat haben.[918] Ein Nachlassgericht würde dann nach seinem Recht effektiv über in seinem Staat belegene Nachlassgegenstände entscheiden. Zweitens entfallen die Problemfälle einer Anknüpfung an die Staatsangehörigkeit, Mehrstaater und Staatenlose, samt der Notwendigkeit zu diesbezüglichen Hilfsnormen wie Art. 5 EGBGB.[919] Drittens kommt man zu demselben Recht bei Erbfällen nach Personen, die ihren jeweiligen gewöhnlichen Aufenthalt in demselben Staat haben und die ihre Beerbung im Zusammenhang geregelt, gar (z.B. in einem gemeinsamen Testament oder in aufeinander abgestimmten Einzeltestamenten) koordiniert haben, z.B. zusammen lebende Ehegatten oder Eltern und Kindern.[920] Viertens wirkt die Aufenthaltsanknüpfung integrationsfördernd.[921] Sie schützt legitime Erwartungen auf Gleichbehandlung von ausländischer Wohnbevölkerung mit Inländern.[922]   238

Mittelbar eröffnet die Anknüpfung an den gewöhnlichen Aufenthalt dem Erblasser sogar eine Art indirekte „Rechtswahl" durch Faktengestaltung, also Verfügungsgewalt darüber, welches Recht anwendbar ist.[923] Denn der Erblasser kann durch die Wahl seines Lebensmittelpunktes das Erbstatut bestimmen. Allerdings ist dies mit sozialen und finanziellen Kosten solcher Höhe verbunden, dass eine bewusste Gestaltung durch Wahl eines bestimmten Aufenthalts die Ausnahme bleiben wird.[924] Interessant könnte sie aber etwa für Partner einer gleichgeschlechtlichen registrierten Partnerschaft oder Ehe werden, indem diese ihren gewöhnlichen Aufenthalt in einem Staat nehmen, dessen Recht ein gesetzliches Erbrecht für gleichgeschlechtliche Partner vorsieht.[925]   239

Interessant kann ein Aufenthaltswechsel auch sein, wenn ein Erblasser Pflichtteilsrechte seiner nahen Verwandten vermindern will und deshalb in einen aus seiner Sicht „pflicht-   240

---

[913] Allerdings vorbehaltlich unter Art. 75 EuErbVO vorrangiger Staatsverträge. Dieser Vorbehalt hat große Bedeutung gerade für Deutschland, weil er die in Deutschland lebenden türkischen Staatsangehörigen erfasst.
[914] *Remde*, RNotZ 2012, 65, 72; *Wilke*, RIW 2012, 601, 604f.; *Buschbaum/U. Simon*, NJW 2012, 2393; *Burandt*, FuR 2013, 377 (377).
[915] *Kanzleiter*, FS Stefan Zimmermann, 2010, S. 165, 172.
[916] *Kanzleiter*, FS Stefan Zimmermann, 2010, S. 165, 171f.; *Mankowski*, IPRax 2015, 39, 41.
[917] *Kanzleiter*, FS Stefan Zimmermann, 2010, S. 165, 172.
[918] *Kanzleiter*, FS Stefan Zimmermann, 2010, S. 165, 171; Dutta/Weber/*J. Weber* Einl. Rn 35.
[919] *Kanzleiter*, FS Stefan Zimmermann, 2010, S. 165, 172 sowie *Damascelli*, in: Franzina/Leandro (a cura di), Il diritto internazionale privato europeo delle successioni mortis causa, 2013, S. 87, 92.
[920] *Kanzleiter*, FS Stefan Zimmermann, 2010, S. 165, 172.
[921] Siehe nur *Vékás*, in: Reichelt/Rechberger (Hrsg.), Europäisches Erb- und Erbverfahrensrecht, 2011, S. 41, 53; *Buschbaum*, GS Ulrich Hübner, 2012, S. 589, 593.
[922] *Buschbaum*, GS Ulrich Hübner, 2012, S. 589, 593.
[923] Siehe nur *Bonomi*, in: Bonomi/Wautelet Art. 21 Règ. Rn. 15.
[924] Deixler-Hübner/Schauer/*Schauer* Art. 22 EuErbVO Rn. 4.
[925] *Coester*, ZEV 2013, 115, 116; vgl. auch *Davì/Zanobetti*, Cuad. Der. TranS. 5 (2) (2013), 5, 22.

teilsfreundlichen" Staat verzieht.[926] Praktisch dürfte eine solche Wegzugstaktik aber wegen ihrer Mühen und ihrer hohen sozialen Kosten eher selten vorkommen.[927] Rechtlich dürften ihr dagegen keine Hürden im Wege stehen, denn den Schutz der Pflichtteilsberechtigten sieht die EuErbVO bereits durch die Beschränkung der Möglichkeiten zur Rechtswahl gewahrt.[928]

241 Übergangsprobleme bleiben freilich nicht aus. Alt-Testamente sind darauf zu überprüfen, ob sie der veränderten Grundanknüpfung anzupassen sind und ob eine Reaktion auf einen ex lege eintretenden Statutenwechsel veranlasst ist, z. B. bei einem ins Ausland verzogenen deutschen Familienunternehmer oder bei einem inzwischen im grenznahen Ausland lebenden Unternehmensnachfolger.[929]

242 *b) Gewöhnlicher Aufenthalt.* An einer Definition des gewöhnlichen Aufenthalts versucht sich die EuErbVO nicht.[930] Der Vorentwurf von 2008 hatte noch einen Definitionsversuch enthalten,[931] der jedoch bereits im Vorschlag EuErbVO von 2009 nicht mehr aufschien. Eine umfangreiche Definition des gewöhnlichen Aufenthalts hätte wahrscheinlich mehr Auslegungsprobleme aufgeworfen als gelöst, weil man sich dann um das Verständnis der einzelnen Tatbestandsmerkmale gestritten hätte.[932] Erwägungsgrund (23) S. 3 EuErbVO fordert allerdings eine besonders enge und feste Bindung des Erblassers zu dem betreffenden Staat (was allerdings keine echte Besonderheit gerade der EuErbVO sein dürfte, wenn man den gewöhnlichen Aufenthalt im Ausgangspunkt als Lebensmittelpunkt versteht[933]). Erwägungsgrund (24) EuErbVO hebt die Stabilität der Beziehung zwischen Erblasser und Aufenthaltsstaat ebenfalls hervor, z. B. bei beruflichen oder wirtschaftlich veranlassten Aufenthaltswechseln (also bei Wanderarbeitnehmern[934]) oder einem grenzüberschreitenden Pendlerleben.[935]

243 Der gewöhnliche Aufenthalt ist ein unbestimmter Rechtsbegriff, also eine im Obersatz anzusiedelnde Rechtsfrage, wenn auch (notwendig) mit Beurteilungsspielraum.[936] Für die EuErbVO ist der Begriff des gewöhnlichen Aufenthalts verordnungsautonom und den Zwecken des Erbrechts gemäß auszufüllen.[937] Dies heißt allerdings nicht, dass unbedingt ein eigener, eigenständiger Aufenthaltsbegriff spezifisch für das Erbrecht gebildet werden müsste.[938] Die Erwägungsgründe (23) und (24) EuErbVO tragen dem Streit mit den Be-

---

[926] *Everts,* ZEV 2013, 124, 126 sowie *Bonomi,* in: Bonomi/Wautelet Art. 21 Règ. Rn. 15.
[927] *Everts,* ZEV 2013, 124, 126.
[928] DNotI-Report 2009, 186, 187; *Everts,* ZEV 2013, 124, 126; MüKoBGB/*Dutta* Vorb. Art. 20 EuErbVO Rn. 20.
[929] *v. Oertzen,* BB 37/2015, I.
[930] Siehe nur *S. Lorenz,* ErbR 2012, 39, 44; *K. W. Lange,* ZErb 2012, 160, 162; *Dörner,* ZEV 2012, 505, 510; *Lagarde,* RCDIP 101 (2012), 691, 700, *S. Herzog,* ErbR 2013, 2, 6; *Fischer-Czermak,* EF-Z 2013, 52 (52); *Frohn,* in: IPR in de spiegel van Paul Vlas, 2012, S. 65, 71; *F. Odersky,* notar 2013, 3, 4; *Nounssat,* in: Khairallah/Revillard (dir.), Droit européen des successions internationales, 2013, S. 17, 29; *Müller-Lukoschek* § 2 Rn. 126; *Döbereiner,* MittBayNot 2013, 358, 362; *Kränzle,* Heimat als Rechtsbegriff?, 2014, S. 221.
[931] Art. 1.2 lit. j Vorentwurf 2008: „The place where the deceased had fixed with the intention of conferring a stable character, the habitual centre of his interests; to ascertain this intention, are taken into account the effective or envisaged duration of the deceased's residence in that State, as well as the temporary or long-term nature of his housing; the mere intention of returning later to his country of origin is not sufficient to characterise the deceased's intention to fix the habitual centre of his interests in that Member State."
[932] *R. Wagner,* DNotZ 2010, 506, 514; *K. Lechner,* ZErb 2014, 188, 190; Deixler-Hübner/Schauer/*Deixler-Hübner* Art. 4 EuErbVO Rn. 14; *Vienenkötter* S. 278.
[933] Siehe *G. John,* GPR 2018, 70, 77.
[934] *Janzen,* DNotZ 2012, 484, 486.
[935] *Dutta,* FamRZ 2013, 4, 6; Geimer/Schütze/*Wall,* Art. 4 EuErbVO Rn. 73.
[936] *Martiny,* IPRax 2018, 29, 31.
[937] *Bonomi,* RdC 350 (2010), 71, 192; *Buschbaum/U. Simon,* NJW 2012, 2393, 2396; *Dörner,* ZEV 2012, 505, 510; *Vollmer,* ZErbR 2012, 227, 230; *S. Herzog,* ErbR 2013, 2, 6; *Barnich,* in: Nuyts (coord.), Actualités en droit international privé, 2013, S. 7, 13; *Leandro,* in: Franzina/Leandro (a cura di), Il diritto internazionale privato europeo delle successioni mortis causa, 2013, S. 59, 61 f; Geimer/Schütze/*F. Odersky* Art. 21 EuErbVO Rn. 4.
[938] *Vienenkötter* S. 285 f.

V. Objektive Anknüpfung   244–246 § 5

fürwortern eines Staatsangehörigkeitsprinzips und den unterschiedlichen Auffassungen über den Mehrwert einer Legaldefinition des gewöhnlichen Aufenthalts Rechnung.[939] Rechtsmäßigkeit der Aufenthaltsnahme oder Steuerehrlichkeit tauchen jedenfalls nirgends als Kriterien auf.[940] Physische Präsenz sollte dagegen Basis und Ausgangspunkt sein.[941]

Der Anknüpfungspunkt gewöhnlicher Aufenthalt begann seinen Siegeszug in den Haager IPR-Übereinkommen, insbesondere in Art. 4 HUP und für das Erbrecht in Art. 3 I Haager ErbRÜbk. In dieser Welt regiert er seit Jahren und erhielt dort wertvolle Prägungen. Diese sind weitgehend auch in die Begriffsausfüllung unter Art. 3 I Brüssel IIa-VO hineingewandert. Dies legt ein entsprechendes Begriffsverständnis auch für Art. 21 I EuErbVO nahe,[942] zumal Art. 3 I Haager ErbRÜbk legislatives Vorbild für Art. 21 I EuErbVO war.[943] Gewöhnlicher Aufenthalt ist daher im Kern der Daseins- oder Lebensmittelpunkt als Schwerpunkt der familiären, sozialen und beruflichen Beziehungen.[944] Ähnliche Kriterien findet man auch in Erwägungsgrund (24) S. 3 EuErbVO. Auf den Lebensmittelpunkt abzustellen wird in der Regel den Vorteil haben, dass sich dort auch die wichtigsten Vermögenswerte des Erblassers befinden werden und dass dort auch die meisten persönlichen Gläubiger des Erblassers anzutreffen sind.[945]   244

Der EuGH hat unter Artt. 8–11 Brüssel IIa-VO mehrfach zum gewöhnlichen Aufenthalt judiziert.[946] Indes tat er dies zum gewöhnlichen Aufenthalt von Kindern. Erbrecht hat es dagegen mit dem Ende des Lebens und damit in der Regel auch mit dem Alter zu tun. Kinder spielen in ihm als Erblasser keine große Rolle, zumal Kinder in der Regel noch nichts zu vererben haben. Außerdem geht es im Kindschaftsrecht stärker um Momentaufnahmen, im Erbrecht um retrospektive Lebenswertungen.[947] Eine Übertragung der Rechtsprechung des EuGH zu Artt. 8–11 Brüssel IIa-VO muss deshalb mindestens einen Filter passieren, was sie an Generellem enthält,[948] insbesondere wenn man richtigerweise bei den ausfüllenden Kriterien für den gewöhnlichen Aufenthalt nach dem Zuschnitt der Anknüpfungsperson differenziert.[949] Für die seltene Fallgruppe, dass ein zwischen den Elternteilen nach einem Wechselmodell pendelndes Scheidungskind verstirbt,[950] bietet jene EuGH-Rechtsprechung aber eine gewisse Handhabe.   245

„Hard and fast" ist der gewöhnliche Aufenthalt als Kriterium sicherlich nicht, wird sich aber in der überwiegenden Mehrzahl der Fälle mit dem hauptsächlichen Wohnort identifizieren lassen.[951] Der gewöhnliche Aufenthalt ist aber nicht mit dem Wohnsitz zu verwech-   246

---

[939] *Mansel/Thorn/R. Wagner*, IPRax 2013, 1, 7.
[940] *A. Staudinger/Friesen*, JA 2014, 641, 644.
[941] Rauscher/*Hertel* Art. 4 EuErbVO Rn. 11; NK-BGB/*Makowsky* Art. 4 EuErbVO Rn. 34; *A. Köhler*, in: Gierl/A. Köhler/Kroiß/Wilsch § 4 Rn. 14; *J. Weber/Francastel*, DNotZ 2018, 163, 166. Vgl. aber KG ZEV 2016, 514 m. Anm. *D. Lehmann*; OLG München ZEV 2017, 333 m. Anm. *Rentsch*; OLG Hamm ZEV 2018, 343; *Steinmetz*, ZEV 2018, 317, 318 f.
[942] *Dörner*, ZEV 2010, 221, 225; *ders.*, ZEV 2012, 505, 510; *Müller-Lukoschek* § 2 Rn. 127; *Vienenkötter* S. 279 sowie *Lagarde*, RCDIP 101 (2012), 691, 699 f.
[943] Vgl. Vorschlag für eine Verordnung des Europäischen Parlaments und des Rates über die Zuständigkeit, das anwendbare Recht, die Anerkennung und die Vollstreckung von Entscheidungen und öffentlichen Urkunden in Erbsachen sowie zur Einführung eines Europäischen Nachlasszeugnisses, KOM (2009) 154 endg. S. 7.
[944] *Dörner*, ZEV 2012, 505, 510; *Lagarde*, RCDIP 101 (2012), 691, 699; Deixler-Hübner/Schauer/*Deixler-Hübner* Art. 4 EuErbVO Rn. 23.
[945] *Volmer*, RPfleger 2013, 421, 422; *Calvo Caravaca*, in: Calvo Caravaca/Davì/Mansel Art. 21 Successions Regulation Rn. 8.
[946] EuGH, Slg. 2009, I-2805 – A/Perusturvalautakunta; EuGH, Slg. 2010, I-14358 – Barbara Mercredi/Richard Chaffe; EuGH ECLI:EU:C:2014:2268 – C; EuGH ECLI:EU:C:2017:118 – W u. V; EuGH ECLI:EU:C:2017:436 – OL.
[947] *Kränzle*, Heimat als Rechtsbegriff?, 2014, S. 234.
[948] *C. A. Kern/Glücker*, RabelsZ 78 (2014), 294, 311; *Vienenkötter* S. 285; *J. Emmerich* S. 91–94; *Mankowski*, FamRZ 2018, 672.
[949] Herleitung dieses Konzepts bei *Mankowski*, GPR 2011, 209; der Sache nach sehr ähnlich *Martiny*, IPRax 2018, 29, 31.
[950] Näher dazu *Kurth* S. 211–214.
[951] *Vlas*, WPNR 6924 (2012), 249, 253.

seln,⁹⁵² der stärker normativ geprägt ist. Insbesondere ist er keineswegs automatisch mit der Meldeadresse gleichzusetzen.⁹⁵³ Die öffentlichrechtliche Anmeldung an einem bestimmten Ort kann andererseits ein interessantes Indiz sein.

247 Die überwiegende Mehrzahl der Fälle wird trotzdem einfach gelagert sein. Bei den meisten Menschen ist klar, schnell und eindeutig zu erkennen, wo sie leben. Jenseits dieser einfach gelagerten Fälle kommt man an einer wertenden Entscheidung unter Berücksichtigung der Umstände des konkreten Einzelfalls nicht herum.⁹⁵⁴ Dabei darf man aber nicht der Gefahr erliegen, weniger nach dem letzten gewöhnlichen Aufenthalt des Erblassers als vielmehr nach der engsten Verbindung, nach dem Schwerpunkt im konkreten Fall zu suchen.⁹⁵⁵ Erwägungsgrund (23) EuErbVO bietet einige nicht zu unterschätzende Handreichungen und Richtlinien.⁹⁵⁶

248 Erwägungsgrund (23) S. 2 EuErbVO formuliert offen. Er verlangt eine Gesamtbeurteilung der Lebensumstände des Erblassers in den Jahren vor seinem Tod und im Zeitpunkt seines Todes; dabei sind alle relevanten Tatsachen zu berücksichtigen, insbesondere die Dauer und die Regelmäßigkeit des Aufenthalts des Erblassers in dem betreffenden Staat sowie die damit zusammenhängenden Umstände und Gründe. Damit ist der Weg frei zu einer umfassenden Ermittlung und Gewichtung aller möglicherweise bedeutsamen faktischen Umstände.⁹⁵⁷ Hierher gehören u.a. Dauer und Regelmäßigkeit von Besuchen, Sprachkenntnisse, Lage von Vermögen.⁹⁵⁸ Dabei ist keine strikte Stichtagsregelung zu erfolgen. Vielmehr ist auch ein Griff in die unmittelbare Vergangenheit vorzunehmen, nämlich in die letzten Lebensjahre des Erblassers.⁹⁵⁹ Ein Aufenthaltswechsel muss real und nicht nur vorgetäuscht sein, um effektiv zu sein.⁹⁶⁰ Das ist eine Messlatte von nicht zu unterschätzender Höhe.⁹⁶¹

249 Dies kann etwa einschließen, dass der Erblasser aus Gesundheitsgründen oder wegen des besseren Wetters in einen bestimmten Staat gezogen ist⁹⁶² (oder gar bewusst zum Sterben in ein ausländisches Hospiz⁹⁶³). Residiert der Erblasser selbst ausgesucht und selbst gewollt seit Jahren im sonnigen Süden, z.B. auf einer spanischen Sonneninsel,⁹⁶⁴ so hat er dort seinen gewöhnlichen Aufenthalt.⁹⁶⁵ Wer seinen Lebensabend an der Cote d'Azur verbringt, hat seinen gewöhnlichen Aufenthalt in Frankreich.⁹⁶⁶ Wer seinen Alterswohnsitz (grundsätzlich vollständig) nach Mallorca, an die Costa del Sol oder an die Riviera verlegt, verlegt seinen gewöhnlichen Aufenthalt dorthin.⁹⁶⁷ Zwei Wochen Rückkehr in die alte Heimat zu Weihnachten und sechs Wochen im Sommer, um der südlichen Sommerhitze zu entfliehen, reichen nicht, um einen gewöhnlichen Aufenthalt in der alten Heimat aufrechtzuerhal-

---

⁹⁵² *D. Lehmann*, DStR 2012, 2085, 2087; *Döbereiner*, MittBayNot 2013, 358, 362; Geimer/Schütze/*Wall*, Art. 4 EuErbVO Rn. 50.
⁹⁵³ OLG Köln ZErb 2017, 315, 316.
⁹⁵⁴ *Schauer*, JEV 2012, 78, 84.
⁹⁵⁵ Siehe *Khairallah*, in: Khairallah/Revillard (dir.), Droit européen des successions internationales, 2013, S. 47, 52.
⁹⁵⁶ *Nourissat*, in: Khairallah/Revillard (dir.), Droit européen des successions internationales, 2013, S. 17, 30 f.
⁹⁵⁷ Deixler-Hübner/Schauer/*Deixler-Hübner* Art. 4 EuErbVO Rn. 23; *Calvo Caravaca*, in: Calvo Caravaca/Davi/Mansel Art. 21 Successions Regulation Rn. 5; *Knoth*, ErbR 2019, 2, 5.
⁹⁵⁸ OLG Hamm NJW 2018, 2061 = ZEV 2018, 343; Palandt/*Thorn*, Art. 21 EuErbVO Rn. 4.
⁹⁵⁹ *Vollmer*, ZErb 2012, 227, 230.
⁹⁶⁰ *Mansel*, Tuğrul Ansay'a Armağan, 2006, S. 185, 219; *Bonomi*, in: Bonomi/Wautelet Art. 21 Règ. Rn. 15; *Mankowski*, IPRax 2015, 39, 43.
⁹⁶¹ *Steinmetz*, ZEV 2018, 317, 318.
⁹⁶² *Lagarde*, RCDIP 101 (2012), 691, 700.
⁹⁶³ *Kurth* S. 223.
⁹⁶⁴ Beispiel von *Jayme*, Zugehörigkeit und kulturelle Identität, 2012, S. 35 (mit dem für diese Fallgruppe in der Regel sachlich nicht zutreffenden Schlagwort „Demenztourismus" – die Entscheidung für eine Residenz im Süden wird in der Regel in mental gesundem Zustand weit diesseits jeder Demenz getroffen).
⁹⁶⁵ *Steinmetz/Löber/García Alcázar*, ZEV 2010, 234 (234); *D. Lehmann*, DStR 2012, 2085 (2085).
⁹⁶⁶ *Döbereiner*, MittBayNot 2013, 358, 361.
⁹⁶⁷ *Volmer*, RPfleger 2013, 421, 426.

V. Objektive Anknüpfung

ten.⁹⁶⁸ Problematischer wird es dagegen, wenn seine Familie den Erblasser wegen der niedrigeren Pflegekosten⁹⁶⁹ in ein osteuropäisches Pflegeheim hat einweisen lassen.⁹⁷⁰ Argumentationspotenzial und damit Streitpotenzial für findige Rechtsvertreter und eigennützige Erbprätendenten bleiben.⁹⁷¹

Nicht vollständig klar ist, welche Bedeutung ein Bleibewille oder umgekehrt ein fehlender Bleibewille hat.⁹⁷² Maßgeblich muss im Grundansatz jedenfalls der Wille des Erblassers sein.⁹⁷³ Das gebietet Erwägungsgrund (23) S. 3 EuErbVO. Dem korrespondiert auch das materielle Gewicht, welches die Erbsachrechte dem Erblasserwillen beilegen. Erbrecht ist erblasserzentriert.⁹⁷⁴ **250**

Der Erblasser lässt sich indes nach seinem Tode nicht mehr befragen, was er sich denn gedacht und welche Vorstellungen er denn gehabt habe,⁹⁷⁵ so dass man auf frühere Äußerungen des Erblasserwillens oder objektive Indizien für einen bestimmten Erblasserwillen ausweichen muss.⁹⁷⁶ Freilich muss man hier konzeptionell genügend Abstand zum domicile wahren.⁹⁷⁷ In ihrem Wortlaut rekurrieren weder Art. 21 I 1 EuErbVO noch die Erwägungsgründe der EuErbVO direkt auf die Intentionen des Erblassers.⁹⁷⁸ Objektive Momente stehen im Vordergrund.⁹⁷⁹ **251**

Einen animus semper manendi, einen dauerhaften Bleibewillen, sollte man jedenfalls nicht verlangen.⁹⁸⁰ Im Erbrecht fiele es eben schwer, diesen rückwirkend festzustellen, zumal der Willensträger und primäre Auskunftsperson dann in aller Regel bereits verstorben ist.⁹⁸¹ Das kann insbesondere bei Expats (Expatriates) und voll im Ausland Studierenden bedeutsam sein.⁹⁸² Echte Flüchtlinge haben, selbst wenn sie einen durch Besserung der Verhältnisse in ihrem Heimatstaat bedingten Rückkehrwillen hegen, gemeinhin ihren gewöhnlichen Aufenthalt in ihrem Aufnahmestaat, solange sie dort ansässig sind.⁹⁸³ Anderenfalls geriete man mit dem Umschwenken des Art. 12 I Genfer FlüchtlingsAbk. auf den Wohnsitz in Widerspruch. Bei „Wirtschaftsflüchtlingen" ist dieses systematische Argument zwar nicht möglich, jedoch wollen diese ja gerade im Zuzugsstaat dauerhaft Geld verdienen und müssen deshalb dort bleiben, selbst wenn das Geld in die Heimat geschickt wird und dort verbleibende Familien unterstützen soll.⁹⁸⁴ Bei Strafgefangenen, die typischerweise erzwungen und unfreiwillig gefangen sind und deshalb ihren faktischen Aufenthalt im betreffenden Gefängnis haben, dürfte es von der Dauer der zu verbüßenden Haftstrafe abhän- **252**

---

⁹⁶⁸ *Pfeiffer*, IPRax 2016, 310, 312; *J. Weber/Francastel*, DNotZ 2018, 163, 167.
⁹⁶⁹ Hier wäre ein Schlagwort „Pflegetourismus" oder „Pflegemigration" angebracht.
⁹⁷⁰ *F. Odersky*, notar 2013, 3, 5; *Rösler*, RabelsZ 78 (2014) sub II 4.
⁹⁷¹ *Geimer*, in: J. Hager (Hrsg.), Die neue europäische Erbrechtsverordnung, 2013, S. 9, 24.
⁹⁷² *Schurig*, FS Ulrich Spellenberg, 2010, S. 343, 346; *D. Lehmann*, DStR 2012, 2085, 2086 f.; *Martiny*, IPRax 2018, 29, 32.
⁹⁷³ SEK (2005) 270 endg. S. 12.
⁹⁷⁴ *J. Emmerich* S. 107.
⁹⁷⁵ *Scheuba*, in: Schauer/Scheuba (Hrsg.), Europäische Erbrechtsverordnung, 2013, S. 1, 10 f.; Dutta/Weber/*Lein* Art. 4 EuErbVO Rn. 12.
⁹⁷⁶ Siehe *Damascelli*, in: Franzina/Leandro (a cura di), Il diritto internazionale privato europeo delle successioni mortis causa, 2013, S. 87, 93.
⁹⁷⁷ *Nourissat*, in: Khairallah/Revillard (dir.), Droit européen des successions internationales, 2013, S. 17, 30; Geimer/Schütze/*Wall*, Art. 4 EuErbVO Rn. 71.
⁹⁷⁸ *Khairallah*, in: Khairallah/Revillard (dir.), Droit européen des successions internationales, 2013, S. 47, 51.
⁹⁷⁹ Vgl. *Damascelli*, in: Franzina/Leandro (a cura di), Il diritto internazionale privato europeo delle successioni mortis causa, 2013, S. 87, 93; Deixler-Hübner/Schauer/*Deixler-Hübner* Art. 4 EuErbVO Rn. 23 mit Verweis auf die EuGH-Rechtsprechung.
⁹⁸⁰ *Geimer*, in: J. Hager (Hrsg.), Die neue europäische Erbrechtsverordnung, 2013, S. 9, 25; Deixler-Hübner/Schauer/*Deixler-Hübner* Art. 4 EuErbVO Rn. 23; Dutta/Weber/*Lein*, Art. 4 EuErbVO Rn. 12.
⁹⁸¹ *F. Sturm/G. Sturm*, FS Krešimir Sajko, 2012, S. 309, 316; Dutta/Weber/*Lein* Art. 4 EuErbVO Rn. 12; *Kurth* S. 223.
⁹⁸² Siehe *Kurth* S. 220–223.
⁹⁸³ Siehe *Kurth* S. 229–231.
⁹⁸⁴ Siehe *Mankowski*, IPRax 2017, 40, 46 f.

gen, ob sie sich nolens volens in ihr Schicksal fügen, zwangsweise im Haftstaat ansässig zu sein.[985]

253 Je stärker man subjektive Momente heranzieht und auf den Willen des Erblassers abstellt,[986] desto intensiver stellen sich Folgefragen, z. B. auf wessen Willen es bei Minderjährigen und Dementen ankommen soll:[987] denjenigen des Erblassers selbst oder denjenigen des gesetzlichen Vertreters oder eines etwaigen amtlich bestellten Betreuers? Stellt man auf die Bezugspersonen des Erblassers ab,[988] so kämen je nach den Umständen die nächsten Verwandten, die Lebenspartner oder das Personal einer pflegenden Einrichtung in Betracht.[989] Kein eigener persönlicher Wille zur Aufenthaltsnahme kann namentlich bei Dementen vorliegen, die als Pflegefall zu ihrer Familie ins Ausland geholt oder in ein (billigeres) ausländisches Pflegeheim verbracht wurden.[990] Generell hat aber jemand, der in einer Pflegeeinrichtung lebt, aber seinen gewöhnlichen Aufenthalt ebendort.[991] Jemandem, der keinen eigenen Willen mehr bilden kann, generell die Fähigkeit zur Aufenthaltsverlagerung abzusprechen[992] ginge sehr weit.[993] Andererseits ist „legal kidnapping" in diesem Kontext ebenso wenig zuzulassen, wie man es bei Kindern zulassen dürfte, die zu einer eigenen Willensbildung nicht fähig sind.[994]

254 Fremdveranlasster Demenztourismus ist eine nicht zu unterschätzende Gefahr.[995] Wenn Ehegatten oder Kinder als eingesetzte Betreuer einen dementen Erblasser quer durch Europa schleifen und dort zum Sterben abladen, wo sie das für sie günstigste Erbrecht vermuten, liegen die Eigeninteressen und der principal-agent-Interessenkonflikt nur zu deutlich zutage.[996] Der Deutsche Notarverein hat in einer Stellungnahme zum Vorschlag im Januar 2010 ebenso pessimistisch wie klarsichtig festgestellt: „Der Kampf um die Betreuung wird zum Vorhutgefecht des Kampfs um das Erbstatut."[997] Von „very nice places" außerhalb der EU wie Heimen in der Ukraine oder in Anatolien oder Einrichtungen für Demenzkranke in Thailand sei hier ganz geschwiegen.[998]

255 Dem muss eine intensive Prüfung, ob die letzte Aufenthaltsnahme wirklich auf einem frei gebildeten und eigenverantwortlichen Willen des Erblassers beruhte, wehren.[999] Auf Dauer angelegte Heimaufenthalte sind andererseits geeignet, das objektive Element des gewöhnlichen Aufenthalts auszufüllen, nur vorübergehend angelegte Krankenhausaufenthalte dagegen nicht.[1000] Der gewöhnliche Aufenthalt liegt in Krankenhaus, Heim oder

---

[985] Ähnlich *Kurth* S. 231–233. Vgl. aber auch OLG Hamm NJW 2018, 2061 = ZEV 2018, 343.
[986] Am weitesten geht insoweit *M.-Ph. Weller* in: Leible/Unberath (Hrsg.), Brauchen wir eine Rom 0-Verordnung?, 2013, S. 293, 317–323.
[987] *Leipold*, JZ 2010, 802, 809; *Schurig*, FS Ulrich Spellenberg, 2010, S. 343, 346; *K. W. Lange*, ZvglRWiss 110 (2011), 426, 430 f.; *ders.*, ZErb 2012, 160, 162; *Kränzle*, Heimat als Rechtsbegriff?, 2014, S. 182 f.; NK-BGB/*Makowsky* Art. 4 EuErbVO Rn. 34; *Vienenkötter* S. 325–335; *Kurth*, ErbR 2018, 249, 251.
[988] Dafür *Solomon*, in: Dutta/Herrler S. 19, 31 Rn. 29; *J. Weber/Francastel*, DNotZ 2018, 163, 171 sowie Rauscher/*Hertel* Art. 4 EuErbVO Rn. 21. Dagegen OLG München ZEV 2017, 333, 334; *M. Zimmer/K. F. Oppermann*, ZEV 2016, 126, 130 sowie *J. Emmerich* S. 110 f.
[989] *Lehmann*, DStR 2012, 2085, 2087. Dazu auch Geimer/Schütze/*Wall*, Art. 4 EuErbVO Rn. 85 f.
[990] *F. Odersky*, notar 2013, 3, 5; siehe auch *J. Emmerich* S. 103–105.
[991] *J. Weber/Francastel*, DNotZ 2018, 163, 168.
[992] Dafür OLG München ZEV 2017, 333, 334; *M. Zimmer/K. F. Oppermann*, ZEV 2016, 126, 130.
[993] *J. Weber/Francastel*, DNotZ 2018, 163, 169 f.
[994] *Stockmann*, jurisPR-FamR 13/2017 Anm. 1 sub C.
[995] *Geimer*, NZ 2012, 70, 77; *ders.*, in: J. Hager (Hrsg.), Die neue europäische Erbrechtsverordnung, 2013, S. 9, 33; *Mankowski*, IPRax 2015, 39, 43.
[996] *Geimer*, in: Reichelt/Rechberger (Hrsg.), Europäisches Erb- und Erbverfahrensrecht, 2011, S. 1, 17; *ders.*, NZ 2012, 70, 77; *Scheuba*, in: Schauer/Scheuba (Hrsg.), Europäische Erbrechtsverordnung, 2013, S. 1, 21.
[997] Zitiert nach *Geimer*, in: Reichelt/Rechberger (Hrsg.), Europäisches Erb- und Erbverfahrensrecht, 2011, S. 1, 17; *ders.*, NZ 2012, 70, 77; *Scheuba*, in: Schauer/Scheuba (Hrsg.), Europäische Erbrechtsverordnung, 2013, S. 1, 21.
[998] Vgl. *L. Kunz*, GPR 2012, 208, 211 Fn. 43; *Geimer*, in: J. Hager (Hrsg.), Die neue europäische Erbrechtsverordnung, 2013, S. 9, 35.
[999] Siehe OLG München ZEV 2017, 333, 334; *Rentsch*, ZEV 2017, 334, 335.
[1000] OLG Düsseldorf ZEV 2017, 103, 105.

V. Objektive Anknüpfung

Hospiz, wenn es keine realistische Rückkehrmöglichkeit und dementsprechend keinen anderen Schwerpunkt der Lebensbeziehungen mehr gibt.[1001]

Ausführlicher bei der Erläuterung des gewöhnlichen Aufenthalts wird Erwägungsgrund (24) EuErbVO, allerdings beispielhaft auf bestimmte Konstellationen bezogen, so dass allenfalls von einer induktiven Ersatzdefinitionstechnik die Rede sein kann.[1002] Erwägungsgrund (24) EuErbVO[1003] konstatiert, dass sich die Bestimmung des gewöhnlichen Aufenthalts in einigen Fällen komplex gestalten könne (S. 1). Dies gelte insbesondere, wenn der Erblasser sich aus beruflichen oder wirtschaftlichen Gründen unter Umständen auch für längere Zeit in einen anderen Staat begeben habe,[1004] um dort zu arbeiten, aber eine enge und feste Bindung zu seinem Heimatstaat aufrechterhalten habe (S. 2). Dann könne man entsprechend den jeweiligen Umständen davon ausgehen, dass der Erblasser seinen gewöhnlichen Aufenthalt weiterhin in seinem Herkunftsstaat habe, in dem sich in familiärer und sozialer Hinsicht sein Lebensmittelpunkt befinde (S. 3). Weitere komplexe Fälle könnten sich ergeben, wenn der Erblasser abwechselnd in mehreren Staaten gelebt habe oder auch von Staat zu Staat gereist sei, ohne sich in einem Staat für längere Zeit niederzulassen (S. 4). Sei der Erblasser Angehöriger eines dieser Staaten gewesen oder hatte er alle seine wesentlichen Vermögensgegenstände in einem dieser Staaten, so könnte seine Staatsangehörigkeit oder der Belegenheitsort dieser Vermögensgegenstände ein besonderer Faktor bei der Gesamtbeurteilung aller tatsächlichen Umstände sein.

Die konstatierte Komplexität wird dabei mehr beschrieben als wirklich aufgelöst.[1005] Statt einer Legaldefinition bekommt man eine Problembeschreibung des gewöhnlichen Aufenthalts.[1006] Erwägungsgrund (24) EuErbVO befasst sich mit atypischen Fällen,[1007] nicht mit dem Normalfall. Im Normalfall und damit in der weit überwiegenden Mehrzahl von Fällen wird der gewöhnliche Aufenthalt keine besonderen Ermittlungsschwierigkeiten bereiten, sondern passen.[1008] Die EuErbVO verfolgt als zentrales Ziel, die normale, nicht streitige Verteilung von Nachlässen zu erleichtern.[1009]

Der *gewöhnliche* Aufenthalt verlangt eine gewisse Beständigkeit und Regelmäßigkeit, aber keine Mindestdauer.[1010] Zwar ist eine Unterkunft nicht zwingend notwendig.[1011] Das Anmieten einer Wohnung kann indes ein wichtiges Indiz sein.[1012] Dass eine bestimmte Wohnung den Lebensmittelpunkt eines Menschen bildet, wird umso eher zu bejahen sein, wenn dieser keinen anderen Ort hat, der während der zu beurteilenden Zeitspanne für sein Privat- und Berufsleben zumindest annähernd vergleichbare Bedeutung hat.[1013] Dies führt jedoch nicht regelhaft dazu, dass jeder Umzug automatisch einen Wechsel des gewöhnli-

---

[1001] Siehe (wenn auch unter dem FamFG, aber sachlich verwertbar) OLG Köln FamRZ 1996, 946; OLG Köln NJW-RR 2007, 517; OLG München FGPrax 2006, 213; OLG München BtPrax 2007, 29; OLG Zweibrücken FamRZ 2007, 1833; OLG Köln

[1002] Vgl. *A .M. E. Giuliano*, FJR 2013, 68, 69.

[1003] Von *Geimer*, in: J. Hager (Hrsg.), Die neue europäische Erbrechtsverordnung, 2013, S. 9, 25 als „Plattitüden" hart kritisiert.

[1004] Dies kann auch ein Auslandsstudium meinen; *K. W. Lange*, ZErb 2012, 160, 162.

[1005] *K. W. Lange*, ZErb 2012, 160, 162.

[1006] *Volmer*, RPfleger 2013, 421, 422.

[1007] *Lagarde*, in: Khairallah/Revillard (dir.), Droit européen des successions internationales, 2013, S. 5, 12.

[1008] *Geimer*, in: Reichelt/Rechberger (Hrsg.), Europäisches Erb- und Erbverfahrensrecht, 2011, S. 1, 17; *F. Odersky*, in: Bergquist/Damascelli/Frimston/Lagarde/F. Odersky/Reinhartz Art. 4 EuErbVO Rn. 10; Deixler-Hübner/Schauer/*Deixler-Hübner* Art. 4 EuErbVO Rn. 14.

[1009] *Romano*, YbPIL 17 (2015/2016), 253, 274.

[1010] *D. Lehmann*, DStR 2012, 2085 (2085 f.) unter Hinweis auf EuGH Slg. 2010, I-14358 Rn. 44 – Barbara Mercredi/Richard Chaffe; siehe auch *Bonomi*, in: Bonomi/Wautelet Art. 21 Règ. Rn. 17; *Damascelli*, in: Franzina/Leandro (a cura di), Il diritto internazionale privato europeo delle successioni mortis causa, 2013, S. 87, 92; Deixler-Hübner/Schauer/*Deixler-Hübner* Art. 4 EuErbVO Rn. 23; Geimer/Schütze/*Wall*, Art. 4 EuErbVO Rn. 61; *Pamboukis*, in: Pamboukis, Art. 21 Successions Regulation Rn. 5.

[1011] *Kurth* S. 146–148.

[1012] EuGH, Slg. 2009, I-2805 Rn. 40 – A/Perusturvalautakunta; EuGH, Slg. 2010, I-14358 Rn. 51 – Barbara Mercredi/Richard Chaffe.

[1013] OGH EFSlg 124.678.

chen Aufenthalts nach sich ziehen würde.[1014] Prognosen über die voraussichtliche Bleibedauer wären konzeptionell ein problematischer Faktor, insbesondere sofern sie ein dauerhaftes ausländerrechtliches Bleiberecht voraussetzen sollten.[1015] Jede Frist, ab deren Ablauf erst ein gewöhnlicher Aufenthalt bestünde, würde zwar einen überraschenden Statutenwechsel über Nacht zuverlässig verhindern, den Statutenwechsel als solchen aber nur hinausschieben und mit zusätzlichen Fragen um Beginn und Berechnung jener Frist belasten.[1016] Einer Übergangszeit der Unsicherheit könnte man kaum ausweichen.[1017]

259 Soziale Integration[1018] am Wohnort wirkt zwar positiv, ist aber nicht absolut und stets verlangt.[1019] Je nach persönlicher Entscheidung und persönlichem Geschmack kann man zurückgezogen, ja einsiedlerisch leben, ohne näheren Kontakt zu Nachbarn oder Umgebung. Niemand ist verpflichtet, Freunde zu haben oder Kontakt zu Verwandten oder Nachbarn. Anderenfalls drohte jedes Vorversterben eines Partners oder einer engen Bezugsperson den gewöhnlichen Aufenthalt zu erschüttern, obwohl sich doch der Wohnort gar nicht veränderte.[1020] Ein Eremit mag zwar kein lebendiges soziales Umfeld haben – aber er hat einen gewöhnlichen Aufenthalt.[1021] Erbrecht hat zwar bei der objektiven Erbfolge eine familiäre Einbindung; diese muss sich jedoch nicht automatisch in räumlicher Nähe zwischen den Familienmitgliedern niederschlagen.[1022]

260 Kein Mensch ist gezwungen, die Sprache seines Wohnorts zu sprechen. Die Aufenthaltsanknüpfung verlangt keineswegs psychische und emotionale Mobilität. Man kann sich den ganzen Tag mit Büchern, Filmen, Fernsehen, Internet, Spielen in anderen Sprachen als jenen des Wohnorts vergnügen und bleibt doch physisch am Wohnort.[1023] Motivforschung, weshalb der Erblasser seinen Wohnort so ausgewählt hat, wie er ihn ausgewählt hat, ist nicht zu betreiben. Er mag nur der billigeren Lebenshaltungskosten oder gar der billigeren Miete halber dorthin gezogen sein – aber ist eben dorthin gezogen.[1024]

261 Wo jemand Waren oder Dienstleistungen erwirbt, ist gerade in Grenznähe nicht entscheidend. Die grenzüberschreitende Ausübung europäischer Grundfreiheiten wie beruflicher Niederlassungs-, Dienstleistungs-, Waren- oder Kapitalverkehrsfreiheit prägt nicht ausschlaggebend; allenfalls bei einem Pendlerleben kann es Gewicht erlangen.[1025]

262 Woher jemand sein Einkommen bezieht, hat für den gewöhnlichen Aufenthalt ebenfalls keine per se ausschlaggebende Bedeutung. Man stelle sich etwa vor, dass jemand sein Einkommen im Wesentlichen aus Zahlungen auf oder aus Kapitalanlagen beziehe statt z.B. aus einer mit dem sozialen Sicherungssystem eines bestimmten Staats verbundenen staatlichen Rente.[1026] Geldbezug ist ein rein passiver Vorgang.[1027]

263 Vom gewöhnlichen Aufenthalt zu unterscheiden ist der einfache oder schlichte Aufenthalt. Er reicht für Art. 21 I EuErbVO nicht aus. Es genügt z.B. nicht ein kurzzeitiger Aufenthalt in einem Krankenhaus oder einem Hospiz unmittelbar vor dem Tod, wenn sich der Erblasser nur auf einer Durchreise in dem betreffenden Ort befand.[1028] Ebenso wenig ge-

---

[1014] Entgegen *D. Lehmann*, DStR 2012, 2085, 2086.
[1015] *D. Lehmann*, DStR 2012, 2085, 2087 unter Bezugnahme auf OLG Bremen FamRZ 1992, 962 einerseits und OLG Hamm NJW 1990, 651 andererseits.
[1016] *Kanzleiter*, FS Stefan Zimmermann, 2010, S. 165, 173.
[1017] *Nourissat*, in: Khairallah/Revillard (dir.), Droit européen des successions internationales, 2013, S. 17, 30.
[1018] Zu einer denkbaren Faktorenmatrix für die Beurteilung einer möglichen Integration *Kurth* S. 177–203.
[1019] *Mankowski*, FamRZ 2016, 1204, 1205. Strenger *Kurth* S. 134–141; *ders.,* ErbR 2018, 249, 251 f.
[1020] *Mankowski*, FamRZ 2016, 1204, 1205.
[1021] *Mankowski*, FamRZ 2016, 1204, 1205.
[1022] Tendenziell anders *Vienenkötter* S. 281.
[1023] *Mankowski*, FamRZ 2016, 1204, 1205; *J. Weber/Francastel*, DNotZ 2018, 163, 167.
[1024] *Mankowski*, FamRZ 2016, 1204, 1205.
[1025] MüKoBGB/*Dutta* Art. 4 EuErbVO Rn. 5.
[1026] *Mankowski*, FamRZ 2016, 1204, 1205.
[1027] *D. Lehmann*, ZEV 2016, 516, 517.
[1028] Siehe KG NJW 1973, 434; OLG Karlsruhe ZEV 2013, 564, 565.

V. Objektive Anknüpfung

nügen Aufenthalte in mehreren Staaten, die aufeinanderfolgen oder einander abwechseln, sei es in einer bestimmten Reihenfolge, sei es ohne jede Regel, wenn keiner dieser Aufenthalte sich so verfestigt, dass man ihm eine gewisse Dauerhaftigkeit attestieren kann.[1029] Der wirkliche internationale Jetsetter, der heute hier, morgen da aufschlägt, hat tendenziell überhaupt keinen gewöhnlichen Aufenthalt.[1030] Er dürfte aber in dieser extremen Gestalt eine in der Realität sehr seltene Figur sein.[1031]

Beispiel:[1032] Der Erblasser und seine Ehefrau verteilten ihre Winter zwischen einem Haus in Gstaad, einem Landhaus in Southampton in Massachusetts, einem Apartment in Paris und Wohnungen in Athen. Ihre Sommer verbrachten sie auf einer Yacht. 264

Davon ist schon ein anderer Typ Jetsetter zu unterscheiden, der einen „Standort" hat, an den er immer wieder zurückkehrt und von dem aus er um die Welt oder an andere locations jettet. Dieser andere Typ Jetsetter hat im Zweifel einen gewöhnlichen Aufenthalt an seinem „Standort". Nicht zu vermengen ist der gewöhnliche Aufenthalt jedenfalls mit dem Wohnsitz oder der Residenz für Steuerzwecke.[1033] 265

Eine Restgefahr ist nicht zu leugnen: Ein Statutenwechsel kraft Aufenthaltswechsels kann für die Beteiligten subjektiv überraschend eintreten. Für diesen Wechsel fehlt an einem ähnlich deutlichen Warnsignal wie Aufgabe der alten und Annahme einer neuen Staatsangehörigkeit oder Vornahme einer Rechtswahl.[1034] Indes wird ein Wechsel des gewöhnlichen Aufenthalts in aller Regel mit einem Umzug einhergehen. Ein Umzug ist ein deutlicher Einschnitt im Leben. Man gibt seine alte Umgebung auf. Ein grenzüberschreitender Umzug ins Ausland gar wird zudem in einen neuen Sprachraum mit einer anderen Alltagskultur führen. Ein Aufenthaltswechsel vollzieht sich auch nicht so leicht und von selbst. Er fällt nicht vom Himmel, und er geschieht nicht über Nacht im sprichwörtlichen Sinn. 266

Ein Umzug über eine Grenze mag im Einzelfall nur wenige Kilometer überwinden (z. B. vom deutschen ins österreichische Grenzgebiet) und kürzer ausfallen als ein Umzug innerhalb eines großen Staates (z. B. von Flensburg nach Garmisch-Partenkirchen oder von Vigo nach Malaga). Trotzdem ist er mit deutlichen und wahrnehmbaren Veränderungen verbunden. Dass an ihn erbrechtliche Folgen geknüpft sein können, mag Erblassern subjektiv nicht bewusst sein, zumal Umziehende an ihr zukünftiges Leben und nicht an ihren Tod oder an den Tod ihres Partners oder ihrer Partnerin denken werden.[1035] Dies kann insbesondere unbedachte Konsequenzen bei Pflichtteilen oder Noterbengemeinschaften haben.[1036] Testamente, die auf der Grundlage des seinerzeitigen Aufenthaltsrechts errichtet wurden, mögen jetzt in einem neuen rechtlichen Umfeld für das objektive Erbstatut nicht mehr stimmig sein.[1037] Richtige Reaktion darauf sollte indes die Anpassung der Testamentsinhalte an den neuen rechtlichen Hintergrund sein. 267

Rechtsunkundigkeit hat noch nie vor Rechtsfolgen geschützt. Dies diskriminiert keineswegs nicht oder schlecht Beratene.[1038] Vielmehr kann jeder die Vorsichtskosten investieren, vor einem Umzug Rechtsrat einzuholen.[1038a] Wer sich solche Kosten ersparen will, 268

[1029] Vgl. *Khairallah,* in: Khairallah/Revillard (dir.), Droit européen des successions internationales, 2013, S. 47, 50. Anschauliches Beispiel bei Dutta/Weber/*Lein,* Art. 4 EuErbVO Rn. 20.

[1030] Deixler-Hübner/Schauer/*Deixler-Hübner* Art. 4 EuErbVO Rn. 35.

[1031] Beispiele bei *Calvo Caravaca,* in: Calvo Caravaca/Davì/Mansel Art. 21 Successions Regulation Rn. 6, der als Lösung Art. 21 II sieht.

[1032] Nach BG 7.6.2007 – 5C_289/2006, zitiert nach *Romano,* YbPIL 17 (2015/2016), 253, 266.

[1033] *Barnich,* in: Nuyts (coord.), Actualités en droit international privé, 2013, S. 7, 17; MüKoBGB/*Dutta* Art. 4 EuErbVO Rn. 12; *Calvo Caravaca,* in: Calvo Caravaca/Davì/Mansel Art. 21 Successions Regulation Rn. 5.

[1034] *Kanzleiter,* FS Stefan Zimmermann, 2010, S. 165, 176.

[1035] *Coester,* ZEV 2013, 115, 116.

[1036] *Everts,* ZEV 2013, 124, 126.

[1037] *Kanzleiter,* FS Stefan Zimmermann, 2010, S. 165, 174; *Faber/Grünberger,* NZ 2011, 97, 107; *Schauer,* JEV 2012, 78, 84.

[1038] So aber *Kanzleiter,* FS Stefan Zimmermann, 2010, S. 165, 176.

[1038a] Ebenso *Knoth,* ErbR 2019, 2, 13.

kann nachher nicht reklamieren, dass er subjektiv nichts gewusst habe, weil er ja keinen Rat erhalten habe. Wer Kontinuität will, mag sich gegen die Folgen eines eventuellen Aufenthaltswechsels durch Wahl seines Heimatrechts absichern[1039] (und Notare müssen entsprechend beraten[1040]). Dies birgt allerdings wieder neues Gefahrenpotenzial, wenn später (vielleicht gar nach einem Beraterwechsel) eine gezielte Wegzugstaktik verfolgt wird, ohne die Rechtswahl zu überprüfen.[1041]

269 Jede Person hat entweder genau einen oder gar keinen gewöhnlichen Aufenthalt. Es gibt keinen mehrfachen gewöhnlichen Aufenthalt,[1042] genauer: keinen mehrfachen gewöhnlichen Aufenthalt zur selben Zeit und für denselben Zeitraum.[1043] Anderenfalls müsste man sich mit einem Stichkriterium für einen gewichtigeren unter den gewöhnlichen Aufenthaltsorten entscheiden.[1044]

270 Dies gilt es etwa zu bedenken, wenn ein deutscher Rentner sein Jahr in sechs Monate Deutschland und sechs Monate Spanien teilt.[1045] Als Schlagwort dafür hat sich „Mallorca-Rentner" eingebürgert.[1046] Hier erscheint denkbar, dass der gewöhnliche Aufenthalt im Sechsmonatsrhythmus wechselt, also für die sechs Monate Spanien in Spanien liegt und für die sechs Monate Deutschland im turnusmäßigen Wechsel wieder in Deutschland.[1047] Sukzessive gewöhnliche Aufenthalte im Wechsel, aber nie gleichzeitig, sind die Lösung.

271 Weiter nur einen gewöhnlichen Aufenthalt und den in Deutschland anzunehmen, weil dieser der Ursprungs- oder Ausgangswohnsitz ist,[1048] würde Gedanken aus dem domicile-Prinzip übertragen,[1049] damit stärker normativieren und in gewissem Maße einen Konzeptbruch in die faktische Ausrichtung des Anknüpfungspunkts gewöhnlicher Aufenthalt hineintragen. Soziale und familiäre Bindungen mögen stärker nach Deutschland weisen.[1050] Die Verteilung von Vermögen kann dagegen ambivalent sein, insbesondere wenn die in Spanien bewohnte Immobilie im Eigentum des Erblassers steht und dieser sein Hauptkonto in Spanien hat.[1051] Praktisch ist „Mallorca-Rentnern" anzuraten, entweder einen Aufenthalt im Zielland und die ihn begründenden Umstände gesondert zu dokumentieren oder über Art. 22 I EuErbVO ihr Heimatrecht zu wählen.[1052] Eine bloße Selbstauskunft des zukünftigen Erblassers dürfte dagegen allenfalls ein Ausgangspunkt sein.[1053]

[1039] *Everts*, ZEV 2013, 124, 126; MüKoBGB/*Dutta* Art. 21 EuErbVO Rn. 2; *Pfeiffer*, IPRax 2016, 310, 311, 313.

[1040] *Heinig*, RNotZ 2014, 197, 218.

[1041] *Everts*, ZEV 2013, 124, 126 f.

[1042] *Dörner*, ZEV 2012, 505, 510; *F. Odersky*, notar 2013, 3, 5; *Müller-Lukoschek* § 2 Rn. 130; *Döbereiner*, MittBayNot 2013, 358, 362; Geimer/Schütze/*Wall*, Art. 4 EuErbVO Rn. 51. Offen OLG Oldenburg IPRax 2012, 550, 551. Anders *Bonomi*, in: Bonomi/Wautelet Art. 4 Règ. Rn. 19 f; *Calvo Caravaca*, in: Calvo Caravaca/Davì/Mansel Art. 21 Successions Regulation Rn. 6.

[1043] *Kurth* S. 164–166; *ders.*, ErbR 2018, 249, 253.

[1044] OLG Oldenburg IPRax 2012, 550, 551; *G. Schulze*, IPRax 2012, 526, 527; Geimer/Schütze/*Wall*, Art. 4 EuErbVO Rn. 51.

[1045] Vgl. *Schurig*, FS Ulrich Spellenberg, 2010, S. 343, 346; *Schauer*, JEV 2012, 78, 84; *D. Lehmann*, DStR 2012, 2085, 2086.

[1046] *D. Lehmann*, DStR 2012, 2085, 2086; *F. Odersky*, notar 2013, 1, 5; *Müller-Lukoschek* § 2 Rn. 133 Fn. 86; *Döbereiner*, MittBayNot 2013, 358, 362; *Wachter*, ZNotP 2014, 2, 3. Variierend *Geimer*, in: Reichelt/Rechberger (Hrsg.), Europäisches Erb- und Erbverfahrensrecht, 2011, S. 1, 17; *ders.*, in: J. Hager (Hrsg.), Die neue europäische Erbrechtsverordnung, 2013, S. 9, 20: „Las Palmas-Rentner"; Dutta/Weber/*Lein*, Art. 4 EuErbVO Rn. 15; Geimer/Schütze/*Wall*, Art. 4 EuErbVO Rn. 80.

[1047] *Mankowski*, IPRax 2015, 39, 43. Dagegen Egidy/*Volmer*, RPfleger 2015, 433, 438; *Kurth* S. 215.

[1048] Dahin *J. Emmerich* S. 134.

[1049] Dafür *Mansel*, Tuğrul Ansay'a Armağan, 2006, S. 185, 211 f.

[1050] Erman/*Hohloch* Art. 21 EuErbVO Rn. 4; *Kurth* S. 218.

[1051] Für eine Vermögensschwerpunktsuche als Indiz *Kränzle* S. 247; *Geber*, EuErbVO – Die internationale Zuständigkeit unter VO Nr. 650/2012, 2014, S. 40; BeckOGK/*J. Schmidt* Art. 4 EuErbVO Rn. 32.1; *Kurth* S. 218 f.

[1052] *D. Lehmann*, DStR 2012, 2085, 2086.

[1053] Optimistischer *Barnich*, in: Nuyts (coord.), Actualités en droit international privé, 2013, S. 7, 17; *Müller-Lukoschek* § 4 Rn. 16.

V. Objektive Anknüpfung

Als denkbare Stichkriterien für eine Reihung und Gewichtung gewöhnlicher Aufenthalte werden folgende Aspekte ins Spiel gebracht:[1054] Staatsangehörigkeit eines der Aufenthaltsstaaten; gewöhnlicher Aufenthalt von Kindern der Anknüpfungsperson, mit denen die Anknüpfungsperson engen familiären Kontakt hat; Einbettung in eine soziale Umgebung von Ausländern aus dem einen Aufenthaltsstaat in dem anderen Aufenthaltsstaat.[1055]

Beispiel: Ein Niederländer lebt im Jahr sechs Monate in den Niederlanden und sechs Monate in Frankreich. Sein soziales Leben in Frankreich spielt sich wesentlich in einem dortigen niederländischen Club ab. In Frankreich bevorzugt er niederländisches Satelliten-TV und hat die Auslandsausgabe des „Algemeen Daagblad" abonniert. Außerdem hat er einen niederländischen Smartphonevertrag sowie eine e-mail-Adresse und eine persönliche Homepage jeweils auf .nl.

Beispiel:[1056] Ein Ungar lebt in Genf, wo er einen Dreijahresvertrag mit der Ständigen Gesandschaft Ungarns bei der WTP erfüllt. Seine Familie lebt in Budapest. Er fliegt zweimal im Monat für jeweils drei Tage nach Budapest.

Erwägungsgrund (24) S. 5 EuErbVO erwähnt neben der Staatsangehörigkeit auch die Belegenheit maßgeblicher Vermögensgegenstände.[1057] Diese Belegenheit ist anhand der Maßstäbe des Art. 2 Nr. 9 EuInsVO 2015 zu ermitteln.[1058] Die Vermögensbelegenheit gewinnt hier – anders als beim gewöhnlichen Aufenthalt – Eigengewicht.[1059] Sie ist aber nur ein Indiz[1060] und wirft zudem Probleme eigener Art auf. Gerade vermögende Erblasser diversifizieren ihr Vermögen gern grenzüberschreitend. Vermögenskonzentration oder Halten des relativen Hauptvermögens am Wohnort dürfte trotzdem bei „normalen" Menschen weiterhin Normalfall sein. Die Koinzidenz und Konvergenz von Wohnsitz und Vermögen ist dann eine starke Kombination.[1061]

(Typische) Grenzpendler werfen dagegen kein ernsthaftes Problem auf.[1062] Denn sie leben in dem einen Staat; in dem anderen Staat arbeiten sie nur. Man muss zwischen gewöhnlichem Arbeitsort und Lebensmittelpunkt unterscheiden.[1063] Genauso wenig wie der private Wohnort oder Mittelpunkt des Privatlebens für den gewöhnlichen Arbeitsort unter Art. 8 II 1 Rom I-VO relevant ist,[1064] ist der gewöhnliche Arbeitsort ausschlaggebend für den gewöhnlichen Aufenthalt für die Zwecke des Erbrechts.[1065] Soziale und familiäre Bindung zählen für die Zwecke des Erbrechts vorrangig, wie Erwägungsgrund (24) S. 3 EuErbVO betont.[1066] Dies gilt auch für Wochenendheimfahrer, Berufspendler und Saisonarbeiter.[1067] Gewöhnlicher Aufenthalt ist der Ort des Bewohnens, der Ort des Weggangs und der Rückkehr,[1068] bildlich gesprochen der Ort, an dem jemand als Person zur Ruhe

---

[1054] *Frohn*, in: IPR in de spiegel van Paul Vlas, 2012, S. 65, 71; *F. Odersky*, notar 2013, 3, 5.
[1055] *Calvo Caravaca*, in: Calvo Caravaca/Daví/Mansel Art. 21 Rn. 5 sowie Geimer/Schütze/*Wall*, Art. 4 EuErbVO Rn. 80: „Enklave."
[1056] *Romano*, YbPIL 17 (2015/2016), 253, 264 f.
[1057] *F. Odersky*, notar 2013, 3, 5.
[1058] Im Ansatz ebenso *Kurth* S. 198–200.
[1059] BeckOGK/*J. Schmidt* Art. 4 EuErbVO Rn. 16; *J. Weber/Francastel*, DNotZ 2018, 163, 175.
[1060] *Vienenkötter* S. 304; MüKoBGB/*Dutta* Art. 4 EuErbVO Rn. 5.
[1061] NK-BGB/*Makowsky* Art. 4 EuErbVO Rn. 40; *Kurth* S. 202 sowie *J. Emmerich* S. 77.
[1062] *Mankowski*, IPRax 2015, 39, 45; *ders.*, FamRZ 2016, 1204, 1205; Deixler-Hübner/Schauer/*Deixler-Hübner* Art. 4 EuErbVO Rn. 30; *Solomon*, in: Dutta/Herrler (Hrsg.), Die Europäische Erbrechtsverordnung, 2014, S. 19, 30; Geimer/Schütze/*Wall* Art. 4 EuErbVO Rn. 73 f.; *J. Emmerich* S. 151; *Kurth* S. 205–211 sowie *Spickhoff*, IPRax 1995, 185. Anders *D. Lehmann*, DStR 2012, 2085, 2086.
[1063] Insoweit zutreffend *D. Lehmann*, DStR 2012, 2085, 2086; siehe auch OLG Oldenburg IPRax 2012, 550, 551.
[1064] Siehe Rb. Maastricht NIPR 2002 Nr. 110 S. 201 f.; *Weth/Kerwer*, RdA 1998, 233, 236; *Hoppe*, Die Entsendung von Arbeitnehmern ins Ausland, 1999, S. 159; *Mankowski*, IPRax 1999, 332, 337; *ders.*, IPRax 2003, 21, 25; *Trenner*, Internationale Gerichtsstände in grenzüberschreitenden Arbeitsvertragsstreitigkeiten, 2001, S. 151; Rauscher/*Mankowski* Art. 21 Brüssel Ia-VO Rn. 6.
[1065] *F. Odersky*, notar 2013, 3, 5; *Mankowski*, FamRZ 2016, 1204, 1205; *Martiny*, IPRax 2018, 29, 33.
[1066] Zweifelnd dagegen *Müller-Lukoschek* § 2 Rn. 132.
[1067] *F. Odersky*, notar 2013, 3, 5; *Martiny*, IPRax 2018, 29, 33 sowie *Götz Schulze*, IPRax 2012, 526, 527. Vgl. auch *Schauer*, JEV 2012, 78, 84; *Döbereiner*, MittBayNot 2013, 358, 362.
[1068] *Popescu*, Liber amicorum Liviu Pop, 2015, S. 804, 829; *Mankowski*, FamRZ 2016, 1204, 1205.

kommt.[1069] Atypische Grenzpendler lösen zusätzlichen Überlegungsbedarf aus, der in methodisch geordneten Bahnen einem Ergebnis zuzuführen ist.[1070]

277 Ob ein angerufenes Gericht die maßgeblichen Tatsachen selbst ermitteln muss oder ob insoweit das Beibringungsprinzip gilt, ist eine verfahrensrechtliche Frage. Die EuErbVO geht sie nicht an, sondern überlässt sie dem nationalen Verfahrensrecht der lex fori. Im europäischen Kontext sollte man daher nicht schlechthin davon sprechen, dass die Antragsteller in einem Erbverfahren oder Erbscheinsverfahren detailliert zu den Lebensumständen und zu den familiären, sozialen und beruflichen Bindungen des Erblassers in den letzten Jahren vor seinem Tod vortragen müssten.[1071] Dies ist vielmehr nur dann zutreffend, wenn das nationale Verfahrensrecht dem Beibringungsgrundsatz folgt. Die Beweismittel richten sich ebenfalls nach dem Prozessrecht der lex fori.[1072] Tatsächliche Vermutungen, welche die Lastenverteilung zu steuern geeignet sind, sollen entgegen Artt. 18 I Rom I-VO; 22 I Rom II-VO prozessual zu qualifizieren sein.[1073]

278 Der gewöhnliche Aufenthalt bietet als Anknüpfungspunkt einen erheblichen Gestaltungsspielraum für informierte und planungswillige Erblasser.[1074] Er erlaubt eine Art indirekter Rechtswahl durch Wohnsitzverlegung.[1075] Kreativen erbrechtlichen Lösungen steht ein gewisses Missbrauchspotenzial gegenüber.[1076] Dieses wird indes eingehegt durch die normalerweise nicht zu unterschätzenden organisatorischen, finanziellen und sozialen Kosten eines grenzüberschreitenden Umzugs.

279 Praktisch bedeutsamer könnte indes die Konstellation sein, dass der Erblasser nicht bedacht hat, dass das Recht seines Alterswohnsitzes, seines neuen gewöhnlichen Aufenthalts, im sonnigen Süden unter einer romanischen Rechtsordnung eine zum Teil wesentliche Erhöhung der Quoten von Noterbrechten der Kinder mit sich bringt.[1077]

280 Aus der Praxis wird planenden Erblassern zu einer so genannten confessio iuris geraten, z. B. in der Präambel eines Testaments anzugeben, wo man den jeweiligen Lebensmittelpunkt sehe und aus welchen Gründen,[1078] gegebenenfalls auch, ob man absehbar Umzugspläne hegt und, wenn ja, welche.[1079] Im Kontrast zu einer echten Rechtswahl, einer *professio iuris*, liegt darin keine Auswahlentscheidung, sondern nur eine Dokumentation des Sachverhalts.[1080] Dies hat mehrere Vorteile:[1081] Erstens erleichtert es, die subjektiven Momente im Rahmen der Aufenthaltsfeststellung zu ermitteln. Zweitens weiß der Erblasser besser, was andere erst mühsam zusammentragen müssten. Drittens errichtet es eine gewisse Hürde für Abweichungen. Allerdings ist eine confessio iuris natürlich in keiner Weise bindend. Obendrein bezieht sie sich auf die Verhältnisse zum Zeitpunkt der Testamentserrichtung, nicht zum dann noch zukünftigen Todeszeitpunkt, so dass es zwischen diesen beiden Zeitpunkten Änderungen bei den Tatsachen geben kann.[1082]

[1069] *D. Lehmann*, ZEV 2016, 516, 517.
[1070] Siehe KG FamRZ 2016, 1203, 1204; *Mankowski*, FamRZ 2016, 1204, 1205 f.; *D. Lehmann*, ZEV 2016, 516 f. sowie *J. Emmerich* S. 136.
[1071] So *Vollmer*, ZErb 2012, 227, 230.
[1072] *Kurth* S. 242.
[1073] So *Kurth* S. 243 f.
[1074] *Scheuba*, in: Schauer/Scheuba (Hrsg.), Europäische Erbrechtsverordnung, 2013, S. 1, 20.
[1075] *Schauer*, ecolex 2012, 575; *Scheuba*, in: Schauer/Scheuba (Hrsg.), Europäische Erbrechtsverordnung, 2013, S. 1, 20.
[1076] *Schauer*, ecolex 2012, 575; *Scheuba*, in: Schauer/Scheuba (Hrsg.), Europäische Erbrechtsverordnung, 2013, S. 1, 20.
[1077] *Everts*, ZEV 2013, 124, 126; *Volmer*, RPfleger 2013, 421, 426 (beide unter Hinweis darauf, dass die Höhe der Quoten schon zwischen den einzelnen balearischen Sonneninseln je nach dem dortigen insularen Foralrecht erheblich divergieren kann, z. B. zwischen Mallorca und Menorca).
[1078] *D. Lehmann*, ZEV 2016, 516, 517.
[1079] Siehe die Muster bei *Heinig*, RNotZ 2014, 197, 217–225.
[1080] *D. Lehmann*, ZEV 2016, 516, 517.
[1081] *D. Lehmann*, ZEV 2016, 516, 517.
[1082] Siehe *D. Lehmann*, ZEV 2016, 516, 517.

V. Objektive Anknüpfung   281–285   § 5

Lässt sich allen Bemühungen und Sachaufklärungen zum Trotz kein gewöhnlicher Auf- 281
enthalt des Erblassers zum Zeitpunkt seines Todes feststellen oder wird gar festgestellt, dass
der Erblasser zu diesem Zeitpunkt keinen gewöhnlichen Aufenthalt hatte, so muss es trotzdem eine objektive Anknüpfung für das Erbstatut geben. Die ansonsten drohende Lücke ist
durch eine Anknüpfung an die relativ engste Verbindung zu füllen. Auf eine Analogie zu
Art. 21 II EuErbVO ist dies besser nicht zu stützen.[1083] Denn Art. 21 II EuErbVO verlangt
einen Vergleich mit einer Regelanknüpfung, er sucht nach einer engeren, nicht nach einer
relativ engsten Verbindung. Außerdem geriete eine solche Analogie in Konflikt mit Erwägungsgrund (25) S. 2 EuErbVO.

c) Gewöhnlicher Aufenthalt des Erblassers zum Zeitpunkt seines Todes. Für die planende Ge- 282
staltung bleibt das Problem, dass Anknüpfungspunkt der gewöhnliche Aufenthalt des Erblassers zum Zeitpunkt seines Todes ist. Das ist der gleichsam natürliche Zeitpunkt, zudem
der spätestmögliche.[1084] Wann jemand verstorben ist, ist eine Erstfrage, welche das Personalstatut des Erblassers (in Deutschland zu bestimmen über Art. 9 EGBGB) beantworten
muss.[1085] Die EuErbVO selber nimmt sich nur eines kleinen und sehr speziellen Ausschnitts
daraus an, in Art. 32 EuErbVO.

Der Todeszeitpunkt kann aber lange nach einer testamentarischen Gestaltung liegen, und 283
der gewöhnliche Aufenthalt kann sich in der Zwischenzeit verändert haben. Zum Zeitpunkt der planenden Verfügung steht er noch nicht mit Sicherheit fest.[1086] Nachlassplaner
werden den daraus resultierenden Gefahren durch eine Rechtswahl zu begegnen versuchen
oder zu einer Anpassung bzw. Neuabfassung des Testaments für den Fall eines Aufenthaltswechsels raten.

2. Ausweichklausel kraft Näherbeziehung. Art. 21 II EuErbVO enthält – erst in 284
einem Manöver des letzten Augenblicks[1087] auf Betreiben des Rechtsausschusses des Europäischen Parlaments[1088] eingefügt und in der Tradition des Art. 3 III Haager ErbRÜbk[1089] –
eine Ausweichklausel (clause de sauvegarde[1090]): Besteht eine engere Verbindung zu einem
anderen Recht als dem durch Art. 21 I EuErbVO bezeichneten Recht des gewöhnlichen
Aufenthalts des Erblassers, so ist jenes Recht der engeren Verbindung anzuwenden.

Dahinter steht ein Kompromiss: Die Mehrheit für den gewöhnlichen Aufenthalt als 285
Regelanknüpfungspunkt kam erst zustande, als die Regelanknüpfung eine gewisse Lockerung erfuhr; darin lag ein Entgegenkommen zum einen gegenüber den Verfechtern einer
Staatsangehörigkeitsanknüpfung und zum anderen gegenüber jenen, die zwar den gewöhnlichen Aufenthalt nicht schlechthin ablehnten, aber eine Legaldefinition wollten.[1091] Die
Kritik am gewöhnlichen Aufenthalt scheint das Europäische Parlament beeindruckt zu haben.[1092] Man wollte wohl einen allzu monolithischen Charakter der Aufenthaltsanknüpfung
vermeiden.[1093] Legislatives Vorbild war generell Art. 3 II Haager ErbRÜbk.[1094] In Art. 21 II
EuErbVO wird teilweise eine Rückkehr zum traditionellen Oberprinzip der Anknüpfung

---

[1083] Dafür aber Erman/*Hohloch* Art. 21 EuErbVO Rn. 8; NK-BGB/*Looschelders* Art. 21 EuErbVO
Rn. 16.
[1084] NK-BGB/*Looschelders* Art. 21 EuErbVO Rn. 7.
[1085] Für Erstfragenkonstruktion, indes in Deutschland für Anwendung des Art. 7 I EGBGB, BeckOGK/
J. Schmidt Art. 4 EuErbVO Rn. 34; NK-BGB/*Looschelders* Art. 1 EuErbVO Rn. 8.
[1086] *Torfs/van Soest,* Liber amicorum Walter Pintens, 2012, S. 1443, 1451 f.
[1087] *Geimer,* in: J. Hager (Hrsg.), Die neue europäische Erbrechtsverordnung, 2013, S. 9, 18.
[1088] A7-0045/2012 (6.3.2012) Art. 16 II.
[1089] *Khairallah,* in: Khairallah/Revillard (dir.), Droit européen des successions internationales, 2013, S. 47,
52.
[1090] *Revillard,* Defrénois 2012, 743, 747.
[1091] *A. M. E. Giuliano,* FJR 2013, 68, 69.
[1092] *Schauer,* ecolex 2012, 575.
[1093] *Chassaing,* in: Khairallah/Revillard (dir.), Droit européen des successions internationales, 2013, S. 37,
39.
[1094] *Bonomi,* Essays in Honour of Hans van Loon, 2013, S. 69, 71.

an die engste Verbindung gesehen.[1095] Die Suche nach dem proper law of the succession erhöht den Beurteilungsspielraum bei der Bewertung der gegebenen Fakten.[1096] Aus Frankreich wird dies umgekehrt als „dangereusement imprecise", gefährlich unpräzise, kritisiert.[1097]

286 Methodisch korrekt ermittelt man zuerst die einschlägige Regelanknüpfung und führt diese durch.[1098] Sich gleich auf die Ausweichklausel zu stürzen, würde deren Funktion verkennen. Erwägungsgrund (25) S. 2 EuErbVO betont mit Recht und in dieselbe Richtung, dass die offensichtlich engste Verbindung nicht als subsidiärer Anknüpfungspunkt gebraucht (schärfer: missbraucht) werden sollte, wenn es sich schwierig gestaltet, den gewöhnlichen Aufenthalt des Erblassers zum Todeszeitpunkt festzustellen.[1099] Eine Ausweichklausel ermächtigt nicht zum Ausweichen vor der Bestimmung eines Statuts, sondern nur zum Ausweichen vor einem bestimmten Statut.[1100] Eine engere Verbindung zu einem anderen Recht als dem Aufenthaltsrecht begründet keineswegs einen neuen, anderweitigen gewöhnlichen Aufenthalt,[1101] sondern lässt den gewöhnlichen Aufenthalt gerade unberührt.

287 Geboten ist eine Abwägung, bei der auf der einen Seite der Waage der Anknüpfungspunkt der Regelanknüpfung an den gewöhnlichen Aufenthalt zum Todeszeitpunkt und diesen verstärkende Elemente liegen, auf der anderen Momente, die in eine andere Richtung weisen. Weisen weitere Momente in wieder andere, dritte oder gar vierte Richtungen, so erhöht sich, – um im Bild zu bleiben – die Zahl der Waagarme und der Waagschalen. Die Abwägung ist von Amts wegen vorzunehmen[1102] und bedarf keines förmlichen Antrags eines Interessierten.

288 Die Ausweichklausel ist ein Ausnahmeinstrument und restriktiv einzusetzen, wie bereits das „ausnahmsweise" im Normtext signalisiert.[1103] Für ein Abgehen von der Regelanknüpfung verlangt ist eine *offensichtlich* engere Verbindung zu einem anderen Recht. Dies meint nicht Offenkundigkeit oder Offensichtlichkeit im Sinne der deutschen prozessrechtlichen Terminologie.[1104] Vielmehr ist die Offensichtlichkeit, die Evidenz ebenso zu verstehen wie in Art. 4 III Rom I-VO[1105] und in Art. 4 III 1 Rom II-VO. Sie verlangt nicht nur ein einfaches, sondern ein deutliches Überwiegen der auf ein anderes Recht hinweisenden Umstände im Vergleich mit den zum Recht der Regelanknüpfung hinweisenden Umständen.[1106] Ein Abgehen von der Regelanknüpfung bedarf der Rechtfertigung.[1107] Die Ausweichklausel hat eben Ausnahmecharakter.[1108] Keine Bedeutung darf für sie der Inhalt der beteiligten Rechte haben.[1109]

[1095] *Bajons,* FS Helmut Rüßmann, 2013, S. 751, 754.
[1096] *Damascelli,* in: Franzina/Leandro (a cura di), Il diritto internazionale privato europeo delle successioni mortis causa, 2013, S. 87, 95 f.
[1097] *Callé,* Defrénois 2013 n° 2 S. 1, 2; *C. Bridge,* Petites affiches N° 132, 3 juillet 2014, S. 6, 10.
[1098] *C. Rudolf,* NZ 2013, 225, 234; MüKoBGB/*Dutta* Art. 21 EuErbVO Rn. 7.
[1099] Dahin aber *Vlas,* WPNR 6924 (2012), 249, 253; *Lokin,* NIPR 2013, 329, 333. Wie hier NK-BGB/*Looschelders* Art. 21 EuErbVO Rn. 13.
[1100] *Wilke,* RIW 2012, 601, 605.
[1101] So aber *Volmer,* RPfleger 2013, 421, 423.
[1102] *Bonomi,* in: Bonomi/Wautelet Art. 21 Règ. Rn. 28.
[1103] *Bonomi,* in: Bonomi/Wautelet Art. 21 Règ. Rn. 25; MüKoBGB/*Dutta* Art. 21 EuErbVO Rn. 7; *J. Weber/Francastel,* DNotZ 2018, 163, 175.
[1104] *Volmer,* RPfleger 2013, 421, 423.
[1105] Art. 4 V EVÜ, der Vorläufer zu Art. 4 III Rom I-VO, war bis zu einem gewissen Grad legislatives Vorbild für Art. 21 II EuErbVO; *Lagarde,* in: Khairallah/Revillard (dir.), Droit européen des successions internationales, 2013, S. 5, 12.
[1106] *Solomon,* in: Dutta/Herrler (Hrsg.), Die Europäische Erbrechtsverordnung, 2014, S. 19, 46 gibt zu bedenken, dass bei wörtlichem Verständnis der Erwägungsgründe (23), (24) EuErbVO bereits der gewöhnliche Aufenthalt Ergebnis einer Abwägung sein könne, weshalb eigentlich nur schwer vorstellbar sein, dass es eine *offensichtlich* engere Verbindung gäbe.
[1107] *Schauer,* JEV 2012, 78, 85.
[1108] *Damascelli,* in: Franzina/Leandro (a cura di), Il diritto internazionale privato europeo delle successioni mortis causa, 2013, S. 87, 95.
[1109] *Bonomi,* in: Bonomi/Wautelet Art. 21 Règ. Rn. 27.

V. Objektive Anknüpfung 289–292 § 5

Über die Ausweichklausel des Art. 21 II EuErbVO, deren Vorbild (auch) Art. 4 III Rom 289 II-VO war,[1110] lassen sich laut Erwägungsgrund (25) S. 1 EuErbVO Stabilitätsinteressen des Erblassers berücksichtigen, insbesondere mit Blick auf ein früheres Heimat- oder Aufenthaltsrecht bei erst kurz zurückliegenden Aufenthaltswechseln.[1111] Dann ist jenes frühere Aufenthaltsrecht eine ernsthafte Alternative.[1112] Dies kommt etwa in Betracht, wenn der Erblasser seinen gewöhnlichen Aufenthalt als Folge eines auf einer Auslandsreise erlittenen Unfalls in einem bestimmten Staat hat begründen müssen.[1113] Für einen gewissen, indes nicht näher umschriebenen Zeitraum soll die Verbindung zum Wegzugsstaat also noch nachklingen.[1114] Freilich erhebt sich gleich die nächste Frage: Wann und wodurch soll eine Verbindung zum alten Aufenthaltsstaat enden?[1115] Man sollte subjektive Befindlichkeiten des Erblassers nicht überbetonen und erst recht nicht übermächtig und letztlich allein entscheidend werden lassen.[1116] Ansonsten müsste man bloß beabsichtigte, aber noch nicht vollzogene, ja noch nicht einmal begonnene Aufenthaltswechsel berücksichtigen.[1117]

Ein weiteres **Beispiel** könnte ein Konsul oder Diplomat sein, der ins Ausland entsandt 290 ist und dort so lange Zeit tätig wird, dass er dort einen gewöhnlichen Aufenthalt begründet hat.[1118]

Ein drittes **Beispiel** könnte ein Deutscher bieten, der jahrzehntelang in Spanien gelebt 291 hat, mit einer Spanierin unter spanischem Güterstand verheiratet war und kurz vor seinem Tod zu einem seiner Kinder in die Schweiz oder in ein Schweizer oder ein osteuropäisches Pflegeheim zieht; in diesem Fall könnte man über Art. 21 II EuErbVO zur Anwendung spanischen Rechts gelangen.[1119] Ein Katalog von regelhaften Beispielen für die Ausweichklausel ist dies sicherlich nicht. Maßstäbe für die Abwägung und Gewichtung werden auch nicht aufgestellt.[1120] Einzelfallgerechtigkeit obsiegt über Rechtssicherheit.[1121]

Indes darf man die Ausweichklausel nicht dazu benutzen, um durch die Hintertür das 292 Staatsangehörigkeitsprinzip wieder zur Regel zu erheben. Zum einen wurde das Staatsangehörigkeitsprinzip zur Vordertür hinauskomplementiert und darf nicht durch die Hintertür wieder in seine alte Position einrücken. Zum zweiten gilt dasselbe für eine Anknüpfung an Vermögen. Die bloße Belegenheit von Vermögenswerten dürfte nicht ausreichen, um eine Anwendung der Ausnahmeklausel auszulösen.[1122] Selbst wenn der Erblasser erhebliches Vermögen in andere Staaten als seinen Aufenthaltsstaat verlagert hat, ist dies grundsätzlich hinzunehmen, zumal darin eine bewusste Gestaltung durch Schaffen von Tatsachen liegen kann.[1123] Zum dritten darf eine Ausweichklausel als Ausnahmeklausel nicht dazu dienen, versteckt Regeln zu formulieren. Die Regel muss die Regel bleiben, und die Aus-

---

[1110] *Janzen*, DNotZ 2012, 484, 486.
[1111] Plastisch *J. Emmerich* S. 129: „Tod nach Umzug".
[1112] *Solomon*, Liber amicorum Klaus Schurig, 2012, S. 237, 257; *Heijning*, WPNR 6956 (2012), 963, 965; *Bogdan*, Essays in Honour of Hans van Loon, 2013, S. 59, 62.
[1113] *Bonomi*, in: Bonomi/Wautelet Art. 21 Règ. Rn. 33. Allerdings ist jeweils vorab zu klären, ob ein erzwungener längerer Klinik- oder Heilaufenthalt wirklich einen neuen gewöhnlichen Aufenthalt begründet.
[1114] *K. W. Lange*, ZErb 2012, 160, 162; *A. Köhler*, in: Kroiß/H. Horn/Solomon Art. 21 EuErbVO Rn. 10; *Mankowski*, FamRZ 2016, 1204, 1205.
[1115] *Schauer*, ecolex 2012, 575; *Volmer*, RPfleger 2013, 421, 423.
[1116] Vgl. *Damascelli*, in: Franzina/Leandro (a cura di), Il diritto internazionale privato europeo delle successioni mortis causa, 2013, S. 87, 95.
[1117] Dahin *Bonomi*, in: Bonomi/Wautelet Art. 21 Règ. Rn. 34, ebenso Dutta/Weber/*F. Bauer* Art. 21 EuErbVO Rn. 11.
[1118] *Lagarde*, RCDIP 101 (2012), 691, 701; *Bonomi*, in: Bonomi/Wautelet Art. 21 Règ. Rn. 35. *Calvo Caravaca*, in: Calvo Caravaca/Davì/Mansel Art. 21 Successions Regulation Rn. 12 und *Pamboukis*, in: Pamboukis, Art. 21 Successions Regulation Rn. 9 führen dieses Beispiel ebenfalls an, sehen aber keine Erforderlichkeit, dafür auf die Ausweichklausel zurückzugreifen.
[1119] Vgl. *Coester-Waltjen/Coester*, Liber amicorum Klaus Schurig, 2012, S. 33, 41.
[1120] *K. W. Lange*, ZErb 2012, 160, 163.
[1121] *K. W. Lange*, ZErb 2012, 160, 163.
[1122] *Vollmer*, ZErb 2012, 227, 231.
[1123] *Vollmer*, ZErb 2012, 227, 231.

nahme darf die Regel nicht aushöhlen, auch im Internationalen Erbrecht.[1124] Zum vierten darf Art. 21 II EuErbVO nicht als komfortabler Ausweg dienen, um einer schwierigen Feststellung des gewöhnlichen Aufenthalts im konkreten Einzelfall auszuweichen, wie Erwägungsgrund (25) S. 2 EuErbVO mit Recht betont.[1125]

293 Auch Art. 21 II EuErbVO ist dem Prinzip der Nachlasseinheit verpflichtet, wie es die EuErbVO beherrscht. Er ist kein Instrument, um eine Nachlassspaltung ins Werk zu setzen und doch an die Belegenheit von Immobilien anzuknüpfen.[1126]

294 Die Ausweichklausel dürfte kaum praktische Bedeutung haben und kaum je durchschlagen, wenn man die Handreichungen der Erwägungsgründe (23) und (24) EuErbVO zum Anknüpfungspunkt gewöhnlicher Aufenthalt in der Regelanknüpfung des Art. 21 I EuErbVO ernst nimmt.[1127] Denn Erwägungsgrund (23) S. 2 EuErbVO will bereits dort eine Gesamtbeurteilung der Lebensumstände des Erblassers, Erwägungsgrund (24) S. 5 EuErbVO eine Gesamtbeurteilung aller tatsächlichen Umstände.[1128] Art. 21 II EuErbVO hat dem beim Kreis der zu bedenkenden Umstände eigentlich wenig hinzuzufügen,[1129] höchstens eine andere Zielrichtung und eine andere Zielmethodik. Bezugsperson ist wie bei Art. 21 I EuErbVO allein der Erblasser.[1130] Insgesamt bleiben Bedeutung und eigener Anwendungsbereich des Art. 21 II EuErbVO unklar.[1131] Man mag sich manches vorstellen können,[1132] jedoch bedürfen die Konturen der Schärfung. Die Ausweichklausel ist tendenziell eine „Gummiklausel".[1133] Sie lässt fast alle Fragen offen[1134] und schafft zusätzliche Unsicherheit.[1135] Sie trifft insbesondere gestaltende Notare und Rechtsanwälte, denn diese schauen ja nicht retrospektiv auf abgeschlossene Sachverhalte aus der Vergangenheit, sondern prospektiv in die Zukunft.[1136]

295 Man mag Art. 21 II EuErbVO zugutehalten, dass er einen sachgebietsspezifischen, hier erbrechtsspezifischen Zuschnitt des Anknüpfungspunkts gewöhnlicher Aufenthalt unnötig macht.[1137] Außerdem kann er außergewöhnliche Konstellationen einfacher und methodengerechter lösen, indem man weiterhin den gewohnten Begriff des gewöhnlichen Aufenthalts ohne konzeptionelle Modifizierungen bei Art. 21 I EuErbVO zugrunde legen kann, weil es ja eine zweite Linie gibt.[1138] Zu denken wäre etwa an ein Versterben des Erblassers kurz nach einem Aufenthaltswechsel und fortbestehenden starken Bindungen zum früheren Aufenthaltsstaat oder an einen Aufenthaltswechsel der ganzen Familie wegen Berufstätigkeit eines Mitglieds für einen von vornherein beschränkten Zeitraum und mit Absicht, in den bisherigen Aufenthaltsstaat zurückzukehren.[1139] An den Aufenthaltsbegriff selber nicht

---

[1124] *Khairallah*, in: Khairallah/Revillard (dir.), Droit européen des successions internationales, 2013, S. 47, 53.
[1125] *K.W. Lange*, ZErb 2012, 160, 162; *Heijning*, WPNR 6956 (2012), 963, 965; *Frohn*, in: IPR in de spiegel van Paul Vlas, 2012, S. 65, 72; *Müller-Lukoschek* § 2 Rn. 135 f.
[1126] *Barnich*, in: Nuyts (coord.), Actualités en droit international privé, 2013, S. 7, 12.
[1127] *Dörner*, ZEV 2012, 505, 510; *Wilke*, RIW 2012, 601, 605; *C. Kohler/Pintens*, FamRZ 2012, 1425, 1429; *Lagarde*, RCDIP 101 (2012), 691, 701; *D. Lehmann*, DStR 2012, 2085, 2086; *Fischer-Czermak*, in: Schauer/Scheuba (Hrsg.), Europäische Erbrechtsverordnung, 2013, S. 43, 45; *C. Rudolf*, NZ 2013, 225, 234; *Döbereiner*, MittBayNot 2013, 358, 362 sowie *Müller-Lukoschek* § 2 Rn. 135; *Bonomi*, in: Bonomi/Wautelet Art. 21 Règ. Rn. 31; *Calvo Caravaca*, in: Calvo Caravaca/Davì/Mansel Art. 21 Successions Regulation Rn. 12.
[1128] MüKoBGB/*Dutta* Art. 21 EuErbVO Rn. 6 bezweifelt daher, dass durch die Klausel zusätzliche Einzelfallgerechtigkeit geschaffen werden kann.
[1129] *Scheuba*, in: Schauer/Scheuba (Hrsg.), Europäische Erbrechtsverordnung, 2013, S. 1, 19 sieht gar einen partiellen Widerspruch zwischen den Erwägungsgründen (24) und (25) EuErbVO.
[1130] *Wilke*, RIW 2012, 601, 605.
[1131] *Vollmer*, ZErb 2012, 227, 231; *Döbereiner*, MittBayNot 2013, 358, 362.
[1132] *Knot*, NTER 2012, 278, 282; *Lokin*, NIPR 2013, 329, 333.
[1133] *Geimer*, NZ 2012, 70, 76; zustimmend *Schauer*, ecolex 2012, 575.
[1134] *Volmer*, RPfleger 2013, 421, 422.
[1135] *Geimer*, NZ 2012, 70, 76; *Schauer*, JEV 2012, 78, 85; *Calvo Caravaca*, in: Calvo Caravaca/Davì/Mansel Art. 21 Successions Regulation Rn. 12.
[1136] *Geimer*, NZ 2012, 70, 76.
[1137] *Dörner*, ZEV 2012, 505, 510. Vgl. auch Geimer/Schütze/*F. Odersky* Art. 21 EuErbVO Rn. 8.
[1138] *Dörner*, ZEV 2012, 505, 510; Dutta/Weber/*F. Bauer* Art. 21 EuErbVO Rn. 10.
[1139] *Dörner*, ZEV 2012, 505, 510 f.

V. Objektive Anknüpfung   296–298 § 5

zu rühren wahrt die Einheitlichkeit der Aufenthaltsbegriffe unter Art. 21 I EuErbVO im IPR und Artt. 4; 64 EuErbVO im IZPR, wenn auch um den Nachteil der Fremdrechtsanwendung im Aufenthaltsforum.[1140] Art. 21 II EuErbVO bricht generell den Gleichlauf von forum und ius auf.[1141]

Die nochmalige, etwas offenere Abwägung wird allerdings um den hohen Preis nicht zu **296** unterschätzender Rechtsunsicherheit erkauft.[1142] Sie eröffnet eine weitere Schlachtlinie für streitwillige Erbprätendenten und deren opportunistische Taktiken.[1143] Praktikabilitätserwägungen und drohende Zuständigkeitsstreitigkeiten infolge einer bei der internationalen Zuständigkeit nicht eingeschränkten Aufenthaltsanknüpfung sind rechtspolitisch gewichtige Momente, die einen Verzicht auf eine Ausweichklausel nahegelegt hätten.[1144] Der Vorhersehbarkeit des Erbstatuts erweist die Ausweichklausel konzeptionell einen Bärendienst.[1145] Streitigkeiten um die Handhabung der Ausweichklausel sind programmiert und werden viele Nachlassverfahren in unnötig hohe Instanzen treiben.[1146] Profiteure sind eigentlich nur die Rechtsberater, deren Kassen ein langwieriger Streit um das anwendbare Recht füllt.[1147] Geschlagen sind aber wiederum jene Rechtsberater, die nicht retrospektiv abgeschlossene Sachverhalte in einer Nachlassauseinandersetzung begleiten, sondern prospektiv zukünftige Erbfälle planen müssen.[1148]

Die Ausweichklausel hat keine Entsprechung bei der internationalen Zuständigkeit.[1149] **297** Sie kann trotzdem im Gerichtsstand des gewöhnlichen Aufenthalts zum Einsatz kommen.[1150] Ihr Einsatz stört aber den prinzipiell gewollten Gleichlauf von internationaler Zuständigkeit und anwendbarem Recht auf.[1151]

3. Analoge Anwendung des Art. 21 II EuErbVO als Auffangregel. Art. 21 II **298** EuErbVO ist direkt eine Ausweichklausel für Fälle, in denen sich ein gewöhnlicher Aufenthalt des Erblassers feststellen lässt. Er arbeitet mit einem Vergleich und einem Komparativ der engeren Verbindung. Sein Grundgedanke, auf die engste Verbindung zu rekurrieren, passt jedoch auch zur Lösung eines anderen Problemkreises: In Ausnahmefällen lässt sich kein gewöhnlicher Aufenthalt des Erblassers feststellen.[1152] In diesem Fall ist das Anknüpfungskriterium des Art. 21 I EuErbVO nicht zu ermitteln. Die EuErbVO enthält keine ausdrückliche lückenfüllende Auffangregel, auf die man dann zurückfallen könnte.[1153] Hier kann aber eine Analogie zu Art. 21 II EuErbVO helfen. Anzuwenden ist das Recht, mit welchem der Erblasser am engsten verbunden ist. Die Analogie zu Art. 21 II EuErbVO könnte sich auch auf eine Parallele im Internationalen Schuldvertragsrecht stützen: Dort fungiert die Anknüpfung an die engere Verbindung in Art. 4 III Rom I-VO als Ausweich-

---

[1140] Dörner, ZEV 2012, 505, 511; vgl. auch D. Lehmann, DStR 2012, 2085, 2086.
[1141] Bajons, in: Schauer/Scheuba (Hrsg.), Europäische Erbrechtsverordnung, 2013, S. 29, 32; Fischer-Czermak, in: Schauer/Scheuba (Hrsg.), Europäische Erbrechtsverordnung, 2013, S. 43, 45; Dutta/Weber/F. Bauer Art. 21 EuErbVO Rn. 13; Calvo Caravaca, in: Calvo Caravaca/Davì/Mansel Art. 21 Successions Regulation Rn. 12.
[1142] Schauer, JEV 2012, 78, 85; Frodl, ÖJZ 2012, 950, 954f.; Fischer-Czermak, in: Schauer/Scheuba (Hrsg.), Europäische Erbrechtsverordnung, 2013, S. 43, 45f.; Geimer, in: J. Hager (Hrsg.), Die neue europäische Erbrechtsverordnung, 2013, S. 9, 18; C. Rudolf, NZ 2013, 225, 234; Bonomi, in: Bonomi/Wautelet Art. 21 Règ. Rn. 22.
[1143] Geimer, NZ 2012, 70, 76; Schauer, JEV 2012, 78, 85.
[1144] Frodl, ÖJZ 2012, 950, 955.
[1145] Frodl, ÖJZ 2012, 950, 955: Der für die EuErbVO prägende Grundsatz der Vorhersehbarkeit werde ad absurdum geführt.
[1146] Schauer, ecolex 2012, 575.
[1147] Schauer, ecolex 2012, 575.
[1148] Geimer, in: J. Hager (Hrsg.), Die neue europäische Erbrechtsverordnung, 2013, S. 9, 18f.
[1149] Geimer/Schütze/F. Odersky Art. 21 EuErbVO Rn. 9.
[1150] Dörner, ZEV 2012, 505, 511.
[1151] Vgl. Bonomi, in: Bonomi/Wautelet Art. 21 Règ. Rn. 24.
[1152] Vlas, WPNR 6924 (2012), 249, 253 unter Hinweis auf Hoge Raad Ned. Jur. 2007 Nr. 64; Hoge Raad, Ned. Jur. 2008 Nr. 125 sowie Hof Leewarden, Ned. Jur. 1954 Nr. 328; Rb. Rotterdam, Ned. Jur. 1967 Nr. 480.
[1153] Vlas, WPNR 6924 (2012), 249, 253.

klausel, während in Art. 4 IV Rom I-VO als Auffangklausel an die engste Verbindung angeknüpft wird.

VI. Nachlassspaltung und Nachlasseinheit

299 **1. Nachlasseinheit als Grundsatz.** Die EuErbVO hat sich dem Prinzip der Nachlasseinheit verpflichtet und gegen ein Prinzip der Nachlassspaltung in jeweils territorial auf einzelne Staaten begrenzte Teilnachlässe entschieden.[1154] Das Prinzip der Nachlasseinheit wird in drei aufeinanderfolgenden zentralen Artikeln, nämlich Artt. 21, 22 und 23 EuErbVO, wie ein Leitmotiv wiederholt.[1155] Art. 23 EuErbVO beruft das Erbstatut für den *gesamten* Nachlass.[1156] Dementsprechend gibt es bei der objektiven Anknüpfung auch nur für den *gesamten* Nachlass einheitlich einen einzigen Anknüpfungspunkt.[1157] Es erfolgt – entgegen der Alt-IPR-Lage in vielen Mitgliedstaaten[1158] – keine Trennung nach Mobilien und Immobilien.[1159] Erwägungsgrund (37) S. 4 EuErbVO unterstellt, um Rechtssicherheit zu gewährleisten und eine Nachlassspaltung zu vermeiden, den *gesamten* Nachlass (d.h. das gesamte zum Nachlass gehörende Vermögen) dem Erbstatut, unabhängig von der Art der Vermögenswerte und unabhängig davon, ob diese in einem Mitgliedstaat oder in einem Drittstaat belegen sind.[1160]

300 Dies ist insbesondere aus französischer Sicht ein großes Zugeständnis,[1161] weil man damit Art. 3 III Code civil für das Internationale Erbrecht aufgibt. Mit einem Prinzip der Nachlasseinheit vermeidet man höhere Transaktionskosten (durch Beachtung mehrerer Rechte, durch Koordinations- bzw. Anpassungsbedarf oder als Folge von Ausgleichsmechanismen bei unterschiedlichen Erbquoten für verschiedene Teilnachlässe) und eine mögliche übermäßige Bereicherung einzelner Pflichtteilsberechtigter.[1162] Pflichtteilsvermeidungsstrategien, indem der Erblasser in Immobilien in Staaten des angloamerikanischen Rechtskreises investiert, verschlagen nicht mehr, wenn der Erblasser seinen gewöhnlichen Aufenthalt in einem Mitgliedstaat der EuErbVO hat.[1163] Die Belegenheit der

---

[1154] Siehe nur Vorschlag für eine Verordnung des Europäischen Parlaments und des Rates über die Zuständigkeit, das anwendbare Recht, die Anerkennung und die Vollstreckung von Entscheidungen und öffentlichen Urkunden in Erbsachen sowie zur Einführung eines Europäischen Nachlasszeugnisses, KOM (2009) 154 endg. S. 6; *Kindler*, Liber amicorum Kurt Siehr, 2010, S. 251, 256; *Faber/S. Grünberger*, NZ 2011, 97, 105; *Eckelkemper*, FS Günter Brambring, 2011, S. 73, 76; *K. W. Lange*, ZErb 2012, 160, 161; *Janzen*, DNotZ 2012, 484, 487; *Dörner*, ZEV 2012, 505, 510; *Wilke*, RIW 2012, 601, 607; *Lagarde*, RCDIP 101 (2012), 691, 696; *Godechot-Patris*, D. 2012, 2462, 2464; *Dutta*, FamRZ 2013, 4, 9; *M. Stürner*, jurisPR-BGHZivilR 2/2013 Anm. 3 sub D; *Everts*, ZEV 2013, 124, 126; *Lagarde*, in: Khairallah/Revillard (dir.), Droit européen des successions internationales, 2013, S. 5, 7; *Chassaing*, in: Khairallah/Revillard (dir.), Droit européen des successions internationales, 2013, S. 37, 38f.; *Bonomi*, Essays in Honour of Hans van Loon, 2013, S. 69, 74f.; *Revillard*, Essays in Honour of Hans van Loon, 2013, S. 487, 497; *dies.*, Defrénois 2012, 743, 747; *Khairallah*, in: Khairallah/Revillard (dir.), Droit européen des successions internationales, 2013, S. 47, 48f.; *Franzina/Leandro*, NLCC 2013, 275, 313f.; *Lokin*, NIPR 2013, 329, 330; *Vlas/Ibili*, WPNR 6989 (2013), 759, 761; *Barnich*, in: Nuyts (coord.), Actualités en droit international privé, 2013, S. 7, 11f.; *Bonomi*, in: Bonomi/Wautelet Art. 21 Règ. Rn. 2, Art. 23 Règ. Rn. 2f.; *Weingart*, FS Anton K. Schnyder, 2018, S. 395, 412.

[1155] *Lagarde*, RCDIP 101 (2012), 691, 707; Deixler-Hübner/Schauer/*Mankowski*, Art. 21 EuErbVO Rn. 6; *Pamboukis/Metallinos* Art. 23 Successions Regulation Rn. 2.

[1156] Siehe nur *Janzen*, DNotZ 2012, 484, 487; *Lokin* S. 196.

[1157] Siehe nur *Trombetta-Panigadi*, Liber Fausto Pocar, vol. II, 2009, S. 951, 957f.; *Dörner*, ZEV 2012, 505, 510.

[1158] Übersicht bei *Dutta*, RabelsZ 73 (2009), 547, 554f.

[1159] Siehe nur *Remde*, RNotZ 2012, 65, 74; *Dörner*, ZEV 2012, 505, 510; *Dutta*, FamRZ 2013, 4, 9; *C. Bridge*, Petites affiches N° 132, 3 juillet 2014, S. 6, 9; *Bonomi*, in: Bonomi/Wautelet Art. 23 Règ. Rn. 4.

[1160] Siehe nur *Everts*, ZEV 2013, 124, 126.

[1161] *Schurig*, FS Ulrich Spellenberg, 2010, S. 343, 344; *Buschbaum*, GS Ulrich Hübner, 2012, S. 589, 593.

[1162] Siehe nur *Herweg*, Die Vereinheitlichung des Internationalen Erbrechts im Europäischen Binnenmarkt, 2004, S. 70 ff.; Max Planck Institute for Comparative and Private International Law, RabelsZ 74 (2010), 522, 602; *Wilke*, RIW 2012, 601, 607; *Lagarde*, in: Khairallah/Revillard (dir.), Droit européen des successions internationales, 2013, S. 5, 8.

[1163] *Zerberus*, ZErb 8/2015, I.

VI. Nachlassspaltung und Nachlasseinheit

Nachlassgegenstände soll im Prinzip keine Quelle von Ungleichbehandlung werden können.[1164] Bei der Rechtsnachfolge überwiegt jetzt auch kollisionsrechtlich das personale Element das vermögensrechtliche Element.[1165] Eine objektive dépeçage ist unter der EuErbVO nicht vorgesehen.[1166]

Beispiel:[1167] Der deutsche Erblasser mit gewöhnlichem Aufenthalt in Köln verstribt am 28.2.2018 und hinterlässt ein Grundstück in Ontario. Seinen Sohn hat er testamentarisch enterbt. Aus der Sicht eines deutschen Nachlassgerichts untersteht auch die Erbfolge in das kanadische Grundstück deutschem Recht, sodass bei der Berechnung des Pflichtteils des Sohnes der Wert der Immobilie zu berücksichtigen ist.

Für den Erblasser bedeutet der Grundsatz der Nachlasseinheit eine Vereinfachung des estate planning.[1168] Er muss nicht mehr verschiedene Rechte für verschiedene Teilnachlässe ermitteln und abprüfen. Insbesondere muss er nicht mehr auf mögliche Wechselwirkungen und Anrechnungen zwischen Teilnachlässen unter verschiedenen Rechten achten. Für die Erben ergibt sich ebenfalls ein klareres Bild. Vereinfachung der Rechtsanwendung und Konzentration können ihnen Zeit und Kosten ersparen.[1169] Die Einheit des Erblasservermögens nach dem Erbfall wird aus dem Sachrecht in das IPR verlängert.[1170] Sie vermeidet Komplikationen und ungerechte wie korrekturbedürftige Ergebnisse, wie sie sich als Folge einer Trennung ergeben könnten.[1171] Andererseits verlangt der Grundsatz der Nachlasseinheit nach einem besonders bedachten und überlegten Einsatz der Rechtswahl als Instrument des estate planning.[1172]

2. Partielle Durchbrechung durch Art. 30 EuErbVO. Eine gewisse Ausnahme vom Grundsatz der Nachlasseinheit lässt Art. 30 EuErbVO zu.[1173] Art. 30 EuErbVO überlagert sowohl die objektive Anknüpfung als auch die subjektive Anknüpfung kraft Rechtswahl.[1174] Ihm zufolge bleiben besondere Vorschriften des Staates,[1175] in dem eine zum Nachlass gehörende Immobilie, ein Unternehmen oder ein Vermögensgegenstand von anderer besonderer Art belegen ist, anwendbar und verdrängen das Erbstatut. Erwägungsgrund (54) S. 1 EuErbVO begründet dies mit wirtschaftlichen, familiären oder sozialen Erwägungen, auf die sich besondere Regulierungen stützen. Es geht also um die Relevanz für die lokale oder persönliche Umgebung.[1176]

Allerdings sieht Erwägungsgrund (54) S. 3 EuErbVO den Zielkonflikt mit dem Prinzip der Nachlasseinheit und fordert deshalb eine enge Auslegung der Ausnahme.[1177] Obendrein kann die Belegenheit als Anknüpfungspunkt nur mindere Legitimität reklamieren, weil sie eben nicht zur Hauptanknüpfung der Regelanknüpfung avanciert ist.[1178] Z.B. erfasst er nicht bloße Registerverfahrensvorschriften.[1179]

[1164] *Godechot-Patris*, D. 2012, 2462, 2464.
[1165] *Kanzleiter*, FS Stefan Zimmermann, 2010, S. 165, 166.
[1166] *Aubart*, Die Behandlung der dépeçage im europäischen internationalen Privatrecht, 2013, S. 215–220.
[1167] Nach *Müller-Lukoschek* § 3 Rn. 86 f. Fall 14.
[1168] *Faber/S. Grünberger*, NZ 2011, 97, 105; *Davì*, in: Calvo Caravaca/Davì/Mansel Introduction Rn. 30.
[1169] *Faber/S. Grünberger*, NZ 2011, 97, 105.
[1170] *Bonomi*, in: Bonomi/Wautelet Art. 23 Règ. Rn. 5.
[1171] *Bonomi*, in: Bonomi/Wautelet Art. 23 Règ. Rn. 4; *Pamboukis/Metallinos* Art. 23 Successions Regulation Rn. 5.
[1172] *Boving*, ZErb 2018, 197, 199.
[1173] *Deixler-Hübner/Schauer/Schwartze* Art. 30 EuErbVO Rn. 3; *Dutta/Weber/J. P. Schmidt* Art. 30 EuErbVO Rn. 1; *Pamboukis/Davrados*, Art. 30 Successions Regulation Rn. 23.
[1174] *Heinig*, RNotZ 2014, 197, 206.
[1175] Dies kann auch ein Drittstaat sein; siehe nur NK-BGB/*Looschelders* Art. 30 EuErbVO Rn. 2.
[1176] *Torfs/van Soest*, Liber amicorum Walter Pintens, 2012, S. 1443, 1446.
[1177] OLG Nürnberg MDR 2018, 156 = FGPrax 2018, 40, 41; *Lokin* S. 204; *C. Rudolf*, NZ 2013, 225, 237; *Dutta/Weber/J. P. Schmidt* Art. 30 EuErbVO Rn. 3; *T. Lechner* S.184 mwN.
[1178] *Herrler*, in: Dutta/Herrler (Hrsg.), Die Europäische Erbrechtsverordnung, 2014, S. 85, 104; *T. Lechner* S. 184 f.
[1179] OLG Nürnberg MDR 2018, 156.

305 Die Ausnahme erfasst vor allem[1180] Vorschriften über die Sondererbfolge in landwirtschaftlichen Grundbesitz,[1181] sofern diese (wie §§ 4ff. HöfeO in Deutschland oder das Kärntner ErbhöfeG und das Tiroler HöfeG[1182]) unabhängig vom Erbstatut Anwendung heischen.[1183] Indes kommen auch andere Sondererbfolgen in Betracht, z. B. nach dem AnerbenG[1184] oder § 14 östWEG über das Wohnungseigentum von Partnern im Todesfall in Österreich.[1185] Unternehmen werden dann geschützt, wenn die Anwendung des Erbstatuts ihre wirtschaftliche Existenz gefährden würde.[1186] Sondererbfolgen in Gesellschaftsanteile fallen dagegen nicht unter Art. 30 EuErbVO, denn sie sind durch Art. 1 II lit. g EuErbVO generell aus dem sachlichen Anwendungsbereich der EuErbVO ausgegrenzt.[1187]

306 Besondere Vorschriften im Sinne von Art. 30 EuErbVO können nur Sachnormen sein, nicht aber Kollisionsnormen des Belegenheitsrechts.[1188] Erwägungsgrund (54) S. 4 EuErbVO besagt dies mit nichts zu wünschen lassender Eindeutigkeit. Unter Art. 3a II EGBGB ist dies ebenso umstritten, wie es dies unter dessen Vorgängern Art. 28 EGBGB 1896 und Art. 3 III EGBGB 1986 war.[1189] Unter der EuErbVO mit ihrem Vorrang des Sekundärrechts verschieben sich die Gewichte endgültig.[1190] Kollisionsnormen dürfen den unionsrechtlich gepflegten Grundsatz der Nachlasseinheit nicht durchbrechen.[1191] Eine bloße Teilung im Kollisionsrecht, dass Immobilien an die Belegenheit, Mobilien an die Person anzuknüpfen sind, z. B. nach Art. 3 III Code civil, reicht nicht mehr aus. Im Internationalen Erbrecht kennen die Mitgliedstaaten der EuErbVO eine solche Teilung ja auch nicht mehr, so dass allenfalls eine kollisionsrechtliche Teilung in drittstaatlichen Rechtsordnungen eine Rolle spielen könnte. Erwägungsgrund (54) S. 4 EuErbVO zieht die Konsequenz daraus und betont ausdrücklich, dass Kollisionsnormen, die Mobilien und Immobilien unterschiedlich anknüpfen, nicht zu den besonderen Vorschriften zählen. Dies hat besondere Bedeutung für drittstaatliche Rechte und in Drittstaaten belegene Immobilien.[1192]

307 Gleichermaßen grenzt Erwägungsgrund (54) S. 4 EuErbVO Bestimmungen, die nur einen größeren Pflichtteil vorsehen, aus. Dies, zusammen mit der Ausgrenzung von Kollisionsnormen, bewirkt wiederum Rückkoppelungen in der erbrechtlichen Gestaltungspraxis. Diese kann keine kollisionsrechtliche Nachlassspaltung mehr ausnutzen und den Erwerb einer Immobilie in einem Staat mit kollisionsrechtlicher Nachlassspaltung und daraus folgender Anwendung der lex rei sitae auf Immobilien einen deutschen Pflichtteil reduzie-

---

[1180] Auch für die attribution préférentielle des Art. 831 Code civil wird die Anwendbarkeit des Art. 30 EuErbVO reklamiert; *Revillard,* in: Khairallah/Revillard (dir.), Droit européen des successions internationales, 2013, S. 67, 84.

[1181] *Remde,* RNotZ 2012, 65, 77; *Heinig,* RNotZ 2014, 197, 206; *Hertel,* in: Dutta/Herrler (Hrsg.), Die Europäische Erbrechtsverordnung, 2014, S. 85, 103 f.; *T. Lechner* S.186.

[1182] *Faber/S. Grünberger,* NZ 2011, 97, 110; *C. Rudolf,* NZ 2013, 225, 237.

[1183] Max Planck Institute for Comparative and Private International Law, RabelsZ 74 (2010), 522, 644; Rauscher/*Rauscher* Einf. EG-ErbVO-E Rn. 69; *Janzen,* DNotZ 2012, 484, 488; *Wilke,* RIW 2012, 601, 608; *A. M. E. Giuliano,* FJR 2013, 68, 71; *Döbereiner,* MittBayNot 2013, 358, 364; *Osterholzer,* DNotZ 2018, 264, 278.

[1184] *Müller-Lukoschek* § 2 Rn. 112; Deixler-Hübner/Schauer/*Schwartze* Art. 30 EuErbVO Rn. 17.

[1185] *Faber/S. Grünberger,* NZ 2011, 97, 110; *C. Rudolf,* NZ 2013, 225, 237; *Schwärzler,* NZ 2017, 467.

[1186] NK-BGB/*Looschelders* Art. 30 EuErbVO Rn. 10 unter Bezugnahme auf Explanatory Report *Waters* Rn. 112.

[1187] *Dutta,* FamRZ 2013, 4, 11; *Döbereiner,* MittBayNot 2013, 358, 364; MüKoBGB/*Dutta* Art. 30 EuErbVO Rn. 2.

[1188] Geimer/Schütze/*F. Odersky* Art. 30 EuErbVO Rn. 3; *Osterholzer,* DNotZ 2018, 264, 277.

[1189] Siehe zum Streitstand nur *Mankowski,* in: v. Bar/Mankowski IPR I § 7 Rn. 46–48; MüKoBGB/*v. Hein* Art. 3a EGBGB Rn. 48–65, je mwN.

[1190] *D. Lehmann,* DStR 2012, 2085, 2088; *ders.,* ZErb 2013, 25, 29 f.; *Döbereiner,* MittBayNot 2013, 358, 364; *Müller-Lukoschek* § 2 Rn. 114.

[1191] *Wilke,* RIW 2012, 601, 607 f.; *Dutta,* FamRZ 2013, 3, 11; *D. Lehmann,* ZErb 2013, 25, 29 f.; *Fischer-Czermak,* in: Schauer/Scheuba (Hrsg.), Europäische Erbrechtsverordnung, 2013, S. 43, 48 f.; *Nordmeier,* GPR 2013, 148, 153 Fn. 98.

[1192] *Heinig,* RNotZ 2014, 197, 207.

VI. Nachlassspaltung und Nachlasseinheit

ren.[1193] Soweit gesonderte Testamente für solche Auslandsimmobilien errichtet wurden, sind diese auf Übereinstimmung mit dem Inhalt des Haupttestaments zu prüfen.[1194] Allerdings ist dabei wiederum zu beachten, dass aus der Sicht von Nichtmitgliedstaaten der EuErbVO deren kollisionsrechtliche Nachlassspaltung fortbesteht und dass sich daher eine Rücksicht auf die EuErbVO nur anbietet, wenn eine Rechtsverfolgung in Mitgliedstaaten für die Erben lohnt, weil sich dort genügend Nachlassvermögen befindet.[1195]

Besondere Vorschriften sind der Sache nach Eingriffsnormen für Gegenstände, an denen besondere, öffentliche Interessen im Belegenheitsstaat bestehen, die sich von den bei der „normalen" Vererbung zu beachtenden Interessen unterscheiden.[1196] So kann eine besondere Erbfolge in Höfe der Boden- und Landwirtschaftspolitik im Allgemeininteresse dienen.[1197] Gesellschaftsanteile zählen eben auch nicht zu den sächlich und physisch zu verstehenden Objekten unter Art. 30 EuErbVO.[1198] Man könnte sich eine stärkere Parallele zu Art. 9 I Rom I-VO wünschen.[1199] Jedoch leistet Erwägungsgrund (54) S. 1 EuErbVO vergleichbare Dienste und entwickelt eine schwache umschreibende Definition. Art. 30 EuErbVO dürfte nur wenig praktische Bedeutung erlangen.[1200]

Art. 30 EuErbVO verleiht nur Eingriffsnormen für Gegenstände eine Chance zum Durchbruch, nicht aber Eingriffsnormen, die persönlich ansetzen. Dies trifft insbesondere Inländerprivilegien wie früher den verfassungsgerichtlich[1201] aufgehobenen Art. 2 Loi du 14 juillet 1819[1202] in Frankreich. Die EuErbVO versperrt vielmehr solche nationalen Sonderwege zu Gunsten eigener Staatsangehöriger.[1203] Sie sieht nicht einmal (wie Art. 9 II Rom I-VO oder Art. 16 Rom II-VO im Internationalen Schuldrecht) eine Sonderanknüpfung von Eingriffsrecht des Forums vor.[1204]

Das Einzelstatut und der mit ihm einhergehende Grundsatz „Einzelstatut bricht Gesamtstatut", wie Art. 3a II EGBGB 2008 sie kannte, kehren in der EuErbVO so nicht wieder. Inwieweit die Anknüpfungsgrundsätze der EuErbVO in einem Drittstaat für dort belegene Nachlassgegenstände durchschlagen, steht auf einem anderen Blatt. Die EU vermag die Sichtweise von Drittstaaten auf die Dinge nicht zu ändern. Drittstaaten werden ihre Sicht durchsetzen, so weit sie es können, gleich wie die EU anknüpft. Dass der vorauseilende Gehorsam, wie er in „Einzelstatut bricht Gesamtstatut" zum Ausdruck kommt, und die Kapitulation vor der Sicht des (drittstaatlichen) Belegenheitsrechts wegfallen, ist nicht zu bedauern.[1205] Durchsetzungsprobleme werden so oder so effektiv oder nicht ineffektiv sein.

3. Partielle Durchbrechung durch renvoi nach Art. 34 EuErbVO.
Weitere Ausnahmen vom Prinzip der Nachlasseinheit können sich bei Rück- und Weiterverweisungen

---

[1193] *D. Lehmann*, ZErb 2013, 25, 30; Dutta/Weber/*J. P. Schmidt* Art. 30 EuErbVO Rn. 4.
[1194] *D. Lehmann*, ZErb 2013, 25, 30.
[1195] *D. Lehmann*, ZErb 2013, 25, 30.
[1196] *Schurig*, FS Ulrich Spellenberg, 2010, S. 343, 350; *Sonnenberger*, IPRax 2011, 325, 329; *Frodl*, ÖJZ 2012, 950, 955; *C. Rudolf*, NZ 2013, 225, 237; *Nordmeier*, GPR 2013, 148, 153; *Döbereiner*, MittBayNot 2013, 358, 364; *T. Lechner* S. 185; siehe auch *Wilke*, RIW 2012, 601, 607 f.; vgl. auch NK-BGB/*Looschelders* Art. 30 EuErbVO Rn. 5.
[1197] *Sonnenberger*, IPRax 2011, 325, 329.
[1198] *Leitzen*, ZEV 2012, 520, 521.
[1199] *Dutta*, RabelsZ 73 (2009), 547, 557 f.; *Vékás*, in: Reichelt/Rechberger (Hrsg.), Europäisches Erb- und Erbverfahrensrecht, 2011, S. 41, 49.
[1200] *Müller-Lukoschek* § 2 Rn. 115.
[1201] ConS. const. JCP G 2011 II.1139 note *Attal* = JCP N 2011 II.1236 note *Fongaro* = Les petites affiches No. 214, 27 octobre 2011, S. 6 note *d'Avout*.
[1202] Loi relative à l'abolition du droit d'aubaine et de détraction.
[1203] *Limbach*, IPRax 2013, 96, 99. Anders aber MüKoBGB/*Dutta* Art. 30 EuErbVO Rn. 8; Deixler-Hübner/Schauer/*Schwartze* Art. 30 EuErbVO Rn. 20; Dutta/Weber/*J. P. Schmidt* Art. 30 EuErbVO Rn. 14.
[1204] *Campiglio*, RDIPP 2016, 925, 938–942.
[1205] Anders *Jayme*, in: Reichelt/Rechberger (Hrsg.), Europäisches Erb- und Erbverfahrensrecht, 2011, S. 27, 30 f.

durch ein drittstaatliches IPR ergeben.[1206] Wenn das drittstaatliche IPR nach Mobilien und Immobilien differenziert, schlägt dies im Rahmen des renvoi durch.[1207]

312 **Beispiel:** Der Erblasser hatte seinen gewöhnlichen Aufenthalt in Ontario und hinterlässt ein Grundstück in Deutschland. Ein deutsches Nachlassgericht würde auf die gesamte Rechtsnachfolge von Todes wegen das Recht Ontarios anwenden, dessen IPR wiederum das Recht des Belegenheitsortes für Immobilien für anwendbar erklärt, also konkret deutsches Recht. Diese Rückverweisung nimmt Art. 34 I lit. a EuErbVO an, sodass sich die Erbfolge in das deutsche Grundstück nach deutschem Recht richtet, während das bewegliche Vermögen nach dem Recht von Ontario vererbt wird.

313 **4. Durchbrechung durch Altstaatsverträge mit Drittstaaten.** Einen vierten Ausnahmebereich vom Prinzip der Nachlasseinheit gibt es, soweit Altstaatsverträge der Mitgliedstaaten mit Drittstaaten eine Nachlassspaltung vorsehen und nach Art. 75 I UAbs. 1 EuErbVO Vorrang vor der EuErbVO[1208] reklamieren können.[1209]

VII. Fiskusaneignungsrecht nach erbenlosem Nachlass

314 Ist nach dem Erbstatut weder ein testamentarischer Erbe oder Vermächtnisnehmer noch eine natürliche Person als gesetzlicher Erbe vorhanden, so kann nach Art. 33 EuErbVO ein Mitgliedstaat sich oder einer von ihm für diesen Zweck bestimmten Einrichtung das in seinem Hoheitsgebiet belegene Nachlassvermögen aneignen, vorausgesetzt, die Nachlassgläubiger sind berechtigt, aus dem gesamten Nachlass (also auch aus dem in jenem Mitgliedstaat belegenen Nachlassteil) Befriedigung ihrer Forderungen zu suchen. Dagegen sieht Art. 33 EuErbVO nicht vor, dass ein Belegenheitsstaat von Nachlassgegenständen diese auf Personen übertragen könnte, die nach seiner lex rei sitae erbberechtigt wären.[1210] Die Anknüpfung ergibt sich aus der Spezialnorm des Art. 33 EuErbVO selbst, nicht aus einer sachenrechtlichen Anknüpfung über Art. 43 EGBGB.[1211] Mit Ausnahme des auf den Gläubigerschutz bezogenen Teilsatzes folgt Art. 33 EuErbVO dem Vorbild des Art. 16 Haager ErbRÜbk.[1212] Er begründet eine Durchbrechung des Grundsatzes der Nachlasseinheit.[1213] Sein Zweck spricht entgegen dem Wortlaut dafür, ihn allseitig, nicht auf Mitgliedstaatliche Rechtsordnungen beschränkt anzuwenden.[1213a]

315 Ob ein Nachlass erbenlos ist, ist als (erbrechtliche!) Vorfrage für den gesamten Nachlass einheitlich nach dem Erbstatut zu beurteilen, nicht für jeden Nachlassteil gesondert nach dem jeweiligen Belegenheitsrecht.[1214] Einen nur teilweise erbenlosen Nachlass, besser gesagt: einen erbenlosen Teilnachlass gibt es nicht.[1215] Andere Sprachfassungen[1216] räumen zwar einen Vorrang des Aneignungsrechts in dem Umfang ein, in welchem der Nachlass erbenlos ist.[1217] Das ändert aber nichts an der Vorfragenstruktur, weil ja der Umfang, in welchem der Nachlass erbenlos ist, durch die Antwort auf die Vorfrage bestimmt wird.

[1206] *Mansel,* Liber amicorum Klaus Schurig, 2012, S. 181, 182; *Godechot-Patris,* D. 2012, 2462, 2466; *Buschbaum,* GS Ulrich Hübner, 2012, S. 589, 594; *M. Stürner,* jurisPR-BGHZivilR 2/2013 Anm. 3 sub D; *Bonomi,* in: Bonomi/Wautelet Art. 23 Règ. Rn. 6.
[1207] → § 5 Rn. 559.
[1208] → § 5 Rn. 591.
[1209] *Buschbaum,* GS Ulrich Hübner, 2012, S. 589, 594.
[1210] *Bajons,* in: Schauer/Scheuba (Hrsg.), Europäische Erbrechtsverordnung, 2013, S. 29, 40 Fn. 21.
[1211] Vgl. *Müller-Lukoschek* § 2 Rn. 219.
[1212] *Revillard,* in: Khairallah/Revillard (dir.), Droit européen des successions internationales, 2013, S. 67, 84.
[1213] *Vékás,* in: Reichelt/Rechberger (Hrsg.), Europäisches Erb- und Erbverfahrensrecht, 2011, S. 41, 50.
[1213a] Eingehend *v. Erdmann* S. 134–138 mwN.
[1214] *C. Rudolf,* NZ 2013, 225, 237 Fn. 160; Geimer/Schütze/*F. Odersky* Art. 33 EuErbVO Rn. 5. Anders *Nordmeier,* IPRax 2013, 418, 424; *v. Erdmann* S. 79 f.
[1215] Anders *Calvo Caravaca/Daví/Mansel/Vagni,* Art. 33 Successions Regulation Rn. 17; *Pamboukis/Nikolaou* Art. 33 Successions Regulation Rn. 4; *v. Erdmann* S. 121–125.
[1216] „To the extent that", „dans la mesure où", „nella misura in cui", „en la medida en que", „na medida em que", „voor zover", „i den mån", „în m sura în care".
[1217] Darauf beruft sich *Nordmeier,* IPRax 2013, 418, 424.

VII. Fiskusaneignungsrecht nach erbenlosem Nachlass	316–319 § 5

Vindikationslegate stehen vor der Erbenstellung, so dass Art. 33 EuErbVO auch dann eingreift, wenn Vindikationslegate bestellt sind, aber kein Erbe existiert.[1218]

Art. 33 EuErbVO normiert also ein Aneignungsrecht an erbenlosem Nachlass für den **316** Fiskus des jeweiligen Belegenheitsstaates. Dies sah bereits Art. 24 Vorschlag EuErbVO vor, und als weiteres Vorbild lässt sich Art. 16 Haager ErbRÜbk identifizieren.[1219] Eine Aneignung zu gestatten ist eine sachrechtliche Entscheidung.[1220] Sie steht ausweislich Erwägungsgrund (56) S. 1–3 EuErbVO vor dem Hintergrund, dass bei einem erbenlosen Nachlass unterschiedliche Lösungen in den mitgliedstaatlichen Rechtsordnungen vorgesehen sind:[1221] Die einen geben dem Staat ein Fiskuserbrecht und erlauben ihm einen Erbanspruch auf den gesamten Nachlass, egal wo dieser belegen ist. Die anderen gestatten nur eine Aneignung des in dem betreffenden Staat belegenen Nachlassteils. Die dritten geben ein Heimfallrecht für den Heimatstaat des Erblassers. Erwägungsgrund (56) S. 4 EuErbVO legt das gesetzgeberische Motiv hinter Art. 33 EuErbVO offen: eine Aneignung zu erlauben. Das subjektive Aneignungsrecht des Belegenheitsstaates hat Vorrang vor einem etwaigen Fiskuserbrecht eines anderen Staates.[1222]

Neu hinzugekommen ist gegenüber Art. 24 Vorschlag EuErbVO die Rücksicht auf die **317** Gläubigerbefriedigung,[1223] eingefügt durch den Rechtsausschuss des Europäischen Parlaments:[1224] Das Aneignungsrecht des Fiskus darf den Nachlassgläubigern den betreffenden Nachlassteil nicht entziehen und darf die Nachlassgläubiger nicht von der Vollstreckung in diesen Nachlassteil ausschließen. Ein Aneignungsrecht des Belegenheitsstaates darf nach Erwägungsgrund (56) S. 5 EuErbVO nicht zum Nachteil der Nachlassgläubiger ausschlagen. Dem liegt die Befürchtung zugrunde, dass ein Belegenheitsstaat sich wertvolle Teile des Nachlasses aneignen und damit die Nachlassmasse, die zur Befriedigung der Gläubiger zur Verfügung steht, schmälern könnte.[1225]

Persönliche Gläubiger eines Erben kann es in der Situation des Art. 33 EuErbVO nicht **318** geben, da diese Norm gerade voraussetzt, dass der Nachlass erbenlos ist. Sofern die Gerichte des betreffenden Mitgliedstaates indes keine internationale Zuständigkeit für die Geltendmachung von Ansprüchen der Nachlassgläubiger besitzen, scheint zweifelhaft, wie effektiv die Durchsetzung ist.[1226] Schaut man jedoch allein auf die Ebene der Zwangsvollstreckung, dürfte sich der scheinbare Widerspruch auflösen, denn für die Zwangsvollstreckung allein begründet die Belegenheit eine Zuständigkeit, während die möglicherweise fehlende internationale Zuständigkeit nur im Erkenntnisverfahren eine Rolle spielt.

Aneignungsrechte zuzulassen schließt auf der anderen Seite ein Fiskuserbrecht eines **319** Staates nicht aus. Ob als letzter, hilfsweiser Erbe der Staat eintritt, hat aber das Erbstatut zu bestimmen.[1227] Art. 33 EuErbVO ist keine Anknüpfung für Fiskuserbrechte. Im Gegenteil hält er Aneignungsrechten den Weg gegenüber konkurrierenden Fiskuserbrechten frei.[1228]

[1218] Anderer Ansicht *Cranshaw*, jurisPR-IWR 6/2017 Anm. 5 sub C II.
[1219] *Nordmeier*, IPRax 2013, 418, 422; *Lagarde*, in: Bergquist/Damascelli/Frimston/Lagarde/F. Odersky/Reinhartz Art. 33 EuErbVO Rn. 1.
[1220] Stattdessen für eine Kollisionsnorm, die an die lex rei sitae anknüpft, *Dutta*, RabelsZ 73 (2009), 547, 595–598; Max Planck Institute for Comparative and Private International Law, RabelsZ 74 (2010), 522, 653; *Nordmeier*, IPRax 2011, 535, 540.
[1221] Rechtsvergleichend *M. Heckel*, Das Fiskuserbrecht im Internationalen Privatrecht, 2006, S. 11–62. Qualifikationsaspekte bei *v. Erdmann* S. 129–132.
[1222] *Fernández Sanchez*, Informaciones 2016, 143, 144.
[1223] *Frodl*, ÖJZ 2012, 950, 956; *C. Rudolf*, NZ 2013, 225, 238; *Nordmeier*, IPRax 2013, 418, 422.
[1224] Bericht des Rechtsausschusses des Europäischen Parlaments (Berichterstatter K. Lechner) über den Vorschlag für eine Verordnung des Europäischen Parlaments und des Rates über die Zuständigkeit, das anwendbare Recht, die Anerkennung und die Vollstreckung von Entscheidungen und öffentlichen Urkunden in Erbsachen sowie zur Einführung eines Europäischen Nachlasszeugnisses vom 6.3.2012 – A7-0045/2012.
[1225] *Nordmeier*, IPRax 2013, 418, 424.
[1226] *Bajons*, in: Schauer/Scheuba (Hrsg.), Europäische Erbverordnung, 2013, S. 29, 40; *C. Rudolf*, NZ 2013, 225, 238.
[1227] *Nordmeier*, IPRax 2013, 418, 419.
[1228] Vgl. MüKoBGB/*Dutta* Art. 33 EuErbVO Rn. 5; Geimer/Schütze/*F. Odersky* Art. 33 EuErbVO Rn. 6.

Dies versteckt sich darin, dass er eingreift, wenn es keine natürliche Person als gesetzlichen Erben gibt. Erbt letzthilfsweise ein Fiskus, so erbt keine natürliche Person, und Art. 33 EuErbVO ist anwendbar.[1229]

320 Ist der Nachlass in einem Staat belegen, dessen Recht nicht dem Aneignungs-, sondern dem Fiskuserbrechtsmodell folgt, so greift Art. 33 EuErbVO nicht.[1230] Vielmehr gilt dann das Erbstatut ohne Überlagerung durch ein Aneignungsrecht des Belegenheitsstaates.[1231]

321 **Beispiel:**[1232] Der in Deutschland lebende Erblasser hat jeweils ein Grundstück in Wien und in Rom. Er hat keine Angehörigen und auch keine Verfügung von Todes wegen getroffen. Ob Erben vorhanden sind, beurteilt sich für den gesamten Nachlass nach dem Erbstatut, hier also gemäß Art. 21 I EuErbVO nach deutschem Recht. Nach § 1936 BGB ist der Fiskus Erbe des Nachlasses, grundsätzlich daher auch des österreichischen und des italienischen Grundstücks. Art. 33 EuErbVO gewährt dem Aneignungsrecht des österreichischen Staats aus § 750 S. 2 ABGB jedoch Vorrang. Der österreichische Staat darf sich das Grundstück in Wien somit aneignen. Das italienische Erbrecht kennt kein solches Aneignungsrecht, sondern folgt wie Deutschland dem Fiskuserbrechtsmodell, Art. 586 Codice Civile. Das Erbrecht des deutschen Fiskus wird somit nur hinsichtlich des österreichischen Grundstücks von einem Aneignungsrecht des Belegenheitsstaats überlagert. Hinsichtlich des Vermögens des Erblassers außerhalb von Österreich, also einschließlich des italienischen Grundstücks, wird der deutsche Fiskus Erbe.

322 § 32 IntErbRVG gibt dem deutschen Fiskus expressis verbis ein Aneignungsrecht für in Deutschland belegenen erbenlosen Nachlass und regelt die Modalitäten. Hilfreich ist die in § 32 I Hs. 1 IntERVG normierte Informatierungspflicht eines befassten deutschen Nachlassgerichts gegenüber der für die Ausübung des Aneignungsrechts zuständigen Stelle.

VIII. Qualifikation

323 **1. Grundsätzliches.** Die große positive Qualifikationsnorm in der EuErbVO ist Art. 23 EuErbVO.[1233] Er bestimmt positiv, was jedenfalls als erbrechtlich zu qualifizieren ist. Allerdings misst er sich selbst keinen vollständig abschließenden Charakter bei,[1234] sondern legt nur fest, dass *insbesondere* die ausdrücklich aufgezählten Materien dem Erbstatut unterfallen. Er folgt einem Prinzip der offenen Liste.[1235] Dabei lehnt er sich eng an die entsprechenden Kataloge erbrechtlicher Materien aus Art. 7 Haager ErbRÜbk und aus Artt. 80–82 Code DIP belge an,[1236] über die er allerdings hinausgreift.[1237] Darüber hinausgehend stellt Art. 23 I EuErbVO den Grundsatz auf, dass die *gesamte* Rechtsnachfolge von Todes wegen dem Erbstatut unterliegen soll. Dahinter steht die angestrebte Einheit von Nachlass und Verfahren. Dies spricht für eine im Zweifel großzügige erbrechtliche Qualifikation. Erwägungsgrund (42) S. 1 EuErbVO unterstreicht diesen weit ausgreifenden Ansatz, indem er die Rechtsnachfolge von Todes wegen vom Eintritt des Erbfalls an bis zum Übergang des Eigentums an den zum Nachlass gehörenden Vermögenswerten auf die nach diesem Recht bestimmten Berechtigten dem Erbstatut unterwerfen will. Erwägungsgrund (42) S. 2 EuErbVO fügt dem Fragen im Zusammenhang mit der Nachlassverwaltung und der Haf-

---

[1229] MüKoBGB/*Dutta* Art. 33 EuErbVO Rn. 4.
[1230] *Dutta*, FamRZ 2013, 4, 12; *Rodríguez-Uría Suárez*, InDret 2/2013, 1, 41; *Müller-Lukoschek* § 2 Rn. 219; *Nordmeier*, IPRax 2013, 418, 423.
[1231] *Nordmeier*, IPRax 2013, 418, 423. Zur Lage nach den Altkollisionsrechten vergleichend *M. Heckel*, Das Fiskuserbrecht im Internationalen Privatrecht, 2006, S. 64–172.
[1232] Deixler-Hübner/Schauer/*Cohen* Art. 33 EuErbVO Rn. 2.
[1233] Siehe nur GA *Szpunar*, ECLI:EU:C:2017:965 Rn. 76; Deixler-Hübner/Schauer/*Mankowski*, Art. 23 EuErbVO Rn. 1.
[1234] Siehe nur *Janzen*, DNotZ 2012, 484, 485; *Müller-Lukoschek* § 2 Rn. 40; *Franzina/Leandro*, NLCC 2013, 275, 326; *Volmer*, RPfleger 2013, 421, 424; *Döbereiner*, MittBayNot 2013, 358, 363.
[1235] *R. Wagner*, DNotZ 2010, 506, 516.
[1236] *Lagarde*, RCDIP 101 (2012), 691, 707; *Revillard*, in: Khairallah/Revillard (dir.), Droit européen des successions internationales, 2013, S. 67, 69.
[1237] *Revillard*, in: Khairallah/Revillard (dir.), Droit européen des successions internationales, 2013, S. 67, 71.

VIII. Qualifikation 324–327 § 5

tung für die Nachlassverbindlichkeiten, einschließlich einer etwaigen Rangfolge der Gläubiger (Erwägungsgrund [42] S. 3 EuErbVO), hinzu. Art. 23 EuErbVO greift so weit aus, dass er zu einem der Hauptgründe gegen ein Opt-in im Vereinigten Königreich wurde.[1238]

Art. 23 I EuErbVO ist im Grundansatz schon sehr weit.[1239] Er wurde indes im Verlauf **324** des Legislativverfahrens etwas verengt. Art. 19 I Vorschlag EuErbVO sah noch explizit (und nicht nur interpretativ im Wege eines Erwägungsgrundes) vor, die Rechtsnachfolge von Todes wegen vom Eintritt des Erbfalls bis zum endgültigen Übergang des Nachlasses auf die Berechtigten dem Erbstatut zu unterstellen. Die heutige Konturierung und Einengung der Erbfolge von Todes wegen auf den erstmaligen Rechtsübergang hat Bedeutung insbesondere für Vindikationslegate.[1240] Erwägungsgrund (11) EuErbVO belegt den restriktiver gewordenen Ansatz. Dies ist Teil des Kompromisses im Streit um die Abgrenzung zwischen Erbstatut und Sachstatut der lex rei sitae.[1241]

2. Katalog des Art. 23 II EuErbVO. Art. 23 II EuErbVO enthält eine ebenso wichtige **325** wie ausführliche, aber ausweislich des „insbesondere" nicht abschließende[1242] Auflistung erbrechtlich zu qualifizierender Materien. Art. 12 Rom I-VO und Art. 15 Rom II-VO sind klar ersichtlich Vorbilder und Schwesternormen.[1243]

a) Erbfall. Nach Art. 23 II lit. a EuErbVO entscheidet das Erbstatut über die Gründe für **326** den Eintritt des Erbfalls sowie dessen Zeitpunkt und Ort.[1244] Die Formulierung hat Art. 80 § 1er-1 Code DIP belge zum Vorbild.[1245] Regelfall des Erbfalls ist der Tod des Erblassers.[1246] Welche Ereignisse den Tod des Erblassers begründen, insbesondere ob der Hirntod als Tod ausreicht, ist dagegen eine allgemein die Persönlichkeit betreffende Frage und sollte daher das statut personnel des Erblassers besagen,[1247] in Deutschland ermittelt über Art. 9 EGBGB.[1248]

Das Erbstatut besagt indes auch, ob es Todeserklärung oder Verschollenheit dem Tod **327** gleichstellt[1249] oder gar andere Tatbestände („bürgerlicher Tod") wie den Eintritt in ein Kloster oder die Verhängung der Todesstrafe.[1250] Allerdings steht insoweit wiederum die rechtliche Existenz der Person schlechthin in Rede, so dass eine Abstimmung mit dem Statut der Verschollenheit oder der Todeserklärung nach einem bestimmten Zeitraum der Abwesenheit geboten ist.[1251] Dieses Statut stellt das statut personnel, in Deutschland ermittelt über Art. 9 EGBGB.

[1238] *Bonomi,* Essays in Honour of Hans van Loon, 2013, S. 69, 75.
[1239] *Barnich,* in: Nuyts (coord.), Actualités en droit international privé, 2013, S. 7, 21.
[1240] *Buschbaum,* GS Ulrich Hübner, 2012, S. 589, 596 f.
[1241] *Buschbaum,* GS Ulrich Hübner, 2012, S. 589, 597.
[1242] Siehe nur *Janzen,* DNotZ 2012, 484, 485; *Müller-Lukoschek* § 2 Rn. 40; *Frohn,* in: IPR in de spiegel van Paul Vlas, 2012, S. 65, 70; *Revillard,* in: Khairallah/Revillard (dir.), Droit européen des successions internationales, 2013, S. 67, 70.
[1243] NK-BGB/*Looschelders* Art. 23 EuErbVO Rn. 2.
[1244] Dagegen gehört die erbrechtliche Umschreibung des Nachlasses nicht unter Art. 23 II lit. a, sondern lit. e Var. 2 EuErbVO; entgegen östOGH ErbR 2018, 382, 383.
[1245] *Revillard,* in: Khairallah/Revillard (dir.), Droit européen des successions internationales, 2013, S. 67, 71.
[1246] Siehe nur *Revillard,* in: Khairallah/Revillard (dir.), Droit européen des successions internationales, 2013, S. 67, 71; *Bonomi,* in: Bonomi/Wautelet Art. 23 Règ. Rn. 22.
[1247] *Bonomi,* in: Bonomi/Wautelet Art. 23 Règ. Rn. 22; vor der EuErbVO *Bogdan,* Liber memorialis Petar Sarevi, 2006, S. 25, 31 f.; Staudinger/*Dörner* Art. 25 EGBGB Rn. 78; *Calvo Caravaca/Davì/Mansel/Castellanos Ruiz* Art. 23 Successions Regulation Rn. 6.
[1248] Ebenso NK-BGB/*Looschelders* Art. 23 EuErbVO Rn. 3.
[1249] *Revillard,* in: Khairallah/Revillard (dir.), Droit européen des successions internationales, 2013, S. 67, 71; *Bonomi,* in: Bonomi/Wautelet Art. 23 Règ. Rn. 23; *Lagarde,* in: Bergquist/Damascelli/Frimston/Lagarde/F. Odersky/Reinhartz Art. 23 EuErbVO Rn. 4.
[1250] BeckOGK/*J. Schmidt* Art. 23 EuErbVO Rn. 9; NK-BGB/*Looschelders* Art. 23 EuErbVO Rn. 4.
[1251] *Revillard,* in: Khairallah/Revillard (dir.), Droit européen des successions internationales, 2013, S. 67, 72; *Bonomi,* in: Bonomi/Wautelet Art. 23 Règ. Rn. 23.

328 *b) Berechtigte.* Gemäß Art. 23 II lit. b EuErbVO ist es Sache des Erbstatuts, den Kreis der Berechtigten zu bestimmen. Diese Norm schlägt dem Erbstatut die Berufung der Berechtigten, die Bestimmung ihrer jeweiligen Anteile und etwaiger ihnen vom Erblasser auferlegten Pflichten sowie die Bestimmung sonstiger Rechte an dem Nachlass, einschließlich der Nachlassansprüche des überlebenden Ehegatten oder Lebenspartners, zu. Dies gilt für die Testat- wie die Intestaterbfolge gleichermaßen.[1252]

329 Art. 19 II lit. b Vorschlag EuErbVO nannte anstelle der Berechtigten nur Erben und Vermächtnisnehmer. Die neue Formulierung ist präziser und tendiert zu einer Ausdehnung zumindest auf Pflichtteilsberechtigte,[1253] obwohl insoweit eine Abgrenzung zu Art. 23 II lit. h EuErbVO notwendig erscheint. Erwägungsgrund (47) S. 2 EuErbVO erwähnt ohne eigenen Kommentar, dass in den meisten Rechtsordnungen Erben, Vermächtnisnehmer und Pflichtteilsberechtigte als „Berechtigte" angesehen würden. Eine Einschränkung eines Begriffs „Berechtigte" auf Erben und Vermächtnisnehmer qua europäischer Vorgabe[1254] würde der gewollten Offenheit nicht gerecht. Dass „Berechtigte" eine Übertragung des englischen „beneficiaries" ist,[1255] steht jedenfalls nicht im Wege. Erwägungsgrund (47) S. 1 EuErbVO könnte man vielmehr entnehmen, dass eine Qualifikationsverweisung auf das Begriffsverständnis des Erbstatuts gewollt sein dürfte.

330 Zu den Berechtigungen als solchen sind die für deren Durchsetzung nötigen Maßnahmen, insbesondere Klagen, zu schlagen. Daher unterfallen Erbschaftsklagen der Erben gegen bloße Erbschaftsbesitzer, Herausgabeklagen der Vermächtnisnehmer gegen den Nachlass oder Teilungsklagen dem Erbstatut.[1256]

331 *aa) Erben.* Bei gesetzlicher Erbfolge bestimmt das Erbstatut, welche Ordnungen von Erben es gibt[1257] und ob das Stammes-, Repräsentations- oder Linienprinzip innerhalb der Ordnungen gilt.[1258] Es gibt auch Maß für eine etwaige gesetzliche Ersatzerbschaft.[1259]

332 Erfasst sind auch die Erbrechte überlebender Ehegatten und Lebenspartner. Der hier europäische und deshalb nicht im Lichte des Art. 17b EGBGB auszulegende Begriff der Ehe ist weit zu verstehen. Er erfasst auch gleichgeschlechtliche Ehen, soweit diese nach dem für sie maßgeblichen Eheschließungsstatut echte Ehen und nicht nur Lebenspartnerschaften sind.[1260] Ob der Erblasser zum Zeitpunkt des Erbfalls verheiratet ist, ist eine Vorfrage, die nach dem Eheschließungsstatut der in Rede stehenden möglichen Ehe zu beantworten ist.[1261] Ob der ursprünglich verheiratete Erblasser zum Zeitpunkt des Erbfalls noch verheiratet ist, ist eine weitere Vorfrage. Sie beantwortet sich nach dem Statut einer potenziellen Scheidung bzw. prozessual danach, ob eine in einem anderen Staat als dem Forumstaat ausgesprochene gerichtliche Scheidung im Forumstaat anzuerkennen ist. Bei gerichtlichen Scheidungsaussprüchen aus Mitgliedstaaten der Brüssel IIa-VO richtet sich dies nach Artt. 21–26 Brüssel IIa-VO. Der Scheidung nicht gleichgestellt ist die Trennung ohne Auflösung des Ehebandes. Ob eine Scheidung oder eine Trennung von Tisch und Bett ausgesprochen ist, beantwortet die lex fori desjenigen Spruchkörpers, von welchem der Ausspruch stammt, nicht etwa das Recht des Anerkennungsstaates.

333 Bei Ehegatten bleibt das große Problem, die richtige Grenzlinie zum Ehegüterrecht zu finden. Güterrechtliche Fragen grenzt Art. 1 II lit. d EuErbVO aus dem sachlichen Anwendungsbereich der EuErbVO insgesamt aus.[1262] Normen über den sachlichen Anwen-

---

[1252] *Bonomi*, in: Bonomi/Wautelet Art. 23 Règ. Rn. 25; NK-BGB/*Looschelders* Art. 23 EuErbVO Rn. 6.
[1253] *Revillard*, in: Khairallah/Revillard (dir.), Droit européen des successions internationales, 2013, S. 67, 72.
[1254] Dafür *Müller-Lukoschek* § 2 Rn. 41.
[1255] *Janzen*, DNotZ 2012, 484, 485 Fn. 10; *Müller-Lukoschek* § 2 Rn. 41 Fn. 21.
[1256] *Bonomi*, in: Bonomi/Wautelet Art. 23 Règ. Rn. 30.
[1257] *Bonomi*, in: Bonomi/Wautelet Art. 23 Règ. Rn. 26.
[1258] *Bonomi*, in: Bonomi/Wautelet Art. 23 Règ. Rn. 26.
[1259] *Bonomi*, in: Bonomi/Wautelet Art. 23 Règ. Rn. 26.
[1260] Vgl. aber auch *Davì/Zanobetti*, Cuad. Der. TranS. 5 (2) (2013), 5, 21.
[1261] Geimer/Schütze/*F. Odersky* Art. 23 EuErbVO Rn. 11, 14.
[1262] → § 5 Rn. 20.

VIII. Qualifikation   334–340 § 5

dungsbereich haben Vorrang vor der internen Qualifikationsnorm, weil sie auch dieser Qualifikationsnorm Grenzen ziehen: Wenn etwas aus der EuErbVO insgesamt ausgegrenzt ist, kann es auch nicht unter die Qualifikationsnorm der EuErbVO fallen. Besondere Bedeutung hat die Qualifikationsgrenze zum Güterrecht aus deutscher Sicht für das erbrechtliche Viertel aus § 1371 I BGB.[1263] Rechtsvergleichend gilt im Prinzip „Güterrecht schlägt Erbrecht", weshalb nicht wegzugsfest gestaltete Eheverträge von der güterrechtlichen Flanke her drohende Risiken nicht zuverlässig auszuschalten vermögen.[1264]

Die deutsche Fassung des Art. 23 II lit. b EuErbVO ist missverständlich, indem sie auf 334 „Ansprüche" des überlebenden Ehegatten abstellt. Andere Fassungen sind präziser: „inheritances rights", „droits successoraux", „diritti [successori]", „derechos sucesorios", „direitos sucessórios", „erfrechten", „arvsrätt". Gemeint sind auch und zuvörderst direkte Nachlassquoten[1265] und gesetzliche Nießbrauchsrechte.[1266]

Lebenspartner sind die Partner aus eingetragenen Lebensgemeinschaften, gleich ob sie 335 gleich- oder verschiedengeschlechtlicher Natur sind. Die deutsche Lebenspartnerschaft (rein gleichgeschlechtlich) und der französische PACS (Pacte de Action de Solidarité Civile, sowohl gleich- als auch verschiedengeschlechtlich denkbar und im Rechtsleben in der Regel verschiedengeschlechtlich) sind gleichermaßen umfasst.

Gesetzliche Erbrechte bloßer Lebensgefährten oder Partner einer nichtehelichen Le- 336 bensgemeinschaft sind dagegen von Art. 23 II lit. b aE EuErbVO nicht erfasst.[1267] Deren testamentarische Berechtigungen dagegen unterliegen wieder dem Erbstatut.

Das Erbstatut entscheidet auch, ob eine öffentliche Stelle aufgrund eines Staatserbrechts 337 zum Erben berufen ist.[1268] Gleichermaßen gibt es dafür maß, ob bei einem erbenlosen Nachlass ein Heimfallrecht zugunsten des Fiskus besteht.[1269]

Das Erbstatut legt Zulässigkeit, Ausgestaltung, Bedingungen und Folgen einer Vor- und 338 Nacherbschaft fest. Gleichermaßen ist es maßgeblich für Substitution und Ersatzerbschaft bei testamentarischer Erbfolge.[1270] Es entscheidet auch über die Abgrenzung zwischen Erben und Vermächtnisnehmern bei testamentarischer Erbfolge.[1271]

bb) Vermächtnisnehmer. Die Stellung der Vermächtnisnehmer ist in den verschiedenen 339 Sachrechten unterschiedlich geregelt (direkte dingliche Beteiligung am Nachlass oder an bestimmten Nachlassgegenständen vs. bloßer Anspruch gegen die Erben: Vindikationslegat vs. Damnationslegat), weshalb es angebracht erscheint, sie einheitlich dem Erbstatut zu unterwerfen.[1272] Erwägungsgrund (47) S. 2, 3 EuErbVO unterstreicht dies in beiden Aspekten. Damnations- und Vindikationslegatar sind gleichermaßen Vermächtnisnehmer für die Zwecke der EuErbVO.[1273]

c) *Passive Erbfähigkeit.* Art. 23 II lit. c EuErbVO schlägt dem Erbstatut die Erbfähigkeit zu. 340 Gemeint ist die passive Erbfähigkeit, die Fähigkeit, Erbe zu werden. Dies steht in einem Spannungsverhältnis zum Ausschluss der Rechts-, Geschäfts- und Handlungsfähigkeit aus dem sachlichen Anwendungsbereich der EuErbVO durch Art. 1 II lit. b EuErbVO.[1274] Den

---

[1263] Dazu → § 5 Rn. 58.
[1264] *v. Oertzen*, BB 37/2015, I.
[1265] *Jayme*, in: Reichelt/Rechberger (Hrsg.), Europäisches Erb- und Erbverfahrensrecht, 2011, S. 27, 34.
[1266] *Kunz*, GPR 2012, 253 (253).
[1267] *Revillard*, in: Khairallah/Revillard (dir.), Droit européen des successions internationales, 2013, S. 67, 73.
[1268] *Nordmeier*, IPRax 2013, 418, 419; MüKoBGB/*Dutta* Art. 23 EuErbVO Rn. 10.
[1269] *Nordmeier*, IPRax 2013, 418, 419; BeckOGK/*J. Schmidt* Art. 23 EuErbVO Rn. 17; NK-BGB/*Looschelders* Art. 23 EuErbVO Rn. 8.
[1270] *Bonomi*, in: Bonomi/Wautelet Art. 23 Règ. Rn. 29.
[1271] *Bonomi*, in: Bonomi/Wautelet Art. 23 Règ. Rn. 28; *Calvo Caravaca/Davì/Mansel/Castellanos Ruiz* Art. 23 Successions Regulation Rn. 7.
[1272] *Revillard*, in: Khairallah/Revillard (dir.), Droit européen des successions internationales, 2013, S. 67, 72 f.
[1273] *Müller-Lukoschek* § 2 Rn. 41.
[1274] *Lagarde*, RCDIP 101 (2012), 691, 707 f.; *Godechot-Patris*, D. 2012, 2462, 2466.

Konflikt kann man allerdings vermeiden, wenn man Art. 23 II lit. c EuErbVO eng versteht und wirklich nur die Fähigkeit, Erbe zu werden, erfasst sieht.[1275] Die allgemeine Rechts-, Geschäfts- und Handlungsfähigkeit ist demnach nicht gemeint.[1276] Gemeint sind dagegen erbrechtliche Regelungen, die eine besondere Rechtsfähigkeit in Erbsachen statuieren. Umgekehrt sind auch Empfangsverbote einzubeziehen, z.B. für Nicht-Muslime oder oberhalb bestimmter Quoten für Frauen unter islamisch geprägten Erbrechten.[1277]

341 Insbesondere erfasst sind Regeln über die passive Erbfähigkeit des nasciturus[1278] (also des Embryos im Mutterleib) oder gar des nondum conceptus (des zum Zeitpunkt des Erbfalls noch nicht einmal gezeugten zukünftigen Erben). Das Erbstatut entscheidet über das Ob einer etwaigen Berechtigung und über deren Voraussetzungen, z.B. das rechtlich relevante Datum der Zeugung[1279] oder der Nidation oder über das Erfordernis einer Lebendgeburt.

342 Nicht erfasst ist dagegen die Fähigkeit eines Berechtigten, eine Erbschaft oder ein Vermächtnis anzunehmen oder auszuschlagen. Anregungen, Art. 19 II lit. c Vorschlag EuErbVO entsprechend zu erweitern und auf Art. 20 Vorschlag EuErbVO (heute Art. 28 EuErbVO) abzustimmen,[1280] hat der europäische Gesetzgeber nicht aufgegriffen.[1281] Daher bleibt es insoweit bei der allgemeinen Geschäftsfähigkeit und damit bei dem Ausschluss aus dem sachlichen Anwendungsbereich der EuErbVO durch Art. 1 II lit. b Var. 2 EuErbVO.[1282]

343 Sofern man indes auch die Fähigkeit, eine Erbschaft auszuschlagen, erfasst sieht, gelangt man in das Reich der Wirksamkeit rechtsgeschäftlicher Erklärungen und des Minderjährigenschutzes. In diesem weist das KSÜ durch bewusste Ausklammerung[1283] den gesamten Komplex dem Erbstatut zu, wenn dieses denn zugreifen will.[1284]

344 Erbunwürdigkeit schließt zwar letztlich aus dem Kreis der Erben aus, fällt aber nicht unter Art. 23 II lit. c, sondern unter Art. 23 II lit. d EuErbVO.[1285]

345 Ein Ausschluss bestimmter Personen aus dem Kreis der möglichen testamentarischen Erben, z.B. des Testamentsvollstreckers, würde zwar im Prinzip auch dem Erbstatut unterliegen, fällt aber als Wirksamkeitsvoraussetzung einer testamentarischen Verfügung unter Art. 26 EuErbVO als abdrängende Sonderregel und unterliegt dem Errichtungsstatut des Testaments.[1286]

346 d) *Enterbung und Erbunwürdigkeit.* aa) Erbunwürdigkeit. Nach Art. 23 II lit. d EuErbVO ist das Erbstatut maßgeblich für Enterbung und Erbunwürdigkeit. Es entscheidet über den Kreis der Erbunwürdigkeitsgründe und über die Art und Weise, wie diese eingebracht

---

[1275] *Sauvage,* in: Khairallah/Revillard (dir.), Perspectives du droit des successions européennes et internationales, 2010, S. 99, 103 f.

[1276] *Revillard,* in: Khairallah/Revillard (dir.), Droit européen des successions internationales, 2013, S. 67, 73; *Bonomi,* in: Bonomi/Wautelet Art. 23 Règ. Rn. 36; *Pamboukis/Metallinos* Art. 23 Successions Regulation Rn. 46.

[1277] *F. Odersky,* in: Hausmann/Odersky IPR § 15 Rn. 287.

[1278] *Revillard,* in: Khairallah/Revillard (dir.), Droit européen des successions internationales, 2013, S. 67, 73; *Bonomi,* in: Bonomi/Wautelet Art. 23 Règ. Rn. 33, 37; *Calvo Caravaca/Davì/Mansel/Castellanos Ruiz* Art. 23 Successions Regulation Rn. 8.

[1279] *Revillard,* in: Khairallah/Revillard (dir.), Droit européen des successions internationales, 2013, S. 67, 73 mit Fn. 10. Anderer Ansicht *Bonomi,* in: Bonomi/Wautelet Art. 23 Règ. Rn. 37.

[1280] *Revillard,* in: Khairallah/Revillard (dir.), Perspectives du droit des successions européennes et internationales, 2010, S. 81, 89.

[1281] *Revillard,* in: Khairallah/Revillard (dir.), Droit européen des successions internationales, 2013, S. 67, 75.

[1282] *Revillard,* in: Khairallah/Revillard (dir.), Droit européen des successions internationales, 2013, S. 67, 75.

[1283] Rapport explicatif, Actes et documents de la 18ᵉ session (1996), vol. II 550 Nr. 32.

[1284] *Lagarde,* RCDIP 101 (2012), 691, 708. Vgl. hierzu auch *Lagarde,* in: Bergquist/Damascelli/Frimston/Lagarde/F. Odersky/Reinhartz Art. 23 EuErbVO Rn. 13.

[1285] *Bonomi,* in: Bonomi/Wautelet Art. 23 Règ. Rn. 35.

[1286] *Bonomi,* in: Bonomi/Wautelet Art. 23 Règ. Rn. 38; *Dutta/Weber/J. P. Schmidt* Art. 23 EuErbVO Rn. 41.

VIII. Qualifikation   347–351 § 5

werden, also darüber, ob sie ex lege und von Amts wegen berücksichtigt werden oder ob – wie nach §§ 2339 ff. BGB – eine Gestaltungsklage notwendig ist und erst eine rechtskräftige Gerichtsentscheidung die Erbunwürdigkeit endgültig festschreibt. Das Erbstatut entscheidet damit auch, ob Erbunwürdigkeit als gesetzlicher Ausschluss der passiven Erbfähigkeit ausgestaltet ist.[1287]

Damit ist jeglicher Ansatz[1288] verworfen, die Erbunwürdigkeit als eine persönliche 347
Eigenschaft des betreffenden Erbprätendenten einzuordnen und dessen Personalstatut zu unterstellen.[1289] Gleichermaßen ist ein Ansatz verworfen, die Erbunwürdigkeit jeder normalen Anknüpfung zu entziehen und sie unmittelbar als Frage des ordre public einzuordnen.[1290] Ob das Erbstatut die Erbunwürdigkeit als eigenständiges Rechtsinstitut kennt oder ob es sie als relative Erbunwürdigkeit ex lege eintreten lässt, spielt keine Rolle.[1291] Ist nach dem Erbstatut eine Gestaltungs- oder Feststellungsklage erforderlich, so bestimmt sich die Anerkennung einschlägiger ausländischer Entscheidungen nach den Anerkennungsvorschriften der EuErbVO bzw. für vor deren Wirksamwerden liegende Erbfälle nach §§ 343ff. FamFG. Das Erbstatut entscheidet, welche Klageart es verlangt, nicht die lex fori des nachfolgenden Prozesses.[1292]

Gleichermaßen gibt das Erbstatut dafür maß, welchen Einfluss es hat, wenn der Erblasser 348
Kenntnis von dem Erbunwürdigkeitsgrund hatte oder hätte haben müssen oder wann eine Verzeihung durch den Erblasser vorliegt.[1293]

Denkbare Erbunwürdigkeitsgründe nach dem Erbstatut können z.B. sein: Tötungsdelikt 349
oder versuchtes Tötungsdelikt gegen den Erblasser; Körperverletzungsdelikt oder versuchtes Körperverletzungsdelikt gegen den Erblasser; Betrug oder Untreue zum Nachteil des Erblassers; unberechtigte Inbesitznahme des Nachlasses oder von Nachlassteilen; Nichterfüllung von Unterhaltspflichten gegen den Erblasser; Tötungsdelikt oder versuchtes Tötungsdelikt gegen einen in der Erbfolge vorrangigen Erbprätendenten. Ob Unterhaltspflichten bestehen und, wenn ja, ob sie verletzt wurden, sind beides Vorfragen und nach (Art. 15 EuUntVO iVm) HUP anzuknüpfen.[1294]

Soweit die Erbunwürdigkeitsgründe des Erbstatuts rechtskräftige oder vorläufige straf- 350
rechtliche Verurteilungen voraussetzen,[1295] handelt es sich um strafprozessuale Vorfragen, die nach den Regeln des Internationalen Strafprozessrecht der lex fori zu beantworten sind.[1296] Insbesondere muss die lex fori besagen, ob und, wenn ja, in welchem Umfang und in welchem Grade, sie ausländische, d.h. aus einem anderen Staat als jenem des Nachlassverfahrens stammende Strafentscheidungen anerkennt.[1297]

Erbunwürdigkeitsgründe und gesetzliche Erbausschlüsse können besonderen Anlass ge- 351
ben, über einen Einsatz des ordre public aus Art. 35 EuErbVO nachzudenken. Dies betrifft insbesondere den Erbausschluss für Nicht-Muslime, wie ihn manche islamisch geprägten

---

[1287] Vgl. *Bonomi*, in: Bonomi/Wautelet Art. 23 Règ. Rn. 41.
[1288] Wie ihn namentlich *Schwind*, Handbuch des österreichischen Internationalen Privatrechts, 1975, S. 261 verfolgte.
[1289] *Jayme*, in: Reichelt/Rechberger (Hrsg.), Europäisches Erb- und Erbverfahrensrecht, 2011, S. 27, 35; *F. Odersky*, in: Hausmann/Odersky IPR § 15 Rn. 288.
[1290] *Jayme*, in: Reichelt/Rechberger (Hrsg.), Europäisches Erb- und Erbverfahrensrecht, 2011, S. 27, 35.
[1291] *Jayme*, in: Reichelt/Rechberger (Hrsg.), Europäisches Erb- und Erbverfahrensrecht, 2011, S. 27, 35.
[1292] Unentschieden *Jayme*, in: Reichelt/Rechberger (Hrsg.), Europäisches Erb- und Erbverfahrensrecht, 2011, S. 27, 36.
[1293] Vgl. *Bonomi*, in: Bonomi/Wautelet Art. 23 Règ. Rn. 43; *Calvo Caravaca/Daví/Mansel/Castellanos Ruiz* Art. 23 Successions Regulation Rn. 9.
[1294] Vgl. *Jayme*, in: Reichelt/Rechberger (Hrsg.), Europäisches Erb- und Erbverfahrensrecht, 2011, S. 27, 35 f; Dutta/Weber/*J. P. Schmidt* Art. 23 EuErbVO Rn. 49.
[1295] Siehe *Bonomi*, in: Bonomi/Wautelet Art. 23 Règ. Rn. 40
[1296] Unsicher dagegen *Jayme*, in: Reichelt/Rechberger (Hrsg.), Europäisches Erb- und Erbverfahrensrecht, 2011, S. 27, 35.
[1297] Siehe *Revillard*, in: Khairallah/Revillard (dir.), Droit européen des successions internationales, 2013, S. 67, 73.
Anders *Jayme*, in: Heinrich/Jayme/Sturm, Familie, Erbe, Name, 2010, S. 33f. und Dutta/Weber/*J. P. Schmidt* Art. 23 EuErbVO Rn. 49: Erbstatut.

Rechtsordnungen[1298] kennen.[1299] Ordre public-widrig kann umgekehrt auch sein, wenn das Erbstatut selbst schwere Verfehlungen gegen den Erblasser komplett und abstrakt sanktionslos stellt.[1300]

352   bb) *Enterbung*. Enterbung (disinheritance, exhérédition, diseredazione, desheredación, deserdação, onterving, arvlöshetsförklaring, wydziedziczenie, vydedenie, razdedinjenje, dezmo tenirea, paveldejimo teises ateminimas palikejo valia) meint die testamentarische Enterbung durch letztwillige Verfügung des Erblassers, wie insbesondere aus der schwedischen und der rumänischen Fassung deutlich wird.[1301] Das Erbstatut bestimmt, ob eine solche Enterbung möglich ist und, wenn ja, wessen, unter welchen Voraussetzungen und in welchem Umfang.[1302] Trotz der testamentarischen Grundlage gilt das Erbstatut, nicht das Errichtungsstatut der enterbenden Verfügung,[1303] weil es sich nicht um eine Wirksamkeitsfrage handelt.

353   Das Erbstatut regiert auch, ob sich der Enterbte gegen die Enterbung wehren und die zugrundeliegende testamentarische Verfügung angreifen kann.[1304]

354   Enterbung meint funktionell nicht nur die testamentarische Entziehung ansonsten anfallender gestezlicher Erbteile im engeren Sinne,[1305] sondern auch die testamentarische Entziehung von Pflichtteilen oder gesetzlichen Noterbrechten.[1306] Inwieweit eine solche Entziehung möglich ist, bestimmt das Erbstatut.[1307]

355   e) *Übergang des Nachlasses sowie von Rechten und Pflichten*. Die Nachlassabwicklung, der Erbgang, untersteht insgesamt dem Erbstatut.[1308] Dies ist ein Vorteil gegenüber dem Haager ErbRÜbk,[1309] das so weit nicht ging[1310] und deshalb eine Kombination von vereinheitlichten Kollisionsregeln für den Erbgang einerseits und nationalem IPR[1311] für die Nachlassabwicklung andererseits nötig machte.[1312] Titulus und modus sind unter einem Statut vereint[1313] und unterliegen demselben Recht, was eine Abgrenzung unnötig macht und Abstimmungs-, Koordinierungs- oder gar Anpassungsfragen vermeidet. Der Nachlassabwicklung wenden sich Art. 23 II litt. e–j EuErbVO zu. Vorbild sind insofern in

---

[1298] Z.B. Art. 6 Gesetz Nr. 77/1943 in Ägypten oder die Rechtslage in Algerien; *Elwan, Athnassios Kaissis*, 2012, S. 167, 171 unter Hinweis auf Hohes Gericht 9.7.1984 – Nr. 33509 und Art. 222 Code de Famille.

[1299] *Revillard*, in: Khairallah/Revillard (dir.), Droit européen des successions internationales, 2013, S. 67, 73; Deixler-Hübner/Schauer/*Schwartze* Art. 35 EuErbVO Rn. 12; Dutta/Weber/*F. Bauer* Art. 35 EuErbVO Rn. 12 sowie *Barnich*, in: Nuyts (coord.), Actualités en droit international privé, 2013, S. 7, 19 sowie zuvor OLG Hamm ZEV 2005, 436, 437.

[1300] *Bonomi*, in: Bonomi/Wautelet Art. 23 Règ. Rn. 41. Beispiele hierzu bei Dutta/Weber/*J. P. Schmidt* Art. 23 EuErbVO Rn. 50.

[1301] Anderer Ansicht Dutta/Weber/*J. P. Schmidt* Art. 23 EuErbVO Rn. 46, der unter Enterbung enger die Entziehung der Midestteilhabe am Nachlass durch den Erblasser in einem privatautonomen Akt versteht. Wie hier dagegen z. B. BeckOGK/*Schmidt* Art. 23 EuErbVO Rn. 27.

[1302] Vgl. *Bonomi*, in: Bonomi/Wautelet Art. 23 Règ. Rn. 43.

[1303] *Bonomi*, in: Bonomi/Wautelet Art. 23 Règ. Rn. 44.

[1304] *Bonomi*, in: Bonomi/Wautelet Art. 23 Règ. Rn. 43.

[1305] Dutta/Weber/*J. P. Schmidt* Art. 23 EuErbVO Rn. 46 wirbt für eine andere Deutung des Begriffs „Enterbung", die sich gerade von der tesatmentarischen Enterbung abhebt.

[1306] Teilweise auch Art. 23 II lit. h EuErbVO zugeordnet, vgl. MüKoBGB/*Dutta* Art. 23 EuErbVO Rn. 19.

[1307] *Bonomi*, in: Bonomi/Wautelet Art. 23 Règ. Rn. 45.

[1308] Siehe nur *Jayme*, in: Reichelt/Rechberger (Hrsg.), Europäisches Erb- und Erbverfahrensrecht, 2011, S. 27, 32; *Lokin* S. 197 f.; *Bonomi*, in: Bonomi/Wautelet Art. 23 Règ. Rn. 12.

[1309] *Revillard*, in: Khairallah/Revillard (dir.), Droit européen des successions internationales, 2013, S. 67, 74.

[1310] Wesentlich aus Rücksicht auf die Hague Convention concerning the International Administration of the Estate of Deceased Persons of 2 October 1973.

[1311] Bzw. in den einzigen Vertragsstaaten Portugal, Slowakei und Tschechische Republik des Haager Nachlassverwaltungsübereinkommens von 1973.

[1312] *Heijning*, WPNR 6956 (2012), 963, 965; siehe auch *Frohn*, in: IPR in de spiegel van Paul Vlas, 2012, S. 65, 70.

[1313] *Mansel*, Tuğrul Ansay'a Armağan, 2006, S. 185, 208.

VIII. Qualifikation   356–361 § 5

besonderem Maße Artt. 80–82 Code DIP belge.[1314] Die sachliche Universalität und Unitarität des Erbstatuts unter Einschluss der Nachlassabwicklung folgt romanischen Traditionen.[1315] Der unitaristische Ansatz an dieser Stelle hat allerdings einen Preis: Er ist wesentlicher Grund dafür, dass das Vereinigte Königreich und Irland nicht in die EuErbVO hineinoptieren.[1316]

Den Anfang macht Art. 23 II lit. e EuErbVO. Er unterwirft dem Erbstatut den Übergang der zum Nachlass gehörenden Vermögenswerte, Rechte und Pflichten auf die Erben und gegebenenfalls die Vermächtnisnehmer, einschließlich der Bedingungen für die Annahme oder die Ausschlagung der Erbschaft oder eines Vermächtnisses und deren Wirkungen. 356

aa) Übergang des Nachlasses. Übergang (transfer, transfert, trasferimento, transmisión, transmissão, överföring, transferul, prehod) kann dabei sowohl den sachrechtlichen Übergang meinen als auch den Prozess der Übertragung, also mehr verfahrensrechtlich orientiert sein.[1317] In der niederländischen Fassung (de overgang op en de overdracht aan) steht beides nebeneinander. Sie macht deutlich, dass beides gemeint ist. 357

Fraglich bleibt, ein wie tiefer Einbruch des Erbrechts in das Sachenrecht erfolgt und ob im Lichte von Art. 19 II lit. f Vorschlag EuErbVO jeglicher Übergang auf Erben und Vermächtnisnehmer gemeint ist, einschließlich des Übergangs unter Lebenden.[1318] Die EuErbVO macht hier keinen generellen Vorbehalt zu Gunsten der lex rei sitae, sondern reklamiert im Gegenteil eine grundsätzliche Anwendung des Erbstatuts.[1319] 358

Zum Übergang des Nachlasses gehört auch, ob der Nachlass den Erben direkt anfällt oder einer gerichtlichen Zuweisung bedarf mit vorheriger Schwebezeit (heriditas iacens) oder ob die Erben durch einen persönlichen representative vertreten werden, auf welchen der Nachlass treuhänderisch für die Erben übergeht.[1320] Trennt das Erbstatut Anfall und persönlichen Eigentumserwerb der Erben, so regiert das Erbstatut beide Elemente.[1321] 359

In der Anwendung des Erbstatuts auf den Übergang, also der materiell-, nicht prozessrechtlichen Qualifikation, liegt ein tiefer Konflikt mit solchen Rechtssystemen begründet, die zwingend den Übergang auf einen treuhänderischen personal representative vorsehen. Im Kern handelt es sich dabei um das probate-Verfahren des common law. Das Zusammenspiel zwischen dem probate-System und dem Nachlasswesen eines civil law-Staates ist ein intrikates und delikates Problem,[1322] dessen Lösung sich Art. 29 EuErbVO verschrieben hat.[1323] 360

Ob ein Vermächtnis bloßes Damnationsvermächtnis ist (also nur einen Anspruch gegen den Nachlass begründet) oder ein Vindikationslegat (also unmittelbares Eigentum des Vermächtnisnehmers begründet), entscheidet das Erbstatut.[1324] Jedoch muss sich die Umsetzung eines Vindikationslegats der lex rei sitae und einer etwaigen Anpassung nach Art. 31 EuErbVO stellen.[1325] 361

[1314] *Revillard*, in: Khairallah/Revillard (dir.), Droit européen des successions internationales, 2013, S. 67, 74.
[1315] *Franzina/Leandro*, NLCC 2013, 275, 313.
[1316] *Wautelet* in: Bonomi/Wautelet Art. 23 Règ. Rn. 12.
[1317] In letzterem Sinn Document de réflexion, Réunion experts nationaux 30 juin 2008, S. 11 No. 34.
[1318] Vgl. *Geimer*, in: Reichelt/Rechberger (Hrsg.), Europäisches Erb- und Erbverfahrensrecht, 2011, S. 1, 21 f. Dagegen jedenfalls MüKoBGB/*Dutta* Art. 23 EuErbVO Rn. 20; Dutta/Weber/*J. P. Schmidt* Art. 23 EuErbVO Rn. 57.
[1319] *Wautelet* in: Bonomi/Wautelet Art. 23 Règ. Rn. 52.
[1320] *Wautelet* in: Bonomi/Wautelet Art. 23 Règ. Rn. 48; Geimer/Schütze/*F. Odersky* Art. 23 EuErbVO Rn. 22.
[1321] *Wautelet* in: Bonomi/Wautelet Art. 23 Règ. Rn. 49.
[1322] *Wautelet* in: Bonomi/Wautelet Art. 23 Règ. Rn. 50.
[1323] *Crespi Reghizzi*, RDIPP 2017, 633, 652.
[1324] Siehe nur *Wautelet* in: Bonomi/Wautelet Art. 23 Règ. Rn. 51; MüKoBGB/*Dutta* Art. 23 EuErbVO Rn. 20.
[1325] Vgl. *Müller-Lukoschek* § 2 Rn. 108. Andere Ansicht Dutta/Weber/*J. P. Schmidt* Art. 31 EuErbVO Rn. 15 f; *Calvo Caravaca/Davì/Mansel/Calzolaio/Vagni*, Art. Successions Regulation Rn. 10.

362 Was übergeht, bestimmt auch das Erbstatut. Es umschreibt Umfang und Ausmaß des Übergangsobjekts. Es bestimmt, was zum Nachlass gehört und was nicht. Es legt fest, was vererblich ist.[1326] Es weist dem Nachlass Vermögenswerte (Aktiva) und Verbindlichkeiten (Passiva) zu. Der Übergang umfasst als Vorgang auch das Eintreten in die Passiva des Nachlasses, also die noch vom Erblasser herrührenden Verbindlichkeiten. Welche Verbindlichkeiten bestehen und wie diese ausgestaltet sind, müssen dagegen als Vorfrage die Statuten der betreffenden Verbindlichkeiten besagen.[1327] Gleichermaßen entscheidet das Statut des einzelnen Vermögenswerts über Zuschnitt und Umfang des einzelnen Vermögenswertes. Ob der Vermögenswert dem Erblasser gehörte, bestimmt ebenfalls das Statut des einzelnen Vermögenswertes, also z. B. bei Sachen deren Belegenheitsrecht.[1328] Das Erbstatut greift gleichsam nicht in die Zeit vor dem Erbfall zurück[1329] und übernimmt die Rechtsverhältnisse des Erblassers so, wie diese vor dem Erbfall begründet wurden. War eine Forderung des Erblassers nach ihrem Forderungsstatut eine höchstpersönliche Forderung, so fällt sie nicht in den Nachlass, sondern ist mit dem Tode des Erblassers erloschen; das Erbstatut wird insoweit nicht befragt.[1330]

363 Das Erbstatut sollte auch die Wirkungen des Übergangs im Verhältnis zu Dritten beherrschen. Zwar sind sämtliche registermäßigen Übergänge durch Art. 1 II lit. l EuErbVO aus dem sachlichen Anwendungsbereich der EuErbVO insgesamt und in der Folge auch des Art. 23 II lit. e EuErbVO ausgegrenzt.[1331] Jedoch kann man Art. 1 II lit. l EuErbVO mit seiner klar abgegrenzten Zielsetzung, Rücksicht auf nationale Registersysteme zu nehmen, nicht verallgemeinern zu einer umfassenden Regel, dass die EuErbVO Drittwirkungen nie regieren wolle.[1332]

364 bb) Annahme und Ausschlagung. Annahme oder Ausschlagung einer Erbschaft oder eines Vermächtnisses unterfallen nach Art. 23 II lit. e Var. 2 EuErbVO dem Erbstatut. Dies meint positive oder negative Stellungnahme des Erben oder Vermächtnisnehmers in allen denkbaren Spielarten:[1333] bedingungslose Annahme; Annahme unter Bedingungen; Annahme unter Vobehalten; bedingungslose Ausschlagung; Ausschlagung unter Bedingungen. Das Erbstatut bestimmt auch, ob der Erbe sich überhaupt positiv oder negativ verhalten kann, ob also überhaupt eine Möglichkeit zu Annahme oder Ausschlagung besteht.[1334] Gleichermaßen besagt es, ob eine stillschweigende, eine imputierte oder eine fingierte Ausschlagung (z. B. kraft Fristablaufs) möglich und konkret anzunehmen ist.[1335] Dies gilt auch für Vermutungen einer Annahme oder Ausschlagung.[1336]

365 Die im Text des Art. 23 II lit. e Var. 2 EuErbVO apostrophierten Bedingungen für Annahme oder Ausschlagung meinen z. B., ob eine Teilausschlagung möglich ist.[1337] Die Form einer Annahme- oder Ausschlagungserklärung unterliegt der alternativen Anknüpfung nach Art. 28 EuErbVO.[1338] Das Erbstatut wiederum bestimmt über Ausschlagungs- und Annahmefrist,[1339] Folgen einer Fristversäumung, Möglichkeiten zur Behebung oder Heilung

---

[1326] BeckOGK/*J. Schmidt* Art. 23 EuErbVO Rn. 31. Anderer Ansicht MüKoBGB/*Dutta* Art. 23 EuErbVO Rn. 22; *F. Odersky*, in: Hausmann/Odersky IPR § 15 Rn. 289.
[1327] *Bonomi*, in: Bonomi/Wautelet Art. 1 Règ. Rn. 10.
[1328] *Bonomi*, in: Bonomi/Wautelet Art. 1 Règ. Rn. 10; Dutta/Weber/*J. P. Schmidt* Art. 23 EuErbVO Rn. 54.
[1329] *Wautelet* in: Bonomi/Wautelet Art. 23 Règ. Rn. 53.
[1330] Siehe *Wautelet* in: Bonomi/Wautelet Art. 23 Règ. Rn. 68.
[1331] → § 5 Rn. 97.
[1332] So aber *Wautelet* in: Bonomi/Wautelet Art. 23 Règ. Rn. 53.
[1333] Vgl. *Wautelet*, in: Bonomi/Wautelet Art. 23 Règ. Rn. 54.
[1334] *Wautelet*, in: Bonomi/Wautelet Art. 23 Règ. Rn. 55.
[1335] *Wautelet*, in: Bonomi/Wautelet Art. 23 Règ. Rn. 57; *Lagarde*, in: Bergquist/Damascelli/Frimston/Lagarde/*F. Odersky*/Reinhartz Art. 23 EuErbVO Rn. 25; *Pamboukis*/*Metallinos* Art. 23 Successions Regulation Rn. 59.
[1336] *Wautelet*, in: Bonomi/Wautelet Art. 23 Règ. Rn. 58.
[1337] *Wautelet*, in: Bonomi/Wautelet Art. 23 Règ. Rn. 56.
[1338] MüKoBGB/*Dutta* Art 23 EuErbVO Rn. 21.
[1339] Siehe nur NK-BGB/*Looschelders* Art. 23 EuErbVO Rn. 18.

VIII. Qualifikation   366–371 § 5

einer Fristversäumung, Widerruflichkeit oder Anfechtbarkeit einer erklärten Annahme oder Ausschlagung.[1340]

Wie die Voraussetzungen regiert das Erbstatut auch die Folgen und Wirkungen von Annahme oder Ausschlagung.[1341] In zeitlicher Hinsicht meint dies Rückwirkung oder Wirkung ex nunc.[1342] Sachlich meint dies die Rechtsposition des Erben oder Vermächtnisnehmers nach erklärter Annahme[1343] bzw. erklärter Ausschlagung.   366

Ob ein Erbe oder Vermächtnisnehmer die für Annahme oder Ausschlagung nötig Rechts- und Geschäftsfähigkeit besitzt, bestimmt nicht das Erbstatut.[1344] Insoweit hilft auch Art. 23 II lit. c EuErbVO nicht, weil es nicht um die passive Erbfähigkeit geht.[1345] Vielmehr handelt es sich um einen von Art. 1 II lit. b EuErbVO aus dem sachlichen Anwendungsbereich der EuErbVO insgesamt ausgeklammerten Aspekt.[1346] Dieser ist im Wege der Vorfrage zu beantworten, in Deutschland angeknüpft über Art. 7 EGBGB. Art. 1 II lit. b EuErbVO beschränkt sich nicht etwa auf Rechts- und Geschäftsfähigkeit des Erblassers.   367

f) Rechte der Beteiligten. Unter das Erbstatut fallen nach Art. 23 II lit. f EuErbVO (auf den Spuren von Art. 82 Code DIP belge[1347]) die Rechte der Erben, Testamentsvollstrecker und anderer Nachlassverwalter, insbesondere im Hinblick auf die Veräußerung von Vermögen und die Befriedigung der Gläubiger, unbeschadet der Befugnisse nach Art. 29 II, III EuErbVO. Der Vorbehalt zu Gunsten des Art. 29 II, III EuErbVO weist auf das dort geregelte Zusammenspiel mit Nachlassverwaltung nach Maßgabe der lex fori hin.[1348]   368

Ausdrücklich zu bestimmen, dass sich die Rechte der Erben nach dem Erbstatut richten, ist sinnvoll, um jegliche Ansicht von vornherein auszuschließen, dass sich diese Rechte nach den Belegenheitsrechten der Nachlasswerte richteten.[1349] Insbesondere reflektiert dies das Modell des Vonselbstanfalls der Erbschaft an die Erben.[1350] Ob und wann die Erben Eigentum erwerben, bestimmt das Erbstatut. Welche Befugnisse das erworbene Eigentum gegenüber Dritten gewährt, besagt dann das Belegenheitsstatut des jeweiligen Vermögensgegenstands. Kommt es zu einer hereditas iacens mit einem Schwebezustand und einer Zwischenperiode zwischen Erbfall und Übergang des Nachlasses auf die Erben, so steht im Raum, ob sich die Position Dritter nach dem Erbstatut bestimmt oder ob daneben alternativ aus Vertrauensschutz ein Rückgriff auf die lex rei sitae denkbar ist.[1351]   369

Nachlassverwalter im Sinne von Art. 23 II lit. f EuErbVO ist auch ein administrator angloamerikanischer Provenienz.[1352] Ein Nachlassverwalter kann gesetzlich, gerichtlich oder testamentarisch berufen sein, ohne dass der Berufungsgrund für die Zwecke des Art. 23 II lit. f EuErbVO eine Rolle spielen würde. Ebenso wenig spielt insoweit eine Rolle, wie stark oder schwach seine Stellung ist. Ein bestimmter Mindest- oder Höchstgrad an Befugnissen ist als Ein- oder Austrittsschwelle nicht vorgesehen. Vielmehr ist die Formulierung bewusst weit, um alle denkbaren Gestaltungen zu erfassen.   370

Testamentsvollstrecker ordnet Art. 23 II lit. f EuErbVO als besonderen Unterfall der Nachlassverwalter ein. Andere vom Erblasser eingesetzte Nachlassverwalter können Beauftragte mit posthum fortgeltenden Befugnissen und posthum fortgeltender Vertretungsmacht   371

[1340] *Wautelet,* in: Bonomi/Wautelet Art. 23 Règ. Rn. 56, 58.
[1341] *Lagarde,* in: Bergquist/Damascelli/Frimston/Lagarde/F. Odersky/Reinhartz Art. 23 EuErbVO Rn. 27.
[1342] *Wautelet,* in: Bonomi/Wautelet Art. 23 Règ. Rn. 56.
[1343] *Wautelet,* in: Bonomi/Wautelet Art. 23 Règ. Rn. 61.
[1344] So aber *Sauvage,* in: Khairallah/Revillard (dir.), Droit européen des successions internationales, 2013, S.105, 110–112.
[1345] *Wautelet,* in: Bonomi/Wautelet Art. 23 Règ. Rn. 62.
[1346] *Wautelet,* in: Bonomi/Wautelet Art. 23 Règ. Rn. 62.
[1347] *Revillard,* in: Khairallah/Revillard (dir.), Droit européen des successions internationales, 2013, S. 67, 75.
[1348] Eingehend → § 5 Rn. 406.
[1349] Vgl. *Wautelet,* in: Bonomi/Wautelet Art. 23 Règ. Rn. 64.
[1350] *Wautelet,* in: Bonomi/Wautelet Art. 23 Règ. Rn. 65.
[1351] *Wautelet,* in: Bonomi/Wautelet Art. 23 Règ. Rn. 67.
[1352] *Leitzen,* ZEV 2012, 520, 523; Geimer/Schütze/F. *Odersky* Art. 23 EuErbVO Rn. 41.

sein.[1353] Zwei Beispiele für mögliche Rechte und Befugnisse sind in Art. 23 II lit. f EuErbVO ausdrücklich genannt: die Veräußerung von Vermögen und die Befriedigung der Nachlassgläubiger. Diese kurze Liste ist nicht abschließend.[1354] Über sie hinaus regiert das Erbstatut etwa, ob ein Gericht einen vorläufigen Nachlassverwalter einsetzen kann und ob und in welchem Umfang der Erblasser testamanetarisch wie außertestamantarisch Verwalter benennen und betrauen darf.[1355]

372 Dem Erbstatut unterliegt die gesamte Ausgestaltung der Position des Nachlassverwalters, sowohl hinsichtlich der Befugnisse als auch hinsichtlich der Verpflichtungen, z.B. welche Maßnahme der Nachlassverwalter zur Erhaltung und ordnungsgemäßen Verwaltung der Nachlasswerte ergreifen muss.[1356] Dies meint auch, ob bei Versterben eines vom Erblasser eingesetzten Testamentsvollstreckers eine Nachfolge stattfindet, ob der Erblasser einen Ersatztestamentsvollstrecker benennen darf oder inwiefern die Erben des Testamentsvollstreckers nachrücken.[1357] Gleichermaßen ist die Frage erfasst, ob und, wenn ja, in welcher Höhe dem Nachlassverwalter eine Vergütung zusteht.[1358]

373 Wer Testamentsvollstrecker werden kann und welche persönliche Qualifikationen insoweit zu erfüllen sind, oder ob Hinderungsgründe bestehen, bestimmt ebenfalls das Erbstatut.[1359] Das Erbstatut kann auch Altersgrenzen oder Geschäftsfähigkeit vorschreiben.[1360] Ob jemand geschäftsfähig ist, wäre allerdings eine aus der EuErbVO herausfallende Vorfrage.

374 Zum Anwendungsbereich des Art. 23 II lit. f EuErbVO gehören auch alle denkbaren Legitimationsnachweise für Erben und Nachlassverwalter, z.B. Erbschein, acte de notiriété, Testamentsvollstreckerzeugnis, Bestellungsnachweis, einschließlich der zu diesen führenden Verfahren.[1361] Dies gilt allerdings nicht für das Europäische Nachlasszeugnis, denn dieses ist direkt durch eigene Sach- und Verfahrensnormen der EuErbVO geregelt.[1362]

375 *g) Haftung für Nachlassverbindlichkeiten.* Die Haftung für Nachlassverbindlichkeiten gehört ausweislich Art. 23 II lit. g EuErbVO zum Erbstatut. Insoweit gibt es ein Vorbild weder im Haager ErbRÜk. noch im Code DIP belge.[1363] Bereits das Grünbuch stellte aber Überlegungen an, ob man in diesem Punkt nicht über das Haager ErbRÜbk hinausgehen sollte.[1364]

376 Welche Verbindlichkeiten des Erblassers zum Zeitpunkt des Erbfalls bestehen und unter welchen Voraussetzungen sie jeweils fällig sind, ist eine Vorfrage.[1365] Diese Vorfrage beantwortet in selbständiger Anknüpfung das Statut der jeweils in Rede stehenden Forderung, bei einer Forderung aus Vertrag also das Statut des betreffenden Vertrags, angeknüpft über die Rom I-VO, und bei einer Forderung aus Delikt das Statut des betreffenden Delikts, angeknüpft über die Rom II-VO. Das jeweilige Forderungsstatut entscheidet auch, ob die Forderung überhaupt übergehen kann oder ob die Verpflichtung höchstpersönlicher Natur war und nur den Erblasser traf.[1366]

[1353] *Wautelet*, in: Bonomi/Wautelet Art. 23 Règ. Rn. 69; MüKoBGB/*Dutta* Art. 23 EuErbVO Rn. 23.
[1354] *Wautelet*, in: Bonomi/Wautelet Art. 23 Règ. Rn. 70; Dutta/Weber/*J. P. Schmidt* Art. 23 EuErbVO Rn. 88.
[1355] *Wautelet*, in: Bonomi/Wautelet Art. 23 Règ. Rn. 70.
[1356] *Wautelet*, in: Bonomi/Wautelet Art. 23 Règ. Rn. 70.
[1357] *Wautelet*, in: Bonomi/Wautelet Art. 23 Règ. Rn. 70.
[1358] *Wautelet*, in: Bonomi/Wautelet Art. 23 Règ. Rn. 70.
[1359] Vgl. Dutta/Weber/*J. P. Schmidt* Art. 23 EuErbVO Rn. 90.
[1360] Vgl. *Wautelet*, in: Bonomi/Wautelet Art. 23 Règ. Rn. 70.
[1361] *Wautelet*, in: Bonomi/Wautelet Art. 23 Règ. Rn. 72.
[1362] *Wautelet*, in: Bonomi/Wautelet Art. 23 Règ. Rn. 72.
[1363] *Revillard*, in: Khairallah/Revillard (dir.), Droit européen des successions internationales, 2013, S. 67, 75.
[1364] Grünbuch Erb- und Testamentsrecht, von der Kommission vorgelegt am 1.3.2005, KOM (2005) 65 endg. S. 8.
[1365] Ebenso *Wautelet*, in: Bonomi/Wautelet Art. 23 Règ. Rn. 77; MüKoBGB/*Dutta* Art. 23 EuErbVO Rn. 25.
[1366] *Revillard*, in: Khairallah/Revillard (dir.), Droit européen des successions internationales, 2013, S. 67, 76 unter Hinweis auf *Lagarde*, Rép. Dr. int. Successions noS. 189, 191; Dutta/Weber/*J. P. Schmidt* Art. 23 EuErbVO Rn. 96; *Pamboukis*/*Metallinos* Art. 23 Successions Regulation Rn. 69.

VIII. Qualifikation

Nachlassverbindlichkeiten sind indes nicht nur übergehende Verbindlichkeiten des Erblassers, sondern auch solche Verbindlichkeiten, die aus Anlass des Erbfalls entstehen, also erst in der Person des Nachlassberechtigten, nicht schon zuvor in der Person des Erblassers.[1367] Hinzu treten eigene Verbindlichkeiten des Nachlasses nach dem Erbfall, die aus der Nachlassmasse zu begleichen sind.[1368] Die spanische Fassung „las deudas y cargas de la herencia" erscheint zu eng, zumal angesichts der weiten deutschen und niederländischen („schulden van de nalatenschap") Fassung. Maßgeblich sollte sein, was funktionell zur Passivmasse des Nachlasses zählt.[1369] Hierher gehört indes nicht das Erbschaftsteuerrecht samt den durch es begründeten Steuerpflichten, denn es ist durch Art. 1 I und Erwägungsgrund (10) EuErbVO aus der EuErbVO insgesamt ausgeschlossen.[1370] 377

„Haftung" meint zunächst, wer in welchem Umfang haftet:[1371] alle Erben oder nur einzelne? Nur Erben oder auch sonstige Berechtigte und Nachlassbegünstigte, insbesondere Vermächtnisnehmer? A priori beschränkt auf den Nachlass, beschränkbar auf den Nachlass, unbeschränkt und voll auch mit dem eigenen persönlichen Vermögen jenseits des Nachlasses? 378

In der Praxis sind viele Nachlassverbindlichkeiten durch dingliche Sicherheiten an bestimmten Nachlassgegenständen gesichert. Dies gilt insbesondere für eine grundpfandrechtliche Sicherung durch Hypothek oder Grundstück an zum Nachlass gehörenden Immobilien. Die Haftung wird dann realisiert, indem die gesicherten Gläubiger ihre Sicherheiten realisieren; die anderen Nachlassgegenstände, an denen sie keine Sicherungsrechte haben, oder das persönliche Vermögen der Erben jenseits des Nachlasses fangen erst an, die gesicherten Gläubiger zu interessieren, wenn deren Sicherheiten sich als nicht werthaltig oder nicht ausreichend erweisen.[1372] 379

Zur Haftung gehört auch die Haftungsverteilung zwischen mehreren Erben im Außenverhältnis:[1373] Teilschuld oder Gesamtschuld? Haftung nach Köpfen oder nach Erbschaftsanteil? Gleichermaßen gehört dazu die Verantwortlichkeit für das Begleichen von Verbindlichkeiten, selbst wenn diese von der Schuldnerstellung getrennt sein sollte. In einem probate-System trift sie den Nachlassverwalter.[1374] 380

Richtigerweise gehört zum Anknüpfungsgegenstand Haftung auch die Haftung im Innenverhältnis zwischen mehreren Verpflichteten, insbesondere mehreren Erben, einschließlich eines etwaigen Regresses.[1375] 381

Dagegen ist fraglich, ob „Haftung" auch Haftungs- und Rangkonflikte zwischen Gläubigern meint.[1376] Erwägungsgrund (42) S. 3 EuErbVO besagt, dass bei der Begleichung der Nachlassverbindlichkeiten abhängig *insbesondere* von dem auf die Rechtsnachfolge von Todes wegen anzuwendenden Recht eine spezifische Rangfolge der Gläubiger berücksichtigt werden kann.[1377] Sinnvollerweise kann nur das Erbstatut die Funktion eines zusammenführenden Gesamtstatuts übernehmen, kein Statut einer einzelnen Verbindlichkeit. 382

[1367] *Wautelet*, in: Bonomi/Wautelet Art. 23 Règ. Rn. 73.
[1368] *Wautelet*, in: Bonomi/Wautelet Art. 23 Règ. Rn. 73.
[1369] *Wautelet*, in: Bonomi/Wautelet Art. 23 Règ. Rn. 74.
[1370] *Wautelet*, in: Bonomi/Wautelet Art. 23 Règ. Rn. 80; Dutta/Weber/*J. P. Schmidt* Art. 23 EuErbVO Rn. 97; *Pamboukis/Metallinos* Art. 23 Successions Regulation Rn. 67 f.
[1371] *Wautelet*, in: Bonomi/Wautelet Art. 23 Règ. Rn. 75; *Pamboukis/Metallinos* Art. 23 Successions Regulation Rn. 66.
[1372] Siehe *Revillard*, in: Khairallah/Revillard (dir.), Droit européen des successions internationales, 2013, S. 67, 76 unter Hinweis auf *Revillard*, Droit international privé et communautaire: pratique notariale, 2006, no. 840; *Droz/Revillard*, J-Cl. Dr. not. Fasc. 557-10 no. 222 sowie *Wautelet*, in: Bonomi/Wautelet Art. 23 Règ. Rn. 75.
[1373] *Wautelet*, in: Bonomi/Wautelet Art. 23 Règ. Rn. 76; Dutta/Weber/*J. P. Schmidt* Art. 23 EuErbVO Rn. 99.
[1374] *Wautelet*, in: Bonomi/Wautelet Art. 23 Règ. Rn. 76.
[1375] *Wautelet*, in: Bonomi/Wautelet Art. 23 Règ. Rn. 78; MüKoBGB/*Dutta* Art. 23 EuErbVO Rn. 25.
[1376] *Wautelet*, in: Bonomi/Wautelet Art. 23 Règ. Rn. 79.
[1377] Hervorhebung hinzugefügt. Vgl. *Geimer/Schütze/F. Odersky* Art. 23 EuErbVO Rn. 47.

383 Wie Haftung realisiert wird, liegt jenseits des Erbstatuts. Insbesondere gibt das Erbstatut nicht maß für Verfahren und Möglichkeiten einer klagweisen Durchsetzung, insbesondere nicht für die bei der einzelnen Forderung bestehenden Zuständigkeiten.[1378]

384 h) *Pflichtteil, Noterbrecht, reservierter Nachlassteil.* Von großer Bedeutung ist Art. 23 II lit. h EuErbVO: Der verfügbare Teil des Nachlasses, die Pflichtteile und anderen Beschränkungen der Testierfreiheit sowie etwaige Ansprüche von Personen, welche dem Erblasser nahestehen, gegen den Nachlass oder gegen die Erben richten sich nach dem Erbstatut. Ob ein bloßer Zahlungsanspruch gewährt wird oder eine dinglich wirkende Nachlassberechtigung, ist unerheblich;[1379] alle denkbaren und weltweit praktizierten Modelle sind gleichermaßen erfasst, natürlich einschließlich réserve héréditaire und family provision,[1380] auch von Todes wegen entstehende Unterhaltsansprüche[1381] und Zugriffsrechte auf bestimmte Nachlasswerte (family allowance, homestead allowance, exempt property allowance)[1382] oder auf Nachlasswerte bis zu einer Obergrenze nach Wahl des Begünstigten (elective share).[1383] Gemeinsames verbindendes Band und Charateristikum ist vielmehr die fehlende Dispositionsmöglichkeit des Erblassers.[1384] Gesetzliche Vorbehalte zu Gunsten bestimmter Berechtigter dienen deren gesetzlichem Schutz und bilden Schranken für die Testierfreiheit des Erblassers.[1385]

385 Das Erbstatut entscheidet, ob ein Vorbehalt zu Gunsten bestimmter Berechtigter besteht und, wenn ja, wie dieser ausgestaltet ist, ob also als Pflichtteilsanspruch, als dingliches Noterbrecht oder als reservierter Nachlassteil.[1386] Es entscheidet auch, wer zum Kreis der so Begünstigten zählt.[1387] Gerade in diesem Punkt bestehen gewichtige Unterschiede zwischen den verschiedenen Rechtsordnungen, etwa beim geforderten Verwandtschaftsgrad oder bei der Einbeziehung außerehelicher Kinder, auch wenn letztere unter dem Einfluss der EMRK schwinden.[1388] Unterschiede bestehen auch bei der Einbeziehung von Ehegatten und erst recht von Lebenspartnern, registrierten wie nichtregistrierten.

386 Dem Erbstatut unterfallen auch alle Fragen nach Umfang, Quote oder Berechnung der Begünstigung bzw. ihres Wertes.[1389] Von besonderer Bedeutung ist in diesem Zusammenhang auch die Berechnungsgrundlage: Sind Schenkungen des Erblassers zu Lebzeiten dem Nachlass noch hinzuzurechnen oder nicht?[1390] Gibt es insoweit einen Ausgleich, etwa nach Art des deutschen Pflichtteilsergänzungsanspruchs?

387 Sofern das Erbstatut eine bestimmte Nähebeziehung zum Forum zur Voraussetzung erhebt oder vom Bestehen einer Zuständigkeit abhängig macht, kann man darin eine Selbstbeschränkung der einschlägigen Sachnormen sehen.[1391] Eine prozessuale Qualifikation solcher Voraussetzungen erscheint nicht angebracht; viemehr sind diese wie „normale" Tatbestandsmerkmale materiellrechtlich zu qualifizieren.

[1378] *Wautelet,* in: Bonomi/Wautelet Art. 23 Règ. Rn. 79; *Calvo Caravaca/Davì/Mansel/Castellanos Ruiz* Art. 23 Successions Regulation Rn. 12.
[1379] *Müller-Lukoschek* § 2 Rn. 43; Geimer/Schütze/F. *Odersky* Art. 23 EuErbVO Rn. 48.
[1380] *Bonomi,* in: Bonomi/Wautelet Art. 23 Règ. Rn. 89 f.; MüKoBGB/*Dutta* Art. 23 EuErbVO Rn. 27.
[1381] *Bonomi,* in: Bonomi/Wautelet Art. 23 Règ. Rn. 92.
[1382] *Bonomi,* in: Bonomi/Wautelet Art. 23 Règ. Rn. 93; *Calvo Caravaca/Davì/Mansel/Castellanos Ruiz* Art. 23 Successions Regulation Rn. 15.
[1383] *Bonomi,* in: Bonomi/Wautelet Art. 23 Règ. Rn. 94.
[1384] *Müller-Lukoschek* § 2 Rn. 43.
[1385] *Bonomi,* in: Bonomi/Wautelet Art. 23 Règ. Rn. 81.
[1386] *Bonomi,* in: Bonomi/Wautelet Art. 23 Règ. Rn. 87.
[1387] Siehe nur *Lagarde,* in: Bergquist/Damascelli/Frimston/Lagarde/F. Odersky/Reinhartz Art. 23 EuErbVO Rn. 36; Dutta/Weber/*J. P. Schmidt* Art. 23 EuErbVO Rn. 112.
[1388] *Bonomi,* in: Bonomi/Wautelet Art. 23 Règ. Rn. 82.
[1389] *Bonomi,* in: Bonomi/Wautelet Art. 23 Règ. Rn. 88; *Pamboukis/Metallinos* Art. 23 Successions Regulation Rn. 73.
[1390] Siehe hierzu Geimer/Schütze/F. *Odersky* Art. 23 EuErbVO Rn. 52 ff.
[1391] *Bonomi,* in: Bonomi/Wautelet Art. 23 Règ. Rn. 91.

VIII. Qualifikation 388–392 § 5

i) Ausgleichung und Anrechnung. Art. 23 II lit. i EuErbVO schlägt die Ausgleichung und 388 Anrechnung unentgeltlicher Verfügungen bei der Bestimmung der Anteile der einzelnen Berechtigten zum Erbstatut. Die deutsche Fassung verwendet hier als Termini scheinbar die Schlüsselbegriffe aus §§ 2050; 2315 BGB. Ausgleichung beträfe danach das Verhältnis von Miterben untereinander, Anrechnung erfolgt dagegen auf einen Pflichtteil. Aus der teminologischen Anlehnung der deutschen Fassung an das BGB darf man indes keine voreiligen Schlüsse ziehen, dass auch die Gedankenwelt des BGB zu übertragen wäre.[1392] Eine Anrechnung auf einen Pflichtteil nach BGB-Modell würde nicht zusammenpassen mit einem Erbstatut, das nahen Verwandten deren Mindestbeteiligung am Nachlass nicht wie den Pflichtteil deutscher Konstruktion als Geldanspruch, sondern vielmehr als dingliche Beteiligung, als so genanntes Noterbrecht, gewährt.[1393] Um beides zusammenzuführen bedürfte es einiger gestalterischer Phantasie, insbesondere über Teilungsanordnungen und Vorausvermächtnisse.[1394]

Die Zuweisung von Anrechnung und Ausgleichung zum Erbstatut gehörte zu den gro- 389 ßen Streitpunkten in der Entstehung der EuErbVO. Insbesondere weckte sie den Widerstand der jedem claw back abholden Common Law-Staaten Vereinigtes Königreich und Irland.[1395] Beide sahen Rechtsunsicherheit für Beschenkte. Diese könnten im Hinblick auf einen denkbaren Statutenwechsel des Erbstatuts durch Aufenthaltswechsel des Erblassers nach der Schenkung nicht vorhersehen, ob die Schenkung Bestand habe oder ob die gemachten Zuwendungen nach dem Tode des Erblassers zurückgefordert werden könnten oder auszugleichen wären.[1396] Ein Kompromissvorschlag der seinerzeitigen polnischen Präsidentschaft, für die Ausgleichspflicht auf das hypothetische Erbstatut zum Zeitpunkt der unentgeltlichen Zuwendung abzustellen, scheiterte.[1397] Art. 23 II lit. i EuErbVO enthält de facto eine echte Rückwirkung und entfaltet damit erhebliche Sprengkraft.[1398]

Klargestellt sei, dass der Bestand einer vom Erblasser zu dessen Lebzeiten begründeten 390 oder gar vollzogenen Schenkung nicht dem Erbstatut unterfällt und nicht in Abrede gestellt wird.[1399]

Das Erbstatut bestimmt, wann eine Anrechnung oder Angleichung stattfindet, unter 391 welchen Voraussetzungen, in welchem Umfang, zu wessen Gunsten und gegebenenfalls zu wessen Ungunsten.[1400] Insbesondere entscheidet das Erbstatut also, ob es überhaupt einen claw back vorsieht. Insoweit wird nicht etwa das Statut der jeweiligen Zuwendung durch den Erblasser befragt.[1401] Es kann sich also ergeben, dass eine nach ihrem Statut vollkommen wirksame Schenkung trotzdem wertmäßig einen vollständigen oder partiellen Rückvollzug erleidet, ohne dass ihr Bestand leiden würde.[1402] Diese Trennung zwischen Wirksamkeit der Zuwendung und Ausgleichung ist all jenen Rechtsordnungen geläufig, welche Vorbehalte zu Gunsten bestimmter Begünstigter kennen, dagegen nicht jenen Rechtsordnungen, die keine solchen Vorbehalte kennen, namentlich vielen common law-Rechtsordnungen.[1403]

In der Genese der EuErbVO finden sich Kompromissvorschläge, die dafür plädierten, 392 insoweit nicht das Erbstatut, ermittelt zum Todeszeitpunkt des Erblassers, zu berufen, son-

---

[1392] *Volmer,* RPfleger 2013, 421, 424; Geimer/Schütze/*F. Odersky* Art. 23 EuErbVO Rn. 55.
[1393] *Volmer,* RPfleger 2013, 421, 424.
[1394] *Volmer,* RPfleger 2013, 421, 424.
[1395] Siehe nur *Davì/Zanobetti,* Cuad. Der. TranS. 5 (2) (2013), 5, 15 f.
[1396] Vgl. *Geimer,* NZ 2012, 70, 76; *ders.,* in: J. Hager (Hrsg.), Die neue europäische Erbrechtsverordnung, 2013, S. 9, 29.
[1397] *Geimer,* in: J. Hager (Hrsg.), Die neue europäische Erbrechtsverordnung, 2013, S. 9, 29.
[1398] *Vossius,* notar 2014, 65.
[1399] Vgl. *Bonomi,* in: Bonomi/Wautelet Art. 23 Règ. Rn. 95; *Calvo Caravaca/Davì/Mansel/Castellanos Ruiz* Art. 23 Successions Regulation Rn. 16.
[1400] *Pamboukis/Metallinos* Art. 23 Successions Regulation Rn. 80.
[1401] *Bonomi,* in: Bonomi/Wautelet Art. 23 Règ. Rn. 98.
[1402] *Bonomi,* in: Bonomi/Wautelet Art. 23 Règ. Rn. 98.
[1403] *Bonomi,* in: Bonomi/Wautelet Art. 23 Règ. Rn. 98.

dern das hypothetische Erbstatut, wie es sich ergeben hätte, wenn der Erblasser zum Zeitpunkt der Zuwendung verstorben wäre.[1404] In der EuErbVO könnte sich dies immerhin auf Parallelwertungen zu Artt. 24 I; 25 I, II EuErbVO stützen. Außerdem würde man so dem Zuwendungsempfänger eine sichere und nicht mehr durch zukünftige Entwicklungen gefährdete Informationsmöglichkeit eröffnen, inwieweit er damit rechnen muss, dass die empfangene Zuwendung rechnerisch zumindest teilweise rückabzuwickeln sei.[1405] Solche Vorschläge haben sich indes nicht durchzusetzen vermocht. Art. 23 II lit. i EuErbVO ist eindeutig: Maßgeblich ist das Erbstatut zum Zeitpunkt des Erbfalls.

393   j) *Teilung des Nachlasses.* Letzter Punkt im Katalog des Art. 23 II EuErbVO ist die Teilung des Nachlasses. Sie gehört nach Art. 23 II lit. j EuErbVO zum Erbstatut. Es geht um sämtliche Mechanismen zur Aufteilung des Nachlasses unter den Berechtigten. Die Bedeutung des Art. 23 II lit. j EuErbVO liegt darin, eine materiellrechtliche Qualifikation festzuschreiben und eine prozessuale Qualifikation abzuwehren, wie sie in einigen Rechtsordnungen obwaltet.[1406]

394   Welche Anteile, d.h. Anteile in welcher Höhe, die einzelnen Berechtigten bekommen, unterfällt allerdings nicht Art. 23 II lit. j EuErbVO, sondern Art. 23 II lit. b Var. 2 EuErbVO. Dagegen gehören Teilungsanordnungen mit Zuweisung bezeichneter Nachlassgegenstände zu individuell benannten Berechtigten durch den Erblasser zu Art. 23 II lit. j EuErbVO.[1407] Wer zur Teilung berechtigt ist (die Erben, Testamentsvollstrecker, administrator, executor, Gericht), bestimmt ebenfalls das Erbstatut.[1408]

395   Gleichermaßen gilt dies für den konstitutiven oder bloße deklaratorischen Charakter einer Teilung oder die Rückforderung bzw. Anrechnung einzelner Nachlassgegenstände, welche Berechtigte bereits vor der Teilung in Besitz genommen haben,[1409] sowie für Zusammenstellung und endgültige Zuweisung bei der Umwandlung der Berechtigung am Gesamtnachlass in eine Berechtigung an einzelnen Nachlassgegenständen.[1410] Weder die lex fori hat insoweit eine Mitspracherecht[1411] noch die lex rei sitae.[1412]

396   Die Teilung betrifft nur das Verhältnis der Berechtigten untereinander und berührt den Erblasser nicht mehr. Man könnte daher daran denken, den Berechtigten insoweit Parteiautonomie zu eröffnen und eine vom Erbstatut abweichende Rechtswahl durch die Erben bzw. Berechtigten zuzulassen.[1413]

397   **3. Materien jenseits des Art. 23 II EuErbVO.** Da der Katalog des Art. 23 II EuErbVO nicht abschließend ist, können Materien jenseits des Art. 23 II EuErbVO, die zwar dort nicht aufgeführt sind, aber trotzdem dem Erbstatut unterfallen. Grundlage für die Zuweisung zum Erbstatut ist Art. 23 I EuErbVO, der insoweit General- und Auffangregel gleichermaßen ist.

398   Betroffen ist insbesondere das Innenverhältnis einer Erbengemeinschaft. Ob auch das Außenverhältnis einer Erbengemeinschaft dem Erbstatut zu unterstellen ist, bedarf besonderer Überlegungen. Insoweit kann die Ausgliederung der Rechtsfähigkeit aus der EuErbVO durch Art. 1 II lit. b Var. 1 EuErbVO keine Rolle spielen, denn diese Norm betrifft nur die Rechtsfähigkeit natürlicher Personen.

[1404] *J. Harris,* (2008) 22 Trust L. Int. 181, 199; *Dutta,* RabelsZ 73 (2009), 547, 583; Max Planck Institute for Comparative and Private International Law, RabelsZ 74 (2010), 522, 574 f.
[1405] *Bonomi,* in: Bonomi/Wautelet Art. 23 Règ. Rn. 98.
[1406] Siehe *Wautelet,* in: Bonomi/Wautelet Art. 23 Règ. Rn. 100.
[1407] NK-BGB/*Looschelders* Art. 23 EuErbVO Rn. 28.
[1408] *F. Odersky,* in: Hausmann/Odersky IPR § 15 Rn. 301.
[1409] *Wautelet,* in: Bonomi/Wautelet Art. 23 Règ. Rn. 101.
[1410] *Wautelet,* in: Bonomi/Wautelet Art. 23 Règ. Rn. 103.
[1411] Entgegen *Revillard,* in: Khairallah/Revillard (dir.), Droit européen des successions internationales, 2013, S. 67, 78.
[1412] *Wautelet,* in: Bonomi/Wautelet Art. 23 Règ. Rn. 103.
[1413] → § 5 Rn. 153. Offen *Wautelet,* in: Bonomi/Wautelet Art. 23 Règ. Rn. 102; *Calvo Caravaca/Davì/Mansel/Ruiz* Art. 23 Successions Regulation Rn. 17. Dagegen *Pamboukis/Metallinos* Art. 23 Successions Regulation Rn. 84.

IX. Bestellung und Befugnisse von Nachlassverwaltern nach Art. 29 EuErbVO

Ausführlich und sehr detailliert befasst sich Art. 29 EuErbVO mit der Bestellung und der **399** Befugnis von Nachlassverwaltern. Die Norm kommt denjenigen Mitgliedstaaten entgegen, deren Sachrecht sich nicht (wie das deutsche Recht in § 1922 BGB) dem Vonselbstanfall der Erbschaft verschrieben hat, sondern auf einen unabhängigen Nachlassverwalter setzt, welcher die Erbschaft vorläufig in Besitz nimmt und für die Abwicklung sorgt. Dies ist namentlich in den angelsächsischen Rechtsordnungen der Fall,[1414] die einen personal representative oder administrator als Zentralfigur für den Erben in der Nachlassabwicklung kennen, während die Erben keine eigene Nachlassbeteiligung haben, sondern nur Ansprüche gegen jenen administrator.[1415] Im Kern dient dies dazu, der dortigen lex rei sitae Geltung zu verschaffen.[1416] Die betreffenden Staaten sollen nicht gezwungen sein, ihr Nachlassverfahren zu ändern, um einem strikten Prinzip der Nachlasseinheit Genüge zu tun.[1417]

Ob dies im Gesamtgefüge der EuErbVO systemkonform und systemstimmig ist und ob **400** man hier nicht die Common Law-Staaten privilegiert und die Civil Law-Staaten benachteiligt, sei dahingestellt.[1418] Jedenfalls hat man sich in vorauseilendem Gehorsam dazu entschlossen, den Kompromiss des Art. 29 EuErbVO zu stipulieren.[1419]

Die potenziellen Hauptanwendungsfälle, nämlich das Vereinigte Königreich und Irland, **401** nehmen aber gar nicht an der EuErbVO teil, sodass Art. 29 EuErbVO weitgehend totes Recht bleiben könnte.[1420] Zypern kommt als Forumstaat in Betracht, für den Art. 29 EuErbVO Bedeutung gewinnen könnte,[1421] nicht dagegen Malta,[1422] das im Erbrecht grundsätzlich dem romanischen Rechtskreis zuzurechnen ist.[1423] Art. 29 EuErbVO sollte sich nämlich seiner Genese nach vor allem des probate-Verfahrens annehmen.[1424]

Art. 29 EuErbVO dürfte gerade wegen seines Kompromisscharakters, seiner Ausführ- **402** lichkeit und seiner Detailfreudigkeit eine Quelle steter Auslegungs- und Koordinationsprobleme werden,[1425] wo und sofern er überhaupt Anwendungsfälle hat. Immerhin bringt für die kollisionsrechtliche Regelung der Willensvollstreckung die in ihm angelegte Abgrenzung der Nachlassverwaltung zur Testamentsverwaltung im Sinne von Art. 23 II lit. f EuErbVO einen bedeutenden materiellrechtlichen Unterschied zwischen den verschiedenen Erbrechtsordnungen zur Sprache.[1426] Art. 29 EuErbVO befasst sich mit dem Grenz- und Überschneidungsgebiet zwischen Erbrecht und Verfahrensrecht.[1427]

Art. 29 I UAbs. 1 EuErbVO verhilft Normen der lex fori über die obligatorische Bestel- **403** lung eines Nachlassverwalters grundsätzlich zum Durchbruch, indem er quasi-prozessrechtlich qualifiziert: Ist die Bestellung eines Verwalters nach dem Recht des Staates eines

---

[1414] Siehe nur *Revillard*, Defrénois 2012, 743, 751; *Frodl*, ÖJZ 2012, 950, 955.
[1415] *Lagarde*, in: Khairallah/Revillard (dir.), Droit européen des successions internationales, 2013, S. 5, 9; *Müller-Lukoschek* § 2 Rn. 44.
[1416] *Haas*, in: Jud/Rechberger/Reichelt (Hrsg.), Kollisionsrecht in der Europäischen Union, 2008, S. 127, 146 f.; *Buschbaum/M. C. Kohler*, GPR 2010, 106, 110; *Geimer*, in: Reichelt/Rechberger (Hrsg.), Europäisches Erb- und Erbverfahrensrecht, 2011, S. 1, 23 f.; *ders.*, NZ 2012, 70, 75; *Vékás*, in: Reichelt/Rechberger (Hrsg.), Europäisches Erb- und Erbverfahrensrecht, 2011, S. 41, 47.
[1417] *Vékás*, in: Reichelt/Rechberger (Hrsg.), Europäisches Erb- und Erbverfahrensrecht, 2011, S. 41, 47 f.
[1418] *Geimer*, NZ 2012, 70, 75.
[1419] *Buschbaum/M. C. Kohler*, GPR 2010, 106, 110; *Geimer*, in: J. Hager (Hrsg.), Die neue europäische Erbrechtsverordnung, 2013, S. 9, 28.
[1420] *Dutta*, FamRZ 2013, 4, 11; Geimer/Schütze/*F. Odersky* Art. 29 EuErbVO Rn. 3.
[1421] Vgl. *Frodl*, ÖJZ 2012, 950, 955.
[1422] *Müller-Lukoschek* § 2 Rn. 44 Fn. 23.
Anders NK-BGB/*Looschelders* Art. 29 EuErbVO Rn. 4 mwN.
[1423] *Pisani*, IPRax 2007, 359; *ders.*, ZEV 2012, 579.
[1424] *Bonomi*, Essays in Honour of Hans van Loon, 2013, S. 69, 76.
[1425] *Bajons*, in: Schauer/Scheuba (Hrsg.), Europäische Erbrechtsverordnung, 2013, S. 29, 39; *C. Rudolf*, NZ 2013, 225, 237.
[1426] *L. Kunz*, GPR 2012, 208 (208).
[1427] *Bajons*, in: Schauer/Scheuba (Hrsg.), Europäische Erbrechtsverordnung, 2013, S. 29, 38; *Franzina/Leandro*, NLCC 2013, 275, 323.

international zuständigen Forums, obligatorisch oder auf Antrag obligatorisch und ist forumfremdes Erbrecht anzuwenden, so können die Gerichte dieses Staates einen oder mehrere Nachlassverwalter nach ihrem eigenen Recht bestellen. Dies gilt auch dann, wenn das forumfremde Erbstatut keine Nachlassverwaltung kennt.[1428]

404 In Art. 29 I UAbs. 2 S. 1 EuErbVO wird weiter konkretisiert: Solche nach der lex fori obligatorischen Nachlassverwalter sind berechtigt, das Testament des Erblassers zu vollstrecken oder den Nachlass nach dem Erbstatut zu verwalten. Diese Befugnis ist nach Art. 29 I UAbs. 3 EuErbVO exklusiv und schließt andere Personen vom Tätigwerden in diesem Bereich aus. Um eine reibungslose Abstimmung zwischen Erbstatut und lex fori zu gewährleisten, sollte ausweislich Erwägungsgrund (43) S. 4 EuErbVO das Gericht in der Regel diejenigen Personen als Nachlassverwalter bestellen, die berechtigt wären, den Nachlass nach dem Erbstatut zu verwalten, also einen etwaigen Testamentsverwalter oder die Erben selbst oder, wenn das Erbstatut dies zulässt, einen Fremdverwalter.

405 Sieht das Erbstatut nicht vor, dass ein nicht am Nachlass Berechtigter Nachlassverwalter werden kann, so können nach Art. 29 I UAbs. 2 S. 2 EuErbVO die Gerichte des Mitgliedstaates, in welchem der Verwalter bestellt werden muss, einen Fremdverwalter nach ihrer eigenen lex fori bestellen, wenn dies so vorgesehen ist und wenn es einen schwerwiegenden Interessenkonflikt zwischen den Nachlassberechtigten untereinander oder zwischen den Nachlassberechtigten zum einen und den Nachlassgläubigern oder Bürgen für Verbindlichkeiten des Erblassers zum anderen gibt, oder Uneinigkeit zwischen den Nachlassberechtigten über die Verwaltung des Nachlasses besteht, oder wenn es sich aufgrund der Art der Nachlasswerte um einen schwer zu verwaltenden Nachlass handelt.

406 Nach Art. 29 I EuErbVO bestellte Nachlassverwalter üben gemäß Art. 29 II UAbs. 1 S. 1 EuErbVO die Befugnisse zur Verwaltung des Nachlasses aus, die sie nach dem Erbstatut ausüben dürfen. Das bestellende Gericht kann nach Art. 29 II UAbs. 1 S. 2 EuErbVO in seiner Entscheidung besondere Bedingungen für die Ausübung dieser Befugnisse im Einklang mit dem Erbstatut aufstellen. Sofern das Erbstatut keine ausreichenden Verwaltungsbefugnisse oder Befugnisse zum Schutz der Nachlassgläubiger oder der Bürgen für Verbindlichkeiten des Erbalssers vorsieht (namentlich weil diese auf die Nachlassverwaltung als dem Erbstatut unbekanntes Rechtsinstitut abzustimmen wären), so kommt Art. 29 II UAbs. 2 EuErbVO zum Zuge. Diesem zufolge kann das bestellende Gericht dem Nachlassverwalter gestatten, ergänzend die Befugnisse nach der lex fori auszuüben und besondere Bedingungen für die Ausübung dieser Befugnisse im Einklang mit der lex fori festlegen. Zu den ergänzenden Befugnissen können nach Erwägungsgrund (44) S. 3 EuErbVO gehören, die Liste des Nachlassvermögens und der Nachlassverbindlichkeiten zu erstellen, die Nachlassgläubiger vom Eintritt des Erbfalls zu unterrichten und die Nachlassgläubiger aufzufordern, ihre Ansprüche geltend zu machen, sowie einstweilige Maßnahmen einschließlich Sicherungsmaßnahmen zum Erhalt des Nachlassvermögens zu ergreifen.

407 Gemäß Art. 29 II UAbs. 3 EuErbVO muss der Verwalter bei der Ausübung solcher ergänzender Befugnisse nach der lex fori das Erbstatut in Bezug auf den Übergang des Eigentums an dem Nachlassvermögen, die Haftung für die Nachlassverbindlichkeiten, die subjektiven Rechte der Nachlassberechtigten (Erben und Vermächtnisnehmer) einschließlich eines Annahme- oder Ausschlagungsrechts und die Befugnisse eines etwaigen Testamentsvollstreckers einhalten. Erwägungsgrund (43) S. 6 EuErbVO stellt klar, dass einem Testamentsvollstrecker dessen Befugnisse nicht entzogen werden können, es sei denn, das Erbstatut ermöglicht das Erlöschen des Testamentsvollstreckeramts. Wie dem Nachlassverwalter der Spagat möglich sein soll, ohne in Konflikt mit seiner Aufgabe zu geraten, bedarf der Konkretisierung.[1429] Immerhin kann er nach der lex fori, auf der seine Bestellung beruht,

---

[1428] *Bajons*, in: Schauer/Scheuba (Hrsg.), Europäische Erbrechtsverordnung, 2013, S. 29, 39.
[1429] *Vollmer*, ZErb 2012, 227, 232; *Bajons*, in: Schauer/Scheuba (Hrsg.), Europäische Erbrechtsverordnung, 2013, S. 29, 39.

Befugnisse haben, die zwar der lex fori, nicht aber dem forumfremden Erbstatut bekannt sind.[1430]

Ist Erbstatut das Recht eines Drittstaates, so billigt Art. 29 III EuErbVO der lex fori größere Kompetenz zu und nimmt weniger Rücksicht auf das Erbstatut:[1431] Nach dessen UAbs. 1 kann das bestellende Gericht ausnahmsweise beschließen, dem Verwalter alle Verwaltungsbefugnisse zu übertragen, die nach der lex fori vorgesehen sind. Dies erfährt aber wiederum eine gewisse Einschränkung durch Art. 29 III UAbs. 2 EuErbVO: Bei der Ausübung seiner von der lex fori eingeräumten Befugnisse respektiert der Nachlassverwalter insbesondere die Bestimmung der Berechtigten und ihrer Nachlassansprüche einschließlich ihres Anspruchs auf einen Pflichtteil oder gegen den Nachlass oder gegenüber den Erben (Noterbrecht), wie das Erbstatut sie vorsieht. Dies ist eine Gratwanderung zwischen forumeigenem und forumfremden Recht.[1432] Mitgliedstaatliche Gesetzgeber sollten ihre Ausführungsgesetzgebung zur EuErbVO dazu nutzen, wie man die Aufgabe der Sicherung und Verwaltung des Erbes auch mit solchen drittstaatlichen Rechten in Einklang bringen kann, welche den sich faktisch als Erben Gerierenden oder sich als Erben bei Gericht Meldenden ohne nähere Prüfung weitgespannte Verfügungsbefugnisse über das Erbe einräumen.[1433]

X. Testamente

1. Zulässigkeit und materielle Wirkungen. *a) Eigenes Errichtungsstatut.* Die Zulässigkeit und die materiellen Wirkungen einer Verfügung von Todes wegen, also die Zulässigkeit und die materielle Wirksamkeit insbesondere eines normalen Testaments, unterwirft Art. 24 I EuErbVO dem hypothetischen Erbstatut, wie es gelten würde, wenn der Testierende zum Zeitpunkt der Testamentserrichtung verstorben wäre. Man mag sich zunächst wundern, weshalb eine eigene Regelung für die Anknüpfung der Zulässigkeit und der materiellen Wirksamkeit von Testamenten überhaupt nötig sein sollte. Ihre Berechtigung zieht sie aber aus dem abweichenden Anknüpfungszeitpunkt. Denn Rechtsfragen um ein Testament müssen vom Zeitpunkt der Errichtung an eine Antwort finden können und dürfen nicht von Spekulationen über Anknüpfungsverhältnisse zu einem dann in der Zukunft liegenden Todeszeitpunkt belastet sein.

Statuiert wird ein eigenes Errichtungsstatut, um eine vernünftige Nachlassplanung zu ermöglichen.[1434] Dies schützt das Vertrauen in letztwillige Verfügungen, die auf der Basis des seinerzeit aktuellen Aufenthaltsrechts verfasst sind, gegen mögliche Gefahren aus einer nachfolgenden Verlegung des gewöhnlichen Aufenthalts.[1435] Ein späterer Aufenthaltswechsel bewirkt wegen der zeitlichen Fixierung keinen Wechsel des Errichtungsstatuts.[1436] Insoweit wird das Testament aufrechterhalten und gegen Folgen eines späteren Umzugs ins Ausland geschützt.[1437] Die Anknüpfung ist fixiert und unwandelbar, ein Statutenwechsel nicht möglich.[1438] Der Erblasser kann bei Errichtung des Testaments sicher dessen Wirksamkeit kalkulieren.[1439] Die perpetuatio legis wahrt Kontinuitätsinteressen.[1440] Die Existenz des Art. 24 I EuErbVO bewahrt den Testierenden sicher vor den ansonsten drohenden

---

[1430] *Bajons*, in: Schauer/Scheuba (Hrsg.), Europäische Erbrechtsverordnung, 2013, S. 29, 39.
[1431] *Bajons*, in: Schauer/Scheuba (Hrsg.), Europäische Erbrechtsverordnung, 2013, S. 29, 38; NK-BGB/ *Looschelders* Art. 29 EuErbVO Rn. 2.
[1432] *Bajons*, in: Schauer/Scheuba (Hrsg.), Europäische Erbrechtsverordnung, 2013, S. 29, 39.
[1433] *Bajons*, in: Schauer/Scheuba (Hrsg.), Europäische Erbrechtsverordnung, 2013, S. 29, 39.
[1434] Siehe nur *Geimer*, in: J. Hager (Hrsg.), Die neue europäische Erbrechtsverordnung, 2013, S. 9, 31 f.
[1435] *Faber/S. Grünberger*, NZ 2011, 97, 107.
[1436] *Döbereiner*, MittBayNot 2013, 358, 365.
[1437] *Volmer*, RPfleger 2013, 421, 429.
[1438] *Jayme*, in: Reichelt/Rechberger (Hrsg.), Europäisches Erb- und Erbverfahrensrecht, 2011, S. 27, 38; *Soutier*, ZEV 2015, 515, 516.
[1439] *Jayme*, in: Reichelt/Rechberger (Hrsg.), Europäisches Erb- und Erbverfahrensrecht, 2011, S. 27, 37 f; *Calvo Caravaca/Davì/Mansel/*Rodríguez Rodrigo Art. 24 Successions Regulation Rn. 7.
[1440] *Pfeiffer*, IPRax 2016, 310, 311 f.

Gefahren aus einem möglichen Statutenwechsel.[1441] Wenn der Erblasser sein Testament nach der ursprünglichen Errichtung nicht mehr anrührt, kann er der kollisionsrechtlichen Anknüpfung vollkommen sicher sein.

411 Anwendbar ist also nicht das objektiv ermittelte Erbstatut zum Todeszeitpunkt,[1442] denn der Todeszeitpunkt liegt zum Zeitpunkt der Testamentserrichtung notwendig noch in der Zukunft. Der Vorschlag EuErbVO sah noch kein eigenes Errichtungsstatut vor, sondern tendierte unbedacht qua Nichtregelung zum Erbstatut. Dafür wurde er mit Recht kritisiert.[1443] Maßgeblicher Anknüpfungspunkt unter Art. 24 I EuErbVO ist ausweislich Erwägungsgrund (51) EuErbVO der gewöhnliche Aufenthalt des Testierenden zum Zeitpunkt der Testamentserrichtung.[1444] Hat der Erblasser bereits vor der jetzt zu beurteilenden Testamentserrichtung eine Rechtswahl getroffen, so kommt es nach Erwägungsgrund (51) EuErbVO für das hypothetische Erbstatut auf sein Heimatrecht allein zum Errichtungszeitpunkt der Verfügung (nicht zum Zeitpunkt der vorangegangenen Rechtswahl) an.[1445] Art. 24 I EuErbVO geht den möglichen conflit mobile, dass der Erblasser seinen gewöhnlichen Aufenthalt nach Errichtung des Testaments verlegt, offensiv an.[1446] Logische Konsequenz ist auch, dass unter Art. 24 II EuErbVO nur das Heimatrecht zum Zeitpunkt der Testamentserrichtung, nicht jenes zum zukünftigen Todeszeitpunkt wählbar ist.[1447]

412 **Beispiel:** Der 16-jährige E hat seinen gewöhnlichen Aufenthalt in Deutschland. 2012 errichtet E ein notarielles Testament. Zwei Jahre später zieht er dauerhaft in die Schweiz, wo er Anfang 2018 verstirbt.

413 *b) Rechtswahl nach Art. 24 II EuErbVO.* Der Testierende kann für Zulässigkeit[1448] und materielle Wirksamkeit seiner Verfügung von Todes wegen eine Rechtswahl nach dem Vorbild des Art. 22 EuErbVO treffen (also sein Heimatrecht wählen), wie Art. 24 II EuErbVO ausdrücklich festschreibt. Dadurch kann er insbesondere etwaigen Schwierigkeiten bei der Bestimmung seines gewöhnlichen Aufenthalts ausweichen und diese ausschalten[1449] (wenn auch nur für das IPR, nicht aber für die internationale Zuständigkeit unter Art. 5 EuErbVO[1450]). Art. 24 II EuErbVO ergänzt Art. 22 EuErbVO, indem er eine „isolierte"[1451] Rechtswahl für einen eng begrenzten Anknüpfungsgegenstand zulässt und so die generelle Nichtzulassung einer Teilrechtswahl unter Art. 22 EuErbVO[1452] im Ergebnis durchbricht.[1453] Art. 24 II EuErbVO erlaubt eine sachliche Begrenzung und zwingt nicht zur umfassenden allgemeinen Rechtswahl.[1454] Er eröffnet die Rechtswahl für einen begrenzten Gegenstand und kann zu Abweichungen von Art. 26 EuErbVO führen.[1455] Jenseits der von Art. 24 II EuErbVO gezogenen Grenzen gilt das allgemeine Erbstatut, z. B. für Pflichtteilsrechte.[1456] Die Rechtswahl trifft wie bei Art. 22 EuErbVO der Erblasser hier als Testierender allein und einseitig.[1457]

[1441] *Janzen,* DNotZ 2012, 484, 489.
[1442] Siehe nur *Döbereiner,* MittBayNot 2013, 358, 365.
[1443] *Jayme,* in: Reichelt/Rechberger (Hrsg.), Europäisches Erb- und Erbverfahrensrecht, 2011, S. 27, 37.
[1444] *Janzen,* DNotZ 2012, 484, 489.
[1445] *Döbereiner,* MittBayNot 2013, 358, 366; *ders.,* DNotZ 2014, 323, 331; *Heinig,* RNotZ 2014, 197, 208. Näher hierzu Geimer/Schütze/*S. Frank* Art. 24 EuErbVO Rn. 27 ff.
[1446] *Barnich,* in: Nuyts (coord.), Actualités en droit international privé, 2013, S. 7, 22.
[1447] *Döbereiner,* MittBayNot 2013, 358, 366; *Heinig,* RNotZ 2014, 197, 209.
[1448] Das französische „recevabilité" ist ebenfalls als „admissibilité" zu verstehen; *Barnich,* in: *Nuyts* (coord.), Actualités en droit international privé, 2013, S. 7, 21.
[1449] *Janzen,* DNotZ 2012, 484, 489.
[1450] *D. Lehmann,* ZEV 2016, 516, 517.
[1451] *Dutta,* FamRZ 2013, 4, 10; *Müller-Lukoschek* § 2 Rn. 165.
[1452] → § 5 Rn. 208.
[1453] *Soutier,* ZEV 2015, 515, 516.
[1454] *Fischer-Czermak,* EF-Z 2013, 52, 54.
[1455] Vgl. *F. Odersky,* notar 2013, 3, 6; *Leitzen,* ZEV 2013, 128 (128).
[1456] *Fischer-Czermak,* in: Schauer/Scheuba (Hrsg.), Europäische Erbrechtsverordnung, 2013, S. 43, 51; Deixler-Hübner/Schauer/*Fischer-Czermak* Art. 24 EuErbVO Rn. 18.
[1457] *Nordmeier,* ZErb 2013, 112, 116.

X. Testamente 414–418 § 5

Eine eigenständige, insoweit wirklich isolierte Rechtswahl, gestützt auf Art. 24 II Eu- **414** ErbVO, ist zulässig.[1458] Sie kann sich dann empfehlen, wenn das Heimatrecht des Erblassers für Testamente weniger strenge Anforderungen stellt als dessen Aufenthaltsrecht.[1459] Andererseits zerreißt jede Teilrechtswahl größere Zusammenhänge und kann zu Abstimmungsproblemen im Konzert der Teile führen. Deshalb ist sie nur mit großer Vorsicht und viel Bedacht einzusetzen.[1460]

Ist bereits eine Rechtswahl nach Art. 22 I 1 EuErbVO getroffen, so umfasst diese die ge- **415** samte Rechtsnachfolge von Todes wegen[1461] und damit auch den Anknüpfungsgegenstand des Art. 24 EuErbVO.[1462] Eine zweite, zusätzliche Rechtswahl gestützt auf Art. 24 II EuErbVO ist dann nicht notwendig.[1463] Man sollte daher auch von einer formal zweiten Rechtswahl absehen.[1464] Wenn ein Erblasser allgemein und ohne Einschränkung das Recht eines bestimmten Staates, z.B. deutsches Recht, wählt, ist eine allgemeine Rechtswahl nach Art. 22 I 1 EuErbVO anzunehmen, nicht die bloße Teilrechtswahl nach Art. 24 II EuErbVO.[1465]

Will der Erblasser umgekehrt nur das Erbstatut, aber nicht auch und zugleich das Erb- **416** errichtungsstatut wählen, so darf er dies.[1466] Allerdings sollte er explizit deutlich machen, wenn er diese ungewöhnliche Option verwirklichen will und seine Wahl dann ausdrücklich auf das Erbstatut beschränken. Für welchen Gegenstand oder welche Gegenstände der Erblasser eine Rechtswahl treffen will, ist nötigenfalls durch Auslegung zu ermitteln.[1467]

Wegen der zeitlichen Fixierung auf den Zeitpunkt der Testamentserrichtung kann eine **417** isolierte Rechtswahl des Errichtungsstatuts später nicht mehr geändert werden,[1468] jedenfalls ohne dass der Erblasser ein neues Testament errichten würde. Dagegen erscheint ein späterer Widerruf möglich.[1469] Ob eine spätere Wahl des Erbstatuts auch eine frühere isolierte Wahl des Errichtungsstatuts aufheben soll, ist durch Auslegung des Erblasserwillens zu ermitteln.

c) Qualifikationsfragen zur Zulässigkeit. Der Anknüpfungsgegenstand des Art. 24 EuErbVO **418** ist eng und begrenzt; er erfasst nur die zu Teilfragen erhobenen[1470] Fragen der Zulässigkeit und der materiellen Wirksamkeit. Unter der Zulässigkeit einer letztwilligen Verfügung ist zu verstehen, ob eine bestimmte Verfügung von Todes wegen generell statthaft ist und als Gestaltungsmittel für die Rechtsnachfolge von Todes wegen zur Verfügung steht.[1471] Das Errichtungsstatut entscheidet auch über konkrete Errichtungshindernisse, z.B. durch Verbotsgesetze.[1472]

[1458] *Döbereiner,* MittBayNot 2013, 358, 366; *ders.,* DNotZ 2014, 323, 327; *Heinig,* RNotZ 2014, 197, 209; Dutta/Weber/*F. Bauer* Art. 24 EuErbVO Rn. 15; Geimer/Schütze/*S. Frank* Art. 24 EuErbVO Rn. 24, 31; *F. Odersky,* in: Hausmann/Odersky IPR § 15 Rn. 237; *Pamboukis/Metallinos* Art. 24 Successions Regulation Rn. 17.
[1459] *Müller-Lukoschek* § 2 Rn. 166; Geimer/Schütze/*S. Frank* Art. 24 EuErbVO Rn. 24.
[1460] *Bonomi/Öztürk,* in: Dutta/Herrler (Hrsg.), Die Europäische Erbrechtsverordnung, 2014, S. 47, 54 Rn. 32; *Picht/Studer,* successio 2016, 320, 322.
[1461] Siehe nur *Goré,* Defrénois 2012, 762, 763 f.; NK-BGB/*Looschelders* Art. 24 EuErbVO Rn. 11.
[1462] Siehe *K. W. Lange,* ZErb 2012, 160, 163; *Döbereiner,* DNotZ 2014, 323, 327; *Heinig,* RNotZ 2014, 197, 208; *F. Odersky,* in: Hausmann/Odersky IPR § 15 Rn. 236.
[1463] Zweifelnd *Leitzen,* ZEV 2013, 128 (128, 131).
[1464] Tendenziell anders *F. Odersky,* notar 2013, 3, 6.
[1465] Im Ergebnis ebenso *Döbereiner,* MittBayNot 2013, 358, 366; *ders.,* DNotZ 2014, 323, 327. Vgl. auch MüKoBGB/*Dutta* Art. 24 EuErbVO Rn. 13; Geimer/Schütze/*S. Frank* Art. 24 EuErbVO Rn. 26; *Calvo Caravaca/Daví/Mansel/Rodríguez Rodrigo* Art. 24 Successions Regulation Rn. 18.
[1466] *Döbereiner,* DNotZ 2014, 323, 328.
[1467] *F. Odersky,* in: Hausmann/Odersky IPR § 15 Rn. 240.
[1468] *Soutier,* ZEV 2015, 515, 516.
[1469] Insoweit entgegen *Soutier,* ZEV 2015, 515, 516.
[1470] *Soutier,* ZEV 2015, 515, 516.
[1471] Staudinger/*Dörner* Art. 25 EGBGB Rn. 246; *Döbereiner,* MittBayNot 2013, 358, 365; *F. Odersky,* in: Hausmann/Odersky IPR § 15 Rn. 194.
[1472] *Volmer,* RPfleger 2013, 421, 429.

419 d) *Qualifikationsfragen zur materiellen Wirksamkeit.* Was zur materiellen Wirksamkeit einer Verfügung von Todes wegen zu zählen ist, listet Art. 26 I EuErbVO als spezielle positive Qualifikationsnorm detailliert auf.[1473] Die Liste umfasst: die aktive Testierfähigkeit des Testierenden (lit. a); etwaige besondere Gründe, aufgrund derer der Testierende nicht zugunsten bestimmter Personen (z. B. Vormund, Arzt, Anwalt, Notar, Apotheker[1474]) verfügen darf oder aufgrund derer eine Person kein Nachlassvermögen vom Erblasser erhalten darf (lit. b); die Zulässigkeit einer Stellvertretung bei der Errichtung einer Verfügung von Todes wegen (lit. c); die Auslegung der Verfügung von Todes wegen (lit. d); Täuschung, Nötigung, Irrtum und alle sonstigen Fragen bezüglich Willensmängeln oder Testierwillen des Testierenden (lit. e) nebst einschlägigen Nichtigkeits-, Unwirksamkeits- und Anfechtungsgründen.[1475] Testierverbote zugunsten von Heimbetreibern oder Heimmitarbeitern nach den landesrechtlichen Nachfolgeregeln zu § 14 HeimG fallen, da überindividuell motiviert, nicht unter lit. b, sondern sind Gegenstand einer eingriffsrechtlichen Sonderanknüpfung.[1476]

420 Stellt das berufene Recht für die Testierfähigkeit auf Geschäftsfähigkeit ab, so ist letztere als Vorfrage anzuknüpfen.[1477] Eine bei Testamentserrichtung nach dem damaligen hypothetischen Erbstatut bestehende Testierfähigkeit entfällt nicht, wenn der Testierende später seinen gewöhnlichen Aufenthalt verlegt oder das Erbstatut sonst wechselt. Wenn man ein Errichtungsstatut als Institut anerkennt, dann ist es nur konsequent, auch den in Art. 26 V 2 EGBGB 1986 niedergelegten Rechtsgedanken zu verwirklichen.[1478] Insbesondere erstreckt sich die ursprünglich gegebene Testierfähigkeit nach Art. 26 II EuErbVO auf eine Änderung oder einen Widerruf des Testaments, sei es auch unter einem anderen Statut.

421 Zu den unter das Errichtungsstatut fallenden Willensmängeln, oder besser: relevanten Beeinflussungen des Willens- und Vorstellungsbildes auf Seiten des Erblassers, gehören auch erbfolgerelevante spätere Veränderungen tatsächlicher Umstände, insbesondere eine spätere Nachgeburt eines Kindes oder eine spätere Heirat des Erblassers,[1479] wobei das Später sich im Verhältnis zum Zeitpunkt der Testamentserrichtung beurteilt.

422 Die Auslegung des Testaments unterfällt nach Art. 26 I lit. d EuErbVO dem Errichtungsstatut. Unter deutschem Alt-IPR wurde sie dagegen dem Recht des objektiven Erbstatuts unterstellt.[1480] Dies erscheint indes problembehaftet, sofern die Auslegung sich auf Entwicklungen bezieht, welche nach Errichtung des Testaments eintreten. Wenn der Erblasser auf Entwicklungen zwischen Testamentserrichtung und Erbfall, z. B. die Geburt eines Kindes, Heirat, Scheidung oder Wiederheirat, nicht reagiert hat, wirft dies Auslegungsprobleme auf.[1481] Auslegungsprobleme entstehen auch als Folge systematisch nicht (mehr) passender testamentarischer Anordnungen, z. B. aus einem Konflikt zwischen einer Zuweisung von Einzelgegenständen mit Universalsukzession und Quotenfixierung.[1482]

423 Von Anfang an können Auslegungsprobleme bestehen, wenn der Erblasser sich unter einem Erbstatut wähnte, dem er in Wahrheit nicht unterstand, wenn der Erblasser also unter „falschem Recht" testierte und sich etwa auf Rechtsinstitute stützt, die so nur das „falsche", nicht aber das „richtige" Recht kennt.[1483]

[1473] Siehe nur *Dutta*, FamRZ 2013, 1, 4; *M. Reich*, ZEV 2014, 144, 146.
[1474] *F. Odersky*, in: Hausmann/Odersky IPR § 15 Rn. 211.
[1475] *F. Odersky*, notar 2013, 3, 6.
[1476] *L. Kunz*, GPR 2011, 253, 254 f.; *Heinig*, RNotZ 2014, 197, 208; NK-BGB/*Looschelders* Art. 26 EuErbVO Rn. 8. Siehe altrechtlich OLG Oldenburg NJW 1999, 2448 = MittBayNot 1999, 486 m. Anm. *Rossak*. Anders wohl *Wachter*, ZNotP 2014, 2, 12. Klar anders *F. Odersky*, in: Hausmann/Odersky IPR § 15 Rn. 211.
[1477] NK-BGB/*Looschelders* Art. 26 EuErbVO Rn. 6.
[1478] Vgl. *Jayme*, in: Reichelt/Rechberger (Hrsg.), Europäisches Erb- und Erbverfahrensrecht, 2011, S. 27, 37. Siehe aber auch MüKoBGB/*Dutta* Art. 26 EuErbVO Rn. 18 zum Unterschied zwischen Art. 26 V 2 EGBGB und Art. 26 II EuErbVO.
[1479] *Döbereiner*, MittBayNot 2013, 358, 365.
[1480] Siehe nur OLG Köln NJW 1986, 2199; MüKoBGB/*Dutta* Art. 26 EGBGB Rn. 90.
[1481] *Volmer*, RPfleger 2013, 421, 430.
[1482] *Volmer*, RPfleger 2013, 421, 430.
[1483] Siehe z. B. OLG Schleswig SchlHA 2015, 401 = IPRax 2016, 163; *Dutta*, IPRax 2016, 139.

Art. 26 I EuErbVO enthält – im Kontrast zu Art. 23 II EuErbVO – kein „insbesonde- 424 re", welches der in ihm enthaltenen Liste explizit nur beispielhaften Charakter verliehe. Andererseits enthält er auch kein „nur" oder „ausschließlich", das explizit abschließen würde. Um die Rechtssicherheit zu wahren sollte man ihm trotzdem allenfalls solche Aspekte hinzuzählen, die nach Systematik und Zweck eindeutig der materiellen Wirksamkeit zuzuordnen sind.[1484]

2. Änderung und Widerruf. Für Änderung und Widerruf eines Testaments erklärt 425 Art. 24 III 1 EuErbVO Art. 24 I EuErbVO für entsprechend anwendbar. Damit wird dasjenige Recht maßgeblich, das im Zeitpunkt von Änderung oder Widerruf auf die Rechtsnachfolge von Todes wegen nach dem Testierenden anzuwenden wäre.[1485] Eine Alternative bestünde theoretisch darin, das Erbstatut zum Zeitpunkt der Errichtung des ursprünglichen Testaments zu berufen.[1486] Jedoch stünde diese Lösung nicht in Einklang damit, dass Art. 19 II lit. k Var. 2 Vorschlag EuErbVO vorsah, das zum Todeszeitpunkt geltende Erbstatut zu ermitteln, jedoch nicht in Art. 26 EuErbVO übernommen wurde.[1487] Dahinter müssen die mögliche Parallele zu Erbverträgen, bei denen nach Art. 25 I, II EuErbVO das Errichtungsstatut für die Auflösung maßgeblich ist, und die mögliche Parallele zu Fällen der Rechtswahl unter Art. 24 II EuErbVO, bei denen das gewählte Recht maßgeblich ist,[1488] zurücktreten. Die Widerruflichkeit vom Widerruf zu trennen und dem Errichtungsstatut zu unterstellen,[1489] würde eine zu starke Zersplitterung bewirken und die praktische Handhabung erschweren.[1490]

War der Testierende nach dem Testamentserrichtungsstatut des Art. 24 I EuErbVO tes- 426 tierfähig, so bewahrt ihm Art. 26 II EuErbVO diese Testierfähigkeit auch für Änderung oder Widerruf, selbst wenn sich ein Statutenwechsel vom Errichtungs- zum Änderungs- oder Widerrufsstatut ergeben hat, für Änderung oder Widerruf also eigentlich ein anderes Recht anwendbar wäre. Der unterschiedliche Anknüpfungszeitpunkt wird nivelliert, und für diesen einzelnen Aspekt der Testierfähigkeit die Uhr gleichsam zurückgedreht. Bedeutung hat Art. 26 II EuErbVO, ein Ausfluss der Paroimie semel maior semper maior, wenn die aufeinander folgenden Aufenthaltsrechte unterschiedliche Altersgrenzen für die Testierfähigkeit vorsehen.[1491] Dagegen sollte Art. 26 II EuErbVO keine Anwendung finden, wenn die spätere Testierunfähigkeit rein auf den zwischenzeitigen Eintritt tatsächlicher Umstände (z.B. Demenz) zurückzuführen ist, die auch unter dem ursprünglichen Errichtungsstatut Testierunfähigkeit begründet hätten.[1492]

Für alle anderen in Art. 26 I EuErbVO genannten Materien außer der Testierfähigkeit 427 bleibt es aber bei der Maßgeblichkeit der Anknüpfungsverhältnisse zum Zeitpunkt von Änderung oder Widerruf.

XI. Erbverträge

Für Erbverträge enthält Art. 25 EuErbVO einige ergänzende oder modifizierende Be- 428 stimmungen. Erbverträge sind deshalb problematisch, weil nicht alle Rechtsordnungen sie anerkennen und in ihrem Sachrecht kennen. Eine Bindung des Erblassers noch zu dessen

---

[1484] NK-BGB/*Looschelders* Art. 26 EuErbVO Rn. 2.
[1485] *Calvo Caravaca/Daví/Mansel/Domínguez*, Art. 26 Successions Regulation Rn. 4; *Pamboukis/Metallinos* Art. 24 Successions Regulation Rn. 19.
[1486] Dafür *Döbereiner*, MittBayNot 2013, 358, 365.
[1487] *Nordmeier*, ZEV 2012, 513, 517 Fn. 48 sowie *Janzen*, DNotZ 2012, 484, 488.
[1488] *Döbereiner*, MittBayNot 2013, 358, 365.
[1489] Dafür *Dutta*, FamRZ 2013, 4, 10; *Döbereiner*, MittBayNot 2013, 358, 365; MüKoBGB/*Dutta* Art. 24 EuErbVO Rn. 15 f.; Dutta/Weber/F. *Bauer* Art. 24 EuErbVO Rn. 24.
[1490] Im Ergebnis auch *Pamboukis/Metallinos* Art. 24 Successions Regulation Rn. 20.
[1491] *Fischer-Czermak*, in: Schauer/Scheuba (Hrsg.), Europäische Erbrechtsverordnung, 2013, S. 43, 50.
[1492] Siehe L. *Kunz*, GPR 2012, 253, 256; *Fischer-Czermak*, in: Schauer/Scheuba (Hrsg.), Europäische Erbrechtsverordnung, 2013, S. 43, 50; MüKoBGB/*Dutta* Art. 26 EuErbVO Rn 17.

Lebzeiten ist vielen, insbesondere[1493] romanischen Rechtsordnungen suspekt.[1494] Prominent ist insbesondere das Verbot in Art. 1130 II Code civil. Die Brisanz des IPR für Erbverträge war im Gesetzgebungsverfahren zur EuErbVO von Anfang an bewusst. Schon das Grünbuch fragte nach dessen Behandlung,[1495] und Art. 18 Vorschlag EuErbVO enthielt eine besondere Kollisionsnorm. Vorbild für Art. 25 EuErbVO sind letztlich Artt. 9–12 Haager ErbRÜbk.[1496] Man hat sich an eine Kollisionsrechtsvereinheitlichung gewagt trotz der Divergenz der Sachrechte; Kollisionsrechtsvereinheitlichung ist eben keine Sachrechtsvereinheitlichung und kann sich abstrahierender Perspektiven befleißigen.[1497]

429   **1. Begriff des Erbvertrags.** Den europäischen Begriff des Erbvertrages definiert Art. 3 I lit. b EuErbVO. Erbvertrag ist danach eine Vereinbarung, einschließlich einer Vereinbarung aufgrund gegenseitiger Testamente, die mit oder ohne Gegenleistung Rechte am künftigen Nachlass oder an künftigen Nachlässen einer oder mehrerer an dieser Vereinbarung beteiligter Personen begründet, ändert oder entzieht. Diese Definition war so im Vorschlag EuErbVO noch nicht enthalten.[1498] Sie ist bewusst weit[1499] und umfasst auch Erbteils- oder Pflichtteilsverzichtsverträge[1500] sowie die institutions contractuelles (Artt. 1082 I; 1091; 1096 Code civil).[1501]

430   Notwendig ist allerdings die Beteiligung mindestens eines Erblassers.[1502] Ein Erbschaftsvertrag, also ein Vertrag nur unter zukünftigen Bedachten oder Nachlassberechtigten, genügt nicht,[1503] ebenso wenig ein Erbauseinandersetzungsvertrag nach dem Erbfall.[1504] Zu eng geraten ist die Definition insoweit, als Erbverträge zu Gunsten nicht an der Urkunde beteiligter Dritter nach ihrem Wortlaut aus ihr herausfallen.[1505] Ein Zuwendungsverzichtsvertrag dagegen ist erfasst.[1506] Entgeltlichkeit oder Unentgeltlichkeit spielen keine Rolle.[1507]

431   Das europäische Begriffsverständnis ist weiter als das deutsche aus §§ 2274 ff. BGB.[1508] Es setzt inhaltlich, nicht auch formal an.[1509] Bei genauem Lesen ist nicht einmal Vertragsgestalt verlangt, zumal Art. 3 I lit. b EuErbVO ausdrücklich auch „Vereinbarungen" aufgrund gegenseitiger Testamente (also einseitiger Willenserklärungen) miteinbezieht.[1510] Entsprechend offen sind die in den anderen Sprachfassungen verwendeten Termini. Nur ein materieller Ansatz schafft die Grundlage dafür, die Vielfalt nationaler Gestaltungen und deren

---

[1493] Aber nicht nur; siehe außerdem z. B. Art. 4 Law on Succession and Wills (Ch. 195) in Zypern. *Pamboukis/Zoumpoulis* Art. 25 Successions Regulation Rn. 3 bietet eine Aufzählung der betreffenden Staaten.

[1494] Z. B. Artt. 458 Codice Civile in Italien; 1271 II; 658; 816; 991 Codigó Civil in Spanien; 1130 Code civil in Belgien;

[1495] Grünbuch Erb- und Testamentsrecht, KOM (2005) 65 endg. S. 5 f. Frage 3.

[1496] *Nordmeier,* ZEV 2013, 117, 118; *Pamboukis/Zoumpoulis* Art. 25 Successions Regulation Rn. 4.

[1497] Siehe *Barel,* in: Franzina/Leandro (a cura di), Il diritto internazionale privato europeo delle successioni mortis causa, 2013, S. 105, 107.

[1498] *Fischer-Czermak,* in: Schauer/Scheuba (Hrsg.), Europäische Erbrechtsverordnung, 2013, S. 23, 24.

[1499] *Döbereiner,* MittBayNot 2013, 437 (437) sowie *Barnich,* in: Nuyts (coord.), Actualités en droit international privé, 2013, S. 7, 22 f.

[1500] *Faber/S. Grünberger,* NZ 2011, 97, 100; *Geimer,* in: J. Hager (Hrsg.), Die neue europäische Erbrechtsverordnung, 2013, S. 9, 36; *Barnich,* in: Nuyts (coord.), Actualités en droit international privé, 2013, S. 7, 22; *C. Rudolf,* FS Attila Fenyves, 2013, S. 293, 307; *Döbereiner,* MittBayNot 2013, 437, 438; *F. Odersky,* notar 2014, 139 (139); *Bonimaier,* NZ 2016, 321, 322; DNotI-Report 2016, 184 (184).

[1501] *Boulanger,* JCP N 2013 N° 27 S. 39, 41; *Döbereiner,* ZEV 2016, 491, 492 f.

[1502] *Döbereiner,* MittBayNot 2013, 437, 438; ders., DNotZ 2014, 323, 330.

[1503] *Pamboukis/Nikolaidis* Art. 3 Successions Regulation Rn. 8. Anderer Ansicht *Remde,* RNotZ 2012, 65, 70; *Geimer,* in: J. Hager (Hrsg.), Die neue europäische Erbrechtsverordnung, 2013, S. 9, 36.

[1504] *Döbereiner,* MittBayNot 2013, 437, 438.

[1505] *Geimer,* in: J. Hager (Hrsg.), Die neue europäische Erbrechtsverordnung, 2013, S. 9, 36.

[1506] *Döbereiner,* MittBayNot 2013, 437, 438; MüKoBGB/*Dutta* Art. 3 EuErbVO Rn. 9.

[1507] *Döbereiner,* DNotZ 2014, 323, 330.

[1508] *D. Lehmann,* ZErb 2013, 25, 27; *Nordmeier,* ZEV 2013, 117, 118 f; Dutta/Weber/*F. Bauer* Art. 25 EuErbVO Rn. 2.

[1509] *D. Lehmann,* ZErb 2013, 25, 27.

[1510] *D. Lehmann,* ZErb 2013, 25, 29.

XI. Erbverträge

Unterschiede in den Griff zu bekommen.[1511] Ob er so weit geht, auch von Todes wegen errichtete Trusts einzuschließen, ist allerdings nicht klar.[1512]

Kein Erbvertrag im Sinne von Artt. 3 I lit. b; 25 EuErbVO ist indes das agreement to make a will[1513] des englischen Rechts, denn darin verpflichtet sich der Erblasser nur zu einer testamentarischen Verfügung, begründet aber noch keine unmittelbaren Rechte am Nachlass.[1514] Es ist – in deutscher Terminiolgie – bloßes Verpflichtungsgeschäft. Als Testfall stelle man sich vor, dass der Erblasser nach dem Abschluss des agreement to make a will verstirbt, ohne ein Testament gemacht zu haben. Dann hat die Gegenpartei keine Berechtigung am Nachlass aus dem agreement. Wenn man contracts to make a will bereits als Rechtsgeschäfte unter Lebenden über Art. 1 II lit. g EuErbVO aus der EuErbVO insgesamt ausgrenzt,[1515] ist die Lösung sowieso eindeutig. 432

Dagegen verlangt Art. 3 I lit. b EuErbVO nur eine Vereinbarung, aber nicht, dass diese Bindungswirkung entfaltet, dem Erblasser also eine einseitige Änderung oder Aufhebung zu seinen Lebzeiten versperren würde.[1516] Ob eine Vereinbarung Bindungswirkung hat, wird nicht in der Definition vorausgesetzt, sondern dem Erbvertragsstatut als zu beantwortende Frage zugewiesen.[1517] Bindungswirkung ordnet Art. 3 I lit. b EuErbVO weder positiv an, noch schließt er sie negativ aus, sondern ist weit genug gefasst, um Vereinbarungen mit und Vereinbarungen ohne Bindungswirkung gleichermaßen zu erfassen.[1518] 433

Bindung kann man dabei in einem engen Sinn als strikte Unwiderruflichkeit verstehen,[1519] aber auch in einem weiten, dass der andere Vertragsteil von einem Widerruf oder einem Rücktritt in irgendeiner Weise verständigt werden müsste; schon der Blick nur auf die mitgliedstaatlichen Rechtsordnung weist zum weiten Verständnis, weil nur dieses die Chance bietet, dem breiten Spektrum gerecht zu werden.[1520] Bindung wäre demnach bereits ein Zugangserfordernis für die Abstandnahme vom Vertrag, wie es etwa das deutsche Recht in §§ 2296 II, 2271 I 1 BGB kennt.[1521] Der Erbvertrag muss ein Recht an einem zukünftigen Nachlass begründen, zumindest ein Mitspracherecht.[1522] Dagegen ist nicht erforderlich, dass der Bedachte bereits ein echtes Anwartschaftsrecht erwirbt.[1523] 434

Ausdrücklich ohne Bedeutung für den Begriff Erbvertrag ist es nach Art. 3 I lit. b EuErbVO, ob eine Gegenleistung ausbedungen ist. Erbverträge mit oder ohne Gegenleistung für den Erblasser sind gleichermaßen erfasst.[1524] Dies gilt auch für Erbverträge mit einer nicht erbrechtlichen Gegenleistung, die an sich in einen Ausnahmebereich des Art. 1 II EuErbVO fallen würde, weil sie etwa unterhaltsrechtlicher Art ist.[1525] 435

[1511] D. Lehmann, ZErb 2013, 25, 28.
[1512] Siehe Lagarde, RCDIP 78 (1989), 249, 269 no. 30; Khairallah, in: Khairallah/Revillard (dir.), Droit européen des successions internationales, 2013, S. 47, 61; Pamboukis/Zoumpoulis Art. 25 Rn. 4.
[1513] Nordmeier, ZEV 2013, 117, 121; Palandt/Thorn Art. 1 EuErbVO Rn. 11. Andere Ansicht Döbereiner, MittBayNot 2013, 437, 439; MüKoBGB/Dutta Art. 3 EuErbVO Rn. 9; Dutta/Weber/F. Bauer Art. 25 EuErbVO Rn. 2; Geimer/Schütze/Döbereiner Art. 25 EuErbVO Rn. 32; Pamboukis/Zoumpoulis Art. 25 Successions Regulation Rn. 7.
[1514] Nordmeier, ZEV 2013, 117, 123. Anderer Ansicht D. Lehmann, ZErb 2013, 25, 28; Döbereiner, MittBayNot 2013, 437, 439.
[1515] → § 5 Rn. 27.
[1516] Anders Döbereiner, MittBayNot 2013, 437 (437).
[1517] D. Lehmann, ZErb 2013, 25, 28.
[1518] D. Lehmann, ZErb 2013, 25, 28. Anders Deixler-Hübner/Schauer/Fischer-Czermak Art. 25 EuErbVO Rn. 4, der eine „Minimalbindung" für erforderlich hält. In diesem Sinne auch: MüKoBGB/Dutta Art. 3 EuErbVO Rn. 8; Dutta/Weber/F. Bauer Art. 25 EuErbVO Rn. 2.
[1519] Siehe Döbereiner, DNotZ 2014, 323, 329.
[1520] Döbereiner, MittBayNot 2013, 437 (437 f.); ders., DNotZ 2014, 323, 329; Geimer/Schütze/Döbereiner Art. 25 EuErbVO Rn. 17 ff.
[1521] Döbereiner, MittBayNot 2013, 437, 438; ders., DNotZ 2014, 323, 329.
[1522] Döbereiner, MittBayNot 2013, 437, 438.
[1523] Döbereiner, MittBayNot 2013, 437, 438; Geimer/Schütze/Döbereiner Art. 25 EuErbVO Rn. 21.
[1524] Siehe nur Döbereiner, MittBayNot 2013, 437, 438.
[1525] Nordmeier, ZEV 2013, 117, 119.

436 Die unterhaltsrechtliche Gegenleistung bleibt indessen eine unterhaltsrechtliche Leistung; sie wird nicht deshalb, weil sie in einem Erbvertrag im erbrechtlichen Sinne vereinbart ist, zu einer erbrechtlichen Leistung.[1526] Sie ist unterhaltsrechtlich anzuknüpfen.[1527] Auch schuldvertragliche Gegenleistungen fallen über Art. 1 II lit. g EuErbVO aus der EuErbVO heraus und werden nach der Rom I-VO internationalschuldvertragsrechtlich angeknüpft.[1528] Dabei ist an eine akzessorische Anknüpfung an das Erbvertragsstatut über Art. 4 III Rom I-VO zu denken, um so eine einheitliche Behandlung von erbrechtlicher Leistung und schuldrechtlicher Gegenleistung zu bewirken.[1529]

437 Erbrechtliche Natur spricht Art. 3 I lit. b EuErbVO nicht nur nachlassbezogenen Verfügungen des Erblassers zu, sondern auch Verfügungen, durch welche Rechte am Nachlass entzogen werden. Dies erfasst auch Erb- und Pflichtteilsverzicht, weil beide Rechte des Verzichtenden am Nachlass bzw. gegen den Nachlass entziehen. Erb- und Pflichtteilsverzichtsverträge sind daher Erbverträge im Sinne von Art. 3 I lit. b EuErbVO.[1530] Dies ergibt sich auch aus dem Vorbildcharakter des Art. 8 Haager ErbRÜbk,[1531] denn schon dieser umfasste Erb- und Pflichtteilsverzichtsverträge.[1532]

438 **2. Rechtswahl nach Art. 25 III EuErbVO.** *a) Grundsätzliches.* Für Erbverträge eröffnet Art. 25 III EuErbVO Parteiautonomie für das Errichtungsstatut. Bei Erbverträgen, an denen per definitionem mehrere Personen beteiligt sind, von denen aber nicht notwendig jede testamentarische Verfügungen trifft, bewegt man sich im Grenzgebiet zwischen Erb- und (Schuld-)Vertragsrecht. Dies legt nahe, mindestens genauso große Rechtswahlfreiheit zu gewähren wie bei einfachen Testamenten. Dementsprechend erweitert Art. 25 III EuErbVO den Kreis der Optionen.[1533] Er bringt für solche mitgliedstaatlichen Rechtsordnungen, die sachrechtlich Erbverträge ablehnen oder gar verbieten, eine erhebliche Neuerung mit sich. Denn er erlaubt dort Ansässigen mit ausländischer Staatsangehörigkeit dem rigiden Rahmen ihres Aufenthaltsrechts durch Rechtswahl ganz legal entkommen zu können.[1534]

439 Art. 25 III EuErbVO ist gegenüber der deutschen Altrechtslage eine nicht zu unterschätzende Verbesserung, denn er erlaubt zumindest im Verhältnis zu den Mitgliedstaaten der EuErbVO den Erbvertrag mittels Rechtswahl dauerhaft bindend und wirksam zu machen, unabhängig davon, wo die Beteiligten bei Abschluss des Vertrages oder später ihren gewöhnlichen Aufenthalt haben.[1535] Er erlaubt gleichsam einen Export des deutschen Erbvertrags auf sicherer Grundlage.[1536]

440 Bei Erbverträgen, also mehrseitigen Rechtsgeschäften, kommt eine einseitige Rechtswahl für das Errichtungsstatut allein durch nur einen Erblasser, wie sie Art. 22 I EuErbVO für das Erbstatut eröffnet, nicht in Betracht.[1537] Parteien der Rechtswahlvereinbarung müssen vielmehr alle Parteien des Erbvertrages sein, gleich ob sie Verfügungen von Todes wegen treffen oder nicht.[1538] Allein dies ist sachgerecht, da Zulässigkeit, materielle Wirksamkeit und Bindungswirkung alle Parteien eines Erbvertrages betreffen.[1539]

[1526] *Nordmeier*, ZEV 2013, 117, 119.
[1527] *Nordmeier*, ZEV 2013, 117, 119.
[1528] *Nordmeier*, ZEV 2013, 117, 119.
[1529] *Nordmeier*, ZEV 2013, 117, 119.
[1530] *Merkle*, FS Ulrich Spellenberg, 2010, S. 283, 293–295; *Dutta*, FamRZ 2013, 4, 10; *Nordmeier*, ZEV 2013, 117, 120; MüKoBGB/*Dutta* Art. 3 EuErbVO Rn. 9; Geimer/Schütze/*Döbereiner* Art. 25 EuErbVO Rn. 22.
[1531] *Nordmeier*, ZEV 2013, 117, 121.
[1532] Explanatory Report *Waters*, Proceedings of the Sixteenth Session (1988) of the Hague Conference on Private International Law, vol. II, 1990, S. 577.
[1533] *Godechot-Patris*, D. 2012, 2462, 2465.
[1534] Vgl. *Vollmer*, ZErb 2012, 227, 232.
[1535] F. *Odersky*, notar 2013, 3, 8.
[1536] F. *Odersky*, notar 2013, 3, 8.
[1537] *Nordmeier*, ZErb 2013, 112, 116.
[1538] *Nordmeier*, ZErb 2013, 112, 115; *Heinig*, RNotZ 2014, 197, 210; NK-BGB/*Looschelders* Art. 25 EuErbVO Rn. 18.
[1539] *Nordmeier*, ZErb 2013, 112, 116.

XI. Erbverträge   441–445 § 5

Auch die Rechtswahl für das Errichtungsstatut der einseitigen, nicht wechselbezüglichen **441**
Verfügungen wird über Art. 25 III EuErbVO angeknüpft,[1540] nicht über Art. 24 II EuErb-
VO.[1541] Anderenfalls drohte man zu stark deutschsachrechtliche Differenzierungen in das
europäische IPR zu transponieren. Allerdings sind nominell dem Erbvertrag verbundene
Geschäfte unter Lebenden (insbesondere Verpflichtungen zu Pflege, Unterhaltsgewährung,
Einräumen eines Wohnrechts usw.) nicht erbrechtlich, sondern schuldrechtlich zu qualifi-
zieren und deshalb wegen Art. 1 II litt. e, g EuErbVO kein Gegenstand für Art. 25 III
EuErbVO.[1542]

Die Rechtswahl für das Errichtungsstatut kann unter Art. 25 III EuErbVO jedenfalls **442**
ausdrücklich erfolgen. Daneben ist aber auch eine konkludente Rechtswahl möglich, denn
der verwiesene Art. 22 I 1 EuErbVO erlaubt eine stillschweigende Rechtswahl. Indes stellt
sich dann die Frage, aus welchen Umständen man eine stillschweigende Rechtswahl für
den Erbvertrag herauslesen könnte. Hauptfall dürfte sein, dass ein Erbvertrag errichtet wird,
obwohl das Aufenthaltsrecht des Erblassers Erbverträge als Institut nicht anerkennt, während das Heimatrecht des Erblassers dies tut.[1543]

Eine Teilrechtswahl innerhalb des Errichtungsstatuts ist nicht möglich.[1544] Dies dürfte sich **443**
nicht nur aus der Verweisung auf Art. 22 I 1 EuErbVO ergeben,[1545] sondern auch daraus, dass
der Anknüpfungsgegenstand des Art. 25 III EuErbVO eh schon eng zugeschnitten und auf
Zulässigkeit, materielle Wirksamkeit und Bindungswirkung des Erbvertrages beschränkt ist.

Hinsichtlich des Zeitpunktes der Rechtswahl für einen Erbvertrag macht Art. 25 III Eu- **444**
ErbVO keine einschränkenden Vorgaben. Er besagt insbesondere nicht, dass eine Rechtswahl
ausschließlich bei der ursprünglichen Errichtung des Erbvertrages möglich wäre und nicht
später. Eine nachträgliche Rechtswahl bleibt vielmehr möglich.[1546] Die Erbvertragsparteien
haben insoweit ihre Dispositionsfreiheit behalten. Sie können eine nachträgliche Rechtswahl
sogar gezielt einsetzen, um einen nach dem zuvor anwendbaren Recht unzulässigen Erbvertrag wirksam zu machen.[1547] Allerdings darf eine nachträgliche Rechtswahl analog Art. 3 II 2
Var. 2 Rom I-VO zuvor begründete Rechte Dritter nicht beeinträchtigen.[1548]

Änderung und Widerruf stellt Art. 22 IV EuErbVO bei einer einfachen Wahl des Erb- **445**
statuts ins Belieben des Erblassers. Beim Erbvertrag würde eine einseitige Möglichkeit zu
Änderung oder Widerruf dagegen Bindungswirkung und Funktion eines Erbvertrages
diametral zuwiderlaufen.[1549] Eine Rückwendung hin zum Aufenthaltsrecht des einzelnen
Erblassers drohte erbvertraglich bindende Verfügungen zu vereiteln, indem es ihnen die
erforderliche Sicherheit nähme, ob das Aufenthaltsrecht sie anerkennt oder nicht.[1550] Die
schönste Rechtswahl würde nichts nützen und weitgehend wertlos, wenn sie nach Abschluss des Erbvertrags einseitig widerrufen werden könnte.[1551] Man sollte die Frage nach
einer solchen Bindungswirkung der Rechtswahl auch nicht dem Erbstatut überantworten.[1552] Zur Klarstellung sei betont, dass es immer nur um die Bindung für die Wahl des
Errichtungsstatuts geht, während eine etwaige Rechtswahl für materielle Verfügungen sowieso unter Art. 22 EuErbVO fällt.[1553]

[1540] *Heinig*, RNotZ 2014, 197, 210.
[1541] Dafür aber *Leitzen*, ZEV 2013, 128, 131.
[1542] *Heinig*, RNotZ 2014, 197, 211; NK-BGB/*Looschelders* Art. 24 EuErbVO Rn. 4 sowie *Nordmeier*, ZEV 2013, 117, 119.
[1543] *U. Simon/Buschbaum*, NJW 2012, 2393, 2395; *Dutta*, FamRZ 2013, 4, 8; *F. Odersky*, notar 2013, 3, 5; *Nordmeier*, ZErb 2013, 112, 117 sowie *Wilke*, RIW 2012, 601, 606; *Vollmer*, ZErb 2012, 227, 231.
[1544] *Nordmeier*, ZErb 2013, 112, 116; *Döbereiner*, MittBayNot 2013, 437, 444.
[1545] So aber *Nordmeier*, ZErb 2013, 112, 116 f.
[1546] Im Ergebnis übereinstimmend, aber mit anderer Begründung, *Nordmeier*, ZErb 2013, 112, 118.
[1547] Vgl. *Nordmeier*, ZErb 2013, 112, 117; Dutta/Weber/*F. Bauer* Art. 25 EuErbVO Rn. 15.
[1548] *Nordmeier*, ZErb 2013, 112, 118.
[1549] Siehe nur *Müller-Lukoschek* § 2 Rn. 176.
[1550] *Volmer*, RPfleger 2013, 421, 423.
[1551] *Geimer*, in: J. Hager (Hrsg.), Die neue europäische Erbrechtsverordnung, 2013, S. 9, 37.
[1552] Dafür aber *Döbereiner*, DNotZ 2014, 323, 332.
[1553] *F. Odersky*, in: Hausmann/Odersky IPR § 15 Rn. 250.

446 Dies heißt jedoch nicht, dass überhaupt keine Änderung oder kein Widerruf einer Rechtswahl in einem Erbvertrag stattfinden könnte.[1554] Vielmehr bedarf es dafür nur des Konsenses aller Erbvertragsparteien, wie sie sich zum Zeitpunkt der Änderung oder des Widerrufs darstellen.[1555] Ein Sonderproblem ist, ob man den letzten Willen eines verstorbenen Erblassers schützen und dementsprechend eine Änderung der Rechtswahl ausschließen will, wenn der Nachlass dieses Erblassers betroffen ist.[1556] Ob eine Rechtswahl insoweit Bindungswirkung genießt, könnte sich mangels direkter Antwort in der EuErbVO nach nationalem IPR richten.[1557] Dies wäre jedoch ein merkwürdiger Bruch, da ansonsten die EuErbVO ein abschließendes Regime errichtet. Eine Kombination der Rechtsgedanken aus Art. 25 III und Art. 22 IV EuErbVO dürfte auch eine verordnungsinterne Lösung tragen. Zudem wird das gewählte Recht sich nur der sachrechtlichen, aber nicht der kollisionsrechtlichen Bindung zuwenden.[1558] Die Bindungswirkung der Rechtswahl ist eine verordnungsautonom zu entscheidende Frage. Diese Frage wird also nicht dem Errichtungsstatut des Erbvertrages überantwortet.[1559]

447 In der Praxis mag es sich empfehlen, ausdrücklich klarzustellen, dass die Bindungswirkung der erbvertraglichen Verfügungen unabhängig davon sein soll, dass auch die Rechtswahl Bindungswirkung entfaltet.[1560] Des Weiteren könnte eine mangelnde Bindungswirkung der Rechtswahl die Grundlage für die von anderen Parteien eingegangenen Verpflichtungen und abgegebenen Erklärungen gefährden, insbesondere für einen Erb- oder Pflichtteilsverzicht.[1561] Eine Änderung liegt in einer abändernden nachträglichen Rechtswahlvereinbarung, und ein „Widerruf" muss beim Erbvertrag eine Aufhebungsvereinbarung sein. Nach einer bloßen Aufhebung der ursprünglich getroffenen Rechtswahl ist der als solcher fortbestehende Erbvertrag wieder objektiv anzuknüpfen.[1562]

448 *b) Erbverträge betreffend den Nachlass einer Person.* Gewählt werden kann unter Art. 25 III Var. 1 EuErbVO in demselben Umfang, wie es der Erblasser unter Art. 22 I EuErbVO könnte. Wählbar ist also das Heimatrecht des Erblassers zum Zeitpunkt der Rechtswahl oder zum zukünftigen Todeszeitpunkt. Eine Einschränkung, dass das Heimatrecht zum Todeszeitpunkt nicht gewählt werden könnte,[1563] enthält Art. 25 III EuErbVO nicht.[1564] Sie wäre auch unlogisch: Der Erbvertrag steht zwischen einfachem Testament und Schuldvertrag. Bei ihm muss mindestens genauso viel Parteiautonomie bestehen wie bei einem einfachen Testament. Daraus, dass Art. 25 III EuErbVO den Irrealis „hätte wählen können", „could have chosen", „aurait pu choisir", „avrebbe potuto scegliere" usw. verwendet, lässt sich kein gegenteiliger Schluss ziehen.[1565] Der Unsicherheit, wie sie aus der Wahl eines erst zu einem in der Zukunft liegenden Zeitpunkt genau bestimmten Rechts erwächst, werden sich die anderen Parteien eines Erbvertrages indes nur selten aussetzen wollen.[1566]

[1554] Entgegen *Barnich,* in: Nuyts (coord.), Actualités en droit international privé, 2013, S. 7, 15; Geimer/Schütze/*Döbereiner* Art. 25 EuErbVO Rn. 93. Unentschlossen Dutta/Weber/*F. Bauer* Art. 25 EuErbVO Rn. 14.
[1555] *Nordmeier,* ZErb 2013, 112, 117 f.; *Soutier,* ZEV 2015, 515, 517 sowie *Bonomi,* Rec. des Cours 350 (2011), 71, 253; *Wysocka,* NIPR 2012, 569, 574; MüKoBGB/*Dutta* Art. 25 EuErbVO Rn. 6.
[1556] Dafür *Nordmeier,* ZErb 2013, 112, 118 Fn. 77.
[1557] So *F. Odersky,* notar 2013, 3, 8; *Leitzen,* ZEV 2013, 128, 130.
[1558] Vgl. *Bonomi,* in: Bonomi/Wautelet Art. 22 Règ. Rn. 74 f.
[1559] Anderer Ansicht *Döbereiner,* MittBayNot 2013, 437, 444; *Heinig,* RNotZ 2014, 197, 212; Deixler-Hübner/Schauer/*Fischer-Czermak* Art. 25 EuErbVO Rn. 28.
[1560] *Leitzen,* ZEV 2013, 128, 130.
[1561] *Leitzen,* ZEV 2013, 128, 130.
[1562] *Nordmeier,* ZErb 2013, 112, 118.
[1563] Dafür *Heinig,* RNotZ 2014, 197, 210; Geimer/Schütze/*Döbereiner* Art. 25 EuErbVO Rn. 93; *Calvo Caravaca/Davì/Mansel/Rodríguez Rodrigo* Art. 25 Successions Regulation Rn. 10.
[1564] Im Ergebnis ebenso *Janzen,* DNotZ 2012, 484, 489. Zweifelnd *Nordmeier,* ZErb 2013, 112, 116.
[1565] Tendenziell anders *Nordmeier,* ZErb 2013, 112, 116 mit Fn. 53.
[1566] *Nordmeier,* ZErb 2013, 112, 116.

XI. Erbverträge 449–452 § 5

Beispiel: Der Österreicher E hat seinen gewöhnlichen Aufenthalt in Italien. Er möchte mit seiner **449** Nachbarin N, die die deutsche Staatsangehörigkeit hat, vereinbaren, dass diese ihm bis zu seinem Lebensende im Alltag zur Hand geht und im Gegenzug seine Alleinerbin wird.
Eine solche Vereinbarung stellt einen Erbvertrag im Sinne von Art. 3 I lit. b EuErbVO dar. Bei objektiver Anknüpfung nach Art. 25 I EuErbVO wäre die Zulässigkeit des Erbvertrags nach italienischem Recht zu beurteilen, wonach die Vereinbarung gem. Art. 458 Codice Civile nichtig wäre. Zwar haben E und N die Möglichkeit, österreichisches Recht für die Zulässigkeit, materielle Wirksamkeit und Bindungswirkung des Erbvertrags zu wählen. Da § 602 ABGB den Abschluss eines Erbvertrags nur zwischen Ehegatten gestattet, könnte daher auch eine Rechtswahl der Vereinbarung nicht zur Wirksamkeit verhelfen. Deutsches Recht steht nicht zur Wahl, da der Nachlass der N nicht betroffen ist, Art. 25 III EuErbVO.

c) Erbverträge betreffend die Nachlässe mehrerer Personen. Den Parteien eines mehrseitigen **450** Erbvertrages mit mehreren Erblassern eröffnet Art. 25 III Var. 2 EuErbVO in erweitertem Umfang Parteiautonomie:[1567] Sie können für Zulässigkeit, materielle Wirksamkeit und Bindungswirkungen des gesamten Erbvertrags (d.h. nach allen beteiligten Erblassern) jedes Recht wählen, das einer der beteiligten Erblasser nach Art. 22 EuErbVO hätte wählen können. Der einzelne Erblasser kann für das Errichtungsstatut einer Wahl des Heimatrechts des anderen Erblassers zustimmen.[1568] Die Parteien können also durch Konsens der in Art. 25 II EuErbVO angelegten kumulativen Anknüpfung entgehen.[1569] Erblassern mit unterschiedlichen Nationalitäten ist eine einheitliche Wahl gestattet.[1570] Zu diesem Behuf wird den Parteien dringend angeraten, ihre Wahlfreiheit wahrzunehmen.[1571]

Indes können die Parteien nicht für die Erbstatute nach den Beteiligten insgesamt eine **451** Rechtswahl treffen, denn Art. 25 III EuErbVO hat eben nur einen begrenzten Anknüpfungsgegenstand.[1572] Dieser umfasst allerdings Zulässigkeit, materielle Wirksamkeit und Bindungswirkung des Erbvertrages für die Nachlässe nach allen an dem Erbvertrag beteiligten Erblassern.[1573] Eine Gesamtrechtswahl, um die Erbfolge einem gemeinsamen Recht zu unterstellen und einen Gleichlauf der Erbstatute zu erzielen, ist nicht erlaubt, so sehr sie rechtspolitisch auch sinnvoll wäre.[1574] Bei einem mehrseitigen Erbvertrag ist nur eine gemeinsame Rechtswahl aller Erblasser möglich, nicht aber eine Rechtswahl nur eines einzelnen Erblassers.[1575]

Der Kreis wählbarer Rechte ist eingegrenzt auf die Heimatrechte der beteiligten Erblas- **452** ser zum Zeitpunkt der Rechtswahl und zu ihrem jeweiligen zukünftigen Todeszeitpunkt. Nicht wählbar ist das Recht des gewöhnlichen Aufenthalts eines Erblassers, obwohl eine entsprechende Wahl mit Blick auf Art. 25 II UAbs. 2 EuErbVO sinnvoll sein könnte.[1576] Nicht wählbar ist als solches auch das Recht, welches hypothetisch die Erbfolge nach dem jeweils anderen Erblasser regieren würde[1577] (es sei denn, es stimmt zufällig mit der Staatsangehörigkeit eines Erblassers überein). Ein Erblasser kann also nicht für die Erbfolge nach ihm das Heimatrecht des anderen Erblassers wählen, ohne selber dessen Heimatstaat anzugehören,[1578] selbst wenn man bereit wäre, sich über die sachlichen Grenzen des Art. 25 III EuErbVO hinwegzusetzen. Von einer Inflation der *Erbstatute* kraft Rechtswahl[1579] kann

---

[1567] Siehe nur *Nordmeier*, ZErb 2013, 112, 116.
[1568] *Soutier*, ZEV 2015, 515, 517.
[1569] *Feraci*, Riv. dir. int. 2013, 424, 459 sowie *Müller-Lukoschek* § 2 Rn. 173; *Heinig*, RNotZ 2014, 197, 201; Dutta/Weber/*F. Bauer* Art. 25 EuErbVO Rn. 20.
[1570] *Döbereiner*, DNotZ 2014, 323, 335.
[1571] *K. W. Lange*, ZErb 2012, 160, 164.
[1572] *Lagarde*, RCDIP 101 (2012), 691, 722; *Leitzen*, ZEV 2013, 128, 130; *Döbereiner*, MittBayNot 2013, 437, 444; *Wachter*, ZNotP 2014, 2, 6; *Soutier*, ZEV 2015, 515, 517.
[1573] *K. W. Lange*, ZErb 2012, 160, 164; *K. Lechner*, NJW 2013, 26, 27; *Nordmeier*, ZErb 2013, 112, 116.
[1574] *Dutta*, in: Reichelt/Rechberger (Hrsg.), Europäisches Erb- und Erbverfahrensrecht, 2011, S. 57, 79.
[1575] Entgegen *Döbereiner*, MittBayNot 2013, 437, 443.
[1576] *Nordmeier*, ZErb 2013, 112, 116.
[1577] *Nordmeier*, ZErb 2013, 112, 116. Ungenau *Dutta*, FamRZ 2013, 4, 10.
[1578] *Leitzen*, ZEV 2013, 128, 130. Anders wohl *Nordmeier*, ZEV 2012, 513, 518 f.
[1579] So *Khairallah*, in: Khairallah/Revillard (dir.), Perspectives du droit des successions européennes et internationales, 2010, S. 61, 76; *Goré*, Defrénois 2012, 762 (762).

keine echte Rede sein. Art. 25 III EuErbVO eröffnet aber die Möglichkeit zu einer für beide Erblasser im Ergebnis einheitlichen, koordinierten Rechtswahl.[1580]

453 **Beispiel:** E und N aus dem vorherigen Beispiel (→ § 5 Rn. 449) suchen immer noch nach einer Möglichkeit, einen wirksamen Erbvertrag zu schließen. Zu diesem Zweck erweitern sie ihre Vereinbarung: N wird Alleinerbin des E; im Gegenzug kümmert sie sich um E und vermacht ihm außerdem ihre Sammlung alter italienischer Sportwagen.

454 **3. Erbverträge betreffend den Nachlass einer Person.** *a) Objektive Anknüpfung.* Betrifft der Erbvertrag den Nachlass nur einer Person, so steht fest, wer der Erblasser sein wird. Dann wird die Gleichbehandlung „normaler" testamentarischer Verfügungen und testamentarischer Verfügungen in Erbverträgen zur Maxime. Angeknüpft wird gemäß Erwägungsgrund (51) EuErbVO an das Recht des gewöhnlichen Aufenthalts dieser Person am Errichtungstag. Der Begriff des gewöhnlichen Aufenthalts ist derselbe wie in Art. 21 I EuErbVO. Nur der maßgebliche Anknüpfungszeitpunkt verschiebt sich: Beim Erbvertrag kommt es auf den Zeitpunkt des Erbvertragsabschlusses an, nicht auf den tatsächlichen Todeszeitpunkt des Erblassers.[1581] Der Tod des Erblassers wird gleichsam für den Zeitpunkt des Erbvertragsabschlusses fingiert.[1582] Dieser Zeitpunkt kann weit vor dem tatsächlichen Tod des Erblassers liegen, und der Erblasser mag danach seinen gewöhnlichen Aufenthalt wechseln.

455 Jeder spätere Aufenthaltswechsel ist jedoch für das Erbvertragsstatut irrelevant, denn es ist unwandelbar auf den Zeitpunkt des Erbvertragsschlusses angeknüpft.[1583] In der Praxis ist es aber zu empfehlen, die für den gewöhnlichen Aufenthalt des zukünftigen Erblassers im Zeitpunkt des Vertragsabschlusses maßgeblichen Umstände im Erbvertrag selbst oder in dessen Umfeld zu dokumentieren, um diese möglichst gut belegen zu können, wenn der Erblasser verstirbt und der Erbvertrag seine Wirkung entfalten soll.[1584]

456 Für die Angehörigen erbvertragsfeindlicher Staaten, die außerhalb ihres Heimatstaates leben, bringt die Anknüpfung an den gewöhnlichen Aufenthalt einen erheblichen Wandel mit sich: Leben sie in einem erbvertragsfreundlichen Staat, z. B. in Deutschland, so können sie Erbverträge schließen, sogar ohne eine Rechtswahl vornehmen oder sonstige Vorkehrungen treffen zu können.[1585] Ihr Heimatstaat ist kraft Art. 25 I EuErbVO gezwungen, einen von ihrem Aufenthaltsrecht erlaubten Erbvertrag anzuerkennen.

457 Auch für die engste Verbindung unter Art. 25 I iVm Art. 21 II EuErbVO ist der Erbvertragsabschluss maßgeblicher Zeitpunkt.[1586] Weil allein das hypothetische Erbstatut nach dem erbrechtlich Verfügenden zählt, kommt es auch im Rahmen des Art. 21 II EuErbVO nicht auf subjektive Merkmale wie gewöhnlichen Aufenthalt oder Staatsangehörigkeit der anderen Erbvertragspartei an.

458 Unklar ist, wie im Fall einer Rechtswahl zu verfahren ist. Grundsätzlich scheint Erwägungsgrund (51) EuErbVO dann auf das Heimatrecht am Errichtungstag der letztwilligen Verfügung zu verweisen. Indes dürfte dies nur für den Fall der einseitigen Verfügung von Todes wegen und damit für Art. 24 I EuErbVO gemeint sein. Denn bei einem Erbvertrag als solchem kann es keine einseitige Rechtswahl nur eines Erblassers geben, die auf Art. 22 I EuErbVO gestützt ist.[1587] Vielmehr regelt Art. 25 III EuErbVO dann die gewährte Parteiautonomie abschließend, zumal er ja seinerseits mit den nötigen Kautelen auf die Wahl-

---

[1580] *Döbereiner*, MittBayNot 2013, 437, 444.
[1581] *Nordmeier*, ZErb 2013, 112, 115. Anders mit Blick auf Art. 22 I 1 Var. 2 EuErbVO *Döbereiner*, MittBayNot 2013, 437, 444.
[1582] *Nordmeier*, ZErb 2013, 112 (112). Wiederum anders mit Blick auf Art. 22 I 1 Var. 2 EuErbVO *Döbereiner*, MittBayNot 2013, 437, 444.
[1583] *Soutier*, ZEV 2015, 515, 518 sowie Dutta/Weber/*F. Bauer* Art. 25 EuErbVO Rn. 15; Geimer/Schütze/*Döbereiner* Art. 25 EuErbVO Rn. 58.
[1584] *Nordmeier*, ZErb 2013, 112, 115.
[1585] *Vollmer*, ZErb 2012, 227, 232.
[1586] Vgl. *Pamboukis/Zoumpoulis* Art. 25 Successions Regulation Rn. 20.
[1587] Entgegen Deixler-Hübner/Schauer/*Fischer-Czermak* Art. 25 EuErbVO Rn. 25.

XI. Erbverträge   459–461 § 5

möglichkeiten des Art. 22 EuErbVO verweist. Eine frühere Rechtswahl des Erblassers in einer früheren letztwilligen Verfügung wird durch den Abschluss des Erbvertrags gleichsam überholt und wirkungslos gemacht; sie bestimmt nicht etwa das hypothetische Erbstatut nach diesem Erblasser.[1588]

Beispiel: A und B, beide mit gewöhnlichem Aufenthalt in Deutschland, vereinbaren formgerecht, 459 dass B der Alleinerbe des A wird. Einige Jahre später entschließt sich A, seinen Lebensabend in der Wärme zu erbringen und zieht nach Iraklion auf Kreta. B fragt, ob er dennoch mit dem Erbe nach A rechnen kann, wenn sich ansonsten nichts ändert.

b) Qualifikation. Seinem Wortlaut nach beschränkt Art. 25 I EuErbVO seinen Anknüp- 460 fungsgegenstand auf Zulässigkeit, materielle Wirkungen und Bindungswirkungen eines Erbvertrages. Er besagt – anders als noch Art. 18 I 1 Vorschlag EuErbVO – nicht, dass „der Erbvertrag", also der *gesamte* Erbvertrag, dem bezeichneten Recht unterliegt. Dies könnte Zweifel aufkommen lassen, ob denn wirklich ein echtes Statut des Erbvertrages gemeint ist.[1589] Indes muss man umgekehrt fragen, was denn jenseits von Zulässigkeit, materiellen Wirkungen und Bindungswirkungen einem sonstigen Statut des Erbvertrages (unterschieden vom eigentlichen Erbstatut und vom Errichtungsstatut) bliebe, zumal die Form sowieso nach Art. 27 I EuErbVO angeknüpft wird. Außerdem bestünde dann eine Lücke, wie man ein sonstiges Statut des Erbvertrages zu bestimmen hätte. Daher erscheint es nicht angebracht, aus der im Vergleich mit Art. 18 I 1 Vorschlag EuErbVO enger klingenden Formulierung einen Umkehrschluss zu ziehen. Vielmehr sollte man Art. 25 I EuErbVO hinsichtlich seines sachlichen Anwendungsbereichs eher extensiv auslegen und alles dem Recht unterstellen, das eh die wirklich wichtigen Aspekte regiert. Das Errichtungsstatut des Erbvertrages entscheidet jedenfalls auch über die Umdeutung einer Gestaltung, die nach jenem Statut als Erbvertrag nicht zulässig ist.[1590]

Der zentrale Begriff der Zulässigkeit (recevabilité) wird leider nirgends näher erläu- 461 tert.[1591] Gemeint ist jedenfalls nicht die Formwirksamkeit, denn diese hat nach Art. 27 I EuErbVO ihr eigenes Statut.[1592] Gemeint ist aber die materiellrechtliche Zulassung,[1593] angesichts der Verbote von Erbverträgen in vielen mitglied- und drittstaatlichen Rechtsordnungen[1594] ein wichtiger Punkt. Eine Differenzierung danach, ob ein Erbvertragsverbot der Beweisbarkeit, Authenzitität und unverfälschten Niederlegung des Erblasserwillens dient, mit der Folge, dass ein solchen Zwecken dienendes Verbot als Formfrage einzuordnen sei,[1595] dürfte bei europäisch-autonomem Verständnis nicht mehr zu halten sein[1596] und wäre auch zu kompliziert. Jedenfalls kommt es auf die institutionelle Zulässigkeit an, nicht auf die Zulässigkeit einzelner getroffener Anordnungen.[1597]

[1588] Anderer Ansicht *Döbereiner,* MittBayNot 2013, 437, 443; Deixler-Hübner/Schauer/*Fischer-Czermak* Art. 25 EuErbVO Rn. 25; Geimer/Schütze/*Döbereiner* Art. 25 EuErbVO Rn. 79; *Pamboukis/Zoumpoulis* Art. 25 Successions Regulation Rn. 20.

[1589] *Buschbaum/M. C. Kohler,* GPR 2010, 106, 113.

[1590] *Döbereiner,* MittBayNot 2013, 437, 440; Geimer/Schütze/*Döbereiner* Art. 25 EuErbVO Rn. 43.

[1591] *Khairallah,* in: Khairallah/Revillard (dir.), Droit européen des successions internationales, 2013, S. 47, 63.

[1592] *Döbereiner,* MittBayNot 2013, 437, 440; Deixler-Hübner/Schauer/*Fischer-Czermak* Art. 25 EuErbVO Rn. 14.

[1593] *Nordmeier,* ZEV 2012, 513, 515f.; *Döbereiner,* MittBayNot 2013, 437, 440; *Pamboukis/Zoumpoulis* Art. 25 Successions Regulation Rn. 10.

[1594] Nachweise → § 5 Rn. 438.

[1595] So im deutschen Alt-IPR OLG Frankfurt IPRax 1986, 111; *Schotten/Schmellenkamp,* Das Internationale Privatrecht in der notariellen Praxis, 2. Aufl. 2007, Rn. 316, 319; Staudinger/*Dörner* Art. 25 EGBGB Rn. 326, 355.

[1596] *S. Herzog,* ErbR 2013, 2, 8; *D. Lehmann,* ZErb 2013, 25, 29; *Soutier* S. 150–152; *Bonomi,* in: Bonomi/Wautelet Art. 27 Règ. Rn. 14f.; MüKoBGB/*Dutta* Art. 24 EuErbVO Rn. 2; *F. Odersky,* in: Hausmann/Odersky IPR § 15 Rn. 197. Anderer Ansicht *Nordmeier,* ZEV 2012, 513, 515f.; *Döbereiner,* MittBayNot 2013, 437, 440; *Heinig,* RNotZ 2014, 197, 201f.; *Hilbig-Lugani,* IPRax 2014, 480, 481; *Müller-Luboschek* § 2 Rn. 199f.; Geimer/Schütze/*Döbereiner* Art. 25 EuErbVO Rn. 39.

[1597] *F. Odersky,* in: Hausmann/Odersky IPR § 15 Rn. 200.

462 Das Errichtungsstatut des Erbvertrags gibt dafür maß, wer einen Erbvertrag abschließen kann, ob der Kreis der Vertragsschließenden also auf bestimmte Personen (z.B. Ehegatten oder nahe Verwandte) beschränkt ist.[1598] Soweit Ehegatten Erbverträge abschließen dürfen, setzt dies den Bestand der Ehe voraus. Ob eine Ehe geschlossen wurde, ist eine nach Artt. 13; 11 EGBGB zu beurteilende Vorfrage. Ob eine geschlossene Ehe geschieden wurde, ist eine nach der Rom III-VO zu beantwortende Vorfrage.[1599] Die Auswirkungen einer Scheidung auf den Erbvertrag sind als Zulässigkeitsfrage des Erbvertrages nach dem Errichtungsstatut des Erbvertrages zu beurteilen.[1600] Sofern dessen Maßstäbe von jenen des Scheidungsstatuts abweichen, z.B. darin, welchen Einfluss Scheidungsschuld hat, steht eine Anpassung in Rede.[1601]

463 Das Errichtungsstatut des Erbvertrags besagt, ob es widerrufliche neben bindenden Verfügungen gibt und wie beide voneinander zu scheiden sind.[1602] Es entscheidet, welchen Einfluss der Abschluss des Erbvertrags auf *spätere* letztwillige Verfügungen des Erblassers hat.[1603] Es legt auch die Grenzen fest, in denen der Erblasser nach Abschluss des Erbvertrages noch zu seinen Lebzeiten disponieren und zuwenden darf.[1604] Dies umfasst Auswirkungen auf bindungswidrige Schenkungen und etwaige Rückforderungsansprüche gegen die Bedachten.[1605] Für den Einfluss auf *frühere* letztwillige Verfügungen ist das Errichtungsstatut der jeweils betroffenen früheren Verfügung zu befragen.[1606]

464 Nicht nur die Bindungswirkung als solche, sondern auch ihre Aufhebung richtet sich grundsätzlich nach dem Errichtungsstatut des Erbvertrages. Dies gilt auch für die negative Komponente eines Widerrufs der Bindung.[1607] Dagegen beurteilen sich etwaige positive Anordnungen in späteren Verfügungen, die jenseits des reinen Widerrufs liegen, nach ihrem eigenen Errichtungsstatut.[1608]

465 Im Erbvertrag sollte zumindest der Zeitpunkt des Vertragsschlusses durch Datierung festgehalten werden.[1609] Die Feststellung dieses Zeitpunkts kann sich aber bei gestreckten Abschlusstatbeständen schwierig gestalten, etwa bei komplexen Erbverträgen mit vielen Parteien oder bei Genehmigungs- oder Widerrufsvorbehalten einzelner Parteien.[1610] Der Vertrag sollte dann als abgeschlossen gelten, wann die letzte abgegebene Vertragserklärung, gleich welcher Partei, wirksam wird.[1611] Bei komplexen Erbverträgen ist dies im Zweifel die letzte abgegebene Vertragserklärung, bei einem Genehmigungsvorbehalt kommt es auf die Genehmigungserklärung an, bei einem Widerrufsvorbehalt auf den Ablauf der Widerrufsfrist ohne erfolgten Widerruf oder auf eine positive Bestätigung.

466 Das Erbvertragsstatut beherrscht für die genannten Gegenstände den gesamten Erbvertrag. Der Erbvertrag wird nicht etwa in solche Elemente, die Verfügungen von Todes we-

---

[1598] *Döbereiner*, MittBayNot 2013, 437, 440; Geimer/Schütze/*Döbereiner* Art. 25 EuErbVO Rn. 42; *Calvo Caravaca/Daví/Mansel/Rodríguez Rodrigo* Art. 25 Successions Regulation Rn. 19.

[1599] *Döbereiner*, MittBayNot 2013, 437, 440.

[1600] Deixler-Hübner/Schauer/*Fischer-Czermak* Art. 25 EuErbVO Rn. 18. Mit Zweifeln *Döbereiner*, MittBayNot 2013, 437, 441; Geimer/Schütze/*Döbereiner* Art. 25 EuErbVO Rn. 48 ff.

[1601] *Döbereiner*, MittBayNot 2013, 437, 441 unter Hinweis auf BayObLG IPRax 1981, 100, 102; *Firsching*, IPRax 1981, 86, 88; *Coester*, IPRax 1981, 206.

[1602] *Döbereiner*, MittBayNot 2013, 437, 441; Geimer/Schütze/*Döbereiner* Art. 25 EuErbVO Rn. 39; *Pamboukis/Zoumpoulis* Art. 25 Successions Regulation Rn. 15.

[1603] *Döbereiner*, MittBayNot 2013, 437, 441.

[1604] *Döbereiner*, MittBayNot 2013, 437, 441.

[1605] MüKoBGB/*Dutta* Art. 1 EuErbVO Rn. 23; Dutta/Weber/*R. Magnus* Internationales Schenkungsrecht Rn. 54; *Mansel*, FS Reinhold Geimer zum 80. Geb., 2017, S. 443, 446 f.

[1606] *Döbereiner*, MittBayNot 2013, 437, 441.

[1607] *Döbereiner*, MittBayNot 2013, 437, 441; *Lagarde*, in: Bergquist/Damascelli/Frimston/Lagarde/F. Odersky/Reinhartz Art. 25 EuErbVO Rn. 4; Dutta/Weber/*F. Bauer* Art. 25 EuErbVO Rn. 23. Anders MüKoBGB/*Dutta* Art. 25 EuErbVO Rn. 12, der eine Analogie zu Art. 24 III EuErbVO befürwortet.

[1608] *Döbereiner*, MittBayNot 2013, 437, 441; Dutta/Weber/*F. Bauer* Art. 25 EuErbVO Rn. 23; Geimer/Schütze/*Döbereiner* Art. 25 EuErbVO Rn. 56.

[1609] *Nordmeier*, ZErb 2013, 112, 113.

[1610] *Nordmeier*, ZErb 2013, 112, 113.

[1611] *Nordmeier*, ZErb 2013, 112, 113.

gen enthalten, und solche Elemente, die dies nicht tun, gespalten. Ebenso wenig werden etwaige verpflichtende Elemente des Erbvertrags abgespalten, z. B. die Verpflichtung des Vertragserben, dem Erblasser eine monatliche Rente zu zahlen, den Gebrauch einer bestimmten Wohnung zu überlassen oder einen Nießbrauch an einer bestimmten Immobilie einzuräumen. Insbesondere gilt für solche verpflichtenden Elemente keine internationalschuldvertragsrechtliche Qualifikation und Anknüpfung.

4. Erbverträge betreffend die Nachlässe mehrerer Personen. Erbverträge, mehr noch aber gegenseitige Testamente (die Art. 3 I lit. b EuErbVO terminologisch den Erbverträgen zuschlägt) enthalten häufig testamentarische Verfügungen mehrerer Personen und betreffen die jeweiligen Nachlässe nach mehreren Personen. Dieser Konstellation nimmt sich Art. 25 II UAbs. 1 EuErbVO an. Ihm zufolge ist ein Erbvertrag, welcher den Nachlass mehrerer Personen betrifft, nur zulässig, wenn er nach jedem der Rechte zulässig ist, die auf die Rechtsnachfolge jeweils nach einem der beteiligten Erblasser anzuwenden wäre, beurteilt auf den Zeitpunkt des Erbvertragsabschlusses. Es erfolgen also für die Zulässigkeit eine hypothetische Aufspaltung in Erbverträge nach einzelnen Personen und eine Kumulation der Statute dieser hypothetischen Einzelerbverträge.[1612] Art. 18 I 1 Vorschlag EuErbVO[1613] sah diese Kumulation noch nicht vor, sondern ließ es im Wege der alternativen Anknüpfung ausreichen, wenn der Erbvertrag nach einem der hypothetischen Erbstatute zulässig war.[1614] Maßgebliche Anknüpfungspersonen sind nur die Erblasser, nicht aber andere Beteiligte, z. B. die Erben als solche.[1615] Schließen mehrere Kinder mit ihrer Mutter und ihrem Vater einen Erbvertrag, so kommt es auf den gewöhnlichen Aufenthalt der Kinder nicht an, nur auf denjenigen der Mutter und des Vaters.[1616]

Man darf die Mehrseitigkeit spezifisch eines Erbvertrages nicht mit der Mehrseitigkeit oder gar Gegenseitigkeit von Verträgen im Allgemeinen vermengen.[1617] Ein Erbvertrag, in dem ein Erblasser ein Vermächtnis aussetzt und im Gegenzug der bedachte Vermächtnisnehmer auf einen ihm zuvor zustehenden Pflichtteil verzichtet, ist ein einseitiger Erbvertrag, weil nur der Erblasser eine Verfügung von Todes wegen trifft.[1618] Für die Unterscheidung, ob ein einseitiger Erbvertrag mit nur einem Erblasser oder ein mehrseitiger Erbvertrag mit mehreren Erblassern vorliegt, bietet sich die Kontrollfrage an, wie viele Erbverträge bei voneinander getrennten Vereinbarungen vorlägen.[1619] Für einen mehrseitigen Erbvertrag reicht es aus, wenn auch nur einer der Erblasser bindend verfügt.[1620] Die Bindungswirkung muss wie bei einem einseitigen Erbvertrag nicht unter dem Erblasser bestehen; Bindungswirkung gegenüber einem Dritten reicht aus, z. B. wenn beide Eltern letztwillige Verfügungen zu Gunsten ihrer Kinder treffen.[1621]

Mehrseitige Erbverträge können auch Erbverträge mit drei oder mehr Erblassern sein.[1622] Es erfolgt keine Beschränkung auf Erbverträge mit genau zwei beteiligten Erblassern.[1623]

[1612] Ähnlich *Dutta*, FamRZ 2013, 4, 10; *F. Odersky*, notar 2013, 3, 8; *Müller-Lukoschek* § 2 Rn. 171; *Döbereiner*, MittBayNot 2013, 437, 441.
[1613] Vorschlag für eine Verordnung des Europäischen Parlaments und des Rates über die Zuständigkeit, das anwendbare Recht, die Anerkennung und die Vollstreckung von Entscheidungen und öffentlichen Urkunden in Erbsachen sowie zur Einführung eines Europäischen Nachlasszeugnisses, KOM (2009) 154 endg. S. 21.
[1614] *K. W. Lange*, ZErb 2012, 160, 164.
[1615] *Nordmeier*, ZErb 2013, 112, 113; MüKoBGB/*Dutta* Art. 25 EuErbVO Rn. 9; Deixler-Hübner/Schauer/*Fischer-Czermak* Art. 25 EuErbVO Rn. 23.
[1616] *Nordmeier*, ZErb 2013, 112, 113.
[1617] Vgl. *Nordmeier*, ZErb 2013, 112, 113.
[1618] *Nordmeier*, ZErb 2013, 112, 113 Fn. 16.
[1619] *Nordmeier*, ZErb 2013, 112, 113.
[1620] *Döbereiner*, MittBayNot 2013, 437, 442; Geimer/Schütze/*Döbereiner* Art. 25 EuErbVO Rn. 61.
[1621] MüKoBGB/*Dutta* Art. 25 EuErbVO Rn. 7; Dutta/Weber/*F. Bauer* Art. 25 EuErbVO Rn. 17. Anderer Ansicht *Döbereiner*, MittBayNot 2013, 437, 442; Deixler-Hübner/Schauer/*Fischer-Czermak* Art. 25 EuErbVO Rn. 21; Geimer/Schütze/*Döbereiner* Art. 25 EuErbVO Rn. 61.
[1622] *Nordmeier*, ZErb 2013, 112, 113 Fn. 13.
[1623] Ungenau *S. Herzog*, ErbR 2013, 2, 8.

Auch die Statutenkumulation betrifft immer genau so viele hypothetische Erbstatute, wie Erblasser an dem Erbvertrag beteiligt sind.[1624]

470 Bei der Anknüpfung an die engste Verbindung nach Art. 25 II UAbs. 1 iVm Art. 21 II EuErbVO kommt es wegen der Vereinzelung der hypothetischen Erbstatute nicht auf die engste Verbindung des Erbvertrages insgesamt mit einer Rechtsordnung an,[1625] sondern vielmehr auf die jeweils engste Verbindung des einzelnen Erblassers mit einer Rechtsordnung.

471 Die engste Verbindung des Erbvertrages insgesamt mit einem der hypothetischen Erbstatute kommt unter Art. 25 II UAbs. 2 EuErbVO ins Spiel. Sie ist dort das Stichentscheidskriterium zwischen den hypothetischen Erbstatuten.[1626] Die Auswahl ist begrenzt. Ein drittes Recht jenseits der hypothetischen Erbstatute kommt nicht in Betracht.[1627]

472 Indes ist zu beachten, dass Art. 25 II UAbs. 2 EuErbVO nur einen begrenzten Anknüpfungsgegenstand hat: Er knüpft allein die materielle Wirksamkeit und die Bindungswirkung eines mehrseitigen Erbvertrages an. So treten weder Statutenkumulation noch Anpassungsprobleme ein, weil insoweit kraft Schwerpunktbetrachtung ein einheitliches Statut herrscht.[1628]

473 Für die Zulässigkeit bleibt es dagegen ausschließlich bei Art. 25 II UAbs. 1 EuErbVO. Dies heißt Statutenkumulation: Zulässig ist ein mehrseitiger Erbvertrag im Grundsatz nur, wenn er nach allen hypothetischen Erbstatuten zulässig ist.[1629] Um die darin liegende Strenge zu vermeiden, wird vorgeschlagen, das eine Erbstatut über die Auswirkung der Unzulässigkeit des Erbvertrags nach dem anderen Erbstatut auf den Gesamtvertrag oder die etwaige Umdeutung in einfache Testamente entscheiden zu lassen.[1630]

474 Maßgeblich ist unter Art. 25 II UAbs. 2 EuErbVO die engste Verbindung des Erbvertrages insgesamt mit einem der hypothetischen Erbstatute, nicht per se die engste Verbindung eines der Erblasser mit einem Erbvertrag.[1631] Unterkriterien, den gewöhnlichen Aufenthalt eines Erblassers verstärkende Kriterien für die engste Verbindung, können z.B. der Abschlussort des Erbvertrages,[1632] die Sprache des Erbvertrags oder die Belegenheitsorte des vom Erbvertrag erfassten Vermögens sein.[1633] Das Stichkriterium der engsten Verbindung schürt jedenfalls planerische Unsicherheit, die eine Rechtswahl, gestützt auf Art. 25 III EuErbVO, attraktiver macht.[1634]

475 **Beispiel:** M, der seinen gewöhnlicher Aufenthalt in Lettland hat, und seine Ehefrau F, die vor drei Wochen dauerhaft von Deutschland nach Spanien gezogen ist, schließen mit ihren zwei Kindern, die ebenfalls in Lettland leben, in Lettland einen Erbvertrag. In diesem Erbvertrag verfügen M und F beide von Todes wegen. F hat den Großteil ihres Vermögens in Deutschland und pflegt soziale Beziehungen in Spanien nahezu ausschließlich zu anderen Mitglieder eines lokalen deutschsprachigen Vereins.

[1624] *Nordmeier,* ZErb 2013, 112, 113.
[1625] So aber *Nordmeier,* ZErb 2013, 112, 115.
[1626] Daran fehlte es noch unter Art. 10 Haager ErbRÜbk; *Lagarde,* in: Khairallah/Revillard (dir.), Droit européen des successions internationales, 2013, S. 5, 13.
[1627] Übersehen von *Döbereiner,* MittBayNot 2013, 437, 441.
[1628] *Döbereiner,* MittBayNot 2013, 437, 442; NK-BGB/*Looschelders* Art. 25 EuErbVO Rn. 14.
[1629] *Döbereiner,* MittBayNot 2013, 437, 442; *Lagarde,* in: Bergquist/Damascelli/Frimston/Lagarde/F. Odersky/Reinhartz Art. 25 EuErbVO Rn. 5; Deixler-Hübner/Schauer/*Fischer-Czermak* Art. 25 EuErbVO Rn. 23.
[1630] *Döbereiner,* MittBayNot 2013, 437, 442 unter Hinweis auf OLG Hamm NJW 1964, 553, 554; OLG Frankfurt IPRax 1986, 111; OLG Zweibrücken FamRZ 1992, 608, 609; Soergel/*Schurig* Art. 26 EGBGB Rn. 27, 35; Staudinger/*Dörner* Art. 25 EGBGB Rn. 354.
[1631] So aber *Fischer-Czermak,* EF-Z 2013, 52, 54.
[1632] *U. Simon/Buschbaum,* NJW 2012, 2393, 2396; *Fischer-Czermak,* in: Schauer/Scheuba (Hrsg.), Europäische Erbrechtsverordnung, 2013, S. 43, 52; *dies.,* EF-Z 2013, 52, 54; Palandt/*Thorn* Art. 25 EuErbVO Rn. 6.
[1633] *Fischer-Czermak,* in: Schauer/Scheuba (Hrsg.), Europäische Erbrechtsverordnung, 2013, S. 43, 52; *dies.,* EF-Z 2013, 52, 54; NK-BGB/*Looschelders* Art. 25 EuErbVO Rn. 16.
[1634] *Khairallah,* in: Khairallah/Revillard (dir.), Droit européen des successions internationales, 2013, S. 47, 64; *Pamboukis/Zoumpoulis* Art. 25 Successions Regulation Rn. 24.

5. Erbverzichts- oder Pflichtteilsverzichtsverträge. Erbverzichts- oder Pflichtteils- 476
verzichtsverträge fallen unter die weite Erbvertragsdefinition des Art. 3 I lit. b EuErb-
VO.[1635] Bei ihnen sind jedoch einige Zusatzüberlegungen veranlasst. Die Zahl der maßgeblichen Erblasser bestimmt sich danach, welchen und wie vielen Personen gegenüber auf
Rechte an ihren zukünftigen Nachlässen verzichtet wird. Wird nur gegenüber einem Erblasser verzichtet, so handelt es sich um einen einseitigen Erbvertrag (im weiten Sinne).[1636]
Bei einem gegenseitigen Verzicht zweier Erblasser im wechselseitigen Verhältnis zueinander
handelt es sich um eine mehrseitigen Erbvertrag.[1637] Die Zulässigkeit ist dabei für jeden
einzelnen der gegenseitigen Verzichte gesondert zu prüfen.[1638]

Der Erb- oder Pflichtteilsverzichtsvertrag wirft die bedeutsame Folgefrage auf, ob sich 477
seine Wirkung nach dem Erbfall gemäß dem Errichtungsstatut des Art. 25 EuErbVO[1639]
oder gemäß dem letztlich realen Erbstatut bestimmt.[1640] Sofern das effektive Erbstatut den
Verzichtsvertrag nicht kenne oder diesen für unzulässig halte, soll ein wirksam-wirkungs-
loser Verzicht vorliegen.[1641] Das Errichtungsstatut habe nur Zulässigkeit, Wirksamkeit und
Bindungswirkung zum Gegenstand, während die anderen Wirkungen dem Erbstatut unter-
fielen.[1642]

Indes würde die Möglichkeit, dass ein Statutenwechsel zwischen Errichtung und tatsäch- 478
lichem Erbfall die zentrale Wirkung des Erb- oder Pflichtteilsverzichtsvertrages entfallen
ließe, den Vertrag seines Sinns berauben und die Äquivalenz beim entgeltlichen Verzicht
mit lebzeitiger Entgeltung aufstören. Der Verzichtsvertrag würde als Gestaltungsinstrument
in seinem Wert massiv bedroht.[1643] Es wäre paradox und zweckwidrig, zwar eine Bindungswirkung gegen den Erblasser anzunehmen, aber letztlich keine Bindungswirkung
gegen den Verzichtenden. Der Verzichtende stünde zudem vor dem Dilemma, eine bereits
empfangene Gegenleistung wieder herausgeben zu müssen.[1644] Parallelen zur Schenkung
auf den Todesfall[1645] vermögen nicht zu überzeugen, weil dort Vertragsstruktur und Bindung zu Lebzeiten anders gelagert sind. Zudem trägt Art. 23 II lit. i. EuErbVO einen Umkehrschluss.[1646] In der Praxis wird als Gestaltungsmittel jedenfalls eine Rechtswahl des Erbstatuts empfohlen.[1647]

6. Mit anderen Verträgen kombinierte Erbverträge. In der deutschen Gestaltungs- 479
praxis sind kombinierte Ehe- und Erbverträge geläufig. Bei ihnen sind Ehevertrag und Erbvertrag kollisionsrechtlich zu trennen. Nur für den Erbvertrag gilt Art. 25 EuErbVO, während sich die Anknüpfung des Ehevertrages bzw. seiner Teile nach den Statuten der jeweils

---

[1635] → § 5 Rn. 429; *Calvo Caravaca/Davì/Mansel/Rodríguez Rodrigo* Art. 25 Successions Regulation Rn. 17; *F. Odersky*, in: Hausmann/Odersky IPR § 15 Rn. 271; *Seeger* S. 93–98.
[1636] *Döbereiner*, MittBayNot 2013, 437, 442 f; Geimer/Schütze/*Döbereiner* Art. 25 EuErbVO Rn. 67.
[1637] *Döbereiner*, MittBayNot 2013, 437, 443.
[1638] *Döbereiner*, MittBayNot 2013, 437, 443.
[1639] Dafür *Krug/Eule*, Pflichtteilsprozess, 2014, § 13 Rn. 307; *Everts*, NotBZ 2015, 3, 4; *J. Weber*, ZEV 2015, 503, 506 f.; *Hertel*, in: Würzburger Notarhandbuch, 4. Aufl. 2015, Teil 7 Kap. 3 Rn. 142; *Keim/Wandel*, in: Die Europäische Erbrechtsverordnung in der notariellen Praxis, 2015, S. 143; Staudinger/*Schotten*, BGB, 2016, Einl. §§ 2346–2352 BGB Rn. 56.
[1640] Dafür *Döbereiner*, MittBayNot 2013, 437, 443; *Wachter*, ZNotP 2014, 2, 12 f.; *Nordmeier*, ZEV 2013, 117, 121; *ders.*, ZEV 2014, 144, 146; *F. Odersky*, notar 2014, 139; MüKoBGB/*Dutta* Art. 23 EuErbVO Rn. 23; Deixler-Hübner/Schauer/*Fischer-Czermak* Art. 25 EuErbVO Rn. 9; *Kroiß*, Vermögensnachfolge in der Praxis, 4. Aufl. 2015, Rn. 3384 f.; *S. Frank/Döbereiner*, Nachlassfälle mit Auslandsbezug, 2015, Rn. 536; *Kroll-Ludwigs*, notar 2016, 75, 81; *Meise*, RNotZ 2016, 553, 563.
[1641] So plakativ *F. Odersky*, notar 2014, 139.
[1642] *Nordmeier*, ZEV 2013, 117, 121; *F. Odersky*, notar 2014, 139; MüKoBGB/*Dutta* Art. 23 EuErbVO Rn. 23; Deixler-Hübner/Schauer/*Fischer-Czermak* Art. 25 EuErbVO Rn. 9; *S. Frank/Döbereiner*, Nachlassfälle mit Auslandsbezug, 2015, Rn. 536.
[1643] Siehe *J. Weber*, ZEV 2015, 503, 507.
[1644] *J. Weber*, ZEV 2015, 503, 507.
[1645] *Bonimaier*, NZ 2016, 321, 326.
[1646] *Everts*, NotBZ 2015, 3, 4 f.
[1647] DNotI-Report 2016, 184, 185.

betroffenen Rechtsgebiete richtet.[1648] Ob Unwirksamkeit des Ehevertrags auf den Erbvertrag durchschlägt und umgekehrt, beurteilt sich nach dem Statut jenes Vertrages, dessen Infektion in Rede steht, nicht nach dem Statut des potenziell infizierenden Vertrages,[1649] dem nur die insoweit als Vorfrage einzuordnende Frage nach der Unwirksamkeit des potenziell infizierenden Teils zugewiesen ist.

480 Da auch Erbverzichts- und Pflichtteilsverzichtsverträge Erbverträge im Sinne des Art. 3 I lit. b EuErbVO sind,[1650] wird deren Kombination z.B. mit Schenkungen relevant. Beispiel möge ein Erbverzicht gegen eine lebzeitige Schenkung sein. Kollisionsrechtlich könnte man daran denken, beide Vertragsteile voneinander trennen und jeweils nach ihren eigenen Anknüpfungsregeln anknüpfen zu wollen. Damit drohte man jedoch ein Synallagma zwischen den Vertragsteilen aufzuschnüren, wenn man keine Verknüpfung herstellte. Deshalb sollte das Statut des potenziell infizierten Vertragsteils entscheiden, inwieweit dieser mit dem anderen Vertragsteil steht und fällt.

481 Keine Kombination zweier trennbarer Verträge liegt vor, soweit es sich um eine Gegenleistung für die letztwillige Verfügung im Erbvertrag selber handelt. Dann steht nur ein unselbständiger Teil des Erbvertrags in Rede,[1651] z.B. wenn der erbvertragliche Bedachte eine Unterhaltspflicht zu Gunsten des Erblassers begründet.

XII. Gemeinschaftliche Testamente

482 **1. Erbvertrag oder eigenständige Kategorie: Art. 25 oder Art. 24 EuErbVO?**
Gemeinschaftliche Testamente kennt zwar der Definitionskatalog in Art. 3 I litt. c, d Eu-Erb-VO; sie erfahren aber keine eigenständige Behandlung im Rest der EuErbVO.[1652] Vielmehr stehen sie zwischen Art. 24 EuErbVO[1653] und Art. 25 EuErbVO. Sofern sie Bindungswirkung haben sollen, dürften sie Erbverträgen gleichzustellen sein und dürfte deshalb Art. 25 EuErbVO Anwendung finden.[1654] Schließlich definiert Art. 3 I lit. b EuErbVO den Begriff des Erbvertrages weit und schließt Vereinbarungen aufgrund gegenseitiger Testamente ausdrücklich ein. Gemeinschaftliche Testamente werden in aller Regel gegenseitige Testamente sein.

483 Der Begriff der „gegenseitigen Testamente" ist der deutschen Rechtsterminologie indes bisher fremd.[1655] Jedoch spricht die ausdrückliche Einbeziehung der Vereinbarung aufgrund gegenseitiger Testamente in die Erbverträge durch Art. 3 I lit. b EuErbVO für die Einbeziehung gemeinschaftlicher Testamente.[1656] Zudem setzt Art. 3 I lit. b EuErbVO inhaltlich und nicht formell an: Gefordert ist nur eine Vereinbarung zu Rechten am künftigen Nachlass; welche Gestalt diese annimmt, ist dagegen nicht von ausschlaggebender Bedeutung.[1657]

[1648] *Döbereiner,* MittBayNot 2013, 437, 445 sowie *Barnich,* in: Nuyts (coord.), Actualités en droit international privé, 2013, S. 7, 23; Geimer/Schütze/*Döbereiner* Art. 25 EuErbVO Rn. 103.
[1649] *Döbereiner,* MittBayNot 2013, 437, 445.
[1650] Siehe nur Palandt/*Thorn* Art. 25 EuErbVO Rn. 2; DNotI-Report 2016, 184 (184).
[1651] *Döbereiner,* MittBayNot 2013, 437, 445.
[1652] *Wilke,* RIW 2012, 601, 606; Geimer/Schütze/*Döbereiner* Art. 25 EuErbVO Rn. 26.
[1653] Für dessen Anwendung generell *F. Odersky,* notar 2013, 3, 8.
[1654] S. *Herzog,* ErbR 2013, 2, 8f.; *K. Lechner,* NJW 2013, 26; *D. Lehmann,* ZErb 2013, 25f.; *Döbereiner,* MittBayNot 2013, 437, 438; siehe auch *R. Wagner,* DNotZ 2010, 506, 515; *Vollmer,* ZErb 2012, 227, 232; *Khairallah,* in: Khairallah/Revillard (dir.), Droit européen des successions internationales, 2013, S. 47, 61; MüKoBGB/*Dutta* Art. 3 EuErbVO Rn. 9; Dutta/Weber/*F. Bauer* Art. 25 EuErbVO Rn. 3; NK-BGB/ *Looschelders* Art. 24 EuErbVO Rn. 5; Geimer/Schütze/*Döbereiner* Art. 25 EuErbVO Rn. 27; *Calvo Caravaca/ Davì/Mansel/M. Weller* Art. 3 Successions Regulation Rn. 6; *F. Odersky,* in: Hausmann/Odersky IPR § 15 Rn. 230; *Pamboukis/Nikolaidis* Art. 3 Successions Regulation Rn. 10, 14. Offen *Müller-Lukoschek* § 2 Rn. 183f.
[1655] *D. Lehmann,* ZErb 2013, 25, 26; *Geimer,* in: J. Hager (Hrsg.), Die neue europäische Erbrechtsverordnung, 2013, S. 9, 36.
[1656] *K. Lechner,* NJW 2013, 26, 27; *D. Lehmann,* ZErb 2013, 25, 26; *Geimer,* in: J. Hager (Hrsg.), Die neue europäische Erbrechtsverordnung, 2013, S. 9, 36; *Döbereiner,* MittBayNot 2013, 437, 438; *ders.,* DNotZ 2014, 323, 336f.; *Heinig,* RNotZ 2014, 197, 200; MüKoBGB/*Dutta* Art. 3 EuErbVO Rn. 9.
[1657] *D. Lehmann,* ZErb 2013, 25, 26.

XII. Gemeinschaftliche Testamente

Willenserklärungen müssen in eine Vereinbarung münden, insoweit jenen mitgliedstaatlichen Rechtsordnungen entsprechend, die, anders als das deutsche Recht, den Erbvertrag nicht auch formal definieren.[1658] Daher ist materiell Wechselbezüglichkeit verlangt.[1659]

Teleologisch drohte die Behandlung eines gemeinschaftlichen Testaments, dem Bindungswirkung zukommen soll, als einfaches Testament die Bindungswirkung zu unterlaufen: Das sorgfältig von beiden Testierenden errichtete und austarierte Gebäude könnte der überlebende Testierende durch ein einfaches Widerrufstestament zum Einsturz bringen.[1660] Wäre die Bindungswirkung nicht sichergestellt, so müsste man, wenn denn eine Bindung gewollt ist, stets einen Erbvertrag empfehlen,[1661] der gegebenenfalls strengeren Formvorschriften unterliegt und höhere Kosten verursacht.[1662]

Auf der anderen Seite erfahren „gemeinschaftliche Testamente" eine eigene Definition in Art. 3 I lit. c EuErbVO und werden in Art. 3 I lit. d EuErbVO *neben* den Erbverträgen und gleichrangig mit diesen und den einfachen Testamenten als eigener Unterfall der Verfügungen von Todes wegen aufgeführt. Daraus könnte man schließen, dass sie keine Erbverträge seien und dass sie Art. 24 EuErbVO unterfallen sollen.[1663] Freilich muss dies die Hürden überwinden, die sich aus Art. 3 I lit. b EuErbVO ergeben: Erbverträge können auch aus testamentarischen Vereinbarungen erwachsen, und der Begriff der „gegenseitigen Testamente" ist mit Leben zu erfüllen.[1664] Testamente und Erbverträge schließen sich in der europäischen Konzeptionswelt keineswegs wechselseitig aus.[1665] Insbesondere findet sich eine Unterscheidung zwischen gemeinsamen und gegenseitigen Testamenten nur in einer Minderzahl derjenigen mitgliedstaatlichen Rechtsordnungen, welche gemeinschaftliche Testamente als Institut kennen, und selbst dort muss aus der Unterscheidung kein ausschließender Gegensatz erwachsen.[1666] Die Verwirrung in Art. 3 I EuErbVO lässt sich wohl dadurch erklären, dass Vorbild bei gemeinschaftlichen Testamenten Art. 4 HTestFormÜbk, bei Erbverträgen aber Art. 8 Haager ErbRÜbk war.[1667]

Der vermeintliche Gegensatz zum Erbvertrag nach deutschem Verständnis schwindet, wenn man etwa die englische Fassung „agreement as to succession" mitbedenkt.[1668] Gerade einer Bindungswirkung erbrechtlicher Verfügungen in ihrem Sachrecht abgeneigte Mitgliedstaaten[1669] werden aus ihrer Sicht gemeinschaftliche Testamente mit Bindungswirkung den Erbverträgen zuschlagen und Art. 25 EuErbVO anwenden, weil sie nur, aber immerhin in dem von Art. 25 EuErbVO markierten Umfang, Bindungswirkung anzuerkennen bereit sind.[1670]

Dahin, gemeinschaftliche Testamente nicht Art. 25 EuErbVO zu unterstellen, weist dagegen die Überschrift des Art. 25 EuErbVO, die eben nur die Erbverträge benennt und gemeinschaftliche Testamente nicht explizit aufführt, obwohl dies ohne weiteres und ohne großen legislativen Aufwand möglich gewesen wäre.[1671] Indes muss man sich hüten, unbe-

---

[1658] *D. Lehmann*, ZErb 2013, 25, 27.
[1659] *Heinig*, RNotZ 2014, 197, 201 will die Frage, ob konkret Wechselbezüglichkeit besteht, als Erstfrage nach Art. 24 EuErbVO anknüpfen.
[1660] *D. Lehmann*, ZErb 2013, 25 f.
[1661] So in der Tat *U. Simon/Buschbaum*, NJW 2012, 2393, 2396.
[1662] *D. Lehmann*, ZErb 2013, 25, 26.
[1663] Dafür *U. Simon/Buschbaum*, NJW 2012, 2393, 2396; DNotI-Report 2012, 121, 122; *Nordmeier*, ZEV 2012, 513, 514; *ders.*, ZEV 2013, 117, 120; *F. Odersky*, notar 2013, 3, 8; *Schaal*, BWNotZ 2013, 29, 30; *Renate Schaub*, Hereditare 3 (2013), 91, 117 sowie *Revillard*, Defrénois 2012, 743, 750.
[1664] *D. Lehmann*, ZErb 2013, 25, 26; *Döbereiner*, MittBayNot 2013, 437, 438; *Leipold*, ZEV 2014, 139, 141.
[1665] *D. Lehmann*, ZErb 2013, 25, 26. Vgl. auch Dutta/Weber/*F. Bauer* Art. 25 EuErbVO Rn. 2.
[1666] *D. Lehmann*, ZErb 2013, 25, 27 f. Rechtsvergleichend *Schildknecht*, Das gemeinschaftliche Testament aus historisch-rechtsvergleichender Sicht, 2018, S. 176–196.
[1667] *Nordmeier*, ZEV 2013, 117, 120; *Leipold*, ZEV 2014, 139, 141 f.
[1668] *D. Lehmann*, ZErb 2013, 25, 27.
[1669] Siehe die Übersicht bei *Sieghörtner*, in: W. Reimann/Bengel/J. Mayer, Testament und Erbvertrag, 6. Aufl. 2015, Syst. B Rn. 49–53.
[1670] Vgl. *D. Lehmann*, ZErb 2013, 25, 27.
[1671] *U. Simon/Buschbaum*, NJW 2012, 2393, 2396.

sehen den engeren deutschen Begriff des Erbvertrages übertragen zu wollen, denn der europäische Begriff des Erbvertrages ist unionsrechtlich-autonom auszulegen.[1672] Wechselbezüglichkeit der Verfügungen im deutschrechtlichen Sinne des § 2270 BGB kann daher kein Differenzierungskriterium sein.[1673]

488 Die Genese des Art. 25 EuErbVO enthält Argumente für eine Anwendung des Art. 25 EuErbVO auf gemeinschaftliche Testamente. So soll dies – nach Auskunft des zuständigen Berichterstatters[1674] – dem allgemeinen Verständnis der Mitglieder des Rechtsausschusses des Europäischen Parlaments entsprochen haben. Zudem finden sich in den vorangegangenen Verhandlungen der Kommission mit externen Expertengruppen Formulierungsvorschläge für Vorläufer zu Art. 25 EuErbVO, die auch gemeinschaftliche Testamente einbeziehen (auch wenn dies im Deutschen eine nicht ganz präzise Übersetzung eines „mutual wills" aus einem aus Italien stammenden Vorschlag sein könnte).[1675] Auch Art. 3 I lit. d EuErbVO deutet in diese Richtung.[1676] Insbesondere wurde aber Art. 3 I lit. b EuErbVO um den Zusatz „einschließlich einer Vereinbarung aufgrund gegenseitiger Testamente" ergänzt.[1677]

489 Für die Praxis wird angesichts der nicht zu leugnenden Unsicherheiten bei der Einordnung empfohlen, bei grenzüberschreitenden Sachverhalten kein gemeinschaftliches Testament zu errichten, sondern einen Erbvertrag abzuschließen, denn ein Erbvertrag unterfällt sicher und ohne Zweifel Art. 25 EuErbVO.[1678] Auch über ein Ausweichen auf lebzeitige Übertragungen oder gesellschaftsrechtliche Lösungen wird nachgedacht, weil diese über Art. 1 II lit. g bzw. lit. h EuErbVO aus der EuErbVO herausfallen.[1679]

490 **Beispiel:**[1680] Die französischen Eheleute M und F mit gewöhnlichem Aufenthalt in Karlsruhe wollen sich bindend gegenseitig zum Alleinerben einsetzen; Erbe des Letztversterbenden soll Ms Sohn S aus erster Ehe sein. Dazu errichten M und F ein gemeinschaftliches Testament. Zwei Jahre nach Ms Tod hat sich F neu verliebt und möchte nun lieber ihren neuen Lebensgefährten L anstelle von S bedenken. F verfasst daher eines neues Testament, wonach L ihr Alleinerbe werden soll. Als F stirbt, fragen S und L, ob sie geerbt haben.

491 **2. Formelle Urkundeneinheit.** Die Definition des gemeinschaftlichen Testaments orientiert sich an der formellen Urkundeneinheit und verlangt die Errichtung in einer einzigen Urkunde.[1681] Sie orientiert sich also an der älteren objektiven Theorie[1682] und nicht an der moderneren subjektiven Theorie[1683], die auf den Willen zur Verkoppelung, nicht auf die einheitliche Verkörperung abstellen würde.[1684] Die Forderung nach Urkundeneinheit kann schwierige Fragen aufwerfen, wo die Grenzen einer einheitlichen Urkunde liegen. Durchlaufende Seitenzählung, Zusammenheften, Verklammern, Versiegeln und Aufbewahren in einem gemeinsamen Umschlag sind jedenfalls dringend anzuraten, um einen dauerhaften räumlichen Zusammenhang der einzelnen Urkundenteile herzustellen.[1685] Viele andere Sprachfassungen des Art. 3 I lit. c EuErbVO stellen übrigens nicht auf eine einzige

---

[1672] *D. Lehmann,* ZErb 2013, 25, 26.
[1673] Entgegen *Soutier,* ZEV 2015, 515, 519.
[1674] *K. Lechner,* NJW 2013, 26.
[1675] *D. Lehmann,* ZErb 2013, 25, 27.
[1676] *Leipold,* ZEV 2014, 139, 143.
[1677] *Leipold,* ZEV 2014, 139, 143.
[1678] *U. Simon/Buschbaum,* NJW 2012, 2393, 2396; *Nordmeier,* ZEV 2012, 513, 516; *F. Odersky,* notar 2013, 3, 8; *Müller-Lukoschek* § 2 Rn. 190 sowie *D. Lehmann,* ZErb 2013, 25, 26; *Geimer,* in: J. Hager (Hrsg.), Die neue europäische Erbrechtsverordnung, 2013, S. 9, 32.
[1679] *Geimer,* in: J. Hager (Hrsg.), Die neue europäische Erbrechtsverordnung, 2013, S. 9, 32.
[1680] *D. Lehmann,* ZErb 2013, 25.
[1681] *Nordmeier,* ZEV 2012, 513, 514; *ders.,* ZEV 2013, 117, 120. Vgl. auch Dutta/Weber/*F. Bauer* Art. 25 EuErbVO Rn. 3. Anders *Völlmer,* ZErb 2012, 227, 232; *K. Lechner,* NJW 2013, 26.
[1682] In Deutschland RGZ 50, 307, 308; RGZ 72, 204; OLG Koblenz NJW 1954, 1648.
[1683] In Deutschland BGHZ 9, 113, 115f.; BGH NJW 1953, 698.
[1684] *Nordmeier,* ZEV 2012, 513, 514.
[1685] *Nordmeier,* ZEV 2012, 513, 514.

XII. Gemeinschaftliche Testamente

Urkunde oder ein einziges Dokument[1686] oder Instrument[1687] ab, sondern vielmehr auf einen einzigen Akt[1688] oder denselben Akt[1689]. Die englische und die französische Fassung verwenden dabei jeweils dieselbe Terminologie wie in der englischen und der französischen Fassung von Art. 4 HTestFormÜbk. Fehlt es an der Urkundeneinheit, sind die Verfügungen der verschiedenen Beteiligten aber aufeinander abgestimmt, so liegt jedenfalls ein Erbvertrag im Sinne von Artt. 3 I lit. b; 25 EuErbVO vor.[1690]

3. Rechtswahl. Für die Reichweite der Parteiautonomie bei gemeinschaftlichen Testamenten ist entscheidend, ob man diese als Erbverträge oder als eigene Kategorie einordnet. Sind sie Erbverträge, so gibt für die Rechtswahl Art. 25 III EuErbVO maß. Diese Norm ist auf mehrseitige Rechtsgeschäfte mit Bindungswirkung zugeschnitten und bedarf keiner Modifikation für so eingeordnete gemeinschaftliche Testamente.

Sind gemeinschaftliche Testamente dagegen keine Erbverträge, muss man auf Art. 24 II EuErbVO zurückfallen.[1691] Indes ist diese Norm auf einfache Verfügungen von Todes wegen, auf „normale" Testamente zugeschnitten. Um auf mehrere Erblasser zu passen, muss sie gedanklich modifiziert werden. Wählbar ist das Recht der Staatsangehörigkeit. Bei nur einem Erblasser ist klar, um wessen Heimatrecht es geht. Beim gemeinschaftlichen Testament kommen aber die Heimatrechte beider Erblasser in Betracht. Unproblematisch ist der Fall, dass beide Erblasser demselben Staat angehören; dann kann dieses gemeinsame Heimatrecht gewählt werden.[1692] Ob daneben weitere Staatsangehörigkeiten bestehen, ist ohne Belang.[1693]

Haben die beiden Erblasser keine gemeinsame Staatsangehörigkeit, so wäre es unter Art. 24 II EuErbVO die liberalste Möglichkeit, ihnen die Wahl jedes Heimatrechts von ihnen zu gestatten. Eine Auswahl zu treffen und das Heimatrecht des einen Erblassers gegenüber demjenigen des anderen Erblassers zu bevorzugen wäre diskriminierungsfrei kaum möglich.[1694] Außerdem geriete man mit einer solchen Bevorzugung in Wertungswiderspruch zu Art. 22 I UAbs. 2 EuErbVO, demzufolge Staatsangehörigkeiten grundsätzlich gleichberechtigt sein sollen.[1695] Eine dritte Möglichkeit bestünde darin, den Testatoren eines gemeinschaftlichen Testaments jede Rechtswahl zu versagen.[1696] Das ließe sich kaum damit vereinbaren, dass sowohl für einfache Testamente als auch für Erbverträge Rechtswahl besteht, während gemeinschaftliche Testamente in der Mitte durch das Netz durchzufallen drohten. Die EuErbVO schließt für sie Parteiautonomie jedenfalls nicht ausdrücklich aus.[1697]

4. Verbote gemeinschaftlicher Testamente. Viele Rechtsordnungen, namentlich des romanischen Rechtskreises, verbieten gemeinschaftliche Testamente. Sie wollen keine Bindung von Erblassern, hier des überlebenden Ehegatten, zu deren Lebzeiten.[1698] Im Gefolge der Aufklärung bewerten sie eine nachgerade naturrechtlich garantierte absolute Testierfreiheit als fundamental.[1699]

Schwierig ist indes die Qualifikation, ob es sich bei dem einzelnen Verbot kollisionsrechtlich um eine Formfrage oder um einen inhaltlichen Aspekt handelt. Die EuErbVO

[1686] Italienisch: „in un unico documento"; polnisch: „w jednym dokumencie"; dänisch: „i ét dokument".
[1687] Englisch: „in one instrument".
[1688] Spanisch: „en un acto"; portugiesisch: „num único ato"; niederländisch: „in een akte"; schwedisch: „i en enda handling"; rumänisch: „într- un singur act"; slowakisch: „v enem aktu".
[1689] Französisch: „dans le même acte".
[1690] *Nordmeier*, ZEV 2012, 513, 514 f.
[1691] MüKoBGB/*Dutta* Art. 24 EuErbVO Rn. 14; Dutta/Weber/*F. Bauer* Art. 25 EuErbVO Rn. 3.
[1692] *Nordmeier*, ZEV 2012, 513, 518.
[1693] *Nordmeier*, ZEV 2012, 513, 518.
[1694] *Nordmeier*, ZEV 2012, 513, 518 Fn. 60.
[1695] *Nordmeier*, ZEV 2012, 513, 518 Fn. 60.
[1696] Im Ergebnis aber wohl MüKoBGB/*Dutta* Art. 24 EuErbVO Rn. 14.
[1697] *Nordmeier*, ZEV 2012, 513, 519.
[1698] Zusammenfassend *Nordmeier*, Zulässigkeit und Bindungswirkung gemeinschaftlicher Testamente im IPR, 2008, S. 5 f., 34–36.
[1699] *Geimer*, in: J. Hager (Hrsg.), Die neue europäische Erbrechtsverordnung, 2013, S. 9, 28.

nimmt sich dieses Qualifikationsproblems nicht spezifisch an, obwohl dessen unionsrechtliche Lösung im Entstehungsprozess der VO angemahnt wurde.[1700]

497 Mangels einer europäischen einheitlichen Qualifikationsentscheidung im Konkreten bleiben zwei Wege: Der erste überlässt die Qualifikation weiterhin den Maßstäben aus dem hergebrachten IPR der lex fori. Aus deutscher Sicht wäre damit also weiter[1701] nach Sinn und Zweck des ausländischen Verbotes zu differenzieren.[1702] Art. 968 Code Civil würde dann der Form zugeschlagen,[1703] Art. 589 Codice Civile dagegen dem Inhalt.[1704] Der zweite Weg fragt danach, welche Maßstäbe die EuErbVO abstrakt für die Abgrenzung zwischen Form und Inhalt aufstellt, und wendet in einem zweiten Schritt diese europäischen Maßstäbe auf die konkrete Frage an. Um Sinn und Zweck der konkret einschlägigen Verbotsnorm würde man damit nicht herumkommen, jedoch würde man sie einheitlich europäisch einordnen und damit keine Ausnahme vom allgemeinen Gebot europäisch-autonomer Auslegungs- und damit Qualifikationsmaßstäbe zulassen.

498 Auf dem zweiten Weg könnten wiederum zwei Aspekte von Bedeutung sein: Zum einen ist an Art. 4 HTestFormÜbk zu denken, die spezielle Formvorschrift für gemeinschaftliche Testamente.[1705] Indes sieht das HTestFormÜbk ebenfalls davon ab, eigene ausdrückliche Qualifikationsentscheidungen zu treffen und zu sagen, wann eine sachrechtliche Bestimmung zur Form gehört und wann nicht.[1706] Da die EuErbVO dem HTestFormÜbk aber über Art. 75 I UAbs. 2 EuErbVO den Vorrang zwischen dessen Vertragsstaaten einräumt, ist es sinnvoll, sich für die Abgrenzung der Form an Erkenntnissen zu orientieren, die zum HTestFormÜbk gewonnen wurden.[1707]

499 Zum anderen steht im Raum, ob Art. 26 I lit. e Var. 4 EuErbVO inhaltlich zu qualifizierende Verbote gemeinschaftlicher Testamente als sonstige Frage in Bezug auf Willensmängel oder Testierwillen erfasst.[1708] Die deutsche Sprachfassung ist insoweit enger als andere, denn sie scheint auf den Schutz des Testierwillens hinzuweisen, während die anderen Sprachfassungen[1709] durchgängig auf den Schutz für den Willen des Testierenden zeigen.[1710] Wird aber der Wille des Testierenden geschützt, so kann dies auch den Schutz vor lebzeitigen Bindungen des Testierenden meinen.[1711]

500 Ein Problem im Problem tritt auf, wenn die Testierenden unterschiedlichen Erbstatuten unterstehen, weil sie ihre gewöhnlichen Aufenthalte in verschiedenen Staaten haben oder weil nur ein renvoi über drittstaatliches IPR stattfindet, und diese Erbstatuten gemein-

---

[1700] *Nordmeier,* ZEV 2012, 513, 515. Ähnlich Dutta/Weber/*F. Bauer* Art. 24 EuErbVO Rn. 4. Anders MüKoBGB/*Dutta* Art. 24 EuErbVO Rn. 3; Deixler-Hübner/Schauer/*Fischer-Czermak* Art. 24 EuErbVO Rn. 7; Geimer/Schütze/*S. Frank* Art. 27 EuErbVO Rn. 3, die alle davon ausgehen, dass der europäische Gesetzgeber Verbote gleich formeller oder materieller Art dem Errichtungsstatut unterstellen will. Ähnlich auch *Pamboukis/Metallinos* Art. 24 Successions Regulation Rn. 9. *Pamboukis/Zoumpoulis* Art. 27 Successions Regulation Rn. 6 will zwischen Verboten von joint wills und mutual wills differenzieren.

[1701] Unter deutschem Alt-IPR insbesondere *Nordmeier,* Zulässigkeit und Bindungswirkung gemeinschaftlicher Testamente im IPR, 2008, S. 64–79 mwN.

[1702] *Nordmeier,* ZEV 2012, 513, 515; *Müller-Lukoschek* § 2 Rn. 184; *Looschelders,* IPRax 2016, 349, 350; ders., IPRax 2017, 580, 582; NK-BGB/*Looschelders* Art. 24 EuErbVO Rn. 9; Palandt/*Thorn* Art. 25 EuErbVO Rn. 4.

[1703] *Gnan,* ZEV 2008, 421, 424. Anderer Ansicht *Süß,* IPRax 2002, 22, 24 f.

[1704] OLG Frankfurt IPRax 1986, 111; Staudinger/*Dörner* Anh. Artt. 25; 26 EGBGB Rn. 353; *D. Lehmann,* ZEV 2007, 191, 195 sowie LG Stuttgart MittBayNot 2003, 305.

[1705] *Nordmeier,* ZEV 2012, 513, 515.

[1706] Siehe nur *Ferid,* RabelsZ 27 (1962), 411, 424; *Sandrock,* FS Günther Beitzke, 1979, S. 429, 440; *Nordmeier,* Zulässigkeit und Bindungswirkung gemeinschaftlicher Testamente im IPR, 2008, S. 50.

[1707] *Nordmeier,* ZEV 2012, 513, 516.

[1708] Dahin *U. Simon/Buschbaum,* NJW 2012, 2393, 2396; *Nordmeier,* ZEV 2012, 513, 515 f.

[1709] Englisch: „intention of the person making the disposition"; französisch: "à l'intention de la personne qui dispose"; italienisch: „alla volontà della persona che fa la disposizione"; spnaisch: „a la voluntad del disponente"; portugiesisch: „a vontade do autor da disposição"; niederländisch: „van de will en wens van de erflater"; schwedisch: „eller avsikten hos den person som uprättar förodnandet".

[1710] *Nordmeier,* ZEV 2012, 513, 515.

[1711] *Nordmeier,* ZEV 2012, 513, 515 f.

schaftliche Testamente unterschiedlich beurteilen.[1712] Ordnet man gemeinschaftliche Testamente als Erbverträge ein, so gibt Art. 25 II EuErbVO eine direkte Antwort für die Anknüpfung: kumulative Anwendung aller hypothetischen Erbstatute. Ordnet man gemeinschaftliche Testamente dagegen eigenständig ein und wendet Art. 24 EuErbVO an, so fehlt es an einer direkten Regelung. Jedoch sollte man dann Art. 25 II UAbs. 1 EuErbVO analog anwenden[1713] oder sich zumindest an dessen Rechtsgedanken orientieren.[1714]

Beispiel: Die französischen Eheleute M und F wohnen in Colmar, würden aber gerne ein gemeinschaftliches Testament errichten. Wertet man Art. 968 Code Civil als inhaltliches Verbot gemeinschaftlicher Testamente, so haben M und F keine Möglichkeit, gemeinschaftlich zu testieren. Sowohl bei Einordnung als einfaches Testament als auch bei Einordnung als Erbvertrag würde sich die Zulässigkeit nach französischem Recht beurteilen, Art. 24 I bzw. Art. 25 II UAbs. 1 EuErbVO. Betrifft das Verbot aus Art. 968 Code Civil hingegen nur die Form, so könnten M und F nach Deutschland fahren und dort ihr gemeinschaftliches Testament errichten, denn die Form des Testaments wird gesondert nach Artt. 4, 1 HTestFormÜbk angeknüpft. Nach Art. 1 lit. a HTestFormÜbk ist eine letztwillige Verfügung u. a. dann formgültig, wenn sie dem Recht des Ortes der Testamentserrichtung entspricht. Solange sich M und F bei der Errichtung ihres Testaments in Deutschland aufhalten und die deutschen Formvorschriften beachten, könnten sie gemeinschaftlich testieren. 501

5. Änderung und Widerruf. Sieht man gemeinschaftliche Testamente als eigenständige Kategorie, so gilt im Prinzip für Änderung und Widerruf Art. 24 III 1 EuErbVO. Maßgeblicher Zeitpunkt für die Bestimmung des hypothetischen Erbstatuts wäre demzufolge jener der Änderung oder des Widerrufs. Dies würde eine Wertungsdivergenz zu Art. 25 I, II UAbs. 2 EuErbVO aufreißen, wo der maßgebliche Zeitpunkt jener der Errichtung, nicht jener der Auflösung ist.[1715] Eine Verlegung des gewöhnlichen Aufenthalts nach Errichtung zu prämieren erschiene auch bei gemeinschaftlichen Testamenten mit Bindungswirkung verfehlt.[1716] Sofern man nicht Art. 25 I, II UAbs. 2 EuErbVO gleich analog anwenden will, müsste man zwischen Widerruflichkeit und Widerruf differenzieren und für die Widerruflichkeit auf den Errichtungszeitpunkt abstellen.[1717] 502

Versteht man gemeinschaftliche Testamente dagegen, soweit sie gegenseitige Testamente sind, als Erbverträge, so sind Art. 25 I, II UAbs. 2 EuErbVO direkt anwendbar, und es besteht kein Bedarf für Hilfskonstruktionen. 503

XIII. Form von Verfügungen von Todes wegen

1. Verhältnis von Art. 27 EuErbVO und HTestFormÜbk. Wie die Form von Verfügungen von Todes wegen angeknüpft wird, besagt scheinbar Art. 27 EuErbVO. Diese Norm lehnt sich ausweislich Erwägungsgrund (52) S. 1 EuErbVO gezielt an das HTestFormÜbk[1718] an und überträgt dessen weit gespannten Katalog alternativer Anknüpfungen. Dies ist eine Inkorporations-, keine Verweisungstechnik.[1719] Die gewählte Regelungstechnik freilich ist nicht über jeden Zweifel erhaben. Denn Art. 75 I UAbs. 2 EuErbVO gewährt dem HTestFormÜbk in denjenigen Mitgliedstaaten der EuErbVO, welche zugleich Vertragsstaaten dieses Übereinkommens sind, den Vorrang und sieht insoweit ausdrücklich eine Anwendung des Übereinkommens und nicht des Art. 27 EuErbVO vor. Dabei bleiben sogar etwaige Vorbehalte beachtlich, die einzelne Vertragsstaaten des HTestFormÜbk eingelegt haben.[1720] Der Vorrang des HTestFormÜbk ergibt sich norm- 504

[1712] *Nordmeier,* ZEV 2012, 513, 516.
[1713] So *U. Simon/Buschbaum,* NJW 2012, 2393, 2396.
[1714] So *Nordmeier,* ZEV 2012, 513, 517 und im Ergebnis *Müller-Lukoschek* § 2 Rn. 187.
[1715] *Nordmeier,* ZEV 2012, 513, 517.
[1716] *Nordmeier,* ZEV 2012, 513, 517.
[1717] *Nordmeier,* ZEV 2012, 513, 518.
[1718] Haager Übereinkommen über das auf die Form letztwilliger Verfügungen anzuwendende Recht vom 5.10.1961, BGBl. 1965 II 1145; 1966 II 11.
[1719] *Wilke,* RIW 2012, 601, 607.
[1720] *Lokin* S. 211 f.; *dies.,* NIPR 2013, 329, 336.

logisch daraus, dass ihm nicht nur Mitgliedstaaten der EuErbVO, sondern auch Drittstaaten angehören.[1721]

505 Art. 27 EuErbVO hat bei einfachen Testamenten daher eigentlich nur für solche Mitgliedstaaten der EuErbVO Bedeutung, die keine Vertragsstaaten des HTestFormÜbk sind. Wesentlich für diese Mitgliedstaaten ist es überhaupt zu einer eigenen Kollisionsnorm für die Form in der EuErbVO gekommen.[1722] Sie garantiert, dass in allen Mitgliedstaaten der EuErbVO dieselbe Anknüpfung der Formgültigkeit erfolgt und dass die Formwirksamkeit einheitlich behandelt wird.[1723] Der wesentliche Zweck des Art. 27 EuErbVO besteht darin, das Regime des HTestFormÜbk inhaltlich auf dessen europäische Nichtvertragsstaaten zu erstrecken.[1724]

506 In jedem Fall ist allein Art. 27 EuErbVO für die Form von Erbverträgen anwendbar, da Erbverträge vom HTestFormÜbk nicht erfasst sind.[1725] Die Zahl der Alternativen erhöht sich mit der Zahl der Erbvertragsparteien, soweit angeknüpft wird an persönliche Merkmale der Parteien.[1726] Erb- oder Pflichtteilsverzichtsverträge sind Erbverträge im Sinne von Art. 3 I lit. b EuErbVO, aber keine Verfügungen von Todes wegen im Sinne des HTestFormÜbk.[1727] Deshalb richtet sich auch ihre Form allein nach Art. 27 EuErbVO.[1728] Gemeinschaftliche Testamente erfasst das HTestFormÜbk dagegen und widmet ihnen eine eigene Vorschrift in seinem Art. 4.[1729]

507 Umgekehrt ist in seinen Vertragsstaaten allein das HTestFormÜbk grundsätzlich anwendbar, soweit es um mündliche Testamente und um auf Bild- oder Tonträger gesprochene Testamente geht, denn solche Testamente klammert Art. 1 II lit. f EuErbVO aus dem sachlichen Anwendungsbereich der EuErbVO aus.[1730] Vertragsstaaten können sich allerdings nach Art. 10 HTestFormÜbk vorbehalten, außerhalb von Notsituationen errichtete mündliche Testamente der jeweils eigenen Staatsangehörigen nicht anzuerkennen. Deutschland hat keinen solchen Vorbehalt erklärt. Von den Mitgliedstaaten der EuErbVO haben dies nur Belgien, Estland, Luxemburg und die Niederlande getan.[1731] Art. 1 II lit. f EuErbVO ist jedoch europäische Reaktion auf diese eingelegten Vorbehalte,[1732] geht allerdings weiter, weil er nicht auf die Nationalität des Erblassers abhebt.[1733]

508 Die in Art. 19 II lit. k Vorschlag zum Ausdruck gekommene ursprüngliche Absicht, gänzlich auf das HTestFormÜbk zu verweisen und auf eine eigene europäische Formanknüpfung zu verzichten,[1734] um so Friktionen mit dem HTestFormÜbk zu vermeiden,[1735]

[1721] C. Rudolf, FS Attila Fenyves, 2013, S. 293, 299.
[1722] Siehe Süß, ZErb 2009, 342, 345; R. Wagner, DNotZ 2010, 506, 516; K. W. Lange, ZErb 2012, 160, 164.
[1723] F. Odersky, notar 2013, 3, 6.
[1724] Biagioni, in: Franzina/Leandro (a cura di), Il diritto internazionale privato europeo delle successioni mortis causa, 2013, S. 25, 34.
[1725] Siehe nur Frodl, ÖJZ 2012, 950, 955; Lokin S. 212; Müller-Lukoschek § 2 Rn. 161; Döbereiner, MittBayNot 2013, 437, 439; Biagioni, in: Franzina/Leandro (a cura di), Il diritto internazionale privato europeo delle successioni mortis causa, 2013, S. 25, 34; Blusz, ZErb 2016, 221, 222 sowie C. Rudolf, FS Attila Fenyves, 2013, S. 293, 296.
[1726] Siehe Fischer-Czermak, in: Schauer/Scheuba (Hrsg.), Europäische Erbrechtsverordnung, 2013, S. 43, 53.
[1727] C. Rudolf, FS Attila Fenyves, 2013, S. 293, 296.
[1728] Döbereiner, MittBayNot 2013, 437, 442.
[1729] Dazu Dutta/Weber/Süß Art. 27 EuErbVO Rn. 115 ff.
[1730] Dörner, ZEV 2012, 505, 511; Lokin S. 205 f.; Müller-Lukoschek § 2 Rn. 79.
[1731] Siehe Jayme/Hausmann Nr. 60 Fn. 4.
[1732] Janzen, DNotZ 2012, 484, 488 Fn. 14; Fischer-Czermak, in: Schauer/Scheuba (Hrsg.), Europäische Erbrechtsverordnung, 2013, S. 23, 26; Nordmeier, GPR 2013, 148, 153 Fn. 85.
[1733] Bonomi, in: Bonomi/Wautelet Art. 1 Règ. Rn. 37.
[1734] Siehe das Fehlen einer positiven Norm und die Ausnahme vom Erbstatut für die Formgültigkeit der Verfügungen von Todes wegen in Art. 19 II lit. k Vorschlag für eine Verordnung des Europäischen Parlaments und des Rates über die Zuständigkeit, das anwendbare Recht, die Anerkennung und die Vollstreckung von Entscheidungen und öffentlichen Urkunden in Erbsachen sowie zur Einführung eines Europäischen Nachlasszeugnisses, KOM (2009) 154 endg. S. 22.
[1735] Janzen, DNotZ 2012, 484, 488.

wurde fallen gelassen. Da nicht alle Mitgliedstaaten auch Vertragsstaaten des HTestFormübk waren, drohte damit eine uneinheitliche Kollisionsrechtspraxis der Mitgliedstaaten. Dem versuchte die Kommission entgegenzuwirken, indem sie einen Beitritt der bisherigen Nichtvertragsstaaten unter den Mitgliedstaaten zum HTestFormÜbk anregte.[1736] Alternativvorschläge befürworteten einen Beitritt der EU, nicht der Mitgliedstaaten.[1737]

Stattdessen gibt es nun eine eigene Regelung in der EuErbVO. Wichtigster Hintergrund dürfte sein, dass nur dreizehn der vierundzwanzig Mitgliedstaaten der EuErbVO auch Vertragsstaaten des HTestFormÜbk sind und dass es deshalb bei einer simplen Verweisung schwere Geltungsprobleme namentlich beim Europäischen Nachlasszeugnis gegeben hätte.[1738] Außerdem klammert das HTestFormÜbk Erbverträge aus, was zu deren Einbeziehung in die EuErbVO, heute durch Art. 25 EuErbVO, überhaupt nicht gepasst und eine große Lücke aufgerissen hätte.[1739] Zudem enthält das HTestFormÜbk nur Anknüpfungen für die Form sachrechtlicher Verfügungen von Todes wegen, während die EuErbVO auch für eine Formregelung für eine internationalrechtliche Rechtswahl Sorge tragen musste.[1740] Aus diesen Gründen forderten etliche Stellungnahmen zum Vorschlag der EuErbVO eine eigene europäische Anknüpfung der Form.[1741]

Soweit Art. 27 EuErbVO anwendbar ist, mahnt Erwägungsgrund (52) S. 2 EuErbVO an, dass die zuständige Behörde ein betrügerisch geschaffenes grenzüberschreitendes Element, mit dem die Vorschriften über die Formgültigkeit umgangen werden sollen, nicht berücksichtigen soll.

Inhaltlich bestehen zwischen Art. 3 HTestFormÜbk und Art. 27 EuErbVO keine großen Unterschiede, denn Art. 27 EuErbVO lehnt sich eben bewusst an Art. 3 HTestFormÜbk an. Beiden ist der favor testamenti als Grundtenor gemeinsam.[1742] Kein eigenes Pendant gibt es in Art. 27 EuErbVO indes zu Art. 4 HTestFormÜbk, der Spezialregelung für die Form gemeinschaftlicher Testamente. Sieht man gemeinschaftliche Testamente vom europäischen Begriff des Erbvertrags erfasst, jedenfalls soweit sie gegenseitige Testamente sind,[1743] so greifen jedoch die für Erbverträge geltenden Regelungen in Art. 27 EuErbVO, wenn und soweit die EuErbVO neben dem HTestFormÜbk überhaupt zur Anwendung kommt.[1744]

Weder das HTestFormÜbk noch Art. 27 EuErbVO lassen eine eigene Rechtswahl für die Form zu.[1745]

2. Alternative Anknüpfung

Beispiel: Als der Österreicher A im Sommer 2017 beim Surfen vor der portugiesischen Küste von einer starken Strömung erfasst wird und ihm die Endlichkeit des Lebens vor Augen geführt wird, möchte er auf der Stelle seinen letzten Willen für den Fall seines Ablebens festhalten. Da seine Hände aufgrund der Nahtoderfahrung noch stark am Zittern sind, bittet er die D, Angestellte des Surferleihs, seine Verfügung von Todes wegen für ihn aufzuschreiben. Abends im Hotel unterschreibt A das Testament vor zwei österreichischen Mitreisenden, die daraufhin das Testament in ihrer Eigenschaft als Zeugen ebenfalls unterschreiben. A hat zu der Zeit seinen gewöhnlichen Aufenthalt und Wohnsitz in Luxemburg; gleichzeitig verfügte er über einen Wohnsitz in Ungarn. Bei seinem Tod im Juni 2018

[1736] Vorschlag der Kommission für eine Verordnung des Europäischen Parlaments und des Rates über die Zuständigkeit, das anwendbare Recht, die Anerkennung und die Vollstreckung von Entscheidungen und öffentlichen Urkunden in Erbsachen sowie zur Einführung eines Europäischen Nachlasszeugnisses,, KOM (2009) 154 endg. S. 4.
[1737] Stellungnahme der Österreichischen Notarkammer zum Vorschlag vom 25.11.2009, Nr. 8.
[1738] *Dörner*, ZEV 2012, 505, 511; *Wilke*, RIW 2012, 601, 607.
[1739] *Dörner*, ZEV 2012, 505, 511; *Wilke*, RIW 2012, 601, 607; *C. Rudolf*, FS Attila Fenyves, 2013, S. 293, 298 sowie *Janzen*, DNotZ 2012, 484, 488.
[1740] *Janzen*, DNotZ 2012, 484, 488.
[1741] Max Planck Institute for Comparative and Private International Law, RabelsZ 74 (2010), 522, 621–624; *Dutta*, RabelsZ 73 (2009), 547, 584–586; *C. Rudolf*, NZ 2010, 353, 358.
[1742] *Lokin*, NIPR 2013, 329, 335.
[1743] → § 5 Rn. 429.
[1744] Für Vorrang des Art. 4 HTestFormÜbk *Döbereiner*, MittBayNot 2013, 437, 439.
[1745] *Müller-Lukoschek* § 2 Rn. 163.

hatte A inzwischen die niederländische Staatsbürgerschaft angenommen, seinen gewöhnlichen Aufenthalt nach Deutschland und seinen Wohnsitz nach Belgien verlegt.

514 a) *Art. 1 I HTestFormÜbk.* Das HTestFormÜbk ist eine loi uniforme. Es unterscheidet nicht danach, ob das berufene Recht das Recht eines Vertragsstaates oder eines Nichtvertragsstaates ist. Ausweislich seines Art. 6 setzt es weder Gegenseitigkeit voraus noch, dass die Beteiligten bestimmte Staatsangehörigkeiten haben müssten. Es beruft allein die Sachnormen des anwendbaren Rechts, denn Art. 1 I HTestFormÜbk bezieht sich nur auf das innerstaatliche Recht des berufenen Rechts.[1746] Ein renvoi ist also ausgeschlossen.

515 Art. 1 I HTestFormÜbk kennt nicht weniger als acht Glieder einer alternativen Anknüpfung. Für die Formgültigkeit eines Testaments reicht es aus, wenn auch nur eines der bis zu acht Rechte es für formwirksam hält. Dies gilt selbst dann, wenn alle sieben anderen Rechte zu einem negativen Ergebnis kommen sollten. Unerheblich ist, ob im konkreten Fall mehrere Anknüpfungspunkte zu demselben Recht führen.[1747] Das HTestFormÜbk enthält gleichsam nur „optimistische" Bestimmungen und schützt die Formwirksamkeit.[1748]

516 Die acht Glieder der alternativen Anknüpfung unter Art. 1 I HTestFormÜbk sind die Rechte: des Ortes, an dem der Erblasser letztwillig verfügt hat (lit. a); eines Staates, dessen Staatsangehörigkeit der Erblasser im Zeitpunkt, da er letztwillig verfügt hat, besessen hat (lit. b Var. 1); eines Staates, dessen Staatsangehörigkeit der Erblasser im Zeitpunkt seines Todes besessen hat (lit. b Var. 2); eines Ortes, an dem der Erblasser im Zeitpunkt, da er letztwillig verfügt hat, seinen Wohnsitz gehabt hat (lit. c Var. 1); eines Ortes, an dem der Erblasser im Zeitpunkt seines Todes seinen Wohnsitz gehabt hat (lit. c Var. 2); des Ortes, an dem der Erblasser im Zeitpunkt, da er letztwillig verfügt hat, seinen gewöhnlichen Aufenthalt gehabt hat (lit. d Var. 1); des Ortes, an dem der Erblasser im Zeitpunkt seines Todes seinen gewöhnlichen Aufenthalt gehabt hat (lit. d Var. 2); sofern es sich um unbewegliches Vermögen handelt, des Ortes, an dem sich dieses unbewegliche Vermögen befindet (lit. e).

517 aa) *Errichtungsort der letztwilligen Verfügung.* Errichtungsort der letztwilligen Verfügung ist der Ort, an welchem der Akt der letztwilligen Verfügung stattfindet.[1749] Die Verfügung muss aus dem forum internum des Testators heraus in einen Sprachakt. Einer Entäußerung aus der Sphäre des Testierenden und der Kommunikation an einen vom Testierenden personenverschiedenen Empfänger bedarf es nicht, erst recht nicht eines Zugangs. Ein bekannter Errichtungsort der letztwilligen Verfügung gibt dem Testator und seinen Beratern Sicherheit, weil er eine gute Basis für die Beurteilung der Formwirksamkeit abgibt.[1750] Man kann eine faktische Vermutung aufstellen, dass ein im Dokument der Verfügung selbst angegebener Errichtungsort auch der reale Errichtungsort ist.

518 Bei mehraktigen, sukzessiven Verfügungen ist der Vornahmeort des letzten Teilakts ausschlaggebend.[1751] Z.B. kommt es bei einer eigenhändigen Testamentserrichtung darauf an, wo unterschrieben wird.[1752] Es ist nicht erforderlich, dass sich der Testierende für eine bestimmte Mindestdauer am Errichtungsort aufhalten müsste.[1753] Im Gegenteil wird auch akzeptiert, wenn er den Errichtungsort ausschließlich aufsucht, um dort sein Testament zu errichten, ja sogar, um dortige günstige Formvorschriften für sich auszunutzen.[1754] Bei mehrseitigen Rechtsgeschäften ist der Ort der Annahmeerklärung ausschlaggebend, weil

---

[1746] *Scheucher,* ZfRV 1965, 85, 87; *C. Rudolf,* FS Attila Fenyves, 2013, S. 293, 295.
[1747] *C. Rudolf,* FS Attila Fenyves, 2013, S. 293, 301.
[1748] *Jayme,* FS Dagmar Coester-Waltjen, 2015, S. 461, 467.
[1749] Staudinger/*Dörner* Vor Artt. 25; 26 EGBGB Rn. 47; *C. Rudolf,* FS Attila Fenyves, 2013, S. 293, 301.
[1750] *F. Odersky,* in: Hausmann/Odersky IPR § 15 Rn. 182.
[1751] *Käferböck* S. 100 f.; NK-BGB/*Looschelders* Art. 27 EuErbVO Rn. 12.
[1752] Staudinger/*Dörner* Vor Artt. 25; 26 EGBGB Rn. 48; *C. Rudolf,* FS Attila Fenyves, 2013, S. 293, 301; vgl. aber auch *Scheucher,* ZfRV 1965, 85, 87 f.
[1753] LG München I FamRZ 1999, 1307 = IPRax 1999, 182; Staudinger/*Dörner* Vor Artt. 25; 26 EGBGB Rn. 48; *Käferböck* S. 103; Dutta/Weber/*Süß* Art. 27 EuErbVO Rn. 31.
[1754] LG München I FamRZ 1999, 1307 = IPRax 1999, 182; *C. Rudolf,* FS Attila Fenyves, 2013, S. 293, 301; Dutta/Weber/*Süß* Art. 27 EuErbVO Rn. 33.

XIII. Form von Verfügungen von Todes wegen

erst diese das Geschäft komplettiert.[1755] Erfolgt in Deutschland die Beurkundung durch einen deutschen Notar, ist jedenfalls die Ortsform des deutschen Rechts gewahrt.[1756]

Wird auf einem Schiff außerhalb eines Hafens testiert, so könnte man zum einen völkerrechtlichen Vorgaben folgen und das Schiff seinem Flaggenstaat zurechnen, zum anderen nach dem Bewegungszustand des Schiffes differenzieren, ob es sich in Fahrt befindet (dann Recht des Flaggenstaates) oder ankert (dann Recht des Küstenstaates, in dessen Territorialgewässern oder Ausschließlicher Wirtschaftszone geankert wird).[1757] Wird in einem Flugzeug während des Flugs testiert, so gilt das Recht des Staates, in welchem das Flugzeug registriert ist.[1758]

bb) Heimatrecht des Erblassers. Ob der Testierende einem Staat angehört, beurteilt sich als öffentlichrechtliche Vorfrage nach dem Recht des Staates, dessen Staatsangehörigkeit in Rede steht.[1759] Für Staatenlose und Flüchtlinge ist an deren gewöhnlichen Aufenthalt bzw. deren Wohnsitz anzuknüpfen. Die Staatsangehörigkeit des Staates, aus dem die Flucht erfolgt ist, kann im Wege der alternativen Anknüpfung Berücksichtigung finden, wenn sie nicht aufgegeben wurde.[1760] Bei Mehrstaatern ist jede Staatsangehörigkeit gleichwertig und gleichen Ranges.[1761] Unter Art. 1 I lit. b HTestFormÜbk findet keine Effektivitätsprüfung statt und zählt eine ineffektive genauso viel wie eine effektive Staatsangehörigkeit.[1762]

Die Staatsangehörigkeitsanknüpfung hat unter Art. 1 I lit. b HTestFormÜbk zwei jeweils für sich maßgebliche Zeitpunkte: jenen der Testamentserrichtung und jenen des Todes. Im Fall eines Staatsangehörigkeitswechsels zwischen diesen beiden Zeitpunkten gilt:[1763] Eine unter dem alten Heimatrecht formgültig errichtete letztwillige Verfügung bleibt formgültig, egal ob sie dies auch unter dem neuen Heimatrecht ist; eine dem alten Heimatrecht nicht formgültig errichtete letztwillige Verfügung wird dagegen formgültig, wenn sie dies unter dem neuen Heimatrecht ist.

cc) Wohnsitzrecht des Erblassers. Der Begriff des Wohnsitzes richtet sich kraft der ausdrücklichen Anweisung in Art. 1 III HTestFormÜbk als Qualifikationsverweisung nach der lex domicilii und wird ausnahmsweise nicht übereinkommensautonom ausgefüllt.[1764] „Wohnsitz" ist im Übrigen eine ungenaue Übersetzung der verbindlichen Fassungen, die englisch und französisch auf „domicile" lauten, aber eine versteckte Definitionsdivergenz kaschieren, weil man sich nicht auf ein gemeinsames Begriffsverständnis einigen konnte.[1765]

Ob der Testierende seinen Wohnsitz an einem bestimmten Ort hat, bestimmt sich also nach dem Recht dieses Ortes. Dabei können Wohnsitzmangel oder Wohnsitzhäufung auftreten:[1766] Hat der Testierende nach den maßgeblichen Rechte nirgendwo einen Wohnsitz, so bleibt es bei diesem Ergebnis, und eine Anknüpfung an den Wohnsitz kann nicht stattfinden. Hat der Testierende dagegen nach den jeweils maßgeblichen Rechten Wohnsitze in

---

[1755] Staudinger/*Dörner* Art. 26 EGBGB Rn. 43; NK-BGB/*Looschelders* Art. 27 EuErbVO Rn. 12.
[1756] *Döbereiner*, MittBayNot 2013, 437, 439.
[1757] Für Letzteres *Käferböck* S. 91–93.
[1758] *Käferböck* S. 94 f.
[1759] Dutta/Weber/*Süß* Art. 27 EuErbVO Rn. 39.
[1760] v. Schack, DNotZ 1966, 131, 142; *Käferböck* S. 109 f: Dutta/Weber/*Süß* Art. 27 EuErbVO Rn. 43. Anderer Ansicht *Scheucher*, ZfRV 1964, 216, 237 f.
[1761] *Mann*, (1986) 35 ICLQ 423, 424; Staudinger/*Dörner* Vor Artt. 25; 26 EGBGB Rn. 49; *Käferböck* S. 108; *Pamboukis/Zoumpoulis* Art. 27 Successions Regulation Rn. 10.
[1762] *Schotten/Schmellenkamp*, Das Internationale Privatrecht in der notariellen Praxis, 2. Aufl. 2007, Rn. 260; *C. Rudolf*, FS Attila Fenyves, 2013, S. 293, 301.
[1763] *Käferböck* S. 113; *C. Rudolf*, FS Attila Fenyves, 2013, S. 293, 301 f; Dutta/Weber/*Süß* Art. 27 EuErbVO Rn. 46 ff.
[1764] Allerdings besteht dagegen die Vorbehaltsmöglichkeit des Art. 9 HTestFormÜbk. Jeder Vertragsstaat kann statt der lex domicilii auf den Wohnsitzbegriff die lex fori anwenden. Diesen Vorbehalt hat von den Mitgliedstaaten der EuErbVO namentlich Luxemburg erklärt.
[1765] *Käferböck* S. 118.
[1766] *Scheucher*, ZfRV 1965, 85, 93 f.; *Schotten/Schmellenkamp*, Das Internationale Privatrecht in der notariellen Praxis, 2. Aufl. 2007, Rn. 260; Staudinger/*Dörner* Vor Artt. 25; 26 EGBGB Rn. 53; *C. Rudolf*, FS Attila Fenyves, 2013, S. 293, 302.

mehreren Staaten, so ist jeder Wohnsitz gleichwertig und gleichermaßen tauglicher Anknüpfungspunkt.

524 Wie Art. 1 I lit. b HTestFormÜbk bei der Staatsangehörigkeit kennt Art. 1 I lit. c HTestFormÜbk zwei Anknüpfungszeitpunkte. Das heißt:[1767] Eine unter dem alten Wohnsitzrecht formgültig errichtete letztwillige Verfügung bleibt formgültig, egal ob sie dies auch unter dem neuen Wohnsitzrecht ist; eine dem alten Wohnsitzrecht nicht formgültig errichtete letztwillige Verfügung wird dagegen formgültig, wenn sie dies unter dem neuen Wohnsitzrecht ist.

525 dd) Aufenthaltsrecht des Erblassers. Der gewöhnliche Aufenthalt des Testierenden ist übereinkommensautonom auszufüllen.[1768] Allerdings fehlt es für ihn an einer Legaldefinition. Eine Anlehnung an das spätere Haager ErbRÜbk ist sachlich nicht möglich, denn auch dessen Art. 3 verwendet zwar den gewöhnlichen Aufenthalt des Erblassers als Anknüpfungspunkt, verzichtet aber ebenfalls auf den Versuch einer Definition oder einer näheren Ausfüllung. Es verbleibt eine Harmonisierung mit den unter Art. 21 I EuErbVO geltenden Maßstäben.

526 Methodisch kann man dagegen zwar zwei Einwände erheben: erstens, dass das HTestFormÜbk weit älter ist als die EuErbVO und sich deshalb genetisch nicht an deren Maßstäben orientieren konnte; zweitens, dass man Maßstäbe aus dem europäischen Unionsrecht Nichtmitgliedstaaten der EuErbVO oder der EU nicht aufzwingen kann. Jedoch sind die unter Art. 21 I EuErbVO entwickelten Maßstäben offen genug, dass ihre Übernahme keinen Oktroi darstellt. Außerdem sind die aus der Sache heraus entwickelt und kein Produkt genuin europäischer Vorstellungs- oder Politikwelten. Außerdem gibt es die Rückkoppelungen über Art. 27 I lit. d EuErbVO als Scharniernorm. Ein Import der Ausfüllung unter Art. 1 I lit. d HTestFormÜbk als sachlicher Reimport von Maßstäben, wie sie unter Art. 21 I EuErbVO greifen, hätte Charme und würde zudem ansonsten denkbare Friktionen und Divergenzen beim Aufenthaltsbegriff zwischen Art. 21 I und Art. 27 I lit. d EuErbVO vermeiden.

527 Auch wenn man sich diesen Querbezügen und sachlichen Harmonisierungen nicht anschließen will, bleibt als autonomes Verständnis des gewöhnlichen Unterhalts unter Art. 1 I lit.d HTestFormÜbk, dass gewöhnlicher Aufenthalt der Lebens- oder Daseinsmittelpunkt ist, der Schwerpunkt der sozialen, beruflichen und finanziellen Beziehungen.[1769]

528 Wie Art. 1 I lit. b HTestFormÜbk bei der Staatsangehörigkeit kennt Art. 1 I lit. d HTestFormÜbk zwei Anknüpfungszeitpunkte. Das heißt:[1770] Eine unter dem alten Aufenthaltsrecht formgültig errichtete letztwillige Verfügung bleibt formgültig, egal ob sie dies auch unter dem neuen Aufenthaltsrecht ist; eine dem alten Aufenthaltsrecht nicht formgültig errichtete letztwillige Verfügung wird dagegen formgültig, wenn sie dies unter dem neuen Aufenthaltsrecht ist.

529 ee) Belegenheitsrecht von unbeweglichem Vermögen. Letzte Anknüpfungsalternative ist nach Art. 1 I lit. e HTestFormÜbk das Belegenheitsrecht von unbeweglichem Vermögen. Diese Alternative steht allerdings nicht auf einer Stufe mit den anderen Alternativen. Denn sie gilt nur mit Blick auf das unbewegliche Vermögen, dessen Belegenheitsrecht gewählt wurde. Sie erfasst nicht die Formgültigkeit hinsichtlich des gesamten Nachlasses.[1771] Sie erstreckt sich nicht auf Verfügungen über bewegliches Vermögen. Soweit eine Verfügung unbewegliches und bewegliches Vermögen erfasst, wird sie hinsichtlich des beweglichen Vermögens nicht nach dem Belegenheitsrecht des unbeweglichen Vermögens formwirksam, sondern nur hinsichtlich des in jenem Belegenheitsstaat belegenen unbeweglichen Vermögens.[1772] Die

---

[1767] *Käferböck* S. 129; *C. Rudolf,* FS Attila Fenyves, 2013, S. 293, 302.
[1768] MüKoBGB/*Dutta* Art. 26 EGBGB Rn. 57; *Dutta/Weber/Süß* Art. 27 EuErbVO Rn. 62.
[1769] *C. Rudolf,* FS Attila Fenyves, 2013, S. 293, 302.
[1770] *C. Rudolf,* FS Attila Fenyves, 2013, S. 293, 302.
[1771] *Dutta/Weber/Süß* Art. 27 EuErbVO Rn. 71.
[1772] Staudinger/*Dörner* Vor Artt. 25; 26 EGBGB Rn. 61; *C. Rudolf,* FS Attila Fenyves, 2013, S. 293, 303.

XIII. Form von Verfügungen von Todes wegen 530–533 § 5

Formwirksamkeit nach einem Belegenheitsrecht erstreckt sich nicht einmal auf das in anderen Staaten belegene unbewegliche Vermögen. Die Anknüpfung an das Belegenheitsrecht ist also keine Gesamtanknüpfung der Form für das gesamte Testament, sondern nur eine Anknüpfung der Form für Verfügungen über das im betreffenden Belegenheitsstaat belegene unbewegliche Vermögen. Sie ist ein partieller Bruch mit dem Grundsatz der Nachlasseinheit.[1773]

Was unbewegliches und was bewegliches Vermögen ist, legt das HTestFormÜbk nicht fest. Ihm sind insoweit auch keinerlei Hinweise oder Maßstäbe zu entnehmen, auf die sich eine übereinkommensautonome Qualifikationsabgrenzung stützen könnte. Daher erfolgt die Qualifikationsabgrenzung nach der lex rei sitae, also dem Belegenheitsrecht jener Sache, deren Einordnung als unbeweglich oder beweglich in Rede steht.[1774] Ist die Sache in Deutschland belegen, so kann man sich dabei an den unter Art. 15 II Nr. 3 EGBGB und vor dem Wirksamwerden der EuErbVO unter Art. 25 II EGBGB 1986 entwickelten Maßstäben und Einordnungen orientieren. 530

Beispiel: Der Niederländer N hat seinen gewöhnlichen Aufenthalt in den Niederlanden und errichtet dort ein handschriftliches Testament, worin er seinen besten Freund F zum Alleinerben einsetzt. Das Testament bewahrt er in seinem Schreibtisch auf. Zu Ns Vermögen zählen unter anderem auch jeweils ein Grundstück in Deutschland, Belgien und Portugal. N stirbt, ohne Aufenthalt, Wohnsitz, Staatsangehörigkeit geändert zu haben. Art. 4:94 BW bestimmt, dass eine letztwillige Verfügung grundsätzlich nur durch notarielle Urkunde oder durch eine einem Notar in Verwahrung gegebene Urkunde errichtet werden kann. Nach § 2247 I BGB und Art. 969 belg. Code Civil ist ein eigenhändiges Testament formgültig. Portugiesisches Recht setzt die Mitwirkung einer Urkundsperson voraus.[1775] 531

b) Art. 27 I 1 EuErbVO. Art. 27 I 1 EuErbVO übernimmt für schriftliche einseitige Testamente getreulich, ausweislich Erwägungsgrund (52) EuErbVO bewusst, zielgerichtet und bis in die Zählung hinein die acht Alternativen aus Art. 1 I HTestFormÜbk.[1776] Auch er statuiert eine alternative Anknüpfung und nimmt keine Beschränkung auf die Form nach dem materiellen Erbstatut oder dem Errichtungsstatut vor.[1777] Er ergänzt diese jedoch in litt. a–d konsequent um Varianten, die sich auf Erbverträge beziehen, welche ja nicht unter das HTestFormÜbk fallen: In lit. a wird dem Errichtungsort des Testaments der Abschlussort des Erbvertrags beigesellt; in litt. b–d wird dem Erblasser des einseitigen Testaments jeweils mindestens eine der Personen, deren Rechtsnachfolge von Todes wegen durch einen Erbvertrag betroffen ist, zur Seite gestellt; in litt. b–d tritt neben den Zeitpunkt der Testamentserrichtung jeweils der Zeitpunkt des Abschlusses des Erbvertrags. Bei einem Erbvertrag über die Nachlässe mehrerer Personen vervielfachen sich also potenziell die möglichen Anknüpfungspunkte.[1778] Sie vervielfachen sich um einen Daktor, welcher der Zahl der beteiligten Erblasser entspricht. 532

3. Form von Änderung oder Widerruf. Art. 2 I HTestFormÜbk und Art. 27 II 1 EuErbVO erstrecken die alternative Anknüpfung aus Art. 1 I HTestFormÜbk und Art. 27 I EuErbVO auf die Form von Änderung oder Widerruf einer testamentarischen Verfügung. Hinzu treten gemäß Art. 2 II HTestFormÜbk und Art. 27 II 2 EuErbVO alle Rechtsordnungen, die nach Art. 1 I HTestFormÜbk und Art. 27 I EuErbVO auf Änderung oder Widerruf anwendbar wären, also nach dem Formstatut für die hypothetische Errichtung der möglicherweise widerrufenen Verfügung zum Widerrufszeitpunkt. Denn 533

[1773] *Käferböck* S. 147.
[1774] *Ferid,* RabelsZ 27 (1962/63), 411, 420; Staudinger/*Dörner* Vor Artt. 25; 26 EGBGB Rn. 59; *Käferböck* S. 149; *C. Rudolf,* FS Attila Fenyves, 2013, S. 293, 303; MüKoBGB/*Dutta* Art. 26 EGBGB Rn. 59.
[1775] Art. 2205, 2206 Código Civil; *Jayme/Malheiros,* in: Ferid/Firsching/Dörner/Hausmann, Internationales Erbrecht, Portugal, Grdz., Rn. 31.
[1776] *C. Rudolf,* FS Attila Fenyves, 2013, S. 293, 305.
[1777] *C. Rudolf,* FS Attila Fenyves, 2013, S. 293, 305.
[1778] *Fischer-Czermak,* in: Schauer/Scheuba (Hrsg.), Europäische Erbrechtsverordnung, 2013, S. 43, 63; *C. Rudolf,* FS Attila Fenyves, 2013, S. 293, 308.

davon wird der Erblasser typischerweise ausgehen; dass der actus negativus nach denselben Formregeln möglich ist wie der ursprüngliche actus positivus, wird sein Vorstellungsbild prägen.[1779] Berufen sind über Art. 2 II HTestFormÜbk indes nur jene Rechte, nach denen das Widerrufs- oder Änderungsobjekt formgültig wäre.[1780]

534 Allerdings gilt Art. 2 I HTestFormÜbk nach seinem Wortlaut nur für den Widerruf durch Testament, also nur für Widerrufstestamente. Belässt man es dabei, so ist der Widerruf durch physischen Eingriff in die Substanz der ursprünglichen Testamentsurkunde, als durch Verbrennen, Zerreißen o. Ä., nicht erfasst.[1781]

535 **4. Gemeinschaftliche Testamente.** Bei gemeinschaftlichen Testamenten gibt es die Besonderheit zweier gleichberechtigter Erblasser und Testierender. Dem kann man durch eine Kumulation Rechnung tragen, aber auch durch eine anknüpfungstechnische Trennung je nach der Person des jeweiligen Erblassers. Art. 4 HTestFormÜbk entscheidet sich für den zweiten Weg: Die Formgültigkeit eines gemeinschaftlichen Testaments beurteilt sich für jeden Erblasser gesondert nach dem für diesen maßgeblichen Anknüpfungspunkten.[1782] Im Ergebnis wird die testamentarische Verfügung des jeweiligen Erblassers so behandelt, als wäre sie ein Einzeltestament. Bei der Ergebniszusammenführung für das gemeinschaftliche Testament insgesamt können durchaus unterschiedliche Anwendungstatbestände zur Anwendung kommen, z.B. Heimatrecht zum Todeszeitpunkt für den einen Erblasser und Errichtungsortsrecht für den anderen Erblasser.[1783]

536 Eine Ausnahme von der kombinierten Anknüpfung wird diskutiert, wenn nur eine Verfügung eines Testierenden Wirkung entfalten soll, etwa wenn dieser Testierende zuerst verstirbt und im gemeinschaftlichen Testament ein Dritter bedacht ist. Dann sollen nur die für Verfügung des vorverstorbenen Testierenden geltenden Formvorschriften zu beachten sein, nicht aber jene für die Verfügung des anderen Testierenden.[1784] Mit Wortlaut und Telos des Art. 4 HTestFormÜbk lässt sich dies kaum in Einklang bringen. Denn insoweit zählen weder Inhalt noch Ausrichtung der Verfügungen, sondern kommt es allein auf die Verbindung in einem gemeinschaftlichen Testament an.[1785]

537 **5. Formunwirksamkeit.** Nach dem HTestFormÜbk wird nur die Formgültigkeit angeknüpft. Bei engem Verständnis erstreckt sich die alternative Anknüpfung aus Art. 1 I HTestFormÜbk daher nicht auf die Formunwirksamkeit und deren Folgen. Diese wären vielmehr mangels einschlägiger Formanknüpfung nach dem Erbstatut zu beurteilen.[1786] Damit würde man indes den positiven und den negativen Fall zu weit voneinander separieren. Vielmehr erscheint es angemessen, den Günstigkeitsgedanken, wie er der Alternativanknüpfung zugrundeliegt, so weit wie möglich zum Tragen zu bringen. Dies würde (in dem unwahrscheinlichen Fall, dass keines der vielen unter Art. 1 I HTestFormÜbk berufenen Rechte das Testament für formgültig hält) heißen, dass auch die Formunwirksamkeit und deren Folgen über Art. 1 I HTestFormÜbk anzuknüpfen sind und dass bei Formverstößen gegen mehrere Formstatuten das Recht zum Zuge kommt, welches die mildeste Sanktion vorsieht.[1787] Dies kann insbesondere für Nachholungs- und Heilungsmöglichkeiten Bedeutung haben.

538 **6. Form einer Annahme-, Ausschlagungs- oder Haftungsbegrenzungserklärung.** Gemäß Art. 28 EuErbVO ist eine Erklärung über die Annahme oder Ausschlagung

---

[1779] BeckOGK/*J. Schmidt* Art. 27 EuErbVO Rn. 66; NK-BGB/*Looschelders* Art. 27 EuErbVO Rn. 18.
[1780] *Scheucher*, ZfRV 1965, 85, 95; Staudinger/*Dörner* Vor Artt. 25; 26 EGBGB Rn. 70; *C. Rudolf*, FS Attila Fenyves, 2013, S. 293, 304.
[1781] *C. Rudolf*, FS Attila Fenyves, 2013, S. 293, 304; Dutta/Weber/*Süß* Art. 27 EuErbVO Rn. 22.
[1782] Staudinger/*Dörner* Vor Artt. 25; 26 EGBGB Rn. 78; *C. Rudolf*, FS Attila Fenyves, 2013, S. 293, 303; Dutta/Weber/*Süß* Art. 27 EuErbVO Rn. 83.
[1783] MüKoBGB/*Dutta* Art. 26 EGBGB Rn. 69; *C. Rudolf*, FS Attila Fenyves, 2013, S. 293, 303.
[1784] MüKoBGB/*Dutta* Art. 26 EGBGB Rn. 68.
[1785] Vgl. auch *Scheucher*, ZfRV 1964, 216.
[1786] MüKoBGB/*Dutta* Art. 26 EGBGB Rn. 83.
[1787] *Jayme*, ZfRV 1983, 162, 173 f.; *C. Rudolf*, FS Attila Fenyves, 2013, S. 293, 304.

XIII. Form von Verfügungen von Todes wegen 539–541 § 5

einer Erbschaft, eines Vermächtnisses oder eines Pflichtteils oder eine Erklärung zur Begrenzung der Haftung des Erklärenden hinsichtlich ihrer Form wirksam, wenn sie den Formerfordernissen des materiellen Erbstatuts (lit. a) oder des Rechts des Staates, in welchem der Erklärende seinen gewöhnlichen Aufenthalt hat (lit. b), entspricht. Wiederum handelt es sich um eine alternative Anknüpfung.[1788] Grundsätzlich erleichtert dies den Erben und Vermächtnisnehmern eine Ausschlagung im Sinne eines favor negotii.[1789] Die Erbengeneration soll z.B. nicht mit den Folgen einer Ruhestandsmigration ins Ausland belastet werden.[1790] Die ergänzende Regelung zur internationalen Zuständigkeit findet sich in Art. 13 EuErbVO.[1791] Allerdings gilt Art. 28 EuErbVO an sich auch bei Drittstaatenbezug, selbst wenn es keine Zuständigkeit innerhalb der Mitgliedstaaten gibt.[1792] Art. 28 EuErbVO gilt auch bei nicht gerichtlicher Abgabe der Erklärung; er ist also nicht wesensmäßig an einen „Doppelpass" mit Art. 13 EuErbVO gekoppelt.[1793] Das zeigt sich schon daran, dass er auch Drittstaatsrecht berufen kann.[1794]

Der Kreis der zur Auswahl stehenden Rechte ist jedoch hier für die Form von Erklärungen eines Erben oder Vermächtnisnehmers merklich kleiner und enger als unter Art. 27 EuErbVO für die Form letztwilliger Verfügungen: Zur Auswahl stehen nur das Erbstatut nach lit. a (bei ausnahmsweiser Nachlassspaltung das Erbstatut für den jeweils betroffenen Teilnachlass[1795]) und nach lit. b das Umweltrecht des Erklärenden. Trotzdem bleibt es bei dem Charakteristikum einer alternativen Anknüpfung. Stellt nur eines der beiden alternativ berufenen Rechte milde Formanforderungen und verlangt keine besondere Förmlichkeit (also z.B. keine Unterschriftsbeglaubigung), so bleibt es dabei, und auch deutsche Nachlassgerichte müssen dies akzeptieren, obwohl es mit § 1945 BGB nicht übereinstimmt.[1796] Die Form wird eben materiellrechtlich und nicht verfahrensrechtlich qualifiziert. Sie unterliegt nicht exklusiv der lex fori des Nachlassverfahrens. Im Gegenteil gehört die lex fori des Nachlassverfahrens als solche nicht einmal zum Kreis der alternativ berufenen Rechte. **539**

Erwägungsgrund (32) S. 1 EuErbVO zeigt das gesetzgeberische Motiv hinter Art. 28 EuErbVO: Erben und Vermächtnisnehmern, die außerhalb des Mitgliedstaats leben, in welchem der Nachlass abgewickelt wird, sollen die Möglichkeit haben, die aufgeführten Erklärungen vor einem Gericht oder einer zuständigen Behörde in ihrem eigenen Aufenthaltsstaat in der dortigen Form abgeben zu können.[1797] Das durch die Abgabe wichtiger Erklärungen im Ausland außerhalb des Forumstaates der Nachablasswicklung entstehende Informationsproblem für das Nachlassgericht möchte Erwägungsgrund (32) S. 3 EuErbVO dadurch auflösen, dass, wer eine solche Erklärung abgibt, das Nachlassgericht binnen einer unter dem Erbstatut bestimmten Frist selbst davon in Kenntnis setzt, dass er eine derartige Erklärung abgegeben hat. **540**

Ob der Erbe seine Haftung durch einseitige Erklärung begrenzen kann oder ob es dazu weiterer Schritte bedarf, ist eine vom Erbstatut zu beantwortende Frage,[1798] welche der Frage nach der Form einseitiger Begrenzungserklärungen vorgelagert ist. Erwägungsgrund (33) EuErbVO besagt: „Eine Person, die ihre Haftung für die Nachlassverbindlichkeiten begrenzen möchte, sollte dies nicht durch eine entsprechende einfache Erklärung vor den Gerichten oder anderen zuständigen Behörden des Mitgliedstaats ihres gewöhnlichen Auf- **541**

[1788] C. Rudolf, FS Attila Fenyves, 2013, S. 293, 309.
[1789] J. P. Schmidt, ZEV 2014, 455, 458.
[1790] Pfeiffer, IPRax 2016, 310, 313f.
[1791] Zu dieser Norm z.B. Eichel, ZEV 2017, 545.
[1792] Nordmeier, IPRax 2016, 439, 446.
[1793] J. P. Schmidt, ZEV 2014, 455, 451.
[1794] BeckOGK/J. Schmidt Art. 28 EuErbVO Rn. 25; NK-BGB/Looschelders Art. 28 EuErbVO Rn. 2.
[1795] Nordmeier, IPRax 2016, 439, 446.
[1796] Volmer, RPfleger 2013, 421, 429.
[1797] Fischer-Czermak, in: Schauer/Scheuba (Hrsg.), Europäische Erbrechtsverordnung, 2013, S. 43, 49.
[1798] Dutta, FamRZ 2013, 4, 8; Volmer, RPfleger 2013, 421, 429 Fn. 99; J. P. Schmidt, ZEV 2014, 455, 460; Dutta/Weber/J. P. Schmidt Art 28 Rn. 17; Pamboukis/Zoumpoulis Art. 28 Successions Regulation Rn. 3.

enthalts tun können, wenn das auf die Rechtsnachfolge von Todes wegen anzuwendende Recht von ihr verlangt, vor dem zuständigen Gericht ein besonderes Verfahren, beispielsweise ein Verfahren zur Inventarerrichtung, zu veranlassen. Eine Erklärung, die unter derartigen Umständen von einer Person im Mitgliedstaat ihres gewöhnlichen Aufenthalts in der nach dem Recht dieses Mitgliedstaats vorgeschriebenen Form abgegeben wurde, sollte daher für die Zwecke dieser Verordnung nicht formell gültig sein. Auch sollten die verfahrenseinleitenden Schriftstücke für die Zwecke dieser Verordnung nicht als Erklärung angesehen werden." Diese Verschärfung hat allerdings in Art. 28 EuErbVO keinen direkten Niederschlag gefunden.[1799]

542 Art. 28 EuErbVO hat nur einen begrenzten Anwendungsbereich. Außer der Form, also der Art und Weise der Erklärung,[1800] regelt er keine weiteren Aspekte der von ihm erfassten Erklärungen. Insbesondere befasst er sich nicht damit, wie Ausschlagungs- oder Annahmefristen anzuknüpfen sind.[1801] Solche Fristen unterliegen vielmehr dem Erbstatut.[1802] Formerfordernisse gehen oft damit einher, dass eine Erklärung nur bestimmten Adressaten gegenüber erklärt werden darf, insbesondere amtsempfangsbedürftig ist.[1803] Dies einem Formaspekt gleichzubehandeln kann sich darauf stützen, dass Zeugenerfordernisse Formfragen sind.[1804] Alternative wäre eine Unterwerfung unter das Erbstatut[1805] oder eine prozessuale Qualifikation als Aspekt der internationalen Zuständigkeit.[1806]

543 **Beispiel:**[1807] Der Erblasser hatte seinen gewöhnlichen Aufenthalt in Deutschland. Seine in Frankreich lebende Tochter möchte die Erbschaft ausschlagen, da sie schon lange keinen Kontakt zu ihrem Vater mehr hatte. Ob die Ausschlagung möglich bzw. notwendig ist, richtet sich nach dem Erbstatut, also gem. Art. 21 I EuErbVO nach deutschem Recht. § 1942 BGB sieht ein Ausschlagungsrecht des Erben vor. Die Formgültigkeit der Ausschlagung richtet sich gem. Art. 28 EuErbVO alternativ nach dem Erbstatut oder dem Recht des gewöhnlichen Aufenthalts des ausschlagenden Erben. Art. 804 Code Civil verlangt für die Ausschlagungserklärung gegenüber dem Nachlassgericht keine besondere Form, sodass die Tochter ihre Ausschlagungserklärung nicht notwendigerweise gem. § 1945 I BGB beglaubigen lassen oder zur Niederschrift des Nachlassgerichts abgeben muss, sondern auch in einfacher Schriftform gegenüber einem französischen Gericht[1808] abgegeben kann. Die Ausschlagungsfrist bestimmt sich wiederum nach dem Erbstatut; sie beträgt gem. § 1944 III BGB sechs Monate.

544 **7. Qualifikation.** Formfragen sind von materiellen Fragen zu trennen. Materielle Fragen betreffen den Inhalt einer Erklärung, Formfragen die Art und Weise, wie der Wille geäußert wird.[1809] Das HTestFormÜbk gebietet eine übereinkommensautonome Auslegung und Ausfüllung des Anknüpfungsbegriffs Form,[1810] keine Qualifikation nach der lex fori.[1811] Es bietet jedoch keine explizite Aufzählung, was zur Form zu schlagen ist, und enthält sich einer ausdrücklichen Abgrenzung zwischen Form und materieller Gültigkeit letztwilliger Verfügungen.[1812]

545 Gleichermaßen hält es Art. 27 EuErbVO, der in seinem dritten Absatz nur für kleine Ausschnitte eine ausdrückliche Zuordnung zur Form vornimmt. Für die Zwecke des

---

[1799] *Fischer-Czermak*, in: Schauer/Scheuba (Hrsg.), Europäische Erbrechtsverordnung, 2013, S. 43, 49 Fn. 43.
[1800] *J. P. Schmidt*, ZEV 2014, 455, 458.
[1801] *Volmer*, RPfleger 2013, 421, 429; Geimer/Schütze/*F. Odersky* Art. 28 EuErbVO Rn. 4.
[1802] *J. P. Schmidt*, ZEV 2014, 455, 459; Dutta/Weber/*J. P. Schmidt* Art. 28 EuErbVO Rn. 16; *Pamboukis/Zoumpoulis* Art. 28 Successions Regulation Rn. 2.
[1803] Bei Erklärung gegenüber dem Gericht ist auch Art. 13 EuErbVO zu beachten.
[1804] *Nordmeier*, IPRax 2016, 439, 442, 446.
[1805] MüKoBGB/*Dutta* Art. 28 EuErbVO Rn. 4.
[1806] Dafür *S. Lorenz*, IPRax 2004, 536, 539 f.; *Fetsch*, MittBayNot 2007, 285 f.
[1807] Nach Deixler-Hübner/Schauer/*Lunzer* Art. 28 EuErbVO Rn. 8.
[1808] Die Zuständigkeit der französischen Gerichte ergibt sich aus Art. 13 EuErbVO.
[1809] Siehe nur *C. Rudolf*, FS Attila Fenyves, 2013, S. 293 (293).
[1810] *Scheucher*, ZfRV 1964, 216, 223; *C. Rudolf*, FS Attila Fenyves, 2013, S. 293, 300.
[1811] Dafür aber *Ferid*, RabelsZ 27 (1962/63), 411, 423 f.; Staudinger/*Dörner* Vor Artt. 25; 26 EGBGB Rn. 84; Dutta/Weber/*Süß* Art. 27 EuErbVO Rn. 96.
[1812] *v. Hoyer*, NZ 1963, 67, 69; *C. Rudolf*, FS Attila Fenyves, 2013, S. 293, 300.

Art. 27 EuErbVO zieht Art. 27 III 1 EuErbVO Rechtsvorschriften zur Form, welche die für Verfügungen von Todes wegen zugelassenen Formen mit Beziehung auf das Alter, die Staatsangehörigkeit oder andere persönliche Eigenschaften des Erblassers oder der Personen, deren Rechtsnachfolge von Todes wegen durch einen Erbvertrag betroffen ist, beschränken. Das Gleiche tut Art. 27 III 2 EuErbVO für Eigenschaften, welche die für die Gültigkeit einer Verfügung von Todes wegen erforderlichen Zeugen besitzen müssen. Beide Male bezieht sich die ausdrückliche Qualifikation als Formfrage also nur auf bestimmte persönliche Eigenschaften von Betroffenen oder Zeugen.

Aus der Systematik ist weiter nur zu entnehmen, dass alle in Art. 23 EuErbVO aufgezählten Aspekte, soweit sie für Testamente relevant sind, dem materiellen Erbstatut und nicht dem Formstatut zuzuschlagen sind.

Formfragen betreffen den äußeren Erklärungstatbestand, materielle Fragen beginnen beim inneren Erklärungstatbestand. Formfragen sind Fragen zum äußeren Ablauf einer Rechtshandlung.[1813] Zu den Formfragen sind grundsätzlich alle Erscheinungen, Institutionen und Normen zu schlagen, die Formzwecken[1814] wie Warn-, Authentizitäts-, Identifikations-, Beweis-, Informations-, Belehrungsfunktion dienen.[1815]

Das Formstatut erfasst:[1816] Mündlichkeit; Schriftlichkeit; Eigenhändigkeit von Text oder Unterschrift; Dokumentation; Reproduzierbarkeit; persönliche Erklärungsabgabe; persönliche Anwesenheit; Mitwirkung oder Anwesenheit von Zeugen und deren Zahl und Eigenschaften; Mitwirkung von Amtspersonen, Notaren oder anderen Beurkundungspersonen nach Ob, Grad und Ausmaß; Ob, Wie und Inhalt einer Belehrung durch Urkundspersonen; Sondervorschriften für Testamentserrichtungen in Notsituationen; Sondervorschriften für Testamentserrichtungen durch blinde, taube, stumme, taubstumme oder körperlich behinderte Erblasser[1817].

Nicht zur Form gehören alle in Art. 23 EuErbVO aufgeführten und positiv dem materiellen Erbstatut zugeschlagenen Materien, z.B. die Testierfähigkeit.[1818]

XIV. Kommorienten

Eines erbrechtlichen Sonderproblems nimmt sich Art. 32 EuErbVO an: Sterben zwei oder mehr Personen, deren jeweilige Rechtsnachfolge von Todes wegen verschiedenen Rechten unterliegt, unter Umständen, unter denen die Reihenfolge ihres Todes ungewiss ist, und regeln diese Rechte diesen Sachverhalt unterschiedlich oder gar nicht, so hat keine der verstorbenen Personen Anspruch auf den Nachlass des oder der anderen. Unsicherheiten über die Todesreihenfolge sollen nicht durchschlagen. Ausweislich Erwägungsgrund (55) S. 1 EuErbVO soll Art. 32 EuErbVO eine einheitliche Vorgehensweise sicherstellen.

Hintergrund ist die unterschiedliche Regelung der Todesreihenfolge für einander wechselseitig beerbende Personen in den Sachrechten der Mitgliedstaaten:[1819] Einige Rechte regeln diesen Gegenstand überhaupt nicht, andere stellen eine Vermutung gleichzeitigen Versterbens, die so genannte Kommorientenvermutung auf, zum Teil abhängig von Alter oder Geschlecht der Verstorbenen. Für die verschiedenen Erbfälle können verschiedene Rechte das jeweilige Erbstatut stellen und zu unterschiedlichen Ergebnissen für die Todesreihenfolge führen.[1820] Das so entstehende Problem ist unlösbar.[1821] Art. 32 EuErbVO zer-

---

[1813] Siehe nur *C. Rudolf*, FS Attila Fenyves, 2013, S. 293 (293 f.).
[1814] Zu möglichen Formzwecken umfasst *Mankowski*, JZ 2010, 662.
[1815] OGH SZ 59/27 = ZfRV 1987, 199 m. Anm. *Rechberger; Schwimann*, NZ 1981, 65 (65 f.); *C. Rudolf*, FS Attila Fenyves, 2013, S. 293, 294; *F. Odersky*, in: Hausmann/Odersky IPR § 15 Rn. 174.
[1816] Siehe nur *C. Rudolf*, FS Attila Fenyves, 2013, S. 293, 294.
[1817] *C. Rudolf*, FS Attila Fenyves, 2013, S. 293, 300.
[1818] *Scheucher*, ZfRV 1964, 216, 221; Staudinger/*Dörner* Vor Artt. 25; 26 EGBGB Rn. 90; *C. Rudolf*, FS Attila Fenyves, 2013, S. 293, 300.
[1819] Rechtsvergleichende Darstellung bei Max Planck Institute for Comparative and Private International Law, RabelsZ 74 (2010), 522, 650 f.
[1820] *Jayme/Haack*, ZvglRWiss 84 (1985), 80.

schlägt es in Übernahme von Art. 13 Haager ErbRÜbk[1822] wie einen gordischen Knoten, indem er eine eigene sachrechtliche Stichregelung trifft.[1823] Die Rechtsfolge ist hart: Jegliche Erbansprüche beider Verstorbener gegeneinander werden ausgeschlossen.

552 Art. 32 EuErbVO kommt nach seinem Wortlaut wie nach seiner ratio nicht zum Zuge, wenn die verschiedenen Erbstatute zu demselben Ergebnis für die Todesreihenfolge gelangen,[1824] z. B. weil beide im konkreten Fall mit einer Kommorientenvermutung arbeiten. In jedem Fall ist, bevor man Art. 32 EuErbVO anwendet, eine ordentliche Ermittlung der Erbstatute in beiden Erbfällen nach Artt. 21 ff. EuErbVO veranlasst.[1825] Art. 32 EuErbVO kommt nur in echten Konfliktfällen zum Zuge.[1826]

553 Seiner Stellung wie seinem uneingeschränkten Wortlaut nach gilt Art. 32 EuErbVO auch, wenn die beiden Verstorbenen Parteien eines Erbvertrages sind. Im Tatbestand muss man dann den maßgeblichen Zeitpunkt anpassen: vom tatsächlichen Todeszeitpunkt weg und zum hypothetischen Tod der Erblasser zum Zeitpunkt des Erbvertragsschlusses hin.[1827] Das mag noch angehen. Jedoch kollidiert die Rechtsfolge des Art. 32 EuErbVO, der Ausschluss jeglicher Erbansprüche, klar mit dem Gestaltungsanliegen der Erbvertragsparteien.[1828]

554 **Beispiel:** M, der seinen gewöhnlichen Aufenthalt in Österreich hat, und F, die ihren gewöhnlichen Aufenthalt in Deutschland hat, sind verheiratet. M und F verunglücken bei einem Flugzeugabsturz und es kann nicht aufgeklärt werden, wer zuerst verstorben ist. Erbstatut für M ist österreichisches Recht, Erbstatut für F ist deutsches Recht. Beide Rechtsordnungen vermuten in diesem Fall, dass M und F gleichzeitig gestorben sind (§ 11 deutsches Verschollenheitsgesetz und § 11 österreichisches Todeserklärungsgesetz). Art. 32 EuErbVO findet also keine Anwendung.

Ist M jedoch britischer Staatsbürger und hat für die Rechtsnachfolge von Todes wegen nach ihm englisches Recht gewählt, wäre englisches Recht Erbstatut und Art. 32 EuErbVO anwendbar. Denn das deutsche Recht stellt die Vermutung gleichzeitigen Versterbens auf, während nach englischem Recht vermutet wird, dass die jüngere Person die ältere überlebt hat.[1829] In diesem Fall bestimmt Art. 32 EuErbVO, dass M und F keinen Anspruch auf den Nachlass des anderen haben.

XV. Rück- und Weiterverweisung

555 **1. Renvoi gemäß Art. 34 I EuErbVO bei Verweisung auf drittstaatliches Recht und Zurückverweisung auf das Recht eines Mitgliedstaates.** Typischerweise schließen europäische IPR-Verordnungen einen renvoi aus.[1830] Art. 34 I EuErbVO durchbricht diesen Grundsatz, allerdings nur partiell. Der Vorschlag sah in seinem Art. 26 noch einen vollständigen renvoi-Ausschluss vor,[1831] wohl aus Furcht davor, die verpönte Nachlasspal-

---

[1821] *DNotI*, in: DNotI (éd.), Les successions internationales dans l'UE/Conflict of Law of succession in the European Union/Internationales Erbrecht in der EU, 2004, S. 241; *Wilke*, RIW 2012, 601, 607.

[1822] *Revillard*, in: Khairallah/Revillard (dir.), Droit européen des successions internationales, 2013, S. 67, 72; *Daví/Zanobetti*, Cuad. Der. TranS. 5 (2) (2013), 5, 20; *Pamboukis/Nikolaou* Art. 32 Successions Regulation Rn. 3.

[1823] *Wilke*, RIW 2012, 601, 607; *Dutta*, FamRZ 2013, 4, 11; *Nordmeier*, ZErb 2013, 112, 114; *Daví/Zanobetti*, Cuad. Der. TranS. 5 (2) (2013), 5, 20 f.; *Pamboukis/Nikolaou* Art. 32 Successions Regulation Rn. 4.

[1824] *Revillard*, in: Khairallah/Revillard (dir.), Droit européen des successions internationales, 2013, S. 67, 72; Deixler-Hübner/Schauer/*Fischer-Czermak* Art. 32 EuErbVO Rn. 5; Dutta/Weber/*J. Weber* Art. 32 EuErbVO Rn. 14; Geimer/Schütze/*F. Odersky* Art. 32 EuErbVO Rn. 7. Zweifelnd MüKoBGB/*Dutta* Art. 32 EuErbVO Rn. 6; *Calvo Caravaca/Daví/Mansel/Calzolaio*, Art. 32 Successions Regulation Rn. 10.

[1825] *C. Rudolf*, NZ 2013, 225, 238.

[1826] *K. W. Lange*, ZErb 2012, 160, 164 f.

[1827] *Nordmeier*, ZErb 2013, 112, 114.

[1828] *Nordmeier*, ZErb 2013, 112, 114.

[1829] *Henrich*, in: Ferid/Firsching/Dörner/Hausmann, Internationales Erbrecht, Großbritannien, Grdz., Rn. 108; Sec. 184 Law of Property Act 1925.

[1830] MüKoBGB/*Dutta* Art. 34 EuErbVO Rn. 1; Dutta/Weber/*F. Bauer* Art. 34 EuErbVO Rn. 2; Geimer/Schütze/*F. Odersky* Art. 34 EuErbVO Rn. 1.

[1831] Vorschlag für eine Verordnung des Europäischen Parlaments und des Rates über die Zuständigkeit, das anwendbare Recht, die Anerkennung und die Vollstreckung von Entscheidungen und öffentlichen Urkun-

tung durch die Hintertür doch wieder zuzulassen.[1832] Davon ist der Unionsgesetzgeber nach heftiger Kritik[1833] abgerückt.[1834] Angesichts der Konkurrenz von Staatsangehörigkeits- und Aufenthaltsprinzip in den nationalen Kollisionsrechten erschien es nicht opportun, internationale Entscheidungsharmonie dadurch aufzustören, dass man die europäische Lösung einseitig durchsetzt.[1835] Zugleich wird die Zahl hinkender Statutsbestimmungen im Verhältnis zu Drittstaaten vermindert.[1836] Außerdem soll Art. 34 I EuErbVO negative Konflikte vermeiden, dass kein Staat sein eigenes Recht anwenden will.[1837]

Internationale Entscheidungsharmonie zu wahren erklärt Erwägungsgrund (57) EuErbVO zur ratio des Art. 34 I EuErbVO.[1838] Allerdings konnte dies nicht unter den Mitgliedstaaten gelten, denn diese haben ja mit der EuErbVO bereits einheitliche Kollisionsnormen, so dass insoweit kein renvoi nötig ist.[1839] Daraus ergeben sich für die Konstruktion des Art. 34 I EuErbVO zwei Schlussfolgerungen: Erstens muss er differenziert ansetzen und danach unterscheiden, ob ein mitgliedstaatliches oder ein drittstaatliches Recht berufen ist. Zweitens kann er keine für alle Konstellationen geltende Aussage darüber treffen, ob die EuErbVO Sachnorm- oder Gesamtverweisungen ausspricht.[1840] Art. 34 I EuErbVO arbeitet also mit einer differenzierten Verweisungstechnik.[1841]

Art. 34 I EuErbVO erklärt – nach dem Vorbild des Art. 16 II KSÜ und des Art. 4 Haager ErbRÜbk[1842] – den renvoi insoweit[1843] für beachtlich, als das IPR eines Drittstaates (also eines Nichtmitgliedstaates der EuErbVO, gegenwärtig einschließlich Dänemark, Irland und des Vereinigten Königreichs[1844]) auf das Recht eines Mitgliedstaates der EuErbVO zurückverweist (lit. a)[1845] oder auf das Recht eines anderen Drittstaates weiterverweist und dieses die Verweisung annimmt (lit. b). Häufigster Fall für eine Rückverweisung durch ein drittstaatliches IPR dürfte sein, dass dieses an die Staatsangehörigkeit des Erblassers anknüpft.[1846]

---

den in Erbsachen sowie zur Einführung eines Europäischen Nachlasszeugnisses, KOM (2009) 154 endg. S. 24.

[1832] *Khairallah*, in: Khairallah/Revillard (dir.), Droit européen des successions internationales, 2013, S. 47, 59.

[1833] *Khairallah*, in: Khairallah/Revillard (dir.), Perspectives du droit des successions européennes et internationales, 2010, S. 61, 70 f.; *Lagarde*, ebd., S. 3, 12; *ders.*, in: Bonomi/C. Schmid (éds.), Successions internationales, 2010, S. 11, 18; *Kindler*, IPRax 2010, 44, 48 f.; *Nourissat*, Défrénois 2010, 393, 404, 418; Max Planck Institute for Comparative and Private International Law, RabelsZ 74 (2010), 522, 656 f.; *Schurig*, FS Ulrich Spellenberg, 2010, S. 343, 348 f.; *Leipold*, JZ 2010, 802, 809; *Revillard*, Dr. & patr. déc. 2010, 26; *Nordmeier*, IPRax 2011, 535, 540; *Remde*, RNotZ 2012, 65, 75 f. sowie schon *Heinze*, FS J. Kropholler, 2008, S. 105, 118 f.

[1834] *Lagarde*, RCDIP 101 (2012), 691, 705.

[1835] *Lagarde*, RCDIP 101 (2012), 691, 705 f. sowie *Godechot-Patris*, D. 2012, 2462, 2466; *Revillard*, Défrénois 2012, 743, 749; *Schack*, IPRax 2013, 115, 119; *Franzina/Leandro*, NLCC 2013, 275, 325; *Müller-Lukoschek* § 2 Rn. 194; *Döbereiner*, MittBayNot 2013, 358, 364.

[1836] Vgl. *Khairallah*, in: Khairallah/Revillard (dir.), Droit européen des successions internationales, 2013, S. 47, 61.

[1837] *Lokin* S. 200 sowie *Barnich*, in: Nuyts (coord.), Actualités en droit international privé, 2013, S. 7, 19.

[1838] Siehe nur *Agostini*, RCDIP 102 (2013), 545, 569; *M. Reich/Assan*, ZEV 2015, 145, 147.

[1839] *Remde*, RNotZ 2012, 65, 75 f.; *Lagarde*, in: Khairallah/Revillard (dir.), Droit européen des successions internationales, 2013, S. 5, 12; *Lokin* S. 200; *Cach/A.J. Weber*, ZfRV 2013, 263, 267 sowie *Schauer*, JEV 2012, 78, 87; *Davì*, in: Calvo Caravaca/Davì/Mansel Art. 34 Successions Regulation Rn. 6.

[1840] Kritisch aber *Schauer*, JEV 2012, 78, 87.

[1841] *Bajons*, FS Helmut Rüßmann, 2013, S. 751, 758.

[1842] *Janzen*, DNotZ 2012, 484, 490; *Schack*, IPRax 2013, 315, 319.

[1843] Und nur insoweit; siehe nur *Bajons*, in: Schauer/Scheuba (Hrsg.), Europäische Erbrechtsverordnung, 2013, S. 29, 38; *dies.*, FS Helmut Rüßmann, 2013, S. 751, 759.

[1844] *Janzen*, DNotZ 2012, 484, 486; *Dörner*, ZEV 2012, 505, 511; *Bäßler/Moritz-Knobloch*, ErbR 2014, 12, 15; *A. Staudinger/Friesen*, JA 2014, 641, 645. Zweifelnd *Khairallah*, in: Khairallah/Revillard (dir.), Droit européen des successions internationales, 2013, S. 47, 60 Fn. 51.

[1845] Diese Rückverweisung wird angenommen; *Solomon*, Liber amicorum Klaus Schurig, 2012, S. 237, 253.

[1846] *Damascelli*, in: Franzina/Leandro (a cura di), Il diritto internazionale privato europeo delle successioni mortis causa, 2013, S. 87, 97; *Lagarde*, in: Bergquist/Damascelli/Frimston/Lagarde/F. Odersky/Reinhartz Art. 34 EuErbVO Rn. 3; MüKoBGB/*Dutta* Art. 34 EuErbVO Rn. 3; Geimer/Schütze/*F. Odersky* Art. 34 EuErbVO Rn. 14; *Davì*, in: Calvo Caravaca/Davì/Mansel Art. 34 Successions Regulation Rn. 18.

Eine Rückverweisung auf das Recht eines Mitgliedstaates der EuErbVO ergibt sich daraus, wenn der Erblasser Angehöriger eines Mitgliedstaates ist, aber seinen gewöhnlichen Aufenthalt in einem Drittstaat hat, dessen IPR an die Staatsangehörigkeit anknüpft. Ist der Erblasser Mehrstaater, so entscheidet das an die lex patriae anknüpfende drittstaatliche IPR, welche Staatsangehörigkeit es als die für seine Zwecke relevante bewertet.[1847]

558 Möglich ist auch, dass das objektiv verwiesene drittstaatliche IPR Parteiautonomie in größerem Umfang kennt als die EuErbVO. Das ist unter Art. 34 I EuErbVO beachtlich.[1848]

559 Eine Rückverweisung durch drittstaatliches IPR kann sich außerdem etwa bei einer Verweisung auf englisches Recht ergeben, dessen IPR für Mobilien an das domicile und für Immobilien an die Belegenheit anknüpft.[1849] Insoweit kann sich eine Nachlassspaltung durch eine nur teilweise Rückverweisung ergeben.[1850] Das gleiche gilt, wenn das drittstaatliche Recht für die Nachlassabwicklung auf die lex fori verweist, die, wenn die EuErbVO den Ausgangspunkt bildet, konkret notwendig das Recht eines Mitgliedstaats sein muss.[1851] Auch eine versteckte Rückverweisung, wenn das drittstaatliche IPR an die lex fori anknüpft, ist erfasst.[1852] Knüpft das drittstaatliche IPR generell und umfassend an die Belegenheit der Nachlassgegenstände an, so kann sich daraus eine geteilte Rückverweisung mit Nachlassspaltung ergeben.[1853] Das generell von der EuErbVO verfolgte Prinzip der Nachlasseinheit wird in allen diesen Fällen dem Prinzip der internationalen Entscheidungsharmonie geopfert.[1854]

560 Die akzeptierte Weiterverweisung unter Drittstaaten wird im Interesse der internationalen Entscheidungsharmonie respektiert[1855] (wenn auch um den Preis einer möglichen Nachlassspaltung aufgrund drittstaatlichen Kollisionsrechts[1856] und hoher praktischer Lästigkeit wegen der Notwendigkeit, zwei forumfremde IPR-Regimes ermitteln zu müssen[1857]).

561 Dem sollte man den Fall hinzufügen, dass die europäische Verweisung auf das Recht eines ersten Drittstaates geht, dieses auf das Recht eines zweiten Drittstaates weiterverweist, jenes wieder auf das Recht eines dritten Drittstaates und letzteres schließlich auf das Recht eines Mitgliedstaates.[1858] Gleiches gilt für Zirkel sogar über vierte und weitere Drittstaatenrechte. Die Überschrift des Art. 34 EuErbVO ist in einigen Sprachfassungen, z.B. im Niederländischen („Terugverwijzing") zu eng ausgefallen.[1859]

562 Entscheidend ist nur, dass ein Zirkel entsteht, der letztlich zu einem mitgliedstaatlichen Recht führt. Allerdings ist zu beachten, dass der Zirkel nur zu dem Recht irgendeines Mit-

---

[1847] Komplizierter *Damascelli*, in: Franzina/Leandro (a cura di), Il diritto internazionale privato europeo delle successioni mortis causa, 2013, S. 87, 97.
[1848] *F. Odersky*, in: Hausmann/Odersky IPR § 15 Rn. 168; *J. Emmerich* S. 206f.
[1849] *Mansel*, Liber amicorum Klaus Schurig, 2012, S. 181, 182 sowie *A. M. E. Giuliano*, FJR 2013, 68, 71.
[1850] *Damascelli*, in: Franzina/Leandro (a cura di), Il diritto internazionale privato europeo delle successioni mortis causa, 2013, S. 87, 98; *M. Reich/Assan*, ZEV 2015, 145, 149; *Nordmeier*, IPRax 2016, 439, 445; MüKoBGB/*Dutta* Art. 34 EuErbVO Rn. 8; Geimer/Schütze/*F. Odersky* Art. 34 EuErbVO Rn. 20f.; *F. Odersky*, in: Hausmann/Odersky IPR § 15 Rn. 77; *J. Emmerich* S. 261–263.
[1851] *Bonomi*, in: Bonomi/Wautelet Art. 23 Règ. Rn. 17.
[1852] *Nordmeier*, IPRax 2013, 418, 423; MüKoBGB/*Dutta* Art. 34 EuErbVO Rn. 7. Differenzierend Geimer/Schütze/*F. Odersky* Art. 34 EuErbVO Rn. 11.
[1853] Siehe *Damascelli*, in: Franzina/Leandro (a cura di), Il diritto internazionale privato europeo delle successioni mortis causa, 2013, S. 87, 98.
[1854] *F. Odersky*, in: Hausmann/Odersky IPR § 15 Rn. 79.
[1855] *Solomon*, Liber amicorum Klaus Schurig, 2012, S. 237, 254; *Pamboukis/Tsouka* Art. 34 Successions Regulation Rn. 10.
[1856] *Mansel/Thorn/R. Wagner*, IPRax 2013, 1, 7; *Lokin*, NIPR 2013, 329, 333; *Barnich*, in: Nuyts (coord.), Actualités en droit international privé, 2013, S. 7, 16; *Döbereiner*, MittBayNot 2013, 358, 364.
[1857] *Vlas*, WPNR 6924 (2012), 249, 251.
[1858] *Solomon*, Liber amicorum Klaus Schurig, 2012, S. 237, 255f.; *Bonomi*, in: Bonomi/Wautelet Art. 34 Règ. Rn. 18; MüKoBGB/*Dutta* Art. 34 EuErbVO Rn. 5; Deixler-Hübner/Schauer/*Schwartze* Art. 34 EuErbVO Rn. 15; Dutta/Weber/*F. Bauer* Art. 34 EuErbVO Rn. 17. Anders aber Geimer/Schütze/*F. Odersky* Art. 34 EuErbVO Rn. 19; NK-BGB/*Looschelders* Art. 34 EuErbVO Rn. 11; *F. Odersky*, in: Hausmann/Odersky IPR § 15 Rn. 71 sowie *J. Emmerich* S. 238. Offen gelassen von *Pamboukis/Tsouka* Art. 34 Successions Regulation Rn. 12.
[1859] *A. M. E. Giuliano*, FJR 2013, 68, 71.

XV. Rück- und Weiterverweisung   563–565 § 5

gliedstaates führen muss;[1860] es muss sich dabei nicht gerade um das Recht des Forumstaates handeln. Der Zirkel muss also kein echter Kreis zurück zum Forumstaat sein, sondern rundet sich bereits, wenn er zu den Mitgliedstaaten der EuErbVO zurückführt. Die EU versteht sich nach außen gleich einem einzigen Staat und arbeitet mit einer Annahme, dass alle Mitgliedstaaten und deren Rechte gleichwertig seien.[1861] Die Verweisungskette ist dann abzubrechen, wenn sie in den Kreis der Mitgliedstaaten zurückgeführt hat, gleich über wie viele Stationen.[1862] Art. 34 I lit. a EuErbVO stellt die Rückverweisung unter keine zusätzlichen Bedingungen[1863] und erklärt kraft europäischen IPR die Annahme der Rückverweisung.[1864]

Wegen der regelhaften Anknüpfung der internationalen Zuständigkeit an den gewöhnlichen Aufenthalt des Erblassers in Art. 4 EuErbVO dürfte der renvoi praktisch nur selten durchschlagen.[1865] Die gewählte, obwohl recht komplizierte Technik ist im Ergebnis nicht diejenige eines renvoi double oder renvoi intégral[1866], der mit der foreign court theory die Sichtweise des verwiesenen ausländischen Rechts einnehmen und die Verweisungskette anders abbrechen würde.[1867]   563

Beispiel: Ein österreichischer Staatsangehöriger mit gewöhnlichem Aufenthalt in Japan hinterlässt   564
Vermögen in Japan und in Deutschland. Ein deutsches Nachlassgericht[1868] ermittelt das Erbstatut mithilfe deutscher IPR Normen, namentlich der EuErbVO. Art. 21 I EuErbVO verweist auf Japanisches Recht. Das japanische IPR knüpft für die Rechtsnachfolge von Todes wegen an die Staatsangehörigkeit an,[1869] verweist also auf österreichisches Recht. Diese Verweisung ist nach Art. 34 I lit. a EuErbVO anzuerkennen, sodass das deutsche Nachlassgericht österreichisches Erbrecht seinen Entscheidungen zugrunde legt.

2. Ausnahmen nach Art. 34 II EuErbVO. Art. 34 I EuErbVO erleidet allerdings   565
seinerseits durch Art. 34 II EuErbVO mehrere Ausnahmen, bei deren Vorliegen ein renvoi nicht stattfindet: erstens bei einer Rechtswahl (sei es eines mitgliedstaatlichen, sei es eines drittstaatlichen Rechts[1870]) unter Art. 22 EuErbVO[1871] oder Art. 24 II EuErbVO und richtigerweise auch bei einer Rechtswahl in einem Erbvertrag unter Art. 25 III EuErbVO,[1872]

[1860] *Bajons*, in: Schauer/Scheuba (Hrsg.), Europäische Erbrechtsverordnung, 2013, S. 29, 37; *Davì*, in: Calvo Caravaca/Davì/Mansel Art. 34 Successions Regulation Rn. 25.
[1861] *Agostini*, RCDIP 102 (2013), 545, 570.
[1862] Vgl. *A. M. E. Giuliano*, FJR 2013, 68, 71; *Lokin*, NIPR 2013, 329, 333. Weniger klar *Solomon*, Liber amicorum Klaus Schurig, 2012, S. 237, 254 f.
[1863] *Damascelli*, in: Franzina/Leandro (a cura di), Il diritto internazionale privato europeo delle successioni mortis causa, 2013, S. 87, 96.
[1864] MüKoBGB/*Dutta* Art. 34 EuErbVO Rn. 3; Deixler-Hübner/Schauer/*Schwartze* Art. 34 EuErbVO Rn. 12; Dutta/Weber/*F. Bauer* Art. 34 EuErbVO Rn. 14; BeckOGK/*J. Schmidt* Art. 34 EuErbVO Rn. 7 f.; Palandt/*Thorn* Art. 34 EuErbVO Rn. 3. Anderer Ansicht Geimer/Schütze/*F. Odersky* Art. 34 EuErbVO Rn. 16; *F. Odersky*, in: Hausmann/Odersky IPR § 15 Rn. 67; *Davì*, in: Calvo Caravaca/Davì/Mansel Art. 34 EuErbVO Rn. 25 f. Offen gelassen von *J. Emmerich* S. 237; *Pamboukis/Tsouka* Art. 34 Successions Regulation Rn. 11.
[1865] *Lagarde*, RCDIP 101 (2012), 691, 706; Palandt/*Thorn* Art. 34 EuErbVO Rn. 1; *Davì*, in: Calvo Caravaca/Davì/Mansel Art. 34 Successions Regulation Rn. 6.
[1866] Zu diesem Konzept z. B. *Davì*, RdC 352 (2012), 9, 152–157, 342–353.
[1867] *C. Heinze*, FS Jan Kropholler, 2008, S. 105, 119; *Solomon*, Liber amicorum Schurig, 2012, S. 237, 242 f.; *Lokin*, NIPR 2013, 329, 333; MüKoBGB/*Dutta* Art. 34 EuErbVO Rn. 3; BeckOGK/*J. Schmidt* Art. 34 EuErbVO Rn. 9; NK-BGB/*Looschelders* Art. 34 EuErbVO Rn. 10. Anderer Ansicht *Feraci*, Riv. dir. int. 2013, 424, 465 Fn. 119; Staudinger/*Hausmann* Art. 4 EGBGB Rn. 165; Geimer/Schütze/*F. Odersky* Art. 34 EuErbVO Rn. 16; *F. Odersky*, in: Hausmann/Odersky IPR § 15 Rn. 67.
[1868] Das deutsche Nachlassgericht wäre gem. Art. 10 II EuErbVO jedoch nur für Entscheidungen über das Nachlassvermögen, das sich in Deutschland befindet, zuständig.
[1869] *Sato*, in: Ferid/Firsching/Dörner/Hausmann, Internationales Erbrecht, Japan, Grdz., Rn. 13.
[1870] *Müller-Lukoschek* § 2 Rn. 193.
[1871] Partiell kritisch dazu *Wilke*, RIW 2012, 601, 608. Ein Beispiel für einen gestaltungstechnischen Einsatz bei Inlandsimmobilien von Ausländern bietet *D. Lehmann*, ZErb 2013, 25, 30.
[1872] *Janzen*, DNotZ 2012, 484, 490; *Lagarde*, in: Bergquist/Damascelli/Frimston/Odersky/F. Odersky/Reinhartz Art. 34 EuErbVO Rn. 10; *Davì*, in: Calvo Caravaca/Davì/Mansel Art. 34 Successions Regulation Rn. 14; Palandt/*Thorn* Art. 34 EuErbVO Rn 2. Anders aber *Feraci*, Riv. dir. int. 2013, 424, 466.

um die Vorhersehbarkeit des anwendbaren Rechts nicht zu gefährden und eine gezielte Nachlassplanung zu ermöglichen;[1873] zweitens, wenn die Ausweichklausel des Art. 21 II EuErbVO zur Anwendung kommt[1874] (die dadurch zur Sachnormverweisung wird[1875]); drittens bei der alternativen Anknüpfung der Testamentsform, sei es, weil das vorrangige HTestFormÜbk seinerseits nur Sachnormverweisungen ausweist, sei es unter Art. 27 EuErbVO;[1876] viertens bei der Anknüpfung der Form von Ausschlagungserklärungen, soweit diese nicht über Art. 21 I EuErbVO stattfindet;[1877] fünftens (überflüssigerweise[1878] noch explizit angeordnet) bei den besonderen Vorschriften des Belegenheitsrechts eines Nachlassgegenstandes im Sinne von Art. 30 EuErbVO. In ihrer Gesamtheit reduzieren diese Ausnahmen die Bedeutung des Art. 34 I EuErbVO beträchtlich.[1879]

566 **3. Fazit.** Im Endeffekt bleibt für Art. 34 I EuErbVO und den renvoi nur die Anknüpfung an den gewöhnlichen Aufenthalt des Erblassers aus Art. 21 I EuErbVO und die daran anknüpfenden Verweisungen für Testamente und Erbverträge aus Artt. 24 I; 25 I EuErbVO, soweit der Erblasser zum maßgeblichen Zeitpunkt seinen gewöhnlichen Aufenthalt in einem Drittstaat hatte.[1880] Die praktische Bedeutung des renvoi für die EuErbVO ist gering.[1881]

567 Insgesamt ist Art. 34 EuErbVO übermäßig komplex und kompliziert geraten. Er ist ein Fremdkörper im europäischen IPR geblieben.[1882] Art. 32 EuGüVO und Art. 32 EuPartVO als die einschlägigen Regelungen der nächstspäteren europäischen Rechtsakte folgen ihm nicht[1883] und sprechen klare renvoi-Ausschlüsse aus.

XVI. Ordre public

568 **1. Grundsätzliches.** Ein Verstoß gegen den ordre public des Forumsstaates kehrt sich nach Art. 35 EuErbVO gegen das unter einem forumfremden Erbstatut erzielte Ergebnis. Dabei steht es gleich, ob Erbstatut ein mitgliedstaatliches oder ein drittstaatliches Recht ist.[1884] Ebenso ist es unerheblich, ob das Erbstatut per Rechtswahl oder objektiv berufen ist. Zu prüfen ist das im konkreten Fall erzielte Ergebnis, nicht abstrakt der Inhalt des Erbstatuts und seiner Normen.[1885] Führen abstrakt anstößige Normen im konkreten Einzelfall zu einem akzeptablen Ergebnis, so bleibt es bei diesem Ergebnis, und es erfolgt keine Korrektur über den ordre public.[1886]

[1873] *Schauer*, JEV 2012, 78, 87 f.; *Lokin* S. 201; *Revillard*, Essays in Honour of Hans van Loon, 2013, S. 487, 499.
[1874] *Solomon*, Liber amicorum Klaus Schurig, 2012, S. 237, 256 f. Kritisch dazu *Schauer*, JEV 2012, 78, 88; *Lokin* S. 201.
[1875] *Bajons*, FS Helmut Rüßmann, 2013, S. 751, 758; *Looschelders*, FS Dagmar Coester-Waltjen, 2015, S. 531, 539.
[1876] *Müller-Lukoschek* § 2 Rn. 193; *Lokin*, NIPR 2013, 329, 335.
[1877] Der Normtext des Art. 34 II EuErbVO bezieht sich positiv auf Art. 28 lit. b EuErbVO. Nimmt man die anderen Ausnahmen hinzu und beachtet die Bezugnahme des Art. 29 lit. a EuErbVO auf Artt. 21; 22 EuErbVO hinzu, so gelangt man zu der klareren negativen Formulierung.
[1878] *Wilke*, RIW 2012, 601, 608.
[1879] *Looschelders*, FS Dagmar Coester-Waltjen, 2015, S. 531, 539.
[1880] *Dörner*, ZEV 2012, 505, 511; *A. M. E. Giuliano*, FJR 2013, 68, 71 (beide allerdings ohne den ergänzenden Blick auf Artt. 24 I; 25 I EuErbVO).
[1881] *v. Hein*, in: Leible/Unberath (Hrsg.), Brauchen wir eine Rom 0-Verordnung?, 2013, S. 341, 377; *Looschelders*, FS Dagmar Coester-Waltjen, 2015, S. 531, 539.
[1882] Siehe *J. Emmerich* S. 231–236, 247–251.
[1883] *Heiderhoff/Beißel*, Jura 2018, 253, 255.
[1884] *Calvo Caravaca/Davì/Mansel/Contaldi/Grieco* Art. 35 Successions Regulation Rn. 2; *Palandt/Thorn* Art. 35 EuErbVO Rn. 1.
[1885] Siehe nur *Bonomi*, in: Bonomi/Wautelet Art. 35 Règ. Rn. 5; *Pamboukis/Meidanis* Art. 35 Successions Regulation Rn. 11; BeckOGK/*J. Schmidt* Art. 35 EuErbVO Rn. 10; NK-BGB/*Looschelders* Art. 35 EuErbVO Rn. 7.
[1886] Siehe nur *Khairallah*, in: Khairallah/Revillard (dir.), Droit européen des successions internationales, 2013, S. 47, 59.

XVI. Ordre public

Im Erbrecht gilt: Verteilt ein ausländisches Erbstatut den Nachlass anders, als es die lex fori täte, indes ohne fundamentale Grundwerte der lex fori zu verletzen, so verstößt dies nicht per se gegen den ordre public der lex fori.[1887] Außerdem ist das Primat des Erblasserwillens zu beachten: Hat der Erblasser nachweisbar deshalb davon abgesehen, eine testamentarische Regelung zu treffen, weil er die sachliche Regelung der gesetzlichen Erbfolge nach dem Erbstatut wollte, so spricht dies gegen einen Verstoß gegen den deutschen ordre public,[1888] jedenfalls jenseits eines Ausschlusses von Pflichtteils- und Noterbrechten.[1889] Art. 35 EuErbVO ist auch kaum geeignet, um einem Überwirken für das Forum fremder Institute aus forumausländischen Erbrechten entgegenzutreten.[1890]

Erwägungsgrund (58) EuErbVO verstärkt dies noch, indem er wider einen Einsatz des ordre public gegen ein Ergebnis, erzielt nach dem Recht eines anderen EuErbVO-Mitgliedstaats als Erbstatut, mahnt und insbesondere auf das Verbot der Diskriminierung nach der Staatsangehörigkeit aus Art. 18 AEUV hinweist.[1891] Letzteres ist freilich eine Selbstverständlichkeit.[1892] Es führt auch nicht zu einer genuin europäischen Konstruktion, sondern nur zu einer europäischen Teilaufladung des ordre public.[1893] Obendrein kommt wegen der relativen Ähnlichkeit der mitgliedstaatlichen Erbsachrechte ein Einsatz des ordre public gegen Ergebnisse, die über ein mitgliedstaatliches Erbstatut erzielt wurden, sowieso kaum je ernsthaft in Betracht.[1894]

Nimmt man die regelhafte Anknüpfung der internationalen Zuständigkeit an den gewöhnlichen Aufenthalt des Erblassers aus Art. 4 EuErbVO, also an den Regelanknüpfungspunkt des Art. 21 I EuErbVO, und den daraus in der Regel resultierenden Gleichlauf von forum und ius hinzu, so schrumpft der tatsächliche Anwendungsbereich des Art. 35 EuErbVO. Der ordre public setzt die Anwendung forumfremden Rechts voraus. Forumfremdes Recht kann aber nur zur Anwendung kommen, wenn forum und ius auseinanderfallen. Dies geschieht nur in wenigen Konstellationen: erstens bei einer Rechtswahl des Erbstatuts; zweitens bei irregulärer Anknüpfung des Erbstatuts kraft der Ausweichklausel aus Art. 21 II EuErbVO; drittens bei einer Gerichtszuständigkeit aus Artt. 10; 11 EuErbVO.[1895] Allerdings bleibt die Frage, wie weit Notare und andere nicht gerichtliche Rechtsanwender den ordre public ihres Niederlassungsstaates quasi „von Amts wegen" zum Einsatz bringen müssen.[1896]

Eine generelle Einschränkung ist, dass das im Rahmen des ordre public in Stellung gebrachte Recht des (hier deutschen) Forums seinerseits mit höherrangigem europäischen oder Völkerrecht konform ist, also nicht gegen AEUV, GRCh oder EMRK verstößt.[1897] Erwägungsgrund (58) S. 2 EuErbVO nennt dies beispielhaft für die GRCh.

Ein denkbarer Anwendungsfall für den ordre public ist, dass bei gesetzlicher Erbfolge ein eingetragener Lebenspartner nach dem Erbstatut leer ausgehen und keine Berücksichtigung finden würde.[1898]

2. Islamisch geprägte Erbstatute. Anstoß können insbesondere Ergebnisse erregen, die sich bei Anwendung islamisch geprägter Rechtsordnungen ergeben.[1899] Dies hat über

---

[1887] *Khairallah,* in: Khairallah/Revillard (dir.), Droit européen des successions internationales, 2013, S. 47, 57.
[1888] OLG Hamm IPRax 2006, 481; KG IPRax 2009, 263, 265; *Stöcker,* RabelsZ 38 (1974), 79, 117f.; *Looschelders,* IPRax 2009, 246, 247f.; *M. Stürner,* GPR 2014, 317, 322.
[1889] *Looschelders,* IPRax 2009, 246, 247f.; *M. Stürner,* GPR 2014, 317, 322.
[1890] *Cranshaw,* jurisPR-IWR 6/2017 Anm. 5 sub D.
[1891] Vgl. *Khairallah,* in: Khairallah/Revillard (dir.), Droit européen des successions internationales, 2013, S. 47, 57.
[1892] *M. Stürner,* GPR 2014, 317, 322.
[1893] *M. Stürner,* GPR 2014, 317, 321f.
[1894] *M. Stürner,* GPR 2014, 317, 322; Geimer/Schütze/*F. Odersky* Art. 35 EuErbVO Rn. 6.
[1895] *Dörner,* ZEV 2012, 505, 512.
[1896] *Barnich,* in: Nuyts (coord.), Actualités en droit international privé, 2013, S. 7, 19.
[1897] *Looschelders,* FS Dagmar Coester-Waltjen, 2015, S. 531, 541f.; BeckOGK/*J. Schmidt* Art. 35 EuErbVO Rn. 3.
[1898] *M. Stürner,* GPR 2014, 317, 323f.; Palandt/*Thorn* Art. 35 EuErbVO Rn. 2.
[1899] Näher *P. Scholz,* Erbrecht der maghrebinischen Staaten und deutscher ordre public, 2006; *Pattar,* Islamisch inspiriertes Erbrecht und deutscher Ordre public, 2007. Kurzer Überblick bei *Jokisch,* in: R. Zim-

die Jahre Bedeutung erlangt[1900] und wird seine Bedeutung auch unter der EuErbVO behalten.[1901] Denn solche Rechtsordnungen behandeln Männer und Frauen bei der Erbberechtigung unterschiedlich. Eine Tochter erhält nur halb so viel wie ein Sohn.[1902] Diese ergebnisrelevante Geschlechterdiskriminierung ist mit dem europäischen wie mit dem deutschen ordre public nicht zu vereinbaren.[1903] Dass eine überlebende Ehefrau nur halb so viel bekäme wie ein überlebender Ehemann, ist zwar abstrakt diskriminierend,[1904] wird sich dagegen nicht niederschlagen (und umso weniger korrigieren lassen),[1905] weil in demselben Erbfall nie gleichzeitig ein überlebender Ehemann und eine überlebende Ehefrau existieren werden.[1906]

575 Gleichermaßen ordre public-widrig sind eine ergebnisrelevante Ungleichbehandlung nach der Religion[1907] (z. B. dass muslimische Erben mehr erben als nicht-muslimische[1908]) oder eine Ungleichbehandlung nichtehelicher Kinder gegenüber ehelichen Kindern bei der Intestaterbfolge.[1909]

576 Dass unter deutschem Recht die Möglichkeit einer testamentarischen Enterbung und einer Verteilung bestünde, wie sie jener des Erbstatuts entspräche, vermag als solche nicht zu retten.[1910] Denn eine bloße, nicht ausgeübte Möglichkeit manifestiert keinen dokumentierten Erblasserwillen.

577 **Beispiel:**[1911] Der geschiedene Muslim E ist, nachdem er über 40 Jahre in Deutschland gelebt hatte, zurück in seine ägyptische Heimatstadt gezogen. Er hat einen Sohn S und eine Tochter T, die beide erwachsen und muslimischen Glaubens sind und in Deutschland leben. Als er Ende 2015 stirbt, bestand sein Vermögen im Wesentlichen in einem in Deutschland belegenen Grundstück. Gem. Art. 21 I EuErbVO ist ägyptisches Recht anwendbar, wonach S und T ihren Vater beerben. Nach ägyptischem Recht erhält ein männlicher Erbe den doppelten Erbanteil eines weiblichen Miterben.[1912] S würde dementsprechend Erbe zu 2/3, T nur zu 1/3. Die Anwendung dieser Vorschrift würde in diesem Fall ersichtlich gegen Art. 3 II GG und damit gegen den deutschen ordre public verstoßen. Da S und T ihren jeweiligen Lebensmittelpunkt in Deutschland haben, ist auch ein hinreichender Inlandsbezug vorhanden. Ein deutsches Gericht würde S und T daher als Erben zu je 1/2 betrachten.

578 **Beispiel:** Der marokkanische Erblasser mit gewöhnlichem Aufenthalt in Marokko hatte ein Grundstück in Deutschland. Sein in Deutschland lebender Sohn S ist schon vor vielen Jahren zum

---

mermann (Hrsg.), Der Einfluss religiöser Vorstellungen auf die Entwicklung des Erbrechts, 2012, S. 185, 187–191.

[1900] *Hohloch*, FS D. Leipold, 2009, S. 997.
[1901] *Andrae*, FS Bernd v. Hoffmann, 2011, S. 3; *M. Stürner*, GPR 2014, 317, 323; Deixler-Hübner/Schauer/*Schwartze* Art. 35 EuErbVO Rn. 14.
[1902] Abgeleitet aus Sure 4 Vers 11 des Korans.
[1903] *Revillard*, Defrénois 2012, 743, 749; *Barnich*, in: Nuyts (coord.), Actualités en droit international privé, 2013, S. 7, 19.
[1904] OLG Düsseldorf IPRax 2009, 520; OLG Frankfurt ZEV 2011, 135; *Derstadt*, Die Notwendigkeit der Anpassung bei Nachlaßspaltung im internationalen Erbrecht, 1998, S. 111 f. sowie *Dörner*, IPRax 1994, 33.
[1905] OLG Hamm IPRax 1994, 49; LG Hamburg IPRspr. 1991 Nr. 142 S. 264.
[1906] *M. Stürner*, GPR 2014, 317, 323.
[1907] OLG Hamm ZEV 2005, 436, 438; OLG Düsseldorf IPRax 2009, 520; KG IPRax 2009, 263; AG Hamburg-St. Georg FamRZ 2016, 670 = IPRax 2016, 472; *Grimaldi*, Defrénois 2012, 755, 758; *S. Lorenz*, ZEV 2005, 440, 441; *Barnich*, in: Nuyts (coord.), Actualités en droit international privé, 2013, S. 7, 15; *Eule*, ZErb 2015, 322, 323; *Wurmnest*, IPRax 2016, 447, 451 sowie *Dörner*, IPRax 1994, 33, 35 f.; *Hohloch*, FS D. Leipold, 2009, S. 997, 1008; BeckOK BGB/*S. Lorenz*, Art. 25 EGBGB Rn. 59; Erman/*Hohloch*, Art. 6 EGBGB Rn. 50; Dutta/Weber/*F. Bauer* Art. 35 EuErbVO Rn. 12.
[1908] Dazu → § 5 Rn. 577 f.
[1909] KG IPRax 2009, 263; LG Stuttgart FamRZ 1998, 1627; *Dörner*, ZEV 2008, 442, 443; *Hohloch*, FS D. Leipold, 2009, S. 997, 1008; *Looschelders*, IPRax 2009, 246, 248; *Elwan*, FS Athanassios Kaissis, 2012, S. 167, 180; *M. Stürner*, GPR 2014, 317, 324; *Eule*, ZErb 2015, 322, 323; *Wurmnest*, IPRax 2016, 447, 452.
[1910] Entgegen *M. Stürner*, GPR 2014, 317, 323.
[1911] Angelehnt an OLG Hamm ZEV 2005, 436.
[1912] *Ferid*/*Firsching*/*Dörner*/*Hausmann*, Internationales Erbrecht, Ägypten, Texte B, Art. 19 Gesetz Nr. 77/1943.

XVI. Ordre public 579, 580 § 5

christlichen Glauben übergetreten, hatte aber weiterhin eine gute Beziehung zu seinem Vater. Das gemäß Art. 21 I EuErbVO anwendbare marokkanische Erbrecht verbietet eine gegenseitige Beerbung von Muslimen und Nichtmuslimen.[1913] S ist als Sohn zwar grundsätzlich sogenannter Primärerbe, der nicht durch andere Erben von der Erbfolge ausgeschlossen werden kann.[1914] Nach marokkanischem Recht ist er als Christ jedoch unwürdig, seinen muslimischen Vater zu beerben und wäre demnach nicht zum Erben berufen. Das deutsche Nachlassgericht würde diese Vorschrift in diesem Fall jedoch gem. Art. 35 EuErbVO nicht anwenden, da das Ergebnis, dass S nur aufgrund seiner Religion von der Erbfolge ausgeschlossen wurde, gegen den deutschen ordre public – insbesondere Art. 3 III, 4 GG I – verstößt.

3. Pflichtteilsberechtigungen. Als wichtiger Streitpunkt bleiben Pflichtteilsberechti- 579 gungen. Art. 27 II Vorschlag EuErb-VO[1915] besagte noch ausdrücklich, dass eine vom Forumrecht abweichende Ausgestaltung der Pflichtteilsberechtigung durch das Erbstatut keinen ordre public-Verstoß begründen könne. Das Pflichtteilsrecht kann aber verfassungsrechtlich geschützt sein, weil es – wie in Deutschland unter Art. 14 I 1 GG bzw. Art. 14 I 2 iVm Art. 6 I GG[1916] – Ausfluss eines Grundrechts Verwandtenerbrecht ist. Dies kann eine einfache EU-Verordnung nicht durchkreuzen, denn sie steht in der Normenhierarchie unter dem nationalen Verfassungsrecht.[1917] Hinzu tritt die unionsrechtliche Flankierung durch Art. 17 GRCh. Zu Recht ist daher die negative Festschreibung aus Art. 27 II Vorschlag EuErbVO entfallen und nicht in die Endfassung des Art. 35 EuErbVO gelangt.[1918] Die Genese des Art. 35 EuErbVO erlaubt einen klaren Gegenschluss aus dem Fortfall des Art. 27 II Vorschlag EuErbVO: Was dort vorgeschlagen war, ist so in der Endfassung nicht gewollt.[1919] Ein Einsatz des ordre public kommt also auch bei unterschiedlichen Pflichtteilsregelungen in Betracht und ist nicht von vornherein und abstrakt ausgeschlossen.[1920]

Indes ist Vorsicht geboten: Zum ordre public sollte man grundsätzlich nur zählen, dass 580 nahe Verwandte zu beteiligen sind, nicht aber den Umfang, in dem dies nach der lex fori geschieht,[1921] oder die Modalität (Anspruch oder direkte Nachlassberechtigung).[1922] Konkret sind daher erhebliche Divergenzen verlangt. Gibt es im Erbstatut ein ungefähres Äquivalent zu den Pflichtteilsberechtigungen des Forumrechts, sei es auch auf dem Weg einer anderen Konstruktion, so kann kein ordre public-Verstoß vorliegen.[1923] Der ordre public ist kein Mittel, um die eigenen Vorstellungen des Forumrechts über Pflichtteilsberechtigungen bis ins letzte Detail durchzusetzen.[1924] Aus dem Wegfall des Art. 27 II Vorschlag ist nicht zu folgern, dass nun das Pflichtteilsrecht des Forums immer und vollen Umfangs zu dessen

---

[1913] *P. Scholz*, in: Ferid/Firsching/Dörner/Hausmann, Internationales Erbrecht, Marokko, Grdz., Rn. 38.
[1914] *P. Scholz*, in: Ferid/Firsching/Dörner/Hausmann, Internationales Erbrecht, Marokko, Grdz., Rn. 41.
[1915] Vorschlag für eine Verordnung des Europäischen Parlaments und des Rates über die Zuständigkeit, das anwendbare Recht, die Anerkennung und die Vollstreckung von Entscheidungen und öffentlichen Urkunden in Erbsachen sowie zur Einführung eines Europäischen Nachlasszeugnisses, KOM (2009) 154 endg. S. 24.
[1916] Siehe nur BVerfG NJW 2001, 141, 142; BVerfGE 112, 332, 348–355 = JZ 2005, 1001 m. Anm. *Gerhard Otte*; BVerfG FamRZ 2005, 1251 m. Anm. *Schöpflin*; *Kleensang*, ZEV 2005, 277; *Stüber*, NJW 2005, 2122; *S. Herzog*, FF 2008, 86.
[1917] Siehe nur Stellungnahme des Bundesrates, BR-DrS. 780/09, 5; *Kindler*, IPRax 2010, 44, 46; *Dörner*, ZEV 2010, 221, 227 f.; *R. Wagner*, DNotZ 2010, 506, 517; *Pfundstein* Rn. 560.
[1918] *Dörner*, ZEV 2010, 505, 512.
[1919] *Grimaldi*, Defrénois 2012, 755, 760.
[1920] *Frodl*, ÖJZ 2012, 950, 956; *Fischer-Czermak*, in: Schauer/Scheuba (Hrsg.), Europäische Erbrechtsverordnung, 2013, S. 43, 54; *Calvo Caravaca/Davi/Mansel/Contaldi/Grieco* Art. 35 Successions Regulation Rn. 11. Anders *Steiner*, NZ 2012, 104, 111.
[1921] *Fischer-Czermak*, in: Schauer/Scheuba (Hrsg.), Europäische Erbrechtsverordnung, 2013, S. 43, 54.
[1922] *Bonomi*, in: Bonomi/C. Schmid (éds.), Successions internationales, 2010, S. 23, 36; *Calvo Caravaca/Davi/Mansel/Contaldi/Grieco* Art. 35 Successions Regulation Rn. 12.
[1923] *Frodl*, ÖJZ 2012, 950, 956; *Pamboukis/Meidanis* Art. 34 Successions Regulation Rn. 13.
[1924] Vgl. *Bonomi*, in: Bonomi/C. Schmid (éds.), Successions internationales, 2010, S. 23, 36.

ordre public zu zählen wäre.[1925] Der ordre public darf sich nicht zu einer vollen Sonderanknüpfung von Pflichtteilsberechtigungen des Forumrechts auswachsen.[1926] In Frankreich zählt die réserve héréditaire nicht mehr stets zum ordre public.[1927]

581 Benachteiligte Abkömmlinge können sich also in Deutschland zwar weiterhin auf den deutschen ordre public berufen, allerdings nur in den engen Grenzen, die ihnen insoweit das deutsche Verfassungsrecht zieht.[1928] Ein Umkehrschluss aus dem Fortfall dahingehend, dass jede abweichende Pflichtteilsregelung durch ein ausländisches Erbstatut bereits den deutschen ordre public verletzt, ist jedoch nicht zu ziehen.[1929] Vielmehr muss eine konkrete Benachteiligung der Pflichtteilsberechtigten im konkreten Fall vorliegen, welche den Spielraum überschreitet, den der deutsche Gesetzgeber bei der Ausgestaltung des Pflichtteilsrechts beachten müsste.[1930] Dabei ist zu bedenken, dass im europaweiten Vergleich betrachtet das deutsche Pflichtteilsrecht für den Erblasser zu den günstigsten und liberalsten zählt.[1931] Wahrscheinlich gibt es nur in zwei anderen EU-Staaten niedrigere Berechtigungen der engsten Verwandten als in Deutschland, nämlich im Vereinigten Königreich und Estland.[1932] Insbesondere im romanischen Rechtskreis sind die Noterbrechte der engsten Verwandten quotal deutlich höher.[1933] Der ordre public darf nicht dazu dienen, durch die Hintertür doch wieder eine Staatsangehörigkeitsanknüpfung zu etablieren.[1934] Er darf auch kein regelhaftes Hindernis in den Weg der EU-gewollten Mobilität stellen.[1935]

582 In die Betrachtung und das Ergebnis einzubeziehen sind gegebenenfalls auch anders als erbrechtlich zu qualifizierende Mechanismen, namentlich familienrechtlicher Natur, die eine Kompensation für einen geringeren Pflichtteil herbeiführen können.[1936] Ordre publicwidrig ist es, wenn das Erbstatut jede, auch die rein wertmäßige Beteiligung von Abkömmlingen am Nachlass ausschließt.[1937]

XVII. EuErbVO und Schiedsgerichte

583 Im erbrechtlichen Bereich kann es zu Schiedsvereinbarungen und Schiedsverfahren kommen.[1938] Die objektive Schiedsfähigkeit von Erbsachen bestimmt sich entsprechend Art. V (2) (a) UNÜ nach der lex fori, in Deutschland für alle Phasen des Schiedsverfahrens entsprechend § 1059 II Nr. 2 lit. a ZPO nach deutschem Recht.[1939]

[1925] *F. Odersky*, notar 2013, 3, 6; Fischer-Czermak, in: *Schauer/Scheuba* (Hrsg.), Europäische Erbrechtsverordnung, 2013, S. 43, 54; *Döbereiner*, MittBayNot 2013, 358, 364; *Geimer/Schütze/F. Odersky* Art. 35 EuErbVO Rn. 14.

[1926] Vgl. *Mansel*, Tuğrul Ansay'a Armağan, 2006, S. 185, 216–218.

[1927] CasS. 1re civ. Petites affiches n° 249, 15 décembre 2017, S. 15 und S. 17 note *Legrand*; CasS. 1re civ. Petites affiches n° 250, 15 décembre 2017, S. 16 note *Bendelac*; CasS. 1re civ. Petites affiches n° 4, 4 janvier 2018, S. 4 note *Niel/Morin*; dazu *Fulchiron*, D. 2017, 2310; *Stade*, ZErb 2018, 29; *X. Meyer*, Défrenois N° 3, 18 janvier 2018, S. 13; *Bendelac*, Clunet 145 (2018), 117; *Goosens/Verbeke*, R.W. 2017-18, 1042; *Perrotin*, Petitees Affiches N° 60, 23 mars 2018, S. 4.

[1928] *Dörner*, ZEV 2010, 221, 227; *ders.*, ZEV 2012, 505, 512; siehe auch *Vollmer*, ZErb 2012, 227, 232. Zum Schutz von Pflichtteilsberechtigungen durch den französischen ordre public *Grimaldi*, Defrénois 2012, 755, 758–761.

[1929] *Wilke*, RIW 2012, 601, 607; *F. Odersky*, notar 2013, 3, 6.

[1930] Ähnlich *Wilke*, RIW 2012, 601, 607.

[1931] *Everts*, ZEV 2013, 124, 126; *Volmer*, RPfleger 2013, 421, 425.

[1932] *Volmer*, RPfleger 2013, 421, 425.

[1933] *Volmer*, RPfleger 2013, 421, 425f.

[1934] *Volmer*, RPfleger 2013, 421, 426.

[1935] *Volmer*, RPfleger 2013, 421, 426.

[1936] *Wilke*, RIW 2012, 601, 607; *Calvo Caravaca/Davì/Mansel/Contaldi/Grieco* Art. 35 Successions Regulation Rn. 14.

[1937] *S. Lorenz*, ZErb 2012, 39, 48; *Dörner*, ZEV 2012, 505, 510; *Wilke*, RIW 2012, 601, 608; *Mansel/Thorn/R. Wagner*, IPRax 2013, 1, 7; *F. Odersky*, notar 2013, 3, 6; *Nordmeier*, GPR 2013, 148, 153; *Döbereiner*, MittBayNot 2013, 358, 364.

[1938] Eingehend *Dawirs*, Das letztwillig angeordnete Schiedsgericht, 2014.

[1939] Siehe nur *Schmidt-Ahrendts/Höttler*, SchiedsVZ 2011, 267, 275; *MüKoZPO/Münch* § 1030 ZPO Rn. 22; *Mankowski*, ZEV 2014, 395, 396f.

Nach deutschem Recht sind Erbsachen seit jeher[1940] und erst recht gemäß § 1030 I 1 **584**
ZPO schiedsfähig, soweit es sich bei ihnen um vermögensrechtliche Gegenstände handelt[1941] (umstritten ist, ob ein Schiedsgericht um die Entlassung eines Testamentsvollstreckers angegangen werden kann[1942] oder für Pflichtteilsstreitigkeiten[1943]). Erbrecht betrifft im Kern die Universalsukzession in Rechte und Pflichten des Erblassers. Aktiva und Passiva des Nachlasses sind Vermögenswerte des Nachlasses bzw. der Nachlassgläubiger. Streitigkeiten aus ihnen sind ebenso vermögensrechtlicher Natur wie Streitigkeiten um sie und im Zusammenhang mit ihnen, etwa bei der Auseinandersetzung einer Erbengemeinschaft. Erbrecht ist gesamtgesellschaftlich das Recht des Vermögenstransfers auf die nächste Generation.[1944]

Die Schiedsvereinbarung kann zwischen den prospektiven Parteien des Schiedsverfahrens **585** geschlossen sein (im erbrechtlichen Bereich z.B. zwischen einem Pflichtteilsberechtigten und den Erben oder zwischen den Miterben bei Verwaltung oder Teilung einer Miterbengemeinschaft)[1945] oder sich aus einer vom Erblasser verfügten Schiedsklausel im Testament (und richtigerweise auch im Erbvertrag hinsichtlich der dortigen letztwilligen Verfügungen[1946]) ergeben, wie § 1066 Var. 1 ZPO ausdrücklich klarstellt.[1947]

Die EuErbVO enthält keinerlei schiedsbezogene Ausnahme, weder für die Schiedsge- **586** richtsbarkeit insgesamt (wie Artt. 1 II lit. d EuGVVO; 1 II lit. d Brüssel Ia-VO) noch für Schiedsvereinbarungen (wie Art. 1 II lit. e Rom I-VO). In rechtsaktübergreifender Auslegung ist daher der Umkehrschluss zu ziehen, dass sie in Schiedsverfahren anwendbar ist.[1948] Allerdings kann dies nur für die IPR-, nicht aber für die IZPR-Aspekte gelten.[1949]

XVIII. Bilaterale Spezialabkommen

Literatur: *Gebauer,* Das deutsch-türkische Nachlassabkommen im Sog des Europäischen Kollisionsrechts, IPRax 2018, 345; *ders.,* § 1371 Abs. 1 BGB und das deutsch-türkische Nachlassabkommen in Sog der europäischen Qualifikation, IPRax 2018, 586; *C. Kohler,* Die künftige Erbrechtsverordnung der Europäischen Union und die Staatsverträge mit Drittstaaten, in: Reichelt/Rechberger (Hrsg.), Europäisches Erb- und Erbverfahrensrecht, 2011, S. 109; *H. Krüger,* Studien über Probleme des türkischen Internationalen Erbrechts, FS Tuğrul Ansay, 2006, S. 131; *Majer,* Das deutsch-türkische Nachlassabkommen: Ein Anachronismus, ZEV 2012, 182; *Mankowski,* Gelten die bilateralen Staats-

---

[1940] Siehe nur Mot. V 688; RGZ 100, 76, 77; RGZ 170, 383; *R. Kohler,* DNotZ 1962, 125; *Walter,* MittRhNotK 1984, 69, 77; *Schiffer,* BB 1995 Beil. 5 S. 3; *ders.,* in: Böckstiegel (Hrsg.), Schiedsgerichtsbarkeit in gesellschaftsrechtlichen und erbrechtlichen Angelegenheiten, 1996, S. 65; *G. Otte,* FS Rheinisches Notariat, 1998, S. 241.
[1941] Siehe nur BGH ZEV 2017, 421 m. Anm. *Geimer; Pawlytta,* ZEV 2003, 89; *Haas,* ZEV 2007, 49; *Harder,* ZEV 2007, 98; *ders.,* Das Schiedsverfahren im Erbrecht, 2007; *R. Werner,* ZEV 2011, 506; *Mankowski,* ZEV 2014, 395, 397; *Schiffer,* ZErb 2014, 292.
[1942] Dazu BGH ZEV 2017, 412 = SchiedsVZ 2018, 37 m. Anm. *Haas;* OLG Karlsruhe NJW 2010, 688; *Muscheler,* ZEV 2009, 317; *Storz,* ZEV 2010, 200; *Selzender,* ZEV 2010, 285; *Geimer,* GS Manfred Wolf, 2011, S. 371; *W. Reimann,* FamRZ 2017, 1295; *R. Wendt,* ErbR 2017, 470; *Keim,* NJW 2017, 2652; *P. Becker,* NotBZ 2017, 257; *Muscheler,* ZEV 2018, 120.
[1943] BGH ZEV 2017, 421 m. Anm. *Geimer,* OLG München SchiedsVZ 2016, 233; OLG München ZEV 2018, 97 m. zust. Anm. *Burchard;* LG München II ZEV 2017, 274; *Geimer,* FS Peter Schlosser, 2005, S. 197; *R. Wendt,* ErbR 2016, 484; *Burchard,* ZEV 2017, 308; *Birkenheier,* jurisPR-FamR 18/2017 Anm. 8.
[1944] Umfassend *Dutta,* Warum Erbrecht?, 2014.
[1945] BGH LM § 1025 ZPO Nr. 14; BGH NJW 1959, 1493, 1494; *Muscheler,* Erbrecht, Bd. II, 2010, Rn. 4017; *Dawirs,* Das letztwillig angeordnete Schiedsgericht, 2014, S. 44.
[1946] Anders OLG Hamm NJW-RR 1991, 455.
[1947] *J.-C. Schulze,* MDR 2000, 314; *Bandel,* NotBZ 2005, 381; *Geimer,* FS P. Schlosser, 2005, S. 197; *Crezelius,* FS Harm P. Westermann, 2008, S. 161; *Grunsky,* FS Harm P. Westermann, 2008, S. 255; *Schütze,* in: Wieczorek/Schütze, ZPO, Bd. 11, 4. Aufl. 2014, § 1030 ZPO Rn. 3–9.
[1948] *Mankowski,* ZEV 2014, 395, 398; MüKoBGB/*Dutta* Vor Art. 20 EuErbVO Rn. 1. Ablehnend für die Kollisionsnormen der EuErbVO *Jahnel/Sykora/Glatthard,* b-Arbitra 2015, 41, 63 f. Ebenfalls ablehnend, aber für teleologische Reduktion von § 1051 I ZPO auf das Maß des Art. 22 EuErbVO und für Anlehnung des § 1059 II ZPO an Art. 21 EuErbVO *v. Bary,* Gerichtsstands- und Schiedsvereinbarungen im internationalen Erbrecht, 2018, S. 278–287.
[1949] *Mankowski,* ZEV 2014, 395, 399; *Jahnel/Sykora/Glatthard,* b-Arbitra 2015, 41, 59–65.

verträge der Bundesrepublik Deutschland im Internationalen Erbrecht nach dem Wirksamwerden der EuErbVO weiter?, ZEV 2013, 529; *H. Odendahl,* Die Bedeutung neuer internationaler IPR-Normen im Familien- und Erbrecht für Fälle mt Türkeibezug, IPRax 2018, 450; *Wurmnest,* Der Anwendungsbereich des deutsch-iranischen Niederlassungsabkommens bei erbrechtlichen Streitigkeiten und deutscher ordre public, IPRax 2016, 447.

587 **1. Türkisch-Deutscher Konsularvertrag mit Nachlassabkommen.** Aus deutscher Sicht hätte der Übergang von der Staatsangehörigkeits- zur Aufenthaltsanknüpfung die größte Bedeutung, wenn er auch Erbfälle nach in Deutschland lebenden Türken (strikt verstanden als türkische Staatsangehörige) erfassen würde. Genau insoweit aber steht der Vorrang eines bilateralen Abkommens in Rede, nämlich des Türkisch-Deutschen Konsularvertrages vom 28.5.1929[1950], der nach einer amtlichen Bekanntmachung[1951] nach dem Untergang des Deutschen Reichs für die Bundesrepublik Deutschland fortgilt.[1952] Die Anlage zu dessen Art. 20, das so genannte Nachlassabkommen, schreibt in ihrem § 14 I für Mobilien die Staatsangehörigkeitsanknüpfung fest, in ihrem § 14 II die Belegenheitsanknüpfung für Immobilien. Dies kann zu einer Nachlassspaltung führen.[1953] Der Begriff des unbeweglichen Vermögens sollte bei Belegenheit in Deutschland ebenso ausgelegt werden wie in Artt. 15 II Nr. 3; 25 II EGBGB 1986,[1954] denn § 12 III Nachlassabkommen überlässt die Qualifikation als beweglich oder unbeweglich dem Recht des Belegenheitsstaates.

588 Unter „erbrechtlichen Verhältnissen" sind für die Zwecke des Dt.-Türk. Nachlassabkommens alle Fragen der Rechtsnachfolge von Todes wegen zu verstehen.[1955] Das materielle, subjektive Erbrecht der Parteien muss Gegenstand sein; ein Rechtsstreit muss bezwecken, eine verbindliche Entscheidung über eine streitige Erbenstellung oder erbrechtliche Berechtigung herbeizuführen.[1956] Weitere Anwendungsvoraussetzung des Nachlassabkommens ist, dass ein Angehöriger eines Vertragsstaats verstirbt.[1957] Dieser muss Angehöriger nur des betreffenden Vertragsstaates sein.[1958] Bei Doppelstaatern ist das Nachlassabkommen nicht anwendbar, selbst wenn der Erblasser auch die Staatsangehörigkeit eines Vertragsstaates besaß.[1959] An eine Ausnahme ist nur dann zu denken, wenn der Erblasser Doppelstaater ist und Angehöriger allein von Vertragsstaaten ist, also sowohl die deutsche als auch die türkische Staatsangehörigkeit besitzt.[1960]

589 Es erfolgt keine Beschränkung auf Nachlässe, die in einem der beiden Vertragsstaaten belegen sind; Nachlässe in Drittstaaten sind gleichermaßen erfasst.[1961]

[1950] Konsularvertrag zwischen der Türkischen Republik und dem Deutschen Reich vom 28.5.1929, RGBl. 1930 II 747; 1931 II 538.
[1951] Bekanntmachung vom 26.2.1952, BGBl. 1952 II 608.
[1952] Siehe nur BGH WM 2013, 895 = FamRZ 2012, 1871; LG München I IPRax 2013, 270; *Kremer,* IPRax 1981, 205; *Dörner,* ZEV 1996, 90; *Kesen,* ZEV 2003, 152; DNotI-Report 2005, 65; *Majer,* ZEV 2012, 182; *Siehr,* IPRax 2013, 241, 244.
[1953] Siehe nur *H. Krüger,* FS Tuğrul Ansay, 2006, S. 131, 150; *Majer,* ZEV 2012, 182 (182), 184; *Ludwig,* FamRB Int 2013, 10, 11; *M. Stürner,* jurisPR-BGHZivilR 2/2013 Anm. 3 sub D; *Dutta,* FamRZ 2013, 452; *Gebauer,* IPRax 2018, 345, 350; *ders.,* IPRax 2018, 586, 587.
[1954] *Dörner,* ZEV 1996, 90, 92; *H. Krüger,* FS Tuğrul Ansay, 2006, S. 131, 150; *Majer,* ZEV 2012, 182 (182).
[1955] *H. Krüger,* FS Tuğrul Ansay, 2006, S. 131, 149. Auf Probleme wegen der erbrechtlichen Qualifikation des § 1371 I BGB durch die EuErbVO geht *Erbbauer,* IPRax 2018, 586, 587–591 ein.
[1956] BGH ErbR 2016, 83, 84.
[1957] *H. Krüger,* FS Tuğrul Ansay, 2006, S. 131, 149f.
[1958] Soergel/*Kegel,* BGB, Bd. XI, 11. Aufl. 1983, Vor Art. 24 EGBGB [aF] Rn. 132; Soergel/*Schurig* Art. 25 EGBGB Rn. 108; *H. Krüger,* FS Tuğrul Ansay, 2006, S. 131, 150f. Vorsichtiger *Dörner,* ZEV 1996, 90, 91f.; Staudinger/*Dörner* Vor Art. 25 EGBGB Rn. 171.
[1959] *H. Krüger,* FS Tuğrul Ansay, 2006, S. 131, 151; Dutta/Weber/*F. Bauer* Art. 75 Rn. 3. Anders aber, mit je unterschiedlichen Ansätzen, MüKoBGB/*Dutta* Art. 25 EGBGB Rn. 300; Geimer/Schütze/*Lechner,* Art. 75 EuErbVO Rn. 39.
[1960] Hierzu *Majer,* ZEV 2014, 182, 183f. Offen *Kaya,* ZEV 2015, 208; *Gebauer,* IPRax 2018, 345, 349f.
[1961] *H. Krüger,* FS Tuğrul Ansay, 2006, S. 131, 150; MüKoBGB/*Dutta* Art. 25 EGBGB Rn. 299; Dutta/Weber/*F. Bauer* Art. 75 EuErbVO Rn. 4. Anderer Ansicht *Dörner,* ZEV 1996, 90, 94; *Süß,* in: Dutta/Herrler (Hrsg.), Die Europäische Erbrechtsverordnung, 2014, S. 181, 187f.; Geimer/Schütze/*Lechner,* Art. 75 Rn. 49; *Gebauer,* IPRax 2018, 345, 346.

XVIII. Bilaterale Spezialabkommen 590–594 § 5

Parteiautonomie lässt das Türkisch-Deutsche Nachlassabkommen nicht zu.[1962] Man akzeptierte eine Rechtswahl zur Zeit seiner Entstehung (1929!) institutionell noch nicht. Seine Regeln sind insgesamt antiquiert. Deshalb wäre eine Kündigung durch die Bundesrepublik Deutschland *rechts*politisch sinnvoll[1963] (auch wenn es Entscheidungseinklang mit der Türkei herstellen mag[1964]). *Außen*politisch wäre eine solche Kündigung aber jedenfalls ein heikler Schritt.[1965] Auf der anderen Seite sollen türkische Gerichte das Abkommen aber seit 1977 nicht mehr angewendet haben.[1966] 590

Allerdings greift der Konsularvertrag[1967] nur, soweit die EuErbVO ihm Vorrang einräumt und nicht selber Vorrang beansprucht. Entscheidend für die Vorrangverhältnisse ist das Verständnis des Art. 75 I UAbs. 1 EuErbVO. Diesem zufolge bleiben internationale Übereinkommen unberührt, soweit die EuErbVO-Mitgliedstaaten vor Annahme der EuErbVO deren Vertragsstaaten waren. Zeitlich passt dies für den Türkisch-Deutschen Konsularvertrag fraglos, so dass ihm auf den ersten Blick Vorrang vor der EuErbVO einzuräumen wäre.[1968] Indes ist dieser nicht im engeren Sinne international, wenn man für Internationalität bloße Grenzüberschreitung nicht ausreichen lässt, sondern Multilateralität, also drei oder mehr Vertragsstaaten, verlangt. Ob zwei Vertragsstaaten für Internationalität ausreichen, ist nicht von vornherein eindeutig.[1969] Außerdem kann sowieso nur dann ein Vorrang des Konsularvertrags vor der EuErbVO bestehen, soweit dieser selber überhaupt anwendbar sein will.[1970] 591

Beispiel: Der Franzose F, der im Zeitpunkt seines Todes seinen gewöhnlichen Aufenthalt in der Türkei hatte, hinterlässt u. a. ein Grundstück in Deutschland. Da F kein Angehöriger eines Vertragsstaates des deutsch-türkischen Konsularvertrags ist, bestimmt ein deutsches Nachlassgericht das anwendbare Erbrecht nach den Vorschriften der EuErbVO. Gem. Art. 21 I EuErbVO unterliegt die Erbfolge in den gesamten Nachlass türkischem Recht (dabei ist Art. 34 EuErbVO zu beachten). 592

Beispiel: Der Türke T hatte im Zeitpunkt seines Todes seinen gewöhnlichen Aufenthalt in Deutschland. Zu seinem Vermögen gehörten u. a. jeweils ein Grundstück in der Türkei, in Deutschland und in Frankreich, sowie eine wertvolle Münzsammlung. Nach § 14 I Dt.-Türk. Nachlassabk. unterliegt Ts bewegliches Vermögen, also auch seine Münzsammlung, türkischem Erbrecht, während die Grundstücke nach § 14 II Dt.-Türk. Nachlassabk. dem Recht des jeweiligen Belegenheitsortes unterliegen. Das türkische Grundstück wird folglich nach türkischem Recht vererbt, das deutsche nach deutschem Recht und das französische nach französischem Recht. 593

2. Bilaterale Verträge mit Persien (heute Iran) und der Sowjetunion (heute Russland). Das Türkisch-Deutsche Nachlassabkommen ist der wichtigste bilaterale Vertrag auf dem Gebiet des Internationalen Erbrechts.[1971] Es ist aber nicht der einzige solche Vertrag. Neben ihm gibt es noch das Deutsch-Persische Niederlassungsabkommen[1972] und den Konsularvertrag zwischen der Bundesrepublik Deutschland und der Sowjetunion[1973]. Beide Male ist auf der anderen Seite des Vertrages eine Rechtsnachfolge eingetreten: Für 594

[1962] *H. Krüger*, FS Tuğrul Ansay, 2006, S. 131, 148; *Wachter*, ZNotP 2014, 2, 9.
[1963] *H. Krüger*, FS Tuğrul Ansay, 2006, S. 131, 158; *F. Bauer*, FamRZ 2007, 1252, 1257; Bamberger/Roth/*S. Lorenz*, Art. 25 EGBGB Rn. 6; *Majer*, ZEV 2012, 182, 186.
[1964] *H. Odendahl*, IPRax 2018, 450, 454.
[1965] *Mankowski*, ZEV 2013, 529, 530; *Gebauer*, IPRax 2018, 345, 350.
[1966] *H. Krüger*, FS Tuğrul Ansay, 2006, S. 131, 140 Fn. 43; *H. Odendahl*, IPRax 2018, 450, 454 mwN.
[1967] Zu dessen historischem Hintergrund über einen Osmanisch-Deutschen Konsularvertrag von 1917 bis zurück zur Preußisch-Osmanischen Kapitulation von 1761 eingehend *H. Krüger*, FS Tuğrul Ansay, 2006, S. 131, 141–147 sowie *Gebauer*, IPRax 2018, 345, 346.
[1968] *Majer*, ZEV 2012, 182, 186; *ders.*, ZEV 2018, 331 (331); *Ludwig*, FamRB Int 2013, 10, 12; *M. Stürner*, jurisPR-BGHZivilR 2/2013 Anm. 3 sub D; *Dutta*, FamRZ 2013, 452.
[1969] Dafür *Bonomi*, in: Bonomi/Wautelet Art. 75 Règ. Rn. 8; *Lehmann*, ZEV 2014, 232, 233; MüKoBGB/*Dutta* Art. 75 EuErbVO Rn. 3; Dutta/Weber/*F. Bauer* Art. 75 EuErbVO Rn. 2.
[1970] *Gebauer*, IPRax 2018, 345, 347.
[1971] *H. Krüger*, FS Tuğrul Ansay, 2006, S. 131, 138.
[1972] Niederlassungsabkommen zwischen dem Deutschen Reich und dem Kaiserreich Persien vom 17.2.1929, RGBl. 1930 II 1002; 1931 II 9; weitergeltend gemäß Bekanntmachung der Wiederanwendung vom 15.8.1955, BGBl. 1955 II 829.
[1973] Vom 25.4.1958, BGBl. 1959 II 233.

Persien steht heute der Iran, und für die Sowjetunion stehen heute deren Nachfolgestaaten, soweit sie deren Rechtsnachfolge angetreten haben,[1974] zuvörderst Russland. Beide Abkommen nehmen sich des Internationalen Erbrechts an, jedoch in gänzlich unterschiedlicher Weise und in verschiedenem Umfang.

595 Art. 28 III Deutsch-Sowjetischer Konsularvertrag trifft eine Regelung für die Rechtsnachfolge von Todes wegen nur für den unbeweglichen Nachlass: Unbeweglicher Nachlass wird dem Belegenheitsrecht unterstellt. Eine Regelung für beweglichen Nachlass trifft der Vertrag nicht. Insoweit gilt also das Internationale Erbrecht des jeweiligen Forumstaates, in Deutschland die EuErbVO und für Altfälle Art. 25 EGBGB 1986.[1975] Die Nachlassspaltung nach dem Vertrag kollidiert mit dem Grundgedanken der Nachlasseinheit unter der EuErbVO.[1976] Die Auflösung des Konflikts kann sich wieder über Art. 75 I UAbs. 1 EuErbVO zu Gunsten des bilateralen Altvertrags ergeben.[1977]

596 Art. 8 III Deutsch-Persisches Niederlassungsabkommen erklärt auf dem Gebiet des Personen-, Familien- und Erbrechts das Recht des Vertragsstaates für maßgeblich, welchem der Betreffende angehört. Im Erbrecht ist für das Deutsch-Persische Niederlassungsabkommen der Erblasser der einzige relevante Beteiligte; auf die Erben kommt es nicht an.[1978] Auch in Drittstaaten belegenes Nachlassvermögen ist erfasst.[1979] Das Deutsch-Persische Niederlassungsabkommen ist nicht anwendbar auf deutsch-iranische Doppelstaater.[1980] Dagegen soll es auf iranisch-drittstaatliche Doppelstaater anwendbar sein, wenn die iranische Staatsangehörigkeit die effektive ist.[1981]

597 Aus dem Wortlaut des Art. 8 III 1 wird teilweise eine territoriale Beschränkung auf Nachlass in den beiden Vertragsstaaten abgeleitet, Nachlass in Drittstaaten also ausgegrenzt.[1982] Indes ist der Wortlaut keineswegs zwingend.[1983] Er sagt nichts zur Belegenheit von Nachlassgegenständen, sondern nur etwas zur kollisionsrechtlichen Position der vom Abkommen Begünstigten.[1984]

598 **3. Sachliche Konfliktlinien mit den Wertungen der EuErbVO.** Die EuErbVO ist vom Staatsangehörigkeits- zum Aufenthaltsprinzip umgeschwenkt; außerdem gewährt sie – anders als das Deutsch-Persische Abkommen – dem Erblasser Parteiautonomie. Beides sind Konfliktlinien bei Grundwertungen.[1985] Entweder passt man das betreffende bilaterale Abkommen an[1986] oder kündigt es gar,[1987] oder man belässt es bei dessen Vorrang über Art. 75 I UAbs. 1 EuErbVO.[1988] Diskrepanzen kann es obendrein bei Fortbestand auch in

---

[1974] *Majer*, ZEV 2012, 182, 186.
[1975] *Majer*, ZEV 2012, 182, 186; Dutta/Weber/*F. Bauer* Art. 75 Rn. 10; Geimer/Schütze/*K. Lechner* Art. 75 Rn. 84.
[1976] *Majer*, ZEV 2012, 182, 186.
[1977] *D. Lehmann*, ZEV 2012, 533; *Ludwig*, FamRB Int 2013, 10, 12.
[1978] Staudinger/*Dörner* (Fn. 4), Vor Artt. 25 f. EGBGB Rn. 156; Dutta/Weber/*F. Bauer* Art. 75 EuErbVO Rn. 2.
[1979] MüKoBGB/*Dutta* Art. 25 EGBGB Rn. 297; Dutta/Weber/*F. Bauer* Art. 75 EuErbVO Rn. 4.
[1980] BVerfG NJW-RR 2007, 577; OLG München ZEV 2010, 255; *Finger*, FuR 1999, 158, 159; Staudinger/*Dörner* Vor Artt. 25 f. EGBGB Rn. 157; Staudinger/*Mankowski* Art. 14 EGBGB Rn. 5a; *Wurmnest*, IPRax 2016, 447, 449.
[1981] AG Hamburg-St. Georg FamRZ 2016, 670 = ZErb 2015, 318 m. Anm. *Eule* (dazu DNotI-Report 2015, 119); *Wurmnest*, IPRax 2016, 447, 449. Siehe aber auch Dutta/Weber/*F. Bauer* Art. 75 Rn. 2.
[1982] AG-Hamburg-St. Georg FamRZ 2016, 670 = IPRax 2016, 472; Staudinger/*Dörner* Vor Art. 25 EGBGB Rn. 152; *Schotten/Schmellenkamp*, Das Internationale Privatrecht in der notariellen Praxis, 2. Aufl. 2007, Rn. 263; *Süß*, in: Dutta/Herrler (Hrsg.), Die Europäische Erbrechtsverordnung, 2014, S. 181, 183; *Eule*, ZErb 2015, 322; Geimer/Schütze/*K. Lechner* Art. 75 EuErbVO Rn. 75.
[1983] BeckOK BGB/*S. Lorenz* Art. 25 EGBGB Rn. 11; *Mankowski*, ZEV 2013, 529, 534; jurisPK/*Ludwig* Art. 25 EGBGB Rn. 22; MüKoBGB/*Dutta* Art. 25 EGBGB Rn. 297; *Wurmnest*, IPRax 2016, 447, 450.
[1984] *Wurmnest*, IPRax 2016, 447, 450.
[1985] Vgl. *Majer*, ZEV 2012, 182, 186; *F. Odersky*, in: Hausmann/Odersky IPR § 15 Rn. 104.
[1986] *Majer*, ZEV 2012, 182, 186; Geimer/Schütze/*Lechner*, Art. 75 Rn. 99.
[1987] Max Planck Institute for Comparative and Private International Law, RabelsZ 74 (2010), 522, 532 f.
[1988] *D. Lehmann*, ZEV 2012, 533; *Ludwig*, FamRB Int 2013, 10, 12; *Wurmnest*, IPRax 2016, 447, 449; *Majer*, ZEV 2018, 331, 332.

Einzelfragen geben, z. B. bei der Qualifikation des erbrechtlichen Viertels aus § 1371 I BGB.[1989]

XIX. Art. 25 EGBGB 2015

Laut Art. 25 EGBGB 2015 sind die Vorschriften des Kapitels III der EuErbVO (also die Kollisionsnormen der Artt. 20–38 EuErbVO) entsprechend anzuwenden, soweit die Rechtsnachfolge von Todes wegen nicht in den Anwendungsbereich der EuErbVO fällt. Art. 25 EGBGB 2015 enthält eine Ausdehnung allein in *sachlicher* Hinsicht auf solche Materien, die zwar sachlich (kraft Art. 1 II EuErbVO) nicht unter die EuErbVO fallen, aber nach Maßstäben des vor der EuErbVO geltenden deutschen Internationalen Erbrechts erbrechtlich zu qualifizieren wären; Beispiele sind zuvörderst Errichtung, Funktionsweise und Auflösung eines testamentary trust.[1990] Art. 25 EGBGB 2015 führt dagegen nicht zu einer Verschiebung in *zeitlicher* Hinsicht dergestalt, dass deutsche Rechtsanwender die EuErbVO rückwirkend auf Erbfälle vor dem 17.8.2015 anwenden müssten.[1991]

[1989] Siehe *Fornasier,* FamRZ 2018, 860, 861 f.; *Majer,* ZEV 2018, 331, 332.
[1990] OLG Schleswig ZEV 2016, 503, 504; *Döbereiner,* NJW 2015, 1449, 1454 f.; *Gierl/A. Köhler/Kroiß/ Wilsch* S. 67; Palandt/*Thorn* Art. 25 EGBGB Rn. 1 in Anlehnung an OLG Schleswig IPRax 2016, 163; *Dutta,* IPRax 2016, 139 unter altem deutschen IPR.
[1991] OLG Schleswig ZEV 2016, 503 (504); *Margonski,* ZEV 2016, 507.

§ 6. IPR der natürlichen Person

Literatur: A. *Bucher,* La Convention de La Haye sur la protection internationale des adults, SZIER 2000, 37; *Bücken,* Rechtswahlklauseln in Vollmachten, RNotZ 2018, 213; G. *Fischer,* Verkehrsschutz im internationalen Vertragsrecht, 1990; *Füllemann,* Das Internationale Privat- und Zivilprozessrecht des Erwachsenenschutzes, 2008; *Gössl,* From question of fact to question of law to question of private international law: the question whether a person is male, female, or …?, (2016) 12 JPrIL 261; *dies.,* Art. 10a EGBGB-Vorschlag: Kollisionsrechtliche Ergänzung des Vorschlags zum Geschlechtervielfaltgesetz (GVielfG), IPRax 2017, 339; *Guttenberger,* Das Haager Übereinkommen über den Schutz von Erwachsenen, 2004; *Heindler,* Internationales Erwachsenenschutzrecht (Kap. 14), in: Deixler-Hübner/Schauer (Hrsg.), Erwachsenenschutzrecht, 2018, S. 345; *Helms,* Reform des internationalen Betreuungsrechts durch das Haager Erwachsenenschutzübereinkommen, FamRZ 2008, 1995; *Jayme,* Die Patientenverfügung: Erwachsenenschutz und Internationales Privatrecht, FS Ulrich Spellenberg, 2010; M. *Lehmann,* Verkehrsschutz im internationalen Gesellschaftsrecht, FS Gerfried Fischer, 2010, S. 237; *Lemmerz,* Die Patientenverfügung, 2014; *Ludwig,* Der Erwachsenenschutz im Internationalen Privatrecht nach Inkrafttreten des Haager Erwachsenenschutzübereinkommens, DNotZ 2009, 251; *Nademleinsky,* Das Kollisionsrecht der gesetzlichen Erwachsenenvertretung, iFamZ 2018, 314; *Ramser,* Grenzüberschreitende Vorsorgevollmachten in Europa im Lichte des Haager Übereinkommens über den internationalen Schutz von Erwachsenen vom 13. Januar 2000, 2010; *Revillard,* Le mandat de protection future en droit international privé, Defrénois 2008, 1533; *Röthel,* Patientenverfügung und Vorsorgevollmacht in europäischer Perspektive, FPR 2007, 79; *Röthel/Woitge,* Das Kollisionsrecht der Vorsorgevollmacht, IPRax 2010, 494; R. *Schaub,* Kollisionsrechtliche Probleme bei Vorsorgevollmachten, IPRax 2016, 207; D. *Schäuble,* Die gesetzliche Vertretung Minderjähriger in Fällen mit Auslandsberührung, BWNotZ 2016, 5; *Schwander,* Kindes- und Erwachsenenschutz im internationalen Verhältnis, AJP 2014, 1351; *Siehr,* Das Haager Übereinkommen über den Schutz Erwachsener, RabelsZ 64 (2000), 715; *Spickhoff,* Vorsorgeverfügungen im Internationalen Privatrecht, FS Dagmar Coester-Waltjen, 2015, S. 825; *Ubertazzi,* La capacità delle persone fisiche nel diritto internazionale privato, 2006; *Wedemann,* Vorsorgevollmachten im internationalen Rechtsverkehr, FamRZ 2010, 785.

I. Einleitung

Das IPR der natürlichen Person ist nicht europäisch, sondern national kodifiziert. Es gibt keine Rom-Verordnung zu diesem Rechtsgebiet oder seinen Teilen. Vielmehr wird es dort, wo Berührungspunkte zu europäischen geregelten Materien des IPR bestehen, ausdrücklich ausgegrenzt, namentlich in Artt. 1 II lit. a Rom I-VO; 1 II lit. b EuErbVO; 1 II lit. a EuGüVO; 1 II lit. a EuPartVO. Zu unwichtig und zu klein erscheinen die Teilmaterien, als dass sie die Mühen europäischer Vereinheitlichung lohnen würden. Außerdem sind sie zu zersplittert und zu vereinzelt. Sie weisen untereinander nicht den nötigen Zusammenhang für eine übergreifende Kodifikation auf. Zudem hat sich des Internationalen Namensrechts schon der EuGH angenommen, wenn auch auf primärrechtlicher Grundlage.[1]

Theoretisch könnte man auch kollisionsrechtlich relevante Merkmale einer Person, also potentielle Anknüpfungspunkte, zum IPR der natürlichen Person schlagen, z.B. Staatsangehörigkeit, Status (als Staatsbürger, Flüchtling, Staatenloser), gewöhnlicher Aufenthalt. Systematisch gehören sie jedoch zu den Allgemeinen Lehren des IPR. Dorthin gehören auch Zusammenhänge des IPR mit Migration, Mobilitätsrecht und Ausländerrecht.[2]

1

2

---

[1] → § 6 Rn. 167.
[2] Zu diesem Komplex z.B. *Mankowski,* IPRax 2017, 40; *ders.,* in: Leible (ed.), General Principles of Private International Law, 2016, S. 189; *Vlas,* WPNR 7131 (2016), 1037; *Lagrange,* RCDIP 2017, 27; *Verhellen,* RCDIP 2017, 173; *Budzikiewicz,* StAZ 2017, 289; Directorate General for Internal Policies of the Union, Policy department for Citizen's Rights and Constitutional Affairs, Private International Law in a Context of Increasing International Mobility: Challenges and Potential, Study PE 583.157 (June 2017).

II. Rechtsfähigkeit

3 **1. Anknüpfung.** Fragen der Rechtsfähigkeit klammert Art. 1 II lit. a Var. 2 Rom I-VO aus dem sachlichen Anwendungsbereich der Rom I-VO aus. Gleichermaßen fallen sie nach Art. 1 II lit. a Var. 1 Rom III-VO aus der Rom III-VO, Art. 1 II lit. a Var. 1 EuGüVO aus der EuGüVO und nach Art. 1 II lit. a Var. 1 EuPartVO aus der EuPartVO heraus.

4 Auch Art. 1 II lit. b Var. 1 EuErbVO nimmt die Rechtsfähigkeit grundsätzlich aus. Jedoch wird die passive Erbfähigkeit, also die Fähigkeit, Erbe zu werden, nach Art. 23 II lit. c EuErbVO von der EuErbVO erfasst.[3] Art. 23 II lit. c EuErbVO wird in Art. 1 II lit. b EuErbVO ausdrücklich vorbehalten.

5 Die Rechtsfähigkeit allgemein unterliegt als eigenständiger Anknüpfungsgegenstand einer gesonderten Teilfragenanknüpfung nach Art. 7 I EGBGB.[4] Sie unterfällt nicht dem Statut der jeweiligen Hauptfrage. Sie ist auch nicht nach dem IPR des Hauptfragestatuts anzuknüpfen. Vielmehr ist sie von vornherein aus dem sachlichen Anwendungsbereich und aus der Anknüpfung der Hauptfrage herausgenommen. Neben der Form (Artt. 11 EGBGB; 11 Rom I-VO; 27 EuErbVO; HTestFormÜbk) ist sie eine der wichtigsten und klassischen Teilfragen, die gesondert anzuknüpfen sind.

6 Allerdings entscheidet das Hauptfragestatut über zwei Momente: erstens, ob es überhaupt auf Rechtsfähigkeit ankommt;[5] zweitens, ob eine Vertretung statthaft ist oder ob ein höchstpersönliches Rechtsgeschäft vorliegt.[6]

7 Das Schlussprotokoll zu Art. 8 III 2 Deutsch-persisches Niederlassungsabkommen unterwirft – die Anwendbarkeit des Abkommens vorausgesetzt[7] – die Rechtsfähigkeit dem Heimatrecht des Betroffenen. Diese Norm geht nach Art. 3 Nr. 2 EGBGB dem Art. 7 EGBGB vor.[8] Der Unterschied zu Art. 7 EGBGB liegt darin, dass sie eine Sachnormverweisung ausspricht, Art. 7 EGBGB dagegen eine Gesamtverweisung.[9]

8 Art. 7 II EGBGB kodifiziert als Sachnorm im IPR für die Rechts- oder Geschäftsfähigkeit den – im kollisionsrechtlichen Sinne: einseitig – zum deutschen Recht hinweisenden Ausschnitt aus der Paroimie „semel maior semper maior" (einmal größer = volljährig, immer größer = volljährig): Eine einmal erlangte Rechts- oder Geschäftsfähigkeit wird durch Erwerb oder Verlust der Rechtsstellung als Deutscher nicht beeinträchtigt. Er ist jedoch allseitig auszubauen, um eine allgemeine Lösung für den Statutenwechsel zu haben: Wenn jemand nach seinem alten Personalstatut rechts- oder geschäftsfähig war, so verliert er seine persönliche Rechts- oder Geschäftsfähigkeit durch einen Wechsel seines Personalstatuts nicht, auch wenn sein neues Personalstatut ihn nicht für rechts- oder geschäftsfähig hält.[10] Dies gilt allerdings nur, wenn der Erwerb der Rechts- oder Geschäftsfähigkeit unter dem alten Personalstatut bereits abgeschlossen war (und nicht erst just durch denselben Sachverhalt vollendet wird, welcher den Statutenwechsel begründet, z. B. eine Heirat mit Wechsel zur Staatsangehörigkeit des Ehepartners).[11]

9 **2. Qualifikation.** *a) Beginn der Rechtsfähigkeit.* Das Rechtsfähigkeitsstatut entscheidet über Beginn und Ende der Rechtsfähigkeit. Typischerweise lassen die Sachrechte die allgemeine Rechtsfähigkeit natürlicher Personen mit deren Geburt entstehen. Vor der Geburt

---

[3] → § 5 Rn. 116.
[4] Siehe nur *D. Schäuble*, BWNotZ 2016, 5, 6.
[5] BayObLG NJW 2003, 216, 218; Staudinger/*Hausmann* Art. 7 EGBGB Rn. 55; *Hausmann*, in: Hausmann/F. Odersky IPR § 4 Rn. 6.
[6] BeckOK BGB/*Mäsch* Art. 7 EGBGB Rn. 30; *D. Schäuble*, BWNotZ 2016, 5, 6.
[7] Zu deren Voraussetzungen → § 4 Rn. 1171.
[8] OLG Bremen FamRZ 1999, 1520.
[9] Staudinger/*Hausmann* Art. 7 EGBGB Rn. 14.
[10] Siehe nur *Looschelders* Art. 7 EGBGB Rn. 26; MüKoBGB/*V. Lipp* Art. 7 EGBGB Rn. 102; NK-BGB/*G. Schulze* Art. 7 EGBGB Rn. 30.
[11] *Looschelders* Art. 7 EGBGB Rn. 27; MüKoBGB/*V. Lipp* Art. 7 EGBGB Rn. 108; NK-BGB/*G. Schulze* Art. 7 EGBGB Rn. 31.

II. Rechtsfähigkeit

und erst recht vor der Zeugung könnte man in Überhöhung dieser sachrechtsvergleichend gewonnenen Erkenntnis auch für die Zwecke des IPR ablehnen, dass es bereits eine Person gibt. Einfallstor für diese Auslegung wäre der Begriff der *Person* in Art. 7 I 1 EGBGB. Dies hätte zur Folge, dass sich die Rechtsfähigkeit des nasciturus und des nondum conceptus nicht nach dem Heimatrecht, sondern nach dem Wirkungsstatut beurteilt.[12] Dem würde korrespondieren, dass es schwer fallen könnte, einem nasciturus oder einem nondum conceptus eine Staatsangehörigkeit zuzuschreiben, an die sich anknüpfen ließe, denn viele, wenn nicht die meisten Staatsangehörigkeitsrechte verleihen die Staatsangehörigkeit ihres jeweiligen Erlassstaates erst mit der Geburt.

Auf der anderen Seite stehen die expliziten Ausschlusstatbestände in den europäischen IPR-Verordnungen, welche die Rechtsfähigkeit ausdrücklich ausklammern. Die europäischen Anknüpfungsnormen für die Wirkungsstatute wollen die Rechtsfähigkeit also gerade nicht zum Anknüpfungsgegenstand haben. Würde man ihnen aber über ein restriktives Verständnis des Personenbegriffs in Art. 7 I 1 EGBGB gerade die schwierigen Fragen nach dem Beginn der Rechtsfähigkeit rücküberantworten wollen, so fielen diese Fragen in ein Niemandsland zwischen den Stühlen. Das darf nicht sein und spricht für ein weiteres Verständnis von Art. 7 I 1 EGBGB.

Ob eine Lebendgeburt erfolgt sein muss oder ob das Neugeborene eine bestimmte Zeit nach der Geburt gelebt haben muss, um rechtsfähig zu sein, bestimmt das Heimatrecht,[13] auch wie lang eine etwaige Überlebensspanne sein muss.[14] Auch Lebensfähigkeit als denkbares Kriterium[15] müsste das Heimatrecht anordnen.[16] Etwaige weitere Anforderungen, z.B. das archaische Erfordernis, dass ein Neugeborenes ein menschliches Antlitz gehabt haben muss,[17] um rechtsfähig zu sein, unterliegen ebenfalls dem Heimatrecht.[18]

Das lange Zeit problematische Zusammenspiel mit dem Erbstatut, ob ein Neugeborenes erben kann und wie lang es gelebt haben muss,[19] ist für Erbfälle ab dem 17.8.2015 dem Personalstatut entzogen und gemäß Art. 23 II lit. c EuErbVO dem Erbstatut zugewiesen. Kraft europäischer Regelung erfolgt also ein Schwenk von der altrechtlichen Lösung, die in einer selbständigen Teilfragenanknüpfung bestehen konnte, hin zur unselbständigen Anknüpfung an das Wirkungsstatut. Dies ist aber keine unselbständige Vorfragenanknüpfung im hergebrachten Sinn, denn dann würden die Kollisionsnormen des Erbstatuts zur Anwendung kommen, während hier die Frage direkt kraft europäischen IPRs der lex fori dem Erbstatut, und nur diesem, zugewiesen ist.

b) Ende der Rechtsfähigkeit. aa) Tod und Verschollenheit. Die Rechtsfähigkeit einer natürlichen Person endet in den Sachrechten gemeinhin mit dem Tod dieser Person. Was unter dem Begriff Tod zu verstehen ist, muss im Ausgangspunkt das Heimatrecht besagen.[20] Grundsätzlich hat es zu entscheiden, ob Herzstillstand, Hirntod oder eine weitere Modalität ausschlaggebend ist und welche Anforderungen für die Feststellung der jeweils maßgeblichen Modalität bestehen.

Eine Alternative bestünde darin, für die Abgrenzung zwischen Leben und Tod an den Ort anzuknüpfen, an welchem der Betroffene am Leben erhalten wird.[21] So möchte man die behandelnden Ärzte davon entlasten, in einer Notsituation auf Leben und Tod die Staatsangehörigkeit ihres Patienten und die für den Todeszeitpunkt nach dem Heimatrecht

---

[12] Vorauflage Rn. 7 *(v. Bar)*.
[13] Staudinger/*Hausmann* Art. 7 EGBGB Rn. 30.
[14] Vgl. Art. 41 cl. 2 Civil Code auf den Philippinen für Siebenmonatskinder.
[15] Artt. 725 II Nr. 2; 906 III Code civil in Frankreich: „né viable".
[16] Staudinger/*Hausmann* Art. 7 EGBGB Rn. 30.
[17] So in der bis zum 22.7.2011 geltenden Fassung Art. 30 Código Civil in Spanien.
[18] Staudinger/*Hausmann* Art. 7 EGBGB Rn. 30.
[19] Dazu z. B. Staudinger/*Dörner* Art. 25 EGBGB Rn. 84; Staudinger/*Hausmann* Art. 7 EGBGB Rn. 31.
[20] MüKoBGB/*V. Lipp* Art. 7 EGBGB Rn. 10.
[21] Vorauflage Rn. 22 *(v. Bar)*; NK-BGB/G. *Schulze* Art. 7 EGBGB Rn. 14; Staudinger/*Hausmann* Art. 7 EGBGB Rn. 35.

maßgebliche Modalität feststellen zu müssen, und ihnen eine Orientierung an dem ihnen vertrauten Recht des Behandlungsortes erlauben.[22]

15 Für Lebens- und Todesvermutungen als Folge von Verschollenheit gibt es die besondere Kollisionsnorm des Art. 9 EGBGB. Diese Vermutungen unterliegen also nicht Art. 7 EGBGB. Im Ergebnis macht dies allerdings keinen Unterschied, da Art. 9 S. 1 EGBGB wie Art. 7 I 1 EGBGB eine Gesamtverweisung auf das Heimatrecht ausspricht. Das deutsche IPR ordnet diese Vermutungen materiellrechtlich ein, im Gegensatz zu den common law-Rechtsordnungen, in denen sie verfahrensrechtlich qualifiziert werden.[23]

16 Art. 9 S. 1 EGBGB gilt jedenfalls für umfassende, teilrechtsgebietsübergreifende Lebens- und Todesvermutungen.[24] Für spezifische, sachlich auf einzelne Teilrechtsgebiete beschränkte Lebens- und Todesvermutungen steht dagegen das Statut des betreffenden Teilrechtsgebiets als Alternative im Raum.[25]

17 Kommorientenvermutungen (Vermutungen des gleichzeitigen Versterbens mehrerer Erblasser, insbesondere bei Ehegatten) als besondere Vermutungen im Erbrecht sind nach Art. 32 EuErbVO anzuknüpfen.[26]

18 bb) Andere Tatbestände. Dem natürlichen Tod kann das Heimatrecht den so genannten Klostertod durch Eintritt in ein Kloster oder die geistliche Weihe als Mönch oder Nonne samt Gelübde gleichstellen.[27] Freilich ist, wenn das Heimatrecht den Klostertod vorsieht, bei hinreichendem Inlandsbezug in besonderem Maße an den Einsatz des deutschen ordre public des Art. 6 EGBGB zu denken, weil ein bürgerlicher Tod dieser Art gegen die Menschenwürde des Art. 1 I GG verstößt.[28]

19 Manche Rechtsordnungen sehen mangelnde (oder eingeschränkte) Rechtsfähigkeit wegen Zugehörigkeit zu einer Kaste (Pariahs in Indien), einer Gesellschaftsschicht, einer Religion oder einer Konfession vor. Im Ausgangspunkt entscheidet darüber das von Art. 7 I 1 EGBGB berufene Recht.[29] Jedoch steht hier bei hinreichendem Bezug zu Deutschland massiv der Einsatz des deutschen ordre public aus Art. 6 EGBGB in Rede wegen Verletzung der Menschenwürde und Diskriminierung.

20 Einen bürgerlichen Tod zu natürlichen Lebzeiten sehen manche Rechtsordnungen auch kraft strafgerichtlicher Verurteilung vor. Ob die privatrechtsgestaltende Wirkung eines ausländischen Strafurteils in Deutschland anzuerkennen ist, richtet sich nicht nach dem IPR, sondern nach dem Internationalen Verfahrensrecht, hier konkret nach §§ 48–58 IRG[30].[31] Dabei ist eine verfahrensrechtliche Wirkungserstreckung auf das Inland sehr sorgfältig am inländischen ordre public zu messen. Der kollisionsrechtliche ordre public des Art. 6 EGBGB ist dagegen nicht gefragt, weil er auf einer rechtstechnisch verdrängten Schiene liegt.[32]

21 *c) Beschränkungen und Umfang der Rechtsfähigkeit.* Über Beschränkungen der Rechtsfähigkeiten entscheidet das Heimatrecht des Betroffenen ebenso wie über den Umfang der Rechtsfähigkeit, ob es sich also um volle Rechtsfähigkeit oder bloße Teilrechtsfähigkeit für

---

[22] Staudinger/*Hausmann* Art. 7 EGBGB Rn. 35.
[23] Staudinger/*Hausmann* Art. 7 EGBGB Rn. 36.
[24] Staudinger/*Hausmann* Art. 7 EGBGB Rn. 36 unter Auflistung von Beispielen, etwa §§ 10, 11 VerschG, Art. 32 II schwZGB, Art. 4 Codice civile, Art. 33 spanCodigó civil, Art. 68 portCódigo Civil.
[25] MüKoBGB/*R. Birk*, Bd. 10, 5. Aufl. 2010, Art. 25 EGBGB Rn. 194; Staudinger/*Hausmann* Art. 7 EGBGB Rn. 36. Siehe Art. 32 EuErbVO. Ablehnend *Fragistas,* FS Hans v. Laun, 1953, S. 693.
[26] → § 5 Rn. 120.
[27] RGZ 32, 173; *Lewald* S. 39 f.
[28] Vorauflage Rn. 3 *(v. Bar);* MüKoBGB/*V. Lipp* Art. 7 EGBGB Rn. 10; Erman/*Hohloch* Art. 7 EGBGB Rn. 4; Staudinger/*Hausmann* Art. 7 EGBGB Rn. 33.
[29] Vgl. *Ubertazzi* S. 171 f.
[30] Gesetz über die internationale Rechtshilfe in Strafsachen vom 23.12.1982, BGBl. 1982 I 2071; Neubekanntmachung vom 27.6.1994, BGBl. 1994 I 1537, zuletzt geändert durch VO vom 31.8.2015, BGBl. 2015 I 1474.
[31] Staudinger/*Hausmann* Art. 7 EGBGB Rn. 34.
[32] Insoweit entgegen Vorauflage Rn. 3 *(v. Bar);* Staudinger/*Hausmann* Art. 7 EGBGB Rn. 34.

bestimmte Gebiete handelt. Die Teilrechtsfähigkeit in diesem Sinn ist von einer besonderen Rechtsfähigkeit zu unterscheiden. Letztere kann dem jeweiligen Wirkungsstatut unterstehen, wenn dies besonders angeordnet ist. Wiederum möge die passive Erbfähigkeit als prominentestes Beispiel für eine besondere Rechtsfähigkeit dienen, von Art. 23 II lit. c EuErbVO dem Erbstatut unterstellt.

III. Handlungsfähigkeit

Fragen der Handlungsfähigkeit klammert Art. 1 II lit. a Var. 4 Rom I-VO aus dem sachlichen Anwendungsbereich der Rom I-VO aus. Gleichermaßen fallen sie nach Art. 1 II lit. a Var. 2 Rom III-VO aus der Rom III-VO heraus. Auch Art. 1 II lit. b Var. 3 EuErbVO nimmt die allgemeine Handlungsfähigkeit grundsätzlich aus. Soweit jedoch Fragen der spezifischen Testierfähigkeit berührt sind, fallen diese unter die EuErbVO und unterliegen nach Art. 23 II lit. c EuErbVO, der in Art. 1 II lit. b EuErbVO ausdrücklich vorbehalten ist, dem Erbstatut.

In der Rom II-VO findet sich dagegen keine Norm, welche die allgemeine Handlungsfähigkeit aus dem sachlichen Anwendungsbereich der Rom II-VO ausnehmen würde.[33] Im Gegenteil schlagen Art. 15 litt. a, b Rom II-VO Haftungsgrund, Haftungsumfang, Haftungsausschlussgründe und jede Beschränkung der Haftung zum Deliktsstatut. Besonders hervorzuheben ist Art. 15 lit. a Var. 3 Rom II-VO: Die Bestimmung der Personen, die für ihre Handlungen haftbar gemacht werden können, unterliegt dem Deliktsstatut. Erwägungsgrund (12) Rom II-VO bestätigt: Das anzuwendende Recht sollte für die Frage gelten, wer für eine unerlaubte Handlung haftbar gemacht werden kann. Dies meint auch die abstrakte Haftungsbegründung und die Handlungsfähigkeit,[34] nicht nur die spezifische Deliktsfähigkeit. Unter Art. 15 litt. a, b, insbesondere lit. a Var. 3 Rom II-VO ist jedenfalls die Deliktsfähigkeit als besondere Handlungsfähigkeit zum Deliktsstatut zu ziehen.[35]

IV. Geschäftsfähigkeit

Fragen der Geschäftsfähigkeit klammert Art. 1 II lit. a Var. 3 Rom I-VO aus dem sachlichen Anwendungsbereich der Rom I-VO aus. Gleiches gilt für die EuGüVO wegen Art. 1 III lit. a EuGüVO.

Die Rom III-VO enthält keinen ausdrücklichen Ausschluss für die Geschäftsfähigkeit (obwohl dies mit Blick auf die immer mehr, auch in mitgliedstaatlichen Rechtsordnungen hervortretenden einverständlichen Vertragsscheidungen sinnvoll wäre). Die Ehefähigkeit fällt aber als besondere Geschäftsfähigkeit aus der Rom III-VO indirekt heraus,[36] denn Bestehen und Gültigkeit einer Ehe sind von der Rom III-VO gemäß Art. 1 II lit. b Var. 1, 2 Rom III-VO ausgenommen, auch wenn sich die einschlägigen Fragen als Vorfragen stellen.[37]

Auch Art. 1 II lit. b Var. 1 EuErbVO nimmt die Geschäftsfähigkeit grundsätzlich aus. Jedoch wird die Testierfähigkeit als besondere Fähigkeit nach Art. 26 I lit. a iVm Artt. 24; 25 EuErbVO von der EuErbVO erfasst. Art. 26 EuErbVO wird in Art. 1 II lit. b EuErbVO ausdrücklich vorbehalten. Gleiches gilt mit Blick auf einfache Testamente für Art. 23 II lit. c EuErbVO. Die Abgrenzung zwischen allgemeiner Geschäfts- und spezifischer Testierfähigkeit vollzieht sich danach, ob eine Sonderregelung nur für Verfügungen von Todes wegen in Rede steht oder allgemeine Aspekte wie Krankheit, Demenz, Drogen- oder Medikamentensucht, Alkoholabhängigkeit, permanente oder temporäre Störung der Geistestätigkeit.[38]

---

[33] *P. Huber/Bach* Art. 15 Rome II Regulation Rn. 5.
[34] Vgl. *P. Huber/Bach* Art. 15 Rome II Regulation Rn. 5.
[35] *G.-P. Calliess/Halfmeier* Art. 15 Rome II Regulation Rn. 5 sowie *Heiss/Loacker,* JBl 2008, 613, 645.
[36] Vgl. *Devers/Farge,* JCP G 2012, 1277, 1279.
[37] → § 4 Rn. 541–545.
[38] *Eule,* ZEV 2013, 554, 555.

27 Eigene Sonderregeln für die Geschäftsfähigkeit schaffen die modernen Haager Übereinkommen. Sie verweisen für die Geschäftsfähigkeit nicht mehr (wie noch Art. 12 MSA) auf das Heimatrecht des Betroffenen, sondern etablieren eine eigene materielle Untergrenze für die volle Geschäftsfähigkeit, indem sie die Obergrenze der Minderjährigkeit festlegen. Art. 3 Haager AdoptÜbk. und Art. 2 KSÜ legen die Obergrenze, bis zu der jemand Minderjähriger und Kind ist, auf die Vollendung des 18. Lebensjahres fest. Allerdings trifft Art. 13 I ErwSÜ eine wieder andere, wiederum kollisionsrechtliche Regelung: Er überlässt die Altersgrenze der lex fori.

28 Wie bei der Rechtsfähigkeit verdrängt kraft Art. 3 Nr. 2 EGBGB das Schlussprotokoll zu Art. 8 III Deutsch-persisches Niederlassungsabkommen Art. 7 EGBGB und erklärt als Sachnormverweisung das Heimatrecht des Betroffenen für anwendbar.

29 Art. 7 I EGBGB beruft für die Geschäftsfähigkeit einer natürlichen Person das Recht des Staates, dem diese Person angehört. Die Geschäftsfähigkeit unterliegt einem eigenen Statut. Sie wird als eigenständig angeknüpfte Teilfrage[39] gegenüber jenem Rechtsgeschäft abgegrenzt, für das sich die Frage stellt, ob eine Partei rechtsfähig ist oder nicht. Sie wird bereits auf der Qualifikationsebene geschieden und einem eigenen Statut als eigener Anknüpfungsgegenstand zugewiesen. Hierher gehört nicht nur das Erreichen des Volljährigkeitsalters, sondern auch die Volljährigkeitserklärung durch behördlichen oder gerichtlichen Ausspruch[40] oder durch Erklärung des bisherigen gesetzlichen Vertreters[41].[42] Dem Geschäftsfähigkeitsstatut obliegt aber primär, die untere Altersgrenze für die Volljährigkeit zu bestimmen; diese Verweisung ist dynamisch, zielt also immer auf die zum jeweils relevanten Zeitpunkt gültige Volljährigkeitsgrenze.[43]

30 „Ehe macht mündig" ist ein alter und in vielen Rechtsordnungen heute noch geltender Grundsatz. Dahinter steckt eine archaische Vorstellung der emancipatio, des „Aus-der-Hand-Entlassens": Frauen verließen traditionell mit der Heirat die Obergewalt ihres Vaters. Man könnte daran denken, die Frage, ob dieser Grundsatz gilt, als Folge der Eheschließung dem Eheschließungsstatut oder dem Ehewirkungsstatut zuzuweisen. Art. 7 I 2 EGBGB tut beides nicht. Vielmehr unterstellt er die Geschäftsfähigkeit auch hinsichtlich ihrer Erweiterung kraft Eheschließung dem Heimatrecht desjenigen, dessen Geschäftsfähigkeit zu beurteilen ist. Geschäftsfähigkeit bleibt etwas Persönliches, auf den einzelnen Ehegatten als Person und nicht auf das Ehepaar als Gemeinschaft bezogen.

31 Art. 7 II EGBGB kodifiziert als Sachnorm im IPR auch für die Geschäftsfähigkeit den einseitig zum deutschen Recht hinweisenden Ausschnitt aus der Paroimie „semel maior semper maior": Eine einmal erlangte Geschäftsfähigkeit wird durch Erwerb oder Verlust der Rechtsstellung als Deutscher nicht beeinträchtigt.

32 Durch Rechtswahl kann sich ein nach seinem Heimatrecht nicht voll Geschäftsfähiger nicht zu einem Geschäftsfähigen unter dem gewählten Wirkungsstatut aufschwingen. Dies gilt selbst dann, wenn man sich im schuldvertraglichen Bereich bewegt. Denn die Geschäftsfähigkeit ist eben als gesondert anzuknüpfende Teilfrage dem Vertragsstatut entzogen und sogar aus dem sachlichen Anwendungsbereich der Rom I-VO ausgegliedert. Das bootstrap principle des Art. 3 V iVm Art. 10 I Rom I-VO gilt für sie deshalb nicht. Ob eine Rechtswahl erlaubt ist, unter welchen Kautelen und mit welchen Wirkungen, muss für die Geschäftsfähigkeit vielmehr Art. 7 EGBGB beantworten. In Art. 7 EGBGB wird aber keine Gestattung einer Rechtswahl ausgesprochen, wie sie nötig wäre, denn Parteiautonomie zu gewähren ist Sache des IPR der lex fori.

---

[39] Zum Begriff der Teilfrage v. Bar/Mankowski IPR I § 7 Rn. 185, 251.
[40] Z.B. nach Art. 477 Code civil in Frankreich oder Art. 15 ZGB in der Schweiz.
[41] Z.B. nach Art. 317 Codigó Civil in Spanien oder Art. 265 Codigó Civil in Chile.
[42] *Ubertazzi* S. 178.
[43] Siehe nur OLG Bremen FamRZ 2016, 990; OLG Brandenburg 26.4.2016 – 13 UF 40/16, BeckRS 2016, 106213; OLG Hamm FamRZ 2017, 1935 m. Anm. Red.; OLG Nürnberg JAmt 2018, 573 f.; OLG Hamm JAmt 2018, 576, 577 f.

V. Verkehrsschutz

1. Verkehrsschutz bei Verträgen gegenüber Rechts-, Geschäfts- oder Handlungsunfähigkeit natürlicher Personen nach anderem Recht als jenem des Abschlussortes. *a) Verkehrsschutz durch Art. 13 Rom I-VO.* Fragen der Rechts-, Handlungs- und Geschäftsfähigkeit klammert Art. 1 II lit. a Var. 2–4 Rom I-VO aus dem sachlichen Anwendungsbereich der Rom I-VO zwar grundsätzlich aus. Jedoch wird Art. 13 Rom I-VO ausdrücklich vorbehalten. Ohne diesen Vorbehalt verlöre Art. 13 Rom I-VO jeglichen Anwendungsbereich und damit jeglichen Sinn. Jener Art. 13 I Rom I-VO realisiert Verkehrsschutz: Wird ein Vertrag zwischen Personen, die sich in demselben Staat befinden, geschlossen, so kann sich eine natürliche Person, die nach den Sachvorschriften des Rechts dieses Staates rechts-, geschäfts- und handlungsfähig wäre, nur dann auf ihre aus den Sachvorschriften des Rechts eines anderen Staates abgeleitete Rechts-, Geschäfts- und Handlungsunfähigkeit berufen, wenn der andere Vertragsteil bei Vertragsschluss diese Rechts-, Geschäfts- und Handlungsunfähigkeit kannte oder infolge von Fahrlässigkeit nicht kannte. Handlungsfähigkeit geht dabei auf Konzepte wie die durch Volljährigkeit erworbene capacità di agire des italienischen Rechts zurück.[44] Geschäftsfähigkeit und Volljährigkeit sind Vorfragen, die in Deutschland selbständig über Art. 7 I 1 EGBGB anzuknüpfen sind.[45]

Art. 13 Rom I-VO geht wortlautgleich auf Art. 11 EVÜ zurück. Dieser wiederum hat einen bis zum arrêt Lizardi der Cour de Cassation[46] aus dem Jahre 1861 zurückreichenden Hintergrund. Ein 23-jähriger Mexikaner hatte bei einem französischen Juwelier Schmuck für 80.000 Francs gekauft. Als er zahlen sollte, berief er sich darauf, dass er nach seinem Heimatrecht erst mit 25 Jahren geschäftsfähig werde und der Vertrag daher wegen Geschäftsunfähigkeit unwirksam sei. Dem gab die Cour de Cassation nicht statt. Bei einem Vertrag im französischen Rechtsverkehr müsse ein Franzose nicht alle Rechte dieser Erde und deren Regeln über die Geschäftsfähigkeit kennen. Vielmehr sei ein solcher Vertrag wirksam, wenn der Franzose hinsichtlich der Geschäftsfähigkeit eines Ausländers „sans légerte, sans imprudence et avec bonne foi" gehandelt habe.[47] Diese Regel sollte eigentlich nur einseitig den französischen Rechtsverkehr schützen.[48] Art. 11 EVÜ übernahm die Regel, baute sie aber allseitig aus[49] und schützte so auch ausländische Rechtsverkehre außerhalb des Forumstaates.

Die Einbeziehung der Handlungsfähigkeit in Art. 13 Rom I-VO scheint auf den ersten Blick nicht recht in den vertraglichen Kontext zu passen. Handlungsfähigkeit würde man eher im Deliktsrecht verorten. Indes erklärt sich ihre Aufnahme in Art. 13 Rom I-VO wiederum durch den Blick auf das italienische Recht und die dort durch Volljährigkeit erworbene capacità di agire.[50]

b) Verkehrsschutz durch Art. 12 EGBGB. Im deutschen Recht assistiert Art. 12 EGBGB: Wird ein Vertrag zwischen Personen geschlossen, die sich in demselben Staat befinden, so kann sich eine natürliche Person, die nach den Sachvorschriften des Rechts dieses Staates rechts-, geschäfts- und handlungsfähig wäre, nur dann auf ihre aus den Sachvorschriften des Rechts eines anderen Staates abgeleitete Rechts-, Geschäfts- und Handlungsunfähigkeit berufen, wenn der andere Vertragsteil bei Vertragsabschluss diese Rechts-, Geschäfts- und Handlungsunfähigkeit kannte oder kennen musste (S. 1). Dies gilt nicht für familienrechtliche und erbrechtliche Rechtsgeschäfte sowie für Verfügungen über ein in einem anderen Staat belegenes Grundstück (S. 2). Art. 12 S. 1 EGBGB bildet Art. 11 EVÜ ab, die Vor-

---

[44] v. Bar, Liber sollemnis Romuald Derbis, 2014, S. 681, 683 Fn. 4.
[45] OLG Koblenz FamRZ 2017, 1229, 1230 f.
[46] Cass. req. DP 1861.1.193 = S. 1861.1.305 note *Massé*; eingehend *Jobard-Bachellier*, L'apparence en droit international privé, 1984, S. 114 ff. et passim; *V. Lipp*, RabelsZ 63 (1999), 107, 115 ff.
[47] Cass. req. DP 1861.1.193 = S. 1861.1.305 note *Massé*.
[48] Cass. S. 1968.1.325.
[49] Zur Genese des Art. 11 EVÜ insbesondere *V. Lipp*, RabelsZ 63 (1999), 107, 122 ff.
[50] v. Bar, Liber sollemnis Romuald Derbis, 2014, S. 681, 683 Fn. 4.

gängernorm zu Art. 13 Rom I-VO. Diese Abbildung entspricht der damals gewählten Gesetzgebungstechnik, das EVÜ nicht als völkerrechtlichen Vertrag innerstaatlich wirksam werden zu lassen, sondern dessen Normbestand in die nationale Kodifikation, insbesondere in Artt. 27–37 EGBGB, zu überführen.

37 Ist der abgeschlossene Vertrag ein Schuldvertrag im Sinne von Art. 1 Rom I-VO, so wird Art. 12 S. 1 EGBGB von Art. 13 Rom I-VO kraft Anwendungsvorrang der EG-Verordnung vor nationalem Recht vollständig verdrängt.[51] Jedoch ist Art. 12 EGBGB insgesamt sachlich nicht auf Schuldverträge im Sinne von Art. 1 Rom I-VO beschränkt. Dies zeigt insbesondere der vom Gesetzgeber für konstitutiv und notwendig erachtete ausdrückliche Ausschluss familien- und erbrechtlicher Verträge in Art. 12 S. 2 Var. 1, 2 EGBGB.

38 Art. 12 S. 1 EGBGB reicht zwar sachlich über Art. 13 Rom I-VO hinaus. Ein eigener Anwendungsbereich ist ihm indes allein verblieben für Verfügungsgeschäfte über bewegliche Sachen oder über im Inland belegene Immobilien[52] und für Rechtsgeschäfte, die in die Ausnahmebereiche des Art. 1 II Rom I-VO fallen, soweit sie natürliche Personen betreffen, also für Rechtsgeschäfte aus dem Wertpapier-, oder Stellvertretungsrecht sowie für Gerichtsstands- oder Schiedsvereinbarungen.[53] Für das Internationale Schuldvertragsrecht wird er ansonsten aber vollständig verdrängt.[54]

39 Verfügungsgeschäfte über ausländische Immobilien grenzt Art. 12 S. 2 Var. 3 EGBGB ausdrücklich aus. Familienrechtliche und erbrechtliche Rechtsgeschäfte fallen über Art. 12 S. 2 Var. 1, 2 EGBGB aus Art. 12 EGBGB heraus. Dies raubt Art. 12 EGBGB neben Art. 13 Rom I-VO im Ergebnis nahezu jede eigene Bedeutung.[55] Zudem kann Art. 12 EGBGB wegen des Erfordernisses, dass beide Parteien im inländischen Rechtsverkehr präsent sein müssen und dass der Abschluss des Rechtsgeschäfts im Inland stattfindet, keine Anwendung auf grenzüberschreitende Distanzgeschäfte finden.[56]

40 *c) Verkehrsschutz gegenüber Gesellschaften.* Sowohl Art. 13 Rom I-VO wie Art. 12 EGBGB beschränken sich, getreu ihrem gemeinsamen Vorbild Art. 11 EVÜ, auf den Verkehrsschutz gegen Einschränkungen der Rechts-, Handlungs- und Geschäftsfähigkeit natürlicher Personen. Dagegen befassen sie sich nicht direkt mit dem Verkehrsschutz gegen eingeschränkte Handlungsbefugnisse von Gesellschaftsorganen nach einem ausländischen Gesellschaftsstatut.

41 Wollte man Art. 13 Rom I-VO analog anwenden, müsste man sich über die hohe Hürde hinwegsetzen, dass Art. 1 II litt. f, g Rom I-VO Fragen des Gesellschaftsrechts bewusst aus dem sachlichen Anwendungsbereich der Rom I-VO ausklammert.[57] Eine Analogie zu Art. 12 EGBGB müsste sogar eine doppelte Analogie sein: eine Analogie für die Erstreckung auf Schuldverträge, eine zweite für die Ausdehnung auf Schutz gegen Gesellschaften.[58] Indes wäre jene zweite Analogie zweifelbehaftet. Denn Art. 12 EGBGB beruht auf der Anschauung, der sinnlichen Wahrnehmung in der Wirklichkeit. Eine natürliche Person sieht man im Rechtsverkehr vor sich, oder man hört sie, oder man liest etwas von ihr. Man kann auf dieser Grundlage ihr Alter und ihren Geisteszustand abschätzen und entsprechend reagieren. Gesellschaften dagegen sind reine Rechtskonstrukte. Ihnen sieht man nichts an, weil man sie gar nicht sehen kann. Die Verschiedenheit der Rechtsscheinträger und der vertrauensbegründenden Sachverhalte stellt sich einer Analogie sowohl zu Art. 13 Rom I-VO als auch zu Art. 12 EGBGB in den Weg.[59]

---

[51] MüKoBGB/*Spellenberg* Art. 12 EGBGB Rn. 8 f.; Staudinger/*Hausmann* Art. 12 EGBGB Rn. 8.
[52] MüKoBGB/*Spellenberg* Art. 12 EGBGB Rn. 10; NK-BGB/*Bischoff* Art. 12 EGBGB Rn. 2; Staudinger/*Hausmann* Art. 12 EGBGB Rn. 8.
[53] Staudinger/*Hausmann* Art. 12 EGBGB Rn. 8.
[54] *M. Lehmann*, FS Gerfried Fischer, 2010, S. 237, 243.
[55] *M. Lehmann*, FS Gerfried Fischer, 2010, S. 237, 238; Palandt/*Thorn* Art. 12 EGBGB Rn. 1.
[56] *G. Fischer* S. 235–241; *M. Lehmann*, FS Gerfried Fischer, 2010, S. 237, 251.
[57] *M. Lehmann*, FS Gerfried Fischer, 2010, S. 237, 239 f.
[58] *M. Lehmann*, FS Gerfried Fischer, 2010, S. 237, 243.
[59] *M. Lehmann*, FS Gerfried Fischer, 2010, S. 237, 245 f.

V. Verkehrsschutz

Sofern man richtigerweise Verkehrsschutz auch gegenüber Gesellschaften für nötig erachtet, ließe sich an eine materielle Regel denken, welche den hinter Artt. 13 Rom I-VO; 11 EVÜ; 12 EGBGB stehenden Gedanken fortentwickelt, sich aber nicht an das enge rechtstechnische Korsett einer Analogie hält. Sie könnte dahin lauten, dass sich eine Gesellschaft nicht auf Einschränkungen aus ihrem Gesellschaftsstatut berufen kann, wenn die andere Partei, die nicht im Sitzstaat der Gesellschaft ansässig ist, diese Einschränkungen nicht kannte und auch nicht kennen musste.[60] Gleichzeitige Präsenz beider Parteien im Abschlussstaat des Rechtsgeschäfts ist nicht zu verlangen.[61]

2. Verkehrsschutz gegenüber ausländischen Güterständen. Art. 28 I EuGüVO verfolgt einen ähnlichen Grundgedanken: Zwar unterliegen nach Art. 27 lit. f EuGüVO die Wirkungen eines Güterstands gegenüber Dritten grundsätzlich dem Güterrechtsstatut. Jedoch darf ein Ehegatte das auf seinen Güterstand anwendbare Sachrecht einem Dritten nicht entgegenhalten, es sei denn, der Dritte hatte Kenntnis von diesem Recht oder hätte bei gebührender Sorgfalt davon Kenntnis haben müssen.

Art. 28 II EuGüVO vermutet – Art. 28 I EuGüVO ausfüllend – Kenntnis des Dritten von dem Ehegüterstatut, wenn Ehegüterstatut (lit. a) das Recht des Staates ist, i) dessen Recht auf das Rechtsgeschäft zwischen einem Ehegatten und dem Dritten anzuwenden ist, ii) in dem der vertragschließende Ehegatte und der Dritte ihren gewöhnlichen Aufenthalt haben oder iii) in dem die Vermögensgegenstände – im Fall von unbeweglichem Vermögen – belegen sind, oder (lit. b) ein Ehegatte die geltenden Anforderungen an die Publizität oder Registrierung des ehelichen Güterstands eingehalten hat, die vorgesehen sind im Recht des Staates, i) dessen Recht auf das Rechtsgeschäft zwischen einem Ehegatten und dem Dritten anzuwenden ist, ii) in dem der vertragschließende Ehegatte und der Dritte ihren gewöhnlichen Aufenthalt haben oder iii) in dem die Vermögensgegenstände – im Fall von unbeweglichem Vermögen – belegen sind.

Reale Kenntnis des Dritten und normativ imputierte Kenntnis kraft Publizität oder Registrierung sind gleichermaßen schädlich. Der Katalog der drei maßgeblichen Rechte ist in lit. a und lit. b gleich. Er ist gegenüber dem Dritten fair. Um das Vertragsstatut muss sich der Dritte sowieso kümmern, ein gemeinsamer gewöhnlicher Aufenthalt im selben Staat ist ein deutliches Signal, und Immobilienbelegenheit zieht traditionell an.

Die Vermutung des Art. 28 II EuGüVO ist unwiderleglich. Dem Dritten steht kein Gegenbeweis offen, dass er im konkreten Fall entgegen der Vermutung doch keine Kenntnis gehabt habe. Eine parallele Vermutung, wann fahrlässige Unkenntnis des Dritten anzunehmen ist, stellt Art. 28 EuGüVO nicht auf.

Art. 28 III EuGüVO normiert die Rechtsfolge bei Gutgläubigkeit des Dritten: Kann ihm das eigentliche Ehegüterrechtstatut nicht entgegengehalten werden, so tritt an dessen Stelle das Statut des Rechtsgeschäfts zwischen dem Dritten und dem Ehegatten (lit. a) oder bei unbeweglichen bzw. registrierten Sachen als Geschäftsgegenstand deren Belegenheitsrecht bzw. das Recht des Registerortes.

Erwägungsgrund (52) S. 2 EuGüVO bietet eine in Nuancen über den Normtext des Art. 35 II EuGüVO hinausgehende Erläuterung: Die Bedingungen, unter denen das Sachrecht des Güterrechtsstatuts Dritten entgegengehalten werden kann, sollten durch das Recht des Mitgliedstaates geregelt werden können, in dem sich der gewöhnliche Aufenthalt des Ehegatten oder des Dritten befindet, um den Schutz des Dritten zu gewährleisten (S. 1). Das Recht dieses Mitgliedstaats könnte demnach vorsehen, dass der Ehegatte das auf seinen Güterstand anzuwendende Sachrecht dem Dritten nur entgegenhalten kann, wenn die in diesem Mitgliedstaat geltenden Registrierungs- und Publizitätspflichten eingehalten wurden, es sei denn, der Dritte hatte von dem auf den Güterstand anzuwendenden Sachrecht Kenntnis oder hätte davon Kenntnis haben müssen.

---

[60] *M. Lehmann,* FS Gerfried Fischer, 2010, S. 237, 255 f.
[61] *M. Lehmann,* FS Gerfried Fischer, 2010, S. 237, 255 f.

49 Art. 28; Erwägungsgrund (51) S. 2 EuPartVO enthalten mit Blick auf die Wirkung des Güterrechts eingetragener Partnerschaften gegenüber Dritten mutatis mutandis identische Parallelnormen zu Art. 28; Erwägungsgrund (52) S. 2 EuGüVO.

50 Bei Ehen, die bis zum Wirksamwerden der EuGüVO am 29.1.2019 geschlossen wurden und bei denen die Ehegatten nach diesem Termin keine Rechtswahl getroffen haben, ist nach Art. 16 I Hs. 1 EGBGB § 1412 BGB entsprechend anzuwenden, wenn die güterrechtlichen Wirkungen der Ehe dem Recht eines ausländischen Staates unterliegen und einer der Ehegatten seinen gewöhnlichen Aufenthalt in Deutschland hat oder in Deutschland ein Gewerbe betreibt. Art. 16 I Hs. 2 EGBGB stellt einen ausländischen gesetzlichen Güterstand einem vertragsmäßigen gleich.

51 **3. Verkehrsschutz gegenüber ausländischem Ehewirkungsstatut.** Art. 16 II EGBGB (anwendbar nur noch nach Maßgabe von Art. 229 § 47 EGBGB) erklärt § 1357 BGB auf in Deutschland vorgenommene Rechtsgeschäfte, § 1362 BGB auf in Deutschland befindliche bewegliche Sachen, §§ 1431, 1456 BGB auf ein in Deutschland betriebenes Erwerbsgeschäft für sinngemäß anwendbar, soweit diese Vorschriften für gutgläubige Dritte günstiger sind als die Vorschriften eines ausländischen Ehewirkungsstatuts. In diesem Bereich greift die EuGüVO sachlich nicht.

52 Der Schutz des Art. 16 II EGBGB kommt nur gutgläubigen Dritten zugute. Der Maßstab für die Gutgläubigkeit entspricht grundsätzlich jenem im deutschen Sachrecht (§ 932 II BGB). Es schaden sowohl positive Kenntnis als auch grob fahrlässige Unkenntnis.[62] Bezugsgegenstand des guten Glaubens ist die Anwendbarkeit ausländischen Rechts. Um grobe Fahrlässigkeit annehmen zu können, müssen starke Anhaltspunkte vorliegen, nicht zuletzt, weil für Eheleute mit verschiedenen ausländischen Staatsangehörigkeiten, aber gemeinsamem gewöhnlichen Aufenthalt in Deutschland gemäß Art. 14 I Nr. 2 EGBGB deutsches Recht Ehewirkungsstatut ist.[63] Wird auf der Rechtsfolgenseite über §§ 1357, 1431, 1454 BGB auf § 1412 BGB verwiesen, gelten für § 1412 BGB aber dessen eigene Gutglaubensmaßstäbe, dessen eigener Vertretensgrad und dessen eigener Bezugsgegenstand; es schadet dort also nur positive Kenntnis der Beschränkung.[64]

53 In Art. 16 II EGBGB ist ausdrücklich ein Günstigkeitsprinzip festgeschrieben. Zugunsten des Dritten soll das ihm günstigere Recht gelten. Zugunsten des Dritten sollen eventuelle Wirksamkeitshindernisse, die das ausländische Ehewirkungsstatut aufstellt, ausgeräumt werden. An ihre Stelle soll, wenn nötig, dem Dritten günstigeres deutsches Recht treten. Günstiger ist dabei nach der Vorstellung des deutschen IPR immer dasjenige Recht, das zur Wirksamkeit des Rechtsgeschäfts (bzw. zur Zulässigkeit einer Vollstreckungshandlung) führt.[65] Dabei sind die Rechtsordnungen nicht generell zu vergleichen, sondern es ist auf das konkrete Ergebnis ihrer Anwendung im jeweiligen Einzelfall abzustellen.[66]

VI. Kaufmanns- oder Unternehmereigenschaft

54 Viele Sachrechte kennen Sonderregeln für Kaufleute oder Unternehmer, funktionell also für Personen, denen kraft einer Art Status hinreichende Geschäftserfahrung zugeschrieben wird und denen zugemutet wird, für ihre Belange selber rechtsgeschäftlich

---

[62] Siehe nur Begründung der Bundesregierung zum Entwurf eines Gesetzes zur Neuregelung des Internationalen Privatrechts, BT-Drs. 10/504, 59.

[63] *Lüderitz* Rn. 348; Staudinger/*Mankowski* Art. 16 EGBGB Rn. 54.

[64] So mit Recht Soergel/*Schurig* Art. 16 EGBGB Rn. 20; BeckOK BGB/*Mörsdorf-Schulte* Art. 16 EGBGB Rn. 46.

[65] Staudinger/*Mankowski* Art. 16 EGBGB Rn. 55; MüKoBGB/*Looschelders* Art. 16 EGBGB Rn. 27; Erman/*Hohloch* Art. 16 EGBGB Rn. 23. Anders *C. Schröder*, Das Günstigkeitsprinzip im internationalen Privatrecht, 1996, S. 178, 180: Der geschützte Dritte soll immer wählen können, welches Recht er als ihm günstiger bewertet.

[66] *G. Fischer* S. 167; MüKoBGB/*Looschelders* Art. 16 EGBGB Rn. 28; Staudinger/*Mankowski* Art. 16 EGBGB Rn. 55.

VI. Kaufmanns- oder Unternehmereigenschaft

Sorge zu tragen. Das deutsche Recht bietet mit dem HGB und dessen Anknüpfen an die Kaufmannseigenschaft ein Beispiel dafür. Der französische Code de commerce und das österreichische UGB sind weitere Beispiele. Kaufmanns- oder Unternehmereigenschaft kommt allerdings zumeist nicht nur natürlichen Personen zu, sondern erst recht Handelsgesellschaften oder juristischen Person. Wiederum bietet das deutsche Recht ein gutes Beispiel, indem § 6 HGB Handelsgesellschaften bereits kraft ihrer Rechtsform als Kaufleute behandelt.

Indes gilt es sorgfältig zu unterscheiden, ob wirklich ein Status in Rede steht, der als dauerhaftes, abstraktes Merkmal einer Person anhaftet, oder ob es um eine Unternehmereigenschaft, relativ auf ein konkretes Rechtsgeschäft bezogen, geht. Den zweiten, auf die Rolle bei einem konkreten Rechtsgeschäft bezogenen Ansatz verfolgt insbesondere das europäische Verbraucherschutzrecht samt seinen nationalen Umsetzungen. § 13 BGB kennt ihn ebenso wie Artt. 17 I Brüssel Ia-VO; 15 I LugÜ 2007; 6 I Rom I-VO. In Art. 13 I EuGVÜ trat er erstmals auf und wurde von dort in Artt. 5 I EVÜ; 29 I EGBGB; 15 I EuGVVO; 13 I LugÜ 1988 übernommen. Geht es um eine Rolle bei einem einzelnen Rechtsgeschäft, so geht es nicht um einen Status und nicht um eine dauerhafte Eigenschaft der Person. Eine Anknüpfung als Status oder Quasi-Status wäre dann verfehlt.

Vielmehr ergibt sich, wenn die Unternehmereigenschaft Tatbestandsmerkmal einer europäischen Kollisionsnorm ist, eine funktionelle Betrachtung im Einzelfall als Subsumtion unter die persönlichen Anwendungsvoraussetzungen der für das betreffende Rechtsgeschäft maßgeblichen Kollisionsnorm. Insoweit erfolgt auch keine „Qualifikationsverweisung" auf das Statut jenes Rechtsgeschäfts oder auf ein anderes Sachrecht. Ist die konkret-rollenbezogene Unternehmereigenschaft Tatbestandsmerkmal in einer Sachnorm eines verwiesenen Rechts, so erfolgt keine Vorfragenanknüpfung, sondern wiederum eine Subsumtion, diesmal unter jenes Merkmal der Sachnorm im verwiesenen Statut als Obersatz.

Setzt eine Sachnorm im verwiesenen Statut dagegen eine abstrakte Kaufmannseigenschaft voraus, so sind mehrere alternative Vorgehensweisen denkbar. Deren erste füllt jene Tatbestandsvoraussetzung nach den Maßstäben des Rechtsgeschäftsstatuts aus[67] (bei deutschem Rechtsgeschäftsstatut also nach §§ 1–6 HGB). Bei Registrierung der zu beurteilenden Person in einem anderen Staat als jenem des Wirkungsstatuts steht eine Substitution nach Maßgabe des Wirkungsstatuts in Rede.[68] Deren zweite differenziert je nach Zweck und Auslegung der einzelnen Sachnorm, ob eine Vorfrage anzunehmen ist oder ob nur die Sachnormen des Wirkungsstatuts greifen.[69] Sie lehnt eine einheitliche Anknüpfung ausdrücklich ab.[70] Deren dritte betrachtet die Kaufmannseigenschaft dagegen immer als Vorfrage. Bei unselbständiger Vorfragenanknüpfung wäre die Kaufmannseigenschaft dann über die Kollisionsnormen des Rechtsgeschäftsstatuts zu ermitteln. Bei selbständiger Vorfragenanknüpfung muss man im deutschen IPR eine Kollisionsnorm für den Anknüpfungsgegenstand Kaufmannseigenschaft suchen bzw. bilden. Anknüpfungspunkt dafür wäre die gewerbliche Niederlassung der zu beurteilenden Person.[71] Dafür streitet sachlich die relative Orientierungssicherheit für die zu beurteilende Person selber, die sich gemeinhin an ihrem

---

[67] Dafür Staudinger/*Hausmann* Art. 7 EGBGB Rn. 78; MüKoBGB/*V. Lipp* Art. 7 EGBGB Rn. 69; MüKoBGB/*Spellenberg* Art. 12 Rom I-VO Rn. 53; NK-BGB/*Leible* Art. 12 Rom I-VO Rn. 14; BeckOK BGB/*Mäsch* Art. 7 EGBGB Rn. 40; Erman/*Hohloch* Art. 7 EGBGB Rn. 11.
[68] PWW/*Remien* Art. 12 Rom I-VO Rn. 14; vgl. auch Reithmann/Martiny/*Martiny* Rn. 3.136.
[69] van Venrooy, Die Anknüpfung der Kaufmannseigenschaft im internationalen Privatrecht, 1985, S. 25–48.
[70] van Venrooy, Die Anknüpfung der Kaufmannseigenschaft im internationalen Privatrecht, 1985, S. 27.
[71] Dafür OLG München IPRax 1989, 42; OLG Naumburg WM 1994, 906; OLG München NZG 2013, 346; LG Hamburg IPRspr. 1958/59 Nr. 22; LG Essen RIW 2001, 943; *Hagenguth*, Die Anknüpfung der Kaufmannseigenschaft im internationalen Privatrecht, Diss. München 1981, S. 178, 253–282; *Ebenroth*, JZ 1988, 18, 19; *Eric Wagner/M. Mann*, IPRax 2013, 122; Staudinger/*Magnus* Art. 4 Rom I-VO Rn. 217; Staudinger/*Hausmann* Art. 12 Rom I-VO Rn. 40; Palandt/*Thorn* Art. 7 EGBGB Rn. 7.

Niederlassungsrecht orientieren wird, wie die Erkennbarkeit für den Rechtsverkehr.[72] Die Ausführung der Anknüpfung würde Art. 19 I UAbs. 2 Rom I-VO mit einem bootstrap principle (anzuwenden ist dasjenige Recht, das anzuwenden wäre, wenn es sich um einen Kaufmann oder Unternehmer handeln würde) entsprechen.

VII. Vorsorgevollmacht

58 **1. Grundsätzliches.** In den alternden Gesellschaften des Westens und des Fernen Ostens gehört die Vorsorge für den Fall, dass man seine Geschäfts- oder gar schon seine Handlungsfähigkeit verliert, zu den immer mehr an Bedeutung erlangenden Bereichen.[73] Darauf reagieren die Sachrechte mit unterschiedlicher Geschwindigkeit.[74] Vorsorgeverfügungen, namentlich mit Blick auf ein nahendes Lebensende, begegnen dabei in mindestens drei Ausprägungen: Patientenverfügungen, Betreuungsverfügungen und Vorsorgevollmachten.[75]

59 Vorsorgevollmachten sind Vollmachten für den Fall, dass Geschäfts- oder Handlungsfähigkeit verloren gehen oder, etwas offener und weniger als Rechtsbegriffen orientiert, dass eine natürliche Person nicht mehr selbst für sich zu handeln in der Lage ist.[76] Das BGB erkennt sie heute in §§ 1896 II 2, 1901a BGB ausdrücklich an. Viele andere westliche Rechtsordnungen kennen ebenfalls Vorsorgevollmachten oder funktionell vergleichbare Rechtsinstitute,[77] z.B. Österreich,[78] die Schweiz (Vorsorgeauftrag),[79] Frankreich (mandat de protection future),[80] Spanien (autotutela und mandato de protección),[81] England (lasting power of attorney),[82] die USA (durable power of attorney)[83] und Finnland (intressebevakningsfullmakt)[84].

60 Kollisionsrechtlich richtet sich die Anknüpfung von Vorsorgevollmachten Erwachsener (im Sinne von Art. 2 ErwSÜ)[85] nach Art. 15 ErwSÜ. Art. 15 ErwSÜ ist nicht auf Vollmachten in Vermögensangelegenheiten beschränkt, sondern erfasst auch Vollmachten in persönlichen Angelegenheiten.[86] Bestehen, Umfang, Änderung und Beendigung der von einem Erwachsenen durch Vereinbarung oder einseitiges Rechtsgeschäft eingeräumten Vertretungsmacht für den Fall, dass dieser Erwachsene nicht in der Lage ist, seine Interessen selber zu schützen,[87] unterliegen gemäß Art. 15 I ErwSÜ dem Recht des Staates, in wel-

---

[72] Näher insbesondere *Hagenguth,* Die Anknüpfung der Kaufmannseigenschaft im internationalen Privatrecht, Diss. München 1981, S. 254–258, 282.
[73] Siehe nur Explanatory Report *Lagarde* on the 2000 Hague Convention on the Protection of Adults Rn. 3; *R. Schaub,* IPRax 2016, 207 (207).
[74] Siehe z.B. die Beiträge in *Löhnig/D. Schwab/Henrich/Gottwald/Kroppenberg* (Hrsg.), Vorsorgevollmacht und Erwachsenenschutz in Europa, 2011.
[75] *Spickhoff,* FS Dagmar Coester-Waltjen, 2015, S. 825 (825). Eingehend z.B. *Lemmens,* Voorafgaande wilsverklaringen met betrekking tot het levenseinde, 2013.
[76] Siehe nur *R. Schaub,* IPRax 2016, 207, 208.
[77] Siehe nur *Röthel,* FamRZ 2004, 999; *dies.,* BtPrax 2006, 90; *dies.,* FPR 2007, 79; *Röthel/Heßeler,* FamRZ 2006, 529; *A. Fischer,* Selbstbestimmung durch Vorsorgevollmacht?, 2008.
[78] § 248f ABGB, eingefügt durch Sachwalter-Änderungsgesetz (SWRÄG) vom 23.6.2006, öBGBl. I 2006/92.
[79] Artt. 360ff. ZGB, eingefügt durch AS 2011, 725. Botschaft des Bundesrates vom 28.6.2006, BGBl. 2006, 7001.
[80] Artt. 477ff. Code civil, eingefügt durch Loi n°. 2007-308 du 5 mars 2007 portant réform de la protection juridique des majeurs, JO 2007, 4325.
[81] Art. 1732 II Código Civil, eingefügt durch Ley 41/2003 de 18 noviembre 2003 de protección patrimonial de las personas con discapacidad y de modificación del Código Civil, de la Ley de Enjuiciamiento Civil y de la Normativa Tributaria con esta finalidad, BOE 2003, 40852. Näher *Ramser* S. 31–43.
[82] Mental Capacity Act 2005.
[83] Uniform Durable Power of Attorney Acts 1979 und 1986.
[84] §§ 38–40 Lag om intressebevakningsfullmakt, Lav Nr. 648/2007 vom 15.5.2007.
[85] Dazu z.B. *Spickhoff,* FS Dagmar Coester-Waltjen, 2015, S. 825, 833; *Bücken,* RNotZ 2018, 213, 224.
[86] *Jayme,* FS Ulrich Spellenberg, 2010, S. 203, 208; *R. Schaub,* IPRax 2016, 207, 208; *Bücken,* RNotZ 2018, 213, 225. Damit vermeidet die Norm Qualifikationsprobleme; *Lemmerz* S. 131.
[87] Zur Qualifikation *Ramser* S. 103–110; *Lemmerz* S. 132–134; *Bücken,* RNotZ 2018, 213, 225.

VII. Vorsorgevollmacht   61–65   § 6

chem der Erwachsene zum Zeitpunkt der Vollmachterteilung seinen gewöhnlichen Aufenthalt hatte. Die personenrechtliche Qualifikation bleibt auch dann aufrecht, wenn der zu Schützende hauptsächlich seine Angelegenheiten als Berufsträger[88] oder als Unternehmer oder Gesellschafter[89] ordnen will.

Eine ausdrückliche und schriftliche Rechtswahl geht nach Art. 15 II ErwSÜ vor, wenn **61** gewählt wurde: ein Heimatrecht des Prinzipals (lit. a), das Recht eines früheren gewöhnlichen Aufenthalts des Prinzipals (lit. b) oder das Recht eines Staates, in dem sich Vermögen des Prinzipals befindet, allerdings nur begrenzt auf jenes Vermögen (lit. c). Art und Weise der Vollmachtsausübung regiert nach Art. 15 III ErwSÜ das Recht des Staates, in welchem die Vollmacht ausgeübt wird.

Gleichlauf mit den Statuten der Vertretergeschäfte mag sich ergeben,[90] ist aber nicht **62** notwendig, da bei Art. 15 ErwSÜ der Schutzaspekt zu Gunsten des Prinzipals ganz im Vordergrund steht. Typischerweise wird der Vertreter im Aufenthaltsstaat des Prinzipals, im Zusammenhang mit dessen Person und gleichsam um dessen Person, tätig, so dass Art. 15 ErwSÜ sogar in der Regel zu denselben Ergebnissen führt, wie sie eine „normale" Vollmachtsanknüpfung an das Wirkungsland erzielen würde. Kollisionsrechtsvergleichend wird das Regime des Art. 15 ErwSÜ als so ausgewogen und überlegen bewertet, dass seinetwegen die Ratifikation des ErwSÜ in bisherigen Nichtvertragsstaaten gefordert wird.[91]

Sachlich gilt Art. 15 ErwSÜ nur für Vorsorgevollmachten und nur, soweit sie für den **63** Fall der Fürsorgebedürftigkeit greifen; soweit Vollmachten unabhängig von Fürsorgebedürftigkeit greifen, unterfallen sie nicht dem ErwSÜ.[92] Eine durch ein Fürsorgebedürfnis aufschiebend bedingte Vollmacht ist Normalfall des Art. 15 ErwSÜ.[93] Art. 15 ErwSÜ findet aber gleichermaßen Anwendung, wenn zwar nach außen keine bedingte Vollmacht vorliegt, eine erteilte Vollmacht aber im Innenverhältnis unter der Verwendungsbeschränkung steht, dass sie nur benutzt werden darf, wenn der Prinzipal seine Interessen nicht mehr selber wahrnehmen kann.[94] Gleiches gilt bei einer Vollmacht mit Aushändigungsbeschränkung.[95] Dagegen greift Art. 15 ErwSÜ nicht bei Missbrauch einer Vollmacht zu einem Zeitpunkt, zu welchem der Prinzipal seine Interessen noch selber wahrnehmen konnte.[96] Wird eine Generalvollmacht mit Fortgeltung ab dem Vorsorgefall erteilt, so greift Art. 15 ErwSÜ erst ab dem Vorsorgefall, während vorher die allgemeinen Kollisionsnormen aus dem IPR des Forums gelten.[97]

Wird auf ein Statut verwiesen, welches die Vorsorgevollmacht als Institut nicht kennt, so **64** geht die Verweisung ins Leere.[98]

Räumlich-persönlich ist das ErwSÜ insgesamt nur anwendbar, wenn die Schutzperson, **65** hier: der Prinzipal, den gewöhnlichen Aufenthalt in einem Vertragsstaat hat. Hat sie dagegen ihren gewöhnlichen Aufenthalt in einem Drittstaat, so liegt der Fall außerhalb des ErwSÜ, und die Anknüpfung muss nach nationalem IPR erfolgen.[99] Eine Alternative bestünde darin, Artt. 15; 16 ErwSÜ anzuwenden, wenn die von diesen geregelten Rechtsfragen sich in einem Vertragsstaat stellen.[100]

---

[88] Im deutschen Sachrecht z. B. *Reymann*, ZEV 2005, 547.
[89] Im deutschen Sachrecht z. B. *Heckschen/Kreußlein*, NotBZ 2012, 321; *Wedemann*, ZIP 2013, 1508; *Jocher*, notar 2014, 3; *O. Gerber*, FuS 2017, 11.
[90] Vgl. *Mäsch*, Liber amicorum Klaus Schurig, 2012, S. 147, 157.
[91] Namentlich *Heijning*, FJR 2018, 80, 81–83 in den Niederlanden.
[92] Explanatory Report *Lagarde* on the 2000 Hague Convention on the Protection of Adults Rn. 97; näher *Ramser* S. 82–102.
[93] *Wedemann*, FamRZ 2010, 785, 786.
[94] *Wedemann*, FamRZ 2010, 785, 786.
[95] *Wedemann*, FamRZ 2010, 785, 787.
[96] Explanatory Report *Lagarde* on the 2000 Hague Convention on the Protection of Adults Rn. 97; *Guttenberger* S. 152.
[97] *Guttenberger* S. 83, 152; *Füllemann* Rn. 261; *R. Schaub*, IPRax 2016, 207, 209.
[98] *Röthel/Woitge*, IPRax 2010, 494, 495.
[99] *Röthel/Woitge*, IPRax 2010, 494, 496.
[100] *Guttenberger* S. 154; Staudinger/*v. Hein*, Vor Art. 24 EGBGB Rn. 170; *Wedemann*, FamRZ 2010, 785, 787.

66 **2. Objektive Anknüpfung nach Art. 15 I ErwSÜ.** Die objektive Anknüpfung nach Art. 15 I ErwSÜ erfolgt zeitlich fixiert auf den Zeitpunkt der Vollmachterteilung und ist daher unwandelbar.[101] Dies gewährleistet zwar einerseits Gestaltungssicherheit für den Prinzipal, kann aber andererseits bei einem späteren Aufenthaltswechsel bedeuten, dass die Vollmacht nun einem Recht untersteht, welchem sich der Prinzipal nicht mehr verbunden fühlt und unter dem er nicht mehr lebt.[102]

67 Die Aufenthaltsanknüpfung führt zu einer einheitlichen Grundanknüpfung der Vorsorgevollmacht, unabhängig davon, wo und in wie vielen Staaten sie ausgeübt wird.[103] Sie ist eine loi uniforme und greift ausweislich Art. 18 ErwSÜ auch, wenn sie auf das Recht eines Nichtvertragsstaates verweist, nach Art. 19 ErwSÜ unter Ausschluss eines renvoi.[104]

68 Der Anknüpfungsgegenstand des Art. 15 ErwSÜ ist in vier Untergegenstände unterteilt. Das Bestehen der Vollmacht umfasst insbesondere Zustandekommen, rechtsgeschäftliche Wirksamkeit und Formwirksamkeit.[105] Die Form ist nicht gesondert anzuknüpfen, weil nur durch eine einheitliche Anknüpfung sichergestellt ist, dass die Wirksamkeit der Vollmacht in den Vertragsstaaten einheitlich beurteilt wird.[106] Sofern die Geschäftsunfähigkeit des Prinzipals Wirksamkeitsvoraussetzung ist, ist deren Eintritt als Vorfrage selbständig anzuknüpfen und unterfällt nicht dem Vollmachtsstatut.[107]

69 Der Umfang der Vollmacht betrifft eine Vielzahl von Einzelfragen, z.B. ob Untervollmachten erteilt werden dürfen, ob und inwieweit der Bevollmächtigte Schenkungen vornehmen darf, was der Bevollmächtigte generell darf und ob es einer ausdrücklichen Aufzählung oder Benennung in der Vollmacht bedarf.[108]

70 Änderung und Beendigung der Vollmacht sind weitgehend selbsterklärende Begriffe. Die Beendigung kann sich sowohl per Zeitablauf einer befristeten Vollmacht als auch aus materiellen Gründen ergeben. Hierher gehört auch, ob die Vollmacht als Reserveinstrument fortgelten soll, wenn der Prinzipal die zwischenzeitig verlorene Fähigkeit, seine eigenen Interessen selber wahrzunehmen, wiedererlangt.

71 **3. Rechtswahl nach Art. 15 II ErwSÜ.** Die Rechtswahl nach Art. 15 II ErwSÜ ist nicht frei, sondern beschränkt.[109] Wählbar sind nur das Heimatrecht des Prinzipals, das Recht eines früheren gewöhnlichen Aufenthalts des Prinzipals und das Belegenheitsrecht von Vermögen, letzteres indes nur, soweit es um gerade dieses Vermögen geht. Bei allen drei Optionen kann es mehrere wählbare Rechte geben, z.B. bei doppelter Staatsangehörigkeit, bei mehreren, sukzessiven gewöhnlichen Aufenthalten in der Vergangenheit oder, wenn auch gegenständlich begrenzt, bei räumlich gespaltenem Vermögen.[110] Art. 15 II Hs. 2 ErwSÜ verlangt Schriftlichkeit und Ausdrücklichkeit der Rechtswahl, im Interesse der Rechtsklarheit und Rechtssicherheit.[111]

72 Die Rechtswahl wird in ihren Modalitäten weiter dadurch eingeengt, dass Art. 15 I aE ErwSÜ eine ausdrückliche Rechtswahl verlangt, also keine stillschweigende Rechtswahl genügen lässt,[112] und ein Schriftlichkeitsgebot aufstellt. Raum für mildere Formanforderungen lässt dies ebenso wenig wie für strengere, z.B. für ein Gebot notarieller Beurkundung.

---

[101] *Guttenberger* S. 153; *Ludwig*, DNotZ 2009, 251, 255 mit Fn. 20; *Wedemann*, FamRZ 2010, 785, 788.
[102] *Röthel/Woitge*, IPRax 2010, 494, 498; *Lemmerz* S. 134.
[103] *Röthel/Woitge*, IPRax 2010, 494, 495; *Bücken*, RNotZ 2018, 213, 226.
[104] Siehe nur *Spickhoff*, FS Dagmar Coester-Waltjen, 2015, S. 825, 833.
[105] Staudinger/*v. Hein*, Vor Art. 24 EGBGB Rn. 180; *Wedemann*, FamRZ 2010, 785, 787.
[106] *Wedemann*, FamRZ 2010, 785, 787.
[107] *Wedemann*, FamRZ 2010, 785, 787; *Röthel/Woitge*, IPRax 2010, 494, 499. Anderer Ansicht *Guttenberger* S. 155; *Füllemann* Rn. 267; Staudinger/*v. Hein* Vor Art. 24 EGBGB Rn. 180; *R. Schaub*, IPRax 2016, 207, 213.
[108] *Wedemann*, FamRZ 2010, 785, 788.
[109] Siehe nur *Wedemann*, FamRZ 2010, 785, 788; *Röthel/Woitge*, IPRax 2010, 494, 496. Zur Interessenlage *Ramser* S. 121–124; *Lemmerz* S. 135 f.
[110] *Füllemann* Rn. 275 f.; *R. Schaub*, IPRax 2016, 207, 211; *Bücken*, RNotZ 2018, 213, 227.
[111] *R. Schaub*, IPRax 2016, 207, 210.
[112] *Wedemann*, FamRZ 2010, 785, 788.

VII. Vorsorgevollmacht   73–75 § 6

Die Formfrage wird für die Rechtswahlerklärung durch eine eigene Sachnorm des ErwSÜ abschließend geklärt. Allerdings ist auslegungsbedürftig, was unter „schriftlich" zu verstehen ist. Zu fordern ist eine verkörperte Gedankenerklärung des Prinzipals, die dieser eigenhändig unterschrieben hat.[113] Für die Unterschrift genügen angesichts der vorstellbaren Situationen, in denen Motorik des Prinzipals bereits eingeschränkt ist, Handzeichen,[114] zumindest wenn deren Authenzität fest steht. Eine öffentliche Beglaubigung ist allerdings nicht zu verlangen.[115]

Für eine „Wahl" im Sinne von Art. 15 II ErwSÜ genügt eine einseitige Festlegung des 73
anwendbaren Rechts durch den Prinzipal. „Designated" und „désignée" in den allein verbindlichen Originalfassungen sind insoweit deutlicher und eindeutiger. Eine wie auch immer geartete Zustimmung des Bevollmächtigten oder gar der Gegenpartei eines Vertretergeschäfts ist keine notwendige Voraussetzung. Wird die Vorsorgevollmacht indes durch eine Vereinbarung, nicht durch ein bloß einseitiges Rechtsgeschäft des Prinzipals, erteilt, so wird der Bevollmächtigte der Gesamtvereinbarung und damit auch der Rechtswahl zustimmen; dies ist unschädlich, denn die Basisvoraussetzung, dass der Prinzipal die Festlegung des anwendbaren Rechts freiwillig trifft, ist dann erfüllt. Eine Teilrechtswahl ist dem Prinzipal immer gestattet.[116]

4. Recht des Wirkungslandes für die Vollmachtausübung nach Art. 15 III 74
ErwSÜ. In welchem Verhältnis die Wirkungslandanknüpfung für die Art und Weise der Ausübung der Vollmacht nach Art. 15 III ErwSÜ zur Grundanknüpfung an den gewöhnlichen Aufenthalt nach Art. 15 I ErwSÜ steht, ist nicht ganz klar.[117] In Betracht kommen eine ausschließliche Teilfragenanknüpfung (bei der nur das Recht des Wirkungslandes für die Ausübung der Vollmacht maßgeblich wäre) und eine kumulative Anknüpfung. Für eine alternative Anknüpfung wäre nicht ersichtlich, welcher favor verfolgt würde. Art. 15 III ErwSÜ will eine zeit- und kostenaufwändig Ermittlung ausländischen Rechts vermeiden, dadurch Transaktionskosten senken und die Effizienz des Schutzes verbessern.[118] Art. 15 III ErwSÜ ist keine spezielle ordre public-Regelung,[119] da er weder eine Verletzung von Grundwerten voraussetzt noch gerade zum Forumrecht zumindest als Kontrollmaßstab weist.[120]

Jedenfalls hat Art. 15 III ErwSÜ nur einen begrenzten sachlichen Anwendungsbereich. 75
Über ihn erfolgt eine Anknüpfung allein für die Art und Weise der Ausübung, nicht aber für Bestehen und Umfang der Vollmacht.[121] Der Verkehrsschutzgedanke, wie er der Wirkungslandanknüpfung im IPR der allgemeinen Vollmachten zugrunde liegt,[122] kann ihn daher nicht, zumindest nicht vollen Umfangs tragen, sondern nur ein Stück weit. Besondere Genehmigungs- oder Zustimmungsverfahren dürfte er abdecken,[123] Verfahren auf Überprüfung des Vollmachtumfangs dagegen nicht, da Umfangsfragen aus seinem Anwendungsbereich herausfallen.[124] Unter Art. 15 III ErwSÜ fallen auch Rechnungslegungspflichten gegenüber einer Behörde[125] und Formerfordernisse bei der Einwilligung in einen ärztli-

---

[113] Staudinger/v. Hein, Vor Art. 24 EGBGB Rn. 186; Wedemann, FamRZ 2010, 785, 788.
[114] Wedemann, FamRZ 2010, 785, 788.
[115] Anderer Ansicht Wedemann, FamRZ 2010, 785, 788.
[116] Staudinger/v. Hein Vor Art. 24 EGBGB Rn. 195; Spickhoff, FS Dagmar Coester-Waltjen, 2015, S. 825, 835; Bücken, RNotZ 2018, 213, 227.
[117] Spickhoff, FS Dagmar Coester-Waltjen, 2015, S. 825, 835.
[118] Staudinger/v. Hein Vor Art. 24 EGBGB Rn. 200; Wedemann, FamRZ 2010, 785, 789.
[119] Entgegen Guttenberger S. 161; R. Schaub, IPRax 2016, 207, 211.
[120] Im Ergebnis übereinstimmend MüKoBGB/V. Lipp Art. 15 ErwSÜ Rn. 42.
[121] Jayme, FS Ulrich Spellenberg, 2010, S. 203, 210; Wedemann, FamRZ 2010, 785, 788.
[122] → § 1 Rn. 1036.
[123] Explanatory Report Lagarde on the 2000 Hague Convention on the Protection of Adults Rn. 104; Jayme, FS Ulrich Spellenberg, 2010, S. 203, 210; Röthel/Woitge, IPRax 2010, 494, 496; Spickhoff, FS Dagmar Coester-Waltjen, 2015, S. 825, 836.
[124] Insoweit entgegen Röthel/Woitge, IPRax 2010, 494, 496.
[125] Guttenberger S. 162; Helms, FamRZ 2008, 1995, 2000.

chen Eingriff.[126] Eher technische Fragen dürften Ausübungsfragen sein.[127] Die Abgrenzung zu Art. 15 I ErwSÜ sollte sich daran orientieren, dass nach der Präambel ErwSÜ die Achtung der Selbstbestimmung des Prinzipals vorrangig zu berücksichtigen ist, und als Testfrage aufwerfen, ob eine Rechtswahlmöglichkeit nach Art. 15 II ErwSÜ sinnvoll ist oder ob eine rechtswahlfeste Anknüpfung nach Art. 15 III ErwSÜ geboten ist.[128]

76 **5. Überlagerung durch lex fori zuständiger Behörde nach Art. 16 ErwSÜ.** Gegen Missbrauch oder Fehlgebrauch schützt Art. 16 ErwSÜ: Wird eine Vorsorgevollmacht nicht in einer Weise ausgeübt, welche den Schutz der Person oder des Vermögens des Prinzipals ausreichend sicherstellt, so kann sie durch Maßnahmen einer nach dem ErwSÜ zuständigen Behörde aufgehoben oder geändert werden (S. 1). Bei der Aufhebung oder Änderung ist das nach Art. 15 ErwSÜ berufene Recht so weit wie möglich zu berücksichtigen. Art. 16 ErwSÜ ähnelt im Ergebnis, wenn auch nicht in Technik und Anknüpfungsgegenstand einer Sonderanknüpfung.[129]

77 Art. 16 ErwSÜ ist einerseits einseitige Kollisionsnorm und beruft die lex fori; andererseits ist er Sachnorm.[130] Er ermöglicht Schutzmaßnahmen bei pflichtwidrigem Nichtgebrauch, fahrlässigem Fehlgebrauch und vorsätzlichem Missbrauch der Vollmacht.[131]

78 Aus der lex fori zu beachten sind neben Art. 16 ErwSÜ und über diesen hinaus die zwingenden Vorschriften, die nach Art. 20 ErwSÜ sonderangeknüpft werden. Dazu zählen Vertretungs- und Genehmigungserfordernisse bei medizinischen Entscheidungen.[132] Registrierungserfordernisse können hinzutreten.[133]

79 **6. Verkehrsschutz.** Art. 17 ErwSÜ enthält eine Norm zum Schutz des Rechtsverkehrs vor der Unwirksamkeit von Vollmachten nach dem Vollmachtsstatut, die nach dem Recht des Gebrauchslandes wirksam wären. Geschützt wird nur der gutgläubige Geschäftspartner. Nicht geschützt wird nach Art. 17 I ErwSÜ, wer wusste oder hätte wissen müssen, dass sich die Wirksamkeit der Vollmacht in Wahrheit nach einem ausländischen Vollmachtsstatut beurteilt. Bezugsgegenstand ist nicht die Fähigkeit des Agierenden, sondern nur, enger die Wirksamkeit der Vollmacht.[134] Der gewährte Verkehrsschutz bleibt hinter jenem nach Artt. 13 Rom I-VO; 12 EGBGB zurück.[135]

80 Der Verkehrsschutz setzt weiter gemäß Art. 17 II ErwSÜ voraus, dass Vertreter und Gegenpartei des Vertretergeschäfts in demselben Staat befinden. Nicht ausdrücklich statuiert ist, dass Vollmachtsgebrauch und Geschäftsabschluss ebenfalls in einem Vertragsstaat stattfinden müssten. Art. 18 ErwSÜ erklärt generell die Kollisionsnormen des ErwSÜ zu lois uniformes, sodass man ein entsprechendes Erfordernis nicht aufstellen sollte.[136]

81 Der Wortlaut legt eine Ausgestaltung als Einrede nahe. Vorzugswürdig ist zum besseren Verkehrsschutz trotzdem eine Anwendung von Amts wegen.[137] Betroffen sind gleichermaßen vermögensrechtliche Geschäfte und medizinische Maßnahmen, außerdem Einwilligungen.[138]

---

[126] *A. Bucher,* SZIER 2000, 37, 52; *Wedemann,* FamRZ 2010, 785, 788.
[127] *Wedemann,* FamRZ 2010, 785, 789.
[128] *Wedemann,* FamRZ 2010, 785, 789.
[129] Vgl. *R. Schaub,* IPRax 2016, 207, 211 f.
[130] Explanatory Report *Lagarde* on the 2000 Hague Convention on the Protection of Adults Rn. 106; Staudinger/*v. Hein* Vor Art. 24 EGBGB Rn. 169; *Ludwig,* DNotZ 2009, 251, 281; *Röthel/Woitge,* IPRax 2010, 494, 496.
[131] Explanatory Report *Lagarde* on the 2000 Hague Convention on the Protection of Adults Rn. 106; *Röthel/Woitge,* IPRax 2010, 494, 496.
[132] Explanatory Report *Lagarde* on the 2000 Hague Convention on the Protection of Adults Rn. 113.
[133] Vgl. *Röthel/Woitge,* IPRax 2010, 494, 496.
[134] *Spickhoff,* FS Dagmar Coester-Waltjen, 2015, S. 825, 837.
[135] *Spickhoff,* FS Dagmar Coester-Waltjen, 2015, S. 825, 838.
[136] *Guttenberger* S. 181; Staudinger/*v. Hein* Vor Art. 24 EGBGB Rn. 217; *Wedemann,* FamRZ 2010, 785, 790; *Spickhoff,* FS Dagmar Coester-Waltjen, 2015, S. 825, 837. Anderer Ansicht *Siehr,* RabelsZ 64 (2000), 715, 741.
[137] Staudinger/*v. Hein* Vor- 24 EGBGB Rn. 226; *R. Schaub,* IPRax 2016, 207, 212.
[138] *R. Schaub,* IPRax 2016, 207, 212.

VII. Vorsorgevollmacht

7. Form der Vorsorgevollmacht. Die Form der Vorsorgevollmacht wird im ErwSÜ nicht angesprochen, Sie wird weder durch eine eigene Sachnorm geklärt noch explizit kollisionsrechtlich angeknüpft.[139] Vielmehr besteht eine Lücke. Diese Lücke ist mangels vereinheitlichter Kollisionsnormen durch das IPR der lex fori zu füllen. Aus deutscher Sicht würde dies zu Art. 11 EGBGB führen, wobei die Form der Vorsorgevollmacht auch dann einen eigenständigen Anknüpfungsgegenstand bildet, wenn die Vorsorgevollmacht im Rahmen eines übergreifenden Rechtsgeschäfts erteilt worden sein sollte. Einheitliche Rechtsanwendung und interner Entscheidungseinklang werden allerdings bemüht, um das Vollmachtsstatut und Art. 15 ErwSÜ auf Kosten des Art. 11 EGBGB zu erstrecken.[140] Zum Anknüpfungsgegenstand Form zählen Registrierungs- oder Mitwirkungserfordernisse oder behördliche Bestätigungen der Vollmacht.[141]

8. Autonomes deutsches IPR. Hat der Prinzipal seinen gewöhnlichen Aufenthalt nicht in einem Vertragsstaat des ErwSÜ, so kommt autonomes deutsches IPR zum Zuge. Eine eigene Kollisionsnorm für Vorsorgevollmachten kennt das deutsche IPR nicht. Art. 24 EGBGB erfasst nur hoheitliche Schutzmaßnahmen und deckt Vorsorgevollmachten als private Rechtsakte nicht ab.[142]

Stellt man darauf ab, dass eine Vorsorgevollmacht ihrem Kern und Charakter nach eine Vollmacht ist, wenn auch eine besondere für besondere Situationen, so gelangt man zu Art. 8 EGBGB. Der Prinzipal hat nach Art. 8 I EGBGB Parteiautonomie. Es ist nur konsequent, dies auch bei speziellen Vollmachten wie der Vorsorgevollmacht zuzubilligen.[143] Allerdings sind bei der Vorsorgevollmacht das Gefährdungspotenzial und die Selbstschädigungsgefahr weitaus höher als bei einer einfachen Spezialvollmacht für einzelne „normale" Rechtsgeschäfte. Dies würde nahe legen, sich an Art. 15 II ErwSÜ zu orientieren und diese Norm analog anzuwenden.

Vorsorgevollmachten liegen im privaten Bereich und sind auf Dauer oder wiederholte Ausübung angelegt. Daher unterfallen sie bei objektiver Anknüpfung Art. 8 IV EGBGB. Dieser beruft das Recht des Ortes, an dem der Bevollmächtigte von der Dauervollmacht *gewöhnlich* Gebrauch macht. Eine Wirkungslandanknüpfung nach Art. 8 V EGBGB müsste dessen Subsidiarität gegenüber Art. 8 IV EGBGB überwinden. Zudem hätte sie den Nachteil, nicht für eine einheitliche Grundanknüpfung zu stehen und je nach Gebrauchsland ein anderes Recht zu berufen.[144]

Stärker konzentrieren würde eine Anknüpfung an ein Persönlichkeitsmerkmal des Prinzipals, wobei festzulegen wäre, an welches.[145] Für eine Anknüpfung an den gewöhnlichen Aufenthalt des Prinzipals spricht der dadurch erzielte Gleichlauf mit Art. 15 I ErwSÜ,[146] der vermeiden würde, dass außerhalb des räumlich-persönlichen Anwendungsbereiches des ErwSÜ wertungsmäßig andere Anknüpfungsmaßstäbe verfolgt würden als innerhalb. Eine Anlehnung an Art. 15 I ErwSÜ könnte sogar so weit gehen, dass man dessen Unwandelbarkeit übernähme.[147]

Die Form der Vorsorgevollmacht richtet sich nach Art. 11 EGBGB.[148] Die Geschäftsfähigkeit des Prinzipals ist grundsätzlich nach Art. 7 EGBGB anzuknüpfen. Soweit indes bereits Schutzmaßnahmen ergriffen wurden und eine Pflegschaft, Vormundschaft oder Betreuung eingerichtet wurde, kommt das ErwSÜ zum Zuge.

---

[139] *Röthel/Woitge*, IPRax 2010, 494, 499.
[140] Siehe nur *Ludwig*, DNotZ 2009, 251, 274 f.; *Wedemann*, FamRZ 2010, 785, 787; *Röthel/Woitge*, IPRax 2010, 494, 495; *R. Schaub*, IPRax 2016, 207, 213 mwN.
[141] *R. Schaub*, IPRax 2016, 207, 213.
[142] *Röthel/Woitge*, IPRax 2010, 494, 496; *Spickhoff*, FS Dagmar Coester-Waltjen, 2015, S. 825, 839.
[143] So bereits vor Schaffung des Art. 8 I EGBGB *Guttenberger* S. 38; *Röthel/Woitge*, IPRax 2010, 494, 498.
[144] *Röthel/Woitge*, IPRax 2010, 494, 497.
[145] *Ludwig*, DNotZ 2009, 251, 254; *Röthel/Woitge*, IPRax 2010, 494, 497.
[146] *Röthel/Woitge*, IPRax 2010, 494, 497 f.
[147] *Röthel/Woitge*, IPRax 2010, 494, 498.
[148] *Röthel*, BtPrax 2006, 90, 94; *Röthel/Woitge*, IPRax 2010, 494, 499.

VIII. Patientenverfügungen

88 **1. Grundsätzliches.** Anders als Vorsorgevollmachten betreffen Patientenverfügungen[149] keine Dreieckskonstellationen. Sie schalten keine Repräsentanten für den Betroffenen ein, sondern sind Akte der direkten, wenn auch potenziell verzögerten Kommunikation zwischen dem Betroffenen und seinen behandelnden Ärzten.[150] Daher passen vollmachtrechtliche Anknüpfungsregeln für Patientenverfügungen im Ausgangspunkt nicht.[151] Art. 24 EGBGB wiederum hat nur behördliche Schutzmaßnahmen im Blick, aber nicht vorsorgende Selbstschutzmaßnahmen bei voller Autonomie.[152]

89 Für Patientenverfügungen finden sich auch keine eigenen Anknüpfungsregeln im ErwSÜ.[153] Eine Analogie zu Artt. 15, 16 ErwSÜ scheidet wegen der Verschiedenheit der Sachverhalte auch aus. Man muss zwischen Patientenverfügung und Vorsorgevollmacht auch dann unterscheiden, wenn beide miteinander kombiniert sind. Es zieht nicht etwa die Vorsorgevollmacht die bei isolierter Betrachtung nicht erfasste Patientenverfügung unter Artt. 15, 16 ErwSÜ.[154]

90 Das Internationale Erbrecht kommt ebenfalls nicht zum Zuge. Es befasst sich nur mit vermögensbezogenen Verfügungen, nicht aber mit personalen Angelegenheiten.[155]

91 Vorschläge einer Anknüpfung an das Personalstatut[156] oder einer Sonderanknüpfung an das Recht des Behandlungsortes[157] haben ihre jeweils eigenen Schwächen. Insbesondere stößt sich die eingriffsrechtliche Qualifikation am Zweck des individuellen Selbst- und Autonomieschutzes.[158]

92 **2. Patientenverfügungen und Ärzte.** Patientenverfügungen sind zuvörderst Handlungsanweisungen und Weisungen an die behandelnden Ärzte. Lässt man die übergreifende ethische Problematik zunächst außer Betracht, so stehen sie damit im Kontext des Behandlungsvertrags zwischen dem Betroffenen als Patienten und dem Träger der medizinischen Behandlung.[159] Anwendbares Recht muss daher insoweit das Statut des Behandlungsvertrags sein.[160]

93 Träger der medizinischen Behandlung müssen nicht die behandelnden Ärzte persönlich sein. Die Rolle als Vertragspartner im Behandlungsvertrag wird vielmehr in der Regel der Träger der medizinischen Einrichtung, insbesondere des Krankenhauses übernehmen, bei welchem die behandelnden Ärzte angestellt sind. Sind die behandelnden Ärzte Freiberufler

---

[149] Zu ihnen in Deutschland insbesondere § 1901a BGB; BGH FamRZ 2016, 1671 m. Anm. *Dodegge* = BWNotZ 2016, 114 m. Anm. *Buhl;* Empfehlungen der Bundesärztekammer und der Zentralen Ethikkommission bei der Bundesärztekammer zum Umgang mit Vorsorgevollmacht und Patientenverfügung in der ärztlichen Praxis vom 19.8.2013, BÄBl. 2013 A 1580; Arbeitspapier zum Verhältnis von Patientenverfügung und Organspendeerklärung vom 18.1.2013, BÄBl. 2013 A 7; *V. Lipp*, notar 2014, 111.

[150] *Wedemann*, FamRZ 2010, 785, 786 (unter Hinweis auf die Legaldefinition des deutschen Sachrechts in § 1909a I 1 BGB); *Schwander*, AJP 2014, 1351, 1369.

[151] *Wedemann*, FamRZ 2010, 785, 789. Anderer Ansicht *Röthel*, FPR 2007, 79, 81; *Helms*, FamRZ 2008, 1995, 1999; Staudinger/*v. Hein* Vor Art. 24 EGBGB Rn. 178 sowie Explanatory Report *Lagarde* on the 2000 Hague Convention on the Protection of Adults Rn. 96.

[152] *Röthel*, in: V. Lipp (Hrsg.), Handbuch der Vorsorgeverfügungen, 2009, § 20 Rn. 27 mwN; *Spickhoff*, FS Dagmar Coester-Waltjen, 2015, S. 825, 827.

[153] *Heggen*, ZNotP 2008, 184, 195; *Lemmerz* S. 140–145; *Spickhoff*, FS Dagmar Coester-Waltjen, 2015, S. 825, 827; NK-BGB/*Benicke* Art. 15 ESÜ Rn. 59; *Bücken*, RNotZ 2018, 213, 225. Für eine Anwendung nur des Art. 15 III ErwSÜ *Wedemann*, FamRZ 2010, 785, 789.

[154] Dahin aber wohl *Wedemann*, FamRZ 2010, 785, 786.

[155] *Jayme*, FS Ulrich Spellenberg, 2010, S. 203, 206.

[156] Dafür *Ofner*, in: Körtner/Kopetzki/Kletecka-Pulker, Das österreichische Patientenverfügungsgesetz, 2007, S. 185, 191 f.

[157] Dafür *Röthel*, in: V. Lipp (Hrsg.), Handbuch der Vorsorgeverfügungen, 2009, § 20 Rn. 27.

[158] *Spickhoff*, FS Dagmar Coester-Waltjen, 2015, S. 825, 828.

[159] *Schwander*, AJP 2014, 1351, 1369; *Spickhoff*, FS Dagmar Coester-Waltjen, 2015, S. 825, 828. Tendenziell anders, einen Zusammenhang mit dem Territorialitätsprinzip des Internationalen Strafrechts betonend, *Wedemann*, FamRZ 2010, 785, 789.

[160] *Schwander*, AJP 2014, 1351, 1369 sowie *Bücken*, RNotZ 2018, 213, 225.

VIII. Patientenverfügungen 94–100 § 6

und handeln im eigenen Namen, so sind sie Partner des Behandlungsvertrages. Wer Partner des Behandlungsvertrages ist, ist eine Frage des Zustandekommens des Behandlungsvertrages und beantwortet sich gemäß Art. 10 I Rom I-VO nach dem Statut des Behandlungsvertrages.[161] Die Anknüpfung des Behandlungsvertrags erfolgt, wenn dessen Voraussetzungen vorliegen, nach Art. 6 Rom I-VO, ansonsten nach Artt. 3, 4 Rom I-VO.[162]

Indes ist der Behandlungsvertrag nicht das einzige denkbare Rechtsverhältnis, in welches 94 die Patientenverfügung eingreift. Die Patientenverfügung betrifft auch ein außervertragliches Verhältnis zwischen dem Betroffenen und seinen behandelnden Ärzten. Eine Behandlung entgegen dem in der Patientenverfügung geäußerten ausdrücklichen Willen des Betroffenen kann mangels rechtfertigender Einwilligung eine deliktische Körperverletzung sein. Kollisionsrechtlich sollte man das Statut dieses Delikts jedoch über Art. 4 III 2 Rom II-VO akzessorisch an das Statut eines Behandlungsvertrages anlehnen.[163] Besteht kein Behandlungsvertrag, so erfolgt die internationaldeliktsrechtliche Anknüpfung über Art. 4 I, II Rom II-VO.

Auch eine Geschäftsführung ohne Auftrag ist möglich. Sie kann sich namentlich dann 95 ergeben, wenn der Patient eine Patientenverfügung abgeschlossen hat und danach bewusstlos ins Krankenhaus kommt, wo eine Behandlung erfolgt, ohne dass es zum Abschluss eines Behandlungsvertrags gekommen wäre, auch nicht über Stellvertreter des Patienten.

Da hier gerade kein Behandlungsvertrag besteht (anderenfalls bestünde auf der sachrecht- 96 lichen Ebene in aller Regel auch ein „Auftrag", so dass keine Geschäftsführung *ohne* Auftrag vorläge), kann es nicht zur akzessorischen Anknüpfung an ein Vertragsstatut über Art. 11 I Rom II-VO kommt. Herrschendes Rechtsverhältnis könnte allenfalls ein Delikt sein, an dessen Statut dann über Art. 11 I Rom II-VO angeknüpft werden könnte. Näher liegt aber, wenn es einen solchen gibt, eine Anknüpfung an einen gemeinsamen gewöhnlichen Aufenthalt von Patient und Ärzten nach Art. 11 II Rom II-VO, ansonsten eine Anknüpfung an den Ort einer ausgeführten Behandlung als Ort der erfolgten Geschäftsführung nach Art. 11 III Rom II-VO.

3. Patientenverfügungen und Betreuer. Soweit Patientenverfügungen Anweisungen 97 an Betreuer sind, bewegen sie sich im Rahmen des Betreuungsverhältnisses und unterliegen deshalb dessen Statut.

Solange noch keine Betreuung formell eingerichtet ist und nur Betreuungsbedürftigkeit 98 besteht, fehlt es an einem Betreuungsverhältnis und damit auch an einem Statut des Betreuungsverhältnisses, in das sich die Patientenverfügung einfügen könnte.[164]

4. Form. Die Form einer Patientenverfügung unterliegt außerhalb von Vertragsverhält- 99 nissen Art. 11 EGBGB,[165] innerhalb von Vertragsverhältnissen Art. 11 Rom I-VO. Ort der Geschäftsvornahme ist der Ort, an welchem die Patientenverfügung errichtet wird.[166] Geschäftsstatut ist das Statut des ärztlichen Behandlungsvertrages, soweit dieser betroffen ist, bzw. das Statut einer eingerichteten Betreuung.[167]

5. Geschäftsfähigkeit. Die Geschäftsfähigkeit des Patienten unterliegt Art. 7 EG- 100 BGB.[168] Verdrängende Kollisionsnormen europäischen oder staatsvertraglichen Ursprungs bestehen insoweit nicht. Selbst soweit die Patientenverfügung im Kontext eines ärztlichen Behandlungsvertrages zu sehen ist, nimmt Art. 1 II lit. a Var. 3 Rom I-VO Fragen der Ge-

---

[161] Siehe allgemein zur Anknüpfung der Position als Vertragspartei → § 1 Rn. 791.
[162] Siehe *R. Schaub,* IPRax 2016, 207, 213; MüKoBGB/*V. Lipp* Art. 15 ESÜ Rn. 21; *Bücken,* RNotZ 2018, 213, 225 f.
[163] Zu Art. 4 III 2 Rom II-VO → § 2 Rn. 207–216.
[164] *Jayme,* FS Ulrich Spellenberg, 2010, S. 203, 206.
[165] *Jayme,* FS Ulrich Spellenberg, 2010, S. 203, 206.; *Lemmerz* S. 268.
[166] *Jayme,* FS Ulrich Spellenberg, 2010, S. 203, 206 f.
[167] *Jayme,* FS Ulrich Spellenberg, 2010, S. 203, 207.
[168] *Spickhoff,* FS Erwin Deutsch zum 80. Geb., 2009, S. 907, 918 f. (Artt. 7; 12 EGBGB analog); *Jayme,* FS Ulrich Spellenberg, 2010, S. 203, 207.

schäftsfähigkeit ausdrücklich vom sachlichen Anwendungsbereich der Rom I-VO aus. Allerdings kann im vertraglichen Kontext Art. 13 Rom I-VO zum Zuge, während im nichtvertraglichen Kontext Art. 12 EGBGB greift.[169]

IX. Betreuungsverfügungen

101 Betreuungsverfügungen äußern für den Fall, dass ein Betreuer bestellt wird, Wünsche und Anregungen des zu Betreuenden hinsichtlich der Person des Betreuers und der Durchführung der Betreuung.[170] Sie räumen dagegen keine Vertretungsmacht ein und sind keine rechtsgeschäftlichen Vollmachten.[171] Daher gelten für sie nicht Artt. 15, 16 ErwSÜ, sondern die für die Einrichtung einer Betreuung maßgeblichen Artt. 13, 14 ErwSÜ.[172]

X. Erwachsenenschutz

Literatur: *Frimston/Ruck/Keene/van Overdijk/Ward*, The International Protection of Adults, 2015.

102 Dass auch Erwachsene kollisionsrechtlichen Schutz brauchen, ist eine vergleichsweise junge Erkenntnis. Es hat vierzig Jahre (von 1961 bis 2000) gedauert, bis dem MSA, ja eigentlich schon dessen Nachfolgekonvention KSÜ das ErwSÜ zur Seite gestellt wurde. Alternde Gesellschaften und demographische Entwicklungen, insbesondere die Zunahme von Alzheimer und anderen Formen der Demenz (insbesondere der Altersdemenz), im Westen und Fernen Osten lassen die Bedeutung des Erwachsenenschutzes aber ständig wachsen.[173] Ab den 1990ern war er auf die internationale Agenda gehoben. Ausfluss und kollisions- wie sachrechtliche Reaktion ist eben das ErwSÜ. In den nationalen Sachrechten vollziehen sich ebenfalls stetige Weiterentwicklungen.[174]

103 **1. Anwendungsbereich des ErwSÜ.** Das ErwSÜ ist – je nachdem, wie man zählen möchte – eine convention triple oder eine convention quadruple. Es hat nicht weniger als vier Regelungsgegenstände, wenn man die Zusammenarbeit der Behörden als eigenen Regelungsgegenstand zählt. Davor stehen die drei traditionellen Bereiche: internationale Zuständigkeit; anwendbares Recht; Anerkennung und Vollstreckbarerklärung von Entscheidungen. Der Anerkennung und Vollstreckbarerklärung von Schutzmaßnahmen aus EU-Mitgliedstaaten widmet sich außerdem die VO (EU) Nr. 606/2013[175] (die GewaltschutzVO) mit Wirkung ab dem 11.1.2015.[176]

104 Räumlich-persönlich ist das ErwSÜ insgesamt nur anwendbar, wenn die Schutzperson, hier: der Prinzipal, den gewöhnlichen Aufenthalt in einem Vertragsstaat hat. Hat sie dagegen ihren gewöhnlichen Aufenthalt in einem Drittstaat, so liegt der Fall außerhalb des ErwSÜ, und die Anknüpfung muss nach nationalem IPR erfolgen.[177] Dann kommt in Deutschland Art. 24 EGBGB zum Zuge.[178]

105 **2. Lex fori-Prinzip unter Art. 13 I ErwSÜ.** Effektiver Schutz verlangt häufig Schnelligkeit. Einem plötzlich aufbrechenden oder erkannten Schutzbedürfnis muss eine schnelle Reaktion folgen. Lange Ermittlung von Auslandsrecht würde dies gefährden.

---

[169] *Spickhoff*, FS Erwin Deutsch zum 80. Geb., 2009, S. 907, 918 f.
[170] Bundesministerium der Justiz, Betreuungsrecht, 2009, S. 32, 34; *V. Lipp*, in: V. Lipp (Hrsg.), Handbuch der Vorsorgeverfügungen, 2009, § 18 Rn. 1 f.; *Wedemann*, FamRZ 2010, 785 (785).
[171] *Wedemann*, FamRZ 2010, 785 (785).
[172] *Wedemann*, FamRZ 2010, 785, 786; *Spickhoff*, FS Dagmar Coester-Waltjen, 2015, S. 825, 829.
[173] *Lagarde*, in: Frimston/Ruck/Keene/van Overdijk/Ward (eds.), The International Protection of Adults, 2015, S. xi.
[174] Rechtsvergleichend z.B. *Röthel*, FamRZ 2004, 999; *Ganner*, BtPrax 2013, 171; *ders.*, BtPrax 2013, 222; *ders.*, BtPrax 2016, 209; *B. Schulte*, Liber amicorum Makoto Arai, 2015, S. 591.
[175] VO (EU) Nr. 606/2013 des Europäischen Parlaments und des Rates vom 12. Juni 2013 über die gegenseitige Anerkennung von Schutzmaßnahmen in Zivilsachen, ABl. EU 2013 L 181/4; dazu z.B. *Pietsch*, NZFam 2014, 726.
[176] Art. 22 UAbs. 2 VO (EU) Nr. 606/2013.
[177] *Röthel/Woitge*, IPRax 2010, 494, 496.
[178] *Spickhoff*, FS Dagmar Coester-Waltjen, 2015, S. 825, 830–832.

X. Erwachsenenschutz 106–113 § 6

Schneller Schutz geschieht am besten auf der Basis des inländischen, dem anordnenden Gericht vertrauten Rechts. Dementsprechend legt Art. 13 I ErwSÜ die Anwendung der lex fori als Prinzip fest.

Das ErwSÜ denkt von behördlichem oder gerichtlichem Tätigwerden her. Konsequent 106 setzt es daher – wie zuvor schon das MSA beim Minderjährigenschutz – auf ein lex fori-Prinzip als Fundament: Laut Art. 13 I ErwSÜ wenden die Behörden der Vertragsstaaten bei der Ausübung ihrer Zuständigkeit ihr jeweils eigenes Recht an. Es gibt einen Gleichlauf zwischen internationaler Zuständigkeit und anwendbarem Recht. Die Zuständigkeitstatbestände bestimmen mittelbar via Art. 13 I ErwSÜ auch über das anwendbare Recht. Art. 13 I ErwSÜ differenziert für die Anwendbarkeit der lex fori nicht nach den einzelnen Zuständigkeitstatbeständen. Er beruft die lex fori auch dann, wenn die Zuständigkeit nicht regulär nach Art. 5 ErwSÜ auf dem gewöhnlichen Aufenthalt der Schutzperson, sondern irregulär auf einem der Ausnahmetatbestände aus Artt. 7–11 ErwSÜ beruht.

Das anwendbare Recht folgt also der internationalen Zuständigkeit. Die Nähebeziehung 107 zum Forumstaat regulieren die Zuständigkeitstatbestände. Das IPR fügt dem keinen eigenen Filter hinzu. Für die Zuständigkeit knüpft Art. 5 I ErwSÜ grundsätzlich an den jeweils aktuellen gewöhnlichen Aufenthalt des zu schützenden Erwachsenen an. Dies hat eine hohe Legitimation und innere wie äußere Logik. Denn Schutz wird am besten dort angeordnet und wird am meisten dort benötigt, wo der zu Schützende seinen Lebensmittelpunkt hat.

Demselben Prinzip, Anknüpfung an die lex fori und Grundzuständigkeit am gewöhnli- 108 chen Aufenthalt der Schutzperson, folgen die Übereinkommen über den Schutz Minderjähriger, nämlich Art. 15 I iVm Art. 5 I KSÜ und zuvor Art. 2 iVm Art. 1 MSA. Es verkörpert gleichsam ein Prinzip der Schutzlogik. Es zieht sich durch alle Übereinkommen, bei denen Schutz Anknüpfungsgegenstand ist. Eine prinzipiell unterschiedliche Behandlung von Minderjährigen einerseits und schutzbedürftigen Erwachsenen andererseits ließe sich im IPR nicht rechtfertigen.

3. Anwendung oder Berücksichtigung eines eng verbundenen Rechts unter 109 **Art. 13 II ErwSÜ.** Nach Art. 13 II ErwSÜ können die zuständigen Behörden eines ErwSÜ-Vertragsstaates – in Durchbrechung des von Art. 13 I ErwSÜ aufgestellten lex fori-Prinzips – das Recht eines anderen Staates, zu dem der Sachverhalt eine enge Verbindung hat, anwenden oder berücksichtigen, soweit es der Schutz der Person oder des Vermögens des Erwachsenen erfordert.

Art. 13 II ErwSÜ kann Art. 15 II KSÜ als inhaltliches Vorbild für sich reklamieren. In- 110 soweit hat man sich in Haag bewusst und gezielt um Anknüpfungsgleichlauf zwischen Minderjährigen- und Erwachsenenschutz bemüht. Die Normen sind bis in die Formulierungen hinein parallel.

Das Anknüpfungskriterium „enge Verbindung" ist offen und konkretisierungsbedürftig. 111 Verlangt ist jedenfalls keine engere Verbindung als jene zur lex fori. Ein Vergleich der relativen Verbindungsstärken ist nicht erforderlich. Allerdings wird der Rechtsanwender genau im Kopf doch abwägen, ob er wirklich von der Anwendung der ihm vertrauten lex fori, seines täglich Brot, abgehen will.

Es muss eine Rechtfertigung geben, um von der Regel (lex fori) abzuweichen. Diese 112 Rechtfertigung kann sich aus Schutzbedürfnissen gleichermaßen aus der Personen- wie aus der Vermögenssorge ergeben. Ein Abweichen wegen Vermögenssorge kann ernsthaft in Betracht kommen, soweit es sich um Vermögen handelt, das im Ausland belegen ist und eine Anwendung des dortigen Rechts bereits in der Maßnahme für eine Anerkennung oder Vollstreckung der Maßnahme in dem betreffenden Ausland förderlich oder hilfreich wäre.

4. Durchführung in einem Vertragsstaat des ErwSÜ getroffener Maßnahmen 113 **in einem anderen Vertragsstaat.** Wird eine in einem Vertragsstaat des ErwSÜ getroffene Maßnahme in einem anderen Vertragsstaat des ErwSÜ durchgeführt, so bestimmt gemäß Art. 14 ErwSÜ das Recht dieses anderen Vertragsstaats die Bedingungen, unter denen sie durchgeführt wird. Dies spiegelt einen Grundsatz des IZVR wider: Das Recht des Zwangsvollstreckungsstaates, die lex loci executionis, regiert die Zwangsvollstreckung.

114 5. **Keine Rück- und Weiterverweisung unter dem ErwSÜ.** Nach Art. 19 ErwSÜ bedeutet „Recht" in den Kollisionsnormen des ErwSÜ das im bezeichneten Staat geltende Recht mit Ausnahme des Kollisionsrechts. Das ErwSÜ kennt also keinen renvoi. Eine Rück- oder Weiterverweisung ist ausgeschlossen.

XI. Vormundschaft, Betreuung und Pflegschaft

Literatur: *Kemter/Mahlmann*, Kontenführung im Spannungsfeld des internationalen Betreuungsrechts, BKR 2008, 410; *Nitzinger*, Das Betreuungsrecht im Internationalen Privatrecht, 1998; *Oelkers*, Internationales Betreuungsrecht, 1996; *Rausch*, Betreuung bei Auslandbezug, BtPRax 2004, 137; *Röthel*, Das Betreuungsrecht im IPR, BtPRax 2006, 90.

115 1. **Terminologie und Qualifikation.** *a) Grundsätzliches.* Bis zum Inkrafttreten des ErwSÜ für Deutschland orientierte sich das deutsche IPR in seiner terminologischen Untergliederung an den verschiedenen Phasen und Vorschriften beim Erwachsenenschutz im deutschen Sachrecht. Es kannte daher Vormundschaft, Betreuung und Pflegschaft. Dies führt Art. 24 EGBGB fort, soweit das ErwSÜ, das KSÜ und das MSA (sowie das Deutsch-persische Niederlassungsabkommen[179]) als vorrangige Staatsverträge nicht greifen. Das ist nur noch in Randbereichen der Fall, nämlich bei der gesetzlichen Vertretungsmacht für schutzbedürftige Erwachsene, bei Abwesenheitspflegschaften und bei Pflegschaften für unbekannte Beteiligte.[180]

116 Die terminologische Differenzierung in drei Anknüpfungsgegenstände (Vormundschaft, Betreuung und Pflegschaft) geht darauf zurück, dass das deutsche IPR insoweit die Terminologie des deutschen Sachrechts aufgreift. Das deutsche Sachrecht ist mit dem BtG[181] zum 1.1.1992 von der Vormundschaft auf die Betreuung umgeschwenkt. Das deutsche IPR aber muss beim Anknüpfungsgegenstand breit genug sein, um auch Schutzverhältnisse ausländischer Rechtsordnungen aufgreifen zu können, die weitergehende Wirkungen haben und tiefer einschneiden.

117 Vormundschaft ist die umfassende Fürsorge für schutzbedürftige Personen einschließlicher deren Vertretung; Pflegschaft ist vormundschaftsähnliche Fürsorge und Vertretung, indes mit begrenztem Aufgabenkreis; Betreuung meint im Prinzip dasselbe wie Pflegschaft. Bei allen drei in Art. 24 EGBGB genannten Bereichen sind Entstehung, Änderung und Beendigung des Schutzverhältnisses gleichermaßen erfasst.[182] Eine Änderung wäre etwa z.B. ein Austausch des Fürsorgenden, sei es wegen Krankheit, sei es wegen Disqualifikation.

118 Für Vormundschaft, Betreuung und Pflegschaft stellt Art. 24 EGBGB also eine im Ausgangspunkt einheitliche Kollisionsnorm auf, ungeachtet ihrer möglichen institutionellen Unterschiede in den Sachrechten. Allen dreien gemeinsam sind die Wurzel und das zentrale Schutzanliegen; nur Instrumente und Reichweite sind verschieden.[183] Die gemeinsame Basis rechtfertigt die Zusammenfassung unter einer Kollisionsnorm und die Gleichbehandlung der Institute im IPR. Art. 24 EGBGB ist getreu Art. 3 Nr. 2 EGBGB subsidiär zu KSÜ und ErwSÜ. Er wird also in weitem Maße von diesen beiden vorrangigen Staatsver-

---

[179] Näher zu dessen Anwendung im Bereich Vormundschaft usw. MüKoBGB/*V. Lipp* Art. 24 EGBGB Rn. 16.
[180] MüKoBGB/*V. Lipp* Art. 24 EGBGB Rn. 2.
[181] Betreuungsgesetz vom 12.9.1990, BGBl. 1990 I 2002.
[182] MüKoBGB/*V. Lipp* Art. 24 EGBGB Rn. 4.
[183] Einen Überblick über auslandsrechtliche Ausgestaltungen im Teilbereich der Vormundschaft bietet *Dutta/D. Schwab/Henrich/Gottwald/Löhnig* (Hrsg.), Vormundschaft in Europa, 2014.

XI. Vormundschaft, Betreuung und Pflegschaft

trägen verdrängt.[184] Das KSÜ verdrängt ihn nicht, wenn das Mündel über 18 ist und damit die Altersgrenze des Art. 2 KSÜ überschritten hat.[185]

Über das deutsche Sachrecht hinausgehende Fürsorgeinstitute unter ausländischen Rechten fallen unter die Grundanknüpfung nach Art. 24 EGBGB, müssen sich aber einer Kontrolle am deutschen ordre public stellen, ob sie zu weit gehende Eingriffe in Handlungsverhältnis und Selbstbestimmungsrecht des Betreuten sind.[186]

b) Vormundschaft. Art. 24 I 1 EGBGB erfasst sowohl die gesetzliche als auch die (behördlich oder gerichtlich) anzuordnende Vormundschaft.[187] Ob ein Mündel nicht mehr minderjährig ist, kann für das Ende einer Vormundschaft von Bedeutung sein, je nach Maßgabe des Vormundschaftsstatuts. Geschäftsfähigkeit und Volljährigkeit sind Vorfragen, die nicht über Art. 24 I 1 EGBGB anzuknüpfen sind,[188] sondern selbständig über Art. 7 I 1 EGBGB.[189]

Wer Vormund sein kann, regelt das Vormundschaftsstatut, also insbesondere, welche Qualifikationen für eine Bestellung zum Vormund vorausgesetzt sind und ob auch andere als natürliche Personen Vormund sein können. Das Vormundschaftsstatut besagt namentlich, ob eine Amtsvormundschaft von Behörden möglich ist. Es besagt des Weiteren, wie und in welchem Zeitrahmen ein Vormund auszuwählen ist.

Ob die ausgewählte Person ein Recht zur Ablehnung der ihn angetragenen Aufgabe hat, soll sich dagegen nach dem Personalstatut des Vormunds richten, weil es dessen Autonomie diene.[190] Das führt jedoch zu einer Zersplitterung und Verkomplizierung der Rechtsanwendung. Überzeugender ist, auch insoweit das Vormundschaftsstatut zum Zuge kommen zu lassen.[191]

Das Vormundschaftsstatut beherrscht auch das Innenverhältnis und die Kompetenzverteilung zwischen Vormund und Mündel. Dies inkludiert die Betreuungspflichten des Vormunds gegenüber dem Mündel, die dabei anzulegenden Sorgfaltsmaßstäbe[192] und die sachliche Reichweite der Vormundschaft (d. h. wie umfassend sie ansetzt oder ob sie sich auf bestimmte Geschäftsbereiche beschränkt). Umgekehrt regiert das Vormundschaftsstatut auch Vergütungs- und Aufwendungsersatzansprüche des Vormunds.[193] Auch die Rolle des Gerichts bis einschließlich einer Entlassung des Vormunds unterliegt ihm.[194]

Zum Vormundschaftsstatut gehören auch Fragen um eine etwaige Mitvormundschaft oder zusätzliche Vormundschaft, gegebenenfalls Einschränkungen und Überlagerung der Vormundschaft durch zusätzliche (Ergänzungs-)Pflegschaften z. B. bei Geschäften, die besondere Risiken oder besondere Kenntnisse verlangen.[195]

Beispiel: M reist als unbegleiteter minderjähriger Flüchtling (aus Afghanistan) nach Deutschland ein. Als sein Vormund wird sein bereits als Asylbewerber in Deutschland lebender Onkel O bestellt. M will nun einen Asylantrag stellen. Das örtlich zuständige deutsche Jugendamt wird zum Mitvormund bestellt.

---

[184] NK-BGB/*Benicke* Art. 24 EGBGB Rn. 5; Erman/*Hohloch* KSÜ Rn. 3.
[185] OLG Bremen FamRZ 2013, 312 = ZKJ 2013, 2012, 359 m. Anm. *Heilmann*.
[186] MüKoBGB/*V. Lipp* Art. 24 EGBGB Rn. 20.
[187] Siehe nur Staudinger/*v. Hein* Art. 24 EGBGB Rn. 9f.; BeckOGK BGB/*Boente* Art. 24 EGBGB Rn. 20.
[188] Dafür aber OLG Bremen FamRZ 2013, 312; OLG Bremen FamRZ 2016, 990; OLG Bremen FamRZ 2017, 1227; OLG Hamm 12.7.2017 – 12 UF 217/16, NZFam 2017, 866; OLG Oldenburg FamRZ 2018, 440.
[189] Siehe nur OLG Hamm FamRZ 2015, 1635.
[190] MüKoBGB/*V. Lipp* Art. 24 EGBGB Rn. 40; BeckOK BGB/*Heiderhoff* Art. 24 EGBGB Rn. 22.
[191] *Oelkers* S. 246; *Nitzinger* S. 67; Staudinger/*v. Hein* Art. 24 EGBGB Rn. 40.
[192] *Oelkers* S. 245 f.; *Röthel*, BtPrax 1996, 90, 92.
[193] Siehe nur *Jaspersen*, FamRZ 1996, 393, 398; *Oelkers* S. 246.
[194] Siehe nur *Schwind*, StAZ 1972, 57, 61; *Röthel*, BtPrax 1996, 90, 92.
[195] Vgl. BGH FamRZ 2017, 1938 m. Anm. *Keuter*; OLG Bamberg FamRZ 2015, 682; OLG Frankfurt FamRZ 2016, 1597; OLG Frankfurt RPfleger 2016, 648; OLG Hamburg FamRZ 2017, 1640; OLG Hamm FamRZ 2017, 1641.

126 *c) Betreuung.* Der Begriff der Betreuung lehnt sich an das deutsche Sachrecht an, ohne an dieses strikt gekoppelt zu sein. Betreuung versteht sich funktionell am besten im Kontrast zur Vormundschaft als der weniger weitgehende Eingriff, welcher die Autonomie des Betreuten stärker wahrt, als die Vormundschaft es beim Mündel tut. Betreuung ist die moderne Fortentwicklung der Vormundschaft sub specie Belassens größtmöglicher Eigenverantwortlichkeit für den Betreuten, stärker begleitende als verdrängende und vertretende Fürsorge.[196]

127 Eine engere und strengere Anlehnung an das deutsche Sachrecht würde die Grenze zwischen Vormundschaft und Betreuung danach ziehen, ob Objekt der Fürsorge ein Minderjähriger (dann Vormundschaft) oder ein Volljähriger (dann Betreuung) ist.[197] Dies erscheint bei einer allseitigen Anknüpfung jedoch problematisch, weil man damit ein deutsch sachrechtliches Begriffsverständnis auf Kosten der internationalen Offenheit ausdehnte.

128 Das Betreuungsstatut ist (mutatis mutandis) sachlich ebenso weit wie das Vormundschaftsstatut.[198]

129 Für einen Ausländer mit gewöhnlichem oder ersatzweise schlichtem Aufenthalt in Deutschland erlaubt Art. 24 I 2 EGBGB die Bestellung eines Betreuers nach deutschem Recht. Er ist einseitige Kollisionsnorm. Über den Inlandsaufenthalt hinaus stellt Art. 24 I 2 EGBGB selber keine weitere Voraussetzung auf, auch keinen Günstigkeitsvergleich mit dem eigentlich anwendbaren Heimatrecht oder dass bei schlichtem Inlandsaufenthalt kein gewöhnlicher Aufenthalt in einem anderen Staat bestehen dürfte.[199] Er ist nicht subsidiär gegenüber Art. 24 I 1 EGBGB und keine Ausnahmeklausel.[200] Indes verlangt er auf seiner Rechtsfolgenseite („kann") eine Ausübung von Entschließungs- und Auswahlermessen.[201]

130 *d) Pflegschaft.* Pflegschaft soll funktional ein (Für-)Sorgeverhältnis aus externen Gründen[202] ohne Notwendigkeit einer generell fehlenden Eigenhandlungsorganisation des Fürsorgeobjekts sein.[203] Eine Pflegschaft tritt häufig als Ergänzungs- oder Zusatzpflegschaft, also als zweites Schutzverhältnis neben einer Vormundschaft oder Betreuung als Basisverhältnis auf. Ein Ergänzungs- oder Zusatzpfleger sieht dem Vormund oder Betreuer in besonders komplizierten Angelegenheiten, die besondere Sachkunde oder besondere Kontrolle erfordern, über die Schulter und steht diesem zur Seite. Bedeutung haben außer der Ergänzungspflegschaft die Abwesenheitspflegschaft, des Weiteren die Pflegschaft für unbekannte Beteiligte und für Beteiligte im Ausland.

131 Das Pflegschaftsstatut ist (mutatis mutandis) sachlich ebenso weit wie das Vormundschaftsstatut.[204] Erfasst ist sowohl die gesetzliche als auch die konkret anzuordnende Pflegschaft.[205]

132 *e) ex lege-Verhältnisse.* Für Art. 24 I EGBGB ist irrelevant, ob ein Schutzverhältnis ex lege oder kraft besonderer Anordnung entsteht, weil er beide Konstellationen gleichermaßen erfasst.[206] Über den Wortlaut des Art. 24 I 1 EGBGB hinaus gilt das Heimatrecht auch für

---

[196] Siehe nur rechtsvergleichend *Röthel,* FamRZ 2004, 999 und für die Schweiz *Häfeli/Stettler,* fampra.ch 2004, 919; *Hausheer,* FamRZ 2009, 1561.
[197] Paradigmatisch z. B. BeckOGK/*Boente* Art. 24 EGBGB Rn. 22 einerseits und Rn. 26 andererseits, je mwN.
[198] Dazu → § 6 Rn. 120–125.
[199] *Röthel,* BtPrax 2006, 90, 91; Staudinger/*v. Hein* Art. 24 EGBGB Rn. 32.
[200] Entgegen *Oelkers* S. 237–242; *Nitzinger* S. 97–106.
[201] *Rausch,* BtPrax 2004, 137, 139; *Looschelders* Art. 24 EGBGB Rn. 10; Staudinger/*v. Hein* Art. 24 EGBGB Rn. 31 f.; NK-BGB/*Benicke* Art. 24 EGBGB Rn. 18.
[202] *Oelkers* S. 221.
[203] BeckOGK/*Boente* Art. 24 EGBGB Rn. 32.
[204] Dazu → § 6 Rn. 120–125.
[205] Siehe nur BeckOGK/*Boente* Art. 24 EGBGB Rn. 29.
[206] MüKoBGB/*V. Lipp* Art. 24 EGBGB Rn. 17 sowie OLG Hamm NJW 2015, 1635; OLG Bremen 23.2.2016 – 4 UF 186/15; OLG Brandenburg StAZ 2017, 111.

XI. Vormundschaft, Betreuung und Pflegschaft 133–139 § 6

die Durchführung *gesetzlicher* Fürsorge.[207] Eine Differenzierung bringt aber Art. 24 III EGBGB.

Nicht von Art. 24 EGBGB erfasst sind dagegen ex lege-Gewaltverhältnisse von Eltern(teilen), auch wenn sie in ausländischen Rechten als Vormundschaft bezeichnet werden (z.B. der wilayat in islamisch geprägten Rechtsordnungen); vielmehr gehören sie zum Anknüpfungsgegenstand elterliche Sorge und im deutschen IPR zu Art. 21 EGBGB.[208] Der wadi als Heirats"vormund" für Frauen, wiederum in islamischen Rechtsordnungen geläufig, gehört zum Eheschließungsrecht. 133

2. Anknüpfung. a) *Grundanknüpfung nach Art. 24 I 1 EGBGB*. Art. 24 I 1 EGBGB knüpft Vormundschaft, Betreuung und Pflegschaft (vordergründig) regelhaft an die Staatsangehörigkeit des Mündels, Betreuten oder Pfleglings, übergreifend formuliert: der Schutzperson, an. Die Schutzperson steht im Mittelpunkt. Um sie und ihre Interessen geht es. Deshalb ist es nur konsequent, sie zum Anknüpfungssubjekt und eines ihrer persönlichen Merkmale zum Anknüpfungspunkt zu erheben. An die Staatsangehörigkeit, nicht an den gewöhnlichen Aufenthalt, anzuknüpfen erweist Art. 24 I 1 EGBGB indes als Kollisionsnorm aus einer älteren Epoche. Die Anknüpfung folgt einem anderen Prinzip als das ErwSÜ. Das droht qualifikatorischen Fragen auf der Grenze zum ErwSÜ besonderes Gewicht beizulegen. 134

Bei ausländischen Staatsangehörigen in Deutschland würde eine strikte Anwendung des Art. 24 I 1 EGBGB schnell wahrzunehmende Schutzbedürfnisse gefährden, weil Auslandsrechtsermittlung und -anwendung Verzögerungen mit sich brächte. Deshalb erlaubt Art. 24 I 2 EGBGB, bei ausländischen Staatsangehörigen mit gewöhnlichem oder schlichtem Aufenthalt in Deutschland, einen Betreuer nach deutschem Recht zu bestellen. 135

Soweit ausländisches Recht berufen ist und dieses stärker in die rechtliche Handlungsfähigkeit und das Selbstbestimmungsrecht des Betroffenen eingreift, als es bei einer Betreuung nach deutschem Recht der Fall wäre, ist bei hinreichendem Inlandsbezug eine Überprüfung des jeweiligen konkreten Ergebnisses am deutschen ordre public geboten.[209] 136

Beim Anknüpfungspunkt Staatsangehörigkeit gilt Art. 5 EGBGB. Maßgeblich ist der Zeitpunkt der jeweiligen Rechtslagengestaltung (also bei einer Änderung der Zeitpunkt der Änderung und bei der Beendigung der Zeitpunkt der Beendigung).[210] 137

b) *Sonderregel für Pflegschaft für unbekannte Beteiligte und Pflegschaft für Beteiligte im Ausland in Art. 24 II EGBGB*. Laut Art. 24 II EGBGB ist dann, wenn eine Pflegschaft erforderlich ist, weil nicht feststeht, wer an einer Angelegenheit beteiligt ist, oder weil sich ein Beteiligter in einem anderen Staat befindet, das Recht anzuwenden, das für die Angelegenheit maßgebend ist. Bei der zweiten Konstellation hat der Gesetzgeber an § 1911 II BGB gedacht.[211] Für Pflegschaften für unbekannte Beteiligte und Pflegschaften für Beteiligte im Ausland ist also nicht an die Staatsangehörigkeit der betreffenden Beteiligten anzuknüpfen, sondern an die lex causae der regelungsbedürftigen Angelegenheit. Das Pflegschaftsstatut folgt also akzessorisch der lex causae.[212] 138

Ein Beispiel könnte die Nacherbenpflegschaft (im deutschen Sachrecht § 1913 S. 2 BGB) sein,[213] allerdings nur, wenn man sie nicht bereits von vornherein erbrechtlich qualifiziert und über Art. 23 I EuErbVO dem Erbstatut unterstellt.[214] Bei einem unbekannten 139

---

[207] MüKoBGB/*V. Lipp* Art. 24 EGBGB Rn. 48.
[208] *Looschelders* Art. 24 EGBGB Rn. 2; Staudinger/*v. Hein* Art. 24 EGBGB Rn. 11; MüKoBGB/*V. Lipp* Art. 24 EGBGB Rn. 21.
[209] MüKoBGB/*V. Lipp* Art. 24 EGBGB Rn. 2.
[210] MüKoBGB/*V. Lipp* Art. 24 EGBGB Rn. 30, 32.
[211] Begründung der Bundesregierung zum Entwurf eines Gesetzes zur Neuregelung des Internationalen Privatrechts, BT-Drs. 10/504, 73.
[212] Staudinger/*v. Hein* Art. 24 EGBGB Rn. 57.
[213] Erman/*Hohloch* Art. 24 EGBGB Rn. 16; Palandt/*Thorn* Art. 24 EGBGB Rn. 6.
[214] Staudinger/*v. Hein* Art. 24 EGBGB Rn. 57.

Grundstückseigentum kommt das Belegenheitsrecht des Grundstücks als Sachstatut und Verfügungsstatut dinglicher Vorgänge zum Zuge.[215]

140 Für Pflegschaften für unbekannte Beteiligte leuchtet die Lösung sofort ein, denn eine Regelanknüpfung an die Staatsangehörigkeit eines unbekannten Beteiligten kann man nicht vornehmen. Das unbekannte Anknüpfungssubjekt entzieht sich der Beurteilung. Bei bekannten Beteiligten mit Aufenthalt im Ausland erscheint sie dagegen im Zeitalter heutiger Kommunikationsmöglichkeiten altmodisch, wenn man nicht zusätzlich eine territoriale Beschränkung von Rechten des Pflegers als hoheitlich eingeräumten Rechten hinzudenken will.

141 c) *Lex fori für vorläufige Maßregeln kraft Art. 24 III Var. 1 EGBGB.* Vorläufige Maßregeln unterwirft Art. 24 III Var. 1 EGBGB dem Recht des anordnenden Staates. Es wird also auf deutsches Recht als lex fori rekurriert, weil nur ein deutsches Gericht sich um die deutsche Kollisionsnorm des Art. 24 III EGBGB scheren wird.[216] Hierher gehören z. B.:[217] verlangte persönliche Fähigkeiten und Qualifikationen des Fürsorgenden, Auswahl und Bestellung des Fürsorgenden, Ablehnungsrechte, Rechte und Pflichten des Fürsorgenden, Genehmigungserfordernisse für Einzelmaßnahmen, der Vergütungsanspruch des Fürsorgenden, Entlassung und Haftung des Fürsorgenden, Rechte und Pflichten des Gerichts. Kollisionsrechtlichen Verkehrsschutz gewährleistet Art. 12 EGBGB.[218]

142 Die Einordnung vorläufiger Vormundschaften, Betreuungen oder Pflegschaften ist umstritten. Betont man „*Vormundschaft*" usw., so favorisiert man Art. 24 I EGBGB.[219] Betont mag dagegen „*vorläufig*", so favorisiert man Art. 24 III Var. 1 EGBGB.[220] Nur die endgültige Anordnung einer Vormundschaft usw. würde dann unter Art. 24 I EGBGB fallen. Dieser Ansatz hätte den praktischen Vorteil, die vorläufige Vormundschaft als Kombination und Summe von Maßregeln anordnen zu können, ohne einzelne Anordnungen für jede einzelne vorläufige Maßregel erlassen zu müssen.[221]

143 d) *Lex fori für Inhalt einer gerichtlich angeordneten Vormundschaft, Pflegschaft oder Betreuung kraft Art. 24 III Var. 2 EGBGB.* Die lex fori beruft Art. 24 III Var. 2 EGBGB für den Inhalt einer gerichtlich angeordneten Vormundschaft, Pflegschaft oder Betreuung. Nicht erfasst sind also gesetzliche Vormundschaften und Pflegschaften. Bei der Betreuung scheint sich der Gesetzgeber am Vorstellungsbild des deutschen Sachrechts orientiert zu haben, das nur angeordnete Betreuungen kennt. Jedenfalls steht vor „Betreuung" kein „angeordnet" im Gesetzestext, obwohl diese Einschränkung gleichermaßen gewollt ist.

144 Bei den Schutzmaßnahmen sind Verfahren und Inhalt der Anordnung so eng verzahnt, dass Art. 24 III Var. 1 EGBGB zu dem Schluss gelangt: Wer angeordnet hat, dessen Recht (genauer: dessen Perspektive) regiert auch den Inhalt.

145 e) *Rück- und Weiterverweisung.* Art. 24 I 1 EGBGB spricht eine Gesamtverweisung aus.[222] Für Art. 24 I 2 EGBGB steht ein renvoi per definitionem außer Rede. Art. 24 II EGBGB knüpft akzessorisch an die lex causae an. Er kennt keinen eigenen vormundschafts(usw.)

---

[215] *Kegel,* in: *Kegel/Schurig* IPR S. 984; *Looschelders* Art. 24 EGBGB Rn. 4; jurisPK BGB/*Röthel* Art. 24 EGBGB Rn. 51; Staudinger/*v. Hein* Art. 24 EGBGB Rn. 57a.
[216] Aus ausländischer Sicht steht, wenn dessen IPR per Gesamtverweisung auf das deutsche Recht verweist, eine versteckte Rückverweisung in Rede.
[217] Katalog bei MüKoBGB/*V. Lipp* Art. 24 EGBGB Rn. 38–45 mwN.
[218] Siehe nur Beschlussempfehlung und Bericht des Rechtsausschusses, BT-Drs. 10/5632, 40 f.; *Oelkers* S. 246; *Nitzinger* S. 146.
[219] BayObLG NJW 1971, 997 m. Anm. *Röder;* BayObLG IPRspr. 1971 Nr. 112 S. 344; OLG Hamm FamRZ 1973, 326 m. Anm. *Beitzke;* KJG 27 A 209; KJG 31 A 45; KG OLGE 46 (1927), 200.
[220] LG Osnabrück IPRspr. 1929 Nr. 90; *Lewald* S. 164; *Schrick,* Die Entmündigung von Ausländern im Inland, Diss. Bonn 1970, S. 152; *Röder,* NJW 1971, 997; Soergel/*Kegel* Art. 24 EGBGB Rn. 20.
[221] *Henrich,* Internationales Familienrecht, 2. Aufl. 2000, S. 338; Staudinger/*v. Hein* Art. 24 EGBGB Rn. 62.
[222] Siehe nur BayObLG NJW 1971, 997 m. Anm. *Röder;* BayObLG IPRspr. 1971 Nr. 112 S. 344; Staudinger/*v. Hein* Art. 24 EGBGB Rn. 64; NK-BGB/*Benicke* Art. 24 EGBGB Rn. 23; *Dutta/Lüttringhaus,* FamRZ 2018, 1564, 1565.

rechtlichen renvoi, folgt aber einem renvoi, soweit sich die lex causae über diesen bestimmt. Art. 24 III Var. 1 EGBGB nimmt Rücksicht auf Eilbedürftigkeit und belässt es bei dem Rechtsprodukt, dass die jeweilige lex fori herstellt.

Bei Art. 24 III Var. 2 EGBGB ist eine Verweisung auf ausländisches Recht denkbar, **146** die jedoch nach dem Sinn der Verweisung und der funktionellen Ähnlichkeit der Anknüpfung an die jeweilige lex fori bei einer *angeordneten* Schutzmaßnahme mit einer Anerkennung dieser Maßnahme nach Art. 4 I 1 Hs. 2 EGBGB eine Sachnormverweisung sein dürfte.

3. Einseitige Kollisionsnorm für die Beistandschaft in § 1717 BGB. Im deutschen **147** Sachrecht ist die Beistandschaft 1997 novelliert worden und hat zusätzlich die vorherige Amtspflegschaft des § 1709 BGB aF abgelöst.[223] Die Beistandschaft des deutschen Rechts ist kein Anknüpfungsgegenstand des Art. 24 EGBGB. Vielmehr gibt es für sie eine eigene, einseitige Kollisionsnorm[224] in § 1717 BGB. § 1717 BGB genießt Spezialitätsvorrang.[225] § 1717 BGB erklärt das deutsche Beistandsrecht dann für anwendbar, wenn der gewöhnliche Aufenthalt des Kindes in Deutschland liegt. § 1717 BGB verwendet also ebenfalls mit dem gewöhnlichen Aufenthalt des Schützlings einen anderen Anknüpfungspunkt als Art. 24 EGBGB, der weiterhin dem Staatsangehörigkeitsprinzip verhaftet bleibt.[226]

XII. Geschlechtszugehörigkeit

Literatur: *Gössl*, Intersexuelle Menschen im Internationalen Privatrecht, StAZ 2013, 301; *dies.*, From question of fact to question of law to question of private international law: The question whether a person is male or female or …?, (2016) 12 JPrIL 261; *Haftel*, Identité sexuelle et droit international privé, in: Bollée/Pataut (dir.), L'identité à l'épreuve de la mondialisation, 2016, S. 139; *Renchon*, Le nouveau régime juridique du changement de sexe, Rev. trim. dr. fam. 2018, 229; *Scherpe* (ed.), The Legal Status of Transsexual and Transgender Persons, 2015; *Scherpe/Dutta/Helms* (eds.), The Legal Status of Intersex Persons, 2018.

1. Ausgangspunkt. Sexuelle Orientierung ist ein großes gesellschaftliches Thema in **148** den westlichen Demokratien mit ihren individualistischen und prinzipiell liberalen bis libertären Gesellschaftsordnungen. Das einschlägige (englische) Akronym hat inzwischen sieben Buchstaben erreicht: LGBTTIA = Lesbian, Gay, Transsexual, Transgender,[227] Intersexual, Asexual. Drei dieser Unterkategorien haben mit sexueller Identität und Erfahrung der Eigengeschlechtlichkeit zu tun: Transsexual, Transgender und Intersexual. Sie schlagen sich zunehmend in den Sachrechten nieder, wo es Reformbestrebungen für die Geschlechterzuweisung in vielen Rechtsordnungen gibt, insbesondere um Transgender- und Intersex-Gestaltungen abzubilden[228] (und sogar eine beginnende Diskussion, ob der staatliche Gesetzgeber dazu überhaupt die Kompetenz habe[229]).

Das deutsche Recht geht neuerdings sogar so weit, dass die geschlechtliche Identität als **149** Ausprägung des allgemeinen Persönlichkeitsrechts verfassungsrechtlichen Schutz aus Art. 2 I

---

[223] Siehe nur Begründung der Bundesregierung zum Entwurf eines Gesetzes zur Abschaffung der gesetzlichen Amtspflegschaft und Neuordnung des Rechts der Beistandsschaft, BT-Drs. 13/892, 12.
[224] Staudinger/*v. Hein* Art. 24 EGBGB Rn. 6.
[225] Begründung der Bundesregierung zum Entwurf eines Gesetzes zur Abschaffung der gesetzlichen Amtspflegschaft und Neuordnung des Rechts der Beistandsschaft, BT-Drs. 13/892, 41.
[226] Rechtspolitische Kritik an Art. 24 EGBGB für dieses Beharren z. B. bei Staudinger/*v. Hein* Art. 24 EGBGB Rn. 7.
[227] Zu medizinisch-psychologischen und religiösen Sichtweisen auf ★Trans★Phänomene *Pfäfflin* bzw. *Dormor* und *Beardsley*, in: Scherpe (ed.), The Legal Status of Transsexual and Transgender Persons, 2015, S. 11 bzw. 27 bzw. 77. Zur soziologischen Perspektive *Brubaker*, Trans: Gender and Race in Age of Unsettled Identities, 2016.
[228] Siehe z. B. die Loi du 25 juin 2017 réformand des régimes relatifs aux peronnes transgenres en ce qui concerne la mention d'une modification de l'enregistrement du sexe dans les actes de l'état civil et ses effets, Moniteur Belge 10 juillet 2017; dazu z. B. *Bribosia/Gallus/Rorive*, J. trib. 2018, 261.
[229] *D. Cooper/Renz*, (2016) 43 J. L. & Society 483; *Delavaquerie*, Petites Affiches N° 48, 7 mars 2018, S. 3.

iVm Art. 1 I GG genießt.[230] Viele Rechtsordnungen beharren aber auf dem binären System und weigern sich, selbst ein drittes, neutrales Geschlecht anzuerkennen.[231] Eine andere Tendenz geht dahin, die Geschlechtszugehörigkeit zu „entmedikalisieren"[232] und vielmehr als soziale Zuordnung dem Willen des Betroffenen zu überantworten.[233] Facebook hat bereits seit dem 14.2.2014 eine Liste von nicht weniger als 60 (sic!) möglichen „benutzerdefinierten" Geschlechtern angelegt.[234] Damit werden solche Fragen gleichzeitig auch zu Aufgaben für das IPR.[235] Mittelfristig dürfte sich ihrer eine geschriebene Kollisionsnorm annehmen müssen.[236]

150 Die Geschlechtszugehörigkeit ist keine reine Tatsachenfrage, sondern vielmehr eine Rechtsfrage.[237] Diese Rechtsfrage ist materiellprivatrechtlich, nicht verfahrensrechtlich.[238] Wie jede materiellprivatrechtliche Rechtsfrage ist sie daher Anknüpfungsgegenstand für das IPR. Sie ist eine personenrechtliche Frage, denn der zivile Status gehört zum Kern einer Person.[239] Im deutschen IPR ist Art. 7 I EGBGB analog anzuwenden: Die Geschlechtszugehörigkeit und die zur Verfügung stehenden Geschlechtskategorien unterliegen dem Heimatrecht der betreffenden Person.[240] Es erfolgt eine Gesamtverweisung auf das IPR des Heimatrechts.[241]

151 **2. Transsexuelle.** Viele Länder haben bisher eigene Transsexuellengesetze erlassen, nämlich außer Deutschland etwa Schweden, Italien, die Niederlande, die Türkei, Finnland,[242] Frankreich[243] und Belgien.[243a] In anderen herrscht Richterrecht, namentlich in Frankreich.[244] Generell gibt es einen Trend dahin, Transsexualität zu respektieren und rechtlich zu akzeptieren.[245] Der deutsche ordre public steht einer Anerkennung entsprechender rechtlicher Wirkungen nicht entgegen. Im Gegenteil verlangen das deutsche Verfassungsrecht und damit bei hinlänglichem Inlandsbezug (gewöhnlicher Aufenthalt im Inland) auch der deutsche ordre public zwingend, jedenfalls eine erfolgreiche geschlechtsumwandelnde Operation als Änderung des Geschlechts und damit insbesondere

---

[230] BVerfG NJW 2017, 3643 m. zust. Anm. *Gössl* = FamRZ 2017, 2046 m. Anm. *Helms*; dazu *Frie*, NZFam 2017, 1149; *Märker*, NZFam 2018, 1; *Wiemers*, DVBl 2018, 247; *Froese*, DÖV 2018, 315; *Jäschke*, FamRZ 2018, 887.

[231] So z.B. in *Rainer Frank* Cass. JCP G 2017, 1228 = D. 2017, 981; *Denis Mazeaud*, JCP G 2017, 1129; *Gobert*, JCP G 2017, 1228; Cass. D. 2017, 1399 notes *Vauthier/Vialla* und *Moron-Puech*.

[232] So z.B. *Astrid Marais*, JCP G 2016, 2010.

[233] Z.B. Loi n° 2016-1547 du 18 novembre 2016 de modernisation de la justice du XXIᵉ siècle, JO 19 Nov. 2016 in Frankreich.

[234] Die Liste ist z.B. unter <http://www.faz.net/aktuell/gesellschaft/facebook-60-auswahlmoeglichkeiten-fuer-geschlecht-13135140.html> auf Deutsch abrufbar.

[235] *Dutta/Pintens*, in: Scherpe/Dutta/Helms (eds.), The Legal Status of Intersex Persons, 2018, vor I.

[236] *Gössl*, IPRax 2017, 339, 340.

[237] *Gössl*, (2016) 12 JPrIL 261, 262–266; *Dutta/Pintens*, in: Scherpe/Dutta/Helms (eds.), sub I.

[238] *Dutta/Pintens*, in: Scherpe/Dutta/Helms (eds.), sub I.

[239] *Gössl*, (2016) 12 JPrIL 261, 270.

[240] *Gössl*, StAZ 2013, 301, 303. Siehe auch *Dutta/Pintens*, in: Scherpe/Dutta/Helms (eds.), sub II: Personalstatut jedenfalls als Ausgangspunkt de lege lata.

[241] *Gössl*, StAZ 2013, 301, 303.

[242] Aufzählung und Nachweise bei *Pimenoff/Will*, StAZ 2003, 71.

[243] Loi n° 2016-1547 du 18 novembre 2016 de modernisation de la justice du XXIᵉ siècle, JO 19 Nov. 2016; zu Transsexuellenfragen darin *Vialla*, D. 2016, 2351 und zuvor TGI Montpellier RDS 2016, 584 note *Vialla* = Les Petites Affiches n°. 151, 26 mai 2016, S. 8 note *Vialla*.

[243a] Loi du 25 juin 2017 réformant des régimes relatifs aux personnes transgenres en ce qui concerne la mention d'une modification de l'enregistrement du sexe dans les actes de l'état civil et ses effets, Mo Belge 2017, 71465; dazu *Renchon*, Rev. trim. dr. fam. 2018, 229.

[244] Siehe dort Cass. civ. JCP G 1990 II 21588 note *Massip*; Cass. ass. plén. JCP 1993 II 21991 note *Jeol*; Cass. civ. JCP G 2012 act. 697 note *Vialla*; Cass. civ. JCP G 2012 act. 717 note *Jehl*; Cass. civ. JurisData n°. 2012-012146; Cass. civ. JurisData n°. 2012-012147, beide JCP G 2012 act. 729 note *Reigné*; CA Paris RCDIP 84 (1995), 308 note *Lequette*; *Mémeteau*, Gaz. Pal. 1993 I 180.

[245] Z.B. *Whittle*, Respect and Equality – Transsexual and Transgender Rights, 2002, und die Länderberichte in: *Scherpe* (ed.), S. 109–612 (Argentinien, Australien, Belgien, Dänemark, Deutschland, Hong Kong, Irland, Italien, Japan, Neuseeland, Singapur, Spanien, Taiwan, Tschechische Republik, Türkei, USA, Vereinigtes Königreich).

XII. Geschlechtszugehörigkeit 152–155 § 6

als Begründung der Fähigkeit, eine Ehe mit einem Angehörigen des früheren Geschlechts zu schließen, anzusehen. Insoweit setzen sich die deutschen Wertvorstellungen gegenüber einem abweichenden Heimatrecht des Transsexuellen durch.[246] Artt. 1, 2, 6 GG differenzieren nicht zwischen Ausländern und Deutschen. Eine grundrechtskonforme Regelung wird sich zumeist schon über Art. 13 II EGBGB erzielen lassen.[247] Einige Rechte gehen sogar in die andere Richtung noch weiter und stellen tendenziell nicht mehr tragend auf operative Umwandlungen, sondern auf soziale Geschlechtszuschreibungen ab.[248]

Der Europäische Gerichtshof für Menschenrechte hatte das englische Verbot einer Anerkennung der Geschlechtsumwandlung[249] zunächst mehrfach aufrecht erhalten und darin keinen Verstoß gegen Art. 8 EMRK oder Art. 12 EMRK gesehen.[250] Indes hat der EGMR zunehmend strengere Maßstäbe angelegt und keinen rechtfertigenden Grund mehr dafür gesehen, Transsexuellen die Eheschließung zu versagen.[251] 152

Von kollisionsrechtlicher Relevanz ist für deutsche Rechtsanwender § 1 I Nr. 3 litt. a, d TSG. Diesem liegt zugrunde, dass sich die rechtliche Geschlechtszugehörigkeit einer Person nach deren Heimatrecht richtet. Allerdings ist die Norm einseitig formuliert und führt nur zum deutschen Recht. Für Deutsche nennt § 1 I Nr. 3 lit. a TSG das deutsche Recht als Grundlage einer Vornamensänderung. 153

Für Ausländer, deren Heimatrecht keine entsprechende Regelung kennt, führt § 1 I Nr. 3 lit. d TSG ebenfalls zum deutschen Recht, soweit sie ein unbefristetes Aufenthaltsrecht besitzen (sublit. aa) oder eine verlängerbare Aufenthaltserlaubnis besitzen und sich dauerhaft in Deutschland aufhalten (sublit. bb). § 1 I Nr. 3 litt. b, c TSG normiert die Ersatzanknüpfungen für die Personengruppen ohne Heimatrecht, nämlich für Staatenlose an den gewöhnlichen Aufenthalt in Deutschland und Flüchtlinge an den Wohnsitz. Entweder daraus oder aus einer Analogie zu Art. 7 I EGBGB lässt sich verallgemeinernd schließen, dass das Heimatrecht einer Person deren Geschlechtszugehörigkeit einer Person regiert.[252] Diese Anknüpfung ist eine Gesamtverweisung auf das IPR des Heimatrechts. 154

§ 1 I Nr. 3 lit. d TSG[253] eröffnet aber weitergehende Optionen, nachdem das BVerfG die vorangegangene Regelung in ihrer Beschränkung auf Deutsche und Personen mit deutschem Personalstatut für verfassungswidrig erklärt hat.[254] Darauf musste der Gesetzge- 155

---

[246] Staudinger/*Mankowski* Art. 13 EGBGB Rn. 185; BeckOK BGB/*Mörsdorf-Schulte* Art. 13 EGBGB Rn. 25.
[247] *Spickhoff*, Der ordre public im internationalen Privatrecht, 1989, S. 231; Staudinger/*Mankowski* Art. 13 EGBGB Rn. 185; siehe auch LG Stuttgart StAZ 1999, 15, 16.
[248] Z. B. Australien; *AB & AH v. Western Australia* (2011) 244 CLR 390 (High Ct. Australia); *Bennett*, (2013) 34 Adelaide L. Rev. 379.
[249] *Bellinger v. Bellinger* [2003] 2 All ER 593 (H. L.), [2002] 1 All ER 311 = [2002] 2 WLR 411 = [2002] Fam. 150 = [2001] 2 FLR 1048 (C. A.); *Corbett v. Corbett [otherwise Ashley]* [1971] P. 83, 104–106 = [1970] 2 All ER 33, 47 f. (F. D., *Ormrod* J.) sowie *R v. Tan* [1983] QB 1053, 1063 f. = [1983] 2 All ER 12, 19 [CA]; vgl auch *ST v. J (transsexual: void marriage)* [1998] 1 All ER 431, 447 = [1998] Fam. 103, 122 (C. A., per Ward LJ]; anders dagegen für arbeitsrechtliche Zwecke *A v. Chief Constable of West Yorkshire Police* [2003] 1 FLR 223 [CA] und in Neuseeland *A-G v. Otahuhu Family Court* [1995] 1 NZLR 60, 630 (NZ HC, *Ellis* J.) und in Australien *Re Kevin: validity of marriage of transsexual* Fed. Fam. Ct. (Full Ct.) 21 February 2003 – App. No. EA 97/2001, [2001] Fam. CA 1074 (Fed. Fam. Ct., *Chisholm* J.).
[250] *Rees v. United Kingdom* [1987] 9 EHRR 56; *Cossey v. United Kingdom* Series A vol. 184 (1990), 5 = [1991] 13 EHRR 622; *Sheffield and Horsham v. United Kingdom* [1998] 3 FCR 141; auch *B v. France* [1992] 16 EHRR 1 = D. 1993 Jur. 101 note *Marguénaud;* offenlassend im Fall *van Oosterwijck* Series A Vol. 40 (1981), 4 = EuGRZ 1981, 275; zu euphorisch *C. Will,* GS Léontin-Jean Constantinescu, 1983, S. 911.
[251] *I v. United Kingdom* 11.7.2002 – No 25680/94, [2002] 2 FCR 613; *Goodwin v. United Kingdom* 11.7.2002 – No 28957/95, [2002] 35 EHRR 18 = [2002] 2 FLR 487 = [2002] 2 FCR 577 (dazu *Chavent-Leclèrc,* D. 2003, 2032); *Hämäläinen v. Finland* 16.7.2014 – No 37359/09.
[252] MüKoBGB/*V. Lipp* Art. 7 EGBGB Rn. 16; *Gössl,* StAZ 2013, 301, 303 sowie KG StAZ 2002, 307; OLG Karlsruhe StAZ 2003, 139; AG Hamburg StAZ 1998, 42.
[253] In der Fassung durch Art. 3a Gesetz zur Änderung des Passgesetzes und weiterer Vorschriften vom 20.7.2007, BGBl. 2007 I 1566, 2007 I 2316.
[254] BVerfGE 116, 243 = StAZ 2007, 9 m. Anm. *W. Roth; Scherpe,* FamRZ 2007, 271; *Röthel,* IPRax 2007, 204.

ber mit der Neuregelung reagieren.²⁵⁵ § 1 I Nr. 3 lit. d TSG erlaubt jetzt eben auch Ausländern, deren Heimatrecht keine dem deutschen Recht vergleichbare Anerkennung einer geschlechtsumwandelnden Wirkung nach Operationen vorsieht²⁵⁶ und die sich dauerhaft und rechtmäßig in Deutschland aufhalten, die rechtliche Möglichkeit zur Geschlechtsumwandlung und zur entsprechenden Vornamensänderung. Darin liegt eine Durchbrechung der prinzipiellen Anknüpfung an die Staatsangehörigkeit. Daraus indes ein generelles Umschwenken von der Staatsangehörigkeitsanknüpfung auf die Aufenthaltsanknüpfung bei der Geschlechtszugehörigkeit herauslesen zu wollen,²⁵⁷ ginge zu weit und würde die Sonderregel des Art. 1 I Nr. 3 lit. d TSG überdehnen.

156 Man sollte in Art. 1 I Nr. 3 lit. d vielmehr eine besondere ordre public-Klausel sehen, die Anwendungsergebnisse umwandlungsfeindlicher Auslandsrechte bei starkem Inlandsbezug korrigiert. Ein Ausländer muss sein Recht auf geschlechtliche Selbstbestimmung zwar vorrangig in seinem Heimatland verfolgen; dafür ist aber Grenze, dass er sich nicht in seinen (deutschen) Jedermannsgrundrechten verletzen lassen muss.²⁵⁸ Diese Grenze soll z. B. eingreifen, wenn das ausländische Recht eine geschlechtsumwandelnde Operation oder dauerhafte Fortpflanzungsunfähigkeit zur Voraussetzung für eine Änderung des Personenstands erhebt.²⁵⁹

157 **3. Transgender.** Ein Transgender²⁶⁰-Fall liegt vor, wenn soziales und biologisches Geschlecht eines Menschen voneinander abweichen oder sich ein Mensch nicht auf seine eigentliche biologische Geschlechtsrolle festlegen will.²⁶¹ In der Abgrenzung mitdefinierender Gegenbegriff ist Cissexualität.²⁶² Genderqueer oder non-binary werden teilweise als Synonyma für dasselbe Phänomen bezeichnet, ebenso Gender Identity Disorder (GID). Auch das Recht muss sich dem Phänomen stellen.²⁶³ Am weitesten gehen viele lateinamerikanische Staaten, die in den letzten Jahren einen rechtlich bindenden Geschlechtswechsel aufgrund einfacher Erklärung zulassen, also kraft privater Autonomie: in chronologischer Abfolge Uruguay,²⁶⁴ Argentinien,²⁶⁵ Bolivien,²⁶⁶ Kolumbien²⁶⁷ und Ecuador²⁶⁸.

158 Das TSG als älteres Gesetz stellt auf operative Geschlechtsumwandlungen ab und erfasst Transgender-Personen daher nicht. Eine analoge Anwendung²⁶⁹ müsste daher erhebliche

---

²⁵⁵ BGH FamRZ 2018, 383 m. zust. Anm. *Gössl;* BGH FamRZ 2018, 387.
²⁵⁶ Beispielsweise die Türkei; BGH FamRZ 2018, 383 m. zust. Anm. *Gössl;* BGH FamRZ 2018, 387.
²⁵⁷ So *Scherpe,* FamRZ 2007, 271, 272; Staudinger/*Hausmann* Art. 7 EGBGB Rn. 39; BeckOK BGB/*Mäsch* Art. 7 EGBGB Rn. 37.
²⁵⁸ BVerfGE 116, 243 Rn. 59 f.; *Gössl,* FamRZ 2018, 386.
²⁵⁹ BGH FamRZ 2018, 383 m. Anm. *Gössl* = StAZ 2018, 120.
²⁶⁰ Der Terminus geht wohl zurück auf *Oliven,* Sexual Hygiene and Pathology, 1965, S. 514. Näher zur Begriffsgeschichte *Cristan Williams,* 1 Transgender Studies Quarterly 232 (2014).
²⁶¹ Dazu z. B. *Ekins/Dave King,* The Transgender Phenomenon, 2006; *Bevan,* The Psychobiology of Transsexualism and Transgenderism, 2014.
²⁶² Grundlegend *Sigusch,* Psyche 49 (1995), 811.
²⁶³ Z. B. *Greif,* Doing Trans/Gender – Rechtliche Dimensionen, 2005; *Currah/Juang/Minter* (eds.), Transgender Rights, 2006, und die Länderberichte in: *Scherpe* (ed.), S. 109–612 (Argentinien, Australien, Belgien, Dänemark, Deutschland, Hong Kong, Irland, Italien, Japan, Neuseeland, Singapur, Spanien, Taiwan, Tschechische Republik, Türkei, USA, Vereinigtes Königreich). Rechtsvergleichend *Scherpe/Dunne,* in: Scherpe (ed.), S. 615.
²⁶⁴ Ley No. 18.620 Derecho a la identidad de género y al cambio de nombre y sexo en documentos identificatorios, D. O. No. 27858 (17 Nov. 2009).
²⁶⁵ Ley 26.734 establécese el derecho a la identitad de género de las personas de Mayo 23 de 2012.
²⁶⁶ Ley 807 de 21 de Mayo de 2015.
²⁶⁷ Decreto 1227 de 4 junio 2015 por el cual se adiciona un sección al Decreto 1069 de 2015, Único Reglementario del Sector Justicia y del Derecho, relacionada con el trámite para el corregir el componentesexo en el Registro del EstadoCivil.
²⁶⁸ Ley Orgánica de Gestión de la Identidad y del Datos Civiles, Registro Oficial No. 864 (4 de febrero de 2016), 1.
²⁶⁹ Dahin generell (Transsexuellengesetzgebung als Basis für Transgenderregelung) *Dutta/Pintens,* in: Scherpe/Dutta/Helms (eds.), sub II.

XII. Geschlechtszugehörigkeit   159–161   § 6

Hürden überwinden. Soweit man sich nicht zu ihr versteht, bleibt es mangels verdrängender Spezialgesetzgebung bei einer kollisionsrechtlichen Anknüpfung analog Art. 7 EGBGB. Eine Anerkennungslösung käme alternativ, aber vorrangig jedenfalls bei einer behördlichen Eintragung in Betracht.[270]

4. Intersexuelle. Neben die Transsexuellen und die Transgender-Personen treten die so 159
genannten Intersexuellen als Problemfall für die Geschlechtszugehörigkeit.[271] Intersexuell sind Menschen, die anhand geschlechtsbestimmender und geschlechtsdifferenzierender Merkmale (insbesondere äußere und innere Genitalien, Chromosomensatz, Hormonkonzentrationen, sozialer Merkmale und des Selbstverständnisses) nicht eindeutig einem Geschlecht zugeordnet werden können.[272] Disorder/Difference of Sexual Development (DOSD) hat drei hauptsächliche Unterformen: das Androgenitale Syndrom (genetische Frau mit ermännlichtem Genital), Gonadendysgenesie (männlicher XY-Chromosomensatz mit Verkümmerung der Gonaden und deshalb fehlender Ausbildung innerer und äußerer männlicher Genitalien) und Androgenresistenz (chromosomaler Mann mit Störung der Hormonrezeptoren und ausfallender Testosteronwirkung).[273] Neueste und am weitesten gehende Reaktion im deutschen Privatrecht ist § 22 III PStG[274].[275]

Ein intersexuelles Kind kann ohne Angabe der Geschlechtszugehörigkeit im Geburten- 160
register eingetragen werden.[276] Geburtsregistereinträge als „inter" oder „divers" sind in Deutschland möglich.[277] Intersexualität wird in anderen Staaten rechtlich als drittes Geschlecht eingeordnet und entsprechend in Registern und Ausweisdokumenten vermerkt, z.B. in Nepal,[278] Indien, Pakistan, Australien, Neuseeland[279] und Frankreich[280].

Die Anerkennung eines dritten oder neutralen Geschlechts neben männlich und weib- 161
lich durch ein Heimatrecht könnte gegen den deutschen ordre public verstoßen, wenn die Dichotomie der beiden traditionellen Geschlechter zu den Fundamenten der deutschen Rechtsordnung gehören würde. Zwar gibt es viele Normen, welche auf dieser klassischen Einteilung in Männer und Frauen aufbauen, an der Spitze Art. 3 II, III GG. Jedoch orientieren sich diese Normen jeweils am Stand ihrer Entstehungszeit. Sie versperren nicht, dass sich aufgrund neuerer Entwicklungen andere Erkenntnisse oder gesellschaftliche Haltungen einstellen. § 22 III PStG markiert heute den Stand des deutschen Rechts. Das deutsche Recht kann nicht reklamieren, dass Gestaltungen in ausländischen Rechten gegen den

---

[270] Vermeintliche Gegengründe zählt *Haftel,* Identité sexuelle et droit international privé, in: *Bollée/Pataut* (dir.), L'identité à l'épreuve de la mondialisation, 2016, S. 139, 142–145 auf.
[271] Siehe auf der Ebene des deutschen Sachrechts Stellungnahme des Deutschen Ethikrates vom 23.2.2012, BT-Drs. 17/9088; VG Hamburg StAZ 2012, 344, 345; *M. Krüger,* StAZ 2006, 260; *ders.,* in: Höhne/Finke (Hrsg.), Intersexualität bei Kindern, 2008, S. 55; *Kolbe,* Intersexualität, Zweigeschlechtlichkeit und Verfassungsrecht, 2010; *Coester-Waltjen,* JZ 2011, 852; *Schmidt am Busch,* AöR 137 (2012), 441 sowie übergreifend *Büchler/Cottier,* in: Degele/Penkwitt (eds.), Queering Gender – Queering Society, 2005, S. 115; *Scherpe/Dutta/Helms* (eds.), The Legal Status of Intersex Persons, 2017.
[272] *A. Schneider,* NJW 1992, 2940, 2941; MüKoBGB/*V. Lipp* Art. 7 EGBGB Rn. 16; *Laufs/B.-R. Kern/Ulsenheimer,* Handbuch des Arztrechts, 4. Aufl. 2010, § 128 Rn. 1–4; *Agius,* Trans and intersex people, 2012, S. 12; Staudinger/*Hausmann* Art. 7 EGBGB Rn. 33; *Gössl,* NZFam 2016, 1122 (1122).
[273] Die neue Ordnung der Geschlechter, FAS Nr. 42 vom 20.10.2013, S. 59.
[274] Eingefügt durch Gesetz zur Änderung personenstandsrechtlicher Vorschriften (Personenstandsrechts-Änderungsgesetz – PStRÄndG) vom 7.5.2013, BGBl. 2013 I 1122.
[275] Eingehend dazu samt Rechtsvergleichung *Gössl,* StAZ 2018, 40. Zum österreichischen Recht *Aichhorn,* EF-Z 2018, 161.
[276] Dazu z.B. BGH NJW 2016, 2885 m.Anm. *Brachthäuser/Remus* = JZ 2016, 1067 m.Anm. *Froese.*
[277] Eingehend *Gössl,* StAZ 2015, 171.
[278] Dazu speziell *Bochenek/K. Knight,* 27 Emory Int'l. L. Rev. 11 (2012).
[279] Angaben bei *Gössl,* StAZ 2013, 301 (301); *ders.,* (2016) 12 JPrIL 261, 263; *van den Brink/Tichelaar* (red.), M/V en verder, 2014; FRA European Union Agency for Fundamental Rights, The Fundamental Rights Situation of Intersex People, 2015.
[280] Loi n° 2016-1547 du 18 novembre 2016 de modernisation de la justice du XXIe siècle, JO 19 Nov. 2016; zu Intersexuellenfragen darin *Vialla,* D. 2016, 2351; *Moron-Puech,* D. 2016, 2353 und zuvor CA Orléans D. 2016, 915 note *Reigné* = RDLF 2016 chron 18 note *Catto* = RTDciv 2016, 318 obs. *Hauser;* TGI Tours D. 2015, 2295 note *Vialla* = AJ fam. 2015, 613 obs. *Le Gac-Pegh* = RTDciv 2016, 77 obs. *Hauser.*

deutschen ordre public verstießen, wenn es selber eine Norm wie § 22 III PStG enthält und Intersexualität darin anerkennt.

162 Im Gegenteil sprechen die Menschenwürde aus Art. 1 I GG und das Recht auf freie Entfaltung der Persönlichkeit aus Art. 2 I GG verfassungsrechtlich eher für eine Anerkennung von Intersexualität[281] und dafür, willkürlichen Zuweisungen zum männlichen oder weiblichen Geschlecht unter Missachtung der physischen und psychischen Verfassung der betroffenen Person die Anerkennung zu versagen.[282] Einem Einsatz des ordre public stehen auch die Diskriminierungsverbote aus Artt. 8; 14 EMRK entgegen.[283]

163 Dem deutschen Recht als aufnehmenden oder anerkennenden Recht bereitet ein drittes Geschlecht auch keine Anpassungsprobleme mehr, da es sich von einem strikt binären System der komplementären Unterscheidung nur in männlich und weiblich fortentwickelt hat; Probleme können insoweit nur Rechtsordnungen haben, die einem strikt binären Denken verhaftet geblieben sind.[284]

164 **5. Reformüberlegungen.** Am 17.2.2017 wurde das im Auftrag des Bundesministeriums für Familie, Senioren, Frauen und Jugend erstellte Gutachten einer interministeriellen Arbeitsgruppe veröffentlicht.[285] Diese Arbeitsgruppe schlägt vor, folgenden Art. 10a EGBGB (Geschlecht) neu einzufügen:

„(1) Das Geschlecht einer Person unterliegt dem Recht des Staates, dem die Person angehört.

(2) Hat die Person ihren gewöhnlichen Aufenthalt im Inland, kann sie bestimmen, dass deutsches Recht anwendbar ist. Die Erklärung ist öffentlich zu beglaubigen.

(3) Sorgeberechtigte Personen können gegenüber dem Standesamt bestimmen, dass sich das Geschlecht eines Kindes nach deutschem Recht richtet, wenn ein Elternteil den gewöhnlichen Aufenthalt im Inland hat. Nach der Beurkundung der Geburt abgegebene Erklärungen sind öffentlich zu beglaubigen."[286]

165 Der Vorschlag bemüht sich – soweit dies angesichts der von ihm generell vorgenommen Verabschiedung vom hergebrachten binären System[287] überhaupt möglich ist – um eine Integration in den traditionellen Rahmen.[288] Ihm zufolge würde die Geschlechtsfrage dem Heimatrecht überantwortet.[289] Kennt das Heimatrecht ein drittes Geschlecht, so würde dies aus deutscher Sicht respektiert, ebenso wie eine entsprechende behördliche Entscheidung anerkannt würde.[290] Das Wahlrecht in Art. 10a II EGBGB-E wäre den Interessen des inländischen Rechtsverkehrs und insbesondere der praktisch-pragmatischen Erleichterung im Verkehr mit Behörden und Gerichten verpflichtet.[291] Die vorgeschlagene Stellung als

---

[281] *Gössl*, StAZ 2013, 301, 303; *dies.*, NZFam 2016, 1122, 1123 unter Hinweis auf BVerfG NJW 1982, 2061, 2062; BVerfG NJW 1993, 1517; BVerfG NJW 1997, 1632, 1633; Begründung der Bundesregierung zum Entwurf eines Gesetzes zur Umsetzung europäischer Richtlinien zur Verwirklichung des Grundsatzes der Gleichbehandlung, BT-Drs. 16/1780, 31; VG Hamburg StAZ 2012, 344 (344 f.).
[282] *Gössl*, StAZ 2013, 301, 303; *dies.*, NZFam 2016, 1122, 1125 f.
[283] *Gössl*, (2016) 12 JPrIL 261, 271 f.
[284] Eingehend *Gössl*, (2016) 12 JPrIL 261, 276–280; *Dutta/Pintens*, in: Scherpe/Dutta/Helms (eds.), sub III.
[285] Bundesministerium für Familie, Senioren, Frauen und Jugend (Hrsg.), Gutachten „Geschlechtervielfalt im Recht" – Status quo und Entwicklung von Regelungsmodellen zur Anerkennung und zum Schutz von Geschlechtervielfalt, 2017.
[286] Bundesministerium für Familie, Senioren, Frauen und Jugend (Hrsg.), Gutachten „Geschlechtervielfalt im Recht" – Status quo und Entwicklung von Regelungsmodellen zur Anerkennung und zum Schutz von Geschlechtervielfalt, 2017, S. 77 Art. 8 Nr. 2.
[287] *Gössl*, IPRax 2017, 339, 340.
[288] *Gössl*, IPRax 2017, 339, 340.
[289] Bundesministerium für Familie, Senioren, Frauen und Jugend (Hrsg.), Gutachten „Geschlechtervielfalt im Recht" – Status quo und Entwicklung von Regelungsmodellen zur Anerkennung und zum Schutz von Geschlechtervielfalt, 2017, S. 122 Zu Art. 8 Nr. 2 Abs. 1; *Gössl*, IPRax 2017, 339, 342.
[290] Bundesministerium für Familie, Senioren, Frauen und Jugend (Hrsg.), Gutachten „Geschlechtervielfalt im Recht" – Status quo und Entwicklung von Regelungsmodellen zur Anerkennung und zum Schutz von Geschlechtervielfalt, 2017, S. 122 Zu Art. 8 Nr. 2 Abs. 1.
[291] *Gössl*, IPRax 2017, 339, 342.

Art. 10a EGBGB-E soll die Geschlechtswahl als Persönlichkeitsrecht unterstreichen.[292] Jedenfalls Art. 10a II EGBGB-E ist eine Sachnormverweisung, während dies für Art. 10a I, III EGBGB nicht eindeutig wäre.[293]

Art. 10a III EGBGB-E ist der problematischste Vorschlag.[294] Er leidet bereits unter der Ungenauigkeit, dass ein Mal (bei der Antragsberechtigung) auf die Sorgeberechtigung, ein anderes Mal (beim Inlandsbezug) aber auf die Elternschaft abgestellt wird. Das droht unterschiedliche und unterschiedlich anzuknüpfende Erstfragen aufzuwerfen (die sich freilich bei Art. 10 III EGBGB beim Namen vergleichbar stellen[295]). Eine Erstfrage, jene nach gesetzlicher Vertretungsmacht kraft Sorgeberechtigung, dürfte jedenfalls unvermeidlich sein. Ein weiteres, verstecktes Problem ist „Kind" als Rechtsbegriff ohne eigene Definition einer Altersgrenze. Insoweit droht eine weitere Erstfragenanknüpfung, diesmal über Art. 7 EGBGB für „Kind" als „Minderjähriger" oder nicht (voll) Geschäftsfähiger". Geboten wäre eine Abstimmung mit der für das Sachrecht vorgeschlagenen Grenze von 14 Jahren.

XIII. Name

Literatur: *Andrae/Ising,* Modalitäten der Rechtswahl nach Art. 10 Abs. 2 EGBGB, IPRax 2018, 382; *B. Döring,* Ein Vornamensproblem in Europa, JR 2018, 75; *Dutta,* Namenstourismus in Europa?, FamRZ 2016, 1213; *Dutta/Helms/Pintens* (Hrsg.), Ein Name in ganz Europa, 2016; *Forni,* Il primato del diritto dell'Unione Europea legittima il riconoscimento di un nuovo nome, Dir. com. scambi int. 2018, 77; *Freitag,* Die Namenswahl nach Art. 48 EGBGB, StAZ 2013, 69; *Gössl,* Ein weiterer Mosaikstein bei der Anerkennung ausländischer Status-Änderungen in der EU oder: Wann ist ein Name „rechtmäßig erworben"?, IPRax 2018, 376; *Henrich,* Kollisionsrechtliche Aspekte der Neuordnung des Familiennamensrechts, IPRax 1994, 174; *ders.,* Die Rechtswahl im internationalen Namensrecht und ihre Folgen, StAZ 1996, 129; *ders.,* Namensrecht und Namensschutz im Dickicht der Qualifikation, FS Bernhard Großfeld, 1999, S. 355; *ders.,* Wie soll unser Kind heißen? Ein Blick auf die Spielwiese des internationalen Namensrechts, GS Alexander Lüderitz, 2000, S. 273; *ders.,* Das internationale Namensrecht auf dem Prüfstand des EuGH, FS A. Heldrich, 2005, S. 667; *Hepting,* Angleichung im internationalen Namensrecht – Was tun bei fehlenden Vor- oder Familiennamen?, StAZ 2001, 257; *ders.,* Die Angleichung in Art. 47 EGBGB, StAZ 2008, 161; *ders.,* Der Schutz des tatsächlich geführten Namens, StAZ 2013, 34; *Hepting/Dutta,* Familie und Personenstand, 2. Aufl. 2015; *Honorati* (a cura di), Diritto al nome e all'identità personale nell'ordinamento europeo, 2010, S. 3; *Jault-Seseke/Pataut,* Le citoyen européen et son nom, Liber amicorum Christian Kohler, 2018, S. 371; *Kroll,* Hinkende Namensrechtsverhältnisse im Fokus der gemeinschaftsrechtlichen Freizügigkeit, ZvglRWiss 107 (2008), 320; *M. Lehmann,* What's in a Name? Grunkin-Paul and Beyond, YbPIL 10 (2008), 135; *V. Lipp,* Anerkennungsprinzip und Namensrecht, FS Dagmar Coester-Waltjen, 2015, S. 531; *Mäsch,* Art. 47 EGBGB und die neue Freiheit im Internationalen Namensrecht – oder Casanovas Heimfahrt, IPRax 2008, 17; *Majer,* Aus Ahmed Mustafa wird Albert Mustermann – Eindeutschung des Namens jenseits der kollisionsrechtlichen Namensangleichung nach Art. 47 EGBGB, StAZ 2018, 80; *Mankowski,* Die Anknüpfung des Namensschutzes für natürlichen Personen im Internationalen Privatrecht, StAZ 2011, 293; *ders.,* Art. 48 EGBGB – viele Fragen und einige Antworten, StAZ 2014, 97; *Meeusen,* The Grunkin and Paul Judgment of the ECJ, or How to Strike a Delicate Balance between Conflict of Laws, Union Citizenship and Freedom of Movement in the EC, ZEuP 2010, 189; *Mörsdorf-Schulte,* Europäische Impulse für Namen und Status des Mehrstaaters, IPRax 2004, 315; *Prinz v. Sachsen Gessaphe,* Transposition oder Fortführung von Vatersnamen nach einem Eingangsstatutenwechsel?, StAZ 2015, 65; *Scherer,* Le nom en droit international privé, 2004; *Sommer,* Der Einfluss der Freizügigkeit auf Namen und Status von Unionsbürgern, 2009; *V. Stoll,* Die Rechtswahl im Namens-, Ehe- und Erbrecht, 1991; *F. Sturm,* Namenserklärungen: Auslandsdeutsche und Heiratstouristen, StAZ 2005, 253; *R. Wagner,* Ausschließliche Umsetzung der namensrechtlichen Rechtsprechung des

---

[292] *Gössl,* IPRax 2017, 339, 341.
[293] *Gössl,* IPRax 2017, 339, 342.
[294] Bundesministerium für Familie, Senioren, Frauen und Jugend (Hrsg.), Gutachten „Geschlechtervielfalt im Recht" – Status quo und Entwicklung von Regelungsmodellen zur Anerkennung und zum Schutz von Geschlechtervielfalt, 2017, S. 123 zu Art. 8 Nr. 2 Abs. 3 paraphrasiert nur und fügt nichts Substantielles als weitere Begründung hinzu.
[295] *Gössl,* IPRax 2017, 339, 342.

EuGH durch vereinheitlichtes Kollisionsrecht?, Liber amicorum Christian Kohler, 2018, S. 567; *Wall*, Die Vermeidung hinkender Namensverhältnisse in der EU, StAZ 2009, 261; *ders.*, Anerkennung rechtswidriger Namensregistrierungen in der EU?, StAZ 2010, 225; *ders.*, Enthält Art. 21 I AEUV eine „versteckte" Kollisionsnorm?, IPRax 2010, 433; *ders.*, Realisierung des Rechts auf „Einnamigkeit" aus Art. 21 I AEUV nur im Namensänderungsverfahren?, StAZ 2012, 169; *ders.*, Recht auf „Einnamigkeit" auch in Drittstaatenfällen?, StAZ 2014, 356; *ders.*, Verstößt ein durch englische „deed poll" gewählter Phantasiename gegen den ordre public i. S. von Art. 48 EGBGB?, StAZ 2015, 41; *ders.*, Gelbe Karte für Art. 48 EGBGB und § 3 NamÄndG, StAZ 2017, 326.

167 Das Internationale Namensrecht ist nominell eine dem nationalen Gesetzgeber überlassene Materie. Es gibt keine Rom-Verordnung der EU, die sich dieser Materie annehmen würde. Indes bestehen massive Einflüsse aus dem Primärrecht der EU, namentlich der Freizügigkeit der Unionsbürger aus Artt. 18; 21 AEUV. Diese finden ihren Niederschlag in einer sich stetig ausdehnenden Judikatur des EuGH.[296]

168 Diese Entwicklungen haben wiederum zu wissenschaftlichen Überlegungen geführt, wie eine europäische Regelung des Internationalen Namensrechts in einer eigenen Rom-VO aussehen könnte.[297] Von solchen wissenschaftlichen Projekten bis zu einem wirklichen, verbindlichen EU-Rechtsakt ist es jedoch ein weiter Weg, von dem gegenwärtig keineswegs feststeht, ob er jemals gegangen wird. Mögliche Kompetenzgrundlage wäre Art. 81 AEUV. Eine allein kollisionsrechtliche Umsetzung der primärrechtlichen Vorgaben ist jedenfalls nicht prinzipiell ausgeschlossen.[298]

169 **1. Grundsatz.** a) *Heimatrecht des Namensträgers.* Der Name einer natürlichen Person richtet sich gemäß Art. 10 I EGBGB grundsätzlich nach deren Heimatrecht. Maßgeblich ist das Recht des Staates, welchem der Namensträger angehört. Welcher Staat dies ist, ist gegebenenfalls mit Hilfe des Art. 5 EGBGB, also des Effektivitätsprinzips bei Mehrstaatern[299] oder der ersatzweisen Anknüpfung an den gewöhnlichen Aufenthalt bei Staatenlosen bzw. den Wohnsitz bei Flüchtlingen, zu ermitteln.

170 b) *Zeitpunkt und Statutenwechsel.* Maßgeblicher Zeitpunkt ist jener des namensbegründenden oder namensändernden Vorgangs.[300] Das für den Namen maßgebliche Recht kann wechseln, indem sich der Anknüpfungspunkt verändert. Unter Art. 10 I EGBGB tritt dies ein, wenn der Namensträger seine Staatsangehörigkeit wechselt. Außerdem kann sich das Namensstatut verändern, wenn eine Rechtswahlbefugnis nach Art. 10 II oder III EGBGB ausgeübt wird. In allen diesen Fällen entscheidet dann das neue, vom dem neuen Anknüpfungspunkt bezeichnete Recht über den Namen.[301] Es erfolgt also ein Statutenwechsel. Bei mehrmaligem Statutenwechsel entscheidet das jeweils für den betreffenden Zeitpunkt aktuelle Namensstatut.[302] Ob ein Statutenwechsel eintritt, kann im Einzelfall Zusatzüberlegungen auslösen, z.B. wenn der Namensträger seine Staatsangehörigkeit wechselt, aber zuvor die Wahl eines anderen Rechts unter Art. 10 II oder III EGBGB erfolgt war.[303]

---

[296] Beginnend mit EuGH Slg. 2003, I-11613 – Carlos Garcia Avello/Belgischer Staat über EuGH Slg. 2008, I-7639 – Verfahren auf Antrag von Stefan Grunkin u. Dorothee Regina Paul und EuGH Slg. 2010, I-13693 Rn. 61, 66 – Ilonka Sayn-Wittgenstein/Landeshauptmann von Wien sowie EuGH Slg. 2011, I-3787 – Malgorżata Runevi -Vardyn/Łukasz Pawel Wardyn zu EuGH ECLI:EU:C:2016:401 – Nabiel Peter Bogendorff v. Woltersdorff/Standesamt der Stadt Karlsruhe und EuGH ECLI:EU:C:2017:432 – Mircea Florian Freitag.
[297] *Dutta/Helms/Pintens* (Hrsg.), Ein Name in ganz Europa, 2016, S. 109 sowie *Dutta/Rainer Frank/Freitag/Helms/Krömer/Pintens*, StAZ 2014, 33; *Dutta*, FamRZ 2016, 1213, 1219; *B. Döring*, JR 2018, 75, 77 f. und die Beiträge in: *Dutta/Helms/Pintens* (Hrsg.), Ein Name in ganz Europa, 2016, S. 109 (besprochen von *Mankowski*, FamRZ 2016, 1995; *C. S. Rupp*, ZEuP 2018, 297).
[298] R. *Wagner*, Liber amicorum Christian Kohler, 2018, S. 567, 575–580.
[299] Siehe nur *Gössl*, IPRax 2018, 376, 378.
[300] KG OLGZ 1979, 166, 171; MüKoBGB/*R. Birk*, Bd. 10, 5. Aufl. 2010, Art. 10 EGBGB Rn. 25.
[301] Siehe nur KG StAZ 1996, 301; AG Köln StAZ 2004, 173; *Rauhmeier*, StAZ 2010, 170.
[302] *Jauß*, StAZ 2006, 239, 240.
[303] Vgl. *Hochwald*, StAZ 2009, 49, 50.

XIII. Name

Ob sich der Name als Folge des Statutenwechsels ändert, bestimmt das neue Namensstatut.[304] Folgt dieses wie das deutsche Recht dem Grundsatz der Namenskontinuität, so ändert sich der Name nicht, sondern wird in der Gestaltung übernommen, wie er unter dem alten Namensstatut bestand.[305] Allerdings richtet sich die Namensfunktion nach dem Statutenwechsel nur noch nach dem neuen Statut, während dieses den Namenswortlaut von dem unter altem Recht gebildeten Namen (vorbehaltlich einer Anpassung) übernimmt.[306]

Indes muss das neue Recht dem Grundsatz der Namenskontinuität und der prinzipiellen Unveränderlichkeit des Namens nicht folgen. Es muss nicht anerkennen, was unter dem alten Namensstatut bestand. Es kann kraft eigener Entscheidung die Namensfrage von Grund auf neu stellen und ab ovo neu beantworten. Es kann auch ein Recht zur namensmäßigen Anpassung an die Umwelt gewähren.[307] Es entscheidet über jegliche Arten von Namenswahlrechten.[308]

Behördlich verfügte Namensänderungen, in Deutschland nach § 3 NamÄndG, haben Vorrang vor der kollisionsrechtlichen Anknüpfung. Bei Namenserwerb durch Registrierung im EU-Ausland gelten Art. 48 EGBGB und der unionsrechtliche Anerkennungsgrundsatz. Sofern eine ausländische Dekretadoption den neuen Namen des Adoptivkindes nach der Adoption umfasst, ist danach zu unterscheiden, ob dies nach dem erststaatlichen Recht konstitutiv oder deklaratorisch ist.[309] Eine konstitutive Benennung wird nach Maßgabe von §§ 108, 109 FamFG im Wege der Anerkennung erstreckt.[310]

c) Renvoi. Die objektive Grundanknüpfung nach Art. 10 I EGBGB ist eine Gesamtverweisung. Mangels abdrängender Sonderregelung unterfällt sie Art. 4 I 1 Hs. 1 EGBGB.[311] Einen renvoi zu bejahen widerspricht auch nicht dem Sinn der Verweisung, so dass Art. 4 I 1 Hs. 2 EGBGB nicht anwendbar ist.

2. Rechtswahl beim Ehenamen. *a) Grundsätzliches.* Art. 10 II 1 EGBGB erlaubt den Ehegatten, bei oder nach der Eheschließung gegenüber dem Standesamt ihren künftig zu führenden Namen zu wählen nach dem Recht eines Staates, dem einer der Ehegatten angehört, ungeachtet des Art. 5 I EGBGB (Nr. 1), oder nach deutschem Recht, wenn einer von ihnen seinen gewöhnlichen Aufenthalt im Inland hat (Nr. 2). Nach der Eheschließung abgegebene Erklärungen müssen laut Art. 10 II 2 EGBGB öffentlich beglaubigt werden. Für die Auswirkungen der Wahl auf den Namen eines Kindes ist nach Art. 10 II 3 EGBGB § 1617c des Bürgerlichen Gesetzbuchs sinngemäß anzuwenden.

Eine Rechtswahl setzt ein Basisbewusstsein voraus, dass eine Auswahl zwischen verschiedenen Rechtsordnungen zu treffen ist. Eine bloße Namenswahl ist keine solche Rechtswahl und verbraucht das Rechtswahlrecht nicht.[312] Die Ehegatten werden zwar vorrangig an einer bestimmten Namensführung als Endergebnis interessiert sein; sie sollten sich aber auch bewusst sein, wie viele und welche Schritte sie auf dem Weg dorthin gehen.[313] Die Grenze zu einer stillschweigenden Rechtswahl durch Wahl eines Namens, der nur unter einer bestimmten (wählbaren) Rechtsordnung geführt werden dürfte, ist allerdings fließend.[314]

---

[304] Siehe nur NK-BGB/*Mankowski* Art. 10 EGBGB Rn. 21.
[305] Siehe nur BGHZ 63, 107; 147, 159, 168; BayObLGZ 1989, 147, 150; OLG Hamm StAZ 1995, 238; KG StAZ 1996, 301 f; OLG Hamm FGPrax 1999, 55.
[306] Siehe nur *Hochwald,* StAZ 2009, 49 f.
[307] OLG Hamburg StAZ 1977, 224; AG Hagen FamRZ 1995, 1357.
[308] OLG Frankfurt StAZ 2006, 263; OLG Frankfurt StAZ 2007, 146; NK-BGB/*Mankowski* Art. 10 EGBGB Rn. 22.
[309] *Krömer,* StAZ 2003, 307, 308; ders., StAZ 2007, 50; ders., StAZ 2018, 30, 31; *G. Müller/Sieghörtner/Emmerling de Oliveira,* Adoptionsrecht in der Praxis, 3. Aufl. 2016, Rn. 380. Zweifelnd *R. Frank,* StAZ 2018, 202, 204 f.
[310] AG Bonn StAZ 1992, 41; *Hepting/Dutta* Rn. V-569 sowie *Krömer,* StAZ 2018, 30, 31.
[311] Siehe nur *Krömer,* StAZ 2018, 227, 228.
[312] OLG Nürnberg StAZ 2017, 49 = IPRax 2018, 419.
[313] NK-BGB/*Mankowski* Art. 10 EGBGB Rn. 105.
[314] Siehe NK-BGB/*Mankowski* Art. 10 EGBGB Rn. 105.

177 *b) Wählbare Rechte.* Nach Art. 10 II 1 Nr. 1 EGBGB können die Ehegatten das Heimatrecht jedes Ehegatten als Ehenamensstatut wählen. Bei Mehrstaatern ist das Recht jeder Staatsangehörigkeit, auch einer nicht effektiven, wählbar, denn Art. 5 I EGBGB soll hier ausdrücklich nicht gelten.[315] Ehegatten wie Standesbeamten soll die Effektivitätsprüfung für die Staatsangehörigkeit hier erspart bleiben.[316] Unterschiedliche Staatsangehörigkeiten der Ehegatten sind keine Voraussetzung für die Rechtswahlbefugnis.[317] Die Rechtswahl kann auch zum nach Art. 10 I EGBGB bezeichneten Heimatrecht führen,[318] bewirkt aber einen renvoi-Ausschluss.[319]

178 Art. 10 II 1 Nr. 1 EGBGB setzt keine Beziehung des anderen Ehegatten zum gewählten Recht voraus. Insbesondere muss der andere Ehegatte dem betreffenden Staat nicht ebenfalls angehören oder im Staat des gewählten Rechts seinen gewöhnlichen oder auch nur einen schlichten Aufenthalt haben.[320] Handelt es sich um einen Staat mit territorial gespaltener Rechtsordnung (z.B. die USA) und wählen die Ehegatten das Recht dieses Gesamtstaates, so ist durch Auslegung zu ermitteln, welche Teilrechtsordnung die Ehegatten meinen, ansonsten kommt Art. 4 III EGBGB zum Einsatz.[321]

179 Art. 10 II 1 Nr. 2 EGBGB erlaubt die Wahl des deutschen Rechts, wenn mindestens einer der Ehegatten seinen gewöhnlichen Aufenthalt in Deutschland hat. Damit bildet er die Umweltbezogenheit des Namens ab und erlaubt eine Anpassung an die (gegebenenfalls neue) Umwelt, in welcher der Name geführt wird.[322] Es ist gleichgültig, welcher Ehegatte seinen gewöhnlichen Aufenthalt in Deutschland hat. Es können auch beide Ehegatten in Deutschland leben; dies ist aber gerade nicht vorausgesetzt.[323]

180 Art. 10 II 1 Nr. 2 EGBGB ist nur als einseitige, nicht als allseitige Kollisionsnorm formuliert. Die Wahl eines ausländischen Aufenthaltsrechts erlaubt er nach seinem Wortlaut nicht. Daraus könnte man einen Umkehrschluss ziehen und die Wahl eines ausländischen Aufenthaltsrechts schlechterdings ausschließen.[324] Der deutsche Gesetzgeber nahm wohl die Perspektive vornehmlich der deutschen Standesämter ein und sah Handlungsbedarf für deutsche Behörden nur bei einem Inlandsaufenthalt.[325] Sachgerechter erscheint jedoch eine Analogie zu Art. 10 II 1 Nr. 2 EGBGB.[326] Sie trägt einem als berechtigt anzuerkennenden Anpassungsinteresse der Ehegatten Rechnung. Die Analogie zu II 1 Nr. 2 würde insbesondere Auslandsdeutschen helfen.[327]

181 Ob ein ausländisches Recht, dessen Sicht unter Umständen für die Ehegatten interessant werden könnte (z.B. das Heimatrecht des anderen Ehegatten), der Rechtswahl ebenfalls Wirkung beimisst, ist für das deutsche IPR ohne Belang.[328] Hinkende Rechtsverhältnisse zu vermeiden (d.h. eine Namenswahl nach dem gewählten Namensstatut, welche das Aufenthaltsrecht nicht anerkennt) ist Sache der Ehegatten.[329] Schließlich ist niemand zu einer Rechtswahl gezwungen.

---

[315] Siehe nur *Rauhmeier*, StAZ 2011, 117.
[316] *F. Sturm*, StAZ 1995, 255 Fn 1.
[317] BeckOK BGB/*Mäsch* Art. 10 EGBGB Rn. 38.
[318] Palandt/*Thorn* Art. 10 EGBGB Rn. 15.
[319] NK-BGB/*Mankowski* Art. 10 EGBGB Rn. 99.
[320] NK-BGB/*Mankowski* Art. 10 EGBGB Rn. 101.
[321] NK-BGB/*Mankowski* Art. 10 EGBGB Rn. 101; ähnlich *Kampe*, StAZ 2007, 149, 150.
[322] BGHZ 147, 159, 168; *Hepting/Dutta* Rn. III-668.
[323] NK-BGB/*Mankowski* Art. 10 EGBGB Rn. 101.
[324] So Staudinger/*Hepting/Hausmann* Art. 10 EGBGB Rn. 254f.; BeckOK BGB/*Mäsch* EGBGB, Art. 10 Rn. 43; Palandt/*Thorn* Art. 10 EGBGB Rn. 15.
[325] Soergel/*Schurig* Art. 10 EGBGB Rn. 30; BeckOK BGB/*Mäsch* EGBGB, Art. 10 Rn. 43.
[326] Dafür Soergel/*Schurig* Art. 10 EGBGB Rn. 63d; *F. Sturm*, StAZ 1995, 255, 258; *ders.*, FS Dieter Henrich 2000, S. 611, 616 mit Fn 31; *ders.*, StAZ 2005, 253, 257; *ders.*, StAZ 2009, 327, 329; *Henrich*, FS Bernhard Großfeld 1999, S. 355, 362; NK-BGB/*Mankowski* Art. 10 EGBGB Rn. 103 sowie jurisPK BGB/*Janal* Art. 10 EGBGB Rn. 23.
[327] *F. Sturm*, StAZ 2005, 253, 257; *ders.*, StAZ 2009, 237, 239; NK-BGB/*Mankowski* Art. 10 EGBGB Rn. 103.
[328] Siehe nur *H. Kraus*, StAZ 2004, 138, 139.
[329] NK-BGB/*Mankowski* Art. 10 EGBGB Rn. 104.

c) Ausübung. Die Rechtswahl bedarf des Konsenses zwischen beiden Ehegatten. Eine einseitige Rechtswahl nur eines Ehegatten gibt es unter Art. 10 II 1 EGBGB nicht.[330] Im Prinzip ist auch eine stillschweigende Rechtswahl möglich.[331] Ihre konkrete Annahme muss aber die Grenzen zwischen Rechts- und Namenswahl wahren und liegt deshalb nicht schon in einer „Erklärung zur Namensführung in der Ehe unter Beachtung ausländischen Rechts" vor einem deutschen Standesamt.[332] Die Unterschrift mit einem Namen, der nur unter einem bestimmten (wählbaren) Recht möglich ist, ist aber ein Indiz für eine in diese Richtung weisende Rechtswahl.[333] Namensführung ist keine Rechtswahl, wenn der Name auch nach Heimatrecht geführt werden kann.[334]

Für Zustandekommen und rechtsgeschäftliche Wirksamkeit der Rechtswahl ist nach dem allgemeinen Rechtsgedanken[335] des Art. 3 Abs. 5 iVm Art. 10 I Rom I-VO das in der Rechtswahl benannte Recht maßgebend.[336]

d) Zeitpunkt der Rechtswahl. Art. 10 II 1 EGBGB segnet die ehenamensrechtliche Rechtswahl vor, frühestens bei der Eheschließung ab. Die Rechtswahl in einem vor der Ehe abgeschlossenen Ehevertrag entfaltet als solche, da vorzeitig getroffen, keine Wirkungen.[337] Anders verhält es sich aber, wenn sie dem Standesbeamten im Rahmen der Eheschließung mitgeteilt wird. Es darf keinen Unterschied machen, ob die Rechtswahl originär getroffen oder zuvor getroffen, jetzt aber in der Zeremonie mitgeteilt wird.[338]

Eine nachträgliche Rechtswahl ist möglich.[339] Sie setzt keine Änderung der objektiven Anknüpfungsverhältnisse voraus.[340] Es bedarf keiner besonderen Voraussetzungen für eine nachträgliche Rechtswahl. Die Fristen des deutschen materiellen Namensrechts sind nicht analog anzuwenden.[341] Eine zeitliche Grenze der Rechtswahlbefugnis zieht die Beendigung der Ehe. Nach dem Ende der Ehe, namentlich durch Scheidung oder Tod, können die Ehegatten keine Rechtswahl mehr treffen.[342]

e) Wiederholte oder neue Wahl. Die Ehegatten können eine vorangegangene Rechtswahl durch wiederholte oder neue Rechtswahl beliebig ändern oder aufheben.[343] Die Rechtswahlbefugnis ist kein Recht, das sich durch einmalige Ausübung verbrauchen würde, sondern besteht fort. Gerade bei mehrmaligem Wechsel des gewöhnlichen Aufenthalts während der Ehezeit würde sonst das durchaus anerkannte Anpassungsinteresse missachtet.[344] Aus der Bindungswirkung der Rechtswahl auf deren Unabänderlichkeit zu schließen[345] würde die Bindungswirkung überspannen. Im Übrigen hilft die Möglichkeit der Neuwahl über Probleme hinweg, die entstehen können, wenn die Ehegatten dem zunächst gewähl-

---

[330] AG Köln StAZ 2004, 173; *F. Sturm*, StAZ 1995, 255, 258.
[331] OLG Düsseldorf FamRZ 2010, 1559, 1560; *Jauß*, StAZ 2004, 274, 275; *Andrae/Ising*, IPRax 2018, 382, 383; eingehend *Wall*, StAZ 2018, 206.
[332] NK-BGB/*Mankowski* Art. 10 EGBGB Rn. 105 gegen *Jauß*, StAZ 2004, 274, 275.
[333] *F. Sturm*, StAZ 2005, 253, 255.
[334] *Kraus*, StAZ 2011, 218, 219 f.
[335] *Mankowski*, TranspR 1991, 253, 256; *v. Bar/Mankowski* IPR I § 7 Rn. 82; Staudinger/*Mankowski* Art. 14 EGBGB Rn. 138 sowie OLG Zweibrücken DNotZ 2002, 588, 589.
[336] *F. Sturm*, StAZ 2005, 253, 257; NK-BGB/*Mankowski* Art. 10 EGBGB Rn. 106. Eine Übertragung ausdrücklich ablehnend Staudinger/*Hepting/Hausmann* Art. 10 EGBGB Rn. 256; *Andrae/Ising*, IPRax 2018, 382, 384 f. (immer Anwendung deutschen Rechts).
[337] Ebenso *Gaaz/Bornhofen*, PStG, 2009, § 14 PStG Rn. 20; *Hepting/Dutta* Rn. III-665.
[338] Insoweit im Ergebnis anderer Ansicht, aber ohne das Problem zu erwähnen, *Hepting/Dutta* Rn. III-665.
[339] OLG Düsseldorf FamRZ 2010, 1559, 1560; *Andrae/Ising*, IPRax 2018, 382, 383 mwN.
[340] NK-BGB/*Mankowski* Art. 10 EGBGB Rn. 112.
[341] Soergel/*Schurig* Art. 10 EGBGB Rn. 63g.
[342] *F. Sturm*, StAZ 1995, 255, 256; *Jauß*, StAZ 2001, 118, 119.
[343] *F. Sturm*, StAZ 2005, 253, 258; NK-BGB/*Mankowski* Art. 10 EGBGB Rn. 113–115; siehe auch *Andrae/Ising*, IPRax 2018, 382, 387. Komplizierter und einschränkender, über Gestaltungsrechte des deutschen Sachrechts *Wall*, StAZ 2018, 206, 212–216.
[344] NK-BGB/*Mankowski* Art. 10 EGBGB Rn. 113.
[345] So z. B. BeckOK BGB/*Mäsch* Art. 10 EGBGB Rn. 48.

ten Recht größere Namenswahlfreiheit unterstellten, als dieses tatsächlich gewährt, und deshalb zunächst enttäuscht wurden:[346] Eine neue Rechtswahl korrigiert dann im Ergebnis die Fehleinschätzung, wenn das neu gewählte Recht es erlaubt, den gewünschten Namen zu führen.[347] Es widerspräche allerdings dem bei einer Rechtswahl obwaltenden Konsensprinzip, wenn man einem Ehegatten eine einseitige Aufhebung einer Rechtswahl ohne Zustimmung des anderen Ehegatten gestatten wollte.[348]

187 *f) Form der Rechtswahl.* Für die Form der nachträglichen Rechtswahl schreibt Art. 10 II 2 EGBGB öffentliche Beglaubigung vor. Gemeint ist die öffentliche Beglaubigung nach § 129 BGB. Art. 10 II 2 EGBGB gilt nicht für die Rechtswahl bei Eheschließung; dort ist die Form bereits durch die Trauungszeremonie gedeckt.[349] Bei Vornahme einer nachträglichen Rechtswahl im Ausland ergibt sich ein Substitutionsproblem, ob gleichwertige Formen des ausländischen Ortsrechts die öffentliche Beglaubigung zu ersetzen vermögen; es ist nach allgemeinen Substitutionsmaßstäben zu lösen: Funktionelle Gleichwertigkeit sollte genügen.[350] Art. 11 EGBGB greift nicht.[351]

188 Für die Rechtswahl bei Eheschließung gilt Art. 10 II 2 EGBGB nicht. Ihre Form unterliegt keinem eigenen gesonderten Erfordernis;[352] sie wird daher dem Formstatut der Eheschließung selber unterworfen,[353] also über Art. 13 III EGBGB (Inlandsheirat) oder Art. 11 EGBGB (Auslandsheirat) angeknüpft. Diese Normen leben als leges generales hier mangels verdrängender lex specialis wieder auf.

189 *g) Wirkung der Rechtswahl.* aa) Wirkung für den Ehenamen. Eine kollisionsrechtliche Wahl des Namensstatuts ist noch keine sachrechtliche Namenswahl.[354] Wahl des Namensstatuts und Wahl des Namens sind zwei verschiedene Dinge. Die Rechtswahl bewirkt zunächst nur, dass der Name nach dem gewählten Recht zu bilden und zu führen ist.[355] Auch unter dem gewählten Ehenamensstatut können die Ehegatten ihren Ehenamen nur unter jenen Voraussetzungen und gegebenenfalls Einschränkungen wählen, die jenes gewählte Recht vorsieht.[356] Dass jenes Recht über eine Wahl berufen ist, ändert seinen materiellen Gehalt nicht. Sieht es z.B. überhaupt keine nachträgliche Wahl des Ehenamens vor, so bleibt es dabei. Eine wirksam getroffene Rechtswahl eröffnet alle Möglichkeiten, die Namen der Ehegatten so zu bilden, wie das gewählte Recht sie zur Verfügung stellt,[357] aber eröffnet keine zusätzlichen. Stellt das gewählte Recht aber Wahlmöglichkeiten zur Auswahl, so können die Ehegatten ihre Auswahl in dem Rahmen und in den Grenzen treffen, wie das gewählte Recht sie vorsieht.[358]

190 Das gewählte Recht kann den Ehegatten eine beliebig häufige Namenswahl freistellen.[359] Es kann insoweit aber auch Grenzen ziehen. Es kann insbesondere eine nur einmalige Wahl erlauben. Das gewählte Recht bestimmt auch, in welchem zeitlichen Abstand von der Eheschließung eine Namenswahl möglich ist und ob eine Namenswahl nur bei der

---

[346] Auf solche Probleme macht *F. Sturm,* StAZ 1995, 255, 256 Fn. 13 aufmerksam.
[347] NK-BGB/*Mankowski* Art. 10 EGBGB Rn. 115.
[348] Dahin aber *Wall,* StAZ 2016, 54, 55; *ders.,* StAZ 2018, 206, 212.
[349] *Rauhmeier,* StAZ 2011, 117.
[350] NK-BGB/*Mankowski* Art. 10 EGBGB Rn. 119.
[351] NK-BGB/*Mankowski* Art. 10 EGBGB Rn. 120 sowie Palandt/*Thorn* Art. 10 EGBGB Rn. 14; Erman/ *Hohloch* Art. 10 EGBGB Rn. 22; jurisPK BGB/*Janal* Art. 10 EGBGB Rn. 20. Anderer Ansicht *Hepting,* StAZ 1996, 7; Staudinger/*Hepting*/*Hausmann* Art. 10 EGBGB Rn. 284.
[352] *Andrae/Ising,* IPRax 2018, 382, 385.
[353] *Hepting,* StAZ 1994, 1, 7; BeckOK BGB/*Mäsch* Art. 10 EGBGB Rn. 47.
[354] BGH StAZ 2015, 78, 79.
[355] Siehe nur AG Berlin-Schöneberg StAZ 2000, 241.
[356] Siehe nur OLG Hamm StAZ 1999, 75 mwN; *Hepting,* StAZ 1996, 235, 236; *Henrich,* IPRax 1997, 174, 175.
[357] Siehe nur BayObLG FamRZ 2000, 55.
[358] S. OLG Köln StAZ 1988, 296; FamRZ 1997, 942.
[359] BayObLG StAZ 1991, 69; *Hepting/Dutta* Rn. III-684.

Eheschließung erlaubt ist.[360] Das gewählte Recht regiert Bilden, Führen und Verlust des Ehenamens.[361] Es beherrscht auch die Frage, ob ein Ehegatte einen Beinamen führen darf oder gar muss.[362] Es entscheidet ebenfalls darüber, wie Doppelnamen zu bilden sind oder welche Grenzen für Doppelnamen bestehen.[363]

Das Wahlrecht ist auf das Ehenamensstatut begrenzt, erfasst also nicht andere Namensbestandteile.[364] Insbesondere ist keine Wahl für die Vornamen der Ehegatten eröffnet.[365] Indes verdrängt das Ehenamensstatut bezüglich des Familiennamens für die Dauer der Ehe die allgemeinen Namensstatuten der Ehegatten. Eine Wahl nach Art. 10 II EGBGB wirkt hinsichtlich des *Ehenamens* auch nach einem Ende der Ehe fort.[366] Selbst nach einer Scheidung kann das Namensstatut des einzelnen Ehegatten nun nicht einen anderen Namen spezifisch zum *Ehenamen* bestimmen.[367] **191**

bb) Wirkung für den Namen eines Kindes. Nach Art. 10 II 3 EGBGB ist für die Auswirkungen einer wirksamen Wahl des Ehenamensstatuts auf den Namen eines Kindes § 1617c BGB entsprechend anzuwenden. Dies dient dem Schutz des Kindes und dazu, die namensrechtliche Selbstbestimmung des Kindes so weit wie möglich zu wahren. Eine automatische Erstreckung einer Wahl nach Art. 10 II 1 EGBGB auf den Kindesnamen erfolgt gerade nicht.[368] Wollen die Eltern einen Gleichlauf zwischen Ehenamens- und Kindesnamensstatut herstellen, so müssen sie gegebenenfalls versuchen, diesen Gleichlauf mit den Rechtswahlmöglichkeiten herzustellen.[369] **192**

Als Folge der sinngemäßen Anwendung des § 1617c BGB erstreckt sich der neue Ehename, wie er nach dem gewählten Recht gebildet wird, nur dann auf das Kind, wenn das Kind das fünfte Lebensjahr noch nicht vollendet hat oder eine Anschlusserklärung abgibt.[370] Für die Anschlusserklärung des Kindes gilt mit seiner Altersdifferenzierung § 1617c II 1, I 1 BGB.[371] Wer gesetzlicher Vertreter ist, ist in diesem Rahmen eine selbständig anzuknüpfende Vorfrage. Auf ein ausländisches Namensstatut des Kindes ist Art. 10 II 3 EGBGB schlecht abgestimmt.[372] **193**

3. Rechtswahl beim Kindesnamen. a) *Grundsätzliches.* Art. 10 III 1 EGBGB erlaubt dem Inhaber der Sorge, gegenüber dem Standesamt zu bestimmen, dass ein Kind den Familiennamen erhalten soll nach dem Recht eines Staates, dem ein Elternteil angehört, ungeachtet des Art. 5 I EGBGB (Nr. 1), nach deutschem Recht, wenn ein Elternteil seinen gewöhnlichen Aufenthalt in Deutschland hat (Nr. 2) oder nach dem Recht des Staates, dem ein den Namen Erteilender angehört (Nr. 3). Nach der Beurkundung der Geburt abgegebene Erklärungen müssen ausweislich Art. 10 III 2 EGBGB öffentlich beglaubigt werden. Gegenstand der Rechtswahl ist nur das Statut des Kindesnamens. Der Kindesname selber ist dann nach Maßgabe des gewählten Rechts zu bilden. Der Zweck der Rechtswahl liegt darin, die Namenstradition anderer Rechts- und Kulturkreise einhalten zu können oder für das Kind eine namensrechtliche Annäherung an sein familiäres oder lokales Umfeld zu ermöglichen.[373] **194**

---

[360] Erman/*Hohloch* Art. 10 EGBGB Rn. 25; NK-BGB/*Mankowski* Art. 10 EGBGB Rn. 124.
[361] Siehe nur Erman/*Hohloch* Art. 10 EGBGB Rn. 26.
[362] AG Berlin-Schöneberg StAZ 2002, 81.
[363] OLG Karlsruhe FamRZ 1999, 160.
[364] BGH StAZ 2015, 78, 79; Staudinger/*Hepting*/*Hausmann* Art. 10 EGBGB Rn. 263; Erman/*Hohloch* Art. 10 EGBGB Rn. 26.
[365] OLG Frankfurt StAZ 2012, 50; OLG Karlsruhe StAZ 2014, 334, 335; *Krömer*, StAZ 2013, 130, 132.
[366] OLG Dresden StAZ 2004, 170, 171; OLG Frankfurt StAZ 2005, 47, 48; OLG Karlsruhe StAZ 2014, 334, 336; *Homeyer*, StAZ 2005, 183.
[367] OLG Karlsruhe StAZ 2014, 334, 336.
[368] *Jauß*, StAZ 2005, 266.
[369] *Jauß*, StAZ 2005, 266.
[370] Siehe nur *Looschelders* Art. 10 EGBGB Rn. 50.
[371] BayObLG StAZ 1998, 281 = FamRZ 1999, 326.
[372] Zum Problem und möglichen Lösungen (Sonderanknüpfung deutschen Rechts oder Verallseitigung des Art. 10 II 3 EGBGB?) NK-BGB/*Mankowski* Art. 10 EGBGB Rn. 132–134 mwN.
[373] LG Berlin StAZ 2000, 217, 218; *Henrich*, StAZ 1996, 129, 133; *Hepting*, StAZ 1998, 133, 137; Beck-OK BGB/*Mäsch* Art. 10 EGBGB Rn. 60.

195 Wahlberechtigt ist unter Art. 10 III 1 EGBGB der Sorgeberechtigte. Dabei handelt es sich um eine gesondert anzuknüpfende Erstfrage.[374] Wer sorgeberechtigt ist, ist über das KSÜ zu ermitteln.[375] Art. 16 KSÜ knüpft die Sorgeberechtigung an den gewöhnlichen Aufenthalt des betroffenen Kindes an.[376] Sind nach dem Personensorgestatut mehrere Personen sorgeberechtigt, so entscheidet das Personensorgestatut auch darüber, ob diese Personen immer gemeinsam handeln müssen, ob Zusammenwirken ausreicht oder ob gar die Personensorge jeweils von jedem Sorgeberechtigten allein wahrgenommen werden kann.[377] Bloße Elternschaft reicht unter deutschem Recht nicht aus.[378] Stellt das Personensorgestatut auf Elternschaft oder Abstammung ab, so ist diese Elternschaft oder Abstammung als weitere Vorfrage wiederum selbständig anzuknüpfen, diesmal über Art. 19 EGBGB.[379] Wenn eine gerichtliche Entscheidung über die Sorgeberechtigung vorliegt, so ist diese maßgeblich, im Fall einer ausländischen Entscheidung mittels inländischer Anerkennung über die Brüssel IIa-VO oder über §§ 108, 109 FamFG.[380]

196 Der Sorgeberechtigte übt seine Rechtswahlbefugnis durch einseitige Gestaltungserklärung aus. Entsprechendes gilt bei gemeinsam Sorgeberechtigten, welche die ihnen gemeinsam verliehene Gestaltungsmacht ausüben. Die rechtsgeschäftliche Wirksamkeit der Ausübung regiert analog Art. 3 V iVm Art. 10 I Rom I-VO das in der Rechtswahlerklärung bezeichnete Recht.

197 Ob das Kind oder dessen Verwandten der Namenserteilung zustimmen müssen und, wenn ja, unter welchen Kautelen und wie eine solche Zustimmung zu erteilen ist und wie sie gegebenenfalls ersetzt werden kann, ist kumulativ, also zusätzlich, gemäß Art. 23 EGBGB nach dem Heimatrecht des Kindes zu beurteilen.[381] Die eigentliche Rechtswahl nach Art. 10 III 1 EGBGB bewegt sich auf der vorgelagerten kollisionsrechtlichen Ebene und bedarf keiner Zustimmung von wem auch immer.[382]

198 *b) Wählbare Rechte.* Art. 10 III 1 EGBGB gestattet nur eine beschränkte Rechtswahl aus dem Kreis jener Rechte, die in den Nummern 1–3 zur Auswahl gestellt werden. Maßgeblicher Zeitpunkt für das Vorliegen der erforderlichen Anknüpfungstatsachen ist der Zeitpunkt, zu welchem das Wahlrecht ausgeübt wird, nicht der Zeitpunkt der Kindesgeburt.[383]

199 Nach Art. 10 III 1 Nr. 1 EGBGB kann das Heimatrecht jedes Elternteils gewählt werden. Wer Elternteil ist, ist eine Erstfrage. Insbesondere setzt die Wahl des Vaterrechts voraus, dass die Vaterschaft rechtlich feststeht.[384] Der Elternteil, welcher dem Staat des gewählten Rechts angehört, muss nicht sorgeberechtigt sein. Es kann sich auch um einen nicht sorgeberechtigten Elternteil handeln. Wählbar ist bei Mehrstaatern jedes Heimatrecht, auch ein nicht effektives; Art. 5 I EGBGB gilt hier ausdrücklich nicht. Eine deutsche Staatsangehörigkeit des Elternteils oder des Kindes hindert nicht, dass eine ausländische Staatsangehörigkeit desselben oder des anderen Elternteils gewählt werden könnte.[385] Auch Art. 5 I 2 EGBGB gilt eben nicht.[386] Mit Art. 10 III 1 Nr. 1 EGBGB ist es möglich, auf Doppelstaatigkeit beim Kind oder bei einem Elternteil namensrechtlich zu reagieren; dies genügt auch den aus dem Unionsrecht abzuleitenden Anforderungen für die Zulässigkeit von Doppel-

---

[374] Siehe nur *Wall,* StAZ 2012, 185, 186.
[375] OLG Köln StAZ 2013, 319; NK-BGB/*Mankowski* Art. 10 EGBGB Rn. 137.
[376] OLG Köln StAZ 2013, 319.
[377] BeckOK BGB/*Mäsch* Art. 10 EGBGB Rn. 63; siehe auch OLG Köln StAZ 2013, 319, 320.
[378] Siehe nur LG Flensburg FamRZ 1996, 1500.
[379] OLG Köln StAZ 2013, 319; OLG Karlsruhe StAZ 2015, 19, 20.
[380] *Hepting/Dutta* Rn. IV-321; NK-BGB/*Mankowski* Art. 10 EGBGB Rn. 140.
[381] OLG Köln StAZ 2013, 319, 320; AG Rottweil StAZ 2006, 144.
[382] NK-BGB/*Mankowski* Art. 10 EGBGB Rn. 136a.
[383] BeckOK BGB/*Mäsch* Art. 10 EGBGB Rn. 68; NK-BGB/*Mankowski* Art. 10 EGBGB Rn. 139.
[384] Staudinger/*Hepting/Hausmann* Art. 10 EGBGB Rn. 425.
[385] Palandt/*Thorn* Art. 10 EGBGB Rn. 21.
[386] Soergel/*Schurig* Art. 10 EGBGB Rn. 75a.

namen bei Kindern.[387] Die Möglichkeit der Rechtswahl verhindert, dass Diskriminierungsvorwürfe durchschlagen können.[388]

Zweite Wahlmöglichkeit ist deutsches Recht, wenn ein Elternteil seinen gewöhnlichen Aufenthalt in Deutschland hat. Wo das Kind oder wo der andere Elternteil seinen gewöhnlichen Aufenthalt hat, ist ohne Bedeutung.[389] Der inländische Aufenthalt des einen Elternteils reicht vollkommen aus. **200**

Art. 10 III 1 Nr. 2 EGBGB erlaubt nur die Wahl eines deutschen Umweltrechts, nicht dagegen die Wahl eines ausländischen Umweltrechts. Der Wortlaut der Norm ist eindeutig und wird durch den Umkehrschluss aus dem allseitig gefassten Art. 10 III 1 Nr. 1 EGBGB untermauert. Gewollt ist die Möglichkeit zur Anpassung an eine deutsche Umwelt. Die Anpassung an die inländische Namensführung zu regeln, ist der deutsche Gesetzgeber befugt.[390] Die Wahl eines ausländischen Umweltrechts dagegen würde, da zugleich ein ausländischer Rechtsverkehr wesentlich betroffen wäre, die Gefahr einer hinkenden Rechtswahl, die von dem betreffenden ausländischen Staat nicht anerkannt würde, erhöhen.[391] Freilich würde dies wiederum nicht gelten, wenn jenes Umweltrecht seine eigene Wahl gestattete. Ein allseitiger Ausbau des Art. 10 III 1 Nr. 2 EGBGB im Wege der Analogie müsste trotzdem die Hürde überwinden, dass es an einer planwidrigen Regelungslücke fehlen dürfte.[392] **201**

Art. 10 III 1 Nr. 3 EGBGB erlaubt die Wahl des Heimatrechts einer Person, welche dem Kind den Namen erteilt. Gedacht ist insbesondere an die Einbenennung nach Art des § 1618 BGB mit Übernahme des Namens des Stiefelternteils. Ausnahmsweise sind hier kollisionsrechtliche Rechtswahl und sachrechtliches Ergebnis so eng miteinander verkoppelt, dass die Rechtswahl nur zuzulassen ist, wenn sie tatsächlich zu dem angestrebten sachrechtlichen Ergebnis führt.[393] Im Gesetzeswortlaut kann man dies an der Namenserteilung (!) als Tatbestandsmerkmal festmachen. Art. 5 I EGBGB findet keine Anwendung.[394] Wählbar ist also auch ein nicht-effektives Heimatrecht des Namenserteilenden. **202**

Für Art. 10 III 1 Nr. 3 EGBGB muss der Sorgeberechtigte nicht zugleich Namenserteilender sein. Dies ist wichtig, denn es erlaubt für den Kindesnamen bei unverheirateten Eltern der sorgeberechtigten Mutter, das Heimatrecht eines späteren Ehemanns (der nicht der Vater ist) zu wählen und den Namen von diesem erteilen zu lassen.[395] **203**

c) Zeitpunkt der Rechtswahl. Die Rechtswahlbefugnis nach Art. 10 III EGBGB ist mangels ausdrücklich normierter Ausschlussfrist jederzeit und auch in zeitlichem Abstand von dem letzten namensrechtlich relevanten Ereignis oder dem Erlangen der Sorgebefugnis möglich.[396] Die Rechtswahl ist insbesondere noch nach der Geburt des Kindes möglich.[397] **204**

Das Ende der Sorgebefugnis markiert indes auch das Ende der Rechtswahlbefugnis.[398] Wird der Sorgeunterworfene nach seinem über Art. 7 I zu bestimmenden Personalstatut volljährig und entfällt nach diesem Recht die Sorge, so erlischt in der Folge auch die Rechtswahlbefugnis.[399] **205**

---

[387] *Henrich,* FS Andreas Heldrich 2005, S. 667, 671 f.
[388] *Henrich,* FS Andreas Heldrich 2005, S. 667, 673.
[389] Staudinger/*Hepting* Art. 10 EGBGB Rn. 423 (2007).
[390] Staudinger/*Hepting* Art. 10 EGBGB Rn. 424 (2007).
[391] Staudinger/*Hepting* Art. 10 EGBGB Rn. 424 (2007).
[392] Vgl. Soergel/*Schurig* Art. 10 EGBGB Rn. 68.
[393] Soergel/*Schurig* Art. 10 EGBGB Rn. 78; BeckOK BGB/*Mäsch* Art. 10 EGBGB Rn. 67.
[394] *Looschelders* Art. 10 EGBGB Rn. 63; Palandt/*Thorn* Art. 10 EGBGB Rn. 22.
[395] Siehe *Henrich,* GS Alexander Lüderitz 2000, S. 273, 282.
[396] LG Berlin StAZ 2003, 172, 173; *Jauß,* StAZ 2005, 266; NK-BGB/*Mankowski* Art. 10 EGBGB Rn. 151.
[397] Siehe nur *Wall,* StAZ 2012, 185, 186.
[398] NK-BGB/*Mankowski* Art. 10 EGBGB Rn. 152.
[399] BeckOK BGB/*Mäsch* Art. 10 EGBGB Rn. 62; Staudinger/*Hepting/Hausmann* Art. 10 EGBGB Rn. 376 f., 401; *Wall,* StAZ 2014, 294, 296.

206 Die einmalige Ausübung verbraucht die Befugnis zur erneuten Rechtswahl nicht. Eine einmal getroffene Rechtswahl ist nicht unveränderlich und ein für alle Mal bindend.[400] Vielmehr entspricht es den allgemeinen Grundsätzen der Parteiautonomie, dass die Rechtswalbefugnis auch nach ihrer ersten (und jeder späteren) Ausübung fortbesteht.[401] Eine mehrmalige Rechtswahl ist unter Art. 10 III EGBGB ohne weiteres möglich.[402]

207 *d) Form der Rechtswahl.* Nach Art. 10 III 2 EGBGB bedürfen nach der Geburt bzw. erstmaligen Registrierung abgegebene Erklärungen einschließlich der Rechtswahlerklärung der öffentlichen Beglaubigung. Dies ist eine Sachnorm im IPR. Im Prinzip ist die öffentliche Beglaubigung nach § 129 BGB gemeint. Bei Abgabe der Rechtswahlerklärung im Ausland ist daher nach Möglichkeiten der Substitution durch funktionsäquivalente ausländische Erscheinungen zu suchen, ohne dass Art. 11 EGBGB helfen würde.[403] Für die Form einer bereits vor oder bei der Geburt bzw. der erstmaligen Registrierung vorgenommenen Rechtswahl ist Art. 10 III 2 EGBGB analog anzuwenden[404] und nicht auf die formellen Anforderungen für eine materiellrechtliche Namenswahl nach deutschem Recht auszuweichen, die in einer einfachen formlosen Erklärung gegenüber dem Standesbeamten bestünden.[405]

208 *e) Wirkung der Rechtswahl.* Eine Rechtswahl nach Art. 10 III 1 EGBGB betrifft nach dem klaren Wortlaut des Gesetzes nur den *Familiennamen,* nicht aber den *Vornamen* des Kindes.[406] Richtigerweise sind den Familiennamen hier auch die Vater- und Zwischennamen zuzuordnen, die ein Abstammungsverhältnis ausdrücken, selbst wenn sie als persönliche Namen nicht an folgende Generationen weitergegeben werden.[407] Kennt ein Recht aber keinen Familiennamen selbst in diesem erweiterten Sinn, so kommt die Wahl dieses Rechts unter Art. 10 III Nr. 1 EGBGB nicht in Betracht, und eine entsprechende Wahl ist nicht statthaft.[408]

209 Eine kindesnamensrechtliche Rechtswahl entfaltet nur Wirkung ex nunc.[409] Eine in zeitlichem Abstand von der Geburt und nach der Beurkundung der Geburt vorgenommene Rechtswahl bewirkt daher nur eine Änderung des Namens, beeinflusst aber nicht den Erwerb des ursprünglichen *Geburts*namens.[410] Auf der sachrechtlichen Ebene entscheidet das gewählte Recht über eine etwaige Rückwirkung bei der Namensführung.[411]

210 Haben Eltern mehrere Kinder, so kann für den Namen jedes einzelnen Kindes eine eigene Rechtswahl getroffen werden.[412] Im deutschen IPR gibt es für die Rechtswahl kein Pendant zu § 1617 I 3 BGB, demzufolge nur eine einheitliche Namenswahl für alle Kinder

---

[400] Anderer Ansicht OLG Frankfurt StAZ 2013, 352, 353; Palandt/*Thorn* Art. 10 EGBGB Rn. 22. Vgl. auch OLG Celle StAZ 2014, 274, 275.
[401] NK-BGB/*Mankowski* Art. 10 EGBGB Rn. 153.
[402] Siehe nur *H. Kraus,* StAZ 2006, 81; *Kampe,* StAZ 2007, 125, 126; *Hochwald,* StAZ 2009, 49, 51. Kritisch *Krömer,* StAZ 1999, 46.
[403] NK-BGB/*Mankowski* Art. 10 EGBGB Rn. 154.
[404] *Hepting,* StAZ 1998, 133, 138; NK-BGB/*Mankowski* Art. 10 EGBGB Rn. 155.
[405] Dafür BeckOK BGB/*Mäsch* Art. 10 EGBGB Rn. 71 sowie BayObLG StAZ 1997, 174, 175; Palandt/*Thorn* Art. 10 EGBGB Rn. 21.
[406] BayObLG StAZ 2000, 235, 236; OLG Stuttgart StAZ 2010, 263, 264; LG Karlsruhe StAZ 2001, 111; *Krömer,* StAZ 2006, 152, 153.
[407] OLG Stuttgart StAZ 2010, 263, 264; KG 18.1.2018 – 1 W 563/16, NZFam 2018, 188; *Henrich,* GS Alexander Lüderitz 2000, S. 273, 276 f; *Wachsmann,* StAZ 2000, 220 sowie *Kubitz,* StAZ 1997, 244. Anderer Ansicht AG München StAZ 1992, 313.
[408] BGH NJW-RR 2018, 837 (Phantasiename australischen Rechts) = NZFam 2018, 609 m. abl. Anm. *M. Weber; Hepting,* StAZ 2001, 257, 259 Fn. 23; *Krömer,* StAZ 2006, 152, 153; Staudinger/*Hepting* Art. 10 EGBGB Rn. 424 (2007) sowie OLG Stuttgart StAZ 2010, 263, 264.
[409] Siehe nur *Jauß,* StAZ 2001, 338, 339.
[410] Staudinger/*Hepting* Art. 10 EGBGB Rn. 429 (2007); NK-BGB/*Mankowski* Art. 10 EGBGB Rn. 160.
[411] OLG Hamm StAZ 2011, 242, 243.
[412] *Henrich,* StAZ 1996, 129, 134; Soergel/*Schurig* Art. 10 EGBGB Rn. 75b; NK-BGB/*Mankowski* Art. 10 EGBGB Rn. 161; BeckOK BGB/*Mäsch* Art. 10 EGBGB Rn. 73; Palandt/*Thorn* Art. 10 EGBGB Rn. 23.

gestattet wäre.⁴¹³ Vielmehr sind insoweit legitime Anpassungsinteressen anzuerkennen, namentlich bei Staatsangehörigkeits- oder Aufenthaltswechsel der Eltern oder eines Elternteils. Unterschiedliche Namensstatute für mehrere Kinder bedingen nicht automatisch unterschiedliche Namen.

4. Rück- und Weiterverweisung. Rück- und Weiterverweisung sind zu beachten, 211 denn es gilt Art. 4 I EGBGB als ausfüllende Hilfskollisionsnorm aus dem Allgemeinen Teil des deutschen IPR.⁴¹⁴ Trotz der öffentlich-rechtlichen Bezüge des Namens und der gewünschten Parallelität mit dem öffentlichen Recht widerspricht dies nicht dem Sinn der Verweisung gem. Art. 4 I 1 Hs. 2 EGBGB.⁴¹⁵ Auch eine sogenannte versteckte Rückverweisung ist gegebenenfalls zu beachten.⁴¹⁶ Rück- und Weiterverweisung werden insbesondere dann relevant, wenn das Heimatrecht des Namensträgers seinerseits nicht an die Staatsangehörigkeit, sondern an das domicile oder an den gewöhnlichen Aufenthalt anknüpft.⁴¹⁷ Das IPR von Staaten, die ebenfalls dem Staatsangehörigkeitsprinzip folgen, nimmt die Verweisung dagegen an.⁴¹⁸

Für Rechtswahltatbestände wie Art. 10 II und III EGBGB gilt Art. 4 II EGBGB.⁴¹⁹ Dieser 212 greift unabhängig davon, ob die Rechtswahlbefugnis nur von mehreren gemeinsam (wie bei Art. 10 II EGBGB) oder durch einen Berechtigten allein (wie bei Art. 10 III EGBGB) ausgeübt werden darf.

5. Anpassung (Art. 47 EGBGB). Art. 47 EGBGB erlaubt bei Anwendbarkeit deut- 213 schen Sachrechts eine Anpassung z. B. durch Eindeutschung bisheriger ausländischer Familiennamen. Art. 47 EGBGB ist keine Kollisionsnorm, sondern eine Sachnorm.⁴²⁰ Er befasst sich mit namensrechtlichen Möglichkeiten, wenn eine Person von einem ausländischen zum deutschen Statut für den Namen wechselt (so genannter Eingangsstatutenwechsel).⁴²¹ Dies ist insbesondere der Fall, wenn jemand, der bisher Ausländer war, nun die deutsche Staatsangehörigkeit erwirbt. Dagegen erfasst Art. 47 EGBGB nicht Fälle des sogenannten Ausgangsstatutenwechsels vom deutschen Recht zu einem ausländischen Namensstatut.⁴²² Gleichermaßen befasst sich Art. 47 EGBGB nur mit dem Namen natürlicher Personen, nicht auch mit dem Namen (der Firma) von Gesellschaften.⁴²³ Andererseits erweitert Art. 47 II EGBGB das Modell auf Fälle des Erwerbs eines deutschen Namens, der seinerseits aus einem Namen nach deutschem Recht abgeleitet ist.⁴²⁴

Ausländische Rechtsordnungen kennen in ihrem Namensrecht oft Gestaltungen, welche 214 dem deutschen Namensrecht fremd sind, z.B. Mittelnamen, Vatersnamen oder Großvaters-

---

⁴¹³ *Homeyer*, StAZ 2004, 180.
⁴¹⁴ BGH FamRZ 1999, 570; BGH StAZ 2007, 344; BayObLGZ 1996, 6, 10; OLG Hamm StAZ 1991, 138, 141; OLG Frankfurt StAZ 2004, 198; OLG Hamm StAZ 2007, 175; OLG München StAZ 2009, 108; *Henrich*, StAZ 1997, 225; *ders.*, IPRax 2008, 121; *Jauß*, StAZ 2004, 274, 275; *Kampe*, StAZ 2007, 125, 126; *dies.*, StAZ 2009, 281 *Hochwald*, StAZ 2008, 49; *dies.*, StAZ 2008, 115; *Krömer*, StAZ 2009, 280; *ders.*, StAZ 2011, 157, 158; *ders*, StAZ 2011, 249 f.
⁴¹⁵ Vorauflage Rn. 83 *(v. Bar)*; Palandt/*Thorn* Art. 10 EGBGB Rn. 3; *Looschelders* Art. 10 EGBGB Rn. 5.
⁴¹⁶ Vgl LG Traunstein StAZ 2008, 246, 247.
⁴¹⁷ *F. Sturm*, FS Dieter Henrich, 2000, S. 611, 617; *F. Sturm/G. Sturm*, FS Erik Jayme, 2004, S. 919, 921.
⁴¹⁸ Siehe nur OLG Hamm StAZ 2007, 175 (Verweisung für Kindesnamen auf türkisches IPR).
⁴¹⁹ Siehe nur OLG Stuttgart StAZ 2010, 263, 264; LG Berlin StAZ 2000, 217; *Henrich*, GS Alexander Lüderitz, 2000, S. 273, 275; *F. Sturm/G. Sturm*, FS Erik Jayme, 2004, S. 919, 920; Palandt/*Thorn* Art. 10 EGBGB Rn. 3; *Kampe*, StAZ 2007, 149, 150; *Kraus*, StAZ 2010, 19.
⁴²⁰ Siehe nur OLG Hamm StAZ 2015, 18; MüKoBGB/*V. Lipp* Art. 47 EGBGB Rn. 5; *Prinz v. Sachsen Gessaphe*, StAZ 2015, 65, 69; Soergel/*M. Müller* Art. 47 EGBGB Rn. 6.
⁴²¹ Siehe nur *H. Kraus*, StAZ 2014, 374, 375; NK-BGB/*Mankowski* Art. 47 EGBGB Rn. 1.
⁴²² *Hepting*, StAZ 2008, 161, 164; Staudinger/*Hepting/Hausmann* Art. 47 EGBGB Rn. 14; *Kraus*, StAZ 2014, 374, 375 (Beispiel: Widerruf der Anerkennung als Flüchtling nach § 49 I VwVfG: Ausgangsstatutenwechsel mit Wirkung ex nunc); Soergel/*M. Müller* Art. 47 EGBGB Rn. 21; NK-BGB/*Mankowski* Art. 47 EGBGB Rn. 1.
⁴²³ Soergel/*M. Müller* Art. 47 EGBGB Rn. 14.
⁴²⁴ Soergel/*M. Müller* Art. 47 EGBGB Rn. 7.

namen.⁴²⁵ Nach dem Statutenwechsel untersteht der Namensträger aber deutschem Recht, und deutsches Recht muss eine Antwort finden, wie es um die Weiterführung bisher geführter Namen steht.⁴²⁶ Dabei geht es um einen Ausgleich zwischen deutschem Namensrecht und dem im Namen dokumentierten Persönlichkeitsschutz.⁴²⁷ Im Prinzip ordnet das deutsche Recht „Mittelnamen" als (zweite) Vornamen ein, ist aber tendenziell liberal, sofern der erste „richtige" Vorname seinen Aufgaben gerecht wird.⁴²⁸

215 **6. In anderen EU-Staaten erworbener Name.** a) *Vorgaben des EU-Primärrechts.* Aus der Unionsbürgerschaft aus Art. 20 AEUV (ex-Art. 17 EGV) und der Freizügigkeit von Unionsbürgern aus Art. 21 AEUV (ex-Art. 18 EGV) folgert der EuGH, dass diejenigen Namen anzuerkennen sind, die Unionsbürger in amtliche Register anderer Mitgliedstaaten haben eintragen lassen. Die Freizügigkeit wäre nicht effektiv und würde behindert, wenn keine Anerkennung registrierter Namen stattfände und sich in der Folge praktisch mit Grenzübertritt der zu führende Name einer Person ändere.⁴²⁹ Aus hinkender Namensführung erwüchsen zwangsläufig Nachteile, sobald es im täglichen Leben darum gehe, die Identität im öffentlichen oder im privaten Bereich nachzuweisen.⁴³⁰ Eine Namensspaltung betrifft die Persönlichkeitsrechte des Betroffenen⁴³¹ und kann ihn in seinem privaten und geschäftlichen Verkehr erheblich beeinträchtigen,⁴³² da er je nachdem, wo er sich aufhält, einen anderen Namen führen müsste.⁴³³ Jede Identitätsangabe würde neue Identifizierungsnöte aufwerfen⁴³⁴ und Verwechslungsgefahr begründen.⁴³⁵ Aufgrund differierender Namensangaben könnte sogar der (unzutreffende) Verdacht von Falschangaben entstehen,⁴³⁶ noch potenziert durch grenzüberschreitende Zusammenarbeit in Strafsachen.⁴³⁷

216 Eine Nichtanerkennung hätte unter Umständen gar eine menschenrechtliche Dimension mit Blick auf Art. 8 EMRK;⁴³⁸ dies hätte wiederum Bedeutung auch für das Unionsrecht, denn die Menschenrechte sind allgemeine Grundsätze des Unionsrechts nach Art. 6 II EUV. Art. 7 GR-Charta schützt als Teil der Identität und des Privatlebens einer Person ebenfalls den Namen.⁴³⁹

---

⁴²⁵ → § 6 Rn. 242.
⁴²⁶ Beispiele: BGH StAZ 2014, 139 (bulgarischer Zwischenname); BGH StAZ 2015, 78 (indonesischer Eigenname).
⁴²⁷ Näher z. B. *Wall*, StAZ 2015, 363.
⁴²⁸ KG StAZ 2017, 237.
⁴²⁹ Ebenso z. B. *Kroll*, ZvglRWiss 107 (2008), 320, 324 f.; *Honorati*, in: Honorati (a cura di), S. 3, 12 f.
⁴³⁰ EuGH Slg. 2008, I-7639 Rn. 23–27 – Verfahren auf Antrag von Stefan Grunkin u. Dorothee Regina Paul; EuGH Slg. 2010, I-13693 Rn. 61, 66 – Ilonka Sayn-Wittgenstein/Landeshauptmann von Wien; GAin *Sharpston*, Slg. 2008, I-7641 Nr. 78.
⁴³¹ GA *Jacobs*, Slg. 2006, I-3563 Nr. 55.
⁴³² Teilweise drastische Beispiele bei *F. Sturm*, StAZ 2009, 237, 239.
⁴³³ EuGH Slg. 2003, I-11613 Rn. 36 – Carlos Garcia Avello/Belgischer Staat; EuGH Slg. 2008, I-7639 Rn. 23 – Verfahren auf Antrag von Stefan Grunkin u. Dorothee Regina Paul; *V. Lipp*, StAZ 2009, 1, 5; *Kampe*, StAZ 2009, 281, 282.
⁴³⁴ EuGH Slg. 2008, I-7639 Rn. 25 f. – Verfahren auf Antrag von Stefan Grunkin u. Dorothee Regina Paul; EuGH Slg. 2010, I-13693 Rn. 69 – Ilonka Sayn-Wittgenstein/Landeshauptmann von Wien; GAin *Sharpston*, ECLI:EU:C:2010:608 Nr. 13.
⁴³⁵ EuGH ECLI:EU:C:2016:401 Rn. 37 – Nabiel Peter Bogendorff v. Wolterdorff/Standesamt der Stadt Karlsruhe und Zentraler Juristischer Dienst der Stadt Karlsruhe; EuGH ECLI:EU:C:2017:432 Rn. 36 – Mircea Florian Freitag.
⁴³⁶ EuGH Slg. 2008, I-7639 Rn. 26, 28 – Verfahren auf Antrag von Stefan Grunkin u. Dorothee Regina Paul; EuGH Slg. 2010, I-13693 Rn. 68 – Ilonka Sayn-Wittgenstein/Landeshauptmann von Wien; EuGH ECLI:EU:C:2017:432 Rn. 38 – Mircea Florian Freitag; GA *Szpunar*, ECLI:EU:2016:902 Rn. 64; *Kampe*, StAZ 2009, 281, 282.
⁴³⁷ *Rieck*, NJW 2009, 125, 128.
⁴³⁸ EuGH Slg. 2010, I-13693 Rn. 52 – Ilonka Sayn-Wittgenstein/Landeshauptmann von Wien unter Hinweis auf EGMR 22.2.1994, Serie A Nr. 280-B S. 28 § 24 – Burghartz/Schweiz; EGMR 25.11.1994, Serie A Nr. 299-B S. 60 § 37 – Stjerna/Finnland sowie *Lagarde*, RCDIP 98 (2009), 86, 90 f. unter Hinweis auf EGMR 1.7.2008 – no. 44378/05 – Daroczy/Ungarn.
⁴³⁹ EuGH Slg. 2010, I-13693 Rn. 52 – Ilonka Sayn-Wittgenstein/Landeshauptmann von Wien; *Soergel/M. Müller* Art. 48 EGBGB Rn. 4.

XIII. Name   217–219   § 6

Dies kommt jedem Unionsbürger zugute. Eine wirtschaftliche Betätigung ist bei der **217**
Unionsbürgerschaft und der aus ihr fließenden Freizügigkeit ebenfalls nicht verlangt.[440] Die
Unionsbürgerschaft ist „Grundfreiheit ohne Markt".[441] Eine Rechtfertigung für eine Beeinträchtigung der Freizügigkeit[442] sieht der EuGH auch nicht in der Gleichbehandlung
eigener Staatsbürger, gleich wo diese geboren werden und gleich wo diese sich aufhalten.[443]
Nicht verlangt ist der Nachweis einer konkreten Gefährdung der Freizügigkeit im Einzelfall;[444] vielmehr herrscht ein abstrakter und genereller Maßstab.[445] Sofern Art. 21 AEUV
(ex-Art. 18 EGV) eine Erheblichkeitsschwelle überwinden muss, gilt dies aber auch hier.[446]
Die Freizügigkeit ist eine eigenständige Grundfreiheit. Sie setzt keine Diskriminierung
voraus.[447] Sie setzt allerdings Unionsbürgerschaft voraus.[448]

Hinkende Namensverhältnisse zu vermeiden wird so zu einem Gebot aus der unions- **218**
rechtlichen Freizügigkeit.[449] Dies soll auch dann gelten, wenn der Namensträger gar nicht
Staatsangehöriger des Registrierungsstaats ist, wenn also der Registrierungsstaat eigentlich
gar nicht berufen ist, für den Namensträger Ausweispapiere auszustellen. Entschieden wurde dies vom EuGH für Doppelnamen nach spanischem Recht, eingetragen in Belgien,[450]
und für den Doppelnamen eines deutschen Kindes, gebildet aus den Namen seiner Eltern
und eingetragen in Dänemark.[451] Ziel ist „Einnamigkeit" dergestalt, dass ein Unionsbürger
denselben Namen überall in der Gemeinschaft führen kann.[452] Die besondere Ordnungsfunktion und der besondere Persönlichkeitsbezug des Namens werden so entsprechend
besonders geschützt.[453] Das Kontinuitätsinteresse des Namensträgers an der Fortführung
seines Namens wird zum dominierenden Moment.[454]

Das unionsrechtliche Anerkennungsprinzip verdrängt insoweit mit dem Anwendungs- **219**
vorrang des unmittelbar anwendbaren Unionsrechts[455] gegenüber dem nationalen Recht
die korrekte kollisionsrechtliche Anknüpfung.[456] Es verbietet deutschen Rechtsanwendern,
über Art. 10 EGBGB zu abweichenden Ergebnissen zu gelangen. Insbesondere müssen
Namen übernommen werden, die Deutsche im EU-Ausland für sich haben registrieren
lassen. Die Freizügigkeit fordert gebieterisch Vorrang vor dem IPR.[457] Art. 10 I EGBGB
wird aber nicht für schlechterdings ungültig erklärt.[458] Vielmehr wird das mitgliedstaatliche
IPR nur ausnahmsweise überlagert und überspielt.[459] Anerkennung im EU-Ausland einge-

---

[440] Siehe nur EuGH Slg. 2010, I-13693 Rn. 41 – Ilonka Sayn-Wittgenstein/Landeshauptmann von Wien; *Mörsdorf-Schulte*, IPRax 2004, 315, 317; *V. Lipp*, StAZ 2009, 1, 7; *Kroll-Ludwigs*, JZ 2009, 153 f. Übersehen von MüKoBGB/*R. Birk* Art. 10 EGBGB Rn. 158.
[441] Eingehend *F. Wollenschläger*, Grundfreiheit ohne Markt, 2007.
[442] Näher GAin *Sharpston*, Slg. 2008, I-7641 Nr. 80–87.
[443] EuGH Slg. 2008, I-7639 Rn. 30 f – Verfahren auf Antrag von Stefan Grunkin u. Dorothee Regina Paul. Krit. dazu *Meeusen*, ZEuP 2010, 189, 195 f.
[444] *Rainer Frank*, StAZ 2005, 161, 162.
[445] Vgl aber auch *Funken*, FamRZ 2008, 1091.
[446] *Kroll*, ZvglRWiss 107 (2008), 320, 331 f sowie *Mansel*, Liber amicorum Kurt Siehr, 2010, S. 291, 301 f.
[447] Siehe nur GA *Jacobs*, Slg. 2006, I-3563 Nrn. 53 f; *P. Kubicki*, EuZW 2009, 366, 367.
[448] *R. Wagner*, Liber amicorum Christian Kohler, 2018, S. 567, 569
[449] Siehe nur KG NJW 2011, 535, 537; *Wall*, StAZ 2009, 261, 263; *dens.*, StAZ 2010, 225, 228; *dens.*, StAZ 2011, 37, 41; vgl. auch BGH NJW-RR 2018, 637 = NZFam 2018, 609 m. Anm. *M. Weber*. Diskussion z. B. bei *Sommer* S. 164–169 et passim; *Perner*, JbJZRW 2009, 379, 385 f.
[450] EuGH Slg. 2003, I-11613 – Carlos Garcia Avello/Belgischer Staat.
[451] EuGH Slg. 2008, I-7639 – Verfahren auf Antrag von Stefan Grunkin u. Dorothee Regina Paul.
[452] *Wall*, StAZ 2009, 261, 262; *ders.*, StAZ 2010, 225, 228; *ders.*, IPRax 2010, 433, 435.
[453] *Funken*, Das Anerkennungsprinzip im internationalen Privatrecht, 2009, S. 178.
[454] *Tomasi*, in: Honorati (a cura di), S. 111, 127.
[455] Seit EuGH Slg. 1964, 1251, 1279 – Costa/ENEL
[456] GAin *Sharpston*, Slg. 2008, I-7641 Nr. 91; OLG München NJW-RR 2010, 660, 661 f.; *Kroll-Ludwigs*, JZ 2009, 153, 154; *Honorati*, Dir. UE 2009, 379, 389. Skeptisch wegen der angeblich nicht hinreichend ausgeformten Rechtsfolgenseite Soergel/*M. Müller* Art. 48 EGBGB Rn. 3.
[457] *Lagarde*, RCDIP 98 (2009), 86, 91.
[458] GAin *Sharpston*, Slg. 2008, I-7641 Nr. 49.
[459] *Tomasi*, in: Honorati (a cura di), S. 111, 135 f, 137 f.

tragener Namen etabliert eine Art vested rights-Ansatz[460] und eine Parallele zur Anerkennung gerichtlicher Entscheidungen.[461]

220 Eine eigene Umsetzung zu verlangen und die Verpflichtung zur Anerkennung von der Existenz einer solchen Umsetzung abhängig zu machen[462] würde dem primärrechtlichen Charakter des Gebots nicht gerecht, das auch ohne spezifische Ventile in den Mitgliedstaaten greift.[463] Eine generelle Lösung durch den Gesetzgeber wäre zwar wünschenswert,[464] ist aber keine Voraussetzung für die Anwendung des Anerkennungsprinzips.[465] Hinkende Namensverhältnisse resultieren aus dem Nebeneinander zweier verschiedener kollisionsrechtlicher Grundanknüpfungen in den Mitgliedstaaten, nämlich dem Nebeneinander von Staatsangehörigkeits- und Aufenthaltsprinzip.[466] Da das Unionsrecht auf der anderen Seite nicht in das IPR eingreift und genau eine dieser beiden Anknüpfungen gebietet,[467] muss es bei einem ipso iure greifenden überlagernden Anerkennungsmechanismus bleiben. Grundsätzlich ist es Sache des einzelnen Mitgliedstaats, mit welchen Maßnahmen er der unionsrechtlichen Freizügigkeit Rechnung trägt; dabei muss er aber die unionsrechtlichen Grundsätze der Äquivalenz und der Effektivität wahren.[468] Dies wird dahingehend verstanden, dass auch eine Möglichkeit zur Namensänderung im Zweitstaat ausreichen soll.[469]

221 Weder eine engere Verbindung zum jetzigen Aufenthaltsstaat noch das Ziel der Integration in die dortige Umwelt rechtfertigen eine Namensspaltung.[470] Höchstens der zweitstaatliche ordre public vermöchte eine Grenze zu ziehen.[471] Namenstourismus gilt es über das Erfordernis einer realen Verbindung zum Registrierungsstaat[472] zu wehren.[473] Als ultima ratio kann ihm das unionsrechtliche Verbot des Rechtsmissbrauchs entgegenstehen.[474] Auch das Unionsrecht eröffnet keine unbeschränkte de facto-Rechtswahl durch einfache faktische Gestaltung.[475]

222 Ob nur eine Namensregistrierung im Wohnsitz- oder Aufenthaltsstaat oder ob auch eine Namensregistrierung in einem anderen Mitgliedstaat Anerkennung heischt, ist noch nicht ausjudiziert.[476] Eine Ausnahme von dem Grundsatz, dass eine ineffektive Staatsangehörigkeiten bzw. bei deutsch-ausländischen Mehrstaatern die nicht-deutsche Staatsangehörigkeit unbeachtlich ist, ist jedenfalls erzwungen: Artt. 18; 20 AEUV verwehren es einem Mitgliedstaat, seinen Angehörigen, die sowohl dessen Staatsangehörigkeit als auch die Staatsangehörigkeit eines anderen EU-Mitgliedstaates besitzen, die Namensführung nach dem Recht jenes zweiten Mitgliedstaates zu untersagen.[477] Einem entsprechenden Antrag auf

---

[460] *Kuipers*, (2009) 2 Eur. J. Leg. Stud. 66.
[461] Siehe nur *Jault-Seseke/Pataut*, Liber amicorum Christian Kohler, 2018, S. 371, 377 f.
[462] Das Bestehen sogar einer Verpflichtung bestreitet *P. Kubicki*, EuZW 2009, 366, 367.
[463] Treffend OLG München NJW-RR 2010, 660, 662; *Wall*, IPRax 2010, 433, 436 f. Entgegen *Kohler*, FS Erik Jayme 2004, S. 445, 446; *Ackermann*, (2007) 44 CMLRev. 141, 153 f; *V. Lipp*, StAZ 2009, 1, 8; *Martiny*, DNotZ 2009, 453, 454.
[464] *V. Lipp*, StAZ 2009, 1, 8; *Mansel/Thorn/R. Wagner*, IPRax 2009, 1, 2.
[465] OLG München NJW-RR 2010, 660, 662; *Wall*, IPRax 2010, 433, 43.
[466] *Helms*, GPR 2005, 35, 38; *Wall*, StAZ 2009, 261, 263; *ders.*, StAZ 2010, 225, 226; *Sommer* S. 118–122.
[467] GAin *Sharpston*, Slg. 2008, I-7641 Nr. 66; *R. Frank*, StAZ 2005, 161, 163; *Wall*, StAZ 2009, 261, 263 sowie *Mansel/Thorn/R. Wagner*, IPRax 2010, 1, 6.
[468] EuGH ECLI:EU:C:2017:432 Rn. 42 – Mircea Florian Freitag; *Dutta*, FamRZ 2017, 1178; *Gössl*, IPRax 2018, 376, 379.
[469] *Mansel/Thorn/R. Wagner*, IPRax 2018, 121, 125.
[470] *Lagarde*, RCDIP 93 (2004), 192, 199 f.; *Helms*, GPR 2005, 35, 38; *R. Frank*, StAZ 2005, 161, 162 f.; *T. Ackermann*, (2007) 44 CMLRev. 141, 150 f.; *V. Lipp*, StAZ 2009, 1, 7.
[471] *Devers*, JCP G 2009 II 10071 = JCP G 15 Avril 2009, 35, 37 f.
[472] Siehe nur NK-BGB/*Mankowski* Art. 10 EGBGB Rn. 171; *Gössl*, IPRax 2018, 376, 379.
[473] GAin *Sharpston*, Slg. 2008, I-7641 Nr. 86.
[474] *Devers*, JCP G 2009 II 10071 = JCP G 15 Avril 2009, 35, 38; *Jault-Seseke/Pataut*, Liber amicorum Christian Kohler, 2018, S. 371, 383 f.
[475] Tendenziell anders *Tomasi*, in: Honorati (a cura di), S. 111, 127.
[476] Vgl. *Henrich*, IPRax 2005, 422, 423; *M. Lehmann*, YbPIL 10 (2008), 135, 158; *Martiny*, DNotZ 2009, 453, 455.
[477] EuGH Slg. 2003, I-11613 – M. Carlos Garcia Avello/Belgischer Staat.

Namensführung nach dem Recht des anderen Mitgliedstaates ist stattzugeben.[478] Die mehrfache Staatsangehörigkeit stellt als solche bereits den notwendigen Gemeinschaftsbezug her und nimmt dem Sachverhalt den Charakter eines internen Sachverhalts.[479] Den Grundsatz der Unveränderlichkeit von Familiennamen lässt das Unionsrecht als Rechtfertigungsgrund nicht gelten.[480]

Einer Parallele zur Anerkennung von Gerichtsentscheidungen würde zwar im Prinzip ein Erfordernis der indirekten internationalen Zuständigkeit entsprechen.[481] Jedoch ist ein solches Erfordernis gerade dem unionsrechtlichen Internationalen Zivilprozessrecht fremd, das indes in règlements doubles auch jeweils eigene einheitliche Zuständigkeitsregimes schafft. Daran fehlt es für die Namensregistrierung bisher. Verlangt man indes eine hinreichende Nahebeziehung, ein „real link" zum Registrierungsstaat, um diesem eine Kompetenz zur Registrierung mit gemeinschaftsweiter Wirkung zuzubilligen,[482] so erscheint es sachgerecht, nur Registrierungen aus einem Heimatstaat einerseits oder dem (seinerzeitigen) Aufenthaltsstaat andererseits, gegebenenfalls dem Geburtsstaat anzuerkennen.[483] Der EuGH bleibt insoweit leider (zu) vage.[484]

Sofern mehrere miteinander widerstreitende Registrierungen existieren, gilt das Prioritätsprinzip: Die frühere Registrierung geht vor.[485] In Extremfällen mag dies bei parallelen Anträgen auf Zufälligkeiten und unterschiedliche Schnelligkeit im Verwaltungsverfahren zurückfallen;[486] jedoch lassen sich solche Extremfälle vermeiden. Den Betroffenen ein Wahlrecht zuzubilligen, welche Namensregistrierung sie als die maßgebliche ansehen wollen,[487] würde eine Namensspaltung nicht vermeiden, sondern provozieren, nämlich zumindest mit dem Staat jeder Registrierung, die früher erfolgte als die gewählte. Wenn die Betroffenen eine frühere Registrierung nicht mehr wollen, dann müssen sie so konsequent sein, diese austragen zu lassen. Solange sie dies nicht tun, regiert im Fall konfligierender Registrierungen das objektive Prioritätsprinzip, kein subjektives Wahlrecht. Allerdings sei zugestanden, dass bei der Geltendmachung einer Registrierung in einem anderen als dem Registrierungsstaat in jenem Zweitstaat kaum je Informationen über eine frühere Registrierung in einem weiteren Staat vorliegen dürften, es sei denn, diese seien aus Ausweisdokumenten ersichtlich.

Die Anerkennung des im Ausland registrierten Namens kann nicht ersetzt werden durch eine unter deutschem Namensstatut eingeräumte Möglichkeit zur Namensänderung für Doppelstaater.[488] Zwar wäre damit eine Anpassungsmöglichkeit eröffnet, jedoch würde weiterhin zunächst nach Grenzübertritt ein anderer Name gelten, jedenfalls bis zur Namensänderung. Weiterhin bestünde die Notwendigkeit, in jedem Staat aufs Neue den Namen ändern zu lassen, bis Gleichlauf erzielt ist. Auch diese prozeduralen Notwendigkeiten mit ihrem Aufwand an Zeit, Kosten und Mühe würden die Freizügigkeit beeinträchtigen.

---

[478] EuGH Slg. 2003, I-11613 Rn. 35 – M. Carlos Garcia Avello/Belgischer Staat; s.a. *Palmeri*, Europa e dir. priv. 2004, 217, 229 f.
[479] EuGH Slg. 2003, I-11613 Rn. 27 – M. Carlos Garcia Avello/Belgischer Staat.
[480] EuGH Slg. 2003, I-11613 Rn. 40 – M. Carlos Garcia Avello/Belgischer Staat.
[481] Vgl *Henrich*, FS Andreas Heldrich 2005, S. 667, 676.
[482] GAin *Sharpston*, Slg. 2008, I-7641 Nr. 87; *Mansel*, RabelsZ 70 (2006), 651, 703; *O'Brien*, (2008) 33 E.L. Rev. 643, 659; *Lagarde*, Mélanges Hélène Gaudemet-Tallon, 2008, S. 481, 493 f; *Meeusen*, ZEuP 2010, 189, 199.
[483] *V. Lipp*, StAZ 2009, 1, 7; *Martiny*, DNotZ 2009, 453, 455 sowie *Bogdan*, ET 2010, 709, 719. Anders wohl *Gubbels*, FJR 2010, 323, 324: freie Rechtswahl.
[484] *Jault-Seseke/Pataut*, Liber amicorum Christian Kohler, 2018, S. 371, 382.
[485] EuGH Slg. 2008, I-7639 Rn. 22, 31, 39 – Verfahren auf Antrag von Stefan Grunkin u. Dorothee Regina Paul; GAin *Sharpston*, Slg. 2008, I-7641 Nr. 68. Kritisch *d'Avout*, Clunet 136 (2009), 207, 212. Unentschieden *Wall*, StAZ 2011, 203, 206.
[486] *Mansel*, RabelsZ 70 (2006), 651, 691; *Sommer* S. 202.
[487] Dafür *Moneger*, Trav. Com. fr. dr. int. pr. 2004–2005, 9, 13; *M. Lehmann*, YbPIL 10 (2008), 135, 159; *Sommer* S. 202; *Gössl*, IPRax 2018, 376, 382 sowie *Mörsdorf-Schulte*, IPRax 2004, 315, 323 f.
[488] Entgegen *C. Kohler*, FS Erik Jayme 2004, S. 445, 455; *Pintens*, StAZ 2004, 353, 359 sowie *Martiny*, DNotZ 2009, 453, 457. Wie hier *Wall*, IPRax 2010, 433, 437.

Daher sind Rundschreiben, welche Betroffene auf Namensänderungsverfahren verweisen,[489] rechtlich höchst bedenklich.[490]

226 Ebenso wenig vermöchte eine Rechtswahlmöglichkeit den Anerkennungsmechanismus auszuschalten.[491] Gestattete „indirekte Rechtswahl" durch gestaltende Beeinflussung der Anknüpfungstatsachen ist etwas anderes als direkte Rechtswahl. Eine Rechtswahlmöglichkeit vermag sie nicht zu ersetzen, denn sie würde zeitlich später ansetzen und wäre kein Automatismus.[492]

227 b) *Bedeutung des Art. 48 EGBGB.* aa) Sachrechtliches Namenswahlrecht, nicht kollisionsrechtliches Rechtswahlrecht. Art. 48 EGBGB gewährt ein besonderes Namenswahlrecht, wenn ein anderer Name als der nach deutschem Recht zu führende im EU-Ausland, in dem der Betreffende lebte, erworben und dort eingetragen wurde. Er gewährt indes kein Wahlrecht für das anwendbare Recht. Er ist eine Sachnorm des deutschen Rechts[493] und setzt daher voraus, dass deutsches Recht anwendbar, d.h. über Art. 10 EGBGB kollisionsrechtlich berufen ist.[494] Dass er spezifisch auf Sachverhalte mit Auslandsbezug zugeschnitten ist, ändert nichts an seinem sachrechtlichen Charakter und macht ihn nicht zur Kollisionsnorm.[495] Art. 48 EGBGB gewährt nur eine *sachrechtliche* Namenswahl.[496] Namenswahl ist keine Rechtswahl!

228 bb) Namensregistrierung in einem anderen EU-Mitgliedstaat. Art. 48 EGBGB setzt voraus, dass Namenserwerb und Namensregistrierung in einem anderen Mitgliedstaat der EU als Deutschland erfolgt sind.[497] Der Name muss in einem anderen EU-Mitgliedstaat in ein dortiges Personenstandsregister eingetragen sein. Gibt es in dem betreffenden Mitgliedstaat kein Personenstandsregister, so ist nach einem funktionellen Äquivalent zu suchen: Maßgeblich ist dann dasjenige Register, welches in diesem Mitgliedstaat verbindlich Auskunft über die Namensführung gibt.[498] Eine privat geführte Namensdatenbank ohne staatliche Belehnung reicht aber nicht aus. Der Eintragung in ein Personenstandsregister ist die Eintragung in Ausweisdokumente gleichzustellen, welche dem Identitätsnachweis dienen.[499] Diese ist zwar vom Wortlaut des Art. 48 EGBGB nicht direkt erfasst. Jedoch muss sie wertungsmäßig gleichstehen. Methodisch ist eine Analogie geboten.[500]

229 cc) Namenserwerb in einem anderen EU-Mitgliedstaat. Art. 48 S. 1 EGBGB stellt den Erwerb des Wahlnamens als eigenständiges Erfordernis neben die Eintragung. Er kumuliert also Erwerb und Eintragung.[501] Die Eintragung allein ist dem Gesetzgeber nicht genug,

---

[489] Rundschreiben des Innenministers des Landes Schleswig-Holstein v. 9.2.2009 (wenn auch unter Verzicht auf Gebühren für ein Namensänderungsverfahren) sowie Rundschreiben des Bundesministers des Inneren v. 30.1.2009.
[490] *F. Sturm*, StAZ 2010, 146, 147.
[491] OLG München NJW-RR 2010, 660, 662; *Finger*, FamFR 2010, 143; *Wall*, IPRax 2010, 433, 435; NK-BGB/*Mankowski* Art. 10 EGBGB Rn. 174. Anders *R. Frank*, StAZ 2005, 161, 164; jurisPK BGB/*Janal* Art. 10 EGBGB Rn. 35.
[492] NK-BGB/*Mankowski* Art. 10 EGBGB Rn. 174.
[493] *Freitag*, StAZ 2013, 69, 75; *Rauscher*, FPR 2013, 257, 258; Staudinger/*Hepting*/*Hausmann* Art. 48 EGBGB Rn. 2; *Wall*, StAZ 2013, 237, 238; *ders.*, StAZ 2015, 41, 43; PWW/*J. Mörsdorf-Schulte* Art. 48 EGBGB Rn. 2; *C. Kohler*/*Pintens*, FamRZ 2013, 1437, 1440; FA-Nr. 4008 *(Wall)*; *Prinz v. Sachsen Gessaphe*, StAZ 2015, 65, 74; NK-BGB/*Mankowski* Art. 48 EGBGB Rn. 1; Soergel/*M. Müller* Art. 48 EGBGB Rn. 6.
[494] Siehe nur PWW/*J. Mörsdorf-Schulte* Art. 48 EGBGB Rn. 2; NK-BGB/*Mankowski* Art. 48 EGBGB Rn. 1; Soergel/*M. Müller* Art. 48 EGBGB Rn. 8.
[495] *Freitag*, StAZ 2013, 69, 75.
[496] Siehe nur MüKoBGB/*V. Lipp*, Art. 48 EGBGB Rn. 2.
[497] Dänemark ist miterfasst; NK-BGB/*Mankowski* Art. 48 EGBGB Rn. 16.
[498] *Freitag*, StAZ 2013, 69, 70; jurisPK BGB/*Janal* Art. 48 EGBGB Rn. 4; MüKoBGB/*V. Lipp* Art. 48 EGBGB Rn. 14; NK-BGB/*Mankowski* Art. 48 EGBGB Rn. 17.
[499] *Freitag*, StAZ 2013, 69, 70; Staudinger/*Hausmann* Art. 48 EGBGB Rn. 14; jurisPK BGB/*Janal* Art. 48 EGBGB Rn. 4; MüKoBGB/*V. Lipp* Art. 48 EGBGB Rn. 16; NK-BGB/*Mankowski* Art. 48 EGBGB Rn. 17.
[500] MüKoBGB/*V. Lipp* Art. 48 EGBGB Rn. 16.
[501] Siehe nur Staudinger/*Hausmann* Art. 48 EGBGB Rn. 14.

XIII. Name 230–233 § 6

auch wenn sie als Formaltatbestand klar und gut erkennbar ist. Der Namenserwerb bringt dagegen eine rein tatsächlich ausgerichtete Komponente ohne formelles Substrat.[502] Dies belastet bei der Namenswahl mit einer zusätzlichen Prüfung, die sich nicht im Ergebnis festgelegt darauf stützen kann, dass die Eintragung ja erfolgt sei.[503] Allerdings ist die erfolgte Eintragung ein starkes Indiz dafür, dass der eingetragene Name auch erworben wurde. Denn anderenfalls hätte der Namensträger kaum die Eintragung eines nicht erworbenen Namens betrieben und dürfte die Eintragung eines nicht erworbenen Namens kaum erfolgt sein.[504]

Erworben ist ein Name, wenn er tatsächlich geführt wird und wenn er im Rechtsverkehr als der maßgebliche angesehen wird.[505] Der Nachweis einer tatsächlich erfolgten Namensführung kann – jenseits der Indizwirkung der erfolgten Eintragung – kaum durch amtliche Dokumente geschehen, denn es handelt sich ja eben um eine faktische, nicht formell-offiziöse Komponente. Anderenfalls hätte der Erwerb neben der Eintragung ja keine eigene Bedeutung. Denkbar erscheint ein Nachweis der Namensführung durch Schriftstücke, insbesondere Briefe, oder elektronische Stücke, seien es solche des Namensträgers, seien es solche an den Namensträger.[506] Eine bloße Selbstbenennung des Pseudo-Namensträgers, die auf keine Resonanz bei anderen gestoßen ist, reicht nicht aus.[507] 230

dd) Gewöhnlicher Aufenthalt im Registrierungsstaat als (unionsrechtswidriges) einengendes Erfordernis. Das einschränkende Erfordernis eines gewöhnlichen Aufenthalts im Registrierungsstaat soll Namenstourismus verhindern. Namenstourismus würde gefördert, wenn man bereits einen schlichten, einen einfachen Aufenthalt genügen lassen würde. Der gewöhnliche Aufenthalt verlangt relativ viel. Er verlangt einen veritablen Lebensmittelpunkt im Eintragungsstaat. Der persönliche Lebensmittelpunkt lässt sich aber nicht ohne weiteres verlegen, schon gar nicht schnell und schon gar nicht ohne größeren Aufwand. Eine einfache Reise ins Ausland reicht für seine Verlegung nicht aus.[508] Dies gilt selbst dann, wenn eine Geburt während einer Auslandsreise der Eltern erfolgte.[509] 231

Ob der Eintragungsstaat seinerseits für das Internationale Namensrecht an den gewöhnlichen Aufenthalt anknüpft, ist unerheblich.[510] Denn in Art. 48 S. 1 EGBGB ist der gewöhnliche Aufenthalt kein kollisionsrechtlicher Anknüpfungspunkt, sondern nur Ausweis einer hinreichend engen Verbindung zum Eintragungsstaat,[511] autonom gefordert vom deutschen Recht.[512] Indes engt er ein und ist Fremdkörper im System.[513] 232

Seinem Wortlaut nach lässt Art. 48 S. 1 EGBGB nur den gewöhnlichen Aufenthalt eine hinreichende Nähebeziehung zum Staat der Namenseintragung begründen und tragen. Andere Kriterien nennt er nicht. Dies wäre, wörtlich verstanden, eng. Es drohte mit dem Ziel, europaweite Einnamigkeit herzustellen zu helfen, zu kollidieren.[514] Andere Bezüge 233

---

[502] Siehe Staudinger/*Hausmann* Art. 48 EGBGB Rn. 15a; NK-BGB/*Mankowski* Art. 48 EGBGB Rn. 40.
[503] Staudinger/*Hausmann* Art. 48 EGBGB Rn. 15a.
[504] NK-BGB/*Mankowski* Art. 48 EGBGB Rn. 40.
[505] AG Berlin-Schöneberg StAZ 2013, 21, 23f.; Staudinger/*Hausmann* Art. 48 EGBGB Rn. 17; *Mankowski*, StAZ 2014, 97, 103f.; MüKoBGB/*V. Lipp* Art. 48 EGBGB Rn. 12 sowie jurisPK BGB/*Janal* Art. 48 EGBGB Rn. 4.
[506] NK-BGB/*Mankowski* Art. 48 EGBGB Rn. 41.
[507] NK-BGB/*Mankowski* Art. 48 EGBGB Rn. 41.
[508] NK-BGB/*Mankowski* Art. 48 EGBGB Rn. 18.
[509] *Wall*, StAZ 2013, 237, 245.
[510] Siehe *Freitag*, StAZ 2013, 69, 70; *Wall*, StAZ 2013, 237, 244; Staudinger/*Hausmann* Art. 48 EGBGB Rn. 11. Fragend noch Stellungnahme des Bundesrates, BT-Drs. 17/11049, 15.
[511] Staudinger/*Hausmann* Art. 48 EGBGB Rn. 11.
[512] NK-BGB/*Mankowski* Art. 48 EGBGB Rn. 19.
[513] *Wall*, StAZ 2013, 137, 245; ders., StAZ 2014, 119, 124; ders., StAZ 2014, 294, 297f.; ders., StAZ 2017, 326, 337; *Dutta*, FamRZ 2017, 1178.
[514] *Hepting*, StAZ 2013, 34, 37; *Wall*, StAZ 2013, 237, 245; ders., StAZ 2014, 119, 124; ders., StAZ 2014, 294, 297; Staudinger/*Hausmann* Art. 48 EGBGB Rn. 12; NK-BGB/*Mankowski* Art. 48 EGBGB Rn. 32 sowie Staudinger/*Hepting*/*Hausmann* Art. 10 EGBGB Rn. 567; *Jault-Seseke*/*Pataut*, Liber amicorum Christian Kohler, 2018, S. 371, 372.

zum Eintragungsstaat würden dann nämlich ausgegrenzt.[515] Insbesondere nennt Art. 48 EGBGB nicht die Staatsangehörigkeit des Namensträgers. Wenn man die Staatsangehörigkeit als primärrechtskonformes und als Anknüpfungspunkt im IPR diskriminierungsfreies Kriterium zulässt,[516] ist auch sie geeignet, eine hinreichend intensive und stabile Beziehung zu einem Staat herzustellen.[517]

234 Nach Art. 48 EGBGB kann jeder Namensbestandteil gewählt werden; möglich ist daher auch die Wahl eines dem deutschen Sachrecht institutionell fremden Mittel- oder Vatersnamens.[518]

235 Art. 48 EGBGB ist nur eine Teilregelung. Er darf aus unionsrechtlichen Gründen keinen abschließenden Charakter haben. Neben ihm muss jedenfalls das behördliche, verwaltungsrechtliche Namensänderungsverfahren nach § 3 NamÄndG stehen.[519] Noch besser wäre aber eine analoge Anwendung des Art. 48 EGBGB, am Besten und methodisch Saubersten oder eine Anerkennungspflicht direkt aus Art. 21 AEUV.[520] Beides würde von Mühen, Kosten und Zeitaufwand eines zusätzlichen Verwaltungsverfahrens befreien. Eine unionsrechtlich veranlasste Reduzierung des behördlichen Ermessens auf Null würde das Verwaltungsverfahren[521] nur endgültig zur bloßen Formalität degradieren, aber dessen faktische Lasten belassen.

236 *c) Unrechtmäßig eingetragene Namen.* Ob die Registrierung des Namens zu Recht oder zu Unrecht im Registrierungsstaat erfolgt ist, muss ohne Belang sein.[522] Anerkennung übernimmt Ergebnisse, sie bietet insoweit gerade die Möglichkeit, auf Ermessensausübung zu reagieren,[523] und vermeidet eine faktische Namensspaltung, die sich auch aus einer eigentlich falschen oder unzulässigen Registrierung ergeben könnte. Die Anerkennung schließt als Institut eine révision au fond (also eine Prüfung, ob die ausländische Stelle das von ihr zugrunde zu legende Recht korrekt angewandt hat) prinzipiell aus.[524]

237 Die Namensregistrierung ist erfolgt, und sie begründet einen Vertrauenstatbestand sowohl für den Betroffenen[525] als auch für den Rechtsverkehr. Eine deutsche Stelle könnte den vertrauensbegründenden Tatbestand selbst dann, wenn sie eine unrichtige Rechtsfindung im Ausland feststellen sollte, nicht zerstören und aus der Welt schaffen, da sie keine

---

[515] Staudinger/*Hausmann* Art. 48 EGBGB Rn. 12 sowie *Wall*, StAZ 2013, 237, 245; *ders.*, StAZ 2014, 119, 123 f.; *ders.*, StAZ 2014, 294, 297.

[516] Siehe aus der Diskussion nur EWR-GH EFTA Ct. Rep. 2012, 400 – Granville Establishment/Volker Anhalt u. Jasmin Barbaro; *Bogdan*, in: Meeusen/Pertegás/Straetmans/Swennen (eds.), International Family Law for the European Union, 2007, S. 303, 308–315; *Meeusen*, Eur. J. L. & Migr. 3 (2007), 291; *ders.*, Rec. des Cours 353 (2011), 9; *C. Stern*, Das Staatsangehörigkeitsprinzip in Europa, 2008; *Rodríguez Benot*, Cuad. Der. Trans. 2 (2010), 186, 197; *Pataut*, Rev. trim. dr. eur. 2010, 617; *Basedow*, RCDIP 99 (2010), 427; *ders.*, IPRax 2011, 109; *Quiñones Escámez*, Rev. Der. Com. Eur. 10 (2011), 645; *Corneloup*, Clunet 138 (2011), 491; *Kruger/Verhellen*, (2011) 7 JPrIL 601; *Kroll-Ludwigs* S. 339–357; *Hausmann*, FS Kay Hailbronner, 2013, S. 429.

[517] *Freitag*, StAZ 2013, 69, 76; *Wall*, StAZ 2013, 237, 245; *ders.*, StAZ 2014, 119, 123 f.; *ders.*, StAZ 2014, 294, 298; *ders.*, StAZ 2015, 41, 46; *Mankowski*, StAZ 2014, 97, 103; NK-BGB/*Mankowski* Art. 48 EGBGB Rn. 33.

[518] BGH FamRZ 2017, 1179; *Dutta*, FamRZ 2017, 1181; *Wiegelmann*, FamRB 2017, 351, 352; *Gössl*, LMK 2017, 395678.

[519] Siehe EuGH ECLI:EU:C:2017:432 Rn. 40–47 – Mircea Florian Freitag.

[520] *Mankowski*, StAZ 2014, 97, 108 f.; *Hepting/Dutta* Rn. II-449 f.; *Dutta*, FamRZ 2016, 1213, 1216.

[521] Dafür GA Szpunar, ECLI:EU:2016:902 Rn. 76.

[522] KG StAZ 2011, 148, 150; *F. Sturm*, StAZ 2010, 146, 147; *Wall*, StAZ 2010, 225, 228 (mit Einschränkung 229 f.); *Mankowski*, StAZ 2014, 97, 103; NK-BGB/*Mankowski* Art. 48 EGBGB Rn. 39; Soergel/*M. Müller* Art. 48 EGBGB Rn. 14 sowie *Wall*, StAZ 2009, 261, 263; *ders.*, StAZ 2011, 37, 42. Anderer Ansicht *Koritz*, FPR 2008, 213, 214; *Mansel/Thorn/R. Wagner*, IPRax 2009, 1, 3; *Krömer*, StAZ 2009, 150, 151 Fn 9. *Gössl*, IPRax 2018, 376, 379 f. befürwortet für die Rechtmäßigkeit eine Blockverweisung nach der Lehre von der ordre juridique compétent.

[523] *Foyer*, Trav. Com. fr. dr. int. pr. 2004–2005, 24; *M. Lehmann*, YbPIL 10 (2008), 135, 158.

[524] Weniger kategorisch *Wall*, StAZ 2010, 225, 232 f., der mit einer Vermutung zugunsten der Rechtmäßigkeit der Ersteintragung helfen will.

[525] *Wall*, StAZ 2010, 225, 227.

Eintragungen in ausländischen Registern ändern kann.[526] Außerdem wäre eine Kontrolle rein praktisch mit zu großem Aufwand, insbesondere bei der Ermittlung des korrekten Inhalts des im Ausland zugrunde zu legenden Rechts, verbunden.[527]

Ebenso unerheblich ist, ob eine Namensänderung im Registrierungsstaat privatrechtlicher oder öffentlich-rechtlicher Art war, wenn nur eine amtliche Registrierung erfolgt ist.[528] Wann die anzuerkennende Namenseintragung erfolgte und aus welchem Anlass oder in welchem Zusammenhang ist unerheblich; insbesondere spielt ein zeitlicher Abstand, etwa zur Geburt oder zur jetzt zu ändernden Erstbenennung, keine Rolle.[529] **238**

7. Umfang des Namensstatuts. *a) Namenserwerb, Namensführung und Schreibweise.* Das **239** Namensstatut regiert sowohl den Namenserwerb als auch die Namensführung. Eine unterschiedliche kollisionsrechtliche Behandlung beider wäre nicht zu rechtfertigen. Dass trotzdem unterschiedliche Rechte anwendbar sein können, ist keine Folge unterschiedlich ausgestalteter Anknüpfungstatbestände, sondern nur möglicherweise unterschiedlicher Anknüpfungszeitpunkte. Der Namenserwerb ist ein zeitlich fixierter Tatbestand, die Namensführung dagegen ein Dauertatbestand.[530] Eine „Änderung der Namensführung" ist freilich nichts anderes als der Erwerb eines neuen Namens.[531] Insbesondere regiert das Namensstatut den Erwerb eines ehebedingten Namens.[532] Das jeweilige Namensstatut regiert auch die Reihenfolge der einzelnen Namen.[533]

Das Namensstatut entscheidet ebenfalls, ob es ein Recht zur freien Namenswahl kennt[534] **240** (z.B. die sogenannte „deed poll" nach englischem Recht).[535] Der deutsche ordre public und der Grundsatz der Namenskontinuität stehen dem nicht per se entgegen.[536] Die Möglichkeiten einer Namenswahl, deren Voraussetzungen und deren Grenzen richten sich eben nach dem Namensstatut.[537] Dies gilt z.B. für die Möglichkeit eines Ehegatten, einen Doppelnamen aus seinem Namen und dem Namen des anderen Ehepartners zu führen.[538]

Das Namensstatut regiert zudem die Schreibweise.[539] Eine Transliteration bei der Über- **241** tragung in deutsche Personenstandsbücher richtet sich aber als verfahrensrechtliche Frage nach deutschem Recht.[540] Vorrangig ist indes als völkerrechtliche Sonderregelung das CIEC-Abkommen Nr. 14 über die Angabe von Familiennamen und Vornamen in den Personenstandsbüchern.[541]

b) Vor-, Familien-, Mittel-, Vatername. Dem Namensstatut unterliegt zuvörderst der Fami- **242** lienname, den eine Person führen darf oder muss. Dies gilt sowohl für den Geburtsnamen eines Kindes (also dessen ersten Namen) als auch für spätere Namen, z.B. einen Familiennamen kraft Ehenamens.[542] Das Namensstatut entscheidet, ob es geschlechtsspezifische En-

---

[526] Vgl. *Wall*, StAZ 2010, 225, 230f. (zu Hinweisen an die ausländische Registrierungsstelle und dortiger „Beratungsresistenz").
[527] *Wall*, StAZ 2010, 225, 231.
[528] *Kampe*, StAZ 2009, 281, 282.
[529] OLG München NJW-RR 2010, 660, 662.
[530] BGHZ 63, 107; BayObLGZ 1983, 168, 174; BayObLGZ 1989, 147, 150.
[531] Staudinger/*Hepting/Hausmann* Art. 10 EGBGB Rn. 86.
[532] *Krömer*, StAZ 2014, 28, 30.
[533] Siehe nur OLG Brandenburg StAZ 2008, 43; LG München I StAZ 2006, 168.
[534] OLG München StAZ 2009, 108.
[535] Näher *Meyer-Witting*, Das Personennamensrecht in England, 1990.
[536] *Dutta*, FamRZ 2016, 1213, 1217f.; *Helms*, IPRax 2017, 153, 158.
[537] Siehe nur OLG Frankfurt StAZ 2006, 263; OLG Frankfurt StAZ 2007, 146.
[538] Vgl AG Hanau StAZ 2005, 19; *Sikorski*, StAZ 2005, 269 für das italienische Recht.
[539] Siehe nur BGHZ 121, 311; OLG Karlsruhe StAZ 1970, 311; OLG Zweibrücken StAZ 1993, 12; OLG Rostock StAZ 1994, 288; LG Oldenburg StAZ 1990, 196; AG Bonn StAZ 1986, 106; AG Rottweil StAZ 1993, 194.
[540] Siehe nur BayObLGZ 1980, 409, 412–414; 1989, 360; 1989, 375; 1990, 221; OLG Hamburg StAZ 1977, 279; OLGZ 1981, 148, 149f.; OLG Hamm StAZ 2006, 166; OLG München StAZ 2009, 273; LG Hagen StAZ 2006, 166; AG Hagen StAZ 2005, 364.
[541] Vom 13.9.1973, BGBl. 1976 II 1473; 1977 II 254.
[542] Siehe nur NK-BGB/*Mankowski* Art. 10 EGBGB Rn. 60.

dungen von Familiennamen gibt.[543] Ein Beispiel für die Existenz weiblicher Suffixe ist etwa das tschechische Recht (z. B. Neumannova).

243 Der Vorname richtet sich grundsätzlich ebenfalls nach dem Namensstatut. Das Namensstatut bestimmt darüber, welche Vornamen und wie viele Vornamen zulässig sind.[544] Das Namensstatut gibt insbesondere dafür Maß, ob der Vorname einem Gebot der Geschlechtseindeutigkeit oder Geschlechtsoffenkundigkeit unterliegt.[545] Es kann Positivlisten zulässiger oder Negativlisten nicht (oder zumindest nicht allein) zulässiger Vornamen aufstellen, und es kann auch bestimmte Kombinationen von Vornamen untersagen oder zulassen.[546]

244 Die skandinavischen Rechte erlauben die Wahl von Mittelnamen, z. B. das dänische Recht den mellmnavn. Gleiches gilt jedenfalls für die meisten Namensrechte der US-Bundesstaaten.[547] Unter ihnen ist Mittelname der Geburtsname desjenigen Elternteils, dessen Name nicht Familienname geworden ist. Ob Mittelnamen zulässig sind und, wenn ja, aus welchem Kreis sie geschöpft werden dürfen, bestimmt das Namensstatut.[548] Es kann insbesondere erlauben, dass der Familienname eines Vorfahren geführt wird, auch von mehreren Geschwistern.[549] Das Namensstatut hat auch über die Einordnung des Mittelnamens als Vor- oder Familiennamen zu bestimmen.[550] Grundsätzlich dürfte der Mittelname, da frei gewählter und nicht vererblicher Name, als Vorname zu behandeln sein.[551] Mangels Weitergabe von Generation zu Generation ist er jedenfalls kein Familienname, so dass keine Rechtswahlmöglichkeit nach Art. 10 II oder III EGBGB besteht und ausschließlich Art. 10 I EGBGB gilt.[552]

245 Viele Rechte kennen einen Vaternamen oder Großvaternamen, teilweise mit entsprechenden Zusätzen für Sohnes- oder sogar Enkelverhältnisse. Dies gilt namentlich für arabische Rechtsordnungen (Zusatz „ben" oder „ibn" plus Name des Vaters oder Großvaters). Das isländische Recht wiederum benutzt den Vaternamen wie das deutsche Recht einen Familiennamen; andererseits ist der Vatername dort ein persönlicher Name und wird nicht vererbt (z. B. Gunnarsdottir für Gunnars Tochter).[553] Ob ein solches Patronym zulässig und, wenn ja, ob es eine Funktion als Vor- oder als Nachname wahrnimmt, entscheidet das Namensstatut.

246 c) *Künstlername, Aliasname, Pseudonym.* Die Berechtigung, einen Künstlernamen, Aliasnamen oder ein Pseudonym zu führen (hierzu zählt auch der religiöse Ordensname,[554] z. B. Padre Guillermo, Mutter Isabella usw.), richtet sich nach dem Namensstatut.[555] In allen drei Fällen geht es um Namensformen oder Namensersetzungen. Gerade weil von der eigentlichen zivilrechtlichen Namensordnung abgewichen wird, muss das Namensstatut maßgebend sein.[556]

247 d) *Namenszusätze.* In manchen Staaten sind Namenszusätze gebräuchlich. Zu nennen sind insbesondere die USA. Dort begegnen als nachgestellte Namenszusätze junior (jr., jun.) und senior (sr., sen.) oder römische Ziffern (z. B. David Lowe III). Prominent ist auch der Namens-

---

[543] Siehe nur BayObLGZ 1977, 287, 294; KG FamRZ 1968, 255; OLG Hamburg StAZ 1970, 52; KG StAZ 1977, 222; OLG Celle FamRZ 1991, 1100; *Kraus,* StAZ 2010, 19, 20.
[544] NK-BGB/*Mankowski* Art. 10 EGBGB Rn. 66.
[545] NK-BGB/*Mankowski* Art. 10 EGBGB Rn. 66.
[546] NK-BGB/*Mankowski* Art. 10 EGBGB Rn. 66.
[547] Näher *M. Flessner,* StAZ 1993, 181.
[548] Siehe nur NK-BGB/*Mankowski* Art. 10 EGBGB Rn. 60.
[549] OLG Frankfurt OLGZ 1976, 423 = StAZ 1976, 363; OLG Hamm OLGZ 1983, 42 = StAZ 1983, 71 m. Anm. *Drewello.*
[550] *Kraus,* StAZ 2004, 138.
[551] Staudinger/*Hepting*/*Hausmann* Art. 10 EGBGB Rn. 31.
[552] KG StAZ 1999, 171, 172; BeckOK BGB/*Mäsch* Art. 10 EGBGB Rn. 35; jurisPK BGB/*Janal* Art. 10 EGBGB Rn. 12; siehe auch OLG Hamm StAZ 1978, 65, 67; AG Bochum StAZ 1981, 197, 198.
[553] Zum isländischen Namensrecht *Carsten,* StAZ 2010, 136.
[554] Staudinger/*Hepting*/*Hausmann* Art. 10 EGBGB Rn. 31.
[555] Soergel/*Schurig* Art. 10 EGBGB Rn. 5 mit Fn. 20. Anderer Ansicht Vorauflage Rn. 91 *(v. Bar);* BeckOK BGB/*Mäsch* Art. 10 EGBGB Rn. 24.
[556] Gegen Staudinger/*Hepting*/*Hausmann* Art. 10 EGBGB Rn. 3.

XIII. Name   248–251 § 6

zusatz „Singh" (= Löwe) für Männer und „Kaur" (= Schmuck) für Frauen bei den Sikhs. Dem korrespondiert bei Pakistanis „Khan" und „Begum". Ob solche Namenszusätze Namensbestandteile sind, entscheidet das Namensstatut.[557] Ihnen aus deutscher Sicht den Namenscharakter zu versagen,[558] ist abzulehnen.[559] Damit provozierte man nur hinkende Führungen. Im Übrigen sollte es Sache des Namensstatuts sein, zu bestimmen, ob ein Namenszusatz überhaupt Namensfunktion oder Namenszusatzfunktion hat[560] und, wenn ja, ob er Vor- oder Familiennamensfunktion hat (was z. B. beim vietnamesischen „Van" changieren kann).[561]

e) Adelstitel. Ob jemand einen Adelstitel als Namensbestandteil führen darf, richtet sich **248** nach dem Personalstatut.[562] Dies gilt auch für eventuelle weibliche Sonderformen.[563] Das Namensstatut entscheidet, ob Teile der Adelsbezeichnung Namensbestandteil werden und, wenn ja, welche.[564]

Ein von einem anderen Staat als jenem des Namensstatuts qua behördlichem Akt verliehener **249** Adelstitel kann in Deutschland nur Beachtung finden, wenn der betreffende behördliche Akt in Deutschland anzuerkennen ist. Folgt man richtigerweise der Lehre von der selbständigen Vorfragenanknüpfung,[565] so kommt es auf eine Anerkennung durch das Namensstatut nicht an. Wird einem Deutschen im Ausland ein angeblicher Adelstitel verliehen, so ist dieser Titel in Deutschland nicht anzuerkennen und darf in Deutschland nicht geführt werden.[566] Mit Blick auf die weit verbreiteten Praktiken des Titelhandels und des Titelkaufs müssen hier generalpräventive Aspekte durchschlagen.

Erst recht müssen generalpräventive Aspekte durchschlagen, wenn kein echter konstitutiver **250** behördlicher Akt vorliegt, sondern nur eine privatautonome Namenswahl (z. B. kraft so genannter deed poll angeblich unter englischem Recht), mit der ein Name angenommen wird, der nur so aussieht, als wäre er ein Adelstitel („Scheinadel"[567]). Das gilt auch bei Registrierung eines solchen gewählten Namens in einem EU-Mitgliedstaat.[568] „Nobility shopping" oder „Title's shopping"[569] dieser Art darf keinen Erfolg haben.[570] Ihm stehen in den Staaten, welchen den Adel abgeschafft haben, zumeist sogar verfassungsrechtliche Werte entgegen, in Deutschland allerdings nur Art. 109 III 2 WRV,[571] der über Art. 123 I GG den Rang eines einfachen Bundesgesetzes hat.

Beispiel:[572] Nabiel Bagdadi (B) wird 1963 in Karlsruhe geboren und ist deutscher Staatsbürger. Er **251** lässt sich adoptieren und erwirbt den deutschen Familiennamen. Später lässt er seinen Vor- und Nach-

---

[557] NK-BGB/*Mankowski* Art. 10 EGBGB Rn. 80.
[558] So AG Coburg StAZ 1990, 106; AG Bad Kreuznach StAZ 1990, 107; Staudinger/*Hepting*/*Hausmann* Art. 10 EGBGB Rn. 11.
[559] NK-BGB/*Mankowski* Art. 10 EGBGB Rn. 80 sowie Soergel/*Schurig* Art. 10 EGBGB Rn. 9.
[560] *Hepting*/*Dutta* Rn. II-181, II-203; *Krömer,* StAZ 2018, 227, 228.
[561] *Wohlgemuth,* StAZ 1989, 37; NK-BGB/*Mankowski,* Art. 10 EGBGB Rn. 80; Staudinger/*Hepting*/ *Hausmann* Art. 10 EGBGB Rn. 13.
[562] Siehe nur BayObLGZ 1971, 90; 1971, 204; 1989, 147; BayObLG StAZ 1991, 43.
[563] OLG Hamm OLGZ 1982, 34; auch StAZ 1986, 10, 11.
[564] Soergel/*Schurig* Art. 10 EGBGB Rn. 10.
[565] *Mankowski,* in: v. Bar/Mankowski IPR I § 172–213.
[566] Im Ergebnis ebenso, wenn auch mit anderer Begründung, BeckOK BGB/*Mäsch* Art. 10 EGBGB Rn. 28.
[567] So sehr plastisch *M. Otto,* StAZ 2016, 225.
[568] EuGH ECLI:EU:C:2016:401 Rn. 61–84 – Nabiel Peter Bogendorff v. Woltersdorff/Standesamt der Stadt Karlsruhe und Zentraler Juristischer Dienst der Stadt Karlsruhe auf Vorlage AG Karlsruhe StAZ 2015, 113. Amüsant zur (langen und etappenreichen) Namensgeschichte des konkret Betroffenen *Dutta,* FamRZ 2016, 1213 (1213 f.).
[569] *Denys Simon,* Europe sept. 2016 comm. no. 8 S. 14
[570] Eingehend z. B. *Dutta,* FamRZ 2016, 1213; *Forni,* Dir. com. e sc. int. 2016, 469. Anders *Helms,* IPRax 2017, 153, 158.
[571] Näher *Wall,* StAZ 2015, 295; *Martin Otto,* StAZ 2016, 225; *Janal,* GPR 2017, 67, 68 f.; außerdem z. B. *Bijnens,* Tijdschrift voor Bestuurswetenschap en Publiek Recht 2017, 28; *Rass-Masson,* RCDIP 2017, 278, 283–285.
[572] Nach EuGH ECLI:EU:C:2016:401 – Nabiel Peter Bogendorff v. Woltersdorff/Standesamt der Stadt Karlsruhe.

namen in „Nabiel Peter Bogendorff v. Wolffersdorff" ändern. 2001 zieht er nach London und erwirbt 2004 auch die britische Staatsbürgerschaft. Ende 2004 erklärt er gegenüber dem sachlich zuständigen Gericht in England „Peter Nabiel Graf von Bogendorff Freiherr von Wolffersdorff" heißen zu wollen. Dies wird im zuständigen Publikationsorgan veröffentlicht. 2005 zieht B nach Deutschland zurück und beantragt 2013 beim Standesamt Karlsruhe, seine britischen Vor- und Nachnamen als Geburtsnamen in das Geburtsregister dieses Amtes einzutragen.

252 Das vom Personalstatut bezeichnete Recht ist maßgeblich dafür, ob der Adel (wie z. B. seit 1919 in Österreich)[573] abgeschafft worden ist.[574] Das Namensstatut regiert die Abschaffung des Adels vollständig. Ein nach dem bisherigen Namensstatut verlorener Adelstitel lebt auch durch einen Wechsel unter deutsches Namensstatut nicht wieder auf; vielmehr bleiben Verlust oder Aberkennung wirksam.[575] Insoweit kommt nicht das Internationale Enteignungsrecht in analoger Anwendung dergestalt zum Zuge, dass die Aberkennung des Adels territorial auf das Gebiet des aberkennenden Heimatstaats beschränkt wäre.[576] Gerade die Namensführung verlangt vielmehr nach Einheitlichkeit und grenzüberschreitender Wirkung.[577]

253 *f) Akademische Grade.* Ob akademische Grade Namensbestandteil sind, ist grundsätzlich dem Namensstatut zu entnehmen. Ihnen mit Blick auf die (angebliche) Einstellung des deutschen Sachrechts[578] a priori Namensfunktion abzusprechen[579] würde der geforderten allseitigen Perspektive nicht gerecht.[580] Dies gilt umso mehr, weil im deutschen Sachrecht Gewohnheitsrecht für die Eintragungsfähigkeit akademischer Grade in die öffentlichen Register spricht.[581]

254 Die Berechtigung, akademische Grade zu führen, unterliegt als solche nicht dem Namensstatut. Vielmehr ist sie eine Vorfrage und folgt zunächst dem Recht jenes Staates, nach welchem der Grad (angeblich) verliehen wurde. Insoweit greift das Recht der (angeblich) verleihenden Institution.[582] Allerdings wird es überlagert vom Recht des Staates, in welchem der Rechtsverkehr von der Titelführung betroffen ist.[583] Dieses muss darüber entscheiden, ob und in welchem Umfang es akademische Grade anerkennt, die von Institu-

---

[573] AdelsaufhebungsG, öStStGBl. 211/1919 mit Verfassungsrang. §§ 1, 2 Nr. 4 verbieten österreichischen Staatsangehörigen auch das Führen nicht-österreichischer Adelstitel; öStVfGH VfSlg. 17.060; *Faber,* Juridicum 2004, 59. Zur unionsrechtlichen Konformität aufgrund schwerwiegender rechtfertigender Interessen Österreichs EuGH Slg. 2010, I-13693 Rn. 81–95 – Ilonka Sayn-Wittgenstein/Landeshauptmann von Wien; GAin *Sharpston,* ECLI:EU:C:2010:608 Nr. 59–68; *Castellaneta,* Guida dir. 2011 n. 4 S. 106; *Picod,* JCP G 2011 n°. 3 S. 111, auf die Vorlage öStVwGH StAZ 2009, 312 = ABl. EU 2009 C 193/12 und dazu *Attlmayr,* JRP 2010, 1; *Wall,* StAZ 2011, 203, 209 f.; *Th. Kröll,* ZfVw 2010, 177. Die Vorlage konnte wegen mehrfacher Besonderheiten keine weiterreichende Klärung bringen; *Mansel/Thorn/R. Wagner,* IPRax 2010, 1, 4–6; *Wall,* StAZ 2010, 225, 228 f; *Mansel,* Liber amicorum Kurt Siehr, 2010, S. 291, 304–309; vgl auch GAin *Sharpston,* ECLI:EU:C:2010:608 Nr. 52–57.
[574] BVerwGE 9, 323; 24, 126; BVerwG StAZ 1981, 277, 278; FamRZ 1994, 36; BayVGH StAZ 1989, 77, 78; BayObLGZ 1960, 418, 422; BayObLGZ 1961, 305, 309, 311 f.; BayObLGZ 1964, 377, 379; BayObLGZ 1968, 42; BayObLGZ 1971, 204, 208, 214 und obiter BVerfGE 17, 199, 200. Gebilligt durch EuGH Slg. 2010, I-13693 – Ilonka Sayn-Wittgenstein/Landeshauptmann von Wien.
[575] BVerwG StAZ 1984, 103; BayObLGZ 1964, 377; 1971, 204; OVG Koblenz StAZ 1984, 105; *Bungert,* StAZ 1991, 273, 275; NK-BGB/*Mankowski* Art. 10 EGBGB Rn. 83; Palandt/*Thorn* Art. 10 EGBGB Rn. 10.
[576] NK-BGB/*Mankowski* Art. 10 EGBGB Rn. 84. Dafür aber *Kegel,* in: Kegel/Schurig IPR S. 532 (§ 17 IV 2).
[577] Erman/*Hohloch* Art. 10 EGBGB Rn. 10.
[578] BVerwGE 5, 291; BGH NJW 2014, 387; LSG Hamburg 24.6.2016 – L 4 SO 47/14.
[579] So Staudinger/*Hepting/Hausmann* Art. 10 EGBGB Rn. 15; BeckOK BGB/*Mäsch* Art. 10 EGBGB Rn. 21.
[580] NK-BGB/*Mankowski* Art. 10 EGBGB Rn. 86.
[581] BGHZ 38, 380; BGH ZIP 2017, 1067; LG Heidelberg BWNotZ 1980, 43; *Hippeli,* jurisPR-HaGesR 6/2017 Anm. 1; *Juretzek,* DStR 2017, 1848; *Paefgen/Sorg,* EWiR 2017, 207; *Römermann,* NZG 2017, 736; *V. Wagner,* FA 2017, 208.
[582] NK-BGB/*Mankowski* Art. 10 EGBGB Rn. 87.
[583] Siehe nur *Looschelders* Art. 10 EGBGB Rn. 27.

XIII. Name

tionen eines (aus seiner Sicht) anderen Staates verliehen wurden.[584] Hier kommen in Deutschland die Gesetze der Länder über das Führen ausländischer akademischer Grade oder internationale Übereinkommen[585] zum Zuge.[586] Ihren internationalen Anwendungsbereich müssen sie selber definieren. Sie müssen selber festlegen, bei welcher Nähe des Sachverhalts zu ihrem Erlassstaat sie eingreifen wollen. Tun sie dies nicht ausdrücklich, so sind die entsprechenden Kriterien durch Auslegung aus ihnen zu ermitteln.[587]

g) Namensschutz. Vom Namen und der Berechtigung, einen Namen zu führen, ist das Recht am eigenen Namen zu unterscheiden. Das Recht am eigenen Namen ist ein besonderes Persönlichkeitsrecht und ein Schutzgut gegen deliktische Verletzungen. Es ist ebenso wie der Namensschutz deliktisch zu qualifizieren und über Artt. 40–42 EGBGB anzuknüpfen.[588] Wegen des Ausschlusses von Persönlichkeitsrechtsverletzungen in Art. 1 II lit. g Rom II-VO ist die Rom II-VO sachlich nicht anwendbar.[589] Welchen Namen eine Person trägt, bestimmt sich als selbständig,[590] d.h. über Art. 10 I EGBGB, anzuknüpfende Vorfrage für den Deliktsschutz.[591]

255

---

[584] NK-BGB/*Mankowski* Art. 10 EGBGB Rn. 87.
[585] Insbesondere das Europäische Übereinkommen über die Anerkennung von akademischen Graden und Hochschulzeugnissen vom 14.9.1959, BGBl. 1969 II 2057.
[586] Siehe nur MüKoBGB/*V. Lipp* Art. 10 EGBGB Rn. 18.
[587] NK-BGB/*Mankowski* Art. 10 EGBGB Rn. 87.
[588] Siehe nur BVerfG DtZ 1991, 27; Begründung der Bundesregierung zum Entwurf eines Gesetzes zum Internationalen Privatrecht für außervertragliche Schuldverhältnisse und für Sachen, BT-Drs. 14/343, 10; OLG Köln DtZ 1991, 27; OLG Stuttgart IPRspr 1988 Nr. 14; *R. Wagner,* Das deutsche internationale Privatrecht bei Persönlichkeitsrechtsverletzungen, 1986, S. 99 f.; *ders.,* JZ 1993, 1034, 1040 f.; *Looschelders* Art. 10 EGBGB Rn. 35; *Mankowski,* StAZ 2011, 293 (293 f.); *Henrich,* FS Bernhard Großfeld, 1999, S. 355, 358 f.; jurisPK BGB/*Janal* Art. 10 EGBGB Rn. 7; Palandt/*Thorn* Art. 10 EGBGB Rn. 11.
[589] Eingehend *Mankowski,* StAZ 2011, 293, 295–297; außerdem *Heiss/Loacker,* JBl 2007, 613, 621; NK-BGB/*Mankowski* Art. 10 EGBGB Rn. 91.
[590] Zur selbständigen Anknüpfung von Vorfragen im unionsrechtlichen IPR eingehend *Bernitt,* Die Anknüpfung von Vorfragen im europäischen Kollisionsrecht, 2010, S. 101–142; siehe allgemein auch *Mankowski,* in: v. Bar/Mankowski IPR I § 7 Rn. 192–213.
[591] *R. Wagner,* JZ 1993, 1034, 1036; *Looschelders,* ZvglRWiss 95 (1996), 48, 67; *ders.* Art. 10 EGBGB Rn. 36; *Mankowski,* RabelsZ 63 (1999), 203, 279; *ders.,* StAZ 2011, 293, 298; *Henrich,* FS Bernhard Großfeld, 1999, S. 355, 359.

§ 7. Internationales Gesellschaftsrecht

Literatur: *Altmeppen,* Schutz vor europäischen Kapitalgesellschaften, NJW 2004, 97; *Arenas García,* El legislador europeo y el Derecho Internacional Privado de sociedades en la UE, REDI 2017-1, 49; *Armour/Fleischer/Knapp/Winner,* Brexit and Corporate Citizenship, EBOR 18 (2017), 225; *d'Avout,* Vers l'itinérance inconditionnelle (ou nomadisme) des sociétés en Europe?, D. 2017, 2512; *G. Bachmann,* Das auf die insolvente Societas Europaea (SE) anwendbare Recht, FS Bernd v. Hoffmann, 2011, S. 36; *Bärwaldt/Hoefling,* Grenzüberschreitender Formwechsel: Das Urteil des EuGH in der Rs. „Polbud" in der praktischen Anwendung, DB 2017, 3051; *Balsamo Tagnani,* Mobilità transnazionale e stabilimento delle società nell'odierno mercato unico europeo, Contratto e impresa/Europa 2015, 285; *Balthasar,* Gesellschaftsstatut und Gläubigerschutz: ein Plädoyer für die Gründungstheorie, RIW 2009, 221; *Barsan,* Que reste-t-il du critère du siège social réel après l'arrêt Polbud?, Dr. sociétés N° 3, mars 2018, S. 11; *Bartels,* Zuzug ausländischer Kapitalgesellschaften unter der Sitztheorie, ZHR 176 (2012), 412; *ders.,* (Übergangs-)Regeln der Sitzverlegung in Europa, IPRax 2013, 153; *Bauerfeind/Tamcke,* Die Limited & Co. KG im Brexit: Rechtsrisiken trotz Austrittsabkommens – oder: die Geister, die ich rief, GmbHR 2019, 11; *Bayer,* Übertragung von GmbH-Geschäftsanteilen im Ausland nach der MoMiG-Reform, GmbHR 2013, 897; *Bayer/J. Schmidt,* Grenzüberschreitende Sitzverlegung und grenzüberschreitende Restrukturierungen nach MoMiG, Cartesio und Trabrennbahn, ZHR 173 (2009), 735; *dies.,* Das VALE-Urteil des EuGH – Die endgültige Bestätigung der Niederlassungsfreiheit als „Formwechselfreiheit", ZIP 2012, 1481; *dies.,* Grenzüberschreitende Mobilität von Gesellschaften: Formwechsel durch isolierte Satzungssitzverlegung, ZIP 2017, 2225; *Bayh,* Die Bereichsausnahme auf dem Gebiet des Gesellschaftsrechts in Artikel 1 Absatz 2 Buchstabe d Verordnung Rom II, 2014; *Becht/Enriques/Korom,* Centros and the cost of branching, Essays in Honour of Eddy Wymeersch, 2009, S. 91; *Behme,* Der grenzüberschreitende Formwechsel von Gesellschaften nach Cartesio und VALE, NZG 2012, 936; *ders.,* Rechtsformwahrende Sitzverlegung und Formwechsel von Gesellschaften über die Grenze, 2015; *ders.,* Europäisches Umwandlungsrecht – Stand und Perspektiven, ZHR 182 (2018), 32; *ders.,* Bestandsschutz für die britische Limited nach dem Brexit?, ZRP 2018, 204; *P. Behrens,* Erneuerung des Stiftungskollisionsrechts, GS Rainer Walz, 2008, S. 13; *ders.,* Germany's Incremental Modernisation of Private International Company Law, Liber amicorum Paolo Picone, 2011, S. 597; *ders.,* Connecting factors for the determination of the proper law of companies, FS Ulrich Magnus, 2014, S. 353; *D. Bender,* Strafrechtliche Risiken des Directors einer Private Company Limited by Shares mit Verwaltungssitz in Deutschland, 2018; *Benedettelli,* Sul trasferimento della sede sociale all'estero, Liber amicorum Paolo Picone, 2011, S. 615 (= Riv. Società 2010, 1251); *ders.,* Five Lay Commandments for the EU Private International Law of Companies, YbPIL 17 (2015/16), 209; *Benedettelli/Lamandini* (dir.), Diritto societario europeo e internazionale, 2017; *N. Bergmann,* Wegzug und Zuzug von Gesellschaften in der EU, ZEuS 2012, 233; *O. Berner,* Interdependenz von Primär- und Kollisionsrecht im europäischen Gesellschaftsrecht, 2015; *Beuerle/Mucciarelli/E.-P. Schuster/Siems,* Study on the Law Applicable to Companies: Final Report (June 2016) <https://dx.doi.org/10.2838/52731>; *Biermeyer,* Stakeholder Protection in Cross-Border Seat Transfers in the EU, 2015; *Binge/Thölke,* „Everything goes!"? – Das deutsche Internationale Gesellschaftsrecht nach Inspire Art, DNotZ 2004, 21; *Böttcher/J. Kraft,* Grenzüberschreitender Formwechsel und tatsächliche Sitzverlegung, NJW 2012, 2701; *Boggio,* Polbud: palla al Centros! Cerchio chiuso con la libertà di trasferire la sede all'estero, Giur. it. 2018, 887; *Bohrenkämper,* Internationale Sitzverlegung und Umstrukturierung von Kapitalgesellschaften im bilateralen Verhältnis Deutschland-Schweiz, 2013; *Borg-Barthet,* The Governing Law of Companies in EU Law, 2012; *ders.,* Free at Last? Choice of Corporate Law in the EU Following the Judgment in VALE, (2013) 62 ICLQ 503; *T. O. Brandi/M. K. Schmidt,* Die britische Limited nach dem Brexit – RefE zur Änderung des UmwG mit weiteren Handlungsoptionen für betroffene Gesellschafter, DB 2018, 2417; *D. Braun,* Der grenzüberschreitende Rechtsformwechsel von Gesellschaften im Lichte des Konzepts und der Dogmatik der Grundfreiheiten, DZWIR 2012, 411; *de Broe/Wyckaert/*eds.), Corporate Mobility in België en Europa, 2014; *van den Broek,* Cross-Border Mergers within the EU, Diss. Nijmegen 2011; *Bungert,* Das Recht ausländischer Kapitalgesellschaften auf Gleichbehandlung im deutschen und US-amerikanischen Recht, 1994; *Bungert/de Raet,* Grenzüberschreitender Formwechsel in der EU, DB 2014, 761; *Bungert/Wansleben,* Grenzüberschreitende Verschmelzungen und Spaltungen aus der Sicht des Europäischen Parlaments, DB 2017, 2591; *Calvo Caravaca/Carrascosa Gonzáles,* El Derecho internacional privado y la actividad internacional de las sociedades mercantiles, Libre homenaje Carmen Alonso Ledesma, 2018, S. 173; *Chacornac,* Groupes de sociétés et droit international, Dr. & patr. 269 (2017), 54;

§ 7 § 7. Internationales Gesellschaftsrecht

Combet, L'établissement des sociétés en droit del'Union européenne: contribution à la création jurisprudentielle d'un droit subjectif, 2017; *ders.,* Le renforcement du droit à transformation des sociétés dans le marché intérieur, JCP G 2017, 2322; *Corbisier,* Arrêt „Polbud": la consécration de la *possibilité* d'un principe incnditionel de libre mobilité, J. dr. eur. 2018, 135; *Cotiga,* Le droit européen des sociétés – Compétition entre les systèmes juridiques dans l'Union européenne, 2013; *Crespi,* La mobilità delle società nell'Unione europea, 2016; *Damascelli,* Il trasferimento della sede sociale da e per l'estero con mutamento della legge applicabile, RDIPP 2015, 871; *Desmet/Wouters/van den Bosch,* Grensoverschrijdende zetelverplaatsingen, 2018; *Dostal,* Die GmbH im internationalen Rechtsverkehr (§ 26), in: Münchener Anwaltshandbuch GmbH-Recht, 4. Aufl. 2018; *Draaisma,* De aandeelhoudersovereenkomst in het IPR, Ars Aequi 2018, 985; *Drygala/v. Bressenburg,* Gegenwart und Zukunft grenzüberschreitender Verschmelzungen und Spaltungen, NZG 2016, 1161; *Ebke,* Überseering und Inspire Art: Auswirkungen auf das Internationale Gesellschaftsrecht aus der Sicht von Drittstaaten, in: Sandrock/Wetzler (Hrsg.), Deutsches Gesellschaftsrecht im Wettbewerb der Rechtsordnungen, 2004, S. 101; *ders.,* Überseering und Inspire Art: Die Revolution im Internationalen Gesellschaftsrecht und ihre Folgen, FS Reinhold Thode, 2005, S. 593; *Eckert,* Internationales Gesellschaftsrecht, 2010; *van Eck/Roelofs,* Moving Into, Through and Out of the EU with Corporate Continuity, Eur. Co. L. 11 (2014), 210; *Ego,* Isolierter Hinausformwechsel vor dem EuGH, DB 2017, 1318; *Eidenmüller* (Hrsg.), Ausländische Kapitalgesellschaften im deutschen Recht, 2004; *ders.,* Wettbewerb der Gesellschaftsrechte in Europa, ZIP 2002, 2233; *ders.,* Europäisches und deutsches Gesellschaftsrecht im europäischen Wettbewerb der Gesellschaftsrechte, FS Andreas Heldrich, 2005, S. 581; *Eidenmüller/Rehm,* Gesellschafts- und zivilrechtliche Folgeprobleme der Sitztheorie, ZGR 1997, 89; *dies.,* Niederlassungsfreiheit versus Schutz des inländischen Rechtsverkehrs: Konturen des Europäischen Internationalen Gesellschaftsrechts, ZGR 2004, 159; *Engsig Sørensen,* The Fight Against Letterbox Companies in the Internal Market, (2015) 52 CML Rev. 85; *Fallon/Navez,* La transformation transfrontalière d'une société par transfert du siège statutaire après l'arrê Polbud, Rev. prat. sociétés 2018, 349; *Feldhaus,* Das Erfordernis wirtschaftlicher Inlandstätigkeit beim grenzüberschreitenden (Herein-)Formwechsel nach „Polbud", BB 2017, 2819; *Ferran,* Corporate Mobility and Company Law, (2016) 76 Mod. L. Rev. 813; *A. Frank,* Formwechsel im Binnenmarkt, 2016; *Freitag,* Zur Geltung der Gründungstheorie im Verhältnis der EU-Mitgliedstaaten zu Kanada nach dem CETA-Abkommen, NZG 2017, 615; *Freitag/Korch,* Gedanken zum Brexit – Mögliche Auswirkungen im Internationalen Gesellschaftsrecht, ZIP 2016, 1361; *Franz,* Internationales Gesellschaftsrecht und deutsche Kapitalgesellschaften im In- bzw. Ausland, BB 2009, 1250; *ders.,* Grenzüberschreitende Sitzverlegungs- und Niederlassungsfreiheit – eine systematische Betrachtung offener und geklärter Fragen, EuZW 2017, 30; *Garcimartín Alférez,* GEDIP's Proposal on the Law Applicable to Companies, RDIPP 2016, 949; *C. Geisler,* Die selbständige Stiftung im Internationalen Privatrecht, 2008; *Gerner-Beuerle/Mucciarelli/E. Schuster/Siems,* Cross-Border Reincorporation in the EU: The Case for Comprehensive Harmonisation, 18 J. Corp. L. Stud. 1 (2018); *dies.* (eds.), The Private International Law of Companies in Europe, 2018; *Gottschalk,* Beschränkungen für schweizerische Aktiengesellschaften mit Sitz in Deutschland gelten fort, ZIP 2009, 948; *Gräfe,* Gläubigerschutz bei der englischen Limited mit Verwaltungssitz in Deutschland, 2010; *Habersack,* Sekundärrechtliche grenzüberschreitende Formwechsel ante portas, ZMR 182 (2018), 495; *Hack,* Die Sitztheorie nach dem EuGH-Urteil Überseering, GesRZ 2003, 29; *Hammen,* Niederlassungsfreiheit englischer Limited Companies mit Verwaltungssitz in Deutschland nach dem Brexit, Der Konzern 2017, 513; *Hanke,* Das Internationale Gesellschaftsrecht im Lichte völkerrechtlicher Vereinbarungen, 2010; *Haslinger/Mitterecker,* Die Polbud-Entscheidung des EuGH und das neue Unernehmensrechtspaket der EU-Kommission: Aktuelles zur grenzüberschreitenden Sitzverlegung, GES 2018, 223; *H. Hayden/T. Hayden,* Zur Niederlassungsfreiheit – Grenzüberschreitender Formwechsel von Briefkastengesellschaften, ZfRV 2018, 148; *Heckschen,* Grenzüberschreitender Formwechsel, ZIP 2015, 2049; *ders.,* Die Gründung der GmbH im Ausland, DB 2018, 685; *Heckschen/K. Strnad,* Aktuelles zum grenzüberschreitenden Formwechsel und seiner praktischen Umsetzung, notar 2018, 83; *v. Hein,* Der Vorschlag der GEDIP für eine EU-Verordnung zum Internationalen Gesellschaftsrecht, Liber amicorum Christian Kohler, 2018, S. 551; *v. Hein/Brunk,* Zur Wirksamkeit eines Herausformwechsels nach Deutschland, IPRax 2018, 46; *E.-M. Henke,* Verwaltungssitzverlegung von Gesellschaften mit beschränkter Haftung aus Deutschland und Südafrika und deren kollisionsrechtliche Folgen, 2013; *Herrler,* Hauptversammlung im Ausland?, ZGR 2015, 918; *ders.,* Beurkundung von statusrelevanten Rechtsgeschäften im Ausland, NJW 2018, 1787; *Hirte/Bücker* (Hrsg.), Grenzüberschreitende Gesellschaften, 2. Aufl. 2006; *van Hoek,* Shoppen in het recht: het vennootschapsrecht en aanpalende rechtsgebiede ‚ontbundeld', MedNedVIR 2014, 59; *J. Hoffmann,* Das Anknüpfungsmoment der Gründungstheorie, ZvglRWiss 101 (2002), 283; *Hoflehner/A. Hahn,* Grenzüberschreitende „Export"-Sitzverlegung durch Satzungsänderung, RdW 2018, 207; *Hoger/Lieder,* Die grenzüberschreitende Anwachsung, ZHR 180 (2016), 613; *Holderbaum,* Gesellschafterdarlehen und Niederlassungsfreiheit, 2013; *J. Horn,* Die Verpflichtung zur Übertragung von Geschäftsanteilen einer ausländischen GmbH – Formbedürftigkeit nach § 15 Abs. 4 GmbHG?, GmbHR 2016, 797; *L. Hübner,* Kollisionsrechtliche Behandlung von Gesellschaften aus „nicht-privilegierten" Drittstaaten, 2011; *ders.,* Der grenzüberschreitende Formwechsel nach Vale – zur Satzungssitzverlegung von Luxemburg nach Deutschland, IPRax 2015, 134; *ders.,* Organhaftung, EuGVO und Rom I-VO, ZGR 2016, 897; *ders.,* Die Restgesellschaft der gelöschten Limited, IPRax 2017, 575; *ders.,* Eine Rom-VO für das Internationale Gesellschaftsrecht, ZGR 2018, 149; *Hushahn,* Grenzüberschreitende Formwechsel im EU/EWR-Raum – die identitätswahrende statutenwechselnde Verlegung des Satzungssitzes in der notariellen Praxis, RNotZ 2014, 137; *ders.,* Der isolierte grenzüberschreitende Formwechsel, RNotZ 2018, 23; *D. Jahn,* Die Anwendbarkeit deutscher Gläubigerschutzvorschriften bei einer EU-Kapitalgesellschaft mit Sitz in Deutschland, 2014; *Janisch,* Die grenzüberschreitende Sitzverlegung von Kapitalgesellschaften in der Europäischen Union – Bedarf und Ausgestaltung der Sitzverlegungsrichtlinie, 2015; *J. D. Jensen,* Zur Behandlung einer gelöschten limited company als Restgesellschaft in der Bundesrepublik Deutschland, 2015; *Jüttner,* Gesellschaftsrecht und Niederlassungsfreiheit, 2005; *P. Jung,* Cartesio – Irrläufer im Koordinatensystem der Niederlassungsfreiheit, FS Ivo Schwander, 2011, S. 563; *ders.,* Stille Gesellschaften im internationalen Verhältnis, FS Anton K. Schnyder, 2018, S. 187; *S. Jung/Krebs/Stiegler* (Hrsg.), Gesellschaftsrecht in Europa, 2019; *Kaulen,* Die Bestimmung des Anknüpfungsmoments unter der Gründungstheorie – Unter besonderer Berücksichtigung des deutsch-US-amerikanischen Freundschaftsvertrages, IPRax 2008, 389; *Kieninger,* Niederlassungsfreiheit als Rechtswahlfreiheit, ZGR 1999, 724; *dies.,* Grenzüberschreitende Verschmelzungen in der EU, EWS 2006, 49; *dies.,* Das internationale Gesellschaftsrecht nach Cartesio, in: Basedow/Wurmnest (Hrsg.), Unternehmen auf offenen Märkten, 2011, S. 29; *dies.,* Niederlassungsfreiheit als Freiheit der nachträglichen Rechtswahl, NJW 2017, 3624; *dies.,* Internationales Gesellschaftsrecht zwischen Polbud, Panama und Paradise, ZEuP 2018, 309; *Kindler,* Geschäftsanteilsabtretungen im Ausland, 2010; *ders.,* Der reale Niederlassungsbegriff nach dem VALE-Urteil des EuGH, EuZW 2012, 888; *ders.,* Keine Flucht aus der Unternehmensmitbestimmung durch Einsatz von EU-Scheinauslandsgesellschaften, Symposium Peter Winkler v. Mohrenfels, 2013, S. 147; *ders.,* Internationale Zuständigkeit bei der Geschäftsführerhaftung gegenüber der Gesellschaft, IPRax 2016, 115; *ders.,* Unternehmensmobilität nach „Polbud": Der grenzüberschreitende Formwechsel in Gestaltungspraxis und Rechtspolitik, NZG 2018, 1; *Kleiner,* Le transfert de siège social en droit international privé, Clunet 137 (2010), 4; *Klöhn/P. Schwarz,* Das Gesellschaftsstatut der Restgesellschaft, IPRax 2015, 412; *Klumpen,* Die elektronische Gesellschaftsgründung über die Grenze, 2018; *Knaier,* Das Verfahren der grenzüberschreitenden Hineinverschmelzung, ZNotP 2018, 341; *Knaier/Pflleger,* Der Herausformwechsel einer deutschen GmbH, GmbHR 2017, 859; *Knöfel,* Grenzüberschreitende Organhaftung als Arbeitnehmerhaftung?, EuZA 2016, 348; *C. Koehler,* Der grenzüberschreitende Gewinnabführungsvertrag mit einer ausländischen GmbH, Der Konzern 2018, 325; *S. Koehler,* Das Kollisionsrecht der Stiftungen aus Sicht des Internationalen Privat- und Verwaltungsrechts, 2011; *D.C. König/Bormann,* „Genuine Link" und freie Rechtsformwahl im Binnenmarkt, NZG 2012, 1241; *Kokkinis,* The Impact of Brexit on the Legal Framework for Cross-Border Corporate Activity, Eur. Bus. L. Rev. 27 (2016), 959; *Koppensteiner,* Rechtsformwechselnde Satzungssitzverlegung und Niederlassungsfreiheit – Überlegungen zur Polbud-Entscheidung des EuGH, wbl 2018 181; *Korch/Thelen,* Von der Niederlassungsfreiheit zur Rechtsformwahl – Die praktischen Folgen der Polbud-Entscheidung des EuGH, IPRax 2018, 248; *Kovács,* Der innerstaatliche und grenzüberschreitende Formwechsel, 2016; *ders.,* Der grenzüberschreitende (Herein-)Formwechsel in der Praxis nach dem Polbud-Urteil des EuGH, ZIP 2018, 253; *J. Kraft,* Grenzüberschreitender Formwechsel und tatsächliche Sitzverlegung, NJW 2012, 2701; *R. Krause,* Neue Herausforderungen für die Unternehmensmitbestimmung durch Polbud?, FS Thomas Klebe, 2018, S. 248; *Landbrecht/A.-K. Becker,* Effektiv und kostengünstig – Übertragung deutscher GmbH-Anteile „Swiss Made", BB 2013, 1290; *Lanzius,* Anwendbares Recht und Sonderanknüpfung unter der Gründungstheorie, 2005; *Leible,* Die Stiftung im Internationalen Privatrecht, FS Olaf Werner, 2009, S. 256; *ders.,* Warten auf die Sitzverlegungsrichtlinie, FS Günter H. Roth, 2011, S. 447; *Leible/Galneder/Wißling,* Englische Kapitalgesellschaften mit deutschem Verwaltungssitz nach dem Brexit, RIW 2017, 718; *Leible/J. Hoffmann,* „Überseering" und das (vermeintliche) Ende der Sitztheorie, RIW 2002, 925; *dies.,* „Überseering" und das deutsche Gesellschaftskollisionsrecht, ZIP 2003, 925; *dies.,* Wie inspiriert ist „Inspire Art"?, EuZW 2003, 677; *dies.,* Grenzüberschreitende Verschmelzung im Binnenmarkt nach „Sevic", RIW 2006, 161; *dies.,* Cartesio – fortgeltende Sitztheorie, grenzüberschreitender Formwechsel und Verbot materiellrechtlicher Wegzugsbeschränkungen, BB 2009, 58; *Lieder,* Beurkundung der Gesellschaftsgründung durch einen schweizerischen Notar, ZIP 2018, 805; *ders.,* Auslandsbeurkundung umwandlungsrechtlicher Strukturmaßnahmen, ZIP 2018,

§ 7

1517; *Lieder/Kliebisch,* Nichts Neues im Internationalen Gesellschaftsrecht: Anwendbarkeit der Sitztheorie auf Gesellschaften aus Drittstaaten?, BB 2009, 338; *Lieder/C. Ritter,* Neues aus Karlsruhe zur Zulässigkeit der Auslandsbeurkundung?, notar 2014, 187; *Lindemans,* ‚The Walls Have Fallen, Run for the Keep': Insolvency Law as the New Company Law for Third Parties, ERPL 2016, 877; *Lucaj,* Grenzüberschreitende Verschmelzung mit Drittstaatenbezug, 2017; *Lutter,* „Überseering" und die Folgen, BB 2003, 7; *Lutter/Bayer/J. Schmidt,* Europäisches Unternehmens- und Kapitalmarktrecht, 6. Aufl. 2018; *Mäsch/Gausing/M. Peters,* Deutsche Ltd., PLC und LLP: Gesellschaften mit beschränkter Lebensdauer? – Folgen eines Brexit für pseudo-englische Gesellschaften mit Verwaltungssitz in Deutschland, IPRax 2017, 49 (aktualisiert in RPfleger 2017, 601); *Mankowski,* Völkerrechtliche Meistbegünstigung und europäisches IPR/IZVR, in: Leible/Ruffert (Hrsg.), Völkerrecht und IPR, 2006, S. 253; *ders.,* Änderungen bei der Auslandsbeurkundung von Anteilsübertragungen durch das MoMiG oder durch die Rom I-VO?, NZG 2010, 201; *ders.,* Insolvenzrecht gegen Gesellschaftsrecht 2:0 im europäischen Spiel um § 64 GmbHG, NZG 2016, 281; *Maresceau,* Grensvoverschrijdende mobiliteit van vennootschappen, 2014; *ders.,* De „Europese markt voor vennootschapsrecht": en (her)evaluatie van het vennootschapsrechteleijke harmonisatieprogramma, TPR 2015, 549; *Maresceau* (with *Fink*), Mobilité transfrontalière des sociétés et concurrence réglementaire au niveau du droit des sociétés, Rev. sociétés 2015, 193; *Marsch-Barner,* Zur grenzüberschreitenden Mobilität deutscher Kapitalgesellschaften, FS Wilhelm Haarmann, 2015, S. 115; *Mastrullo,* Droit à la transformation transfrontalière des sociétés dans l'Union: la CJUE passe la troisième!, Bull. Joly Sociétés 2018, 23; *Meeusen,* Freedom of establishment, conflict of laws and the transfer of a company's registered office: towards full cross-border corporate mobility in the internal market?, (2017) 12 JPrIL 294; *ders.,* Het Polbud-arrest van het Hof van Justitie: Europese vennootschapsmobiliteit op nieuwe wegen, R.W. 2017-18, 602; *ders.,* Polbud: new perspectives for corporate mobility in inthe internal market, Liber amicorum Christian Kohler, 2018, S. 313; *Meeusen/Myszke-Nowakowska,* International Compnay Law in the European Internal Market: Three Decades of Judicial Activity, Braz. Yb. Int. L. 2016, 92; *dies.,* Cross-Border Corporate Mobility in the European Union: Belgium and Poland Compared, Liber amicorum Herman Braeckmans, 2017, S. 319; *Menjucq,* La notion de siège social, Étude offertes à Jacques Beguin, 2005, S. 499; *ders.,* Towards the end of the real seat theory in Europe?, Essays in Honour of Eddy Wymeersch, 2009, S. 124; *ders.,* Droit international et européen des sociétés. 5. Aufl. 2018; *Metzing,* Grundfragen der Anerkennung und Besteuerung von EU-/EWR-Gesellschaften im Lichte der europäischen Niederlassungsfreiheit, ZEuS 2017, 43; *Miras/N. Tonner,* Ausweg aus der Limited durch Übertragung der Anteile auf eine neu zu gründende GmbH, GmbHR 2018, 601; *Mitterecker,* Grenzüberschreitende Sitzverlegungen, 2015; *Mock,* Kornhaas – EuGH, NJW 2016, 223, in: Fleischer/Thiessen (Hrsg.), Gesellschaftsrechts-Geschichten, 2018, S. 729; *Mörsdorf,* The legal mobility of companies within the European Union through cross-border conversion, (2012) 49 C.M.L. Rev. 629; *ders.,* Nun also doch! – Die überraschende Umdeutung der Niederlassungsfreiheit zur Rechtswahlfreiheit durch den EuGH im Urteil Polbud, ZIP 2017, 2381; *I.-M. Mörsdorf-Schulte,* Grenzüberschreitende Mobilität von Gesellschaften in der EU nach dem VALE-Urteil des EuGH, KSzW 2014, 117; *J. Mohamed,* Effekte des Brexit aus europäisch gesellschaftsrechtlicher Sicht, ZvglRWiss 177 (2018), 189; *Mucciarelli,* Società di capitali, trasferimento all'estero della sede sociale e arbitraggi normativi, 2010; *ders.,* Trasformazioni internazionali di società dopo la sentenza Polbud: è davvero l'ultima parola?, Società 2017, 1327; *Mucha/Oplustil,* Redefining the Freedom of Establishment under EU Law as the Freedom to Choose the Applicable Company Law, ECFR 2018, 270; *K. J. Müller,* Auslandsbeurkundung von Abtretungen deutscher GmbH-Geschäftsanteile in der Schweiz, NJW 2014, 1994; *M. Müller,* Abtretung eines GmbH-Anteils in der Schweiz und einzuhaltende Form, RIW 2010, 591; Münchener Handbuch des Gesellschaftsrechts, Bd. 6: Internationales Gesellschaftsrecht, Grenzüberschreitende Umwandlungen (Hrsg. Leible/Reichert), 4. Aufl. 2012; *Myszke-Nowakowska,* The Role of Choice of Law Rules in Shaping Free Movement of Companies, 2014; *Navez,* Le transfert du siège social et la transformation transfornatlière des scoiétés commerciales au sein de l'UE, in: Dal (dir.), Droit des groupes de sociétés – Questions pratiques, 2013, S. 89; *Nazari-Khanachayi,* Gesellschaftsrechtliche Folgen des Brexit: Zum Problem der drohenden persönlichen und unbeschränkten Haftung der Gesellschafter für „Altverbindlichkeiten", WM 2017, 2370; *Nentwig,* Die Kommanditgesellschaft mit einem ausländischen Komplementär – zulässig oder zwingender Auflösungsgrund?, GmbHR 2015, 1145; *Oechsler,* Die Polbud-Entscheidung und die Sitzverlegung der SE, ZIP 2018, 1269; *Oost/Keijzer/Suurd,* Polbud: een paradigmawisseling voor grensoverschrijdende omzettingen?, Ars Aequi 2017, 979; *Oplustil/Sikora,* Grenzüberschreitende Verlegung des statutarischen Sitzes aus der Perspektive des Gründungsstaates, EWS 2017, 134; *Oplustil/Wlyducka,* Grenzüberschreitender Herausformwechsel polnischer Kapitalgesellschaften im Lichte der neuesten Rechtsprechung des EuGH, FS Peter-Christian Müller-Graff, 2015, S. 298; *Otte-Gräbener,* Rechtsfolgen der Löschung einer Limited mit Verwaltungssitz in Deutschland, GmbHR 2017, 907; *Paefgen,* Auslandsgesellschaften und Durchsetzung deutscher Schutzinteressen nach „Überseering", DB 2003, 487; *ders.,* „Polbud": Niederlassungsfreiheit als Spaltungsfreiheit, WM 2018, 981 und 1029, *Parléani,* Arrêt Polbud: nouvelle faveur (temporaire?) à l'„optimisation" des transferts de sièges sociaux dans l'Union europénne, Rev. sociétés 2018, 50; *Paschalidis,* Freedom of Establishment and Private International Law, 2012; *Pauknerová,* International jurisdiction of a court and the law applicable to a share transfer agreement, Liber amicorum Christian Kohler, 2018, S. 385; *D. Paulus,* Außervertragliche Gesellschafter- und Organwalterhaftung im Lichte des Unionskollisionsrechts, 2013; *Pellegrini,* Trasferimento della sede sociale all'estero e effetto Delaware, Giur. comm. 2018, 454; *Pernazza,* La mobilità delle società in Europa da Daily Mail a Fiat Chrysler Automobiles, Dir. comm. int. 29 (2015), 439; *Prelič/Prostor,* Grenzüberschreitender Statutenwechsel und Änderung der rechtlichen Organisationsform der Gesellschaft in der EU, ZfRV 2014, 27; *Pyszka,* Die US-amerikanische LLC mit tatsächlichem Verwaltungssitz in Deutschland – Handels- und gesellschaftsrechtliche Aspekte in den USA und Deutschland, GmbHR 2015, 1077; *Quintas Seara,* El traslado transfrontalierea de la sede social, Rev. Der. Comm. Eur. 57 (2017), 517; *Rammeloo,* Cooperations in Private International Law, 2001; *ders.,* Freedom of establishment: cross-border transfer of company ‚seat' – the last piece of the puzzle?, MJ 19 (2012), 563; *ders.,* Cross-border migration in the EU: Transfer of registered office (conversion) – the last piece of the puzzle?, MJ 25 (2018), 87; *M. Rehberg,* Der Zuzug und Wegzug von Kapitalgesellschaften in gesellschafts- und steuerrechtlicher Hinsicht, 2011; *Renner,* Kollisionsrecht und Konzernwirklichkeit in der transnationalen Unternehmensgruppe, ZGR 2014, 452; *Rentsch,* Die VALE-Entscheidung aus Sicht der kollisionsrechtlichen Kombinationslehre, in: C. Teichmann/Oplustil (Hrsg.), Grenzüberschreitende Unternehmensmobilität, 2016, S. 171; *Repasi,* Wirkungsweise des unionsrechtlichen Anwendungsvorrangs im autonomen IPR, 2018; *S. Reuter,* Grenzüberschreitende Gesellschaftervereinbarungen, RIW 2019, 21; *H. Richter/Backhaus,* Eintragung eines grenzüberschreitenden Formwechsels ins Handelsregister, DB 2016, 1625; *Ringe,* Corporate Mobility in the European Union – a Flash in the Pan? An empirical study on the success of lawmaking and regulatory competition, ECFR 2013, 230; *ders.,* Kornhaas and the Challenge of Applying Keck in Establishment, (2017) 42 Eur. L. Rev. 270; *Rodas Paredes,* La movilidad societaria internacional en el Anteproyecto de Código Mercantil, Rev. Der. Sociedades 43 (2014), 119; *Rödter,* Gesellschaftskollisionsrecht im Spannungsfeld zur Rom I- und zur Rom II-VO, 2014; *Roelofs,* Grensoverschrijdende juridische splitsing van kapitalvennootschappen, 2014; *G. H. Roth,* Vorgaben der Niederlassungsfreiheit für das Kapitalgesellschaftsrecht, 2010; *ders.,* Das Ende der Briefkastengründung? – VALE contra Centros, ZIP 2012, 1744; *ders.,* Die Sitztrennung im europäischen Gesellschaftsrecht nach VALE, FS Hellwig Torggler, 2013, S. 1023; *W.-H. Roth,* „Das Wandern ist des Müllers Lust ...": Zur Auswanderungsfreiheit für Gesellschaften in Europa, FS Andreas Heldrich, 2005, S. 973; *ders.,* Grenzüberschreitender Rechtsformwechsel nach VALE, FS Michael Hoffmann-Becking, 2013, S. 965; *ders.,* Internationalprivatrechtliche Aspekte der Personengesellschaften, ZGR 2014, 168; *O. Sandrock,* Sitzrecht contra Savigny?, BB 2004, 897; *ders.,* Die Schrumpfung der Überlagerungstheorie?, ZvglRWiss 102 (2003), 447; *A. Schall,* Grenzüberschreitende Umwandlungen der Limited (UK) mit deutschem Verwaltungssitz – Optionen für den Fall des Brexit, ZfPW 2016, 407; *ders.,* EuGH bestätigt grenzüberschreitenden Rechtsformwechsel in der EU!, DB 45/2017, M4; *ders.,* Der grenzüberschreitende Formwechsel in Europa nach Polbud, ZfPW 2018, 176; *A. Schall/Barth,* Stirbt Daily Mail langsam? – Zu den Folgen von National Grid Indus für Kollisionsrecht und Wegzugsbesteuerung, NZG 2012, 418; *Schaper,* Grenzüberschreitender Formwechsel und Sitzverlegung: Die Umsetzung der Vale-Rechtsprechung des EuGH, ZIP 2014, 810; *Schilpp,* Gesellschafterfremdfinanzierte Auslandsgesellschaften, 2017; *J. Schmidt,* Cross-border mergers and divisions, transfer of seats: is there a need to legislate?, DG for Internal Policies, Legal Affairs, Study, PE 559.960 (2016); *dies.,* Grenzüberschreitende Mobilität von Gesellschaften – Vergangenheit, Gegenwart und Zukunft, ZvglRWiss 116 (2017), 313; *S. Schneider,* Die Kapitalverkehrsfreiheit im Verhältnis zu Drittstaaten und ihre Auswirkung auf die Anerkennung ausländischer Gesellschaften, 2018; *Schön,* Das System der gesellschaftsrechtlichen Niederlassungsfreiheit nach VALE, ZGR 2013, 333; *Schollmeyer,* Von der Niederlassungsfreiheit zur Rechtswahlfreiheit?, ZGR 2018, 186; *Schopper/Skarics,* Grenzüberschreitende Umwandlungen nach der Entscheidung des EuGH in der Rs VALE, NZ 2012, 321; *Schrade,* Steuerplanerische Überlegungen zum Brexit, DStR 2018, 1898; *A. Schröder,* Neue Umwandlungsmöglichkeiten – Notausgang für die Limited mit Verwaltungssitz in Deutschland?, DB 2018, 2755; *Schürhoff,* Haftung für Ansprüche aus Existenzvernichtung im Internationalen Privat- und Zivilverfahrensrecht, 2017; *Schütt,* Hard Brexit und Limited, ZEuS 2018, 97; *M. Schulz/Sester,* Höchstrichterliche Harmonisierung der Kollisionsregeln im europäischen Gesellschaftsrecht: Durchbruch der Gründungstheorie nach „Überseering", EWS 2002, 545; *Schurig,* Unilateralistische Tendenzen im europäischen Gesellschaftskollisionsrecht – oder: Umgehung als Regelungsprinzip, Liber ami-

§ 7

§ 7. Internationales Gesellschaftsrecht

corum Gerhard Kegel, 2002, S. 199; *ders.*, Das deutsch-amerikanische internationale Gesellschaftsrecht im Fahrwasser des europäischen?, Liber amicorum Peter Hay, 2005, S. 369; *ders.*, Der Anlauf zu einem Paradigmenwechsel im internationalen Gesellschaftsrecht, FS Dagmar Coester-Waltjen, 2015, S. 745; *P. Schwarz*, Die Vertretung der Restgesellschaft, DB 2013, 799; *Seibl*, Internationales Gesellschaftsrecht und parteiautonome Gestaltungsoptionen, in: Spickhoff (Hrsg.), Parteiautonomie im Europäischen Internationalen Privatrecht, 2014, S. 45; *Soegaard*, Cross-Border Transfer and Change of Lex Societatis after Polbud, C-106/16: Old Companies Do Not Die ... They Simply Fade Away to Antother Conutry, Eur. Co. L.J. 15 (2018), 21; *Spahlinger/Wegen*, Internationales Gesellschaftsrecht in der Praxis, 2005; *Steinrötter*, Einheitliche Anknüpfung an den Gründungsort im Internationalen Gesellschaftsrecht – wider die „Geschöpf-" und die „Wechselbalgtheorie", GPR 2012, 119; *Stelmaszczyk*, Grenzüberschreitender Formwechsel durch isolierte Verlegung des Satzungssitzes, EuZW 2017, 890; *Stiegler*, Der EU-Austritt Großbritanniens aus gesellschaftsrechtlicher Sicht, in: Kramme/Baldus/Schmidt-Kessel (Hrsg.), Brexit und die juristischen Folgen, 2017, S. 129; *ders.*, Wirksamkeit eines Herausformwechsels aus Deutschland, GmbHR 2017, 392; *ders.*, Grenzüberschreitende Sitzverlegungen nach deutschem und europäischem Recht, 2017; *ders.*, Grenzüberschreitende Mobilität von Personengesellschaften, ZGR 2017, 312; *ders.*, Grenzüberschreitender Formwechsel: Zulässigkeit eines Herausformwechsels, AG 2017, 846; *Straube*, Gedanken zu Rechtsfolgen der Sitztheorie bei Publikumsgesellschaften, FS Willibald Posch zum 65. Geb., 2012, S. 723; *Süß*, Exit vor dem Brexit: Die Flucht aus der Limited – leichtes Spiel oder teurer Spaß?, ZIP 2018, 1277; *Szabó/Engsig Sørensen*, Cross-Border Conversion of Companies in the EU: The Impact of the VALE Judgment, (2013) 10 Int. & Comp. Corp. L.J. 43; *M. Szydło*, Directors' duties and liability in insolvency and the freedom of establishment of companies after Kornhaas, (2017) 54 C.M.L. Rev. 1853; *ders.*, Cross-border conversion of companies under freedom of establishment: Polbud and beyond, (2018) 55 CMLRev. 1549; *Tebben*, Zur Substitution der notariellen Beurkundung bei Umwandlungsvorgängen, GmbHR 2018, 1190; *C. Teichmann*, Gesellschaftsrecht im System der europäischen Niederlassungsfreiheit, ZGR 2011, 639; *ders.*, Der grenzüberschreitende Formwechsel ist spruchreif, DB 2012, 2085; *ders.*, Gesellschaften und natürliche Personen im Recht der europäischen Niederlassungsfreiheit, FS Peter Hommelhoff, 2012, S. 1213; *ders.*, Die GmbH im Wettbewerb der Rechtsformen, ZGR 2017, 543; *C. Teichmann/Knaier*, Auswirkungen des EU-Austritts auf englische Gesellschaften in Deutschland, IWRZ 2016, 243; *dies.*, Grenzüberschreitender Formwechsel nach „Polbud", GmbHR 2017, 1314; *C. Teichmann/L. Wolff*, Unionsrechtswidrige Benachteiligung von Auslandsgesellschaften im Unfallversicherungsrecht, DB 2018, 109; *Thölke*, Die Entstehungssitztheorie, 2003; *Tietz*, Beurkundung eines Gesellschaftsvertrags zur Gründung einer deutschen GmbH durch einen Schweizer Notar mit Amtssitz im Kanton Bern, IPRax 2019, 36; *Trautrims*, Das Kollisionsrecht der Personengesellschaften, 2009; *Troianello*, La trasformazone transfrontaliera delle società quale esercizio della libertà di stabilimento, Dir. com. sc. int. 2017, 595; *Trüten*, „Polbud" und die geplante EU-Richtlinie über grenzüberschreitende Umwandlungen: Durchbruch zugunsten der Unternehmensmobilität?, EuZ 2019, 10; *Vananroye/Lindemans*, Let's get physical: over vrije keuze en verandering van toepasselijk vennootschapsrecht, Liber amicorum Herman Braeckmans, 2017, S. 519; *Verse*, Niederlassungsfreiheit und grenzüberschreitende Sitzverlegung – Zwischenbilanz nach „National Grid Indus" und „VALE", ZEuP 2013, 458; *Vossius*, Der verlorene Sohn oder die Limited nach dem Brexit, notar 2016, 314; *Wachter*, Grenzüberschreitender Herein-Formwechsel in die deutsche GmbH, GmbHR 2016, 738; *ders.*, Neues zum Brexit im Gesellschaftsrecht, GmbHR 2018 R260; *J. Weber*, GmbH-Gründung und Auslandsbeurkundung, MittBayNot 2018, 215; *Wedemann*, Der Begriff der Gesellschaft im Internationalen Privatrecht – Neue Herausforderungen durch den entrepreneur individuel à responsabilité limitée, RabelsZ 75 (2011), 541; *M.-P. Weller*, Scheinauslandsgesellschaften nach Centros, Überseering und Inspire Art – Eine neues Einsatzfeld für die Existenzvernichtungshaftung, IPRax 2003, 207; *ders.*, Einschränkungen der Gründungstheorie bei missbräuchlicher Auslandsgründung?, IPRax 2003, 520; *ders.*, Europäische Rechtsformwahlfreiheit und Gesellschafterhaftung, 2004; *ders.*, Niederlassungsfreiheit via völkerrechtlicher EU-Assoziierungsabkommen, ZGR 2006, 748; *ders.*, Die Rechtsquellendogmatik des Gesellschaftskollisionsrechts, IPRax 2009, 202; *ders.*, Internationales Unternehmensrecht 2010 – IPR-Methodik für grenzüberschreitende gesellschaftsrechtliche Sachverhalte, ZGR 2010, 679; *ders.*, Die „Wechselbalgtheorie", FS Wulf Goette, 2011, S. 583; *ders.*, Unternehmensmitbestimmung für Auslandsgesellschaften, FS Peter Hommelhoff, 2012, S. 1275; *ders.*, Unternehmensmobilität im Binnenmarkt, FS Uwe Blaurock, 2013, S. 497; *ders.*, Wissenszurechnung in internationalen Unternehmensstrafverfahren, ZGR 2016, 384; *ders.*, Das autonome Unternehmenskollisionsrecht, IPRax 2017, 167; *M.-P. Weller/Leuering*, Sitzverlegungen von Gesellschaften in Europa, 2012; *M.-P. Weller/Rentsch*, Die Kombinationslehre beim grenzüberschreitenden Rechtsformwechsel – Neue Impulse durch das Europarecht, IPRax 2013, 530; *Wilhelmi*, Die Freizügigkeit von Gesellschaften in der Europäischen

Union, FS Kay Hailbronner, 2013, S. 531; *L. Wolff*, Hineinverschmelzung von LLPs vor dem Brexit, GmbHR 2019, 52; *Zimmer*, Internationales Gesellschaftsrecht, 1996; *ders.*, Wie es Euch gefällt? Offene Fragen nach dem Überseering-Urteil des EuGH, BB 2003, 1; *ders.*, Grenzüberschreitende Rechtspersönlichkeit, ZHR 168 (2004), 355; *ders.*, Das Cartesio-Urteil des EuGH: Rück- oder Fortschritt für das Internationale Gesellschaftsrecht?, NJW 2009, 545; *A. Zimmermann*, Anything Goes? – Neue EuGH-Rechtsprechung zur Rechtsformwahl durch Sitzverlegung, ecolex 2018, 250; *A. S. Zimmermann*, Blockchain-Netzwerke und Internationales Privatrecht – oder: der Sitz dezentraler Rechtsverhältnisse, IPRax 2018, 566; *Zwirlein*, Grenzüberschreitende Formwechsel – europarechtlich veranlasste Substitution im Umwandlungsgesetz, ZGR 2017, 114; *dies.*, EU-Überseegesellschaften, GPR 2017, 182.

I. Einleitung

1. Der große Theorienstreit: Sitztheorie vs. Gründungstheorie. Das Internationale Gesellschaftsrecht[1] ist traditionell geprägt vom Widerstreit zwischen zwei konkurrierenden Grundansätzen: der Sitztheorie und der Gründungstheorie. Die Sitztheorie knüpft an den effektiven Verwaltungssitz, den siège réel, einer Gesellschaft an. Sie reklamiert für sich, das Recht desjenigen Staates zur Anwendung zu bringen, welcher von der Tätigkeit der Gesellschaft am stärksten betroffen sei. Sie will die Interessen Gesellschaftsexterner schützen, nämlich des Rechtsverkehrs schlechthin, der Gesellschaftsgläubiger, der Arbeitnehmer der Gesellschaft und der Geschäftspartner der Gesellschaft, insbesondere solcher Gläubiger, die unfreiwillige Gläubiger oder sonst nicht in der Lage sind, das von ihnen zu tragende Risiko anzupassen (non-adjusting creditors).[2] Die Sitztheorie billigt dem am stärksten betroffenen Staat ein Wächteramt für den Interessenschutz zu.[3] Sie ist ihrem Anspruch nach eine „Schutztheorie".[4] Sie soll als einseitige Missbrauchsabwehr einer freien Wahl Fesseln anlegen, indem sie die zwingenden Teile des wirklichen Sitzrechts durchsetzt.[5]

Die Gründungstheorie dagegen knüpft liberaler an und gibt den Gesellschaftsgründern bzw. Gesellschaftern mehr Gestaltungsfreiheit. Allerdings gibt es bei ihr mehrere, so zumeist nicht herausgestellte Untervarianten für den Anknüpfungspunkt, deren Verhältnis zueinander (Ausschließlichkeit oder Disjunktivität?) nicht immer klar ist: Vorgeschlagen wird, an das Gründungsrecht, die Registrierung oder den Satzungssitz anzuknüpfen.[6] Für die Gründungstheorie wird im Kern ins Feld geführt, dass sich ihr Anknüpfungspunkt einfach und sicher feststellen lassen und dass sie den Rechtsverkehr von Scheingesellschaften und hinkenden Gesellschaften bewahre, weil alle nach ihr wirksam gegründeten Gesellschaften überall (jedenfalls dort, wo man ebenfalls der Gründungstheorie folge) als existent zu behandeln seien.[7] Zudem komme sie dem Kontinuitätsinteresse der Gesellschafter und der Gesellschaftsorgane entgegen.[8] Auf der anderen Seite steht die Gefahr von selbstbegünstigendem law shopping.[9]

Zwischen Sitz- und Gründungstheorie in ihrer jeweils reinen Form hat sich eine Vielzahl von vermittelnden, kombinierenden oder differenzierenden Ansätzen entwickelt. Ein vereinzelt gebliebener will das Innenverhältnis zwischen der Gesellschaft und ihren Gesellschaftern zum einen und den Gesellschaftern untereinander nach der Gründungstheorie,

---

[1] Kollisionsrechtsvergleichender Überblick bei *P. Behrens*, FS Ulrich Magnus, 2014, S. 353.
[2] *Vananroye/Lindemans*, Liber amicorum Herman Braeckmans, 2017, S. 519, 529.
[3] *Staudinger/Großfeld* IntGesR Rn. 21, 41 (1993); MüKoBGB/*Kindler* IntGesR Rn. 421, 423; MüKoAktG/*Ego*, Bd. VII, 4. Aufl. 2017, Europäische Niederlassungsfreiheit Rn. 280.
[4] BayObLG WM 1992, 1371; Staudinger/*Großfeld* IntGesR Rn. 40 (1993); *K. Schmidt*, ZIP 1999, 20, 23.
[5] *Vananroye/Lindemans*, Liber amicorum Herman Braeckmans, 2017, S. 519, 524.
[6] Eingehend *J. Hoffmann*, ZvglRWiss 101 (2002), 283; *Trautrims*, Das Kollisionsrecht der Personengesellschaften, 2009, S. 144–154. Näher → § 7 Rn. 79–80. Die Diversität innerhalb der Gründungstheorie betont z.B. auch *Meeusen*, Liber amicorum Christian Kohler, 2018, S. 313, 315.
[7] Siehe nur *Leible*, FS Olaf Werner, 2009, S. 256, 257.
[8] *Drobnig*, ZHR 129 (1967), 93, 117; *Neumayer*, ZvglRWiss 83 (1984), 129, 146; *C. Teichmann*, ZGR 2011, 639, 682f.; MüKoAktG/*Ego*, Bd. VII, 4. Aufl. 2017, Europäische Niederlassungsfreiheit Rn. 281.
[9] Eingehend *van Hoek*, MedNedVIR 2014, 59; außerdem z.B. *Wegen/Mossler*, in: MAH IntWirtschaftsR § 11 Rn. 11.

das Außenverhältnis zwischen der Gesellschaft und Externen dagegen nach der Sitztheorie anknüpfen.[10] Die Überlagerungstheorie geht von der Gründungstheorie als Fundament aus, will aber überlagernde Sonderanknüpfungen von Schutznormen aus dem Recht des Staates zulassen, in dem sich der effektive Verwaltungssitz befindet.[11] Dem mindestens nahe verwandt[12] ist die so genannte Kombinationslehre. Sie will Elemente von Gründungs- und Sitztheorie je nach betroffenem Sachbereich miteinander kombinieren; das Sitzrecht soll bei legitimen Schutzinteressen insbesondere für den Gläubigerschutz den Vorzug genießen, und der Rechtsgedanke (heute) des Art. 3 III Rom I-VO (keine kollisionsrechtliche Rechtswahlfreiheit bei objektiv reinem Inlandsfall) soll auch im Internationalen Gesellschaftsrecht Beachtung finden.[13]

4   **2. Fehlen einer Kodifizierung.** *a) EU.* Das Internationale Gesellschaftsrecht ist bis heute weder im europäischen noch im deutschen nationalen Recht kodifiziert.[14] Es gibt keine Rom-Verordnung zu diesem Rechtsgebiet oder seinen Teilen. Der europäische Gesetzgeber hat sich lange Jahre vom Internationalen Gesellschaftsrecht ferngehalten und nicht einmal in ersten Ansätzen versucht, eine Teilkodifikation auf den Weg zu bringen. 2007 hat er erstmals, wenn auch seinerzeit nur „vorläufig endgültig" kapituliert. Die europäischen Organe, vorneweg die Kommission in Gestalt der damals zuständigen Kommissare *Frattini* (Justiz) und *McCreevy* (Binnenmarkt), haben sich schlichtweg verweigert[15] (sei es auch nur, um die weitere Konsolidierung der EuGH-Rechtsprechung abzuwarten[16]).

5   Die Übernahmerichtlinie[17] enthält zwar in ihren Artt. 1 I; 4 II Kollisionsnormen. Diese bieten jedoch keine Antwort für die allgemeine Anknüpfung im Internationalen Gesellschaftsrecht, sondern sind ebenso rechtsakt- wie übernahmespezifisch.[18] Auf europäischer Ebene besteht jedenfalls noch Gesetzgebungsbedarf.[19] Die GesellschaftsrechtsRL 2017/1132/EU[20] konsolidiert nur zuvor bereits existierende Richtlinien und geht keinen eigenen Schritt weiter,[21] wie ihr eigener Erwägungsgrund (1) programmatisch klarstellt. Das gegenwärtig geltende EU-Sekundärrecht enthält also keine übergreifenden Kollisionsnormen.[22] Dieser Umstand zwingt den EuGH, die Führung zu übernehmen.[23]

6   Das Projekt einer Sitzverlegungsrichtlinie[24] ist zur ewigen Hängepartie entartet[25] und bisher nicht zu einem offiziellen Vorschlag der Kommission gediehen,[26] obwohl es im Inte-

---

[10] *Grasmann,* System des internationalen Gesellschaftsrecht – Außen- und Innenstatut der Gesellschaften im internationalen Privatrecht, 1970. Zur Kritik u. a. MüKoBGB/*Kindler* IntGesR Rn. 408–410.

[11] *Sandrock,* BerDGesVR 18 (178), 169; *ders.,* FS Günther Beitzke, 1979, S. 669; *ders.,* RIW 1989, 249; *ders.,* RIW 1989, 505; *ders.,* ZvglRWiss 102 (2003), 447; *ders.,* BB 2004, 897 sowie *Lanzius,* Anwendbares Recht und Sonderanknüpfung unter der Gründungstheorie, 2005. Ähnlich, wenn auch unter dem Etikett einer „gemeinschaftsrechtlich moderierten Kontrolltheorie", *Jüttner,* Gesellschaftsrecht und Niederlassungsfreiheit, 2005.

[12] *Mankowski,* DZWiR 1997, 216.

[13] *D. Zimmer* S. 232–240, 411–438 et passim. Zur Kritik u. a. MüKoBGB/*Kindler* IntGesR Rn. 411–419.

[14] Art. 37 Nr. 2 EGBGB 1986 enthielt nur eine negative Ausgrenzung und ist 2009 sowieso gestrichen worden.

[15] Siehe *Neye,* EWiR 1/07, 715, 716; *R. Wagner/B. Timm,* IPRax 2008, 81, 83 Fn. 35.

[16] *P. Behrens,* Liber amicorum Paolo Picone, 2011, S. 597, 613 sowie *Bayer/J. Schmidt,* ZIP 2017, 2225 (2225).

[17] Richtlinie 2004/25/EG des Europäischen Parlaments und des Rates vom 21.4.2004 betreffend Übernahmeangebote, ABl. EG 2004 L 142/1.

[18] *Diregger,* FS Josef Aicher, 2012, S. 37, 42 f.

[19] Eingehend *J. Schmidt,* Cross-border mergers and divisions, transfer of seats: is there a need to legislate?, DG for Internal Policies, Legal Affairs, Study, PE 559.960 (2016).

[20] Richtlinie 2017/1132/EU des Europäischen Parlaments und des Rates vom 14.6.2017 über bestimmte Aspekte des Gesellschaftsrechts, ABl. EU 2017 L 169/46; vorangehend Vorschlag für eine Richtlinie des Europäischen Parlaments und des Rates über bestimmte Aspekte des Gesellschaftsrechts, KOM (2015) 616 (3.12.2015).

[21] Siehe nur *Drygala/v. Bressensburg,* NZG 2016, 1161, 1168.

[22] Panorama bei *Arenas García,* REDI 2017-1, 49.

[23] *Rammeloo,* MJ 25 (2018), 87, 103.

[24] Vorentwurf einer Sitzverlegungsrichtlinie vom 22.4.1997, ZIP 1997, 1721.

[25] Siehe nur *Leible,* FS Günter H. Roth, 2011, S. 447.

[26] *Lutter/Bayer/J. Schmidt* Rn. 7.11.

I. Einleitung

resse der Rechtsklarheit sinnvoll wäre,[27] auch und gerade als legislative Umsetzung und Ausgestaltung des vom EuGH als Mobilitätsförderung rechtsfortbildend[28] geschaffenen Richterrechts in die gleiche Richtung[29] und als Systematisierung durch Kodifizierung.[30] Denn in der Praxis, insbesondere der Registergerichte, scheint es hinhaltenden, aber effektiven Widerstand gegen eine effektive Formwechselfreiheit unter ein anderes Recht zu geben.[31] Die Zeit ist reif für eine möglichst umfassende legislative Harmonisierung.[32]

Eine „Allgemeine Mobilitätsrichtlinie" mit ausdrücklicher Kodifizierung aller denkbaren Mobilitätsgestaltungen würde alle Restzweifel beheben, insbesondere wenn sie von einer ausdrücklichen Vereinheitlichung des Internationalen Gesellschaftsrechts durch eine „Rom-Verordnung" flankiert würde.[33] Zugleich könnte sie Auswüchsen einer Regulierungsarbitrage (einem gezielten Ausnutz von Rechtsgefällen zwischen einzelnen Rechten[34]) entgegentreten.[35] Sie würde die Registergerichte von der Last befreien, sorgfältig die Grenzen der Rechtsfortbildung zu erwägen.[36]

Entsprechend haben das Europäische Parlament[37] und die Reflection Group[38] Vollendung des Projekts angemahnt,[39] aber bisher erfolglos. Erste Schritte in Richtung auf eine Rom-VO für das Internationale Gesellschaftsrecht finden sich zwar 2010 wieder im Stockholmer Programm des Rates[40] und in dem nachfolgenden Aktionsplan der Kommission[41], wurden aber danach ein weiteres Mal nicht fortgesetzt. Wissenschaftliche Studien, auch mit offizieller Finanzierung, plädieren allerdings für eine Kodifizierung.[42] Das Europäische Parlament ist mit einem Bericht des Rechtsausschusses[43] folgend mit einer Entschließung zur grenzüberschreitenden Verschmelzungen und Spaltungen[44] auf den Plan getre-

---

[27] *Bungert/de Raet*, DB 2014, 761, 766; *Baert*, Eur. Bus. L. Rev. 26 (2015), 581; *Bungert/Wansleben*, DB 2017, 2591; *Stiegler*, Grenzüberschreitende Sitzverlegungen nach deutschem und europäischem Recht, 2017, S. 428–448; *de Raet*, EWiR 2018, 7, 8; *Schutte-Veenstra*, Ondernemingsrecht 2018, 36, 40; eingehend *Janisch*, Die grenzüberschreitende Sitzverlegung von Kapitalgesellschaften in der Europäischen Union – Bedarf und Ausgestaltung der Sitzverlegungsrichtlinie, 2015.

[28] *Heßeling*, IWRZ 2018, 84, 85.

[29] Siehe nur *Bayer/J. Schmidt*, ZHR 173 (2009), 735, 770 f.; *dies.*, ZIP 2012, 1481, 1491 f; *dies.*, ZIP 2017, 2225, 2233; *C. Teichmann*, DB 2012, 2085, 2091 f.; *Conac, D.* 2012, 3009; *Wicke*, DStR 2012, 1756, 1759; *Schön*, ZGR 2013, 333, 336 f.; *Krarup*, Eur. Bus. L. Rev. 2013, 691; *A. Schall*, DB 45/2017, M4, M5; *Parléani*, Rev. sociétés 2018, 50, 51; *Heckschen/K. Strnad*, notar 2018, 83, 90. Stelmaszczyk, EuZW 2017, 890, 894 hofft auf eine Teilkorrektur der EuGH-Rechtsprechung.

[30] *Pinardi*, Foro it. 2018 IV col. 231, 236.

[31] *Bärwaldt/Hoefling*, DB 2017, 3051, 3054.

[32] *Gerner-Beuerle/Mucciarelli/Edmund Schuster/Siems*, 18 J. Corp. L. Stud. 1 (2018).

[33] *J. Schmidt*, Cross-border mergers and divisions, transfer of seats: is there a need to legislate?, DG for Internal Policies, Legal Affairs, Study, PE 559.960 (2016); *Bayer/J. Schmidt*, ZIP 2017, 2225, 2233 f.; *Kieninger*, NJW 2017, 3624, 3627; *dies.*, ZEuP 2018, 309, 310, 317; *C. Teichmann/Knaier*, GmbHR 2017, 1314, 1319 f.; *Lutter/Bayer/J. Schmidt* Rn. 7.111 f.; *Schollmeyer*, ZGR 2018, 186, 196–200.

[34] Zum Rechtsinstitut im Kontext des Internationalen Gesellschaftsrechts insbesondere *Mucciarelli*, Società di capitali, trasferimento all'estero della sede sociale e arbitraggi normativi, 2010.

[35] *Kindler*, NZG 2018, 1, 5; *Parléani*, Rev. sociétés 2018, 50, 51.

[36] *A. Zimmermann*, ecolex 2018, 250, 252.

[37] P6_TA(2009)0086.

[38] Report of the Reflection Group on the Future of EU Company Law of 5 April 2011 <http://ec.europa.eu/internal_market/company/docs/modern/reflectiongroup_report_end.pdf>.

[39] Als nächsten Schritt siehe die Mitteilung der Kommission – Aktionsplan: Europäisches Gesellschaftsrecht und Corporate Governance – ein moderner Rechtsrahmen für engagierte Aktionäre und besser überlebensfähige Unternehmen, KOM (2012) 740.

[40] Stockholmer Programm vom 11.12.2009, Doc. Nr. EUCO 6/09, S. 9; siehe auch KOM (2009) 262 S. 15.

[41] Aktionsplan zur Umsetzung des Stockholmer Programms, KOM (2010) 171 endg.

[42] Insbesondere *Beuerle/Mucciarelli/E.-P. Schuster/Siems* (London Schoo of Economics Study Group), Study on the Law Applicable to Companies: Final Report (June 2016) <https://dx.doi.org/10.2838/52731>, <https://bookshop.europa.eu/en/study-on-the-law-applicable-to-companies-pbD520216330>; *dies.*, Eur. Co. L.J. 14 (2017), 148.

[43] Bericht des Rechtsausschusses des Europäischen Parlaments vom 9.5.2017 zur Durchführung grenzüberschreitender Unternehmensverschmelzungen und -spaltungen (2016/2065 (INI)), A8-0190/2017.

[44] Entschließung des Europäischen Parlaments vom 13.6.2017 zur Durchführung grenzüberschreitender Unternehmensverschmelzungen und -spaltungen (2016/2065 (INI)), P8_TA-PROV (2017) 0348.

ten,[45] hat aber in der Kompetenzstruktur der EU kein Initiativrecht für Gesetzgebung. Die Kommission[46] führte ab Mitte Mai 2017 einen Konsultationsprozess durch.[47]

9 Den großen Schritt geht auch das Company Law Package[48] der Kommission nicht.[49] Vielmehr sieht es von einer Kodifikation auch des Kollisionsrechts ab[50] und beschränkt sich im Kern auf den Vorschlag, die GesellschaftsrechtsRL 2017/1132/EU um ein Kapitel I im Teil II zu ergänzen, das sich mit grenzüberschreitenden (identitätswahrenden) Umwandlungen befasst,[51] und um ein Kapitel IV für grenzüberschreitende Spaltungen.[52] Weitere Vorschläge sind grenzüberschreitenden Fusionen gewidmet.[53] Erklärtes Ziel ist, die mit der Entscheidung Polbud[54] erreichte Entwicklungsstufe der EuGH-Rechtsprechung legislativ festzuschreiben.[55]

10 *b) Deutschland.* Der deutsche Gesetzgeber ist – nach ebenso intensiver wie kontroverser Vorbereitung durch eine Sonderkommission des Deutschen Rates für Internationales Privatrecht[56] – nur bis zu einem Referentenentwurf[57] vom 14.12.2007 gelangt, beides auf der Grundlage der Gründungstheorie in der Variante, dass an den Registrierungsort anzuknüpfen ist. Seine zentrale Anknüpfungsnorm, Art. 10 I Ref-E, lautete:

„Gesellschaften, Vereine und juristische Personen des Privatrechts unterliegen dem Recht des Staates, in dem sie in ein öffentliches Register eingetragen sind. Sind sie nicht oder noch nicht in ein öffentliches Register eingetragen, unterliegen sie dem Recht des Staates, nach dem sie organisiert sind."

11 In sich konsequente Fortsetzung war Art. 10b EGBGB-E zum Wechsel des anwendbaren Rechts:

„Wird eine Gesellschaft, ein Verein oder eine juristische Person in einem anderen Staat in ein öffentliches Register eingetragen oder wird die Organisation der Gesellschaft, des Vereins oder der juristischen Person nach außen erkennbar dem Recht eines anderen Staates unterstellt, wechselt das nach Artikel 10 anzuwendende Recht, wenn das bisherige und das neue Recht einen Wechsel ohne Auflösung und Neugründung zulassen und die Voraussetzungen beider Rechte hierfür vorliegen."

---

[45] Diskutiert von *Bungert/Wansleben*, DB 2017, 2591.
[46] Zu ihren policy options *L. Hübner*, ZGR 2018, 149, 182–184.
[47] European Company Law upgraded: Rules on digital solutions and efficient cross-border operations <https://ec-europa.eu/newsroom/just/item-detail.cfm?item_id=58190>.
[48] Relevant ist hier Proposal for a Directive of the European Parliament and of the Council amending Directive (EU) 2017/1132 as regards cross-border conversions, mergers and divisions, COM(2018) 421 final (25.4.2018); begleitet von Staff Documents SWD(2018) 141 final und SWD(2018) 142 final. Eingehend erläutert insbesondere von *J. Schmidt*, Der Konzern 2018, 229 und 273.
[49] *Bayer/J. Schmidt*, EU Company Law Package 2018 (25.4.2018) <https://www.lbs-europur.de/2018/04/25/eu-company-law-package-2018/>.
[50] *Bayer/J. Schmidt*, EU Company Law Package 2018 (25.4.2018) <https://www.lbs-europur.de/2018/04/25/eu-company-law-package-2018/>.
[51] Art. 1 III COM(2018) 421 final S. 45–60: Artt. 86a-86u Proposal; dazu z.B. *Paefgen*, WM 2018, 1029, 1036–1039; *T. O. Brandi*, BB 2018, 2626, 2629–2633.
[52] Art. 1 XX COM(2018) 421 final S. 69–87: Artt. 160a–160w Proposal; dazu z.B. *J. Schmidt*, Der Konzern 2018, 273.
[53] Art. 1 VII-XIX COM(2018) 421 final S. 61–69: Artt. 122–133a Proposal.
[54] EuGH ECLI:EU:C:2017:804 – Polbud Wykostnastwo sp. z o.o.
[55] Explanatory Memorandum, COM(2018) 421 final S. 2 f.
[56] Veröffentlicht in: *Sonnenberger* (Hrsg.), Vorschläge und Berichte zur Reform des europäischen und deutschen internationalen Gesellschaftsrechts, 2007, S. 10 und in *Sonnenberger/F. Bauer*, RIW-Beil. 1/06. Dazu insbesondere *Kindler*, RDIPP 2006, 657 und Bericht *Sonnenberger*, in: Sonnenberger (Hrsg.), Vorschläge und Berichte zur Reform des europäischen und deutschen internationalen Gesellschaftsrechts, 2007, S. 353 sowie die Diskussions- und Sitzungsberichte von *Sonnenberger* (Hrsg.), Vorschläge und Berichte zur Reform des europäischen und deutschen internationalen Gesellschaftsrechts, 2007, S. 199–347 und die vorbereitenden Gutachten von *Sonnenberger*, *Kindler* (zwei), *Behrens* (zwei), *Eidenmüller*, *D. Zimmer*, *Sandrock* und *Kieninger* ebd., S. 351–617.
[57] Referentenentwurf Gesetz zum Internationalen Privatrecht der Gesellschaften, Vereine und juristischen Personen (14.12.2007) <https://rsw.beck.de/docs/librariesprovider5/rsw-dokumente/Referentenentwurf-IGR>.

I. Einleitung

Der Referentenentwurf verschwand jedoch nach intensiver, aber letztlich kurzer Diskussion durch Literatur[58] und Verbände[59] auf Nimmerwiedersehen in der Schublade, weil sich die deutschen Gewerkschaften gegen ihn ausgesprochen hatten, um die deutsche unternehmerische Mitbestimmung zu schützen.[60] Dieses rechtstechnisch nicht einmal zutreffende[61] Motiv und politisches Muskelspiel unter einer Großen Koalition mit SPD-Beteiligung (wie sie von 2005 bis 2009 bestand) haben 2008 eine sinnvolle Legislativordnung verhindert. Leider hat die nachfolgende Koalition mit FDP-Beteiligung zwischen 2009 und 2013 den möglichen Konflikt mit den Gewerkschaften gescheut, der mit einer Revitalisierung des Projekts verbunden gewesen wäre.

Das MoMiG[62] hat § 4a GmbHG und § 5 AktG geändert. § 4a GmbHG besagt, dass Sitz einer GmbH derjenige Ort im Inland ist, welchen der Gesellschaftsvertrag bestimmt. Das MoMiG hat die Wörter „im Inland" eingefügt. Die vorherigen zweiten Absätze beider Normen besagten, dass Satzungs- und Verwaltungssitz in der Regel zusammenfielen. Diese zweiten Absätze wurden gestrichen. Die Änderung sollte in puncto europaweiter Mobilität[63] Waffengleichheit zwischen deutschen GmbHs bzw. AGs und EG-Auslandsgesellschaften herstellen, indem sie auch deutschen GmbHs und AGs die Möglichkeit eröffnet, ihren effektiven Verwaltungssitz im Ausland zu haben, vorausgesetzt, dass ihr Satzungssitz in Deutschland ist.[64] In § 4a GmbHG und § 5 AktG wird nicht selten eine generelle Abkehr des deutschen Gesetzgebers von der Sitztheorie gesehen.[65] Mit § 4a GmbHG und § 5 AktG wird jedoch nur eine sehr punktuelle und partielle Aussage getroffen. Als allgemeine Grundlage für eine Anknüpfung im gesamten Internationalen Gesellschaftsrecht taugen diese Normen eigentlich nicht.[66] Sie sind einseitig, besagen nur etwas zu (bestimmten[67]) deutschen Gesell-

---

[58] *R. Wagner/B. Timm*, IPRax 2008, 81; *Rotheimer*, NZG 2008, 181; *Franz/Laeger*, BB 2008, 678; *J. Clausnitzer*, NZG 2008, 321; *ders.*, DNotZ 2008, 484; *Schneider*, BB 2008, 556; *Stork*, GewA 2008, 240; *Eberspächer*, ZIP 2008, 1951; *G. H. Roth*, FS Harm Peter Westermann, 2008, S. 1345; *Franz*, BB 2009, 1250 und aus strafrechtlicher Sicht *Altenhain/Wietz*, NZG 2008, 569.

[59] Stellungnahmen gaben im Februar und März 2008 ab: der Deutsche Richterbund, der Deutsche Notarverein, der Deutsche Anwaltsverein und die Bundesrechtsanwaltskammer, jeweils abzurufen im Internetangebot der einzelnen Organisationen.

[60] Siehe nur *Goette*, DStR 2009, 63; *Lamsa*, EWiR 2009, 573, 574.

[61] → § 7 Rn. 206.

[62] Gesetz zur Modernisierung des GmbH-Rechts und zur Bekämpfung von Missbräuchen vom 23.10.2008, BGBl. 2008 I 2026.

[63] Zu empirischen Projekten zur Erforschung des Umfangs von Mobilität bei Gesellschaften in der EU *Biermeyer/M. Meyer*, Eur. Co. L. 15 (2018), 64.

[64] Begründung der Bundesregierung zum Entwurf eines Gesetzes zur Modernisierung des GmbH-Rechts und zur Bekämpfung von Missbräuchen, BT-Drs. 16/6140, 29.

[65] *J. Hoffmann*, ZIP 2007, 1581, 1584 f.; *Knof/Mock*, GmbHR 2007, 852, 856; Handelsausschuss des DAV, NZG 2007, 711, 712; *Fingerhut/Rumpf*, IPRax 2008, 90, 92; *Wälzholz*, MittBayNot 2008, 425, 432; *Körber/Kliebisch*, JuS 2008, 1041, 1044; *Leible/J. Hoffmann*, BB 2009, 58, 62 f.; *Däubler/Heuschmid*, NZG 2009, 493, 494; *Herrler*, DNotZ 2009, 484, 489; *Kobelt*, GmbHR 2009, 808, 811; *Bayer/J. Schmidt*, ZHR 173 (2009), 735, 749–756; *C. Teichmann/Ptak*, RIW 2010, 817, 820; *Leible*, FS G. H. Roth, 2011, S. 447, 455 f.; *ders.*, in: Michalski/Heidinger/Leible/J. Schmidt, GmbHG, 3. Aufl. 2017, Syst. Darst. 2 Rn. 8, 82, 170, 194; *Verse*, ZEuP 2013, 458, 466; K. Schmidt/Lutter/*Ringe*, AktG, 3. Aufl. 2015, § 5 AktG Rn. 11; Spindler/Stilz/*Drescher*, AktG, 3. Aufl. 2015, § 5 AktG Rn. 10; Lutter/Hommelhoff/*Bayer*, GmbHG, 19. Aufl. 2016, § 4a GmbHG Rn. 15; *Stieger* S. 218; MüKoAktG/*Ego*, Bd. VII, 4. Aufl. 2017, Eur. Niederlassungsfreiheit Rn. 190–199; *J. Schmidt*, in: Michalski/Heidinger/Leible/J. Schmidt, GmbHG, 3. Aufl. 2017, § 4a GmbHG Rn. 14; Baumbach/Hueck/*Fastrich*, GmbHG, 21. Aufl. 2017, § 4a GmbHG Rn. 11; Lutter/Bayer/*J. Schmidt* Rn. 7.83; Scholz/*Cziupka*, GmbHG, Bd. I, 12. Aufl. 2018, § 4a GmbHG Rn. 24. Anderer Ansicht *Eidenmüller*, AG 2007, 168, 204; *Preuß*, GmbHR 2007, 57, 62; *Kindler*, AG 2007, 721, 722; *ders.*, IPRax 2009, 189, 198; *C. Peters*, GmbHR 2008, 245, 249; *Franz/Laeger*, BB 2208, 678, 681 f.; *Weng*, EWS 2008, 264, 267; *Hirte*, NZG 2008, 761, 766; *Ries*, AnwBl 2008, 695, 697; *R. Werner*, GmbHR 2009, 191, 195 f.; *Lieder/Kliebisch*, BB 2009, 338, 343; *Franz*, BB 2009, 1250, 1251; *Wachter/Franz*, AktG, 2. Aufl. 2014, § 5 AktG Rn. 14; MüKoGmbHG/*M.-P. Weller*, 3. Aufl. 2018, IntGesR Einl. Rn. 384.

[66] Vgl. MüKoAktG/*Ego*, Bd. VII, 4. Aufl. 2017, Eur. Niederlassungsfreiheit Rn. 196, der aber in Rn. 199 eine andere Endfolgerung zieht.

[67] Siehe zum Vergleich die umfassendere, weil für alle deutschen Gesellschaftsformen formulierte, trotzdem im kollisionsrechtlichen Sinne einseitige Regel bei *Kindler*, AG 2007, 721, 722.

schaften und können von ihrer Struktur her keine Basis für eine allseitige Anknüpfungsregel sein.[68] Allenfalls könnten sie versteckte einseitige Kollisionsnormen sein.[69]

14 c) *Umblick.* Die Groupe Européen de Droit International Privé, ein privates Gremium wissenschaftlicher Experten auf dem Gebiet des IPR, hat 2014 einen Vorschlag auf Grundlage der Gründungstheorie unterbreitet,[70] 2015 überarbeitet und 2016 schließlich finalisiert in Gestalt eines Vorschlags für eine EU-Verordnung (wenn auch neutral „Draft Rules" genannt).[71] Dieser Vorschlag ähnelt sachlich über weite Strecken dem Vorschlag der Sonderkommission des Deutschen Rates für Internationales Privatrecht. Wie dieser kodifiziert er als Grundlage die Rechtsprechung des EuGH und denkt wie dieser darüber hinaus.[72] Grundlage ist die Inkorporationstheorie[73] mit dem Vorteil guter Orientierungssicherheit, weil sich der Registrierungsort typischerweise leicht ermitteln lässt.[74] Dies soll universell, also auch für Drittstaatengesellschaften gelten.[75] Im Aufbau orientiert sich der GEDIP-Vorschlag an Rom I- und Rom II-Verordnung,[76] bei der Qualifikation sachlich an den deutschen Vorarbeiten[77].[78] Art. 10 GEDIP-Vorschlag erlaubt eine Sonderanknüpfung von Eingriffsrecht.[79] Der GEDIP-Vorschlag hat aber kaum Resonanz gefunden und wurde jedenfalls von der Kommission mit ihrem alleinigen Initiativrecht für europäische Legislativakte nicht aufgegriffen (obwohl die Wissenschaft dies natürlich gehofft hatte[80]). Er ist und bleibt aber eine beachtenswerte akademische Arbeit.[81]

15 Eine ausführliche Qualifikationsnorm ähnlichen Zuschnitts wie Art. 10 II EGBGB-RefE[82] bietet zum Umfang des Personalstatuts bei juristischen Personen Art. 17 III polnIPRG 2011, der nach Art. 21 polnIPRG 2011 auf Organisationseinheiten ohne Rechtspersönlichkeit entsprechend anzuwenden ist. Sehr ähnlich fällt auch Art. 10:119 BW in den Niederlanden aus.

16 **3. Der EuGH als Quasi-Ersatzgeber: die primärrechtliche Niederlassungsfreiheit.** Zum Quasi-Ersatzgeber wurde mangels europäischer Kodifizierung vielmehr der EuGH. Mit Daily Mail als Vorläufer aus dem Jahre 1988[83] hat er seit 1999 eine Reihe prägender Entscheidungen aus den Normen des Primärrechts entwickelt.[84] Das Internationale

---

[68] MüKoGmbHG/*M.-P. Weller*, 3. Aufl. 2018, IntGesR Einl. Rn. 384.
[69] So konsequent *J. Hoffmann*, ZIP 2007, 1581, 1585 f.; *Knof/Mock*, GmbHR 2007, 852, 856; *dies.*, ZIP 2009, 30, 32; *Behme*, BB 2008, 70, 72; *Campos Nave*, BB 2008, 1410; *Barkalova/Barth*, DB 2009, 231, 216; *Paefgen*, WM 2009, 529, 531; *Sethe/Winzer*, WM 2009, 536, 540; *Däubler/Heuschmid*, NZG 2009, 493, 494; *Leitzen*, NZG 2009, 728; *Kobelt*, GmbHR 2009, 808, 811; *Bayer/J. Schmidt*, ZHR 173 (2009), 735, 746 f.; *Wicke*, GPR 2010, 238; NK-BGB/*J. Hoffmann* Anh. zu Art. 12 EGBGB Rn. 144 mwN; *Scholz/Cziupka*, GmbHG, Bd. I, 12. Aufl. 2018, § 4a GmbHG Rn. 24.
[70] Groupe Européen de Droit International Privé, Vingt-quatrième réunion, Florence, 19–21 septembre 2014, Compte rendu des seances de travail, 1. Codification de droit international privé de l'Union: la loi applicable aux sociétés <http://www.gedip-egpil.eu/reunionstravail/gedip-reunions-24codification>.
[71] Groupe Européen de Droit International Privé, Twenty-Sixth Session, Milano, 16–18 September 2016, Draft Rules on the Law Applicable to Companies and Other Bodies <http://www.gedip-egpil.eu/documents/Milan%202106/GEDIPs%20Proposal%20on%20Companies.pdf>.
[72] *Garcimartín Alférez*, RDIPP 2016, 949, 957; *v. Hein*, Liber amicorum Christian Kohler, 2018, S. 551, 552 f.
[73] *Garcimartín Alférez*, RDIPP 2016, 949, 958.
[74] *Garcimartín Alférez*, RDIPP 2016, 949, 961 sowie *L. Hübner*, ZGR 2018, 149, 175 f.
[75] *Garcimartín Alférez*, RDIPP 2016, 949, 964; *Paefgen*, WM 2018, 1029, 1040.
[76] *L. Hübner*, ZGR 2018, 149, 171; *Meeusen*, Liber amicorum Christian Kohler, 2018, S. 313, 314.
[77] → § 7 Rn. 10.
[78] *L. Hübner*, ZGR 2018, 149, 176 f.
[79] *L. Hübner*, ZGR 2018, 149, 179 f.
[80] Z. B. *Meeusen*, Liber amicorum Christian Kohler, 2018, S. 313, 314.
[81] *Pauknerová*, Liber amicorum Christian Kohler, 2018, S. 385, 391.
[82] Referentenentwurf Gesetz zum Internationalen Privatrecht der Gesellschaften, Vereine und juristischen Personen (14.12.2007) <https://rsw.beck.de/docs/librariesprovider5/rsw-dokumente/Referentenentwurf-IGR>; → § 7 Rn. 154.
[83] EuGH Slg. 1988, 5539 – The Queen/Her Majesty's Treasury and Commissioners of Inland Revenue, ex parte Daily Mail and General Trust PLC.
[84] Näher sogleich → § 7 Rn. 30.

I. Einleitung 17, 18 § 7

Gesellschaftsrecht ist heute im EU-Binnenmarkt im Kern eine Funktion der unionsrechtlichen Niederlassungsfreiheit aus Artt. 49, 54 AEUV und von dieser ebenso geprägt wie durchdrungen. Dies hat freilich einen gewichtigen Nachteil: Man muss auf immer wieder neue Luxemburger Windungen achten. Es ist wenig befriedigend, wenn nominell die Rechtslage den Zufällen einzelner, dem EuGH vorgelegter Entscheidungen ausgeliefert ist.[85] Der EuGH weist übrigens selber auf die fehlende Einheitlichkeit seiner Rechtsprechung hin.[86] Einen monolithischen Block bildet sie nicht.

Der EuGH hat bisher keine wirklich klare und grundsätzliche Entscheidung zur positiven **17** Ausgestaltung des Internationalen Gesellschaftsrechts gefällt,[87] sondern sich - ganz seiner richterlichen Aufgabe gemäß - darauf beschränkt, festzustellen, ob einzelne Normkomplexe nationaler Sachrechte mit der Niederlassungsfreiheit vereinbar sind oder nicht.[88] Dadurch bewegt sich die Diskussion häufig in Zuzugs- und Wegzugsdimensionen,[89] z. B. Hinaus- und Hineinverschmelzungen[90] oder terminologisch wieder anders: Export- und Importverschmelzungen[91], unterschwellig auch determiniert durch die steuerrechtliche Flanke und ihr Eigenleben (Stichwort: Wegzugsbesteuerung). Das Denken in Wegzugs- oder Zuzugsdimension müsste eigentlich verwundern, sollte es doch der Niederlassungsfreiheit gleich sein, von welchem Staat eine Beeinträchtigung ausgeht und welcher Staat einen Marktakteur binnenmarktstörend am Grenzübertritt hindert.[92] Gegen eine Differenzierung spricht zudem, dass ein echtes Festhalten an der Sitztheorie zu einem Nebeneinander unterschiedlicher Anknüpfungssysteme führen und komplexitätserhöhend wirken würde.[93]

Viele (indes nicht alle[94]) Stimmen in der Diskussion verstehen sich nicht zu Grundsatz- **18** aussagen zur positiven Anknüpfung im Internationalen Gesellschaftsrecht. Checklisten für die Praxis[95] kümmern sich um handwerkliche Details, nicht um die große Linie. Wirklich klare und eindeutige Orientierungsmarken fehlen, so dass immer neue Bewegung im Internationalen Gesellschaftsrecht herrscht[96] und selbst Obergerichte irritiert.[97] Ein wirklich harmonisches Orchester haben die EuGH-Entscheidungen nicht entstehen lassen, und es bleiben Dissonanzen.[98] Jede neue Entscheidung kann eine Überraschung mit entsprechen-

---

[85] *Trüten*, Die Entwicklung des Internationalen Privatrechts in der Europäischen Union, 2015, S. 486.
[86] EuGH Slg. 2008, I-9641 Rn. 108 f. – Cartesio Oktató és Szolgáltató bt.
[87] Siehe nur *Schürhoff*, Haftung für Ansprüche aus Existenzvernichtung im Internationalen Privat- und Zivilverfahrensrecht, 2017, S. 251; *M.-P. Weller*, IPRax 2017, 167, 168.
[88] Siehe nur EuGH Slg. 1999, I-1459 – Centros Ltd.; EuGH Slg. 2002, I-9919 – Überseering BV/Nordic Construction Company Baumanagement GmbH (NCC); EuGH Slg. 2003, I-10155 – Kamer van Koophandel en Fabrieken voor Amsterdam/Inspire Art Ltd.; EuGH Slg. 2008, I-9641 – Cartesio Oktató és Szolgáltató bt; EuGH ECLI:EU:C:2012:440 – VALE Építési kft; EuGH ECLI:EU:C:2017:804 – Polbud Wykonastwo sp. z o.o.
[89] Paradigmatisch *Schürhoff*, Haftung für Ansprüche aus Existenzvernichtung im Internationalen Privat- und Zivilverfahrensrecht, 2017, S. 236–272.
[90] Davon zu unterscheiden sind die natürlich auch grenzüberschreitend denkbaren Aufwärts- oder Abwärtsverschmelzungen innerhalb eines Konzerns (Beispiel: FG Düsseldorf Der Konzern 2016, 417). Dort gibt die Terminologie keine geographische Richtung an, sondern die Richtung innerhalb der Konzernhierarchie.
[91] So *Diregger*, FS Josef Aicher, 2012, S. 37, 42.
[92] *W.-H. Roth*, IPRax 2003, 117, 121 f.; *P. Behrens*, IPRax 2003, 193, 205; *D. Zimmer*, NJW 2003, 3585, 3592 f.; *Ringe*, Eur. Bus. L. Rev. 2005, 621, 631 f.; *Ebke*, FS Reinhold Thode, 2005, S. 593, 601; *W.-H. Roth*, FS Andreas Heldrich, 2005, S. 973, 985 f.; *Campos Nave*, BB 2005, 2660, 2663; *ders.*, BB 2008, 1410, 1413; *P. Doralt*, IPRax 2006, 272, 275; *Wang*, EWS 2008, 264, 271 f.; *Mucciarelli*, EBOR 9 (2008), 267, 296 f.; *Behme/Nohlen*, BB 2009, 13; *K. Schmidt/Lutter/Ringe*, AktG, Bd. I, 3. Aufl. 2015, IntGesR Rn. 56; *Kainer*, in: Frankfurter Kommentar zu EUV, GRC und AEUV, Bd. II, 2017, Art. 54 AEUV Rn. 13.
[93] *Leible/J. Hoffmann*, RIW 2002, 925, 935; *Eidenmüller*, ZIP 2002, 2233, 2243; *K. Schmidt/Lutter/Ringe*, AktG, Bd. I, 3. Aufl. 2015, IntGesR Rn. 56.
[94] Anders z. B. *M.-P. Weller*, IPRax 2017, 167, 169.
[95] Z. B. *Melchior*, GmbHR 2014, R305.
[96] *W.-H. Roth*, FS M. Hoffmann-Becking, 2013, S. 965 (965).
[97] Siehe OLG Nürnberg ZIP 2012, 572 (dazu *Drygala*, EWiR 2012, 263) einerseits und OLG Nürnberg ZIP 2014, 128 = GmbHR 2014, 96 m. Anm. *Wachter* = DNotZ 2014, 150 m. Anm. *Hushahn* (dazu *Neye*, EWiR 2014, 45) andererseits.
[98] *Leible*, FS Günter H. Roth, 2011, S. 447, 448.

995

den Adaptierungskosten für die Kautelarpraxis sein.[99] Da es sich um eine dynamischen, sich fortschreibenden Prozess handelt, der noch keinen Abschluss gefunden hat, gibt immer die jeweils neueste Entscheidung den aktuellen Takt vor. Man kann sie zwar nur im Lichte ihrer Vorgänger würdigen, muss aber darauf achten, welche Linie sie aktuell vorgibt. Die Diskussion der EuGH-Rechtsprechung ist vielstimmig und kaum zu überblicken.[100] Die sich immer neu fortspinnende Entwicklung kann man als unendliche Geschichte sehen.[101]

19 Für den EuGH spielt das klassische IPR keine unmittelbare Rolle. Für ihn steht vielmehr die unionsrechtliche Niederlassungsfreiheit ganz im Vordergrund. Welche Konsequenzen das IPR aus den – nicht immer klaren – Vorgaben der Niederlassungsfreiheit zieht, überlässt der EuGH dem IPR. Dem EuGH geht es im Kern darum, die grenzüberschreitende Mobilität von Gesellschaften in der EU zu fördern.[102] Niederlassungsfreiheit, Grundfreiheiten allgemein und Primärrecht sind von öffentlichrechtlichem Denken in Verboten und deren Kontrolle geprägt. Daher weist ihr facettenreiches Verhältnis zum IPR mit seinem anders gelagerten Grundansatz erhebliche Spannungen auf.[103] Selbst innerhalb des Unionsrechts gilt es, eine Balance zwischen staatlichen Eingriffsrecht und Grundfreiheiten der Individuen zu finden.[104] Dies verführt zu einer öffentlichrechtlichen Sichtweise, die aus der Niederlassungsfreiheit eine Anerkennungspflicht ableitet[105] und so auf die staatliche Verleihung der Rechtsfähigkeit an eine Gesellschaft abhebt, nicht auf das private Handeln.[106]

20 Einen Überblick zu gewinnen wird nicht nur dadurch erschwert, dass sich hier unionsrechtliche Grundfreiheiten und IPR berühren, mit ihren je eigenen Perspektiven und Argumentationsmustern. Hinzu tritt nämlich als Dritter im Bunde das Steuerrecht, wiederum überwölbt durch das unionsrechtliche Primärrecht. Was zum Steuerrecht gesagt wird, muss aber nicht unbedingt belastbare Schlussfolgerungen für Privatrecht und IPR tragen. Exit Taxes, Wegzugsteuern durch Zwangsauflösung und nachfolgende Steuerung stiller Reserven, sind ein Kapitel für sich[107] und ein eigener Kontrollgegenstand für das Unionsrecht, außerdem Gegenstand eines fiskalischen Liberalisierungswettbewerbs zwischen den Mitgliedstaaten.[108]

21 Als wäre dies noch nicht kompliziert genug, bringt das Gesellschafts(sach)recht sein Gestaltungspotenzial ein und mischt die gesellschaftsrechtliche Praxis ihre Gestaltungsinteressen hinein. „Märkte machen Recht."[109] Wenn irgendwo ein Wettbewerb der Rechtsordnungen besteht, dann ausgerechnet im Gesellschaftsrecht: Die nationalen Gesetzgeber der EU-Mitgliedstaaten sind in einen wahren Wettlauf miteinander eingetreten, wer die unternehmerfreundlichste „kleine" Kapitalgesellschaftsform mit Haftungsbeschränkung einführt.[110] Der (Schein-)Erfolg und der Sog, welchen die englische Limited in den 2000ern faktisch ausstrahlte, der „Limited-Hype"[111], haben Mode und Schule gemacht.[112] Die Unternehmergesellschaft haftungsbeschränkt (UG) des deutschen Rechts, die Société en ac-

---

[99] *Behme/Nohlen,* BB 2009, 13.
[100] GA *Kokott,* ECLI:EU:C:2017:351 Rn. 4 unter Zitat von *Karl Valentin:* „Es ist schon alles gesagt, nur noch nicht von allen."
[101] *Streinz,* JuS 2018, 822 (822).
[102] Näher z. B. *Ringe,* ECFR 2013, 230.
[103] Monographisch *Paschalidis,* Freedom of Establishment and Private International Law, 2012; *Borg-Barthet,* The Governing Law of Companies in EU Law, 2012.
[104] *Borg-Barthet,* (2013) 62 ICLQ 503, 505.
[105] Siehe nur *Crespi,* La mobilità delle società nell'Unione europea, 2016, S. 65–72.
[106] *Borg-Barthet,* (2013) 62 ICLQ 503, 504.
[107] Für eine häretische Sichtweise *Mankowski,* WiB 1997, 1243 f.
[108] Dazu u.a. *Faulhaber,* 48 Columb. J. Trans. L. 177 (2009); *Karimeri,* (2011) 39 Intertax 296; *Ceije,* (2012) 40 Intertax 382; *Peeters,* (2013) 10 Eur. Comp. & Fin. L. Rev. 507; *von Brocke/S. Müller,* (2013) 22 EC Tax L. Rev. 299.
[109] *Großfeld,* FS Wolfgang Fikentscher, 1998, S. 864, 865; *Ebke,* FS Marcus Lutter, 2000, S. 17; *Habersack,* FS Claus-Wilhelm Canaris zum 80. Geb., 2017, S. 813, 818.
[110] Siehe nur *Röpke,* Gläubigerschutzregime im europäischen Wettbewerb der Gesellschaftsrechte, 2007; *Eidenmüller,* ZGR 2007, 178; *Schubel* (Hrsg.), Wettbewerb der Gesellschaftsrechtsordnungen in Ost-Mitteleuropa?, 2016.
[111] Plastisch *Vossius,* notar 2016, 314 (314).
[112] Zum lettischen Recht *J. Bormann/Stelmaszczyk,* ZIP 2018, 764.

I. Einleitung   22–25 § 7

tion simplifiée (SAS) des französischen Rechts, die Srl semplicificatà und die Srl a capitale ridotto des italienischen Rechts, die Sociedad Limitada Nueva Empresa (SLNE) des spanischen Rechts, die IVS[113] des dänischen Rechts, die IKE[114] des griechischen Rechts, die Flex-BV des niederländischen Rechts, die Sàrl-S[115] sind allesamt Kinder dieser Entwicklung.[116] Rechtsformwahltourismus[117] scheint innerhalb der EU rechtspolitisch sogar erwünscht und ist eine Realität.[118] Man sagt ihm sogar positive Effekte nach, weil er die Neigung zu unternehmerischer Betätigung gefördert haben soll.[119]

Über diese Angebote hinweg gibt es zum einen das grenzüberschreitende M&A- (Mergers und Acquistions-)Geschäft mit bereits bestehenden Gesellschaften und zum anderen Restrukturierungsfälle. Dort arbeitet die Praxis (auch) an grenzüberschreitenden Verschmelzungen und grenzüberschreitenden Umwandlungen. Letztere führen wiederum zur formwahrenden oder formwechselnden grenzüberschreitenden Umwandlung als eigener Frage und eigener Begrifflichkeit.[120]   22

Hinzu treten am Rande Anknüpfungen aus anderen Rechtsgebieten, jeweils für diese anderen Rechtsgebiete. Insbesondere kann das Unfallversicherungsrecht praktisch eine nicht zu unterschätzende, weil kostenträchtige Rolle spielen. § 130 II SGB VII in Deutschland richtet sich bisher an Unternehmen, die keinen Sitz in Deutschland haben. Zugrundegelegter Sitzbegriff ist bisher der Verwaltungssitz.[121] Auch dies gehört natürlich auf den unionsrechtlichen Prüfstand.[122]   23

Der grenzüberschreitende Fall verschärft die jedenfalls im Ansatz notwendige Differenzierung in der rechtlichen Betrachtung zwischen der Verlegung des Verwaltungssitzes und der Verlegung des Satzungssitzes. Unionsrechtlich dominieren der Blick auf Verbote und deren Kontrolle. Dem Unionsrecht geht es um Wegzugs- und um Zuzugsbeschränkungen. In internationalprivatrechtliche Kategorien und Denkweisen lässt sich dies nicht immer restlos, rückstandsfrei und ohne Friktionen übersetzen. Kollisionsrechtlich vermögen Differenzierungen zwischen Zuzugs- und Wegzugsfällen nicht zu überzeugen, selbst wenn man sie unionsrechtlich überhaupt zu akzeptieren bereit wäre.[123] Die Wegzugsproblematik ist auf der sachrechtlichen Ebene anzusiedeln, und die grundlegende Weichenstellung, schon in Centros erfolgt, lässt eine Aufspaltung zwischen Zu- und Wegzugsfällen eigentlich nicht zu.[124]   24

Das IPR muss sich damit bescheiden, hier gleichsam am Katzentisch der Niederlassungsfreiheit zu sitzen. Die Niederlassungsfreiheit schneidet das IPR nur. Sie deckt es nicht vollständig ab, und umgekehrt betrifft das IPR nur einen Ausschnitt aus der Niederlassungsfreiheit. Die Niederlassungsfreiheit hat sich mit Sachverhalten auch jenseits des IPR zu befassen. Sie schärft dort ebenfalls ihre Konturen,[125] und entwickelt auch dort ihre Maßstä-   25

---

[113] Iværksætterselskab.
[114] Idiotiki Kefalaiouchiki Etairia = Private Company (PC) laut Art. 44 IV G Nr. 4072/2012.
[115] Société à responsabilité limitée simplifiée.
[116] Überblick mit Nachweisen der jeweiligen ausländischen Rechtsquellen bei *Lutter/Bayer/J. Schmidt* Rn. 7.70–7.80 sowie *Barsan*, Dr. sociétés N° 3, mars 2018, S. 11, 13.
[117] Bis heute grundlegend dazu *M.-P. Weller*, Europäische Rechtsformwahlfreiheit und Gesellschafterhaftung, 2004.
[118] *Mock*, NZI 2015, 87, 88.
[119] *R. Braun/Eidenmüller/Engert/Hornuf*, (2013) 51 JCMS 399.
[120] → § 7 Rn. 133. Aus der Perspektive des deutschen Gesellschafts- und Umwandlungsrechts z.B. *Stiegler*, KSzW 2014, 107; *Hushahn*, RNotZ 2004, 137.
[121] BSG 30.3.2017 – B 2 U 10/15.
[122] *C. Teichmann/L. Wolff*, DB 2018, 109; siehe bereits LSG Sachsen-Anhalt IPRspr. 2014 Nr. 33 S. 54; LSG Berlin-Brandenburg ZIP 2015, 2078, 2079.
[123] *Behrens*, IPRax 2003, 205; *W.-H. Roth*, IPRax 2003, 117, 121f.; *D. Zimmer*, NJW 2003, 3585, 3592; *Ringe*, Eur. Bus. L. Rev. 2005, 621, 631–633; *K. Schmidt/Lutter/Ringe*, AktG, Bd. I, 3. Aufl. 2015, IntGesR Rn. 56.
[124] Treffend *Trüten*, Die Entwicklung des Internationalen Privatrechts in der Europäischen Union, 2015, S. 482.
[125] Siehe z.B. zur Verantwortlichkeit im grenzüberschreitenden Konzern und deren nationaler Regulierung gemessen an der Niederlassungsfreiheit EuGH ECLI:EU:C:2013:412 – Impacto Azul Lda./BPS A 9 –

be, an denen dann wieder das IPR zu messen ist. Es mag zwar keine Grundfreiheit zur Steuervermeidung geben,[126] obwohl diese oft genug Motiv für die gewählten Gestaltungen ist. Das ändert aber nichts an der Existenz der Niederlassungsfreiheit.

26 Die Niederlassungsfreiheit ist übrigens in zweierlei Weise und für zwei verschiedene Freiheitenträger betroffen: Die Gesellschaft als solche kann Trägerin der Niederlassungsfreiheit erst ab dem Zeitpunkt sein, ab dem sie existiert. Erst ab diesem Zeitpunkt steht Art. 54 AEUV in Rede.[127] Bei der Gründung der Gesellschaft geht es dagegen um die persönliche Niederlassungsfreiheit der Gründer aus Art. 49 AEUV.[128]

II. Gründungs- oder Überlagerungstheorie für EU-Gesellschaften?

27 **1. Von Daily Mail über Centros, Überseering, Inspire Art, SEVIC, Cartesio und National Grid Indus zu VALE, Kornhaas und Polbud.** Die kollisionsrechtliche Behandlung von EU-Gesellschaften (also von Gesellschaften, die in einem Mitgliedstaat der EU ansässig sind) hat wesentliche Anstöße, ja ihre heute maßgebliche Prägung durch den EuGH erfahren. Dreißig Jahre Richterrecht sind der prägende Baustein der Entwicklung.[129] Hintergrund dafür ist die Niederlassungsfreiheit, für natürliche Personen aus Art. 49 AEUV (bzw. Art. 31 EWRV), für Gesellschaften aus Art. 54 AEUV (bzw. Art. 34 EWRV). Art. 54 AEUV verlangt, damit sein Schutzbereich eröffnet ist: erstens, dass die Gesellschaft nach dem Recht eines Mitgliedstaats gegründet ist; zweitens, dass sie ihren Satzungssitz oder den Sitz ihrer Hauptverwaltung (ihren effektiven Verwaltungssitz) oder ihre Hauptniederlassung in einem Mitgliedstaat hat. Das Nebeneinander dieser drei Kriterien erklärt sich daraus, dass die Gründungsmitgliedstaaten der EWG in Art. 48 EWGV die in ihren nationalen Kollisionsrechten damals vorfindlichen Anknüpfungspunkte für Gesellschaften schlicht nebeneinander gestellt haben.[130] Man kann von einer „alternativen Anknüpfung" der Niederlassungsfreiheit sprechen.[131] Die Zuordnung zu einem Mitgliedstaat entspricht für eine Gesellschaft der Zuerkennung der Staatsangehörigkeit an eine natürliche Person.[132] Ein alternativer Ansatz könnte in Art. 54 AEUV allerdings nur eine Klarstellung des räumlichen Anwendungsbereichs für die Niederlassungsfreiheit sehen.[133]

28 *a) Daily Mail (1988).* Erste wirklich einschlägige Entscheidung des EuGH war – nach Segers[134] (1986) als Vorläufer[135] – Daily Mail[136]. Daily Mail war ein steuerrechtlicher Sachverhalt und verfolgte eine sehr orthodoxe Linie. Der Blick fiel auf Art. 220 EWGV, demzufolge das Internationale Gesellschaftsrecht einem völkerrechtlichen Vertrag zwischen den ERWG-Mitgliedstaaten vorbehalten bleiben sollte,[137] und auf Art. 54 III lit. g EWGV, der

---

Promoção e Desinvolvimiento de Investimentos Imobiliários SA = D. 2013, 2293 note *d'Avout/Bollée* = RCDIP 102 (2013), 945 note *Muir Watt* = Rev. sociétés 2014, 179 note *Conac*; dazu *Picod*, JCP G 2013, 1335; *Rammeloo*, Eur. Co. L. 11 (2014), 20.

[126] *Briggs,* [2015] LMCLQ 149.
[127] Siehe nur *Schön,* FS Marcus Lutter, 2000, S. 685, 702f.; *dens.,* ZGR 2013, 333, 349.
[128] *Schön,* ZGR 2013, 333, 350; *Verse,* ZEuP 2013, 458, 473.
[129] *Meeusen/Myszke-Nowakowska,* Braz. Yb. Int. L. 2016, 92.
[130] *W.-H. Roth,* FS Michael Hoffmann-Becking, 2013, S. 965, 971; *Pellegrini,* Giur. comm. 2018 II 454, 471.
[131] *P. Behrens,* RabelsZ 52 (1988), 498, 499 f.; *ders.,* IPRax 1999, 323, 326; *Kieninger,* ZEuP 2018, 309, 315; *H. Hayden/T. Hayden,* ZfRV 2018, 148, 149.
[132] *C. Teichmann/Knaier,* GmbHR 2017, 1314, 1317 f.
[133] *Meeusen,* Liber amicorum Christian Kohler, 2018, S. 313, 322.
[134] EuGH Slg. 1986, 2375 – D.H.M. Segers/Bestuur van de Bedrijfsvereniging voor Bank- en Verzekeringswesen, Groothandel en Vrije Beropen.
[135] MüKoBGB/*Kindler* IntGesR Rn. 111.
[136] EuGH Slg. 1988, 5539 – The Queen/Her Majesty's Treasury and Commissioners of Inland Revenue, ex parte Daily Mail and General Trust PLC; dazu u.a. *O. Sandrock/Austmann,* RIW 1989, 249; *Ebenroth/Eyles,* DB 1989, 363 u. 413; *P. Behrens,* IPRax 1989, 354; *R. Sack,* JuS 1990, 352.
[137] EuGH Slg. 1988, 5539 Rn. 21 – The Queen/Her Majesty's Treasury and Commissioners of Inland Revenue, ex parte Daily Mail and General Trust PLC.

II. Gründungs- oder Überlagerungstheorie für EU-Gesellschaften? 29 § 7

Harmonisierung im Gesellschaftssachrecht durch – zum Zeitpunkt von Daily Mail noch nicht existierende – Richtlinien anmahnte.[138] Art. 220 EWGV wie Art. 54 III lit. g EWGV enthielten noch unerfüllte Rechtssetzungsaufträge, vor deren Erfüllung eine grenzüberschreitende Sitzverlegung noch nicht möglich sei.[139] Insoweit gab es spezielle, quasiabdrängende[140] Kompetenzzuweisungen.[141] Für die weitere Entwicklung wurde die so genannte Geschöpftheorie von kaum zu überschätzender Bedeutung:[142] Eine Gesellschaft sei anders als eine natürliche Person ein Rechtskonstrukt und könne daher nur auf dem Boden einer bestimmten Rechtsordnung existieren;[143] sie sei Geschöpf dieser Rechtsordnung, die über ihre Existenz entscheide.[144] Jenseits „ihrer" Rechtsordnung habe eine Gesellschaft keine Realität.[145] Und: Ohne Gesellschaft gibt es keine Niederlassungsfreiheit.[146] Gesellschaften seien eben *rechtlich* konfigurierte Marktteilnehmer.[147]

Beispiel (Daily Mail[148]): In der Daily Mail Entscheidung des EuGH ging es um den Wegzug der 29 Verwaltung einer nach englischem Recht gegründeten Gesellschaft in die Niederlande. Aus steuerrechtlichen Gründen versagte die britische Regierung den Wegzug. Berufen wurde sich demgegenüber auf Art. 52 des EWG-Vertrages, insoweit als dass eine Zustimmung der Finanzbehörde überhaupt nicht erforderlich sei und wenn doch, dann sei diese unbedingt zu erteilen. Alsdann hatte der EuGH im Vorabentscheidungsverfahren über die Frage zu entscheiden, ob Daily Mail der Wegzug ohne (steuerrechtliche) Beschränkungen zu gestatten sei. Die Gesellschaft argumentierte, dass juristischen Personen ebenso wie natürlichen Personen die Niederlassungsfreiheit zustünde, die beinhalte, dass juristische Personen „ausreisen" und in einen anderen Mitgliedstaat „einreisen" dürften, um sich dort niederzulassen. Der Wegzug habe wegen der Niederlassungsfreiheit ohne nationale Beschränkungen zu erfolgen.

Die Kommission antwortete darauf laut Sitzungsbericht:[149]

„Die Existenz juristischer Personen hänge von ihrem Gründungsstatut ab; inwieweit sie beispielsweise ihren Sitz ändern und von einem Staat in einen anderen verlegen könnten, hänge vom Recht des Gründungsstaats und dem Gaststaat ab. In manchen Ländern sei eine Änderung des Ortes der Geschäftsleitung möglich und bringe eine Sitzänderung mit sich. In anderen komme die Auswanderung der Geschäftsleitung der Liquidierung der Gesellschaft gleich. Insoweit sei das Recht harmonisiert. Alle Rechtsordnungen in der Gemeinschaft schienen jedoch eines gemein zu haben: Jede Gesellschaft könne in einem Staat liquidiert und in einem anderen Staat neu gegründet werden. Hiervon abgesehen bleibe es eine Frage des nationalen Rechts, inwieweit eine Gesellschaft exportfähig sei. […]."

Im Ergebnis urteilte der EuGH, dass der Wegzug einer Gesellschaft sich nicht auf die Niederlassungsfreiheit stützen lasse, sondern sich vielmehr nach dem nationalen Recht bestimme. Ob dieses Beschränkungen auferlegt, sei nationale Sache.

---

[138] EuGH Slg. 1988, 5539 Rn. 22 – The Queen/Her Majesty's Treasury and Commissioners of Inland Revenue, ex parte Daily Mail and General Trust PLC.
[139] EuGH Slg. 1988, 5483 Rn. 21 f. – The Queen/Treasury and Commissioners of Inland Revenue, ex parte Daily Mail and General Trust plc.
[140] Siehe BayObLGZ 1998, 165 (dazu *P. Behrens*, IPRax 1999, 323); OLG Hamm ZIP 1997, 1696 m. Anm. *Neye* = WiB 1997, 1242 m. Anm. *Mankowski* (dazu *Bechtel*, IPRax 1998, 348).
[141] *J. Schmidt*, ZvglRWiss 116 (2017), 313, 317 f.
[142] *Bayer/J. Schmidt*, ZIP 2017, 2225 (2225).
[143] EuGH Slg. 1988, 5483 Rn. 19 – The Queen/Treasury and Commissioners of Inland Revenue, ex parte Daily Mail and General Trust plc.
[144] So schon *Bank of Augusta v. Earle* 38 U.S. 519 (1839); dazu z. B. *Ebke*, ZvglRWiss 110 (2011), 2, 9 f.
[145] Siehe nur *Wicke*, GmbHR 2018, 380, 381.
[146] *R. Werner*, GmbHR 2018, 375.
[147] *Müller-Graff*, EWS 2009, 489 (489); *Kainer*, in: Müller-Graff (Hrsg.), Europäisches Wirtschaftsordnungsrecht (Enzyklopädie des Europarechts, Bd. 4), 2015, § 4 Rn. 26; *Streinz/Müller-Graff*, EUV/AEUV, 3. Aufl. 2018, Art. 54 AEUV Rn. 2; *Repasi*, Wirkungsweise des unionsrechtlichen Anwendungsvorrangs im autonomen IPR, 2018, S. 329.
[148] EuGH Slg. 1988, 5539, 5512 Rn. 21 – The Queen/Her Majesty's Treasury and Commissioners of Inland Revenue, ex parte Daily Mail and General Trust PLC; *Ebke*, ZGR 1987, 245, 251–253.
[149] Sitzungsbericht in der Rechtssache 81/87 zur Entscheidung EuGH Slg. 1988, 5539, 5512 Rn. 22 – The Queen/Her Majesty's Treasury and Commissioners of Inland Revenue, ex parte Daily Mail and General Trust PLC.

30   *b) Centros (1999).* Zur revolutionären Wende[150] geriet Centros[151]. In einen übergreifenden gesellschaftlichen Kontext entsprechen die Betonung der *Freiheit* und die Zulassung indirekter Rechtswahlfreiheit für die Gründer dem neoliberalen Zeitgeist, wie er die 1990er und – jedenfalls bis zur Finanzkrise und Zweiten Weltwirtschaftskrise 2008 – die 2000er dominierte.[152] Centros öffnete gleichsam die Büchse der Pandora[153] und zog alles Weitere nach sich. Daily Mail dagegen mutierte zur „Erbsünde".[154]

31   **Beispiel** (Centros[155]): Im Gegensatz zum Wegzugsfall in Daily Mail ging es bei Centros um einen Zuzug einer englischen Gesellschaft. Diese wollte eine Zweigniederlassung in Dänemark eintragen lassen. Der Antrag wurde von den dänischen Behörden abgelehnt mit der Begründung, dass die Gesellschaft keine Zweigniederlassung in Dänemark errichten wolle, sondern eine Hauptniederlassung, da ein Geschäftsbetrieb in England nicht ersichtlich war (so genannte „Briefkastengesellschaft"). Die Mindestkapitalanforderungen für englische Gesellschaften seien wesentlich geringer für Limiteds als beispielsweise für dänische Gesellschaftsformen. Deshalb sei die Gründung nach englischem Recht und der Zuzug nach Dänemark unter dem Vorwand der Errichtung einer Zweigniederlassung ein Missbrauch der Niederlassungsfreiheit. Der EuGH entschied bei diesem Zuzugsfall, dass es sich nicht um einen Missbrauch handle, sondern um die zulässige Ausübung der Niederlassungsfreiheit.

Vergleich Daily Mail und Centros: Der EuGH unterscheidet zwischen Zuzugs- und Wegzugsfällen unter der Prämisse, dass lediglich Zuzugsfälle der Niederlassungsfreiheit unterliegen.

32   *c) Überseering (2001).* Centros blieb nicht allein. Vielmehr gesellte sich, kaum dass die Schockwellen über Centros verklungen waren, Überseering[156] hinzu und verbreitete die Bresche.

33   **Beispiel** (Überseering[157]): Auch diese Entscheidung befasste sich wie zuvor Centros mit einem Zuzug.[158] Hierbei ging es um eine niederländische Gesellschaft, die in Deutschland einen Verwaltungssitz hatte und gegen ein Bauunternehmen klagen wollte. Der BGH versagte ihr jedoch Rechts- und Parteifähigkeit. Daraufhin beantragte der BGH ein Vorabentscheidungsverfahren zur Klärung der Frage, ob die Rechtsfähigkeit zu versagen sei. Die Versagung der Rechtsfähigkeit einer im Inland tätigen ausländischen Gesellschaft entspricht einem Zwang zur Neugründung der Gesellschaft nach deutschem Recht, denn andernfalls könnte die Gesellschaft nicht klagen oder nicht verklagt werden. Der EuGH stellte fest, dass dies ein Verstoß gegen die Niederlassungsfreiheit sei. Die ausländische Gesellschaft sei rechtsfähig und damit parteifähig aus dem Grunde, dass sie ihre Rechtsfähigkeit von ihrem Heimatstaat/Gründungsstaat ableite.

34   Überseering entnahm Art. 293 3. Lemma EGV (der Nachfolgenorm zu Art. 220 EWGV) ausdrücklich keinen Rechtssetzungsvorbehalt zugunsten der Mitgliedstaaten[159] und wandte sich so gegen den zentralen Stützpfeiler des Daily Mail-Ansatzes. Von der Grundfreiheit zur Niederlassung Gebrauch zu machen setzt nicht voraus, dass es Rechtsangleichung und Ermöglichungsgesetzgebung gibt.[160]

35   *d) Inspire Art (2003).* Höhepunkt der primärrechtlichen Flutwelle, welche die vorherigen Festen des Internationalen Gesellschaftsrechts mit sich zu reißen schien, wurde Inspire Art.[161]

---

[150] Erst im Nachhinein als solche erkennbare Zwischenschritte zwischen Daily Mail und Centros in der Rechtsprechung des EuGH zählt MüKoBGB/*Kindler* IntGesR Rn. 113–116 auf.
[151] EuGH Slg. 1999, I-1459 – Centros Ltd.
[152] *Kinsch,* Mélanges Pierre Mayer, 2015, S. 377, 385–387.
[153] *Ringe,* (2017) 42 Eur. L. Rev. 270 (272).
[154] So drastisch *A. Schall,* ZfPW 2018, 176, 188.
[155] EuGH Slg. 1999, I-1459 – Centros Ltd.
[156] EuGH Slg. 2002, I-9919 – Überseering BV/Nordic Construction Company Baumanagement GmbH (NCC).
[157] EuGH Slg. 2002, I-9919 – Überseering BV/Nordic Construction Company Baumanagement GmbH (NCC).
[158] Siehe nur *Eidenmüller,* ZIP 2002, 2233, 2239.
[159] EuGH Slg. 2002, I-9919 Rn. 53–55 – BV/Nordic Construction Company Baumanagement GmbH (NCC).
[160] *Lutter,* BB 2003, 7, 8; *Ebke,* in: Sandrock/Wetzler (Hrsg.), Deutsches Gesellschaftsrecht im Wettbewerb der Rechtsordnungen, 2004, S. 101, 104 f.; MüKoAktG/*Ego,* Bd. VII, 4. Aufl. 2017, Europäische Niederlassungsfreiheit Rn. 204.
[161] EuGH Slg. 2003, I-10155 – Kamer van Koophandel en Fabrieken voor Amsterdam/Inspire Art Ltd.

II. Gründungs- oder Überlagerungstheorie für EU-Gesellschaften? 36–38 § 7

Inspire Art.[162] legte einen ausgesprochen strengen Kontrollmaßstab für kontrollierende Normen aus dem Recht des Staates des effektiven Verwaltungssitzes an, auch wenn diese im – national umgehängten – Gewand von Eingriffsrecht daherkommen.[163] Der Filter für eine Anwendung von Verwaltungssitzrecht wurde extrem eng eingestellt; Inspire Art pulverisierte gezielte Schutzgesetze selbst gegen bloße pseudo-foreign companies[164] nachgerade.[165] Ein Missbrauch der Niederlassungsfreiheit soll Inspire Art zufolge selbst dann nicht vorliegen, wenn eine Gesellschaft (nur) deshalb in einem bestimmten Mitgliedstaat gegründet wird, um in den Genuss vorteilhafter Rechtsvorschriften zu kommen, obwohl sie ihre Tätigkeit von vornherein nur in einem anderen Mitgliedstaat ausüben sollte.[166] Widerstände aus dem Lager der Sitztheorie[167] muteten nach Inspire Art überholt und als wenig erfolgversprechende Nachhutgefechte an.[168]

Im Sachverhalt brachte Inspire Art übrigens eine interessante Volte. Denn das mitgliedstaatliche Recht, das an Hand der Niederlassungsfreiheit zu kontrollieren war, war das Recht der Niederlande, also eines Staates, der seit Jahrzehnten (spätestens seit 1959) der Gründungstheorie anhängt.[169] Indes ging es konkret um Vorschriften,[170] in denen sich die Niederlande spezifisch und gezielt gegen pseudo foreign companies, also Gesellschaften, die zwar nach ausländischem Recht gegründet waren, aber ihren effektiven Verwaltungssitz und ihr unternehmerisches Geschäft in den Niederlanden hatten, zur Wehr setzten und diese unter Kontrolle zu bringen versuchten. Kontrollobjekt waren also durchaus Vorschriften des effektiven Sitzstaates, nur nicht im Rahmen einer reinen Sitztheorie, sondern vielmehr einer Überlagerungstheorie.[171] 36

e) de Lasteyrie du Saillant (2004). Aus dem Steuerrecht kommend steuert de Lasteyrie du Saillant[172] den nächsten Baustein bei. Allerdings betrifft die Entscheidung den Wegzug einer natürlichen Person, keiner Gesellschaft. Sie statuiert jedoch die Unzulässigkeit einer Wegzugsbesteuerung durch den Wegzugstaat.[173] Diese Aussagen lassen sich auf die Niederlassungsfreiheit von Gesellschaften übertragen. Denn die Vereinbarkeit einer steuerlichen Regelung mit der Niederlassungsfreiheit kann nicht vom Zuschnitt des Besteuerungssubjekts abhängig sein.[174] 37

f) SEVIC (2005). Recht partikulärer Zwischenschritt[175] wird SEVIC[176]. Der eigentliche Ausspruch sorgt für Inländergleichbehandlung mitgliedstaatlicher Gesellschaften bei der Verschmelzung und der nachfolgenden Eintragung in das Handelsregister des Staates der 38

---

[162] EuGH Slg. 2003, I-10155 – Kamer van Koophandel en Fabrieken voor Amsterdam/Inspire Art Ltd.
[163] EuGH Slg. 2003, I-10155 Rn. 95–105, 131–143 – Kamer van Koophandel en Fabrieken voor Amsterdam/Inspire Art Ltd.
[164] In concreto das niederländische Wet op de formeel buitenlanse vennootschappen vom 17.12.1997, Staatsblad 1997 nr. 697.
[165] EuGH Slg. 2003, I-10155 Rn. 95–105, 131–143 – Kamer van Koophandel en Fabrieken voor Amsterdam/Inspire Art Ltd.
[166] EuGH Slg. 2003, I-10155 Rn. 96 f., 136–138 – Kamer van Koophandel en Fabrieken voor Amsterdam/Inspire Art Ltd.; BGHZ 164, 148, 151.
[167] Namentlich *Kindler*, NJW 2003, 1073; *ders.*, NZG 2003, 1086; *Altmeppen*, NJW 2004, 97; *Altmeppen/Wilhelm*, DB 2004, 1083.
[168] *Mankowski*, in: Leible/Ruffert (Hrsg.), Völkerrecht und IPR, 2006, S. 235, 260.
[169] Eingehend *Vlas*, Rechtspersonen in het internationaal privaatrecht, 1982 sowie Wet van 25 juli 1959, Staatsblad 1959/250 und Litvoering swet van 25 juli 1959, Staatsblad 1959/256.
[170] Eben die seinerzeitigen Artt. 1–5 Wet op de formeel buitenlandse vennootschappen vom 17.12.1997, StBl. 1997 Nr. 697.
[171] *Sandrock*, BB 2004, 897.
[172] EuGH Slg. 2004, I-2409 – Hughes de Lasteyrie du Saillant/Ministère de l'Èconomie, des Finances et de l'Industrie.
[173] EuGH Slg. 2004, I-2409 Rn. 46 – Hughes de Lasteyrie du Saillant/Ministère de l'Èconomie, des Finances et de l'Industrie.
[174] *Frenzel*, EWS 2008, 130, 133 f.; *Wilhelmi*, DB 2009, 1611, 1612; *ders.*, FS Kay Hailbronner, 2013, S. 531, 535.
[175] *Siems*, EuZW 2006, 135.
[176] EuGH Slg. 2005, I-10805 – SEVIC Systems AG.

Zielgesellschaft.¹⁷⁷ SEVIC sperrt die Tür zur Hineinverschmelzung mit allen daraus folgenden Konsequenzen auf. Unionsrechtliche Harmonisierung ist keine Vorbedingung für die Zulassung der grenzüberschreitenden Verschmelzung.¹⁷⁸ Die Niederlassungsfreiheit beinhaltet auch die Freiheit der übernommenen Gesellschaft zu ihrem eigenen freiwilligen Untergang als eigenständige Rechtspersönlichkeit.¹⁷⁹ Man könne einen bestehenden Stützpunkt der übernommenen Gesellschaft auch infolge der Verschmelzung als Zweigniederlassung der übernehmenden Gesellschaft ansehen.¹⁸⁰ Auf der anderen Seite sollen zwingende Gründe des Allgemeininteresses Beschränkungen der Niederlassungsfreiheit rechtfertigen können, wenn sie einem Verhältnismäßigkeitstest genügen.¹⁸¹ Mit SEVIC erwächst die Niederlassungsfreiheit auch zur Verschmelzungsfreiheit und zur Garantie von Verschmelzungsmobilität.¹⁸² Zur näheren Ausgestaltung der Details für grenzüberschreitende Verschmelzungen äußert sich SEVIC aber nicht.¹⁸³

39   Immerhin hat SEVIC insoweit Bedeutung, als nun auch mitgliedstaatliche Regelungen über die Gründung und Existenz von Gesellschaften auf den primärrechtlichen Prüfstand kommen. Der von Daily Mail noch in Artt. 54 III lit. g; 220 EWGV gesehene Reservatbereich der nationalen Rechte wird gleichsam geschliffen.¹⁸⁴ Das ist mindestens insoweit nachvollziehbar, als diese beiden primärrechtlichen Ausgangspunkte nur im EWGV standen, aber nicht mehr im EGV oder heute im AEUV stehen.¹⁸⁵ Sachlich verfolgt SEVIC mehr eine Diskriminierungs- als eine Beschränkungslogik.¹⁸⁶

40   *g) Cadbury Schweppes (2006).* Im Steuerrecht geht es weiter mit Cadbury Schweppes¹⁸⁷. Darin tadelt der EuGH zwar die Gründung einer Briefkastenfirma ohne weitere geschäftliche Tätigkeit in einem Mitgliedstaat als rein künstliche Gestaltung.¹⁸⁸ Er stellt aber trotzdem die Wirksamkeit der Gründung und die Pflicht der anderen Mitgliedstaaten, diese Gesellschaft anzuerkennen, nicht in Abrede. Indes diskutiert er das Problem einer Umgehung, allerdings allein für Besteuerungszwecke, nämlich die Bekämpfung der Steuerhinterziehung. Eine Rechtfertigung von Maßnahmen, welche die Niederlassungsfreiheit beschränken, sieht er dabei in der Ausgewogenheit der Aufteilung der Steuerbefugnis zwischen den Mitgliedstaaten.¹⁸⁹

41   *h) Cartesio (2008).* Der darauffolgende gesellschaftsrechtliche Fall Cartesio¹⁹⁰ brachte neue Verwirrung in das System.¹⁹¹ Denn in Cartesio bestätigte der EuGH über weite Strecken Daily Mail.¹⁹² Er betonte, dass die Mitgliedstaaten ihr jeweiliges Internationales Ge-

---

¹⁷⁷ EuGH Slg. 2005, I-10805 Rn. 31 – SEVIC Systems AG.
¹⁷⁸ EuGH Slg. 2005, I-10805 Rn. 26 – SEVIC Systems AG.
¹⁷⁹ GA *Tizzano*, Slg. 2005, I-10808 Rn. 26 f.
¹⁸⁰ GA *Tizzano*, Slg. 2005, I-10808 Rn. 35–37.
¹⁸¹ EuGH Slg. 2005, I-10805 Rn. 28 f. – SEVIC Systems AG.
¹⁸² Siehe nur *Bungert*, BB 2006, 53; *Kieninger*, EWS 2006, 49; *Bayer/J. Schmidt*, ZIP 2006, 210; *Paal*, RIW 2006, 142; *Schutte-Veenstra*, Ondernemingsrecht 2006, 116; *Gottschalk*, EuZW 2006, 83; *Gräfe*, Eur. L. Rpter 2006, 66; *C. Teichmann*, ZIP 2006, 355; *Oechsler*, NJW 2006, 812; *Wouters*, TBH 2006, 407; *Luby*, D. 2006, 451; *R. Dammann*, JCE E 2006, 1273; *Mucciarelli*, Giur. Comm. 2006 II 417; *Heymann*, RCDIP 95 (2006), 667; *P. Behrens*, (2006) 43 CML Rev. 1669; *M. Doralt*, IPRax 2006, 572; *Crespi*, RDIPP 2007, 345.
¹⁸³ Siehe nur *Sedemund*, BB 2006, 519.
¹⁸⁴ *Wilhelmi*, FS Kay Hailbronner, 2013, S. 531, 536.
¹⁸⁵ *Mankowski*, EWiR 2004, 139, 140.
¹⁸⁶ *Behme*, NZG 2012, 936, 938; *Wilhelmi*, FS Kay Hailbronner, 2013, S. 531, 536 f.
¹⁸⁷ EuGH Slg. 2006, I-7995 – Cadbury Schweppes Ltd. u. Cadbury Schweppes Overseas Ltd./Commissioners of Inland Revenue.
¹⁸⁸ EuGH Slg. 2006, I-7995 Rn. 51, 68 – Cadbury Schweppes Ltd. u. Cadbury Schweppes Overseas Ltd./Commissioners of Inland Revenue.
¹⁸⁹ EuGH Slg. 2006, I-7995 Rn. 51, 54, 56, 68 – Cadbury Schweppes Ltd. u. Cadbury Schweppes Overseas Ltd./Commissioners of Inland Revenue.
¹⁹⁰ EuGH Slg. 2008, I-9641 – Cartesio Oktató és Szolgáltató bt.
¹⁹¹ Siehe nur *Bayer/J. Schmidt*, ZIP 2017, 2225, 2226.
¹⁹² *Lutter/Bayer/J. Schmidt*, ZHR 173 (2009), 735, 744; *Barthel*, EWS 2010, 316, 330; *Schmidt-Kessel*, GPR 2009, 26, 29; *Sethe/Winzer*, WM 2009, 536, 538; *Wilhelmi*, JZ 2009, 411, 413; *Lutter/Bayer/J. Schmidt* Rn. 7.41 mwN.

sellschaftsrecht nach der Gründungs-, aber auch im Prinzip nach der Sitztheorie ausgestalten könnten.[193] Der dabei verwendete Begriff der Vorfrage[194] ist nicht zu verwechseln mit dem (auf vorgreifliche Rechtsverhältnisse eingeengten und auf anderen Ebenen ansetzenden) Vorfragenbegriff des IPR.[195]

Sollte in der EU nun doch nicht die Gründungstheorie gelten, sollte sich vielmehr die Sitztheorie zumindest im Kern doch noch retten können[196] und wiederauferstehen wie Phönix aus der Asche?[197] Oder musste man bei einer grenzüberschreitenden Verlegung des Verwaltungssitzes ganz fundamental zwischen der Sicht des Zuzugsstaates und der Sicht des Wegzugsstaates unterscheiden?[198] Muss man zwischen der grenzüberschreitenden Verlegung des Verwaltungssitzes und der grenzüberschreitenden Verlegung des Satzungssitzes, der identitätswahrenden, aber formwandelnden Sitzverlegung, fundamental unterscheiden?[199] Gilt etwa kein klarer Ansatz, sondern eine „Wechselbalgtheorie"[200]? Oder eine strikte „Geschöpftheorie"[201], weil Gesellschaften Rechtsgebilde sind, damit – anders als natürliche Personen – nur auf der Grundlage eines (bestimmten?) Rechts existieren können[202] und gleichsam Geschöpf und Verfügungsobjekt dieses Rechts sind? 42

Cartesio wird als Verstrickung in Widersprüche und als versäumte Chance zum endgültigen Schlag bewertet.[203] Cartesio wird als bloßeTeilabkehr von Daily Mail bewertet.[204] Das Missbehagen an Cartesio ging teilweise so weit, die Entscheidung als „Irrläufer im Koordinatensystem" zu bezeichnen[205] oder als Rückschritt zwanzig Jahre zurück.[206] Cartesio als dogmatisch bedenklich, aber politisch verständlich retten zu wollen[207] ist nicht viel freundlicher. Der BGH sah sich veranlasst, ausdrücklich klarzustellen, dass er sich von Cartesio nicht in der Gründungstheorie für Binnenmarktsachverhalte beirren lasse.[208] Andererseits konnten restriktiv eingestellte Zuzugsstaaten Cartesio dahin verstehen, dass sie die Eintragung einer Gesellschaft ihres Rechts bei beibehaltenem Verwaltungssitz im Ausland verweigern durften.[209] 43

i) National Grid Indus (2011). Zwar kein Gesellschaftsrecht, aber für Gründer und Gesellschafter höchst interessant war der steuerrechtliche Fall National Grid Indus[210]. Denn in 44

---

[193] EuGH Slg. 2008, I-9641 Rn. 105 – Cartesio Oktató és Szolgáltató bt.
[194] EuGH Slg. 2008, I-9641 Rn. 109 – Cartesio Oktató és Szolgáltató bt im Anschluss an EuGH Slg. 1988, 5539 Rn. 19 – The Queen/Her Majesty's Treasury and Commissioners of Inland Revenue, ex parte Daily Mail and General Trust PLC; ebenso *Repasi,* Wirkungsweise des unionsrechtlichen Anwendungsvorrangs im autonomen IPR, 2018, S. 363.
[195] Siehe *Kieninger,* ZEuP 2018, 309, 315.
[196] Dafür z. B. *Leuering,* ZRP 2008, 73, 75; *Sethe/Winzer,* WM 2009, 536, 539; *Kindler,* IPRax 2009, 189, 190; siehe auch *Leible/J. Hoffmann,* BB 2009, 58.
[197] *Hellgardt/Illmer,* NZG 2009, 94.
[198] Dahin z. B. *Herrler,* DNotZ 2009, 484 sowie *Kieninger,* ZEuP 2018, 309, 314.
[199] Bejahend *M.-P. Weller,* LMK 2012, 336113.
[200] Plastischer Ausdruck von *U. Forsthoff,* DB 2002, 2471, 2476; *Paefgen,* DZWIR 2003, 441, 444; *M.-P. Weller,* FS Wulf Goette, 2011, S. 583; außerdem z. B. *A. Albrecht,* FS Hans Haarmeyer, 2013, S. 1, 2.
[201] Ausdruck von *Bayer/J. Schmidt,* ZHR 173 (2009), 735, 742.
[202] EuGH Slg. 1988, 5539, 5511 Rn. 19 – The Queen/Her Majesty's Treasury and Commissioners of Inland Revenue, ex parte Daily Mail and General Trust PLC.
[203] *A. Schall,* ZfPW 2018, 176, 191.
[204] *Repasi,* Wirkungsweise des unionsrechtlichen Anwendungsvorrangs im autonomen IPR, 2018, S. 349–351.
[205] *P. Jung,* FS Ivo Schwander, 2011, S. 563.
[206] *Kußmail/Rainer/Richter,* Eur. Co. L. 6 (2009), 246, 253 sowie *Brakalova/Barth,* DB 2009, 213, 217.
[207] So *A. Schall,* ZfPW 2016, 407, 415.
[208] BGHZ 190, 242 Rn. 22.
[209] *A. Zimmermann,* ecolex 2018, 250, 251.
[210] EuGH Slg. 2011, I-12243 – National Grid Indus BV/Inspecteur van den Belastingdienst Rijnmond, kantoor Rotterdam; dazu u.a. *Schall/Barth,* NZG 2012, 418; *Schaper,* EWiR Art. 49 AEUV 1/12, 505; *N. Bergmann,* ZEuS 2012, 244; *Kronenberger,* Rev. aff. eur. 2011, 833; *Petritz,* RdW 2012, 61; *Blanluet,* Rev. dr. fiscal 2012, 37; *J. Brinkmann/P. Reiter,* DB 2012, 16; *Bron,* EWS 2012, 32; *Kovar,* D. 2012, 784; *H. Hahn,* BB 2012, 681; *Biermeyer/Elsener/Timba,* ECFL 2012, 109; *Mörsdorf,* EuZW 2012, 296; *Mitschke,* DStR 2012, 630; *ders.,* IStR 2012, 310; *Arenas García,* La Ley 7848 (2012), 1; *Pantazotou,* (2012) 23 Eur. Bus. L. Rev. 945.

ihm verbot der EuGH dem Wegzugsstaat automatisch eine Auflösung der Gesellschaft bei Sitzverlegung und eine daran anknüpfende Wegzugsbesteuerung einschließlich der stillen Reserven zu verfügen. Dies kann man als Bestätigung von Cartesio deuten.[211]

45   j) *VALE (2012)*. Willkommene Klarstellung war danach VALE.[212]

Beispiel (VALE[213]): Es ging um die grenzüberschreitende Umwandlung einer italienischen Gesellschaft in eine ungarische Gesellschaft. VALE, eine italienische Gesellschaft, wollte ihren Sitz nach Ungarn verlegen. Sie ließ sich aus dem italienischen Register löschen und beantrage die Eintragung im ungarischen Handelsregister. Die Eintragung wurde ihr versagt mit der Begründung, dass es nach ungarischem Recht einer ungarischen Rechtsvorgängerin bedürfe. In dem Fall betonte der EuGH mit Verweis auf SEVIC[214], dass eine „Umwandlung" zur wirtschaftlichen Tätigkeit einer Gesellschaft gehöre, sodass die Niederlassungsfreiheit betroffen sei. Ergebnis war, dass wegen des Äquivalenzgrundsatzes und des Effektivitätsgrundsatzes eine Verweigerung der Eintragung einer nach dem Recht des Mitgliedstaates gegründeten Gesellschaft unzulässig sei, soweit das nationale Recht die Grundsätze für eine innerstaatliche Umwandlung bietet.

46   VALE hat die praktische Konsequenz, dass ein Wechsel des Gesellschaftsstatuts in einem Schritt durch grenzüberschreitende Umwandlung möglich ist.[215] Der Zuzugsstaat darf sich dem nicht ungerechtfertigt in den Weg stellen, sondern muss die Umwandlung in eine seiner inländischen Rechtsformen grundsätzlich gestatten. Seine Spielräume in der Ausgestaltung seines nationalen Gesellschaftsrechts und ein etwaiger numerus clausus werden dadurch nicht gefährdet.[216]

47   VALE wird als Komplementärentscheidung zu Cartesio verstanden: Cartesio für die Auswanderung von Gesellschaften, VALE für die Einwanderung.[217] Noch weiter gehend wird VALE die Erlaubnis entnommen, eine grenzüberschreitende Sitzverlegung als grenzüberschreitenden Formwechsel mit Verlegung des Satzungs- und des Verwaltungssitzes zu konstruieren.[218] VALE erledigt nach dieser Lesart die Diskussion über die grenzüberschreitende Sitzverlegung, dass das Erfordernis, dass die wesentliche Unternehmensleitung umziehen müsse, nur eine zur Missbrauchsbekämpfung eingeführte Restriktion sei.[219] Mindestens bringe VALE Spaltungsfreiheit.[220]

48   Indes stellt VALE selbst keinen unionsrechtlichen Rechtssatz auf, dass grenzüberschreitende Umwandlungen ohne weiteres möglich seien,[221] sondern unterwirft Umwandlungen den autonomen umwandlungsrechtlichen Bestimmungen der betroffenen Mitgliedstaaten, die zu „kumulieren" sind.[222] Darin wird, etwas überhöhend, eine so genannte „Vereinigungstheorie" erblickt, deren Ziel ein gerechter Interessenausgleich zwischen den souveränen Mitgliedstaaten und deren Rechtsordnungen ist.[223] In kollisionsrechtlicher Terminologie handelt es

---

[211] *Repasi*, Wirkungsweise des unionsrechtlichen Anwendungsvorrangs im autonomen IPR, 2018, S. 352.
[212] EuGH ECLI:EU:C:2012:440 – VALE Épitési kft = EuZW 2012, 621 m. Anm. *P. Behrens* = BB 2012, 2069 m. Anm. *Messenzehl/Schwarzfischer* = RIW 2012, 712 m. Anm. *Bollacher;* dazu u.a. *Bayer/J. Schmidt,* ZIP 2012, 1481; *C. Teichmann,* DB 2012, 2085; *Roelofs,* WPNR 6950 (2012), 792; *W. J. M. van Veen,* WPNR 6981 (2013), 512; *Jesper Lau Hansen,* ECFR 2013, 10; *Schön,* ZGR 2013, 333; *Verse,* ZEuP 2013, 458; *Navez,* Rev. prat. sociétés 2013, 243.
[213] EuGH ECLI:EU:C:2012:440 – VALE Épitési kft.
[214] EuGH Slg. 2005, I-10805 – SEVIC Systems AG.
[215] EuGH ECLI:EU:C:2012:440 Rn. 33 – VALE Épitési kft; *C. Teichmann,* DB 2012, 2085; *Borg-Barthet,* (2013) 62 ICLQ 503, 508; *Bayer/J. Schmidt,* ZIP 2017, 2225, 2227.
[216] EuGH ECLI:EU:C:2012:440 Rn. 27–33 – VALE Épitési kft; *Schön,* ZGR 2013, 333, 342.
[217] *Bogdan,* SvJT 2013, 937, 942.
[218] *Vossius,* notar 2014, 67, 69.
[219] *Vossius,* notar 2014, 67, 69.
[220] *J. Schmidt,* Der Konzern 2018, 229, 236.
[221] *Behrens,* EuZW 2012, 625.
[222] EuGH ECLI:EU:C:2012:440 Rn. 43 f. – VALE Épitési kft.
[223] Z. B. *Bayer/J. Schmidt,* ZIP 2012, 1481, 1487 f.; *Jaensch,* EWS 2012, 353, 357; *M.-P. Weller,* LMK 2012, 336113; *ders.,* FS Uwe Blaurock, 2013, S. 497, 516; *Schön,* ZGR 2013, 333, 361; *A. Frank,* Formwechsel im Binnenmarkt, 2016, S. 173; *Klett,* NZG 2017, 428; *Knaier,* DNotZ 2017, 390, 392; *v. Hein/Brunk,* IPRax 2018, 46, 47 f.; *Heckschen/K. Strnad,* notar 2018, 83, 88; *Paefgen,* WM 2018, 1029, 1031 f. Der Ausdruck stammt wohl von *Beitzke,* FS Walter Hallstein, 1966, S. 14, 20 f. Terminologisch anders, für „Kombinations-

II. Gründungs- oder Überlagerungstheorie für EU-Gesellschaften?

sich nicht um eine echte kumulative Anknüpfung[224] (zwei Rechte zur selben Zeit für denselben Anknüpfungsgegenstand), sondern um eine sukzessive und distributive Anknüpfung (zwei Rechte zu verschiedenen Zeiten für verschiedene Anknüpfungsgegenstände, Wegzugserfordernisse hier, Zuzugserfordernisse da).[225] Es gilt die jeweilige lex temporis actus.[226] Eine so genannte Abschnittstheorie will Recht des Wegzugsstaates und Recht des Zuzugsstaates komplementär, also nicht sukzessive anwenden, abhängig davon, ob ein Verfahrensschritt nur einen Mitgliedstaat betrifft.[227] Bei jeder Konstruktion besteht eine offene Frage, wenn die Anforderungen der beteiligten Rechtsordnungen miteinander inkompatibel sind.[228]

In jedem Fall unterwirft VALE die so zur Anwendung berufenen sachrechtlichen Bestimmungen auf der nächsten Stufe einer primärrechtlichen Kontrolle, ob sie jeweils mit der Niederlassungsfreiheit vereinbar sind oder ungerechtfertigte Mobilitätshindernisse im Binnenmarkt darstellen. Es wird gleichsam vermutet, dass eine Gesellschaft aus einem Mitgliedstaat in einem anderen Mitgliedstaat nichts anderes sei, solange keine gehaltvolle Rechtfertigung entgegensteht.[229] Die Formwechselfreiheit erhebt ihr Haupt.[230]

VALE[231] kann man jedenfalls entnehmen, dass ein grenzüberschreitender Statutenwechsel jedenfalls nicht abhängig von der vorherigen Verabschiedung der Vierzehnten Richtlinie sein soll.[232] Das Primärrecht der Niederlassungsfreiheit bedarf zu seiner Verwirklichung keiner Umsetzung durch Sekundärrecht, und umso weniger ist es vom Erlass entsprechenden Sekundärrechts abhängig. Sekundärrecht mag erleichtern,[233] es mag einen konturenschärferen Rahmen schaffen, als das Primärrecht ihn zeichnet, es ist aber keine Geltungsvoraussetzung für Primärrecht.[234]

Aber auch VALE wiederholt wie schon Cartesio[235] und National Grid Indus[236] (aber auch bereits Überseering[237]) eine Kernaussage aus Daily Mail[238]: dass Gesellschaften Gebilde eines bestimmten Rechts seien und – im Gegensatz zu natürlichen Personen – ohne rechtliche Grundlage nicht existieren könnten.[239] Dies mag der Kompetenzabgrenzung zwischen Union und Mitgliedstaaten dienen.[240] Zu einer vollständigen Aufgabe der Sitztheorie kann der EuGH sich nicht entschließen und lässt letzte Restzweifel bestehen. Ein echtes

---

lehre", *M.-P. Weller*, FS Uwe Blaurock, 2013, S. 497, 516 f.; *M.-P. Weller/Rentsch*, IPRax 1993, 530, 532 f.; *Rentsch*, in: C. Teichmann/Oplustil (Hrsg.), S. 171.

[224] So aber missverständlich z.B. *L. Hübner*, IPRax 2015, 134 (134); *Bochmann/Cziupka*, GmbHR 2017, 1266, 1268.

[225] OLG Nürnberg ZIP 2014, 128; KG ZIP 2016, 1223; OLG Frankfurt ZIP 2017, 611; OLG Düsseldorf ZIP 2017, 2057, 2058; *Mankowski*, EWiR 2004, 139, 140; *M.-P. Weller/Rentsch*, IPRax 2013, 530, 532 f.; *Schaper*, ZIP 2014, 810; *Schaper/Vollertsen*, EWiR 2017, 109, 110; *Rosner*, EWiR 2017, 297, 298; *ders.*, EWiR 2018, 73, 74; *Wicke*, NZG 2017, 702, 703; *C. Teichmann*, ZIP 2017, 1190; *Lutter/Bayer/J. Schmidt* Rn. 7.49.

[226] *M.-P. Weller*, FS Uwe Blaurock, 2013, S. 497, 517 f.; *Zwirlein*, ZGR 2017, 114, 121; *Kovács*, ZIP 2018, 253, 257.

[227] *Stiegler*, KSzW 2014, 107, 109; *A. Frank*, Formwechsel im Binnenmarkt, 2016, S. 160; *Knaier/Pfleger*, GmbHR 2017, 859, 861; *C. Teichmann/Knaier*, GmbHR 2017, 1314, 1321.

[228] *Lutter/Bayer/J. Schmidt* Rn. 7.94.

[229] *Rödl*, EuZA 2018, 88, 97.

[230] Siehe nur *Bayer/J. Schmidt*, ZIP 2012, 1481; *Lutter/Bayer/J. Schmidt* Rn. 7.48.

[231] EuGH ECLI:EU:C:2012:440 Rn. 38 – VALE Építési kft.

[232] *Preličl/Prostor*, ZfRV 2014, 27, 29. Vgl. aber auch *Baert*, Eur. Bus. L. Rev. 26 (2015), 581; eingehend *Janisch*, Die grenzüberschreitende Sitzverlegung von Kapitalgesellschaften in der Europäischen Union – Bedarf und Ausgestaltung der Sitzverlegungsrichtlinie, 2015.

[233] *Cerioni*, [2010] JBL 311, 326; *Preličl/Prostor*, ZfRV 2014, 27, 29.

[234] Ähnlich bereits EuGH Slg. 2005, I-10805 Rn. 26 – SEVIC Systems AG.

[235] EuGH Slg. 2008, I-9641 Rn. 104 – Cartesio Oktató és Szolgáltató bt.

[236] EuGH Slg. 2011, I-12273 Rn. 26 – National Grid Indus BV/Inspecteur van de Belastingdienst Rijnmond, kantoor Rotterdam.

[237] EuGH Slg. 2002, I-9919 Rn. 81 – Überseering BV/Nordic Construction Company Baumanagement GmbH (NCC).

[238] EuGH Slg. 1988, 5539, 5511 Rn. 19 – The Queen/Her Majesty's Treasury and Commissioners of Inland Revenue, ex parte Daily Mail and General Trust plcPLC.

[239] EuGH NJW 2012, 2175 Rn. 27 – VALE Építési kft.

[240] *Rentsch*, in: C. Teichmann/Oplustil, S. 171, 179.

und vollständiges „Herkunftslandprinzip"[241] ist auch mit VALE noch nicht über jeden, allerletzten Zweifel erhaben, noch nicht unumstößlich und unwiderruflich etabliert.[242]

52   k) *Kornhaas (2015)*. Nächster wichtiger Baustein nach VALE ist Kornhaas: Die Insolvenzverschleppungshaftung aus § 64 S. 1 GmbHG wird insolvenzrechtlich qualifiziert und nicht dem Gesellschaftsstatut unterstellt.[243] Das öffnet eine neue Flanke für Kontrolle. Es erhöht das Risiko der Organpersonen.[244] Offshore-Gesellschaften werden eingefangen und nachgerade pathologische Konsequenzen aus Centros zurückgefahren.[245] Der Gipfel der Liberalität scheint überschritten. Glücksritter im race to the bottom haben schon glücklichere Zeiten gesehen.[246] Kornhaas lässt eine erheblich zurückhaltendere Handhabung der Niederlassungsfreiheit erkennen als Überseering und Inspire Art.[247] Kornhaas beschränkt Überseering und Inspire Art auf die dort konkret entschiedenen Fragen.[248] Weil § 64 GmbHG keine der damals betroffenen Fragen betrifft, wird ihm Primärrechtskonformität attestiert.[249] Überseering und Inspire Art erscheinen als Hochwassermarken einer progressiven Flut.[250] Politische Großwetterlage und Meinungsklima haben sich gewandelt. Neoliberale Marktideologie hat spätestens mit der Finanzkrise (der Zweiten Weltwirtschaftskrise) ihre Schwächen erwiesen. Sie benötigt Zügel und Grenzen. Die gescheiterte „Ich-Ltd.", im englischen Register gelöscht wegen Nichteinreichens des ersten Jahresabschlusses, in Deutschland bestenfalls zur Restgesellschaft degeneriert,[251] ist mahnendes Monument, Menetekel für die verheerenden Konsequenzen von ungezügelter Marktideologie im Gesellschaftsrecht.[252] Kornhaas betont die Notwendigkeit von Gegengewichten.[253]

53   Gläubigerschutz ist zwingendes Allgemeinwohlinteresse und rechtfertigt, wozu § 64 GmbHG von seiner Rechtsfolge her auch geeignet ist.[254] Strengere Haftung mag die Ausübung der Niederlassungsfreiheit ein Stück weniger attraktiv machen.[255] Aber solche Haftung bleibt nichtsdestoweniger gerechtfertigt.[256] Primärrechtlich kann man auch eine Parallele zur Keck-Doktrin sehen.[257] Die Keck-Doktrin nahm bloße Verkaufsmodalitäten von der Warenverkehrsfreiheit aus. Die Grundfreiheiten sollen nur einen Marktzugang gewährleisten, aber nicht die nach erfolgtem Zugang geltenden allgemeinen Spielregeln auf dem betroffenen Markt aufbrechen.[258] Auf die Niederlassungsfreiheit übertragen würden den Verkaufsmodalitäten Tätigkeitsausübungs- oder Marktrückzugsregeln entsprechen, die entweder bereits nicht

---

[241] *Eidenmüller*, ZIP 2002, 2233, 2241; *Lutter/Bayer/J. Schmidt* Rn. 7.64.
[242] *De Wulf*, TBH 2016, 435, 443.
[243] EuGH ECLI:EU:C:2015:806 Rn. 25–28 – Simona Kornhaas/Thomas Dithmar. Zuvor schon so EuGH ECLI:EU:C:2014: 2410 Rn. 23 f. – H = NZI 2015, 88 m. Anm. *Poertzgen*.
[244] Siehe BGH NZI 2016, 461, 462; *d'Avout*, JCP G 2016, 519, 520; *Mock*, NZI 2016, 462, 463. Anders dagegen *Poertzgen*, GmbHR 2016, 593, 594.
[245] *d'Avout*, JCP G 2016, 519.
[246] *Vossius*, notar 2016, 314 (314).
[247] *M.-P. Weller/L. Hübner*, NJW 2016, 225; *A. Schall*, ZIP 2016, 289, 291 f.; *d'Avout*, JCP G 2016, 519, 521 f.; *Jault-Seseke*, Bull. Joly Sociétés 2016, 154, 156; *Mock*, IPRax 2016, 237, 242; *W. G. Paefgen*, WuB 2016, 370, 371.
[248] Siehe EuGH ECLI:EU:C:2015:806 Rn. 25–27 – Simona Kornhaas/Thomas Dithmar.
[249] EuGH ECLI:EU:C:2015:806 Rn. 25–28 – Simona Kornhaas/Thomas Dithmar.
[250] *Mankowski*, NZG 2016, 281, 284 sowie *Stiegler*, GWR 2016, 39; *A. Schall*, ZIP 2016, 289, 292. Zurückhaltender *Kindler*, EuZW 2016, 136, 139; *P. Scholz*, ZEuP 2016, 963, 971 f., 975
[251] Dazu unten → § 7 Rn. 303.
[252] *Mankowski*, NZG 2016, 281, 284.
[253] *Mastrullo*, Rev. proc. coll. novembre-décembre 2016, S. 35, 37 sowie *Ego*, in: Münchener Kommentar zum AktG, Bd. VII, 4. Aufl. 2017, Europäische Niederlassungsfreiheit Rn. 217, 224.
[254] BGH NZG 2015, 101; *Hans-F. Müller*, EWiR 2015, 99, 100; *L. Hübner*, IPRax 2015, 297, 301; *Swierczok*, NZI 2016, 50, 51; *Nabet*, RCDIP 2016, 550, 554.
[255] *M.-P. Weller/A. Schulz*, IPRax 2014, 336, 337; *H.-F. Müller*, EWiR 2015, 99, 100; *Swierczok*, NZI 2016, 50, 51.
[256] Kritisch aber *Boggio*, Giur. it. 2016, 1641, 1645 f.
[257] *M.-P. Weller/L. Hübner*, NJW 2016, 225; *dies.*, FS Klaus Pannen, 2017, S. 259, 262 f.; *Kindler*, EuZW 2016, 136, 139; *Mankowski*, NZG 2016, 281, 285; *Wansleben*, EWS 2016, 72, 78; *Ringe*, (2017) 42 Eur. L. Rev. 270, 275.
[258] *M.-P. Weller/L. Hübner*, NJW 2016, 225.

II. Gründungs- oder Überlagerungstheorie für EU-Gesellschaften? **54–56 § 7**

in den Schutzbereich der Niederlassungsfreiheit fallen oder einer leichteren Rechtfertigung zugänglich sind.[259] Kornhaas nimmt indes nirgends ausdrücklich auf Keck Bezug.[260]

Kornhaas scheint eher dazu zu neigen, Tätigkeitsausübungs- oder Marktrückzugsregeln **54** außerhalb des Schutzbereichs der Niederlassungsfreiheit anzusiedeln.[261] Insolvenzliche Knappheitssituationen sind zu bewältigen, und die Bewältigungsschritte sind kein Mobilitätshindernis.[262] Insolvenzrecht kann Gläubigerschutz herstellen, wo Gesellschaftsrecht dies nicht mehr darf.[263] Nicht-gesellschaftsrechtliche Qualifikation gewährleistet die nötige Einhegung von Gründer- und Managementinteressen.[264] Zwar scheint der Schutz eigentlich erst ex post reaktiv einzusetzen;[265] er entfaltet jedoch bereits vorher verhaltenssteuernde Wirkung.[266]

Gegen das Gesellschaftsstatut setzen sich kraft insolvenzrechtlicher Qualifikation[267] und **55** in Fortführung von Kornhaas legitimiert namentlich durch:[268] die Insolvenzverschleppungshaftung aus § 823 II BGB iVm § 15a InsO[269] oder § 69 IO in Österreich,[270] die Insolvenzverursachungshaftung aus § 64 S. 3 GmbHG;[271] die Haftung bei Verstoß gegen Ausschüttungssperren und bei Rückzahlung von Gesellschafterdarlehen (§§ 30, 31 GmbHG; §§ 57, 93 III Nr. 1 AktG; §§ 39, 135 InsO);[272] der Solvenztest (§ 64 S. 3 GmbHG nF; § 92 II 3 AktG);[273] §§ 93 III Nr. 6, 92 II AktG und § 130a HGB[274] sowie die Existenzvernichtungshaftung[275]. Dieselben Marken gelten für die Qualifikation vergleichbarer Haftungsinstitute aus ausländischen Rechten, namentlich aus wrongful trading nach sec. 214 Insolvency Act 1986[276] oder aus Art. 2467 Codice civile.[277] Insolvenzrecht blickt auf die Gesellschaft von außen und verfolgt andere Ziele als Gesellschaftsrecht.[278]

Kornhaas und zuvor H[279] geben insolvenzrechtlicher Qualifikation, der EuInsVO und **56** damit der Anknüpfung an das COMI (also im Konfliktfall unter Art. 3 Abs. 1 UAbs. 2

---

[259] *M.-P. Weller*, Europäische Rechtsformwahlfreiheit und Gesellschafterhaftung, 2004, S. 37 f., 205–208; MüKoBGB/*Kindler* IntGesR Rn. 441; *ders.*, EuZW 2016, 136, 138; *M.-P. Weller/L. Hübner*, NJW 2016, 225; *Epicoco*, NZ 2016, 424, 427.

[260] *Bayer/J. Schmidt*, BB 2016, 1923, 1931; *Lutter/Bayer/J. Schmidt* Rn. 7.59.

[261] EuGH ECLI:EU:C:2015:806 Rn. 28 – Simona Kornhaas/Thomas Dithmar. Siehe auch *Marek Szydło*, (2017) 54 C.M.L. Rev. 1853, 1862. Kritisch dazu *A. Schall*, ZIP 2016, 289, 291 f.

[262] *L. Hübner*, IPRax 2015, 297, 299 f.; *P. Schulz*, EWiR 2016, 67, 68.

[263] Siehe *Lindemans*, ERPL 2016, 877, 891; *M.-P. Weller*, IPRax 2017, 167, 175 f. sowie *M.-P. Weller/L. Hübner*, FS Klaus Pannen, 2017, S. 259, 267; *Bos*, WPNR 7183 (2018), 199, 203.

[264] Siehe *Benedettelli*, YbPIL 17 (2015/16), 209, 224–234; *C. Teichmann*, ZGR 2017, 543, 547, 565 f.

[265] *M.-P. Weller/Benz/Thomale*, ZEuP 2017, 250, 280.

[266] *O. Berner* S. 192 f. sieht eine Schutzlücke als Folge insolvenzrechtlicher Qualifikation, wenn Gesellschaften ihren Sitz und ihr COMI ins Ausland verlegen. Gegen negative Konsequenzen eines solchen Wegzugs kann der Wegzugsstaat jedoch verhältnismäßige Schutzvorkehrungen treffen.

[267] Näher dazu → § 7 Rn. 229.

[268] *Mankowski*, NZG 2016, 281, 286; *Mock*, IPRax 2016, 237, 241, 242; *ders.*, NZI 2016, 462. Kritisch indes *Wansleben*, EWS 2016, 72, 76.

[269] *Spindler/O. Berner*, RIW 2004, 7, 12; *Adensamer*, ZIK 2005, 155, 157 f.; *Eidenmüller*, NJW 2005, 1618, 1620; *Spahlinger*, FS Gerhard Wegen, 2015, S. 527, 537 f.; *Kindler*, EuZW 2016, 136, 139; *M.-P. Weller/L. Hübner*, FS Klaus Pannen, 2017, S. 259, 264 f.; *Korch/Thelen*, IPRax 2018, 248, 251.

[270] *Epicoco*, NZ 2016, 424, 426.

[271] *Kindler*, EuZW 2016, 136, 139; *M.-P. Weller/L. Hübner*, FS Klaus Pannen, 2017, S. 259, 267 f.

[272] *Mock*, NZI 2015, 87, 88; *Kindler*, EuZW 2016, 136, 139; *Böcker*, DZWIR 2016, 174, 179.

[273] *Mock*, NZI 2015, 87, 88; *W. G. Paefgen*, WuB 2016, 370, 371. Zweifelnd *Böcker*, DZWIR 2016, 174, 179.

[274] *Cranshaw*, jurisPR 4/2015 Anm. 1 sub C II; *P. Schulz*, EWiR 2016, 67, 68; *W. G. Paefgen*, WuB 2016, 370, 371; *Böcker*, DZWIR 2016, 174, 179.

[275] *Mankowski*, NZG 2016, 281, 286; *W. G. Paefgen*, WuB 2016, 370, 371; *M.-P. Weller/L. Hübner*, FS Klaus Pannen, 2017, S. 259, 266 f.; *Schürhoff*, Haftung für Ansprüche aus Existenzvernichtung im Internationalen Privat- und Zivilverfahrensrecht, 2017, S. 365–407 sowie *D. Jahn*, Die Anwendbarkeit deutscher Gläubigerschutzvorschriften bei einer EU-Kapitalgesellschaft mit Sitz in Deutschland, 2014, S. 316–322 mwN. Anderer Ansicht *Spahlinger*, FS Gerhard Wegen, 2015, S. 527, 535 f. Für deliktsrechtliche Qualifikation BGHZ 173, 246, 258 f.

[276] *Cranshaw*, jurisPR 4/2015 Anm. 1 sub D II 3; *Swierczok*, NZI 2016, 50, 51.

[277] *Beltrami*, Riv. società 2016, 215, 216; *Boggio*, Giur. It. 2016, 1641, 1647 f.

[278] *Bob Wessels*, Eur. Co. L. 13 (2016), 82, 83.

[279] EuGH ECLI:EU:C:2014:2310 Rn. 22–26 – H/H K.

EuInsVO 2015 an den effektiven Verwaltungssitz[280]) weiten Raum.[281] Sekundärrechtliche Normierung von Kollisionsnormen könnte ein Faktor bei der Intensität der Grundfreiheitenkontrolle für den betroffenen Bereich sein.[282] Generell sind bei Geltung der Gründungstheorie Delikts- und Insolvenzrecht aufgerufen, das Haftungsversagen vieler nationaler Gesellschaftsrechte auszugleichen.[283]

57   Natürlich steht Sekundärrecht im Rang hierarchisch unter Primärrecht, und weder EuInsVO noch Rom II-VO können automatisch die Reichweite der (nicht auf das Gesellschaftsrecht beschränkten[284]) Niederlassungsfreiheit determinieren.[285] Darum geht es hier aber nicht. Vielmehr geht es hier umgekehrt darum, ob (und im Ergebnis: dass) sie einer Kontrolle an der Niederlassungsfreiheit standhalten und insoweit Schranken der eben nicht schrankenlosen Niederlassungsfreiheit ausfüllen.

58   Kornhaas könnte eine partielle Abkehr von Inspire Art indizieren[286] und Inspire Art als übertriebenen Pendelausschlag seinerzeit zugunsten gesellschaftsrechtlicher Freiheit markieren.[287] Einen umfassenden rigiden Verhältnismäßigkeitsvorbehalt zulasten verwaltungssitzstaatlicher Normen gibt es jedenfalls nicht.[288] Immerhin war die insolvenzrechtliche Qualifikation einzelner Institute, insbesondere solcher der Haftung für Gründer, Gesellschafter und Organpersonen, residuales Refugium und Rückzugsgebiet für die Sitztheorie,[289] wenn auch unter anderem Etikett. Erwägungsgründe (29) f. EuInsVO 2015 geben dem Kampf gegen forum shopping und Freiheitsmissbrauch einen hohen Rang.[290] Vorschläge, das COMI immer am Satzungssitz oder am Registrierungsort zu fixieren,[291] brechen sich an der gegenteiligen Entscheidung des Art. 3 EuInsVO 2015[292] und an deren Verlängerung noch auf Annexsachen durch Art. 6 EuInsVO 2015.

59   *l) Euro Park (2017).* Für das IPR weniger interessant ist Euro Park, ein unter steuerrechtlichen Aspekten zu beurteilender Fusionsfall. Gestützt auf Art. 49 EGV (heute Art. 54 AEUV) und Art. 11 I lit. a RL 90/434/EWG verbietet der EuGH darin, die Gewährung von Steuervorteilen im Fall einer grenzüberschreitenden Fusion von einer Vorabbewilligung mit

---

[280] Treffend Trib. comm. Nanterre D. 2006, 793, 794; *v. Wilmowsky,* Europäisches Kreditsicherungsrecht, 1996, S. 283; *J. Schulte,* Die europäische Restschuldbefreiung: zu den rechtsvergleichenden und kollisionsrechtlichen Aspekten der Restschuldbefreiung im europäischen Insolvenzrecht, 2001, S. 106; *Rauscher/Mäsch,* EuZPR/EuIPR, Bd. 2, 4. Aufl. 2015, Art. 3 EG-InsVO Rn. 6. Skeptisch dagegen AG Düsseldorf 8.3.2004 – 502 IE 2/04; *Griffiths/F. Tschentscher,* (2004) 17 Insol. Intelligence 57; *S. Schilling,* Insolvenz einer englischen Limited mit Verwaltungssitz in Deutschland, 2006, S. 86; *U. M. Wolf,* Der europäische Gerichtsstand bei Konzerninsolvenzen, 2012, S. 180–198.
[281] EuGH ECLI:EU:C:2015:806 Rn. 14–29 – Simona Kornhaas/Thomas Dithmar als Insolvenzverwalter über das Vermögen der Kornhaas Vermögen und Dienstleistung Ltd.
[282] *Dutta,* FamRZ 2016, 1213, 1219; *Mock,* in: Fleischer/Thiessen (Hrsg.), Gesellschaftsrechts-Geschichten, 2018, S. 729, 752.
[283] *Mansel,* FS Claus-Wilhelm Canaris zum 80. Geb., 2017, S. 739, 786.
[284] *O. Berner* S. 166–170 mwN.
[285] *Bitter,* WM 2004, 2190, 2199; *Klöhn/O. Berner,* ZIP 2007, 106, 111; *Kieninger,* RabelsZ 73 (2009), 607, 614; *C. Teichmann,* BB 2012, 18, 19; *O. Berner* S. 176 f.
[286] Zu möglichen Differenzierungslinien *Marek Szydło,* (2017) 54 C.M.L. Rev. 1853, 1861–1864.
[287] *Mankowski,* NZG 2016, 281, 284 f.; *Bollée,* in: d'Avout/Bollée, D. 2016, 2025, 2029; *Enriques,* (2017) 66 ICLQ 775 Fn. 50; *Mock,* in: Fleischer/Thiessen (Hrsg.), Gesellschaftsrechts-Geschichten, 2018, S. 729, 760. Zurückhaltend dagegen *Epicoco,* NZ 2016, 424, 428. Ablehnend *M. Szydło,* (2017) 54 C.M.L. Rev. 1853, 1865. Siehe auch *A. Schall,* DB 45/2017, M4, M5: Kornhaas sei „agnostisch".
[288] *W. G. Paefgen,* ZvglRWiss 155 (2016), 160, 163.
[289] Insbesondere *N. Horn,* NJW 2004, 893, 899; *P. Ulmer,* NJW 2004, 1201, 1207; *ders.,* KTS 2004, 291, 295 f.; *M. Fischer,* ZIP 2004, 1477, 1478; *C. Teichmann,* NJW 2006, 2444, 2449; *H. P. Westermann,* DZWIR 2008, 485, 486; *Oberhammer,* KTS 2009, 27, 52 f.; *Kindler,* IPRax 2009, 189, 193; *Balthasar,* RIW 2009, 221, 225; *Lieder/Kliebisch,* BB 2009, 338, 342; *M. Schulz/Wasmeier,* RIW 2010, 657; *E.-M. Henke,* Verwaltungssitzverlegung von Gesellschaften mit beschränkter Haftung aus Deutschland und Südafrika und deren kollisionsrechtliche Folgen, 2013, S. 251–256.
[290] *Bollée,* in: d'Avout/Bollée, D. 2016, 2025, 2029.
[291] *Ringe,* EBOR 9 (2008), 579, 614–617 sowie *Eidenmüller,* EBOR 6 (2005), 423, 447.
[292] Nolens volens eingeräumt selbst von *Ringe,* (2017) 42 Eur. L. Rev. 270, 277.

II. Gründungs- oder Überlagerungstheorie für EU-Gesellschaften?   60, 61   § 7

Nachweislasten des Antragstellers abhängig zu machen.[293] Der französische Conseil d'État hat daraus in seinen anschließenden Entscheidungen die Konsequenzen gezogen.[294]

m) Polbud (2017). Polbud ist ein weiterer Baustein. Es wird bekräftigt, dass aus Art. 54   **60**
iVm Art. 49 II AEUV nach dem Recht eines Mitgliedstaats gegründete Gesellschaften das Recht auf ihre Gründung und Leitung einschließlich eines Rechts auf Umwandlung in eine dem Recht eines anderen Mitgliedstaats unterliegende Gesellschaftsform genießen.[295] Mangels unionsrechtlicher Vereinheitlichung sei die Ausgestaltung der internationalgesellschaftsrechtlichen Anknüpfung aber Sache jedes einzelnen Mitgliedstaats, weil Art. 54 AEUV Satzungssitz, Hauptverwaltung und Hauptniederlassung gleichwertig nebeneinander stelle.[296] Die Niederlassungsfreiheit erlaube und gebiete eine Umwandlung, wenn die Bedingungen dafür nach dem Recht des Zuzugsstaates gegeben seien.[297] Polbud bekräftigt Kernaussagen sowohl aus Daily Mail[298] als auch aus Centros[299] und Inspire Art[300].[301] Der EuGH bemüht sich formell ein weiteres Mal nach Kräften, Konsistenz seiner Rechtsprechung zu suggerieren.[302]

Im Ergebnis billigt der EuGH die Verlegung des Satzungssitzes auch ohne Verlegung des   **61**
tatsächlichen Sitzes und verbietet dem Wegzugsstaat, für eine grenzüberschreitende Umwandlung strengere Voraussetzung aufzustellen als für eine rein innerstaatliche.[303] Ein obligatorisches Liquidationsverfahren sei eine Beschränkung der Niederlassungsfreiheit.[304] Mögliche Rechtfertigungsgründe [305] für Beschränkungen seien grundsätzlich Belange der Gesellschaftsgläubiger, der Minderheitsgesellschafter oder der Arbeitnehmer[306] (also aller Stakeholdergruppen[307]). Eine pauschale Liquidationspflicht genüge dem jedoch nicht.[308] Eine allgemeine Missbrauchsvermutung breche sich daran, dass eine Satzungssitzverlegung nicht per se als betrügerisch anzusehen sei und dass es auch keine Vermutung einer Steuerhinterziehung gebe.[309] Der vorderhand so plakative Satz „Wenn Sitz und Satzung auseinandergehen, ist meist etwas faul"[310] bricht sich also an der Niederlassungsfreiheit.[311] Man kann ergänzen:

---

[293] EuGH ECLI:EU:C:2017:177 Rn. 32–70 – Euro Park Service/Ministre des Finances et des Comptes Publics; GA *Wathelet,* ECLI:EU:C:2016:806 Rn. 62–75; dazu *Menjucq,* Rev. sociétés 2017, 435.
[294] Conseil d'État JCP E 2017.1609 = JCP E N° 45, 9 novembre 2017, S. 44 note *D.F.*
[295] EuGH ECLI:EU:C:2017:804 Rn. 33 – Polbud Wykostnastwo sp. z o.o.
[296] EuGH ECLI:EU:C:2017:804 Rn. 34 – Polbud Wykostnastwo sp. z o.o.
[297] EuGH ECLI:EU:C:2017:804 Rn. 35 – Polbud Wykostnastwo sp. z o.o.
[298] EuGH Slg. 1988, 5539 Rn. 22 – The Queen/Her Majesty's Treasury and Commissioners of Inland Revenue, ex parte Daily Mail and General Trust PLC.
[299] EuGH Slg. 1999, I-1459 Rn. 17 – Centros Ltd.
[300] EuGH Slg. 2003, I-10155 Rn. 96 – Kamer van Koophandel en Fabrieken voor Amsterdam/Inspire Art Ltd.
[301] EuGH ECLI:EU:C:2017:804 Rn. 34 einerseits und Rn. 38, 40 andererseits – Polbud Wykostnastwo sp. z o.o.
[302] Vgl. *Combet,* JCP G 2017, 2232, 2233: „synthèse"; *Streinz,* JuS 2018, 822, 823: „Kombination" sowie *Fallon/Navez,* Rev. prat. sociétés 2018, 349, 350f. Trotzdem kritisch zur Methode *d'Avout,* D. 2017, 2512, 2514; *Koppensteiner,* wbl 2018, 181, 183f.; *A. Schall,* ZfPW 2018, 176, 197.
[303] EuGH ECLI:EU:C:2017:804 Rn. 43f. – Polbud Wykostnastwo sp. z o.o.
[304] EuGH ECLI:EU:C:2017:804 Rn. 50f. – Polbud Wykostnastwo sp. z o.o. unter Bezugnahme auf EuGH Slg. 2008, I-9641 Rn. 112f. – Cartesio Oktató és Szolgáltató bt.
[305] Näher dazu z. B. *Fallon/Navez,* Rev. prat. sociétés 2018, 349, 370–373.
[306] EuGH ECLI:EU:C:2017:804 Rn. 54 – Polbud Wykostnastwo sp. z o.o. unter Hinweis auf EuGH Slg. 2005, I-10805 Rn. 28 – SEVIC Systems AG zum einen und EuGH ECLI:EU:C:2016:972 Rn. 73 – AGET Iraklis für die Arbeitnehmer zum anderen.
[307] *L. Hübner,* IPRax 2015, 134, 137; *Meeusen,* Liber amicorum Christian Kohler, 2018, S. 313, 324.
[308] EuGH ECLI:EU:C:2017:804 Rn. 58f. – Polbud Wykostnastwo sp. z o.o.
[309] EuGH ECLI:EU:C:2017:804 Rn. 62–65 – Polbud Wykostnastwo sp. z o.o. unter Hinweis auf EuGH Slg. 1999, I-1459 Rn. 40 – Centros Ltd. und EuGH Slg. 2011, I-12243 Rn. 84 – National Grid Indus BV/Inspecteur van den Belastingdienst Rijnmond, kantoor Rotterdam.
[310] *Kegel,* in: Kegel/Schurig IPR S. 574 (§ 17 II 1); *Brändel,* in: Großkommentar AktG, 4. Aufl. 1992, § 5 AktG Rn. 49; *Kindler,* FS Herbert Buchner, 2009, S. 426, 427.
[311] Anders *Kindler,* NZG 2018, 1 (1f.) sowie *Koppensteiner,* wbl 2018, 181, 185 unter Hinweis auf Art. 7 SE-VO.

Dasselbe Ergebnis, dass nur der Satzungssitz verlegt wird, ließe sich – indes mit erheblich größeren Mühen und Kosten – auch erzielen, indem eine Gesellschaft zuerst Satzungs- und Verwaltungssitz in einen Staat verlegte und nachfolgend den Verwaltungssitz zurückverlegte.[312]

62 Trotz Ausgangspunkt in Daily Mail geht Polbud auf die liberale Linie von Centros, Überseering und Inspire Art.[313] Polbud präzisiert und konkretisiert diese Linie.[314] Dass eine Gesellschaft Geschöpf eines bestimmten Rechts ist, impliziert nicht automatisch, dass dieses Recht seine Geschöpfe gleichsam einsperren und bei Grenzübertritt töten dürfte.[315] Ein Liquidationszwang ist unverhältnismäßig, weil nicht das mildeste Mittel, um legitime Gläubigerinteressen effektiv zu schützen.[316] Gläubigerinteressen würden bereits durch ein Erfordernis, vor einem Wegzug Garantien oder Bürgschaften (oder andere Sicherheiten[317]) zu stellen, hinreichend geschützt.[318]

63 Man kann eine Bestätigung und Erweiterung[319] von VALE[320] darin sehen, dass der Rechtsformwahlfreiheit der Gründer nun eine Rechtsformwechselfreiheit der gegründeten Gesellschaft zur Seite gestellt wird,[321] eben weil nun im Richterrecht klargestellt ist, dass der effektive Verwaltungssitz im Wegzugsstaat belassen werden kann.[322] Paris hat seine Aphrodite gefunden, um ihr den „Zankapfel Sitzaufspaltung"[323] zuzuerkennen. Denkt man sich die EU als einheitlichen Rechtsraum, so erscheint es nur konsequent, dass unerheblich ist, ob Satzungs- und Verwaltungssitz in demselben Mitgliedstaat oder in verschiedenen Mitgliedstaaten liegen.[324] Satzungs- und Verwaltungssitz fallen schließlich auch auseinander, wenn eine Gesellschaft umgekehrt ihren Verwaltungssitz verlegt und ihren Satzungssitz belässt[325] (wobei dies die erheblich aufwändigere Variante ist[326]). Das Verbot der Sitzspaltung aus Artt. 7; 64 SE-VO ist SE-spezifisch und trägt kein allgemeines Gegenargument.[327]

---

[312] *Bayer/J. Schmidt*, ZIP 2017, 2225, 2230 f.; *Lieder/Bialluch*, NotBZ 2017, 209, 211.

[313] *Soegaard*, Eur. Co. L.J. 15 (2018), 21, 22 f.; *Meeusen*, Liber amicorum Christian Kohler, 2018, S. 313, 317; *Troianello*, Dir. com. sc. int. 2017, 595, 610; *Trüten*, EuZ 2019, 10, 13. *Bärwaldt/Hoefling*, DB 2017, 3051, 3052 f. und *A. Zimmermann*, ecolex 2018, 250, 251 versuchen sich an einem distinguishing zu Cartesio, während *Kerbler*, NZ 2018, 28 (28) und *Barsan*, Dr. sociétés N° 3, mars 2018, S. 11 (11) gerade Cartesio als eine zentrale Grundlage von Polbud bewerten und *Mastrullo*, Bull. Joly Sociétés 2018, 23 (23) von einer Trilogie Cartesio-VALE-Polbud spricht.
Kindler, NZG 2018, 1, 3 kritisiert die Fortführung von Centros. *Paefgen*, WM 2018, 981, 986 sieht Daily Mail (endgültig) overruled.

[314] *Stelmaszczyk*, EuZW 2017, 890, 892; *Feldhaus*, BB 2017, 2819, 2822; *Wachter*, NZG 2017, 1308, 1313; *Bärwaldt/Hoefling*, DB 2017, 3051, 3053; *Kovács*, ZIP 2018, 253, 255 f.; *Parléani*, Rev. sociétés 2018, 50, 53; *Mossler*, IWRZ 2018, 38; *Heckschen/K. Strnad*, notar 2018, 83, 85; *Pinardi*, Foro it. 2018 IV col. 231, 236; *Courboisier*, Rev. Prat. Sociétés 2018, 153, 154. Anderer Ansicht *Mörsdorf*, ZIP 2017, 2381, 2383; *Koppensteiner*, wbl 2018, 181, 184.

[315] *A. Schall*, DB 45/2017, M4, M5 unter besonderer Bezugnahme auf EuGH ECLI:EU:C:2017:804 Rn. 43 – Polbud Wykostnastwo sp. z o.o; zustimmend *Haslinger/Mitterecker*, GES 2018, 223, 225.

[316] *Kerbler*, NZ 2018, 28, 30; *Schollmeyer*, ZGR 2018, 186, 191.

[317] *C. Teichmann*, GmbHR 2017, R356, R357.

[318] EuGH ECLI:EU:C:2017:804 Rn. 58 – Polbud Wykostnastwo sp. z o.o.; *Schollmeyer*, ZGR 2018, 186, 193 f.

[319] *Heßeling*, IWRZ 2018, 84, 85. Anders *A. Schall*, ZfPW 2018, 176, 194 f., 197; *Bollée*, in: d'Arout/Bollée, D. 2018, 1934, 1937: Teilwiderspruch.

[320] EuGH ECLI:EU:C:2012:440 – VALE Épitési kft.

[321] *A. Schall*, DB 45/2017, M4, M5 (unter besonderer Bezugnahme auf EuGH ECLI:EU:C:2017:804 Rn. 33 – Polbud Wykostnastwo sp. z o.o.); *Kieninger*, ZEuP 2018, 309, 315 f.; siehe auch *Schutte-Veenstra*, Ondernemingsrecht 2018, 36, 39; *Kovács*, ZIP 2018, 253, 256; *Schockenhoff*, Der Konzern 2018, 106, 107.

[322] *Nentwig*, GWR 2017, 432; *Wachter*, NZG 2017, 1312; *Feldhaus*, BB 2017, 2819, 2823; *C. Teichmann*, BB 2017, 2836; *Stiegler*, AG 2017, 846, 849; *Schutte-Veenstra*, Ondernemingsrecht 2018, 36, 38; *R. Werner*, GmbHR 2018, 375. Anderer Ansicht *Mörsdorf*, ZIP 2017, 2381, 2382 f.

[323] So plastisch *C. Teichmann*, GmbHR 2017, R356 (R356).

[324] *Mutter*, EWiR 2017, 491, 492; *de Raet*, EWiR 2018, 7, 8.

[325] *S. Reuter*, WuB 2018, 135, 136.

[326] Vgl. *Korch/Thelen*, IPRax 2018, 248, 251.

[327] *Paefgen*, WM 2018, 981, 991 f.

II. Gründungs- oder Überlagerungstheorie für EU-Gesellschaften?

Isolierte Satzungssitzverlegung heißt der Sache nach: Migration durch bloße Änderung der Gesellschaftssatzung, einen Akt auf Papier.[328] Die „reine Rechtsformstandortwahl"[329] bricht durch. Eine reale Ausgestaltungsfreiheit dürften die Mitgliedstaaten für ihre Kollisionsrechte trotzdem spätestens nach Polbud nicht mehr haben, wollen sie mit dem Primärrecht im Verständnis des EuGH konform gehen.[330]

Ein genuine link-Erfordernis nennt der EuGH nicht mehr,[331] ebenso wenig ein Erfordernis effektiver wirtschaftlicher Betätigung im Aufnahmestaat,[332] und etabliert insoweit eine neue, zumindest neu nuancierte Sichtweise im Richterrecht.[333] Der Sache nach scheint die Rechtswahlfreiheit der Gründungstheorie nun auch bereits gegründeten Gesellschaften in ihrem späteren Leben als Freiheit zur nachträglichen Rechtswahl zugute zu kommen.[334] Konsequent fortgesponnen könnte dies sogar dazu führen, dass ein grenzüberschreitender Formwechsel in eine EU-ausländische Rechtsform leichter ist als ein Wechsel zwischen zwei inländischen Rechtsformen.[335] Eine doppelte Umwandlung erst ins Ausland und dann zurück ins Inland könnte im Ergebnis Umwandlungen erlauben, die es so im inländischen Recht nicht gibt.[336]

Angesichts von Art. 3 II 2 Var. 2 Rom I-VO als Einschränkung für die nachträgliche Rechtswahl im Bereich des Internationalen Schuldvertragsrechts, das weit weniger sensibel ist als das Internationale Gesellschaftsrecht, steht obendrein die Frage im Raum, welche Bedeutung bereits vor der nachträglichen Rechtswahl unter dem alten Gesellschaftsstatut erworbene Rechtspositionen Dritter haben.[337] Primärrechtlich können berechtigte Interessen Dritter Rechtfertigung für Freiheitsbeschränkungen sein.[338] Zu deren Schutz besteht auch Eingriffspotenzial für Aktivitäten nationaler Gesetzgeber.[339] Insofern entfernt sich Polbud von der Auslegung der anderen Grundfreiheiten, die – jenseits von Art. 21 AEUV – im Kern wirtschaftliche Freiheiten sind.[340]

Optimierung, Abkoppelung von wirtschaftlicher Realität und law shopping müssen ihre Grenzen haben.[341] Kritisch mag man in Polbud schon einen Schritt von der Mobilität zur Hyper-Mobilität und im Extrem zum Nomadentum von Gesellschaften sehen.[342] „Virtuelle Mobilität" ist ein weiteres Schlagwort der Kritik.[343] Der Missbrauch als Grenze bleibt jedenfalls konturenschwach[344] und dürfte kaum je wirklich durchschlagen,[345] jedenfalls so-

---

[328] Plastisch *Hoflehner/A. Hahn*, RdW 2018, 207.
[329] Treffend *J. Mohamed*, Rpfleger 2018, 423, 424.
[330] *Barsan*, Dr. sociétés N° 3, mars 2018, S. 11, 14.
[331] *Stelmaszczyk*, EuZW 2017, 890, 892 mit Kritik 893 f.
[332] *Feldhaus*, BB 2017, 2819, 2822f.; *Bochmann/Cziupka*, GmbHR 2017, 1266, 1267; *Combet*, JCP G 2017, 2232, 2234; *Kerbler*, NZ 2018, 28, 30; *Mansel/Thorn/R. Wagner*, IPRax 2018, 121, 126; *Schockenhoff*, Der Konzern 2018, 106, 107; *Barsan*, Dr. sociétés N° 3, mars 2018, S. 11, 14; *A. Zimmermann*, ecolex 2018, 250, 251; *Paefgen*, WM 2018, 981, 984.
[333] *Meeusen*, Liber amicorum Christian Kohler, 2018, S. 313, 317.
[334] *Wachter*, NZG 2017, 1312, 1313; *C. Teichmann*, GmbHR 2017, R356, R357; *Kieninger*, NJW 2017, 3624, 3626; *Corbisier*, J. dr. eur. 2018, 135, 137 sowie *Mörsdorf*, ZIP 2017, 2381, 2385, 2388 (unter rechtspolitischer Ablehnung 2385–2388).
[335] *Bochmann/Cziupka*, GmbHR 2017, 1266, 1268.
[336] *A. Zimmermann*, ecolex 2018, 250, 252.
[337] *Kieninger*, NJW 2017, 3624, 3627.
[338] *S. Reuter*, WuB 2018, 135, 136.
[339] *S. Reuter*, WuB 2018, 135, 137.
[340] *Looijestijn-Clearie*, SEW 2018, 269, 272.
[341] *Parléani*, Rev. sociétés 2018, 50, 52f.; *Koppensteiner*, wbl 2018, 181, 185f. sowie *Soegaard*, Eur. Co. L.J. 15 (2018), 21, 23f. Offener *Schön*, ZGR 2013, 333, 353–355; *Mastrullo*, Bull. Joly Sociétés 2018, 23, 26.
[342] So pointiert *d'Avout*, D. 2017, 2512, 2513; ähnlich *J. Mohamed*, Rpfleger 2018, 423, 424. Optimistischer *H. Hayden/T. Hayden*, ZfRV 2018, 148, 154.
[343] *J. Mohamed*, ZvglRWiss 177 (2018), 189, 208f.
[344] *Bochmann/Cziupka*, GmbHR 2017, 1266, 1268; *Schollmeyer*, ZGR 2018, 186, 195f.; *Fallon/Navez*, Rev. prat. sociétés 2018, 349, 362f., 373f.
[345] *Behme*, ZHR 182 (2018), 32, 47f.; *Paefgen*, WM 2018, 981, 987.

lange ein liberales, mobilitätsfreundliches Klima vorherrscht. Allerdings bleibt eine Restunsicherheit.[346]

68 Freilich darf man einen wichtigen Vorbehalt nicht übersehen,[347] den auch Polbud nicht durchbricht, letztlich, um die Geschöpftheorie nicht aufgeben zu müssen:[348] Daran bricht sich auch jede Parallele der Niederlassungsfreiheit zur Freizügigkeit natürlicher Personen,[349] die eben kein Produkt einer Rechtsordnung sind, sondern aus ihrem eigenen Leben heraus natürlich existieren. Denn die Freiheit der isolierten Satzungssitzverlegung besteht allein dann, wenn der Aufnahmemitgliedstaat es für die seinem Recht unterstehenden Gesellschaften ausreichen lässt, wenn sie nur ihren Satzungssitz in seinem Territorium haben. Ein etwaiges Verwaltungssitzerfordernis im Recht des Aufnahmestaates setzt sich dagegen durch. Die Niederlassungsfreiheit gibt das subjektive Recht, das Rechtskleid anzulegen, welches der Aufnahmemitgliedstaat geschneidert hat – aber nur so, wie er es bereits gelegt hat, also einschließlich eines etwaigen Hauptverwaltungssitzerfordernisses.[350] Wie der Satzungssitz auszugestalten ist und was ihn begleiten muss, regelt eben das nationale Recht.[351] Der Formwechsel könnte dabei zu verstehen sein als vereinfachter und kostengünstigster Weg zu einem gebilligten Ergebnis, insoweit dem Kernanliegen des Umwandlungsrechts entsprechend.[352]

69 Referenzpunkte sind in Polbud eigentlich alle der vorangegangenen Entscheidungen mit der bemerkenswerten Ausnahme von Kornhaas.[353] Der EuGH erhält den Konkurrenzdruck auf die nationalen Gesellschaftsordnungen aufrecht,[354] ja verstärkt ihn noch.[355] Man mag indes eine Andeutung sehen, dass Beschränkungen auf großzügigere Rechtfertigung hoffen dürfen als unter Inspire Art.[356]

70 *n) (Vorläufiges) Fazit.* Die Saga geht also weiter und hat ihren endgültigen Abschluss noch nicht gefunden.[357] Das Puzzle ist noch nicht komplett und birgt noch weitere Rätsel.[358] Die Zahl offener Fragen ist Legion, nicht nur im Detail, sondern auch im Konzept.[359] Insbesondere ist gegenwärtig weder klar, welche Bedeutung Kornhaas für das System hat, noch, ob die ultraliberale Linie aus Überseering und Inspire Art weiterhin gilt oder ob Polbud gar noch darüber hinausgeht.[360] Konservative hoffen immer noch auf eine Wende zurück.[361]

71 Ein wirklich konsistentes Gesamtkonzept entwickelt der EuGH selber nicht.[362] Um zu erklären, weshalb der EuGH keine klare Linie dekretiert, muss man sich den unionsrechtlichen und den verfahrensrechtlichen Rahmen seiner Entscheidungen vor Augen führen. Denn der EuGH hat eine strukturelle, weil kompetenzielle Hürde zu überwinden: Er ist in den konkreten Fällen unmittelbar nur aufgerufen, zu entscheiden, ob bestimmte zur Vorlage gelangte Ausgestaltungen nationaler Rechte mit den Grundfreiheiten zu vereinbaren

---

[346] *Fallon/Navez,* Rev. prat. sociétés 2018, 349, 358 f.
[347] *Bayer/J. Schmidt,* ZIP 2017, 2225, 2231.
[348] Zum Spannungsverhältnis zwischen Geschöpftheorie und grenzüberschreitender Umwandlung insbesondere G. H. *Roth,* FS Hellwig Torggler, 2013, S. 1023, 1028–1030.
[349] Das übersehen GA *Ruiz-Jarabo Colomer,* Slg. 2005, I-3179 Rn. 19; *Troianello,* Dir. com. sc. int. 2017, 595, 612.
[350] So sehr plastisch *Bayer/J. Schmidt,* ZIP 2017, 2225, 2231.
[351] BGH WM 2018, 285, 286 unter Hinweis auf EuGH Slg. 2008, I-9641 Rn. 104 f. – Cartesio Oktató és Szolgáltató bt; EuGH Slg. 2011, I-12273 Rn. 26 – National Grid Indus BV/Inspecteur van den Belastingdienst Rijnmond, kantoor Rotterdam.
[352] C. *Teichmann/Knaier,* GmbHR 2017, 1314, 1319; vgl. auch *Korch/Thelen,* IPRax 2018, 248, 250.
[353] Siehe *Kindler,* NZG 2018, 1, 4.
[354] C. *Teichmann,* BB 2017, 2836.
[355] *d'Avout,* D. 2017, 2512, 2513 f.
[356] Vgl. *Combet,* JCP G 2017, 2232, 2236.
[357] *Houet,* Eur. L. Rpter. 2012, 206.
[358] *Rammeloo,* Maastricht J. Eur. & Int. L. 2012, 563.
[359] Siehe *Lutter/Bayer/J. Schmidt* Rn. 7.94.
[360] *d'Avout,* D. 2017, 2512, 2517.
[361] Deutlich *d'Avout,* D. 2017, 2512, 2517.
[362] *Marsch-Barner,* FS Wilhelm Haarmann, 2015, S. 115, 140; *Bayer/J. Schmidt,* ZIP 2017, 2225, 2231. Harsch *Kieninger,* ZEuP 2018, 309, 314: „Zick-Zack-Kurs".

II. Gründungs- oder Überlagerungstheorie für EU-Gesellschaften?   72–74   § 7

sind. Er kann diese Ausgestaltungen dann aus der Sicht der Grundfreiheiten billigen oder verwerfen. Der EuGH setzt die Niederlassungsfreiheit nur kassatorisch ein[363] und leitet aus ihr ein subjektives „Mikro-Recht" nach dem anderen ab.[364] Das gilt für Sachrecht wie IPR gleichermaßen.[365] Im Ergebnis stehen der Kautelarjurisprudenz prinzipiell Rechtsformen aus allen Mitgliedstaaten zur Auswahl und zur Verfügung.[366]

Eine positive Anknüpfungsmaxime zu entwickeln ist der EuGH dagegen nicht unmittelbar aufgerufen. Allerdings ist dies nicht notwendig ein Grund zur Zurückhaltung, zum Pointillismus und zum Synkretismus. Der EuGH hat sich auf anderen Feldern durchaus nicht gescheut, positive Doktrinen zu formulieren und über die konkreten Fälle hinauszugreifen. Er hat sich nicht selten als Motor der europäischen Entwicklung verstanden und dieser Entwicklung weiterführende Impulse zu geben versucht.[367] Die Geschichte des Gemeinschafts-, heute des Unionsrechts, ist voller Beispiele dafür: vom Anwendungsvorrang des Gemeinschaftsrechts[368] über die vertikale Direktwirkung von Richtlinien[369] und dem unionsrechtlichen Staatshaftungsanspruch[370] bis zu Grundpflichten aus den Grundfreiheiten.[371] Im Kern war der EuGH auch Motor der Entwicklung im europäisch überwölbten Internationalen Gesellschaftsrecht.[372]   72

Sicherlich kann richterliche Klugheit gebieten, nur den konkret anliegenden Fall zu entscheiden und konkret gestellte Vorlagefragen zu beantworten. Richterliche Klugheit kann gebieten, nicht zu theoretisieren und abstrakte, generalisierende Aussagen zu vermeiden. In einem Gebiet, das auf absehbare Zeit keine (der Sache nach absolut wünschenswerte[373]) gesetzliche Grundlage haben wird und das auf absehbare Zeit seine maßgeblichen Prägungen durch Richterrecht erfahren wird, kann richterliche Klugheit aber auch gebieten, Leitlinien aufzustellen und dadurch Rechtsklarheit wie Rechtssicherheit zu mehren. Richterliche Aufgabe ist dann mehr als nur die Äußerung zum konkreten Fall. Wenn schon die mögliche Differenzierung, ob eine angeblich umziehende Gesellschaft vor Umzug gelöscht wurde oder nicht, ob es sich also um eine Neugründung oder um eine Umwandlung handelt, zu fundamental anderen Wertungen führen soll,[374] sind noch Strukturfragen offen.   73

Strukturfrage ist auch, ob „Herein-Umwandlung"[375] und „Heraus-Umwandlung"[376], „Herein-Formwechsel" und „Heraus-Formwechsel"[377] wirklich verschiedene Phänomene sind oder sich doch nur in der Richtung des Wechsels (und damit in Zielrecht und Ziel-   74

---

[363] *Eidenmüller*, RabelsZ 70 (2006), 474, 479; MüKoAktG/*Ego*, Bd. VII, 4. Aufl. 2017, Europäische Niederlassungsfreiheit Rn. 228.
[364] *d'Avout*, D. 2017, 2512, 2516.
[365] Siehe nur *M. Schulz/Sester*, EWS 2002, 545, 549.
[366] *F. C. Hey*, FS Claus-Wilhelm Canaris zum 80. Geb., 2017, S. 791, 804.
[367] Siehe nur *Oppermann/Hiermaier*, JuS 1980, 782, 783; eingehend *Haltern/A. Bergmann* (Hrsg.), Der EuGH in der Kritik, 2012; *G. Beck*, The Legal Reasoning of the Court of Justice of the EU, 2013.
[368] Grundlegend EuGH Slg. 1964, 1151 – Flaminio Costa/ENEL.
[369] Grundlegend EuGH Slg. 1979, 1629 – Strafverfahren gegen Tullio Ratti.
[370] Grundlegend EuGH Slg. 1991, I-5357 – Andrea Francovich/Italienische Republik; EuGH Slg. 1996, I-1029 Brasserie du pêcheur SA/Bundesrepublik Deutschland u. The Queen/Secretary of State for Transport, ex parte Factortame Ltd.; EuGH Slg. 2003, I-10239 – Gerhard Köbler/Republik Österreich. Näher z. B. *Cornils*, Der gemeinschaftsrechtliche Staatshaftungsanspruch, 1995; *Deckert*, EuR 1997, 203; *Goffin*, Cah. dr. eur. 1997, 531; *Saenger*, JuS 1997, 865; *Hermes*, Die Verwaltung 31 (1998), 371; *Binia*, Das Francovich-Urteil des Europäischen Gerichtshofs im Kontext des deutschen Staatshaftungsrechts, 1998; *Hidien*, Die gemeinschaftsrechtliche Staatshaftung in den EU-Mitgliedstaaten, 1998; *Beljin*, Staatshaftung im Europarecht, 2000; *Mankowski/Hölscher/Gerhardt*, in: Rengeling/Gellermann/Middeke, Handbuch des Rechtsschutzes in der Europäischen Union, 3. Aufl. 2014, § 38 Rn. 104–132 je mwN.
[371] Grundlegend EuGH Slg. 2006, I-6057 – Konstantinos Adeneler/Ellinikos Organismos Galaktos.
[372] *Lutter/Bayer/J. Schmidt* Rn. 7.2.
[373] *Arenas García*, REDI 2017-1, 49, 72 f.
[374] *Neye*, EWiR 2014, 45, 46.
[375] Beispielsfall: OGH ecolex 2014, 714 m. Anm. *W. Brugger*.
[376] Terminologie z. B. bei *Wachter*, GmbHR 2014, 99, 100.
[377] Terminologie wiederum z. B. bei *Wachter*, GmbHR 2014, 99 f.; *ders.*, GmbHR 2016, 738; *Stiegler*, GmbHR 2017, 392.

form) unterscheiden.³⁷⁸ Auch zwischen „Herein-Verschmelzung" und „Heraus-Verschmelzung" lässt sich kein so fundamentaler Unterschied in der Struktur feststellen, dass eine unterschiedliche Betrachtung oder gar Behandlung auf der kollisionsrechtlichen Ebene zwingend geboten wäre.³⁷⁹

75 Die Praxis muss allerdings je unterschiedliches Normenmaterial aus den betroffenen Rechtsordnungen heranziehen, wenn es um die Einzelheiten der rechtstechnischen Umsetzung geht. „Herein-" und „Heraus"-Perspektive sind bestimmte, im kollisionsrechtlichen Sinne gleichsam einseitige, weil vom jeweiligen Forumstaat her gedachte Sichtweisen und Terminologien. Typisch ist, dass unter diesen Stichworten gemeinhin die Anwendbarkeit bestimmter Rechtsakte oder gar nur einzelner Normkomplexe aus dem jeweils forumstaatlichen Recht diskutiert wird, in Deutschland vornehmlich des UmwG. Strenge funktionale Äquivalenz zwischen Ausgangs- und Zielgesellschaftsform ist jedenfalls nicht zu verlangen, Rechtsformkongruenz reicht.³⁸⁰ Europäische Durchführungsbestimmungen mögen sich de regulatione lata technischer Details im Zusammenspiel von Registerbehörden aus mehreren Mitgliedstaaten annehmen.³⁸¹

76 **2. Gründungstheorie oder Überlagerungstheorie?** *a) Gründungstheorie.* aa) Grundsatz. Dass der EuGH nicht expressis verbis die Gründungstheorie etabliert hat und vordergründig auch so tut, als hätte die ganze Operation mit Gesellschaftskollisionsrecht, mit dem Internationalen Gesellschaftsrecht des IPR, nichts direkt zu tun, verschlägt nicht. Auf die Ergebnisse kommt es an, und das erzielte Ergebnis ist eindeutig: Der Rechtsprechung des Gerichtshofs zur Niederlassungsfreiheit wird man im Binnenmarkt nur mit einer gründungstheoretischen Grundanknüpfung gerecht.³⁸² Sie erzwingt einen Systemwechsel.³⁸³ Schon ein Zwang zum Formwechsel und zur Umwandlung in eine Personengesellschaft nach dem Recht des Aufnahmestaates als Folge einer grenzüberschreitenden Sitzverlegung wäre unionsrechtlich nicht akzeptabel.³⁸⁴ Die Determinierung durch die Niederlassungsfreiheit prägt, soweit die Niederlassungsfreiheit reicht. Deshalb kommen auch Gesellschaften aus assoziierten Gebieten der Mitgliedstaaten (wie z. B. bis zum Vollzug des Brexit noch den British Virgin Islands) über Artt. 198, 199, 203 AEUV und Assoziierungsrecht in den Genuss der Gründungstheorie.³⁸⁵

77 Die Gründungstheorie gewährt den Gründern (und dem Gründungsmanagement³⁸⁶) Autonomie.³⁸⁷ Im Kern ist sie eine parteiautonome Anknüpfung, denn ihr Anknüpfungs-

---

³⁷⁸ Ähnlich *Bochmann/Cziupka,* GmbHR 2017, 1266, 1267.
³⁷⁹ *Lutter/Drygala,* JZ 2006, 770, 771.
³⁸⁰ OLG Frankfurt GmbHR 2017, 420; *Bayer/J. Schmidt,* ZIP 2012, 1481, 1489; *Schön,* ZGR 2013, 333, 345; *Kalss/Klampfl,* Europäisches Gesellschaftsrecht, 2015, Rn. 128; *A. Schall,* ZfPW 2016, 407, 421; *Stiegler,* GmbHR 2017, 392, 393; *Lutter/Bayer/J. Schmidt* Rn. 7.64.
³⁸¹ *Stiegler,* GmbHR 2017, 392, 393.
³⁸² Siehe nur BGH ZIP 2003, 718 = WM 2003, 835; BGH ZIP 2010, 1233 = GmbHR 2010, 819 m. Anm. *Mankowski/S. Bock;* BGH NJW 2011, 844, 845 = GmbHR 2011, 301 m. Anm. *Bormann/Hösler;* BGH WM 2013, 1894, 1895; BAG AP Nr. 23 zu §620 BGB Änderungskündigung Rn. 57; OGH SZ 2008/63; OGH ZIP 2003, 1086; OGH ZfRV 2014, 281, 282 = ZfRV-LS 2014/65; BayObLG ZIP 2003, 398; OLG Naumburg GmbHR 2003, 533 LS; OLG Celle GmbHR 2003, 532, 533; OLG Zweibrücken GmbHR 2003, 530, 531 f. = ZIP 2003, 849, 850 = MDR 2003, 1363 m. zust. Anm. *Haack;* OLG Celle IPRspr. 2006 Nr. 128 S. 288 f.; OLG München ZIP 2007, 1949; KG NZG 2010, 204 = AG 2010, 497; OLG Brandenburg IPRspr. 2013 Nr. 18 S. 34; OLG Karlsruhe ZIP 2018, 1179, 1180; LG Bonn IPRspr. 2013 Nr. 17 S. 32 f.; AG Duisburg NZG 2003, 1167, 1168; AG Hagen ZMR 2011, 728; *W.-H. Roth,* FS Andreas Heldrich, 2005, S. 973; *Knaier,* GmbHR 2018, 607, 611.
³⁸³ *C. Teichmann,* ZGR 2017, 543, 551.
³⁸⁴ *Maresceau,* Financial Law Institute Working Paper 2012-6 (Oct. 2012) nos. 13–17; *Navez,* Rev. prat. sociétés 2013, 243, 246.
³⁸⁵ BGH ZIP 2010, 1233 = GmbHR 2010, 819 m. Anm. *Mankowski/Stefanie Bock.*
³⁸⁶ Zu möglichen Interessendivergenzen im Principal-Agent-Verhältnis zwischen Management und Gründungsgesellschaftern hinsichtlich der Gründungsrechtswahl *Benedettelli,* YbPIL 17 (2015/16), 209, 246–249.
³⁸⁷ Siehe nur *Mankowski,* in: Basedow/Kischel/Sieber (eds.), German National Reports to the 18th International Congress of Comparative Law, 2010, S. 133, 158; *v. Hein,* Liber amicorum Christian Kohler, 2018, S. 551, 557 f.

II. Gründungs- oder Überlagerungstheorie für EU-Gesellschaften?   78, 79   § 7

punkt unterliegt der Gestaltung durch die Interessierten.[388] Es handelt sich zwar nicht um direkte Parteiautonomie, da keine unmittelbare Rechtswahl gestattet wird, jedoch um indirekte Parteiautonomie durch Gestaltungsmöglichkeiten für einen eben nur vorderhand objektiven Anknüpfungspunkt, dessen Verortung im Kern aber der Willkür der Beteiligten anheimfällt.[389] Man mag dies als „rechtsgeschäftsähnliche Parteiautonomie" einordnen.[390] Parteiautonomie wird vom IPR des Forums gewährt und kann nur aus diesem heraus Geltung beanspruchen.[391] Die Gründungstheorie arbeitet hier auf der Basis eines Anerkennungsgedankens.[392] Ihr wird zugutegehalten, dass sie Rechtssicherheit schaffe, was lex societatis sei, und Unsicherheiten vermeide, wie sie bei einer objektiven Anknüpfung an einen ausfüllungsbedürftigen Anknüpfungspunkt wie den effektiven Verwaltungssitz einzutreten drohten.[393] Außerdem mache sie den Weg frei für die Präferenzen und Effizienzabschätzungen der Gründer.[394] Ob die Rechtswahl lauter sei, sei dagegen ohne Belang.[395]

Für eine parteiautonomiebasierte Grundanknüpfung im Binnenmarkt spricht auch die Kongruenz mit dem Trend im Sachrecht: Zunehmend verabschieden sich die Gesellschaftssachrechte der EU-Mitgliedstaaten vom zwingenden Charakter des Gesellschaftsrechts und eröffnen Gestaltungsoptionen. Dem korrespondiert im IPR die Gründungstheorie.[396]   78

bb) Anknüpfungspunkt. Näherer Betrachtung bedarf indes, was eigentlich genau Anknüpfungspunkt der Gründungstheorie ist:[397] der Satzungssitz;[398] das Register, in welches die Gesellschaft eingetragen ist (Inkorporationstheorie);[399] das Recht, nach dem die Gesellschaft organisiert ist;[400] oder das Recht, unter welchem die Gesellschaft gegründet ist (Gründungsrechtstheorie)?[401] Oder soll man gar kombinieren, z.B. das Errichtungsstatut abhängig davon machen, dass auch der Satzungssitz zum Errichtungszeitpunkt im Staat des Statuts lag?[402] Oder in Auswahl alternativ anknüpfen?[403] Eine Anknüpfung an das Register bräuchte bei allen nicht registrierten Gesellschaften eine subsidiäre Hilfsanknüpfung. Andererseits ließe sich eine Anknüpfung an den Registrierungsort gut als Ausfluss eines Anerkennungsgedankens verstehen,[404] weil sie mit der Registrierung einen behördlichen Akt als identifizierbares und taugliches Anerkennungsobjekt hätte. Indes ist das Anerkennungssys-   79

---

[388] Siehe nur LSG Berlin-Brandenburg ZIP 2015, 2078, 2079; *D. Zimmer*, Internationales Gesellschaftsrecht, 1996, S. 222; *Kieninger*, ZGR 1999, 724, 747 f.; *M. Schulz/Sester*, EWS 2002, 545, 547; *Nappenbach*, Parteiautonomie im Internationalen Gesellschaftsrecht, 2002; *Kersting*, NZG 2003, 9; *Maresceau*, TPR 2015, 549, 560 f.; *Benedettelli*, YbPIL 17 (2015/16), 209, 246–250; *Meeusen*, R.W. 2017–18, 602; *C. Teichmann*, GmbHR 2017, R356, R357; *Repasi*, Wirkungsweise des unionsrechtlichen Anwendungsvorrangs im autonomen IPR, 2018, S. 385–387.
[389] Siehe nur *Leible*, FS Erik Jayme, 2004, S. 485, 497 f.; *Seibl*, in: Spickhoff (Hrsg.), Parteiautonomie im Europäischen Internationalen Privatrecht, 2014, S. 45, 58 f.; *Schurig*, FS Dagmar Coester-Waltjen, 2015, S. 745, 751–753; *G. Eckert*, in: Geimer/Czernich (Hrsg.), Streitbeilegungsklauseln im internationalen Vertragsrecht, 2017, Kap. 2 Rn. 1; *Mansel/Thorn/R. Wagner*, IPRax 2018, 121, 126.
[390] So *M.-P. Weller/Benz/Thomale*, ZEuP 2017, 250, 259.
[391] Näher z.B. *Mankowski*, in: v. Bar/Mankowski IPR I § 7 Rn. 68 mwN.
[392] *Basedow*, FS Dieter Martiny, 2014, S. 243, 253; *ders.*, in: v. Hein/Rühl (Hrsg.), Kohärenz im Internationalen Privat- und Verfahrensrecht der Europäischen Union, 2016, S. 3, 21.
[393] Z.B. *Van de Looverbosch*, [2017] ICCLR 1, 6 f.
[394] *M. Schulz/Sester*, EWS 2002, 545, 547.
[395] Vgl. *Meeusen*, R.W. 2017–18, 602.
[396] *Arenas García*, Liber amicorum Alegría Borrás, 2013, S. 133, 144.
[397] Eingehend *J. Hoffmann*, ZvglRWiss 101 (2002), 283; außerdem *Kaulen*, IPRax 2008, 389, 391–394; konzise *Wesiack*, Europäisches Internationales Vereinsrecht, 2011, S. 43 f.
[398] Dafür BGHZ 190, 242 Rn. 29–32; Art. 9 I lit. c ii SE-VO; Artt. 2; 4 Wet conflictenrecht corporaties (siehe jetzt aber Art. 10:118 BW); § 22 II IPRG 2017 in Ungarn (als subsidiäre Auffangregel); *Eidenmüller*, in: Eidenmüller (Hrsg.), Ausländische Kapitalgesellschaften im deutschen Recht, 2004, § 1 Rn. 3; *Mankowski*, ZIP 2010, 802, 803; *ders.*, EWiR Art. 22 EuGVVO 1/11, 707, 708.
[399] Dahin das Kollisionsrecht in common law-Staaten und z.B. auch § 22 I IPRG 2017 in Ungarn.
[400] Dafür Art. 154 I Var. 1 schwIPRG.
[401] Dahin das Kollisionsrecht in common law-Staaten.
[402] Dafür Art. 10:118 BW.
[403] Dahin Art. 154 I Var. 2 schwIPRG.
[404] *Basedow*, FS Dieter Martiny, 2014, S. 243, 251–253.

tem mit einem eigenen Anerkennungsakt des Zweitstaates (plus etwaiger gewerberechtlicher Überlagerung[405]) lange gefallen und durch Übergang zu einem Normativsystem ersetzt.[406] Historisch wurde die Gründungstheorie im 18. Jahrhundert in England entwickelt,[407] um es englischen Kaufleuten möglich zu machen, mit ihren in England nach englischem Recht gegründeten Kapitalgesellschaften auch in den britischen Kolonien Geschäfte betreiben zu können.[408]

80 Ein realwirtschaftlicher Bezug (im Sinne eines genuine link) zum Staat des Satzungssitzes ist nicht verlangt.[409] Es wäre Sache des Herkunftsstaates, für die Etablierung des Satzungssitzes einen solchen Bezug zu verlangen.[410] Allein eine nach dem konkreten Einzelfall zu beurteilende rein fiktive „Ansiedelung" im Satzungssitzstaat wäre wohl auch für die Zwecke des deutschen IPR schädlich.[411]

81 b) *Überlagerung durch Rechtsnormen des Staates des effektiven Verwaltungssitzes.* aa) Grundsatz. Das beste Modell dürfte eigentlich die Überlagerungstheorie sein.[412] Im theoretischen Ansatz geht es um eine Sonderanknüpfung von Eingriffsnormen des effektiven Sitzrechts, die öffentliche Interessen des effektiven Sitzstaates verfolgen. Überlagerungen durch eine solche Sonderanknüpfung durchbrechen die Ergebnisse des eigentlichen Gesellschaftsstatuts. Dieses eigentliche Gesellschaftsstatut folgt aus der Gründungstheorie. Gerade wenn man die Gründungstheorie mindestens in ihrem Kern als Rechtswahl durch die Gründer anspricht,[413] springt die Parallele zum Internationalen Schuldvertragsrecht ins Auge: Dort wird die Rechtswahlfreiheit des Art. 3 I 1 Rom I-VO, das Grundprinzip, überlagert durch die Sonderanknüpfung von Eingriffsrecht nach Art. 9 Rom I-VO.

82 bb) Strenge primärrechtliche Kontrolle. Normen des Sitzrechts dürfen indes nicht gegen die primärrechtliche Niederlassungsfreiheit verstoßen. Sie dürfen keine übermäßigen Einschränkungen der Niederlassungsfreiheit ohne besondere Rechtfertigung bedingen. Insoweit kommt die Niederlassungsfreiheit als Grundfreiheit in ihrer anerkannten negativen Komponente zum Tragen. Sie setzt sich kraft Normhierarchie gegenüber einer Sonderanknüpfung von sitzstaatlichem (Eingriffs-)Recht ebenso durch, wie sie sich gegenüber einer regulären Anknüpfung von sitzstaatlichem Recht durchsetzen würde. „Niederlassung" ist für die Zwecke der Niederlassungsfreiheit die Möglichkeit, in stabiler und kontinuierlicher Weise am Wirtschaftsleben eines anderen Mitgliedstaats als des Herkunftsstaats teilzunehmen und daraus Nutzen zu ziehen.[414]

83 Nach Inspire Art[415] sind die Hürden für eine spezifische Regulierung pseudo-ausländischer Gesellschaften sehr hoch. Dadurch ist der Bereich zulässiger Überlagerungen sehr eng und schmal geworden.[416] Pseudo-ausländische Gesellschaften sind ja ihrer Definition gemäß in Wahrheit Inlandsgesellschaften, die ihren Satzungssitz im Ausland haben. Von der

---

[405] *Pahlow,* ZNR 2017, 131, 133.
[406] Eingehend *A. Kühne,* Die Anerkennung ausländischer Gesellschaften im französischen und deutschen Rechtskreis, 2014.
[407] Näher *B. S. Höfling,* Das englische internationale Gesellschaftsrecht, 2002, S. 96–121.
[408] *Großfeld,* FS Harry Westermann, 197, S. 199; *ders.,* Internationales und Europäisches Unternehmensrecht, 2. Aufl. 1995, S. 43; *Süß,* in: Herrler (Hrsg.), Gesellschaftsrecht in der Notar- und Gestaltungspraxis, 2017, § 19 Rn. 2.
[409] BGH ZIP 2005, 805, 806; BGHZ 190, 242 Rn. 23–25.
[410] BGHZ 190, 242 Rn. 25.
[411] *Kindler,* NZG 2010, 576, 578; *Mankowski,* EWiR Art. 22 EuGVVO 1/11, 707, 708.
[412] Ähnlich *Scholz/H. P. Westermann,* GmbHG, Bd. I, 12. Aufl. 2018, Anh. § 4a GmbHG Rn. 13. Zu den Varianten der Überlagerungstheorie *O. Sandrock,* BB 2004, 897; *ders.,* ZvglRWiss 102 (2003), 447 sowie *Lanzius,* Anwendbares Recht und Sonderanknüpfung unter der Gründungstheorie, 2005. Eine so genannte „gemeinschaftsrechtlich moderierte Kontrolltheorie" will *Jüttner,* Gesellschaftsrecht und Niederlassungsfreiheit, 2005, begründen.
[413] → § 7 Rn. 65.
[414] EuGH Slg. 1995, I-4165 Rn. 25 – Reinhard Gebhard/Consiglio dell'Ordine degli Avvocati e Procuratori di Milano.
[415] EuGH, Slg. 2003, I-10155 – Kamer van Koophandel en Fabrieken voor Amsterdam/Inspire Art Ltd.
[416] Eingehend dazu z. B. *Sandrock,* ZvglRWiss 102 (2003), 447, 458–502.

II. Gründungs- oder Überlagerungstheorie für EU-Gesellschaften? 84–86 § 7

Sache und vom Kontrollbedürfnis her ist bei ihnen ein Zugriff des Staates, in welchem sich der effektive Verwaltungssitz befindet, in besonderem Maße legitim. Trotzdem hat der EuGH den Weg dorthin versperrt, ihn zumindest zu einem sehr engen Nadelöhr gemacht.

Primärrechtlich ist eine Einschränkung der Niederlassungsfreiheit dann (und nur dann) 84 gerechtfertigt, wenn sie den so genannten Vier-Konditionen-Test[417] besteht. Der EuGH hat diesen Test für die primäre Niederlassungsfreiheit entwickelt. Dort ist er nach der grundlegenden Entscheidung Gebhard[418] als „Gebhard-Formel" bekannt.[419] Nachfolgend hat der EuGH ihn auf die sekundäre Niederlassungsfreiheit und die gesellschaftsrechtliche Problematik übertragen.[420] Er ist heute der Lackmus-Test und Prüfstein, an dem sich alle Einschränkungen messen lassen müssen.[421] Die vier Konditionen lauten: Diskriminierungsfreiheit; Deckung durch zwingende Gründe des Allgemeininteresses; Geeignetheit; Erforderlichkeit. Für eine Rechtfertigung müssen alle diese vier Konditionen kumulativ erfüllt sein. Allerdings prüft der EuGH selber die erste Kondition (Diskriminierungsfreiheit) nicht mehr.[422]

Die letzten drei, also die praktisch relevanten Konditionen begründen der Sache nach 85 eine Verhältnismäßigkeitsprüfung.[423] Die wichtigste Kondition ist die zweite, die Deckung durch zwingende Gründe des Allgemeininteresses. Sie ist Ankerpunkt für eine mögliche Abwehr rein artifizieller Gestaltungen.[424] Als zwingende Gründe des Allgemeininteresses hat der EuGH sowohl den Gläubiger- als auch den Minderheitenschutz durchaus anerkannt.[425] Weitere zwingende Gründe des Allgemeininteresses sind der Arbeitnehmerschutz,[426] die Wahrung der Wirksamkeit steuerlicher Kontrollen und die Lauterkeit des Handelsverkehrs.[427] Ob auch die Mitbestimmung der Arbeitnehmer, insbesondere die unternehmerische Mitbestimmung, Schutzgut ist, das einen Eingriff rechtfertigt, kann man angesichts des vielfältigen Sekundärrechts zum Schutz der unternehmerischen Mitbestimmung im europäischen Sekundärrecht zu europäischen Gesellschaftsformen wohl bejahen.[428]

Es besteht ein großes rechtspolitisches Interesse daran, bloßen Briefkastengesellschaften 86 ohne operatives Geschäft nicht Tor und Tür zu öffnen.[429] Briefkastengesellschaften sind missbrauchsverdächtig. Rechtsmissbrauch entgegenzutreten ist aber ein Anliegen auch des

---

[417] Terminus z.B. bei *Herrler*, DNotZ 2009, 484 (484); *Böttcher/Kraft*, NJW 2012, 2701, 2702; *Wall*, in: Hausmann/Odersky IPR § 18 Rn. 73.
[418] EuGH Slg. 1995, I-4165 Rn. 37 – Reinhard Gebhard/Consiglio dell'Ordine degli Avvocati e Procuratori di Milano sowie zuvor bereits EuGH Slg. 1993, I-1663 Rn. 32 – Dieter Kraus/Land Baden-Württemberg.
[419] Z.B. *Wall*, in: Hausmann/Odersky IPR § 18 Rn. 73.
[420] EuGH Slg. 1999, I-1459 Rn. 34 – Centros Ltd.; EuGH Slg. 2002, I-9919 Rn. 92 – Überseering BV/Nordic Construction Company Baumanagement GmbH (NCC); EuGH Slg. 2003, I-10155 Rn. 133 – Kamer van Koophandel en Fabrieken voor Amsterdam/Inspire Art Ltd.
[421] Siehe nur *Spahlinger*, FS Gerhard Wegen, 2015, S. 527, 532.
[422] Siehe EuGH Slg. 2004, I-2409 Rn. 49 – Hughes de Lasteyrie du Saillant/Ministère de l'Èconomie, des Finances et de l'Industrie; EuGH Slg. 2005, I-10805 Rn. 23 – SEVIC Systems AG; EuGH Slg. 2006, I-7995 Rn. 47 – Cadbury Schweppes Ltd. u. Cadbury Schweppes Overseas Ltd./Commisioners of Inland Revenue; EuGH Slg. 2011, I-12243 Rn. 42 – National Grid Indus BV/Inspecteur van den Belastingdienst Rijnmond, kantoor Rotterdam; EuGH ECLI:EU:C:2012:440 Rn. 39 – VALE Èpitési kft.
[423] *Wall*, in: Hausmann/Odersky IPR § 18 Rn. 75 unter Hinweis auf EuGH Slg. 1993, I-1663 Rn. 37 – Dieter Kraus/Land Baden-Württemberg.
[424] *Parléani*, Rev. sociétés 2018, 50, 54 f.
[425] EuGH Slg. 1999, I-1459 Rn. 34 – Centros Ltd.; EuGH Slg. 2002, I-9919 Rn. 92 – Überseering BV/Nordic Construction Company Baumanagement GmbH (NCC); EuGH Slg. 2003, I-10155 Rn. 135 – Kamer van Koophandel en Fabrieken voor Amsterdam/Inspire Art Ltd.; EuGH ECLI:EU:C:2017:804 Rn. 54 – Polbud Wykostnastwo sp. z o.o.; GA *Kokott*, ECLI:EU:C:2017:351 Rn. 56.
[426] EuGH ECLI:EU:C:2017:804 Rn. 54 – Polbud Wykostnastwo sp. z o.o.; GA *Kokott*, ECLI:EU:C:2017:351 Rn. 56; *Korch/Thelen*, IPRax 2018, 248, 251.
[427] EuGH Slg. 2005, I-10805 Rn. 28 f. – SEVIC Systems AG; EuGH ECLI:EU:C:2012:440 Rn. 39 – VALE Èpitési kft.
[428] *Bayer/J. Schmidt*, ZHR 173 (2009), 735, 758; *Behme* S. 189 f.; *Franz*, EuZW 2016, 920, 924; *Lutter/Bayer/J. Schmidt* Rn. 7.92 mwN.
[429] Siehe nur *Wachter*, NZG 2017, 1312, 1313; *Feldhaus*, BB 2017, 2819, 2823.

Unionsrechts und Schranke für Freiheitsausübungen.[430] Künstlicher „Internationalisierung" kraft rein subjektiver Anknüpfung tritt bereits Art. 3 III Rom I-VO entgegen, dessen Rechtsgedanken man verallgemeinern[431] und insbesondere ins Internationale Gesellschaftsrecht übertragen könnte.[432] Spezifisch zur Bekämpfung von Briefkastengesellschaften gibt es sogar Ansätze im europäischen Sekundärrecht de lege lata wie de lege ferenda.[433] Insbesondere die Bekämpfung von BEPS (Basic Erosing and Profit Shifting), als „Steueroptimierung" verharmlost, haben sich OECD und EU als Zielsetzung auf die Fahnen geschrieben.[434] Die Niederlassungsfreiheit bereits tatbestandlich nur dann eingreifen zu lassen, wenn eine tatsächliche Ansiedlung zum Zweck einer wirklich wirtschaftlichen Betätigung bezweckt ist und die Sitzbegründung kein Selbstzweck ist,[435] würde dem sogar primärrechtlichen Rückhalt verleihen[436] (es sei denn, man wollte bereits eine Umwandlung als wirtschaftliche Aktivität ausreichen lassen, weil sie ein Basis*potenzial* für wirtschaftliche Tätigkeiten legt[437]). Wenn die Niederlassungsfreiheit nur eine echte Standortwahl zur realen wirtschaftlichen Betätigung erfasste, gäbe es keine darüber hinaus gehende Mobilitätsgarantie.[438] Bloße „Registerpräsenz" wäre keine Marktintegration.[439] Reine Briefkastengesellschaften dienen eben nicht zur Erweiterung des unternehmerischen Tätigkeitskreises, sondern häufig nur zur Steueroptimierung oder gar zur Rechtsumgehung.[440] Künstliche Internationalisierung an sich inländischer, d.h. nur mit einem Staat objektiv verbundener Sachverhalte sollte nicht prämiert oder gar gefördert werden.[441] Insoweit wird der Unterschied zwischen den Grundfreiheiten als transnationalen Integrationsnormen und als Faktorfreiheiten zu den EU-Grundrechten als supranationalen Legitimationsnormen apostrophiert.[442]

87 Polbud weist freilich in die entgegengesetzte Richtung und kommt Briefkastengesellschaften sehr weit entgegen.[443] Polbud wird vorgeworfen, damit werde Rosinenpicken erlaubt.[444] Ob der Aufnahmestaat wirklich die Freiheit hat, für „seine" Gesellschaften konstitutiv einen aus seiner Sicht inländischen Verwaltungssitz vorzuschreiben (was theoretisch ein „Sicherheitsventil" sein könnte[445]), erscheint mindestens fraglich. Wenn man den Zuzug funktionell einer Gründung gleichstellt,[446] bliebe es aber denkbar.[447]

88 Die Konstellation für Konstellation fortschreitende, in sich aber nicht immer konsistente Rechtsprechung des EuGH belastet die Mitgliedstaaten damit, in einem trial and error-Verfahren auszutesten, was an Beschränkungen noch gerechtfertigt sein könnte.[448] Das ist kostspielig und der Rechtssicherheit nicht förderlich.

---

[430] Näher *Kjellgren*, (2000) 11 Eur. Bus. L. Rev. 179; *de la Feria*, (2008) 45 CML Rev. 395; *de la Feria/Vogenauer* (eds.), Prohibition of Abuse of Law – A New General Principle of EU Law?, 2011; *Saydé*, Abuse of EU Law and Regulation of the Internal Market, 2014.
[431] Siehe *Mankowski*, NZI 2017, 637 f.; *P. Schulz/A. Steiger*, EuZW 2017, 696, 697; *d'Avout*, JCP G 2017, 1655; *R. Dammann/Huchot*, D. 2017, 2073, 2075 f. in Auseinandersetzung mit EuGH ECLI:EU:C:2017:433 Rn. 49 – Vinyls Italia SpA/Mediterranea di Navigazione SpA.
[432] *D. Zimmer* S. 220–225.
[433] Eingehend *Engsig Sørensen*, (2015) 52 CML Rev. 85.
[434] *Streinz*, JuS 2018, 822, 824.
[435] Dafür GA *Kokott*, ECLI:EU:C:2017:351 Rn. 38, 43, 67; *Stiegler*, GmbHR 2017, 650 f.; *Wicke*, NZG 2017, 702, 703. Dagegen *Bayer/J. Schmidt*, ZIP 2012, 1481, 1486 f.; *Drygala*, EuZW 2013, 569, 570; *W. J. M. van Veen*, WPNR 7171 (2017), 905, 906.
[436] *Looijestijn-Clearie*, SEW 2018, 269, 272.
[437] Dahin *C. Teichmann/Knaier*, GmbHR 2017, 1314, 1319.
[438] *Stiegler*, AG 2017, 846, 850.
[439] *Kindler*, NZG 2018, 1, 3.
[440] *Wicke*, NZG 2017, 702, 703.
[441] Siehe *d'Avout*, JCP G 2017.947; *Bollée*, in: d'Avout/Bollée, D. 2017, 2054, 2062.
[442] *Mörsdorf*, ZIP 2017, 2381, 2384.
[443] *Bochmann/Cziupka*, GmbHR 2017, 1266, 1267; *C. Teichmann*, GmbHR 2017, R356, R357; *Hushahn*, RNotZ 2018, 23, 25; *Haslinger/Mitterecker*, GES 2018, 223, 226 f. siehe auch *Rammeloo*, MJ 25 (2018), 87, 99.
[444] *C. Teichmann*, GmbHR 2017, R356, R357.
[445] *Behme*, NZG 2012, 936, 939; *Bochmann/Cziupka*, GmbHR 2017, 1266, 1267
[446] Dahin EuGH ECLI:EU:C:2017:804 Rn. 43 – Polbud Wykostnastwo sp. z o.o.
[447] *Stiegler*, AG 2017, 846, 851.
[448] *Kieninger*, NJW 2017, 3624, 3627.

c) Rechtserwerb durch EU-Auslandsgesellschaften. Die Tücken der Gründungstheorie zeigen 89 sich oft erst im praktischen Fall. Dies gilt insbesondere,[449] wenn eine EU-Auslandsgesellschaft im inländischen Rechtsverkehr tätig wird und Rechte erwerben will.

Eine besondere und besonders formalisierte Art des Verkehrs ist der Verkehr mit Registerbehörden. Die gegenüber den Registerbehörden agierenden Personen haben ihre Vertretungsmacht für die EU-Auslandsgesellschaften nachzuweisen. Gegenüber dem deutschen Grundbuchamt hat dies gemäß § 29 I GBO durch öffentliche oder öffentlich beglaubigte Urkunden zu geschehen. Denn Eintragungsverfahren und zu erbringende Nachweise samt Anerkennung der Beweiskraft ausländischer Urkunden richten sich nach der lex fori, im deutschen Grundbuchverkehr daher nach der GBO,[450] im Zwangsversteigerungsverfahren nach dem ZVG, insbesondere § 71 II ZVG.[451] 90

Ausländische öffentliche Urkunden stehen deutschen gleich, wenn die ausländische Urkundsperson nach Vorbildung und Stellung einem deutschen Notar gleichsteht und das von ihr durchgeführte Beurkundungsverfahren dem deutschen gleichwertig ist.[452] Die Sonderregel des § 32 GBO, dass in einem Register eingetragene Vertretungsberechtigungen sowie das Bestehen von Gesellschaften durch die Bescheinigung eines Notars nachgewiesen werden können, gilt nicht für ausländische Gesellschaften.[453] 91

Ausnahmsweise kann die Einsichtnahme durch einen deutschen Notar in ein ausländisches Register reichen, wenn dieses Register seiner rechtlichen Bedeutung nach dem deutschen Register entspricht.[454] Bescheinigungen ausländischer Notare fallen dagegen nicht unter § 32 GBO, sondern nur unter § 415 ZPO[455] und unterliegen damit der Notwendigkeit, als ausländische öffentliche Urkunden anerkannt werden zu müssen.[456] Für das englische Companies Register ergibt sich ein massives Problem, denn ihm kommt keine dem deutschen Handelsregister vergleichbare Publizitätsfunktion zu.[457] Es belegt nach sec. 15 (4) Companies Act 2006 nur, dass die Gesellschaft den Registrierungserfordernissen entsprach und ordentlich registriert wurde. Es sagt dagegen nichts darüber, ob die Gesellschaft noch besteht und wer sie vertritt.[458] Die Vertretungsbefugnis eines director kann sich aus dem Gesellschaftsvertrag oder aus einem Gesellschafterbeschluss ergeben; die entsprechenden Unterlagen (Articles of Association bzw. Minute Book) sind aber nicht Teil der Registrierung, sondern bedürfte besonderer Einsichtnahme durch einen Notar, der dann eine entsprechende (nicht unter § 21 BNotO fallende) Bescheinigung über die Vertretungsverhältnisse erstellt.[459] Es handelt sich bei der Bescheinigung nur um eine gutachterliche Äußerung, die deshalb die tatsächlichen Grundlagen für die Feststellungen des Notars benennen und enthalten muss.[460] 92

Zudem kann nach der internen Kompetenzstruktur einer Gesellschaft nicht der director, sondern vielmehr der secretary (oder, je nach Gesellschaftsstatut, z.B. ein registered agent[461]) der für Behördenverkehr maßgebliche Funktionsträger sein. 93

---

[449] Zur Eintragung eines „Herein-Formwechsels" auf eine deutsche GmbH im deutschen Handelsregister KG NZG 2016, 834 m. Anm. *Stieber; Wachter,* GmbHR 2016, 738; *H. Richter/Backhaus,* DB 2016, 1625.
[450] Siehe nur OLG Dresden NZG 2008, 265; KG NZG 2012, 1352 = FGPrax 2013, 10 m. Anm. *J. Heinmann* = RPfleger 2013, 196 m. Anm. *Demharter;* OLG Köln FGPrax 2013, 18; KG ZIP 2013, 973; OLG Düsseldorf NZG 2015, 199 = BB 2015, 590 m. Anm. *Heckschen; Cranshaw,* jurisPR-HaGesR 5/2013 Anm. 4.
[451] LG Dortmund RPfleger 2018, 286 m. Anm. *Sievers.*
[452] BGH NJW-RR 2007, 1006; OLG Zweibrücken FGPrax 1999, 86; KG FGPrax 2011, 168; OLG Nürnberg WM 2014, 1483, 1484.
[453] OLG Nürnberg WM 2014, 1483, 1484.
[454] OLG Schleswig RPfleger 2008, 498; OLG Brandenburg MittBayNot 2011, 222.
[455] OLG Köln RPfleger 1989, 66; OLG Hamm DNotZ 2011, 541.
[456] OLG Nürnberg WM 2014, 1483, 1484.
[457] OLG Nürnberg WM 2014, 1483, 1485.
[458] OLG Dresden NZG 2008, 265, 267.
[459] OLG Hamm FGPrax 2006, 276; KG DNotZ 2012, 604; OLG Nürnberg WM 2014, 1483, 1485.
[460] OLG Hamm FGPrax 2006, 276.
[461] OLG Jena FGPrax 2018, 104, 105 für eine British Virgin Islands-Ltd.

94 **3. Wichtige Konsequenzen.** *a) Grenzüberschreitende Sitzverlegung.* Die Konsequenzen aus einer Anwendung der Gründungstheorie statt der Sitztheorie materialisieren sich am stärksten bei einer grenzüberschreitenden Sitzverlegung. Denn bei einer Verlegung des jeweils maßgeblichen Anknüpfungspunktes würde die Sitztheorie eine Auflösung der Gesellschaft im alten Sitzstaat und eine Neugründung einer neuen Gesellschaft im neuen Sitzstaat verlangen. Die Gründungstheorie dagegen erlaubt im Ansatz eine identitätsverwahrende Verlegung des Sitzes. Jede Auflösung bedingt eine Abwicklung und zieht im Zweifel nach Maßgabe des Steuerrechts im alten Sitzstaat eine Auflösungsbesteuerung nach sich. Jede Neugründung wiederum erfordert Gründungsaufwand und das Durchlaufen einer Gründungsphase. Beides, Auflösung und Neugründung, vermeiden zu können, ist ein großer Vorteil für die betroffenen Gesellschaften und Gesellschafter. Passende Checklisten, Routinen und Ablaufschemata für grenzüberschreitende Sitzverlegungen von Gesellschaften aus EU oder EWR haben sich in der Rechtspraxis entwickelt[462] und erleichtern Gerichten und Rechtsanwendern die Arbeit sehr.

95 aa) Grenzüberschreitende Verlegung des Verwaltungssitzes. Die Gründungstheorie ficht es nicht an, wenn nur der effektive Verwaltungssitz grenzüberschreitend verlegt wird. Denn die Gründungstheorie verwendet den effektiven Verwaltungssitz gerade nicht als ihren Anknüpfungspunkt. Er ist ein für sie völlig unerhebliches Merkmal. Wird nur er grenzüberschreitend verlegt,[463] so ändert sich das Gründungsrecht ebenso wenig wie – jedenfalls im Ansatz – der Ort der Registrierung. Das Gründungsrecht ist seiner Natur gemäß auf den Zeitpunkt der Gründung fixiert. Spätere Entwicklungen verändern es nicht. Es ist unwandelbar angeknüpft. Daher bereitet eine grenzüberschreitende Verwaltungssitzverlegung der Gründungstheorie keine Probleme, und die Gründungstheorie akzeptiert sie.[464]

96 Bei der Registrierung allerdings kann eine Änderung denkbar sein, wenn das Recht des Registrierungsstaates für das Aufrechterhalten einer Registrierung verlangt, dass sich auch der effektive Verwaltungssitz im Registrierungsstaat befinden muss. Indes wird dies im Sachrecht von Staaten, welche der Gründungstheorie folgen, kaum der Fall sein. Denn jene Staaten wollen exportieren, wollen, dass „ihre" Gesellschaften mobil sind und die Welt erobern. Das englische Recht als Musterbeispiel adaptierte die Gründungstheorie wesentlich,[465] damit nach englischem Recht gegründete Gesellschaften in den Kolonien tätig werden konnten.[466] Ähnliche Überlegungen führten dazu, dass die Niederlande – obwohl geographisch eindeutig kontinentaleuropäischer Staat – sich der Gründungstheorie verschrieben.[467]

97 Aus der Sicht des Zuzugsstaates ist der Zuzug von Gesellschaften unter anderem Gründungsrecht funktionell eine Umgehung seiner Gründungsvorschriften.[468] Folgt er der Gründungstheorie, so muss er dies aber hinnehmen. Seine Entscheidung für die Gründungstheorie hat dies notwendig zur Folge, und er kann sich nicht dagegen verwahren, will er systemgetreu bleiben.

98 bb) Grenzüberschreitende Verlegung des Satzungssitzes. Die grenzüberschreitende Verlegung des Satzungssitzes dagegen beschäftigt die Gründungstheorie sehr wohl. Insbesondere ficht grenzüberschreitende Verlegung des Satzungssitzes jene Variante der Gründungstheo-

---

[462] Insbesondere die Checkliste der Richterinnen und Richter am Amtsgericht Charlottenburg – Handelsregister – betreffend die anzuwendenden Rechtsnormen bei grenzüberschreitenden Sitzverlegungen (August 2014), GmbHR 2014 R 311.
[463] Z. B. wegen Verschiebung des Unternehmensschwerpunkts, dem dann eine Relokalisierung des Führungszentrums folgt; *Rammeloo*, MJ 25 (2018), 87, 95.
[464] Eingehend *Stiegler*, Grenzüberschreitende Sitzverlegungen nach deutschem und europäischem Recht, 2017, S. 97–144 mwN.
[465] Leading cases waren *Dutch West India Company v. Van Moses* (1724) 1 Str. 612 und *Henriques v. Dutch west India Co.* (1728) LD Raym. 1533. Näher *Raymond*, Eur. Bus. L. Rev. 2004, 631.
[466] *Leible*, in: Michalski/Heidinger/Leible/J. Schmidt, GmbHG, 3. Aufl. 2017, Syst. Darst. 2 Rn. 7; *J. Schmidt*, ZvglRWiss 116 (2017), 313, 316.
[467] Neuester Ausfluss ist Art. 2 Wet conflictenrecht corpaties van 17 december 1997; zuvor Wet van 25 juli 1959.
[468] Auf den Punkt AG Ludwigsburg ZIP 2006, 1507, 1509.

II. Gründungs- oder Überlagerungstheorie für EU-Gesellschaften? 99–102 § 7

rie an, die an den Satzungssitz anknüpft. Denn wenn man die Geschöpftheorie ernst nimmt, der zufolge eine Gesellschaft nur als Geschöpf einer Rechtsordnung existieren kann und nicht aus sich selber heraus, führt bei Anknüpfung an den Satzungssitz eine Satzungssitzverlegung zur Änderung der lebensnotwendigen rechtlichen Grundlage. Die Satzungssitzverlegung wird dann zur Statusänderung, wenn diese auch bei konsequent gründungstheoretischem Ansatz identitätswahrend bleibt. Die Gesellschaft ändert nur ihr Gewand und ihre Gestalt, aber nicht ihre Identität, so dass kein Wechsel in der Rechtsträgerschaft mit teuren und aufwändigen Übertragungsvorgängen notwendig ist.[469]

Wenn sie ihrem jeweiligen eigenen Ansatz treu bleiben wollen, müssten dagegen die anderen Varianten der Gründungstheorie im Prinzip unbeeindruckt bleiben:[470] Bei Anknüpfung an das Gründungsrecht kann sich durch nachfolgende Entwicklungen nichts ändern; denn diese Anknüpfung ist unwandelbar. Bei Anknüpfung an den Registrierungsort ändert sich per se auch nichts (nur bei Umregistrierung als zusätzlichem Moment). Indes kann eine Änderung nötig sein, wenn das Recht des Registrierungsortes verlangt, dass der Satzungssitz jeweils aktuell im Registrierungsstaat liegen muss. Aber solange die bisherige Registrierung aufrechterhalten bleibt (etwa weil der Satzungssitz nur zum Zeitpunkt der ursprünglichen Registrierung im Registrierungsstaat liegen musste oder weil keine Kontrolle auf eine spätere Verlegung stattfand), müsste eine Anknüpfung an sie möglich bleiben. 99

b) *Grenzüberschreitende Umwandlung und grenzüberschreitender Formwechsel.* Außer bei der Möglichkeit einer grenzüberschreitenden Sitzverlegung erweitert die Gründungstheorie das Optionenpotenzial bei grenzüberschreitender Umwandlung und grenzüberschreitendem Formwechsel. Sie zwingt dabei freilich zu Kreativität und Flexibilität bei der Handhabung des präexistenten Normmaterials, das nicht auf grenzüberschreitende Formwechsel, sondern auf rein nationale Sachverhalte ausgerichtet ist. 100

4. Ausdehnung des Ansatzes für EU-Gesellschaften auf EWR-Gesellschaften. Was für in der EU gegründete Gesellschaften gilt, muss auch für im EWR gegründete Gesellschaften gelten.[471] Denn das EWR-Abk. kennt dieselben Grundfreiheiten wie weiland der EGV und heute der AEUV. Die Niederlassungsfreiheit ist wegen des Homogenitätsgebots unter Art. 31 EWR-Abk. ebenso zu verstehen wie unter dem AEUV und zuvor dem EGV.[472] 101

Die vom EuGH entwickelten Grundsätze umfassen also auch Gesellschaften aus Island, Liechtenstein und Norwegen (EFTA-Staaten). Liechtenstein hat vergleichbare Gesellschaftsformen, wie man sie in Deutschland kennt, z.B. Liechtensteiner GmbH oder Liechtensteiner AG. In Norwegen wird ebenso wie im deutschen Recht zwischen Kapital- und Personengesellschaften unterschieden. Beispiele für norwegische Gesellschaftsformen sind die Akjeselskap (AS), die Allmennaksjeselskap (ASA) oder auch die Ansvarlig Selskap (ANS). In Island gibt es unter anderem die Einkahlutafelag (Ehf), die einer private limited company ähnelt. 102

---

[469] Eingehend *Stiegler,* Grenzüberschreitende Sitzverlegungen nach deutschem und europäischem Recht, 2017, S. 144–183 mwN.
[470] Siehe *Bayer/J. Schmidt,* ZIP 2012, 1481, 1486f.; dies., BB 2013, 3, 9; dies., BB 2016, 1923, 1932; *J. Schmidt,* ZvglRWiss 116 (2017), 313, 330f. sowie *Behme,* NZG 2012, 936, 939; *Schön,* ZGR 2013, 333, 358f.; *Drygala,* EuZW 2013, 569, 570; *Schaper,* ZIP 2014, 810, 816.
[471] BGHZ 164, 148; BGH NJW 2011, 844; OLG Frankfurt IPRax 2004, 56; *Leible/J. Hoffmann,* RIW 2002, 925, 927; *Eidenmüller,* ZIP 2002, 2233, 2244; *Forsthoff,* DB 2002, 2471; *Schanze/Jüttner,* AG 2003, 30, 36; *Meilicke,* GmbHR 2003, 793, 798; *Baudenbacher/Buschle,* IPRax 2004, 56; *Kieninger,* ZEuP 1994, 685, 702; *Mankowski,* RIW 2004, 481, 483; *Ebke,* 38 Trans. Lawyer 813, 845 (2004); *Ressos,* DB 2005, 1048; IPG 2009–2011 Nr. 47 Rn. 9 (Köln); *Süß,* in: Herrler (Hrsg.), Gesellschaftsrecht in der Notar- und Gestaltungspraxis, 2017, § 19 Rn. 21.
[472] EFTA-GH 22.2.2002 – E-2/01, ABl. EG 2002 C 115/13 – Pucher; EFTA-GH 1.7.2005 – E-8/04 – EFTA Aufsichtsbehörde/Fürstentum Liechtenstein; EuGH Slg. 2003, I-9743 Rn. 29 – Margarethe Ospelt u. Schlössle Weissenberg Familienstiftung; *Leible/J. Hoffmann,* RIW 2002, 925, 927; *M.-P. Weller,* IPRax 2009, 202, 206; *Behme,* Rechtsformwahrende Sitzverlegung und Formwechsel von Gesellschaften über die Grenze, 2015, S. 24.

III. Gründungstheorie in Art. XXV V 2 Deutsch-amerikanischer Freundschafts-, Handels- und Schifffahrtsvertrag

103 Der Deutsch-amerikanische Freundschafts-, Handels- und Schifffahrtsvertrag[473] (FHSV) ist Kind seiner Entstehungszeit. Er stammt aus dem Jahre 1954, also aus den 1950ern, aus der Nachkriegszeit. Die USA schlossen mit einigen kontinentaleuropäischen Staaten bilaterale Verträge, insbesondere mit der Bundesrepublik Deutschland. Die USA hatten wesentlich mitgeholfen, Deutschland wiederaufzubauen, insbesondere durch den Marshall-Plan. Zwischen den Partnern des Staatsvertrags bestand ein Ungleichgewicht. Dies erklärt, weshalb sich im FHSV ganz weitgehend und nahezu ausschließlich US-amerikanische Vorstellungen durchgesetzt haben.[474] Dies gilt gerade im Internationalen Gesellschaftsrecht. Denn Art. XXV V 2 FHSV verankert im Verhältnis zwischen den USA und Deutschland die Gründungstheorie.[475] In den USA gegründete Gesellschaften sind in Deutschland anzuerkennen. Insoweit wurde die aus deutscher Sicht im autonomen IPR geltende Sitztheorie durchbrochen, durchaus zum Wohle von US-Gesellschaften, die sich keinerlei Zweifeln an ihrer rechtlichen Existenz aus deutscher Sicht mehr ausgesetzt sahen. Eine Einschränkung des Anknüpfungsgegenstands auf die Rechtsfähigkeit[476] würde eine nur Probleme bereitende Spaltung mit sich bringen, ohne dass dem ein wirklicher Nutzen gegenüber stünde.

104 Die reine Gründungstheorie wird dadurch eingeschränkt, dass ein genuine link zum Gründungsstaat bestehen muss, also eine reale, nicht nur eine formelle Verbindung.[477] Indes werden die Anforderungen an ein genuine link so niedrig angesetzt, dass sie leicht zu erfüllen sind: Eine Telefonnummer, eine Postadresse oder eine Kontoverbindung in den USA reichen aus.[478] Zudem bleibt fraglich, ob ein genuines link-Erfordernis überhaupt übereinkommenskonform ist.[479] In der Praxis dürfte indes kaum eine wirklich werbende und operative US-Gesellschaft kein genuine link haben, denn sie muss erhebliche Anforderungen unter dem Sachrecht des jeweils betroffenen US-Bundesstaates erfüllen (z.B. Meldungen abgeben, eine Zustelladresse vorweisen, einen registered agent vorweisen), damit sie nicht von Amts wegen gelöscht wird und ihre Registrierung aufrechterhalten bleibt.[480]

IV. Gründungstheorie nach CETA im Verhältnis zu Kanada

105 Im Verhältnis zu Kanada ist von der Gründungstheorie auszugehen, soweit CETA[481] anwendbar ist, sei es auch nur vorläufig, und soweit eine Gesellschaft nennenswerte operative Tätigkeiten (substantive business activities) in ihrem Herkunftsstaat ausübt.[482] Das er-

---

[473] Freundschafts-, Handels- und Schifffahrtsvertrag zwischen der Bundesrepublik Deutschland und den Vereinigten Staaten von Amerika vom 29.10.1954, BGBl. 1956 II 763.

[474] Das dürfte die von *Schurig*, Liber amicorum Peter Hay, 2005, S. 369, 374 gesuchte Erklärung sein.

[475] Umfassend *Kaulen*, Die Anerkennung von Gesellschaften unter Art. XXV Abs. 5 S. 2 des deutsch-US-amerikanischen Handels-, Schifffahrts- und Freundschaftsvertrags von 1954, 2008; *ders.*, IPRax 2008, 389; *Laeger*, Deutsch-amerikanische Internationales Gesellschaftsrecht, 2008; *Tömschin*, Die Anerkennung US-amerikanischer Gesellschaften in Deutschland, 2011; außerdem z.B. BGH NJW-RR 2002, 1359, 1360; BGH RIW 2003, 473; BGH NZG 2004, 863; BGH ZIP 2004, 2230; BGH NJW-RR 2007, 574, 575; BGH ZIP 2009, 2385; BFH RIW 2003, 627, 629f.; OLG Düsseldorf NJW-RR 1995, 1142; OLG München GRUR-RR 2008, 400; LG Bochum GRUR-RR 2013, 478 = GRUR Int. 2013, 810; *Bungert*, WM 1995, 2125, 2131; *ders.*, DB 2003, 1043, 1045; *Leible/J. Hoffmann*, ZIP 2003, 925, 930; *M.-P. Weller*, IPRax 2003, 324; *J. C. Dammann*, RabelsZ 68 (2004), 607, 614–627.

[476] Dafür *J. C. Dammann*, RabelsZ 68 (2004), 607, 633–638; *Schurig*, Liber amicorum Peter Hay, 2005, S. 369, 375f.

[477] OLG Düsseldorf NJW-RR 1995, 1142.

[478] BGH ZIP 2004, 2230.

[479] *Bungert*, WM 1995, 2125, 2129; *Eidenmüller*, ZIP 2002, 2233, 2244; *J. C. Dammann*, RabelsZ 68 (2004), 607, 644–647.

[480] BeckOK BGB/*Mäsch* Anh. II Art. 12 EGBGB Rn. 45; *Süß*, in: Herrler (Hrsg.), Gesellschaftsrecht in der Notar- und Gestaltungspraxis, 2017, § 19 Rn. 24.

[481] Umfassendes Wirtschafts- und Handelsabkommen (CETA) zwischen Kanada einerseits und der Europäischen Union und ihren Mitgliedstaaten andererseits, ABl. EU 2017 L 11/23.

[482] *Freitag*, NZG 2017, 615, 617.

gibt sich aus dem Telos von CETA.[483] Nicht geschützt sind reine Briefkastengesellschaften.[484]

V. Sitztheorie für andere Drittstaatengesellschaften

Beispiel:[485] Eine Schweizer Aktiengesellschaft (nach Artt. 620–763 OR) mit satzungsmäßigem Sitz in der Schweiz und mit effektivem Verwaltungssitz in Deutschland möchte ein deutsches Unternehmen vor einem deutschen Gericht verklagen. Deutsche Gerichte wenden das lex fori-Prinzip zur Bestimmung der Rechtsfähigkeit von ausländischen Gesellschaften an. Die Schweiz ist kein Mitgliedstaat der EU. Somit ist nicht die Gründungstheorie, sondern die Sitztheorie aus der Sicht des deutschen Richters maßgeblich. Nach der Sitztheorie ist das Recht des effektiven Verwaltungssitzes der Gesellschaft anwendbar, hier also deutsches Recht. Im deutschen Gesellschaftsrecht gilt der Grundsatz des Numerus Clausus der Gesellschaftsformen. Die Form der schweizerischen Gesellschaft ist dabei nicht mit inbegriffen. Die deutschen Regelungen zum Gesellschaftsrecht kennen die schweizerische Aktiengesellschaft nicht. Deshalb gilt sie bei strikter Anwendung der Sitztheorie in Deutschland als nicht rechts- und damit als nicht parteifähig. Die Klage wäre durch Prozessurteil abzuweisen (siehe aber unten sub specie der modifizierten Sitztheorie).

1. Schutzzweck der Sitztheorie. Die Sitztheorie ist eine Schutz- und Abwehrtheorie, die ausländische Gesellschaftsformen an der Grenze abblocken will.[486] Für die Sitztheorie wird eine Vielzahl von Zwecken ins Feld geführt:[487] Erstens soll sie die Gesellschafter schützen, insbesondere Aktionäre. Zweitens soll sie die Gläubiger der Gesellschaft schützen, insbesondere indem sie mittelbar für eine tragfähige Eigenkapitalausstattung Sorge trägt. Drittens soll sie die Arbeitnehmer des von der Gesellschaft getragenen Unternehmens schützen, einerseits als Gläubiger, andererseits über Mitbestimmung als stakeholder. Viertens soll sie die Allgemeininteressen des vom Agieren der Gesellschaft am meisten und am stärksten betroffenen Staates, eben des Staates des siège réel, wahren.[488] Die Sitztheorie wollte ein level playing field für Gesellschaften wahren und hat dies in der Praxis der Sitztheoriestaaten über Jahrzehnte umzusetzen versucht.[489] Plastisch gesagt wird der Sitztheorie zugeschrieben, ein Wächteramt wahrzunehmen.[490] Man kann versuchen, sie als kollisionsrechtliche Absicherung sachrechtlicher Zwecke und Ausdruck eines regulatorischen IPR einzuordnen.[491] Im Gegensatz dazu verfolgt die Gründungstheorie das Alternativmodell eines Wettbewerbs der Gesellschaftsrechtsordnungen.[492] Hinter Sitztheorie einerseits und Gründungstheorie andererseits liegen also einander diametral entgegengesetzte Modelle und ordnungspolitische Konzeptionen.[493] Die Sitztheorie ist Antithese zur liberalen Gründungstheorie und will gezielten Interessenschutz für alle Gruppen von Stakeholdern durch ein restringierendes Regelungskorsett; sie verfolgt also eine gänzlich andere Regelungsphilosophie.[494] Sie ist eine moderne Ausfüllung des Territorialitätsprinzips.[495] Ob sie ihre Schutzzwecke in Angesicht der legislativen und judikativen Entwicklung überhaupt noch erreichen kann, wird durchaus in Frage gestellt.[496]

---

[483] *Freitag*, NZG 2017, 615, 617.
[484] *Freitag*, NZG 2017, 615, 618.
[485] *Rauscher* Rn. 650.
[486] *M.-P. Weller*, FS Uwe Blaurock, 2013, S. 497, 501.
[487] Siehe nur Staudinger/*Großfeld* IntGesR Rn. 41–43, 72–76 (1993); *Ebke*, 36 Int'l. Lawyer 1015, 1027–1034 (2002).
[488] Siehe nur BGH NJW 1967, 36, 38; BayObLG NJW-RR 1993, 43, 44; Staudinger/*Großfeld* IntGesR Rn. 41 (1993); MüKoBGB/*Kindler* IntGesR Rn. 423.
[489] Siehe nur *Ebke*, in: 50 Jahre BGH – FG aus der Wissenschaft, Bd. II, 2000, S. 799, 804.
[490] MüKoBGB/*Kindler* IntGesR Rn. 423.
[491] *W.-H. Roth*, ZGR 2014, 168, 191.
[492] Siehe nur *Ebke*, in: Sandrock/Wetzler (Hrsg.), Deutsches Gesellschaftsrecht im Wettbewerb der Rechtsordnungen, 2004, S. 101, 107.
[493] *Eidenmüller*, ZIP 2002, 2233, 2235.
[494] *G. H. Roth*, FS Hellwig Torggler, 2013, S. 1023, 1025.
[495] *M.-P. Weller*, ZGR 2010, 679, 688; *ders.*, FS Uwe Blaurock, 2013, S. 497, 501.
[496] *L. Hübner*, ZGR 2018, 149, 168.

108 Die Sitztheorie löst jedenfalls eine Vielzahl von Folgefragen aus.[497] Sie wandelt automatisch, von Rechts wegen, eine schein-ausländische Kapitalgesellschaft in eine inländische Personengesellschaft um.[498] Oft schafft sie damit mehr Probleme, als sie löst. Nicht selten schafft sie gerade in den Bereichen Probleme, für die sie Schutzzwecke reklamiert. Insbesondere ändert die durch sie bewirkte Umwandlung in eine inländische Personengesellschaft Vertretungs- und Haftungsverhältnisse komplett.[499] Alle Regeln, die an das Vorhandensein einer Kapitalgesellschaft anknüpfen, sind infolge jener Umwandlung nämlich nicht mehr anwendbar. Wenn aus einer ausländischen Kapitalgesellschaft kraft Sitztheorie ex lege eine deutsche OHG wird, so ist mangels Eintragung dieser OHG auch § 20 GWG im Kampf gegen Geldwäsche nicht anwendbar, da diese Norm nur eingetragene Personengesellschaften erfasst.[500]

109 Alles dies gilt indes nur für das deutsche Inland. Aus ausländischer Sicht dagegen mag die Kapitalgesellschaft fortbestehen, so dass es zu hinkenden Rechtsverhältnissen kommt.[501] Man kämpft mit einer Statutenverdoppelung[502] und deren sehr misslichen Folgen. Schon bei der Vertretung, aber erst recht bei der gerichtlichen Titulierung wie bei der Vollstreckung, kann dies zusätzliche Hürden errichten und zu kaum lösbaren Problem führen.[503] Zudem gilt die Satzung der ausländischen Kapitalgesellschaft als Datum fort.[504] Im Ergebnis führt dies zu einer Gemengelage von kaum, wenn überhaupt, zu lösenden kollisions-, materiell-, (international-)prozess- und vollstreckungsrechtlichen Probleme.[505]

110 Die Sitztheorie reklamiert für sich, gerade der Durchsetzung der Unternehmensmitbestimmung zu dienen.[506] Jedoch kann das nach § 5 MitbestG rechtsformspezifisch ansetzende und auf AG, KGaA, GmbH und GmbH & Co. KG beschränkte deutsche Mitbestimmungsrecht bei einer einfachen inländischen Personengesellschaft, einer OHG zumal, nicht greifen. Eine Substitution der in § 5 MitbestG aufgezählten deutschen Gesellschaftsformen durch funktionell gleichwertige ausländische Gesellschaftsformen[507] scheitert daran, dass es an der für eine Substitution notwendigen Offenheit derjenigen Norm fehlt, in deren Rahmen eine Substitution stattfinden soll.

111 Der Schutz der Gesellschafter ist ein weiteres denkbares Schutzanliegen. Insbesondere geht es um einen möglichen Schutz von Minderheitsgesellschaftern gegen Majorisierung durch die Gesellschaftermehrheit. Insoweit können die Gründer ein Interesse haben, die Gesellschaft unter einem Recht zu gründen, dass ihnen größeren Einfluss auf die Gesellschaft qua großzügiger Majorisierung belässt. Zugunsten einer gründungstheoretischen Anknüpfung wird angeführt, Gesellschafter schlössen sich einer Gesellschaft an, die nach einem bestimmten Recht gegründet sei, und unterstellten sich insoweit dem Gründungsrecht.[508] Schließlich seien die Gesellschafter entweder originäre Parteien des Gesellschaftsvertrags, träten dem Gesellschaftsvertrag später bei oder erwürben derivativ Gesellschaftsanteile. Kapitalanleger würden sich nicht für den eigentlich unternehmensextern ausgerichteten effektiven Verwaltungssitz interessieren, sondern für wirtschaftliche Aspekte.[509] Eine

---

[497] *Eidenmüller/Rehm*, ZGR 1997, 89 sowie *dies.*, ZGR 2004, 159.
[498] BGH NJW 2002, 3539; *Goette*, DStR 2002, 1679; *Leible/J. Hoffmann*, DB 2002, 2203, 2205; *Kindler*, IPRax 2003, 41; *P. Behrens*, IPRax 2003, 193, 199; *M.-P. Weller*, FS Wulf Goette, 2011, S. 583, 592.
[499] Siehe nur *Hellgardt/Illmer*, NZG 2009, 94.
[500] *Kieninger*, ZfPW 2018, 121, 126 f.
[501] *W.-H. Roth*, IPRax 2003, 117, 124; *Dubovizkaja*, GmbHR 2003, 694, 695; *M.-P. Weller*, FS Wulf Goette, 2011, S. 583, 593.
[502] Siehe nur *P. Behrens*, IPRax 2003, 193, 200; *M.-P. Weller*, FS Wulf Goette, 2011, S. 583, 593.
[503] *Henze*, BB 2000, 2053, 2053; *Walden*, EWS 2001, 256, 259; *Lamsa*, BB 2009, 16, 17; *Lutter/Bayer/J. Schmidt* Rn. 7.68.
[504] *Hellgardt/Illmer*, NZG 2009, 94, 95; *Gottschalk*, ZIP 2009, 748, 751; *M.-P. Weller*, FS Wulf Goette, 2011, S. 583, 594.
[505] *Walden*, EWS 2001, 256; *Meilicke*, GmbHR 2003, 793, 800 f.; *Ebke*, in: Sandrock/Wetzler (Hrsg.), Deutsches Gesellschaftsrecht im Wettbewerb der Rechtsordnungen, 2004, S. 101, 117.
[506] Insbesondere *Großfeld/S. Erlinghagen*, JZ 1993, 217.
[507] Dafür *Kindler*, Symposium P. Winkler v. Mohrenfels, 2013, S. 147.
[508] *D. Zimmer*, Internationales Gesellschaftsrecht, 1996, S. 403 f.
[509] *D. Zimmer*, Internationales Gesellschaftsrecht, 1996, S. 404 f.

V. Sitztheorie für andere Drittstaatengesellschaften 112–115 § 7

Nichtanerkennung einer ausländischen Gesellschaft, Sanktion nach der Sitztheorie, könnte Gesellschafter entgegen deren Erwartungen mit einem anderen Recht überraschen und für die Gesellschafter darüber sogar das ihnen unliebe Risiko einer persönlichen Haftung neu eröffnen.[510] Die Erwartungen der Gesellschafter durchbricht die Sitztheorie jedoch gerade ganz gezielt. Sie will den Gesellschafter, Gründern und Organen bewusst einen Strich durch deren Rechnung machen. Sie will eben die Maske herunterreißen und keinen unnötigen Raum für Tricks und Verlagerungen potenziell zu Lasten anderer Stakeholder lassen. Die Sitztheorie will eben Gegengewicht zum Parteiwillen sein.

In vielerlei Hinsicht kann man indes daran zweifeln, ob die Sitztheorie wirklich geeignet 112 ist, ihre angeblichen Schutzzwecke zu erreichen. Erstens spricht sie jedenfalls nach vorherrschender Lesart eine Gesamtverweisung aus.[511] Sie garantiert also keineswegs die Anwendung des Sachrechts aus dem „Schwerpunktrecht", sondern würde sich fügen, wenn das IPR des effektiven Verwaltungssitzes der im Grundsatz doch so bekämpften und abgelehnten Gründungstheorie folgt.[512] Zweitens zerstört die Sitztheorie in einigen Beziehungen Rechtsträger, derer sie gerade zu ihrer eigenen Durchsetzung bedürfte.[513]

Drittens ist es der Sitztheorie nicht gelungen, das Aufkommen von Briefkastenfirmen 113 etwa aus Panama, Bermuda, den Bahamas, den Cayman Islands, den British Virgin Islands oder den Niederlanden effektiv zu verhindern.[514] Bürger von Sitztheoriestaaten haben solche Firmen in hellen Scharen gegründet. Die Sitzstaaten der Briefkastenfirmen folgen durch die Bank weg der Gründungstheorie. Solche Briefkastenfirmen dienen Geldwäsche, Waffenhandel, Drogenhandel, illegalem Kunsthandel, Steuerhinterziehung, Kapitalexport von Oligarchen oder Im/Exportgeschäften von Diktatoren, deren Familien und Günstlingen.[515] Allerdings könnte man sich mit ähnlicher Begründung gegen das Strafrecht wenden, weil es dem Strafrecht ja nicht bereits durch seine bloße Existenz gelinge, sämtliche Straftaten zu verhindern. Das Strafrecht scheint zudem das berufene Gebiet, um die genannten Auswüchse effektiv zu bekämpfen.[516]

2. Einheitliches Kollisionsrecht oder Differenzierung nach Schutzzwecken? Das 114 Internationale Gesellschaftsrecht des EuGH ist ein reines Binnenmarkt-IPR. Zur Behandlung von Drittstaatengesellschaften hat der EuGH nichts gesagt. Insoweit hat er weder eine Kollisionsnorm formuliert, noch überhaupt Vorgaben gemacht. Darin liegt die große Lücke im gegenwärtigen System. Das europäische Internationale Gesellschaftsrecht ist nicht komplett. Ihm fehlt die Kollisionsnorm für Drittstaatensachverhalte.[517] Die Niederlassungsfreiheit der Artt. 54, 49 AEUV ist eine reine Binnenmarktfreiheit[518] und macht den Mitgliedstaaten keine Vorgaben für die Ausgestaltung ihres dann nationalen Kollisionsrechts für Gesellschaften mit Sitz in Drittstaaten.[519] Sie stellt auch keine Erlaubnisse für grenzüberschreitende Sitzverlegungen in Drittstaaten aus.[520]

Im Verhältnis zu Drittstaaten, die weder der EU noch dem EWR angehören und denen ge- 115 genüber die Bundesrepublik auch staatsvertraglich traditionell nicht auf die Gründungstheorie

---

[510] *P. Behrens*, RabelsZ 63 (1999), 391, 399.
[511] Siehe nur BGH NJW 2004, 3706, 3707; OLG Frankfurt NJW 1990, 2204; OLG Hamm WM 1995, 456, 458; OLG Hamm NJW-RR 1998, 615; OLG Hamm NJW 2001, 2183; *Ferid*, FS Alfred Hueck, 1959, S. 343, 346; *Ebenroth/Eyles*, DB Beil. 2/1988, 6f.; *dies.*, IPRax 1989, 1, 8f.; MüKoBGB/*Kindler* IntGesR Rn. 506; *K. Bischoff*, in: D. Eckhardt/Hermanns (Hrsg.), Kölner Handbuch Gesellschaftsrecht, 3. Aufl. 2017, Kap. 9 Rn. 13.
[512] → § 7 Rn. 76.
[513] *Mankowski*, ZIP 1995, 1006; *Eidenmüller/Rehm*, ZGR 1997, 81.
[514] Insoweit tendenziell zu optimistisch *M.-P. Weller*, IPRax 2017, 167, 177f.; *Stelmaszczyk*, EuZW 2017, 890, 894.
[515] *F. Schneider*, in: Scherff, „Apple provoziert mehr Schwarzarbeit", FAS Nr. 38 vom 25.9.2016, S. 25.
[516] *Kieninger*, ZEuP 2018, 309, 317f.
[517] Siehe nur *Mankowski*, RIW 2004, 481, 484; *Kieninger*, ZEuP 1994, 685, 702f.; *Ebke*, 38 Trans. Lawyer 813, 845 (2004).
[518] Siehe nur *Dalla Cha*, Dir. comm. int. 2000, 935, 937; *Troianello*, Dir. com. sc. int. 2017, 595, 600.
[519] *Trüten*, Die Entwicklung des Internationalen Privatrechts in der Europäischen Union, 2015, S. 485.
[520] *Rammeloo*, MJ 25 (2018), 87, 104.

verpflichtet war, also nicht privilegierten Drittstaaten, hat der BGH in seiner Trabrennbahn-Entscheidung die Fortgeltung der Sitztheorie im Verhältnis zu Drittstaaten (konkret zur Schweiz) bestätigt,[521] indes nur, weil er die Judikative auf Grund der Gewaltenteilung nicht berechtigt sah, einen so weitgehenden Schritt zu unternehmen wie die Gründungstheorie einzuführen.[522] Einzelne Gerichte waren zuvor mutiger und plädierten für eine einheitliche Geltung der Gründungstheorie.[523] Das BVerfG folgt für die Zwecke des Art. 19 III GG weiterhin[524] der Sitztheorie[525] (bemerkenswerterweise selbst im Verhältnis zu den USA[526]).

116 Rechtspolitisch spricht die Einheitlichkeit des Kollisionsrechts zwar gegen ein gespaltenes Kollisionsrecht[527] und auch bei Drittstaatensachverhalten für die Einführung der Gründungstheorie.[528] So vermiede man Komplexität und eine konstruiert wirkende Rechtswirklichkeit mit ausländischen Gesellschaften unterschiedlicher Privilegierungsstufen.[529] Außerdem würde man so im Verhältnis zu Herkunftsstaaten, welche in ihrem IPR der Gründungstheorie folgen, Statutendoppelungen vermeiden, samt den ihnen innewohnenden „hinkenden" Gesellschaftsformen und Haftungsbeschränkungen plus den wiederum daraus folgenden diffizilen Folgeproblemen prozessualer und materieller Natur, die sich praktisch kaum lösen lassen.[530]

117 Auf der anderen Seite der Waagschale liegen aber die Schutzzwecke der Sitztheorie: ein race to the bottom, einen Gründungswettbewerb um das liberalste Gründungsrecht, zu verhindern und dadurch Minderheitsgesellschafter und Gläubiger zu schützen.[531] Nimmt man diese Schutzzwecke ernst, so erweist sich die Spaltung des Kollisionsrechts als Folge des Mehrebenensystems im IPR, wie sie die unionsrechtliche Überlagerung bedingt, indem das Unionsrecht die Sitztheorie innereuropäisch nicht mehr zulässt.[532] Andere Rechts-

---

[521] Ebenso BGH NZG 2009, 1106; BGH ZIP 2009, 2385 (dazu *Lieder/Kliebisch*, EWiR 2010, 117); BGH NJW 2011, 844 Rn. 16 = GmbHR 2011, 301 m. Anm. *J. Bormann/Hösler* (dazu *Siepmann*, EWiR § 30 GmbHG aF 1/11, 463; *U. Haas/O. Vogel*, NZG 2011, 455); BGH ZIP 2012, 1837 Rn. 16f. (dazu *Mankowski*, EWiR 2011, 707); BGH WM 2016, 1943 Rn. 13; BGH ZIP 2017, 421, 422 Rn. 21; BGH ZIP 2018, 1455, 1457 Rn. 10; KG ZIP 2005, 758, 759; OLG Hamburg ZIP 2007, 1108, 1113f.; OLG Düsseldorf GmbHR 2010, 591, 593; OLG Düsseldorf BeckRS 2016, 03039 Rn. 34; AG Hagen/Westfalen BeckRS 2010, 16844; VG Frankfurt/Main NZG 2013, 556; *M.-P. Weller*, IPRax 2009, 202, 206f.; *ders.*, FS Wulf Goette, 2011, S. 583, 589.

[522] BGHZ 178, 192 Rn. 22; dazu z. B. *Kieninger*, NJW 2009, 292; *Hellgardt/Illmer*, NZG 2009, 94; *Kindler*, IPRax 2009, 189; *M.-P. Weller*, IPRax 2009, 202; *Balthasar*, RIW 2009, 221; *R. Koch/M. Eickmann*, AG 2009, 73; *Hamann*, ELR 2009, 186; *Gottschalk*, ZIP 2009, 948; *Heggen*, NotBZ 2009, 164; *J. Schmidt*, WuB II Q. § 4a GmbHG 1.09; *Tepfer*, EWiR 2009, 355; *Behme/Nohlen*, StudZR 2009, 199. Besonders kritisch *Leible/Galneder/Wißling*, RIW 2017, 718, 719f. Mit anderer Begründung im Ergebnis wie der BGH BVerfG ZIP 2018, 1465 Rn. 42.

[523] Insbesondere AG Ludwigsburg ZIP 2006, 1507, 1509. Kritisch dazu *A. Kleinschmidt*, EWiR 2007, 207, 208.

[524] Zuvor BVerfGE 21, 207, 208f.; BVerfGE 23, 229, 236; BVerfG NJW 2002, 1485 Rn. 14; BVerfG NVwZ 2008, 670 Rn. 10.

[525] BVerfG ZIP 2018, 1465 Rn. 28 (dazu *Wienbracke*, EWiR 2018, 479). Anders dagegen für EU-mitgliedstaatliche Gesellschaften BVerfGE 129, 78.

[526] BVerfG ZIP 2018, 1465 Rn. 40–42.

[527] Siehe nur *Lieder/Kliebisch*, BB 2009, 338; *W.-H. Roth*, ZGR 2014, 168, 190f.; *Hoger/Lieder*, ZHR 180 (2016), 613, 621.

[528] Siehe nur *Eidenmüller*, ZIP 2002, 2233, 2244; *ders.*, JZ 2003, 526, 528; *Rehm*, in: Eidenmüller (Hrsg.), Ausländische Kapitalgesellschaften im deutschen Recht, 2004, § 2 Rn. 87; *Leible/J. Hoffmann*, RIW 2002, 925, 935; *dies.*, ZIP 2003, 925, 930; *Schanze/Jüttner*, AG 2003, 30, 36; *W. G. Paefgen*, WM 2003, 561, 570; *Behrens*, IPRax 2003, 193, 206; *D. Zimmer*, ZHR 168 (2004), 355; *R. Wagner/B. Timm*, IPRax 2008, 81, 84; *Bollacher*, RIW 2008, 200, 201; *Mülsch/Nohlen*, ZIP 2008, 1358, 1361; K. Schmidt/Lutter/*Ringe*, AktG, Bd. I, 3. Aufl. 2015, IntGesR Rn. 69; *J. Schmidt*, ZvglRWiss 116 (2017), 313, 333. Umfassend zu möglichen Optionen *L. Hübner*, Kollisionsrechtliche Behandlung von Gesellschaften aus „nicht-privilegierten" Drittstaaten, 2011, S. 151–325.

[529] Siehe nur *A. Albrecht*, FS Hans Haarmeyer, 2013, S. 1, 13; *J. Schmidt*, ZvglRWiss 116 (2017), 313, 333.

[530] *Lutter/Bayer/J. Schmidt* Rn. 7.53; *J. Schmidt*, WuB 2017, 331, 332.

[531] Siehe nur *Bayer*, BB 2003, 2357, 2363f.; *Ebke*, JZ 2003, 927, 929f.; *N. Horn*, NJW 2004, 893, 897; *Wachter*, GmbHR 2005, 1484, 1485; *M.-P. Weller*, ZGR 2006, 748, 765.

[532] *M.-P. Weller*, FS Wulf Goette, 2011, S. 583, 590.

V. Sitztheorie für andere Drittstaatengesellschaften 118, 119 § 7

akte zwingen jedenfalls nicht zur Einführung der Gründungstheorie.[533] Die „Wahl" eines Oasen-Rechts mit deutlich minderen Schutzstandards stünde bei generellem Umschwenken auf die Gründungstheorie im Raum.[534]

Nach dem Vollzug des Brexit (und dem Ablauf der Übergangsfrist des deutschen Brexit-ÜG[535]) würde Großbritannien – vorbehaltlich besonderer völkerrechtswirksamer Abreden mit der EU[536] oder bilateral mit Deutschland – zum Drittstaat ohne Privilegierung durch die Niederlassungsfreiheit,[537] dem gegenüber jedenfalls für Neugründungen die Sitztheorie gelten würde.[538] Spezifische Regeln dafür sind aber im Austrittsübereinkommen nicht vorgesehen.[539] Für zu dem Zeitpunkt, in welchem der Vollzug rechtlich wirksam wird, schon bestehende Gesellschaften mit Satzungssitz im Vereinigten Königreich, aber effektivem Verwaltungssitz in Deutschland käme es – aus deutscher Sicht[540] – zwar prinzipiell infolge eines Wechsels beim maßgeblichen Anknüpfungspunkt zu einem Statutenwechsel und zu pseudo-foreign companies,[541] jedoch können Vertrauensschutzüberlegungen und ein Schutz wohlerworbener Rechte ein anderes Ergebnis tragen.[542] Ein deutsches Sondergesetz wäre natürlich möglich,[543] gegebenenfalls mit einer Anordnung besonderer Brexit-bezogener Vermerke im Handelsregister.[544] 118

„Deutsche" Limiteds (also Limiteds mit effektivem Verwaltungssitz in Deutschland[545]) drohen über die „Wechselbalgtheorie" endgültig zu „Unlimiteds", konkret zu OHGs oder GbRs mit persönlich unbeschränkter Haftung ihrer Gesellschafter zu führen,[546] da eben die europarechtliche Grundlage für mehr wegfiele.[547] Allerdings muss sich dies einer Abwä- 119

---

[533] Näher → § 7 Rn. 103–105 und *L. Hübner*, Kollisionsrechtliche Behandlung von Gesellschaften aus „nicht-privilegierten" Drittstaaten, 2011, S. 112–126.
[534] *J. Mohamed*, ZvglRWiss 177 (2018), 189, 200.
[535] Gesetz für den Übergangszeitraum nach dem Austritt des Vereinigten Königreichs Großbritannien und Nordirland aus der Europäischen Union (Brexit-Übergangsgesetz, BrexitÜG) (2019).
[536] Mögliche Modelle diskutiert insbesondere *Stiegler*, in: Kramme/Baldus/Schmidt-Kessel (Hrsg.), S. 129, 136–138.
[537] Siehe nur EU Commission, Notice to stakeholders – Withdrawal of the United Kingdom and EU rules on company law (21.11.2017) <http://ec.europa.eu/newsroom/just/item-detail.cfm?item_id=607669>; *Kokkinis*, Eur. Bus. L. Rev. 27 (2016), 959; *Lein*, YbPIL 17 (2015/16), 33, 44; *Basedow*, China-EU L.J. 5 (2017), 101, 108; *M.-P. Weller*, IPRax 2017, 167 (167); *Armour/Fleischer/Knapp/Winner*, EBOR 18 (2017), 225, 235; *Mastrullo*, Bull. Joly sociétés 2017, 487, 489; *Rammeloo*, MJ 25 (2018), 87, 106. Anderer Ansicht *Hammen*, Der Konzern 2017, 513, 515–518.
[538] *Bronger/P. Scherer/Söhnlein*, EWS 2016, 131, 135; *Kersting*, DB 26–27/2016, M 5; *Freitag/Korch*, ZIP 2016, 1361, 1362 f.; *C. Teichmann/Knaier*, IWRZ 2016, 243, 244; *Mäsch/Gausing/M. Peters*, IPRax 2017, 49, 52; *Otte-Gräbener*, NZG 2017, 396, 397; *dies.*, GWR 2017, 139; *Armour/Fleischer/Knapp/Winner*, EBOR 18 (2017), 225, 236; *Leible/Galneder/Wißling*, RIW 2017, 718, 720; *Miras/N. Tonner*, GmbHR 2018, 601, 602; *Schütt*, ZEuS 2018, 97, 101 f.
[539] Antwort der Bundesregierung auf die Kleine Anfrage der Abgeordneten Dr. Marco Buschmann, Stephan Thomae, Grigorios Aggelidis, weiterer Abgeordneter und der Fraktion der FDP – Drs. 19/3125 –: Auswirkungen des Brexit für Limited Liability Partnerships, BT-Drs. 19/3465, 1 f. sub 2.
[540] Aus der Sicht des Vereinigten Königreichs, das weiterhin der Gründungstheorie folgt, würde dagegen kein Statutenwechsel eintreten und die Limited englischen Rechts bliebe bis zu einer etwaigen Amtslöschung bestehen mit der Folge einer „hinkenden" Limited; *Wachter*, GmbHR 2018, R260, R262.
[541] *Mastrullo*, Bull. Joly sociétés 2017, 487, 490.
[542] *Freitag/Korch*, ZIP 2016, 1361, 1363; *Seegewiße/Angela Weber*, GmbHR 2016, 1302 f.; *Armour/Fleischer/Knapp/Winner*, EBOR 18 (2017), 225, 238 f.; *Lutter/Bayer/J. Schmidt* Rn. 7.119. Kritisch dazu *J. Mohamed*, ZvglRWiss 177 (2018), 189, 202.
[543] *Nazari-Khanachayi*, WM 2017, 2370, 2371.
[544] *Wachter*, VGR 22 (2017), 190, 224.
[545] Zu parallelen Fragen für „Norwegische Limiteds" *Mörsdorf/Halvorsen*, NTS 2017, 1.
[546] Antwort der Bundesregierung auf die Kleine Anfrage der Abgeordneten Dr. Marco Buschmann, Stephan Thomae, Grigorios Aggelidis, weiterer Abgeordneter und der Fraktion der FDP – Drs. 19/3125 –: Auswirkungen des Brexit für Limited Liability Partnerships, BT-Drs. 19/3465, 2 sub 6; *Bayer/J. Schmidt*, BB 2016, 1923, 1933; *Kersting*, DB 26–27/2016, M 5; *Stiegler*, ZIP 2016, 1808, 1809; *ders.*, in: Kramme/Baldus/Schmidt-Kessel (Hrsg.), S. 129, 131; *Vossius*, notar 2016, 314 (314); *M.-P. Weller/Thomale/Benz*, NJW 2016, 2378, 2379; *C. Teichmann/Knaier*, IWRZ 2016, 243, 245; *Lein*, YbPIL 17 (2015/16), 33, 44; *Mäsch/Gausing/M. Peters*, IPRax 2017, 49, 52; *Schütt*, ZEuS 2018, 97, 102 f.; *Heinngfret*, DB 2018, 2273, 2274.
[547] *A. Schall*, ZfPW 2016, 407, 411; *Stiegler*, in: Kramme/Baldus/Schmidt-Kessel (Hrsg.), S. 129, 135. Zu möglichen prozesstaktischen Potenzialen daraus für Gläubiger einer „deutschen Ltd." *Miras*, GWR 2017, 138.

gung nach Grundsätzen des Intertemporalen Rechts zum Schutz wohlerworbener Rechte stellen.[548] Rechtstechnisch wird auch daran gedacht, den Rechtsgedanken des Art. 7 II EGBGB heranzuziehen.[549] Praktisch könnte ein Ausweg sein, wenn britische Limiteds sich in irische Limiteds umwandelten, da Irland ja EU-Mitgliedstaat bleibt.[550] Als weitere Option wird die niederländische BV offeriert.[550a] Allerdings müsste bei beidem das Companies House in Cardiff „mitspielen" und grenzüberschreitende Formwechsel eintragen (was zu tun es sich gegenwärtig trotz entgegenstehender EU-Rechtslage[551] weigert[552]). Zudem bliebe das praktische Problem, dann in Irland gesetzliche Berichtserfordernisse erfüllen zu müssen.[553] Denkbar ist indes auch eine einseitige Nachfolgeregelung Deutschlands.[554]

120 Ins Spiel gebracht wird auch[555] eine Umgründung in eine deutsche UG & Co. KG.[556] Bei Umgründung in eine deutsche GmbH führt der Weg über §§ 190 ff., 238 ff. UmwG sowie sec. 89 ff. Companies Act 2006 samt Cartesio/Vale-Grundsätzen.[557] Der Weg direkt zu einer deutschen UG soll durch das Sachgründungsverbot und § 197 S. 1 UmwG iVm § 5a II 2 GmbHG versperrt sein.[558] Verschmelzungen werden ebenfalls diskutiert;[559] ihnen könnten aber Kostengründe entgegenstehen.[560] Des Weiteren sind asset deals mit Übertragung der Vermögenswerte auf eine deutsche Kapitalgesellschaft denkbar.[561] Allerdings droht dabei eine Besteuerung der stillen Reserven.[562] Außerdem könnten Vertrags- und Schuldübernahmen (nach Maßgeb des jeweiligen Statuts des potentiell übergehenden Vertrags) nur mit Zustimmung der jeweiligen Gläubiger möglich sein.[563] Sofern keine dieser (durchaus aufwändigen und potenziell wenig rentablen[564]) Möglichkeiten genutzt wird, stünde die Frage nach möglichen Haftungsbeschränkungen im Rahmen des dann anwendbaren deutschen Personengesellschaftsrechts im Raum.[565]

121 Ein Anwachsungsmodell steht nur Personengesellschaften offen und damit vorderhand nicht Limiteds, da diese Kapitalgesellschaften sind.[566] Allerdings ließe sich denken, die Anteile an der Limited auf eine neu zu gründende deutsche GmbH zu übertragen; danach wird die Limited mit Vollzug des Brexit Personengesellschaft, und die deutsche GmbH

---

[548] Näher *Freitag/Korch*, ZIP 2016, 1361, 1363 f.; *Bayer/J. Schmidt*, BB 2016, 1923, 1934; *M.-P. Weller/Thomale/Benz*, NJW 2016, 2378, 2381 f.; *C. Teichmann/Knaier*, IWRZ 2016, 243, 246; vgl. auch *Seegewiße/A. Weber*, GmbHR 2016, 1302, 1303 f.; *Schrade*, DStR 2018, 1898, 1899.
[549] *Mäsch/Gausing/M. Peters*, IPRax 2017, 49, 54 f.
[550] *Stiegler*, in: Kramme/Baldus/Schmidt-Kessel (Hrsg.), S. 129, 133; *Leible/Galneder/Wißling*, RIW 2017, 718, 723 f.
[550a] *Enchelmaier*, 2018 (8) JIBFL 514, 516.
[551] → § 7 Rn. 63.
[552] Schreiben des Companies House an Heckschen & van de Loo (Notare in Dresden) vom 8.2.2017 <https://www.heckschen-vandeloo.de/cdn/user_upload/content/pdf/rechtsprechung/schreiben-companies-house-08-02-217.pdf>.
[553] *Miras/N. Tonner*, GmbHR 2018, 601, 603.
[554] *Stiegler*, in: Kramme/Baldus/Schmidt-Kessel (Hrsg.), S. 129, 133 f.
[555] Ein Panorama von Möglichkeiten stellt *J. Mohamed*, ZvglRWiss 177 (2018), 189, 211 f. vor.
[556] *A. Schall*, GmbHR 2018, 25.
[557] OLG Düsseldorf ZIP 2017, 2097, 2098; *J. Mohamed*, EWS 4/2017 Die erste Seite sowie OLG Nürnberg IPRax 2015, 163, 164; KG NZG 2016, 834; Checkliste AG Charlottenburg GmbHR 2014, R 311; *Feldhaus*, BB 2017, 2819, 2821; *v. Hein/Brunk*, IPRax 2018, 46, 49.
[558] *A. Schall*, ZfPW 2018, 407, 422 f.; *J. Mohamed*, EWS 4/2017 Die erste Seite. Differenziert unter Vorschlag einer Barkapitalerhöhung *Leible/Galneder/Wißling*, RIW 2017, 718, 723.
[559] *C. Teichmann/Knaier*, IWRZ 2016, 243, 246 f.; *A. Schall*, ZfPW 2016, 407, 445–450; *Hagemann/v. der Höh*, DB 2017, 830, 831 f.; *Süß*, ZIP 2018, 1277, 1278 f.; *Schütt*, ZEuS 2018, 97, 106.
[560] *Vossius*, notar 2016, 314, 315; *M. Lehmann/Zetzsche*, JZ 2017, 62, 68. Dagegen wiederum *Lieder/Bialluch*, NotBZ 2017, 209, 210 f.
[561] *Seeger*, DStR 2018, 1817, 1822; *B. Mayer/Manz*, BB 2016, 1731, 1733 f; *Vossius*, notar 2016, 314, 315; *Miras/N. Tonner*, GmbHR 2018, 601, 604 f.; *Schütt*, ZEuS 2018, 97, 108.
[562] *Süß*, ZIP 2018, 1277, 1278.
[563] *Schütt*, ZEuS 2018, 97, 108 f.
[564] *Hammen*, Der Konzern 2017, 513, 515.
[565] Eingehend dazu *Nazari-Khanachayi*, WM 2017, 2370, 2375 f.
[566] *Süß*, ZIP 2018, 1277, 1279 f.

V. Sitztheorie für andere Drittstaatengesellschaften 122–125 § 7

würde über § 738 BGB Alleingesellschafter.[567] Problematisch daran kann jedoch die Einbringung der Limited-Anteile als Sacheinlage oder Sachagio[568] sein, weil deutsche Registergerichte deren Werthaltigkeit prüfen.[569]

Von außen betrachtet ist die Entscheidung für die Sitztheorie bei Drittstaatengesellschaften der letzte Baustein in einem Mosaik der Unübersichtlichkeit: Im Internationalen Gesellschaftsrecht ist von einem vertikal zwischen der EU und ihren Mitgliedstaaten gespaltenen zweischichtigen IPR für europäische und drittstaatliche Gesellschaften mit multipler Spaltung der Anknüpfung für drittstaatlichen Gesellschaften zwischen den Mitgliedstaaten auszugehen.[570] 122

3. Gründungstheorie kraft Meistbegünstigung? Indes könnte das Völkerrecht dazu verpflichten, jedenfalls im Verhältnis zu solchen Drittstaaten die Gründungstheorie wie in der EU gehandhabt zur Anwendung zu bringen, denen gegenüber völkerrechtlich eine Verpflichtung zur Gewährung von Meistbegünstigung, (d.h. der günstigsten Behandlung, die man anderen Staaten einräumt) besteht. Größte Bedeutung würde in diesem Zusammenhang, wenn man denn eine Erstreckung der Gründungstheorie qua Meistbegünstigung bejahen wollte, das GATS gewinnen. Indes wird eine solche Erstreckung vorherrschend[571] verneint,[572] allerdings ohne sich vertieft mit den Grundlagen der Meistbegünstigung auseinanderzusetzen.[573] 123

4. Gründungstheorie kraft Investitionsschutzabkommen? Die Bundesrepublik Deutschland hat mit einer Vielzahl von Staaten bilaterale Investitionsschutzabkommen (Bilateral Investment Treaties – BITs) abgeschlossen.[574] Sie war sogar der Pionier in der Entwicklung der BITs. Viele dieser BITs enthalten eine Definition des Investors als Gesellschaften, Körperschaften, Vereinigungen, Personengesellschaften und andere Organisationen, die nach den Rechtsvorschriften des jeweiligen Partnerstaates eingetragen und gegründet worden sind und ihren Sitz im jeweiligen Partnerstaat haben. Paradigmatisch ist Art. 1 II lit. b BIT Deutschland-VR China[575]. Vergleichbares gilt für die BIT mit Antigua und Barbuda, Bolivien, Bosnien und Herzegowina, Brunei Darussalam, Burkina Faso, Dominica, Ghana, Guyana, Honduras, Hong Kong, Indien, Indonesien, Jamaika, Jemen, Kambodscha, Kamerun, Katar, der Demokratischen Republik Kongo (vormals Zaire), der Republik Korea, Kuba, Kuwait, Lesotho, Liberia, Malaysia, Mali, Mauritius, Montenegro, Nepal, Oman, Pakistan, Papua-Neuguinea, Senegal, Serbien, Singapur, Somalia, Sri Lanka, St. Lucia, St. Vincent und Grenadinen, Sudan, Swasiland, Tansania, dem Tschad und der Zentralafrikanischen Republik. 124

Diese BITs sind – mit Ausnahme jenes mit Pakistan – alle abgeschlossen worden, bevor das BIT-Musterabkommen 2009 in seinem Art. 1 III lit. a auf die Gründungstheorie umschwenkte, indem es Gesellschaften die Nationalität jenes Staates zuspricht, nach dessen Recht sie gegründet sind. Zudem ist das Musterabkommen unverbindlich und nur eine Orientierungsmarke, der ein Staat folgen kann oder auch nicht. Das BIT zwischen Deutschland und Pakistan, immerhin von 2011, etwa folgt ihr nicht.[576] 125

---

[567] *Miras/N. Tonner*, GmbHR 2018, 601, 604f.; vgl. auch *Süß*, ZIP 2018, 1277, 1280f.
[568] BFH BStBl. II 2010, 1094 = GmbHR 2010, 1104.
[569] *Wachter*, GmbHR 2018, R260, R261.
[570] *Trüten*, Die Entwicklung des Internationalen Privatrechts in der Europäischen Union, 2015, S. 485.
[571] Wichtigste Ausnahme: *Leible*, ZGR 2004, 531, 545.
[572] BGHZ 178, 192 Rn. 17 – Trabrennbahn; *M. Lehmann*, RIW 2004, 816; *M. Kraus*, Auswirkungen des Welthandelsrechts auf das internationale Kollisionsrecht, 2008, S. 188ff., 225ff.; *M.-P. Weller*, FS Wulf Goette, 2011, S. 583, 589; *Süß*, in: Herrler (Hrsg.), Gesellschaftsrecht in der Notar- und Gestaltungspraxis, 2017, § 19 Rn. 30.
[573] *Mankowski*, in: Leible/Ruffert (Hrsg.), Völkerrecht und IPR, 2006, S. 235, 262–265, 273.
[574] Listen der Abkommen bieten Eidenmüller/*Rehm* § 2 Rn. 15; MüKoBGB/*Kindler* IntGesR Rn. 329f.
[575] Vertrag mit der Volksrepublik China über die Förderung und den gegenseitigen Schutz von Kapitalanlagen vom 1.12.2003, BGBl. 2005 II 732.
[576] *Wegen/Mossler*, in: MAH IntWirtschaftsR § 11 Rn. 23.

126 Indes enthält keiner dieser BITs eine explizite Anerkennungsverpflichtung (soweit es eine gäbe, wäre sie nach Art. 3 Nr. 2 EGBGB vorrangig zu beachten[577]). Darin liegt ein fundamentaler Unterschied zu Art. XXV V 2 FHSV Deutschland-USA.[578] Die BITs begründen auch keine Niederlassungsfreiheit als Basis für eine Gründungstheorie.[579] Allenfalls käme eine „Anerkennung" in Betracht, sofern die betreffenden Gesellschaften ihren effektiven Verwaltungssitz in dem Partnerstaat, zumindest aber in einem Drittstaat haben.[580] Teilweise wird auch Kapitalverkehrsfreiheit ins Spiel gebracht.[581]

127 **5. In Überseegebieten von EU-Mitgliedstaaten gegründete Gesellschaften.** Die überseeischen Länder und Hoheitsgebiete von EU-Mitgliedstaaten gehören nicht zur EU. „Drittstaat" sind daher auch solche Gebiete von EU-Mitgliedstaaten, die nicht zum Geltungsbereich des AEUV gehören, z. B. die Isle of Man.[582] Insoweit greift Art. 199 Nr. 5 AEUV iVm Art. 203 AEUV und Artt. 44, 45 I lit. a Übersee-Assoziationsbeschluss[583].[584] Dies trifft viele bekannte Briefkasten- und Steuerparadiese wie z. B. die British Virgin Islands, die Cayman Islands, die Turks and Caicos Islands, Bermuda (allesamt jedenfalls bis zum Vollzug des Brexit), die Niederländischen Antillen und Curaçao.[585] Unter den überseeischen Gebieten befinden sich also viele traditionelle Heimatländer für offshore companies und Briefkastengesellschaften. Daraus resultieren Bedeutung und Brisanz der kollisionsrechtlichen Fragen.

128 In steter Abfolge verlangen die Assoziierungsbeschlüsse, zuletzt Art. 50 I lit. b Assoziierungsbeschluss vom 25.11.2013, für die Wahrnehmung der Niederlassungsfreiheit durch Gesellschaften, die unter oder nach dem Recht von solchen überseeischen Gebieten gegründet wurden, ein „real and continuous link".[586] Der Sache nach steht dies der Gründungstheorie im Wege und führt zur Sitztheorie.[587] Ein renvoi findet insoweit nicht statt.[588]

129 **6. Effektiver Verwaltungssitz.** Anknüpfungspunkt der Sitztheorie ist der effektive Verwaltungssitz (real seat, siége réel). Effektiver Verwaltungssitz ist derjenige Ort, an welchem die grundlegenden unternehmenspolitischen Entscheidungen effektiv in konkrete und laufende Geschäftsführungsakte des day-to-day management umgesetzt werden.[589] Dieser Ort[590] orientiert sich an der Tätigkeit der für die Geschäftsführung maßgeblichen

---

[577] Vgl. PWW/*Brödermann*/*Wegen* IntGesR Rn. 31; *Wegen*/*Mossler,* in: MAH IntWirtschaftsR § 11 Rn. 23.
[578] *Süß,* in: Herrler (Hrsg.), Gesellschaftsrecht in der Notar- und Gestaltungspraxis, 2017, § 19 Rn. 22.
[579] BGH ZIP 2009, 2385 (für eine Singapore Ltd.).
[580] MüKoBGB/*Kindler* IntGesR Rn. 329; *Süß,* in: Herrler (Hrsg.), Gesellschaftsrecht in der Notar- und Gestaltungspraxis, 2017, § 19 Rn. 28.
[581] MüKoAktG/*Ego,* Bd. VII, 4. Aufl. 2017, Europäische Niederlassungsfreiheit Rn. 208. S. *Schneider,* Die Kapitalverkehrsfreiheit im Verhältnis zu Drittstaaten und ihre Auswirkung auf die Anerkennung ausländischer Gesellschaften, 2018, S. 223–232 verfolgt den originellen Ansatz, die Übersee-Rechtsprechung zugunsten von Drittstaatengesellschaften und Drittstaatsansässigen auf die Kapitalverkehrsfreiheit übertragen zu wollen (zu möglichen Rechtfertigungen von nationalen Eingriffen ebd., S. 246–252).
[582] AG Hagen ZMR 2011, 738.
[583] Beschluss 2001/822/EG des Rates vom 27.11.2001 über die Assoziation der überseeischen Länder und Gebiete mit der Europäischen Gemeinschaft, ABl. EG 2001 L 314/1.
[584] *Thölke,* DNotZ 2006, 145, 146; *Kraft,* in: Wachter, Praxis des Handels- und Gesellschaftsrechts, 3. Aufl. 2015, Teil 2 Kap. 8 Rn. 25; *Wall,* in: Hausmann/Odersky IPR § 18 Rn. 105; *Süß,* in: Herrler (Hrsg.), Gesellschaftsrecht in der Notar- und Gestaltungspraxis, 2017, § 19 Rn. 22. Übersehen von BGH NJW 2004, 3706, 3707; BGH ZIP 2010, 1233. Zweifelnd *W. J. M. van Veen,* WPNR 7052 (2015), 227; *ders.,* WPNR 7171 (2017), 905, 906.
[585] *Wall,* in: Hausmann/Odersky IPR § 18 Rn. 104.
[586] Näher *Zwirlein,* GPR 2017, 182, 185 f.
[587] *Zwirlein,* GPR 2017, 182, 187 f.
[588] *Zwirlein,* GPR 2017, 182, 188 f.
[589] Grundlegend in Deutschland BGHZ 97, 269, 272 im Anschluss an *Sandrock,* BerDGesVR 18 (1978), 169, 238; *ders.,* FS Günther Beitzke, 1979, S. 669, 683; außerdem z. B. BVerfG ZIP 2018, 1465 Rn. 29 (dazu *Wienbracke,* EWiR 2018, 479); BGH NJW 2009, 1610 Rn. 11; BGH VersR 2010, 275 Rn. 8; BGH ZIP 2010, 1003 Rn. 16; BGH ZIP 2016, 1703 Rn. 15; BGH WM 2017, 1944 Rn. 15; BayObLGZ 1985, 272, 279; OLG Frankfurt IPRspr. 1984 Nr. 21; OLG München NJW 1986, 2197, 2198.
[590] Ausführliche Untersuchung der maßgeblichen Unterkriterien insbesondere bei *Kieser,* Typenvermischung über die Grenze, 1988, S. 79–105.

V. Sitztheorie für andere Drittstaatengesellschaften

Organpersonen.[591] Er fällt weder automatisch mit dem Tagungsort der Geschäftsführungsorgane zusammen,[592] noch ist er zwingend mit den gewöhnlichen Aufenthaltsorten der Organpersonen der Geschäftsführungsorgane verbunden, orientiert sich aber im Prinzip an letzteren. Es kommt nicht auf die strategische Führung an sich, das mind of management, sondern auf die operative Leitung an.[593] Der effektive Verwaltungssitz blickt auf den „Lebensmittelpunkt" der Gesellschaft. Er ist das Pendant zum gewöhnlichen Aufenthalt für natürliche Personen.[594]

Wenn eine maßgebliche Organperson, z. B. ein Alleingeschäftsführer einer GmbH, die Geschicke des operativen Geschäfts von seinem Aufenthaltsort aus lenkt, so ist dort der effektive Verwaltungssitz.[595] Tut er dies aber von einem anderen Ort als seinem gewöhnlichen Aufenthaltsort aus (z. B. indem er dafür immer von seinem ausländischen Aufenthaltsort zum physischen Stützpunkt oder Zentralbüro der Gesellschaft reist), ist dieser andere Ort maßgeblich.[596] Gleiches kann bei effektiver Delegation der Geschäftsführungsbefugnisse an Personal dieser Zentrale vorliegen.[597] Hat der Alleingeschäftsführer dagegen das Tagesgeschäft permanent selbst in der Hand, wird sein gewöhnlicher Aufenthaltsort maßgeblich.[598] Die immer besser werdenden elektronischen Kommunikationsmöglichkeiten einschließlich Videokonferenzen können aber die Sitzbestimmung[599] auf eine harte Probe stellen.[600]

Hilfreich sind Kataloge positiver Indizien, die *entscheidend* für, und *unterstützender* Indizien, die eben *unterstützend* für einen effektiven Verwaltungssitz an einem bestimmten Ort sprechen.[601] Von der Notwendigkeit, eine wertende Gesamtabwägung aller Momente im konkreten Einzelfall zu treffen, können Kataloge natürlich nicht entbinden. Starke *positive* Indizien sind (neben dem Aufenthaltsort der Organpersonen des Geschäftsführungsorgans[602]):[603] Adressangaben in Kontoführungsunterlagen;[604] zentralisierter Ort der Weisungserteilung;[605] Ort der Geschäftszweckverwirklichung[606] (z. B. Finanzanlageort bei Anlagegesellschaften[607]); Wohnsitz bzw. Aufenthalt führender Gesellschafter;[608] nominelle Zweig-, materielle Hauptniederlassung.[609] Zu den nur unterstützenden und für sich nicht ausreichenden Indizien zählen:[610] Ausführungsort einzelner, sei es auch wichtiger Geschäfte;[611] Ort einer Betriebsstätte, selbst der einzigen.[612]

Negative Indizien, die *gegen* einen effektiven Verwaltungssitz an einem bestimmten Ort sprechen, sind:[613] Nichterreichbarkeit der Gesellschaft unter der (im Register, im Briefkopf

---

[591] Siehe nur KG WM 1996, 1454, 1456; Staudinger/*Großfeld* IntGesR Rn. 228.
[592] In diese Richtung aber *Ebenroth/Sura*, RabelsZ 43 (1979), 315, 323 f.
[593] Siehe nur *Wenckstern*, FS Ulrich Drobnig, 1998, S. 465, 477. *Konecny*, ZIK 2005/2, 2, 5; *Wimmer*, ZInsO 2005, 119, 122; *Vallender*, in: K. Schmidt/Uhlenbruck (Hrsg.), Die GmbH in Krise, Sanierung und Insolvenz, 5. Aufl. 2016, Rn. 12.341.
[594] Siehe OLG Karlsruhe NJW-RR 2008, 944 Rn. 18; OLG Düsseldorf 25.2.2015 – 2 U 58/14 Rn. 20; *Buck-Heeb*, WuB 2017, 695, 696.
[595] BGH WM 2017, 1944 Rn. 15; OLG Köln DB 1999, 38, 39.
[596] *Mankowski*, EWiR 1999, 261, 262.
[597] *Mankowski*, EWiR 2001, 813, 814.
[598] OLG Köln DB 1999, 38, 39; *Mankowski*, EWiR 1995, 673, 674; *ders.*, EWiR 2001, 813, 814.
[599] Dass diese generell schwierig sei und von den Gerichten eklektizistisch gehandhabt werde, moniert *D. Zimmer*, Internationales Gesellschaftsrecht, 1996, S. 234–238.
[600] *Noack*, ZGR 1998, 592, 615 f.; *D. Zimmer*, Liber amicorum Richard M. Buxbaum, 2000, S. S. 655, 667.
[601] *Wegen/Mossler*, in: MAH IntWirtschaftsR § 11 Rn. 14.
[602] Soeben → § 7 Rn. 130.
[603] *Wegen/Mossler*, in: MAH IntWirtschaftsR § 11 Rn. 14.
[604] OLG Düsseldorf WM 1995, 808, 810.
[605] OLG München NJW 1986, 2197, 2198.
[606] OLG München IPRax 1986, 373, 374,
[607] OLG Frankfurt NJW 1990, 2204, 2205.
[608] OLG München NJW-RR 1995, 703 f.; OLG Hamm RIW 1997, 236, 237.
[609] Siehe OLG Oldenburg NJW 1990, 1422.
[610] *Wegen/Mossler*, in: MAH IntWirtschaftsR § 11 Rn. 14.
[611] OLG Hamm WM 1995, 469, 471.
[612] BayObLG IPRax 1986, 161, 164.
[613] *Wegen/Mossler*, in: MAH IntWirtschaftsR § 11 Rn. 14.

oder sonst) angegebenen Adresse oder Telefonnummer;[614] Unbekanntheit der Gesellschaft vor Ort; Ausführen rein sekundärer Verwaltungstätigkeiten, z. B. Buchhaltung oder Abwicklung von Steuerangelegenheiten,[615] oder gar nur bloßes Weiterleiten eingehender Kontakte; fehlende Sach- oder Personalausstattung am angegebenen Ort,[616] insbesondere im Verhältnis zu angeblich bewältigen oder betreuten Geschäftsvolumina. Diesem Katalog ist quasi auf die Stirn geschrieben, wofür er steht: nämlich für den Kampf gegen bloße Briefkastengesellschaften, die allenfalls auf dem Papier „existieren".

133 Keine wirklichen Probleme dürften Unternehmen mit angeblich zwei Unternehmenszentralen in zwei verschiedenen Staaten bereiten.[617] Sie entstehen in aller Regel aus Fusionen. Selbst die meisten sogenannten mergers of equals sind aber in Wahrheit keine Fusion unter gleichberechtigten Partnern. Sarkastisch kann man *George Orwell* zitieren: Some animals are more equal. Ein Partner wird dominieren. Das gern gebrauchte Beispiel für einen angeblichen grenzüberschreitenden Doppelsitz (konkret in Stuttgart und Auburn Hills, Mich.) war die DaimlerChrysler AG.[618] Nachdem die Euphorie über die seinerzeit größte Industriefusion aller Zeiten verflogen war und sich der Pulverdampf der Unternehmenspropaganda verzogen hatte, stellte sich schnell heraus: Die Entscheidungen wurden in Stuttgart getroffen und umgesetzt. Die angeblich gleichberechtigten amerikanischen Partner im Management wurden aussortiert, und die Stuttgarter Zentrale entsandte einen deutschen Sanierer nach Auburn Hills. Das Musterbeispiel für einen angeblichen Doppelsitz erweist sich also genau umgekehrt als Musterbeispiel dafür, dass es in der Realität kaum je echte Doppelsitze geben wird. Angebliche „multiple corporate citizenship" ist kein theoretisch ausgereiftes Konzept, noch weniger ein praktisch relevantes Phänomen, sondern nur ein Postulat Gestaltungsinteressierter.[619]

134 Wenn man genauer hinsieht, entdeckt man auch, dass die großen deutschen Anwaltssozietäten den Kürzeren gezogen haben, soweit sie mit großen US-amerikanischen oder englischen law firms fusionierten.[620] Von Gleichberechtigung kann in der Praxis kaum die Rede sein: New York oder London legt die Leitlinien der Unternehmenspolitik und die Kennzahlen fest, an denen sich Mandatsannahme und Umfang der Mandatsbetreuung zu orientieren haben. New York oder London entscheidet im Extremfall sogar selber, welche Mandate die deutschen Niederlassungen annehmen und bearbeiten dürfen oder nicht, weil es sich betriebswirtschaftlich nicht rechnet. New York oder London kontrolliert, ob die deutschen Anwälte auch brav arbeiten. Die Realität ist viel brutaler, als es die Hochglanzbroschüren je erahnen ließen. Aber der effektive Verwaltungssitz ist dann eindeutig in New York oder London.

135 Der effektive Verwaltungssitz ist Kollisionsnormen europäischen Ursprungs keineswegs fremd, sondern tritt dort unter dem Namen Hauptverwaltung auf, namentlich in Artt. 19 Abs. 1 UAbs. 1 Rom I-VO; Art. 23 Abs. 1 UAbs. 1 Rom II-VO; Art. 4 Abs. 2 S. 1 EVÜ; Art. 63 Abs. 1 lit. b Brüssel Ia-VO; Art. 60 Abs. 1 lit. b LugÜ 2007. In diesen Zusammenhängen übereinkommens- bzw. unionsrechtsautonom auszufüllen, bleibt der Inhalt aber der gleiche wie beim deutschrechtlichen Begriff des effektiven Verwaltungssitzes.[621] Immer kommt es auf den Ort der Willensbildung für das operative Geschäft der Gesellschaft und damit mittelbar auf die Tätigkeitsorte der geschäftsführungsbefugten Organpersonen an.[622]

---

[614] OLG Düsseldorf WM 1995, 808, 810.
[615] LG Essen NJW 1995, 1500, 1501.
[616] OLG Hamm NJW-RR 1995, 469, 471.
[617] Siehe die Besorgnisse bei *D. Zimmer*, Liber amicorum Richard M. Buxbaum, 2000, S. 655, 663 f.
[618] *D. Zimmer*, Liber amicorum Richard M. Buxbaum, 2000, S. 655, 665 f. Zu Recht anders *Großfeld*, GS A. Lüderitz, 2000, S. 233, 237.
[619] Zur Diskussion *Kemperink/de Roo*, Ondernemingsrecht 2016/55, 258; *Bootsma/Hijink/In't Veld*, Ondernemingsrecht 2016/91, 442; *Olden/Groothuis*, Ondernemingsrecht 2016/92, 449.
[620] Weiteres Beispiel von *D. Zimmer*, Liber amicorum Richard M. Buxbaum, 2000, S. 655, 666 f.
[621] *Mankowski*, in: v. Bar/Mankowski IPR I § 7 Rn. 34; *ders.*, in: Mankowski/M. Müller/J. Schmidt, EuInsVO 2015, 2016, Art. 3 EuInsVO 2015 Rn. 61.
[622] Begründung der Kommission zum Vorschlag der EuGVVO, BR-Drs. 534/99, 26 zu Art. 57; *Kropholler/v. Hein* Art. 63 EuGVVO Rn. 2 im IZPR und Soergel/*v. Hoffmann* Art. 28 EGBGB Rn. 62; Czer-

Gleiches gilt im Internationalen Insolvenzrecht.[623] Bestätigung erfährt dies durch die ganz gleichlaufende Auslegung des Begriffs Hauptverwaltung in Art. 54 I Var. 2 AEUV.[624] Am effektiven Verwaltungssitz finden die Lenkungsakte für das operative Geschäft statt. Er ist das Zentrum der Lenkungs- und Leitungsinteressen. Er ist die Schaltstelle und das Koordinationszentrum.[625] Er ist der Schwerpunkt der unternehmerischen Tätigkeit im engeren Sinne.

Den effektiven Verwaltungssitz zu verlegen ist mit so großem Aufwand und so großen Kosten verbunden, dass sich eine solche Verlegung kaum lohnen wird, wenn man damit keine dauerhaften und ernsthaften Absichten verfolgt.[626] Eine manipulative Verlegung und eine Verlegung nur zum Schein sind fraus legis und im Ergebnis überhaupt keine relevante Verlegung. Wer verlegen will, muss dies wirklich und mindestens potenziell auf Dauer tun. **136**

7. Rechtsfolgen der Sitztheorie. Versagt die Sitztheorie einer nur scheinbar drittstaatlichen Gesellschaft, die ihren effektiven Verwaltungssitz in Wahrheit in Deutschland hat, die Rechtsfähigkeit, so würde dies bei strikter Anwendung jene Gesellschaft schlechterdings zu einem Nullum machen.[627] Es wäre nichts mehr zu retten. Indes würde solche Strenge gerade jenen interessierten Dritten das Haftungssubjekt, bei freiwilligen Gläubigern: den Vertragspartner, entziehen, zu deren Schutz die Sitztheorie entwickelt wurde. Die Schwere der Sanktion, das Statuieren eines Exempels, eines abschreckenden Beispiels, droht unverhältnismäßig und ungerechtfertigt zu werden,[628] ja sogar kontraproduktiv. Raum für eine Abstimmung auf die verfolgten Zwecke im konkreten Fall lässt der zu abstrakte und pauschale Ansatz nicht.[629] Z. B. mögen Gesellschaftsgläubiger durch genügendes Gesellschaftsvermögen hinreichend geschützt sein.[630] Zudem drohte die strenge Sitztheorie über die Versagung der Rechtsfähigkeit zugleich die Aktivlegitimation für Klagen abzusprechen und damit gegen Art. 6 EMRK zu verstoßen.[631] Das wäre gerade für die angeblich zu schützenden Gesellschaftsgläubiger misslich, weil es der Gesellschaft die Möglichkeit nähme, Aktiva effektiv zu machen und das Gesellschaftsvermögen zu mehren.[632] **137**

Richtigerweise ist die Sitztheorie daher zu modifizieren, um ihren eigenen Schutzzwecken Genüge zu tun und diesen Gerechtigkeit widerfahren zu lassen. Die modifizierte Sitztheorie versagt der pseudo-drittstaatlichen Gesellschaft nicht die Rechtsfähigkeit und nicht jede Existenz.[633] Vielmehr versagt sie ihr nur ihre konkrete Gestalt nach ihrem vorgeblichen Gesellschaftsstatut, das aber aus deutscher Sicht in Wahrheit gar nicht anwendbar ist. Die ausländische Gesellschaftsform wird ebenso wenig „anerkannt", wie das ausländische Gesellschaftsstatut angewendet wird.[634] **138**

Die pseudo-drittstaatliche Gesellschaft wird von Rechts wegen in eine Gesellschaftsform des deutschen Rechts umgewandelt.[635] Die juristischen Personen des deutschen Rechts mit **139**

---

nich/Heiss/*Czernich*, EVÜ, 1999, Art. 4 EVÜ Rn. 55; Staudinger/*Magnus* Art. 19 Rom I-VO Rn. 13; MüKoBGB/*Martiny* Art. 19 Rom I-VO Rn. 6; *Mansel*, FS Hanns Prütting, 2018, S. 51, 52 f. im IPR.
[623] MüKoBGB/*Kindler* Art. 3 EuInsVO Rn. 16.
[624] von der Groeben/J. Schwarze/Hatje/*Tiedje*, EUV/AEUV/GRC, Bd. I, 7. Aufl. 2015, Art. 54 AEUV Rn. 28; *R. Geiger/Khan/Kotzur*, AEUV/EUV, 6. Aufl. 2017, Art. 54 AEUV Rn. 8.
[625] *Prütting*, Insolvenz-Forum 2004, 157, 165.
[626] *Eidenmüller/Frobenius/Prisko*, NZI 2010, 545; *K. Schmidt/Brinkmann*, InsO, 18. Aufl. 2016, Art. 3 EuInsVO Rn. 11.
[627] Siehe nur *Eidenmüller*, ZIP 2002, 2233, 2235.
[628] Vgl. *Hack*, GesRZ 2003, 29, 32.
[629] *M. Schulz*, Verfassungsrechtliche Vorgaben für das Kollisionsrecht in einem Gemeinsamen Markt, 2000, S. 169 mwN; *M. Schulz/Sester*, EWS 2002, 545, 549.
[630] *Eidenmüller*, ZIP 2002, 2233, 2236.
[631] *Ebke*, in: Sandrock/Wetzler (Hrsg.), Deutsches Gesellschaftsrecht im Wettbewerb der Rechtsordnungen, 2004, S. 101, 113 f. sowie *Hack*, GesRZ 2003, 29, 32.
[632] *D. Zimmer*, BB 2003, 1, 5; *Lutter*, BB 2003, 7, 9.
[633] *M.-P. Weller*, FS Wulf Goette, 2011, S. 583, 592.
[634] BGH NJW 2002, 2539; *D. Zimmer*, Internationales Gesellschaftsrecht, 1996, S. 300; *Eidenmüller/Rehm*, ZGR 1997, 89, 90 f.; *Goette*, DStR 2002, 1679; *Kindler*, IPRax 2003, 41; *M.-P. Weller*, FS Wulf Goette, 2011, S. 583, 592.
[635] Dagegen mit eingehender intertemporaler Begründung (Analogie zu Artt. 163; 231 § 2 EGBGB) und Plädoyer für eine qualifizierte Fortschreibung der ausländischen Rechtsform *Bartels*, ZHR 176 (2012), 412,

ihren gesellschafterbegünstigenden Haftungsbeschränkungen kommen dabei nicht in Betracht, auch wenn die pseudo-drittstaatliche Gesellschaft sich nach ihrem angeblichen Gesellschaftsstatut als haftungsbeschränkt und als juristische Person darstellte. In Betracht kommen vielmehr nur die Personenhandelsgesellschaften OHG und KG oder – bei Fehlen eines Geschäftsbetriebs – die GbR des deutschen Rechts, bei einer Einmanngesellschaft der Einzelkaufmann.[636] Das führt zur persönlichen Haftung der Gesellschafter (und zu firmenrechtlichen Konsequenzen bei der Namensführung[637]). Hinzu kommt eine verschärfte Haftung der Organpersonen und Agierenden in Deutschland analog §§ 11 II GmbHG; 41 I 2 AktG.[638] Von einer vollgültigen Anerkennung der ausländischen Gesellschaften mit allen Wirkungen kann also keine Rede sein, auch soweit eine deutsche Personengesellschaft (teil)rechtsfähig wäre.[639] Eine persönliche Haftung aller Gesellschafter ist bei Publikumsgesellschaften mit großem Gesellschafterkreis problematisch.[640] Auf der anderen Seite haben die Gläubiger Informationslasten, um haftende Gesellschafter zu identifizieren.[641]

140 Nicht zu verschweigen ist, dass die Umwandlung in eine deutsche OHG, KG oder GbR nur aus deutscher Sicht erfolgt, dagegen nicht aus der Sicht des angeblichen drittstaatlichen Gesellschaftsstatuts. Es drohen also hinkende Rechtsverhältnisse zu entstehen,[642] indem unter falschem Recht agiert wird,[643] gleichsam unter falscher Flagge. Die modifizierte Sitztheorie nimmt dies als notwendige Konsequenz in Kauf.[644]

141 Immerhin belässt die modifizierte Sitztheorie es bei einer (Teil-)Rechtsfähigkeit des Gebildes.[645] Ihr kann man jedenfalls nicht entgegenhalten, dass sie die Grenzen der Umdeutung nach § 140 BGB sprenge und dem Parteiwillen der Parteien des Gesellschaftsvertrags nicht entspreche.[646] Denn über diesen Willen setzt sich die modifizierte Sitztheorie bewusst im behaupteten Interessen der anderen stakeholder hinweg; die modifizierte Sitztheorie zieht ihre Legitimation gerade nicht aus dem Parteiwillen und mutet den Gesellschaftern bewusst etwas zu. Eine Umwandlung von objektiven Rechts wegen ist keine Umdeutung, welche den Parteiwillen so weit wie möglich wahren wollte. Die persönliche Haftung ist gerade gewollte Sanktion, um die Gesellschafter zum Nachdenken, zur Vorsicht und zu präventivem Gehorsam zu veranlassen.

142 *Zum obigen Beispiel*[647]*:* Die schweizerische Aktiengesellschaft wird nach der modifizierten Sitztheorie in eine Gesellschaftsform deutschen Rechts umgewandelt, damit sie sich nicht der Gerichtspflichtigkeit entziehen kann. Wegen der Umwandlung in eine Personenhandelsgesellschaft haften die Gesellschafter auch unbeschränkt persönlich, d. h. mit ihrem ganzen persönlichen Vermögen.

143 Ob die modifizierte Sitztheorie für Publikumsgesellschaften überhaupt passt und dort nicht mehr Schaden anrichtet, als sie Nutzen zu stiften vermag, ist noch eine offene Frage.[648] Zu-

---

425 f.; *ders.,* IPRax 2013, 153, 156; zustimmend *J. Mohamed,* ZvglRWiss 177 (2018), 189, 204–206; Sympathie bei *A. Schall,* ZfPW 2016, 407, 413.

[636] BGHZ 151, 204, 206 f. = BB 2002, 2031 m. Anm. *Gronstedt* = MDR 2002, 1382 m. Anm. *Haack*; OLG Hamburg ZIP 2007, 1108, 1113 f.; *Eidenmüller/Rehm,* ZGR 1997, 89, 91; *Goette,* DStR 2002, 1679, 1680; *Leible/J. Hoffmann,* DB 2002, 2203, 2205; *dies.,* ZIP 2003, 925 (925); *Kindler,* IPRax 2003, 41, 42; *M.-P. Weller,* FS Wulf Goette, 2011, S. 583, 592; *J. Schmidt,* ZvglRWiss 116 (2017), 313, 316 f. sowie OLG Celle IPRax 2013, 572; *Schubert,* EWiR 202, 665; *M.-P. Weller/Rentsch,* IPRax 2013, 530.

[637] *D. Zimmer,* BB 2003, 1, 4.

[638] KG NJW 1989, 3100; OLG Oldenburg NJW 1990, 1422; OLG Düsseldorf RIW 1995, 508 (dazu *Bungert,* IPRax 1996, 100); LG Köln RIW 1987, 54,

[639] Entgegen *Kindler,* FS Werner Lorenz zum 80. Geb., 2001, S. 343, 350.

[640] *Scholz/*H. P. Westermann, GmbHG, Bd. I, 12. Aufl. 2018, Anh. § 4a GmbHG Rn. 11.

[641] *P. Behrens/J. Hoffmann,* in: P. Ulmer/Habersack/Löbbe, GmbHG, Bd. I, 2. Aufl. 2013, Einl. B Rn. 34; *Scholz/*H. P. Westermann, GmbHG, Bd. I, 12. Aufl. 2018, Anh. § 4a GmbHG Rn. 11.

[642] *M.-P. Weller,* FS Wulf Goette, 2011, S. 583, 593.

[643] *A. Schall,* ZfPW 2016, 407, 409 f.

[644] Kritisiert als „anachronistisch" von *Körber,* in: Bürgers/Körber, AktG, 4. Aufl. 2016, Ein. Rn. 25a.

[645] Insoweit zutreffend *Kindler,* FS Werner Lorenz zum 80. Geb., 2001, S. 343, 350.

[646] So aber *Bartels,* ZHR 176 (2012), 412, 421; Sympathie bei *A. Schall,* ZfPW 2016, 407, 413.

[647] Vgl. *Rauscher* IPR Rn. 650.

[648] Näher *Straube,* FS Willibald Posch zum 65. Geb., 2012, S. 723 sowie *Lamsa,* BB 2009, 16, 17.

dem kann die modifizierte Sitztheorie gerade jenen Rechtsträger vernichten, bei dem die Institutionen ressortieren, die eigentlich die Sitztheorie durchsetzen müssen. Z.B. bedürfte es einiger Zusatzüberlegungen, ob ein Gesamtbetriebsrat bei einem so nicht existenten Unternehmen angesiedelt sein kann[649] oder ob es Arbeitnehmervertreter in einem Aufsichtsorgan geben kann, dessen Rechtsträger so nicht existiert.[650] Eine OHG oder GbR hat gemeinhin kein Board und keinen Aufsichtsrat.

Überhaupt sind die Rechtsfolgen der modifizierten Sitztheorie kaum je bis ins Detail bedacht und durchgerechnet.[651] Z.b. drohte die Eröffnung eines Insolvenzverfahrens über eine zur OHG oder GbR herunterqualifizierte „ausländische Kapitalgesellschaft" mit Verwaltungssitz in Deutschland, aber gegründet nach dem Recht eines Staates, welcher der Sitztheorie nicht folgt, in jenem Staat nicht anerkannt zu werden und damit zu einer „hinkenden" Insolvenz mit Kompetenzkonflikten samt faktischer Beschränkung der deutschen Insolvenz auf das deutsche Inlandsvermögen zu führen.[652]

VI. Keine Sonderrolle für Personengesellschaften

Teilweise wird Personengesellschaften eine Sonderrolle im Kontrast zu Kapitalgesellschaften beigemessen.[653] Das Internationale Gesellschaftsrecht hat sich sicherlich an Kapitalgesellschaften ausgebildet. Ob Personengesellschaften eine Sonderrolle einnehmen und eigene Anknüpfungsregeln haben sollten, ist letztlich eine Qualifikationsfrage. Im Kern geht es um den Anknüpfungsgegenstand „Gesellschaft", also den Gesellschaftsbegriff des Internationalen Gesellschaftsrechts.[654] Denn die radikale, aber konsequente Alternative zu einer gesellschaftsrechtlichen Anknüpfung von Personengesellschaften wäre eine vertragsrechtliche Anknüpfung.[655]

Insoweit spielt aus normhierarchischen Gründen (Vorrang einer EU-Verordnung aus Art. 288 UAbs. 2 AEUV) die Rom I-VO hinein: Was sie vertraglich qualifiziert und an sich zieht, ist dem Internationalen Gesellschaftsrecht entzogen. Art. 1 II lit. f Rom I-VO markiert die Wasserscheide.[656]

Wegen Erwägungsgrund (7) Rom I-VO und des darüber eröffneten Blicks auf Art. 63 I lit. b Brüssel Ia-VO (der seinerseits wieder Art. 54 I Var. 2 AEUV aufgreift) ist ein Mindestmaß an organisatorischer Verfestigung das entscheidende Kriterium.[657] Verlangt ist eine Teilnahme als Einheit am Rechtsverkehr mit Dritten.[658] Art. 150 I schwIPRG bezeichnet als Gesellschaften organisierte Personenzusammenschlüsse und organisierte Vermögenseinheiten. Mittelbar korrespondiert dies mit Art. 19 I UAbs. 1 Rom I-VO, der bei Gesellschaften einen Ort der Hauptverwaltung voraussetzt.[659]

Daraus ergibt sich im Umkehrschluss: Personengesellschaften sind nicht per se und automatisch vertragsrechtlich zu qualifizieren; vielmehr sind sie grundsätzlich gesellschaftsrechtlich zu qualifizieren, wenn sie eine hinreichend verfestigte Organisationsstruktur aufweisen.[660] Dies gilt für Außenpersonengesellschaften.[661]

---

[649] *Mankowski,* ZIP 1995, 1006, 1008.
[650] *Mankowski,* ZIP 1995, 1006, 1008.
[651] Ausnahme: *Eidenmüller/Rehm,* ZGR 1997, 89.
[652] AG Ludwigsburg ZIP 2006, 1507, 1509.
[653] Siehe insbesondere NK-BGB/*J. Hoffmann* Anh. zu Art. 12 EGBGB Rn. 158–186 sowie *Terlau,* Das Internationale Privatrecht der Gesellschaft bürgerlichen Rechts, 1999; *Walden,* Das Kollisionsrecht der Personengesellschaften im deutschen, europäischen und US-amerikanischen Recht, 2001; *Trautrims,* Das Kollisionsrecht der Personengesellschaften, 2009; *H. P. Westermann/W.G. Paefgen,* Handbuch Personengesellschaften, Losebl. § 60 (2013); *A. Schall,* in: Heidel/A. Schall, HGB, 2. Aufl. 2015, Anh. Internationales Personengesellschaftsrecht.
[654] Zu diesem Begriff insbesondere *Wedemann,* RabelsZ 75 (2011), 451.
[655] Konsequent NK-BGB/*J. Hoffmann* Anh. zu Art. 12 EGBGB Rn. 162–162g.
[656] Siehe nur *Pauknerová,* Liber amicorum Christian Kohler, 2018, S. 385, 389f.
[657] *W.-H. Roth,* ZGR 2014, 168, 176.
[658] *W.-H. Roth,* ZGR 2014, 168, 178.
[659] *W.-H. Roth,* ZGR 2014, 168, 178.
[660] Siehe nur *W.-H. Roth,* ZGR 2014, 168, 178; *Stiegler,* ZGR 2017, 312, 3.
[661] Eingehend *Trautrims,* Das Kollisionsrecht der Personengesellschaften, 2009, S. 127–140.

VII. Schuldvertragsrechtliche Qualifikation und Anknüpfung reiner Innengesellschaften ohne eigene Organisationsstruktur

149 Bei Innengesellschaften spielen die Qualifikationsfrage und die Abgrenzung im Lichte des Art. 1 II lit. f Rom I-VO jedoch eine besonders große Rolle. Bei ihnen treten wegen ihres definitionsgemäß rein internen Charakters zwischen den Gesellschaftern nach außen die Gesellschafter nicht hervor. Andererseits können Innengesellschaften durchaus unterschiedliche Organisationsgrade aufweisen. Namentlich bei Stillen Gesellschaften oder verwandten Erscheinungsformen wird ein Gesellschafter die Zentralfigur sein und nach außen als einziger auftreten. Sofern sich – ausnahmsweise – Organisationsstrukturen identifizieren lassen, ist der Innengesellschaft Gesellschaftscharakter beizumessen.[662] Art. 150 schwIPRG ist wiederum bester Ausdruck des Prinzips.[663] Maßgeblich ist im Obersatz wiederum der Gesellschaftsbegriff des Internationalen Gesellschaftsrechts.[664] Die Abgrenzung hat praktische Bedeutung für Konsortien (z.B. Kreditkonsortien aus Kreditinstituten bei großvolumigen internationalen Konsortialkrediten[665]), Stimmrechtspools, Beteiligungspools, Projektgemeinschaften, Arbeitsgemeinschaften u.Ä.[666] Auch bei Blockchain-Netzwerken kann es zentralisierte oder dezentralisierte Ausgestaltungen geben.[666a]

150 Innengesellschaften ohne Mindestorganisation sind dagegen schuldvertraglich zu qualifizieren und nach der Rom I-VO anzuknüpfen.[667] Bei ihnen bestehen weder die gesellschaftstypische Möglichkeit eines Konflikts zwischen Gesellschafts- und Gesellschafterinteressen noch ein öffentliches Interesse am Schutz von Minderheitsgesellschaftern oder Dritten; damit fehlt es an der Rechtfertigung, gesellschaftsrechtlich zu qualifizieren und von der Rom I-VO abzuweichen.[668] Dies gilt insbesondere, wenn Stille Gesellschaften reine Beteiligungsvehikel sind.[669] Eine moderne Qualifikationsfrage rankt sich auch um den contratto di rete[670] (Netz- oder Netzwerkvertrag).[671] Der Rekurs zur Rom I-VO führt zu Art. 3 Rom I-VO mit Rechtswahlfreiheit, objektiv mangels Austauschstruktur und charakteristischer Leistung einer Partei zu Art. 4 IV Rom I-VO und einer Anknüpfung an die engste Verbindung.[672]

151 Art. 1 II lit. f Rom I-VO kann dies abbilden, indem man seinen Begriff der „Gesellschaft" entsprechend funktional versteht und ihn nicht auf Innengesellschaften ohne Min-

---

[662] *Mankowski*, CR 1999, 581, 583.
[663] *P. Jung*, FS Anton K. Schnyder, 2018, S. 187, 190 f.
[664] Siehe nur *Wedemann*, RabelsZ 75 (2011), 451.
[665] Dort zur deutschsachrechtlichen Fragestellung nach einer GbR-Natur von Konsortien nach Vertragsdokumentation der Loan Market Association – allerdings ohne die IPR-Frage näher aufzuwerfen – *J. Wenzel*, Rechtsfragen internationaler Konsortialkredite, 2006, S. 371–374; *C. Jahn*, in: Diem/C. Jahn, Acquision Finance Agreements in Germany, 2017, S. 597 f.; *C. Rauch/T. Kaufmann*, WM 2018, 652.
[666] Siehe *Wegen/Mossler*, in: MAH IntWirtschaftsR § 11 Rn. 5 f.; *Spindler*, in: Heindler/Verschraegen (Hrsg.), Internationale Bankgeschäfte mit Verbrauchern, 2017, S. 113, 138 f.
[666a] *A. S. Zimmermann*, IPRax 2018, 566, 568–570.
[667] BGH NZG 1998, 500; BGH IPRax 1020, 367, 368; BGH NJW 2015, 2581; OLG Frankfurt RIW 1998, 807, 808; *Mankowski*, CR 1999, 581, 583; *Blaurock*, FS Harm Peter Westermann, 2008, S. 821, 830–840; *Trautrims*, Das Kollisionsrecht der Personengesellschaften, 2009, S. 154 f.; *Seibl*, IPrax 2010, 347, 351; *W.-H. Roth*, ZGR 2014, 168, 179; MüKoBGB/*Martiny* Art. 1 Rom I-VO Rn. 67; MüKoBGB/*Kindler* IntGesR Rn. 267; Staudinger/*Magnus* Art. 1 Rom I-VO Rn. 80; BeckOGK/*v. Thunen* IntPersGesR Rn. 155 f.
[668] *Zonca*, in: Sacerdoti/Frigo (a cura di), La Convenzione di Roma sul diritto applicabile ai contratti internazionali, 1993, S. 101, 104; *Mankowski*, CR 1999, 581, 583 sowie *B. Audit*, RCDIP 82 (1993), 530, 531; *Mankowski*, RabelsZ 59 (1995), 730, 736.
[669] Siehe nur BGH NJW 2004, 3706; *Seibl*, IPrax 2010, 347, 351; *Rauscher/v. Hein* Art. 1 Rom I-VO Rn. 43; Staudinger/*Magnus* Art. 1 Rom I-VO Rn. 80; *Spindler*, in: Heindler/Verschraegen (Hrsg.), Internationale Bankgeschäfte mit Verbrauchern, 2017, S. 113, 138 f.; PWW/*Brödermann/Wegen* Art. 1 Rom I-VO Rn. 21.
[670] Eingeführt durch Art. 3, 4ter–4quinquies d.l. n. 5/2009; dazu z.B. *Marseglia*, Contratto e impresa 2009, 1429; *Donativi*, Contratto e impresa 2013, 822; *Scarongella*, Riv. dir. priv. 2017, 127.
[671] *Gössl*, RabelsZ 80 (2016), 579, 594–597; siehe auch *A. S. Zimmermann*, IPRax 2018, 566, 568–573 zu Blockchain-Netzwerken.
[672] Im Ergebnis übereinstimmend, wenn auch auf anderer Grundlage, NK-BGB/*J. Hoffmann* Anh. zu Art. 12 EGBGB Rn. 162a.

destorganisation erstreckt. Anderenfalls drohte eine Notwendigkeit, als Folge einer grundsätzlich schuldvertraglichen Qualifikation, die aber nicht zur Rom I-VO führen könnte, freischaffend ungeschriebene Anknüpfungsregeln im deutschen IPR zu entwickeln.[673]

VIII. Umfang des Gesellschaftsstatuts

1. Grundsätzliches. *a) Autonome Qualifikation und ihre unionsrechtlichen Grenzen.* Die Frage nach dem Umfang des Gesellschaftsstatuts, also welche Aspekte dem Gesellschaftsstatut unterfallen, ist eine Qualifikationsfrage. Qualifikationsfragen gewinnen bekanntlich immer mehr an Bedeutung. Oft wird um sie mehr gestritten als um die eigentliche Anknüpfung. Gerade das Internationale Gesellschaftsrecht kann davon in jüngerer Vergangenheit manches Lied singen.

Insbesondere der Streit um die – praktisch überaus bedeutsame[674] – Einordnung bestimmter Phänomene als gesellschaftsrechtlich oder als insolvenzrechtlich hat massive rechtspolitische Hintergründe. Denn die nicht-gesellschaftsrechtliche Qualifikation einzelner Rechtsfragen samt deren Zuweisung zum Internationalen Insolvenzrecht oder zum Internationalen Deliktsrecht wurde gern bemüht, um Restgehalte der Sitztheorie zu retten, sei es auch in anderem Gewande.[675] Ein „Schutz" durch die EuInsVO wird aber spätestens dann zweifelhaft, wenn gar kein Insolvenzverfahren stattfindet.[676] Zudem muss eine insolvenzrechtliche Qualifikation nicht notwendig zu einer Erhöhung des Schutzniveaus führen; in der Konstellation COMI (Centre of Main Interests) in einem schutzschwachen Staat, Gründung nach einem schutzstarken Recht, kann es sogar zu einer Schutzreduktion kommen. Wer einen Konflikt mit dem COMI-Konzept der EuInsVO sieht,[677] kann de lege ferenda so radikal sein, die Abschaffung des COMI-Konzepts zu fordern.[678]

Dem sachlichen Anwendungsbereich des Gesellschaftsstatuts widmete sich Art. 10 II EGBGB-RefE:

„(2) Das nach Absatz 1 anzuwendende Recht ist insbesondere maßgebend für

1. die Rechtsnatur und die Rechts- und Handlungsfähigkeit,
2. die Gründung und die Auflösung,
3. den Namen und die Firma,
4. die Organisations- sowie die Finanzverfassung,
5. die Vertretungsmacht der Organe,
6. den Erwerb und den Verlust der Mitgliedschaft und die mit dieser verbundenen Rechte und Pflichten,
7. die Haftung der Gesellschaft, des Vereins oder der juristischen Person sowie die Haftung ihrer Mitglieder und Organmitglieder für Verbindlichkeiten der Gesellschaft, des Vereins oder der juristischen Person,
8. die Haftung wegen der Verletzung gesellschaftsrechtlicher Pflichten."

Plastisch ist die grobe Zusammenfassung, dass das Gesellschaftsstatut die materiellen Regeln regiert, nach denen die Gesellschaft entsteht, lebt und vergeht.[679]

---

[673] Dafür aber *A. Schall*, in: Heidel/A. Schall, HGB, 2. Aufl. 2015, Anh. IntPersGesR Rn. 31; NK-BGB/ *J. Hoffmann* Anh. zu Art. 12 EGBGB Rn. 162a.
[674] *De Wulf*, TBH 2016, 435, 437.
[675] Insbesondere *W. G. Paefgen*, DB 2003, 487, 488; *N. Horn*, NJW 2004, 893, 899; *P. Ulmer*, NJW 2004, 1201, 1207; *ders.*, KTS 2004, 291, 295 f.; *M. Fischer*, ZIP 2004, 1477, 1478; *C. Teichmann*, NJW 2006, 2444, 2449; *H. P. Westermann*, DZWIR 2008, 485, 486; *Oberhammer*, KTS 2009, 27, 52 f.; *Kindler*, IPRax 2009, 189, 193; *Balthasar*, RIW 2009, 221, 225; *Lieder/Kliebisch*, BB 2009, 338, 342; *M. Schulz/Wasmeier*, RIW 2010, 657; *E.-M. Henke*, Verwaltungssitzverlegung von Gesellschaften mit beschränkter Haftung aus Deutschland und Südafrika und deren kollisionsrechtliche Folgen, 2013, S. 251–256.
[676] *Bitter*, WM 2004, 2190, 2192; *Holderbaum*, Gesellschafterdarlehen und Niederlassungsfreiheit, 2013, S. 215.
[677] Z. B. nach VALE R. *Dammann/Wynaendts/Marion*, Bull. Joly Sociétés 2012, 735, 740.
[678] *A. Schall*, ECFR 2015, 280, 288; *De Wulf*, TBH 2016, 435, 442. *Maresceau*, TPR 2015, 549, 567–571.
[679] BGHZ 25, 134, 144.

155 Genau an dieser Stelle, bei der Qualifikation, sind dem deutschen Recht und selbst dem deutschen Gesetzgeber indes Grenzen bei seiner eigenen Entscheidungsfindung, ja bei seiner Kompetenz gesetzt. Denn gleichsam von der Flanke her wirken mindestens drei EU-Verordnungen hinein: die EuInsVO (Internationales Insolvenzrecht), die Rom II-VO (Internationales Deliktsrecht) und die Rom I-VO (Internationales Vertragsrecht). EU-Verordnungen genießen bekanntlich nach Art. 288 II AEUV Vorrang vor dem nationalen Recht. Dies heißt: Soweit ein Gegenstand bereits europäisch geregelt ist, ist er der Kompetenz des nationalen Gesetzgebers entzogen und kann der nationale Gesetzgeber ihn nicht mehr regeln.

156 Daher kann der im Prinzip schöne und sachgerechte (wenn auch nicht abschließende) Katalog des Art. 10 II EGBGB-RefE samt der Begründung dazu (oder der vergleichbare Katalog aus Art. 111 § 1 Code PIL in Belgien oder § 22 IV IPRG 2017 in Ungarn) unter Umständen falsche und trügerische Scheinsicherheit spenden. Denn dort mag sich etwas finden, was nach vorrangigen europäischen Maßstäben gar nicht gesellschaftsrechtlich, sondern anders einzuordnen ist. Was ein europäischer Rechtsakt für sich vereinnahmt, ist festgelegt und steht dem nationalen Gesetzgeber als Regelungsgegenstand nicht mehr offen. Ebenso wenig steht es der nationalen Rechtsprechung offen, eigenverantwortlich eine Abgrenzungsentscheidung zu treffen.[680] Die praktische Arbeitsfolge muss deshalb in den Grenzbereichen, den problematischen Berührungs- und Überschneidungsbereichen beim jeweils möglicherweise einschlägigen europäischen Rechtsakt ansetzen,[681] nicht bei Art. 10 II EGBGB-RefE. Der normhierarchische Vorrang bricht sich schon darin Bahn. Art. 3 Nr. 1 EGBGB macht dies unmissverständlich und augenfällig,[682] auch wenn er streng betrachtet nur deklaratorisch ist.

157 Versteckt gibt es zwei europäische Normen, die aufzählen, was der europäische Gesetzgeber sicher zum Gesellschaftsrecht schlägt, nämlich Art. 1 II lit. f Rom I-VO und Art. 1 II lit. d Rom II-VO. Man kann sie durchaus als einen Ausgangspunkt ansehen.[683] Aus der Rom I- bzw. der Rom II-VO ausgenommen sind diesen Normen zufolge vertragliche bzw. außervertragliche Schuldverhältnisse, die sich aus dem Gesellschaftsrecht, dem Vereinsrecht und dem Recht der juristischen Personen ergeben, wie: die Errichtung durch Eintragung oder auf andere Weise; die Rechts- und Handlungsfähigkeit; die innere Verfassung[684] und die Auflösung von Gesellschaften, Vereinen und juristischen Personen; die persönliche Haftung der Gesellschafter und der Organe für die Verbindlichkeiten einer Gesellschaft, eines Vereins oder einer juristischen Person sowie die persönliche Haftung der Rechnungsprüfer gegenüber einer Gesellschaft oder ihren Gesellschaftern bei der Pflichtprüfung der Rechnungslegungsunterlagen.[685] Mit dieser recht ausführlichen Liste, der etwa die Finanzverfassung einer Gesellschaft unterfällt,[686] hat man zumindest einen Ausgangspunkt (der nicht der Mühe enthebt, sich mit der qualifikatorischen Abgrenzung der einzelnen Haftungstatbestände zwischen Gesellschafts- und Deliktsrecht befassen zu müssen[687]). Die Liste ist allerdings nicht abschließend.[688]

---

[680] Dahin aber *Bollacher*, RIW 2008, 200, 205.
[681] Referentenentwurf für ein Gesetz zur Anpassung der Vorschriften des Internationalen Privatrechts an die Verordnung (EG) Nr. 593/2008 (Stand 8.9.2008) S. 6 f. sub A I 4; *R. Wagner*, IPRax 2008, 314, 317.
[682] Eindringlich *R. Wagner*, IPRax 2008, 314, 317.
[683] Siehe Groupe Européen de Droit International Privé, Vingt-quatrième réunion, Florence, 19–21 septembre 2014, Compte rendu des séances de travail, 1. Codification de droit international privé de l'Union: la loi applicable aux sociétés B 2.1 <http://www.gedip-egpil.eu/reunionstravail/gedip-reunions-24codification>; KG BB 2018, 657 (657) m. Anm. *H. Richter/Knauf; Breisch/Mitterecker*, wbl 2018, 367, 369
[684] IPG 2009-2011 Nr. 47 Rn. 3 (Köln).
[685] Eingehend zur Auslegung *Bayh*, Die Bereichsausnahme auf dem Gebiet des Gesellschaftsrechts in Artikel 1 Absatz 2 Buchstabe d Verordnung Rom II, 2014, S. 86–154.
[686] OGH ZfRV-LS 2014/32 = ZfRV 2014, 124.
[687] Eingehend dazu *Bayh*, Die Bereichsausnahme auf dem Gebiet des Gesellschaftsrechts in Artikel 1 Absatz 2 Buchstabe d Verordnung Rom II, 2014, S. 161–206.
[688] OGH ZfRV 2014, 281 = ZfRV-LS 2014/64; *Bachner/Kodek*, ZfRV 2011, 19, 21 f.; NK-BGB/*Leible* Art. 1 Rom I-VO Rn. 64.

VIII. Umfang des Gesellschaftsstatuts   158–162   § 7

Allerdings lässt sich einwenden, dass der europäische Gesetzgeber damit nur negativ aus 158
der Rom II-VO ausgrenze (und dem nationalen IPR zuweise[689]), nicht aber positiv eine
gesellschaftsrechtliche Qualifikation festschreibe. Zudem irritiert das einleitende „vertragliche" bzw. „außervertragliche Schuldverhältnisse", das eindeutig dem Kontext und dem
Standort in der Rom I- bzw. Rom II-VO geschuldet ist. Denn was bereits kein vertragliches bzw. außervertragliches Schuldverhältnis ist, also die Grundqualifikationshürde für die
Rom I- bzw. Rom II-VO nicht nimmt, bedarf keiner ausdrücklichen Ausgrenzung durch
spezielle Ausnahme.

Dass der europäische Gesetzgeber den in Art. 1 II lit. d Rom II-VO aufgezählten Kata- 159
log nicht nur als nicht-deliktisch oder nicht-bereicherungsrechtlich einordnet, sondern
durchaus grundsätzlich als gesellschaftsrechtlich, kann man daraus ablesen, dass er in
Art. 1 II lit. d Rom I-VO wiederholt wird (bis auf die Rechnungsprüferhaftung). Er ist
damit auch nicht-vertraglich. Die Abgrenzung der Rom I- wie der Rom II-VO gegenüber
dem Gesellschaftsrecht vollzieht sich entlang denselben Strukturen und Begriffen. Der Abgrenzungsbegriff ist in beiden Verordnungen mit „Gesellschaftsrecht" überschrieben. Die
nachfolgenden Unterbegriffe dienen seiner Ausfüllung und damit der positiven Qualifikation und Zuweisung von Einzelaspekten. Dass die Aufzählung nicht abschließend ist, schadet nicht. Denn ihr kann man eines sicher entnehmen: Was aufgezählt ist, ist im europäischen IPR gesellschaftsrechtlich zu qualifizieren (auch wenn es kein kodifiziertes
europäisches Internationales Gesellschaftsrecht als System gibt).

Rom I- und Rom II-VO sind nicht nur die „Leitplanken", die Außengrenzen für das 160
nicht kodifizierte Internationale Gesellschaftsrecht, sondern geben diesem auch eine Binnenstruktur.[690] In jedem Fall lässt sich sagen: Was positiv von Rom I- oder Rom II-VO
erfasst ist, ist kollisionsrechtlich kein Gesellschaftsrecht. Das heißt aber nicht, dass man eine
internationalgesellschaftsrechtliche Prüfung immer mit einer Abgrenzung zu Rom I- oder
Rom II-VO beginnen müsste. Dies ist vielmehr nur geboten, wenn sachlicher Anlass dazu
besteht.[691] Für die Ausfüllung der Unterbegriffe aus den Katalogen ist aber ebenfalls der
Kontext innerhalb des geschriebenen Rechts, also innerhalb der Rom-Verordnungen, vorrangig.[692]

b) *Begriff der Gesellschaft.* Den Einzelfragen vorgelagert ist die Grundsatzfrage, ob man es 161
überhaupt mit einer Gesellschaft zu tun hat.[693] Sie stellt sich etwa bei der Einordnung von
Stiftungen. Für Stiftungen hat sich indes eine Behandlung entsprechend Gesellschaften im
IPR ganz weitgehend durchgesetzt.[694]

Komplizierter verhält es sich dagegen mit Trust-Konstruktionen.[695] Funktionell spiegelt 162
die Erkenntnis, dass der Trust ein Sonderzweckvermögen ist, die Natur des Trusts besser
wider als eine rein schuldvertragliche Qualifikation. Denn der Trust hat mit den Trustees
eigene Organe und eine eigene Struktur.[696] Von einem simplen Vertrag ist er auch insoweit
entfernt, als seine Existenz nicht von der Person einer bestimmten Vertragspartei abhängig

---

[689] L. *Hübner*, ZGR 2018, 149, 165.
[690] *Rödter*, Gesellschaftskollisionsrecht im Spannungsfeld zur Rom I- und zur Rom II-VO, 2014, S. 62–65.
[691] Beispiel BGH ZIP 2014, 2494 Rn. 17 = DNotZ 2015, 207 m. Anm. *Hüren*: Die Formanknüpfung nach Art. 11 Rom I-VO gilt nicht für das Erfordernis notarieller Beurkundung von AG-Hauptversammlungen aus § 130 I 1 AktG.
[692] *Rödter*, Gesellschaftskollisionsrecht im Spannungsfeld zur Rom I- und zur Rom II-VO, 2014, S. 62–65.
[693] Zum Komplex z. B. *Wedemann*, RabelsZ 75 (2011), 541.
[694] *Kronke*, in: Frhr. v. Campenhausen/Kronke/O. Werner (Hrsg.), Stiftungen in Deutschland und Europa, 1998, S. 361; *Gardeñes Santiago*, Las Fundaciones en Derecho internacional privado español, 2003; MüKoBGB/*Kindler* IntGesR Rn. 676; *P. Behrens*, GS Rainer Walz, 2008, S. 13; *C. Geisler*, Die selbständige Stiftung im Internationalen Privatrecht, 2008, S. 80–83; *Leible*, FS Olaf Werner, 2009, S. 256; *S. Koehler*, Das Kollisionsrecht der Stiftungen aus Sicht des Internationalen Privat- und Verwaltungsrechts, 2011, S. 261–290.
[695] Siehe z. B. für das belgische IPR *Appermont*, De Trust: een juridisch kader voor de (internationaal) privaatrechtelijke inpassing en fiscale gevolgen, 2017; *Appermont/van Calster*, WPNR 7203 (2018), 586.
[696] *Mankowski*, FS Gunther Kühne, 2009, S. 795, 799.

ist.⁶⁹⁷ Die einseitige Errichtung durch Willensakt des settlor will auch nicht zu einer Konstruktion als gelebter Vertrag passen. Verstärkt wird dies noch, soweit der Trust von den Grenzen der rule against perpetuities⁶⁹⁸ befreit wird und gleichsam unsterblich wird, wie es z. B. seit 1995 jenseits des Immobilienrechts Delaware gestattet,⁶⁹⁹ das zuvor auch schon 110 Jahre Lebensdauer für einen Trust erlaubte. Die eleganteste Lösung aller Probleme um die Einpassung des Trust in das IPR wäre immer noch ein Beitritt der EU zum Haager Trust-IPR von 1985⁷⁰⁰, als eben *dem* Spezialrechtsakt für Trust-IPR, allen Schwächen dieses Übereinkommens und allen Kompetenzfragen zwischen der EU und ihren Mitgliedstaaten zum Trotz.

163 Ein Problemfall eigener Art ist die natürliche Einzelperson, die sich unternehmerisch betätigt, aber nach ihrem Heimat- oder ihrem Aufenthaltsrecht die Haftung für ihre unternehmerische Tätigkeit beschränken kann, als wäre sie eine Kapitalgesellschaft. Den Phänotyp kennzeichnet vor allem der – mit erheblichem legislativen Aufwand⁷⁰¹ eingeführte und funktionell durchaus kritisch zu betrachtende⁷⁰² – entrepreneur individuel à responsabilité limitée (EIRL) des französischen Rechts.⁷⁰³ Seine richtige Einordnung im IPR ist noch eine offene Frage.⁷⁰⁴ Der Zuschnitt auf die Person unterscheidet den EIRL von der UG des deutschen Rechts. Die UG ist gleichsam die kleine Schwester der GmbH und, wie schon ihr Name indiziert, eine echte Gesellschaftsform. Die UG als deutsche Antwort auf den Ltd.-Boom hat sich zu einer regelrechten Erfolgsstory aus eigenem Recht entwickelt:⁷⁰⁵ Am 1.1.2016 gab es nicht weniger als 105.341 UGs.⁷⁰⁶ (Wermutstropfen ist die ungefähr dreimal höhere Insolvenzanfälligkeit im Vergleich mit GmbHs.⁷⁰⁷) Auch im Wettstreit der Personengesellschaften hat sich die PartG mbH letztlich in Deutschland gegen die LLP durchgesetzt.⁷⁰⁸

164 2. **Gründung.** a) *Gründungserfordernisse.* Welche materiellen Voraussetzungen für die wirksame Gründung einer Gesellschaft bestehen, richten sich nach dem Gesellschaftsstatut.⁷⁰⁹ Das Gesellschaftsstatut entscheidet darüber, wie eine Gesellschaft ins Leben gerufen wird. Es begleitet die Gesellschaft gleichsam von ihrer Geburt an. Z. B. gehören hierher etwaiger Typenzwang,⁷¹⁰ Mindestzahl an Gründungsgesellschaftern, Übernahme und Zeichnung von Gesellschaftsanteilen,⁷¹¹ aufzubringendes Mindestkapital sowie die Mög-

---

⁶⁹⁷ *Mankowski,* FS Gunther Kühne, 2009, S. 795, 799.
⁶⁹⁸ Leading cases sind *Whitby v. Mitchell* (1890) 44 Ch. D. 85 (Ch.D.) „old rule") und *Duke of Norfolk's Case* 3. Ch. Cas. 1, 2 Ch. Rep. 229 (1685); *Thellusson v. Woodford* (1798) 4 Ves. Jnr. 228, affd. (1805) 11 Ves. Jnr. 112; *Cadell v. Palmer* (1883) 1 Cl. & Fin. 372 („modern rule"). Gute Zusammenfassung z. B. in *Morris/Leach,* The Rule against Perpetuities, 2. Aufl. 1962, Supp. 1964; *Harling Maudsley,* The Modern Law of Perpetuities, 1979; The Law Reform Commission (Ireland), Report on the Rule against Perpetuities and Cognate Rules (LRC 62-2000) und *Andrea Batereau,* Zeitgrenzen der Vermögensbindung im englischen Recht, 1992. Siehe außerdem z. B. Perpetuities Act 1984 in Australien und ch. 146: Rule against Perpetuities (Application to Future Easements) Bahama Statutes.
⁶⁹⁹ 25 Del. C. § 503.
⁷⁰⁰ Hage Convention on the Law Applicable to Trust and Their Recognition of 1 July 1985 <https://assets.hcch.net/docs/8618ed48-e52f-4d5c-93c1-56d58a610cf5.pdf>.
⁷⁰¹ Loi n° 2010-658 du 15 juin 2010, JO 2010, 10984; Ordonnance n° 2010-1512 du 9 décembre 2010, JO 2010, 21617; Décrets n° 2011-188 du 17 février 2011, JO 2011, 3116; n° 2011-1481 du 8 novembre 2011, JO 2011, 18914; n° 2012-122 du 30 janvier 2012, JO 2012, 1781; n° 2012-398 du 22 mars 2012, JO 2012, 5380; n° 2013-65 du 18 janvier 2013, JO 2013, 1374.
⁷⁰² Siehe nur *Salgado,* JCP E 2014, 52 m.w.N. Vgl. auch Cass. Com. D. 2018, 594 note *Tisseyre*.
⁷⁰³ Zum EIRL rechtsvergleichend *Paternot,* Haftungsbeschränkungen für Einzelunternehmer in Deutschland und Frankreich, 2014.
⁷⁰⁴ *Wedemann,* RabelsZ 75 (2011), 541; *Foyer,* Mélanges à la mémoire de Patrick Courbe, 2012, S. 191.
⁷⁰⁵ *J. Schmidt,* ZvglRWiss 116 (2017), 313, 322 f.
⁷⁰⁶ *Kornblum,* GmbHR 2016, 691, 692; *J. Mohamed,* Rpfleger 2018, 423, 425.
⁷⁰⁷ *J. Mohamed,* Rpfleger 2018, 423, 425.
⁷⁰⁸ *J. Mohamed,* ZvglRWiss 177 (2018), 189, 197.
⁷⁰⁹ Siehe nur RGZ 92, 74; MüKoBGB/*Kindler* IntGesR Rn. 548 mwN.
⁷¹⁰ Siehe RGZ 77, 19; BGHZ 53, 181, 184; OLG Frankfurt NJW 1964, 2355.
⁷¹¹ OLG Celle IPRspr. 1950/51 Nr. 12b; OLG München IPRspr. 1929 Nr. 23; LG Hannover IPRspr. 1950/51 Nr. 12a.

lichkeit und Haftung bei Sacheinlagen, insbesondere bei der Einbringung bestehender Unternehmen.[712]

Ob ein Registrierungserfordernis besteht und ob eine Registrierung konstitutiv oder nur **165** deklaratorisch wirkt, entscheidet das Gesellschaftsstatut. Termin, Inhalt und Folgen der Eintragung sind allesamt Fragen an das Gesellschaftsstatut.[713] Das Verfahren der Eintragung richtet sich aber nach der lex fori der registerführenden Stelle (sei dies ein Gericht, sei dies eine Behörde, sei dies ein – beliehener – Privater), also nach der lex registrationis.[714] Ab welchem Zeitpunkt genau die Gesellschaft existiert, besagt wiederum das Gesellschaftsstatut.[715]

b) Gründungsvorvertrag und Vorgesellschaft. Nicht zur Gründung gehört ein Gründungsvor- **166** vertrag, in dem sich die prospektiven Gründer zur Gründung nur verpflichten. Ein solcher Vertrag ist vielmehr schuldvertraglich zu qualifizieren[716] und, da Art. 1 II lit. f Rom I-VO nicht greift, nach der Rom I-VO anzuknüpfen.[717] Eine Handelndenhaftung in diesem frühen Gründungsstadium ist als Verkehrsschutztatbestand analog Art. 12 EGBGB anzuknüpfen.[718] Eine Alternative wäre eine Anknüpfung als culpa in contrahendo über Art. 12 Rom II-VO.[719]

Eine errichtete Vorgesellschaft wiederum wird als gesellschaftsrechtliches Gebilde ange- **167** sprochen[720] und gesellschaftsrechtlich an das prospektive Statut der zu gründenden Gesellschaft angeknüpft,[721] wenn sie den nötigen Organisationsgrad erreicht.[722] Dies gewährleistet Kontinuität und vermeidet einen Statutenwechsel zwischen Vorgesellschaft und endgültiger Gesellschaft. Auch die Haftung für die Vorgesellschaft Handelnder[723] unterliegt dem prospektiven Gesellschaftsstatut.[724] Das so berufene Recht muss auch besagen, ob es das Rechtsinstitut der Gründungs- oder Vorgesellschaft überhaupt institutionell kennt.[725]

3. Rechtsfähigkeit. *a) (Allgemeine) Rechtsfähigkeit als solche.* Weiterer zentraler Regelungs- **168** gegenstand des Gesellschaftsstatuts ist die Rechtsfähigkeit der Gesellschaft.[726] Das Gesellschaftsstatut entscheidet, ob eine Gesellschaft nicht rechtsfähig, teilrechtsfähig oder vollrechtsfähig ist. Es legt auch fest, ab wann und bis wann eine Gesellschaft als rechtsfähig gilt.[727]

---

[712] Siehe nur *M. Lehmann*, in: MHdB GesR VI § 5 Rn. 47–51.
[713] Siehe nur Staudinger/*Großfeld* IntGesR Rn. 260; MüKoBGB/*Kindler* IntGesR Rn. 549.
[714] Siehe nur OLG Jena NZG 2006, 434; OLG Hamm ZIP 2006, 1947 = GmbHR 2006, 1198 m. Anm. *R. Werner*; OLG Dresden NZG 2008, 265, 266; OLG Frankfurt FGPrax 2008, 165, 166; OLG Hamm NZG 2008, 949; OLG Köln FGPrax 2013, 18; KG DNotZ 2012, 604, 607; PWW/*Brödermann/Wegen* IntGesR Rn. 10; *Wegen/Mossler*, in: MAH IntWirtschaftsR § 11 Rn. 33.
[715] Siehe nur OLG Düsseldorf IPRspr. 2010 Nr. 23 S. 49.
[716] RG IPRspr. 1933 Nr. 5; BGH WM 1975, 387; MüKoBGB/*Kindler* IntGesR Rn. 547; BeckOGK/*v. Thunen* IntPersGesR Rn. 153; *Dostal*, in: MAH GmbHR § 26 Rn. 186.
[717] *M. Lehmann*, in: MHdB GesR VI § 3 Rn. 13; *Wegen/Mossler*, in: MAH IntWirtschaftsR § 11 Rn. 30.
[718] LG München I NZG 2000, 106 = IPRax 2001, 137; *Borges*, NZG 2000, 108; *Kowalski*, EWiR 2000, 127; *Thorn*, IPRax 2001, 102.
[719] Dafür *M. Lehmann*, in: MHdB GesR VI § 3 Rn. 14.
[720] Dagegen *M. Lehmann*, in: MHdB GesR VI § 3 Rn. 10–12: Anwendung von Rom I- und Rom II-VO, da ausländische Rechte das Institut der Vorgesellschaft kaum kennen würden.
[721] BGH IPRspr. 1966/67 Nr. 14; RG IPSpr. 1935-1944 Nr. 47; BayObLGZ 1965, 294; OLG München IPRspr. 1966/67 Nr. 15; OLG Nürnberg IPRspr. 1966/67 Nr. 17; KG NJW 1989, 3100; OLG Köln IPRspr. 2008 Nr. 187a S. 589f.; LG Köln IPRspr. 2009 Nr. 9 S. 23, 24; *Dostal*, in: MAH GmbHR § 26 Rn. 187.
[722] BeckOGK/*v. Thunen* IntPersGesR Rn. 154.
[723] Unter deutschem Recht nach § 11 II GmbHG; § 41 I 2 AktG.
[724] BGH RIW 2005, 542 m. krit. Anm. *Leible/J. Hoffmann* = NZG 2005, 508 m. Anm. *M. Lehmann* = BB 2005, 1006 m. Anm. *Wand* = DB 2005, 1047 m. Anm. *Ressos*; RGZ 159, 33, 42f.; BayObLGZ 1965, 294, 299f.; OLG Hamm NZG 2006, 826; LG München I NZG 2000, 106 m. Anm. *Borges* (dazu *Kowalski*, EWiR 2000, 127; *Thorn*, IPRax 2001, 102); AG Bad Segeberg NZG 2005, 762, 764.
[725] OLG Düsseldorf IPRspr. 2010 Nr. 23 S. 49.
[726] Siehe nur BGHZ 25, 134, 144; 53, 181, 188; 78, 318, 344; 97, 269, 271; 128, 41, 44; 151, 204; 153, 353, 355; 159, 94, 100f.; 178, 192 – Trabrennbahn; BGH NZG 2000, 1025; 2005, 44.
[727] Siehe nur KG ZIP 2014, 1755.

Rechtsfähigkeit meint auch im IPR die Fähigkeit, als eigenständiges Rechtssubjekt selber Träger von Rechten und Pflichten zu sein. Es geht um nicht weniger als die Frage, in welchem Umfang die Gesellschaft als Rechtssubjekt *neben* ihren Gesellschaftern besteht. Historisch wurde die Rechtsfähigkeit Gesellschaften häufig durch staatliche Konzession verliehen. Der Heimatstaat ließ die Gesellschaft zu.[728]

169 *b) Verkehrsschutz.* Überlagert wird die Grundanknüpfung durch kollisionsrechtlichen Verkehrsschutz analog Art. 13 Rom I-VO (bei Verträgen) bzw. analog Art. 12 S. 1 EGBGB.[729] Anknüpfungspunkt ist der Abschluss eines Rechtsgeschäfts im Inland. Allerdings wird Vertrauen auf die Rechtsfähigkeit nach inländischem Recht des Abschlussstaates regelmäßig erschüttert, wenn die ausländische Gesellschaftsform deutlich kommuniziert wird.[730] Wer mit einer Inc. zu tun hat, darf eben nicht darauf vertrauen, dass er eine GmbH vor sich hätte. Ausländische Gesellschaftsformen aller Art und aller Herren Länder sind heute im inländischen Rechtsverkehr keine Seltenheit mehr; das Offenlegen, dass es sich um eine ausländische Gesellschaftsform handelt, z. B. im Briefkopf oder in einer Adressenleiste in einer E-Mail, ist hinreichend deutliches Warnsignal, auf dass der Geschäftspartner sich nicht dahinter verstecken kann, dass er glaube, es mit einer deutschen Gesellschaftsform zu tun zu haben.[731]

170 *c) Deliktsfähigkeit.* Ob eine Gesellschaft Rechtssubjekt und damit Haftungssubjekt für die Zwecke des Deliktsrechts ist, ist eine nach dem Deliktsstatut zu beantwortende Frage.[732] Es handelt sich nicht um eine nach dem Gesellschaftsstatut zu beantwortende Teilfrage. Art. 1 II lit. d Var. 2, 3 Rom II-VO erstreckt sich nicht auf die Deliktsfähigkeit im Sinne einer besonderen Rechts- und Handlungsfähigkeit. Vielmehr ist die entscheidende Wertung Art. 15 lit. a Rom II-VO zu entnehmen, aus der englischen und französischen Fassung dieser Vorschrift besser ersichtlich als aus der deutschen.[733]

171 *d) Aktive und passive Beteiligungsfähigkeit.* Ob eine Gesellschaft sich an einer anderen Gesellschaft beteiligen darf, also die aktive Beteiligungsfähigkeit hat, ist eine besondere Rechtsfähigkeit und richtet sich nach dem Gesellschaftsstatut der erwerbswilligen Gesellschaft.[734]

172 Die passive Beteiligungsfähigkeit, ob also eine andere Gesellschaft sich beteiligen darf, ist dagegen eine Frage für das Gesellschaftsstatut der Zielgesellschaft.[735] Das war in der Vergangenheit ein wichtiges Thema mit Blick auf die so genannte Statutenvermischung oder grenzüberschreitende Typenvermischung, aus deutscher Sicht plastisch gesagt die „Ausländische Kapitalgesellschaft & Co. KG".[736] Insbesondere stand in Rede, ob eine englische Ltd. Komplementärin einer deutschen KG werden konnte, ob es also auch eine Ltd. & Co. KG

---

[728] Eingehend *A. Kühne,* Die Anerkennung ausländischer Gesellschaften im französischen und deutschen Rechtskreis, 2014, S. 20–212; außerdem z. B. *Kumpan,* RabelsZ 80 (2016), 455.
[729] Siehe nur BGH NJW 1988, 2452, 2453; OLG Düsseldorf IPRspr. 1964/65 Nr. 21; Staudinger/*Großfeld* IntGesR Rn. 260; *Kienle,* in: MHdB GesR VI § 19 Rn. 17 f.; MüKoBGB/*Kindler* IntGesR Rn. 566; offen BGH NJW 1998, 2542, 2543. Anderer Ansicht OLG Stuttgart NJW 1974, 1627, 1628; OLG Nürnberg WM 1985, 529; OLG Bremen OLG-Report Hamburg/Bremen/Schleswig 1997, 49.
[730] Vgl. *Kienle,* in: MHdB GesR VI § 19 Rn. 19.
[731] AG Ludwigsburg ZIP 2006, 1507, 1509.
[732] Entgegen OLG Köln NZG 1998, 350; Staudinger/*Großfeld* IntGesR Rn. 314; *Kienle,* in: MHdB GesR VI § 19 Rn. 25; BeckOK BGB/*Mäsch* Anh. Art. 12 EGBGB Rn. 46.
[733] BeckOGK/*J. Schmidt* Art. 15 Rom II-VO Rn. 13.1 mwN.
[734] OLG Saarbrücken NJW 1990, 647; *Großfeld/Strothmann,* IPRax 1990, 298; Staudinger/*Großfeld* IntGesR Rn. 306; MüKoBGB/*Kindler* IntGesR Rn. 574; *Dostal,* in: MAH GmbHR § 26 Rn. 201.
[735] Siehe nur *Schmidt-Hermesdorf,* RIW 1990, 707, 708; *D. Zimmer* S. 207 f.; *Leible,* in: Hirte/Bücker § 11 Rn. 38; Rn. 274; *Wegen/Mossler,* in: MAH IntWirtschaftsR § 11 Rn. 37.
[736] Insbesondere *Kieser,* Die Typenvermischung über die Grenze, 1988; *Grothe,* Die „ausländische Kapitalgesellschaft & Co.", 1989; *Haidinger,* Die „ausländische Kapitalgesellschaft & Co. KG", 1990; *Duys,* Auslands-Kapitalgesellschaft & Co. KG, 2001; *Höhne,* Die Ltd. & Co. KG, 2011; *Just,* Die englische Limited in der Praxis, 4. Aufl. 2012, S. 93–100; *Nentwig,* GmbHR 2015, 1145. Aus der Rechtsprechung OLG Schleswig GmbHR 2012, 800; KG NZG 2012, 1346, 1347; KG BeckRS 2012, 11476.

VIII. Umfang des Gesellschaftsstatuts

geben konnte. Heute ist die Ltd. & Co. KG kraft unionsrechtlicher Überformung ein etabliertes Institut.[737]

Ob eine Gesellschaft Organperson einer anderen Gesellschaft werden darf, bestimmt sich nach dem Gesellschaftsstatut jener anderen Gesellschaft.[738] Geschäftsführung und Vertretung für die einzelnen Gesellschaften richten sich nach deren jeweiligem Gesellschaftsstatut.[739] **173**

e) Parteifähigkeit im Prozess. Die Parteifähigkeit einer Gesellschaft in einem Prozess ist im Ausgangspunkt eine prozessrechtliche Frage und unterliegt der lex fori processus.[740] Diese kann jedoch ihrerseits die Parteifähigkeit an die Rechtsfähigkeit koppeln und verweisen, wie es das deutsche (Prozess-)Recht in § 50 I ZPO tut.[741] Die Rechtsfähigkeit ist dann Vorfrage zur Parteifähigkeit und selbständig zugunsten des Gesellschaftsstatuts anzuknüpfen.[742] Auch Auswirkungen einer etwaigen Löschung auf die Parteifähigkeit richten sich grundsätzlich nach dem Gesellschaftsstatut,[743] jedoch ist darauf zu achten, ob nicht eine Restgesellschaft in Deutschland unter deutschem Recht entstanden ist.[744] **174**

Die Vorfragekonstruktion ist systemgerechter als die Annahme einer ungeschriebenen (allseitigen) Kollisionsnorm des Prozessrechts.[745] Der lex fori processus steht es zudem frei, Sonderregeln zum Schutz des Rechtsverkehrs im Prozessstaat namentlich für die passive Parteifähigkeit (also die Fähigkeit, verklagt oder Vollstreckungsschuldner werden zu können) aufzustellen. Das deutsche Prozessrecht tut dies in §§ 50 II, 735 ZPO; § 11 I 2 InsO; § 124 HGB. Vor einem deutschen Gericht kann ein ausländisches Gebilde also selbst dann parteifähig sein, wenn es dies nach deutschen Maßstäben wäre, aber nach seinem Statut nicht rechtsfähig ist.[746] **175**

f) Prozessfähigkeit im Prozess. Grundsätzlich ist die Prozessfähigkeit von Gesellschaften ebenfalls akzessorisch zu ihrer Rechtsfähigkeit.[747] Dies gilt jedenfalls im Positiven: Ist eine Gesellschaft nach ihrem materiellen Gesellschaftsstatut prozessfähig, so ist sie in Deutschland prozessfähig. **176**

Für die Prozessfähigkeit in einem deutschen Prozess verfügt § 55 ZPO die wichtige Erweiterung, dass eine nach ihrem materiellen Gesellschaftsstatut nicht prozessfähige Gesellschaft in Deutschland trotzdem prozessfähig ist, wenn eine deutsche Gesellschaft mit vergleichbarer Rechtsform prozessfähig wäre. Diese Erweiterung wirkt bei der passiven Prozessfähigkeit: Entsprechende Gebilde können in Deutschland verklagt werden und sich nicht auf ihre mangelnde Rechtsfähigkeit nach ihrem Gesellschaftsstatut berufen. Dies schützt den inländischen, deutschen Rechtsverkehr. Man kann es in einer Linie mit Art. 13 Rom I-VO; Art. 16 EGBGB zum einen und § 50 II ZPO zum anderen sehen. **177**

4. Organstruktur und organschaftliche Vertretungsmacht. Die Organstruktur einer Gesellschaft ist zentrale Strukturfrage einer jeden Gesellschaft. Sie muss daher dem Gesellschaftsstatut als Organisations- und Personalstatut der Gesellschaft unterliegen.[748] Das **178**

---

[737] Siehe nur OLG Frankfurt ZIP 2008, 1286 = BB 2008, 1197 m. Anm. *Tophoven.*
[738] Siehe nur *Servatius*, in: MHdB GesR VI § 12 Rn. 29; *Dostal*, in: MAH GmbHR § 26 Rn. 206.
[739] OLG Stuttgart IPRspr. 2010 Nr. 30 S. 64.
[740] Siehe nur den Referentenentwurf Gesetz zum Internationalen Privatrecht der Gesellschaften, Vereine und juristischen Personen (14.12.2007) S. 10; *R. Wagner/B. Timm*, IPRax 2008, 81, 86.
[741] Siehe nur OLG Stuttgart IPRspr. 2011 Nr. 14 S. 34; OLG Hamm ZIP 2011, 598; OLG Brandenburg IPRspr. 2013 Nr. 18 S. 34; KG ZIP 2014, 1755; OLG Karlsruhe ZIP 2018, 1179.
[742] Siehe nur LG Kleve BeckRS 2016, 06654 Rn. 15.
[743] KG ZIP 2014, 1755.
[744] → § 7 Rn. 303.
[745] Für letzteres aber *Leible*, in: Michalski/Heidinger/Leible/J. Schmidt, GmbHG, 3. Aufl. 2017, Syst. Darst. 2 Rn. 133.
[746] Siehe nur OLG Karlsruhe ZIP 2018, 1179.
[747] Ebenso für das luxemburgische IPR CA Luxembourg Pas. lux. 2017, 391, 393.
[748] Siehe nur Art. 10 II Nr. 4 Var. 1 EGBGB-RefE; BGH NJW 1992, 618; KG ZIP 2013, 973; OLG Köln FGPrax 2013, 153; OLG Düsseldorf IPRspr. 2015 Nr. 16 S. 35; LG Saarbrücken IPRspr. 1950/51 Nr. 15 S. 32; Staudinger/*Großfeld* IntGesR Rn. 335; *Mankowski*, EWiR 2010, 513, 514; MüKoBGB/*Kindler* IntGesR Rn. 589.

Gesellschaftsstatut besagt, welche Organe für die betreffende Gesellschaftsform bestehen *müssen,* welche kraft Satzung (zusätzlich oder optional) bestehen *können* und in welchem Verhältnis die verschiedenen Organe zueinander stehen.[749] Die Bestellung von Organpersonen untersteht ebenfalls dem Gesellschaftsstatut einschließlich der Frage nach Bestellungshindernissen,[750] z. B. inwieweit Ausländer mit Einreisebeschränkungen Organpersonen werden dürfen.[751] Ob Berufsverbote bestehen, wirft eine öffentlich rechtliche Vorfrage auf. Ob Vorstrafen bestehen, wirft eine strafrechtliche Vorfrage auf.

179 Das Gesellschaftsstatut entscheidet über: Umfang und Art der Geschäftsführungsbefugnis; Bestellung und Abberufung von Organpersonen; Aufgaben und Aufgabenverteilung der Organpersonen;[752] Abgrenzung der Zuständigkeitsbereiche der einzelnen Organe gegeneinander;[753] Befreiung von Verboten des Selbstkontrahierens.[753a] Von der gesellschaftsrechtlichen *Bestellung* als Organperson ist eine etwaige arbeitsrechtliche *Anstellung* als zusätzliches, gesondertes Schuldverhältnis scharf zu trennen.[754] Für die Anstellung greifen Art. 1 II litt. d, f Rom I-VO nicht.[755] Gesellschaftsrechtlich sind grundsätzlich auch die Organpflichten zu qualifizieren.[756] Indes kann es in der Unternehmenskrise Überlagerungen durch spezifisch insolvenzrechtliche Geschäftsleiterpflichten geben; diese unterliegen dem Insolvenzstatut.[757]

180 Welches Organ und welche Organperson organschaftliche Vertretungsmacht der Organpersonen für die Gesellschaft hat, richtet sich ebenfalls nach dem Gesellschaftsstatut.[758] Dies gilt für Beginn, Entstehungsvoraussetzung, Umfang und Beschränkungen der organschaftlichen Vertretungsmacht. Das Statut des *An*stellungsvertrags mit der Organperson hat auch mit allen diesen Fragen nichts zu schaffen.[759] Das Gesellschaftsstatut gibt auch maß für die Fragen nach organschaftlicher Einzel- oder Gesamtvertretung, parteiautonome Regelung, Ausübung, Wirkung, Gesamtvertretungsbefugnis, Satzungsoptionen, etwaigen konkreten Ausschlüssen grundsätzlich berufener Organmitglieder und nach Anfang und Ende der organschaftlichen Vertretungsmacht, z. B. im Zusammenhang mit einer Niederlegung der Organstellung.[760] Insbesondere ist es aber maßgebend für das rechtliche Können und das rechtliche Dürfen, vor allem eine mögliche Beschränkung organschaftlicher Vertretungsmacht durch den Gesellschaftszweck nach der ultra vires-Lehre.[761] Fragen um das Überschreiten der organschaftlichen Vertretungsmacht unterliegen konsequent ebenfalls dem Gesellschaftsstatut.[762]

---

[749] Siehe nur NK-BGB/*J. Hoffmann* Anh. Art. 12 EGBGB Rn. 9.
[750] KG 2013, 473; MüKoBGB/*Kindler* IntGesR Rn. 583.
[751] Zum Komplex mit Blick auf § 4a GmbHG OLG Düsseldorf NZG 2009, 679; OLG München NZG 2010, 157; *Lamsa,* EWiR 2009, 573; *Schodder,* EWiR 2010, 247; *Ries,* NZG 2010, 298.
[752] Siehe nur *Servatius,* in: MHdB GesR VI § 12 Rn. 6.
[753] IPG 2009–2011 Nr. 47 Rn. 4 (Köln).
[753a] *Dostal,* in: MAH GmbHR § 26 Rn. 220.
[754] Eingehend *Jenderek,* Die arbeitsrechtliche Stellung geschäftsführender Organmitglieder im Internationalen Privatrecht, 2015, S. 106–113.
[755] Fragend *van den Braak,* Ondernemingsrecht 2017, 624.
[756] OLG Celle GmbHR 2006, 1269; *Behrens,* IPRax 2004, 20, 24; *Greulich/Rau,* NZG 2008, 565, 566; *Servatius,* in: MHdB GesR VI § 12 Rn. 44.
[757] Näher → § 7 Rn. 229.
[758] Z. B. Art. 10:119 lit. c BW. Im deutschen IPR siehe nur Art. 10 II Nr. 5 EGBGB-RefE; BGH NJW 1992, 618; BGH NJW 1992, 627, 628; BGH NJW 1993, 2744, 2745; BGHZ 128, 41, 47; BGH RIW 2012, 807, 810; BGH ZIP 2018, 1455, 1457; BAG AP Nr. 23 zu § 620 BGB Kündigungserklärung Rn. 57; BayObLGZ 1985, 272, 277; OLG Hamm RIW 1984, 653; OLG Frankfurt IPRspr. 1984 Nr. 21; OLG Düsseldorf IPRax 1993, 412; OLG Koblenz IPRspr. 2003 Nr. 19; OLG Frankfurt NZG 2006, 830, 831 = GmbHR 2006, 1156 m. Anm. R. *Werner;* OLG Frankfurt FGPrax 2008, 165; OLG Schleswig FGPrax 2008, 217, 218; KG DNotZ 2012, 604; KG ZIP 2013, 973; OLG Düsseldorf IPRspr. 2015 Nr. 16 S. 35; OLG München ZIP 2016, 468, 469; OLG Jena FGPrax 2018, 104, 105; LG Hamburg WM 1992, 1600; *Niemann,* Die rechtsgeschäftliche und organschaftliche Stellvertretung und deren kollisionsrechtliche Einordnung, 2004, S. 127 f.; Reithmann/Martiny/*Hausmann* Rn. 7.132.
[759] *Mankowski,* EWiR 2010, 513, 514. Verfehlt LAG Baden-Württemberg ZIP 2010, 1619.
[760] BGH IPRax 2013, 579; *Spellenberg,* IPRax 2013, 545.
[761] Reithmann/Martiny/*Hausmann* Rn. 7.132.
[762] *Primaczenko,* EWiR 2013, 9, 10.

VIII. Umfang des Gesellschaftsstatuts   181–184 § 7

Korrigierend wirkt kollisionsrechtlicher Verkehrsschutz analog Art. 13 Rom I-VO (bei **181** Verträgen) bzw. analog Art. 12 S. 1 EGBGB.[763] Er greift bei Organhandeln ultra vires nach Maßgabe des Rechts am Abgabeort der zu beurteilenden Willenserklärung der Organperson.[764] Maßgeblich ist das Recht des Staates, in welchem der Rechtsschein gesetzt wurde,[765] unabhängig davon, ob dieser zufällig mit dem Staat des Gesellschaftsstatuts identisch ist oder nicht.[766]

Der Nachweis der Vertretungsbefugnis in einem Verfahren ist dagegen eine prozessuale **182** Frage und untersteht der lex fori des betreffenden Verfahrens.[767] In einem deutschen Grundbuchverfahren etwa gilt § 29 I 1 GBO.[768] Verlangt sind öffentliche Urkunden im Sinne von § 415 ZPO. Dies könnten kraft Substitution auch ausländische Urkunden sein, wenn die Urkundsperson nach Vorbildung und Stellung einem deutschen Notar gleichsteht und das von ihr einzuhaltende Beurkundungsverfahren einem deutschen gleichwertig ist.[769] Eine Vertretungsbescheinigung, die ein englischer notary nach Einsichtnahme in das Companies Register, das Memorandum, die Articles of Association oder das Protokollbuch der Gesellschaft erstellt hat, ist ein gutachterliche Äußerung und muss, um einen Nachweis zu erbringen, die tatsächlichen Grundlagen getroffener Feststellungen enthalten.[770] Die Erleichterungen in der Nachweisführung aus § 32 GBO kommen ausländischen Registereintragungen nicht zugute.[771] Bescheinigungen deutscher Notare über Einsichtnahmen in ausländische Register können genügen, wenn das ausländische Register zur Überzeugung des Grundbuchamts seiner rechtlichen Bedeutung nach dem deutschen Register entspricht.[772]

Im Grundbuchverfahren verlangt ein strenger Ansatz in der Rechtsprechung nicht nur **183** eine Übersetzung der Vertretungsbegründung, sondern deren Verbindung mit dem übersetzten Original durch Schnur und Siegel samt öffentlicher Beglaubigung der Unterschrift des Übersetzers.[773] Das ist sehr formstreng[774] und steht in Kontrast zur Entwicklung des § 142 III ZPO.[775] In jedem Fall muss es weichen, soweit mit dem betreffenden ausländischen Staat ein Übereinkommen besteht, das auf Apostille und Legalisation verzichtet.[776]

Die Stellung sogenannter faktischer Geschäftsleiter, die keine formelle Organposition **184** bekleiden (also z.B. von shadow directors im Sinne von sec. 251 Companies Act 2006 oder dirigeants de fait nach Artt. L-241-9, 244-4, 245-16, 246-2 C. com.), bestimmt sich nach dem jeweils in Rede stehenden Regelungskomplex; soweit deren Haftung in Rede steht, greift das Gesellschaftsstatut.[777]

---

[763] MüKoBGB/*Martiny* Art. 13 Rom I-VO Rn. 49 f.; MüKoBGB/*Kindler* IntGesR Rn. 584. Gegen kollisionsrechtlichen Verkehrsschutz hier *Marugg,* Die Anknüpfung der organschaftlichen Vertretungsmacht bei der Aktiengesellschaft im internationalen Privatrecht, 1975, S. 96–101.
[764] BGH ZIP 2007, 908 Rn. 9 (dazu *Altmeppen,* ZIP 2007, 889; *Lamsa,* EWiR 2007, 513; *Kindler,* NJW 2007, 1785); BGH ZIP 2012, 1908 Rn. 29; *Gottschalk,* GWR 2012, 415; *Primaczenko,* EWiR 2013, 9, 10; *Schinkels,* LMK 2013, 339619.
[765] OLG Rostock GmbHR 2010, 1349.
[766] *Schinkels,* LMK 2012, 339619 sowie *Primaczenko,* EWiR 2013, 9, 10.
[767] OLG Dresden NZG 2008, 265; KG DNotZ 2012, 604; OLG Köln FGPrax 2013, 18; OLG Nürnberg WM 2014, 1483, 1484.
[768] OLG Nürnberg WM 2014, 1483, 1484; OLG München ZIP 2016, 468, 469; *Bausback,* DNotZ 1996, 254, 255.
[769] BGH NJW-RR 2007, 1006; OLG Zweibrücken FGPrax 1999, 86; KG FGPrax 2011, 168; OLG Nürnberg WM 2014, 1483.
[770] OLG Hamm FGPrax 2006, 276; OLG Nürnberg WM 2014, 1483, 1484; siehe auch KG DNotZ 2012, 604.
[771] OLG Düsseldorf BB 2014, 590.
[772] OLG Schleswig Rpfleger 2008, 498; OLG Brandenburg MittBayNot 2011, 222; OLG Nürnberg WM 2014, 1483, 1484
[773] KG JFG 7, 242, 248 f.; KG NZG 2012, 1352 = FGPrax 2013, 10 m. abl. Anm. *J. Heinemann* = RPfleger 2013, 196 m. zust. Anm. *Demharter.*
[774] *Demharter,* RPfleger 2013, 197 f.
[775] *J. Heinemann,* FGPrax 2013, 11 f.
[776] *Cranshaw,* jurisPR-HaGesR 4/2013 Anm. 6 sub C III.
[777] *Servatius,* in: MHdB GesR VI § 12 Rn. 31 f.

185 Wissenszurechnung zu einem Unternehmen richtet sich nach dem Gesellschaftsstatut dieses Unternehmens.[778] Sie scheidet sachrechtlich aus, soweit die Person, deren Wissen zugerechnet werden könnte, in dem Zusammenhang, in dem sie das potenziell zuzurechnende Wissen erworben hat, eine Schweige- oder Geheimhaltungspflicht trifft.[779]

186 Ständige Vertreter einer bloßen Zweigniederlassung im Sinne Artt. 2 I lit. e, II lit. a ZweigniederlassungsRL[780] sind als solche kraft unionsrechtlicher Wertung nie Organpersonen.[781] Sofern Vertreter mit Organpersonen der Gesellschaft personenidentisch sind, bekleiden sie zwei Funktionen. Ein Ständiger Vertreter ist nur rechtsgeschäftlich bevollmächtigt; diese Vertretungsmacht unterliegt nicht dem Gesellschaftsstatut, sondern dem Vollmachtsstatut.[782] Sie ist nach Art. 8 EGBGB anzuknüpfen.

187 **5. Kapitalstruktur.** Die Kapitalstruktur der Gesellschaft ist als Finanzverfassung ein weiterer Zentralbereich des Gesellschaftsstatuts.[783] Zur Kapitalstruktur gehören Nennkapital, Stückelung, Nachschusspflichten, Erfordernisse für Kapitalschnitte und Kapitalerhöhungen sowie Ausschüttungssperren samt deren Sanktionen.[784] Bezugsrechte der Gesellschafter bei Kapitalerhöhungen gehören zu den Mitgliedschaftsrechten[785] (ohne dass dies bei der letztendlichen Anknüpfung einen Unterschied machen würde, denn beide Komplexe, Kapital wie Mitgliedschaft, unterstehen gleichermaßen dem Gesellschaftsstatut). Ob eine Gesellschaft eigene Anteile erwerben darf, beurteilt sich ebenfalls nach dem Gesellschaftsstatut.

188 **6. Haftung.** a) *Innenhaftung der Gesellschafter.* Die Innenhaftung der Gesellschafter, sowohl untereinander als auch gegenüber der Gesellschaft, ist Gegenstand des Gesellschaftsstatuts.[786] Dies betrifft insbesondere etwaige Nachschusspflichten oder einen Ausgleich für materielle Unterkapitalisierung,[787] jedenfalls außerhalb von Krise oder Insolvenz. Eine Doppelqualifizierung als auch deliktsrechtlich[788] stößt sich an Art. 1 II lit. d Rom II-VO.

189 Auf der Grenze zum Insolvenzrecht stehen Gesellschafterdarlehen, d.h. die nominelle Fremdfinanzierung der Gesellschaft durch Gesellschafter. Z.B. das deutsche Recht erlegt insoweit den Gesellschafter-Darlehensgebern Restriktionen auf und hindert sie, ihre Darlehen in der Krise zurückzuziehen. Sie dürfen sich wegen der Finanzierungsverantwortung aus ihrer Gesellschafterrolle nicht wie echte (Fremd-)Darlehensgeber benehmen. Das wird insbesondere im Insolvenzfall virulent. Zum einen wird eine gesellschaftsrechtliche Qualifikation befürwortet und eine Anwendung des Internationalen Insolvenzanfechtungsrechts aus Artt. 7 II lit. m, 16 EuInsVO 2015 abgelehnt.[789] Dagegen streitet ein insolvenzrechtlicher Ansatz.[790]

---

[778] *M.-P. Weller,* ZGR 2016, 384, 396–405; *ders.,* IPRax 2017, 167, 173.
[779] *M.-P. Weller,* ZGR 2016, 384, 405 f.; *ders.,* IPRax 2017, 167, 173.
[780] Elfte Richtlinie 89/666/EWG des Rates vom 21.12.1989 über die Offenlegung von Zweigniederlassungen, die in einem Mitgliedstaat von Gesellschaften bestimmter Rechtsformen errichtet wurden, die dem Recht eines anderen Staates unterliegen, ABl. EWG 1989 L 395/36.
[781] Siehe OLG München NJW-RR 2006, 1042.
[782] OLG München NJW-RR 2006, 1042; *Willer/Krafka,* NZG 2016, 495.
[783] Siehe nur Art. 10 II Nr. 4 Var. 2 EGBGB-RefE.
[784] BGHZ 148, 167, 168; OLG München IPRax 2007, 212, 213 f.; *Schön,* FS Andreas Heldrich, 2005, S. 391, 399 f.; *Dutta,* IPRax 2007, 195.
[785] Siehe BGH WM 1994, 635; BGH AG 1997, 465, 466.
[786] Siehe nur Art. 10 II Nr. 7 Var. 2 EGBGB-RefE; LG Hamburg ZInsO 2016, 1373.
[787] *Kindler,* FS Erik Jayme, 2004, S. 409, 412 f.; MüKoBGB/*Kindler* IntGesR Rn. 616.
[788] Dafür – allerdings untereinander durchaus unterschiedlich – *Bayer,* BB 2003, 2357, 2364 f.; *Schanze/Jüttner,* AG 2003, 661, 669; *D. Zimmer,* NJW 2003, 3585, 3588 f.; *P. Ulmer,* NJW 2004, 1201, 1204 f.; *Kindler,* FS Erik Jayme, 2004, S. 409, 410 f.
[789] Eingehend insbesondere *Schilpp,* Gesellschafterfremdfinanzierte Auslandsgesellschaften, 2017, S. 226–265; vgl. auch *Koutsos,* Die rechtliche Behandlung von (eigenkapitalersetzenden) Gesellschafterleistungen, 2011, S. 295–341.
[790] *Azara,* Das Eigenkapitalersatzrecht der GmbH nach dem Gesetz zur Modernisierung des GmbH-Rechts und zur Bekämpfung von Missbräuchen, 2010, S. 320–329; *Lüneborg,* Das neue Recht der Gesellschafterdarlehen, 2010, S. 276–290; *Clemens,* Das neue Recht der Gesellschafterfremdfinanzierung nach dem

VIII. Umfang des Gesellschaftsstatuts   190–194 § 7

b) Außenhaftung der Gesellschafter. Grundsätzlich ist die Außenhaftung der Gesellschafter 190
gegenüber den Gläubigern der Gesellschaft Zentralfrage für die Haftungsstruktur und das
Erscheinungsbild der Gesellschaft. Sie muss grundsätzlich dem Gesellschaftsstatut unterstehen. Unbeschränkte persönliche Haftung oder auf eine Einlage beschränkte Haftung sind
zentrale und prägende Elemente der verschiedenen Gesellschaftsformen. Sie determinieren,
ob eine Gesellschaft Personengesellschaft oder Kapitalgesellschaft ist.

Grundsätzlich unterliegt die Außenhaftung der Gesellschafter dem Gesellschafts- 191
statut,[791] einschließlich etwaiger Haftungsbeschränkungen, die nur ausnahmsweise (nämlich bei Täuschung oder Verschleierung der Gesellschaftsform) durch Vertrauensschutztatbestände über Art. 12 EGBGB überspielt werden können.[792] Das Gesellschaftsstatut
gilt auch für Statthaftigkeit, Voraussetzungen und Umfang einer Durchgriffshaftung[793]
und selbst einer umgekehrten Durchgriffshaftung der Tochter für ihre Mutter.[794] Denn
das Gesellschaftsstatut muss dafür maßgeben, ob es das Prinzip der Trennung oder Verselbständigung der Gesellschaft von ihren Gesellschaftern kennt und, wenn ja, wann es
ein piercing the corporate veil als Ausnahmetatbestand, eben als Durchbrechung, zulässt.

Delikat ist jedoch die Abgrenzung zum Internationalen Deliktsrecht.[795] Solange das In- 192
ternationale Gesellschaftsrecht nicht mit gleichem (Verordnung-)Rang kodifiziert ist wie
das Internationale Deliktsrecht, muss die Rom II-VO für das Internationale Deliktsrecht
den Ausgangspunkt bilden, weil sie den Anwendungsvorrang einer EU-Verordnung genießt.[796]

c) Innenhaftung der Organpersonen. Das deutsche IPR hat zur Innenhaftung der Organper- 193
sonen gegenüber der Gesellschaft einen traditionellen Standpunkt: Diese Innenhaftung,
letztlich gegründet auf die Bestellung zur Organperson, ist als Zentralelement der Corporate Governance[797] eine Frage für das Gesellschaftsstatut,[798] jedenfalls außerhalb von Krise
und Insolvenz, wo eine insolvenzrechtliche Haftung waltet.[799] Daneben kann es auch eine
schuldvertragliche Haftung aus dem Anstellungsvertrag zwischen Gesellschaft und Organperson geben.[800]

Indes ist heute eine andere Fragestellung aus einer anderen Richtung veranlasst: Haftet 194
die potenziell haftende Organperson im Innenverhältnis zur Gesellschaft aus einem Arbeitsvertrag im Sinne von Art. 8 Rom I-VO?[801] Als EU-Verordnung hat die Rom I-VO normhierarchischen Vorrang. Art. 8 Rom I-VO enthält keine explizite Ausgrenzung von Organpersonen (wie sie etwa in § 5 I 3 ArbGG zu finden wäre). Der EuGH hat auf

---

MoMiG, 2012, S. 195–199; *Balke,* Die Gesellschafterhaftung nach dem MoMiG und ihre Übertragbarkeit
auf EU-Auslandsgesellschaften, 2013, S. 333–337.
  [791] Siehe nur Art. 10 II Nr. 7 Var. 2 EGBGB-RefE; RGZ 159, 44, 48; BGHZ 25, 127; BGHZ 78, 318,
333 f.; BGHZ 118, 151, 167; BGH NJW-RR 2002, 1359, 1360; BGH NJW-RR 2004, 1618; BGH NJW
2005, 1648; OLG Köln IPRspr. 2008 Nr. 187a S. 589 f.; OLG Köln IPRspr. 2015 Nr. 17 S. 35; LG Köln
IPRspr. 2009 Nr. 9 S. 23, 24; *Servatius,* in: MHdB GesR VI § 14 Rn. 27.
  [792] Siehe Staudinger/*Großfeld* IntGesR Rn. 350; *Servatius,* in: MHdB GesR VI § 14 Rn. 27.
  [793] BGHZ 78, 318, 334; *Schiessl,* RIW 1988, 951, 952; *ders.,* DB 1989, 513, 516; *Ebenroth/Offenloch,*
RIW 1997, 1, 9.
  [794] OLG Köln IPRspr. 2008 Nr. 187a S. 589 f.; OLG Köln IPRspr. 2015 Nr. 17 S. 35; LG Köln IPRspr.
2009 Nr. 9 S. 23, 24.
  [795] Näher *D. Paulus,* Außervertragliche Gesellschafter- und Organwalterhaftung im Lichte des Unionskollisionsrechts, 2013, S. 136–290; *Rödter,* Gesellschaftskollisionsrecht im Spannungsfeld zur Rom I- und zur
Rom II-VO, 2014, S. 124–167 (am Beispiel der Existenzvernichtungshaftung).
  [796] → § 7 Rn. 160.
  [797] Siehe nur eingehend *N. Kutscher,* Organhaftung als Instrument der Corporate Governance, 2017.
  [798] Art. 10 II Nr. 7 Var. 3 EGBGB-RefE; OLG Celle BeckRS 2006, 10995; OLG München IPRspr.
2013 Nr. 16 S. 30; *P. Behrens,* IPRax 2004, 20, 21; *Kallmeyer,* DB 2004, 636, 638.
  [799] → § 7 Rn. 230.
  [800] MüKoBGB/*Kindler* IntGesR Rn. 650.
  [801] Mit sehr beachtenswerten Argumenten (Verhandlungsmacht, D&O-Versicherung, Gehaltshöhe als
Preis für Haftungsübernahme) dagegen *Knöfel,* EuZA 2016, 348, 355 f. Tendenziell bejahend *L. Hübner,*
ZGR 2016, 897, 906–909.

verschieden Gebieten (Mutterschutz,[802] Massenentlassung,[803] IZPR[804]) Organpersonen in einen unionsrechtlichen Arbeitnehmerbegriff einbezogen.[805]

195 Die Subsumtion muss sich an zwei Merkmalen des Arbeitnehmerbegriffs ausrichten: Weisungsgebundenheit und fehlendem Unternehmerrisiko[806]. Wenn nach dem Gesellschaftsstatut keine Weisungsrechte der Gesellschafter oder anderer Unternehmensorgane gegenüber den Organpersonen bestehen, so sind die Organpersonen mangels Weisungsunterworfenheit keine Arbeitnehmer.[807] Insoweit gibt es also eine gesellschaftsrechtliche Vorfrage.[808] Informeller „Gehorsam" reicht nicht für Weisungsunterworfenheit.[809]

196 Für Gesellschafter-Organpersonen gilt: Wer an einer Gesellschaft *wesentlich* beteiligt ist, trägt ein unternehmerisches Verlustrisiko an dem von ihm eingesetzten Kapital und ist Nachschuss- wie Haftungspflichten nach Maßgabe des Gesellschaftsstatuts ausgesetzt.[810] Auf der anderen Seite werden sie sich dann gleichsam selber Weisungen geben können[811] und nähern sich dem Status einer bei sich selbst angestellten Person.[812] Dagegen trägt kein unternehmerisches Risiko, wer nur wenige „Belegschaftsanteile" besitzt.[813] Nicht jede Unternehmensbeteiligung nimmt automatisch die Arbeitnehmereigenschaft.[814] Eine Differenzierung zwischen Bestellungs- und Anstellungsverhältnis[815] ist ebenfalls nicht vorzunehmen, denn sie bezöge sich auf nationale Besonderheiten.[816] Realitätsnah ist eine im Kern vertragliche Qualifikation.[817]

197 *d) Außenhaftung der Organpersonen.* Die Außenhaftung der Organpersonen gegenüber Gesellschaftsgläubigern ist – vorbehaltlich einer insolvenzrechtlichen Qualifikation in Krise und Insolvenz[818] – ebenfalls Regelungsgegenstand des Gesellschaftsstatuts.[819] Etwaige qualifikatorische Abgrenzungen in andere Richtungen[820] lassen sich eindeutig herstellen. Eine

---

[802] EuGH Slg. 2010, I-11405 Rn. 47–51 – Dita Danosa/LKB L zings SIA.
[803] EuGH ECLI:EU:C:2014:77 Rn. 17 f. – Kommission/Italien; EuGH ECLI:EU:C:2015:455 Rn. 35–48 – Ender Balkaya/Kiesel Abbruch- und Recycling Technik GmbH.
[804] EuGH ECLI:EU:C:2015:574 Rn. 39–49 – Holterman Ferho Exploitatie BV/F. Leopold Freiherr Spies v. Büllesheim.
[805] Die Linie stellen *Wank*, EuZA 2016, 131; *Junker*, EuZA 2016, 171 dar.
[806] Insbesondere EuGH ECLI:EU:C:2014:2411 Rn. 36 – FNV Kunsten Informatie en Media/Staat der Nederlanden.
[807] *Mankowski*, RIW 2015, 821 f.; *Kindler*, IPRax 2016, 115, 116 sowie *Jenard/Möller*, ABl. EWG 1990 C 189/73 Nr. 41; GA *Trestenjak*, ECLI:EU:C:2011:564 Nr. 88; GA *Cruz Villalón*, ECLI:EU:C:2015:309 Nrn. 27–29; *Reinstadler/Reinalter*, Giur. It. 2016, 851, 853.
[808] *Mankowski*, RIW 2015, 821, 822; *ders.*, EuZA 2016, 398, 399; *Kindler*, IPRax 2016, 115, 117; *L. Hübner*, ZGR 2016, 897, 906.
[809] *Mankowski*, LAGE Art. 30 EGBGB Nr. 7 S. 15, 19; *ders.*, RIW 2004, 167, 170; *ders.*, RIW 2015, 821, 822; *Rauscher/Mankowski* Art. 20 Brüssel Ia-VO Rn. 29.
[810] *Mankowski*, RIW 2004, 167, 171; *ders.*, RIW 2015, 821, 822; siehe auch *Mankowski*, EWiR 1999, 949, 950; *Bosse*, Probleme des europäischen Internationalen Arbeitsprozessrechts, 2007, S. 67; *Lüttringhaus*, EuZW 2015, 901, 903.
[811] *Mankowski*, RIW 2015, 821, 822; *Jungemeyer*, jurisPR-IWR 4/2015 Anm. 1 sub D.
[812] *Stella*, Int'l Lis 2016, 67, 69.
[813] *Bosse*, Probleme des europäischen Internationalen Arbeitsprozessrechts, 2007, S. 68 f.; *Mankowski*, RIW 2015, 821, 822.
[814] GA *Cruz Villalón*, ECLI:EU:C:2015:309 Nr. 36; *Mankowski*, EuZA 2016, 398, 400.
[815] Dahin Hoge Raad Ned. Jur. 2014 Nr. 73 S. 771; A-G *Vlas*, Ned. Jur. 2014 Nr. 73 S. 765, 767; *Arons*, Ondernemingsrecht, 2014, 312 f.
[816] *Mankowski*, RIW 2004, 167, 171; *ders.*, ZIP 2010, 802, 803; *ders.*, RIW 2015, 821, 822.
[817] *Messaï-Bahri*, Bull. Joly Sociétés 2016, 135, 137; *P. Haas*, Eur. Co. L. 13 (2016), 79, 80.
[818] → § 7 Rn. 230.
[819] Art. 10 II Nr. 7 Var. 3 EGBGB-RefE; BGH RIW 2005, 542 m. Anm. *Leible/J. Hoffmann* = NZG 2005, 508 m. Anm. *M. Lehmann* = BB 2005, 1006 m. Anm. *Wand* = DB 2005, 1047 m. Anm. *Ressos*; BGH ZIP 2009, 2385; OLG Hamm NJW-RR 2006, 1631. Eine Sonderrolle will sich das Steuerrecht für §§ 69, 34 AO anmaßen; FG München BeckRS 2010, 26029195; FG Köln BeckRS 2018, 20104. Kritisch mit Recht *Otte-Gräbener*, GWR 2018, 438.
[820] Eingehend *Zilinsky*, De bestuurdersaansprakelijkheid in het internationaal privaatrecht: een problem van kwalificatie, 2017.

VIII. Umfang des Gesellschaftsstatuts 198–202 § 7

Sonderanknüpfung einer deutschrechtlichen Handelnshaftung nach § 11 II GmbHG findet nicht statt.[821]

7. Rechte und Pflichten der Gesellschafter. Rechte und Pflichten der Gesellschafter im Verhältnis zur Gesellschaft unterfallen dem Gesellschaftsstatut.[822] Dies umfasst: Auskunfts- und Rechenschaftsansprüche;[823] Ausschüttungsansprüche;[824] Rechte und Pflichten zur Beteiligung an Kapitalerhöhungen oder -schnitten; etwaige Vorerwerbsrechte; Teilnahme und Stimmrecht bei Gesellschaftsversammlungen samt Fragen der Einladung und des Ausschlusses von Sitzungen sowie stimmrechtlosen Vorzugsanteilen. Umgekehrt sind die Sozialansprüche der Gesellschaft gegen die Gesellschafter z. B. auf Beiträge, Einlagen, Zuschüsse erfasst.[825] 198

Die Prozessführungsbefugnis für eine actio pro socio zu ihrer Durchsetzung ist nicht prozessual zu qualifizieren, sondern materiellrechtlich und unterliegt daher ebenfalls dem Gesellschaftsstatut[826] (während Rechtskraft und Interventionswirkungen gegen Dritte Prozessrecht sind und der lex fori unterstehen[827]). 199

Zu den Rechten der Gesellschafter zählen deren Mitgliedschaftsrechte, die sich aus ihren Gesellschaftsanteilen ergeben. Diese können verbrieft sein, namentlich in Aktien. Daher berühren alle Fragen rund um Aktien als solche das Gesellschaftsstatut, es sei denn, es fände eine Überlagerung durch Kapitalmarktrecht statt. Die Fragen rund um Aktien umfassen einen bunten und vielblütigen Strauß. Das Gesellschaftsstatut gilt unter diesem Aspekt für: die Übertragung von Gesellschaftsanteilen als Verfügungsstatut;[828] den Erwerb eigener Aktien durch die Gesellschaft selber;[829] Pflichten rund um einen squeeze out, insbesondere eine Pflicht, ein angemessenes Abfindungsangebot abzugeben.[830] 200

Rechte und Pflichten können die Gesellschafter nicht nur im Verhältnis zur Gesellschaft haben, sondern auch im Verhältnis untereinander. Auch die Rechte und Pflichten zwischen Gesellschaftern richten sich nach dem Gesellschaftsstatut.[831] 201

8. Name und Firma. Name und Firma einer Gesellschaft unterliegen dem Gesellschaftsstatut.[832] Für die Firmenbildung ist dies anerkannt, während für Firmenführung oder Firmenmissbrauchsverfahren teilweise dem Recht am Ort der gewerblichen Niederlassung Einfluss oder Vorrang zugebilligt wird.[833] Registrierungs- und Eintragungsverfahren unterliegen jedenfalls der lex loci registrationis.[834] Eine Verletzung der Firmenrechte durch an- 202

---

[821] OLG Hamm NJW-RR 2006, 1631.
[822] Siehe nur RG IPRspr. 134 Nr. 11; OLG München IPRspr. 1929 Nr. 23; OLG Celle IPRspr. 1950/51 Nr. 12b; LG Hamburg IPRSpr. 1976 Nr. 210; *Ziemons*, ZIP 2003, 1913, 1917; IPG 2009–2011 Nr. 47 Rn. 3 (Köln); *Servatius*, in: MHdB GesR VI § 15 Rn. 4.
[823] BGH WM 2016, 1943, 1944 Rn. 14; BeckOK BGB/*Mäsch*, Art. 12 EGBGB Anh. II Rn. 73.
[824] BGH WM 2016, 1943, 1944 Rn. 14.
[825] Siehe nur *Mock*, RabelsZ 72 (2008), 264, 290 f.
[826] *Grasmann*, System des internationalen Gesellschaftsrechts, 1970, S. 510 f.; Staudinger/*Großfeld* IntGesR Rn. 337; *Mock*, RabelsZ 72 (2008), 264, 294 f.; *Bose*, Das Europäische Internationale Privat- und Prozessrecht der actio pro socio, 2015, S. 161–164.
[827] *Bose*, Das Europäische Internationale Privat- und Prozessrecht der actio pro socio, 2015, S. 164–166.
[828] OLG Karlsruhe ZIP 2014, 376; *R. Giesen*, GWR 2013, 516; *Wachter*, EWiR 2014, 109; *Beck*, AG 2014, 275.
[829] BGH NJW 1994, 939; LG Köln 19.6.2007 – 22 O 255/06; LG Duisburg IPRspr. 2010 Nr. 24 S. 52. Anderer Ansicht *Spickhoff*, BB 1997, 2593; *G. Eckert*, in: Geimer/Czernich (Hrsg.), Streitbeilegungsklauseln im internationalen Vertragsrecht, 2017, Kap. 2 Rn. 31.
[830] LG München I ZIP 2011, 1511.
[831] Siehe nur *Servatius*, in: MHdB GesR VI § 15 Rn. 4.
[832] Siehe nur Art. 10 II Nr. 3 EGBGB-RefE; RGZ 117, 215, 218 – Eskimo Pie; BGH NJW 1958, 17; BGH NJW 1971, 1522, 1523; BayObLG NJW 1986, 3029; *Michalski*, NZG 1998, 762, 763; *Mankowski/Knöfel*, in: Hirte/Bücker § 13 Rn. 48; *Leible*, in: Michalski/Heidinger/Leible/J. Schmidt, GmbHG, 3. Aufl. 2017, Syst. Darst. 2 Rn. 146 mwN; *T. Kilian*, notar 2018, 25 f.
[833] *Lamsa*, Die Firma der Auslandsgesellschaft, 2011, S. 252–258 et passim einerseits und *J. Schünemann*, Die Firma im internationalen Rechtsverkehr, 2016, S. 185–205 andererseits.
[834] Referentenentwurf Gesetz zum Internationalen Privatrecht der Gesellschaften, Vereine und juristischen Personen (14.12.2007) S. 10; *R. Wagner/B. Timm*, IPRax 2008, 81, 86; *Leible*, in: Michalski/Heidinger/Leible/J. Schmidt, GmbHG, 3. Aufl. 2017, Syst. Darst. 2 Rn. 146.

dere ist eine Immaterialgüterrechtsverletzung und daher Gegenstand des Art. 8 Rom II-VO, mögliche eigenständige Lauterkeitstatbestände gehören daneben zu Art. 6 Rom II-VO;[835] das Bestehen der Firma ist dabei jeweils Vorfrage für den Schutz, der eben dem eigenen Schutzstatut unterliegt.[836] Elementarer Bestandteil der unionsrechtlichen Niederlassungsfreiheit ist die Berechtigung einer Gesellschaft zum europaweiten Führen derselben Firma, auch für ihre Zweigniederlassungen.[837]

203 **9. Unternehmerische Mitbestimmung.** Zwischen kollektivem Arbeitsrecht und Gesellschaftsrecht steht die unternehmerische Mitbestimmung. Sie vollzieht sich durch die gesetzlich vorgeschriebene Mitgliedschaft einer Anzahl von Arbeitnehmervertretern im Aufsichtsorgan des betreffenden Unternehmens. Sie soll eine gleichberechtigte Teilhabe der Arbeitnehmer an unternehmerischen Entscheidungen und eine Chance, Beschlussfassungen auf der Ebene der Unternehmensführung zu beeinflussen, gewährleisten.[838] Für die Zwecke des IPR ist sie gesellschaftsrechtlich, nicht arbeitsrechtlich zu qualifizieren.[839]

204 Die unternehmerische Mitbestimmung nach dem Modell des MitbestG ist eine Spezialität des deutschen Rechts. Kaum ein ausländisches Recht kennt sie oder etwas ihr Vergleichbares.[840] An ihr ist jahrzehntelang die Fortentwicklung des Europäischen Gesellschaftsrechts gescheitert, weil sie ein Lieblingskind der deutschen Gewerkschaften und der unter dem Einfluss der deutschen Gewerkschaften agierenden und verhandelnden deutschen Bundesregierungen war.[841] Sie hat es notwendig gemacht, dass die SE-VO[842] um eine eigene SE-MitbestimmungsRL[843] ergänzt wurde.[844]

205 Das deutsche Mitbestimmungsrecht setzt rechtsformspezifisch an. Es zählt gezielt diejenigen Rechtsformen auf, bei denen es Anwendung finden will. Dabei handelt es sich um die Kapitalgesellschaften des deutschen Rechts (AG, GmbH, KGaA, eG) zuzüglich der GmbH & Co. KG. Die Aufzählung ist abschließend und umfasst eben keine ausländischen Gesellschaftsformen.[845] Auf Gesellschaften ausländischen Rechts findet das MitbestG auch ausweislich seines § 5 keine direkte Anwendung.[846] Das gilt auch für ausländische Muttergesellschaften von Konzernen mit deutschen Tochtergesellschaften.[847] Es mag über § 5 III

---

[835] Für eine durchgängige lauterkeitsrechtliche Qualifikation aber *J. Schünemann*, Die Firma im internationalen Rechtsverkehr, 2016, S. 221–226.
[836] Siehe *J. Schünemann*, Die Firma im internationalen Rechtsverkehr, 2016, S. 229 f.
[837] MüKoHGB/*Krafka*, Bd. I, 4. Aufl. 2016, § 13d HGB Rn. 20; *Knauthe*, EWiR 2017, 621, 622 sowie OLG Düsseldorf ZIP 2017, 879.
[838] *M.-P. Weller*, FS Peter Hommelhoff, 2012, S. 1275, 1285.
[839] Siehe nur *Duden*, ZHR 141 (1977), 145, 181 f.; *Großfeld/Kötters*, IPRax 1983, 60; *Eberspächer*, ZIP 2008, 1951; MüKoBGB/*Kindler*, IntGesR Rn. 565, 568; *L. Hübner*, Kollisionsrechtliche Behandlung von Gesellschaften aus „nicht-privilegierten" Drittstaaten, 2011, S. 235; *M.-P. Weller*, FS Peter Hommelhoff, 2012, S. 1275, 1285; *M. Rehberg*, EuZA 2015, 369, 372; *Kindler*, NZG 2018, 1, 4; *Heuschmid*, AuR 2018, 96, 99; *Korek/K. Thelen*, IPRax 2018, 248, 253 f.; *R. Krause*, FS Thomas Klebe, 2018, S. 248, 251.
[840] Siehe nur *Junker*, Bitburger Gespräche 2006, 79; *Wansleben*, in: Habersack/Behme/Eidenmüller/Klöhn (Hrsg.), Deutsche Mitbestimmung unter europäischem Reformzwang, 2016, S. 108.
[841] Siehe nur Lutter/Bayer/*J. Schmidt* Rn. 16.3–16.5.
[842] VO (EG) Nr. 2157/2001 des Rates vom 8.10.2001 über das Statut der Europäischen Gesellschaft (SE), ABl. EG 2001 L 294/1.
[843] Richtlinie 2001/86/EG des Rates vom 8.10.2001 zur Ergänzung des Statuts der Europäischen Gesellschaft hinsichtlich der Beteiligung der Arbeitnehmer, ABl. EG 2001 L 294/22.
[844] Zur Wirkungsweise z. B. *P. M. Ludwig*, Mitbestimmung im europäischen Konzern, 2014.
[845] Siehe nur LG Hamburg BeckRS 2016, 20967; *Wettich*, GWR 2017, 79; *Mückl/Theusinger*, DB 2017, 1201.
[846] Siehe nur BGH ZIP 2000, 967, 968; *P. Ulmer*, JZ 1999, 662, 663; *D. Zimmer*, NJW 2003, 3585, 3590; *Ebke*, BB 1/2003, I; *dens.*, JZ 2003, 927, 930; *Henssler*, GS Meinhard Heinze, 2005, S. 333, 341 f.; *Eberspächer*, ZIP 2008, 1951, 1958; *C. Teichmann*, ZIP 2009, 1787 (1787); *Merkt*, ZIP 2011, 1237, 1239; *M.-P. Weller*, FS Peter Hommelhoff, 2012, S. 1275, 1276 f.; *Borsutzky*, Unternehmensmitbestimmung bei grenzüberschreitender Sitzverlegung, 2014, S. 195–271.
[847] Siehe nur OLG Düsseldorf ZIP 1995, 1006 m. Anm. *Mankowski*; OLG Düsseldorf ZIP 2006, 2375; OLG Frankfurt ZIP 2008, 879 (dazu *v. der Linden*, EWiR 2008, 509); KG NZG 2016, 349; LG Hamburg ZIP 2016, 2316, 2317 f.; *Kort*, NZG 2009, 81, 84; *Mückl/Theusinger*, BB 2017, 117, 118.

VIII. Umfang des Gesellschaftsstatuts 206, 207 § 7

MitbestG eine deutsche Zwischenholding geben, aber selbst diese muss, um vom MitbestG erfasst zu sein, eine passende deutsche Gesellschaftsform haben.[848]

Die Furcht vor der deutschen Unternehmensmitbestimmung hat streckenweise zu einem Rechtsform-Shopping geführt (namentlich hin zu englischen Limiteds), begünstigt durch die europarechtliche Niederlassungsfreiheit.[849] Centros und Inspire Art haben die Flucht aus der deutschen Mitbestimmung weiter erleichtert, weil Interessenten mit dem gesellschaftsrechtlich inkongruenten Anwendungsbereich des MitbestG spielen können.[850] Unionsrechtliche Fragen bei EU- oder EWR-ansässigen Gesellschaften würden eine weitere Dimension bilden.[851] Noch weiter holt eine Diskussion um die Unionsrechtskonformität des MitbestG insgesamt aus.[852] Es steht durchaus nicht außerhalb jeden Zweifels, ob die deutsche Unternehmensmitbestimmung in ihrer konkreten Ausgestaltung, vor allem ihrer Beschränkung auf inländische Arbeitnehmer, nicht aufgrund Diskriminierung EU-ausländischer Arbeitnehmer wegen Verstoßes gegen Art. 18 AEUV oder Art. 45 AEUV unionsrechtswidrig ist.[853] Allerdings hat der EuGH dies autoritativ verneint.[854] 206

De lege lata könnte man das MitbestG nur[855] kraft richterrechtlicher Sonderanknüpfung auf ausländische Gesellschaften ausdehnen.[856] Zuvor müsste man jedoch eine Analogie zu § 5 MitbestG auf der sachrechtlichen Ebene bilden. Schon darin würde aber eine klare Modifizierung des geltenden Gesetzes liegen.[857] Wegen der immensen wirtschaftspolitischen Bedeutung und des Eingriffs in die unternehmerische Freiheit und die Freiheit der Gesellschafter bei der Besetzung vorhandener Aufsichtsorgane, beide geschützt durch Art. 14 I 1 GG, wäre nach der verfassungsrechtlichen Wesentlichkeitstheorie eine gesetzgeberische Entscheidung notwendig. Richterrechtliche Sonderanknüpfung einer Analogie würde die Grenzen richterlicher Rechtsfortbildungsmacht überschreiten[858] und wäre mit der Gewaltenteilung nicht zu vereinbaren. 207

---

[848] OLG Düsseldorf ZIP 2006, 2375 sowie OLG Hamburg ZIP 2017, 1621; *Ritz/Brune*, GWR 2018, 92.

[849] *M.-P. Weller*, FS Peter Hommelhoff, 2012, S. 1275, 1279–1283.

[850] *Brandes*, ZIP 2008, 2193; *Bayer*, NJW 2016, 1930, 1932 f.; *Thorsten Hoffmann*, AG 2016, R 167; *Spindler/Gördemann*, AG 2016, 698, 703.

[851] Dazu näher *Borsutzky*, Unternehmensmitbestimmung bei grenzüberschreitender Sitzverlegung, 2014, S. 271–286.

[852] Dazu z. B. *Hellgardt*, in: Habersack/Behme/Eidenmüller/Klöhn (Hrsg.), Deutsche Mitbestimmung unter europäischem Reformzwang, 2016, S. 24; *R. Krause*, ebd., S. 46; *J. Schmidt*, ebd., S. 70. Dazu näher *Borsutzky*, Unternehmensmitbestimmung bei grenzüberschreitender Sitzverlegung, 2014, S. 271–286.

[853] Zur Diskussion AG Landau NZG 2014, 229; Report of the Reflection Group on the Future of EU Company Law (5 April 2011) S. 53 f.; *Henssler*, RdA 2005, 330, 331; *ders.*, in: P. Ulmer/Habersack/Henssler, Mitbestimmungsrecht, 3. Aufl. 2013, § 3 MitbestG Rn. 44 f., 51–56; *Habersack*, AG 2009, 1, 12; *Hellwig/Behme*, AG 2009, 261, 270 f.; *dies.*, ZIP 2010, 871, 872 f.; *Müller-Graff*, EWS 2009, 489, 497; *Latzel*, Gleichheit in der Unternehmensmitbestimmung, 2010, S. 330–333; *G. H. Roth*, ZGR 2012, 343, 375; *Krause*, AG 2012, 485; *Wansleben*, NZG 2014, 213.

[854] EuGH ECLI:EU:C:2017:562 Rn. 24–41 – Konrad Erzberger/TUI AG = NJW 2017, 2603 m. Anm. *Kainer* = JZ 2017, 1001 m. Anm. *R. Krause*; dem folgend OLG München WM 2018, 635; KG EuZW 2018, 298 m. Anm. *Jobst*; LG Frankfurt/Main ZIP 2018, 128, 129; LG Hamburg ZIP 2018, 731; LG Dortmund NZG 2018, 468 (dazu *Kirschner*, GWR 2018, 160); LG München I WM 2018, 1217; im Ergebnis ebenso GA *Saugmansgaard Øe*, ECLI:EU:C:2017:347 Rn. 42–112. Dazu *I. Fuchs/M. Grimm*, EWiR 2017, 457; *Monz/P. Wendler*, BB 2017, 1788; *v. Steinau-Steinrück/Benkert*, NJW-Spezial 2017, 499; *Schanze*, AG 2017, 573; *Schilha*, EWiR 2017, 489; *Wienbracke*, NZA 2017, 1036; *Lutter*, EuZW 2017, 665; *Berlin*, JCP G 2017, 1532; *Seifert*, Rev. Sociétés 2017, 720; *Behme*, AG 2018, 1; *Rödl*, EuZA 2018, 88; *N. Ott/M. Goette*, NZG 2018, 281; *van Mierlo*, SEW 2018, 191; *Höpner*, MJ 25 (2018), 246; *Wackerbarth*, WuB 2018, 455. Vorlage KG ZIP 2015, 2172; dazu *Giedinghagen/Angelé*, EWiR 2015, 761.

[855] In bestimmten Konstellationen für eine Analogie zu Art. 133 II litt. a, b RL (EU) 2017/1132 bzw. § 5 Nr. 2, 3 MgVG *Korch/Thelen*, IPRax 2018, 248, 253 f.

[856] *D. Zimmer*, Internationales Gesellschaftsrecht, 1996, S. 172–175; *Franzen*, RdA 2004, 257, 259; MüKoGmbHG/*M.-P. Weller*, 3. Aufl. 2018, IntGesR Einl. Rn. 474 f.; *ders.*, FS Peter Hommelhoff, 2012, S. 1275, 1277, 1286–1290; *L. Hübner*, Kollisionsrechtliche Behandlung von Gesellschaften aus „nicht-privilegierten" Drittstaaten, 2011, S. 241 f. Dagegen *Spahlinger/Wegen* Rn. 302; *Wegen/Mossler*, in: MAH IntWirtschaftsR § 11 Rn. 63.

[857] *D. Zimmer*, GS Meinhard Heinze, 2005, S. 1123, 1128; K. Schmidt/Lutter/*Ringe*, AktG, Bd. I, 3. Aufl. 2015, IntGesR Rn. 65 sowie *Paefgen*, WM 2018, 981, 989 f.

[858] *Mankowski*, DZWiR 1997, 216, 218.

1051

208 De *lege ferenda* wäre ein Mitbestimmungserstreckungs-Gesetz dagegen denkbar.[859] Dafür streitet das Postulat nach Wettbewerbsgleichheit zwischen in- und ausländischen Gesellschaften.[860] Politisch aber sind entsprechende Vorstöße der Partei Die Linke[861] und der seinerzeit in der Opposition befindlichen SPD[862] in der 17. Wahlperiode unter der CDU/CSU/FDP-Regierung gescheitert.[863] Zuvor hatte bereits das DrittelbG[864] 2004 (also nach Überseering und Inspire Art) die Beschränkung auf bestimmte inländische Gesellschaftsformen fortgeschrieben und nochmals bekräftigt.[865] Freiwillige, privatautonome Erweiterungen der Mitbestimmung sind natürlich auch schon unter heute geltendem Recht möglich.[866]

209 Selbst wenn man die Unternehmensbestimmung zum Teil des deutschen ordre public erheben wollte,[867] gäbe es nicht einmal einen unionsrechtskonformen Hebel, um sie wenigstens bei inländischen Niederlassungen ausländischer Gesellschaften zu installieren.[868] Ausländischen Gesellschaftsformen einen Aufsichtsrat aufzupfropfen, den diese nicht kennen, kann kaum angehen.[869] In sich konsequent wäre allerdings, einer ausländischen Gesellschaft unter deutschem ordre public abzuverlangen, dass sie sich in eine deutsche mitbestimmungspflichtige Gesellschaftsform umzustrukturieren.[870]

210 Ob und in welchem Umfang außerhalb Deutschlands tätige Mitarbeiter eines in Deutschland ansässigen Unternehmens bei der deutschen Unternehmensmitbestimmung mitzuzählen oder mitzuberücksichtigen und aktiv oder passiv wahlfähig sind,[871] ist eine Frage allein des deutschen Sachrechts. Sie liegt hinter der internationalprivatrechtlichen Ebene.

211 **10. Rechnungslegung.** Wegen ihrer Nähe zu Haftungssubstrat, Gläubigerschutz und corporate governance ist die Rechnungslegung dem Gesellschaftsstatut zu unterstellen.[872] Eine territoriale Anknüpfung an die kaufmännische Niederlassung[873] würde Friktionen und Einpassungsbedarf erzeugen.

---

[859] *M.-P. Weller*, FS Peter Hommelhoff, 2012, S. 1275, 1291–1298.
[860] *Hommelhoff*, ZGR 2010, 48, 55; *M.-P. Weller*, FS Peter Hommelhoff, 2012, S. 1275, 1277.
[861] Antrag der Abgeordneten Jutta Krellmann, Sahra Wagenknecht, Klaus Ernst, Dr. Barbara Höll, Matthias W. Birkwald, Heidrun Dittrich, Werner Dreibus, Diana Golze, Katja Kipping, Ulla Lötzer, Cornelia Möhring, Michael Schlecht, Dr. Herbert Schui, Jörn Wunderlich, Sabine Zimmermann und der Fraktion DIE LINKE: Unternehmensmitbestimmung lückenlos garantieren, BT-Drs. 17/1413.
[862] Antrag der Abgeordneten Ottmar Schreiner, Anette Kramme, Petra Ernstberger, Iris Gleicke, Hubertus Heil (Peine), Gabriele Hiller-Ohm, Josip Juratovic, Angelika Krüger-Leißner, Ute Kumpf, Gabriele Lösekrug-Möller, Katja Mast, Thomas Oppermann, Anton Schaaf, Silvia Schmidt (Eisleben), Dr. Frank-Walter Steinmeier und der Fraktion der SPD: Demokratische Teilhabe von Belegschaften und ihren Vertretern an unternehmerischen Entscheidungen stärken, BT-Drs. 17/2122.
[863] Näher dazu *Merkt*, ZIP 2011, 1237; *Schockenhoff*, AG 2012, 188.
[864] Gesetz über die Drittelbeteiligung der Arbeitnehmer im Aufsichtsrat (Drittelbeteiligungsgesetz – DrittelbG) vom 18.5.2004, BGBl. 2004 I 974.
[865] *Henssler*, ZfA 2018, 174, 192; *Paefgen*, WM 2018, 981, 990.
[866] Näher insbesondere *I. Krolop*, Mitbestimmungsvereinbarungen im grenzüberschreitenden Konzern, 2010.
[867] So Staudinger/*Großfeld* IntGesR Rn. 510, 516. Dagegen *W. G. Paefgen*, DB 2003, 487, 491 f.
[868] *P. Ulmer*, JZ 1999, 662, 663; *M. Schulz/Sester*, EWS 2002, 545, 551.
[869] *Prager*, Grenzen der deutschen Mitbestimmung, 1997, S. 59 f.; *W. G. Paefgen*, DB 2003, 487, 491.
[870] So in der Tat Staudinger/*Großfeld* IntGesR Rn. 518–521.
[871] Zum Komplex OLG Frankfurt ZIP 2016, 2223; LG Frankfurt/Main ZIP 2015, 634 m. Anm. *R. Krause* = BB 2015, 1792 m. Anm. *A. D. Zimmermann*; *Hellwig/Behme*, AG 2015, 333; *Sachadae*, jurisPR-ArbR 20/2015 Anm. 4; *Seibt*, DB 2015, 910; *ders.*, DB 2016, 1743; *M. Winter/E. Marx/de Decker*, NZA 2015, 1111; *T. Prinz*, SAE 2015, 66; *Hammen*, Der Konzern 2016, 105; *T. Klein/Leist*, ZESAR 2016, 421; *T. Klein*, jurisPR-ArbR 42/2016 Anm. 4; *C. Schubert*, AG 2017, 369; *Kruchen*, AG 2017, 385 sowie OLG Zweibrücken ZIP 2014, 2226; KG ZIP 2015, 2172; OLG München ZIP 2017, 476.
[872] *D. Zimmer* S. 183; Staudinger/*Großfeld* Rn. 362; *Schön*, FS Andreas Heldrich, 2005, S. 301, 395; *Hennrichs*, FS Norbert Horn, 2006, S. 387, 392; *Eidenmüller/Rehberg*, ZvglRWiss 105 (2006), 427, 432 f., 442; *Leible*, in: Michalski/Heidinger/Leible/J. Schmidt, GmbHG, 3. Aufl. 2017, Syst. Darst. 2 Rn. 175; *Servatius*, in: MHdB GesR VI § 17 Rn. 22.
[873] Dafür *Ebert/Levedag*, GmbHR 2003, 1337, 1339; *Schumann*, ZIP 2007, 1189; MüKoBGB/*Kindler* IntGesR Rn. 273, 277; *Merkt*, ZGR 2017, 460, 468 f.

VIII. Umfang des Gesellschaftsstatuts   212–215   § 7

11. Beendigung und Abwicklung. So wie das Gesellschaftsstatut die Gründung als 212 Anfang im Leben einer Gesellschaft beherrscht, so beherrscht es auch das Ende der Gesellschaft.[874] Nach ihm richtet sich, welche Arten einer Beendigung es für die konkrete Gesellschaftsform gibt (z.B. eine Auflösung, dissolution,[875] eine außerinsolvenzliche Liquidation) und welche Maßnahmen diese jeweils im Einzelnen erfordern.[876] Insbesondere richten sich die Löschung einer Gesellschaft und ihre Wirkungen materiell nach dem Gesellschaftsstatut;[877] nur für die Verfahrensaspekte gilt das Registerverfahrensrecht des jeweiligen Registerstaates. Das Gesellschaftsstatut entscheidet auch über Möglichkeit, Voraussetzungen und materielle Folgen einer Wiedereintragung (restoration) nach zunächst erfolgter Löschung.[878] Verfahrensrechtliche Folgen richten sich allerdings nach dem jeweiligen Verfahrensrecht, in Deutschland analog §§ 239, 241 ZPO.[879]

Das Gesellschaftsstatut besorgt auch die materiellen Folgen einer Beendigung. Ihm unterliegt die Abwicklung. Es bestimmt über den Status, die Struktur und die Organe einer etwaigen Abwicklungsgesellschaft.[880] 213

Vom Grundsatz, dass das Gesellschaftsstatut Beendigung und Abwicklung einer Gesellschaft beherrscht, ist aber eine wichtige Ausnahme zu machen: Er gilt nicht, soweit Schritte insolvenzrechtlich zu qualifizieren sind. 214

12. Formfragen. *a) Anknüpfung.* Gesellschaftsverträge und andere statusrelevante Akte 215 würden hinsichtlich ihrer Form eigentlich der Alternativanknüpfung nach Art. 11 I EGBGB unterliegen, sodass neben dem als lex causae berufenen Gesellschaftsstatut das Ortsrecht eine weitere Option bilden würde.[881] Jedoch wird diese Alternativanknüpfung für statusrelevante Akte von Gesellschaften durchbrochen; insoweit ist allein das Gesellschaftsstatut berufen.[882] Methodisch ist ein solcher Ausschluss (der zudem in der ambivalenten, schwankenden und durchaus uneinheitlichen Rechtsprechung[883] nicht fest verankert ist[884]) freilich kompliziert zu konstruieren: In einem ersten Schritt muss man Art. 11 I Var. 2 EGBGB für diese Akte teleologisch auf Null reduzieren (gestützt auf die Formzwecke der Formvorschriften[885]), um in einem zweiten Schritt die alleinige Maßgeblichkeit der lex causae über eine Analogie zu Art. 11 IV EGBGB zu begründen. Ein anderer Ansatz, gestützt auf Äußerungen in der seinerzeitigen Regierungsbegrün-

---

[874] Siehe nur Art. 10 II Nr. 2 Var. 2 EGBGB-RefE.
[875] Siehe nur OLG Jena GmbHR 2007, 1109; OLG Nürnberg GmbHR 2008, 41; OLG Düsseldorf ZIP 2010, 1852; FG Münster EFG 2011, 1443.
[876] Siehe nur *Otte-Gräbener*, NZG 2017, 396, 397.
[877] KG ZIP 2010, 204.
[878] BGH ZIP 2017, 421, 422; OLG Brandenburg ZInsO 2009, 1695; OLG Hamm ZIP 2011, 598; *Lamprecht*, ZEuP 2008, 289, 303f.; *Pfeiffer*, RIW 2017, 305, 306f.; *Bacher*, MDR 2017, 563; *L. Hübner*, IPRax 2017, 575, 579.
[879] BGH ZIP 2017, 421, 422; *Otte-Gräbener*, NZG 2017, 396, 397; *Bacher*, MDR 2017, 563.
[880] *Spahlinger/Wegen* Rn. 700; *Wegen/Mossler*, in: MAH IntWirtschaftsR § 11 Rn. 107.
[881] Dafür BayObLGZ NJW 1978, 500; OLG Stuttgart NJW 1981, 1176; OLG Frankfurt WM 1981, 946, 947f.; OLG Düsseldorf NJW 1989, 2200; OLG Köln RIW 1989, 565; OLG München RIW 1998, 147; Palandt/*Thorn* Art. 11 EGBGB Rn. 13.
[882] OLG Hamm NJW 1974, 1057; OLG Hamburg WM 1993, 1186 (dazu *v. Bar/Grothe*, IPRax 1994, 269); KG ZIP 2018, 323, 324; LG Augsburg NJW-RR 1997, 420 (dazu *van Randenborgh*, GmbHR 1996, 909; *Kallmeyer*, GmbHR 1996, 910; *D. Zimmer*, WiB 1996, 1169; *Wilken*, EWiR 1996, 937); LG Kiel BB 1998, 120 (dazu *N. Horn/Kröll*, EWiR 1998, 215); LG Mannheim BWNotZ 2000, 150; AG Berlin-Charlottenburg ZIP 2016, 770; Gutachten DNotI, DNotI-Report 1995, 219f.; Gutachten DNotI, DNotI-Report 2016, 93, 95 mwN; *Kropholler*, ZHR 140 (1976), 394, 403; *Bredthauer*, BB 1986, 2864, 2865; *Ebenroth/Wilken*, JZ 1991, 1061, 1064; *Schervier*, NJW 1992, 593, 595; *Goette*, DStR 1996, 709, 711; *Wilken*, EWiR 1996, 937, 938; *Kröll*, ZGR 2000, 111, 115f.; *Haerendel*, DStR 2001, 1802, 1803; *Benecke*, RIW 2002, 280, 282; *König/Götte/Bormann*, NZG 2009, 881, 882; MüKoGmbHG/*J. Mayer*, 2. Aufl. 2015, § 2 GmbHG Rn. 44; *Kleba*, RNotZ 2016, 273, 280; *Schodder*, EWiR 2016, 593; *Tietz*, IPRax 2019, 36, 38.
[883] BGHZ 80, 76, 78; BGHZ 105, 324; BGH NZG 2005, 41, 42; OLG Stuttgart Die Justiz 1981, 19; OLG Frankfurt DB 1981, 1456.
[884] *Wegen/Mossler*, in: MAH IntWirtschaftsR § 11 Rn. 112.
[885] *Lieder*, ZIP 2018, 1517, 1521.

dung[886], sieht das Internationale Gesellschaftsrecht komplett aus dem IPR-Neuregelungsgesetz von 1986 und aus dem durch dieses Gesetz eingefügten Art. 11 EGBGB ausgeklammert.[887] Er zieht deshalb keinen Umkehrschluss daraus, dass Art. 11 IV EGBGB die Alternativanknüpfung nur für sachenrechtliche Verfügungsgeschäfte ausschaltet.[888]

216 Vorgebracht wird auch, dass Art. 11 EGBGB für statusrelevante Vorgänge von Gesellschaften a limine nicht gelte, weil er sich im 2. Abschnitt des 2. Kapitels des EGBGB, überschrieben „Recht der *natürlichen* Personen und der Rechtsgeschäfte", finde.[889] Allerdings scheint dieses Argument schwach. Denn die Zweigliedrigkeit der Überschrift zeigt, dass der Abschnitt zwei verschiedene Materien erfasst. Den natürlichen Personen sind Artt. 7–10 EGBGB gewidmet, den Rechtsgeschäften Artt. 11, 12 EGBGB.

217 Tragfähiger scheint der Rekurs auf die Gesetzesbegründung, die Art. 11 EGBGB für statusrelevante Vorgänge von Gesellschaften eben nicht geltend lassen wollte.[890] Daraus, dass Art. 10 EGBGB 1896 eine Regel für Vereine enthielt, lässt sich nichts für das Gegenteil herleiten,[891] zumal diese Vorschrift längst gestrichen war, als Art. 11 EGBGB neu zugeschnitten wurde.[892] Andererseits wäre ein Ausschluss der Ortsform und der Alternativanknüpfung ein so schwer wiegender Eingriff gewesen, dass der Gesetzgeber ihn eigentlich hätte im Gesetz selber vornehmen müssen,[893] zumal weil Problematik und Streit ebenso altbekannt sind wie die involvierten massiven finanziellen und berufsständischen Interessen.

218 Der RefE sah eine einfachere und klarere Lösung mit gleichem Ergebnis in seinem Art. 11 VI EGBGB-E vor: „(6) Ein Rechtsgeschäft, das die Verfassung einer Gesellschaft, eines Vereins oder einer juristischen Person betrifft, ist nur formgültig, wenn es die Formerfordernisse des nach Artikel 10 anzuwendenden Rechts erfüllt." Zu betonen ist, dass diese Lösung nur für Verfassungsgeschäfte der Gesellschaft vorgesehen war, aber nicht für die Übertragung von Gesellschaftsanteilen.[894]

219 Keine Verschärfung haben jedenfalls das MoMiG[895] und sein § 40 II 1 GmbHG bewirkt.[896] Es wäre paradox, wenn ausgerechnet ein Gesetz, das sich die Öffnung des deutschen GmbH-Rechts zum Ausland auf die Fahnen geschrieben hat,[897] vorher bestehende Möglichkeiten abgeschnitten hätte.[898]

220 *b) Auslandsabschluss bei deutschem Gesellschaftsstatut.* Das deutsche Gesellschaftsrecht verlangt bei vielen Vorgängen notarielle Beurkundung, z.B. bei der Gründung einer GmbH oder AG nach § 2 I 1 GmbHG bzw. nach § 23 I AktG, bei Satzungsänderungen einer

---

[886] Begründung der Bundesregierung zum Entwurf eines Gesetzes zur Neuregelung des Internationalen Privatrechts, BT-Drs. 10/504, 49.
[887] KG ZIP 2018, 323, 324; *Goette*, DStR 1996, 709, 711; *Lieder*, ZIP 2018, 805, 808.
[888] KG ZIP 2018, 323, 324; *Bayer*, GmbHR 2013, 897, 903 f. Anderer Ansicht z.B. *Mankowski*, NZG 2010, 201, 206 mwN.
[889] *J. Weber*, MittBayNot 2018, 215, 216; *Lieder*, ZIP 2018, 805, 808; *S. Reuter*, WuB 2018, 358, 359.
[890] Begründung der Bundesregierung zum Entwurf eines Gesetzes zur Neuregelung des Internationalen Privatrechts, BT-Drs. 10/504, 49.
[891] Dahin aber Staudinger/*Winkler v. Mohrenfels* Art. 11 EGBGB Rn. 264. Ähnlich wie hier *Tietz*, IPRax 2019, 36, 38.
[892] *J. Weber*, MittBayNot 2018, 215, 216.
[893] Siehe *Landbrecht/A.-K. Becker*, BB 2013, 1290, 1293.
[894] *Mankowski*, NZG 2010, 201, 205. Konsequent deshalb, wenn ein Ausschluss der Ortsrechtsanknüpfung gewollt ist, der Ergänzungsvorschlag bei *Kindler*, Geschäftsanteilsabtretungen im Ausland, 2010, S. 46.
[895] Gesetz zur Modernisierung des GmbH-Rechts und zur Bekämpfung von Missbräuchen (MoMiG) vom 23. Oktober 2008, BGBl. 2008 I 2026.
[896] BGH ZIP 2014, 317 Rn. 14 f. = BB 2014, 462 m. abl. Anm. *Heckschen*; OLG Düsseldorf NJW 2011, 1370, 1371 = BB 2011, 785, 787 m. Anm. *Stobenau*; *Mankowski*, NZG 2010, 201, 202–205; *Landbrecht/A.-K. Becker*, BB 2013, 1290 sowie *C. Götze/Mörtel*, NZG 2014, 369. Anderer Ansicht insbesondere *Kindler*, Geschäftsanteilsabtretungen im Ausland, 2010, S. 23–33; *Gerber*, GmbHR 2010, 97, 98 f.; *N. Bauer/Anders*, BB 2012, 593, 595; *Bayer*, GmbHR 2013, 897, 904–909 sowie LG Frankfurt/Main GmbHR 2010, 96, 97 = BB 2010, 2500, 2501 m. Anm. *N. Krause*; *Lieder/C. Ritter*, notar 2014, 187, 189–193. Vgl. auch OLG München WM 2013, 1268; *Leitzen*, ZNotP 2014, 42, 46 f.
[897] Begründung der Bundesregierung zum Entwurf eines Gesetzes zur Modernisierung des GmbH-Rechts und zur Bekämpfung von Missbräuchen (MoMiG), BT-Drs. 16/6140, 29.
[898] *Mankowski*, NZG 2010, 201, 204; *K. Peters*, DB 2010, 97, 100.

VIII. Umfang des Gesellschaftsstatuts 221, 222 § 7

GmbH nach § 53 II GmbHG, bei der Abtretung von GmbH-Anteilen nach § 15 III GmbHG, bei Verpflichtungsverträgen über GmbH-Anteile nach § 15 IV 1 GmbHG oder bei Beschlüssen einer AG-Hauptversammlung nach § 130 I AktG.[899] Beim Beurkundungserfordernis hat es die Beurkundung durch deutsche Notare im Blick. Mittelbar wirken die für notarielle Beurkundungen durch deutsche Notare greifenden Anforderungen des BeurkG prägend. Deutsche Notare sind zu einer Vielzahl von Formalien verpflichtet: Nach §§ 9 I 2, 13 BeurkG müssen sie nicht nur das zu beurkundende Dokumente selber, sondern auch Anlagen und amtliche Erklärungen verlesen.

Im internationalen Vergleich verlangen deutsche Notare relativ hohe Beurkundungsgebühren, sogar mit Nr. 260001 KV-GNotKG als zusätzlichem Tatbestand für fremdsprachige Tätigkeit.[900] Schon das macht eine Auslandsbeurkundung attraktiv,[901] selbst in Ansehung der Gebührendeckelung für konzerninterne Anteilsübertragungen nach § 107 II GNotKG.[902] Außerdem ist für viele Interessierte die Verlesung unattraktiv und störend, weil zeitraubend und umständlich (auch wenn sich dies in Deutschland mit § 14 BeurkG durch Möglichkeiten, auf Anhänge zu verweisen und ein Tatsachenprotokoll nach § 36 BeurkG aufzunehmen, gebessert hat). Ausländische Notare haben keine Mitteilungspflichten gegenüber deutschen Steuerbehörden nach § 54 EStDV[903] und unterliegen in der Regel keinen Mitwirkungsverboten nach Art des § 4 BeurkG.[904] Befeuert von den beratenden Anwälten hat dies zu einem Exodus von Beurkundungsvorgängen ins Ausland geführt.[905] Das treffende und plakative Schlagwort dafür lautet „Beurkundungstourismus".[906] Besonderer Beliebtheit erfreut sich seit Jahrzehnten die Beurkundung von Vorgängen bei deutschen Gesellschaften in den Kantonen der deutschsprachigen Schweiz,[907] insbesondere in Zürich, Bern und Basel.

aa) Substitution bei Beurkundung durch ausländische Notare. Hier kommen die Regeln 222 der Substitution zum Zuge: Der vom deutschem Gesellschaftsstatut verlangten notariellen Form tut auch eine Beurkundung außerhalb Deutschlands Genüge, wenn Urkundsperson und Beurkundungsvorgang gleichwertig sind.[908] Ein Beurkundungsvorgang ist auch dann gleichwertig, wenn die ausländische Beurkundungsperson in ihrem Recht keine obligatorische Beurkundung für vergleichbare Vorgänge kennt,[909] aber dispositive Vorschriften anwendet.[910] Wenn man die Verlesung im deutschen Beurkundungsverfahren als zentral ansieht,[911] wäre aber eine fehlende Vorlesungspflicht[912] ein Problem,[913] sofern der ausländische Notar nicht quasi als Service doch verliest, obwohl er dies nicht müsste.[914]

---

[899] Zu den damit verfolgten Formzwecken z. B. *Lieder*, ZIP 2018, 805, 806 f.
[900] Dazu eingehend *Sikora*, NZG 2018, 691.
[901] Siehe nur *Mense/Klie*, GWR 2014, 83.
[902] Vgl. *Heckschen*, BB 2014, 466.
[903] *Heckschen*, BB 2014, 466; *N. Heinze*, NZG 2017, 371, 375; *S. Reuter*, WuB 2018, 358 (358).
[904] *Heckschen*, DB 2018, 685, 686.
[905] Drastisch beschrieben insbesondere bei *van Randenborgh*, GmbHR 1996, 908, 910.
[906] Z. B. *Beckmann/Fabricius*, GWR 2016, 375; *Lieder*, ZIP 2018, 805 (805).
[907] Siehe nur *H. Richter/Knauf*, BB 2018, 660.
[908] Siehe nur BGH ZIP 2014, 317 Rn. 14 f.; BGHZ 203, 68 (dazu u.a. *Herrler*, ZGR 2015, 918); OLG München NJW-RR 1998, 758; KG ZIP 2018, 323, 325 = BB 2018, 657 m. Anm. *H. Richter/Knauf*; *Goette*, DStR 1996, 709, 712; *Mankowski*, EWiR 1998, 309 f.; *Bayer*, GmbHR 2013, 897, 911 f.; *Seibt*, EWiR 2014, 171; *Heckschen*, DB 2018, 685, 687; *Tietz*, IPRax 2019, 36, 39–41. Strenger *Lieder/C. Ritter*, notar 2014, 187, 192 f.; *Lieder*, ZIP 2018, 805, 811 f.: auch Einhaltung der vom deutschen Recht verfolgten Formzwecke erforderlich.
[909] Siehe z. B. Art. 785 I OR in der Schweiz: privatschriftliche Übertragung von GmbH-Anteilen möglich.
[910] *Bayer*, GmbHR 2013, 897, 912 f.; *S. Link*, BB 2014, 579, 584.
[911] So z. B. *Süß*, DNotZ 2011, 414, 419. Anderer Ansicht unter Hinweis aus § 23 S. 1 BeurkG *C. Götze/Mörtel*, NZG 2011, 727, 730.
[912] Z. B. infolge § 22 I NotariatsG Basel-Stadt vom 22.3.2012.
[913] *Heckschen*, BB 2014, 466; *K. J. Müller*, NJW 2014, 1994, 1997; siehe auch *Landbrecht/A.-K. Becker*, BB 2013, 1290, 1292.
[914] Skeptisch zum Ausreichen einer freiwilligen Verlesung *K. J. Müller*, NJW 2014, 1994, 1999.

223 Eine Beurkundungsperson ist einem deutschen Notar gleichwertig, wenn sie nach ihrer Vorbildung und ihrer Stellung im Rechtsleben eine der Tätigkeit des deutschen Notars entsprechende Funktion ausübt. Gefordert sind im Kern rechtliche Ausbildung, rechtliche Kenntnisse und Haftung für fehlerhafte Beratung oder Beurkundung.[915] Für die Haftung und etwaigen Versicherungsschutz bilden die Maßstäbe aus §§ 19, 19a BNotO den Rahmen.[916] Vertiefte Kenntnisse des deutschen Rechts sollen dagegen nicht erforderlich sein, weil § 17 BeurkG die inhaltliche Prüfung und Belehrung nicht zwingend vorschreibe.[917] Gleich*wert*igkeit meint eben nicht Gleichheit.[918] Geboten ist eine abstrakte, keine konkret-einzelfallbezogene Gleichwertigkeitsprüfung; es kommt also nicht auf etwaige persönliche Kenntnis der konkret agierenden Beurkundungsperson an.[919]

224 Diese Voraussetzungen für eine Substitution sind bei kontinentaleuropäischen und lateinamerikanischen Notaren, den Vertretern des so genannten lateinischen Notariats, im Prinzip erfüllt, während sie bei den notaries public des angloamerikanischen Rechtskreises grundsätzlich fehlen.[920] Bei schweizerischen Notaren wird gemeinhin keine einheitliche Regelung für die gesamte Schweiz angenommen, sondern vielmehr nach den einzelnen Kantonen differenziert.[921] Ob und, wenn ja, welche Kantone deutschen Notaren gleichwertige Notare kennen, ist stark umstritten. Deutsche Notare sind wenig geneigt, Gleichwertigkeit für in der Schweiz ansässige „Kollegen" zu bejahen,[922] während deutsche beratende Anwälte insoweit großzügigere Maßstäbe anlegen.[923] Bei Vorgängen, welche dem deutschen Recht als lex causae unterliegen, wird die Richtigkeitsgewähr bei vielen schweizerischen Notaren angezweifelt.[924] Aus der bloßen Existenz des Art. 11 EGBGB, einer Kollisionsnorm, lässt sich für die auf rein sachrechtlicher Ebene liegende Substitution jedenfalls nichts ableiten.[924a]

225 bb) § 15 III und IV 1 GmbHG als Eingriffsnormen? Kulminationspunkt der Diskussion ist § 15 III und IV 1 GmbHG. Für jede der beiden Normen steht sogar in Rede, ob sie nicht den Charakter einer Eingriffsnorm habe und sich deshalb mit Ergebnisvorrang überlagernd gegen Art. 11 EGBGB durchsetzen könnte, sobald Anteile an einer deutschen GmbH im Schwange sind.[925] Bezweckt sei, den unkontrollierten, leichten und spekulativen Handel mit GmbH-Anteilen zu verhindern,[926] Nebenziel die Bekämpfung der Geldwäsche.[927] Dies sei Marktsteuerung und Wirtschaftslenkung auf Kapitalmärkten, nicht Schutz von Interessen individueller Beteiligter.[928] Nicht jede marktsteuernde Norm ist aber des-

---

[915] Grundlegend BGHZ, 80, 76, 78–80.
[916] *Reithmann*, GmbHR 2009, 699, 701 mit Fn. 22.
[917] BGHZ 80, 76, 80. Strenger *Lieder*, ZIP 2018, 1517, 1526 f.; *ders.*, EWiR 2018, 743, 744 (unter Hinweis auf § 6 UmwG); *Pogorzelski*, notar 2018, 404 und für §§ 68, 76 öGmbHG *Zib*, JBl 2013, 344, 346–349.
[918] So selbst, obwohl deutsche Notare, *Cziupka*, EWiR 2018, 137, 138; *Herrler*, NJW 2018, 1787 (1787).
[919] AG Charlottenburg GmbHR 2016, 223 m. Anm. *Wösthoff*; *Herrler*, NJW 2018, 1787, 1788.
[920] Siehe nur *K. Winkler*, NJW 1972, 981, 985; *Jakobs*, MittRhNotK 1985, 57, 61.
[921] Z. B. *K. J. Müller*, NJW 2014, 1994, 1999; *Wösthoff*, GmbHR 2016, 227, 228. Mustergültig geprüft für einen Berner Notar von KG ZIP 2018, 323, 325 f. Dagegen indes *Heckschen*, DB 2018, 685, 688 f.
[922] Zuletzt z. B. *Wicke*, GmbHR 2018, 380 (380); *Szalai*, GWR 2018, 137.
[923] Z. B. *C. Götze/Mörtel*, NZG 2011, 727, 729 f. Differenzierend in der Wissenschaft insbesondere *Bayer*, GmbHR 2013, 897, 902 f.
[924] Z. B. *J. Weber*, MittBayNot 2018, 215, 219 f.; *S. Reuter*, WuB 2018, 358, 360; *Lieder*, ZIP 2018, 1517, 1522 f.; *ders.*, EWiR 2018, 743, 744; *Pogorzelski*, notar 2018, 403; *Tebben*, GmbHR 2018, 1190, 1193 f.; *Cramer*, DStR 2018, 746, 748.
[924a] *Tebben*, GmbHR 2018, 1190, 1192 f.
[925] Bejahend insbesondere *Kindler*, Geschäftsanteilsabtretungen im Ausland, 2010, S. 20–22; *ders.*, RIW 2011, 257, 258 f.; MüKoBGB/*Kindler* IntGesR Rn. 536.
[926] *Kindler*, Geschäftsanteilsabtretungen im Ausland, 2010, S. 7 mwN; MüKoBGB/*Kindler* IntGesR Rn. 536 unter Hinweis auf u.a. RG JW 1903, 11, 12; BGHZ 141, 207, 211 f.; BGH NZG 2006, 590.
[927] MüKoBGB/*Kindler* IntGesR Rn. 536.
[928] Siehe nur *Bungert*, DZWIR 1993, 494, 497; *Kindler*, Geschäftsanteilsabtretungen im Ausland, 2010, S. 21 f.

halb automatisch eine Eingriffsnorm, denn mindestens indirekt marktsteuernde Wirkung haben auch die meisten Normen des Privatrechts.[929]

Es lässt sich indes kein Wille des deutschen Gesetzgebers belegen, § 15 III und IV 1 GmbHG die besondere Wertigkeit von Eingriffsnormen beizulegen und sie die normale kollisionsrechtliche Anknüpfung durchbrechen zu lassen.[930] Der deutsche Gesetzgeber hat niemals die z. B. für §§ 449 III, 466 IV HGB gepflegte Technik, einen von ihm gewollten eingriffsrechtlichen Charakter von Normen in den jeweiligen Gesetzesmaterialien festzuschreiben, für § 15 III und IV 1 GmbHG angewandt, obwohl er mehrmals die Gelegenheit dazu hatte, insbesondere beim MoMiG[931].[932] Auch § 40 II GmbHG trägt nicht die Annahme eines eingriffsrechtlichen Charakters für § 15 III und IV 1 GmbHG.[933] Art. 11 VI EGBGB-RefE IntGesR wollte zwar den Ausschluss des Ortsrechts und die ausschließliche Anwendung des (bei deutschen GmbHs deutschen) Gesellschaftsstatuts, jedoch nur für Verfassungsgeschäfte der Gesellschaft, nicht für Anteilsübertragungen.[934] Wem Sicherheit wichtig ist, der wird vorsichtshalber einen deutschen Notar beurkunden lassen.[934a]

c) Inlandsabschluss bei ausländischem Gesellschaftsstatut. Umgekehrt stellt sich bei Anwendbarkeit deutschen Rechts als Ortsrecht die Frage, inwieweit § 15 III und IV 1 GmbHG auf Übertragung bzw. Übertragungsverpflichtung bei Anteilen an Gesellschaften ausländischer Rechtsformen analog anzuwenden sein könnte. Insoweit steht ein strikt ablehnendes Lager[935] einem Ansatz gegenüber, der danach differenzieren will, ob die jeweilige ausländische Gesellschaftsform einer deutschen GmbH strukturell und wesensmäßig vergleichbar sei.[936] Es stellt sich also wiederum eine Substitutionsfrage,[937] nur mit anderem Objekt. Allerdings ist die Frontlage atypisch, denn der scheinbar restriktive ablehnende Ansatz ist in Wahrheit der liberalere, indem er eben keinen Formzwang auferlegt.[938] Die *Möglichkeit*, im Inland notariell beurkunden zu lassen und über diese hochwertige (aber teure) Form aus eigenen Stücken Rechtssicherheit herzustellen, besteht sowieso immer.

d) Elektronische „Beurkundungen". Welche Möglichkeiten elektronische „Beurkundungen" eröffnen werden, muss sich noch erweisen.[939] Der einschlägige Kommissionsvorschlag im Company Law Package[940] sieht jedenfalls insoweit eine Digitalisierung für EU-Gesell-

---

[929] → § 1 Rn. 941.
[930] *M. Müller,* RIW 2010, 591, 592, 595; *G. Albers,* GmbHR 2011, 1078, 1080, 1082; *S. Link,* BB 2014, 579, 580
[931] Gesetz zur Modernisierung des GmbH-Rechts und zur Bekämpfung von Missbräuchen (MoMiG) vom 23. Oktober 2008, BGBl. 2008 I 2026.
[932] *Mankowski,* NZG 2010, 201, 205.
[933] *Mankowski,* NZG 2010, 201, 202–204. Anderer Ansicht *Kindler,* Geschäftsanteilsabtretungen im Ausland, 2010, S. 35 f.; *ders.,* BB 2010, 74, 75.
[934] *Mankowski,* NZG 2010, 201, 205.
[934a] *Czaplinski/Lienenlüke,* jurisPR-IWR 5/2018 Anm. 4 sub D.
[935] OLG München ZIP 1993, 508, 509 = NJW-RR 1993, 998, 999; *Wrede,* GmbHR 1995, 365, 367 f.; *Gätsch/Schulte,* ZIP 1999, 1909, 1913 f.; *Menke,* BB 2004, 1807, 1810 f.; *Olk,* NJW 2010, 1639, 1642; MüKo BGB/*Kindler* IntGesR Rn. 538.
[936] OLG Celle NJW-RR 1992, 1126, 1127; LG Oldenburg RNotZ 2018, 500, 503 m. Anm. *J. H. Berg; Merkt,* ZIP 1994, 1417, 1420–1422; *Fetsch,* RNotZ 2007, 532, 535–537; Henssler/Strohn/*Verse,* Gesellschaftsrecht, 3. Aufl. 2016, § 15 GmbHG Rn. 47; MüKoGmbHG/*Reichert/M.-P. Weller,* Bd. I, 3. Aufl. 2018, § 15 GmbHG Rn. 173; siehe auch obiter BGH NZG 2005, 41, 42.
[937] *Fetsch,* RNotZ 2007, 532, 535; *Göthel,* in: Göthel (Hrsg.), Grenzüberschreitende M&A-Transaktionen, 4. Aufl. 2015, § 9 Rn. 46; *Leible,* in: Michalski/Heidinger/Leible/J. Schmidt, GmbHG, 3. Aufl. 2017, Syst. Darst. 2 Rn. 112.
[938] Einen Reparaturversuch ob drohender Formunwirksamkeit unter deutschem Recht unternimmt *Merkt,* ZIP 1994, 1417, 1425. Skeptisch dazu *Leible,* in: Michalski/Heidinger/Leible/J. Schmidt, GmbHG, 3. Aufl. 2017, Syst. Darst. 2 Rn. 112.
[939] Ansatzweise *Klumpen,* Die elektronische Gesellschaftsgründung über die Grenze, 2018, am Beispiel der Societas Unius Personae (SUP).
[940] Vorschlag einer Richtlinie des Europäischen Parlaments und des Rates zur Änderung der Richtlinie (EU) 2017/1132 im Hinblick auf den Einsatz digitaler Werkzeuge und Verfahren im Gesellschaftsrecht, COM (2018) 239 final, von der Kommission vorgelegt am 25.4.2018. Eingehend dazu *J. Schmidt,* Der Konzern 2018, 229; *Knaier,* GmbHR 2018, 607.

schaften vor, als den Mitgliedstaaten auferlegt werden soll, Onlinegründungen zuzulassen (wenn auch mit Opt out-Optionen).[941]

229   13. Abgrenzung zwischen Gesellschaftsstatut und Insolvenzstatut. Die Abgrenzung zwischen Gesellschafts- und Insolvenzstatut ist eine schwierige Frage. Sie berührt eine Vielzahl von Rechtsinstituten.[942] Ausgangspunkt für die Qualifikation muss die Kodifikation des europäischen Internationalen Insolvenzrechts in der EuInsVO 2015 sein. Denn sie bietet einen legislatorischen Ansatzpunkt und genießt deshalb normquellenhierarchisch Vorrang vor außergesetzlichen Regeln gemeinhin richterrechtlicher Natur.

230   *a) Qualifikationsvorrang der EuInsVO 2015.* Der Katalog des Art. 7 II EuInsVO 2015 gibt eine wichtige Hilfe bei der Qualifikation. Er zählt als Regelbeispiele jene Materien auf, die *jedenfalls* insolvenzrechtlich zu qualifizieren sind und deshalb dem Insolvenzstatut unterfallen.[943] Art. 7 II 2015 genießt als explizite Verordnungsnorm normhierarchischen Vorrang vor ungeschriebenem Internationalen Gesellschaftsrecht, muss daher formeller Start- und Ausgangspunkt der Qualifikationsüberlegungen sein. Art. 7 II EuInsVO 2015 ist indes nur beispielhafte Ausfüllung und Erläuterung des in Art. 7 I EuInsVO 2015 aufgestellten Grundsatzes, wie das „insbesondere" im Normtext unmissverständlich deutlich macht.[944] Der Grundsatz gilt auch ohne nähere Ausfüllung und Erläuterung. Es können also auch solche Materien insolvenzrechtlich zu qualifizieren sein, die nicht in Art. 7 II EuInsVO 2015 ausdrücklich aufgeführt sind.[945]

231   *b) Insolvenzfähigkeit.* Die Insolvenzfähigkeit einer Gesellschaft ist eine Frage an das Insolvenzstatut. Man kann dem Insolvenzstatut kaum zumuten, die Insolvenz einer Gesellschaft zu bewältigen müssen, deren Insolvenzfähigkeit es verneint und für die es deshalb keine Bewältigungsstrukturen vorhält. Außerdem wahrt man so den Anknüpfungsgleichlauf mit natürlichen Personen.

232   *c) Insolvenzantragspflicht.* Die Insolvenzantragspflicht steht in einem untrennbaren Zusammenhang mit den Insolvenzgründen einerseits und der Insolvenzantragsberechtigung andererseits. Die Insolvenzgründe wiederum sind Kernkompetenz des Insolvenzstatuts. Die Insolvenzantragspflicht ist daher insolvenzrechtlich zu qualifizieren,[946] nicht gesellschaftsrechtlich.[947]

---

[941] Dazu z. B. *Knaier*, GmbHR 2018, 560; *Noack*, DB 2018, 1324; *J. Schmidt*, Der Konzern 2018, 229 (229–235); *C. Teichmann*, ZIP 2018, 2451; *Lieder*, NZG 2018, 2081.
[942] Siehe nur *Eidenmüller*, RabelsZ 70 (2006), 474.
[943] *Mankowski*, NZI 2010, 508, 511; *ders.*, NZI 2010, 1004.
[944] Siehe nur *Mankowski*, NZG 2016, 281, 283.
[945] *Mock*, GmbHR 2010, 102; *Mankowski*, NZG 2016, 281, 283.
[946] Dafür EuGH ECLI:EU:C:2014:2410 Rn. 22–24 – H/HK; BGH ZIP 2015, 68; OLG Karlsruhe NZG 2010, 509 OLG Köln, NZI 2012, 52 m. Anm *Mankowski*; OLG Jena NZI 2013, 807; *Haubold*, IPRax 2002, 157, 160; *C. Paulus*, ZIP 2002, 729, 734; *H.-F. Müller*, NZG 2003, 414, 416; *ders.*, EWiR 2015, 99, 100; *G. H. Roth*, NZG 2003, 1081, 1085; *D. Zimmer*, NJW 2003, 3585, 3589; *M.-P. Weller*, IPRax 2003, 520, 522; *Altmeppen*, NJW 2004, 97, 100; *Wachter*, GmbHR 2004, 88, 101; *Kirchner*, FS Ulrich Immenga, 2004, S. 607, 622; *Borges*, ZIP 2004, 733, 739 f.; *Eidenmüller*, in: Eidenmüller (Hrsg.), Ausländische Kapitalgesellschaften im deutschen Recht, 2004, § 9 Rn. 25–28; *Goette*, DStR 2005, 197, 200; *Pannen/Riedemann*, MDR 2005, 496, 498; *Ungan*, ZVglRWiss 104 (2005), 355, 366 f.; *Kuntz*, NZI 2005, 424, 426 f.; *S. Schilling/J. Schmidt*, DZWIR 2006, 219; *J. Schmidt*, ZInsO 2006, 737; *Renner* Insolvenzverschleppungshaftung in internationalen Fällen, 2007, S. 104–116; *Barthel*, Deutsche Insolvenzantragspflicht und Insolvenzverschleppungshaftung in Scheinauslandsgesellschaften nach dem MoMiG, 2009, S. 219–235; *U. Haas*, NZG 2010, 495, 496; *Kindler*, IPRax 2010, 430; MüKoBGB/*Kindler* Art. 7 EuInsVO Rn. 87 f.; *ders.*, EuZW 2015, 143; *H. Wais*, IPRax 2011, 138; *J. Weber*, Gesellschaftsrecht und Gläubigerschutz im Internationalen Zivilverfahrensrecht, 2011, S. 131–150; Baumbach/Hueck/*U. Haas*, GmbHG, 21. Aufl. 2017, § 64 GmbHG Rn. 147; *D. Paulus*, Außervertragliche Gesellschafter- und Organwalterhaftung im Lichte des Unionskollisionsrechts, 2013, Rn. 508 f., 519; *Mankowski*, EWiR 2015, 93, 94; *Mock*, NZI 2015, 87, 88; *Cranshaw*, jurisPR-InsR 4/2015 Anm. 1; *P. Schulz*, NZG 2015, 146, 147; *Mitchell-Fry/Kappstein*, [2015] CRI 117 f.; *Servatius*, DB 2015, 1087, 1090 f.; *Altmeppen*, in: G. H. Roth/Altmeppen, GmbHG, 8. Aufl. 2015, Vor § 64 GmbHG Rn. 14; *Spahlinger*, FS Gerhard Wegen, 2015, S. 527, 538. Offen *Poertzgen*, NZI 2013, 809; *Römermann*,

VIII. Umfang des Gesellschaftsstatuts   233–235   § 7

d) Insolvenzverschleppungshaftung. Die Insolvenzverschleppungshaftung, z. B. gegen Ge- 233
schäftsführer einer GmbH aus § 64 S. 1 GmbHG[948] oder gegen Vorstandsmitglieder einer
AG aus §§ 93 III Nr. 6, 92 II AktG,[949] sanktioniert die Insolvenzantragspflicht. Konsequent
ist daher auch die Sanktionierung der Insolvenzantragspflicht durch die Insolvenzverschleppungshaftung[950] insolvenzrechtlich zu qualifizieren.[951] Eine gleichsam „nackte" Insolvenzantragspflicht ohne Sanktion würde ihren Zweck verfehlen.[952]

Eine gesellschaftsrechtliche Qualifikation[953] ist ebenso abzulehnen wie eine deliktsrecht- 234
liche[954] oder eine vertragsrechtliche[955] oder ein kombinierender Ansatz.[956] Insolvenzantragspflicht und Insolvenzverschleppungshaftung können zudem nur denjenigen treffen, der
einen Insolvenzantrag stellen darf. Damit ist zusätzlich die Insolvenzantragsberechtigung
berührt, eine weitere Kernkompetenz des Insolvenzstatuts.[957] Schließlich steht die Insolvenzverschleppungshaftung funktionell der Insolvenzanfechtung nahe,[958] wie auch der
EuGH anerkennt.[959]

Dass die Haftungsdurchsetzung nur dem einzelnen Gläubiger zugutekommt, verschlägt 235
ebenso wenig wie etwaige Reflexwirkungen auf den Quotenverschlechterungsschaden der
Altgläubiger oder die Zuweisung der Kompetenz an den Insolvenzverwalter aus § 92 InsO,
ausnahmsweise und eigentlich systemwidrig Ansprüche der Gläubiger geltend machen zu

---

GmbHR 2015, 81, 83; *Jault-Seseke/Robine*, Bull. Joly sociétés 2015, 89; *Bureau*, Rev. crit. dr. int. pr. 104 (2015), 467,470 f.
[947] Dafür aber OLG München IPRax 2000, 416, 417; *Mock/Schildt*, ZInsO 2003, 396, 399; *Schanze/Jüttner*, AG 2003, 661, 670; *K. Schmidt* ZHR 168 (2004), 493, 497f; *Mock/Westhoff*, DZWIR 2004, 23, 27; *A. Schumann*, DB 2004, 743, 746; *Ulmer*, NJW 2004, 1201, 1207; *Vallender/K. Fuchs*, ZIP 2004, 829, 830; *Hirte*, in: Hirte/Bücker § 1 Rn. 74; *Hirte/Mock*, ZIP 2005, 474; *Willemer* S. 259–273 sowie AG Köln ZIP 2005, 1566; vgl. auch *Poertzgen*, NZI 2013, 809; *ders.*, NZI 2015, 91, 92.
[948] Dazu z. B. *G. Wagner*, FS K. Schmidt, 2009, S. 1665.
[949] Dazu *P. Schulz*, NZG 2015, 146, 148.
[950] Siehe LG Darmstadt, NZI 2013, 712 m. Anm. *Mankowski*. Anderer Ansicht MüKoBGB/*Kindler*, Bd. 11, 6. Aufl. 2015, Art 4 EuInsVO Rn. 88, 630; *ders.*, EuZW 2016, 136, 138
[951] Dafür BGH WM 2014, 1766, 1767 Rn. 6; KG NZI 2010, 542 Rn. 25 f.; *Trunk*, Internationales Insolvenzrecht, 1998, S. 103; *Borges*, RIW 2000, 167, 178; *ders.*, ZIP 2004, 733, 739 f.; *C. Paulus*, ZIP 2002, 729, 734; *H.-F. Müller*, NZG 2003, 414, 416 f.; *G. H. Roth* NZG 2003, 1081, 1085; *ders.*, FS Peter Doralt, 2004, S. 479, 491; *Wachter*, GmbHR 2003, 1254, 1257; *ders.*, GmbHR 2004, 88, 101; *M.-P. Weller*, DStR 2003, 1800, 1804; *ders.*, IPRax 2003, 520, 524; *ders.*, FS Hans Gerhard Ganter, 2010, S. 439, 443; MüKo-GmbHG/*M.-P. Weller*, Bd. 1, 2. Aufl. 2015, Einl. Rn. 425; *Habersack/Verse*, ZHR 168 (2004), 175, 207; *Goette*, FS Gerhart Kreft, 2004, S. 53, 55, 58 f., 63 f.; *S. Klein*, Die Rechtsstellung auswärtiger Gläubiger im deutschen und US-amerikanischen Recht, 2004, S. 543 ff.; *Eisner*, ZInsO 2005, 20, 22; *M. Lehmann*, GmbHR 2005, 978, 982; *Pannen/Riedemann*, NZI 2005, 413, 414; *Kuntz*, NZI 2005, 424, 428; *Casper*, in: Großkommentar GmbHG, Bd. 3, 2008, § 64 GmbHG Rn. 33; *Kindler*, IPRax 2010, 430, 431; *Barthel*, ZInsO 2011, 211, 215; *Wais*, IPRax 2011, 176; *Thole*, ZIP 2012, 605, 607; *M.-P. Weller/A. Schulz*, IPRax 2014, 336; *P. Schulz*, NZG 2015, 146, 147; *Altmeppen*, in: G. H. Roth/Altmeppen, GmbHG, 8. Aufl. 2015, § 64 GmbHG Rn. 5.
[952] Baumbach/Hueck/*U. Haas*, GmbHG, 21. Aufl. 2017, § 64 GmbHG Rn. 147 sowie *Swierczok*, NZI 2016, 50, 51.
[953] Dafür AG Bad Segeberg NZI 2005, 411, 412 m. Anm. *Pannen/Riedemann*; *Bitter*, WM 2001, 666, 669; *Mock/Schildt*, ZInsO 2003, 396, 400; *dies.*, NZI 2003, 444 f.; *Hirte*, ZInsO 2003, 833, 837; *ders.*, in: Hirte/Bücker § 1 Rn. 74; *Spindler/O. Berner*, RIW 2004, 7, 12; *Mock/Westhoff*, DZWIR 2004, 23, 26 f.; *Altmeppen/Wilhelm*, DB 2004, 1083, 1088; *W. G. Paefgen*, ZIP 2004, 2253, 2260 f.; *Dichtl*, GmbHR 2005, 886; *Ringe/Willemer*, NZI 2010, 56, 57; *Poertzgen*, NZI 2008, 9, 11; *ders.*, NZI 2013, 809; NK-BGB/*J. Hoffmann* Anh. Zu Art. 12 EGBGB Rn. 117; *Otte-Gräbener*, GWR 2015, 40 sowie *K. Schmidt*, ZHR 168 (2004), 637, 654; *Mock*, NZI 2015, 87, 88.
[954] Dafür *Schanze/Jüttner*, AG 2003, 661, 670; *Bayer*, BB 2003, 2357, 2365; *ders.*, BB 2004, 1, 4; *Riedemann*, GmbHR 2004, 345, 348; *Behrens*, in: Großkommentar GmbHG, Bd. 1, 2005, Einl. Rn. B 105; *Zöllner*, GmbHR 2006, 17 sowie OLG Rostock GmbHR 2010, 1349, 1350.
[955] Dahin OLG Düsseldorf GmbHR 2010, 591, 592.
[956] Dafür *Kindler*, NZG 2003, 1086, 1090; vgl auch *D. Zimmer*, NJW 2003, 3585, 3590; *Kuntz*, NZI 2005, 424, 428 f.
[957] *Mankowski*, EWiR 2015, 93, 94.
[958] *Kindler*, IPRax 2010, 430, 431; *Thole*, Gläubigerschutz durch Insolvenzrecht, 2010, S. 870–873; *ders.*, ZHR 178 (2014), 763, 768; *D. Paulus* Rn. 519; *Mankowski*, EWiR 2015, 93, 94.
[959] EuGH ECLI:EU:C:2015:806 Rn. 20 – Simona Kornhaas/Thomas Dithmar.

dürfen.⁹⁶⁰ Funktionell wird auf Wiederauffüllen der Insolvenzmasse geklagt.⁹⁶¹ Dass die Insolvenzmasse vergrößert wird, ist generell ein wichtiges Indiz für eine insolvenzrechtliche Qualifikation.⁹⁶² Eine Einordnung nur nach nationalen Kategorien würde dem Postulat einheitlicher europäischer Auslegung widersprechen.⁹⁶³

236 e) *Organstruktur nach Insolvenzeröffnung.* Welche Organstruktur eine Gesellschaft nach Eröffnung einer Insolvenz über ihr Vermögen hat, ist eine insolvenzrechtliche Frage. Das Insolvenzstatut muss beantworten, wie tief und hart es in die bisherige Organstruktur eingreifen will. Es muss besagen, ob es die bisherigen Organe durch Insolvenzverwalter ablösen oder begleiten will oder ob es ihnen andere besondere Insolvenzorgane, z. B. Sachwalter, zur Seite stellt. Es muss besagen, ob es Eigenverwaltung (also eine Insolvenzverwaltung durch die bisherigen Organpersonen nun in partiell anderen Gewand) in der Insolvenz kennt oder nicht.

237 f) *Gesellschafterdarlehen.* Gesellschafterdarlehen sind im Ausgangspunkt Darlehen. Sie weisen als Besonderheit aber auf, dass sie von Personen stammen, welche aus ihrer Gesellschafterposition heraus eine besondere Finanzierungsverantwortung für die Gesellschaft trifft. Gesellschafter sind zu Teilen auch Garanten gegenüber den Gesellschaftsgläubigern, sie können Nachschusspflichten unterliegen, und sie dürfen eine rechtliche Selbständigkeit der Gesellschaft nicht missbrauchen. Das kann dazu führen, dass Gesellschafterdarlehen unter bestimmten Voraussetzungen wie Eigenkapital der Gesellschaft und Haftungssubstrat für anderen Gesellschaftsgläubiger behandelt werden, verbunden mit einem ex lege erfolgenden Rangrücktritt der Gesellschafter-Darlehensgeber im Verhältnis zu anderen, eben vorrangig zu befriedigenden Darlehensgebern und Gesellschaftsgläubigern.

238 Im Ausgangspunkt sind Darlehen von Gesellschaftern an die Gesellschaft vertragsrechtlich zu qualifizieren.⁹⁶⁴ Einbindungen und Überlagerungen durch eigenkapitalersetzende Funktion brechen sich in den Rechtsordnungen, die sich solcher Fragen annehmen, gemeinhin nur im Insolvenzfall Bahn. Jedenfalls ob eine eigenkapitalersetzende Funktion besteht, ist nach dem Gesellschaftsstatut zu beurteilen.⁹⁶⁵

239 g) *Existenzvernichtungshaftung.* Auch die Existenzvernichtungshaftung ist insolvenzrechtlich zu qualifizieren.⁹⁶⁶ Dass sie deutsch-internrechtlich aus § 826 BGB hergeleitet wird, verschlägt internationalrechtlich nicht in dem Sinne, dass deliktisch zu qualifizieren wäre. IPR abstrahiert eben von internsachrechtlichen Einordnungen und orientiert sich nicht am Standort, sondern an der Funktion.

240 **14. Konzerne und Unternehmensgruppen.** a) *Konzernstatut.* aa) Unterordnungskonzern. Konzernstatut eines Unterordnungskonzerns ist das Statut der abhängigen, der

---

⁹⁶⁰ *Mankowski,* EWiR 2015, 93, 94 sowie *Freitag,* ZIP 2014, 302, 304. Anders *Osterloh-Konrad,* JZ 2014, 44, 46.
⁹⁶¹ *Poertzgen,* NZI 2015, 91.
⁹⁶² EuGH Slg. 1979, 733, 744 Rn. 5 – Henri Gourdain/Franz Nadler; EuGH Slg. 2009, I-767 Rn. 17 – C.er Seagon (als Verwalter in dem Insolvenzverfahren über das Vermögen der Frick Teppichboden Supermärkte GmbH)/Deko Marty Belgium NV; EuGH Slg. 2009, I-5655 Rn. 29 – Industri AB in likvidation/Alpenblume AB; EuGH ECLI:EU:C:2012:215 Rn. 44 – F-Tex SIA/Lietuvos Anglijos UAB „Jadecloud Vilma" = NZI 2012, 469 = EuZW 2012, 427 m. Anm. *Sujecki; Rauscher/Mankowski* Art. 1 Brüssel Ia-VO Rn. 66.
⁹⁶³ BGH NZI 2011, 818; *Mankowski,* NZI 2012, 53.
⁹⁶⁴ *G. Eckert* S. 313–316; *ders.,* in: Geimer/Czernich (Hrsg.), Streitbeilegungsklauseln im internationalen Vertragsrecht, 2017, Kap. 2 Rn. 48.
⁹⁶⁵ Vgl. LG München I NZG 2015, 1119, 1121.
⁹⁶⁶ *Mankowski,* NZG 2016, 281, 286; *W. G. Paefgen,* WuB 2016, 370, 371; *M.-P. Weller/L. Hübner,* FS Klaus Pannen, 2017, S. 259, 266 f.; *Schürhoff,* Haftung für Ansprüche aus Existenzvernichtung im Internationalen Privat- und Zivilverfahrensrecht, 2017, S. 365–407 sowie *D. Jahn,* Die Anwendbarkeit deutscher Gläubigerschutzvorschriften bei einer EU-Kapitalgesellschaft mit Sitz in Deutschland, 2014, S. 316–322 mwN. Anderer Ansicht *Spahlinger,* FS Gerhard Wegen, 2015, S. 527, 535 f.

VIII. Umfang des Gesellschaftsstatuts

beherrschten Gesellschaft.[967] Es beherrscht Voraussetzungen und Entstehen des Konzerns, das Konzernverhältnis, den Schutz der abhängigen Gesellschaft, ihrer Gesellschafter und ihrer Gläubiger.[968] Compliance-Aspekte und Corporate Governance[969] sind ein weiterer Gegenstand für das Konzernstatut, natürlich nur im privatrechtlichen Bereich, während aufsichts- und gegebenenfalls strafrechtlich eigenständig angeknüpft wird.[970] Im Internationalen Insolvenzrecht enthalten Artt. 56–77 EuInsVO 2015 besondere Regeln über internationale Insolvenzen von Konzernen und Konzernunternehmen in den Mitgliedstaaten der EuInsVO 2015. Die KonzernrechnungslegungsRL[971] ist eine weitere partielle Regelung für einen Randbereich. Die SE-VO[972] enthält in ihren Artt. 31 II; 61; 62 konzernrelevante Regelungen, indes nur im sachrechtlichen Bereich.

Im Kern gründet sich die Anknüpfung an das Statut der beherrschten Gesellschaft darauf, dass der Konzern durch den Eingriff in die wirtschaftliche oder rechtliche Selbständigkeit der beherrschten Gesellschaft wirkt und, jedenfalls als Beteiligungskonzern, aus der Beteiligung an der beherrschten Gesellschaft erwächst. Die herrschende Gesellschaft ist dann zu allererst Gesellschafter. Die Beherrschung beruht typischerweise auf dieser Gesellschafterposition in der beherrschten Gesellschaft.[973] Die beherrschte Gesellschaft ist hauptbetroffen[974] und Interessensammelpunkt. Bei der potenziell abhängigen Gesellschaft ist gleichsam der Gefahrenschwerpunkt.[975] Schutzaspekte stehen im Vordergrund und sind anknüpfungsleitend. Hinter ihnen muss ein Interesse an einem einheitlichen Konzernstatut für alle Konzerngesellschaften zurückstehen.

So bewältigt man die Konzernproblematik auf der Ebene des IPR mit einer systemimmanenten und gleichermaßen problemadäquaten Lösung.[976] Eines Rückgriffs auf Eingriffsrecht und Sonderanknüpfungen[977] bedarf es dafür nicht. Solche (inzwischen älteren) Ansätze sorgten sich einseitig um die Durchsetzung des deutschen Konzernrechts und entbehrten der allseitigen Sichtweise. Außerdem stehen sie vor Ausbau und Fortentwicklung insbesondere der Qualifikation von Eingriffsrecht.

Einen etwaigen Schutz von Gesellschaftern oder Gläubigern der herrschenden Gesellschaft sowie Zuständigkeitsfragen innerhalb der herrschenden Gesellschaft muss indes das Statut der herrschenden Gesellschaft besorgen,[978] z.B. durch Zustimmungserfordernisse

---

[967] Siehe nur BGH NZG 2005, 214, 215; OLG Stuttgart ZIP 2007, 1210, 1213 (dazu *Schinkels,* IPRax 2008, 412); *Wiedemann,* FS Gerhard Kegel zum 65. Geb., 1977, S. 187, 204, 207f.; *Bayer,* ZGR 1993, 599, 612; *D. Zimmer* S. 366, 370; *ders.,* IPRax 1998, 187, 188; *Maul,* AG 1998, 404, 405f.; *Dutta,* FS Rolf A. Schütze zum 80. Geb., 2014, S. 39, 46; NK-BGB/*J. Hoffmann* Anh. Art. 12 EGBGB Rn. 195; *Leible,* in: Michalski/Heidinger/Leible/J. Schmidt, GmbHG, 3. Aufl. 2017, Syst. Darst. 2 Rn. 239 mwN; *Wegen/Mossler,* in: MAH IntWirtschaftsR § 11 Rn. 119.
[968] Siehe nur MüKoBGB/*Kindler* IntGesR Rn. 756.
[969] Dazu *Hommelhoff/Lutter/C. Teichmann* (Hrsg.), Corporate Governance im grenzüberschreitenden Konzern, 2017.
[970] Eingehend dazu *Minkoff,* Sanktionsbewehrte Aufsichtspflichten im internationalen Konzern, 2016.
[971] Siebente Richtlinie 83/349/EWG des Rates vom 13.6.1983 aufgrund von Artikel 54 Absatz 3 Buchstabe g) des Vertrages über den konsolidierten Abschluss, ABl. EWG 1983 L 193/1.
[972] VO (EG) Nr. 2157/2001 des Rates vom 8.10.2001 über das Statut der Europäischen Gesellschaft (SE), ABl. EG L 294/1.
[973] BGH NZG 2005, 214, 215.
[974] *Leible,* in: Michalski/Heidinger/Leible/J. Schmidt, GmbHG, 3. Aufl. 2017, Syst. Darst. 2 Rn. 239.
[975] OLG Frankfurt AG 1988, 267; *Staudinger/Großfeld,* Internationales Gesellschaftsrecht, 13. Bearb. 1998, Rn. 556.
[976] *F. A. Mann,* FS Carl Hans Barz, 1974, S. 219; *Rohr,* Der Konzern im IPR, 1983, S. 68; MüKoBGB/*Kindler* IntGesR Rn. 764.
[977] Dahin aber, jeweils unterschiedlich ansetzend und begründend, *Bache,* Der internationale Unternehmensvertrag nach deutschem Kollisionsrecht, 1969; *H. P. Westermann,* ZGR 1975, 68, 88; *Koppensteiner,* Internationale Unternehmen im deutschen Gesellschaftsrecht, 1971; *Luchterhandt,* Deutsches Konzernrecht bei grenzüberschreitenden Unternehmensverbindungen, 1971; ähnlich – auf der Basis eines governmental interest-Ansatzes – *D. Klocke,* Deutsches Konzernkollisionsrecht und seine Substitutionsprobleme, 1974.
[978] *Wiedemann,* FS Gerhard Kegel zum 65. Geb., 1977, S. 187, 204; *K. W. Lange,* IPRax 1998, 438, 444; NK-BGB/*J. Hoffmann* Anh. Art. 12 EGBGB Rn. 195.

zum Beteiligungserwerb wie unter deutschem Recht nach § 293 II 2 AktG oder der Holzmüller-Doktrin[979].[980]

244 bb) *Gleichordnungskonzern.* Ein Gleichordnungskonzern lässt sich in einer Dual Headed Structure definieren als mehrere rechtlich selbständige Gesellschaften, die sich unter einer einheitlichen Leitung so zusammenschließen, dass keine Gesellschaft von einer anderen Gesellschaft abhängig ist (z. B. durch übereinstimmende Gewinnermittlung und -verteilung, möglich auch durch Personenidentität der Organpersonen), alternativ kann er durch Überkreuzverflechtungen mit wechselseitigen Beteiligungen entstehen, die allerdings nicht notwendig paritätisch sein müssen.[981]

245 In einem Gleichordnungskonzern ist kollisionsrechtlich nach den verschiedenen Erscheinungsformen zu differenzieren:[982] Begründet ein Gleichordnungsvertrag eine eigenständige Zentral- oder Leitungsgesellschaft, so ist das Statut dieser Gesellschaft maßgeblich. Gibt es zwar einen Gleichordnungsvertrag, aber keine Zentralgesellschaft, so ist der Vertrag nach der Rom I-VO anzuknüpfen. Entsteht ein Gleichordnungskonzern über die Organe der beteiligten Gesellschaften oder über Kapitalverflechtungen, so gelten die Personalstatute der beteiligten Gesellschaften. Die Gesellschaftsstatute der Muttergesellschaften gelten kumulativ und gleichberechtigt; im echten Kollisionsfall muss ein Ausweg über eine Anpassung erfolgen.[983]

246 b) *Cash pooling.* Beim cash pooling im Konzern[984] ist zwischen den einzelnen Vereinbarungen zu unterscheiden:[985] Die einzelnen Darlehen, sei es downstream, sei es upstream, sei es sidestream, innerhalb des Konzern sind eigenständige Schuldverträge und unterliegen ihren jeweils eigenen, über die Rom I-VO anzuknüpfenden Statuten;[986] auch die Kontokorrentvereinbarung ist schuldvertraglich und hat ihr eigenes Statut über die Rom I-VO. Dagegen unterfällt die Pooling-Vereinbarung dem Konzernstatut.

247 c) *Konzernbetriebsrat.* Der Konzernbetriebsrat ist ein besonderes Instrument der überbetrieblichen, aber nicht im engeren Sinne unternehmerischen Mitbestimmung im deutschen Konzernrecht nach § 18 I AktG. Er wird bei einer Konzernmuttergesellschaft gegründet, ist aber kein eigentliches Organ dieser Gesellschaft, ebenso wenig wie ein Betriebsrat gesellschaftsrechtliches Organ einer Tochtergesellschaft ist. Der Konzernbetriebsrat ist *kein Organ* der Gesellschaft. Er beeinflusst Aufbau und Struktur der eigentlichen Gesellschaftsorgane nicht. Daher unterliegt er nicht dem auf die Gesellschaft anwendbaren Recht. Insoweit unterscheidet sich die betriebliche Mitbestimmung auch auf ihrer höchsten Ebene fundamental von der unternehmerischen Mitbestimmung nach dem MitbestG. Nur die unternehmerische Mitbestimmung erzwingt eine Veränderung in den Gesellschaftsorganen. Nur sie setzt rechtsformspezifisch an. Nur sie passt nicht für Gesellschaften, die einem ausländischen Recht unterliegen. Die betriebliche Mitbestimmung dagegen bildet ihre eigene Struktur jenseits der Gesellschaftsorgane. Sie verlangt nicht nach bestimmten Rechtsformen der betroffenen Unternehmen. Sie kann bei Gesellschaften jeglichen Typs greifen.

---

[979] Grundlegend BGHZ 83, 122 – Holzmüller.
[980] *Einsele*, ZGR 1996, 40, 49f.; Staudinger/*Großfeld* IntGesR Rn. 558; *Bärwaldt/Schabacker*, AG 1998, 182, 187 f.; *Picot/Land*, DB 1998, 1601, 1610; *D. Zimmer* S. 410; MüKoBGB/*Kindler* IntGesR Rn. 756.
[981] *Wegen/Mossler*, in: MAH IntWirtschaftsR § 11 Rn. 122 f.
[982] MüKoBGB/*Kindler* IntGesR Rn. 795–799 sowie *K. Keck*, Nationale und internationale Gleichordnungskonzerne im deutschen Konzern- und Kollisionsrecht, 1998, S. 235–249; *Leible*, in: Michalski/Heidinger/Leible/J. Schmidt, GmbHG, 3. Aufl. 2017, Syst. Darst. 2 Rn. 245.
[983] *Großfeld/Kötter*, IPRax 1983, 60, 61; *Wegen/Mossler*, in: MAH IntWirtschaftsR § 11 Rn. 123.
[984] Zum Phänomen z. B. *Klampfl*, Cash Pooling, 2009; *Billek*, Cash Pooling im Konzern, 2009; *Zahrte*, Finanzierung durch Cash Pooling im internationalen mehrstufigen Konzern nach dem MoMiG, 2010, S. 48–85.
[985] *Dutta*, FS Rolf A. Schütze zum 80. Geb., 2014, S. 39, 43–47.
[986] Zu Besonderheiten bei Zusammenhängen mit dem Eigenkapital der darlehensnehmenden Gesellschaft → § 7 Rn. 237.

VIII. Umfang des Gesellschaftsstatuts   248–250 § 7

Die betriebliche Mitbestimmung greift nicht in ein ausländisches Gesellschaftsstatut ein. **248**
Vielmehr bildet sie ihre eigene, gesonderte und unabhängige Struktur. Diese Struktur steht
neben der Gesellschaftsstruktur. Sie lässt sich durchsetzen, gleich welches Recht das Gesellschaftsstatut stellt.[987] Betriebliche Mitbestimmung ist ein eigenständiger Anknüpfungsgegenstand und geht ihre eigenen Anknüpfungswege. Der Konzernbetriebsrat wird nicht *für* die Muttergesellschaft gebildet, sondern wegen des Konzerns, wegen der unternehmensübergreifenden Konzernstruktur.[987a] Den Konzern greift die deutsche betriebliche Mitbestimmung auf, soweit er sich in Deutschland abspielt. Man kann einen deutschen Konzernbetriebsrat für die deutschen Konzernteile bilden, auch wenn die Mutter im Ausland ansässig ist. Allerdings sind dabei Anpassungen vorzunehmen. Dies gilt namentlich für den Sitz des Konzernbetriebsrats. Dieser kann nicht am Sitz der Konzernmutter liegen, denn jener Sitz liegt außerhalb des Geltungsbereichs des BetrVG. Hier vermag eine Analogie zu § 59 II BetrVG zu helfen.[988]

Gegen einen deutschen Konzernbetriebsrat bei einer ausländischer Muttergesellschaft wird **249**
eingewandt, dem Konzernbetriebsrat fehle dann der Ansprechpartner in Gestalt der Konzernleitung.[989] Dies vermag nicht zu überzeugen. Denn es fehlt ja nicht etwa schlechthin an einer Konzernleitung. Vielmehr gibt es eine Konzernleitung; bloß ist sie im Ausland ansässig. Der Dialogpartner ist da. Er verschwindet nicht. Er ist nicht aus der Welt. Ansprechpartner ist und bleibt das herrschende Unternehmen, sei es auch im Ausland.[990] Nirgends ist als *zwingendes* Erfordernis besagt, dass ein Konzernbetriebsrat nur lokal gleichlaufend mit der Konzernleitung angesiedelt sein müsste. Ein „Konzernarbeitgeber" als Ansprechpartner ist in dieser Gestalt nicht verlangt.[991] Dass die Gründung eines Konzernbetriebsrats nach § 18 I AktG ausscheide, wenn die Muttergesellschaft, bei der er eingerichtet werden müsste, ihren (effektiven Verwaltungs-)Sitz außerhalb Deutschlands habe,[992] ist jedenfalls zu stark in der Terminologie der Sitztheorie formuliert.

15. Beherrschungs- und Gewinnabführungsverträge. Beherrschungs- und Ge- **250**
winnabführungsverträge (im deutschen Recht nach § 291 AktG)[993] sind nominell keine Beteiligung an der beherrschten Gesellschaft, eröffnen aber prägenden Einfluss auf deren Geschicke. Deshalb werden sie traditionell an das Gesellschaftsstatut der beherrschten Gesellschaft angeknüpft.[994] Indes ist dies mit dem sachlichen Anwendungsanspruch der Rom I-VO abzuklären.[995] Freilich würde Rechtswahlfreiheit unter Art. 3 Rom I-VO Schutzbedürfnissen der beherrschten Gesellschaft und ihrer stakeholder zuwiderlaufen. Die Ausnahme nach Art. 1 II lit. f Rom I-VO hat an Beherrschungs- und Gewinnabführungsverträge nicht gedacht und erwähnt sie deshalb nicht unter den beispielhaft aufgeführten

---

[987] Zum Komplex insbesondere *Stefan Rein*, Mitbestimmungsfragen beim grenzüberscheitenden Arbeitsverhältnis im Konzern, 2012.
[987a] *Fitting/G. Engels/I. Schmidt/Trebinger/Linsenmaier*, BetrVG, 29. Aufl. 2018, § 54 BetrVG Rn. 34; *Gaumann/Liebermann*, DB 2006, 1157, 1158.
[988] Siehe *Dänzer-Vanotti*, Mitb. 1983, 455; *Däubler/Kittner/Klebe/Wedde*, BetrVG, 16. Aufl. 2018, § 54 BetrVG Rn. 29; *Fitting/G. Engels/I. Schmidt/Trebinger/Linsenmaier*, BetrVG, 29. Aufl. 2018, § 54 BetrVG Rn. 35.
[989] BAG ZIP 2018, 1993, 1995 f.; *A. Junker*, Internationales Arbeitsrecht im Konzern, 1992, S. 397.
[990] *U. Fischer*, AuR 1999, 169, 172.
[991] *Däubler/Kittner/Klebe/Wedde*, BetrVG, 16. Aufl. 2018, § 54 BetrVG, Rn. 29; *U. Fischer*, AuR 1999, 169, 172; vgl. auch *Windbichler*, ZfA 1996, 1, 6.
[992] BAGE 121, 212; BAG AP Nr. 3 zu § 96a ArbGG 1979; LAG Nürnberg ZIP 2016, 2133, 2134; *Dzida/Hohenstatt*, NZA 2007, 945; *Freckmann*, BB 2007, 2408; *Ullrich*, DB 2007, 2710; *Müller-Bonanni/Schell*, ArbRB 2007, 331; *Matthes*, jurisPR-ArbR 50/2007 Anm. 3; *Junker*, SAE 2008, 41; *C. Schubert*, EzA § 54 BetrVG 2001 Nr. 3 (Sept. 2008). Anders *W. Trittin/A. Gilles*, AuR 2008, 136, 140 f.; *G. Bachmann*, RdA 2008, 108; *H. Buchner*, FS Rolf Birk, 2008, S. 11.
[993] Auslandsrechtlicher Überblick bei *C. Koehler*, Der Konzern 2018, 325, 326–331.
[994] LG München I ZIP 2008, 555, 560; LG München I ZIP 2011, 1511, 1512; *Verhoeven*, EWiR 2008, 161 f.; *Dutta*, FS Rolf A. Schütze zum 80. Geb., 2014, S. 39, 46; *Wegen/Mossler*, in: MAH IntWirtschaftsR § 11 Rn. 127; *C. Koehler*, Der Konzern 2018, 325, 326.
[995] *Renner/Hesselbarth*, IPRax 2014, 117, 118–121.

Ausnahmebereichen. Sachgerecht wäre, sie wegen der weitgehenden Wirkungsäquivalenz von Beherrschungs- und Gewinnabführungsverträgen mit beherrschenden Beteiligungen auf diese Verträge zu erstrecken.[996] Wenn man die Rom I-VO indes für sachlich anwendbar hielte, müsste man (systemwidrig) versuchen, den nötigen Schutz durch Sonderanknüpfung von Vorschriften wie §§ 291 ff. AktG als Eingriffsnormen über Art. 9 Rom I-VO ins Werk zu setzen.[997] Schutzbedürfnissen bei der beherrschenden Gesellschaft soll insoweit eine Anwendung des Gesellschaftsstatuts der beherrschenden Gesellschaft für die entsprechenden Teilfragen Rechnung tragen.[998]

251 **16. Umwandlung (Rechtsformwechsel).** Die Voraussetzungen einer Umwandlung sind nach dem Personalstatut der sich umwandelnden Gesellschaft zu beurteilen. Dies ist solange das „alte" Personalstatut vor der Umwandlung, wie der letzte für eine Umwandlung konstitutive Akt nach dem Recht des „neuen" Personalstatuts noch nicht erfolgt ist.[999]

252 Art. 10a EGBGB-E des RefE war eigens der Umwandlung gewidmet; er sah vor:

„(1) Die Voraussetzungen, das Verfahren und die Wirkungen einer Umwandlung im Wege der Verschmelzung, Spaltung, Vermögensübertragung oder des Formwechsels unterliegen für jede der beteiligten Gesellschaften, Vereine oder juristischen Personen dem nach Artikel 10 anzuwendenden Recht.

(2) Das nach Absatz 1 anzuwendende Recht ist insbesondere maßgebend für
1. die Aufstellung eines Umwandlungsplans einschließlich dessen Form, Mindestinhalt und Offenlegung sowie Prüfungs- und Berichtspflichten,
2. das die Umwandlung betreffende Verfahren der Beschlussfassung,
3. den Schutz der Gläubiger der sich umwandelnden Gesellschaften, Vereine oder juristischen Personen und der Inhaber von Wertpapieren, die Rechte an diesen verbriefen,
4. den Schutz der Mitglieder, welche die Umwandlung abgelehnt haben,
5. die Übertragung von Vermögensgegenständen im Rahmen der Umwandlung.

(3) Der Zeitpunkt des Wirksamwerdens der Umwandlung bestimmt sich nach dem Recht, dem die aus der Umwandlung hervorgehende Gesellschaft, der Verein oder die juristische Person nach Artikel 10 unterliegt."

253 Sofern das anwendbare Recht die Möglichkeit zur Umwandlung auf der sachrechtlichen Ebene beschränkt und nur Rechtsträgern im Erlassstaat dieses Rechts eröffnet (wie es § 1 I UmwG verbatim tut), ist dies bei Rechten von EU-Mitgliedstaaten unionsrechtskonform zu korrigieren und eine solche vermeintliche Sperre zu durchbrechen.[1000] Den Rechtsträgern mit Sitz im Erlassstaat sind Rechtsträger mit Sitz in anderen EU-Staaten gleichzustellen. Die Hereinumwandlungsfreiheit ist Ausdruck der unionsrechtlich geschützten Zuzugsfreiheit.[1001]

254 Eine Hereinumwandlung nach Deutschland vollzieht sich richtigerweise auf der Grundlage der §§ 190 ff. UmwG,[1002] nicht auf jener einer Analogie zu Art. 8 SE-VO,[1003] weil der Aufwand unter der SE-VO für kleine Gesellschaften übertrieben wäre[1004] und weil damit

---

[996] Für ein enges Verständnis dagegen *Renner/Hesselbarth*, IPRax 2014, 117, 121 f.
[997] Dafür *Renner/Hesselbarth*, IPRax 2014, 117, 123 f.
[998] *Heckschen*, in: Süß/Wachter (Hrsg.), Handbuch der internationalen GmbH, 3. Aufl. 2016, *C. Koehler*, Der Konzern 2018, 325, 326.
[999] *Hushahn*, DNotZ 2014, 154, 155.
[1000] OLG Nürnberg ZIP 2014, 128, 129 = RNotZ 2014, 130 m. Anm. *Blasche*; OLG Frankfurt NZG 2017, 423 Rn. 24; *Bayer/J. Schmidt*, ZIP 2012, 1481, 1490; *Hahn*, jurisPR-SteuerR 39/2012 Anm. 6; *Wachter*, GmbHR 2014, 99 f.; *Hushahn*, RNotZ 2014, 137, 138; *Stiegler* S. 246 f.; *Lutter/Bayer/J. Schmidt* Rn. 7.96; *Kovács*, ZIP 2018, 253, 257.
[1001] *M.-P. Weller/Rentsch*, IPRax 2013, 530, 531.
[1002] Dafür OLG Nürnberg ZIP 2014, 128, 129; KG NZG 2016, 834; *Kovács*, ZIP 2018, 253, 257; *Paefgen*, WM 2018, 1029, 1032 f.
[1003] KG NZG 2016, 834; *Stieber*, NZG 2016, 835. Anders, diese Analogie und §§ 190 ff. UmwG kumulierend *v. Hein/Brunk*, IPRax 2018, 46, 50.
[1004] *Bärwaldt/Hoefling*, DB 2017, 3051, 3054.

VIII. Umfang des Gesellschaftsstatuts 255, 256 § 7

eine grenzüberschreitende Umwandlung höheren Anforderungen als eine nationale unterworfen würde.[1005] Gegebenenfalls gebietet eine unionsrechtskonforme Auslegung eine Weitung und Extension erlaubender und ermöglichender Tatbestände aus dem UmwG.[1006] Gläubigerschutz z. B. mag eine (entsprechende) Anwendung der §§ 204, 205 UmwG sicherstellen,[1007] bei Umwandlung in eine deutsche Kapitalgesellschaft eine Analogie zu § 5 IV 1 GmbHG bzw. § 27 I 1 AktG.[1008] Für § 245 IV UmwG ist wegen des unionsrechtlichen Äquivalenzgrundsatzes eine Substitution zu prüfen, ob die zuzugswillige Gesellschaft gleichwertigen Kapitalaufbringungs- bzw. Kapitalerhaltungsregel unterliegt wie eine deutsche GmbH oder AG.[1009] Ein deutsches Registergericht darf die Eintragung einer Hereinumwandlung jedenfalls nicht mangels einer gesetzlichen Regelung ablehnen.[1010] Die Handelsregisteranmeldung vollzieht sich auf Basis einer Analogie zu §§ 198, 222, 246 UmwG.[1011] Ein Formwechsel wird teilweise als vorteilhaft im Vergleich mit einer Umwandlung bewertet, wie er weder Umwandlungsbericht noch Umwandlungsprüfung verlangt.[1012]

Eine Herausumwandlung aus Deutschland vollzieht sich auf mutatis mutandis vergleichbarer Basis. Sie wirft aber zu ihrer rechtstechnischen Umsetzung die Frage auf, welche Normen aus den §§ 190 ff. UmwG passen könnten.[1013] Verlegungsplan, Verlegungsbericht, Verlegungsbeschluss und Verlegungsbescheinigung analog §§ 192–194; 198 UmwG dürften wenig Kontroversen aufwerfen.[1014] Indes wird z. B. die mögliche Reichweite des § 202 UmwG unterschiedlich beurteilt.[1015] Heilung und daraus folgender Entzug der registergerichtlichen Prüfungskompetenz könnten eine Inländerdiskriminierung bewirken[1016] (die indes unionsrechtlich gestattet wäre). 255

Herausumwandlungen berühren Fragen nach den Risiken für die verschiedenen Beteiligten und Schutzinstrumenten des deutschen Rechts, die vor eben diesen Risiken schützen, aber auch nach der Geeignetheit und Verhältnismäßigkeit solcher Schutzinstrumente.[1017] Gläubigerschutz analog §§ 122a ff. UmwG und ein mögliches Austrittsrecht von Minderheitsgesellschaftern analog § 207 UmwG stehen jedenfalls zur Debatte.[1018] Interessant ist dabei insbesondere ein Recht der Gesellschaftsgläubiger auf Sicherheitsleistung analog § 122a II iVm § 22 UmwG.[1019] Eine unternehmerische Mitbestimmung nach deutschem Modell würde einer vormals deutschen und unter deutschem Recht mitbestimmungspflichtigen Gesellschaft bei einer Herausumwandlung indes nicht folgen.[1020] 256

[1005] *Lutter/Bayer/J. Schmidt* Rn. 7.98.
[1006] OLG Düsseldorf ZIP 2017, 2057, 2058; *M.-P. Weller/Rentsch*, IPRax 2013, 530, 534; *L. Hübner*, IPRax 2015, 134, 136; *Nentwig*, GWR 2016, 243; *ders.*, GWR 2017, 118; *ders.*, GWR 2017, 261; *ders.*, GWR 2017, 399.
[1007] *L. Hübner*, IPRax 2015, 134, 137 f.
[1008] KG ZIP 2016, 1223; *M. Winter/E. Marx/De Decker*, DStR 2016, 1997, 1998; *Kovács*, ZIP 2018, 253, 258.
[1009] *Kovács*, ZIP 2018, 253, 258; ähnlich KG ZIP 2016, 1223; *Wachter*, GmbHR 2016, 738, 741; *Zwirlein*, ZGR 2017, 114, 127. Anders *Hushahn*, RNotZ 2014, 137, 151; *Heckschen*, ZIP 2015, 2049, 2059.
[1010] OLG Düsseldorf ZIP 2017, 2057, 2058.
[1011] *Kovács*, ZIP 2018, 253, 259.
[1012] *Schrade*, DStR 2018, 1898, 1900.
[1013] *C. Teichmann/Knaier*, GmbHR 2017, 1314, 1321 wollen zusätzlich die Schutzvorschriften der SE-Sitzverlegung und die Vorschriften über die grenzüberschreitende Verschmelzung heranziehen, um so den grenzüberschreitenden Charakter der Umwandlung abzubilden.
[1014] *C. Teichmann/Knaier*, GmbHR 2017, 1314, 1322 f.; *Bärwaldt/Hoefling*, DB 2017, 3051, 3055 f.; *Heckschen/K. Strnad*, notar 2018, 83, 87 f.
[1015] Positiv OLG Frankfurt GmbHR 2017, 420; *Klett*, NZG 2017, 428. Kritisch *Hushahn*, NZG 2017, 426; *Knaier*, DNotZ 2017, 390, 393; *Bochmann/Cziupka*, GmbHR 2017, 1266, 1268.
[1016] *Stiegler*, GmbHR 2017, 392, 395; *Enders*, BB 2017, 1234, 1235.
[1017] Eingehend insbesondere *Hoger*, Kontinuität beim Formwechsel nach UmwG und der grenzüberschreitenden Verlegung des Sitzes einer AG, 2008, S. 121–274; *A. Frank*, Formwechsel im Binnenmarkt, 2016, S. 174–257.
[1018] *de Raet*, EWiR 2018, 7, 8; *Korch/Thelen*, IPRax 2018, 248, 252.
[1019] *Schockenhoff*, Der Konzern 2018, 106, 108.
[1020] *Schockenhoff*, Der Konzern 2018, 106, 108.

257 Damit hat man jedoch die Ebene des Kollisionsrechts verlassen und bewegt sich im kollisionsrechtlich berufenen Sachrecht; dessen Anpassung an die Besonderheiten des Sachverhalts mit Auslandsbezug steht in Rede.[1021] Deutsches Recht soll nicht verlangen, dass die Rechtsform des neuen Rechtsträgers mit jener des alten kongruent sein müsste.[1022] VALE[1023] und deutsche Folgerechtsprechung dazu[1024] sollen der Gestaltungspraxis bei optimistischer Betrachtung den umständlichen Umweg über eine grenzüberschreitende Verschmelzung ersparen helfen und trotzdem einen verlässlichen Wege für die Gesamtrechtsnachfolge zwischen Rechtsträgern unterschiedlicher Mitgliedstaaten weisen.[1025] Trotzdem sind grenzüberschreitende Umwandlungen auch im Binnenmarkt zwar Realität, aber kein Standardvorgang; sie verlangen Beratern und Registerbehörden einiges an und verursachen weiterhin hohe Transaktionskosten durch großen Beratungsbedarf.[1026]

258 Umwandlungsteuerrechtliche Folgen sind in jedem Fall ein eigener Anknüpfungsgegenstand, der eigenen (jeweils aus der Sicht des legifierenden Staates einseitigen) steuerrechtlichen Anknüpfungsregeln folgt.

259 **17. Verschmelzung.** Bei einer grenzüberschreitenden Verschmelzung sind theoretisch drei Ansätze denkbar, von denen der dritte ganz herrschend ist:[1027] erstens die Aufnahmetheorie, der zufolge das Recht der aufnehmenden Gesellschaft gilt; zweitens die Übertragungstheorie, der zufolge das Recht der übertragenden Gesellschaft gilt; drittens die Vereinigungstheorie, der zufolge das Recht der aufnehmenden Gesellschaft und dasjenige der übertragenden Gesellschaft zu kombinieren sind.[1028] Letzteres läuft nur bei den Folgen auf eine Kumulation der Statute hinaus, während für Voraussetzungen und Verfahren der Verschmelzung eine distributive Anknüpfung erfolgt.[1029]

260 Nach Art. 4 I lit. b VerschmelzungsRL[1030] muss jede Gesellschaft die Vorschriften und Formalitäten ihres jeweiligen Gesellschaftsstatuts einhalten bzw. erledigen. Das weist deutlich zu einer unionsrechtlichen Vorgabe zu Gunsten der Vereinigungstheorie.[1031] Die Existenz der VerschmelzungsRL bewirkt immerhin die relativ höhere Rechtssicherheit und Detaildichte einer sekundärrechtlichen Grundlage, wie es sie für die anderen Fragen nicht gibt.[1032] § 1 I UmwG ist keine Kollisionsnorm, sondern ein Sachnorm mit beschränkendem Tatbestandsmerkmal für auslandsbezogene Sachverhalte.[1033]

261 Die rechtstechnische Ausgestaltung von grenzüberschreitenden Verschmelzungen und ihren Anforderungen obliegt jedenfalls dem anwendbaren Sachrecht.[1034] Daran ändert auch die RL (EU) 2017/1132[1035] nichts; sie ist nur zusammenfassende Konsolidierung sechs be-

---

[1021] Siehe K. Schmidt/Lutter/*Ringe*, AktG, Bd. I, 3. Aufl. 2015, IntGesR Rn. 57.
[1022] *Kindler*, EuZW 2012, 888, 890; *Enders*, BB 2017, 1234.
[1023] EuGH ECLI:EU:C:2012:440 – VALE Építési kft.
[1024] Insbesondere OLG Frankfurt GmbHR 2017, 420.
[1025] *Rosner*, EWiR 2017, 297, 298.
[1026] *Ego*, DB 2017, 1318.
[1027] Anders allerdings OGH ZIP 2003, 1086.
[1028] Dafür z. B. *Kappes*, NZG 2006, 101, 103; *Kraft*, in: Wachter, Praxis des Handels- und Gesellschaftsrechts, 3. Aufl. 2015, Teil 2 Kap. 8 Rn. 102; *Leible*, in: Michalski/Heidinger/Leible/J. Schmidt, GmbHG, 3. Aufl. 2017, Syst. Darst. 2 Rn. 225; *Lutter/Bayer/J. Schmidt* Rn. 7.104; *Kovács*, ZIP 2018, 253, 257.
[1029] Vorbildlich klar in der Trennung *Leible*, in: Michalski/Heidinger/Leible/J. Schmidt, GmbHG, 3. Aufl. 2017, Syst. Darst. 2 Rn. 227–230.
[1030] Richtlinie 2005/56/EG des Europäischen Parlaments und des Rates vom 26.10.2005 über die Verschmelzung von Kapitalgesellschaften aus verschiedenen Mitgliedstaaten, ABl. EG 2005 L 310/1.
[1031] *Schwerdtfeger/Reber/Kröger*, Gesellschaftsrecht, 3. Aufl. 2015, Kap. 4 Rn. 111; *Wall*, in: Hausmann/F. Odersky IPR § 18 Rn. 178.
[1032] *Ego*, DB 2017, 1318.
[1033] *Kronke*, ZGR 1994, 26, 35; *Dorr/Stukenborg*, DB 22003, 647; *Leible*, in: Michalski/Heidinger/Leible/J. Schmidt, GmbHG, 3. Aufl. 2017, Syst. Darst. 2 Rn. 225.
[1034] Paradigmatisch etwa zum deutschen und englischen Sachrecht *Zuhorn*, Grenzüberschreitende Verschmelzungen zwischen deutschen und englischen börsennotierten Aktiengesellschaften – ein Harmonisierungserfolg?, 2017.
[1035] Richtlinie (EU) 2017/1132 des Europäischen Parlaments und des Rates vom 14.6.2017 über bestimmte Aspekte des Gesellschaftsrechts, ABl. EU 2017 L 169/46.

VIII. Umfang des Gesellschaftsstatuts 262–267 § 7

reits zuvor bestehender Richtlinien[1036] und fügt keine eigenen neuen Inhalte hinzu. Verschmelzungen von und mit Drittstaatengesellschaften liegen sowieso jenseits des Richtlinienregimes.[1037]

Umwandlungsteuerrechtliche Folgen sind in jedem Fall ein eigener Anknüpfungsgegenstand, der eigenen (einseitigen) steuerrechtlichen Anknüpfungsregeln folgt. 262

18. Spaltung. Eine Spaltung kann als Auf- oder als Abspaltung begegnen. Bei einer 263 Aufspaltung existiert eingangs genau eine Gesellschaft, ausgangs eine andere, übernehmende Gesellschaft oder mehrere, unter liquidationsloser Auflösung des übertragenden Rechtsträgers. Bei einer Abspaltung bleibt der übertragende Rechtsträger dagegen bestehen. Funktionell ist jede dieser beiden Spaltungsarten sowohl zur Neugründung als auch zur Aufnahme möglich. Der Unterschied besteht bei dieser zweiten Unterscheidungskategorie darin, ob der übernehmende Rechtsträger bereits zuvor besteht oder erst neu gegründet werden muss.

Die SpaltungsRL[1038] enthält allein Sach-, kein Kollisionsrecht. Dass das UmwG keine 264 Spezialregeln über grenzüberschreitende Spaltungen kennt, begründet auch unter Berücksichtigung von § 1 I UmwG keinen Umkehrschluss, dass diese aus deutscher Sicht nicht möglich wären.[1039] Eine rein historische Auslegung des UmwG auf dem Stand seines Erlassjahres 1994 würde die erst danach erfolgenden fundamentalen Umwälzungen bei der grenzüberschreitenden Mobilität von Gesellschaften zumal innerhalb von EU und EWR[1040] außer Acht lassen. Für Gesellschaften aus EU- und EWR-Staaten herrscht heute Spaltungsfreiheit,[1041] die eine entsprechende unionsrechtskonforme Extension des § 1 I UmwG unter Ausschaltung des nominellen Tatbestandsmerkmals „Sitz im Inland" gebietet.[1042]

Wenn bei einer grenzüberschreitenden Spaltung der übertragende Rechtsträger deut- 265 sches Recht zum Gesellschaftsstatut hat, mag man von einer Herausspaltung sprechen, umgekehrt von einer Hineinspaltung, wenn mindestens ein übernehmender Rechtsträger deutsches Recht zum Gesellschaftsstatut hat.

Kollisionsrechtlich greift eine Kombination der verschiedenen Gesellschaftsstatuten.[1043] 266 Ob und, wenn ja, unter welchen Voraussetzungen (z. B. Spaltungsplan, Spaltungsbeschluss, Mehrheitsquoren, Sicherheitsleistung, Abfindung, Registrierung) eine Spaltung durch abgebende Übertragung von Vermögenswerten statthaft ist, beurteilt sich nach dem Gesellschaftsstatut des übertragenden Rechtsträgers. Bei einer Abspaltung regelt es zusätzlich das Erlöschen des übertragenden Rechtsträgers.[1044] Bei einer Spaltung zur Aufnahme muss das Gesellschaftsstatut des übernehmenden Rechtsträgers besagen, unter welchen Voraussetzungen er die angesonnenen Vermögenswerte übernehmen darf. Bei einer Spaltung zur Neugründung beherrscht das Statut des neu zu gründenden aufnehmenden Rechtsträgers (nur) die Voraussetzungen für die Entstehung dieses Rechtsträgers und dessen Rechtsfähigkeit.[1045]

Das deutsche Sachrecht enthält keine eigenen Regeln spezifisch für grenzüberschrei- 267 tende Spaltungen. Deshalb muss man sich, wenn deutsches Recht berufen ist, mit

---

[1036] Siehe nur *Potyka/Spenling*, GES 2017, 302; *Koster*, Ondernemingsrecht 2017, 677.
[1037] Zu ihnen umfassend *Lucaj*, Grenzüberschreitende Verschmelzung mit Drittstaatenbezug, 2017.
[1038] Sechste gesellschaftsrechtliche Richtlinie 82/891/EWG des Rates vom 17.12.1982 betreffend die Spaltung von Aktiengesellschaften, ABl. EWG 1982 L 378/47.
[1039] *Bungert*, BB 2006, 53, 55; *Kallmeyer/Kappes*, AG 2006, 224, 234; *Siems*, EuZW 2006, 135, 137; *C. Teichmann*, ZIP 2006, 355, 358; *Vetter*, AG 2006, 613, 615; *J. Hoffmann*, in: MHdB GesR VI § 56 Rn. 13.
[1040] Eingehend dazu → § 7 Rn. 7.
[1041] *N. Bergmann*, ZEuS 2012, 233, 251.
[1042] *F. Kühn*, PartGmbB und UK-LLP als hybride Gesellschaftsformen, 2017, S. 228 f.
[1043] Siehe nur *J. Hoffmann*, in: MHdB GesR VI § 56 Rn. 40, 60; eingehend *Prüm*, Die grenzüberschreitende Spaltung, 2006, S. 54–88.
[1044] *J. Hoffmann*, in: MHdB GesR VI § 56 Rn. 60.
[1045] *J. Hoffmann*, in: MHdB GesR VI § 56 Rn. 41.

Analogien behelfen. Insbesondere stehen Analogien zu §§ 29, 122a–122l UmwG im Raum.[1046]

268 Umwandlungsteuerrechtliche Folgen sind in jedem Fall ein eigener Anknüpfungsgegenstand, der eigenen (einseitigen) internationalsteuerrechtlichen Anknüpfungsregeln folgt.

269 **19. Kapitalmarktrecht.** Gesellschaftsrecht findet sich zunehmend eingebunden in Kapitalmarktrecht, beeinflusst von Kapitalmarktrecht, überlagert durch Kapitalmarktrecht. Kapitalmarktrecht ist – nach einer geläufigen, auch für grenzüberschreitende Sachverhalte passenden[1047] Definition – die Gesamtheit der Grundsätze und Normen, die sich mit dem öffentlichen Vertrieb und Umlauf von Unternehmensbeteiligungen und verbrieften bzw. öffentlich registrierten Geldforderungstiteln – kurz: fungiblen Kapitalmarktpapieren – befassen, um den Individualschutz der Anleger und den Funktionsschutz von Kapitalmarkt und Wirtschaft zu gewährleisten.[1048] Aus dem Recht der Mitglieder und Gesellschafter wird häufig ein Recht der Investoren. Märkte wollen Informationen haben. Gesetzgeber regulieren und greifen ein. In manchen Bereichen ist Aufsichtsrecht (z.B. einschließlich des soft law der SEC) für die Lenker von Gesellschaften viel wichtiger als klassisches Gesellschaftsrecht. Das IPR muss dem folgen. Mehr und mehr etabliert sich daher als eigene Teildisziplin mit vielen Facetten das Internationale Kapitalmarktrecht.

270 Das Internationale Kapitalmarktrecht arbeitet zwar im Ausgangspunkt mit durchaus allseitigen Anknüpfungsgedanken. Es orientiert sich jedoch in der praktischen Ausprägung an einseitigen Fragestellungen nach dem internationalen Anwendungsbereich einzelner Regulierungsrechtsakte.[1049] Übergreifend mag man als Grundgedanken ein Marktortprinzip postulieren,[1050] wie schon der Kapital*markt* als Betrachtungsobjekt nahelegt. Jedoch bedarf ein Marktortprinzip der Konkretisierung.[1051]

271 *a) Wertpapierübernahmerecht.* Das Internationale Wertpapierübernahmerecht steht in besonderem Maße im Spannungsfeld zwischen Internationalem Kapitalmarktrecht und Internationalem Gesellschaftsrecht.[1052] Es beruht auf Vorgaben aus der ÜbernahmeRL[1053].[1054] Aus diesen hat der deutsche Gesetzgeber im novellierten WpÜG die Konsequenzen gezogen.[1055] Leider fehlt es dem WpÜG weiterhin an einer Norm, die als einseitige Kollisionsnorm dessen internationalen Anwendungsbereich ausdrücklich abstecken würde.

272 *b) Wertpapierhandelsrecht.* Im KAGB gibt es keine Norm, die als einseitige Kollisionsnorm dessen internationalen Anwendungsbereich ausdrücklich abstecken würde. Eingriffsrechtlich zu qualifizieren und deshalb über Art. 9 Rom I-VO anzuknüpfen sind:[1056] das Verbot

---

[1046] *Bayer/J. Schmidt*, ZHR 173 (2009), 735, 769; *J. Hoffmann*, in: MHdB GesR VI § 56 Rn. 52–55; NK-BGB/*J. Hoffmann* Anh. Art. 12 EGBGB Rn. 192; *v. Hein/Brunk*, IPRax 2018, 46, 50f.; *Paefgen*, WM 2018, 1029, 1033.
[1047] *Wegen/Mossler*, in: MAH IntWirtschaftsR § 11 Rn. 2.
[1048] *Hopt*, ZHR 141 (1977), 389, 431.
[1049] MüKoBGB/*M. Lehmann* IntFinMarktR Rn. 106 (mit Kritik Rn. 108–111).
[1050] Z.B. *Spindler*, NZG 2000, 1058, 1060f.; *Kuntz*, WM 2007, 432, 433; *Christoph*, ZBB 2009, 117, 119; *Seebach*, WM 2010, 733, 734; *Schmitt*, BKR 2010, 366, 370.
[1051] MüKoBGB/*M. Lehmann* IntFinMarktR Rn. 122.
[1052] Eingehend dazu *S. Ackermann*, Das internationale Privatrecht der Unternehmensübernahme, 2008.
[1053] Richtlinie 2004/25/EG des Europäischen Parlaments und des Rates vom 21.4.2004 betreffend Übernahmeangebote, ABl. EG 2004 L 142/1. Zur vorherigen europäischen Rechtslage im IPR *v. Hein*, AG 2001, 213 und in Deutschland insbesondere *C. Fischer*, Rechtsfragen grenzüberschreitender Übernahmeangebote, 2008, S. 24–114.
[1054] Siehe nur *v. Hein*, ZGR 2005, 528; *Josenhans*, ZBB 2006, 269; *S. Ackermann*, Das internationale Privatrecht der Unternehmensübernahme, 2008, S. 269–288; *Torka*, Internationales Wertpapierübernahmerecht, 2010, S. 201–212.
[1055] *S. Ackermann*, Das internationale Privatrecht der Unternehmensübernahme, 2008, S. 288–320; *Torka*, Internationales Wertpapierübernahmerecht, 2010, S. 213–220 sowie *C. Fischer*, Rechtsfragen grenzüberschreitender Übernahmeangebote, 2008, S. 259–265.
[1056] Staudinger/*Magnus* Art. 9 Rom I-VO Rn. 176; *S. Schwark*, Globaler Effektenhandel, 2016, S. 673; Hopt/Seibt/*S. Schwark*, SchVG, 2017, Rn. 14.225; MüKoBGB/*Martiny* Art. 9 Rom I-VO Rn. 78. Teilweise anders Reithmann/Martiny/*Freitag* Rn. 5.102.

VIII. Umfang des Gesellschaftsstatuts 273–275 § 7

von Insidergeschäften; Geldwäscheverbote; das Verbot ungedeckter Leerverkäufe; Marktmanipulationsverbote.

Für die wertpapierhandelsrechtlichen Pflichten aus dem 11. Abschnitt des WpHG gilt 273
nach § 1 II WpHG 2017[1057]:
„Soweit nicht abweichend geregelt, sind die Vorschriften des Abschnitts 11 sowie die §§ 54 bis 57 auch anzuwenden auf Handlungen und Unterlassungen, die im Ausland vorgenommen werden, sofern sie

1. einen Emittenten mit Sitz im Inland,
2. Finanzinstrumente, die an einem inländischen organisierten Markt, einem inländischen multilateralen Handelssystem oder einem inländischen organisierten Handelssystem gehandelt werden oder
3. Wertpapierdienstleistungen oder Wertpapiernebendienstleistungen, die im Inland angeboten werden,

betreffen. Die §§ 54 bis 57 gelten auch für im Ausland außerhalb eines Handelsplatzes gehandelte Warenderivate, die wirtschaftlich gleichwertig mit Warenderivaten sind, die an Handelsplätzen im Inland gehandelt werden."

Diese Regelung hat zum 3.1.2018[1058] den vormaligen § 31 X WpHG[1059] ersetzt. Sie 274
nimmt Bezug auf diverse Definitionen aus dem Katalog des § 2 WpHG 2017: Emittent mit Sitz im Inland (§ 2 XIII, XIV WpHG 2017; siehe auch § 4 WpHG 2017); Finanzinstrumente (§ 2 IV WpHG 2017, darüber mittelbar u.a. auf den Begriff der Wertpapiere in § 2 I WpHG 2017); organisierter Markt (§ 2 XI WpHG 2017); multilaterales Handelssystem (§ 2 XXI WpHG 2017); Wertpapierdienstleistungen (§ 2 VIII WpHG 2017); Wertpapiernebendienstleistungen (§ 2 IX WpHG 2017); Handelsplatz (§ 2 XXII WpHG 2017); Warenderivat (§ 2 XXVI WpHG 2017).

Die Gesetzesbegründung zu § 1 II WpHG 2017 besagt als knappe Erläuterung:[1060] 275
„Absatz 2 betrifft den territorialen Anwendungsbereich des WpHG. Die Neufassung hat klarstellende Funktion. Satz 1 löst die bisherige Regelung ab, die auf Artikel 10 Buchstabe a der Richtlinie 2003/6/EG beruhte und den dritten und vierten Abschnitt sowie die §§ 34b und 34c zum Gegenstand hatte. In den Nummern 1 bis 3 werden im Hinblick auf die Regelungen in Abschnitt 11 sowie die §§ 54 bis 57 mit dem Sitz des Emittenten im Inland, dem inländischen Handel und der im Inland angebotenen Wertpapierdienstleistung oder Wertpapiernebendienstleistung drei Anknüpfungspunkte zur Regelung der internationalen Anwendbarkeit aufgeführt. Soweit andere Vorschriften des Wertpapierhandelsgesetzes speziellere Regelungen zur internationalen Anwendbarkeit treffen, gehen diese Regelungen der allgemeinen Vorschrift des § 1 Absatz 2 Satz 1 vor. Nach Absatz 2 Satz 1 Nummer 3 ist der Anwendungsbereich des WpHG nur bei Wertpapierdienstleistungen eröffnet, die im Inland angeboten werden. Somit ist beispielsweise die Anlageberatung durch eine Zweigniederlassung im Ausland, die gegenüber Kunden im Ausland erfolgt, nicht vom internationalen Anwendungsbereich des WpHG nach Absatz 2 erfasst. Satz 2 stellt klar, dass die §§ 54 bis 57 unter den dort geregelten Voraussetzungen auch auf im Ausland außerhalb eines Handelsplatzes gehandelte Warenderivate anwendbar sind, die wirtschaftlich gleichwertig zu den an inländischen Handelsplätzen gehandelten Warenderi-

---

[1057] In der Fassung durch Art. 3 Nr. 2 Zweites Gesetz zur Novellierung von Finanzmarktvorschriften auf Grund europäischer Rechtsakte (Zweites Finanzmarktnovellierungsgesetz – 2. FiMaNoG) vom 23. Juni 2017, BGBl. 2017 I 1693, 1705.

[1058] Art. 26 V Zweites Gesetz zur Novellierung von Finanzmarktvorschriften auf Grund europäischer Rechtsakte (Zweites Finanzmarktnovellierungsgesetz – 2. FiMaNoG) vom 23. Juni 2017, BGBl. 2017 I 1693, 1821.

[1059] § 31 WpHG wurde komplett umformuliert und in § 63 WpHG 2017 umnummeriert durch Art. 3 Nr. 62 Zweites Gesetz zur Novellierung von Finanzmarktvorschriften auf Grund europäischer Rechtsakte (Zweites Finanzmarktnovellierungsgesetz – 2. FiMaNoG) vom 23. Juni 2017, BGBl. 2017 I 1693, 1727.

[1060] Begründung der Bundesregierung zum Entwurf eines Zweiten Gesetzes zur Novellierung von Finanzmarktvorschriften auf Grund europäischer Rechtsakte (Zweites Finanzmarktnovellierungsgesetz – 2. FiMaNoG), BT-Drs. 18/10936, 220.

vaten sind. Da durch den geänderten § 48 Absatz 3 des Börsengesetzes klargestellt ist, dass der Freiverkehr ein multilaterales Handelssystem darstellt, wird der Freiverkehr in Absatz 2 neben den multilateralen Handelssystemen nicht mehr gesondert aufgeführt."

§ 1 II des Regierungsentwurfes passierte die Ausschüsse, federführend den Finanz(!)ausschuss des Bundestages unverändert[1061] und ohne weitere Erläuterungen.

276 § 1 II WpHG 2017 fügt sich am besten über Artt. 27 Rom II-VO, 23 Rom I-VO in das Gesamtsystem, wenn man ihn seiner Natur gemäß als deutsche Umsetzung oder Ausfüllung von unionsrechtlichen Vorgaben begreift.[1062]

277 Die für ein Aufgreifen durch das deutsche Recht nötigen Inlandsbeziehungen zu Deutschland stützen die Nrn. 1–3 des § 1 II WpHG auf drei jeweils unterschiedliche Anknüpfungspunkte:[1063] Nr 1 den Sitz des Emittenten im Inland; Nr. 2 den Handel über einen Handelsplatz in Deutschland;[1064] Nr. 3 das in Deutschland erfolgende Angebot. § 1 II 2 WpHG ist eine Erweiterung.

278 *c) Prospekthaftung.* Die Prospekthaftung ist der nächste wichtige Haftungstatbestand aus dem Kapitalmarktrecht. Bei ihrer Anknüpfung ist eine mehrfache Besonderheit zu beachten, welche den Prüfungsablauf prägt:[1065] Zuerst ist zu fragen, ob es einschlägige Kollisionsnormen aus Richtlinien, insbesondere aus der ProspektRL,[1066] ab 21.7.2019 der ProspektVO[1067], gibt. Verneint man dies, so muss die nächste Frage lauten, ob die Prospekthaftung außervertraglich zu qualifizieren ist und deshalb unter die Rom II-VO fällt. Bejaht man dies, so ist im nächsten Schritt zu entscheiden, ob die außervertragliche Qualifikation zu Delikt, culpa in contrahendo oder einem eigenen, unbenannten außervertraglichen Schuldverhältnis führt. Die Antwort darauf determiniert, ob man – jenseits einer Rechtswahl unter Art. 14 Rom II-VO – mangels eines speziellen Anknüpfungstatbestands zu Art. 4 Rom II-VO oder zu Art. 12 Rom II-VO oder zu einer iuxta legem zu entwickelnden eigenen Anknüpfungsregel gelangt. De lege ferenda wäre ein eigener Anknüpfungstatbestand für Prospekthaftung und andere Arten der außervertraglichen Kapitalmarktinformationshaftung sinnvoll.[1068]

279 *d) Börsenaufsichtsrecht.* Das Börsenaufsichtsrecht ist als Aufsichtsrechts eine traditionelle Materie des Eingriffsrechts. Aufsichtsrecht gibt Aufsichtsbehörden Eingriffsbefugnisse. Es ist daher seinem Charakter nach Internationales Öffentliches Recht. Es folgt nicht dem Statut der betroffenen Gesellschaften, sondern unterwirft Gesellschaften aus öffentlichen Interessen staatlicher Kontrolle. Es führt zu einer paradigmatischen Sonderanknüpfung von Eingriffsrecht, welche das Gesellschaftsstatut überlagert und sich aus der Sicht seines Erlassstaates zwingend gegen das Gesellschaftsstatut durchsetzt.

[1061] Beschlussempfehlung und Bericht des Finanzausschusses, BT-Drs. 18/11775, 32.

[1062] Vgl. zu § 31 X WpHG aF Reithmann/Martiny/*Mankowski* Rn. 6.1756; siehe auch *Einsele*, Bank- und Kapitalmarktrecht, 3. Aufl. 2014, § 8 Rn. 77; offen Hopt/Seibt/*S. Schwarz*, SchVG, 2017, Rn. 14.225.

[1063] Begründung der Bundesregierung zum Entwurf eines Zweiten Gesetzes zur Novellierung von Finanzmarktvorschriften auf Grund europäischer Rechtsakte (Zweites Finanzmarktnovellierungsgesetz – 2. FiMaNoG), BT-Drs. 18/10936, 220.

[1064] Die in § 1 II 1 Nr. 2 WpHG 2017 aufgezählten Momente sind allesamt Unterfälle des Handelsplatzes im Sinne von § 2 XXII WpHG 2017.

[1065] Eingehend insbesondere *Steinrötter*, Beschränkte Rechtswahl im Internationalen Kapitalmarktprivatrecht und akzessorische Anknüpfung an das Kapitalmarktordnungsstatut, 2014, S. 216–242; *ders.*, RIW 2015, 407; *P. Denninger*, Grenzüberschreitende Prospekthaftung und Internationales Privatrecht, 2015; *Uhink*, Internationale Prospekthaftung nach der Rom II-VO, 2016; näher → § 2 Rn. 34 ff.

[1066] Richtlinie 2003/71/EG des Europäischen Parlaments und des Rates vom 4.11.2003 betreffend den Prospekt, der beim öffentlichen Angebot von Wertpapieren oder bei deren Zulassung zum Handel zu veröffentlichen ist, und zur Änderung der Richtlinie 2001/34/EG, ABl. EG 2003 L 345/64. Novellierungsvorschlag COM(2015) 583 final.

[1067] Verordnung (EU) 2017/1129 des Europäischen Parlaments und des Rates vom 14.6.2017 über den Prospekt, der beim öffentlichen Angebot von Wertpapieren oder bei deren Zulassung zum Handel an einem geregelten Markt zu veröffentlichen ist und zur Aufhebung der Richtlinie 2003/71/ EG, ABl. EU 2017 L 168/12.

[1068] Siehe den von *M. Lehmann*, IPRax 2012, 399, 403 f. entworfenen Vorschlag eines Art. 6a, wiedergegeben und befürwortet in § 2 Rn. 39.

VIII. Umfang des Gesellschaftsstatuts   280–283 § 7

e) Kapitalmarktaufsichtsrecht. Das Kapitalmarktaufsichtsrecht gibt – ebenso wie das Börsen- 280
aufsichtsrecht als seine historische Kernzelle – Aufsichtsbehörden Eingriffsbefugnisse. Es ist
daher seinem Charakter nach Internationales Öffentliches Recht. Es folgt nicht dem Statut
der betroffenen Gesellschaften, sondern unterwirft Gesellschaften aus öffentlichen Interessen staatlicher Kontrolle. Es führt zu einer paradigmatischen Sonderanknüpfung von Eingriffsrecht, welche das Gesellschaftsstatut überlagert und sich aus der Sicht seines Erlassstaates zwingend gegen das Gesellschaftsstatut durchsetzt.

f) Fremdkapitalaufnahme durch Anleihen. Im weiteren Sinn zum Kapitalmarktrecht gehört 281
auch der Rechtsrahmen für Anleihen, wenn Unternehmen Fremdkapital eben mit Hilfe
von Anleihen aufnehmen. Die Anleihen selber sind dabei vertragsrechtlich zu qualifizieren.
Für sie herrscht Rechtswahlfreiheit nach Art. 3 Rom I-VO.[1069] Gläubigerschutz und
Rechtsfragen, die sich bei einer Verschmelzung oder Umgründung des Anleiheschuldners
ergeben, sind allerdings gesellschaftsrechtlich zu qualifizieren und unterliegen deshalb dem
Gesellschaftsstatut.[1070]

20. Ehegatten(innen)gesellschaft. Auf der Grenze zum Familienrecht bewegt sich die 282
Ehegatteninnengesellschaft. Sie ist heute, zumal im Anwendungsbereich der EuGüVO,
sicher ehegüterrechtlich zu qualifizieren.[1071] Das ergibt sich im Umkehrschluss aus der Genese der EuGüVO:[1072] Während Art. 1 III lit. e Vorschlag EuGüVO[1073] noch eine ausdrückliche Ausnahme für Ehegatten(innen)gesellschaften vorsah,[1074] findet sich eine solche
Ausnahme in Art. 1 II EuGüVO nicht mehr. Es fehlt also bewusst an einer Ausklammerung aus der EuGüVO. Die zuvor herrschende vertragsrechtliche Qualifikation[1075] hat angesichts des Geltungsanspruchs der EuGüVO keine Legitimation mehr. Eine vom Güterrechtsstatut abweichende Rechtswahl ist nicht mehr möglich.[1076] Mangels hinreichender
Organisation der Ehegatteninnengesellschaft kam eine gesellschaftsrechtliche Qualifikation
nie ernsthaft in Betracht.[1077]

Für das früher im romanischen Rechtskreis verbreitete Verbot von Gesellschaftsverträgen 283
zwischen Ehegatten lässt sich heute noch das portugiesische Recht (Art. 1714 II Código
Civil) als Beispiel nennen. Erlaubt ist freilich die Beteiligung der Ehegatten an derselben
Kapitalgesellschaft (Art. 1714 IV Código Civil). Das Pendant im früheren belgischen
Recht hat das RG[1078] güterrechtlich qualifiziert.[1079] Dem geltenden französischen und belgischen Recht ist ein solches ehedem aus den Grundzügen der ehemännlichen Gewalt und
dem Gedanken der Unveränderbarkeit der Eheverträge abgeleitetes Verbot[1080] indes nicht

---

[1069] EuGH ECLI:EU:C:2016:205 Rn. 53, 72 sub 1 – KA Finanz AG/Sparkassen Versicherung AG Vienna Insurance Group = EuZW 2016, 321 m. Anm. *Stiegler* = GesRZ 2016, 228 m. Anm. *Klampfl*; OGH wbl
2016, 589, 591; GA *Bot*, ECLI:EU:C:2015:757 Rn. 47f.; *Zollner*, ecolex 2016, 497; *L. Hübner*, IPRax
2016, 553, 554f.
[1070] EuGH ECLI:EU:C:2016:205 Rn. 56–71, 72 sub 2 – KA Finanz AG/Sparkassen Versicherung AG
Vienna Insurance Group = EuZW 2016, 321 m. Anm. *Stiegler* = GesRZ 2016, 228 m. Anm. *Klampfl*;
OGH wbl 2016, 589, 591; *Zollner*, ecolex 2016, 497; *Arons*, Ondernemingsrecht 2016, 569, 571f.; *Hartlieb*,
ZFR 2016, 475; *L. Hübner*, IPRax 2016, 553, 555f.; *A. Wimmer*, wbl 2017, 9; *Tilquin*, TBH 2018, 64,
68–70 sowie *Pluskat*, EWiR 2016, 521, 522.
[1071] *C. Mayer*, IPRax 2016, 353, 355; *J. Weber*, DNotZ 2016, 659, 665f.; *Dutta*, FamRZ 2016, 1973,
1975 sowie *Dutta/Wedemann*, FS Athanassios Kaissis, 2012, S. 133, 143f.; *Mankowski*, NZFam 2015, 783;
Wedemann, IPRax 2016, 252, 255f.; *Andrae*, IPRax 2018, 221, 223.
[1072] *Wedemann*, IPRax 2016, 252, 256; *C. Mayer*, IPRax 2016, 353, 355.
[1073] KOM(2011) 126.
[1074] Siehe auch Stellungnahme des Europäischen Parlaments vom 10.9.2013, P7_TA(2013)0338: Vorschlag
einer Parallelnorm zu Art. 1 II lit. h EuErbVO.
[1075] Dafür z.B. BGH NJW 2015, 2581; *Hausmann*, FS Erik Jayme, 2004, S. 305, 316–319; *Christandl*,
FamRZ 2012, 1692, 1693; *Mankowski*, NZFam 2015, 783.
[1076] *C. Mayer*, IPRax 2016, 353, 355; vgl. auch *I. Ludwig*, FamRB 2015, 366, 367; *Wedemann*, IPRax
2016, 252, 256.
[1077] *Christandl*, FamRZ 2012, 1692, 1693; *C. Mayer*, IPRax 2016, 353 (353).
[1078] RGZ 163, 367.
[1079] Ebenso OLG Stuttgart NJW 1958, 1972
[1080] Zu dieser Zielsetzung RGZ 163, 367, 373

mehr bekannt.[1081] Auch altrechtlich (d. h. für nicht von der EuGüVO erfasste, vor dem 29.1.2019 geschlossene Ehen) ist güterrechtlich zu qualifizieren.[1082]

284 **21. Rechtsnachfolge von Todes wegen in Gesellschaftsanteile.** Auf der Grenze zwischen Erb- und Gesellschaftsstatut steht die Rechtsnachfolge von Todes wegen in Gesellschaftsanteile. Den Ausgangspunkt für ihre kollisionsrechtliche Behandlung findet man in Art. 1 II lit. h EuErbVO. Art. 1 II lit. h EuErbVO grenzt Fragen des Gesellschaftsrechts aus dem sachlichen Anwendungsbereich der EuErbVO aus.

285 Das Gesellschaftsstatut bestimmt nach Art. 1 II lit. h EuErbVO, ob und wenn ja, welche Regeln es für das Schicksal der Anteile verstorbener Gesellschafter kennt. Es gibt maß für Klauseln im Errichtungsakt oder in der Satzung der Gesellschaft, welche das Schicksal der Anteile verstorbener Gesellschafter regeln. Dies meint die Vererblichkeit der Gesellschafterstellung als solche, die Vererbung von Anteilen an Personengesellschaften mit ihren planenden vertraglichen Vorläufen in Gestalt von Nachfolge-, Fortsetzungs-, und Eintrittsklauseln samt etwaigen Ausscheidensregelungen und Vorkaufs- oder Einziehungsrechten.[1083] Fortsetzungs-, Eintritts- und Nachfolgeklauseln samt den mit ihnen zusammenhängenden pflichtteilsmindernden Gestaltungen wie Abfindungsausschlüssen oder Einbringungsstrategien sind gesellschaftsrechtlich zu qualifizieren.[1084]

286 **Beispiel:** Eine deutsche Gesellschaft mit effektivem Verwaltungssitz in Frankreich betrauert den Tod ihres Gesellschafters G. Im Gesellschaftsvertrag war eine Klausel vereinbart, die bestimmte, dass im Falle des Todes seine Ehefrau automatisch an seiner Stelle eintreten werde. Wie diese Klausel rechtlich zu verstehen ist richtet sich nach dem anwendbaren Recht, hier also nach dem Gesellschaftsstatut. Für die Bestimmung des anwendbaren Rechts ist für die mitgliedstaatliche Gesellschaft die Gründungstheorie maßgeblich. Die deutsche Gesellschaft wurde in Deutschland gegründet. Wie die Klausel zu verstehen ist, richtet sich daher nach deutschem Recht, so dass eine Abgrenzung zwischen der, dem deutschen Recht bekannten, Eintrittsklausel oder Nachfolgeklausel bzw. qualifizierter Nachfolgeklausel vorzunehmen ist.

287 Das Gesellschaftsstatut entscheidet auch darüber:[1085] welche Folgen der Tod eines Gesellschafters für den Bestand der Gesellschaft hat; ob mehrere Erben quotal als Einzelgesellschafter oder gemeinsam als Erbengemeinschaft Gesellschafter werden;[1086] ob allein durch den Erbgang Geschäftsanteilsbruchteile entstehen, wenn das Erbstatut den Erben dingliche Bruchteilsberechtigungen an den einzelnen Nachlassgegenständen zusprechen will;[1087] ob Nutzungsrechte, z. B. ein Nießbrauch, an Gesellschaftsanteilen begründet werden können; ob und, wenn ja, mit welchen Rechten Testamentsvollstreckung, Nachlassverwaltung o. Ä. an Gesellschaftsanteilen möglich ist.[1088]

288 Was nach dem Gesellschaftsstatut vererblich ist, wird in der Folge indes nach dem Erbstatut verteilt; dies trifft vor allem die Vererbung von Kapitalgesellschaftsanteilen, z. B. Aktien.[1089] Dies umfasst: die Vererblichkeit der Gesellschafterstellung als solche, die Vererbung von Anteilen an Personengesellschaften mit ihren planenden vertraglichen Vorläufen in Gestalt von Nachfolge-, Fortsetzungs-, und Eintrittsklauseln samt etwaigen Ausscheidensregelungen und Vorkaufs- oder Einziehungsrechten[1090] sowie die gesellschafts-

---

[1081] Einzelheiten bei *Ferid*, MittBayNot 1977, 221; *dems.*, MittRhNotK 1977, 189.
[1082] *Ferid/Böhmer*, IPR, 3. Aufl. 1986, Rn. 8–125; MüKoBGB/*Siehr* Art. 15 EGBGB Rn. 104; Erman/*Hohloch* Art. 14 EGBGB Rn. 32; *Ney*, Das Spannungsverhältnis zwischen den Güter- und dem Erbstatut, 1993, S. 43; Staudinger/*Mankowski*, Art. 15 EGBGB Rn. 269; *Wedemann*, IPRax 2016, 252, 254.
[1083] *Dörner*, ZEV 2012, 505, 508; *Leitzen*, ZEV 2012, 520 (520 f.); *Döbereiner*, MittBayNot 2013, 358, 360 sowie *v. Oertzen*, IPRax 1994, 73, 75.
[1084] *Dörner*, ZEV 2012, 505, 508; *Everts*, ZEV 2013, 124, 127.
[1085] *Leitzen*, ZEV 2012, 520, 521.
[1086] *v. Oertzen*, IPRax 1994, 73, 75.
[1087] *Leitzen*, ZEV 2012, 520, 523.
[1088] Beispiel bei *Leitzen*, ZEV 2012, 520, 522 f.
[1089] *Dörner*, ZEV 2012, 505, 508.
[1090] *Dörner*, ZEV 2012, 505, 508; *Leitzen*, ZEV 2012, 520 (520 f.); *Döbereiner*, MittBayNot 2013, 358, 360 sowie *v. Oertzen*, IPRax 1994, 73, 75; *Wautelet* in: Bonomi/Wautelet Art. 1 Règ. Rn. 67.

VIII. Umfang des Gesellschaftsstatuts 289–292 § 7

rechtlichen Bindungen der Erben bei Eintritt in die Gesellschafterposition des Erblassers[1091] einschließlich etwaiger Anteilsvinkulierungen.[1092] In der Konsequenz sind auch Fortsetzungs-, Eintritts- und Nachfolgeklauseln, sei es auch unter Zustimmungsvorbehalt,[1093] samt den mit ihnen zusammenhängenden pflichtteilsmindernden Gestaltungen, wie Abfindungsausschlüssen oder Einbringungsstrategien, gesellschaftsrechtlich zu qualifizieren.[1094]

Plastisch gesagt: Was der Gesellschaftsvertrag vertraglich regeln kann, gehört dem Gesellschaftsstatut an und dem Erbrecht verbleibt nur die Verteilung der vom Gesellschaftsstatut „freigegebenen Vermögenspositionen".[1095] Satzungsmäßige Vorgaben des Gesellschaftsstatuts setzen sich generell gegen das Erbstatut durch, z. B. auch im Konflikt zwischen Vinkulierungsklauseln und einem Vindikationslegat oder dinglich wirkenden Pflichtteilsrechten auf Gesellschaftsanteile.[1096] 289

Eine Faustformel, dass Regelungswidersprüche zwischen Erb- und Gesellschaftsstatut im Zweifel zu Gunsten des Gesellschaftsstatuts aufzulösen wären,[1097] ginge indes zu weit und wäre mit dem vorbehaltlich Art. 1 II litt. h EuErbVO bestehenden Anwendungsvorrang der EuErbVO als EU-Verordnung vor dem bisher nicht mit gleichem Rang kodifizierten Internationalen Gesellschaftsrecht so umfassend nicht zu vereinbaren.[1098] 290

Das Gesellschaftsstatut entscheidet über die Gesellschafterhaftung. Ist Gesellschafter ein Erbe nach einem ursprünglichen Gesellschafter, so legt aber das Erbstatut fest, welche Beschränkungsmöglichkeiten für Nachlassverbindlichkeiten aus Gesellschafterhaftung bestehen.[1099] 291

22. Schuldrechtliche Nebenabreden. Schuldrechtliche Nebenabreden (Shareholders' Agreements[1100]) zwischen den Gesellschaftern (z. B. über interne Ausgleichsansprüche, Wettbewerbsverbote, Schiedsverfahren sowie Veräußerungsverbote, Vorkaufsrechte, beides jenseits einer Vinkulierung gegenüber der Gesellschaft) sind schuld-, nicht gesellschaftsrechtlich zu qualifizieren, denn sie stehen ihrer Definition nach neben dem Gesellschaftsvertrag und greifen nicht in die Gesellschaftsstruktur ein.[1101] Sie werden allenfalls im Umfeld und anlässlich der Gesellschaftsgründung geschlossen, aber nicht als deren materiell integraler Teil. Soweit sie ausnahmsweise jedoch in die Gesellschaftsstruktur eingreifen, was namentlich bei Haftungsvereinbarungen oder Stimmbindungsverträgen der Fall ist, sind sie gesellschaftsrechtlich zu qualifizieren.[1102] Auch Stimmbindungsverträge sind jedoch grundsätzlich vertragsrechtlich zu qualifizieren.[1103] Gleiches gilt für Treuhandvereinbarungen über Gesellschaftsanteile.[1104] 292

[1091] *Wautelet* in: Bonomi/Wautelet Art. 1 Règ. Rn. 68; Geimer/Schütze/*C. Schall/U. Simon*, Internationaler Rechtsverkehr in Zivil- und Handelssachen, 53. EL 2017, Art. 1 EuErbVO Rn. 46.
[1092] *Wautelet* in: Bonomi/Wautelet Art. 1 Règ. Rn. 69.
[1093] *Wautelet* in: Bonomi/Wautelet Art. 1 Règ. Rn. 67.
[1094] *Dörner*, ZEV 2012, 505, 508; *Everts*, ZEV 2013, 124, 127; *D. Paulus*, notar 2016, 3, 10.
[1095] *Hertel*, in: Dutta/Herrler (Hrsg.), Die Europäische Erbrechtsverordnung, 2014, S. 85, 105.
[1096] *D. Paulus*, notar 2016, 3, 11.
[1097] *Schurig*, IPRax 2011, 446, 448.
[1098] *Leitzen*, ZEV 2012, 520, 521.
[1099] *Leitzen*, ZEV 2012, 520, 524; unter deutschem Alt-IPR *Witthöft*, Die Vererbung von Anteilen deutscher Personengesellschaften im IPR, 1993, S. 135 f.
[1100] Eingehend dazu *Mock/Csach/B. Havel* (eds.), International Handbook on Shareholders' Agreements, 2018.
[1101] MüKoBGB/*Kindler* IntGesR Rn. 592; *Spahlinger/Wegen* Rn. 318; *Wegen/Mossler*, in: MAH IntWirtschaftsR § 11 Rn. 75; eingehend *Draaisma*, Ars Aequi 2018, 985; *S. Reuter*, RIW 2019, 21.
[1102] *Spahlinger/Wegen* Rn. 319; *Wegen/Mossler*, in: MAH IntWirtschaftsR § 11 Rn. 76; siehe auch *G. Eckert*, in: Geimer/Czernich (Hrsg.), Streitbeilegungsklauseln im internationalen Vertragsrecht, 2017, Kap. 2 Rn. 24 f.
[1103] BGH NJW 1996, 54; RGZ 161, 296; *G. Eckert*, in: Geimer/Czernich (Hrsg.), Streitbeilegungsklauseln im internationalen Vertragsrecht, 2017, Kap. 2 Rn. 19 mwN; BeckOGK/*v. Thunen* IntPersGesR Rn. 137.
[1104] Siehe östOGH ZfRV 2018, 130, 131 (Vorlage zu Art. 1 II lit. f Rom I-VO).

IX. Sonderregime bei der SE

293 Für die SE stellt Art. 9 SE-VO in einer „kunstvollen Normenpyramide"[1105] ein besonderes, mehrstufiges System auf:

„(1) Die SE unterliegt

a) den Bestimmungen dieser Verordnung,

b) sofern die vorliegende Verordnung dies ausdrücklich zulässt, den Bestimmungen der Satzung der SE,

c) in Bezug auf die nicht durch diese Verordnung geregelten Bereiche oder, sofern ein Bereich nur teilweise geregelt ist, in Bezug auf die nicht von dieser Verordnung erfassten Aspekte

   i) den Rechtsvorschriften, die die Mitgliedstaaten in Anwendung der speziell die SE betreffenden Gemeinschaftsmaßnahmen erlassen,

   ii) den Rechtsvorschriften der Mitgliedstaaten, die auf eine nach dem Recht des Sitzstaats der SE gegründete Aktiengesellschaft Anwendung finden würden,

   iii) den Bestimmungen ihrer Satzung unter den gleichen Voraussetzungen wie im Falle einer nach dem Recht des Sitzstaats der SE gegründeten Aktiengesellschaft.

(2) Von den Mitgliedstaaten eigens für die SE erlassene Rechtsvorschriften müssen mit den für Aktiengesellschaften im Sinne des Anhangs I maßgeblichen Richtlinien im Einklang stehen.

(3) Gelten für die von der SE ausgeübte Geschäftstätigkeit besondere Vorschriften des einzelstaatlichen Rechts, so finden diese Vorschriften auf die SE uneingeschränkt Anwendung."

294 Art. 9 I lit. a SE-VO ist eine einseitige Kollisionsnorm, die zum Sachrecht der SE-VO hinführt, das in allen Mitgliedstaaten nach Art. 288 UA 2 AEUV unmittelbar anwendbar ist. Art. 9 I lit. b SE-VO ist dagegen eine einheitliche europäische Sachnorm. Art. 9 I lit. c SE-VO wiederum ist eine in sich gestufte 28-seitige, nach dem Vollzug des Brexit 27-seitige Kollisionsnorm. Dabei handelt es sich um eine Sachnormverweisung.[1106] Sitzstaat der SE ist der Mitgliedstaat, in dem sich der Satzungssitz der SE befindet. Art. 7 S. 1 SE-VO schreibt verordnungsautonom vor, dass sich in diesem Mitgliedstaat auch Hauptverwaltung, also der effektive Verwaltungssitz, der SE befinden muss. Dies dürfte der normhierarchisch höheren primärrechtlichen Vorgabe aus Polbud weichen müssen.[1107]

X. „Anerkennung" von Gesellschaften

295 Verwirrung zu stiften geeignet ist die verbreitete Redeweise von der „Anerkennung" von Gesellschaften. Dahinter verbirgt sich nicht eine verfahrensrechtliche Anerkennung nach dem Vorbild der Anerkennung ausländischer Gerichtsentscheidungen. Vielmehr verbirgt sich dahinter nichts weiter als die Anwendung des Gesellschaftsstatuts auf die Rechtsfähigkeit von Gesellschaften.[1108] Automatische Anerkennung, auch Anerkennung ipso iure genannt, stellt nur die kollisionsrechtliche Frage, welches Recht Gesellschaftsstatut ist.[1109] Erachtet das Gesellschaftsstatut ein Gebilde als rechtsfähig, so wird diese Rechtsfähigkeit „anerkannt". Historisch mag die Denkweise eine Rolle gespielt haben, dass das Gesellschaftsstatut die Rechtsfä-

---

[1105] *G. Bachmann*, FS Bernd v. Hoffmann, 2011, S. 36, 37.
[1106] *Scheifele*, Die Gründung der Europäischen Aktiengesellschaft (SE), 2004, S 31; *G. Bachmann*, FS Bernd v. Hoffmann, 2011, S. 36, 38; Spindler/Stilz/*Casper*, AktG, Bd. II, 3. Aufl. 2015, Art. 9 SE-VO Rn. 6; MüKoAktG/*C. Schäfer*, Bd. VII, 4. Aufl. 2017, Art. 9 SE-VO Rn. 9 sowie *Veil*, in: Kölner Kommentar zum AktG, Bd. 8/1, 3. Aufl. 2012, Art. 9 SE-VO Rn. 63. Anders allerdings *Lutter/Hommelhoff/ C. Teichmann*, SE-Kommentar, 2008, Art. 9 SE-VO Rn. 28 f.
[1107] Näher *Oechsler*, ZIP 2018, 1269.
[1108] Siehe nur *Drobnig*, FS Ernst v. Caemmerer, 1978, S. 737.
[1109] Siehe nur *Ebenroth/Eyles*, DB Beil. 2/88, 10; Staudinger/*Großfeld* IntGesR Rn. 167 (1998); K. Schmidt/Lutter/*Ringe*, AktG, Bd. I, 3. Aufl. 2015, IntGesR Rn. 71.

XI. Rück- und Weiterverweisung   296–298   § 7

higkeit verleiht, also quasi nur die hoheitliche Billigung das Gebilde in die Existenz empor hebt. Indes wird die Rechtsfähigkeit nicht durch einen gesonderten Hoheitseinzelakt verliehen, der dann Objekt einer verfahrensrechtlichen Anerkennung sein könnte. Auch die Registrierung einer Gesellschaft ist kein Hoheitsakt von solcher Qualität, auch wenn das Gesellschaftsstatut sie als konstitutiv für die Rechtsfähigkeit einordnet.

Eine Anerkennung jenseits eines verfahrensrechtlichen Modells müsste auf der sachrechtlichen Ebene operieren und ein eigenes sachrechtliches Anerkennungsregime etablieren.[1110] Damit aber würde man den eigenen Prämissen einer Anerkennung untreu, denn man würde Sitzrecht, bei effektivem Verwaltungssitz in Deutschland deutsches Recht, zur Anwendung bringen und die ausländische Gesellschaft gerade nicht als solche unter ihrem Gründungsrecht respektieren.[1111] **296**

XI. Rück- und Weiterverweisung

Mangels eigener Kodifikation gibt es für das Internationale Gesellschaftsrecht keine Norm, die sich des renvoi spezifisch annehmen würde. Vielmehr kommt gesetzessystematisch Art. 4 EGBGB zum Zuge. Die Anknüpfung ist daher nach Art. 4 I 1 Hs. 1 EGBGB im Prinzip eine Gesamtverweisung und geht zunächst auf das IPR des verwiesenen Rechts.[1112] Rück- und Weiterverweisung sind insbesondere dann von Bedeutung, wenn das IPR eines verwiesenen drittstaatlichen Rechts seinerseits der Gründungstheorie anhängt oder den Sitz der Gesellschaft anders bestimmt als das deutsche IPR.[1113] Praktische Relevanz gewinnt insbesondere die Weiterverweisung bei Gründung der Gesellschaft nach dem Recht eines dritten Staates.[1114] **297**

Anders hätte man indes bei Anknüpfung nach der Gründungstheorie unter deutschem IPR (also in EU-Binnenmarktfällen) zu entscheiden, soweit man die Gründungstheorie als im Kern parteiwillenorientierte Anknüpfung versteht[1115] und einer Rechtswahl gleichstellt.[1116] Dann scheint es nur konsequent, in einer Anknüpfung nach der Gründungstheorie entsprechend Art. 4 II EGBGB eine Sachnormverweisung zu sehen und das IPR des Gründungsrechts nicht zu beachten.[1117] So dürfte der RefE IntGesR denken, wenn er es an einer eigenen renvoi-Regelung fehlen lässt.[1118] Jedoch dürfte dies einen Schritt zu weit gehen und „indirekte Rechtswahl", also Gestaltung bei der konkreten Lage eines objektiven Anknüpfungspunkts, mit direkter Rechtswahl vermengen. Eine solche „indirekte Rechtswahl" bewegt sich im Feld der objektiven Anknüpfung, ja setzt gerade beim Anknüpfungspunkt einer objektiven Anknüpfung an, den sie ausgestaltet. Freie Wahl des Standorts ist rechtstechnisch nicht freie Wahl des Rechts.[1119] **298**

[1110] *M.-P. Weller*, Europäische Rechtsformwahlfreiheit und Gesellschafterhaftung, 2004, S. 51 ff.; *ders.*, FS Wulf Goette, 2011, S. 583, 588.
[1111] *M.-P. Weller*, Europäische Rechtsformwahlfreiheit und Gesellschafterhaftung, 2004, S. 51 ff.; *ders.*, FS Wulf Goette, 2011, S. 583, 588.
[1112] Siehe nur BGH NJW 2004, 3706, 3707; OLG Frankfurt NJW 1990, 2204; OLG Hamm WM 1995, 456, 458; OLG Hamm NJW-RR 1998, 615; OLG Hamm NJW 2001, 2183; *Ferid*, FS Alfred Hueck, 1959, S. 343, 346; *Ebenroth/Eyles*, DB Beil. 2/1988, 6 f.; *dies.*, IPRax 1989, 1, 8 f.; MüKoBGB/*Kindler* IntGesR Rn. 506; *K. Bischoff*, in: D. Eckhardt/Hermanns (Hrsg.), Kölner Handbuch Gesellschaftsrecht, 3. Aufl. 2017, Kap. 9 Rn. 13.
[1113] *W.-H. Roth*, ZGR 2014, 168, 172.
[1114] Siehe nur BGH NJW 2004, 3706, 2707; BGH TranspR 2005, 74; OLG Hamburg BB 2007, 1519 m. Anm. *Binz/Gerd Mayer*; Reithmann/Martiny/*Hausmann* Rn. 7.73.
[1115] So *Jayme*, in: Jud/Rechberger (Hrsg.), Kollisionsrecht in der EU, 2008, S. 63, 68; *M.-P. Weller*, FS Peter Hommelhoff, 2012, S. 1275, 1282; K. Schmidt/Lutter/*Ringe*, AktG, Bd. I, 3. Aufl. 2015, IntGesR Rn. 48; *Meeusen*, R.W. 2017-18, 602. Anderer Ansicht *Kainer*, in: Frankfurter Kommentar zu EUV, GRC und AEUV, Bd. II, 2017, Art. 54 AEUV Rn. 29.
[1116] Kritisch dazu, dass sich dies aus der Niederlassungsfreiheit ableiten ließe, *C. Teichmann*, ZIP 2009, 393, 400; *ders.*, DB 2012, 2085, 2087; *G. H. Roth*, FS Hellwig Torggler, 2013, S. 1023, 1026.
[1117] Dafür konsequent *M.-P. Weller*, FS Peter Hommelhoff, 2012, S. 1275, 1282; MüKoBGB/*v. Hein* Art. 4 EGBGB Rn. 149; siehe aber auch *L. Hübner*, IPRax 2017, 575, 578.
[1118] *Kindler*, Liber Fausto Pocar, tomo II, 2009, S. 551, 563 f.
[1119] GA *Kokott*, ECLI:EU:C:2017:351 Rn. 38.

299 Wegen des unionsrechtlichen Hintergrunds der Gründungstheorie für EU/EWR-Gesellschaften steht auch im Raum, ob die Niederlassungsfreiheit nicht gebietet, a priori die Kategorien von Sachnorm- oder Gesamtverweisung zu verlassen[1120] oder zumindest Einschränkungen vorzunehmen oder eine Sachnormverweisung als versteckte kollisionsrechtliche Regel anzusetzen[1121].

300 Solange man die Gründungstheorie nicht als allgemeine Kollisionsnorm für alle Gesellschaften, sondern nur unionsrechtlich erzwungen für EU/EWR-Gesellschaften ansetzt, dürfte eine andere Lösung indes für praktische Zwecke einfacher und pragmatischer sein: Verwiesenes Recht kann dann ja nur das Recht eines EU- oder EWR-Staates sein. Dieses aber ist durch das Unionsrecht gleichermaßen gezwungen, der Gründungstheorie zu folgen. Selbst wenn die gründungstheoretische Verweisung also eine Gesamtverweisung sein sollte, würde sich dies im EU/EWR-Bereich nicht auswirken können, weil dort einheitliches Kollisionsrecht herrschen muss und es deshalb nicht zu einer Rück- oder Weiterverweisung kommen kann.[1122] Selbst eine Gesamtverweisung müsste immer angenommen werden; das unterscheidet sich im Ergebnis nicht von dem über eine Sachnormverweisung erzielten Ergebnis.

301 Soweit man im deutschen IPR für Drittstaatengesellschaften der Sitztheorie folgt, kommt bei ausländischem effektiven Verwaltungssitz der Gesellschaft Art. 4 I 1 Hs. 1 EGBGB zum Zuge. Im nächsten Schritt ist zu fragen, ob das IPR des Sitzstaates der Sitz oder der Gründungstheorie (oder einem anderen Ansatz) folgt.[1123] Folgt der Sitzstaat der Gründungstheorie, so kommt es bei einer unter deutschem Recht gegründeten Gesellschaft zu einer Rückverweisung; diese nimmt das deutsche IPR nach Art. 4 I 2 EGBGB an. Das hat wiederum zur Folge, dass eine unter deutschem Recht gegründete Gesellschaft, die ihren effektiven Verwaltungssitz in einen Drittstaat mit Gründungstheorie verlegt hat, ihr deutsches Gesellschaftsstatut behält und nicht wegen Wegzugs zwangsaufgelöst wird.[1124]

XII. Rest- und Spaltgesellschaften

302 **1. Definitionen der Phänomene.** Eine Spaltgesellschaft ergibt sich, wenn die Anteile einer Gesellschaft in einem Staat enteignet, verstaatlicht oder sozialisiert werden, in einem anderen Staat dagegen die Gesellschaft mit ihren bisherigen Gesellschaftern fortbesteht.[1125] Es bestehen also zwei Gesellschaften mit unterschiedlichen Gesellschafterstrukturen nebeneinander. Enteignet werden die Altgesellschafter, nicht die Gesellschaft. Musterfall aus (bundes)deutscher Sicht waren die Enteignungen von privaten Gesellschaftern als Teil der Sozialisierung und der Stalinisierung in der Sowjetischen Besatzungszone (nachmals DDR) nach dem Zweiten Weltkrieg.[1126] Die Spaltgesellschaft resultiert aus dem positiven Element im Territorialitätsprinzip des internationalen Enteignungsrecht und dessen Anerkennung (Hinnahme) außerhalb des Enteignungsstaates.

303 Eine Restgesellschaft entsteht, wenn eine Gesellschaft in ihrem Sitzstaat als eigenständiges Rechtssubjekt aufgelöst wird, aber noch Vermögen in einem anderen Staat hat. Sie kann sich insbesondere durch Enteignung der Gesellschaft (als eigenständiges) Rechtssub-

---

[1120] So *Leible/J. Hoffmann*, RIW 2002, 925, 930; *dies.*, NZG 2003, 259, 260; *Hausmann*, GS Wolfgang Blomeyer, 2004, S. 579, 586 f.; Reithmann/Martiny/*Hausmann* Rn. 7.76.
[1121] Dafür *M.-P. Weller*, IPRax 2002, 204 f., 208 f.; *ders.*, DStR 2003, 1800 (1800); *ders.*, FS Wulf Goette, 2011, S. 583, 587–589; *M.-P. Weller/Rentsch*, IPRax 2013, 530, 533; *Eidenmüller*, ZIP 2002, 2233, 2241, 2244; *ders.*, NJW 2005, 1618 (1618) sowie *Repasi*, Wirkungsweise des unionsrechtlichen Anwendungsvorrangs im autonomen IPR, 2018, S. 375 f. Dagegen *Großerichter*, DStR 2003, 159, 165–167; MüKoBGB/*Kindler* IntGesR Rn. 143 f.; *Wall*, in: Hausmann/F. Odersky IPR § 18 Rn. 133–141 sowie *Fallon/Navez*, Rev. prat. sociétés 2018, 349, 361 f.
[1122] Anders *Wall*, in: Hausmann/F. Odersky IPR § 18 Rn. 113–158 mit komplizierter Differenzierung sowie *v. Hein*, in: Leible (ed.), General Principles in European Private International Law, 2016, S. 227, 267.
[1123] MüKoBGB/*Kindler* IntGesR Rn. 820.
[1124] MüKoBGB/*Kindler* IntGesR Rn. 829; *J.-D. Becker/M. Schwarz/Mühlhausen*, IStR 2017, 46, 47.
[1125] Siehe nur *Lamprecht*, ZEuP 2008, 289, 300; *Nazari-Khanachayi*, WM 2017, 2370, 2376.
[1126] Siehe nur OLG Köln ZIP 2009, 1762.

jekt, nicht der Gesellschafter, ergeben.[1127] Das ist ihr historisches Anwendungsfeld, in dem das Institut entwickelt wurde.[1128] Indes kann sie auch durch Löschung infolge einer behördlichen oder gerichtlichen Anordnung entstehen.[1129] Tragender Hintergrund ist, dass die Behandlung des bisherigen Gesellschaftsvermögens als herren- oder rechtsträgerlose Vermögensmasse die Interessen der bisherigen Gesellschafter, aber auch der Gesellschaftsgläubiger, verletzen würde.[1130]

2. Doktrin der Restgesellschaft, insbesondere am Beispiel der „deutschen" Limiteds.

Das Institut der Restgesellschaft hat ungeahnte Aktualität behalten.[1131] Die Gründungswelle für „deutsche" Limiteds in den 2000ern[1132] hat ihm neues Leben eingehaucht[1133] und es der Nachkriegszeit entrissen.[1134] Unter diesen Limiteds gab es viele nicht überlebensfähige Ein-Mann-Limiteds. Sie wurden z. B. gegründet, um Erfordernisse der GewO oder der HandwerksO zu umgehen[1135] oder um Hartz I-Förderung für „Ich-Gesellschaften" (in der spezifischen Gestalt von „Ich-Limiteds") in Anspruch zu nehmen, nicht selten verleitet und verführt von spezialisierten „Gründungsagenturen", und Beratern.[1136] Am Markt hielten sie sich nicht (wenn sie denn überhaupt an den Markt gingen).[1137] Ihre Gründer waren überoptimistisch und hatten Schwierigkeiten wie Kosten nicht im Blick.[1138] Insbesondere waren sie indes mit den strengen jährlichen Berichtspflichten des englischen Rechts heillos überfordert. Berichte wurden nie erstellt. Der Vorteil des geringeren Gründungskapitals war schnell durch den erheblichen Aufwand aufgezehrt, um den Status zu erhalten und den Anforderungen des englischen Gesellschaftsrechts Genüge zu tun.[1139] Dem folgte in konsequenter Strenge nach wenigen Jahren die Zwangslöschung im englischen Companies Register, von Amts wegen veranlasst durch die zuständigen englischen Behörden, nicht selten, nachdem die Directors Mahnungen an die englische Adresse der vorgeblichen Ltd. unbeantwortet gelassen hatten.[1140]

Die solcherart gelöschten Limiteds hatten ihr Vermögen aber nicht in England, sondern in Deutschland. Dieses Vermögen fiel nicht – wie es zunächst für so genannte bona vacantia sec. 652 (5); 654 Companies Act 1985 vorsah und heute sec. 1012 (1) Companies Act 2006 eigentlich vorsieht – der englischen Krone oder dem Herzogtum Lancaster bzw. dem Herzogtum Cornwall anheim, weil diese Normen wegen ihrer öffentlichrechtlichen Natur nur territorial für England und auf England beschränkt gelten.[1141] Außerhalb Englands belegenes Vermögen entzieht sich nach englischer Auffassung dem Zugriff englischer Stel-

---

[1127] Z. B. OLG Karlsruhe NZG 2014, 667.
[1128] BGH ZIP 2017, 421, 422; *Froehner*, NZG 2017, 349.
[1129] Siehe nur BGH ZIP 2017, 421, 422; OLG Stuttgart NJW 1974, 1627; OLG Jena ZIP 2007, 1709, 1710 m. Anm. *J. Schmidt*; OLG Düsseldorf ZIP 2010, 1852; OLG Hamm ZIP 2014, 1426.
[1130] BGH ZIP 2017, 421, 422.
[1131] Nicht nur in Deutschland, sondern auch in Österreich; siehe dort OGH RdW 2015, 644; *Bachner/Schacherreiter*, GES 2006, 295; *Bachner/Gasser*, ZfRV 2009, 117; *Bachner*, GES 2012, 226.
[1132] Zahlenmaterial bei *Kornblum*, GmbHR 2006, 691, 696; *ders.*, GmbHR 2008, 19, 25; *ders.*, GmbHR 2010, 739, 740, 746. Außerdem *Bayer/T. Hoffmann*, GmbHR 2007, 414; *Westhoff*, GmbHR 2007, 474.
[1133] Eingehend *J. D. Jensen*, Zur Behandlung einer gelöschten limited company als Restgesellschaft in der Bundesrepublik Deutschland, 2015; außerdem z. B. *Froehner*, NZG 2017, 349.
[1134] *Bayer/Unglaube*, EWiR 2017, 231.
[1135] Näher *Mankowski*, ZVI 2006, 45; *ders.*, BB 2006, 1173.
[1136] Näher *Knöfel*, BB 2006, 1233.
[1137] Das MoMiG stellte 2008 mit der UG, der ebenfalls haftungsbeschränkten „kleinen" Variante zur GmbH, eine deutsche Alternative zur Verfügung, für die offenbar ein Bedarf bestand und die letztlich weiteren „Deutsche Ltd."-Gründungen die Attraktivität nahm; siehe nur *Römermann*, GmbHR 2016, 27.
[1138] *Eidenmüller/J. Stark*, EuEncyclPIL, vol. I, S. 170, 178.
[1139] *v. Wilcken*, DB 2016, 225, 226; *Keil*, DWIR 2016, 392, 393; *C. Teichmann*, ZGR 2017, 543, 558.
[1140] *Miras*, GWR 2017, 138.
[1141] OLG Nürnberg NZG 2008, 76; KG NZG 2010, 204; KG ZIP 2014, 1755, 1756; OLG Brandenburg ZIP 2016, 1871, 1872; FG Münster NZG 2012, 533; FG Berlin-Brandenburg DStRE 2016, 990, 991; *P. Behrens*, FS Claus Ott, 2002, S. 315, 325 f.; *Happ/Holler*, DStR 2004, 730; *T. Schulz*, NZG 2005, 415; *Borges*, IPRax 2005, 134; *A. Schall*, DStR 2006, 1229; *Stiegler*, GWR 2016, 421; *L. Hübner*, IPRax 2017, 575 (575).

len.[1142] Gleiches gilt aus deutscher Sicht, wenn man den gesetzlichen Eigentumsübergang der jeweiligen lex rei sitae unterwirft.[1143] Diese Anknüpfung ist sachgerecht, da sie alle ausländischen Vermögenswerte der Gesellschaft einer einheitlichen IPR-Lösung unterwirft.[1144] So vermeidet man auch ein dem deutschen Gesellschaftsrechtsverständnis widerstrebendes Rechtsvakuum.[1145]

306 Die Löschung in England brachte die ursprüngliche Limited englischen Rechts europaweit zum Erlöschen, weil ihre Wirkung unter dem englischen Gesellschaftsstatut anzuerkennen war.[1146] Gibt es noch einen im Wege der Insolvenzanfechtung durchsetzbaren Anfechtungsanspruch in Deutschland und liegt das Centre of Main Interest der Limited nach Art. 3 I 1 EuInsVO 2000 bzw. Art. 3 I UAbs. 1 S. 1 EuInsVO 2015 in Wahrheit in Deutschland, so kommt ausnahmsweise noch nach der Löschung im englischen Register die Eröffnung eines Insolvenzverfahrens in Deutschland in Betracht.[1147] Dagegen darf die deutsche Zweigniederlassung einer englischen Limited nicht eigenständig wegen Vermögenslosigkeit nach § 394 FamFG gelöscht werden, da nicht sie, eine unselbständige Einheit, sondern die englische Limited der maßgebliche Rechtsträger ist.[1148]

307 Aus englischer Sicht hat das jeweilige Belegenheitsrecht über die Zuordnung der einzelnen Vermögenswerte der gelöschten Ltd. zu entscheiden, während das englische Gründungsrecht seine Schuldigkeit getan hat.[1149] Es besteht aber ein drängendes Verkehrsbedürfnis, dass das Vermögen nicht herrenlos sein darf.[1150] Ebenso sind Rest-, Liquidations- und Spaltgesellschaften prozessual parteifähig, sodass Prozesse gegen sie nicht an mangelnder Passivlegitimation scheitern.[1151] Auch in Steuerverfahren verlieren sie ihre Beteiligtenfähigkeit nicht.[1152]

308 Trotz Löschung der Limited ist England besteht deshalb eine deutsche Restgesellschaft als Rechtsträger und Inhaber der Rechte am in Deutschland belegenen Vermögen fort.[1153] Ihr Gesellschaftsstatut ist deutsches Recht.[1154] Das gilt sowohl für Gesellschaften mit werbender Tätigkeit[1155] als auch für Liquidationsgesellschaften.[1156] Auch für letztere gilt nicht

---

[1142] Treasury Solicitor's Department/Bona Vacantia Division, Bona Vacantia Dissolved Companies (BVC 1), 6 December 2013.
[1143] OLG Jena ZIP 2007, 1710 m. Anm. *J. Schmidt* = NZI 2008, 261 m. Anm. *Mock*; OLG Hamm 11.4.2014 – 12 U 142/13; *Thole*, ecolex 2015, 778. Ablehnend zur Konstruktion *L. Hübner*, IPRax 2017, 575, 577.
[1144] *Thole*, ecolex 2015, 778, 779.
[1145] *Pfeiffer*, RIW 2017, 305, 306; *L. Hübner*, IPRax 2017, 575 (575).
[1146] KG 15.10.2009 – 8 U 34/09; LG Duisburg ZIP 2007, 926; *D. Zimmer/Naendrup*, ZGR 2007, 789; *L. Hübner*, IPRax 2017, 575, 577.
[1147] LG Potsdam ZIP 2008, 1145.
[1148] OLG Frankfurt 17.5.2010 – 20 W 163/10.
[1149] *Cranshaw*, jurisPR-HaGesR 1/2011 Anm. 4; *ders.*, jurisPR-HaGesR 12/2014 Anm. 6.
[1150] OLG Nürnberg NZG 2008, 76; OLG Brandenburg ZInsO 2009, 1965; KG ZInsO 2014, 1618; *Cranshaw*, jurisPR-HaGesR 12/2014 Anm. 6.
[1151] OLG Düsseldorf ZIP 2015, 1852; *Mock*, EWiR 2011, 67, 68; *Just/Petzold*, EWiR 2017, 447, 448.
[1152] FG Münster EFG 2011, 1443; FG Köln EFG 2016, 388 m. Anm. *Schwind*.
[1153] BGH ZIP 2017, 421, 422; OLG Jena ZIP 2007, 1710 m. Anm. *J. Schmidt* = NZI 2008, 261 m. Anm. *Mock*; OLG Nürnberg NZG 2008, 76; KG 15.10.2009 – 8 U 34/09; OLG Düsseldorf ZIP 2010, 1852; OLG Hamm IPRax 2015, 446, 447; KG NZG 2014, 901 f. = ZIP 2014, 1755, 1756; OLG Brandenburg ZIP 2016, 1871, 1872; KG ZInsO 2018, 2359, 2360; Bundesminister der Finanzen, Schreiben vom 6.1.2014 – IV C 2 – S 2701/10/10002, DOK 2013/1188630, IStR 2014, 148, 149 Rn. 04. Nähere Auseinandersetzung insbesondere bei *Leible/M. Lehmann*, GmbHR 2007, 1095; *D. Zimmer/Naendrup*, ZGR 2007, 789; *Krömker/S. Otte*, BB 2008, 964; *Lamprecht*, ZEuP 2008, 289; *J. Schmidt*, ZIP 2008, 2400; *A. Grimm*, Das Schicksal des in Deutschland belegenen Vermögens der Limited nach ihrer Löschung im englischen Register, 2010; *Naendrup*, Striking Off and Restoration, Diss. Hamburg 2012; *Heide*, Striking off the register – Die Rechtsfolgen einer gelöschten Limited im deutschen Rechtsverkehr, 2012; sowie *Cranshaw*, jurisPR-HaGesR 12/2014 Anm. 6.
[1154] BGH ZIP 2017, 421, 422; OLG Hamm IPRax 2015, 446, 447; *Klöhn/P. Schwarz*, IPRax 2015, 412, 414 sowie OLG Celle NZG 2012, 738. *Krömker/S. Otte*, BB 2008, 964, 965; *Otte-Gräbener*, BB 2016, 2900 sehen darin einen Verstoß gegen die Niederlassungsfreiheit.
[1155] Siehe nur OLG Celle RNotZ 2012, 397; OLG Hamm IPRax 2015, 446, 447.
[1156] BGH ZIP 2017, 421, 422; *Fröhlich/Primacenko*, DNotZ 2017, 556, 557.

XII. Rest- und Spaltgesellschaften

das ursprüngliche Gründungsstatut.[1157] Nach deutschem Recht richten sich daher insbesondere die Vertretung der Restgesellschaft[1158] und die Haftung der Restgesellschafter.[1159] Ist eine deutsche Zweigniederlassung im Handelsregister eingetragen, so soll das Finanzamt Steuerbescheide weiterhin gegenüber dem im Handelsregister eingetragenen Empfangsberechtigten bekanntgegeben dürfen, es sei denn, sie wüsste, dass die Empfangsberechtigung bereits erloschen ist (§ 15 I iVm § 13e II 4, 5 HGB).[1160]

Die Restgesellschaft ist keine eigene Rechtsform.[1161] In Deutschland besteht die Restgesellschaft als OHG, wenn sie unternehmerisch-werbend tätig ist, ansonsten als GbR.[1162] Eine Ein-Mann-Ltd. kann keine Restpersonengesellschaft ausbilden, denn dafür bräuchte es mindestens zwei, personenverschiedene Gesellschafter; der einzige Gesellschafter einer solchen Ltd. wird bei kaufmännischer Tätigkeit zum Einzelunternehmer.[1163]

Bei Entstehen einer Restgesellschaft besteht Personenidentität zwischen der ursprünglichen und der Restgesellschaft.[1164] Jedenfalls Neugeschäfte, die mit der alten Ltd. direkt nichts mehr zu tun haben, schließen die Gesellschafter als OHG, GbR oder Einzelunternehmer ab.[1165] Die Funktion der bisherigen Organpersonen endet mit der bisherigen Gesellschaft.[1166]

Die Restgesellschaft per definitionem als Liquidationsgesellschaft einzuordnen und ihr jegliches werbendes operatives Neugeschäft zu versagen,[1167] erscheint zu weitgehend.[1168] Insbesondere irritiert, wenn eine Liquidationsgesellschaft ein Gesellschaftstyp sui generis sein soll.[1169] Bei einer reinen Liquidationsgesellschaft, die tatsächlich kein werbendes Geschäft mehr betreibt, erschiene indes eine persönliche Haftung der Gesellschafter für zu Ltd.-Zeiten begründete Verbindlichkeiten fragwürdig.[1170]

Angemessen erscheint jedenfalls, bei Fehlen eines werbenden Geschäfts, einen Nachtragsliquidator zu bestellen.[1171] Für einzelne Abwicklungsmaßnahmen kann eine Analogie zu § 273 IV 1 AktG in Betracht kommen,[1172] außerdem eine Analogie zu § 66 V GmbHG.[1173] Dabei

---

[1157] Dahin aber OLG Jena ZIP 2007, 1709, 1710; *Lamprecht*, ZEuP 2008, 289, 313; *J. Schmidt*, ZIP 2008, 2400, 2401.
[1158] BGH ZIP 2017, 421, 422. Anderer Ansicht Bundesminister der Finanzen, Schreiben vom 6.1.2014 – IV C 2 – S 2701/10/10002, DOK 2013/1188932, IStR 2014, 148, 149 Rn. 06; OLG Brandenburg ZIP 2016, 1731, 1732; *Stiegler*, GWR 2016, 421; *Otte-Gräbener*, BB 2016, 2900: englisches Recht und Fortbestand der Organe der Ltd. Ähnlich OLG Jena ZIP 2007, 1709, 1710 m. Anm. *J. Schmidt* = NZI 2008, 261 m. Anm. *Mock*; FG Münster NZG 2012, 533; FG Berlin-Brandenburg DStRE 2016, 990, 991; *Lamprecht*, ZEuP 2008, 289, 313; *J. Schmidt*, ZIP 2008, 2400 f.: englisches Recht; vertretungsberechtigt sind aber nicht mehr die directors, sondern die Liquidatoren.
[1159] Eingehend *P. Schwarz*, DB 2013, 799.
[1160] Bundesminister der Finanzen, Schreiben vom 19.10.2017 – IV C 2 – S 2701/10/10002.
[1161] *Klöhn/P. Schwarz*, IPRax 2015, 412, 413.
[1162] OLG Celle ZIP 2012, 1811 = IPRax 2013, 572; OLG Hamm ZIP 2014, 1426; *Fröhlich/Primaczenko*, EWiR 2014, 679, 680. Anderer Ansicht (juristische Person) OLG Brandenburg ZIP 2016, 1871, 1872, das indes Rechtsfolgen der Spalt- und der Restgesellschaft miteinander vermengt haben könnte.
[1163] OLG Hamm IPRax 2015, 446, 447; Bundesminister der Finanzen, Schreiben vom 6.1.2014 – IV C 2 – S 2701/10/10002, DOK 2013/1188932, IStR 2014, 148, 149 Rn. 04; *Klöhn/P. Schwarz*, IPRax 2015, 412, 416. Kritisch dagegen *J. Schmidt*, WuB 2017, 331.
[1164] *Pfeiffer*, RIW 2017, 305, 306.
[1165] OLG Celle NJW-RR 2012, 1065; *Cranshaw*, jurisPR-HaGesR 8/2012 Anm. 4; *ders.*, jurisPR-HaGesR 12/2014 Anm. 6.
[1166] BGH ZIP 2017, 421, 422; *J. Schmidt*, ZIP 2008, 2400, 2401.
[1167] Dafür *Otte-Gräbener*, BB 2016, 2900.
[1168] BGH ZIP 2017, 421, 422; *J. Schmidt*, WuB 2017, 331, 332.
[1169] So *Fröhlich/Primaczenko*, DNotZ 2017, 556, 557.
[1170] OLG Brandenburg ZIP 2016, 1871, 1872; *Bayer/Unglaube*, EWiR 2017, 231, 232; siehe auch *Rehahn*, EWiR 2017, 169, 170.
[1171] BGH ZIP 2017, 421, 422; OLG Jena ZIP 2007, 1709, 1711; *Leible/M. Lehmann*, GmbHR 2007, 1095, 1098; *J. Schmidt*, ZIP 2008, 2400, 2401; *dies.*, WuB 2017, 331; *L. Hübner*, IPRax 2017, 575, 579.
[1172] BGH ZIP 2017, 421, 422 (unter Hinweis auf BGHZ 53, 264; BGHZ 105, 259, 262); OLG Jena ZIP 2007, 1709, 1710 m. Anm. *J. Schmidt*; KG BeckRS 2018, 24362; *Fröhlich/Primaczenko*, DNotZ 2017, 556, 558; *Otte-Gräbener*, GWR 2018, 432.
[1173] OLG Jena ZIP 2007, 1709, 1711; *Bayer/Unglaube*, EWiR 2017, 231, 232.

treten sofort Folgefragen auf, namentlich ob ein früherer director oder Gesellschafter als Nachtragsliquidator persönlich tauglich wäre.[1174] Eine Restgesellschaft kann mangels konstitutiver Eintragung in Deutschland keine juristische Person sein.[1175] Ihre Entstehung entspricht funktionell einer Neugründung mit Formwechsel.[1176] Für sie kommt eine Pflegschaft entsprechend § 1913 BGB[1177] nicht in Betracht, weil diese Norm auf natürliche Personen zugeschnitten ist.[1178]

313 Eine besondere Problemlage ergibt sich, wenn ausnahmsweise die ursprüngliche Limited englischen Rechts wieder aufleben sollte.[1179] Eine rückwirkende Wiederherstellung in England ist anzuerkennen und wirkt sich u. a. auf die Parteifähigkeit der ursprünglichen Limited (positiv) aus.[1180] Die Selbstbeschränkung des Heimfallrechts kraft englischem Recht verhindert zuverlässig, dass die Restgesellschaft gegen die Niederlassungsfreiheit aus Artt. 49; 54 AEUV verstieße.[1181]

314 **3. Spaltgesellschaft als Phänomen mit bestimmtem historischen Ursprung.** Der historische Anlass für das Phänomen der Spaltgesellschaft hat sich dagegen erledigt. Es entstammte in seinem Kern dem spezifischen Kontext der deutschen Teilung. Bis 1945/1949 einheitliche Gesellschaften wurden in eine West/Bundesrepublik-Gesellschaft und eine Ost/SBZ/DDR-Gesellschaft gespalten, mit je unterschiedlichen Gesellschafterstrukturen, bedingt durch Enteignungen der Altgesellschafter und Volkseigentum in der SBZ oder der DDR. Die staatliche Einheit Deutschlands wurde am 3.10.1990 wiederhergestellt. Nach diesem Datum gibt es keine zwei Staaten in Deutschland mehr, sondern nur noch ein einheitliches Völkerrechtssubjekt Bundesrepublik Deutschland. Für Spaltgesellschaften dieses deutsch-deutschen Typs besteht keine Notwendigkeit mehr.

315 Freilich kann man das Phänomen Spaltgesellschaft weiter fassen und ihm jede Parallelexistenz von Gesellschaften unterstellen, die entsteht, weil Gesellschafter in einem von mehreren Staaten enteignet werden. Für den Begriff als solchen ist der historische deutsch-deutsche Anlass nicht prägend. Plastisch und illustrativ ist er auch jenseits des weggefallenen historischen Anlasses.

XIII. Stiftungen

Literatur: *P. Behrens,* Erneuerung des Stiftungskollisionsrechts, GS Rainer Walz, 2008, S. 13; *Butterstein,* Modernes Stiftungsrecht im Lichte grenzüberschreitender Stiftungstätigkeit, ZVglRWiss 117 (2018), 394; *C. Geisler,* Die selbständige Stiftung im Internationalen Privatrecht, 2008; *S. Koehler,* Das Kollisionsrecht der Stiftungen aus Sicht des Internationalen Privat- und Verwaltungsrechts, 2011; *Leible,* Die Stiftung im Internationalen Privatrecht, FS Olaf Werner, 2009, S. 256; *Mogck,* Mobilität gemeinnütziger Stiftungen in Europa durch Wandlung, 2017; *Spickhoff,* Zum Internationalen Privatrecht der Stiftungen, FS Olaf Werner, 2009, S. 241; *M. Uhl,* Das Internationale Privatrecht der Stiftung und das Aufsichtsrecht, Non Profit L. Yb. 2012/2013, 189; *R. Werner,* Anknüpfung des Stiftungsstatuts unter Anwendung des Internationalen Gesellschaftsrechts, ZEV 2017, 181.

316 **1. Analogie zum Internationalen Gesellschaftsrecht.** Für Stiftungen gelten die Regeln des Internationalen Gesellschaftsrechts entsprechend.[1182] Alles andere würde eine

---

[1174] Dagegen *J. Schmidt,* ZIP 2008, 2400, 2402; *dies.,* WuB 2017, 331; *Bayer/Unglaube,* EWiR 2017, 231, 232.
[1175] OLG Celle NJW-RR 2012, 1065; *Thole,* ecolex 2015, 778, 779.
[1176] *Klöhn/P. Schwarz,* IPRax 2015, 412, 415.
[1177] Dafür OLG Nürnberg NZG 2008, 76.
[1178] BGH ZIP 2017, 421, 422; *Froehner,* NZG 2017, 349, 350; *Otte-Gräbener,* GWR 2017, 139; *Bayer/Unglaube,* EWiR 2017, 231.
[1179] Näher *A. Grimm,* Das Schicksal des in Deutschland belegenen Vermögens der Limited nach ihrer Löschung im englischen Register, 2010, S. 27–29 mwN.
[1180] BGHZ 198, 14 Rn. 12; BGH ZIP 2017, 421, 422; OLG Hamm ZIP 2011, 598; *Pfeiffer,* RIW 2017, 305, 306 f.
[1181] Bundesminister der Finanzen, Schreiben vom 6.1.2014 – IV C 2 – S 2701/10/10002, DOK 2013/1188932, IStR 2014, 148, 149 Rn. 05.
[1182] BGH ZIP 2016, 2060 Rn. 11 = BB 2016, 2569 m. zust. Anm. *v. Oertzen;* OLG Jena RIW 2007, 894, 895 m. Anm. *Röder;* OLG Düsseldorf ZEV 2010, 528; *Kronke,* in: Frhr. v. Campenhausen/Kronke/

XIII. Stiftungen   317–320 § 7

Zersplitterung der Rechtsanwendung innerhalb der Zweckverbände bedeuten.[1183] Für Stiftungen aus EU- und EWR-Staaten gilt also unionsrechtlich induziert die Gründungstheorie.[1184] Nach der Gründungsrechtsvariante der Gründungstheorie ist dies plastisch das Recht, nach dem die betreffende Stiftung das Licht der Welt erblickt hat.[1185] Davon profitieren auch (und insbesondere) Stiftungen nach dem Recht des EWR-Mitgliedstaats Liechtenstein.

Tragende Gemeinsamkeit zwischen Gesellschaften und Stiftungen ist die Organisation 317 jenseits der einzelnen natürlichen Person; Organisationsrecht hat insoweit eine identische Funktionsausrichtung.[1186] Die Analogie überwindet auch, dass es einer nicht als Unternehmensträger tätigen Stiftung an einem Erwerbszweck im Sinne von Art. 54 II AEUV fehlt.[1187] Hilfsweise würde Art. 21 AEUV als mobilitätsfördernde Grundlage einspringen. Auch Stiftungen von Todes wegen unterfallen wegen Art. 1 II lit. h EuErbVO nicht dem Internationalem Erbrecht, sondern orientieren sich am Internationalen Gesellschaftsrecht.[1188]

Als Alternative zur Übertragung des Internationalen Gesellschaftsrechts wurde insbeson- 318 dere eine strikte Sitzanknüpfung vorgeschlagen, weil nur die am Sitz ansässige Stiftungsaufsicht das sonst fehlende Interessengleichgewicht ausbalancieren könne und weil die Stiftung an einem staatlichen Konzessions- und Registrierungssystem hänge.[1189] Dem steht indes das legitime Vertrauen des Stifters auf seinen Willen und auf das Stiftungsstatut entgegen.[1190] Zudem ist die Stiftungsaufsicht nicht an den Sitz gebunden, sondern kann effektiv überall erfolgen, wo die Stiftung operiert.[1191]

Die Überlagerung durch öffentlichrechtliches Aufsichtsrecht in der Stiftungsaufsicht 319 kann keinen entscheidenden Einfluss auf die von ihr überlagerte, aber getrennte Basisanknüpfung nehmen; sie ist vielmehr Sonderanknüpfung von Eingriffsrecht. Freilich mag dies auf der sachrechtlichen Ebene Anpassungsbedarf auslösen, wenn aufsichtsrechtliches Instrumentarium und nach – aus Sicht der Aufsichtsbehörde – ausländisches Stiftungsstatut nicht zueinander passen.[1192]

Prägend ist ebenso wenig, wenn eine Stiftung zur Perpetuierung von Vermögen oder 320 zum funktionellen Transfer von Vermögen auf die nächste Generation in einer Familie genutzt wird.[1193] Stiftungen dienen insoweit zwar als ersetzende und verdrängende Alternativgestaltung zum Erbrecht. Dies führt aber nicht dazu, dass sie selber erbrechtlich anzu-

---

O. Werner (Hrsg.), Stiftungen in Deutschland und Europa, 1998, S. 361; *Gardeñes Santiago*, Las Fundaciones en Derecho internacional privado español, 2003; MüKoBGB/*Kindler* IntGesR Rn. 676; *P. Behrens*, GS Rainer Walz, 2008, S. 11, 13; *C. Geisler*, Die selbständige Stiftung im Internationalen Privatrecht, 2008, S. 80–83; *Spickhoff*, FS Olaf Werner, 2009, S. 241, 247f.; *Leible*, FS Olaf Werner, 2009, S. 256, 257f.; *S. Koehler*, Das Kollisionsrecht der Stiftungen aus Sicht des Internationalen Privat- und Verwaltungsrechts, 2011, S. 261–290; *Omlor*, LMK 2015, 367293; MüKoBGB/*Kindler*, IntGesR Rn. 315; *Hammen*, WuB 2017, 34, 36; siehe auch BGH NJW 2015, 623 = FamRZ 2015, 318. Kritisch *M. Uhl*, Non Profit L. Yb. 2012/2013, 189, 194; *ders.*, EWiR 2016, 753, 754; *Mogck*, Mobilität gemeinnütziger Stiftungen in Europa durch Wandlung, 2017, S. 316 et passim.

[1183] *Spickhoff*, FS Olaf Werner, 2009, S. 241, 248.
[1184] *Butterstein*, in: Schur (Hrsg.), 5 Jahre neues Stiftungsrecht, Vaduz 2017, S. 115, 127f.; *dies.*, ZVglRWiss 117 (2018), 394, 397–399.
[1185] *Schur*, in: Schur (Hrsg.), 5 Jahre neues Stiftungsrecht, Vaduz 2017, S. 101, 103.
[1186] *Mansel*, FS Claus-Wilhelm Canaris zum 80. Geb., 2017, S. 739, 754.
[1187] Im Ergebnis ebenso *Hammen*, WuB 2017, 34, 35; *R. Werner*, ZEV 2017, 181, 184. Entgegen *M. Uhl*, EWiR 2016, 753, 754.
[1188] *Wachter*, BB 2017, 2633, 2635.
[1189] *Kronke*, in: v. Campenhausen/Kronke/O. Werner (Hrsg.), Stiftungen in Deutschland und Europa, 1998, S. 361, 370f.; *A. Schlüter*, Stiftungsrecht zwischen Privatautonomie und Gemeinwohlbindung, 2004, S. 552; *Jakob*, in: v. Campenhausen/Richter, Stiftungsrechts-Handbuch, 4. Aufl. 2014, § 44 Rn. 42; Staudinger/*Hüttemann/Rawert* Vor § 80 BGB Rn. 423 (2017); *R. Werner*, ZEV 2017, 181, 186.
[1190] *P. Behrens*, GS Rainer Walz, 2008, S. 11, 17; *Leible*, FS Olaf Werner, 2009, S. 256, 264f.
[1191] *Leible*, FS Olaf Werner, 2009, S. 256, 265; siehe auch *P. Behrens*, GS Rainer Walz, 2008, S. 11, 15f.
[1192] *M. Uhl*, Non Profit L. Yb. 2012/2013, 189, 202–208, 213–217; *ders.*, EWiR 2016, 753, 754; *Jakob*, in: v. Campenhausen/Richter, Stiftungsrechts-Handbuch, 4. Aufl. 2014, § 44 Rn. 34f.
[1193] Zum Phänomen insbesondere *Dutta*, Warum Erbrecht?, 2014, S. 21–146.

knüpfen wären. Sie werden zwar nirgends in Art. 1 II EuErbVO ausdrücklich aus dem sachlichen Anwendungsbereich der EuErbVO ausgeschlossen; jedoch kann man an eine Analogie zu Art. 1 II lit. h EuErbVO denken, erst recht, wenn man darüber Stiftungen von Todes wegen ausschließt.[1194]

321 Stiftungen sind in ihren Zwecksetzungen sehr flexibel, so dass auch asset protection (also Schutz von Vermögen gegen den Zugriff von Gläubigern, indem dieses Vermögen in eine Stiftung z. B. liechtensteinischen oder schweizerischen Rechts[1195] eingebracht wird)[1196] die Grundzuordnung und die Grundanknüpfung einer entsprechend benutzten Stiftung nicht zu ändern vermag. Möglich ist allerdings, dass der Übertragungsvorgang als solcher Gegenstand einer Gläubiger- oder einer Insolvenzanfechtung wird, erstere aus deutscher Sicht angeknüpft nach § 19 AnfG, letztere nach Artt. 7 II lit. m, 16 EuInsVO 2015 bzw. Artt. 4 II lit. m, 13 EuInsVO 2000. Die Beurteilung, wie weit die Übertragung von Vermögenswerten auf eine Stiftung asset protection zulasten externer Gläubiger bewirken kann, obliegt dem Statut des jeweiligen externen Anspruchs,[1197] bei Pflichtteilsergänzungsansprüchen also dem Erbstatut.[1198]

322 **2. Umfang des Stiftungsstatuts (Qualifikation).** Das Stiftungsstatut bestimmt über die Wirksamkeit des Stiftungsgründungsakts,[1199] die Rechtsfähigkeit der Stiftung und die etwaige Qualität der Stiftung als juristische Person[1200] ebenso wie über die Organstruktur der Stiftung. Dem Stiftungsstatut unterstehen die Rechte und Pflichten der Beteiligten untereinander und im Verhältnis zur Stiftung. Dies umfasst insbesondere: Rechtsstellung und Einflussmöglichkeiten des Stifters samt Gestaltungs-, Änderungs- und Verfügungsmacht über das Stiftungsvermögen;[1201] Rechtsstellung und etwaige Bindung der Stiftungsorgane; Rechtsstellung und etwaige Ansprüche der Destinatäre (Stiftungsbegünstigten).[1202] Eine sogenannte Zustiftung ist dagegen in aller Regel eine Spende, eine Schenkung und deshalb Objekt des Internationalen Schuldvertragsrechts.[1203] Das Stiftungsstatut beherrscht auch Erlöschen, nichtinsolvenzliche Liquidation oder sonstige Beendigung der Stiftung.[1204]

323 **3. Stiftungsaufsicht.** Die staatliche Stiftungsaufsicht ist öffentlichrechtliche externe Aufsicht und nicht privatrechtlich zu qualifizieren, sondern nach Maßgabe des Internationalen Verwaltungsrechts anzuknüpfen.[1205] Sie ist eigenständiger Anknüpfungsgegenstand,

---

[1194] → § 5 Rn. 45.
[1195] Dazu insbesondere N. Conrad/Pfeffer, LJZ 2017, 75.
[1196] Zum Phänomen asset protection generell insbesondere J.P. Hermann, Asset Protection Trusts, 2012; v. Oertzen/Ponath, Asset Protection im deutschen Recht, 2. Aufl. 2013, und z. B. Dutta, Warum Erbrecht?, 2014, S. 364–367.
[1197] Siehe – außer den Nachweisen in der folgenden Fn. – BFHE 217, 254 = BStBl. II 2007, 669; FG Düsseldorf ZEV 2017, 589.
[1198] BGH NJW 2015, 623; OLG Stuttgart ZEV 2010, 265 m. Anm. Lennert/Blum; Jakob, in: v. Campenhausen/Richter, Stiftungsrechts-Handbuch, 4. Aufl. 2014, § 44 Rn. 44; Dutta, ErbR 2015, 345; H. Bösch, ZStV 2016, 18.
[1199] OLG Stuttgart ZEV 2010, 265 m. Anm. Blum/Lennert (dazu v. Cube, NZG 2010, 17).
[1200] Schopper, FS Gert Delle Karth, 2013, S. 889, 890.
[1201] BFHE 232, 252 = IStR 2011, 391 m. Anm. Kirchhain (dazu Brill, GWR 2011, 247); Schopper, FS Gert Delle Karth, 2013, S. 889, 890.
[1202] BGH WM 2016, 1943, 1944 Rn. 14; C. Geisler, Die selbständige Stiftung im Internationalen Privatrecht, 2008, S. 94 f.; Spickhoff, FS Olaf Werner, 2009, S. 241, 251 f.; S. Koehler, Das Kollisionsrecht der Stiftungen aus Sicht des Internationalen Privat- und Verwaltungsrechts, 2011, S. 127–232; Hammen, WuB 2017, 34, 36.
[1203] Spickhoff, FS Olaf Werner, 2009, S. 241, 252 f.; S. Koehler, Das Kollisionsrecht der Stiftungen aus Sicht des Internationalen Privat- und Verwaltungsrechts, 2011, S. 163 f.
[1204] Schopper, FS Gert Delle Karth, 2013, S. 889, 890.
[1205] Neumeyer, Internationales Verwaltungsrecht I, 1910, S. 143–147; J. Hoffmann, in: A. Richter/Wachter (Hrsg.), Handbuch des internationalen Stiftungsrechts, 2007, IPR Rn. 8; C. Geisler, Die selbständige Stiftung im Internationalen Privatrecht, 2008, S. 190; S. Koehler, Das Kollisionsrecht der Stiftungen aus Sicht des Internationalen Privat- und Verwaltungsrechts, 2011, S. 233–236.

anzuknüpfen über ein anderes System, und kann daher im Prinzip keine Rückkoppelungseffekte im IPR der Stiftungen auslösen.[1206]

XIV. Vereine

Literatur: *Wesiack,* Europäisches Internationales Vereinsrecht, 2011.

1. Analogie zum Internationalen Gesellschaftsrecht. Das IPR der Vereine, das Internationale Vereinsrecht, folgt ebenfalls dem Internationalen Gesellschaftsrecht.[1207] Das ist in vielen Kollisionsrechten kodifiziert, z.B. in § 10 östIPRG; Artt. 110 II belgIPRG; 10 griechZGB; 25 Abs. 1 italIPRG; 9 Abs. 1 spanCódigo Civil. Im europäischen IPR gibt es eine dahingehende Wertung durch den ausdrücklichen Ausschluss von Vereinen neben Gesellschaften in Artt. 1 II lit. f Rom I-VO; 1 II lit. d Rom II-VO. Bei internationalen Dachverbänden ist Vereinsstatut nicht das Statut des einzelnen Mitgliedsvereins oder Mitgliedsverbands, sondern das Recht des Dachverbands.[1208]

Soweit das Internationale Gesellschaftsrecht jedenfalls innerhalb von EU und EWR wegen unionsrechtlichen Zwangs der Gründungstheorie folgen muss, ergibt sich dieser Zwang für Vereine nicht wie bei Gesellschaften aus Art. 54 AEUV, sondern aus Art. 21 AEUV.[1209]

2. Umfang des Vereinsstatuts (Qualifikation). Dem Vereinsstatut unterstehen: Gründung samt Voraussetzungen (z.B. einer Mindestzahl an Gründungsmitgliedern); etwaige Registrierung; etwaige Rechtsfähigkeit; Name; Organisationsstruktur; Vereinsorgane; Befugnisse der Vereinsorgane; Vertretungsmacht; Finanzverfassung; Haftungsverfassung; Mitgliedschaft samt Teilnahme- und Stimmrechten und Pflichten, insbesondere Beitrags- oder Dienstpflicht; Umwandlungen; Fusionen, Auflösung; sonstige Beendigung.[1210]

[1206] Vgl. *R. Werner,* ZEV 2017, 181, 185.
[1207] Siehe nur *P. Behrens,* ZEuP 2007, 324, 327; *Wesiack,* Europäisches Internationales Vereinsrecht, 2011, S. 42.
[1208] OLG Frankfurt OLGR Frankfurt 2011, 195, 198.
[1209] *Wesiack,* Europäisches Internationales Vereinsrecht, 2011, S. 107–121; *Rensen,* WPNR 7129 (2016), 1008, 1009.
[1210] *Wesiack,* Europäisches Internationales Vereinsrecht, 2011, S. 52–56.

Sachverzeichnis

Die fett gedruckten Zahlen bezeichnen die Paragraphen des vorliegenden Werks, die mager gedruckten Zahlen deren Randnummern (Beispiel: **1** 978 = § **1** Rn. 978).

AAA **3** 152
Abberufung **7** 179
Ablieferungsort **1** 716
Absatzmarkt **2** 252
Abschlussort **1** 160, 206, 857–870
Absender **1** 715
Abstammung **4** 941–1023
Abtretung **1** 884–912
– Bereicherungsrecht **2** 484
– Drittwirkungen **1** 891–909
– Forderungsschuldner **1** 910–912
– Verfügungsgeschäft **1** 889–909
– Verpflichtungsgeschäft **1** 885–888
Abwägung **1** 353–357, 642–654
Abwerben **2** 292
Abwicklung **5** 40; **7** 212–214
actio pro socio **7** 199
Adelstitel **6** 248–253
administrator **5** 399–408
Adoption **4** 1024–1059
– Begriff **4** 1030–1033
– durch Ehegatten **4** 1035–1038
– durch Lebenspartner **4** 1039–1044
Adoptionsstatut
– Anknüpfung **4** 1030–1044
– Qualifikation **4** 1045–1049
– Zustimmung **4** 1049–1057
Adoptionstourismus **4** 1024, 1027
Adoptionsvermittlung **4** 1027
ADR **1** 137
Änderungsvertrag **1** 468–469
Ärgeres Recht **4** 22–28
AGB **1** 81–86; **2** 90–91
agreement to make a will **5** 432
AG-Vorstand **1** 552
Akademischer Grad **6** 253–254
Akkreditiv **2** 489
Akzessorische Anknüpfung **1** 359–361; **2** 207–216, 454–464, 511–515; **4** 538
Alias **6** 246
Allgemeinverbindlicherklärung **1** 676
Alternative Anknüpfung **1** 842; **2** 325–328, 430–431
Analogie **2** 589
Anerkennungsprinzip **4** 716, 790, 1144–1170; **6** 215–226
Anfechtung der Abstammung **4** 1013–1020
Angleichung **3** 56; **5** 388–392; **6** 213–214
Anknüpfungsleiter **4** 280–281, 663
Anleihe **1** 313; **7** 281

Annahme **5** 364–367
Annahmeerklärung (Erbrecht) **5** 538–543
Annahmeverzug **1** 820
Anpassung **3** 56; **5** 43–44, 79–80, 87–92; **6** 213–214
Anrechnung **5** 388–392
Anscheinsbeweis **2** 416
Anscheinsvollmacht **1** 1071–1073
Anspruchskonkurrenz **4** 932
Antidiskriminierungsrecht **2** 567
Anwachsung **7** 121
Anwaltsvertrag **1** 251
Anweisungsfälle **2** 492–494
Arbeitgeberverband **2** 370
Arbeitnehmer **1** 538–564; **7** 194–196
– Vollmacht **1** 1046–1050
Arbeitnehmerähnliche **1** 545
Arbeitnehmererfindung **1** 325
Arbeitnehmerüberlassung **1** 670
Arbeitnehmerurheberrecht **1** 325
Arbeitskampfrecht **2** 367–372, 566
Arbeitskleidung **1** 403–407
Arbeitsmaterial **1** 403–407
Arbeitsort, gewöhnlicher **1** 583–631
Arbeitsvertrag **1** 537–669
Arbeitszeit **1** 837
Architektenvertrag **1** 251
artificial womb **4** 944
Arzneimittelrecht **2** 568
Arztvertrag **1** 251; **6** 92–96
asset deal **3** 20–21
Aufenthalt, gewöhnlicher **1** 223–227, 503–506; **2** 188–200; **4** 405–409, 671–679, 893–899, 1074–1077, 1115–1119; **5** 228–283, 525–528
Aufenthaltsprinzip **4** 668–670
Auffangklausel **1** 229, 362–367, 730–731; **4** 294–297, 453–481; **5** 298
Aufgebot **4** 140
Aufhebungsvertrag **1** 565–566
Aufrechnung **1** 915–918
Aufrechnungsvertrag **1** 919
Auktion **1** 279–283
Auseinandersetzungsvertrag **4** 198
Ausflaggung **3** 83
Ausführungsvertrag **1** 116–117
Ausgangsort **1** 717, 728; **3** 109
Aushandeln **2** 90–91
Auskunftsanspruch **2** 394–395; **4** 199
Auslegung
– Rom I-VO **1** 5–7

Sachverzeichnis

Fette Zahlen = §§

– Schuldvertrag **1** 804–809
Auslobung **1** 314
Ausrichten **1** 428–456
Ausschlagung **5** 364–367
Ausschlagungserklärung **5** 538–543
Ausschüttung **7** 198
Außenhaftung **7** 190–191
Außenwirtschaftsrecht **1** 839; **3** 136–140
Außervertragliche Schuldverhältnisse **2** 1–592
Aussperrung **2** 367–372
Ausstrahlung **1** 682
Ausüben **1** 430
Ausweichklausel **1** 228, 338–361, 642–654, 732; **2** 201–216, 477–478, 525–526; **3** 24–37; **4** 301–319, 667, 782–783; **5** 284–296
Auswirkungsprinzip **2** 304–321
Autohypothek **3** 5, 64–65

Bankvertrag **1** 251
Basis **1** 617–631
Bauvertrag **1** 251
Beamter **1** 562–564
Beförderungsvertrag **1** 427, 511–515, 687–737
Beherbergungsvertrag **1** 312
Beherrschungs- und Gewinnabführungsvertrag **7** 250
Behördliche Genehmigung **2** 341–345
Behördliches Kartellrecht **2** 297–299
Beistandschaft **6** 147
Belegenheit **5** 275, 529–531
Belegenheitsrecht **5** 183
Beratungsvertrag **1** 251
Bereicherungsrecht **2** 445–501
Beseitigungsanspruch **2** 394–395
Beseitigungsbemühungen **4** 41–50
Bestätigungsschreiben **1** 790
Bestechung **2** 292
Bestimmungsort **3** 110, 115
Beteiligungsfähigkeit **7** 171–173
Betretungsverbot **4** 484–485
Betreuer **6** 97–98
Betreuung **6** 115–119, 126–129
Betreuungsverfügung **6** 101
Betrieb **1** 678
Betriebsrat **1** 677–686
Betriebsübergang **1** 666–669
Betriebsverfassungsrecht **1** 677–686
Beurkundungsperson **5** 548
Beweis **1** 57–59
Beweisarten **1** 59
Beweislast **1** 58, 456; **2** 415
Beweismaß **2** 417
Bewirtungsvertrag **1** 314
Bezugsperson **4** 1117
Bigamie **4** 23, 111–125
Binnenmarktsachverhalt **1** 210–219
Biologische Elternschaft **4** 981, 1000
Biologischer Vater **4** 981

BIT **7** 124–126
Bleibewille **5** 251–253
Blockverweisung **1** 761
Bohrinsel **3** 73
Borddelikte
– Flugzeug **2** 178–179
– Schiff **2** 175–177
Börsenaufsichtsrecht **7** 279
Börsengeschäfte **1** 1058–1060
Börsenkauf **1** 283
Bootstrap principle **1** 89, 785–786
Botschaft **4** 148
Brexit **7** 118
Briefkastengesellschaft **7** 86–87, 113
Broking **3** 152
B2C-Vertrag **1** 384–419; **2** 98–99
Bündelungsmodell **1** 925
Bürgerlicher Tod **5** 327; **6** 20
Bürgschaft **1** 313; **2** 488

Cape Town Convention **3** 87, 104–105
Cartesio **7** 41–43
Cash pooling **7** 246
Centros **7** 30–31
cessio legis **1** 913–914; **2** 441
CETA **7** 105
Chance **2** 166–167, 391
Charakteristische Leistung **1** 298–309
Charter-Party **1** 693–698
Chartervertrag **1** 693–698
Chemikalienrecht **2** 569
CISG **1** 237, 241–242, 247–248, 840
Clearingstelle **1** 293–294
Cloud Computing-Vertrag **1** 251
Company Law Package **7** 9
Co-Mutter **4** 971, 975, 977–980, 1002
condictio causa data non secuta **2** 480
condictio indebiti **1** 830; **2** 455–457, 480
condictio ob causam finitam **2** 480
condictio ob rem **2** 480
confessio iuris **4** 400; **5** 280
Container **3** 75
Crowdfunding **1** 313
C2B-Vertrag **1** 420–423
C2C-Vertrag **1** 424–425
Culpa in contrahendo **1** 54; **2** 529–556
– akzessorische Anknüpfung **2** 536–546
– deliktische Auffanganknüpfung **2** 547–556
– Qualifikation **2** 529–535
– Rechtswahl **2** 507–510

Dänemark **4** 826
Daily Mail **7** 28–29
Darlegungslast **2** 415
Darlehen **1** 313, 364
Datenbankschutz **2** 352
Dekretadoption **4** 1029
Delikt **2** 114–444

Magere Zahlen = Randnummern

Sachverzeichnis

Deliktsfähigkeit 2 383; 7 170
Demenztourismus 5 254–255
dépeçage 1 376–381
 s. a. *Teilrechtswahl*
Depotrecht 3 157–161
Deutsche Limited 7 119–122, 304–313
Deutscher Rat für Internationales Privatrecht
 7 10
Deutsch-Persisches Niederlassungsabkommen
 4 348, 1171–1175; 5 596–597
Devisenregulierung 1 839
Dienstleistung 1 249–256, 509–510
Dienstleistungsfreiheit 1 250–256
Direktanspruch 2 374, 430–439
Disclaimer 1 454–455
Dispens 4 136–138
Distanzvertrag 1 865–870; 2 285–288
Distributive Anknüpfung 4 16
domaine réservé 5 384–387
domicile 5 180, 235
Doppelehe 4 23, 111–125
Doppelregistrierung 3 83
Doppelsitz 7 133
Doppeltes Arbeitsverhältnis 1 610–616
Drittleistung 1 813; 2 486
Drittschaden 2 145
Drittwirkungen 1 831
droits acquis 3 6
Dual Use 1 408–419
Duldungsvollmacht 1 1071–1073

effects doctrine 2 304–321
Effektiver Verwaltungssitz 7 129–136
Ehe auf Zeit 4 15, 142–143
„Ehe macht mündig" 4 96; 6 30
Ehe- und Erbvertrag 5 76, 479
Eheaufhebung 4 522
Ehebegriff
 – Ehe auf Zeit 4 15, 142–143
 – Ehe mit sich selbst 4 13
 – Ehe zu dritt 4 12
 – EuGüVO 4 191–195
 – Geschlecht 4 67–80
 – Internationales Eheschließungsrecht 4 10–14
 – Polyamorie 4 12
 – Sologamie 4 13
Ehebruch 4 725
Ehefähigkeitszeugnis 4 140
Ehegattengesellschaft 4 200; 7 282–283
Ehegattenmitarbeit 4 201
Ehegatteninnengesellschaft 4 200; 7 282–283
Ehegüterrecht s. *EuGüVO; Internationales
 Ehegüterrecht*
Ehehindernisse 4 98–138
 – einseitige 4 99–100
 – politische 4 105–106
 – religiöse 4 101–104
 – Schwägerschaft 4 107–110

 – Verwandtschaft 4 107–110
 – zweiseitige 4 99–100
Ehemündigkeit 4 81–83
Ehename 6 175–193
Eheschließung 4 7–178
 – Alter 4 81–97
 – Dispens 4 136–138
 – Ehehindernisse 4 98–138
 – Einwilligung Dritter 4 63–64
 – Form 4 139–165
 – Geschäftsfähigkeit 4 61–62
 – Geschlecht 4 67–80
 – Heiratsvormund 4 58–60
 – Kinderehe 4 84–96
 – Konsens 4 55-57
 – materielle Eheschließungsvoraussetzungen
  4 15–138
 – Ort 4 144–148
 – unter falschem Namen 4 65–66
Eheschließungsalter 4 81–97
Eheschließungsfreiheit 4 51–52
Eheurkunde 4 140
Ehevertragsform 4 431–435
Ehewirkungen s. *Internationales Ehewirkungsrecht;
 Internationales Ehegüterrecht*
Eigenhändigkeit 5 548
Eigenhaftung des Stellvertreters 1 1078
Eigentümer-Besitzer-Verhältnis 3 205–206
Eigentumsvorbehalt 3 57–61
Einbeziehungskontrolle 1 789
Einbeziehung von AGB 1 789
Einfacher Statutenwechsel 3 41–44
Eingriffskondiktion 2 480
Eingriffsrecht 1 924–1009; 2 557–570; 7 225–226
 – Definition 1 928–945; 2 557–558
 – Ehegüterrecht 4 340–345
 – Erbrecht 5 303–304
 – Erfüllungsort 1 971–987
 – forumeigenes 1 946–952
 – forumfremdes 1 953–965; 2 561–564
 – materiellrechtliche Berücksichtigung
  1 993–1002
Einheitsrecht 1 318–322, 687–688
 s. a. *CISG, UN-Kaufrecht*
Einlagerungsvertrag 1 312
Einrede, kollisionsrechtliche 4 916–927
Einseitige Ehehindernisse 4 99–100
Einseitige Rechtsgeschäfte 1 871–873
Einstellende Niederlassung 1 632–641
Einstrahlung 1 682
Eintragung 2 354
Eizellspende 4 942
Ektogenese 4 944
Elektrizität 1 244
Elektronische Beurkundung 7 228
Elektronische Form 4 645
Elterliche Sorge 4 1083–1094
Elternhaftung 2 405

Sachverzeichnis

Fette Zahlen = §§

Eltern-Kind-Verhältnis **4** 1096–1098
Embryo **4** 963–965; **5** 341
EMRK **4** 1159–1160
Energie **1** 244
Enterbung **5** 352–354
Entladeort **1** 718
entrepreneur individuel à responsabilité limitée **7** 163
Entschädigungsanspruch **4** 537
Entsendung **1** 600–609
Erbe **5** 331–338
Erbengemeinschaft **5** 393–396, 398
Erbfähigkeit **5** 340–345
Erbfall **5** 326–327
Erbgang **5** 355–367
Erbrechtliches Viertel **5** 58–72
Erbschaftsteuerrecht **5** 24–25
Erbunwürdigkeit **5** 346–351
Erbvertrag **5** 428–481
– Begriff **5** 429–437
– Erbverzichtsvertrag **5** 476–478
– gemeinschaftliches Testament **5** 482–503
– mehrseitiger **5** 467–475
– objektive Anknüpfung **5** 454–459
– Pflichtteilsverzichtsvertrag **5** 476–478
– Qualifikation **5** 460–466
– Rechtswahl **5** 438–453
Erbverzichtsvertrag **5** 476–478
Erfolgsort **2** 48–49, 55–66, 114–187, 329–333
Erfüllungsort **1** 149–151, 836, 971–987
Erfüllungsortvereinbarung **1** 149–151
Erfüllungssurrogate **1** 812
Ergänzungsvertrag **1** 468–469
Erlass **1** 314
Erlassvertrag **1** 314, 824
Erlaubnis **2** 341–345, 423
Erlöschen von Verpflichtungen **1** 823–825
Errichtungsstatut **5** 409–424, 438–447
Erstattungsanspruch **4** 932–939
Erstfrage **4** 191–195, 976, 1052–1053; **5** 166; **6** 195
Erwachsenenschutz **6** 102–114
s. a. *Vorsorgevollmacht*
Erweiterter Eigentumsvorbehalt **3** 61
Erweiterungsvertrag **1** 468–469
estate planning **5** 143, 278–280, 302
EuErbVO **5** 1–586
– Drittstaatensachverhalte **5** 10–13
– Eingriffsrecht **5** 303–312
– Entstehungsgeschichte **5** 1–5
– Erbvertrag **5** 428–481
– Fiskusaneignungsrecht **5** 314–322
– Fiskuserbrecht **5** 314–322
– Hintergründe **5** 6–9
– Nachlasseinheit **5** 299–313
– Nachlassverwalter **5** 370, 399–408
– objektive Anknüpfung **5** 228–298
– Ordre public **5** 568–582

– Qualifikation **5** 323–398
– Rechtswahl **5** 139–227
– sachlicher Anwendungsbereich **5** 17–138
– Schiedsgerichte **5** 583–586
– Struktur **5** 15–16
– Testament **5** 409–427
– zeitlicher Anwendungsbereich **5** 14
Eugenik **4** 133
EuGüVO **4** 179–350
– Eingriffsrecht **4** 340–345
– Entstehungsgeschichte **4** 183–186
– Form einer Güterstandsvereinbarung **4** 271–278
– objektive Anknüpfung **4** 279–319
– Ordre public **4** 346–347
– Qualifikation **4** 189–220, 320–328
– Rechtswahl **4** 224–270
– Rück- und Weiterverweisung **4** 339
– Schutz Dritter **4** 329–338
– Statuteneinheit **4** 222–223
– Verkehrsschutz **4** 329–338
– verstärkte Zusammenarbeit **4** 184–185
– zeitlicher Anwendungsbereich **4** 178–182
EuPartVO **4** 771–789
– objektive Anknüpfung **4** 778–783
– Rechtswahl **4** 772–777
– Rück- und Weiterverweisung **4** 784
Europäische Menschenrechtskonvention **4** 1159–1160
Europäischer Betriebsrat **1** 686
EuUnthVO **4** 825
EWR **7** 101–102
Existenzvernichtungshaftung **7** 239
Ex lege-Verhältnis **6** 132–133
Exporteur **1** 302–303

Factoring **1** 311, 888, 903
Factoringvertrag **1** 311, 888
Fähre **1** 519
Fahrzeug **1** 242
Faktische Geschäftsleiter **7** 184
falsus procurator **1** 1074–1077
Familienname **6** 242
Familienverhältnis **1** 28; **2** 461–463
Faustformel **1** 301, 308–309
Fehlbehandlung **2** 169
Feiertage **1** 837
Ferienhausmiete **1** 264–269
Fernabsatz **1** 457–458
Fernfahrer **1** 626–631
Fernsehwerbung **2** 258
Finanzinstrument **1** 286
Finanzsicherheitenrichtlinie **3** 162
Finanzvertrag **1** 284–297
Firma **7** 202
Fiskusaneignungsrecht **5** 314–322
Fiskuserbrecht **5** 314–322
Flaggenanknüpfung **1** 658–663; **3** 111

Magere Zahlen = Randnummern

Sachverzeichnis

Flaggenhoheit **1** 658–663
floating charge **3** 67
floating choice of law **1** 192–194
Flugpersonal **1** 617–631
Flugzeug **3** 68–105
Flugzeugabsturz **2** 179
Flugzeugkollision **2** 186–187
Folgeschaden **2** 139–144
Folgevertrag **1** 468–469
Fonds **1** 398–399
Forderungsausfall **2** 165
Form
– Abschlussort **1** 857–866
– alternative Anknüpfung **1** 842
– Distanzverträge **1** 867–870
– Eheschließung **4** 139–165
– einseitige Rechtsgeschäfte **1** 871–873
– Formmangel **1** 881–882
– Gesellschaftsrecht **7** 215–228
– Immobilienvertrag **1** 877–880
– Qualifikation **1** 845–854
– Verbrauchervertrag **1** 530–532, 874–877
– Vollmacht **1** 1070
Formfehler **4** 163–165
Formleere **1** 883
Formmangel **1** 881–882
Formverstoß **1** 881–882
Fortführung **5** 45–52; **7** 284–291
Fortgesetzte Gütergemeinschaft **5** 74
Franchisevertrag **1** 270–273, 325
Freizügigkeit **6** 215–226
Fristbeginn **2** 412
Fristdauer **2** 412
Fristlauf **2** 412
Funktionsverfehlung **1** 346

Garantie **1** 313; **2** 488
Garantiehaftung **1** 817
Gaststättenvertrag **1** 314
Gebärmuttertransplantation **4** 943
Geburt **3** 9, 11; **4** 962
Gefährdungshaftung **2** 379
Gefällelage **1** 384–425
Geistiges Eigentum **2** 352–354
Geistlicher **4** 103, 140
Gekoppelte Anknüpfung **4** 16
Geld **1** 243
Geldleistung **1** 301, 308–309
Gemeinsamer gewöhnlicher Aufenthalt von Ehegatten **4** 282–290, 410, 597, 681
Gemeinschaftliches Testament **5** 482–503
– Änderung **5** 502–503
– Erbvertrag **5** 482–490
– Form **5** 535–536
– Rechtswahl **5** 492–494
– Urkundeneinheit **5** 491
– Verbot **5** 495–501
– Widerruf **5** 502–503

Gemischter Gebrauch **1** 408–419
Gemischte Schenkung **1** 331
Gemischte Verträge **1** 329–337
Genehmigung **2** 341–345, 423
Generalunternehmervertrag **1** 314
Gentlemen's Agreement **1** 375
Genugtuungsanspruch **4** 537
genuine link **7** 65, 80
Geoblocking **1** 436–440
Gerichtssprache **1** 850
Gerichtsstandsvereinbarung **1** 43–47, 121–131; **4** 606
Gesamtbetriebsrat **1** 685
Gesamtgläubiger **1** 813
Gesamtschuldner **1** 813, 920–923
Gesamtschuldnerausgleich **1** 920–923
Geschäftsfähigkeit **4** 61–62, 220; **6** 24–32, 100
Geschäftsführung ohne Auftrag **2** 502–528
– akzessorische Anknüpfung **2** 511–515
– Ausweichklausel **2** 525–526
– gemeinsamer gewöhnlicher Aufenthalt **2** 516
– Geschäftsführungsort **2** 517–524
– Qualifikation **2** 505–506, 527
– Rechtswahl **2** 507–510
Geschäftsführungsbefugnis **7** 179
Geschäftsreisender **1** 724
Geschlecht **6** 148–166
Geschlechterdiskriminierung **4** 720
Geschlechtszugehörigkeit **6** 148–166
Gesellschaft **7** 161–162
Gesellschafterabreden **7** 292
Gesellschafterdarlehen **7** 237–238
Gesellschaftergeschäftsführer **1** 554–557; **7** 196
Gesellschafterhaftung **7** 188–192
Gesellschafterversammlung **7** 198
Gesundheitszeugnis **4** 133
Get **4** 509, 720
Gewaltschutz **4** 486
Gewerkschaft **2** 370
Gewinnherausgabe **2** 393
Gewinnzusage **1** 314
Gewöhnlicher Arbeitsort **1** 583–631
Gewöhnlicher Aufenthalt **1** 223–227, 503–506; **2** 188–200; **4** 405–409, 671–679, 893–899, 1074–1077, 1115–1119; **5** 228–283, 525–528
Gläubigerschutz **7** 53
Gläubigerverzug **1** 820
Gleichgeschlechtliche Ehe **4** 68–75, 715, 750, 792–799
Gleichlauf **5** 234
Gleichlaufprinzip **4** 1069–1071
Gleichordnungskonzern **7** 244–245
GmbH-Anteilskauf **1** 853; **7** 220–226
Golden Ticket **5** 167
grave risk **4** 1131–1137
Groupe Européen de Droit International Privé **7** 14
Großrisiken **1** 754–757, 763–764

1089

Sachverzeichnis

Fette Zahlen = §§

Großvatername **6** 245
Gründung **7** 164–167
Gründungstheorie **7** 1–3, 27–105
Grüne-Karte-System **2** 438
Grundbuchverfahren **7** 89–93, 183
Grundfreiheiten **4** 1148–1158
Grundrechte **2** 575
Grundstücksimmissionen **3** 163–168
Grundstücksschenkung **1** 263
Günstigkeitsprinzip **4** 955–961
Günstigkeitsvergleich **1** 476–488, 567–582; **2** 432
Güterbeförderungsvertrag **1** 691–699
Gütergemeinschaft auf den Todesfall **5** 75
Güterrecht **1** 32–34; **4** 196–203
Güterstandsvereinbarung **4** 271–278
Gutgläubiger Erwerb **3** 200–204

Haager Adoptionsübereinkommen **4** 1024–1026
Haager Kindesentführungsübereinkommen **4** 1106–1143
Haager Kindesschutzübereinkommen **4** 1060–1095
Haager Minderjährigenschutzabkommen **4** 1060–1061, 1069
Haager Produkthaftungsübereinkommen **2** 220, 245, 588–589
Haager Straßenverkehrsunfallübereinkommen **2** 375–376, 588–589
Haager Testamentsformübereinkommen **5** 504–537
Haager Übereinkommen über das auf intermediärverwahrte Wertpapiere anzuwendende Recht **3** 151–156
Haager Unterhaltsprotokoll **4** 825–940
– Abänderung von Unterhalt **4** 928–931
– Anspruchskonkurrenz **4** 932
– objektive Anknüpfung **4** 889–927
– Qualifikation **4** 836–839
– Rechtswahl **4** 843–888
– Verhältnis zum HUÜ **4** 825–832
– Vorfragen **4** 840–842
– zeitlicher Anwendungsbereich **4** 833 835
Haager Unterhaltsübereinkommen **4** 829–832
Hafen **1** 662–663
Haftung für andere **2** 405–408
Haftungsausschluss **2** 384–387
Haftungsbegrenzungserklärung (Erbrecht) **5** 538–543
Haftungserweiterung **2** 388
Haftungsgläubiger **2** 398–404
Haftungsgrund **2** 379
Haftungshöchstgrenze **2** 381
Haftungsquote **2** 381
Haftungsschuldner **2** 379
Haftungsteilung **2** 384
Haftungsumfang **2** 381
Handelndenhaftung **7** 166

Handelsvertreter **1** 217–219, 276, 545, 1043
Handelsvertreterrichtlinie **1** 217–219
Handelsvertretervertrag **1** 276
Handlungsfähigkeit **6** 22–23
Handlungsort **2** 334–337, 418–429
s. a. Ubiquitätsprinzip
Heimathafen **3** 81, 84
Heiratslizenz **4** 140
Heiratsvormund **4** 58–60
Heraus-Umwandlung **7** 74, 255
Heraus-Verschmelzung **7** 74
hereditas iacens **5** 369
Herein-Umwandlung **7** 74, 254
Herein-Verschmelzung **7** 74
Herkunftsangabe **2** 360
Herkunftslandprinzip **2** 131–135, 203, 581–586
Hinkende Ehe **4** 126–132, 714
Hinterbliebenenversorgung **5** 36
Höfeerbrecht **5** 305
Hoheitliches Handeln **2** 15–16
Hospiz **5** 249
Hotelschiff **3** 73
Hotelvertrag **1** 312
Human Rights Litigation **2** 575

Immaterialgüterrecht **2** 352–359, 501
Immaterialgüterrechtsverletzung **2** 346–366, 501
Immaterialgüterrechtsverträge **1** 324–328
Immissionen **3** 163–168
Immobilienkaufvertrag **1** 259
Immobilienmietvertrag **1** 260–262, 264–269, 365
Immobilientreuhandvertrag **1** 263
Immobilienverträge **1** 257–269
Immobilienverwaltungsvertrag **1** 263
Impotenz **4** 133
INCOTERMS **1** 814
Individualarbeitsvertrag **1** 538–566
Industriespionage **2** 292
Informationspflicht **1** 849
Informiertheit **4** 569–577
Ingenieurvertrag **1** 251
Ingmar-Rechtsprechung **1** 217–219
Inhaberpapiere **3** 142–145
Inhaltskontrolle **1** 795
Inlandsvertrag **1** 204–209
Innengesellschaft **1** 50; **4** 200; **7** 149–151, 282–283
Innenhaftung **7** 188–189
Insolvenzantragspflicht **7** 232
Insolvenzfähigkeit **7** 231
Insolvenzrecht **1** 902; **3** 195; **5** 138; **7** 52, 55–57, 153, 229–239
Insolvenzverschleppungshaftung **7** 233–235
Inspire Art **7** 25–36
Intermediärverwahrte Wertpapiere **3** 151–156
Internationales Abstammungsrecht **4** 941–1023

Magere Zahlen = Randnummern

Sachverzeichnis

- Günstigkeitsprinzip 4 955–961
- moderne Phänomene 4 941–948
- Qualifikation 4 951–953
- Rechtswahl 4 954
- Reform 4 949–950

Internationales Deliktsrecht
- deutsches 2 43–69
- europäisches 2 114–444

s. Rom II-VO

Internationales Ehegüterrecht
s. a. EuGüVO
- Altfälle 4 351–383
  - objektive Anknüpfung 4 375–378
  - Qualifikation 4 379–383
  - Rechtswahl 4 353–374
  - Übergangsrecht 4 352
- Verkehrsschutz 6 43–53

Internationales Eheschließungsrecht 4 7–178
- materielle Eheschließungsvoraussetzungen 4 15–138
- Form 4 139–165
- Rück- und Weiterverweisung 4 166–169

Internationales Ehewirkungsrecht
- Bedeutung 4 384–388, 395
- Qualifikation 4 392–396
- Rechtswahl 4 397–441
- Wandelbarkeit 4 390–391

Internationales Einheitsrecht 1 318–322, 687–688; 3 104–105

Internationales Erbrecht
- bilaterales 5 587–598
- deutsches 5 599
- Deutsch-Persisches Niederlassungsabkommen 5 596–597
- Eingriffsrecht 5 303–310
- europäisches 5 1–586

s. EuErbVO
- Rück- und Weiterverweisung 5 555–567
- Türkisch-Deutsches Nachlassabkommen 5 587–594

Internationales Familienrecht 4 1–1175
- Anerkennungsprinzip 4 1144–1170
- bilaterale Staatsverträge 4 1171–1175
- Deutsch-Persisches Niederlassungsabkommen 4 348, 1171–1175
- Eltern-Kind-Verhältnis 4 1096–1098
- gleichgeschlechtliche Partnerschaften 4 758–799, 1162–1165
- Internationales Abstammungsrecht 4 941–1023
- Internationales Adoptionsrecht 4 1024–1059
- Internationales Eheschließungsrecht 4 7–178
- Internationales Ehegüterrecht 4 179–383
- Internationales Ehewirkungsrecht 4 384–486
- Internationales Scheidungsrecht 4 487–757
- Internationales Unterhaltsrecht 4 825–940
- Kindesentführung 4 1096–1143
- Kindessorge 4 1060–1095

- nichteheliche Lebensgemeinschaften 4 800–824

Internationales Gesellschaftsrecht 7 1–326
- Anerkennung 7 295–296
- Anknüpfungspunkt 7 79–80
- Qualifikation 7 152–292
- Parteiautonomie 7 77
- Restgesellschaft 7 303–313
- Rück- und Weiterverweisung 7 297–301
- Spaltgesellschaft 7 302, 314–315
- Verkehrsschutz 6 40–42

Internationales Immaterialgüterrecht 2 357
Internationales Lauterkeitsrecht 2 246–296
Internationales Namensrecht 6 167–255
- Anpassung 6 213–214
- Namenswahlrecht 6 227–238
- Primärrecht 6 215–226
- Qualifikation 6 239–255
- Rechtswahl 6 175–210

Internationales Sachenrecht 3 1–219
- objektive Anknüpfung 3 12–168
- Qualifikation 3 197–210; 4 209–217
- Rechtswahl 3 169–195
- Rück- und Weiterverweisung 3 211–214

Internationales Schuldvertragsrecht 1 1–1078
Internationales Zivilprozessrecht 2 127–130, 319, 439
Internationales Zivilverfahrensrecht 4 1028–1029
Internetauftritt 1 441–445
Intersexuelle 4 79–80; 6 148, 159–163
Investitionsschutzabkommen 7 124–126
In-vitro-Fertilisation 4 942, 986
Iran 5 596–597
Islamisches Eherecht 4 720
Islamisches Erbrecht 5 574–578

Jetsetter 5 263–265
joint tenancy 5 37

Kabotage 1 736
Kafala 4 1031–1033
Kanada 7 105
Kapitänsvollmacht 1 1062–1064
Kapitalerhöhung 7 198
Kapitalmarktaufsichtsrecht 7 280
Kapitalmarktinformationshaftung 2 29–42
Kapitalmarktrecht 7 269–281
Kapitalstruktur 7 187
Kapitalverkehrsfreiheit 1 253
Kartellprivatrecht 2 297–324
Kartellrecht 2 297–324
Kartellverwaltungsrecht 2 297–299
Kaskadenanknüpfung 4 280–281, 663, 901, 913
Kaste 6 19
Katalogtatbestände 1 230–235
Katalogtechnik 1 230
Kaufmannseigenschaft 6 54–57

Sachverzeichnis

Fette Zahlen = §§

Kaufvertrag **1** 236–248
Kausalität **1** 464–466; **2** 280
Keuschheitsgelübde **4** 103
Kfz **3** 96–103
Kind **4** 1064
Kinderehe **4** 84–96
Kindesentführung **4** 1096–1143
Kindesname **6** 192–210
Kindesrückgabe **4** 1122–1125
Kindessorge **4** 1060–1095
Kindeswille **4** 1139–1142
Kindeswohl **4** 993, 1056–1057, 1131–1137
Kirchengericht **4** 522
Klauselrichtlinie **1** 489–490
Kleine Unternehmen **1** 384, 400–402
Klostertod **6** 18
Kollektivarbeitsrecht **1** 671–686
Kombinationslehre **7** 3
Kommerzielle Betätigung **2** 83–90
Kommissionsvertrag **1** 312
Kommorientenvermutung **6** 17
Kommunikationsverzeichnis **1** 475
Kondiktionsarten **2** 480
Konkludente Rechtswahl **1** 120–160
Konnossement **1** 40, 733–734; **3** 116–120, 141–162
Konsens **1** 787–788
Konsensualscheidung **4** 507
Konsulat **4** 148
Konsum **1** 390–391
Konsument *s. Verbraucher*
Kontaktverbot **4** 484–485
Kontinuitätsklausel **4** 412, 446, 682
Konto **2** 153–161
Konzern **7** 240–249
Konzernbetriebsrat **7** 247–249
Konzernstatut **7** 240–245
Kornhaas **7** 52–58
Kraftfahrzeuge **3** 96–103
Krankenhausvertrag **1** 251
Kreditsicherheiten **3** 6–7
Kreditvertrag **1** 313, 364
Kreuzfahrt **1** 518
Kryokonservierung **4** 963–965
KSÜ **4** 1060–1095
Künstlerexklusivvertrag **1** 545
Kulturgüter **3** 121–140
Kumulative Anknüpfung **1** 87, 796–803
Künstlername **6** 246
Kunstgegenstände **3** 121–140

Lagervertrag **1** 312
Lando-Principles **1** 184–186
Lauterkeitsrecht **2** 246–296
Leasingvertrag **1** 312
Lebensmittelpunkt **5** 233
Legalzession **1** 913–914; **2** 441
Legitimation **4** 1009–1010

Leihe **1** 312
Leihmutter **4** 975, 985–999, 1022
Leihmutterschaft **4** 975, 985–999
Leistungskondiktion **1** 830; **2** 455–457
Leistungsmodalitäten **1** 814
Leistungsort **1** 814
Leistungsstörungen **1** 816–822
Leistungszeit **1** 814
Leitende Angestellte **1** 561
Letter of Intent **1** 368–374
lex fori **1** 351–352; **2** 315–321; **4** 698–704, 717, 845–851; **6** 76–78, 105–108, 143–144
lex mercatoria **1** 184
lex originis **3** 128–135
lex rei sitae *s. lex situs*
lex situs **3** 12–19
Limited **7** 119–122, 304–313
Listeneintrag **1** 472–473
Lkw **3** 96–103
locus regit formam actus **1** 857–858
Löschung **7** 304–313
Lokalarbeitsverhältnis **1** 610–616
Lotterievertrag **1** 314
Luftfahrzeuge **3** 68–105

mahr **4** 197
Makler **1** 1043
Mallorca-Rentner **2** 249, 270
Marketer **1** 299–301
Marketingagentur **1** 474–475
Marketingverband **1** 474–475
Markt **2** 249–291, 307–312
Marktmanipulation **1** 172
Marktortanknüpfung **2** 249–291
Massenrisiken **1** 765
Maßnahmen (Kindessorge) **4** 1065
Masterfranchisevertrag **1** 273
Materiellrechtliche Verweisung **1** 74–78, 186, 207; **2** 110–112
Mediation **1** 137
Mediendelikte **2** 20–25
Mehrehe **4** 111–125
Mehrelternschaft **4** 942
Mehrheit von Schädigern **2** 123, 125
Mehrpersonenverhältnisse, bereicherungsrechtliche **2** 481–494
Mehrrechtsstaat **2** 579
Meistbegünstigung **7** 122
Memorandum of Understanding **1** 368–374
Mengenvertrag **1** 699
Mietvertrag
– Immobilienmietvertrag **1** 260–262, 264–269, 365
– Mobilien **1** 312
Mikro-Unternehmen **1** 384, 400–402
Mindestdauer **5** 258
Mindestform **4** 643
Mitbestimmung **7** 203–210

Magere Zahlen = Randnummern

Sachverzeichnis

Mitgliedschaftsrechte **7** 200
Mitmutter **4** 971, 975, 977–980, 1002
Mittäter **2** 125
Mittelname **6** 244
Mitverschulden **2** 384, 413
Mobiliarsicherheiten **3** 6–7
Mobilität **5** 230
Modifizierte Sitztheorie **7** 138–144
MoMiG **7** 12, 219
Morgengabe **4** 197
Mosaikprinzip **2** 146–147, 313–314
Mündliche Testamente **5** 121
Multilaterales System **1** 288–297

Nacherfüllung **1** 818
Nachlasseinheit **5** 299–313
Nachlassplanung **5** 143, 278–280, 302
Nachlassspaltung **5** 299–313
Nachlassteilung **5** 393–396
Nachlassübergang **5** 357–363
Nachlassverbindlichkeiten **5** 375–383
Nachlassverwalter **5** 370, 399–408
Nachträgliche Rechtswahl **1** 172–182
Nachtragsliquidator **7** 312
Näherungsverbot **4** 484–485
Name **6** 167–255
Namenspapiere **3** 142, 149
Namensrechte **2** 25; **6** 255
Namenswahlrecht **6** 227, 240
Namenszusatz **6** 247–248
nasciturus **5** 341; **6** 9
Naturalrestitution **2** 393
Nebenabreden **7** 292
Nebengüterrecht **4** 200
Nebenleistung **1** 333
Nebentäter **2** 123
„Neutrales Recht" **1** 70–72, 109–110
Nichtehe **4** 20–21
Nichteheliche Lebensgemeinschaften
  4 800–824
– Anknüpfung **4** 810–819
– Erbrecht **4** 822
– Kinder **4** 821
– Qualifikation **4** 805–809
– Rück- und Weiterverweisung **4** 824
– Sachrechte **4** 800–802
– Unterhalt **4** 820
Nichterfüllung **1** 816
Nichtige Ehe **4** 20
Nichtigkeit **1** 829–830
Nicht-staatliches Recht **1** 183–188
Niederlassung, einstellende **1** 632–641
Niederlassungsfreiheit **4** 1148–1158; **7** 16–75
nondum conceptus **5** 341; **6** 9
Notar **1** 853, 860; **5** 548; **7** 220–224
Notarielle Beurkundung **4** 655–660
Noteheschließung **4** 140
Noterbrecht **5** 384–387

Nottestament **5** 548
NS-Beutekunst **3** 137
NS-Raubkunst **3** 137
numerus clausus **3** 3, 56; **5** 83

Öffnungszeiten **1** 837
Online-Auktion **1** 157
Online-„Gegenstände" **3** 11
Opferentschädigungsrecht **2** 570
Optionsrecht **2** 48–54, 334–340
Optionsvertrag **1** 368–374
Orderpapiere **3** 142, 146–148
ordre juridique compétent **1** 761
Ordre public
– Internationales Abstammungsrecht **4** 995, 1006–1007
– Internationales Deliktsrecht **2** 571–577
– Internationales Ehegüterrecht **4** 346–347
– Internationales Eheschließungsrecht **4** 29–54, 104, 106, 110, 116–120, 134–135
– Internationales Erbrecht **5** 568–582
– Internationales Scheidungsrecht **4** 730–735
– Internationales Schuldvertragsrecht
  1 1003–1007
Organhaftung **7** 193–197
Organpersonen **1** 548–560; **7** 178–186, 193–197
Organschaftliche Vertretungsmacht **7** 180–186
Organstruktur **7** 178, 236

Pachtvertrag **1** 312
PACS **1** 30; **4** 1162
Parentage shopping **4** 941
Parteiautonomie **1** 60–219
Parteifähigkeit **7** 174–175
Partiarisches Darlehen **1** 50
Partnerschaften
– gleichgeschlechtliche **4** 758–799
– nichteheliche **4** 758–799
– registrierte **4** 758–799, 1162–1165
Passagierrechte **1** 689
Patientenverfügung **6** 88–100
Patronatserklärung **1** 313
Pauschalreise **1** 516–518
Pendler **5** 261, 276
Pensionsplan **5** 36
Persönlichkeitsrechtsverletzung **2** 20–25, 55–66
Personalsicherheiten **1** 313
Personenbeförderungsvertrag **1** 700–701
Personenfreizügigkeit **6** 215–226
Personengesellschaften **7** 145–148
Personenstand **1** 26; **5** 118
Pfandbestellungsvertrag **1** 526
Pfandrecht **3** 4–5, 64–67
Pflegschaft **6** 115–119, 130–131, 138–140
Pflichtteil **5** 384–387, 579–582
Pflichtteilsberechtigte **5** 184–185, 579–582

Sachverzeichnis

Fette Zahlen = §§

Pflichtteilsberechtigungen **5** 579–582
Pflichtteilsverzichtsvertrag **5** 476–478
Pflichtversicherungsvertrag **1** 766–767
Pilot **1** 617–631
Plakatwerbung **2** 257
Polbud **7** 60–69
Politische Ehehindernisse **4** 105–106
Polyamorie **4** 12
Polygamie **4** 111–125
Portal **1** 472
Positivliste **5** 20
Preisausschreiben **1** 314
Preisregulierung **1** 839
pre-nuptial **4** 327
Priester **4** 103, 140
PRIMA **3** 152
Primärrecht **1** 988–992; **3** 176–180; **4** 1144–1170; **6** 215–226
Principles of European Contract Law **1** 184–186
Prinzip der charakteristischen Leistung **1** 298–309
Prioritätsprinzip **4** 957–958
Privatscheidung **4** 507–521, 609
Prokura **1** 1065
Produkthaftung **2** 217–245
Produkthaftungsrichtlinie **2** 224
Prospekthaftung **2** 34–42; **7** 278
Protokollierung **4** 653–654
Prozessfinanzierungsvertrag **1** 313
Prozessfähigkeit **7** 176–177
Prozesskostenvorschuss **4** 197
Prozessverhalten **1** 138–143
Prozessvertrag **1** 851
Prozessvollmacht **1** 1061
Prozesszinsen **1** 819
Pseudonym **6** 246
punitive damages **2** 393, 576

Qualifikationsverweisung **2** 28
Qualifizierter Statutenwechsel **3** 45–50

Rahmenvertrag **1** 116–117
Rang **3** 93–95
Rating **2** 170
Ratingvertrag **1** 251
Realkredit **1** 313
Real Rights Register **3** 83
Rechnungslegung **7** 211
Rechtfertigungsgründe **2** 414
Rechtsfähigkeit **6** 3–21; **7** 168
Rechtsformwahltourismus **7** 21
Rechtsformwechsel **7** 251–258
Rechtsgüterschutz **2** 114–122
Rechtsgut **2** 136–139
Rechtskauf **1** 311
Rechtsnachfolge von Todes wegen **5** 18
Rechtsscheinvollmacht **1** 1071–1073

Rechtswahl **1** 60–219
– Änderung **4** 441; **5** 220–226
– AGB **1** 81–86
– Aufhebung **4** 441
– Ausführungsvertrag **1** 116–117
– ausdrückliche **1** 102–119; **4** 245–249
– Battle of Forms **1** 81–86
– bedingte **4** 581; **5** 213
– befristete **5** 213
– beschränkte **1** 709–711, 758; **4** 232–244, 88–594, 852–864; **5** 155–156
– Binnenmarktsachverhalt **1** 210–219
– Common Law **1** 111
– Delikt **2** 70–113
– Drittinteressen **2** 108–109
– Ehegüterrecht **4** 224–270
– Ehename **6** 175–193
– Erbrecht **5** 139–227
– Erbvertrag **5** 438–453
– floating choice of law **1** 192–194
– Form **1** 99–101, 177; **2** 107; **4** 262–269, 427–435, 643–661, 849–851, 866–867; **5** 216–220
– forum shopping **5** 586–587
– gemeinschaftliches Testament **5** 492–494
– gespaltene **1** 195–198
– Großrisiken **1** 754–757
– Günstigkeitsvergleich **1** 476–488, 567–582
– Güterrecht **4** 224–270
– Heimatrecht **5** 165–169
– hierarchische **1** 199–200
– hinkende **4** 401
– indirekte **2** 214
– informierte **4** 569–577
– Inhaltskontrolle **1** 88–98; **4** 254, 269–270, 639–641, 868–878
– Inlandsvertrag **1** 204–209
– Kindesname **6** 192–210
– Klauselrichtlinie **1** 489–490
– konkludente **1** 120–160, 165–166, 358; **2** 100–101; **4** 245–249, 584–585; **5** 196–207
– Kosten **5** 227
– lex mercatoria **1** 184
– materiellrechtliche Verweisung **1** 74–78, 186, 207; **2** 110–112
– misslungene **1** 106–107
– nachträgliche **1** 172–182; **2** 78–80; **4** 624–631
– Name **6** 175–210
– negative **2** 214
– Netzwerkeffekte **1** 112
– „Neutrales Recht" **1** 70–72, 109–110
– nicht-staatliches Recht **1** 183–188
– optionale **1** 192–194
– Rahmenvertrag **1** 116–117
– Reichweite **2** 92–98
– Rom II-VO **2** 70–113
– Rom III-VO **4** 551–661
– Scheidungsrecht **4** 551–661

Magere Zahlen = Randnummern

Sachverzeichnis

– „Schwestervertrag" **1** 118
– Stabilisierungsklausel **1** 202–203
– stillschweigende **1** 120–160, 165–166, 358; **2** 100–101; **4** 245–249, 585–586; **5** 196–207
– Teilrechtswahl **1** 161–171; **2** 106; **4** 261, 438; **5** 208–212
– Transaktion **1** 114–119, 152–156
– Transparenzanforderungen **1** 491–499
– UNIDROIT Principles **1** 184–187
– Todeszeitpunkt **5** 171–172
– Unterhaltsverzicht **8** 879–885
– Versteinerungsklausel **1** 201
– vorherige **2** 81–99
– Widerruf **5** 220–226
– Wirksamkeit **1** 88–98; **2** 74–75, 102–105; **4** 250–255, 632–641; **5** 189–195
– Wirkung **4** 256–260, 439–440
– zu Lasten Dritter **1** 179–182
– Zustandekommen **1** 78–87; **2** 74–75, 102–103; **4** 250–252, 437, 632–638; **5** 188
– Zustimmung **1** 87
Rechtswahlfreiheit **1** 60–219; **3** 169–195
régime primaire **4** 202
Registereintragung **5** 100–101, 122–137
Registerpfandrecht **3** 65–66
Registerverfahrensrecht **3** 215–219; **7** 89–93, 183
Registrierung **2** 354; **4** 778–781; **6** 228; **7** 165
Regress **2** 440–443; **4** 932–939
Reisebüro **1** 520, 701
Reisecharter **1** 695
Reisegruppe **1** 726
Reisender **1** 723–726
Rektapapiere **3** 142, 149
Religiöse Ehehindernisse **4** 101–104
Religionsverschiedenheit **4** 102
Rentenplan **5** 36
renvoi **1** 1069; **2** 67–69, 578; **3** 211–214
Reservierter Nachlassteil **5** 384–387
Reparatur **1** 239, 251
Reproduktionsmedizin **4** 941–946, 986
res in transitu **2** 173–174; **3** 106–120
Restaurantschiff **3** 73
Restgesellschaft **7** 303–313
Revokation **1** 798
Risikobelegenheit **1** 745–753
Rom I-VO **1** 1–1021
– Abtretung **1** 884–912
– Anwendungsvorrang **1** 1
– Arbeitsvertrag **1** 537–669
– Aufrechnung **1** 915–919
– autonome Auslegung **1** 5–7
– Form von Verträgen **1** 842–883
– Immaterialgüterrechtsverletzungen **2** 346–366
– nationales Kollisionsrecht **1** 1008–1009
– objektive Anknüpfung **1** 220–367, 500–507, 583–665, 712–732, 763–765
– ordre public **1** 1003–1007

– Rechtswahl **1** 60–219
– sachlicher Anwendungsbereich **1** 10–59
– Schiedsgerichte **1** 1010–1021
– Sonderanknüpfung von Eingriffsrecht **1** 924–1009
– Struktur **1** 8–10
– Umfang des Vertragsstatuts **1** 778–841
– Verbrauchervertrag **1** 382–536
– Versicherungsvertrag **1** 738–776
– Vollmacht **1** 1029–1035
Rom II-VO **2** 1–592
– Arbeitskampfrecht **2** 367–372
– culpa in contrahendo **2** 529–556
– Delikt, objektive Anknüpfung **2** 114–216
– Delikte **2** 114–444
– Geschäftsführung ohne Auftrag **2** 502–528
– Kartellprivatrecht **2** 297–324
– Lauterkeitsrecht **2** 246–296
– Produkthaftung **2** 217–245
– Qualifikation **2** 377–417
– Rechtswahl **2** 70–113, 295
– sachlicher Anwendungsbereich **2** 8–42
– Schiedsgerichte **2** 590–592
– Straßenverkehrsunfall **2** 373–376
– Struktur **2** 2–7
– Umwelthaftung **2** 325–345
– ungerechtfertigte Bereicherung **2** 445–501
– verstärkte Zusammenarbeit **4** 3
Rom III-VO
– Anwendungsbereich **4** 495–550
– Entstehungsgeschichte **4** 487–494
– Rechtswahl **4** 551–661
– objektive Anknüpfung **4** 662–710
– Ordre public **4** 730–735
– Rück- und Weiterverweisung **4** 736
– Schiedsverfahren **4** 737–738
– verstärkte Zusammenarbeit **4** 3, 487–488, 492
Rückgabe **4** 1122–1125
Rückgriffskondiktion **2** 480
Rücktritt **1** 818
Rückversicherung **1** 158, 323, 769–776
Rückverweisung **1** 1069; **2** 67–69, 578; **3** 211–214; **4** 28, 166–169, 178, 339, 482–483, 784, 824, 940, 1011–1012, 1020, 1058–1059, 1095, 1143; **5** 555–567; **6** 114, 145–146, 174; **7** 297–301
Rügeobliegenheit **1** 840
Rumpfarbeitsverhältnis **1** 610–616
Rundfunkwerbung **2** 258
Russland **5** 595

Sabotage **2** 292
„Sachen auf Besuch" **3** 37
Safe Harbour Order **4** 1138
Samenspende **4** 942
Satellitenfernsehen **2** 258
Schaden **2** 389–393
Schadensberechnung **1** 822; **2** 392

Sachverzeichnis

Fette Zahlen = §§

Schadensersatz **1** 818
Schadensrecht **1** 821–822
Schadensschätzung **1** 822; **2** 392
Scheidebrief **4** 509, 720
Scheidung **4** 500–522
Scheidungsfolgen **4** 530–540
Scheidungsfreundlichkeit **4** 711
Scheidungsgründe **4** 527–529, 725
Scheidungsprozess **4** 5
Scheidungsschuld **4** 527, 529
Scheidungsverfahren **4** 546–548
Scheidungsvoraussetzungen **4** 527–529
Scheinselbständiger **1** 546
Schenkung **1** 263, 311, 331; **5** 30–35
Schenkung auf den Todesfall **5** 31–35
Schiedsgerichte
– und EuErbVO **5** 583–586
– und Rom I-VO **1** 1010–1021
– und Rom II-VO **2** 590–592
– und Rom III-VO **4** 737–738
Schiedsvereinbarung **1** 43–47, 131–137
Schienenfahrzeuge **3** 68–105
Schiff **1** 242
– Arbeitsort **1** 658–663
– Borddelikt **2** 175–178
– Kollision **2** 180–185
– subjektive Sachenrechte **3** 68–105
Schiffsgläubigerrecht **3** 85–95
Schiffshypothek **3** 83
Schiffskollision **2** 180–185
Schlichtung **1** 137
Schockfälle **2** 399
Schreibweise **6** 241
Schriftlichkeit **4** 645–646
Schuldanerkenntnis, positives **1** 314
Schuldbeitritt **1** 313; **2** 444
Schuldversprechen, abstraktes **1** 313
Schuldvertragsrecht, Internationales **1** 1–1078
Schulungsvertrag **1** 251
Schutzlandprinzip **1** 327; **2** 348–351
Schutzmaßnahmen **4** 1078–1082
Schutzrechtsverwarnung **2** 292
Schwägerschaft **4** 107–110
Schwebende Erbschaft **5** 369
Schweigen **1** 790
Schwerwiegende Gefahr **4** 1131–1137
SE **7** 293–294
securities **3** 150–162
Seeleute **1** 655–665
Sekundäres Opfer **2** 399–402
Selbsteintritt **1** 705
SEVIC **7** 38–39
shadow directors **7** 184
share deal **1** 311; **3** 20–21
Sicherheitengestellungsvertrag **1** 312, 887
Sicherheitsregeln **2** 418–429
Sicherungseigentum **3** 4, 62–64

Sicherungsverträge **1** 313
Sicherungszession **1** 887
Sittenwidrigkeit **1** 794
Situs-Regel **3** 12–19
Sitztheorie **7** 1–3, 107–113, 137–144
Sitzverlegung **7** 94–99
Sitzverlegungsrichtlinie **7** 6
social freezing **4** 965
Societas Europea **7** 293–294
Software **1** 245–246
Solo-Hochzeit **4** 13
Sonderanknüpfung **1** 924–1009
 s. Eingriffsrecht
– materiellrechtliche Berücksichtigung **1** 993–1002
– Rechtsfolge **1** 966–970
– Unionsrecht **1** 988–992
Sorgeberechtigung **4** 1127–1130; **6** 195
Sorgerecht **4** 1083–1094, 1120–1121
Sortenschutz **2** 360
Sowjetunion **5** 595
Soziale Elternschaft **4** 1002
Soziale Integration **2** 259
Soziales Sicherungssystem **5** 263
Sozialversicherungspflicht **1** 652–654
Spaltgesellschaft **7** 302, 314–315
Spaltung **7** 263–268
Spaltungstheorie **1** 328
Spanier-Entscheidung **4** 30, 35
Speditionsvertrag **1** 702–706
Spielvertrag **1** 314
spillover **2** 259
Sponsoringvertrag **1** 312
Sprache **1** 443; **2** 260–266
Sprachkurs **1** 509
Sprachrisiko **1** 799
Sprachzwang **1** 848, 854
Sportboot **3** 73
Sportflugzeug **3** 73
Sportkurs **1** 509
Spürbarkeitsschwelle **2** 259, 289–291, 310–311
Staatenlose **5** 169
Staatsangehörigkeit **4** 17–18, 291–293, 421–424, 598–603, 689–697; **5** 165–168
Stabilisierungsklausel **1** 202–203
Ständiger Vertreter **7** 186
Standesamt **4** 149–152
Start-Ups **1** 400–402
Statutenwechsel **3** 38–51; **6** 179–173
Stellvertretung **1** 1022–1078
Stellvertretung ohne Vertretungsmacht **1** 1074–1077
Steuern **1** 652
Steuerrecht **7** 20
Stewardess **1** 617–631
Stiftung **7** 316–323
Stiftungsaufsicht **7** 323

Magere Zahlen = Randnummern

Stillschweigende Rechtswahl **1** 120–160, 165–166, 358
Stimmrecht **7** 198
Strafschadensersatz **2** 393, 576
Straßenfahrzeuge **3** 96–103
Straßenverkehrsunfall **2** 373–376
Streik **2** 367–372
Strom **1** 244
Substitution **7** 222–224

Talaq **4** 507, 724, 726
Tarifvertrag **1** 671–676
Tauschvertrag **1** 363
Teilnahmerecht **7** 198
Teilrechtsfähigkeit **6** 21
Teilrechtswahl **1** 161–171; **2** 106; **4** 261, 438; **5** 208–212
Teilungsanordnung **5** 106
Teilung des Nachlasses **5** 393–396
Telearbeit **1** 593–595
Telefonnummer **1** 448
Testament **1** 35; **5** 409–427
– Änderung **5** 425–427, 533–534
– Errichtungsort **5** 517–519
– Errichtungsstatut **5** 409–424
– Form **5** 504–537
– gemeinschaftliches **5** 482–503, 535–536
– Rechtswahl **5** 413–418
– Widerruf **5** 425–427, 533–534
– Wirksamkeit **5** 419–424
Testamentserrichtungsstatut **5** 409–424
Testamentsform **5** 504–537
Testamentsvollstrecker **5** 371–373
Testamentsvollstreckerzeugnis **5** 374
Testierfähigkeit **5** 117
Testierfreiheit **5** 145
Testiervertrag **5** 42
Tierhalterhaftung **2** 406
Tod **6** 13–17
Todesstrafe **5** 327
Todesvermutung **5** 120
Top Level Domain **1** 449
Tourismusindustrie **1** 509–510
Touristen **1** 462–463
Traditionsfunktion **3** 116–120
Transgender **3** 148, 157–158
Transitstaat **1** 630
Transparenzanforderungen **1** 491–499
Transportkosten **1** 447
Transportmittel **3** 68–105
Transportpalette **3** 75
Transportvertrag **1** 427, 511–515, 687–737
Transposition **3** 52–55
Transsexuelle **4** 76–78, 947; **6** 148, 151–156
Trauerfälle **2** 399
Trauungsperson **4** 149–159
Trauzeuge **4** 140
Trennung **4** 549–550, 705–710, 751–758

Sachverzeichnis

Trust **1** 53; **3** 22–23; **5** 107–112; **7** 162
Türkei **5** 587–594
Typenzwang **3** 3, 56

Ubiquitätsprinzip **2** 115–118, 127–130, 325–328
Überlagerungstheorie **7** 3, 27–102
Überlassungsverträge **1** 312
Übernahmeort **1** 716
Übernahmerichtlinie **7** 5
Überseegebiete **7** 76, 127–128
Überseering **7** 32–34
Übertragbarkeit **2** 396–397
Überwachung **1** 239
Umgründung **7** 120
Umladeort **1** 719
Umwandlung **7** 251–268
Umwandlungsteuerrecht **7** 258, 262, 268
Umwelthaftung **2** 325–345
Umweltschutzverband **2** 328
Umzug **5** 267
Umzugstransport **1** 737
Unbenannte Zuwendung **4** 200
Undertaking **4** 1138
Unfallversicherungsrecht **7** 23
Ungerechtfertigte Bereicherung **2** 445–501
– akzessorische Anknüpfung **2** 454–464
– Ausweichklausel **2** 477–478
– Bereicherungseintritt **2** 468–476
– gemeinsamer gewöhnlicher Aufenthalt **2** 465–467
– Mehrpersonenverhältnisse **2** 481–494
– Qualifikation **2** 447–450, 495–500
– Rechtswahl **2** 451–454
Ungleichbehandlung **4** 720
Ungültigerklärung einer Ehe **4** 502–503
UNIDROIT Principles **1** 184–187
Unionsbürgerschaft **4** 1148–1158; **6** 215–226
Unionskartellrecht **2** 323–324
Unionsmarke **2** 360
Unionsrecht **1** 988–992; **3** 176–180; **6** 215–226
Unionsschutzrechte **2** 360–364
UN-Kaufrecht **1** 237, 241–242, 247–248, 840
Unterhaltsänderung **4** 928–931
Unterhaltsberechtigter **4** 891–892
Unterhaltspflicht **1** 31; **5** 481
Unterhaltsrecht **4** 204–205, 785, 799, 820, 825–940; **5** 113–115
s. Haager Unterhaltsprotokoll
Unterhaltsregress **4** 932–939
Unterhaltsschaden **2** 168
Unterhaltsversagung **8** 904–966
Unterhaltsverzicht **8** 879–885
Unterlassungsanspruch **2** 394–395
Unternehmenskauf **1** 311
Unternehmenssicherheit **3** 67
Unternehmereigenschaft **6** 54–57
Unterordnungskonzern **7** 240–243

Sachverzeichnis

Fette Zahlen = §§

Untersuchungsobliegenheit **1** 840
Unwandelbarkeitsgrundatz **4** 279
Unwirksamkeit **1** 829–830
Urheberrecht **1** 324–328; **2** 352
USA **7** 103–104

VALE **7** 45–51
Vatername **6** 245
Verarbeitung **2** 476
Veräußerungsverträge **1** 311
s. a. Kaufvertrag
Verbandsklage **1** 792; **2** 296
Verbindlichkeit **2** 162–164
Verbindung **2** 476
Verbraucher **1** 384–419
Verbrauchervertrag **1** 382–536, 874–877
Verbundene Verträge **1** 115–119
Verein **7** 324–326
Verfahrensrecht **1** 56
Verfrachter **1** 713–714
Verfristung **1** 826–827; **2** 410–412
Verfügung eines Nichtberechtigten **2** 490–491
Verhaltensregeln **2** 418–429
Verhaltenssteuerung **2** 114–121
Verjährung **1** 826–827; **2** 410–412
Verkauf gegen Höchstgebot **1** 282
Verkehrsregeln **2** 420
Verkehrsschutz **6** 33–53; **7** 169
Verlängerter Eigentumsvorbehalt **3** 60
Verladeort **1** 717
Verleiten zum Geheimnisverrat **2** 292
Verlöbnis **4** 170–178
Verlobung **4** 172
Verlobungsgeschenke **4** 177
Vermächtnis **5** 93–105, 339
Vermächtnisnehmer **5** 339
Vermögensanlage **1** 394–399
Vermögensbelegenheit **2** 148–167; **5** 275, 529–531
Vermögensschaden **2** 148–167
Vernichtbare Ehe **4** 20, 24
Versandmodalitäten **1** 444; **2** 267–271
Verschollenheit **3** 15; **5** 119–120
Verschmelzung **7** 259–262
Verschulden **1** 817
Versicherungsaufsichtsrecht **1** 777
Versicherungspflicht **1** 766–767
Versicherungsvertrag **1** 55, 427, 738–776; **2** 430–437
Versicherungsvertreter **1** 1043
Versorgungsausgleich **4** 219, 739–750, 787, 799
Verstärkte Zusammenarbeit **4** 3, 184–185, 487–488, 492
Versteigerung **1** 279–283, 1058–1060
Versteinerungsklausel **1** 201
Vertrag **1** 11–18
Vertrag mit Schutzwirkung für Dritte **1** 20–21
Vertragsaufhebung **1** 818

Vertragsauslegung **1** 804–809
Vertragsbruch **1** 816–817
Vertragscharakteristische Leistung **1** 298–309
Vertragserfüllung **1** 810–815
Vertragshändlervertrag **1** 275
Vertragsscheidung **4** 509, 513
Vertragsschluss **1** 785–803
Vertragssprache **1** 160
Vertragsstrafe **1** 818
Vertragstypen **1** 230–297, 311–314
Vertragswährung **1** 160
Vertrag zugunsten Dritter **2** 483
Vertrag zugunsten Dritter auf den Todesfall **5** 27–30
Vertretungsmacht **1** 51–52
Vertriebsvertrag **1** 274–278
Verwahrungsvertrag **1** 312
Verwaltungssitz **7** 129–136
Verwendungskondiktion **2** 480
Verwirkung **1** 828
vested rights **3** 6
Veto-Funktion **1** 803
Vier-Konditionen-Test **7** 84–85
Vindikation **3** 205–206
Vindikationslegat **5** 93–105
Vollmacht **1** 1022–1073
– Arbeitnehmer **1** 1046–1050
– Börsengeschäfte **1** 1058–1060
– Dauervollmacht **1** 1051–1055
– Form **1** 1070
– Immobiliengeschäfte **1** 1056–1057
– Kapitänsvollmacht **1** 1062–1064
– Niederlassung des Vertreters **1** 1041–1045
– Offenkundigkeit **1** 1067
– postmortale **5** 19
– Prokura **1** 1065
– Prozessvollmacht **1** 1061
– Rechtsscheinvollmacht **1** 1071–1073
– Rechtswahl **1** 1029–1035
– objektive Anknüpfung **1** 1036–1065
– selbständige Anknüpfung **1** 1023–1029
– transmortale **5** 19
– Versteigerung **1** 1058–1060
– Vorsorgevollmacht **6** 58–87
– Zurückweisung **1** 1068
Volume Agreement **1** 699
Vorfrage **2** 357–359, 386, 409, 433, 500; **4** 523–526, 541–545, 840–842, 1048; **5** 22–23
Vorgesellschaft **7** 167
Vorläufige Maßregeln **6** 141–142
Vormundschaft **6** 115–125
Vorname **6** 243
Vorsorgevollmacht **6** 58–87
– Form **6** 82
– lex fori **6** 76–78
– objektive Anknüpfung **6** 66–70
– Rechtswahl **6** 71–73

Magere Zahlen = Randnummern

– Verkehrsschutz **6** 79–81
– Vollmachtsausübung **6** 74–75
Vorvertrag **1** 368–374
Vorweggenommene Erbfolge **5** 41
Vorzugsanteil **7** 198

Währung **1** 444; **2** 267–268
Ware **1** 240–246
Ware auf Transport **2** 173–174; **3** 106–120
Warenpapier **3** 116–120
Warenverkehrsfreiheit **3** 176–180
Wartung **1** 238
Washington Principles **3** 137
Wasserfahrzeuge **3** 68–105
Website **1** 441–445
Wechselbalgtheorie **7** 119, 139–140
Weiterverweisung **1** 1069; **2** 67–69, 578; **3** 211–214; **4** 28, 166–169, 178, 339, 482–483, 784, 824, 940, 1011–1012, 1020, 1058–1059, 1095, 1143; **5** 555–567; **6** 114, 145–146, 174; **7** 297–301
Werbemarkt **2** 252–291
Werbung **2** 254–291
Werklieferungsvertrag **1** 237
Wertpapiere **1** 36–42; **2** 29–42, 171; **3** 141–162
Wertpapierhandelsrecht **7** 272–277
Wertpapierübernahmerecht **7** 271
Wertrechte **3** 150–162
Wettvertrag **1** 314
Widerruf **1** 798; **5** 425–427

Sachverzeichnis

Widersetzen gegen Rückgabe **4** 1139–1142
Wiederheirat **4** 504
Willensmängel **1** 793
will substitutes **5** 38
Windkraftanlage **3** 73
Wirksamkeit **1** 793–803
Wirkungsland **1** 1036–1041
Wissenszurechnung **7** 185
Wohlerworbene Rechte **3** 6
Wohnsitz **5** 522–524
Wohnraummiete **1** 522–525
Wohnungseigentum **5** 305
wrongful birth **2** 168
Wunscheltern **4** 942, 997–999, 1022

Zeitcharter **1** 696
Zerrüttung **4** 529
Zession *s. Abtretung*
Zeuge **5** 548
Zeugung **5** 341; **6** 9
Zoll **1** 839
Zurechnung **1** 470–475; **2** 125
Zurückbehaltungsrecht **1** 832–834
Zustandekommen **1** 787–792; **2** 74–75, 102–103; **5** 188
Zustimmung zur Adoption **4** 1049–1057
Zustimmung des Sorgeberechtigten **4** 1127–1130
Zypern **5** 401
Zweigniederlassung **7** 186
Zweiseitige Ehehindernisse **4** 99–100